NIESCHLAG · DICHTL · HÖRSCHGEN

MARKETING

MARKETING

Von

Dr. Dr. h. c. Robert Nieschlag
em. o. Professor der Betriebswirtschaftslehre
an der Universität München

Dr. Erwin Dichtl
o. Professor der Betriebswirtschaftslehre
an der Universität Mannheim

Dr. Hans Hörschgen
o. Professor der Betriebswirtschaftslehre
an der Universität Hohenheim

Sechzehnte, durchgesehene Auflage

DUNCKER & HUMBLOT / BERLIN

Die Auflagen 1—3 dieses Buches sind unter dem Titel
„Einführung in die Lehre von der Absatzwirtschaft" erschienen.

CIP-Titelaufnahme der Deutschen Bibliothek

Nieschlag, Robert:
Marketing / von Robert Nieschlag ; Erwin Dichtl ; Hans Hörschgen. — Berlin: Duncker und Humblot.
Bis 3. Aufl. u.d.T.: Nieschlag, Robert: Einführung in die Lehre von der Absatzwirtschaft
NE: Dichtl, Erwin:; Hörschgen, Hans:
[Hauptbd.]. — 16., durchges. Aufl. — 1991
ISBN 3-428-07053-4

Alle Rechte vorbehalten
© 1991 Duncker & Humblot GmbH, Berlin 41
Satz: Hagedornsatz, Berlin 46
Druck: Berliner Buchdruckerei, Union GmbH, Berlin 61
Printed in Germany
ISBN 3-428-07053-4

Vorwort zur sechzehnten Auflage

Die erfreuliche Resonanz, die unser Buch am Markt findet, hat es mit sich gebracht, daß bereits zwei Jahre nach der fünfzehnten eine weitere Auflage erscheinen kann. Angesichts der Kürze der Zeit haben wir uns damit begnügt, einige Formulierungen, die offenbar Mißverständnisse auslösten, zu ändern sowie etliche Druckfehler auszumerzen.

Gauting, Mannheim und Stuttgart-Hohenheim   Die Verfasser
im November 1990

Vorwort zur fünfzehnten Auflage

Es ist 20 Jahre her, seitdem unser Gemeinschaftswerk — damals noch als „Einführung in die Lehre von der Absatzwirtschaft" ausgewiesen — auf dem Markt erschienen ist. Einschließlich nahezu unveränderter Nachdrucke, so z. B. in den Jahren 1986 und 1987, sind in den letzten beiden Jahrzehnten über 20 Teil- oder Neuauflagen entstanden. Das Werk kann damit zur Freude von Autoren, Verlag und Buchhandel als am Markt etabliert gelten.

In der vorliegenden Fassung sind Literaturhinweise und Zahlen aktualisiert, Zeitreihen verlängert und, zum Teil im Zusammenhang damit, Abbildungen neu gestaltet worden. Sodann haben wir alle Textteile mit juristischem Bezug an die neueste Rechtslage angepaßt. Für wichtige Hinweise in diesem Zusammenhang sind wir den Herren Professor Dr. *R. Sack* und *G. Weidner* zu Dank verpflichtet.

Wesentliche Anregungen haben wir auch aus der Marktforschungspraxis, insbesondere von Herrn *W. Schaefer,* erhalten, die wir weithin aufgriffen. Allen, die hier unseretwegen einige Mühe auf sich nahmen, sei gleichfalls vielmals gedankt.

In weiten Teilen neu gefaßt wurde das Kapitel 8. Außerdem haben wir in die vorliegende Auflage ein Glossar mit etwa 500 Begriffen aufgenommen, die gewissermaßen den Grundwortschatz des Marketing bilden. Maßgeblich dazu beigetragen haben Dipl. oec. *G. Käßer-Pawelka,* Dipl.-Kfm. *J. Grenz,* Dipl.-Kfm. *K. Hofmann* sowie Dipl. oec. *M. Froböse* und Dipl. oec. *K. Willer.*

Bei der ersten Auflage mußten wir seinerzeit Teile des Manuskripts noch selbst tippen. Von daher wissen wir die Hilfe zu schätzen, die uns in dieser — technischen — Hinsicht jetzt Frau *H. Gehrung* und Frau *H. Gurk* haben zuteil werden lassen. Auch ihnen ebenso wie den übrigen Mitarbeitern schulden wir Dank.

Auf manche kleine Inkonsistenz und etliche Druckfehler machten uns — zumeist studentische — Leser aufmerksam. Alle, die auf diese Weise zur Verbesserung des Werkes beigetragen haben, seien ebenso wie der Verlag Duncker & Humblot GmbH, bei dem wir für unsere Wünsche und Anregungen stets ein offenes Ohr fanden, in unseren Dank einbezogen.

Gauting, Mannheim und Stuttgart-Hohenheim
im September 1988   Die Verfasser

Auszug aus dem
Vorwort zur vierzehnten Auflage

Es war unser Bestreben, einen umfassenden **Überlick** über den heutigen Stand des nur noch schwer eingrenzbaren Faches zu vermitteln, **Entwicklungsrichtungen** sowohl materieller als auch methodischer Art aufzuzeigen und in dem einen oder dem anderen Fall, wie z. B. bei der Entgeltpolitik, den Versuch zu unternehmen, die vielfältigen in der Literatur vorzufindenden Ansätze zu integrieren und vor allem selbst einen Beitrag zu einer stärker an den Bedürfnissen der Wirtschaftspraxis orientierten Sichtweise des jeweiligen Phänomens zu leisten. **Kritischen Fragen,** die gerade an Vertreter der Marketing-Disziplin in zunehmendem Maße gestellt werden, sind wir nicht ausgewichen, sondern wir haben versucht, sie in das Lehrgebäude einzuordnen und jeweils Argumente Für und Wider auszubreiten, um dem Leser die Bildung eines eigenen Urteils zu erleichtern. Die gewaltige Ausweitung des Umfangs gegenüber bisher veranlaßt uns, folgende Orientierungshilfe zu geben.

Einführung in das Marketing

Zunächst vermittelt das Werk nach wie vor einen Überblick über die wichtigsten Fragestellungen der Disziplin. Wir halten deshalb an unserem Anspruch fest, daß es „als Hilfsmittel und Anleitung für Studenten der Wirtschaftswissenschaften, insbesondere solche, die sich für eine Spezialisierung auf das Fach Marketing bzw. Betriebswirtschaftslehre des Warenhandels entschieden haben" (Vorwort zur 13. Auflage), geeignet ist. Von weiten Teilen des Buches werden auch „die Studierenden an weiterbildenden Einrichtungen zwischen höherer Schule und Hochschule .... profitieren". Vor allem aber sollte es nach wie vor eine Hilfe sein für „interessierte Nachwuchskräfte und Praktiker, die nicht in den Genuß einer umfassenden theoretischen Ausbildung gekommen und bestrebt sind, sich einen relativ breiten Überblick über das Gebiet anzueignen".

Marketing für Fortgeschrittene

Während wir in früheren Auflagen noch einräumen mußten, „wer im übrigen den Wunsch hat, tiefer in die Materie einzudringen, findet Hinweise und Anregungen in den Literaturempfehlungen am Ende jedes Hauptteils", meinen wir heute, daß dies nicht mehr allzu oft zu geschehen bräuchte. Auch wenn es nicht von Anfang an unsere Absicht war, es dem tapferen Schneiderlein gleichzutun, das sieben auf einen Streich erlegte, befinden wir uns doch in einer weitgehend gleichen Situation: Eine ganze Reihe von Kapiteln, wie z.B. Produkt-, Entgelt-, Kommunikationspolitik und Marketing-Forschung, stellen praktisch **Bücher im Buch** dar, die es jedem an spezielleren Fragestellungen Interessierten ermöglichen sollten, sich umfassend und fundiert zu informieren.

Wer sich nicht mit der Beherrschung des Basiswissens begnügt, wird nicht umhin kommen, sich irgendwann allen Teilen des Buches zuzuwenden. Wenn uns nicht alle Module bzw. Bausteine wichtig im Sinne der Heranführung des Lesers an den heutigen Stand des Faches erschienen, hätten wir uns manche Schwierigkeit ersparen können, die aus dem nunmehr erreichten Umfang resultiert.

Wir sind uns der Tatsache bewußt, daß die Neubearbeitung eines Lehrbuches wie des vorliegenden ganz wesentlich durch zwei Faktoren unterstützt wird: Einmal haben wir uns in den vergangenen zehn Jahren mit vielfältigen **Einzelproblemen literarisch auseinandergesetzt,** wovon einiges in das vorliegende Werk eingeflossen ist; zum anderen haben mehrere frühere und jetzige **Mitarbeiter mitgeholfen,** die nicht ganz einfache Aufgabe, die uns gestellt war, zu bewältigen. Ihr Anteil am Zustandekommen dieses Buches liegt darin, daß sie hier verwertete Studien durchgeführt, Erstentwürfe von Textteilen erstellt, schriftliche Ausarbeitungen kritisch geprüft oder auch zur „technischen" Fertigstellung des Buches beigetragen haben. Ohne diese Unterstützung wären wir nicht nur wegen vielfältiger anderweitiger beruflicher Belastungen, sondern auch deshalb nur schwerlich ausgekommen, weil sich einige der Betroffenen zu Spezialisten auf bestimmten Teilgebieten der Marketing-Disziplin entwickelt und dadurch Kenntnisse erworben haben, die wir bei der Neufassung nutzen konnten.

Besonderen Dank schulden wir in dieser Hinsicht Professor Dr. *H. H. Bauer,* Dr. *W. Beeskow,* Dr. *W. Fritz,* Dipl. oec. *B. Gaiser,* Dipl. Soz. *J. Graf,* Dr. *W. Hildenbrand,* Dipl. oec. *K. Hrubesch,* Dr. *H. Kachel,* Dipl. oec. *G. Käßer-Pawelka,* Dipl.-Kfm. *M. Kassen,* Dipl.-Kfm. *J. Killes,* Dipl. oec. *J. Kirsch,* Dipl.-Kfm. *P. Lehmeier,* Dipl. Psych. *S. Müller,* Dipl. oec. *B. Müllerschön,* Dr. *V. Potucek,* Dr. *K. Strobel,* Dipl.-Kfm. *U. Thomas,* Dr. *M. Weber,* Dr. *H. Wellenreuther* und Dipl. oec. *G. Zaiss.* Manch unangenehme Schreibarbeit haben Frau *L. Baur,* Frau *U. Berndt,* Frau *H. Fischer* und Frau *H. Gehrung* auf sich genommen. Ihnen möchten wir wie auch allen Lesern danken, die uns auf etwaige Fehler, für die wir selbstverständlich die Verantwortung übernehmen, hinweisen oder aber uns Anregungen für Verbesserungen zuteil werden lassen.

Zu guter Letzt bitten wir alle diejenigen um Verständnis und Nachsicht, die den einen oder den anderen **Quellenhinweis** vermissen. Daß es gelegentlich dazu kommen wird, hat zwei Ursachen: Einmal erstreckte sich der Prozeß der Neubearbeitung über Jahre, was dazu führte, daß der Pegel der — gegenüber bisher stark intensivierten — Literaturarbeit nicht bei allen Teilen des Buches bis zur Drucklegung auf derselben Höhe gehalten werden konnte; zum anderen haben wir uns bemüht, den Text im Interesse der leichteren Lesbarkeit nicht mit zu vielen Autorenverweisen zu überfrachten.

Gauting, Mannheim und Stuttgart-Hohenheim
im April 1985

Die Verfasser

Inhaltsverzeichnis

§ 1 Der Bedeutungswandel des Marketing-Begriffs

1. Marketing als unternehmerische Aufgabe 1
   1.1. Grundtatbestände und begriffliche Grundlagen 1
   1.2. Merkmale des Marketing 8
   1.3. Das Marketing-Management 13
2. Marketing als Sozialtechnik 18
   2.1. Einsatzfelder und Einsatzbedingungen 18
      2.1.1. Die Überwindung von Engpässen im Unternehmen 18
      2.1.2. Das Marketing nicht-kommerzieller Institutionen ... 18
      2.1.3. Das Marketing für öffentliche Anliegen 19
   2.2. Die Handhabung des sozialtechnologischen Instrumentariums 21
      2.2.1. Die Ziele 21
      2.2.2. Die Instrumente 23
      2.2.3. Die Wirkungen 25
3. Der Objektbereich des Marketing als wissenschaftstheoretisches Problem 27

Quellenhinweise und Literaturempfehlungen 31

§ 2 Marketing-System und Marktwirtschaft

1. Das Zusammenspiel der Kräfte im Marketing-System 35
   1.1. Die Systemelemente 36
   1.2. Die Einbettung des Marketing-Systems in die soziale Marktwirtschaft ... 36
      1.2.1. Die Koordination individueller Wirtschaftspläne über den Markt ... 38
      1.2.2. Die Aufrechterhaltung eines funktionsfähigen Wettbewerbs 41
      1.2.3. Die Selbstbeschränkung des Staates 42
      1.2.4. Konsumfreiheit und Konsumentensouveränität 43
2. Konfliktbereiche und Regulative des Marketing-Systems 47
   2.1. Die Dominanz konkurrierender Zielsetzungen der Gesellschaft 47
   2.2. Die Polarisierung der Positionen von Herstellern und Handel 54
      2.2.1. Die ordnungspolitische Problematik einer Partnerschaft zwischen Industrie und Handel 54

2.2.2. Ansatzpunkte zur Gewährleistung eines leistungsgerechten Wettbewerbs 57
2.3. Das Spannungsverhältnis zwischen Großbetrieben und Mittelstand im Handel 61
  2.3.1. Die horizontale Ebene 61
  2.3.2. Die vertikale Ebene 67
2.4. Die Vernachlässigung der Belange der Verbraucher 71
  2.4.1. Die Gefährdung der bedarfsgerechten Versorgung mit Gütern des kurz- und mittelfristigen Bedarfs 71
  2.4.2. Das Bedürfnis nach Schutz vor schädlichen Praktiken der Anbieter 76
    2.4.2.1. Zur Schutzwürdigkeit der Verbraucher 77
    2.4.2.2. Maßnahmen zur Verbesserung des Verbraucherschutzes ... 82

Quellenhinweise und Literaturempfehlungen 89

§ 3 Produktpolitik

1. Grundlagen 93
  1.1. Produkt- und programmpolitische Komponenten der Marketing-Leistung 93
  1.2. Die Bedeutung der Produkt- und Programmpolitik in Wettbewerbstheorie und Wettbewerbspraxis 96
  1.3. Handlungsalternativen im Rahmen der Produkt- und Programmpolitik ... 99
2. Produkt- und programmpolitisch relevante Aspekte des Konsumentenverhaltens 102
  2.1. Das Markenwahlverhalten als Erklärungsproblem 102
  2.2. Verhaltenswissenschaftliche Grundlagen der Markenwahl von Konsumenten 104
    2.2.1. Aktivierende psychische Prozesse 105
      2.2.1.1. Die Motivation 105
      2.2.1.2. Die Einstellung 108
    2.2.2. Kognitive psychische Prozesse 111
      2.2.2.1. Die Informationsaufnahme 111
      2.2.2.2. Die Informationsverarbeitung 115
        2.2.2.2.1. Die Wahrnehmung 115
        2.2.2.2.2. Psychische Auswahlprozesse 118
      2.2.2.3. Die Informationsspeicherung 122
    2.2.3. Die soziale Umwelt des Konsumenten 126
  2.3. Ausgewählte Modelle des Kaufverhaltens 129
    2.3.1. Die Black Box-Betrachtung des Kaufverhaltens 130
      2.3.1.1. Regressionsanalytische Modelle 130
      2.3.1.2. Stochastische Prozeßmodelle 133

2.3.2. Strukturmodelle des Kaufverhaltens 136
　　2.3.2.1. Totalmodelle 136
　　2.3.2.2. Partialmodelle 139

3. Die Produkt- und Programmevaluation als Ausgangspunkt für erzeugnisbezogene Gestaltungsmaßnahmen 143
　3.1. Die Bewertung von Produkten und Programmen auf der Basis von Kosumentenurteilen 143
　　3.1.1. Die Marktadäquanz als Bewertungskriterium 144
　　3.1.2. Ansätze zur Ermittlung der Marktadäquanz von Produkten und Programmen 147
　　　3.1.2.1. Die Anmutungsleistung von Produkten 147
　　　3.1.2.2. Die wahrgenommene Produktqualität 149
　　　　3.1.2.2.1. Eindimensionale Meßverfahren 149
　　　　3.1.2.2.2. Mehrdimensionale Meßverfahren 153
　　　3.1.2.3. Die Präferenzstruktur 158
　　　3.1.2.4. Die Kaufabsicht 162
　3.2. Die Beurteilung des Angebotsprogramms auf der Grundlage ökonomischer Ziele der Unternehmung 165
　　3.2.1. Die Produkt- und Programmbewertung auf der Basis des betrieblichen Rechnungswesens 166
　　3.2.2. Ansätze einer strategischen Erfolgskontrolle 170
　　　3.2.2.1. Die Produkt-Lebenszyklus-Analyse 170
　　　3.2.2.2. Die Produkt-Portfolio-Analyse 175
　　3.2.3. Distributionspolitische Bezüge der Produkt- und Programmevaluation 176

4. Der produktpolitische Gestaltungsbereich 177
　4.1. Ebenen der Produktgestaltung 177
　　4.1.1. Die Gestaltung der Produktbeschaffenheit 177
　　　4.1.1.1. Die Produktqualität 177
　　　4.1.1.2. Das Produktäußere 180
　　4.1.2. Die Packungsgestaltung 183
　　4.1.3. Die Markenbildung 184
　4.2. Produktpolitische Entscheidungsfelder 187
　　4.2.1. Die Entwicklung und Einführung neuer Produkte 187
　　　4.2.1.1. Der Planungs- und Realisierungsprozeß von Produktinnovationen 187
　　　4.2.1.2. Einzelprobleme einer rationalen Entwicklung von Produktinnovationen 189

4.2.1.2.1. Quellen und Techniken zur Erzeugung von Produktideen 189
4.2.1.2.2. Verfahren zur Bewertung und Selektion von Produktideen 194
4.2.1.2.3. Die Ex ante-Analyse der Wirtschaftlichkeit 197
4.2.1.2.4. Die Testphase 198
4.2.2. Die Modifikation bestehender Produkte 203
4.2.2.1. Die Produktvariation 203
4.2.2.2. Die Produktdifferenzierung 204
4.2.3. Die Produktelimination 205

5. Der programmpolitische Entscheidungsbereich 208
5.1. Die programmpolitische Grundorientierung 208
5.2. Programmpolitische Gestaltungsdimensionen 211
5.2.1. Umfang und Struktur des Angebotsprogramms 211
5.2.2. Die Nutzung von Verbundeffekten im Angebotsprogramm 214
5.2.3. Programmpolitische Nebenleistungen 218
5.2.3.1. Die Garantieleistung 218
5.2.3.2. Der Kundendienst 219

6. Die Begrenzung des produkt- und programmpolitischen Entscheidungsspielraums
durch die Rechtsordnung 221
Quellenhinweise und Literaturempfehlungen 224

§ 4 Entgeltpolitik

1. Begriff und Bedeutung der Entgeltpolitik 235
   1.1. Begriffliche Grundlagen 235
   1.2. Die Rolle des Preises in Wettbewerbstheorie und Wettbewerbspraxis 239

2. Die Evaluation des Preises durch die Kontrahenten 242
   2.1. Problemstellung 242
   2.2. Objektive Komponenten des Preis/Leistungsverhältnisses 243
       2.2.1. Die Leistungsabgabe 243
           2.2.1.1. Die Leistung in objektiven Kategorien 243
           2.2.1.2. Nutzenstiftende externe Effekte 247
       2.2.2. Das Leistungsäquivalent aus Anbieter- und aus Nachfragersicht ... 247
           2.2.2.1. Der Grundpreis 247
           2.2.2.2. Die Abgeltung von Zusatzleistungen 252

2.2.2.2.2.1. Erscheinungsformen der Leistungsäquivalente 252
2.2.2.2.2.2. Die Abgeltung raum- und zeitbezogener Überbrückungsleistungen 255
2.2.2.2.2.3. Die Abgeltung quantitäts- und qualitätsbezogener Überbrückungsleistungen 257
2.2.2.2.2.4. Die Abgeltung von Finanzierungsleistungen 260
2.2.2.2.2.5. Die Abgeltung akquisitorischer Bemühungen 263
2.2.2.3. Die Berücksichtigung von Folgelasten und externen Effekten 265
2.3. Das Preis/Leistungsverhältnis in Kaufentscheidungsprozessen 266
2.3.1. Wahrnehmungs- und Auswahlprozesse im Konsumentenverhalten .. 266
2.3.2. Determinanten der Wahrnehmung von Preis/Leistungsverhältnissen 271
2.3.2.1. Das Kostenbewußtsein 271
2.3.2.2. Die Darbietungsform der Preisinformation 272
2.3.2.3. Die Preisbereitschaft 274
2.3.2.4. Die Qualitätsbezogenheit der Preiswahrnehmung 276
2.3.3. Die Evaluierung verschiedener Preis/Leistungsverhältnisse 277
2.4. Grundzüge der hedonistischen Preistheorie 284

3. Die Bestimmung des Angebotspreises für ein Produkt 288
3.1. Die Preisbildung in der mikroökonomischen Preistheorie 288
3.1.1. Grundlegende Komponenten preistheoretischer Modelle 288
3.1.2. Die adaptive Preispolitik 292
3.1.3. Die aktive Preispolitik 296
3.2. Die Preisbildung in der betrieblichen Praxis 300
3.2.1. Überblick 300
3.2.2. Die kostenorientierte Preisfindung 304
3.2.2.1. Ausgewählte Kalkulationsverfahren 304
3.2.2.2. Kostenwirtschaftliche Preisuntergrenzen 312
3.2.2.3. Grundprobleme des kalkulatorischen Ausgleichs 317
3.2.3. Die abnehmerorientierte Preisfindung 321
3.2.3.1. Die Nachfrage auf unvollkommenen Märkten 321
3.2.3.2. Die Preis-Absatz-Funktion als Ansatzpunkt einer abnehmerorientierten Preispolitik 325
3.2.3.2.1. Die Preiselastizität 325
3.2.3.2.2. Preispolitische Obergrenzen 331
3.2.3.2.3. Die Preisdifferenzierung 334
3.2.3.2.4. Dynamische Preis-Absatz-Funktionen 337
3.2.3.3. Die Auktion 341
3.2.4. Die wettbewerberorientierte Preisfindung 343
3.2.4.1. Der Preiswettbewerb 343

3.2.4.2. Die Unterordnung unter einen Preisführer 349
 3.2.4.3. Die Anwendung branchenüblicher Kalkulationsgrundsätze .. 350
4. Rechtliche Restriktionen der Preis- und der Konditionenpolitik 351
 4.1. Die Preispolitik 351
 4.2. Die Konditionenpolitik 358

Quellenhinweise und Literaturempfehlungen 360

§ 5 Distributionspolitik

1. Der Aufgabenbereich der Distributionspolitik 366
 1.1. Die strategische Ebene 366
 1.2. Die operative Ebene 368
2. Zentrale Aktionsfelder der Distributionspolitik 373
 2.1. Die Wahl von Standorten 373
 2.2. Die Bestimmung der Absatzwege 378
 2.2.1. Die akquisitorische Bedeutung der Absatzwege 378
 2.2.1.1. Grundprobleme der Absatzwegeentscheidung 378
 2.2.1.2. Determinanten ein- und mehrstufiger Absatzwege 380
 2.2.2. Die Leistungsträger der Distribution 384
 2.2.2.1. Die Verkaufs- und Vertriebsorganisation der Unternehmung 384
 2.2.2.2. Der Handel 388
 2.2.2.2.1. Der Großhandel 388
 2.2.2.2.2. Der Einzelhandel 396
 2.2.2.3. Die Marktveranstaltungen 415
 2.3. Die Gestaltung der physischen Distribution 418
 2.3.1. Die akquisitorische Bedeutung der physischen Distribution 418
 2.3.2. Die Entscheidungsfelder 420
 2.4. Der Einsatz des persönlichen Verkaufs 425
3. Rechtliche Grenzen der Distributionspolitik 429

Quellenhinweise und Literaturempfehlungen 434

§ 6 Kommunikationspolitik

1. Die Bedeutung der Kommunikationspolitik 440
 1.1. Die Kommunikationspolitik als Element des Marketing-Mix 440

1.2. Quantitative Dimensionen der Werbung 444
1.3. Die Struktur der Werbewirtschaft 447
    1.3.1. Die Akteure 447
    1.3.2. Selbstverwaltungsorgane der Werbewirtschaft 448

2. Von der Reklame zur Kommunikationspolitik:
   Geschichte und theoretische Grundlagen der Werbewissenschaft 451
   2.1. Frühe Vorläufer der modernen Wirtschaftswerbung 451
   2.2. Von der elementenpsychologisch zur gestalt- bzw. ganzheitspsychologisch
       orientierten Werbelehre 452
       2.2.1. Der elementenpsychologische Erklärungsansatz 452
       2.2.2. Der gestalt- und ganzheitspsychologische Erklärungsansatz 453
           2.2.2.1. Die Prüfung der Gestaltfestigkeit 454
           2.2.2.2. Die Prüfung der Anmutungsqualität 455
   2.3. Die lern-, motivations- und einstellungstheoretisch fundierte Werbelehre 456
       2.3.1. Der lerntheoretische Erklärungsansatz 456
       2.3.2. Der motivationstheoretische Erklärungsansatz 458
           2.3.2.1. Die homöostatischen Motivationstheorien 459
               2.3.2.1.1. Der instinkttheoretische Ansatz 459
               2.3.2.1.2. Der psychoanalytische Ansatz 460
               2.3.2.1.3. Der kognitive Ansatz 460
           2.3.2.2. Die humanistische Motivationstheorie 465
           2.3.2.3. Die aktivationstheoretischen Motivationstheorien 466
       2.3.3. Der einstellungstheoretische Erklärungsansatz 469
   2.4. Die kommunikationstheoretisch ausgerichtete Werbelehre 470
       2.4.1. Die Kommunikation aus sozialpsychologischer Sicht 471
       2.4.2. Die Kommunikation aus soziologischer Sicht 474
           2.4.2.1. Das Meinungsführer-Konzept 474
           2.4.2.2. Das diffusionstheoretische Konzept 477
           2.4.2.3. Das Nutzenkonzept 478

3. Erscheinungsformen der Kommunikationspolitik 479
   3.1. Die Werbung 479
       3.1.1. Die Werbung als Kommunikationsprozeß 479
       3.1.2. Eine Phänomenologie der Werbestrategien 482
       3.1.3. Produkt und Firma als Objekte werblicher Maßnahmen 485
       3.1.4. Individual- und Kollektivwerbung als Basisstrategien 488
       3.1.5. Erscheinungsformen der Werbung inner- und außerhalb der Wirtschaft 489

3.2. Die Verkaufsförderung 492
3.3. Die Öffentlichkeitsarbeit 495
   3.3.1. Die Public Relations 495
   3.3.2. Die Formung einer Corporate Identity 496
4. Werbepolitische Entscheidungen 497
   4.1. Die Werbeplanung 497
      4.1.1. Informationen als Grundlage der Werbeplanung 498
      4.1.2. Die Zielplanung 503
         4.1.2.1. Ökonomische Werbeziele 503
         4.1.2.2. Außerökonomische Werbeziele 504
      4.1.3. Die Werbeprogrammplanung 508
         4.1.3.1. Die Werbebudgetplanung 508
         4.1.3.2. Die Mediaplanung 515
            4.1.3.2.1. Die Werbeträger 516
            4.1.3.2.2. Entscheidungskriterien bei der Mediaplanung 520
            4.1.3.2.3. Die Mediaselektion 544
   4.2. Die Werbegestaltung 547
      4.2.1. Die Werbebotschaft 547
      4.2.2. Die Werbemittel 548
         4.2.2.1. Gestaltungstypen 549
         4.2.2.2. Prinzipien der Gestaltung verbaler Werbemittel 550
         4.2.2.3. Die Wirkkonkurrenz 556
      4.2.3. Die Werbemittel-Erfolgsprognose 558
         4.2.3.1. Grundlagen 558
         4.2.3.2. Teilprüfungen 560
            4.2.3.2.1. Die Werbemittel-Plazierung 560
            4.2.3.2.2. Die Werbemittel-Größe 563
            4.2.3.2.3. Die Farbwahl 564
         4.2.3.3. Ganzheitsprüfungen 565
            4.2.3.3.1. Der multivariate Ansatz 565
            4.2.3.3.2. Psychophysiologische Verfahren 566
   4.3. Die Werbeerfolgskontrolle 567
      4.3.1. Grundlagen 567
      4.3.2. Die Messung des ökonomischen Werbeerfolges 568
         4.3.2.1. Der ökonometrische Ansatz 569
            4.3.2.1.1. Die statische Modellkonzeption 569
            4.3.2.1.2. Die dynamische Modellkonzeption 570
         4.3.2.2. Experimentelle Ansätze 575

Inhaltsverzeichnis XIX

4.3.3. Die Messung des außerökonomischen Werbeerfolges 578
    4.3.3.1. Die Gedächtniswirkung 578
        4.3.3.1.1. Das Wiedererkennungsverfahren 579
        4.3.3.1.2. Das Erinnerungsverfahren 580
        4.3.3.1.3. Die Eignung der Gedächtniswirkung als Maß des Werbeerfolges 582
    4.3.3.2. Die Einstellungswirkung 582
    4.3.3.3. Multidimensionale Meßansätze 584

5. Rechtliche Grenzen der Kommunikationspolitik 586

Quellenhinweise und Literaturempfehlungen 591

§ 7 Marketing-Forschung

1. Grundlagen 606
   1.1. Information und Entscheidung im Marketing 606
   1.2. Methodologische Aspekte 608
   1.3. Organisatorische Voraussetzungen der Informationsgewinnung 610

2. Der Gegenstand der Marketing-Forschung 612
   2.1. Die Umwelt der Unternehmung 612
      2.1.1. Die Makro-Umwelt 614
      2.1.2. Die Mikro-Umwelt 618
          2.1.2.1. Die Abnehmer der Unternehmensleistungen 618
          2.1.2.2. Die Wettbewerber 623
          2.1.2.3. Sonstige Marktpartner 625
   2.2. Der Innenbereich der Unternehmung 627

3. Forschungsziele und Datenbasen 627
   3.1. Die Reichweite von Analysen 627
      3.1.1. Explorative Studien 628
      3.1.2. Deskriptive Studien 630
      3.1.3. Kausale Studien 630
   3.2. Die Informationsquellen 636

4. Ablauf und Methodik empirischer Erhebungen 638
   4.1. Die Planung einer Studie 638
   4.2. Die Skalierung der bedeutsamen Variablen 641
      4.2.1. Die Grundstruktur ausgewählter Skalierungsverfahren 641
      4.2.2. Skalierungsähnliche Verfahren 648

Inhaltsverzeichnis

- 4.2.2.1. Die Rating-Skala 648
- 4.2.2.2. Rangordnung und Paarvergleich 652
- 4.2.3. Eindimensionale Skalierungsverfahren 656
  - 4.2.3.1. Das Verfahren der summierten Schätzungen (*Likert*-Skalierung) 656
  - 4.2.3.2. Das Verfahren der gleich erscheinenden Intervalle (*Thurstone*-Skalierung) 660
  - 4.2.3.3. Die Skalogramm-Analyse (*Guttman*-Skalierung) 664
  - 4.2.3.4. Die Unfolding-Technik (*Coombs*-Skalierung) 666
- 4.2.4. Die Skalierung mehrdimensionaler Merkmale 670
  - 4.2.4.1. Die Indexbildung 670
  - 4.2.4.2. Das Semantische Differential 672
  - 4.2.4.3. Die Multiattributivskalierung 676
  - 4.2.4.4. Die Mehrdimensionale Skalierung (MDS) 678
- 4.2.5. Gültigkeits- und Zuverlässigkeitsprüfungen 681
- 4.3. Die Auswahl der Probanden 683
  - 4.3.1. Grundformen von Auswahlverfahren 683
  - 4.3.2. Komplexe Formen der Stichprobenziehung 690
  - 4.3.3. Stichprobenfehler und Stichprobenumfang 692
  - 4.3.4. Nicht berechenbare Fehlerarten 697
- 4.4. Die Gewinnung der Daten 698
  - 4.4.1. Grundformen der Datenerhebung 698
    - 4.4.1.1. Die Befragung 698
    - 4.4.1.2. Die Beobachtung 706
  - 4.4.2. Apparativ unterstützte Erhebungstechniken 708
    - 4.4.2.1. Psychophysiologische Meßverfahren 708
      - 4.4.2.1.1. Die Messung der elektrodermalen Reaktion 708
      - 4.4.2.1.2. Die Blickaufzeichnung 711
    - 4.4.2.2. Das Tachistoskopverfahren 714
    - 4.4.2.3. Das Schnellgreifverfahren 715
    - 4.4.2.4. Computergestützte Erhebungstechniken 716
      - 4.4.2.4.1. Die computergestützte Befragung 716
      - 4.4.2.4.2. Die automatisierte Datenerfassung am Verkaufspunkt 717
  - 4.4.3. Institutionalisierte Formen der Datenerhebung 726
    - 4.4.3.1. Der Produkttest 726
    - 4.4.3.2. Der Markttest 727
    - 4.4.3.3. Der Store-Test 729
    - 4.4.3.4. Die Panelerhebung 730

Inhaltsverzeichnis   XXI

4.5. Die Datenanalyse 735
  4.5.1. Multivariate Verfahren der Datenanalyse 737
    4.5.1.1. Die Regressionsanalyse 738
    4.5.1.2. Die Varianzanalyse 748
    4.5.1.3. Die Diskriminanzanalyse 756
    4.5.1.4. Die Kontrastgruppenanalyse (AID) 763
    4.5.1.5. Die Clusteranalyse 767
    4.5.1.6. Die Faktorenanalyse 773
    4.5.1.7. Die Mehrdimensionale Skalierung (MDS) 781
    4.5.1.8. Das Conjoint Measurement (CM) 787
  4.5.2. Prognoseverfahren 793
    4.5.2.1. Die Entwicklungsprognose 795
      4.5.2.1.1. Die einfache Zeitreihenprognose 796
      4.5.2.1.2. Die Grundform des exponentiellen Glättens 799
      4.5.2.1.3. Nichtlineare Trend- und Wachstumsfunktionen 802
    4.5.2.2. Die Projektion 805

Anhang: Programmpakete für die Aufbereitung und Analyse von Daten im Wege der
Elektronischen Datenverarbeitung 810

Quellenhinweise und Literaturempfehlungen 811

§ 8 Marketing-Planung

1. Grundlagen 820
  1.1. Marketing und Planung 820
  1.2. Die Ebenen der Marketing-Planung 822
  1.3. Die Institutionalisierung der Marketing-Planung 823

2. Gegenstandsbereiche 826
  2.1. Die Situationsanalyse 826
  2.2. Die Ziel- und Strategienplanung 828
    2.2.1. Die Zielplanung 829
      2.2.1.1. Der Inhalt der Zielplanung 829
      2.2.1.2. Zur Problematik der Bestimmung von Zielen 831
    2.2.2. Die Strategienplanung 833
      2.2.2.1. Strategische Handlungsdimensionen 833
      2.2.2.2. Wichtige Fixpunktstrategien im Überblick 835
        2.2.2.2.1. Die Marktsegmentierung 835
        2.2.2.2.2. Die Produktinnovation 838
        2.2.2.2.3. Die Diversifizierung 840
        2.2.2.2.4. Die Internationalisierung 842

                2.2.2.2.5. Die Globalisierung 843
                2.2.2.2.6. Die Kooperation 844
                2.2.2.2.7. Die Technologieorientierung 845
        2.3. Die Maßnahmenplanung 847
            2.3.1. Die Bestimmung und Aufteilung des absatzpolitischen Aktivitätsniveaus 847
            2.3.2. Optimierungsprobleme bei der Gestaltung des Marketing-Mix 850
            2.3.3. Die Festlegung von Budgets 855
    3. Entscheidungshilfen für die Marketing-Planung 860
        3.1. Entscheidungshilfen für die Situationsanalyse 860
        3.2. Entscheidungshilfen für die Ziel- und Strategienplanung 864
            3.2.1. Die Produkt-Markt-Matrix von Ansoff 864
                3.2.1.1. Strategieempfehlungen 865
                3.2.1.2. Kritik und Weiterentwicklungen 868
            3.2.2. Der Portfolio-Ansatz 869
                3.2.2.1. Zur Fundierung des Portfolio-Ansatzes 870
                3.2.2.2. Wichtige Portfolio-Konzepte 875
                    3.2.2.2.1. Das Marktwachstum-Marktanteil-Portfolio 875
                    3.2.2.2.2. Das Marktattraktivität-Wettbewerbsvorteil-Portfolio 879
                3.2.2.3. Kritik und Weiterentwicklungen 883
            3.2.3. Die Wettbewerbsmatrix von Porter 884
                3.2.3.1. Ausgangsüberlegungen 884
                3.2.3.2. Strategieempfehlungen 887
                3.2.3.3. Kritik und Weiterentwicklungen 889
            3.2.4. Vergleichende Betrachtung der dargestellten Entscheidungshilfen zur Ziel- und Strategieplanung 890
        3.3. Entscheidungshilfen für die Maßnahmenplanung 891
            3.3.1. Einfach strukturierte Gleichgewichts- und Optimierungsmodelle ... 891
                3.3.1.1. Die Break Even-Analyse 891
                3.3.1.2. Die Aktionsplanung mit Hilfe der Netzwerkanalyse 894
            3.3.2. Höherstrukturierte Optimierungsmodelle 899
Quellenhinweise und Literaturempfehlungen 904

§ 9 Marketing-Kontrolle

1. Gegenstand und Bedeutung der Marketing-Kontrolle 913
2. Die ergebnisorientierte Marketing-Kontrolle 916
    2.1. Grundlagen 916
    2.2. Möglichkeiten einer ergebnisorientierten Marketing-Kontrolle 917
        2.2.1. Die Umsatz- und Marktanteilskontrolle 917
        2.2.2. Die Vertriebserfolgskontrolle 920

	Inhaltsverzeichnis	XXIII

 2.2.2.1. Die Vertriebskostenrechnung 920
 2.2.2.2. Die Absatzsegmentrechnung 924
3. Das Marketing-Audit 930
 3.1. Zielsetzung und zentrale Probleme 930
 3.2. Der Objektbereich des Marketing-Audit 932
  3.2.1. Das Prämissen-Audit 932
  3.2.2. Das Ziel- und Strategien-Audit 932
  3.2.3. Das Maßnahmen-Audit 933
  3.2.4. Das Prozeß- und Organisations-Audit 934
4. Organisatorische Aspekte der Marketing-Kontrolle 935

Quellenhinweise und Literaturempfehlungen 937

§ 10 Marketing-Organisation

1. Menschen und Tätigkeiten als Objekte der Organisationsgestaltung 940
 1.1. Organisatorische Auswirkungen einer veränderten Marketing-Sicht 940
 1.2. Bestimmungsgrößen der Struktur der Marketing-Organisation 945
  1.2.1. Externe und interne Rahmenbedingungen 945
  1.2.2. Ziele der Organisationsgestaltung 946
 1.3. Typen von Marketing-Organisationen 947
  1.3.1. Eindimensionale Organisationsformen 947
   1.3.1.1. Funktionsorientierte Organisationsformen 947
   1.3.1.2. Spartenorientierte Organisationsformen 951
  1.3.2. Mehrdimensionale Organisationsformen 955
2. Die Einrichtung von Informationssystemen 957
 2.1. Zwecksetzung und Struktur von Marketing-Informationssystemen 957
 2.2. Die Ausgestaltung von Marketing-Informationssystemen 960
  2.2.1. Grundtypen von Marketing-Informationssystemen 960
   2.2.1.1. Dokumentationssysteme 960
   2.2.1.2. Planungssysteme 962
   2.2.1.3. Kontrollsysteme 964
  2.2.2. Die Dimensionierung eines Marketing-Informationssystems 968
   2.2.2.1. Inhalt, Umfang und Struktur der Datenbank 968
   2.2.2.2. Die Ausgestaltung der Methoden- und der Modellbank 974
   2.2.2.3. Die Ausgestaltung des Kommunikationssystems 980
  2.2.3. Die Vorgehensweise beim Aufbau von Marketing-Informationssystemen 982

Quellenhinweise und Literaturempfehlungen 985

Glossar 989

Stichwortverzeichnis 1039

§ 1 Der Bedeutungswandel des Marketing-Begriffs

1. Marketing als unternehmerische Aufgabe
    1.1. Grundtatbestände und begriffliche Grundlagen
    1.2. Merkmale des Marketing
    1.3. Das Marketing-Management
2. Marketing als Sozialtechnik
    2.1. Einsatzfelder und Einsatzbedingungen
        2.1.1. Die Überwindung von Engpässen im Unternehmen
        2.1.2. Das Marketing nicht-kommerzieller Institutionen
        2.1.3. Das Marketing für öffentliche Anliegen
    2.2. Die Handhabung des sozialtechnologischen Instrumentariums
        2.2.1. Die Ziele
        2.2.2. Die Instrumente
        2.2.3. Die Wirkungen
3. Der Objektbereich des Marketing als wissenschaftstheoretisches Problem

Quellenhinweise und Literaturempfehlungen

1. Marketing als unternehmerische Aufgabe
1.1. Grundtatbestände und begriffliche Grundlagen

Die Aufgabe der **Produktion** bzw. der **Produktionswirtschaft** besteht primär darin, die in der Natur in irgendeiner Form vorkommenden Grundstoffe unter Einsatz von Intellekt und physischer Arbeitskraft des Menschen für dessen Verwendungszwecke und Bedürfnisse umzuformen. Für die Urformen des Wirtschaftens ist charakteristisch, daß der einzelne Mensch und die Sippe ausschließlich für den **eigenen Bedarf** produzieren bzw. Dienste verrichten. Ein Austausch von Leistungen mit anderen Wirtschaftssubjekten oder Wirtschaftseinheiten findet auf dieser Elementarstufe nicht statt. Man beschafft und fertigt gerade jenes Maß an Gütern, das zur Befriedigung der eigenen Bedürfnisse geboten erscheint. Selbst Vorräte werden nur dort angelegt, wo sich die Notwendigkeit dazu aus naturbedingten, insbesondere klimatischen Gründen ergibt.

Der hier skizzierte Fall der autarken, d.h. isoliert lebensfähigen Einzelwirtschaft ist indessen, an den heutigen Verhältnissen gemessen, alles andere als realistisch. Ausgangspunkt für unsere Betrachtungen muß deshalb eine Stufe des gesellschaftlichen Wirtschaftens sein, die sich als extrem **arbeitsteilig** kennzeichnen läßt. Die Produktion erfuhr seit Beginn der **Industrialisierung** ein hohes Maß an Komplizierung und Spezialisierung, während die Bedürfnisse gleichzeitig ein nie vorher gekanntes Maß an Differenzierung erreicht haben, so daß das einzelne Wirtschaftssubjekt weder all das zu produzieren vermag, was es braucht, noch all das zu verbrauchen vermag, was es produziert. Ein Blick in unsere Umwelt zeigt deutlich, daß selbst dieses Bild den Gegebenheiten nur noch selten gerecht wird, da infolge der unvermeidlichen **Spezialisierung** in der heutigen Zeit fast ausschließlich für die Erfüllung der Bedürfnisse anderer produziert wird. Gleichwohl ist nicht zu übersehen, daß im „do it yourself" gerade in hochentwickelten Volkswirtschaften das „Produzieren für den eigenen Bedarf" eine gewisse Renaissance erlebt (z. B. Schneidern von Kinderkleidern, Backen von Brot, Montage von Möbeln, Durchführung von Malerarbeiten im eigenen Haus und Ausbau von Dachgeschossen). Die Gründe dafür liegen einmal in strukturellen Veränderungen in Industrie und Handwerk, zum anderen im zunehmenden Drang der Menschen nach aktiver Freizeitgestaltung, die gar noch mit einer Schonung des Haushaltsbudgets verbunden ist.

Das Entstehen immer neuer Bedürfnisse, die stetige Erhöhung der Realeinkommen und die fortwährende Entdeckung neuer Technologien führen dazu, daß immer mehr Güter auf dem Markt angeboten werden und im Interesse der Aufrechterhaltung des Wirtschaftskreislaufs Abnehmer finden müssen. Man kann davon ausgehen, daß es rund 2,5–3 Millionen verschiedene Produkte sind, die ausgangs des zwanzigsten Jahrhunderts in einem Land wie der Bundesrepublik Deutschland erworben werden können. Hinzu kommt eine nur schwer zu quantifizierende Fülle unterschiedlicher Dienstleistungen.

Ein gewerblicher Anbieter kann, wie wir sahen, ganz verschiedenartige Leistungen erbringen. Eine **betriebliche Leistung** liegt zunächst immer dann vor, wenn eine Unternehmung Erzeugnisse der Natur entnimmt (Bergbau, Fischerei, Landwirtschaft, Forstwirtschaft), oder aber wenn sie im Wege der Veredelung oder Weiterverarbeitung aus sog. Urprodukten höherwertige Sachgüter erstellt. Schließlich kann sie auch Leistungen in Gestalt von Diensten, mithin Dienstleistungen erbringen (z. B. Banken, Versicherungsgesellschaften, Einzelhandel, Fernsehtechniker und Friseure). Entsprechend ordnet man die betroffenen Wirtschaftseinheiten dem Primären, dem Sekundären oder dem Tertiären Sektor einer Volkswirtschaft zu, je nachdem, ob es sich um Betriebe der Urerzeugung, der Weiterverarbeitenden Industrie oder des Dienstleistungsbereichs handelt.

Das Ergebnis einer Gewinnungs- oder Produktionstätigkeit ist jedoch streng genommen noch keine betriebliche Leistung. Es kommt entscheidend darauf an, daß das physische oder immaterielle Ergebnis wirtschaftlicher Tätigkeit einem nützlichen Zweck zugeführt wird und als solches begehrt ist. Diese Bedingung schlägt sich auch in dem Postulat der Bilanzierungslehre nieder, nicht veräußerte Fertigprodukte nach dem Grundsatz der Vorsicht nur zu Herstellungskosten und nicht etwa zu Verkaufspreisen zu bewerten. Entsprechend hat ein Dienstleistungsbetrieb im eigentlichen Sinne noch keine Leistung erbracht, solange er auf Kunden wartet, also nur leistungsbereit ist. Im Prinzip kann die **Verwertung** auf zweierlei Weise erfolgen, einmal durch Nutzung der erstellten Leistung bzw. durch Inanspruchnahme eines Dienstes im eigenen Betrieb (z. B. durch Einsatz von Halb- oder Fertigfabrikaten, durch Verwendung von selbsterzeugtem Strom oder durch Heranziehung eigener Forschungs- und Entwicklungsergebnisse), zum anderen durch Absatz der Güter bzw. Verrichtung von Diensten auf einem Markt.

Konstituierendes Merkmal einer modernen Wirtschaft, ob Marktwirtschaft wie in den westlichen Industrienationen oder Planwirtschaft wie in den sozialistischen Staaten, ist der **Tausch von Gütern gegen Geld** zwischen rechtlich und wirtschaftlich zumindest nach außen hin selbständigen Wirtschaftssubjekten. Dabei muß den Transaktionen nicht notwendigerweise eine Veräußerung zugrunde liegen; es kann sich vielmehr auch um eine Vermietung bzw. ein sog. Leasing eines Gutes handeln, wie dies bei manchen Investitions- bzw. Gebrauchsgütern häufig vorkommt (z. B. Anlagen der Elektronischen Datenverarbeitung, Fernsprechanlagen, Mietwagen).

Grundsätzlich unterliegt die Tauschfreiheit im Rahmen unserer Rechts- und Wirtschaftsordnung nur solchen Einschränkungen, die in gesundheitspolitischen, militärischen, handelspolitischen oder sonstigen nationalen Interessen begründet sind. Die Tauschakte selbst vollziehen sich lediglich zu einem Bruchteil auf institutionalisierten, d. h. räumlich und zeitlich abgegrenzten Märkten (z. B. Wochenmärkten, Viehmärkten, Warenbörsen und Auktionen). Außerdem gibt es nicht wenige Versuche, Tauschakte zustande zu bringen, die aus den vielfältigsten Gründen scheitern. Die Beispiele der Wertpapierbörse und der Versteigerung zeigen, daß täglich erhebliche Stückzahlen bzw. Posten angeboten oder nachgefragt werden, ohne daß es zu Abschlüssen kommt, und zwar größtenteils deshalb, weil die Preisvorstellungen der Betroffenen zu stark divergieren.

Es wird somit deutlich, daß beide Beteiligte, Anbieter wie Nachfrager, bestrebt sind, einen Verhandlungserfolg bzw., sofern es den institutionellen Gegebenheiten oder Gepflogenheiten gemäß nicht zu Verhandlungen kommt, für sich einen Vorteil zu erringen. Bei der Frage, welche Erwartungen es sind, die einen Verbraucher, Händler oder industriellen Nachfrager motivieren, sich für ein Produkt zu interessieren, stoßen wir auf den für die Theorie des Tausches überaus bedeutsamen, wenngleich wenig konkreten Begriff des **Nutzens,** unter dem man ein nur nach subjektiven Maßstäben bewertbares und deshalb intersubjektiv nur schwer überprüfbares Maß an Bedürfnisbefriedigung versteht.

Was jemanden bewegt, sich für ein ganz bestimmtes Produkt zu entscheiden bzw. gerade mit diesem oder jenem Hersteller in eine Geschäftsverbindung einzutreten, hat im Einzelfall nach aller Erfahrung vielfältige Ursachen. Die diesem Vorgang zugrunde liegenden Nutzenerwartungen hat *Vershofen* (1959, S. 89) mit Blick auf Verbrauchsgüter zweigeteilt: Jedes Produkt stiftet zunächst einen gewissen **Grundnutzen,** der aus der technisch-funktionalen Seite resultiere, gewissermaßen die Qualität im engeren Sinne verkörpere.

Davon zu unterscheiden sei der **Zusatznutzen,** der sich auf gewisse für die Existenz oder Funktionsfähigkeit eines Gutes nicht unbedingt erforderliche „Extras" (z. B. beheizbare Heckscheibe eines Autos, Wischer für Autoscheinwerfer), zusätzliche Dienste (z. B. die Möglichkeit der Verwendung eines Erzeugnisses auch noch für einen anderen als den ursprünglich vorgesehenen Zweck) oder auf Begleitumstände erstrecke, die den Kauf, die Bezahlung, Inbetriebnahme, laufende Nutzung, Wiederverwendung oder Beseitigung eines Erzeugnisses nach Gebrauch erleichtern. Schließlich fallen darunter auch sonstige Eigenschaften eines Produktes, die das Zufriedenheitsniveau oder das Ansehen desjenigen, der es besitzt, gebraucht oder verbraucht, zu erhöhen geeignet sind. Hierfür kommen vor allem ästhetische und wertmäßige Eigenschaften in Betracht, wobei letztere einem Produkt oftmals sogar den Charakter eines Statussymbols verleihen.

Ob das Gefühl, eine Nutzenmehrung bzw. einen persönlichen Vorteil erlangt zu haben, entsteht, hängt in der Regel davon ab, ob der Betroffene davon überzeugt ist, die Verbesserung seiner Situation zu einem im Vergleich zu anderen Möglichkeiten, die er gehabt hätte, besonders günstigen Preis erkauft zu haben. Dieses Streben reflektiert die auch im privaten Bereich anzutreffende Verfolgung des **Rationalprinzips,** das zumindest intentional nach Maximierung einer Zweck-Mittel-Relation verlangt. Auch wenn man im Wirtschaftsalltag oft nicht den Eindruck hat, als ob es mit der Rationalität des Verbraucherverhaltens weit her sei, so ist dies doch kein überzeugender Gegenbeweis, da die in Verfolgung des Vernunftprinzips vorzunehmenden Bewertungen Außenstehenden nicht oder nicht leicht zugänglich sind.

Diese, wie man es in der Wissenschaftstheorie zu bezeichnen pflegt, Immunisierung einer Behauptung gegenüber Angriffen von Dritten verhindert nicht, daß, bezogen auf unseren Kontext, ein Betroffener nach einem Kauf selbst die Rationalität seiner Entscheidung in Frage stellt. Erfahrungsgemäß kommt es bei einem Nachfrager dann zu inneren Spannungen, die sich darin äußern, daß er von Zweifeln befallen wird, ob er sich wirklich richtig entschieden hat. Er sieht gewissermaßen nur noch die Vorteile der nicht realisierten Alternativen, während er die mit diesen verbundenen Nachteile auf Miniaturgröße zusammenschrumpfen läßt.

Um solche sog. **kognitiven Dissonanzen** abzubauen, werden sowohl vom Betroffenen selbst als auch von den Anbietern verschiedene Wege beschritten. Aus Unternehmenssicht bedeutsam ist vor allem die Bereitschaft zum Umtausch oder zur Zurücknahme des gekauften Gutes innerhalb einer bestimmten Frist. Wichtig ist daher eine besonders intensive Betreuung eines Kunden unmittelbar nach dem Kauf („after sales service"), wo sich z. B. ein Autokäufer erfahrungsgemäß erst so richtig dem Prospektstudium widmet, um ihm stets ein Gefühl der

Sicherheit zu vermitteln und so gegebenenfalls aufkeimende Bedenken bereits im Stadium ihrer Entstehung zu zerstreuen.

Worin liegt der Nutzen desjenigen, der gewerbsmäßig Leistungen erbringt? Üblicherweise wird er in Gewinnen, Rentabilität, Unternehmenswachstum, Sicherheit, Kapazitätsauslastung und Prestige gesehen, Zielen, die jedoch im Hinblick auf jeden Einzelfall präzisiert und mit Rücksicht auf die absatzwirtschaftlichen Belange eines Unternehmens konkretisiert werden müssen. So wird sich eine Unternehmensleitung beispielsweise vornehmen, auf einzelnen Teilmärkten ganz bestimmte Marktanteile, bei einem neu einzuführenden Produkt nach einem Jahr einen Gewinn von mindestens DM 5 Mio., nach drei Jahren einen kumulierten Gewinn von DM 30 Mio. oder eine genau spezifizierte Veränderung des Produkt- oder Unternehmensimage innerhalb einer bestimmten Frist zu erreichen.

Ob sich die Ziele der Anbieter oder jene der Nachfrager eher, leichter oder besser als erwartet realisieren lassen, hängt entscheidend davon ab, wer von beiden die stärkere Position innehat. Obwohl dies im Einzelfall je nach Konjunkturlage, Wirtschaftszweig, Produktgattung und Wettbewerbssituation sehr differenziert und nur auf Grund eingehender empirischer Untersuchungen zu beurteilen ist, wird in den Industrieländern der westlichen Welt gemeinhin der **Nachfrageseite** ein Übergewicht zugeschrieben. Das bedeutet, daß die Anbieter tendenziell erheblich größere Anstrengungen als die potentiellen Nachfrager unternehmen müssen, um am Marktgeschehen teilnehmen zu können, eine Situation, die üblicherweise als **Käufermarkt** umschrieben wird. Unter bestimmten Voraussetzungen betrieblicher Art oder in Zeiten mangelnder Güterversorgung werden sich dagegen die Kunden um die Lieferanten bemühen, also bei ihrer Beschaffung aktiv werden (z. B. bei der Versorgung mit weltweit knappen Rohstoffen). Bei dieser Art der Machtverteilung spricht man von **Verkäufermarkt**.

Art und Komplexität heutiger Produktionsverhältnisse bringen es mit sich, daß Hersteller und Verbraucher normalerweise nicht mehr unmittelbar miteinander in Berührung kommen. Dazwischen schieben sich verschiedene Organe, die die **Spannungen**, die **zwischen Produktion und Konsumtion** herrschen, zu überwinden trachten. Die betrieblichen Organe und externen Institutionen, die damit befaßt sind, aber auch die Maßnahmen, die dazu ergriffen werden, faßt man unter dem Begriff **Absatzwirtschaft** zusammen.

Diese Wortverbindung ist somit mehrdeutig: Auf der einen Seite handelt es sich um Organe, nämlich die **Verkaufsorgane** der Produzenten, ferner die wirtschaftlich und rechtlich selbständigen absatzwirtschaftlichen Organe, die man als **Absatzmittler** (Groß- und Einzelhandel) bezeichnet, schließlich die **Einkaufsorgane** der Abnehmer, die allenfalls bei gewerblichen Abnehmern voll ausgebildet sind. Kennzeichnend für die Absatzmittler ist die Tatsache, daß sie Ware kaufen und verkaufen, ohne sie einer nennenswerten Bearbeitung oder

Veränderung zu unterwerfen, aber nach bestimmten Grundsätzen kombinieren, d. h. zu Sortimenten zusammenstellen.

Bei Erfüllung ihrer Aufgaben werden die absatzwirtschaftlichen Organe von sog. **Absatzhelfern** unterstützt (z. B. Handelsvertretern, Maklern, Kreditinstituten, Marktforschungsspezialisten, Werbeagenturen und Spediteuren). Für eine Reihe von Gütern sind im übrigen Ort und Zeit sowie Bedingungen des Zusammentreffens von Angebot und Nachfrage festgelegt und in sog. **Marktveranstaltungen** institutionalisiert. Dazu gehören Einrichtungen wie Messen, Ausstellungen, Auktionen und Warenbörsen.

Was schließlich die Aktivitäten anbetrifft, die die absatzwirtschaftlichen Organe entfalten, so sind diese lange Zeit nur sehr pauschal umschrieben worden als Maßnahmen zur Überwindung der Distanz zwischen Produktion und Konsumtion. Im einfachsten Falle geht es darum, die von der Produktion im weitesten Sinne erstellten Leistungen auf den Markt zu bringen und dort zu verwerten. Diese Sicht erweist sich indessen der heutigen wissenschaftlichen Erkenntnis gegenüber als unzureichend, was im nächsten Abschnitt ausführlich begründet werden wird. Gleichwohl bedarf es an dieser Stelle noch einiger Erläuterungen terminologischer Art dazu.

Der **Absatz** verkörpert nach unseren Feststellungen eine betriebliche Hauptfunktion, die in eine Reihe von Teilfunktionen zerfällt. Die Absatzbemühungen gipfeln, wenn sie erfolgreich sind, im Verkauf, worunter man die effektive Veräußerung einer Ware versteht. Geht es nicht um Sachgüter, sondern um Dienstleistungen, so entspricht diesem der Abschluß eines Dienst- oder Werkvertrags, handelt es sich um Nutzungen, analog die Vereinbarung eines Miet- oder eines Pachtvertrages.

Eine gewisse Nuancierung wird auch mit dem Begriff **Vertrieb** vorgenommen, der, obgleich häufig synonym mit **Absatz** verwendet, auf Aspekte wie Warenverteilung, Logistik, Steuerung der Außendienstorganisation und Pflege der Beziehungen eines Herstellers zum Handel abhebt.

Eindeutig abgrenzbar ist dagegen Absatz gegenüber **Umsatz.** Hierbei tritt eine weitere Bedeutung des ersteren Begriffes zutage. Absatz wird häufig auch zur Kennzeichnung der veräußerten Warenmengen verwandt, also z. B. der Stückzahl resp. Menge der Raum- oder Gewichtseinheiten. Unter Umsatz versteht man demgegenüber einmal den wertmäßigen Ausdruck der abgesetzten Ware, also das Produkt von Menge und Preis, auf der anderen Seite den Umsatzprozeß, d. h. den gesamten betriebswirtschaftlichen Umformungsvorgang, der etwa bei einem Industriebetrieb die Leistungsstufen vom Rohstoffbezug über die Fertigung bis zur Veräußerung eines Gutes an die Abnehmer einschließt. Absatz umfaßt damit lediglich eine, nämlich die Endphase des Umsatzprozesses. Im übrigen greift der Umsatzbegriff auch insofern weit über den Absatz hinaus, als er das Bindeglied zwischen den betrieblichen Hauptfunktionen Absatz und Finanzierung darstellt.

Die Notwendigkeit einer eindeutigen Abgrenzung ergibt sich vor allem auch gegenüber dem Begriff **Handel**. Auch dieser Terminus ist doppeldeutig: Einmal versteht man darunter die Tätigkeit der Leistungsverwertung. Handel im Sinne von Funktionserfüllung bezeichnet nichts anderes als den Ankauf und Verkauf von Waren ohne wesentliche Bearbeitung. Begriffslogisch zulässig sind dabei Verrichtungen wie Lagern, Sortieren, Verpacken und Umpacken. Handel in diesem funktionalen Sinne findet sich bei Herstellern, Händlern und anderen Gewerbetreibenden. Handel wird aber auch institutional verstanden. In diesem Sinne beschreibt der Begriff Einrichtungen, die sich um die Leistungsverwertung bemühen, also vor allem Betriebe des Groß- und des Einzelhandels, Ein- und Ausfuhrhändler sowie bestimmte Absatzhelfer (z. B. Handelsvertreter).

Innerhalb des institutional verstandenen Handels wird eine Differenzierung zwischen Groß- und Einzelhandel vorgenommen. **Großhandel** ist der Handel unter Kaufleuten, während unter **Einzelhandel** der Absatz an letzte Verbraucher bzw. Verwender verstanden wird. Auf einer anderen Ebene liegt die Differenzierung zwischen **Ein-** und **Ausfuhrhändlern**. Als Verbrauch resp. Verwendung gilt die sog. Marktentnahme. Dabei ist allerdings nicht zu übersehen, daß manche Waren später als Gebrauchtwaren, Antiquitäten oder im Wege des sog. Recycling als Altmaterial erneut in den Wirtschaftsprozeß eintreten.

Interessiert man sich im übrigen für den Weg, den ein Gut von der Herstellung bis zum Konsum zurücklegt, spricht man von **Absatzweg, Vertriebsweg** oder **Marktkanal;** gilt die Betrachtung dagegen mehr den dabei durchlaufenen Institutionen, sind die Termini **Absatz-** oder **Handelskette** gebräuchlich.

Die bisherigen terminologischen Erörterungen zeigen, daß es sich beim Absatz des liefernden Unternehmens und bei der Beschaffung des Kunden um eine gemeinsame Aufgabe handelt, die einmal aus der Perspektive des einen und einmal aus der Sicht des anderen betrachtet wird. Da – zumal auf Käufermärkten – die Wahrnehmung der Absatzaufgabe hohe Anforderungen an die Leistung eines Unternehmens stellt, während sich aus dem Blickwinkel des Abnehmers im Normalfall ein vergleichbares Problem nicht ergibt, hat es sich in Wissenschaft und Praxis eingebürgert, in die Rolle des **Anbieters** zu schlüpfen. Zwangsläufig werden dadurch einige spezifische Probleme, die bei der Beschaffung auftreten, in den Hintergrund gedrängt, wenn nicht überhaupt aus den Überlegungen ausgeklammert. Dazu zählen Fragen der Beschaffungsorganisation, des Gemeinschaftseinkaufs, der Einkaufskalkulation, der Konditionen und die Ableitung der jeweils optimalen Bestellmenge. Das Beschaffungswesen wird im übrigen häufig mit der Lagerhaltung unter dem Sammelbegriff Materialwirtschaft zusammengefaßt, weil sich dies angesichts der großen Affinität der beiden Aufgabenkomplexe anbietet. Es versteht sich, daß die betriebswirtschaftliche Theorie, auch wenn sie den Zugang zu den anstehenden Fragen oftmals nur von einer Seite her sucht, die Ziele und Abhängigkeiten sowohl der Anbieter als auch der Nachfrager in angemessener Weise berücksichtigen muß.

1.2. Merkmale des Marketing

Nach dem Zweiten Weltkrieg wurde die deutsche Fachsprache mit einer Reihe von angelsächsischen Begriffen durchsetzt, darunter auch dem Wort **Marketing**. Ursprünglich verstand man darunter nichts anderes als die **Vermarktung von Gütern**, für die ausreichend Nachfrage bestand, so daß sich die absatzwirtschaftlichen Anstrengungen im wesentlichen auf die Erfüllung der Verteilungsfunktion (Distribution) beschränkten. Nicht von ungefähr haben sich Begriff und Bedeutungsgehalt von „Vermarktung" bei landwirtschaftlichen Erzeugnissen bis zur Gegenwart gehalten.

Mit dem Übergang von der **Knappheitswirtschaft** zur **Gesellschaft des Überflusses** war man in zunehmendem Maße gezwungen, Märkte systematisch zu erschließen und zu pflegen. Marketing ist deshalb immer mehr zu einem Schlagwort für eine gewisse **Grundhaltung** der für ein Unternehmen Verantwortlichen geworden, die sich mit einer konsequenten Ausrichtung aller unmittelbar und mittelbar den Markt berührenden Entscheidungen an den Erfordernissen und Bedürfnissen der Verbraucher bzw. Abnehmer (Marketing als **Maxime**), mit dem Bemühen um Schaffung von Präferenzen und damit Erringung von Wettbewerbsvorteilen durch gezielte unternehmerische Maßnahmen (Marketing als **Mittel**) und mit einer systematischen, moderne Techniken nutzenden Entscheidungsfindung (Marketing als **Methode**) umschreiben läßt.

Im Gegensatz zur Epoche der Vermarktung mit der im Grunde unproblematischen „Verwertung" bereits erstellter Leistungen wird der **Absatz** nunmehr zum **Engpaßsektor**, mithin zu einem Problem. Diese Entwicklung hat in der Bundesrepublik Deutschland keineswegs alle Wirtschaftszweige gleichzeitig und mit gleicher Intensität erfaßt. Vorreiter war die Konsumgüter-, insbesondere die Markenartikelindustrie, der im Laufe der Zeit die Hersteller von Investitions- und Produktionsgütern, schließlich mit einigem Abstand der Tertiäre und der Primäre Sektor folgten.

Im Zuge der Bestrebungen, den Marketing-Begriff zu entmythologisieren, ist oft mit Nachdruck darauf hingewiesen worden, daß diese Art von Unternehmensführung seit Jahrhunderten praktiziert werde, somit nichts Neues darstelle. Es sei deshalb überflüssig, die deutsche (Fach-)Sprache um ein weiteres Schlagwort angelsächsischer Herkunft zu bereichern. Die Sprachpuristen vermochten sich indessen nicht durchzusetzen.

Marketing wird heute als **Ausdruck eines marktorientierten unternehmerischen Denkstils** verstanden, der sich durch eine schöpferische, systematische und zuweilen auch aggressive Note auszeichnet. Man begnügt sich nicht mehr damit, auf Entwicklungen zu reagieren, also Daten zu registrieren, sondern strebt danach, selbst Daten zu setzen. Zu unterscheiden sind dabei drei verschiedene Stoßrichtungen:

(1) Preiswürdigkeit, hohe Qualität, vorbildlicher Kundendienst usw. sind nur eine Seite der unternehmerischen Leistung. Wenn der Bezugspunkt aller betrieblichen Maßnahmen die Interessen, Wünsche und Sorgen der Verbraucher bzw. Verwender sind, muß eine Unternehmung zunächst unablässig bemüht sein, ihren Abnehmern sog. **Problemlösungen** zu bieten. Unter Problem ist dabei schlechthin alles zu verstehen, was die Menschen bewegt. So sollten die Produkte beispielsweise so konzipiert sein, daß sie Bequemlichkeit bieten, das Haushaltsbudget entlasten, über den ursprünglich intendierten Zweck hinaus zusätzliche Verwendungsmöglichkeiten eröffnen usw., also ein reichhaltiges Bündel an materiellen und immateriellen Nutzenkomponenten bieten.

Man denke etwa an die immer wieder auftauchenden Neuheiten im Bereich der Nahrungsmittel, die z. B. viele Arbeiten überflüssig machen, die einstmals von der Hausfrau verrichtet werden mußten (Fertiggerichte, Konserven, Teebeutel usw.), an den Komfort, den wir im Bereich des Wohnens, der Fortbewegung und der Unterhaltung genießen, und an die vielfältigen Möglichkeiten, Kredite zu erlangen, was eine zeitliche Vorwegnahme des Konsums erlaubt („Reise jetzt, zahle später!").

Symptomatisch für Marketing sind somit die meist systematisch betriebene Erforschung der Bedürfnisse der Menschen und die darauffolgende Suche nach Wegen, wie diese Bedürfnisse bestmöglich befriedigt werden können. Häufig ist damit die **Erschließung** bzw. **Schaffung** eines **völlig neuen Marktes** verbunden. Daß dazu immer Kreativität und oft gewaltige Forschungsanstrengungen, verbunden mit einem beträchtlichen Kapitaleinsatz, gehören, liegt auf der Hand.

Beispielsweise war man bei der Gestaltung von Beleuchtungskörpern Jahrhunderte lang auf die Wahl des geeigneten Materials und auf formale Schönheit fixiert, ehe ein Außenseiter entdeckte, daß es hierauf gar nicht ankommt. Er verkauft in erster Linie Licht und dann erst Leuchten. Beleuchtungsprobleme gibt es in Wohnlandschaften, am Arbeitsplatz, in Universitäten, Museen und Krankenhäusern. Durch sog. Klimabeleuchtung werden Banken, Büros und Supermärkte in einem Zug mit Licht und Frischluft versorgt. Aspekte dieser Art sind heute mindestens ebenso bedeutend wie vielfältige Einsatzmöglichkeiten einer Leuchte, Montage- und Wartungsfreundlichkeit, Wirtschaftlichkeit und ansprechendes Produktdesign. Daß sich im übrigen Energieeinsparungen, eine überragende Forderung unserer Zeit, nicht nur durch Abschalten des Stroms, sondern auch durch einen raffinierten Einsatz neuartiger Leuchtmittel erreichen lassen, zeigt sich daran, daß noch Mitte der siebziger Jahre für die Erzeugung von 1000 Lux 35 Watt pro qm Gebäudefläche nötig waren, während es schon wenige Jahre später möglich war, mit 20 Watt pro qm die gleiche Leistung bei höherem Sehkomfort zu erzielen.

Vielfach verdanken neue Produkte ihr Entstehen keineswegs Versuchen der Unternehmer, neue Bedürfnisse zu wecken, sondern soziologischen Umstrukturierungen und ökonomischen Sachzwängen. Ein typisches Beispiel dafür sind die immer höheren Personalkosten, denen andererseits eine wachsende Nachfrage speziell nach Dienstleistungen gegenübersteht. Für den marketingbewußten Unternehmer ergeben sich daraus zweierlei Konsequenzen: Einmal besteht für ihn die Notwendigkeit, nicht nur die Produkte so zu gestalten, daß sie den zunehmenden Arbeitskosten und dem Zeitmangel sowie dem Preisanstieg entgegenwirken, daß sie also Arbeiten, zumal von Hausangestellten, Handwerkern usw. im Haushalt oder für den Haushalt wegfallen lassen bzw. verbilligen, sondern auch Geräte zu entwickeln, die solche Mühen, wie man sie früher allgemein auf sich nahm, beseitigen. Beispiele dafür sind Wasch- und Geschirrspülmaschine, Gefriertruhe, Staubsauger, Wäschetrockner und elektrischer Rasierapparat. Hinter all diesen „Problemlösungen" steht nicht zuletzt der Wunsch, den Konsumenten vom Zwang der Inanspruchnahme kostspieliger Dienstleistungen unabhängig zu machen. Auf der anderen Seite resultiert daraus gleichzeitig die Forderung, bei der **Produktgestaltung** darauf zu achten, daß die Geräte möglichst wenig störanfällig sind und keiner aufwendigen Wartung bedürfen. Man überlege sich, wie stark in den letzten Jahren bei Kraftfahrzeugen die Wartungsintervalle ausgedehnt worden sind.

Menschen kaufen aber nicht nur Produkte, durch die sie entlastet werden, sei es physisch, zeitlich oder finanziell. In der sog. Wohlstandsgesellschaft besteht auch lebhafter Bedarf an Gegenständen und Gelegenheiten, die eine passive oder aktive (Freizeit-)Beschäftigung ermöglichen (Fernsehen, Hobbies, Sport, Reisen usw.). Auch hieraus ergibt sich eine Fülle von Anregungen für ideenreiche Unternehmer.

(2) Nach der Markterschließung ist das zweite Hauptanliegen des Marketing die **Marktausweitung,** wobei sich die Geschehnisse im Wirtschaftsalltag häufig keineswegs eindeutig dem einen oder dem anderen Tatbestand unterordnen lassen. Grundsätzlich ist die Marktausweitung durch vier Ansatzpunkte gekennzeichnet:

(a) Zunächst kann man versuchen, mit bereits produzierten und vertriebenen Produkten das Absatzvolumen auf den angestammten Märkten zu erhöhen, sei es dadurch, daß man die **Verbrauchsintensität** erhöht, die Lebenszeit eines Gutes verkürzt und so den **Ersatzbedarf** stimuliert, oder sei es dadurch, daß man die eigene Wettbewerbskraft zu stärken und über **höhere Marktanteile** zusätzliche Umsätze zu erzielen vermag.

(b) Daneben besteht die Möglichkeit, für ein bestimmtes Erzeugnis, gelegentlich unter gewissen Abwandlungen von Aussehen und Eigenschaften, neue Absatzmärkte zu erschließen, etwa indem man **neue Abnehmerschichten** aktiviert, **neue Einsatzfelder** und **Verwendungszwecke** entdeckt oder in **neue Absatzgebiete** vordringt, wie dies z. B. bei Aufnahme von Exportlieferungen der Fall ist.

(c) Denkbar ist aber auch, daß ein Unternehmen seine Funktion als Lieferant einer bestimmten Abnehmergruppe dadurch zu erhalten trachtet, daß es den Bedarf dieser Gruppe durch **geeignete Gestaltung** des **Angebotsprogramms** in umfassender Weise abzudecken sucht. Hollywood produziert z. B. nicht mehr nur Filme, sondern auch Unterhaltung anderer Art. *Mannesmann* stellt nicht nur Stahlrohre, sondern Leitungen für jeden Verwendungszweck und aus jedem geeigneten Material für seine Kunden her. Bekleidungs- und Möbelhäuser decken heute im Gegensatz zu früher den gesamten einschlägigen Bedarf ihrer Abnehmer. Vielfach ist damit auch eine **Diversifikation** verbunden, d. h. die Anbieter dringen in für sie neuartige Produktbereiche ein, die jedoch jeweils insofern dafür prädestiniert erscheinen, als dabei z. B. produktionstechnische Erfahrungen verwertet, vorhandene Absatzkanäle genutzt und bestehende Beziehungen zu Kunden ausgebaut werden können.

(d) Letztlich kann es sich auch empfehlen, mit **neuen Produkten in neue Märkte** vorzustoßen. Dies ist z. B. der Fall, wenn ein deutscher Medienkonzern Varianten (nicht Übersetzungen!) eines in unserem Lande erfolgreichen Magazins in anderen Sprachen herausbringt und so fast schlagartig sein Marktpotential vervielfacht. Ähnlich lassen sich dadurch beträchtliche Umsatzsteigerungen erzielen, daß man in tropische Länder bestimmte Pharmaprodukte liefert, für die es bei uns überhaupt keinen Markt gibt. Gelegentlich liegen dieser Marketing-Strategie allerdings nicht Wachstumsziele zugrunde, sondern das Motiv der Risikoreduktion. Man prüft beispielsweise auf einem „ungefährlichen" Markt, welche Auswirkungen der Vertrieb eines für ein Unternehmen aus welchen Gründen auch immer riskanten Produktes auf dessen ökonomische Situation und Image in der Öffentlichkeit hat, ehe man sich der dann zumeist verminderten Gefahr eines Fehlschlags auf dem heimischen Markt aussetzt.

(3) Die Marktausweitung ist stets von dem Bemühen um **Marktsicherung** begleitet. Häufig geschieht dies nicht ohne Ausübung eines mehr oder minder massiven Drucks auf die Abnehmer und Konkurrenten. Rechtlich und moralisch unbedenklich ist dabei im allgemeinen z. B. das Angebot von Systemen, d. h. von aufeinander abgestimmten (Bau-)Teilen im Rahmen eines größeren Ganzen, wie dies bei Büchern, Möbeln, Küchengeschirr, Maschinen, Werkzeugen, Anlagen der Elektronischen Datenverarbeitung, Mehrzweckfahrzeugen und Versicherungsdiensten der Fall ist. Ähnliche Effekte werden durch Erlangung von Schutzrechten, wie z. B. Patenten für technisch innovative Güter, oder durch eine – nur zum Teil durch Kostendegression und höhere Produktivität legitimierte – Niedrigpreispolitik erzielt, die die etablierten Anbieter unweigerlich vom Markt verdrängt. Ungleich problematischer sind Verhaltensweisen marktstarker Unternehmen, die Kunden etwa durch Einräumung überzogener (Jahres-)Umsatzrückvergütungen an sich zu binden, sowie alle Versuche, durch unangemessen hohe Werbeaufwendungen Märkte gegenüber schwächeren Konkurrenten oder gar „newcomers" zu verteidigen bzw. zu sperren, die sich solche Ausgaben in aller Regel nicht zu leisten und damit die Hürden des Marktzugangs nicht zu nehmen vermögen.

Der zuverlässigste Weg zur Marktsicherung wird indessen immer darin bestehen, daß man durch Qualität und Preiswürdigkeit der eigenen Leistung und durch Zuverlässigkeit des Kundendienstes die Zufriedenheit der Kunden fördert und das Eindringen von Konkurrenten in bestehende Geschäftsbeziehungen erschwert. Dies wird allerdings nur dann der Fall sein, wenn es gelingt, geschlossene **Marketing-Konzeptionen** zu entwickeln. Dies bedeutet, daß alle absatzpolitischen Instrumente, die zur Erzeugung von Präferenzen eingesetzt werden, also Produktgestaltung, Preis, Distribution, Service und Werbung, zu einer Einheit zusammengefügt werden, um keine Angriffsflächen zu bieten, die den Wettbewerbern einen Einbruch erleichtern. Je exklusiver und geschlossener die Marketing-Konzeption ist, desto geringer sind die Möglichkeiten der Konkurrenten, die Herausforderung zu bestehen.

Wie sich diese Anforderungen in der Marketing-Praxis umsetzen lassen, geht zumindest andeutungsweise aus dem folgenden Beispiel hervor. Es handelt sich dabei um die Absatzstrategie, die ein internationaler Mineralölkonzern Anfang der siebziger Jahre in Großbritannien für leichtes Heizöl verfolgt hat. Verkauft wurde dabei nicht nur Brennstoff, sondern – im Sinne einer echten Problemlösung – ein „Zentralheizungspaket", das aus folgenden Komponenten bestand:

– Eine Auswahl aus fünf erprobten Ölfeuerungsanlagen, die den Wärmebedürfnissen verschiedener Haus- bzw. Wohnungsgrößen entsprechen.
– Qualitätsöl, das auf seinem Weg von der Raffinerie bis zum Tank des Verbrauchers immer wieder geprüft wird.
– Ein Vertriebssystem, das selbst die abgelegensten Inseln Schottlands und Nordirlands einbezieht.
– Sicherheit der Belieferung dank der weltweiten Ressourcen eines der größten Ölkonzerne der Welt, was auch in der Werbung immer wieder betont wird.
– Automatische Belieferung der Kunden auf Grund von Verbrauchsprognosen, die auf den jeweiligen örtlichen Temperaturverhältnissen basieren.
– Regelmäßige Inspektion und Wartung der Befeuerungs- und Tankanlagen durch geschulte Techniker, für deren Aus- und Weiterbildung eine eigene Trainingsstätte unterhalten wird.
– Ein Reparaturdienst für Notfälle, der Kessel, Pumpe, Tank usw. einschließt und garantiert innerhalb von 24 Stunden verfügbar ist.
– Ein Ersatzteillager für alle Bestandteile der verkauften Anlagen, so daß jede Reparatur schnell und relativ billig ausgeführt werden kann.
– Eine preiswerte Versicherung für die gesamte Zentralheizungsanlage.
– Bezahlung der Heizöl- und Servicekosten in gleichen Monatsraten, und zwar ohne jeden Aufschlag, durch Abbuchung, Überweisung oder Bareinzahlung. Außerdem kann dank einer Übereinkunft mit einer befreundeten Bank die Anlage in bis zu 10 Jahresraten abgezahlt werden.

Aus einem solchen „package deal" resultieren für beide Seiten Vorteile: Der Lieferant vermag einen Verbraucher nicht nur für die Ölfeuerung zu gewinnen, sondern ihn auch für mindestens 10, oft sogar 25 Jahre an sich zu binden. Dies bedeutet sowohl Sicherung des mengenmäßigen Absatzes als auch eine Erlösgarantie, da vom Kunden für alle Leistungen die jeweiligen Marktpreise bezahlt werden müssen. Dennoch fährt der Heizölverbraucher dabei keineswegs schlecht; denn auf Grund der langfristigen Bindung beider Seiten aneinander spart die Ölgesellschaft **Akquisitionskosten** und kommt vor allem dort, wo neue Siedlungen angelegt werden, in den Genuß der zentralen Vorratshaltung, wodurch die Belieferung vereinfacht und verbilligt wird. Ein mehr am Rande gelegener Vorteil für die Verbraucher besteht zusätzlich darin, daß dank der umfassenden Betreuung durch den Heizöllieferanten das Versicherungsrisiko für Haus und Hausrat sinkt. Diesem Aspekt trug die Versicherungsgesellschaft *Lloyds* durch Einräumung besonders günstiger Tarife Rechnung.

Die umfassende und wohlüberlegte **Marketing-Konzeption** dieses Konzerns war gleichwohl nicht gegen Nachahmungen gefeit, was indessen der von ihm erlangten Marktstellung keinen spürbaren Abbruch tat. So bemühte sich ein namhafter Konkurrent, durch spektakuläre Preisunterbietungen verlorenes Terrain zurückzugewinnen. Auch wenn dieser Wettbewerber auf Grund bestimmter Gegebenheiten günstigere Konditionen beim Einkauf der vertriebenen Anlagen genoß, spricht doch viel für die Vermutung, daß das betroffene Unternehmen bewußt eine spektakuläre Marketing-Idee des legendären *Rockefeller* aufgriff, der um die Jahrhundertwende in China im Interesse der Bedarfsschaffung ein paar Millionen Petroleumlampen sogar verschenkte. Ähnlich ging übrigens ein bekanntes deutsches Unternehmen vor, als es japanische Konsumenten für den Genuß von Filterkaffee zu gewinnen trachtete.

Der Stellenwert des Marketing wäre unzulänglich gekennzeichnet, wenn nicht einschränkend darauf hingewiesen würde, daß das in diesem Konzept verankerte **Primat des Absatzes** gegenüber anderen betrieblichen Funktionen, wie z. B. der Beschaffung, der Produktion und der Finanzierung, nicht uneingeschränkt gilt. So würde z. B. die Mißachtung der finanziellen Möglichkeiten eines Unternehmens rasch zur Katastrophe führen. Auf lange Sicht dagegen ist der betriebliche Mitteleinsatz an den Marketing-Zielen auszurichten.

1.3. Das Marketing-Management

Im Unterschied zu den Verbrauchern, die häufig auf die Einholung für sie relevanter Informationen verzichten und sich kaum Gedanken darüber machen, wie sie sich verhalten sollten, sind sich die professionellen Anbieter in der Regel ihrer Rolle und ihrer Möglichkeiten, die eigene Position zu verbessern, bewußt. Sie gehen dazu planmäßig vor und bedienen sich nicht nur der Erkenntnisse aller einschlägigen Wissenschaften, die sich mit dem ökonomisch bedeutsamen Verhalten des Menschen befassen, sondern sie ziehen auch die modernsten **Entscheidungstechniken** und **Planungsverfahren,** spezialisierte **Berater** und eine Fülle von **Hilfsmitteln** heran, um jeweils Maßnahmen treffen zu können, die unter den gegebenen Umständen den höchstmöglichen Zielerreichungsgrad erwarten lassen.

Pointiert ausgedrückt heißt dies, daß sich auf der Seite der Anbieter normalerweise ein leistungsfähiges institutionalisiertes Management findet, während die Nachfrageseite, zumindest soweit es sich um Letztverbraucher oder

Unternehmungen ohne ausgebaute Beschaffungsorgane handelt, ein Tummelfeld von Amateuren darstellt. Eine Art Gleichgewicht oder gar Ungleichgewicht zu Gunsten der Nachfrager kommt zuweilen dann zustande, wenn sich diese zu Verbundgruppen zusammenschließen oder auf andere Weise in Größenordnungen hineinwachsen, die ihnen die Ausübung (und den Mißbrauch) von Nachfragemacht ermöglichen.

Die zielgerichtete Vorgehensweise der Anbieter schlägt sich vor allem in der Orientierung, Ausgestaltung und Handhabung der sog. **Management-Funktionen** nieder, die die Bereiche Analyse von Problemen sowie Planung, Organisation, Durchsetzung und Kontrolle der zu deren Lösung ergriffenen Maßnahmen umspannen. Die für den Marketing-Bereich einer Unternehmung vorrangigen Sachfragen bzw. Problemkomplexe sind dabei folgende:

(1) Wenn wir einfachheitshalber von einer Unternehmung ausgehen, die einen sachlich, zeitlich und regional definierten Markt versorgt und über ein konsistentes **Zielsystem** verfügt, sind es grundsätzlich vier Kategorien von **Informationen,** die diese benötigt:

(a) Daten über die **Umwelt,** also vor allem über Verbraucher, Konkurrenten, Absatzmittler, Lieferanten und Staat,

(b) Daten über die vorhandenen **Instrumente** und **Möglichkeiten,** das Marktgeschehen zu beeinflussen und insbesondere Präferenzen für die Unternehmung zu schaffen,

(c) Daten über alle kurz- und mittelfristig nicht überwindbaren **innerbetrieblichen Restriktionen** produktionsmäßiger, finanzieller, personeller und sonstiger Art sowie

(d) Daten – soweit möglich in Form bewährter sog. nomologischer Hypothesen – über die verschiedenen **Wirkungen,** mit denen für jede von mehreren in Betracht gezogenen Handlungsweisen (gemäß b) angesichts der je nach Situation verschiedenen Reaktionen der Umwelt (gemäß a) zu rechnen ist.

Die entscheidenden Probleme liegen bei den Informationen vom Typ (a) und (d), die auch für die Bestimmung der Märkte bzw. Zielgruppen, denen man sich vorrangig widmen will, maßgebend sind. Dabei werden Massenmärkte herkömmlichen Stils in einzelne klar unterscheidbare Segmente aufgespalten, um diese einer differenzierten Bearbeitung zu unterwerfen. Man knüpft bei diesem als **Marktsegmentierung** bekannten Phänomen an geographischen, biologischen, soziodemographischen und psychologischen Merkmalen der Konsumenten bzw. Abnehmer sowie an deren beobachtbarem Kauf- und Informationsverhalten an, prüft deren Problemrelevanz und erhält durch Einsatz statistischer Methoden produktspezifische Käufertypen, für die sich meist „maßgeschneiderte" Marketing-Strategien entwickeln lassen.

Es versteht sich, daß diese Ausgangsbasis ganz neue Möglichkeiten eröffnet, Art und Zustandekommen der Bedürfnisse und Kaufabsichten der Verbraucher, vor allem auch deren Reaktionen auf die von einer Unternehmung oder einer Branche zum Zweck der Absatzförderung getroffenen unternehmungspolitischen Maßnahmen kennenzulernen und zu prognostizieren. Um den Menschen als Individuum und als gesellschaftliches Wesen, vor allem aber als Verbraucher und als Unternehmer zu analysieren, hat die sozialwissenschaftliche Forschung zahlreiche Instrumente und Methoden entwickelt, die von der **Marketing-Forschung** übernommen und zum Teil für ihre Zwecke weiterentwickelt wurden.

Wenn es dabei heute möglich ist, unvergleichlich größere Datenmengen als früher zu erfassen und zu speichern, methodisch weitaus anspruchsvoller zu verarbeiten und sie oft auf Abruf verfügbar zu machen, so liegt dies an einer Reihe von Faktoren. Hervorzuheben sind dabei die stürmische Entwicklung der Elektronischen Datenverarbeitung und – begünstigt dadurch – von **Marketing-Informationssystemen,** die zunehmende Institutionalisierung im Bereich der Datengewinnung in Gestalt von einschlägig tätigen Dienstleistungsbetrieben sowie die konsequente Integration aller Einsichten, die Natur-, Rechts-, Wirtschafts- und Sozialwissenschaften laufend bereitstellen. Kritiker des marktwirtschaftlichen Systems sehen in dieser gewaltigen Verbesserung des Informationsstandes und des diagnostischen Instrumentariums einen willkommenen Anlaß, die Zweckmäßigkeit unserer Wirtschaftsordnung in Frage zu stellen, da der Besitz von sog. Herrschaftswissen zu Mißbräuchen geradezu einlade.

(2) Die von Fall zu Fall unterschiedlich ausgeprägte Kenntnis der Marktgegebenheiten erlaubt es einem Anbieter häufig, seine Offerten in einer Weise auszugestalten und zu einem Zeitpunkt abzugeben, daß sich seine Chancen nachhaltig verbessern, die von ihm angestrebte Zahl von Kaufabschlüssen zu den von ihm gewünschten Bedingungen zu erreichen. Im einzelnen stehen ihm dazu folgende vier **Aktionsparameter** oder Maßnahmenbündel zur Verfügung:

(a) Die **Produktpolitik** erstreckt sich auf die eigentliche Produktqualität, worunter in erster Linie die Festlegung bzw. Variation der Produkteigenschaften, die Gestaltung des Produktäußeren und die Markenbildung zu verstehen sind. Hinzu kommen die Wahl von Produktionsprogramm (Industrie) bzw. Sortiment (Handel), die Entwicklung neuer Produkte, die Gewährung von Garantieleistungen sowie der technische und kaufmännische Kundendienst.

(b) Die **Entgeltpolitik** umschließt die erstmalige Festsetzung und spätere Änderung von Preisen, Möglichkeiten der Preisdifferenzierung und Preisempfehlung, die Rabattgewährung, die Gestaltung der Zahlungsbedingungen sowie den Bereich der Kreditgewährung und des Leasing.

(c) Die **Distributionspolitik** umfaßt die Gestaltung des Vertriebssystems, die Wahl der Absatzwege, den Einsatz von Verkaufstechniken, Entscheidungen bezüglich Betriebs- und Lieferbereitschaft, der Betriebsgröße und des Standortes, und zwar jeweils insoweit, als diese Instrumente unter akquisitorischen Gesichtspunkten eingesetzt werden.

(d) Die **Kommunikationspolitik** schließlich stützt sich auf die Instrumente Werbung, Verkaufsförderung und Public Relations. Hierbei geht es darum, die potentiellen Abnehmer zu informieren und zu aktivieren, sie von der Vorteilhaftigkeit eines Angebots zu überzeugen und sie zum Kauf anzuregen.

Die hier aufgeführten **absatzpolitischen Instrumente** verkörpern nur Sammelbegriffe und umschließen im konkreten Fall eine Fülle denkbarer Handlungsmöglichkeiten, deren Verwirklichung normalerweise umfassende Bemühungen im Bereich der Marketing-Forschung und Marketing-Planung voraussetzt. Ausgangspunkt der Überlegungen ist dabei das von der Unternehmungsspitze aus der obersten Zielsetzung abgeleitete Aktivitätsniveau, in dem sich das Gewicht der Absatzbemühungen im Rahmen des Unternehmungsganzen manifestiert. Dieses ist sodann auf die einzelnen Marktsegmente, Planungsintervalle sowie die für den Einsatz der absatzpolitischen Instrumente zuständigen Ressorts aufzuteilen, wobei sich der Planungsprozeß von (Hierarchie-)Ebene zu Ebene fortpflanzt und immer weiter auffächert. Wenn sich z. B. die Leitung eines Unternehmens entschließt, dem Bereich der Werbung ein Budget von DM 10 Mio. zuzuweisen, so setzt die sinnvolle Verwendung dieses Betrages die Erarbeitung und Umsetzung einer Fülle von Grob- und Feinplänen voraus.

Die Komplexität der Aufgabe sowie die Größenordnung der Beträge, um die es dabei geht, haben zu Überlegungen Anlaß gegeben und Versuche ausgelöst, das auch im deutschen Sprachraum häufig mit **Marketing-Mix** umschriebene Gestaltungsproblem mit Hilfe formaler Methoden, wie sie im Rahmen der Ökonometrie und der Unternehmungsforschung entwickelt wurden, zu lösen. Die Bemühungen auf diesem Gebiet sind indessen noch nicht so weit gediehen, daß von einem entscheidenden Durchbruch gesprochen werden könnte.

(3) Die Entwicklung und Umsetzung von Plänen der geschilderten Art setzen die Existenz einer dem Charakter der zu lösenden Aufgaben angemessenen **Aufbauorganisation** und **Ablauforganisation** voraus, die zudem noch von einem entsprechenden **Informationssystem** gestützt sein müssen. Es besteht kein Zweifel, daß eine Unternehmung nur dann eine konsequent marktorientierte Unternehmungspolitik verfolgen kann, wenn gewährleistet ist, daß alle Abteilungen zumindest prinzipiell das Primat des Marketing-Sektors anerkennen. Dies erscheint am ehesten dann gewährleistet, wenn die Unternehmungsspitze mit Marketing-Fachleuten besetzt ist bzw. wenn die Unternehmung keine mehr oder minder unabhängig von anderen Abteilungen operierende Marketing-Organisation hat, sondern sich selbst als Marketing-Organisation begreift.

In allen Fällen, in denen die mit Marketing-Aufgaben betraute Abteilung hinsichtlich Vielfalt und Volumen der anfallenden Arbeiten oder hinsichtlich der Mitarbeiterzahl eine bestimmte Größe erreicht, ergibt sich die Notwendigkeit, sie unter Verwendung geeigneter Kriterien zu strukturieren. Hierfür kommen in erster Linie Funktionen, Produkte, Kundengruppen und regionale Abgrenzungen in Betracht, die sich zu einer Vielzahl von Marketing-Organisationstypen kombinieren lassen. Jenes Merkmal, das dabei als erstes herangezogen wird, wirkt gewissermaßen typenbildend.

(4) Wie jedes zielgerichtete menschliche Handeln bedarf auch die Verfolgung absatzwirtschaftlicher Aufgaben immer wieder der **Kontrolle**. Die Quellen des Unternehmungserfolges sind indessen so vielfältiger Art, daß sie sich einer auch nur annähernd vollständigen Erfassung und Durchleuchtung entziehen. Worum es geht, läßt sich deshalb mehr als Wunsch denn als Programm formulieren, nämlich fortwährend die Richtigkeit der getroffenen Marketing-Maßnahmen zu überprüfen und aus den unvermeidlichen Abweichungen zwischen den antizipierten und den tatsächlich eingetretenen Ergebnissen mögliche Schlußfolgerungen zu ziehen sowie Denkanstöße für neue Entscheidungsprozesse zu gewinnen.

Während man sich früher darauf beschränkte, den Erfolgsbeitrag einzelner Produkte, allenfalls noch Gebiete, möglichst „richtig" auszuweisen und sich dabei notwendigerweise in die Diskussion über die Frage der verursachungsgerechten Kostenrechnung verstrickte, hat sich die Sichtweise in den Jahren nach dem Zweiten Weltkrieg in der Weise gewandelt, daß es heute um eine **Marketing-Produktivitätskontrolle** schlechthin geht. Es lassen sich demnach ebensoviele Bezugsgrößen für die Zurechnung von materiellen und immateriellen Erträgen einerseits und Aufwendungen andererseits finden, wie es Möglichkeiten der Verteilung von Marketing-Mitteln gibt. Die Schnittlinien der Analyse können deshalb durch so heterogene Aspekte wie Produkte, Gebiete, Kundengruppen, Absatzkanäle, Reisende, Werbekampagnen, Sonderpreisaktionen, Ausverkäufe und Auftragsgrößen gebildet werden.

Im übrigen begnügt man sich heute auch nicht mehr damit, den Erfolg allein in monetären Kategorien zu messen. Man ist vielmehr bestrebt, die eigenen Aktivitäten im Hinblick auf alle verfolgten Ziele und insbesondere auch über mehr als eine Periode hinweg zu überprüfen. Je stärker sich die Überzeugung durchsetzt, daß die Unternehmer nicht nur den Kapitalgebern gegenüber verpflichtet sind, sondern auch eine gesellschaftliche Verantwortung, vor allem gegenüber Abnehmern (Verbrauchern), Umwelt und Mitarbeitern, tragen, desto mehr nimmt die Marketing-Kontrolle Züge des **„social auditing"** an, d. h. die Unternehmung muß sich rechtfertigen, ob sie ihren gesamtwirtschaftlichen Verpflichtungen gerecht geworden ist. Hierbei geht es zunächst um so elementare Forderungen wie Wahrheit in der Werbung, Angemessenheit der Preise, Umweltfreundlichkeit der verarbeiteten Materialien, Schutz der Gesundheit und Verzicht auf die Verfolgung von Obsoleszenzstrategien (= geplante Veralterung), dann aber um komplexere Phänomene wie Verzicht auf Maßnahmen zur Beeinträchtigung des Wettbewerbs, Schonung der nicht ersetzbaren natürlichen Ressourcen und Abkehr von der Stimulierung egoistischer Bedürfnisse zu Gunsten der Förderung gesellschaftlicher Belange.

2. Marketing als Sozialtechnik
2.1. Einsatzfelder und Einsatzbedingungen

Anfang der fünfziger Jahre wurde, literarisch belegt, erstmals die Frage gestellt, ob man nicht genauso wie Seife auch Nächstenliebe „verkaufen" könne (vgl. *Wiebe* 1951/52). Dahinter steckt der Gedanke, daß man Marketing sehr viel weiter, als dies bis dahin der Fall gewesen war, nämlich als **Sozialtechnik,** als technologische Beeinflussungskonzeption (vgl. *Raffée* 1980) verstehen könne. Diese Auffassung hat seit etwa 1970 rasch an Boden gewonnen. Marketing überwindet damit immer stärker seinen vormals spezifisch absatzwirtschaftlichen Charakter und wird mehr und mehr zu einer Schlüsselvariablen im Rahmen der Steuerung zwischenmenschlicher und gesellschaftlicher Prozesse **(Generic Marketing).** Obwohl noch vergleichsweise jungen Datums, haben sich dabei doch schon einige Spielarten herausgebildet.

2.1.1. Die Überwindung von Engpässen im Unternehmen

Aus der Sicht der **Unternehmung** ist Marketing eigentlich eine Konzeption bzw. ein Konglomerat von Techniken und Maßnahmen zur Bewältigung von Engpässen. Seit einigen Jahrzehnten, nämlich seit Überwindung der Knappheitswirtschaft, ist man gewohnt, dabei zunächst an den Absatzsektor zu denken. Marketing konkretisiert sich insoweit in der Forderung, alle unternehmerischen Entscheidungen an den Gegebenheiten und Bedürfnissen des Absatzbereichs auszurichten **(Business Marketing).** Dies ist der dem § 1, Abschnitt 1., zugrunde gelegte Referenzfall, der **Ausrichtung und Inhalt dieses Buches** prägt.

Nun treten aber immer wieder Fälle und Situationen auf, in denen nicht der Absatz der produzierten Güter den Engpaß des betrieblichen Geschehens darstellt, sondern Restriktionen im Bereich von Produktionsanlagen, Rohstoffen, Kapital oder Mitarbeitern die Entfaltungsmöglichkeiten eines Unternehmens begrenzen. Ob aus akutem Anlaß oder auch nur prophylaktisch, wird ein Unternehmen stets alles daransetzen, um sich als „guter Schuldner" oder als „beispielhafter Arbeitgeber" zu profilieren. In ähnlicher Weise wird es die Beziehungen zu den Rohstofferzeugern sowie sonstigen Zulieferern intensiv pflegen, um auf diese Weise das Gewicht der Schwierigkeiten, von denen später unweigerlich der Absatzbereich betroffen sein müßte, gegenüber den dort anzutreffenden Problemen auszutarieren **(Balanced Marketing).**

2.1.2. Das Marketing nicht-kommerzieller Institutionen

Eine zweite Variante ist das Marketing **nicht-kommerzieller Einrichtungen (Marketing of Non Profit Organizations),** das von ganz anderen Faktoren bestimmt ist. Betroffen hiervon ist eine Reihe von öffentlichen Einrichtungen, die sich gleichwohl dem Marketing-Denken in unterschiedlichem Maße verschrieben haben. Relativ weit gediehen ist die Übernahme von Ideen und Maßnahmen des kommerziellen Marketing bei all jenen öffentlichen Unternehmen, die prinzipiell auch mit Hilfe des erwerbswirtschaftlichen Prinzips gesteuert werden könnten. Man denke etwa an Betriebe der Versorgung (Energie, Wasser) und Entsorgung (Müllabfuhr), an Schlachthäuser, Verkehrsbetriebe, Spar- und Bausparkassen, ferner an Bahn, Post, Rundfunk- und Fernsehanstalten. Beispielhaft sei hier auf die Einführung und ständige Verbesserung des *Intercity* Zug-Systems verwiesen, das fraglos eine spektakuläre (und überaus erfolgreiche) Marketing-Leistung darstellt.

In zunehmendem Maße bemühen sich auch Parteien, Theater, Museen, Bildungseinrichtungen und Glaubensgemeinschaften um ihre Anhänger bzw. Clientèle. Wenn sich z. B. die Katholische Kirche vor wenigen Jahren dazu durchgerungen hat, u.a. die sog. Vorabendmesse einzuführen, die Bänke zu polstern und in der kalten Jahreszeit die Gotteshäuser zu heizen, so werden dadurch für manch einen, der auf keinen Fall auf seinen sonntäglichen Ausflug verzichten möchte oder der Kirche sonst eher fernsteht, die Bedingungen für den Besuch einer Messe verbessert. Man denke auch an Hochschulen, die im Interesse einer besseren Auslastung ihrer Kapazität um Studenten werben („Bei uns ist die Mensa so gut, daß Professoren ihre Familien zum Essen herbringen"), oder auch an einzelne Kommunen und Landkreise, die eine reizvolle landschaftliche Lage, eine vorzügliche Infrastruktur, niedrige Lebenshaltungskosten, günstige Kreditbedingungen, steuerliche Vorteile und dgl. mehr ins Feld führen, um potentielle Industrieunternehmen zur Ansiedlung zu bewegen.

Ausgesprochen schwach ausgeprägt ist das Marketing-Denken dagegen noch in der öffentlichen Verwaltung, wo man über einige bescheidene Versuche, dem Bürger „entgegenzukommen", nicht hinausgekommen ist. Was bedeuten schon die Verlängerung der Sprechzeiten in einigen Ämtern an einem Tag der Woche, die Einrichtung von Kummerkästen und die Abgabe von Absichtserklärungen, daß man bestrebt (nicht wirklich dabei!) sei, Formulare zu vereinfachen, angesichts des autoritären Stils, mit dem der Bürger allenthalben konfrontiert ist? Nicht nur deshalb hätten die Vertreter der Obrigkeit allen Grund, sich mehr um die Nöte ihrer „Kunden" zu kümmern. Es ist erwiesen, daß viele Bürger aus einem Gefühl der Unterlegenheit heraus manche Unbequemlichkeit im Umgang mit Behörden in Kauf nehmen oder dringend benötigte staatliche Leistungen, die ihnen rechtlich zustünden, aus unverschuldeter Unkenntnis heraus nicht in Anspruch nehmen. Hier könnten bei mehr Aufgeschlossenheit durch Übernahme einfacher Marketing-Überlegungen mehr soziale Gerechtigkeit verwirklicht und – auch im Interesse eines verbesserten Arbeitsablaufs, also nicht einmal aus altruistischen Gründen – manche Friktion zwischen beiden Seiten abgebaut werden.

2.1.3. Das Marketing für öffentliche Anliegen

In allen bisher beschriebenen Fällen wird Marketing, wenn überhaupt, von einer eindeutig definierbaren Institution betrieben. Bei einer weiteren Spielart ist ein solcher Bezug nicht mehr ohne weiteres herzustellen. Gemeint ist das

Marketing für bestimmte **Ideen** („issues"), für **Anliegen, die zum Nutzen der Gesellschaft** verfolgt werden (sollten). Dies ist der Bereich des auch im Deutschen oft so bezeichneten **Social Marketing**. Welche Bewandtnis es damit hat, läßt sich am besten durch einen Vergleich mit anderen Konzepten, mit denen man soziale Veränderungen herbeizuführen trachtet, demonstrieren.

Angenommen, es geht darum, den Verbrauch an Zigaretten nachhaltig einzudämmen. Wenn der Staat dies wirklich wollte (und z. B. nicht auf die Einnahmen aus der Tabaksteuer angewiesen wäre), könnte er einmal das Rauchen schlechthin oder an bestimmten Plätzen einfach verbieten (juristische Perspektive). Ein technologisches Mittel bestünde demgegenüber darin, daß man die Industrie ermuntert, etwas zu entwickeln (z. B. eine Tablette), wodurch es den Menschen erleichtert wird, auf den Konsum von Zigaretten zu verzichten, oder was zumindest die mit dem Rauchen verbundenen gesundheitlichen Gefährdungen vermindert, also z. B. dem Tabak das Nikotin zu entziehen. Aus ökonomischer bzw. fiskalischer Sicht läge es nahe, das Rauchen zu einem nur noch schwer erschwinglichen Vergnügen zu machen, indem die Tabaksteuer massiv erhöht wird oder die Krankenversicherungsbeiträge für Raucher drastisch angehoben werden. Bleibt schließlich das Instrument der persönlichen Einflußnahme, der Information und Überzeugung, mit deren Hilfe man den Menschen die gesundheitlichen Risiken, die mit dem Genuß von Nikotin verbunden sind, vor Augen führen und sie zu einer Verhaltensänderung bewegen kann. Dieser Weg hätte gegenüber den anderen u. a. auch den Vorzug sozialer Gerechtigkeit, da eine drastische Verteuerung des Rauchens die sog. Vielverdiener überhaupt nicht, die sozial Schwächeren dagegen um so härter träfe.

Auf ähnliche Weise, oft auch als flankierende Maßnahme zu gesetzlichen Regelungen, versucht man, die Menschen dazu zu veranlassen, übermäßigem Alkohol- und jeder Art von Drogenkonsum abzuschwören, Städte und Natur sauber zu halten („Keep Britain tidy") sowie Staatsanleihen zu zeichnen und damit dem Fiskus Mittel zuzuführen, die er sich sonst über höhere Steuern von den Bürgern beschaffen müßte. Wichtige Einsatzfelder des **Social Marketing** sind sodann die Familienplanung in Entwicklungsländern, die Sensibilisierung der Menschen für weitere gesellschaftliche Belange wie die stärkere Rücksichtnahme auf Alte, Kranke und Behinderte, das gemeinsame Ringen um Ausrottung bzw. Früherkennung bestimmter Krankheiten (z. B. Schluckimpfung gegen Kinderlähmung, Vorsorgeuntersuchungen gegen Krebs) sowie – häufig in Verbindung damit – die Stimulierung der Bereitschaft der Bürger, für wohltätige bzw. gemeinnützige Zwecke Geld zu spenden.

Mit Social Marketing wird aber noch ein anderer Sachverhalt belegt, nämlich ein gesellschaftlich verantwortungsbewußtes Handeln bei allem, was herkömmlicherweise mit Marketing etikettiert wird. Dieser Fall, von *Kotler* (1982) mit **Societal Marketing** charakterisiert, unterscheidet sich von den zuletzt geschilderten Beispielen dadurch, daß das gesellschaftliche Anliegen nicht mehr im Mittelpunkt der Überlegungen und Bemühungen steht, sondern nur noch eine – oftmals gleichwohl überaus bedeutsame – Restriktion bei der Verfolgung einzelwirtschaftlicher Ziele darstellt.

Als gesellschaftlich verantwortungsbewußt können somit prinzipiell alle Fälle deklariert werden, bei denen ein Unternehmer darauf verzichtet, egoistische Ziele zu Lasten der Belange der Allgemeinheit zu verwirklichen. Dies ist nichts Spektakuläres und wird seit jeher praktiziert. Eine neue Dimension erfährt der Tatbestand allerdings dann, wenn ein Unternehmen nicht mehr nur z. B. darauf verzichtet, ein lukratives Geschäft wahrzunehmen, sondern aktiv und unter Hinnahme von nicht unbeträchtlichen Kosten für eine Sache eintritt. Gesellschaftlich verantwortungsbewußt in diesem Sinne handelt z. B. eine Mineralölgesellschaft, die in teuren Anzeigen dafür wirbt, mit Benzin und Heizöl sparsam umzugehen **(Demarketing).**

Aus dem Umstand, daß sich solche Maßnahmen letztlich doch noch zu Gunsten des fraglichen Unternehmens auswirken und daß nicht alle Aktionen der betroffenen Firmen eine solche Gesinnung widerspiegeln, sollte man nicht vorschnell und fälschlich folgern, daß es ein gesellschaftlich verantwortungsvolles Marketing überhaupt nicht gibt. Man denke in diesem Zusammenhang auch an Stromerzeugungsunternehmen, die der Bevölkerung deutlich machen, wo im Haushalt Energie vergeudet wird bzw. wo, ohne sich größere Beschränkungen aufzuerlegen, Strom eingespart werden könnte. Schließlich sei noch auf das Fernsehen verwiesen, das im Rahmen bestimmter Sendungen gute Kinderbücher vorstellt und dadurch mittelbar dazu beiträgt, daß sich die Betroffenen vom Fernsehen weg- und zum Lesen hinwenden.

Überhaupt nicht selbstlos, aber nicht minder wirksam im Sinne der Erreichung gesellschaftlicher Ziele sind die Gepflogenheit einzelner Elektrogerätehersteller, jeweils die Höhe des Strombedarfs auszuweisen, oder das zunächst allein erwerbswirtschaftlich motivierte Verhalten eines Kameraherstellers, der sich in seinen Marketing-Anstrengungen auf die „junge Familie mit Kindern" als Zielgruppe konzentriert, dadurch aber auch einen Beitrag zur Bewahrung der Familie als einer erhaltenswerten und förderungswürdigen Institution leistet.

2.2. Die Handhabung des sozialtechnologischen Instrumentariums
2.2.1. Die Ziele

Man kann sich viele Gelegenheiten bzw. Anlässe vorstellen, bei denen es opportun erscheint, Marketing-Maßnahmen zum Zweck der Steigerung der Effizienz humanitärer und anderer menschlicher Bemühungen einzusetzen. Im Hinblick auf eine gewisse Systematisierung empfiehlt es sich, dabei von der im letzten Abschnitt herausgearbeiteten Dreiteilung auszugehen.

(1) Die Zielsetzung, die der Überwindung von Engpässen im **betrieblichen Bereich** zugrunde liegt, ist offenkundig. Hier geht es um nichts anderes als darum, die Voraussetzungen für die stetige, harmonische Entwicklung eines Unternehmens, insbesondere für die Realisierung der vom Markt her gegebenen Wachstumsmöglichkeiten zu schaffen. Dies ist keineswegs ein Scheinproblem, was sich u. a. daran zeigt, daß etliche Rohstoffmärkte von großer Labilität und Unberechenbarkeit gekennzeichnet sind. Auch in Zeiten hoher Arbeitslosigkeit muß z. B. manch ein Unternehmen, das unter einem ungünstigen Standort leidet, ein attraktives Programm an Personalleistungen anbieten (es rekurriert dabei auf sein „personalpolitisches Instrumentarium"), um genügend und ausreichend qualifizierte Mitarbeiter zu gewinnen und zu halten.

(2) Was das **Marketing nicht-kommerzieller Institutionen** anbetrifft, so begegnet einem hier eine so große Vielfalt von Zielen und Beweggründen, daß eine erschöpfende und systematische Auflistung kaum möglich erscheint. Oft wird es darum gehen, die anfallenden Kosten zu decken (Ver- und Entsorgungsbetriebe), vorhandene Kapazitäten auszulasten (Rundfunk, Fernsehen, Bildungseinrichtungen) und Anhänger für eine Sache zu gewinnen (Parteien, Gewerkschaften, Vereine), dann aber auch darum, das kulturelle Angebot breiteren Bevölkerungsschichten nahezubringen (Theater, Museen) und den Menschen in ihren materiellen und seelischen Nöten beizustehen (karitative Organisationen, Kirchen), nicht zuletzt aber auch darum, zur Verwirklichung von mehr Gerechtigkeit und zum Abbau von Ärger im Alltag beizutragen (Behörden).

(3) Nicht weniger vielschichtig ist die Situation beim **Social Marketing.** Hier müssen Menschen zunächst oft mit einem Produkt oder einer Praktik vertraut gemacht werden, das bzw. die geeignet ist, die Dauer und die Qualität ihres Lebens oder das ihrer Kinder zu erhöhen. Dies gilt namentlich für Entwicklungsländer, deren Bewohner man – nicht selten mit einfachsten Mitteln – davon überzeugen muß, daß es sinnvoll ist, notwendige sanitäre Einrichtungen zu schaffen, Dämme zu errichten, Vorräte an Nahrungsmitteln anzulegen, zum Genuß bestimmtes Wasser vorher abzukochen und Babys möglichst lange zu stillen statt rasch auf Fertignahrung überzugehen. All dies wäre mit Gesetzen kaum zu bewerkstelligen. In den westlichen Industrienationen liegt das Schwergewicht der Bemühungen eher auf der Unterrichtung der Menschen über Befunde und Entwicklungen der wissenschaftlichen Forschung, die von ihnen – aus welchen Gründen auch immer – beachtet werden sollten.

Oft wissen die Betroffenen zwar, wie sie sich zu verhalten hätten, finden aber nicht die Kraft, um ihre Trägheit bzw. Willensschwäche zu überwinden. Vielen ist z. B. durchaus bewußt, daß sie nicht rauchen, weniger Alkohol trinken, mehr Sport treiben, an Gewicht abnehmen, regelmäßig Zähne putzen und gelegentlich zu Vorsorgeuntersuchungen gehen, sich mehr um ihre Mitmenschen kümmern und hin und wieder Geld spenden sollten, verdrängen dies aber alles mit großer

Gelassenheit. Es muß als Verdienst der Verhaltens- und Marketing-Forschung angesehen werden, daß man heute mehr darüber weiß, welcher Art die Widerstände sind und was unternommen werden kann, um die Betroffenen zu einer Änderung ihres Verhaltens zu bewegen.

Auf einer ähnlichen Ebene liegen die Bestrebungen, unerwünschten Konsumtrends entgegenzuwirken. Viele Verbrauchervertreter und Politiker sind davon überzeugt, daß es mit Mitteln des Marketing gelingen könnte, eine Gegenposition gegenüber eingefahrenen Verhaltensweisen der Verbraucher und den oft überdimensionierten Marketing-Etats der Hersteller solcher Konsumgüter aufzubauen, die aus der Sicht der Gesellschaft als problembehaftet zu bewerten sind.

So hat man z. B. in Schweden energische Schritte unternommen, um den Alkoholismus einzudämmen, und zwar durch Stigmatisierung der Trunkenheit, wozu man sich vor allem des Mittels der Anzeige bediente, ferner durch Erschwerung des Zugangs zu Alkohol, durch spürbare Anhebung der Preise, durch Einführung drastischer Strafen für Trunkenheit am Steuer und zu guter Letzt durch Veranstaltung von Aufklärungskampagnen in Schulen. Dieses Beispiel läßt erkennen, daß es nicht genügt, allein mit Anzeigen gegen ein unerwünschtes Phänomen zu Felde zu ziehen. Im Grunde bedarf es dazu des gesamten vom kommerziellen Marketing her bekannten Instrumentariums zur Beeinflussung einer Zielgruppe.

2.2.2. Die Instrumente

(1) In den allermeisten Fällen führt kein Weg an der professionell gestalteten **Werbung** vorbei. Wenn indessen Anzeigen, isoliert eingesetzt, der angestrebte Erfolg versagt bleibt, vermag dies nicht zu überraschen: Oft wird der Betrachter von ihnen zwar aufgerüttelt und dazu motiviert, sein Verhalten zu ändern, bleibt aber im übrigen sich selbst überlassen. Die Verbreitung der Information, Alkohol, Rauchen etc. sei gefährlich bzw. schädlich, reicht nicht aus! Wo bleibt der Hinweis auf, besser: die Bereitstellung von Alternativen? Wo gibt es Hilfen, um die am Anfang unweigerlich auftretenden Entzugserscheinungen zu überwinden? Sodann unterliegen auch und gerade Verbraucher dem aus der Psychologie bekannten Phänomen der selektiven Wahrnehmung, d.h. sie nehmen nur das an Informationen wahr und in sich auf, was in ihr Wertesystem und in ihr Weltbild paßt. Alles, was damit kollidiert, wird abgewehrt, verdrängt oder über einen der aus der Theorie der kognitiven Dissonanz bekannten Mechanismen in seiner Bedeutung reduziert. Schließlich geht die „Heilsbotschaft" oft am eigentlichen Problem vorbei und verfehlt deshalb ihre Wirkung, weil man sich nicht der Mühe unterzog oder den Einsatz an Zeit und Kosten scheute, der nötig gewesen wäre, um herauszufinden, worin das Problem letztlich besteht.

(2) Die auf diese Weise erkannten unterschiedlichen Ansprüche können u. U. nur durch ein modifiziertes, erweitertes oder verbessertes, in jedem Falle aber differenziertes **Angebot** befriedigt werden. Es genügt somit nicht, z. B. eine Universität, die mehr Studenten anziehen will, in noch so gut gestalteten

Broschüren vorzustellen und zweimal pro Jahr die Pforten für Neugierige und wirklich Interessierte zu öffnen, im übrigen aber in der Lehre alles beim alten zu belassen. Ebensowenig wird man sich bei dem Bemühen, den Verbrauch an Heizöl in Privatwohnungen zu senken, mit gut gemeinten Vorschlägen zum Energiesparen und patriotischen Appellen zufrieden geben können, sondern man wird Vorrichtungen installieren müssen, die automatisch eine Absenkung der Zimmertemperatur zur Nachtzeit bewirken oder – ähnlich den sog. Ökonometern in Kraftfahrzeugen – zumindest den mit bestimmten Raumtemperaturen korrespondierenden Ölverbrauch anzeigen. Zur Werbung, basierend auf eingehender Marktforschung, tritt somit in völliger Analogie zum kommerziellen Marketing die **Produktpolitik**. Daß es andererseits ohne Werbung meistens nicht geht, zeigt sich z. B. daran, daß gemeinnützige Einrichtungen wie die *SOS-Kinderdörfer,* die sich ausschließlich aus Spenden finanzieren, einen beträchtlichen Teil des Spendenaufkommens einsetzen müssen, um durch kommunikative Maßnahmen weitere Spenden zu erlangen.

(3) Das materielle und begriffliche Pendant zur **Entgeltpolitik** sind sog. **Incentives,** also Anreize, mit deren Hilfe die Motivation, bestimmte Dinge zu tun und andere zu unterlassen, verstärkt werden soll. Ein Beispiel dafür sind öffentliche Schwimmbäder, Eisstadien und der Fernsprechdienst der *Bundespost,* die zu bestimmten Zeiten Preisermäßigungen gewähren, um eine höhere Auslastung zu erreichen. Museen verzichten oftmals überhaupt oder zumindest an bestimmten Wochentagen auf die Erhebung eines Eintrittsgeldes, um mehr Menschen mit ihrem Angebot bekannt zu machen oder jenen den Besuch einer Ausstellung zu ermöglichen, für die die Entrichtung eines Entgelts ein spürbares Opfer bedeuten würde. In Entwicklungsländern schließlich greift man nicht selten zu Geschenken, die vom Kugelschreiber für die Teilnahme an einer Impfung bis hin zum Transistorradio für die Bereitschaft, sich sterilisieren zu lassen, reichen.

(4) Es ist keine Frage, daß es in der Regel Zeit und Anstrengungen kostet, wenn jemand sein Verhalten ändern soll. Was läge deshalb näher, als in Analogie zur unternehmerischen **Distributionspolitik** räumliche, zeitliche und andere spezifische Widrigkeiten und Unbequemlichkeiten, die dem entgegenstehen, abzubauen? Von einem solchen **Abbau von Barrieren** war bereits die Rede, und zwar im Zusammenhang mit den Bemühungen der Katholischen Kirche, mehr Gläubige an sich zu ziehen. Es gibt indessen eine Fülle weiterer Beispiele:

So besuchen in einer Stadt wie London Tausende von Berufstätigen Konzerte, weil diese unmittelbar nach Büroschluß beginnen. Für jemanden, der – als Pendler – einen Heimweg von ein bis zwei Stunden vor sich hat, wie dies heute keine Seltenheit ist, verkörpert dieses Angebot eine der wenigen Möglichkeiten, unter zumutbaren Bedingungen in den Genuß eines Konzertes zu gelangen. Oder: Wer Menschen dazu bringen möchte, einen Fragebogen ausgefüllt zurückzuschicken oder auf einen sonstigen Stimulus schriftlich zu reagieren, wird bald die Erfahrung machen, daß alle Hoffnung vergebens ist, wenn er den Adressaten die Übernahme der Versandkosten zumutet. So leuchtet auch unmittelbar ein, daß es sehr viel leichter ist, Spenden für einen wohltätigen Zweck zu erlangen, sofern man seinem Aufruf weitgehend vorbereitete Zahlkarten beifügt.

2.2.3. Die Wirkungen

Was vermag Marketing im Sinne einer **Sozialtechnik** an Positivem zu leisten? Wo lauern Gefahren? Es ist schwer, darauf eine verläßliche Antwort zu geben, da die intellektuelle Faszination, die von einem Gegenstand ausgeht, weder systematische Beobachtungen noch fundierte empirische Untersuchungen zum Ursache-Wirkungs-Verhältnis, an denen es noch völlig fehlt, zu ersetzen vermag. Gleichwohl lassen sich einige spekulative Überlegungen dazu anstellen, die zumindest einem Plausibilitätstest standhalten.

Bei der Analyse von Marketing-Maßnahmen, die in dem hier behandelten Bereich getroffen werden, empfiehlt es sich noch mehr als beim kommerziellen Marketing, zwischen **unmittelbaren Wirkungen** auf der einen und **mittelbaren** auf der anderen Seite zu trennen. Mit „unmittelbar" ist gewissermaßen die erste Reaktionsebene, das Individuum, angesprochen, mit „mittelbar" das, was sich aus der vollzogenen Einflußnahme ergibt.

So wird ein Bürger, dem auf Schritt und Tritt Plakate mit dem Slogan „Hilf mit, Waldbrände zu verhindern!" entgegenstarren, an gefährdeten Stellen vermutlich weniger sorglos mit Feuerzeug oder Streichholz hantieren. Oft gelingt es mit den Mitteln des Marketing auch, uralte Tabus zu brechen und, etwa im Zusammenhang mit der Geburtenregelung, die Basis für eine vernünftige Familienplanung zu schaffen. Generell gilt, daß in dem Maße, in dem die Einsichtsfähigkeit der Menschen und deren Verständnis für bestimmte Anliegen der Allgemeinheit geweckt oder gestärkt werden, sich die Verpflichtung des Staates reduziert, selbst einzugreifen. Die Freiheit des Individuums braucht somit nicht weiter eingeschränkt zu werden. Das Schlagwort von der **Mündigkeit des Bürgers** bleibt nicht länger bloße Utopie.

Im Erfolgsfall resultieren daraus – auf der zweiten Ebene – eine bessere Versorgung mit öffentlichen Gütern und Diensten, eine längere Lebenserwartung, ein Aufblühen des geistigen und kulturellen Lebens, mehr menschliche Wärme, ..., kurzum: eine höhere **Lebensqualität.**

Wer immer von einer Sache überzeugt ist, findet sich im übrigen eher dazu bereit, diese aktiv, d.h. durch persönlichen Einsatz oder materielle Opfer zu unterstützen. Eine Aktion entfaltet dadurch allerdings oftmals eine gewisse Eigendynamik, da auf der einen Seite, der „Absatzseite", die Widerstände, die der Durchsetzung des Anliegens entgegenstehen, abgebaut und auf der anderen, der „Beschaffungsseite", neue Ressourcen nachgeschoben werden. Damit ist bereits eine der Gefahren, die mit der als Marketing apostrophierten Sozialtechnik verbunden sind, angesprochen.

Im übrigen ist man auch nie gegen **Übertreibungen** gefeit, wodurch ein Anliegen wie die Bewahrung der persönlichen Freiheit in sein Gegenteil pervertiert werden kann. Oft sieht sich das Individuum, zumal dann, wenn es als prominent gilt, einem starken **sozialen Druck** ausgesetzt, sich für oder gegen eine bestimmte Sache einzusetzen. Diese Gefahr läßt sich auch mit einer anderen Überlegung begründen: Wenn das kommerzielle Marketing, wie häufig behauptet wird, die Menschen manipuliert, sie also zu willfährigen Werkzeugen der sog. Konsumgesellschaft macht, muß das Marketing, das sich dagegen wendet, mindestens genau soviel an Ideen und Mitteln einsetzen, um gegen die Konsumzwänge überhaupt etwas ausrichten zu können.

Oft müssen bei solchen Bemühungen über Jahrhunderte gewachsene ethische und soziale **Normen** verletzt werden, etwa die Haltung tief religiöser Menschen zur Geburtenregelung. Daß viele Betroffene, aber auch die Kirchen und nicht selten der Staat bemüht sein werden, solcherlei Absichten zu Fall zu bringen, liegt auf der Hand. Social Marketing wird sich deshalb häufig entschiedenen **Widerständen** ausgesetzt sehen, bis hin zum Vorwurf der Anmaßung und der fehlenden Legitimation. Dies betrifft auch die Marketing-Wissenschaft, der zuweilen vorgehalten wird, sie sei auf dem besten Weg, die gesamten Sozialwissenschaften zu vereinnahmen.

In der Tat gibt es vornehmlich im Zusammenhang mit dem Social Marketing einige zentrale Fragen, deren Klärung noch aussteht: Wer bestimmt, was ein **gesellschaftliches Anliegen** ist? Darf oder muß jedes gesellschaftliche Anliegen verfolgt werden? Wo sind die Kontrollinstanzen, die darüber wachen, daß der Vorteil des einen nicht zum (größeren) Nachteil des anderen gereicht? Wie läßt sich verhindern, daß die Öffentlichkeit über die Hintergründe und primären Nutznießer einer Aktion getäuscht wird? Daß dies keine rein akademischen Fragen sind, mögen einige Beispiele belegen:

– Das Thema Geburtenregelung ist sicherlich in jedem Land der Welt kontrovers, und zwar unabhängig von den jeweils vorherrschenden Religionen. Wer soll, wer darf darüber entscheiden, ob und in welcher Form diese erwünscht ist oder nicht?
– Eine Universität kann mühelos ihre Hörsäle füllen, wenn sie ihre Prüfungsanforderungen drastisch senkt. Ginge es nur um Kapazitätsauslastung, wäre das Problem gelöst. Was aber wären die weiteren Konsequenzen?
– Mineralwasserhersteller haben in Frankreich massiv eine Anti-Alkohol-Kampagne unterstützt. Die gesellschaftliche Verantwortung war dabei sicherlich nicht die treibende Kraft.
– Lebensversicherungsgesellschaften ermuntern die Bevölkerung, ihre Ernährungsgewohnheiten zu ändern, nicht mehr zu rauchen, mehr Sport zu treiben. Welches Ergebnis zeitigt hierbei eine Kosten-Nutzen-Analyse für die Unternehmen?
– Das Fernsehen wirbt für den Absatz einer Schallplatte, die zu Gunsten einer bestimmten wohltätigen Sache hergestellt wurde, verschweigt aber tunlichst, in wessen Taschen der Rest fließt, der bei einem Kaufpreis von rund DM 20,- nach Abzug der so großzügig bemessenen „DM 2,- pro Platte!" verbleibt.

Den zuletzt genannten Beispielen wohnt allesamt eine gewisse Tendenz inne, daß sich erwerbswirtschaftliche wie gemeinwirtschaftliche Unternehmen ebenso wie Individuen aus opportunistischen Gründen heraus einem gesellschaftlichen Anliegen verschreiben, um daraus mittelbar, aber um so stärker zu profitieren. Solange das „**Trittbrettfahren**" offen sichtbar geschieht, wird dagegen nicht viel einzuwenden sein, da die Öffentlichkeit nicht irregeführt wird. Oft muß ein solches Verhalten auch in Kauf genommen werden, um die angestrebten Veränderungen auszulösen, da wegen der Unzulänglichkeit der Mittel, die den Initiatoren und Promotoren einer Sache zur Verfügung stehen, sonst überhaupt nichts erreicht werden könnte. Dabei braucht sich die Unterstützung keineswegs nur in Geld zu konkretisieren. Oft fehlt es den Betroffenen weit mehr an dem Marketing-Know how, das erforderlich ist, um einer Aktion einen professionellen Approach zu verleihen und so zum Erfolg zu verhelfen.

Gleichwohl wäre es naiv zu glauben, mit Marketing sei der Gesellschaft eine Wunderwaffe in die Hand gegeben, ähnlich wie dies *Vance Packard* in seinem Buch über *Die geheimen Verführer* für den Konsumbereich noch glaubte nachweisen zu können (1966). Es besteht kein Zweifel, daß die für Marketing typische Denk- und Vorgehensweise oft dazu beitragen kann, **gesellschaftlichen Wandel** herbeizuführen, doch spricht alle Erfahrung dagegen, hiervon zuviel zu erwarten.

3. Der Objektbereich des Marketing als wissenschaftstheoretisches Problem

Die große Vielfalt und Spannweite der Einsatzfelder, die für das Marketing-Denken und die Marketing-Instrumente erschlossen wurden, lassen leicht den Verdacht aufkommen, daß man mit **Marketing** letztlich alle Arten von **zielorientierten Austauschprozessen** umschreiben und erklären kann, die zwischen Menschen oder Organisationen stattfinden. Davon erfaßt würden somit alle Spielarten dieses Phänomens, wie sie etwa bei privaten und öffentlichen Unternehmen, bei sportlichen, kulturellen und religiösen Einrichtungen, bei politischen Parteien und ihren Exponenten oder bei Behörden und den Promotoren irgendwelcher gesellschaftlicher Anliegen auftreten (vgl. *Dichtl* 1981, S. 249ff.). Dazu gehörte aber auch der nicht seltene Fall, daß ein junger Mann um eine Frau wirbt und bei ihr Gehör findet. Diese Konsequenzen ergeben sich dann, wenn man sich nicht mehr nur auf die Betrachtung von Transaktionen beschränkt, die auf Märkten für Waren und Dienstleistungen stattfinden und im übrigen auf Geld als Tauschmittel basieren, sondern wenn man sich für jede Art von Austauschprozeß interessiert. Kann dies vernünftigerweise noch dem Marketing subsumiert werden? Wo liegen dessen **Grenzen,** wo seine **Schwerpunkte?** Kann es darauf überhaupt verpflichtende Antworten geben (vgl. *Schneider* 1983)?

Fragen dieser Art gehören unbestritten in den Bereich der **Wissenschaftstheorie.** Unter den an der Diskussion Beteiligten besteht heute weitgehend Konsens darüber, daß derartige Abgrenzungsprobleme zwar durchaus einer rationalen

Erörterung zugänglich sind, aber letztlich nicht durch wissenschaftliche Erkenntnis, sondern allein im Wege der Konvention entschieden werden können (vgl. *Kroeber-Riel* 1984, S. 1). Die Antwort auf die Frage nach dem sog. **Objektbereich** impliziert m. a. W. keine Sachaussage, sondern ein **Werturteil,** keine empirisch begründete Feststellung, sondern eine Festsetzung (vgl. *Raffée/Specht* 1974, S. 373 ff.). Da niemand gezwungen ist, sich Vereinbarungen dieser Art zu unterwerfen, liegt es grundsätzlich im Ermessen jedes einzelnen, wie er für sich die Grenzen zieht.

Genauso wie der Versuch, dem Fach auf analytischem Weg einen Zuständigkeitsbereich zuzuordnen (extensionale Sicht), scheitert auch das Unterfangen, verbindliche Standards oder Spielregeln dafür abzuleiten, wie weit das Erkenntnisinteresse der Marketing-Disziplin an einem wie auch immer konturierten Erfahrungsobjekt reichen darf bzw. muß (intensionale Sicht). Daß z. B. die Absatzbemühungen der Investitionsgüterindustrie für die Marketing-Wissenschaft eine Herausforderung darstellen, wird kaum jemand bestreiten. Eher wird man beklagen, daß dies erst jetzt so empfunden wird. Wenn nun aber ein Fachvertreter glaubt, am besten über die Stimmfrequenzanalyse tiefere Einblicke in Ablauf und Ziele von Einkaufs- bzw. Verkaufsverhandlungen zu gewinnen, wird man ihn nicht mit Ressortbetrachtungen davon abbringen können, zumal dann nicht, wenn er sich der Unterstützung eines Mediziners versichert und damit interdisziplinäre Forschung betreibt.

Von welchen Überlegungen läßt sich der einzelne **Marketing-Wissenschaftler** bei der Auswahl von Forschungsfeldern und Fragestellungen leiten? Welche sachbezogenen Kriterien – im Gegensatz zu persönlichen Motiven, wie intrinsisches Erkenntnisinteresse oder Prestigestreben – sind dafür maßgebend?

Zunächst wird sich jeder Betroffene unter den Gesichtspunkten der Zweckmäßigkeit, Karrieresicherheit und Forschungsökonomie darauf besinnen, den Bogen nicht zu überspannen und sich so weder dem Vorwurf, sich anderer wissenschaftlicher Disziplinen ohne Not zu bemächtigen, noch der Gefahr des Dillettierens auf Gebieten, für die er nicht kompetent ist, aussetzen (vgl. *Dichtl* 1983). Auch im Interesse einer gewissen Einbindung der **Marketing-Disziplin** in die **traditionelle Betriebswirtschaftslehre** (vgl. *Schneider* 1983) wird deshalb mitunter vorgeschlagen, neben Transaktionen eindeutig wirtschaftlicher Natur nur solche nicht-ökonomischen Tauschprozesse in den Objektbereich des Marketing einzubeziehen, bei denen spezielle Instrumentarien, wie z. B. Techniken der Marktforschung oder spezifische Aktionsvariablen, zum Einsatz gelangen (vgl. *Raffée* 1980, S. 317 ff.). Selbst wenn die dafür erforderlichen Abgrenzungen gelängen und das Ergebnis in Wissenschaft und Praxis akzeptiert würde, wäre damit, wie gesagt, wohl eine Konvention etabliert, aber keine prinzipielle Klärung im Sinne einer unumstößlichen Wahrheit erzielt. Immerhin würde dadurch aber für jedermann die Orientierung erleichtert.

3. Der Objektbereich des Marketing als wissenschaftstheoretisches Problem 29

Neben dem Argument, daß gewissermaßen jeder seine eigenen Grenzen erkennen sollte, bietet der Umstand eine beachtliche Hilfe, daß sich in allen akademischen Disziplinen, oft sogar nebeneinander, Gemeinsamkeiten in der Sichtweise und einheitliche Problemlösungstechniken herausbilden, die das Feld konturieren und strukturieren, die Standortbestimmung des einzelnen ermöglichen und seine Verständigung mit anderen erleichtern. Fraglos dient der Rekurs auf alte und neue **Paradigmen** dem Streben nach Ordnung, Sicherheit und Forschungsökonomie; fraglos trägt dies auch dazu bei, daß die Fachvertreter nicht die internationale Entwicklung auf ihrem Gebiet aus den Augen verlieren. Doch fordert dies auch seinen Preis.

Gar viele scheuen sich, auch nur gelegentlich gewohnte Denkkategorien zu überwinden und nicht immer nur auf Vorhandenem aufzubauen. Die zu starke Anlehnung an das Tradierte verhindert, daß das verfügbare kreative und analytische Potential voll zur Entfaltung gelangt. Zu wenige Forscher nehmen das Risiko auf sich, das damit verbunden ist, wenn man sich oftmals für lange Zeit einem bestimmten Gebiet verschreiben muß oder wenn man völlig neue Fragen aufgreift und die zu deren Lösung erforderlichen Methoden gar noch selbst entwickeln muß. Wer läßt sich schon darauf ein, das anscheinend Bewährte in Frage zu stellen, wenn er nicht einer Schar von Sympathisanten gewiß sein kann, die ihm notfalls zur Seite stehen?

Es erfordert deshalb viel Mut und Selbstbewußtsein (und einige soziale Absicherung), wenn sich ein Wissenschaftler der vorgegebenen Ordnung entzieht und sein Betätigungsfeld allein nach seinen Neigungen und den erkenntnismäßigen Anreizen aussucht, die von einer Fragestellung oder einem Forschungsfeld für ihn ausgehen. Als Avantgardist wird er sich allemal wenig darum kümmern, wie seine Kollegen oder auch prominente Praktiker Marketing definieren. Wer allerdings den auf ihm lastenden sozialen Druck und die mehr oder minder subtilen Sanktionen, die von der Fach(um)welt gegen ihn ergriffen werden, nicht zu ertragen bzw. wer die „scientific community" auf Dauer nicht von der Überlegenheit seiner Ansätze, Methoden oder Befunde zu überzeugen vermag, gilt als gescheitert und findet sich über kurz oder lang bestenfalls im Lager der Konformisten wieder.

Der **wissenschaftstheoretische Bezug** mag geboten, die **pragmatische** Sicht nützlich, die **wissenschaftssoziologische** Erkenntnis hilfreich sein, aber sie alle greifen zu kurz. Sie vermögen allenfalls Hinweise darauf zu geben, womit sich ein Forscher beschäftigt, was ihn davon abhält, gegen den Strom zu schwimmen, und was ihm vielleicht widerfährt, wenn er sich dennoch dazu entschließt. Es ist viel von individueller und akademischer Freiheit die Rede, jeder pocht auf die Unabhängigkeit des Wissenschaftlers, niemand, der nicht an die persönliche Verantwortung appellierte!

Nur, bringt uns all das der Lösung gravierender Fragen der Gegenwart näher? Können wir es uns auch heute noch leisten, den einzelnen Forscher allein seinen

Neigungen nachgehen zu lassen, statt ihn „in die Pflicht zu nehmen"? Hat nicht auch die **Gesellschaft** ein Recht, Ansprüche an ihn zu stellen? Was ist und wer kontrolliert das soziale Gewissen des Wissenschaftlers? Wie kann man ihn dazu motivieren, sich auch solchen Fragen zuzuwenden, die zwar für die Gesellschaft bedeutsam sind, ihm selbst aber zu wenig ergiebig erscheinen?

Welche Objektfelder aus bundesdeutscher Sicht stärkere Beachtung durch die Marketing-Wissenschaft finden sollten, wurde vor wenigen Jahren in einer umfassenden empirischen Studie untersucht. Es würde zu weit führen, die Befunde an dieser Stelle mehr als anzudeuten (vgl. *Kaiser* 1979, S. 122ff.). Auch hier zeigte sich jedenfalls einmal mehr, daß für die **Wirtschaftspraxis** nichts so interessant wie die **Zukunft** ist. Dies schlug sich in zahlreichen konkreten Anregungen und als vordringlich deklarierten Informationswünschen nieder. Keinesfalls so selbstverständlich war es indessen, daß sich die Marketing-Praxis in einem ungewöhnlich hohen Maße auch für **ordnungspolitische** und **weltwirtschaftliche Zusammenhänge** interessierte. Kann sich der Marketing-Fachmann diesem Aufklärungsbedürfnis mit Ausflüchten der Art entziehen, daß ein solcher Appell aus Gründen fachlicher Zuständigkeit an ganz andere Adressen gerichtet werden müßte? Schließlich wurde auch mit Nachdruck gefordert, sich verstärkt den spezifischen Gegebenheiten zuzuwenden, unter denen Marketing in bestimmten **Wirtschaftszweigen** getrieben werden muß.

Bezeichnenderweise wird die Marketing-Wissenschaft in den USA seit Anfang der achtziger Jahre durch die von massiven Selbstzweifeln durchdrungene Frage verunsichert, ob man sich nicht allzu lange belanglosen und oft esoterischen Fragen zugewandt und die eigentlichen Herausforderungen der jeweiligen Zeit nicht begriffen habe (siehe dazu *Myers/Greyser/Massy* 1979; *Greyser* 1980; *Mauser* 1980; *Webster* 1981; *Arndt* 1981). Wovon, will man beispielsweise wissen, hängt die **Wettbewerbsfähigkeit eines Landes** ab, worauf sind die überdurchschnittlichen **Exporterfolge** von Staaten wie Japan und Deutschland zurückzuführen? Welche Konsequenzen für das Marketing ergeben sich aus einer hohen **Arbeitslosigkeit** in den westlichen Industrienationen, aus dem **Schrumpfen** der **Bevölkerung** in manchen Ländern, aus gewaltigen **Inflationsraten,** aus dem verstärkten Zwang, **Energie** zu **sparen** und auch andere **Ressourcen** zu **schonen,** und nicht zuletzt aus dem zunehmenden **Umweltbewußtsein** der Menschen (vgl. *Meffert* 1980, S. 7ff.)?

Was nützt es demgegenüber, noch mehr darüber zu erfahren, wie ein Verbraucher in einer zwar prägnant definierten, doch ausgefallenen Situation reagiert? Was kümmert es uns, welche Algorithmen bei statistischen Tests oder mathematischen Modellen unter ganz bestimmten, oft wirklichkeitsfremden Bedingungen versagen? Ist es – umgekehrt – eine vordringliche oder gar vertretbare Aufgabe, den Anzeigen der berühmt-berüchtigten „soapers" (Hersteller von Waschmitteln) zu noch mehr Wirkung zu verhelfen?

Die Einsicht, daß man über diese anderen, für eine Gesellschaft lebenswichtigen Fragen so wenig weiß, verträgt sich schlecht mit dem von vielen Wissenschaftlern praktizierten intellektuellen Egoismus. Wird all dies noch abgedeckt vom Anliegen der Abgrenzung und Ausfüllung des Objektbereichs des Marketing durch Konsensbildung innerhalb der „scientific community" oder ist dies bereits ein unüberhörbarer Appell zur **Finalisierung der Wissenschaft?** Die Freiheit auch der Forschung ist zwar unteilbar, aber sie verzehrt sich selbst, wenn sich der einzelne unter Berufung auf sie seiner **gesellschaftlichen Verantwortung** entzieht.

Quellenhinweise und Literaturempfehlungen

Zum **kommerziellen Marketing** (Business Marketing) gibt es eine Fülle einführender Werke, insbesondere auch Lehrbücher, von denen hier nur einige wenige aufgeführt werden können. Dabei gilt es, zwischen einer als **Absatz-Marketing** intendierten Richtung und anderen Spielarten zu unterscheiden. Zur ersten Kategorie zählen u. a. folgende:

Bidlingmaier, J., Marketing 1, 10. Aufl., Opladen 1983 und Marketing 2, 9. Aufl., Opladen 1982.
Böcker, F., Marketing, 2., stark erw. und überarb. Aufl., Stuttgart–New York 1987.
Dichtl, E., Der Weg zum Käufer – Das strategische Labyrinth, München 1987.
Gerth, E. (Hrsg.), Modernes Marketing, Bd. 1, Die Systematik des Marketing, Würzburg–Wien 1983.
Hill, W., Marketing I, 5. Aufl., Bern–Stuttgart 1982.
Kotler, Ph., Marketing-Management, 4., völlig neu bearb. Aufl., Stuttgart 1982.
Meffert, H., Marketing, 7. Aufl., Wiesbaden 1986.
Scheuch, F., Marketing, 2., erw. Aufl., München 1987.
Steffenhagen, H., Marketing – Eine Einführung, Stuttgart u. a. 1988.
Tietz, B., Marketing, Tübingen–Düsseldorf 1978.
Zentes, J., Grundbegriffe des Marketing, Stuttgart 1983.

Das Erfordernis eines **Balanced Marketing** wird u. a. von folgenden Autoren herausgearbeitet:

Hansen, U., Absatz- und Beschaffungsmarketing des Einzelhandels, 2 Bde., Göttingen 1976.
Meyer, P. W., Hermanns, A. (Hrsg.), Integrierte Marketingfunktionen, Stuttgart usw. 1978.

Mit **Marketing** im Sinne von **Engpaßmanagement außerhalb des Absatzbereiches** beschäftigen sich u. a.:

Berg, C. C., Beschaffungsmarketing, Würzburg 1981.
Hammann, P., Lohrberg, W., Beschaffungsmarketing – Eine Einführung, Stuttgart 1986.
Harlander, N., Platz, G., Beschaffungsmarketing und Materialwirtschaft. Einkaufsmärkte erforschen und gestalten, Grafenau–Stuttgart 1978.
Eckardstein, D. v., Schnellinger, F., Personalmarketing im Einzelhandel – Eine Fallstudie, Berlin 1971.

In der Regel befassen sich die einschlägigen Marketing-Lehrbücher mit dem Marketing von Konsumgütern. Daneben gibt es jedoch eine Fülle von Darstellungen, die das (Absatz-)**Marketing in anderen Wirtschaftszweigen** behandeln, so z. B. folgende:

– Marketing von Investitionsgüterherstellern

Backhaus, K., Investitionsgüter-Marketing, München 1982.
Engelhardt, W., Investitionsgüter-Marketing: Anlagen, Einzelaggregate, Teile, Roh- und Einsatzstoffe, Energieträger, Stuttgart 1981.
Engelhardt, W., Laßmann, G. (Hrsg.), Anlagen-Marketing, Opladen 1977.
Engelhardt, W., Günter, B., Investitionsgüter-Marketing, Stuttgart 1983.
Grafers, H. W., Investitionsgütermarketing, Stuttgart 1980.
Kirsch, W., Kutschker, M., Lutschewitz, H., Ansätze und Entwicklungstendenzen im Investitionsgütermarketing, 2., überarb. und erw. Aufl., Stuttgart 1980.
Scheuch, F., Investitionsgütermarketing, Wiesbaden 1975.
Strothmann, K.-H., Investitionsgütermarketing, München 1979.

– Marketing des Handels

Algermissen, J., Das Marketing der Handelsbetriebe, Würzburg–Wien 1981.
Barth, K., Betriebswirtschaftslehre des Handels, Wiesbaden 1988.
Falk, B., Wolf, J., Handelsbetriebslehre, 7. Aufl., Landsberg am Lech 1986.
Hasitschka, W., Hruschka, H. (Hrsg.), Handels-Marketing, Berlin–New York 1984.
Küthe, E., Einzelhandelsmarketing, Stuttgart usw. 1980.
Marzen, W., Marketing der Handelsbetriebe, Wien 1986.
Müller-Hagedorn, L., Handelsmarketing, Stuttgart 1984.
Tietz, B., Der Handelsbetrieb, München 1985.
Welzel, K., Marketing im Einzelhandel, Wiesbaden 1974.

– Marketing von Dienstleistungsunternehmen

Büschgen, H. E., Stichwörter zum Bank-Marketing: eine überarbeitete und systematisierte Sammlung, Frankfurt 1980.
Chmielewski, G., Marketing für Handwerksbetriebe, Stuttgart 1979.
Delisle, E., Marketing in der Versicherungswirtschaft, 2., überarb. Aufl., Karlsruhe 1981.
Eichhorn, P., Buchholz, W., Marketing in öffentlichen Verwaltungen, in: BFuP – Betriebswirtschaftliche Forschung und Praxis, 35. Jg. (1983), S. 209–221.
Falk, B. (Hrsg.), Dienstleistungsmarketing, Landsberg am Lech 1980.
Jacob, H., Hilke, W., Dienstleistungsmarketing, Wiesbaden 1987.
Kuhlmann, E., Marketing im öffentlichen Personennahverkehr, Berlin 1980.
Müller, J., Strategisches Marketing im Bankengewerbe, Freiburg i. Br. 1978.
Regli, J., Bankmarketing, Bern–Stuttgart 1985.
Scheuch, F., Dienstleistungsmarketing, München 1982.
Stark, H., Marketing im Handwerk, Stuttgart usw. 1979.

Die Publikationen zum **Non Profit-Marketing** und zum **Social Marketing** stammen nahezu ausnahmslos aus dem letzten Jahrzehnt. Dies illustriert, daß es sich dabei um eine recht junge Entwicklung handelt. Nachfolgend werden einige literarische Meilensteine angelsächsischer Provenienz sowie die wichtigsten deutschsprachigen Einführungen in die Materie aufgeführt, wobei sich allerdings eine einwandfreie sachliche Zuordnung zu den beiden Richtungen des **Non Business-Marketing** nicht als möglich erweist.

Eiteneyer, H., Social-Marketing – Unternehmensphilosophie öffentlicher Unternehmungen, in: ZfbF – Schmalenbachs Zeitschrift für betriebswirtschaftliche Forschung, 29. Jg. (1977), S. 303–311.
Fox, K. F. A., Kotler, Ph., The Marketing of Social Causes: The first 10 Years, in: Journal of Marketing, Vol. 44 (1980), No. 4, pp. 24–33.
Hasitschka, W., Hruschka, H., Nonprofit-Marketing, München 1982.

Hesse, J., Marketing für öffentliche Unternehmen, Berlin–München 1982.
Hill, W., Marketing im öffentlichen Sektor, in: Staatsorganisation und Staatsfunktionen im Wandel, Festschrift für *Kurt Eichenberger,* Basel 1982, S. 249–262.
Holscher, C., Sozio-Marketing, Essen 1977.
Kotler, Ph., Marketing für Non-Profit-Organisationen, Stuttgart 1978.
Kotler, Ph., Strategies for Introducing Marketing into Nonprofit Organizations, in: Journal of Marketing, Vol. 43 (1979), No. 1, pp. 37–44.
Kotler, Ph., Zaltman, G., Social Marketing: An Approach to Planned Social Change, in: Journal of Marketing, Vol. 35 (1971), No. 3, pp. 3–12.
Laczniak, G. R., Lusch, R. F., Murphy, P. E., Social Marketing: Its Ethical Dimensions, in: Journal of Marketing, Vol. 43 (1979), No. 2, pp. 29–36.
Lazer, W., Kelley, E. J., Social Marketing: Perspectives and Viewpoints, Homewood, Ill., 1973.
Meissner, G., Eiteneyer, H. (Hrsg.), Marketing öffentlicher Unternehmungen, Dortmund 1978.
Merkle, E., Marketing in öffentlichen Unternehmen und nicht-kommerziellen Institutionen, in: Der Markt, 14. Jg. (1975), S. 47–56.
Packard, V., Die geheimen Verführer, Düsseldorf–Wien 1966.
Raffée, H., Nicht-kommerzielles Marketing – Möglichkeiten, Chancen, Risiken, in: *Sarges, W., Haeberlin, F.* (Hrsg.), Marketing für Erwachsenenbildung, Hannover usw. 1980, S. 272–290.
Raffée, H., Wiedmann, K. P., Nicht-kommerzielles Marketing – ein Grenzbereich des Marketing?, in: BFuP – Betriebswirtschaftliche Forschung und Praxis, 35. Jg. (1983), S. 185–208.
Raffée, H., Wiedmann, K. P., Abel, B., Sozio-Marketing, in: *Irle, M.* (Hrsg.), Methoden und Anwendungen in der Marktpsychologie, Göttingen usw. 1983, S. 675–768.
Rothschild, M. L., Marketing Communication in Nonbusiness Situations: or Why It's So Hard to Sell Brotherhood Like Soap, in: Journal of Marketing, Vol. 43 (1979), No. 2, pp. 11–20.
Specht, G., Marketing für öffentliche Güter, in: *Tietz, B.* (Hrsg.), HWA – Handwörterbuch der Absatzwirtschaft, Stuttgart 1974, Sp. 1565–1574.
Vershofen, W., Die Marktentnahme als Kernstück der Wirtschaftsforschung, Berlin–Köln 1959.
Wiebe, G. D., Merchandising Commodities and Citizenship on Television, in: Public Opinion Quarterly, Vol. 15 (1951/52), pp. 679–691.

Die Frage des **Objektbereichs des Marketing** wird u. a. von folgenden Autoren problematisiert:

Arndt, J., Marketing in Norway, in: Journal of Marketing, Vol. 45 (1981), No. 4, pp. 154–157.
Dichtl, E., Marketing als Sozialtechnik, in: WiSt – Wirtschaftswissenschaftliches Studium, 10. Jg. (1981), S. 249–255.
Dichtl, E., Leitlinien für die Marketing-Forschung, in: Marketing · ZFP, 5. Jg. (1983), S. 61–62.
Dichtl, E., Marketing auf Abwegen?, in: ZfbF – Schmalenbachs Zeitschrift für betriebswirtschaftliche Forschung, 35. Jg. (1983), S. 1066–1077.
Greyser, S. A., Marketing Issues, in: Journal of Marketing, Vol. 44 (1980), No. 1, pp. 89–92.
Hansen, U., Stauss, B., Riemer, M. (Hrsg.), Marketing und Verbraucherpolitik, Stuttgart 1982.
Kaiser, A., Orientierungsrahmen für die handels- und absatzwirtschaftliche Forschung – Ergebnisse einer Befragung, in: Marketing · ZFP, 1. Jg. (1979), S. 122–128.

Kotler, P., A Generic Concept of Marketing, in: Journal of Marketing, Vol. 36 (1972), Nr. 4 (April), S. 46–54.
Kroeber-Riel, W., Konsumentenverhalten, 3. Aufl., München 1984.
Lewit, T., Die Macht des kreativen Marketing, Düsseldorf 1986.
Mauser, F., Marketing Issues: The Marketing Fraternity's Shortfall, in: Journal of Marketing, Vol. 44 (1980), No. 4, pp. 97–98.
McKenna, R., Dynamisches Marketing, Landsberg am Lech 1986.
Meffert, H., Perspektiven des Marketing in den 80er Jahren – ein Überblick des Herausgebers, in: Marketing im Wandel – Anforderungen an das Marketing-Management der 80er Jahre, Wiesbaden 1980, S. 3–35.
Müller-Hagedorn, L., Das Konsumentenverhalten, Grundlagen für die Marktforschung, Wiesbaden 1986.
Myers, J. G., Greyser, S. A., Massy, W. F., The Effectiveness of Marketing's 'R&D' for Marketing Management: An Assessment, in: Journal of Marketing, Vol. 43 (1979), No. 1, pp. 17–29.
Nieschlag, R., Was bedeutet die Marketing-Konzeption für die Lehre von der Absatzwirtschaft?, in: Zeitschrift für handelswissenschaftliche Forschung, 15. Jg. (1963), S. 549–559.
Raffée, H., Grundfragen der Marketingwissenschaft, in: WiSt – Wirtschaftswissenschaftliches Studium, 9. Jg. (1980), S. 317–324.
Raffée, H., Specht, G., Basiswerturteile der Marketing-Wissenschaft, in: ZfbF – Schmalenbachs Zeitschrift für betriebswirtschaftliche Forschung, 26. Jg. (1974), S. 373–396.
Schneider, D., Marketing als Wirtschaftswissenschaft oder Geburt einer Marketingwissenschaft aus dem Geiste des Unternehmerversagens?, in: ZfbF – Schmalenbachs Zeitschrift für betriebswirtschaftliche Forschung, 35. Jg. (1983), S. 197–223.
Webster, F. E., Top Management's Concerns about Marketing: Issues for the 1980's, in: Journal of Marketing, Vol. 45 (1981), No. 3, pp. 9–16.

§ 2 Marketing-System und Marktwirtschaft

1. Das Zusammenspiel der Kräfte im Marketing-System
   1.1. Die Systemelemente
   1.2. Die Einbettung des Marketing-Systems in die soziale Marktwirtschaft
      1.2.1. Die Koordination individueller Wirtschaftspläne über den Markt
      1.2.2. Die Aufrechterhaltung eines funktionsfähigen Wettbewerbs
      1.2.3. Die Selbstbeschränkung des Staates
      1.2.4. Konsumfreiheit und Konsumentensouveränität
2. Konfliktbereiche und Regulative des Marketing-Systems
   2.1. Die Dominanz konkurrierender Zielsetzungen der Gesellschaft
   2.2. Die Polarisierung der Positionen von Herstellern und Handel
      2.2.1. Die ordnungspolitische Problematik einer Partnerschaft zwischen Industrie und Handel
      2.2.2. Ansatzpunkte zur Gewährleistung eines leistungsgerechten Wettbewerbs
   2.3. Das Spannungsverhältnis zwischen Großbetrieben und Mittelstand im Handel
      2.3.1. Die horizontale Ebene
      2.3.2. Die vertikale Ebene
   2.4. Die Vernachlässigung der Belange der Verbraucher
      2.4.1. Die Gefährdung der bedarfsgerechten Versorgung mit Gütern des kurz- und mittelfristigen Bedarfs
      2.4.2. Das Bedürfnis nach Schutz vor schädlichen Praktiken der Anbieter
         2.4.2.1. Zur Schutzwürdigkeit der Verbraucher
         2.4.2.2. Maßnahmen zur Verbesserung des Verbraucherschutzes

Quellenhinweise und Literaturempfehlungen

1. Das Zusammenspiel der Kräfte im Marketing-System

Es gibt kaum ein älteres Lehrbuch der Nationalökonomie oder der Betriebswirtschaftslehre, in dem nicht postuliert wird, daß der **Sinn jeglichen Wirtschaftens** darin besteht, die **Bedürfnisse der Verbraucher optimal** zu **befriedigen.** Wenngleich diese Auffassung wegen der einseitigen und überdies wenig konkreten Position, die dabei bezogen wird, heute als überholt gilt, besteht doch kein Zweifel, daß Industrie und Handel, aber auch andere Institutionen eine maßgebliche Rolle bei der Befriedigung menschlicher Bedürfnisse, nämlich bei der **Versorgung der Bevölkerung mit Gütern** des kurz-, mittel- und langfristigen Bedarfs spielen. Dies schließt weder aus, daß Menschen auch andere als ökonomische Bedürfnisse empfinden, noch daß die genannten Wirtschaftsstufen zu allererst eigene Interessen verfolgen, die denen der jeweiligen Kontrahenten zuwiderlaufen.

1.1. Die Systemelemente

Diese Überlegungen geben erneut einen Hinweis darauf, daß es im Grunde eine Vielzahl von Einrichtungen ist, die in einem hochindustrialisierten Land an der Entstehung und Übertragung marktreifer Leistungen mitwirken. Eine zentrale Rolle spielen dabei naturgemäß die **Hersteller** von Konsumgütern, Investitionsgütern und Zwischenprodukten, die Rohstoffe und Vorprodukte von Betrieben der Urerzeugung bzw. anderen Herstellern beziehen und die von ihnen gefertigten Erzeugnisse über ihre Marketing-, insbesondere **Außendienst-Organisation,** oft unter Einschaltung von **Groß-** und/oder **Einzelhandel,** an **Weiterverarbeiter, Verwender** oder **Verbraucher** absetzen. Eine grafische Illustration dieses Prozesses findet sich in Abb. 2.1. Beteiligt daran ist indessen noch eine Reihe weiterer Elemente, so z. B. die bereits in § 1 erwähnten **Absatzhelfer,** die den skizzierten Prozeß durch Übernahme vielfältiger Hilfsfunktionen unterstützen, und der **Staat,** der neben aktiven Formen der Wirtschaftsförderung die Rahmenbedingungen für ein gedeihliches Miteinander auch im Wirtschaftsleben schafft.

Da die später noch ausführlicher zu behandelnden Träger absatzwirtschaftlicher Aufgaben alle irgendwie zusammenwirken, liegt es nahe, sie als Teile eines Ganzen, des **Distributions-** oder **Marketing-Systems,** zu begreifen. Das Marketing-System ist wie jedes andere System ein aus Elementen aufgebautes oder nach bestimmten Kriterien gegliedertes Gebilde, dessen Bestandteile auf der Ebene des betrachteten Systems per definitionem nicht weiter zerlegt werden können oder sollen. Was dabei als **Systemelement** anzusehen ist, bestimmt sich nach dem Grundsatz der Zweckmäßigkeit. Zwischen den Elementen herrschen **Beziehungen,** die zusammen mit den Elementen die **Struktur des Systems** etablieren.

Diese Art der Betrachtung eines Gebildes erleichtert es dem Analytiker, die zwischen den Komponenten eines solchen Systems bestehenden Beziehungen vollständig zu erfassen und unter die Lupe zu nehmen. Sie verhindert dabei nicht, daß jedes Element seinerseits einer näheren Betrachtung unterzogen werden kann, da jeder Baustein wiederum als ein Unter- oder Subsystem eines übergeordneten Systems, des jeweiligen Umsystems, verstanden werden kann. Insofern gibt es eine Hierarchie von realen oder gedanklichen Systemen, dessen eines Extrem die kleinsten Teilchen darstellen, während die obere Grenze durch das Universum gebildet wird. Es ist wiederum eine Frage der Zweckmäßigkeit, ein System bzw. Subsystem so zu definieren, daß möglichst wenige Beziehungen, die zwischen den Systemelementen herrschen, zerschnitten werden. Oft erweist es sich dabei als erforderlich, für die Schnittstellen organisatorische bzw. technische „Übergangsregelungen" zu treffen.

1.2. Die Einbettung des Marketing-Systems in die soziale Marktwirtschaft

Ein zentraler Gedanke der Systemtheorie ist die sog. **Systemorientierung.** Wodurch wird gewährleistet, daß die Elemente des Systems, so auch des Marketing-Systems, zumindest tendenziell und im Sinne der Gesamtwirtschaft, nicht gegeneinander, sondern miteinander arbeiten? Was veranlaßt sie, auf das

1. Das Zusammenspiel der Kräfte im Marketing-System 37

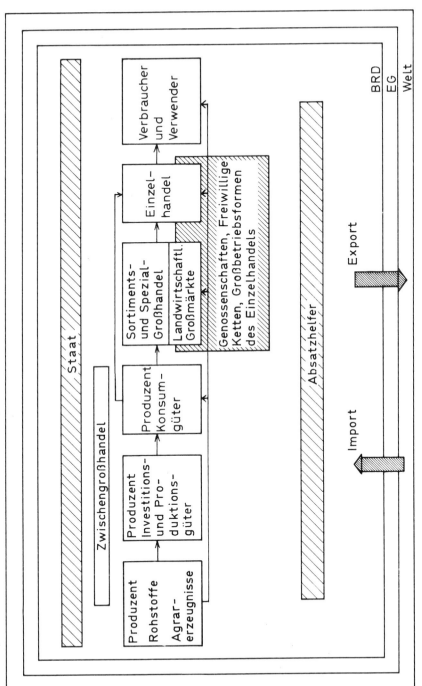

Abb. 2.1.: Marketing-System und Umsysteme

gemeinsame Ziel der Steigerung der Wohlfahrt aller hinzuarbeiten? Könnte es nicht sogar sein, daß sie dies bewirken, ohne es wirklich zu wollen?

Bezugspunkt unserer Überlegungen ist eine **Wirtschaftsordnung marktwirtschaftlicher Prägung.** Hier übernimmt der Wettbewerb die zentrale Steuerungsfunktion im Rahmen des Austausches von Gütern und Dienstleistungen zwischen Anbietern und Nachfragern. Eine erste Modifikation der klassischen Laissez faire-Wirtschaft erwirkten dabei neoliberale Wirtschaftstheoretiker wie *Eucken* und *Röpke,* die die Institution des Wettbewerbs in einen Rahmen integriert wissen wollten, der einen Mißbrauch des Wettbewerbs und damit eine Gefährdung des marktwirtschaftlichen Systems verhindern sollte. Eine neuerliche Erweiterung erfuhr das Konzept durch Einbeziehung sozialer Zielsetzungen. Das so entstandene **ordnungspolitische Konzept,** wie wir es heute kennen, ist durch eine Verknüpfung der **Privatinitiative** – auf der Grundlage des **Wettbewerbs** – mit der Idee des **sozialen Ausgleichs** charakterisiert.

Wir wollen uns im folgenden den wichtigsten **Bausteinen** der **sozialen Marktwirtschaft,** soweit sie in unserem Kontext von Bedeutung sind, zuwenden, um im Anschluß daran die wesentlichsten ihr immanenten Konfliktfelder sowie Konfliktlösungsmechanismen aufzuzeigen.

1.2.1. Die Koordination individueller Wirtschaftspläne über den Markt

Ein elementarer wirtschaftssystembezogener Zusammenhang zwischen Marktwirtschaft und Marketing erwächst aus der Tatsache, daß der Staat seine wirtschaftspolitischen Ziele, wie z.B. Wachstum und Vollbeschäftigung, dadurch zu erreichen versucht, daß er die Voraussetzungen für die Erzielung einer hinreichenden Gewinnquote der Unternehmen zu schaffen bemüht ist, ohne indessen für eine ausreichende Höhe des Gewinns einzelner Unternehmen oder Wirtschaftszweige bzw. Branchen Sorge zu tragen oder gar einzustehen. **Marketing** wird hier insofern zum **systembezogenen Sachverhalt,** als nach Gewinn strebende Unternehmen zur Sicherung ihrer Gewinnziele Marketing-Maßnahmen treffen müssen.

Was indessen haben die Verbraucher davon? Die Anfänge des Marketing waren durch eine allgemeine Euphorie bezüglich des mutmaßlichen Beitrags, den dieses Steuerungselement für die Wohlfahrt der Menschen zu leisten vermag, gekennzeichnet. Zu augenfällig waren (und sind) die **Unterschiede im Lebensstandard** zwischen den **zentral gelenkten sozialistischen Staaten** und den von der **Marktwirtschaft geprägten Ländern der westlichen Welt.** Doch führte ein zunehmendes Unbehagen über eine Reihe zweifelhafter Errungenschaften der „Gesellschaft des Überflusses" (*Galbraith* 1959), die von vielen in recht einseitiger Weise dem Unternehmertum zur Last gelegt wurden, zu einer je nach Standpunkt mehr oder minder starken Revision herkömmlicher Bewertungen.

Immerhin ist nicht an der Tatsache zu rütteln, daß sich etwa im Zeitraum zwischen 1960 und 1986 in einem Land wie der Bundesrepublik Deutschland der

Lebensstandard – fraglos zu einem wesentlichen Teil dank Marketing – in spektakulärer Weise verbessert hat. Wenn man dazu beispielsweise am realen Privatverbrauch in DM je Kopf der Bevölkerung anknüpft, wird deutlich, daß sich die in dieser Weise operationalisierte Wohlfahrt des Menschen innerhalb einer einzigen Generation mehr als verdoppelt hat (siehe Abb. 2.2.). Hinzu kommt, daß sich im Zuge der Sicherung der Versorgung mit Waren und Dienstleistungen auch die Möglichkeiten zur Befriedigung außerökonomischer Bedürfnisse, wie z.B. die Verfolgung sportlicher oder kultureller Interessen, erheblich ausgeweitet haben.

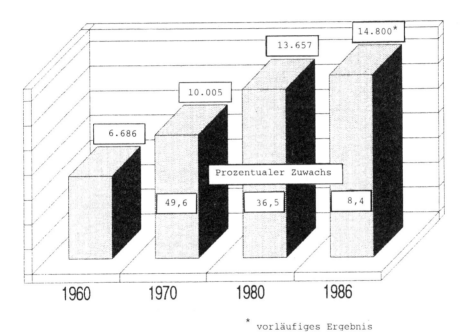

* vorläufiges Ergebnis

Quelle: *Statistisches Bundesamt*.
Anmerkung: Die ausgewiesenen Werte reflektieren den inflationsbereinigten Verbrauch in DM je Kopf der Bevölkerung auf der Basis der Preise von 1980.

Abb. 2.2.: Lebensstandard in der Bundesrepublik Deutschland 1960–1986

Gleichwohl muß an dieser Stelle betont werden, daß der **reale Verbrauch** in DM je Kopf der Bevölkerung keinen untrüglichen Indikator für die **Wohlfahrt** darstellt. Dies läßt sich u.a. daran erkennen, daß in diese Größe auf der einen Seite sozial erwünschter ebenso wie unerwünschter Konsum einfließt. So sind darin etwa alle Arbeiten, die zur Behebung des bei einem Autounfall eingetretenen Schadens durchgeführt werden, erfaßt. Fürwahr würde hier kein vernünftiger Mensch von einem „Mehr = Besser" ausgehen. Auf der anderen Seite nutzen wir mancherlei Einrichtungen, deren Leistungen vom Staat subventioniert werden und deshalb vom Bürger überhaupt nicht oder nur teilweise zu entgelten sind, insoweit also auch nicht in die Berechnung der Kenngröße eingehen. Schließlich gibt es eine Reihe von Aktiva und Passiva in unserem Dasein, die sich überhaupt nicht oder nur vereinzelt in Kategorien wie Konsum messen lassen. Dazu gehören u. a. folgende (siehe dazu *Zapf* 1978):

– Persönliche Gesundheit
– Persönlichkeitsentfaltung durch Erziehung und Ausbildung
– Beschäftigung und Qualität des Arbeitslebens
– Zeit und Freizeit
– Verfügung über Sachgüter und Dienstleistungen
– Physische Umwelt (natürliche Umwelt, Wohnverhältnisse, Verkehrsverhältnisse)
– Persönliche Sicherheit und Rechtsstaatlichkeit
– Chancengleichheit und Möglichkeiten der aktiven Teilnahme am Leben der Gesellschaft.

Es besteht somit kein Zweifel, daß es sich bei **Wohlfahrt, Wohlstand, Lebensqualität** oder wie immer wir es nennen wollen um eine **Residualgröße** handelt, die sich durch Saldierung bzw. Verknüpfung einer Vielzahl teils positiv, teils negativ zu bewertender Faktoren ergibt, wobei sich diese selbst nur außerordentlich schwer operationalisieren lassen.

Unabhängig von diesem systemunabhängigen Tatbestand weist jedoch die **Flexibilität eines dezentralen, auf Marketing basierenden Planungssystems** gegenüber dem zentralen Planungsmechanismus, wie er in den sozialistischen Staaten und in vielen Entwicklungsländern anzutreffen ist, zumindest von dem Erreichen einer gewissen Entwicklungsschwelle an offensichtlich große Vorteile im Hinblick auf die nötige Abgleichung von Produktion und Verbraucherpräferenzen auf. Abgesehen von den großen technischen Schwierigkeiten, den selbst in einfach strukturierten Gesellschaften überaus komplexen Wirtschaftsprozeß zentral zu steuern, impliziert der zentrale Plan einen weitgehenden Verzicht auf den Kontrollmechanismus, der uns in Gestalt wertender Wahlhandlungen der Entscheidungsträger entgegentritt: Die Konsumenten verbrauchen dort in Ermangelung von Alternativen genau das, was im Plan für sie vorgesehen ist. Dies bestätigt scheinbar die Richtigkeit des Plans, obwohl in Wirklichkeit dessen Fehlerhaftigkeit zunimmt, die volkswirtschaftlichen Friktionsverluste oft dramatische Ausmaße annehmen und die individuelle Bedürfnisbefriedigung immer weiter abnimmt. Der Markt als Regulativ hat keine Chance. Hinzu kommt, daß mit zunehmender Entfernung des Einkommensniveaus vom Existenzminimum und der Herausbildung differenzierter Konsumwünsche die ungenügende Beachtung der Verbraucherpräferenzen zusehends zu einem Hindernis für die wirtschaftliche und gesellschaftliche Entwicklung wird.

Diese Zusammenhänge sind offenkundig auch in den Ländern, die als **Zentralverwaltungswirtschaften** gekennzeichnet werden, bekannt; sie führen dort zu einer **ambivalenten Haltung gegenüber dem Marketing-Denken:** Einerseits wird Marketing als das trojanische Pferd der westlichen Welt, von dem man eine ideologische Unterwanderung des Sozialismus befürchtet, verteufelt; andererseits hält man es für unentbehrlich, um die Marktstrategie der staatlichen Außenhandelsorgane, soweit sie in sog. kapitalistischen Ländern tätig werden, erfolgreich zu gestalten, zum Teil aber auch, um am Binnenmarkt die Planerfüllung durch die „Werktätigen" und Planakzeptanz durch die Verbraucher zu fördern (Einsatz von Methoden der Marketing-Forschung, Übernahme von Verfahren zur Rationalisierung der Distribution, Werbung im Handel und – in ganz besonderer Weise – Marketing für gesellschaftliche Anliegen).

Mit diesen Überlegungen wurde aufzuzeigen versucht, daß die dezentrale Planung und Steuerung einer Volkswirtschaft erhebliche Vorteile gegenüber den Lenkungspraktiken der sog. Zentralverwaltungswirtschaft besitzen. Damit soll aber keineswegs ausgeschlossen werden, daß nicht auch Volkswirtschaften marktwirtschaftlicher Prägung für Friktionen und sogar strukturelle Störungen anfällig sind. Davon wird in Abschn. 2. ausführlich die Rede sein.

1.2.2. Die Aufrechterhaltung eines funktionsfähigen Wettbewerbs

Es ist eine Eigenart des marktwirtschaftlichen Systems, daß die **dezentrale Koordination der Wirtschaftspläne** nicht im Wege eines – gar noch bürokratischen – Abstimmungsprozesses herbeigeführt wird, sondern sich im Zuge des ständigen Bemühens, die Konkurrenten zu übertreffen, ergibt. Deshalb ist es von existentieller Bedeutung, daß der Wettbewerb in seinem Bestand geschützt wird. Beliebte Vehikel, ihn zu unterlaufen, stellen einmal die – wie auch immer bewerkstelligte – Ausschaltung von Mitbewerbern dar, zum anderen die Beeinträchtigung der Markttransparenz auf der Seite der Nachfrager, die die Wirksamkeit positiver und negativer Sanktionspotentiale erheblich beschränkt: Der leistungsfähige Anbieter wird nicht mehr durch Kaufzuwanderung „belohnt", der leistungsschwache nicht mehr durch Abwanderung „bestraft".

In der **Wettbewerbstheorie** hat man lange Zeit nicht erkannt, daß Ungewißheit und Unsicherheit wesensnotwendige Merkmale eines funktionierenden Wettbewerbs (vgl. *Woll* 1974) sind. Der einzelne geht unablässig von bestimmten Erwartungen aus, die er immer wieder zu korrigieren gezwungen ist. Dieses oft mit Enttäuschungen verbundene Wechselspiel rührt einerseits daher, daß er als Anbieter oft nur über begrenzte Möglichkeiten verfügt, sich Informationen über geplante Aktionen seiner Konkurrenten zu verschaffen, um auf dieser Grundlage entsprechende Gegenmaßnahmen treffen zu können. Andererseits weiß er häufig auch nur sehr ungenau, welchen Erfolg in einer konkreten Situation der Einsatz von absatzpolitischen Instrumenten haben wird. Es verwundert deshalb nicht, daß jeder Marktteilnehmer permanent bestrebt ist, mit Mitteln des Marketing (und u. U. auch auf gesetzwidrige Weise) eine Position zu erringen, die ihn möglichst wenig verwundbar macht oder die zumindest die Reaktionszeit der Wettbewerber erheblich verlängert.

Man ist heute in den **westlichen Industrienationen** davon überzeugt, daß der einzelne Anbieter, ob Hersteller oder Händler, bei dieser Form der Organisation von Produktion und Distribution von Gütern stärker motiviert ist, sein Bestes zu geben, d. h. Energien freizusetzen und Wissen zu nutzen, als bei jeder anderen Form der Organisation einer Volkswirtschaft. Entsprechend höher ist auch die ihm winkende Belohnung. Allerdings setzt das **marktwirtschaftliche Konzept** voraus, daß die Marktteilnehmer ihre Wünsche und Bedürfnisse selbst am besten kennen und zu artikulieren vermögen. Daran wird indessen, wovon noch zu berichten sein wird, zunehmend gezweifelt.

Wettbewerb wird heute mehr denn je als ein Such- und Informationsprozeß verstanden, bei dem ständig Tatsachen entdeckt werden, die ohne ihn unbekannt oder ungenutzt blieben. Die Wettbewerbstheorie kann dabei weder angeben, wie sich dieser Prozeß im einzelnen abspielt, noch was dabei als Ergebnis herauskommt. Seit *Clark* (1963), auf den das Konzept des arbeitsfähigen Wettbewerbs („workable competition") im wesentlichen zurückgeht, ist man sich immerhin darüber im klaren, daß sich das Wettbewerbsphänomen realistischerweise nicht mit Vorstellungen von Gleichgewicht und Gleichgewichtspfad in Einklang bringen läßt. Man wird ihm viel eher dadurch gerecht, daß man ihn als eine ständige produktive Auseinandersetzung zwischen agierenden und reagierenden, m. a. W. Marketing treibenden Marktteilnehmern begreift.

1.2.3. Die Selbstbeschränkung des Staates

In einer zur sozialen Marktwirtschaft ausgebauten Wirtschaftsordnung hat der Staat nur in ganz bestimmten Fällen eine Veranlassung und das Recht, in den Wirtschaftsprozeß steuernd einzugreifen. Im wesentlichen handelt es sich um folgende Tatbestände:

- Das marktwirtschaftliche System ist offensichtlich nicht in der Lage, automatisch, d. h. aus sich heraus Ziele wie **Wachstum, Vollbeschäftigung, Geldwertstabilität, Ausgleich der Leistungsbilanz** und gerechte **Verteilung des Volkseinkommens** zu gewährleisten. Hierzu bedarf es der Intervention des Staates, der freilich gehalten ist, sich dabei, wo immer möglich, marktkonformer Mittel zu bedienen. Nicht wenige der dazu beschrittenen Wege tangieren das Marketing, so z. B. wenn der Staat die Bereitschaft zu investieren fördert (und dadurch einen sog. Akzeleratoreffekt auslöst), wenn er die Wettbewerbsfähigkeit der heimischen Wirtschaft gegenüber anderen Ländern stärkt oder im Export liegende Risiken weitgehend übernimmt und dadurch eine Umsatzausweitung der betroffenen Unternehmen stimuliert, zusätzliche Beschäftigung schafft und die Erwirtschaftung von Devisen (zum Ausgleich der Zahlungsbilanz) erleichtert.

- Der Staat muß aber auch aktiv werden, um bestimmte **öffentliche Leistungen** bereitzustellen. Die Notwendigkeit dazu resultiert einmal aus strukturellen Grenzen oder einem Versagen des Marktmechanismus in einzelnen Bereichen

(Aufrechterhaltung der militärischen Sicherheit, Bereitstellung von Leuchttürmen etc.), zum anderen aus politischen und sozialen Motiven (z. B. Bildungs- und Gesundheitswesen). Bezüge zum Marketing ergeben sich hier auf zwei Ebenen: Einmal ermöglicht das durch Erfolge des Marketing induzierte hohe Steueraufkommen die Finanzierung eines breiten Stromes an öffentlichen Leistungen; zum anderen kann die Effizienz der Versorgung mit öffentlichen Leistungen ihrerseits durch Anwendung von Marketing-Methoden verbessert werden (vgl. Marketing öffentlicher Betriebe).

Ein weiteres Charakteristikum der Marktwirtschaft, mit dem gleichwohl auch die Zentralverwaltungswirtschaft zu kämpfen hat, besteht in dem Auftreten **externer Effekte bei Produktion** und **Verbrauch** (z. B. Verschmutzung von Luft und Gewässern). Dieser Effekt wird durch Marketing treibende Unternehmungen tendenziell verstärkt, da die Steuerungsfunktion des Marktes im Hinblick auf die Produktion umweltfreundlicher und damit in aller Regel teurerer Produkte weithin versagt. Die oft beschworenen Selbstheilungskräfte des Marktes reichen nicht aus, solche „Konstruktionsfehler der Marktwirtschaft" (*Siebert* 1973) zu überwinden.

1.2.4. Konsumfreiheit und Konsumentensouveränität

Dieser letzte Komplex wurzelt in der Vorstellung von der **Freiheit des menschlichen Willens,** die auch die Basis des demokratischen Systems bildet. Sie ist für das Marketing in zweifacher Weise von Bedeutung:

Marketing bestimmt zunächst den Umfang der **Konsumfreiheit,** also den Entscheidungsspielraum, über den die Verbraucher bei der Auswahl von Gütern und Dienstleistungen aus dem vorhandenen Angebot verfügen. Wie ein Blick auf das jeweilige Warenangebot in den beiden polaren Wirtschaftssystemen, Marktwirtschaft und Zentralverwaltungswirtschaft, zeigt, bestehen in ersterer ungleich größere Wahlmöglichkeiten. Hinzu kommt, daß der Spielraum einer zentralen Planungs- und Koordinationsinstanz, bestimmte Verbraucherwünsche zu ignorieren, größer ist als bei einem dezentral organisierten Wirtschaftssystem, weil hier ganz andere Mechanismen vorhanden sind, um Bedürfnisse zu artikulieren und diesen durch Sanktionen Geltung zu verschaffen.

Gleichwohl ist die Konsumfreiheit, so sehr sie auch von den Verbrauchern im Prinzip begrüßt werden mag, mit einem gravierenden Problem behaftet: Die Fülle des Güterangebots auf der einen und die begrenzte Informationsaufnahme- und -verarbeitungskapazität des Individuums auf der anderen Seite führen zur **Intransparenz,** der die Verbraucher oft nicht mehr gewachsen sind. Wie soll jemand in der Lage sein, sich in einem Angebot, das in einzelnen Fällen, wie etwa bei Schuhen, bis zu 70 000 Varianten umfaßt, zurechtzufinden?

Da auch die Erlangung von Informationen ihre Grenzen und ihren Preis, und sei es nur in Form von Verzicht auf Freizeit, hat, müssen Verbraucher ihre **Kaufentscheidungen** immer auf der Basis eines mehr oder minder **unzulänglichen**

Informationsstandes bezüglich Verfügbarkeit, Qualität, Preisen etc. von Gütern treffen. Je geringer der Überblick ist, den der einzelne über das Angebot am Markt hat, desto größer ist die Gefahr für ihn, einen Fehlkauf zu tätigen, d.h. die ihm zur Verfügung stehenden Mittel nicht in einer seinen Bedürfnissen am besten entsprechenden Weise einzusetzen. Was indessen ziehen wir vor: mangelnde Markttransparenz bei Überversorgung oder einen völligen Überblick über ein unzulängliches Güterangebot?

Der „Durchgriff von oben", der für die Zentralverwaltungswirtschaft typisch ist, für die Marktwirtschaft aber eher die Ausnahme darstellt, kann gelegentlich auch einmal von Vorteil sein, so z.B. wenn die Produktion gesellschaftlich unerwünschter Erzeugnisse wie etwa Kriegsspielzeug oder das Anbieten gefährlicher Produkte rasch und nachhaltig verhindert werden können. Gleichwohl ist diese Tatsache für die betroffenen Bürger gewiß keine hinreichende Kompensation für sonstige Unzulänglichkeiten des Wirtschaftssystems. An dieser Einschätzung vermag auch der Umstand nichts zu ändern, daß im marktwirtschaftlichen System die Befriedigung solcher Bedürfnisse, hinter denen aus Unternehmersicht ein nur geringes Gewinnpotential steht, tendenziell zu kurz kommt. Einen gewissen Ausgleich, etwa im Bereich sozialer Dienstleistungen, schafft hier im Bedarfsfall der Staat.

Das Urteil über ein anderes konstitutives Element der Marktwirtschaft, die sog. **Konsumentensouveränität,** muß notwendigerweise ambivalent ausfallen. Es ist die uralte Streitfrage, ob die Wirtschaft ihre Impulse letztlich von den Konsumenten, wie die Väter des marktwirtschaftlichen Systems meinten, oder eher von den Produzenten empfängt, eine Auffassung, die immer mehr Anhänger gewinnt.

Wie die **klassische Wirtschaftstheorie** den Verbraucher sieht, glossiert *Galbraith* (1968, S. 238) mit folgenden Worten:

„Praktisch die gesamte Wirtschaftsanalyse und Wirtschaftslehre geht davon aus, daß die Initiative beim Verbraucher liege. Auf Grund von Bedürfnissen, die aus ihm heraus entstehen oder die ihm von seiner Umgebung vermittelt werden, kauft er auf dem Markt Güter und Dienstleistungen. Hieraus ergeben sich Gelegenheiten, mehr oder weniger Geld zu verdienen – die Signale des Marktes an die Herstellerfirmen. Diese richten sich nach den Signalen, die vom Markt und damit letztlich vom Verbraucher ausgehen. Der Weg dieser Instruktionen verläuft nur in einer Richtung: vom einzelnen an den Markt und vom Markt an den Hersteller. Das alles wird recht gefällig durch eine Terminologie unterstützt, die unterstellt, daß alle Macht beim Verbraucher liege. Man nennt es die Souveränität des Verbrauchers."

Die Wirklichkeit sieht nach *Galbraith* ganz anders aus. Der Verbraucher sei durch eine das Un- und das Unterbewußtsein ansprechende Werbung so programmiert, daß er nicht die Güter nachfrage, die er an sich zu haben wünscht, sondern jene, von denen die Anbieter wollen, daß er sie zu konsumieren wünscht. Wie dies funktioniere, erläutert *Galbraith* an Hand eines konkreten Beispiels aus der Automobilindustrie:

„Um Nachfrage nach neuen Autos zu schaffen, müssen wir Jahr für Jahr höchst verzwickte und zwecklose Änderungen ersinnen und dann den Verbraucher rücksichtslos unter psychologischen Druck setzen, um ihm ihre Wichtigkeit einzureden."

Hier wird uns ein Bild vermittelt, das dem Zerrbild eines nach freien Entschlüssen wirtschaftenden Menschen gleicht, eines Menschen, der lediglich einen Spielball unternehmerischer Interessen, ein zwar notwendiges, aber beliebig einsetzbares und ersetzbares Rädchen im Mechanismus der Marktwirtschaft darstellt. Dieser Mensch handelt nicht auf Grund eigener Einsicht, sondern allein nach dem Willen der Anbieter.

Daß sich die Verbraucher, selbst wenn sie sich ihrer fatalen Rolle bewußt werden, nicht dagegen wehren, ergibt sich für den Soziologen *Riesman* (1978) unmittelbar aus der geschichtlichen Entwicklung: Nach dem Zerbrechen der alten metaphysischen Glaubensmächte, die den Menschen Orientierungshilfe für ihr Handeln boten, sei der einzelne aus seinen gesicherten Standesbindungen herausgerissen worden, mit der Folge, daß er in der modernen Gesellschaft in seinem Verhalten immer mehr dem normierenden Druck von Organisationen, Verbänden und Massenmedien erlag. *Riesman* nennt diese Species den **außengeleiteten Menschen,** der die Maxime seines Handelns in der Meinung seiner Umwelt, der Öffentlichkeit, findet. In seiner reinsten Form begegnet er uns – nach der Sprachregelung jener Kritiker – als „Konsumidiot".

In der möglichen Ablösung des Vorgängers, nämlich des klassisch-traditionsgeleiteten oder innengeleiteten Menschen durch diesen neuen, der Manipulation zugänglichen Typus sieht *Riesman* eine Entwicklung, durch die letztlich das demokratische Potential einer Gesellschaft systematisch zerschlagen werde. Er stützt damit die von *Galbraith* später formulierte These, wonach die Werbung und ihr „verwandte Künste" zur Formung genau des Menschentyps beitrügen, den das Industriesystem brauche: eines Menschen, der zuverlässig sein Einkommen ausgibt und immerfort arbeitet, weil er nie genug bekommt. Dafür, daß sich daran nichts ändert, sorge die moderne Industriegesellschaft; denn aus der ökonomischen Notwendigkeit einer immer größeren Produktion heraus würden von ihr Wertmaßstäbe entwickelt, die die Ängste, Hoffnungen und Antriebe der Konsumenten (und Arbeitnehmer) formten.

Die Klärung der Frage, ob die **Kritik an der These von der Konsumentensouveränität** für stichhaltig befunden werden kann oder nicht, setzt eine Übereinkunft darüber voraus, was man unter diesem Terminus tatsächlich verstehen will. Es steht außer Frage, daß ein Konsument laufend einer Fülle von Anregungen und gesellschaftlichen Zwängen verschiedenster Art ausgesetzt ist, die gar nicht oder nur in geringem Maße in dem Bemühen von Unternehmern um Vergrößerung ihres akquisitorischen Potentials wurzeln. Daraus zu schließen, daß das Individuum grundsätzlich ein nur von außen gesteuertes, hilfloses Wesen sei, widerspricht aber nicht nur aller Erfahrung, sondern auch den Erkenntnissen von Psychologie und Soziologie.

Man ist sich heute weitgehend einig, daß die prinzipiell nur auf empirischem Wege, wahrscheinlich aber überhaupt nicht zu ermittelnde Antwort auf die gestellte Frage unterschiedlich ausfallen muß, je nachdem, worauf man **Manipulation** bzw. deren begriffliches Korrelat, die **Willensfreiheit,** bezieht. Es überrascht deshalb keineswegs, daß einzelne Autoren, die sich mit diesem Problem beschäftigten, in dieser Hinsicht zu ganz verschiedenen Ergebnissen gelangten, ohne sich dabei zu widersprechen.

Eine auf dem **Liberalismus** basierende Wirtschaftsordnung verkörpert ein System von ethischen Prinzipien, rechtlichen Normen und gesellschaftlichen Konventionen, die das menschliche Zusammenleben in einer von der Mehrheit der Betroffenen gewünschten Weise steuern bzw. steuern sollen. Daß dieses Konglomerat von Regeln, das für die einen Wegweiser, für die anderen Behinderungen darstellt, nicht immer und überall beachtet, oft geradezu bewußt mißachtet wird, liegt in seinem Zustandekommen und in seinem normativen Anspruch begründet und ist geradezu systemimmanent.

Jeder Realist wird zugeben, daß eine völlige Annäherung an ein **Leitbild,** etwa das Ideal der **Konsumentensouveränität,** ebensowenig gelingen kann wie die Herstellung des **vollkommenen Wettbewerbs.** Dies liegt in der Formbarkeit der Bedürfnisse begründet, die es den Anbietern erlaubt, die Wünsche der Konsumenten bis zu einem gewissen, von Produkt zu Produkt und von Kaufsituation zu Kaufsituation durchaus verschiedenen Grade zu beeinflussen. Absurd erschiene indessen der Versuch, aus dem Auseinanderklaffen von Wunschbild und Wirklichkeit den Schluß zu ziehen, daß es überhaupt keinen Wettbewerb und niemals Konsumentensouveränität gäbe. Die Frage kann deshalb nur lauten, wie weit wir jeweils vom Idealbild entfernt sind bzw. ob die konterkarierenden Kräfte so stark an Bedeutung gewinnen, daß ihnen mit rechtlichen oder wirtschaftspolitischen Maßnahmen entgegengewirkt werden muß.

Auch einer **Rechtsordnung** bedarf es nur deshalb, weil sich nicht jeder Bürger immer so verhält, wie es nach der Überzeugung der Mehrheit der Bevölkerung für ein gedeihliches Zusammenleben der Menschen erforderlich wäre. Es entspricht keineswegs dem Zufall, daß weder unsere Rechts- noch unsere Wirtschaftsordnung ohne das vom Humanismus übernommene (Leit-)Bild der **Freiheit** des **menschlichen Willens** auskommen. Man muß sich darüber im klaren sein, daß die Negation des freien Willens nicht nur unser demokratisches System gefährden, sondern auch die Basis unserer Gesellschaft zerstören würde, da sich niemand mehr für sein Verhalten zu verantworten bräuchte.

Nachdem wir uns durch die Wahl unserer **Wirtschaftsordnung** prinzipiell für die **Konsumentensouveränität** als das **wirtschaftspolitische Leitbild** entschieden haben, kann es nur darum gehen, Fehlentwicklungen nicht resignierend zur Kenntnis zu nehmen oder sie gar als Vorboten des Untergangs des marktwirtschaftlichen Systems zu apostrophieren, sondern sie als Anlaß für korrigierende Eingriffe in den Wirtschaftsprozeß zu verstehen (vgl. dazu auch *Specht* 1974).

Sofern dabei evidente Verstöße gegen bestehende Rechtsnormen vorkommen, wie sie etwa im Falle von Wucher, Diskriminierung oder arglistiger Täuschung gegeben sind, bestehen prinzipiell keine Schwierigkeiten, einem Geschädigten zu seinem Recht zu verhelfen. Voraussetzung dafür ist allerdings, daß der Betroffene die Sachlage erkennt, zu einer rechtlichen Beurteilung des Tatbestands fähig ist, Erfahrung im Umgang mit Anwälten und Gerichten besitzt und die finanziellen Risiken, zeitlichen Opfer, beruflichen Nachteile und gesellschaftlichen Sanktionen nicht scheut, die mit der Einhaltung rechtlicher Schritte verbunden sein können. Diese Voraussetzung trifft aber nach aller Erfahrung bei einem Großteil der Verstöße gegen geltendes Recht nicht zu.

Daß hier ein erhebliches rechtssoziologisches Problem gegeben ist, verdeutlichen die Ergebnisse einer im Jahre 1970 durchgeführten Untersuchung: Danach hätten damals 45% der Befragten nicht geklagt, um einen für begründet gehaltenen Anspruch von DM 250 gegen eine Versicherungsgesellschaft durchzusetzen (vgl. *Kaufer/Raschorn* 1971). Dabei genügte es oftmals schon, sich von einer Verbraucherorganisation sachkundig beraten zu lassen.

2. Konfliktbereiche und Regulative des Marketing-Systems

Das Zusammenspiel der Kräfte im Marketing-System, wie es im letzten Abschnitt dargestellt wurde, kann allenfalls als idealtypisch gekennzeichnet bzw. als leitbildhaft gedeutet werden. Weshalb und in welchem Ausmaß hierbei vom Idealzustand Abstriche vorzunehmen sind und inwiefern durch systemimmanente Kräfte gegengesteuert wird, soll an dieser Stelle näher beleuchtet werden.

2.1. Die Dominanz konkurrierender Zielsetzungen der Gesellschaft

Das Marketing-System unterliegt zahlreichen Einflüssen von außen, die oft von sog. nationalen Interessen geprägt sind. Eine völlige und vorbehaltlose Orientierung einer Unternehmung an den Erfordernissen des Marktes ist deshalb illusorisch. Eine Unternehmung wird sich, ungeachtet zahlreicher innerbetrieblicher Restriktionen, denen sie immer auch unterworfen ist, bei ihren Marketing-Aktivitäten in einem Rahmen bzw. innerhalb eines Wertesystems bewegen müssen, das ihr von Staat und Gesellschaft zugewiesen ist. Was damit gemeint ist, soll an dieser Stelle eher exemplarisch als systematisch dargestellt werden (eine ausführlichere Behandlung der Materie findet sich bei *Dichtl* 1979, S. 47 ff.).

(1) Einen ersten Orientierungspunkt stellt die **Gesundheitspolitik** dar, die den Fluß von Waren und Dienstleistungen einmal insofern reglementiert, als bestimmte Güter, wie z.B. Drogen, u.U. überhaupt nicht in den Verkehr gebracht werden dürfen. Bei anderen, wie z.B. Alkoholika und Pharmazeutika, die bei nicht bestimmungs- bzw. übermäßigem Gebrauch gesundheitliche Schäden hervorrufen können, wird ein unkontrollierter Handel unterbunden. In manchen Ländern, wie z.B. Norwegen, besteht der Staat sogar darauf, Produkte wie Alkoholika in eigener Regie zu vertreiben.

Mancherlei **Restriktionen** sind auch die Herstellung und der Vertrieb von **Nahrungs- und Genußmitteln** unterworfen. So müssen Geschäfte, die Fleisch führen, zumindest unter der Aufsicht eines Metzgermeisters stehen, müssen verderbliche Produkte ein Datum tragen, bis zu dem sie ohne Bedenken verzehrt werden können, und bei Speisen, die in Gaststätten angeboten werden, chemische Zusätze explizit gekennzeichnet werden.

Hinzu kommt der Bereich der **Sicherheitsvorschriften** bei Investitions- und Gebrauchsgütern, die die Gestaltung und den Betrieb von Gegenständen so konträrer Art wie Produktionsanlagen, Kernkraftwerken, Rasenmähern und Kinderspielzeug betreffen. Auf diesem Sektor gibt es zahlreiche rechtliche Normen, die von allen an der Produktion und am Vertrieb, u. U. auch am Betrieb solcher Güter beteiligten Stellen einzuhalten sind.

(2) Die **Sicherheit der Versorgung** in Krisenfällen macht es erforderlich, Zahl und Verteilung der Geschäfte, die den lebensnotwendigen Bedarf der Bevölkerung befriedigen, nicht einer Entwicklung zu überlassen, die auf einem unkontrollierten marktwirtschaftlichen Automatismus beruht. Derartige Überlegungen führen auch dazu, z. B. durch eine nachhaltige Verminderung des Rohölverbrauchs das Entstehen solcher Krisen von vornherein zu erschweren, weil dadurch die Erpreßbarkeit von Ländern, die in dieser Hinsicht bislang fast völlig vom Ausland abhängen, vermindert und zudem die oft prekäre Devisensituation entschärft werden können. Es ist offenkundig, daß sich das Problem der Sicherung der Versorgung in einem Land wie der Bundesrepublik Deutschland auf Grund seiner extremen Abhängigkeit vom Ausland sowohl bei den Importen als auch bei den Exporten ebenso wie auf Grund seiner ungünstigen geologischen Lage viel gravierender stellt als etwa für die USA.

(3) Seit den vom *Club of Rome* initiierten Studien über die *Grenzen des Wachstums* mit den für manchen bestürzenden Befunden ist man sich auch immer mehr der **Interaktion zwischen Marketing und natürlicher Umwelt** bewußt geworden. Im selben Maße hat die Einsicht an Boden gewonnen, daß es nicht länger angeht, im Interesse eines ungezügelten Konsums einerseits Raubbau an der Natur zu treiben, andererseits die natürliche Umwelt durch die Emission von Schadstoffen in einem Umfang zu belasten, der die Möglichkeiten der Regenierung oft schon übersteigt.

Verknappung nicht ersetzbarer oder nicht schnell genug nachwachsender Rohstoffe (Wasser, Rohöl, Kohle, Wälder etc.), Lärm, Abgase, Verschmutzung (durch Industrieabwässer) und Aufheizung der Gewässer (durch Einleitung von Kühlwasser), ferner die unablässige Verkleinerung von Grünflächen durch übermäßige Besiedelung und anhaltenden Ausbau der Infrastruktur, ganz abgesehen von den aus der Entsorgung resultierenden Problemen (wohin mit Atommüll und nicht verrottenden Verpackungsmaterialien?) führen uns allmählich in einer bedrohlichen Weise an einen Punkt heran, an dem das ökologische Gleichgewicht nicht mehr gegeben erscheint.

2. Konfliktbereiche und Regulative des Marketing-Systems

Hier offenbart sich ein „Konstruktionsfehler der Marktwirtschaft" (*Siebert* 1973), und zwar insofern, als ein – ohnehin nur schwer ermittelbarer – Preis für die Nutzung der Umwelt aus der Sicht des Unternehmens in aller Regel nicht bezahlt zu werden braucht. Die **anfallenden Kosten** werden **externalisiert**, d. h. auf die Allgemeinheit abgewälzt. Da sich die Verwendung umweltbelastender Produktionsverfahren somit nicht selten vorteilhaft in der Erfolgsrechnung einer Unternehmung niederschlägt und das Angebot an umweltschädlichen Erzeugnissen oft beachtliche Gewinnchancen eröffnet, muß sowohl im Rahmen der **Ordnungspolitik** als auch auf **einzelwirtschaftlicher Basis** nach Mitteln und Wegen gesucht werden, um die aus diesen Sachzwängen resultierenden **Fehlentwicklungen** zu korrigieren.

Die Möglichkeiten des Staates beschränken sich darauf, einmal Belastungsgrenzen festzulegen und deren Überschreitung mit Sanktionen zu belegen, zum anderen die von einem Unternehmen verursachte Umweltbelastung kostenmäßig zu erfassen und diesem über Steuern oder andere Abgaben das in Rechnung zu stellen, was es an Schaden verursacht hat. Dies wirkt gleichzeitig als Ansporn für das betroffene Unternehmen, umweltschädliche Produktionsverfahren und Produkte durch umweltfreundlichere zu ersetzen, auf eine Strategie der technischen oder psychischen Veralterung **(geplante Obsoleszenz)** zu verzichten und sich stärker um einen Wiedereinsatz von Gütern, die aus dem Wirtschaftskreislauf ausgeschieden sind, im Wege des **Recycling** zu bemühen.

(4) In vielen Ländern wird regelmäßig auch der **Kultur** eine gewisse Priorität gegenüber dem kommerziellen Bereich eingeräumt. Dies äußert sich beispielsweise darin, daß die Erhaltung alter „Bausubstanz" wichtiger als die Errichtung moderner Geschäftshäuser eingestuft wird. Aus ähnlichen Gründen genießt der Buchhandel, dem in diesem Zusammenhang gleichfalls eine Sonderstellung zukommt, bei uns praktisch als einziger noch den Schutz der vertikalen Preisbindung, nämlich weil man ihn wegen der von ihm übernommenen kulturellen Aufgaben nicht schonungslos dem freien Wettbewerb aussetzen zu können glaubt.

Die Vorzugsstellung, die gerade dem Verlagswesen allenthalben zukommt, zeigt sich z. B. auch darin, daß etwa in der Bundesrepublik Deutschland bei urheberrechtlich geschützten Arbeiten nur der halbe Mehrwertsteuersatz zur Anwendung gelangt, in Schweden für die Veröffentlichung förderungswürdiger Bücher Subventionen gewährt werden und in den Staaten Osteuropas grundsätzlich alles, was auf Kultur, (Aus-)Bildung, „gesundes Volksbewußtsein" und natürlich auch Propaganda hinausläuft, bei der Zuweisung von Ressourcen vor den sonstigen Gütern des mittelfristigen Bedarfs Vorrang genießt.

(5) Daß die Versorgung der Bevölkerung mit Gütern und Dienstleistungen, das zentrale Anliegen des Marketing, nachhaltig durch Auseinandersetzungen zwischen den **Tarifpartnern** gestört werden kann, illustrieren Vorgänge wie die Lahmlegung der Großbäckereien in Großbritannien Ende der siebziger Jahre,

vielfältige Streiks auf dem Transportsektor, die dort ebenso wie in Italien und in Frankreich gang und gäbe sind, und Ausstände der Arbeiter von Kraftwerken, die Großbritannien in den vergangenen Jahren mehrfach an den Rand des Abgrunds gebracht haben. In all diesen Fällen zeigt sich, daß zumindest zeitweise Werte wie das **Streikrecht** und die **Tarifhoheit** über den Versorgungsauftrag der Wirtschaft gestellt werden.

Daß das Marketing, konkreter: die Wettbewerbsfähigkeit eines Unternehmens und einer Volkswirtschaft oft nachhaltig von lohn- und sozialpolitischen Entwicklungen beeinträchtigt wird, illustrieren auch folgende Überlegungen: In der Diskussion über die Ursachen der vergleichsweise höheren Personalproduktivität, die die japanische Wirtschaft gegenüber der deutschen in weiten Bereichen errungen hat, wird in der Regel auch auf Gegebenheiten verwiesen, die von den einzelnen deutschen Unternehmen nicht ohne weiteres und schon gar nicht von den für Marketing Verantwortlichen verändert werden können. Dazu zählen die um mindestens 20% höheren Lohnkosten sowie Lohnnebenkosten, die bei uns rund 85% der Lohnkosten gegenüber rund 25% bei unserem fernöstlichen Konkurrenten ausmachen. Offenbar wird indessen die Situation bei uns noch nicht als so bedrohlich empfunden, daß man die Zeit für gekommen hält, wenigstens für einige Jahre lohn- und sozialpolitische Forderungen den Erfordernissen der **Wettbewerbsfähigkeit** im Inland wie im Ausland unterzuordnen.

Daß hierbei auch ganz andere (und nicht unbedingt nachahmenswerte) Lösungen praktiziert werden, zeigt die Situation, die Anfang der achtziger Jahre in der japanischen Automobilindustrie vorherrschte. Dort haben es die Hersteller vermocht, ihren eigenen Fertigungsanteil auf ein Minimum zu begrenzen. Ein Unternehmen stellte wertmäßig nur 25–30% eines Autos selbst her. Der Rest kam von ca. 8000 Zulieferern (im Vergleich zu weniger als 1000 bei einem der größten deutschen Automobilhersteller).

Dieser Sachverhalt erweist sich auch sozialpolitisch und wettbewerbspolitisch von großer Tragweite: Die Zulieferbetriebe in Japan begnügen sich im allgemeinen mit einem noch niedrigeren Lohnniveau und gewähren ihren Mitarbeitern noch geringere freiwillige Sozialleistungen als ihre Abnehmer. Unter Produktivitätsaspekten bemerkenswert ist zudem, daß die Zulieferer dank extremer Spezialisierung vergleichsweise höhere Losgrößen in der Fertigung erreichen, damit kostengünstiger produzieren und noch dazu weitgehend die Lagerhaltung für ihre Kunden übernehmen. Daß all dies zu beträchtlichen Kostenvorteilen für einen japanischen Automobilhersteller führt und diesem einen erheblichen preispolitischen Spielraum im Vergleich zu seinen europäischen und nordamerikanischen Konkurrenten eröffnet, liegt auf der Hand.

Da Japan somit bestehende Wettbewerbsvorteile auch bestimmten Umständen verdankt, die man hierzulande nicht für vertretbar hält, kam es seit Anfang der siebziger Jahre immer wieder zu Appellen der *Europäischen Gemeinschaft* und einzelner ihrer Länder an Japan, sich zu einem „**orderly marketing**" zu verpflichten. Dieser Begriff hat mit Marketing im üblichen Sinne wenig gemeinsam. Man versteht darunter vielmehr einen freiwilligen, kartellartigen Zusammenschluß von exportierenden Firmen eines bestimmten Wirtschaftszweiges (z. B. Fernseh-, Tonbandgeräte, Kassettenrecorder, Tischrechner,

Stahl) zu dem Zweck, den eigenen Export zu beschränken. In der Regel werden bei solchen Selbstbeschränkungsabkommen Höchstmengen und Mindestpreise für die betroffenen Unternehmen vereinbart. Die Bereitschaft der davon tangierten Firmen gründet sich auf die Hoffnung, auf diese Weise exporthemmenden Maßnahmen (Restriktionen, Änderungen des Wechselkurses etc.), die von der eigenen oder von fremden Regierungen sonst getroffen würden, zuvorzukommen.

(6) Selbst wenn wir von der in mancher Hinsicht untypischen Situation eines Landes wie der Bundesrepublik Deutschland ausgehen, das sich zu einem der stärksten Verfechter eines ungehinderten internationalen Warenaustausches entwickelt (und daraus viele Vorteile gezogen) hat, ist dennoch allenthalben zu beobachten, daß die Marketing-Aktivitäten deutscher Unternehmen zahlreichen **außenhandelspolitischen Begrenzungen** bzw. Zwängen unterworfen sind, die sowohl den Import als auch den Export auf mehr oder minder nachhaltige Weise beeinflussen.

Der Güterstrom vom Inland ins Ausland und in umgekehrter Richtung unterliegt einer Vielzahl von zwischenstaatlichen und supranationalen Reglementierungen, so z.B. dem *GATT (General Agreement on Tariffs and Trade)*, den Abkommen von Lomé I, II und III, den die *Europäische Gemeinschaft (EG)* begründenden Verträgen von Rom, Assoziationsabkommen mit Drittländern sowie den Vereinbarungen mit den Staaten des *Rats für gegenseitige Wirtschaftshilfe (COMECON)*.

Am einschneidensten wird die Versorgung eines Landes durch **Einfuhrverbote** bzw. die **Festlegung von Höchstmengen** gesteuert, die für den Export bzw. Import bestimmter Güter maßgebend sind (z.B. Agrarerzeugnisse aus Ostblockstaaten oder Textilien aus Entwicklungs- bzw. Schwellenländern). Vergleichbare Auswirkungen hat z.B. die Beschneidung der Fangmöglichkeiten der deutschen Seefischerei in internationalen Gewässern, die überdies große Strukturprobleme in diesem Wirtschaftszweig auslöst.

Ähnliche Effekte werden durch Maßnahmen der **Währungspolitik,** die gleichwohl auch verbilligend wirken können, durch die Erhebung von **Zöllen, Importsteuern** und anderen **Ausgleichsabgaben,** vor allem aber durch die Vornahme von sog. **Abschöpfungen,** ein Spezifikum der *EG* für landwirtschaftliche Produkte, ausgelöst. Auf Anhieb nicht sichtbar, aber nicht weniger wirksam ist die Kanalisierung des Flusses von Gütern und Dienstleistungen mit Hilfe von Bestimmungen, mit denen in den Transfer von Kapital und in die Wanderung von Arbeitskräften von einem Land zum anderen eingegriffen wird. Man vergegenwärtige sich einmal, wie es um das Angebot an Dienstleistungen etwa in der Schweiz und in der Bundesrepublik Deutschland stünde, wenn es hier wie dort keine weitgehend freien Zugang ausländischer Arbeitskräfte gegeben hätte.

Bei **Rohstoffen** werden Verfügbarkeit und Preise in neuerer Zeit in verstärktem Maße von einer gezielten Angebotspolitik der Erzeugerländer beeinflußt, sei es durch Abschluß von Quoten- und Preiskartellen, sei es durch vorübergehende Zurückhaltung von Ware, um einem Preisverfall entgegenzuwirken, oder sei es durch Einrichtung spezieller Fonds, Lieblingskindern vieler **Entwicklungsländer,** die zu einer Stabilisierung von Angebot und Nachfrage beitragen sollen.

Daß die Adressaten solcher Maßnahmen, die westlichen Industrienationen, Entwicklungen dieser Art nicht tatenlos hinnehmen, liegt auf der Hand. Bezeichnend dafür sind deren Ringen um Erschließung zusätzlicher bzw. alternativer Rohstoffquellen, um die Suche nach Substitutionsprodukten, die aus im Inland verfügbaren Materialien hergestellt werden können, ferner die von ihnen betriebene Subventionierung einer nicht konkurrenzfähigen heimischen Rohstofförderung (z. B. bei Erdöl) und der mehr oder minder subtile Einsatz der Entwicklungshilfe, mit der nicht nur humanitäre Zwecke, sondern auch handfeste Beschaffungs- und Absatzinteressen verfolgt werden.

Weniger um den Versorgungsaspekt der Binnenwirtschaft als um die **Exportchancen** deutscher Unternehmen (und damit auch die Möglichkeit, dringend benötigte Devisen zu erwirtschaften) geht es bei der – zumindest teilweisen – **Absicherung** von noch nicht abgewickelten und anstehenden Exportgeschäften gegen **wirtschaftliche** und **politische Risiken,** die in den Empfängerländern gegeben sind. Die Variation des Umfangs, in dem der Staat solche Risiken abdeckt, ist eine wesentliche und rasch wirkende Determinante der absatzwirtschaftlichen Entfaltungsmöglichkeiten privater Unternehmen und damit der Höhe des Exportvolumens eines Landes.

Gelegentlich vereitelt die Regierung eines Staates auch aus moralischen Gründen oder aus sicherheitspolitischen Erwägungen heraus den Export bestimmter Güter, so z. B. die Ausfuhr von Waffen in sog. Spannungsgebiete oder von strategisch wichtigen Gütern in sozialistische Staaten. Es ist einsichtig, daß dies für manch einen Konkurrenten aus einem Land, in dem man in dieser Hinsicht weniger Skrupel hegt, freie Bahn schafft.

Eines der größten Hindernisse im Marketing und eine der massivsten Ursachen für ungleiche Chancen deutscher Unternehmen im Inlands- wie im Auslandsgeschäft stellen schließlich bestimmte, eindeutig gegen internationales Recht verstoßende Förderungsmaßnahmen dar, die andere Staaten zu Gunsten einzelner Wirtschaftszweige oder der gesamten Wirtschaft durchführen. Eine der gebräuchlichsten Formen ist dabei die **gezielte Unterbewertung** der **eigenen Währung,** von der man sich eine Verbesserung der eigenen Position auf stark umkämpften ausländischen Märkten erhofft. Umgekehrt greift man zu allen Arten sog. **tarifärer** und **nichttarifärer Handelshemmnisse,** mit denen man sich unliebsame ausländische Konkurrenten auf dem heimischen Markt vom Halse zu halten trachtet.

Nicht selten werden auch dadurch internationale Abmachungen gebrochen, daß man der heimischen Wirtschaft resp. ausländischen Abnehmern mit **Exportkrediten** unter die Arme greift, deren Konditionen den Marktgegebenheiten Hohn sprechen und weit außerhalb international vereinbarter Größenordnungen liegen. Nicht weniger problematisch ist schließlich die Gewährung von **Subventionen** an notleidende Industriezweige, so z. B. an die Stahlindustrie in fast allen Ländern der *Europäischen Wirtschaftsgemeinschaft,* mit der in eklatanter Weise gegen die Bestimmungen der *Römischen Verträge* verstoßen wird.

Wie alle diese Überlegungen und Beispiele zeigen, gelingt es oft nicht, die Wünsche verschiedener **Bezugsgruppen** innerhalb einer Gesellschaft und die Vorstellungen konkurrierender Länder in Einklang zu bringen oder zumindest den Anliegen der einen Rechnung zu tragen, ohne dadurch denen der anderen zu schaden. Hier sind von den politisch Verantwortlichen Entscheidungen zu treffen, die häufig nicht von der Mehrheit der Bürger getragen werden, sondern allein durch die Sachkompetenz von Experten und den meist höheren Informationsstand der von ihnen Beratenen gerechtfertigt werden.

Eine Möglichkeit, **Zielantinomien** zu vermeiden bzw. dort, wo sie aufgetreten sind, zu überwinden, wird zuweilen in der Ausrichtung rivalisierender Anliegen und Maßnahmen an sog. Fundamentalzielen der allgemeinen Wirtschaftspolitik oder des Zusammenlebens der Völker gesehen. Wo es gelingt, konfligierende Ziele oder divergierende Interessen verschiedener Bezugsgruppen auf ein übergeordnetes Ziel zurückzuführen, stellt dies zweifellos einen Glücksfall dar, der den Analytiker bzw. Politiker aller einschlägigen Sorgen enthebt. In unserem Kontext davon auszugehen, daß dies gelingt, ist nach aller Erfahrung utopisch.

Fragt sich, ob es überhaupt irgendwelche Leitmotive oder Spielregeln für die Bewältigung derartiger Konflikte gibt: Nach einem weithin üblichen Verständnis, das indessen weder von Blick für die Realität noch von Vertrautheit mit den anstehenden Operationalisierungsproblemen zeugt, sind dies in den wirtschaftlich am weitesten entwickelten Ländern einmal der **Grundsatz der Humanität,** zum anderen das Streben nach **gesamtwirtschaftlicher Rationalität.**

Das Wort Humanität signalisiert die volle Entfaltung der Menschlichkeit, die in der Bildung des Geistes und der Herrschaft über die Leidenschaften gründet und sich besonders in dem Eingehen auf den Nächsten und in der Hilfsbereitschaft für den Mitmenschen zeigt. Unter (gesamtwirtschaftlicher) Rationalität versteht man demgegenüber das Walten von Vernunft, das uns im wirtschaftlichen Leben vor allem in der Beachtung des ökonomischen Prinzips entgegentritt. Dieser Gesichtspunkt begegnet uns neuerdings auch in Gestalt der Forderung nach ökonomischer Effizienz, die sich mehr und mehr zu einem neuen wirtschaftspolitischen Leitbild entwickelt.

Aus diesen Feststellungen läßt sich gleichwohl für die praktische Politik allenfalls soviel ableiten, daß man Verteilungskämpfe nicht durch handfeste

Auseinandersetzungen lösen und volkswirtschaftliche Ressourcen nicht in einer offenkundig unsinnigen Weise einsetzen soll. Für den Wirtschaftsalltag brauchbare Handlungsempfehlungen sind damit naturgemäß nicht verbunden.

Nicht der Realität entspricht zweifellos auch das Bild, daß derjenige, der Macht besitzt, dem bzw. den Schwächeren seine Vorstellungen aufoktroyiert, da er zumindest auf längere Sicht mit Repressalien der Betroffenen bzw. Interventionen des Staates rechnen muß und deshalb stets bestrebt sein wird, den Bogen nicht zu überspannen. Wann immer deshalb politisch ernst zu nehmende gesellschaftliche Gruppen unterschiedliche Wege für die Lösung eines gemeinsamen Anliegens favorisieren, wird keiner der Beteiligten davon ausgehen, seine Forderungen uneingeschränkt durchsetzen zu können. Typisch ist vielmehr, daß sich alle Parteien um einen allseits akzeptierbaren Kompromiß bemühen bzw. weitreichende Zugeständnisse, zu denen sie sich in einem Falle gezwungen sehen, durch entsprechendes Entgegenkommen der Kontrahenten bei einem anderen honorieren lassen.

2.2. Die Polarisierung der Positionen von Herstellern und Handel
2.2.1. Die ordnungspolitische Problematik einer Partnerschaft zwischen Industrie und Handel

Früher konnten es sich die **Hersteller** leisten, einen patriarchalischen Stil im Umgang mit dem **Handel** zu pflegen, der sich, bezeichnenderweise als „**Erfüllungsgehilfe**" eingestuft, seinerseits in die Unterordnung teils demütig, teils ohnmächtig fügte. Dies änderte sich schlagartig, ja verkehrte sich ins Gegenteil, als sich der Handel nach dem Zweiten Weltkrieg formierte und eigene Unternehmens- bzw. Marketing-Konzeptionen zu entwickeln und zu realisieren begann. Die Industrie hat den Verlust der Angebotsmacht nicht tatenlos hingenommen, sondern mit einem Entlastungskonzept reagiert, das die Idee der **Partnerschaft** zum Regulativ für den Umgang miteinander erhob. Vorhandene Probleme sollten nicht länger gegeneinander, sondern miteinander, nicht durch Überrumpeln und Zwang, sondern durch Überzeugen gelöst werden.

Mit dem Wort Partnerschaft verbinden sich üblicherweise Vorstellungen von Offenheit, Glaubwürdigkeit, Teilhaben-lassen, Gerechtigkeit und Achtung des anderen. Für unseren Kontext bedeutet dies nicht nur eine Pflicht zu solidem Geschäftsgebaren, sondern auch einen Verzicht auf Diskriminierung von Geschäftspartnern durch die Hersteller und eine Absage an den **Mißbrauch von (Nachfrage-)Macht**, insbesondere durch den Handel. Diese Forderungen stehen im Mittelpunkt der Bemühungen um Schaffung eines nicht nur lauteren, sondern auch leistungsgerechten Wettbewerbs, von dem noch eingehend die Rede sein wird.

Partnerschaft kann sich aber nicht darin erschöpfen, daß man übereinkommt, Handlungen zu unterlassen, die nach dem Verständnis der Beteiligten ohnehin verboten sind oder es sein sollten. Offenkundig birgt der Begriff mehr in sich, nämlich eine Form konstruktiver Zusammenarbeit. Welche Bewandtnis hat es damit?

Analog zu den Formen der Mitbestimmung kann sich Partnerschaft in diesem Sinne in Gestalt der Information, Anhörung, Mitberatung und Mitentscheidung vollziehen. **Information** bedeutet dabei lediglich das Recht des Partners, von irgendwelchen Vorgängen oder Veränderungen, die sich in einem Unternehmen abspielen und für ihn relevant sein könnten, unterrichtet zu werden. Bei der **Anhörung** wird denjenigen, die von einer Maßnahme mutmaßlich betroffen sein werden, das Recht eingeräumt, ihre Vorstellungen dazu vorher vorzutragen, wobei es dem Anhörenden überlassen bleibt, ob er sich davon beeindrucken läßt oder nicht. Diese Einrichtung ist bekannt aus vielen Gesetzgebungsverfahren. Bei der **Mitberatung** werden die von einer Entscheidung Tangierten in den Willensbildungsprozeß einbezogen, ohne daß ihnen jedoch das Recht eingeräumt wird, an der das weitere Geschehen bestimmenden Schlußabstimmung teilzunehmen. Die **Mitentscheidung** schließlich ist für manche die höchste Form, für andere eine unabdingbare Komponente der Partnerschaft. Hier hat jeder der am Verfahren Beteiligten das Recht und die Möglichkeit, sein Wissen und seine Ziele in die Entscheidung einzubringen.

Eine **Mitentscheidung** im zuletzt genannten Sinne kommt indessen für rechtlich und wirtschaftlich selbständige Geschäftspartner nicht in Betracht, und zwar aus zwei Gründen: Einmal dürfte keiner der Betroffenen ohne große Not bereit sein, seine Souveränität preiszugeben, andererseits bedingt und begründet das Recht des Mitentscheidens die Pflicht, die daraus resultierende Verantwortung mitzutragen. Daran ist schon deshalb nicht zu denken, weil es dazu geeigneter rechtlicher Konstruktionen bedürfte, mit denen die Mitverantwortung juristisch abgesichert würde, ganz abgesehen davon, daß dann jeder, der Verantwortung für eine Maßnahme trägt, die Möglichkeit haben müßte, auf die Art der Ausführung der Entscheidung Einfluß zu nehmen, m.a.W. in einen fremden Betrieb „hineinzuregieren".

Die große Resonanz, die die Forderung nach partnerschaftlichen Beziehungen zwischen Herstellern und Handel in Fachkreisen trotz dieser ernüchternden Feststellung hat, legt den Gedanken nahe, daß dahinter noch etwas ganz anderes stecken könnte: ein ideologisches Ablenkungsmanöver. Man operiert mit „letzten Wahrheiten" in der Absicht, Vorteile für sich zu erlangen oder Privilegien zu konservieren. In unserem Falle stellt sich dies so dar, daß man mit Hilfe des **Partnerschaftskonzepts** versucht, den aus konkurrierenden Interessen resultierenden Konflikt zwischen beiden Marktseiten zu verschleiern, die systembedingten Spannungen als Ergebnis mangelnder Einsicht zu deklarieren und so den anderen zu Wohlverhalten zu bewegen. Die Verklärung von Antinomien hilft die eigenen Interessen vor möglichen Störenfrieden abzuschirmen. Es erübrigt sich, die verschiedenen Varianten von Pseudopartnerschaft mit Beispielen aus dem Wirtschaftsalltag zu belegen.

Für die hier interessierenden Beziehungen impliziert dies, daß der Handel der Fähigkeit des Herstellers, verkäufliche Produkte zu schaffen, vertrauen kann, während der Hersteller sicher sein darf, daß sich der Handel mit ganzer Kraft der Distribution seiner Erzeugnisse widmet. Die Lösung des Problems der Gestaltung der Beziehungen zwischen diesen Kontrahenten wäre demnach recht einfach: Es ginge lediglich darum, sich über die beiderseitigen Aufgabenschwerpunkte zu einigen und sich fortan nicht mehr in die Quere zu kommen.

Die Schwächen von Argumentationsmustern dieser Art sind nicht zu verkennen. Zunächst wird hier einer Funktionsaufteilung das Wort geredet, die nur durch interventionistische Eingriffe des Staates in unser Wirtschaftssystem zu realisieren wäre, ganz abgesehen davon, daß bislang alle einschlägigen Versuche dazu kläglich gescheitert sind. Zudem kann man keineswegs davon ausgehen, daß die **Maximierung des individuellen Nutzens** nur über die Spezialisierung möglich ist. Daneben wird in diesem Zusammenhang oft mit Begriffen operiert, die die Fragen, um die es geht, nicht aufhellen, sondern eher noch mehr verschleiern. Dies äußert sich etwa darin, daß zwar ein gängiges Ziel postuliert, aber kein konkreter Ansatzpunkt aufgezeigt wird, wie eine solche Eingrenzung der Aufgabengebiete bzw. Einigung darüber erzielt werden könnte. Schließlich erschiene es töricht und unrealistisch zugleich anzunehmen, Industrie und Handel würden die ihnen zugewiesenen Grenzen, die sie an sich zu respektieren hätten, mutwillig und fahrlässig überschreiten. Wären die Chancen, daraus Vorteile für sich selbst zu ziehen, nicht so groß, entfiele jeder Anreiz, gegen die Spielregeln zu verstoßen, damit aber auch jeglicher Anlaß für ordnungspolitische Auseinandersetzungen.

Warum wohl engagiert sich die Industrie in der Warenverteilung, warum betreiben Teile des Handels, wie die Genossenschaften und der Versandhandel, die sog. **Rückwärtsintegration,** warum verdrängen sie Herstellermarken und suchen sich mit Handelsmarken und sog. No Names zu profilieren? Doch nur deswegen, weil jeder Verzicht darauf, das Bestehende in Frage zu stellen, und damit auch das Bemühen, sich durch Bildung von Koalitionen zwischen Herstellern und Teilen des Handels oder auch zwischen Handel und Verbrauchern Wettbewerbsvorteile zu verschaffen, nur von kurzer Dauer wäre, da sich keiner, zu dessen Lasten dies ginge, mit einer solchen Situation abfände! Die Labilität des Beziehungsgefüges scheint deshalb ein unverzichtbares Merkmal der marktwirtschaftlichen Ordnung zu sein, die den einzelnen immer wieder anspornt und ihn dem technischen und wirtschaftlichen Fortschritt verpflichtet.

Wenn wir von der Möglichkeit des ideologischen Mißbrauchs des Partnerschaftgedankens absehen, bleibt folgendes festzuhalten: Partnerschaft zwischen autonomen Wirtschaftseinheiten, insbesondere verschiedener Wirtschaftsstufen, ist nur dann möglich und auch wünschenswert, wenn man die letzte Stufe, das Mitentscheiden und Mitverantworten, nicht als integralen Bestandteil des Konzepts betrachtet. Gleichwohl sollte eine **eingeschränkte Form von Partner-**

schaft weder von den Beteiligten noch aus gesamtwirtschaftlicher Sicht gering geschätzt werden.

Sie vermag zu einem Abbau von Unsicherheit und Angst beizutragen, weil der Partner nicht mehr vor vollendete Tatsachen gestellt wird und weiß, was auf ihn zukommt. Oft z. B. entspringt das Streben nach besseren Konditionen allein der Besorgnis, daß manch ein Konkurrent vielleicht noch vorteilhaftere Bezugsbedingungen genießt. Transparenz zu schaffen hilft deshalb mit, einer bedeutenden Ursache des Mißtrauens die Basis zu entziehen. Dies ist selbst dann von Vorteil, wenn man dabei gewahr wird, daß man in dieser oder jener Frage konträrer Auffassung ist.

Eine Konsequenz, die sich daraus unmittelbar ergibt, ist die Ausmerzung von Unwirtschaftlichkeit durch Abstimmung von absatzwirtschaftlichen Anstrengungen, durch Reduktion von Friktionsverlusten und durch Nutzung der Möglichkeiten der gemeinsamen Bewältigung von Aufgaben, etwa im Bereich der **Logistik** und der **Werbung**. Wie weit man hier auch im einzelnen gehen zu können glaubt, so sollte doch kein Zweifel darüber bestehen, „daß eine gesunde Polarisierung als belebendes und förderndes Element eines marktwirtschaftlichen Systems erhalten bleiben muß" (*Tietz* 1978, S. 186).

2.2.2. Ansatzpunkte zur Gewährleistung eines leistungsgerechten Wettbewerbs

Die Veränderungen in den **Beziehungen zwischen Herstellern und Handel** haben eine heftige Diskussion darüber ausgelöst, welche Möglichkeiten das **Wettbewerbsrecht** bietet, um unerwünschten Auswirkungen des verschärften Konkurrenzkampfes zu begegnen. Darin spiegelt sich deutlich eine gewisse Kehrtwendung von Wettbewerbspolitik und Rechtsprechung wider. Im Mittelpunkt der zweiten Novelle des *Gesetzes gegen Wettbewerbsbeschränkungen (GWB)* von 1973 stand zwar die Abschaffung der Preisbindung für Markenartikel mit dem Ziel einer Verschärfung des Preiswettbewerbs vor allem im Lebensmittelbereich (Verbot der Preisbindung gemäß § 15 *GWB*, Ausnahmen gemäß § 16 *GWB* für Verlagserzeugnisse sowie für einige ausgewählte Wirtschaftszweige, vgl. hierzu § 4, Abschn. 4.1.). Daneben sah der Gesetzgeber jedoch auch die gesteigerte Vermachtungsgefahr durch die Eliminierung insbesondere der kleinen und mittleren Wettbewerber im Rahmen eines Verdrängungswettbewerbs, da sich schon seit ca. Mitte der sechziger Jahre einige Großbetriebsformen des Einzelhandels (SB-Märkte, Discountläden etc.) innerhalb des bis dahin recht engen Preissetzungsspielraums als sehr preiskampforientiert erwiesen hatten, und ergriff ebenfalls in der zweiten *GWB*-Novelle erste legislative Gegensteuerungsmaßnahmen (Einführung der Fusionskontrolle, Erweiterung des Adressatenkreises für das Diskriminierungsverbot). Zwei weitere *GWB*-Novellen (1976, 1980) widmeten sich dann vorrangig der Bekämpfung von Marktmacht(tendenzen). Nach heutiger Rechtslage läßt sich das wettbewerbsrechtliche Instrumentarium zur Gewährleistung eines **leistungsbezogenen Wettbewerbs** wie folgt grob umreißen:

(1) Fusionskontrolle (Eingriffsvoraussetzungen nach § 23a *GWB* an Marktanteilen oder Umsatz orientiert) zur Erhaltung einer kompetitiven Marktstruktur. Zielsetzung ist es, die Entstehung/Verstärkung von Marktmacht zu verhindern.

(2) Verschärfte Kontrolle des wettbewerblichen Handlungsspielraumes von bereits marktstarken oder solchen Unternehmen, die gegenüber kleinen/ mittleren Wettbewerbern mit überlegener Marktmacht ausgestattet sind (vgl. §§ 22 Abs. 4, Nr. 1–3, 26 Abs. 2, Satz 2, 26 Abs. 3, 37a Abs. 3 *GWB*), um nichtkompetitives Marktverhalten zu unterbinden.

Was unter „leistungsbezogenem Wettbewerb" zu verstehen ist, läßt sich, da die wirtschafts- und rechtstheoretische Klärung des Konzepts noch aussteht, kaum positiv (vgl. dazu *Emmerich* 1982, S. 92), zumindest aber negativ abgrenzen. Dem Leistungswettbewerb werden demnach im Wettbewerbsrecht einmal der **Behinderungswettbewerb** im Sinne des § 1 des *Gesetzes gegen unlauteren Wettbewerb (UWG)*, zum anderen der sogenannte **Nichtleistungswettbewerb** gegenübergestellt. Der Nichtleistungswettbewerb stellt an sich lauteres Wettbewerbsverhalten dar, beinhaltet jedoch eine eindeutige Tendenz zur Unlauterkeit und verkörpert damit eine Art Grauzone zwischen lauterem und unlauterem Wettbewerb (vgl. *Emmerich* 1982, S. 90; *Möschel* 1983, Rz 364; *Kellermann* 1981, Rz 46). Nach herrschender Meinung ist das fragliche Wettbewerbsverhalten am Leitbild des vom *GWB* geschützten funktionsfähigen Wettbewerbs zu messen. So kann namentlich durch das Auftreten von Marktmacht die Auslesefunktion des funktionsfähigen Wettbewerbs verfälscht werden (vgl. *Kellermann* 1981, Rz 15 u. 49; *Emmerich* 1982, S. 91).

„Kennzeichen des Behinderungswettbewerbs ist nach den hierzu gerechneten Fallgruppen aus der Rechtsprechung zu § 1 *UWG* das gezielte, auf die Behinderung von Mitbewerbern anstelle des Kampfes um die Kunden gerichtete Wettbewerbsverhalten. Ob es um Boykott oder um Vernichtungsunterbietung geht, um Diskriminierung oder Anschwärzung, um herabsetzende Bezugnahme auf Konkurrenten oder um sonstige Fälle unzulässiger vergleichender Werbung: im Vordergrund steht jeweils der wettbewerbsfremde, mit § 1 *UWG* unvereinbare Einsatz der fraglichen Wettbewerbspraktiken zur Verdrängung oder Vernichtung von Mitbewerbern" (*Ulmer* 1977, S. 194). Der gesetzwidrige Behinderungswettbewerb nach § 1 *UWG* befindet sich an dieser Stelle eher am Rande unseres Blickfeldes; auf ihn wird in den Kapiteln 3–6 im Zusammenhang mit den einzelnen absatzpolitischen Instrumenten näher eingegangen.

Bedeutsam für unsere Überlegungen ist ein im „Vorfeld" der Unlauterkeit gelagertes Wettbewerbsverhalten, dem es an einer gegen die Mitwettbewerber gerichteten Zielsetzung beim Einsatz der beschaffungs- und absatzpolitischen Instrumente fehlt. Gleichwohl verletzen auch die darunter subsumierten

Maßnahmen das Ergebnis des Leistungsvergleichs, weil sie die konkurrierenden Anbieter von Waren oder Dienstleistungen nicht frei zur Entfaltung gelangen lassen. Für das, was man sich unter solchen Praktiken des Nichtleistungswettbewerbs konkret vorzustellen hat, liefert vor allem die Rechtsprechung des *Bundesgerichtshofes (BGH)* zu § 1 *UWG* reiches Anschauungsmaterial. Als zwei Beispiele mögen der Kundenfang durch Irreführung über die angebotene Ware oder die Marktstörung durch Massenvertrieb von Originalware genügen (vgl. *Müllerschön* 1986, S. 61). Die kartellrechtliche Rechtsprechung bezüglich des Unterschieds zwischen **Leistungs-** und **Nichtleistungswettbewerb** steckt demgegenüber noch in den Anfängen.

Um der Intention des 1973 novellierten § 28 Abs. 2 *GWB* auch in der Praxis der Gerichte und Kartellbehörden zum Durchbruch zu verhelfen und der in Industrie und Handel verbreiteten Unsicherheit ein Ende zu bereiten, trat das *Bundesministerium für Wirtschaft* 1974 mit einem aus 25 Positionen bestehenden „Sündenregister" an die Öffentlichkeit, in dem die wichtigsten wettbewerbsverzerrenden Praktiken, die speziell zwischen Industrie und Handel vorkommen, zusammengefaßt sind. Kennzeichnend für alle darin aufgenommenen Tatbestände ist, daß sie lediglich zu machtbedingten Wettbewerbsvorteilen führen, ohne zwangsläufig positive Wirkung auf die Preisgestaltung gegenüber den Verbrauchern auszulösen.

Die Herausgabe dieses für Wirtschaftspraxis und Rechtsprechung als Orientierungshilfe gedachten Sündenregisters entbehrt im übrigen nicht einer gewissen Pikanterie insofern, als damit einigen Händlern erst die Augen dafür geöffnet wurden, was sie ihren Lieferanten außer Regal- und Schaufenstermieten, Eintrittsgeldern für die Listung von Artikeln, Entlistungsverhinderungsrabatten, Investitions- und Werbekostenzuschüssen, Übernahme der Regalpflege, Preisauszeichnung, Einräumung einer Meistbegünstigungsklausel und dgl. mehr sonst noch alles abverlangen könnten.

Einen Versuch, Maßnahmen gegen derlei Auswüchse von Nachfragemacht zu ergreifen, unternahmen im Jahre 1975 insgesamt 14 Spitzenverbände des Handels und der Industrie unter Beteiligung des *Deutschen Industrie- und Handelstages (DIHT)* mit der *Gemeinsamen Erklärung von Organisationen der gewerblichen Wirtschaft zur Sicherung des Leistungswettbewerbs*. In dieser 1983 fortgeschriebenen Verlautbarung dokumentiert sich die auf der Basis des Sündenregisters gewonnene einheitliche Auffassung der Unterzeichner sowohl von der Angebots- als auch von der Nachfrageseite darüber, welche Verhaltensweisen unter welchen Voraussetzungen den Vorstellungen eines Leistungswettbewerbs widersprechen.

Die Erklärung umfaßt zwölf Kategorien von Verhaltensweisen, die durch Elemente der Unlauterkeit oder des Mißbrauchs von Marktmacht geprägt sind und dadurch insbesondere die Wettbewerbsfähigkeit kleiner und mittlerer Unternehmen beeinträchtigen, wobei die Gefahr sehr groß ist, daß sie zu nicht leistungsbedingten **Strukturveränderungen** führen. Dazu gehören z. B. das Anbieten, Fordern oder Gewähren von Geldbeträgen oder sonstigen Sonderleistungen, wie z. B. von Eintrittsgeldern, Listungsgebühren und Automationskostenbeteiligungen, von Investitions- oder Einrichtungszuschüssen anläßlich von Neueröffnungen, von Verwaltungskostenzuschüssen und Darlehen zu nicht marktgerechten Bedingungen, wenn diesen Sonderleistungen nicht besondere Mehraufwendungen des Abnehmers gegenüberstehen, die damit abgegolten werden sollen. Gleichermaßen angeprangert werden das Anbieten, Fordern oder Gewähren von Zahlungen für Regal-, Schaufenster- oder sonstige Platzmieten an den Bezieher von Ware. Verpönt ist danach auch die Beeinflussung von gewerblichen Abnehmern oder deren Mitarbeitern dadurch, daß für sie Preisausschreiben oder Reisen veranstaltet, Gewinne ausgelobt, Display-Artikel mit Zweitnutzen verteilt sowie Prämien oder sonstige geldwerte Vorteile durch den Lieferanten gewährt werden, um Bestellungen oder eine bevorzugte Behandlung herbeizuführen oder den Verkauf von Erzeugnissen anderer Lieferanten zu unterbinden oder zu beeinträchtigen. Allerdings sah man vorderhand noch keine Möglichkeit, auch Einvernehmen über die Preis- oder Rabattdiskriminierung zu erzielen, die deshalb ausgespart blieben.

Obwohl sich die Beteiligten von Anfang an über die mit einer solchen Festschreibung verbundenen **ordnungspolitischen Probleme,** nämlich die in der Zementierung der Gegebenheiten liegende Gefahr einig waren, entschlossen sie sich dennoch dazu, um drohenden, möglicherweise nicht genügend ausgereiften Interventionen des Gesetzgebers zuvorzukommen. Daneben hielt man dies auch für den raschesten Weg, Änderungen (zum Guten) herbeizuführen.

Wenn die in der Gemeinsamen Erklärung . . . gebrandmarkten Praktiken wettbewerbswidrigen Verhaltens in den ersten Jahren noch nicht in dem erhofften Maße zurückgegangen sind, muß darin nicht zwangsläufig ein Scheitern der Bemühungen gesehen werden. Sicher ist dabei auch zu bedenken, daß es naturgemäß einiger Zeit bedarf, bis die Einsicht darüber, was als wettbewerbswidrig angesehen werden muß, in den Einkaufs- und Verkaufsabteilungen der betroffenen Unternehmen eingezogen ist. Im übrigen war der Erfolg der gesamten Aktion von vornherein dadurch in Frage gestellt, daß zwei prominente Verbände des Einzel- bzw. Großhandels nicht zu den Signataren der Gemeinsamen Erklärung . . . gehörten.

Eine mittelbare Wirkung ist von der *Gemeinsamen Erklärung . . .* allerdings insofern ausgegangen, als der *Markenverband e. V.,* Wiesbaden, dem fast alle namhaften Markenhersteller in der Bundesrepublik Deutschland angehören, 1976 beim *Bundeskartellamt* **Wettbewerbsregeln** nach §§ 28 ff. *GWB* eintragen ließ, in denen gleichfalls Grundsätze für einen leistungsgerechten Wettbewerb aufgestellt werden. Abgesehen von ihrer Signalwirkung ist der Zweck solcher, auch von einer Vielzahl anderer Verbände verabschiedeten und von den Kartellbehörden anerkannten Regeln nicht zuletzt darin zu sehen, daß sie in einer auch von der Rechtsprechung verwertbaren Weise die Vorschriften des *UWG,* des *Rabattgesetzes,* der *Zugabenverordnung* und anderer wettbewerbsrechtlicher Normen für einen Wirtschaftszweig oder eine Branche konkretisieren und Verhaltensweisen anprangern, die geeignet sind, den Leistungswettbewerb zu verfälschen. Damit könnte sich indessen, zumindest auf längere Sicht, das Problem der Außenseiter von selbst lösen, weil die Betroffenen durch eine an solchen Wettbewerbsregeln orientierte Grenzziehung der Justiz automatisch ins wettbewerbsrechtliche Abseits gedrängt werden.

Die Auffassungen über die Nützlichkeit von **Wettbewerbsregeln,** die sich dank der inhaltlichen Erweiterung des § 28 Abs. 2 *GWB* durch die *Kartellgesetznovelle* von 1973 über den Schutz des lauteren Wettbewerbs hinaus auch auf die „Wirksamkeit eines leistungsgerechten Wettbewerbs" erstrecken dürfen, gehen jedoch auseinander (vgl. dazu *Sack* 1975, *Baur* 1977, *Gries* 1977). Insbesondere wird bemängelt, daß Wettbewerbsregeln grundsätzlich auf horizontale Beziehungen beschränkt bleiben und nicht auch die vertikale Dimension erfassen. Ordungspolitischen Bedenken, die gelegentlich gegen sie erhoben werden, wird meist mit dem Hinweis auf die Kontrolle entgegengetreten, die im Anerkennungsverfahren bei den Kartellbehörden stattfindet. In diese Prüfung sind auch Unternehmen involviert, die am Zustandekommen der fraglichen Regeln nicht beteiligt waren, gleichwohl aber von ihnen berührt sein könnten.

Ein gravierendes Problem wird auch hier in den sog. Außenseitern gesehen. Um die Wirksamkeit von Wettbewerbsregeln zu erhöhen, wird deshalb erwogen, die rechtlichen Voraussetzungen dafür zu schaffen, daß man solche Regeln für allgemeinverbindlich erklären kann. Dies hätte den Vorteil, daß sie auf diese Weise die Kraft einer Rechtsnorm erlangten und entsprechend unter Androhung bzw. Verhängung von Sanktionen durchgesetzt werden könnten. Wenn man bislang davor zurückschreckte, so deshalb, weil dadurch außerhalb der Kontrolle des Parlaments ein Nebenrecht zum eigentlichen Wettbewerbsrecht geschaffen würde, dem noch dazu die Tendenz zur fortwährenden Änderung und ständigen Ausweitung innewohnte, weil sich der Wettbewerb vermutlich nicht in der vorgesehenen Weise gängeln ließe. Gegen die Allgemeinverbindlichkeit spreche auch gerade die Freiwilligkeit der Unterwerfung, die der beste Garant für deren Befolgung sei.

Man ist vielfach der Überzeugung, daß der durch Wettbewerbsregeln eingeleitete Prozeß der Bewußtseinsveränderung letzten Endes auch die Außenseiter innerhalb und außerhalb der Verbände, die sie eintragen ließen, erfassen werde. Außerdem sei die prophylaktische Wirkung einer solchen Einrichtung nicht zu übersehen, da die Existenz von Wettbewerbsregeln die Abwehrbereitschaft der mancherlei Anfechtungen ausgesetzten Unternehmen, insbesondere gegenüber wettbewerbswidrigen Vertragsangeboten stärke. Nicht zuletzt habe sich bereits erwiesen, daß die Rechtsprechung in Gestalt der Wettbewerbsregeln ein Instrument an der Hand habe, das ihr die Beurteilung eines Falles im Hinblick auf die Wettbewerbs- bzw. Sittenwidrigkeit außerordentlich erleichtere (vgl. hierzu auch *Emmerich* 1982, S. 88 u. 92, der im Gegensatz zu dieser Ansicht den Einfluß von Sündenregister und gemeinsamer Erklärung auf die Rechtsprechung und Praxis der Kartellbehörden eher negativ bewertet).

2.3. Das Spannungsverhältnis zwischen Großbetrieben und Mittelstand im Handel

2.3.1. Die horizontale Ebene

Die Gefahr unerwünschter Entwicklungen im Marketing- bzw. Distributionssystem resultiert indessen nicht nur aus **Interessengegensätzen zwischen Herstel-**

lern und Handel, die nicht selten in dramatische Verteilungskämpfe ausarten, sondern auch aus **horizontalen Spannungen innerhalb des Handels.**

Verfolgt man die **Entwicklung des Handels** über die vergangenen hundert Jahre, so wird deutlich, daß die vielfältigen Wandlungen, die oft gleichermaßen Hersteller und Konsumenten tangieren, stets von neuen Ideen getragen waren, die sich mehr oder minder rasch durchsetzten. Fast immer ging es darum, den Handel auf neue, fortschrittlichere Weise zu betreiben, die Verkaufshandlungen verbrauchergerechter zu gestalten, sie zu vereinfachen und zu beschleunigen, die Handelsbetriebe zu rationalisieren, die Arbeit der Menschen ergiebiger und zugleich humaner zu machen, die Läger rascher umzuschlagen und damit die Kosten zu senken. Die Initiatoren waren zumeist Unternehmer „von altem Schrot und Korn", die sich in der Regel nicht auf große finanzielle und sonstige Ressourcen stützen konnten. Sie hatten Ideen und versuchten, sie zu verwirklichen. Oft entstanden daraus blühende, rasch wachsende Unternehmen. Das „Establishment" stieg demgegenüber häufig erst dann ein, nachdem am Erfolg der neuen Konzeptionen nicht mehr zu zweifeln war.

Daran hat sich in den letzten Jahrzehnten viel geändert. Gewiß beruhen die Wandlungen im Handel noch immer auf der Durchsetzung unternehmerischer Ideen, doch gewinnt die Verbesserung der **Beschaffungsbedingungen** bei fortschreitendem Umsatzwachstum eine immer größere Bedeutung. Die **Großbetriebsformen des Handels** wie z. B. Discountbetriebe, Selbstbedienungswarenhäuser, Verbrauchermärkte und Cash & Carry-Betriebe sind auf Grund ihres beachtlichen Einkaufsvolumens und der damit verbundenen **Nachfragemacht** nicht selten in der Lage, bei ihren Lieferanten extrem günstige Konditionen zu erwirken und infolgedessen Ware zu Preisen zu verkaufen, zu denen manche ihrer Konkurrenten diese nicht einmal zu beschaffen vermögen. Der sog. **mittelständische Handel** fühlt sich dabei insofern benachteiligt, als er kostenintensive Verteilerleistungen erbringt, insbesondere unter Ertragsgesichtspunkten uninteressante, unter dem Aspekt der Angebotsvielfalt gleichwohl wichtige Artikel führt und abgelegene Regionen bzw. immobile Bevölkerungskreise versorgt, die einige Großbetriebsformen des Handels entweder überhaupt nicht erreichen können oder aus unternehmungspolitischen Gründen bewußt vernachlässigen.

Solange die **vertikale Preisbindung** noch zulässig war und auch funktionierte, waren die „kleinen" Händler vor den „großen" Wettbewerbern zumindest bei Markenartikeln dadurch geschützt, daß alle Wiederverkäufer zu denselben, am Grenzbetrieb orientierten Verbraucherpreisen anbieten mußten und Unterschiede hinsichtlich Abnahmevolumen und Effektivität der Handelsleistung lediglich die Höhe des Jahresgewinns beeinflußten. Für die Verbraucher bestand damals kein übermäßiger Anreiz, sich von den traditionellen Versorgungsquellen abzuwenden. Hier hat sich die Situation, zumindest was Massengüter anbetrifft, nachhaltig gewandelt.

Die Entwicklung im Handel wird somit zunehmend durch **Konzentration** und damit durch die Macht großer Unternehmungen und Handelsgruppen bestimmt. Welche Dimensionen die Konzentration mittlerweile erreicht hat, verdeutlicht Tab. 2.1. Diese bleibt nicht ohne Folgen, einmal für die unmittelbar Betroffenen, zum anderen aber auch für die Verbraucher, die einem immer stärker konzentrierten Angebot gegenüberstehen, bei dem letztlich die Marktführer über Preise und Qualitäten entscheiden. Hinzu kommt, daß auf Grund von Geschäftsschließungen das Versorgungsnetz immer größere Maschen aufweist. Daß dies namentlich für Randgruppen unserer Gesellschaft mit oft unerträglichen Erschwernissen bei der Beschaffung von Gütern des täglichen Bedarfs und bei der Erlangung von Dienstleistungen verbunden sein kann, liegt auf der Hand. Hinzu kommen die erhöhten Wegekosten für jedermann, die jedoch nach aller Erfahrung von den Käufern entweder nicht wahrgenommen oder schlechthin verdrängt werden (vgl. *Finck/Niedetzky* 1979, S. 174).

Weswegen der Konzentrationsprozeß im Handel von so weitreichender Bedeutung für die Verbraucher ist, verdeutlicht *Kantzenbach* (1977, S. 136) durch folgende Beobachtungen:

„... muß man feststellen, daß gewisse Zusatzfunktionen, die der traditionelle Einzelhandel insbesondere bei technisch hochkomplexen Waren erfüllt, von den vordringenden Vertriebsformen nicht mehr erfüllt werden. Ich denke vor allem an die Kaufberatung, aber auch an Einrichtungs- und Reparatur-Service. Der moderne Konsument, der heute ein Stereogerät kaufen will, geht zunächst zu verschiedenen Fachhändlern und läßt sich dort von Hochfrequenztechnikern oder -ingenieuren stundenlang verschiedene Geräte vorführen. Er notiert sich Typen und Preise und geht damit zum Verbrauchermarkt. Dort läßt er sich von einem ungelernten Lagerarbeiter innerhalb von zwei Minuten eine Wellpappekiste mit dem entsprechenden Typenaufdruck aushändigen und freut sich über die erhebliche Preisdifferenz.

Wirtschaftstheoretisch handelt es sich um einen typischen Fall externer Effekte. Ein großer Teil der gesamtwirtschaftlichen Vertriebskosten des betreffenden Geräts fallen beim Fachhändler an, der sie nicht über den Preis abwälzen kann. Der Verbrauchermarkt aber, bei dem nur ein Teil dieser Kosten anfällt, wird zu einer verzerrten Preiskalkulation veranlaßt. Externe Effekte sind eine der wichtigsten Ursachen für das Versagen marktwirtschaftlicher Steuerung ... In diesem Fall müssen sie dazu führen, daß die Verkaufsberatung durch den Handel mehr und mehr verkümmert."

Ob diese Entwicklungen durch die aus der Konzentration resultierenden **größenbedingten Einsparungen** im Bereich der Distribution(skosten) aufgewogen oder gar überkompensiert werden, wäre zu prüfen. Daß hier keine präzise Antwort gegeben werden kann, liegt weniger an einem Mangel an theoretischen Meßkonzepten als am Fehlen empirischer Daten (vgl. *Ihde* 1976, S. 57).

Die **strukturellen Nachteile** von **mittelständischen Unternehmen** im Wettbewerb mit Großbetrieben erschöpfen sich indessen nicht in dem vergleichsweise niedrigeren Einkaufsvolumen mit den damit verbundenen höheren Preisen, die die Betroffenen an ihre Lieferanten zu entrichten haben (für eine umfassende Behandlung dieser Problematik siehe die in *Treis,* 1981, enthaltenen Beiträge). Als spezifische Nachteile gelten auch die häufig eingeschränkten Möglichkeiten, sich auf einzelne betriebliche Funktionen zu spezialisieren. Verbunden damit ist eine geringere Sachkenntnis in Detailfragen, z.B. informationstechnologischer oder juristischer Art, für die es in Großbetrieben Spezialisten gibt. Darüber

Tabelle 2.1.: **Konzentration im deutschen Einzelhandel**

Umsatzgrößenklasse von ... bis unter ... DM	Anzahl der steuerpflichtigen Unternehmer				Anteil in %			
	1970	1976	1980	1984	1970	1976	1980	1984
20 000 – 50 000	57 251	35 750	34 297	40 589	15,7	10,7	9,3	10,5
50 000 – 100 000	75 810	49 544	47 700	51 928	20,8	14,8	13,0	13,5
100 000 – 250 000	122 159	98 127	97 519	97 895	33,4	29,2	26,5	25,4
250 000 – 500 000	61 872	69 411	78 043	77 919	16,9	20,7	21,1	20,2
500 000 – 1 Mio	30 094	45 415	56 297	56 896	8,2	13,5	15,3	14,7
1 Mio – 2 Mio	10 561	22 407	31 595	35 190	2,9	6,7	8,6	9,1
2 Mio – 5 Mio	4 966	9 907	14 814	16 938	1,4	3,0	4,0	4,4
5 Mio – 10 Mio	1 504	2 864	4 236	4 958	0,4	0,9	1,2	1,3
10 Mio – 25 Mio	712	1 388	2 142	2 483	0,2	0,4	0,6	0,6
25 Mio – 50 Mio	193	339	496	619	0,1	0,1	0,1	0,2
50 Mio – 100 Mio	75	115	198	244	0	0	0,1	0,1
100 Mio – 250 Mio	72	84	100	112	0	0	0	0
250 Mio und mehr		46	68	116		0	0	0
Ingesamt	365 269	335 397	367 505	385 887	100	100	100	100

2. Konfliktbereiche und Regulative des Marketing-Systems

Umsatzgrößenklasse von ... bis unter ... DM	Steuerbarer Umsatz in Mio DM				Anteil in %			
	1970	1976	1980	1984	1970	1976	1980	1984
20 000 – 50 000	1 973	1 243	1 198	1 405	1,2	0,4	0,3	0,3
50 000 – 100 000	5 598	3 666	3 531	3 825	3,3	1,3	0,9	0,9
100 000 – 250 000	19 815	16 346	16 353	16 369	11,7	5,9	4,4	3,7
250 000 – 500 000	21 602	24 575	27 806	27 805	12,7	8,9	7,4	6,3
500 000 – 1 Mio	20 599	31 860	39 669	40 114	12,1	11,6	10,6	9,0
1 Mio – 2 Mio	14 349	30 506	43 365	48 786	8,5	11,0	11,5	11,0
2 Mio – 5 Mio	15 016	29 868	44 321	50 790	8,7	10,8	11,8	11,4
5 Mio – 10 Mio	10 291	19 639	29 095	34 166	6,1	7,1	7,7	7,7
10 Mio – 25 Mio	10 702	20 742	32 202	37 575	6,3	7,5	8,6	8,4
25 Mio – 50 Mio	6 623	11 753	16 972	21 078	3,9	4,2	4,5	4,7
50 Mio – 100 Mio	5 210	7 866	13 617	16 606	3,1	2,8	3,6	3,7
100 Mio – 250 Mio	37 862	12 906	15 735	17 729	22,3	4,7	4,2	4,0
250 Mio und mehr		65 679	91 969	128 513		23,8	24,5	28,9
Insgesamt	169 641	276 650	375 832	444 761	100	100	100	100

Quelle: *Statistisches Bundesamt*, Finanzen und Steuern, Fachserie 14, Reihe 8.

hinaus leidet der mittelständische Handel an Nachteilen in bezug auf die interne Schulung der Mitarbeiter und die Lösung selbst einfacher Finanzierungsprobleme. An betriebsgrößenbedingten Vorteilen des Mittelstandes werden demgegenüber vor allem die Schnelligkeit der Anpassung an Marktwandlungen und die Vermeidung von Nachteilen, wie sie für die Arbeitsweise großer Organisationen typisch sind, genannt. Beides vermochte jedoch, wie der Rückgang der Zahl mittelständischer Handelsbetriebe in der Vergangenheit zeigt, deren Nachteile auch nicht annähernd zu kompensieren.

Es versteht sich, daß die staatliche **Mittelstandsförderung** im Handel an den genannten strukturellen Nachteilen ansetzen muß (im einzelnen siehe dazu *Dichtl* u. a. 1981 a und 1981 b). Grundsätzlich gibt es mehrere Möglichkeiten, die Stellung der mittelständischen Unternehmen im Wettbewerbskampf zu verbessern:

Der Staat kann einmal die Betroffenen fördern, indem er Maßnahmen ergreift, die deren Anpassung an den Strukturwandel erleichtern und deren Leistungsfähigkeit steigern. Er kann aber auch versuchen, das Geschehen dadurch zu beeinflussen, daß er die Großbetriebe daran hindert, sich frei zu entfalten. Die zuletzt genannte Strategie hat in Deutschland im Bereich des Handels Tradition. Bereits Ende des 19. Jahrhunderts wurden hier spezielle Warenhaussteuern eingeführt, die zusammen mit erweiterten baupolizeilichen Auflagen diese Großbetriebsformen des Einzelhandels in ihrer Entwicklung hemmen sollten. Die Erfahrung hat allerdings gezeigt, daß sich ein Strukturwandel durch solcherlei zum Schutz des Mittelstandes getroffene Maßnahmen auf Dauer nicht verhindern läßt.

Im wesentlichen beschränkt sich deshalb die staatliche Politik heute darauf, Maßnahmen zu treffen, die mittelständische Unternehmen befähigen, an Wettbewerbskraft zu gewinnen, und Rahmenbedingungen zu schaffen, die annähernd gleiche Chancen für alle Marktteilnehmer gewährleisten sollen. Dazu zählen insbesondere auch die Einführung (1973) und die in zwei Kartellgesetznovellierungen vollzogene Verschärfung (1976, 1980) der sog. **Fusionskontrolle** in den §§ 23 ff. *GWB*, zu der man sich angesichts des Vordringens großer Unternehmen auf mittelständisch strukturierte Märkte und der damit verbundenen fortschreitenden Konzentration insbesondere auch im Handel genötigt sah.

Bei seinem Bemühen steht der Staat einer zweifachen Schwierigkeit gegenüber: Der Mittelstand soll wegen der ihm zugeschriebenen staatstragenden Funktionen erhalten werden, ohne daß jedoch der als notwendig erkannte Strukturwandel im Hinblick auf Erfordernisse gesamtwirtschaftlicher Effizienz unbillig behindert wird. Gleichermaßen darf im Interesse der Aufrechterhaltung des Wettbewerbs, eines elementaren Bausteins des marktwirtschaftlichen Systems, nicht eben dieser Wettbewerb für den Mittelstand auch nur teilweise außer Kraft gesetzt werden. Schon deshalb kann sich die staatliche Politik zur Förderung des Mittelstandes prinzipiell nur als Hilfe zur Selbsthilfe verstehen, d. h. der Mittelstand wird nicht etwa, wie dies in einigen Ländern (z. B. Holland) üblich ist, durch Bargeldzahlungen subventioniert, sondern es werden Fördermaßnahmen getroffen, die seine Leistungsfähigkeit positiv beeinflussen und damit seine Überlebenschancen erhöhen.

Die jahrzehntelange Diskussion über die „**Überbesetzung des Handels**" legt den Gedanken nahe, daß es eigentlich nicht unerwünscht sein könnte, wenn

2. Konfliktbereiche und Regulative des Marketing-Systems 67

einige zehntausend Geschäfte von der Bildfläche verschwänden, vorausgesetzt, daß es dabei für deren Inhaber und Mitarbeiter nicht zu unerträglichen sozialen Schwierigkeiten kommt. Weshalb also überhaupt Mittelstandsförderung? Diese Idee drängt sich auch insofern auf, als beispielsweise im Jahre 1979 rund 65% aller steuerpflichtigen Einzelhandelsbetriebe in der Bundesrepublik Deutschland einen Umsatz von weniger als DM 500 000, 21% gar von weniger als DM 100 000 erzielten. Andererseits bedingt die Lebensfähigkeit eines nicht nur einem Nebenerwerb dienenden Einzelhandelsgeschäfts, grob gerechnet, einen Jahresumsatz von etwa DM 500 000. Größenordnungen dieser Art ergeben sich, wenn man von einer durchschnittlichen Gewinnspanne (vor Abzug von Ertragsteuern) von 6% und einer Art Mindestgewinn von, sagen wir, DM 2500 pro Monat ausgeht. Unter diesen Annahmen wären rund die Hälfte bis drei Viertel aller Einzelhandelsbetriebe zum Untergang verurteilt. Eine ähnliche Rechnung läßt sich auch für den Großhandel aufmachen.

Daß derlei Vorstellungen nicht weltfremd sind, zeigt die Entwicklung des Bestandes an Tankstellen, deren Zahl zwischen Ende der sechziger und Ende der achtziger Jahre in der Bundesrepublik Deutschland um mehr als die Hälfte zurückgegangen ist.

Welchen Sinn hätten dann aber Maßnahmen zur Förderung des Mittelstandes, wenn dadurch allenfalls eine offensichtlich unvermeidliche Entwicklung verlangsamt wird? Immerhin wäre dies ein gewisser Erfolg, weil sich die für eine Wirtschaft unabdingbaren **Anpassungsprozesse** dadurch eher in geordneten Bahnen vollziehen können. Dies aber ist eine unverzichtbare Bedingung jedes geplanten wirtschaftlichen und sozialen Wandels. Hinzu kommt, daß der **Selektionsprozeß** dann vielleicht nicht ganz so viele Opfer fordert, wie sie bei einem Verzicht auf wirksame Mittelstandsförderung zu beklagen wären.

Wieviele Handelsbetriebe und konsumnahe Handwerksbetriebe (Bäckereien, Metzgereien, Schneidereien etc.) wir im übrigen wirklich benötigen, weiß niemand zu sagen. Dies liegt daran, daß bislang kein Instrumentarium entwickelt werden konnte, mit dem sich zuverlässig messen ließe, wie Zahl und Struktur von Geschäften die **Versorgungsqualität** bzw. **Versorgungszufriedenheit** der Menschen beeinflussen. Unabhängig davon, was sich dabei als Ergebnis einstellte, müßte überdies die Existenzfähigkeit jedes geforderten einzelnen Betriebes gewährleistet sein.

2.3.2. Die vertikale Ebene

Der für die Gewährleistung einer möglichst guten Versorgung unabdingbare ungestörte Fluß von Waren und Dienstleistungen unterliegt gerade in einer durch einen hohen Konzentrationsgrad gekennzeichneten Wirtschaft immer wieder Beeinträchtigungen durch Akte der **Diskriminierung** von Partnern auf der Handelsstufe durch die Hersteller (und auch umgekehrt). Dies ist von weitreichender Bedeutung für die Struktur des Handels, weil deren Folgen nach

Meinung vieler Wettbewerbspolitiker und Praktiker so einschneidender Natur sind, daß alle Formen der Mittelstandsförderung zusammen nicht ausreichen, den durch die Diskriminierung verursachten Schaden wiedergutzumachen.

Die Erfahrung zeigt, daß immer wieder Hersteller nur ganz bestimmte Betriebsformen des Handels bzw. ausgewählte Handelsbetriebe beliefern, und zwar entweder aus eigenem Antrieb oder deshalb, weil sie von einzelnen ihrer Abnehmer dazu gedrängt werden. Im Endeffekt nicht weniger problematisch ist ein Verhalten von Anbietern, ausgewählten Abnehmern bei Preisen, Rabatten, Provisionen und sonstigen Konditionen Zugeständnisse in einem Ausmaß zu machen, das die übrigen Abnehmer von vornherein ihrer Chancen beraubt, den Wettbewerbskampf zu bestehen.

Die **Ordnungspolitik** befindet sich hier insofern in einer zwiespältigen Lage, als sie auf der einen Seite die Vertragsfreiheit gewährleisten, auf der anderen aber auch den Bestand des Wettbewerbs schützen muß. Offensichtlich kommt man aus dem Dilemma nicht heraus, ohne an beiden Zielen Abstriche zu machen. Der Gesetzgeber hat sich deshalb zu folgender, hier nur in Grundzügen wiedergegebenen Regelung entschlossen (§§ 25–27 *GWB*):

(1) Unternehmen oder Unternehmensvereinigungen dürfen ihr **Verhalten** am Markt nicht aufeinander **abstimmen,** um damit etwas zu erreichen, was ihnen insbesondere nach den §§ 15, 38 Abs. 1 Nr. 1 *GWB* verboten ist. Dem liegt die Überlegung zugrunde, daß der Wettbewerb nicht nur durch Verträge, sondern auch durch konkrete Maßnahmen beschränkt werden kann, die sich gegen verbleibende Wettbewerber, ferner Abnehmer oder Lieferanten richten.

(2) Unternehmen dürfen nicht durch das **Androhen von Nachteilen** oder das **Versprechen von Vorteilen** andere Betriebe zu einem Verhalten veranlassen, das nach Gesetz oder einer Verfügung der Kartellbehörde nicht zum Gegenstand einer vertraglichen Bindung gemacht werden darf.

(3) Unternehmen dürfen andere nicht zu **Liefer-** oder **Bezugssperren** veranlassen, um bestimmte Unternehmen unbillig zu beeinträchtigen. So darf z. B. der Filialbetrieb F den Hersteller H nicht unter Druck setzen, die Verbrauchermarktkette V künftig nicht mehr zu beliefern, indem er ihn wissen läßt, widrigenfalls die Geschäftsbeziehungen zu ihm abzubrechen.

(4) Marktbeherrschende Unternehmen (im Sinne des § 22 *GWB*), Kartelle und preisbindende Unternehmen dürfen andere Unternehmen in einem Geschäftsverkehr, der gleichartigen Unternehmen üblicherweise zugänglich ist, nicht unmittelbar oder mittelbar **unbillig behindern.** Dieses Verbot soll zum einen die Konkurrenten marktmächtiger Unternehmen auf derselben Wirtschaftsstufe, zum anderen aber auch Anbieter bzw. Nachfrager schützen. Was „unbillig" ist, gilt es unter Abwägung der Interessen der Betroffenen unter Beachtung der Zielsetzungen des Kartellrechts zu beurteilen.

Im Rahmen der zweiten *Kartellgesetznovelle* (1973) wurde der Adressatenkreis dieser Bestimmung auf solche Unternehmen ausgedehnt, von denen die Gegenseite in bestimmter Weise abhängig ist. Die damit angesprochene Einfügung des § 26 Abs. 2 Satz 2 *GWB* verdeutlicht wie kaum eine andere Ergänzung, daß es in der Vergangenheit immer wieder erforderlich war, dieses Gesetz den geänderten wirtschaftlichen Bedingungen anzupassen. Im konkreten Fall ging es einmal darum, nach der Ölkrise des Jahres 1973 dem mittelständischen Mineralölhandel noch eine Überlebenschance gegenüber den voll integrierten internationalen Ölkonzernen zu geben. Wenn auch Ware knapp war und deshalb zugeteilt werden mußte, sollten die „Kleinen" bzw. nicht konzerngebundenen Wiederverkäufer doch nicht ganz von der Belieferung ausgeschlossen werden oder einer Preis- und Konditionendiskriminierung ausgesetzt sein. Eine zweite Fehlentwicklung, der es Rechnung zu tragen galt, bestand darin, daß Hersteller von Markenartikeln nach Aufhebung der Preisbindung der zweiten Hand (1. 1. 1974) daran gehindert werden mußten, durch rigorose **Abnehmerselektion** in Verbindung mit dem Instrument der **Preisempfehlung** die Intentionen des Gesetzgebers zu unterlaufen.

Während § 26 Abs. 2 Satz 2 *GWB* die vertikale Beziehung zwischen Anbieter (z. B. Hersteller) und Nachfrager (z. B. Händler) erfaßt, wird seit Einfügung des § 37a *GWB* im Jahre 1980 auch auf der horizontalen Ebene unbilligen Behinderungen kleiner und mittlerer Wettbewerber durch Konkurrenten, die über eine deutlich überlegene Marktmacht verfügen, zu begegnen versucht. Voraussetzung dafür ist, daß diese die Marktverhältnisse wesentlich zu beeinflussen vermögen. Im Vordergrund der Bestrebungen des Gesetzgebers steht dabei nicht der Individualschutz für mittelständische Unternehmen, sondern die Erhaltung des Wettbewerbs auf dem relevanten Gesamtmarkt.

(5) Die in § 26 Abs. 2 Satz 2 *GWB* genannte Gruppe von Normadressaten (marktmächtige Anbieter) darf andere nicht nur nicht unbillig behindern, sondern sie auch nicht ohne sachlich gerechtfertigten Grund unterschiedlich behandeln. Durch das so verankerte **Diskriminierungsverbot** wird der Entscheidungsspielraum marktmächtiger Anbieter im Interesse des Schutzes schwächerer Marktpartner begrenzt. Auch hier wiederum bestimmt sich, was sachlich gerechtfertigt ist oder nicht, auf Grund einer Abwägung der Belange der Beteiligten unter Berücksichtigung der Zielsetzung des *Kartellgesetzes,* nämlich die Freiheit des Wettbewerbs zu gewährleisten.

Diese Regelung ist oft in der Weise mißverstanden worden, daß man meinte, sie konstituiere einen generellen **Kontrahierungszwang.** Daran war namentlich neuen Betriebsformen, wie Verbrauchermärkten und Selbstbedienungswarenhäusern, gelegen, die ihre Sortimente mit bekannten, zugkräftigen Markenartikeln zieren wollten, um auf diese Weise ihre Leistungsfähigkeit zu demonstrieren. Dieser Effekt wird dann noch verstärkt, wenn die betreffenden Unternehmen die fraglichen Waren unter den in Fachgeschäften üblichen, den Konsumenten großteils bekannten Preisen abgeben.

Auf das Diskriminierungsverbot kann sich ein auf Belieferung pochendes Unternehmen nur berufen, wenn ein Hersteller ein **marktbeherrschendes Unternehmen** im Sinne von § 26 Abs. 2 Satz 1 *GWB* ist oder im konkreten Fall zwischen ihm und dem Kontrahenten auf der Erzeugerstufe ein **Abhängigkeitsverhältnis** im Sinne von § 26 Abs. 2 Satz 2 *GWB* besteht. Außerdem müssen die Merkmale des § 26 Abs. 2 Satz 1 *GWB* erfüllt sein. All diese Bestimmungen gelten sinngemäß auch für den umgekehrten Fall, nämlich wenn nachfragemächtige Großbetriebe des Handels marktschwache Anbieter diskriminieren.

Zu beurteilen, ob ein **Belieferungszwang** besteht, hat trotz der außerordentlich differenzierten Fassung des Gesetzes in der Wirtschaftspraxis immer wieder zu Schwierigkeiten geführt. Das *Bundeskartellamt* hat deshalb zum Zweck der Verringerung der Beurteilungsunsicherheit einige Leitlinien erarbeitet, die im wesentlichen folgendes vorsehen (vgl. *Kartte* 1977, S. 106):

Einmal kommt es darauf an, ob der Händler, der mit einem bestimmten (Marken-) Artikel beliefert werden möchte, zur Erlangung bzw. Aufrechterhaltung seiner Wettbewerbsfähigkeit gerade diese Erzeugnisse braucht oder ob, wie es im Gesetz heißt, „ausreichende und zumutbare Möglichkeiten, auf andere Unternehmen aus(zu)weichen", gegeben sind. Häufig wird das sog. erste Geschäft am Platze gar nicht umhin können, eine ganz bestimmte Marke zu führen. Wenn allerdings entsprechende Erwartungen bezüglich der Sortimentsbreite und -tiefe von Abnehmern bzw. Verbrauchern nicht gehegt werden, entfällt insoweit eine Abhängigkeit des Händlers vom betreffenden Hersteller.

Der Nachweis in der einen oder der anderen Richtung ist indessen nicht einfach und schon gar nicht ohne eingehende Marktuntersuchungen zu führen. In einem von der Wirtschaft als überaus bedeutsam empfundenen Urteil hat deshalb der *BGH* 1978 entschieden, daß es bei Beurteilung der Zulässigkeit einer Vertriebsbindung (Näheres dazu in § 5) mit einer entsprechenden Ausschluß anderer potentieller Abnehmer nicht so sehr auf die Verbrauchererwartungen wie auf die Möglichkeit eines Unternehmens, am Wettbewerb teilzunehmen, ankomme. Dazu gehöre, daß ein Händler mindestens vier bis fünf auf dem relevanten Markt konkurrierende deutsche Marken anbieten kann.

In den Fällen, in denen der eine Belieferung begehrende Betrieb schon vier bis fünf andere Marken führen kann, sei es, weil er die Lieferung erzwungen hat, oder sei es, weil er von den betroffenen Herstellern freiwillig beliefert wird, entfällt somit ein Anspruch, mit weiteren Marken versorgt zu werden, weil dann auch keine Abhängigkeit im Sinne des Gesetzes mehr gegeben ist.

Schließlich muß, wer immer auf Belieferung besteht, bereit sein, das gesamte Sortiment eines Herstellers zu führen. Damit wird dem Fall des „Rosinenhändlers" der Garaus gemacht, der nur an relativ wenigen, nämlich nur den bekanntesten und profitabelsten Artikeln interessiert ist. Diese Verpflichtung besteht allerdings auch für den Fachhandel, der zwar seine Vorzugsstellung nur allzu gern geschützt sehen möchte, zur Übernahme der gesamten Produktpalette eines Herstellers aber oft nicht bereit ist.

(6) Nach dem 1980 in das *Kartellgesetz* eingefügten § 26 Abs. 3 Satz 1 ist es **marktbeherrschenden Unternehmen** auch verboten, ihre Marktstellung dazu auszunutzen, andere Unternehmen zu veranlassen, ihnen ohne sachlich gerechtfertigten Grund im Geschäftsverkehr **Vorzugsbedingungen** zuzugestehen. Dieses Verbot gilt auch für relativ marktmächtige Unternehmen im Sinne des § 26 Abs. 2 Satz 2 *GWB,* jedoch nur im Verhältnis zu den von ihnen abhängigen Unternehmen.

Für die sich aus dem **Behinderungs-** und **Diskriminierungsverbot** ergebenden Rechtsfolgen nach §§ 35 und 38 Abs. 1 Nr. 8 *GWB* wird vermutet, daß der Anbieter einer bestimmten Art von Waren oder gewerblichen Leistungen von einem Nachfrager „abhängig" ist, wenn dieser bei ihm zusätzlich zu den üblichen Rabatten oder sonstigen Entgelten regelmäßig besondere Vergünstigungen erlangt, die von dem betroffenen Lieferanten gleichartigen Nachfragern nicht gewährt werden. Damit hofft man, den Mißbrauch von Nachfragemacht seitens des Handels, wie er sich in Praktiken nach dem Muster des sog. Sündenregisters manifestiert, in den (rechtlichen) Griff zu bekommen.

2.4. Die Vernachlässigung der Belange der Verbraucher
2.4.1. Die Gefährdung der bedarfsgerechten Versorgung mit Gütern des kurz- und mittelfristigen Bedarfs

Die anhaltend starke **Konzentration,** die sich vor allem im deutschen Nahrungsmittelhandel vollzieht, ist gekennzeichnet durch einen massiven **Ausleseprozeß** und ein gleichzeitiges **Verkaufsflächenwachstum.** So hat sich die Zahl der Lebensmittelgeschäfte in den letzten 20 Jahren halbiert, während sich die Verkaufsfläche im selben Zeitraum verdreifacht hat. Die damit einhergehende Umstrukturierung der „**Versorgungslandschaft**" wird in neuerer Zeit, insbesondere in der Raum- und Städteplanung, nicht mehr nur unter mittelstandspolitischen, sondern in verstärktem Maße auch unter versorgungspolitischen Aspekten gesehen.

Während indessen bei uns das Problem bedarfsgerechter Versorgung von vielen immer noch mit dem Argument verharmlost wird, es sei noch niemand verhungert, weil er nicht habe kaufen können, was er wollte, wird die Lage in einigen anderen Ländern, so z. B. in Österreich, offenkundig ernster beurteilt. Dort ist bereits ein Gesetz „zur Verbesserung der Nahversorgung und der Wettbewerbsbedingungen" erlassen worden, das eine **Belieferungspflicht** der **Produzenten** enthält, wenn im Falle einer ungerechtfertigten Diskriminierung die **Nahversorgung** gefährdet ist. Der Gefährdungstatbestand ist dabei dann gegeben, „wenn es einer maßgeblichen Anzahl von Verbrauchern nicht möglich ist, die zur Befriedigung der notwendigen Bedürfnisse des täglichen Lebens dienenden Waren unter zumutbarem Zeit- und Kostenaufwand ohne Benutzung eines Kraftfahrzeuges oder öffentlichen Verkehrsmittels zu kaufen".

Daß zwischen Art und Zahl der Geschäfte, die Nahrungs- und Genußmittel führen, einerseits und der **Versorgungsqualität** der Bevölkerung andererseits ein enger Zusammenhang vermutet wird, kommt nicht nur in zahlreichen Entwicklungsprogrammen der Bundesländer, sondern auch in der *Baunutzungsverordnung* zum Ausdruck. Hierin versuchte der *Bundesminister für Raumordnung, Bauwesen und Städtebau* den herrschenden „Wildwuchs" von Großbetrieben des Einzelhandels über eine drastische Eingrenzung der Freiheit in der **Standortwahl** für Einzelhandelsgroßprojekte einzudämmen. Da die Selbstregulierungskraft der Wirtschaft anscheinend nicht ausreicht, das Ziel der Erhaltung einer **„ausgewogenen Einzelhandelsstruktur"** und funktionsfähiger zentraler Orte ohne Intervention von außen zu erreichen, sah sich der Staat veranlaßt, den vermeintlich verhängnisvollen Auswirkungen dieses ungezügelten Wachstums auf städtebauliche und landesplanerische Zielsetzungen, denen sein Augenmerk primär gilt, einen Riegel vorzuschieben.

Daß in Vollzug dieser Verordnung die für solche Maßnahmen gesetzlich geforderte Wettbewerbsneutralität nicht selten verletzt werden muß, wurde zwar allgemein vorausgesehen, aber im Interesse der Schaffung bzw. Erhaltung lebensfähiger Regionen als unvermeidlich hingenommen. Man hatte sich dabei von der Vermutung leiten lassen, das Bemühen, die weitere **Expansion** der **großflächigen Betriebsformen** (Verbrauchermärkte, Selbstbedienungswarenhäuser etc.) des Einzelhandels auf speziell dafür ausgewiesene Gebiete zu beschränken, werde letztlich nicht nur dem mittelständischen Handel, sondern auch den Verbrauchern zum Vorteil gereichen.

Sicherlich ist es in einer pluralistischen Gesellschaft dem mittelständischen Handel wie jedem anderen Sektor der Wirtschaft unbenommen, eigene Ziele zu verfolgen, so z.B. vor den vermuteten schädlichen Wirkungen eines Überhandnehmens der Großbetriebsformen zu warnen, die zur Herausbildung regionaler Monopole und zur Vernachlässigung schutzwürdiger Interessen der sozial schwächeren Konsumenten führen können. Kein Zweifel kann auch darüber bestehen, daß in Notzeiten ein dichtes Distributionsnetz geringere Verteilungsprobleme aufwirft als ein weitmaschiges, zu dem wir tendieren. Unbeschadet dieser Tatsache wäre es gleichwohl verfehlt, daraus den Schluß zu ziehen, allein schon die Existenz einer bestimmten Zahl von Einzelhandelsbetrieben, möglichst noch in unmittelbarer Nachbarschaft, gewährleiste eine ausreichende oder gar bedarfsgerechte Versorgung. So hat sich z.B. in diversen Untersuchungen gezeigt, daß Verbraucher häufig gerade nicht das nächstliegende Nahrungsmittelgeschäft aufsuchen.

Damit leuchtet auch ein, daß der bequeme Zugang zu einer Einkaufsstätte nicht der dominante Gesichtspunkt bei der Beurteilung der Versorgungslage sein muß. Zugleich wird verständlich, daß das Fehlen von Betriebsstätten des Einzelhandels in unmittelbarer Nähe der Wohnung nicht automatisch den als bedrohlich empfundenen Zustand der **Unterversorgung** signalisiert, zumal da die Verbraucher heute überwiegend motorisiert und zu einer ungleich größeren Vorratshaltung als früher fähig sind.

Um somit feststellen zu können, inwieweit das Versorgungsangebot den Bedürfnissen der Bevölkerung entspricht, bedarf es nicht nur einer Analyse von Struktur und Leistungsfähigkeit des Einzelhandels in einer bestimmten Region, sondern auch der Erforschung der Einstellungen, Erwartungen und Wünsche der Verbraucher. Allein ein solcher Ansatz ermöglicht die Durchführung sinnvoller Vergleiche zwischen mutmaßlich unterschiedlich gut versorgten

2. Konfliktbereiche und Regulative des Marketing-Systems

Gebieten und erlaubt der Raum- und Städteplanung, ihrer sozialen Verpflichtung gegenüber den Bürgern gerecht zu werden. Eine in dieser Weise differenzierte Betrachtungsweise vermittelt überdies Ansatzpunkte für etwaige ordnungspolitische Maßnahmen ebenso wie die Entwicklung und Realisation neuartiger Marketing-Konzepte des Einzelhandels.

Daß solche Schritte gegebenenfalls zu unternehmen sind, ergibt sich aus allgemeinen sozialpolitischen Grundsätzen, ganz konkret aber aus § 2 Abs. 1 Nr. 3 des *Raumordnungsgesetzes*, nach dem „in Gebieten, in denen die Lebensbedingungen in ihrer Gesamtheit im Verhältnis zum Bundesdurchschnitt wesentlich zurückgeblieben sind, die allgemeinen wirtschaftlichen und sozialen Verhältnisse verbessert werden" sollen. Dies fordert insbesondere auch das *Bundesraumordnungsprogramm* von 1975, nach dem **gleichwertige Versorgungsbedingungen** in allen Gebieten gewährleistet sein müssen.

Die von Konsumenten erlebte Versorgungslage stellt einen recht zentralen Aspekt ihrer Lebensqualität dar und läßt sich somit, wie bereits betont, nicht allein dadurch erfassen, daß man mißt, wie weit es der einzelne zum nächsten Lebensmittelgeschäft hat. Dazu bedarf es vielmehr der Identifizierung des ganzen **Spektrums der Versorgungsbedürfnisse**, die der Verbraucher empfindet, der Aufdeckung ihres **Stellenwertes im Kontext des gesamten Anspruchsbündels** und der von ihm vorzunehmenden **Einschätzung der eigenen Lage** im Hinblick auf diese Versorgungsdimensionen.

Wie gut sich die Bürger in **Stadt** und **Land** versorgt fühlen, und wie bedeutsam die einzelnen Versorgungsbedürfnisse für die Betroffenen sind, geht aus der Abb. 2.3. hervor, die auch offenbart, was man sich konkret unter Versorgungsdimensionen vorzustellen hat. Die Graphik zeigt einmal, welche **relative Bedeutung** die beiden Bevölkerungssegmente einzelnen Facetten der Versorgungszufriedenheit zumessen, und zum anderen, wie sie ihre **eigene Lage**, bezogen auf diese Facetten, einschätzen.

Ohne auf methodische und erhebungstechnische Details einschlägiger Studien einzugehen, kann man feststellen, daß die Landbevölkerung in Übereinstimmung mit gängigen Klischeevorstellungen primär an einer Gelegenheit interessiert ist, alles in einem einzigen, breit sortierten Geschäft, und zwar zu niedrigen Preisen, einkaufen zu können. Die Stadtbevölkerung hat demgegenüber schon höhere Stufen der Bedürfnishierarchie erklommen; sie legt vor allem auf hohe Qualität der Waren und besondere Annehmlichkeiten beim Einkaufsvorgang Wert. Die in vielen Verordnungen und Erlassen dekretierte „ausgewogene Handelsstruktur", also die bunte Mischung miteinander konkurrierender Betriebsformen, wird demnach von diesem Befund zumindest für die Landbevölkerung nicht gestützt.

Ebenso vielschichtig wie die **Versorgungsbedürfnisse** sind die von den Betroffenen empfundenen **Versorgungsdefizite**. Einmal fällt dabei auf, daß die Städter überhaupt Versorgungsmängel empfinden, zum anderen müßten die

Diskrepanzen zwischen beiden Bevölkerungsgruppen, wenn man sich an der Ausstattung der jeweiligen Gebiete mit Geschäften orientiert, wesentlich stärker ausgeprägt sein; denn gemessen am Zustand vollständiger Zufriedenheit beträgt das empfundene Versorgungsdefizit bei den Städtern immerhin 25,5%, bei den Landbewohnern dagegen 31,9%.

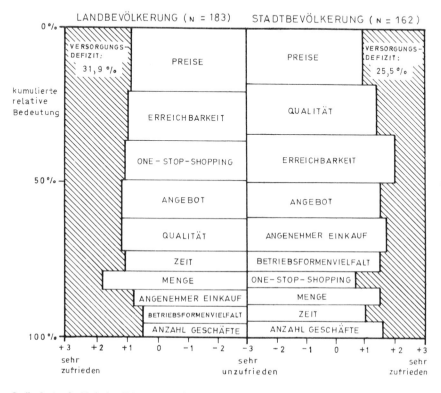

Quelle: *Institut für Marketing, Universität Mannheim.*

Abb. 2.3.: Versorgungszufriedenheit im Urteil eines repräsentativen Querschnitts von Bürgern eines citynahen Stadtteils (Stadtbevölkerung) von Mannheim und von vier kleinen Dörfern des südlichen Odenwaldes mit spärlichen Nahversorgungsmöglichkeiten (Landbevölkerung)

Die Identifikation vorhandener Versorgungsdefizite stellt freilich nur einen ersten, gleichwohl überaus bedeutsamen Schritt auf dem Wege zu deren Überwindung dar. Man kann zwar davon ausgehen, daß es in der Bundesrepublik Deutschland weder Regionen noch Bevölkerungsgruppen gibt, die unter existentiellen Versorgungsproblemen leiden, doch ist erwiesen, daß sich zumindest die auf dem Lande wohnenden Menschen in einigen Belangen benachteiligt sehen. Um dieses Gefälle zu überwinden, bedarf es im Regelfalle sowohl **ordnungspolitischer** als auch **einzelwirtschaftlicher Maßnahmen.** Daneben wer-

2. Konfliktbereiche und Regulative des Marketing-Systems

den – namentlich in Skandinavien – auch völlig unorthodoxe Überlegungen angestellt, die sich weder der einen noch der anderen Kategorie zuordnen lassen. So hatte man z. B. in Schweden vorübergehend erwogen, älteren Verbrauchern, die weiter als 4 km vom nächsten Lebensmittelgeschäft entfernt wohnen, eine Einkaufsfahrt pro Woche per Taxe zuzugestehen, deren Kosten von der zuständigen Gemeinde übernommen werden sollten. Entschieden hat man sich aber dann doch zur Subventionierung von Lebensmittelläden in Streulagen, wobei darauf geachtet wird, daß daraus keine Wettbewerbsverzerrungen resultieren. Eine ähnliche Maßnahme wurde in Vorarlberg getroffen. Durch Gewährung von Zinszuschüssen zur Kreditverbilligung und Betriebskostenzuschüssen wollte man dort erreichen, daß jede Gemeinde der Region mindestens über **einen** Gemischtwarenladen verfügt.

Mit dem Stichwort Ordnungspolitik sind vor allem auch die Mittelstands- und die Raumordnungspolitik angesprochen, auf die hier nicht näher eingegangen werden kann. Eine Verbesserung des Güterangebots in marktwirtschaftlich organisierten Wirtschaftssystemen läßt sich jedenfalls nur dann erreichen, wenn die Anreize groß genug sind, um die Adressaten auch tatsächlich zu den intendierten Reaktionen zu veranlassen. Im übrigen steht beispielsweise dem Anliegen, der Landbevölkerung leichteren Zugang zu preisgünstigen Einkaufsstätten zu verschaffen, das an der Effektivität öffentlicher Investitionen orientierte, hierarchisch gestufte **Zentrenkonzept** der Regional- und Landesplanung entgegen. Obwohl nicht in allen Bundesländern einheitlich gehandhabt, ergeben sich daraus doch mit einer gewissen Zwangsläufigkeit unvermeidbare Versorgungsnachteile für die Menschen, die in ländlichen Gebieten wohnen. So werden beispielsweise Bauvorhaben, die Verkaufsflächen von mehr als 1000 qm vorsehen, grundsätzlich nur noch in sog. zentralen Orten, die in Landesentwicklungsplänen bzw. -programmen explizit ausgewiesen sind, genehmigt.

Bleibt die Frage, was der Handel selbst zum Abbau bestehender Engpässe beizutragen vermag. Man könnte sich vorstellen, daß die Sicherung der Versorgung, die von vielen dafür Verantwortlichen immer noch bagatellisiert wird, dem Gedanken der zwischenbetrieblichen Kooperation im deutschen (Einzel-)Handel neue Impulse verleiht; denn es ist keine Frage, daß die Einrichtung **mobiler Einkaufsstätten** (ähnlich rollenden Bankfilialen), wie sie seit Jahrzehnten in der Schweiz und in mehreren anderen Ländern im Einsatz sind, oder – umgekehrt – der **Einsatz von Omnibussen** für die Heranholung der Kunden zum stationären Betrieb, mit dem man beispielsweise in Finnland recht gute Erfahrungen gemacht hat, ferner die Organisation von **Zustelldiensten** und dgl. mehr die finanziellen und organisatorischen Möglichkeiten eines einzelnen Unternehmers im Regelfall weit übersteigen. In noch stärkerem Maße bedarf es eines gemeinschaftlichen Vorgehens bei der Gründung von **Parkgemeinschaften** bzw. beim Bau von Parkhäusern, bei der **Schaffung von Fußgängerzonen** und bei der **Etablierung** von sog. **Mittelpunktmärkten**, d. h. kleineren, vorwiegend nichtintegrierten Einkaufszentren, mit denen vor allem der Landbevölkerung sehr geholfen wäre und ein Stück Versorgungsgerechtigkeit realisiert würde.

Wenn im übrigen den **rollenden Läden** in der Bundesrepublik Deutschland bisher ein durchschlagender Erfolg versagt geblieben ist, so deshalb, weil sich viele Konsumenten auf Grund immer noch vorhandener anderer Einkaufsalternativen nicht an deren starre Fahrpläne zu gewöhnen oder nicht mit deren zwangsläufig begrenzten Sortimenten abzufinden vermochten. Es ist zu vermuten, daß es insbesondere das Fehlen des von Konsumenten geschätzten unmittelbaren Warenkontakts und die nur begrenzten Möglichkeiten, Nahrungsmittel zu vertreiben, sind, die es bislang auch dem Versandhandel verwehrten, die von anderen Betriebsformen des Einzelhandels aufgegebenen Positionen zu übernehmen. Eine gewisse Ironie des Schicksals liegt im übrigen darin, daß man überall dort, wo es gelingt, durch den Einsatz rollender Läden eine Versorgungslücke zu schließen, Gefahr läuft, auch noch den letzten **Tante-Emma-Laden** vom Markt zu verdrängen. Um diese Erfahrung reicher, hat deshalb Österreich deren Betrieb rigorosen Einschränkungen unterworfen.

Versorgungsmängeln kann aber nicht nur dadurch begegnet werden, daß man die Versorgungsbedingungen bei konstanten Verbraucheransprüchen objektiv verbessert, sondern auch dadurch, daß man die **Ansprüche** nach unten **korrigiert,** sonst aber keine konkreten Abhilfemaßnahmen trifft. Es ist keineswegs abstrus, Versorgungsmängel, soweit nicht anders möglich, auch durch Auslösung von Bewußtseinsänderungen zu kurieren. So ist bereits intuitiv einsehbar, daß das Individuum durch Erlangung von mehr Transparenz bezüglich des eigenen Denkens, Fühlens und Handelns u. U. die Balance seiner „psychischen Bilanz" zurückzugewinnen vermag, die durch die Einwirkung der Werbung, der Verbraucherpolitik, gesellschaftlicher Bezugsgruppen und anderer Kräfte des sozialen Umfeldes gestört worden ist.

Allzu häufig wird den Konsumenten z. B. die Bedeutung des **Preisvergleichs** vor Augen geführt, ohne sie darüber aufzuklären, worin die durch einen Preis abgegoltene Leistung letztlich besteht. Informationsbeschaffungs-, Wege-, Lagerhaltungs- und sog. Opportunitätskosten für entgangene Freizeit, um nur die wichtigsten zu nennen, werden von den Verbrauchern weitgehend ignoriert oder aber in Erlebniskategorien umdefiniert. Entsprechende Aufklärung könnte sicherlich dazu beitragen, die Beurteilungsbasis zu korrigieren und dadurch das Entstehen von Unzufriedenheit von vornherein zu verhindern.

2.4.2. Das Bedürfnis nach Schutz vor schädlichen Praktiken der Anbieter

Die **Konsumfreiheit** stellt, wie wir sahen, einen der tragenden **Pfeiler unserer Wirtschaftsordnung** dar, sie gilt als unantastbar und ist bei uns höchst selten Gegenstand parteipolitischer oder wissenschaftlicher Auseinandersetzungen gewesen. Der Bewahrung dieses Gutes liegt die Überzeugung zugrunde, daß der Konsum eine Angelegenheit jedes einzelnen bzw. der Familie sei und daß die Freiheitssphäre des Individuums in dieser Hinsicht Beschränkungen kaum vertrage. Gleichzeitig werden damit die Fähigkeit und die Bereitschaft jedes

Verbrauchers unterstellt, seinen eigenen Lebensbereich autonom zu gestalten und ihn gegen alle Anfechtungen von außen zu verteidigen. Von dieser Basis sei hier ausgegangen. Es wird also darauf verzichtet zu untersuchen, ob es andere Formen der Steuerung des Wirtschaftsablaufs gibt, die dem liberalen System über- oder unterlegen sind.

Nicht ohne Grund stellt sich indessen die auch von Wissenschaftstheoretikern verstärkt diskutierte Frage, ob autonomes Handeln in diesem Sinne überhaupt möglich sei. In der Tat wird in neuerer Zeit immer stärker bezweifelt, ob der einzelne dieser ihm von den Befürwortern eines freiheitlichen Wirtschaftssystems zugedachten bzw. zugeschriebenen Rolle voll gerecht zu werden vermag. Vielfältige, als **Dysfunktionen des marktwirtschaftlichen Systems** etikettierte Erscheinungen, die uns auch schon in den vorausgegangenen Abschnitten beschäftigt haben, deuten in der Tat darauf hin, daß die Verbraucher häufig nicht willens oder – auf Grund von Macht- und Informationsdefiziten – nicht in der Lage sind, den von ihnen erwarteten Beitrag zur Aufrechterhaltung eines ungestörten Wirtschaftsablaufs zu leisten. Den Betroffenen erwachsen daraus in der Regel ideelle oder materielle Schäden, die es, sofern dieses Unvermögen nicht aus Desinteresse oder Indifferenz, sondern aus einer institutionellen Überforderung resultiert, zu verhindern bzw. zu lindern gilt. Voraussetzung dafür ist, daß Übereinstimmung darüber besteht, ob bzw. inwieweit es zu einer solchen systembedingten Benachteiligung der Verbraucher in einer freiheitlichen Wirtschaftsordnung kommen kann und welche Gründe gegebenenfalls dafür maßgebend sind.

2.4.2.1. Zur Schutzwürdigkeit der Verbraucher

Während wir bisher zu Recht davon ausgingen, daß eine Steuerung des Wirtschaftsablaufs durch die Verbraucher möglich sei, geht es nunmehr darum zu zeigen, daß die Bereitschaft selbst einer großen Mehrheit, sich den Spielregeln des marktwirtschaftlichen Systems zu unterwerfen, eine **mißbräuchliche Nutzung von Freiheitsräumen** durch einige wenige Anbieter zum Schaden der Verbraucher nicht zu verhindern vermag. Was ist damit konkret gemeint?

(1) Nach vielen Untersuchungen zu Fragen der Verbraucherpolitik und Verbraucheraufklärung steht der Großteil der Verbraucher dem Konsumgüterangebot mit einer gewissen Hilflosigkeit gegenüber. Es besteht offenbar ein spürbares Mißverhältnis zwischen den Aufgaben, die den Verbrauchern in einer Marktwirtschaft gestellt sind, und dem notwendigen Wissen um wirtschaftliche Vorgänge. Dringend erforderlich ist deshalb eine gründliche Schulung der Konsumenten auf ökonomischem, insbesondere hauswirtschaftlichem Gebiet, da es mit der Verbraucherberatung allein nicht getan ist.

Es versteht sich, daß viele Anbieter aus dieser Situation nicht ungern Vorteile ziehen, gemäß den Spielregeln des marktwirtschaftlichen Systems vielleicht sogar ziehen müssen. Wie sich die **Unwissenheit der Verbraucher** im einzelnen auswirken kann, möge folgendes Beispiel verdeutlichen:

Auf Grund mangelnder Markttransparenz betragen die Preise für Grundnahrungsmittel in manchen Geschäften ein Vielfaches dessen, was der günstigste Anbieter fordert. Bei Dienstleistungen wie z. B. der Reparatur einer Uhr variieren die Preise im Verhältnis von 1:10. Prozentual nicht ganz so hoch, aber immer noch gravierend sind die Preisunterschiede bei praktisch identischen Pauschalarrangements verschiedener Touristikunternehmen.

Auf einer ganz anderen Ebene liegt die absichtliche **Vorenthaltung wichtiger Tatsachen:**

Ein Produzent von Kinderkochherden, die mit Trockenbrennstoff beheizt werden, warnt angelsächsische Käufer vor den verheerenden Folgen, die mit einem versehentlichen Verschlucken der Tabletten verbunden sind, während er deutschen Käufern gegenüber auf entsprechende Hinweise, insbesondere auf die im Ernstfall zu treffenden Gegenmaßnahmen verzichtet.

Bei einem häufig gekauften Modell eines deutschen Waschmaschinenherstellers öffnet sich während des Waschvorgangs nicht selten die Trommel mit der Folge, daß mehrere aus Blech bestehende innere Bauteile verbogen oder zerstört werden. Die betroffenen Käufer müssen (zum Teil sogar mehrmals) den nicht unerheblichen Schaden durch Vertragsfirmen auf eigene Kosten beheben lassen, während sich der Produzent nur jenen Kunden gegenüber zu einer Übernahme der in Rechnung gestellten Beträge bereit erklärt, die zufällig gewahr werden, daß es sich hierbei um einen Konstruktionsfehler handelt, und entsprechenden Druck auf ihn ausüben.

Da eine Waschmaschine bei normaler Beanspruchung eine mittlere Lebensdauer von 12–15 Jahren hat, vermag die Erklärung der klassischen Wettbewerbstheorie nicht zu befriedigen, daß sich ein Hersteller, der sich so verhält, langfristig selbst aus dem Markt manövriere. Dies gilt im Grunde für alle langlebigen Gebrauchsgüter, die entweder nur einmal im Leben oder in relativ großen Zeitabständen erworben werden, da das jeweilige Folgemodell in aller Regel erheblich weiterentwickelt ist und insoweit kein vergleichbares Gut mehr darstellt.

Die bislang geschilderten Fälle verkörpern keineswegs nur einmalige Entgleisungen oder vorübergehende Erscheinungen, sondern Praktiken, die zumindest in den Randzonen unserer Wirtschaft gang und gäbe sind. Diese Erfahrung wird dadurch bestätigt, daß sich der *Bundesgerichtshof* in den vergangenen Jahren häufig mit der Frage der **Wahrheit in der Werbung** und damit der Anwendbarkeit des § 3 des *Gesetzes gegen den unlauteren Wettbewerb (UWG)* zu befassen hatte. Nach dieser Vorschrift ist es unzulässig, im geschäftlichen Verkehr zu Zwecken des Wettbewerbs irreführende Angaben über geschäftliche Verhältnisse zu machen, insbesondere über die Beschaffenheit, den Ursprung, die Herstellungsart oder die Preisbemessung einzelner Waren oder gewerblicher Leistungen. Recht deutlich zeigt sich die Absicht der Irreführung in folgendem Beispiel:

Ein Hersteller von Plastikbechern macht seine Erzeugnisse den Besitzern von Getränkeautomaten mit dem Hinweis schmackhaft, daß seine Becher nur mehr 150 ccm gegenüber bisher 180 ccm fassen, ohne daß man dies an der Form erkennen könne. Der Verkauf von Getränken werde dadurch um 20% rentabler!

Im Zusammenhang mit dem Thema **Mogelpackungen,** die den Inhalt entschieden größer erscheinen lassen, als er wirklich ist, sei auch auf eine alte, nicht nur produktionstechnisch begründete Vorliebe vieler Anbieter hingewiesen, die Vergleichbarkeit von Preisen und Produkten durch die Wahl unterschiedlicher Packungsgrößen und Füllmengen nach Kräften zu erschweren.

Allerdings wurde hier mit der Einführung des „unit pricing" (siehe dazu § 3, Abschn. 6.) Abhilfe zu schaffen versucht.

Die Sachwalter von Verbraucherinteressen haben heute insofern einen schweren Stand, als die Methoden der Beeinflussung subtiler geworden sind. Die Konsumenten werden kaum mehr so offen getäuscht, wie dies früher der Fall gewesen zu sein scheint. Oftmals verführt die werbliche Argumentation nur zu einer bestimmten Schlußfolgerung, ohne daß tatsächlich eine zu beanstandende Behauptung aufgestellt wird.

Auf dieser Linie liegen Versuche, den Verbraucher mit markanten Slogans auf Produkteigenschaften hinzuweisen, die für die Funktionstüchtigkeit eines Erzeugnisses geradezu vorhanden sein müssen oder aber völlig irrelevant sind. So versuchte sich ein großer Kraftstoffanbieter durch den Zusatz „... mit Platformat" von den Konkurrenten abzuheben, obwohl jeder Eingeweihte weiß, daß sich alle Hersteller der Platinveredelung bedienen.

Eine Irreführung liegt z. B. auch darin, wenn für XY-Kaffee mit dem Zusatz „nichts als Kaffee" geworben wird, weil jeder Kaffee-Extrakt nach § 1 Abs. 9 der *Kaffee-Verordnung* ausschließlich aus gerösteten, zerkleinerten Kaffeebohnen gewonnen werden muß.

Auch wenn die Werbung mit „Selbstverständlichkeiten" nach geltendem Recht eindeutig unzulässig ist und die Rechtsprechung kompromißlos gegen Verstöße vorgeht, kommen Fälle dieser Art immer wieder vor.

Eine weitere Stufe der Eskalation verkörpern Tatbestände wie **Mißbrauch von Macht, Überrumpelung** und **Ausnützung von Notlagen.** Das Streben nach anhaltendem wirtschaftlichen Erfolg, produktionstechnische Gegebenheiten, „economies of scale" oder politische Zwänge führen immer häufiger dazu, daß eine Marktseite den Freiheitsspielraum der anderen zu deren Schaden einzuengen trachtet und ihr letztlich nicht einmal mehr die Möglichkeit beläßt, ein Vertragsangebot in Ermangelung von Alternativen abzulehnen. Voraussetzung dafür ist die Existenz von Macht.

Offensichtlich vermag unser Kartellrecht die Entstehung von Marktungleichgewichten nicht zu vereiteln. Es ist strittig, ob wir mehr oder weniger juristischer Perfektion bedürfen; auf jeden Fall ist es bislang weder Rechtsgelehrten noch Wirtschaftstheoretikern gelungen, die Grundlagen für einwandfreie rechtliche Regelungen zu schaffen, nämlich Begriffe wie relevanter Markt, abgestimmte Verhaltensweisen, funktionierender Wettbewerb oder Machtmißbrauch eindeutig und operational zu fassen. So impliziert die Legaldefinition von Marktbeherrschung in § 22 *GWB*, daß man weiß, was ein Markt ist. Hinzu kommt, daß die Hoheitsgewalt nationaler Wettbewerbsschützer wie des *Bundeskartellamtes* oder der *Monopolkommission* nicht ausreicht, die Aktivitäten multinationaler Konzerne zu durchleuchten oder gar unter Kontrolle zu bringen. Da hier nicht selten Machtmißbrauch vermutet wird, ist es nicht damit getan, darüber in Resignation zu verfallen.

Man muß zugestehen, daß die Grenze zwischen dem, was ein Unternehmer unbedingt tun soll, und dem, was er keinesfalls tun darf, nicht einfach zu ziehen ist. So verlangen **Wettbewerb** und **technischer Fortschritt** von ihm, unablässig bemüht zu sein, Produkt- und Firmenmärkte aufzubauen, also einen Vorsprung vor den Konkurrenten zu erzielen, während er andererseits u. U. in ernsthafte Schwierigkeiten gerät, falls daraus eine Monopolstellung oder Abhängigkeitsverhältnisse (im Sinne des *GWB*) resultieren.

Daß Marktmacht nicht nur in eindrucksvollen Marktanteilen zum Ausdruck kommt, ist unstrittig. Oftmals ist dieser Zustand nur von kurzer Dauer oder bloß von Fall zu Fall gegeben. Besonders begünstigt wird das Entstehen von Ungleichgewichten in Verkaufsverhandlungen dann, wenn sich einer der Marktpartner in einer Notlage befindet.

Wer bei einem Kraftfahrzeugunfall nicht klaren Kopf behält, läuft Gefahr, einem unseriösen Generalunternehmer in die Hände zu fallen, der bereits am Unfallort auftaucht und über eine Anspruchsabtretung die Abwicklung des gesamten Schadensfalles vom Abschleppen des Wagens bis hin zur Schadensregulierung durch die Versicherungsgesellschaft übernimmt. Es hat sich gezeigt, daß der von der Gemeinschaft der Versicherten zu tragende Schaden in solchen Fällen oft weitaus höher ist, als er bei Verzicht auf Einschaltung solcher Mittelsmänner wäre.

Nicht weniger dramatisch ist die Situation bei den sog. Haustürgeschäften, die der Gesetzgeber nach Meinung vieler Juristen keineswegs zufriedenstellend geregelt hat, da sich das Rücktrittsrecht (innerhalb einer Woche) nur auf Kreditgeschäfte, nach gängiger Rechtsprechung gleichwohl auf alle Arten von Abschlüssen erstreckt. Abgesehen davon, daß es sich hierbei häufig um einen unerwünschten Einbruch in die Privatsphäre des Verbrauchers handelt, geht es dabei oft nicht ohne Täuschung, Betrug oder gar Nötigung ab.

Gefährdet werden schließlich sogar Leib und Leben sowie Hab und Gut anderer. Lange Zeit stand man auf dem Standpunkt, daß eine **effiziente Wettbewerbspolitik** die beste **Verbraucherpolitik** darstelle. Daß dem nicht so ist, dürfte heute unbestritten sein, weil nämlich dieses Instrument dem Bedürfnis der Verbraucher, vor Unfähigkeit, Leichtfertigkeit oder rücksichtslosem Egoismus im Umgang mit ihrer Gesundheit oder ihrem Vermögen geschützt zu werden, nicht hinreichend Rechnung trägt. Genauso wie im Bereich der Technik mit ungleich höheren Sicherheitskoeffizienten gearbeitet wird, wenn die körperliche Unversehrtheit von Menschen auf dem Spiele steht, muß auch im wirtschaftlichen Bereich scharf unterschieden werden zwischen vergleichsweise harmlosen Sachverhalten, wie etwa schlechten Erfahrungen, die ein Verbraucher mit einem Hersteller oder einem Produkt macht und in der Regel über kurz oder lang vergißt, und gravierenden Ereignissen, wie z. B. dem Verlust der persönlichen Ersparnisse, der Ansprüche auf Altersversorgung oder gar von Leib und Leben.

Es steht außer Frage, daß die Verbraucher in dieser Hinsicht eines wirkungsvolleren Schutzes bedürfen, als ihn der Markt- und Preismechanismus zu bieten vermag. In der Bundesrepublik Deutschland gibt es zu diesem Zweck u.a. eine Reihe von Aufsichtsbehörden, so das *Bundesaufsichtsamt für das Kreditwesen* und das *Bundesaufsichtsamt für das Versicherungs- und Bausparwesen,* die die Tätigkeit von Banken, Versicherungsgesellschaften, Verkehrsbetrieben usw.

2. Konfliktbereiche und Regulative des Marketing-Systems

überwachen. Daß hinsichtlich der hier angesprochenen Problematik allerdings noch einiges im argen liegt, illustriert folgendes Beispiel:

> Nach wie vor sind Spielkräne aus Blech so geformt, daß sich Kinder daran verletzen können, nach wie vor werden bei Spielzeugen giftige Farben verwendet. Welche Mutter weiß schon oder untersucht gar, ob eine Babyrassel aus einem Material besteht, auf dem ein Säugling gefahrlos herumkauen darf? Auch der Erlaß des Gesetzes über technische Arbeitsmittel, das sog. *Maschinenschutzgesetz*, samt Änderungen sowie das 1975 in Kraft getretene *Lebensmittel- und Bedarfsgegenständegesetz (LMBG)* vermochten bislang Gefährdungen dieser Art nicht zu verhindern.

Die bisher angestellten Überlegungen zeigen, daß die Marktwirtschaft eine den Interessen der Verbraucher entgegengerichtete Nutzung von Freiheitsräumen durch die Anbieter von Gütern und Dienstleistungen nicht zu verhindern vermag. Hinzu kommt noch ein Zweites:

(2) Es gibt weder eine **Übereinstimmung** der **Interessen von Anbietern** und **Nachfragern** noch eine systemimmanente Harmonie zwischen persönlichen, gruppenspezifischen und gesamtwirtschaftlichen Belangen. Die gängige Behauptung, das marktwirtschaftliche System führe über den **Preismechanismus** zu einem natürlichen Ausgleich der Interessen von Anbietern und Nachfragern, kann nur so verstanden werden, daß Kontrakte ausschließlich zu solchen Bedingungen zustande kommen, die den Nutzenerwartungen beider Seiten Rechnung tragen. Daß dies weder im binnenwirtschaftlichen noch im zwischenstaatlichen Handel der Fall zu sein braucht, ergibt sich zunächst aus dem Fehlen vollkommenen Wettbewerbs. Maßgebend dafür ist in aller Regel die Existenz von **monopolartigen Konstellationen** entweder auf der Angebots- oder auf der Nachfrageseite.

Dies verleitet zu Überlegungen darüber, wie die Verbraucher durch Bildung von Koalitionen, etwa in Form von Konsumgenossenschaften oder Verbraucherverbänden, eine stärkere Position gegenüber den Anbietern erringen können. Daß die **Konsumenten** im übrigen kaum jemals als **geschlossene Gruppe** auftreten, liegt an der Verschiedenartigkeit ihrer Interessen, aber auch an der ungleichen Einkommens- und Vermögensverteilung, die das Problem um eine sozialpolitische Dimension erweitert.

Daneben wird der Preismechanismus zuweilen auch dadurch – zumindest partiell – außer Kraft gesetzt, daß **einzelne Gruppen** in der Gesellschaft von Staats wegen **Vorrechte** (z. B. Subventionen) eingeräumt erhalten. Welche Opfer der Verbraucherseite in solchen Fällen zugemutet werden, richtet sich nach dem politischen Gewicht der zu Begünstigenden, dem Einfluß der jeweiligen Lobby und nach den Zielvorstellungen der gerade regierenden politischen Partei(en).

Daß sich einzel- und gesamtwirtschaftliche Ziele nicht immer in Übereinstimmung bringen lassen, erweist sich auch dann, wenn auf einem Markt nur noch ganz bescheidene Gewinne oder gar Verluste erzielt werden, so daß sich die Unternehmer davon gänzlich zurückziehen. Nach den Vorstellungen der klassischen Wettbewerbstheorie ist dies nicht möglich, da es automatisch zu entsprechenden Anpassungsprozessen kommt. Daß dem nicht so ist, zeigt sich an vielen Beispielen des Wirtschaftsalltags, z. B. am Auftreten von Versorgungslücken.

Die Vorstellung, daß eine völlige **Harmonisierung der Schutzbedürfnisse** verschiedener Gruppen möglich sei, ist schon deswegen abwegig, weil Bedürfnisse als solche konfligieren können. Es wäre deshalb verfehlt zu glauben, daß sich rivalisierende Ansprüche gewissermaßen nacheinander erfüllen oder daß sich Verteilungskonflikte über den Preismechanismus lösen ließen.

So stehen wir z. B. vor der Wahl, mehr Atomkraftwerke mit allen bislang noch nicht völlig übersehbaren Folgen zu bauen oder uns noch stärker in die Abhängigkeit von Ölländern zu begeben. Welches Schutzbedürfnis wiegt schwerer?

Wir schätzen die Bequemlichkeit, Kosmetika, Farben und Schädlingsbekämpfungsmittel als Aerosole zu versprühen, verdrängen aber die „external effects", die darin bestehen, daß dadurch – jedenfalls soweit die Produkte auf Fluorkohlenwasserstoff basieren – vielleicht die in der oberen Atmosphäre befindliche Ozonschicht zerstört wird, was unser Wetter und unsere Gesundheit eines Tages in bedenklicher Weise beeinflussen könnte. Angesichts der allenthalben geäußerten Sorge darüber hat sich die betroffene Industrie dazu verstanden, auf schadlose Stoffe auszuweichen. In all diesen, jeweils verschieden gelagerten Fällen versagt die Leitfunktion des Preises.

Die zuletzt geschilderten Beispiele bestätigen, daß es nicht ausreicht, das Schutzbedürfnis der Verbraucher auf eine simple Anbieter-Nachfrager-Beziehung zu reduzieren oder aber als Frage der Wettbewerbssicherung zu begreifen. Wenn man dem Problem gerecht werden will, kommt man nicht umhin, dieses zentrale Anliegen von Staat und Gesellschaft in den größeren gesamtwirtschaftlichen Zusammenhang einzuordnen.

2.4.2.2. Maßnahmen zur Verbesserung des Verbraucherschutzes

Die Kritik an verbraucherfeindlichen Auswüchsen der Marketing-Praxis wird sowohl vom Staat als auch von Industrie und Handel in zunehmendem Maße anerkannt und ernst genommen. Es überrascht deshalb nicht, daß in den letzten Jahren immer mehr Initiativen ergriffen worden sind, die auf einen gerechteren **Ausgleich der Interessen** abzielen.

(1) In erster Linie bemüht man sich um eine Verbesserung des **Informationsgrades der Konsumenten,** da diesen fehlende Marktübersicht und mangelnde Vertrautheit mit wirtschaftlichen Grundtatbeständen immer wieder zum Nachteil gereichen. Die Erreichung dieses Zieles würde gewährleisten, daß die Betroffenen der mehr oder minder subtilen Formen der Beeinflussung gewahr werden und jedenfalls nicht alles, was ihnen von Anbieterseite vorgesetzt wird, unkritisch hinnehmen. Bezeichnenderweise hat sich in zahlreichen Untersuchungen gezeigt, daß die Glaubwürdigkeit von Werbeaussagen von Menschen mit höherem Bildungsgrad ungleich geringer eingeschätzt wird als von denen, die lediglich einen Haupt- oder Mittelschulabschluß haben.

Die vergleichsweise besten Möglichkeiten, dieses Anliegen zu fördern, haben **Presse, Funk** und **Fernsehen,** die sich ihrer Möglichkeiten, als Sachwalter der

2. Konfliktbereiche und Regulative des Marketing-Systems 83

Verbraucher zu wirken, im allgemeinen bewußt sind, aber dazu über die nötigen Sach- und Fachkenntnisse verfügen müssen. Überaus wirksam ist auch die Tätigkeit der **Warentestinstitute,** deren Arbeit immer größere Resonanz findet. Bezeichnenderweise hat der *BGH* in einem Urteil vom 9. 12. 1975 im Zusammenhang mit der Klage eines bekannten Herstellers von Skibindungen der *Stiftung Warentest* attestiert, daß ihre Tätigkeit für den Verbraucher wie für die gesamte Volkswirtschaft von unverzichtbarem Nutzen sei. Kein Wunder, daß beispielsweise im Jahre 1970 der Absatz von Farbfernsehgeräten in Schweden um etwa 40% zurückgegangen ist, weil die am Markt befindlichen Geräte von einem solchen Institut durchweg ungünstig eingestuft wurden. Nach Behebung der beanstandeten Mängel soll sich die Absatzsituation wieder normalisiert haben.

Einen weiteren geeigneten Schritt sehen viele Bildungs- und Wirtschaftspolitiker in der Einführung eines Faches **Verbraucherkunde** bereits auf Volksschulebene, wozu es aber in der Bundesrepublik Deutschland allen Ankündigungen zum Trotz bislang nicht gekommen ist.

(2) Neben der als notwendig empfundenen Anhebung des Bildungs- und Wissensstandes der Verbraucher wird die nicht minder bedeutsame **rechtliche Sicherung** unabdingbarer Verbraucherinteressen **ausgebaut.** Die Bemühungen erstreckten sich zunächst auf die Schließung eklatanter Lücken im Bereich des Arznei- und Lebensmittelrechts. Bei der **Reform des Arzneimittelrechts** ging es vor allem darum, die erforderliche Wirksamkeit und Unbedenklichkeit der Pharmaprodukte sicherzustellen. Dazu gehört in erster Linie die gründliche Erforschung der Folgewirkungen, die mit der Verwendung der Präparate verbunden sind. Deshalb trat an die Stelle der bloßen Registrierung neuer Arneimittel ein strenges Zulassungsverfahren.

Das **Lebensmittelrecht** bezieht sich nicht nur auf Nahrungsmittel im eigentlichen Sinne, sondern auch auf Güter, die wie etwa kosmetische Erzeugnisse, Farben, Kerzen und Verpackungsmaterial gesundheitliche Schäden hervorrufen können. Auch wenn die Gesetzgebung hier nach wie vor ziemlich zersplittert ist (vgl. *Lebensmittelgesetz, Farbengesetz, Fleischbeschaugesetz, Weingesetz* usw.), trägt doch die im August 1974 vom *Deutschen Bundestag* verabschiedete Gesamtreform des Lebensmittelrechts den Wünschen der Verbraucherseite weitgehend Rechnung. Dies gilt namentlich für das *Gesetz über den Verkehr mit Lebensmitteln, Tabakerzeugnissen, kosmetischen Mitteln und sonstigen Bedarfsgegenständen* vom 15. 8. 1974, das im übrigen seitdem mehrfach geändert wurde. Außer den Grundnahrungsmitteln Brot, Butter, Margarine, Hackfleisch, Obst und Gemüse ist beabsichtigt, eine Reihe weiterer Nahrungsmittel rechtlichen Regelungen zu unterwerfen. Die Überwachung der Einhaltung der lebensmittelrechtlichen Bestimmungen obliegt den Gewerbeaufsichtsämtern. Im Gegensatz zu den USA sind die Hersteller in der Bundesrepublik Deuschland nicht verpflichtet, die Zusammensetzung von Produkten, etwa die chemischen Formeln für Waschmittel, Lippenstifte, Deosprays, Farben, Zahnpasten,

Silberputzmittel, Wasserweichmacher und Photoentwickler, die gesundheitliche Schädigungen (z. B. allergische Reaktionen) hervorrufen können, preiszugeben.

Zu den staatlichen Initiativen, die Rechtsstellung der Verbraucher zu stärken, gehört auch die Einführung der sog. **Produkt-** oder **Produzentenhaftung.** Damit wird bezweckt, die Hersteller, die üblicherweise nicht Vertragspartner der Verbraucher sind, grundsätzlich für Schäden an Leben oder Eigentum der Verwender bzw. Verbraucher haftbar zu machen, wenn diese auf Konstruktions-, Fertigungs-, Instruktions- und u. U. auch sog. Entwicklungsfehler der Produkte (z. B. für zunächst nicht erkennbare Spätschäden bei Medikamenten) zurückzuführen sind. Ehedem hafteten die Hersteller normalerweise nur dann, wenn ihnen eine unerlaubte Handlung im Sinne des § 823 *BGB* nachgewiesen werden konnte.

Schließlich ist in diesem Zusammenhang auf die Reform der *Allgemeinen Geschäftsbedingungen* hinzuweisen, durch die eine wesentliche Besserstellung der – meist nicht rechtskundigen – Konsumenten erreicht wurde. Eine rechtliche Regelung dieser Materie erschien dringend geboten, da die „freiwillig" und auf der Basis vorformulierter Klauseln getroffenen Vereinbarungen regelmäßig die Anbieter begünstigten und vom Wettbewerb praktisch nicht erfaßt worden waren.

(3) Daneben ist in den letzten Jahren eine Reihe spezieller **Verbraucherschutzeinrichtungen** geschaffen worden, die es als ihre wichtigste Aufgabe ansehen, die Öffentlichkeit (Parlament, Behörden, Industrie, Handel, Konsumenten usw.) über alle relevanten Vorgänge zu unterrichten und diese im Sinne ihrer Ziele zu beeinflussen, ferner interessierte Kreise individuell oder über die Massenmedien zu beraten, Stellungnahmen zu Projekten, die die Interessen der Verbraucher berühren, abzugeben sowie Verbraucheraufklärung und hauswirtschaftliche Beratung zu betreiben.

Dazu gehört u. a. die überwiegend vom Staat finanzierte *Arbeitsgemeinschaft der Verbraucher (AGV)*, deren Mitgliedsverbände jedoch nicht nur für die Belange der Verbraucher eintreten, sondern auch andere, u. a. karitative Ziele verfolgen. Der *AGV*, die als Dachverband indirekt ca. acht Millionen Menschen vertritt, sind auch die in allen Bundesländern errichteten Verbraucherzentralen angeschlossen, die vor allem individuelle Beratung gewähren. Zur Einrichtung einer Schiedsstelle für Verbraucherbeschwerden nach dem Muster des in den skandinavischen Ländern (außer Finnland) fest etablierten **Ombudsmannes,** an den sich die Bürger dieser Länder wenden können, vermochte man sich dagegen hierzulande nicht durchzuringen.

Der Gedanke der „countervailing power" (= Marktgegenmacht), der bis zum Käuferstreik führen kann, tritt auch in einer Reihe von **Selbsthilfeorganisationen** der Verbraucher zutage. So kam es in Hamburg zu einer *Aktion Ärgerfreier Urlaub,* die das Ziel verfolgt, Beschwerden von Touristen über in- und ausländische Urlaubsorte, schlechte Leistungen der Reiseveranstalter und

Beherbergungsunternehmen sowie irreführende Prospektangaben zu sammeln und an interessierte Urlauber weiterzugeben oder selbst auf Abhilfe hinzuwirken. Zuweilen sehen auch Verfechter spezifischer Gruppeninteressen, wie etwa die Gewerkschaften, der *Allgemeine Deutsche Automobil-Club (ADAC)* und die *Industrie- und Handelskammern,* ein lohnendes Betätigungsfeld in der Förderung von Verbraucherbelangen.

Was auf diesem Sektor selbst ein Einzelgänger zu leisten vermag, zeigt der mittlerweile weithin bekannte amerikanische „Verbraucher-Anwalt" *Ralph Nader,* der viele Jahre lang einen erfolgreichen Kampf gegen schädliche oder gefährliche Produkte, gegen Übervorteilung und Ausnutzung von Unwissenheit, gegen unwahre, irreführende oder übertriebene Werbeaussagen, unverständliche Formulierungen in Kaufverträgen und andere Mißstände in den USA führte.

(4) Schon lange vor dem Aufbegehren der **Verbraucher,** das sich schlagwortartig mit dem Begriff **Konsumerismus** kennzeichnen läßt, sind auch von Seiten der **Anbieter** Schritte unternommen worden, die geeignet sind, Informationsgrad und Sicherheit der Konsumenten maßgeblich zu verbessern. Was sind z. B. die **Markenartikel,** die um die Jahrhundertwende aufkamen, letztlich anderes als der gelungene Versuch, den Konsumenten Produkte von gleichbleibender oder verbesserter Qualität in die Hand zu geben, die dank dieser Eigenschaft die Orientierung auf zahlreichen Märkten überhaupt erst ermöglichten?

Einige Bedeutung hat vor allem in den Großunternehmen der Industrie und des Handels die **Warenprüfung,** also die Gütesicherung der diesen angebotenen und von diesen vertriebenen Erzeugnisse erlangt. Es ist dadurch gelungen, die Verbraucher in vielen Fällen vor dem Erwerb fehlerhafter, unsicherer oder ungeeigneter Produkte zu bewahren und die Reklamationsquoten auf ein Mindestmaß zu senken. Die Dringlichkeit dieses Anliegens verdeutlicht die bestürzende Schätzung der amerikanischen *Consumer Product Safety Commission (Kommission für die Sicherheit von Konsumgütern),* daß jährlich rund 20 Millionen Amerikaner durch fehlerhafte Produkte Körper- oder Vermögensschäden erleiden. Die dadurch verursachten Kosten für Ärztehonorare, Versicherungsbeiträge, Produktionsausfälle usw. wurden schon Mitte der siebziger Jahre mit (umgerechnet) rund 13 Milliarden DM p.a. beziffert.

Eine nicht geringe Rolle spielt bei dem Versuch der Verbesserung der Produktsicherheit die **Kennzeichnung von Erzeugnissen,** die in verschiedenen Spielarten auftritt: Dabei ist vor allem auf die Gütezeichen des *Ausschusses für Lieferbedingungen und Gütesicherung (RAL)* zu verweisen. Die Hersteller verpflichten sich dabei, sich an die von den Gütegemeinschaften festgelegten Regeln zu halten, was sie zur Führung eines von diesen Gremien vergebenen Zeichens berechtigt. Einen beachtlichen Bekanntheitsgrad hat auch das *VDE-Signum* der Elektrotechnischen Industrie erlangt, das die Sicherheit von Elektrogeräten bei bestimmungsgemäßem Gebrauch garantiert. In einigen Bundesländern führt schließlich der *Technische Überwachungsverein (TÜV)* Sicherheitsprüfungen dieser Art durch. Im übrigen ist in diesem Zusammenhang auf die hinsichtlich der Zielsetzung ähnliche Funktion der *DIN-Normen* zu verweisen, die es für rund 700 Verbrauchsgüter gibt, ferner auf die Kennzeichnungen bei Kunststoffen, Textilien und Bekleidungsgegenständen (etwa bezüglich der Zusammensetzung der Rohstoffe, der Pflegevorschriften usw.), die zum Teil Eingang in die *Textilkennzeichnungsverordnung* gefunden haben.

Neben den Bemühungen um Gütesicherung und Schaffung von Markttransparenz ist der Beitrag, den die **Selbstbedienung** zur Versachlichung der Anbieter-Nachfrage-Beziehungen geleistet hat, nicht zu unterschätzen. Dieser ist vor allem darin zu erblicken, daß sie die Kaufentscheidungen von dem oftmals übermäßigen direkten Einfluß der Verkäufer befreit, die Informationsmöglichkeiten der Konsumenten vergrößert und die Prüfung bzw. den Vergleich der angebotenen Waren erleichtert hat. Daran ändert die Tatsache nichts, daß für den Übergang zu dieser Verkaufsmethode primär andere Überlegungen maßgebend gewesen sind.

Es versteht sich, daß die von vielen begrüßte, von anderen bedauerte Zurückdrängung des menschlichen Elements in den Anbieter-Nachfrager-Beziehungen unter dem Aspekt des Verbraucherschutzes in doppelter Hinsicht bedeutsam war: Einerseits hat diese die Möglichkeiten der Manipulation spürbar vermindert, zum anderen den vor allem auf dem Lande noch anzutreffenden Gefälligkeitskäufen, die aus einem Gefühl vermeintlicher moralischer Verpflichtung dem persönlich bekannten Verkäufer oder Geschäftsinhaber gegenüber resultieren, weitgehend den Boden entzogen.

(5) Alle diese Bemühungen zur Schaffung bzw. Verbesserung der Markttransparenz kommen den Verbrauchern auch insofern zugute, als sie den **Wettbewerb** und den **technologischen Fortschritt** beflügeln. Nicht wenige Wirtschaftspolitiker sehen im Abbau von Wettbewerbsbeschränkungen das einzige Instrument zum Schutz der Verbraucher überhaupt. Gleichwohl gilt diese Feststellung nicht uneingeschränkt:

Das **Konkurrenzprinzip** wird herkömmlicherweise als Garant für Stetigkeit der Versorgung, unbehinderten Zugang zu den gewünschten Waren, freie Wahl der Bezugsquelle und preisgünstige Bedarfsdeckung angesehen. Diese Vorstellung durchzieht auch das *Gesetz gegen Wettbewerbsbeschränkungen (GWB)*. Daß dies nur bis zu einer bestimmten Ausprägung des Wettbewerbs gewährleistet ist, ergibt sich aus der Beobachtung, daß marketingbewußte Unternehmungen unablässig bemüht sind, Präferenzen für sich zu schaffen und dadurch Firmenmärkte aufzubauen, die ihnen einen gewissen Vorsprung vor den Konkurrenten sichern und ihnen die Erzielung von Pioniergewinnen im *Schumpeter*schen Sinne erlauben.

Der **Pioniergewinn**, der ein Äquivalent für die oft beträchtlichen Aufwendungen für Forschung und Entwicklung darstellt, geht einerseits zu Lasten der Wettbewerber, deren Gewinne geschmälert werden, andererseits zu Lasten der Konsumenten, die überhöhte Preise zu entrichten haben. Die Situation hält so lange an, bis die Konkurrenten den Vorsprung des innovativen Unternehmens eingeholt haben. Ob sie in der Lage sind, den

Pioniergewinn völlig abzubauen, hängt von zahlreichen Faktoren ab. Es ist deshalb möglich, daß sich dieser zur sog. **Monopolrente** verfestigt. So ist der Pioniergewinn zwar ein wesentlicher Antriebsfaktor unseres Wirtschaftssystems und trägt damit zur Erhaltung von Arbeitsplätzen und zur Sicherung unseres Wohlstands bei, auf der anderen Seite jedoch fordert offensichtlich auch er seinen Preis.

Wenn sich dadurch Monopolgrad und Preisniveau zumindest tendenziell erhöhen, so hat dies nicht selten die weitere Konsequenz, daß die Begünstigten Barrieren errichten, um „newcomers" den Zugang zum Markt über Gebühr zu erschweren oder gar zu verwehren. Häufig werden deshalb neue Produkte mit Hilfe exzessiver Werbung eingeführt, und zwar gerade in stark besetzten Produktfeldern, um so immer wieder „seriöse" Anlässe für Werbemaßnahmen zu schaffen. Einen derartigen Mißbrauch von Marktmacht aufzudecken und abzustellen, ist vor allem Aufgabe des *Bundeskartellamtes,* dessen Bemühungen allerdings oftmals zum Scheitern verurteilt sind, weil es nicht gelingt, den Nachweis für Mißstände bzw. Mißbräuche zu erbringen. Gesetzliche Grundlagen sind das *Gesetz gegen Wettbewerbsbeschränkungen,* zum anderen das sog. *Preisrecht,* das eine Reihe einschlägiger Bestimmungen umschließt.

(6) Wie zahlreiche in diesem Abschnitt geschilderte Beispiele dokumentieren, gibt es vielfältige Möglichkeiten, gegen die Interessen der Verbraucher zu verstoßen, ohne mit dem geltenden Recht in Konflikt zu geraten. Freilich bedarf es dazu einer oft nur schwer zu erreichenden Übereinstimmung im Urteil darüber, was den Konsumenten zu- und abträglich ist.

Von großer Bedeutung ist deshalb die Bereitschaft der Unternehmer, soziale Verantwortung zu tragen, auch wenn diese weder genau konkretisierbar noch einklagbar ist **(„human concept of marketing").** Wenn sie allenthalben vorhanden wäre, würden sich beispielsweise viele den Verpflichtungen, die manches Gesetz mit sich bringt, nicht mit allerlei fadenscheinigen Begründungen entziehen. Insbesondere die nach subjektiven Maßstäben unnötige Stimulierung von Ersatzbedarf würde dann mit anderen Augen gesehen. Schließlich würde man auf technisch mögliche, sozial wünschenswerte Weiterentwicklungen nicht etwa deshalb verzichten, weil die alten Produkte noch genügend Gewinn abwerfen.

Dabei stellt sich die Frage, ob das **soziale Gewissen** auf das **Individuum** beschränkt bleiben oder gewissermaßen **institutionalisiert** bzw. **kodifiziert** werden soll, wozu sich eine Reihe berufsständischer Vereinigungen entschlossen hat.

Vorläufer der von der *Deutschen Marketing-Vereinigung* herausgegebenen *Fünf Leitsätze für Marketing-Verantwortliche* sind in den in den dreißiger Jahren verabschiedeten *Richtlinien für die Lauterkeit in der Werbung* sowie in dem *Internationalen Codex für die Praxis der Marketingforschung* aus dem Jahre 1971 zu sehen, die beide unter der Ägide der *Internationalen Handelskammer* in Paris entstanden sind.

In der Bundesrepublik Deutschland kam es 1972 daneben zu dem vom *ZAW (Zentralausschuß der Werbewirtschaft e.V.)* ins Leben gerufenen *Deutschen Werberat,* der die Aufgabe hat, durch **Aufforderung zur Selbstdisziplin** eine in

Form und Inhalt lautere und vorbildliche Werbung zu erreichen und Fehlentwicklungen entgegenzuwirken. Er bemüht sich, auf die werbungtreibenden Unternehmungen, Werbeagenturen und Werbeträger Einfluß zu nehmen, um sie von Werbeaussagen und anderen Werbemaßnahmen abzuhalten, die als unfair, unredlich oder unzulässig anzusehen sind. Schwerwiegende Verstöße, bei denen es dem *Deutschen Werberat* nicht gelingt, auf freiwilliger Basis Abhilfe zu schaffen, verweist er an die *Zentrale zur Bekämpfung von unlauterem Wettbewerb*, die nach dem Scheitern gütlicher Einigungsversuche üblicherweise eine gerichtliche Klärung solcher Fälle veranlaßt. Daneben hat der *Deutsche Werberat* „Verhaltensmaßregeln für die Werbung mit und vor Kindern in Werbefunk und Werbefernsehen" erarbeitet, nach denen die Werbung weder direkte Aufforderungen an Kinder zum Kauf oder Konsum enthalten noch das besondere Vertrauen mißbrauchen soll, das Kinder bestimmten Personenkreisen entgegenzubringen pflegen.

Ergebnisse derartiger Bestrebungen sind auch Einrichtungen zur **Selbstkontrolle der Wirtschaft** wie etwa die *Freiwillige Filmselbstkontrolle* oder die im Bereich der Werbung in mehreren Wirtschaftszweigen getroffenen Selbstbeschränkungsabkommen. So verzichtet z.B. die Zigarettenindustrie auf die Verwendung bestimmter Werbesujets, während die Automobilindustrie über das Beschleunigungsvermögen eines Fahrzeugs nur versteckt unter „Technische Daten" Auskunft gibt. In diesem Zusammenhang ist auch auf die Einrichtung von **Schiedsstellen** zu verweisen, die namentlich im Kraftfahrzeughandwerk bei der Schlichtung von Streitfällen zwischen Reparaturbetrieben und Kunden eine gewisse Bedeutung erlangt haben.

Eine Möglichkeit, Verbraucherbelangen in den Unternehmungen selbst auch organisatorisch stärkeres Gewicht beizumessen, ist die Schaffung von Abteilungen für **Consumer Relations,** deren Aufgabe – vereinfacht ausgedrückt – darin besteht, alle Teile einer Unternehmung verbraucherbewußt zu machen und so manch einen Konflikt zwischen Unternehmung und Verbrauchern schon von vornherein zu vereiteln. In einigen Fällen ist es auch zur Einrichtung sog. **Verbraucherräte** gekommen, denen vor allem bei der Produktentwicklung der Hersteller sowie der Sortiments- und Preispolitik der Händler ein gewisses Mitspracherecht eingeräumt wird.

All diese Beispiele zeugen von der Bereitschaft der Unternehmer, auf die volle Ausschöpfung des ihnen von der Rechtsordnung eingeräumten Freiheitsspielraums zu verzichten, um nicht einschneidende und kaum revidierbare gesetzliche Regelungen herauszufordern. Obgleich die im einzelnen getroffenen Maßnahmen und Vereinbarungen keineswegs immer altruistische Motive reflektieren, ist nicht von der Hand zu weisen, daß sie den Verbrauchern oftmals mehr als starre gesetzliche Regelungen nützen.

Quellenhinweise und Literaturempfehlungen

Zur **Einbettung des Marketing-Systems in die soziale Marktwirtschaft** nehmen Stellung:

Bea, F. X., Die Verteilung der Lasten des Umweltschutzes nach dem Verursacherprinzip, in: WiSt – Wirtschaftswissenschaftliches Studium, 2. Jg. (1973), S. 453–457.
Clark, J. M., Competition as a Dynamic Process, Washington D.C. 1963.
Galbraith, J. K., Gesellschaft im Überfluß, München–Zürich 1959.
Galbraith, J. K. Die moderne Industriegesellschaft, München–Zürich 1968.
Raffée, H., Marketing und Umwelt, Stuttgart 1979.
Riesman, D., Denney, R., Glazer, N., Die einsame Masse – Eine Untersuchung der Wandlungen des amerikanischen Charakters, Hamburg 1974.
Siebert, H., Das produzierte Chaos, Stuttgart usw. 1973.
Specht, G., Marketing-Management und Qualität des Lebens, Stuttgart 1974.
Uhlig, K.-H., Marketing-Strategie des manipulierten Marktes, Köln 1979.
Woll, A., Wettbewerb, in: *Tietz, B.* (Hrsg.), HWA – Handwörterbuch der Absatzwirtschaft, Stuttgart 1974, Sp. 2300–2310.
Zapf, W., Lebensbedingungen in der Bundesrepublik: Sozialer Wandel und Wohlfahrtsentwicklung, 2. Aufl., Frankfurt/M.–New York 1978.

Ausführungen zu **Konfliktbereichen im Absatzkanal** finden sich bei:

Ahlert, D. (Hrsg.), Vertragliche Vertriebssysteme zwischen Industrie und Handel: Grundzüge einer betriebswirtschaftlichen, rechtlichen und volkswirtschaftlichen Beurteilung, Wiesbaden 1981.
Bauer, H. H., Hersteller-Handels-Beziehungen im Wandel: Auf dem Weg zu einer dualen Marketing-Führerschaft im Absatzkanal, in: Markenartikel, 44. Jg. (1982), S. 428–436.
Batzer, E., Greipl, E., Meyerhöfer, W., Singer, E., Der Ausleseprozeß im Groß- und Einzelhandel, Berlin 1974.
Bayerisches Staatsministerium für Wirtschaft und Verkehr (Hrsg.), Freiheit und Fairneß im Wettbewerb – Chance für einen leistungsfähigen Mittelstand, Referate und Diskussionsbeiträge des „Wettbewerbskongreß München 1977":
  – *Baur, J. F.*, Überlegungen zu einer erweiterten Verbindlichkeit von Wettbewerbsregeln, S. 273–299.
  – *Gries, G.*, Wettbewerbsregeln – ungenutzte Chance?, S. 237–271.
  – *Kantzenbach, E.*, Wirtschaftliche Ursachen und Auswirkungen der Nachfragemacht, S. 125–138.
  – *Kartte, W.*, Selektive Absatzpolitik und Diskriminierungsverbot, S. 91–107.
  – *Ulmer, P.*, Leistungsfremde Wettbewerbspraktiken marktstarker Unternehmen – Neuorientierung des Diskriminierungsverbots und der Instrumente des UWG, S. 187–242.
Dichtl, E., Grundzüge der Binnenhandelspolitik, Stuttgart–New York 1979.
Dichtl, E., Raffée, H., Aufsattler, W., Kaiser, A., Wellenreuther, H., Die Wirksamkeit staatlicher Mittelstandsförderung im Einzelhandel, Berlin 1981.
Dichtl, E., Raffée, H., Wellenreuther, H., Die Förderung des Mittelstandes im deutschen Einzelhandel – Motive, Formen, Wirksamkeit –, in: *Treis, B.* (Hrsg.), Der mittelständische Einzelhandel im Wettbewerb, München 1981, S. 211–241.
Emmerich, V., Kartellrecht, 4. Aufl., München 1982.
Hamer, E., Machtkampf im Einzelhandel, Minden 1986.
Ihde, G.-B., Größenersparnisse der Distribution, Wiesbaden 1976.
Kellermann, A., § 28, in: *Immenga, W./Mestmäcker, H.*, Gesetz gegen Wettbewerbsbeschränkungen, GWB Kommentare, München 1981.

Lilge, H. G., Zielkonflikte, Berlin 1984.
Meffert, H., Steffenhagen, H., Konflikte zwischen Industrie und Handel: Empirische Untersuchung im Lebensmittelsektor der BRD, Wiesbaden 1976.
Möschel, W., Recht der Wettbewerbsbeschränkungen, München 1983.
Müllerschön, B., Marketing-Rechts-Forschung als integraler Bestandteil des Marketing-Research, Diss., Stuttgart 1986.
Nieschlag, R., Begriff, Wesen und Träger des Marketing, troost-Schriftenreihe, Heft 22, Düsseldorf 1964.
Nieschlag, R., Die Intensivierung der absatzwirtschaftlichen Bemühungen als Gegenwartsaufgabe der Unternehmungen, in: *Kosiol, E., Sundhoff, E.* (Hrsg.), Betriebswirtschaft und Marktpolitik, Festschrift für *Rudolf Seyffert* zum 75. Geburtstag, Köln-Opladen 1968, S. 393–408.
Nieschlag, R., Konzentration im Handel, in: *Tietz, B.* (Hrsg.), HWA – Handwörterbuch der Absatzwirtschaft, Stuttgart 1974, Sp. 1116–1123.
Nieschlag, R., Kuhn, G., Binnenhandel und Binnenhandelspolitik, 3., neubearb. Aufl., Berlin 1980.
Potucek, V., Strukturelle Wandlungen im deutschen Lebensmitteleinzelhandel und ihre Auswirkungen auf den Wettbewerb, Berlin 1988.
Sack, R., Lauterer und leistungsgerechter Wettbewerb durch Wettbewerbsregeln, in: Gewerblicher Rechtsschutz und Urheberrecht (GRUR), 77. Jg. (1975), S. 297–307.
Steffenhagen, H., Konflikt und Kooperation in Absatzkanälen, Wiesbaden 1975.
Tietz, B., Kooperation durch Konditionen, in: Markenartikel, 40. Jg. (1978), S. 185–186.
Treis, B. (Hrsg.), Der mittelständische Einzelhandel im Wettbewerb – Größenbedingte Vor- und Nachteile, München 1981.
Weber, E., Betriebsformen – Konkurrenz im Einzelhandel, 5., überarb. Aufl., Nagold 1984.

Mit **Verbraucherbelangen** beschäftigen sich:

Biervert, B., Fischer-Winkelmann, W. F., Rock, R. (Hrsg.), Grundlagen der Verbraucherpolitik, Reinbek bei Hamburg 1977.
Centonze, E., Die Versorgungsstruktur des Einzelhandels in regionaler Sicht, Bern 1978.
Czerwonka, C., Schöppe, G., Verbraucherpolitische Konzeptionen und Programme in der Bundesrepublik Deutschland, in: Zeitschrift für Verbraucherpolitik, 1. Jg. (1977), S. 277–288.
Dichtl, E. (Hrsg.), Verbraucherschutz in der Marktwirtschaft, Berlin 1975.
Finck, G., Niedetzky, H.-M., Beschaffungskosten der Landbevölkerung für Waren des täglichen Bedarfs, in: Jahrbuch der Absatz- und Verbrauchsforschung, 26. Jg. (1979), S. 162–176.
Fritz, W., Warentest und Konsumgüter-Marketing, Wiesbaden 1986.
Hansen, U., Schoenheit, J., Verbraucherabteilungen in privaten und öffentlichen Unternehmen, Frankfurt/M. 1985.
Hippel, E. v., Verbraucherschutz, 2. Aufl., Tübingen 1979.
Kaufer, E., Raschorn, T., Das Verhältnis der Bevölkerung der Bundesrepublik zur Rechtspflege, in: NJW – Neue Juristische Wochenschrift, 24. Jg. (1971), S. 497–499.
Kroeber-Riel, W., Kritik und Neuformulierung der Verbraucherpolitik, in: Die Betriebswirtschaft, 37. Jg. (1977), S. 89–103.
Raffée, H., Silberer, G. (Hrsg.), Informationsverhalten des Konsumenten. Ergebnisse empirischer Studien, Wiesbaden 1981.
Scherhorn, G. u. a., Verbraucherinteresse und Verbraucherpolitik, Göttingen 1975.
Silberer, G., Raffée, H. (Hrsg.), Warentest und Konsument – Nutzung, Wirkungen und Beurteilung des vergleichenden Warentests im Konsumentenbereich, Frankfurt/M. 1984.

Silberer, G., Raffée, H. (Hrsg.), Warentest und Konsument – Nutzung, Wirkungen und Beurteilung des vergleichenden Warentests in Industrie und Handel, Frankfurt/M. 1984.

Stauss, B., Verbraucherinteressen. Gegenstand, Legitimation, Organisation, Stuttgart 1980.

Stauss, B., Ein bedarfswirtschaftliches Marketingkonzept für öffentliche Unternehmen, Baden-Baden 1987.

Wiener Institut für Standortberatung, Wirtschaft und Stadtplanung (Hrsg.), Die Versorgung der österreichischen Bevölkerung mit Handels- und Dienstleistungen in Problemgebieten, Wien 1975.

Wölk, A., Die Versorgung mit Lebensmitteln in städtischen Randlagen, *Forschungsstelle für den Handel e.V.*, Berlin 1980.

§ 3 Produktpolitik

1. Grundlagen
   1.1. Produkt- und programmpolitische Komponenten der Marketing-Leistung
   1.2. Die Bedeutung der Produkt- und Programmpolitik in Wettbewerbstheorie und Wettbewerbspraxis
   1.3. Handlungsalternativen im Rahmen der Produkt- und Programmpolitik
2. Produkt- und programmpolitisch relevante Aspekte des Konsumentenverhaltens
   2.1. Das Markenwahlverhalten als Erklärungsproblem
   2.2. Verhaltenswissenschaftliche Grundlagen der Markenwahl von Konsumenten
      2.2.1. Aktivierende psychische Prozesse
         2.2.1.1. Die Motivation
         2.2.1.2. Die Einstellung
      2.2.2. Kognitive psychische Prozesse
         2.2.2.1. Die Informationsaufnahme
         2.2.2.2. Die Informationsverarbeitung
            2.2.2.2.1. Die Wahrnehmung
            2.2.2.2.2. Psychische Auswahlprozesse
         2.2.2.3. Die Informationsspeicherung
      2.2.3. Die soziale Umwelt des Konsumenten
   2.3. Ausgewählte Modelle des Kaufverhaltens
      2.3.1. Die Black Box-Betrachtung des Kaufverhaltens
         2.3.1.1. Regressionsanalytische Modelle
         2.3.1.2. Stochastische Prozeßmodelle
      2.3.2. Strukturmodelle des Kaufverhaltens
         2.3.2.1. Totalmodelle
         2.3.2.2. Partialmodelle
3. Die Produkt- und Programmevaluation als Ausgangspunkt für erzeugnisbezogene Gestaltungsmaßnahmen
   3.1. Die Bewertung von Produkten und Programmen auf der Basis von Konsumentenurteilen
      3.1.1. Die Marktadäquanz als Bewertungskriterium
      3.1.2. Ansätze zur Ermittlung der Marktadäquanz von Produkten und Programmen
         3.1.2.1. Die Anmutungsleistung von Produkten
         3.1.2.2. Die wahrgenommene Produktqualität
            3.1.2.2.1. Eindimensionale Meßverfahren
            3.1.2.2.2. Mehrdimensionale Meßverfahren
         3.1.2.3. Die Präferenzstruktur
         3.1.2.4. Die Kaufabsicht
   3.2. Die Beurteilung des Angebotsprogramms auf der Grundlage ökonomischer Ziele der Unternehmung
      3.2.1. Die Produkt- und Programmbewertung auf der Basis des betrieblichen Rechnungswesens

1. Grundlagen   93

  3.2.2. Ansätze einer strategischen Erfolgskontrolle
    3.2.2.1. Die Produkt-Lebenszyklus-Analyse
    3.2.2.2. Die Produkt-Portfolio-Analyse
  3.2.3. Distributionspolitische Bezüge der Produkt- und Programmevaluation
4. Der produktpolitische Gestaltungsbereich
  4.1. Ebenen der Produktgestaltung
    4.1.1. Die Gestaltung der Produktbeschaffenheit
      4.1.1.1. Die Produktqualität
      4.1.1.2. Das Produktäußere
    4.1.2. Die Packungsgestaltung
    4.1.3. Die Markenbildung
  4.2. Produktpolitische Entscheidungsfelder
    4.2.1. Die Entwicklung und Einführung neuer Produkte
      4.2.1.1. Der Planungs- und Realisierungsprozeß von Produktinnovationen
      4.2.1.2. Einzelprobleme einer rationalen Entwicklung von Produktinnovationen
        4.2.1.2.1. Quellen und Techniken zur Erzeugung von Produktideen
        4.2.1.2.2. Verfahren zur Bewertung und Selektion von Produktideen
        4.2.1.2.3. Die Ex ante-Analyse der Wirtschaftlichkeit
        4.2.1.2.4. Die Testphase
    4.2.2. Die Modifikation bestehender Produkte
      4.2.2.1. Die Produktvariation
      4.2.2.2. Die Produktdifferenzierung
    4.2.3. Die Produktelimination
5. Der programmpolitische Entscheidungsbereich
  5.1. Die programmpolitische Grundorientierung
  5.2. Programmpolitische Gestaltungsdimensionen
    5.2.1. Umfang und Struktur des Angebotsprogramms
    5.2.2. Die Nutzung von Verbundeffekten im Angebotsprogramm
    5.2.3. Programmpolitische Nebenleistungen
      5.2.3.1. Die Garantieleistung
      5.2.3.2. Der Kundendienst
6. Die Begrenzung des produkt- und programmpolitischen Entscheidungsspielraums durch die Rechtsordnung
Quellenhinweise und Literaturempfehlungen

1. Grundlagen

1.1. Produkt- und programmpolitische Komponenten der Marketing-Leistung

Die Beschäftigung mit dem **Produkt,** d.h. dem Vermarktungsgegenstand, sowie dem **(Angebots-)Programm,** d.h. der Gesamtheit aller produktbezogenen Marktaktivitäten, gehört zu den traditionellen Teilgebieten des Marketing. Entsprechend steht eines der klassischen „**four p's**", mit denen im angelsächsischen Bereich der Gegenstand des Marketing zuweilen umschrieben wird, für „product" (neben „price", „promotion" und „place"). Obwohl auf Grund didaktischer Überlegungen eine Herauslösung der Produkt- und Programmpolitik aus dem Handlungsverbund des Marketing-Mix zweckmäßig ist, soll bei der folgenden Grundlegung der Begriffe „Produkt" und „Programm" ihrer Einbettung in das gesamte Marketing-Instrumentarium besonderes Augenmerk geschenkt werden. Beginnen wir dabei mit der Frage, was ein **Produkt** überhaupt ist.

Dem **Nachfrager** stellt es sich als ein Mittel zur **Befriedigung von Bedürfnissen** dar, da er es sonst kaum nachfragen würde. Bei einer bestimmten Art von Bedürfnissen läßt sich die Produkteigenschaft verhältnismäßig leicht erfassen. So erscheint z. B. bei einem Hersteller von Schnürsenkeln oder Zement die Antwort, worin sein Angebot bestehe, relativ unproblematisch. Nicht ganz so einfach fällt diese beispielsweise bei einem Automobilunternehmen aus. Ein konkretes Produkt sind die ca. 1800 kg an Metall, Kunststoff, Gummi etc., die ein *Mercedes*-Wagen verkörpert, ohne Zweifel. Aber werden sie deswegen nachgefragt? Ist es nicht eher jenes Bündel von Eigenschaften wie Form, Farbe und Fahrverhalten, das von *Mercedes-Benz*-Kunden verlangt wird? Oder verkauft gar der Hersteller seinen Kunden Status, Prestige, Seriosität oder ein Stück Lebensanschauung? Wenn aber schon bei einem so „greifbaren" Erzeugnis wie einem Automobil die Produktdefinition Schwierigkeiten bereitet, wie problematisch muß ein solches Unterfangen erst bei Reisebüros, Versicherungsgesellschaften, Filmproduzenten oder Universitäten sein! Sie alle sind - mehr oder weniger bewußt - im Rahmen ihres Marketing produktpolitisch aktiv. Eine so weite Fassung des Produktbegriffs ist jedoch, wie sich zeigen wird, zu global.

Ein Nachfrager bewertet ein ihm angebotenes Gut durch Vergleich des damit erlangbaren Nutzens mit den mit dessen Erwerb und Konsum verbundenen Kosten bzw. Opfern. Diese zwei Beurteilungskomponenten lassen sich unschwer analytisch trennen und, wie sich in § 4 erweisen wird, mit anderen Begriffen näher kennzeichnen bzw. operationalisieren (= meßbar machen). So kann man die Gesamtheit aller positiven Effekte (Nutzenkomponenten), die mit einem Angebot assoziiert werden, als **Leistung,** alle Kosten und Opfer aus der Sicht des Käufers dagegen als **Preis** auffassen. In diesem Sinne steht Leistung also für die Fähigkeit eines Produzenten, Bedürfnisse von Nachfragern zu befriedigen, d.h. ihnen Problemlösungen zu liefern. So kaufen Verbraucher beispielsweise bestimmte Zigarettenmarken oder Kosmetika weniger wegen des Geschmacks (Blindtests bezeugen das fehlende Differenzierungsvermögen) bzw. deren chemischer Zusammensetzung (fachliche Überforderung des Verbrauchers) und noch weniger wegen der in diesen Produkten meistens enthaltenen beträchtlichen Distributionsleistungen (Bekanntheitsgrad, Überallerhältlichkeit), sondern wegen der „Freiheit", „Männlichkeit", „Weiblichkeit" oder „Schönheit", die in diesen Erzeugnissen stecken.

Die Beurteilung der Problemlösungskraft, die ein Gut bietet, hängt dabei nicht nur von der objektiv nachweisbaren technisch-konstruktiven und physikalisch-chemischen Beschaffenheit der dinglichen Problemlösung (bei Sachgütern) oder der Art der körperlichen resp. maschinellen Verrichtung (bei Dienstleistungen) ab, d. h. vom Produkt im **substantiellen Sinne** (vgl. *Kotler* 1982, S. 363ff.), sondern auch vom Ausgang eines psychischen Informationsverarbeitungsprozesses, dessen Grundlage die **wahrgenommene Leistung** ist.

Auf den **Wahrnehmungsprozeß** der Nachfrager (vgl. Abschn. 2.2.2.2.1.) vermag der Anbieter aber dadurch Einfluß zu nehmen, daß er die technische Leistung mit einer Vielzahl von Zusatzleistungen ausstattet (erweiterter Produktbegriff bei *Kotler* 1982, S. 364 f.). So kann er sie z. B. werblich mit einem angenehmen Wahrnehmungsumfeld versehen, was gegebenenfalls die unerwünschte kognitive Erfassung negativer Teilaspekte erschwert. Andererseits stellt die kommunikative Herausstellung bestimmter Nutzenkomponenten häufig erst eine wesentliche Voraussetzung für deren Erkennung und Berücksichtigung durch die Konsumenten dar. Aus einer solchen Intention heraus wird beispielsweise eine Produktneuheit unter den „Imageschirm" einer bekannten Markenfamilie gerückt.

Auch im Bereich der **Distribution** bieten sich Möglichkeiten zur Steuerung der Wahrnehmung. Auf der Einzelhandelsebene begegnet der Verbraucher einem Produkt stets im Umfeld des Handelssortiments, der Geschäftsatmosphäre sowie häufig der Kommunikation mit dem Verkaufspersonal. Es leuchtet ein, daß die gleiche Ware unterschiedlich erlebt werden kann, je nachdem, ob sie in einem anspruchsvollen Fachgeschäft von einem fachkundigen Verkäufer präsentiert wird oder sonst irgendwo, in Pappkartons verpackt, eigenhändig dem Regal entnommen werden muß.

Erst die **Synthese** aus Wahrnehmung einer konkreten technischen Leistung oder Verrichtung und Wahrnehmung des Umfeldes in Gestalt begleitender kommunikativer und distributiver Maßnahmen, gepaart mit den subjektiven Erfahrungen, Einstellungen und Werten, läßt im Bewußtsein des Verbrauchers jenes Wahrnehmungsgesamt entstehen, das hier als **Leistung** (= erwartete Problemlösungskraft) bezeichnet und im Rahmen von (rationalen) Evaluierungsprozessen dem **Preis** (den Kosten) gegenübergestellt wird. Nicht die **unmittelbare technische Problemlösung,** sondern die **erwartete Problemlösungskraft** ist folglich der nachgefragte Gegenstand, ein Phänomen, das *Kotler* (1982, S. 363) als die Verpackung eines Problemlösungsdienstes bezeichnet.

Nun wird auch deutlich, weshalb wir eine Definition, die als Produkt das umreißt, was spezifische Bedürfnisse befriedigt, als zu global gekennzeichnet haben. Die erwartete Problemlösungskraft, von der der Kauf oder Nicht-Kauf eines Gutes abhängt, resultiert aus dem Wirkungsverbund des gesamten absatzpolitischen Instrumentariums, der Marketing-Leistung schlechthin. Die Beiträge der einzelnen Instrumentalbereiche sind nicht unmittelbar identifizierbar. Daher bedarf es einer theoretisch-analytischen Vereinbarung: Während die „Marketing-Leistung" das komplexe und verwobene Wirkungsgesamt ist, soll dem „Produkt" jener Teil davon vorbehalten sein, der unmittelbar auf die Wahrnehmung oder Nutzung eines konkreten Vermarktungsobjektes zurückzuführen ist. Wir stellen m. a. W. ab auf ein konkretes, als physische Einheit oder Verrichtung erkennbares Aggregat aus wahrgenommenen, mit Nutzenerwartungen verknüpften Eigenschaften (ähnlich auch *Böcker* 1987). Entsprechend zählen zur **Produktpolitik** alle Überlegungen, Entscheidungen und Handlungen, die in unmittelbarem Zusammenhang mit der Kombination und Variation dieser Eigenschaften stehen.

Die **Gesamtheit aller Produkte** einer Unternehmung wird als ihr Programm bezeichnet. In der Industrie spricht man dabei vorzugsweise von **Produktionsprogrammen,** während der Begriff **Sortiment** Handelsbetrieben vorbehalten ist. Obwohl die Produkte stets Elemente eines Programms verkörpern, erfordert die Programmpolitik einige weitergehende Überlegungen und Entscheidungen.

Einerseits bezieht sich die **Programmpolitik** im Gegensatz zur Produktpolitik nicht auf das einzelne Produkt, sondern auf die Zusammenstellung verschiedener Erzeugnisse oder Erzeugnisgruppen zu einer in den Augen der Nachfrager attraktiven, zum Kauf anregenden **Gesamtheit.** Dies hat zur Folge, daß für die Programmpolitik auch die Interdependenzen zwischen den einzelnen Produkten und Produktgruppen (Beziehungen der Konkurrenz, Komplementarität, Ähnlichkeit usw.) sowie deren Auswirkungen auf die Erreichung unternehmerischer Ziele von Bedeutung sind. Zum anderen gibt es im Distributionsbereich einer Unternehmung vielfach Funktionen wie Beratungs-, Zustellungs-, Montage- und Reparaturdienste, aber auch Garantieleistungen und Schulungsveranstaltungen, deren Wahrnehmung aus einer übergeordneten Perspektive gesteuert werden muß.

1.2. Die Bedeutung der Produkt- und Programmpolitik in Wettbewerbstheorie und Wettbewerbspraxis

Die wirtschaftliche und soziale Relevanz von Produkten ist offenkundig. Es leuchtet ein, daß ohne Sachen, Dienste und Ideen fundamentale individuelle und soziale Bedürfnisse unbefriedigt blieben. Neben dieser wohlfahrtszentrierten Bedeutung von Produkten bedingt auch deren ordnungspolitische Rolle in marktwirtschaftlich organisierten Wirtschaftsformen ihren hohen Stellenwert in Theorie und Praxis. Wie erinnerlich, enthält die Marketing-Leistung, mit der ein Wirtschaftssubjekt an potentielle Käufer herantritt, neben dem **unmittelbaren Kern** auch eine distributions-, werbe- und preispolitische Komponente. Diese werden durch das Produkt „transportiert" und einem Anbieter erst dadurch honoriert, daß das Produkt erworben und bezahlt wird. Es ist einem Verbraucher also, von Ausnahmen wie z. B. Kernkraftgegnern abgesehen, nicht möglich, in den Genuß von Distributions- oder Werbeleistungen zu gelangen, ohne das Produkt als solches zu akzeptieren.

Dies kennzeichnet die **große Bedeutung** der Produktpolitik als Marketing- und Wettbewerbsinstrument. Besonders in den beiden letzten Jahrzehnten gewann sie für Wachstum und Sicherung von Unternehmen noch erheblich an Gewicht. So entfällt ein großer Teil des Umsatzes vieler Unternehmen heute auf Erzeugnisse, die es vor wenigen Jahren noch nicht gegeben hat. Auch die gesamtwirtschaftliche Palette an Produkten wurde hierdurch immer breiter. Im Jahre 1913 soll sich die Gesamtzahl aller auf dem Markt angebotenen Artikel noch auf etwa 100000 belaufen haben. Vergegenwärtigt man sich demgegenüber, daß allein im Einzelhandel der Bundesrepublik Deutschland derzeit mehrere Millionen Artikel verfügbar gehalten werden, wird das Maß, in dem der Wettbewerb über neue Produkte bestritten wird, offenkundig.

Neue oder **verbesserte Produkte,** die der Markt akzeptiert, leisten deswegen einen hohen Beitrag zum Erfolg von Unternehmungen, weil sie für einen gewissen Zeitraum einen Vorsprung vor den Konkurrenten sichern. Sie verschaffen den Unternehmen damit vorübergehend eine **Monopol-** oder **monopolähnliche Stellung.** Diese Strategie dient vor allem dazu, dem Preiswettbewerb, dessen Intensität bei alten Produkten hoch zu sein pflegt, immer wieder auszuweichen. Die Offensive mit neuen Produkten, die zunächst keine oder nur wenige Konkurrenten haben, ist der Verteidigung alter und anfällig gewordener Marktpositionen vorzuziehen. Mit der Politik der Durchsetzung von Produktneuheiten kann darüber hinaus auch ein aus gesamtwirtschaftlicher Perspektive wichtiger Beitrag zum **wissenschaftlich-technischen** und **wirtschaftlichen Fortschritt** verbunden sein. Die Bedeutung der Produkt- und Programmpolitik ist nicht zuletzt im Rahmen der wettbewerbstheoretisch begründeten Leitbilder der praktischen Ordnungspolitik heute weitgehend anerkannt (vgl. hierzu *Bartling* 1980).

Da den zentralen unternehmerischen Engpaß der Gegenwart der Absatz darstellt, bietet es sich an, an dieser Stelle kurz dessen produktbezogene Ursachen sowie einige produkt- und programmpolitische Möglichkeiten zur Milderung dieses Problems anzudeuten.

Neben den periodisch auftretenden konjunkturellen Schwächen liegt die erlahmende Kauflust in vielen Konsumgüterbereichen vornehmlich an deutlich zu beobachtenden Sättigungserscheinungen. Einige Beispiele für den mittlerweile erreichten Grad der Marktversorgung mögen dies verdeutlichen:

- Nach Angaben der *Arbeitsgemeinschaft Media-Analyse e.V.* besaßen 1987 in der Bundesrepublik Deutschland von je 100 Haushalten 91 eine Waschmaschine, 81 einen Kühlschrank, 68 eine Nähmaschine, 44 einen Automatikherd, 23 einen Videorekorder, 10 ein Telespielgerät und 9 einen Mikrowellenherd.

- Nach Angaben des *Statistischen Bundesamtes,* Wiesbaden, dessen Verbraucherstichproben drei unterschiedliche Haushaltstypen kennt (Typ 1: 2-Personen-Haushalte von Renten- und Sozialhilfeempfängern mit geringem Einkommen; Typ 2: 4-Personen-Arbeitnehmerhaushalte mit mittlerem Einkommen; Typ 3: 4-Personenhaushalte von Beamten und Angestellten mit höherem Einkommen), ergaben sich im Jahre 1985 für einige Güter die in Tab. 3.1. ausgewiesenen Ausstattungsgrade.

Akzeptiert man, daß der Besitz bestimmter Güter nicht für alle Haushalte in Frage kommt (so wird beispielsweise für Kaffeemaschinen die Sättigungsgrenze bei 75% vermutet), dann dürften die Absatzprobleme, denen die Hersteller der

Tabelle 3.1.:

Ausstattungsgrad von bundesdeutschen Haushalten mit verschiedenen Gebrauchsgütern (in %)

Objekt	Haushaltstyp		
	1	2	3
Telefon	89,4	93,7	97,9
Personenkraftwagen	31,3	92,7	96,7
Fernsehgerät			
Schwarz-Weiß	34,4	40,7	52,2
Farbe	76,9	87,1	85,9
Fotoapparat	65,0	95,3	98,6
Schreibmaschine	53,8	71,4	87,8
Geschirrspülmaschine	2,5	40,7	73,6

Quelle: *Statistisches Bundesamt*

genannten Güter gegenüberstehen, deutlich sein. Bei vielen Erzeugnissen (insbesondere z. B. bei Bügeleisen, Staubsaugern oder Haarpflegegeräten, bei denen zum Teil bereits eine Mehrfachausstattung festzustellen ist) erscheinen die **Märkte gesättigt** und werden ausschließlich vom **Ersatzbedarf** „getragen". Segmente mit Neubedarf sind kaum mehr zu erschließen. Die zunehmende Verengung der Märkte, mit der eine Verschärfung des Wettbewerbs einhergeht, versuchen die Unternehmen auf unterschiedliche Art und Weise zu bewältigen:

– Ein naheliegender, doch schwieriger Schritt besteht darin, Produkte zu entwickeln, für die sich noch keine Sättigungsgrenzen abzeichnen. **Neue Produkte,** die bisher latent gebliebenen Bedürfnissen entsprechen, führen zu neuen Märkten und schaffen eine gute Wettbewerbsposition. Weit verbreitet ist auch das Bemühen, in bekannte, noch **wachsende Märkte** einzudringen.

– Eine andere Strategie besteht darin, mit produktpolitischen Mitteln den Ersatzbedarf zu beleben. Dies kann durch die Entwicklung von immer neuen, noch attraktiveren Varianten des gleichen Produktes geschehen, wobei diese Vorgehensweise die Gefahr des Entstehens einer unüberschaubaren Modellvielfalt und einer für die Konsumenten ärgerlichen **vorzeitigen Veralterung** der Modelle in sich birgt. So erhielt z. B. der Toaster-Absatz durch die bis dahin unüblichen Geräte mit Dekor-Muster starke Impulse.

Theoretisch denkbar und insbesondere in der marxistischen Kapitalismus-Kritik stark vertreten (vgl. *Bodenstein/Leuer* 1977), wenngleich in keinem einzigen Fall überzeugend nachgewiesen (vgl. *Röper* 1976), ist die Strategie der bewußten Verschlechterung der Qualität eines Produktes (**„built in obsolescence"**), die zwangsläufig zu einer Verkürzung des Rhythmus der Ersatzbeschaffung führt (vgl. *Raffée/Wiedmann* 1980 und 1981).

1. Grundlagen
99

— Gleichfalls in Betracht kommt die **Internationalisierung** der Unternehmensaktivitäten, d.h. die Expansion auf ausländische Märkte. Zwar sind die relevanten Auslandsmärkte häufig stark umkämpft und zum Teil von ähnlichen Sättigungserscheinungen wie der heimische Markt gekennzeichnet, doch bergen diese andererseits bei adäquater Bearbeitung mitunter gute Absatzchancen in sich. Dies gilt vor allem dann, wenn es gelingt, ein produktspezifisch gutes Image des Herkunftslandes auf die angebotenen Erzeugnisse zu übertragen. Erfolgt ein solcher Imagetransfer, läßt sich oft beobachten, daß die ausländischen Abnehmer für das Produkt einen gegenüber dem Inland vergleichsweise höheren Preis zu entrichten bereit sind (zum Fall deutscher Produkte in Japan vgl. *Dichtl/Beeskow/Puls* 1983). Unabdingbar für einen solchen Schritt ist die Überwindung nicht nur landesspezifischer tarifärer und nicht-tarifärer Handelshemmnisse, sondern auch solcher Barrieren, die in einer unzureichenden Informationsbasis über die Absatzsituation auf dem Auslandsmarkt begründet sind.

— Immer häufiger bewältigen Unternehmungen ihre Absatzprobleme, indem sie erfolgreiche Leistungen anderer unverhohlen nachahmen. Als besonders verwerflich erscheinen dabei die illegale und detailgetreue **Imitation** einer fremden Problemlösung sowie das Einschleusen eines häufig in Niedriglohnländern hergestellten, minderwertigen Plagiats in die inländischen Vertriebskanäle unter der Originalmarke (zur Markenpiraterie vgl. *Winter* 1983). So wird beispielsweise berichtet, daß *Cartier*- und *Porsche*-Armbanduhren, Schallplatten, Musik- und Video-Kassetten ebenso wie Computer-Software beliebte Objekte der **Markenpiraten** sind.

Kaum weniger schmarotzt an der Leistung eines Konkurrenten, wer dessen Schöpfungen stilistisch „nachempfindet". Nicht unüblich sind solche Praktiken z.B. in der Textil- und Bekleidungsbranche, wo Modekollektionen oft schon unmittelbar nach ihrer Vorstellung nachgeahmt werden. Die Versuche, ein dem Markenemblem eines bekannten Hemdenherstellers zur Verwechslung ähnliches Zeichen (Krokodil) durchzusetzen, sind Legion. Aber auch andere Branchen sind vor solchen Wettbewerbsmethoden nicht gefeit: So gerieten sich zwei Verlage in die Haare, weil sich der eine für eines seiner Bücher stilistischer Gestaltungskomponenten bediente, die der andere für die Umschläge der Werke eines Bestsellerautors verwendete.

1.3. Handlungsalternativen im Rahmen der Produkt- und Programmpolitik

Grundsätzlich kann ein Unternehmen in diesem Kontext ein

— neues Produkt schaffen,
— bestehendes Produkt verändern oder
— bestehendes Produkt aus dem Markt nehmen, d.h. eliminieren.

Eine **Produktelimination** birgt zwar Probleme der Evaluation in sich, ist aber ansonsten, abgesehen etwa von der Gewährleistung der Verfügbarkeit von Ersatzteilen, weitgehend unproblematisch. Anders hingegen die **Schaffung eines neuen** oder die **Modifikation eines bestehenden Produktes,** was man zusammenfassend als **Produktgestaltung** bezeichnet. Entsprechend der im vorangegangenen Abschnitt entwickelten Sicht stellt sich ein Produkt zwar als ein Konglomerat von Nutzen stiftenden Eigenschaften (Nutzenkomponenten) in Gestalt eines dinglichen oder organisatorischen Ganzen dar, doch sind die Nutzenbestandteile nicht unmittelbar gestaltbar, sondern das Ergebnis des Einsatzes von Elementen wie Stoff (Material), Form, Größe, Farbe, Geruch, Schrift, Text, Konstruktion und Styling (vgl. hierzu Abschn. 4.).Der Einsatz der Gestaltungselemente erfolgt hierbei auf drei Ebenen:

- Den ersten Ansatzpunkt bildet die unmittelbare Produktebene, die die konstruktiven, ästhetischen und organisatorischen Aspekte der Problemlösung umfaßt **(Gestaltung der Produktqualität).**

- Daneben ist es bei vielen Güterarten unumgänglich, für eine angemessene Verpackung zu sorgen **(Packungsgestaltung).**

- Last but not least bietet es sich aus später darzulegenden Gründen häufig an, den Konsumenten/Abnehmern kein anonymes Produkt vorzusetzen, sondern eine „Produktpersönlichkeit", eine Marke anzubieten, die von diesen im Gedächtnis behalten und zum leicht identifizierbaren Einstellungsobjekt werden kann **(Markierung** oder **Markenbildung).**

Auf welche Aspekte bei der **Produktgestaltung** jeweils besonderer Wert zu legen ist, hängt u. a. von der Produktart ab. Um eine gewisse Ordnung in die Güterwelt zu bringen, werden hier aus der **Vielzahl** denkbarer **typenbildender Warenkriterien** (vgl. *Knoblich* 1969, S. 85ff.) folgende vier ausgewählt:

(1) Verwendungsreife
Dieses Kriterium zielt darauf ab, ob ein Produkt direkt oder erst nach einer gewissen Bearbeitung einer bestimmten Verwendung zugeführt werden kann. Entsprechend ist zwischen Roh- oder Urstoffen, Halbfertigerzeugnissen (Halbwaren, Zwischenprodukte) und Fertigerzeugnissen zu unterscheiden. Rohstoffe sind aus der Natur gewonnene Güter, Halbfabrikate hingegen das Ergebnis von Bearbeitungsprozessen, gleichwohl als solche noch nicht fähig, dem eigentlichen Verwendungszweck zu dienen. Sie müssen in einer weiteren Stufe entweder (ein- bzw. mehrfach) umgeformt (so z. B. Metalle, Kunststoffe, Zement) oder mit anderen Halbfertigerzeugnissen (so z. B. Kotflügel, Lenkrad, Autositze) zu einem verwendungsfähigen Ganzen (Auto, Armbanduhr, chemische Anlage usw.) zusammengefügt werden. Als Fertigerzeugnisse sind dementsprechend solche Güter aufzufassen, die im gewerblichen oder privaten Bereich unmittelbar ge- oder verbraucht werden können.

(2) Verwendungszweck
Nach diesem Kriterium unterscheidet man Konsum- und Produktions- bzw. Investitionsgüter. Zu den ersteren zählen alle Erzeugnisse, die dem Menschen als letztem Verbraucher zur Befriedigung seiner Bedürfnisse dienen. Dabei sind Verbrauchsgüter zur einmaligen und Gebrauchsgüter zur mehrmaligen bzw. längerfristigen Verwendung bestimmt. Produktions- bzw. Investitionsgüter werden bei der Herstellung von Produkten und Dienstleistungen gebraucht. Dabei unterliegen Investitionsgüter, vereinfacht ausge-

drückt, lediglich einer Abnutzung, während Produktionsgüter in die mit ihrer Hilfe erstellten Erzeugnisse direkt (vgl. die Stufen Faser - Garn - Tuch - Anzug) oder indirekt (als Hilfs- oder Betriebsstoffe) eingehen. Die Subjektivität der verwendungsbezogenen Güterklassifikation ist offenkundig, da je nach Bedarfsträger ein und dasselbe Gut einmal als Konsumgut, ein anderes Mal als Produktionsgut gelten kann (Schreibmaschine, Automobil, Möbel, Haus u.ä.).

(3) Größenordnung der Fertigung

Hierbei ist zwischen Massenprodukten, d.h. für anonyme Märkte gefertigten Erzeugnissen (Textilkonfektion, Bücher, Automobile u.ä.), und Individualgütern zu unterscheiden, worunter man nach einer Spezifikation des individuellen Auftraggebers hergestellte Produkte versteht (Bekleidung nach Maß, Anlagenbau u.ä.). Ein mehr oder weniger standardisiertes Erzeugnis, das seine Käufer erst gewinnen muß, kontrastiert also mit einem Produkt, das in ganz besonderer Weise den spezifischen Präferenzen eines Auftraggebers Rechnung trägt.

(4) Beschaffungsaufwand

Kennzeichend für bestimmte Güter ist ein extensiver Kaufentscheidungsprozeß individueller (vgl. hierzu z.B. *Kroeber-Riel* 1984, S. 316ff.; *Weinberg* 1981, S. 49ff.) oder organisationaler Art (vgl. *Webster/Wind* 1972; *Backhaus* 1982), während sich bei anderen oft extrem kurze (habituelle oder impulsive) Kaufentscheidungsprozesse (dies gilt z.B. auch für Wiederholungskäufe bei organisationalen Käufern, vgl. *Meffert* 1974b, S. 12; zur Entstehung von Kaufgewohnheiten bei Konsumgütern vgl. *Kaas/Dieterich* 1979) abspielen. Im Bereich der Konsumgüter hat sich auch hierzulande die auf *Copeland* (1923) zurückgehende und von *Holton* (1958) und *Bucklin* (1963) operationalisierte Einteilung in „convenience goods", „shopping goods" und „specialty goods" durchgesetzt:

(a) „Convenience goods" werden von den Konsumenten häufig und mit einem Minimum an Aufwand gekauft (Beispiele: Zigaretten, Lebensmittel). Im Hinblick auf solche Güter besitzt ein Verbraucher bereits vor der Entstehung des Beschaffungsanlasses ein Präferenzsystem. Dieses enthält ein „evoked set of alternatives", einen Satz von qualitativ und preislich etwa gleichwertigen Produktalternativen (Substituten). Ist das gesuchte Produkt, aus welchen Gründen auch immer, nicht verfügbar, so weicht der Konsument bei „convenience goods" eher auf ein ihm vertrautes Ersatzerzeugnis aus, als zusätzliche Beschaffungsanstrengungen zu unternehmen. Der Verbraucher ist also nicht darauf bedacht, seinen Nutzen durch Erlangung der allerbesten Alternative zu maximieren, sondern bei befriedigender Qualität (der Substitute) den Beschaffungsaufwand zu minimieren.

(b) „Shopping goods" kauft ein Konsument relativ selten und erst nach einem sorgfältigen Vergleich von Preisen und Qualität (Beispiele: Möbel, Schuhe). Für diese Güter besitzt er kein vorgegebenes Präferenzsystem, das ihm einen extensiven Entscheidungsprozeß ersparen könnte.

(c) „Specialty goods" werden ebenfalls in größeren Abständen gekauft, befriedigen spezielle Bedürfnisse und rechtfertigen daher beachtliche Kaufanstrengungen durch den Konsumenten (Beispiele: Herrenanzug, Photoausrüstung). Es handelt sich hierbei um Güter, für die im Bewußtsein des Verbrauchers - ähnlich wie bei den „convenience goods" - eine vollständige „preference map" existiert. Da diese Güter aber für den Verbraucher von besonderem Interesse sind (hohes „ego involvement"), begnügt sich dieser nicht mit einer sog. satisfizierenden Kaufentscheidung, sondern trachtet nach Maximierung seines Nutzens durch Erlangung der für ihn allerbesten Problemlösung. Dies setzt extensive Vergleiche voraus.

Im Anschluß an diese Unterteilung ist darauf hinzuweisen, daß man mit *Bucklin* (1963) ähnliche Verhaltensweisen nicht nur in bezug auf Güter, sondern auch auf **Einkaufsstätten** feststellen kann. Die genannte Klassifikation überschneidet sich teilweise mit der Differenzierung nach „low interest products" und „high interest products", d.h.

Produkten, denen ein Verbraucher auf Grund ihrer Art und ihres Preises nur geringes oder aber sehr hohes Interesse entgegenbringt. Es versteht sich, daß z. B. die Werbung in beiden Fällen ganz unterschiedliche Funktionen zu erfüllen hat. In eine ähnliche Richtung geht auch die Unterscheidung zwischen „problemlosen" Produkten, die „sich selbst verkaufen" (Beispiele: Kondensmilch, Waschmittel), und „problemvollen" Gütern, die beim Verkauf im allgemeinen eine Beratung der Käufer erforderlich machen (Beispiele: Damenkostüme, Elektrogeräte, Kunstgegenstände).

Ist das intendierte Ergebnis des Gestaltungsprozesses ein neues Produkt, spricht man von einer **Produktinnovation**; wird hingegen ein vorhandenes umgestaltet, gilt dies als **Produktvariation** resp. **Relaunch**. Naturgemäß ist eine solche Unterscheidung nicht frei von einer gewissen Willkür: Sowohl Produktinnovationen als auch -variationen basieren letztlich alle auf einer Veränderung der verfügbaren Gestaltungselemente. Wie weit muß man dabei gehen, ehe man von einem neuen Erzeugnis sprechen kann? Dabei ist diese Frage nur scheinbar von bloß theoretischem Interesse. So sehen sich die Hersteller von ausgereiften, mehr oder minder homogenen Gütern wie z. B. Waschmitteln häufig vor folgende Frage gestellt: Wie muß z. B. *Persil* „umgestaltet" werden, damit es glaubwürdig als *das neue Persil* gilt? Ist dies überhaupt mit Mitteln der Produktgestaltung zu erreichen oder ist dies eher eine Angelegenheit der Werbung?

Zweckmäßig erscheint es, bei Beantwortung der Frage, ab welchem Grad der Modifikation ein Produkt eine Produktinnovation darstellt, auf die Wahrnehmung der Verbraucher abzustellen. Als **neu** wird ein Erzeugnis in diesem Sinne bezeichnet, wenn es von den Betroffenen anders als vertraute, herkömmliche Angebote gesehen und empfunden wird (vgl. *Böcker* 1987). Aus der Sicht des einzelnen Anbieters kann es sich dabei im übrigen um eine **Unternehmens-** oder um eine **Marktneuheit** handeln.

Das produktpolitische Handeln tangiert stets auch das **Angebotsprogramm,** wenngleich dieses dadurch nicht immer verändert wird. Durch eine Produktinnovation wird das Programm erweitert, durch eine Produkteliminination verengt. Handelt es sich dagegen um eine Produktvariation, so wird die Programmbreite nicht verändert (Sortimentssubstitution; vgl. dazu *Gümbel* 1963, S. 246 f.).

2. Produkt- und programmpolitisch relevante Aspekte des Konsumentenverhaltens

2.1. Das Markenwahlverhalten als Erklärungsproblem

Bei Käufermärkten befindet sich ein Anbieter in einer Situation, die im Hinblick auf den angestrebten Erfolg von starker Unsicherheit geprägt ist. Er weiß nicht im voraus, welche Produkte (Marketing-Leistungen) potentielle Nachfrager durch Kauf honorieren und welche sie durch Nicht-Kauf ökono-

2. Aspekte des Konsumentenverhaltens

misch bestrafen. Um den **Absatzerfolg** zu sichern, wird er aber bemüht sein, seine Produkte bzw. sein gesamtes Leistungsangebot so auszugestalten, daß die Mitglieder der von ihm anvisierten **Zielgruppe** mit möglichst großer Wahrscheinlichkeit darauf positiv reagieren. Dies setzt fundierte Kenntnisse darüber voraus, welche Faktoren und Mechanismen auf der Nachfrageseite ein Produkt stark begehrt und erfolgreich, ein anderes dagegen zum Mißerfolg werden lassen.

Ein Anbieter hat grundsätzlich davon auszugehen, daß die Kaufentscheidung des Konsumenten einen psychischen Prozeß verkörpert, in dem neben dem Produkt (als Reiz) eine Vielzahl von Faktoren aus der ökonomischen (Produkte und Marketing der Konkurrenten, Einkommen, Konjunktur etc.), der politisch-rechtlichen (Reglementierung des Konsums, wie Surfingverbote auf bestimmten Gewässern, Devisenbewirtschaftung, *TÜV*-Zertifikate für Automobilzubehör, Regelungen zum Waffenbesitz u. a.) und der sozialen Umwelt (Mode, Gruppenkonformität u. a.) verarbeitet werden. Eine nicht zu unterschätzende Rolle spielen dabei auch die situativen Gegebenheiten (Zeitdruck, Beschaffungsort, Beschaffungszweck u. a.) sowie die Lebensumstände des Konsumenten (Alter, Beruf, Familiengröße u. ä.).

Nur die Inputs (Produkt, Einflüsse aus der Umwelt, Lebensumstände) sowie der Output des Entscheidungsprozesses sind dabei beobachtbar, d. h. empirisch mehr oder weniger direkt feststellbar, nicht dagegen, was sich „dazwischen", im Inneren der Verbraucherpsyche, abspielt. Welche Konsequenzen ergeben sich daraus?

(1) Zum einen liegt es angesichts der meist sehr schwierigen Erfaßbarkeit der psychischen Vorgänge bei den Kaufentscheidungs- bzw. Markenwahlprozessen nahe, bei der Erklärung des beobachtbaren Verhaltens jene auszusparen. Dies kennzeichnet Ansätze, die dem klassisch-behavioristischen **Stimulus-Response-Paradigma** verhaftet sind. Sie beschränken sich auf die Untersuchung des objektiv beobachtbaren Input (Stimuli = S) sowie des damit korrespondierenden beobachtbaren Output (Response = R). Das sichtbare Verhalten des Individuums, z. B. die Wahl einer Marke, ist dann eine Funktion der Reize, die im Augenblick wirksam sind oder schon früher wirksam waren. Über die Brücken, die im Kopf des Verbrauchers den Input mit dem Output verbinden, werden keinerlei Überlegungen angestellt. Vielmehr ist man bemüht, den Input-Output-Zusammenhang allein formal abzubilden. Da hierbei die psychischen Prozesse im Dunkeln verbleiben, spricht man von einem **Black Box**-Ansatz.

(2) Zum anderen kann man dem nicht-beobachtbaren psychischen Innenleben eine hypothetische Struktur zuschreiben. Dadurch wird ein theoretischer und begrifflicher Bezugsrahmen geschaffen, der es erlaubt, über die Funktionsweise der psychischen Kaufentscheidungsmechanismen sinnvolle Aussagen zu treffen. Damit eine solche Vorgehensweise jedoch nicht zur reinen Spekulation abgleitet, müssen die zur Fixierung der hypothetischen psychischen Struktur verwendeten Begriffe, die sog. **theoretischen Konstrukte** (Motive, Einstellungen, Lernen u. ä.), durch Operationalisierungsanweisungen (vgl. § 7, Abschn. 4.2.) empirisch verankert werden. Durch das Postulat einer bestimmten psychischen Struktur wird das S-R-Schema somit zu einem (neobehavioristischen) **S-O-R-Paradigma** erweitert: Bestimmte Stimuli (S) treffen auf einen Organismus (O); Stimulusfaktoren und Organismusfaktor gemeinsam führen zur Reaktion (R).

Einem Vorschlag von *Kroeber-Riel* (1984, S. 43 ff.) folgend, bietet sich aus analytischen Überlegungen heraus eine Zweiteilung der Vorgänge, die im Rahmen der Kaufentscheidungen wirksam werden, an:

- Ein Teil der psychischen Prozesse ist **kognitiver** (= erkenntnisbezogener, verstandesmäßiger) Natur. Hierzu zählen all jene Vorgänge im psychischen Bereich, mit denen das Individuum sich selbst und die Umwelt erkennt **(Wahrnehmen, Denken, Entscheiden, Lernen)**. Durch sie wird das Verhalten willentlich gesteuert, so z. B. auf den Kauf einer Marke hin.

- Diese Zielorientierung setzt indessen voraus, daß die Menschen zum bewußten Erleben und Reflektieren überhaupt veranlaßt werden. Daher ist es sinnvoll, neben kognitiven auch **aktivierende** (= antreibende) **Prozesse** in der menschlichen Psyche als gegeben zu betrachten. Dies sind Vorgänge, die mit inneren Spannungen und Erregung verbunden sind und als Antriebskräfte die menschliche Existenz mit Handlungsenergie versorgen **(Emotionen, Motive, Einstellungen)**.

Durch die Einbeziehung der theoretischen Konstrukte in die Betrachtung des Kaufverhaltens erweitern sich die **Erklärungsmöglichkeiten** in zweifacher Hinsicht: So erhöhen sich **Menge** und **prognostische Qualität** der zu Erklärungszwecken heranzuziehenden Variablen. Dabei ist neben den Anforderungen an die empirische Verankerung und Meßbarkeit gerade die prognostische Qualität ein zentrales Kriterium dafür, ob ein theoretisches Konstrukt sinnvoll ist (vgl. *Stegmüller* 1969, S. 465). Die Verwendung solcher Konstrukte erschließt dem mit der Erklärung von Kaufentscheidungen befaßten Forscher das Arsenal an theoretischen und methodischen Erkenntnissen, die in Nachbardisziplinen wie Psychologie und Soziologie gewonnen wurden.

2.2. Verhaltenswissenschaftliche Grundlagen der Markenwahl von Konsumenten

Auch als Konsumenten haben Menschen ihre zwar liebenswerten, doch zugleich oft unerforschbaren Eigenarten und Launen, Vorlieben und Abneigungen, Stärken und Schwächen. Auf der anderen Seite sind sie aber auch zuweilen leicht durchschaubar und bis zu einem gewissen Grade manipulierbar. Beide Aspekte machen die Beschäftigung mit dem **Konsumentenverhalten** zum Dreh- und Angelpunkt aller produkt- und programmpolitischen Überlegungen. Es versteht sich, daß an dieser Stelle nur eine Skizze der psychischen und sozialen Hintergründe des menschlichen (Kauf-)Verhaltens vermittelt werden kann. Für eine eingehende Darstellung dieser Aspekte des Marktgeschehens muß auf die einschlägige Literatur verwiesen werden (siehe u. a. *von Rosenstiel/Ewald* 1979; *Kroeber-Riel* 1984; *von Rosenstiel/Neumann* 1982). Selbst dieser Versuch unterliegt indessen noch weiteren Einschränkungen:

- Die Schilderung verhaltenswissenschaftlicher Erkenntnisse zum Konsumentenverhalten betrifft das **Kaufverhalten von Individuen.** Dies impliziert, daß Beschaffungsentscheidungen von Organisationen (z. B. Unternehmen) oder Gruppenentscheidungen (Kaufentscheidungen von Haushalten) nur insofern tangiert werden, als auch dort Menschen agieren. Die Besonderheiten solcher Kaufentscheidungsprozesse, so z. B. soziale Interaktionen, eine stärkere Zielexplikation, der Zwang zur Rationalität und kommunikative Einflüsse, werden hier nicht herausgearbeitet.

- Den Ausführungen liegt das **Markenwahlverhalten** als Referenzfall zugrunde. Dies führt zu einer gewissen Überbetonung von kognitiven Aspekten psychischer Prozesse. Die beträchtliche Bedeutung der Affekte bei Kaufakten in der Realität kommt dadurch möglicherweise zu kurz.

- Auch die **Werbung** berücksichtigt in hohem Maße verhaltenswissenschaftliche Erkenntnisse. Darauf wird in § 6 näher eingegangen.

2.2.1. Aktivierende psychische Prozesse
2.2.1.1. Die Motivation

Der Begriff **Motiv** umschließt Bezeichnungen wie Bedürfnis, Trieb, Neigung und Streben. Bei allen Bedeutungsunterschieden, die verschiedene Lehrmeinungen den einzelnen Begriffen zuschreiben, wird darunter doch stets eine dynamische Richtungskomponente im Verhalten verstanden. Motive lassen sich als Mangelzustände kennzeichnen, die den Organismus veranlassen, nach Mitteln und Wegen zu suchen, die geeignet erscheinen, diesen Mangel zu beseitigen. Im allgemeinen unterscheidet man zwei Kategorien: Zur Gruppe der **primären (physiologischen) Motive** rechnet man Versorgungs- (z. B. Hunger und Durst) und Vermeidungsmotive (z. B. Schmerz und Furcht) sowie arterhaltende Motive (Sexualität). Solche primären Motive, häufig auch als **Triebe** bezeichnet, sind angeboren. **Sekundäre (soziale) Motive** wie die Bedürfnisse nach Prestige, Macht oder Selbstverwirklichung sind demgegenüber gelernt, d. h. aus den Grundtrieben abgeleitet.

Das Wirksamwerden eines Motivs wird als **Motivation** bezeichnet. Mit seiner Befriedigung (Abbau der durch die Spannung begründeten Energie) erlischt - zumindest temporär - die Motivation. Das Verhalten einer Person zu einem gegebenen Zeitpunkt wird dabei nicht von irgendwelchen oder allen möglichen ihrer Motive gesteuert, sondern von dem relativ stärksten (vgl. *Heckhausen* 1980, S. 24).

Im folgenden sollen zwei grundlegende motivationale Vorgänge skizziert werden, die Aktivierung und die kognitive Handlungsorientierung. Eine ausführliche, an den verschiedenen Motivationstheorien ausgerichtete Darstellung des Motivationskonzeptes findet sich in § 6, Abschn. 2.3.2.

(1) Aktivierung (energetische Motivationskomponente)

Mit dem Begriff der **Aktivierung** (= Aktivation) umschreibt man die innere Erregung oder Anspannung, die den Organismus mit Energie (Antrieb) versorgt und in einen Zustand der Reaktionsbereitschaft und Leistungsfähigkeit versetzt (vgl. *Berlyne* 1960, S. 48). Man kann sich darunter ein Erlebenskontinuum vorstellen, dessen Pole Schlaf und höchste Erregung (Panik, Wut, Schrecken, u. ä.) verkörpern. Physiologisch wird die Aktivierungsfunktion dem im Hirnstamm lokalisierten „retikulären Aktivationssystem" (RAS) zugeordnet (vgl. *Kroeber-Riel* 1984, S. 53 ff.). Die Umweltreize wirken auf das RAS ein und versetzen dieses in Erregung. Über das „**a**ufsteigende **r**etikuläre **A**ktivierungs**s**ystem" (ARAS) werden die dadurch erzeugten Impulse an die Großhirnrinde (Kortex) weitergeleitet, wo sie die dort ablaufende bewußte Informationsverarbeitung aktivieren. Die Leistungsfähigkeit und die Informationsverarbeitungskapazität des Menschen steigen dabei nicht proportional zum Grad der Aktivierung an, vielmehr ist davon auszugehen, daß jene zunächst zunehmen, an einem bestimmten Punkt jedoch abzufallen beginnen (∩-Hypothese). Zustände extremer Aktivierung oder Ruhestellung wirken demnach leistungshemmend. *Hansen* (1972, S. 68 ff.) unterscheidet drei generelle Reiz- bzw. Aktivierungsquellen:

(a) Das RAS aktiviert den Organismus zunächst auf Grund von Stimuli aus der Umwelt. Die innere Erregung, die auf äußere Reize zurückzuführen ist, wird zuweilen auch als „arousal" bezeichnet (vgl. *Berlyne* 1960). Die **Außenreize** müssen zunächst grob dechiffriert werden, um dann in die für eine Person relevanten und irrelevanten eingeteilt zu werden (selektive Wahrnehmung). Wird ein Reiz als relevant angesehen, so aktiviert das RAS das Informationsverarbeitungssystem. Nunmehr wird der Außenreiz genauer entschlüsselt und u. U. weiterverarbeitet. Diesen Mechanismus macht sich das Marketing in vielfacher Hinsicht zunutze (vgl. *Kroeber-Riel* 1984, S. 66), so z. B. durch die Verwendung von erotischen, furchterregenden oder Abenteuer, Freiheit und Schönheit verheißenden Reizen in der Werbung (emotionale Reize; vgl. § 6, Abschn. 2.3.2.3.) oder durch die gekonnte Handhabung von Gestaltungselementen wie Größe, Farbe (vgl. § 6, Abschn. 4.2.3.2.) oder Form bei der Produkt- und Verpackungsgestaltung (physische Reize; vgl. hierzu den Begriff „Anmutung" bei *Koppelmann* 1978).

(b) Auch die von kognitiven Prozessen ausgehenden Stimuli können über das RAS zu einer starken Aktivierung führen, vor allem dann, wenn die Außenreize bei kognitiver Verarbeitung gedankliche Konflikte, Überraschungen und Widersprüche hervorrufen (kognitive Reize). Man denke hierbei z. B. an sprechende Tiere in der Werbung oder an neue, ungewohnte Muster und Formen bei der Produktgestaltung. Dieser Mechanismus erklärt auch das starke Interesse, das Verbraucher Produktinnovationen entgegenbringen.

(c) Von echten inneren Stimuli spricht man bei einer physiologisch bedingten Aktivierung. Solche inneren Reize stellen gewissermaßen Informationen über

Veränderungen im biologischen Gleichgewicht des Körpers dar (Warnung vor Unterkühlung des Körpers, Signalisierung von Mangelerscheinungen usw.).

(2) Handlungsorientierung (kognitive Motivationskomponente)

Neben der Versorgung des Organismus mit Handlungsenergie muß es im Inneren des Menschen auch zu einer **Kanalisierung** dieser Energie kommen. Dies erfolgt durch kognitive Prozesse der **Informationsverarbeitung.**

Unter **Emotion** versteht man das erlebnismäßige Resultat der kognitiven Interpretation bestimmter, durch bioelektrische Vorgänge ausgelöster Erregungs- bzw. Aktivierungsmuster. „Erst wenn eine innere Erregung ... kognitiv verarbeitet und dadurch bewußt wird, entstehen emotionale Erlebnisse. Die gleiche Erregung kann deswegen in Abhängigkeit von der subjektiven Interpretation einmal als Ärger, einmal als Freude interpretiert werden" (*Kroeber-Riel* 1980, S. 60). Sie wird zur **Motivation,** wenn zu der subjektiven Interpretation von neurophysiologischen Erscheinungen (Aktivierung) eine kognitive Handlungsorientierung, d. h. eine Ausrichtung auf ein Ziel hinzutritt. Ein nervöses Erregungsmuster wird beispielsweise als (unangenehmes) Gefühl des Hungers interpretiert und, um es zu beseitigen, mit Handlungsrichtung ausgestattet. Die kognitive Motivationskomponente umfaßt also den Prozeß der Herausbildung einer groben Handlungsanweisung, die zur Erreichung resp. Vermeidung von allgemeinen, subjektiv mit den Prädikaten „angenehm" resp. „unangenehm" versehenen Situationen bzw. Zuständen führt.

Wie Motive zustande kommen, ist Gegenstand einer Vielzahl von Theorien (siehe dazu § 6, Abschn. 2.3.2.). Aus der Sicht der Produktpolitik ist wichtig, daß Produkte je nach der Beschaffenheit (z. B. dem Grad der Neuartigkeit) bzw. je nach der Situation, in der sich ein Verbraucher befindet (ist er durch innere Stimuli bereits motiviert?), in unterschiedlichem Ausmaß **Anreizcharakter,** also die Fähigkeit, latente Bedürfnisse zu aktivieren, besitzen.

Es wäre unrealistisch anzunehmen, daß Menschen zu jedem Zeitpunkt von nur einem Motiv geleitet würden. Wo aber eine große Zahl von Antriebsfaktoren zugleich wirksam wird, müssen zwangsläufig konfliktäre Beziehungen entstehen. In Anlehnung an ein Konfliktmodell von *Miller* (1944) sind speziell bei der **Kaufmotivation** zwei Typen von **Konflikten** zu berücksichtigen (vgl. *Kroeber-Riel* 1984, S. 147ff.):

– Ein **Appetenz-Appetenz-Konflikt** entsteht, wenn zwei Motive mit unterschiedlicher Handlungsorientierung und etwa gleicher Intensität aktiviert werden, so etwa, wenn das Bedürfnis nach Unterhaltung (Kinobesuch) mit jenem nach Ruhe und Schlaf kollidiert.

– Ein **Appetenz-Aversions-Konflikt** (Ambivalenzkonflikt) ergibt sich dann, wenn der Zielzustand, der die Befriedigung eines Motivs ermöglicht, zugleich etwas repräsentiert, was gemäß einem anderen Motiv zu vermeiden ist. Solche Konflikte sind im Wirtschaftsleben deswegen an der Tagesordnung, weil die meisten Mittel zur Bedürfnisbefriedigung die Ausgabe von Geld voraussetzzen; so ist z. B. das Motiv, fremde Länder und Kulturen kennenzulernen, dem Hort- und Spartrieb diametral entgegengesetzt.

2.2.1.2. Die Einstellung

Der **Einstellungsbegriff** wird häufig als **Schlüsselbegriff** der modernen Sozialpsychologie angesehen und spielt auch in der Analyse des Konsumentenverhaltens zunehmend die zentrale Rolle. Er läßt sich allgemein als Bereitschaft zur positiven oder negativen Bewertung eines Einstellungsobjektes, z. B. eines bestimmten Urlaubslandes, charakterisieren (vgl. *Stroebe* 1980, S. 142). *Roth* (1967, S. 43 und 52 ff.; 1977) kennzeichnet Einstellungen als gegenstandsbezogene, erfahrungsbedingte und systemabhängige Größen. Sie zeichnen sich durch folgende Eigenschaften aus:

(1) Objektbezug

Wie jedes Erleben das Erleben von etwas ist und jedes Verhalten in bezug auf etwas erfolgt, richtet sich jede Einstellung als Antecedens von Erleben und Verhalten auf einen bestimmten Gegenstand. **Bezugsobjekt von Einstellungen** kann alles sein, was physisch oder psychisch existiert, so z. B. Individuen, Gruppen, tote Materie oder Tugenden.

(2) Erworbenheit

Einstellungen entwickeln und wandeln sich in einer individuellen Lerngeschichte nach allgemeinen Lerngesetzen (vgl. Abschn. 2.2.2.3.). Sie sind das Ergebnis einer Auseinandersetzung des einzelnen mit der Umwelt; ihr gegenwärtiger Ausdruck spiegelt Anteile früher gemachter Erfahrungen wider. Dieser Auffassung liegt die sog. Ziel-Mittel-Betrachtung zugrunde („means end analysis", vgl. Abschn. 3.1.2.2.1.). Einstellungen können aber auch mittelbar erworben werden, z. B. durch Kommunikation mit anderen oder durch nachahmendes Lernen. Einstellungen sind insofern auch durch die Umwelt determiniert **(Sozialisierungsprozeß)**, weil sie deren Erwartungen, Werthaltungen und Normen widerspiegeln. Vor allem Bezugs- und Mitgliedsgruppen üben unmittelbar Einfluß auf den Lernprozeß aus.

(3) Systemcharakter

Krech, Crutchfield und *Ballachey* (1962, S. 149) erweitern den Einstellungsbegriff um eine Verhaltenskomponente (Drei-Komponenten-Theorie). Danach bestehen Einstellungen aus einer **kognitiven** (Wissen über den Einstellungsgegenstand), einer **affektiven** (das mit dem Gegenstand verbundene Gefühl) und einer **Handlungskomponente** (Tendenz, sich in bezug auf den Gegenstand zu verhalten).

Die zuletzt genannte Erweiterung macht verständlich, warum **Einstellungen** (eindimensional) bzw. dem inhaltlich ähnlichen Begriff **Image** (multidimensional) in der **Marketing-Forschung** so großes Interesse entgegengebracht wird. Mit diesem Konstrukt glaubte man, einen Weg dafür gefunden zu haben, aus Aussagen über die Ausprägungen hypothetischer Konstrukte in der Psyche auf

2. Aspekte des Konsumentenverhaltens

das (künftige) beobachtbare Verhalten schließen zu können. Sichtbaren Ausdruck findet die z.B. von *Roth* (1967, 1977) eingenommene deterministische Sichtweise in der sog. **E-V-Hypothese**: Einstellungen bestimmen das Verhalten. Hat ein Konsument z.B. zur Marke *Audi* eine stark positive Einstellung, so impliziert dies zumindest eine Neigung, bei nächster Gelegenheit ein Automobil dieser Marke zu kaufen.

Daß Einstellungen aber keinen unmittelbaren Rückschluß auf das Verhalten ermöglichen und einstellungskonträres Verhalten keine Seltenheit darstellt, ist spätestens seit *La Piere* (1934) bekannt, der mit einem chinesischen Ehepaar die USA bereiste und als Gruppe problemlos in 66 Hotels übernachten konnte. Nur ein einziges Mal wurde man abgewiesen, was angesichts der Vorurteile gegenüber Asiaten, die für jene Zeit typisch waren, nicht zu erwarten war. Nach Ende der Reise wandte sich *La Piere* schriftlich an dieselben Hotels und erhielt auf seine Anfrage, ob sie Chinesen als Gäste aufnähmen, in 92% der Fälle eine Absage.

Die Versuche, den unbefriedigenden Einstellungs-Verhaltens-Zusammenhang zu erklären bzw. ein taugliches Paradigma zu entwickeln, sind überaus zahlreich (vgl. dazu *Ajzen/Fishbein* 1980). Demnach lassen sich **einzelne, spezifische Verhaltensweisen** durch Einstellungsmaße nicht vorhersagen (vgl. *Stroebe* 1980, S. 169). Ob ausgerechnet das nächste Kleidungsstück, das jemand kaufen wird, in dessen Lieblingsfarbe, nämlich in einem Blauton gehalten sein wird, erscheint fraglich; daß aber unter den nächsten zwanzig Käufen Blau am häufigsten vertreten sein wird, kann als sehr wahrscheinlich gelten. *Ajzen/Fishbein* (1977) haben auf die **Spezifitätsproblematik** hingewiesen. Während die Einstellung zumeist sehr allgemein erhoben wird, z.B. gegenüber Skifahren, rekurriert das Verhaltensmaß häufig auf eine spezifische Tätigkeit: „Haben Sie die letzten Weihnachtsferien für einen Skiurlaub genutzt?" Dies bedeutet, daß die Vorhersage einer Handlung, die in einer bestimmten Situation in bezug auf eine bestimmte Person bzw. ein bestimmtes Objekt ausgeführt wird, eine Einstellungsmessung bedingt, die dieselben Situationen bzw. zeitlichen Spezifikationen in Rechnung stellt: So mancher, der den Weihnachtsansturm auf den Pisten scheut, gibt sich wenige Wochen später seinem Hobby mit Freude hin.

Die Spezifikation müßte auch dem Einfluß **sozialer Faktoren** auf die E-V-Relation Rechnung tragen. So besagt z.B. die negative Einstellung eines Angestellten zum Tragen von Krawatten noch nicht, daß er auch an seinem Arbeitsplatz darauf beharrt. Erst wenn uns Informationen darüber vorliegen, wie „man" in seinem Betrieb darüber denkt und wie groß die Anpassungsbereitschaft der betreffenden Person ist, lassen sich entsprechende Vorhersagen treffen.

So ist es beispielsweise durchaus denkbar, daß ein Verbraucher zu einer bestimmten Marke eine äußerst positive Einstellung besitzt, diese jedoch auf Grund vorhandener Restriktionen (z.B. Kaufkraft) in der Realität nicht erwirbt. Um diesem Dilemma bei der Untersuchung des Käuferverhaltens zu begegnen, bietet es sich an, auf die **Kaufabsicht** auszuweichen. Diese (vgl. hierzu

Rothman 1964) verkörpert ein hypothetisches Konstrukt, das angibt, für wie wahrscheinlich ein Konsument den Kauf einer bestimmten Marke hält. Eine solche Absichtserklärung hat im Vergleich zur Einstellungsmessung den Vorteil, daß der Betroffene gehalten ist, sich die Kaufsituation einschließlich deren Beschaffungs- und Geldseite vor Augen zu halten. Das Konstrukt drückt somit nicht nur die Einschätzung des Produktes, sondern auch die subjektive Beurteilung der gesamten Verhaltenssituation aus (vgl. *Kroeber-Riel* 1984, S. 164 f.).

Als weitere Merkmale einer Einstellung werden häufig deren relative Konstanz und Dauerhaftigkeit angesehen, wobei ihre Beeinflußbarkeit jedoch nicht grundsätzlich ausgeschlossen wird. Doch wird der Erfolg solcher Bemühungen wesentlich von der Zentralität der Einstellung für das Individuum („ego involvement") bestimmt, wie in § 6, Abschn. 2.3.3., ausführlicher erläutert wird.

Um die Aufhellung von Einstellungen im allgemeinen und von Einstellungsänderungen im besonderen bemüht sich eine Reihe von **Einstellungstheorien** (vgl. *Eyferth/Kreppner* 1972):

(1) **Lerntheoretisch geprägte Ansätze** basieren darauf, daß Einstellungen erlernt sind und deren Modifikation durch lerntheoretische Erkenntnisse (Konditionierung, Verstärkung, Nachahmung) erklärbar ist (siehe § 6, Abschn. 2.3.1.).

(2) Nach Auffassung der sog. **funktionalen Theorie** vollziehen sich Einstellungsänderungen auf motivationaler Grundlage. Der Erfolg von Maßnahmen zur Änderung von Einstellungen hängt danach davon ab, welche Funktionen von Einstellungen jeweils vorherrschen. *Katz/Stotland* (1959; vgl. auch *Müller/Thomas* 1974, S. 235 ff.) sind der Meinung, daß diese

– die soziale Integration erleichtern können (**Anpassungsfunktion**),
– dem Menschen helfen, mit inneren Konflikten oder äußeren Gefahren besser fertig zu werden (**Abwehr- bzw. Ich-Verteidigungsfunktion**),
– die Wertvorstellungen und das Selbstbild von Individuen zum Ausdruck bringen (**Wertausdrucksfunktion**) und
– eine klare und konsistente Erfassung der Umwelt ermöglichen (**Wissensfunktion**).

(3) Eine wichtige Variante sind sodann die **Theorien** der **kognitiven Konsistenz** bzw. **Inkonsistenz**. Maßgebende Vertreter der sog. Gleichgewichtstheorien sind *Heider* (1965) und, darauf aufbauend, *Osgood/Tannenbaum* (1955), *Festinger* (1957) sowie *Abelson/Rosenberg* (1958). Gemeinsam ist ihnen allen, daß sie annehmen, Menschen seien bestrebt, ihr System von Überzeugungen, Meinungen und Einstellungen in einem harmonischen Gleichgewicht zu halten.

Dies gelingt nicht immer. Ein Verbraucher hat beispielsweise eine positive emotionale Haltung (affektive Komponente) zu einer Marke. Nun liest er einen Testbericht, in dem „seine" Marke schlecht beurteilt wird (kognitive Komponente). Die kognitive Komponente steht somit im Widerspruch zur affektiven.

Solche Ungereimtheiten motivieren die Menschen zur Wiederherstellung der Harmonie. Eine Möglichkeit, dies zu erreichen, ist die Wandlung der affektiven Haltung gegenüber dem Produkt, eine andere die, daß sich die Einstellung zum Testbericht ändert („unglaubwürdig!"). Eine ausführliche Darstellung des bekanntesten dieser Erklärungsversuche, *Festingers* Theorie der **kognitiven Dissonanz,** findet sich in § 6, Abschn. 2.3.2.1.3.

2.2.2. Kognitive psychische Prozesse

Bei den bislang erörterten psychischen Faktoren handelte es sich um hypothetische Konstrukte vorwiegend mit Antriebscharakter. Die nachfolgend zu diskutierenden psychischen Konstrukte repräsentieren hingegen die Mechanismen der Verhaltenssteuerung, die, einer neueren Entwicklung folgend (vgl. z. B. *Bettman* 1979; *Kroeber-Riel* 1984), der **Informationsverarbeitung** subsumiert werden. Diese wird wie folgt untergliedert:
– Informationsaufnahme
– Informationsverarbeitung
– Informationsspeicherung.

2.2.2.1. Die Informationsaufnahme

Eine **Entscheidung** kann nur so „gut" wie die hierzu herangezogenen **Informationen** sein. Um die Kaufentscheidungen von Konsumenten erklärbar und nachvollziehbar zu machen, muß man deshalb versuchen, die Informationen, die im Kaufentscheidungsprozeß verarbeitet werden, zu untersuchen. Im übrigen ist darauf hinzuweisen, daß es keine Informationen an sich gibt. In der Realität existieren letztlich nur belebte und unbelebte Dinge mit Merkmalen bzw. Eigenschaften. Erst die Konfrontation eines Organismus mit diesen Charakteristika, den Stimuli, und deren Repräsentation im Bewußtsein begründen etwas, was über die Außenwelt informiert und Unsicherheit reduziert bzw. Unwissen beseitigt. Diese kognitive (gedankliche) Repräsentation von Reizen im Bewußtsein wird im folgenden Information genannt.

Ehe ein Mensch über eine Information verfügt, muß zunächst ein Stimulus durch die Sinne empfangen, in körpereigene Signale umgewandelt und gespeichert werden. Welche apparativ unterstützten Möglichkeiten es gibt, dies nachzuvollziehen, wird in § 7, Abschn. 4.4.2., behandelt (vgl. dazu im übrigen *Kroeber-Riel* 1984, S. 228 ff., und die dort angeführten Quellen).

Im Anschluß an die sensorische Reizaufnahme muß der Sinneseindruck zum Gegenstand kognitiver Prozesse gemacht werden.

Man kann davon ausgehen, daß jeder Mensch unablässig eine Vielzahl von Informationen zufällig aufnimmt und einen Teil davon auch speichert. Dies wird in der Literatur mit Begriffen wie **„low involvement learning"** (vgl. *Krugman* 1965), **„incidental learning"** (vgl. *Postman* 1975) oder **„spectator learning"** (vgl.

Posner 1973) umschrieben. Mit dem von *Simon* (1967) hierfür gewählten Terminus des **„latent learning"** ist eine durchaus absichtliche, jedoch nicht eine einer unmittelbaren Kaufentscheidung dienende Informationsbeschaffung gemeint. So lesen viele Menschen mit Interesse Testberichte auch für Produkte, die sie nicht unmittelbar erwerben wollen. Auch unternehmen Konsumenten gern einen ausgedehnten Schaufensterbummel um seiner selbst willen. Die übrigen drei Begriffe beziehen sich hingegen auf Lernvorgänge, die passiv und ohne die Absicht einer Informationsgewinnung erfolgen. Man denke hierbei an das zufällige Aufschnappen von Äußerungen anderer, an die unbewußte Aufnahme von Werbebotschaften und dgl. mehr.

Diese Information sowie die bei früheren Kaufentscheidungs- und Konsumprozessen gewonnenen Erfahrungen bilden einen **internen Informationsvorrat,** auf den bei anstehenden Problemlösungsprozessen zunächst stets zurückgegriffen wird („internal search", vgl. *Bettman* 1979, S. 107 ff.). Wird der Organismus z. B. durch die Aktivierung des Motivs Hunger in Handlungsbereitschaft versetzt, so initiiert dieses im Informationsverarbeitungssystem eine Suche nach Problemlösungen. Hierzu werden aus dem Gedächtnis alle bekannten Möglichkeiten der Motivbefriedigung abgerufen: „Im Kühlschrank Vorhandenes essen", „in ein Restaurant zum Essen gehen", „Produkt XY einkaufen" u.ä. Zugleich werden auch andere Komponenten aus dem Langzeitspeicher hinzugezogen: Produkterfahrungen, Markenkenntnis, Wissen über den Inhalt des häuslichen Kühlschranks, Einstellungen zu den Produktalternativen etc.

Bei einem als hinlänglich empfundenen **Informationsstand** kann das Ergebnis des Entscheidungsprozesses unmittelbar in einen motorischen Bewegungsablauf münden: „Zum Kühlschrank gehen - Produkt XY entnehmen - Produkt XY verzehren." Im anderen Falle ist die Einholung weiterer Informationen erforderlich, so z. B. eine Bestandsaufnahme des Kühlschrankinhalts durchzuführen („external search", vgl. *Bettman* 1979, S. 111 f.).

Das dargestellte einfache Beispiel kann als bildhafte Illustration eines Modells aufgefaßt werden, das von *Miller/Galanter/Pribram* (1973) entwickelt wurde. Diese Autoren verstehen entsprechend der sog. kybernetischen Hypothese das menschliche Verhalten als eine Kette elementarer Rückkopplungsschleifen, der sog. **TOTE**-Einheiten (vgl. Abb. 3.1.).

Für den hier interessierenden Fall läßt sich die Funktionsweise der TOTE-Einheit (Test-Operate-Test-Exit) wie folgt verdeutlichen: Im Rahmen des auf die Befriedigung eines bestimmten Motivs ausgerichteten Entscheidungsprozesses wird geprüft, ob der gegebene Informationsstand einem bestimmten, subjektiv vorgegebenen Standard entspricht (Test). Ist dies der Fall (Kongruenz), kann der Entscheidungsprozeß - wie hier durch die Phase der Alternativenbewertung - fortgesetzt werden (Exit). Wenn nicht (Inkongruenz), muß sich der Organismus auf aktive Informationssuche begeben: intern, indem überlegt und „im Gedächtnis geforscht" wird, oder extern, indem auf Prospekte, Testberichte oder z. B. den Rat von Bekannten zurückgegriffen wird. Dabei wird immer wieder geprüft (Test), ob der erwünschte Informationsstand nunmehr erreicht worden ist. Der Organismus kann dabei die TOTE-Schleife mehrfach durchlaufen (z. B. Test-Operate-Test-Operate-Test-

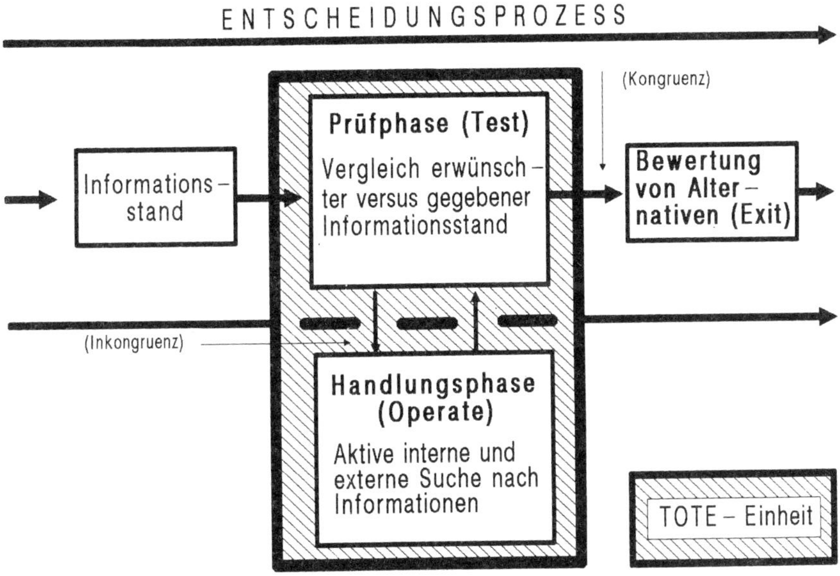

2. Aspekte des Konsumentenverhaltens

```
ENTSCHEIDUNGSPROZESS →
```

                                    (Kongruenz)

Informations- → **Prüfphase (Test)** → **Bewertung von Alternativen (Exit)**
stand   Vergleich erwünsch-
                 ter versus gegebener
                 Informationsstand

(Inkongruenz)

Handlungsphase (Operate)
Aktive interne und
externe Suche nach
Informationen

TOTE – Einheit

Quelle: In Anlehnung an *Miller/Galanter/Pribram* 1973, S. 34 ff.

Abb. 3.1.: Informationsverhalten als TOTE-Einheit

Exit). Gegebenenfalls wird der Informationsverarbeitungsprozeß auch unterbrochen (vgl. dazu *Bettman* 1979, S. 54 ff.) und eine Änderung des Standards vorgenommen oder der Entscheidungsprozeß endgültig abgebrochen.

Wie läßt sich nun erklären, daß bei Verbrauchern unterschiedliches Informationsverhalten zu beobachten ist? *Silberer* (1979 a, S. 95 ff.) verweist dazu auf folgende Möglichkeiten:
– Arousal- und Komplexitätsansatz
  Dieses Konzept besagt, daß der Mensch ein bestimmtes **Arousal-Niveau** aufrechtzuerhalten versucht, indem er reizarme Situationen ebenso wie von übermäßiger Fülle gekennzeichnete Reizkonstellationen meidet. Demnach würde, solange das individuelle Anreizniveau noch nicht erreicht ist, der Verbraucher den Informationsstandard anheben, weil ihn die „Operate-Tätigkeit", d.h. die aktive Suche nach Stimuli diesem Level näherbringt. Der Komplexitätsansatz ergänzt dies, indem die relevanten Merkmale der Umwelt (Informationsmenge, Informationskonflikte, Zahl der Alternativen u.ä.) zu Struktur und Fähigkeiten des kognitiven Systems in Beziehung gesetzt werden.

Wer kennt nicht Menschen, die nach dem Motto „Vorfreude ist die schönste Freude" die Informationsbeschaffung mehr als die eigentliche Nutzung eines Gutes genießen? Umgekehrt gibt es auch Verbraucher, die im Vergleich zum Ausgangspunkt ein niedrigeres Arousal-Niveau anstreben. Sie werden bereits durch einige wenige widersprüchliche Produktinformationen stark verwirrt und fühlen sich nicht selten überfordert (zur Nutzung von Testurteilen durch Konsumenten vgl. *Raffée* u. a. 1976; *Silberer* 1979 b; *Tölle* 1983).

– Risikotheoretischer Ansatz
Dieses Konzept zur Erklärung des Informationsbeschaffungsverhaltens geht davon aus, daß der Kauf von Produkten für den Konsumenten mit finanziellen, funktionalen, gesundheitlichen und anderen **Risiken** verbunden ist (vgl. *Bauer* 1960; *Cunningham* 1967). Die Beschaffung von Informationen wird dann als eine mögliche Risikoreduktionsstrategie betrachtet. Je größer das wahrgenommene Risiko ist, desto höher wird der Informationsstandard angesetzt.

– Allgemeines Gedächtnismodell
Hierbei geht man davon aus, daß beim Transfer von Informationen vom sensorischen in den Kurzzeit- und dann in den Langzeitspeicher **Informationsverluste** auftreten. Diese sind bei manchen Informationen größer, bei anderen kleiner („bestimmte Sachen merkt man sich besser"). Dadurch ist bestimmten Informationsbereichen immanent, daß der interne Informationsvorrat unzulänglich ist und zu aktiver Informationssuche veranlaßt.

– Dissonanztheoretischer Ansatz
Dieser Erklärungsansatz postuliert, daß sich der Konsument bei der Informationsbeschaffung auf jene Informationen konzentriert, die die auftretenden **kognitiven Ungleichgewichte** abzubauen helfen (vgl. § 6, Abschn. 2.3.2.1.3.).

– Kosten-Nutzen-Ansatz
Innerhalb dieses Erklärungsrahmens geht man davon aus, daß Umfang, Inhalt und Richtung der Informationsbeschaffung von den jeweils erwarteten **Kosten** und **Erträgen** abhängen. Informationen werden demnach dann und dort beschafft, wenn bzw. wo die erwarteten Erträge oder Beschaffungserfolge die zu erwartenden Beschaffungskosten rechtfertigen (vgl. *Silberer* 1979 b, S. 101).

In diesem Zusammenhang ist die Frage von Bedeutung, welche Faktoren die **Wertigkeit** der empfangenen Informationen beeinflussen. Insbesondere geht es dabei um das Zusammenwirken der persönlichen Kommunikation und der Massenkommunikation als Informationsquellen. Diese auch für die Kommunikationspolitik zentrale Thematik der Meinungsführerschaft wird in § 6, Abschn. 2.4.2., ausführlich behandelt.

Die Beschäftigung mit dem Informationsverhalten der Konsumenten kann auch für die Erklärung der Ausbreitung neuer Produkte, Verfahren und Ideen in sozialen Systemen wertvolle Hinweise liefern. Die Erhellung der Vorgänge, die mit der Penetration einer Neuerung (Innovation) in den Markt verbunden sind, ist dabei das besondere Anliegen der **Diffusionsforschung** (vgl. *Rogers* 1962; *Kaas* 1973). Diese geht vor allem der Frage nach, durch welche Merkmale sich die Gruppe der Innovatoren auszeichnet und welche Kommunikationskanäle für eine dem Innovationserfolg förderliche Verbreitung von Informationen benutzt werden sollen (siehe § 6, Abschn. 2.4.2.).

2.2.2.2. Die Informationsverarbeitung
2.2.2.2.1. Die Wahrnehmung

Unter **Wahrnehmung** wird im folgenden die kognitive Repräsentation von Stimuli (Informationen) im Bewußtsein verstanden. Diese kommt dadurch zustande, daß chemisch-physikalische Energie (Ereignisse der Außenwelt wie Lichtwellen, Luftschwingungen u. ä.) die entsprechenden Sinnesorgane aktiviert. Nach der hier gewählten Einteilung umfaßt der Prozeß der Wahrnehmung sowohl die **Aufnahme** als auch die **Verarbeitung** von Informationen.

Voraussetzung einer kognitiven Auseinandersetzung mit der Außenwelt sind zunächst die Aufnahme von Stimuli durch das sensorische Empfangs- und Speichersystem sowie die selektive Weiterleitung der umgewandelten Signale in den Kurzzeitspeicher. Diese werden dort jedoch nicht wahllos aufgenommen, sondern vor dem Hintergrund der im Langzeitspeicher vorhandenen Erfahrungen, Kenntnisse, Wertungen, emotionalen Prädispositionen (Assoziationen) und dgl. mehr geordnet, verknüpft und bewertet. Der Charakter der Wahrnehmung als Prozeß der Informationsverarbeitung bzw. -bewältigung (vgl. *Hajos* 1973) wird dadurch offenkundig.

Sieht man einmal von den unterschiedlichen Standpunkten der an anderer Stelle behandelten Wahrnehmungstheorien ab (siehe § 6, Abschn. 2.2.) und konzentriert sich auf die für die Produktpolitik besonders wichtige Wahrnehmungsqualität der Anmutung, so ist in diesem Zusammenhang von Belang, daß Wahrnehmung, d.h. die Repräsentation von komplexen Stimuli, wie z.B. Produkten, nicht auf einmal, sondern über verschiedene Stufen, nämlich von einem gefühlsmäßig gefärbten Gewahrwerden oder Ahnen bis hin zu einem zunehmend klärenden gegenständlichen Erfassen erfolgt (vgl. *Graumann* 1959, S. 414). Dieser Vorgang, der zu schnell abläuft, als daß er bewußt gesteuert werden könnte, wird als **Aktualgenese** bezeichnet (vgl. dazu auch § 6, Abschn. 2.2.2.2.). Dabei bietet es sich an, zwei Phasen zu unterscheiden:

Die erste ist die der sog. **Anmutung**. In diesem Stadium bilden sich positive oder negative Stimmungen und Gefühle gegenüber dem wahrgenommenen Gegenstand, die dann im Prozeß der zunehmend bewußt werdenden Wahrnehmung, in der Aktualgenese, von der Vernunft überlagert und korrigiert werden. *Wiswede* (1972, S. 35) umschreibt die Anmutung eines Konsumenten durch ein Produkt als das Ergebnis eines ersten Abtastens, inwieweit es dem Bedürfnisbündel entspricht.

Die zweite Phase ist die der kognitiv gestützten **Interpretation** der Stimuli. Nunmehr treten die für alle Menschen gültigen Gestaltfaktoren sowie die sog. individuellen Faktoren hinzu. Die **Gestaltfaktoren** stellen gewissermaßen die objektiven Bedingungen für das Zustandekommen von Ordnung dar und bestimmen, welche Erscheinungen als Einheit bzw. als Verschiedenheit erlebt werden. Dafür wurden die sog. **Gestaltgesetze** (vgl. § 6, Abschn. 2.2.2.) formuliert. Unter den **individuellen (subjektiven) Faktoren** wird demgegenüber der aus Erfahrungen, Einstellungen, Erwartungen, Stimmungen u. ä. bestehende Bezugsrahmen verstanden, der zur Ordnung und Bewertung des Wahrgenommenen benötigt wird. Auch jene sind für die Strukturierung des Wahrnehmungsfeldes unabdingbar, wobei sie dem Wahrgenommenen zugleich eine bestimmte Bedeutung verleihen.

Bereits die **ganzheitspsychologische Theorie** hat die **subjektive Bedingtheit der Wahrnehmung** erkannt. Sie interessierte sich vor allem für den Einfluß der menschlichen Gefühle auf die Wahrnehmung. Die **soziale Wahrnehmung** als Forschungsgegenstand der Sozialpsychologie hingegen beschäftigt sich mit der Frage, wie personale und soziale Faktoren die Wahrnehmung von Objekten, also auch Produkten, beeinflussen. Hier hat man z. B. festgestellt, daß soziale Einflüsse vor allem dann, wenn die Reizanordnung mehrdeutig ist und deshalb Entscheidungsunsicherheit besteht, zu einer subjektiven, von Außenstehenden als verfälscht erlebten Wahrnehmung führen (*Social Perception*-Schule; vgl. § 6, Abschn. 2.2.2.2.).

Speziell aus produktpolitischer Sicht ist von Bedeutung, daß **Anmutungen unthematische Daten,** d. h. sinnliche Gegebenheiten hinsichtlich der Beschaffenheit eines Erzeugnisses sind, die in der Zielperson Stimmungslagen, Gefühle oder gefühlsartige Zustände auslösen oder verfestigen (vgl. *Brückner* 1967, S. 111). Dies kann auf zwei Wegen erfolgen (vgl. *Bauer/Chur-Lahl* 1982, S. 51):

— Sie lösen im Empfänger spontane Emotionen aus. Als Beispiele für Anmutungsleistungen von Produkten seien erzeugnisbezogene **Eindrücke** wie kostbar, erlesen, extravagant, naturrein, klassisch, rustikal, souverän etc. (vgl. *Koppelmann* 1978, S. 42) angeführt.

— Anmutungsinformationen können beim Empfänger aber auch die Reproduktion von Erlebnissen, Einstellungen etc. bewirken, d. h. **gelernte Assoziationen aktivieren** (vgl. *Dietrich/Walter* 1972, S. 34ff.). Hierdurch lassen sich einem Produkt früher erlebte Emotionen zuordnen. Überdies können Produkt- bzw. Produktumfeldinformationen auf weitere Objekte, Situationen etc. hinweisen, die ihrerseits emotional geladen sind. Wird z. B. ein Kuchen auf einem hübsch dekorierten Tisch präsentiert, so entsteht der Eindruck eines gemütlichen Zusammenseins. Das an sich unwichtige Produktumfeld vermittelt im Wege der Assoziation mit Gemütlichkeit dem Produkt eine neue Dimension.

Die Rolle der Anmutungsleistung von Erzeugnissen im Kaufentscheidungsprozeß liegt auf der Hand. Versteht man unter Emotion das „... Gesamtprodukt aus physiologischer Erregung und kognitiver Bewertung der Situation, in der die Erregung auftritt" (*Cofer* 1975, S. 103), so beeinflußt ein Produkt im Wege der Anmutung das allgemeine Aktivierungsniveau des Verbrauchers. Dies ist

2. Aspekte des Konsumentenverhaltens

insofern wichtig, als gemäß der ∩-**Hypothese** mit zunächst steigender, dann fallender Intensität der Erregung die von diesem Objekt ausgehenden Informationen besser wahrgenommen, aufmerksamer und intensiver verarbeitet sowie länger gespeichert werden.

Das zentrale Interesse bei dem Versuch, Kaufverhalten von Konsumenten zu erklären, richtet sich begreiflicherweise darauf, wie die Vorgänge, die zu einem Urteil über die **Qualität** (= Zweckeignung) eines Produktes führen, ablaufen und wie sie gegliedert sind. Dabei bietet sich in Anlehnung an *Kroeber-Riel* (1980, S. 273f.) an, davon auszugehen, daß bei einer unmittelbaren Konfrontation mit einem Produkt in der Psyche des Verbrauchers zwei Informationsverarbeitungsvorgänge stattfinden:

- **Produktwahrnehmung**, d. h. das Erkennen eines Produktes durch die Verarbeitung von aufgenommenen Reizen (Produktmerkmalen) und deren Entschlüsselung und Ordnung.
- **Produktbeurteilung**, d. h. das Ordnen und Bewerten von aufgenommenen Produktinformationen, so daß ein Qualitätsurteil entsteht.

Beide Vorgänge laufen vor dem Hintergrund langfristig gespeicherter Ergebnisse früherer Informationsverarbeitung (Einstellungen, Images, Erfahrungen etc.) ab. Um die für die Kaufentscheidung wichtige Produktbeurteilung nachvollziehbar zu machen, wird bei der Erforschung des tatsächlichen Kaufverhaltens von Konsumenten üblicherweise unterstellt, daß die Konsumenten ein Produkt nicht als Ganzheit, sondern als Bündel von relevanten und für bestimmte Zwecke mehr oder minder nützlichen Eigenschaften und Merkmalen wahrnehmen. Dann postuliert man, daß die erlebte Qualität, das **Produkturteil,** davon abhängt, in welchem Maße die einzelnen Attribute, soweit sie wahrgenommen werden, als nützlich bewertet worden sind. Das Urteil über die Nützlichkeit **eines** wahrgenommenen Attributes bezeichnet man gemeinhin als **Eindruck.** Es gilt:

(3.1.) $$P_A = f(E_i)$$

Dabei bedeuten:
P_A = wahrgenommene Qualität des Produktes A
E_i = zielorientierte Bewertung einzelner am Produkt A wahrgenommener Eigenschaften ($i = 1, ..., k$)

Wird eine solche Struktur der kognitiven Prozesse angenommen, so ergeben sich folgende Fragen:
- Welche Eigenschaften werden wahrgenommen und bei der Beurteilung berücksichtigt?
- Wie werden die einzelnen Eigenschaften bewertet?
- Wie werden die Urteile über die Nützlichkeit einzelner Eigenschaften zu einem Gesamturteil verknüpft?

Die Antwort auf derartige Fragen muß unterschiedlich ausfallen, je nachdem, wieviel von seinen psychischen Ressourcen (individuelle Informationsverarbei-

§ 3 Produktpolitik

tungskapazität und Energie) ein Verbraucher für die Produktbeurteilung aufzuwenden bereit ist. So wird es Situationen geben, in denen Konsumenten nicht zu einem großen psychischen Aufwand neigen und eher auf vereinfachte kognitive Beurteilungsprogramme zurückgreifen. Zu diesen gehören (vgl. *Kroeber-Riel* 1984, S. 298 ff.):

– Attributdominanz
 Mit Attributdominanz wird ein psychologisches Beurteilungsprogramm umschrieben, bei dem der Konsument von **einer** Produkteigenschaft auf die Produktqualität insgesamt schließt. Der einzige relevante Eindruck dient also als Schlüsselinformation und erspart dem Konsumenten die Berücksichtigung anderer Attribute. Als Schlüsselstimulus dient häufig der Markenname, der Preis (zur Rolle des Preises als Qualitätsindikator vgl. § 4, Abschn. 2.3.2.4.) oder ein Urteil der *Stiftung Warentest*.

– Irradiation
 Von Irradiation spricht man, wenn ein Verbraucher von einem Attribut auf ein anderes schließt, wenn also zwei Eindrücke nicht unabhängig voneinander sind. So besteht subjektiv ein unmittelbarer Zusammenhang zwischen dem Geschmack von Margarine und deren Farbe (vgl. *von Rosenstiel/Ewald* 1979, S. 22), der wahrgenommenen Kühlleistung von Kühlschränken und der Tönung der Innenlackierung (vgl. *Spiegel* 1970, S. 137 f.), schließlich zwischen dem als mangelhaft empfundenen Beschleunigungsvermögen eines Automobils und der zu leichten Bedienbarkeit des Gaspedals (= Stärke der Rückholfeder).

– Halo-Effekt
 Mit Halo-Effekt umschreibt man das Phänomen, daß die Wahrnehmung einzelner Attribute von Produkten von einem bereits gebildeten Qualitätsurteil beeinflußt wird (vgl. *Beckwith/Lehmann* 1975). Im realen Beurteilungsverhalten äußert sich der Halo-Effekt (engl. „halo" = Heiligenschein) darin, daß man bei Gütern, die man schätzt, auch jede ihrer Eigenschaften für gut hält.

Ist ein Konsument bereit, mehr an psychischen Ressourcen in die Produktbeurteilung zu investieren, kann er „rationalere", d. h. komplexere psycho-logische Programme heranziehen. Welche Attribute in diesem Fall und in welcher Weise diese bewertet werden, ferner wie die einzelnen Eindrücke zu einem Produkturteil verknüpft werden, ist Gegenstand von Abschn. 3.1.2.2.

2.2.2.2.2. Psychische Auswahlprozesse

Ein Konsument mag eine vorzügliche Meinung von der Qualität eines bestimmten Produktes haben, doch ergibt sich daraus noch lange nicht, daß er dieses auch erwerben wird. In der Realität wird die Kaufentscheidung unter einer Vielzahl von Restriktionen (Einkommen, Erhältlichkeit etc.) getroffen. Auch können konkurrierende Erzeugnisse ähnlich gut beurteilt werden, so daß die Produktqualität nicht unbedingt den Ausschlag gibt. Will man Kaufentscheidungen erklären, muß man folglich einen Schritt über die Erforschung des **Wahrnehmungsprozesses** hinausgehen und sich auch der **Präferenzbildung,** dem eigentlichen Auswahlprozeß, zuwenden.

Auch hier kommt man nicht umhin zu erklären, inwiefern Wahlhandlungen kognitive Informationsverarbeitungsprozesse einschließen. Im einzelnen lassen sich **vier Typen von Kaufentscheidungsprozessen** unterscheiden (zu den unterschiedlichen Verhaltenstypologien siehe *Weinberg* 1981, S. 12f.):

— Extensive Kaufentscheidungen
  Bei diesem Typ des Kaufentscheidungsverhaltens ist die **kognitive Beteiligung** sehr stark ausgeprägt, weil sich die generelle Kaufabsicht erst während des Entscheidungsprozesses herausbildet. Der Konsument geht hierbei subjektiv-rational vor, indem er sich in dessen Verlauf über seine Ziele und die Eignung der Kaufalternativen, diese zu erreichen, Klarheit verschafft. Dies gilt vor allem dann, wenn ein unbekanntes Produkt gekauft werden soll, ein Bedürfnis erstmals artikuliert wird, eine Entscheidung von großer persönlicher Bedeutung ansteht, sich die Beschaffungssituation grundlegend verändert hat oder das Anspruchsniveau an Entscheidungsziele erst entwickelt werden muß (vgl. *Weinberg* 1981, S. 53).

— Limitierte Kaufentscheidungen
  Hier verfügt der Konsument bereits über **Kauferfahrungen,** ohne jedoch eine auf eine bestimmte Marke ausgerichtete Präferenz entwickelt zu haben. Da aber ein gespeichertes Auswahlprogramm (System von Kaufentscheidungskriterien) vorliegt, kann die Auswahlprozedur beendet werden, sobald ein Produkt seinen Ansprüchen genügt. Der kognitive Aufwand ist folglich limitiert, doch läuft die Entscheidungsfindung weitgehend frei von emotionalen und reaktiv-impulsiven Einflüssen ab.

— Habitualisierte Kaufentscheidungen
  Wird die Produktwahl zur **Gewohnheit,** schwindet die kognitive Steuerung der Entscheidungsfindung; der geistige Aufwand reduziert sich auf die Markenerkennung (Identifikation). Hier spielen auch Affekte oder das Anspruchsniveau keine Rolle, da die gleiche Marke bzw. das gleiche Produkt immer wieder gekauft wird.

— Impulsive Kaufentscheidungen
  Ein Impulskauf ist eine **emotional** geladene, schnell ablaufende, durch Produktinformation stimulierte, **spontane** und einer geringen kognitiven Steuerung unterliegende **(Kauf-)Reaktion.**

Neben diesen mehr oder weniger bewußten oder auch affektiv-reflexiven Wahlmechanismen gibt es in der Realität zweifellos auch ein einfaches Zufallshandeln (vgl. *Raffée* 1969, S. 47ff.). Ein Kaufakt, so z. B. ein Wiederholungskauf, trägt somit potentiell Elemente aller unterschiedenen Kaufentscheidungstypen sowie Zufallselemente in sich. Dies macht deutlich, weshalb **Black Box-Ansätze** nur eine unzureichende Erklärung des Markenwahlverhaltens zu liefern vermögen. Ob eine Auswahl nach einer Heuristik (habitualisierte Markenwahl, Markentreue) verläuft oder ob nur ein spontaner Griff ins Regal vorliegt, läßt sich ohne die Einbeziehung psychischer Informationsverarbeitungsprozesse nicht erklären (vgl. dazu vor allem Abschn. 2.3.2.1.). Eine oberflächliche Beobachtung des Wiederkaufverhaltens könnte demnach zu völlig unzutreffenden Schlußfolgerungen über den Grad der **Markenbindung** eines Käufers führen; denn die Markentreue als psychisches Konstrukt muß mit dem beobachtbaren **Markenwahlverhalten** nicht notwendigerweise korrespondieren (zum Phänomen der Markentreue vgl. *Nolte* 1976; *Weinberg* 1977).

Im Mittelpunkt der folgenden Betrachtung stehen Kaufentscheidungsprozesse mit starker **kognitiver Kontrolle**. Was die nur in geringem Maß von Informationen beeinflußten habitualisierten und impulsiven Kaufakte betrifft, sei auf die weiterführende Literatur verwiesen (vgl. *Kroeber-Riel* 1984; *Weinberg* 1981 und die dort angegebenen Quellen).

Mit kognitiv gesteuerten Entscheidungen kann man sich einmal so auseinandersetzen, daß man im Bewußtsein der Verbraucher ein streng rationales Entscheidungsmodell postuliert und prüft, ob es deren Verhalten gut wiedergibt. Als Illustration dient das simple normative Denkmodell rationaler Entscheidungsfindung im Rahmen der **Entgeltpolitik** (vgl. § 4, Abschn. 2.3.3.). Diese für die mikroökonomische Theorie charakteristische normative Vorgehensweise (vgl. *Sauermann* 1964) interessiert hier nur bedingt. Von größerer Bedeutung für das Verständnis des Zustandekommens von Kaufakten ist die **empirische Entscheidungsforschung,** die sich mit der Durchdringung der psychischen Abläufe bei tatsächlichen Wahlentscheidungen beschäftigt (vgl. *Slovic/Fischhoff/Lichtenstein* 1977; *Aschenbrenner* 1977). Sie liefert Belege dafür, daß in realen Kaufentscheidungsprozessen offenbar zwei grundlegende **Produktwahlmuster** wirksam sind, die Auswahl nach Alternativen und jene nach Attributen.

(1) Die Auswahl nach Produktalternativen
Hierbei handelt es sich um ein Auswahlprogramm, wie es von der klassischen Entscheidungstheorie angenommen wird. Ein Konsument beurteilt jede der verfügbaren bzw. für ihn in Frage kommenden Produktalternativen (**„evoked set"**) einzeln und gelangt bei jeder zu einem Qualitätsurteil. Anschließend wählt er jene mit der höchsten wahrgenommenen Qualität (= Nutzen) aus.

Postuliert man ein solches Auswahlverfahren im realen Kaufverhalten, ist zu fragen, wie ein Konsument die Preise der berücksichtigten Produkte in die Entscheidung einarbeitet. Sind sie ihm etwa gleichgültig? In der Tat wird es Fälle geben, bei denen sich ein Verbraucher Preisunterschieden gegenüber indifferent verhält, so z. B. dann, wenn die fraglichen Produkte ungefähr der gleichen Preislage angehören oder wenn der Preis im Sinne einer Nebenbedingung ein bestimmtes als akzeptabel erachtetes Niveau nicht überschreitet. Denkbar wäre aber auch eine Art **subjektiver Kosten-Nutzen-Analyse,** bei der die wahrgenommene Qualität der Produkte dem jeweiligen Preis gegenübergestellt wird (vgl. § 4, Abschn. 2.3.3.).

(2) Die Auswahl nach Attributen

Ein Konsument, der seine Kaufentscheidung nach diesem Kriterium trifft, betrachtet nicht jede Kaufalternative für sich, sondern vergleicht alle relevanten Möglichkeiten bezüglich der ihm wichtigen Attribute. Aus diesem Grund gibt es kein eindeutiges eindimensionales Entscheidungskriterium, das wie im Falle der Abwägung von Alternativen unmittelbar die Auswahl des besten Produktes präjudizieren würde.

Da jedoch Konsumenten offenbar dennoch zu Kaufentscheidungen gelangen, gilt es zu untersuchen, nach welchen Auswahlregeln sie verfahren. In der Literatur werden u. a. die Dominanz-, die lexikographische, die konjunktive und die disjunktive Regel als Möglichkeiten genannt (vgl. *Aschenbrenner* 1977, S. 28; *Bettman* 1979, S. 176ff.).

(a) Die **Dominanzregel** besagt, daß ein Produkt dann nicht gewählt wird, wenn es ein anderes gibt, das ihm bei allen Attributen mindestens ebenbürtig und bei einem oder mehreren überlegen ist.

(b) Kommt die **lexikographische Auswahlheuristik** zum Zuge, müssen die Produkteigenschaften zunächst gemäß der Bedeutung, die sie für einen Verbraucher haben, in eine Rangordnung gebracht werden. Dann werden die dem Vergleich zugrunde gelegten Produkte im Hinblick auf das wichtigste Attribut miteinander verglichen. Erweist sich eines als besser, so wird es ohne Rücksicht auf seine sonstigen Teilqualitäten gewählt. Gibt es mehrere Erzeugnisse, die die Anforderungen gleich gut erfüllen, dehnt der Konsument den Vergleich auf das zweit-, drittwichtigste usw. Attribut aus.

(c) Bei der **konjunktiven Auswahlheuristik** legt ein Verbraucher bezüglich aller wichtigen Attribute Standards vor, die nicht unterschritten werden dürfen. Ein Produkt, das bei irgendeinem davon unter dem vorgegebenen Niveau liegt, scheidet als Alternative aus. Erfüllen mehrere Optionen die gestellten Anforderungen, kann der Entscheidungsträger diese so lange erhöhen, bis nur noch eine übrig bleibt, die dann realisiert wird. Als Beispiel diene die Wahl eines Regenmantels, bei der folgende Standards gelten mögen: Naturfaser, modisch, mit Kapuze. Nur ein Mantel, der alle drei Kriterien erfüllt, wird erworben werden.

(d) Bei der **disjunktiven Regel** geht der Betroffene umgekehrt vor und setzt bei allen für ihn wichtigen Attributen Standards fest, die das zu wählende Produkt aufweisen sollte. Wählen wird er jenes Erzeugnis, das zumindest bei einem Merkmal seinen Vorstellungen entspricht.

Es leuchtet ein, daß die konjunktive Regel die höchsten Anforderungen an die Produkte, damit aber auch an den Informationsverarbeitungsprozeß eines

Konsumenten stellt. Sie wird also vornehmlich bei extensiven Entscheidungen anzutreffen sein (vgl. *Kroeber-Riel* 1980, S. 345). Im Vergleich dazu verkörpert die Anwendung der disjunktiven Regel eine bedeutende Vereinfachung (z. B. „Kaufe stets die billigste/teuerste Marke!"). Wie *Bettman/Zins* (1977) belegen, werden derartige vereinfachte Auswahlheuristiken gespeichert und je nach Bedarf angewandt.

2.2.2.3. Die Informationsspeicherung

Die meisten Verhaltensweisen eines Menschen sind durch die Erfahrungen, die er im Laufe seines Lebens gemacht hat, geprägt. Er hat gewisse geistige und körperliche Fähigkeiten entwickelt und gelernt, bestimmte Verhaltensmuster in dieser oder jener Situation als zweckmäßig bzw. als unzweckmäßig zu erachten. Die mehr oder weniger dauerhaften Veränderungen der Wahrscheinlichkeit, mit der einzelne Reaktionen in Reizsituationen auftreten, die weder auf endogene Reifungsprozesse noch z. B. auf Krankheiten oder Verletzungen zurückzuführen sind, sondern primär auf Umwelteinflüssen beruhen, werden als Lernvorgänge oder **Lernen** bezeichnet (vgl. *Hofstätter* 1972).

Lernvorgänge implizieren eine Speicherung von Informationen im Langzeitspeicher, wenngleich klassische behavioristische Lerntheorien vom **S-R-Paradigma** ausgehen und den **Organismus** als **Black Box** betrachten. Diese kognitiven Elemente werden vor allem bei limitierten (Kauferfahrungen, Einstellungen, Auswahlregeln u. ä.) und habituellen Kaufentscheidungen (Produkterfahrung) wirksam. Bei extensiven Kaufentscheidungen treten weniger problemspezifische als allgemeine gelernte Heuristiken in Funktion. Es geht dabei nicht darum, wie man eine optimale oder immerhin noch befriedigende Alternative findet, sondern darum, wie man sein Zielsystem aufbaut.

Durch den Lernvorgang verändert sich die Verbindung zwischen einem Reiz und dem möglichen Reaktionsspektrum des Organismus. Die Wahrscheinlichkeit des Auftretens bestimmter Reaktionen steigt, die der anderen verringert sich. Indessen hätte Lernen für den Organismus keinen Zweck im Sinne einer effektiveren Bewältigung der Lebensanforderungen, wenn es nicht mit zwei wichtigen Phänomenen einherginge, der **Generalisierung** und der **Diskriminierung**. Würde nämlich jeder mit vertrauten Stimuli nicht kompatible Reiz als neuartig empfunden, könnte der Organismus den Anpassungsvorteil des Lernens nicht nützen. Wir hätten z. B. Probleme damit, unterschiedliche Design-Formen der gleichen Produktkategorie und, allgemein, singuläre Beobachtungen Begriffen zuzuordnen, z. B. ein Gewächs als Baum, einen Organismus als Menschen zu identifizieren.

- Generalisierungsphänomen
Hierbei ist zwischen Reiz- und Reaktionsgeneralisierung zu unterscheiden. Bei der Reizgeneralisierung reagiert der Organismus auf ähnliche Stimuli

gleich. Eine solche Verallgemeinerung der Stimulusbedeutung findet ihren marketingbezogenen Niederschlag in der **Imitation erfolgreicher Produkte.** Andererseits muß bei der Individualisierung von Produkten die Grenze der Generalisierung erst durchbrochen werden, wenn die Konsumenten in einer bisher nicht gewohnten Weise reagieren sollen. Unter Reaktionsgeneralisierung ist hingegen ein Verhaltensmuster zu verstehen, das auf einen bestimmten Reiz hin nicht nur die ursprünglich gelernte Reaktion, sondern auch andere, ähnliche Verhaltensweisen zuläßt, dem Individuum also Handlungsspielraum verschafft.

– Diskriminierungsphänomen
Die Fähigkeit, auf unterschiedliche Stimuli verschiedenartig zu reagieren, ist der Grundbaustein der Handlungsfreiheit. Die Voraussetzung dafür, nämlich zwischen Stimuli unterscheiden zu können, ist das Ergebnis unablässiger Lernvorgänge und gerade für die Produktpolitik von höchster Bedeutung. Jeder Versuch, Produktpersönlichkeiten **(Marken)** zu schaffen, setzt ein Diskriminierungsvermögen seitens der Konsumenten voraus.

Bei der Vielfalt der Lernaktivitäten und Lernergebnisse vermag es nicht zu verwundern, daß mehrere **Lerntheorien** mit unterschiedlichem Geltungsbereich entwickelt wurden. Wer Standardwerke der Lern- und Gedächtnisforschung, wie *Foppa* (1975), *Hilgard/Bower* (1973), *Bredenkamp/Wippich* (1977), *Krais* (1977) sowie - mit ausdrücklichem Bezug zur Werbepsychologie - *Behrens* (1976), zu Rate zieht, dem mag sich der Eindruck einer verwirrenden Vielzahl von Lerntheorien aufdrängen, die unterschiedliche, ja konkurrierende Erklärungsansätze bieten. Um dieser weit verbreiteten Fehleinschätzung entgegenzutreten, sei deshalb betont, daß es zwar zu Überschneidungen kommt, primär aber komplementäre Beziehungen zwischen diesen Theorien bestehen. Eine umfassende Lerntheorie, die die Gesamtheit des (nicht angeborenen) Verhaltens zu erklären vermag, liegt nicht vor.

Worin besteht die praktische Relevanz von Lerntheorien, etwa für die Gestaltung eines Produktes oder einer Anzeige?

(1) Lernen durch Konditionierung
Das Lernen durch Kopplung von Stimuli wird als klassisches bzw. reaktives Konditionieren bezeichnet. Die Grundannahmen dieser Lerntheorie stammen von dem russischen Physiologen *Pawlow*. Er stellte bei Untersuchungen fest, daß die Speicheldrüsen seiner Versuchstiere ihr Sekret nicht erst bei Aufnahme des Futters im Maul, sondern bereits bei dessen bloßem Anblick abgaben. Darüber hinaus wies er nach, daß auch ein ganz beliebiger neutraler Reiz, der mit Futter überhaupt nichts gemeinsam hat, wie z. B. ein Klingelzeichen, die Speichelabsonderung auslöst, sofern dieser vorher des öfteren mit der Fütterung aufgetreten war.

Diese Erscheinung bezeichnete *Pawlow* zunächst als „psychische Reaktion", später als **„bedingten Reflex".** Der notwendige Bedingungszusammenhang liegt in der zeitlichen Beziehung zwischen dem neutralen Reiz und der Fütterung bzw. der dadurch entstandenen Assoziation. Allerdings ist der natürliche Auslöser durch den Vorgang der Konditionierung nicht völlig ersetzbar. Tritt der neue, durch Erfahrung bedingte Auslöser (konditionierter Reiz) eine gewisse Zeit lang allein auf, wird die bedingte Reaktion allmählich geschwächt oder ausgelöscht (Extinktion).

Kotler (1966, S. 81 ff.) hat daraus den Schluß gezogen, daß ein Verbraucher einer Marke, die er in einem bestimmten Produktbereich normalerweise bevorzugt, dieser unter gewissen Umständen dadurch untreu wird, daß er auf Grund der Generalisierungstendenz zu einer ähnlichen greift. Erweist sich diese Marke dann jedoch als mehr oder weniger ungeeignet, wird sie einem Extinktionsprozeß unterworfen, der letztlich dazu führt, daß sie auch unter den denkbar besten Umständen nicht mehr als Kaufalternative in Betracht kommt (Differenzierung). Bei Einführung eines neuen Produktes sei deshalb darauf zu achten, daß über eine längere Zeitspanne hinweg „diskriminierende" Maßnahmen getroffen werden, damit entsprechende Auslöser aufgebaut werden können.

In der Theorie der **klassischen Konditionierung** wird bei der Erklärung des Entstehens von S-R-Verknüpfungen die Stimulus-Komponente hervorgehoben, während die Konsequenzen des Verhaltens keine Rolle spielen. Es wäre dort sinnlos, von Belohnungen oder Bestrafungen zu sprechen. Der Organismus unternimmt bei der klassischen Konditionierung nichts, um das Futter zu erlangen, und die Bestätigung, den richtigen Weg eingeschlagen zu haben, erfolgt, unabhängig vom Verhalten, bei jedem Versuchsdurchgang (vgl. *Krais* 1977, S. 51). Demgegenüber widmet die Theorie der **operanten** (= instrumentellen) **Konditionierung** der Response-Seite besondere Aufmerksamkeit. Bei Lernprozessen kommt es danach vor allem auf die Assoziation von Verhalten und dessen Konsequenzen an.

Grundlage ist die instrumentelle Konditionierung, die von *Thorndike* (1925) zum ersten Mal bei Tieren angewandt und von *Skinner* (1938) sowie *Hull* (1943) später ausgebaut wurde. Sie konkretisiert sich darin, daß ein Versuchstier lernt, bestimmte Handlungen durchzuführen, um ein unerwünschtes Geschehen (z. B. Elektroschocks) zu vermeiden. Eine der bekanntesten Versuchsanordnungen stellt die *Skinner*-Box dar, ein besonderer Käfig, in dem die Versuchstiere lernen, auf einen Hebel zu drücken, um z. B. Futter zu erhalten. Die gelernten Bewegungen sind zweckgerichtet, die Grundlage ihrer Konditionierung ist der Erfolg. Für *Skinner* ist Verstärkung jedes Ereignis, das die Auftretenswahrscheinlichkeit der Reaktion erhöht, die zu diesem Ereignis führt. Sämtliche Reize, die in dieser Weise wirken, rechnet er zu den positiven Verstärkern. Dagegen spricht man von einem negativen Verstärker, wenn durch dessen Applikation die Wahrscheinlichkeit des Auftretens einer Verhaltensweise vermindert wird.

(2) Lernen am Modell

Neben anderen wies *Bandura* (1976) nach, daß durch **Nachahmung** neue Reaktionen spontan gelernt werden, wobei sich das imitative Lernen (vgl. z. B.

Schmerl 1978; *Zumkley-Münkel* 1976) der Verhaltensweise eines Modells, z. B. einer anderen Person, durch bloßes Beobachten vollziehen kann (vgl. *Hummell* 1969, S. 1196). Die Reaktion braucht dabei nicht zeitgleich aufzutreten, sondern kann auch später erfolgen.

Ein „Modell" ist dabei um so wirksamer, je größer sein Prestige und seine soziale Macht zu sein scheinen. Insbesondere Personen mit geringer Selbstwertschätzung und solche, die zwischen sich selbst und dem Vorbild eine Ähnlichkeit zu erkennen glauben, zeigen hohe Nachahmungsbereitschaft.

(3) Kognitive Lerntheorien

Kognitive Lerntheorien gehen von der Annahme aus, daß das Verhalten der Menschen durch die geistige Bewältigung vorhandener Situationen, d. h. durch das Erkennen der jeweiligen Zusammenhänge, insbesondere der bestehenden Mittel-Zweck-Beziehungen, gelenkt wird. Sofern ein Individuum einsichtig handelt, findet es sich verhältnismäßig rasch auch in solchen Situationen zurecht, die neuartig und ungewohnt sind. Das ziellose Herumprobieren, das zufällige Auffinden der richtigen Lösung, die Gewohnheit und dgl. mehr sind hier nur von geringer Bedeutung. Die **Einsicht** selbst ist zum Teil durch Erfahrung bedingt, stellt sich mehr oder weniger spontan ein, wird gut gespeichert und kann leicht auf ähnliche Problemsituationen übertragen werden. Entscheidende Impulse verdanken die kognitiven Lerntheorien der Gestalttheorie und der auf ihr aufbauenden Feldtheorie.

(a) Die Gestalttheorie

Von den Gestalttheoretikern durchgeführte Untersuchungen über den Lernvorgang ergaben, daß gute Gestalten, z. B. prägnante Wortkomplexe (vgl. § 6, Abschn. 2.2.2.), leichter gelernt und langsamer vergessen werden als schlechte. Das Gedächtnis bewirkt, daß Eindrücke nicht spurlos verschwinden, sondern später wieder wirksam werden und sich gegebenenfalls aktiv, d. h. willentlich reproduzieren lassen.

(b) Das Orientierungslernen

Nach *Tolman* (1932) ist das Verhalten zweckorientiert; das Erreichen eines Ziels, z. B. Nahrung zu erhalten, wird durch verschiedene Variablen (Erwartung, Erkenntnis etc.) gesteuert. Ist der Organismus in der Lage, die in einer bestimmten Situation vorhandenen Verhaltensalternativen mit den Zielvorstellungen zu verknüpfen, kann er also die Konsequenzen der Handlungsalternativen antizipieren, so hat er seine Lage bewältigt. Bezogen auf eine Reizsituation lernt in der Konzeption von *Hull* (1943) ein Organismus Bewegungsabläufe, während dieser in *Tolmans* Theorie die Ergebnisse solcher Bewegungsabläufe vorwegzunehmen vermag. Die kognitive Verknüpfung der gegenwärtigen Lage mit zukünftigen Situationen, die sich auf Grund des potentiellen Verhaltens einstellen, steht im Mittelpunkt des Modells.

In späteren Untersuchungen spricht *Tolman* von gelernten bzw. erfahrungsbedingten „Bildern" (Vorstellungen, Annahmen, Kenntnissen usw.) über Gegenstände, Sachverhalte und Lebewesen, die das Individuum, in sog. Überzeugungs-Wert-Matrizen gespeichert, mit sich herumträgt. Je nach der vermeintlichen Eignung der durch die Bilder repräsentierten Objekte, bestimmte Bedürfnisse zu befriedigen, weisen jene positive oder negative Valenzen auf. Tritt nun ein Bedürfnis(-gefüge) auf, wird das dafür zuständige Überzeugungs-Wert-Subsystem aktiviert. Diejenigen Bilder, die für die zu bewältigende Situation bedeutsam erscheinen, werden gewissermaßen abgerufen.

Auf eine Kaufsituation übertragen heißt dies, daß sich ein Verbraucher all die Bilder vergegenwärtigt, die er für die Befriedigung seiner Bedürfnisse als relevant erachtet. Gemeinsam mit den wahrgenommenen Produkten stellen jene die Kauf- bzw. Konsumalternativen dar. Je nachdem, welchen Nutzen sich ein Verbraucher von der Realisation der verschiedenen Alternativen jeweils zu erlangen verspricht, wird er diese unterschiedlich bewerten und sich letztlich für jene entscheiden, die für ihn den höchsten Wert besitzt. Die mit dem erworbenen Gut gewonnenen Erfahrungen können die Richtigkeit der Kaufentscheidung nachträglich bestätigen oder widerlegen, was sich seinerseits wiederum auf spätere Kaufhandlungen auswirkt. Auf die Feldtheorie von *Lewin* (1963), die dem *Tolman*schen Ansatz ähnlich ist, soll hier nicht näher eingegangen werden.

2.2.3. Die soziale Umwelt des Konsumenten

Die Interpretation des menschlichen Verhaltens war lange Zeit durch den Widerstreit zweier Anschauungen gekennzeichnet. Auf der einen Seite standen Bemühungen, menschliches Verhalten ausschließlich aus dem Individuum heraus zu erklären. Die entgegengesetzte Auffassung sah alles Verhalten als sozial bedingt an. Heute wird kaum mehr bestritten, daß sowohl die dispositionale als auch die situative Erklärung ihre Berechtigung haben.

In jüngerer Zeit mißt man den sozialen Aspekten des menschlichen Verhaltens wachsende Bedeutung zu. Die Erforschung der hypothetischen Konstrukte Wahrnehmung, Lernen, Motivation und Einstellung ließ erkennen, daß diese in starkem Ausmaß durch soziale und sozio-kulturelle Faktoren geprägt sind (siehe auch Abb. 3.2.). Im folgenden soll deshalb kurz dargestellt werden, welche Rolle Gruppe, Schicht und Kultur als Faktoren dieser Umwelt für das Konsumentenverhalten spielen (siehe dazu u. a. *Specht/Wiswede* 1976; *Kroeber-Riel* 1984; *Neuloh* 1980).

(1) Soziale Gruppe

Die „Gruppe" stellt eine im einzelnen höchst unterschiedlich verwendete Bezeichnung für eine Mehrheit von Individuen dar. Der soziologische Begriff ist dabei vor allem von der Gruppe als Kategorie (statistische Gruppe oder Sozialkategorie) zu unterscheiden.

Eine Ansammlung von Personen konstituiert noch keine Gruppe, wenn es unter ihnen nicht auch zu Interaktionen kommt. Folglich setzen soziale Gruppen das Vorhandensein relativ dauerhafter zwischenmenschlicher Beziehungen voraus. Die Betroffenen entwickeln häufig ein starkes Zusammengehörigkeitsgefühl (Wir-Bewußtsein), oft verbunden mit einer ausgeprägten Sympathie für die eigene Gruppe.

2. Aspekte des Konsumentenverhaltens 127

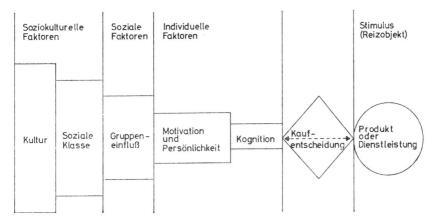

Quelle: *Kassarjian/Robertson* 1968, S. 4.

Abb. 3.2.: Das Kaufverhalten von Konsumenten beeinflussende Faktoren

Innerhalb des skizzierten Beziehungsgefüges hat das Individuum einen bestimmten Ort. Das Wertbewußtsein, das mit dieser Position verbunden ist, nennt man **Status.** Als **Rolle** wird demgegenüber das Bündel von Erwartungen bezeichnet, das andere Gruppenmitglieder gegenüber den Positionsinhabern hegen. Die Rollenerwartungen beeinflussen das Konsumentenverhalten, da sie bestimmte Konsumstile prägen (z.B. Konsum, der darauf hinzielt, einen bestimmten Status zu festigen) und den Verbrauch von solchen Produkten und Dienstleistungen fördern, die stark mit Rollenattributen verknüpft sind.

Gruppen entwickeln Normen, d.h. Regeln für das individuelle Verhalten, die für ihre Mitglieder verbindlich sind. Die Erfüllung von Normen kann z.B. durch Anerkennung belohnt werden, während Normverletzungen häufig Sanktionen, die bis zum Gruppenausschluß führen, nach sich ziehen.

Gruppen lassen sich nach vielerlei Gesichtspunkten, z.B. nach der Zahl ihrer Mitglieder, der Natur der Interaktionen, nach Zwecken, Zielen und der Art der Mitgliedschaft, einteilen. Nach der Mitgliederzahl unterscheidet man **Klein-** und **Großgruppen,** wobei als Kleingruppen überschaubare Einheiten von 2 bis ca. 12, gelegentlich sogar bis zu 30 Personen bezeichnet werden, in denen jede mit jeder anderen direkt in Verbindung treten kann. Wichtigste Erscheinungsformen der Kleingruppe sind Familie, Nachbarschaft und Spielgefährten. Ihre Bedeutung liegt in der direkten Einflußnahme auf das Verhalten des Individuums und im gemeinsamen Erleben der Mitglieder (vgl. hierzu *Thomas* 1983). Solche Bezugsgruppen prägen den heranwachsenden Menschen entscheidend (Sozialisation) und stellen die Weichen für seine spätere Entwicklung. Man spricht hier auch von **Primärgruppen** (vgl. *Filser* 1978).

Unter einer **Sekundärgruppe** (Zweckzusammenschluß) versteht man demgegenüber Organisationen im weitesten Sinne, beispielsweise Betriebe, Behörden, Verbände und Vereine. Schon aus dieser kurzen Aufzählung ergibt sich, daß jeder Mensch Mitglied mehrerer Gruppen ist, die alle, wenn auch mit unterschiedlicher Intensität, sein Verhalten beeinflussen. Zu allseitigen direkten Interaktionsbeziehungen kommt es indessen hier nicht.

Sozialbeziehungen sind in der Regel durch fixierte formelle Abmachungen geregelt, oft unpersönlich, weiter verzweigt und deshalb für das einzelne Gruppenmitglied schwer überschaubar. Der Kontakt wird nicht selten durch dritte bzw. durch technisch-organisatorische Medien wie Telefon und Rundschreiben aufrechterhalten. In Großgruppen dominieren klar umrissene Rollen und Positionen.

Als **Bezugsgruppe** („reference group") bezeichnet man eine Personenmehrheit, deren Normen, Werte, Meinungen und Verhaltensweisen man übernimmt, gleichgültig ob man Mitglied dieser Gruppe ist (Mitgliedschaftsgruppe) oder nicht. Bezugsgruppen dienen einmal als Vergleichsbasis für die Beurteilung des eigenen Verhaltens; sie üben aber auch eine normative Funktion aus, indem z. B. Konsumenten Verhaltensrichtlinien übernehmen, um die Zustimmung ihrer Bezugspersonen zu erlangen („Man spielt Tennis").

Das Verhältnis des Individuums zur Gruppe wird durch das Phänomen der Anpassung charakterisiert. Kaufen bzw. Verbrauchen bestimmter Produkte läßt sich durchaus in diesem Sinne verstehen, da das Individuum seine Übereinstimmung mit den in der eigenen Gruppe vorherrschenden Normen oder Auffassungen gerade auch im Konsum zum Ausdruck bringt. Daran läßt sich im übrigen auch erkennen, wenn jemand von einer bestimmten Gruppe abwandert, um sich einer anderen, der er sich eher zugehörig fühlt oder der er gerne angehören möchte, anzuschließen.

Diese menschlichen Strebungen nutzt man u. a. bei der sog. **Leitbildwerbung** (vgl. § 6, Abschn. 2.3.1.). Der Frage nach dem für ein bestimmtes Produkt zu wählenden Leitbild geht die Bestimmung der Zielgruppe bzw. der für diese relevanten Bezugsgruppe voraus; denn wenn der soziale Abstand zwischen den Umworbenen und dem Leitbild zu groß ist, kommt die angestrebte Identifikation des Individuums mit dem Leitbild nicht zustande, was aber die Voraussetzung für das angepaßte Verhalten bildet.

(2) Schicht und Kultur

Innerhalb der soziokulturellen Faktoren sind für das Käuferverhalten vor allem die soziale Schicht und die Kultur von Bedeutung.

Die **soziale Schicht** umfaßt eine große Zahl von Individuen oder Familien, die den gleichen Status oder bestimmte gemeinsame Merkmale aufweisen. Für die Schichtzugehörigkeit des einzelnen sind Aspekte wie Beruf, Ausbildung, Herkunft, Einkommen, Besitz- und Wohnverhältnisse entscheidend. Oft wird der Beruf als dominante Variable angesehen, weil er bis zu einem gewissen Grade die anderen Charakteristika einschließt.

Die Zugehörigkeit der Konsumenten zu bestimmten Schichten wirkt sich auch auf das Verbraucherverhalten aus, wie eine Zusammenstellung von

Wiswede (1972) über tendenzielle Merkmale schichtspezifischer Konsumeinstellungen erkennen läßt (vgl. Tab. 3.2.). Nicht selten möchte ein Individuum gerade im Konsumbereich den Anschein erwecken, einer bestimmten Schicht anzugehören.

Tabelle 3.2.:

Tendenzielle Merkmale schichtspezifischer Konsumeinstellungen

„Höhere" Schicht	„Niedrigere" Schicht
zukunftsbezogen	gegenwartsbezogen
städtisch	ländlich
feminin	maskulin
planend	impulsiv
mobil	immobil
selektiv	rezeptiv
risikofreudig	risikomeidend
egalitär	autoritär
aktiv	passiv
abstrakt	konkret
informiert	uninformiert

Quelle: *Wiswede* 1972, S. 147.

Der Einfluß der Kultur auf das Konsumverhalten ist geringer als der der sozialen Schicht oder gar der Gruppe. „Kultur", als ein sehr komplexes Phänomen, weist folgende Dimensionen auf:
– Es verkörpert ein System von Leitvorstellungen, das sich im Rahmen des menschlichen Zusammenlebens entwickelt hat und vielen gemeinsam ist.
– Es umfaßt neben Vorstellungen und Verhaltensweisen (immaterielle Kultur) auch materielle Güter und Geräte (materielle Kultur).

Für das Marketing bedeutet dies, daß z. B. Design, Farbgebung oder Material eines in Skandinavien erfolgreichen Produkts nicht notwendigerweise auch in Japan Anklang finden. Selbst in Europa sind die kulturkreisbezogenen Unterschiede in einzelnen Produktfeldern so stark, daß diesen im Rahmen des internationalen Marketing Rechnung getragen werden muß.

2.3. Ausgewählte Modelle des Kaufverhaltens

Wie sich zeigte, vermag eine Vielzahl von Faktoren aus dem psychischen und sozialen Bereich das Kaufverhalten zu beeinflussen. Was indessen vor allem interessiert, ist deren Verzahnung mit den absatzpolitischen Handlungsmöglichkeiten einer Unternehmung. Dazu dienen formalisierte und operationalisierte Marketing-Modelle. In Anlehnung an *Topritzhofer* (1974) und *Mazanec* (1978) soll zwischen drei Varianten unterschieden werden: **Black Box-Modelle, Strukturmodelle** und **Simulationsmodelle**. Eingegangen wird hier indessen nur auf die beiden ersten Varianten, da sich letztere durch eine zu große strukturelle Komplexität auszeichnen, die von vornherein jeden Versuch einer praktischen Nutzanwendung vereitelt (Näheres dazu bei *Amstutz* 1970; *Klenger/Krautter* 1972; *Meffert/Steffenhagen* 1977).

2.3.1. Die Black Box-Betrachtung des Kaufverhaltens

Kaufreaktionen von Verbrauchern können, wie erinnerlich, grundsätzlich auf zweierlei Art und Weise modelliert werden, als echte Verhaltensmodelle **(S-O-R-Ansatz)** und als Black Box-Modelle **(S-R-Ansatz)**. Der Unterschied zwischen beiden ist in dem Ausmaß begründet, in dem die Umwandlung der Stimuli (z. B. Produkte) in Reaktionen (z. B. Kaufakte) erklärt wird (vgl. *Buzzell* 1964, S. 206).

Black Box- oder globalanalytische Modelle (vgl. *Meffert/Steffenhagen* 1977, S. 38 f.) zeichnen sich dadurch aus, daß der Transformationsvorgang als unbekannt akzeptiert bzw. als irrelevant angesehen wird. Marketing-Aktivitäten und Daten der Umwelt werden lediglich als Input behandelt. Wie und warum dieser das Verhalten steuert, interessiert nicht. Wichtig dagegen ist der beobachtbare Output – Kaufakte, Absatzgrößen, Marktanteile u. ä. –, der möglichst in mathematischer Form mit den Inputvariablen zu verknüpfen ist (vgl. *Buzzell* 1964, S. 207).

2.3.1.1. Regressionsanalytische Modelle

Regressionsanalytische Modelle bestehen aus einer abhängigen, zu erklärenden Variablen (= Output) und einer oder mehreren unabhängigen, erklärenden Variablen (= Input) (zur Regressionsanalyse siehe § 7, Abschn. 4.5.1.1.). In der Ausgestaltung der Regressionsgleichung spiegelt sich die Funktionsweise der Black Box wider, die jedoch nicht Gegenstand inhaltlicher Hypothesen ist. In diesem Sinne sind solche Modelle also **theorielos** (vgl. *Topritzhofer* 1974).

Als abhängige, zu erklärende Variable tritt hier zumeist nicht der individuelle Kaufakt, sondern das Aggregat aller Kaufvorgänge einer bestimmten Marke auf dem interessierenden Markt auf. Derartige Modelle dienen dazu, Änderungen etwa des Absatzvolumens eines Produktes oder einer Marke aus Veränderungen im Marketing-Mix der anbietenden Unternehmung oder im Bereich der übrigen Umwelt zu erklären. Demgemäß bezeichnet man solche Modelle auch als **Marktreaktionsfunktionen** („sales response functions"). Die in der mikroökonomischen Theorie anzutreffende Preis-Absatz- bzw. Nachfragefunktion stellt nichts anderes als einen Spezialfall eines solchen Marktreaktionsmodells dar.

Als unabhängige Variablen werden je nach Forschungsanliegen ganz verschiedene Größen herangezogen. Letztlich geht es dabei aber immer um den Einfluß der eigenen **Marketing-Aktivitäten** (Veränderungen von Produktbeschaffenheit, Preisen, Werbebudgets und dgl. mehr) auf die **Höhe des Absatzes.** Als erklärende Variablen kommen aber auch das Verhalten der Konkurrenten (Einführung eines neuen Produktes, Preisaktionen u.ä.), Daten der Zielgruppe (Ausstattung mit bestimmten Haushaltsgeräten, Einkommen etc.) und gesamtwirtschaftliche Größen (Volkseinkommen, Konjunktur, saisonale Zyklen etc.) in Betracht.

Von großer Bedeutung sind dabei nicht nur die **Auswahl der unabhängigen Variablen,** sondern auch die **Art deren Verknüpfung.** Dafür bieten sich vor allem folgende Möglichkeiten an:

– Linear-additive Modelle
Diese sind durch folgende Form gekennzeichnet:

(3.2.) $$y_i = k - aP + bW + cQ + dD$$

Dabei bedeuten:

y_i = Absatzvolumen der Marke i
k = Konstante
P, W, Q, D = Marketing-Instrumente (Preis, Werbung, Produktqualität, Distribution)
a, b, c, d = Regressionskoeffizienten

Diesem Ansatz liegt die Annahme zugrunde, daß jedes Marketing-Instrument einen verschiedenen, aber **konstanten** und von anderen Maßnahmen unabhängigen Beitrag zum Absatzerfolg der Marke i leistet. Eine für Werbezwecke ausgegebene DM bewirkt also stets die gleiche Absatzerhöhung, ohne Rücksicht darauf, wie hoch das Werbebudget absolut ist. Dies ist ebenso problematisch wie die Annahme fehlender Verbundbeziehungen im Marketing-Mix. So bedingt beispielsweise eine Verbesserung der Produktqualität um eine Einheit immer den gleichen Absatzanstieg, gleichgültig, ob z.B. zugleich Werbung betrieben wird oder nicht.

– Multiplikative Modelle

(3.3.) $$y_i = k \cdot a \cdot P \cdot b \cdot W \cdot c \cdot Q \cdot d \cdot D$$

Ansätze dieser Art tragen der Existenz von **Verbundbeziehungen** zwischen den Instrumentalbereichen Rechnung. Die Einzelwirkung jedes absatzpolitischen Instruments hängt hier vom Niveau aller übrigen ab. Noch realistischer ist die folgende Beziehung, die auch noch die Restriktion linearer Wirkungsveränderungen aufhebt.

(3.4.) $$y_i = k \cdot P^a \cdot W^b \cdot Q^c \cdot D^d$$

Ein solches, der *Cobb-Douglas*-Produktionsfunktion analoges Modell kann durch Logarithmierung linearisiert und dadurch leicht gehandhabt werden. Ein anderer wichtiger Vorteil besteht darin, daß dessen Exponenten empirische Bedeutung insofern zukommt, als diese als Preis-, Werbe-, Distributions- resp. Produktqualitätselastizität der Nachfrage interpretiert werden können.

Dies läßt sich leicht am Beispiel der **Preiselastizität der Nachfrage** (siehe dazu § 4, Abschn. 3.2.3.2.1.) demonstrieren. Da die marginale Wirkung von Preisänderungen ermittelt werden soll, differenzieren wir (3.4.) nach *P*:

(3.5.) $$\frac{\delta y_i}{\delta P} = k \cdot a \cdot P^{a-1} \cdot W^b \cdot Q^c \cdot D^d$$

Nach Substitution von (3.4.) in (3.5.) ergibt sich:

(3.6.) $$\frac{\partial y_i}{\partial P} = a \frac{y_i}{P} \Rightarrow a = \frac{\partial y_i}{y_i} : \frac{\partial P}{P} = -\varepsilon$$

Der marginale Beitrag der einzelnen Instrumente hängt also zum einen von der (konstanten) Nachfrageelastizität, zum anderen von der Höhe des Marketing-Budgets (vgl. hierzu z. B. *Wagner* 1980) ab.

Eine wesentlich genauere Abbildung realen Geschehens durch regressionsanalytische Verfahren wird erreicht, wenn auch dynamische Aspekte im Sinne von **Carry over-Effekten** von der Modellstruktur erfaßt werden (vgl. hierzu *Kotler* 1971, S. 120 ff.).

Obwohl sie einer verhaltenswissenschaftlichen Fundierung entbehren, erfreuen sich regressionsanalytische Modelle in der Marketing-Praxis großer Beliebtheit. *Topritzhofer* (1974) führt die Anziehungskraft, die dieser Modelltypus auf die Praxis ausübt, im wesentlichen auf folgende Gründe zurück:

– Die methodische Pragmatik des regressionsanalytischen Ansatzes bewirkt, daß ökonometrische Kaufverhaltensmodelle, wie man sie auch nennt, in der Absatzpraxis unmittelbar und anscheinend universal einsatzfähig sind, und zwar ohne daß man dafür eine theoretische Basis entwickeln muß.

– Der Charakter der abhängigen Variablen – Gesamtmarkt, Absatzvolumen, Marktanteil u. ä. – kommt den Bedürfnissen der Praxis entgegen. Weiterhin bildet diese Modellvariante oft eine wichtige Grundlage („response function") für Optimierungskalküle. Ein zusätzlicher Vorzug ist deren methodische Flexibilität. Wie erkennbar, ist deren mathematische Struktur geeignet, Interdependenzen, Carry over-Effekte und variierende Nachfrageelastizitäten abzubilden.

– Im Gegensatz zu S-O-R-Modellen werfen regressionsanalytische Untersuchungen meistens auch keine unüberwindlichen Operationalisierungs- und Datenbeschaffungsprobleme auf. Im übrigen bleibt, um Mißverständnissen vorzubeugen, darauf hinzuweisen, daß die Regressionsanalyse keineswegs nur „harten" Daten vorbehalten ist, sondern auch psychische Kategorien zu verarbeiten erlaubt.

2.3.1.2. Stochastische Prozeßmodelle

Bei stochastischen Prozeßmodellen wird jeder Einkaufsakt als „outcome" eines Zufallsprozesses angesehen, der sich innerhalb der Black Box abspielt (vgl. *Topritzhofer* 1974, S. 38). Der **Kaufentscheidungsprozeß** stellt sich demnach als **Zufallsmechanismus** dar, dessen Struktur aus dem Muster des Outputs der Black Box erschlossen und mathematisch-statistisch abgebildet wird.

Das Ergebnis stochastischer Kaufverhaltensmodelle ist keine Voraussage, wie sich ein Individuum verhalten, etwa welche Marke es wählen wird, sondern eine spezifische Wahrscheinlichkeit, mit der es auf einen bestimmten Stimulus im interessierenden Sinne reagiert („response probability"). Je nach dem Zweck der Modellbildung wird als Reaktion, für die die Wahrscheinlichkeit geschätzt wird, die Wahl von Marken, Kaufzeitpunkten oder Einkaufsstätten gewertet. (Eine Einführung in die Methodik bieten *Kotler* 1971, S. 497ff.; *Meffert/Steffenhagen* 1977, S. 99ff.; *Topritzhofer* 1974, S. 58ff.)

Stochastische Modelle sind primär auf das individuelle Kaufverhalten ausgerichtet; sie geben die Wahrscheinlichkeit bestimmter individueller Reaktionen an. Die Aggregation für ein Marktsegment oder den Gesamtmarkt ist solange problemlos, wie für alle Angehörigen der Zielgruppe hinsichtlich ihres Verhaltens Homogenität unterstellt wird, was indessen selten gerechtfertigt ist.

Von besonderem Interesse unter den stochastischen Prozeßmodellen sind die sog. **Fluktuationsmodelle,** die die Wiederkaufrate bzw. Markenloyalität auf der einen und den Markenwechsel (Brand Switching) auf der anderen Seite transparent zu machen erlauben. Zur Verdeutlichung diene das Zahlenbeispiel in Tab. 3.3. (die Daten und einige sich daran anschließende Überlegungen sind *Topritzhofer* 1972, S. 297ff., entnommen).

Die abgebildete **Fluktuationsmatrix** spiegelt die Situation auf einem Markt wider, der keine Ausweitung erfahren hat, aber bedeutsamen strukturellen Veränderungen unterliegt. Dies bezieht sich auch auf Marke A, die sich keineswegs jener Popularität erfreut, die man auf Grund ihres gleichgebliebenen, hohen Marktanteils anzunehmen geneigt wäre. Es wird dem Marketing-Manager zu denken geben, daß nur 270 von 525 Probanden, also nicht viel mehr als die Hälfte bereit waren, dieses Produkt in der Periode t wiederzukaufen.

Die Ausgangsmatrix kann man nun dadurch in Wahrscheinlichkeitswerte überführen, daß jedes ihrer Elemente durch die zugehörige Zeilensumme dividiert wird. Bei entsprechender Stichprobengröße, die bei Haushaltspanels (vgl. § 7, Abschn. 4.4.3.4.), die solche Daten liefern, gewährleistet ist, lassen sich die resultierenden Werte als die (durch die entsprechenden relativen Häufigkeiten angenäherten) Wahrscheinlichkeiten des Markenwechsels bzw. der Markentreue in dem betrachteten Intervall interpretieren.

Der Vorteil dieser Vorgehensweise besteht darin, daß wir hierdurch eine Übergangsmatrix erzeugen, auf die sich die aus der Physik bekannte Theorie *Markov*'scher Ketten anwenden läßt. Dadurch eröffnet sich die Möglichkeit, eine Reihe abgeleiteter Kennzahlen zu ermitteln, die die Wirkungsweise der von einer Unternehmung getroffenen Marketing-Maßnahmen reflektieren. Wenn man in entsprechender Weise verfährt, ergibt sich eine stochastische Matrix gemäß Tab. 3.4.

Tabelle 3.3:

Markenloyalität und Käuferfluktuation in einem konkreten Fall

	$t \rightarrow$	Käufer der Marke			Marktanteil in Periode $t-1$	
$t-1 \downarrow$		A	B	C	absolut	%
Käufer der Marke	A	270	190	65	525	35
	B	170	445	60	675	45
	C	85	115	100	300	20
Marktanteil in Periode t	absolut	525	750	225	1 500	
	%	35	50	15		100

Tabelle 3.4.:

Übergangswahrscheinlichkeiten zwischen Marken

$t \rightarrow$ $t-1 \downarrow$		A	B	C
Käufer der Marke	A	0,52	0,36	0,12
	B	0,25	0,66	0,09
	C	0,28	0,38	0,33

Unter den restriktiven Annahmen der Theorie homogener *Markov*'scher Ketten 1. Ordnung läßt sich daraus folgender Gleichgewichtszustand ableiten:

$$A = 0,52\,A + 0,25\,B + 0,28\,C$$
$$B = 0,36\,A + 0,66\,B + 0,38\,C$$
$$C = 0,12\,A + 0,09\,B + 0,33\,C$$

Außerdem gilt: $A + B + C = 1$ ($\triangleq 100\%$)

2. Aspekte des Konsumentenverhaltens

Bei Auflösung dieses überbestimmten linearen Gleichungssystems ergeben sich folgende endgültigen Marktanteile:

$$A \approx 35\%; \quad B \approx 52\%; \quad C \approx 13\%.$$

Bei einer iterativen Vorgehensweise wird dieses Resultat fast schon nach drei Perioden erreicht.

Es erübrigt sich, an dieser Stelle näher auf diesen Ansatz einzugehen, dessen Stärke in seiner eleganten mathematisch-statistischen Struktur, dessen Schwäche aber in der **Theorielosigkeit** und im **Fehlen** jeglicher **verhaltenswissenschaftlicher Fundierung** liegt. Dies gilt auch dann, wenn versucht wird, bestimmte Prozeßparameter im nachhinein verhaltenswissenschaftlich zu interpretieren, wie dies in den sog. linearen Lernmodellen der Fall ist. Abb. 3.3. gibt deren Grundstruktur wieder (vgl. *Kuehn* 1962, S. 11; *Kotler* 1971, S. 504 ff.; *Massy/Montgomery/Morrison* 1970, S. 145 ff.; *Meffert/Steffenhagen* 1977, S. 111 ff.).

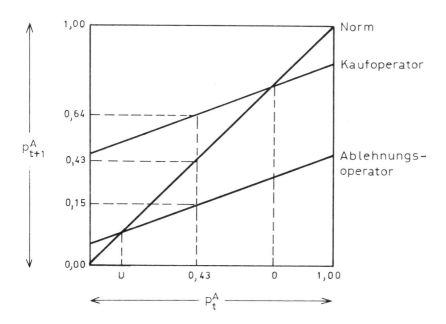

Abb. 3.3.: Grundstruktur des linearen Lernmodells

— Auf der Abszisse ist die Wahrscheinlichkeit des Kaufs der Marke A in der Periode t (p_t^A), auf der Ordinate die des Erwerbs von A in t + 1 abgetragen. (Es wird unterstellt, daß konkurrierende Marken zu einer Kaufalternative mit der komplementären Kaufwahrscheinlichkeit zusammengefaßt werden können.)

- Die drei Geraden verkörpern unterschiedliche Antworten auf die gleiche Frage: Wie verändert sich die Kaufneigung eines Verbrauchers gegenüber Marke A von Periode zu Periode in Abhängigkeit vom tatsächlichen Kaufverhalten?
- Die Norm-Gerade (45°) besagt, daß ein Konsument, der in t Marke A mit einer Wahrscheinlichkeit von $p_t^A = 0{,}43$ kauft, auch in $t+1$ die gleiche Wahrscheinlichkeit beibehält, gleichgültig ob er A wirklich erworben hat oder nicht ($p_{t+1}^A = 0{,}43$). Es kommt also nicht zu einem Lernprozeß.
- Die Kaufoperator-Gerade bringt zum Ausdruck, daß ein Konsument mit $p_t^A = 0{,}43$ im Falle eines Kaufs von A die Marke zu schätzen lernt, so daß sich in unserem Beispiel eine Periode später die Kaufwahrscheinlichkeit von $p_t^A = 0{,}43$ auf $p_{t+1}^A = 0{,}64$ erhöht.
- Der Ablehnungsoperator gibt den umgekehrten Sachverhalt wieder, nämlich daß der Konsument (bei gleicher Kaufneigung wie bisher) die Marke A in t nicht erwirbt. Die Wahrscheinlichkeit, daß er sie in $t+1$ kauft, vermindert sich, weil sie seinem Bewußtsein entschwindet, von $p_{t+1}^A = 0{,}43$ auf $p_{t+1}^A = 0{,}15$.
- Die Abb. 3.3. enthält auch zwei Schwellenwerte (U und O), die nicht unter- bzw. überschritten werden. Die Wahrscheinlichkeit des Kaufs von A wird nie zur Sicherheit, aber auch nie Null.

Obwohl hier Termini wie **Lernen** und **Vergessen** verwendet werden, kann das Modell über seine mangelhafte verhaltenswissenschaftliche Fundierung nicht hinwegtäuschen. Lerneffekte werden nur auf den letzten Kaufakt zurückgeführt, während die Kaufgeschichte und andere Faktoren außer acht gelassen werden.

2.3.2. Strukturmodelle des Kaufverhaltens

Als Strukturmodelle des Kaufverhaltens bezeichnet man am S-O-R-Paradigma ausgerichtete Versuche, den geistigen Prozeß des Zustandekommens von Kaufentscheidungen im Detail zu rekonstruieren und abzubilden, d. h. die **Struktur** des **Konsumentenbewußtseins** zu ergründen. Darunter gibt es einerseits solche, die die Black Box in ihrer vermuteten Komplexität umfassend nachzuempfinden trachten, die sog. Totalmodelle, andererseits aber auch solche, die nur die zwischen einzelnen Variablen bestehenden Beziehungen durchleuchten, wobei von den Variablen zumindest eine ein hypothetisches psychisches Konstrukt ist. Diese nennt man Partialmodelle.

2.3.2.1. Totalmodelle

Mit Hilfe von Totalmodellen des Konsumentenverhaltens versucht man einen umfassenden Einblick in die **Struktur psychischer Kaufentscheidungsprozesse** zu gewinnen. Dabei haben sich zwei grundverschiedene Ausgangspunkte herausgebildet:

(1) Systemmodelle des Konsumentenverhaltens

Die Vertreter des Systemgedankens postulieren auf Grund theoretischer Überlegungen die Existenz einer bestimmten psychischen Struktur, d. h. eines als sinnvoll angesehenen Gefüges von aufeinander abgestimmten Hypothesen. Sie teilen die **mentalen Prozesse** in Phasen ein, die durch Variablen wie Einstellungen, Produkterfahrungen und Kaufabsicht charakterisiert sind. Wird ein derart modellierter Organismus mit einem Reiz konfrontiert, läßt sich idealtypisch der Prozeß seiner Verarbeitung, d. h. sein Weg durch die Black Box daran ablesen, wie sich einzelne Variablen nun verändern. Die Frage der empirischen Gültigkeit der postulierten komplexen Prozeßstruktur wird dabei nicht unterschätzt, doch als nachrangig erachtet.

Exemplarisch für die Vielzahl von Ansätzen dieser Art (vgl. u. a. *Nicosia* 1966; *Engel* u. a. 1973) soll als der bislang konsequenteste Versuch, verschiedene Theorien zur Erklärung des Kaufverhaltens zu integrieren, das Modell von *Howard/Sheth* (1969) skizziert werden (vgl. Abb. 3.4.).

Dieses verknüpft empirisch meßbare Inputvariablen bzw. Stimuli (S) und gleichfalls beobachtbare Outputvariablen bzw. Reaktionen (R), indem im Organismus (O), in dem die Transformation von Inputs zu Outputs erfolgt, eine Reihe untereinander vernetzter **hypothetischer Konstrukte** als gegeben unterstellt wird (für einen Versuch der empirischen Überprüfung des Gesamtmodells vgl. *Farley/Ring* 1974). Soziale, soziokulturelle, demographische, situative sowie Persönlichkeitsfaktoren werden demgegenüber als exogene Variablen betrachtet und im Modell nicht explizit berücksichtigt.

Inputvariablen wirken von außen und verursachen eine Erregung des Organismus.

Unter **hypothetischen Konstrukten** sind zwei Mechanismen der Reizverarbeitung, die Wahrnehmung und das Lernen, zu verstehen.

— Im Subsystem **Wahrnehmung** werden die auf den Organismus treffenden Informationen individuell aufbereitet, d. h. umgeformt. Die Quantität der aufgenommenen Informationen hängt von den Ausprägungen der Konstrukte Suchverhalten, Stimulus-Mehrdeutigkeit und Aufmerksamkeit ab. Durch das Konstrukt Wahrnehmungsverzerrung, das eng mit Einstellungen, Wahlkriterien und Motiven zusammenhängt, werden hingegen die im Stimulus enthaltenen Informationen qualitativ verändert.

— Dem Subsystem **Lernen** kommt die Aufgabe zu, ein Programm zur Lösung des Kaufentscheidungsproblems bereitzustellen. Der Input des Subsystems besteht in einem intrapersonalen Reiz, der auf Grund der Einwirkung der hypothetischen Konstrukte im Wahrnehmungssubsystem vom ursprünglichen Reiz abweicht. Dessen weitere Verarbeitung hängt davon ab, inwiefern der Organismus hierzu motiviert wird und inwiefern der Verbraucher über kaufentscheidungsrelevantes Wissen (Markenkenntnis, Wahlkriterien als gelernte, den individuellen Motiven entsprechende Entscheidungsregeln) verfügt. Motive, Wahlkriterien und Markenkenntnis verdichten sich zu einem Urteil über die Eignung des Produktes zur Bedürfnisbefriedigung (Einstellung) und, sofern sich der Verbraucher seines Urteils sicher ist und keine modellexogenen Faktoren (Preis, Zeitmangel u. ä.) dem entgegenwirken, zur Kaufabsicht.

Im Bereich der **Outputvariablen** differenziert das Modell zwischen mehreren Möglichkeiten der Stimuluswirkung. Die spezifische Kennzeichnung (') einiger von ihnen weist darauf hin, daß mit ihrer Hilfe auf das Vorhandensein

§ 3 Produktpolitik

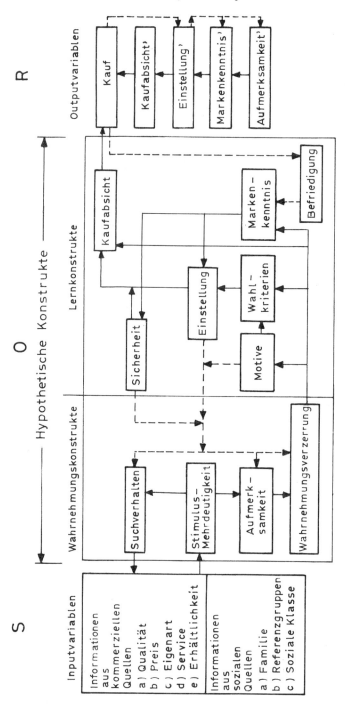

Abb. 3.4.: Vereinfachte Darstellung eines Modells des Konsumentenverhaltens von *Howard/Sheth* (1969)

entsprechender, nicht beobachtbarer hypothetischer Konstrukte geschlossen wird. Die Outputvariablen unterscheiden sich von den gleichnamigen Wahrnehmungs- und Lernkonstrukten jedoch dadurch, daß sie der Beobachtung zugänglich und grundsätzlich meßbar sind.

Wird ein Kauf getätigt, so schlägt sich die Produkterfahrung im Konstrukt Zufriedenheit nieder, das wiederum die Markenkenntnis und die Einstellung prägt und somit die Wahrscheinlichkeit des Wiederkaufs des gleichen Produktes verändert.

(2) Entscheidungsnetzmodelle des Konsumentenverhaltens

Im Gegensatz zur Vorgehensweise beim Entwurf von Systemmodellen beginnt man beim Aufbau von Entscheidungsnetzmodellen des Verbraucherverhaltens mit der Analyse tatsächlicher Entscheidungsprozesse (vgl. u.a. *Bettman* 1979). Dazu werden bei Testpersonen mit Hilfe der sog. Thinking aloud-Methode die mit der Kaufentscheidung bei einzelnen Produkten verbundenen psychischen Vorgänge (Fragen, Überlegungen, Argumente etc.) registriert.

Aus den individuellen **Kaufprotokollen** wird dann die Entscheidungslogik extrahiert, indem diese jeweils einzeln in ein sog. Entscheidungsnetz überführt werden (vgl. Abb. 3.5.). Darunter ist ein System miteinander vermaschter Fragen und Antworten zu verstehen, die wiedergeben, wie die Testperson auf ihrem Weg durch die Einkaufsstätte auf die Konfrontation mit einzelnen Produkten reagiert. Da aus dem Kaufprotokoll zugleich bekannt ist, wie sich jene an den einzelnen Gabelungspunkten verhalten hat, liegt die bislang verschlossene mentale Struktur nunmehr offen.

Diese gilt als hinreichend identifiziert, sobald die logischen Bausteine der Entscheidungsfindung (Wahrnehmungselemente, Kriterien, logische Verknüpfungen), die der Käufer in der Realität verwendet, ermittelt sind. Die Modellvalidität (vgl. dazu § 7, Abschn. 4.2.5.) wird dabei daran gemessen, wie gut ein Computer, in dem das **Entscheidungsnetz** gespeichert ist, bei Eingabe entsprechender Daten (Einkaufsziele, Sortiment, Präsentation etc.) das von einem Verbraucher bei nächster Gelegenheit praktizierte Einkaufsverhalten vorherzusagen vermag.

2.3.2.2. Partialmodelle

Als Partialmodelle werden Ansätze bezeichnet, die nur einen Ausschnitt von extensiven Kaufentscheidungsprozessen erklären. Kennzeichnend für diese Art der Verhaltensmodellierung ist, daß jeweils ein zentrales theoretisches Konstrukt in den Mittelpunkt der Betrachtung gestellt wird. Zu einem solchen Hauptkonstrukt können je nach Erklärungszweck sämtliche der bislang besprochenen psychischen Größen werden. *Hansen* (1972, S. 432ff.) zählt in seiner Synopse von „basic models" insgesamt 28 **Partialmodelle** auf. Als unabhängige psychische Variablen treten dabei u.a. folgende auf:

§ 3 Produktpolitik

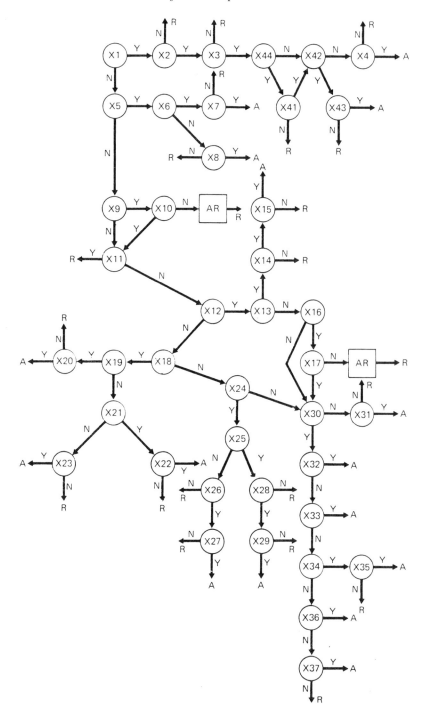

2. Aspekte des Konsumentenverhaltens

Key

- A: Accept
- R: Reject
- AR: Associate risk (bad experience) with this product
- Y: Yes
- N: No

- X1: Is this meat or produce?
- X2: Is price below justified level?
- X3: Is color okay?
- X4: Is this the biggest "okay" one?
- X5: Are these eggs?
- X6: Is the price of extra large over five cents more than the price of large?
- X7: Is this large size?
- X8: Is this extra large size?
- X9: Was this product bought last time for this product type?
- X10: Was experience with it okay?
- X11: Is risk associated with this product (bad experience)?
- X12: Is this product class high risk?
- X13: Do children or husband have a specific preference?
- X14: Is this their preference?
- X15: Is it the cheapest size?
- X16: Does this class have health (hygiene, diet) factors?
- X17: Is this okay on these factors?
- X18: Is this for company?
- X19: Is the cheapest brand good enough?
- X20: Is this the cheapest?
- X21: Had a good experience with any brands in this class?
- X22: Is this that brand?
- X23: Is this the cheapest national brand?
- X24: Are children the main users?
- X25: Did they state a preference this week?
- X26: Have they used this up in the last two weeks?
- X27: Is this cheapest size?
- X28: Is this that one?
- X29: Is this the cheapest size?
- X30: Are several "okay" brands cheapest (that they have in stock)?
- X31: Is this the cheapest (that they have in stock)?
- X32: Have a coupon for this one?
- X33: Is this one biggest?
- X34: Is there a single national brand?
- X35: Is this it?
- X36: Have I used this before?
- X37: Is this the closest?
- X41: Does this feel okay?
- X42: Is this for a specific use?
- X43: Is this size okay for that?
- X44: Is this produce?

Quelle: *Bettman* 1979, S. 240f.

Abb. 3.5.: Beispiel für ein Entscheidungsnetz

- Subjektiv empfundener Produktnutzen
- Einstellungen (Images)
- Wahrgenommenes Kaufrisiko
- Kognitive Dissonanz
- Wahrnehmung von Produkten
- Motive.

Die jeweils postulierte zentrale Stellung eines theoretischen Konstruktes ergibt sich aus dem überragenden Beitrag zur Verhaltenserklärung, der jenem vom einzelnen Modellbauer zugesprochen wird. Bildet man die Stimulusverarbeitung in der Black Box mit Hilfe eines Flußdiagramms ab, so äußert sich der zentrale Stellenwert des **Hauptkonstruktes** darin, daß keine Relationenfolge das zu erklärende Realverhalten erreicht, ohne die Station des Hauptkonstruktes durchlaufen zu haben (vgl. *Mazanec* 1978, S. 47).

Gleichwohl erscheinen Hauptkonstrukte wie z. B. Einstellungen oder kognitive Dissonanzen in Partialmodellen nicht nur als unabhängige bzw. **intervenierende Variablen**. Häufig interessiert auch, wie sie sich herausbilden. In diesem Falle werden sie in die einzelnen Relationen als abhängige Variablen einbezogen. So muß z. B. das Konstrukt Einstellung nicht die einzige psychische Größe sein, die die Erklärungskette S (Marke A) – O (Einstellung zur Marke A) – R (Kauf/Nichtkauf von A) bildet. Vielmehr werden häufig **Nebenkonstrukte** (periphere Konstrukte) im Organismus hypostasiert, die der Einstellungsbildung und der Einstellungswirkung vor-, gleich- oder nachgelagert sind (vgl. dazu *Mazanec* 1978, S. 54 ff.).

- Vor allem Emotionen und Motive üben eine aktivierende, in bezug auf konkrete Produkte und Marken aber ungerichtete Wirkung aus. Erst wenn Produktwissen (gespeicherte Produkterfahrungen, unmittelbare Produktwahrnehmung) hinzutritt, kann die psychische Antriebsenergie gebündelt und auf mögliche Befriedigungsmittel hingelenkt werden.
- Die Prognoserelevanz von Einstellungen sollte jedoch nicht einfach angenommen, sondern danach beurteilt werden, wie **sicher** sich die Auskunftsperson ihres eigenen Produktwissens ist. Bekanntlich äußern sich Verbraucher über ihre Einstellungen zu Produkten oft auch dann, wenn sie nur über eine geringe Produktkenntnis verfügen. Mit Hilfe des Konstruktes Ausmaß subjektiver Sicherheit kann abgeschätzt werden, inwieweit eine empirisch erhobene Einstellung das Ergebnis spontaner Reaktion oder kognitiver Bewertungsprozesse ist.
- Eine mögliche Diskrepanz zwischen dem realen und dem auf Grund von erhobenen Einstellungen erwarteten Kaufverhalten kann dadurch vermindert werden, daß man bei Befragungen auch auf die Konstrukte **Kaufabsicht** oder **Präferenz** abstellt, da diese zumindest zum Teil situations- oder personenbedingten Kaufrestriktionen Rechnung tragen.

3. Die Produkt- und Programmevaluation als Ausgangspunkt für erzeugnisbezogene Gestaltungsmaßnahmen

3.1. Die Bewertung von Produkten und Programmen auf der Basis von Konsumentenurteilen

Sollen einem Produkt Absatzchancen eröffnet werden, muß die Marketing-Leistung, die sich in dem Produkt konkretisiert, der Befriedigung von Bedürfnissen im weitesten Sinne dienen. Dabei geht man in einer auf dem **Leistungswettbewerb** als Koordinationsprinzip basierenden Wirtschaft von der ordnungspolitischen Hypothese aus, daß der ökonomische Erfolg eines Anbieters um so größer ist, je besser die von ihm angebotene Leistung ein bestimmtes oder mehrere Bedürfnisse befriedigt. Nach dieser Hypothese kann ein Unternehmer also die **Bedürfnisgerechtigkeit** seines **Angebots** direkt am **ökonomischen Erfolg** ablesen. Diese Sicht erscheint plausibel: Der Stückgewinn, Deckungsbeitrag oder Umsatz eines Produktes können ohne Zweifel als Indikatoren dafür angesehen werden, wie gut das Produkt den Wünschen potentieller Abnehmer gerecht wird. Darüber hinaus haben solche Indikatoren den Vorteil, daß sie in der für das betriebliche Rechnungswesen maßgebenden Dimension gemessen werden.

Gleichwohl gibt es unternehmerische Situationen, in denen es unmöglich oder töricht wäre, sich bei der Bewertung der eigenen Leistung nur auf ökonomische Kennzahlen zu stützen:

– So muß über Produktinnovationen oder neuartige Marktengagements entschieden werden, noch ehe ein ökonomischer Ertrag vorliegt. Die Entscheidung basiert dann auf antizipierten Erfolgen. In solchen Fällen ist es zweckmäßig zu prüfen, inwieweit das Produkt den Wünschen der Marktgegenseite entspricht, und aus dem ermittelten Zufriedenheitsgrad auf den künftigen ökonomischen Erfolg zu schließen.

– Daneben unterliegen ökonomische Erfolgsindikatoren wie Absatz, Stückgewinn oder Deckungsbeitrag Schwankungen, die auf den Einfluß einer Vielzahl von Störfaktoren zurückzuführen sind, ohne daß sich die Bedürfnisgerechtigkeit des Angebots verändert hätte. In solchen Fällen kommt man nicht umhin, sich auch an Ersatzmaßstäben zu orientieren.

– Nicht zuletzt ist die Ermittlung der Bedürfnisadäquanz des Angebots deswegen unumgänglich, weil das Ergebnis als Anstoß für Verbesserungsmaßnahmen wirkt und – im Sinne eines Vorher/Nachher-Vergleichs – als Ausgangspunkt einer Erfolgskontrolle dient.

In allen derartigen Situationen bemüht man sich zu ermitteln, wie gut ein Produkt bzw. ein Produktionsprogramm den Vorstellungen der Nachfrager entspricht. Dies soll im folgenden als **Marktadäquanz** bezeichnet werden.

3.1.1. Die Marktadäquanz als Bewertungskriterium

Es leuchtet ein, daß neben der ökonomischen Erfolgskontrolle die Ermittlung der **Bedürfnisgerechtigkeit** des Angebots ein unverzichtbarer Orientierungspunkt unternehmerischen Handelns ist. Gleichwohl ergeben sich dabei in der Praxis Probleme: Wie soll die Bedürfnisgerechtigkeit gemessen werden? Betrachten wir dazu den ökonomischen Stellenwert von Bedürfnissen etwas näher.

In einer arbeitsteiligen Wirtschaft sind Bedürfnisse nicht unmittelbar ökonomisch wirksam. Sie müssen vielmehr von den Betroffenen in marktrelevante Aktivität umgesetzt werden, d.h. letztlich zu einem Kaufakt führen. Doch ehe es dazu kommt, unterliegt der Bedürfnisträger und potentielle Käufer im Kontext des psychischen Prozesses, der der Kaufhandlung vorausgeht, einer Vielzahl von Einflüssen und Reizen, die er kognitiv verarbeiten muß (siehe dazu Abb. 3.6.).

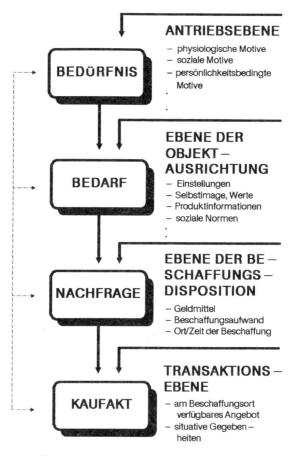

Abb. 3.6.: Prozeß der Bedürfniskonkretisierung

3. Die Produkt- und Programmevaluation als Ausgangspunkt

(1) Antriebsebene

Früher verstand man in der ökonomischen Theorie unter **Bedürfnis** das Gefühl eines Mangels, verbunden mit dem Bestreben, diesen zu beseitigen (vgl. *Sandig* 1974, S. 313). Heute werden Bedürfnisse bzw. Motive im Sinne der Motivationstheorie als autonom entstehende oder durch Sozialisation gelernte Antriebskräfte im Inneren des Menschen angesehen, die sowohl von aktivierenden als auch kognitiven Kräften gekennzeichnet sind. Wichtig ist dabei, daß Bedürfnisse handlungswirksame, aber unspezifische Antriebsempfindungen, also auf **kein konkretes Objekt** der Bedürfnisbefriedigung (Produktart, Produkt, Marke) gerichtet sind (vgl. *Böcker* 1987; *Schäfer/Knoblich* 1978, S. 109 ff.).

(2) Ebene der Objektausrichtung

Bedürfnisse veranlassen den Menschen, nach Mitteln zu deren Befriedigung zu suchen. In der realen Welt sieht sich jeder einzelne mit einer Vielzahl solcher Objekte konfrontiert. Über deren Eignung zur Bedürfnisbefriedigung (Anreizwert) liegen ihm auch meistens vielfältige Informationen vor, so z. B. auf Grund der Kenntnis der Eigenschaften geeigneter Produkte oder auf Grund von eigenen bzw. von Bekannten mitgeteilten Produkterfahrungen. Die perzipierte Eignung der Produkte zur Befriedigung von Bedürfnissen bleibt von der Selbstwahrnehmung, von eigenen Wertvorstellungen oder von vorhandenen Einstellungen zu den Anbietern der jeweiligen Erzeugnisse nicht unbeeinflußt. Auch gibt es, ausgehend von der sozialen Umwelt, Normvorstellungen (Moral, Sitte, Tradition, Gesetz u. ä.) darüber, welche Mittel der Bedürfnisbefriedigung „gut" und welche „schlecht" sind („Buben spielen nicht mit Puppen!"). Am Ende eines u. U. langen Informationsverarbeitungs- und Abwägungsprozesses schälen sich dann eine oder mehrere Alternativen als für einen Kauf in Frage kommend heraus. Es entsteht eine objektorientierte Handlungsabsicht, die als **Bedarf** bezeichnet wird. Wie konkret sie ist, bestimmt sich individuell und in Abhängigkeit von der jeweiligen Situation:

(a) Zum einen kann sich der Bedarf auf ein **Produkt** bzw. eine **Produktart** richten, d. h. eine Menge von mehr oder minder ähnlichen, miteinander auf einem Markt konkurrierenden Erzeugnissen (Beispiele: Staubsauger, Bügeleisen, Backwaren, Theateraufführungen und Mittelklasseautomobile).

(b) Andererseits ist es möglich, daß sich ein Bedürfnis zum Bedarf an einer konkreten **Marke** verdichtet. So kann sich beispielsweise das physiologische Motiv Durst im Verlangen nach Wasser, Wein oder Bier manifestieren, ebensogut aber bereits im Wunsch nach dem Erwerb von Marken wie *Pilsner Urquell* oder *Dortmunder Union* niederschlagen.

(c) Nicht zuletzt ist es denkbar, daß sich der Bedarf auf eine **Gruppe** von als vergleichbar betrachteten **Marken** richtet. Dabei wird je nach Dringlichkeit eines Bedürfnisses und abhängig von Produktart und Informationsverarbeitungsvermögen das „evoked set" mehr oder minder umfangreich sein.

Das Angebotsspektrum repräsentiert alternative Möglichkeiten zur Befriedigung von Bedürfnissen. Die jeweiligen Anbieter sind dabei bestrebt, durch eine

Erhöhung des Anreizwertes ihrer Leistungen die Konkretisierung solcher Bedürfnisse an der eigenen Marke herbeizuführen. Ihr Streben wird von der Erfahrung gesteuert, daß der Kauf einer Marke um so wahrscheinlicher wird, je stärker der Bedarf auf sie fixiert ist. Je schwächer hingegen die Markenbezogenheit des Bedarfs ist, desto stärker wird der Absatz einer Marke dem Wettbewerb sowie den vielfältigen störenden Einflüssen auf den folgenden Konkretisierungsebenen (Nachfrage, Kaufakt) ausgesetzt sein. Die Ausrichtung des Bedarfs auf eine Marke verkörpert dabei im übrigen das Ergebnis des Einsatzes aller Marketing-Instrumente. Insofern ist das Objekt, auf das sich der Bedarf richtet, nicht das Produkt im engeren, produktpolitischen Sinne, sondern die Marketing-Leistung schlechthin.

(3) Ebene der Beschaffungsdisposition

Der Bedarf stellt, da bereits produkt- oder gar markenorientiert, für einen Anbieter eine wichtige Größe dar. Doch auch jener ist auf dem Markt nicht unmittelbar wirksam. Dies liegt daran, daß der Bedarf die ökonomisch eigentlich interessante Größe, den Kaufakt, nicht determiniert. Bedarf ist weder auf einen Kaufzeitpunkt noch auf einen Kaufort bezogen. Erst wenn er sich soweit konkretisiert, daß das Individuum auch Beschaffungsdispositionen trifft, wird aus dem Bedarf marktwirksame **Nachfrage.** Durch solche Dispositionen werden knappe Ressourcen des Individuums (Geldmittel, Zeit, psychische und physische Energie) jenem Objekt, auf das sich der Bedarf richtet, zugewiesen.

Es ist offenkundig, daß die vorhandene Kaufkraft bei der Konkretisierung des Bedarfs in Form marktwirksamer Nachfrage eine überragende Restriktion darstellt, die gegebenenfalls zum Konsumaufschub bzw. -verzicht oder zu einer Umorientierung des Bedarfs zwingt. Ebenso häufig kommt es vor, daß man auf immer weniger präferierte Alternativen ausweicht, bis schließlich die Kaufkraft keine Restriktion mehr darstellt (vgl. die Rückkopplungspfeile in Abb. 3.6.).

Obgleich nicht von ähnlicher Bedeutung, hängt die Nachfrage doch auch von der **Distributionsstruktur** ab. In dünn besiedelten, mit Einzelhandelsbetrieben schlecht versorgten Gebieten läßt es sich nicht vermeiden, daß der zeitliche Beschaffungsaufwand auch für geringwertige Waren so stark anwächst, daß sich der Bedarf nur mit einer zeitlichen Verzögerung (Wochenendeinkauf) oder auch überhaupt nicht (Konsumverzicht) als Nachfrage äußert.

(4) Transaktionsebene

Die Entscheidung, ein ins Auge gefaßtes Produkt zu beschaffen, schlägt sich für dessen Anbieter unmittelbar im Absatz nieder, solange es ihm gelingt, die Verfügbarkeit des nachgefragten Gegenstandes am Beschaffungsort sicherzustellen. Insofern wäre es für ihn verheerend, wenn sein Erzeugnis nicht in den von ihm für wichtig gehaltenen Geschäften vorrätig gehalten oder gar überhaupt nicht geführt würde. Inwieweit ein Käufer bereit ist, bei der Beschaffung eines bestimmten Produktes zusätzliche Wege auf sich zu nehmen und z. B. ein anderes Geschäft aufzusuchen, hängt vor allem von dessen Markenbindung ab.

3. Die Produkt- und Programmevaluation als Ausgangspunkt

Wir können uns nunmehr darauf einigen, daß ein **Produkt**, das **bedürfnis-, bedarfs-** und **nachfragegerecht** ist, als **marktgerecht** gelten kann. Einem anderen ist es immer dann überlegen, wenn bei ihm der sich beim Verbraucher vollziehende Bedürfniskonkretisierungsprozeß von der ersten Empfindung bis hin zum Kaufakt mit weniger Hemmnissen und Konflikten verbunden ist.

3.1.2. Ansätze zur Ermittlung der Marktadäquanz von Produkten und Programmen

Der Prozeß der Bedürfniskonkretisierung läuft als psychischer Vorgang im Verborgenen ab. Zentrales Charakteristikum ist dabei, zumindest bei extensiven Kaufentscheidungen, die sich mit zunehmender Nähe des Kaufakts verstärkende kognitive Kontrolle. Dies bedeutet, daß je nach dem Grad der Bedürfniskonkretisierung unterschiedliche psychische Konstrukte zur Erfassung der Marktadäquanz eines Produktes verwendet werden müssen:

- Auf einer ersten Ebene interessiert, wie gut ein Erzeugnis bestehende oder latente Bedürfnisse anzusprechen, sie zu aktivieren vermag. Das positive Aktivierungspotential eines Produktes soll **Anmutung** genannt werden.
- Auf der Bedarfsebene wird eine Vielzahl von Stimuli kognitiv bewältigt. Die Produkte werden wahrgenommen, beurteilt und mit Prädikaten versehen; es bilden sich Präferenzen heraus. Die psychischen Vorgänge auf dieser Stufe legen es nahe, zu ihrer Abbildung Konstrukte mit ausgeprägtem kognitiven Einschlag heranzuziehen, also vor allem **Einstellungen** im Sinne von subjektiv wahrgenommener Produktqualität, **Zufriedenheit** als Grad der Bedürfnisbefriedigung sowie **Präferenzen** als Ergebnis von Auswahlprozessen.
- Auf der Nachfrageebene muß der Verbraucher diverse Ressourcen auf Bezugsobjekte aufteilen. Ein Teil dieser Aktivitäten schlägt sich mehr oder minder deutlich in den bereits erwähnten Einstellungen oder Produkturteilen nieder. Gleichwohl tritt dabei eine Reihe von Restriktionen zutage, die bei der Entstehung z. B. von Einstellungen nur eine untergeordnete Rolle spielen, so z. B. die Länge des Beschaffungsweges. Das Entstehen von Nachfrage soll hier durch das Konstrukt **Kaufabsicht** erfaßt werden. Eine ähnliche Funktion erfüllen indessen auch die Konzepte der **Preisbereitschaft** und **Preiselastizität**, auf die in § 4, Abschn. 2.3.2.3. und 3.2.3.2.1., eingegangen wird.

Die anzusprechenden Meßkonstrukte und -kriterien werden im folgenden losgelöst von konkreten unternehmerischen Anlässen betrachtet. Grundsätzlich liegt ihr Anwendungsfeld überall dort, wo Marktdiagnosen und Marktreaktionsprognosen aus produkt- und programmpolitischer Perspektive vorgenommen werden.

3.1.2.1. Die Anmutungsleistung von Produkten

Die Anmutungsleistung eines Produktes ist seine Fähigkeit, beim Verbraucher emotionale Empfindungen auszulösen. Es handelt sich dabei um eine erste, gefühlsmäßig gefärbte und nicht thematisierte Interpretation von Außenstimuli, die noch nicht von kognitiven Aspekten der Wahrnehmung beeinflußt ist.

Am ehesten ist deren Messung mit Hilfe des **Tachistoskops** möglich, eines Gerätes, mit dessen Hilfe die visuelle Wahrnehmung von Objekten (meist Produktabbildungen) insofern erschwert werden kann, als das wahrzunehmende Objekt nur für extrem kurze Zeit dargeboten wird (vgl. dazu *Hossinger* 1982; siehe auch § 7, Abschn. 4.4.2.2.). Die Expositionszeit läßt sich dabei von Bruchteilen einer Sekunde bis zu mehreren Sekunden variieren. Bei derart kurzen Intervallen kann das Gesehene noch nicht kognitiv verarbeitet (= entschlüsselt, bewertet, geordnet) werden; es entstehen vielmehr zunächst nur undeutliche Empfindungen und Assoziationen. Diese sind für die Produktpolitik aus dem Grunde wichtig, weil sie auf die nachfolgende kognitive Verarbeitung der vermittelten Produktinformationen abfärben.

Emotionale Wirkungen von Produkten können auf unterschiedlichen Ebenen gemessen werden:

(1) Motorische Ebene

Hierbei wird aus den beobachtbaren körperlichen Veränderungen (Gesichtssprache, Kopfbewegungen u.ä.) auf die im Inneren ablaufenden psychischen Prozesse geschlossen. Für die praktische Marktforschung ist dieser Ansatz jedoch noch nicht genügend ausgereift. Er bietet sich etwa an, wenn die Reaktion von Verbrauchern auf ein neues Produkt in einem Geschäft beobachtet werden soll.

(2) Physiologische Ebene

Als physiologische Indikatoren für das Vorliegen von Emotionen werden u.a. folgende herangezogen (vgl. hierzu *Hossinger* 1982, S. 81 ff.; *Kroeber-Riel* 1984, S. 61 ff., 101 f., und die dort angeführte weiterführende Literatur): Veränderungen des elektrischen Hautwiderstandes und des Durchmessers der Pupille (Pupillometrie) sowie bioelektrische Vorgänge im Zentralnervensystem (Elektroencephalogramm). Mit Hilfe solcher Indikatoren kann die Stärke der inneren Erregung (aktivierende Komponente von Emotionen), nicht jedoch deren Qualität (angenehm/unangenehm) ermittelt werden. Diese muß notwendigerweise erfragt werden.

(3) Verbale Ebene

Da verbale Äußerungen von Versuchspersonen bereits stark von kognitiven Aspekten durchdrungen sind, muß ein auf verbalen Indikatoren basierendes Meßinstrumeht sicherstellen, daß solche möglichst unterdrückt werden und diese die Artikulation deshalb nicht verzerren. Hierzu bieten sich mehrere Möglichkeiten an (vgl. *Bauer/Chur-Lahl* 1982, S. 59):

(a) Einmal kann an Hand eines einfachen Ratings mit Polen wie „angenehm – unangenehm" oder „gut – schlecht" die **Richtung** der Anmutung in ihrer Ganzheitlichkeit erfragt werden.

(b) Zum anderen läßt sich mit Hilfe eines Semantischen Differentials (siehe § 7, Abschn. 4.2.4.2.) die **Position** eines Produktes im semantischen Anmutungsraum ermitteln. Der je nach Anzahl der verwendeten Items unterschiedlich hoch dimensionierte Anmutungsraum kann anschließend beispielsweise mit Hilfe der Faktorenanalyse (siehe § 7, Abschn. 4.5.1.6.) auf einige wenige Dimensionen verdichtet werden.

(c) Letztlich läßt sich die Anmutungsleistung auch mit Hilfe der Mehrdimensionalen Skalierung (siehe § 7, Abschn. 4.5.1.7.) feststellen. Hierbei werden Objekte nach ihrer Ähnlichkeit in einem möglichst niedrig dimensionierten Raum in der Weise abgebildet, daß ähnliche Objekte nahe beieinander, unähnliche dagegen weit auseinander liegen. Um das Ergebnis interpretierbar zu machen, werden als Vergleichsobjekte auch bestimmte Begriffe und Gegenstände zur Skalierung herangezogen. Diese kennzeichnen Stereotype, die von den Mitgliedern einer Sprachgemeinschaft in weitgehend übereinstimmender Art und Weise verwendet und verstanden werden (vgl. *Hofstätter/Lübbert* 1957/58, S. 127). Durch die räumliche Distanz der Produkte zu den im selben Raum positionierten Vergleichsobjekten werden konkrete **inhaltliche Aspekte** der Anmutungsleistung deutlich gemacht.

3.1.2.2. Die wahrgenommene Produktqualität

Obwohl Produkte reale Gegenstände verkörpern, ist es für die Zwecke des Marketing im allgemeinen untauglich, von einer **objektiven Produktqualität** auszugehen. Dies liegt daran, daß das Konzept ein eindimensionales Bewertungskriterium voraussetzt, während in Wirklichkeit Aggregate aus Nutzenkomponenten wie Produktkern (technisch-konstruktive Eigenschaften), Produktfunktion (Zuverlässigkeit, Wirtschaftlichkeit u. ä.) und Produktform (Verpackung, Design u. ä.) zu bilden sind. Die Verknüpfung der einzelnen Elemente ist aber ohne die Verfügbarkeit eines – subjektiv begründeten – Zielsystems nicht möglich.

Nach Lage der Dinge bietet es sich an, vom sog. **teleologischen Qualitätsbegriff** auszugehen (vgl. *Kawlath* 1969, S. 48), der eng mit dem Konzept der Zweckeignung verknüpft ist. Ein Qualitätsurteil reflektiert demnach neben einem objektiven Bezugsgegenstand (Gut, Produkteigenschaften) auch dessen Wahrnehmung (kognitive Repräsentation im Bewußtsein) sowie eine Bewertung im Lichte subjektiver Zwecksetzungen bzw. Nutzenerwartungen (vgl. *Wimmer* 1975, S. 9). Die Qualität ist folglich der Grad der Eignung eines Produktes für intendierte Verwendungszwecke. Aus Anbietersicht geht man dabei davon aus, daß ein Verbraucher ein Produkt mit einer um so größeren Wahrscheinlichkeit kauft, je höher die wahrgenommene Qualität ist.

3.1.2.2.1. Eindimensionale Meßverfahren

Will man von Konsumenten erfahren, inwieweit ein bestimmtes Produkt ihren Vorstellungen entspricht, bieten sich zwei grundlegend verschiedene Vorgehensweisen an:

(1) Man kann bei den Betroffenen erkunden, wie gut sie die (im obigen Sinne verstandene) Produktqualität finden. Hierzu kommen einfache **Ratings** wie „gut – schlecht" in Frage, mit deren Hilfe die Befragten ihr Gesamturteil über das Produkt zum Ausdruck bringen können. Man könnte die Verbraucher auch auffordern, Erzeugnisse nach Maßgabe ihrer Qualität in eine Rangordnung zu

bringen. Diese Methode weist zahlreiche Schwächen auf, ist aber im Alltagsleben weit verbreitet. Sie führt zu Feststellungen wie „die Marke X ist die beste" oder „Spanien als Reiseland ist schöner als Bulgarien". So vorzugehen ist nur möglich, wenn man die Verbraucher für fähig hält, ihr Zielsystem und die Wahrnehmung von Produkten zu einem Gesamturteil zu aggregieren. Andernfalls kommt es zu verzerrten Befunden.

(2) Daneben läßt sich bereits die Ausgangsfragestellung in einzelne Attribute (Eigenschaften, Merkmale und Elemente) zerlegen. Dabei unterstellt man mehr oder minder explizit, daß objektiv oder subjektiv feststellbare Produkteigenschaften von den Konsumenten hinsichtlich bestimmer Zwecke einzeln und bewußt bewertet werden (vgl. *Lücke* 1973). Bewertungsunterschiede können sich dabei in verschiedenartigen Merkmalslisten und unterschiedlichen Gewichten für die einzelnen Merkmale manifestieren. Ein solches Verständnis von Produktqualität entspricht dem Schema der hier zu referierenden komplexen psychologischen Beurteilungsprogramme.

Psychologische Verfahren, die eine Ganzheit in ihre Elemente zerlegen, um so deren kognitive Verarbeitung abzubilden, stützen sich, wie bereits erwähnt, auf sog. **Multiattributivmodelle.** Die kognitive Repräsentation eines einzelnen Attributes (etwa Farbe, PS-Zahl oder Kofferraum eines Automobils) bezeichnet man als **Eindruck.** Bei der Aggregation der Einzeleindrücke zu einem Gesamteindruck im Sinne einer gedanklichen Repräsentation der zu beurteilenden Ganzheit beschreitet man unterschiedliche Wege:

– Bei einer **nicht-kompensatorischen Verknüpfung** der einzelnen Eindrücke kann ein nachteiliger Eindruck (Rostansatz am Kotflügel eines Gebrauchtwagens) durch einen guten Eindruck (geringe Kilometerleistung) nicht ausgeglichen werden. Überspitzt gesagt heißt dies: Ein schlechter Eindruck bei einem Detail verdirbt den Gesamteindruck.

– Bei einer **kompensatorischen Verknüpfung** gilt dies hingegen nicht. So wird beispielsweise ein mißlungenes Essen durch die Atmosphäre des Restaurants oder durch den guten Wein ausgeglichen.

Die meisten Studien zur Wahrnehmungsforschung bedienen sich der **linear-kompensatorischen Regel** (vgl. *Wilkie/Pessemier* 1973; *Bettman* 1977; *Lutz* 1977). Dabei geht man von zwei Komponenten aus, der sachlichen Information (ein Automobil mit vier Türen) und deren Bewertung (das finde ich gut). Das Gesamturteil entsteht durch multiplikative Verknüpfung dieser zwei Komponenten (= Eindruckswert) sowie Summation aller Eindruckswerte. Da sich die Gesamtbeurteilung, die im Sinne von „besser – schlechter" auch eine Präferenzordnung verkörpert, aus Teilurteilen zusammensetzt, spricht man hier von **kompositionellen Verfahren** (vgl. dazu *Beeskow* u.a. 1983). Drei der bekanntesten Varianten davon sind folgende:

(1) *Rosenberg*-Modell

In der Fassung von *Rosenberg* (1956) erfährt das linear-additive Modell eine stark funktionalistische Interpretation. Dieser Autor geht davon aus, daß Verbraucher Produkte danach beurteilen, inwieweit sie geeignet sind, ihre Motive zu befriedigen („means end analysis"). Konkret läßt sich die Urteilsbildung wie folgt formalisieren:

(3.7.) $$A_j = \Sigma\, V_i \cdot I_{ij}$$

Dabei bedeuten:
- A_j = wahrgenommene Zweckeignung eines Produktes j (Produkteinstellung)
- V_i = Wichtigkeit eines Motivs i („value importance")
- I_{ij} = wahrgenommene Eignung des Produktes j zur Befriedigung des Motivs i („perceived instrumentality")

Soll beispielsweise das Urteil eines Verbrauchers über ein bestimmtes Automobil in Erfahrung gebracht werden, gilt es zunächst, die mit dem Objekt verbundenen Bedürfnisse wie Sicherheit, Bequemlichkeit und soziale Anerkennung (Prestige) zu ermitteln („values") und gemäß deren Bedeutung für den Betroffenen zu gewichten („value importance"). Anschließend muß dieser danach gefragt werden, wie gut er seine spezifischen Anforderungen bei dem betreffenden Fahrzeug erfüllt sieht („perceived instrumentality"). Die daraus resultierenden Eignungswerte werden dann mit den jeweiligen Motivgewichten multipliziert und die mathematischen Produkte zu einem Globalurteil summiert.

Für die Zwecke der Produktpolitik birgt dieses Modell beträchtliche Probleme in sich. Zum einen lassen sich nur schwer alle relevanten Motive ermitteln, zum anderen geben die Angaben der Befragten kaum Aufschluß darüber, hinsichtlich welcher Eigenschaften ein Erzeugnis verbessert werden soll, um ein besseres Produkturteil zu erzielen.

(2) Adequacy Importance-Modell

Das allgemeine **Adequacy Importance-Modell** kann als eine pragmatische und insbesondere auf die Messung der Qualität von Produkten hin orientierte Variante des *Rosenberg*-Modells aufgefaßt werden (vgl. *Kupsch* u.a. 1978; *Behrens* u.a. 1978). Dabei wird anstelle von Motiven, deren Ermittlung besondere Schwierigkeiten bereitet, von **wahrgenommenen Produktattributen** ausgegangen, denen **Wichtigkeitswerte** zuzuordnen sind. Die Bedeutung einzelner Motive wird also auf indirekte Weise erfaßt.

(3.8.) $$Q_j = \sum_{k=1}^{n} X_{jk} \cdot Y_{jk}$$

Dabei bedeuten:
- Q_j = Qualitätsurteil eines Konsumenten über die Marke j
- X_{jk} = Wichtigkeit der Eigenschaft k ($k=1, \ldots, n$) an der Marke j für einen Konsumenten
- Y_{jk} = Ausprägung der Eigenschaft k an der Marke j nach dem Urteil des Konsumenten

Werden auf diese Weise die Qualitätsurteile von Konsumenten über mehrere Produkte erfragt, erhält man folgende Informationen:

- Gesamturteile, die sich als Prädiktoren für die Präferenzordnung der Verbraucher deuten lassen.
- Urteile darüber, wie Probanden die einzelnen Objekte wahrnehmen, d. h. welche Positionen die Produkte in dem durch die Attribute X_{jk} aufgespannten Wahrnehmungsraum einnehmen.
- Urteile darüber, wie wichtig einzelne Produktattribute Verbrauchern für die Bildung eines Gesamturteils sind.

Die unterschiedlichen Produktanforderungen schaffen ideale Voraussetzungen für eine Marktsegmentierung (siehe § 8, Abschn. 2.2.2.2.1.).

(3) Idealpunkt-Modelle

Bei den bislang dargestellten Ansätzen wird implizit unterstellt, daß jedes Attribut wünschbar ist und gleichzeitig ein „je mehr, desto besser" gilt. Die Kritik daran führte zur Entwicklung sog. **Idealpunkt-Modelle** (vgl. *Lehmann* 1971; *Bass* u. a. 1972; *Trommsdorff* 1975), in denen eine zusätzliche Komponente, die attributspezifische Idealausprägung, eingeführt wird.

(3.9.) $$Q_j = \sum_{k=1}^{n} W_k |B_{jk} - I_k|^r$$

Dabei bedeuten:

Q_j = Qualitätsurteil über Produkt j
W_k = Wichtigkeit des Attributs k ($k = 1, ..., n$)
B_{jk} = wahrgenommene Ausprägung des Attributs k von Produkt j
I_k = als ideal empfundene Ausprägung des Attributs k
r = Parameter, der mit $r = 1$ einen konstanten und mit $r = 2$ einen abnehmenden Grenznutzen impliziert

Ein Erzeugnis wird nach diesem Modell einem anderen dann vorgezogen, wenn seine Entfernung zum subjektiven Ideal-Produkt geringer ist. Der Vorteil einer Orientierung der Produktbewertung an den Idealvorstellungen eines Konsumenten liegt auf der Hand: Die individuelle Bewertungsgrundlage des Befragten, das Ideal, wird offengelegt und die daran relativierten Produkturteile können verhältnismäßig leicht in **produktpolitische Zielgrößen** umgewandelt werden (vgl. *Kroeber-Riel* 1980, S. 196).

Eine Variante dieses Ansatzes stellt die Messung des Ausmaßes der Bedürfnisbefriedigung, die ein Produkt stiftet, dar. Hierzu wird üblicherweise das psychische Konstrukt der **Zufriedenheit** (vgl. dazu *Andritzky* 1976, S. 185 ff.) herangezogen. Dabei geht man etwa so vor, daß für eine Menge von Produkteigenschaften jeweils erfragt wird,

- welche Ausprägungen bei den einzelnen Eigenschaften erwartet (Soll-Leistung) und
- welche Ausprägungen dieser Eigenschaften tatsächlich wahrgenommen werden (Ist-Leistung).

Dies führt zu zwei Profilen, wie sie beispielhaft in Abb. 3.7. dargestellt sind. Die Zufriedenheit ergibt sich hierbei aus dem Grad an Übereinstimmung

3. Die Produkt- und Programmevaluation als Ausgangspunkt

zwischen dem Anforderungs- und dem Leistungsprofil, die mittels **Distanzmaßen**, der **Rangkorrelation** oder der **Mehrdimensionalen Skalierung** gemessen werden kann (vgl. hierzu *Andritzky* 1976, S. 192 ff., und die dort angegebene weiterführende Literatur).

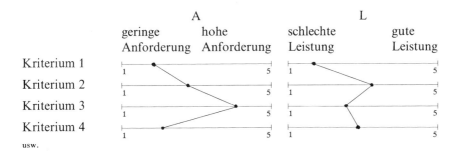

Quelle: *Andritzky* 1976, S. 191.

Abb. 3.7.: Hypothetisches Beispiel für ein Anforderungs- und ein Leistungsprofil eines Produktes

3.1.2.2.2. Mehrdimensionale Meßverfahren

In einigen der angesprochenen Modelle vollzieht sich die Produktbeurteilung analytisch in einem zweistufigen Prozeß. Deutlich getrennt wird dabei die Wahrnehmung von Produkteigenschaften (kognitive Komponente) von deren zweck- bzw. motivorientierter Bewertung (motivationale Komponente). In diesem Abschnitt werden nun Verfahren behandelt, die allein auf die Verarbeitung und Verdichtung der sachlichen, **kognitiven Komponente** des **Wahrnehmungsvorgangs** abzielen und die psychischen Perzeptionsräume der Konsumenten zu rekonstruieren erlauben. Dabei gehen wir von folgenden Überlegungen aus:

– Es gibt eine Menge von Produkten (Konkurrenten, Substituten oder – allgemein – Wahrnehmungsobjekten), die jeweils an Hand einer Vielzahl von Attributen beschrieben werden können.

– Jedes Attribut kann als eine Achse im psychischen Beurteilungs- resp. Wahrnehmungsraum aufgefaßt werden. Diese Achsen spannen also einen ihrer Anzahl gemäß dimensionierten kognitiven Raum auf.

– Es liegen Konsumentenurteile darüber vor, wie stark einzelne Attribute bei den einzelnen Produkten ausgeprägt sind (kognitive Komponente der Produktbeurteilung).

– Auf Grund dessen ist es möglich, jedes Produkt einem bestimmten Punkt im kognitiven Raum, dem sog. Produktmarktraum, zuzuordnen.

Unter Heranziehung eines oder mehrerer denkbarer mathematisch-statistischer Verfahren können wir nun mindestens drei Ziele verfolgen: Einmal läßt sich die Zahl der Dimensionen (Achsen) des Wahrnehmungsraums ohne allzu großen Informationsverlust verringern, wodurch jener transparenter und handlicher wird. Dies ist im Ergebnis gleichbedeutend mit der Suche nach den zentralen Dimensionen, die für die Wahrnehmung von Produkten durch Käufer maßgebend sind. Daneben könnte es unser Bestreben sein, die Position der einzelnen Produkte, bezogen auf diese zentralen Dimensionen, zu ermitteln. Schließlich werden wir uns auch für die relativen Positionen der Produkte zueinander in diesem Raum interessieren, da dies Aufschluß über die Ähnlichkeit, Austauschbarkeit oder Konkurrenzintensität gibt.

Mit den Positionen der Produkte in den Wahrnehmungsräumen der Verbraucher und den marketingpolitischen Maßnahmen, die eine Veränderung von als ungünstig erachteten Produktpositionen bezwecken, hängt unmittelbar der Begriff der **Produktpositionierung** zusammen, der gleichwohl in der Literatur nicht einheitlich gebraucht wird. So verwenden einige amerikanische Forscher das Wort „positioning" nur für die Ermittlung von Produktpositionen in Markträumen (vgl. *Kotler* 1971, S. 425; ähnlich *Wind* 1982, S. 75), während andere Autoren (vgl. z.B. *Brockhoff* 1981, S. 72) auch die bewußte, mit Marketing-Mitteln angestrebte Veränderung von Produktpositionen in den Begriff einbeziehen. Die letztere Interpretation ist maßgebend für die folgenden Überlegungen.

Der erste Schritt bei der Rekonstruktion von Wahrnehmungsräumen von Konsumenten mit Hilfe einschlägiger Modelle besteht in der Bestimmung des **relevanten Marktes.** Welche Erzeugnisse gehören zu einem bzw. bilden einen Markt? Für die Abgrenzung bieten sich zwei Möglichkeiten an: *Pessemier* (1975) schlägt vor, die Bestimmung des relevanten Marktes einfach dem Marketing-Manager als dem Experten zu überlassen. Seine Aufgabe wäre es demnach, Erzeugnisse zu benennen, die „natürliche" bzw. als Substitute wirkende Alternativen darstellen und jeweils problemlos von den Konsumenten erworben werden können.

In einem deutlichen Gegensatz zu dieser pragmatischen Vorgehensweise steht die Konturierung von Produktmärkten über „evoked sets" (vgl. *Howard/Sheth* 1969). Als **„evoked set"** bezeichnet man die Menge an Marken (oder Objekten), die einem Verbraucher in einer Kaufentscheidung bewußt sind. Elemente, die von einem bestimmten Prozentsatz der Befragten genannt werden, bilden den relevanten (Produkt-)Markt (vgl. dazu *Dichtl/Schobert* 1979, S. 89ff.; *Day* u.a. 1979).

Was den nächsten Schritt anbetrifft, sind zwei verschiedene Vorgehensweisen denkbar (zu den nachfolgend aufgeführten Verfahren siehe *Rehder* 1975 und die dort angeführte Literatur; ferner *Dichtl/Schobert* 1979):

(1) Produktmarktmodelle mit expliziter Vorgabe von Attributen

Eine Möglichkeit besteht darin, daß man Verbraucher auffordert, ihre Meinung über die Beschaffenheit von Produkten an Hand einer Menge vorgegebener Merkmale zu bekunden. Damit wird gewissermaßen der kognitive

3. Die Produkt- und Programmevaluation als Ausgangspunkt

Raum der Befragten vorstrukturiert. Verständlicherweise ist deshalb die Auswahl der vorzugebenden Merkmale eine empfindliche Phase beim Aufbau von **Produktmarkträumen.** Es kommt dabei vor allem auf Eigenschaften an, die möglichst unabhängig voneinander sind, ohne weiteres wahrgenommen werden können, die interessierenden Objekte gut trennen und für Kaufentscheidungen zumindest nicht irrelevant sind (vgl. *Brockhoff* 1981, S. 15). Zudem sind im Marketing insbesondere von Seiten des Herstellers leicht beeinflußbare bzw. kontrollierbare Attribute von Interesse.

Danach werden ausgewählte Verbraucher aufgefordert, existierende sowie u. U. auch fiktive neue Produkte unabhängig voneinander auf jedem bedeutsamen Attribut einzustufen. Hierzu werden bipolare, meist 7stufige Ratingskalen verwendet. Diese lassen sich mit Hilfe sog. multivariater Methoden (siehe § 7, Abschn. 4.5.1.) zusammenfassen und auf neue, meist ganz wenige Achsen verdichten. Dadurch gewinnt man ein von Informationsredundanz befreites, niedrig dimensioniertes, höchst anschauliches **Marktmodell,** in dem jedes einzelne Objekt „seinen" Platz einnimmt.

(2) Produktmarktmodelle ohne explizite Vorgabe von Attributen

Bei der geschilderten Vorgehensweise ist nicht immer zu vermeiden, daß der Wahrnehmungsraum Attribute enthält, die für die Perzeption und Beurteilung von Produkten durch die Konsumenten in der Realität ohne Bedeutung sind, während gleichzeitig Eigenschaften unberücksichtigt bleiben, die das Bild in starkem Maße prägen. Solche Fehler können bei Anwendung etwa der Mehrdimensionalen Skalierung (MDS) von Ähnlichkeiten (vgl. § 7, Abschn. 4.5.1.7.) vermieden werden.

Hierbei werden Produkte von den Probanden nicht bezüglich vorgegebener Attribute, sondern an Hand der wahrgenommenen globalen Ähnlichkeit paarweise beurteilt. Die Dimensionen des Wahrnehmungsraumes werden dabei nicht durch Vorgabe vorbestimmt, sondern aus den Ähnlichkeitsurteilen erschlossen. Man spricht daher in diesem Zusammenhang auch von **dekompositionellen** Verfahren. Es erübrigt sich, an dieser Stelle auf deren mathematische Struktur einzugehen.

Einer ihrer wesentlichen Vorzüge besteht jedenfalls darin, daß die Betroffenen bei der Beurteilung der Ähnlichkeit von Produkten von ihrem eigenen, individuellen Attribute- und Relationensystem ausgehen können. Weiterhin müssen deren Angaben lediglich ordinalskaliert sein. So wäre selbst ein völlig unbedarfter Autofahrer nicht überfordert, wenn er sich dazu äußern müßte, ob er eher Modelle vom Typ *Mercedes-Benz 230* und *BMW 520* oder aber *VW Golf* und *Rolls Royce* für ähnlicher hält.

Die Leistungsfähigkeit des skizzierten Ansatzes illustriert Abb. 3.8. Es handelt sich dabei um ein Marktmodell für n = 14 Automobile, das aus $n(n-1)/2 = 91$ **Paarvergleichen** erstellt wurde. Die **räumlichen Entfernungen** von einem Punkt zum anderen sind unmittelbar Abbild der wahrgenommenen

Ähnlichkeit. Das Ergebnis erscheint plausibel: Die eher sportlichen Typen wie *Firebird, Camaro, Capri* oder Luxus-Limousinen wie *Mercedes-Benz* und *Lincoln Continental* sind einander jeweils ähnlicher als z. B. *Jaguar* und *VW*.

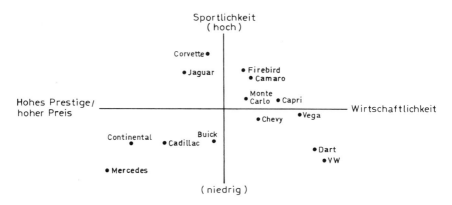

Quelle: *Wind* 1982, S. 84.

Abb. 3.8.: Zweidimensionales Modell (Ausschnitt) des amerikanischen Marktes für Automobile

Neben den relativen Positionen der Automobile zueinander interessieren naturgemäß auch die **Dimensionen** selbst, die in den Köpfen der Verbraucher für die ausgewiesene Verteilung der Automobile im Wahrnehmungsraum verantwortlich sind. Was sich materiell hinter den Koordinaten des Modells verbirgt, bedarf der Interpretation, und zwar im Wege der (intuitiven) Expertise oder unter Heranziehung ergänzender statistischer Verfahren, wie sogleich gezeigt werden wird.

Angesichts der Anordnung der einzelnen Marken auf der Abszisse von Abb. 3.8. handelt es sich hierbei offenkundig um die Dimension „Prestige/Wirtschaftlichkeit", während die Ordinate den Grad der „Sportlichkeit/Unsportlichkeit" zu verkörpern scheint.

Will man sich nicht auf mehr oder weniger spekulative Expertenurteile verlassen, kann man für die Achseninterpretation auch zusätzliche, modellexterne Angaben der Verbraucher nutzen. Hierzu werden die Befragten gebeten, die fraglichen Automarken bezüglich einiger vorgegebener Eigenschaften (Wirtschaftlichkeit, Geräumigkeit, Komfort u. ä.) zu beurteilen, sie beispielsweise in eine Rangordnung zu bringen. Jede dieser Eigenschaften läßt sich als ein Vektor auffassen, den man ergänzend in den aufgespannten Wahrnehmungsraum projiziert und stufenweise um das Koordinatenkreuz rotiert. Dies geschieht so lange, bis im Idealfall die von den einzelnen Marken aus auf den Vektor gefällten

3. Die Produkt- und Programmevaluation als Ausgangspunkt 157

Lote eine Reihenfolge eben dieser Marken anzeigen, die genau der extern erhobenen Rangordnung entspricht. Das Verfahren ist als *PROFIT* („property fitting") bekannt.

Abb. 3.9. enthält zwei solche Eigenschaftsachsen. Nach der einen erweist sich der *VW* als das sparsamste Gefährt, während *Mercedes-Benz, Jaguar, Continental* und *Corvette* die Schlußlichter bilden. Was die Geräumigkeit anbetrifft, führen *Mercedes-Benz, Continental* und *Cadillac* das Feld an; *VW, Dart* und *Vega* werden in dieser Hinsicht am schlechtesten eingeschätzt.

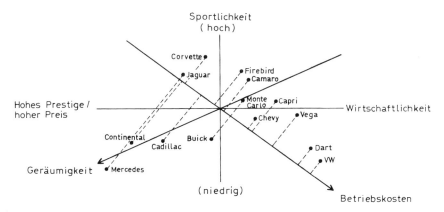

Quelle: *Wind* 1982, S. 85.

Abb. 3.9.: Zweidimensionaler Produktmarktraum für Automobile mit zwei extern erhobenen Attributen

Von besonderer Bedeutung ist es überdies zu wissen, ob solche externen Kriterien unabhängig voneinander sind. In Abb. 3.9. ist dies z. B. nicht der Fall, da die beiden Vektoren keinen rechten Winkel zueinander bilden, was deren Interpretation entschieden vereinfacht hätte. Die Unabhängigkeit von Attributeachsen (Beurteilungskriterien) in Produktmarkträumen bedeutet, daß Verbraucher bei der Beurteilung von Automobilen und bei der anschließenden Präferenzbildung **„trade offs"** zwischen den Attributen vornehmen müssen. Es gibt dann also kein allgemeines eindimensionales Kriterium zur Beurteilung von Automobilen hinsichtlich deren Produktqualität.

Das Gegenteil ist, wie Abb. 3.10. illustriert, bei EDV-Anlagen der Fall. Hier fällt auf, daß die Attribute (mit Ausnahme der „Preisflexibilität") extrem hoch miteinander korrelieren. Entweder kommt es dabei zu einem sog. Halo-Effekt (siehe Abschn. 2.2.2.2.1.) oder aber der Beurteilung der Leistung von Computeranbietern liegt tatsächlich nur eine einzige zentrale Dimension zugrunde.

158 § 3 Produktpolitik

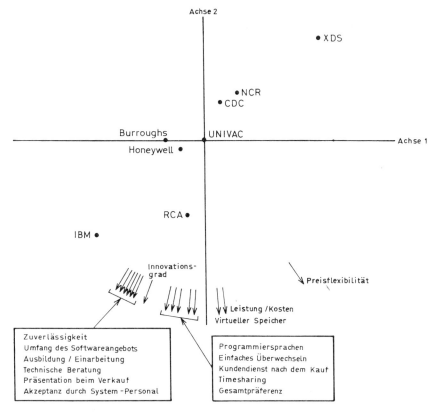

Quelle: Green/Tull 1982, S. 505.

Abb. 3.10.: Image von Computerherstellern

3.1.2.3. Die Präferenzstruktur

Aus einem Marktmodell, wie es im letzten Abschnitt vorgestellt wurde, vermag man noch nicht abzuleiten, welche Produkte von (bestimmten) Verbrauchern bzw. Verbrauchergruppen bei der Kaufentscheidung letztlich vorgezogen und welche abgelehnt werden. Was noch fehlt, sind deren Präferenzen.

Präferenz impliziert Bewertung. Ein Konsument, der die Erzeugnisse A und B als sehr ähnlich, C und D jedoch als wenig ähnlich beurteilt, also zur **Ähnlichkeitsrangordnung** AB > ... > CD gelangt, kann eine davon völlig verschiedene **Präferenzordnung** (z. B. C > D > ... > A > ... > B) entwickeln. Wahrnehmungs- oder Ähnlichkeitsurteile auf der einen und Präfenzurteile auf der anderen Seite können demnach alles andere als identisch sein.

3. Die Produkt- und Programmevaluation als Ausgangspunkt

Die Bewertungskomponente läßt sich wie folgt in Produktmarkträume einbauen (vgl. *Dichtl/Schobert* 1979, S. 56 ff., und die dort angegebene weiterführende Literatur):

(1) Bei der **internen Präferenzanalyse** wird ein Produktmarktraum ausschließlich auf der Basis von Präferenzurteilen gebildet; eine Skalierung auf der Basis der Ähnlichkeit entfällt. Die Datengrundlage besteht z. B. aus H Präferenzmatrizen (n × n), die dadurch zustande kommen, daß jede der H Auskunftspersonen (h = 1, ..., H) eine an jedem der n Objekte orientierte Präferenzordnung aufstellt. Dabei fungiert jedes Produkt einmal als Ankerreiz, während die verbleibenden (n−1) Objekte nach Maßgabe ihrer Vorziehenswürdigkeit gegenüber dem Ankerstimulus Präferenzwerte zugewiesen erhalten. Aus dieser Datenbasis kann z. B. mit Hilfe des MDPREF-Verfahrens (vgl. *Green/Rao* 1972, S. 212 ff.) ein sog. „joint space" entwickelt werden, in dem sowohl die n realen Produkte als auch H Merkmals-Wunsch-Kombinationen, d. h. Richtungen, die zunehmende Präferenz im Raum anzeigen, zu finden sind (vgl. dazu die sog. Unfolding-Technik in § 7, Abschn. 4.2.3.4.).

(2) Bei der **externen Präferenzanalyse** werden sowohl Perzeptionen (Ähnlichkeitsurteile) als auch Präferenzdaten verarbeitet. Die Rekonstruktion erfolgt dabei in zwei Stufen: Zunächst erstellt man nach Maßgabe der Ähnlichkeitsdaten den Produktmarktraum für die n Produkte. Im Anschluß daran versucht man, mit Hilfe geeigneter Verfahren für jedes beteiligte Individuum den Ort im Produktmarktraum zu finden, der den höchsten Präferenzwert verkörpert.

Unabhängig davon, ob man zur Ermittlung von Präferenzen die interne oder die externe Analyse wählt, benötigt man Transformationsregeln, die es gestatten, aus der Anordnung der Produkte im kognitiven Raum Aussagen über das zu erwartende Verhalten von Verbrauchern abzuleiten. Dazu dienen sog. **Idealmodelle,** von denen zwei Varianten, das Idealpunkt-Modell (IP) und das Idealvektor-Modell (IV), existieren.

(1) Idealvektor-Modell
Hier unterstellt man, daß die Präferenzrangordnung eines Individuums bzw. einer Gruppe aus der Richtung eines Fahrstrahls (Vektors) und aus den Projektionen der Objekte (z. B. Marken) auf diesen Vektor rekonstruiert werden kann. Dieser gibt einerseits die Richtung zunehmender Vorziehenswürdigkeit, andererseits die Bedeutung der einzelnen das Marktmodell formenden Attribute für das Zustandekommen der Präferenzordnung an, dies insofern, als der Cosinus des Winkels zwischen dem **Präferenzvektor** und einer **Achse** des **Merkmalsraumes** als Beitrag des entsprechenden Merkmals zu der entsprechenden eindimensionalen Präferenzrangordnung interpretiert werden kann. So wäre z. B. in Abb. 3.11.(a) für die Präferenzbildung des Verbrauchers h" die Achse I des Wahrnehmungsraumes von großer Bedeutung (= starke negative Korrelation).

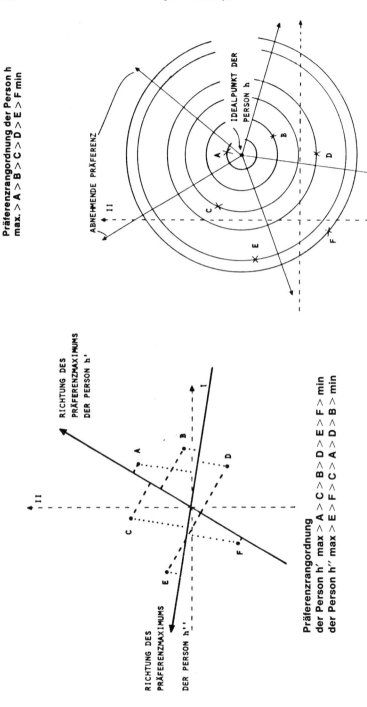

Quelle: *Dichtl/Schobert* 1979, S. 61 f.   Abb. 3.11.: Idealvektor- und Idealpunkt-Modell

3. Die Produkt- und Programmevaluation als Ausgangspunkt 161

Gleich bevorzugte Produkte liegen bei Anwendung des Idealvektor-Modells auf einer senkrecht zum Präferenzvektor verlaufenden Isopräferenzlinie. Fällt man von jedem Punkt ein Lot auf den Präferenzvektor (Projektion), erhält man eine eindeutige Rangordnung und u. U. sogar eine metrische Abbildung der Vorziehenswürdigkeit der betrachteten Produkte. Das Vektor-Modell hat seinen Platz vor allem dort, wo ein Individuum nur eine seine Präferenzordnung bestimmende Gewichtung von Eigenschaften, nicht jedoch konkrete Ausprägungen seines Ideals auf einzelnen Merkmalskontinua (Achsen des Raumes) angeben kann.

(2) Idealpunkt-Modell

Hier repräsentiert ein einziger Punkt die Wunschvorstellungen des bzw. der Betroffenen. Nach diesem Konzept wird dasjenige Gut ausgewählt, das die kürzeste richtungsunabhängige Distanz zum **Idealpunkt** aufweist (vgl. Abb. 3.11.(b)). Die Isopräferenzkurven bilden im zweidimensionalen Produktmarktraum konzentrische Kreise um den Idealpunkt. Objekte mit gleichem Abstand vom Idealpunkt werden gleichermaßen bevorzugt. Mit zunehmender Entfernung der realen Produkte vom Idealprodukt nimmt hingegen die Präferenz kontinuierlich ab. Wie aus Abb. 3.11.(b) zu ersehen ist, kommt beiden Dimensionen für die Präferenzbildung gleiche Bedeutung zu, d. h. eine geringere Ausprägung auf der ersten Dimension kann durch einen entsprechenden Zuwachs auf der zweiten ausgeglichen werden (und umgekehrt).

Es liegt auf der Hand, daß Austauschfunktionen der beschriebenen Art eine spezielle Variante des allgemeinen Falles darstellen, in dem jede Achse des Raumes unterschiedlich gewichtet werden kann. Die zugehörigen Isopräferenzkonturen gleichen dann Ellipsen mit je nach Gewichtungsverhältnis mehr oder weniger stark ausgeprägter Exzentrizität.

Ein Beispiel für die externe Präferenzanalyse vermittelt Abb. 3.12. Es handelt sich hierbei um den aus dem vorigen Abschnitt vertrauten, aus Ähnlichkeitsurteilen gewonnenen Produktmarktraum für Automobile, in dem zwei Idealpunkte aufscheinen. Individuum I_1 präferiert offensichtlich sportliche, aber nicht allzu exklusive Marken wie *Camaro, Capri* oder *Firebird*, während I_2 prestigeträchtige Luxus-Limousinen wie *Continental, Mercedes* oder *Cadillac* bevorzugt.

Je nach Aufgabenstellung können Idealpunktvorstellungen von Individuen oder von Verbrauchersegmenten abgebildet werden. Im ersteren Fall wäre es ohne weiteres möglich, die Betroffenen im Hinblick auf die Ähnlichkeit ihrer Präferenzen (= Distanzen zwischen den Idealpunkten) zu segmentieren. Alternativ dazu wäre auch eine auf den ursprünglichen Präferenzurteilen aufbauende Segmentierung mit anschließender Projektion von Idealpunkten in die einzelnen Teilmärkte möglich (vgl. *Wind* 1982, S. 88).

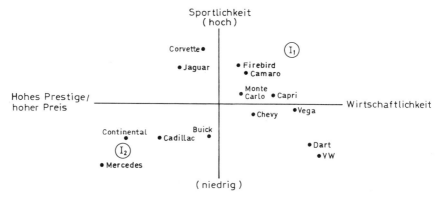

Quelle: *Wind* 1982, S. 87.

Abb. 3.12.: Zweidimensionaler Produktmarktraum für Automobile mit den Idealproduktpositionen zweier Individuen (I_1, I_2)

3.1.2.4. Die Kaufabsicht

Die Bedeutung des Konstrukts Kaufabsicht für die Prognose des Kaufverhaltens kann man am einfachsten durch eine Gegenüberstellung von Einstellung und Präferenz verdeutlichen. Einstellungen lassen sich im Sinne von subjektiven Urteilen über die Eignung von Produkten zur Befriedigung von Bedürfnissen (= wahrgenommene Produktqualität) als **Prädispositionen** (psychische Haltung) interpretieren, aus denen, sofern keine individuellen Ressourcenrestriktionen vorhanden sind und die bevorzugte Marke am Point of Purchase (POP) verfügbar ist, ein entsprechender Kauf resultiert.

Präferenzurteile haben mit **Qualitätsurteilen** vieles gemeinsam. Ebenso wie an Qualitätseinschätzungen läßt sich auch an Präferenzurteilen die Vorziehenswürdigkeit von Produkten ablesen. Ein Unterschied besteht lediglich darin, daß im ersten Falle der Grad der Vorziehenswürdigkeit im Rahmen eines kognitiven Prozesses ermittelt wird, während ein Präferenzurteil ein unmittelbares Vergleichsmittel darstellt: Marke A wird B vorgezogen (Paarvergleich). Denkbar sind auch ein Triadenurteil oder letztlich sogar die Aufstellung einer vollständigen Rangfolge von Objekten des relevanten Produktraums hinsichtlich ihrer Vorziehenswürdigkeit.

Das Konstrukt Kaufabsicht („intention to buy", „propensity to buy") reflektiert darüber hinaus unter Vorwegnahme der individuellen Ressourcenallokation und der Beschaffungssituation eine entsprechende Verhaltensweise. Daher wird dieses Element als eine psychische Größe aufgefaßt, die als intervenierende Variable die Relation „Präferenz → Realverhalten" mitbestimmt und vergleichsweise noch näher am realen Markenwahlgeschehen liegt.

Die Verwandtschaft der **Kaufabsicht** mit dem **Präferenzkonstrukt** bringt es mit sich, daß dieses häufig als Determinante der Kaufabsicht bzw. als Kaufneigung interpretiert und zu deren Ermittlung herangezogen wird. So verwendet dazu

3. Die Produkt- und Programmevaluation als Ausgangspunkt

Rothman (1964, S. 289 ff.) nach einem Vergleich alternativer Operationalisierungen der Kaufabsicht das Idealpunkt-Modell. Dabei begreift er als „propensity to buy" die Distanz zwischen dem Idealpunkt einer Auskunftsperson im Produktmarktraum (z. B. I_1 und I_2 in Abb. 3.12.) und den Produktpositionen:

(3.10.) $$D_{ik} = \sqrt{\sum_j W_j \cdot d_{ijk}^2}$$

Dabei bedeuten:

D_{ik} = Distanz zwischen Idealpunkt des Individuums i und Position der Marke k (= „propensity to buy")
d_{ijk} = Distanz zwischen Idealpunkt des Individuums i und Position der Marke k bezüglich der Raumdimension j
W_j = Gewicht der Achse j

Neben solchen abgeleiteten Intentionsindices gibt es eine Reihe von **direkt zugreifenden Verfahren** zur Ermittlung der **Kaufabsicht**:

(1) Einer ersten Kategorie gehören Ansätze an, bei denen die Auskunftspersonen unmittelbar zur Angabe der Intensität ihrer Kaufabsicht aufgefordert werden. Offenkundig handelt es sich hierbei um eine Spielart der Selbstskalierung der Befragten. Hierzu zählen einfache **Ratings** wie z. B. folgendes (vgl. *Wind* 1982, S. 298):

würde mit Bestimmtheit kaufen	würde wahrscheinlich kaufen	vielleicht ja, vielleicht nein	würde wahrscheinlich nicht kaufen	würde mit Bestimmtheit nicht kaufen
2	1	0	−1	−2

Andererseits kann aber auch versucht werden, direkt Wahrscheinlichkeiten über die Kaufintention zu erheben. So wird von *Stapel* (1973, S. 312; ähnlich auch *Juster* 1966) für die Ermittlung einer unspezifischen, d. h. nicht markenbezogenen Kaufwahrscheinlichkeit beispielsweise folgende Frage/Antwort-Konstellation vorgeschlagen:

Frage: „Wie hoch schätzen Sie die Wahrscheinlichkeit ein, daß Sie selbst oder ein Mitglied Ihrer Familie in diesem Jahr einen Neuwagen oder einen Gebrauchtwagen kaufen werden bzw. wird?"

Antwort: 100 absolut sicher   50 unentschieden
90 fast sicher   40 eher nein als ja
80 sehr wahrscheinlich   30 wenig wahrscheinlich
70 ziemlich wahrscheinlich   20 sehr unwahrscheinlich
60 eher ja als nein   10 so gut wie nicht
    0 bestimmt nicht

Einen anderen Weg zur Bestimmung der Kaufabsicht verkörpert nach *Rothman* (1964) die sog. **Geschenkmethode**. Hierbei wird ausgewählten Verbrauchern die Teilnahme an einer Auslosung angeboten und mitgeteilt, daß sie als ersten Preis den Jahresbedarf eines bestimmten Produkts frei Haus geliefert bekämen. Ihre Aufgabe besteht allein darin, ihre Bereitschaft dazu zu bekunden und sich für eine Marke zu entscheiden.

(2) Zu einer zweiten Kategorie gehören Meßverfahren, die eine Zerlegung der Intention in einzelne Komponenten erfordern. Die Stärke der Kaufintention wird dabei durch Verknüpfung der attributbezogenen Angaben der Auskunftspersonen erschlossen. In Betracht kommen hierfür vor allem zwei Varianten von *Fishbein's* „Behavioral Intention Model" (vgl. *Bearden/Woodside* 1977 und die dort angegebene Literatur):

(3.11.) $$\text{Kaufverhalten} \approx BI = W_1(A_{act}) + W_2(SN)$$

Dabei bedeuten:

BI = Handlungsintention („behavioral intention"), hier also die Absicht, ein Produkt zu erwerben und zu konsumieren
A_{act} = individuelle Einstellung zu der betreffenden Handlung, also zum Erwerb und Konsum eines Produktes
SN = subjektive Norm als Ausdruck der wahrgenommenen Einstellung der sozialen Umwelt (Referenzgruppe) zu der betreffenden Handlung
W_1, W_2 = empirisch zu ermittelnde standardisierte Regressionskoeffizienten

Wie ersichtlich, besteht die Grundidee des Modells darin, die **Verhaltensintention** im Wege der Regressionsanalyse (siehe § 7, Abschn. 4.5.1.1.) zu schätzen, wobei als unabhängige Variablen die Einstellung zu der Handlung (Erwerb, Konsum, Nutzung des Produktes) und der soziale Einfluß (Anpassungsdruck) in die Gleichung eingehen. Die Regressionskoeffizienten W_1 und W_2 geben wieder, ob ein Individuum eher einstellungsgeleitet ($W_1 > W_2$) oder aber den sozialen Normen entsprechend ($W_1 < W_2$) handelt.

Die subjektive Wahrnehmung sozialer Verhaltensnormen (SN) wird dabei wie folgt ermittelt:

(3.12.) $$SN = \sum_{j=1}^{m} NB_j \cdot MC_j$$

Dabei bedeuten:

m = Anzahl relevanter Mitglieder der Referenzgruppe
NB_j = Wahrnehmung der Erwartungen (Verhaltensnorm) der Referenzgruppe seitens der Person j im Hinblick auf die betreffende Handlung
MC_j = Motivation der Person j, den Erwartungen der Referenzgruppe zu entsprechen (Anpassungswille, „motivation to comply")

Die Einstellung zu der interessierenden Handlung A_{act} wird demgegenüber im Grundmodell (= Variante I) wie folgt erhoben:

(3.13.) $$A_{act} = \sum_{i=1}^{n} B_i \cdot a_i$$

Dabei bedeuten:

a_i = individuelle Bewertung der Konsequenz i der Handlung des Individuums
B_i = Grad der Überzeugung („belief"), daß die Handlung zur Konsequenz i führen wird
n = Anzahl relevanter Handlungskonsequenzen

Die Variante I, in der als unabhängige Variable die Einstellung zur Handlung (A_{act}) auftritt, ist im Marketing-Bereich vornehmlich dann von Bedeutung, wenn das Zustandekommen eines Kaufakts oder die Erhöhung der Kauf- bzw. Konsumfrequenz angestrebt wird. Indessen gibt es viele Fälle, bei denen es primär um etwas anderes, nämlich um das Objekt der Handlung geht. So werden unabhängig von Marketing-Anstrengungen Brot gekauft und gegessen, Seife und Fernsehgeräte erworben und genutzt, und dgl. mehr. Für diese Fälle schlagen *Bearden/Woodside* (1977) vor, die Einstellung zum Handeln A_{act} (= Einstellung z. B. zum Brotessen) durch die Einstellung zum Objekt A_o (= Einstellung zur Brotmarke) im Sinne der erläuterten subjektiv wahrgenommenen Produktqualität zu ersetzen (= Variante II).

3.2. Die Beurteilung des Angebotsprogramms auf der Grundlage ökonomischer Ziele der Unternehmung

Als ein Teil des Marketing-Mix richtet sich die Produkt- und Programmpolitik an den aus den Oberzielen der Unternehmung abgeleiteten zentralen **Marketing-Zielen** aus. Ohne hier auf die in der Betriebswirtschaftslehre vor allem unter dem Eindruck der Kapitalismuskritik geführte Zieldiskussion einzugehen, wollen wir im folgenden davon ausgehen, daß die zentrale Vorgabe für den Marketing-Bereich darin besteht, unter Wahrung bestimmter Nebenbedingungen zum Fortbestand der Unternehmung als sozioökonomischem System beizutragen (einen Überblick über Unternehmungsziele bietet *Kupsch* 1979). Eine derartige Forderung läßt sich sinnvollerweise in drei Hauptbereiche aufspalten: Faktorentlohnungs-, Sicherheits- und Wachstumsziele. Dabei wird angesichts der tarifären Bedingtheit der Löhne, die diese zu einem festen Kostenfaktor werden läßt, das erste Teilziel üblicherweise dem Gewinnziel untergeordnet (vgl. *Dichtl* 1970, S. 20ff.).

Sieht man von qualitativen Zielen wie Image, Goodwill, Qualität und Bekanntheitsgrad ab (vgl. *Diller* 1975, S. 179ff.), die letztlich nur unter Rekurs auf Konsumentenurteile zu kontrollieren sind, so treten in der Produkt- und Programmpolitik die erwähnten Vorgaben hauptsächlich als

- Umsatzziele
- Deckungsbeitragsziele
- Gewinnziele
- Kostenziele
- Wachstumsziele
- Marktanteilsziele
- Distributions- bzw. Penetrationsziele

auf. Sie beziehen sich nicht nur auf das Gesamtprogramm, sondern werden auch von Hierarchieebene zu Hierarchieebene immer detaillierter auf Produktbereiche, Produkte, räumliche Märkte, Kunden und ähnliche Bezugsgrößen aufgegliedert.

Im folgenden soll zwischen zwei Grundausrichtungen der zielorientierten Produkt- und Programmbewertung unterschieden werden:

(1) Zum einen fußt diese auf quantitativen, aus dem Bereich des **Rechnungswesens** stammenden Informationen. Die Ausschöpfung dieser Möglichkeit dient der laufenden Erfolgskontrolle des Angebotsprogramms, wobei die Ergebnisse zur kurz- bzw. mittelfristigen Steuerung herangezogen werden. Angesichts der Tatsache, daß dieses betriebliche Erfassungssystem die ökonomischen Reaktionen der Umwelt Periode für Periode streng an die betrieblichen Aktionen knüpft, eignet es sich jedoch nicht für die strategische Steuerung des Marketing-Mix. Gleichwohl wird nicht verkannt, daß auch aus der betrieblichen Leistungs- und Erfolgsrechnung gelegentlich Anhaltspunkte für strategische Entscheidungen gewonnen werden können.

(2) Die zweite Richtung stützt sich auf Informationen über die Umwelt, die mangels fehlender unmittelbarer Kosten- oder Erfolgsrelevanz nicht in das betriebliche Rechnungswesen eingehen. Hierbei handelt es sich um Ergebnisse der **Marktforschung,** d.h. Erkenntnisse über Marktstrukturen, Wachstumsraten, Konkurrenten, Nischen und dgl. mehr. Die Berücksichtigung solcher Daten ist eine unabdingbare Voraussetzung für das frühzeitige Erkennen von Gefahren, Chancen, Trendänderungen und Strukturverschiebungen, denen im Rahmen der strategischen Marketing-Planung (vgl. § 8, Abschn. 1.3.) zu begegnen ist.

3.2.1. Die Produkt- und Programmbewertung auf der Basis des betrieblichen Rechnungswesens

Die Bewertung von Produkten und Programmteilen erfolgt unter Verwendung unterschiedlicher Bezugsgrößen und mit Hilfe verschiedenartiger **Bewertungskriterien**. Als Erfolgsmaßstäbe bieten sich vor allem der **Umsatz** bzw. **Absatz** und der **Deckungsbeitrag** an. Im Handel tritt als dritte zentrale Größe die **Umschlagsgeschwindigkeit** hinzu. Als Bezugsgrößen kommen dagegen primär Produkte, Kunden(-gruppen), Auftragsgrößen und Absatzkanäle (vgl. *Geist* 1974), und zwar einzeln oder kombiniert, in Betracht.

(1) Umsatzstrukturanalyse

Der Umsatz ist ein aussagekräftiges Bewertungskriterium, solange eine Unternehmung im Prinzip nur **ein** Erzeugnis herstellt. In einer Mehrproduktunternehmung büßt er auf Grund damit einhergehender Zurechnungsprobleme beträchtlich an Aussagekraft ein (vgl. dazu auch § 9, Abschn. 2.1.1.). Dennoch bleibt er für die Produkt- und Programmbewertung eine unentbehrliche Größe, u.a. aus folgenden Gründen (vgl. *Diller* 1975, S. 154):

- Der Umsatz ist Bestandteil anderer relevanter Kenngrößen.
- Umsatzwerte, auch die von Konkurrenten, sind relativ leicht, preiswert und genau zu ermitteln.

- Die Umsatzplanung determiniert die Planung in anderen Bereichen (Einkauf, Produktion u. ä.).
- Der Umsatz ist ein einfacher und stichhaltiger Indikator für das unternehmerische Wachstum.

Die Umsatzberichterstattung soll primär die absolute und relative Bedeutung einzelner Produkte und Produktgruppen als Umsatzträger aufzeigen (vgl. Tab. 3.5.), darüber hinaus aber auch Werteabweichungen ausweisen, und zwar sowohl im Hinblick auf Plandaten als auch Vergleichsgrößen aus der Vorperiode. Ein weiteres Erfordernis ist darin zu sehen, daß es möglich sein muß, Umsätze einzelnen Auftragsgrößen, Preisklassen, Kunden, Regionen, Absatzwegen etc. zuzurechnen.

Tabelle 3.5.:
Beispiel für eine Umsatzanalyse von Produktvarianten

Produkt	Zahl der Ausführungen	Umsätze in TDM	∅ Umsatz pro Ausführung in TDM	Umsatzanteil in %
(1)	(2)	(3)	(4)	(5)
1	1	1 020	1 020	3,1
2	4	6 780	1 695	20,4
3	15	15 650	1 043	47,2
4	7	9 700	1 385	29,3
		33 150		100

Umsatzangaben können darüber hinaus auch Hinweise auf Produkte liefern, die als eliminationsverdächtig gelten. Hierzu eignen sich vor allem sog. **Konzentrationsanalysen**, von denen eine Variante die sog. **ABC-Analyse** ist. Bei diesem Verfahren werden die Erzeugnisse in drei Klassen eingeteilt, und zwar nach Maßgabe ihres Beitrags zum jeweils zu definierenden Unternehmenserfolg (als Kriterium könnten somit z. B. auch Deckungsbeiträge fungieren). Einen Eindruck davon vermittelt Abb. 3.13.

Die Schlußfolgerungen, die aus den Ergebnissen einer ABC-Analyse zu ziehen sind, lassen sich nicht verallgemeinern:

- So kann z. B. aus Kostengesichtspunkten eine hohe Konzentration im Angebotsprogramm (hoher Umsatzanteil weniger Produkte) wünschenswert erscheinen. Umgekehrt sind, wenn ein Großteil des Umsatzes auf nur wenige Produkte entfällt, die Risiken u. U. nicht genügend verteilt.
- Auf Grund einer ABC-Analyse könnte es zunächst sinnvoll erscheinen, die C-Produkte zu eliminieren. Bei Prüfung der bestehenden Verbundbeziehungen (vgl. dazu Abschn. 4.2.3.) mag sich dies indessen als verhängnisvoll erweisen.

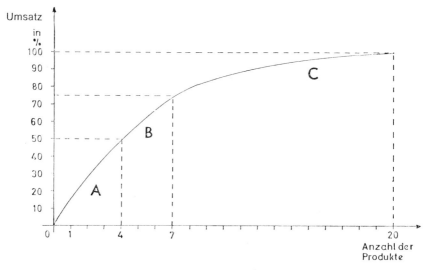

Anmerkungen:
A: Hoher Beitrag zum Gesamtumsatz (Produkte 1 - 4)
B: Mittlerer Beitrag zum Gesamtumsatz (Produkte 5 - 7)
C: Geringer Beitrag zum Gesamtumsatz (Produkte 8 - 20)

Abb. 3.13.: Beispiel für die ABC-Analyse eines Programms

– Bei Eliminationsentscheidungen gebietet es die unternehmerische Vorsicht, zumindest auch noch die Deckungsbeiträge der betroffenen Produkte zu berücksichtigen.

(2) Deckungsbeitragsstrukturanalyse

Die Kosten- und Leistungsrechnung gehört zu den klassischen Hilfsmitteln der Bewertung und Gestaltung von Produktionsprogrammen. Da verschiedenartige Programme unterschiedlich hohe Kosten verursachen und auch im Hinblick auf ihren Erfolg variieren, kann an Hand der Kosten- und Leistungsrechnung jenes Angebotsprogramm gewählt werden, welches unter Einhaltung gegebener Restriktionen einen bestimmten (zufriedenstellenden) oder den höchsten kalkulatorischen Erfolg zu erzielen erlaubt (vgl. *Schweitzer/Küpper* 1986). Die zur Verfügung stehenden Rechensysteme lassen sich danach einteilen, ob sie dem Prinzip der Voll- oder der Teilkostenrechnung folgen (vgl. dazu auch § 4 und § 9).

Die Kosten- und Leistungsrechnung auf Vollkostenbasis hat sich trotz der ihr innewohnenden Logik als Instrument der programmpolitischen Steuerung nicht bewährt (vgl. *Majer* 1969, S. 79). Dagegen wird mit der **Teilkosten-** resp. **Deckungsbeitragsrechnung** dem Produktmanager ein äußerst leistungsfähiges und flexibles Instrument in die Hand gegeben. Die Bewertung von Produkten

3. Die Produkt- und Programmevaluation als Ausgangspunkt 169

bzw. Programmelementen vollzieht sich dabei nach folgendem Schema (bezogen auf einen Zeitraum):

(Abgesetzte Mengen) × (erzielte Preise)
./. direkt zurechenbare Vertriebskosten
./. (abgesetzte Mengen) × (Verrechnungsstückkosten des Fertigungsbetriebs)

Deckungsbeitrag je Produkt (bzw. Produktgruppe)

Der **Deckungsbeitrag** eines Produktes stellt somit nichts anderes als den Teil des Umsatzes dar, der nach Abzug der ihm direkt zurechenbaren Kosten zur Deckung anderer Kosten in der Unternehmung sowie zur Gewinnerzielung übrigbleibt. Diese Restgröße ist indessen lediglich Ausgangspunkt weitergehender Überlegungen. So ist es oft sinnvoll, den Deckungsbeitrag eines Leistungsträgers oder einer Leistungsträgergruppe auf verschiedene, dem Zweck der Analyse entsprechende Basen zu beziehen:

– Deckungsbeitrag je Produkt und Periode
– Deckungsbeitrag in % vom Nettoerlös
– Deckungsbeitrag je DM 1,– proportionaler Kosten
– Deckungsbeitrag je Engpaßeinheit.

Die einzelnen Varianten können, wenn man eine Rangordnung der Produkte aufzustellen versucht, allerdings jeweils zu unterschiedlichen Ergebnissen führen (vgl. *Majer* 1967, S. 497ff.).

Im Hinblick auf den Einsatzzweck ist folgendes zu beachten: Die Deckungsbeitragsrechnung soll es dem Entscheidungsträger ermöglichen, eine Rangfolge der Produkte nach Maßgabe ihrer Deckungsbeiträge aufzustellen. Gleichwohl ist auch hier nur fallweise zu entscheiden, ob bei einer Unterdeckung (= negativer Deckungsbeitrag, d.h. das betreffende Produkt erbringt nicht einmal die ihm direkt zurechenbaren Kosten) eine Eliminierung des betreffenden Produktes aus dem Angebot angebracht erscheint. So kann es sich durchaus empfehlen, einen Artikel, der von den Deckungsbeiträgen anderer Erzeugnisse zehrt, weiterhin im Programm zu führen, da dadurch (und nur dadurch) Verbundkäufe ausgelöst und damit an anderer Stelle Gewinne erwirtschaftet werden.

Besonders wichtig, vor allem im Handel, ist auch die Berücksichtigung des jeweiligen **Engpaßfaktors.** So kann ein hoher Deckungsbeitrag mit einer hohen Belastung eines bestimmten Produktionsfaktors (im Einzelhandel häufig die Verkaufsfläche) einhergehen, während andere Produkte zwar geringere Deckungsbeiträge erbringen, allerdings zugleich diesen Engpaßfaktor wesentlich weniger beanspruchen. Hierbei ist abzuwägen, ob bei einem Verzicht auf Produktion bzw. Vertrieb einer bestimmten Menge des durch hohe Deckungsbeiträge gekennzeichneten, zugleich aber faktorintensiven Produktes so viel Spielraum gewonnen wird, daß über eine anderweitige Auslastung insgesamt ein höherer Deckungsbeitrag erzielt werden kann.

3.2.2. Ansätze einer strategischen Erfolgskontrolle

3.2.2.1. Die Produkt-Lebenszyklus-Analyse

Im Zusammenhang mit Markenartikeln wurde erstmals der „Lebensweg" von Produkten untersucht, den diese zwischen Markteinführung und Ausscheiden aus dem Markt zurücklegen. Dieser wird in der Literatur als „Lebenszyklus" bezeichnet. Im Produkt-Lebenszyklus manifestieren sich Mode-, Geschmacks- und Stilwandlungen ebenso wie der technische Fortschritt und die technische wie auch psychologische Veralterung. Lebenszyklen lassen sich nicht nur bei einzelnen Marken oder Produktarten nachweisen, sondern auch bei Materialien (z. B. Naturprodukten, Kunststoffen), Farben, Formen und Verarbeitungsweisen.

Im Grunde ist der **Produkt-Lebenszyklus** (vgl. Abb. 3.14.) ein **zeitbezogenes Marktreaktionsmodell**, d. h. ein Modell, in dem als abhängige Variablen unternehmerische Erfolgsgrößen wie Absatz, Umsatz, Deckungsbeitrag oder Gewinn auftreten, in dem aber zugleich als einzige (!) unabhängige, d. h. erklärende Variable die Zeit fungiert. Von einem **Produkt-Lebenszyklus-Modell** spricht man, wenn ein spezifisches Muster in der zeitlichen Entwicklung dieser Erfolgsgrößen erkennbar ist. Das Anliegen der Verwender solcher Modelle besteht dann zumeist in einer vergleichenden Gegenüberstellung von Produkt-Lebenszyklen, die für eine Produktkategorie (= Markt) insgesamt gelten, bzw. solchen, die typisch für die Einzelprodukte dieser Kategorie sind, mit dem Absatzverlauf eines konkreten, interessierenden Produktes.

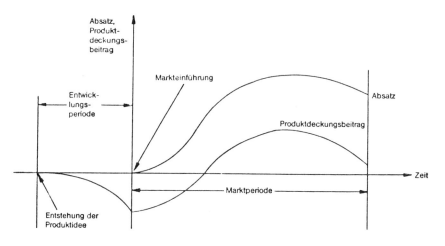

Quelle: *Böcker/Dichtl* 1983, S. 96.

Abb. 3.14.: Schematische Darstellung des Produkt-Lebenszyklus

3. Die Produkt- und Programmevaluation als Ausgangspunkt 171

Um die terminologische Handhabung von Produkt-Lebenszyklus-Modellen zu erleichtern, wird ihre Struktur üblicherweise als eine Abfolge voneinander deutlich differierender **Phasen** aufgefaßt. Deren Zahl bewegt sich zwischen vier und sechs (vgl. die Übersicht bei *Pfeiffer/Bischof* 1974, S. 67 ff.). So läßt sich die Grundstruktur eines Produkt-Lebenszyklus-Modells mit beispielsweise fünf Phasen wie folgt interpretieren:

Nach Abschluß der Phase der **Entwicklung** und der technischen und kommerziellen **Erprobung**, in der Kosten, aber keine Erlöse anfallen, wird das neue Produkt eingeführt. Der Markterfolg stellt sich indessen nur allmählich ein: Geringen, zunächst nur träge wachsenden Umsätzen, die das Resultat von Probekäufen sind, stehen beträchtliche Investitionen in den Auf- resp. Ausbau der Produktions- und Vertriebsorganisation gegenüber. Nach und nach werden immer mehr Verbraucher auf das Produkt aufmerksam. Wenn das Produkt eine echte Problemlösung darstellt, kommen zu den immer stärker um sich greifenden Probekäufen zunehmend auch Wiederholungskäufe hinzu. In der **Wachstumsphase** weitet sich der Absatz stark aus, so daß die Zone positiver Deckungsbeiträge rasch erreicht wird.

Der Wendepunkt der Absatzkurve markiert den Übergang in die **Reifephase**. Das Absatzvolumen nimmt noch zu, doch die Zuwachsraten verringern sich. Gleichwohl werden gerade jetzt die höchsten Deckungsbeiträge erwirtschaftet. In der **Sättigungsphase** kommt die absolute Absatzausdehnung zum Stillstand. Dabei braucht die Sättigungsgrenze keineswegs parallel zur Zeitachse zu verlaufen, sondern kann infolge eines Bevölkerungswachstums oder verstärkten Pro-Kopf-Konsums durchaus noch eine bescheidene Expansion zulassen. Die Stagnation des Absatzes wirkt sich auch auf die Höhe der Deckungsbeiträge negativ aus. Die Sättigungsphase leitet über zur **Degenerationsphase,** wo ein Absatzrückgang und ein bedrohlicher Deckungsbeitragsverfall auch durch einen intensivierten Einsatz der marketingpolitischen Instrumente nicht mehr aufzuhalten sind.

Da die Entwicklung des Absatzes von Produkten keinen Naturgesetzen folgt, sondern stets das Ergebnis unternehmerischer Aktivitäten sowie des Einwirkens der Umwelt darstellt (vgl. *Meffert* 1974a), müssen den **Erklärungshintergrund** von Produkt-Lebenszyklus-Modellen folglich Hypothesen bilden, die die Zeit- bzw. Phasenbedingtheit bestimmter typischer Verhaltensweisen der Nachfrager und Anbieter betreffen (vgl. *Hoffmann* 1972, S. 12 f.; *Pfeiffer/Bischof* 1974, S. 123 ff.).

(1) Für die **Angebotsseite** wird beispielsweise argumentiert, daß den einzelnen Phasen im Lebenszyklus von Produkten resp. Märkten jeweils charakteristische Marketingstrategien, Marktstrukturen, Unternehmertypen und Wettbewerbsbeziehungen entsprächen (vgl. *Heuß* 1965, *Scheuing* 1972). Auf diese Weise kann man z. B. die „Absatzexplosion" in der Wachstumsphase plausibel machen: Angelockt durch Wachstums- und Gewinnchancen treten neue Anbieter auf den

Markt. Die so bewirkte Steigerung der Modellvielfalt, die Produktdifferenzierung wie auch die nunmehr insgesamt erhöhten Werbeanstrengungen tragen – zum Nutzen aller – zur beständigen Erschließung von immer neuen Käuferschichten bei. Auch die Erscheinungen, die z. B. für die Degenerationsphase als symptomatisch angesehen werden, lassen sich so plausibel deuten. Mit zunehmender Sättigung höhlt der im Kampf um Marktanteile einsetzende intensive Preis-, Werbe-, Qualitäts- und Servicewettbewerb die Ertragslage der Unternehmen aus. Grenzbetriebe verlassen den Markt, die Anbieterzahl sinkt wieder.

(2) Die Hypothesen über das Verhalten der **Nachfrageseite** heben beispielsweise auf die Entwicklung der Preiselastizität der Nachfrage während des Produkt-Lebenszyklus ab oder, wie im Falle der **Diffusionstheorie,** auf die Gesetzmäßigkeiten bei der Ausbreitung von Innovationen, z. B. neuen Produkten und neuen Ideen, in sozialen Systemen. Da das Konzept der Diffusion (vgl. *Rogers* 1962) die zeitliche Entwicklung der Zahl derjenigen, die eine Innovation übernehmen, zum Gegenstand hat, liegt seine Übertragung auf den Produkt-Lebenszyklus, der auf die zeitliche Entwicklung kumulierter Kaufentscheidungen abzielt, durchaus nahe.

Der Fortschritt der Diffusion eines neuen Produktes durch das soziale System seiner potentiellen Nachfrager wird dementsprechend als durch die **statistische Verteilung** der individuellen **Adoptionszeiten** bestimmt betrachtet. Als Adoptions- oder Übernahmezeit bezeichnet man die zeitliche Verzögerung, mit der ein Individuum im Vergleich zum ersten Übernehmer eine Neuerung übernimmt.

Die Adoptionszeit ist das Ergebnis eines individuellen Kaufentscheidungsprozesses und somit von einer Vielzahl von Größen geprägt, etwa der Art des Produktes, den Kommunikationskanälen wie auch psychischen und soziodemographischen Faktoren. Für die Verteilung der individuellen Adoptionszeiten wird üblicherweise die Form einer **Glockenkurve** angenommen, aus der eine S-förmig verlaufende kumulierte Diffusionskurve resultiert (vgl. Abb. 3.15.).

Der Diffusionsprozeß wird durch die Innovatoren (erste Käufer) in Gang gesetzt. Je nach Persönlichkeitsstruktur (z. B. Risikoneigung, Konservativismus), sozialem Status, Einkommen und sozialer Einbindung (Grad der Beeinflußbarkeit durch Meinungsführer) folgen dann mit mehr oder weniger ausgeprägter Verzögerung andere Konsumenten. Welche Typen damit assoziiert und welche Anteile an der Gesamtbevölkerung diesen zugeschrieben werden, ist gleichfalls Abb. 3.15. zu entnehmen (vgl. *Rogers* 1962, S. 161 ff.).

Da ein Produkt-Lebenszyklus-Modell im Grunde ein Entwicklungsmuster verkörpert, liegt es nahe, dieses zur **Prognose** des künftigen Absatzverlaufes heranzuziehen. Hierzu ist indessen die Klärung einiger grundlegender Fragen unabdingbar (vgl. *Wind* 1982, S. 49 ff.).

(1) Zunächst muß festgelegt werden, worauf genau sich der Produkt-Lebenszyklus beziehen soll (Produkt, Produktklasse, Artikel u. ä.). Sodann ist der Markt zu konkretisieren. Beispielsweise wird sich ein Produkt auf dem heimischen Markt in einer anderen Phase als im Ausland befinden; auch in

3. Die Produkt- und Programmevaluation als Ausgangspunkt   173

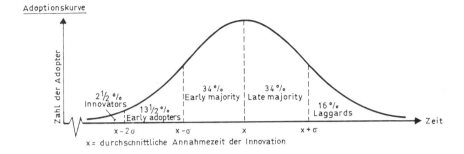

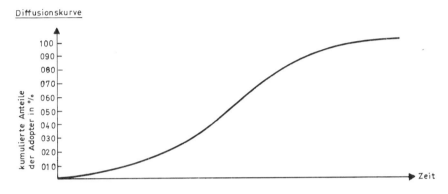

Abb. 3.15.: Typische Adoptions- und Diffusionskurven

einzelnen Marktsegmenten kann es zu unterschiedlichen Entwicklungen kommen.

(2) Nunmehr ist ein passendes **mathematisches Modell** zu finden und zu spezifizieren. Dabei gilt es zu prüfen, welche funktionalen Verläufe den beobachteten Produkt-Lebenszyklus am besten charakterisieren. Zu beachten sind dabei nicht nur die Absatzzahlen bei dem interessierenden Produkt, sondern auch die bei vergleichbaren Produkten beobachteten und als typisch erkannten Verlaufsformen (vgl. die Übersicht bei *Swan/Rink* 1980). Im einzelnen bieten sich S-förmige (logistische Funktion, *Gompertz*-Funktion), lineare oder polynomiale Funktionen an (vgl. *Hoffmann* 1972, S. 69ff.).

(3) Neben der Möglichkeit der Vorausschätzung des Absatzerfolges von Produkten wird dem Produkt-Lebenszyklus-Ansatz häufig auch die Eignung als **Entscheidungshilfe** zugesprochen. Jeder der Phasen könne demnach ein bestimmtes absatzpolitisches „Standardhandeln" zugeordnet werden (vgl. *Scheuing* 1972; *Kotler* 1982, S. 312). Bezogen auf die Produktpolitik sollen mit

den einzelnen Phasen beispielsweise folgende Strategien einhergehen: Einführungsphase → Produktinnovation; Wachstumsphase → Produktmodifikation (Qualitätsverbesserung); Reifephase → Produktmodifikation, Produktdifferenzierung (Marktsegmentierung); Sättigungsphase → Produktmodifikation, Produktdifferenzierung und Diversifikation (Drang in neue Märkte); Degenerationsphase → Produktdiversifikation.

Hilfreich kann der Produkt-Lebenszyklus-Gedanke im Marketing auch insofern sein, als die Einsicht in Gesetzmäßigkeiten der hier skizzierten Art dazu verwendet werden kann, dem Entstehen einer ungünstigen, d. h. von Überalterung gekennzeichneten Programmstruktur entgegenzuwirken (vgl. *Dichtl* 1970, S. 69f.).

Eine sinnvolle Nutzung des Ansatzes im Marketing setzt voraus, daß eine eindeutige **Identifikation** der einzelnen Phasen möglich ist. In diesem Zusammenhang wird häufig auf einen Vorschlag von *Polli/Cook* (1969) zurückgegriffen. Darin tritt als Identifikationskriterium die **Umsatzänderungsrate** auf. Um aber z. B. konjunkturell bedingte Schwankungen nicht als durch den Produkt-Lebenszyklus bedingt fehlzudeuten, sollen die Umsatzänderungsraten aller Produkte einer übergeordneten Produktgruppe zum Vergleich herangezogen werden.

Die **Phasenidentifikation** beginnt folglich damit, daß die Umsatzänderungsraten sämtlicher in diesem Sinne relevanter Produkte in zwei aufeinanderfolgenden Jahren ermittelt werden. Nimmt man an, daß sie normalverteilt sind, so können sie in eine Standardnormalverteilung überführt werden (vgl. Abb. 3.16.). Anschließend geht man von folgenden Konventionen aus:

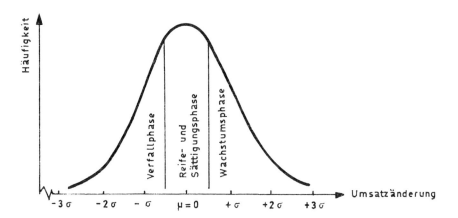

Quelle: In Anlehnung an *Polli/Cook* 1969, S. 390.

Abb. 3.16.: Standardnormalverteilung der Umsatzänderungsraten aller Produkte einer Produktklasse als Phasenidentifikationskriterium

3. Die Produkt- und Programmevaluation als Ausgangspunkt   175

Das betrachtete Produkt wird der Degenerationsphase zugeordnet, wenn seine Umsatzänderung kleiner als $(\mu - 0{,}5\sigma)$ ist. Ist sie größer als $(\mu + 0{,}5\sigma)$, wird es als in der Wachstumsphase befindlich angesehen. Die Reife- resp. Sättigungsphase wird diagnostiziert, wenn die Umsatzänderung bei dem interessierenden Produkt zwischen den zwei genannten Werten liegt. Auf die Einführungsphase ist nach *Polli/Cook* zu schließen, solange die erzielten Umsätze weniger als 5% eines (geschätzten) Maximal-Umsatzes betragen.

3.2.2.2. Die Produkt-Portfolio-Analyse

Der Produkt-Portfolio-Ansatz ist mit dem Konzept des Lebenszyklus eng verwandt. Auch er stellt ein Instrument dar, mit dessen Hilfe das Angebotsprogramm auf seine Ausgewogenheit hin überprüft werden kann. Wie die Bezeichnung bereits andeutet, handelt es sich dabei um eine **Analogie** zur **finanzwirtschaftlichen Portefeuille-Theorie,** mit der man die Verteilung von Erträgen und Risiken von Wertpapierpaketen (Portfolios) zu optimieren sucht (eingehend dazu § 8, Abschn. 3.2.2.).

Das Portfolio-Konzept geht davon aus, daß die Schaffung einer erfolgreichen Problemlösung (Marke) beträchtliche Produktions- und Marketing-Investitionen impliziert und dadurch in nicht unerheblichem Maße unternehmerische Ressourcen bindet. Erweist sich das Vorhaben als erfolgreich, verharrt der Absatz des Produktes, nunmehr getragen von den so aufgebauten Präferenzen, für einige Zeit auf einem relativ hohen Niveau. In dieser Phase erfordert die Vermarktung des Produktes keine übermäßigen Aufwendungen resp. Investitionen. Man erwirtschaftet hohe Deckungsbeiträge und setzt finanzielle Ressourcen frei.

Das Ziel einer portfoliogeleiteten Programmpolitik besteht nun darin, fortwährend eine **Mischung** von **Produkten** zu realisieren, bei der es genügend viele erfolgreiche Erzeugnisse gibt, um andere, die gewissermaßen im Kommen sind, zu alimentieren. Wie eingängig dieses Ziel auch klingen mag, so problematisch ist doch dessen Umsetzung im Wirtschaftsalltag.

Beispielsweise wäre es nicht angängig, sich dabei allein auf die Deckungsbeitragsrechnung zu stützen. Deckungsbeiträge, und zwar auch Soll-Deckungsbeiträge, sind im wesentlichen vergangenheitsorientierte Größen. Darüber hinaus erlaubt die Deckungsbeitragsrechnung nicht die für die strategische Planung unumgängliche Einbeziehung von relevanten Entwicklungen der Umwelt. Das Portfolio-Konzept beschreitet deshalb einen anderen Weg, wobei es von zwei Kategorien von Bewertungskriterien ausgeht:

– Kriterien, die die produktbezogene Leistungsfähigkeit der Unternehmung zum Ausdruck bringen
– Kriterien, die die produktbezogene Vorteilhaftigkeit der unternehmenspolitisch relevanten Zustände der nicht-beeinflußbaren Umwelt widerspiegeln.

Die Konkretisierung und Operationalisierung der Kriterien können bzw. sollen unternehmensspezifisch erfolgen. Dennoch fanden standardisierte Portfolio-Ansätze, wie sie in den siebziger Jahren von großen Consulting-Firmen *(Boston Consulting Group, McKinsey)* und multinationalen Unternehmen *(Shell)* entwickelt wurden, große Beachtung (eingehend dazu § 8, Abschn. 3.2.2.2.).

3.2.3. Distributionspolitische Bezüge der Produkt- und Programmevaluation

Der ökonomische Erfolg eines Produktes hängt nicht nur von seiner Akzeptanz durch die Verbraucher bzw. Verwender ab, sondern er wird insbesondere seit der **Erstarkung des Handels** auch wesentlich durch die Akzeptanz bzw. Nichtakzeptanz des Artikels auf dieser Stufe beeinflußt. Dabei kann man grundsätzlich nicht davon ausgehen, daß ein beispielsweise laut unternehmensinternen Marktuntersuchungen von Verbrauchern begeistert aufgenommenes Produkt automatisch auch Zugang zu den Verkaufsregalen des Handels findet. Daß dieser nicht jedes Erzeugnis, das die Marktreife erlangt, in seine Sortimente aufnehmen kann, ergibt sich allein schon aus der Zahl von Neuentwicklungen. So drängen beispielsweise im Nahrungsmittelsektor in der Bundesrepublik Deutschland jährlich nicht weniger als ca. 1200 angeblich oder wirklich neue Erzeugnisse in die Regale des Einzelhandels. Sie alle werden einem mehr oder minder strengen Auswahlverfahren unterworfen, das sich bezüglich der Zahl der Kriterien, deren Gewichtung und des Grades der Formalisierung von Branche zu Branche und von Unternehmen zu Unternehmen zum Teil erheblich unterscheidet.

Aus diesem Grunde ist ein Anbieter, der den entsprechenden Absatzkanal wählt, gehalten, vor der Ansprache der Einkäufer auf der Handelsstufe die eigenen Produkte sowie ihr marketingpolitisches Umfeld im Lichte der Ziele und Anforderungen des Handels zu prüfen. Damit geht die Notwendigkeit einher, über die bei der Aufnahme neuer Produkte durch den Handel verwendeten Kriterien Klarheit zu erlangen.

An erster Stelle steht sicherlich die Attraktivität des Produktes für die Zielgruppe, an die sich der fragliche Handelsbetrieb vorzugsweise wendet. Daraus leiten sich die wesentlichen **Determinanten** der **Beschaffungsentscheidung** ab, nämlich die Umsatz- und Gewinnerwartungen, die ihrerseits von einer Reihe von Faktoren, wie z. B. der Höhe der Handelsspanne, der erhofften Umschlagsgeschwindigkeit, den Lieferungs- und Zahlungsbedingungen und der Ausstrahlung des Artikels auf das übliche Sortiment, abhängen.

Ferner spielen die Ergebnisse von **Warenprüfungen,** die Großunternehmungen und Gruppen des Handels zum Teil in eigenen Laboratorien, zum Teil unter Zuhilfenahme öffentlicher Warenprüfungsämter durchführen, eine große Rolle. Diese Tests erstrecken sich vor allem auf die Gebrauchstauglichkeit, die Störanfälligkeit und das Preis/Leistungsverhältnis eines Produktes. Möglicherweise wird ein Handelsbetrieb auch Einblick in die Ergebnisse der von einem Hersteller durchgeführten Marktforschung verlangen, um die Erfolgsaussichten für ein neues Produkt besser abschätzen zu können. Häufig legen die Produzenten solche Informationen schon von sich aus vor.

Wichtige Kriterien sind für den Handel ferner die **Unterstützung** seiner **Absatzbemühungen** durch die Lieferanten, wie sie etwa in der Verbraucherwerbung und in der Verkäuferschulung zum Ausdruck kommt. Daneben stehen Überlegungen der Art, ob ein Hersteller dem Händler das Recht des Exklusivvertriebs einräumt, bestimmte Muster seiner Kollektion für ihn „reserviert", ob er sich fachhandelstreu verhält, Kundendienstleistungen übernimmt, Reklamationen kulant regelt, Nachbestellungen ausführt, die Lager- und Versandfunktion wahrnimmt und dgl. mehr.

Die verhaltenswissenschaftliche Analyse der Interaktionsbeziehungen zwischen Herstellern und Handel ist in den letzten Jahren zu einem bevorzugten Forschungsobjekt im Marketing-Bereich geworden. Bei einer Untersuchung von *Bauer* (1980) zeigte sich, daß die für den Einkauf Verantwortlichen selten mehr als ein halbes Dutzend unterschiedlicher Kriterien heranziehen, dabei aber verschiedene Strategien verfolgen.

— Es gibt Merkmale, die gewissen Mindestanforderungen Rechnung tragen müssen, wenn das neue Produkt akzeptiert werden soll (z. B. attraktive Handelsspanne, Nichtvorhandensein ähnlicher Produkte und Kompatibilität mit dem übrigen Sortiment).

— Andere Anforderungen wie Übernahme der Preisauszeichnung, Gewährung von Einführungsrabatten und Rücknahmegarantie müssen unabhängig von weiteren Überlegungen erfüllt sein, damit der neue Artikel überhaupt berücksichtigt wird.

— Ferner gibt es Kriterien, die im Sinne eines „Je-mehr-desto-besser" wirken, wobei zwischen diesen Kompensationsmöglichkeiten bestehen (z. B. Neuheitsgrad, Ruf des Herstellers, Verbrauchernutzen und Produktqualität).

— Schließlich beeinflussen bei einigen Entscheidungsdimensionen Idealvorstellungen im Sinne von Idealpunkten (vgl. Abschn. 3.1.2.2.1.) das Beurteilungsverhalten der Absatzmittler. Beispiele hierfür sind die Verbraucherwerbung und die Verkaufsförderung. Ein bestimmtes Niveau wirkt positiv, während ein Übermaß den Handel in sortimentspolitischen Zugzwang bringt oder ihn z. B. mit störendem Displaymaterial überschwemmt.

4. Der produktpolitische Gestaltungsbereich
4.1. Ebenen der Produktgestaltung
4.1.1. Die Gestaltung der Produktbeschaffenheit
4.1.1.1. Die Produktqualität

Als Qualität soll jenes Bündel an Eigenschaften verstanden werden, das den von einem Erzeugnis vermittelten **Grundnutzen** schafft und je nach dessen

Zweckbestimmung die Gebrauchs- und Funktionstüchtigkeit, Funktionssicherheit, Störanfälligkeit, Haltbarkeit und Wertbeständigkeit umfaßt. Darunter fallen z. B. auch der Leistungsgrad einer Maschine, deren Betriebssicherheit und deren Lebensdauer.

Eine Qualitätsverbesserung liegt immer dann vor, wenn ein Produkt vom Erwerber als positiv beurteilte Eigenschaften aufweist, die es zuvor nicht besessen hat. So wurden im Laufe der letzten Jahre synthetische Textilien entwickelt, die nicht nur bügelfrei und pflegeleicht, sondern auch ebenso angenehm wie Stoffe aus Wolle oder Baumwolle zu tragen sind. Nicht minder eindrucksvoll ist es, wenn z. B. die Wartungsintervalle von Autos heute ungleich länger als früher sind. Auch bei Eisen- und Stahlsorten ebenso wie bei Flugzeugen wurden nachweisbar erhebliche Qualitätssteigerungen erzielt.

Seit Jahren wird die Entwicklung auf diesem Gebiet nachhaltig vom **Zug zum fertigen Produkt** beeinflußt. Dem Verbraucher Erzeugnisse in die Hand zu geben, die im Haushalt keiner ins Gewicht fallenden Be- und Verarbeitung mehr bedürfen (also Kleidungsstücke anstelle von Garnen und Geweben, Konserven und Tiefkühlprodukte anstelle von frischen Lebensmitteln, die in der Küche von Grund auf zubereitet werden müssen), ist eines der großen Erfolgsgeheimnisse der Produktpolitik. Hausarbeit wird in die Fabrik verlagert, wo sie weitgehend von Maschinen übernommen wird. Der höhere Verarbeitungsgrad der Produkte erspart der Hausfrau und dem Gastgewerbe Zeit und Mühe. All diesen Erzeugnissen ist gemeinsam, daß sie mehr Bequemlichkeit bieten. Nicht von ungefähr spricht man deshalb in diesem Zusammenhang von „convenience goods". Solche Qualitätssteigerungen erhöhen den Grundnutzen, den ein Gut vermittelt. Dies wird sich auch in den Absatzzahlen niederschlagen.

Neuerdings rekurriert man bei dem Streben nach Verbesserung der Qualität von Produkten nicht nur verstärkt auf Weiterentwicklungen im Bereich der Materialtechnologie, sondern auch auf ergonomische Erkenntnisse. Die **Ergonomie** als Wissenschaft sieht ihre Aufgabe darin, Daten über den Menschen, die für sein körperliches Verhalten gegenüber der Umwelt relevant sind, zu ermitteln (ähnlich *Klöcker* 1981, S. 91). Aus der Sicht der Produktgestaltung führt dies zu der Forderung, daß an den Berührungspunkten zwischen Produkt und Verwender keine Reibungen im Sinne von Störungen, Unzulänglichkeiten oder Funktionsdissonanzen entstehen, da dies zu dessen Überlastung, Übermüdung oder gar Gefährdung führen kann. (Man stelle sich in diesem Zusammenhang Werkzeugmaschinen, Kassenterminals, Bildschirmarbeitsplätze, Sitze und Bedienungselemente bei Automobilen, Möbel und Kücheneinrichtungen vor.) So war der Aufbau der menschlichen Hand zwar seit Jahrtausenden bekannt, doch erst *Roentgen*analysen und thermophotographische Untersuchungsmethoden haben zutage gefördert, daß z.B. die herkömmliche Form eines klassischen Werkzeugs, der Zange, diesem Organ nicht angemessen ist.

Mit wesentlichen **Qualitätsverbesserungen** ist andererseits oft eine rasche **Veralterung** der vorher erzeugten Produkte verbunden. Dieser Effekt ist um so größer, je mehr die Anhebung ins Gewicht fällt. Durch diese Politik wird der Verbraucher angeregt, ältere Objekte durch neue zu ersetzen, noch bevor deren technische Lebenszeit abgelaufen ist. Ein typisches Beispiel dafür ist die **Mode** mit ihren oftmals hektischen Wandlungen.

Es ist unbestritten, daß Qualitätsverbesserungen im Hinblick auf die Absatzentwicklung nicht nur belebende, sondern auch unerwünschte Folgen haben können. Am Beispiel von Autoreifen, deren Lebensdauer in den letzten 50 Jahren dank dem technischen Fortschritt auf ein Mehrfaches gestiegen ist, läßt sich dies anschaulich zeigen. Welche Konsequenzen ergeben sich aus dieser Entwicklung für einen Hersteller?

Zunächst wird sich ceteris paribus dessen Absatz ausweiten; denn die fraglichen Reifen bieten dem Käufer offenbar einen erhöhten Grundnutzen. Die Absatzsteigerung kann jedoch nur kurzfristiger Natur sein; auf längere Sicht wird die Nachfrage nachlassen, weil die Ausdehnung der Lebensdauer zwangsläufig zu Lasten des Ersatzbedarfs geht.

Dieses Beispiel zeigt mit aller Deutlichkeit die Grenzen der Qualitätsverbesserung als eines produktpolitischen Gestaltungselements auf und legt den Gedanken nahe, u.U. geradezu umgekehrt zu verfahren, nämlich zu einer Qualitätsminderung überzugehen oder zumindest von einer Qualitätssteigerung im Sinne einer verlängerten Lebensdauer abzusehen. In diesem Zusammenhang ist viel von der **künstlichen Veralterung** die Rede. Diese ist allerdings nicht durch vorzeitigen Ersatz eines noch brauchbaren Gutes wie bei der Mode, sondern durch vorzeitigen Ausfall eines an sich noch länger lebensfähigen Gutes gekennzeichnet. Im angelsächsischen Sprachgebrauch unterscheidet man in diesem Zusammenhang zwischen „planned obsolescence" und „built in obsolescence" (zum Stand der Diskussion siehe *Raffée/Wiedmann* 1980).

Erstere bezeichnet den Vorgang **bewußter technischer** oder **psychologischer Veralterung,** während mit **„built in obsolescence"** der Einbau von Sollbruchstellen gemeint ist. Ein absichtliches Unterlassen möglicher Qualitätsverbesserungen wird beispielsweise oftmals den Herstellern von Glühbirnen und Damenstrümpfen angelastet.

Qualitätsminderungen können dort ihren Sinn haben, wo man die Absicht verfolgt, Luxuserzeugnisse und Güter des gehobenen Bedarfs einer breiteren Abnehmerschaft zugänglich zu machen. Einer Qualitätsminderung bedarf es dabei deshalb, um über eine Senkung der Produktionskosten zu niedrigeren Preisen zu gelangen. Starke Qualitätsminderungen beeinträchtigen verständlicherweise den Zusatznutzen eines Gutes (Geltungs- und Erbauungsnutzen) und können überdies Gebrauchsgüter zu reinen Verbrauchsgütern machen.

Die Gestaltung der Produktqualität weist insofern auch gesamtwirtschaftliche und gesellschaftliche Bezüge auf, als z.B. die zur Herstellung von Gütern erforderlichen Materialien und Energie knappe, zum Teil sogar nicht erneuerbare Ressourcen verkörpern. Daher wird man sich bereits bei der Gestaltung eines Erzeugnisses genau überlegen, wie dieses am Ende seines individuellen Lebenszyklus im Wege des **Recycling** erneut in den Wirtschaftskreislauf eingeschleust werden kann. Zu den bei der Produktgestaltung zu beachtenden übergeordneten

Gesichtspunkten gehört auch der Schutz der Umwelt vor Verschmutzung und Belastung, die einerseits unmittelbar mit dem Konsum bestimmter Güter einhergehen (Schadstoffemissionen von Verbrennungsmotoren, Benzinverbrauch), andererseits in Gestalt von Abfällen (Problem der Abfallbeseitigung) dem Konsum zeitlich nachgelagert sein können (zu den Beziehungen zwischen Produktpolitik und Ökologie vgl. *Thomé* 1981).

4.1.1.2. Das Produktäußere

Das Produktäußere, d. h. die materielle Gestalt und Umhüllung, vermittelt dem Konsumenten und seiner sozialen Umwelt bei dessen Wahrnehmung (Betrachten, Berühren, Hören, Riechen, Schmecken) mehr oder weniger angenehme Empfindungen. Darüber hinaus ist das Produktäußere auch deswegen von Bedeutung, weil insbesondere bei Innovationen potentielle Käufer an Hand der äußeren Erscheinung des Erzeugnisses auf dessen Tauglichkeit, den elementaren Produktnutzen, schließen. Die wichtigsten Gestaltungsmittel sind hierbei Form, Farbe, Geruch und Material.

(1) Formgebung

Alles Stoffliche hat eine Form. Dies bedeutet, daß jedes Erzeugnis Objekt einer mehr oder minder bewußten Formgebung ist. Da bereits die Veränderung eines einzigen äußeren Merkmals eine Variante in eine andere überführt, gibt es streng genommen unendlich viele Formen. Gleichwohl läßt sich diese unübersehbare Vielfalt auf die Grundformen Kugel, Ellipsoid, Würfel, Zylinder, Pyramide und Kegel zurückführen, durch deren Kombination und Variation die verschiedensten Produktgestalten erzeugt werden können (vgl. *Wachtel* 1974, S. 41).

Soweit im ergonomischen Sinne der Gebrauchs- und Funktionstauglichkeit zuträglich, vermittelt die Produktform zugleich auch einen sog. Grundnutzen. Im Hinblick auf den hier mehr interessierenden sog. **Zusatznutzen** ist vor allem die ästhetische Qualität der Formgebung von Belang. Hierbei stellt sich vor allem die Frage, wodurch der Eindruck von Schönheit (Ästhetik) entsteht. Der physiologische Erklärungsansatz geht davon aus, daß der für das Auge bequemste und mit den wenigsten Bewegungen erfaßbare Eindruck auch ästhetisch ist (vgl. *Wachtel* 1974, S. 52). Einfach und visuell bequem zu bewältigen sind z. B. Formen, die aus klaren, geordneten, einander nicht widersprechenden, möglichst symmetrischen Linien und Elementen bestehen.

Um die Vergabe des Prädikats „schön" für visuelle Reize zu erklären, reicht allerdings der physiologische Ansatz nicht aus. Es ist vielmehr nötig, die im Prozeß der Wahrnehmung wirksamen Bezüge zu angenehmen und unangenehmen Assoziationen zu berücksichtigen. Diese sind für die Individualität des Geschmacks verantwortlich. Zugleich hängt das Empfinden einer schönen Form auch von Tradition (überlieferte, vertraute Formen werden fremdartigen vorgezogen) und Umgebung (Produkte wirken in ihrer natürlichen, d. h. ihrer

Funktion gemäßen Umgebung schöner als in einer widernatürlichen, dissonanten) ab. Nicht zu unterschätzen ist ferner die Bedeutung der relativen Größe für das ästhetische Empfinden. So werden Erzeugnisse, die größer als ein Mensch sind, im allgemeinen als überdimensioniert, unförmig und inhuman erlebt (vgl. *Leitherer* 1982, S. 305). Ein ähnliches Regulativ ist die jeweils vorherrschende Stilrichtung. Je nach Ausprägung von Stil und Mode werden Gestaltungsformen aus anderen Epochen als häßlich bis lächerlich empfunden.

Während die **Mode** früher hauptsächlich auf Kleidung beschränkt war, unterliegen ihr heute auch in hohem Grade technische Konsumgüter, wie z. B. Kraftfahrzeuge, Rundfunkgeräte, zum Teil auch Möbel, ja selbst Haushaltsgeräte. Eine Änderung der Möbel war früher lediglich stilbedingt, wobei unter Stilperiode eine relativ lange Zeitspanne verstanden wird. Es bleibt jedoch nicht bei der Erweiterung des Einflußbereichs der Mode; hinzu kommt das Bestreben, die Modezyklen zeitlich zu verkürzen, um auf diese Weise eine vorzeitige Veralterung herbeizuführen und dadurch den Absatz der jeweils neuen Kreationen zu fördern.

In diesem Zusammenhang ist stets zu unterscheiden zwischen der funktionsbedingten und der ästhetischen Formgebung (z. B. Ornamentierung). Nicht immer sind beide gefragt:
– Zum einen gibt es z. B. Produkte, die bei der Verwendung unsichtbar sind (Salz), bei denen Schönheit akquisitorisch völlig unfruchtbar wäre (Verbandsmaterial) oder bei denen diese als Attribut nicht zur Diskussion steht (Stacheldraht). In derartigen Fällen wird die Form häufig über die Verpackung geliefert.
– Zum anderen wird eine eigenständige ästhetische Gestaltung von bestimmten Stilrichtungen schlichtweg abgelehnt und verurteilt. So postuliert beispielsweise der Funktionalismus, daß das, was technisch richtig, zugleich auch schön ist („form follows function").

Der Spielraum für Formgebung ist dort größer, wo die technischen Grundwerte, die eigentlichen Gebrauchsfunktionen, durch die Formgebung wenig beeinflußt werden. So sind die einschlägigen Möglichkeiten bei einem Rennwagen, einer Turbine oder einem Flugzeug sicherlich geringer als bei einem PKW oder einem Kleidungsstück. Ähnlich ist dies bei bestimmten Warenkategorien, bei denen trotz jahrtausendelanger Bemühungen keine verbindliche Form geschaffen werden konnte (Liegemöbel, Stühle, Tische etc.). Es gibt andererseits aber auch Fälle, in denen der Gestaltungsspielraum aus dem Grunde geringer ist, weil das Non plus ultra offenbar bereits gefunden worden ist (Tabakspfeife, Schraube, Fahrrad u. ä.) (vgl. *Leitherer* 1982, S. 305).

(2) Farbgebung
Die Farbe ist das kostengünstigste und flexibelste Mittel, Produkte zu variieren. Ähnlich wie bei der Formenvielfalt steht dem Produktgestalter auch hier eine nicht mehr überschaubare Palette von Möglichkeiten zur Verfügung. So soll es auf der Welt ca. 7,5 Millionen Farben und annähernd 2800 Farbnamen geben.

Der Einsatz des Gestaltungsmittels Farbe wird durch die Wahl des Materials sowie durch eine Reihe weiterer Faktoren beeinflußt (vgl. *Leitherer* 1982, S. 307):

- Das Farbempfinden und das Farberleben sind von Person zu Person verschieden. Farben rufen psychische Regungen hervor, einige aktivieren, andere wirken beruhigend. Sie drücken Trauer oder Freude aus, können glatt oder griffig wirken, können ein Produkt schwer oder leicht, schmuddelig oder sauber, nah oder fern erscheinen lassen.
- Farben spielen auch als soziales Symbol eine Rolle. Erinnert sei an die Kleiderordnungen von Vereinen und gesellschaftlichen Institutionen, an die dunklen Farben von Regierungslimousinen, an das Kapitänsblau u.ä.m.
- In manchen Fällen gibt es bei der Farbgebung für den Produktgestalter allerdings keinen Spielraum, weil bestimmte Farben für bestimmte Erzeugnisse entweder gesetzlich vorgeschrieben bzw. durch das Wettbewerbsrecht geschützt sind oder gewohnheitsmäßig verlangt werden (Warnfarben resp. Signalfarben bei bestimmten Fahrzeugen, Arbeitskleidung u.ä.).
- Zu beachten hat der Designer bei der Farbenwahl auch den in einem Unternehmen vorherrschenden Grundton. Gemeint ist damit, daß manche Firmen im Rahmen ihrer Bemühungen um den Aufbau einer **Corporate Identity** an bestimmten Farbkombinationen festhalten (z.B. Gelb und Rot von *McDonalds,* Rot von *Coca-Cola,* Blau von *co op* etc.).

(3) Materialwahl

Neben der Form- und Farbgebung ist für das Produkterleben naturgemäß auch die Wahl des Materials von überragender Bedeutung, dies insofern, als von den einzelnen Substanzen unterschiedliche Anmutungen ausgehen. Einige Materialien wirken sympathisch und werden gerne angefaßt, andere erscheinen kalt und abweisend. Mit Holz und Leder kann beispielsweise das Gefühl der Geborgenheit und Behaglichkeit vermittelt werden, während Metalle fest bzw. technisch und Glas reinlich anmuten. Die optische Wirkung der Materialwahl fußt dabei nicht nur auf der Eigenästhetik der stofflichen Substanz, sondern auch auf dem Zusammenspiel von Material, Form und Farbe. So kann beispielsweise die jedem Material eigene Oberflächenstruktur nicht ohne Berücksichtigung der Farbe gesehen werden (vgl. *Wachtel* 1974, S. 80). Dieselbe Materialstruktur wirkt je nach Farbe ganz anders. Eine rauhe, strukturierte Oberfläche kann, wird sie grün gefärbt, warm und angenehm anmuten. Wäre sie hingegen z.B. gelb, würde der positive Eindruck zunichte gemacht werden, da gelbe Farbe auf rauher Fläche den ihr eigenen fröhlichen Charakter zu Gunsten des Eindrucks von Schmuddeligkeit verliert.

Die **Variation** des **Produktäußeren** bietet also ein wirksames produktpolitisches Instrument. Doch ist dies, vor allem bei einer allzu unbekümmerten Vorgehensweise, nicht frei von unternehmerischen Gefahren. In kurzen Abständen betriebener Modellwechsel kann zwar einerseits bei manchen Konsumenten den Wunsch erwecken, das jeweils neueste Produkt zu erwerben; andererseits ist jedoch zu befürchten, daß sich viele Abnehmer aus Verärgerung über den schnellen Wechsel und die rasche Entwertung des erst kürzlich erworbenen Gegenstandes Erzeugnissen zuwenden, die solchen Veränderungen nur in begrenztem Umfange unterliegen und als zeitlos gelten.

Ein Grund, sich für den Kauf gerade des *VW-Käfers* zu entscheiden, lag lange Zeit darin, daß er seine äußere Form behielt und dadurch nicht vorzeitig unmodern wurde. Symptomatisch für eine solche Politik war auch die von einigen amerikanischen Automobilherstellern gegebene Garantie, die Modelle von 1970/71 für mindestens fünf Jahre äußerlich unverändert weiterzubauen. Eine weitere Gefahr, die mit der modischen Gestaltung verbunden ist, besteht in den erschwerten Absatzmöglichkeiten für die Güter, die vor dem Modellwechsel noch nicht verkauft sind. Sie lassen sich häufig nur unter großen Preiszugeständnissen abstoßen.

Beschleunigter **Mode-** und **Modellwechsel** führen schließlich zu einem Ansteigen der stückbezogenen Fixkosten, die durch die Entwicklung der neuen Modelle und die Umstellung des Betriebes auf die neue Produktion verursacht werden. Damit geht zumeist auch eine Verteuerung der Erzeugnisse einher.

4.1.2. Die Packungsgestaltung

Eine Variation des Produktäußeren liegt auch dann vor, wenn sich die Unternehmung bemüht, das Produkt durch eine ansprechende Packung begehrenswerter erscheinen zu lassen. Die Packung hat in erster Linie den Zweck, Erzeugnisse (z. B. Flüssigkeiten) verkäuflich zu machen und sie bei Transport und Lagerung vor Beschädigung und Verderb zu schützen. Ferner bietet es sich geradezu an, die Umhüllung für Werbezwecke und für Mitteilungen an die Verbraucher (Gebrauchsanweisung) zu verwenden. Die Gestaltung der Verpackung unterliegt ähnlichen Anforderungen wie sie an die Gestaltung von Werbemitteln zu stellen sind. Da hierauf im Zusammenhang mit der Werbung ausführlich eingegangen wird, sollen hier lediglich einige spezifische Gesichtspunkte erwähnt werden.

Bei **Markenartikeln** hat es sich beispielsweise eingebürgert, folgende Kriterien bei der Packungsgestaltung zu berücksichtigen:

- Der Produktvorteil muß auf der Packung deutlich herausgestellt werden.
- Die Packung muß den Verwendungs- und Verbrauchsgewohnheiten der Käufer entsprechen; so soll z. B. der Inhalt von Konservendosen der typischen Bedarfsmenge angepaßt sein.
- Der Anwendungsbereich des Produkts muß aus der Packung eindeutig hervorgehen (Funktion, Eignung, Verträglichkeit usw.).
- Die Packung muß dem Erzeugnis adäquat sein, d. h. Aufmachung und Text dürfen weder mehr noch weniger versprechen, als das Produkt zu halten vermag. Beispielsweise wäre es wenig sinnvoll, eine teure Seife „billig" zu verpacken (und umgekehrt).

– Die Packung muß Modernität und Fortschrittlichkeit ausstrahlen.
– Die Packung muß emotional ansprechen, d. h. Sympathie erzeugen.

Wenn diesen Forderungen Rechnung getragen wird, was im übrigen immer nur im Hinblick auf eine bestimmte Zielgruppe (z. B. die „gute" Hausfrau) möglich ist, verfügt das Produkt über ein eigenes Profil; es wird – in Verbindung mit dem Markennamen – zu einer Persönlichkeit.

Wesentlich für den Absatzerfolg ist darüber hinaus, daß ein Gebinde, gleich welcher Art, handlich, einfach zu transportieren, leicht aufzubewahren sowie bequem zu öffnen und zu verschließen ist. Manchmal kommt es auch darauf an, daß es nach Entnahme des Inhalts noch für die Aufbewahrung anderer Güter verwendet werden kann. Ein Produkt, das sich von anderen gleicher Gattung in dieser Hinsicht positiv unterscheidet, wird häufig allein schon deshalb bevorzugt.

Zur Gestaltung der Packung gehört auch ihre Abstimmung auf die Eigenarten und Erfordernisse des Absatzweges. Soll eine Ware etwa über Selbstbedienungsläden vertrieben werden, so muß sie nicht nur schlechthin abgepackt, sondern auch hinsichtlich Größe bzw. Füllmenge und Aussehen auf die Darbietung in den Regalen abgestimmt sein. Ähnliches gilt für den Absatz über Warenautomaten.

Mit Hilfe des *Eichgesetzes* von 1969 sowie der *Verordnung über Fertigpackungen* hat im übrigen der Gesetzgeber versucht, den Verbrauchern die Gewinnung eines Überblicks über Füllmengen und Grundpreise für gängige Gewichtseinheiten („unit pricing") zu erleichtern sowie der Unsitte der Schaffung von Mogelpackungen Einhalt zu gebieten.

4.1.3. Die Markenbildung

Im Zusammenhang mit der Packung bedarf es auch eines Hinweises auf die Markierung von Gütern. Diese kann als der Versuch bezeichnet werden, an sich homogene Erzeugnisse, wie z. B. Zigaretten, Waschmittel, Glühbirnen und Zucker, durch besondere Packungsgestaltung und Namensgebung zu heterogenisieren. Durch Markierung wird ein homogenes Gut in ein Gut eigener Art verwandelt. Erst sie ermöglicht es dem Hersteller, in gewissen Grenzen eine eigene Image- und Preispolitik zu betreiben. Sie ist auch Voraussetzung für den Einsatz der Werbung (vgl. *Meffert/Bruhn* 1984).

Als Folge der Produktmarkierung sind die Markenartikel entstanden, die ihren Aufstieg und ihre große Bedeutung dem Trend zum verbrauchsreifen Erzeugnis verdanken. Zu den Merkmalen des **Markenartikels** zählen Markierung, gleichbleibende Aufmachung (Packung), gleichbleibende oder verbesserte Qualität, gleichbleibende Menge, Verbraucherwerbung, hoher Bekanntheitsgrad und weite Verbreitung im Absatzmarkt (siehe dazu auch *Hartmann* 1966; *Hansen* 1970; *Dichtl* 1978).

Die Bindung des Verbraucherpreises, die nicht zu den konstitutiven Merkmalen des Markenartikels gerechnet wird, ist in einer Reihe von Ländern, so auch in der Bundesrepublik Deutschland (seit Anfang 1974), verboten. Ein Markenhersteller kann seine Erzeugnisse somit in der Form, Menge, Qualität und Packung sowie unter der Bezeichnung, über die Absatzwege und mit den werblichen Aussagen dem Verbraucher anbieten, die er für angemessen hält. Über die **vertikale Preisempfehlung** ist es den Herstellern zwar möglich, einen gewissen Einfluß auf die Verkaufspreise ihrer Erzeugnisse im Einzelhandel auszuüben, doch wird diese von vielen Wiederverkäufern als nicht viel mehr denn als Orientierungspunkt verstanden.

Die mit dem Markenartikelkonzept intendierte Produktprofilierung verleiht einem Anbieter, wenn er Erfolg hat, eine Art Vorzugsposition, die ihn befähigt, sich den Auswüchsen des Preiswettbewerbs einigermaßen zu entziehen. Auf Grund dieser Sonderstellung ist ein eingeführter Markenartikel weniger anfällig für Marktschwankungen, was die Absatzsicherheit nicht unerheblich erhöht. Dies hängt vor allem auch damit zusammen, daß die neuerdings häufig apostrophierte und viel diskutierte **(Nachfrage-)Macht des Handels** hier insofern unterlaufen wird, als der Hersteller seine Ware durch den werblichen Brückenschlag zum Verbraucher vorverkauft, wodurch ein Nachfragesog entsteht, dem der Handel in seiner Bestellpolitik in starkem Maße Rechnung tragen muß.

Der Handel profitiert von dieser Lösung in der Weise, daß die vergleichsweise klaren Vorstellungen, die die Verbraucher von Qualität und Preis eines Markenartikels besitzen, das Absatzrisiko vermindern und nur geringe Werbeanstrengungen von seiner Seite erforderlich machen. Dies kommt vor allem auch der Selbstverkäuflichkeit solcher Erzeugnisse zugute. Die gegenüber anonymer, zumal problemvoller Ware verminderte Beanspruchung des Verkaufspersonals, rascher Lagerumschlag und in der Regel auskömmliche Handelsspannen führen deshalb zu einer Art Gewinngarantie für den Handel.

Für die Verbraucher liegt ein wesentlicher Vorteil des Markenartikels darin, daß das von ihnen perzipierte Beschaffungsrisiko erheblich vermindert und die Habitualisierung der Einkaufsakte erleichtert wird, weil weder Qualität noch Preis des markierten Produktes größere Abweichungen von der subjektiv erfahrenen Bandbreite erwarten lassen. Daneben sind Markenartikel häufig Träger des **technischen Fortschritts.** Hinzu kommen schließlich Erleichterungen in der Erlangung der Güter, die auf deren normalerweise außerordentlich breite Distribution zurückzuführen sind.

Eine wichtige Folge der Ausbreitung von Markenartikeln ist der Rückgang anonymer Waren, was keinen Widerspruch zum neuerlichen Vordringen der sog. No Names verkörpert, da diese fast alle Eigenschaften echter Markenartikel aufweisen. Häufig versucht man auch, die Erfolge, die mit bestimmten Markenerzeugnissen erzielt worden sind, durch Entwicklung sog. **Markenfamilien** (Beispiel: *4711-Reihe*) auf ähnliche Produkte zu übertragen, die unter gleichem Namen angeboten werden.

In diesem Zusammenhang spielt auch die Produktdifferenzierung (vgl. Abschn. 4.2.2.2.) eine Rolle. So hat beispielsweise die Zigarettenindustrie neben die normale Zigarette die Filterzigarette sowie Varianten in verschiedenen Formaten und mit unterschiedlichen Images treten lassen. Mit den auf diese Weise geschaffenen sog. **Zweitmarken,** die unter anderen Namen eingeführt werden als die Erstmarke, versucht man, Verbraucherschichten anzusprechen, deren Vorstellungen die ursprüngliche Marke nicht gerecht wird. Zweitmarken werden vielfach als Billigmarken und zugleich über andere als die bisher von einem Hersteller bevorzugten Absatzwege vertrieben.

Zu den Herstellermarken kommen die **Handelsmarken,** mit denen große Handelsunternehmungen und Handelsgruppen Lücken in ihren Sortimenten ausfüllen bzw. wenig bekannte Herstellermarken ersetzen, um Kunden an sich zu binden. Dabei ist oft zu beobachten, daß die Bezeichnungen der Handelsmarken mit den Namen der Anbieter (Händler) bzw. kooperativen Gruppen identisch oder von ihnen abgeleitet sind. Die Werbung für diese Produkte wird somit durch die Werbung für die Institutionen unterstützt (und umgekehrt).

Handelsmarken werden im Gegensatz zu Herstellermarken nur in den Verkaufsstellen der betreffenden Handelsunternehmen bzw. Handelsgruppen angeboten. Dadurch sind sie in gewissem Ausmaß dem Preiswettbewerb entzogen, der gerade bei Herstellermarken mit der Durchbrechung und dem letztlich erfolgten Verbot der Preisbindung zugenommen hat. In vielen Bereichen des Handels, besonders deutlich im amerikanischen, zunehmend aber auch im deutschen Versandhandel und bei Filialunternehmen, erreichen Handelsmarken bereits einen höheren Anteil am Umsatz als Herstellermarken (vgl. *Angehrn* 1969).

Eine relativ junge Variante von Handelsmarken sind die sog. **No Names,** die Namenlosen, auch Gattungsmarken, Generics, weiße Produkte oder No Frills genannt. Hierbei handelt es sich um Erzeugnisse, die konsequent auf die Erfüllung von drei Produktfunktionen hin gestaltet sind:

– Die bewußt schlicht gehaltene Verpackung soll dem Verbraucher eine schnelle Identifikation des Packungsinhaltes, wie z.B. Kaffee, Tee oder Vollwaschmittel, ermöglichen.

– Zugleich dokumentieren der Verzicht auf eine aufwendige Verpackung und die zum Teil nur scheinbare Unterdrückung der Produktherkunft die Bemühungen des Anbieters, das Angebot von jedem „preistreibenden Marketing-Ballast" zu befreien.

– Um Fehlsteuerungen zu vermeiden, wird ein solches Erzeugnis jedoch so gestaltet, daß trotz der Schlichtheit der Aufmachung seine Zugehörigkeit zu einem bestimmten Handelsunternehmen oder einer bestimmten kooperativen Gruppe deutlich erkennbar ist.

Diese drei Aufgaben kennzeichnen die No Name-Artikel als spezifische Waffe der herkömmlichen Handelsunternehmen gegenüber Niedrigpreisanbietern und Discountern wie z.B. *Aldi*.

Trends, wie sie bei Markenartikeln festzustellen sind, finden sich auch bei **Rohstoffen** und **Investitionsgütern.** Weite Bereiche der Rohstoffwirtschaft sind durch die Entwicklung von Werkstoffen und industriell hergestellten Materialien (Chemiefasern, Plastikmaterialien, Faserplatten usw.) gekennzeichnet, die an die Stelle der von der Natur gelieferten Stoffe treten und die den verschiedenen Verwendungszwecken wie auch der Beanspruchung bei der Verarbeitung zum Teil besser gerecht werden als Naturprodukte. Diese Güter sind gleichfalls in hohem Grade Markenerzeugnisse, für die oft dieselben absatzwirtschaftlichen Maßnahmen in Betracht kommen wie für Markenartikel im Konsumgüterbereich. Im Investitionsgüterbereich besteht eine gewisse Besonderheit darin, daß seltener einzelne Erzeugnisse (Werkbank Typ X, Fräsbohrer Y) herausgestellt werden als vielmehr deren Hersteller. Insofern dient die Markenpolitik hier weniger der Schaffung von Produktimages als der Formung von Firmen- bzw. Herstellerimages.

4.2. Produktpolitische Entscheidungsfelder
4.2.1. Die Entwicklung und Einführung neuer Produkte

Das Objekt der Produktpolitik, das einzelne Produkt, ist in vielfältiger Weise Gegenstand unternehmerischer Entscheidungen: Es wird kreiert, es wird, unterstützt vom übrigen Marketing-Instrumentarium, auf dem Markt eingeführt und dort gepflegt, bei Bedarf modifiziert bzw. repositioniert und, falls für die Unternehmung nicht mehr ökonomisch sinnvoll, aus dem Angebotsprogramm eliminiert. Die zumal in Zeiten zunehmender **Sättigungserscheinungen** und schärfer werdender **Konkurrenz** zentrale produktpolitische Aktivität ist die Schaffung neuer und zugleich erfolgreicher Produkte.

4.2.1.1. Der Planungs- und Realisierungsprozeß von Produktinnovationen

Sämtliche bis zur Einführung eines neuen Produktes auf dem Markt bei gebotener unternehmerischer Vorsicht erforderlichen marketingpolitischen Aktivitäten werden üblicherweise als **Phasen** eines sog. **Planungs-** und **Realisierungsprozesses** von Produktinnovationen aufgefaßt. Jedem Abschnitt dieses Ablaufschemas werden dabei bestimmte Aktivitäten zugeordnet. Allerdings variieren in der Literatur sowohl deren Anzahl als auch deren Bezeichnungen sowie die diesen jeweils subsumierten Tätigkeiten. Generell werden etwa folgende Phasen unterschieden:

- Ideenfindung
- Screening (Ideenselektion)
- Analyse
- Entwicklung von Produktkonzeptionen und/oder Prototypen
- Tests
- Einführung.

An den Akt der **Ideenfindung** schließt sich die **Screening-Phase** an, in der eine erste Vorauswahl der Produktideen getroffen wird. In der **Analysephase** werden sodann die zuvor als brauchbar ermittelten Ideen weiteren Untersuchungen unterzogen, wobei vor allem Wirtschaftlichkeitsaspekte zum Tragen kommen. Ferner können in diesem Intervall bereits Vorschläge für **Produktkonzeptionen** bzw. -beschreibungen vorgelegt werden. In der **Testphase** werden alternative Konzeptionen und/oder Prototypen hinsichtlich ihrer Akzeptanz durch die Verbraucher analysiert. Jenes Produkt, das sich am Ende dieser Aktivitäten als das voraussichtlich erfolgreichste herausstellt, wird schließlich am Markt eingeführt. Tab. 3.6. reflektiert den Versuch, die verschiedenen durchzuführenden Aktivitäten den einzelnen Phasen des Planungs- und Realisierungsprozesses zuzuordnen.

Tabelle 3.6.:

Zuordnung wichtiger Aktivitäten zu einzelnen Phasen des Planungs- und Realisierungsprozesses von Produktneuheiten

Phase	Techniken / Tätigkeiten / Quellen
1. Ideenfindung	Analyse der Verbraucherbedürfnisse und Konkurrenzaktivitäten, Erfahrungen des Außendienstes und Ergebnisse von Warentestinstituten; kreative Techniken
2. Screening	Ideenprüfung mit Hilfe einer Bewertungsmatrix, des Profil-, Wertskala- oder Punktwert-Verfahrens
3. Analyse	Wirtschaftlichkeitsanalyse mit Hilfe der Methode des internen Zinsfußes oder der Barwertmethode; Kosten- und Gewinnanalyse mit Hilfe der Deckungsbeitragsrechnung
4. Produktentwicklung	Entwickeln von Produktkonzeptionen, Produktbeschreibungen oder Prototypen
5. Tests	Bewertung der Ergebnisse aus Phase 4 mit Hilfe von Konzeptionstests, Store-Tests, Produkttestpanels usw.
6. Einführung	

Charakteristisch für ein derartiges Ablaufschema ist, daß in jeder der ersten fünf Phasen Entscheidungen zu treffen sind, die den Ausgangspunkt für die jeweils nachfolgende Phase bilden und so den Fortgang der Produktentwicklung bestimmen. Für die Strukturierung derart komplexer Aufgaben werden häufig **Ablaufplanungsmodelle** wie die Critical Path Method (CPM) oder die Program Evaluation and Review Technique (PERT) vorgeschlagen (vgl. dazu *Zimmermann* 1971), doch ist deren Eignung für den von vielen Unsicherheiten geprägten Prozeß der Neuproduktentwicklung allenfalls in eingeschränktem Maße gegeben (vgl. *Sabel* 1971, S. 234). Aussichtsreicher erscheint der Einsatz bestimmter als globalanalytisch resp. partialanalytisch zu kennzeichnender Modelle.

Zu den bekanntesten **globalanalytischen Ansätzen** gehört das **DEMON-**Modell (Decision Mapping via Optimum Go-No Networks) von *Charnes* u. a. (1966). Dieses bildet den Produktentwicklungsprozeß in seiner Gesamtheit phasenmäßig ab, wobei in jeder Phase das zu entwickelnde Konzept bewertet wird. Dabei wird die in jeder Phase zu treffende Entscheidung davon bestimmt, ob
– das Produktkonzept weiterverfolgt werden soll (GO),
– es aufgegeben werden soll (NO),
– weitere Informationen beschafft werden sollen (ON).

Das **DEMON-**Modell besteht aus zwei Submodellen mit jeweils unterschiedlichen Funktionen: Im Planungssystem wird das Marketing-Mix nachgebildet, wobei die Verknüpfung über eine aus vielen empirischen Untersuchungen abgeleitete multivariate Nachfrage- resp. Marktreaktionsfunktion geschieht (vgl. *Schmitt-Grohé* 1972, S. 110). Als unabhängige Variablen fungieren dabei die Aktionsparameter der Unternehmung (Werbeausgaben, Verkaufsförderung, erreichte Distributionsquote u. a.). Diese Marktreaktionsfunktion erlaubt die Ermittlung des erwarteten Umsatzes. Im Entscheidungssystem wird hingegen derjenige Marketing-Plan (= Ausprägungen der Aktionsparameter) spezifiziert, der unter Nebenbedingungen (Marktforschungsbudget, Mindestgewinn, Kapitalwiedergewinnungszeit) zum maximalen (erwarteten) Gewinn führt. (Eine Erweiterung von DEMON verkörpert das **SPRINTER-**Modell; siehe *Urban* 1967.)

Als **partialanalytische Modelle** werden eine Reihe von Entscheidungshilfen bezeichnet, die die Bewertung eines Produktes in den einzelnen Phasen der Ideenkonkretisierung erleichtern. Von ihnen wird im folgenden die Rede sein.

4.2.1.2. Einzelprobleme einer rationalen Entwicklung von Produktinnovationen

4.2.1.2.1. Quellen und Techniken zur Erzeugung von Produktideen

(1) Quellen für Produktideen

Grundsätzlich lassen sich drei Quellen für Produktideen ausmachen: Die wichtigste ist ohne Zweifel der **Markt,** wobei sowohl von Kunden als auch von Konkurrenten entsprechende Impulse ausgehen können. Eine zweite ist die **Unternehmung** selbst. Hier sind es Forschungsabteilung, Management und andere aufgeschlossene Mitarbeiter, von denen Anregungen kommen. Darüber hinaus sind gerade die Produktion von Ideen und die Erarbeitung moderner Absatzkonzeptionen in zunehmendem Maße ein Spezialgebiet unabhängiger **Beratungsfirmen** geworden, deren Dienste immer häufiger für diese Zwecke in Anspruch genommen werden.

Die **Anregungen** erreichen eine Unternehmung auf unterschiedlichen Wegen:

(a) Kundenwünsche, Reklamationen, Ursachen typischer, immer wiederkehrender Reparaturen, Inanspruchnahme von Garantiezusagen usw. stellen wichtige Informationsquellen für die Entwicklung und Verbesserung von Produkten dar. Ferner fordern die Verbraucherverbände die Hersteller immer wieder auf, der Sicherheit und Unschädlichkeit ihrer Erzeugnisse erhöhtes Gewicht beizumessen; sie scheuen sich auch nicht, Mißstände auf diesem Gebiet anzuprangern. Gleichermaßen bedeutsam sind die Berichte, die unabhängige Warentestinstitute über die von ihnen geprüften Produkte veröffentlichen.

(b) In- und ausländische Konkurrenzprodukte, die z.B. auf Messen und Ausstellungen besichtigt und analysiert werden können, das Studium von Patentschriften und die Beobachtung von Forschungsergebnissen auch auf verwandten Gebieten vermitteln weitere Anregungen. Wohl noch zu wenig aktiviert werden die Vorstellungen, die die Mitarbeiter von der Produktpolitik, die eingeschlagen werden sollte, haben (Vorschlagswesen).

(c) Die Entwicklung neuer Produkte ist unter den heutigen Bedingungen ohne intensive Forschung nur noch in seltenen Fällen möglich. Große Unternehmungen gelten dank der finanziellen Mittel, die sie für diese Zwecke einsetzen können, als begünstigt. Nicht selten heißt es, die Forschung, vor allem aber deren Umsetzung, führe zu einer marktbeherrschenden Stellung einiger weniger in einem Wirtschaftszweig. Dadurch werde die Konkurrenz beschränkt, weil neuen Anbietern der Zugang zum Markt erschwert, wenn nicht gar verschlossen werde.

Abgesehen davon, daß kleinere Unternehmungen oftmals zum Zwecke der Forschung kooperieren, d.h. gemeinsam Forschungseinrichtungen schaffen und nutzen, oder sich der Vertragsforschung bedienen, also unabhängige Institute mit Forschungsaufträgen betrauen, stammen zumindest bisher zahlreiche Weiterentwicklungen und Innovationen aus diesem Kreis, was sich z.B. aus der Anmeldung von Patenten ergibt. Allerdings kommt es bei deren Auswertung häufig zu einer Beteiligung von Großunternehmen, wenn nicht gar zu einer Übernahme der betroffenen Firmen, da den kleinen Betrieben oft die finanziellen Mittel fehlen, um die Marktchancen, die sich ihnen bieten, wahrnehmen zu können.

(2) Techniken zur Gewinnung von Produktideen

Im Zusammenhang mit der Generierung von Produktideen sind neben den unter (1) genannten Quellen auch Techniken der Ideengewinnung, insbesondere sog. kreative Techniken von Interesse (vgl. *Michael* 1973; *Schlicksupp* 1977). „Kreativität" bezeichnet einen mentalen Prozeß des schöpferischen Denkens, bei dem an sich nicht zusammengehörende Elemente, Aspekte, Erfahrungen usw., vor dem Hintergrund einer bestimmten Aufgabenstellung zusammengefügt, angemessene Problemlösungen ergeben (vgl. dazu *Amabile* 1983). Üblicherweise werden derartige Techniken von Gruppen angewandt, um auf diese Weise das schöpferische Potential mehrerer Personen für Problemlösungen nutzbar zu machen. Man unterscheidet dabei sog. **systematisch-logische** und sog. **intuitiv-kreative** Verfahren.

(a) Zur ersten Gruppe gehört vor allem die von *Zwicky* (1966) entwickelte **morphologische Methode,** die an Funktionen anknüpft. Ihre Anwendung vollzieht sich in mehreren Schritten:

1. Schritt: Das Problem wird sehr allgemein umrissen, ohne daß dabei bestimmte Lösungsansätze präjudiziert werden.
2. Schritt: Es wird nun in jene Komponenten zerlegt, die dessen Lösung beeinflussen. Man spricht auch davon, daß die sog. intensionalen Merkmale des Problems offengelegt werden.
3. Schritt: Für jedes intensionale Merkmal werden daraufhin sog. extensionale Merkmale oder Lösungsalternativen gesucht. Intensionale und extensionale Merkmale werden sodann zu einer Matrix, dem sog. morphologischen Kasten, zusammengefügt (vgl. Abb. 3.17.).
4. Schritt: Die im morphologischen Kasten enthaltenen Lösungsalternativen werden zu kreativen Lösungen kombiniert.
5. Schritt: Die nach Maßgabe unternehmensinterner Kriterien optimale Alternative wird ausgewählt und realisiert.

Eine Variante der Funktionsanalyse ist die sog. **Problemkreisanalyse.** Der Unterschied besteht darin, daß nicht Funktionen, sondern Problemkreise im Vordergrund der Überlegungen stehen. Ausgangspunkt ist ein Problemkreis (z. B. Energiegewinnung), der sukzessive in nachgelagerte Unterproblemkreise zerlegt wird. Auf diese Weise wird es insbesondere möglich, die mit der Lösung des Kernproblems verbundenen Einzelfragen zu erfassen. An einem Beispiel sei dies verdeutlicht:

1. Problemkreis: Energiegewinnung
2. Problemkreis: In Frage kommen Kohle, Erdgas usw.
3. Problemkreis: Bei Erdgas sind erforderlich: Förderanlagen, Verteilersysteme, Verarbeitungswerke usw.
4. Problemkreis: Als Verteilersysteme kommen in Betracht: Fernleitungen, Hauptanschlüsse, Straßentransport usw.
5. Problemkreis: Hauptanschlüsse können sein: Metall-, Kunststoff- oder Asbestrohre usw.

Als Hilfsmittel zur systematischen Problemkreisanalyse wird häufig das sog. **Relevanzbaum-Verfahren** empfohlen (vgl. *Strebel* 1974), das die skizzierte Vorgehensweise graphisch und damit übersichtlich zu veranschaulichen erlaubt.

(b) Während bei den systematisch-logischen Verfahren ein Problem in Teilaspekte zerlegt wird, um aus der Vielfalt von möglichen Kombinationen von Elementen neue Lösungsansätze zu gewinnen, wird bei den intuitiv-kreativen Varianten das Problem stets als Ganzes gesehen. Die bekanntesten Vertreter dieser Gruppe sind das Brainstorming und die Synektik. Bei beiden findet sich inzwischen eine Vielzahl von Varianten, die sich jedoch ausnahmslos auf eine bestimmte Grundstruktur reduzieren lassen.

Das **Brainstorming** wurde von dem amerikanischen Werbeberater *Osborn* (1953) entwickelt. Grundprinzip dieser Technik ist das Aufgreifen und spontane Weiterspinnen von Ideen, die im Verlauf einer Brainstorming-Sitzung von den Teilnehmern geäußert werden. Auf diese Weise entstehen Assoziationsketten,

§ 3 Produktpolitik

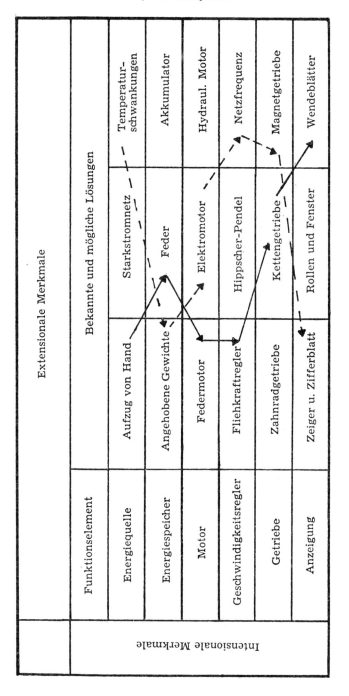

Abb. 3.17.: Morphologischer Kasten für eine Uhr

die möglicherweise bisher nicht gesehene Lösungsmöglichkeiten eines Problems zutage fördern.

Brainstorming kann allerdings nur dann erfolgreich sein, wenn die folgenden Regeln beachtet werden:
- Es sollten zwischen 7 und 12 Personen an Brainstorming-Sitzungen teilnehmen.
- Als optimale Dauer derartiger Sitzungen werden 15 bis 30 Minuten angegeben.
- Die Quantität der Lösungen ist wichtiger als deren Qualität.
- Es gibt keinerlei Urheberrechte bei der Ideenproduktion. Jeder Teilnehmer kann die Gedanken eines anderen aufnehmen und weiterführen.
- Kritik an Ideen („Ideen-Killing") soll unterbleiben. Logik, Erfahrung und irgendwelche Gegenargumente können den Prozeß des Assoziierens nur hemmen.
- Zweckmäßigerweise sollten nicht Mitglieder unterschiedlicher hierarchischer Ebenen einer Unternehmung an Brainstorming-Sitzungen teilnehmen, weil auch hierdurch bedingte psychologische Barrieren die Kommunikation und die Assoziationsbildung behindern können.

Die während einer Brainstorming-Sitzung produzierten Ideen werden protokolliert und anschließend hinsichtlich ihrer Realisierbarkeit ausgewertet.

Eine Variante des Brainstorming ist die **Methode 635.** Sechs Mitgliedern einer Gruppe wird hierbei die schriftlich fixierte Problemstellung mit der Bitte vorgelegt, auf einem Blatt mindestens drei Lösungsvorschläge niederzuschreiben. Zur Durchführung dieser Aufgabe stehen fünf Minuten zur Verfügung. Anschließend reicht jeder Teilnehmer sein Lösungsblatt an eine andere Person weiter, die ihrerseits die ihr vorgelegten Ideen weiterentwickelt. Dann wird das Lösungsblatt erneut im Teilnehmerkreis herumgereicht. Auf diese Weise gelingt es bei sechs Gruppenmitgliedern, 18 Lösungsvorschläge fünfmal unter jeweils verschiedenen Gesichtspunkten zu variieren.

Als Methode mit besonders hohem kreativen Potential gilt die insbesondere in den USA propagierte **Synektik** (vgl. dazu z. B. *Prince* 1970). Das Grundprinzip ist hier die schrittweise Verfremdung eines Ausgangsproblems, die in der Regel durch die Bildung von Analogien zu anderen Lebensbereichen vollzogen wird. Nach mehreren Stufen der Analogiebildung erfolgt dann eine als „force fit" bezeichnete gewaltsame Rückbesinnung auf das Ausgangsproblem.

Ein bekanntes Beispiel ist die sog. Wirbelknochen-Antenne. Die Herausforderung bestand darin, eine mindestens 20 Meter hohe Antenne zu entwickeln, die sich innerhalb kürzester Zeit aufrichten und wieder zusammenlegen läßt und zudem von einer Person bequem getragen werden kann. Während einer Synektik-Sitzung kamen die Teilnehmer auf die Wirbelsäule von Dinosauriern (Analogie), die lang und elastisch war und die es diesem Tier erlaubte, sich hoch aufzurichten. In Rückbesinnung auf das ursprüngliche Problem wurde daher vorgeschlagen, eine Antenne aus Plastikteilen zu konstruieren, durch die ein Kabel verläuft. Je nachdem, ob auf die Teile Druck ausgeübt wird oder nicht, richtet sich die Antenne auf oder bleibt zusammengelegt.

4.2.1.2.2. Verfahren zur Bewertung und Selektion von Produktideen

Ziel der Produktbewertung in der **Screening-Phase** („to screen" = durchsieben) ist es, möglichst frühzeitig die Spreu vom Weizen zu trennen. Gegenstand der Bewertung sind dabei nicht Produkte im eigentlichen Sinne, sondern Produktideen in einer mehr oder minder rudimentären Form. Die der Screening-Phase immanenten Überlegungen und Tätigkeiten lassen sich sinnvollerweise in zwei Teilschritte aufgliedern (vgl. dazu *Rehorn* 1978):

(1) Zunächst müssen sämtliche generierten Ideen daraufhin geprüft werden, inwiefern sie bestimmten innerbetrieblichen **Muß-** resp. **Sollanforderungen** gerecht werden. Um dies festzustellen, greift man üblicherweise auf die Urteile unternehmenseigener Experten zurück, die die Produktideen an Hand ausgewählter Kriterien in verfolgenswerte und nicht-verfolgenswerte trennen. Dieses Vorab-Screening ist insofern wichtig, als dadurch schon a priori als untauglich erkennbare Kandidaten ausgesondert werden können, ehe kostspielige Konzepttests durchgeführt werden. Die Kriterien, die hierbei angelegt werden, sind von Unternehmung zu Unternehmung verschieden (vgl. *Strebel* 1975).

So interessieren im Hinblick auf den gegebenenfalls zu bearbeitenden Markt Aspekte wie das zu erwartende Volumen, dessen Wachstum, die erreichbare Marktdurchdringung, die Verträglichkeit des Erzeugnisses mit den bisher benutzten Distributionskanälen u.ä. Hinsichtlich des Produktvorteils wird ergründet, inwieweit das Konzept auf eine echte Neuheit schließen läßt, welche Vorteile es im Vergleich zu Konkurrenzerzeugnissen besitzt und ob es rechtliche und sittliche Probleme geben könnte. Zugleich sind die Experten auch aufgerufen, die Realisierbarkeit sowie die Verträglichkeit der Produktideen mit den Zielen der Unternehmung, ihrem Image, ihrer finanziellen und technischen Kapazität etc. abzuschätzen.

Als Bewertungstechniken haben sich in der Praxis vor allem **Punktbewertungs-** und **Skalierungsverfahren** bewährt. Beim sog. Profil- oder Wertskala-Verfahren wird eine Produktidee hinsichtlich der jeweils interessierenden Kriterien auf einem Kontinuum eingestuft, dessen Intensitätsgrade sowohl durch Zahlen (1 für positiv, 7 für negativ) als auch sonstige Zeichen (+ + für positiv, − − für negativ) symbolisiert werden können. Bei der Bewertungsmatrix werden alle mit der Produktentwicklung befaßten Abteilungen oder Unternehmensbereiche aufgelistet und mit einem (relativen) Gewicht versehen, das die Bedeutung der Abteilungen bzw. Bereiche für den Unternehmenserfolg zum Ausdruck bringt. Diesen Gewichten werden Koeffizienten (z. B. von 0,1 bis 1,0) gegenübergestellt, aus denen hervorgeht, in welchem Maße eine Produktidee mit den Gegebenheiten der jeweiligen Abteilungen kompatibel ist. Die Multiplikation beider Werte ergibt einen Index für die Brauchbarkeit der Produktidee (vgl. Tab. 3.7.).

Beim Punktwert-Verfahren werden zunächst die Bewertungskriterien (vgl. *Strebel* 1975) festgelegt und hinsichtlich ihrer Bedeutung im Auswahlprozeß

Tabelle 3.7.:

Beispiel einer Bewertungsmatrix

Unter-nehmens-bereich (1)	Relatives Gewicht von (1) (2)	Koeffizienten (3) 0	0,1	0,2	0,3	0,4	0,5	0,6	0,7	0,8	0,9	1,0	Index (2)×(3)
Forschung und Entwicklung	0,25							X					0,150
Personal	0,1					X							0,040
Finanzen	0,1			X									0,020
Produktion	0,3						X						0,150
Marketing	0,25										X		0,225
	1,00												0,585

Bewertungsskala: 0   bis 0,4 = schlecht
0,41 bis 0,75 = mittel
0,76 bis 1,0 = gut

gewichtet. Sodann beurteilt man die Produktideen danach, inwieweit sie die Kriterien erfüllen. Die Einstufung kann auf einem mehrstufigen Kontinuum zwischen „sehr schlecht" und „sehr gut" erfolgen. Beide Werte werden nach der Formel

(3.14.) $$\text{Punktwert}\,(j) = \sum_{i=1}^{n} a_i x_{ij}$$

multipliziert und über alle Kriterien summiert, wobei a_i für die Bedeutung des Bewertungskriteriums i und x_{ij} für das Ausmaß stehen, in dem Idee (j) bzw. Produkt (j) diesem Kriterium entspricht. Der daraus resultierende Index zeigt die Brauchbarkeit von Produktideen bzw. Produkten an. Der Index wird allerdings erst dann aussagekräftig, wenn man ihn mit den Werten anderer Produktideen vergleicht oder ihn an Hand eines subjektiven Bewertungsmaßstabs relativiert, d.h. die Produktidee nach Maßgabe einer numerischen Bezugsgröße als unbrauchbar, durchschnittlich oder gut klassifizieren kann.

(2) Die Produktideen, die das Vorab-Screening überstehen, werden nun im zweiten Schritt an Hand der Urteile ausgewählter Auskunftspersonen im Rahmen von sog. **Konzepttests** auf ihre Chancen im Markt hin überprüft. Dabei interessieren u.a. folgende Fragen:

- Wie verständlich und glaubwürdig erscheint die Produktidee?
- Welche Produktvor- und -nachteile erkennen die Verbraucher?

– Welche Eigenschaften des Produktkonzepts sind für das Verbraucherverhalten letztlich von Bedeutung?

In verstärktem Maße werden neuerdings in Konzepttests auch Angaben erhoben, die die Positionierung eines Erzeugnisses im Markt sowie eine Segmentierung der Verwender ermöglichen (vgl. z. B. *Wind* 1973):

– Welche Verwendergruppen sind erkennbar?
– Wie sind die einzelnen Verwendergruppen zu unterscheiden resp. zu charakterisieren (Einkaufs- und Konsumgewohnheiten, demographische, sozioökonomische, psychologische Merkmale)?
– Welche Produkte sind die stärksten potentiellen Konkurrenten für das Produkt?
– Welche eigenen Produkte würden von der Markteinführung negativ betroffen (Kannibalisierung)?

Ein **Konzepttest** beginnt zwangsläufig damit, daß die zu testenden Produktideen kommunizierbar gemacht werden. Dies erfolgt durch ihre Umsetzung in eine verbale oder visuelle Form. Ein verbales Konzept ist eine in knappen Worten gehaltene Beschreibung des Produktes, wobei besonderer Wert auf eine plastische Hervorhebung seiner Besonderheiten und Vorteile gelegt wird. Bei einem visualisierten Konzept wird die Beschreibung durch eine bildhafte Darstellung ergänzt. Denkbar ist auch die Porträtierung eines Erzeugnisses im Kontext einer Werbeanzeige; man spricht dann von einem **Konzeptionstest.**

Der eigentliche Konzepttest umfaßt drei Elemente: Eine **Gruppendiskussion,** die nach Präsentation der Produktkonzepte sowie von Vergleichsobjekten unter der Leitung eines Moderators mit Probanden über die interessierenden Fragen veranstaltet wird; eine mündliche oder schriftliche **Befragung;** einen **Verhaltenstest,** wobei die Auskunftspersonen gezwungen werden, zwischen Konzepten, Konkurrenzprodukten und Geld zu wählen.

Zur Abschätzung des späteren Markterfolges werden unterschiedliche Indikatoren herangezogen, die zum Teil mit den in Abschn. 3.1.2. behandelten Verfahren gewonnen werden. (Eine Übersicht über die Vielfalt der im Rahmen von Konzepttests angewandten Erfolgsindikatoren und Prognosemodelle liefern *Shocker/Srinivasan* 1979.) Als ein relativ neuer Ansatz zur Bewertung von Produktkonzepten kann dabei das Conjoint Measurement angesehen werden, das in § 7, Abschn. 4.5.1.8., näher behandelt wird. Damit verfügt der Produktgestalter über ein leistungsfähiges Hilfsmittel, um den Erfolg unterschiedlicher Eigenschaftsbündel abzuschätzen (vgl. dazu *Green/Wind* 1981; *Green/Carroll/Goldberg* 1981).

Eine spezifische Variante von Konzepttests sind die sog. **Produktkliniken,** die etwa als Automobilkliniken („car clinics") bei der Entwicklung neuer Modelle eine gewisse Rolle spielen. Hierbei handelt es sich um meist groß angelegte, im Verlauf des Produktentwicklungsprozesses wiederholt und unter strenger Abschirmung gegenüber der Öffentlichkeit abgehaltene Veranstaltungen, bei denen bis zu 1000 potentiellen Käufern neue Modelle im Umfeld von Konkurrenzprodukten vorgestellt werden. Die neuen, oft anonymisierten Modelle werden dabei je nach Entwicklungsstand in Form von Bildern, Holz- bzw.

Plastilinmodellen oder Prototypen dargeboten. Man interessiert sich hierbei vor allem dafür,

- ob der Hersteller erkannt wird,
- wie das Styling empfunden wird,
- wie neue konstruktive Lösungen bewertet werden,
- wie technische und gestalterische Detaillösungen das Produkterlebnis beeinflussen,
- welche Erwartungen die Befragten hinsichtlich des Gebrauchsnutzens des neuen Modells hegen (vgl. *Nowak* 1983).

4.2.1.2.3. Die Ex ante-Analyse der Wirtschaftlichkeit

In der Analyse-Phase geht es um die Bewertung der verbliebenen Produktkonzepte unter dem Aspekt der Wirtschaftlichkeit. Da die Schaffung und Einführung jedes neuen Produktes mit mehr oder weniger großen Investitionen verbunden sind, bietet es sich an, auch hierzu **Methoden der Investitionsrechnung** heranzuziehen (vgl. *Diller* 1980, S. 60ff.). Dabei stehen folgende Komponenten im Mittelpunkt der Überlegungen:

(1) Kosten

Ein wichtiger Schritt im Rahmen der Bewertung von Produktkonzepten besteht in der Abschätzung der mit der Entwicklung, Einführung und Vermarktung eines bestimmten Erzeugnisses verbundenen Kosten. Diese unterliegt insofern beträchtlichen Risiken, als dazu von vornherein Festlegungen bezüglich Nachfragesituation, Zeithorizont und geographischer Verbreitung des Produktes, vor allem aber hinsichtlich dessen Akzeptanz durch den Markt getroffen werden müssen.

(2) Erlöse

Die Güte der Voraussage hängt hier wesentlich davon ab, inwieweit es gelingt, Marktwachstum, erzielbare Marktanteile und Preise, die ihrerseits wiederum bis zu einem gewissen Grad von den Kosten bestimmt werden, zutreffend einzuschätzen.

(3) Gewinne

Wenn Kosten und Erlöse bzw. die entsprechenden Aus- und Einzahlungen für die betrachteten Zeitperioden als bekannt gelten, kann jedes der üblichen Verfahren der Investitionsrechnung für die Prognose der Gewinne herangezogen werden. Eine mehrperiodige Betrachtung erscheint in jedem Falle angebracht, da, wie die Diskussion des Produkt-Lebenszyklus gezeigt hat, die ersten Perioden unter Gewinngesichtspunkten als völlig atypisch gelten müssen.

(4) Risiko

Um die Größenordnung unweigerlich auftretender Fehleinschätzungen transparent zu machen, empfiehlt es sich gelegentlich, für die relevanten Kategorien optimistische, indifferente und pessimistische Prognosen anzustellen. Eine andere Möglichkeit zur Berücksichtigung von Unsicherheit ist die Korrektur von Zielgrößen in der Weise, daß diesen über einen entsprechen-

Koeffizienten ein unterschiedliches Maß an Glaubwürdigkeit zuerkannt wird. Bei der Kapitalwertmethode ergäbe sich dabei z. B. folgendes (vgl. *Wind* 1982, S. 317):

(3.15.) $$K = \sum_{i=0}^{n} c_i \cdot (E_i - A_i)/(1 + R_f)^i$$

Dabei bedeuten:

K = Produktkapitalwert
c_i = Sicherheitskoeffizient für das Jahr i ($i = 0, ..., n$; $0 < c_i < 1$)
E_i = Einzahlungen im Jahr i
A_i = Auszahlungen im Jahr i
R_f = risikofreie Zinsrate (z. B. Rendite staatlicher Anleihen)

Auf einer anderen Ebene liegt die sog. **Wertanalyse.** Sie wurde vornehmlich zur Rationalisierung und zur Aufdeckung von Schwachstellen entwickelt. Das Verfahren läßt sich aber auch bei Produktinnovationen einsetzen. Dabei geht es darum, unabhängig von allen anderen Kriterien aus Kostengründen auf jeden Fall solche Qualitätsdimensionen abzubauen bzw. von vornherein zu vermeiden, die die Funktionstüchtigkeit eines Gutes nicht beeinträchtigen. Vorhandene Produktalternativen werden deshalb u.a. hinsichtlich folgender Fragen untersucht (vgl. *Wild* 1973):

– Welche Funktionen muß ein bestimmtes Element erfüllen?
– Welche Hilfsfunktionen nimmt es wahr?
– Welche Kosten verursacht es?
– Ist die Funktion des betreffenden Elementes unabdingbar?
– Könnte die Funktion durch ein anderes, billigeres Element übernommen werden und welche Kostenersparnis ließe sich dadurch erzielen?

In die engere Auswahl werden dann nur jene Produktentwürfe gezogen, deren Realisierung sich bei gegebener Funktionstüchtigkeit vergleichsweise am kostengünstigsten bewerkstelligen läßt.

4.2.1.2.4. Die Testphase

Produktideen, die die Testphase erreichen, haben bereits eine Reihe von Hürden genommen. Viele sind verworfen, einige modifiziert worden. Den verbleibenden, die die Gestalt von marktfähigen Produkten oder zumindest von **Prototypen** angenommen haben, steht indessen die eigentliche Bewährungsprobe noch bevor. Sie müssen in ihrer endgültigen Form von den Abnehmern akzeptiert werden und ökonomisch erfolgreich sein. Nicht alle bestehen diesen Test. So schätzt man, daß von 1000 ursprünglich generierten Produktideen letztlich nur eine einzige zu einem erfolgreichen Erzeugnis wird.

Da eine überregionale Markteinführung üblicherweise mit gewaltigen **Marketing-Kosten** verbunden ist, wird man bestrebt sein, ein neues Produkt bei jedem seiner Schritte zum Markt hin immer wieder im Hinblick auf dessen Erfolgsträchtigkeit zu prüfen, um gegebenenfalls von weiteren Aktivitäten Abstand nehmen zu können. Dies zu leisten ist Gegenstand aller Tätigkeiten und Überlegungen, die man üblicherweise der Testphase zuordnet.

Die **Absatzprognose** basiert normalerweise auf der Analyse von Daten über die Absatz- bzw. Umsatzentwicklung in vergangenen Zeitperioden. Verständlicherweise müssen bei neuen Erzeugnissen andere Wege beschritten werden (vgl. *Erichson* 1979):

(1) Expertenurteile

Vor allem in Situationen, in denen nur wenige oder vorwiegend qualitative Daten vorliegen, kommt der Absatzvorausschätzung durch erfahrene unternehmenseigene Experten (Marktforscher, Verkaufsleiter, Produktmanager u.ä.) große Bedeutung zu. Dies gilt auch für die Beurteilung von Prognosen, die auf modellanalytischem Wege gewonnen wurden (siehe dazu § 7, Abschn. 4.5.2.).

(2) Produktnormen

Unter Produktnormen versteht man „systematisch ermittelte Erfahrungswerte des Kaufverhaltens bei spezifischen Produktarten" (*Erichson* 1979, S. 259), also nichts anderes als für bestimmte Produktgruppen typische Lebensläufe. Praktische Bedeutung erlangen solche idealtypischen Absatzkurven z.B. in dem bereits erwähnten **DEMON**-Modell.

(3) Allgemeine Käufermerkmale

Anknüpfungspunkte liefern auch allgemeine Käufermerkmale wie soziodemographische, sozioökonomische, psychographische (Persönlichkeitsstruktur, nicht-produktbezogene Einstellungsstrukturen) und Konsumverhaltensdaten (Konsumstil, Markentreue, Kaufverhalten u.ä.) der potentiellen Abnehmer des betreffenden Erzeugnisses. Verwendet werden solche Informationen vor allem zur Abgrenzung von Zielgruppen sowie zur Evaluierung des Umsatzpotentials.

(4) Konsumentenurteile

Im Rahmen von Produkttests (siehe § 7, Abschn. 4.4.3.1.) ebenso wie von Konzepttests lassen sich von den befragten Verbrauchern Angaben über die Anmutungsleistung der Produktinnovation, die wahrgenommene Produktqualität, die perzipierte Position der Neuentwicklung im Marktraum, die Präferenzordnung der Betroffenen oder deren Kaufabsichten erlangen. Die Auskünfte der Befragten können sich dabei sowohl auf das bloße Produkt als auch auf dessen Verpackung und u.U. die geplante Werbestrategie erstrecken.

(5) Kaufverhaltensdaten

Da Absatzdaten vor der Einführung eines Produktes in den Markt nicht verfügbar sind, diese indessen die Akzeptanz der Innovation nach allgemeiner Einschätzung am verläßlichsten widerspiegeln, wird man versuchen, einen möglichst vollwertigen Ersatz dafür zu erlangen. Das Mittel hierzu sind vielfältige Tests, wobei entsprechend der jeweiligen Nähe zum realen Marktgeschehen zwischen **Produkt-, Laden-** und **Markttest** unterschieden wird (zu den vielfältigen Test-Typen siehe § 7, Abschn. 4.4.3.).

Aus Labor-Testmärkten stammende Kaufverhaltensdaten werden üblicherweise als simulierte Kaufdaten, die in Testmärkten und Mini-Testmärkten erhobenen Informationen als reale Kaufdaten bezeichnet. In beiden Fällen ist folgender Ansatz Grundlage der Prognose:

Absatzvolumen = Erstkäufe + (Wiederkäufe × Kaufintensität)

(1) Absatzprognose auf der Basis realer Kaufdaten
In Anlehnung an die Komponenten, in die die Zielgröße Absatzvolumen zerlegt wurde, kann zwischen zwei Arten von Modellen, nämlich Durchdringungsmodellen und Wiederkaufmodellen differenziert werden:

(a) In **Durchdringungsmodellen** wird die Anzahl der Käufer, die das Testprodukt einmal erworben haben, in der Regel als von der Zeit abhängig angesehen. Somit entsprechen diese Modelle weitgehend den zeitabhängigen Marktreaktionsfunktionen, wobei aber zur Approximierung der Entwicklung der kumulierten Zahl der Erstkäufe(r) durchweg die einem Grenzwert der Marktdurchdringung zustrebenden Kurvenverläufe verwendet werden (vgl. *Narasimhan/Sen* 1981).

(b) Mit **Wiederkaufmodellen** wird (meist ausgehend von den Ergebnissen der Durchdringungsmodelle) versucht, das Volumen der Wiederkäufe zu quantifizieren. Ein bekanntes Modell dieser Art ist jenes von *Parfitt/Collins* (1968), das der Prognose des langfristig zu erzielenden Marktanteils (relativen Absatzvolumens) dient. Es wird dabei auf Zeiträume abgestellt, in denen sich der Prozeß der Diffusion (vgl. Abschn. 3.2.2.1.) des neuen Produktes stabilisiert hat, so daß keine neuen Erstkäufer mehr hinzuzugewinnen sind. Der Absatz wird somit ausschließlich von Wiederkäufen getragen. Die Prognose beginnt mit der Ermittlung des Grenzwertes der Marktdurchdringung (α). Dies ist ein Parameter der exponentiellen Funktion, durch die die Entwicklung der kumulierten Zahl der Erstkäufer des neuen Produktes approximiert wird:

(3.16.) $$K_t = \alpha \cdot (1 - e^{-\beta t})$$

Dabei bedeuten:

K_t = Kumulierte Zahl der Erstkäufer zum Zeitpunkt t ($t = 1, \ldots, T$)
α = oberster Grenzwert der langfristig erreichbaren Erstkäufer in Prozent der potentiellen Käuferschaft ($\lim_{t \to \infty} K_t = \alpha$)
e = Konstante
β = Annäherungsrate von K_t an α

Der langfristige Marktanteil M_T wird so ermittelt, daß man die Zahl der maximal erreichbaren Erstkäufer (α) mit der langfristigen Wiederkaufrate des Testproduktes innerhalb der relevanten Produktklasse (w) sowie der konstanten relativen Kaufintensität (i) multipliziert:

(3.17.) $$M_T = \alpha \cdot w \cdot i$$

Dabei bedeuten:

α = oberster Grenzwert der langfristig erreichbaren Erstkäufer des neuen Produktes in Prozent der potentiellen Käuferschaft
w = Anteil der von Erstkäufern des neuen Produktes im Wiederholungsintervall wiedergekauften Menge dieses Produktes an der gesamten von den Erstkäufern des neuen Produktes im Wiederholungsintervall innerhalb der relevanten Produktklasse gekauften Gütermenge (in Prozent)
i = relative Kaufintensität des neuen Produktes

Der relativen Kaufintensität kommt dabei die Funktion zu, Abweichungen in der produktklassenspezifischen Kaufintensität bei den Käufern des neuen Erzeugnisses zu korrigieren. Entspricht die Kaufintensität beim Testprodukt der in der Produktklasse üblichen, beträgt $i = 1$.

Als wesentlicher Vorteil des Modells wird der getrennte Ausweis einzelner Determinanten des Marktanteils betrachtet. Andererseits bleibt beispielsweise der Handel, bei dem von einem ähnlichen Durchdringungsprozeß auszugehen ist, außer Betracht.

(2) Absatzprognose auf der Basis simulierter Kaufdaten

Für Absatzprognosen, die sich auf im Wege der **Simulation,** d.h. im Rahmen von Labortestmärkten gewonnene Daten stützen, ist eine Vielzahl von Modellen entwickelt worden (vgl. die Übersichten bei *Robinson* 1981; *Beeskow* u.a. 1983). *Silk/Urban* (1978) schätzen z.B. in ihrem Modellkomplex **ASSESSOR** den langfristig von einem neuen Produkt erreichbaren Marktanteil einerseits aus einem Kauf-Wiederkauf-Modell unter Rückgriff auf simulierte Kaufdaten, andererseits aus einem Modell von Käuferpräferenzen, welche über das sog. „evoked set" vor und nach Ausprobieren des neuen, zu testenden Produktes erfragt werden.

Beim Kauf-Wiederkauf-Modell wird ähnlich wie bei *Parfitt/Collins* der Marktanteil zum Zeitpunkt t, M_t, wie folgt zerlegt (vgl. *Silk/Urban* 1978):

(3.18.) $$M_t = T \cdot S$$

Dabei bedeuten:

T = langfristige kumulative Erstkaufrate für das Testprodukt (Anteil aller Personen der Zielgruppe, die das Produkt mindestens einmal kaufen)
S = langfristige Wiederkaufrate für das Testprodukt (Anteil der Wiederkäufer innerhalb der Produktklasse, und zwar seitens der Personen, die das Testprodukt einmal gekauft haben)

Wie angedeutet, entsprechen T und S den Größen α bzw. w bei *Parfitt/Collins*. Auf die Berücksichtigung der Kaufintensität (bei *Parfitt/Collins* die Größe i) wird zwangsläufig verzichtet, da Labortests keine Aussage über Kaufintensitäten erlauben. Diese werden deshalb als invariant für die gesamte Produktklasse angesehen. Es kann jedoch der Versuch unternommen werden, die Kaufintensität durch Befragungen im Verlauf des Tests oder aus der Erfahrung mit anderen Produkten der Warengruppe abzuleiten.

Die **Erstkaufrate** T entspricht der in der realen Marktsituation auftretenden „Probierkaufrate" und ist wie folgt spezifiziert:

(3.19.) $\quad\quad T = F \cdot K \cdot D + C \cdot U - (F \cdot K \cdot D) \cdot (C \cdot U)$ oder

(3.20.) $\quad\quad T = F \cdot K \cdot D + (C \cdot U) \cdot (1 - F \cdot K \cdot D)$

Dabei bedeuten:

F = langfristige Wahrscheinlichkeit, daß ein Verbraucher einen Erstkauf des Testproduktes tätigt, wenn dieses ihm bekannt und verfügbar ist (operationalisiert als Anteil der Testproduktkäufer an den Testpersonen)

K = langfristige Wahrscheinlichkeit, daß die Testmarke dem Verbraucher bekannt wird (Expertenschätzung auf Grund von geplanten Werbeaussagen)

D = langfristige Wahrscheinlichkeit, daß das Testprodukt dem Verbraucher zugänglich ist (Expertenschätzung auf Grund der erwarteten gewichteten Distributionsquote)

C = Wahrscheinlichkeit, daß der Verbraucher eine Probe des Produktes erhält (Expertenschätzung auf Grund der geplanten Sales Promotions)

U = Wahrscheinlichkeit, daß ein Konsument, der das Testprodukt als Gratisprobe bekommt, dieses bei nächster Gelegenheit erwirbt (wird im Verlauf einer Nachfaßaktion zum Labor-Testmarkt erhoben), wobei der Effekt der Probenverteilung jedoch nicht zwingend Bestandteil der Prognose ist.

Wie man aus der Umformung der Formel ersehen kann, stellt diese letztlich ein Aggregat dar, das durch additive Verknüpfung von zwei Komponenten entsteht, nämlich

– $F \cdot K \cdot D =$ um Einflüsse der Distribution und der Bekanntheit bereinigte Erstkaufwahrscheinlichkeit (Erstkaufrate) und

– $(C \cdot U) \cdot (1 - F \cdot K \cdot D) =$ Wirkung der Gratisproben bei Nichtkäufern.

Die **Wiederkaufrate** S als zweiter Term der Ausgangsgleichung wird demgegenüber als der bei einem *Markov*-Prozeß erster Ordnung (vgl. Abschn. 2.3.1.2.) im Gleichgewicht erreichbare Marktanteil spezifiziert:

(3.21.) $$S = \frac{R(k, t)}{1 + R(k, t) - R(t, t)}$$

Dabei bedeuten:

$R(k, t)$ = (bedingte) Wahrscheinlichkeit dafür, daß ein Käufer des Testprodukts, der dieses bei der nächsten Kaufgelegenheit nicht mehr erworben hat, es zu einem späteren Zeitpunkt doch wieder kaufen wird. (Geschätzt auf Grund von Angaben über die Präferenzen der Verbraucher im Hinblick auf die Testmarke wie auch die Konkurrenzmarken)

$R(t, t)$ = (bedingte) Wahrscheinlichkeit, daß ein Verbraucher, der die Testmarke gekauft hat, diese auch bei nächster Gelegenheit erwerben wird (echte individuelle Wiederkaufrate)

Beim Präferenzmodell werden mit der „Methode konstanter Summen" Paarvergleiche für alle Marken des „evoked set" zunächst ohne das Neuprodukt, später unter Einbeziehung des Testprodukts vorgenommen. Die Umwandlung der so gewonnenen Präferenzen in Kaufwahrscheinlichkeiten erfolgt mit Hilfe der „Maximum-Likelihood"-Methode durch die Bildung der Relation der Präferenzsumme jeder Marke zur Gesamtsumme der Präferenzen für alle Marken.

Im Idealfall liefern das Kauf-Wiederkauf-Modell und das Modell von Käuferpräferenzen gleiche Kaufwahrscheinlichkeiten.

Obwohl *Silk/Urban* von nur geringen Differenzen zwischen erzielten und prognostizierten Marktanteilen berichten, erscheinen die *Markov*-Prozesse innewohnenden vereinfachenden Annahmen, wie z. B. gleiche Kaufintensität bei den Konsumenten und Konstanz der Übergangswahrscheinlichkeiten in der Zeit, ebenso wie die Operationalisierung der Wiederkaufwahrscheinlichkeit problematisch. Dem stehen aber der im Vergleich zu konventionellen Markttests deutlich niedrigere Zeit- und Kostenaufwand sowie die Möglichkeit gegenüber, das neue Produkt geheimzuhalten und somit Verzerrungen von Markttestergebnissen durch Aktivitäten der Konkurrenten zu verhindern. Die häufige Anwendung dieses und ähnlicher Verfahren und die dabei erzielte hohe Übereinstimmung von Testergebnis und späterer Marktsituation scheinen jedoch anzudeuten, daß dieses relativ einfach strukturierte Modell eine hinreichende prognostische Qualität aufweist.

4.2.2. Die Modifikation bestehender Produkte

4.2.2.1. Die Produktvariation

Als **Produktvariation** bezeichnet man die bewußte Veränderung des Bündels an Nutzenkomponenten, die ein bisher angebotenes Produkt auszeichneten. Diese Charakterisierung entbehrt nicht einer gewissen Willkür. Die Frage, ob durch eine Modifikation ein völlig neues oder nur ein verändertes Erzeugnis entsteht, kann letztlich nur von der Wahrnehmung der Käufer her entschieden werden.

Die Gründe für die Wahl dieser Strategie mögen vielfältiger Art sein. So können sich die Vorstellungen von dem von einem Produkt zu stiftenden Grundnutzen im Laufe der Zeit durchaus verändern. Beispielsweise wird heute von allen Fernsehgeräten gefordert, daß sie eine Beteiligung am Bildschirmtextsystem erlauben. Oder aber es sind gesetzliche Auflagen, wie im Bereich des Automobils, die zu einer Produktvariation zwingen. Nicht zuletzt machen oftmals produktpolitische Vorstöße von Konkurrenten Anpassungsmaßnahmen unumgänglich.

Daraus wird deutlich, daß die Produktvariation zwei elementaren Zielsetzungen dient: Zum einen ist man bestrebt, eine als optimal erkannte Position im

Markt, wenn diese von anderen attackiert wird, durch eine entsprechende Produktveränderung zu verteidigen. Zum anderen wird dadurch das Bemühen um **Repositionierung** eines **Erzeugnisses,** dessen Abschneiden im Umfeld der Konkurrenten zu wünschen übrig läßt, unterstützt. Es leuchtet ein, daß diesem Unterfangen die bekannten Marktmodelle (siehe Abschn. 3.1.2.) sehr zustatten kommen, insbesondere dann, wenn in diesen eine Verbindung von Wahrnehmung und Präferenzen hergestellt wird.

4.2.2.2. Die Produktdifferenzierung

Unter **Produktdifferenzierung** versteht man die Modifikation eines bestehenden Produktes in dem Sinne, daß neben das ursprüngliche noch ein abgewandeltes Modell tritt. Das Motiv für diese Vorgehensweise, die zu den beliebtesten Strategien einer abnehmerorientierten Produktpolitik zählt, liegt im Bestreben von Unternehmungen, den Besonderheiten einzelner Märkte oder Marktsegmente Rechnung zu tragen. Dies kann sowohl an gesetzlichen Auflagen als auch an unterschiedlichen Verbraucherpräferenzen liegen.

So müssen Automobilhersteller ihre Erzeugnisse den Verkehrsgesetzen all ihrer **Exportmärkte** (Links/Rechtsverkehr, Weiß/Gelbscheinwerfer), landesspezifischen und regionalen Abgasvorschriften (USA ohne Kalifornien, Kalifornien, Japan, Schweiz, Schweden etc.) und abgestuften Geräuschnormen (Europa ohne Schweiz, Schweiz) anpassen. Zugleich sind aber auch unterschiedliche Besteuerungs- und Versicherungssysteme zu beachten. Zu allem Überfluß kommen die Produzenten im Ringen um Käufer nicht umhin, spezifischen Bedürfnissen durch unterschiedliche Karosserien (2/4/5-Türen, Cabriolet, Kombi u. ä.), Aggregate (Hubraum, PS-Zahl u. ä.), Farben sowie Ausstattungsvarianten zu entsprechen.

Die Anzahl der hierdurch bedingten Varianten kann leicht astronomische Größenordnungen annehmen. So rechnet *Schlegel* (1978, S. 65ff.) vor, daß bei 8 Karosserie-, 5 Motoren- und 2 Getriebevarianten, 5 Ausstattungspaketen und 20 Extras, 10 Außen- und 5 Innenfarben sowie 5 unterschiedlichen Regelungen in den Bereichen Verkehr, Sicherheit, Abgase und Geräusche letztlich 41 493 000 000 verschiedene Autos herauskämen.

Wenn auch die angebotene Palette an Varianten nicht annähernd diesen Umfang annimmt, so ist doch die Bewältigung der Verschiedenheit der Kundenwünsche eine gewichtige Herausforderung für eine Unternehmung (vgl. dazu *Dichtl/Raffée/Beeskow/Köglmayr* 1983). Das Problem besteht letztlich darin, einen Kompromiß zwischen einer aus der Sicht des Marketing wünschenswerten Individualisierung von Produkten auf der einen und beschaffungs- sowie fertigungstechnischen Erfordernissen auf der anderen Seite zu finden.

4.2.3. Die Produktelimination

Produkte, die den Firmenzielen nicht mehr förderlich erscheinen, müssen, ehe sie für die Unternehmung zu einer Belastung werden, aus dem Angebotsprogramm entfernt werden. Welche Kriterien dabei im einzelnen den Ausschlag geben, ist von Fall zu Fall verschieden. Eine normale Erscheinung ist die **Elimination** von **Artikeln,** die sich in der Degenerationsphase befinden, oder aber von Neueinführungen, die als gescheitert („**flops**") gelten müssen. Gelegentlich gebietet sich eine Programmbereinigung auch aus unternehmensstrategischen Gründen.

Bei der Entscheidung ist zweierlei zu beachten (vgl. dazu auch *Reinöhl* 1981): Ein eliminationsverdächtiges Produkt, in welcher Phase des Produkt-Lebenszyklus es sich auch befindet, hat bereits beträchtliche Ressourcen der Unternehmung verschlungen (Entwicklungs-, Marktforschungs-, Marketing-Kosten u. ä.). Die Aussonderung soll also nicht leichtfertig erfolgen. Zweitens liegt zur Situation des Produktes üblicherweise eine Vielzahl von Informationen vor. Es erscheint deshalb in der Regel möglich, eine Wirtschaftlichkeitsanalyse durchzuführen, deren Ergebnisse an unternehmensspezifischen Normen gemessen werden, oder aber Überlegungen in folgenden Richtungen anzustellen (vgl. *Kotler* 1965):

- Geht der Umsatzanteil des Produktes am Unternehmensumsatz zurück?
- Ist die Entwicklung des mit dem Produkt erzielten Umsatzes tendenziell rückläufig?
- Fällt dessen Marktanteil tendenziell?
- Weist der Deckungsbeitrag eine sinkende Tendenz auf?
- Unterschreitet die Fixkostendeckung durch das Produkt einen bestimmten Wert?

Zumindest dann, wenn alle Fragen zu bejahen sind, wird das fragliche Erzeugnis nicht mehr zu halten sein.

Sieht man von Umsatz- resp. Absatzgrößen ab, so verkörpern die wichtigsten **Indikatoren der Wirtschaftlichkeit** Differenzen (z. B. Gewinn, Deckungsbeitrag) oder Verhältniszahlen (z. B. Rentabilität, Umschlagshäufigkeit). Je nachdem, welche Kosten dabei berücksichtigt werden, unterscheidet man zwischen Voll- und Teilkostenrechnungen (vgl. hierzu auch § 4, Abschn. 3.2.2.1.). Beide bergen Gefahren in sich, wie das folgende Beispiel zeigt:

Nehmen wir der Einfachheit halber an, daß das Sortiment eines Handelsunternehmens nur fünf Produkte (A, B, C, D, E) umfaßt. Absetzbare Mengen, erzielbare Marktpreise sowie Einstandspreise seien bekannt (vgl. Tab. 3.8.). Die den einzelnen Artikeln anzulastenden Kosten sind in diesem Beispiel die Einstandskosten. Darüber hinaus fallen aber auch Gemeinkosten in Höhe von DM 23 220 an, die sich den Leistungs- und Kostenträgern nicht unmittelbar zurechnen lassen.

Bei einer Wirtschaftlichkeitsanalyse auf **Vollkostenbasis** würde man versuchen, sämtliche, also auch die nicht unmittelbar zurechenbaren Kosten auf die fünf Produkte aufzuteilen. Als Schlüssel dafür bietet sich z. B. die Höhe der Einstandskosten (Tab. 3.8., Spalte 5) an. Der zur Deckung der Gemeinkosten bestimmte Kalkulationsaufschlag beträgt dabei $(23\,220 : 77\,401 \times 100 \triangleq)$ 30%. Offenkundig erbringt dann das Produkt D einen Verlust von DM 3440. Würde dessen Elimination das Gesamtergebnis verbessern (vgl. Tab. 3.9.)?

Tabelle 3.8.: **Beispiel einer Programmbereinigungsanalyse auf Vollkostenbasis**

Produkt	Absatzmenge	Einstands-preis je Stück	Erzielbarer Marktpreis je Stück	Einstands-kosten (Einstandspreis × Absatzmenge)	Selbstkosten (Einstands-kosten + Kalkulations-aufschlag von 30 %)	Erlös (Marktpreis × Absatzmenge)	Gewinn
	in Stück	in DM	in DM	in DM	in DM	in DM	in DM
1	2	3	4	5	6	7	8
A	1 200	10,00	14,99	12 000	15 600	17 988	2 388
B	4 800	4,55	6,80	21 840	28 392	32 640	4 248
C	2 150	5,90	9,48	12 685	16 491	20 382	3 891
D	1 800	13,47	15,60	24 246	31 520	28 080	−3 440
E	750	8,84	11,58	6 630	8 619	8 685	66
Summe	−	−	−	77 401	100 622	107 775	7 153

4. Der produktpolitische Gestaltungsbereich

Tabelle 3.9.:

Wirtschaftlichkeitsanalyse auf Vollkostenbasis nach Elimination von Produkt D

Produkt	Einstands-kosten	Selbstkosten (Einstands-kosten + Kalkulations-aufschlag von 43,68%)	Erlös	Gewinn
	in DM	in DM	in DM	in DM
1	2	3	4	5
A	12 000	17 242	17 988	746
B	21 840	31 380	32 640	1 260
C	12 685	18 226	20 382	2 156
D	───────	─────── eliminiert ───────		───────
E	6 630	9 526	8 685	− 841
Summe	53 155	76 374	79 695	3 321

Die Gemeinkosten müssen nunmehr über einen kalkulatorischen Aufschlag von (23 220 : 53 155 × 100 ≙) 43,68% verrechnet werden. Dadurch erhöhen sich allenthalben die Selbstkosten, was bei unveränderten Erlösen dazu führt, daß jetzt auch E eliminationsverdächtig erscheint. Der Gesamtgewinn hat sich keineswegs verbessert, sondern um DM 3832 auf DM 3321 verschlechtert. Würde man auch noch E abstoßen, würde das Unternehmensergebnis gar auf DM 1266 schrumpfen.

Offenkundig birgt eine Programmbereinigung auf Vollkostenbasis die Gefahr in sich, durch scheinbar gut überlegte Handlungen dem Unternehmen zu schaden. Einen Ausweg bietet hier der **Teilkostenansatz** (vgl. Tab. 3.10.). Dabei geht man davon aus, daß die Angebotspalette eine Einheit darstellt, so daß letztlich nur der vom gesamten Programm erwirtschaftete Gewinn interessiert. Bei Eliminationsentscheidungen ist dann stets zu prüfen, wie sich die Herausnahme eines Produktes aus dem Sortiment auf das Gesamtergebnis auswirkt.

Die Programmanalyse auf **Teilkostenbasis** trägt so dazu bei, eklatante Fehlentscheidungen zu vermeiden. Gleichwohl wohnen auch ihr gewisse Gefahren inne, die u. a. in der Einseitigkeit des Zielkriteriums, in der Vergangenheitsorientierung (und Kurzfristigkeit) der Betrachtung und in der Ausklammerung positiver und negativer Ausstrahlungseffekte liegen (vgl. dazu *Dichtl* 1970 und 1977).

Tabelle 3.10.:

Programmanalyse auf Teilkostenbasis

Produkt	Einstandskosten (= Einzelkosten des Produktes)	Erlös	Deckungsbeitrag (= Erlös − direkt zurechenbare Kosten)
	in DM	in DM	in DM
1	2	3	4
A	12 000	17 988	5 988
B	21 840	32 640	10 800
C	12 685	20 382	7 697
D	24 246	28 080	3 834
E	6 630	8 685	2 055
Summe	77 401	107 775	30 374
Gemeinkosten	−	−	23 220
Gewinn	−	−	7 154

Im vorliegenden Fall ergibt sich, daß alle fünf Produkte zumindest einen Beitrag zur Abdeckung der Gemeinkosten leisten und deshalb prinzipiell erhaltenswert sind. Würde man auf D verzichten, fehlten just jene DM 3834, um die sich (abgesehen von einem Rundungsfehler) die Ergebnisse der Voll- und der Teilkostenrechnung unterscheiden.

5. Der programmpolitische Entscheidungsbereich

Die Bildung von Angebotsprogrammen, seien es Produktionsprogramme oder Handelssortimente, erfordert zum einen eine Festlegung von deren Ausrichtung und artmäßigen Zusammensetzung, zum anderen Entscheidungen über den anzustrebenden Umfang des eigentlichen Angebots und der Nebenleistungen. In der Praxis kann man diese Komplexe kaum trennen.

5.1. Die programmpolitische Grundorientierung

Bei der Gestaltung des Angebots von **Handelsunternehmen** lassen sich folgende Prinzipien bzw. Leitlinien beobachten:

(1) Ausrichtung am Material oder an der Herkunft der Güter

Noch bis vor wenigen Jahrzehnten wurden die Sortimente überwiegend von dem **Material** bestimmt, aus dem die Waren bestanden. Textil-, Eisenwaren- und Möbelgeschäfte sind auch heute noch typische Beispiele für Handelsbetriebe, deren Sortimente material- oder herkunftsbestimmt sind (vgl. *Schäfer* 1980).

Dies gilt in gewisser Weise auch für die Kolonialwaren- und späteren Lebensmittelgeschäfte, die namentlich vor dem Zweiten Weltkrieg vorzugsweise branchenmäßig spezialisiert waren.

(2) Ausrichtung an bestimmten Preislagen

Eine neue Entwicklung bei der Sortimentsgestaltung bahnte sich mit dem Aufkommen der Einheitspreisgeschäfte in der zweiten Hälfte der Zwanziger Jahre in Deutschland an. Deren Abteilungen waren zwar auch noch in der herkömmlichen Weise, nämlich branchenmäßig gegliedert, doch kam als neue Leitlinie die Preispolitik hinzu. Es wurden Waren in wenigen, niedrigen Preislagen geführt, womit sich diese Betriebe vor allem dem **Preisbewußtsein** bestimmter Verbraucherschichten anzupassen suchten. Später ging man zwar vom Prinzip weniger Preisklassen ab, doch blieb die starke **Preisorientierung** der **Sortimente,** wie übrigens auch bei den Versandhäusern, Verbrauchermärkten, Warenautomaten, Discount-Geschäften und Fachmärkten, erhalten.

(3) Ausrichtung an Bedarfskreisen

Hierbei sind die Sortimente von den **Bedarfsgelegenheiten** der **Verbraucher** her konzipiert. Die Handelsbetriebe stellen sich die Aufgabe, einem ganz bestimmten Sektor des Verbraucherbedarfs zu dienen, und bieten alles an, was dazu gehört, gleichgültig, aus welchen Branchen die Waren stammen. So führen beispielsweise Sportartikelgeschäfte Textilien, Leder-, Eisenwaren und Plastikerzeugnisse, soweit sie zu dem Bereich gehören, der sich mit den Stichworten Sport, Freizeit, Reisen und Camping umschreiben läßt.

Einzelhandelsbetriebe mit herkömmlichen, branchenorientierten Sortimenten gehen in zunehmendem Maße zu bedarfsorientierten über, wodurch ihr Angebot an Anziehungskraft gewinnt und Impulskäufe begünstigt werden, weil diejenigen Waren, die erlebnis- oder bedarfsmäßig zusammengehören, nunmehr an einem Ort zu finden sind. So sind beispielsweise aus den zunächst am Rohstoff Holz orientierten Möbelgeschäften vielfach Einrichtungshäuser geworden, die auch viele andere Waren anbieten, die dem Bedarfskreis Wohnen zu subsumieren sind. Die Möglichkeit, z. B. Zimmer einer bestimmten Stilrichtung zu präsentieren, nimmt auf diese Weise zu. Weitere Beispiele sind Geschäfte, die „Alles für das Kind", „...das Auto", „...die Küche" oder „...das Bad" führen.

(4) Ausrichtung an der Selbstverkäuflichkeit der Ware

Auch die Selbstbedienung ist nicht ohne Wirkung auf die Gestaltung der Handelssortimente geblieben. Zahlreiche Waren sind den Konsumenten nach Art, Qualität, Verwendungsweise, Preis usw. so vertraut, daß sie verkaufstechnisch als problemlos angesehen werden. Für ihren Absatz kommen vorzugsweise Supermärkte, Verbrauchermärkte, Waren- und Versandhäuser, Selbstbedienungswarenhäuser sowie Warenautomaten in Frage. Dem Bereich der problemlosen Waren stehen die problemvollen gegenüber, die im Wege der Bedienung und individuellen Beratung hauptsächlich über den Fach- und Spezialhandel abgesetzt werden. Aus dieser Differenzierung ergeben sich wertvolle Anregungen sowohl für die Gestaltung der Handelssortimente als auch für die Produktpolitik der Hersteller, die bewußt auf die **Konzipierung** von **problemlosen Artikeln** hinarbeiten, indem sie Erzeugnisse technisch vereinfachen und damit für den Verkauf im Wege der Selbstbedienung geeignet machen (z. B. Heimcomputer).

Bei der Gestaltung von **Produktionsprogrammen** orientieren sich Unternehmungen vornehmlich an folgenden Prinzipien (vgl. *Gross* 1967):

(1) Problemtreue

Angesichts der raschen technologischen und sonstigen Veränderungen verlieren zahlreiche Produkte an Bedeutung, während andere aufkommen. In diesen Fällen kann es für eine Unternehmung sinnvoll sein, sich ständig an den Bedürfnissen ihrer Kunden auszurichten. Der einmal erworbene Abnehmerkreis wird zum Bezugspunkt des absatzpolitischen Verhaltens. Dies impliziert, daß beispielsweise die Hersteller von technischen Ausrüstungen die Probleme der Kunden studieren und nicht selten zum Träger des technischen Fortschritts werden. Eine solche Politik kann man als **problem-** oder **bedarfstreu** kennzeichnen. Wechselnde Produkte werden zur Lösung gleicher oder weitgehend ähnlicher Probleme angeboten. In der Regel sind es die Anliegen eines bestimmten Kundenkreises, zu dem ein Lieferant möglicherweise schon lange enge Beziehungen unterhält. Dieses „Marktkapital" soll nicht aufs Spiel gesetzt, sondern muß durch fortschrittliche Leistungen ständig erneuert und gefestigt werden.

(2) Materialtreue

In gewissen Fällen kann sich die Politik der Problemtreue verbieten (z. B. für Anbieter von Rohstoffen). Möglicherweise lassen die Produktionsanlagen eine andere als die gewohnte Fertigung nicht zu; vielleicht ist man auch an die Ausbeutung und Veredelung bestimmter Rohstoffe gebunden oder das Produkt verfügt noch über Marktchancen, die ohne große Anstrengung ausgeschöpft werden können. In solchen Situationen bietet sich ein absatzpolitisches Verhalten an, das als **produkt-** oder **materialtreu** bezeichnet wird.

Wenn der Wechsel des Produktionsprogramms kurzfristig weder möglich noch opportun erscheint, müssen für die fraglichen Erzeugnisse – oft unter Abwandlung von bestimmten Eigenschaften – neue Verwendungszwecke und Märkte gesucht werden, wobei die technologischen Wandlungen in den verarbeitenden Industrien die Absatzchancen positiv beeinflussen können. Bei dieser Verhaltensweise stellt das Produkt gewissermaßen das konstante Element dar, während der Abnehmerkreis je nach den Verwendungsmöglichkeiten, die für das Produkt erschlossen werden, wechselt.

(3) Wissenstreue

Eine dritte Alternative für die Gestaltung der Produktionsprogramme der Hersteller stellt die sog. **Wissenstreue** dar. Damit wird zum Ausdruck gebracht, daß ein Produktionsprogramm auch auf einem bestimmten Wissens- und Erfahrungsschatz aufgebaut werden kann. Typische Beispiele dafür sind die Verfahrensmonopole, die manche Unternehmen der Datenverarbeitungsindustrie und der Raumfahrt innehaben. In gleicher Weise wirkt die Verwertung von Patenten. Oftmals wird das Know how nicht selbst genutzt, sondern über Lizenzverträge anderen Unternehmungen überlassen.

5.2. Programmpolitische Gestaltungsdimensionen
5.2.1. Umfang und Struktur des Angebotsprogramms

Bei der Zusammenstellung einer Angebotspalette, gleichgültig, ob für einen Handelsbetrieb oder ein Industrieunternehmen, ist ein Kompromiß zwischen divergierenden Interessen zu schließen. Eine Tendenz geht aus Kostengründen dahin, die Zahl der in das Angebot aufzunehmenden Güter oder Dienstleistungen möglichst gering zu halten. Die Erweiterung des Produktionsprogramms eines Industriebetriebes erfordert ceteris paribus eine häufigere Umstellung des Fertigungsapparates, möglicherweise einen Übergang von Spezial- zu Mehrzweckmaschinen, ferner kleinere Produktionsserien; damit verbunden kommt es zu erhöhten Stückkosten, größeren Lagerbeständen im Beschaffungs- und im Absatzsektor, vermehrter Kapitalbindung, schließlich einer stärkeren Arbeitsbelastung der Abteilungen Einkauf, Arbeitsvorbereitung und Verkauf. Eine Kompromißlösung wird häufig darin gesehen, die Produktionsprogramme durch Zukäufe zu ergänzen (Frage des „make or buy").

Ähnlich liegen die Verhältnisse im Handel. Bei Beschränkung des Sortiments auf relativ wenige Artikel braucht nur ein vergleichsweise kleines Lager gehalten zu werden. Kapitalbindung, Lagerkosten und die Gefahr von Veralterung, Schwund oder Diebstahl sind entsprechend geringer. Auch hier zeigt sich also, daß Kostenerwägungen die Begrenzung des Sortiments zweckmäßig erscheinen lassen.

Diesen Überlegungen steht indessen die Tatsache gegenüber, daß derjenige, der nur ein schmales Sortiment anbietet, im allgemeinen keinen nachhaltigen Absatzerfolg erzielen kann. Die Abnehmer verlangen in der Regel, die Güter ihres Bedarfs aus einem reichhaltigen Sortiment auswählen zu können; denn der sortimentsmäßige Verbund, in den die Waren gestellt werden, schafft Vergleichsmöglichkeiten mit Erzeugnissen gleicher oder ähnlicher Größe, Form und Farbe, Qualität und Preislage und weist zugleich auf komplementäre Produkte hin. Sowohl Endverbraucher als auch Weiterverwender wollen mit einem vielfältigen Güterangebot konfrontiert werden, selbst wenn sie ziemlich genaue Vorstellungen von dem haben, was sie zu kaufen wünschen.

Daher fordern die Verkaufskräfte der Hersteller und des Handels regelmäßig, daß ihnen ein hinreichend großes Angebotsspektrum zur Verfügung gestellt wird, weil sich dadurch die Chancen des Verkaufserfolgs bei den alten Kunden verbessern und zugleich neue hinzugewinnen lassen. Dennoch zeigt sich, daß die Produktionsprogramme der Industrie und die Sortimente des Handels oft stark ausgedehnt werden, ohne daß die Umsätze im erwarteten Umfang steigen. Die Folge davon ist ein Rückgang der Umschlagsgeschwindigkeit des Warenlagers, der seinerseits mit einer Erhöhung der Lagerkosten (Lagerverwaltung usw.) und der Lagerrisiken (Gefahr von Preisnachlässen auf alte Bestände und dgl. mehr) verbunden ist.

Umfang und Grundstruktur eines Sortiments werden herkömmlicherweise in den Dimensionen breit/schmal und tief/flach charakterisiert:

(1) Breites/schmales Sortiment
Ein **breites**, gewöhnlich aber zugleich flaches Sortiment kennzeichnet z. B. ländliche Gemischtwarenläden, Warenhäuser, Verbrauchermärkte und SB-Warenhäuser. Ihr Angebot wirkt umfassend, doch ist die Auswahl innerhalb einzelner Warenbereiche bzw. Produktarten beschränkt. Aus der Sicht des Verbrauchers bieten breite Sortimente erweiterte Einkaufsmöglichkeiten, bis hin zum Fall des „**one stop shopping**", das sich anschaulich in der von einer Genossenschaft gewählten Bezeichnung *ALUEDA*-Märkte (Alles unter einem Dach!) widerspiegelt.

(2) Tiefes/flaches Sortiment
Führt eine Unternehmung innerhalb eines Warenkreises jeweils eine größere Zahl von Artikeln und Sorten (Abstufungen nach Größe, Farbe, Muster, Ausführung, Qualität, Marke, Preislage usw.), wird ihr Sortiment als **tief** charakterisiert. Dieser Fall ist typisch für Spezialgeschäfte (Tabak-, Kaffee-, Bekleidungsgeschäfte usw.). Aus der Sicht der Verbraucher bietet ein tiefes Sortiment alternative Kaufmöglichkeiten; es ermöglicht also eine bessere Auswahl und macht somit die Realisierung individueller Präferenzen wahrscheinlicher.

Im allgemeinen korrelieren breite und flache Sortimente auf der einen und schmale und tiefe auf der anderen Seite (zur Sortimentspolitik des Handels vgl. *Hansen* 1976; *Oehme* 1983). Mit wachsender Vielfalt der industriellen Erzeugung und zunehmender Zahl der Fertigwaren mußte sich der Handel indessen immer mehr spezialisieren. Neben Betriebe mit sehr breiten Sortimenten, die das Warenangebot einer Branche möglichst vollständig zu erfassen suchen, treten solche, die auf einem speziellen Gebiet, das ihnen aussichtsreich erscheint, schmale, aber tiefe Sortimente bilden. Auf diesem Sektor will man führend sein und mehr bieten, als die Konkurrenzgeschäfte mit dem Streben nach vollständigen Sortimenten zu leisten vermögen.

In unmittelbarem Zusammenhang damit steht die Frage, welche **Preisklasse** bzw. welches **Genre** (Qualitäts-, Geschmacksniveau usw.) innerhalb des Sortiments bevorzugt bzw. schwerpunktmäßig geführt werden soll. Von besonderer

Bedeutung ist dieser Aspekt für die meisten Warenbereiche, die dem Stil- oder Modewandel unterworfen sind. Hier zeigt sich die enge Verbindung zwischen der Sortiments- und der Preispolitik, die im Rahmen der Absatzkonzeption zu einer Einheit verschmelzen.

Verständlicherweise hängen diese Teilentscheidungen von den **finanziellen Möglichkeiten** und den **Fach-** bzw. **Branchenkenntnissen** des Unternehmers, vom Standort seines Geschäfts, von der Art und Lage der Konkurrenzbetriebe und von der **Kaufkraft** der **Verbraucher** im Einzugsbereich ab. Hinzu kommen spezifische Beschaffungsmöglichkeiten (z.B. Verbindungen zum Ausland, Exklusivvertriebsrechte) sowie die Höhe der von den Herstellern gewährten Rabatte und ähnliche Faktoren (Kulanz, fachliche und werbliche Unterstützung usw.).

Die **Bildung von Produktionsprogrammen** ist oft schwieriger als die Zusammenstellung von Handelssortimenten, weil Entscheidungen über die Angebotsprogramme der Industrie angesichts der hierzu benötigten Fertigungsanlagen von ungleich längerer Wirkungsdauer sind. Die von Produktionsprogrammentscheidungen betroffenen Fragenbereiche lassen sich wie folgt charakterisieren (siehe dazu *Dichtl* 1970):

(1) Welche Produkte sollen bei einer Ausdehnung des Planungszeitraums auf mehrere bzw. „viele" Perioden (weiterhin) hergestellt werden bzw. welche anderweitige Anlage vorhandener oder verfügbarer Mittel ist zu empfehlen? Die Einführung des **Faktors Zeit** ist deshalb bedeutsam, weil die Erfolgsbeiträge pro Intervall keineswegs konstant sind.

(2) Welche **Produktionsmengen** sind für jedes Erzeugnis und jede Periode vorzusehen? An dieser Stelle ist auf die enge Verbindung zwischen der Programmpolitik und der Lieferbereitschaft hinzuweisen.

(3) Wann soll mit der **Einführung neuer Produkte** begonnen werden? Diese Frage hängt sowohl von Kapazitätsreserven, Konkurrenzaktivitäten und der konjunkturellen Lage als auch von der Struktur des Programms ab. Neue Produkte sollten stets so zeitig eingeführt werden, daß der durch sie bewirkte Unternehmenserfolg (gemessen am Marktanteil, Umsatz oder Deckungsbeitrag) rückläufige Erfolgsbeiträge von in der Degenerationsphase befindlichen Erzeugnissen mindestens ausgleicht.

(4) Wann sollen die im Programm befindlichen Artikel aus dem Markt genommen und wann soll die Produktion eingestellt werden? Zu welchem Zeitpunkt soll m.a.W. der **Lebenszyklus** jeweils abgebrochen werden?

(5) Wie ist die **Kapazität** zu dimensionieren, wenn ein gleichmäßiges Wachstum der Unternehmung angestrebt wird und wenn die Marktchancen möglichst weitgehend ausgenützt werden sollen? Ein Auswahlproblem tritt bekanntlich immer dann auf, wenn bei einer Entscheidung Restriktionen zu

beachten sind. Würde man auf die Berücksichtigung von Beschränkungen des Handlungsspielraums verzichten, die dem Unternehmen etwa von der Produktions- und der Vertriebskapazität, den finanziellen Ressourcen und der personellen Ausstattung her auferlegt sind, fiele die Problematik gewissermaßen in sich zusammen, weil dann alle Betätigungsmöglichkeiten sofort wahrgenommen werden könnten.

(6) Eine wichtige Frage, mit der sich viele Hersteller auseinanderzusetzen haben, ist, wie bereits angedeutet, die des „make or buy", des Selbstherstellens oder des Zukaufens. Es ist bekannt, daß Hersteller nicht alle Produkte, die sie anbieten, selbst fertigen. Manches wird vielmehr zur Abrundung des Angebots hinzugekauft. Heute wird die Frage des Zukaufs unter verschiedenen Aspekten gesehen:

Einmal geht es um die Heranziehung von Lieferanten, die auf den fraglichen Gebieten Spezialisten sind. Oftmals ist dies die einzige Möglichkeit, Anschluß an die technische Entwicklung zu erlangen. Sodann werden im Zuge der internationalen Arbeitsteilung Erzeugnisse, die mit hohen Arbeitskosten belastet sind, aus Ländern mit vergleichsweise niedrigen Löhnen bezogen und zur Ergänzung von Produktionsprogrammen verwendet. Ein nicht unbedeutender Teil der amerikanischen Industrie macht von der Möglichkeit der Programmergänzung – oft durch Produktionsausgliederung, verbunden mit späterem Import der Fertigerzeugnisse – aus diesen Gründen Gebrauch. Ein vergleichbarer Effekt läßt sich auch durch **Kooperation** zweier oder mehrerer Hersteller erreichen, die ihre Produktionsprogramme so aufeinander abstimmen, daß in den Augen der Kunden jeweils ein geschlossenes, attraktives Gesamtangebot zustande kommt.

5.2.2. Die Nutzung von Verbundeffekten im Angebotsprogramm

Sowohl in Produktions- als auch in Handelsunternehmen ist es üblich, daß Kunden mehrere Produkte auf einmal kaufen. Dies hat verschiedene Ursachen (vgl. *Böcker* 1978, S. 20f.):

- So können bestimmte Artikel in einer komplementären Beziehung zueinander stehen **(Bedarfsverbund)**. Die Intention, ein festliches Essen zuzubereiten, schafft z. B. Bedarf an Steakfleisch, Erbsen, Kartoffeln, Rotwein, Servietten, Kerzen und Blumen.

- Das Bestehen eines Bedarfsverbunds bedeutet jedoch noch nicht, daß die fraglichen Artikel allesamt in einem einzigen Geschäft gekauft werden. Besteht indessen die Absicht dazu, spricht man von **Nachfrageverbund.**

- Werden, aus welchen Gründen auch immer, mehrere Artikel bei einer Gelegenheit erworben, erleben wir einen **Kaufverbund.** Oft wohnt den betreffenden Produkten nicht mehr Gemeinsamkeit inne, als daß sie zusammen angeboten bzw. beworben werden.

Betrachtet man die Einkäufe einer Vielzahl von Verbrauchern, so stellt man fest, daß es Artikelpaare gibt, die häufig miteinander erstanden werden, während andere selten bzw. nie zusammen in einem Einkaufswagen oder auf einem Bestellzettel zu finden sind. Zwischen den Produkten bestehen demnach unterschiedliche Verbundintensitäten. Diese zu erfassen und absatzpolitisch zu nutzen, ist für die Programmpolitik ein vorrangiges Anliegen. Die einfachste Methode, um Verbundbeziehungen zu messen, besteht darin auszuzählen, wie oft jeweils zwei von allen denkbaren Artikeln bzw. Artikelgruppen zusammen erworben werden. Nehmen wir zunächst an, ein Sortiment bestehe aus sechs Erzeugnissen, wobei sieben Käufe mit der in Tab. 3.11. wiedergegebenen Struktur getätigt werden.

Tabelle 3.11.:

Sieben Verbundkäufe vor dem Hintergrund eines Sortiments von sechs Artikeln

Artikel	A	B	C	D	E	F	Zahl der gekauften Artikel
Kauf 1	1		1	1			3
Kauf 2	1				1	1	2
Kauf 3					1	1	2
Kauf 4		1	1	1	1		4
Kauf 5	1		1	1	1		4
Kauf 6	1	1	1	1	1		5
Kauf 7	1		1	1			3
Summe der Käufe eines Artikels	4	2	5	5	5	2	23

Quelle: *Merkle* 1981, S. 49.

Daraus läßt sich eine Auszähl- bzw. Frequenzmatrix aller Verbundkäufe erstellen (vgl. Tab. 3.12.), wobei jeder gemeinsame Kauf von zwei Produkten mit $d = 1$ gewichtet wird. Die Frequenzmatrix in Tab. 3.12. gibt dann z. B. an, daß A mit B einmal, mit C viermal usw. gemeinsam erworben worden ist. Die höchste Verbundintensität weisen offenbar C und D auf.

Die Spalten- resp. Zeilensummen verkörpern einen vordergründigen Indikator der Verbundträchtigkeit von Produkten; diese gibt jeweils an, wie stark ein Artikel mit dem übrigen Sortiment verzahnt ist. Bereits auf diesen Werten aufzubauen empfiehlt sich indessen deshalb nicht, weil ein Artikel, der nur einmal, dafür aber im Rahmen eines umfangreichen Einkaufs erworben wurde, in der Spalten- resp. Zeilensumme ungleich stärker zu Buche schlägt als ein anderer, der häufiger mit anderen Produkten, gleichwohl aber im Rahmen von Kleinkäufen erworben wurde. So wurden B und F zweimal erstanden, aber jeweils in einem ganz anderen Umfeld.

Tabelle 3.12.:

Frequenzmatrix der Verbundkäufe

Artikel	A	B	C	D	E	F	Zeilensumme
A	0	1	4	4	2	0	11
B	1	0	2	2	2	0	7
C	4	2	0	5	3	0	14
D	4	2	5	0	3	0	14
E	2	2	3	3	0	2	12
F	0	0	0	0	2	0	2
Spaltensumme	11	7	14	14	12	2	60

Quelle: *Merkle* 1981, S. 48.

Die dadurch zustande kommende Verzerrung läßt sich in der Weise beseitigen, daß jeder Verbundkauf mit dem Faktor d = 1/(n-1) gewichtet wird, wobei n die Zahl der Artikel eines Einkaufs darstellt, die den jeweiligen Verbundkauf ausmachen. Die aus Tab. 3.12. entsprechend abgeleitete Frequenzmatrix hat die in Tab. 3.13. wiedergebene Form:

Tabelle 3.13.:

Modifizierte Frequenzmatrix der Verbundkäufe

Artikel	A	B	C	D	E	F	Zeilensumme
A	0	3/12	1 7/12	1 7/12	7/12	0	4
B	3/12	0	7/12	7/12	7/12	0	2
C	1 7/12	7/12	0	1 11/12	11/12	0	5
D	1 7/12	7/12	1 11/12	0	11/12	0	5
E	7/12	7/12	11/12	11/12	0	24/12	5
F	0	0	0	0	24/12	0	2
Spaltensumme = Zahl der gekauften Artikel	4	2	5	5	5	2	23

Quelle: *Merkle* 1981, S. 51.

Wie durch einen Vergleich von Tab. 3.12. und 3.13. zu erkennen ist, drücken die Spalten- und Zeilensummen jetzt wieder die Zahl der Käufe des jeweiligen Artikels aus, wobei die in den Zeilen der modifizierten Frequenzmatrix enthaltenen Werte nunmehr die zwischen den einzelnen Artikeln bestehenden Verbundbeziehungen unverzerrt wiedergeben. Die größte Affinität ist demnach zwischen E und F gegeben, die zweimal miteinander erworben worden sind.

5. Der programmpolitische Entscheidungsbereich

Die Verzahnung eines Artikels mit dem übrigen Sortiment läßt sich an dem Zeilen- resp. Spaltenvektor in Tab. 3.13. ablesen (für den Artikel A also 3/12, 1 7/12, 1 7/12, 7/12, 0). Betrachtet man die Elemente des Zeilenvektors als Abschnitte auf der Abszisse eines zweidimensionalen Koordinatenraums, trägt die jeweiligen Werte auf der Ordinate ab und verbindet die Punkte graphisch, so erhält man ein sog. **Verbundprofil** (vgl. *Merkle* 1981, S. 238). Wie anschaulich solche Profile auch sein mögen, so weisen sie doch zwei nicht unerhebliche Nachteile auf: Zum einen sind sie sehr unhandlich, zum anderen eindimensional, da sie die wechselseitige Verzahnung stets nur aus der Perspektive eines Artikels bzw. einer Artikelgruppe wiedergeben. Beide Unzulänglichkeiten überwindet die **Mehrdimensionale Skalierung** (MDS), die eine simultane Verarbeitung und Darstellung aller bestehenden Verbundbeziehungen erlaubt (siehe dazu § 7, Abschn. 4.5.1.7.) und zu einem Ergebnis gemäß Abb. 3.18. führt.

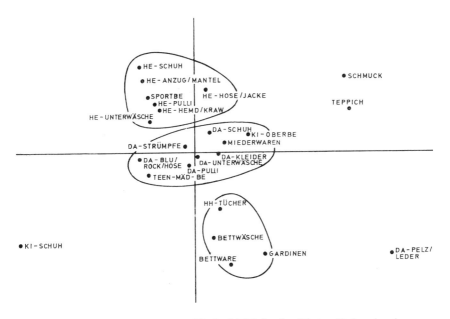

Abb. 3.18.: Ergebnis einer mit Hilfe der MDS durchgeführten Verbundanalyse

Wie läßt sich das Wissen um solche Verbundeffekte im Angebotsprogramm instrumentell nutzen?

– Zum einen können einschlägige Erkenntnisse zu unmittelbaren **programmpolitischen Eingriffen** insofern führen, als z. B. Artikel, die nur geringe Deckungsbeiträge erzielen und zugleich isoliert im Sortiment stehen, eliminiert werden. Andererseits können aber auch Produkte hinzugenommen werden, die selbst zwar kaum einen Ertrag abwerfen, aber starke Verbundkäufe auslösen.

- Zum anderen sind die Ergebnisse von Verbundanalysen auch für andere Aktionsparameter nützlich. So bietet es sich beispielsweise an, **Werbeaktionen** unter Beachtung von Verbundeffekten durchzuführen oder speziell Verbundartikel in **Verkaufsförderungsaktionen** einzubeziehen. Ähnliche Vorteile ergeben sich u. a. bei der **innerbetrieblichen Standortpolitik** im Handel, bei der **Plazierung** von **Artikeln** im Lager eines Selbstbedienungsgeschäftes, bei der **Ausgestaltung** eines **Leistungslohnsystems** sowie bei der **artikelverbundorientierten Preispolitik** (siehe dazu *Merkle* 1981, S. 149 ff.).

5.2.3. Programmpolitische Nebenleistungen

5.2.3.1. Die Garantieleistung

Bei einer Reihe von Erzeugnissen, z. B. technisch komplizierten und hochwertigen Geräten für Haushalt und gewerbliche Verwendung sowie bei Kraftfahrzeugen, werden Garantien hinsichtlich Haltbarkeit, Funktionsfähigkeit und dgl. mehr übernommen (vgl. *Pauls* 1974). Dabei können der Umfang der Garantieleistung und die Frist, innerhalb derer sich der Lieferant (Hersteller oder Händler) zu einer solchen Leistung bereitfindet, variieren. Mit der Garantieleistung wird die gesetzlich vorgeschriebene Gewährleistungspflicht teils ausgedehnt, teils eingeschränkt (!), was indessen von Rechtsunkundigen meistens nicht erkannt wird.

Für die Garantieleistung sind in neuerer Zeit zwei Entwicklungstendenzen charakteristisch:

- Sowohl die Verschärfung des Wettbewerbs als auch die technische und qualitative Verbesserung der Erzeugnisse haben generell zu einer **Ausdehnung der Garantieleistung** nach Umfang und Dauer geführt. Dabei ist die aus Konkurrenzgründen notwendige Gewährung verbesserter Garantieleistung durch zunehmende Güte der Produkte (Gebrauchstüchtigkeit, Haltbarkeit und dgl.) teils ermöglicht, teils erleichtert worden. So haben die bedeutendsten Automobilhersteller am deutschen Markt die Garantiefristen für ihre Kraftfahrzeuge in einem für die Branche ungewöhnlichen Ausmaß verlängert und dadurch dieses absatzpolitische Instrument aktiviert.

- Soweit es sich um Produkte handelt, die über den Einzelhandel abgesetzt werden, ist die Erbringung der Garantieleistung in zahlreichen Fällen **vom Einzelhandel auf den Hersteller** übergegangen. Dieser Entwicklung liegt das Bestreben zugrunde, den Handel von diesen Leistungen zu befreien und ihn insbesondere nicht mit dem Service für solche Erzeugnisse zu belasten, die z. B. in Discount-Häusern erworben worden sind, zumal diese in der Regel die Erfüllung solcher Leistungen ablehnen. Die Hersteller solcher Erzeugnisse haben häufig ein Netz von Niederlassungen einrichten müssen, denen Garantieleistung, Kundendienst und Reparaturen übertragen sind. Das gleiche gilt für Handelsunternehmungen, die derartige Erzeugnisse als Handelsmarken auf den Markt bringen.

Für den mit der Zusicherung und Erbringung einer Garantieleistung zu erzielenden **akquisitorischen Effekt** sind vor allem die Großzügigkeit und Schnelligkeit, mit der die gegebenen Zusagen eingehalten werden, sowie die Qualität der Leistung bedeutsam. Erlebt ein Käufer in dieser Hinsicht Enttäuschungen, so bewirkt dieses Instrument genau das Gegenteil von dem, was angestrebt wurde. Diese Erfahrung machen vor allem jene Hersteller, die zwar auf Grund ihrer Garantieversprechen auf die Berechnung der – oft geringwertigen – Ersatzteile verzichten, dafür aber prohibitiv hohe Sätze für die mit dem Austausch verbundene Arbeitsleistung (einschl. Wegekosten) verlangen oder einen Kunden einen über Gebühr langen Verzicht auf Nutzung des von ihm erworbenen Gutes zumuten.

5.2.3.2. Der Kundendienst

Die Absatzchancen einer Reihe von Erzeugnissen, besonders von technisch komplizierten Gütern, hängen in hohem Grade vom Kundendienst ab (vgl. *Meffert* 1982), da dieser dem Käufer der fraglichen Produkte in vielerlei Beziehung Sicherheit verschafft, was in ähnlicher Weise auch für die Übernahme von Garantien gilt. Zwischen beiden absatzpolitischen Instrumenten besteht ohne Zweifel eine Verwandtschaft; andererseits unterscheiden sie sich aber stark: Garantien sind nach Umfang und Frist begrenzt; auf den Kundendienst (z. B. für Maschinen, Geräte, Kfz) kann dagegen **stets** zurückgegriffen werden. Kundendienstleistungen werden einerseits angeboten und erbracht, ohne daß dazu eine vertraglich begründete Verpflichtung gegenüber dem Käufer besteht. Andererseits steht eine Kundendienstleistung immer im Zusammenhang mit dem Erwerb einer anderen, gleichsam übergeordneten Leistung, die das eigentliche Objekt einer Kaufentscheidung darstellt. Aus der Analyse der Eigenheiten und Erscheinungsformen kundendienstlicher Aktivitäten ergibt sich die Notwendigkeit, zwei Gruppen von Leistungen zu unterscheiden, nämlich technische und kaufmännische.

(1) Der **technische Kundendienst** erstreckt sich vor allem auf die Gewährleistung oder Wiederherstellung der einwandfreien und kostengünstigen Funktion eines Aggregates, die Mithilfe bei der Lösung anwendungstechnischer Probleme, die Prüfung der Vereinbarkeit mit anderen Geräten oder Betriebsstoffen sowie die laufende Bereitstellung von Informationen, die der Erhaltung oder Steigerung der Produktivität eines technischen Objektes dienen.

Installations-, Inspektions-, Wartungs- und Reparaturdienst sowie die Versorgung mit Ersatzteilen treten nur nach Abschluß eines Kauf- oder Mietvertrages und ausschließlich bei Gütern technischer Natur auf, die durch Langlebigkeit, komplizierte Bau- und Funktionsweise sowie Hochwertigkeit gekennzeichnet sind.

Solche technischen Kundendienstleistungen können den Verwendern der entsprechenden Güter von verschiedenen Seiten angeboten werden. In neuerer Zeit übernehmen diese die Hersteller, wie erwähnt, in zunehmendem Maße selbst. Bei Investitionsgütern, die meist über herstellereigene Organe abgesetzt werden, ist die Betreuung durch den Produzenten auf Grund technischer Gegebenheiten ohnehin ein unabdingbares Erfordernis. Bei vielen anderen technischen Gütern ist der Wunsch, die absolut zuverlässige und zudem preiswerte Funktionsfähigkeit der Erzeugnisse unabhängig von Händlern sicherzustellen, der Hauptgrund für die immer stärkere Beteiligung der Hersteller an der Wahrnehmung kundendienstlicher Aufgaben.

Da der Kundendienst leicht zu erlangen sein muß, haben z. B. die Hersteller von Kraftfahrzeugen oder Elektrogeräten diese Aufgaben Vertragshändlern und -werkstätten übertragen, die wie ein Netz das Absatzgebiet überziehen und deren Leistungsfähigkeit und Preiswürdigkeit von den Herstellern überwacht wird. Ähnlich haben Versandhäuser, die Kühlschränke, Geschirrspüler, Fernsehgeräte und dgl. als Handelsmarken führen, eigene technische Kundendienstorganisationen für die von ihnen verkauften Erzeugnisse geschaffen.

(2) Den technischen stehen die **kaufmännischen Kundendienstleistungen** gegenüber, die sowohl nach als auch bei und sogar vor dem Erwerb von Leistungen aller Art erbracht werden können. Zu den kaufmännischen Kundendienstleistungen gehören vor allem verschiedene Einkaufserleichterungen, Beratungs- und Zustelldienste, Kostenvoranschläge sowie Gefälligkeiten aller Art, individuelles Entgegenkommen und Hilfsbereitschaft in vielfältigen Ausprägungen.

Kaufmännische Kundendienstleistungen werden nur selten direkt in Rechnung gestellt, doch wäre eine Differenzierung der Preise nach dem Grad der Inanspruchnahme solcher Leistungen, wie z. B. der kostenmäßig ziemlich genau erfaßbaren Zustelldienste im Einzelhandel, ein Fortschritt. Eine halbwegs verursachungsgemäße Kalkulation erscheint um so erstrebenswerter, als sie vielen Verbrauchern das durchaus berechtigte Gefühl nähme, für Dienstleistungen, die andere erlangen, mitbezahlen zu müssen.

Während sich der technische Kundendienst vor allem durch Schnelligkeit, Sorgfalt, Kompetenz, Zuverlässigkeit in der Einhaltung von Terminzusagen, durch Zuvorkommenheit des Personals und Preiswürdigkeit der Leistung auszeichnen kann, ist beim kaufmännischen Kundendienst, wie wir sahen, ein auf die spezifischen Wünsche der Kunden abgestimmtes Angebot von Sonderleistungen am besten geeignet, Präferenzen zu schaffen.

Obwohl über deren Ausmaß naturgemäß keine allgemeingültigen Aussagen gemacht werden können, ist doch zu beobachten, daß der Kundendienst unmittelbare und intensive Beziehungen zu den Abnehmern entstehen läßt. Dies ist vor allem deshalb hoch zu bewerten, weil es auf vielen Märkten immer schwieriger wird, sich vorteilhaft von den Konkurrenten abzuheben. Kundendienstliche Aktivität erweist sich im übrigen als besonders gut geeignet, ein wirksames „mouth to mouth advertising" auszulösen, Kunden auf längere Sicht an sich zu binden (Markentreue) und dadurch einen gewissen preispolitischen Spielraum zu gewinnen.

6. Die Begrenzung des produkt- und programmpolitischen Entscheidungsspielraums durch die Rechtsordnung

Der Schutz der Gesundheit der Bevölkerung macht es in vielen Fällen notwendig, Zusammensetzung und Beschaffenheit vor allem von Grundnahrungsmitteln, die zum Verkauf feilgeboten werden, rechtlichen Regelungen zu unterwerfen. Diesem Anliegen dient in erster Linie das *Gesetz über den Verkehr mit Lebensmitteln, Tabakerzeugnissen, kosmetischen Artikeln und sonstigen Bedarfsgegenständen,* das sich nicht nur auf Nahrungsmittel im eigentlichen Sinne, sondern auch auf Güter wie Farben, Kerzen und Verpackungsmaterial erstreckt. Diese können gleichfalls gesundheitliche Schäden hervorrufen. Einschlägige Bestimmungen finden sich auch im *Gaststättengesetz* und in der *Gewerbeordnung.*

Aus ähnlichen Erwägungen heraus wurde in den vergangenen Jahren das deutsche Arzneirecht erheblich verschärft. An die Stelle der bloßen Registrierung neuer Präparate, die vor 1976 genügte, ist ein strenges Zulassungsverfahren getreten, das auch die Folgewirkungen berücksichtigt, die mit der Einnahme bzw. Verwendung von Medikamenten verbunden sind. Die Verbraucher vor gesundheitlichen und vor wirtschaftlichen Schäden bewahren soll auch die *Lebensmittelkennzeichnungsverordnung.* Danach müssen bei jedem von ihr erfaßten Produkt u. a. der Name des Herstellers, Inhalt, Herstellungs-, Abgabe- und Abfülldaten, ferner Mindesthaltbarkeit und Konservierungsstoffe offen ausgewiesen werden.

Soweit Schäden bei Verbrauchern auftreten, sind die Betroffenen insofern in einer besseren Position als früher, als die Hersteller, die üblicherweise nicht Vertragspartner der Geschädigten sind, heute grundsätzlich für solche Personen-, Sach- oder Vermögensschäden haften, die als Folge der Benutzung ihrer Produkte dem Konsumenten oder dritten Personen auf Grund eines Fehlers der Ware entstehen. Im einzelnen kommen dabei folgende Fehlerarten in Betracht (siehe dazu *Wolter* 1977, S. 532):

- Konstruktionsfehler, also Fehler, die bei der Konstruktion vorkommen und deshalb ganze Serien betreffen
- Fabrikationsfehler, d.h. Fehler, die bei der Herstellung eines ordentlich konstruierten Produktes entstehen und normalerweise nur bei einzelnen Stücken („Ausreißern") auftreten
- Instruktionsfehler, das sind solche Fehler, die auf eine mangelhafte Gebrauchsanweisung oder unzureichende Warnung vor gefahrbringenden Eigenschaften des Erzeugnisses zurückgehen
- Entwicklungsfehler, also Mängel, bei denen schon die vor der Konstruktion liegenden Entwicklungs- und Forschungsarbeiten nicht dem jeweiligen Stand der Wissenschaft bzw. der Technik entsprechend ausgeführt worden sind
- Überwachungsfehler; hier geht es um Schäden, die daraus erwachsen, daß ein zunächst als fehlerfrei angesehenes Produkt nach dem Erscheinen auf dem Markt fehlerhafte Wirkungen zeigt. Der Hersteller ist insoweit verpflichtet, sein Produkt laufend zu beobachten und, sofern nötig, eine Rückrufaktion durchzuführen.

Bei der **Produzentenhaftung** (= Produkthaftung, Haftung des Warenherstellers, Warenhaftung etc.) besteht das hauptsächliche Problem darin, eine Anspruchsgrundlage unmittelbar gegen den Hersteller zu finden. Da der Verkäufer eines Produktes, also in der Regel der Einzelhändler, normalerweise keine Zusicherung im Hinblick auf das Vorhandensein bestimmter Produkteigenschaften abgibt, könnte der Käufer diejenigen Schäden, die ein fehlerhaftes Produkt durch die Verletzung seiner sonstigen Rechtsgüter (z. B. verminderte Erwerbsfähigkeit als Folge eines Unfalles mit einem schadhaften PKW) verursacht, nicht beim Verkäufer einklagen; bis zum Ablauf der Gewährleistungsfrist von sechs Monaten verblieben dem Käufer lediglich das Recht zur Rückgängigmachung des Kaufvertrages (Wandlung) oder jenes zur Kaufpreisminderung. Nur durch die Zubilligung von Schadensersatzansprüchen gegenüber dem Hersteller kann dem Interesse des Käufers an dem Ausgleich seiner gesamten Vermögensschäden Rechnung getragen werden.

Von verschiedenen juristischen Konstruktionen hat sich dabei die deliktrechtliche Lösung, d.h. die Haftung nach § 823 *BGB*, durchgesetzt. Die die Haftung begründende Handlung des Herstellers besteht darin, daß er ein fehlerhaftes Produkt in den Verkehr gebracht hat und dadurch ein Schaden an den durch diese Vorschrift geschützten Rechtsgütern (Leben, Körper, Gesundheit oder Eigentum) entstanden ist. Der zu ersetzende Schaden umfaßt sämtliche Vermögensschäden an sonstigem Eigentum oder anderen Rechtsgütern des Verbrauchers, die als Folge der Rechtsgutverletzung eingetreten sind (vgl. *Kötz* 1985, S. 46).

Keine Haftung nach § 823 besteht bei Schäden, die aus der verminderten Nutzung des schadhaften Produktes selbst entstehen, d.h., daß z.B. die Kosten der Anmietung eines Mietwagens als Folge eines schadhaften PKW's nicht nach § 823 eingeklagt werden können. Wichtig ist dabei, daß die Haftung an sich ein Verschulden des Herstellers voraussetzt, wobei jedoch eine Beweislastumkehr zu Lasten des Herstellers erfolgt: er hat zu beweisen, daß ihn kein Verschulden trifft.

„Das bedeutet, daß nach geltendem Recht der Hersteller für **Entwicklungsfehler,** sofern die Maßstäbe der wissenschaftlichen und technischen Entwicklung beachtet worden sind, und für **Ausreißer** in der Regel nicht haften muß. Bezüglich der anderen Arten von Fehlern haftet er dann, wenn der Geschädigte nachweisen kann, daß ein Fehler vorliegt und dieser Fehler kausal für den eingetretenen Schaden ist. Nach den überkommenen Rechtsgrundsätzen müßte der Geschädigte als Kläger eigentlich auch die **Sorgfaltspflichtverletzung,** also das Verschulden beweisen. Da der Verbraucher jedoch zumeist nicht in der Lage ist, den Betrieb des Herstellers zu überschauen und die Vorgänge zu benennen, auf Grund deren der Fehler entstanden ist, hat der *BGH* ... zum Schutze des Verbrauchers eine Beweislastregelung dahin getroffen, daß es Sache des Herstellers sei, die Vorgänge aufzuklären, die den Fehler verursacht haben, und dabei darzutun, daß ihn hieran kein Verschulden trifft" (*Wolter* 1977, S. 533).

Eine zukünftig bedeutsame Ergänzung der bestehenden Produzentenhaftung stellt die 1985 erlassene Richtlinie zur Angleichung der Rechts- und Verwaltungsvorschriften der Mitgliedsstaaten über die Haftung für fehlerhafte Pro-

6. Begrenzung des produkt- und programmpolitischen Entscheidungsspielraums 223

dukte (*EG*-**Produkthaftung**) dar. Diese bis spätestens Mitte 1988 von den Mitgliedsstaaten anzuwendende *EG*-Richtlinie impliziert im Kern die Einführung einer **verschuldungsunabhängigen Produkthaftung des Herstellers** für Personen- oder private Sachschäden, die innerhalb bestimmter Fristen nachweislich durch Produktfehler verursacht wurden. Entsteht beispielsweise aufgrund eines fehlerhaften Reifens ein Autounfall, so ist der Hersteller ohne Prüfung seines Verschuldens nach dieser *EG*-Richtlinie verpflichtet, bis zu einer von den einzelnen *EG*-Staaten noch festzulegenden Höchstgrenze für die entstandenen Personen- und privaten Sachschäden aufzukommen (vgl. hierzu *Schmidt-Salzer* 1986, S. 1103–1111).

Eine nicht geringe Rolle spielt bei dem Versuch der Verbesserung der Produktsicherheit auch die sog. Warenkennzeichnung, die in vielerlei Spielarten auftritt und sich in Gütezeichen wie etwa dem *VDE*-Sicherheitszeichen des *Verbands der Elektrotechnischen Industrie,* im *TÜV*-Maschinenschutz-Prüfzeichen des *Technischen Überwachungsvereins,* in den *RAL*-Gütezeichen und *RAL*-Testaten des *RAL-Ausschusses für Lieferbedingungen und Gütesicherung,* im *Test-Kompaß* der *Stiftung Warentest* oder in Rechtsnormen wie der *Textilkennzeichnungsverordnung* und der bereits erwähnten *Lebensmittelkennzeichnungsverordnung* manifestiert.

Nicht dem Schutz von Leib und Leben, sondern dem Schutz vor Irreführung dienen die *Handelsklassenverordnung,* nach der zum Verkauf bestimmte landwirtschaftliche Erzeugnisse nach Maßgabe gewisser äußerer Merkmale in mehrere Klassen eingeteilt werden, ferner das *Eichgesetz* und die 1977 in Kraft getretene *Fertigpackungsverordnung,* mit der man den berüchtigten Mogelpackungen, die den Inhalt eines Behältnisses größer erscheinen lassen, als er wirklich ist, zu Leibe rückt. Dem Bestreben vieler Hersteller, die Vergleichbarkeit von Preisen und Produkten durch die Wahl unterschiedlicher Packungsgrößen und Füllmengen nach Kräften zu erschweren, wird mit dem „unit pricing", also dem Ausweis von Preisen für bestimmte Normgrößen bzw. leicht umrechenbare Referenzfälle, ein gewisser Riegel vorzuschieben versucht, der allerdings wegen zahlreicher Ausnahmeregelungen ohne große Wirkung blieb (vgl. dazu *Diller* 1978).

Eine wichtige Orientierungshilfe bietet in diesem Zusammenhang auch die **Markierung,** die der Gesetzgeber u.a. durch das Institut des Warenzeichens schützt. Durch die Markierung werden an sich homogene Güter, wie z.B. Zigaretten, Waschmittel, Glühbirnen und Zucker, heterogenisiert. Die Ahndung, aber auch Begehung von Wettbewerbsverstößen wäre oft nicht denkbar, wenn ein Produzent nicht die Möglichkeit hätte, seinem Erzeugnis durch die Markierung, die ein konstitutives Element des Markenartikels darstellt, eine eigene, unverwechselbare Note zu verleihen. Für die Verbraucher ist dies auch noch in anderer Hinsicht bedeutsam: Die in den §§ 15, 24, 25 und 31 des *Warenzeichengesetzes* verankerte Möglichkeit der Individualisierung bietet zwar nicht im rechtlichen, aber doch im wirtschaftlichen Sinne eine gewisse Garantie dafür, daß der Hersteller mit seinem Namen oder dem von ihm beanspruchten Warenzeichen für die Qualität seines Erzeugnisses einsteht.

Die vorschnelle Nachahmung einer normalerweise mit erheblichen Aufwendungen und Opfern erzielten außergewöhnlichen technischen Leistung, wie z. B. einer Erfindung, soll das **Patentrecht** verhindern, dessen Bedeutung für die Forschungs- und Entwicklungsarbeit kaum hoch genug zu veranschlagen ist. Ohne eine entsprechende Regelung müßte der wirtschaftliche und technische Fortschritt unweigerlich zum Erliegen kommen. Ähnliche Ziele wie mit dem Patentrecht werden mit dem **Geschmacks-** und **Gebrauchsmusterrecht** verfolgt.

Quellenhinweise und Literaturempfehlungen
Eine **Einführung in das produktpolitische Instrumentarium** vermitteln:

Backhaus, K., Investitionsgüter-Marketing, München 1982.
Böcker, F., Dichtl, E., Marketing, in: *Bea, F. X., Dichtl., E., Schweitzer, M.* (Hrsg.), Allgemeine Betriebswirtschaftslehre, Bd. 3, Leistungsprozeß, 3. Aufl., Stuttgart–New York 1988.
Böcker, F., Marketing, 2., stark erw. und überarb. Aufl., Stuttgart–New York 1987.
Brockhoff, K., Produktpolitik, 2. Aufl., Stuttgart–New York 1988.
Diller, H., Produkt-Management und Marketing-Informationssysteme, Berlin 1975.
Hansen, U., Absatz- und Beschaffungsmarketing des Einzelhandels, 2 Bde., Göttingen 1976.
Hansen, U., Leitherer, E., Produktpolitik, 2., neubearb. und erw. Aufl., Stuttgart 1984.
Koppelmann, U., Grundlagen des Produktmarketing zum qualitativen Informationsbedarf von Produktmanagern, Stuttgart usw. 1978.
Koppelmann, U., Grundlagen des Produktmarketing, 2., völlig neubearb. Aufl., Stuttgart 1987.
Kotler, Ph., Marketing Decision Making, A Model Building Approach, New York etc. 1971.
Kotler, Ph., Marketing-Management, 4., völlig neubearb. Aufl., Stuttgart 1982.
Oehme, W., Handels-Marketing, München 1983.
Sabel, H., Produktpolitik in absatzwirtschaftlicher Sicht, Wiesbaden 1971.
Schäfer, E., Die Unternehmung – Einführung in die Betriebswirtschaftslehre, 10., durchgesehene Aufl., Opladen 1980.
Scheuing, E. E., Das Marketing neuer Produkte, Wiesbaden 1972.
Wild, J., Produktmanagement, 2. Aufl., München 1973.
Wind, Y., Product-Policy. Concepts, Methods and Strategy, Reading, Mass., 1982.

Mit **produktpolitisch relevanten Aspekten des Verbraucherverhaltens** beschäftigen sich:

Abelson, R. P., Rosenberg, M. J., Symbolic Psycho-Logic: A Model of Attitudinal Cognition, in: Behavioral Science, Vol. 3 (1958), pp. 1 - 13.
Adlwarth, W., Formen und Bestimmungsgründe prestigegeleiteten Konsumverhaltens, München 1983.
Ajzen, I., Fishbein, M., Attitude-Behavior Relations: A Theoretical Analysis and Review of Empirical Research, in: Psychological Bulletin, Vol. 84 (1977), pp. 888 - 918.
Ajzen, I., Fishbein, M., Understanding Attitudes and Predicting Social Behavior, Englewood Cliffs, N. J., 1980.
Andritzky, K., Die Operationalisierbarkeit von Theorien zum Konsumentenverhalten, Berlin 1976.
Aschenbrenner, K. M., Komplexes Wahlverhalten: Entscheidungen zwischen multiattributiven Alternativen, in: *Hartmann, K. D., Koeppler, K.* (Hrsg.), Fortschritte der Marktpsychologie, Bd. 1, Frankfurt/M. 1977, S. 21 - 52.

Atkinson, R. L., Shiffrin, R. M., Human Memory: A Proposed System and its Control Processes, in: *Spence, K. W., Spence, J. T.* (Eds.), The Psychology of Learning and Motivation: Advances in Research and Theory, Vol. 2, New York 1968, pp. 89 - 196.
Bandura, A., Lernen am Modell, Stuttgart 1976.
Bass, F. M., Pessemier, E. A., Lehmann, D. R., An Experimental Study of the Relationships between Attitudes, Brand Preferences and Choice, in: Behavioral Science, Vol. 17 (1972), pp. 532 - 541.
Bauer, H. H., Die Determinanten der Markentreue beim Automobilkauf, in: *Dichtl, E., Raffée, H., Potucek, V.* (Hrsg.), Marktforschung im Automobilsektor, Frankfurt/M. 1983, S. 15 - 37.
Bauer, H. H., Chur-Lahl, S., Die Erfassung der Anmutungsleistung von Werbebotschaften, in: Jahrbuch der Absatz- und Verbrauchsforschung, 28. Jg. (1982), S. 50 - 77.
Bauer, R. A., Consumer Behavior as Risk Taking, in: *Hancock, R. S.,* Dynamic Marketing for a Changing World, Chicago, Ill., 1960, pp. 389 - 398.
Bearden, W. O., Woodside, A. G., Testing Variations of Fishbein's Behavioral Intention Model within a Consumer Behavior Context, in: Journal of Applied Psychology, Vol. 62 (1977), No. 3, pp. 352 - 377.
Beckwith, N. E., Lehmann, D. R., The Importance of Differential Weights in Multiple Attribute Models of Consumer Attitude, in: JMR-Journal of Marketing Research, Vol. 10 (1973), pp. 141 - 145.
Beckwith, N. E., Lehmann, D. R., The Importance of Halo Effects in Multi-Attribute Attitude Models, in: JMR-Journal of Marketing Research, Vol. 12 (1975), pp. 265 - 275.
Behrens, G., Werbewirkungsanalyse, Opladen 1976.
Berlyne, D. E., Conflict, Arousal and Curiosity, New York etc. 1960.
Bettman, J. R., Data Collection and Analysis. Approaches for Studying Consumer Information Processing, in: *Perreault, W. D. jr.* (Ed.), Advances in Consumer Research, Vol. 4 (1977), pp. 342 - 348.
Bettman, J. R., An Information Processing Theory of Consumer Choice, London etc. 1979.
Bettman, J. R., Zins, M. A., Constructive Processes in Consumer Choice, in: Journal of Consumer Research, Vol. 4 (1977), pp. 75 - 85.
Bredenkamp, J., Wippich, W., Lern- und Gedächtnispsychologie, Bd. 1 + 2, Stuttgart usw. 1977.
Cofer, Ch. N., Motivation und Emotion, München 1975.
Copeland, M. T., Relation of Consumers' Buying Habits to Marketing Methods, in: HBR-Harvard Business Review, Vol. 1 (1923), pp. 282 - 289.
Cunningham, S. M., The Major Dimensions of Perceived Risk, in: *Cox, D. F.* (Ed.), Risk Taking and Information Handling in Consumer Behavior, Boston, Mass., 1967, pp. 82 - 108.
Day, G. S., Buyer Attitudes and Brand Choice Behavior, New York–London 1970.
Day, G. S., Shocker, A. D., Srivastava, R. K., Consumer Oriented Approaches to Identifying Product-Markets, in: Journal of Marketing, Vol. 43 (1979), No. 4, pp. 8 - 19.
Dietrich, G., Walter, H., Grundbegriffe der psychologischen Fachsprache, 2. Aufl., München 1972.
Dieterich, M., Konsument und Gewohnheit, Heidelberg 1986.
Engel, J. F., Kollat, D. T., Blackwell, R. D., Consumer Behavior, 2nd Ed., Hinsdale, Ill., 1973.
Eyferth, K., Kreppner, K., Entstehung, Konstanz und Wandel von Einstellungen, in: *Graumann, C.-F.* (Hrsg.), Handbuch der Psychologie, Bd. 7: Sozialpsychologie, 2. Halbbd.: Forschungsbereiche, Göttingen 1972, S. 1342 - 1370.

Farley, J. U., Ring, L. W., Deriving an empirically testable Version of the Howard-Sheth Model of Buyer Behavior, in: *Sheth, J. N.* (Ed.), Models of Buyer Behavior: Conceptual, Quantitative & Empirical, New York etc. 1974, pp. 137 - 159.

Festinger, L., A Theory of Cognitive Dissonance, Stanford 1957.

Filser, F., Einführung in die Familiensoziologie – mit Quellentexten, Paderborn usw. 1978.

Fishbein, M., Ajzen, I., Belief, Attitude, Intention and Behavior: An Introduction to Theory and Research, Reading, Mass., 1975.

Foppa, K., Lernen, Gedächtnis, Verhalten, 9. Aufl., Köln 1975.

Gierl, H., Die Erklärung der Diffusion technischer Produkte, Berlin 1987.

Graumann, C. F., Aktualgenese, in: Zeitschrift für experimentelle und angewandte Psychologie, 6. Jg. (1959), S. 410 - 448.

Hajos, A., Wahrnehmungspsychologie, Stuttgart usw. 1973.

Hammann, P., Schuchard-Ficher, Chr., Messung von Nachkauf-Dissonanz im Automobilmarkt, in: Marketing·ZFP, 2. Jg. (1980), S. 155 - 161.

Hansen, F., Consumer Choice Behavior. A Cognitive Theory, New York–London 1972.

Heckhausen, H., Motivation und Handeln, Berlin usw. 1980.

Heider, F., The Psychology of Interpersonal Relations, 4th Ed., New York etc. 1965.

Hilgard, E. R., Bower, G. H., Theorien des Lernens, Bd. I, 4. Aufl., Bd. II, 2. Aufl., Stuttgart 1975 und 1973.

Hofstätter, P. R., Psychologie, 2. Aufl., Frankfurt/M. 1972.

Hofstätter, P. R., Lübbert, H., Die Untersuchung von Stereotypen mit Hilfe des Polaritätenprofils, in: Zeitschrift für Markt- und Meinungsforschung, 1. Jg. (1957/58), Nr. 3, S. 127 - 138.

Howard, J. A., Sheth, J. N., The Theory of Buyer Behavior, New York etc. 1969.

Hull, C. L., Principles of Behavior, New York 1943.

Hummell, H. J., Psychologische Ansätze zu einer Theorie sozialen Verhaltens, in: *König, R.* (Hrsg.), Handbuch der empirischen Sozialforschung, Stuttgart 1969, S. 1157 - 1277.

Juster, F. T., Consumer Buying Intentions and Purchase Probability, in: Journal of the American Statistical Association, Vol. 61 (September 1966), pp. 658 - 696.

Kaas, K. P., Diffusion und Marketing. Das Konsumentenverhalten bei der Einführung neuer Produkte, Stuttgart 1973.

Kaas, K. P., Dieterich, M., Die Entstehung von Kaufgewohnheiten bei Konsumgütern, in: Marketing·ZFP, 1. Jg. (1979), S. 13 - 22.

Kassarjian, H. H., Robertson, T. S. (Eds.), Perspectives in Consumer Behavior, Glenview, Ill., revised 1986.

Katz, D., Stotland, E., A Preliminary Statement to a Theory of Attitude Structure and Change, in: *Koch, S.* (Ed.), Psychology: A Study of a Science, Vol. 3 (1959), pp. 423 - 475.

Klenger, F., Krautter, J., Simulationsmodell des Kaufverhaltens, Bd. II, Analyse eines Kaufprozesses, Wiesbaden 1972.

König, P., Reklame-Psychologie: Ihr gegenwärtiger Stand – ihre praktische Bedeutung, 3. Aufl., München 1926.

Kotler, Ph., Wissenschaftliche Modelle für die Erklärung des Käuferverhaltens, in: Der Markt, 1. Jg. (1966), Nr. 19, S. 79 - 87.

Krais, A., Lernpsychologie der Markenwahl – Lernpsychologische Grundlagen des Konsumgütermarketing, Frankfurt/M.–Zürich 1977.

Krech, D., Crutchfield, R. S., Ballachey, E. L., Individual in Society, New York 1962.

Kroeber-Riel, W., Konsumentenverhalten, 2. Aufl., München 1980.

Kroeber-Riel, W., Konsumentenverhalten, 3. Aufl., München 1984.

Krugman, H. E., The Impact of Television Advertising: Learning without Involvement, in: Public Opinion Quarterly, Vol. 29 (1965), pp. 349 - 356.

Kuehn, A. A., Consumer Brand Choice as a Learning Process, in: JAR – Journal of Advertising Research, Vol. 2 (1962), No. 4, pp. 10 - 17.

Kupsch, P., Hufschmied, O., Mathes, D., Schöler, K., Die Struktur von Qualitätsurteilen und das Informationsverhalten von Konsumenten beim Kauf langfristiger Gebrauchsgüter, Opladen 1978.
La Piere, R. T., Attitudes vs. Actions, in: Social Forces, Vol. 13 (1934), pp. 230 - 237.
Lewin, K., Feldtheorie in den Sozialwissenschaften, in: *Cartwright, D.* (Hrsg.), Ausgewählte theoretische Schriften, Bern–Stuttgart 1963.
Lindsay, P. H., Norman, D. A., Human Information Processing, An Introduction to Psychology, 2nd Ed., New York–San Francisco 1977.
Lutz, R. J., An Experimental Investigation of Causal Relations among Cognitions, Affect, and Behavioral Intention, in: Journal of Consumer Research, Vol. 4 (1977), pp. 197 - 208.
Maslow, A. H., Motivation and Personality, New York 1954.
Massy, W. F., Montgomery, D. B., Morrison, D. G., Stochastic Models of Buying Behavior, Cambridge, Mass.–London 1970.
Mazanec, J., Strukturmodelle des Konsumverhaltens, Wien 1978.
Meffert, H., Steffenhagen, H., Freter, H. (Hrsg.), Konsumentenverhalten und Information, Wiesbaden 1979.
Miller, N. E., Experimental Studies of Conflict, in: *J. McV. Hunt* (Ed.), Personality and the Behavioral Disorders, Vol. I, New York 1944, pp. 431-465.
Miller, G. A., Galanter, E., Pribram, K. H., Strategien des Handelns, Stuttgart 1973.
Müller, E. F., Thomas, A., Einführung in die Sozialpsychologie, Göttingen 1974.
Müller-Hagedorn, L., Das Konsumentenverhalten, Grundlagen für die Marktforschung, Wiesbaden 1986.
Murray, H. A., Explorations in Personality, New York 1938.
Neuloh, O., Soziologie für Wirtschaftswissenschaftler, Stuttgart–New York 1980.
Nicosia, F. M., Consumer Decision Processes, Englewood-Cliffs, N.J., 1966.
Nolte, H., Die Markentreue im Konsumgüterbereich, Bochum 1976.
Osborn, A. F., Applied Imagination: Principles and Procedures of Creative Thinking, 3rd, revised Ed., New York 1979.
Osgood, Ch. E., Tannenbaum, P. H., The Principle of Congruity in the Prediction of Attitude Change, in: Psychological Review, Vol. 62 (1955), pp. 42 - 55.
Posner, M. I., Cognition: An Introduction, Glenview, Ill., 1973.
Postman, L., Verbal Learning and Memory, in: Annual Review of Psychology, Vol. 26 (1975), pp. 291 - 335.
Prince, G., The Practice of Creativity, New York 1970.
Raffée, H., Konsumenteninformation und Beschaffungsentscheidung des privaten Haushalts, Stuttgart 1969.
Raffée, H., Sauter, B., Silberer, G., Theorie der kognitiven Dissonanz und Konsumgüter-Marketing, Wiesbaden 1973.
Raffée, H. u.a., Informationsverhalten und Markenwahl, in: Die Unternehmung, 30. Jg. (1976), Nr. 2, S. 95 - 107.
Rogers, E. M., Diffusion of Innovations, London 1962.
Rosenberg, M. J., Cognitive Structure and Attitudinal Affect, in: Journal of Abnormal and Social Psychology, Vol. 53 (1956), pp. 367 - 372.
Rosenstiel, L. v., Ewald, G., Marktpsychologie, Stuttgart usw. 1979.
Rosenstiel, L. v., Neumann, P., Einführung in die Markt- und Werbepsychologie, Darmstadt 1982.
Roth, E., Einstellungen als Determinanten individuellen Verhaltens, Göttingen 1967.
Roth, E., Persönlichkeitspsychologie, 5. Aufl., Stuttgart 1977.
Rothman, J., Intention: Planned Purchase, in: JMR-Journal of Marketing Research, Vol. 1 (1964), pp. 22-25.
Sandig, C., Bedarf, Bedarfsforschung, in: *Tietz, B.* (Hrsg.), HWA-Handwörterbuch der Absatzwirtschaft, Stuttgart 1974, Sp. 313-326.

Schmerl, Ch., Sozialisation und Persönlichkeit – Zentrale Beispiele zur Soziogenese menschlichen Verhaltens, Stuttgart 1978.
Schulte-Frankenfeld, H., Vereinfachte Kaufentscheidungen von Konsumenten, Frankfurt/M. 1985.
Schulz, R., Kaufentscheidungsprozesse des Konsumenten, Wiesbaden 1972.
Simon, H. A., Motivational and Emotional Controls of Cognition, in: Psychological Review, Vol. 74 (1967), pp. 29 - 39.
Skinner, B. F., The Behavior of Organisms – An Experimental Analysis, New York 1938.
Slovic, P., Frischoff, B., Lichtenstein, S., Behavioral Decision Theory, in: Annual Review of Psychology, Vol. 28 (1977), pp. 1 - 39.
Specht, K. G., Wiswede, G. (Hrsg.), Marketing-Soziologie: Soziale Interaktionen als Determinanten des Marktverhaltens, Berlin 1976.
Stapel, J., Predictive Attitudes, in: *Adler, L., Crespi, I.* (Eds.), Attitude Research on the Rocks, Chicago 1968; reprinted in: *Howard, J. A., Ostlund, L. E.* (Eds.), Buyer Behavior, New York 1973, pp. 310 - 320.
Stroebe, W., Grundlagen der Sozialpsychologie, Stuttgart 1980.
Thomas, L., Der Einfluß von Kindern auf die Produktpräferenzen ihrer Mütter, Berlin 1983.
Thorndike, G. L., Educational Psychology – Briefer Course, New York 1925.
Tölle, K., Das Informationsverhalten der Konsumenten: Zur Nutzung und Wirkung von Warentestinformationen, Frankfurt/M.–New York 1983.
Tolman, E. C., Purposive Behavior in Animals and Men, New York–London 1932.
Topritzhofer, E., Absatzwirtschaftliche Modelle des Kaufentscheidungsprozesses unter besonderer Brücksichtigung des Markenwahlaspektes, Wien 1974.
Weinberg, P., Die Produkttreue der Konsumenten, Wiesbaden 1977.
Weinberg, P., Das Entscheidungsverhalten der Konsumenten, Paderborn usw. 1981.
Windhorst, K. G., Wertewandel und Konsumentenverhalten, 2. Aufl., Münster 1985.
Winkelgrund, R., Produktdifferenzierung durch Werbung, Frankfurt/M. 1984.
Wiswede, G., Soziologe des Verbraucherverhaltens, Stuttgart 1972.
Zumkley-Münkel, C., Imitationslernen, Düsseldorf 1976.

Zu spezifischen **Problemen und Verfahren der Produktbewertung** nehmen Stellung:

Albers, S., Brockhoff, K., Die Gültigkeit der Ergebnisse eines Testmarktsimulators bei unterschiedlichen Daten und Auswertungsmethoden, in: Zeitschrift für betriebswirtschaftliche Forschung, 37. Jg. (1985), S. 191 - 217.
Amstutz, A. E., Computer Simulation of Competitive Market Response, Cambridge, Mass.–London 1970.
Bauer, E., Produkttests in der Marketingforschung, Göttingen 1981.
Beeskow, W., Dichtl, E., Finck, G., Müller, S., Die Bewertung von Marketing-Aktivitäten, in: *Irle, M.* (Hrsg.), Methoden und Anwendungen in der Marktpsychologie, Göttingen usw. 1983, S. 483 - 674.
Behrens, G., Schneider, R., Weinberg, P., Messung der Qualität von Produkten – eine empirische Studie, in: *Topritzhofer, E.* (Hrsg.), Marketing, Neue Ergebnisse aus Forschung und Praxis, Wiesbaden 1978, S. 131 - 143.
Buzzell, R. D., Mathematical Models and Marketing Management, Boston, Mass., 1964.
Charnes, A., Cooper, W. W., De Voe, J. K., Learner, D. B., Demon: Decision Mapping via Optimum Go-No Networks – A Model for Marketing New Products, in: Management Science, Vol. 12 (1966), pp. 865 - 887.
Day, G. S., The Product Life Cycle: Analysis and Applications Issues, in: Journal of Marketing, Vol. 45 (1981), No. 4, pp. 60 - 67.
Dichtl, E., Die Beurteilung der Erfolgsträchtigkeit eines Produktes als Grundlage der Gestaltung des Produktionsprogramms, Berlin 1970.

Dichtl, E., Schobert, R., Mehrdimensionale Skalierung, München 1979.
Dichtl, E., Beeskow, W., Puls, S., Deutsche Erzeugnisse auf japanischen Konsumgütermärkten – eine empirische Untersuchung zum Wert des Labels „Made in Germany", in: Jahrbuch der Absatz- und Verbrauchsforschung, 29. Jg. (1983), S. 19 - 29.
Diller, H. (Hrsg.), Marketingplanung, München 1980.
Erichson, B., Prognose für neue Produkte, Teil I, Informationen und Methoden, in: Marketing·ZFP, 1. Jg. (1979), S. 255 - 264.
Fritz, W., Warentest und Konsumgüter-Marketing, Wiesbaden 1986.
Geist, M., Selektive Absatzpolitik, 2. Aufl., Stuttgart 1974.
Green, P. E., Rao, V., Applied Multidimensional Scaling. A Comparison of Approaches and Algorithms, New York etc. 1972, pp. 212 - 215.
Green, P. E., Carroll, J. D., New Computer Tools for Product Strategy, in: *Wind, Y., Mahajan, V., Cardozo, R. N.* (Eds.), New Product Forecasting, Lexington, Mass.–Toronto 1981, pp. 109 - 130.
Green, P. E., Wind, Y., New Way to Measure Consumers' Judgments, in: HBR-Harvard Business Review, Vol. 53 (1975), No. 4, pp. 107 - 117, reprinted in: *Wind, Y., Mahajan, V., Cardozo, R. N.* (Eds.), New Product Forecasting, Lexington, Mass.–Toronto 1981, pp. 89 - 103.
Green, P. E., Tull, D. S., Methoden und Techniken der Marketingforschung, 4. Aufl., Stuttgart 1982.
Heuß, E., Allgemeine Markttheorie, Tübingen–Zürich 1965.
Hinterhuber, H. H., Strategische Unternehmungsführung, 3. verb. und erw. Aufl., Berlin–New York 1984.
Hoffmann, K., Der Produktlebenszyklus – Eine kritische Analyse, Freiburg 1972.
Holm, K.-F. (Hrsg.), Produktforschung, Mölln 1987.
Hossinger, H.-P., Pretest in der Marktforschung, Würzburg–Wien 1982.
Johansson, B., Kreativität und Marketing. Die Anwendung von Kreativitätstechniken im Marketingbereich, Bern 1985.
Kupsch, P., Unternehmungsziele, Stuttgart–New York 1979.
Lehmann, D. R., Evaluating Marketing Strategy in a Multiple Brand Market, in: Journal of Business Administration, Vol. 3 (1971), pp. 15 - 26.
Levitt, Th., Exploit the Product Life, in: HBR-Harvard Business Review, Vol. 43 (November–December 1963), pp. 81 - 84.
Majer, W., Zum Problem der Ermittlung bereinigungsverdächtiger Erzeugnisse im Programm, in: BFuP – Betriebswirtschaftliche Forschung und Praxis, 19. Jg. (1967), S. 492 - 512.
Majer, W., Programmbereinigung als unternehmenspolitisches Problem, Wiesbaden 1969.
Meffert, H., Interpretation und Aussagewert des Produktlebenszykluskonzeptes, in: *Hammann, P., Kroeber-Riel, W., Meyer, C. W.* (Hrsg.), Neuere Ansätze der Marketingtheorie, Festschrift zum 80. Geburtstag von *Otto R. Schnutenhaus*, Berlin 1974a, S. 84 - 134.
Meffert, H., Produktivgütermarketingforschung im System des Marketing, in: Der Markt, 9. Jg. (1974b), Nr. 49, S. 6 - 17.
Meffert, H., Steffenhagen, H., Marketing-Prognosemodelle, Quantitative Grundlagen des Marketing, Stuttgart 1977.
Narasimhan, Ch., Sen, S. K., Test-Market Models for New-Product Introduction, in: *Wind, Y., Mahajan, V., Cardozo, R.*, (Eds.), New Product Forecasting, Lexington, Mass.–Toronto 1981, pp. 293 - 321.
Narasimhan, Ch., Sen, S. K., New Product Models for Test Market Data, in: Journal of Marketing, Vol. 47 (1983), No. 1, pp. 11 - 24.
Nenning, M., Topritzhofer, E., Wagner, U., Empirische Marktmodellierung, Würzburg–Wien 1981.

Parfitt, J. H., Collins, B. J. K., The Use of Consumer Panels for Brand-Share Prediction, in: JMR-Journal of Marketing Research, Vol. 5 (1968), pp. 131-145.
Pessemier, E. A., Market Structure Analysis of New Product and Market Opportunities, in: Journal of Contemporary Business, Vol. 4 (1975), pp. 35-67.
Pfeiffer, W., Bischof, P., Einflußgrößen von Produktmarktzyklen, Arbeitspapiere des Betriebswirtschaftlichen Instituts der Friedrich-Alexander-Universität Erlangen-Nürnberg, Heft 22, Nürnberg 1974.
Pleitner, H. J., Die Portfolio-Analyse als Führungsinstrument im Marketing, in: Der Markt, 20. Jg. (1981), Nr. 77, S. 1-8.
Polli, R., Cook, V., Validity of the Product Life Cycle, in: Journal of Business, Vol. 42 (1969), pp. 385-400.
Rehder, H. K. K., Multidimensionale Produktmarktstrukturierung – Theorie und Anwendung auf einen Produktmarkt, Meisenheim am Glan 1975.
Rehorn, J., Was leisten Konzepttests?, in: Markenartikel, 40. Jg. (1978), S. 344-358.
Robens, H., Modell- und methodengestützte Entscheidungshilfen zur Planung von Produkt-Portfolio-Strategien, Frankfurt/M. 1986.
Robinson, P. J., Comparison of Pretest-Market New-Product Forecasting Models, in: *Wind, Y., Mahajan, V., Cardozo, R. N.* (Eds.), New Product Forecasting, Lexington, Mass.–Toronto 1981, pp. 181-204.
Roventa, P., Portfolio-Analyse und strategisches Management, 2., durchges. Aufl., München 1981.
Schäfer, E., Knoblich, H., Grundlagen der Marktforschung, 5. Aufl., Stuttgart 1978.
Schweitzer, M., Küpper, H.-U., Systeme der Kostenrechnung, 4., überarb. Aufl., München 1986.
Shocker, A. D., Srinivasan, V., Multiattributive Approaches for Product Concept Evaluation and Generation: A Critical Review, in: JMR-Journal of Marketing Research, Vol. 14 (1977), pp. 101-103.
Silberer, G., Die Verwendung von Gütertestinformationen im Konsumentenbereich, in: *Meffert, H., Steffenhagen, H., Freter, H.* (Hrsg.), Konsumentenverhalten und Information, Wiesbaden 1979, S. 85-111.
Silberer, G., Warentest – Informationsmarketing – Verbraucherverhalten. Die Verbreitung von Gütertestinformationen und deren Verwendung im Konsumentenbereich, Berlin 1979.
Silberer, G., Raffée, H. (Hrsg.), Warentest und Konsument – Nutzung, Wirkungen und Beurteilung des vergleichenden Warentests im Konsumentenbereich, Frankfurt/M. 1984.
Silberer, G., Raffée, H. (Hrsg.), Warentest und Konsument – Nutzung, Wirkungen und Beurteilung des vergleichenden Warentests in Industrie und Handel, Frankfurt/M. 1984.
Silk, A. J., Urban, G. L., Pre-Test Market Evaluation of New Packaged Goods: A Model and Measurement Methodology, in: JMR-Journal of Marketing Research, Vol. 15 (1978), pp. 171-191.
Spiegel, B., Werbepsychologische Untersuchungsmethoden, Berlin 1970.
Strebel, H., Relevanz-Baum-Analyse als Planungsinstrument, in: BFuP – Betriebswirtschaftliche Forschung und Praxis, 26. Jg. (1974), S. 34-52.
Strebel, H., Forschungsplanung mit Scoring-Modellen, Baden-Baden 1975.
Swan, J. E., Rink, D. R., Effective Use of Industry Product Life Cycle Trends, in: *American Marketing Association* (Ed.), Marketing in the 80's, 1980 Educator's Conference Proceedings, Series No. 46, Chicago, Ill., 1980, pp. 198-201.
Topritzhofer, E., Möglichkeiten einer Beurteilung der Wirkung absatzpolitischer Maßnahmen auf der Basis einer Analyse der Käuferfluktuationen, in: *Kroeber-Riel, W.* (Hrsg.), Marketingtheorie, Köln 1972, S. 294-315.
Trommsdorff, V., Die Messung von Produktimages für das Marketing – Grundlagen und Operationalisierung, Köln 1975.

Urban, G. L., SPRINTER: A Tool for New Product Decision Makers, in: Industrial Management Review, Vol. 8 (1967), pp. 43 - 54.
Wagner, U., Reaktionsfunktionen mit zeitvariablen Koeffizienten und dynamische Interaktionsmessung zwischen absatzpolitischen Instrumenten, in: ZfB – Zeitschrift für Betriebswirtschaft, 50. Jg. (1980), S. 416 - 425.
Wilkie, W. L., Pessemier, E. A., Issues in Marketing's Use of Multi-Attribute Attitude Models, in: JMR-Journal of Marketing Research, Vol. 10 (1973), pp. 428 - 441.
Wimmer, F., Das Qualitätsurteil des Konsumenten – theoretische Grundlagen und empirische Ergebnisse, Bern usw. 1975.
Wind, Y., A New Procedure for Concept Evaluation, in: Journal of Marketing, Vol. 37 (1973), No. 4, pp. 2 - 11.
Zimmermann, H. J., Netzplantechnik, Berlin 1971.

Einzelfragen der Produkt- und Programmgestaltung stehen im Mittelpunkt bei:

Amabile, T., The Social Psychology of Creativity, New York 1983.
Angehrn, O., Handelsmarken und Herstellermarken im Wettbewerb, Stuttgart 1969.
Bauer, H. H., Die Entscheidung des Handels über die Aufnahme neuer Produkte, Berlin 1980.
Bauer, H. H., Die Aufnahme neuer Produkte als Entscheidungsproblem des Handels, in: *Bundesarbeitsgemeinschaft der Mittel- und Großbetriebe des Einzelhandels e. V.* (Hrsg.), Schriftenreihe der Bundesarbeitsgemeinschaft der Mittel- und Großbetriebe des Einzelhandels e. V., Köln 1981.
Böcker, F., Die Bestimmung der Kaufverbundenheit von Produkten, Berlin 1978.
Brückner, P., Die informierende Funktion der Wirtschaftswerbung, Berlin 1967.
Bucklin, L. P., Retail Strategy and the Classification of Consumer Goods, in: Journal of Marketing, Vol. 27 (1963), No. 1, pp. 50 - 55.
Dichtl, E., Ein Ansatz zur simultanen Optimierung von Produktionsprogramm und Investitionspolitik, in: *Köhler, R., Zimmermann, H.-J.* (Hrsg.), Entscheidungshilfen im Marketing, Stuttgart 1977, S. 487 - 499.
Dichtl, E., Grundidee, Entwicklungsepochen und heutige wirtschaftliche Bedeutung des Markenartikels, in: Markenartikel heute, Wiesbaden 1978, S. 17 - 29.
Dichtl, E., Raffée, H., Beeskow, W., Köglmayr, H.-G., Faktisches Bestellverhalten als Grundlage einer optimalen Ausstattungspolitik bei Pkw-Modellen, in: ZfbF-Schmalenbachs Zeitschrift für betriebswirtschaftliche Forschung, 35. Jg. (1983), S. 173 - 196.
Dichtl, E., Gerke, W., Kieser, A. (Hrsg.), Innovation und Wettbewerbsfähigkeit, Wiesbaden 1987.
Diller, H., Unit Pricing, in: WiSt – Wirtschaftswissenschaftliches Studium, 7. Jg. (1978), S. 239-241.
Drucker, P., Innovations-Management für Wirtschaft und Politik, Düsseldorf–Wien 1985.
Green, P. E., Carroll, J. D., Goldberg, S. M., A General Approach to Product Design Optimization via Conjoint Analysis, in: Journal of Marketing, Vol. 45 (1981), No. 3, pp. 17 - 37.
Gross, H., Neues Wirtschaftsdenken – Erfolg durch Marketing, Düsseldorf 1967.
Großklaus, R. H. G., Checklist USP, Wiesbaden 1982.
Gümbel, R., Die Sortimentspolitik in den Betrieben des Warenhandels, Köln–Opladen 1963.
Haller, P., Spielregeln für erfolgreiche Produkte, Wiesbaden 1980.
Hamann, M., Die Produktgestaltung, Würzburg 1975.
Hansen, P., Der Markenartikel – Analyse seiner Entwicklung und Stellung im Rahmen des Markenwesens, Berlin 1970.

Hartmann, V., Markentechnik in der Konsumgüterindustrie, Freiburg 1966.
Holton, R. H., The Distinction between Convenience Goods, Shopping Goods, and Specialty Goods, in: Journal of Marketing, Vol. 23 (July 1958), pp. 53 - 56.
Kawlath, A., Theoretische Grundlagen der Qualitätspolitik, Wiesbaden 1969.
Klöcker, I., Produktgestaltung: Aufgabe, Kriterien, Ausführung, Berlin 1981.
Knoblich, H., Betriebswirtschaftliche Warentypologie, Köln–Opladen 1969.
Kotler, Ph., Phasing out Weak Products, in: HBR-Harvard Business Review, Vol. 43 (1965), No. 2, pp. 107 - 118.
Leitherer, E., Offene Fragen einer Theorie des Industrie-Design, in: ZfbF – Schmalenbachs Zeitschrift für betriebswirtschaftliche Forschung, 34. Jg. (1982), S. 301 - 324.
Lücke, W., Qualitätsprobleme im Rahmen der Produktions- und Absatztheorie, in: *Koch, H.* (Hrsg.), Zur Theorie des Absatzes, Wiesbaden 1973, S. 666 - 671.
Meffert, H. (Hrsg.), Kundendienst-Management, Frankfurt/M.–Bern 1982.
Meffert, H., Bruhn, M., Markenstrategien im Wettbewerb, Wiesbaden 1984.
Meffert, H., Wagner, M., Marktorientierte Unternehmensführung und Innovation, Münster 1985.
Merkle, E., Die Erfassung und Nutzung von Informationen über den Sortimentsverbund in Handelsbetrieben, Berlin 1981.
Michael, M., Produktideen und „Ideenproduktion", Wiesbaden 1973.
Nowak, H., Die Rolle der Autokliniken bei der Produktgestaltung, in: *Dichtl, E., Raffée, H., Potucek, V.* (Hrsg.), Marktforschung im Automobilsektor, Frankfurt 1983, S. 74 - 87.
Pauls, I., Garantie und Gewährleistungen, in: Marketing Enzyklopädie, Bd. 1, München 1974, S. 797 - 803.
Poth, L., Poth, G. (Hrsg.), Marktfaktor Design, Landsberg am Lech 1986.
Reinöhl, E., Probleme der Produkteliminierung, Bonn 1981.
Rogge, H. J., Goeke, W., Heisig, A., Gattungsmarke und Markenartikel im Wettbewerb, Osnabrück 1984.
Schlegel, H., Betriebswirtschaftliche Konsequenzen der Produktdifferenzierung – dargestellt am Beispiel der Variantenvielfalt im Automobilbau, in: WiSt – Wirtschaftswissenschaftliches Studium, 7. Jg. (1978), S. 65 - 72.
Schlicksupp, H., Kreative Ideenfindung in der Unternehmung, Methoden und Modelle, Berlin–New York 1977.
Schmitt-Grohé, J., Produktinnovation, in: *Meffert, H.* (Hrsg.), Unternehmensführung und Marketing, Bd. 3, Wiesbaden 1972.
Wachtel, H. W., Marktgerechte Produktgestaltung, Gernsbach 1974.
Webster, F. E., Wind, Y., Organizational Buying Behavior, Englewood Cliffs, N. J., 1972.
Zwicky, F., Entdecken, Erfinden, Forschen im morphologischen Weltbild, München usw. 1966.

Gesellschaftliche, rechtliche und **wettbewerbspolitische Aspekte der Produkt- und Programmpolitik** behandeln:

Abbott, L., Qualität und Wettbewerb, München 1958.
Bartling, H., Leitbilder der Wettbewerbspolitik, München 1980.
Bodenstein, G., Leuer, H. (Hrsg.), Geplanter Verschleiß der Marktwirtschaft, Frankfurt/M.–Zürich 1977.
Kötz, H., BGB mit Leitsätzen aus der höchstrichterlichen Rechtsprechung, München 1985.
Raffée, H., Wiedmann, K. P., Die Obsoleszenzkontroverse – Versuch einer Klärung, in: ZfbF – Schmalenbachs Zeitschrift für betriebswirtschaftliche Forschung, 32. Jg. (1980), S. 149-172.

Raffée, H., Wiedmann, K. P., Obsoleszenz – eine „deklaratorische Kategorie"?, in: Zeitschrift für Verbraucherpolitik, 5. Jg. (1981), S. 357-365.

Schmidt-Salzer, J., Die EG-Richtlinie Produkthaftung, in: Der Betriebs-Berater, 41. Jg. (1986), S. 1103-1111.

Röper, B., Gibt es den geplanten Verschleiß? – Untersuchungen zur Obsoleszenzthese, Göttingen 1976.

Sauermann, H., Einführung in die Volkswirtschaftslehre, Bd. 2, Wiesbaden 1964.

Thomé, G., Produktgestaltung und Ökologie, München 1981.

Winter, F., Internationale Markenpiraterie – Möglichkeiten der Bekämpfung, in: Markenartikel, 45. Jg. (1983), S. 392-398.

Wolter, V., Die Produzentenhaftung auf der Grundlage des allgemeinen Zivilrechts: Die Produzentenhaftung in der Form der Verschuldenshaftung, in: Wisu – Das Wirtschaftsstudium, 6. Jg. (1977), S. 531-533.

§ 4 Entgeltpolitik

1. Begriff und Bedeutung der Entgeltpolitik
   1.1. Begriffliche Grundlagen
   1.2. Die Rolle des Preises in Wettbewerbstheorie und Wettbewerbspraxis
2. Die Evaluation des Preises durch die Kontrahenten
   2.1. Problemstellung
   2.2. Objektive Komponenten des Preis/Leistungsverhältnisses
      2.2.1. Die Leistungsabgabe
         2.2.1.1. Die Leistung in objektiven Kategorien
         2.2.1.2. Nutzenstiftende externe Effekte
      2.2.2. Das Leistungsäquivalent aus Anbieter- und aus Nachfragersicht
         2.2.2.1. Der Grundpreis
         2.2.2.2. Die Abgeltung von Zusatzleistungen
            2.2.2.2.1. Erscheinungsformen der Leistungsäquivalente
            2.2.2.2.2. Die Abgeltung raum- und zeitbezogener Überbrückungsleistungen
            2.2.2.2.3. Die Abgeltung quantitäts- und qualitätsbezogener Überbrückungsleistungen
            2.2.2.2.4. Die Abgeltung von Finanzierungsleistungen
            2.2.2.2.5. Die Abgeltung akquisitorischer Bemühungen
         2.2.2.3. Die Berücksichtigung von Folgelasten und externen Effekten
   2.3. Das Preis/Leistungsverhältnis in Kaufentscheidungsprozessen
      2.3.1. Wahrnehmungs- und Auswahlprozesse im Konsumentenverhalten
      2.3.2. Determinanten der Wahrnehmung von Preis/Leistungsverhältnissen
         2.3.2.1. Das Kostenbewußtsein
         2.3.2.2. Die Darbietungsform der Preisinformation
         2.3.2.3. Die Preisbereitschaft
         2.3.2.4. Die Qualitätsbezogenheit der Preiswahrnehmung
      2.3.3. Die Evaluierung verschiedener Preis/Leistungsverhältnisse
   2.4. Grundzüge der hedonistischen Preistheorie
3. Die Bestimmung des Angebotspreises für ein Produkt
   3.1. Die Preisbildung in der mikroökonomischen Preistheorie
      3.1.1. Grundlegende Komponenten preistheoretischer Modelle
      3.1.2. Die adaptive Preispolitik
      3.1.3. Die aktive Preispolitik
   3.2. Die Preisbildung in der betrieblichen Praxis
      3.2.1. Überblick
      3.2.2. Die kostenorientierte Preisfindung
         3.2.2.1. Ausgewählte Kalkulationsverfahren
         3.2.2.2. Kostenwirtschaftliche Preisuntergrenzen
         3.2.2.3. Grundprobleme des kalkulatorischen Ausgleichs
      3.2.3. Die abnehmerorientierte Preisfindung
         3.2.3.1. Die Nachfrage auf unvollkommenen Märkten

        3.2.3.2. Die Preis-Absatz-Funktion als Ansatzpunkt einer abnehmerorientierten Preispolitik
            3.2.3.2.1. Die Preiselastizität
            3.2.3.2.2. Preispolitische Obergrenzen
            3.2.3.2.3. Die Preisdifferenzierung
            3.2.3.2.4. Dynamische Preis-Absatz-Funktionen
        3.2.3.3. Die Auktion
    3.2.4. Die wettbewerborientierte Preisfindung
        3.2.4.1. Der Preiswettbewerb
        3.2.4.2. Die Unterordnung unter einen Preisführer
        3.2.4.3. Die Anwendung branchenüblicher Kalkulationsgrundsätze
4. Rechtliche Restriktionen der Preis- und der Konditionenpolitik
    4.1. Die Preispolitik
    4.2. Die Konditionenpolitik
Quellenhinweise und Literaturempfehlungen

1. Begriff und Bedeutung der Entgeltpolitik
1.1. Begriffliche Grundlagen

Über 150 Jahre ging die mikroökonomische Theorie davon aus, daß der Preis die einzige Variable sei, mit der sich die abzusetzende Menge beeinflussen lasse. Diese Überschätzung des Preises erklärt sich einmal daraus, daß zu Lebzeiten von *Adam Smith* oder *David Ricardo* vorwiegend Rohstoffe und relativ homogene Konsumgüter produziert wurden und die Gelegenheit zu einer Differenzierung durch attraktive Verpackung, Markenbildung oder Werbung im Gegensatz zu heute noch nicht genutzt wurde. Eine der wenigen Möglichkeiten für einen Produzenten, sich von seinen Konkurrenten abzuheben, bestand eben in der Variation des Preises. Auf der anderen Seite orientierten sich auch die Konsumenten bei ihren Einkäufen vorrangig am Preis, da das seinerzeit außerordentlich niedrige durchschnittliche Pro-Kopf-Einkommen ihren Entscheidungsspielraum stark einschränkte.

Ein anderer Grund für die Konzentration des fachlichen Interesses auf das Produktmerkmal Preis mag darin gelegen haben, daß sich dieser dank seiner scheinbar rein quantitativen, eindimensionalen Natur und der leichten Operationalisierbarkeit ungleich einfacher in ein Modell von Angebot und Nachfrage integrieren ließ als vergleichsweise komplexe Konstrukte wie Produktqualität, Produktimage oder Werbewirkung.

Schließlich sah man in einem **Marktmechanismus,** der ausschließlich den Preiswettbewerb als Regulativ kennt, eine auf den ersten Blick überzeugende und elegante Begründung für die Forderung nach einer freiheitlichen Wirtschaftsordnung. Man war sich sicher, daß sich über flexible Preise am einfachsten ein Ausgleich zwischen Angebot und Nachfrage und damit auch ein

Höchstmaß an volkswirtschaftlicher Effizienz erzielen lasse. Im klassischen Modellfall der Preistheorie kommt es bei einem Überangebot automatisch zu niedrigeren Preisforderungen und zu einer Drosselung der Produktion auf Seiten der Anbieter, während bei den Nachfragern die Kaufbereitschaft bei sinkenden Preisen zunimmt. Im umgekehrten Fall, nämlich in einer Knappheitssituation (Nachfrageüberschuß), steigen die Preise. Dies regt die Unternehmer zu einer Erweiterung der Produktionskapazität an, während sich die potentiellen Käufer zurückhalten und auf einen Rückgang der Preise hoffen. Die erhöhte Produktion kann aber wiederum nur zu sinkenden Preisen abgesetzt werden. In der Folge kommt es dann zu einem Gleichgewichtspreis, bei dem gerade soviel angeboten wie nachgefragt wird.

Das in sich geschlossene Modell der Preisbildung auf vollkommenen Märkten beruht auf einer Vielzahl von Annahmen, die vor allem die Zahl der Teilnehmer und deren Zielsetzungen, die Art der Güter, die Markttransparenz, das Fehlen von Präferenzen und die Reaktionsgeschwindigkeit beider Marktseiten betreffen (vgl. z. B. *Woll* 1984, S. 189 ff.). Die Realitätsferne einiger dieser Annahmen soll hier zur Verdeutlichung des im folgenden zu entwickelnden Konzepts der Entgeltpolitik kurz beleuchtet werden.

Das mikroökomomische Modell der **Preisbildung auf vollkommenen Märkten** setzt u.a. homogene, d.h. völlig substituierbare Güter voraus. In einer solchen Situation, die, wie bereits erwähnt, den Marktgegebenheiten im frühen Stadium der Industrialisierung durchaus entsprochen haben mag, orientieren sich die potentiellen Käufer zwangsläufig an dem Parameter Preis. Die Lage auf den heutigen Märkten ist indessen anders. Industrialisierung und Massenproduktion, Produktvielfalt und „Markenhypertrophie", verbunden mit einer Zunahme des disponiblen Pro-Kopf-Einkommens, führten gemeinsam mit der Entwicklung der Verkäufer- zu Käufermärkten zu einer grundlegenden Änderung des Kaufverhaltens der Menschen und der Ausgabenstruktur der Haushalte. Neben der Produkteigenschaft „Preis" wurden zunehmend auch andere Eigenschaften (Qualität, Design, technische Leistung, Marke u.ä.) wichtig und kaufentscheidungsrelevant. Dies relativierte zwangsläufig die Bedeutung der Preispolitik in der Praxis.

Auch der in vielen Produktbereichen zu beobachtende Rückgang der Preiselastizität („high price convenience goods"), das steigende Qualitätsbewußtsein und die Zunahme von Prestige- und Statuskonsum (demonstrativer Konsum) oder beispielsweise der erst seit wenigen Jahren zutage tretende Trend der Konsumverweigerung (z. B. Betonung des Sparens, der Gesundheit, des Einfachen, Ländlichen oder Natürlichen) im Sinne der „demonstrativen Vernunft" (vgl. *Heller* 1979) lassen zunehmend die Bedeutung der übrigen (Marketing-)Instrumente (insbesondere Produkt- und Kommunikationspolitik) hervortreten. Dem genannten Wandel nicht adäquat erscheint daher die übliche analytische Trennung zwischen dem Preis sowie seinem Bezugsobjekt, der Leistung (Sache, Idee, Dienst). Sie bilden ein unzertrennliches Ganzes. Der

Preis ist eines der Merkmale der Leistung, die der Nachfrager bei deren Bewertung im Rahmen seiner Beschaffungsentscheidung heranzieht.

Eine gewisse Sonderstellung des Preises innerhalb des Spektrums solcher leistungsbeschreibender Merkmale liegt zum einen darin begründet, daß die Rechnungseinheit Geld, in der er ausgedrückt wird, unmittelbar die Dimension sowohl der betrieblichen Wirtschaftspläne (Kosten, Umsatz, Gewinn u. ä.) als auch jener der privaten Haushalte (Einkommen) ist; zum anderen ist er durch eine Art Ambivalenz gekennzeichnet. Gemeint ist damit das Phänomen, daß die Entscheidung, ein Produkt zu kaufen, durch einen hohen bzw. niedrigen Preis je nach den Umständen positiv oder negativ beeinflußt werden kann.

Das Modell der **Preisbildung auf vollkommenen Märkten** setzt weiterhin das Fehlen jeglicher persönlicher, zeitlicher oder räumlicher Präferenzen voraus. Das bedeutet, daß keine individuell unterschiedlichen Wege- oder Transportkosten anfallen. Die Kosten der Bedürfnisbefriedigung entsprechen folglich dem Marktpreis für das entsprechende Konsumobjekt. Die Bedürfnisbefriedigung wiederum wird ausschließlich dem Konsumobjekt zugeschrieben. Eine solche Fiktion ist jedoch nicht aufrechtzuerhalten. So sind z. B. die Beschaffungsorte nicht nutzenneutral. Vielmehr verschaffen sie dem eigentlichen Produkt einen zusätzlichen Nutzen (z. B. auf Grund von Prestige, einer angenehmen Einkaufsatmosphäre, Beratung und einem tiefen Sortiment). Da auch dieser als Bestandteil der Leistung entgolten werden muß, ist sein Kostenäquivalent als eine Komponente des Entgelts aufzufassen. Andererseits beschränken sich die Kosten der Bedürfnisbefriedigung nicht auf die Kosten der Beschaffung, sondern es müssen auch jene der Nutzung selbst berücksichtigt werden. Eine weitere Annahme der Preistheorie erweist sich ebenfalls als Fiktion. Sowohl der Nutzen als auch die Kosten der Bedürfnisbefriedigung treffen häufig nicht allein den Käufer (externe Effekte).

Aus diesen Überlegungen wird deutlich, daß Entgeltpolitik hier in einem weiten Sinne verstanden wird. Bezugspunkt ist der Kaufentscheidungsprozeß des Nachfragers, bei dem die auf dem Markt angebotenen Mittel zur Befriedigung bestehender Bedürfnisse bewertet werden. Aus dieser Sicht kann man sich unschwer darauf einigen, daß es keinen „Preis an sich", sondern stets nur einen „Preis für etwas" gibt. Dies läßt das **Konstrukt des Preis/Leistungsverhältnisses** in den Mittelpunkt preis- bzw. entgeltpolitischer Überlegungen treten. Objekt und Aktionsparameter einschlägiger Entscheidungen ist folglich die preispolitische Ausgestaltung einer absatzpolitischen Gesamtleistung (vgl. *Wiegmann* 1977, S. 71), somit die ziel- und marktgerechte Gestaltung des Preis/Leistungsverhältnisses.

Unter „**Leistung**" ist die Gesamtheit aller Nutzen stiftenden Komponenten dinglicher oder ideeller Natur zu verstehen, die der Nachfrager in Anspruch nimmt. Unter „**Preis**" sind demgegenüber alle objektiven oder subjektiven

Kosten bzw. Leistungsäquivalente aufzufassen, die für den Nachfrager aus der Inanspruchnahme der Leistung erwachsen. Der Preis (bzw. der hier synonym verwendete Begriff „Entgelt") kann dabei ganz oder teilweise in Form von Geldeinheiten, Produkten (beim Naturaltausch oder bei Kompensationsgeschäften), Dienstleistungen oder in Gestalt eines wie auch immer bewerteten Aufwandes zur Beschaffung einer Leistung entrichtet bzw. ermittelt werden.

Aus der Sicht des Abnehmers zerfällt der Preis folglich in zwei Teile:

(1) Zunächst verkörpert er das Äquivalent für die Erbringung einer bestimmten Leistung durch den Anbieter. Damit entgilt also ein Wirtschaftssubjekt die mit der Produktion und der Distribution der Leistung bis hin zur Übergabe an den Abnehmer verbundenen Kosten. Der entsprechende Betrag spiegelt eine Kongruenz der meist monetären Forderung des Anbieters und der Bereitschaft des Nachfragers, ihr zu entsprechen, wider. Häufig wird in diesem Zusammenhang unter „Preis" die unmittelbar feststellbare, in monetären Einheiten ausgedrückte Geldforderung verstanden, während der Begriff „Entgelt" auch Rabatte und Boni sowie Lieferungs- und Zahlungsbedingungen umschließt.

(2) Ein Teil des vom Käufer zu erbringenden Opfers geht nicht an den Anbieter über, sondern muß von ersterem hingenommen werden, um in den Besitz der Ware bzw. in den Genuß deren Nutzung zu gelangen (z. B. Autokosten). Hierunter fallen auch jene von ihr ausgehenden Wirkungen, die als externe Effekte von nur indirekt Betroffenen zu tragen sind.

Diese Sichtweise impliziert, daß die **Entgeltpolitik** die Gesamtheit aller Entscheidungen im Marketing-Mix verkörpert, die der zielorientierten Gestaltung des Preis/Leistungsverhältnisses dienen. Man wird dadurch der Komplexität preispolitischen Handelns in der Realität ungleich besser gerecht, als wenn man sich nach wie vor an dem herkömmlichen Verständnis vom Preis als einer eindimensionalen Aktionsvariablen festklammert (vgl. *Kotler* 1982, S. 395). Die so formulierte Aktionsgröße kann demnach sowohl
– durch eine Variation des Entgelts für eine genau bestimmte Leistung als auch
– durch eine Variation der Qualität einer bestimmten Leistung bei Konstanthaltung der Preisforderung
beeinflußt werden.

Die Ausgewogenheit dieser Betrachtungsweise gewährleistet, daß von allen Betroffenen nicht nur lediglich der Art und der Höhe der monetären Preisforderung, sondern auch denjenigen Preisbestandteilen Beachtung geschenkt wird, die beim Käufer üblicherweise als Zusatzkosten, resultierend etwa aus dem Kauf bestimmter Marken, aus der Wahl einer bestimmten Einkaufsstätte oder aus den Betriebs- und Unterhaltskosten eines Gutes während seines Gebrauchs, anfallen.

Von unbestreitbarem Vorteil ist diese umfassende Perspektive in zweierlei Hinsicht auch für die **Verbraucherpolitik.** Zum einen erlaubt sie eine (bessere) Abschätzung von etwaigen dysfunktionalen Wirkungen, die mit einer einseitig am monetären Verkaufspreis orientierten Preisaufklärung der Konsumenten verbunden sind. Zum anderen bietet sie einen Orientierungsrahmen für die Formulierung von verbraucherpolitischen Forderungen nach Bereitstellung adäquater Preisinformationen seitens der Hersteller.

1.2. Die Rolle des Preises in Wettbewerbstheorie und Wettbewerbspraxis

Dem Einfluß der nationalökonomischen Theorie ist es zuzuschreiben, daß die Preispolitik zumindest in der Literatur trotz der angesprochenen Wettbewerbswandlungen nach wie vor als das entscheidende absatzpolitische Instrument angesehen wird. Dies schlägt sich auch darin nieder, daß die dem Konzept des **funktionsfähigen Wettbewerbs** („workable competition") verhaftete Wettbewerbsgesetzgebung und Rechtsprechung die Höhe des Preises (und somit den Preiswettbewerb) als Indikator für einen funktionstüchtigen Wettbewerb höher werten als den Nichtpreiswettbewerb. Im Wettbewerbskonzept der „workable competition" kommt dem Preis also eine normative Funktion zu, die in der Wettbewerbspraxis auf vielen Produktmärkten, in denen der sog. Nichtleistungswettbewerb dominiert, tatsächlich nicht gegeben ist.

Die Folgen einer solchen theoriegeleiteten Wettbewerbsauffassung sollen am Beispiel des sog. *Valium/Librium*-Falls kurz verdeutlicht werden, der die Gerichte 5½ Jahre lang beschäftigte:

Am 16. Oktober 1974 gebot das *Bundeskartellamt* der *Hoffmann-La Roche AG,* die Preise für die Pharmazeutika *Valium* und *Librium* um 40% bzw. 30% zu senken. Das Unternehmen wurde wegen seines Marktanteils von 53,3 Prozent, bezogen auf den Absatz an öffentliche Apotheken, als marktbeherrschend nach § 22 Abs. 1 *GWB* eingestuft. Das Unternehmen wehrte sich auf dem Rechtsweg hartnäckig und letztlich mit Erfolg, allerdings nur deshalb, weil zur Quantifizierung des vermeintlich überhöhten Preises kein dafür notwendiger „Vergleichsmarkt" gefunden werden konnte.

Interessant an diesem Fall ist nun, welche Indikatoren die Richter am Berliner *Kammergericht* für das Vorliegen eines funktionsfähigen Wettbewerbs heranzogen: „Es handelt sich um komplexe Vorgänge, bei denen zahlreiche Parameter eine von Fall zu Fall unterschiedliche Rolle spielen." Aber das Gericht stellt sofort klar, worauf es besonders zu achten gilt: „Dem Parameter Preis kommt eine herausragende Bedeutung zu." Im Hinblick auf den Wettbewerb über die Produktqualität heißt es demgegenüber: „Eine Verbesserung, die sich für den Verbraucher nicht als deutliches Positivum darstellt, kann nicht dieselben Wirkungen wie der Preis-Wettbewerb entfalten und diesem nicht gleichkommen."

Obwohl *Hoffmann-La Roche* in den Jahren vorher Marktanteilsverluste hatte hinnehmen müssen, aber dennoch nicht mit Preissenkungen reagierte, bestand nach Ansicht des *Kammergerichts* zwar ein „beachtlicher", aber kein „wesentlicher" Wettbewerb. Dieser feine Unterschied hat weitreichende Folgen; denn „der auf bestimmte Parameter unter Ausklammerung des Preises beschränkte Wettbewerb ist im vorliegenden Fall nach außen nicht hinreichend leistungsorientiert".

Bei ihrer Vorstellung von der Preisbildung stützen sich die Richter auf folgende Passage des *Gemeinschaftskommentars zum Gesetz gegen Wettbewerbsbeschränkungen:* „Für wesentlichen Wettbewerb ist maßgeblich, daß der Preis für ein Unternehmen eine von seinem Verhalten im wesentlichen unabhängige Größe ist, also nicht in sein Belieben gestellt ist, sondern sich aus den Marktverhältnissen ergibt."

Die Bedeutung, die dem Preis von diesem auf Wettbewerbsangelegenheiten spezialisierten Gericht zugemessen wird, konkretisiert sich damit in folgenden Punkten:
- Unter den vielen Wettbewerbsparametern kommt dem Preis eine „herausragende Bedeutung" zu.
- Der Preis soll für das Unternehmen nur in begrenztem Maße gestaltbar, sondern weitgehend durch den Wettbewerbsdruck vorgegeben sein.
- Bei nicht funktionsfähigem Wettbewerb sind *Kartellamt* bzw. Gerichte berechtigt, Preissenkungen zu verfügen.
- Das Ausmaß einer Preissenkung ist an Hand eines Vergleichsmarktes zu bestimmen.

Dieser normativen Etikettierung eines Aspekts des Wettbewerbs widerspricht die allgemein zu beobachtende Abneigung vieler Unternehmen, eine **aggressive Preispolitik** zu betreiben, so wirkungsvoll sie ihnen vielleicht erscheinen mag. Der Grund dafür liegt darin, daß sie ihre eigene Verwundbarkeit gerade auf diesem Gebiet fürchten, weil die Konkurrenten rasch und scharf zurückschlagen können und der Preiswettbewerb stets von der Gefahr bedroht ist, ruinös zu werden – auch für den, der dieses Mittel als erster einsetzt und damit zumindest Anfangserfolge zu erzielen vermag. Dazu kommt, daß zum einen Preissenkungen nur relativ schwer rückgängig gemacht werden können, und zum anderen, daß auf Anbieterseite die Reaktionsgeschwindigkeit auf Preisänderungen der Konkurrenten im Zuge der Verdichtung und Verbesserung der Kommunikationsnetze ständig zunimmt (z. B. als Folge des Bildschirmtextes).

Zu den Mitteln, den Preiswettbewerb auszuschalten oder zu begrenzen, gehören von alters her zunächst **Absprachen** unter den Anbietern, vor allem Preiskartelle. Dabei können sogar eherne Marktgesetze angetastet werden. Das größte Preiskartell, die *OPEC,* ließ nämlich in der jüngsten Vergangenheit Zweifel an der Erfahrung aufkommen, daß steigende Preise bei einem Gut das mengenmäßige Angebot an diesem Gut zu vergrößern tendieren. Nicht so bei Erdöl, wo es zu einem **Preis-Angebots-Paradoxon** gekommen ist.

Der Anstieg der Preise führt zu einer Verknappung des Angebots, während die Erlöse aus dem Ölabsatz gleich bleiben oder sogar steigen. Mikroökonomisch zu erklären ist dieses Paradoxon zum einen durch den nach 1973 vollzogenen Übergang vom Oligopol- zum kartellbedingten Monopolmarktverhalten der Anbieter (mit einer entsprechenden Verschiebung der Angebotskurve), zum anderen durch die Verlängerung des Planungshorizonts der Anbieter angesichts der abzusehenden Erschöpfung der Erdölvorräte (vgl. *Simon* 1982). Allerdings kann diese aus der Sicht der *OPEC*-Mitglieder durchaus sinnvolle Preispolitik nur so lange mit Erfolg angewandt werden, wie die eine monopolähnliche Marktsituation begründende Kartellabsprache „hält". Erfahrungsgemäß ist dies jedoch stets ein wunder Punkt jeder Vereinbarung unter nicht gleich starken Partnern.

Unter den Kartellen sind die **Syndikate** besonders wirkungsvoll, die dadurch gekennzeichnet sind, daß die das Syndikat bildenden Unternehmungen auf die Pflege eigener Beziehungen zum Absatzmarkt verzichten. Sie setzen ihre Erzeugnisse (homogene Güter wie Kohle, Düngemittel und dgl.) gemeinsam über eine Zentralstelle ab, um dadurch der Gefahr entgegenzuwirken, daß

1. Begriff und Bedeutung der Entgeltpolitik

einzelne Syndikatsmitglieder aus der Reihe tanzen. Vorhandene Außenseiter sind zu klein, um das Marktgeschehen spürbar zu beeinflussen.

Ähnlich wie Kartellverträge wirken **geheimes Einverständnis** unter den Beteiligten, also konformes oder Parallelverhalten der Konkurrenten, sowie die stillschweigende Anerkennung der Preisführerschaft eines bedeutenden Wettbewerbers (vgl. dazu Abschn. 3.2.4.2.).

Lange Zeit wurde die Ansicht vertreten, daß der Preiswettbewerb überall dort gesichert sei, wo zahlreiche Anbieter miteinander konkurrieren, eine Situation, die in weiten Teilen des Einzelhandels und des Gastgewerbes sowie in Bereichen der Verbrauchsgüterindustrie und des Handwerks anzutreffen ist. In Wirklichkeit neigen aber gerade Angehörige dieser Wirtschaftszweige, vornehmlich die kleinen und mittelgroßen Unternehmungen, dazu, dem **Preiswettbewerb auszuweichen** und andere absatzpolitische Instrumente, wie z. B. Produkt- bzw. Sortimentspolitik und Service, einzusetzen, um sich Vorteile gegenüber den Konkurrenten zu verschaffen.

Für den Fall, daß nur wenige große Anbieter und einige kleine Mitbewerber das Wettbewerbsgeschehen prägen (oligopolartige Bedingungen), ist der Preiswettbewerb erfahrungsgemäß unterschiedlich stark entwickelt. Diese Marktkonstellation sagt somit wenig über die Intensität des Preiswettbewerbs aus. Charakteristisch sind gelegentlich aufflackernde, sehr scharfe Preiskämpfe, die jedoch nach relativ kurzer Zeit beendet zu werden pflegen, weil sich die Beteiligten rasch den neuen Bedingungen anpassen. Dies haben z. B. die Preiskriege am Treibstoffmarkt gelehrt. Die dazwischenliegenden, ziemlich langen Perioden wirtschaftsfriedlichen Verhaltens können indessen mit Auseinandersetzungen anderer Art unter den Konkurrenten, z. B. mit aggressiven Werbekampagnen, ausgefüllt sein.

Wenngleich die Masse der Unternehmungen, wie hier in kurzen Zügen angedeutet wurde, dem Preiswettbewerb aus dem Wege zu gehen sucht, lehren Erfahrungen aus der neueren Zeit, daß diese Form des Wettbewerbs, insbesondere im Verhältnis Hersteller – Handel, alles andere als eine untergeordnete Rolle spielt.

In diesem Zusammenhang ist auf folgenden Aspekt des vertikalen Wettbewerbs hinzuweisen: Ein Hersteller möchte, wenn möglich, zwei Preise kontrollieren, den **Abgabepreis,** zu dem er den Handel beliefert, und den **Verbraucherpreis,** den der Handel fordert. Der Erlös des Herstellers hängt direkt von seinem Abgabepreis ab; für die Produktpositionierung ist dagegen der Endverbraucherpreis maßgeblich. Seit Aufhebung der vertikalen Preisbindung kann die Absatzpolitik eines Herstellers, für den der Endverbraucherpreis ein wesentliches Element der Produktpositionierung darstellt, durch die Preisgestaltungsautonomie des Handels durchkreuzt werden.

Der Hersteller ist zwar in der Lage abzuschätzen, welche Verbraucherpreise sich bei üblichen Handelsspannen auf der Basis seines Abgabepreises ergeben, doch kann er nicht ausschließen, daß einzelne Handelsunternehmen das Produkt – quasi als **Lockvogel** – einsetzen, um ihre Preiswürdigkeit zu demonstrieren, und andere Handelsbetriebe diesem Beispiel folgen (müssen). Auf diesem Weg wird das Produkt auf ein Preisniveau herabgedrückt, das der absatzpolitischen Konzeption des Herstellers nicht mehr entspricht. Auch die unverbindliche Endverbraucher-Preisempfehlung kann vom Handel als Referenzwert benutzt werden, um sich durch konsequentes Unterbieten in den Augen der Verbraucher preispolitisch zu profilieren.

In den Fällen, in denen der (vertikale oder horizontale) Wettbewerb über die Preise ausgetragen wird, sind die Beteiligten vorzugsweise leistungsfähige, aggressive Unternehmungen, die in der Regel auf stagnierenden Märkten ihren Marktanteil zu erhöhen bestrebt sind. Ein typisches Beispiel dafür stellen die **großflächigen Betriebsformen** des **Einzelhandels** (z. B. Verbrauchermärkte) dar, die überwiegend eine außerordentlich aggressive Preispolitik betreiben. Durch die vielfältigen Formen der **Kooperation** versuchen die zahlreichen kleinen und mittleren Groß- und Einzelhandelsbetriebe Rationalisierungs- und Beschaffungsvorteile zu erlangen, um der auf Größe beruhenden Wettbewerbsstrategie der Großbetriebsformen angemessen begegnen zu können („countervailing power" als Wettbewerbskonzept).

Viele **Fusionen** in Industrie und Handel haben die gleiche Wirkung: Durch sie können Unternehmungen von hinreichender Stärke geschaffen werden, um einen Vorstoß auf dem Absatzmarkt auch mit dem Mittel der Preispolitik zu wagen und überkommene Marktstrukturen zu verändern.

Wir stellen also fest, daß es das der Wettbewerbspolitik in der Bundesrepublik Deutschland zugrunde liegende Konzept der **„workable competition"** (im Gegensatz zum Konzept der vollkommenen Konkurrenz) erlaubt, nicht nur aus der Zahl und Größe der Marktpartner, sondern auch aus deren Verhalten (Aktivität, Aggressivität) und aus dem Marktergebnis auf das Vorliegen eines wesentlichen Wettbewerbs zu schließen. Darin, daß als zentraler Indikator für die Existenz eines funktionsfähigen Wettbewerbs der Preis angesehen wird, liegt jedoch eine Überschätzung der Wirkung dieser Aktionsvariablen der Unternehmung. Zugleich wird damit die Bedeutung der übrigen absatzpolitischen Instrumente auf hochentwickelten Märkten verkannt.

2. Die Evaluation des Preises durch die Kontrahenten

2.1. Problemstellung

Im vorangegangenen Abschnitt wurde die Auffassung vertreten, daß der eigentliche Aktionsparameter der betrieblichen Preispolitik nicht die Höhe der monetären Preisforderung, sondern die komplexe Gestaltungsgröße Preis/Leistungsverhältnis ist, die damit den engen Zusammenhang zwischen der Preispolitik und den übrigen (leistungsbildenden) Instrumentalbereichen deutlich zutage treten läßt.

Eine solche Betrachtung ist indessen keineswegs neu. Auch der berühmt-berüchtigte *homo oeconomicus* der klassischen Preistheorie trachtet

- als Produzent (unter der Annahme eines positiven Zusammenhangs zwischen Leistungsqualität und Kosten) stets danach, das Preis/Leistungsverhältnis zu maximieren, während er
- als Konsument (unter der Annahme eines positiven Zusammenhangs zwischen Leistungsqualität und Nutzenstiftung) das Preis/Leistungsverhältnis zu minimieren sucht.

Die auf modernen, differenzierten Märkten auftretende Problematik der unzureichenden Vergleichbarkeit der Leistungen und somit auch der Preis/Leistungsrelation umgeht die klassische Preistheorie durch die erwähnte Annahme der **Homogenität der Leistungen** (Güter). Gekoppelt mit der Fiktion des Fehlens jeglicher Präferenzen räumlicher, zeitlicher oder persönlicher Art, stellt dieser Kniff eine strenge Vergleichbarkeit der Leistungen im theoretischen Modell sicher. Aus einer solch verengten Perspektive muß zwangsläufig die Leistung als für den Gesamtmarkt einheitlich in den Hintergrund treten (formal gesehen als konstanter Nenner der Preis/Leistungsrelation bei allen Anbietern). Die Evaluation der Angebote kann sich dann ausschließlich an der Höhe der Preisforderung orientieren.

Das Vorhandensein ähnlich strukturierter, doch komplexer Evaluationsprozesse läßt sich indessen auch auf Märkten für heterogene, nicht direkt vergleichbare Güter vermuten. Sie finden mehr oder weniger bewußt, formalisiert oder institutionalisiert bei Individuen ebenso wie bei Beschaffungsgremien statt. Die Beschäftigung mit diesen „marktbildenden" Prozessen muß sich mit zwei grundlegenden Fragestellungen auseinandersetzen:

- Welche objektiven Anhaltspunkte zur Beurteilung des Preis/Leistungsverhältnisses stehen den Marktkontrahenten zur Verfügung?
Anders ausgedrückt: Welche Bestandteile enthält der Preis?
- Welche psychischen, im Bewußtsein der Wirtschaftssubjekte wirksamen Größen beeinflussen die Evaluation der objektiv vorgegebenen Angebote?

2.2. Objektive Komponenten des Preis/Leistungsverhältnisses

2.2.1. Die Leistungsabgabe

2.2.1.1. Die Leistung in objektiven Kategorien

Die Leistung im Sinne eines Gutes, Produktes oder Dienstes kann als ein **Aggregat von Teilleistungen** oder **Leistungskomponenten** aufgefaßt werden. Eine triviale, aber unverzichtbare Art des Leistungsvergleichs besteht zunächst darin festzustellen, ob eine bestimmte Leistungskomponente vorliegt oder nicht. Dem wird man sich immer dann unterziehen, wenn es sich um sog. Ausstattungsgüter, also um komplexe, auf vielfältige Bedürfnisse hin konstruierte bzw. ausgestaltete Güter handelt (Investitionsgüter, Kraftfahrzeuge, Softwarepakete etc.). Ein Beispiel dafür vermittelt Tab. 4.1.

Wie man sieht, variieren die Grundpreise der drei zu vergleichenden Automarken so gut wie nicht. Dennoch ist das Preis/Leistungsverhältnis in den fraglichen drei Fällen unmittelbar und objektiv nicht vergleichbar, und zwar deswegen, weil die Basisversionen in unterschiedlichem Maße mit zusätzlichen Nutzenkomponenten ausgestattet sind. Auch dadurch, daß bestimmte Nutzenkomponenten bei einzelnen Herstellern nicht zusätzlich bestellt und andere nur innerhalb von Ausstattungspaketen erworben werden können, wird ein objektiver Preis/Leistungsvergleich zwischen den Marken praktisch unmöglich gemacht. Dies entspricht durchaus den Intentionen der Anbieter.

Einem objektiven **Vergleich** zwischen **Preis** und **Leistung** stehen auch Unterschiede in der Qualität einzelner Nutzenkomponenten entgegen. So läßt sich die Ausprägung vieler Produkteigenschaften durchaus objektiv messen, seien es z.B. die (durchschnittliche) Lebensdauer von Glühbirnen und die Stärke ihrer Leuchtkraft oder seien es die Geschwindigkeit, das Kofferraumvolumen sowie der Bremsweg von Automobilen. Selbst wenn also zwei Fahrzeuge hinsichtlich des Vorhandenseins bestimmter Ausstattungselemente völlig identisch wären, könnten dennoch deutliche Unterschiede bei deren Qualität bestehen. Das bedeutet, daß das urteilende Subjekt anstatt eines kategorialen Urteilsraumes, d. h. eines Urteilsraumes, der aus Ja-Nein-Dimensionen gebildet ist, einen Raum mit Hilfe von ordinal- oder metrischskalierten Raumachsen aufspannen muß.

Anhaltspunkte für einen Preis/Leistungsvergleich bieten häufig die Testergebnisse der *Stiftung Warentest*, Berlin, da zum einen die auf objektiven Kriterien basierenden Qualitätsurteile und zum anderen die mittleren Angebotspreise der geprüften Produkte zur Verfügung stehen. Eine Überprüfung des Zusammenhangs zwischen den Testergebnissen für insgesamt 4006 Produkte aus 12 Warenbereichen und den dafür auf repräsentativer Basis erhobenen Durchschnittspreisen wurde von *Diller* (1977, S. 227ff.) vorgenommen. Einige Ergebnisse sind in Tab. 4.2. wiedergegeben.

Idealtypisch, d. h. einer allgemeinen Vorstellung entsprechend, daß teurere Produkte qualitativ höherwertige Leistungsbestandteile umfassen und eine (objektiv) bessere Qualität aufweisen, würde man hohe negative Korrelationskoeffizienten erwarten. (Das negative Vorzeichen ist in der Meßmethode begründet, die jener bei der Vergabe von Schulnoten ähnlich ist.) Wie Tab. 4.2. erkennen läßt, stimmt bei den durchschnittlichen Korrelationskoeffizienten zwar in allen Fällen das Vorzeichen, doch ist der ausgewiesene Zusammenhang häufig sehr schwach, in einigen Fällen die Situation sogar so, daß man überhaupt nicht von einem Zusammenhang sprechen kann.

2. Die Evaluation des Preises durch die Kontrahenten

Tabelle 4.1.:

Unterschiede im Preis/Leistungsverhältnis von drei Automobilmarken

Ausstattung	Automobilmarke		
	X	Y	Z
Grundpreis viertürig DM	13 350,-	13 365,-	13 385,-
Automatisches Getriebe	○	○	1 115,-
Fünfganggetriebe	○	○	355,-
Verbundglas-Frontscheibe	●	●	206,-
Getönte Scheiben	277,-	152,-	479,-
Heizbare Heckscheibe	●	●	●
Klimaanlage	○	○	1 744,-
Stahlschiebedach	685,-	505,-	435,-
Armlehnen vorn	●	●	●
Automatikgurte hinten	●	●	●
Zentralverriegelung	275,-	○	○
Von innen verstellbarer Außenspiegel	60,-	107,-	○
Abblendbarer Innenspiegel	●	16,-	265,-*)
Drehzahlmesser	○	262,-	●
Wasserthermometer	●	●	●
Zeituhr	77,-	68,-	●
Tageskilometerzähler	○	20,-	●
Reg. Instrumentenbeleuchtung	○	○	●
Handbrems-Kontrolleuchte	●	19,-	○
Verbrauchsanzeige	71,-	○	○
Zigarettenanzünder	34,-	38,-	○
Scheiben-Wisch-/Wasch-Automatik	○	●	●
Wischergeschwindigkeiten	2	2	2
Scheibenwischer-Intervallschalter	●	●	●
Heckscheiben-Wisch-/Wasch-Anlage	228,-	225,-	225,-
Scheinwerferreinigungsanlage	240,-	223,-	253,-
Halogen-Abblend-/Fernlicht	140,-	●	●
Halogen-Nebelscheinwerfer	229,-	278,-	376,-
Halogen-Nebelschlußleuchte	54,-	57,-	376,-
Rückfahrscheinwerfer	●	●	265,-*)
Motorraumbeleuchtung	○	42,-	○
Kofferraumbeleuchtung	○	42,-	○
Gepäckraumabdeckung	●	●	265,-*)
Gummi-Seitenleisten	126,-	●	●
Kunststoffbeschichtete Stoßstangen	○	●	●
Abschließbarer Tankverschluß	19,-	●	265,-*)
175/70 SR 13-Reifen	113,-	121,-	148,-
Leichtmetallräder	○	508,-	506,-
Metallic-Lackierung	305,-	204,-	305,-

● = serienmäßig; ○ = nicht ab Werk lieferbar; *) Preis eines Ausstattungspaketes inklusive der jeweiligen Nutzenkomponente

Quelle: In Anlehnung an: o. V., *Drei auf einen Streich*, in: *auto, motor und sport*, 1981, Nr. 5, S. 48.

Tabelle 4.2.:

Korrelativer Zusammenhang zwischen Produktqualität und Produktpreis

Warengruppe	Durchschnittlicher Korrelationskoeffizient aller Produktarten pro Warengruppe	maximaler Korrelationskoeffizient	minimaler Korrelationskoeffizient
Artikel für Kinder	-0,230	0,123	-0,573
Möbel	-0,293	0,109	-0,673
Kleingeräte	-0,149	0,548	-0,846
Lebensmittel	-0,108	0,677	-0,894
Reinigungsmittel	-0,575	0,395	-0,640
Textilien	-0,058	0,627	-0,626
Freizeit/Hobby/Sport	-0,273	0,441	-0,935
Phono/Radio/TV	-0,299	0,464	-0,921
Phono/Optik/Uhren	-0,325	0,176	-0,880
Kosmetika	-0,007	0,164	-0,345
Große Haushaltsgeräte	-0,183	0,499	-0,679
Kfz und Kfz-Zubehör	-0,002	0,906	-0,763

Quelle: *Diller* 1977, S. 227.

Nicht uninteressant sind auch die maximalen und die minimalen Werte, die die Situation bei einzelnen Warengruppen widerspiegeln und in Einzelfällen den erwarteten strengen Zusammenhang anzeigen, in anderen jedoch genau das Gegenteil davon ausweisen. So kann das Ergebnis in **Teilbereichen** der Warengruppe „Kfz und Kfz-Zubehör" nur wie folgt gedeutet werden: Je teurer das Produkt, desto schlechter die objektive Qualität!

Die anstehenden **Bewertungsprobleme** lassen sich nur durch Heranziehung eines – möglichst explizierten – (subjektiven) Präferenzsystems bewältigen. Die Notwendigkeit dazu ergibt sich in einem um so stärkeren Maße, je schwieriger die zu lösenden Operationalisierungsprobleme sind. Wenn schon die Bewertung des mit einem Heckscheibenwischer verbundenen Nutzens Schwierigkeiten bereitet, um wieviel mehr gilt dies für Farbgebung und Design.

Eine Bewertungsproblematik ergibt sich jedoch nicht nur in bezug auf die Güter selbst, sondern auch hinsichtlich der situativen Gegebenheiten ihres Erwerbs. So macht es für einen Verbraucher u. U. einen erheblichen Unterschied aus, ob er einen bestimmten Markenartikel in einem Fachgeschäft in der City oder in einem Verbrauchermarkt „auf der grünen Wiese" erwirbt, ob er ein bestimmtes Gericht in einem Feinschmeckerlokal oder in einer Autobahngaststätte zu sich nimmt, usw. Worauf sich die Leistung und der Leistungsvergleich im einzelnen beziehen können, wird in den folgenden Abschnitten noch deutlicher werden.

2.2.1.2. *Nutzenstiftende externe Effekte*

Wie bereits verdeutlicht, entgelten Käufer im Preis die angebotene, nutzenstiftende Leistung. Dabei werden im theoretischen Marktmodell sowohl der Nutzen (Leistung) als auch die Kosten (Preis) stets voll internalisiert. Der Nutzen des Gutes kommt ausschließlich demjenigen zugute, der den Marktpreis entrichtet, oder umgekehrt, die Kosten trägt ausschließlich derjenige, der den Nutzen hat (Ausschluß- oder Rivalitätsprinzip; vgl. *Wittmann* 1976, S. 19). Es leuchtet ein, daß eine solche Modellvorstellung nicht unmittelbar der Realität entspricht. Alle realen Güter weisen mehr oder weniger ausgeprägte **externe Effekte** (Externalitäten) auf. Dies sind Vor- oder Nachteile, die sich aus dem Konsum eines Gutes durch ein Individuum für Dritte ergeben, ohne daß diese Dritten im allgemeinen für die ihnen zufließenden Vorteile zur Zahlung herangezogen werden bzw. für Nachteile, die sie erleiden, entschädigt werden (vgl. *Bolle* 1973, S. 474). Das bedeutet nichts anderes, als daß die Nutzenfunktionen von Wirtschaftssubjekten interdependent sind. Ein externer Effekt liegt also dann vor, wenn die Nutzen- oder Zielfunktion des Individuums A neben den nur von ihm kontrollierten Variablen auch mindestens eine Variable enthält, die unter Kontrolle eines Akteurs B steht, und wenn es nicht möglich ist, die Interdependenz zwischen den betroffenen Parteien durch den Preismechanismus aufzulösen.

Positive Interdependenzen zwischen individuellen Nutzenfunktionen lassen sich an einer Vielzahl von Produkten verdeutlichen. Das Paradebeispiel ist die Erstellung bzw. Unterhaltung eines Leuchtturms. Er nützt nicht nur dem Erbauer, sondern auch manchem Reeder, der zu dessen Unterhalt nichts beiträgt. Ein anderes Beispiel, zumindest der Intention nach, sind die im Rückfenster von Kraftfahrzeugen zusätzlich angebrachten Bremsleuchten. Der Autobesitzer entgilt mit dem Preis die Sicherheit, im Verkehr besser gesehen und somit z. B. gegen Auffahrunfälle im Kolonnenverkehr stärker geschützt zu werden. Zugleich stiften diese Rückleuchten auch den übrigen Verkehrsteilnehmern ein Mehr an Sicherheit, also Nutzen, ohne daß diese dafür bezahlt haben.

2.2.2. Das Leistungsäquivalent aus Anbieter- und aus Nachfragersicht

2.2.2.1. *Der Grundpreis*

Das Problem der objektiven Evaluierung des **Preis/Leistungsverhältnisses** besteht nicht nur in der bereits angesprochenen Schwierigkeit, die Leistungsqualität zutreffend einzuschätzen. Probleme – wenn auch anderer Art – wirft ebenso die Bemessung des Gesamtpreises eines Gutes, d.h. des mit der Abgabe erzielbaren Erlöses bzw. der mit der Beschaffung verbundenen Gesamtkosten auf.

So sind z. B. die Gesamtaufwendungen, die mit dem Erwerb eines Fahrzeuges zusammenhängen, keineswegs mit dem angesprochenen Grundpreis identisch. Die Höhe des Gesamtpreises wird in diesem Fall vielmehr beeinflußt durch

- die Anzahl der zusätzlich gewünschten Ausstattungsextras,
- etwaige Transport- und Bereitstellungskosten (Überführungskosten),
- die Beschaffungskosten, d.h. jene Wegekosten, die bei der Anfahrt zu und Rückkehr von der Transaktionsstätte anfallen,
- die in Anspruch genommenen Rabatte (Nachlaß bei Barzahlung oder bei Verzicht auf Inzahlunggabe eines Gebrauchtfahrzeugs),
- die Finanzierungskosten im Falle der Inanspruchnahme eines Kredites.

Je nachdem, welcher Zeithorizont bei der Berechnung des Gesamtpreises gewählt wird (von der Ebene der Transaktion bis hin zu jener der gesamten Nutzungsdauer), können weitere Preis- bzw. Kostenbestandteile in die Überlegungen einbezogen werden (vgl. Abb. 4.1.):
- Kosten für Wartung und Reparaturen
- Unterhaltskosten (Versicherungskosten, Steuer, Kraftstoffkosten, Garage)
- Kosten der Inbetriebnahme
- Kosten des im Fahrzeug gebundenen Kapitals (Kapitalkosten).

In bezug auf den Grundpreis lassen sich grundsätzlich zwei Formen der Gestaltung der Preisforderung unterscheiden: Freie Preisfestsetzung und Listenpreis.

Bei einer **freien Preisfestsetzung** ergibt sich der Preis als das Resultat eines Bargaining-Prozesses (ausgehandelter Preis). Dabei kann der im Wege der Verhandlung zustande kommende Preis den Erfordernissen einer bestimmten Transaktion (eines bestimmten Abnehmers) problemlos angepaßt werden. Solche Verhandlungsprozesse werden vornehmlich dort auftreten, wo das Objekt der Verhandlung ein nur wenig standardisiertes, also stark individualisiertes Gut ist.

Die Preisforderung kann jedoch auch (und wird bei Massengütern meist) die Form eines **Listenpreises** annehmen. Dann ist es allerdings notwendig, ein Instrumentarium zur Verfügung zu haben, mit dem preispolitisch relevante Kundenspezifika berücksichtigt werden können. Dazu zählen z.B. die Zugehörigkeit eines Abnehmers zu einer bestimmten Wirtschaftsstufe, die Höhe der abgenommenen Menge, die Aussicht auf die Erlangung zusätzlicher Aufträge und die Übernahme bestimmter Distributionsleistungen durch den Abnehmer (z.B. Verkaufsförderung, Transport, Versicherung, Werbung und Reparaturdienst). Diesen preisrelevanten Eigenschaften einzelner Abnehmer kann mit Hilfe eines ganzen Spektrums von Zu- und Abschlägen auf den bzw. von dem Listenpreis Rechnung getragen werden.

Nach der Reichweite von Entscheidungen eines Preissetzers für andere, zum Teil nicht direkt betroffene Wirtschaftsstufen (bzw. für andere Glieder der Absatzkette) lassen sich ein Netto- und ein Brutto-Preisbildungssystem unterscheiden.

Beim **Netto-Preisbildungssystem** fixiert der Anbieter Preise nur für die erste Transaktionsebene (vgl. *Hansen* 1972, S. 228), d.h. die Preisforderung gegen-

2. Die Evaluation des Preises durch die Kontrahenten

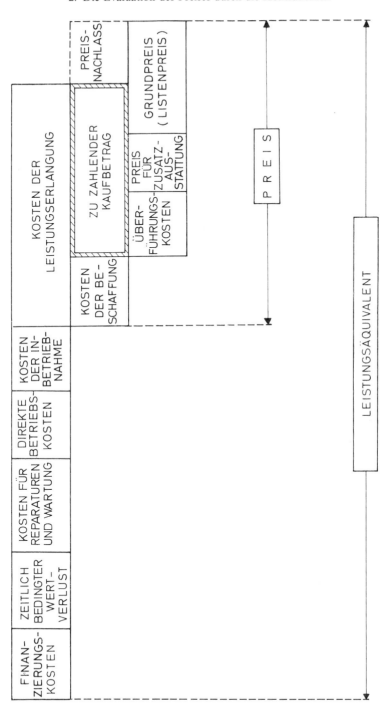

Abb. 4.1.: Bestandteile des Leistungsäquivalents (am Beispiel des Automobilkaufs)

über dem direkten Kontrahenten. Ist dieser ein sog. Wiederverkäufer, der ebenfalls ein Netto-Preisbildungssystem praktiziert, so kalkuliert dieser seinerseits den Preis nur für seine direkten Abnehmer. In ähnlicher Weise schließen sich in einem mehrstufigen Absatzkanal weitere Preisbildungsprozesse an, bis hin zum Verkauf an Letztverbraucher/Letztverwender. In einem solchen System zielt der Hersteller nicht explizit darauf ab, auf die Höhe des Verbraucherpreises seiner Produkte Einfluß zu nehmen.

Im Unterschied dazu beruht das **Brutto-Preisbildungssystem** auf einem „gedanklichen Überspringen der Zwischenmärkte" (*Mellerowicz* 1959, S. 115) bei der Preisfestlegung. Der Entscheidungsträger antizipiert dabei Preisstellungen für Transaktionen, an denen er nicht beteiligt ist, und gibt die Wiederverkaufspreise für nachfolgende Wirtschaftsstufen vor. So kann z. B. ein Hersteller einen bestimmten Verbraucherpreis (Preis auf der Einzelhandelsstufe) als den marktoptimalen erkennen und diesen dem Einzelhandel als Verkaufspreis aufoktroyieren. Die konkreten Entscheidungsformen dieses Preisstellungssystems sind die vertikale Preisbindung und die unverbindliche Preisempfehlung.

Von einer **vertikalen Preisbindung** (auch als „Preisbindung der Zweiten Hand" bezeichnet) spricht man dann, wenn sich der Handel vertraglich verpflichtet, einen vom Hersteller festgesetzten Endpreis einzuhalten (in der Bundesrepublik Deutschland seit 1974 mit einer Ausnahme verboten). Eine **unverbindliche Preisempfehlung,** mit der viele Hersteller ihre Produkte versehen, stellt eine andere, gleichwohl schwächere Möglichkeit dar, einen gewissen Einfluß auf die Absatzpreisgestaltung (gemäß dem Brutto-Preisbildungssystem) zu erhalten. Dabei ist es gleichgültig, ob die unverbindliche Preisempfehlung nur im Umgang mit den Kontrahenten im Absatzkanal ausgesprochen (Händlerpreisempfehlung) oder dem Verbraucher, z. B. in Form eines entsprechenden Aufdrucks auf der Ware, mitgeteilt wird (Verbraucherpreisempfehlung).

Es leuchtet unmittelbar ein, daß sich die Preisempfehlung (wie früher auch die vertikale Preisbindung), die die Handelsspanne der Weiterveräußerer berücksichtigt, an den mit den höchsten Kosten arbeitenden Betrieben des Handels orientieren muß. Daher ist es unausweichlich, daß die rationeller wirtschaftenden Großbetriebe sowie andere preisaggressive Anbieter ihre Leistungsfähigkeit durch eine starke Unterbietung der Verbraucherpreisempfehlung unter Beweis zu stellen trachten. Wird dies indessen vom Hersteller bewußt angestrebt, verleitet der Bruttopreis also geradewegs dazu, unterboten zu werden, so bezeichnet man eine solche Preisempfehlung als Mondpreis. Man kann auf Grund von § 38 a Abs. 3 *GWB* dann von einer mißbräuchlichen Verwendung der Preisempfehlung ausgehen, wenn ständig eine Unterbietung um etwa 10% festzustellen ist. Dies kann eine Untersagung durch die Kartellbehörden nach sich ziehen.

Die Berechnung des Preises für den unmittelbaren Kontrahenten erfolgt beim Brutto-Preisbildungssystem in Form von meist prozentual ausgedrückten

Abschlägen (Handelsrabatten) auf den angestrebten „Endpreis". Bei der Bemessung der Höhe der Abschläge muß der Hersteller also die Distributionsspanne (Endverkaufspreis minus Produktionskosten, wobei Produktionskosten auch den Gewinn des Herstellers umfassen) entsprechend dem Umfang der von einzelnen Absatzorganen erbrachten Distributionsleistungen auf jene aufteilen.

Bei den vorgegebenen Bruttolistenpreisen kann es sich – je nach Zielsetzung des Herstellers – um Höchst-, Mindest- oder Festpreise handeln. Durch die Festlegung von Mindestpreisen schützt sich der Preissteller (zumeist Produzent) vor ungehemmtem Preiswettbewerb und Preisschleuderei auf der nachgelagerten Stufe, während die Festlegung von Höchstpreisen Preissteigerungen und daraus resultierenden unerwünschten Konsequenzen für das Produktimage entgegenwirken soll. Bei einer hoch bemessenen Handelsspanne dient die Festpreisfestlegung als Ertragsstabilisator (vgl. *Hansen* 1976, S. 535).

Im wesentlichen erfüllt der **Listenpreis** die Funktion eines Grund- oder Referenzpreises. Einerseits stellt er das Entgelt für eine fest umrissene Produktions- und Distributionsleistung dar. Er signalisiert, daß alle – etwa in der Art eines Baukastensystems – zusätzlich nachgefragten Leistungskomponenten auch gesondert entgolten werden müssen. Beispielsweise stellte in der deutschen Automobilindustrie lange Zeit der (optisch günstige) Grundpreis das Entgelt für eine verhältnismäßig schlecht ausgestattete („nackte") Basisversion eines Fahrzeugs dar. In Frage gestellt wurde diese Preispolitik jedoch dann, als auf dem deutschen Markt fernöstliche Anbieter mit Produkten auftraten, deren (absolut höherer) Grundpreis eine mitunter üppig ausgestattete Fahrzeugversion verhieß.

Eine vergleichbare Funktion erfüllt der Listenpreis in vielen Branchen, so auch bei Reiseveranstaltern. Dort wird beispielsweise für eine Reise nach New York die einem bestimmten Angebotspreis entsprechende Leistung im Katalog klar und fest wie folgt umrissen:

ABC-Flug Frankfurt–New York und zurück, Empfang und Betreuung durch Reiseleitung, Transfer Flughafen–Hotel–Flughafen, Stadtrundfahrt, Infococktail, 7 Übernachtungen im *New York Sheraton* Hotel, Gepäckträgergebühren und Steuer.

Daß der letztlich zustande kommende Betrag den oft zu Werbezwecken herausgestellten Grundpreis **(Preisoptik!)** in der Regel nicht unerheblich übersteigt, liegt an einer Reihe von Faktoren, von denen vor allem im übernächsten Abschnitt die Rede sein wird. Im Kfz-Bereich z. B. beschränkt sich die Leistung, die im Grundpreis enthalten ist, üblicherweise auf die Lieferung eines Fahrzeugs ab Werk. Gleichwohl können Grundpreise auch auf der Basis umfangreicherer Distributionsleistungen fixiert werden. Der Grundpreis stellt also zunächst das Entgelt für das geringste Leistungsbündel dar, das gerade noch lieferbar ist bzw. angeboten wird.

Auf der anderen Seite sind Listenpreise bei allen, also auch bereits „vollständigen", nicht mehr ausbaufähigen Produkten eine Berechnungsgrundlage für die

Anpassung der endgültigen Preishöhe an die Erfordernisse einer bestimmten Transaktion, und zwar mit Hilfe von Rabatt- und Zuschlagssystemen. Diese – zumeist auf den Grundpreis bezogenen – Berechnungssysteme sind weit verbreitet; die Gestaltung der für sie wesensnotwendigen Abstufungen gehört zu den zentralen Fragen der Entgeltpolitik.

Ein Spezifikum des Anlagen-, insbesondere des Flugzeuggeschäftes sind schließlich sog. **Systempreise.** Was damit gemeint ist, läßt sich leicht an einem Beispiel verdeutlichen. Der Systempreis für den *Tornado* enthält beispielsweise neben dem Äquivalent für das „nackte" Flugzeug u. a. die Kosten der

– für die voraussichtliche Einsatzzeit berechneten Ersatzteilgrundausstattung,
– laufenden Wartungs- und Reparaturarbeiten sowie
– Schulung der Piloten und des Wartungspersonals.

Ein offenkundiger Unterschied zwischen Transaktionen unter Kaufleuten und solchen, an denen Letztverbraucher beteiligt sind, besteht im übrigen darin, daß der Grund- oder Listenpreis im letzteren Falle die Mehrwertsteuer enthält, während diese bei Umsatzsteuerpflichtigen entsprechend dem Wertschöpfungsprinzip des deutschen Umsatzsteuersystems getrennt ausgewiesen werden muß.

2.2.2.2. Die Abgeltung von Zusatzleistungen

2.2.2.2.1. Erscheinungsformen der Leistungsäquivalente

Die Bereitstellung eines Gutes führt als solche noch keine Bedürfnisbefriedigung herbei. Soll ein Gut einem Abnehmer von Nutzen sein, so muß die Produktionsleistung in vielen Fällen um eine Vielzahl von (Zusatz-)Leistungen ergänzt werden.

Um welche Leistungen handelt es sich konkret? Zu ihrer Systematisierung wurden in der Literatur mehr oder weniger umfangreiche Kataloge von (Handels- bzw. Distributions-)Funktionen entwickelt (vgl. z. B. *Seyffert* 1972, S. 6 ff.; *Hansen* 1976, S. 18 ff.; eine umfassende Diskussion der Theoriegeschichte von Handelsfunktionen liefert *Schenk* 1970). Es ist unschwer zu erkennen, daß aus einer solchen Perspektive die erwähnten Leistungen in der Erfüllung bestimmter Funktionen bestehen, bei denen beispielsweise *Oberparleiter* (1955, Teil I) folgende unterscheidet: Räumliche Funktion, zeitliche Funktion, Mengenfunktion, Qualitätsfunktion, Kreditfunktion und Werbefunktion (im Sinne von Akquisitions- oder Absatzfunktion). Ihre Erfüllung dient der Lösung von drei zentralen Aufgaben:

– Es muß ein Absatzpotential für ein Gut erschlossen, d. h. es müssen Abnehmer (Bedürfnisträger) gefunden und akquiriert werden.
– Das Gut muß den Anforderungen der Abnehmer bezüglich Qualität, Menge sowie Zeit und Ort der Bereitstellung angepaßt werden.
– Wo erforderlich, muß durch zeitliche Überlassung finanzieller Mittel an die Abnehmer die Transaktion zum gegenwärtigen Zeitpunkt ermöglicht werden.

2. Die Evaluation des Preises durch die Kontrahenten

Die Wahrnehmung dieser Aufgaben, die aus einem Produkt erst ein nutzbares Element entstehen läßt (vgl. das Konzept des „complete product" bei *Stern/El Ansary* 1977, S. 3f.), kann als **Distributionsleistung** bezeichnet werden. Auf jeder Stufe des Absatzkanals enthält der Preis für ein Gut folglich neben dem Entgelt für die Produktionsleistung auch das Äquivalent für die bis zur Transaktion erbrachte Distributionsleistung. Der Preis variiert entsprechend dem Ausmaß, in dem die Kontrahenten an dieser Leistung beteiligt sind, da jene Leistungen, die der jeweilige Abnehmer (Absatzorgan, Verbraucher) übernimmt, dem Anbieter nicht entgolten werden müssen. Da sie jedoch Kosten verursachen, sind sie, obwohl nicht Bestandteil des an den Lieferanten gezahlten Preises, bei der Evaluation des Preis/Leistungsverhältnisses dennoch zu berücksichtigen.

Der Käufer muß bestrebt sein, jene Teil- bzw. Zusatzleistungen zu übernehmen und nicht zu einem Bestandteil des zu zahlenden Betrages werden zu lassen, die er effizienter als der Lieferant erbringen kann. Verzichtet der Lieferant nämlich auf die Durchführung einer Teilleistung und gewährt er hierfür eine Preisminderung, so ist zu erwarten, daß der entsprechende Betrag größer sein wird als die Kosten, die bei der Leistungsübernahme durch den effizienter arbeitenden Abnehmer anfallen.

Dabei erhöht sich bei Leistungen, die der Lieferant über das im Listen- oder Grundpreis umrissene Leistungsbündel hinaus erbringt, üblicherweise der Preis um einen oft nur ungenau spezifizierten (Geld-)Betrag bzw. Zuschlag. Äquivalente für Leistungen, die vom Abnehmer übernommen werden, verringern hingegen den Preis; dieser Preisnachlaß nimmt jedoch häufig auch eine andere als eine monetäre Gestalt an. Dennoch sind monetäre Abschläge in Form von Rabatten die gebräuchlichste Methode, um der Übernahme von Zusatzleistungen durch den Abnehmer Rechnung zu tragen. Dabei können Rabatte sowohl mit dem **Netto-** als auch dem **Brutto-Preisbildungssystem** kombiniert werden. Ihre zielorientierte und bewußte Gestaltung im Sinne der Ausformung von Rabattstaffeln ist Gegenstand der **Rabattpolitik.**

Der Einsatz der Rabattpolitik ist allerdings nur dann sinnvoll, wenn für das abzusetzende Gut ein „normaler", d. h. ein eingeführter Preis, oft ein Listenpreis bekannt ist, von dem sich der Anbieter abheben möchte. Wenn bei jedem Kaufvertrag der Preis Gegenstand neuer Verhandlungen ist wie bei Gütern, die nach individuellen Anforderungen erstellt werden (Investitions- oder Luxusgüter) und für die es daher wegen ihrer Besonderheiten keinen Listenpreis geben kann, erübrigt sich die Gewährung von Rabatten. Die Preisforderung basiert hier auf einer individuellen Kalkulation bzw. Vereinbarung.

Die **Rabattgewährung** kann deshalb – neben ihrer besonderen Bedeutung im Rahmen der Beziehungen zwischen Hersteller(n) und Absatzmittlern – als ein Mittel der preispolitischen Feinsteuerung angesehen werden, dessen man sich bedient, wenn man generell gültige Preise – eben etwa in Gestalt von Listenpreisen – letztlich doch variieren möchte. Je mehr in einer Branche

Rabatte gewährt und je einheitlicher diese dort gehandhabt werden, desto mehr verblaßt indessen die Wirkung der Rabattpolitik und desto mehr wird der Rabatt als allgemein üblich und als Element der Preisstellung betrachtet.

Die der Rabattgewährung innewohnende Transparenz kann verringert, der von beiden Seiten erwünschte Effekt einer Preisminderung aber dennoch erreicht werden, wenn der Lieferant anstatt einer Preisminderung eine Mehrleistung erbringt. In den siebziger Jahren ist die Problematik der sog. **Nebenleistungen,** insbesondere im Verhältnis zwischen Herstellern und Handel, zu einem Gegenstand leidenschaftlicher Diskussionen geworden. Ausgangspunkt war die Tatsache, daß sich im Gefolge der Erstarkung des Handels die Machtverhältnisse in den Absatzkanälen zu Gunsten des Handels verändert hatten. Der Wettbewerb um den (knappen) Regalplatz im Einzelhandel (um die Einzelhandelsleistung also!) veranlaßte die Hersteller, nicht nur das Produkt und den Preis, sondern auch die Nebenleistung als Marketing-Instrument einzusetzen. Hieran wird häufig der Vorwurf geknüpft, der Wettbewerb um den Handel sei ein **Nebenleistungswettbewerb** geworden. Was man sich darunter vorzustellen hat, illustrieren die Einkaufsbedingungen eines Filialunternehmens, die u.a. folgende Klauseln enthalten (Schwarzbuch „Diskriminierung oder Leistungswettbewerb" der *Hauptgemeinschaft des Deutschen Einzelhandels,* Köln 1978):

„– Bei Änderung von Verkaufspreisen ist der Lieferant für die rechtzeitige Umzeichnung des gesamten Bestandes verantwortlich.

– Der Lieferant muß darauf achten, daß die von ihm gelieferte Ware mit den gültigen Verkaufspreisen ausgezeichnet ist.

– Der Lieferant gewährt jederzeit die günstigsten Konditionen, d. h. er wird die Firma in keinem Fall schlechter stellen als andere Besteller. Räumt der Lieferant vor oder nach Vertragsschluß Dritten günstigere Preise oder Konditionen ein, so werden diese ohne weiteres Bestandteil der vorliegenden Bestellung.

– Der Lieferant übernimmt die Aufgabe, die ihm zugewiesenen Verkaufsregale
  – verkaufsgerecht aufzubauen und die Regale zu reinigen,
  – Bestandsdurchsichten anhand der Eingangswoche durchzuführen.

– Ware, die älter als zwei Monate ist, wird vom Lieferanten zurückgenommen oder durch gängige Artikel ausgetauscht.

– Durch Anlieferung oder Verkaufsgeschehen beschädigte oder defekte Ware wird vom Lieferanten grundsätzlich zurückgenommen und gutgeschrieben. Der Lieferant ist bei seinen Besuchen verpflichtet anzufragen, ob Retouren vorliegen, und diese mit zurückzunehmen.

– Im Falle der Kündigung haben wir das Recht, sämtliche gelieferten Waren auf Kosten des Lieferanten zurückzugeben und dem Lieferanten in Rechnung zu stellen. Der Ausgleich erfolgt innerhalb 10 Tagen durch Scheck."

Wettbewerbspolitisch brisant ist ein solcher Nebenleistungswettbewerb vornehmlich deswegen, weil in der Regel nicht die Abgeltung einer konkreten Distributionsleistung durch den Abnehmer Anlaß der Nebenleistung ist, sondern vielmehr die Machtposition des Abnehmers im Absatzkanal den

2. Die Evaluation des Preises durch die Kontrahenten   255

Ausschlag dafür gibt. Der Tatbestand ist als „Anzapfen" in die Rechtsprechung eingegangen.

Daß dies nur einen Ausschnitt aus dem Spektrum der Möglichkeiten verkörpert, zeigt das in Tab. 4.3. wiedergegebene, vom *Bundeswirtschaftsministerium* zusammengestellte sog. **Sündenregister**.

Tabelle 4.3.:

Katalog ausgewählter wettbewerbsfremder Geschäftspraktiken zwischen Industrie und Handel

1. Eintrittsgelder für Erstaufträge	16. Jederzeitige Kontrolle des Abnehmers im Betrieb des Herstellers
2. Regalmieten	17. Rabattkumulierung
3. Werbekostenzuschüsse	18. Nachträgliche Erhöhung der vereinbarten Rückvergütungssätze für die Umsatzprämie
4. Sonderleistungen bei Neueröffnungen	
5. Verlagerung der Regalpflege	
6. Verlagerung der Preisauszeichnung	19. Besonders lange Zahlungsziele
7. Inventurhilfe	20. Abwälzung von Kosten organisatorischer Betriebsumstellungen auf Lieferanten
8. Listungsgebühren	
9. Deckungsbeiträge für Umsatzausfälle	
10. Darlehen zu nicht marktgerechten Bedingungen	21. Lieferverpflichtungen in ungewisser Höhe
11. Investitionszuschüsse	22. Ausschluß der Kreditsicherung durch Forderungsabtretung
12. Beteiligung an Geschäftseinrichtungen	
13. Buß- und Strafgelder	23. Gespaltener Anzeigenpreis
14. Fordern eines „Bündels" von Sonderleistungen mittels Fragebögen	24. Gespaltener Abonnementpreis
	25. Kostenlose Werbeexemplare über einen längeren Zeitraum
15. Preisfallklausel	

2.2.2.2.2. Die Abgeltung raum- und zeitbezogener Überbrückungsleistungen

In einer Transaktion erfolgt üblicherweise Zug um Zug mit der Zahlung des vereinbarten Entgelts der Übergang der Eigentumsrechte an dem Transaktionsobjekt vom Verkäufer an den Käufer. Erst danach kann der Abnehmer über dieses Objekt verfügen und es z. B. weiterveräußern. In einer Vielzahl von Transaktionen wird darüber hinaus der Käufer auch den Besitz des Gutes anstreben, um es privat oder gewerblich nutzen zu können.

Nur selten wird in einer arbeitsteiligen Wirtschaft der Bedarf unmittelbar zu der Zeit und an dem Ort entstehen, zu der bzw. an dem das Gut produziert wird. Somit gilt es, die räumliche und zeitliche Distanz zwischen der Produktions- und Nutzungsstätte zu überwinden. Dabei ist von großer Bedeutung, wo sich der Übergang von der einen zur anderen vollzieht, weil sich danach bestimmt,

- wie die Kosten für Transport, Lagerung, Versicherung, Dokumentenbeschaffung, Zölle und sonstige Abgaben, Verpacken, Wiegen, Messen und Qualitätsprüfung zwischen dem Lieferanten und dem Abnehmer aufgeteilt werden und
- wo der sog. Gefahrenübergang vom Verkäufer auf den Käufer stattfindet.

Die Lieferkonditionen sind neben den Zahlungsmodalitäten und anderen Regelungen (z. B. Gerichtsort) Bestandteil der sog. **Geschäftsbedingungen** (auch Konditionen oder Nebenbedingungen genannt). Diese finden sich üblicherweise auf der Rückseite von Vertragsangeboten, Rechnungen und Tickets oder auch in Prospekten. Sie werden bei Zustandekommen eines Abschlusses Bestandteil eines Vertrages. Die Banken pflegen sie ihren Kunden in Broschürenform zu übergeben. Oftmals wird auch darauf hingewiesen, daß die *Allgemeinen Geschäftsbedingungen (AGB)* für einen Wirtschaftszweig einheitlich geregelt sind (z. B. für Fluggesellschaften und Touristikunternehmungen, wo u. a. die Haftung eine große, präferenzbildende Rolle spielt) oder beim Anbieter auf Wunsch jederzeit eingesehen werden können.

Eine für den internationalen Handel bedeutsame Fixierung der unterschiedlichen Lieferleistungen, die in ihren Ausprägungen den Etappen des Weges der Ware vom Ursprung über die Verladestelle bis zur Entladung folgen, bilden die von der *Internationalen Handelskammer* 1953 verabschiedeten **INCOTERMS**. Sie umfassen folgende neun Abstufungen:

(1) Ab Werk (ab Fabrik, ab Mühle, ab Pflanzung, ab Lagerhaus usw. = ex works, ex factory, ex mill, ex plantation, ex warehouse etc.),
   Frei Verladestelle
(2) Frei (franco) Waggon (FOR = free on rail; FOT = free on truck)
(3) FAS (free alongside ship = frei Längsseite Schiff)
(4) FOB (free on board = frei an Bord),
   Frei Entladestelle
(5) C & F (cost and freight = Kosten und Fracht benannter Bestimmungshafen)
(6) CIF (cost, insurance, freight = Kosten, Versicherung, Fracht benannter Bestimmungshafen)
(7) Frachtfrei benannter Bestimmungsort (freight or carriage paid)
(8) Ab Schiff benannter Bestimmungshafen (ex ship)
(9) Ab Kai benannter Hafen, verzollt bzw. unverzollt (ex quay, duty paid bzw. on buyer's account).

Räumliche Aspekte der Transaktion spielen z. B. auch bei der Beschaffung eines Automobils eine Rolle. Der Käufer kann hier die von einem Kfz-Händler in Rechnung gestellten Überführungskosten jenen Aufwendungen gegenüberstellen, die ihm aus einer Abholung des Wagens im Werk, soweit überhaupt möglich, erwüchsen. Dieses Problem stellt sich in abgewandelter Form überall im Einzelhandel. Da sich im Zuge der strukturellen Wandlungen dieses Wirtschaftssektors die großflächigen Betriebsformen des Handels mit Vorliebe am Stadtrand etablieren, würden die Verbraucher einen Rechenfehler begehen, wenn sie die dort u. a. dank günstigerer Standortkosten realisierbaren niedrigen Preise nicht ihren eigenen Anfahrts- bzw. Wegekosten gegenüberstellten. Mehr- bzw. Minderkosten bei der Bereitstellung einer Leistung im Sinne des raum-

2. Die Evaluation des Preises durch die Kontrahenten   257

zeitlichen Ausgleichs werden im allgemeinen durch **Rabatte** (Abholrabatte) bzw. **Preiszuschläge** (Zustellzuschläge) abgegolten.

Wie bereits erwähnt, hat ein Abnehmer stets abzuwägen, ob die im Preis zu entgeltende Leistung Teile enthält, die er selbst besser oder kostengünstiger erfüllen könnte. Vor dieser Frage steht z.B. auch ein Heizölkäufer, nämlich insofern, als ihm ein Kauf im Sommer oft durch beträchtliche Preiszugeständnisse honoriert wird. Die Inanspruchnahme eines solchen Zugeständnisses impliziert jedoch, daß nunmehr der Käufer die Lagerung des Heizöls und somit die Lagerhaltungs- einschließlich der Zinskosten zu tragen hat. Entscheidungsdeterminanten sind in solchen und ähnlichen Fällen auch zu erwartende Preissteigerungen für das betreffende Gut. Auch die Zusage bzw. Einhaltung garantierter Lieferfristen fällt in die Kategorie der hier anzustellenden Überlegungen, da sie den Abnehmer weitgehend eigener Lagerhaltung enthebt.

Ein Verhalten des Abnehmers, das die zeitlichen Dispositionen des Lieferanten erleichtert, wird oft durch die Gewährung von Zeitrabatten veranlaßt bzw. angeregt. Dies sind Rabatte, deren Einräumung an den Zeitpunkt der Bestellung oder des Warenübergangs geknüpft ist. Sie ermöglichen es dem Preissteller, die zeitlichen Umsatzschwankungen zumindest teilweise auszugleichen sowie eine bessere zeitliche Koordination der eigenen Marketing-Aktivitäten mit denen des abnehmenden Unternehmens herbeizuführen. Hierunter fallen vor allem der **Saisonrabatt** (als Nach- oder Vorsaisonrabatt) und der **Einführungsrabatt.** Letzterer soll die Lancierung eines neuen Produkts erleichtern. Er stellt ein Äquivalent dar, das dem Handel dafür geboten wird, daß er sich dem Absatz noch unbekannter Artikel widmet und speziell in der Einführungsperiode anfallende Kosten und Mühen auf sich nimmt.

Einführungsrabatte werden häufig nicht als **Barrabatte** (also in Gestalt eines Abzugs vom Preis bzw. vom Rechnungsbetrag oder als Gutschrift), sondern als **Naturalrabatte** gewährt, d.h. es wird mehr Ware geliefert als berechnet wird.

2.2.2.2.3. Die Abgeltung quantitäts- und qualitätsbezogener Überbrückungsleistungen

Zwischen der Produktion und dem Konsum von Gütern gibt es Spannungen nicht nur zeitlicher und räumlicher Art, sondern auch bezüglich der Menge. Die Überführung der durch Erfordernisse der Produktion bedingten Produktionsvolumina in Mengen, in denen sich der Bedarf äußert, bildet den Inhalt der **Quantitätsfunktion.** Die Entscheidung, eine bestimmte Menge von Gütern nachzufragen resp. abzunehmen, wird dabei nicht nur durch den Umfang des Bedarfs, sondern auch durch die Gegenüberstellung der mit der Abnahme größerer Mengen verbundenen Kosten und des hierfür gewährten Preisnachlasses (Mengenrabatt, Bonus) beeinflußt.

Welche Kosten hängen mit der Größe der Transaktionsmenge zusammen? Zum einen bedeutet eine größere Menge stets eine höhere Kapitalbindung.

Zugleich werden, sofern die Ware zunächst auf Lager genommen wird, auch die Lagerhaltungskosten sowie das Risiko des Verderbs größer. Auf der anderen Seite wird mit steigender Bezugsmenge eine Gütereinheit weniger stark mit bestell-, d.h. transaktionsfixen Kosten belastet.

Die Übernahme der Mengenkosten honoriert der Lieferant mit Hilfe des Mengenrabattes. Ihm erwachsen aus großen Aufträgen Dispositions- und Produktionsvorteile, während der Käufer mit umfangreichen Bestellungen Preis- und sonstige Risiken, die Lagerhaltung und u.U. den Absatz in kleinen Mengen übernimmt. Der **Mengenrabatt** stellt einen finanziellen Ausgleich zwischen den Geschäftspartnern (Ersparnisse auf der einen Seite, höhere Kosten auf der anderen) her, der dem Ausmaß der jeweiligen Funktionserfüllung entsprechen soll. Er kann sich sowohl auf einen Einzelauftrag als auch den innerhalb einer Periode getätigten Umsatz beziehen.

Die Mengenrabatte sind häufig durch Kartellvereinbarungen (**Rabattkartelle**) in Form von Rabattstaffeln geregelt. Soweit die Lieferanten derartige Vereinbarungen für sich gelten lassen, scheidet der Rabatt als individuelles absatzpolitisches Instrument aus.

Umstritten sind die sog. **Geheimrabatte**. Gelegentlich werden den Abnehmern, die sehr große Mengen beziehen, Rabatte zugestanden, die über die oberste Stufe der **Rabattstaffel** hinausgehen. Solche Praktiken sind namentlich aus der Textil- und Bekleidungswirtschaft bekannt, wo die preispolitische „Feinsteuerung" allem Anschein nach über Geheimrabatte, auch in Form überhöhter Skonti, erfolgt. In den USA werden solche Verhaltensweisen durch den berühmt gewordenen *Robinson Patman Act* strafrechtlich verfolgt.

Eine dem Mengenrabatt ähnliche Form des Preisnachlasses ist der **Bonus**. Er stellt einen Nachlaß oder eine Gutschrift dar, die dem Abnehmer am Ende einer Bezugsperiode für alle getätigten Bezüge gewährt wird. Der Bonus enthält gedankliche Elemente des Mengen- und des **Treuerabatts**. Letzterer dient als Anreiz für einen Abnehmer, eine Ware nach Möglichkeit ausschließlich von einem Lieferanten zu beziehen. Seine Aufgabe ist es, eine Auftragskonzentration herbeizuführen (Elemente des Mengenrabatts) und auch das Eindringen von Konkurrenten in bestehende Geschäftsverbindungen zu verhindern oder wenigstens zu erschweren (Element der Vertriebsbindung).

Für die bisher erwähnten Formen der Rabattgewährung ist charakteristisch, daß sie nur im Verkehr unter Kaufleuten vorkommen. Der **Verbraucherrabatt** hingegen ist ein Preisnachlaß gegenüber dem letzten Glied im Absatzkanal, dem Letztverbraucher. Zum einen werden diesem, wie bereits angedeutet, oft unter Mißachtung bestehender rechtlicher Regelungen im Beziehungshandel oder in Discounthäusern spürbare Preisnachlässe gewährt. Daneben hat sich die Form der Rabattmarken bzw. Rückvergütung durch die Konsumgenossenschaften herausgebildet.

2. Die Evaluation des Preises durch die Kontrahenten 259

Der Verbraucherrabatt in der letzteren Form ist Bar- oder Treuerabatt zugleich, **Barrabatt**, weil er nur bei Barzahlung des Käufers gewährt und in bar ausgezahlt wird; **Treuerabatt** ist er, sofern die Auszahlung des Rabatts an die Bedingung geknüpft ist, daß ein mit Rabattmarken vollgeklebtes Heft vorgelegt wird. Durch das Gesetz über Preisnachlässe *(Rabattgesetz)* ist diese Form der Rückvergütung in der Bundesrepublik Deutschland auf 3% begrenzt; in anderen Ländern sind höhere Rabatte zugelassen.

Die Markenhefte können überdies, wie es vornehmlich in den USA geschieht, in bestimmten Geschäften beim Kauf von Gebrauchsgütern aller Art in Zahlung gegeben werden. Der „Zugriff" erfolgt hier also nicht durch Einlösen der Rabatthefte in bar, sondern durch Ansammlung einer bestimmten Zahl von Heften, die ausreicht, etwa einen Kühlschrank oder eine andere in einem Katalog aufgeführte „Prämie" einzutauschen. Es liegt auf der Hand, daß das Publikum dadurch stark motiviert werden kann, Rabattmarken zu sammeln.

Bei Bezug großer Mengen durch den Abnehmer erzielt der Lieferant also Kostenvorteile, die er zum Teil in der Gestalt von Rabatten an jenen weitergibt. Es gibt jedoch auch den umgekehrten Fall. Der Erlös aus dem Absatz einer geringen Menge einer Ware ist häufig durch die auftragsfixen Kosten derart belastet, daß kein oder nur ein geringer positiver Deckungsbeitrag erzielt wird. Diesen Nachteil kann der Lieferant dadurch kompensieren, daß er einen **Mindermengenzuschlag** erhebt. Ähnliche Wirkungen lassen sich auch durch die Festlegung von **Mindestauftragsgrößen** erzielen. Bei kleineren Bestellungen verweist der Hersteller den Abnehmer oft auch an den nachgeordneten Handel, dessen Aufgabe es ist, die zumeist regional weit gestreute Nachfrage nach relativ kleinen Mengen zu befriedigen.

In ihrer ursprünglichen Bedeutung umfaßt die **Qualitätsfunktion**

(1) die Hinzufügung von Nutzenkomponenten spezifischer Art zu einer Produktionsleistung in Form von Veredeln, Mischen, Wiegen und Abpacken, Transformieren und Kombinieren sowie

(2) eine Selektionsleistung, die darin besteht, daß aus dem am Markt angebotenen Bündel produktiver Leistungen ein dem Bedarf des Verbrauchers entsprechendes Spektrum (Sortiment) ausgewählt wird.

Es erscheint unnötig zu betonen, daß in einer Zeit der hochtechnisierten Massenfertigung von Waren die unter (1) angeführten Leistungen heute weitgehend vom Hersteller wahrgenommen und im Herstellerpreis entgolten werden. Dennoch lassen sich Sonder- bzw. Ausnahmefälle feststellen:

– So sind im Kfz-Bereich, vornehmlich aus den Reihen der Händler, sog. Tuning-Firmen entstanden, die für entsprechendes Entgelt einem Automobil (beinahe) beliebige zusätzliche Nutzenkomponenten einverleiben.

– Westliche Importeure übernehmen z.B. Automobile sowjetischer Bauart unter Preiszugeständnissen, die dazu verwendet werden, diese in Ausrüstung und Ausstattung (z.B. in bezug auf die Bereifung) westlichen Maßstäben anzupassen.

Es vermag nicht zu überraschen, daß immer häufiger auch die Gewährleistung und Sicherung der vom Abnehmer angestrebten Qualität zu Bestandteilen des Entgeltes gemacht werden. In diesem Zusammenhang ist vor allem an die **Rücknahme-** und **Umtauschgarantie** zu denken. Namentlich im Handel wird häufig die Zusage gegeben, den Kaufpreis bei Nichtgefallen der Ware unter bestimmten Bedingungen zu erstatten (nicht nur gutzuschreiben).

Dies ist u. a. im Versandhandel weithin üblich, um die Abneigung vieler Verbraucher überwinden zu helfen, Waren zu bestellen, die sie vor der Kaufentscheidung weder besichtigen noch prüfen konnten. Für den Abnehmer verringert sich durch die Rückgabemöglichkeit das Beschaffungsrisiko, für den Lieferanten erhöhen sich dadurch die Betriebskosten, zu denen auch die Abschreibungen gehören. Solche Rückgabegarantien sind auch im Verkehr unter Kaufleuten nicht unüblich. Der auf die Absatzleistung des Handels angewiesene Hersteller verpflichtet sich, wie wir sahen, auf entsprechenden Druck hin nicht selten, unverkäufliche Ware (Ladenhüter) oder auch Ware, die im Regal (!) beschädigt worden ist, zurückzunehmen und deren Wert gutzuschreiben oder durch andere, fehlerfreie Ware zu ersetzen.

Der Minderung des Beschaffungsrisikos dienen zum Teil auch die sog. **kaufmännischen Dienstleistungen** wie Beratung, Unterbreitung von Kostenvoranschlägen, Bereitstellung von Probe- oder Testmöglichkeiten und Einräumung der Möglichkeit der Leistungsänderung (Änderungsdienste beim Kleiderverkauf). Eine ähnliche Aufgabe kommt den **technischen Dienstleistungen** zu. Sie erstrecken sich auf die Gewährleistung oder Wiederherstellung der einwandfreien und kostengünstigen Funktion eines Aggregates, die Mithilfe bei der Lösung anwendungstechnischer Probleme, die Prüfung der Kompatibilität mit anderen Geräten oder Betriebsstoffen sowie die laufende Bereitstellung von Informationen, die der Erhaltung oder Steigerung der Effizienz eines technischen Objekts dienen. Beispiele hierfür sind Installations-, Inspektions-, Wartungs- und Reparaturdienste oder die Ersatzteilversorgung. Der Aufbau solcher Dienste ist aus der Sicht des Herstellers teilweise mit beträchtlichen Kosten verbunden.

Eine vergleichbare Funktion erfüllt auch die **Garantiezusage.** Sie gewährleistet dem Käufer für eine bestimmte Frist die einwandfreie Funktion des von ihm erworbenen Produkts. Für den sie Gewährenden ist sie in zweierlei Hinsicht von Bedeutung: Auf der einen Seite wirkt sie kostenerhöhend (wegen der in Anspruch genommenen Garantien), während sie produktionstechnisch insofern eine Entlastung bedeutet, als sie eine auf den Durchschnitts- und nicht auf den Grenzfall abgestellte Qualitätssicherung zuläßt.

2.2.2.2.4. Die Abgeltung von Finanzierungsleistungen

Sofern bei einer Transaktion die Bereitstellung der Leistung nicht mit der Geldübergabe (resp. Gewährung eines Äquivalents) zusammenfällt, liegt Kreditierung (im weiteren Sinne) vor. Damit entstehen automatisch Finanzierungskosten resp. Finanzierungserträge. Die Festlegung der Zahlungsweise ist neben der Fixierung von Zahlungsfrist und Zahlungsabwicklung wesentlicher Gegenstand

2. Die Evaluation des Preises durch die Kontrahenten   261

der **Zahlungsbedingungen,** die ein Teil der bereits angesprochenen Geschäftsbedingungen sind.

Als Zahlungsweisen kommen in Betracht:
- Vorauszahlung
- Barzahlung bei Erhalt der Ware
- Zahlung nach Erhalt der Ware.

Es ist zu erkennen, daß sowohl die Vorauszahlung als auch die Einräumung einer Zahlungsfrist (Zahlen nach Erhalt der Ware) zu einer Kreditverflechtung zwischen Lieferant und Abnehmer führen. Deutlich kommt die Krediteigenschaft in der Gewährung eines Skontos, eines Barzahlungsrabatts, zum Ausdruck. Er verkörpert eine Sonderform des Rabatts, die nicht unmittelbar auf eine warenbezogene Leistung des Abnehmers abzielt. Der **Skonto** stellt einen Anreiz für den Abnehmer dar, den Rechnungsbetrag unverzüglich zu begleichen und somit auf die Inanspruchnahme eines Kredits durch den Lieferanten zu verzichten.

Was die Zahlungsabwicklung anbetrifft, gilt es, sich darüber zu einigen, ob die Zahlung gegen offene Rechnung, gegen Wechsel- oder Akkreditivpräsentation erfolgt, ob Sicherheiten verlangt werden und dgl. mehr (vgl. hierzu *Lipfert* 1970).

Die Zahlungsbedingungen legen auch fest, ob eine **Inzahlungnahme** gebrauchter Waren, wie sie beim Verkauf von Kraftfahrzeugen gang und gäbe ist, sich aber auch bei anderen Erzeugnissen (Nähmaschinen, Fernsehapparaten usw.) findet, zulässig ist. Auf diese Weise soll der Entschluß des Verbrauchers erleichtert werden, neue, verbesserte, der neuesten Mode- oder Geschmacksrichtung entsprechende Erzeugnisse zu erwerben, obwohl das Modell, das er besitzt, noch durchaus gebrauchsfähig ist. Nicht selten verstecken sich allerdings hinter der bekundeten Bereitschaft, Gebrauchtes in Zahlung zu nehmen, preispolitische und steuerliche Tricks.

Eine andere Art der Inzahlungnahme von Sachgütern sind sog. Gegen- oder **Kompensationsgeschäfte** (vgl. dazu z. B. *Moser* 1981; *Havighorst* 1979). Darunter sind Transaktionen zu verstehen, bei denen der Lieferant für seine eigenen Erzeugnisse nicht Geld, sondern gleichfalls Waren erhält. Über derartige Kontrakte, die deutsche Exporteure vor allem mit den Ländern des *Comecon* abwickeln, liegen nur spärliche Informationen vor. Dennoch sind einige spektakuläre Beispiele bekannt geworden, so das Geschäft, das *Mannesmann* 1970 mit der UdSSR über 1,2 Millionen Tonnen Röhren abschloß. Die Gegenleistung besteht in der Lieferung von Gas, das heute durch diese Rohrleitungen in die Bundesrepublik Deutschland fließt. Ein weiteres Beispiel ist der Export von 10 000 *Golf*-Fahrzeugen des *Volkswagenwerks* in die DDR. Auch hier wurde hundertprozentige Kompensation vereinbart; die DDR bezahlte mit Heizöl und Kohle, Maschinen und Elektrogeräten.

Mitunter können Kompensationsgeschäfte jedoch auch geradezu groteske Formen annehmen. So tauschte *Krupp* Maschinen gegen Obst und Gemüse, *BMW* Autos gegen

Schafe, ein deutscher Maschinenbaukonzern Produktionsanlagen u. a. gegen Klosettdeckel und *Daimler-Benz* akzeptierte von Rumänien als Gegenleistung für 30 Sattelzug-Lkw 152 Jeeps, die zunächst in Ekuador gegen Bananen eingetauscht und schließlich in der Bundesrepublik Deutschland bei einer Supermarktkette zu Geld gemacht wurden.

Freilich gibt es auch Fälle, in denen Geschäftsabschlüsse nicht zustande kommen, weil es für das in Zahlung zu nehmende Produkt keinen gesicherten Absatzmarkt oder keinen zahlungskräftigen Käufer gibt, so bei einer Offerte der Mongolei, für 100 Autos ein 150 Millionen Jahre altes Dinosaurierskelett zu liefern, das indessen keinem europäischen Museum den Preis von 100 Personenwagen wert war.

Es stellt sich nun die Frage, inwieweit eine Warenlieferung als Äquivalent für eine andere die Höhe des letztlich realisierten Entgelts beeinflußt. Betrachtet man das Preisbemessungsproblem, so erkennt man zunächst einen wesentlichen Unterschied zu „normalen", mit Geld als Leistungsäquivalent abgewickelten Geschäften: Der „Gegenwert" bedarf erst noch der **Bewertung.** Erschwert wird dieses Bewertungsproblem dadurch, daß die Kompensationsware oft den Anforderungen westlicher Märkte (und nur dort ließe sie sich in ein in einer konvertiblen Währung ausgedrücktes Entgelt überführen) nicht genügt und deshalb schwer zu vermarkten ist. Darüber hinaus muß – analog der Einräumung von Zahlungszielen – die zeitliche Aufeinanderfolge von Leistung und Gegenleistung berücksichtigt werden, die eine Überbrückungsfinanzierung impliziert.

Problemlos wird sich die Bewertung der Gegenleistung dann gestalten, wenn der Exporteur die Ware, so z. B. bei Rohstoffen und Energie, entweder im eigenen Betrieb verwerten oder in sein Sortiment aufnehmen kann. Dies wird indessen nur selten der Fall sein, so daß sich der Exporteur nach einem (westlichen) Geschäftspartner wird umsehen müssen, der bereit ist, die Ware zu akzeptablen Preisen abzunehmen. Nicht immer gelingt es jedoch, für die Kompensationsware einen Käufer zu finden, der einen dem Tauschwert von Ursprungs- und Kompensationsware entsprechenden Preis zu zahlen bereit ist. Der Importeur sieht sich deshalb vielfach gezwungen, dem Abnehmer der Kompensationsware einen Preisabschlag zu gewähren. Die Stützungsprämie, deren Höhe von der Absatzfähigkeit der Ware bestimmt wird, soll die Kosten decken, die durch die Übernahme verschiedener Marketing-Funktionen, wie Absatzvorbereitung und -anbahnung, Lagerhaltung, Verkauf, physische Distribution und Absatzfinanzierung, entstehen.

Der westliche Partner ist verständlicherweise stark daran interessiert, die Höhe der Prämie vor seiner Angebotsabgabe zu kennen, um sie im Rahmen seiner Kalkulation berücksichtigen zu können. Gleichwohl ist er damit nicht gegen alle Risiken abgesichert. Dies liegt daran, daß andere Kompensationsware gleicher Provenienz u. U. zur selben Zeit auf den Weltmarkt gelangt, und zwar zu niedrigeren Preisen. Mit einer derartigen Konkurrenzsituation muß vor allem bei weltmarktfähigen Erzeugnissen gerechnet werden, die von östlichen Außenhandelsgesellschaften eher gegen Devisen als in Verbindung mit Kompensationsgeschäften in westliche Länder exportiert werden.

Bei der **Kreditgewährung** kann man zwei Formen unterscheiden: Typisch ist zunächst die Einräumung mehr oder weniger langer Zahlungsfristen, die gewissermaßen der Geschäftsabwicklung dient, gleichwohl für den Abnehmer mit erheblichen Vorteilen verbunden sein kann. So wird z. B. bestimmten Großbetriebsformen des Einzelhandels nachgesagt, daß sie – bedingt durch ihre Nachfragemacht – exzessiv lange Zahlungsfristen „erzwingen" können und auf diese Weise nicht nur Lagerbestände, sondern sogar Anlageinvestitionen zu finanzieren vermögen.

Auf der anderen Seite gibt es die Kreditgewährung zum Zweck der Akquisition von Aufträgen, m. a. W. eine meist längerfristige Kreditierung des Kaufpreises eines Gutes durch den Lieferanten. Der Kaufpreis ist vom Abnehmer demnach nicht bei Empfang des Gutes, sondern erst später zu entrichten, vielfach auf mehrere Raten verteilt. Der Einsatz dieses absatzpolitischen Instruments bezweckt die Erweiterung des Abnehmerkreises um diejenigen, die zwar kaufwillig sind, denen es aber augenblicklich an entsprechender Kaufkraft mangelt. Dadurch, daß den Betroffenen der Kaufpreis kreditiert wird, gewinnt man sie als Kunden hinzu und kann auf diese Weise zu einer gegebenenfalls beträchtlichen Ausweitung der Absatzmöglichkeiten gelangen.

Oft dient das kreditierte Objekt auch dazu, sich selbst zu finanzieren. Man denke an die bereits erwähnte Pipeline, die es überhaupt erst möglich macht, vorhandene Ressourcen wie Rohöl oder Erdgas auf dem Weltmarkt in Geld zu verwandeln. Ähnlich ist die Situation bei einer Fluggesellschaft, wo die von irgendeiner Seite vorfinanzierten neuen Maschinen den für sie zu entrichtenden Preis gewissermaßen selbst „einfliegen" müssen.

2.2.2.2.5. Die Abgeltung akquisitorischer Bemühungen

Der Preis eines Gutes wird letztlich erst beim Endabnehmer realisiert. Auf allen vorgelagerten Wirtschaftsstufen kommen Transaktionen nur im Hinblick resp. im Vorgriff auf den letztlich realisierbaren Preis zustande. Nun können die Kontrahenten in all diesen Transaktionen Leistungen übernehmen, die die Realisierung des Endpreises sicherer machen, weil sie zur Akquisition eines nachgelagerten Absatzorgans oder des Endabnehmers beitragen. Für die Übernahme dieser Leistungen müssen sie jedoch über den an die Vorstufe, den Lieferanten, entrichteten Preis entschädigt werden. Die gewährte Preisminderung muß die Kosten der Erfüllung der Akquisitions- bzw. Absatzfunktion (Verkaufsförderungsaktion, Werbung, Messebeteiligung etc.) decken. Hierzu bedient man sich der **Funktionsrabatte**.

Die Einräumung von Rabatten bietet sich insbesondere dort an, wo Brutto-Preisbildungssysteme zur Anwendung gelangen. Wie erinnerlich, wird dabei vom Hersteller der Wiederverkaufspreis oder gar der Verbraucherpreis eines Erzeugnisses festgesetzt, so z. B. bei Markenartikeln mit vom Hersteller empfohlenen Preisen. In diesem Falle müssen den einzelnen Handelsstufen auf den Bruttopreis Rabatte gewährt werden, die für die Deckung der Handelskosten einschließlich der Erzielung eines Gewinns bestimmt sind. Der ursprüngliche Zweck des Funktionsrabatts bestand darin, die in der Verschiedenartigkeit der Leistungsbündel einzelner Absatzorgane bedingten Differenzen in der Kostenbelastung mit Hilfe von hierauf abgestimmten Entgelten zu erfassen.

Das Vordringen der Markenartikel und die zunehmenden Bemühungen der Hersteller, den Handel für die Aufnahme immer neuer Erzeugnisse in seine Sortimente zu gewinnen, haben zur **Rabattkonkurrenz** und dadurch bedingt zu einer Aufblähung der Funktions- oder Stufenrabatte geführt (vgl. *Hansen* 1972, S. 235), die nicht mehr an der Übernahme einer (kostenverursachenden) Handelsfunktion durch den Nachfrager anknüpfen, sondern hinsichtlich ihrer Höhe allein in der Nachfragemacht einzelner Absatzorgane bedingt sind. Zwangsläufig ergab sich daraus eine nicht marktgerechte Aufblähung der Bruttopreise **(Mondpreise)**. Die Folge davon war häufig der Zusammenbruch dieser Politik (vgl. Beziehungshandel, Discounter) und damit auch der Preisbindung.

Dies schließt freilich nicht aus, daß die Hersteller versuchen, eine lückenlose Einhaltung ihrer Brutto-Preisbildungssysteme und somit eine Art Preisbindung mit Hilfe strenger Vertriebssysteme zu erzwingen. Dabei werden die Produkte auf Grund vertraglicher Vereinbarungen nur an eine ausgewählte, eng begrenzte Zahl von Händlern abgesetzt, die sich ihrerseits stark für diese Erzeugnisse einsetzen und eine loyale Preispolitik verfolgen sollen.

Grundsätzlich ist zwischen Funktionsrabatten zu unterscheiden, die als Äquivalente für die Übernahme konkreter Absatzfunktionen (Auftragseinholung, Führung vollständiger Sortimente u. ä.) dienen, und solchen, mit denen pauschal die Übernahme bestimmter Funktionsbündel abgegolten wird.

Da der Hersteller üblicherweise nicht bereit oder imstande ist, direkt an die Verbraucher zu liefern, muß er sich des institutionellen Handels als eines Absatzorganes bedienen. Daraus leitet sich zwangsläufig ein intensiver Wettbewerb der Hersteller um den Handel, um seine Regale, um die Handelsleistung schlechthin ab. Ein globaler Funktionsrabatt stellt somit automatisch auch ein Entgelt für die Wahrnehmung akquisitorischer Aufgaben dar. Welche Vielfalt an Formen von Funktionsrabatten sich aus den Bemühungen der jeweiligen Kontrahenten ergibt, verdeutlicht Tab. 4.4.

Unter akquisitorischem Vorzeichen zu sehen ist auch die Erwartung eines Anbieters, sich über **Anschluß-** und **Zusatzaufträge** (oft mehr als) einen Ausgleich für verbilligt oder gar kostenlos abgegebene Ware zu schaffen. In dieser Situation gilt der zunächst nicht kostendeckend kalkulierte Erstauftrag als Referenztransaktion, die möglichst weitere Transaktionen nach sich ziehen soll.

In diesem Zusammenhang ist erstmals auf die Problematik der Mischkalkulation hinzuweisen, auf die an anderer Stelle noch näher eingegangen wird. Sie besteht darin, daß vornehmlich im Einzelhandel bestimmte Artikel zum Teil unter Hinnahme negativer Deckungsbeiträge, andere dagegen mit beachtlichen positiven Deckungsbeiträgen verkauft werden. Es wäre sinnlos, sich hier auf der Artikelebene um einen Erfolgsausweis zu bemühen. Nicht umsonst spricht man in diesem Zusammenhang von Sortimentsverbund und Sortimentskalkulation.

Tabelle 4.4.:

Beispiele für im Wirtschaftsalltag verwendete Funktionsrabatte

1. Handwerkerrabatt	19. Förderungsrabatt
2. Großhandelsrabatt	20. Fakturenrabatt
3. Liefergroßhandelsrabatt, C+C-Rabatt	21. Messerabatt, Börsenrabatt, Börsen-Sonderprämien
4. Vorausrabatt (für verschiedene Abnehmergruppen)	22. Vollsortimentsrabatt
5. Leistungsstaffelrabatt	23. Sortimentserweiterungsrabatt
6. Stützpunkthändlerrabatt	24. Set-Rabatt (z. B. bei Abnahme mehrerer Geräte für eine Küche)
7. Einwaschprämie (bei Waschmaschinen)	25. Musterrabatt
8. Kollegenrabatt	26. Placierungsrabatt, Neuplacierungsrabatt
9. Selbstabholrabatt	27. Delcredere-Rabatt
10. Sonderprämie	28. Bar-Rabatt
11. Exklusivrabatt	29. Schaufensterrabatt
12. Dispositionsrabatt	30. Werbevergütung
13. Sonderdispositionsrabatt	31. Werbekostensondervergütung, Insertionsunterstützungsrabatt
14. Sondervergütungsprämie	32. Rabatte für lose Ladung
15. Sonderleistungsrabatt	33. Naturalrabatt
16. Montagerabatt	
17. Lieferrabatt	
18. Konzentrationsrabatt	

Quelle: *Hauptgemeinschaft des Deutschen Einzelhandels* (Hrsg.), *Diskriminierung oder Leistungswettbewerb*, Schwarzbuch zur Novellierung des *Kartellgesetzes*, Köln 1978, S. 7.

2.2.2.3. Die Berücksichtigung von Folgelasten und externen Effekten

Marktfähige Güter zeichnen sich aus der Sicht der Endabnehmer dadurch aus, daß die Abgeltung des in ihnen enthaltenen Nutzens mit dem Vollzug der Transaktion noch nicht abgeschlossen ist. Vielmehr fallen in der Phase des Verbrauchs oder Gebrauchs weitere Kosten an. Die trivialste und im privaten Bereich häufig unbewußte Art von Gebrauchs- oder Verbrauchskosten ist der Verzehr bzw. die Abnutzung eines Gutes, die einer Wertvernichtung gleichkommt. Ihren sichtbaren Ausdruck findet dieses Phänomen in der Betriebswirtschaftslehre im bilanztechnischen Konstrukt der Abschreibung, im Bereich der Konsumgüter als Wertverlust. In unserem Kontext bedeutsam ist die Überlegung, daß es für einen Verbraucher einen erheblichen Unterschied ausmacht, wenn von zwei im Grundpreis etwa gleich teuren Autos das eine eine Lebensdauer von 6, das andere eine solche von 12 Jahren hat.

Abgesehen vom Wertverlust, der sowohl auf physische Abnutzung als auch auf eine technologische oder psychische Veralterung zurückzuführen ist, führt die erwähnte Abnutzung auch dazu, daß einzelne Leistungskomponenten verschleißen und gewartet, repariert bzw. erneuert werden müssen. Die dadurch bedingten Kosten, die von Fabrikat zu Fabrikat oft beträchtlich variieren, können das Resultat des Preis/Leistungsvergleichs zweier Produkte ohne Zweifel gleichfalls erheblich beeinflussen. Ähnlich kann man sich eine Reihe weiterer Unterhalts- bzw. Betriebskosten bis hin zu Opportunitätskosten vorstellen, die letztlich nur im Rahmen einer umfassenden **Investitionsrechnung** zu berücksichtigen sind, die die vordergründige Preiswürdigkeit eines Produktes gleichwohl beträchtlich relativieren.

Namentlich im öffentlichen Bereich erwies sich die Ausrichtung der Entscheidungsträger ausschließlich auf Investitionsausgaben als kurzsichtig und verhängnisvoll. Vielfach wurde außer acht gelassen, daß erstens mit Folgekosten zu rechnen ist und diese zweitens die Eigenschaft haben, ebenso wie alle anderen Kosten zu steigen.

Nicht zuletzt wird ein Wirtschaftssubjekt die negativen externen Effekte, die mit dem Ge- oder Verbrauch bestimmter Güter verbunden sind, in seine Überlegungen einzubeziehen haben. Obwohl Externalitäten eigen ist, daß sie Nachteile für Dritte darstellen, ohne daß man sie dem bzw. den dafür Verantwortlichen anlasten kann, ist zumindest langfristig davon auszugehen, daß letzten Endes zumindest ein Teil der Externalitäten in irgendeiner Form, z. B. durch höhere Steuern, die zu deren Beseitigung verwendet werden, wieder internalisiert wird (z. B. Zigarettenkonsum → Erhöhung der Versicherungsprämien, Umweltbelastung → Erhöhung öffentlicher Abgaben etc.).

2.3. Das Preis/Leistungsverhältnis in Kaufentscheidungsprozessen
2.3.1. Wahrnehmungs- und Auswahlprozesse im Konsumentenverhalten

Das Zustandekommen einer Markttransaktion kann ohne weiteres mit Hilfe des behavioristischen Stimulus/Response-Schemas beschrieben werden. Das Angebot einer Leistung stellt den **Stimulus** (Reiz, Aktion) dar, während sich der Kauf als **Response** (Reaktion) seitens des Nachfragenden auffassen läßt. Nun reagieren aber Individuen auf gleiche Stimuli (Produkte) nicht gleich. Einige kaufen, andere nicht. Um den Gründen für solche Diskrepanzen im Verhalten auf die Spur zu kommen, bietet es sich an, in neobehavioristischer Manier zwischen den direkt beobachtbaren Größen „Angebot/Stimulus" und „Kaufverhalten/Response" einen für alle Individuen formal gleich strukturierten **Informationsverarbeitungsprozeß,** freilich mit unterschiedlichem Ausgang, zu vermuten.

Sieht man von dem direkt beobachtbaren Vorgang des Produkterwerbs (Response) ab, so sind aus neobehavioristischer Sicht folgende Begriffe bzw. Prozesse von Bedeutung:

2. Die Evaluation des Preises durch die Kontrahenten 267

(1) Stimulus

Jedes Produkt verkörpert ein Bündel an objektiven Merkmalen (Attributen). Gemeint sind jene objektiven Bestandteile des Preis/Leistungsverhältnisses, denen die Ausführungen der vorangegangenen Abschnitte galten. Sie stellen sowohl positive als auch negative Aspekte, die mit der Inanspruchnahme der Leistung verbunden sind, dar und beziehen sich sowohl auf das Produkt (physikalisch-technische Produkteigenschaften wie Farbe, Geschwindigkeit, Form; sonstige Bestandteile des Leistungsgesamts wie Garantie und Lieferzeit; Höhe des geforderten Entgelts usw.) als auch auf das Produktumfeld (Produktdarbietung, Geschäftsausstattung, Art der Beratung und Bedienung).

(2) Wahrnehmung

Unter Wahrnehmung wird allgemein der Vorgang der Aufnahme und Verarbeitung von Informationen über die Welt außerhalb des Individuums verstanden. Die Wahrnehmung eines Produktes bedeutet dementsprechend die Verarbeitung von Informationen über den multiattributiven Stimulus. Neben Informationen, die direkt beobachtbare Eigenschaften beschreiben, nutzt ein Verbraucher auch abgeleitete Informationen, d.h. solche, die aus den direkt beobachtbaren gefolgert werden, so z.B. über Haltbarkeit, Korrosionsbeständigkeit und Zuverlässigkeit (vgl. *Kroeber-Riel* 1984, S. 274). Das Ergebnis der Wahrnehmung ist eine Repräsentation des Produktes im Bewußtsein.

Dies impliziert, daß der Wahrnehmungsprozeß nicht ausschließlich die Aufnahme der Informationen (Eindrücke) über die Produktattribute umfassen kann. Vielmehr werden diese aktuellen, d. h. neuen (Außen-)Informationen mit einem **subjektiven Bezugssystem** konfrontiert, das von Elementen wie Vor-Wissen, Vor-Urteilen, Wertungen, Einstellungen, Erwartungen, Ansprüchen etc. gebildet wird. Das bedeutet, daß die Ordnung und Bewertung der aufgenommenen Produktinformationen sowie ihre Verknüpfung zu einem **Produkturteil** wesentliche Bestandteile des Wahrnehmungsprozesses in dem hier gemeinten Sinne sind.

Da man nun nicht unmittelbar ersehen kann, welche Informationen es sind und wie diese verarbeitet werden, gibt es in dieser Hinsicht eine Vielzahl von Ansätzen und Darstellungsweisen. So geht, wie bereits ausgeführt, die klassische mikroökonomische Theorie von der stark vereinfachenden Annahme aus, daß sich Wirtschaftssubjekte bei der **Evaluierung** von **Produktangeboten** an der Höhe des monetären Entgelts orientieren. Diese Einengung der Evaluierungsmerkmale auf ein einziges (eindimensionales und operationales) wird durch die Annahme der Güterhomogenität ermöglicht.

Im Gegensatz zu ihrer Überbetonung in der mikroökonomischen Theorie wird die Rolle des Preises bei der Kaufentscheidung bzw. bei der Herausbildung von Produktpräferenzen in den verhaltenswissenschaftlich fundierten Theorien zum **Konsumentenverhalten** weitgehend in den Hintergrund gedrängt. Dies äußert sich darin, daß, wenn überhaupt berücksichtigt, der Preis gewissermaßen

„in den Kanon der anderen Produktmerkmale eingereiht und so als untersuchungswürdige eigenständige Variable vernachlässigt" wird (*Müller* 1981, S. 41; ähnlich auch *Kaas* 1977, S. 13).

Dies ist in extremer Form dann der Fall, wenn der Preis als Beurteilungsmerkmal vollkommen ausgeschaltet wird. In solchen Fällen behilft man sich, indem man Evaluierungsprozesse bei solchen Gütern untersucht, die entweder denselben Preis aufweisen oder bei denen Preisdifferenzen nicht wahrgenommen bzw. als nicht bedeutsam eingestuft werden. Wird die Produktbeurteilungsrelevanz des Preises derart unterdrückt, so orientiert sich der Konsument verständlicherweise ausschließlich am wahrgenommenen Nutzen (Attraktivität, Qualität) der gebotenen Leistung.

Ein anderes Mittel ist die Einführung einer Nebenbedingung in dem Sinne, daß zwar als Evaluierungskriterium weiterhin das komplexe und mehrdimensionale Merkmal „Nutzen" oder „Qualität" beibehalten wird, der Preis der Leistung dabei jedoch eine bestimmte Höhe (subjektiver Leit- oder Schwellenwert) nicht überschreiten darf (vgl. *Kroeber-Riel* 1984, S. 348).

Im folgenden wird dieser Perspektive, für die der Preis nur ein Produktmerkmal ohne eigenständige Bedeutung ist, nicht gefolgt. Weniger aus sachlichen denn aus didaktischen Überlegungen heraus soll in Anlehnung an *Ölander* (1969) und entsprechend dem Konzept des Preis/Leistungsverhältnisses von einer **Zweiteilung** der **beurteilungsrelevanten Merkmale** einer Leistung ausgegangen werden:

(a) Leistungsattraktivität („attractiveness")
Darunter werden alle positiven Aspekte, die die Inanspruchnahme einer Leistung charakterisieren, im Sinne aller objektiv gegebenen und subjektiv empfundenen Vorteile zusammengefaßt. Es ist unmittelbar einsichtig, daß es eine Vielzahl von Begriffen gibt, die jenem der Leistungsattraktivität verwandt sind, so z. B. Nutzen, Nutzwert und wahrgenommene Qualität. Entsprechend versteht z. B. *Rao* (1973, S. 366) unter „perceived brand quality" die wahrgenommene Qualität einer Marke unter Ausschluß jeglicher Budgetrestriktionen. Ähnliche Vorstellungen vermitteln Begriffe wie **Einstellung** zu einer **Marke** bzw. **Image** eines **Produktes.** Diese inhaltliche Verwandtschaft sowie das reichhaltige methodische Instrumentarium, das zur Messung der zuletzt genannten Konstrukte zur Verfügung steht, veranlaßte einige Autoren (z. B. *Kaas* 1977), die Leistungsattraktivität von Produkten als den Wert der sie betreffenden Einstellungen zu operationalisieren.

(b) Leistungskosten („sacrifice")
Darunter sind alle negativen Aspekte zu verstehen, die die Inanspruchnahme einer angebotenen Leistung mit sich bringt. Dabei werden nicht nur die monetäre Komponente (Entgang alternativer Nutzung), sondern auch all jene objektiven Preisbestandteile, die im vorangegangenen Abschnitt aufgeführt wurden, ebenso wie negative psychische Wirkungen (psychischer Einkaufsauf-

wand) erfaßt. Wie in Abb. 4.2. veranschaulicht, sind die Komponenten des **subjektiven Preis/Leistungsverhältnisses** (Leistungskosten und Leistungsattraktivität) das Ergebnis einer selektiven Aufnahme und wertenden Verarbeitung von Informationen über eine angebotene Leistung. Das Gesamturteil läßt sich gedanklich mit Hilfe eines zweidimensionalen Produktbeurteilungsraumes darstellen (vgl. Güter A, B und C).

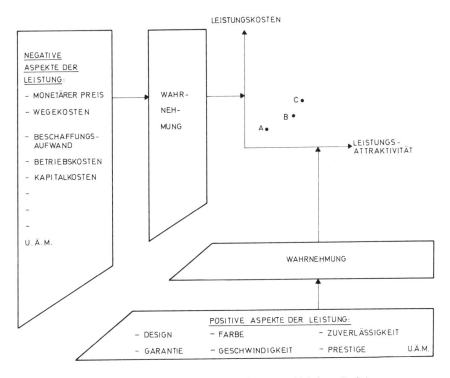

Abb. 4.2.: Subjektive Repräsentation von objektiven Preis/Leistungsverhältnissen

Es muß an dieser Stelle betont werden, daß die durch die Wahrnehmung gefilterten objektiven Merkmalsbündel auf zwei Achsen abgebildet werden, um die Problematik der Konfrontation positiver und negativer Leistungsbestandteile deutlich zu machen. Gleichermaßen willkürlich, aber der realen Bedeutung des Merkmals Preis viel weniger angemessen erschiene eine undifferenzierte Vermengung von negativen und positiven Aspekten des Konsums.

Eine Folge der einseitigen Ausrichtung der verhaltensorientierten Marketing-Forschung ist die ungleiche theoretische Fundierung der angesprochenen subjektiven Konstrukte. Dem der **„wahrgenommenen Qualität"**, das mit dem hier verwendeten Begriff der Leistungsattraktivität als weitgehend identisch aufgefaßt werden kann, ist eine Vielzahl von theoretischen und meßtheoretischen Arbeiten gewidmet (vgl. § 3). Im Vergleich dazu ist die Bestimmung subjektiver Leistungskosten kaum Gegenstand theoretischer Überlegungen oder empirischer Untersuchungen gewesen. Im Zusammenhang mit der Messung der Produktqualität ist vor allem auf die **multiattributiven Verfahren,** die im Wege der Aggregation von Urteilen über Einzelmerkmale zu der Bewertung des Produktganzen gelangen (kompositionelle Modelle), hinzuweisen. Prinzipiell ist hierbei, wie mehrfach betont, auch die Einbeziehung negativer Aspekte der Leistung (Preis) möglich.

Auf die Methoden der Beurteilung der Produktqualität ist bereits im Rahmen der Diskussion der verhaltenswissenschaftlichen Grundlagen der Produktpolitik (§ 3, Abschn. 3.1.2.2.) eingegangen worden. Die psychischen Mechanismen, die die Wahrnehmung von Preisen und die subjektive Bestimmung der „Leistungskosten" beeinflussen bzw. erschweren, sind Gegenstand des nächsten Abschnitts (vgl. hierzu z. B. *Beeskow* u. a. 1983; *Müller* 1981).

(3) Auswahl
Die Produktwahrnehmung (Produktbeurteilung) bezieht sich auf ein bestimmtes Produkt. Werden zwei Erzeugnisse wahrgenommen, so ist auf Grund der subjektiven Produkturteile nicht festzustellen, welchem von beiden der Vorzug gegeben wird. Hierzu bedarf es eines Auswahlkriteriums (und gegebenenfalls der Beachtung bestimmter Restriktionen), das es ermöglicht, die Produkturteile in eine Dimension zu überführen, die den subjektiven Zielsetzungen entspricht. Auswahlprogramme können, müssen aber nicht die gleiche Struktur aufweisen wie Beurteilungsprogramme. Einige Überlegungen zur Produktauswahl unter Berücksichtigung des Preises finden sich in Abschn. 2.3.3. An dieser Stelle bietet es sich gleichwohl an, kurz die Relevanz von mehr oder weniger stark formalisierten **Auswahlprogrammen** für das reale Kaufverhalten zu beleuchten (vgl. *Kroeber-Riel* 1984, S. 317 ff.):

(a) Es gibt Kaufsituationen, in denen der Käufer seine Wahl unter geringer kognitiver Kontrolle trifft, was in den formalen und meist recht komplexen Entscheidungsmodellen oft nicht berücksichtigt wird. Typisch dafür sind impulsive und habituelle (gewohnheitsmäßige) Kaufhandlungen. Ein **Impulsivkauf** stellt eine unmittelbare und situationsbedingte, gewissermaßen automatisch ablaufende Reaktion auf eine Reizkonstellation dar. Welche Reizkonstellationen diese Art von Kaufverhalten fördern, ist von der betriebswirtschaftlichen Praxis, vornehmlich im Einzelhandel, längst erkannt und entsprechend umgesetzt worden: Musik im Verkaufsraum, Wühltische, Zweitplazierungen an der Kasse usw.

Habituelles Einkaufsverhalten ist insofern von impulsivem zu unterscheiden, als die Gewohnheit durchaus ein Ergebnis vorausgegangener echter, komplexer Entscheidungen sein kann, mit deren Ausgang man zufrieden war (Markentreue, Geschäftstreue). Die Beibehaltung der getroffenen Wahl verringert das Kaufrisiko. Auf der anderen Seite kann die habituelle Verhaltensweise das

Ergebnis von imitativen Lernprozessen in der Phase der Sozialisation sein, so z. B. das Rauchen einer bestimmten Zigarettenmarke. Es gibt aber auch Kaufentscheidungen, die unter stärkerer kognitiver Kontrolle ablaufen, also solche, bei denen der Konsument intensiv zwischen Pro und Kontra einer Leistung abwägt.

(b) Da sich die Beurteilungs- und Auswahlvorgänge im Verborgenen vollziehen, ist auch ihre Struktur nicht offenkundig. Bei der Untersuchung des beobachtbaren Verhaltens kann man eine bestimmte Struktur unterstellen und prüfen, ob das Verhalten mit den Ergebnissen des verwandten Modells kompatibel ist. Hierbei spricht man von sog. **normativen Entscheidungsmodellen.** In ihnen wird also eine bestimmte Entscheidungslogik postuliert, die bei einer gegebenen Menge von Alternativen, Zielsetzungen und Restriktionen zu einer zieloptimalen Auswahl führt.

Das **reale** Entscheidungsverhalten wird sich von dem normativen Modell mehr oder weniger stark unterscheiden. Verantwortlich hierfür sind die begrenzte Informationsverarbeitungskapazität, Subjektivität und Instabilität von Entscheidungsregeln, ferner Einwirkungen von emotionalen und sozialen Faktoren auf den Entscheidungsprozeß und dgl. mehr. Modelle resp. Hypothesen, die das tatsächliche Verhalten zu erfassen und zu erklären versuchen, werden als **deskriptive Entscheidungsmodelle** bezeichnet.

2.3.2. Determinanten der Wahrnehmung von Preis/Leistungsverhältnissen

2.3.2.1. Das Kostenbewußtsein

Wenn behauptet wird, die Leistungskosten beeinflußten das Verhalten der Wirtschaftssubjekte, dann wird einmal vorausgesetzt, daß die Betroffenen die ihnen entstehenden subjektiven Kosten überhaupt erfassen können. Zum anderen unterstellt man, daß die Wirtschaftssubjekte die mit der Inanspruchnahme der Leistungen entstehenden Kosten kognitiv verarbeiten. Dem ist schon wegen der beschränkten Informationsverarbeitungskapazität nicht so. Zwei Hinweise sollen die Problematik verdeutlichen:

(1) Das Bewußtsein für die Kosten, die neben dem unmittelbar zu zahlenden monetären Betrag mit der Inanspruchnahme einer Leistung verbunden sind (so beispielsweise Wegekosten, psychischer Beschaffungsaufwand, Zeitaufwand für die Beschaffung, Lagerungskosten, Kosten des Gebrauchs u. a.), ist bei Letztverbrauchern gering. Einige Gründe für dieses offenkundige Phänomen nennt *Diller* (1978, S. 130 ff.):

- Niedrige Verkaufspreise im Einzelhandel erlangen auf Grund ihres belohnenden und dissonanzvermindernden Charakters eine starke suggestiv-emotionale Anziehungskraft auf den Verbraucher und somit eine dominante Stellung im kaufrelevanten Entscheidungskalkül. Diese Dominanz führt zu einer verzerrenden Wahrnehmung und teilweisen Verdrängung nicht direkt im Kaufbetrag enthaltener Preisbestandteile, die in ihrer absoluten Höhe durchaus beträchtlich sein können. So wird berichtet, daß die Wegekosten im Durchschnitt aller Lebensmitteleinkäufe, also auch der zu Fuß getätigten, ca. 3,6% und in Extremfällen sogar 10% der Einkaufssumme ausmachten.

– Das nur geringe Bewußtsein für die nicht im monetären Preis enthaltenen Kostenfaktoren liegt auch daran, daß diese subjektiv und situativ bedingt eine teilweise Umbewertung erfahren können. Sie verlieren dann nicht nur ihren Kostencharakter, sondern können sogar einen immateriellen Gewinn stiften: Einkaufsbummel ist nicht mehr gleichbedeutend mit Zeitaufwand, sondern mit Einkaufserlebnis; eigene Mühen bei Do it yourself-Arbeiten erzeugen Leistungsstolz etc.

– Nicht zuletzt fehlt den zum monetären Transaktionspreis hinzuzurechnenden Kostenbestandteilen eben der Charakter des Monetären. Sie sind nicht exakt zu quantifizieren.

(2) Ein anderes, gleichwohl verwandtes Problem stellt die Kenntnis der monetären Preise dar, die für eine bestimmte oder vergleichbare Leistung gefordert werden. Eine solche **Preiskenntnis** ist Vorbedingung jeder vernünftigen Evaluierung von Preisforderungen. Obwohl sich hierzu in der Literatur widersprüchliche Befunde finden (vgl. z. B. *Gabor/Granger* 1961; *Stephens/Moore* 1975), erscheint zusammenfassend die Feststellung berechtigt, daß die Preiskenntnis auch bei täglich benötigten Produkten gering ist.

So waren in einer von der *Lebensmittel-Zeitung* initiierten Felduntersuchung (1975) nur 13% der an Verkaufsstellen befragten Hausfrauen imstande, den jeweiligen Angebotspreis von 24 gängigen Markenartikeln mit einer Toleranz von ± 0,03 DM korrekt zu benennen. Dabei erwiesen sich die Preiskenntnisse der Käufer bestimmter Markenartikel nicht als signifikant besser als die der Nichtkäufer.

2.3.2.2. Die Darbietungsform der Preisinformation

Die Wahrnehmung von Preisangaben kann auch durch die Manipulation der äußeren Form der Preisangabe sowie durch die Gestaltung des Angebotsumfeldes beeinflußt und verzerrt werden. Jedem Verbraucher sind aus seinem Alltag die sog. gebrochenen Preise geläufig. Gemeint ist damit die Tatsache, daß der Preis knapp unter der nächsthöheren Dezimalstufe (z. B. DM 1,98, DM 9,95, DM 99,99) angesiedelt ist („odd pricing"). Einer solchen Gestaltung der sog. **Preisfigur** liegt die Hypothese zugrunde, daß die Preiswahrnehmung in diesen Bereichen dergestalt einer Verzerrung unterliegt, daß die Verbraucher beispielsweise DM 9,95 eher der Neun-Mark-Stufe als dem Zehn-Mark-Bereich zugehörig empfinden (Primacy-Effekt; vgl. *Asch* 1946). Dies würde bedeuten, daß die Nachfrage auf solche Preise vergleichsweise elastischer reagiert (vgl. die formale Wiedergabe des Sachverhalts in Abb. 4.3.).

Die Befunde empirischer Forschungsarbeiten sind uneinheitlich; insgesamt scheint sich eine solche Verzerrung in der Wahrnehmung von unrunden Preisen

2. Die Evaluation des Preises durch die Kontrahenten 273

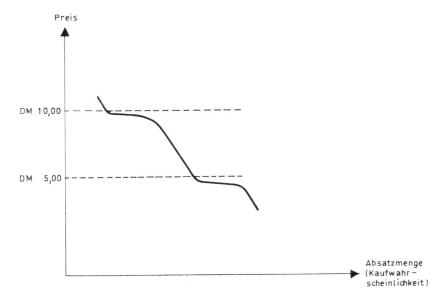

Abb. 4.3.: Preiselastizität der Nachfrage bei gebrochenen Preisen

nicht zu bestätigen. Andererseits läßt sich das Auftreten eines solchen Effekts im Konsumentenverhalten durchaus plausibel erklären (vgl. *Gabor/Granger* 1964). Da gebrochene Preise ein empirisches Phänomen sind, werden sie als Normalzustand betrachtet, während die (kaum in der Realität anzutreffenden) runden Preise bzw. Preise knapp oberhalb runder Dezimalschwellen als nicht korrekt empfunden werden. (Beispielsweise kommt bei den Preisen von Lebensmitteln „9" als Endziffer ungleich häufiger als jede andere Endziffer vor.) Die ausgeprägte Sensibilität der Verbraucher solchen Preisen gegenüber mag auch aus dem Eindruck einer „ehrlichen", genauen Kalkulation, den sie vermitteln, resultieren.

Eine weitere Möglichkeit, dem Verbraucher Preisgünstigkeit zu suggerieren, besteht in einer Herausstellung der Preisangabe oder des Angebots, sei es durch plakative **Hervorhebung im Verkaufsraum** bzw. durch **„Preisbrechersymbole"** (Fäuste, Blitze, Sterne u. ä.) oder sei es durch sprachliche Etiketten (Sonderangebot, Fabrikpreis, Gelegenheit, Selbstkostenpreis u. ä.). Solche Begleitumstände werden von Verbrauchern häufig als Indikatoren für eine von ihnen nicht weiter nachgeprüfte Preisgünstigkeit des Angebots aufgefaßt.

Wie problematisch und irreführend solche Praktiken zur Wahrnehmungsbeeinflussung sein können, ergibt sich aus einer Untersuchung von *Diller* (1978), der in Großbetriebsformen des Einzelhandels im Raum Mannheim/Heidelberg für acht Produktgruppen alle Preisangaben, die auf Grund ihrer Darbietungsform Preiswürdigkeit suggerierten, einem horizontalen (d.h. mit anderen Betrieben der gleichen Betriebsform) und zeitlichen

Vergleich (d. h. mit den zwei Wochen später geforderten Preisen) unterzog. Dabei stellte sich heraus, daß ca. 30% dieser Angebote im Vergleich zu anderen Geschäften entweder nicht billiger oder sogar teurer waren (!). Darüber hinaus ergab die Untersuchung, daß ein nicht unerheblicher Teil der Angebote (17%) nach zwei Wochen verschwunden war (Entzug der Vergleichsbasis); mehr als zwei Drittel der Artikel wurden nicht teurer, sondern billiger, der überwiegende Teil jedoch zum selben Preis (ohne Hervorhebung) angeboten.

Ähnliche Wirkungen versucht man auch mit bestimmten **Plazierungsstrategien** im Verkaufsraum von Einzelhandelsgeschäften zu erzielen. Dies gilt namentlich für Zweit- und sog. Schüttplazierungen. Man suggeriert, daß sich bei diesem Preis nicht einmal mehr eine ordentliche Präsentation lohnt. Eine Irreführung über die korrekte Höhe des Preises kann schließlich die Verwendung von Groß- oder Multipackungen verursachen, deren „Preiswürdigkeit" von der Hausfrau nur über umständliche Rechnungen ermittelt werden könnte, die sie indessen nach aller Erfahrung nicht anstellt.

2.3.2.3. Die Preisbereitschaft

Es entspricht sowohl der Alltagserfahrung als auch den Befunden empirischer Untersuchungen (vgl. *Gabor/Granger* 1961, 1964, 1966; *Monroe/Venkatesan* 1969), daß bei vielen Produkten Verbraucher mehr oder weniger klare Vorstellungen von einem „fairen" (vgl. *Kamen/Toman* 1970) oder akzeptablen Preis hegen (auch wenn sie, wie bereits angesprochen, nur eine geringe Preiskenntnis besitzen). Diese Vorstellung ist nicht punktuell zu verstehen, sondern im Sinne eines Toleranzbereiches (Preisbereitschaft). Nach oben hin ist dieser durch den höchsten Preis begrenzt, den ein Verbraucher für ein bestimmtes Produkt prinzipiell noch zu zahlen bereit ist. Die untere Schranke liegt demgegenüber bei einer Größe, die er noch als normal ansieht. Alles, was sich darunter bewegt, würde von ihm als Ausreißer, verbunden mit einer inferioren Qualität, eingestuft.

Wenn man vernünftigerweise davon ausgeht, daß innerhalb dieses Bereichs nicht jeder Preis für den Verbraucher gleich akzeptabel ist, so läßt sich die Preisbereitschaftsspanne als eine Schwankungszone um einen wie auch immer zustande gekommenen **Referenz-** oder **Standardpreis** auffassen (zum mittleren Preisempfinden vgl. *Diller* 1978, S. 169 ff.). Diese Überlegung kann auch auf mehrere Produkte ausgedehnt werden. Der Referenzpreis gilt dann nicht für ein konkretes Produkt, sondern für die Menge bewußt gewordener, vergleichbarer Substitute, das sog. „evoked set". Darunter ist jener Kreis von konkurrierenden Produkten zu verstehen, die dem Verbraucher bei der Kaufentscheidung als echte Alternativen (Bedürfnisbefriedigungsalternativen) erscheinen (vgl. *Howard/Sheth* 1969, S. 26). Liegt der Preis für ein Erzeugnis außerhalb der Preisbereitschaftsgrenzen, gehört es nicht mehr zum „evoked set". (Praktisch ähnliche Bedeutung besitzt der von *Gutenberg,* 1984, S. 238 ff., verwendete Begriff der Preislage.)

2. Die Evaluation des Preises durch die Kontrahenten

Bei der Erklärung der Reaktionen von Verbrauchern auf Preisforderungen kann an der Differenz zwischen dem Referenz- und dem jeweils geforderten Preis angesetzt werden. Von Nutzen ist dabei die **Adaption-Level-Theorie** von *Helson* (1947). Diese besagt, daß die Beurteilung eines Preises – ob hoch, niedrig oder normal – von einem individuellen Preis-Adaptions-Niveau, dem Referenzpreis, abhängt, der aus den bisherigen Preiserfahrungen resultiert.

Nach diesem Ansatz ergibt sich der Referenzpreis aus Begegnungen des Individuums mit den Preisforderungen für die Güter des „evoked set". Alle neuen Konfrontationen mit Preisen, gleichgültig ob diese im Laufe der Zeit oder zu einem bestimmten Zeitpunkt, z.B. beim Herumlaufen in einem Geschäft, erfolgen, werden bei der Bildung des Adaption Level verarbeitet, d.h. in die Überlegungen einbezogen. Die beste Annäherung an den mittleren Preis, der sich dabei ergibt, wurde in einer Reihe von empirischen Untersuchungen durch Verwendung des geometrischen Mittels erzielt (vgl. *Nwokoye* 1975; *Antilla* 1977).

Welche Erkenntnisse lassen sich daraus für die betriebliche Preispolitik gewinnen?

- Es gibt für jedes Qualitätsniveau und jede Produktkategorie einen Referenzpreis.

- Der Referenzpreis dient als Anker, als Beurteilungsgrundlage, bei der Wahrnehmung und Bewertung von Preisforderungen.

- Der Referenzpreis ist Ergebnis einer subjektiven Umformung von Preisinformationen, das mit keinem tatsächlich geforderten Preis übereinzustimmen braucht.

- In unmittelbarer Nachbarschaft des Referenzpreises werden Preisveränderungen nicht wahrgenommen (Preisindifferenzbereich).

Gelegentlich wird zur Erklärung der individuellen Reaktionen auf Preise auch die **Assimilations-Kontrast-Theorie** (vgl. *Sherif/Hovland* 1961) herangezogen. Hierbei wird die implizite Skala, die zur Beurteilung des Preises dient, in Zonen der Akzeptanz, Indifferenz und Zurückweisung unterteilt. Der Referenzpreis als Ankerpreis liegt in der Mitte des Akzeptanz-Bereichs. Wird ein Angebotspreis als dem Akzeptanzbereich zugehörig wahrgenommen, so wird er in Richtung des Ankers wahrnehmungsmäßig verändert, d.h. assimiliert. Fällt der Angebotspreis dagegen in die Zurückweisungszone, tritt der entgegengesetzte Effekt ein. Der Preis wird dann als einem anderen (höheren oder niedrigeren) Bereich zugehörig angesehen. Dies bedeutet, daß innerhalb des Akzeptanzintervalls die Preisdifferenzen nicht wahrgenommen bzw. unterschätzt oder toleriert werden, während starke Preisabweichungen wahrnehmungsgemäß vergrößert werden, so daß sich ein noch stärker spürbarer Kontrast ergibt.

2.3.2.4. Die Qualitätsbezogenheit der Preiswahrnehmung

Eine fundamentale Voraussetzung einer rationalen Evaluierung von Preis/ Leistungsverhältnissen von Gütern besteht darin, daß Preis und Leistung unabhängig voneinander wahrgenommen werden. Diese Unabhängigkeit ist jedoch in der Realität zumeist nicht gegeben. Bereits die Ausführungen über die für bestimmte Qualitätsstufen bzw. „evoked sets" jeweils gültigen Preisbereitschaftsschwellen implizierten eine Verquickung der Wahrnehmung von Entgelt und Leistungsqualität (vgl. *Gabor/Granger* 1966).

Intuitiv leuchtet ein, daß hohe Preise mit hoher Produktqualität einhergehen, und zwar unabhängig von allen zusätzlichen Leistungen eines Anbieters, von denen in Abschn. 2.2.2.2. die Rede war. Begründet werden kann dies durch die Verwendung besonders teurer Materialien oder eine aufwendige Fertigung und Kontrolle, die Voraussetzungen hoher Qualität sind.

Das dominante Erklärungskonzept für die vielfach belegte Tatsache, daß Verbraucher von der Höhe des Preises auf die Güte der Qualität schließen, ist die **Theorie des wahrgenommenen Kaufrisikos** (vgl. dazu *Diller* 1977 und die dort angegebene Literatur). Dieses von *Bauer* (1960) in die Kaufverhaltenstheorie eingeführte Konzept betrachtet den Konsumenten als ein Subjekt, das sich bei seinen Kaufentscheidungen mit dem Problem konfrontiert sieht, die Konsequenzen der eigenen Wahlhandlung nicht genau antizipieren zu können. Der Kauf eines „falschen" Produktes kann aber nicht nur zur Mittelverschwendung führen, sondern auch andere Schäden, Frustrationen und Verlust an Selbstachtung bei Verbrauchern verursachen.

Solche mit einem Kauf verbundene Risiken versucht der Konsument durch bestimmte Risikoreduktionsstrategien zu vermindern bzw. ganz abzubauen. Dazu gehören z.B. der Erwerb nur von bekannten, ihm vertrauten oder von national verbreiteten Marken bzw. von nur kleinen Mengen eines Erzeugnisses, ferner der Kauf der billigsten (Verminderung des finanziellen Risikos) oder der teuersten Marke (Verminderung der Gefahr eines funktionellen Versagens des Objektes oder eines Prestigeverlustes des Käufers). Im letzteren Fall fungiert also der Preis als Indikator für Qualität.

Ein anderer Ansatz, der zur Erklärung der Preis/Leistungsverbundenheit in der Wahrnehmung der Konsumenten herangezogen wird (vgl. *McConnell* 1968), ist die **Theorie der kognitiven Dissonanz** (ausführlich dazu in § 6, Abschn. 2.3.2.1.3.). Dabei wird unterstellt, daß immer dann, wenn die Höhe des (wahrgenommenen) Preises der perzipierten Produktqualität nicht entspricht, eine Dissonanz entsteht. Der für das kognitive Gleichgewicht erforderliche Abbau der Dissonanz erfolgt dann durch eine Umbewertung der Produktqualität im Sinne einer Anpassung an die wahrgenommene Preishöhe.

Zusammenfassend läßt sich feststellen, daß der Preis insbesondere dann als Qualitätsindikator herangezogen wird, wenn
– die Produktkenntnis gering ist,

- keine oder unzureichende Produktinformationen vermittelt werden,
- das zu beurteilende Produkt sehr komplex ist,
- das wahrgenommene Risiko des Kaufs als sehr hoch empfunden wird und
- die Urteilssicherheit gering ist.

Diese Zusammenhänge wird ein Anbieter berücksichtigen müssen, sowohl dann, wenn er einen Preis relativ hoch, als auch dann, wenn er ihn vielleicht allzu tief anzusetzen geneigt ist.

2.3.3. Die Evaluierung verschiedener Preis/Leistungsverhältnisse

In den vorangegangenen Abschnitten wurden u. a. die objektiven Komponenten von Leistungen sowie deren subjektive Umformung zu Produkturteilen im Prozeß der Wahrnehmung thematisiert. Nun stellt sich die Frage, nach welchen Kriterien ein Produkt aus einer Vielzahl von wahrgenommenen Alternativen ausgewählt wird.

Die klassische mikroökonomische Theorie verzichtet auf die Disaggregation von Produkten in nutzenstiftende Einzelkomponenten. Das Wirtschaftssubjekt entscheidet hier stets auf Grund eines globalen ordinalen oder kardinalen Urteils über den Nutzen, den ein Gut stiftet, und der Höhe der Preisforderung.

Den theoretischen Gegenpol bilden Ansätze, die Produkte als Bündel von objektiven Eigenschaften auffassen. Bei der Herstellung einer Beziehung zwischen dem Eigenschaftsbündel und der geäußerten Präferenz resp. dem Kaufverhalten werden zwei Wege beschritten: Zum einen wird untersucht, welche Eigenschaften von Subjekten wahrgenommen, als kaufrelevant bewertet und zu einem Urteil verknüpft werden. Zum anderen wird auf die Einbeziehung von subjektiven Informationsverarbeitungsprozessen in die Erklärung verzichtet, d. h. die objektiven Produkteigenschaften werden direkt zu dem die Existenz von Präferenzen reflektierenden Kaufverhalten in Beziehung gesetzt. Diesen Gedanken macht sich z. B. die **hedonistische Preistheorie** zu eigen, die im Abschn. 2.4. vorgestellt wird.

Unterstellen wir, daß das Wirtschaftssubjekt imstande ist, die angebotenen Produktalternativen im Hinblick auf die Kategorien Leistungskosten und -attraktivität einzuschätzen. Einfach ist die Entscheidung zu Gunsten eines Gutes dann, wenn die Kaufalternativen im Hinblick auf die Leistungskosten resp. die Leistungsattraktivität als gleich empfunden werden und wenn dem ausgewählten Individuum Rationalität (normative Sicht) unterstellt wird. Dann wählt es von den konkurrierenden Alternativen diejenige aus, die ihm den höchsten Nutzen stiftet bzw. die geringsten Kosten verursacht oder – anders ausgedrückt – seinen Zielen am besten gerecht wird.

Die **Rationalität** ist ein typisch **ökonomisches Verhaltensmodell**. Dementsprechend zwingt sie stets dazu, zwischen den positiven und den negativen Effekten,

278 § 4 Entgeltpolitik

die mit der Inanspruchnahme einer Leistung verbunden sind, abzuwägen. Nehmen wir z. B. an, daß die Wahrnehmung der jeweiligen Leistungskomponenten von drei Gütern zu der in Abb. 4.4. wiedergegebenen subjektiven Repräsentation der jeweiligen Preis/Leistungsverhältnisse führt. Zwischen A, B und C werden keine Unterschiede bezüglich der Leistungsattraktivität wahrgenommen bzw. als auswahlrelevant erachtet.

Die homogenen Produkte unterscheiden sich nur bezüglich der Höhe der Leistungskosten, die hier vereinfachend dem Preis gleichgesetzt werden. Angesichts knapper Geldmittel entspricht es einer normativen Rationalität, ein bestimmtes Maß an Leistungsattraktivität zu einem möglichst niedrigen Preis zu erlangen. Dies ist gleichbedeutend mit der Feststellung, daß die Kaufwahrscheinlichkeit mit fallendem Preis steigt. Dieser Zusammenhang wird in der mikroökonomischen Theorie mit Hilfe von **Preis-Absatz-Funktionen** formalisiert.

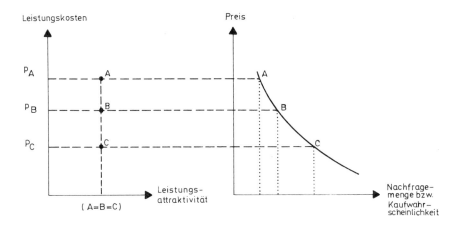

Abb. 4.4.: Formale Verknüpfung einer Preis-Absatz-Funktion mit einer Repräsentation der homogenen Güter A, B und C im subjektiven Evaluierungsraum

Darunter versteht man üblicherweise eine funktionale Verknüpfung des Preises eines Produktes mit der auf einem Markt ceteris paribus abzusetzenden, über alle Nachfrager aggregierten Produktmenge. In ihrer individuellen Form reflektiert die Preis-Absatz-Funktion den Zusammenhang zwischen dem Preis und der Kaufentscheidung, die als Kaufwahrscheinlichkeit operationalisiert wird. Die in Abb. 4.4. aufgezeigte Variante weist eine nicht-lineare Gestalt auf. Modellkonform wäre auch ein linearer Kurvenverlauf.

Den unterschiedlichen Möglichkeiten entsprechen verschiedenartige Annahmen über die Austauschraten zwischen dem Nutzen des Geldes und dem des Gutes:

- Ein linearer Verlauf der Preis-Absatz-Funktion impliziert, daß es zwischen Nutzen und Nutzenentgang (Geldausgabe) eine **konstante Relation** gibt, die besagt, daß eine zusätzliche Einheit eines Gutes stets den gleichen Nutzenzuwachs stiftet, wie hoch das mengenmäßige Ausgangsniveau auch sein mag.

- Ein abflachender, nicht-linearer Verlauf der Preis-Absatz-Funktion läßt sich mit Hilfe des ersten *Gossen*'schen Gesetzes plausibel erklären: Der von jeder zusätzlichen Produkteinheit ausgehende **Nutzen nimmt relativ ab** (Sättigungserscheinungen). Entsprechend muß bei einer Preissenkung um jeweils einen konstanten Betrag die Menge an Gütern, die dem Nutzen dieses Geldbetrags äquivalent ist, immer größer werden.

Gelangt nun ein Nachfrager zu dem Urteil, daß die Produkte A, B und C in ihrer Leistungsattraktivität divergieren, so sind die drei Konstellationen gemäß Abb. 4.5. zu unterscheiden. Wofür wird er sich entschließen?

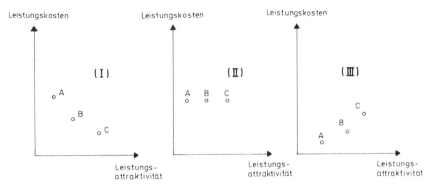

Abb. 4.5.: Konstellationen von Preis/Leistungsverhältnissen

(1) Bei Variante I fällt die Entscheidung zu Gunsten der Alternative C aus, da sie ein Höchstmaß an Attraktivität zum niedrigsten Preis verkörpert.

(2) Auch im Falle II ist es rational, C zu wählen, da dieses Produkt bei gleichem Preis mehr an Leistung als seine Konkurrenten bietet.

(3) Im Fall III – ähnlich jeder Konstellation, bei der zumindest bei zwei Produkten ein Mehr an Kosten mit einem Mehr an Attraktivität einhergeht – bedarf es eines zusätzlichen Kriteriums, um bestimmen zu können, welche Wahl rational ist. In den Wirtschaftswissenschaften ist es angesichts negativer und positiver Konsequenzen von Handlungen üblich, die Güte der Wahlentscheidung entweder als Quotient von Größen (Produktivität, Effizienz) oder als Differenz (Überschuß, Gewinn) darzustellen.

(a) Für den Quotienten „Leistungskosten/Leistungsattraktivität" spricht, daß Nenner und Zähler der Kenngröße nicht die gleiche Dimension aufweisen müssen. Eine Person, die dieses Kriterium verwendet, beurteilt die Produktalternativen danach, wie bei diesen eine ausgegebene Mark in Nutzen umgesetzt wird.

(b) Die Bestimmung des Netto-Attraktivitätsüberschusses über die Leistungskosten setzt für beide Komponenten die gleiche (wenn möglich monetäre) Dimension voraus. Daß die Überführung psychischer Konstrukte der hier verwendeten Art in monetäre Kategorien prinzipiell möglich ist, wurde von *Kaas* (1977) unter Verwendung eines der klassischen Meßverfahren der **Einstellungstheorie** (*Thurstone*'s Law of Comparative Judgment) demonstriert. Eine Person, die ihr Verhalten an diesem Kriterium ausrichtet, orientiert sich an der Nutzendifferenz, die nach Abzug der Leistungskosten als Ergebnis der Transaktion übrigbleibt. Die Spanne zwischen dem „wahrgenommenen Nutzen" und den „wahrgenommenen Kosten" wird auch als **Entscheidungswert** bezeichnet (vgl. *Kroeber-Riel* 1984, S. 348f.).

Die Rationalität einer Wahlentscheidung läßt sich allerdings nur bezüglich des jeweiligen Kriteriums beurteilen. Wie Abb. 4.6. an Beispielen veranschaulicht, kann die Verwendung dieser beiden Kriterien zu durchaus unterschiedlichen Ergebnissen führen.

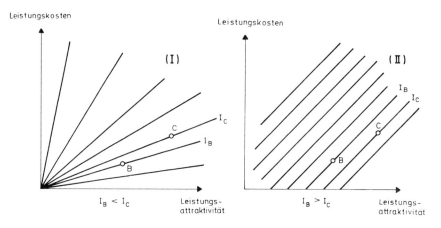

Abb. 4.6.: Wahlentscheidung bei Anwendung unterschiedlicher Kriterien

Fall I : Der Konsument müßte sich hier für die Produktalternative mit dem geringsten Preis/Leistungsquotienten entscheiden. Da die geometrischen Orte gleicher Quotienten (= Indifferenzkurven) durch den Ursprung gehende Strahlen sind, wird nach dem Gut gesucht, das auf dem Strahl mit der geringsten Steigung liegt. Im vorliegenden Fall würde dies für Produkt B gelten.

Fall II: Da die geometrischen Orte gleicher Attraktivitätsüberschüsse (= Indifferenzkurven) parallel verlaufende Geraden mit einer 45°-Steigung sind, muß der Konsument jene Produktalternative wählen, die auf einer möglichst weit rechts plazierten Indifferenzkurve liegt. Im konkreten Beispiel ist dies Produkt C.

Probleme der Wahl wird es geben, wenn zwei Produkte jeweils auf ein und derselben **Indifferenzkurve** plaziert sind. Klarheit über die optimale Wahl verschafft dann z. B. die Heranziehung des jeweils anderen Kriteriums als Nebenkriterium (vgl. Abb. 4.7.) oder einer anderen Nebenbedingung.

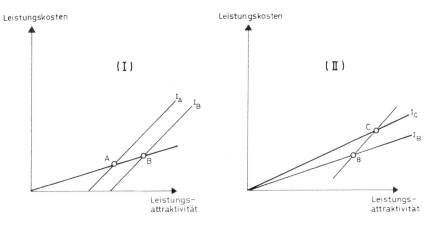

Abb. 4.7.: Verknüpfung von Rationalitätskriterien

Im Fall I sind die Produkte A und B, da auf einem Strahl gelegen, bezüglich „Leistungskosten/Leistungsattraktivität" gleichwertig. Zieht man zusätzlich das Kriterium des Attraktivitätsüberschusses über die Leistungskosten heran, erweist sich B als besser; denn ergeben sich z. B. für die Quotienten $Q_A = 2/3$ und $Q_B = 6/9$, so sind sie zwar wertmäßig identisch, bezüglich der Differenz zwischen dem Nenner und dem Zähler jedoch ungleich.

Im Fall II hingegen sind die Produkte B und C hinsichtlich des Netto-Attraktivitätsüberschusses gleich; die optimale Wahl ist jedoch im Hinblick auf den Quotienten von subjektiven Kosten zu subjektivem Nutzen die Alternative B, da sie zugleich auf dem Strahl mit der geringeren Steigung liegt.

Mit Hilfe dieser zwei normativen Kriterien läßt sich für nahezu alle Punkte des subjektiven Raums die relative Vorteilhaftigkeit beurteilen. Eine Ausnahme bilden lediglich jene, die auf der Winkelhalbierenden liegen. Dort fallen nämlich, wie aus Abb. 4.8. ersichtlich, die Indifferenzkurven bezüglich beider Kriterien zusammen. Daraus folgt, daß bezüglich aller Produkte, die auf dem 45°-Strahl liegen, keine eindeutige Möglichkeit besteht, rational zu wählen.

In diesem Zusammenhang ist indessen zu fragen, ob die Produkte auf der Winkelhalbierenden überhaupt entscheidungsrelevant sind, besteht doch angesichts der Gleichheit des subjektiv empfundenen Nutzens mit den subjektiv empfundenen Kosten (= Nutzenentgang) ebensowenig Anlaß zum Kauf wie in dem Bereich oberhalb der Winkelhalbierenden, wo subjektive Kosten den subjektiven Nutzen übersteigen, wo somit die Transaktion subjektiv irrational wäre.

Würde man dennoch die Relevanz der Produkte auf der 45°-Geraden für die Kaufentscheidung bejahen, ließe sich Optimalität durch die Heranziehung eines weiteren Kriteriums herstellen. So könnte das Produkt gewählt werden, dessen Preis am nächsten einem Referenzpreis (RP) oder dessen Leistungsattraktivität am nächsten einem a priori festgelegten Anspruchsniveau (AN) liegt.

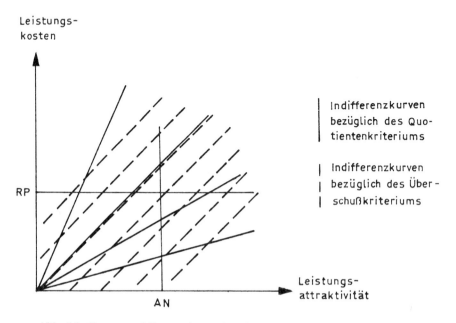

Abb. 4.8.: Zusammenfallen zweier Rationalitätskriterien auf der 45°-Geraden

Die hier angestellten normativen Überlegungen beziehen sich auf die Fähigkeit eines Konsumenten, alle relevanten **Kosten-** und **Nutzenkomponenten** von **Leistungsangeboten** wahrzunehmen und sie zu einem Urteil zusammenzufassen. In realen Entscheidungen neigen Verbraucher wie alle anderen Wirtschaftssubjekte indessen häufig dazu, nicht die beste, sondern nur eine suboptimale, satisfizierende Alternative zu suchen (Prinzip der beschränkten Rationalität, vgl. *Simon* 1976). Ein psychisches Hilfsmittel hierbei ist z. B. das bereits erwähnte **Anspruchsniveau.** Hierunter ist „... ein vom Individuum als verbindlich erlebter Standard der Zielerreichung" (*Kroeber-Riel* 1984, S. 357) zu verstehen. Der Mechanismus der Anspruchsniveaubildung wirkt insofern entlastend, als nicht die Attraktivität aller Produktalternativen (gegeneinander) abgeschätzt werden muß. Vielmehr begnügt man sich mit einer Einteilung der Produktalternativen in solche, die den subjektiven Standards genügen, und solche, bei denen dies nicht der Fall ist. Formal gesehen liegt darin

2. Die Evaluation des Preises durch die Kontrahenten 283

eine Homogenisierung der Angebote, so daß sich die Evaluierung nur mehr an der Preiskomponente orientieren muß (zu einigen anderen die Entscheidungskomplexität reduzierenden Techniken siehe *Aschenbrenner* 1977).

Eine suboptimale Produktwahl kann auch die Folge einer unvollständigen Erfassung der verfügbaren Alternativen sein. Der Verbraucher bezieht nur einen Ausschnitt der Alternativenmenge in den Entscheidungsprozeß ein, eben das „evoked set", das durchaus nicht die objektiv besten verfügbaren Varianten enthalten muß.

Weicht das Kaufverhalten in der Realität vom Modell des Rationalverhaltens ab, so ist dies zum großen Teil auch dadurch bedingt, daß der menschlichen **Informationsverarbeitungskapazität** enge Grenzen gezogen sind. Insbesondere im Hinblick auf verbraucherpolitische Zielsetzungen erscheint es indessen von Bedeutung, daß durch die Zufuhr von zusätzlichen Informationen die Entscheidungsgüte durchaus negativ beeinflußt werden kann, nämlich dann, wenn es zu einer Informationsüberlastung kommt („information overload"; vgl. *Jacoby* 1977). Darüber hinaus ist zu beobachten, daß die von Konsumenten anstelle komplizierter Auswahlprogramme verwendeten vereinfachten Entscheidungsregeln unter entscheidungsökonomischen Gesichtspunkten u. U. nicht weniger effizient sind (vgl. *Mc Guire* 1976, S. 311). Die Verwendung komplexerer Modelle würde sich also nicht notwendigerweise in einer Verbesserung der Entscheidungsqualität niederschlagen.

Ein Paradebeispiel für ein scheinbar modellwidriges Verhalten ist ein Individuum, das von zwei homogenen Gütern das teurere nachfragt resp. ein Gut um so eher kauft, je höher der Preis ist. Solche Fälle sind gleichwohl in der Realität durchaus anzutreffen (siehe dazu auch Abb. 4.9.).

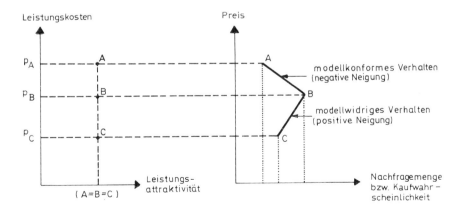

Abb. 4.9.: Positiv steigende Abschnitte der Preis-Absatz-Funktion als Ausdruck objektiver Irrationalität

Aus der Sicht des *homo oeconomicus* ist ein solches Verhalten irrational und unter Beibehaltung der **Axiome** der **Preistheorie** (knappe Mittel, Nutzenmaximierung, Preis als einzige Erklärungsvariable) nicht zu erklären. Daher werden üblicherweise zur Explanation positiv geneigter Preis-Absatz-Funktionen zusätzliche Variablen herangezogen. Neben dem Konzept des wahrgenommenen Risikos, dessen Auswirkungen auf den Verlauf der Kurve bereits kurz dargestellt wurden, werden dazu folgende Erklärungen verwendet:

- Der Eitelkeit als menschlichem Phänomen wird durch demonstrativen Konsum teurer Güter mehr gedient als durch Verbrauch billiger (*Veblen*-Effekt).
- Bei einem Ansteigen des Preises (Hausse) mutmaßt der Kaufwillige, daß jener noch weiter steigen wird, und beschafft größere Mengen. Der umgekehrte Fall ist bei fallenden Preisen gegeben.
- Eine positive Steigung der Preis-Absatz-Funktion kann auch aus der mangelnden Substituierbarkeit inferiorer Güter resultieren (*Giffen*-Paradoxon). In einer – allerdings seltenen – Situation, in der ein substantieller Teil des Einkommens für ein nicht substituierbares inferiores Gut ausgegeben wird, ergibt sich aus einer Preissteigerung bei diesem Gut die Notwendigkeit, noch mehr davon zu verbrauchen. Dies liegt daran, daß die Bindung eines immer größeren Teils des konstant bleibenden niedrigen Einkommens ein Ausweichen auf andere, teurere Güter zusehends schwieriger macht.

2.4. Grundzüge der hedonistischen Preistheorie

Die klassische Preistheorie stellt Nachfrage, Kosten und Wettbewerbssituation in den Mittelpunkt ihrer Überlegungen. Sie behilft sich mit vielerlei Vereinfachungen, um ihrem Anliegen, Preise von einzelnen Gütern zu erklären, gerecht zu werden. Dazu zählen vor allem Homogenitäts- und Rationalitätsannahmen, als gegeben vorausgesetzte Preis-Absatz- und Kostenfunktionen sowie Präferenzen, die Einengung der Fragestellung auf einstufige Absatz-Beschaffungs-Beziehungen und die Konzentration der Analyse auf den Ein-Produkt-Fall. Das Erkenntnisinteresse richtet sich dabei letztlich immer auf die Bestimmung einer oder mehrerer für einen Anbieter optimaler Preis-Mengen-Kombinationen in einer durch Markttransparenz und Zeitlosigkeit gekennzeichneten Welt.

Um das Anliegen einer Variante der Preistheorie zu verstehen, die im angelsächsischen Sprachraum als „**hedonic pricing**" gekennzeichnet wird, ist es nützlich, sich des Grundgedankens der **Commodity Characteristics-Theorie** von *Lancaster* (1966) zu besinnen. Danach ist ein Produkt kein homogenes Ganzes, sondern ein Bündel von objektiven, wahrnehmbaren Eigenschaften, die jeweils für sich Nutzen stiften. Obgleich also z.B. ein *VW Golf* und ein *Opel Kadett* Automobile derselben Klasse und somit Konkurrenten auf demselben Markt sind, verkörpern sie dennoch höchst verschiedenartige Eigenschaftsbündel. Der Markt ist m. a. W. durch Unvollkommenheit (vgl. dazu Abschn. 1.1. und 3.1.1.) gekennzeichnet. Einem potentiellen Käufer bleibt indessen die Aufgabe, trotz der Unterschiedlichkeit der Gegebenheiten einen Vergleich anzustellen, wegen der von ihm zu treffenden Wahl nicht erspart. Wie könnte bzw. müßte er aus normativer Sicht dabei vorgehen?

Üblicherweise eignet sich eine ganze Reihe von Produktalternativen, Ausstattungskombinationen, Marken etc. zur Befriedigung eines bestimmten Konsumwunsches. Jene Teilmenge, die bei einem Verbraucher ins Bewußtsein tritt, wird, wie erinnerlich, als „evoked set" bezeichnet (*Howard/Sheth* 1969, S. 26). Wichtig ist, daß es sich hierbei um einen subjektiv wahrgenommenen Ausschnitt aus dem gesamten Spektrum an Möglichkeiten handelt. Wovon dieser bestimmt wird und wie er sich empirisch ermitteln läßt, soll hier nicht behandelt werden (vgl. *Dichtl/Schobert* 1979).

Gleichzeitig wird sich der Kaufinteressent für die Preise der sein „evoked set" bildenden Objekte interessieren. Aus der Sicht des Analytikers stellen sich dabei ein theoretisches und ein empirisches Problem.

Daß mit dem Preisbegriff ganz verschiedene Inhalte verbunden sein können, ist schon in Abschn. 2.2.2., insbesondere aus Abb. 4.1., deutlich geworden. Wieviele Aspekte bezieht ein Käufer in seine Überlegungen ein? Wie weit reichen dessen ökonomischer Sachverstand, Planungsvermögen und Verhandlungsmacht?

Unabhängig von der Abgrenzung des Preises gegenüber dem Investitionsbegriff kommt man nicht um die Erlangung empirischer Daten, zumindest aber um die Bildung präziser Vorstellungen über die einzelnen Preiskomponenten herum. Was man braucht, sind numerische Werte für alle als bedeutsam erachteten Preisbestandteile. Ganz konkret heißt dies z. B.: Welche Autovertretungen kommen als Bezugsquellen in Betracht? Mit welchen Nachlässen auf die von den Herstellern empfohlenen Preise ist bei ihnen zu rechnen? Was hört man jewels über die Qualität des Kundendienstes (und dessen Kosten)? In die Fragestellung hineinverwoben ist also ein komplexes Informationsbeschaffungsproblem, wobei sich ein Käufer für die für ihn günstigste Möglichkeit, ein Marktforscher eher für Durchschnittswerte und Varianzen interessieren wird.

In jedem Falle aber muß es sich um am Markt tatsächlich erzielbare Entgelte handeln, damit diese als Ausdruck der „revealed preference" gedeutet werden können. Es wird m. a. W. angenommen, daß die ermittelten Preise bzw. Preisbestandteile die Präferenzen der Nachfrager unverzerrt widerspiegeln.

Unterstellt, all diese Fragen seien geklärt, geht es nunmehr darum festzustellen, welche Modelle sich unser Autokäufer eigentlich leisten kann oder will. Eines solchen Filters bedient sich auch die klassische Konsumtheorie, wenngleich die Bestimmung des Budgets eines Haushalts für sie kein ernsthaftes Problem darstellt.

Wir hingegen gehen davon aus, daß die einzusetzenden Mittel von den Erwartungen über die Entwicklung der eigenen finanziellen Lage und der relevanten Preise, von der Möglichkeit, sich zu verschulden, von dem Zeitpunkt, zu dem sich das alte Fahrzeug am günstigsten verkaufen läßt, und von der Attraktivität des Angebots abhängen. Mit dem zuletzt genannten Bestimmungsgrund wird keine Argumentationsschleife hergestellt, sondern lediglich hervorgehoben, daß die Finanzierungsbemühungen eines Käufers ihrerseits eine Funktion der Marketing-Anstrengungen der Anbieter und insofern nicht unbedingt ein Datum sind.

Der Kreis der Alternativen umfaßt danach ein u. U. auf wenige Elemente zusammengeschrumpftes, vielleicht aber auch erweitertes Angebotsspektrum („consideration set"), aus dem letztlich **ein** Produkt ausgewählt werden muß. Alle Optionen zeichnen sich durch einen bekannten Preis und ein individuell verschiedenes Leistungsbündel aus, das aus Eigenschaften, Ausstattungselementen, einer Marke und Modalitäten der Erhältlichkeit besteht. Welche Merkmale oder Kriterien im einzelnen herangezogen werden, kann vom Analytiker – z. B. in Anlehnung an Produktvorteile, die von den Anbietern in ihrer Werbung herausgestellt werden – nach sachgemäßem Ermessen bestimmt oder im Sinne von „salient features" empirisch erschlossen werden.

Die auf diese Weise gewonnenen, oft nur kategorialskalierten Leistungsbestandteile werden danach unter Einschluß des Preisvektors in einer Matrix zusammengefaßt (siehe Tab. 4.5.).

Unser eigentliches Anliegen besteht nun darin, den Beitrag jedes Leistungsbestandteiles zum Zustandekommen der Präferenzen bzw. der Präferenzordnung, wie sie der Preisvektor widerspiegelt, auf einer metrischen Skala zu bestimmen. Dadurch erhalten wir die gesuchten monetären Gegenwerte der einzelnen

Tabelle 4.5.:

Datenbasis für eine Bewertungsstudie in einem exemplarischen Fall

Produkt (i)	Präferenzwert P_i (z. B. Preis in DM)	Leistungsbestandteile				
		A $A_1\ A_2 \ldots A_k$	B ...	D $D_1\ D_2 \ldots D_k$	E	... Z
1	12 489	×	×	×	×	×
2	12 295		×	×	×	
3	11 989	×	×	×		
4	11 745			×	×	×
.	.					
.	.					
.	.					
n	.					

Anmerkung: × = vorhanden.

Produkteigenschaften bzw. jeder ihrer Ausprägungen. Diese verkörpern die sog. **hedonistischen Preisfunktionen.**

Welches Verfahren für die Ermittlung der Teilwerte in Frage kommt, hängt von einer Reihe von Faktoren ab. Zu beachten sind dabei vor allem Skalierungsniveau, Definitionsbereich und Verteilungsform der Variablen, der Funktionstyp (z. B. Linearität und Additivität; Vorliegen von Interaktionen und Interkorrelationen), die Bewältigung von „missing data", die Testbarkeit von Koeffizienten sowie die Möglichkeiten der Überprüfung der internen Validität (Näheres zu den Verfahren in § 7, Abschn. 4.5.).

Es empfiehlt sich, zunächst vom Skalierungsniveau (siehe § 7, Abschn. 4.2.1.) der zur Verfügung stehenden Variablen auszugehen; Anhaltspunkte bezüglich der in Abhängigkeit davon einsetzbaren Methoden vermittelt Tab. 4.6. Ist die Datenbasis gemischtskaliert, kann man sich u. a. mit einer Polytomisierung der entsprechenden Größen behelfen und alle Variablen auf Nominalskalenniveau hinabstufen.

Tabelle 4.6.:

Verfahren zur Bewertung von Produkteigenschaften in Abhängigkeit vom Skalenniveau

Abhängige Variable	Unabhängige Variablen		
	metrisch	ordinal	nominal bzw. 0/1
metrisch	Regression Conjoint Measurement	AID	Kategoriale Regression MCA AID Varianzanalyse Conjoint Measurement
ordinal		Ordinale Regression	Conjoint Measurement

Auf die formale Darstellung des eigentlichen Auswahlproblems sei an dieser Stelle verzichtet (siehe dazu *Dichtl* 1983). Letzten Endes kommt es für den potentiellen Autokäufer darauf an, jene Alternative aus seinem „evoked set" herauszufiltern, bei der folgende Relation maximiert wird:

$$\frac{\text{Summe der Werte jener Leistungsbestandteile des Produktes i,}}{\text{Für Produkt i geforderter Preis}} \to \text{Max!}$$

Das Konzept liefert somit einen Gradmesser für die Beurteilung von Preisen von nicht direkt vergleichbaren, aber zu **einem** „evoked set" gehörenden Produkten, und zwar aus Nachfrager- wie aus Anbietersicht. Der erstere kann, wenn er weiß, auf welche Eigenschaften es ihm bei einem Produkt ankommt, rechnerisch ermitteln, welche Alternative für ihn am günstigsten ist. Der Anbieter vermag demgegenüber die Angemessenheit seiner Preisforderung zu überprüfen; außerdem erleichtert sich für ihn die Preisfindung bei neuen Produkten. Weit darüber hinausgehend erhält er auch wertvolle Hinweise für die Gestaltung seiner Produkt- und Kommunikationspolitik.

Daß die Ermittlung von Teilwerten für Produktbestandteile zumindest in indirekter Form bereits institutionalisierte Realität verkörpert, belegt das folgende Beispiel (siehe Tab. 4.7.). Es handelt sich dabei um einen sog. Mietspiegel, wie er in vielen deutschen Städten regelmäßig und unter Hinnahme von beträchtlichen Kosten aufgestellt wird (zu dessen Funktion siehe *Weber* 1986). Ermittelt wurden die Werte mit Hilfe des sog. M(ultiple) C(lassification) A(nalysis) (Näheres dazu bei *Andrews/Morgan/Sonquist/Klem* 1973).

Das in Tab. 4.7. wiedergegebene Mietenmodell kann auf Grund eines Vergleichs mit einer früheren Stichprobe (1977) als reliabel und gemessen sowohl am offiziellen Mietspiegel als auch an den unter Einsatz anderer **multivariater Verfahren** erzielten Ergebnissen als valide betrachtet werden (vgl. *Dichtl/Weber* 1983; zur Reliabilität und Validität siehe § 7, Abschn. 4.2.5.).

3. Die Bestimmung des Angebotspreises für ein Produkt
3.1. Die Preisbildung in der mikroökonomischen Preistheorie
3.1.1. Grundlegende Komponenten preistheoretischer Modelle

Wird für eine bestimmte Leistung ein Entgelt verlangt, kann man nach den Komponenten des Preis/Leistungsverhältnisses oder auch danach fragen, wie diese wahrgenommen bzw. kognitiv verarbeitet werden. Dies ist im letzten Abschnitt geschehen. Nun aber ist zu klären, welche Preisforderung für eine bestimmte Leistung aus der Sicht des **Anbieters** angebracht erscheint. Sicherlich hängt dies vorrangig davon ab, welche Ziele dieser verfolgt. Wir bewegen uns durchaus in der ökonomischen Tradition, wenn wir unter bewußter Vereinfachung der unternehmerischen Motive für die Zwecke unserer Analyse davon ausgehen, daß dieser nach Maximierung seines Gewinns bzw. Deckungsbeitrags strebt.

Um entscheiden zu können, welcher Preis gewinnmaximal ist, muß der Anbieter zumindest noch wissen, welche Kosten die Erbringung einer Leistung verursacht, wie die Nachfrager auf verschiedene Preise reagieren und – last but not least – was die Konkurrenten dem entgegensetzen werden. All dies setzen **Preisentscheidungsmodelle** voraus, die auf der mikroökonomischen Preistheorie basieren. In der betrieblichen Realität verfügt man bestenfalls über mehr oder minder begründete Erwartungen darüber.

3. Die Bestimmung des Angebotspreises für ein Produkt 289

Tabelle 4.7.:

Mietpreisrelevanz ausgewählter Merkmale in Mannheim

Durchschnittspreis (1979) aller freifinanzierten Wohnungen 4,18 DM/m^2

Merkmal	Ausprägung	Zu-, Abschläge (DM/m^2)
Wohnungsgröße (m^2)	bis 30 31 bis 40 41 bis 90 über 90	+1,71 +0,72 −0,05 −0,49
Art der Heizung	Zentralheizung bedienungsfreie Einzelöfen keine bedienungsfreien Einzelöfen	+0,26 −0,02 −0,30
Baujahr des Hauses	bis 1918 1919 bis 1948 1949 bis 1960 1961 bis 1970 nach 1970	−0,31 −0,17 +0,05 +0,26 +0,60
Badezimmer	kein Badezimmer Badezimmer ohne Warmwasserversorgung Badezimmer mit Warmwasserversorgung	−0,50 +0,01 +0,16
Toilette	mehr als eine Toilette eine Toilette (separat oder im Badezimmer) Toilette außerhalb der Wohnung	+0,24 +0,00 −0,48
Art der Küche	Wohn-/Kochküche Kochnische	−0,03 +0,29
Küchenausstattung	komplette Einbauküche Edelstahlspüle keine	+0,93 +0,05 −0,06
Balkon/Terrasse	vorhanden nicht vorhanden	+0,09 −0,12
Gemeinschaftsantenne	vorhanden nicht vorhanden	+0,10 −0,09
Fahrstuhl	vorhanden nicht vorhanden	+0,37 −0,06
Treppenreinigung	vorhanden nicht vorhanden	+0,15 −0,04
Wohndauer (Jahre)	1 bis 2 3 bis 5 6 bis 10 über 10	+0,35 +0,11 −0,11 −0,23

Die mikroökonomische Theorie fordert also mehr, als die Realität zu leisten vermag. Dies schwächt ohne Zweifel die Übertragbarkeit ihrer Modelle auf die betriebliche Praxis. Die bestechende Eleganz und die Stringenz der theoretischen Ableitungen, vor allem aber die Tatsache, daß die mikroökonomische Theorie das betriebswirtschaftliche Denken stark prägt, elementare Kenntnisse daher auch das Verständnis der betrieblichen Preisbildung zu fördern vermögen, sind Grund genug, in diesem Abschnitt die wesentlichen Konzepte dieses Theoriegebäudes, das fester Bestandteil eines jeden Lehrbuchs der **Volkswirtschaftslehre** ist, darzulegen.

(1) Die Wechselwirkung zwischen der Höhe des für eine Leistung geforderten **Preises** und dem Verhalten der Nachfrager, d. h. dem zu erwartenden **Absatzvolumen** erscheint in den preistheoretischen Modellen in der Gestalt der bereits mehrfach angesprochenen Preis-Absatz-Funktion. Da wir uns hier mit preispolitischen Entscheidungen befassen, die – notgedrungen – auf Nachfrageaggregate (Märkte, Marktsegmente, Zielgruppen) abzielen, interessiert das Konzept der Preis-Absatz-Funktion nunmehr als Modell des Verhaltens vieler Nachfrager im Hinblick auf Preisforderungen unterschiedlicher Höhe. Es handelt sich also um eine **Marktreaktionsfunktion,** die die Beziehungen zwischen der Absatzmenge x (= abhängige Variable) und dem Produktpreis p (= unabhängige Variable) abbildet: $x = f(p)$. Die Auswirkung der Preishöhe auf die Absatzmenge wird dabei, wie bei monoinstrumentalen Marktreaktionsfunktionen üblich, unter der Ceteris paribus-Annahme bezüglich der Wirkungen der übrigen Marketing-Instrumente untersucht.

(2) Die betrieblichen **Kosten,** deren für die Existenz der Unternehmung unabdingbare Deckung eine weitere Determinante der Preispolitik darstellt, erscheinen in den Modellen der Preistheorie in der Gestalt von Kostenfunktionen. Darunter sind funktionale Verknüpfungen zwischen der Ausbringungs- bzw. Absatzmenge (x) und der Höhe der betrieblichen Kosten (K) zu verstehen. Üblicherweise unterscheidet man zwischen einem S-förmigen, dem Ertragsgesetz entsprechenden, und einem linearen **Kostenverlauf.** Die ertragsgesetzliche Kostenfunktion bringt zum Ausdruck, daß mit zunehmender Ausbringungsmenge eines Gutes die Kosten zunächst degressiv, d. h. der Kostenzuwachs wird mit jeder Einheit kleiner, und später progressiv ansteigen, d. h. der Kostenzuwachs wird mit jeder zusätzlichen Ausbringungseinheit größer. Die lineare Kostenfunktion dagegen besagt nichts anderes, als daß der Kostenzuwachs jeder zusätzlichen Ausbringungseinheit stets gleich ist.

Aus dem Verlauf der Gesamtkostenkurve (K), die aus der Aggregation der fixen (K_f) und der variablen Kosten (K_v) resultiert, lassen sich Informationen über weitere Kostenarten ableiten:

(a) Grenzkosten (K')
Als Grenzkosten wird der Kostenzuwachs bezeichnet, den die Produktion der jeweils letzten Einheit eines Gutes verursacht. Bei einem S-förmigen Verlauf der

3. Die Bestimmung des Angebotspreises für ein Produkt

Gesamtkostenkurve erreicht die Grenzkostenkurve ihr Minimum im Inflexionspunkt der Gesamtkostenkurve, d. h. dem Punkt, wo die Kostendegression in die Kostenprogression übergeht. Bei einem linearen Verlauf der Gesamtkostenkurve, wenn also die Ergiebigkeit des variablen Faktors stets gleich bleibt, hat die Grenzkostenkurve (als Steigungsmaß der Gesamtkostengeraden) die Form einer Parallelen zur Abszisse. Vergleicht man die Grenzkosten mit dem jeweils erzielten Preis, so kann man erkennen, ob dieser die mit der Ausbringung der letzten Gütereinheit verbundenen Kosten deckt.

(b) Stückkosten (k)

Werden die Gesamtkosten durch die jeweilige Ausbringungsmenge dividiert, erhält man die Stückkosten oder durchschnittlichen Gesamtkosten. Der Vergleich dieser Kosten mit dem erzielten Preis vermittelt Anhaltspunkte hinsichtlich der Gewinnsituation sowie letzten Endes der Sicherung des Unternehmensbestandes.

(c) Durchschnittliche variable Kosten (k_v)

Darunter ist die Gesamtheit der variablen, d. h. beschäftigungsabhängigen Kosten, geteilt durch die Ausbringungsmenge, zu verstehen. Diese Kosten erreichen bei S-förmigem Kostenverlauf ihr Minimum im Schnittpunkt mit der Grenzkostenkurve; bei linearem Verlauf sind sie mit dieser identisch. Ist der erzielte Preis höher als diese Kosten, so leistet das Produkt einen Beitrag zur Deckung der fixen Kosten und möglicherweise zur Gewinnerzielung (positiver Deckungsbeitrag).

Idealtypische Verläufe der genannten Kostenarten sind in Abb. 4.10. graphisch veranschaulicht.

(3) Das Verhalten der **Wettbewerber** wird insofern in die Modellbetrachtung einbezogen, als angenommen wird, daß dieses durch deren Zahl determiniert sei.

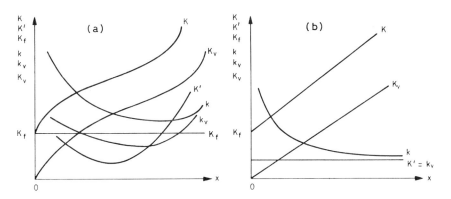

Abb. 4.10.: Kostenverläufe bei S-förmigem (a) resp. linearem Verlauf (b) der Gesamtkostenkurve K

Daraus resultiert die bekannte Unterscheidung zwischen monopolistischer, oligopolistischer und polypolistischer (atomistischer) **Angebotsstruktur,** je nachdem, ob ein, mehrere oder viele Anbieter am Markt sind.

Eine zweite Differenzierung zum Zwecke der Beschreibung der Konkurrenzverhältnisse wird in der Literatur nach dem Vollkommenheitsgrad des Marktes vorgenommen. Als vollkommen gilt ein Markt dann, wenn folgende Merkmale gegeben sind, bzw. als unvollkommen, wenn mindestens eines davon nicht vorliegt:

- Die Marktteilnehmer handeln nach dem Maximumprinzip (Nachfrager streben Nutzenmaximierung, Anbieter Gewinnmaximierung an).
- Die Anpassungsprozesse an Veränderungen der Umweltbedingungen (Preis- oder Mengenänderungen) vollziehen sich unendlich schnell.
- Es bestehen keine Präferenzen räumlicher, zeitlicher, persönlicher oder sachlicher Natur.
- Es herrscht vollkommene Markttransparenz.

Den genannten **Marktformen** bzw. **-strukturen,** die sowohl auf vollkommenen als auch unvollkommenen Märkten denkbar sind, entsprechen jeweils unterschiedlich ausgedehnte Spielräume bei der Handhabung des Instrumentes Preis. Im folgenden soll kurz auf die grundlegenden Formen preispolitischen Handelns, die adaptive und die aktive Preispolitik, eingegangen werden (vgl. zu dieser Problematik *Schmalen* 1982).

3.1.2. Die adaptive Preispolitik

Adaptives preispolitisches Verhalten ist insbesondere für die **atomistische Anbieterkonkurrenz auf vollkommenen Märkten** charakteristisch. Diese ist dann gegeben, wenn auf einem Markt viele Anbieter mit relativ kleinen Marktanteilen operieren. Der Marktanteil eines jeden von ihnen ist so klein, daß das Verhalten des einzelnen ohne jede Wirkung auf das Preisniveau bleibt (vgl. *Jacob* 1971, S. 33). Der Preis, der sich auf dem Markt herausbildet, ist für den einzelnen ein Datum. Unterbietet er ihn, zieht er zwar jegliche Nachfrage auf sich, auf Grund seiner begrenzten Kapazität kann er diese jedoch nicht befriedigen. Die Folge ist eine Gewinnaushöhlung. Überbietet er hingegen den Marktpreis, so verliert er gemäß den Annahmen des vollkommenen Marktes alle Kunden.

Damit ist die Wettbewerbssituation als Determinante des Preisverhaltens umschrieben. Nun ist zu klären, welche Gestalt die Preis-Absatz-Funktion eines Anbieters bei atomistischer Konkurrenz auf vollkommenem Markt aufweist. Da der Marktpreis, wie erinnerlich, für den Anbieter ein Datum ist und da dieser zu diesem Preis seine gesamte Produktion abzusetzen vermag, kann die Preis-Absatz-Funktion nur die Gestalt einer Geraden aufweisen, die in Höhe des Marktpreises (p) parallel zur Abszisse verläuft. Auch die bei den jeweiligen Ausbringungsmengen erzielbaren Erlöse sind folglich eine Gerade ($E = p \cdot x$). Daraus ergibt sich, daß bei einer so gearteten Nachfragefunktion der Grenzerlös

3. Die Bestimmung des Angebotspreises für ein Produkt

gleich dem Preis der letzten verkauften Einheit ist, also gleich dem Marktpreis: $E' = p$.

Eine der zentralen Fragen, die man mit preistheoretischen Modellen zu beantworten sucht, ist die nach jener Preis-Mengen-Kombination, die für den Anbieter gewinnoptimal ist. Die Gewinnoptimalität kann unter den beschriebenen Marktbedingungen nur durch Variation der Kosten erreicht werden, die ihrerseits von der Menge abhängen (= Mengenanpasser).

Der Gewinn ergibt sich als Differenz zwischen Erlös und Kosten. Wie bereits angedeutet, sind die Kosten (K) eine Funktion der Ausbringungsmenge (x). Der Erlös kann als Produkt aus dem erzielten Preis und der zu diesem Preis abgesetzten Menge ($E = p \cdot x$) dargestellt werden. Dann läßt sich das **Gewinnoptimum** wie folgt formal ableiten:

(4.1.) $$G = p \cdot x - K \to \text{Max!}$$

Nach Differentiation nach x und Nullsetzung ergibt sich:

(4.2.) $$G' = p - K' = 0$$

Das Gewinnoptimum ereicht ein Polypolist somit bei einer Ausbringungsmenge, bei der der Preis (die Nachfragefunktion des Polypolisten) und die Grenzkosten gleich sind:

(4.3.) $$p = K'$$

Dies läßt sich auch graphisch veranschaulichen, wobei allerdings die Art der zugrunde gelegten Kostenfunktion zu beachten ist:

(a) Gewinnmaximum bei **ertragsgesetzlicher Kostenfunktion**

Wie aus Abb. 4.11. zu ersehen ist, sind die Gesamtkosten (K) bei geringer Ausbringungsmenge höher als die Gesamterlöse (E), um dann mit steigendem Ausstoß resp. Absatz unter deren Niveau zu fallen. Der Abstand zwischen der Erlös- und der Kostenkurve, d. h. der Gewinn (G), ist dort am größten, wo beide Kurven gleiche Steigung aufweisen. Der parallele Verlauf dieser Kurven bedeutet nichts anderes, als daß die Grenzkosten gleich den Grenzerlösen sind:

(4.4.) $$K' = E' (= p)$$

Bei einer Erhöhung der Ausbringungsmenge würde jede zusätzliche Gütereinheit, deren Grenzkosten dann den Marktpreis überschreiten, den Gewinn vermindern. Umgekehrt bedeutet jede Gütereinheit weniger als die optimale Menge x_O einen Verzicht auf den Differenzbetrag zwischen dem Marktpreis und den dann niedrigeren Grenzkosten.

(b) Gewinnmaximum bei **linearer Kostenfunktion**

Unter der Annahme, daß die nunmehr konstanten Grenzkosten (K') sowie die degressiv fallenden Stückkosten (k) unter dem Niveau des Marktpreises p liegen, ist naturgemäß mit jeder zusätzlichen Ausbringungseinheit etwas gewonnen. Die gewinnmaximierende Unternehmung operiert daher stets an der Kapazitätsgrenze (KG) (vgl. Abb. 4.12).

Bei atomistischer Konkurrenz ist allerdings ein Zustand, bei dem von den Marktteilnehmern Gewinn erzielt wird, nicht stabil. Da keine Barrieren für den Marktzutritt bestehen, werden neue Anbieter in den Markt drängen, so daß die angebotene Menge insgesamt größer wird und der Marktpreis fällt. Stabilität stellt sich erst dann ein, wenn der Marktpreis auf das Niveau der Stückkosten (k) gesunken ist. Von Bedeutung ist in diesem Zusammenhang auch die Tatsache, daß sich auf Grund der Gewinnmaximierungshypothese die Wirtschaftssubjekte mengenmäßig dem sinkenden Preis entlang der Grenzkostenkurve K' anpassen, die somit zur individuellen Angebotskurve im Polypol wird.

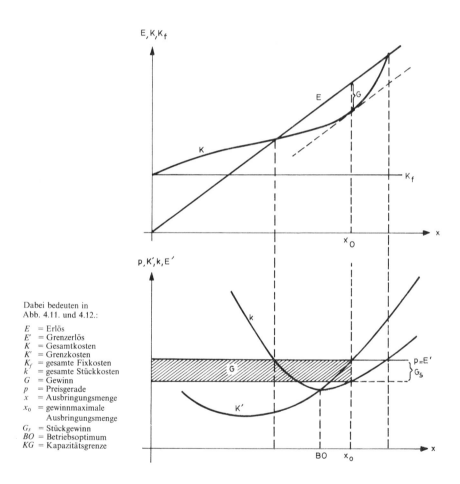

Dabei bedeuten in
Abb. 4.11. und 4.12.:

E = Erlös
E' = Grenzerlös
K = Gesamtkosten
K' = Grenzkosten
K_f = gesamte Fixkosten
k = gesamte Stückkosten
G = Gewinn
p = Preisgerade
x = Ausbringungsmenge
x_0 = gewinnmaximale Ausbringungsmenge
G_S = Stückgewinn
BO = Betriebsoptimum
KG = Kapazitätsgrenze

Abb. 4.11.: Gewinnmaximum beim Polypol auf vollkommenem Markt unter der Annahme eines ertragsgesetzlichen Kostenverlaufes

3. Die Bestimmung des Angebotspreises für ein Produkt 295

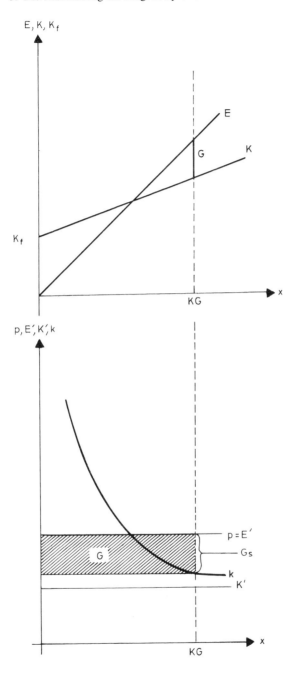

Abb. 4.12.: Gewinnmaximum im Polypol auf vollkommenem Markt unter der Annahme eines linearen Kostenverlaufes

3.1.3. Die aktive Preispolitik

Das klassische Beispiel für eine aktive Preispolitik ist in der mikroökonomischen Theorie der Monopolfall, und zwar im Sinne sowohl echter Monopole als auch unvollkommener Märkte. Die Unvollkommenheit von Märkten verschafft nämlich den hierauf agierenden Wirtschaftssubjekten, so auch dem Polypolisten, Handlungsspielräume, in denen sich die Betroffenen wie Monopolisten verhalten können (vgl. hierzu die Ausführungen zur doppelt-geknickten Preis-Absatz-Funktion in Abschn. 3.2.2.1.).

Ein echtes **Monopol** ist dadurch gekennzeichnet, daß ein Gut von nur einem Wirtschaftssubjekt angeboten wird. Dieses hat, theoretisch betrachtet, den größten Entscheidungsspielraum, da ihm die Befriedigung des marktwirksamen Nachfragevolumens von keinem Konkurrenten streitig gemacht wird. Der Monopolist kann im Gegensatz zum Polypolisten entweder den Preis oder die Menge festlegen. Fixiert er den Preis, so ist dieser sein Aktionsparameter, während sich die Menge aus der Preis-Absatz-Funktion ergibt und Erwartungsparameter ist (und umgekehrt).

Aus dem Vergleich der Absatzkurven bei Polypol und Monopol folgt folgendes: Im Gegensatz zum Polypolisten, dessen Gesamterlös immer linear ansteigt, muß der Monopolist darauf achten, ob eine Preissenkung bzw. -erhöhung mit den dadurch bestimmten Änderungen der Ausbringungsmenge eine Zu- oder eine Abnahme des Erlöses bewirkt. Den höchsten Gewinn erzielt ein Monopolist trivialerweise dann, wenn die Differenz zwischen Erlösen und Kosten am größten ist.

Wie sieht die Erlösfunktion beim Monopolisten aus? Er kann davon ausgehen, daß er von einem Gut um so mehr absetzt, je billiger er dieses anbietet. Die folglich negativ geneigte Preis-Absatz-Funktion verläuft von einem Prohibitivpreis (p_a), zu dem nichts abgesetzt wird, bis zum Punkt der Marktsättigung, der die beim Preis Null absetzbare Menge (x_s) angibt (vgl. Abb. 4.13.).

Multipliziert man jeweils die Absatzmenge mit dem Preis, erhält man die Erlöskurve ($E = p \cdot x$). Die erste Ableitung der Erlöskurve, die Grenzerlöskurve (E'), ist eine Gerade, die vom Prohibitivpreis (p_a) ausgehend die Strecke zwischen dem Nullpunkt und der Sättigungsmenge (x_s) halbiert. Der Grenzerlös entspricht nicht dem Preis der letzten verkauften Einheit des Gutes, sondern ist stets kleiner. Verkaufte man z. B. zum Preis von DM 1,00 10 Produkteinheiten und setzte man nach einer Preissenkung auf DM 0,95 11 Einheiten ab, so wäre der Grenzerlös nicht gleich dem neuen Preis für die elfte Einheit (DM 0,95). Vielmehr muß dieser Betrag vermindert werden um den Erlösverfall bei den 10 anderen veräußerten Einheiten.

Nimmt man nun lineare Kostenverläufe an, so ist ähnlich wie bei ertragsgesetzlichen Kostenverläufen der größte Abstand zwischen der Erlös- und der Kostenkurve ($= G$) bei der Ausbringungsmenge gegeben, bei der die Steigung der Gesamterlöskurve ($=$ Grenzerlös) und jene der Kostenkurve ($=$ Grenzko-

3. Die Bestimmung des Angebotspreises für ein Produkt   297

sten) gleich sind (x_O). Der Schnittpunkt der Senkrechten von diesem Punkt mit der Nachfragekurve wird als *Cournot*'scher Punkt (C) bezeichnet (vgl. Abb. 4.14.). Die diesem Punkt zugehörige Preis-Mengen-Kombination ist gewinnmaximal. Der Gewinn pro Stück (G_s) wird dargestellt durch den Abstand zwischen dem zugehörigen Preis (p_O) und den dieser Ausbringungsmenge (x_O) entsprechenden Stückkosten k_O.

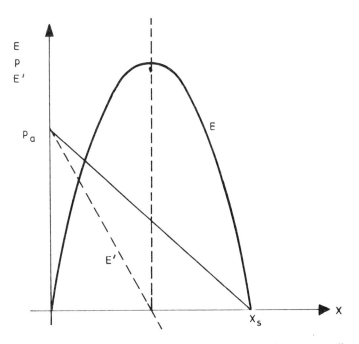

Abb. 4.13.: Preis-Absatz-, Erlös- und Grenzerlösfunktion eines Monopolisten

Dabei bedeuten in Abb. 4.13. und 4.14.:

E	= Erlös	G	= Gewinn
E'	= Grenzerlös	G_s	= Stückgewinn
K	= Gesamtkosten	p	= Preisgerade
K'	= Grenzkosten	p_O	= gewinnmaximaler Preis
K_f	= Fixkosten	p_a	= Prohibitivpreis
k	= Stückkosten	x	= Ausbringungsmenge
k_O	= Stückkosten bei gewinnmaximaler Ausbringungsmenge	x_O	= gewinnmaximale Ausbringungsmenge
		x_s	= Sättigungsmenge
		C	= *Cournot*'scher Punkt

Bemerkenswert am Modell von *Cournot* ist die Möglichkeit der Vernachlässigung von Fixkosten bei der Bestimmung des Betriebsoptimums. Diese Sicht findet sich in der später darzustellenden Direct Costing-Kalkulation wieder.

Formal erhält man das Gewinnmaximum wie folgt:

$$\text{Gewinn} = \text{Erlös} - \text{Kosten} \rightarrow \text{Max!}$$

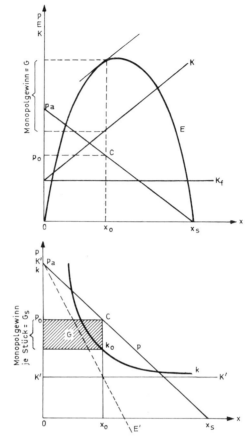

Abb. 4.14.: Gewinnmaximum im Angebotsmonopol bei linearem Kostenverlauf

Die Erlösfunktion hat folgende Form:

(4.5.) $$E = p \cdot x$$

Da der Preis von der Ausbringungsmenge abhängt, gelangen wir zu folgender Beziehung:

(4.6.) $$G = p(x) \cdot x - K \to \text{Max!}$$

(4.7.) $$\frac{dG}{dx} = p + x \cdot \frac{dp}{dx} - \frac{dK}{dx} = 0$$

Nach Umformung ergibt sich:

(4.8.) $$p + x \cdot \frac{dp}{dx} = \frac{dK}{dx}$$

Der Ausdruck auf der linken Seite der Gleichung entspricht dem Grenzerlös (E'), der auf der rechten den Grenzkosten (K'). Die gewinnmaximale Preisfestsetzung ist folglich – wie beim Polypolisten – die, bei der der Grenzerlös gleich den Grenzkosten ist. Im Gegensatz zum Polypolisten, der einen solchen Preis unter dem Druck der in den Markt drängenden Konkurrenten nicht aufrechterhalten kann, ist die Marktlage im Monopol per definitionem stabil, der Monopolgewinn also keiner Bedrohung ausgesetzt.

Zu den aktiven preispolitischen Akteuren gehört auch der Oligopolist. In einem **Oligopol** hängt der Preis, der am Markt zu erzielen ist, vom Gesamtabsatz aller Anbieter ab. Der einzelne kann nicht nur seinen eigenen Absatz beeinflussen. Erhöht ein Marktteilnehmer die Ausbringungsmenge, so verändert sich entsprechend auch die Gesamtmenge auf dem Markt; der Preis sinkt, der Erlös der Konkurrenten wird folglich vermindert. Daher muß der Oligopolist mit Reaktionen seiner Wettbewerber rechnen. Diese theoretisch zu erfassen ist das zentrale Anliegen von Theorien zur Preisbildung im Oligopol.

Denkbar sind dabei folgende Reaktionen: Entweder entschließen sich alle Beteiligten, in einen Konkurrenzkampf einzutreten, oder sie gehen diesem durch Bildung eines die Mengen begrenzenden und den Preis erhöhenden Kartells bzw. durch Treffen einer entsprechenden stillschweigenden Übereinkunft aus dem Wege. Die zuletzt genannte Strategie, die sog. Kollusionslösung, weist Elemente der Monopolsituation auf und wäre aus der Sicht der Beteiligten optimal. Nur – und dies ist eine Überlegung, die zu **spieltheoretischen** Lösungen des Entscheidungsproblems herausfordert – müßten die Konkurrenten getroffene Absprachen strikt einhalten.

Dies wirft jedoch Probleme auf. Hält sich nämlich ein Marktteilnehmer an die Absprache, so kann ein anderer dadurch einen wesentlichen Vorteil erlangen, daß er dagegen verstößt und größere Gütermengen auf den Markt wirft. Durch den Mengeneffekt gelangt er zumindest kurzfristig in eine bessere Gewinnsituation als sein ehrlicher Konkurrent, der bei fallenden Preisen weniger absetzt.

Da diese Möglichkeit aber beiden offensteht, gilt es für jeden der zwei Anbieter zu überlegen, welche Strategie er verfolgen soll, nämlich die Mengenabsprache einzuhalten (Strategie I) oder sie zu brechen (Strategie II). Das Ergebnis ist für beide günstig, wenn jeder die Strategie I verfolgt (Kollusionslösung). Brechen sie gemeinsam die Absprache (Strategie II), so ergibt sich eine schlechtere Lösung. In der absolut schlechtesten Situation befindet sich jedoch ein Oligopolist, wenn er die Mengenabsprache einhält (Strategie I) und von seinen Wettbewerbern hintergangen wird (Strategie II). Wie leicht ersichtlich, neigt ein Risikominimierer zu Strategie II, deren schlechtestes Ergebnis immer noch besser als das für die Strategie I denkbar ungünstigste Resultat ist. Jeder von den beiden wird also die Absprache brechen und größere Mengen als vereinbart anbieten. Obwohl subjektiv vernünftig handelnd, wählen beide eine objektiv unvorteilhafte Lösung.

3.2. Die Preisbildung in der betrieblichen Praxis
3.2.1. Überblick

Ein zentrales Problem der Preispolitik besteht, wie gesagt, in der Frage, welche Anhaltspunkte ein Anbieter hat, um die Höhe des Entgeltes zu bestimmen, das er für die erbrachte Leistung fordern soll. Sie stellt sich einem Investitionsgüterhersteller, der eine Großanlage verkauft, ebenso wie einem kleinen Einzelhändler, der die Preise der einzelnen Artikel im Sortiment festlegen muß. Dabei werden ihm Modelle, die die klassische Preistheorie bereithält, seine Entscheidung kaum erleichtern. Abgesehen von den realitätsfernen Annahmen der Preistheorie stehen dem auch die utopischen Informationsvoraussetzungen (z. B. Kenntnis der Preis-Absatz-Funktion) im Wege. Die Preisfindung in der Praxis wird im Regelfall also nicht durch ein Optimierungskalkül abgesichert, sondern durch ein auf vorhandene, wenngleich unvollkommene Informationen gestütztes Herantasten an den „optimalen" Preis gekennzeichnet sein.

Entsprechend der im vorausgegangenen Abschnitt angeführten Dreiteilung der Entscheidungsdeterminanten in Kosten, Nachfrage und Wettbewerbsverhalten läßt sich das Problem der **Preisfindung** logisch in drei grundlegende Teile zerlegen:

- Jede Unternehmung muß stets bestrebt sein, ihren Fortbestand zu sichern. Dieses Postulat, das in der Gewerbe- und Umsatzsteuergesetzgebung seinen Niederschlag in der Forderung nach der „Nachhaltigkeit" der wirtschaftlichen Betätigung findet (§ 1 Abs. 1 *Gewerbesteuer-Durchführungsverordnung,* § 2 Abs. 1 Satz 3 *Umsatzsteuergesetz*), beschreibt im betriebswirtschaftlichen Sinne nichts anderes als das Streben nach Deckung der Unternehmensgesamtkosten aus dem Erlös für erbrachte Leistungen. Preispolitisch bedeutet dies, daß der für eine Leistung geforderte Preis immer daraufhin zu prüfen ist, inwieweit er zur Deckung der mit der unternehmerischen Tätigkeit verbundenen Kosten (kurzfristig oder langfristig) beiträgt.

- Indessen würde die unternehmerische Tätigkeit nur altruistisch eingestellten Personen vorbehalten bleiben und auch jegliches Unternehmenswachstum ausschließen, wollte man ihr als vorrangiges Motiv nur Kostendeckung unterstellen. Dementsprechend stattet z. B. das Gewerberecht den Begriff der Unternehmung als Gewerbebetrieb mit dem begriffsnotwendigen Merkmal der Gewinnerzielungsabsicht (§ 1 Abs. 1 *Gewerbesteuer-Durchführungsverordnung*) aus. Im preispolitischen Bereich äußert sich diese in dem Bemühen, für erbrachte Leistungen Preise (= Stückerlöse) zu fordern, die neben der Kostendeckung auch die Erzielung eines (maximalen oder satisfizierenden) Gewinns ermöglichen. Da eine Preisforderung erst nach ihrer Akzeptierung durch die Verbraucher als Erlös wirksam wird, gilt es daher auszuloten, welche Preishöhe einzelne Verbraucher(segmente) hinzunehmen bereit sind.

– In einer Marktwirtschaft steht ein Anbieter in der Regel im Wettbewerb mit anderen. Aus diesem Grunde wird die Höhe des Preises, den die Verbraucher bzw. Nachfrager für ein Gut (noch) zu bezahlen bereit sind, wesentlich davon abhängen, welches Entgelt die Konkurrenten fordern. Die Verbraucher haben bekanntlich die Möglichkeit, durch Abwanderung zu anderen Anbietern einer überhöhten Preisvorstellung auszuweichen.

Die **Determinanten** einer **Preisentscheidung** sind also die Kosten, das Verhalten der Verbraucher (Abnehmer) und das der Wettbewerber. In Abhängigkeit von der beim Preisfindungsprozeß gewählten Blickrichtung kann dementsprechend zwischen einer kosten-, abnehmer- und wettbewerberorientierten Preisbildung unterschieden werden, wodurch gleichzeitig die Richtungen akzentuiert werden, die *Tucker* (1966, S. 19) als „die Eckpunkte des magischen Dreiecks der Preispolitik" bezeichnet.

(1) Kostenorientierte Preisfindung

Eine kostenorientierte Preispolitik geht grundsätzlich davon aus, daß das geforderte Entgelt die Voll- oder zumindest bestimmte Teilkosten decken soll. Die für die Preisgestaltung notwendigen Ausgangsinformationen werden dem betrieblichen Rechnungswesen (Kostenrechnung) entnommen. Das methodische Mittel, das die Kostenrechnung mit der Preisbildung verbindet, ist die Kalkulation. Im Hinblick auf das Preis/Leistungsverhältnis des Angebots stellt die Kalkulation die bei der Erbringung der Leistung entstandenen Kosten dem am Markt hierfür erzielbaren monetären Äquivalent gegenüber. Je nach Ansatz und Ziel nimmt sie dabei zwei Formen an:

(a) Im Wege der **progressiven Kalkulation** wird aus den angefallenen betrieblichen Kosten die Preisforderung errechnet, bei der diese Kosten ganz oder teilweise gedeckt sind. Der grundlegende Mangel dieses Preisbestimmungsverfahrens besteht darin, daß marktbezogene Bestimmungsgrößen (z. B. Preiselastizität der Nachfrage, Wettbewerbsverhältnisse) allenfalls indirekt in die Betrachtung einfließen. Ein auf diese Weise ermittelter Preis gewährleistet keineswegs, daß er am Markt zu realisieren ist.

(b) Mit der **retrograden,** d. h. einer von einem Verkaufspreis rückwärts rechnenden **Kalkulation** wird logischerweise nicht der Verkaufspreis bestimmt. Sie ist vielmehr ein Hilfsmittel, um zu kontrollieren, ob marktbezogene Preise unter Kostengesichtspunkten vertretbar sind. Es geht somit um die betriebswirtschaftliche Tragfähigkeit von solchen Preisen, die die Verbraucher erwarten oder die Konkurrenten nahelegen. Dann werden, ausgehend von einem vorgegebenen Marktpreis, mit Hilfe einer schrittweisen Rückrechnung Preisobergrenzen für den Einkauf sowie die dabei zu erwartenden Beiträge zur Deckung der Fixkosten und zum Gewinn ermittelt.

Eine rein kostenorientierte Preisfindung kann nur in den Marktausschnitten als unproblematisch gelten, in denen das Preisbewußtsein der Nachfrager gering ist, in denen die Käufer folglich eine überhöhte Preisfestsetzung nicht bestrafen resp. eine Preisunterbietung nicht honorieren (vgl. *Böcker* 1987). Für Betriebe mit vergleichsweise ungünstiger Kostenstruktur, die beispielsweise durch fehlende „economies of scale" und eine technologische oder organisatorische Lücke bedingt sein kann, birgt die Kostenorientierung in der Preispolitik die Gefahr eines „sich aus dem Markt Hinausmanövrierens" in sich; denn da hierbei Verkaufspreise stets an den Kosten gemessen werden, kommt es leicht zu einer Zementierung überkommener Kostenstrukturen.

Möglich ist eine kostenorientierte Preispolitik hingegen dort, wo ein extremer Rationalisierungs- bzw. Kostenwettbewerb herrscht, gleichzeitig jedoch ein breiter Konsens darüber besteht, daß die Erzielung eines angemessenen Gewinns jedem Wirtschaftssubjekt zugebilligt werden muß. So gehen Wettbewerber in Japan oft so weit, daß bei Preisverhandlungen beide Kontrahenten ihre Karten, sprich: Kalkulationsunterlagen auf den Tisch legen. Wenn jeder die Kosten des anderen zu beurteilen vermag, ihre zumindest kurzfristig gegebene Unabänderlichkeit anerkennt und die Erzielung eines adäquaten Gewinns als legitim erachtet, bleibt für Preisverhandlungen nicht mehr viel Raum.

(2) Abnehmerorientierte Preisfindung

Die Gefahr einer kostenbedingten Isolation vom Wettbewerbsgeschehen ist dort gebannt, wo die Ausrichtung auf den Markt zu einem expliziten Leitprinzip der Preispolitik wird. Diese kann die Gestalt entweder einer Wettbewerber- oder einer Abnehmerorientierung annehmen. Im letzteren Falle wird die Wertvorstellung der Abnehmer, die diese im Hinblick auf das betreffende Gut hegen, zur zentralen Größe. Dabei interessiert vor allem die Frage, wie ein möglichst hoher Überschuß des für eine Leistung gezahlten Äquivalents über die mit ihrer Erbringung verbundenen Kosten erreicht werden kann. Im Vordergrund steht dabei nicht die Handhabung der Kosten, der Ansatzpunkt liegt vielmehr in der Abschöpfung einer etwaigen Konsumentenrente. Darunter ist die positive Differenz zwischen dem Preis, den die Abnehmer bereit wären zu zahlen, und dem Preis, den sie auf Grund der Marktsituation entrichten müssen, zu verstehen (vgl. *Woll* 1984, S. 199).

Gegenstand abnehmerorientierter Überlegungen bei der Preisfixierung sind dementsprechend die Preisbereitschaft (Preisobergrenzen), die Reaktionen der Nachfrager auf Preisänderungen (Preiselastizität) sowie die Möglichkeiten zur Preisdifferenzierung. Sieht man einmal von der Notwendigkeit, zumindest auf längere Sicht bestimmte Preisuntergrenzen nicht zu unterschreiten, ab, so besteht bei reiner Abnehmerorientierung zwischen der Festsetzung des Preises und den Kosten kein unmittelbarer Zusammenhang. Wenn behauptet wird, daß sich die abnehmerorientierte Preisfindung an der von den Verbrauchern für das Gut gehegten Wertschätzung orientiere, so bedeutet dies nicht, daß diese bereits verfestigt und ausgeprägt sein muß. Im Gegenteil, bei Produkten, bei denen die Konsumenten kaum Vorstellungen von einem angemessenen Preis haben, wird sich die Wertschätzung erst auf Grund des geforderten Preises herausbilden.

Insbesondere bei echten Neuheiten kann ein hohes Entgelt eine solche Signalwirkung entfalten und die Preisbereitschaft positiv beeinflussen.

Eine derartige Politik bei der Einführung neuer Produkte wird als **Abschöpfungsstrategie** (vgl. *Kaiser* 1975, S. 229f.; *Sabel* 1973, S. 436) bezeichnet. Der anfänglich hohe Preis für das neue Produkt, der mit geringeren Absatzmengen und hohen Stückkosten einhergeht, wird erst mit zunehmender Erschließung des Massenmarktes nach unten korrigiert. Auf diese Weise versucht man, bei Innovatoren, die bereit sind, für Neuheiten hohe Preise zu entrichten, die Konsumentenrente abzuschöpfen. Sinnvoll ist ein solches „skimming pricing" vor allem dann, wenn das Marktsegment der Innovatoren groß genug und die Innovation von kurzem Bestand ist. Vorteile dieser Preisstrategie sind darin zu sehen, daß verschiedene Marktinvestitionen aus den hohen Deckungsbeiträgen, die das Produkt abwirft, finanziert werden können. Die größte Gefahr besteht, wie unmittelbar einsichtig, dagegen darin, daß der überhöhte Preis Konkurrenten anlockt. Daher bietet sich eine solche Strategie vor allem für solche Unternehmen an, die exklusiv über bestimmte Ressourcen (Know how, Kapital, Technologie usw.) verfügen.

(3) Wettbewerberorientierte Preisfindung

Eine wesentliche Bestimmungsgröße der Abnehmerreaktionen stellt das Verhalten der Konkurrenten dar. Da die Preisbereitschaft der Bedarfsträger in starkem Maße von der (preislichen) Attraktivität von Alternativangeboten der Mitbewerber abhängt, ist es für einen Anbieter zweckmäßig, bei der Festsetzung seiner Forderungen das besondere Augenmerk auf die Preise seiner Konkurrenten zu richten. Je nach Beschaffenheit des Marktes, insbesondere im Hinblick auf die Anzahl und die Marktmacht der Konkurrenten sowie den Homogenitätsgrad der Güter, eröffnen sich einem Unternehmen drei Strategien, nämlich die **Anpassung** an den **Marktpreis** (z. B. in Gestalt der Unterordnung unter einen Preisführer oder die Anpassung an den Durchschnitt der Preise der Konkurrenten; vgl. *Kotler* 1982, S. 409), eine konsequente **Preisunter-** oder aber eine **Preisüberbietung,** wobei letztere auf einem höheren Goodwill oder einem Qualitätsvorsprung beruhen kann. Charakteristisch für eine solche Preisstellung ist die Gepflogenheit eines Anbieters, seine Preispolitik von der Kostensituation und zum Teil auch vom Abnehmerverhalten abzukoppeln.

Eine wettbewerberorientierte Niedrigpreispolitik bietet sich häufig auch bei der Einführung von neuen Produkten in den Markt an. Bezweckt werden mit einer solchen **Penetrationspreisstrategie** (vgl. *Kaiser* 1975, S. 230; *Sabel* 1973, S. 437) eine rasche Erschließung eines großen Kundenpotentials, die Ausnutzung von „economies of scale" sowie die Abschreckung potentieller Konkurrenten. Mit dem niedrigen Preis wird auch eine Markteintrittsbarriere für sog. Me too-Produkte erreicht. Andererseits können gerade die Anbieter von solchen Erzeugnissen, soweit sie sich dies von der Finanzierung her leisten können, zu einer wettbewerberorientierten Preisunterbietung greifen, um sich im Markt zu etablieren. Die Probleme der subjektiven Wirkung von niedrigen Preisen

(Assoziation minderer Qualität) sowie die Einschränkung des Spielraums für künftige Preisvariationen nach oben auf Grund der Herausbildung eines Referenzpreises im Bewußtsein der Nachfrager bilden die hauptsächlichen Gefahren, denen ein solches Vorgehen ausgesetzt ist.

Die dargestellten Varianten der Preisbestimmung sind im Hinblick auf ihre Entscheidungsrelevanz bei der Preisfindung keineswegs als alternative Vorgehensweisen zu betrachten, deren Anwendung sich gegenseitig ausschließt. Letztlich sind bei einer Preisentscheidung sowohl die Marktverhältnisse als auch die Kostensituation zu berücksichtigen. Wird ein bestimmter marktorientierter Preis angestrebt, so muß man sich in jedem Fall Gewißheit darüber verschaffen, daß die bei der damit verbundenen Absatzmenge anfallenden Kosten durch den Erlös auch gedeckt werden (vgl. Arbeitskreis *Hax* 1980, S. 707).

Eine Preisstellungsmethode, die die kostenorientierte mit der abnehmer- bzw. wettbewerberorientierten Sicht verknüpft, ist der **kalkulatorische Ausgleich**. Praktiziert wird dieser insbesondere bei der simultanen Preisgestaltung für mehrere Produkte. Sein Spezifikum ist zum einen der Verzicht auf eine streng kostenorientierte Preisstellung bei Produkten, die Indikatoren für die Leistungsfähigkeit des Anbieters darstellen und bei denen hohe Preistransparenz herrscht. Zum anderen wird die auf Grund der marktorientierten Preissetzung entstehende Kostenunterdeckung im Rahmen einer Misch- und Verbundkalkulation durch Überdeckung bei anderen Produkten, die z. B. auf der Basis von Analysen über das Verbundkaufverhalten ausgewählt werden, ausgeglichen.

3.2.2. Die kostenorientierte Preisfindung

3.2.2.1. Ausgewählte Kalkulationsverfahren

Für alle Kalkulationsverfahren gilt, daß die Preisfindung die mit der Erbringung einer Leistung zusammenhängenden Kosten als Ansatzpunkt zur Berechnung und Beurteilung eines Verkaufspreises verwendet. Wesentliche Unterschiede bestehen zwischen den einzelnen Kalkulationsschemata vor allem im Hinblick auf zwei Aspekte:

(1) Sollen **alle** im Unternehmen anfallenden Kosten auf die Kostenträger und/oder -stellen verteilt werden, so spricht man von einer Kalkulation auf **Vollkostenbasis**. Werden hingegen nur solche berücksichtigt, die in einem eindeutigen Verursachungszusammenhang mit den Kostenträgern (= Leistungsträgern, Leistungen) stehen, handelt es sich um eine Kalkulation auf **Teilkostenbasis.**

(2) Hinsichtlich des angesprochenen Verursachungszusammenhangs ist es zweckmäßig, vorrangig zwei Arten näher zu betrachten: Unter Verzicht auf eine detaillierte Darstellung möglicher Kriterien zur Gliederung von Kosten (vgl. z. B. *Eisele* 1988, S. 416ff.) erscheinen folgende Aspekte von Bedeutung:

3. Die Bestimmung des Angebotspreises für ein Produkt

- Zurechenbarkeit
- Beschäftigungsabhängigkeit.

Der Verursachungszusammenhang oder, anders ausgedrückt, die Zurechnungsproblematik wird jeweils unterschiedlich konkretisiert. Bezüglich der Zurechenbarkeit ist zwischen **Einzel-** und **Gemeinkosten** zu unterscheiden. Während die ersteren den betrieblichen Kostenträgern (z. B. Produkten) direkt zugerechnet werden können, ist dies bei den letzteren nicht der Fall; sie müssen mit Hilfe von Schlüsseln oder Zuschlagssätzen auf die Kostenträger umgelegt werden.

In bezug auf die Beschäftigungsabhängigkeit der Kosten erfolgt eine Einteilung in **variable** und **fixe.** Fixe Kosten fallen auch dann an, wenn vorhandene Ressourcen nicht genutzt werden, eine Leistung nicht erbracht wird; sie sind also von ihr nicht direkt verursacht, dies im Gegensatz zu den variablen Kosten, bei denen ein direkter (z. B. proportionaler) Zusammenhang zwischen Ausbringung und Kostenanfall besteht.

(1) Kalkulationsverfahren auf Vollkostenbasis

Da mit den Verfahren der Vollkostenkalkulation das Ziel verfolgt wird, Aufschluß darüber zu erhalten, inwieweit ein Preis zur Deckung aller im Unternehmen anfallenden Kosten beiträgt, liegt hier die zentrale Problematik darin, wie die den Kostenträgern nicht direkt zurechenbaren Gemeinkosten möglichst verursachungsgerecht zuzuordnen sind. Das einfachste Kalkulationsverfahren auf Vollkostenbasis ist die **summarische Zuschlagskalkulation,** im Handel auch **Divisionskalkulation** genannt. Hier geht man von der Annahme aus, daß die Kostenträger jeweils Gemeinkosten proportional zur Höhe der ihnen zurechenbaren Einzelkosten bedingen. Dazu setzt man die gesamten Gemeinkosten zu der Summe der Einzelkosten der Kostenträger in Beziehung und berechnet auf diese Weise den Gemeinkostenaufschlag.

Tab. 4.8. enthält ein einfaches Beispiel für die **progressive** Divisionskalkulation, und zwar für fünf Artikel eines Handelsbetriebs. Anzumerken ist dazu, daß hier der Einstandspreis (Einstandskosten) als Einzelkosten, während die übrigen Handlungskosten (Miete, Personalkosten, Werbung etc.) vereinfachend als Gemeinkosten betrachtet werden. Nachdem ein für alle Artikel einheitlicher Handlungskostenaufschlagssatz von 32,9% (3194,7:9700) errechnet wird, ergibt sich kalkülbedingt eine dem Anteil an den Wareneinstandskosten proportionale Belastung der Artikel durch die Gemeinkosten.

Ein wesentlicher Nachteil dieses Verfahrens besteht darin, daß die für die einzelnen Artikel unterschiedlichen Kosteneinflußfaktoren (z. B. Kapitalbindung, Beanspruchung des Verkaufsraums, Beratungsintensität) über einen Kamm geschoren werden. Auch führt der undifferenzierte prozentuale Kostenaufschlag dazu, daß Produkte mit hohem Preis noch teurer werden, während geringwertige Artikel besser wegkommen. Je heterogener also die Sortiments- oder Programmstruktur und das Gefüge der Handlungskosten sind, um so

Tabelle 4.8.: **Beispiel für die summarische Zuschlagskalkulation (Divisionskalkulation)**

Kenngröße	Handlungskosten insgesamt 3 194,7 (in Tsd. DM), Aufschlag = 32,9 %				
	Abteilung X			Abteilung Y	
	Artikel A	Artikel B	Artikel C	Artikel D	Artikel E
(1) Absatz (in Tsd. Stück)	170	510	290	530	690
(2) Wareneinstandskosten (in Tsd. DM)	1 300	2 800	2 000	1 500	2 100
(3) Handlungskostenaufschlag (in Tsd. DM) (2)×0,329	428,2	922,2	658,7	494,0	691,6
(4) Selbstkosten (in Tsd. DM) (2)+(3)	1 728,2	3 722,2	2 658,7	1 994,0	2 791,6
(5) Gewinnaufschlag von 10 % auf Wareneinstandskosten (in Tsd. DM) (2)×0,10	130	280	200	150	210
(6) Angestrebter Erlös (in Tsd. DM) (4)+(5)	1 858,2	4 002,2	2 858,7	2 144,0	3 001,6
(7) Angestrebter Stückpreis (in DM) (6):(1)	10,93	7,84	9,86	4,05	4,35

weniger eignet sich die Divisionskalkulation als Entscheidungshilfe bei der Preisfindung.

Bei der **retrograden** Rechnung geht man von einem gegebenen oder geplanten Preis auf dem Absatzmarkt aus und errechnet diejenigen Einstandskosten, die auf dem Beschaffungsmarkt maximal akzeptiert werden können, um über den anvisierten Verkaufspreis die direkten und indirekten Handlungskosten abdecken zu können sowie den angestrebten Gewinn zu erzielen.

Eine gerechtere Aufschlüsselung der Gemeinkosten auf einzelne Kostenträger ermöglicht die **differenzierende Zuschlagskalkulation**, im Handel auch **Abteilungskalkulation** genannt. Voraussetzung für ihre Durchführung ist eine detaillierte Betriebsabrechnung, die neben einer Kostenartenrechnung auch eine Kostenstellenrechnung enthält. Die Einteilung des Unternehmens in Kostenstellen kann nach vielfältigen Kriterien vorgenommen werden, so z.B. nach räumlichen Gesichtspunkten, nach Funktionen und nach Verantwortungsbereichen (Abteilungen, Artikelgruppen etc.; vgl. *Eisele* 1988). Die Logik der Kostenstellenbildung besteht darin, daß es häufig Kostenarten gibt, die zwar nicht direkt einer Leistung, wohl aber der für die Leistungserbringung zuständigen Kostenstelle zugeordnet werden können (Kostenstelleneinzelkosten).

Die Stellenkosten, die zugleich Artikelgemeinkosten sind, umfassen die direkt zurechenbaren Stelleneinzelkosten sowie die der Kostenstelle nach einem bestimmten Umlageschlüssel zugeordneten Stellengemeinkosten. Mit Hilfe der aus der Betriebsabrechnung gewonnenen Gemeinkostenzuschlagssätze werden dann die Stellenkosten den Einzelkosten der innerhalb der Kostenstelle erbrachten Leistungen angelastet.

In Anlehnung an Tab. 4.8. zeigt Tab. 4.9. eine progressive differenzierende Kalkulation für fünf Artikel. Für die betrachteten Erzeugnisse sind die Abteilungen X und Y des Handelsunternehmens zuständig. Die letzte Zeile in Tab. 4.9. verdeutlicht den Unterschied zwischen den im Wege der summarischen Kalkulation und den durch eine differenzierende Vorgehensweise ermittelten Preisen. Durch die verursachungsgerechte Zuordnung der Gemein-, d.h. Handlungskosten verwandelt sich die ursprünglich für das gesamte Unternehmen einheitlich geltende Handlungskostenbelastung (32,9% bezogen auf die Einstandskosten) in zwei nach Abteilungen unterschiedliche Belastungsquoten: 37,9% in der Abteilung X und 24,5% in der Abteilung Y. Daher sind die Preise der kostenintensiveren Artikel A, B und C im Vergleich zur pauschalierenden summarischen Zuschlagskalkulation ausnahmslos höher geworden. Offenkundig waren vorher Teile der von ihnen verursachten Kosten auf Grund des einheitlichen Zuschlags von den Artikeln D und E mitgetragen worden. Durch die differenzierende Zuschlagskalkulation versucht man sicherzustellen, daß kein Kostenträger mit Gemeinkosten belastet wird, die in einer anderen Kostenstelle anfallen.

Tabelle 4.9.: **Beispiel für die differenzierende Zuschlagskalkulation (Abteilungskalkulation)**

Kenngröße	Kostenstelle insgesamt	Abteilung X				Kostenstelle insgesamt	Abteilung Y	
		Artikel A	Artikel B	Artikel C			Artikel D	Artikel E
(1) Absatz (in Tsd. Stück)	970	170	510	290		1 220	530	690
(2) Einstandskosten in Tsd. DM (in Prozent der Zeilensumme)	6 100 (100)	1 300 (21,3)	2 800 (45,9)	2 000 (32,8)		3 600 (100)	1 500 (41,7)	2 100 (58,3)
(3) Handlungseinzelkosten in Tsd. DM (Lagerhaltungskosten, Versandkosten, Manipulationskosten u. ä.)	1 200	300	500	400		400	200	200
(4) Artikeleinzelkosten (2) + (3)	7 300	1 600	3 300	2 400		4 000	1 700	2 300
(5) Kostenstelleneinzelkosten in Tsd. DM (geschlüsselt nach Einstandskosten) (Personalkosten, Raumkosten, Energiekosten, Werbekosten u. ä.)	800	170,4	367,2	262,4		300	125,1	174,9
(6) Kostenstellengemeinkosten in Tsd. DM (5,1 % von den Einstandskosten) (Allgemeine Verwaltung, Abschreibungen auf Anlagen, nicht zurechenbare Kosten des Fuhrparks u. ä.)	311,1	66,3	142,8	102,0		183,6	76,5	107,1

3. Die Bestimmung des Angebotspreises für ein Produkt

Kenngröße	Abteilung X				Abteilung Y		
	Kostenstelle insgesamt	Artikel A	Artikel B	Artikel C	Kostenstelle insgesamt	Artikel D	Artikel E
(7) Selbstkosten in Tsd. DM (4)+(5)+(6)	8411,1	1836,7	3810,0	2764,4	4483,6	1900,6	2582,0
(8) Gewinnaufschlag in Tsd. DM (10% von den Einstandskosten) (2)×0,10	610,0	130,0	280,0	200,0	360,0	150,0	210,0
(9) Angestrebter Erlös in Tsd. DM (7)+(8)	9021,1	1966,7	4090,0	2964,4	4843,6	2051,6	2792,0
(10) Stückpreis in DM (9):(1)	–	11,57	8,02	10,22	–	3,87	4,05
Stückpreis nach der Divisionskalkulation (aus Tab. 4.8.)	–	10,93	7,84	9,86	–	4,05	4,35

310   § 4 Entgeltpolitik

Der fundamentale Nachteil der **vollkostenorientierten Kalkulationsverfahren** ist das Streben nach Kostendeckung ohne Rücksicht auf die Marktverhältnisse. Wie gefährlich eine solche Preispolitik dann wird, wenn die Fixkosten des Unternehmens auf der Basis der jeweiligen Istbeschäftigung auf die Kostenträger verrechnet werden, veranschaulicht Abb. 4.15.

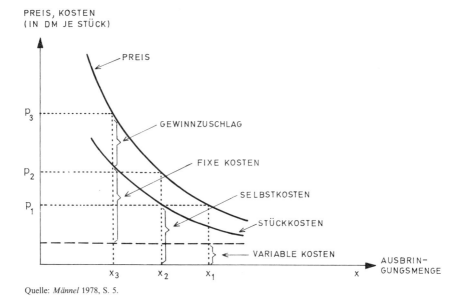

Quelle: *Männel* 1978, S. 5.

Abb. 4.15.: Auswirkungen der Vollkostenkalkulation auf die Preishöhe bei negativ geneigter Preis-Absatz-Funktion

Das Unternehmen in unserem Referenzfall strebt die Deckung aller Kosten sowie die Erzielung eines Gewinns an. Dies erfordert, daß der Stückpreis die Selbstkosten und einen prozentualen Gewinnzuschlag enthält. Die kalkulatorisch ermittelten Stückselbstkosten (Einzel- plus geschlüsselte Gemeinkosten) sind, da nur andere Betrachtungsebenen desselben Sachverhalts, gleich der Summe aus variablen und fixen Stückkosten. Während jedoch die ersteren bei einem Absatzrückgang ($x_1 \to x_2$) konstant bleiben (Proportionalität vorausgesetzt), werden die Anteile der Fixkosten, die jedes Stück zu tragen hat, immer größer; analoges gilt für den Gewinnzuschlag pro Stück. Daraufhin reagieren die Abnehmer (bei negativ geneigter Preis-Absatz-Funktion) mit einem weiteren Nachfragerückgang ($x_2 \to x_3$). Auf diese Absatzsituation wird ein auf Vollkostenbasis kalkulierender Anbieter mit einer erneuten Preissteigerung reagieren. Seine Beschäftigungslage und seine Konkurrenzfähigkeit verschlechtern sich bei dieser Strategie von Periode zu Periode immer weiter.

Zwar gibt es Kostenrechnungsverfahren, die bei der Verteilung der Fixkosten auf die Kostenträger nicht auf die effektive, sondern auf die Normal-, Plan- oder Durchschnittsbeschäftigung abstellen, so daß eine Zunahme der Gemeinkostenzuschläge bei rückläufigem Auslastungsgrad vermieden wird, doch bieten auch diese Verfahren keinen Schutz vor Kostenunterdeckung. Sind die auf diese Weise ermittelten Preise im Vergleich zu denen anderer Wettbewerber zu hoch, müssen die Anbieter Nachfragerückgänge hinnehmen, die sie trotz „richtiger" Kalkulation in die Verlustzone bringen.

(2) Kalkulationsverfahren auf Teilkostenbasis

Den Problemen, die die direkt oder auf Basis einer Schlüsselung erfolgende Einbeziehung aller im Unternehmen anfallenden Kosten in die Preisfindung mit sich bringt, weicht die **Kalkulation** auf **Teilkostenbasis** aus. Sie löst den Gesamtkostenblock in Elemente, die dem Kostenträger angelastet, und solche, die ihm nicht angelastet werden, auf. Dementsprechend kann der für eine Leistung (= Kostenträger) erzielbare oder angestrebte Verkaufspreis daraufhin überprüft werden, ob er zumindest die zweifelsfrei mit ihr verbundenen Kosten deckt. Ist der Verkaufspreis höher als diese, stellt die Differenz zwischen dem Preis und der so ermittelten Kostenbelastung einen Beitrag zur Deckung des Blocks der sonstigen, keinem Kostenträger direkt zuzurechnenden Kosten dar. Aus den Deckungsbeiträgen aller Leistungsträger verbleibt nach Abzug dieses Kostenblocks gegebenenfalls ein Gewinn.

Je nachdem, hinsichtlich welcher Kostenarten die Kostenauflösung erfolgt, lassen sich grundsätzlich zwei Verfahren der teilkostenorientierten Kalkulation unterscheiden, das **Direct Costing** und die **Deckungsbeitragsrechnung** auf der Basis von **relativen Einzelkosten.**

Für das (einfache und mehrstufige) **Direct Costing** ist vorrangig die Auflösung der Gesamtkosten in variable und fixe Bestandteile kennzeichnend. Erstere werden den Kostenträgern zugerechnet, letztere nicht. Schematisch läßt sich das Direct Costing wie folgt darstellen:

$$\begin{array}{r}\text{Erlös}\\ \underline{\text{./. variable Kosten}}\\ = \text{Deckungsbeitrag}\end{array}$$

Die Tatsache, daß der Deckungsbeitrag eine Restgröße ist, macht die dominante Aufgabenstellung des Kalküls als retrogrades Kalkulations- und Kontrollinstrument deutlich. Es leuchtet unmittelbar ein, daß dieses Verfahren ebensowenig wie die Vollkostenrechnung die Bestimmung eines kostengerechten Verkaufspreises zuläßt, da das primäre Ziel der Preispolitik, über die Verkaufserlöse letztlich für eine Deckung aller Kosten und die Erzielung eines Gewinns zu sorgen, auf Grund der ausschließlichen Berücksichtigung von variablen Kosten nicht erreicht werden kann.

Soll das Direct Costing als Mittel der progressiven Kalkulation eingesetzt werden, so behilft man sich mit einem Soll-Deckungsbeitrag, der so bemessen sein sollte, daß die angestrebte Kostendeckung insgesamt erreicht wird. Werden die Soll-Deckungsbeiträge einheitlich und schematisch zu den variablen Kosten hinzugefügt, kommt es zu einer der Vollkostenrechnung analogen Situation der Zuschlagskalkulation. Gleichwohl ist die Festsetzung von Soll-Deckungsbeiträgen ein vergleichsweise flexibleres Instrument, das eine stärker auf die Marktverhältnisse abgestellte Preisfindung ermöglicht und deshalb als preispolitische Entscheidungshilfe der Vollkostenrechnung überlegen ist.

Im Unterschied zum Direct Costing löst man bei der **Deckungsbeitragsrechnung** auf der Basis **relativer Einzelkosten** (vgl. *Riebel* 1985) den Gesamtkostenblock in Einzel- und Gemeinkosten auf. Auch hier stellt der Deckungsbeitrag jenen monetären Betrag dar, der nach Abzug der direkt zugerechneten Kosten den Block der Gemeinkosten reduzieren hilft. Auf die für den Ansatz von *Riebel* typische Aufspaltung dieser Kosten nach Maßgabe von Ketten hierarchisch geordneter Bezugsgrößen wird hier nicht näher eingegangen (vgl. hierzu *Riebel* 1985).

Abschließend sei kurz auf die Unterschiede hingewiesen, die sich aus den Ansätzen der Vollkosten- und der Teilkostenkalkulation für die Beurteilung von Verkaufspreisen ergeben. Hierzu bietet sich ein einfaches Rechenbeispiel gemäß Tab. 4.10. an: In einer Abteilung eines Handelsunternehmens, in der die Artikel A, B und C angeboten werden, lasse sich der für A errechnete Kostendeckungspreis am Markt nicht durchsetzen. Mit einem realisierten Preis von DM 8,99 beschert der Artikel A dem Unternehmen, wie mit Hilfe einer retrograden Vollkostenkalkulation (vgl. Tab. 4.10.) festgestellt wird, Verluste. Die durch diese Feststellung untermauerte Entscheidung über die Eliminierung dieses Artikels aus dem Sortiment erweist sich indessen als falsch. Wie die Deckungsbeitragsrechnung auf Einzelkostenbasis beweist, wird sich ein solcher Entschluß in einer Verminderung des Gewinns niederschlagen.

Zu erklären ist dies damit, daß der vermeintliche Verlustbringer immerhin einen Beitrag von DM 228,30 zur Deckung des Gemeinkostenblocks (Handlungskostenblock) leistet, einen Betrag, der nunmehr von den im Sortiment verbleibenden Artikeln zu absorbieren ist. Vereinfacht ausgedrückt stellen also die Einzelkosten von A eine Preisuntergrenze dar, deren Überschreiten das Weiterführen eines vermeintlichen Verlustartikels im Sortiment durchaus rechtfertigt.

3.2.2.2. Kostenwirtschaftliche Preisuntergrenzen

In Anlehnung an *Raffée* (1974, S. 145) soll unter Preisuntergrenze jene Höhe des Entgelts für eine betriebliche Leistung verstanden werden, bei deren Unterschreitung der Verzicht auf die Leistungserbringung zu einem bestimmten Zeitpunkt nach der Zielsetzung des Entscheidungsträgers geboten erscheint.

Tabelle 4.10.: **Vergleich der vollkosten- und der teilkostenorientierten Kalkulation an einem Beispiel**

Summarische Zuschlagskalkulation

Kenngröße	Artikel A	Artikel B	Artikel C
(1) Verkaufspreis (DM)	8,99	8,12	10,20
(2) Absatzmenge (Tsd. St.)	170	510	290
(3) Erlös (Tsd. DM)	1528,3	4140,8	2957,7
(4) Einstandskosten (Tsd. DM)	1300,0	2800,0	2000,0
(5) Handlungskosten (Tsd. DM) Handlungskostenaufschlag auf Einzelkosten = 37,89%	492,5	1060,8	757,7
(6) Erfolg je Artikel (Tsd. DM) [(3)−(4)−(5)]	−264,2	280,0	200,0
(7) Gewinn der Abteilung X (Tsd. DM)		215,8	

„Verlustbringer"

Deckungsbeitragsrechnung auf der Basis relativer Einzelkosten

Kenngröße	Artikel A	Artikel B	Artikel C
(1) Verkaufspreis (DM)	8,99	8,12	10,20
(2) Absatzmenge (Tsd. St.)	170	510	290
(3) Erlös (Tsd. DM)	1528,3	4140,8	2957,7
(4) Einstandskosten (Tsd. DM)	1300,0	2800,0	2000,0
(5) Deckungsbeitrag je Artikel (Tsd. DM) [(3)−(4)]	228,3	1340,8	957,7
Summe der Artikeldeckungsbeiträge		2526,8	
(6) Handlungskosten der Abteilung X (Tsd. DM)		2311,0	
(7) Erfolg der Abteilung X (Tsd. DM)		215,8	

Deckungsbeitragsrechnung nach Eliminierung von A

(5a) Deckungsbeitrag je Artikel (Tsd. DM)	1340,8	957,7
Summe der Artikeldeckungsbeiträge	2298,5	
(6a) Handlungskosten der Abteilung X (Tsd. DM)	2311,0	
(7a) Erfolg der Abteilung X (Tsd. DM)	−12,5	

Entsprechend der Vielfalt von betrieblichen Zielsetzungen kann zwischen verschiedenen Preisuntergrenzen unterschieden werden, so z. B. zwischen finanzwirtschaftlichen (liquiditätsmäßigen) und leistungs- bzw. erfolgswirtschaftlichen, zu denen auch kostenwirtschaftliche gehören.

In bezug auf die letzteren wird üblicherweise zwischen **kurz-** und **langfristigen Preisuntergrenzen** differenziert. Hierzu bietet es sich an, von einem bestimmten Preisniveau ausgehend, die Auswirkungen von Preissenkungen auf die Kostendeckung eines Polypolisten zu untersuchen. Abb. 4.16. vermittelt folgende Einrichtungen:

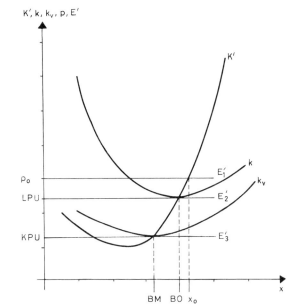

Dabei bedeuten:
K' = Grenzkosten
k = Stückkosten
k_v = Variable Stückkosten
p = Preis
E' = Grenzerlös
x = Ausbringungsmenge
LPU = langfristige Preisuntergrenze
KPU = kurzfristige Preisuntergrenze
BM = Betriebsminimum
BO = Betriebsoptimum

Abb. 4.16.: Preisuntergrenzen eines Polypolisten bei ertragsgesetzlichem Kostenverlauf

– p_0 ($= E'_1$): Bei der Ausbringung x_0 ist der Preis p_0 größer als die Stückkosten k. Das Unternehmen deckt alle Kosten und erwirtschaftet Gewinn.

– LPU ($= E'_2$): Sinkt bei ungünstiger Marktsituation der Preis, so verringert sich zunächst einmal der erzielte Gewinn, bis der Preis eben noch die im Punkt LPU niedrigsten (betriebsoptimalen) Stückkosten k deckt. Das Unternehmen erwirtschaftet bei diesem Preis und dieser Ausbringungsmenge keinen Gewinn, vermag jedoch angesichts der Vollkostendeckung die Produktion längerfristig aufrechtzuerhalten. Der Punkt LPU kann also als die langfristige Preisuntergrenze bezeichnet werden.

– *KPU* (= E'_3): Sinkt das Preisniveau weiter, geht dies zu Lasten der Substanz. Fortan werden nicht mehr alle Kosten voll gedeckt. Mit dem neuen Preisniveau wird zugleich die kurzfristige Untergrenze erreicht. In diesem Punkt (*KPU*) wird kein Deckungsbeitrag mehr erwirtschaftet, das Unternehmen schießt bei jedem Auftrag Geld zu. Sinkt das Preisniveau noch weiter, so muß, wenn nicht akquisitorische, finanzwirtschaftliche oder andere schwerwiegende Gründe dagegen sprechen, die Produktion eingestellt werden, da nunmehr nicht einmal mehr die mit der Leistungserbringung direkt verbundenen variablen Kosten gedeckt werden.

Typische Entscheidungsanlässe, in denen Preisuntergrenzen Bedeutung erlangen, sind die **Weiterproduktion** bzw. **Stillegung** von **Betriebsteilen** und die **Annahme** bzw. **Ablehnung** von **Zusatzaufträgen**. Die Ermittlung von kostenwirtschaftlichen Preisuntergrenzen geschieht hierbei im allgemeinen im Rahmen der **Deckungsbeitragsrechnung,** die für nicht voll ausgelastete Betriebe bzw. Betriebsteile auf die variablen Kosten der zu kalkulierenden Leistung abstellt. Dahinter steckt die Überlegung, daß von unterbeschäftigten Betrieben kurzfristig jeder Preis, der über dieser Schwelle liegt, akzeptiert werden kann, da die betreffende Leistung etwas zur Abdeckung der vom Unternehmen zu tragenden (Fix-)Kosten beisteuert. Der Preissteller kann daraus wertvolle Hinweise auf mögliche Preiszugeständnisse gewinnen. Dazu ein Beispiel:

Die Zeitschrift *Automobiltechnik* mit einer Druckauflage von 200 000 Exemplaren und 195 000 verkauften Heften veröffentlicht in ihrer jüngsten Ausgabe einen Autotest, bei dem eine bestimmte Marke besonders gut abschneidet. Deren Hersteller fragt nun beim Verlag an, ob dieser bereit sei, für eine große Werbeaktion 200 000 Exemplare dieses Heftes zu einem Stückpreis von DM 0,80 nachzudrucken.

Bei der Entscheidung über die Annahme oder Ablehnung dieses Zusatzauftrages wirft der Verleger zunächst einen Blick in seine Bücher (vgl. Tab. 4.11.):

Tabelle 4.11.:

Hypothetisches Beispiel einer kurzfristigen Erfolgsrechnung eines Zeitschriftenverlags

Fixkosten pro Nummer	DM 200 000,-
(Abschreibungen für Druckmaschinen, Bedienungspersonal u. ä.)	
Variable Kosten bei 200 000 Heften	DM 150 000,-
(Papier, Farbe, Druckerschwärze, ...)	
Gesamtkosten	DM 350 000,-
Gesamterlös für 195 000 verkaufte Exemplare	DM 390 000,-
Gewinn	DM 40 000,-

Zur Beurteilung des Zusatzgeschäftes macht der Verleger nun folgende Rechnung auf (vgl. Tab. 4.12.):

Tabelle 4.12.:

Erlös und Kosten pro Heft vor Annahme eines zusätzlichen Auftrags

Selbstkosten/Heft	DM 1,75
davon: Anteilige Fixkosten/Heft	DM 1,00
Variable Kosten/Heft	DM 0,75
Verkaufserlös/Heft	DM 2,00
Erlös aus Zusatzgeschäft/Heft	DM 0,80

Wie eine Anfrage bei der hauseigenen Druckerei ergibt, bestehen zur Zeit, saisonal bedingt, keine Kapazitätsengpässe, so daß der Zusatzauftrag von Seiten der Produktion angenommen werden könnte. Die Frage lautet also: Welche Zusatzerlöse stehen welchen Zusatzkosten gegenüber? Lohnt sich die Auftragsannahme, obwohl der Erlös aus dem Zusatzauftrag DM 0,80 pro Heft beträgt, der auf Vollkostenbasis ermittelte Selbstkostenpreis der bisherigen Produktion sich aber auf DM 1,75 beläuft?

Bei seiner Entscheidung kann der Verleger den Block der Fixkosten außer acht lassen, weil dieser vorhanden ist, gleichgültig, ob der Zusatzauftrag ausgeführt wird oder nicht. Entscheidungsrelevant aus kostenwirtschaftlicher Sicht sind lediglich die variablen Kosten, die im Rahmen des Zusatzauftrages entstehen. Sie müssen durch den Zusatzerlös mindestens gedeckt werden. Im vorliegenden Fall liegt eine Kostenüberdeckung vor; der Zusatzauftrag führt zu einer Verbesserung der Gewinnsituation. Der Verleger wird sich demnach für die Annahme des Zusatzauftrages entscheiden, wodurch sich ein um DM 10 000,– verbessertes Ergebnis für das Gesamtunternehmen einstellt (siehe Tab. 4.13.).

Tabelle 4.13.:

Erlöse und Kosten unter Einbeziehung eines zusätzlichen Auftrags

Hauptgeschäft:	
Gesamtkosten	DM 350 000,–
Gesamterlös	DM 390 000,–
Zusatzgeschäft:	
Variable Kosten	DM 150 000,–
Erlös	DM 160 000,–
Gewinn insgesamt	DM 50 000,–

Die dem skizzierten Fall zugrunde liegende Aufgabenstellung soll kurz variiert werden: Angenommen, der Verleger werde von der Automobilfirma gedrängt, bei einer um 10% höheren Abgabemenge noch einen Preisnachlaß von 10% einzuräumen (DM 0,72/Ex.). Wie ist die Sachlage jetzt zu beurteilen?

Ein Erlös von DM 0,72/Ex. würde in diesem Fall nicht einmal mehr die variablen Kosten abdecken, d.h. pro Exemplar müßte der Verleger DM 0,03 zuschießen. Der Zusatzauftrag wäre also zumindest aus kostenwirtschaftlicher Sicht abzulehnen. Denkt man allerdings an die Erhöhung der durchschnittlich verkauften Auflage, so würde man durch die davon ausgelöste Anhebung der Anzeigenpreise den winzigen Verlust vermutlich mehr als wettmachen.

Besondere Aufmerksamkeit verdient im Zusammenhang mit Zusatzaufträgen die Frage, ob diese ohne Entstehung von Kapazitätsengpässen abgewickelt werden können. Erscheint dies nicht gewährleistet, muß ein Zusatzgeschäft zusätzlich die Opportunitätskosten der „verdrängten" Kapazität tragen, wodurch sich die Preisuntergrenze entsprechend erhöht. Es darf auch nicht übersehen werden, daß sich durch die Übernahme eines zusätzlichen Auftrages in bestimmten Betriebsbereichen oder in künftigen Perioden (Verwaltung bzw. Serviceverpflichtungen etc.) Kostensteigerungen ergeben können, die bei einer nur kurzfristigen Disposition möglicherweise unberücksichtigt bleiben.

Wichtig ist es insbesondere auch zu erkennen, daß die auf dem Wege der Deckungsbeitragsrechnung ermittelte kostenwirtschaftliche Preisuntergrenze keineswegs die absolute, ökonomisch allein noch vertretbare Schwelle darstellt. Im Zuge von **Verbundkäufen** mit anderen Produkten, die vorteilhafter kalkuliert sind, oder in der Hoffnung auf **Folgeaufträge,** die die Hinnahme von kurzfristigen Gewinneinbußen angesichts längerfristiger Erfolgsaussichten gerechtfertigt erscheinen lassen, können auch Preise, die unterhalb der „normalen" kostenwirtschaftlichen Preisuntergrenze liegen, ökonomisch sinnvoll sein. Das Gleiche gilt beispielsweise für den Fall, daß ein Anbieter bei der Verfolgung einer konsequenten **Preisunterbietungsstrategie** bewußt die Unterschreitung der Preisuntergrenze in Kauf nimmt, um bestimmte Marketing-Ziele zu erreichen. Das Preisuntergrenzen-Kalkül liefert in diesem Fall allerdings genaue Informationen darüber, welche Erlöseinbußen das Unternehmen bei einer solchen Marktstrategie in Kauf nehmen muß.

Eine Gefahr des leichtfertigen Umgangs mit Preisuntergrenzen resultiert aus der Tatsache, daß die Deckungsbeitragsrechnung zu einer allzu nachgiebigen Preispolitik verführen kann, wenn aus dem Vorliegen eines Deckungsbeitrages vorschnell auf einen preispolitischen Spielraum geschlossen wird (vgl. *Männel* 1978, S. 13). Das Erwirtschaften eines Deckungsbeitrages bzw. die bloße Abdeckung variabler Kostenbestandteile reicht, wie jeder weiß, weder zur Deckung der Fixkosten noch zur Gewinnerzielung aus.

3.2.2.3. Grundprobleme des kalkulatorischen Ausgleichs

Die bisher angestellten Überlegungen machen folgendes deutlich: Ein Unternehmen, das die Erzielung eines ökonomischen Erfolges anstrebt, wird dies u. a. dann erreichen, wenn es für jede einzelne Leistung (Gut, Produkt, Leistungsträger) einen Preis fordert, der mindestens die speziell durch diese Leistung verursachten Kosten abdeckt. Eine solche Preisbildung orientiert sich am sog. **Kostenprinzip (Verursachungsprinzip).** Im Falle eines Ein-Produkt-Unternehmens reduziert sich die Aufgabe letztlich auf die vollständige Erfassung der Kosten (plus Gewinnvorgabe) für eine Periode und die Verteilung des Betrages auf die abzusetzende Stückzahl. Die Tatsache, daß ein Anbieter mehrere oder gar viele Leistungsträger führt (so umfassen die Sortimente großer Warenhäuser weit über 100 000 Artikel), kompliziert zwar die verursachungsgerechte Zuordnung vieler Kostenarten, ändert jedoch prinzipiell nichts an der Vorgehensweise.

Bei der Anwendung des Verursachungsprinzips geht man von der Annahme aus, daß der so ermittelte (Kosten-)Preis von den Verbrauchern akzeptiert und von den Konkurrenten hingenommen, also nicht unterboten wird. Es erscheint müßig auszuführen, daß die Annahme, der kostenorientierte Preis könne problemlos am Markt durchgesetzt werden, zumindest auf Käufermärkten, auf denen Wettbewerber aus unterschiedlichen Situationen heraus (verschiedene Gewinnanspruchsniveaus, unterschiedliche Kostenstrukturen u.ä.) ihre Preise autonom festsetzen, problematisch ist.

Was geschieht, wenn ein mindestens alle Kosten deckender Preis auf dem Markt nicht durchzusetzen ist? Sofern dies bei **allen** Leistungsträgern der Unternehmung der Fall ist, hängt die Entscheidung über ihren Fortbestand letztlich davon ab, welche der zuletzt angesprochenen kostenwirtschaftlichen Preisuntergrenzen für wie lange unterschritten werden. Lassen sich jedoch die Preise von **nur einigen** Produkten auf dem Markt nicht realisieren oder erscheint in bezug auf bestimmte Teile des Produktionsprogramms bzw. Sortiments eine den Kostenpreis unterschreitende Preisstellung akquisitorisch sinnvoll, während für die übrigen Produkte ein preispolitischer Spielraum erkennbar ist, so gilt es folgendes zu beachten: Die gesamtbetriebliche Kostendeckung sowie ein positiver Erfolg sind häufig auch erreichbar, wenn die Summe der bei verschiedenen Leistungen anfallenden Kosten auf die Produkte (Leistungs- und Kostenträger) nicht nach dem Ausmaß der Verursachung, sondern nach anderen Gesichtspunkten verteilt wird (vgl. *Schmitz* 1968, S. 7).

Dies bedeutet nichts anderes, als daß die Unternehmung bei einzelnen Produkten ihre Forderung an dem Grundsatz ausrichtet: „what the traffic will bear". Ein solches preispolitisches Verhalten orientiert sich am **Wert-** bzw. **Tragfähigkeitsprinzip**. Dieses knüpft an der Erfahrung an, daß, bedingt durch bestimmte Wettbewerbs- und Nachfragesituationen, im Leistungsprogramm einer Unternehmung ergebnisstarke und -schwache Produkte nebeneinander vorkommen. Im Hinblick auf das Gesamtresultat müssen also im Wege des kalkulatorischen Ausgleichs[1] die hohen Deckungsbeiträge und damit u.U. Gewinne einzelner Leistungsträger die niedrigen Deckungsbeiträge (und etwaigen Verluste) anderer, ergebnisschwacher, mindestens kompensieren.

Die Unterscheidung zwischen **Ausgleichsträgern** und **Ausgleichsnehmern** im Leistungsprogramm impliziert, daß es einen je nach unternehmerischer Zielset-

---

[1] Synonym dazu werden in der Literatur Begriffe wie Misch-, Kompensations-, Ausgleichs-, Sortimentskalkulation, Erfolgsausgleich und preispolitische Gewinndifferenzierung verwendet.

3. Die Bestimmung des Angebotspreises für ein Produkt   319

zung vorzugebenden stückbezogenen Erlösgrenzwert gibt, der von den ersten über- und von den letzteren unterschritten werden darf bzw. muß.

In der Literatur finden sich unterschiedliche Ansätze zur Festlegung dieses Grenzwertes. Einmal wird er dem Äquivalent der Durchschnittskosten eines Artikels gleichgesetzt (vgl. z. B. die zweite von drei Ausgleichsebenen bei *Gümbel* 1963, S. 215); andere Autoren plädieren für die vollen Stückkosten (vgl. *Horacek* 1950, S. 17ff.) oder die Artikeleinzelkosten (vgl. *Hansen* 1976, S. 357).

Tabelle 4.14.:

Rechenbeispiel für den kalkulatorischen Ausgleich im Einzelhandel

	ARTIKEL A	ARTIKEL B	ARTIKEL C
(1) (GEPLANTER) ABSATZ IN TSD. STÜCK	170	510	290
(2) ANGESTREBTER ERLÖS IN TSD. DM	1966,7	4090,0	2964,4
(3) KOSTENORIENTIERTER STÜCKPREIS IN DM	11,57	8,02	10,22
(4) REALISIERBARER STÜCKPREIS IN DM	9,98	–	9,99
(5) = (1) · (4) REALISIERBARER ERLÖS IN TSD. DM (Absatz × realisierbarer Stückpreis)	1696,6	–	2897,1
(6) = (5) – (2) UNTERDECKUNG IN TSD. DM	– 270,1	–	– 67,3
(7) = Σ AGGREGIERTES ERLÖSDEFIZIT DER AUSGLEICHSEMPFÄNGER IN TSD. DM	–	– 337,4	–
(8) = (2) – (7) ANGESTREBTER ERLÖS NACH DEM KALKULATORISCHEN AUSGLEICH IN TSD. DM	–	4427,4	–
(9) = (8) : (1) STÜCKPREIS NACH DEM KALKULATORISCHEN AUSGLEICH IN DM	9,98	8,68	9,99

In Tab. 4.14. wird der Sachverhalt an einem Zahlenbeispiel aus dem Handelsbereich illustriert, das auf dem bereits dargestellten Fall der differenzierenden Zuschlagskalkulation aufbaut und sich wiederum auf die Abteilung X konzentriert. Hierzu einige Anmerkungen:

- Die für die Artikel A und C ermittelten Stückkostenpreise (11,57 DM resp. 10,22 DM, vgl. Tab. 4.9., Zeile 10) seien auf dem Markt nicht durchsetzbar. Durchaus realisierbar erscheinen dem Preissteller dagegen in beiden Fällen gebrochene Preise knapp unter der 10 DM-Schwelle.

- Die Anpassung der Preise von A und C an das marktübliche Preisniveau führt jedoch zu einem Mindererlös; beide Artikel rutschen unter den durch den angestrebten Erlös determinierten Grenzwert, der volle Kostendeckung sowie einen Gewinnzuschlag von 10% auf die Einstandskosten sichern würde. Vergleicht man die realisierbaren Erlöse (vgl. Tab. 4.14., Zeile 5) mit den Selbstkosten gem. Tab. 4.9., Zeile 7, so erweist sich A als echter Verlustartikel (1696,6 − 1836,7 = −140,1 Tsd. DM), während C einen Gewinn abwirft (2897,1 − 2764,4 = 132,7 Tsd. DM), wobei dieser jedoch geringer als die Gewinnvorgabe von 200,0 Tsd. DM (vgl. Tab. 4.9., Zeile 8) ist.

- Um auf einen Gewinnaufschlag über alle drei Produkte von 10% zu kommen, muß B nicht, wie nach der ursprünglich kostenorientierten Kalkulation vorgesehen, zu DM 8,02, sondern zu dem am Markt offenbar durchsetzbaren Preis von DM 8,68 verkauft werden. Was also A und C (−337,4 Tsd. DM) nicht zu leisten vermögen, muß von B zusätzlich bewältigt werden.

Ein solcher kalkulatorischer Ausgleich zwischen den Leistungsträgern in einer Periode, die für die Preispolitik von Handelsbetrieben gang und gäbe ist, wird auch als **Simultanausgleich** bezeichnet. Im Gegensatz dazu bezieht sich der **Sukzessivausgleich** auf das Phänomen der Kompensation zeitlich gestaffelter Preise eines Produktes (Produktgruppe), die z. B. in der saisonal unterschiedlichen Dringlichkeit des Bedarfs oder in modischen Trends begründet sein kann (vgl. *Schmitz* 1968, S. 15 ff.). Von Interesse ist hier jedoch primär der Simultanausgleich, der aus verschiedenen Gründen angestrebt wird:

Zum einen entspringt die **Mischkalkulation** dem dargestellten Bemühen um einen Spannenausgleich bei verschiedenen Leistungsträgern oder Leistungsträgergruppen, und zwar ohne Berücksichtigung von Verbundbeziehungen, die zwischen den einzelnen Artikeln bestehen mögen. Bevorzugte Objekte solch einer Preispolitik sind sog. Konkurrenzartikel, die auch Schlüssel- oder Leitartikel genannt werden. Hier geht der Preissteller von der plausiblen Überlegung aus, daß sich Verbraucher einen Eindruck von der Preisgünstigkeit einer Einkaufsstätte nicht über irgendwelche Durchschnittswerte und deren Vergleich mit jenen anderer Geschäfte verschaffen (Kapazitätsproblem in der Informationsverarbeitung), sondern sich bei der Beurteilung von einer begrenzten Anzahl von Indikatoren der Preiswürdigkeit leiten lassen (vgl. *Diller* 1978, S. 94 ff. und 101 ff.).

Dazu eignen sich vornehmlich die Entgeltforderungen für bestimmte Artikel (-gruppen), bei deren Erwerb die Konsumenten ausgesprochen preisbewußt reagieren. Daher wird der Preissteller bestrebt sein, diese gewissermaßen kritischen Sortimentsteile als Ausgleichsempfänger (entweder als **Sonderangebo-**

te oder im Wege einer **Dauerniedrigpreispolitik**) demonstrativ preisgünstig zu „kalkulieren". Die Spanne, auf die er deswegen verzichtet, muß dann zwangsläufig bei den übrigen Sortimentsteilen erwirtschaftet werden.

Als Ausgleichsträger (vgl. *Hansen* 1976, S. 363) können ausgewählte Sortimentsteile oder aber das gesamte übrige Sortiment fungieren. Besonders geeignet hierfür sind Produkte, deren Preise den Verbrauchern nicht geläufig sind (z. B. Prestigeobjekte) oder aber den Betroffenen als Qualitätsindikatoren dienen.

Neben dieser eher defensiv gehandhabten Mischkalkulation (vgl. *Seyffert* 1972, S. 596 ff.) ist es dem Preissteller auch möglich, sich die Komplementaritäts- bzw. Verbundbeziehungen, die zwischen einzelnen Produkten bestehen, zunutze zu machen. Gemeint ist damit die Tatsache, daß z. B. Verbraucher die Güter des täglichen Bedarfs nicht Position für Position nach der Preisgünstigkeit des Angebots in unterschiedlichen Geschäften erwerben, sondern Verbundkäufe tätigen, d. h. in einer einmal aufgesuchten Einkaufsstätte so ziemlich alles, was sie benötigen, einkaufen (**„one stop shopping"**).

Dies hat u. U. mehrere Ursachen (vgl. dazu die Ausführungen zur Sortimentspolitik in § 3, Abschn. 5.2.2.): Eine große Rolle spielen dabei das Bequemlichkeitsstreben sowie der Hang zu Impulskäufen, der von In Store-Promotions gefördert wird. Aus diesen Gründen gibt es Artikel(-gruppen), die von einem Käufer häufiger miteinander gekauft werden als andere. Liegen solche Verbundbeziehungen vor und lassen sich deren Intensität und vielleicht sogar Richtung im Sinne von Initial- und Folgekauf feststellen, so ist es ohne weiteres möglich, sich bei der Kalkulation der Zugkraft des Ankerartikels zu bedienen (vgl. *Merkle* 1981, S. 254 ff.).

Die Kenntnis von Verbundbeziehungen im Sortiment wird im Einzelhandel preispolitisch erst dann auf breiter Front genutzt werden, wenn durch die Kombination von bereits vorhandenen Kassenterminals mit **Scanning** (optische Beleglesser) die artikelgenaue Erfassung des Verkaufs möglich wird (siehe dazu § 7, Abschn. 4.4.2.4.2.).

3.2.3. Die abnehmerorientierte Preisfindung

3.2.3.1. Die Nachfrage auf unvollkommenen Märkten

Im letzten Abschnitt wurde dargelegt, daß die Kostenorientierung als Mittel zur Beurteilung der betriebswirtschaftlichen Angemessenheit von Verkaufspreisen primär dem Ziel der Sicherung des Unternehmensbestandes dient. Dennoch darf sich die Preispolitik, sofern sie sich als Teil der Marketing-Politik versteht, nicht darin erschöpfen. Vielmehr muß sie – zum einen als Restriktion, zum anderen als Chance – das preisbezogene Verhalten der Marktpartner, nämlich Abnehmer und Konkurrenten, beachten und preispolitisch adäquat beantworten. Hierzu bedarf es zuverlässiger Informationen über die Wechselwirkung zwischen der Höhe des für eine Leistung geforderten Preises und der zu erwartenden Nachfrage.

Das gedankliche Gerüst zu deren Erfassung liefert das Konzept der Preis-Absatz-Funktion. Da diese der geometrische Ort aller mengenmäßigen Reaktionen der Verbraucher auf Preise ist, kann man durch Multiplikation der Preise mit den dazugehörigen Absatzmengen unschwer die der jeweiligen Preisforderung entsprechenden Erlöse errechnen. Wenn man diese – im Sinne einer retrograden Kalkulation – zu den bei der jeweiligen Absatz- bzw. Ausbringungsmenge anfallenden Kosten in Beziehung setzt, lassen sich einzelne ins Auge gefaßte Preise in bezug auf Kostendeckung und Gewinnbeitrag beurteilen. Damit wird deutlich, daß die Ermittlung des Verlaufs der Preis-Absatz-Funktion sowie deren Besonderheiten hinsichtlich des jeweiligen Marktes die Grundlage für eine abnehmerorientierte Preispolitik darstellt.

Obwohl die Preis-Absatz-Funktion primär ein Modell des Verhaltens der Nachfrager und somit eine Entscheidungshilfe bei der abnehmerorientierten Preispolitik darstellt, sagt sie mittelbar auch etwas über das Verhalten von etwaigen Konkurrenten aus. Dies ist dadurch bedingt, daß die Verbraucher bei der Beurteilung der Höhe des Preises zum Zweck des Vergleichs auch die Angebote von anderen Anbietern heranziehen und bei überhöhtem Preis auf ein preiswerteres Konkurrenzangebot ausweichen. Daher werden in Darstellungen der Preistheorie üblicherweise für einzelne Marktformen (**Monopol, Oligopol, Polypol**) verschiedenartige Preis-Absatz-Funktionen unterstellt.

Ein Unternehmen mag unterschiedlichen Wettbewerbssituationen ausgesetzt sein – es kann Monopolist, Oligopolist oder Polypolist sein –, dennoch haben die Preis-Absatz-Funktionen der meisten Anbieter eines gemeinsam: Ihr Verlauf wird durch den Einsatz von Marketing-Instrumenten entscheidend geprägt. Diese schaffen bei den Adressaten Präferenzen, begründen Bindungen an eine Marke, Firma oder Einkaufsstätte und tragen somit zur Entstehung von **unvollkommenen Märkten** bei. Das Vorhandensein von Nachfragepräferenzen für ein Produkt schlägt sich dann unmittelbar in der Preis-Absatz-Funktion für dieses Produkt nieder. Sie weist in diesem Falle einen **monopolistischen Bereich** auf.

Betrachten wir hierzu kurz die Gestalt einer Preis-Absatz-Funktion, der sich ein Monopolist gegenübersieht. Sie entspricht, da in ihr Absatz und Nachfrage (Marktvolumen) begriffslogisch zusammenfallen, der negativ geneigten Preis-Absatz-Funktion im allgemeinen Preismodell (vgl. Abb. 4.17.). Inhaltlich bildet sie das Nachfrageverhalten von Abnehmern ab, die auf steigende oder überhöhte Preise nur durch Verringerung der Nachfrage bzw. Verzicht auf Erwerb eines Gutes reagieren können, nicht jedoch durch Abwanderung zu einem anderen Anbieter. Ebenso sind hier Absatzsteigerungen nur durch Erschließung neuer, bisher nicht als Nachfrager aufgetretener Wirtschaftssubjekte möglich, nicht hingegen durch Abwerbung von Kunden, die derzeit ein anderes Erzeugnis präferieren.

3. Die Bestimmung des Angebotspreises für ein Produkt   323

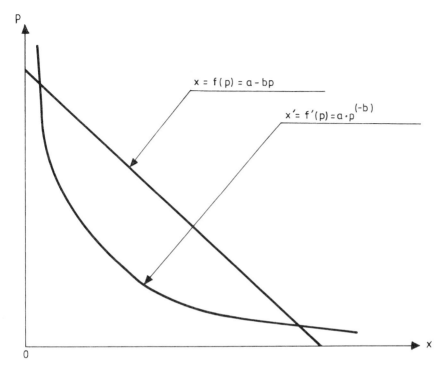

Abb. 4.17.: Varianten der Preis-Absatz-Funktion eines Monopolisten

Nun sind, abgesehen vom Versorgungssektor (Wasser, Elektrizität, Gas, Telefon etc.), monopolistische Märkte in der Realität selten. Sobald Substitutionsgüter in den Marktbegriff einbezogen werden, verändert sich zwangsläufig der Verlauf der Preis-Absatz-Funktion, da nunmehr überhöhten Preisforderungen ausgewichen werden kann. Stellen wir uns vor, daß es zu einem Produkt A (Monopolprodukt) plötzlich ein Surrogat B gibt, das A im Ernstfall zu ersetzen vermag. Würde in einer solchen Situation der Anbieter des Produkts A den Preis stetig heraufsetzen, so geriete er in eine Zone, in der für immer mehr Kunden die Hinnahme der Unzulänglichkeiten des Surrogats B eher zumutbar erscheint als die Zahlung des für A geforderten (Mehr-)Preises. Dies bedeutet, daß neben den Kunden, für die das Produkt von Anfang an zu teuer war, nun weitere potentielle Käufer ausfallen. Andererseits sind Verbraucher, die das Surrogat B präferieren, für das wiederum das Produkt A ein schlechter Ersatz ist, erst dann bereit, zu A überzuwechseln, wenn der dafür geforderte (Minder-)Preis beträchtlich unter dem des Surrogats liegt. Das heißt aber, daß bei einem sehr niedrigen Preis der Anbieter von A seinen Absatz nicht nur durch die Erschließung neuer Nachfrager, sondern auch durch die Abwerbung von Leuten, die bisher B präferierten, erhöhen kann.

324   § 4 Entgeltpolitik

Graphisch dargestellt schlägt sich dieser Sachverhalt darin nieder, daß die Preis-Absatz-Funktion in Abb. 4.18. sowohl oberhalb von 0 als auch unterhalb von U leicht abflacht. Die beiden Äste, die durch ausgeprägte Kundenfluktuation gekennzeichnet sind, werden oft als kompetitive Preisbereiche bezeichnet, während der dazwischenliegende Abschnitt den monopolistischen Preisbereich verkörpert. *Gutenberg* (1984, S. 247) spricht hier anschaulich von einer **doppelt geknickten Preis-Absatz-Funktion.**

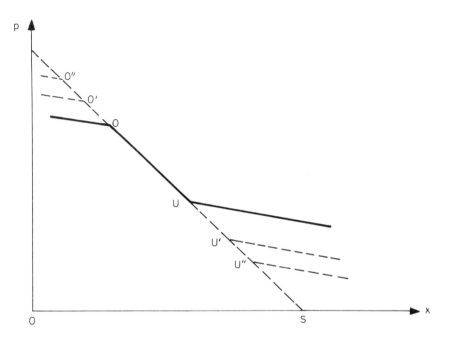

Anmerkung: Zur Modellierung des Funktionsverlaufs bieten sich lineare, nur für die jeweiligen Abschnitte definierte Funktionen oder z. B. Umkehrfunktionen von Sättigungskurven (logistische Funktion, *Gompertz*funktion etc.) an.

Abb. 4.18.: Doppelt geknickte Preis-Absatz-Funktion (nach *Gutenberg*)

Ausgehend von den auf einem Markt herrschenden Machtverhältnissen lassen sich daraus einige Schlußfolgerungen über die vernünftigerweise einzuschlagende Preispolitik ableiten:
- Ein Polypolist kann auf Grund seiner begrenzten Produktions- und Vertriebsmöglichkeiten den Absatz seiner Konkurrenten nicht ernsthaft beeinträchtigen. Daher braucht er im Falle einer Unterschreitung des Grenzwertes U nicht mit Repressalien zu rechnen. Für ihn ist daher die Preis-Absatz-Funktion vom oberen Ende des monopolistischen Bereichs (0) bis zur Sättigungsgrenze (S) entscheidungsrelevant. Damit hängt es letztlich von der

Höhe der betrieblichen Kosten bei der jeweiligen Ausbringung ab, ob er im monopolistischen oder im kompetitiven Bereich seinen optimalen Preis findet.

— Ein Oligopolist muß hingegen mit Gegenmaßnahmen rechnen, wenn er einen Preis unterhalb der Schwelle U fordert; denn bedingt durch seine vergleichsweise größere Kapazität und die geringe Zahl seiner Konkurrenten ist die von ihm ausgelöste Kundenabwanderung für jeden von ihnen spürbar. Auf der anderen Seite wäre für ihn eine Preisfestsetzung oberhalb von O ausgesprochen gefährlich. Daher wird der für ihn optimale Preis in der Regel auf dem monopolistischen Abschnitt liegen.

3.2.3.2. Die Preis-Absatz-Funktion als Ansatzpunkt einer abnehmerorientierten Preispolitik

3.2.3.2.1. Die Preiselastizität

Die Bedeutung, die der Verfügbarkeit von Informationen darüber, wie Abnehmer auf Preisforderungen unterschiedlicher Höhe reagieren, für die Preisentscheidung zukommt, ist bereits deutlich geworden.

(1) Zum einen kann ein Anbieter bestrebt sein, den Verlauf der gesamten **Preis-Absatz-Funktion,** also vom Prohibitivpreis, bei dem nichts abgesetzt wird, bis zur sog. Sättigungsmenge, die bei kostenloser Abgabe der Ware abgesetzt werden kann, zu ermitteln. Unter methodischen Gesichtspunkten stellt ein solches Unterfangen kein Problem dar. Ist man im Besitz eines ausreichend dimensionierten Datensatzes über die in Mengen gemessenen Reaktionen der Abnehmer auf ein breites Spektrum von Preisforderungen, so kann die diskrete Preis-Mengen-Kombinationen widerspiegelnde Preis-Absatz-Funktion mit Hilfe der linearen oder nicht-linearen Regressionsrechnung leicht aufgefunden werden (vgl. z. B. *Sowter/Gabor/Granger* 1971).

Die erforderliche Datenbasis ist jedoch in realen Situationen kaum jemals vorhanden; denn Zeitreihen von alternativen Preisforderungen weisen oft nur geringe Schwankungen auf, ein Ergebnis des behutsamen Umgangs mit dem Aktionsparameter Preis in der Realität (vgl. *Meffert/Steffenhagen* 1977, S. 163). Die daraus resultierende Problematik läßt sich gleichwohl – zumindest einigermaßen – durch empirische Labor- und Felderhebungen überwinden, wobei man jedoch mit erheblichen Validitätsproblemen zu kämpfen hat.

In der Realität setzt man sich freilich bei der Bestimmung von Absatzkurven oder einzelnen Abschnitten derselben über derlei methodische Ansprüche ziemlich gelassen hinweg. Zum Teil werden die zu bestimmten Preisen abzusetzenden Mengen von betriebsinternen Marktforschungsexperten direkt oder auf Umwegen (z. B. über die Delphi-Methode) geschätzt; zum Teil werden mutmaßliche Marktanteile auch durch einfache Befragung („Würden Sie das Produkt

326   § 4 Entgeltpolitik

XY zum Preis von ... kaufen?") ermittelt. Das methodisch Anspruchsvollste auf diesem Gebiet sind derzeit immer noch der Produkt-, Laden- und Markttest (vgl. *Rehorn* 1977, S. 48 - 55).

(2) Angesichts der Probleme, die die Erlangung von Daten für die Schätzung kompletter Preis-Absatz-Funktionen aufwirft, begnügt man sich im allgemeinen damit, die Abnehmerreaktionen bei geringfügiger Variation eines bereits festgesetzten Preises zu beobachten. Den theoretischen Rahmen hierzu bietet das Konzept der **Preiselastizität der Nachfrage.** Darunter versteht man das Verhältnis zwischen einer relativen Änderung des Preises und der dadurch bewirkten relativen Änderung der Absatzmenge, das durch einen Koeffizienten ε ausgedrückt wird. Da die Steigung der Nachfragekurve meistens negativ ist, versieht man ε, wie in Formel (4.9) dargestellt, üblicherweise mit einem negativen Vorzeichen, um letztlich zu einem positiven Wert zu gelangen.

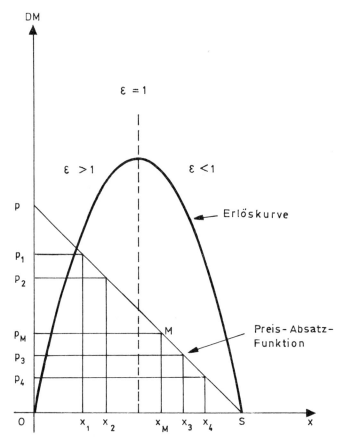

Abb. 4.19.: Konzept der Preiselastizität unter Zugrundelegung einer linearen Preis-Absatz-Funktion

3. Die Bestimmung des Angebotspreises für ein Produkt   327

(4.9.) $$\varepsilon = -\frac{\frac{dx}{x}}{\frac{dp}{p}} = -\frac{dx}{dp} \cdot \frac{p}{x}$$

Vom theoretischen Anspruch des Konzeptes her sollen die relativen Änderungen der betrachteten Größen infinitesimal klein sein, d.h. als Differentialquotienten ausgedrückt werden. Nun würde jedoch die simple Tatsache, daß Preise nicht stetige, sondern diskrete Variablen sind (Preisschwellen), das theoretische Konzept stören. Daher behilft man sich damit, die relativen Änderungen als Differenzenquotienten zu formulieren bzw. sie als prozentuale Änderungen darzustellen.

Der Koeffizient ε gibt dem Preissteller einen Hinweis darauf, wie eine von einem bestimmten Preis ausgehende Preisänderung den Erlös beeinflußt. Betrachten wir dazu Abb. 4.19., in der eine lineare Preis-Absatz-Funktion sowie die zugehörige Erlösfunktion dargestellt sind. Die **Wirkungen einer Preisänderung** lassen sich wie folgt zusammenfassen:

– Wenn $\varepsilon > 1$, steigt mit fallendem Preis der Absatz, wobei der Mengeneffekt die Preisreduktion überkompensiert (elastische Nachfrage). Die mengenmäßige und monetäre Nachfrage verlaufen in gleicher Richtung.
– Bei $\varepsilon = 1$ wird der maximale Erlös erzielt (indifferente Nachfrage).
– Bei $\varepsilon < 1$ hat eine Preissenkung eine steigende mengenmäßige Nachfrage, aber eine Umsatzabnahme zur Folge (unelastische Nachfrage). Der Grund dafür liegt darin, daß die relative Mengenänderung kleiner ist als die relative Preisänderung. Der Preiseffekt überwiegt.

Abb. 4.19. ist auch zu entnehmen, daß die Preiselastizität für verschiedene Punkte einer linearen Preis-Absatz-Funktion jeweils verschieden ist. Hierzu ein numerisches Beispiel:

Es gilt:
$$p_1 = 8, p_2 = 7, p_3 = 4, p_4 = 3$$
$$x_1 = 20, x_2 = 30, x_3 = 60, x_4 = 70$$

Fall 1: Preisänderung: $p_1 \to p_2$
Mengenänderung: $x_1 \to x_2$

$$\varepsilon_1 = -\frac{10}{-1} \cdot \frac{8}{20} = 4$$

Fall 2: Preisänderung: $p_3 \to p_4$
Mengenänderung: $x_3 \to x_4$

$$\varepsilon_2 = -\frac{10}{-1} \cdot \frac{4}{60} = 0{,}67$$

Der Grund für das Auftreten unterschiedlicher Werte liegt darin, daß entlang der Preis-Absatz-Funktion nach unten der Nenner von $dx:x$ immer größer, während der Nenner der Relation $dp:p$ immer kleiner wird, so daß – bei konstanter Kurvensteigung – der Koeffizient ε in Richtung zum Sättigungspunkt S immer kleiner wird, bis er an dieser Stelle den Wert 0 erreicht. Umgekehrt entspricht dem Prohibitivpreis p ein Wert von $\varepsilon = \infty$.

Will man bei einer vorgegebenen linearen Preis-Absatz-Funktion für einen bestimmten Punkt M die Preiselastizität berechnen, dann kann man sich folgenden Zusammenhang zunutze machen: Zur Berechnung des ε-Koeffizienten für den Punkt M (Abb. 4.19.) setzt man einfach den unterhalb von M befindlichen Abschnitt der Preis-Absatz-Funktion (MS) zu dem oberhalb von M liegenden Abschnitt (pM) in Beziehung:

(4.10.) $$\varepsilon_M = \frac{MS}{pM}$$

Auf Grund des Strahlensatzes läßt sich der Koeffizient dann wie folgt berechnen:

(4.11.) $$\varepsilon_M = \frac{p_M}{p - p_M} = \frac{S - x_M}{x_M}$$

Analog verfährt man bei der aus linearen Abschnitten zusammengesetzten doppelt geknickten Preis-Absatz-Funktion. Zur Berechnung der Preiselastizität der Nachfrage verlängert man ihre unterschiedlich geneigten Abschnitte bis zum Schnittpunkt mit zumindest einer Achse und fällt von dem Punkt, für den man sich interessiert, das Lot auf diese Achse, um anschließend in der dargestellten Weise fortzufahren. Bei nicht-linearen Funktionen muß entsprechend mit der Tangente verfahren werden, die durch den interessierenden Punkt geführt wird. Im Unterschied zu linearen Funktionen ist für multiplikative, hyperbolische Absatzkurven charakteristisch, daß die Preiselastizität in jedem ihrer Punkte gleich ist und den Wert des Exponenten b der Funktion $x = a \cdot p^{-b}$ annimmt.

Es gilt:

(4.12.) $$\varepsilon = \frac{dx}{dp} \cdot \frac{p}{x} = (-bap^{-b-1}) \cdot \frac{p}{ap^{-b}} = \frac{-bap^{-b}}{ap^{-b}} = -b$$

Die **Berechnung** von **Preiselastizitäten** ist ein wichtiges Hilfsmittel der abnehmerorientierten Preispolitik. Dennoch darf dabei nicht außer acht gelassen werden, daß mit steigenden Absatzzahlen auch die Stück- und

3. Die Bestimmung des Angebotspreises für ein Produkt

Gesamtkosten mit den sich daraus für den Deckungsbeitrag bzw. Gewinn ergebenden Konsequenzen variieren können (vgl. z. B. den Begriff der Kostenelastizität bei *Pack* 1966, S. 32 ff.). Bei Annahme konstanter Kosten muß wiederum die stückbezogene Gewinn- bzw. Deckungsbeitragsspanne beachtet werden. Hierzu ein Beispiel (vgl. Tab. 4.15.):

Ein Unternehmen setzt zu einem Preis von DM 10,–, der bei Stückkosten in Höhe von DM 8,– einen Stückgewinn von DM 2,– erbringt, 100 000 Einheiten eines Produktes pro Bezugsperiode ab. Nun ermittelt die Marktforschungsabteilung, daß bei einer Preissenkung auf DM 9,80 die Preiselastizität $\varepsilon_1 = 6{,}0$, bei einer Preissenkung auf DM 9,– hingegen $\varepsilon_2 = 8{,}0$ beträgt. Welche Preissenkung soll unter der Annahme konstanter Stückkosten vorgenommen werden?

Tabelle 4.15.:

Auswirkungen verschiedener Preiselastizitäten

Kenngröße	Preisforderung DM 10,-	Preissenkung auf DM 9,80 ($\varepsilon_1 = 6{,}0$)	Preissenkung auf DM 9,- ($\varepsilon_2 = 8{,}0$)
Absatz (in Stück)	100 000	112 000	180 000
Gewinn/Stück (in DM)	2,-	1,80	1,-
Gewinn (in DM)	200 000	201 600	180 000

Trotz der überaus elastischen Nachfrage im zweiten Fall verschlechtert sich die Gewinnsituation im Vergleich zur Ausgangslage. Dagegen führt die Preissenkung auf DM 9,80 zu einer Verbesserung des Ergebnisses trotz geringerer Preiselastizität. Daraus ist abzuleiten, daß die Preiselastizität bei unelastischen Kosten um so höher sein muß, je stärker durch die Preissenkung der Gewinn (Deckungsbeitrag) ausgehöhlt wird. So wäre bei alternativen Preissenkungen zur Aufrechterhaltung eines Gewinns von DM 200 000,– jeweils folgende Preiselastizität notwendig:
DM 9,50 → $\varepsilon = 6{,}6$; DM 9,00 → $\varepsilon = 10$; DM 8,50 → $\varepsilon = 20$; DM 8,20 → $\varepsilon = 50$.

Neben dem Rückgriff auf die Erfahrungswerte der Vergangenheit kann sich ein Anbieter bei der Ermittlung von Preiselastizitäten auch experimenteller Erhebungen bedienen. Will man z. B. wissen, wie sich drei unterschiedlich starke Preissenkungen im Absatz eines Produktes niederschlagen, kann zur Kontrolle des Einflusses von verkaufsstättenbezogenen und zeitlichen Störeinwirkungen ein Design in Form eines Lateinischen Quadrats (siehe dazu § 7, Abschn. 4.5.1.2.) mit vier Verkaufsstätten und vier Erhebungszeiträumen gewählt werden (in Anlehnung an *Cox/Enis* 1969, S. 84 ff.).

Wir definieren vier sog. Treatments:
    A – Preis wird unverändert gelassen (100%).
    B – Preis des Produktes wird um 10% gesenkt.
    C – Preis des Produktes wird um 20% gesenkt.
    D – Preis des Produktes wird um 30% gesenkt.

Die vier Preishöhen werden so in vier Geschäften zu vier verschiedenen Zeitpunkten getestet, daß jedes Treatment in jedem Geschäft und in jeder Periode einmal vorkommt (vgl.Tab. 4.16.).

Tabelle 4.16.:

Lateinisches Quadrat zur Ermittlung der Preiselastizität des Absatzes

Zeitperiode	Geschäft			
	1	2	3	4
1	A	B	C	D
2	B	D	A	C
3	C	A	D	B
4	D	C	B	A

Die in den jeweiligen Geschäften in den einzelnen Perioden erzielten Verkaufszahlen gibt Tab. 4.17. wieder:

Tabelle 4.17.:

Ergebnisse eines Experiments zur Ermittlung der Preiselastizität des Absatzes

Zeitperiode	Geschäft				Summe
	1	2	3	4	
1	68	86	75	60	289
2	82	127	59	57	325
3	97	56	79	53	285
4	108	105	63	51	327
Summe	355	374	276	221	1 226

Mit Hilfe der Varianzanalyse wird nun die Signifikanz, d. h. die Überzufälligkeit des Zusammenhangs zwischen Preis- und Absatzänderungen geprüft. Nachdem die Null-Hypothese, daß die Mengenänderung zufällig ist, hier

3. Die Bestimmung des Angebotspreises für ein Produkt

verworfen werden kann, ist zu untersuchen, welche Preiselastizitäten einzelnen Preisänderungen zugrunde liegen. Dazu bildet man zunächst die Summe der während des gesamten Experiments abgesetzten Stücke:

A: 234
B: 284
C: 334
D: 374

Daraus folgt:

$$\varepsilon_B = -\frac{\frac{50}{234}}{\frac{-10}{100}} = 2{,}14$$

$$\varepsilon_C = -\frac{\frac{100}{234}}{\frac{-20}{100}} = 2{,}14$$

$$\varepsilon_D = -\frac{\frac{140}{234}}{\frac{-30}{100}} = 1{,}99$$

Welche der Preissenkungen vorzunehmen ist, läßt sich einmal angesichts der geringen Streuung der Ergebnisse nicht zwingend entscheiden. Zudem bedürfte es der Einbeziehung kostenwirtschaftlicher Daten in die Analyse.

3.2.3.2.2. Preispolitische Obergrenzen

Während, wie bereits dargelegt, die kostenwirtschaftlichen Preisuntergrenzen gewährleisten sollen, daß durch den Absatz von Produkten zu bestimmten Preisen keine langfristige Aushöhlung der Unternehmenssubstanz erfolgt, hat die Beachtung preispolitischer Obergrenzen ein anderes Ziel. Dabei sind zwei Fälle zu unterscheiden:

(1) Der Betrag, den eine Person für ein Produkt aus einem mehr oder weniger homogenen „evoked set" von Kaufalternativen auszugeben bereit ist, ist durch die Preisbereitschaft vorgegeben. Dies impliziert, daß ab einem bestimmten Preis die Nachfrage ausfällt, weil finanzielle Restriktionen dies verlangen oder weil zu diesem Preis bereits Produkte aus einem höherwertigen „evoked set" zu erhalten sind. Beispielsweise wird es einen **Höchstpreis** geben, den die Verbraucher für eine Pocket-Kamera zu akzeptieren bereit sind, da sie ab einer bestimmten Grenze bereits Geräte aus dem höherwertigen Produktbereich der Spiegelreflexkameras erhalten können. Eine solche Obergrenze, die für alle Elemente des „evoked set" gilt, ist der Prohibitivpreis auf einer für alle Anbie-

ter aggregierten Preis-Absatz-Funktion (Nachfragefunktion). So verstandene Preisobergrenzen, für die der Anbieter mit allgemein gehaltenen Fragen wie „Was wäre Ihnen eine Pocket-Kamera höchstens wert?" Anhaltspunkte zu erlangen vermag, sollen jedoch nicht Gegenstand der folgenden Überlegungen sein.

(2) Hier interessiert vielmehr die Preisobergrenze für das einzelne Produkt. Wenn wir annehmen, daß durch das Hersteller- und Händler-Marketing Präferenzen für jede Marke aufgebaut werden, so interessiert vorrangig jener Preis, den die Verbraucher gerade noch dafür zu entrichten bereit sind. Aggregiert für eine Vielzahl von Nachfragern bedeutet dies, daß es am oberen Ende eines durch die aufgebauten Präferenzen abgeschirmten Preisbereichs einen **Schwellenwert** gibt, bei dem die Bindung an das Produkt nachläßt und eine Abwanderung zu einem Konkurrenzprodukt naheliegt.

Einen Ansatzpunkt zur Verdeutlichung der Problematik bietet wiederum die doppelt geknickte Preis-Absatz-Funktion:

(a) Im monopolistischen Abschnitt ist die Preiselastizität des Absatzes (modellgemäß) an jeder Stelle geringer als in den kompetitiven Abschnitten, in denen zu den üblichen Preisauswirkungen die Fluktuation von Käufern hinzukommt. Den Extremfall bildet eine Situation, bei der die Abnehmer auf Preisänderungen überhaupt nicht mehr reagieren, bei der also der monopolistische Bereich senkrecht verläuft.

(b) Je unelastischer die Nachfrage in diesem Abschnitt, desto günstiger ist es unter Erlösgesichtspunkten für den Anbieter, einen Preis an der oberen Grenze des monopolistischen Bereichs zu wählen. Bei der Ermittlung dieses Grenzwertes ist indessen zu berücksichtigen, daß es sich dabei in der Realität nicht um einen Punkt im strengen Sinne handelt, sondern um einen Bereich von Preis-Mengen-Kombinationen. So wird man es von Unternehmen zu Unternehmen und von Markt zu Markt unterschiedlich beurteilen, wenn bei einem Preis 20%, 30% oder 40% der Kunden abwandern. Die Preisobergrenze liegt dann genau dort, wo der Ausfall von Käufern als nicht mehr akzeptabel angesehen wird.

Es gibt verschiedene Möglichkeiten, **Preisobergrenzen** zu **lokalisieren.** Implizit werden diese bei der Schätzung des Verlaufs der Absatzkurve oder der Ermittlung der Preiselastizität stets mitgeliefert. So läßt sich beispielsweise die von *Gabor/Granger* (1969) zur Preisfindung für neue Produkte verwandte Befragungsmethode auch für die Erkennung von Preisobergrenzen nutzen. Die Probanden werden dabei u.a. folgendes gefragt:

– „Wenn Sie das Produkt XY kaufen möchten, was wäre der höchste Preis, den Sie zu bezahlen bereit sind?"

– „Was wäre der niedrigste Preis, den Sie noch für das Produkt XY ausgeben würden, ohne an dessen Qualität Zweifel zu hegen?"

Denkbare Antworten der Probanden sind in Tab. 4.18. zusammengestellt.

3. Die Bestimmung des Angebotspreises für ein Produkt

Die Anzahl der potentiellen Käufer in jeder Preisklasse errechnet sich dabei wie folgt: Man bildet die Differenz zwischen dem Anteil jener Kunden, die zu diesem oder einem höheren Preis zu kaufen bereit wären, und dem Anteil jener Interessenten, für die der geforderte Preis zu hoch ist. So sind z. B. 91% der

Tabelle 4.18.:

Ergebnisse einer Befragung zur Ermittlung von Preisschwellen (Preisbereitschaft)

Preis	Personen, für die der Preis von DM ... den höchsten noch annehmbaren Preis darstellt		Personen, für die der Preis von DM ... den niedrigsten noch annehmbaren Preis darstellt		Anteil der potentiellen Käufer
DM	%	% kumul.	%	% kumul.	%
7,49	0	0	5	5	5
7,99	0	0	27	32	32
8,49	2	2	48	80	80
8,99	15	17	13	93	91
9,49	46	63	6	99	82
9,99	34	97	1	100	37
10,49	3	100	0	100	3

Quelle: In Anlehnung an *Gabor/Granger* 1969, S. 546.

Personen willens, das Produkt XY zum Preis von DM 8,99 zu erwerben. Dieser Wert ergibt sich dadurch, daß für 93% der Befragten DM 8,99 als nicht zu gering, hingegen für 2% bereits als inakzeptabel erscheint. Unter Vernachlässigung weiterer Aspekte läßt sich vermuten, daß über DM 9,00 ein kritischer Bereich gegeben wäre, in dem die Verbraucher von XY zu anderen Marken abwandern.

Eine Reihe von Untersuchungen befaßt sich mit der Bestimmung der Preisobergrenze in konkreten Fällen einerseits durch eine Analyse des Zusammenhangs zwischen der **Präferenzintensität** für eine Marke und der auf sie bezogenen **Preisbereitschaft** (vgl. *Fischerkoesen* 1967), andererseits mit Hilfe von experimentellen **Brand Switching-Modellen** (vgl. *Pessemier* 1959 und 1963; *Hammann/Lohrberg/Schuchard-Ficher* 1981). Im letzteren Fall wird durch eine experimentell kontrollierte Variation der Preise für präferierte Marken die dadurch ausgelöste Kundenfluktuation beobachtet.

In einer Studie haben *Hammann/Lohrberg/Schuchard-Ficher* (1981) die Schwelle des monopolistischen Bereichs auf der Preis-Absatz-Kurve als jenen Preis operationalisiert, bei dem mehr als 50% des ursprünglichen Marktanteils verlorengehen. Um an diesen Grenzwert möglichst nahe heranzukommen, wurde der Preis der interessierenden Marke bis zu einem Punkt erhöht, bei dem ihr gerade noch 50% der Käufer treu blieben, dann jedoch wieder gesenkt. Interessanterweise konnten bereits bei einem verhältnismäßig einfachen Design eindeutige Käufertypen festgestellt werden: der „preisbewußte" Verbraucher, der bereits aus kleinen Preisdifferenzen seine Konsequenzen in Form der Abwanderung zieht, und der „Markenkäufer", der seine Präferenzen ohne Rücksicht auf Preiserhöhungen beibehält.

3.2.3.2.3. Die Preisdifferenzierung

Die Preisdifferenzierung knüpft an der Erfahrung an, daß es unter den potentiellen und tatsächlichen Nachfragern **Segmente** gibt, die auf unterschiedliche Ausprägungen des Preises verschiedenartig reagieren. Deshalb bietet es sich an, den jeweiligen Gruppen verschieden hohe Preise abzuverlangen. Je nachdem, ob die Märkte für die betriebliche Marketing-Politik bereits eindeutig abgegrenzt sind oder erst differenziert werden müssen, kann man zwischen einer horizontalen (= deglomerativen) und einer vertikalen (= agglomerativen) Preisdifferenzierung unterscheiden:

(1) Im Falle der **horizontalen** Preisdifferenzierung prüft man, wie ein bestehender Gesamtmarkt aufgeteilt (segmentiert) werden kann und welche Preispolitik jeweils geboten erscheint. Dabei wird gewissermaßen eine bestimmte Preis-Absatz-Funktion in Stücke zerlegt, die dann Abnehmergruppen verkörpern, welche eine unterschiedliche Preisbereitschaft im Hinblick auf das Produkt aufweisen. Dahinter steckt die Überlegung, daß es, gleichgültig welcher Preis gefordert wird, vom oberen Grenzfall abgesehen, immer Menschen gibt, die für das Produkt noch mehr zu bezahlen bereit wären. Dieses Mehr, die sog. Konsumentenrente, soll auf diese Weise zumindest teilweise abgeschöpft werden.

(2) Im Falle einer **vertikalen** Preisdifferenzierung ist der Ausgangspunkt der Preispolitik die Existenz von mehreren, eindeutig zu identifizierenden Teilmärkten, die jeweils durch eine andere Preis-Absatz-Funktion gekennzeichnet sind. Unter der Voraussetzung, daß die Preiselastizität der Nachfrage auf den Teilmärkten unterschiedlich ist, kann dadurch, daß jeweils unterschiedliche Preise gefordert werden, die Gewinnsituation verbessert werden. Hierzu ein Beispiel:

Eine Unternehmung sieht sich auf einem Markt den folgenden Nachfrage- und Kostenfunktionen gegenüber:

$$x = 34 - 0{,}3\,p$$
oder:
$$p = 113{,}22 - 3{,}33\,x$$
$$K = 100 + 40\,x$$

Dabei bedeuten: x = nachgefragte Menge
p = geforderter/erzielter Preis
K = Kosten

3. Die Bestimmung des Angebotspreises für ein Produkt

Wenn wir die Gleichung für p mit der Menge x multiplizieren, erhalten wir die Erlösfunktion (E):

$$E = px = 113{,}22\, x - 3{,}33\, x^2$$

Bekanntlich erzielt ein Monopolist einen maximalen Gewinn, wenn der Grenzerlös den Grenzkosten entspricht, also:

$$\frac{dE}{dx} = \frac{dK}{dx}$$

Dann gilt:
$$\left.\begin{array}{l} \dfrac{dE}{dx} = 113{,}22 - 6{,}66\, x \\[2mm] \dfrac{dK}{dx} = 40 \end{array}\right\} \quad \begin{array}{l} 6{,}66\, x = 73{,}22 \\ x = 11 \end{array}$$

Dies führt zu einem optimalen Preis von $p = 77$, bei dem ein Erlös von $E = 850$ erzielt wird. Als Differenz zwischen dem Erlös und den Kosten ($K = 540$) läßt sich ein Gewinn von $G = 310$ errechnen.

Gesetzt den Fall, es gelingt uns, den Markt in zwei Segmente aufzuspalten und für jeden der beiden Teilmärkte eine eigene Nachfragefunktion zu finden (vgl. Abb. 4.20.), könnte sich z. B. folgendes Bild ergeben:

$$p_1 = 180 - 10\, x_1$$
$$p_2 = 80 - 5\, x_2$$

(Die Subskripte 1 und 2 beziehen sich auf den jeweiligen Teilmarkt.) An der Kostenfunktion möge sich nichts ändern. Für die Erlösfunktion gilt dann:

$$E_1 = p_1 x_1 = 180\, x_1 - 10\, x_1^2$$
$$E_2 = p_2 x_2 = 80\, x_2 - 5\, x_2^2$$

Zunächst werden die Grenzerlöse den Grenzkosten ($K_1' = K_2' = 40$) gleichgesetzt und dann die gewinnoptimalen Preise berechnet:

$$\frac{dE_1}{dx_1} = 180 - 20\, x_1 = 40; \quad \rightarrow x_1 = 7;\; p_1 = 110$$

$$\frac{dE_2}{dx_2} = 80 - 10\, x_2 = 40; \quad \rightarrow x_2 = 4;\; p_2 = 60$$

Der Gesamterlös ist jetzt:

$$E_1 + E_2 = \boxed{110 \cdot 7} + \boxed{60 \cdot 4} = 1\,010$$

Für die Gewinnsituation ergibt sich:

$$G^* = 1\,010 - K = 1\,010 - [100 + 40\,(7 + 4)] = 470$$

Die Marktaufspaltung führt in dem geschilderten Fall zu einer Verbesserung des Gewinns von 310 auf 470 Einheiten, also um knapp 52%. Prüfen wir noch, ob die Teilmärkte zusammengenommen den Gesamtmarkt bilden:

$$10\, x_1 = 180 - p_1; \quad \rightarrow x_1 = 18 - 0{,}1\, p_1$$
$$5\, x_2 = 80 - p_2; \quad \rightarrow x_2 = 16 - 0{,}2\, p_2$$

Wenn die Preise auf beiden Märkten gleich sind, ist $p_1 = p_2$. Deshalb erhalten wir:

$$x = (x_1 + x_2) = 34 - 0{,}3\, p$$

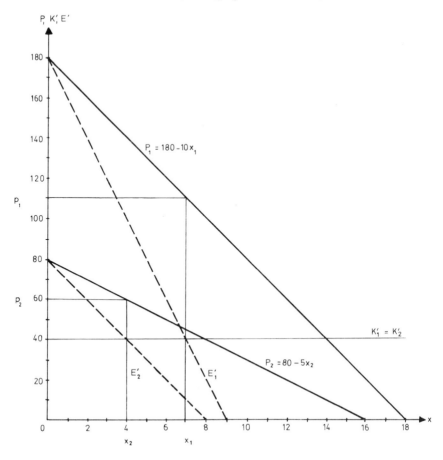

Abb. 4.20.: Gewinnsituation bei vertikaler Preisdifferenzierung

Für eine erfolgreiche Politik der (vertikalen) Preisdifferenzierung müssen einige **Voraussetzungen** erfüllt sein:

- Existenz verschiedener monopolistischer Nachfragefunktionen auf den ins Auge gefaßten Teilmärkten.
- Es muß technisch möglich sein, verschiedene Preise zu verlangen.
- Für die Nachfrager, die in den Genuß des niedrigeren Preises kommen, muß ein Wiederverkauf auf dem anderen Markt ausgeschlossen sein.

Eine Preisdifferenzierung ist z.B. zwischen dem Inlandsmarkt und den Auslandsmärkten oder zwischen regionalen inländischen Märkten möglich (**räumliche** Preisdifferenzierung). Werden für dasselbe Gut oder dieselbe Leistung je nach dem Zeitpunkt, zu dem die Nachfrage erfolgt, unterschiedliche

Preise verlangt und entrichtet, spricht man von **zeitlicher** Preisdifferenzierung. Die Preisdifferenzierung dient hier vor allem dazu, eine ausgewogene Beanspruchung der Kapazität zu erreichen (Sommer- und Winterpreise; Tag- und Nachtstrom; tageszeitlich gestaffelte Telefontarife; Hauptsaison-, Vorsaison- und Nachsaisonpreise; Sommer- und Winterschlußverkäufe usw.). Zeitliche Preisdifferenzierung liegt auch dann vor, wenn etwa bei Einführung eines neuen Produktes zuerst die kaufkräftigsten Schichten zu hohen Preisen versorgt, während im Laufe der Zeit mittels Preissenkungen neue Käuferschichten erschlossen werden (Abschöpfungsstrategie).

Eine Differenzierung der Preise – oft in Verbindung mit einer Produktdifferenzierung – ist schließlich möglich nach dem **Verwendungszweck** eines Gutes (z. B. Haushaltsstrom – Kraftstrom; Speisesalz – Viehsalz; Alkohol – Spiritus), u. U. auch nach der **Kaufkraft** der Abnehmer (Erwachsenen- und Kindertarife im Dienstleistungsgewerbe) sowie nach der Umgebung oder Atmosphäre, in der ein Produkt angeboten wird (*Coca-Cola* in der einfachen Gaststätte oder im Luxusrestaurant). Interessant ist in diesem Zusammenhang die Beobachtung einer Fluggesellschaft, die an einem bestimmten Stichtag nicht weniger als 36 verschiedene Flugpreise gezählt hat, zu denen sie Reisende über den Nordatlantik befördert hat.

3.2.3.2.4. Dynamische Preis-Absatz-Funktionen

In den bisherigen Ausführungen wurde die Preis-Absatz-Funktion als ein statisches Konzept aufgefaßt. Nach diesem Modell beeinflußt der Preis eines Gutes dessen Absatz nur in der betrachteten, wie auch immer definierten Periode. Dies stellt fraglos eine wesentliche, wenn auch eine unter modelltheoretischen und didaktischen Gesichtspunkten durchaus zu rechtfertigende Vereinfachung dar. Welche Rolle spielt nun die **Zeit** bei preispolitischen Entscheidungen?

Grundsätzlich geht es darum, jenen Preis für eine definierte Leistung zu fordern, der bezüglich eines bestimmten Kriteriums (Gewinn, Umsatz, Deckungsbeitrag u. ä.) das beste Ergebnis liefert. Dabei ist indessen zu bedenken, daß es Handlungsalternativen geben kann, die kurzfristig gute (schlechte), langfristig aber schlechte (gute) Resultate zeitigen. Die Periodenergebnisse sind somit nicht zeitinvariant. Unterteilt man die sog. Lebensdauer eines Produktes in T Perioden $(1, \ldots, t, \ldots, T)$, so verkörpert der Vektor der Periodenergebnisse (z. B. Absatzzahlen) $X = (x_1, \ldots, x_t, \ldots, x_T)$ nichts anderes als den Produkt-Lebenszyklus. Dieser wird ganz entscheidend von der für die einzelnen Intervalle typischen Abfolge von Preisen $P = (p_1, \ldots, p_t, \ldots, p_T)$ geprägt, die man als Preisstrategie bezeichnet.

Welche **Preisstrategie** ist anzustreben? Es leuchtet unmittelbar ein, als Kriterium das über die Produktlebensdauer T bis zum Planungshorizont aggregierte Ergebnis zu verwenden. Dabei ist zweierlei zu beachten: Zunächst wird die Entscheidung durch die Länge des Planungszeitraums maßgeblich determiniert, ein Aspekt, der allerdings hier nicht vertieft wird (siehe z. B. *Dichtl* 1970, S. 112). Wichtiger für unseren Kontext ist die Frage, wie die Reaktionen der Nachfrage auf die Preisstellung in den einzelnen Teilperioden ex ante ermittelt werden können. Prinzipiell lassen sich dazu drei Wege beschreiten:

(1) Einmal kann man dem Problem dadurch ausweichen, daß man die gesamte Produktlebensdauer gewissermaßen als **eine** Periode auffaßt. Die Preisstrategie reduziert sich somit auf die durchgängige Forderung eines einmal festgesetzten Preises, der im Hinblick auf eine globale, d. h. für T Perioden gültige Preis-Absatz-Funktion absatz- bzw. gewinnoptimal ist.

(2) Daneben kann man die Produktlebensdauer in T Perioden unterteilen, wobei man nach dem Muster der statischen Preis-Absatz-Funktion $x_t = f(p_t)$ Periode für Periode den jeweils optimalen Preis ermittelt. Auch diese Vorgehensweise vermag aus offenkundigen Gründen nicht zu befriedigen, da sie von vornherein auf die Nutzung wichtiger Informationen verzichtet und ausschließlich den in einer Periode herrschenden Preis für den in diesem Intervall erzielten Absatz verantwortlich macht.

(3) Als dritte Möglichkeit bietet sich schließlich an, die Preis-Absatz-Funktion zu dynamisieren. Dies bedeutet in diesem Kontext nichts anderes, als daß in der Preis-Absatz-Funktion einer Periode t explizit auf das Geschehen in der Vorperiode $(t-1)$ Bezug genommen wird.

Die Überlegungen, von denen man bei der Bestimmung einer dynamischen Preis-Absatz-Funktion ausgeht, sollen in Anlehnung an *Simon* (1976, 1977) kurz aufgezeigt werden. Den Ausgangspunkt bildet die Annahme, daß eine konkrete Preis-Absatz-Funktion durch additive Verknüpfung von drei **Wirkungskomponenten** entsteht:

(a) Die Nachfrage nach einem Produkt wird zunächst durch eine Vielzahl von Faktoren bestimmt, die nicht im Zusammenhang mit dem Preis stehen. Zum einen ist anzunehmen, daß z. B. jedes neue Produkt auf ein gewisses autonomes Nachfragepotential trifft (Innovatoren im Sinne der Diffusionstheorie, vgl. *Rogers* 1962). Die Größe dieser Nachfrage, die wesentlich vom Marktvolumen abhängt, soll als a_1 bezeichnet werden ($a_1 > 0$). Weiterhin ist davon auszugehen, daß je nach dem Grad der Marktdurchdringung eine unterschiedlich große Zahl von Imitatoren zum Konsum des Produktes veranlaßt wird. Der Koeffizient der auf diese Weise induzierten Nachfrage sei mit a_2 bezeichnet, so daß sich als Absatzwirkung ergibt:

(4.13.) $$a_1 + a_2 \cdot x_{t-1}$$

(Die Abhängigkeit des Nachfrageverhaltens vom erreichten Grad der Marktstärke, operationalisiert als Absatz der Vorperiode, ist von *Hilse* 1970, S. 25, empirisch nachgewiesen worden.)

3. Die Bestimmung des Angebotspreises für ein Produkt

Diesen Determinanten steht eine die Nachfrage dämpfende Wirkung der sog. **Obsoleszenz** (technologische, modische Veralterung etc.) gegenüber, die parallel zum Alter eines Produktes zunimmt. Wir kennzeichnen sie mit a_3 ($0 < a_3 < 1$). Sie bildet den letzten Term in der folgenden Funktion:

(4.14.) $$A_t = (a_1 + a_2 x_{t-1}) \cdot (1 - a_3)^{t-1}$$

Die Größe A_t stellt die Absatzwirkung aller erfaßten, nicht preisbezogenen Faktoren in der jeweiligen Periode t dar. Je nach den Vorstellungen hinsichtlich des Verhaltens der Nachfrage und einer entsprechenden Dimensionierung von a_1, a_2 und a_3 lassen sich dann unterschiedliche Verlaufstypen des **Produkt-Lebenszyklus** modellieren (monoton steigende, monoton fallende, gewölbte Kurvenverläufe u. ä.).

(b) Als Wirkung des Preises der jeweiligen Periode (B_t) ist jener Teil des Absatzes zu verstehen, der ausschließlich auf die Preisfestsetzung in der Periode selbst zurückgeht. Für den Fall einer linearen Preis-Absatz-Funktion erhalten wir

(4.15.) $$B_t = b \cdot p_t,$$

wobei b einen Proportionalitätsfaktor darstellt.

(c) Der Absatz in einem Intervall hängt allerdings auch davon ab, ob der geforderte Preis p_t im Vergleich zum Preis der Vorperiode p_{t-1} gleich geblieben, erhöht ($p_{t-1} - p_t < 0$) oder gesenkt ($p_{t-1} - p_t > 0$) worden ist. Es empfiehlt sich hierbei, auf die relative Preisänderung abzustellen.

(4.16.) $$\Delta p_{t,\text{rel}} = \frac{p_{t-1} - p_t}{p_{t-1}}$$

Geringe positive resp. negative Preisänderungen werden annahmegemäß nur schwache Auswirkungen auf die Nachfrage zeitigen, größere Preisänderungen überproportional stärkere. Zur Modellierung des interessierenden Zusammenhangs eignen sich sowohl Potenzfunktionen (mit ungeraden ganzzahligen Exponenten) als auch sinh-Funktionen (sinus hyperbolicus). Die von *Simon* (1976, S. 132 ff.) gewählte zweiparametrige sinh-Funktion mit den Preisänderungswirkungsparametern c_1 und c_2 weist der relativen Preisänderung folgende Absatzwirkung (C_t) zu:

(4.17.) $$C_t = c_1 \cdot \sinh\left(c_2 \cdot \frac{p_{t-1} - p_t}{p_{t-1}}\right) \cdot x_{t-1}$$

Die vollständige **dynamische Preis-Absatz-Funktion** hat damit nach *Simon* (1977, S. 265) folgende Form:

(4.18.) $$x_t = \underbrace{(a_1 + a_2 x_{t-1}) \cdot (1 - a_3)^{t-1}}_{A_t} - \underbrace{b \cdot p_t}_{B_t} + \underbrace{c_1 \cdot \sinh\left(c_2 \frac{p_{t-1} - p_t}{p_{t-1}}\right) \cdot x_{t-1}}_{C_t}$$

Betrachtet man nur die erste Periode des Lebenszyklus oder die gesamte Produktlebensdauer als eine einzige Periode (womit $x_{t-1} = 0$ wird), so reduziert sich die dynamische Preis-Absatz-Funktion auf die bekannte statische Preis-Absatz-Funktion:

(4.19.) $$x_t = a_1 - bp_t$$

Eine dynamische Preis-Absatz-Funktion der hier skizzierten Art ist allerdings zu komplex, um auch bei Kenntnis der **dynamischen Kostenfunktion** eine Ableitung der optimalen Preisstrategie auf analytischem Wege zu erlauben. Mittels geeigneter Heuristiken oder (teil-)enumerativer Verfahren lassen sich jedoch zumindest brauchbare Näherungslösungen finden. Liegt eine dynamische Preis-Absatz-Funktion vor, deren Parameter numerisch bestimmt worden sind, so kann der Lösungsprozeß z. B. durch folgende Vorgaben erleichtert werden (vgl. *Simon* 1977, S. 268):

- Für jede Periode wird ein unter Marketing-Gesichtspunkten relevanter Preisbereich festgelegt, innerhalb dessen folglich der Periodenpreis gesucht wird.
- Der Spielraum der Preisvariation wird in der Weise eingeengt, daß die Schrittweite (Änderungsrate) sowie das größtmögliche Ausmaß der Änderung des Preises von Periode zu Periode festgelegt werden. Damit ist gewissermaßen die Zahl $n(t)$ der in jeder Periode zulässigen alternativen Entgelte bestimmt. Die Anzahl der insgesamt möglichen Preisstrategien $N(T)$ bei T Perioden ergibt sich als:

(4.20.) $$N(T) = n(1) \cdot n(2) \cdot \ldots \cdot n(t) \cdot \ldots \cdot n(T) = \prod_{t=1}^{T} n(t)$$

Unter den $N(T)$ berechneten Preisfolgen wird die relativ beste ausgewählt, so z. B. jene, bei der die Summe der auf den Zeitpunkt $t = 0$ diskontierten Periodengewinne maximal ist. Üblicherweise erweist sich keineswegs jene Strategie als optimal, bei der Periode für Periode ein im Hinblick auf den Periodengewinn optimaler Preis gefordert wird. Eine so ermittelte Optimalstrategie kann indessen nur die Basis einer taktischen Feinsteuerung der Preise darstellen, die den situativen Markt- und Nachfragegegebenheiten bestmöglich Rechnung trägt.

Es versteht sich, daß die Schätzung der Parameter einer solchen dynamischen Preis-Absatz-Funktion gewaltige Probleme aufwirft. Dies hat zur Folge, daß der Einsatz derartiger Funktionen in der preispolitischen Praxis an enge Grenzen stößt. Ein gewisser Ausweg eröffnet sich darin, daß die Parameter von den Entscheidungsträgern geschätzt werden. Damit dient eine solche Funktion dazu, die Konsequenzen zu veranschaulichen, die den vom Management getroffenen bzw. erfragten Annahmen über das Verhalten der Nachfrage für das optimale preispolitische Verhalten innewohnen. Naturgemäß bietet ein solcher

Ansatz auch reizvolle Möglichkeiten für **Simulationen** und somit für die Untersuchung der Auswirkung der Variation einzelner Parameter der Funktion auf die optimale Preisstrategie. Hierzu ein Beispiel:

Eine Strategie, die über T Perioden optimal sein soll, läßt sich nicht formulieren, ohne daß die Obsoleszenzrate des Produkts berücksichtigt wird. Es ist für die Preispolitik durchaus von Bedeutung, ob ein Produkt ein „Dauerbrenner" oder ein hochmodisches Erzeugnis darstellt, das am Saisonende ökonomisch obsolet wird. Intuitiv würde man bei schnell alternden Produkten zu einer **Skimming-Preisstrategie** raten. Durch eine anfänglich hohe Preisforderung sollen der Statussymbolcharakter der Produktneuheit betont und die Konsumfreude der Innovatoren ausgenützt werden. Der im Verlauf des Produkt-Lebenszyklus einsetzenden Nachfrageerosion kann dann durch rechtzeitige Preissenkungen begegnet werden, mit denen die preiselastisch reagierenden Imitatorenschichten angesprochen werden.

In dem hier referierten Fall kann die Gültigkeit dieser intuitiven Strategie geprüft werden, indem man unter Konstanthaltung aller übrigen Parameter der dynamischen Preis-Absatz-Funktion die Obsoleszenzrate a_3 systematisch variiert. Wie erinnerlich, wird die Nachfrage in der Periode t um so stärker gedämpft, je größer a_3 ist (wobei gilt: $0 < a_3 < 1$). Im Extremfall ($a_3 = 1$) verkürzt sich, da dann $A_t = 0$ ist, die Wirkung der preisunabhängigen Faktoren auf eine einzige Periode, ein Phänomen, das von der Politik der Saisonschlußverkäufe her, bei denen modische Ware von gestern dem Verbraucher nur über Schleuderpreise nahegebracht werden kann, wohlbekannt ist.

Werden die den unterschiedlichen a_3-Werten entsprechenden optimalen Preisstrategien gefunden, so läßt sich durch deren Gegenüberstellung der Einfluß der Alterungsrate, dem sie unterliegen, feststellen. In Abb. 4.21. sind die optimalen Preisstrategien für die Werte $a_3 = 0,01$, $a_3 = 0,02$, $a_3 = 0,05$ und $a_3 = 0,1$ (linke Seite in Abb. 4.21.) sowie die diesen jeweils zugehörigen Produkt-Lebenszyklen (rechte Seite in Abb. 4.21.) wiedergegeben.

Betrachten wir die $a_3 = 0,01$ entsprechende optimale Preisstrategie. Dieser Wert signalisiert, daß sich die Absatzbedingungen des neuen Produktes in der Zeit wenig ändern. In einer solchen Absatzsituation erscheint es sinnvoll, mittels einer **Penetrationsstrategie** in den Markt einzutreten und den Preis bis etwa zur Mitte der Produkt-Lebensdauer stetig zu erhöhen, um in Periode 5 durch eine Preisreduktion der Nachfrage einen Stoß zu versetzen (vgl. hierzu den Absatzanstieg der fraglichen Kurve im rechten Teil von Abb. 4.21.). Der so erzeugte Nachfragesog kann dann unter den Annahmen des Modells durch eine allmähliche Erhöhung des Preises ausgenutzt werden.

Ganz anders muß sich der Preissteller bei einem Erzeugnis verhalten, das eine hohe **Obsoleszenzrate** aufweist. Hier wird der Entscheidungsträger so handeln müssen, wie man es intuitiv erwartet, nämlich eine Skimming-Preisstrategie verfolgen. Je höher dabei a_3 wird, um so früher muß ein hoher Preis gefordert werden und um so eher muß folglich auch die „strategische" Preissenkung erfolgen (bei $a_3 = 0,05$ in $t = 4$, bei $a_3 = 0,10$ in $t = 3$). Allgemein kann man feststellen, daß bei hohen Obsoleszenzraten Abschöpfungsstrategien optimal sind. Ihnen entsprechen Lebenszyklen, die durch eine ausgeprägte Degenerationsphase gekennzeichnet sind.

3.2.3.3. Die Auktion

Daß die Auktion (Versteigerung) der abnehmerorientierten Preisfindung zu subsumieren ist, läßt sich leicht begründen. Auktionen stellen sog. Marktveranstaltungen dar, bei denen räumlich und zeitlich konzentriert einem oder mehreren Anbietern eine je nach den Umständen mehr oder minder große Zahl von Kaufinteressenten gegenübersteht, die sich im Bestreben, die angebotene Ware zu erhalten, gegenseitig überbieten. Der erzielte Preis ist somit das Ergebnis eines Wettbewerbs von Nachfragern. Kosten- und wettbewerberorientierte Überlegungen spielen demgegenüber eine zweitrangige Rolle.

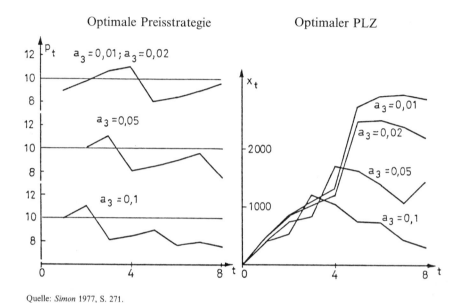

Quelle: *Simon* 1977, S. 271.

Abb. 4.21.: Einfluß der Obsoleszenzrate auf die optimale Preisstrategie und den optimalen Produkt-Lebenszyklus

In bezug auf den Ablauf ist zwischen zwei Spielarten der Auktion zu unterscheiden:

(1) Bei der üblichen **Versteigerung** wird die Ware vom Auktionator Los für Los bzw. Stück für Stück aufgerufen, worauf sich die am Erwerb interessierten Anbieter gegenseitig auszustechen suchen. Dabei herrscht in bezug auf die Entwicklung des Preises totale Transparenz. Den Zuschlag erhält der Nachfrager, der den höchsten Preis bietet. Im Gegensatz dazu ist bei der sog. **Submission** eine Anpassung des eigenen Preisgebotes an die Markterfordernisse nicht mehr möglich.

(2) Beim sog. **Veiling** vollzieht sich der Preisbildungsprozeß gewissermaßen von oben nach unten. Der geforderte Preis wird dabei vom Auktionator stetig herabgesetzt, oft mit Hilfe einer Uhr, deren Zeiger im Extremfall vom höchsten bis zu einem vom Auktionator angestrebten Mindestpreis läuft, bis ein Abnehmer zugreift. Im Unterschied zu Fall (1), bei dem sich der Anbieter in

einer Entscheidungssituation unter Gewißheit befindet, prägt das Veiling höchste Ungewißheit, da kein Interessent weiß, bei welchem Preis welcher Konkurrent in das Gebot eintritt.

3.2.4. Die wettbewerberorientierte Preisfindung

3.2.4.1. Der Preiswettbewerb

Wenn auch Unternehmen auf realen Märkten oft im monopolistischen Preisbereich operieren können, so sind ihre Preisentscheidungen von den Preisforderungen der Konkurrenten dennoch nicht völlig unabhängig. Als Konkurrenten sind dabei die Anbieter von solchen Leistungen zu verstehen, die bei einer größeren Zahl von Nachfragern Bestandteile des gleichen „evoked set" sind (zu einer auf dem Konzept des „evoked set" basierenden Abgrenzung des relevanten Marktes vgl. *Dichtl/Schobert* 1979). Die Preisvorstellungen der Wettbewerber sind wesensnotwendig wichtige Determinanten der oberen und unteren Grenze des wettbewerbsfreien Abschnitts der Preis-Absatz-Funktion. Wird von einem Anbieter für eine Leistung ein Preis unterhalb der unteren Grenze des Monopolbereichs gefordert, dann spricht man von **Preiswettbewerb.**

Dazu bedarf es jedoch nicht zwangsläufig einer Unterbietung des vorherrschenden Preisniveaus, z. B. des Durchschnitts der Preise der Konkurrenten (vgl. *Kotler* 1982, S. 409). Bei heterogenen Gütern kann auch ein Entgelt, das über dem Konkurrenzpreis liegt, Preiswettbewerb verkörpern, und zwar dann, wenn die resultierende Spanne nicht der **Qualitäts-** bzw. **Attraktivitätsdifferenz** entspricht. Im Falle homogener Angebote hingegen ist preisaktives Verhalten immer mit einer Unterbietung des Konkurrenzpreises verbunden. Dem liegt das Bestreben zugrunde, durch Variation des einzigen Aktionsparameters Präferenzen aufzubauen und zusätzliche Nachfrager anzuziehen.

Ob der Preiswettbewerb allerdings eine betriebswirtschaftlich sinnvolle Strategie ist, hängt von der Nachfragesituation und den Machtverhältnissen auf dem Markt ab. Zum einen muß die Nachfrage auf die Preisunterbietung elastisch genug reagieren, um die durch den niedrigeren Preis bewirkte Aushöhlung des Deckungsbeitrags pro Stück durch die höhere Absatzmenge in der Gesamtwirkung mehr als auszugleichen. Zum anderen müssen bei einem preispolitischen Vorpreschen die Reaktionen der Konkurrenten berücksichtigt werden. Sind diese in der Lage, nachzuziehen und somit die frühere Preisrelation auf einem allerdings niedrigeren Niveau wiederherzustellen, so wird durch eine aggressive Entgeltpolitik lediglich ein **Preiskampf** ausgelöst, dessen Konsequenz, wenn nicht schwache Konkurrenten vom Markt verdrängt werden, ein für alle Beteiligten unvorteilhafter Erlösverfall ist. So fand z. B. 1971 zwischen deutschen und belgischen Düngemittelherstellern ein vornehmlich über Rabatte ausgetragener Preiskampf statt, der wegen der hohen Verluste, von denen beide Seiten betroffen waren, nach einem Jahr durch Einlenken aller Beteiligten beendet wurde (vgl. *Rall/Wied-Nebbeling* 1977, S. 135f.).

Trotz gelegentlichen Aufflackerns von Preiskämpfen, bedingt durch die Existenz von Überkapazitäten bei Stagnation des Marktvolumens, kann als empirisch belegt betrachtet werden, daß auf sog. oligopolistischen Märkten, also auf Märkten mit nur wenigen Anbietern, und insbesondere auf solchen für homogene Güter ein Preiswettbewerb im klassischen Sinne kaum üblich ist (vgl. *Rall/Wied-Nebbeling* 1977, S. 122ff.).

Bezieht ein Unternehmen A das Verhalten seiner Mitanbieter in seine preispolitischen Überlegungen ein, so hat es unter mehreren möglichen Preisforderungen als Handlungsmöglichkeiten zu wählen. Auf einen bestimmten von ihm gesetzten Preis können Konkurrenten durch eine Preisanpassung reagieren, worauf A durch eine erneute Variation seines Preises antworten kann, usw. Das **Preisentscheidungsproblem** besteht daher in der Regel nicht in der Festlegung eines endgültigen Preises, sondern im Auffinden optimaler Preisfolgen bzw. -strategien (vgl. *Krautter* 1974, S. 265). Dies deckt sich auch mit den Vorstellungen vom Wettbewerb als einem keineswegs statischen Zustand, sondern einem dynamischen Vorgang.

Einer der Wege, dieses Entscheidungsproblem, das durch weitgehende Unsicherheit über das künftige Verhalten sowohl der Konkurrenten als auch der Nachfrager gekennzeichnet ist, rational anzugehen, ist die gedankliche Vorwegnahme aller denkbaren Aktions-Reaktions-Folgen sowie deren Bewertung. Hierzu benötigt man Informationen nicht nur über mögliche Preisforderungen (Aktionen) und die Art und Weise, wie Konkurrenten darauf reagieren können (Ereignisse), sondern auch über die Wahrscheinlichkeit des Eintretens der Alternativen und die monetären Konsequenzen, die mit diesen Aktions-Reaktions-Kombinationen jeweils verbunden sind. Die Ähnlichkeit des preispolitischen Entscheidungsproblems mit dem Grundmodell der Entscheidungstheorie (vgl. *Schneeweiß* 1974) liegt auf der Hand.

Ein Mittel zur Formalisierung der gegebenen Problemstruktur ist die **Entscheidungsbaumanalyse,** deren Eignung an einem einfachen Beispiel verdeutlicht werden soll (vgl. *Krautter* 1974). Eine Vielzahl von Anregungen zur Formalisierung von derartigen Preisentscheidungsproblemen findet sich bei *Kotler* (1971), *Montgomery/Urban* (1969; 1970) sowie *Green* (1977):

Ein Unternehmen A stehe vor der Aufgabe, den Preis für ein neues Produkt festzulegen. Ein vergleichbares Konkurrenzerzeugnis wird von B zum Preis von DM 130,- angeboten. Für A stellt sich damit die Frage, sich an den Konkurrenzpreis anzupassen oder diesen mit DM 100,- zu unterschreiten. Der Einfachheit halber möge der betroffene Konkurrent nur zwei Gegenstrategien ins Auge fassen, nämlich seinen Preis beizubehalten oder diesen gleichfalls auf DM 100,- zu senken. Dies wiederum könnte A veranlassen, seinerseits erneut darauf zu reagieren. Welche Aktions-Reaktions-Ketten sich dabei ergeben können, ist Abb. 4.22. zu entnehmen.

3. Die Bestimmung des Angebotspreises für ein Produkt 345

Darin kennzeichnen Kreise Entscheidungen von A, während Kästchen die von ihm nicht beeinflußbaren Ereignisse in der entscheidungsrelevanten Umwelt, d.h. die Reaktionen des Konkurrenten symbolisieren.

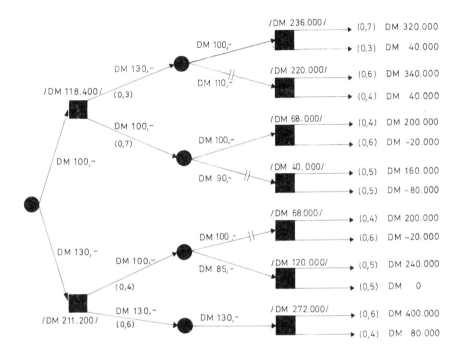

Abb. 4.22.: Entscheidungsbaum für eine preispolitische Entscheidung

Betrachten wir dazu einmal die „oberste" Aktions-Ereignis-Kette, die folgendes zum Ausdruck bringt: Nachdem der Konkurrent B auf die Preisunterbietung seitens A nicht reagiert, behält dieser seine Entgeltforderung bei. Die Nachfrager sehen sich also folgender Konstellation gegenüber:

Preis von A = DM 100,–
Preis von B = DM 130,–

Die Marktpartner können auf diese Preise aus der Sicht von A durch hohe Nachfrage oder durch Kaufzurückhaltung reagieren. Während sich, wie von A geschätzt, eine positive Nachfragereaktion in einem Deckungsbeitrag von DM 320000,– niederschlägt, führt eine zurückhaltende Kaufbereitschaft lediglich zu einem Wert von DM 40000,–. Indessen sind beide Fälle nicht gleich gelagert. Das Eintreten der positiven Entwicklung wird mit einer Wahrscheinlichkeit von 70% erwartet, während dem ungünstigen Fall nur 30% zugeschrieben werden. Dem obersten Ast des Entscheidungsbaumes ist somit folgender Erwartungswert zuzuordnen:

$$E_1 = 320000 \cdot 0{,}7 + 40000 \cdot 0{,}3 = 236000$$

Analog würde eine Anhebung des Preises von DM 100,- auf DM 110,- zu einem modifizierten Erwartungswert in Höhe von DM 220000,- führen. Wenn wir dieses Entscheidungskriterium akzeptieren, dann wird von den in Erwägung gezogenen Reaktionen auf die vom Konkurrenten verfolgte Preispolitik natürlich nur die „bessere" (Beibehaltung des Preises) als ernsthafte Alternative betrachtet, die schlechtere deshalb „gesperrt".

In ähnlicher Weise sind nun alle übrigen Äste des Entscheidungsbaums zu bewerten. Die Antwort auf die letztlich interessierende Frage, welcher Preis unter den gesetzten Prämissen der richtige ist, ergibt sich aus einem einfachen Vergleich zwischen – in diesem Fall – zwei Erwartungswerten:

$$E_{100} = 236\,000 \cdot 0,3 + 68\,000 \cdot 0,7 = 118\,400$$
$$E_{130} = 120\,000 \cdot 0,4 + 272\,000 \cdot 0,6 = 211\,200$$

Das Unternehmen wäre folglich gut beraten, eine preispolitische Anpassungsstrategie zu betreiben, d.h. für sein Produkt DM 130,- zu verlangen und ebenso wie der Konkurrent dabei zu bleiben oder aber, falls dieser auf DM 100,- zurückgeht, diesem darin zu folgen.

Es gibt Situationen, in denen ein Anbieter jeder anderen Möglichkeit als der, konsequenten Preiswettbewerb zu betreiben, beraubt ist. Dies gilt vor allem für Preisentscheidungen bei **Submissionen** (Aus- bzw. Einschreibungen). Dies sind Marktveranstaltungen, deren primärer Zweck es ist, eine Anbieterkonzentration, verbunden mit höchster Preistransparenz, herbeizuführen. Der Fall läßt sich kurz wie folgt umreißen („competitive bidding"):

- Die Leistungskomponente des Preis/Leistungsverhältnisses wird von der Stelle, die zur Abgabe von Geboten auffordert, eindeutig beschrieben und dadurch homogenisiert.
- Die Gleichartigkeit der zu erbringenden Leistung impliziert, daß der Preis (normalerweise) darüber entscheidet, wer den Zuschlag erhält.
- Absprachen unter den Mitbietern, die sog. Ringbildung, sind verboten, so daß jeder sein Gebot in Unkenntnis dessen abgibt, wer sich neben ihm noch an der Ausschreibung beteiligt und mit welchen Preisen die anderen zum Zuge zu kommen hoffen.

Trivialerweise geht es dabei für den um einen Auftrag konkurrierenden Unternehmer darum, den aus seiner Sicht höchstmöglichen Preis zu finden, mit dem er das Gebot des billigsten Konkurrenten gerade noch unterbietet. Analog zu dem vorausgegangenen Beispiel ist es auch hier zweckmäßig, den Erwartungswert des bei unterschiedlichen Angebotspreisen erzielbaren Gewinns bzw. Deckungsbeitrags als Kriterium für die Preisfestsetzung heranzuziehen:

(4.21.) $\qquad E(p_i) = (p_i - k) \cdot P(p_i) \to \text{Max!}$

Dabei bedeuten:

$E(p_i)$ = Erwartungswert des Gewinns bei Preis p_i
p_i = der bei der Submission genannte Angebotspreis ($i = 1, 2, \ldots, m$)
k = Kosten
$P(p_i)$ = Wahrscheinlichkeit, bei einem bestimmten Preis p_i den Zuschlag zu erhalten

3. Die Bestimmung des Angebotspreises für ein Produkt

Es ist unmittelbar einsichtig, daß die eigentliche Problematik des „**competitive bidding**" (vgl. dazu z. B. *Haedrich* 1977) in der Einschätzung der verschiedenen Preisen zuzuordnenden Zuschlagswahrscheinlichkeiten besteht. Streng genommen müßte man dazu die Preisgebote aller Konkurrenten kennen. Man muß sich hier aus verständlichen Gründen damit behelfen, für jeden bekannten Mitbieter die Wahrscheinlichkeit alternativer Preisgebote zu schätzen, sei es, daß man dabei auf Daten von ähnlichen Fällen zurückzugreifen vermag, oder sei es, daß man seiner Intuition und Erfahrung freien Lauf läßt.

So kann man z. B. die von einem Konkurrenten in der Vergangenheit geforderten Preise durch passende eigene Vergleichswerte (z. B. eigenes Preisgebot oder Kosten, die der jeweilige Auftrag verursachte) dividieren, wodurch man eine bestimmte Verteilung dieses Quotienten erhält. Eine solche Verteilung zeigt dann an, wie häufig der Betreffende mit seinem Preisgebot die Höhe unserer jeweiligen Preise oder – besser noch – Kosten „getroffen", über- oder unterschritten hat. Nun sind die Kosten des ausgeschriebenen Auftrags eine der wenigen bekannten Größen. Interpretiert man die relative Häufigkeit als Eintrittswahrscheinlichkeit um, so kann man durch Multiplikation der eigenen Kosten mit den so gewonnenen Quotienten eine Verteilung der Wahrscheinlichkeit erhalten, mit der der Konkurrent unterschiedlich hohe Preisgebote unterbreiten wird.

Das gedankliche Gerüst des dazu erforderlichen Kalküls soll an Hand eines einfachen Beispiels verdeutlicht werden: Nehmen wir an, der mittelständische Malerbetrieb A nimmt an einer Ausschreibung teil, die sich auf genau spezifizierte Malerarbeiten, die im Rathaus durchzuführen sind, bezieht. Die Ausführung dieser Arbeiten verursache direkt zurechenbare Kosten in Höhe von DM 10000,–. Um die Erteilung des Auftrags konkurrieren weitere drei Malerbetriebe (B, C und D). Wir unterstellen nun, daß es auf Grund vielfältiger Erfahrungen aus der Vergangenheit möglich ist, für alle drei die Wahrscheinlichkeit zu schätzen, mit der von diesen alternative Preisgebote unterbreitet werden (vgl. Tab. 4.19.).

Wie sind die in Tab. 4.19. enthaltenen Werte zu interpretieren? Beispielsweise wird die Wahrscheinlichkeit, daß der Konkurrent B ein Preisgebot zwischen DM 11 001 und 11 500 abgibt, mit 0,23 veranschlagt. Mit einem Gebot in dieser Größenordnung würde A, wie sich aus den Daten unschwer ersehen läßt, das Preisgebot von B mit 62% Wahrscheinlichkeit unterbieten (0,25 + 0,20 + 0,10 + 0,07 = 0,62). Der Vergleichswert für C beträgt 35%, jener für D 58%. Wie hoch aber ist die Wahrscheinlichkeit, mit einem solchen Preisgebot alle Konkurrenten aus dem Feld zu schlagen?

Die Wahrscheinlichkeit $P(p_i)$, daß ein Unternehmen mit dem Preis p_i unter dem aller übrigen Anbieter liegt, ergibt sich (bei Unabhängigkeit der Variablen) aus folgender Beziehung:

(4.22.) $$P(p_i) = \prod_{j=1}^{n} P_j(p_i)$$

Dabei bedeutet:

$P_j(p_i)$ = Wahrscheinlichkeit, daß der Angebotspreis p_i ($i = 1, 2, \ldots, m$) kleiner ist als der Angebotspreis des j-ten Konkurrenten ($j = 1, 2, \ldots, n$)

Tabelle 4.19.: **Wahrscheinlichkeit der Festsetzung bestimmter Preise durch die Konkurrenten B, C und D**

Unter-nehmen	p_1 9001 bis 9500	p_2 9501 bis 10000	p_3 10001 bis 10500	p_4 10501 bis 11000	p_5 11001 bis 11500	p_6 11501 bis 12000	p_7 12001 bis 12500	p_8 12501 bis 13000	p_9 13001 bis 13500
B	0,00	0,00	0,02	0,13	0,23	0,25	0,20	0,10	0,07
C	0,00	0,03	0,10	0,22	0,30	0,20	0,15	0,00	0,00
D	0,00	0,02	0,05	0,10	0,25	0,30	0,23	0,05	0,00

3. Die Bestimmung des Angebotspreises für ein Produkt

Für alternative (diskrete) Preisgebote kann man also die Zuschlagswahrscheinlichkeit $P(p_i)$ wie folgt errechnen:

$P\ (9\,500) = 1{,}00 \cdot 1{,}00 \cdot 1{,}00 = 1{,}00$
$P(10\,000) = 1{,}00 \cdot 0{,}97 \cdot 0{,}98 = 0{,}95$
$P(10\,500) = 0{,}98 \cdot 0{,}87 \cdot 0{,}93 = 0{,}79$
$P(11\,000) = 0{,}85 \cdot 0{,}65 \cdot 0{,}83 = 0{,}46$
$P(11\,500) = 0{,}62 \cdot 0{,}35 \cdot 0{,}58 = 0{,}13$
$P(12\,000) = 0{,}37 \cdot 0{,}15 \cdot 0{,}28 = 0{,}02$
$P(12\,500) = 0{,}17 \cdot 0{,}00 \cdot 0{,}05 = 0{,}00$
$P(13\,000) = 0{,}07 \cdot 0{,}00 \cdot 0{,}00 = 0{,}00$
$P(13\,500) = 0{,}00 \cdot 0{,}00 \cdot 0{,}00 = 0{,}00$

Die Werte lassen erkennen, daß das Unternehmen A bei einem Gebot von DM 9 500,- den Zuschlag sicher erhält; der erzielte Preis deckt allerdings nicht einmal die dem Auftrag direkt zurechenbaren Kosten. Andererseits beträgt der Deckungsbeitrag bei einem Preisgebot von DM 13 500,- immerhin DM 3 500,-, wobei aber die Wahrscheinlichkeit, den Zuschlag zu erhalten, Null ist. Wird der Erwartungswert des Deckungsbeitrages $EDB(p_i)$ als Entscheidungskriterium angewandt, muß sich das Unternehmen, wie die folgende Rechnung zeigt, für ein Preisgebot von DM 11 000,- entscheiden:

$EDB\ (9\,500) = (9\,500 - 10\,000) \cdot 1{,}00 = -500$
$EDB(10\,000) = (10\,000 - 10\,000) \cdot 0{,}95 = 0$
$EDB(10\,500) = (10\,500 - 10\,000) \cdot 0{,}79 = 395$
$EDB(11\,000) = (11\,000 - 10\,000) \cdot 0{,}46 = \boxed{460}$
$EDB(11\,500) = (11\,500 - 10\,000) \cdot 0{,}13 = 195$
$EDB(12\,000) = (12\,000 - 10\,000) \cdot 0{,}02 = 40$
$EDB(12\,500) = (12\,500 - 10\,000) \cdot 0{,}00 = 0$
$EDB(13\,000) = (13\,000 - 10\,000) \cdot 0{,}00 = 0$
$EDB(13\,500) = (13\,500 - 10\,000) \cdot 0{,}00 = 0$

3.2.4.2. Die Unterordnung unter einen Preisführer

Sich in einen ausgesprochenen Preiswettbewerb einzulassen, ist dann keine sinnvolle Strategie, wenn die Wettbewerber stark und willens sind, ihre Positionen auf Biegen und Brechen zu verteidigen. In solchen Fällen empfiehlt es sich, keinen ruinösen Preiskampf vom Zaune zu brechen, sondern auf andere Wettbewerbsparameter auszuweichen, sich insbesondere mit der Art der angebotenen Leistung von denen der Konkurrenten abzuheben. Faktisch ordnet man sich damit mit seinem Preis der vom Preisführer gezogenen Linie unter und versucht, einerseits durch Rationalisierung Kosten einzusparen, andererseits durch Individualisierung der Leistung Präferenzen zu schaffen und das eigene akquisitorische Potential auszubauen.

Wird die Rolle des Preisführers durch ein oder mehrere Unternehmen mit großer Marktmacht ausgeübt, dem bzw. denen sich eine größere Zahl von kleinen, marktschwachen Unternehmen gegenübersieht, spricht man von **dominierender** Preisführerschaft (vgl. *Kaufer* 1974). Dieser Fall tritt in der Praxis recht häufig auf, namentlich im Handel und im Handwerk, wo Anbieter oft ohne rechnerische Prüfung in die Preisforderungen größerer Konkurrenten eintreten oder diese sogar geringfügig unterbieten müssen, um am Markt zu partizipieren.

Für die **barometrische** Preisführerschaft typisch hingegen ist, daß es keinen überlegenen Anbieter, sondern nur eine kleine Gruppe etwa gleich starker Wettbewerber gibt. Um keinen ruinösen Preiswettbewerb aufkommen zu lassen, wird dennoch ein Preisführer anerkannt. Ihm fällt die Aufgabe zu, einen allgemein akzeptablen Preis vorzugeben, ohne sich selbst hieraus einen besonderen Vorteil zu verschaffen. Freilich wäre eine solche friedliche Koexistenz nicht möglich, wenn sich die Kostensituation und somit die Gewinnpotentiale der einzelnen Anbieter in größerem Maße unterschieden. Die Rolle des Preisführers zu spielen ist demnach an keine besonderen materiellen Voraussetzungen gebunden.

Aus wettbewerbstaktischen Gründen und aus der Sorge heraus, mit dem geltenden Kartellrecht in Konflikt zu geraten, wird deshalb jeder der Konkurrenten ab und zu als Preisführer auftreten, ein Phänomen, das z. B. in der Mineralöl- und in der Automobilwirtschaft beobachtet werden kann. Hier nimmt jeweils ein anderer die „jüngst eingetretene Kostensteigerung" bei Rohöl bzw. den neuesten Tarifabschluß zum Anlaß, die Verbraucherpreise zu erhöhen und dafür in der Öffentlichkeit mit anscheinend guten Argumenten um Verständnis zu werben (vgl. *Schmalen* 1982, S. 170f.).

3.2.4.3. Die Anwendung branchenüblicher Kalkulationsgrundsätze

Einige andere Varianten der **adaptiven Preispolitik,** die vornehmlich für die Preisfindung im Handel typisch sind, sollen hier nur kurz gestreift werden. Wenn einem Unternehmer die Preise, zu denen er anbietet, von anderen diktiert werden, treibt er keine aktive Preispolitik. Dies gilt z. B. für Handelsbetriebe insoweit, als sie der **vertikalen Preisbindung** unterliegen. Der Groß- und Einzelhandel verpflichtet sich hier gegenüber dem Produzenten vertraglich, bestimmte Endverkaufspreise einzuhalten. Als Gegenwert für deren Bereitschaft, auf eine eigenständige Preispolitik zu verzichten, bietet er ihnen die Sicherheit, daß ihnen ein Preiswettbewerb erspart bleibt und „auskömmliche" Spannen gewährleistet werden. Die sog. Preisbindung der zweiten Hand ist allerdings in der Bundesrepublik Deutschland nur noch bei Verlagserzeugnissen zulässig.

Eine große Zahl der mittelständischem Denken verhafteten kleinen Betriebe lehnt es auch heute noch ab, von preispolitischen Maßnahmen in ihrem oft schwierigen Existenzkampf nennenswerten Gebrauch zu machen. Dafür gibt es einleuchtende Gründe:

– Zunächst wird die Gefahr sehr ernst genommen, daß ein aktives Vorgehen in diesem Bereich für viele Beteiligte ruinös werden könnte. Man überläßt deshalb den Einsatz des Instruments Preispolitik lieber den Großunternehmungen (Verbrauchermärkten, SB-Warenhäusern, Discountern u. ä.) und verlegt sich auf Sortimentspflege, Kreditgewährung, Kundendienst und andere Aktionsparameter (Heterogenisierung der Gesamtleistung).

- Ein weiterer Faktor, der zur passiven Handhabung des Instruments Preispolitik beiträgt, sind die teils den Verbrauchern offenkundigen, teils nur für den Handel bestimmten und von diesem oft als verbindlich erachteten Preisempfehlungen, um diesem „die Kalkulation zu erleichtern", in Wirklichkeit jedoch die betroffenen Erzeugnisse dem Preiswettbewerb zu entziehen. Dagegen kann in den Kalkulations- oder Preisvorschlägen, die **Freiwillige Verbundgruppen** des Handels im Wege von Mittelstandsempfehlungen ihren Mitgliedern unterbreiten, in der Tat eine Entlastung der Partner gesehen werden, wobei die dadurch bewirkte Einheitlichkeit der Preise bei den Mitgliedern auch den Marketing-Vorstellungen der Gruppenleitung entsprechen wird.

- Bedenkt man schließlich, daß die Kalkulation nach Maßgabe branchenüblicher Aufschläge außerordentlich bequem ist, so wird die Unbeweglichkeit vieler Spannen und Preise verständlich, die lange Zeit für große Bereiche des Handels charakteristisch war.

4. Rechtliche Restriktionen der Preis- und der Konditionenpolitik

4.1. Die Preispolitik

Unternehmen können die Höhe der von ihnen für Güter und Dienstleistungen geforderten Entgelte grundsätzlich frei bestimmen. Wie jeder Freiheit sind jedoch auch jener der Preisfixierung Grenzen gesetzt, wo immer wichtige Interessen der Allgemeinheit oder Rechte anderer Marktteilnehmer berührt werden. Staatliche Eingriffe in die Preisautonomie sind beispielsweise dann am Platze, wenn es für ein Gut bzw. eine Leistung keinen Markt gibt oder wenn die Marktverhältnisse geeignet sind, unerträgliche soziale Schäden hervorzurufen.

§ 2 des aus dem Jahre 1948 stammenden *Preisrechts* verleiht dem Staat eine Generalermächtigung zu Preisregelungen, „durch die der Preisstand aufrechterhalten werden soll". Das allgemeine Preisniveau soll dort „stabilisiert" werden können, wo dies aus sozialen (z. B. Schutz der Verbraucher) oder aus allgemeinwirtschaftlichen Erwägungen heraus (Erhaltung von Wirtschaftszweigen u. ä.) angezeigt ist. Trotz dieser globalen Ermächtigung hat der Gesetzgeber für viele Sachgebiete spezielle Ermächtigungsvorschriften und Verordnungen erlassen, deren wichtigste hier skizziert werden sollen.

So unterliegen die für landwirtschaftliche Produkte geltenden „politischen Preise" seit Jahrzehnten staatlicher Kontrolle. Kernstücke dieses Preissystems bilden die sog. **Interventions-** und **Richtpreise.** Der Interventionspreis wird niemals unterschritten, da staatliche Stellen verpflichtet sind, zu diesem Preis jede angebotene Menge aus der heimischen Produktion aufzukaufen. Richtpreise stellen die Basis für die beim Grenzübertritt erhobenen Abschöpfungen bzw.

Zölle dar, mit deren Hilfe an sich niedrigere Importpreise von ausländischen Agrarprodukten auf das wettbewerbsneutrale Richtpreisniveau der *EG* hinaufgeschleust werden.

Im Bereich der Energiewirtschaft obliegt dem Staat eine direkte Preisfestsetzung, weil hier das sog. Leitungsmonopol das Entstehen von Wettbewerb von vornherein ausschließt. Wenn auch aus unterschiedlichen Motiven, so kommt dem Staat doch auch eine zentrale Rolle bei der Fixierung von Krankenhauspflegesätzen (mangels marktwirtschaftlicher Preisbildung), von Prämien der Versicherungsgesellschaften (zum Schutz der Versicherten) sowie von Tarifen im Straßen-Personen- und Straßen-Güterverkehr (mit Ausnahme des Werkkraftverkehrs) zu.

Aus einer Reihe von Gründen gibt es auch verbindliche Regelungen für die Mietpreisgestaltung bei Altbauten und öffentlich geförderten Wohnungen sowie für die Preisbildung bei öffentlichen Aufträgen. Bestimmungen wie die *Verdingungsordnung für Leistungen – ausgenommen Bauleistungen (VOL)* und die *Verdingungsordnung für Bauleistungen (VOB)* sollen einerseits den (öffentlichen) Auftraggeber vor Übervorteilung und andererseits den Auftragnehmer vor Ausbeutung schützen. Auf amtlichen Gebührenordnungen beruhen die Honorarforderungen von so unterschiedlichen Berufsgruppen wie Ärzten, Rechtsanwälten, Architekten oder Schornsteinfegern. Stark reglementiert sind auch die Preise der Arzneimittel, weil die *Arzneimittelpreisverordnung* von 1980 eine von der Höhe der Herstellerabgabepreise abhängige Staffelung von nicht zu überschreitenden Großhandelszuschlägen und genau einzuhaltenden Apothekenzuschlägen vorsieht.

Vergleicht man die verschiedenen Formen staatlicher Preiseingriffe, so zeigt sich, daß die Obrigkeit über ein differenziertes und daher sehr anpassungsfähiges Instrumentarium rechtlicher Maßnahmen verfügt, um Entgeltforderungen zu beeinflussen bzw. zu überwachen. Zeichnet man gedanklich ein Kontinuum, das den individuellen Freiheitsgrad bei der Preisfestlegung für bestimmte Produkte abbildet, so steht am einen Ende die staatliche Preissetzung, die den stärksten Eingriff darstellt. Das andere Extrem verkörpert die Verfolgung des Laissez-faire-Prinzips in Gestalt einer rein marktorientierten Preisfindung. Zwischen diesen Polen liegen das Verordnen von **Höchst-** oder **Mindestpreisen** sowie das Unterbinden mißbräuchlicher Angebotspraktiken.

Im Hinblick auf die angestrebte Breitenwirkung greift ein staatlich verfügter **Preisstopp**, bei dem die an einem bestimmten Stichtag zustande gekommenen Preise eingefroren werden, am stärksten durch. Die Effektivität dieses Instruments, das in der Vergangenheit in vielen Ländern zur Eindämmung hoher Inflationsraten eingesetzt wurde, ist angesichts der Gefahr, daß sich bereits nach kurzer Zeit „schwarze" oder „graue" Märkte herausbilden, höchst umstritten. Darüber hinaus wird ein derartiger Preisstopp regelmäßig dadurch unterlaufen,

4. Rechtliche Restriktionen der Preis- und der Konditionenpolitik 353

daß scheinbar oder wirklich neue Produkte eingeführt werden, für die eine solche Regelung naturgemäß nicht gilt. Bei den übrigen Produkten entsteht ein inflationsbedingter Preiserhöhungsstau, der sich nach Lockerung oder Aufhebung des Preisstopps nur durch Inkaufnahme einer um so stärkeren Preissteigerungswelle abbauen läßt. Im Gegensatz zum Preisstopp, der im Regelfall alle Wirtschaftsbereiche trifft, können durch die Fixierung von bestimmten Kriterien bei der Preisbildung bzw. von bestimmten Kalkulationsprinzipien von seiten des Staates auch branchen- bzw. produktspezifische Restriktionen des Preisspielraumes eingeführt werden (Versicherungen, Mieten u.a.).

Der Spielraum der Preisfestlegung nach oben wird durch § 138 Abs. 2 *BGB*, den sog. Wucherparagraphen, eingeengt, der Verträge mit extrem hohen Preisforderungen (sogenannte Wucherverträge) für nichtig erklärt. Neben dem Zivilrecht wird mit Hilfe des § 302e *StGB* der sog. Individualwucher, d.h. die Ausnutzung einer Zwangslage oder bestimmter persönlicher Eigenschaften des einzelnen durch die Verhängung von Freiheits- oder Geldstrafen bekämpft. Dagegen begeht nach § 4 *WiStG* derjenige eine Ordnungswidrigkeit, der „in einem Beruf oder Gewerbe für Gegenstände oder Leistungen des lebenswichtigen Bedarfs Entgelte fordert, verspricht, vereinbart, annimmt oder gewährt, die infolge einer Beschränkung des Wettbewerbs oder infolge der Ausnutzung einer wirtschaftlichen Machtstellung oder einer Mangellage unangemessen hoch sind". Der darin liegende sog. Sozialwucher kann mit Geldbußen geahndet werden. Speziell dem Mietwucher sind die §§ 5 f. *WiStG* gewidmet.

Ebenso wie das *WiStG* legt auch das *GWB* besonderes Augenmerk auf die Preisbildung marktmächtiger Anbieter. Verfügt ein Unternehmen über eine marktbeherrschende Stellung im Sinne von § 22 Abs. 1 - 3 *GWB* und nutzt es diese mißbräuchlich aus, z.B. indem es wesentlich überhöhte Preise fordert, dann kann das *Bundeskartellamt* eine bestimmte Preissenkung verlangen. Erinnert sei in diesem Zusammenhang an den eingangs dieses Kapitels erwähnten *Valium-Librium*-Fall, bei dem es um folgendes ging:

Nach Ansicht der Kartellbehörden hatte die Firma *Hoffmann-La Roche* in den siebziger Jahren für die beiden genannten Präparate unter Ausnutzung einer marktbeherrschenden Stellung stark überhöhte Preise gefordert. Bei der Ermittlung eines hypothetischen Wettbewerbspreises („Als-ob-Wettbewerb") folgte das *Bundeskartellamt* (und später auch das *Kammergericht*) dem „Vergleichsmarkt-Konzept", wobei es diesen in dem konkreten Fall mit dem holländischen Markt identifizierte, wo das Handelshaus *Centrafarm* vergleichbare Psychopharmaka zu einem wesentlich niedrigeren Preis anbot. Die ursprünglich im Urteil des *Kammergerichts* verlangte Preissenkung um 24% wurde letztlich wieder aufgehoben, weil *Centrafarm* auf Grund seiner geringen Größe nicht den erforderlichen Vergleich zuließ und darüber hinaus die bundesdeutschen Konkurrenten von *Hoffmann-La Roche* mittlerweile erstarkt waren.

Seit der *Vierten Kartellrechtsnovelle* können im übrigen die aus einem Preismißbrauch resultierenden ungerechtfertigten Mehrerlöse abgeschöpft werden.

Das Interesse des Staates richtet sich jedoch nicht nur auf die Einhaltung bzw. Unterschreitung von **Preisobergrenzen,** sondern auch auf wettbewerbswidrige Formen der Preisunterbietung. Unbestritten ist, daß ein funktionierender Wettbewerb Preisunterbietungen nicht nur zuläßt, sondern sie als eines der wichtigsten Wettbewerbsmittel geradezu fordert. Ein **Verkauf unter Einstandspreis** oder unter den – bekanntlich außerordentlich schwierig zu ermittelnden – Selbstkosten gilt einmal dann als rechtswidrig, wenn besondere Begleitumstände vorliegen. Die Unterbietung muß insbesondere systematisch bzw. planmäßig und mit dem Ziel erfolgen, die wirtschaftliche Existenz des Unterbotenen zu vernichten. Da sich diese Intention allerdings nur selten nachweisen läßt, wird von der Rechtsprechung nicht die Verdrängungsabsicht, sondern das Vorliegen einer machtbedingten Unterbietung bei der Feststellung der Wettbewerbswidrigkeit herangezogen. Ein solcher Fall spielte sich nach Überzeugung des *Bundeskartellamtes* Mitte der siebziger Jahre auf dem Reisemarkt ab:

Ein auf Mexiko spezialisierter, außerordentlich erfolgreicher Reiseveranstalter sah sich der Gefahr ausgesetzt, durch das größte Unternehmen der Branche mit Preisen für völlig gleichartige Leistungen, die nicht einmal die Kosten für Flug, Transfer und Unterbringung deckten, aus dem Markt gedrängt zu werden. Angesichts einer drohenden Untersagungsverfügung durch das *Kartellamt* gab der Branchenführer sein Vorhaben später auf.

Seit einiger Zeit stützen sich Kartellbehörden und Gerichte bei ihrem Bemühen um Ausmerzung bzw. Ahndung von Untereinstandspreisverkäufen vereinzelt auf § 37a Abs. 3 *GWB,* eine Bestimmung, die 1980 zum Zweck des Mittelstandsschutzes in das Normenwerk eingefügt wurde.

Als eindeutiger Fall unlauterer Preisunterbietung wird auch die sog. Preisschleuderei angesehen, die unter anderem dann gegeben ist, wenn die von einem sicher aus dem Markt ausscheidenden Anbieter geforderten Minimalpreise offenkundig nur noch dazu dienen, den verbleibenden Wettbewerbern ökonomischen Schaden zuzufügen. Um solche Formen ruinösen Preiswettbewerbs einzuschränken, werden z. B. die §§ 7-9 *UWG* mit ihren Bestimmungen über die Zulässigkeit von Aus- und Räumungsverkäufen herangezogen. Desgleichen sollen die seit 1987 geltenden Vorschriften gegen die Werbung mit bezifferter Preisreduktion (§ 6e *UWG*) und gegen die Werbung mit mengenmäßiger Abgabebeschränkung je Kunde (§ 6d *UWG*) dazu beitragen, ruinöse Preisunterbietung zu unterbinden. Verwiesen sei auch auf das *Rabattgesetz,* das Preisnachlässe beschränkt; Art und Umfang von zulässigen Zugaben sind eigens in einer entsprechenden Verordnung geregelt.

Nun erfüllt aber nicht jede Preisunterbietung den Tatbestand einer rechtswidrigen Preisstellung. Nach herrschender Ansicht kann von einem Mißbrauch selbst dann nicht gesprochen werden, wenn ein Konkurrent zwar in seiner Existenz gefährdet wird, Anlaß und Ziel der Unterbietung aber im Rahmen der Gepflogenheiten des Wirtschaftsverkehrs bleiben, der Unterbietende sich keiner verwerflichen Mittel bedient und sein Handeln nicht außer Verhältnis zur

Wirkung steht. Dieser Fall liegt beim Prototyp des **Sonderangebots** vor, bei dem in der Regel nicht primär ein Konkurrent attackiert, sondern beim Kunden der Eindruck außergewöhnlicher Leistungsfähigkeit hervorgerufen werden soll. Ein solches preispolitisches Profilierungsziel kann angenommen werden, wenn z. B. in Verbrauchermärkten zuweilen 10 Brötchen zu Preisen zwischen DM 0,08 und DM 0,20 (für alle!) angeboten wurden.

Anders ist der Sachverhalt zu beurteilen, wenn das besonders günstige Sonderangebot in die Kategorie eines **Lockvogelangebots** fällt. Grundlage für die wettbewerbsrechtliche Beurteilung von Lockvogelangeboten, insbesondere solchen mit einer Entgeltforderung, die unter dem Einstandspreis liegt, sind § 3 *UWG* sowie wichtige Entscheidungen des *BGH* aus den Jahren 1969 und 1973. Ein unter dem niedrigsten Fabrikabgabepreis liegendes Lockvogelangebot wertete der *BGH* als irreführende Angabe, weil dadurch beim Käufer fälschlicherweise der Eindruck erzeugt werde, das übrige Sortiment des Werbenden sei ähnlich preisgünstig kalkuliert. Die Gefahr einer Irreführung sei jedoch dann definitiv zu verneinen, wenn ein solches Angebot deutlich als eine aus dem übrigen Sortiment herausragende besonders attraktive Offerte (z. B. Sonderaktion) gekennzeichnet wird (*Gries* 1977, S. 266).

Rechtlich unbedenklich sind **Verkäufe unter Einstandspreis** grundsätzlich bei Einführungsangeboten, als Reaktion auf entsprechendes Verhalten von Konkurrenten, beim Abstoßen veraltender Ware (z. B. von verderblichem Obst am Spätnachmittag), bei Räumungsverkäufen oder bei Vorliegen kurzfristiger Liquiditätsschwierigkeiten. Gleichwohl ist nicht zu übersehen, daß es sich hierbei um eines der heißesten wettbewerbsrechtlichen Eisen handelt, wobei speziell vom mittelständischen Handel immer stärker gefordert wird, Unter-Einstandspreis-Verkäufe grundsätzlich zu verbieten (ausführlich dazu *Schneider* 1982, *Sack* 1983).

Nun kann aber ein Anbieter nicht nur insoweit in Konflikt mit Rechtsnormen kommen, als er in bestimmten Situationen unangemessen hohe oder niedrige Preise fordert, sondern auch dann, wenn er zwar eine durchaus leistungsadäquate Entgeltforderung stellt, deren Höhe aber mit Mitbewerbern abspricht. Derartige Vereinbarungen von Unternehmen, mit denen Preise im Rahmen von sog. Preiskartellen festgesetzt oder koordiniert werden, verstoßen grundsätzlich gegen § 1 *GWB*, soweit diese Preisabsprachen dazu angetan sind, die Marktverhältnisse durch die damit einhergehende Wettbewerbsbeschränkung zu beeinflussen. Dies ist beispielsweise der Fall, sofern durch ein **Einheitspreis-** oder **Mindestpreiskartell** Preiswettbewerb verhindert oder durch ein **Submissionskartell** für einen einzelnen Anbieter monopolähnliche Preisspielräume künstlich erzeugt werden sollen. Vom allgemeinen Preiskartellverbot gibt es nur wenige Ausnahmen. Im Rahmen des anmeldepflichtigen **Rabattkartells** verzichten Hersteller auf eine – diskriminierende – Gewährung von Sonderrabatten. Da die Abnehmer dadurch die Möglichkeit verlieren, die Hersteller preispolitisch gegeneinander auszuspielen, verlagert sich der Wettbewerb zwischen den

Kartellmitgliedern in der Regel auf Instrumente der „non price competition". Darüber hinaus kann vom *Bundesminister für Wirtschaft* in Ausnahmesituationen jede nur denkbare zwischenbetriebliche Vereinbarung durch ein sog. Ministerkartell sanktioniert werden.

Da Preiskartelle den Wettbewerb zumindest beeinträchtigen, bemüht sich das *Bundeskartellamt* mit aller Entschiedenheit, gegen vermutete Kartellabsprachen vorzugehen. Seit der *Zweiten Kartellrechtsnovelle* entfällt dabei für diese Behörde die Notwendigkeit, vertragliche Vereinbarungen nachweisen zu müssen. Bereits der begründete Verdacht eines „aufeinander abgestimmten Verhaltens" kann zur Eröffnung eines Kartellverfahrens führen (vgl. *Schmalen* 1982, S. 147 - 152).

Induzieren aber z. B. allgemeine Kostensteigerungen in einer ganzen Branche Preiserhöhungen, wie dies alljährlich in der Automobilindustrie und immer wieder bei Kraftstoffen vorkommt, so ist dies kartellrechtlich grundsätzlich nicht bedeutsam. Bei einer solchen sog. **barometrischen Preisführerschaft** geht immer wieder ein anderer Preisführer mit einer Preiserhöhung voran, worauf alle Konkurrenten über kurz oder lang nachziehen.

Neben der **Angemessenheit** von Preisen ist der Staat auch um **Preistransparenz** bemüht. Zu diesem Zweck wurde vor allem die *Preisangabenverordnung* erlassen, die eine Pflicht der Preisauszeichnung im Einzelhandel begründet. Darüber hinaus dienen verschiedene Spezialbestimmungen (Gesetz über Preisstatistik, Amtliche Preisnotierungen usw.) u. a. dazu, das Preisbewußtsein zu fördern. Eine Doppelrolle spielt in diesem Zusammenhang die sog. **Unverbindliche Preisempfehlung.** Mit der weitgehenden Abschaffung der vertikalen Preisbindung im Zuge der *Zweiten Kartellgesetznovelle* mußte eine gesetzliche Regelung der Unverbindlichen Preisempfehlung für Markenwaren geschaffen werden. Zulässig ist die **Preisbindung** nach wie vor bei Verlagserzeugnissen sowie einigen ausgewählten Wirtschaftsbereichen (z. B. Verkehrsträgern, landwirtschaftlichen Erzeugervereinigungen, Kreditinstituten, Versicherungsunternehmen, Bausparkassen sowie bei der Elektrizitäts-, Gas- und Wasserwirtschaft; vgl. hierzu *Schmalen* 1982, S. 144).

Die Preisempfehlung soll dem Verbraucher als preisliche Orientierungshilfe dienen sowie eine Art Preisobergrenze signalisieren. Die Bedeutung der Preisempfehlung liegt für einen Hersteller in der Möglichkeit, Einfluß auf die Höhe der Weiterverkaufspreise entweder auf dem Weg der Verbraucher- oder der Handelspreisempfehlung zu nehmen. (Erstere vermag der Käufer, weil sie offen ausgewiesen wird, zu erkennen, letztere nicht!) Der Fachhandel, insbesondere der Vertragshändler in geschlossenen Vertriebssystemen, schätzt die Preisempfehlung vor allem wegen ihres preisbindungsähnlichen Charakters. Zudem verheißt die Preisempfehlung Rationalisierungseffekte (Kalkulationserleichterung, Preisauszeichnungshilfe, Grundlage für Rabattgewährung). Preisaktive Unternehmen können durch Unterschreiten einer Verbraucherpreisempfehlung allerdings auch ihre besondere Leistungsfähigkeit demonstrieren. Die

4. Rechtliche Restriktionen der Preis- und der Konditionenpolitik

wettbewerbspolitische Bedeutung der Unverbindlichen Preisempfehlung ist daher ambivalent zu bewerten (vgl. *Möschel* 1983, Rz 404).

Preisempfehlungen unterliegen den Bestimmungen des § 38 a *GWB* in Verbindung mit § 38 Abs. 1 Nr. 11 und 12 *GWB*. Das Gesetz enthält zunächst ein generelles Verbot von Preisempfehlungen, sieht dann aber unter bestimmten, genau definierten Voraussetzungen eine Freistellung der Unverbindlichen Preisempfehlung für Markenwaren vor. Dabei wurde einerseits die Handhabung der Preisempfehlung durch Aufhebung der von der Rechtsprechung in Analogie zu § 16 *GWB* (alte Fassung) entwickelten Anmeldepflicht beim *Bundeskartellamt* wesentlich erleichtert, während andererseits gleichzeitig die Zulassungsbedingungen und die Mißbrauchsaufsicht verschärft wurden.

Die Zulässigkeit einer **Preisempfehlung** ist im einzelnen an folgende Voraussetzungen geknüpft: (1) Es sind – bei Markenwaren – nur ziffernmäßig bestimmte Preise erlaubt, die (2) ausdrücklich als unverbindlich gekennzeichnet werden müssen. (Der Kunde soll wissen, daß der Verkäufer – in der Regel der Einzelhändler – nicht an den empfohlenen Preis gebunden ist, sondern von diesem abweichen kann, um z. B. seine Preiswürdigkeit zu demonstrieren.) Es muß sich (3) um eine generelle Empfehlung handeln, d. h. es darf keine Differenzierung nach Abnehmergruppen vorgenommen werden. Weiterhin darf ein Unternehmen (4) keinerlei Druck zur Einhaltung der von ihm ausgesprochenen Preisempfehlung auf seine Abnehmer ausüben. Schließlich muß (5) der empfohlene Preis realistisch sein; es darf sich also nicht um sog. Mondpreise handeln.

Um u. a. Verteuerungs- und Täuschungseffekten entgegentreten zu können, wurde das *Bundeskartellamt* mit weitreichenden Rechten ausgestattet. Die Behörde konnte allerdings von den ihr übertragenen, von ihr selbst als „schwer handhabbar" bezeichneten Befugnissen zur Verhinderung von überhöhten Preisempfehlungen bisher nur selten in nennenswerter Weise Gebrauch machen, so etwa, als die Brot- und Backwarenindustrie in den Verdacht geraten war, auf der Basis unrealistischer Verbraucherpreise dem Handel bzw. dem Handwerk Handelsspannen zuzubilligen, die in keinem angemessenen Verhältnis zu den hierfür erbrachten Leistungen standen. Einige tausend Preisempfehlungen wurden dabei durch Mißbrauchsverfügungen für unwirksam erklärt (vgl. *Reich* 1981, S. 381).

Von offensichtlich nicht marktgerecht kalkulierten oder auf Grund der Marktentwicklung überholten Preisempfehlungen spricht der Gesetzgeber, wenn in einem wesentlichen Teil der Bundesrepublik in einer Vielzahl von Fällen (im Lebensmittelbereich beispielsweise 20%) die empfohlenen Preise im Verhältnis zur Handelsspanne erheblich unterschritten werden (vgl. *Reich* 1981, S. 369-384). Das *Bundeskartellamt* geht in der Praxis oft so vor, daß es nach Branchenüberprüfungen, etwa wie im Möbelbereich geschehen, informell Beanstandungen und Abmahnungen vornimmt, um die Unternehmen möglichst zu einer freiwilligen Aufgabe oder Überprüfung ihrer Preisempfehlungen zu bewegen. In einigen Fällen hat sich diese Strategie auch bewährt.

In neuerer Zeit ist eine deutliche Tendenz des Übergangs von Verbraucher- zu Handelspreisempfehlungen festzustellen, die heute etwa drei Viertel aller Empfehlungen ausmachen. Insbesondere im Zusammenhang mit der Händlerpreisempfehlung kann die Verquickung von Preisempfehlung und Vertriebsbindung als Mißbrauchstatbestand untersagt werden, wenn dadurch das Preisbindungsverbot umgangen werden soll.

Eine Sonderstellung nehmen die sog. **Mittelstandsempfehlungen** (§ 38 Abs. 2 Nr. 1 *GWB*) ein. Vereinigungen von kleinen und mittleren Unternehmen dürfen zum Zweck der Steigerung der Leistungs- und Wettbewerbsfähigkeit gegenüber Großbetrieben Preis- und Kalkulationsempfehlungen aussprechen, deren Unverbindlichkeit weit weniger streng aufgefaßt wird. Entsprechend können z. B. mit festen Preisangaben versehene gemeinsame Zeitungsanzeigen oder Gemeinschaftskataloge herausgebracht werden. Außerdem beschränkt sich die Möglichkeit, Preise zu empfehlen, nicht auf Markenwaren, sondern gilt für Erzeugnisse jeder Art (z. B. Frischfleisch und Käse) sowie Dienstleistungen. Die Beurteilung der Zulässigkeit reiner Preisempfehlungen nach § 38 Abs. 2 Satz 3 *GWB* bereitet jedoch erhebliche Probleme (vgl. *Tiedemann* 1981, Rz 220).

4.2. Die Konditionenpolitik

In die Gestaltung der Konditionen eines Anbieters, also Vereinbarungen bezüglich der Lieferungs- und Zahlungsbedingungen, greift der Staat, soweit es sich nicht um Börsen- bzw. Termingeschäfte handelt, die besonderen Bestimmungen unterliegen, und abgesehen von den allgemeinen Normen des *BGB* und des *HGB* vor allem mit zwei Gesetzen ein.

Das bereits 1894 erlassene und 1969 novellierte *Abzahlungsgesetz* bezieht sich auf Kaufverträge über bewegliche Sachen. Es unterscheidet drei Typen von Krediten, von denen allerdings nur die ersten beiden für konsumtive Zwecke gedacht sind. Auf der Ebene Einzelhandel–Verbraucher hat im Zuge des wirtschaftlichen Wachstums und der Herausbildung neuer Formen der Konsumfinanzierung (Finanzierungsleasing, Kreditkarten, Scheckkarten, „charge accounts" etc.) die Bedeutung der traditionellen Formen der Kreditierung abgenommen. Durch eine Klausel von weitreichender Natur – das unabhängig vom Ort des Geschäftsabschlusses auf eine Woche befristete **Rücktrittsrecht bei Kaufverträgen** auf **Teilzahlungsbasis** – hat das *Abzahlungsgesetz* jedoch auch in der heutigen Gerichtspraxis nicht an Gewicht verloren. Nach § 1 b Abs. 2 *AbzG* ist der Verkäufer gehalten, den Käufer schriftlich über sein Rücktrittsrecht zu belehren, sich durch Unterschrift des Käufers die Belehrung bestätigen zu lassen und eine Abschrift des Dokuments dem Käufer auszuhändigen. Unterbleibt

4. Rechtliche Restriktionen der Preis- und der Konditionenpolitik 359

dies, so steht dem Käufer ein Widerrufrecht bis zur Lieferung der Sache und der vollständigen Bezahlung des Kaufpreises zu.

Da der Käufer das Rücktrittsrecht verwirkt, wenn er sich entschließt, den Kaufpreis in einer Summe zu entrichten, wurde in der verbraucherpolitischen Diskussion gefordert, den Verbraucherschutz auch auf die mit dem Direktvertrieb verbundenen Gefahren zu erweitern. Konkret sind damit Fälle angesprochen, in denen Güter (z. B. Teppiche, Decken), für die oft kein echter Bedarf besteht, an der Haustür oder bei sog. Kaffeefahrten unter starker rhetorischer Beeinflussung direkt verkauft werden. Um die Verbraucher vor solchen Formen der geschäftlichen Überrumpelung zu schützen, wurde 1986 ein *Gesetz über den Widerruf von Haustürgeschäften und ähnlichen Geschäften (HausTWG)* verabschiedet, das in § 1 ein einwöchiges Rücktrittsrecht bei Geschäften, die an bestimmten Orten (z. B. Wohnung, Arbeitsplatz, Freizeitveranstaltungen) abgeschlossen werden, und bei Vorliegen bestimmter Voraussetzungen (z. B. muß die Kaufsumme DM 80,— übersteigen) festlegt.

Das zweite hier zu behandelnde Normensystem, das *Gesetz zur Regelung des Rechts der Allgemeinen Geschäftsbedingungen (AGB-Gesetz)*, könnte sich im Rückblick wegen der Breite seiner Wirkung als eines der wichtigsten Wirtschaftsgesetze der Nachkriegszeit entpuppen. *AGB* sind nach § 1 Abs. 1 *AGB-Gesetz* alle für eine Vielzahl von Verträgen vorformulierten Vertragsbedingungen, die eine Vertragspartei (Verwender) der anderen bei Abschluß eines Vertrages stellt. Gleichgültig ist dabei, ob die Bestimmungen einen äußerlich gesonderten Bestandteil des Vertrages bilden oder in die Vertragsurkunde selbst aufgenommen werden, welchen Umfang sie haben, in welcher Schriftart sie verfaßt sind und welche Form der Vertrag hat. Nach § 1 Abs. 2 *AGB-Gesetz* liegen *AGB* dagegen nicht vor, soweit Vertragsbedingungen zwischen den Beteiligten ausgehandelt, m. a. W. Individualabreden getroffen werden.

Das Gesetz kodifiziert nicht nur die Rechtsprechung, die bereits seit Jahrzehnten Allgemeine Geschäftsbedingungen einer inhaltlichen Kontrolle unterworfen und unbillige Bedingungen für unwirksam erklärt hatte, sondern geht zum Teil auch darüber hinaus. Nach der Generalklausel des § 9 *AGB-Gesetz* sind z. B. Bestimmungen unwirksam, wenn sie einen Vertragspartner, ob Kaufmann oder Nichtkaufmann, entgegen Treu und Glauben unangemessen benachteiligen. Davon ist dann auszugehen, wenn „eine Bestimmung mit wesentlichen Grundgedanken des dispositiven Rechts nicht zu vereinbaren ist oder wesentliche Rechte oder Pflichten, die sich aus der Natur des Vertrages ergeben, so einschränkt, daß die Erreichung des Vertragszwecks gefährdet ist" (*Helm* 1977, S. 281).

Nach § 3 *AGB-Gesetz* dürfen ferner sog. überraschende Klauseln, nämlich „Bestimmungen . . ., die nach den Umständen, insbesondere nach dem äußeren Erscheinungsbild des Vertrages, so ungewöhnlich sind, daß der Vertragspartner des Verwenders mit ihnen nicht zu rechnen braucht", nicht Bestandteile eines

Vertrages werden. Damit dürfen also wichtige Aspekte nicht (mehr) im sog. Kleingedruckten geregelt werden.

Eine weitere Neuerung, die das Gesetz mit sich brachte, liegt in der Einführung ganz spezifischer Vorkehrungen zur **Verbesserung** des **Verbraucherschutzes**. Dies manifestiert sich einmal darin, daß in § 10 *AGB-Gesetz* eine Reihe von Klauseln zusammengefaßt sind, die einer besonderen Überprüfung auf deren **Angemessenheit** unterliegen. Noch einschneidender ist § 11 *AGB-Gesetz*, der zahlreichen Bestimmungen, deren Verwendung vor Erlaß des Gesetzes gang und gäbe war, wie z. B. kurzfristige Preiserhöhungen oder den Ausschluß der Haftung bei grobem Verschulden, den Boden entzieht. Die Situation heute ist gekennzeichnet durch

- Unwirksamkeit von Preiserhöhungsklauseln für die Dauer von vier Monaten nach Abschluß des Vertrags,
- weitgehende Unwirksamkeit von Vertragsstrafen,
- Unwirksamkeit des Ausschlusses der gesetzlichen Ersatzansprüche des Kunden bei Verzug des Schuldners und bei Unmöglichkeit der Leistung,
- Unwirksamkeit des Ausschlusses zahlreicher Gewährleistungsklauseln in Kauf- und Werkverträgen,
- weitgehende Unwirksamkeit von Klauseln, die den Eintritt einer dritten Person in den Vertrag anstelle des ursprünglichen Vertragspartners gestatten, sowie
- Unwirksamkeit des Haftungsausschlusses für Vorsatz und grobe Fahrlässigkeit auch einfacher Erfüllungsgehilfen.

In verfahrensrechtlicher Hinsicht können Verbraucher- und Wirtschaftsverbände sowie die Industrie- und Handelskammern jeden, der unzulässige *AGB* verwendet oder ihre Verwendung empfiehlt, auf Unterlassung bzw. auf Widerruf der Empfehlung verklagen. Soweit in solchen Fällen bestimmte Klauseln für unwirksam erklärt werden, präjudiziert dies die Urteile aller zur Regelung von Einzelfällen angestrengten weiteren Prozesse. Dies wird u. a. dadurch erleichtert, daß alle Verfahren und dabei ergangene Urteile beim *Bundeskartellamt*, das darüber gegenüber jedermann zur Auskunft verpflichtet ist, registriert werden.

Quellenhinweise und Literaturempfehlungen
Eine **Einführung in das preispolitische Instrumentarium** vermitteln:

Arbeitskreis Hax der Schmalenbach-Gesellschaft, Der Preis als Instrument der Absatzpolitik, in: ZfbF – Schmalenbachs Zeischrift für betriebswirtschaftliche Forschung, 32. Jg. (1980), S. 701 - 720.
Böcker, F. (Hrsg.), Preistheorie und Preisverhalten, München 1982.
Böcker, F., Marketing, 2., stark erw. und überarb. Aufl., Stuttgart–New York 1987.
Diller, H., Preispolitik, Stuttgart 1985.
Hansen, U., Absatz- und Beschaffungsmarketing des Einzelhandels, 2 Bde., Göttingen 1976.
Jacob, H., Preispolitik, 2., überarb. und erw. Aufl., Wiesbaden 1971.

Kotler, Ph., Marketing Decision Making: A Model Building Approach, New York 1971.
Kotler, Ph., Marketing-Management, 4., völlig neubearb. Aufl., Stuttgart 1982.
Schmalen, H., Preispolitik, Stuttgart–New York 1982.
Simon, H., Preismanagement, Wiesbaden 1982.
Stern, L. W., El Ansary, A. I., Marketing Channels, Englewood Cliffs, N.J., 1977.
Tucker, S. H., Pricing for Higher Profit: Criteria, Methods, Applications, New York etc. 1966.

Mit **preispolitisch relevanten Aspekten des Verbraucherverhaltens** beschäftigen sich:

Antilla, M., Consumer Price Perception, Helsinki 1977.
Asch, S. E., Forming Impressions of Personality, Journal of Abnormal and Social Psychology, Vol. 41 (1946), pp. 258 - 290.
Bauer, R. A., Consumer Behavior as Risk Taking, Proceedings, 43rd Conference of the American Marketing Association, Chicago 1960, pp. 389 - 398, reprinted in: *Cox, D. F.* (Ed.), Risk Taking and Information Handling in Consumer Behavior, Boston 1967, pp. 25 - 33.
Diller, H., Der Preis als Qualitätsindikator, in: DBW – Die Betriebswirtschaft, 37. Jg. (1977), S. 219 - 234.
Diller, H., Das Preisbewußtsein der Verbraucher und seine Förderung durch Bereitstellung von Verbraucherinformationen, Habilitationsschrift, Mannheim 1978.
Gabor, A., Granger, C. W. J., Price Consciousness of Consumers, in: Applied Statistics, Vol. 10 (November 1961), pp. 170 - 188, reprinted in: *Taylor, B., Wills, G.* (Eds.), Pricing Strategy, London 1969, pp. 5 - 25.
Gabor, A., Granger, C. W. J., Price Sensitivity of the Consumer, in: JAR – Journal of Advertising Research, Vol. 4 (1964), No. 4, pp. 40 - 44.
Gabor, A., Granger, C. W. J., Price as an Indicator of Quality, Report on an Enquiry, in: Economica, N.S., Vol. 33 (February 1966), pp. 43 - 70.
Helson, H., Adaptation Level as a Frame of Reference for Prediction of Psychophysical Data, in: American Journal of Psychology, Vol. 60 (1947), pp. 1 - 29.
Howard, J. A., Sheth, J. N., The Theory of Buyer Behavior, New York etc. 1969.
Jacoby, J., Information Load and Decision Quality: Some Contested Issues, in: JMR-Journal of Marketing Research, Vol. 14 (1977), pp. 569 - 573.
Kroeber-Riel, W., Konsumentenverhalten, 3. Aufl., München 1984.
Lebensmittel Zeitung (Hrsg.), Kennt der Kunde die Preise?, Frankfurt 1975.
McGuire, W. J., Some Internal Psychological Factors Influencing Consumer Choice, in: Journal of Consumer Research, Vol. 2 (1976), pp. 302 - 319.
Monroe, K., Venkatesan, M., The Concept of Price Limit and Psychophysical Measurement: A Laboratory Experiment, Proceedings of the American Marketing Association, Chicago 1969, pp. 345 - 351.
Müller, S., Die Rolle des Preises im Kaufentscheidungsprozeß, in: Jahrbuch der Absatz- und Verbrauchsforschung, 27. Jg. (1981), S. 40 - 63.
Müller-Hagedorn, L., Die Beurteilung von Preisen durch Konsumenten – Erkenntnisse und Lücken, in: *Mazanec, J., Scheuch, F.* (Hrsg.), Marktorientierte Unternehmensführung, Wien 1984, S. 539 - 558.
Nwokoye, N. G., Subjective Judgment of Price: The Effects of Price Parameters on Adaption Levels, in: *Mazze, E. M.* (Ed.), Combined Proceedings of the American Marketing Association, Chicago 1975, pp. 545 - 548.
Ölander, F., The Influence of Price on the Consumer's Evaluation of Products and Purchases, in: *Taylor, B., Wills, G.* (Eds.), Pricing Strategy, London 1969, pp. 50 - 69.
Pessemier, E. A., A New Way to Determine Buying Decisions, in: Journal of Marketing, Vol. 24 (October 1959), pp. 41 - 46.

Rao, V. R., A Model for Brand Choice Under Price-Quality Hypothesis, in: *Becker, B. W., Becker, H.* (Eds.), Combined Proceedings – Marketing Education and The Real World and Dynamic Marketing in a Changing World, Series No. 34, Chicago 1973, pp. 366 - 371.
Rogers, E. M., Diffusion of Innovations, New York 1962.
Sherif, M., Hovland, C. J., Judgmental Phenomena and Scales of Attitude Measurement: Placement of Items with Individual Choice of Number of Categories, in: Journal of Abnormal and Social Psychology, Vol. 48 (January 1953), pp. 135 - 141.
Sherif, M., Hovland, C. J., Social Judgment, New Haven, Conn., 1961.
Simon, H. A., Administrative Behavior: A Study of Decision – Making Processes in Administrative Organisation, New York 1976.
Simon, H., Der Erdölmarkt – Kein Preis-Angebots-Paradoxon, in: WiSt – Wirtschaftswissenschaftliches Studium, 11. Jg. (1982), S. 332 - 334.
Sowter, A. P., Gabor, A., Granger, C. W. J., The Influence of Price Differences on Brand Shares and Switching, in: British Journal of Marketing, Vol. 4 (1969), pp. 223 - 230.
Sowter, A. P.,Gabor, A., Granger, C. W. J., The Effect of Price on Choice: A Theoretical and Empirical Investigation, in: Applied Economics, Vol. 3 (1971), pp. 167 - 181.
Stephens, L. F., Moore, R. L., Price Accuracy as a Consumer Skill, in: JAR – Journal of Advertising Research, Vol. 15 (1975), No. 4, pp. 27 - 34.
Wiegmann, H.-H., Modelle zur Preisentscheidung im Marketing, Berlin 1977.

Zu spezifischen **Problemen und Verfahren der Preisbestimmung** nehmen Stellung:

Cox, K. K., Enis, B. M., Experimentation for Marketing Decisions, Scranton 1969.
Deyhle, A., Arbeitshandbuch Gewinn-Management, 5., neubearb. Aufl., Landsberg am Lech 1985.
Eisele, W., Technik des betrieblichen Rechnungswesens, 3., völlig neubearb. Aufl., München 1988.
Green, P. E., Entwicklung und Bewertung von Preisstrategien mit Hilfe der Bayesschen Entscheidungstheorie, in: *Köhler, R., Zimmermann, H.-J.* (Hrsg.), Entscheidungshilfen im Marketing, Stuttgart 1977, S. 234 - 249.
Gutenberg, E., Grundlagen der Betriebswirtschaftslehre, 2. Bd.: Der Absatz, 17. Aufl., Berlin usw. 1984.
Haedrich, G., Preisfestsetzung mit Hilfe von Competitive Bidding-Modellen, in: *Haedrich, G.* (Hrsg.), Operationale Entscheidungshilfen für die Marketingplanung, Berlin–New York 1977, S. 119 - 132.
Hammann, P., Lohrberg, W., Schuchard-Ficher, Chr., Ein adaptiver Ansatz zur empirischen Ermittlung von Preisobergrenzen für Konsumgüter, in: Die Unternehmung, 35. Jg. (1981), Nr. 2, S. 73 - 87.
Horacek, M., Der kalkulatorische Ausgleich, Wien 1950.
Humbel, P., Preispolitische Gewinndifferenzierung im Einzelhandel, Zürich 1958.
Kaiser, A., Preispolitik im Fall Jaguar, in: *Böcker, F., Dichtl, E.* (Hrsg.), Erfolgskontrolle im Marketing, Berlin 1975, S. 224 - 231.
Kamen, J. M., Toman, R. J., Psychophysics of Prices, in: JMR – Journal of Marketing Research, Vol. 7 (1970), pp. 27 - 35.
Krautter, J., Quantitative Modellanalyse von Preisentscheidungen, in: WiSt – Wirtschaftswissenschaftliches Studium, 3. Jg. (1974), S. 262 - 268.
Kucher, E., Scannerdaten und Preissensitivität bei Konsumgütern, Wiesbaden 1985.
Männel, W., Preiskalkulation nach den Grundsätzen der Deckungsbeitragsrechnung, in: *Männel, W.* (Hrsg.), krp extra '78 (Kostenrechnungs-Praxis), Wiesbaden 1978, S. 3 - 26.
Mellerowicz, K., Kosten und Kostenrechnung, 2 Bde., Berlin–Leipzig 1933 und 1936.

Merkle, E., Die Erfassung und Nutzung von Informationen über den Sortimentsverbund in Handelsbetrieben, Berlin 1981.
Montgomery, D. B., Urban, G. L., Management Science in Marketing, Englewood Cliffs, N.J., 1969.
Montgomery, D. B., Urban, G. L., Applications of Management Science in Marketing, Englewood Cliffs, N.J., 1970.
Nagtegaal, H., Der Verkaufspreis in der Industrie, Wiesbaden 1974.
Pack, L., Die Elastizität der Kosten – Grundlagen einer entscheidungsorientierten Kostentheorie, Wiesbaden 1966.
Raffée, H., Preisuntergrenzen, in: WiSt – Wirtschaftswissenschaftliches Studium, 3. Jg. (1974), S. 145-151.
Riebel, P., Einzelkosten- und Deckungsbeitragsrechnung, 5., verb. und erg. Aufl., Wiesbaden 1985.
Sabel, H., Zur Preispolitik bei neuen Produkten, in: *Koch, H.* (Hrsg.), Zur Theorie des Absatzes, Wiesbaden 1973, S. 416 - 446.
Schmitz, G., Kalkulatorischer Ausgleich als betriebspolitische Aufgabe der Handelsunternehmen, in: *Sundhoff, E.* (Hrsg.), Distributionswirtschaft, Gemeinschaftliche Gabe von Mitarbeitern Kölner Institutionen für *Prof. Dr. Dr. h. c. Rudolf Seyffert* zu seinem 75. Geburtstag, Köln-Opladen 1968, S. 1 - 27.
Schneeweiß, H., Das Grundmodell der Entscheidungstheorie, in: *Weinberg, P., Behrens, G., Kaas, K. P.* (Hrsg.), Marketingentscheidungen, Köln 1974, S. 14 - 28.
Simon, H., Preisstrategien für neue Produkte, Opladen 1976.
Simon, H., Strategische Preispolitik bei neuen Produkten, in: Zeitschrift für die gesamte Staatswissenschaft, 133. Bd. (1977), S. 257 - 275.

Einzelfragen der **Bewertung von Preis/Leistungsverhältnissen** stehen im Mittelpunkt bei:

Andrews, F. M., Morgan, J. N., Sonquist, J. A., Klem, L., Multiple Classification Analysis, 2nd Ed., Ann Arbor, Mich., 1973.
Aschenbrenner, K. M., Komplexes Wahlverhalten: Entscheidungen zwischen multiattributiven Alternativen, in: *Hartmann, K. D., Koeppler, K.* (Hrsg.), Fortschritte der Marktpsychologie, Bd. 1, Frankfurt/M. 1977, S. 21 - 52.
Beeskow, W., Dichtl, E., Finck, G., Müller, S., Die Bewertung von Marketing-Aktivitäten, in: *Irle, M.* (Hrsg.), Methoden und Anwendungen in der Marktpsychologie, Göttingen usw. 1983, S. 483 - 674.
Brockhoff, K., Schütt, K.-P., Preis-Absatz-Funktionen bei Idealpunkt-Präferenzen, in: ZfB – Zeitschrift für Betriebswirtschaft, 51. Jg. (1981), S. 258 - 273.
Dichtl, E., Die Beurteilung der Erfolgsträchtigkeit eines Produktes als Grundlage der Gestaltung des Produktionsprogramms, Berlin 1970.
Dichtl, E., Möglichkeiten einer monetären Bewertung von Produkteigenschaften, in: *Mazanec, J., Scheuch, F.* (Hrsg.), Marktorientierte Unternehmungsführung, Wien 1984, S. 559 - 578.
Dichtl, E., Schobert, R., Mehrdimensionale Skalierung, München 1979.
Dichtl, E., Weber, M., Mietspiegel mit Methode, in: Blick durch die Wirtschaft (FAZ), 26. Jg. (1983), Nr. 192 (5.10.), S. 1, 5.
Fischerkoesen, H. M., Experimentelle Werbeerfolgsprognose, Wiesbaden 1967.
Gümbel, R., Die Sortimentspolitik in den Betrieben des Wareneinzelhandels, Köln-Opladen 1963.
Hansen, P., Die handelsgerichtete Absatzpolitik der Hersteller im Wettbewerb um den Regalplatz, Berlin 1972.
Havighorst, D., Kompensationsgeschäfte, in: WiSt – Wirtschaftswissenschaftliches Studium, 8. Jg. (1979), S. 539 - 542.
Hilke, W., Dynamische Preispolitik, Wiesbaden 1978.

Hilse, H., Die Messung des Werbeerfolges, Tübingen 1970.
Kaas, K. P., Empirische Preisabsatzfunktionen bei Konsumgütern, Berlin usw. 1977.
Lancaster, K. J., A New Approach to Consumer Theory, in: Journal of Political Economy, Vol. 74 (1966), pp. 132 - 157.
Lancaster, K. J., Consumer Demand: A New Approach, New York 1971.
Lenzen, W., Preisgünstigkeit als hypothetisches Konstrukt – Ergebnisse einer empirischen Untersuchung, in: ZfbF – Schmalenbachs Zeitschrift für betriebswirtschaftliche Forschung, 35. Jg. (1983), S. 952 - 962.
Lipfert, H., Nationaler und internationaler Zahlungsverkehr, 2., überarb. und erw. Aufl., Wiesbaden 1970.
McConnell, J. D., An Experimental Examination of the Price-Quality Relationship, in: Journal of Business, Vol. 41 (1968), pp. 439 - 444.
Meffert, H., Steffenhagen, H., Marketing-Prognosemodelle, Quantitative Grundlagen des Marketing, Stuttgart 1977.
Mellerowicz, K., Der Markenartikel als Vertriebsform und als Mittel zur Steigerung der Produktivität im Vertriebe, Freiburg i. Br. 1959.
Moser, R., Preispolitik bei Gegengeschäften – Ein Beitrag zur Theoriebildung im internationalen Marketing, in: ZfbF – Schmalenbachs Zeitschrift für betriebswirtschaftliche Forschung, 33. Jg. (1981), S. 195 - 210.
Pessemier, E. A., Experimental Methods of Analyzing Demand for Branded Consumer Goods with Applications to Problems in Marketing Strategy, Washington 1963.
Rehorn, J., Markttests, Neuwied 1977.
Weber, M., Der Marktwert von Produkteigenschaften, Berlin 1986.

Gesamtwirtschaftliche, wettbewerbspolitische sowie **rechtliche Aspekte der Preispolitik** behandeln:

Backhaus, K./Plinke, W., Rechtseinflüsse auf betriebswirtschaftliche Entscheidungen – Ein Lehrbuch zur allgemeinen BWL, Stuttgart 1986.
Bolle, M., Wohlstand, in: *Eynern, G. v.* (Hrsg.), Wörterbuch zur politischen Ökonomie, Opladen 1973, S. 473 - 477.
Diller, H., Theoretische und empirische Grundlagen zur Erfassung der Irreführung über die Preisbemessung, in: WiSt – Wirtschaftswissenschaftliches Studium, 7. Jg. (1978), S. 249 - 255.
Gries, G., Wettbewerbsregeln – ungenutzte Chance?, in: *Bayerisches Staatsministerium für Wirtschaft und Verkehr* (Hrsg.), Freiheit und Fairneß im Wettbewerb – Chance für einen leistungsfähigen Mittelstand, Wettbewerbskongreß München 1977, Referate und Diskussionsbeiträge, München, o. J., S. 257 - 271.
Hauptgemeinschaft des Deutschen Einzelhandels (Hrsg.), Diskriminierung oder Leistungswettbewerb, Schwarzbuch zur Novellierung des Kartellgesetzes, Köln 1978.
Heller, E., Vom demonstrativen Konsum zur demonstrativen Vernunft, in: Interview und Analyse, 6. Jg. (1979), S. 471 - 475.
Helm, J. G., Reform des Rechts der Allgemeinen Geschäftsbedingungen, in: WiSt – Wirtschaftswissenschaftliches Studium, 6. Jg. (1977), S. 281 - 282.
Kaufer, E., Arten der Preisführerschaft, in: *Tietz, B.* (Hrsg.), HWA – Handwörterbuch der Absatzwirtschaft, Stuttgart 1974, Sp. 1652-1657.
Möschel, W., Recht der Wettbewerbsbeschränkungen, München 1983.
Nieschlag, R., Kreditgewährung als absatzpolitisches Instrument, in: *Linhardt, H., Penzkofer, P., Scherpf, P.* (Hrsg.), Dienstleistungen in Theorie und Praxis, Stuttgart 1970, S. 116 - 125.
Oberparleiter, K., Funktionen und Risiken des Warenhandels, 2. Aufl., Wien 1955.
Rall, L., Wied-Nebbeling, S., Preisbildung auf Märkten mit homogenen Massengütern, Gutachten im Auftrag des *Bundesministers für Wirtschaft*, Tübingen 1977.

Reich, N., Preisempfehlungen und Preisbindungsverbot, in: *Cox, H., Jens, U., Markert, K.* (Hrsg.), Handbuch des Wettbewerbs, München 1981, S. 368 - 397.

Sack, R., Der Verkauf unter Selbstkosten im Einzelhandel, in: Wettbewerb in Recht und Praxis, 29. Jg. (1983), S. 63-74.

Schenk, H.-O., Geschichte und Ordnungstheorie der Handelsfunktionen, Berlin 1970.

Schneider, K.-H., Die Preisstellung unter Einstandspreis im Einzelhandel, Berlin 1982.

Seyffert, R., Wirtschaftslehre des Handels, 5., neubearb. Aufl., Opladen 1972.

Specht, G., Grundlagen der Preisführerschaft, Wiesbaden 1971.

Tiedemann, K., § 38, in: *Immenga, W./Mestmäcker, H.*, Gesetz gegen Wettbewerbsbeschränkungen, GWB Kommentare, München 1981.

Wirtz, K.-E., Rechtliche Probleme bei der Preisfestsetzung, in: WiSt – Wirtschaftswissenschaftliches Studium, 10. Jg. (1981), S. 218 - 225.

Wittmann, W., Öffentliche Güter, in: WiSt – Wirtschaftswissenschaftliches Studium, 5. Jg. (1976), S. 19 - 22.

Woll, A., Allgemeine Volkswirtschaftslehre, 8., überarb. und ergänzte Aufl., München 1984.

§ 5 Distributionspolitik

1. Der Aufgabenbereich der Distributionspolitik
   1.1. Die strategische Ebene
   1.2. Die operative Ebene
2. Zentrale Aktionsfelder der Distributionspolitik
   2.1. Die Wahl von Standorten
   2.2. Die Bestimmung der Absatzwege
      2.2.1. Die akquisitorische Bedeutung der Absatzwege
         2.2.1.1. Grundprobleme der Absatzwegeentscheidung
         2.2.1.2. Determinanten ein- und mehrstufiger Absatzwege
      2.2.2. Die Leistungsträger der Distribution
         2.2.2.1. Die Verkaufs- und Vertriebsorganisation der Unternehmung
         2.2.2.2. Der Handel
            2.2.2.2.1. Der Großhandel
            2.2.2.2.2. Der Einzelhandel
         2.2.2.3. Die Marktveranstaltungen
   2.3. Die Gestaltung der physischen Distribution
      2.3.1. Die akquisitorische Bedeutung der physischen Distribution
      2.3.2. Die Entscheidungsfelder
   2.4. Der Einsatz des persönlichen Verkaufs
3. Rechtliche Grenzen der Distributionspolitik

Quellenhinweise und Literaturempfehlungen

1. Der Aufgabenbereich der Distributionspolitik
1.1. Die strategische Ebene

Wie wir bereits auf den ersten Seiten dieses Buches feststellten, ist eine moderne Wirtschaft dadurch gekennzeichnet, daß weder der Ort der Produktion mit jenem des Konsums bzw. der Weiterverarbeitung zusammenfällt noch die Zeitpunkte beider Vorgänge unmittelbar aufeinanderfolgen. Den Vorteilen, die ein hochentwickeltes Wirtschaftssystem mit sich bringt, steht somit auch ein gravierender Nachteil gegenüber, weil die – bereits im Rahmen der Entgeltpolitik behandelten – mannigfaltigen Spannungen, die aus dieser Diskrepanz erwachsen, abzubauen bzw. auszugleichen sind. Dies erfordert einen nicht unbeträchtlichen Mitteleinsatz, der in Einzelfällen so groß sein kann, daß er 70% des Endverbraucherpreises eines Konsumgutes beansprucht.

Für den einzelnen Anbieter ergibt sich daraus eine Verpflichtung und Chance zugleich, da er die zu bewältigende Aufgabe auf rationelle Weise lösen muß, sich dabei aber auch gegenüber seinen Mitbewerbern zu profilieren vermag. Insofern enthält die Distribution sowohl eine unvermeidlich hinzunehmende **organisatorische** als auch eine willkommene **akquisitorische** Komponente.

Die Distributionspolitik umschließt die Regelung bzw. Festlegung aller betrieblichen Aktivitäten, die darauf gerichtet sind, eine Leistung vom Ort ihrer Entstehung unter Überbrückung von Raum und Zeit an jene Stelle(n), wo sie nach dem Wunsch von Anbieter und Nachfrager in den Verfügungsbereich des letzteren übergehen soll, heranzubringen. Naturgemäß ist dieser Prozeß ohne die unterstützende Funktion von Werbung und Verkaufsförderung nicht vorstellbar, weil z.B. ein Bedarfsträger über die Leistungsbereitschaft eines bestimmten Anbieters unterrichtet sein muß. Mit dieser Aufgabenumschreibung wird im übrigen die **einzelwirtschaftliche Perspektive** unterstrichen, die für die folgenden Überlegungen maßgebend sein wird. Die gesamtwirtschaftlichen Rahmenbedingungen dafür schafft die Binnenhandelspolitik (vgl. *Dichtl* 1979; *Nieschlag/Kuhn* 1980).

Ehe wir wesentliche Gestaltungsbereiche der Distributionspolitik näher kennzeichnen, wollen wir Fragestellungen skizzieren, mit denen sich das **Distributionsmanagement** typischerweise zu befassen hat. Ausgangs- bzw. Bezugspunkt sei dabei ein Hersteller von Konsum- oder Investitionsgütern.

Die erste Entscheidung, die ihm abverlangt wird, ist die, ob er seine Erzeugnisse direkt oder über Zwischenstufen, wie den Groß- oder Einzelhandel, an die Verbraucher oder Weiterverarbeiter abzusetzen gedenkt. Je nachdem entscheidet er sich für den Direktvertrieb oder er überläßt die Distributionsaufgabe weitgehend anderen, die sich freilich nicht als seine Handlanger, sondern in aller Regel als selbstbewußte, oft übermächtige Geschäftspartner verstehen. Sie entwickeln ihre eigenen, mit jenen des Herstellers nicht immer kongruenten Marketing-Konzeptionen. Damit ist auch schon die Frage, wie weit er physisch an seine Abnehmer heranrückt, angesprochen. Daran schließen sich Überlegungen zur Standortwahl an.

Direkten Absatz zu praktizieren muß nicht unbedingt bedeuten, daß die Ware von der Produktionsstätte ohne Unterbrechung und gar noch auf dem verkehrstechnisch kürzesten Wege zu den Kunden gebracht wird. Oft ist es wesentlich vorteilhafter, auch hier Umwege einzuschlagen und die Verteilungsaufgabe über Auslieferungsläger in Kundennähe zu bewerkstelligen. Dabei stellt sich für den Hersteller eine Reihe von Fragen, etwa ob und wieviele Auslieferungsläger unterhalten werden sollen, ob in eigener oder in fremder Regie, wo diese am besten einzurichten sind, wie groß diese dimensioniert sein und welche Funktionen diese außer Vorratshaltung und Warenumschlag wahrnehmen sollen (z.B. Kundendienst). Analoge Überlegungen sind beim indirekten Absatz anzustellen.

Meistens wird jedoch ein Produzent seine Erzeugnisse unter Hinzuziehung bestimmter Absatzhelfer über den **Groß-** und/oder **Einzelhandel** an die Verbraucher bzw. Verwender leiten. Die Überlegungen, wievieler Handelsstufen und welcher Betriebsformen er sich dabei unter Effizienzgesichtspunkten bedienen sollte, führen zur Frage nach dem optimalen Marktkanal. Darin verbirgt sich keineswegs ein einfaches rechentechnisches Problem, da im Gegensatz zur Kostenbelastung der akquisitorische Effekt, der mit der Wahl des einen (z.B. über Fachgeschäfte) oder des anderen Absatzweges (z.B. über Selbstbedienungswarenhäuser) ausgelöst wird, nur schwer zu quantifizieren ist.

Diese Entscheidung ist eng verknüpft mit der Gestaltung der **Verkaufsorganisation,** einschließlich der **Außendienstorganisation,** worunter man die Gesamtheit der unternehmensinternen und -externen Kräfte und Einrichtungen versteht, die sich für die fraglichen Betriebe, ob in abhängiger oder unabhängiger Position, um die Anbahnung und Abwicklung von Aufträgen bemühen. Dieser obliegt auch die Aufgabe, Informationen über das Marktgeschehen bereitzustellen. Nach allgemeiner Gepflogenheit zählen dazu etwa Geschäftsleitung, Verkaufsabteilung, Reisende und Verkaufsniederlassungen auf der einen sowie Handelsvertreter, Kommissionäre, Makler und Syndikate auf der anderen Seite, wobei letztere nicht mehr Teil der Unternehmensorganisation im strengen Sinne sind. Noch viel weniger gilt dies für den Handel, der deshalb, aber auch auf Grund seiner historisch gewachsenen überragenden Bedeutung in diesem Buch als eigenständige Kategorie behandelt wird.

1.2. Die operative Ebene

Auf der operativen Ebene geht es im wesentlichen darum,
- wie vorhandene Kunden betreut und neue gewonnen,
- wie Aufträge erlangt,
- wie Bestellungen abgewickelt und die Warenauslieferung organisiert werden und
- wie man so rasch wie möglich in den Besitz des monetären Gegenwertes gelangt.

Jede dieser Fragen läßt sich in eine Fülle von Detailfragen aufspalten. Und jede einzelne davon ist von dem Gesichtspunkt beherrscht, welche Rationalisierungsmöglichkeiten bei Bewältigung der jeweils angesprochenen Aufgabe realistischerweise gegeben sind.

Hat man sich beispielsweise entschlossen, die Betreuung von Abnehmern im wesentlichen **Reisenden** zu übertragen, ist zu entscheiden, welcher Kundenkreis von diesen wie oft, wann und mit welcher genauen Zielsetzung besucht werden soll, wieviele Reisende dazu benötigt werden, wie deren Einsatz gesteuert und überwacht werden kann, wie die Betroffenen für bestimmte Aufgaben zu motivieren sind und nach welchen Kriterien sie entlohnt werden sollen. Weswegen man hier immer weniger dem Zufall überläßt und immer mehr zu regeln bestrebt ist, wird verständlich, wenn man selbst bei einer überschlägigen Rechnung feststellt, daß ein Kundenbesuch eines Reisenden im Durchschnitt DM 150 und mehr kosten kann.

Kundenbetreuung umschließt indessen heutzutage noch viel mehr und kann im Einzelfall all die Aktionsebenen umfassen, die in § 2 unter dem Stichwort „Sündenregister" angedeutet wurden. Nicht selten wird es auch darum gehen, die Abnehmer, zumindest wenn sie Wiederverkäufer sind, in nicht unmittelbar warenbezogenen Fragen zu beraten, sie selbst oder deren Mitarbeiter zu schulen und, wo immer tunlich, mit Darlehen oder Zuschüssen zu versorgen.

Analoge Überlegungen sind für alle anderen Organe, die für die Kundenbetreuung in Betracht kommen, anzustellen.

Was die Akquisition von Aufträgen anbetrifft, so gibt es Bestellungen, die – vielleicht sogar über lange Zeit hinweg – ohne unmittelbares Zutun des Herstellers eingehen, während bei anderen um jeden einzelnen Auftrag gerungen und in Extremfällen (Stahlwerke, Kernkraftwerke etc.) jahrelang verhandelt werden muß. Große gewerbliche Abnehmer pflegen ihren Bedarf vor allem bei Hilfs- und Betriebsstoffen, und zwar aus organisatorischen wie aus Preisgründen im Wege von Jahresabschlüssen zu decken, so daß nicht über jeden einzelnen Auftrag gesprochen oder gar gerungen wird; Einkaufskontore und Handelsgruppen decken mit einer einzigen Bestellung den Bedarf von bis zu einigen tausend Anschlußkunden. Öffentliche Auftraggeber sind gehalten, sich des Instruments der Ausschreibung zu bedienen, was zu einer starken Formalisierung des Auftrags(erlangungs)wesens auch auf der Anbieterseite führt.

Nachhaltig verändert haben sich Aussehen und Funktion von Verkaufsorganisationen durch die zunehmende **Konzentration im Handel.** Wenn man davon ausgeht, daß, wie zuweilen behauptet wird, nur sechs Gruppen *(Tengelmann, Aldi, Spar, Rewe, Edeka* und *co op)* 60% des deutschen Lebensmittelmarktes beherrschen und 200 Einkäufer für 80% der in dieser Branche getätigten Umsätze verantwortlich sind, während es andererseits Zehntausende von Reisenden und Handelsvertretern allein in diesem Sektor gibt, folgt daraus zwangsläufig, daß sich deren Aufgabengebiet beträchtlich verändert hat. Auch wenn dies nur eine von vielen Branchen ist und eine Handelsgruppe ihre Mitglieder nicht verpflichten kann, das von ihr für richtig gehaltene Marketing-, insbesondere Sortimentskonzept zu realisieren, so besteht doch kein Zweifel, daß die Tätigkeit des Außendienstes heute zum Teil von anderen Zielsetzungen bestimmt ist. Mittlerweile geht es genau so sehr darum, die Bevorratung des Handels mit Produkten eines bestimmten Herstellers zu überprüfen, die Regale mit dessen Waren nachzufüllen, für deren gediegene Präsentation zu sorgen, für einige Artikel eine Zweitplazierung zu erreichen, Informationen über die Marktgegebenheiten an vorderster Front zu sammeln, partner- bzw. gruppenspezifische Verkaufsförderungsaktionen zu organisieren und ganz einfach als Ansprechpartner auf Seiten des vertretenen Herstellerunternehmens zur Verfügung zu stehen.

24 Marketing, 16. Auflage

Der skizzierte Trend wird durch die aufkommenden **neuen Kommunikationsmedien** verstärkt. Die klassischen Formen wie Brief, Telefon und Fernschreiber werden unaufhaltsam durch Teletex, Telefax, Video-, Bildschirm- und Kabeltext ergänzt bzw. ersetzt (vgl. *Meffert* 1985).

Während der herkömmliche **Fernschreiber** mit einem begrenzten Zeichenvorrat auskommen muß, eine Übertragungsgeschwindigkeit von 50 bit/sec. erreicht und manuell bedient wird, ermöglicht **Teletex** die Nutzung des gesamten Zeichenvorrats einer Schreibmaschine und erreicht eine Übertragungsgeschwindigkeit von 2400 bit/sec. Mit **Telefax** ist es möglich, Vorlagen im *DIN A 4*-Format über das Fernmeldenetz zu übertragen, was vor allem für Zeichnungen, Konstruktionspläne und Formulare nützlich erscheint. Beim **Videotext** wird eine Austastlücke des normalen Fernsehbildes genutzt, um der breiten Öffentlichkeit Informationen jeder Art, so auch Angebote ins Haus zu bringen. Ein Ausschluß bestimmter Benutzergruppen ist hier also nicht möglich. Beim **Bildschirmtext** stützt man sich auf den häuslichen Fernsehapparat, das Telefonnetz und einige Großrechner, um Empfängern, die für einen Anschluß an das System optiert haben und dafür bezahlen, „Bilder" mit 24 Zeilen und 40 Zeichen/Zeile zu überspielen. Hier liegt auch der Schwerpunkt der im übrigen noch voll im Gang befindlichen Entwicklung. Beim **Kabeltext** schließlich werden gleichfalls Textseiten, aber in einer wesentlich besseren Qualität übermittelt.

Wenn man sich vor Augen hält, daß zumindest einige dieser Medien rund um die Uhr genutzt werden können, um Angebote abzugeben, Anfragen an potentielle Lieferanten zu richten, die Angebote verschiedener Firmen zu vergleichen, sich dank den in das System integrierten Verbraucherverbänden über die attraktivsten Angebote oder leistungsfähigsten Lieferanten zu informieren, Bestellungen (ähnlich der Sitzplatzbuchung bei Fluggesellschaften) zu tätigen und diese quasi per Knopfdruck zu begleichen, kann man erahnen, wie sehr sich die kommunikativen Beziehungen zwischen Herstellern, Außendienst, Handel, Kunden, Verbraucherzentralen etc. zugleich vereinfachen und ausweiten werden. Es fällt auch leicht, sich vorzustellen, daß das Gespräch zwischen Einkäufer und Reisendem per Bildschirmdialog und der gesamte Zahlungsverkehr über den Fernsehapparat abgewickelt werden. Welche Auswirkungen all dies auf das Verbraucherverhalten und die Bestellgepflogenheiten in der gewerblichen Wirtschaft haben wird, ist allenfalls in Umrissen erkennbar (vgl. dazu *Dichtl/Weber* 1983).

Daneben gibt es eine Reihe von sehr konkreten Problemen, mit denen die **physische Distribution** konfrontiert ist. Generell geht es dabei darum, einen Kompromiß zwischen Lieferservice für die Kunden und Auslieferungskosten des Lieferanten zu finden, zwei im allgemeinen konträren Zielen.

Was z. B. ist die günstigste Transportmethode, welches der effizienteste Transportweg? Wo liegen versandtechnisch kritische Größenordnungen, die mindestens erreicht oder möglichst nicht überschritten werden sollen? Daß dieses Problem auch in die Werbung hineinspielt, zeigt das Beispiel des Versandhandels. Welcher Laie käme schon auf die Idee, daß der Umfang eines Katalogs oder eines sog. Nachfaßwerbemittels ganz entscheidend von der Staffelung der Postgebühren abhängt?

1. Der Aufgabenbereich der Distributionspolitik

Aus naheliegenden Gründen ist das Distributionswesen in den letzten Jahren zu einem bevorzugten Feld der Unternehmensforscher geworden. Man kann sich leicht ausmalen, daß intuitives Denken in folgendem, völlig alltäglichen Fall nicht mehr viel hilft:

Ein Chemiekonzern fertigt ein bestimmtes Produkt in mehreren Varianten im Wege der Kuppelproduktion in sieben Ländern und beliefert von hier aus rund 90 regionale Bedarfsschwerpunkte in aller Welt. Die **Transportkosten** verlaufen nichtlinear sowohl bezüglich der Entfernung als auch der jeweiligen Menge, was es bei der Planung des Distributionssystems zu berücksichtigen gilt; außerdem soll noch die unterschiedliche Kapazitätsauslastung der einzelnen Produktionsstätten bedacht werden. Schließlich hängt auf vielen hart umkämpften Märkten die Auftragserlangung von der **kurzfristigen Lieferfähigkeit** ab. Welche Länder sollen unter Beachtung dieser Aspekte von welchen Produktionsstätten aus versorgt, welche Aufträge von welchem Ort aus ausgeführt werden?

Eine weitere Komplikation der Aufgabenstellung tritt dann ein, wenn noch andersgeartete Restriktionen beachtet werden müssen, die Gestalt von tarifären und nichttarifären Handelshemmnissen annehmen. Ein anderes namhaftes Chemieunternehmen betont deshalb, daß seine Bemühungen um den Verkauf von Pflanzenschutz- und Düngemitteln in Ländern der Dritten Welt nur noch peripher von Aspekten wie Preiswürdigkeit und Qualität abhängen, sondern davon beherrscht werden, ob sich seine zuständigen Mitarbeiter in dem Gestrüpp von **Einfuhrbestimmungen** auskennen und mit allen Tricks und Raffinessen vertraut sind, deren Beherrschung eine Geschäftstätigkeit auf diesen Märkten voraussetzt.

Ein Distributionsproblem ganz anderer Art stellt sich in folgendem Fall: Vor Jahren wollte eine große deutsche Lebensmitteleinzelhandelskette für 2-3 Wochen bundesweit Äpfel als Sonderangebot herausstellen. Obwohl es an sich genügend heimische Ware gab, war kein deutscher Anbieter in der Lage, das vorhandene Angebot nach Herkunftsort und Menge zu erfassen und dann auf die in Frage kommenden Geschäfte aufzuteilen. Den Zuschlag erhielt ein südafrikanischer *Export Promotion Board,* der dies ohne weiteres zu Wege brachte.

Hier offenbart sich deutlich, daß es zur Bewältigung von Distributionsaufgaben dieser Größenordnung **computergestützter Informationssysteme** bedarf, die in diesem Fall Angebot und Nachfrage in der angestrebten Form hätten zusammenbringen können. Das Beispiel zeigt aber auch noch etwas anderes, nämlich daß von einem funktionsfähigen Distributionssystem unmittelbar erhebliche akquisitorische Wirkungen ausgehen können. Es besteht kein Zweifel, daß die großen Exporterfolge der deutschen Industrie in der Zeit nach dem Zweiten Weltkrieg ganz entscheidend darin begründet waren, daß man früher als andere liefern konnte und zudem im Rufe stand, vereinbarte Termine einzuhalten.

Starke Verschuldung, schleppender Geschäftsgang und hohe Kreditzinsen veranlassen gerade in Zeiten der Rezession manches Unternehmen, seinen finanziellen Verpflichtungen gegenüber seinen Lieferanten eher zögernd nachzukommen, während es andererseits alles unternimmt, seine Außenstände abzubauen bzw. von vornherein auf einen rascheren Zahlungseingang hinzuwirken. Dazu werden u. a. auch entsprechende organisatorische Maßnahmen getroffen, etwa in dem Sinne, daß man Rechnungen, für deren Ausstellung man sich früher mitunter sehr viel Zeit ließ, jetzt bereits der Ware beifügt oder kurz nach deren Lieferung übermittelt, daß man vielleicht den Rechnungsbetrag über die Hausbank des Kunden einzieht oder gar nur gegen Vorkasse liefert.

Es wäre nun verfehlt zu glauben, daß allein von Herstellern Anstrengungen zur Steigerung der Distributionsleistung unternommen würden. Man muß sich dessen bewußt sein, daß im Prinzip jedes Unternehmen als Konsequenz seiner Marketing-Orientierung aus eigenem Antrieb distributive Aufgaben wahrnimmt, zugleich aber über seine Beschaffungsentscheidungen auch Distributionsaufgaben vorgeschalteter Wirtschaftsstufen übernimmt. Dies gilt selbst für Betriebe der Urproduktion. Daraus erwächst für jedes Unternehmen, vor allem aber für den **Handel** eine ambivalente Rolle, die viel zum Entstehen des in § 2 beschriebenen Spannungsverhältnisses zwischen Herstellern und Handel beigetragen hat.

Wenn es dem Handel in den vergangenen Jahrzehnten gelungen ist, allen Befürchtungen und Apotheosen zum Trotz seine Stellung im marktwirtschaftlichen System zu festigen, so lag dies zweifellos auch daran, daß er den mit der Übernahme zusätzlicher Funktionen verbundenen Kostenanstieg in Grenzen zu halten vermochte. Oft gab dabei eine neue Entwicklung auch einer neuen Betriebsform das Gepräge. Man denke etwa an die Bemühungen, über die Substitution kostenintensiver Personalleistungen durch großzügige Raumgestaltung und übersichtliche Warenpräsentation die Voraussetzung für die Einführung der Selbstbedienung zu schaffen, an das Bestreben des Handels, von teuren Standorten in den Innenstädten auf kostengünstigere in den Randzonen und an der Peripherie auszuweichen, an dessen Bereitschaft, teure Prachtbauten durch funktionale Zweckbauten abzulösen, und dgl. mehr.

Parallel zu Computer, elektronischer Waage und elektronischem Kassensystem haben moderne Managementtechniken im Handel Einzug gehalten. Das Management ist seinerseits besser ausgebildet und oft spezialisiert. Container, Paletten und Tiefkühleinrichtungen sind im Handel heute gang und gäbe. Darauf abgestimmt wiederum sind die Packungsgrößen, die als kleinste Gebinde geordert werden können.

Einen weiteren entscheidenden Schritt nach vorne hofft man mit der Implementierung sog. **integrierter Warenwirtschaftssysteme** zu tun, die dank einer artikelgenauen Datenerfassung an der Anlieferungsrampe (über die Frachtpapiere) und am Point of Sale (z. B. durch Scanning) eine permanente Bestandsüberwachung (statt gelegentlichen, manuell bewerkstelligten Inventuren) vorzunehmen und in Sekundenschnelle Erfolgsrechnungen durchzuführen erlauben.

Eine wesentliche Voraussetzung dafür war die Einführung national und international einheitlicher Artikelnummernsysteme, die u. a. die Hersteller der betreffenden Erzeugnisse kennzeichnen. Ein solches System gibt es in den USA mit dem sog. *Universal Product Code (UPC);* das europäische Pendant dazu wird allgemein als *Europäische Artikelnummer (EAN)* bezeichnet. Es obliegt der *Centrale für Coorganisation (CCG),* einer von der Konsumgüterindustrie und vom Handel gemeinsam getragenen Institution, für alle einschlägigen Fragen Richtlinien in Form von Empfehlungen auszuarbeiten.

Ein Warenwirtschaftssystem in diesem Sinne wird zu einem wesentlichen Bestandteil eines integrierten Marketing-Informations- und Marketing-Entscheidungssystems. Neue Impulse aus der Verfügbarkeit von genauen und aktuellen Verkaufsdaten ergeben sich dabei insbesondere für die Marketing-Planung und -Kontrolle. So eröffnet z. B. die artikelgenaue Erfassung von verkauften Mengen und jeweils gezahlten Preisen die Möglichkeit, den Erfolg, der durch Verkaufsförderungsaktionen erzielt wird, unvergleichlich besser als bisher zu beurteilen. Während, um ein weiteres Beispiel zu zitieren, Sortimentsverbundanalysen vorher nur dadurch realisierbar waren, daß man Kassenzettel im Hinblick auf zusammen gekaufte Waren einer mühevollen und personalintensiven Auszählung unterzog, bereitet dies bei automatisch und detailliert erfaßten Verkaufsdaten einen nur noch geringen Arbeitsaufwand.

In ganz neue Dimensionen stößt man vor, wenn es gar gelingt, solche Daten mit Informationen käuferbezogener Art zu verknüpfen (vgl. *Dichtl/Raffée/ Wellenreuther* 1981). Verfügen die Betroffenen zum Beispiel durch Vergabe von Kundenkarten oder auf Grund der Überprüfung von Scheckkarten über derartige Informationen, so eröffnen sich bisher ungeahnte Möglichkeiten, die Bedarfsgerechtigkeit des Angebots zu steigern und dadurch wiederum zur Erhöhung der Geschäftsstättentreue beizutragen.

2. Zentrale Aktionsfelder der Distributionspolitik
2.1. Die Wahl von Standorten

(1) Determinanten der Standortwahl

Obwohl der **Standort** vieler Betriebe ohne Rücksicht auf absatzwirtschaftliche Gesichtspunkte gewählt werden muß, spielt er dennoch sehr häufig für die Distribution von Gütern eine hervorragende Rolle.

Der Standort von Produktionsbetrieben wird zunächst von **technischen Erfordernissen** bestimmt, wie z. B. von den Lagerstätten der Rohstoffe, von örtlich gebundenen Energiequellen (Kohle, Wasserkraft), den Möglichkeiten der Zufuhr von Rohstoffen und anderen Gütern (Seehäfen, Flüsse, Kanäle, Eisenbahnen) sowie von der Tradition, die in den Fähigkeiten der Arbeitskräfte und ihrer Eignung für bestimmte Tätigkeiten zum Ausdruck kommt.

Bei fast allen Standortentscheidungen der Industrie spielt der Umfang der von den Regierungen oder Gebietskörperschaften gewährten offenen oder versteckten **Subventionen** bzw. **Steuervorteile** eine erhebliche Rolle. Der Gesetzgeber versucht dadurch, Standortnachteile bestimmter Gebiete auszugleichen. Große Bedeutung haben die Berlin- und die Zonenrandförderung erlangt; oft interessant sind auch die von den Gemeinden gewährten Vergünstigungen (verbilligte Bauplätze, Investitionshilfen, Bürgschaften usw.). Bei lohnintensiven Fertigungsverfahren gewinnen die in den einzelnen Regionen unterschiedlichen Tarifverträge eine erhebliche Bedeutung für die Standortwahl. In manchen Branchen, so z. B. bei Bekleidung und Schuhen, haben sich viele Markenhersteller entschlossen, trotz der bei der Einfuhr anfallenden Zölle und Transportkosten einen Teil der Produktion ins Ausland zu verlagern. Dieser Trend wird sich zweifellos fortsetzen und weitere Branchen erfassen.

Andererseits können mit der Rücksichtnahme auf die **Tradition** vieler Standorte bereits absatzwirtschaftliche Effekte verbunden bzw. beabsichtigt sein, wenn sich diese Gebiete, Städte oder Stadtteile bei den Abnehmern gewisser Präferenzen erfreuen. Dies gilt sowohl für die Standorte bestimmter Produktionsbetriebe (Solinger Stahlwaren, Nürnberger Lebkuchen, Münchener Bier, Schweizer Uhren) als auch für bestimmte Straßenzüge oder Stadtviertel, die als bevorzugte Einkaufszentren gelten. So liegt häufig ein großer Teil der Möbelgeschäfte einer Stadt dicht beieinander, weil sie gerade wegen der Konzentration das am Möbelkauf interessierte Publikum anzuziehen vermögen **(Standortagglomeration)**. Nach den Vorstellungen der Stadt- und Regionalplaner sollen Großhandlungen, Handelsvertreter und das Handwerk an eigenen, für diese Wirtschaftszweige geeigneten Standorten zusammengefaßt werden, damit z. B. auch bestimmte Einrichtungen und Anlagen (z. B. Ausstellungsräume) gemeinsam genutzt werden können. Daneben verspricht man sich auch andere Vorteile von solchen Zentren, wie bessere Übersicht über das Angebot an Waren und Leistungen, Entlastung der Innenstädte vom Kraftverkehr u. ä.

Von überragender Bedeutung ist der Absatz bei der Wahl der Standorte für jene Wirtschaftszweige, die sich mit ihrem Angebot unmittelbar an die Verbraucher wenden. Betroffen davon sind nicht nur der Einzelhandel, die mit ihm eng verwandten konsumorientierten Handwerkszweige (wie Bäcker und Fleischer) und das Gastgewerbe, sondern auch z. B. Kreditinstitute und Reisebüros. Diese Unternehmungen sind gezwungen, sich an vorhandene Passantenströme zu halten, wenn sie nicht wie etwa Warenhäuser oder Verbrauchermärkte die Kraft haben, neue Standortbedingungen in dem Sinne zu schaffen, daß andere Betriebe folgen und ein neues Markt- oder Einkaufszentrum entsteht.

(2) Verfahren der Standortbewertung

In neuerer Zeit erfordert die Errichtung von Einzelhandels- (und Handwerks-)betrieben einen ungleich höheren **Kapitaleinsatz** als früher, weil vor allem Grund und Boden teurer geworden sind. Auch die Ausstattung verlangt nach größeren Anlage- und Vorratsinvestitionen als je zuvor. Überdies muß mit einer mehr oder minder langen Anlaufzeit gerechnet werden, bis jene Kundenzahl und Umsatzhöhe erreicht sind, die die Rentabilität eines Betriebes sichern. Der Standortwahl kommt deshalb in vielen Fällen eine entscheidende Bedeutung für den Erfolg oder Mißerfolg eines Unternehmens zu.

Der wichtigste **Indikator** für die Güte eines Standortes ist die im Einzugsgebiet **verfügbare Kaufkraft**. Die Größe des **Einzugsgebietes** eines Einzelhandelsunternehmens hängt im wesentlichen von der **Art der Ware**, der **Attraktivität des Angebots** und der **Lage der Konkurrenz-** bzw. sonstigen Dienstleistungsbetriebe ab. Die Ware bestimmt insofern das Einzugsgebiet, als sie entscheidet, wie häufig Einkäufe in der Regel erfolgen. Die **Einkaufsfrequenz** ist bei Lebensmitteln, insbesondere Frischwaren, sehr hoch, so daß meist nur kurze Wege in Kauf genommen werden, während die Käufer bei Gebrauchsgütern (z. B. Möbeln oder Elektrogeräten) mit Einkaufsfrequenzen von oft mehreren Jahren eher lange Anfahrten akzeptieren. Eine gewisse Ausweitung des Einzugsgebietes kann durch den Einsatz absatzpolitischer Instrumente erreicht werden, eine Tatsache, die sich insbesondere Einkaufszentren zunutze machen. Durch die Einrichtung von Fußgängerzonen wurden im übrigen in vielen Städten zusammenhängende Einkaufskomplexe geschaffen, die die Attraktivität der jeweiligen City als Einkaufsort und damit auch die Einzugsgebiete wesentlich vergrößert haben (vgl. *Wellenreuther* 1982).

Den Einzugsbereich, der einem bestimmten Standort, bezogen auf höherwertige Güter, zuzuweisen ist, versuchte *Reilly* (1931) über das von ihm formulierte **Law of Retail Gravitation** zu bestimmen. Der Grundgedanke dabei besteht darin, daß mit zunehmender Größe einer Stadt die Zahl der Käufer von außerhalb steigt. Als Indikator für die Anziehungskraft wird dabei der **Gesamtumsatz** des örtlichen Einzelhandels betrachtet, der als proportional zur **Bevölkerungszahl** angenommen wird. Befinden sich zwei Ballungskerne im Wettstreit um die Kunden, die dazwischen wohnen, so interessiert hier, wieviel Kaufkraft in die eine und wieviel in die andere Richtung abfließt. Für jeden zwischen *a* und *b* gelegenen Ort läßt sich nun die **Verteilung** der **Einzelhandelsumsätze** auf die beiden Städte wie folgt schätzen:

(5.1.) $$\frac{U_a}{U_b} = \frac{B_a}{B_b} \cdot \left(\frac{D_b}{D_a}\right)^n$$

Dabei bedeuten:

a, b = Städte
U = Einzelhandelsumsatz
B = Bevölkerungszahl
D = Entfernung des fraglichen Ortes zu a, b

n stellt einen empirisch zu bestimmenden Parameter dar, der von *Reilly* auf der Basis von 225 Tests auf ca. 2 geschätzt wurde.

Das *Reilly*'sche Gesetz erklärt, wie sich der Betrag, der abfließt, auf a und b aufteilt. Wieviel überhaupt an **Kaufkraft** abwandert, ist Gegenstand eines anderen Gesetzes, das von *Converse* (1949) aufgestellt wurde.

Ist g die Gemeinde, um die es geht, so verteilt sich das Umsatzpotential auf a und g wie folgt:

$$\frac{U_a}{U_g} = \frac{B_a}{B_g} \cdot \left(\frac{2{,}5}{D_a}\right)^2$$

Die Entfernung zwischen den interessierenden Orten wird dabei in km gemessen. Der Wert von 2,5 verkörpert einen empirisch ermittelten Einkaufsmobilitäts- bzw. Trägheitsfaktor.

Das Aufkommen großflächiger **Gewerbezentren** in den USA führte zu dem Versuch, die Idee von *Reilly* analog anzuwenden. Als Determinanten für die Attraktivität wurden nunmehr die für die Waren des mittel- und langfristigen Bedarfs bereitgestellte **Verkaufsfläche** und die per Pkw zurückzulegende **Fahrzeit** (*Ellwood* 1954) herangezogen.

Huff (1964) schließlich schlug ein **stochastisches Gravitationsmodell** vor, das die Wahrscheinlichkeit eines Besuchs eines solchen Beschaffungszentrums durch die Bewohner eines bestimmten Ortes vom sog. **Transferaufwand** (Fahrzeit) und dem **Agglomerationsgrad** (Verkaufsfläche) abhängig macht. Das Verhältnis von Verkaufsfläche zu Zeitaufwand verkörpert dabei den spezifischen **Attraktivitätsfaktor** eines Zentrums. Aggregiert man die Werte aller im konkreten Fall in Betracht kommenden Einkaufsplätze, so sind die an der Summe relativierten Werte Indikatoren dafür, inwieweit ein solches Zentrum mehr bzw. weniger als andere frequentiert wird.

Sozialphysikalische Modelle dieser Art dürfen nicht darüber hinwegtäuschen, daß man hier auf einem relativ hohen Aggregationsgrad operiert. Für tiefergehende Analysen verbleibt noch ein weiter Spielraum. So konnte z. B. *Bearden* (1977) nachweisen, daß sich Besucher von Geschäften in der Innenstadt und solche von sog. nicht integrierten, also abseits der Stadtkerne und isoliert liegenden Einkaufszentren vor allem hinsichtlich der Bedeutung, die sie der Einkaufsatmosphäre, dem Standort, den Parkmöglichkeiten und der Freundlichkeit des Personals beimessen, nicht unerheblich unterscheiden. Mithin ist bei Standortentscheidungen unbedingt dem Umstand Rechnung zu tragen, was die Konsumenten erwarten und ob dem voraussichtlich entsprochen werden kann.

In der einzelbetrieblichen Praxis haben sich zur Lösung des Problems der **Auswahl alternativer Standorte** Verfahren auf der Basis von Standortkatalogen bzw. Checklisten bewährt, die eine formale Ähnlichkeit zu den Methoden der Arbeitsbewertung aufweisen. Bei den wichtigsten, dem **Rangreihen-** und dem **Stufenwertzahlverfahren,** versucht man, den Gesamtwert einer Standortalternative durch Bewertung und Aggregation der beeinflussenden Einzelmerkmale zu erfassen. Während beim Rangreihenverfahren lediglich die bei den einzelnen Merkmalen erzielten Rangplätze addiert werden, werden beim Stufenwertzahlverfahren die unterschiedlichen Merkmale einzeln gewichtet. Ein Beipiel hierfür verkörpert Tab. 5.1. Ganz ähnlich verfährt man bei der Beurteilung von Standorten für die Errichtung oder Verlagerung von Verkaufsniederlassungen oder Ausstellungsräumen.

(3) Bestimmung des innerbetrieblichen Standorts

Zu den genannten Fragen treten die Probleme des sog. **innerbetrieblichen Standortes** im Einzelhandel hinzu. Wohin gehören innerhalb des Verkaufsraumes die verschiedenen Warengruppen? Wie groß soll die Fläche sein, die ihnen jeweils zuzumessen ist? Solche Fragen stellten sich zuerst in den Warenhäusern, wo zu entscheiden war, welche Abteilungen im Parterre oder in den oberen Stockwerken untergebracht werden sollten. Die Wertigkeit der Räume, die Intensität der Nachfrage nach den verschiedenen Warengruppen, die Umschlagshäufigkeit und die Handelsspanne, der Raumbedarf und die Sperrigkeit der Waren, die Beleuchtungsmöglichkeiten, die Diebstahlsgefahr und andere Faktoren sind bei Entscheidungen über den innerbetrieblichen Standort gebührend zu berücksichtigen.

Unter den Bedingungen der **Selbstbedienung** haben die zweckmäßige Anordnung des Sortiments, die attraktive Präsentation der Waren und die geschickte Ausnutzung der Verkaufsräume gegenüber früherer Zeit an Bedeutung gewonnen; denn Verkaufskräfte, die in anderen Betrieben Hinweise auf die innerbetrieblichen Standorte zu geben vermögen, fehlen in Selbstbedienungsbetrieben weitgehend.

Tabelle 5.1.:

Beispiel für eine Standortbewertung (Ausschnitt)

Merkmal	Bewertung				
	Norm	Gewicht des Merkmals	Standort		
			A	B	C
1. Relevante Kaufkraft/Einwohner	200 DM/Einw.	120	120	80	90
2. Konsumenten im Einzugsbereich	8 000	110	70	90	110
3. Passantenstrom/Std.	500	130	100	130	70
4. Größe des Verkaufsraumes	mind. 800 m²	100	70	80	100
5. Schaufensterfläche	mind. 40 m²	60	60	60	40
6. Parkmöglichkeiten	mind. 10 Pl.	60	30	50	60
7. Belieferungsmöglichkeiten	rückseitige Anlieferung	50	20	20	50
8. Anbindung an öffentliche Verkehrsmittel	innerhalb 3 Gehminuten	30	30	20	10
.	.	.	.	.	.
.	.	.	.	.	.
.	.	.	.	.	.
Vergleichssumme	–	–	2 430	2 270	2 140

Anmerkung: Die ausgewiesenen Werte verkörpern das mathematische Produkt aus Erfüllungsgrad der Norm und Gewicht des jeweiligen Merkmals.

So ist es in Lebensmittel-Selbstbedienungsläden üblich, die Fleischabteilung tief im Raum, d. h. möglichst weit vom Eingang entfernt, einzurichten. Dabei spielen nicht nur gesetzliche Anforderungen und betriebstechnische Rücksichten (Temperatur u. ä.), sondern auch absatzpolitische Überlegungen eine Rolle. Der Weg zu dieser relativ häufig aufgesuchten Abteilung soll an den anderen Waren vorbeiführen und Impulskäufe auslösen. Obst, Gemüse, Getränke finden sich dagegen wegen des vergleichsweise großen Gewichts und der Sperrigkeit dieser Waren üblicherweise in der Nähe des Ausganges, während Zigaretten wegen der großen Diebstahlsgefahr (kleine Packung, hoher Wert) der unmittelbaren Kontrolle des Kassenpersonals überantwortet sind.

In mehrgeschossigen Einzelhandelsbetrieben verfährt man häufig so, daß man geringwertige oder saisongebundene Ware, ferner Restposten und, wenn nicht im Untergeschoß, auch Nahrungs- und Genußmittel auf der Straßenebene bereithält, während die Etagen darüber der Präsentation des gehobenen Sortiments vorbehalten sind. Dies deckt sich auch mit der Zweiteilung der Kunden, nämlich in sog. **Laufkunden,** die eine nur geringe Geschäftsstättenbindung aufweisen, und **Stammkunden,** die sich durch große Loyalität auszeichnen, meist mehr Geld ausgeben und längere Wege auf sich zu nehmen bereit sind.

Vergleichbare Optimierungsprobleme gibt es indessen auch im Großhandel und in der Industrie. Hier geht es um die Frage, wie Artikel in einem Warenlager auf einzelne Regalplätze zu verteilen sind, damit ein Zielkriterium, etwa die Summe der bei der Kommissionierung von Aufträgen zurückzulegenden Strecken, minimiert wird (vgl. *Dichtl/Schobert* 1979, S. 107 - 122).

2.2. Die Bestimmung der Absatzwege

2.2.1. Die akquisitorische Bedeutung der Absatzwege

2.2.1.1. Grundprobleme der Absatzwegeentscheidung

Mit der Wahl der **Absatzwege** legt man fest, welche Abnehmerkreise über welche Zwischenstufen zu versorgen sind. Für die meisten Produkte kommen mehrere Alternativen in Frage. Die Entscheidung für einen bestimmten Weg beeinflußt neben den Kosten und Erlösen in der Regel auch das Image von Produkt und Hersteller.

Die Wahl der Absatzwege gehört zu den **strategischen Entscheidungen** einer Unternehmung, also zu jenen Entscheidungen, die auf lange Sicht getroffen werden. Ein Wechsel ist in der Regel kurzfristig nicht möglich; vielmehr bedarf es geraumer Zeit, bis eine Umstellung vollzogen ist. Überdies sind Veränderungen nicht ungefährlich – u. a. deswegen, weil **Präferenzen** der Abnehmer für einen Lieferanten oft an die Person bestimmter Mitarbeiter oder Mittelsmänner gebunden sind. Das bedeutet, daß dadurch der **Handlungsspielraum** auch bei den anderen absatzpolitischen Instrumenten bis zu einem gewissen Grad eingeengt wird, da die meisten **Absatzwege** (z. B. Massendistribution oder Absatz über hochqualifizierte Fachgeschäfte) ein bestimmtes preispolitisches oder werbepo-

2. Zentrale Aktionsfelder der Distributionspolitik 379

litisches Verhalten zur Folge haben und beispielsweise auch den Service determinieren.

Es ist nicht leicht, in die Vielfalt, die sich in der Realität findet, eine gewisse Ordnung zu bringen, zumal sich häufig mehrere Wege und Formen in ein und demselben Unternehmen nebeneinander finden. So behalten sich z. B. Mitglieder der Geschäftsleitung die Pflege des Kontaktes zu wichtigen Kunden vor, während für die anderen Reisende oder Handelsvertreter eingesetzt werden. Inlands- und Auslandsmarkt werden oft in verschiedener Weise bearbeitet und bei den Auslandsmärkten finden sich wiederum Unterschiede etwa zwischen Westeuropa, Nordamerika, dem Ostblock und Entwicklungsländern. Mitunter bedingen auch das Produktionsprogramm eines Herstellers, das aus Investitions- und Konsumgütern bestehen kann, die Eigenarten der Abnehmergruppen (gewerbliche Verwender – private Haushalte) oder die Zahl der Kunden in einzelnen Absatzgebieten ganz bestimmte Vertriebsmethoden. Überdies ist der Zusammenhang zwischen unternehmungsspezifischen Gegebenheiten (Unternehmungsgröße, Wirtschaftszweig, Branche und dgl.) einerseits und der Vertriebsorganisation andererseits nicht sehr streng, so daß man das gleiche Ziel oft auf verschiedene Weise erreichen kann.

Bei der Analyse eines konkreten Falls wird die **Vielfalt** der **Alternativen,** zwischen denen eine Unternehmung wählen kann, besonders deutlich. Ein Produzent (P) kann seine Produkte beispielsweise absetzen:

(1) an die **Verbraucher** oder **Verwender** (V) unter Einschaltung bestimmter Verkaufsorgane oder -organisationen, deren wirtschaftliche und rechtliche Stellung zum Unternehmen allerdings stark differiert. Hierbei handelt es sich vorwiegend um

– Mitglieder der Geschäftsführung (GF),
– Reisende (RS),
– Handelsvertreter (HV),
– regionale Verkaufsniederlassungen und Fabrikfilialen (FF),
– werksgebundene Unternehmen (WU),
– Kommissionäre (KO),
– Verkaufssyndikate (VS),
– Makler (MA).

(2) an den **Großhandel** (GH) oder den **Einzelhandel** (EH) direkt oder unter Einschaltung einer oder mehrerer der oben genannten Zwischenstufen.

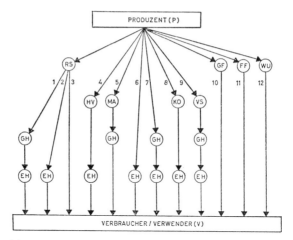

Abb. 5.1.: Schematische Darstellung alternativer Absatzwege

Abb. 5.1. vermittelt einen Überblick über einige der möglichen Kombinationen. Die Auswahl erfolgt nach typischen, für die Praxis relevanten **Absatzwegen**, so z. B. für:

Markenartikelhersteller: 1, 2, 3, 4, 8. – Hersteller von Schuhen: 6, 7, 11.
– Investitionsgüterhersteller: 3, 10, 11. – Automobilhersteller: 11, 12.
– Erzeuger von Agrarprodukten: 5, 7. – Roh- und Grundstoffindustrie: 9.

2.2.1.2. Determinanten ein- und mehrstufiger Absatzwege

Wie im letzten Abschnitt dargestellt, kommen für den Warenabsatz zwei Grundtypen in Betracht:

Man kann an die Träger des Bedarfs, also an Verbraucher, Verwender, Weiterverarbeiter oder Investoren **direkt** oder **indirekt,** d. h. zumeist über den Handel, der die Ware an die Bedarfsträger weiterleitet, absetzen. **Wieviele Handelsstufen** und damit Handelsbetriebe im Einzelfall in die **Distributionsaufgabe** eingeschaltet werden (Zentralgroßhandel, Großhandel und Einzelhandel), ist für die Unterscheidung zwischen direktem und indirektem Absatz unerheblich. Allerdings wird der Begriff des **direkten Absatzes** oft in einer hiervon abweichenden Weise benutzt, was darauf zurückzuführen ist, daß sich jeder Anbieter den Anschein geben möchte, direkt, sprich: preisgünstig, abzusetzen.

Als Entscheidungshilfe dient eine Reihe wichtiger Gesichtspunkte, die allerdings nicht mehr als ein Orientierungsrahmen sein können, da gerade in diesem Bereich häufig individuelle, von der Regel abweichende Lösungen zu finden sind und überdies die Tradition eine beachtliche Rolle spielt.

(1) Direkter Absatz

Ob auf die Einschaltung des Handels verzichtet werden kann, hängt, wie sich aus den folgenden Ausführungen ergibt, von vielerlei Bestimmungsgründen ab.

Oftmals finden sich beim gleichen Produkt der direkte und der indirekte Absatz nebeneinander.

Außer durch die **absatzpolitischen** Ziele der Anbieter wird die Gestaltung der Absatzorganisation und -wege, wie bereits in anderem Zusammenhang erwähnt, auch durch die **beschaffungspolitischen** Ziele der **Abnehmer** und den Grad des Ausbaus ihrer Beschaffungsorgane beeinflußt. So pflegen große Abnehmer (z. B. Waren- und Versandhäuser) beschaffungsaktiv zu sein, d. h. sie dringen mit ihren Organen in die Beschaffungsmärkte (z. B. des Auslands) vor, um sich ein eigenes Urteil über die Marktlage zu verschaffen und vorteilhafte Angebote wahrnehmen zu können.

Dort, wo es sich um große Objekte und zugleich um technisch komplizierte Güter handelt, die der Hersteller dem Verwender erklären muß, für die er Garantie leistet und den Kundendienst übernimmt, wo weiterhin der Kreis der Abnehmer vergleichsweise klein ist – also im Bereich der Investitionsgüter und mancher Rohstoffe, deren Be- oder Verarbeitung Probleme aufwirft –, herrscht der **direkte** Absatz mit Hilfe regionaler Niederlassungen vor.

Kleinere Unternehmen der Investitionsgütererzeugung, die über solche Niederlassungen nicht verfügen, bedienen sich oft technisch geschulter Handelsvertreter, die ähnliche Dienste leisten. Daneben kommt hier ohne weiteres auch ein Absatz über den Handel in Betracht (vgl. *Keller* 1975).

Die große Bedeutung des Direktabsatzes in der Investitionsgüterindustrie wird durch den **Direktexport** der Hersteller unterstrichen (vgl. *Hörschgen* 1984). Sowohl die Lieferanten als auch die ausländischen Abnehmer (Verwender) haben wegen der technischen Besonderheiten der herzustellenden Anlagen, der Finanzierungsmodalitäten und aus zahlreichen anderen Gründen, die sich aus der Eigenart der Materie ergeben, ein starkes Interesse daran, in **unmittelbare** Verbindung miteinander zu treten.

Gleichwohl ist in diesem Zusammenhang auf die abweichende Verwendung der Begriffe „direkter" und „indirekter" Absatz im Export hinzuweisen. Unter „direktem" Export versteht man den Absatz eines Herstellers **unmittelbar** an einen Abnehmer im Ausland, wobei es unerheblich ist, ob dieser **Händler** oder **Verwender** ist. Kriterium für die Verwendung des Wortes „direkt" ist hier die Bedingung, daß der Hersteller sein Erzeugnis ohne Einschaltung eines Händlers, der im **Inland** seinen Sitz hat, ins Ausland verkauft. Entsprechend spricht man von „indirektem" Export immer dann, wenn sich der Hersteller beim Absatz seiner Erzeugnisse eines inländischen **Ausfuhrhändlers** bedient. Zwischen Hersteller und Verwender bzw. Verbraucher können beim Direktexport folgende Organe treten:

- Reisende oder Vertreter,
- Verkaufsniederlassungen im Ausland (die Errichtung eigener Niederlassungen – in Form von Filialen oder rechtlich selbständigen Unternehmen – dient vor allem der Pflege dauerhafter Geschäftsverbindungen),

– Importeure (Importgroßhändler, Einkaufs- bzw. Verkaufskommissionäre, sonstige Großhändler, u. U. auch Einzelhändler).

Die Heranziehung von beratenden Ingenieurfirmen (Consulting Engineers) für die Betreuung von Investitionsprojekten mindestens bis zur Ausschreibungsreife, oft aber bis zu deren Abnahme durch den Besteller, unterbricht in gewisser Weise den direkten Kontakt zwischen dem Auftraggeber (Verwender) und dem Auftragnehmer, also dem Hersteller der Anlagegüter bzw. dem für die Ausführung eines Auftrags verantwortlichen Konsortium; andererseits illustriert die Notwendigkeit der Einschaltung von Consulting Engineers, daß die technischen Besonderheiten dieser Erzeugnisse die Modalitäten von Absatz bzw. Beschaffung in starkem Maße bestimmen.

Das Streben nach einer engeren Verbindung zwischen Hersteller und Verwender/Verbraucher hat noch eine weitere Ursache. Der indirekte Absatz gilt vielen Produzenten als unsicher. Sie befürchten, der Handel setze sich nicht genug für den Absatz ihrer Erzeugnisse ein oder könne eines Tages andere Lieferanten heranziehen, die ihm günstigere Bedingungen bieten. Möglicherweise reichen auch die Informationen über den Markt, die der Handel zu liefern vermag, für den Hersteller nicht aus, so daß sich für ihn auch aus diesem Grunde die Pflege eigener Kontakte zum Verwender, an den der Handel liefert, empfiehlt.

Vielfach legen Hersteller Wert darauf, Aufträge von Großabnehmern und öffentlichen Stellen selbst abzuwickeln, während sie den Absatz an kleinere Abnehmer bzw. in kleinen Mengen dem zur Lagerhaltung bereiten Handel überlassen. So ist es z. B. in der Reifenindustrie üblich, daß das Geschäft mit der Kraftfahrzeugindustrie (zur Erstausstattung der Wagen) von den Herstellern selbst gepflegt wird; die Deckung des Ersatzbedarfs der Fahrzeughalter ist dagegen dem Handel übertragen.

Ein viel beachtetes Beispiel für den Direktvertrieb liefert die *Avon Cosmetics GmbH*. Als Hauptgrund für den Erfolg dieses Unternehmens wird von ihm selbst neben der Sortimentspolitik der Haus-zu-Haus-Verkauf angeführt. Um dem Motto „*Avon* bringt Schönheit direkt ins Haus" gerecht zu werden, ist in der Bundesrepublik Deutschland ein Stab von „Beraterinnen" eingesetzt, die im Turnus von drei Wochen „ihre" Verbraucherinnen besuchen und auf diese Weise hohe Umsätze erzielen.

Nicht minder bekannt ist die Vertriebspolitik der Firma *Vorwerk*. Nachdem sich der von diesem Unternehmen entwickelte Handstaubsauger *Kobold* im Fachhandel als – angeblich – unverkäuflich erwiesen hatte, entschloß man sich, den Interessenten das Gerät an ihrer Haustür anzubieten. Innerhalb weniger Jahre wurde der *Kobold* so zum meistgekauften Handstaubsauger Deutschlands. Der Hersteller ist diesem Absatzweg, seitdem er ihn 1930 eingeschlagen hat, treu geblieben und stützt sich dabei heute auf ca. 3 500 Handelsvertreter, die ausschließlich für ihn arbeiten und mittlerweile auch *Vorwerk*-Einbauküchen vertreiben.

(2) Indirekter Absatz

Trotz vielfältiger Bemühungen der Hersteller um den direkten Absatz und trotz des Strebens nach Einflußnahme auf die Märkte über andere absatzpolitische Instrumente können jene weithin auf die Dienste des Handels nicht verzichten. Dies gilt namentlich

- dort, wo starke Erzeuger fehlen, die zu einer zielbewußten Absatzpolitik fähig sind (z. B. bei Agrarprodukten), und

- bei einer flächenmäßig weit verteilten Nachfrage, also in erster Linie beim Absatz von Ge- und Verbrauchsgütern an Letztverbraucher. Nur ausnahmsweise besitzen Hersteller eigene Verkaufsstellen im Einzelhandel oder entsprechende Beteiligungen. Sie sind somit auf den Handel angewiesen.

Die Mehrzahl der Erzeugnisse der zumeist spezialisierten Hersteller bedarf überdies der Einordnung in die Sortimente des Groß- und Einzelhandels. Erst durch den so entstehenden Sortimentsverbund werden sie verkäuflich. Mit einer Vielfalt an Betriebsformen (Fachgeschäfte, Warenhäuser, Supermärkte usw.), Sortimentstypen (breite und schmale, flache und tiefe Sortimente; branchen- und bedarfsorientierte Sortimente) und Verkaufsmethoden (Bedienung, Selbstbedienung und Teilselbstbedienung) vermögen Groß- und Einzelhandel selbst differenziertesten Bedürfnissen und Wünschen der Produzenten in dieser Hinsicht Rechnung zu tragen.

Um trotz indirektem Vertrieb einen Einfluß auf den Absatz ausüben zu können, sind von den Produzenten u. a. folgende Wege beschritten worden:

Hersteller gewinnen eine Gruppe von Händlern dafür, ihre Erzeugnisse exklusiv zu führen, also auf Konkurrenzprodukte zu verzichten, wobei von beiden Seiten verhältnismäßig langfristige Bindungen eingegangen werden. Solche **Vertragshändlerschaften,** auch lizenzierter oder konzessionierter Handel genannt, sind bei Kraftfahrzeugen und bei Mineralöl verbreitet. Brauereien nehmen Gaststätten in dieser Weise unter Vertrag, um den kontinuierlichen Absatz von Bier und anderen Getränken zu sichern und die Amortisation der finanziellen Hilfen, die sie ihren Abnehmern zum Aufbau ihrer Betriebe zuteil werden lassen, zu gewährleisten. In den letzten Jahren haben Absatzsysteme dieser und ähnlicher Art auch in zahlreichen anderen Bereichen (z. B. Kosmetika, Kaffee) Eingang gefunden, wobei sich für diese Form der Absatzgestaltung die amerikanische Bezeichnung Franchising eingebürgert hat.

Mit **Franchising** wird ein Vertriebssystem bezeichnet, bei dem – normalerweise – ein Hersteller den Vertrieb seiner Produkte oder Dienstleistungen in Form einer **vertikalen Kooperation** von einer begrenzten Zahl von Händlern durchführen läßt. Entscheidende Bedingung einer solchen Zusammenarbeit ist die vertraglich festgelegte Einflußnahme des Herstellers auf die Absatzpolitik der Händler. Die **Franchise-Nehmer** bleiben zwar rechtlich selbständig und tragen das Geschäftsrisiko, der Verkauf erfolgt aber unter dem Namen des **Franchise-Gebers** in Verkaufsstätten mit einheitlicher Ausstattung und unter Verwendung eines gemeinsamen, werbewirksamen Emblems in einem festgelegten Absatzgebiet gegen Zahlung eines einmaligen oder laufenden, umsatzabhängigen Entgelts (Franchise) und gegen Einräumung von Kontrollbefugnissen an den Franchise-Geber. Der Franchise-Vertrag regelt ferner den Gebrauch von

Namen, Warenzeichen, Symbolen und sonstigen Schutzrechten; er verpflichtet den Franchise-Geber überdies zur Unterstützung des Franchise-Nehmers.

Durch diese Regelung, die u. a. die Zusage des Herstellers umfassen kann, den Vertragshändlern finanzielle Hilfe zu gewähren, „nationale" Werbung zu betreiben und Informationen verschiedenster Art bereitzustellen, entstehen Partnerschaften. Auf der einen Seite partizipiert ein Händler am Know how und an den Erfahrungen eines marktorientierten Produzenten; auf der anderen Seite kann dieser sicher sein, daß sich ein ausgewählter Kreis von Wiederverkäufern dem Absatz seiner Erzeugnisse mit der von ihm gewünschten Intensität widmet. Auch praktisch allen Ketten, die in den letzten Jahren im Hotel- und Gaststättenwesen entstanden sind, liegt dieses Konstruktionsprinzip zugrunde.

2.2.2. Die Leistungsträger der Distribution

2.2.2.1. Die Verkaufs- und Vertriebsorganisation der Unternehmung

(1) Verkaufsabteilung

Die Gewinnung und die organisatorische Abwicklung von Aufträgen sind seit altersher der **Verkaufsabteilung** übertragen, wobei diese die Beziehungen zu den Kunden meistens über Reisende oder Handelsvertreter pflegt. Die genannten Aufgaben umfassen dabei nur den Verkauf im engeren Sinne, während sich die Geschäftsleitung die fundamentalen Entscheidungen beispielsweise über die zu bearbeitenden Märkte bzw. Kundengruppen und die anzubietenden Produkte vorbehält.

Diese eher historische Form der reinen Verkaufsabteilung verliert allerdings zu Gunsten einer mit mehr Aufgaben, Verantwortung und Einfluß versehen Marketing-Abteilung an Bedeutung. Weiterführende Überlegungen dazu werden in § 10 angestellt.

(2) Geschäftsleitung

Der Verkauf durch **Mitglieder** der **Geschäftsleitung** ist im Investitionsgütersektor, in der Bekleidungsindustrie und bei solchen Zulieferern anzutreffen, die sich auf die Deckung des Bedarfs weniger Großabnehmer eingestellt haben. Er ist dort möglich bzw. üblich, wo an eine begrenzte, überschaubare Anzahl von Kunden abgesetzt wird. Oft unterstützt die Geschäftsleitung aber auch jene Unternehmensorgane (z. B. Reisende), die permanent mit der Akquisition von Aufträgen und anderen einschlägigen Aufgaben befaßt sind. Anknüpfungspunkte sind dabei üblicherweise die überragende Bedeutung eines Kunden oder die ungewöhnliche Größe eines in Aussicht stehenden Auftrags.

(3) Reisender

Vielfach wird die Verkaufstätigkeit durch Angestellte der Unternehmung ausgeübt, die die Kunden in regelmäßigen Abständen aufsuchen **(Reisende)**. Die Reisenden sind an die **Weisungen** der Firma, für die sie tätig sind, gebunden. Die

Frage, ob und in welchem Umfang sie die Unternehmung rechtlich vertreten können, ist unterschiedlich geregelt. Vielfach besteht ihre Aufgabe lediglich in der Anbahnung von Geschäften und in der Gewinnung von Aufträgen.

Juristisch gesehen sind Reisende **Handlungsgehilfen,** deren Rechte und Pflichten in den §§ 59 - 75 *HGB* geregelt sind. Zu dieser Gruppe zählen sie wegen § 84 Abs. 2 *HGB,* wo Personen, die, ohne selbständig zu sein, ständig damit beauftragt sind, für einen Unternehmer Geschäfte zu vermitteln oder in dessen Namen abzuschließen, als Angestellte bezeichnet werden.

Reisende begegnen uns in mancherlei Erscheinungsform und unter vielerlei Bezeichnungen (z. B. Gebietsleiter, Verkaufsförderer und Verkaufsinspektoren). Üblicherweise ist ihnen ein bestimmter Bezirk zugeordnet, in dessen Grenzen sie alle oder nur bestimmte Kunden (z. B. Großhandel, Einzelhandel, Großverbraucher) zu betreuen haben. Über ihnen steht in der Regel ein Gebietsverkaufsleiter oder Oberreisender, der sie steuert, kontrolliert und gelegentlich unterstützt.

(4) Handelsvertreter

Handelsvertreter sind nach § 84 *HGB* rechtlich **selbständige Gewerbetreibende,** die ständig damit betraut sind, für mindestens eine andere Unternehmung Geschäfte zu vermitteln oder abzuschließen. Sie erwerben kein Eigentum an der Ware, sind also von den damit verbundenen Risiken (Verderb, Mode, Preisbewegungen etc.) nicht betroffen. Die Funktion der **Handelsvertreter** entspricht in gewisser Weise der der **Reisenden,** von denen sie sich aber vor allem durch ihre rechtliche Selbständigkeit und die Tätigkeit für – in der Regel – mehrere Unternehmungen („Mehrfirmenvertreter") unterscheiden. Die **Selbständigkeit** des Handelsvertreters kommt darin zum Ausdruck, daß er seine Tätigkeit weitgehend frei gestalten und über seine Arbeit selbst bestimmen kann, was freilich nicht ausschließt, daß sich vor allem der „Einfirmenvertreter" in einer mehr oder weniger fühlbaren Abhängigkeit von der vertretenen Unternehmung befinden kann und daher dem Status des Reisenden ziemlich nahekommt.

Wenn ein **Handelsvertreter** für mehrere Firmen arbeiten soll, setzt dies voraus, daß deren Erzeugnisse nicht miteinander konkurrieren, sondern sich nach Möglichkeit ergänzen. Daraus können für die betroffenen Unternehmen beträchtliche Vorteile resultieren, so z. B. wenn der Geschäftsumfang einer Unternehmung nicht oder nur zu bestimmten Zeiten (in der Saison) zur Auslastung eines Vertreters ausreicht. Nicht weniger bedeutsam ist der Gesichtspunkt, daß die Erzeugnisse durch sortimentsmäßige Kombination mit Waren anderer Unternehmungen leichter abzusetzen sind. Schließlich profitiert eine Unternehmung davon, daß ihre Vertreter auch für andere Firmen arbeiten, wenn es beispielsweise gilt, erstmals auf einem Markt Fuß zu fassen; auf Grund des Vertriebs anderer Erzeugnisse sind die Vertreter bei den potentiellen Kunden bereits eingeführt. Vielfach wird den Vertretern auch ein Auslieferungslager übertragen, um eine schnelle Belieferung der Kunden sicherzustellen und die Zahl kleiner Aufträge beim Hersteller zu reduzieren.

Der Handelsvertreter erhält als Vergütung für seine Tätigkeit eine **umsatzabhängige Provision,** die mit einem **Fixum** gekoppelt sein kann (z.B. für die Unterhaltung eines Auslieferungslagers). Aus diesem Entgelt hat er alle ihm entstehenden Kosten zu decken.

Es ist leicht einzusehen, daß bei günstigem Geschäftsgang der Reisende auf Grund des eher fixen Charakters seiner Vergütung dem Handelsvertreter vorgezogen wird, da wachsende Umsätze zur Kostendegression führen. In der Rezession dagegen stellt sich eine Unternehmung infolge des umsatzproportionalen Charakters des „Erfolgshonorars" besser, wenn sie mit Handelsvertretern statt mit Reisenden arbeitet. Allein aus dieser überaus engen Perspektive die Wahl zwischen Reisenden und Handelsvertreter als – alternativ oder simultan einzusetzenden – Vertriebsorganen zu treffen, wäre indessen mehr als fragwürdig. Die Entscheidung ist wesentlich komplexer (vgl. dazu *Dichtl/Raffée/ Niedetzky* 1981). Insbesondere ist die Vorstellung überholt, der Reisende könne sich weit eher speziellen, insbesondere zeitaufwendigen Aufgaben der Verkaufsförderung widmen; denn auch Handelsvertreter nehmen solche Aufgaben (Kundendienstleistungen, technische Beratung etc.) mittlerweile wahr, um ihre Stellung in ihrem Kundenkreis zu festigen.

Wenn sich das Interesse der Unternehmungen in neuerer Zeit aus Kostengründen oft mehr dem Handelsvertreter zuneigt, so ist dessen Stellung zwischen den Marktparteien dennoch nicht ungefährdet. Die fortschreitende Konzentration und Kooperation in Industrie und Handel, die Zunahme der **Vertragshandelssysteme** und das Streben nach straff geleiteten Absatzorganisationen führen zu einem Rückgang sowohl der Zahl der Vertretungen als auch jener der Kunden, obwohl mit der Entstehung der *EG* viele Vertretungen ausländischer Anbieter hinzugekommen sind.

Die Handelsvertreter verstehen sich deshalb heute nicht mehr als bloße „Auftragssammler", sondern als Berater und damit als gleichwertige und ebenbürtige Partner sowohl ihrer Kunden als auch der von ihnen vertretenen Unternehmungen. Ihre spezifische Funktion besteht heutzutage mehr denn je darin, daß sie die Probleme beider Seiten verstehen und lösen helfen, um das notwendige **Vertrauensverhältnis** zwischen Lieferanten und Abnehmern herzustellen und zu pflegen (vgl. *Hildenbrand* 1983).

Andere Strategien, die die Handelsvertreter zum Zweck der Existenzsicherung ergreifen, sind außer der bereits erwähnten Übernahme von Auslieferungslagern die Bildung von Büro- und Lagergemeinschaften zusammen mit Kollegen, die gemeinsame Durchführung von Musterungen in Handelsvertreterzentren und an anderen zentral gelegenen Plätzen sowie die Bildung von Interessengemeinschaften – oft als Handelsvertreterketten bezeichnet –, bei denen ein Handelsvertreter ähnlich wie in einem Konsortium die Führung einer Gruppe von Vertretern übernimmt und die Verbindung mit der vertretenen Unternehmung hält. Die Kundenkreise und Verkaufsbezirke der Gruppenmitglieder ergänzen sich hier derart, daß das gesamte Absatzgebiet, das bearbeitet werden soll, erfaßt wird.

(5) Kommissionär

Vom Handelsvertreter, der in fremdem Namen und für fremde Rechnung arbeitet, unterscheidet sich der Kommissionär dadurch, daß er in eigenem Namen für die Rechnung seines Auftraggebers (des **Kommittenten**) tätig wird (§ 383 *HGB*). Er übernimmt für diesen gewerbsmäßig den Ein- oder Verkauf von Waren (und Wertpapieren), die jedoch nur im Fall des Selbsteintritts in sein Eigentum übergehen. Die Vergütung für die Tätigkeit besteht in einer im allgemeinen umsatzabhängigen **Kommission** oder **Provision,** die mit steigendem Umsatz fallen kann. Der Kommissionär ist heute besonders im Wertpapiergeschäft, im Handel mit Agrarprodukten und im Außenhandel anzutreffen.

Daneben wird häufig auch an den Einzelhandel Ware „auf Kommission" geliefert; der Einzelhändler ist insoweit also Kommissionär. Das Verfahren hat nach der Aufhebung der vertikalen Preisbindung erheblich an Beliebtheit gewonnen.

(6) Makler

Die Tätigkeit des Maklers besteht darin, Gelegenheiten zum Abschluß von Verträgen nachzuweisen. Für den ständigen Absatz von Sachgütern und Dienstleistungen kommt ihm außer bei Versteigerungen (z. B. Wolle, Obst, Gemüse) keine große Bedeutung mehr zu. Im Grundstückshandel hat er dagegen nach wie vor eine starke Position inne. Der Makler hat die Interessen beider Parteien, für die er tätig ist und zwischen denen er vermittelt, zu wahren (§§ 93 und 98 *HGB*).

(7) Verkaufsniederlassung

Eine Reihe großer Unternehmungen (z. B. der Investitionsgüterindustrie, der Chemischen und der Pharmazeutischen Industrie sowie des Handels mit Grundstoffen und Walzwerkserzeugnissen) hat eigene **Niederlassungen** errichtet, um den Abnehmern im In- und Ausland nahe zu sein, die Kunden vor allem bei großen Projekten intensiv beraten zu können, für Kundendienstleistungen rasch zur Verfügung zu stehen oder die unverzügliche Belieferung der Abnehmer aus nahegelegenen Lagern (z. B. mit Pharmazeutika) sicherzustellen. Der Grad der wirtschaftlichen Selbständigkeit dieser Niederlassungen, also die Weisungsgebundenheit bzw. Entscheidungsfreiheit ihrer Leiter ist ebenso wie die Rechtsform sehr verschieden geregelt. Mitunter finden sich im selben Unternehmen verschiedene Lösungen nebeneinander.

So stützt sich z. B. die Kraftfahrzeugindustrie weithin auf Vertragshändler, also selbständige Händler, die sich verpflichten, die Erzeugnisse nur eines Herstellers zu führen und dazu Werkstätten für Kundendienstleistungen und Reparaturen sowie Ersatzteillager zu unterhalten. Als Gegenleistung werden den Vertragshändlern Verkaufsbezirke übertragen, in denen sie exklusiv, d.h. ohne Konkurrenten, die dieselbe Marke wie sie selbst vertreiben, tätig sein dürfen. Hinzu kommen aber häufig, zumal in großen Orten, Verkaufsniederlassungen der Kfz-Industrie, also Fabrikfilialen der Hersteller.

In ähnlicher Weise setzt eine Schuhfabrik ihre Erzeugnisse über eigene Filialen sowie ein Netz von Vertragshändlern, die vorzugsweise Schuhe des betreffenden Unternehmens führen, ab. Die eigenen Filialen finden sich überwiegend in städtischen Geschäftszentren und dienen u.a. der Repräsentation sowie den Vertragshändlern als Vorbild für die Gestaltung ihrer Verkaufsräume.

Auch führende Kaffeeröstereien, wie z.B. *Eduscho* und *Tchibo,* bedienen sich in zunehmendem Maße solcher gemischter Vertriebswege, wobei sie an stark frequentierten Plätzen eigene Verkaufsniederlassungen errichten, die Erhältlichkeit ihrer Produkte im sonstigen Absatzgebiet aber durch ein System von Depots in Zusammenarbeit mit anderen Unternehmen (meist Lebensmittelgeschäften und Bäckereien) sicherstellen. Ähnliche Wege beschreitet auch der Fotoversandhandel *(Foto Porst, Foto Quelle).*

(8) Verkaufssyndikat

Die Ausgliederung des Absatzes aus Produktionsbetrieben und seine Übertragung auf (Verkaufs-)Syndikate findet sich zuweilen bei homogenen Produkten, die kaum eine Möglichkeit zur Differenzierung bzw. Profilierung bieten (Kohle, Zement, Baustahl, landwirtschaftliche Düngemittel) und häufig einem starken Preiswettbewerb, wenn nicht gar einem anhaltenden Preisverfall ausgesetzt sind. Der Zusammenschluß der Hersteller zu einem Syndikat (nur ein Anbieter, ausgenommen relativ unbedeutende Außenseiter) liegt in solchen Fällen nahe. Das *Gesetz gegen Wettbewerbsbeschränkungen (GWB)* zieht jedoch diesen Bestrebungen im Interesse der Aufrechterhaltung eines funktionsfähigen Wettbewerbs enge Grenzen (§ 4 und § 5 Abs. 3 *GWB*).

2.2.2.2. Der Handel

2.2.2.2.1. Der Großhandel

(1) Grundlagen

Der Großhandel als Institution kauft Waren ein und setzt sie entweder unverändert oder nach nicht nennenswerter Be- bzw. Verarbeitung an Wiederverkäufer (vor allem Einzelhändler), Weiterverarbeiter (Industrie, Handwerk), sonstige Verarbeiter (Gaststätten, Kantinen) oder andere Großverbraucher (auch Behörden) ab. Funktional betrachtet kann der Großhandel daher auch als Handel unter Kaufleuten definiert werden. Das Schwergewicht liegt dabei auf der Sortimentsbildung, Kundenberatung, Lagerhaltung, Kreditgewährung und physischen Distribution. Die Bedeutung dieser Aufgaben variiert je nach den Bedürfnissen der jeweiligen Abnehmergruppen.

Dort, wo große Warenmengen gleichartiger Güter umgeschlagen werden, bei denen Fracht- und Manipulationskosten hoch zu Buche schlagen, spielt das **Streckengeschäft** eine große Rolle. Charakteristisch dafür ist, daß sich der Unternehmer im wesentlichen auf das Dispositive beschränkt, also den Güterstrom lenkt, ohne daß die Waren sein Lager berühren.

2. Zentrale Aktionsfelder der Distributionspolitik 389

In der Bundsrepublik Deutschland gibt es rund 114000 steuerpflichtige Großhandelsunternehmen, die 1984 zusammen einen Jahresumsatz von ca. 770 Mrd. DM erzielten. Knapp 56% der Firmen bleiben unter einem Jahresumsatz von 1 Mio. DM und sind insgesamt nur mit rund 3% am gesamten Umsatzvolumen beteiligt. Die Zahl der Unternehmen mit Umsätzen bis zu 1 Mio. DM ist stark rückläufig; umgekehrt nahm die Umsatzbedeutung der Großunternehmen in diesem Wirtschaftszweig in den letzten beiden Jahrzehnten beträchtlich zu. Nähere Aufschlüsse vermitteln Tab. 5.2. und Abb. 5.2.

Der Großhandel findet sich vor allem im Bereich der Roh- und Grundstoffe, z.B. bei Kohle, Baumaterial, Walzwerkserzeugnissen und Agrarprodukten, die zum Teil, wie die Baumwolle, die Wolle und der Tabak, industriell weiterverarbeitet werden. Er ist ferner zwischen den Produktionsstufen tätig, wie z.B. der Großhandel mit Garnen, Geweben, Leder, Installationsmaterial oder Maschinen. Schließlich befaßt er sich mit Fertigwaren, vor allem Verbrauchsgütern, unter denen die Nahrungs- und Genußmittel dominieren. Vom Inlandsabsatz der Industrie nehmen etwa 40% den Weg über den Großhandel, bei der Verbrauchsgüterindustrie fast 50%. Große Bedeutung hat der Großhandel vor allem im Rahmen der Ein- und Ausfuhr.

Der Großhandel kann primär beschaffungs- oder absatzorientiert sein. Der sammelnde, kollektierende oder **Aufkaufhandel** bezieht die Waren in kleinen Mengen, z.B. von einer Vielzahl landwirtschaftlicher Erzeuger. Die Beschaffung ist in diesen Fällen häufig schwieriger als der Absatz. Für manche Handelszweige dieser Art, z.B. den Importhandel mit Rohstoffen, sind die Erforschung und Beobachtung der Beschaffungsmärkte für den Erfolg entscheidend. Die Händler (Importeure) kooperieren entweder eng mit Rohstoffverarbeitern (z.B. bei Baumwolle und Kakao), so daß der Absatz kaum Probleme zu lösen aufgibt, oder sie überlassen die Absatzaufgabe weitgehend nachgeordneten Handelsstufen.

Der verteilende, distribuierende oder **Absatzgroßhandel** konzentriert sich dagegen auf die Suche und Pflege von Absatzbeziehungen. Doch impliziert dies keineswegs, daß er die Beschaffungsaufgabe vernachlässigt; denn von günstigen Einkaufsbedingungen hängt der Absatzerfolg in hohem Grade ab, wenngleich den Betrieben auch andere absatzpolitische Instrumente als der Preis zur Verfügung stehen, um ihre Ziele zu erreichen.

Der weitaus größte Teil des Großhandels widmet sich dem Binnenhandel, dies selbst dann, wenn ein Teil der Waren aus dem Ausland bezogen oder dort abgesetzt wird. Die Einfuhr wird in vielen Fällen dem Importhandel überlassen oder die Großhandlungen schließen sich – ebenso wie große Einzelhandelsunternehmen – zum Zwecke des Imports zusammen, damit sie Warenmengen erreichen, die groß genug sind, um günstige Beschaffungsbedingungen im Ausland zu erwirken.

Die Existenz des Großhandels hängt nicht einseitig und gewissermaßen zwangsläufig von den Absatzentscheidungen seiner Lieferanten (vor allem der Industrie) und den Beschaffungsentscheidungen seiner Abnehmer (besonders

Tabelle 5.2.: Unternehmens- und Umsatzkonzentration im Großhandel

Jahr	|	Größenklasse ... DM					
	bis 100 000	100 000 bis 250 000	250 000 bis 1 Mill.	1 Mill. bis 10 Mill.	10 Mill. bis 100 Mill.	mehr als 100 Mill.	Insgesamt
	Steuerbare Umsätze in Mill. DM[a]						
1962	1 788	4 763	20 352	64 634	50 827	47 357	189 721
1964	1 710	4 619	20 753	70 894	62 094	52 812	212 882
1966	1 567	4 339	20 463	75 282	75 264	62 754	240 669
1968[a]	1 542	4 034	19 390	76 384	76 637	70 171	248 158
1970	1 292	3 693	19 732	90 448	103 134	100 639	318 938
1972	1 175	3 388	19 282	99 705	123 556	110 097	357 203
1974	1 075	3 190	18 911	107 826	148 023	166 216	445 241
1976	1 021	2 981	18 375	115 028	168 825	202 044	508 274
1978	1 012	2 974	18 556	119 133	183 274	242 691	567 640
1980	852	2 643	17 838	125 634	215 717	302 762	669 448
1982	877	2 641	17 648	129 745	227 768	330 901	709 582
1984	908	2 630	17 369	132 626	250 322	365 045	768 899
	Umsatzanteile in %[a]						
1962	0,9	2,5	10,7	34,1	26,8	25,0	100
1964	0,8	2,2	9,7	33,3	29,2	24,8	100
1966	0,6	1,8	8,5	31,7	31,3	26,1	100
1968	0,6	1,6	7,8	30,8	30,9	28,3	100
1970	0,4	1,2	6,2	28,4	32,3	31,5	100
1972	0,3	1,0	5,4	27,9	34,6	30,8	100
1974	0,2	0,7	4,3	24,2	33,3	37,3	100
1976	0,2	0,6	3,6	22,6	33,2	39,8	100
1978	0,2	0,5	3,3	21,0	32,3	42,7	100
1980	0,1	0,4	2,6	19,4	32,3	45,2	100
1982	0,1	0,4	2,5	18,2	32,2	46,6	100
1984	0,1	0,3	2,2	17,2	32,5	47,5	100

2. Zentrale Aktionsfelder der Distributionspolitik

Jahr	Größenklasse ... DM						Insgesamt
	bis 100 000	100 000 bis 250 000	250 000 bis 1 Mill.	1 Mill. bis 10 Mill.	10 Mill. bis 100 Mill.	mehr als 100 Mill.	
	Anzahl der Unternehmen (absolut)[b]						
1962	35 256	28 773	39 455	24 174	2 191	134	129 983
1964	33 699	28 003	39 980	25 930	2 653	152	130 417
1966	30 888	26 138	39 161	27 480	3 118	179	126 964
1968	31 341	24 393	37 049	27 098	3 140	204	123 225
1970	25 989	22 111	37 131	30 857	4 182	286	120 556
1972	23 523	20 089	35 886	33 091	5 019	355	117 963
1974	21 173	19 006	34 934	34 818	5 895	473	116 299
1976	20 283	17 738	33 675	36 112	6 754	556	115 118
1978	20 024	17 731	34 071	37 238	7 396	643	117 103
1980	15 292	15 705	32 323	39 814	8 484	738	112 356
1982	15 873	15 694	32 043	39 780	8 928	818	113 136
1984	16 317	15 689	31 584	40 164	9 631	906	114 291
	Anzahl der Unternehmen in %[b]						
1962	27,1	22,1	30,4	18,6	1,7	0,1	100
1964	25,8	21,5	30,7	19,9	2,0	0,1	100
1966	24,3	20,6	30,8	21,6	2,5	0,2	100
1968	25,4	19,8	30,1	22,0	2,5	0,2	100
1970	21,6	18,3	30,8	25,6	3,5	0,2	100
1972	19,9	17,0	30,4	28,1	4,3	0,3	100
1974	18,2	16,4	30,0	29,9	5,1	0,4	100
1976	17,6	15,4	29,2	31,4	5,9	0,5	100
1978	17,1	15,1	29,1	31,8	6,3	0,6	100
1980	13,6	14,0	28,8	35,5	7,5	0,6	100
1982	14,0	13,9	28,2	35,2	7,9	0,8	100
1984	14,3	13,7	27,6	35,1	8,5	0,8	100

a) Ab 1968 ohne Mehrwertsteuer.
b) Bis 1966 Unternehmen mit Jahresumsätzen ab 12 500 DM, ab 1968 Unternehmen mit Jahresumsätzen ab 12 000 DM, ab 1980 Unternehmen mit Jahresumsätzen ab 20 000 DM.

Quelle: *Statistisches Bundesamt*, Finanzen und Steuern, Fachserie 14, Reihe 8.

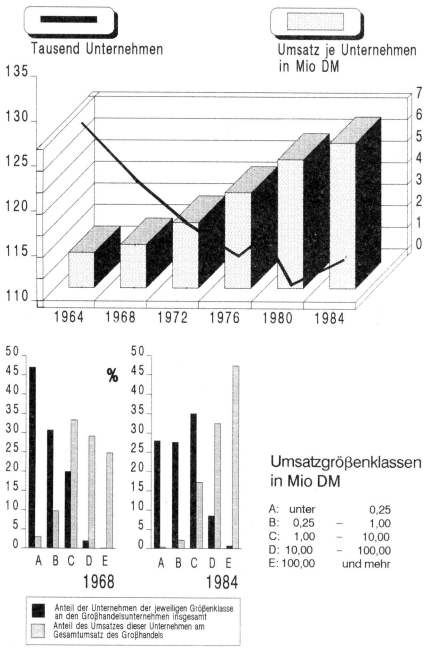

Quelle: *Statistisches Bundesamt.*

Abb. 5.2.: Unternehmens- und Umsatzkonzentration im Großhandel

der Verarbeiter und des Einzelhandels), sondern in hohem Maße von seiner eigenen Tatkraft ab (vgl. *Hörschgen* 1983). Der Großhandel ist ständig davon bedroht, daß seine Lieferanten und Abnehmer direkt miteinander in Geschäftsverbindung treten, wofür es in der Geschichte dieses Wirtschaftszweiges zahlreiche Beispiele gibt. Manche Großhandelssparten haben dadurch tatsächlich stark an Bedeutung verloren, andere dagegen, die diese Gefahr erkannten und mit der Bildung **Freiwilliger Ketten** reagierten, eine erstaunliche Renaissance erlebt. Als entscheidend hat sich immer die Fähigkeit zur Anpassung an wechselnde Bedingungen erwiesen.

Zahlreiche Hersteller sind am Absatz über den Großhandel vor allem deswegen interessiert, weil ihre Erzeugnisse durch diesen im Rahmen geeigneter Sortimente angeboten werden und die Großhandelslager regional verstreut liegen, mit der Konsequenz, daß die Waren von dort aus rasch und kostengünstig an eine Vielzahl von Wiederverkäufern (Einzelhandel, Handwerkshandel, Gastgewerbe) abgesetzt werden können. Dabei spielt oft auch die vom Großhandel übernommene **Kreditgewährung** eine wichtige Rolle. Weitere Vorteile können sich daraus ergeben, daß der Hersteller durch die Einschaltung des Großhandels die Zahl seiner Kunden beschränken kann (anstatt vieler kleiner Abnehmer wenige relativ große Partner), die überdies ihre Aufträge häufig geraume Zeit vor dem gewünschten Liefertermin erteilen. Daß dies weitreichende Möglichkeiten der Rationalisierung der Produktion eröffnet, liegt auf der Hand.

Die zunehmende Breite des Warenangebotes und die wachsende Zahl ausländischer Erzeugnisse, die auf den heimischen Markt drängen, unterstreichen die Bedeutung von Sortimentsbildung und Lagerhaltung des Großhandels für dessen Abnehmer, vor allem für den Einzelhandel. Darüber hinaus wird die Beratung des Einzelhandels durch den Großhandel auch auf anderen Gebieten (Ladengestaltung, Warenpräsentation, Rechnungswesen, Finanzierung, Steuerwesen etc.) immer wichtiger.

(2) Betriebsformen des Großhandels

Aus den Funktionen, die der Großhandel wahrnimmt, lassen sich die wichtigsten Bestimmungsmerkmale der verschiedenen Betriebsformen ableiten.

(a) Eine erste Unterscheidung zielt auf die **Breite des Angebots** und die **Art der Zustellung** der Ware ab. Die bereits angedeutete, für die neuere Zeit typische Ausdehnung der Leistungen des Großhandels steht in engem Zusammenhang mit seinem Bemühen um eine produktive Zusammenarbeit mit seinen Abnehmern, für die sowohl die bewußte Auswahl der Kunden als auch die Auftragskonzentration wichtige Kennzeichen sind. Auftragskonzentration bedeutet, daß Bestellungen in hohem Grad bei einem Lieferanten, dem Großhändler, getätigt werden. Voraussetzungen dafür sind die Einräumung günstiger Bezugsbedingungen sowie eine weitgehende Übereinstimmung der Sortimente des Lieferanten und des Abnehmers. Es ist somit hauptsächlich **Sortimentsgroßhandlungen** vorbehalten, die Leistungen für die Abnehmer auszuweiten und einen organisatorischen Verbund einzugehen, während dieser Weg **Spezialgroßhandlungen** (mit schmalem Warenkreis) in der Regel verbaut ist.

Den Gegenpol zu den **Zustellgroßhandlungen** stellen die sog. **Cash & Carry-Betriebe** dar, die, um Kosten zu senken und Arbeitskräfte einzusparen, nach dem Prinzip der Selbstbedienung arbeiten. Die Wiederverkäufer und Großverbraucher können bzw. müssen selbst in dem mit Waren vollgefüllten C&C-Lager die von ihnen benötigten Erzeugnisse auswählen. Außerdem zahlen sie bar und übernehmen selbst den Abtransport der gekauften Waren. Als Vorteile für die Käufer gelten außer niedrigen Preisen die Sicherheit raschen Warennachschubs, die Gelegenheit zum Einkauf auch kleiner Warenmengen, etwa zur Abrundung der Sortimente, und nicht zuletzt die Möglichkeit der Gewinnung eines Überblicks über ein umfassendes Warenangebot (nach Art einer Messe oder Ausstellung). Die C&C-Läger führen hauptsächlich Nahrungs- und Genußmittel, doch hat sich der Warenkreis immer mehr erweitert, u.a. infolge Vermietung von Abteilungen an Großhändler anderer Branchen.

Zu den Kunden der C&C-Läger gehören in mehr oder weniger großem Umfange auch Letztverbraucher, die diese für sie günstige Einkaufsgelegenheit in der Regel zum Bezug vergleichsweise großer Warenmengen nutzen. Der Großeinkauf von Verbrauchern (Haushaltungen) ist u.a. eine Folge der Motorisierung und stellt eine der Kräfte dar, die auch zur Entstehung von sog. Verbauchermärkten und Selbstbedienungswarenhäusern geführt haben (Näheres dazu im nächsten Abschnitt).

Trotz fortwährender Ausdehnung der Großhandelssortimente gibt es eindrucksvolle Beispiele dafür, daß sich Spezialgroßhandlungen auch unter den heutigen Bedingungen behaupten können (z.B. im Bereich von Frischwaren, wie Obst, Gemüse und Molkereiprodukten, Tiefkühlerzeugnissen und Elektrogeräten). Voraussetzung dafür ist, daß sie Leistungen erbringen, denen die sog. Sortimenter nichts Gleichwertiges entgegenzusetzen vermögen.

Neben der Zustellgroßhandlung und dem C&C-Lager gibt es den sog. **Rack Jobber** (Regal-Großhändler), der bestimmte Sortimentsbereiche in Einzelhandelsbetrieben (vorzugsweise Supermärkten und Verbrauchermärkten), aber auch C&C-Lägern warenmäßig betreut und verwaltet. Dabei kann die Geschäftsgrundlage zwischen ihm und den Partnern sehr verschieden gestaltet sein und bis zur Übernahme des vollen Risikos durch die eine oder die andere Seite reichen.

(b) Die Unterteilung der Betriebsformen des Großhandels nach den erwähnten Gesichtspunkten hat ein anderes Kriterium in den Hintergrund treten lassen, das früher eine große Rolle spielte, nämlich die Unterscheidung zwischen **einzelwirtschaftlichen** und **genossenschaftlichen** Großhandlungen.

Unzufriedenheit mit den Leistungen des Großhandels sowohl als Lieferant als auch als Abnehmer war in der zweiten Hälfte des vorigen Jahrhunderts in einer Reihe von Wirtschaftszweigen (vor allem in der Landwirtschaft, dem Handwerk und dem Einzelhandel) Anlaß zur Gründung von genossenschaftlichen Zusammenschlüssen, den sog. **Warengenossenschaften**, z.B. in Gestalt von landwirtschaftlichen Bezugs- und Absatzgenossenschaften sowie Einkaufsgenossenschaften des Handwerks und des Einzelhandels. Die Warengenossenschaften übernehmen für ihre Mitglieder die Großhandelsaufgaben.

Teilweise bediente man sich zur Realisierung der Genossenschaftsidee auch anderer Rechtsformen wie der AG und der GmbH.

Die Zusammenarbeit mit einem abgegrenzten, sich nur wenig verändernden, bekannten Mitglieder- und somit Kundenkreis bot den genossenschaftlichen Großhandlungen bei der Warenbeschaffung, Lagerhaltung und Preispolitik beachtliche Vorteile gegenüber dem einzelwirtschaftlichen Großhandel. Vor allem vermochten jene lange Zeit die kostspielige und risikovolle Lagerhaltung zu begrenzen, wozu fraglos auch die Konzentration der Aufträge ihrer Mitglieder beitrug.

Bedeutende Erfolge wurden auch mit dem sog. **Regulierungsgeschäft** erzielt. Dabei übernehmen die Genossenschaften unter Ausnützung des Skontos die Bezahlung der Warenrechnungen ihrer Mitglieder, räumen diesen aber gewisse Zahlungsziele ein. Zu diesen Leistungen traten schon früh sog. Sonderleistungen für die Mitglieder, vor allem in Gestalt der Beratung auf den verschiedensten Gebieten (Betriebsvergleich, Erfahrungsaustausch, Ladenbau, Sortimentsgestaltung, Finanzierung, Steuerwesen u.ä.).

Ein großer Teil der Warengenossenschaften beschränkt Tätigkeitsbereich und Mitgliederkreis lokal oder regional. Das gilt z.B. für die landwirtschaftlichen, die Bäcker- und die Lebensmittelhändlergenossenschaften. Die einzelwirtschaftlichen Großhandlungen der fraglichen Branchen verfahren ganz ähnlich. Die Lokalgenossenschaften haben sich ihrerseits zu Zentralorganisationen zusammengeschlossen, die übergeordnete Aufgaben wahrnehmen: Warenbeschaffung, insbesondere Import, Erarbeitung einer unternehmungspolitischen Konzeption für die gesamte Gruppe, Beratung der Mitgliedsgenossenschaften, Pflege der Beziehungen zur Öffentlichkeit usw. Eine weitere Stufe stellen internationale genossenschaftliche Zusammenschlüsse eines bestimmten Wirtschaftszweiges dar, die sich solchen Aufgaben widmen, die den nationalen Organisationen gemeinsam sind, etwa die Erarbeitung einer gemeinsamen Linie gegenüber Gesetzesvorhaben auf der Ebene der *Europäischen Gemeinschaft*. Ähnlich sind die Freiwilligen Ketten strukturiert, bei denen eine einzelwirtschaftliche Großhandlung etwa die gleichen Aufgaben wahrnimmt wie die Zentrale der Genossenschaft.

Aus den anfänglich ziemlich locker gefügten Zusammenschlüssen im Handel, den **Genossenschaften** und den **Freiwilligen Ketten,** sind innerhalb kurzer Zeit mehr oder weniger straff geleitete Unternehmungen entstanden, wozu die bereits erwähnte Mitgliederselektion (weniger, aber größere Mitglieder) wesentlich beigetragen hat. Außer den bereits erwähnten C&C-Lägern werden an aussichtsreichen Standorten und in eigener Regie großhandelseigene Einzelhandelsbetriebe errichtet bzw. erworben (Regiebetriebe). Dadurch sind – ähnlich wie bei Filialunternehmungen – Groß- und Einzelhandelsstufe in einer Hand vereinigt.

Darüber hinaus führte der seit Jahrzehnten zu beobachtende **Ausleseprozeß im Handel** zu einer Reihe von Fusionen im Großhandel sowie zwischen Groß- und Einzelhandelsbetrieben. Die Zahl der Großunternehmungen im Großhandel, von denen es früher nur wenige gab, hat deshalb erheblich zugenommen. Im genossenschaftlichen Großhandel wird bewußt auf die Verschmelzung benachbarter Regional- und Lokalgenossenschaften hingearbeitet, um Beschaffungsmengen zu steigern, Lagerraum, Fahrzeugpark, EDV-Anlagen u.ä. besser auszunutzen und um einem leistungsfähigen Management bessere Entfaltungsmöglichkeiten zu verschaffen.

2.2.2.2.2. Der Einzelhandel

(1) Grundlagen

Noch stärker als der Großhandel hat sich in den Jahren nach dem Zweiten Weltkrieg der Einzelhandel verändert. Die Betriebsgrößen, vor allem die Verkaufsflächen sind mit der starken Ausdehnung der Sortimente gewachsen. Großunternehmungen und die auf freiwilliger Zusammenarbeit aufgebauten Gruppen konnten gegenüber den Kleinbetrieben erheblich an Boden gewinnen. Schließlich hat sich eine Reihe neuer Betriebsformen wie die Verbrauchermärkte und Selbstbedienungswarenhäuser herausgebildet. Die Investitionen je Beschäftigten erreichen hier mittlerweile ähnliche Dimensionen wie in der Industrie.

In der Bundesrepublik Deutschland gibt es rund 385000 steuerpflichtige Einzelhandelsunternehmen, die 1984 einen Jahresumsatz von rund 445 Mrd. DM erzielten. Insgesamt verdienen rund 2,45 Mio. Menschen ihren Lebensunterhalt in diesem Wirtschaftszweig. Das Ausmaß der hier herrschenden Konzentration kommt zunächst in der einfachen Relation zum Ausdruck, daß 1984 ca. 86% der Unternehmen nur gut 20% des gesamten Umsatzes auf sich vereinigten. Wie sich die Unternehmens- und Umsatzkonzentration in den letzten eineinhalb Jahrzehnten entwickelt hat, ist Tab. 5.3. und Abb. 5.3. zu entnehmen.

Bei diesen Vergleichen darf indessen nicht übersehen werden, daß die Umsatzsteuerstatistik die **Konzentration im Einzelhandel**, d.h. die Zusammenballung großer, wachsender Marktanteile in den Händen weniger, nicht voll zum Ausdruck bringt. Viele kleine und mittelgroße Betriebe gehören Gruppen an, wobei vor allem unter wettbewerbsrechtlichen Gesichtspunkten strittig ist, wie weit der Zusammenhalt entwickelt bzw. wie es um die Möglichkeit des einzelnen Mitglieds, von einer Gruppe zu einer anderen zu wechseln, bestellt ist. Die Aufgaben dieser kooperativen Gebilde erstrecken sich heute, wie mehrfach betont, über die ursprüngliche gemeinsame Warenbeschaffung hinaus auf eine Vielzahl von Dienstleistungen (sog. „full service", der den Mitgliedern angeboten wird). Der Wettbewerb im Handel wird daher oft als Gruppenwettbewerb bezeichnet.

Der für viele beunruhigende Auslese- und Konzentrationsprozeß dürfte sich aus einer Reihe von Gründen fortsetzen. Der Wettbewerb wird vor allem von kleinen Betrieben als besonders hart empfunden. Die daraus resultierenden zumeist nur noch bescheidenen Verdienstmöglichkeiten führen zu einem Mangel an Nachfolgern der vielfach überalterten Inhaber. Hinzu kommt, daß für den notwendigen Ausbau der Betriebe die finanziellen Mittel fehlen. Die Bereitschaft bzw. der Zwang zur Schließung von Kleinbetrieben wird durch diese Umstände teils ausgelöst, teils unterstützt. Manche kleinen ländlichen Gemeinden sind dadurch bereits ohne ein Lebensmittel- oder Gemischtwarengeschäft, was vor allem ältere Menschen ohne Pkw zuweilen in Bedrängnis bringt.

Angesichts der außerordentlichen Begrenztheit vieler lokaler Märkte, denen der Einzelhandel gegenübersteht, und der Mindestumsätze, die Großbetriebe erreichen müssen, wird indessen das Verkaufsstellennetz auch künftig kleine Einheiten umfassen. Selbst in den USA sind die sog. „neighbourhood stores" nicht verschwunden, sondern erfreuen sich in modernisierter Form wachsenden Verbraucherinteresses. Sie werden oft auch als **„convenience stores"** bezeichnet, weil sie – bei begrenztem Sortiment – leichten Zugang, lange Öffnungszeiten und viel Service bieten.

In neuerer Zeit läßt sich immer deutlicher erkennen, daß breite Konsumentenschichten **zwei Gruppen** von **Waren** unterscheiden: Auf der einen Seite hat es der Verbraucher mit den ihm bekannten problemlosen, **standardisierten Massengütern** zu tun, die ihm durch die Werbung nahegebracht werden und bei denen Qualitätsunterschiede häufig nur eine geringe Rolle spielen. Diese Waren will er preisgünstig einkaufen. Um des Preisvorteils willen ist er bereit, lange Wege zurückzulegen, relativ große Mengen abzunehmen, auf den sonst im Einzelhandel üblichen Service zu verzichten und sich mit einer nüchternen Atmosphäre der Verkaufsräume zufrieden zu geben. Als Bezugsquellen kommen hier für ihn in erster Linie Verbrauchermärkte, Discounter, SB-Warenhäuser sowie C & C-Läger, soweit sie den Einkauf von Endverbrauchern zulassen, in Betracht, die damit die Aufgabe typischer Billiganbieter erfüllen.

Auf der anderen Seite stehen die **Güter** des **individuellen Bedarfs,** die problemvollen Waren, die Prestigewert vermitteln oder als Statussymbole gelten. Dazu gehört auch der Bereich Mode. Hier erwartet der Verbraucher große Auswahl, Beratung, Service usw., also ein ganz anderes Leistungsbündel als im ersten Fall. Das Shopping in diesem Sinne wird heute auch als ein Freizeiterlebnis gewertet. Dies ist die Domäne des Fach- oder Spezialgeschäfts und der Warenhäuser. Verständlicherweise wird hier die Kaufentscheidung nicht ausschließlich vom Preis bestimmt.

(2) Verkaufsmethoden (Verkaufstechniken)
Noch mehr als der Großhandel ist der Einzelhandel durch einen Formenreichtum gekennzeichnet, der zu einer Unterscheidung nach Maßgabe von **Verkaufsmethoden** und **Betriebsformen** Anlaß gibt. Allerdings lassen sich dabei gewisse Überschneidungen nicht vermeiden, weil einzelne Betriebsformen, wie der Supermarkt oder der Warenautomat, in hohem Grade durch bestimmte Verkaufstechniken charakterisiert sind.

Die Vielzahl der Formen, die sich im Einzelhandel findet, ist Ausdruck verschiedener absatzpolitischer Konzeptionen, mit denen die Unternehmungen ihre Aufgaben erfüllen. Es geht dabei darum, den unterschiedlichen Wünschen der Verbraucher gerecht zu werden und sich zugleich von den Konkurrenten abzuheben.

Tabelle 5.3.: Unternehmens- und Umsatzkonzentration im Einzelhandel

Jahr	Größenklasse ... DM					Insgesamt
	bis 100 000	100 000 bis 250 000	250 000 bis 1 Mill.	1 Mill. bis 10 Mill.	mehr als 10 Mill.	
	Steuerbare Umsätze in Mill. DM[a]					
1962	12 116	21 251	25 596	20 031	27 159	106 153
1964	11 163	21 978	30 171	23 579	33 199	120 090
1966	9 954	22 084	36 618	28 852	42 510	140 018
1968	9 541	20 201	34 405	28 462	45 012	137 621
1970	7 846	19 815	42 200	39 658	60 397	169 916
1972	6 490	18 740	49 248	52 961	80 259	207 698
1974	5 452	17 272	53 084	64 254	96 210	236 272
1976	5 058	16 346	56 435	80 013	118 947	276 799
1978	4 894	15 725	59 366	93 309	139 824	313 118
1980	4 729	16 353	67 475	116 781	170 495	375 832
1982	4 848	16 141	68 280	122 753	189 982	402 002
1984	5 230	16 369	67 919	133 742	221 501	444 761
	Umsatzanteile in %[a]					
1962	11,4	20,0	24,1	18,9	25,6	100
1964	9,3	18,3	25,1	19,6	27,7	100
1966	7,1	15,8	26,1	20,6	30,4	100
1968	6,9	14,8	25,0	20,7	32,6	100
1970	4,6	11,7	24,8	23,3	35,6	100
1972	3,1	9,1	23,7	25,5	38,6	100
1974	2,3	7,3	22,5	27,2	40,7	100
1976	1,8	5,9	20,4	28,9	43,0	100
1978	1,6	5,0	19,0	29,8	44,6	100
1980	1,2	4,4	18,0	31,0	45,4	100
1982	1,2	4,0	16,9	30,5	47,2	100
1984	1,2	3,7	15,3	30,1	49,7	100

2. Zentrale Aktionsfelder der Distributionspolitik

Jahr	Größenklasse ... DM					Insgesamt
	bis 100 000	100 000 bis 250 000	250 000 bis 1 Mill.	1 Mill. bis 10 Mill.[b]	mehr als 10 Mill.	
	Anzahl der Unternehmen (absolut)[b]					
1962	239 863	135 469	60 729	8 610	515	445 186
1964	218 407	138 843	70 802	10 153	625	438 830
1966	193 416	138 269	83 790	12 426	764	428 665
1968	185 272	126 796	77 330	12 381	751	402 530
1970	150 274	122 159	91 966	17 031	1 052	382 482
1972	123 308	114 132	104 386	23 174	1 318	366 318
1974	101 839	104 043	109 781	28 833	1 467	345 963
1976	94 649	98 127	114 826	35 178	1 972	344 752
1978	92 423	94 030	119 272	40 568	2 401	348 694
1980	81 997	97 519	134 340	50 645	3 004	367 505
1982	84 790	96 250	135 446	53 284	3 186	372 956
1984	92 517	97 895	134 815	57 086	3 574	385 887
	Anzahl der Unternehmen in %[b]					
1962	53,9	30,4	13,7	1,9	0,1	100
1964	49,8	31,7	16,1	2,3	0,1	100
1966	45,1	32,3	19,5	2,9	0,2	100
1968	46,0	31,5	19,2	3,1	0,2	100
1970	39,3	31,9	24,0	4,5	0,3	100
1972	33,6	31,2	28,5	6,3	0,4	100
1974	29,5	30,1	31,7	8,3	0,4	100
1976	27,5	28,5	33,3	10,2	0,6	100
1978	26,5	27,0	34,2	11,6	0,7	100
1980	22,3	26,5	36,5	13,8	0,8	100
1982	22,7	25,8	36,3	14,4	0,8	100
1984	24,0	25,4	34,9	14,8	0,9	100

a) Ab 1968 ohne Mehrwertsteuer.
b) Bis 1966 Unternehmen mit Jahresumsätzen ab 12 500 DM, ab 1968 Unternehmen mit Jahresumsätzen ab 12 000 DM, ab 1980 Unternehmen mit Jahresumsätzen ab 20 000 DM.

Quelle: *Statistisches Bundesamt*, Finanzen und Steuern, Fachserie 14, Reihe 8.

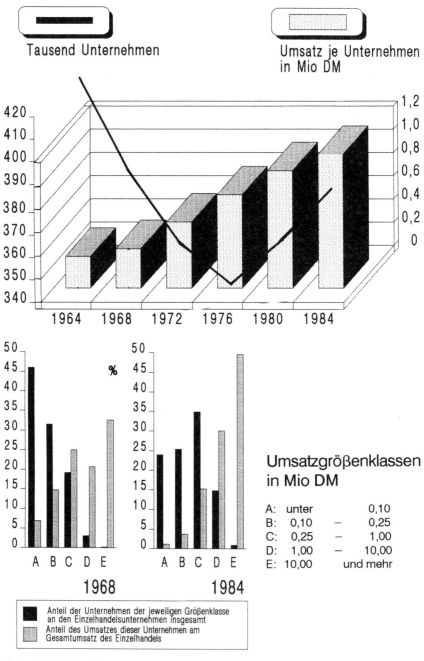

Abb. 5.3.: Unternehmens- und Umsatzkonzentration im Einzelhandel

2. Zentrale Aktionsfelder der Distributionspolitik

Bei den Verkaufsmethoden stellt sich zunächst die Frage, ob die Kunden von Verkaufskräften bedient werden, ob sie sich selbst bedienen oder ob von Zwischenformen zwischen Bedienung und Selbstbedienung, der Vor- oder Selbstwahl und Teilselbstbedienung, Gebrauch gemacht wird.

Wenngleich **Bedienung** und **Beratung** der Kunden zu den zentralen Aufgaben des Einzelhandels gehören und das **Verkaufsgespräch** beachtliche werbliche Effekte zu erzielen erlaubt, gewinnt seit dem Entstehen der Warenhäuser die Tendenz, die Ware für sich selbst sprechen und „sich selbst verkaufen" zu lassen, für die problemlosen Güter immer mehr an Bedeutung. Unabhängig von anderen Gründen liegt dies vor allem an den unablässig steigenden Personalkosten im Einzelhandel.

Der Verkauf nach den Katalogen der Versandhäuser und der Warenautomat stellten zusammen mit den ersten, noch primitiven Selbstbedienungsläden, die in den Vereinigten Staaten in Gestalt der „piggly wiggly stores" aufkamen, frühe Formen der Selbstbedienung dar. Ende der zwanziger, Anfang der dreißiger Jahre entschlossen sich Lebensmittelgroßhandlungen jenseits des Atlantiks, an letzte Verbraucher zu verkaufen, wenn diese bereit waren, auf den im Einzelhandel üblichen Service zu verzichten, sich also selbst zu bedienen, relativ große Warenmengen abzunehmen und bar zu zahlen.

Durch die **Selbstbedienung** will der Handel Arbeitskräfte einsparen, also die Produktivität der menschlichen Arbeit, die hier vorzugsweise am Umsatz je Beschäftigten gemessen wird, erhöhen und gleichzeitig die personalbedingten Betriebskosten senken. Auf diese Weise soll auch die Basis für eine aggressive Preispolitik geschaffen werden.

Die entscheidende Frage ist, ob diese Form des Warenangebotes vom Verbraucher akzeptiert wird. Selbstbedienung bedingt ohne Zweifel, daß die Übertragung von Handelsfunktionen auf den Käufer von diesem positiv aufgenommen und als Fortschritt bzw. Erleichterung empfunden wird. In der Tat hat die Selbstbedienung die Voraussetzungen sowohl für eine Beschleunigung der Einkaufstätigkeit der Verbraucher als auch für eine größere Beschaulichkeit geschaffen. Sie macht das immer reicher werdende Angebot überschaubar, führt aber auch zu Käufen, die der Verbraucher nicht beabsichtigt hatte, bevor er das Geschäft betrat (Impulskäufe).

Nicht ganz so eindrucksvoll wie die Erfolge der Selbstbedienungsläden nehmen sich die der **Warenautomaten** aus, obwohl sie durch die gesetzlich streng geregelten Ladenschlußzeiten begünstigt sind. Immerhin vermochten die sog. Innenautomaten (zur Versorgung von Belegschaftsmitgliedern, z. B. mit Getränken als Ergänzung zu oder Ersatz von Kantinen) relativ große Bedeutung zu erlangen. Als nachteilig für die Ausbreitung der Warenautomaten erweisen sich die dafür erforderlichen hohen Investitionen, die Störanfälligkeit der Apparate, die Kosten für Bestückung und Wartung, vor allem aber der Umstand, daß die

Zahl der Waren, die sich für diese Verkaufsform in bezug auf Größe (Format), Wert, Haltbarkeit, Häufigkeit des Bedarfs usw. eignen, begrenzt ist. Bisher hat der Automatenverkauf allein bei Zigaretten, die heute knapp zur Hälfte auf diese Weise abgesetzt werden, große Bedeutung erlangt.

Es geht hierbei aber nicht nur um die Art der Bedienung. Mit dem Mittel der Innenarchitektur bemüht man sich, eine **Atmosphäre** zu schaffen, die die Kunden möglichst lange im Geschäft hält. Dem liegt die Überzeugung zugrunde, daß sich mit zunehmender Aufenthaltsdauer die Zahl der Sichtkontakte mit verschiedenen Produkten erhöht und die Wahrscheinlichkeit, daß es zu (weiteren) **Impulskäufen** kommt, steigt.

Ganz auf dieser Ebene liegt auch die Vermutung, daß die einem Artikel zugewiesene **Regalfläche,** genauer: die Kontaktstrecke, die Kaufchancen erhöht (vgl. dazu *Cairns* 1963, S. 43). *Cox* (1970) konnte in einem Feldexperiment einen wahrnehmungstheoretisch an sich leicht erklärbaren „shelf space effect" nachweisen, allerdings nur für ein spezielles Produkt, das bereits einen hohen Grad an Akzeptanz erreicht hatte.

Die Vermutung, daß neben der Regalfläche auch die gewählte **Präsentationsebene** (Augen-, Griffhöhe, Bückzone) die Absatzlage beeinflusse, vermochten *Frank/Massy* (1970) in einem groß angelegten Experiment nicht generell zu bestätigen. Ihren Ergebnissen zufolge stimuliert die Präsentationshöhe nur in umsatzstarken Supermärkten die Verkaufszahlen, wobei sich bei einer Differenzierung nach Packungsgrößen ein völlig unerwarteter Effekt einstellte: Die unteren Regalebenen erwiesen sich für Kleinpackungen, die oberen für mittelgroße Packungen am wirkungsvollsten.

Curhan (1972) ging noch einen Schritt weiter und versuchte, nicht nur die **Existenz** eines **Regaleffektes** nachzuweisen, sondern auch noch dessen **Ausmaß** abzuschätzen. Seine Ergebnisse waren indessen, gemessen am Kriterium der Varianzaufklärung, überaus enttäuschend.

Spärlichkeit und Widersprüchlichkeit einschlägiger Befunde lassen es im Gegensatz zu *Leone/Schultz* (1980) also nicht als geraten erscheinen, die positive Regalflächenelastizität als Element gesicherten Marketing-Wissens zu inventarisieren.

Während die Plazierung von weitgehend selbstverkäuflichen Waren in Regalen die normale Darbietungsform darstellt, zielen **Zweitplazierungen** und **Sonderdisplays** darauf ab, die Aufmerksamkeit der Verbraucher auf ganz bestimmte Aktionsartikel zu lenken. Die Darbietung von Ware in sog. **Schütten** zählt zu den vielfältigen Möglichkeiten, im Wege der Präsentation optischer Schlüsselreize latente Konsumentenbedürfnisse zu aktivieren. Meist wird sie kombiniert mit Preisreduzierungen, was angeblich Absatzsteigerungen von bis zu 800% auslöst (vgl. dazu o. V., *Progressive Grocer* 1972; *Curhan* 1974; *Schober* 1976).

Zu den Merkwürdigkeiten auf diesem Gebiet zählt, daß Sonderdisplays differenzierte Preisnachlässe zu neutralisieren scheinen. Eine Preissenkung von 16% vermochte in einem Experiment von *Chevalier* (1975) nicht mehr als eine solche von 8% auszurichten (für weitere Details siehe *Beeskow* u.a. 1983, S. 648ff.).

Fast überhaupt nicht untersucht ist bisher die Wirkung von **Regallücken,** m.a.W. die Nichtverfügbarkeit bestimmter Artikel. In einer der wenigen Studien, die zu diesem Problemkreis durchgeführt wurden (vgl. *Friedrichs* 1976), zeigte sich, daß z.B. qualitätsbewußte Verbraucher eher dazu neigen, gegebenenfalls andere Geschäfte aufzusuchen, als den Kauf aufzuschieben oder auf eine andere Marke auszuweichen.

Hohe Marken- und **geringe Geschäftsstättentreue** können sowohl reaktanzals auch risikotheoretisch erklärt werden. Nach *Brehm* (1966) führt Produktknappheit bzw. ein unregelmäßiges Angebot zu einer Höherbewertung der blockierten Alternative und zu zusätzlichen Beschaffungsanstrengungen, um den gewünschten Artikel doch noch zu erhalten (siehe dazu auch *Clee/Wicklund* 1980). Voraussetzung dafür ist allerdings, daß die Nichterhältlichkeit des fraglichen Gutes als bedeutsame Einschränkung der Freiheit der Produktwahl empfunden wird.

Im übrigen stellt der Wechsel von einer wohlvertrauten zu einer unbekannten Marke für manch einen Käufer einen Risikofaktor dar, den er auszuschalten trachtet. Es ist indessen nicht auszuschließen, daß jemand vor dem Gedanken, die gewohnte Atmosphäre seines Stammgeschäftes zu Gunsten eines neuen, fremden Ladens aufgeben zu müssen, noch viel mehr zurückschreckt.

Immer mehr wird neuerdings das Zusammenspiel von **Verkaufstechnik** und **Ladengestaltung** gesehen. Um letztere kümmert sich – neben anderen Bezugsobjekten wie Wohnungen und Büros – ein neuer Zweig der Psychologie, die **Umweltpsychologie.** *Sommer/Aitkens* (1982) interessierten sich beispielsweise dafür, wie sich Kunden in Supermärkten zurechtfinden, und stellten dabei fest, daß sich diese vergleichsweise gut an die **Standorte** von **Artikeln** zu erinnern vermochten, für die eine **Randlage** typisch war. Dies deckt sich mit Befunden der allgemeinen Umweltpsychologie, nach denen die zentralen Bereiche einer Region in vergleichsweise geringerem Maße bemerkt werden und daher weniger verhaltenswirksam sind als periphere Bereiche (zu neueren umweltpsychologischen Ansätzen vgl. *Kroeber-Riel* 1984).

Eine andere wichtige Frage geht dahin, was eigentlich die so schwer faßbare **Ladenatmosphäre** ausmacht und wie diese das Einkaufsverhalten der Konsumenten beeinflußt. Erste Versuche, Licht in das Dunkel zu bringen, stammen von *Kotler* (1973), *Berman/Evans* (1979) und *Baumgartner* (1981), die jedoch alle über den Rang der Beschreibung nicht hinauskommen. Zu den wenigen Autoren, die sich um eine theoretische Fundierung bemühten, gehören *Donovan/Rossiter* (1982). Ihre Feststellungen laufen darauf hinaus, daß die emotionalen Eindrücke „**Vergnügen**" und „**Erregung**", die ein Laden vermittelt, sowie dessen **wahrgenommene Größe** vorrangig darüber bestimmen, wie lange sich Kunden in diesem aufhalten. Dies wiederum korreliert positiv mit deren Bereitschaft, dort mehr Geld als ursprünglich geplant auszugeben.

(3) Betriebsformen des Einzelhandels
(a) Die Dynamik der Betriebsformen

Es sind zahlreiche Versuche unternommen worden, die Erscheinungsformen des Einzelhandels systematisch zu gliedern. Ansatzpunkte dafür bieten so heterogene Kriterien wie Gestaltung der Sortimente, Größe der Betriebe, Art des Angebots (offene, feste Verkaufsstelle, nach Fahrplan verkehrendes Verkaufsauto, Versandhandel), Preispolitik, Umfang des Kundendienstes, den die Betriebe bieten, Standort, Finanzierung, Rechtsform und andere Kennzeichen (z. B. Verkauf von Neu- und Gebrauchtwaren). Dabei handelt es sich um absatzpolitisch bedeutsame Formen der Selbstdarstellung, die die Unternehmen wählen, um die Eigenart ihrer eigenen Leistung zu betonen (Ausdruck des Händler-Marketing).

Will man die Erscheinungsbilder des Einzelhandels nach diesen Kriterien gruppieren, so zeigt sich rasch die geringe Stabilität solcher Merkmale. Die Betriebsformen folgen einer bestimmten **Dynamik** und verändern damit zumindest teilweise ihre Struktur. Neue Betriebsformen als Inbegriff neuer unternehmenspolitischer, speziell absatzpolitischer Konzeptionen pflegen in aller Regel zunächst eine aggressive Preispolitik zu verfolgen. Sie bemühen sich, durch intensiven Preiswettbewerb die Aufmerksamkeit des Publikums zu erregen. Rascher Umschlag eines begrenzten Lagers, drastische Beschränkung der Nebenleistungen, hohe Produktivität der menschlichen Arbeit, damit niedrige Kosten und Spannen sollen die Voraussetzungen für eine aktive Preispolitik schaffen.

Doch wird diese Konzeption in aller Regel über kurz oder lang erheblich modifiziert; denn die Wirkung der Preispolitik beginnt allmählich zu erlahmen, weil sich viele Konkurrenten anpassen und im übrigen auch andere Elemente aus der Konzeption einer neuen Betriebsform übernehmen. Hinzu kommt, daß die Niedrigpreispolitik auf Grenzen stößt und ruinös zu werden droht, sobald die Zahl der Wettbewerber wächst, die sich gleichfalls einer aktiven Preispolitik verschreiben. In dieser Situation bemüht sich die neue Betriebsform, ihre Anziehungskraft durch verstärkten Einsatz anderer absatzpolitischer Instrumente zu erhalten (für eine detaillierte Darstellung der Dynamik der Betriebsformen siehe *Nieschlag/Kuhn* 1980).

Der Wechsel der absatzpolitischen Schwerpunkte, zu dem sich neue Betriebsformen geradezu gezwungen sehen, erschwert deren logisch einwandfreie Gliederung. Der Begriff Betriebsform kann deshalb nicht statisch definiert werden, sondern muß als Ausdruck einer bestimmten historischen Entwicklung (dynamisch) verstanden werden. Eine konkrete Betriebsform ist deshalb nicht nur das Ergebnis einer bestimmten Kombination von Unterscheidungsmerkma-

2. Zentrale Aktionsfelder der Distributionspolitik

len, die am Anfang steht, sondern auch zahlreicher Veränderungen, die sich aus der Heranziehung weiterer absatzpolitischer Instrumente (neben der Preispolitik) ergeben und die Anziehungskraft der Betriebe erhöhen sollen. Dieser Prozeß wird **Trading up** genannt.

Die Bezeichnungen für die verschiedenen Betriebsformen (wie z. B. **Warenhaus, Verbrauchermarkt, Discountgeschäft**) unterstreichen also stets ein dominierendes Merkmal, doch wandelt sich der Inhalt dieser Begriffe im Zeitablauf mehr oder minder stark. Ein modernes Warenhaus unterscheidet sich beispielsweise wesentlich von seinen Vorgängern um die Jahrhundertwende oder aus den zwanziger Jahren. Die Verbrauchermärkte sind in kurzer Zeit von der ursprünglich recht primitiven Form abgerückt und befinden sich auf dem Wege zum gepflegten Selbstbedienungswarenhaus.

In der folgenden Darstellung der Betriebsformen wird von den **Sortimenten** ausgegangen, weil diese am ehesten eine klare Unterscheidung ermöglichen. Demgegenüber sind in der der Abb. 5.4. zugrunde liegenden Einteilung mehrere Differenzierungskriterien verquickt.

(b) Der Fach- und Spezialhandel

Die fortschreitende Industrialisierung, die Entstehung neuer Industriezweige und die Differenzierung des Warenangebots führten zwangsläufig dazu, daß Großhandel und Einzelhandel die Sortimente in den vergangenen hundert Jahren fachlich, also nach Branchen, Warenarten und Warengruppen, ausrichteten **(Fachhandel)**.

Die Kraftfahrzeugindustrie, mit ihr die Treibstofferzeuger und die Reifenhersteller, die Elektro- und die Rundfunkindustrie machten, um nur einige Beispiele zu nennen, eigene, fachlich orientierte Handelszweige notwendig. Mit wachsender Warenfülle gliederten sich aus den Gemischtwaren-, Kolonialwaren-, Manufaktur- und Eisenwarengeschäften alten Stiles bestimmte Teilbereiche aus, wie z. B. die Kaffee-, Strumpf-, Handschuh- oder Porzellangeschäfte.

Waren die Händler auf der einen Seite darauf bedacht, den Verbrauchern einen möglichst vollständigen Überblick über das Warenangebot einer Branche zu vermitteln (Fachgeschäft), so wollten sich andere dadurch von ihren Konkurrenten abheben, daß sie auf einem Teilgebiet das Angebot vertieften und sich als Spezialisten in einem vergleichsweise kleinen Bereich auswiesen, soweit die Größe des Marktes, mit der die Anbieter rechnen konnten, eine solche Begrenzung des Sortiments überhaupt als zweckmäßig erscheinen ließ **(Spezialhandel)**.

So sind viele Jahrzehnte lang Fach- und Spezialgeschäfte mit den verschiedensten Sortimentsabstufungen und unter völlig uneinheitlichen Standortbedingungen entstanden. Strebten Einzelhandelsunternehmungen mit den Waren des täglichen Bedarfs in die Wohnbezirke und an den Weg zu den Arbeitsstätten der Berufstätigen, drängten die Händler mit den Waren des periodischen und aperiodischen Bedarfs (Kleidung, Möbel, Uhren und Schmuck) in die Kaufzentren der Städte mit ihren großen Möglichkeiten sowohl für eine Spezialisierung als auch für eine Ausweitung der Sortimente.

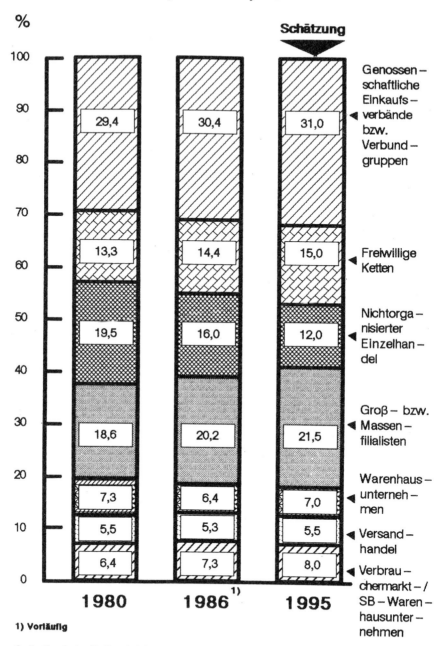

Abb. 5.4.: Umsatzbedeutung wichtiger Betriebsformen des deutschen Einzelhandels (in % vom Gesamtumsatz)

Auch zahlreiche **Filialunternehmungen** (z. B. im Einzelhandel mit Nahrungs- und Genußmitteln oder mit Bekleidung) haben den Gedanken der sortimentsmäßigen Spezialisierung aufgegriffen. Das Ziel, auf einem bestimmten Warengebiet besonders leistungsfähig zu sein, veranlaßte sie teilweise dazu, von sehr schmalen Sortimenten auszugehen, die sie später – ebenso wie fast alle anderen Spezialisten – zumeist stark ausweiteten. Ähnlich haben viele Versandhäuser ihre Entstehung und ihren Erfolg dem Umstand zu verdanken, daß sie eine Lücke im Warenangebot, eine Nische im Markt, erkannten und sich dementsprechend fachlich spezialisierten. Auch die Waren- und Kaufhäuser haben ihre Abteilungen – von wenigen Ausnahmen abgesehen – fachlich gegliedert.

Zum Fachhandel gehören auch die **Konsumgenossenschaften,** da sie sich hauptsächlich mit dem Vertrieb und zum Teil auch mit der Herstellung von Nahrungs- und Genußmitteln und verwandten Waren des täglichen Bedarfs befassen. Sie sind in der Frühzeit des Kapitalismus durch die Initiative von Verbrauchern entstanden. Industriearbeiter wollten ihre ungünstige wirtschaftliche und soziale Lage dadurch verbessern, daß sie selbst die Versorgung mit den wichtigsten Gütern in die Hand nahmen, wobei man sich anfangs auf die ehrenamtliche Arbeit der Mitglieder stützte. In einigen Ländern, vor allem in Skandinavien, haben die Konsumgenossenschaften große Bedeutung erlangt. In anderen sind ihnen in Filialunternehmungen leistungsfähige Konkurrenten erwachsen, mit denen sie in heftigem Wettbewerb stehen.

Man kann davon ausgehen, daß das Prinzip der branchenmäßigen Ausrichtung des Einzelhandels auch in Zukunft seine Bedeutung behalten wird. Damit sind wichtige Orientierungsmöglichkeiten sowohl für die Gestaltung der Handelssortimente als auch für die Verbraucher verbunden, die in zahlreichen Fällen ein fachlich gegliedertes, tief gestaffeltes Warenangebot suchen.

Neuerdings setzen sich im Handel in verstärktem Maße Fach- und Spezialgeschäfte eines ganz anderen Typs durch. Nicht mehr die branchenmäßige Orientierung bildet für sie das Kennzeichen, vielmehr sind die Betriebe bestrebt, einem bestimmten Sektor des Bedarfs der Verbraucher zu dienen. Typische Beispiele dafür stellen Sportgeschäfte, Einrichtungshäuser, Geschäfte, die „Alles für das Kind" oder „Alles für das Auto" anbieten, und nicht zuletzt Boutiquen auf dem Gebiete der Mode dar. Die Bedarfsorientierung der Handelssortimente weitet sich zu einer Gruppierung der Waren nach Erlebnisbereichen (wie Freizeit, Reisen, Bildung) aus.

In dieser sortimentspolitischen Konzeption ist eine neue Art fachlicher Orientierung zu erblicken, die nicht mehr an der Ware oder Branche, sondern am Bedarf anknüpft. Von den Gegnern dieses Konzepts wird darin ein Trend zur Branchenverwischung und Entspezialisierung des Handels abgeleitet, der der Verschärfung der Konkurrenz eines jeden gegen jeden weiteren Auftrieb gibt.

(c) Der Gemischtwarenhandel

Zum **Gemischtwarenhandel** rechnet man seit alters her zunächst das sog. ländliche Gemischtwarengeschäft, das in Dörfern und Kleinstädten zu finden ist, Waren aus verschiedenen Branchen (neben Lebensmitteln auch Textilien, Hausrat, Schreibwaren und dgl.) führt und sich vielfach (vor allem in Österreich) als **Kaufhaus** bezeichnet. Dieser Typ befindet sich im Rückgang, da überall moderne Geschäfte vordringen.

Als die eigentlichen Repräsentanten des Gemischtwarenhandels gelten die **Warenhäuser** und die **Kleinpreisgeschäfte**. Später sind die **Versandhäuser** mit gemischtem Sortiment, die **Supermärkte, Verbrauchermärkte** und **SB-Warenhäuser** hinzugekommen, die neben Nahrungs- und Genußmitteln in größerem Umfange andere Waren führen und sich auf ein warenhausähnliches Sortiment hinbewegen.

Die **Warenhäuser** sind eine typische Erscheinung des städtischen Einzelhandels. Als Standorte haben sie früher vorzugsweise die Stadtkerne oder die Mittelpunkte der Vorstädte, von denen die Großstädte umgeben sind, gewählt. An diesen Stellen bildeten sie die Keimzellen bedeutender Kaufzentren.

Nach dem Zweiten Weltkrieg haben die deutschen Warenhausunternehmungen auch in kleineren Städten Niederlassungen errichtet, was nach Aufhebung diskriminierender gesetzlicher Bestimmungen und angesichts des raschen Bevölkerungs- und Kaufkraftwachstums dieser Städte und ihrer Einzugsgebiete nahelag. Daneben hat die Neigung der Warenhauskonzerne, sich an modernen Einkaufszentren zu beteiligen, die an der Peripherie oder außerhalb der Städte aufkamen, zugenommen.

Die **Warenhäuser** bieten heute ein Sortiment an, das sich auf nahezu alle Waren, in Einzelfällen auf weit über 100000 Artikel erstreckt. Die Zusammenfassung des Warenangebotes unter einem Dach und dessen geschickte Präsentation üben nach wie vor eine starke Anziehungskraft auf große Teile der Bevölkerung aus. Die aggressive Preispolitik, die früher von den meisten Warenhausunternehmungen verfolgt wurde, ist dabei zu Gunsten anderer absatzpolitischer Schwerpunkte (große Auswahlmöglichkeiten, Kreditgewährung, sonstige Kundendienste etc.) zurückgetreten.

Den Kern des Warenhausumsatzes bilden noch immer Textilien und Bekleidung, wenngleich die Sektoren Hartwaren sowie Nahrungs- und Genußmittel in den letzten Jahren an Bedeutung gewonnen haben.

In den vergangenen Jahrzehnten kam es auch zur Gründung einiger **Gemeinschaftswarenhäuser**. Dabei handelt es sich um warenhausähnliche Betriebe, deren Abteilungen von selbständigen Händlern geführt werden, und zwar nach einem einheitlichen Konzept, so daß sich die Kunden dieses Spezifikums normalerweise überhaupt nicht bewußt werden. Die in der Bundesrepublik Deutschland durchgeführten Versuche scheiterten fast alle an der mangelnden Bereitschaft der Beteiligten, eine für alle verbindliche unternehmungspolitische Konzeption zu akzeptieren und an deren Realisation mitzuwirken. Immerhin ist es in Schweden durch geeignete vertragliche Abmachungen und geschickte Leitung in einigen Fällen gelungen, dieser Schwierigkeiten Herr zu werden.

Als **Kaufhäuser** werden den Warenhäusern verwandte Einzelhandelsbetriebe bezeichnet, die sich von ihren größeren Konkurrenten vor allem darin unterscheiden, daß ihre Sortimente nicht ebenso umfassend sind. Deren Hauptgewicht liegt auf Textilien, Bekleidung und Einrichtungsgegenständen, während Lebensmittelabteilungen fehlen.

Die **Kleinpreisgeschäfte** oder **Juniorwarenhäuser** sind aus den Einheitspreisgeschäften entstanden, die ursprünglich nur Waren weniger Preisstufen (in den USA 5 und 10 cts, in Deutschland 0,10, 0,25, 0,50, 1,- RM) führten, wobei freilich zu bedenken ist, daß vor und nach dem Ersten Weltkrieg das Preisniveau unvergleichlich niedriger war. Diese Einengung des eigenen Handlungsspielraums erwies sich indessen auf Dauer als nicht tragfähig und mußte einer flexibleren Preis- und Sortimentspolitik weichen.

Die **Versandhäuser** haben nach dem Zweiten Weltkrieg einen geradezu ungestümen Aufschwung erlebt. Mehr noch als in anderen Ländern sind in Deutschland Großunternehmungen *(Großversandhaus Quelle, Otto Versand, Neckermann Versand)* entstanden, die die Sortimente auf einen warenhausähnlichen Umfang erweiterten und zum Teil auch Dienstleistungen (z.B. Touristik und Versicherungen) in ihr Angebot einbezogen. Ein weiteres wichtiges Kennzeichen der Absatzpolitik der bedeutenden Unternehmungen des **Versandhandels** war die Errichtung von offenen Verkaufsstellen (Waren- und Kaufhäuser, Spezialgeschäfte, Bestellkontore und dgl.), in denen zuweilen mehr umgesetzt wurde als im Wege des Versands.

Der reine **Versandhandel** unterbreitet seine Angebote entweder auf schriftlichem Wege, vor allem mit Hilfe von Katalogen, oder er bedient sich dazu eines Stabes von sog. Vertretern im Nebenberuf und Sammelbestellern. Auf diese Weise wird versucht, die Geschäftsbeziehungen zwischen dem Versandhaus und seinen Kunden zu festigen und ihnen eine persönliche Note zu geben. Ein nicht unbeachtlicher Teil des Umsatzes wird neuerdings auch bereits über das Bildschirmtext-System erzielt.

Neben den großen **Versandhäusern** gibt es eine stattliche Zahl kleiner Versender, deren Sortimente häufig stark spezialisiert sind, was für den deutschen Versandhandel bis zu Beginn der fünfziger Jahre schlechthin galt. Die Schwierigkeiten und die hohen Kosten, denen die Gewinnung neuer Kunden begegnet, führen jedoch mit einer gewissen Zwangsläufigkeit zu einer Politik, die darauf abzielt, durch Verbreiterung der Sortimente die Bestellungen zu vergrößern und den Umsatz je Kunden zu erhöhen.

Der große Erfolg der Versandhäuser wird immer wieder der Preiswürdigkeit und der Bequemlichkeit des Einkaufs, verbunden mit der großen Auswahl, zugeschrieben. Diesen Vorteilen steht die Schwierigkeit gegenüber, daß Interessenten die Waren vor dem Kauf weder besichtigen noch prüfen können. Auch die Zusicherung, daß alle Wünsche auf Umtausch oder Rücknahme der gelieferten Artikel weit über das gesetzlich vorgeschriebene Maß hinaus erfüllt werden, hat daran nicht viel zu ändern vermocht. Mit der – bereits erwähnten – Errichtung offener Verkaufsstellen und der Einschaltung von Vertretern und Sammelbestellern wollte man diese strukturellen Nachteile zumindest zum Teil abbauen.

Bei den **Supermärkten** handelt es sich um große Selbstbedienungsläden (mit einer Verkaufsfläche von mindestens 400 qm), die dadurch charakterisiert sind, daß sie neben einem vollen Lebensmittelsortiment auch andere Waren des täglichen Bedarfs (Non Foods) führen, die in den Einkaufsbereich der Hausfrau gehören und als nicht beratungsbedürftig angesehen werden.

Um dem verstärkten Wunsch der Konsumenten nach bequemeren Einkaufsmöglichkeiten Rechnung zu tragen („one stop shopping"), werden nicht nur im Warenhaus, sondern auch im Supermarkt viele Spezialsortimente unter einem Dach zusammengefaßt. Die Supermärkte haben das Nahrungs- und Genußmittelangebot, das sich in den Jahrzehnten zuvor, zumindest in den Städten, auf viele Spezialgeschäftstypen aufgespalten hatte, wieder zusammengefaßt.

Für die Entscheidung über die Ausweitung der Sortimente waren teils kalkulatorische, teils absatzwirtschaftliche Erwägungen maßgebend gewesen. Die Spannen der Nahrungs- und Genußmittel sind durch den Preiswettbewerb zum Teil so stark zusammengeschrumpft, daß ein Ausgleich durch andere Waren, die vergleichsweise hohe Spannen „abwerfen", unabdingbar erschien (Haushaltswaren, Textilwaren und Bekleidung, Elektroartikel, Spielzeug, Schreibwaren, Bücher usw.). Aus absatzwirtschaftlicher Sicht war für die Eingliederung von Non Foods in die Sortimente der Supermärkte das Bemühen, die Anziehungskraft der Betriebe zu erhöhen und dem Publikum den Einkauf zu erleichtern, maßgebend.

Die **Verbrauchermärkte** (mindestens 1000 qm Verkaufsfläche) und die aus ihnen hervorgegangenen **SB-Warenhäuser** (mindestens 3000 qm Verkaufsfläche) stellen zusammen mit den Fachmärkten die jüngsten Glieder in der Entwicklungsreihe der Betriebsformen des Einzelhandels dar. Sie führen in der Regel ein warenhausähnliches Sortiment mit Nahrungs- und Genußmitteln als Kern. Allerdings hat diese Warengruppe hier im allgemeinen einen niedrigeren Anteil als im Supermarkt. Je größer die Verbrauchermärkte und SB-Warenhäuser sind, um so kleiner ist der Anteil der Nahrungs- und Genußmittel am Umsatz; in Betrieben mit einer Verkaufsfläche von 5000 qm und mehr beläuft er sich in der Regel auf nur noch ca. 25%.

Weiterhin unterscheiden sich beide von den Supermärkten dadurch, daß sie sich – ähnlich allen neuen Betriebsformen – bevorzugt des Preises als Wettbewerbsparameter bedienen und von anderen absatzpolitischen Instrumenten nur vergleichsweise geringen Gebrauch machen. Als Standorte dominieren Randlagen der Städte und Ballungsräume, die sich durch niedrige Grundstückspreise und günstige Verkehrsverhältnisse auszeichnen, vor allem aber den von vielen Fachleuten als überaus restriktiv empfundenen Regelungen des § 11 Abs. 3 der *Baunutzungsverordnung* („Verbrauchermarktbremse") Rechnung tragen.

Zwischen Fachgeschäft auf der einen und Verbrauchermarkt auf der anderen Seite angesiedelt sind die **Fachmärkte,** die im ewigen Auf und Ab des Handels das (Sortiments-)Rad ein Stück weiterdrehen und im übrigen eine Konsequenz des erwähnten § 11 Abs. 3 *BauNVO* sind. Hinsichtlich Standort, äußerem Erscheinungsbild, Preisniveau und – mit Einschränkungen – Größe sind sie Verbrauchermärkten ähnlich, während sie sich sortimentsmäßig Fachgeschäften annähern. Die markantesten Beispiele für diesen zunehmend an Popularität gewinnenden Geschäftstyp sind Baumärkte, Drogeriemärkte und Garten Center.

Eine Sonderstellung im Rahmen dieses Katalogs von Betriebsformen nehmen die **Einkaufszentren** (Shopping Centers) ein. Zu den gewachsenen Einkaufszentren, die in vielen Jahrzehnten, wenn nicht Jahrhunderten, an den Marktplätzen und Hauptstraßen der Städte und Dörfer entstanden waren, sind in der Zeit nach dem Zweiten Weltkrieg die geplanten Einkaufszentren oder Shopping Centers getreten, die im Zuge der Errichtung neuer vorstädtischer Siedlungen oder neuer Städte zuerst in den USA aufkamen.

Die Investitionen, die moderne Einzelhandelsbetriebe erfordern, und die damit verbundenen Risiken machen eingehende Untersuchungen über Zahl, Standort und Größe der Betriebe erforderlich, die in den Einkaufszentren gebraucht werden, um einerseits die Versorgung der Haushaltungen und den Wettbewerb zu sichern und andererseits eine unzureichende Ausnutzung der Kapazitäten zu vermeiden. Dabei sind nicht nur die voraussichtliche Zahl, Zusammensetzung, Einkommensverhältnisse, Einkaufs- und Verbrauchsgewohnheiten der Bewohner eines Gebietes, sondern schon auf Grund der einschlägigen baurechtlichen Bestimmungen auch die Anziehungskraft bzw. Überlebensfähigkeit benachbarter Einkaufsgelegenheiten in die Überlegungen einzubeziehen.

Häufig hat sich zwischen den Einkaufszentren von Satellitenstädten und der City eine Art Arbeitsteilung durchgesetzt. In ersteren sind die Waren des täglichen Bedarfs und eines Teiles des periodischen Bedarfs in angemessener Auswahl zu finden. Die City dagegen nimmt für sich in Anspruch, daß die Verbraucher hier mit dem denkbar breitesten Angebot an Waren und Dienstleistungen und allen sonstigen Reizen konfrontiert werden, die für die Entstehung eines Einkaufserlebnisses Voraussetzung sind.

(4) Determinanten der Wahl der Einkaufsstätte

Wesentliche Dimensionen einer Typologie von Erscheinungsformen des Einzelhandels sind, wie wir sahen, u. a. Sortimentsbreite und -tiefe, Bedienungsform, Art der Warenarbietung, Größe der Verkaufsfläche und Umfang der gebotenen Nebenleistungen. Erst verhältnismäßig spät ist indessen in der Fachliteratur der **subjektiven Bewertung** von Betrieben explizit Bedeutung für deren Erfolg beigemessen worden.

Martineau (1958) wies als einer der ersten darauf hin, daß Geschäfte nicht nur unter funktionalen, sondern auch unter marktpsychologischen Gesichtspunkten zu betrachten sind. Gemeint ist damit vor allem das Phänomen **Image**.

Johannsen (1967, S. 10) definiert **Image** als die Gesamtheit aller Einstellungen, Kenntnisse, Erfahrungen, Wünsche, Gefühle usw., die mit einem bestimmten Meinungsgegenstand verbunden sind. Ein wesentlicher Unterschied zur **Einstellung,** die ebenso wie das Konstrukt Image aus kognitiven, gefühlsmäßigen und motivationalen Komponenten besteht, ist die **ganzheitliche Charakterisierung** des Bezugsobjektes. Das Image vereint also u.a. alle als relevant erachteten Einstellungsdimensionen in sich. Ein weiterer Unterschied liegt im

Ausmaß des **Handlungsanreizes.** Einstellungen gegenüber sozialen Objekten rufen Handlungsabsicht hervor, während bei Images dafür der Vergleich mit rivalisierenden Objekten erforderlich ist. Schließlich besitzen Einstellungen eine **größere Änderungsresistenz** als Images, da erstere in stärkerem Maße mit Grundwerten verbunden sind.

Im Gegensatz zur Produkt- und Werbemittel-Forschung hat sich der ganzheitspsychologische Ansatz hier noch nicht durchsetzen können, wenngleich es dazu vielversprechende Ansätze gibt (vgl. z. B. *Diller/Schobert* 1978; *Doyle/Fenwyck* 1974). Die Bevorzugung einer elementaristischen Vorgehensweise dürfte vor allem an der größeren Operationalität und der daraus folgenden besseren Umsetzbarkeit von Forschungsergebnissen in absatzpolitische Aktionen liegen. Man weiß so leichter, wo der Hebel anzusetzen ist.

Das Geschäftsimage setzt sich aus zwei sich überlagernden Elementen zusammen, dem **Erscheinungsbild** der jeweiligen **Betriebsform** und wahrgenommenen **Spezifika** eines bestimmten **Betriebes.** *Lindquist* (1974) konnte durch Auswertung von 23 Imagestudien nicht weniger als 31 empirisch überprüfte Attribute von Geschäften identifizieren (siehe dazu Tab. 5.4.).

Anfänglich diente die Erforschung von Geschäftsimages lediglich deskriptiven Zwecken. Für das Marketing interessanter indessen ist die Frage, inwiefern die Images von Geschäften die **Einkaufsstättenwahl** beeinflussen. Ein Versuch dazu, der von *Schiffman/Dash/Dillon* (1977) unternommen wurde, ergab, daß diese durch wenige auf das Geschäft bezogene Imagemerkmale, ohne einschränkende Bedingungen zu setzen, nicht zufriedenstellend erklärbar ist. Wie *Cardozo* (1974) gezeigt hat, erhält man bei einer nach Warenbereichen differenzierten Analyse wesentlich bessere Ergebnisse. Gleichwohl ist die Gefahr nach wie vor groß, **Artefakte** zu produzieren, wenn man etwa mit **standardisierten Itemkatalogen** arbeitet und eine relativ große Zahl von **Objekten** in die Analyse einbezieht (vgl. *Beeskow/Finck* 1979).

Eine wichtige Fehlerquelle besteht darin, daß die individuelle Präferenz für ein bestimmtes Geschäft auch vom Grad der Korrespondenz zwischen dem **Image** des **Bezugsobjekts** und dem **Selbstimage** abhängt. *Stern/Bush/Hair* (1977) überprüften dazu einige einschlägige Hypothesen mit dem Ergebnis, daß sich zwischen dem realen Selbstimage von Probanden und dem Image der von diesen aufgesuchten Geschäfte hohe Übereinstimmung zeigte (und umgekehrt).

Ein weiteres Korrektiv liegt in der Vorstellung, daß Konsumenten einzelnen Geschäften ganz bestimmte **Kundenschichten** zuordnen und mit ihrem **Selbstbild** vergleichen. Beispielsweise ist die Ehefrau eines Bankdirektors jahrelang zufriedene Kundin einer Boutique, bis sie eines Tages bemerkt, daß sich dort auch ihre Haushaltshilfe einkleidet. In einer Studie von *Marcus* (1972) wurden sechs Warenhausketten mit zum Teil stark divergierender Angebotspolitik überaus klar sieben Frauentypen zugeordnet, die sich in ihrem sozialen Status eindeutig unterschieden.

Eine modifizierende Wirkung geht im übrigen auch vom **Erscheinungsbild** des **Verkaufspersonals** aus. Es stellt sich mithin die Frage, ob das Verkaufspersonal

Tabelle 5.4.:

Attributebereiche von Geschäftsimages und diesen subsumierte Einzelattribute

Attributebereiche	Einzelattribute
Ware	– Qualität – Auswahl bzw. Sortimentsbreite – Gestaltung bzw. Mode – Garantie – Preis
Dienst am Kunden	– Kundendienst – Bedienung durch Verkaufspersonal – Selbstbedienung – Warenrückgabe – Warenzustellung – Kundenkredit – Telefonbestellung
Kundenkreis	– Zugehörigkeit zu sozialen Klassen – Übereinstimmung mit dem Selbstimage – Geschäftspersonal
Einrichtung	– Geschäftsgestaltung – Einkaufsbequemlichkeit (z.B. Aufzüge, Temperatur, Licht, Waschräume) – Architektur (z.B. Anordnung von Gängen und deren Breite, Teppiche)
Bequemlichkeit	– Räumliche Nähe – Parken
Werbeaktivitäten	– Verkaufsförderung – Werbung – Warendarbietung – Rabattmarken – Symbole und Farben
Geschäftsatmosphäre	– Atmosphäre – Angemessenheit
Institution	– Modernität – Ruf – Glaubwürdigkeit
Nach-Kauf	– Nach-Kauf-Zufriedenheit

Quelle: In Anlehnung an *Lindquist* 1974, S. 33 f.

den Käufern ähnlich sein soll oder nicht. Sie basiert auf der These *Homans* (1961), daß ähnliche Lebensumstände zu vergleichbaren Werthaltungen führen. *Evans* (1963) vermochte dies für Versicherungsvertreter eindeutig zu bestätigen, da die Wahrscheinlichkeit eines Vertragsabschlusses dadurch beträchtlich anstieg. *McCarthy* (1971) zog daraus den Schluß, daß ein Einzelhändler unbedingt seine **Zielgruppe(n)** kennen müsse, um geeignete Verkäufer(innen) auswählen zu können. *Churchill/Collins/Strang* (1975) konnten die Behauptung, daß eine Ähnlichkeit der Interaktionspartner das Kaufverhalten positiv beeinflusse, allenfalls tendenziell bestätigen.

Obwohl das Verhältnis von **Geschäfts-** zu **Produktimage** eine zentrale Fragestellung marktpsychologischer Forschung verkörpern sollte, sind dazu bislang kaum Studien durchgeführt worden. *Meyer* (1965) weist, gestützt auf eine Reihe von eigenen Auftragsstudien, darauf hin, daß das Image der Einkaufsstätte bei Marken mit eindeutigem psychologischen Profil von zweitrangiger Bedeutung ist, solange ein Käufer sicher ist, „seine" Marke zu erhalten. Umgekehrt schiebt sich das Geschäft um so mehr in den Vordergrund, je weniger von einer „Markenpersönlichkeit" zu sehen ist.

Eine letzte hier zu besprechende Bestimmungsgröße der Wahl der Einkaufsstätte verkörpert das **Einkaufsrisiko,** das Verbraucher mit einzelnen Geschäften assoziieren. Dieses ist zumindest zweischichtig: Eine Dimension verkörpert das **Kontakt-,** die andere das **Produktrisiko.** *Hefner* (1978) hat z. B. festgestellt, daß in der Bundesrepublik Deutschland lebende Ausländer, soweit sie Sprachprobleme haben, beim Kauf größerer elektrischer Geräte Warenhäuser und Selbstbedienungsgeschäfte bevorzugen, da diese ein größeres Maß an Anonymität gewährleisten und die Angst vor Vorurteilen und diskriminierender Behandlung verringern. Es ist zu vermuten, daß auch bei Deutschen Artikulationsvermögen und Selbstwertgefühl eine Vorliebe für bestimmte Betriebsformen bzw. Geschäfte entstehen lassen.

Dash/Schiffman/Berenson (1976) berichten davon, daß sich z. B. Kunden von Fachgeschäften selbstbewußter geben, ein geringeres Kaufrisiko wahrnehmen und die Breite des Angebots für wichtiger halten als die Clientèle von Kaufhäusern. Ähnlich fanden *Hisrich/Dornoff/Kernan* (1972) heraus, daß die Höhe des einem Geschäft zugeschriebenen Risikos mit dem Selbstvertrauen tendenziell negativ und mit der Informationssuche positiv korreliert.

Bei all diesen Befunden stellt sich die Frage, wie sie zu erklären sind. Weshalb z. B. gilt ein Geschäft als wenig vertrauenerweckend, weshalb ist dort ein Einkauf riskant? Liegt es an der nachlässigen Preisauszeichnung, den aufdringlichen Verkaufskräften, an dem wenig ansprechenden Angebot? Aus der Sicht des Managements sind solche Sachverhalte von großer Bedeutung, weil die Käufer dabei Vergleiche mit Konkurrenten und mit ihrem eigenen **Anspruchsniveau** anstellen.

Die emotionalen und die kognitiven Komponenten eines Image verschmelzen dabei derart, daß das Geschäft nur noch einen Punkt in einem n-dimensionalen Raum verkörpert. Je stärker nun die Vorstellungen eines Konsumenten darüber, wie ein Geschäft sein sollte, mit dem Meinungsbild davon übereinstimmen, desto geringer sind die psychologischen Widerstände, dort einzukaufen. Als ganz entscheidend erweist sich somit die relative Position eines Geschäftes zu konkurrierenden Betrieben und zu vorhandenen Idealbildern (vgl. dazu auch *Trommsdorff* 1975).

Es wäre sicherlich ein Fehler, den Einfluß gewisser objektiver Gegebenheiten wie z. B. räumliche Nähe eines Geschäftes, Bedürfnisdruck, Zeitbudget und Einkaufsmobilität auf die Wahl der Einkaufsstätte zu vernachlässigen (vgl. dazu auch *Steffenhagen* 1978, S. 116). Darauf aber vermag der einzelne Betrieb nicht einzuwirken.

2.2.2.3. Die Marktveranstaltungen

Die Darstellung der Leistungsträger der Distribution wäre nicht komplett ohne die sog. Marktveranstaltungen, die für den Absatz und die Beschaffung auf bestimmten Warengebieten von großer Bedeutung sind. Solche Einrichtungen stellen institutionalisierte Gelegenheiten für die Gewinnung von Informationen über die Marktlage, für die Herstellung und Pflege von Kontakten zu Abnehmern und Lieferanten sowie für die Anbahnung und den Abschluß von Geschäften dar.

Kraft dieser Eigenschaft verkörpern sie eine zeitliche und örtliche Konzentration von Angebot und Nachfrage. Allerdings können sich die Unternehmungen nicht allein auf diese Veranstaltungen stützen, um die Kontinuität des Absatzes und der Beschaffung zu sichern, sondern sie müssen noch zahlreiche andere Maßnahmen ergreifen, um dieses Ziel zu erreichen; denn die meisten Marktveranstaltungen finden nur in großen zeitlichen Abständen statt.

Für verschiedene Waren und Warengruppen haben sich den jeweiligen Erfordernissen entsprechende Marktveranstaltungen und in Verbindung damit bestimmte, teilweise sehr streng geregelte Formen des Geschäftsverkehrs entwickelt, die oft nur die Teilnahme eines begrenzten Personen- und Firmenkreises an diesen Veranstaltungen erlauben.

(1) Marktveranstaltungen, die sich an Verbraucher wenden, sind außer den **Kleinhandelsmessen** und **Jahrmärkten,** die im Laufe der Zeit stark an Bedeutung verloren haben, die **Wochen-** und **Tagesmärkte,** vor allem für Nahrungsmittel, auf denen heute mehr die Händler als die Erzeuger (Bauern, Gärtner) ihre Waren anbieten. In manchen Großstädten finden diese Märkte nicht mehr ausschließlich unter freiem Himmel, sondern in Markthallen statt.

(2) Diese Märkte dürfen nicht mit den **Großmärkten** verwechselt werden, die dem „Großverkehr", also dem Absatz von landwirtschaftlichen Erzeugergenossenschaften, Importeuren und Großhändlern an nachgeordnete Großhändler, Einzelhändler, Großverbraucher, Verarbeiter usw. dienen. Gehandelt werden dort vor allem einheimisches Obst, Gemüse, Südfrüchte, Seefische und Blumen, also vorzugsweise leicht verderbliche Waren.

Diese Großmärkte, auf denen Geschäfte teils **freihändig,** teils im Wege von Versteigerungen – **auf Aufstrich** oder **auf Abstrich (Veiling)** – abgeschlossen werden, sind häufig gleichfalls in Markthallen lokalisiert. Verbraucher können auf den Großmärkten mitunter gegen Ende der Marktzeiten einkaufen, sofern sie bestimmte Mindestmengen (bei Obst z. B. ganze Steigen) abnehmen.

(3) Die wohl wichtigsten und bekanntesten Marktveranstaltungen sind die **Mustermessen** für industrielle und handwerkliche Fertigwaren. Lange Zeit waren sie auf Konsumgüter beschränkt. Seit einigen Jahrzehnten umfassen sie auch Investitionsgüter, vor allem Maschinen (Technische oder Industrie-Messen).

In Übereinstimmung mit dem *AUMA, dem Ausstellungs- und Messeausschuß der deutschen Wirtschaft,* einem Koordinationsorgan für das nationale und internationale Messe- und Ausstellungswesen, das von den Spitzenorganisationen der deutschen Wirtschaft getragen wird und mit den zuständigen Behörden zusammenarbeitet, können Messen als zeitlich begrenzte Veranstaltungen mit Marktcharakter definiert werden, die ein umfassendes Angebot eines oder mehrerer Wirtschaftszweige zeigen. Sie finden im allgemeinen in regelmäßigem Turnus am selben Ort statt. Auf Messen wird auf Grund von Mustern für den Wiederverkauf oder für gewerbliche Verwendung verkauft. Der Zutritt zur Messe ist grundsätzlich Fachbesuchern vorbehalten.

Wegen der Überfülle des Warenangebotes in Industrieländern haben dort die Allgemeinen Mustermessen, die das gesamte Warenangebot eines Landes zeigen, an Bedeutung verloren. An ihre Stelle sind **spezialisierte Messen** (Einbranchen- und Mehrbranchenmessen) getreten, die teils branchen-, teils bedarfsorientiert sind (Lederwaren, Spielzeug, Sport- und Campingartikel sowie Gartenmöbel usw.). Die Veranstalter achten dabei darauf, das Programm dieser Veranstaltungen so abzugrenzen, daß es in möglichst vollkommener Weise den Bedürfnissen eines weitgehend geschlossenen Kreises von Anbietenden und Nachfragenden entspricht, so daß jeder, der diesem Kreis angehört, im besten Falle nur eine Veranstaltung zu beschicken bzw. zu besuchen braucht, um die nötigen Informationen zu finden und Kontakte herzustellen.

Große Bedeutung haben die Messen für den Außenhandel. Die Messewerbung ist bemüht, Ausländer zum Besuch inländischer Veranstaltungen zu veranlassen. Nicht weniger wichtig ist die Beteiligung der inländischen Industrie an ausländischen Messen.

(4) **Exportmusterschauen,** teils im Inland, teils im Ausland – häufig mit wechselndem Standort – unterhalten, verfolgen im Prinzip ähnliche Ziele wie die Messen: Man versucht damit vor allem, Kontakte zum Ausland zu pflegen und Interessenten einen umfassenden oder auch fachlich begrenzten Überblick über das Warenangebot zu bieten.

(5) Messeähnliche Veranstaltungen führen Warenhausunternehmungen, Einkaufsgenossenschaften, Freiwillige Ketten usw. durch, indem sie ausgewählte Hersteller auffordern, sich an sog. **Musterungen, Submissionen** oder **Einkaufsbörsen** zu beteiligen.

Diese Veranstaltungen sollen den Einkäufern Gelegenheit geben, aus einem bewußt begrenzten, auf den speziellen Bedarf ausgerichteten Angebot auszuwählen. (Den Mustern der Hersteller fehlt oft die Herkunftsbezeichnung, wodurch die Einkaufsentscheidungen objektiviert werden sollen.)

(6) Im Gegensatz zu den Messen wenden sich die **Ausstellungen,** unter denen die Weltausstellungen die bekanntesten sind, an die breite Öffentlichkeit (z. B. Hygiene-Ausstellung) oder an Fachkreise (z. B. Bau-Ausstellung). Sie finden im allgemeinen nicht regelmäßig und nicht am gleichen Ort statt. Mit Ausstellungen will man informieren, aufklären, belehren und werben, doch kommt es auch zu Warenverkäufen.

Allerdings werden die Begriffe **Messe** und **Ausstellung** nicht immer in dem strengen Sinne gebraucht wie hier. Viele Messen werden als Ausstellungen bezeichnet. Manche Veranstaltungen dieser Art dienen beiden Zwecken zugleich, dem der Messe und dem der Ausstellung; sie sind also nicht nur eine für Fachleute bestimmte Informations-, Verkaufs- und Einkaufsgelegenheit, sondern dienen auch der allgemeinen Aufklärung und Belehrung.

(7) Wie bereits erwähnt, finden **Auktionen** auf den Großmärkten im Handel mit Obst, Gemüse, Blumen, Fischen, ferner bei einer Reihe von Rohstoffen (Wolle, Tabak, Holz, Häute und Felle, Rauchwaren, Vieh u. a.) statt. Es handelt sich dabei durchweg um Produkte, die sich nicht in dem Umfang standardisieren lassen, daß sie als sog. vertretbare (fungible) Waren börsenmäßig gehandelt werden könnten (wie Getreide, Kaffee, Baumwolle u. ä.). Wo die Präsenz der Ware für den Verkauf notwendig ist, wo also Gelegenheit geboten werden muß, die angebotene Ware zu besichtigen und Proben zu ziehen, ist die Versteigerung die geeignete Form des Umschlags großer Warenmengen in kurzer Zeit. Die Preise, die dabei erzielt werden, sind häufig von weltweiter Bedeutung.

Die Auktionsbedingungen sind sehr streng (Festsetzung der Mindestmengen, die gehandelt werden, Zahlungsmodus, Sicherheitsleistung durch den Käufer, Schlichtung von Streitigkeiten durch Schiedsgerichte usw.). Durch Erhöhung der Mindestmengen läßt sich im übrigen der Kreis der als Käufer in Frage kommenden Unternehmungen bzw. Personen beschränken (und umgekehrt). Die Aufteilung der großen Warenlose in kleinere Partien ist dann Sache der nachgeordneten Handelsstufen.

(8) Eine Sonderform der Auktionen stellen **Einschreibungen (= Submissionen)** dar. Die Interessenten reichen dabei die Preisangebote, zu denen sie zu kaufen bereit sind, dem Verkäufer (z. B. Importeur) bis zu einem bestimmten Termin schriftlich ein. Auf diese Weise sollen Absprachen unter den Käufern über die Höhe des Preises, bis zu der sie mitbieten wollen (sog. **Ringbildung**), erschwert werden.

Gewährt die Einschreibung dem Verkäufer einen gewissen Schutz vor ungerechtfertigt niedrigen Preisen, also Preisen, die nicht der Marktlage entsprechen, sondern in der angedeuteten Weise manipuliert werden können, so muß andererseits bedacht werden, daß der Anbieter der Ware bei der Einschreibung in der Regel nicht oder nur wenig von Haussestimmungen profitieren wird, die sich auf Auktionen durch gegenseitiges Überbieten der Interessenten ergeben können.

(9) Die **Warenbörsen** dienen dem Handel mit fungiblen Waren, die sich durch international gültige Standards (Sorte, Güte usw.) eindeutig kennzeichnen lassen, wie Getreide, Kaffee, Zucker und NE-Metalle. An den Warenbörsen werden normalerweise Effektivgeschäfte durchgeführt, also Geschäfte, die tatsächlich, und zwar sofort oder zu einem späteren Zeitpunkt (Loko- oder Lieferungsgeschäft), erfüllt werden. Es können aber auch sog. Termingeschäfte zugelassen sein. Diese stellen einen Handel mit Kontrakten dar, die nur selten tatsächlich, d.h. durch Lieferung der Ware, erfüllt werden. Durch den Kauf und Verkauf von Kontrakten (oft noch dazu in verschiedenen Währungen) als Gegengeschäft zu effektiven Verkäufen und Käufen ist es möglich, sich gegen die Risiken von Preisschwankungen, die für Rohstoffmärkte typisch sind, abzusichern. Dadurch werden die Preisbewegungen abgeschwächt und die unternehmerischen Dispositionen erheblich erleichtert.

Im Zuge der Verknappung mancher Rohstoffe hat die **Warenterminspekulation** in den letzten Jahren neuen Aufschwung erfahren. Dabei stand allerdings weniger der Wunsch nach Sicherung vor Preisschwankungen als vielmehr das Streben nach Erzielung von Spekulationsgewinnen im Vordergrund der Überlegungen. Durch Statistik und Marktforschung ist es indessen gelungen, die Rohstoffmärkte transparenter zu machen. Überdies sind durch den Abschluß internationaler Rohstoffabkommen (z.B. für Kaffee und NE-Metalle) die Risiken, die sonst nur durch Tätigung von Gegengeschäften begrenzt werden können, erheblich verringert worden.

Abschließend ist darauf hinzuweisen, daß die Bedeutung der Marktveranstaltungen im Rückgang begriffen ist, weil ein großer Teil der Geschäftsabschlüsse, die ihnen bisher vorbehalten waren, inzwischen, zumal angesichts der heute zur Verfügung stehenden, die Welt umspannenden Kommunikationsmittel, auf andere Weise zustande kommt. Dies gilt namentlich für Messen, Großmärkte und Auktionen. Mit wachsender Konzentration werden einmal die Hersteller marketingbewußter, d.h. die Absatzmärkte werden von ihnen intensiver bearbeitet; andererseits baut der Handel sein Beschaffungswesen immer weiter aus. Dies hat zur Folge, daß die Beziehungen zwischen großen Marktpartnern so eng werden, daß kaum mehr Veranlassung für sie besteht, sich an Messen und anderen Marktveranstaltungen zu beteiligen.

2.3. Die Gestaltung der physischen Distribution

2.3.1. Die akquisitorische Bedeutung der physischen Distribution

Wie die Erfahrungen im Schiffbau, bei Schiffsreparaturen, bei der Errichtung kompletter Industrieanlagen oder bei der Lieferung von bestimmten Rohstoffen und von Anlagen der Elektronischen Datenverarbeitung zeigen, hängt die Akquisition eines Auftrags oftmals weniger von der Preiswürdigkeit und Qualität eines Angebots, die man gewissermaßen als selbstverständlich voraussetzt, als von der Schnelligkeit, mit der eine Ware geliefert oder eine Leistung

2. Zentrale Aktionsfelder der Distributionspolitik

erbracht wird, ab. Dies bezieht sich namentlich auch auf die Beseitigung aufgetretener Störungen, die Bereitstellung von Ersatzaggregaten (z. B. Computerzeit auf einer Anlage des Herstellers) und sonstige Maßnahmen, die ein Anbieter zum Zweck der Linderung der Auswirkungen von Betriebsunterbrechungen bei seinen Kunden ergreift. Die oftmals zu beobachtende Vorrangstellung der **Liefer-** und **Servicebereitschaft** gegenüber anderen absatzpolitischen Instrumenten wird dann verständlich, wenn man sich vergegenwärtigt, daß beispielsweise Produktionsstockungen bzw. längere Ausfälle von Maschinen sehr teuer zu stehen kommen können.

Eine Verkürzung der **Lieferzeit** führt jedoch in der Regel zu einem überproportionalen Kostenanstieg, der in der Notwendigkeit zum Aufbau zusätzlicher Zwischenläger, zur Ausdehnung der Lagerhaltung, zum Einsatz schnellerer Transportmittel (z. B. Luftfracht) und zur Beschleunigung der Auftragsbearbeitung (z. B. Mehrschichtbetrieb) begründet ist. In empirischen Studien hat sich gezeigt, daß z. B. die Ausführung von 95% aller Bestellungen innerhalb von 24 Stunden gegenüber einer Zustellung von 90% der Aufträge innerhalb von 48 Stunden zu einer Verdoppelung der Distributionskosten führen kann (vgl. *Bowersox* 1969, S. 66). Insgesamt erreicht dieser Kostenblock einen Anteil am Umsatz der betroffenen Wirtschaftszweige von über 20% in der Bundesrepublik Deutschland und – wegen der größeren Entfernungen – von über 30% in den USA.

Während die aus einer Veränderung der Lieferzeit resultierenden Mehr- oder Minderbelastungen relativ gut erfaßt werden können, läßt sich der Zusammenhang zwischen Lieferzeit und Kundentreue nur schwer quantifizieren. Daß freilich besondere Leistungsfähigkeit auf diesem Gebiet die Attraktivität eines Angebots zu erhöhen vermag, unterliegt keinem Zweifel. In einigen Wirtschaftszweigen ist der Wettbewerb so stark, daß eine auch nur geringfügige Überschreitung der branchenüblichen Lieferzeit erhebliche Umsatzeinbußen zur Folge hat. Die betroffenen Unternehmungen sind deshalb bestrebt, die „kritische Grenze" keinesfalls zu verletzen.

Welche Zeitvorstellungen sich damit verbinden, ist von Branche zu Branche verschieden. So erwartet man im Pharma-, im Blumen- und im Buchhandel, daß eine morgens eingehende Bestellung noch am selben Tage ausgeführt wird, während bei der Lieferung von Großanlagen u. U. fünf bis acht Jahre in Kauf genommen werden. Wie stark der Konkurrenzdruck gerade auf diesem Gebiet gelegentlich ist, verdeutlicht das Beispiel eines namhaften Pharma-Grossisten, der sich gezwungen sah, die Samstagsbelieferung der Apotheken wieder einzuführen, nachdem ein kleiner Konkurrent dazu übergegangen war. Ähnliche Anstrengungen unternehmen die Versandhäuser, die sich zu allen Zeiten mit dem Problem der Annahmeverweigerung konfrontiert sahen. Es hat sich gezeigt, daß die Quote der Rücksendungen erstaunlich hoch mit der Zeit, die zwischen Aufgabe und Eintreffen einer Bestellung verstreicht, korreliert.

Nicht selten drängen übergeordnete gemeinwirtschaftliche Zielsetzungen erwerbswirtschaftliche Determinanten der **Lieferbereitschaft** zurück. Beispiele dafür sind die von jedermann als selbstverständlich erachtete unbeschränkte Betriebsbereitschaft der Versorgungsbetriebe (Kraftwerke, Heizwerke, Wasserwerke), der Krankenhäuser, der teils öffentlichen, teils gemischtwirtschaftlichen Transport- und Verkehrsträger *(Bundesbahn, Bundespost, Deutsche Lufthansa)*, schließlich die staatlich verordnete Warenbevorratung der Mineralölgesellschaften oder die Pflichtlagerhaltung, die in manchen Ländern für wichtige Grundnahrungsmittel eingeführt wurde.

2.3.2. Die Entscheidungsfelder

Da es oftmals allein schon durch einfache organisatorische Maßnahmen wie telefonische Auftragsübermittlung, Auftragserfassung mit Hilfe maschinell lesbarer Ordersätze, Eingabe von Bestellungen über Computer-Terminals und automatische Erstellung der Versandpapiere gelingt, erhebliche Zeiteinsparungen zu erzielen, wird man bei den Bemühungen um Rationalisierung der **Distribution** zweckmäßigerweise hier ansetzen. Den Wünschen der Kunden nach schnellerer Belieferung kann aber auch durch Schaffung von **Schnell-Service-Programmen** Rechnung getragen werden, die eine kurze Auslieferungszeit garantieren. Mit der dadurch bewirkten Verbesserung der **Lieferbereitschaft** des Herstellers wird der Handel seinerseits in die Lage versetzt, die Umschlagshäufigkeit seiner Warenvorräte zu erhöhen, da er mit niedrigeren Lagerbeständen auskommt.

Da sich freilich mit Maßnahmen dieser Art normalerweise nur marginale Produktivitätsverbesserungen erzielen lassen, stellt sich früher oder später das Problem der Überprüfung des Gesamtsystems. Im einzelnen geht es dabei um folgende Fragen:

- Welche Lieferzeit ist unter Würdigung kosten- und ertragswirtschaftlicher Gesichtspunkte anzustreben?
- Wieviele Auslieferungspunkte, von welcher Größe, an welchen Orten und mit welcher Ausstattung erweisen sich dafür als notwendig?
- Was sind die günstigsten Transportmittel und wie können diese bestmöglich genutzt werden?
- Welche Distributionsleistungen sollen selbst oder von anderen (z. B. Spediteuren) erbracht werden?
- Wie muß die Verpackung der Ware unter Berücksichtigung der Erfordernisse der Distribution gestaltet werden?

Auf die wichtigsten der anstehenden Probleme sei im folgenden in aller Kürze eingegangen.

(1) Die Struktur eines betrieblichen Distributionssystems wird, wie wir sahen, von der Lieferzeit und den Kosten bestimmt. Da eine gleichzeitige Optimierung beider Komponenten nicht möglich ist, strebt man zumeist eine Minimierung der Kosten bei Einhaltung einer vorgegebenen Lieferzeit an. Sowohl Lieferzeit als auch Kosten hängen bei einem weitläufigen Absatzgebiet von der Zahl der

2. Zentrale Aktionsfelder der Distributionspolitik

Zwischenläger ab. Während sich die Lieferzeit mit der Zunahme der Zahl der Zwischenläger kontinuierlich verkürzt, ist für die Kosten zunächst ein sinkender, dann ein ansteigender Verlauf charakteristisch. Diesen Zusammenhang verdeutlicht Abb. 5.5.

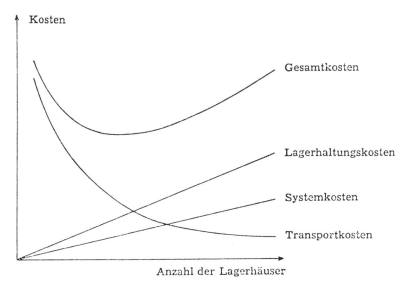

Abb. 5.5.: Distributionskosten in Abhängigkeit von der Zahl der Lagerhäuser

Der Verlauf der Gesamtkosten resultiert aus zwei gegenläufigen Tendenzen: Auf der einen Seite sinken mit zunehmender Anzahl der Regionalläger wegen der Verkürzung der Transportwege die Transportkosten, auf der anderen Seite nehmen die Lagerhaltungskosten und die Kosten für den Betrieb der Lagerhäuser, die sog. Systemkosten, zu. (Aus Gründen der Vereinfachung sind im Diagramm die teilweise sprungfixen Systemkosten linearisiert.)

Die Optimierung der Zahl der **Lagerhäuser** kann allerdings nur simultan mit der Bestimmung ihrer Lage und ihrer jeweiligen Kapazität vorgenommen werden. Dieses Problem ist theoretisch durchaus exakt lösbar, bei den in der Praxis gegebenen Größenordnungen allerdings mit einem so hohen Rechenaufwand verbunden, daß selbst Großcomputer ein exaktes Optimum im Wege der totalen Enumeration aller Möglichkeiten nur mit erheblichem Zeitaufwand ermitteln könnten. Man muß deshalb zwangsläufig mit Näherungslösungen vorliebnehmen, die jedoch, wie u.a. *Kaiser/Lades* (1977) nachgewiesen haben, überaus effizient sein können.

Ein anderer interessanter Ansatz, der überdies die mit der verzögerten Ausführung eines Kundenauftrags verbundenen Opportunitätskosten einbezieht, stammt von *Kuehn/Hamburger* (1963). Das von diesen Autoren vorgeschlagene und in der Praxis erprobte Verfahren umfaßt einmal das sog. Hauptprogramm, das so lange Standorte von Absatzlägern festlegt, bis kein weiteres Lager mehr ohne Inkaufnahme erhöhter Gesamtkosten in das System aufgenommen werden kann, zum anderen das sog. Bump and shift-Verfahren, mit dem die im Hauptprogramm gewonnene Lösung daraufhin überprüft wird, ob durch eine Verschiebung oder auch Elimination von Absatzlägern eine Senkung der Gesamtkosten erreicht werden kann.

(2) Eine sofortige Belieferung eines Kunden ist immer dann gewährleistet, wenn eine Unternehmung ausreichende **Warenvorräte** unterhält. Ob sie sich dazu bereit findet, hängt maßgeblich von der Höhe der **Lagerhaltungskosten** ab, die die Zinsen für das gebundene Kapital, die Kosten für die Inanspruchnahme von Lagerräumen, etwaige Manipulationskosten und Abschreibungen für Schwund, Entwertung, Veralterung usw. enthalten. Den Zusammenhang zwischen Kapitalbindung und Lieferbereitschaft illustriert Tab. 5.5., die die Situation in einem konkreten Fall widerspiegelt.

Tabelle 5.5.:

Wertmäßiger Bestand bei unterschiedlicher Lieferbereitschaft in einem konkreten Fall

Artikelgruppe	Kapitalbindung bei alternativer Lieferbereitschaft von … Prozent in DM								
	99,0%	98,0%	97,0%	96,0%	95,0%	93,0%	90,0%	80,0%	60,0%
01 Milch-75 ..	18 998	16 999	15 684	14 679	13 886	12 595	11 145	7 921	5 438
09 6er Pack. ...	19 475	17 798	16 772	16 022	15 528	14 616	13 606	11 535	9 272
03 Mini/Tub. .	386	347	322	302	288	265	238	180	113
10 Art. 121 ...	519	470	440	417	398	368	336	267	188
02 10er P. Kak.	314	284	264	250	238	220	199	155	104
07 Tier/Ins. ..	962	867	806	760	722	663	598	457	297
06 Baby-S	998	898	832	784	746	685	616	468	293
04 Baby-B/J ..	1 983	1 780	1 651	1 554	1 478	1 357	1 215	921	592
08 Baby-K. ...	563	512	480	457	437	405	371	297	210
05 Kaugummi .	684	619	576	544	520	482	436	341	235

Quelle: *IBM*-Nachrichten, 216, Juli 1973, S. 676.

Bei der Festsetzung des anzustrebenden Grades an **Lieferbereitschaft** kommt es deshalb entscheidend darauf an, wie hoch eine Unternehmung die sog. **Fehlmengenkosten** ansetzt. Darunter versteht man **(Opportunitäts-)Kosten,** die dadurch entstehen, daß bei Auftragserteilung überhaupt nicht oder nicht innerhalb der gewünschten Frist geliefert werden kann. Hinzu kommt eine dritte Kostenart, die **Bestellkosten,** die **auflagenfix,** also unabhängig von der zu wählenden Bestellmenge sind. Das Problem besteht also darin, einen vernünftigen Ausgleich zwischen diesen drei Kostenkategorien herzustellen.

Es versteht sich, daß die damit verbundenen Planungsprobleme, nämlich die Berechnung des Bedarfs, der Bestellmenge und des Bestelltermins für mehrere tausend Artikel, und zwar unter Berücksichtigung von Liefer- und Einlagerungszeiten, Sicherheitsbeständen, Warenzugängen und Warenabgängen überhaupt nur mit Hilfe der EDV zu lösen sind (vgl. *Trux* 1972). Da die notwendigen Input-Daten in aller Regel ohnehin anfallen, ist es bei entsprechender Gestaltung des Informations- bzw. Datenverarbeitungssystems ohne weiteres möglich, Routineentscheidungen dieser Art vom EDV-System vornehmen zu lassen und menschliche Disponenten nur in Ausnahmefällen bzw. zur Kontrolle einzuschalten (vgl. *Mertens* 1983).

(3) Bei der Auswahl der **Transportmittel** wird man sich von deren Betriebskosten und Geschwindigkeit, daneben aber auch von warenmäßigen Erfordernissen (z. B. Kühlbedürftigkeit) leiten lassen. Eine isolierte Betrachtung der **Transportkosten** muß insofern zu falschen Entscheidungen führen, als es gerade hier zu kompensatorischen Effekten kommen kann, die die Rangfolge der Alternativen auf den Kopf stellen. Gelingt es beispielsweise, durch Nutzung der Möglichkeiten des Lufttransports die Lagerbestände überdurchschnittlich stark zu senken oder in beträchtlichem Umfang Verpackungs- und Versicherungskosten einzusparen, wird man nicht zögern, sich gegen den an sich vorteilhaften Bahn- oder Seetransport zu entscheiden. Außerdem fallen bei fast allen Transportmitteln Fixkosten in unterschiedlicher Höhe an, so daß sich abhängig von der Versandmenge ganz verschiedene Kostenverläufe für die einzelnen Transportalternativen ergeben. Die für einen konkreten Fall gültige Rangfolge ist in Abb. 5.6. dargestellt.

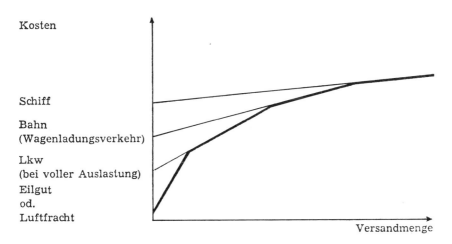

Abb. 5.6.: Zusammenhang zwischen Versandmenge sowie fixen und variablen Versandkosten

Maßgebend für die Auswahl eines Transportmittels ist somit allein die Summe aus Transport-, Lagerhaltungs-, Verpackungs- und Verwaltungskosten. Dazu können von Fall zu Fall Konventionalstrafen und/oder Opportunitätskosten treten, die bei nicht termingerechter Belieferung (z. B. wegen Stornierung eines Auftrags) anfallen.

(4) Unternehmungen, die ihre Erzeugnisse an eine Vielzahl von Verkaufsstellen und mit eigenem Fuhrpark ausliefern, stehen regelmäßig vor dem Problem, die Aufträge zu einzelnen **Touren** zusammenzufassen. Diese Fragestellung kennzeichnet eines der bekanntesten Einsatzgebiete der Unternehmensforschung. Geht es um die Vorbereitung einer einzigen Tour, spricht man von **„traveling salesman problem",** während sich für die simultane Planung einer größeren Zahl von Touren und die Zuweisung der einzelnen Bedarfspunkte zu verschiedenen Routen der Ausdruck **„vehicle scheduling problem"** eingebürgert hat.

Die Aufgabenstellung besteht darin, für die in einem konkreten Fall anzusteuernden Orte eine Reihenfolge festzulegen, die die insgesamt zurückzulegende Strecke oder die Wegekosten minimiert. Da eine Prüfung sämtlicher $(n-1)!/2$ Möglichkeiten bei den in der Praxis gegebenen Größenordnungen nicht zu bewältigen ist, begnügt man sich mit brauchbaren Näherungslösungen, die auf heuristischem Wege gewonnen werden. Die bekanntesten Lösungsansätze zur Bestimmung einer relativ guten Rundreisestrecke sind das Verfahren

– des besten Nachfolgers (vgl. *Böcker/Börschlein* 1975, S. 254 - 257),

– der sukzessiven Einbeziehung von Stationen (vgl. *Müller-Merbach* 1973, S. 292) und

– der besten Teilrouten („savings method"; vgl. *Clarke/White* 1964).

Die Fortschritte auf dem Gebiet der Computertechnologie haben dazu geführt, daß man sich heute auch an das weit komplexere Problem der simultanen Zuordnung einzelner Stationen zu bestimmten Touren in Verbindung mit der Abstimmung der einzelnen Routen untereinander heranwagt. Die von den führenden Herstellern von Datenverarbeitungsanlagen angebotenen Programmpakete basieren überwiegend auf dem Verfahren der besten Teilrouten, wobei diese im Wege der begrenzten Enumeration zu Gesamtrouten verknüpft werden.

Ähnlich der Lieferbereitschaft in der Industrie stellt sich im Handel das artspezifische Problem der **Betriebsbereitschaft.** Letztere wird durch eine bedarfsgerechte Dimensionierung der Faktoren Mensch, Raum, Anlagen und Öffnungszeit bestimmt, durch deren bewußte Variation den individuellen Wünschen bestimmter Abnehmerschichten Rechnung getragen werden kann.

Denkbare Maßnahmen im Hinblick auf eine Steigerung des Bereitschaftsgrades in diesem Bereich sind die Verstärkung des Stammpersonals, die Heranziehung von Teilzeitkräften, die Schaffung oder Anmietung zusätzlicher Geschäftsräume, der Ausbau der Lagerhaltung sowie die zeitliche Ausdehnung oder Verlagerung der Einkaufsgelegenheiten. Allerdings hat der Einzelhandelsunternehmer hierbei nicht völlig freie Hand, weil die Ladenöffnungszeiten in der

Bundesrepublik Deutschland und in einigen anderen Ländern durch entsprechende Gesetze ziemlich starr geregelt und die Einkaufsgewohnheiten der Verbraucher erfahrungsgemäß nur schwer zu ändern sind.

Daß indessen die Betriebsbereitschaft ein wirksames Marketing-Instrument darstellen kann, vermochte *Levinson* bereits 1939 in einer methodisch richtungweisenden Studie nachzuweisen. (Ein Abriß des methodischen Ansatzes von *Levinson* findet sich bei *Dichtl* 1969.) Dafür sprechen auch Erfahrungen von Einzelhandelsbetrieben in Kurorten und auf Bahnhöfen, deren Geschäftstätigkeit nicht unerheblich von den für Unternehmen dieser Art geltenden Sonderregelungen profitiert.

2.4. Der Einsatz des persönlichen Verkaufs

Im Zusammenhang mit dem Absatz von Gütern und Dienstleistungen kommt es bei den unterschiedlichsten Gelegenheiten zu bewußt herbeigeführten persönlichen Kontakten zwischen Käufern und Verkäufern, in deren Verlauf dem Kunden nicht nur (Werbe-)Informationen vermittelt werden, sondern dieser auch Gelegenheit zur Meinungsäußerung erhält. Der persönliche Verkauf hat somit vielfältige Erscheinungsformen (vgl. z.B. *Schwab* 1982). Er umfaßt beispielsweise die Aktivitäten einer Bedienungskraft an einer Käsetheke im Lebensmitteleinzelhandel ebenso wie den Einsatz von Außendienstmitarbeitern von Versicherungsgesellschaften, die Kunden zu Hause besuchen. Aber auch der Vertrieb schlüsselfertiger Industrieanlagen im Großkraftwerkbereich, der von einem Team hochspezialisierter Experten durchgeführt wird, gilt als persönlicher Verkauf. Wichtig für unsere Zwecke ist, wo, wozu und wie man sich dieses Instruments im Rahmen der Distribution bedient.

Ähnlich der Unterschiedlichkeit der Formen sind auch die **Aufgaben,** die durch persönlichen Verkauf erfüllt werden sollen, vielfältig. Das Hauptziel besteht regelmäßig darin, **Kaufabschlüsse** zu erzielen. Hinzu kommen beispielhaft folgende **Distributions-** und **Kommunikationsaktivitäten** (vgl. *Hill* 1982, S. 183f.):

- Tätigkeiten im Zusammenhang mit der Verteilung von Waren (Lagerung, Auslieferung)
- Arbeiten im Zusammenhang mit der Durchführung von Verkaufsförderungsaktionen
- Gewinnung von Informationen über Kunden sowie über Marketing-Maßnahmen der Konkurrenten
- Pflege der Beziehungen zu bestimmten Kunden
- Darstellung des Unternehmens bei Kunden
- Präsentation neuer Produkte beim Handel
- Überreden von Kunden (im Rahmen einer sog. Hard Selling-Strategie).

Soweit man zu dieser Art des Verkaufs greift, stellen sich regelmäßig folgende Fragen:

- Über welche Abschlußkompetenz sollen die an den Verkaufsgesprächen Beteiligten verfügen? Verrichten diese weitgehend ausführende Aufgaben (z. B. Bedienung im Einzelhandel) oder vorwiegend dispositive Tätigkeiten (z. B. Verhandlungsführung bei Verkauf von Großanlagen)?

- Ist der Einsatz dieses relativ teuren Instrumentes für die Erzielung von Kaufabschlüssen unabdingbar bzw. durch das Vertriebssystem bedingt oder soll das Instrument lediglich verkaufsfördernd eingesetzt werden?

- Um welche Art von Markt handelt es sich im konkreten Fall (Konsum-, Produktionsgüter-, Wiederverwendermarkt, öffentliche Abnehmer?) Davon hängt es ab, wie eng die Beziehung zwischen Käufer und Verkäufer sein muß und welche Qualifikation seitens des letzteren erforderlich ist. Im übrigen unterscheiden sich die Gegebenheiten bei öffentlichen Abnehmern so stark von denen auf anderen Märkten, daß in der Praxis häufig trotz weitgehend gleicher Produkte (z. B. bei Großcomputern) ein getrennter Vertrieb als zweckmäßig erachtet wird.

Auf der Verbraucherebene hat der persönliche Verkauf durch die Einführung der **Selbstbedienung** an Bedeutung verloren, während im Handel der anhaltende Konzentrationsprozeß dazu führt, daß die Anzahl der Kontakte ab-, der Wert des einzelnen Auftrags hingegen zunimmt. Der persönlichen Beratung und Betreuung der Abnehmer durch in der Unternehmenshierarchie des Anbieters hoch angesiedelte „Verkäufer" oder Teams von Spezialisten dürfte deshalb in Zukunft noch mehr Bedeutung zukommen (vgl. *Tietz/Zentes* 1980, S. 99 f.).

Angesichts der **hohen Kosten** dieser Verkaufsvariante interessiert sich jede Unternehmung für die Faktoren, die den Erfolg des persönlichen Verkaufs bestimmen (vgl. z. B. *Dallmer* 1979). Die älteren, verkäuferorientierten Erklärungsansätze knüpfen dabei an Kriterien an, die bei der Auswahl und Ausbildung von Verkaufsmitarbeitern von Bedeutung sein können (vgl. *Bänsch* 1977; *Kirsch/Kutschker/Lutschewitz* 1980, S. 43 ff.; *Schoch* 1969, S. 27 ff.). Diese werden üblicherweise in den Persönlichkeitsmerkmalen der Verkäufer, wie z. B. Alter, Zivilstand, äußere Erscheinung, Selbstvertrauen und Aggressivität gesehen (vgl. *Lamont/Lundstrom* 1977, S. 517 - 529). Das Bemühen um Identifikation einer Verkaufsbegabung als Konglomerat verschiedener Eigenschaften des Verkäufers ist indessen bislang weitgehend erfolglos geblieben (vgl. *Bauer* 1980, S. 397).

Im Mittelpunkt neuerer Versuche, den Erfolg des persönlichen Verkaufs abzuschätzen, steht das richtige Verhalten des Verkäufers beim **Verkaufsgespräch.** Hierzu liegen im wesentlichen vier Erklärungsansätze vor (vgl. *Schoch* 1969, S. 33 ff.; *Bauer* 1980, S. 398 f.):

(a) Der Verkaufsvorgang wird als Abfolge von Reiz (Stimulus) und Reaktion (Response) interpretiert. Gelingt es dem Verkäufer, den „richtigen" Reiz, z. B. die Darstellung des mit dem Erwerb des Gutes verbundenen Nutzens, zu finden, so ergibt sich ein Verkauf quasi von selbst.

(b) Eine strenge Orientierung an den Wünschen und Bedürfnissen des Käufers führt am ehesten zum Ziel. Also gilt es, jene Eigenschaften des eigenen Angebots herauszustellen, die zur Lösung der vorab zu ergründenden Probleme des Abnehmers (z. B. ungenügende Handelsspanne) am meisten beitragen.

(c) Der Verkaufsvorgang besteht aus mehreren Phasen, die im Laufe des Verkaufsgesprächs vom Käufer durchlaufen werden müssen (z. B. Aufmerksamkeit, Interesse, Kaufwunsch und Kaufentschluß).

(d) Ein Verkäufer wirkt um so überzeugender, je mehr es ihm gelingt, den potentiellen Abnehmer bei seiner Entscheidung zu unterstützen. Im Einklang mit entscheidungstheoretischen Erkenntnissen muß es z. B. Ziel der verkäuferischen Bemühungen sein, eine positive Einstellung gegenüber dem von ihm unterbreiteten Angebot herzustellen und das vom Partner wahrgenommene Risiko zu reduzieren (vgl. *Weitz* 1978, S. 502; *Bauer* 1980, S. 398f.).

Auf Grund der Erkenntnis, daß für die Erzielung eines Kaufabschlusses beide Parteien maßgebend sein können, geht man im Rahmen des sog. **dyadischen Ansatzes** davon aus, daß ein Modell zur Erklärung erfolgreicher Verkaufsprozesse sowohl Käufer als auch Verkäufer und insbesondere die zwischen diesen bestehenden Beziehungen berücksichtigen muß. Einzelheiten dazu vermittelt Abb. 5.7.

Nach den Ergebnissen einschlägiger empirischer Untersuchungen (vgl. *Evans* 1963; *Tosi* 1966; *Schoch* 1969) ist der dyadische Ansatz den verkäuferorientierten, allein an Persönlichkeitsmerkmalen und Verhaltensweisen der Verkäufer anknüpfenden Überlegungen bei der Erklärung des Erfolges von Verkaufsvorgängen überlegen. Als Fazit ergibt sich, daß es zu einem Verkaufsabschluß um so wahrscheinlicher kommt,
- je mehr sich potentieller Käufer und Verkäufer hinsichtlich ihrer Persönlichkeit ähneln,
- je stärker die Rollenerwartungen bei beiden am Verkaufsgespräch beteiligten Parteien hinsichtlich der Verkäuferrolle übereinstimmen,
- je stärker das tatsächliche Verhalten des Gesprächspartners den Erwartungen des Kunden über das Verhalten von Verkäufern entspricht.

Für die Unternehmungen, die auf den persönlichen Verkauf setzen, folgt daraus, daß bei der Auswahl und Schulung von Verkäufern Eigenschaften und Erwartungen der potentiellen Abnehmer berücksichtigt werden müssen.

Ungleich komplexer als bei einer Dyade wird die Erklärung erfolgreicher Verkaufsprozesse dann, wenn auf der Käuferseite Verhandlungsführung und Kaufentscheidung nicht einer einzelnen Person, sondern z. B. einem **Einkaufs-**

428 § 5 Distributionspolitik

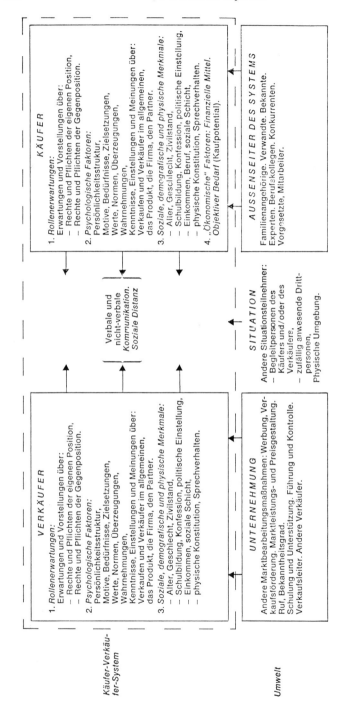

Abb. 5.7.: Schematische Darstellung des dyadischen Interaktionssystems im Verkaufsvorgang

Quelle: *Schoch* 1969, S. 119.

gremium obliegen. In diesem Falle müssen die Rollen, die dessen Mitglieder im Zusammenhang mit der Einkaufsentscheidung spielen, berücksichtigt werden. Der durch das dyadische Konzept gespannte Rahmen erweist sich hier als zu eng. Offenkundig sind dabei für einen erfolgreichen Ausgang von Verkaufsverhandlungen die Informationsregulatoren und Entscheider im Hintergrund ungleich wichtiger als diejenigen, die offiziell als Käufer auftreten. Ein bedeutsames praktisches Problem besteht deshalb in deren Identifikation, um ihre Vorstellungen in Erfahrung zu bringen und u. U. Einfluß auf sie ausüben zu können.

Im allgemeinen wird man es vermeiden, einem Einkaufsgremium lediglich einen einzigen Verkäufer gegenüberzustellen, da dieser damit fachlich und physisch überfordert wäre und auch imagemäßig kein Äquivalent verkörpern würde. Diesem Sachverhalt tragen organisationale Interaktionsansätze Rechnung (vgl. *Kirsch/Kutschker/Lutschewitz* 1980, S. 83 - 97). Bei den hinzugezogenen Kräften kann es sich beispielsweise neben Kaufleuten um Spezialisten für Vertragsgestaltung (Juristen) oder für technische Fragen (Ingenieure) handeln, wenn sich nicht gar die Geschäftsleitung selbst mit um die Akquisition von Aufträgen kümmern muß.

3. Rechtliche Grenzen der Distributionspolitik

Im Bereich der Distribution betrieblicher Leistungen haben vor allem folgende drei Fragen das Interesse von Wettbewerbsrechtlern auf sich gezogen:
– **Wer** darf, wer **muß** beliefert werden?
– **Wann** darf eine Leistung erbracht werden?
– **Was** ist bei der Bereitstellung einer Ware zu beachten?

(1) Rechtliche Beschränkungen des Kreises der zu Beliefernden ergeben sich aus der Sicht der Industrie und des Großhandels zunächst insofern, als der Handel mit ganz bestimmten Waren auch heute noch eine entsprechende Erlaubnis voraussetzt, für deren Erteilung neben der **Zuverlässigkeit** des **Antragstellers** die **Sach-** bzw. **Fachkunde** nachzuweisen ist. Dies gilt etwa für den Vertrieb von Milch, den Verkauf von Hackfleisch, den Einzelhandel mit freiverkäuflichen Arzneimitteln und ärztlichen Hilfsmitteln, den Groß- und Einzelhandel mit Waffen sowie den Großhandel mit unedlen Metallen. Die diesen Beschränkungen zugrunde liegenden gesundheits- und sicherheitspolitischen Rücksichten liegen klar auf der Hand.

Eine Frage, die sich unmittelbar daran anschließt, ist die, ob ein Hersteller bzw. Großhändler berechtigt ist, den Rahmen noch enger zu ziehen, indem er nur ganz bestimmte Einzelhändler bzw. gewerbliche Verbraucher auswählt und alle sonstigen Interessenten von der Belieferung ausschließt. Der zu einer **Abnehmerselektion** entschlossene Unternehmer, der dafür handfeste erwerbswirtschaftliche Gründe ins Feld führen kann, bewegt sich dabei auf dem schmalen Grat zwischen der von unserer Wirtschaftsordnung grundsätzlich gewährleisteten **Vertragsfreiheit** auf der einen und der unbilligen **Behinderung** oder der sachlich nicht gerechtfertigten **Diskriminierung** potentieller Kunden auf der anderen Seite, deren Rechtsgrundlage das *GWB* ist. Eine Diskriminierung wird in aller Regel dann gegeben sein, wenn ein Wettbewerber eines nicht belieferten Unternehmens durch die Vorzugsbehandlung seitens des Herstellers eine Alleinstellung erhält und sich dadurch einem Leistungsvergleich entziehen kann.

Von der Abnehmerselektion kaum zu trennen ist einmal die Vertriebsbindung, zum anderen die Ausschließlichkeitsbindung, die beide nur mit einer stark begrenzten Zahl von Kunden zu praktizieren sind. Die **Vertriebsbindung** ist dadurch gekennzeichnet, daß sich ein Wiederverkäufer – u. U. auf mehr oder minder sanften Druck eines Herstellers hin – verpflichtet, die von diesem bezogene (Marken-)Ware nur an von diesem festgelegte Abnehmer – etwa an Fachgeschäfte, nicht aber an Verbrauchermärkte – weiterzuveräußern.

Mit der **Ausschließlichkeitsbindung** versucht der Produzent demgegenüber eine Alleinstellung für seine Ware im Sortiment des Händlers zu erlangen, der also keine konkurrierenden Erzeugnisse (mehr) führen darf. Soweit dies nicht branchenüblich, wie z. B. bei Bier, das von bestimmten Gaststätten geführt wird, oder durch technische bzw. qualitative Gründe der vertriebenen Produkte, die z. B. eine besonders anspruchsvolle Art des Kundendienstes erfordern, bedingt ist, kann die Kartellbehörde bei Vorliegen der in § 18 *GWB* angeführten Voraussetzungen die Ausschließlichkeitsbindung aufheben.

Eine Abnehmerrestriktion ganz anderer Art ergibt sich aus der Stellung eines Anbieters in der Distributionskette. Ein Einzelhändler darf grundsätzlich an jedermann Ware verkaufen, ein Hersteller wird normalerweise nur mit Groß- und Einzelhändlern sowie Großverbrauchern Geschäftsbeziehungen unterhalten, während sich ein Großhändler bei der Akquisition von Kunden nicht gerade auf Letztverbraucher kaprizieren wird. Das berühmt gewordene sog. *METRO-Urteil* des *BGH* aus dem Jahre 1977 hat die Aufmerksamkeit der Fachwelt erneut auf die Frage der Verwischung von Branchen und Handelsstufen gelenkt, die der Rechtsprechung in den letzten Jahren immer mehr zu schaffen gemacht hat. Im Prinzip ging es dabei darum, ob **gewerbliche Verbraucher** und ihnen gleichgestellte **Großverbraucher,** die bei einem Selbstbedienungsgroßhändler Produkte zur Verwendung in ihrem Betrieb erwerben, also ohne eine Weiterveräußerung zu beabsichtigen, **letzte Verbraucher** im Sinne des § 6a Abs. 2 *UWG* sind. Das Gericht hat dies verneint, und zwar auch für den Fall, daß es sich um betriebs- oder branchenfremde Ware handelt. Geschäftlicher Verkehr mit Letztverbrauchern im Sinne dieser Vorschrift liegt gleichwohl vor, wenn Gewerbetreibende bzw. Großverbraucher Ware für den **Eigenbedarf** (Privatbedarf) kaufen. Was an dem Urteil überrascht hat, ist die **Toleranzgrenze,** die der

BGH dem Großhändler im Gegensatz zur Vorinstanz für die Abgabe solcher Waren für private Zwecke zubilligt. Diese liegt bei etwa 10% des Umsatzes der Selbstbedienungsgroßhandlung.

Wer immer die Verwendung der Bezeichnung „Großhandel" beanstandet, muß nach diesem Urteil beweisen, daß diese Toleranzgrenze überschritten wird. Die Tatsache, daß die fragliche Betriebsform fast alle Waren des täglichen (sprich: privaten) Bedarfs führt, ist dafür noch kein ausreichendes Indiz.

Das zitierte *BGH*-Urteil hat, auch wenn der Fall an das *OLG* Hamburg zurückverwiesen werden mußte, auf einem wichtigen Teilbereich des Wettbewerbsrechts einem Zustand erheblicher Unsicherheit ein gewisses Ende bereitet, da nunmehr der Rahmen dafür abgesteckt ist, unter welchen Umständen und in welchem Ausmaß ein (Selbstbedienungs-)Großhändler Einzelhandelsfunktionen wahrnehmen darf. Dies erleichtert einem solchen Unternehmer auch die Orientierung darüber, wann er Gefahr läuft, gegen die *Preisangabenverordnung*, das *Ladenschlußgesetz* sowie steuerrechtliche Bestimmungen zu verstoßen.

(2) Einer ungewöhnlichen Koalition von Interessenvertretern gelang es bislang, alle Versuche um Lockerung, wenn nicht gar Aufhebung des vor allem von vielen Berufstätigen als belastend empfundenen *Ladenschlußgesetzes* zu vereiteln. Einzelhandel und Gewerkschaften sind sich in der Überzeugung einig, daß dieses Gesetz, für dessen Erlaß allein sozialpolitische Motive maßgebend waren, den günstigsten Ausgleich der Ziele von Unternehmern, Arbeitnehmern, Verbrauchern und Kommunen gewährleiste. Von Seiten engagierter Konsumenten, aber auch mancher Großbetriebsformen des Handels, die die Einnahme einer flexibleren Haltung mit Vorteilen verbunden sehen, und zahlreicher Städte, die gegen eine weitere Verödung der Citys in den Abendstunden ankämpfen, wird dies bestritten.

Auch die oftmals allergischen Reaktionen der Verbände des Einzelhandels (und deren Publikationsorgane) können nicht darüber hinwegtäuschen, daß die Tarifverträge mittlerweile einen weit wirksameren Schutz der Arbeitnehmer im Handel bieten, als es das *Ladenschlußgesetz* zu leisten vermag, daß mindestens 1 Mio. Menschen in der Bundesrepublik Deutschland regelmäßig sogar nachts arbeiten, daß bei einer Liberalisierung des Gesetzes kein Unternehmer gezwungen wäre, sein Geschäft auch nur eine Stunde pro Woche länger offenzuhalten, und daß sich nicht zuletzt die Verkehrssituation zu den üblichen Stoßzeiten erheblich entspannen würde. Umstritten unter Fachleuten ist freilich, wie sich eine Lockerung des Gesetzes auf die Ertragslage des Handels und die Konzentration auswirken würde und wieviele Verbraucher es wirklich wären, die den so oft beschworenen Einkaufsbummel außerhalb der jetzigen Ladenöffnungszeiten auch längerfristig als attraktive Alternative zu anderen Formen der Freizeitgestaltung, etwa zum Fernsehen, empfänden.

Für den Betrachter unverständlich bleibt, weshalb es nicht möglich sein sollte, in dieser Situation einen mehrjährigen Großversuch, z. B. mit Spätschluß am Donnerstag oder Freitag, durchzuführen, nach dessen Beendigung der Gesetzgeber eine wohlbegründete Entscheidung für oder gegen die Beibehaltung des Gesetzes in der derzeit gültigen Fassung treffen könnte. Versuche von Interessenvertretern, solche Bemühungen unter Verweis auf angeblich schlechte Erfahrungen, die man mit derartigen Experimenten z. B. in Skandinavien gemacht hat, als zwecklos zu diskreditieren, erscheinen nicht sehr überzeugend, wenn diese bei anderer Gelegenheit gegenteilige Beispiele im Hinblick auf die Verschiedenartigkeit der soziokulturellen Verhältnisse der betreffenden Länder als nicht passend verwerfen.

Ein Spezifikum für die Bundesrepublik Deutschland, für manche ein Anachronismus, sind, was an dieser Stelle noch erwähnt werden sollte, Regelungen für sog. **Schluß-** und **Sonderverkäufe.** Nach §§ 7 Abs. 3 und 8 *UWG* sind Sommer- und Winterschlußverkäufe ausschließlich unter dieser Bezeichnung und nur 12 Werktage lang vom letzten Montag im Januar bzw. Juli an erlaubt, wobei genau bestimmt ist, auf welche Warenbereiche sich diese jeweils erstrecken dürfen. Ähnlich sind Räumungsverkäufe, entsprechende Aktionen anläßlich Jubiläumsveranstaltungen und dgl. mehr nur unter ganz bestimmten Voraussetzungen gestattet.

Den bestehenden Regelungen kommt heute nicht mehr jene Bedeutung für die Aufrechterhaltung eines lauteren Wettbewerbs zu wie einstmals, da der Handel in den vergangenen Jahrzehnten vielfältige andere Formen legitimer (und illegitimer) Preisaktivität gefunden und entwickelt hat. Kaum verwunderlich, werden sie auch immer mehr dadurch unterlaufen, daß die Schlußverkäufe faktisch bereits einige Zeit vor den offiziell vorgeschriebenen Terminen stattfinden. Auch wenn im Handel der durch eine Reihe von Urteilen gefestigte Brauch besteht, in den beiden Wochen vor Beginn eines Saisonschlußverkaufs „schlußverkaufsfähige" Artikel werblich nicht mehr als Sonderangebote herauszustellen, um nicht den Eindruck einer Vorwegnahme des bevorstehenden Ereignisses zu erwecken, ändert dies dennoch nichts an dieser Tatsache, da diese Gepflogenheit den Verbrauchern mittlerweile hinlänglich bekannt ist.

Daß noch weitere derartige Gesetze heute überflüssig erscheinen, illustriert das sog. *Bäckereiarbeitsgesetz,* das bis auf das Jahr 1896 zurückgeht und 1976 vom *Bundesgerichtshof* seine Vereinbarkeit mit dem *Grundgesetz* bestätigt erhielt. Besonders einschneidend und umstritten ist dessen § 5, der das Backen von Frischwaren zwischen 22 Uhr und 4 Uhr verbietet. Marketingrelevant ist dies insofern, als die Betriebe bezüglich des Zeitpunkts, zu dem sie lieferbereit sein können, alle in etwa gleichgestellt sein müßten und daher nicht der Versuchung unterliegen sollten, sich auf Kosten ihrer Arbeitskräfte Wettbewerbsvorteile zu verschaffen.

Dagegen wendet sich vor allem die 1977 gegründete *Aktionsgemeinschaft Deutscher Bäcker,* nach deren Überzeugung 70-80% der rund 35000 Backbetriebe in der Bundesrepublik Deutschland regelmäßig gegen das Nachtbackverbot verstoßen. Der soziale Schutz der Arbeitnehmer werde heute, ähnlich wie bei den Beschäftigten des Handels, durch Tarifverträge gewährleistet. Wenn im übrigen Schichtbetrieb in der Industrie üblich sei, warum dann nicht auch bei den Bäckern? Abgesehen davon, daß es in keinem unserer Nachbarländer eine ähnliche Vorschrift gibt, sprechen sich gerade viele kleine und mittlere Bäckereien für die Aufhebung dieser von ihnen als überholt empfundenen Bestimmung aus. Dies erscheint vor allem deshalb verständlich, weil Großbetriebe der Branche zunehmend dazu übergehen, vollautomatische Backstraßen einzurichten, die von Fernsehkameras überwacht werden und rund um die Uhr produzieren.

(3) Wie zu Beginn dieses Abschnitts festgestellt, unterliegen auch die **Gewährleistung der Verfügbarkeit** und die **Bereitstellung** der Ware selbst

staatlicher Für- und Vorsorge. So sind 1965 zur Sicherstellung der Versorgung in Krisen- und in Kriegszeiten folgende wichtige Gesetze erlassen worden:

– *Ernährungssicherstellungsgesetz*
– *Wirtschaftssicherstellungsgesetz*
– *Wassersicherstellungsgesetz*
– *Verkehrssicherstellungsgesetz*.

Diese Gesetze schaffen die Grundlage für den Erlaß einer Reihe von Rechtsverordnungen, durch die eine ausreichende Versorgung der Bevölkerung mit lebensnotwendigen Erzeugnissen zu allen Zeiten gewährleistet werden soll. Dazu zählen explizit auch die **Lagerung** und **Vorratshaltung.**

Einem doppelten Motiv entspringt dabei die Vorratshaltung der *Bundesanstalt für landwirtschaftliche Marktordnung (BALM)*, der zunächst die Aufgabe der „Regelung und Ordnung landwirtschaftlicher Märkte" zugewiesen ist. Daneben ist die Anstalt gehalten, zur Sicherung der Versorgung Vorräte an Ernährungsgütern und Futtermitteln zu beschaffen, zu halten und zu verwerten. Dies bedeutet, daß den Erzeugern einschlägiger Produkte (Getreide und Futtermittel, Zucker, Rohtabak, Fette, Schlachtvieh, Fleisch und Fleischerzeugnisse) diese zu garantierten, sprich: meist nicht marktkonformen Preisen abgenommen werden, wobei die fraglichen Erzeugnisse so lange eingelagert werden, bis sich eine sinnvolle Verwendung für sie abzeichnet.

Wesentlich weiterreichende Regelungen, die aus verständlichen Gründen der Geheimhaltung unterliegen, sind für Berlin getroffen worden. Eine ähnliche Verpflichtung begründet das 1965 erlassene und seither zweimal modifizierte *Gesetz über Mindestvorräte an Erdölerzeugnissen,* das nach den Vorstellungen der *Europäischen Wirtschaftsgemeinschaft* ein Pendant im Bereich der für die Stromerzeugung überaus bedeutsamen fossilen Brennstoffe erhalten soll. Für die Apotheken schließlich werden Dienstbereitschaft, Vorratshaltung und Aufbewahrung von Medikamenten in der *Apothekenbetriebsordnung* geregelt.

Ein letzter hier anzusprechender Bereich sind Restriktionen, von denen bestimmte **Vertriebsformen** betroffen sind. Dafür, welche Güter etwa in Automaten, auf Sondermärkten wie z. B. Wochen-, Vieh- und Weihnachtsmärkten oder von Hausierern angeboten werden dürfen, finden sich eine Reihe von Vorschriften in der *GewO*. Sie sollen dazu beitragen, die Bevölkerung vor gesundheitlichen Schäden und Übervorteilung zu schützen und die Lauterkeit des Wettbewerbs zu gewährleisten.

Es liegt in der Natur der Sache, daß solche Einrichtungen allenfalls eine periphere Rolle bei der Versorgung der Verbraucher mit Gütern des täglichen Bedarfs zu spielen vermögen. Angesichts des rapiden Rückgangs von Geschäften namentlich im Lebensmitteleinzelhandel wird deshalb immer häufiger die Einrichtung von **Verkaufswagen** befürwortet, wie sie etwa in der Schweiz, in den

Niederlanden und in Skandinavien gang und gäbe sind (vgl. dazu *Theuer* 1977). Ein entsprechender Versuch in Österreich ist allerdings insofern fehlgeschlagen, als sich das Ladensterben dadurch noch verstärkt hat.

Eine vom *Hauptverband des Deutschen Lebensmittel-Einzelhandels e. V.*, Bonn, in Zusammenarbeit mit drei anderen großen Verbänden herausgegebene Broschüre, in der auf nicht weniger als 44 Seiten die *Rechtsgrundlagen für den Betrieb einer fahrbaren Verkaufsstelle* zusammengestellt sind, verkörpert nicht nur für Unternehmer, die mit dieser Frage befaßt sind, eine wertvolle Orientierungshilfe, sondern sie ist auch geeignet, das Ausmaß staatlicher Einflußnahme auf die Versorgung als einem nationalen Anliegen deutlich zu machen. Der dort wiedergegebene Katalog gesetzlicher Bestimmungen dokumentiert mit aller Deutlichkeit, daß die auf den ersten Blick eher unproblematische, für die Distribution von Waren und die Versorgung der Bevölkerung gleichwohl bedeutsame Frage des Betriebs einer fahrbaren Verkaufsstelle unabhängig von allen betriebswirtschaftlichen Erwägungen außerordentlich differenzierte Überlegungen erfordert, von denen verschiedene Sektoren der Wirtschafts- und Sozialpolitik und ganz unterschiedliche Rechtsgebiete berührt werden.

Quellenhinweise und Literaturempfehlungen

Einen Einblick in Spezialbereiche der physischen Distribution vermitteln:

Ballou, R. H., Business Logistics Management, Englewood Cliffs, N. J., 1973.
Bloech, J., Ihde, G.-B., Betriebliche Distributionsplanung – Zur Optimierung der logistischen Prozesse, Würzburg–Wien 1972.
Bowersox, D. J., Physical Distribution Development, Current Status, and Potential, in: Journal of Marketing, Vol. 33 (1969), No. 1, pp. 63 - 70.
Christopher, M., Wills, G., Marketing Logistics and Distribution Planning, London 1972.
Clarke, G., White, J. W., Scheduling of Vehicles from a Central Depot to a Number of Delivery Points, in: Operations Research, Vol. 12 (1964), pp. 568 - 581.
Constantin, J. A., Principles of Logistics Management – A Functional Analysis of Physical Distribution Systems, New York 1971.
Dichtl, E., Die Betriebsbereitschaft im Einzelhandel als Optimierungsproblem, in: FfH-Mitteilungen, Neue Folge Nr. X/12 (Dezember 1969), S. 1 - 6.
Ihde, G.-B., Transporthandhabung-Logistik, München 1984.
Kirsch, W., Bamberger, I., Gabele, E., Klein, K. H., Betriebswirtschaftliche Logistik – Systeme, Entscheidungen, Methoden, Wiesbaden 1973.
Krulis-Randa, J. S., Marketing-Logistik – Eine systemtheoretische Konzeption der betrieblichen Warenverteilung und Warenbeschaffung, Bern–Stuttgart 1977.
Mertens, P., Industrielle Datenverarbeitung, Bd. 1, Administrations- und Dispositionssysteme, 5. Aufl., Wiesbaden 1983.
Müller-Merbach, H., Operations Research, 3. Aufl., München 1973.
Pfohl, H.-Chr., Marketing-Logistik – Gestaltung, Steuerung und Kontrolle des Warenflusses im modernen Markt, Mainz 1972.
Piepenbrock, H. (Hrsg.), Ladenschluß kontrovers, Stuttgart–Herford 1984.
Tempelmeier, H., Quantitative Marketing-Logistik, Berlin usw. 1983.
Trux, W., Einkauf und Lagerdisposition mit Datenverarbeitung, 2., erw. Aufl., München 1972.

Wagner, G. R., Lieferzeitpolitik, 2. Aufl., Wiesbaden 1978.
Wentworth, F., Handbook of Physical Distribution Management, 2nd Ed., Epping 1976.

Mit distributionspolitisch relevanten Aspekten des Verbraucherverhaltens beschäftigen sich:

Bänsch, A., Verkaufspsychologie und Verkaufstechnik, Stuttgart usw. 1977.
Baumgartner, R., Ladenerneuerung, Diss., St. Gallen 1981.
Bearden, W. O., Determinant Attributes of Store Patronage: Downtown Versus Outlying Shopping Centers, in: Journal of Retailing, Vol. 53 (1977), No. 2, pp. 15 - 22, 92.
Beeskow, W., Finck, G., Ein empfängerorientierter Ansatz zur Bestimmung der Versorgungsqualität – dargestellt für den Bereich der Waren des täglichen Bedarfs. Bericht aus dem Sonderforschungsbereich 24 der Universität Mannheim, Mannheim 1979.
Beeskow, W., Dichtl, E., Finck, G., Müller, S., Die Bewertung von Marketing-Aktivitäten, in: *Irle, M.* (Hrsg.), Methoden und Anwendungen in der Marktpsychologie, Göttingen usw. 1983, S. 483 - 674.
Berger, S., Ladenverschleiß, Göttingen 1977.
Berman, B., Evans, J. R., Retail Management: A Strategic Approach, New York 1979.
Brehm, J. W., The Theory of Psychological Reactance, New York 1966.
Brehm, J. W., Brehm, S. S., Psychological Reactance: A Theory of Freedom and Control, New York 1981.
Cairns, J. P., Allocating Space for Maximum Profits, in: Journal of Retailing, Vol. 39 (1963), No. 2, pp. 41-45.
Cardozo, R. N., How Images Vary by Product Class, in: Journal of Retailing, Vol. 50 (1974), No. 4, pp. 85 - 98.
Chevalier, M., Increase in Sales Due to In-Store Display, in: JMR – Journal of Marketing Research, Vol. 12 (1975), pp. 426 - 431.
Churchill, G. A., Collins, R. H., Strang, W. A., Should Retail Salespersons be Similar to their Customers?, in: Journal of Retailing, Vol. 51 (1975), No. 3, pp. 29 - 42.
Clee, M. A., Wicklund, R. A., Consumer Behavior and Psychological Reactance, in: Journal of Consumer Research, Vol. 6 (1980), pp. 389 - 405.
Cox, K. K., The Effect of Shelf Space Upon Sales of Branded Products, in: JMR – Journal of Marketing Research, Vol. 7 (1970), pp. 55 - 58.
Curhan, R. C., The Relationship Between Shelf Space and Unit-Sales in Supermarkets, in: JMR – Journal of Marketing Research, Vol. 9 (1972), pp. 406 - 412.
Curhan, R. C., Shelf Space Elasticity: Reply, in: JMR – Journal of Marketing Research, Vol. 11 (1974), pp. 221 - 222.
Dallmer, H., Erfolgsbedingungen der Kommunikation im Direct-Marketing, Wiesbaden 1979.
Dash, J. F., Schiffman, L. G., Berenson, C., Risk and Personality – Related Dimensions of Store Choice, in: Journal of Marketing, Vol. 40 (1976), No. 1, pp. 32 - 39.
Diller, H., Schobert, R., Image – Analyse ohne Spekulation, in: Rationeller Handel, 21. Jg. (1978), Nr. 2, S. 6 - 14.
Donovan, R. J., Rossiter, J. R., Store Atmosphere: An Environmental Psychology Approach, in: Journal of Retailing, Vol. 58 (1982), No. 1, pp. 34 - 57.
Doyle, P., Fenwick, J., How Store Image Affects Shopping Habits in Grocery Chains, in: Journal of Retailing, Vol. 50 (1974), No. 4, pp. 39 - 52.
Evans, F. B., Selling as a Dyadic Relationship, in: American Behavioral Scientist, Vol. 6 (1963), No. 9, pp. 76 - 79.
Frank, R. E., Massy, W. F., Shelf Position and Space Effects on Sales, in: JMR – Journal of Marketing Research, Vol. 7 (1970), pp. 59 - 66.
Friedrichs, (o. Vorn.), So reagiert die Hausfrau auf Lücken im Regal, in: absatzwirtschaft, 19. Jg. (1976), Nr. 10, S. 96.

Hefner, M., Der Gastarbeiter als Konsument, Göttingen 1978.
Hill, W., Marketing II, 5. Aufl., Bern–Stuttgart 1982.
Hisrich, R. D., Dornoff, F. J., Kernan, J. B., Perceived Risk in Store Selection, in: JMR – Journal of Marketing Research, Vol. 9 (1972), pp. 435 - 439.
Homans, G. C., Social Behavior: Its Elementary Forms, New York 1961.
Johannssen, U., Vom Bekanntheitsgrad zum Imagebegriff, in: Die Anzeige, 1. Jg. (1967), S. 8 - 10.
Kirsch, W., Kutschker, M., Lutschewitz, H., Ansätze und Entwicklungstendenzen im Investitionsgütermarketing. Auf dem Wege zu einem Interaktionsansatz, 2. Aufl., Stuttgart 1980.
Kotler, Ph., Atmospherics as a Marketing Tool, in: Journal of Retailing, Vol. 49 (1973), No. 4, pp. 48 - 64.
Kroeber-Riel, W., Konsumentenverhalten, 3. Aufl., München 1984.
Lamont, L. M., Lundstrom, W. J., Identifying Successful Industrial Salesmen by Personality and Personal Characteristics, in: JMR – Journal of Marketing Research, Vol. 14 (1977), pp. 517 - 529.
Leone, R. P., Schultz, R. L., A Study of Marketing Generalizations, in: Journal of Marketing, Vol. 44 (1980), No. 1, pp. 10 - 18.
Lindquist, J. D., Meaning of Image, in: Journal of Retailing, Vol. 50 (1974), No. 4, pp. 29 - 38.
Marcus, B. H., Image Variation and the Multi-Unit-Retail Establishment, in: Journal of Retailing, Vol. 48 (1972), No. 2, pp. 29 - 43.
Martineau, P., The Personality of the Retail Store, in: HBR – Harvard Business Review, Vol. 36 (1958), No. 1, pp. 47 - 55.
McCarthy, E. J., Basic Marketing: A Managerial Approach, 4th Ed., Homewood, Ill., 1971.
Meyer, G., Psychologische Aspekte der Geschäftswahl, in: *Bergler, R.* (Hrsg.), Psychologische Marktanalyse, Bern 1965, S. 106 - 120.
o. V., Progressive Grocer, The A and P Study, in: Merchandising in Action, Vol. 51 (1972), pp. 184 - 186.
Schiffman, L. G., Dash, J. F., Dillon, W. R., The Contribution of Store-Image Characteristics to Store-Type Choice, in: Journal of Retailing, Vol. 53 (1977), No. 2, pp. 3 - 14, 46.
Schober, H., Platz und Lücke, in: absatzwirtschaft, 19. Jg. (1976), Nr. 10, S. 95 - 96.
Schoch, R., Der Verkaufsvorgang als sozialer Interaktionsprozeß, Winterthur 1969.
Schwab, R., Der Persönliche Verkauf als kommunikationspolitisches Instrument des Marketing, Frankfurt/M. 1982.
Sommer, R., Aitkens, S., Mental Mapping of Two Supermarkets, in: Journal of Consumer Research, Vol. 9 (1982), pp. 211 - 216.
Steffenhagen, H., Wirkungen absatzpolitischer Instrumente, Stuttgart 1978.
Stern, B. L., Bush, R. F., Hair, J. F. jr., The Self-Image/Store-Image Matching Process. An Empirical Test, in: Journal of Business, Vol. 50 (1977), pp. 63 - 69.
Tietz, B., Zentes, J., Die Werbung der Unternehmung, Reinbek bei Hamburg 1980.
Tosi, H. L., The Effects of Expectation Levels and Role Consensus on the Buyer-Seller Dyad, in: Journal of Business, Vol. 39 (1966), pp. 516 - 529.
Trommsdorff, V., Die Messung von Produktimages für das Marketing – Grundlagen und Operationalisierung, Köln 1975.
Weitz, B. A., Relationship between Salesperson Performance and Understanding of Customer Decision Making, in: JMR – Journal of Marketing Research, Vol. 15 (1978), pp. 501 - 516.

Zu Fragen der betrieblichen Standortwahl nehmen Stellung:

Converse, P. D., New Laws of Retail Gravitation, in: Journal of Marketing, Vol. 14 (1949), No. 3, pp. 379 - 384.
Dichtl, E., Schobert, R., Mehrdimensionale Skalierung, München 1979.
Ellwood, L. W., Estimating Potential Volume of Proposed Shopping Centers, in: Appraisal Journal, Vol. 23 (1954), pp. 581 ff., zit. nach *Kotschedoff, M.,* Sozialphysikalische Modelle in der regionalen Handelsforschung, Berlin 1976, S. 159.
Huff, D. L., Defining and Estimating a Trading Area, in: Journal of Marketing, Vol. 28 (1964), No. 3, pp. 34 - 38.
Kaiser, A., Lades, R., Die Planung von Versorgungssystemen – Ein clusteranalytischer Ansatz, in: ZfB – Zeitschrift für Betriebswirtschaft, 47. Jg. (1977), S. 313 - 326.
Kuehn, A. A., Hamburger, M. J., A Heuristic Program for Locating Warehouses, in: Management Science, Vol. 9 (1963), pp. 643 - 666, dt. Übersetzung in: *Weinberg, P., Behrens, G., Kaas, K. P.* (Hrsg.), Marketingentscheidungen, Köln 1974, S. 290 - 317.
Reilly, W. T., The Law of Retail Gravitation, New York 1931.
Wellenreuther, H., Die Wirkungen öffentlicher Güter – untersucht am Beispiel von Fußgängerbereichen, Berlin 1982.

Um die Gestaltung der betrieblichen Absatzwege geht es bei:

Ahlert, D., Distributionspolitik, Stuttgart 1985.
Bauer, H. H., Die Entscheidung des Handels über die Aufnahme neuer Produkte, Berlin 1980.
Böcker, F., Der Distributionsweg einer Unternehmung – Eine Marketing-Entscheidung, Berlin 1972.
Böcker, F., Börschlein, E., Planung und Kontrolle von Auslieferungslagern, in: *Böcker, F., Dichtl, E.* (Hrsg.), Erfolgskontrolle im Marketing, Berlin 1975, S. 253 - 272.
Dichtl, E., Grundzüge der Binnenhandelspolitik, Stuttgart–New York 1979.
Dichtl, E., Raffée, H., Niedetzky, H.-M., Reisende oder Handelsvertreter, München 1981.
Dichtl, E., Raffée, H., Wellenreuther, H., Die Förderung des Mittelstandes im deutschen Einzelhandel – Motive, Formen, Wirksamkeit, in: *Treis, B.* (Hrsg.), Der mittelständische Einzelhandel im Wettbewerb – Größenbedingte Vor- und Nachteile, München 1981, S. 211 - 241.
Dichtl, E., Weber, M., Wie der Bildschirmtext sich im Handel auswirken kann, in: Blick durch die Wirtschaft (FAZ), 26. Jg. (1983), Nr. 148 (4. 8.), S. 3, 7.
Falk, B., Wolf, J., Handlexikon für Handel und Absatz, 2. Aufl., München 1979.
Goehrmann, K., Verkaufsmanagement, Stuttgart u. a. 1984.
Hildenbrand, W., Informationsmarketing in der Kommunikation zwischen Hersteller und Handelsvertreter, Frankfurt/M. usw. 1983.
Hinkel, M., Zeitgemäßes Verkaufsmanagement, Neue Trends, Ausbildung, Führung, Organisation und Motivation, Landsberg am Lech 1986.
Hörschgen, H., Strategische Marketingplanung im Elektro-Großhandel, *Arbeitskreis Elektro-Installationstechnik* (Hrsg.), München 1983.
Hörschgen, H., Marketing-Mix international, in: w & v – werben und verkaufen, 20. Jg. (1984), Nr. 8, S. 45 - 47.
Humme, U., Die Bestimmung von Kriterien zur Auswahl von Außendienstmitarbeitern – Eine empirische Untersuchung am Beispiel des Pharmaberaters, Bochum 1987.
Keller, U., Die Bedeutung des Handels für den Investitionsgüterabsatz, Göttingen 1975.
Knigge, J., Franchise-Systeme im Dienstleistungssektor, Berlin 1973.
Lewis, E. H., Marketing Channels – Structure and Strategy, New York etc. 1968.
Körlin, E., Profit Centers im Verkauf, 3. Aufl., Gauting 1985.

Lohmaier, P., Die Messe, Bedeutung und Problematik aus der Sicht der Aussteller, Augsburg 1985.
Mallen, B. E., The Marketing Channel – A Conceptual Viewpoint, New York etc. 1967.
Marzen, W., Struktur und Entwicklung der Betriebsformen des Einzelhandels, 2., überarb. und erw. Aufl., Innsbruck 1983.
Meffert, H., Kimmeskamp, G., Becker, R., Die Handelsvertretung im Meinungsbild ihrer Marktpartner, Stuttgart 1983.
Most, A., Handels-Marketing und Recht, Augsburg 1986.
Mortsiefer, J., Messen und Ausstellungen als Mittel der Absatzpolitik mittelständischer Herstellungsbetriebe, Göttingen 1986.
Nerdinger, F., Leistungsmotivation im Außendienst, Ergebnisse einer empirischen Untersuchung bei Verkäufern im Außendienst, München 1986.
Nieschlag, R., Betriebsformen des Handels, Dynamik der, in: *Tietz, B.* (Hrsg.), HWA – Handwörterbuch der Absatzwirtschaft, Stuttgart 1974, Sp. 366 - 376.
Nieschlag, R., Binnenhandel und Binnenhandelspolitik, 2., neubearb. Aufl., Berlin 1972.
Nieschlag, R., Binnenhandelspolitik, staatliche, und Betrieb, in: *Grochla, E., Wittmann, W.* (Hrsg.), HWB – Handwörterbuch der Betriebswirtschaft, 4., völlig neu gestaltete Aufl., Stuttgart 1974, Sp. 962 - 969.
Nieschlag, R., Handelsbetriebsformen, in: *Beckerath, E. v.* u.a. (Hrsg.), HdSw – Handwörterbuch der Sozialwissenschaften, Stuttgart usw. 1965, S. 799 - 788.
Nieschlag, R., Versandhandelsbetriebe, in: *Grochla, E., Wittmann, W.* (Hrsg.), HWB – Handwörterbuch der Betriebswirtschaft, 4., völlig neu gestaltete Aufl., Stuttgart 1976, Sp. 4202 - 4207.
Nieschlag, R., Kuhn, G., Binnenhandel und Binnenhandelspolitik, 3., neubearb. Aufl., Berlin 1980.
Schenk, H.-O., Wölk, A., Vertriebssysteme zwischen Industrie und Handel – Die Entwicklung neuer vertraglicher Vertriebssysteme zwischen Industrie und Handel in der Bundesrepublik Deutschland, Berlin 1973.
Stern, L. W. (Ed.), Distribution Channels: Behavioral Dimensions, New York etc. 1969.
Stern, L. W., El Ansary, A. J., Marketing Channels, Englewood Cliffs, N.J., 1977.
Theuer, G., Nahversorgung: Problem und Lösungsansatz durch ambulante Vertriebssysteme, in: Der Markt, 16. Jg. (1977), S. 1 - 10.
Tietz, B. Konsument und Einzelhandel, 3., völlig neubearb. Aufl., Frankfurt/M. 1983.
Tietz, B., Der Handelsbetrieb, München 1985.
Zentes, J., Außendienststeuerung, Stuttgart 1980.

§ 6 Kommunikationspolitik

1. Die Bedeutung der Kommunikationspolitik
   1.1. Die Kommunikationspolitik als Element des Marketing-Mix
   1.2. Quantitative Dimensionen der Werbung
   1.3. Die Struktur der Werbewirtschaft
      1.3.1. Die Akteure
      1.3.2. Selbstverwaltungsorgane der Werbewirtschaft
2. Von der Reklame zur Kommunikationspolitik:
   Geschichte und theoretische Grundlagen der Werbewissenschaft
   2.1. Frühe Vorläufer der modernen Wirtschaftswerbung
   2.2. Von der elementenpsychologisch zur gestalt- bzw. ganzheitsspsychologisch orientierten Werbelehre
      2.2.1. Der elementenpsychologische Erklärungsansatz
      2.2.2. Der gestalt- und ganzheitspsychologische Erklärungsansatz
         2.2.2.1. Die Prüfung der Gestaltfestigkeit
         2.2.2.2 Die Prüfung der Anmutungsqualität
   2.3. Die lern-, motivations- und einstellungstheoretisch fundierte Werbelehre
      2.3.1. Der lerntheoretische Erklärungsansatz
      2.3.2. Der motivationstheoretische Erklärungsansatz
         2.3.2.1. Die homöostatischen Motivationstheorien
            2.3.2.1.1. Der instinkttheoretische Ansatz
            2.3.2.1.2. Der psychoanalytische Ansatz
            2.3.2.1.3. Der kognitive Ansatz
         2.3.2.2. Die humanistische Motivationstheorie
         2.3.2.3. Die aktivationstheoretischen Motivationstheorien
      2.3.3. Der einstellungstheoretische Erklärungsansatz
   2.4. Die kommunikationstheoretisch ausgerichtete Werbelehre
      2.4.1. Die Kommunikation aus sozialpsychologischer Sicht
      2.4.2. Die Kommunikation aus soziologischer Sicht
         2.4.2.1. Das Meinungsführer-Konzept
         2.4.2.2. Das diffusionstheoretische Konzept
         2.4.2.3. Das Nutzenkonzept
3. Erscheinungsformen der Kommunikationspolitik
   3.1. Die Werbung
      3.1.1. Die Werbung als Kommunikationsprozeß
      3.1.2. Eine Phänomenologie der Werbestrategien
      3.1.3. Produkt und Firma als Objekte werblicher Maßnahmen
      3.1.4. Individual- und Kollektivwerbung als Basisstrategien
      3.1.5. Erscheinungsformen der Werbung inner- und außerhalb der Wirtschaft
   3.2. Die Verkaufsförderung
   3.3. Die Öffentlichkeitsarbeit
      3.3.1. Die Public Relations
      3.3.2. Die Formung einer Corporate Identity

4. Werbepolitische Entscheidungen
  4.1. Die Werbeplanung
    4.1.1. Informationen als Grundlage der Werbeplanung
    4.1.2. Die Zielplanung
      4.1.2.1. Ökonomische Werbeziele
      4.1.2.2. Außerökonomische Werbeziele
    4.1.3. Die Werbeprogrammplanung
      4.1.3.1. Die Werbebudgetplanung
      4.1.3.2. Die Mediaplanung
        4.1.3.2.1. Die Werbeträger
        4.1.3.2.2. Entscheidungskriterien bei der Mediaplanung
        4.1.3.2.3. Die Mediaselektion
  4.2. Die Werbegestaltung
    4.2.1. Die Werbebotschaft
    4.2.2. Die Werbemittel
      4.2.2.1. Gestaltungstypen
      4.2.2.2. Prinzipien der Gestaltung verbaler Werbemittel
      4.2.2.3. Die Wirkkonkurrenz
    4.2.3. Die Werbemittel-Erfolgsprognose
      4.2.3.1. Grundlagen
      4.2.3.2. Teilprüfungen
        4.2.3.2.1. Die Werbemittel-Plazierung
        4.2.3.2.2. Die Werbemittel-Größe
        4.2.3.2.3. Die Farbwahl
      4.2.3.3. Ganzheitsprüfungen
        4.2.3.3.1. Der multivariate Ansatz
        4.2.3.3.2. Psychophysiologische Verfahren
  4.3. Die Werbeerfolgskontrolle
    4.3.1. Grundlagen
    4.3.2. Die Messung des ökonomischen Werbeerfolges
      4.3.2.1. Der ökonometrische Ansatz
        4.3.2.1.1. Die statische Modellkonzeption
        4.3.2.1.2. Die dynamische Modellkonzeption
      4.3.2.2. Experimentelle Ansätze
    4.3.3. Die Messung des außerökonomischen Werbeerfolges
      4.3.3.1. Die Gedächtniswirkung
        4.3.3.1.1. Das Wiedererkennungsverfahren
        4.3.3.1.2. Das Erinnerungsverfahren
        4.3.3.1.3. Die Eignung der Gedächtniswirkung als Maß des Werbeerfolges
      4.3.3.2. Die Einstellungswirkung
      4.3.3.3. Multidimensionale Meßansätze
5. Rechtliche Grenzen der Kommunikationspolitik

Quellenhinweise und Literaturempfehlungen

1. Die Bedeutung der Kommunikationspolitik

1.1. Die Kommunikationspolitik als Element des Marketing-Mix

Obwohl es bislang nicht gelungen ist, die Vielzahl der Erscheinungsformen der Kommunikationspolitik (siehe Abschn. 3.) in ein erschöpfendes und gleichzeitig praxisgerechtes Klassifikationsschema einzuordnen, besteht doch insoweit Einigkeit, als man üblicherweise die Bereiche **Werbung, Verkaufsförderung** (Sales Promotions) und **Öffentlichkeitsarbeit** (Public Relations) diesem Bereich subsumiert. Im Einzelfall können indessen auch Preisstellung, Produktgestaltung und Distributionssystem werbliche Aufgaben erfüllen.

Am deutlichsten treten die Schwierigkeiten der Begriffsabgrenzung bei der Preiswerbung zutage, die im Lebensmitteleinzelhandel eine dominierende Rolle spielt (vgl. *Diller* 1982). Allein die Großbetriebe des deutschen Nahrungsmitteleinzelhandels investierten 1980 mehr als 1,5 Mrd. DM in eine Endverbraucherwerbung, deren dominantes Argument die Preisstellung einzelner Artikel war. Verbraucherbefragungen geben freilich die Zweischneidigkeit dieser Marketing-Strategie zu erkennen. Der weit verbreitete Glaube, einem Einzelhändler verblieben 30% und mehr seines Umsatzes als Reingewinn (vgl. *IHK Koblenz* 1981), muß zweifellos mit der besonders im Bekleidungs-, Teppich- und Möbeleinzelhandel anzutreffenden Praxis, durchgestrichene Entgeltforderungen und Preisgegenüberstellungen als Werbeargumente einzusetzen, in Verbindung gebracht werden.

In der Literatur finden sich zahlreiche Versuche, die Stellung der Kommunikationspolitik im Marketing-Mix in Form eines kybernetischen Modells darzustellen (vgl. Abb. 6.1.). Zweifellos können derartige Systematisierungen eine gewisse Strukturierungsfunktion erfüllen. Dennoch sollten sie über eines nicht hinwegtäuschen: Trotz einer vom einzelnen kaum mehr überschaubaren Flut von Untersuchungen und Publikationen über Werbewirkungen kann es nach wie vor lediglich als gesichert gelten, „daß Kommunikationsmaßnahmen im Rahmen des Marketing-Mix einesteils eine übergreifende Bedeutung zukommt, da sie alle übrigen Teilgebiete der Absatzpolitik mittragen, andererseits aber auch produkt-, preis- und distributionspolitische Maßnahmen kommunikative Wirkungen entfalten" (*Kaiser* 1980, S. 76).

Auch wenn bereichsspezifische Entscheidungen zuweilen isoliert getroffen werden müssen, sollten idealerweise alle Marketing-Instrumente in einer absatzpolitischen Gesamtkonzeption koordiniert werden; denn selbst mit der besten Werbekampagne läßt sich auf Dauer kein schlechtes, übertueures oder schwer erhältliches Produkt verkaufen. Umgekehrt behindert die wechselseitige Beeinflussung der Instrumente die Erfolgskontrolle bei Marketing-Maßnahmen, wie im Zusammenhang mit der **Werbewirkungsforschung** noch ausführlicher zu begründen sein wird (vgl. Abschn. 4.).

Wenn in der neueren Zeit dennoch ein wachsender Stellenwert der Kommunikationspolitik konstatiert wird, so geben vornehmlich Aspekte der Markt- und Konjunkturentwicklung zu einer solchen Bewertung Anlaß. Stichworte dazu sind:

– Annähernd gesättigte Märkte, bei denen es fast nur noch darum geht, den Ersatzbedarf zu stillen
– Weitgehendes Ausbleiben von Produktinnovationen

– Gleichmäßig hoher Fertigungsstandard, auf Grund dessen sich ausgereifte Erzeugnisse durch die Produktbeschaffenheit oder den Preis kaum noch differenzieren lassen
– Notwendigkeit wirtschaftlichen Wachstums und der Überwindung von Angstsparen und Zivilisationspessimismus.

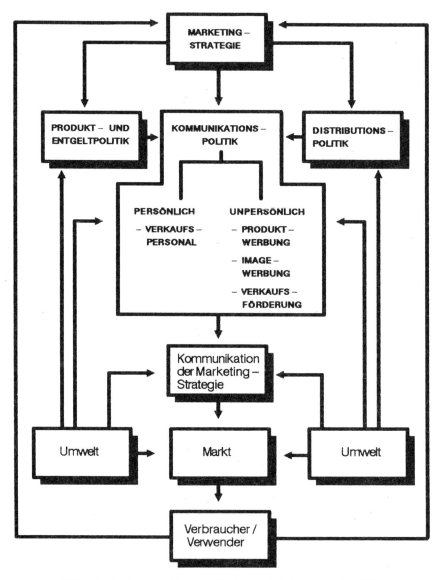

Abb. 6.1.: Stellung der Kommunikationspolitik im Marketing-Mix

Obwohl zwischen allen Gliedern der zumeist mehrstufigen Absatzketten werbliche Kommunikationsprozesse ablaufen, indem etwa die Hersteller den Großhandel oder die Einzelhändler die Endabnehmer umwerben, konzentrierten sich sowohl die amerikanische als auch die deutschsprachige Marketing-Literatur auf die einschlägigen Aktivitäten der **Hersteller.** Weiterhin gilt zumeist der **Konsumgüterindustrie** das vorrangige Interesse, während die besonderen Probleme der Investitionsgüterwerbung in der wissenschaftlichen Behandlung ein Schattendasein fristen. Als dritte Ursache der Unausgewogenheit der Fachliteratur, jedenfalls gemessen an der Realität, läßt sich die Ausrichtung an den kommunikationspolitischen Bedürfnissen und Entscheidungen von **Großunternehmen,** z. B. hinsichtlich der Gestaltung von TV-Spots oder der Erstellung landesweiter Mediapläne, ausmachen, während die Sorge um die in der Regel weit weniger spektakuläre Werbepolitik kleiner und mittelständischer Unternehmen überwiegend Verbandszeitschriften vorbehalten ist.

Der Handel muß sich die bevorzugte Behandlung von Themen aus der Herstellerwerbung teilweise ins eigene Stammbuch schreiben lassen, da er die mit der Beurteilung der Zweckmäßigkeit von entsprechenden Werbemaßnahmen verbundenen Schwierigkeiten weithin unterschätzt. Aber nicht nur die trügerische Selbstsicherheit bzw. Bequemlichkeit, die anstehenden werbepolitischen Entscheidungen dank eigener Erfahrung sachgerecht treffen zu können, sondern auch das Versäumnis der Marktforscher, geeignete Instrumente einer Handels-Werbeforschung zu entwickeln, werden oft als Ursachen für den unbefriedigenden Status quo genannt.

Die aufgezeigten Unzulänglichkeiten können hier nicht behoben, sondern lediglich auf ihre Ursachen zurückgeführt werden:

- Die Umwerbung des Handels durch die Industrie vollzieht sich überwiegend in der Bereitstellung von Informationen über Produkte, über Maßnahmen aus dem Bereich der Verkaufsförderung und der Bezugspreise sowie über bestimmte von Herstellern gewährte Unterstützungsformen (z. B. Regalservice, Mitarbeiterschulung). Daß es dabei in nicht unerheblichem Ausmaß zu **Diskrepanzen** zwischen dem **Informationsangebot** der Industrie und den **Informationswünschen** des Handels kommt, wurde empirisch nachgewiesen (vgl. *Dichtl/Bauer* 1978; *Bauer* 1980).

- *Dichtl* (1983) kontrastiert die **divergierenden kommunikationspolitischen Ziele** von Herstellern und Handel in der in Tab. 6.1. wiedergegebenen Form.

- Die Investitionsgüterwerbung (vgl. z. B. *Pflaum/Eisenmann* 1981) bedingt aus Kostengründen in der Regel eine **Konzentration** der Anstrengungen auf Großkunden und eine Vernachlässigung mittelständischer Unternehmen.

- Erst als Ende der siebziger, Anfang der achtziger Jahre Leistungsbilanzdefizite der Bundesrepublik Deutschland Schlagzeilen zu machen begannen, entwickelte sich ein gewisses Interesse für die **internationalen Werbekampagnen** innewohnenden Chancen und Risiken. Besondere Aufmerksamkeit fanden bislang die Frage der „Übertragbarkeit von Werbekonzeptionen auf internationale Märkte" (*Althans* 1982) und die „Werbepolitik multinationaler Unternehmungen" (*Steffens* 1982).

Tabelle 6.1.:

Konträre kommunikationspolitische Zielsetzungen der Hersteller und des Handels

Kommunikationsziele	
Hersteller	Handel
○ Produktwerbung auf nationaler Ebene	○ Firmenwerbung auf lokaler oder regionaler Ebene
○ Geschlossene Werbekonzeption zur Schaffung profilierter Produktimages	○ Geschlossene Werbekonzeption zur Schaffung eines profilierten Firmenimage
○ Priorität der überregionalen Mediawerbung	○ Priorität der gruppengebundenen Verkaufsstellenwerbung
○ Werbewirksame, aufwendige Verpackung	○ Rationelle, funktionsgerechte Verpackung

Quelle: *Dichtl* 1983, S. 125.

1.2. Quantitative Dimensionen der Werbung

Den im Zusammenhang mit Werbemaßnahmen erbrachten Leistungen kommt ein außerordentlich hoher gesamtwirtschaftlicher Stellenwert zu. Im Jahre 1986 summierten sich in der Bundesrepublik Deutschland die sog. Nettowerbeumsätze auf rund 17,3 Mrd. DM, was 0,9% des Bruttosozialprodukts (BSP) entsprach. Mit Nettoumsätzen sind die von Produktionskosten, Skonti, Rabatten und Mittlergebühren bereinigten Werbeumsätze der vom *Zentralausschuß der Werbewirtschaft e. V.* dokumentierten Werbeträger gemeint.

Bei einer Abgrenzung der Werbung, die nicht nur die sog. Schaltkosten (vgl. Abschn. 4.1.3.2.2.), sondern auch die bei der Herstellung von Werbemitteln anfallenden Personal- und Sachkosten sowie Ausgaben für Messen und Ausstellungen, ferner für Verpackung, soweit sie werblichen Zwecken dient, und für Gebrauchsanweisungen berücksichtigt, ergibt sich nach einer Schätzung von *Klein-Blenkers/Robl* (1980) sogar ein sog. Bruttowerbevolumen von knapp 40 Mrd. DM (2,5% des BSP). Ein Vergleich mit den für die Vereinigten Staaten veranschlagten Bruttowerbeausgaben (61 Mrd. Dollar; 2,2% des BSP) macht deutlich, daß die Werbewirtschaft in der Bundesrepublik Deutschland zumindest relativ mit den USA gleichgezogen hat.

Häufig werden in diesem Zusammenhang auch Angaben der Hamburger *Gesellschaft für Werbestatistik, Schmidt & Pohlmann (S + P)*, zitiert (vgl. z. B. *Steinbach* 1982). Dabei muß jedoch beachtet werden, daß dieses Unternehmen nicht sämtliche Markenartikel- und Dienstleistungsanzeigen, sondern vorwiegend regional und überregional gestreute Publikationen erfaßt, was jedoch insbesondere der auf lokale Tageszeitungen konzentrierten Handelswerbung nicht gerecht wird.

Von einem noch für die siebziger Jahre charakteristischen **überproportionalen Wachstum** der **Werbeausgaben** (vgl. Abb. 6.2.) kann nicht mehr die Rede sein. Quantitativ betrachtet stagniert die Wirtschaftswerbung, soweit es Ver- und Gebrauchsgüter anbelangt. Lediglich ein vermehrtes Interesse der Anbieter von Dienstleistungen, wie z. B. Banken, Bausparkassen und Versicherungen, sowie gewisse neue Erscheinungsformen der Werbung, wie z. B. institutionelle, politische und Sozialwerbung, sorgen noch für bescheidene Zuwachsraten. Dies belegt auch Tab. 6.2.

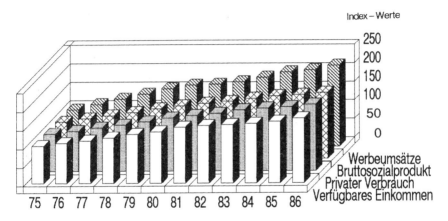

Quelle: *Zentralausschuß der Werbewirtschaft e. V.*, 1983, S. 11, 1985, S. 10, 1987, S. 11.

Abb. 6.2.: Entwicklung der Werbeumsätze und ausgewählter volkswirtschaftlicher Kennwerte (1975 = 100)

Einige weitere Daten sind geeignet, das quantitative Bild der Werbung abzurunden:

- Die in Düsseldorf und Hamburg ansässige, derzeit größte deutsche Werbeagentur *Team/BBDO-Gruppe* erzielte 1986 mit 436 Mitarbeitern nach eigenen Angaben einen Gesamtumsatz von 527 Mio. DM.
- 1986 führte die Fa. *C & A Brenninkmeyer* die Rangliste der Werberiesen an. Mit ca. 215 Mio. DM lag sie damit deutlich vor dem *Springer*-Verlag, der etwa 148 Mio. DM aufwendete, und dem *VW*- Konzern, der für 137 Mio. DM Werbung betrieb.

Tabelle 6.2.:

Werbeausgaben verschiedener Institutionen (1986)

Institution	darunter befinden sich beispielsweise	Werbeaufwendungen 1986 (in Mio. DM)
Behörden	Bundesministerien Landesregierungen Jugendämter	35,8
Parteien	CDU SPD FDP	18,7
Organisationen und Verbände	Arbeiter-Samariter-Bund Bäckerinnung Aktion Friedensdorf	127,7
Vereine, Institute, Gesellschaften, Clubs	ADAC AvD Augustinum	15,7
Energie-Versorgungs-betriebe	Rheinisch-Westfälische Energie-Versorgung (RWE) Kraftwerksunion (KWU) Ruhrgas	80,0

Quelle: *Schmidt & Pohlmann, Gesellschaft für Werbestatistik,* Hamburg.

- Rund 300000 Personen finden in Verbindung mit der Werbung einen Arbeitsplatz, und zwar in Werbeagenturen, in den zuständigen Abteilungen der werbungtreibenden Unternehmen, in den Anzeigenressorts der Verlage, bei Funk und Fernsehen, in Druckereien oder in Zulieferbetrieben.
- Die einmalige Schaltung einer ganzseitigen Vierfarbenanzeige kostete 1987 in einer auflagenstarken Illustrierten knapp 90000 DM.
- Ohne Werbung hätte sich der monatliche Abonnementpreis einer Tageszeitung 1983 statt auf ca. 17 DM auf rund 50 DM belaufen.
- *ARD* und *ZDF* beziehen ca. 35% ihrer Einnahmen aus der Werbung, müssen dafür aber nur 3,6% ihrer Sendezeit bereitstellen. Beim Hörfunk beläuft sich die entsprechende Relation gar auf 31:2.

Daß die Werbung ein wichtiges Regulativ der marktwirtschaftlichen Ordnung darstellt, wird weder von den Befürwortern noch von den Gegnern unseres Wirtschaftssystems bestritten. Was beide unterscheidet, ist neben Fragen des Werbestils vor allem das Maß an Werbeaufwendungen, das sie für angemessen halten. Die damit angesprochene **Hypertrophie der Werbung,** von den einen schlimmstenfalls als leidiges Übel toleriert, von den anderen als persönliche Belästigung und Instrument der Repression verurteilt, hat insofern weitreichende praktische Konsequenzen, als sie den an sich konkurrenzfähigen Erzeugnissen kleiner Anbieter fast alle Chancen, am Marktgeschehen zu partizipieren, nimmt. Wenn z.B. eine national distribuierte Zigarettenmarke nur noch mit einem Werbeaufwand von 50 Mio. DM in den Markt eingeführt werden kann, werden dadurch Zutrittsschranken errichtet, die kleineren Anbietern von vornherein alle Entfaltungsmöglichkeiten nehmen.

1.3. Die Struktur der Werbewirtschaft
1.3.1. Die Akteure

(1) Werbungtreibende Unternehmen

Sieht man von den wenigen Großunternehmen ab, deren Werbeabteilungen eine Kampagne von der Konzipierung über die Realisation bis hin zur Erfolgskontrolle selbständig abzuwickeln in der Lage sind, liegt das Schwergewicht des Werbegeschehens bei unternehmensexternen Organen der Werbung. Angesichts des geringen Volumens der Mehrzahl der Werbeetats – 96% der Werbeetats in der Bundesrepublik Deutschland belaufen sich auf weniger als 1 Mio. DM und werden zudem großteils für die **Werbemittel-Streuung,** z. B. von Anzeigen in Zeitungen und Zeitschriften, ausgegeben (vgl. *Kaiser* 1980, S. 26) –, wäre es unökonomisch, wenn mittelständische Firmen eigene Werbeabteilungen unterhielten. Selbst Großkunden der Werbewirtschaft machen sich überwiegend die Erfahrung von **Werbeberatern,** allen voran von **Werbeagenturen,** zunutze.

Nach Angaben von *Heck* (1982, S. 2627) finden sich in diesem Bereich zehn typische Berufsausrichtungen, nämlich Art Director, FFF-Producer (Film, Funk, Fernsehen), Kontakter (Account Executive), Media-Experte, Produktionsfachmann (Druck), Produkt-Manager, Spezialist Marketing-Forschung, Texter, selbständiger Werbeberater und Werbeleiter.

(2) Werbeagenturen

Wenn schon die zentrale unternehmerische Entscheidung, jene über den Etat, von 22,6% der Agenturen zumindest mitgetroffen wird, so gilt dies in noch stärkerem Maße für die Bewertung von Marktdaten und für die für den Erfolg der Werbung maßgebliche Definition von Werbezielen (vgl. *Rogge* 1981). Insbesondere aber die Lösung **konzeptioneller Aufgaben** (Werbeidee und Entwurf) sowie die **Produktion** und **Streuung** von **Werbemitteln** sind das angestammte Arbeitsgebiet der Agenturen. Zur Erfolgskontrolle werden häufig noch Marktforschungsinstitute hinzugezogen.

Schalten Unternehmen Werbemittler und Werbeagenturen ein, so müssen sie diese über ihre Zielvorstellungen informieren. Diesen Prozeß der Abstimmung zwischen Auftraggeber und Auftragnehmer nennt man **Briefing.** Da z.B. die hinzugezogenen Experten gewöhnlich über das zu bewerbende Produkt und die zu beachtende Marktsituation nicht ausreichend Bescheid wissen, muß ihnen das entsprechende Hintergrundmaterial in geeigneter Weise zur Verfügung gestellt werden. Neben der Skizzierung der Aufgabenstellung und der Vermittlung von Informationen über Termine, Etats und Bewertungsmaßstäbe werden vor allem die werbepolitischen Zielvorstellungen des Auftraggebers Gegenstand der Unterrichtung sein.

Auf dieser Basis erarbeiten die Betroffenen dann einen Arbeitsvorschlag und ein Kostenangebot (vgl. *Hanrieder* 1982), die die Grundlage für die abschließenden Verhandlungen zwischen Auftraggeber und Auftragnehmer bilden.

Besondere Aufmerksamkeit erheischt das häufig gespannte Verhältnis zwischen Marktforschung und Werbeagentur. Da Marktforscher von Werbungtreibenden oft beauftragt werden, die Güte der von einer Werbeagentur entwickelten bzw. realisierten Werbestrategie zu testen, ist das Entstehen von Konflikten fast unvermeidbar, dies um so mehr, als die Werber den **Marktforschern** meistens überhaupt die Fähigkeit absprechen, die von ihnen erbrachte kreative Leistung in ihrer Gesamtheit bewerten zu können. „Oft werden Marktforschungsergebnisse von Unternehmen als Waffe gegen die Agentur eingesetzt. Daß dies zur Ablehnung von Tests führt, ist selbstverständlich" (*Mumm* 1982, S. 52). Umgekehrt zieht so mancher Marktforscher die berufliche Qualifikation seiner Agenturkollegen rundherum in Zweifel, was häufig nicht schwerfällt, da Kreativität nur bedingt lehr- und erlernbar ist und auch nicht durch Diplome nachgewiesen werden kann.

1.3.2. Selbstverwaltungsorgane der Werbewirtschaft

(1) Der *Zentralausschuß der Werbewirtschaft e.V.*

An der Erstellung des Produkts Werbung sind auf der einen Seite die eigentlichen Werbungtreibenden und die Werbeagenturen, auf der anderen Seite Spezialberufe, die Marktforschung und die Medien beteiligt.

Sachwalter der Interessen aller (nur nicht der Verbraucher) ist der *Zentralausschuß der Werbewirtschaft e.V. (ZAW)*, der versucht, seinen 42 Mitgliedsverbänden freie Entfaltungsmöglichkeiten zu sichern und insbesondere eine staatliche Werberegelung und Aufsicht entbehrlich zu machen. Er vertritt die Werbewirtschaft gegenüber Behörden und Gesetzgebungsorganen und organisiert Ausstellungen, Kongresse und Studienreisen.

Ein weiteres Betätigungsfeld von ihm ist die Erarbeitung von Leitlinien, die wie das 1983 veröffentlichte *ZAW-Rahmenschema für Werbeträger-Analysen* geeignet sind, die Medientransparenz zu erhöhen und werbungtreibenden Unternehmen objektive Informationen über das Leistungsvermögen der einzelnen Werbeträger zur Verfügung zu stellen. Mit den *ZAW-Richtlinien für redaktionell gestaltete Anzeigen* soll insbesondere einer um sich greifenden Variante der irreführenden Werbung entgegengewirkt werden. Anzeigen in Zeitungen und Zeitschriften sind demnach so zu gestalten, daß sie auch bei oberflächlicher Betrachtung nicht als redaktioneller Beitrag erscheinen. Mit *ZAW-Service, basisdienst, extrablatt, edition ZAW* und *ZAW-Jahrbuch* verfügt dieser Verband über ein reichhaltiges Sortiment an Public Relations-Instrumenten, das er wirkungsvoll zur Wahrung der Interessen seiner Mitglieder einzusetzen versteht.

1. Die Bedeutung der Kommunikationspolitik

(2) Der *Deutsche Werberat*

Der 1972 vom *ZAW* gegründete *Deutsche Werberat* ist eine Einrichtung, der zehn Mitglieder des *ZAW*-Präsidiums, aber kein Vertreter einer Verbraucherorganisation angehören. In einer Selbstdarstellung wird das Schwergewicht der Arbeit in der Grauzone unerwünschter, durch Aussagegehalt, Adressatenkreis oder Begleitumstände anstößiger Werbung angesiedelt. Die Verfolgung klarer Verstöße gegen das geltende Recht sei hingegen Sache der Gerichte. „Gehen Beschwerden ein, die deutliche Gesetzesverstöße sind, wird die *Zentrale zur Bekämpfung unlauteren Wettbewerbs* eingeschaltet" (o. V., *Deutscher Werberat*, 1982).

Der *Werberat* ist vorwiegend in folgenden Bereichen aktiv:

(a) Seit Aufnahme seiner Tätigkeit befaßte sich dieses Organ mit der **Behandlung von** insgesamt 4621 **Beschwerden,** die von Konsumenten, Verbraucherorganisationen, Journalisten, Politikern, Ministerien oder der Werbewirtschaft eingebracht oder in einzelnen Fällen von ihm selbst aufgegriffen worden waren.

Von den 316 Eingaben des Jahres 1986 hat er 45% als unbegründet zurückgewiesen. In 9% der Fälle wurde der Beschwerdeführer darauf verwiesen, seine Rechte selbst wahrzunehmen oder sich an eine andere Stelle zu wenden. Bei 32% der beanstandeten Werbemaßnahmen schließlich konnte der *Werberat* mit Erfolg auf die dafür Verantwortlichen im Sinne des Antragstellers einwirken.

Kritiker werten diese Zahlen als negative Bilanz. Bedauerlicherweise werde nur ein Bruchteil beanstandenswerter Werbeaktionen gemeldet, von denen dann die meisten zurückgewiesen oder weitergeleitet würden. Wo wirklich einmal eine Beschwerde für gerechtfertigt gehalten werde, sei die Kampagne dann, wenn sie vom *Werberat* beanstandet wird, nicht selten auch ohne diese Rüge zu Ende gewesen.

Es hat nicht an Gegenargumenten gefehlt, die im Prinzip darauf hinauslaufen, daß man mit der Anzahl der Beschwerden nicht erfassen könne, inwieweit eine solche Einrichtung vorbeugende Wirkung entfalte. Außerdem sei eine Art freiwilliger Gerichtsbarkeit in einer freiheitlichen Wirtschaftsordnung fast immer staatlichen Reglementierungen vorzuziehen.

(b) Der zweite Tätigkeitsbereich, die **Entwicklung von Verhaltensregeln,** reflektiert das Credo des *Deutschen Werberates,* bereits im Vorfeld und nicht erst vor den Schranken der Gerichte tätig zu werden. Die zwischen 1972 und 1982 erarbeiteten

- Verhaltensregeln für die **Werbung mit und vor Kindern,**
- für die **Werbung für alkoholische Getränke,** ferner
- Entschließungen zum Thema **Frauen in der Werbung,**
- zur **Reifenwerbung** sowie
- zur **Werbung in Sport-Austragungsstätten**

sollen Fehlentwicklungen verhindern und eine verbrauchergerechte Werbung fördern.

(c) Durch eine **umfassende Information** nach **innen** und **außen** wird nicht zuletzt versucht, der Kritik an der Feigenblatt-Funktion des *Werberates* entgegenzutreten. Dem dienten z. B. die 1976 und 1981 veranstalteten bundesweiten Anzeigenkampagnen, in denen potentielle private Beschwerdeführer über die Existenz und Tätigkeit dieses Gremiums unterrichtet wurden.

(3) Die *Informationsgemeinschaft zur Feststellung der Verbreitung von Werbeträgern e. V. (IVW)*

Auch die 1949 gegründete *IVW* ist eine Tochterorganisation des *ZAW*. Im Rahmen der Selbstverwaltung der Werbewirtschaft kommt ihr die Aufgabe zu, vergleichbare und **objektiv ermittelte Unterlagen** über die Verbreitung der wichtigsten Werbeträger zu beschaffen und bereitzustellen. Diese gemeinsam von Werbungtreibenden, Werbeagenturen und Werbemittlern getragene Organisation kontrolliert zunächst die **Richtigkeit** der von den Verlagen gemeldeten Auflagen von Printmedien (Tageszeitungen, Fachzeitschriften, Wirtschaftsadreßbücher, Branchenfernsprechbücher – *Gelbe Seiten*, Handbücher), wobei sie jeweils nicht die Druckauflage, sondern die tatsächlich verbreitete Zahl an Exemplaren ausweist. Daneben überwacht sie **Plakatanschlagstellen** und **Verkehrsmittel** als Werbeträger. Nicht zuletzt ermittelt sie auch **Besucherzahlen** in **Filmtheatern**. Wegen ihrer **Zuverlässigkeit** haben sich die von der *IVW* kontinuierlich publizierten Daten zu einer zentralen Entscheidungsgrundlage für die Mediaplanung entwickelt.

(4) Die *Arbeitsgemeinschaft Media-Analyse e. V. (AG · MA)*

Zu den Mitgliedern der *Arbeitsgemeinschaft Media-Analyse e. V.* zählten Anfang 1988 13 werbungtreibende Unternehmen, 35 Werbeagenturen, 84 Vertreter von Pressemedien und 9 Vertreter elektronischer Medien. Trotz ihrer numerischen Unterlegenheit können die Nutzer, d. h. die Werbungtreibenden und die Agenturen, von den Anbietern in den Entscheidungsgremien nicht majorisiert werden, da dort beide Seiten über jeweils 50% der Stimmen verfügen.

Während die *IVW* auf den Nachweis der echten Auflagenhöhen beschränkt ist, konzentriert sich die *AG · MA* auf die **Mediennutzung,** die sich in den sog. Reichweiten (vgl. Abschn. 4.1.3.2.2.) ausdrückt, ferner auf Eigenschaften der Personen, wie z. B. Freizeit- und Einkaufsverhalten, die zur Definition werblicher Zielgruppen herangezogen werden (vgl. *Scheler* 1982). Auch hinsichtlich der untersuchten Mediengattungen ist der Aktionsradius der *AG · MA* weiter gesteckt.

Da die Wirkung von Werbemaßnahmen maßgeblich von der Gestaltung der Werbemittel oder dem zu bewerbenden Produkt beeinflußt wird, kann der Werbeerfolg letztlich nur von den Werbungtreibenden selbst erforscht werden. Die *AG · MA* will nur analysieren, wer von den Medien wann, wo und wie oft erreicht wird. Genauer gesagt ermittelt die *AG · MA* **Werbeträger-Kontaktchancen.** Die bedeutsamste, von der Werbewirtschaft alljährlich mit Spannung erwartete Publikation dieses Organs ist die *Media-Analyse (MA)*.

(5) Der *Ausstellungs- und Messe-Ausschuß der Deutschen Wirtschaft e.V. (AUMA)*

Neben dem *ZAW* verfügt die Werbewirtschaft über einen weiteren Dachverband, der sich jedoch einer spezifischen Aufgabenstellung, dem Messe- und Ausstellungswesen, widmet. Im Interesse der Aussteller, Besucher und Veranstalter sowie der an entsprechenden Veranstaltungen im Ausland beteiligten Gruppen befaßt er sich auf der Grundlage der Verfahrensordnung des *AUMA* mit der Koordinierung von Messen und Ausstellungen, namentlich von Angebot, Ort, Größe, Termin, Dauer und Turnus solcher Veranstaltungen. Insbesondere bei erstmals durchgeführten Messen wird der *AUMA* beratend aktiv (vgl. *Weidner* 1982, S. 2413), wobei dessen Interesse, einer Messeinflation entgegenzuwirken, eine wichtige Rolle spielt.

Eine der *IVW* vergleichbare **Überwachungsfunktion** übernimmt hier die *Gesellschaft zur freiwilligen Kontrolle von Messe- und Ausstellungszahlen (FKM)*. Sie erhebt vor allem die Zahl der Besucher und Aussteller sowie die Größe der Ausstellungsfläche von Messen.

2. Von der Reklame zur Kommunikationspolitik: Geschichte und theoretische Grundlagen der Werbewissenschaft

Kommunikationspolitik wird hier nicht als angewandte Kunst verstanden, deren Aufgaben durch Intuition, Kreativität und Anwendung ästhetischer Gestaltungsprinzipien zu lösen sind, sondern als **angewandte Verhaltenswissenschaft**, als Sozialtechnik also, die sich Erkenntnisse von Psychologie, Soziologie und Marktforschung zunutze macht, um **betriebswirtschaftliche Aufgaben** zu erfüllen.

2.1. Frühe Vorläufer der modernen Wirtschaftswerbung

Die Geschichte der Wirtschaftswerbung ist gut dokumentiert, und es liegen zahlreiche historische Belege vor, die einen Buchtitel wie *6000 Jahre Werbung* (vgl. *Buchli* 1962) gerechtfertigt erscheinen lassen. Das vermutlich älteste Nachschlagewerk zur Werbung ist der im Jahre 1804 aufgelegte *Schildweiser der Handlungen und Gewerbe der inneren Kaiserstadt Wien* (vgl. *Müller* 1982).

Auf die an den ästhetischen Prinzipien der Plakatkunst des Jugendstils orientierte Werbeperiode während und nach dem Ersten Weltkrieg folgte deren – unter Gestaltungsgesichtspunkten – krasses Gegenteil, die Zeit der **Reklame,** die mit dem Weltreklamekongreß im Berlin des Jahres 1929 einen glanzvollen Höhepunkt feierte. Die Grundannahme des Reklame-Modells (*Hoffmann* 1972, S. 40) lautet: „Der Verbraucher ist problemlos beeinflußbar, wenn es gelingt, seine Aufmerksamkeit für die Werbebotschaft zu wecken." Die Aufmerksamkeitsweckung schien durch eine auffällige „Verpackung" der Werbebotschaft sehr einfach erreichbar zu sein, wodurch inhaltliche Aspekte in den Hintergrund treten konnten.

Theoretische Basis der alle menschliche Individualität mißachtenden Reklame-Konzeption war die vor allem durch *Le Bon* (1895) und *Ortega y Gasset* (1947) bekannt gewordene **Massenpsychologie**. Der Massenmensch, gekennzeichnet durch Anonymität, Mangel an persönlicher Verantwortung, Triebhaftigkeit, Gefühlsbetontheit und Bereitschaft zur Unterwerfung unter charismatische Führerpersönlichkeiten, galt als leicht beeinflußbar und als willfähriges Opfer einer einfallslosen „Trommelfeuerwerbung". **Reklame** sollte deshalb keineswegs als veraltete Bezeichnung für Werbung verstanden werden. Der Begriff steht vielmehr für eine an den Prinzipien der Propaganda orientierte Konzeption, die mit stupiden Wiederholungen und massiven, meist aufdringlichen Beeinflussungsversuchen („Kaufen Sie...") viel zu den unleugbaren Statusproblemen der Werbewirtschaft beigetragen hat.

2.2. Von der elementenpsychologisch zur gestalt- bzw. ganzheitspsychologisch orientierten Werbelehre

Auch eine andere psychologische Schule, die die Werbelehre in den zwanziger Jahren mitbestimmte (vgl. z. B. *Jacobi* 1972), hat viel von ihrer Praxisrelevanz verloren. Die damals am Berliner Psychologischen Institut entwickelte **Gestalttheorie** war eine (kritische) Reaktion auf die ältere Psychologie, die sog. **Elementenpsychologie**. Nur wer sich das Grundanliegen dieser ersten Form einer wissenschaftlichen Psychologie bewußt macht, wird die Überlegungen der gestalt- bzw. ganzheitspsychologisch orientierten Werbetheoretiker richtig einordnen können.

2.2.1. Der elementenpsychologische Erklärungsansatz

In deutlichem Kontrast zu den bis dahin üblichen philosophischen Diskussionen und metaphysischen Spekulationen (vgl. *Mayer/Däumer/Rühle* 1982, S. 50) versuchten Pioniere wie *Wundt,* experimentelle Methoden, die in der Physik und der Physiologie angewandt wurden, für die Untersuchung des menschlichen Erlebens und Verhaltens zu nutzen. Die zentralen Postulate der sog. **Psychophysik** lauteten, daß psychisches Geschehen auf kleinste, unzerlegbare Einheiten („Elemente") wie Empfindungen und Assoziationen zurückzuführen sei, und daß zwischen Reizstärke und Empfindungsstärke eine proportionale und berechenbare Beziehung bestehe. Analog löste man auch die Werbewirkung in Elemente wie **Sinnes-, Aufmerksamkeits-** oder **Gedächtniswirkung** auf (vgl. *Krautter* 1970, S. 27ff.). Eine typische Fragestellung jener Zeit lautet: Wenn 100 Personen ein ganzseitiges Inserat beachten, wie viele sind es dann bei vergleichbaren halb- bzw. viertelseitigen Anzeigen?

Indem man den Einfluß von Größe, farblicher und textlicher Gestaltung sowie Plazierung einer Anzeige auf deren Beachtung isolierte, glaubte man, die **Gesamtwirkung** quasi **durch Addition synthetisieren** zu können. Die aus den auffallendsten Anzeigenelementen komponierte Werbebotschaft sollte dann die gewünschten Empfindungen wecken, während deren stetige Wiederholung feste Assoziationen im Gedächtnis herauszubilden hatte. Dies war der Tenor der elementenpsychologisch ausgerichteten Werbelehre.

Münsterberg (1912), der wesentlich zur Verbreitung dieses Ansatzes in Deutschland beigetragen hat, plädierte allerdings weniger für eine elementaristische Werbelehre als vielmehr für das **Experiment** als Erkenntnisquelle. Werbepsychologische Experimente durchgeführt hat in Deutschland als erster *Lysinski* (1919). Seine Analysen der Gestaltungsmöglichkeiten des Schaufensters eines Mannheimer Hutgeschäftes konzentrierten sich auf Accessoires, Farbigkeit, Plazierung und Preis sowie auf deren Auswirkungen hinsichtlich der Anzahl der Betrachter, der Betrachtungsdauer, des Schaufensterbezuges beim Kauf sowie des erzielten Umsatzes.

Wie im Zusammenhang mit der Werbemittel-Gestaltung (vgl. Abschn. 4.2.3.2.) detaillierter dargestellt wird, förderte dieser summative Forschungsansatz überwiegend widersprüchliche Untersuchungsergebnisse zutage, was Kritiker vornehmlich auf die **Vernachlässigung von Interaktionen** innerhalb der Anzeigenelemente und mit dem Anzeigenumfeld zurückführten.

2.2.2. Der gestalt- und ganzheitspsychologische Erklärungsansatz

In zahlreichen Wahrnehmungsexperimenten konnten *Köhler, Koffka* und *Wertheimer* als bekannteste Vertreter der Gestaltpsychologie belegen, daß sich Einzelwahrnehmungen nicht einfach zu einer Gesamtwahrnehmung aufaddieren lassen, und daß erst das „Ganze", also auch Kontextfaktoren, Erfahrungen, Einstellungen, Motivationen etc., die Wahrnehmungsleistung begründet (vgl. *Metzger* 1953; *Katz* 1968). Klassisch wurde der Merksatz: „Das Ganze ist mehr als die Summe seiner Teile." Dies bedeutet, daß dem **Ganzen Eigenschaften zukommen,** die **seinen Teilen abgehen** (vgl. *Hofstätter* 1972). Eine Vielzahl optischer Täuschungen, an denen diese Schule ihre Aussagen vorzugsweise demonstrierte, fand zwischenzeitlich selbst in populäre Literatur Eingang.

In ihrem **Prägnanzgesetz** bzw. dem **Gesetz der guten Gestalt** formulierten die Gestaltpsychologen ihre Vorstellung von der gestalthaften Wahrnehmungsorganisation, womit eine Tendenz zur besten, einfachsten und stabilsten Strukturierung der Reiz-Umwelt gemeint ist. Offensichtlich gibt es bestimmte Gesetzmäßigkeiten, sog. Organisatoren, die bewirken, daß sich isolierte Wahrnehmungsreize erlebnismäßig zu **Sinnzusammenhängen** zusammenschließen (Prägnanztendenz).

Wahrnehmungsgegenstände, die bestimmte Prägnanzfaktoren, wie Regelmäßigkeit, Symmetrie, Einfachheit oder Geschlossenheit aufweisen, werden wahrscheinlicher als Figur erlebt, die sich von ihrer Umgebung, dem Grund, abhebt, als Reize, die derartiger Merkmale entbehren. Prägnante Figuren werden demnach schneller und genauer wahrgenommen und erzielen höhere Aufmerksamkeits- und Erinnerungswerte als amorphe Gebilde. Diese Gesetzmäßigkeit gilt für Plakatentwürfe ebenso wie für Produktpackungen oder das Erscheinungsbild einer Einkaufsstätte. Wenn man sich dies vor Augen hält, wird der starke Einfluß, den die Gestaltpsychologie vorübergehend auf die Werbetheorie gewann, verständlich (vgl. *Jacobi* 1972; *Spiegel* 1970).

Mit Hilfe der aus dem Prägnanzgesetz abgeleiteten **Gestaltgesetze,** deren Anzahl zwischen sieben (*Metzger* 1975) und 114 (*Helson* 1933) variiert, versucht man, die Wirkungsweise der guten Gestalt zu erklären. So besagt etwa das Gesetz der Nähe, daß die Zusammenfassung der Teile eines Reizganzen unter sonst gleichen Umständen im Sinne des kleinsten Abstandes erfolgt. Dies bedeutet nichts anderes, als daß Gruppierungen von Elementen als zusammengehörend wahrgenommen werden.

2.2.2.1. Die Prüfung der Gestaltfestigkeit

Auf der Grundlage derartiger Überlegungen wurde eine Vielzahl von Untersuchungsverfahren zur Prüfung der Gestaltfestigkeit entwickelt, die vornehmlich bei **Warenzeichen** und **Werbeslogans** herangezogen wurden.

Mittels sog. **Zerfalls-** oder **Deformationsverfahren** prüft man, ob sich ein Werbemittel auch unter ungünstigen Wahrnehmungsbedingungen durchsetzt („zur Figur wird"); denn zweifelsohne findet Werbung im Regelfall in einem solchen negativen Umfeld statt, sei es wegen der Fülle konkurrierender Werbebotschaften oder sei es, weil Verbraucher Werbedurchsagen, Anzeigen oder ähnlichen Beeinflussungsversuchen zumeist wenig Aufmerksamkeit schenken.

Bei der vielleicht bekanntesten dieser Prüftechniken, dem *Zöllner-***Verfahren,** wird der Entwurf z. B. eines Warenzeichens rasch hinter einem schmalen Spalt vorbeibewegt, auf den die Versuchsperson blickt. Für die durch die Bewegungsgeschwindigkeit ausgelöste Wahrnehmungsverzerrung sind gestaltfeste Figuren, zu denen auch Kreis, Quadrat und Dreieck zählen, weniger anfällig als gestaltschwache.

Das **torsionsstereoskopische Verfahren** löst den Wahrnehmungszerfall durch zunehmende Verschiebung der beiden Netzhautbilder (Dehnung der Blickwinkel beider Augen) mit Hilfe des Torsionsstereoskops aus. Weitere gestaltpsychologische Prüftechniken stellen das **Nachbild-Verfahren** und das **Verfahren der akustischen Sättigung** dar (vgl. *Spiegel* 1970).

Trotz des ehemals weit verbreiteten Glaubens an die Relevanz der Gestaltgesetze für die Schaffung optischer und akustischer Werbemittel verstauben heute die entsprechenden Geräte in den Arsenalen der Werbeagenturen, sofern sie überhaupt noch vorhanden sind. Dies hat neben zahlreichen anderen (vgl. z. B. *Hoffmann* 1972; *Gutjahr* 1974; *Stadler/Seeger/Raeithel* 1975; *von Rosenstiel/ Ewald* 1979) insbesondere den Grund, daß sich – theorieimmanent – **kaum**

2. Von der Reklame zur Kommunikationspolitik   455

allgemeingültige Gestaltungsprinzipien ableiten ließen; denn wenn das Ganze mehr ist als die Summe seiner Teile, dann führt auch die Veränderung eines Teils zur Veränderung des Ganzen (vgl. Abb. 6.3.). „Die Augen des Männchens sind nur kleine Punkte, sie sind bei beiden Gesichtern völlig gleich. Und doch scheinen die Augen des linken Männchens heiter, die des rechten mißmutig in die Welt zu blicken. Man hätte also unter gestaltpsychologischem Aspekt niemals sagen dürfen: Pünktchen-Augen wirken vergnügt. Wie sie wirken, hängt weitgehend vom Zusammenhang ab" (*von Rosenstiel* 1973, S. 91).

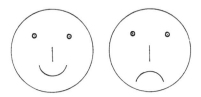

Quelle: *von Rosenstiel* 1973, S. 91.

Abb. 6.3.: Optische Illustration eines Gestaltgesetzes

2.2.2.2. Die Prüfung der Anmutungsqualität

Größere Akzeptanz, wenn auch primär im Kontext der Produktgestaltung, genießt noch die **Ganzheitspsychologie,** die häufig in einem Atemzug mit der Gestaltpsychologie genannt und nicht selten mit ihr verwechselt wird. Ihr Schwerpunkt lag auf der **Untersuchung der Gefühle** als ursprünglichen „Komplexqualitäten". *Krueger, Sander* und *Wellek,* die namhaftesten Vertreter dieser Richtung, sahen Gestalten lediglich als Sonderfälle von Ganzheiten, als gegliederte Ganzheiten an.

Ein Experiment, später als typischer Fall einer **Aktualgenese** (siehe dazu auch § 3, Abschn. 2.2.2.2.1.) bekannt geworden, begründet diese Theorie (vgl. *Sander* 1932). Bei der schrittweisen Darbietung eines anfänglich diffusen, später scharfen Bildes berichten die Probanden zunächst von vagen, gefühlsträchtigen Eindrücken („Vorgestalten"), aus denen sich später die bewußten „Endgestalten" prozeßhaft ausgliedern. Wahrnehmungen sind somit weder unmittelbar gegeben (Gestaltpsychologie), noch setzen sie sich aus Empfindungselementen zusammen (Elementenpsychologie).

Die Werbespezialisten fanden an diesem Phänomen insofern Gefallen, als sie diese Frühphase des Wahrnehmungsprozesses, die ersten, emotional getönten Anmutungen, als maßgeblich für die Einstellungen der Konsumenten zu einer Werbeaktion oder einem Produkt ansahen, selbst wenn diese von späteren Wahrnehmungsvorgängen und Rationalisierungen überlagert werden.

Der **Prozeß der Aktualgenese** läuft unter normalen Bedingungen derart schnell ab, daß er **nicht bewußt erlebbar** ist. Erschwert man jedoch durch apparative Vorkehrungen den Aufbau der Wahrnehmung, so wird die Genese, d. h. das Entstehen der Wahrnehmungsgestalten zeitlich gedehnt und damit analysierbar (vgl. § 7, Abschn. 4.4.2.2.).

Daß auch die Bedeutung dieser Verfahrensgruppe für die Praxis der Werbemittel-Evaluation insgesamt gesehen stark nachgelassen hat, ist, abgesehen von den schon im Zusammenhang mit den Gestaltfestigkeits-Prüfungen genannten Hintergründen, vornehmlich auf die Verbindung zweier Entwicklungen zurückzuführen: Zum einen ließ die Verwendung von Warenzeichen, Schutzmarken und ähnlich einfachen optischen Reizen, dem vornehmlichen Anwendungsgebiet ganzheitspsychologischer Verfahren, stark nach, zum anderen bewirkte der Zweite Weltkrieg eine Zäsur. Viele maßgebliche Psychologen emigrierten im Dritten Reich aus rassischen oder politischen Gründen, wodurch die Entwicklung der Werbepsychologie in Deutschland zum Stillstand kam.

2.3. Die lern-, motivations- und einstellungstheoretisch fundierte Werbelehre

Zwar überdauerten die Gedanken der Gestalttheoretiker in der amerikanischen Sozialpsychologie, als deren Vater viele *Kurt Lewin* ansehen, doch schlugen sie sich in den Lehrbüchern nicht mehr unter Stichworten wie Ganzheit, Gefühl oder Struktur nieder. Die Schlüsselbegriffe hießen fortan **Lernen, Motivation, Einstellung** und **Kommunikation**.

2.3.1. Der lerntheoretische Erklärungsansatz

Alle Werbekampagnen sind von der Zielsetzung gekennzeichnet, Lernprozesse auszulösen. Die Umworbenen sollen sich beispielsweise dessen bewußt werden, welche Vorzüge ein bestimmtes Produkt aufweist. Worin die praktische Relevanz der in § 3, Abschn. 2.2.2.3., referierten Lerntheorien etwa für die Gestaltung einer Anzeige besteht, soll nur kurz angesprochen werden.

(a) Die Möglichkeit, die **klassische Konditionierung** für Marketing-Aufgaben heranzuziehen, wurde zwar wiederholt in allgemeiner Form thematisiert, selten jedoch empirisch nachgewiesen (siehe z.B. *Engel/Blackwell/Miniard* 1986). Zu den Ausnahmen zählt eine Untersuchung von *Gorn* (1982), der berichtet, daß mit angenehmer Musik unterlegte Werbebotschaften dann wirkungsvoller sind, wenn diese in engem zeitlichen Bezug zur Kaufentscheidung gesendet werden. Dabei soll die als angeboren geltende positive Reaktion auf Reize wie Musik, Kleinkinder oder schöne Landschaften auf einen ursprünglich neutralen Stimulus übertragen werden. *Kroeber-Riel* (1984, S. 120 ff.) konnte am Beispiel der fiktiven Produktbezeichnung *Hoba*(-Seife) nachweisen, daß nach einer angemessenen Anzahl von Kopplungen selbst ein solches Kunstwort instinktive Zuwendungsreaktionen auszulösen vermag.

(b) Um die Anwendung des Prinzips der sog. **operanten Konditionierung** handelt es sich, wenn sich in einer Anzeige die Zusicherung findet, die regelmäßige Benutzung der XY-Creme garantiere eine reine Haut; denn es gilt als gesichert, daß Verhalten größtenteils von den davon erwarteten Konsequenzen gesteuert wird, wobei positive Folgen die Wahrscheinlichkeit des Wiederauftretens eines bestimmten Verhaltens erhöhen und negative diese mindern. Das in Werbemaßnahmen zumeist gegebene Nutzenversprechen kann als symbolische bzw. zu antizipierende positive Verstärkung verstanden werden.

(c) **Modell-** bzw. **Imitationslernen** läßt sich am leichtesten in Fernseh-Spots auslösen. Daß die bewundernden Blicke, die die Bildschirm-Hausfrau von dem Bildschirm-Ehemann für das blütenweiße Hemd oder die glänzenden Kacheln erntet, nicht wirkungslos verpuffen, hängt mit diesem Lernprinzip zusammen; denn Verhaltensweisen können auch indirekt übernommen werden. Unter den in § 3, Abschn. 2.2.2.3., beschriebenen Bedingungen genügt es, wenn ein Modell stellvertretend handelt und belohnt wird.

Die zunehmende Verdrängung der Leitbildwerbung, bei der bekannte Persönlichkeiten aus dem öffentlichen Leben für ein Produkt eintreten, durch die Testimonialwerbung (vgl. Abschn. 3.1.3.), die reale Verwender des Produkts, „Menschen-wie-Du-und-ich", lobend zu Wort kommen läßt, ist vor dem Hintergrund dieser Theorie gerechtfertigt. Verständlicherweise fällt dem Normalverbraucher die Identifikation mit dem Modell als Voraussetzung des Imitationslernens schwerer, wenn Weltmeister, Schlagersänger oder sonstige Idole auf der Mattscheibe agieren, als wenn er sich vorstellen kann, selbst an der Stelle des Modells zu handeln.

(d) **Lernen durch Einsicht** schließlich liegt vor, wenn komplexe Lernvorgänge durch Umstrukturierung bestehender Problemsituationen ermöglicht werden. Dieser dem psychologischen Laien als „Aha-Erlebnis" oder als unvermittelter Einfall vertraute Lerntyp bezieht sich auf das plötzliche Erkennen von Mittel-Zweck-Beziehungen und dürfte, von Ausnahmen abgesehen, für die Werbemittel-Gestaltung nur schwerlich zu nutzen sein.

Die Gedächtnisforschung, ein anderer lerntheoretischer Zweig, erlangte für werbepolitische Entscheidungen größere Bedeutung als die eigentlichen Lerntheorien. Die in vielen Lehrbüchern wiedergegebenen typischen **Lern-** und **Vergessenskurven** (vgl. Abb. 6.4.) ließen sich in entsprechenden Experimenten zwar häufig, jedoch nur unter ganz bestimmten Versuchsanordnungen replizieren. Dabei entwickelten die Gedächtnisforscher, um Störeinflüsse durch schon bestehende Wortassoziationen oder durch die unterschiedliche Geläufigkeit der Begriffe auszuschalten, für ihre Untersuchungen ein spezifisches Lernmaterial, die sog. sinnlosen Silben (z.B. sim).

Naturgemäß lassen sich die hiermit gewonnenen Befunde nicht ohne weiteres auf den Bereich der Werbung und dessen „sinnhaftes Lernmaterial" übertragen. Zudem repräsentieren Kurven (entsprechend Abb. 6.4.) Mittelwerte unzähliger

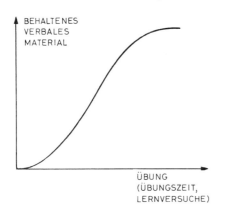 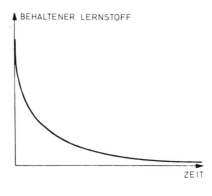

Abb. 6.4.(a): Idealtypischer Verlauf einer Lernkurve

Abb. 6.4.(b): Idealtypischer Verlauf einer Vergessenskurve

individueller Meßgrößen und täuschen so Gesetzmäßigkeiten vor, die im Einzelfall nicht gegeben sind. Derartige Verläufe sind deshalb allenfalls als Anhaltspunkte für Entscheidungen anzusehen, wie sie etwa im Zusammenhang mit dem **Timing** einer **Werbekampagne** (vgl. Abschn. 4.1.3.2.2.) und der **Kontrolle** des **außerökonomischen Werbeerfolgs** (vgl. Abschn. 4.3.3.) zu treffen sind. In diesem Zusammenhang ist von besonderem Interesse, daß die plausible Hypothese, wonach sich die Erinnerungsleistung mit zunehmender Anzahl von Wiederholungen der Werbebotschaft verbessert, nur unter ganz bestimmten Bedingungen als bestätigt angesehen werden kann. Zu diesen zählen insbesondere bestimmte Motivationen und Einstellungen der Umworbenen.

2.3.2. Der motivationstheoretische Erklärungsansatz

Den Referenzfall, der in der Literatur gerne dazu herangezogen wird, den Zusammenhang zwischen der Erinnerungswirkung einer Werbebotschaft und der **Motivation** des Umworbenen darzustellen, bildet eine Person, die gerade dann einer Werbemaßnahme für Bier ausgesetzt ist, wenn sie starken Durst empfindet (vgl. z. B. *Kaiser* 1980, S. 93). Im allgemeinen kann sie sich zu einem späteren Zeitpunkt besser daran erinnern, als wenn sie dieses Bedürfnis nicht verspürt hätte. Die Motivationspsychologie, die sich mit den Ursachen des Verhaltens befaßt, erklärt dies folgendermaßen: Eine motivierte Person interagiert mit einer motivierenden Situation. Wegen der damit einhergehenden Aktivierung der **Wahrnehmungs-** und **Speicherungsprozesse** lassen sich werbliche Informationen besser in diesem Sinne bewältigen.

Selbst eine Kurzbeschreibung der einzelnen Motivationstheorien (vgl. *Heckhausen* 1980) würde den Rahmen eines Marketing-Lehrbuches sprengen. Deshalb soll hier lediglich auf einige
- allgemein bekannte, aber werbemäßig kaum umsetzbare Motivtheorien (instinkttheoretischer, psychoanalytischer und humanistischer Ansatz),
- unter Werbeleuten hinreichend bekannte und bedingt (dissonanztheoretischer Ansatz) bzw. weitgehend (aktivationstheoretischer Ansatz) umsetzbare Theorien sowie
- noch unbekannte, aber zunehmend bedeutsamere Theorien (attributionstheoretischer Ansatz)

eingegangen werden (vgl. dazu auch § 3, Abschn. 2.2.1.1.).

2.3.2.1. Die homöostatischen Motivationstheorien

Der Begriff „Homöostase" wurde von *Cannon* (1932) zur Bezeichnung der selbstgesteuerten und automatischen Gleichgewichtsregulierung der gesamten physiologischen Prozesse eingeführt. Die gleichnamige Theorienrichtung geht davon aus, daß das Individuum versucht, Bedürfnisse zu befriedigen und Spannungen zu reduzieren, um einen Zustand der Ruhe und des Gleichgewichts zu erreichen. Jede Abweichung davon hat Reaktionen zur Folge, die auf die Wiederherstellung des ursprünglichen Zustandes abzielen.

2.3.2.1.1. Der instinkttheoretische Ansatz

Das Instinktkonzept repräsentiert einen der ältesten und bekanntesten Erklärungsansätze der Motivationsforschung. Unter **Instinkt** versteht man angeborene und relativ invariante, d.h. starr ablaufende zielgerichtete Verhaltensweisen.

McDougall (1908) machte ihn zum zentralen Erklärungsbegriff und begründete so den instinkttheoretischen Strang der Motivationsforschung, der sich heute noch in der Ethologie (vergleichende Verhaltensforschung) verfolgen läßt. *Bernard* (1924) vermochte in diversen Veröffentlichungen nicht weniger als 14046 Instinktarten nachzuweisen. Durch den inflationären Gebrauch verlor dieses Konstrukt jeglichen Erklärungswert. *Lorenz* (1943) grenzte deshalb das **Instinktverhalten** auf **ererbte Bewegungskoordinationen** ein, wobei er insbesondere das letzte Glied einer Handlungskette als die eigentliche Instinkthandlung ansah. Die vorgelagerten Verhaltenssequenzen erwiesen sich demgegenüber als situationsgebunden und durch Lernen modifizierbar.

Die Ethologie versäumte es bislang, Korrespondenzregeln für die Übertragung ihrer Erkenntnisse auf den Menschen zu erarbeiten. Welche grundlegenden Parallelen bestehen zwischen dem Liebesspiel von Stichlingen und den Reaktionen von Konsumenten auf Werbemaßnahmen? Nur wenn zwischen Mensch und Tier lediglich graduelle Unterschiede bestünden, erschienen simple Analogieschlüsse akzeptabel.

Obwohl es keinen menschlichen Verhaltensbereich geben dürfte, für den die Sozialwissenschaften nicht die situative Bedingtheit und damit Veränderbarkeit vermeintlich instinktmäßig starr ablaufender Verhaltenssequenzen nachgewiesen haben (vgl. *Irle* 1975), gehört es nach wie vor zum Standardrepertoire von Werbemittel-Gestaltern, angebliche **Schlüsselreize,** wie sexuelle Motive, Nahrungsmittel oder Kinderabbildungen, als Blickfang für Anzeigen, Plakate oder TV-Spots einzusetzen.

Festzuhalten bleibt, daß sich nach dem heutigen Erkenntnisstand der Werbeerfolg nicht so zwangsläufig einstellt, wie dies die Vertreter des Instinktkonzepts glauben (machen möchten). Richtig ist hingegen, daß derartige Stimuli Schlüsselreize für die sog. **Orientierungsreaktion** sein können, der im Rahmen der aktivationstheoretischen Richtung (vgl. Abschn. 2.3.2.3.) eine wichtige Funktion zukommt. Man versteht darunter eine sich reflexartig einstellende Zuwendung zu bestimmten Umweltreizen. Diese kann jedoch allenfalls als eine notwendige, nicht aber als eine hinreichende Bedingung für den Werbeerfolg gelten. Über die maßgebliche Qualität des Kontakts des Umworbenen mit der Werbebotschaft (vgl. Abschn. 4.1.3.2.2.) entscheiden weitgehend kognitive Prozesse. Eine Angst oder Abscheu auslösende Anzeige wird zweifelsohne hohe Aufmerksamkeitswerte erzielen. Ob sie allerdings ihren Beitrag zum vermehrten Verkauf des beworbenen Produkts zu leisten vermag, erscheint mehr als fraglich.

2.3.2.1.2. Der psychoanalytische Ansatz

An dieser Stelle ist auch kurz auf die dualistische Trieblehre *Freuds* mit den beiden polaren Dimensionen der **Sexualität** und der **Aggression** hinzuweisen. Insbesondere *Dichter* (1964) zog die psychoanalytische Motivforschung zur Erklärung des Konsumentenverhaltens heran. Jedoch hatte der Versuch, die nach psychoanalytischer Ansicht aus dem „Es" stammenden unbewußten Triebe dem Marketing instrumentell zu erschließen, geringe Resonanz: „Die psychoanalytische Motivforschung wird ... in der gegenwärtigen Marktforschung kaum noch akzeptiert und angewandt. Ihre Verdienste sind darin zu sehen, daß sie die Aufmerksamkeit auf Beweggründe des Verhaltens gelenkt hat, über die sich der Konsument keine Rechenschaft ablegt" (*Kroeber-Riel* 1980, S. 36).

2.3.2.1.3. Der kognitive Ansatz

Die kognitiven Motivationstheorien erklären das Entstehen von Motivation aus Erkenntnisvorgängen. Das, was Personen **subjektiv** als Handlungsdeterminanten erleben, steht nunmehr im Vordergrund des Interesses. Insbesondere die **Dissonanztheorie,** die sich mit der selektiven Beschaffung bzw. Nutzung von Informationen befaßt, erschütterte die für ältere wirtschaftswissenschaftliche Abhandlungen typische Annahme vom rationalen Entscheidungsverhalten.

(1) *Festinger* (1957) postuliert in seiner **Theorie** der **kognitiven Dissonanz** ein Motiv zur Vermeidung bzw. Verminderung kognitiver Spannungen (Dissonan-

zen). Diese entstehen nach dem **Basistheorem** vom **Streben nach Gleichgewicht,** wenn ein durch die individuelle „Psycho-Logik" gebildetes System von Kognitionen instabil wird, weil neue, widersprüchliche Informationen die bisherigen Beziehungen zwischen bestimmten Systemelementen in Frage stellen. Dieser Denkansatz erwies sich als äußerst fruchtbar.

Möntmann/Irle (1978) dokumentieren in ihrer Bibliographie der wichtigsten seit 1956 erschienenen Arbeiten zur Theorie der kognitiven Dissonanz 856 einschlägige Titel. *Cummings/Venkatesan* (1976) und *Silberer* (1979) referieren dissonanztheoretische Forschungsarbeiten speziell im Marketing-Bereich.

Dissonanz kann letztlich in allen Phasen des **Entscheidungs-** bzw. **Kaufentscheidungsprozesses** auftreten. Von den von *Raffée/Sauter/Silberer* (1973) genannten Situationen sind im Zusammenhang mit Kaufentscheidungen vorrangig drei beachtenswert:

(a) Zu Dissonanz kann es vor allem **nach der Aufnahme von Informationen,** die den bisherigen Erfahrungen widersprechen und das Informations- und Entscheidungsverhalten in Frage stellen, kommen. Liest beispielsweise ein potentieller Autokäufer einen Testbericht, in dem der ins Auge gefaßte Wagen negativ abschneidet, so verspürt er unter bestimmten Bedingungen Dissonanz.

(b) Unmittelbar **nach der Kaufentscheidung** bzw. einer Produktwahl findet in der Regel eine Umbewertung der Alternativen zu Lasten der abgelehnten Varianten statt. Falls auch diese wesentliche Vorzüge aufweisen, stellen sich bei den Konsumenten kognitive Spannungen ein: Hätte ich mich nicht doch besser anders entscheiden sollen? Insbesondere wenn sich mit einer Entscheidung große Anstrengungen verbinden, wie im Falle eines sehr teuren oder nur schwer erhältlichen Produkts, wird die gewählte im Vergleich zu den verworfenen Alternativen in besonderem Maße höher bewertet bzw. als attraktiver angesehen („effort justification").

Das Ausmaß der „postdecision dissonance" hängt dabei hauptsächlich von der
- Wichtigkeit der Entscheidung und der
- „kognitiven Überlappung" der Entscheidungsalternativen ab: Weisen diese eine Reihe gemeinsamer kognitiver Elemente auf, sinkt die Nachentscheidungs-Dissonanz; dagegen steigt sie bei geringer Überlappung an.

(c) In der **Phase der Produktnutzung** können sich Dissonanzen einstellen, wenn wesentliche mit dem Kauf verknüpfte Erwartungen an das Produkt unerfüllt bleiben.

Verbraucher verfügen jedoch über wirksame **Strategien,** um **zum Gleichgewichtszustand** ihres kognitiven Systems (Konsonanz) **zurückzufinden.** Wenn die sog. Dissonanzstärke eine von Mensch zu Mensch unterschiedliche Toleranzschwelle überschreitet, wird einer der folgenden Auswege gesucht:

(a) Der Betroffene wird sich nach weiteren, **bestätigenden Informationen umsehen,** um das Gefühl, eine richtige Entscheidung getroffen zu haben, zu erhalten. So stellten *Ehrlich/Guttman/Schönbach/Mills* (1957) in einem allerdings stark kritisierten Feldexperiment fest, daß zwei Drittel der von ihnen beobachteten Autokäufer bevorzugt Anzeigen für das gerade erstandene Fabrikat beachteten. Zumeist geht die Suche nach konsonanten Informationen mit dem Meiden dissonanzverstärkender Eindrücke einher.

(b) Beliebt ist auch die Taktik, dissonante Kognitionen **abzuwerten,** indem man die Glaubwürdigkeit der zugrunde liegenden Informationen anzweifelt. So ziehen Raucher die Qualität wissenschaftlicher Untersuchungen, die einen Zusammenhang zwischen Rauchen und Krebserkrankung belegen, zumeist grundsätzlich in Frage.

(c) Dissonanzreduktion durch **Umbewertung** der Wichtigkeit der Kognitionen liegt z. B. dann vor, wenn ein Autofahrer, der seinen Sicherheitsgurt nicht anlegt, die einschlägigen Unfallstatistiken mit dem Einwand abtut, er fürchte eine Wirbelsäulenverletzung mehr als Gesichts- oder Brustkorbschäden.

(d) Daß Personen ihre **Verhaltensweise ändern,** um Dissonanz abzubauen, dürfte insbesondere bei Kaufentscheidungen eher die Ausnahme sein. Viele Menschen scheuen sich selbst in Fällen extrem schlechter Erfahrungen, die sie mit einem Produkt machen mußten, getroffene Entscheidungen durch Umtausch der Ware zu revidieren.

(e) Durch **Vermeidung, Verdrängung** oder **Abwertung** inkonsistenter Informationen läßt sich bereits im Entscheidungsvorfeld das Entstehen kognitiver Dissonanzen verhindern.

In welcher Form kann man diese Erkenntnisse nun für den Marketing-Alltag nutzen? Soll Werbung Dissonanz stimulieren, Dissonanzreduktion erleichtern oder das Entstehen von Dissonanz gänzlich verhindern (vgl. *Kroeber-Riel* 1984, S. 179 f.)? Sie muß auf jeden Fall vermeiden, daß zu hohe Erwartungen an ein Produkt geweckt werden, weil schlechte Verwendungserfahrungen zwangsläufig zu Dissonanz führen. Wegen der fehlenden Steuerbarkeit der zugrunde liegenden Prozesse kommt auch das Provozieren kognitiver Dissonanzen hinsichtlich der eigenen unternehmerischen Leistung im allgemeinen nicht in Betracht (vgl. *Raffée/Sauter/Silberer* 1973, S. 64). Die Vorstellung, daß die Reduktionsstrategien dann zum Vorteil des Werbungtreibenden ausfallen müßten, könnte sich allzu leicht als ein Trugschluß erweisen. Allenfalls ein in Analogie zur Immunisierungsstrategie der Medizin als Impftheorie bekannter Versuch zur Stabilisierung von Einstellungen eröffnet hierzu einen Ansatzpunkt (vgl. *McGuire* 1964).

Wenn ein Hersteller in Anzeigen „eingesteht", der Einbau seines automatischen Garagentoröffners werde bei den Nachbarn vermutlich Vorurteile wecken (unsportlich, bequem, angeberisch etc.), so mindert er keineswegs seine Marktchancen. Auch *Ikea,* das „unmögliche Möbelhaus", möchte sich selbstverständlich nicht selbst schaden. Vielmehr sollen die Umworbenen, durch diese recht ungewöhnliche Art der Ansprache aufmerksam geworden, selbst nach Gegenargumenten suchen und sich vom Inserenten allenfalls dabei helfen lassen.

Das letzte Beispiel deutet bereits die wesentlichste werbemäßige Verwertungsmöglichkeit des Dissonanzphänomens an: Es kommt darauf an, **konsonanzfördernde Informationen** bereitzustellen bzw. entsprechende Suchaktivitäten bei den Konsumenten selbst auszulösen.

Unstrittig, wenn auch in der Praxis selbst bei höherwertigen Produkten zumeist vernachlässigt, ist hingegen die **Notwendigkeit** der **Nachkaufwerbung.** Solange ein Großteil der Konsumenten nach wichtigen Kaufentscheidungen Dissonanz verspürt, darf deren Umwerbung nicht mit dem Kauf enden. Nur zufriedene Kunden entwickeln Produkttreue und betreiben Mund-zu-Mund-Werbung (vgl. Abschn. 3.1.2.). Dissonanz hingegen geht mit Unzufriedenheit einher.

Die zur Aufnahme konsonanter Informationen bereiten Käufer bilden eine ideale Zielgruppe für **Direktwerbung.** In persönlich gehaltenen Briefen läßt sich leicht auf die in

2. Von der Reklame zur Kommunikationspolitik

der Nachkaufphase üblicherweise auftauchenden Bedenken und Probleme eingehen und beispielsweise auch gezielt auf Maßnahmen von Konkurrenten reagieren. Es ist absehbar, daß neue Medien wie z. B. Bildschirmtext speziell in diesem Zusammenhang Möglichkeiten für eine echte (Zwei-Weg-)Kommunikation eröffnen (vgl. Abschn. 3.1.2.). Wenn in Zukunft Käufer bei Herstellern oder beim Handel aus eigenem Antrieb Informationen abrufen (können), verliert zumindest diese Form der Werbung den Anstrich der Aufdringlichkeit.

In einer abschließenden Bewertung stellt *Kroeber-Riel* (1980, S. 363) nachlassendes Interesse an dieser wahrscheinlich bekanntesten sozialpsychologischen Theorie fest. Sie habe zwar die Aufmerksamkeit auf wichtige psychische Vorgänge nach der Kaufentscheidung gelenkt, doch sollten hinsichtlich der Umsetzbarkeit dissonanztheoretischer Erkenntnisse im Marketing keine allzu großen Erwartungen gehegt werden.

(2) Demgegenüber erlebte eine andere kognitive Motivationstheorie in der jüngeren Vergangenheit eine geradezu stürmische Entwicklung. Gemeint ist die von *Herkner* (1980) umfassend dargestellte **Attributionstheorie.** Ihre Vertreter sehen nicht in der Suche nach Konsistenz, sondern in dem Streben nach „veridikaler" Einsicht in Ursache-Wirkungs-Zusammenhänge das maßgebliche Verhaltensprinzip. Unterstellt wird dabei ein Motiv, beobachtbare Ereignisse auf zugrunde liegende Sachverhalte zurückzuführen. Genauer gesagt, geht man zum einen von einem Streben nach Einsicht und Wahrheit, zum anderen von dem Verlangen, Erkenntnis anzuwenden, aus, wobei die motivierende Wirkung kognitiver Dissonanz nur als eine der Möglichkeiten zur Erlangung von Einsicht gilt. Die sog. **Attributionen,** d. h. die **Wahrnehmung von Kausalbeziehungen,** sind dabei nicht Selbstzweck, sondern entspringen dem Bedürfnis nach Vorhersagbarkeit und Kontrollierbarkeit der Umwelt.

Zu den wichtigsten Anwendungsgebieten der Attributionstheorien – es existieren wenigstens sechs Richtungen mit teilweise weit überlappenden Objektbereichen, die auf dem Kausalitätsmotiv aufbauen – zählt die Analyse der wahrgenommenen Determinanten des Leistungsverhaltens. Fähigkeit, Aufgabenschwierigkeit, Anstrengung und Zufall (Glück oder Pech) erwiesen sich dabei als die den Erfolg bzw. Mißerfolg verursachenden Faktoren (vgl. *Weiner* 1974).

Obwohl inzwischen eine Vielzahl von sozialpsychologischen Experimenten belegt, daß die wahrgenommenen Ursachen für ein beobachtetes Ereignis oder Verhalten weitgehend bestimmen, wie man darauf reagiert (vgl. Abb. 6.5.), erfolgt die Übertragung attributionstheoretischer Erkenntnisse auf werbewissenschaftliche Fragestellungen nur zögernd.

Einer Analyse von *Settle/Golden* (1974) zufolge wird z. B. Anzeigen, die das beworbene Produkt bei **allen** angesprochenen Eigenschaften (z. B. Garantiezeitraum, Wartungsaufwand, Farbabstimmung, Ausstattung mit Kopfhörern und Sonnenblende bei einem Farbfernsehgerät) als anderen überlegen darstellen, eine geringere Glaubwürdigkeit zuteil als solchen, die nur bei den wichtigeren Produktmerkmalen eine Führungsposition beanspruchen, bei den weniger

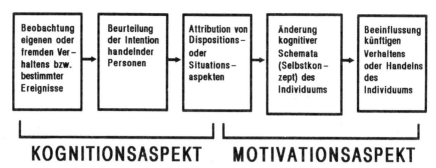

Quelle: *Keller* 1981, S. 334.

Abb. 6.5.: Ablaufschema des Attributionsprozesses

bedeutsamen wie Kopfhörern und Sonnenblende dagegen durchaus Unterlegenheit gegenüber Konkurrenzerzeugnissen einräumen.

Ein Hauptanliegen einer der Attributionstheorien, der **Korrespondenztheorie** von *Jones/Davis* (1965), ist die Frage der Zuschreibung „innerer" bzw. „äußerer" Ursachen von Ereignissen. Eine sog. interne Attribuierung liegt vor, wenn Eigenschaften des Handelnden als Ereignisursache wahrgenommen werden, während die externe Attribuierung auf situative Bedingungen Bezug nimmt.

Die Auftrittswahrscheinlichkeit von Verhaltensweisen spielt dabei eine maßgebliche Rolle, denn auf eine Korrespondenz zwischen dem Verhalten einer Person und deren Dispositionen (interne Attribuierung) schließt man im Regelfall nur, wenn die beobachteten Verhaltensweisen ungewöhnlich bzw. selten sind. Einem Restaurantbesucher beispielsweise schreiben wir nicht generell gute Manieren zu, nur weil er sich in der Öffentlichkeit zu benehmen weiß. Schließlich versucht fast jedermann, dieser Norm gerecht zu werden (situative Erklärung). Hätten wir hingegen unbemerkt Gelegenheit, bei derselben Person gute häusliche Tischmanieren zu entdecken, würden wir vermutlich nicht zögern, auf das Vorliegen einer entsprechenden Eigenschaft zu schließen (dispositionelle Erklärung).

Es sind vornehmlich **neuartige Situationen,** die Attributionsprozesse auslösen (vgl. *Berscheid/Graziano/Monson/Dermer* 1976), und ungewöhnliche, von sozialen Normen abweichende Verhaltensweisen, die einen Korrespondenzschluß vom sichtbaren Verhalten auf die verursachende Persönlichkeitseigenschaft zu ziehen erlauben.

In diesem Sinne repräsentiert die Werbebotschaft das Verhalten, aus dem die Konsumenten auf die Dispositionen des Auftraggebers schließen. Die üblicherweise anzutreffende Superlativwerbung aktiviert im Regelfall lediglich ein sog. **kausales Schema** (*Kelley* 1973), etwa nach dem Motto „Hersteller preist mit allen

Mitteln sein Produkt an", das indessen keinen Rückschluß auf irgendwelche Besonderheiten zuläßt, da ein solches Verhalten als normal gilt. Das Eingeständnis einer partiellen Überlegenheit des Mitbewerbers kommt dagegen selten vor und löst deshalb zumeist die folgende Attribution aus: „Wenn jemand bereit ist, der Wahrheit zuliebe den eigenen (Verkaufs-)Absichten zu schaden, muß er besonders vertrauenswürdig und ehrenwert sein. Dann müssen auch seine sonstigen Behauptungen stimmen."

2.3.2.2. Die humanistische Motivationstheorie

Die vergleichsweise oft zitierte **Bedürfnishierarchie** von *Maslow* (1954) (vgl. Abb. 6.6.) verdankt ihre Bekanntheit einem Motiv, das weder dem Gleichgewichtsstreben noch der Abwehr und Beseitigung physischer bzw. psychischer Mangelzustände unterliegt, sondern auf Selbsterfüllung abstellt, d.h. auf das Bestreben des Menschen, das zu aktualisieren, was in ihm steckt. Den Grundgedanken bezeichnet man als **Prinzip** der **relativen Vorrangigkeit** in der **Motivaktualisierung:** Bevor ein höherrangiges Motiv überhaupt verhaltenswirksam sein kann, müssen die Bedürfnisse der vorgelagerten Dringlichkeitsstufen zumindest in einem gewissen Ausmaß befriedigt sein.

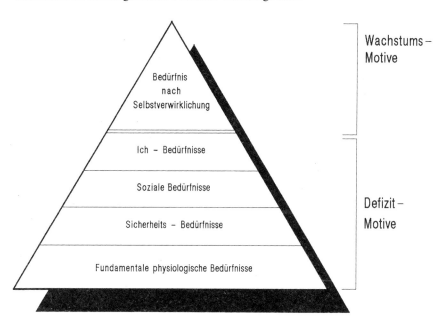

Anmerkungen: **Selbstverwirklichung** (Verlangen nach Selbstfindung und Selbstenfaltung); **Ich-Bedürfnisse** (Verlangen nach Anerkennung, Prestige, Selbstachtung); **soziale Bedürfnisse** (Verlangen nach Geselligkeit, Freundschaft); **Sicherheits-Bedürfnisse** (Verlangen nach langfristiger Befriedigung der physiologischen Bedürfnisse); **physiologische Bedürfnisse** (Verlangen nach Nahrung, Schlaf).

Abb. 6.6.: Bedürfnishierarchie nach *Maslow*

Daß *Maslows* Konzeption trotz einer Reihe fundamentaler Einwände die unter Wirtschaftswissenschaftlern bekannteste Motivationstheorie sein dürfte, wird vornehmlich auf deren hohe Plausibilität und **humanistische Engagiertheit** zurückgeführt. Haltbar ist die Hypothese von der Motivabfolge jedoch nicht. Menschen können selbst unter extremen Lebensbedingungen, d.h. auch wenn elementare physiologische Bedürfnisse unerfüllt bleiben, auf Grund religiöser und politischer Überzeugungen solidarisches und gemeinschaftsbezogenes Verhalten zeigen und das Ziel der Selbstverwirklichung erreichen (vgl. *Keller* 1981, S. 324). Im übrigen vermag der Ansatz wegen seiner Vagheit und mangelnden Operationalität dem in der Werbung oder Verkaufsförderung Tätigen keine Entscheidungshilfe, geschweige denn Handlungsanweisung zu sein.

2.3.2.3. Die aktivationstheoretischen Motivationstheorien

Zwei hirnphysiologische Entdeckungen, die des „aufsteigenden **r**etikulären **A**ktivations**s**ystems" (ARAS) im Hirnstamm (vgl. *Lindsley* 1957) und die des „Bekräftigungssystems" im Hypothalamus[1], haben mit den **Aktivationstheorien** die Entwicklung einer Forschungsrichtung angeregt, die im Marketing-Bereich mehr und mehr an Einfluß gewinnt (vgl. *Kroeber-Riel* 1984). Aktivierung teilt sich dem Betroffenen selbst als Anspannung und erhöhte Aufmerksamkeit, dem externen Beobachter u.a. als intensiver Wachheitszustand, gespannter Muskeltonus und beschleunigter Bewegungsablauf mit. Die häufig vorgenommene Verallgemeinerung, je stärker die ausgelöste Aktivierung, desto größer seien die Reaktionsbereitschaft und Leistungsfähigkeit, mag in manchen „primitiven" Verhaltensbereichen, wie Flucht oder Kampf, gelten. Im allgemeinen jedoch steigt die Leistungsbereitschaft mit der Aktivierung zunächst an, um bei weiterer Intensivierung wieder abzunehmen. Dies hat bereits im Jahre 1908 *Yerkes* und *Dodson* zur Formulierung eines nach ihnen benannten Gesetzes veranlaßt (vgl. Abb. 6.7.).

Jeder, der einmal eine Prüfung absolvierte, weiß, daß je näher der Termin rückt, desto intensiver die als Angst empfundene Aktivierung und desto größer auch die Lernbereitschaft werden. Die effektivste Phase der Vorbereitungszeit ist erreicht. Übersteigt aber die Prüfungsangst ein bestimmtes Niveau, so nehmen sowohl Konzentrations- als auch Lernfähigkeit ab, im Extremfall bis hin zur vollständigen Denkhemmung („Prüfungsblock"). Je wichtiger die Prüfung, desto leichter überschreitet man das kritische Aktivierungsniveau.

Vor diesem Hintergrund gelangt *Kroeber-Riel* (1984, S. 74) zu der Feststellung, es sei kaum zu erwarten, daß das üblicherweise benutzte Reizmaterial (Werbeanzeigen, Verpackungen usw.) Überaktivierung auslöse. Demgegenüber ließ sich verschiedentlich nachweisen, daß man sich an Aufmerksamkeit erregende Anzeigen besonders gut erinnert (vgl. z.B. *Bernhard* 1978). *Wimmer*

---

[1] Als Hypothalamus wird ein zum Zwischenhirn gehörender Hirnteil bezeichnet, zu dessen Aufgaben die Koordination vegetativer Körperfunktionen (z.B. Atmung, Kreislauf, Hormon-, Wärme- und Wasserhaushalt) zählt.

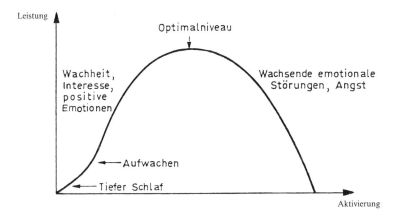

Abb. 6.7.: Zusammenhang zwischen Aktivierungs- und Leistungsniveau („Umgekehrte U-Funktion" bzw. „*Yerkes-Dodson*-Gesetz")

(1980) ermittelte für eine stark aktivierende Anzeige bereits nach der ersten Darbietung einen um 58% höheren Erinnerungswert als für eine vergleichbare, aber schwach aktivierende Variante.

Die aktivierungstheoretische Richtung subsumiert Emotionen, zusammen mit Motiven und Einstellungen, den **Aktivierungsprozessen:** Aktivierend sind danach solche Vorgänge, die mit inneren Erregungen und Spannungen verbunden sind. Sie versorgen das Verhalten mit Energie und treiben es an (vgl. *Kroeber-Riel* 1984, S. 47). Auch aus neurophysiologischer Sicht lassen sich Emotion und Motivation nicht auseinanderhalten. Sie seien vielmehr Ausdruck einer einzigen **physiologischen Grunddimension,** deren Auswirkungen durch den Begriff **Aktivierung** umschrieben werden könne (vgl. *Guttmann* 1972, S. 187). Dagegen konnte die kognitive Sozialpsychologie nachweisen, daß Motivation und Emotion gleichermaßen und untrennbar aus dem Zusammenwirken von physiologischer Erregung **und** kognitiver Bewertung der die Erregung verursachenden Situation resultieren (vgl. *Schachter* 1971), wobei nicht die objektive, sondern die **subjektiv wahrgenommene Ursache** gemeint ist.

Schon in der Frühzeit der Werbeforschung führten Untersuchungen über den Zusammenhang zwischen der Art der angesprochenen Motive und der als Gedächtnisleistung definierten Werbewirkung zur Ableitung der sog. *Schwerin*-Kurve (vgl. Abb. 6.8.). Gedächtnisinhalte, die negative Gefühle ansprechen, werden danach nur bedingt erinnert. Ganz schlecht schneiden neutral gehaltene Botschaften ab. Die beste Gedächtnisleistung erzielen hingegen Materialien, die positive Emotionen wecken.

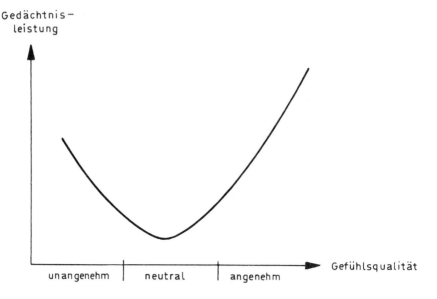

Abb. 6.8.: Gedächtnisleistung in Abhängigkeit von der durch das Lernmaterial ausgelösten Gefühlsqualität

Obwohl sich Werbung ursprünglich nur selten der Darstellung von Situationen, die Gefühle der Angst, Furcht[2], Ungewißheit, Depression oder des Schreckens erzeugen, bediente, entspann sich im Gefolge der klassischen Studie von *Janis/Feshbach* (1953) über die Auswirkungen furchterregender Kommunikation in der Fachliteratur eine intensive Diskussion (vgl. *Sternthal/Craig* 1974). In neuerer Zeit stellt sich die Streitfrage der Zweckmäßigkeit von **„fear appeals"** dringlicher denn je; denn das Gestaltungselement Furcht entspricht im Falle der immer häufiger durchgeführten **nicht-kommerziellen Werbekampagnen** (vgl. Abschn. 3.1.5.), etwa für Gesundheitsfürsorge oder gegen übermäßiges Trinken, häufig weitgehend dem Werbeobjekt selbst (vgl. *Mayer/Däumer/Rühle* 1982, S. 155).

Janis/Feshbach (1953) prüften, wie unterschiedlich intensive Furchtappelle die Einstellung von Studenten zur Zahnpflege beeinflussen. Bezogen auf die in der Vorphase erhobenen Einstellungen löste ein starker Appell bei jenen unmittelbar nach einem Vortrag über Mundhygiene mehr Sorgen über den Zustand ihrer Zähne aus als ein gemäßigter und insbesondere als ein nicht furchterregender, denen zwei andere Gruppen

---

[2] Der psychologische Terminus Angst bezeichnet emotionale Reaktionen auf nicht objektivierbare Gefahren. Bei Furcht hingegen ist das Gefahrenobjekt identifizierbar. Da in der Werbung, falls überhaupt, mit konkreten Bedrohungen operiert wird, spricht man allgemein von „furchterregender Kommunikation".

unterworfen wurden. Als nach einer weiteren Woche die Autoren die Probanden nochmals befragten, schlugen die Ergebnisse ins Gegenteil um: Zu Verhaltensänderungen (im Sinne der zur Zahnpflege gegebenen Empfehlungen) kam es bei starker Furcht in 8%, bei mäßiger in 22% und bei Abwesenheit von Furcht in 36% der Fälle.

Die Werbepraxis war lange Zeit durch die griffige These (je größer das Furchtpotential einer Werbebotschaft, desto geringer der Beeinflussungseffekt) irritiert. Zwischenzeitlich hat sich jedoch auch auf diesem Gebiet die Annahme einer durch ein umgekehrtes U abbildbaren Beziehung durchgesetzt. *Ray/Wilkie* (1970) erklären die nunmehr unterstellte größere Effektivität gemäßigter Furchtappelle mit dem simultanen Wirken fördernder und hemmender Faktoren: Zunehmende Furcht steigere Aufmerksamkeit und Interesse für die furchtinduzierende (Werbe-)Botschaft, verursache aber auch irrationales Verhalten (z. B. Vermeidungsverhalten, selektive Wahrnehmung, Wahrnehmungsverzerrung).

Hinsichtlich der Verwendung furchterregender Werbebotschaften lassen sich somit keine einfachen Rezepte geben. Der Werbepraktiker sollte davon ausgehen, daß **zu schwache Appelle** zu **wenig Aufmerksamkeit** erregen, während **zu starke** unweigerlich **Abwehr-** und **Vermeidungsverhalten** provozieren. Aber selbst mittelstarke Furchtappelle dürfen auf Grund lerntheoretischer Erkenntnisse nur eingesetzt werden, wenn sie mit der Demonstration von Verhaltensweisen, die geeignet erscheinen, eine Drohung abzuwenden, gekoppelt werden.

2.3.3. Der einstellungstheoretische Erklärungsansatz

Einstellungen[3] (vgl. dazu auch § 3, Abschn. 2.2.1.2.) beeinflussen **Wahrnehmungs-, Informationsverarbeitungs-, Lern-** und **Gedächtnisprozesse** ebenso wie das **Verhalten.** Wenn auch das Ausmaß dieser Einflußnahme umstritten ist, so zielen doch Werbemaßnahmen häufig darauf ab, bei der Zielgruppe einen Einstellungswandel herbeizuführen; denn gerade im Marketing-Bereich konnte häufiger als in anderen Sektoren die Hypothese der Existenz eines Zusammenhangs zwischen Einstellungen und Konsumverhalten bestätigt werden (vgl. *Axelrod* 1968).

Trotzdem fand die Vielzahl von **Einstellungsänderungs-Theorien,** die es mittlerweile gibt (vgl. z. B. *Hormuth* 1979), in Werbetheorie und -praxis bislang nur geringe Beachtung. Auch wenn die Erhebung von **Einstellungsprofilen** vor und nach einer Kampagne zum Standardrepertoire der Werbewirkungskontrolle zählt, interessiert man sich hier kaum dafür, wie sich gezielt Einstellungsänderungen herbeiführen lassen, deren Ergebnis auch noch als stabil gelten kann.

---

[3] Einstellungen (Attitüden) werden allgemein als Prädispositionen für kognitives Verhalten zur sozialen Umwelt definiert, Meinungen als der verbale Ausdruck von Einstellungen. Häufig verwendet man den Begriff der Einstellung dazu, spezifische Prädispositionen zu konkreten sozialen Objekten zu kennzeichnen, während mit Werten („values") weiter gefaßte Prädispositionen zu mehr symbolischen oder abstrakten Konzepten gemeint sind.

Wie wichtig indes eine solche längerfristige Betrachtungsweise wäre, läßt sich am Beispiel des sog. **Sleeper-Effekts** (vgl. *Hovland/Weiss* 1951) demonstrieren. In sozialpsychologischen Experimenten konnte nachgewiesen werden, daß sich unter bestimmten Bedingungen geringe, sofort nach der Beeinflussung festgestellte Meinungsänderungen nach einem längeren Zeitraum (z. B. vier Wochen) verstärken und, umgekehrt, ausgeprägte Veränderungen u. U. nivellieren.

An dieser Stelle soll noch kurz die Aussagefähigkeit der **Assimilations-Kontrast-Theorie** für die Belange der Werbung erörtert werden. Nach *Sherif/ Hovland* (1961) hängt die Eignung einer (Werbe-)Botschaft zur Einstellungsänderung u. a. davon ab, ob diese den Akzeptanz- oder den Ablehnungsbereich des kognitiven Systems der Zielperson anspricht. Aussagen, die den eigenen Einstellungen mehr oder weniger entsprechen, aktivieren den Akzeptanz-, diskrepante Aussagen den Ablehnungsbereich. Zwischen beiden läßt sich ein Übergangs- bzw. Indifferenzbereich vorstellen.

Dem Werbenden muß daran gelegen sein, seine Botschaft in die Akzeptanzzone der Zielgruppe zu projizieren. Nur dort wird sie „assimiliert". Spricht die Werbebotschaft indessen den Ablehnungsbereich an, nimmt der Nettobetrag der Einstellungsmodifikation ab. Im Extremfall ist sogar ein **Bumerang-Effekt** zu befürchten: Die Einstellungen verhärten bzw. verändern sich in der Gegenrichtung zur angestrebten Position.

2.4. Die kommunikationstheoretisch ausgerichtete Werbelehre

Das Grundanliegen der kommunikationstheoretisch orientierten Forschung kommt in dem bekannten, erstmals im Jahre 1927 von dem amerikanischen Politologen *Harold D. Lasswell* (1960, S. 117) aufgestellten Kommunikationsmodell „**Who** says **what** in **which** channel to **whom** with **what** effect?" zum Ausdruck. Abb. 6.9. illustriert die nach ihm benannte Formel.

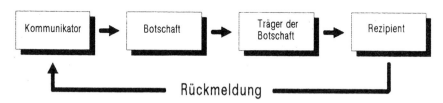

Abb. 6.9.: Allgemeines Kommunikationsmodell

Wenn man heute (Absatz-)Werbung überwiegend als eine spezielle Form der Kommunikation, d.h. als den bewußten Versuch, Menschen durch Einsatz spezifischer Kommunikationsmittel zu einem bestimmten, absatzwirtschaftlichen Zwecken dienenden Verhalten zu bewegen, definiert, so liegt dies daran, daß dieser pragmatische, aber dennoch systematische Forschungsansatz wie kein anderer eine **problemadäquate Strukturierung** des **Erkenntnisobjektes Werbung** ermöglicht. Insgesamt sind in der Kommunikationstheorie fünf verschiedene Richtungen, nämlich die sog. **Yale-Studien** zu Kommunikation und Einstellungswandel, **konsistenztheoretische Ansätze** des Einstellungswandels durch Kommunikation (beides sozialpsychologische Erklärungsversuche), das **Meinungsführer-**, das **diffusionstheoretische Konzept** und der **Nutzenansatz** (als Beiträge der Soziologie) zu unterscheiden (vgl. *Schenk* 1978).

2.4.1. Die Kommunikation aus sozialpsychologischer Sicht

(1) Der Kommunikator
Von den zahlreichen Eigenschaften, die man einem Kommunikator zuschreiben kann, fanden vor allem dessen **Glaubwürdigkeit,** die damit zusammenhängende **Durchschaubarkeit** seiner **Absichten,** die ihm entgegengebrachte **Sympathie** und der **Darbietungsstil** der **Kommunikation** Beachtung.

(a) Glaubwürdigkeit
Hovland/Weiss (1951) ließen zwei Gruppen von Versuchspersonen fingierte Zeitungsartikel lesen, in denen u. a. die Möglichkeit, in absehbarer Zeit atomgetriebene Unterseeboote zu bauen, diskutiert wurde. Der einen Gruppe nannten sie als Quelle den bekannten amerikanischen Atomphysiker *Oppenheimer,* der anderen die *Prawda*. Wie erwartet, erwies sich die erste Kommunikationsquelle als überzeugender, insbesondere schätzte man sie auch als fairer und vernünftiger in ihrer Argumentation als die bekannte sowjetische Tageszeitung ein.

Heute weiß man, daß die hier gemeinte Glaubwürdigkeit u. a. vom Sachverstand (Expertentum), aber auch vom Status, der Autorität und der Entschlossenheit des Kommunikators abhängt. Derartige Mitteilungen erweisen sich vornehmlich dann als glaubwürdig, wenn **Wissensaspekte** und **Ansichten** im Spiel sind. Im Zusammenhang mit Veränderungen von **Werthaltungen** kommunizieren jedoch Gleichaltrige bzw. Gleichgestellte wirksamer (vgl. *Jones/Gerard* 1967).

Der seriöse Experte, der die besonderen Qualitäten eines neuen Waschmittels erläutert, mag somit vielleicht die Normalverbraucher, die die Notwendigkeit eines intensiven Waschmittelverbrauchs nicht problematisieren, überzeugen, nicht aber die umweltbewußten Konsumenten. Diesen zumeist jüngeren Personen würde besser ein hinsichtlich Alter, Status, Weltanschauung etc. gleichgestellter Kommunikator darlegen, daß in dem neuen Erzeugnis die umweltbelastenden Substanzen bis hin zur Unbedenklichkeit reduziert werden konnten.

(b) Durchschaubarkeit der Absichten
Zöge ein Kommunikator aus der Einstellungsänderung des Rezipienten persönlichen Nutzen, so würde dies seine Aufgabe spürbar erschweren. Diese sehr plausible These gilt als empirisch hinreichend bestätigt (vgl. *Frey* 1979).

Doch läßt sich die Folgerung, in der Werbung nur solche Kommunikatoren einzusetzen, denen keine eigennützigen Motive unterstellt werden können, nicht ohne weiteres in die Tat umsetzen; denn selbst Personen, die sog. **Testimonialwerbung** (vgl. Abschn. 3.1.3.) betreiben, werden, wenigstens nach Ansicht des Großteils des Publikums, in der einen oder anderen Weise für ihren Auftritt entlohnt. Offensichtlich dürfen sich also auch die an sich glaubwürdigen Laien-Kommunikatoren nicht auf die Übermittlung der eigentlichen Werbebotschaft beschränken, sondern sie sollten versuchen, altruistische Motive erkennbar werden zu lassen.

(c) Sympathie

Sympathische Kommunikatoren, die sich durch Merkmale wie Freundlichkeit, Warmherzigkeit, angenehmes Erscheinungsbild oder ähnliche Vorzüge auszeichnen, fördern in der Regel die Kommunikationswirkung, während unsympathische häufig wirkungslos bleiben oder gar negative Assoziationen auslösen. Die Werbepraxis hat sich – wiederum überwiegend intuitiv – gern des Konzepts des **Sympathieträgers** bemächtigt.

(d) Darbietungsstil

Hier verdienen vornehmlich die Ergebnisse von Analysen zur Sprechgeschwindigkeit und zum Sprachstil Beachtung. Danach hat eine langweilige, passive Darbietungsweise weniger Erfolg als ein dynamischer, kraftvoller Stil.

(2) Die Botschaft

Ein Werbetexter sieht sich häufig mit folgendem Konflikt konfrontiert: Soll er nur Argumente einsetzen, die zu Gunsten des beworbenen Produkts sprechen, und damit Gefahr laufen, daß die Zielgruppe diese als tendenziös, manipulativ und übertrieben, kurz als unglaubwürdig abwertet, oder soll er auch Gegenargumente verwenden und dadurch vielleicht „schlafende Hunde" wecken? Den Untersuchungsbefunden zufolge ist die sog. **einseitige** Kommunikation in der Regel dann vorzuziehen, wenn vorhandene Einstellungen lediglich zu bestätigen oder zu verstärken sind. Die **zweiseitige** Kommunikation hingegen erweist sich als überlegen, sofern die Zuhörer bereits Für und Wider eines Themas kennen (vgl. *Hovland/Lumsdaine/Sheffield* 1949).

Für die Festlegung der **Abfolge der Argumente** ist es wichtig zu wissen, ob Reihenfolgeeffekte auftreten können. Setzt sich die erste Dosis stärker durch **(Primacy-Effekt)**, etwa weil ihr noch am ehesten Aufmerksamkeit zuteil wird bzw. weil die Zuhörer noch relativ unvoreingenommen sind, oder erweist sich das letzte Argument als das überzeugendere **(Recency-Effekt)**, weil möglicherweise dieses besser im Gedächtnis haften bleibt als die anfänglich dargebotenen Aussagen (vgl. *Hovland/Mandell* 1957)? Offenbar ist ein Recency-Effekt vornehmlich dann zu erwarten, wenn die Argumentationskette zeitlich stark gedehnt und die Einstellungsmessung unmittelbar nach der letzten Informationsaussendung durchgeführt wird. Muß eine Werbemaßnahme Argumente enthalten, die sowohl Bedürfnisse zu wecken vermögen als auch Möglichkeiten zu deren Befriedigung aufzeigen, so liegt die zu wählende Reihenfolge nahe. Hinsichtlich der Abfolge von Pro- und Kontra-Argumenten wird es sinnvoll sein, mit schwachen Gegeninformationen zu beginnen, um sich vom Stereotyp der beschönigenden Werbung abzuheben und so Interesse zu wecken, um dieses dann mit positiven Aussagen entsprechend für die eigenen Ziele zu nutzen.

(3) Das Medium

Unter den unterschiedlichen **Darbietungsformen** gilt persönliche Kommunikation („face to face") im allgemeinen als am wirksamsten, um Einstellungsänderungen herbeizuführen, gefolgt von der visuellen (z. B. Fernsehen) und der auditiven Kommunikation (z. B. Funk). Am wenigsten vermag im Durchschnitt die schriftliche Ausprägung (z. B. Zeitschriften) zu überzeugen. Bezieht man die Schwierigkeit der Botschaft in die Überlegung ein, so entdeckt man komplexere Beziehungen. *Chaiken/Eagly* (1976) beispielsweise berichten von einer Überlegenheit der schriftlichen Kommunikation, sofern es sich um **anspruchsvolle Aussagen** handelt. Bei leicht verständlichem Material dürfte indessen die visuelle Darbietung erfolgversprechender sein.

(4) Der Rezipient

Bei der hier im Mittelpunkt stehenden Frage, ob es die prinzipiell leicht oder die schwer beeinflußbare Persönlichkeit gibt, muß von der von *McGuire* (1969) vorgebrachten These von der Existenz kompensatorischer Wirkungen ausgegangen werden. Demnach konterkarieren Persönlichkeitsmerkmale wie Dogmatismus oder Selbstwertgefühl wichtige Teilprozesse der Beeinflussung, etwa die Rezeption und Akzeptanz einer Botschaft. Häufig entfalten Persönlichkeitsmerkmale, die deren kognitive Aufnahme und Verarbeitung begünstigen (z. B. Intelligenz), einen negativen Einfluß auf die Bereitschaft, diese auch inhaltlich zu übernehmen (Beeinflussungseffekt), und umgekehrt.

Auch der Beitrag des **Selbstwertgefühls** für die Beeinflußbarkeit von Rezipienten entspricht keinem einfachen Muster. So zeigten sich selbstbewußte Personen von simplen, suggestiven Botschaften recht wenig beeindruckt, dies vermutlich deshalb, weil sie von der Richtigkeit der eigenen Ansichten überzeugt waren. Ihre Bereitschaft, andersgeartete Positionen zu übernehmen, stieg erst dann an, als diese in einer komplexen, argumentativen Verpackung vermittelt wurden. Umgekehrt sprachen wenig selbstbewußte Personen am besten auf einfache Argumente an (vgl. *Stroebe* 1980, S. 344).

Lange Zeit galt die These von der größeren **Beeinflußbarkeit der Frauen** (vgl. *Hovland/Janis* 1959) als bestätigt. Meinungsunterschiede gab es nur bezüglich der dafür maßgebenden Faktoren. Unter 62 einschlägigen Studien fand jedoch *Eagly* (1978) nur zehn (!), deren Befunde für eine leichtere Beeinflußbarkeit von Frauen sprachen. In allen einschlägigen Fällen bildeten politische oder militärische Themen den Hintergrund, Sachgebiete also, über die Frauen häufig – immer noch – weniger gut informiert sind als Männer. Dem Uninformierten aber, ob Mann oder Frau, fällt es schwer, wirksame Gegenargumente zu finden, was ihn Beeinflussungen leichter zugänglich macht.

2.4.2. Die Kommunikation aus soziologischer Sicht

Ausgangspunkt dieser Forschungsrichtung ist die Erkenntnis, daß nicht ausschließlich psychologische Variablen, wie etwa die Glaubwürdigkeit der Medien, deren Effizienz beeinflussen. Im Rahmen einer umfassenden Kommunikationsforschung sei deshalb die Einbeziehung des sozialen Umfeldes, in dem der Kontakt zwischen Medium und Rezipienten stattfindet, unumgänglich.

2.4.2.1. Das Meinungsführer-Konzept

Von dem Bemühen, die Beziehungen zwischen Massenkommunikation und interpersonaler Kommunikation aufzudecken, vermag das Marketing insofern zu profitieren, als hier sowohl die anonyme als auch die persönliche Kommunikation für die Aufhellung des Konsumentenverhaltens eine maßgebliche Rolle spielen.

Wie *Lazarsfeld/Berelson/Gaudet* (1948), die den Einfluß, den die Massenmedien auf den amerikanischen Präsidentschaftswahlkampf des Jahres 1940 ausübten, festgestellt zu haben glauben, werden Wähler stärker durch andere Personen, sog. **Meinungsführer,** beeinflußt als durch die Massenmedien. Somit liegt es nahe, sich den Kommunikationsprozeß nicht einstufig, d.h. als direkte Beeinflussung der Rezipienten durch den Kommunikator, sondern **zweistufig** vorzustellen („two step flow of communication").

Nach diesem Modell erreichen bestimmte, von den Massenmedien verbreitete Informationen zunächst nur eine besonders aufgeschlossene Schicht. Diese **„opinion leaders"** spielen die Rolle des Vermittlers zwischen Massenmedien und Rezipienten. Ihnen fällt nicht nur die Übertragungs-, sondern auch eine **Verstärkerfunktion** zu, wodurch sie ihrerseits, im Wege der „face to face communication", auf die als passiv gedachte Mehrzahl der Adressaten einer (Werbe-)Botschaft einwirken.

Welches Eigenschaftsprofil charakterisiert Meinungsführer? Die **soziale Distanz** zwischen Meinungsführern und Gefolgsleuten hält sich in einem Rahmen, der die intendierten Übertragungsprozesse zuläßt bzw. ermöglicht. Die Betroffenen sind im übrigen nur dann erfolgreich, wenn sie als kompetent gelten und anscheinend keinen persönlichen Vorteil aus einer Beeinflussung des Kommunikationspartners ziehen. Sie verfügen über ein größeres Einkommen, einen besseren beruflichen Status und häufig auch ein höheres Bildungsniveau als die Meinungsfolger (vgl. *Hummrich* 1976, S. 58f.).

Diese Auflistung von Merkmalen von Meinungsführern soll jedoch nicht darüber hinwegtäuschen, daß deren **Identifikation** zu den zentralen Problemen des Meinungsführer-Konzepts zählt. *Kroeber-Riel* (1984, S. 548 ff.) stellt die hierfür bevorzugt herangezogenen Meßmethoden kritisch dar. Darunter befindet sich auch das in Marketing-Untersuchungen häufig angewandte **Verfahren der Selbsteinschätzung,** bei dem die Auskunftspersonen danach befragt werden, ob und in welchem Ausmaß sie sich selbst als Meinungsführer einstufen. Die dafür häufig herangezogene sog. *Rogers*-Skala (vgl. *Rogers/Cartano* 1962, S. 439 f.) wurde später von *King/Summers* (1970) modifiziert und erweitert.

Weitgehend unstrittig ist, daß Meinungsführerschaft, wie *Katz* (1973, S. 99 ff.) nachwies, kaum je generell, sondern **themenspezifisch** besteht. So wird niemand auf die Idee verfallen, die Meinung eines Heimwerkers, dessen Rat beim Kauf einer Bohrmaschine willkommen ist, beispielsweise auch zu Modefragen einzuholen.

Die massive, empirisch untermauerte Kritik, in deren Rahmen *Bostian* (1970) darauf hinwies, daß von Anfang an niemals ein zweistufiger Kommunikationsfluß, sondern lediglich die Nicht-Existenz eines „one step flow" belegt worden sei, gab zu wiederholten Modifikationen des Konzeptes Anlaß. Großen Anklang fand dabei *Troldahls* (1966) Vorstellung von einem **„two cycle flow of communication"** als Weiterentwicklung des Zweistufenmodells. Er plädiert für eine strikte Trennung von Informationsfluß und Beeinflussung. Damit korrespondieren Befunde u.a. von *Deutschman/Danielson* (1960), wonach für ein ganzes Land **wichtige** Ereignisse der Gesamtheit der Bevölkerung direkt, via Massenmedien, bekannt werden, während sich die – besser unterrichteten – Meinungsführer mit der Vermittlung ergänzender Informationen begnügen.

Die umfangreiche Diskussion um den **Informationsfluß** läßt sich folgendermaßen zusammenfassen: Das Konzept des „one step flow of communication" erscheint angemessen, soweit es um **einfache Lernprozesse,** d.h. die Kenntnisnahme von nicht erklärungsbedürftigen Sachverhalten geht (Informationsfluß). Das Modell des „two step flow" dürfte dann überlegen sein, wenn es gilt, die **Veränderung** von **Einstellungen** und **Verhaltensweisen** zu erklären (Beeinflussung). *Troldahls* (1966) Two Cycle Flow-Modell integriert beide Vorgänge (vgl. Abb. 6.10.).

Worin besteht die **Marketing-Relevanz** des Meinungsführer-Konzepts? Auch wenn man in Rechnung stellt, daß zwischen der Übermittlung von Informationen über das Tagesgeschehen und der Verbreitung von Werbebotschaften erhebliche Unterschiede bestehen, regt dieser Ansatz immerhin dazu an, im Rahmen einer **Zielgruppenstrategie** den unterschiedlichen **Kommunikationsbedürfnissen** der „followers" und „leaders" Rechnung zu tragen. Das Ineinandergreifen von Massenkommunikation und persönlicher Kommunikation dürfte zumindest dann zu beachten sein, wenn teure, selten gekaufte und schwierig zu beurteilende Produkte oder Prestigeartikel beworben werden sollen. Bei dieser Art von Produkten finden sich nicht selten Versuche, eine **Meinungsführerschaft** „aufzubauen".

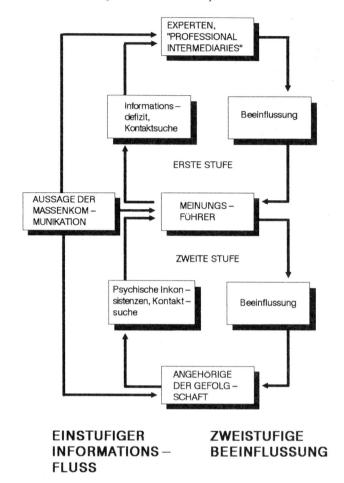

Quelle: *Schenk* 1978, S. 168.

Abb. 6.10.: Modell der einstufigen Informationsvermittlung und der zweistufigen Beeinflussung (Two Cycle Flow-Modell)

Eine Unternehmung beispielsweise, die Schwimmbecken verkauft, „wählt aus jedem Nachbarschaftsverband eine Familie aus und überläßt ihr ein Schwimmbad zu Selbstkosten, weit unter dem Marktpreis. An diesen günstigen Preis wird die Bedingung geknüpft, daß die Nachbarn das Schwimmbad ausprobieren dürfen und daß der ausgewählte Besitzer des Schwimmbeckens alle Nachbarn über Gespräche und Beratungen von seinen Erfahrungen profitieren läßt" (*Kroeber-Riel* 1984, S. 560).

Nicht anders verhält sich ein Hersteller von Geräten im Bereich der Elektronischen Datenverarbeitung, der sich, um im Markt Fuß zu fassen, nach einigen Referenzkunden umsieht. Diese erhalten die Anlage(n) u. U. sogar kostenlos zur Verfügung gestellt, nur damit sich der Hersteller bei seinen Verkaufsbemühungen immer wieder auf diese doch so bekannten, mit seinem Produkt höchst zufriedenen Kunden berufen kann. Nur vereinzelt werden diese direkt beim Wort genommen, so etwa, wenn sich ein Interessent für das Angebot des Herstellers an Ort und Stelle von den von den „Vorzeige"-Kunden gemachten Erfahrungen überzeugen will.

2.4.2.2. Das diffusionstheoretische Konzept

Das Konzept der Meinungsführerschaft wurde vor allem von der Diffusionsforschung aufgegriffen. Unter **Diffusion** versteht man, wie bereits in § 3, Abschn. 3.2.2.1., dargelegt, den Prozeß der Ausbreitung innovativer Ideen, Produkte etc. in sozialen Systemen.

Erste empirische Arbeiten dazu wurden in den vierziger Jahren in den USA durchgeführt (vgl. z. B. *Ryan/Gross* 1943). Gegenstand dieser agrarsoziologischen Innovationsforschung waren die Verbreitung neuer Getreidesorten und Düngungstechniken sowie die Verwendung von Antibiotika bei der Schweinemast durch Landwirte.

Aus den frühen sechziger Jahren datieren die ersten Diffusionsstudien aus dem Bereich des Marketing (z. B. *Zaltman* 1965). Es erscheint plausibel, daß **Werbung** für am Markt eingeführte Produkte teilweise anderen Bedingungen gehorcht als eine solche für Innovationen. Wenn auch die Schuld an „flops" diesem Marketing-Instrument genausowenig allein angelastet werden kann, wie ihm Verkaufserfolge direkt zurechenbar sind (vgl. Abschn. 4.3.2.), deuten doch hohe Scheiterquoten bei Produkteinführungen, die etwa im Falle von Zigaretten bei über 90% liegen, darauf hin, daß ein Großteil der Werbekampagnen den **Gesetzmäßigkeiten** des **Diffusionsprozesses** nicht gerecht wird.

So finden sich in der Literatur (siehe z. B. *Mayer/Schneider* 1978, S. 169ff.) vielfach empirische Belege für das häufige **Zusammentreffen** von **Innovationsverhalten** und **Meinungsführerschaft** im Konsumgüterbereich, doch können letztlich nur solche Innovatoren die Rolle des Kommunikationsagenten für andere spielen, deren Adoptionsverhalten dem Außenstehenden als bewußte, von den Vorteilen der Innovation induzierte Kaufentscheidung erscheint. Den betreffenden Konsumenten wird der für eine Leitbildfunktion unersetzliche hohe sozioökonomische Status eingeräumt, nicht aber denjenigen, die alles und jedes kaufen, was neu ist.

Vor allem den sog. **frühen Übernehmern** bzw. Induktoren (Orientierungspersonen) wird ein **reflektiertes Adoptionsverhalten** zugeschrieben. Diese informieren sich mehr als andere Gruppen anhand von speziellen Massenmedien, die neue Produkte ankündigen (vgl. z. B. *Lazer/Bell* 1966). Die Betroffenen sind auch besser in die sozialen Systeme eingebunden und entsprechen so in hohem Maße dem Bild des meinungsbildenden Innovators, auf den sich die ersten Aktivitäten einer mehrstufig konzipierten Werbekampagne konzentrieren sollten.

Verständlicherweise müssen die Anstrengungen zunächst darauf gerichtet sein, diesen Kreis zum Kauf der Innovation zu bewegen, wobei eine rationale Ansprache dessen **Argumentationsstil** in aller Regel am besten entspricht. Dadurch werden gleichzeitig die für die Rolle des Informationsmittlers unabdingbaren **Fakten** vermittelt.

Die – in der Terminologie der Diffusionsforschung – **frühen** und **späten Mehrheiten** sowie die **Nachzügler** sollten dagegen mittels maßgeschneiderten Werbebotschaften dazu angeregt werden, den **Kontakt** zu den Innovatoren und insbesondere zu den frühen Übernehmern zu suchen. Da ihr Konsumverhalten durch eine mehr oder minder ausgeprägte Scheu vor Risiken charakterisiert ist, dürfte sie vorrangig der Hinweis auf die Möglichkeit, von den Erfahrungen der Frühverwender zu profitieren, motivieren.

2.4.2.3. Das Nutzenkonzept

Die bislang dargestellten kommunikationstheoretischen Ansätze basieren auf dem **Wirkungsparadigma,** d. h. das relevante Verhalten der Menschen wird als Reaktion auf die dargebotenen Medienreize angesehen. Der **Nutzenansatz** trägt dagegen mit seiner Vorstellung von einem aktiven Publikum der dabei vernachlässigten Eigenständigkeit und Zielstrebigkeit der Rezipienten Rechnung (vgl. *Katz/Foulkes* 1962, S. 378). Auch die sorgfältigste, allen „Geheimnissen" der Kommunikationswissenschaft entsprechende Kommunikationsstrategie muß dieser Sichtweise zufolge wirkungslos verpuffen, falls sie nicht auf die Ziele, Bedürfnisse und Erwartungen der Umworbenen eingeht. So berücksichtigt insbesondere die **Gratifikationsforschung** auch die Vorteile, die die Rezipienten aus dem Kontakt mit den Medien ziehen.

Diese Sicht kulminiert im sog. **Escape-Motiv** der **Mediennutzung.** Nach diesem Konzept sind die Menschen in modernen Industriegesellschaften vielfach depriviert und durch die Bedingungen des Arbeits- und Produktionsprozesses entfremdet, so daß es ihnen in ihrer Freizeit lohnend erscheint, in die Traumfabrik der Massenmedien einzusteigen: „Escape" wird zu einem zentralen Bedürfnis (vgl. *Schenk* 1978, S. 219).

Sieht man von der diesem Ansatz entgegengebrachten **Kritik** ab – es bleibt ungeklärt, weshalb Rezipienten bestimmte Bedürfnisse wie Ablenkung, Identität oder Informationen über die Umwelt empfinden und weshalb sie bestimmten Inhalten und Formen des Medienangebots die Fähigkeit zuschreiben, diese zu befriedigen –, so sind die **werbepolitischen Konsequenzen,** die aus dem Nutzenkonzept zu ziehen sind, offensichtlich. Es muß ein Anliegen der **Werbegestaltung** sein, in Werbeszenen zumindest das eine oder andere der für die jeweilige Zielgruppe relevanten Nutzungsmotive anzusprechen, um Aussicht auf Erfolg zu haben.

3. Erscheinungsformen der Kommunikationspolitik

Dieses absatzpolitische Aktionsfeld stellt keine Erfindung modernen Marketing-Denkens dar, sondern ist, wie *Buchli* (1962) in seiner Geschichte der Wirtschaftswerbung und der Propaganda *(6000 Jahre Werbung)* detailliert belegt, als eine vertraute, ja alltägliche Erscheinung anzusehen. Ausrufer und Marktschreier (lat. reclamare = entgegenschreien) sowie Messen und Märkte sind uns aus zahlreichen historischen Schilderungen vertraut. Ursprungs- und Firmenzeichen, Schilder und Abzeichen waren schon zu Zeiten des römischen Imperiums und früher gebräuchlich. An den großen Heerstraßen machten Rast- und Gaststätten mit Schildern auf sich aufmerksam, und auf dem Signum des in Pompeji ausgegrabenen Gasthauses *Zum Elefanten* stand in großen Lettern geschrieben, daß in dem Hospitium ein Speisezimmer mit drei Lagern verfügbar sei.

Auf den überschaubaren Märkten früherer Epochen genügte das persönliche Gespräch vollauf, um den Absatz der meist individuell und häufig auf Bestellung gefertigten Produkte zu gewährleisten. Die uns heute geläufigen Kommunikationsstrategien wurden dagegen erforderlich, als die technischen und sozialen Veränderungen im vergangenen Jahrhundert zur Massenproduktion führten und die Mehrzahl der Märkte sich von **Verkäufer-** zu **Käufermärkten** wandelte. Zu den Voraussetzungen dieser Form der anonymen Umwerbung eines nunmehr dispersen Publikums zählten die **Vervollkommnung** der **Druckkunst,** der **Rückgang** des **Analphabetentums** und das **Aufkommen** der **elektronischen Medien** (Rundfunk, Fernsehen).

3.1. Die Werbung

3.1.1. Die Werbung als Kommunikationsprozeß

Um einen besseren Zugang zum Phänomen Werbung zu gewinnen, erscheint es angebracht, den damit verbundenen Kommunikationsprozeß in einzelne Phasen zu zerlegen und das Verhalten sowie den Einfluß der jeweiligen Akteure zu beleuchten: Abb. 6.11. illustriert die im folgenden modellhaft beschriebene Wirkungsweise der Werbung bei einmaliger Aussendung einer Botschaft.

(1) Vor deren Aussendung ist in der sog. **Codierungsphase** ein den Intentionen der Werbung treibenden Unternehmung dienliches Werbemittel zu konzipieren. Während die Festlegung der werblichen Ziele primär durch die Unternehmung selbst erfolgt, werden die Werbemittel insbesondere in der Konsumgüterwerbung häufig von Werbeagenturen, und zwar auf der Grundlage des sog. Briefing (vgl. Abschn. 1.3.1.) entwickelt.

(2) Sodann gibt man die Werbebotschaft einem Werbeträger (Kommunikationskanal), beispielsweise also einer Zeitschrift oder einer Zeitung bei, die die Aufgabe hat, jene an die Empfänger heranzutragen. In der **Transmissionsphase** muß der Werbungtreibende darauf achten, solche Werbeträger auszuwählen, die bei den Werbegemeinten erfahrungsgemäß stark verbreitet sind. Ist die

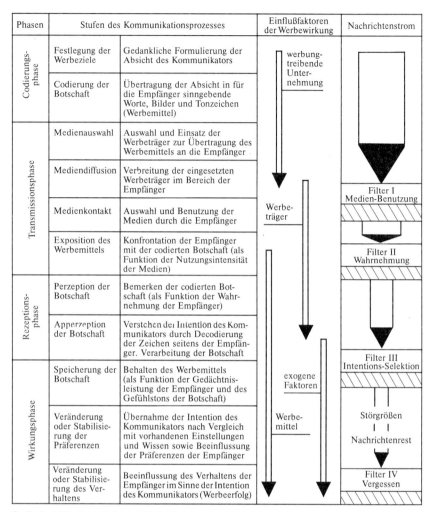

Quelle: In Anlehnung an *Dohmen*, 1973, S. 1014.

Abb. 6.11.: Ablauf des werblichen Kommunikationsprozesses im Modell

Botschaft einmal einem Medium anvertraut und beispielsweise der Auftrag zur Belegung einer Seite in einer Zeitschrift vergeben, bestimmen der Werbeträger bzw. die ihn gestaltenden und mit seiner Verbreitung befaßten Organe den weiteren Verlauf des Prozesses.

(3) In der dritten Phase, der sog. **Rezeptionsphase,** bemerkt der Umworbene die Botschaft (Perzeption) und verarbeitet diese (Apperzeption). Einfluß auf die Perzeption haben sowohl die Gestaltung und die Anordnung des Werbemittels im Werbeträger als auch verschiedene Störfaktoren. Die Apperzeption hängt,

und zwar in entscheidendem Ausmaß, von der Interessenlage sowie den Einstellungen des Umworbenen ab.

(4) Hat der Umworbene den Inhalt der Werbebotschaft aufgenommen und verstanden, so können sich folgende **Werbewirkungen** einstellen:

(a) Der Umworbene merkt sich den Inhalt der Botschaft mehr oder weniger genau, ohne daß es vorderhand zu weiteren Reaktionen kommt. Maßgebend für den Verbleib im Gedächtnis des Umworbenen sind die **„subjektiven" Faktoren** des **Empfängers** (Einstellungen, Interessenlage usw.) sowie die **„objektiven" Eigenschaften** des **Werbemittels** (inhaltliche und formale Gestaltung). Es liegt nahe, daß ein Verbraucher ein Werbemittel dann besonders schnell vergißt, wenn er z. B. mit einer Überfülle von Werbebotschaften, möglicherweise gar noch aus demselben Produktbereich, konfrontiert wird (objektiv) oder wenn er sich für das beworbene Erzeugnis auch nicht im geringsten interessiert (subjektiv).

(b) Das Werbemittel soll die **Präferenzen** des Umworbenen für ein Produkt im Sinne der Absicht des Werbungtreibenden aktualisieren, festigen oder verändern. Manchmal bestätigt das Werbemittel auch „nur" den Verbraucher im Hinblick auf einen bereits getroffenen Kaufentscheid (vgl. Abschn. 2.3.2.1.3.). Ob und inwieweit die Bewußtseinslage des Konsumenten verändert wird, hängt, abgesehen von der Güte der Werbeaktion, maßgeblich von dessen Einstellungen, Erfahrungen und den in seiner sozialen Umgebung bestehenden Normen und Rollenerwartungen ab.

(c) Letztlich aber soll die Werbebotschaft das **Verhalten** des Empfängers **beeinflussen.** So kann es zu einer bewußten Suche nach weiteren Informationen, beispielsweise in Form eines Geschäftsbesuches, oder aber zu einem (Probe-) Kauf kommen. Das Verhaltensresultat wird wiederum von einer Reihe von Faktoren bestimmt, die von dem werbenden Unternehmen nur zum Teil und allenfalls indirekt kontrollierbar sind, wie beispielsweise der Zugänglichkeit weiterer Informationsquellen und der Verfügbarkeit des betreffenden Produktes, nicht zuletzt aber auch den Gebrauchs- bzw. Verbrauchserfahrungen, die die Verbraucher mit diesem gemacht haben.

In jeder der angegebenen Phasen des Kommunikationsprozesses ebenso wie im Rahmen des sog. **Feedback** können Teile der zu übermittelnden Nachrichtenmenge verlorengehen; denn der Informationsstrom durchläuft eine Reihe von Filtern. Schon die Übertragung des werblichen Ziels in ein adäquat gestaltetes Werbemittel bereitet Schwierigkeiten, für deren Überwindung es keine Patentrezepte gibt. Begabung und Kreativität des Designers spielen hier eine maßgebliche Rolle. Ist ein Werbemittel sodann auf den Weg gebracht, so ergeben sich infolge der unterschiedlichen Mediennutzung auf Seiten der Umworbenen sog. Streuverluste. Nur ein Teil bemerkt es überhaupt, und auch davon nimmt nur ein bestimmter Prozentsatz die Nachricht auf. Deshalb wird es eine Unternehmung nicht beim einmaligen Aussenden einer Werbebotschaft bewenden lassen, sondern auch im Hinblick auf die Vergeßlichkeit der Menschen ein Werbemittel mehrmals und gegebenenfalls in verschiedenen Werbeträgern „schalten". Daß dieses selbst dann noch nur bei einem Teil der Umworbenen eine den Werbezielen entsprechende Wirkung hinterläßt, dürfte einsichtig sein.

Unter dem Begriff **Werbepolitik** faßt man all jene Aktivitäten zusammen, die den beschriebenen Kommunikationsprozeß im Einklang mit den Unternehmungszielen gestalten sollen. Üblicherweise unterscheidet man drei Teilbereiche:

– Die **Werbeplanung** umschließt die Werbeziel- und die Werbeprogrammplanung.

– Die **Realisationsphase** umfaßt sowohl die Gestaltung als auch die Streuung der Werbemittel, wobei letztere als technische Abwicklung der in der Mediaplanung erstellten Streupläne hier nicht behandelt werden soll.

– **Werbekontrolle** schließlich steht im wesentlichen für die Messung des Werbeerfolgs.

Unter Zugrundelegung dieses der Praxis nachempfundenen entscheidungstheoretischen Ansatzes werden die einzelnen Phasen werblicher Kommunikation in Abschn. 4. ausführlich gewürdigt. Zunächst soll jedoch ein Blick auf die Fülle der Erscheinungsformen der Werbung geworfen werden, ohne indessen einen Anspruch auf Vollständigkeit erheben zu wollen. So können selbst Differenzierungen, die von großem theoretischen wie auch praktischen Interesse sind, wie z.B. die Ausrichtung der Werbestrategie am **Produkt-Lebenszyklus** (Einführungs-, Expansions-, Erhaltungs- und Erinnerungswerbung) (vgl. z.B. *Olson/Schlinger/Young* 1982; *Horsky/Simon* 1983) oder die Unterscheidung von **Vorkauf-** und **Nachkaufwerbung** nur angedeutet, andere nicht einmal erwähnt werden.

3.1.2. Eine Phänomenologie der Werbestrategien

Eine Möglichkeit, eine Systematik gängiger Erscheinungsformen der Werbung zu entwickeln, besteht in deren Klassifikation nach Maßgabe der eingesetzten Werbemittel und -medien. *Kaiser* (1980, S. 7f.) unterscheidet unter dieser Perspektive die **klassische Medienwerbung,** die **Direktwerbung,** die **Werbung** am **Point of Purchase** (POP), die **Mund-zu-Mund-Werbung** sowie den **persönlichen Verkauf,** der indessen hier eher unter distributionspolitischem Vorzeichen gesehen und entsprechend in § 5, Abschn. 2.4., behandelt wird. Aus neuerer Sicht erscheint es angebracht, diese Systematik um die Kategorie „**Werbung in Neuen Medien**" zu ergänzen.

(1) Während die **klassische Werbung** in den Massenmedien Funk, Fernsehen, Zeitungen und Zeitschriften, um nur die wichtigsten zu nennen (vgl. Abschn. 4.1.3.2.2.), **indirekt,** d.h. unter Nutzung technischer Hilfsmittel ein breites, anonymes Publikum fast ausschließlich in Form der **Einweg-Kommunikation** anspricht, ist den letztgenannten Techniken eine mehr oder minder ausgeprägte **direkte Umwerbung** der Zielgruppe gemeinsam.

(2) Abgesehen von der **POP-Werbung,** bei der vorwiegend mittels der Verteilung von (Kost-)Proben und nur ausnahmsweise durch das in Einzelhandelsgeschäften benutzte sog. Display-Material (Hinweisschilder, Plakate, „Regalstopper" usw.) ein unmittelbarer Kontakt zwischen dem werbenden Unternehmen und den umworbenen Konsumenten entsteht (vgl. Abschn. 4.1.3.2.2.), findet bei den übrigen Werbestrategien eine **Zwei-Weg-Kommunikatikon** statt.

(3) Bei der bekanntesten Form der **Direktwerbung,** dem Werbebrief, eröffnen sich auf Grund der Möglichkeit, diesen an den Bedürfnissen einzelner Adressaten oder homogener Gruppen von Zielpersonen auszurichten, sowie der häufig praktizierten Koppelung mit einer Antwortkarte Chancen für ein Feedback (z. B. Rücksendung der Antwortkarte, telefonische Anfrage). Im übrigen kommt Direktwerbung ohne Einschaltung eines Massenmediums aus. In der Natur dieser Umwerbungsform liegt es, daß das Werbemittel persönlich gehalten und bei entsprechender Kenntnis der Vorstellungen der Adressaten genau auf diese zugeschnitten sein kann. Dies verursacht relativ hohe **Kontaktkosten.** Für die Einzelumwerbung eignen sich nur wenige Werbemittel, etwa der Werbebrief und das Werbegeschenk.

Anwendbar war die Einzelumwerbung bislang im Grunde nur, wenn ein Unternehmen über vergleichsweise wenige potentielle Interessenten verfügte. Darüber hinaus hatte und hat sie ihren Platz in der Pflege besonders wichtiger Geschäftspartner. Durch den Siegeszug der Elektronik bei der Textverarbeitung zeichnen sich aber auch hier neue Perspektiven ab. *Scheffer* (1982) informiert ausführlich über Gestaltungs- und Einsatzmöglichkeiten der Direktwerbung.

Im Zusammenhang mit den „**Neuen Medien**" (vgl. hierzu *Brepohl* 1984; *Ratzke* 1982) eröffnet das **Btx-System** durch den Einsatz des **elektronischen Briefkastens** für persönlich adressierte Werbesendungen eine **neue Form** der **Direktwerbung.** Freilich bleibt es einem Teilnehmer überlassen, ob er seinen Briefkasten leert oder nicht. Bei der Identifikation geeigneter Ansprechpartner wirken sich die bundesdeutschen Datenschutzbestimmungen überaus restriktiv aus. Sind allerdings soziodemographische Daten oder Anhaltspunkte bezüglich des Kaufverhaltens von Btx-Teilnehmern aus der Vergangenheit verfügbar, ermöglicht dieses Medium eine **intensivere** und **kostengünstigere Zielgruppenansprache** als die herkömmliche Briefwerbung. Gleichwohl wird diese dadurch erschwert, daß tendenziell immer weniger Personen mit der Weitergabe persönlicher Daten einverstanden sind.

Unmittelbare Anwendungsmöglichkeiten eröffnen sich im Rahmen des „**after sales service**". Recht einfach lassen sich Verbrauchern in der Nachkaufphase per Btx Informationen übermitteln, die die besonders beim Kauf von hochwertigen Produkten auftretenden Nachkaufdissonanzen abbauen helfen (vgl. Abschn. 2.3.2.1.3.). Dadurch können Handelsbetriebe ihren Kundenstamm stärker an sich binden und einer Abnahme der Geschäftstreue seitens der Verbraucher entgegensteuern.

Auch im Rahmen der allgemein zugänglichen Btx-Seiten können Werbebotschaften ausgesandt werden. Diese Form der **interaktiven Werbung** zeichnet sich durch einen Dialog zwischen Werbendem und Zielperson aus, wobei das Medium (Btx) selbst passiv ist, d. h. die Botschaft dem Nutzer erst auf dessen Wunsch hin zugeht. Ein weiteres Charakteristikum besteht darin, daß die Werbung nicht wie bei den klassischen Medien in ein redaktionelles Umfeld eingebettet ist. Der Erfolg der interaktiven Werbung im Btx-System hängt also von der Bereitschaft der Zielgruppe, jene abzurufen, ab. Durch den Inhalt der Werbebotschaft muß dem Btx-Nutzer deutlich gemacht werden, daß die Informationsübermittlung für ihn von Wert und eine Fortsetzung des Dialoges, also ein Abrufen weiterer Werbeseiten, lohnend erscheint. Naturgemäß können zum Einstieg in ein Btx-Werbeprogramm auch von anderen Medien Impulse ausgehen.

Prinzipiell sind bei der Nutzung von Btx für **Verkaufsförderungsaktionen** des **Handels** der Kreativität keine Grenzen gesetzt. In der Versuchsphase, die der bundesweiten Einführung von Btx vorausging, dominierten Gewinnspiele, Preisausschreiben und Produktproben, die die Teilnehmer zum „Einstieg" in das Programm bewegen sollten. In Verkaufsräumen kann Btx z.B. die zur Entlastung des Personals aufgestellten audiovisuellen Geräte ergänzen oder ersetzen.

Als sich bei den Feldversuchen nahezu alle Institutionen des Handels in dem Bestreben, ihre Innovationsfreudigkeit zu unterstreichen, mit Public Relations-Programmen an die Öffentlichkeit wandten, konnte dies nur eine kurzfristige Aktion sein. Wesentliches Merkmal der Public Relations ist die Breitenarbeit. Da indessen Btx zumindest für einige Zeit noch ein recht spezielles Zielgruppenmedium darstellt, können darüber nur jeweils relativ kleine Teile der Öffentlichkeit angesprochen werden. Selbst bei der Durchführung von gezielten PR-Maßnahmen bei einer vergleichsweise kleinen Zielgruppe ist es indessen schwierig, Informationen in der dem Medium adäquaten Kürze zu vermitteln und gleichzeitig genügend Abrufmotivation für ein derartiges Angebot zu erzeugen (vgl. Abschn. 2.4.2.).

Interessant sind einige Beobachtungen, die man in der Testphase von Btx machen konnte (vgl. hierzu *Mayntz* 1982):

90% der befragten Teilnehmer im Testgebiet Düsseldorf hatten das Schlagwort „Werbung" noch nie direkt angewählt. Dennoch waren fast alle Befragten bei der Informationssuche unbeabsichtigt auf Werbung gestoßen. Dies ist aus der Sicht der Btx-Nutzer immer dann unbedenklich, wenn dadurch der Markt transparenter wird (z. B. durch die Möglichkeit von Preisvergleichen), wenn Aktualität und Schnelligkeit eine Rolle spielen (z. B. bei Preisaktionen) oder wenn es um Bequemlichkeit geht (z. B. Bestellungen über Btx). Angebote wie Reisen/Urlaub/Touristik, Geld und Kredit/Angebote der Banken und Sparkassen sowie Unterricht/Angebote von Lehrveranstaltungen werden eher als Sachinformationen gedeutet. Dagegen werden Sonderangebote sowie Film- und Fotoausrüstungen auf Anhieb für Werbung gehalten. Drei Viertel der Probanden störte es, daß man bei Btx auch das sieht, was nicht interessiert. 58% äußerten sogar den Wunsch,

Werbung im Btx-System zu überblättern. Weniger überrascht es dagegen, daß unterhaltsame Werbung eher akzeptiert wird. Für die meisten Teilnehmer ist Werbung mit Btx kein wichtiges Thema. Bildschirmtext ist eben in erster Linie ein Text- und damit ein **„kaltes Medium"**.

(4) Besonders deutlich wird der Charakter der Zwei-Weg-Kommunikation bei der **Mund-zu-Mund-Werbung,** die Meinungsführer auf Grund ihrer Position im „two step flow of communication" (vgl. Abschn. 2.4.2.1.) betreiben. Derartige Gespräche zwischen Freunden oder Bekannten über die Vorzüge eines Produktes gelten als besonders wirkungsvoll, da der Kommunikator im Rahmen einer solchen Interaktion als weitaus glaubwürdiger gilt als etwa *Clementine* in der Fernsehwerbung.

3.1.3. Produkt und Firma als Objekte werblicher Maßnahmen

Die Unterscheidung zwischen Produkt- und Firmenwerbung stellt darauf ab, auf welche Objekte die Werbeaussagen zu beziehen sind. Einer Unternehmung bietet sich die Möglichkeit, sowohl für einzelne Produkte oder Produktgruppen **(Produktwerbung)** als auch für die Firma als Ganzes **(Firmenwerbung)** zu werben. Im ersten Fall wird meist die besondere Verwendungseignung der Erzeugnisse hervorgehoben, während im Rahmen der Firmenwerbung, etwa durch Hinweise auf die Größe der Unternehmung und deren weltweite Beziehungen, eher Vertrauen in das gesamte Angebot zu schaffen versucht wird.

Durch die Pflege eines firmenspezifischen, alle einzelnen Werbemaßnahmen überlagernden Werbestils streben viele Unternehmen danach, den im Laufe der Jahre erworbenen Goodwill, der sich in einer positiven Grundhaltung der Umworbenen gegenüber dem Betrieb ausdrückt, für ihre Marketing-Aktivitäten zu nutzen. In dem Maße, in dem zu vordergründigen, die Identifikation erleichternden Gestaltungsmaßnahmen, wie unverwechselbarem Design und einheitlicher Sprachregelung, die Ausrichtung aller werblichen Maßnahmen an der Unternehmensphilosophie tritt, nähert sich die Firmenwerbung dem sog. **Corporate Identity-**Ansatz (vgl. Abschn. 3.3.2.) an.

Bei der **Produktwerbung** lassen sich in inhaltlich-gestalterischer Hinsicht zahlreiche Varianten gegeneinander abgrenzen (vgl. *Kaiser* 1980, S. 9):

(1) Im Gegensatz zur **informierenden Werbung,** die die Konsumenten über das Waren- und Dienstleistungsangebot im allgemeinen und bestimmte Produktmerkmale im besonderen unterrichtet, konzentriert sich die nach Meinung von Verbraucherschützern sehr viel häufiger vorkommende **Sympathiewerbung** auf die Weckung positiver Emotionen. Dadurch, daß der Werbegegenstand mit einer schönen Urlaubslandschaft, dem Lockenkopf eines Kleinkindes, mit Tieren, Planzen oder anderen Sympathieträgern gekoppelt wird, wobei die Vermittlung echter Produktinformationen unterbleibt, soll eine dem eigenen Erzeugnis günstige Einstellung aufgebaut werden, die in ambivalenten bzw. impulsiv gesteuerten Kaufsituationen den Ausschlag gibt.

(2) Auch die **Leitbildwerbung** sucht sich das Prinzip des Imagetransfers zunutze zu machen. Insbesondere Persönlichkeiten des öffentlichen Lebens, aber auch Einrichtungen wie bekannte Hotels oder Spielcasinos, oft auch angesehene Formen der Freizeitgestaltung, wie Golf oder Segeln, sollen dem Verbraucher Richtschnur für gehobenes Konsumverhalten sein. Mittlerweile setzt sich jedoch mehr und mehr die Erkenntnis durch, daß die Exklusivität der gewählten Umfelder und Modelle die gewünschte Übertragung eher behindert als fördert, da das Ideal sehr leicht als unerreichbar und deshalb nicht als nachahmbar empfunden wird.

(3) Bei zwei anderen Werbeformen versucht man, diese Inkongruenz zu vermeiden. Wenn beispielsweise in einer Werbeaktion ein Taxichauffeur bekundet, auch nach einer Gesamtfahrleistung von 300 000 km habe ihn sein Gefährt der Marke XY noch keinen Tag im Stich gelassen, so handelt es sich um eine sog. **Testimonialwerbung.** Von **Slice of Life-Technik** spricht man in diesem Zusammenhang dann, wenn in den elektronischen Medien diese Werbeform als Spot szenisch gestaltet wird.

Beiden gemeinsam ist die Präsentation von zufriedenen Produktverwendern, mit denen sich die Umworbenen identifizieren können und deren Aussagen ihnen deshalb vergleichsweise glaubwürdig erscheinen. Daß ein Skiweltmeister mit einem neuen Kunststoff-Ski gut zurecht kommt, besagt für den Durchschnittssportler wenig, wohl aber, wenn eine(r) wie „Du und ich", womöglich noch etwas außer Atem und mit geröteten Wangen, versichert, nunmehr sei auch für sie oder ihn das „Wedeln" keine Hexerei mehr.

Nicht selten kommt es in der Praxis zu einer Kombination von Leitbild- und Testimonial-Werbung. Ein Schauspieler, der in seinen (Fernseh-)Rollen nicht zum Supermann aufgebaut wird, bringt, zumal wenn er als normaler Verbraucher auftritt, beides mit, Bekanntheit und Glaubwürdigkeit.

Um sie in populären Testimonials zielgruppenspezifisch einsetzen zu können, hat sich ein Marktforschungsinstitut für das Image bekannter Fernsehkommissare interessiert. Inhaltsanalytisch ausgewerteten Gruppendiskussionen zufolge wird *Derrick* u.a. als korrekt, menschlich, dynamisch, sensibel und konservativ erlebt. Bei *Haferkamp* stehen Jugend, Sportlichkeit, Charme und Sympathie (bei männlichen Krimi-Freunden) bzw. Sex-Appeal (bei Zuschauerinnen) im Vordergrund. *Ode* wiederum wird als verständnisvolle, einfühlsame, gütige Vaterfigur beschrieben (vgl. *Naether* 1982).

(4) Als die *Opel AG* einmal in einer Werbeaktion darüber informierte, „wie der *Senator Audi, BMW* und *Mercedes* bezwingt", betrieb sie **vergleichende Werbung,** d.h. eine auf die Leistungen der Mitbewerber explizit Bezug nehmende Werbung. Im Gegensatz zu der sehr restriktiven Position des *Reichsgerichtes,* das solche Gegenüberstellungen nur bei Vorliegen äußerst eng begrenzter Ausnahmetatbestände tolerierte (vgl. Abschn. 5), erkennt die neuere höchstrichterliche Rechtsprechung diese, soweit für sie ein hinreichender Anlaß gegeben ist und die Grundgedanken des Wettbewerbsrechts nicht verletzt

werden, an (vgl. *Braun* 1983). Die rege Diskussion um Pro und Kontra dieser Werbeform hat *Zentes* (1979) zusammengefaßt.

Danach heißen Verbraucherverbände wie die *Arbeitsgemeinschaft der Verbraucher (AGV)* die vergleichende Werbung gut, da sie sich von ihr eine **Steigerung des Informationsgehaltes** von Werbeaussagen und damit eine verbesserte Markttransparenz erhoffen. Auch dürften sich direkte Leistungsvergleiche im Sinne der Verbraucher auf die Produktpolitik der Unternehmen auswirken. Die Verbraucher selbst halten, folgt man Umfragen aus dem angloamerikanischen Raum, zu einem guten Drittel Werbevergleiche für nützlicher und glaubwürdiger als die konventionelle Werbung; 43% beurteilen beide gleich.

Das Lager der Unternehmer ist gespalten. Die Befürworter bedienen sich der bereits angeführten Argumente, während die Gegner die Gefahr der **Verwirrung** der **Konsumenten** durch eine Flut widersprüchlicher Informationen, der Schädigung des Image des Unternehmertums auf Grund gegenseitiger Herabwürdigung und der Beeinträchtigung der Existenzmöglichkeiten des Mittelstandes heraufbeschwören.

Die Werbewirtschaft bemühte sich über ihren Dachverband, den ZAW (vgl. Abschn. 1.3.2.), in der jüngeren Vergangenheit in auffälliger Weise darum, die vielerorts noch verkannte weitgehende Verträglichkeit der vergleichenden Werbung mit der herrschenden Rechtsprechung der Öffentlichkeit nahezubringen. Ihre Motivation dürfte in der Hoffnung liegen, durch den besonderen Informationswert dieser Art von Werbung der gesellschaftspolitischen Kritik (vgl. *Grunert/Stupening* 1981) begegnen zu können.

Die bislang vorliegenden Erkenntnisse der Werbeforschung reflektieren primär nordamerikanische Erfahrungen. Dort praktiziert ein knappes Drittel der werbungtreibenden Unternehmen diese Form der Marktkommunikation. Davon ausgehende, für den Mittelstand schädliche Auswirkungen konnten dabei nicht festgestellt werden, wohl aber durch zunehmenden Wettbewerbsdruck initiierte **Produktverbesserungen.**

Effizienzprüfungen auf den üblichen Wirkungsebenen werblicher Kommunikation (z. B. Aufmerksamkeit, emotionale Reaktion; vgl. Abschn. 4.3.) zeichnen allerdings ein uneinheitliches Bild, was zu der Vermutung Anlaß gibt, daß vergleichende Werbung nur bei bestimmten Produkten, Marktsegmenten, Gestaltungsformen sowie geeigneten Wettbewerbssituationen zu wünschenswerten Resultaten führt (vgl. *Mayer/Schmitt/Völker* 1982).

Lenkt man die Aufmerksamkeit der Umworbenen auch auf das Angebot von Konkurrenten, kommt es insbesondere bei jenen Verbrauchern, die die meist vorsichtig kritisierten Erzeugnisse der Wettbewerber präferieren, mit einiger Wahrscheinlichkeit zu einem Bumerang-Effekt (vgl. Abschn. 2.3.3.). Da die Betroffenen in ihrer ursprünglichen Vorliebe sogar noch bestärkt werden, sind mit dem Einsatz der vergleichenden Werbung nicht unerhebliche **Kommunikationsrisiken** verbunden.

Diese zu umgehen bzw. ihre Folgen abzuschwächen, ist Aufgabe einer sensibel zu handhabenden Werbemittel-Gestaltung (vgl. Abschn. 4.2.). Beispielsweise müssen aggressive Gegenüberstellungen vermieden und glaubhafte Belege für die aufgestellten Behauptungen vorgelegt werden (vgl. *Mayer/Schmitt/Völker* 1982). Eine besondere Rolle spielen dabei die Ergebnisse vergleichender Warentests (vgl. *Silberer/Raffée* 1984 a, b), die breiten Schichten der Bevölkerung als verläßlich erscheinen und sich deshalb als neutrale Instanz eignen. Empirische Untersuchungen belegen, daß Warentestberichte bei Konsumgütern als eine nützlichere Informationsquelle angesehen werden als Behörden, Freunde und Verwandte oder gar die Wirtschaftswerbung.

(5) Ständigen Anlaß zur Diskussion und nicht selten auch zu juristischen Auseinandersetzungen (vgl. Abschn. 5.) geben die **Schleichwerbung** und die

redaktionell gestaltete Werbung. Während mit ersterer die ohne Vorliegen einer entsprechenden Genehmigung erfolgende unentgeltliche Nutzung eines Massenmediums für werbliche Zwecke gemeint ist (z. B. Anbringung von Tafeln, Plakaten etc. in einer Weise, daß sie bei Sportübertragungen im Fernsehen unweigerlich ins Blickfeld rücken), soll die redaktionelle Aufmachung einer Werbebotschaft den Umworbenen jeden kommerziellen Anstrich verbergen.

In dem einen Fall dient die Tarnung also überwiegend dem Zweck, durch die Wahl eines „unverdächtigen" Umfeldes eine größere Effizienz der Werbemaßnahme zu erzielen. Bei der Schleichwerbung steht darüber hinaus das Motiv, Werbekosten zu sparen, im Vordergrund. Wenn z. B. ein Unternehmen einer großen Tageszeitung eine sechsseitige Druckschrift beifügt, die nach Format und Erscheinungsbild wie das übrige Blatt aufgemacht ist, aber auch Artikel enthält, die reine Werbung verkörpern, geht es allein darum, die Leser im Interesse größerer Wirkung zu täuschen. Dem kommt in Funk und Fernsehen die Praxis nahe, mehrere Werbespots im Stile eines Magazins zusammenzufassen und entsprechend zu gestalten (z. B. mit Moderator), die sich zunehmender Beliebtheit erfreut.

(6) Die sog. **unterschwellige Werbung** versucht sich gar vor jeglicher bewußter Wahrnehmung zu tarnen. Allerdings erscheint es mehr als fraglich, ob es sich hierbei tatsächlich um einen steuerbaren und werblich nutzbaren Vorgang handelt (vgl. Abschn. 4.2.2.2.).

(7) Ein letztes Beispiel soll den Einfallsreichtum der Werbepraktiker dokumentieren: Der besondere Reiz einer sog. **Unikatkampagne** liegt darin, daß jede Anzeige bzw. jeder TV-Spot nur einmal geschaltet wird, wodurch der Aufmerksamkeitswert einer Werbeaktion steigt. Im Rahmen der dadurch bekannt gewordenen *Jägermeister*-Kampagne erschienen zwischen 1973 und 1983 europaweit mehr als 6000 solcher Inserate.

3.1.4. Individual- und Kollektivwerbung als Basisstrategien

Soll die Unternehmung Werbemaßnahmen allein oder zusammen mit anderen ergreifen? Im Hinblick auf die erheblichen Kosten z. B. von nationalen Werbekampagnen empfiehlt es sich manchmal, auf Alleinwerbung zu verzichten und eine Form der **Kollektivwerbung** zu betreiben. Bei der sog. **Huckepackwerbung** wird gleichzeitig für mindestens zwei unterschiedliche Produkte verschiedener Hersteller geworben. Soll diese Strategie von Erfolg gekrönt sein, muß nicht nur zwischen beiden eine physische bzw. unmittelbar einsichtige psychische Komplementarität bestehen, wie z. B. zwischen Polohemd und Tennisschläger, sondern es müssen auch die Zielgruppen weitgehend übereinstimmen.

Insbesondere bei solchen Anbietern, die homogene Güter vertreiben, kommen Werbeanstrengungen eines einzelnen auch allen übrigen zugute. In diesen

Fällen empfiehlt sich eine **Gemeinschaftswerbung** – hier treten die kooperierenden Unternehmen nicht namentlich hervor („Eßt mehr Fisch") – bzw. eine **Sammelwerbung,** bei der die Namen der Beteiligten im Werbemittel erscheinen („Kommen Sie ins XY-Einkaufszentrum, Sie finden dort die Angebote der Firmen A, B, C"). Kollektive Werbung eröffnet die Möglichkeit, nicht nur Kosten zu sparen, sondern bei unveränderter finanzieller Belastung auch solche **Werbeträger** zu nutzen, die kleineren Betrieben sonst verschlossen blieben (insbesondere Fernsehen und Publikumszeitschriften). So entfielen bei einer 1984 vom *Bundesverband des holz- und kunststoffverarbeitenden Handwerks* bundesweit betriebenen Gemeinschaftsaktion („Erfolg zu verkaufen") trotz 43 geschalteter Anzeigen auf jeden der 74 teilnehmenden Innenausbauer nur knapp mehr als DM 7000 bei Gesamtkosten von DM 528 300.

In der Praxis haben sich zahlreiche Varianten der Kollektivwerbung herausgebildet. Beispielsweise übernahm für acht Nachwuchsunternehmer, die sich im Wege von Kooperationsverträgen mit der *Edeka-Saar* eine Existenz schaffen wollten, diese in Absprache mit den Beteiligten die langfristige Planung der jede Woche durchzuführenden Aktionen. Sie stützte sich dabei auf Handzettel, deren Vorderseite einheitlich gestaltet war, während die Rückseite für individuelle Angebote der involvierten Einzelhändler Raum ließ (vgl. *Maassen* 1981).

Um gegen die marktstarken Großbrauereien bestehen zu können, organisierte der *Bundesverband mittelständischer Privatbrauereien* eine Gemeinschaftswerbung, die den besonderen Verhältnissen der Branche Rechnung trug. Da sich die Absatzgebiete mittelständischer Brauereien vielfach überschneiden, wurden drei Werbekonzeptionen entwickelt. Entschloß sich in einem Überschneidungsgebiet eine Unternehmung beispielsweise für Konzeption A, erhielt sie für diese Gebietsschutz, so daß für die lokalen Konkurrenten nur noch die Konzeptionen B und C zur Verfügung standen.

Bei der **Verbundwerbung** handelt es sich um eine spezifische Form der Kollektivwerbung. Sie verzahnt die jeweiligen Stärken von Herstellern (z. B. Kapital) und Absatzmittlern (z. B. persönliches Verhältnis zu den Kunden).

Im Falle der *Deutschen FIAT AG* z. B. griffen drei Strategien ineinander: Eine nationale Werbekampagne hatte quasi als Basis- bzw. Dachwerbung die Imagepflege und Steigerung des Bekanntheitsgrades von *FIAT* zu bewerkstelligen. Partnerschaftsanzeigen in den regionalen und lokalen Tageszeitungen sorgten dagegen für den Bezug vom lokalen Markt. Konkret bestanden sie aus dem werblichen Rumpf und der Händleradresse. Die Kosten für das Grundmotiv übernahm der Hersteller, der den Händler betreffende Teil wurde von diesem getragen. Im Rahmen einer ergänzenden Händlerwerbung wurde den Betroffenen die Möglichkeit zur Profilierung eingeräumt, ohne daß diese gegen Inhalt und Form der gesamten Verbundwerbung verstoßen mußten. Durch den zentralen Einkauf von Anzeigenraum konnten im übrigen gegenüber einer Einzelbelegung Preisvorteile realisiert werden.

3.1.5. Erscheinungsformen der Werbung inner- und außerhalb der Wirtschaft

Insbesondere die Hersteller von **Markenerzeugnissen** billigen dem Werbebudget einen ungewöhnlich hohen Anteil am Vertriebsbudget oder auch Umsatz zu. Bei bestimmten Artikeln der Körperpflege und bei Arzneimitteln betragen die

Werbeaufwendungen bis zu 20% vom Umsatz, zuweilen sogar weit mehr (vgl. *Kaiser* 1980, S. 11), während der **Einzelhandel** im Durchschnitt höchstens zwei Prozent seines Erlöses dafür einsetzt.

Als Werbeträger werden die elektronischen Massenmedien und auflagenstarke Publikumszeitschriften bevorzugt. So entfallen ca. 80% der Werbezeit im *Zweiten Deutschen Fernsehen* auf **Konsumgüter** (vgl. *Tietz/Zentes* 1980, S. 366). Die betreffenden Medien ermöglichen eine Endverbraucherwerbung, die über das Nachfrageverhalten der Betroffenen den Handel dazu zu bewegen sucht, ein in Frage stehendes Produkt zu „listen", d. h. in das Sortiment aufzunehmen. Mehr und mehr wird die damit angesprochene Pull-Strategie durch die gezielte Umwerbung derjenigen Handelsstufen ergänzt, die den Verkauf gewährleisten sollen (Push-Strategie).

Die Werbeaktivitäten der **Investitionsgüterindustrie** sind von der Hypothese geleitet, daß der Beschaffung von industriellen Anlagen, Ausrüstungsgegenständen und Produktionsmitteln extensive, rationale Entscheidungsprozesse vorausgehen (vgl. z. B. *Pflaum/Eisenmann* 1981). Entsprechend geringen Raum nimmt daher die reine Sympathiewerbung ein; im Vordergrund der Bemühungen steht die Übermittlung von Informationen. Verständlicherweise werden hier Anzeigen in Fachzeitschriften, insbesondere aber Maßnahmen des persönlichen Verkaufs bevorzugt.

Diese Strategie führt regelmäßig zu einer Konzentration der Bemühungen auf Großkunden. Für **mittelständische** Betriebe empfehlen sich kostengünstige Formen der Direktwerbung, welche sich bei entsprechender Gestaltung durchaus dafür eignen, die häufig sehr komplexen Kommunikationsinhalte zu vermitteln.

Auf Grund seines lokalen Aktionsfeldes bedient sich der **Einzelhandel** vorzugsweise der Anzeigen- und Schaufensterwerbung (je ein Drittel des Werbeetats) sowie der Verteilung von Handzetteln, Prospekten und Katalogen (ca. 15%). Die Zweckmäßigkeit dieser Akzentuierung läßt sich aus dem Informationsverhalten der Bevölkerung ableiten (vgl. Tab. 6.3.).

Im **Dienstleistungssektor** konzentriert sich das Interesse auf die Werbung von Banken und Versicherungsunternehmen. Seitdem sich auch die Kreditinstitute mit einem Käufermarkt konfrontiert sehen und sich für das Massengeschäft interessieren, läßt sich ein drastischer Anstieg der Kommunikationsfreudigkeit feststellen: Während die Branche noch im Jahre 1960 lediglich DM 13,4 Mio. für Medienwerbung ausgab, was einem Anteil von 0,6% an der gesamten Wirtschaftswerbung entsprach, waren es 1982 bereits DM 341 Mio. bzw. 3,9%. Dabei entfiel im Durchschnitt mehr als die Hälfte der Werbeetats auf Tageszeitungen, rund 30% waren den Publikumszeitschriften vorbehalten, und den Rest teilten sich Fachzeitschriften, Fernsehen und Hörfunk.

Tabelle 6.3.:

Nutzungsintensität verschiedener Informationsquellen durch Verbraucher vor einem Einkauf nach Maßgabe verschiedener Betriebsformen (in %)

Informationsmittel	Fachgeschäft	Waren- bzw. Kaufhaus	Verbrauchermarkt
Tageszeitung	34,8	46,8	55,3
Schaufenster	14,1	4,1	3,3
Preisvergleich	12,8	11,9	10,2
Beratung durch das Verkaufspersonal	11,2	3,4	1,8
Informationsbesuch	8,5	9,5	9,8
Geschäftsvergleich	4,2	3,4	3,3
Warentest, Verbraucherinformation	3,9	1,0	–
Werbung durch Prospekte, Handzettel, Postwurf	3,3	5,8	5,8
Grundsätzlich keine Vorinformation	2,7	3,7	3,6
Beobachtung, Augenschein	2,4	5,1	–
Sonderangebote	–	2,4	2,5
Informationen im Fachhandel	–	1,7	2,2
Sonstige	2,1	1,2	2,2
Summe	100,0	100,0	100,0
Stichprobengröße (absolut)	338	295	275

Quelle: In Anlehnung an o. V., *Wo orientiert sich der Verbraucher vor dem Einkauf?*, in: *Südwestdeutscher Einzelhandel*, 1980, Nr. 439, S. 23.

Mit entscheidend dafür, daß die Kreditinstitute in Zukunft ihre Werbeanstrengungen noch verstärken werden, ist der Umstand, daß sie Leistungen anbieten, die sich objektiv nur schwer differenzieren lassen. Im Zuge der Umstellung von einer allgemeinen **Vertrauens-** zu einer **gezielten Produktwerbung** (Kredite, Einlagen, Handel mit Währungen etc.) verfiel man im übrigen zunehmend auf die Direktwerbung.

Ihrer bedient sich auch das Versicherungsgewerbe in starkem Maße; die entscheidende Kommunikationsschiene eröffnet hier jedoch der **Außendienst,** der durch den Einsatz **dialogfähiger Kommunikationssysteme** vor Ort in seinem Informations- und Beratungsangebot zunehmend leistungsstärker wird.

Auch **staatliche Einrichtungen** wie Post, Bahn und Versorgungsbetriebe, Kirchen, kulturelle Einrichtungen, Parteien, Gewerkschaften und ähnliche Institutionen, von denen in § 1, Abschn. 2.1.2., bereits die Rede war, entdecken mehr und mehr die in der Werbung liegenden Möglichkeiten (vgl. Abschn. 1.2.). Sie bedienen sich ihrer vornehmlich dazu, neue Mitglieder zu gewinnen, Verständnis für ihre Aufgaben und Ziele zu wecken, Spenden einzuwerben oder um Vorschläge zu unterbreiten, Forderungen zu erheben oder ganz allgemein ihre Haltung zu erläutern (vgl. *Zentralausschuß der Werbewirtschaft e.V.* 1980, S. 12f.).

Das Spektrum der institutionellen Werbung reicht also von der Vermarktung realer bis hin zu ideellen Gütern im Sinne des **Sozio-Marketing** (vgl. *Rafféé/Wiedmann/Abel* 1983). Die Absatzwerbung wie üblich als den bewußten Versuch erwerbswirtschaftlicher Unternehmungen zu kennzeichnen, Menschen unter Einsatz spezifischer Kommunikationsmittel zu einem bestimmten, absatzwirtschaftlichen Zwecken dienenden Verhalten zu bewegen, wird dem nicht mehr gerecht.

Die Werbung für Institutionen mit nicht-kommerziellen Zielen, wie z.B. Versorgungsbetriebe, Museen, Theater oder karitative Vereinigungen, wird nicht selten als **nicht-kommerzielle Werbung** bezeichnet (vgl. *Rafféé* 1979, S. 35f.). Deren bedient sich auch die Bundesregierung, die z.B. seit den siebziger Jahren verstärkt Verbraucher und Unternehmer auf diesem Wege für gesamtwirtschaftlich erwünschtes Verhalten zu gewinnen sucht.

Immer häufiger finden sich auch Anzeigen, mit deren Hilfe bei der Öffentlichkeit das Bewußtsein für soziale Aufgaben der Gemeinschaft (Hilfsaktionen, ältere Mitmenschen, Gastarbeiter, Umweltschutz etc.) und die daraus resultierende Verantwortung des einzelnen geweckt bzw. geschärft werden sollen. Ähnlich geben Hilfsaktionen einen nicht unbeträchtlichen Anteil der ihnen zufließenden Gelder dafür aus, weitere Spenden zu akquirieren – manche christlichen Hilfswerke beispielsweise müssen rund ein Viertel ihrer Gesamtetats dafür aufwenden –, und selbst bei den beiden großen Kirchen werden Überlegungen angestellt, die in Richtung einer „Werbung für den Glauben" zielen.

Bei einer Spielart dieser Art von Werbung, der **Anti-Verbrauchswerbung,** fungiert die Kommunikationsarbeit als „neutrale" Sozialtechnik; denn Werbung vermag Verbrauch sowohl zu stimulieren als auch zu dämpfen. Derartige Aktionen können darauf abzielen, den Konsum schädlicher Produkte zu begrenzen bzw. möglichst zu verhindern, oder, ausgehend von Restriktionen im Bereich der Ressourcen, zu einem sparsameren Verbrauch knapper Güter (z.B. Benzin) auffordern, obgleich deren Bereitstellung zu den Aufgaben der werbenden Unternehmung zählt. Letztendlich sind jedoch auch hier zumindest indirekt Verkaufsziele im Spiel, da man durch diese Art der Werbung einerseits eine Imagekorrektur anstrebt und andererseits der Gefahr staatlicher Eingriffe vorzubeugen versucht.

3.2. Die Verkaufsförderung

Viele Sektoren insbesondere des Konsumgüterbereichs leiden unter überdimensionierten Produktionskapazitäten. Die klassische (Massenum-)Werbung reicht hier nicht aus, um die angestrebten kommunikations- und sonstigen marketingpolitischen Ziele zu erreichen. Es kommen deshalb neue Instrumente hinzu, die schwerpunktmäßig der Kommunikationspolitik zuzurechnen sind, aber häufig zugleich distributions-, preis- oder auch produktpolitische Dimensionen aufweisen. Entsprechende Maßnahmen werden wahlweise den Begriffen

3. Erscheinungsformen der Kommunikationspolitik

Verkaufsförderung, Sales Promotions und **Absatzförderung** subsumiert, die hier synonym verwendet werden.

Über die Frage, welche Maßnahmen im einzelnen einer so verstandenen Verkaufsförderung zuzurechnen sind, herrscht keineswegs Einmütigkeit. Einer engen Definition zufolge ist darunter jener Bereich zu verstehen, der früher als Direktwerbung bezeichnet wurde. Darunter fallen etwa Werbebriefe, Prospekte und Kataloge sowie Produktvorführungen bei den Verbrauchern (vgl. *Berekoven* 1962; *Ullrich* 1972, S. 18; *Tietz/Zentes* 1980, S. 24f.). Zuweilen findet sich aber auch die Auffassung, daß Verkaufsförderung alle absatzpolitischen Maßnahmen umfasse, die der Öffnung bzw. Offenhaltung der Märkte dienten (vgl. *Linnert* 1973, S. 12). Weitgehende Übereinstimmung herrscht lediglich darüber, daß es sich bei der Verkaufsförderung um einen **Sammelbegriff** für **Aktionen** handelt, die den Absatz **kurzfristig** und unmittelbar stimulieren sollen.

Je nach Adressaten unterscheidet man:
- Verbraucher-Promotions
- Außendienst-Promotions
- Händler-Promotions.

(1) **Verbraucher-Promotions** nehmen konkret etwa folgende Gestalt an:
- Veranstaltung von Gewinnspielen (Preisausschreiben).
- Einräumung von Preisnachlässen, z. B. in Form von Einführungspreisen oder Treuerabatten: Letztere können z. B. gegen Vorlage einer bestimmten Anzahl von Kaufnachweisen gewährt werden.
- Verteilung von Produktproben oder Gutscheinen: Verfügt ein Hersteller bereits über andere eingeführte Produkte, so bietet sich u. U. eine sog. Huckepack-Promotion an. Einem in der Regel normal kalkulierten Produkt werden dabei Gratisproben eines anderen beigefügt.
- Angebot einer Warenrücknahme: Dazu greift man z. B., um das von Verbrauchern beim Kauf eines neuen Produktes erlebte Risiko zu mindern.
- Einsatz sog. „self liquidating offers": Dabei handelt es sich um attraktive Angebote mit Zugabencharakter, für die ein zumindest kostendeckender Preis verlangt wird. Typische Beispiele sind Bücher, Uhren und ähnliche Artikel in Kaffeegeschäften (vgl. *Kaiser* 1980, S. 17).

Verbraucher-Promotions zielen vorrangig auf die Schaffung eines **Kaufanreizes** durch Verbesserung des von den Betroffenen wahrgenommenen Preis/Leistungsverhältnisses ab. Ähnlich wie durch den Einsatz klassischer Werbemaßnahmen wird dabei ein sog. Pull-Effekt, d.h. das Entstehen einer Sogwirkung angestrebt, da dies die Vorräte des Handels rascher schrumpfen läßt. Bei neuen Produkten kann durch Verbraucher-Promotions versucht werden, in kurzer Zeit eine große Zahl von Erst- und Probierkäufern zu gewinnen, die ihre gesammelten Erfahrungen im Umgang mit dem Produkt an andere weitergeben können und so eine Art Meinungsführerfunktion ausüben. Händler- und Außendienst-Promotions sind dagegen eher auf die Erzielung eines Push-Effektes angelegt, d.h. die Ware wird gewissermaßen in den Handel hineingedrückt, der dann zwangsläufig sehen muß, wie er diese an den Mann bringt.

(2) **Außendienst-Promotions** sollen, wie das Wort schon erkennen läßt, vornehmlich die Motivation der fraglichen Mitarbeiter und/oder deren Fähigkeit zum Verkaufen verbessern. Typische Maßnahmen sind dabei:

− Veranstaltung von Wettbewerben: Zusätzlich zu der im Außendienst ohnedies üblichen leistungsorientierten Entlohnung können Sonderprämien und Sachpreise ausgesetzt werden, etwa sog. Incentive-Reisen in die Karibik für die tüchtigsten Verkäufer und deren Ehefrauen (engl. „incentive" = Anreiz, Ansporn). Solche Aktionen wird man abgesehen von der allgemeinen Steigerung der Verkaufsleistung auch beispielsweise zur Förderung neuer oder schwer verkäuflicher Artikel oder zur Gewinnung zusätzlicher Kunden durchführen. Es versteht sich, daß derartige Preise erstens attraktiv genug und zweitens für viele erreichbar sein müssen. Insofern liegt eine gewisse Auffächerung nahe, die im Laufe der Jahre oft einen Club der Spitzenverkäufer (oder ähnliches) entstehen läßt.

− Durchführung von Schulungs- und Informationsveranstaltungen: So werden z. B., sobald die Kollektion für die nächste Saison vorliegt, die Außendienstmitarbeiter üblicherweise zu einem Treffen eingeladen, in dessen Verlauf sie mit allen erforderlichen Informationen versorgt, mit Argumenten ausgestattet und neuen Verkaufstechniken vertraut gemacht werden.

− Bereitstellung von Verkaufshilfen, z. B. in Form von Broschüren (Sales Folders) oder Filmen, die in Verkaufsgesprächen eingesetzt werden können (vgl. *Kaiser* 1980, S. 15).

(3) Die meisten der skizzierten Maßnahmen können auch im Rahmen von **Händler-Promotions** getroffen werden, die sich nicht nur an die Inhaber selbst, sondern auch an deren Mitarbeiter richten. Hinzu kommen u. a. noch folgende:

− Gewährung von Preiszugeständnissen bei Einführung neuer Produkte und bei Sonderaktionen des Handels, in Form von Naturalrabatten.

− Einsatz von Propagandisten im Handel zur Produktdemonstration bzw. zur Verteilung von Produktproben.

− Bereitstellung von Display-Material, z. B. für Sonderplazierungen.

Die Praxis der Verkaufsförderung gegenüber nachfragestarken Einzelhandelsorganisationen birgt ein großes Konfliktpotential und viel an ordnungspolitischem Sprengstoff in sich (siehe dazu § 2, Abschn. 2.2.2.). Ohne in Verkaufsförderungsmaßnahmen wie z. B. die Gewährung sog. Werbekostenzuschüsse einzuwilligen, vermag ein Hersteller auf einem hart umkämpften Markt wie z. B. dem für Nahrungs- und Genußmittel heute ein marktstarkes Handelsunternehmen kaum noch zur Listung bzw. Weiterführung seiner Artikel im Sortiment zu bewegen. Da solche Vergünstigungen aber nicht etwa allen Abnehmern gewährt werden, liegt in dieser Praxis eine beträchtliche Benachteiligung (Diskriminierung) kleiner und mittlerer Kunden. Jene kommen ohnedies schon wegen geringerer Abnahmemengen nicht in den Genuß ähnlich hoher Mengenrabatte, wie sie ihren großen Konkurrenten zugestanden werden.

Sowohl die Gewährung als auch die Forderung derartiger nicht in der Höhe der Abnahmemenge, sondern in der Marktmacht des Abnehmers begründeter Vergünstigungen verstoßen gegen geltendes Recht (insbesondere §§ 26 Abs. 2 Satz 2 und 26 Abs. 3 *GWB*). Gleichwohl ändert dies offenbar in der Praxis wenig daran, daß derartige Sondervergünstigungen auf hart umkämpften Märkten gang und gäbe sind.

Generell ist die Wirksamkeit von Verkaufsförderungsaktionen dadurch bedroht, daß diese zu häufig oder über zu lange Zeiträume hinweg veranstaltet werden, so daß sich die Zielgruppe daran gewöhnt und verständlicherweise nicht mehr genügend motiviert wird.

3.3. Die Öffentlichkeitsarbeit
3.3.1. Die Public Relations

Gelingt es einer Organisation, z. B. einer Unternehmung, Unternehmensgruppe, Genossenschaft, Freiwilligen Kette, Behörde oder einem Verein, der interessierten Öffentlichkeit und insbesondere den für sie relevanten gesellschaftlichen Gruppen einschließlich der eigenen Mitarbeiter ein positives Bild von sich und ihrer Tätigkeit zu vermitteln, so kann dies die Erreichung der Organisationsziele in erheblichem Maße erleichtern. Viele Probleme, z. B. die Gewinnung von Nachwuchskräften und anderen Mitarbeitern sowie deren Identifikation mit den Unternehmenszielen, lassen sich bei einem vorteilhaften **Firmenimage** besser bewältigen als bei einem schlechten. Positiv bewertete Einrichtungen profitieren überdies bei ihrer Produktwerbung davon, daß ihre Verlautbarungen und Werbeaussagen eher als glaubwürdig empfunden werden.

Der Einsatz der **Public Relations** (PR), der systematischen Pflege der Beziehungen zur Öffentlichkeit, wird deshalb vielfach als unabdingbar erachtet, weil sich ein günstiges Bild von einer Organisation in der Öffentlichkeit alles andere als von selbst einstellt. Für die betroffenen Institutionen besteht sogar die Gefahr, daß allein negative Aspekte ihres Wirkens bekannt werden und daß es durch gegen sie in der Öffentlichkeit geführte Angriffe zu einer substantiellen Verschlechterung ihres Image kommt. Erinnert sei in diesem Zusammenhang z. B. an die Kritik, die von ökologisch interessierten Bürgern immer wieder gegenüber Chemieunternehmen und Pharmakonzernen geübt wird. Primäres Ziel von Bemühungen, mit denen dem entgegengearbeitet wird, ist es, eine Atmosphäre des Verständnisses und des Vertrauens zu schaffen.

Public Relations und Produktwerbung lassen sich an Hand des jeweiligen Objektes unschwer unterscheiden (vgl. *Hörschgen* 1974, S. 529ff.). Dagegen gehen Firmenwerbung und PR ineinander über, zumal wenn man berücksichtigt, daß in der Firmenwerbung ebenso wie in der Öffentlichkeitsarbeit der direkte Versuch gesehen werden kann, ein harmonisches Bild der Unternehmung in der Öffentlichkeit zu zeichnen.

Während sich die Firmenwerbung weitgehend auf die Massenmedien stützt, bedienen sich die **PR** vorzugsweise folgender **Instrumente:**
- Herstellung guter Kontakte zu Presse und Rundfunk
- Abhaltung von Pressekonferenzen
- Einsatz attraktiv gestalteter Geschäftsberichte
- Aufstellung von Sozialbilanzen und Verwertung der Ergebnisse in Sozialberichten
- Herausgabe von Jubiläumsschriften
- Durchführung von Betriebsbesichtigungen und von ähnlichen Veranstaltungen für die Öffentlichkeit (z. B. Tag der offenen Tür)
- Bau von Sportstätten
- Errichtung von Stiftungen
- Förderung wissenschaftlicher Vorhaben.

Naturgemäß kommt es bei allen einschlägigen Aktionen darauf an, den Namen des Förderers in angemessener Weise ins Spiel zu bringen, getreu der Maxime: „Tue Gutes und rede darüber!"

Eine besondere Form der Öffentlichkeitsarbeit stellt das **„advocacy advertising"** (vgl. *Barnet* 1975) dar. Als Reaktion auf die zunehmend skeptische Einstellung breiter Schichten der Bevölkerung zu einzelnen Unternehmungen bzw. wirtschaftlich relevanten Strömungen nehmen die von dieser Kritik Betroffenen im werblichen Umfeld öffentlich Stellung zu kontroversen Themen. Im Gegensatz zu PR-Aktivitäten werden der eigene Standpunkt ausgesprochen aggressiv vertreten und jener der Opponenten deutlich kritisiert. Charakteristische Themenbereiche sind Umweltfragen, Energieversorgung und das kapitalistische Wirtschaftssystem (vgl. *Sethi* 1977). Es ist jedoch noch weitgehend unerforscht, wie derartige Strategien die Wahrnehmung der Produkte bei Werbungtreibenden beeinflussen.

3.3.2. Die Formung einer Corporate Identity

Speziell bei sog. „conglomerates", d.h. bei Unternehmensgruppen, die in mehreren unterschiedlichen Bereichen zugleich tätig sind, kann man häufig feststellen, daß deren Image durch eine starke Einseitigkeit geprägt ist. So werden einige Großunternehmen oft fälschlicherweise mit nur einer oder wenigen ihrer Marken, andere wiederum mit ihrem früher einmal angebotenen Leistungsprogramm identifiziert (vgl. z. B. *Birkigt/Stadler* 1980, S. 20). Bei einer weiteren Gruppe schließlich hat der unbeteiligte Außenstehende überhaupt keine klare Vorstellung, was die Betroffenen herstellen bzw. vertreiben. Von den fraglichen Firmen wird das Entstehen solchermaßen verzerrter Images oftmals durch eine verwirrende Vielfalt von Produkt- und Firmennamen sowie in Einzelfällen auch durch uneinheitliche Designs, nicht zusammenpassende Farben, Embleme usw. gefördert.

Unerwünschte Abweichungen zwischen dem Selbstbild der Unternehmung aus der Sicht des Managements und dem Eindruck, den die Mitarbeiter oder die sonstige interessierte Öffentlichkeit von dem Unternehmen haben, geben häufig den Anstoß zu Bemühungen um Schaffung einer einheitlichen und prägnanten Unternehmenspersönlichkeit. Die zu diesem Zweck unternommenen Anstrengungen dienen m.a.W. der Formung einer **Corporate Identity** (CI).

Das CI-Konzept kann als konsequente Weiterentwicklung des Public Relations-Gedankens aufgefaßt werden. Ausschlaggebend hierfür war die immer wieder gemachte Erfahrung, daß es insbesondere bei einem heterogenen Firmenimage nicht genügt, irgendwelche positiven Leistungen eines Unternehmens kommunikativ mittels Firmenwerbung und PR-Maßnahmen herauszustellen. Vielmehr sind das gesamte Erscheinungsbild eines Betriebes sowie das Verhalten aller auf ein definiertes **Soll-Image** hin auszurichten.

Entsprechende Bemühungen können dabei zum einen nach innen, also auf die Beschäftigten, zum anderen nach außen, d.h. auf die weitere Umgebung der Unternehmung abzielen. Wenn sich z.B. Mitarbeiter der *Deutschen Bundespost* im Bereich der rentablen Telefondienste ihren Kollegen in defizitären Sektoren wenig verbunden fühlen, können hier die Einführung einheitlicher Uniformen und ähnliche Maßnahmen ein alle erfassendes **Wir-Bewußtsein** entstehen lassen. Dagegen geht es eindeutig um die **Außenwirkung,** wenn man prüft, ob bei (Produkten von) Tochtergesellschaften die Zugehörigkeit zu einem bestimmten Konzern nach außen betont werden soll. Soweit man sich dazu entschließt, ist sorgfältig darauf zu achten, daß es dabei nicht zu Imagekollisionen kommt. Unverträglichkeit in diesem Sinn liegt beispielsweise vor, wenn die Muttergesellschaft Nahrungsmittel und die Tochter Insektizide produzieren.

Wird ein verschwommenes oder einseitiges Image gar noch durch Verwendung verschiedenster graphischer Designs für das Firmenemblem und andere betriebsspezifische Zeichen unterstrichen, liegt die Notwendigkeit einer Vereinheitlichung klar auf der Hand. Dabei sollte man jedoch erkennen, daß dies häufig nur ein Symptom, nicht den Kern eines bestehenden Imageproblems ausmacht. Erschöpfte sich eine CI-Strategie in einem solchen Fall in graphischen Korrekturen, würden die Identitätsprobleme nicht gelöst, sondern allenfalls kosmetisch behandelt (vgl. hierzu *Margulies* 1977, S. 67).

4. Werbepolitische Entscheidungen
4.1. Die Werbeplanung

Die systematische Vorausbestimmung zukünftigen Verhaltens im Bereich der Werbung konkretisiert sich in Werbeplänen, die im allgemeinen für die Dauer

eines Jahres aufgestellt werden. Ausgehend von der Erfassung und Analyse der Plandaten der Werbung sind die für die konkrete Situation relevanten Werbeziele zu formulieren. Sie bilden die Maßstäbe für die Bewertung der Planvariablen (Werbeobjekte, -subjekte, -mittel, -träger, -periode und -budget). Aus deren in einer
- Zielplanung,
- Budgetplanung und
- Streuplanung

spezifiziertem Zusammenwirken ergibt sich das **Werbeprogramm** (vgl. *Hörschgen* 1976).

4.1.1. Informationen als Grundlage der Werbeplanung

Für eine systematische, in die allgemeine Unternehmensstrategie eingebundene Werbepolitik bedarf es sowohl umfangreicher marktbezogener als auch vielfältiger betriebsinterner Informationen. Diese, seien es nun Angaben über den Sättigungsgrad des Marktes, die Lebenszyklusphase, in der sich ein Produkt befindet, Aktivitäten der Konkurrenten, wichtige soziodemographische Merkmale der Zielgruppe oder die Verfügbarkeit und Kosten geeigneter Werbeträger, werden im Rahmen der **Marktforschung** beschafft. Angesichts der Fortschritte der Informationstechnologie geschieht dies zunehmend im Rahmen **integrierter Marketing-Informationssysteme** (vgl. § 10, Abschn. 2.).

Hierbei werden Plandaten nicht fallweise, sondern kontinuierlich und vorausschauend bereitgestellt, was nicht nur Kosten spart, sondern auch der Effizienz der Werbeaktionen zugute kommt. Der Werbeplaner muß im konkreten Entscheidungsfall allenfalls noch vertiefende Informationen einholen. Allerdings läßt die gewaltige Lücke, die zwischen den gesamtwirtschaftlichen Aufwendungen für Werbung (1986: DM 17,3 Mrd.) und Marktforschung (1986: DM 600 Mio.; vgl. *Zentralausschuß der Werbewirtschaft e. V.*, 1987) klafft, vermuten, daß so manche Werbekampagne unter Verzicht auf fundierte Informationen konzipiert wurde.

Soll die Werbekonzeption ganz oder teilweise **unternehmensextern** erarbeitet werden, zumeist von einer Werbeagentur oder außenstehenden Beratern (vgl. Abschn. 1.3.1.), so wird der notwendige Informationshintergrund in Form eines detaillierten **Briefing** zur Verfügung gestellt. In Erweiterung der *Lasswell'schen* Kommunikationsformel (vgl. Abschn. 2.4.) lassen sich dazu zehn Fragenkomplexe identifizieren (vgl. *Fischer* 1980, S. 1076):
- Warum wird geworben? (Werbezweck)
- Wofür wird geworben? (Werbeobjekt)
- Welche Wirkung soll erzielt werden? (Werbeziel)
- Wer soll umworben werden? (Zielgruppe)
- Wo soll geworben werden? (Zielgebiet)
- Welche Geldmittel stehen zur Verfügung? (Werbeetat)

4. Werbepolitische Entscheidungen

- Welche Medien sollen benutzt werden? (Werbeträger)
- In welcher Form soll geworben werden? (Werbemittel)
- Was soll vermittelt werden? (Werbebotschaft)
- Wann soll geworben werden? (Timing)

Die Ausgangsdaten der Werbeplanung stammen aus zahlreichen Quellen. Die wichtigsten, wie die *Informationsgemeinschaft zur Feststellung der Verbreitung von Werbeträgern e.V. (IVW)* oder die *Arbeitsgemeinschaft Media-Analyse e.V. (AG·MA)*, werden im Laufe dieses Abschnitts vorgestellt. Zunächst interessiert indessen der einschlägige Service der großen Verlage.

Deren Marktforschung, die ursprünglich allein der eigenen Absatzplanung diente, hat sich zu einem wichtigen Lieferanten von Entscheidungshilfen für die Anzeigenkunden entwickelt, wobei jene zumeist kostenlos oder gegen eine Schutzgebühr gewährt werden. Folgende Bereiche werden davon erfaßt:

- Allgemeine wirtschaftliche Entwicklung,
z.B. *Meldungen aus der Wirtschaft (Gruner + Jahr)*
- Werbungtreibende,
z.B. *Unternehmen, Märkte, Manager (Spiegel Verlag)*
- Anzeigenmotiv-Dienst,
z.B. *Finanzpublizität (Finanzanzeigen-Service, Axel Springer Verlag)*
- Presseausschnitt-Dienst,
z.B. *SIAM (Systematisches Archivmaterial, Verlagsgruppe Bauer)*
- Branchen,
z.B. *MARIA (**Ma**rketing-**I**nformation für den **A**bsatz, Gruner + Jahr)*
- Werbewirkung,
z.B. *Anzeigenumfeld und Anzeigenwirkung (Spiegel Verlag)*
- Zielgruppen/Verbrauchereinstellungen.
Hierzu gibt es eine Fülle von Daten, wie Tab. 6.4. erkennen läßt.

Konkret läßt sich etwa der Leseranalyse *Entscheidungsträger* entnehmen, daß Schwimmen, Skilaufen und Tennis die von den deutschen Entscheidungsträgern in Wirtschaft und Verwaltung präferierten Sportarten sind. Im einzelnen handelt es sich um ca. 800000 Berufstätige mit einem persönlichen Monatsnettoeinkommen von mindestens DM 3000 sowie einer abgeschlossenen Hochschulausbildung bzw. einem Aufgabenbereich, der in hohem Maße Koordinations-, Führungs- und Delegationstätigkeiten mit sich bringt. Diese Zielgruppe, zu der Lehrer nur insoweit zählen, als sie Inhaber von Funktionsstellen sind, bevorzugt festverzinsliche Wertpapiere sowie Immobilien als Kapitalanlage und wählt *Mercedes* mit deutlichem Abstand vor *VW* und *BMW* als Erstwagen.

Der Leser kann sich weiterhin über Pläne der Betroffenen, Investitionen zur Einsparung von Energie zu tätigen, ferner über den von diesen beabsichtigten Kauf hochwertiger Konsumgüter, deren Lieblingsgetränke und viele weitere Strukturmerkmale informieren.

Kaum erstaunlich ließ sich 1981 die Zielgruppe Entscheidungsträger am leichtesten über die Wochenzeitschrift *Der Spiegel* ansprechen; denn die Reichweitenwerte (vgl. Abschn. 4.1.3.2.2.) geben zu erkennen, daß das Hamburger Magazin damals 31,7% dieses für die Medienplanung überaus attraktiven Segments abdeckte. Auf Grund der deutlich niedrigeren Anzeigenpreise (DM

Tabelle 6.4.:

Marketing-Service großer Verlage zur Abgrenzung von Zielgruppen und Identifikation von Verbrauchereinstellungen

Verlagsgruppe Bauer	– *Leserberatung in Aktuellen Illustrierten.* Stellenwert und Aufbereitung von Beratungsthemen – *Zielgruppe: Mütter mit kleinen Kindern* – *Älterwerden – Klischee und Tatsachen* – *Das Wunschalter.* Zum Rollenverhalten der Frau *Verbrauchsgewohnheiten jedes 3. Bundesbürgers* – *TV-Abo-Panel.* Informationen über Märkte, Verhalten und Werberesonanz – *Der Kaufentscheidungsprozeß in der Familie* – *Wie konsumfreudig sind die Leser von Frauenzeitschriften?* – *Frauen als Zielgruppe für Pkw-Werbung* – *Die Bedeutung der Akzeleration für das Jugendmarketing.* Erkenntnisse über die immer früher einsetzende Reife der Jugendlichen
Burda	– *Typologie der Wünsche.* Es liegen vor: 1. Gesamtbevölkerung; 2. Auswertung nach 22 Produktgruppen – *Männer-Lebensstile* – *Kaufeinflüsse.* Marktdaten und Kaufeinflußgewichte. 8 Berichtsbände – *Kaufeinflüsse Pkw* – *Kaufentscheide.* 1. Herrenmode; 2. Spirituosen; 3. Fotoapparate – *Zielgruppenpotentiale im Heizungsmarkt*
Gruner + Jahr	– *Frauen-Typologie* – *Profile* – *Gehobene Zielgruppen* – *Entscheidungsträger in Wirtschaft und Verwaltung* – *Wohnen und Leben* – *Lebensziele.* Potentiale und Trends alternativen Verhaltens – *Regionalmärkte in Deutschland* – *Synopse deutscher und internationaler Leserschaftsanalysen der Wirtschaftspresse* – *Kinder – das unbequeme Glück.* Indikatoren für die Familienplanung aus Sicht der Frau – *Das Leben im Alter* – *Mädchen '82.* Repräsentative Untersuchung über die Lebenssituation und das Lebensgefühl 15- bis 19jähriger Mädchen in der Bundesrepublik – *Kinder '83* – *Familien im Urlaub* – *Der gedeckte Tisch.* Anschaffungsabsichten in den Märkten Geschirr, Gläser, Bestecke – *Eßkultur '82.* Verhalten, Einstellungen und Trends beim Kochen, Essen, Trinken – *Wohnen und Leben* – *Motive für die Kaufzurückhaltung beim Möbelkauf* – *Renovierung im Wohnungsbau.* Informationsverhalten der Entscheider

4. Werbepolitische Entscheidungen

	– *Bauen und Modernisieren.* Planungs- und Entscheidungsverhalten – *Einflußfaktoren beim Kauf von Hi-Fi-Geräten und Video-Rekordern* – *Einflußfaktoren bei der Ausstattung des Bades* – *Die Einstellung der Deutschen zu ausländischen Unternehmen und Produkten* – *What the Germans think about Japan and Japanese Things*
Spiegel Verlag	– *Prozente 2. Was Bundesbürger trinken. Kauf- und Konsumverhalten* – *Soll und Haben.* Einstellungen zu Geld, Konten, Wertpapieren, Lebensversicherungen und Bausparverträgen. 2 Bände – *Energie-Bewußtsein und Energie-Einsparungen bei privaten Hausbesitzern und Wohnungseigentümern* – *Der Entscheidungsprozeß bei Investitionsgütern* – *Urlaub und Reisen im Wechsel der Jahreszeiten* – *Akademiker in Deutschland* – *Selected Target Groups* – *Readership in Business Magazines* – *Management im Mittelstand* – *Unternehmen und Öffentlichkeit* – *Sozialbilanzen* – *Die Führungskräfte der 80er Jahre*
Axel Springer Verlag	– *LASI* – Leseranalyse Special Interest Objekte – *JUMA* – Jugend-Media-Analyse '80 – *Roman-Leseranalyse 81/82* – *EVA* – Entscheidung, Verbrauch, Anschaffung – *Verbraucheranalyse 83/84* – Beschreibung regionaler Märkte, objektbezogen – *Bedürfnisse, Verbrauch und Verbraucherverhalten.* Trends in der Ausgabenstruktur des Einkommens privater Haushalte

Quelle: o.V., *Schlag nach bei...*, in: *absatzwirtschaft*, 26. Jg. (1983), Sonderausgabe 10, S. 218 - 221, S. 220.

15 481 vs. DM 29 973 für eine ganzseitige Schwarz/Weiß-Anzeige) war es jedoch kostengünstiger, das reichweitenschwächere (21,6%) Wirtschaftsmagazin *Capital* zu belegen. Der für die Mediaplaner maßgebliche Vergleichswert für die Medienleistung, der sog. **Tausenderpreis** (vgl. Abschn. 4.1.3.2.2.), sprach mit DM 85,68 eindeutig für *Capital,* während es in *Der Spiegel* DM 112,72 kostete, 1 000 Werbekontakte zustande zu bringen.

Die besondere Aufmerksamkeit des Planers für (Kommunikations-) Zielgruppen erklärt sich aus der Erkenntnis, daß es keine generelle, sondern nur eine **gruppenspezifische Werbewirksamkeit** gibt. Auch erfordert die vielfach gegebene Marktsättigung Kommunikationsstrategien, die weniger auf Marktausweitung als auf Verdrängung abzielen. Hierzu wiederum bedarf es einer intimen Kenntnis über expandierende Verbrauchersegmente. Tab. 6.5. vermittelt einen Eindruck von der Komplexität der Zielgruppenanalyse.

Ein noch weithin ungenutztes Potential schlummert im **Seniorenmarkt**. Obwohl Ende 1985 bereits 15% der Bevölkerung der Bundesrepublik Deutschland 65 Jahre und älter waren, beherrscht nach wie vor das Leitmotiv „jungdynamisch" Plakate, Anzeigen und Fernsehwerbung. Auch in den Vereinigten Staaten liegt keine nennenswerte Untersuchung der Wünsche und Verhaltensweisen älterer Konsumenten vor.

Tabelle 6.5.:
Auszug aus einer Checkliste für die Definition von Zielgruppen

1 Soziodemographische Merkmale		
Geschlecht	Einkommen	Haushalts-/Betriebsgröße
Alter	Sozial-Schicht	Wohnort/Betriebsstandort
Bildung	Soziale Selbstbindung	Region
Beruf	Familienstand	
Position/Funktion	Hierarchiestand	

2 Angebotsbezogene Merkmale		
Produktkenntnis	Zufriedene Produktverwender	Produktkäufer
Produktverwender	(Stammkunden)	Produkt-Kauf-Initiatoren
Konkurrenzproduktverwender	Unzufriedene Produktverwender	Personen mit Kaufabsicht
Intensivverwender	(Wechsler)	Erstkäufer
Normalverwender	Dauerverwender	Wiederholungskäufer
Mäßigverwender	Saisonverwender	Entscheider
Plankaufverwender	Sporadische Verwender	Ausführende
Impulsivkaufverwender	Verarbeiter	Beeinflusser
Jetzige Produktverwender	Weiterverarbeiter	
Frühere Produktverwender	Industrielle Verwender	
Prospektive Produktverwender	Haushaltsverwender	

3 Diffusions- und Informations-Merkmale		
Innovatoren	Einstellung zur Werbung	Lernmotivation
Fashion Leader	a) Zur Werbung allgemein	Informationsbedarf
Neophile	b) Zur Produkt-Werbung	
Induktoren		
Früh-Adoptoren		
Frühe Mehrheit		
Späte Mehrheit		
Nachzügler		
Gegner		

4 Merkmale des „inneren Handelns"		
Einstellungs-Strukturen	Grad der Motivation	Problemrelevante
(dto. für Meinungen	(Intensität und Richtung	psychologische Faktoren
und Haltungen)	der Motivation)	a) Fördernde Faktoren
a) Zum Produkt-Bereich allgemein	a) Nicht Motivierte	b) Hemmende Faktoren
b) Zum Produkt speziell	b) Ambivalent Motivierte	
c) Zum Hersteller	c) Motivierte	

Quelle: In Anlehnung an *Bleul* 1982, S. 2134f.

Angesichts der Verengung zahlreicher Konsumgütermärkte erscheint es auch schwer verständlich, weshalb die werbungtreibende Wirtschaft ein so aufnahmefähiges Segment wie die **Gastarbeiter** offenbar nicht gebührend beachtet. Ein Großteil der rund 4,7 Mio. Ausländer lebt bereits länger als vier Jahre in der Bundesrepublik Deutschland, die sich mehr und mehr zu einem Einwanderungsland entwickelt.

Immerhin rücken jetzt auch „alternative" Zielgruppen in das Blickfeld der Werbeplaner. Die Ergebnisse einer vom Verlagshaus *Gruner + Jahr* verbreiteten Studie über *Lebensziele, Potentiale und Trends alternativen Verhaltens* aus dem Jahre 1981 geben einen deutlichen Wandel der Wertmaßstäbe für Kaufentscheidungen und Konsumverhalten zu erkennen (siehe dazu *Kiefer* 1983, S. 606f.).

4.1.2. Die Zielplanung

Werbung verkörpert keinen Selbstzweck, sondern soll einen Beitrag zur Erreichung der Ziele der Unternehmung leisten. Die Mehrzahl der Autoren unterscheidet zwischen **ökonomischen** und **außerökonomischen**, d.h. kommunikativen **Werbezielen** (vgl. *Bender* 1976, S. 143f.; *Hörschgen* 1975; *Hörschgen/Gaiser/Strobel* 1981; *Lucas/Britt* 1966; *Meyer* 1963). Ökonomische Ziele lassen sich dabei als unmittelbar auf Kaufhandlungen bezogen, außerökonomische als nur mittelbar darauf gerichtet umschreiben. Beide Kategorien von Werbezielen gehen direkt in die Formulierung von Kriterien zur Kontrolle des Werbeerfolgs ein (vgl. Abschn. 4.3.). Im folgenden sollen Vor- und Nachteile beider Perspektiven dargestellt werden.

4.1.2.1. Ökonomische Werbeziele

Der Einsatz der Instrumente der Marktkommunikation verursacht hohe Kosten. Werbung, Verkaufsförderung und Öffentlichkeitsarbeit kommt unter diesem Gesichtspunkt **Investitionscharakter** zu. Investitionen muß aber ein entsprechender Ertrag gegenüberstehen. Es erscheint aus diesem Grunde verständlich, daß Werbeziele häufig in monetäre, wirtschaftliche Größen gekleidet werden.

Ziele, deren Realisierungsgrad sich nicht überprüfen läßt, erfüllen indessen keine verhaltenssteuernde Funktion. Deshalb erscheint eine Diskussion von Werbezielen ohne Darlegung der Möglichkeiten der Messung des Erreichungsgrades wenig sinnvoll. Zentrale ökonomische Werbeerfolgsmaße sind z.B. der **Werbeertrag**, der aus der werbebedingten Umsatzänderung resultiert, und der **Werbegewinn**, der sich als Differenz zwischen der durch Werbung erzielten Umsatzänderung und den angefallenen Werbekosten ergibt.

Der entscheidende Vorteil derartiger Erfolgsgrößen liegt in der vergleichsweise kostengünstigen Beschaffbarkeit entsprechender Daten. Freilich sind, wie auch noch die Ausführungen über die ökonometrische Werbewirkungsanalyse (vgl. Abschn. 4.3.2.1.) deutlich machen werden, Werbeertrag und Werbegewinn als Maßstäbe der Effektivität von Werbemaßnahmen in mehrfacher Hinsicht auch problematisch. Erteilt man einer Werbeabteilung nämlich die Aufgabe, möglichst stark zur Erreichung der Gewinn- oder Umsatzziele der Unternehmung beizutragen, so ergeben sich folgende gravierende **Zurechnungsprobleme:**

(1) Der Absatz einer Unternehmung kommt durch den kombinierten Einsatz aller absatzpolitischen Instrumente zustande. Insoweit vermag die Werbung zwar günstige Voraussetzungen für eine Umsatzausweitung zu schaffen; ob aber das Ziel erreicht oder verfehlt wird, kann nicht allein Sache der Werbung sein, da es gerade zu den Eigenarten des **Marketing-Mix** zählt, daß nur eine spezifische Ausprägung optimal wirkt.

(2) Zudem bereitet es häufig erhebliche Schwierigkeiten, den Umsatz- oder Gewinnbeitrag der Werbung **periodengerecht abzugrenzen.** So könnte sich ein Verbraucher, der heute ein Werbemittel sieht, zu einem späteren Zeitpunkt, an dem er ein entsprechendes Bedürfnis empfindet, an das beworbene Produkt erinnern und dieses erst dann kaufen. Derartige Wirkungsverzögerungen werden als Carry over-Effekte bezeichnet.

Andere Abgrenzungsprobleme treten auf, wenn im betrachteten Zeitraum mehrere Werbestrategien zum Einsatz gelangen. Dann läßt sich wegen der auftretenden Spill over- bzw. Ausstrahlungseffekte keine eindeutige Zuordnung vornehmen.

Schließlich muß der Werbeplaner noch mit sog. Beharrungseffekten („decay") rechnen. Die intendierte Absatzsteigerung tritt nicht nur nicht unmittelbar mit Beginn einer Werbekampagne ein, sondern bildet sich auch nicht synchron mit deren Beendigung zurück (vgl. z. B. *Clarke* 1976), weshalb die Nachwirkungen vorangegangener Werbeaktionen zu einer Überschätzung der Effizienz der zuletzt getroffenen Maßnahmen verleiten.

(3) In Mehrproduktunternehmen kann der Werbeeinsatz nicht nur beim beworbenen Produkt zu einer Umsatzänderung führen, sondern beispielsweise auch bei **nachfrageverbundenen Gütern,** für die andererseits auch geworben wird. Daß sich hier die Wirkungen kaum noch entwirren lassen, liegt auf der Hand.

(4) Schließlich wird eine Umsatzänderung auch die **Struktur** der **Produktions-** und **Distributionskosten** verändern, z. B. durch eine Verringerung der Stückkosten bei besserer Auslastung von Anlagen oder durch Erzielung günstigerer Einkaufskonditionen. Dies kann zu Gewinnen führen, die nur mittelbar mit den Werbemaßnahmen zusammenhängen.

4.1.2.2. Außerökonomische Werbeziele

Die geschilderten Probleme bei der Operationalisierung ökonomischer Werbeziele und die Einsicht, daß mit Hilfe kommunikationspolitischer Maßnahmen nicht unmittelbar absatzrelevante Wirkungen erzielt werden können, sondern eben nur kommunikative Effekte, haben dazu geführt, daß heute vorzugsweise **außerökonomische Indikatoren,** d. h. nicht-monetäre „Resultate" herangezogen werden (vgl. *Colley* 1961).

Dazu zählen beispielsweise Bedürfnisweckung, Verbesserung des Informationsstands, Bildung von Präferenzen, Weckung von Kaufinteresse und Auslösung von Kaufhandlungen (vgl. *Bidlingmaier* 1970a). Nach Durchsicht der einschlägigen Literatur erstellte *Heuer* (1968) einen umfassenden Katalog möglicher Werbeziele, der auszugsweise in Tab. 6.6. wiedergegeben ist:

Tabelle 6.6.:

Katalog möglicher außerökonomischer Werbeziele

- Bekanntmachen eines neuartigen Produkts, einer neuen Marke oder eines neuen Unternehmens
- Erhöhung des Bekanntheitsgrades eines bereits vorhandenen Produkts
- Beeinflussung bestehender Verbrauchs- oder Verwendungsgewohnheiten in bezug auf ein vorhandenes bzw. einzuführendes Produkt
- Information der Verbraucher (z. B. über Preisänderungen bei einem Produkt)
- Beeinflussung des Produktimage in einer bestimmten Richtung (z. B. Verjüngung, Modernisierung, Anhebung)
- Erregung von Neugier, die den Umworbenen in die Geschäfte führt, auch wenn zunächst noch keine Kaufabsicht besteht
- Vermittlung des Wunsches, anderen Menschen nachzueifern, die das angebotene Produkt bereits besitzen oder verwenden
- Erhaltung der Kundentreue
- Steigerung des Goodwill gegenüber dem Unternehmen und/oder seinen Produkten bzw. Dienstleistungen
- Deutliche Abhebung des eigenen Produktes von Konkurrenzerzeugnissen

Quelle: *Heuer* 1968, S. 40f.

Kriterien der außerökonomischen Werbewirkung sind somit meist **psychologischer Art.** Deswegen aber Werbewirkungsforschung mit Werbepsychologie gleichzusetzen, wäre gleichwohl verfehlt. Wie *von Rosenstiel* (1975, S. 79) ausführt, befaßt sich die psychologische Werbeforschung, soweit sie im Marketing-Kontext betrieben wird, lediglich mit einem Aspekt dieses einen absatzpolitischen Instruments.

Die Analyse zahlreicher Fallstudien belegt, daß in der Praxis weitaus am häufigsten die Werbeziele „Steigerung des Bekanntheitsgrades" und „Annäherung an das Idealimage" verfolgt werden (vgl. z. B. *Meffert* 1979; *Hörschgen/ Gaiser/Strobel* 1981, S. 14). Als übergeordnetes Kommunikationsziel ist aber in allen Fällen letztlich das Bestreben anzusehen, den potentiellen Kunden derart zu beeinflussen, daß er sich in einer Wahlsituation für das beworbene Produkt entscheidet (vgl. z. B. *Hermanns* 1979, S. 66).

Gleichwohl wäre es illusorisch anzunehmen, Werbung könne Markenwechsel bewirken. Realistischerweise sollte von den kommunikativen Beeinflussungsstrategien nur erwartet werden, daß sich mit ihrer Hilfe bei noch unentschiedenen Konsumenten Interesse, Vorstellungen von Bekanntheit, Anmutung usw. ausbilden lassen.

In den sog. **Stufenkonzepten** der Werbewirkung, die das gesamte Spektrum von der Hinführung des Verbrauchers zu einem Produkt bis zur abschließenden Kaufhandlung umfassen, werden die wichtigsten Werbeziele systematisch geordnet. So legt die bereits 1898 von *Lewis* formulierte *AIDA*-Regel folgende Aufgaben fest: „to capture attention, to maintain interest, to create desire and to get action" (zit. nach *Jacobi* 1972, S. 55). In der Folgezeit kam es zu zahlreichen Abwandlungen dieses Grundmodells, wobei teilweise das Interesse nicht als Folge, sondern als Voraussetzung von Aufmerksamkeit verstanden *(IADA)* oder eine Wirkungsstufe, „to gain confidence", hinzugefügt wurde *(AIDCA)*.

Bender (1976, S. 139) hat 21 derartige Stufenmodelle der Werbewirkung aufgelistet. Durch alle zieht sich wie ein roter Faden die Vorstellung, daß der Umworbene von der Berührung mit der Werbebotschaft bis zum Kaufentscheid zwischen vier und zehn Wirkungsstufen durchläuft, die eine sog. **Hierarchie der Effekte** bilden. Im wesentlichen geht es dabei darum, daß von einem Werbemittel zunächst ein Stimulus ausgeht, der möglichst die Aufmerksamkeit des Umworbenen erregt. Ist dies gelungen, so soll die sich anschließende bewußte Wahrnehmung der Werbebotschaft ein Interesse für die angebotene Ware entstehen lassen, woraus sich schließlich der Kaufwunsch entwickelt, der zum Kaufakt führt.

Dieses Rahmenkonzept stieß auf mancherlei Einwände. Dabei wurde vor allem von Seiten der Ganzheits- und Gestaltpsychologie (vgl. Abschn. 2.2.2.) Kritik grundsätzlicher Art vorgetragen: „Wirkungsfaktoren der Werbung können nicht in kausalmechanischer Betrachtungsweise gegliedert werden; sie sind in Wechselwirkung miteinander stehende, gleichrangige, wenn auch in konkreten Situationen keinesfalls gleich gewichtige innere Determinanten eines Verhaltens- oder Wahrnehmungsfeldes" (*Jacobi* 1972, S. 58).

Auch wer den ganzheitlichen Standpunkt nicht teilt, wird einräumen, daß es sich bei diesen kognitiv-emotionalen „Kettenreaktionen der Werbewirkung" allenfalls um **idealtypische Modellvorstellungen** handeln kann. Zudem wäre es falsch anzunehmen, daß jede Stufe sukzessiv durch ein Werbemittel aktualisiert werden muß bzw. daß sich die einzelnen Hierarchieschritte nacheinander gegenseitig auslösen, bis eine (Kauf-)Verhaltensmanifestation offenbar wird (vgl. *Hörschgen* 1976, Sp. 4377). Vielmehr variieren und überlagern sich die einzelnen Stufen, z.B. in Abhängigkeit von der Bedeutung des Kaufs.

So geht etwa dem Impulskauf (vgl. § 3, Abschn. 2.2.2.2.2.) kein langwieriger Entscheidungsprozeß voraus, und beim Wiederholungskauf kommen ebenfalls nur routinehaft verkürzte Entscheidungsmuster zum Tragen, die andere Werbestrategien erfordern als die den Stufenkonzepten zugrunde liegenden extensiven Entscheidungsprozesse. Auch erscheint es durchaus angebracht, daß sich bei geringwertigen Gütern des täglichen Bedarfs beim Verbraucher erst mit einer gewissen Gebrauchserfahrung eine Einstellungsänderung herausbildet, wohingegen bei hochwertigen Gebrauchsgütern, mit deren Erwerb der Konsument ein finanzielles oder soziales Risiko eingeht, eine vorhandene Einstellung gegenüber dem Produkt oder dem Hersteller eine bedeutende Rolle beim Kaufentscheid spielen dürfte.

Aber nicht nur die **Produktart** schränkt den Kreis sinnvoller Werbeziele ein; auch die **Stellung** des beworbenen Erzeugnisses im **Lebenszyklus** präjudiziert geeignete Werbeziele. Beispielsweise geht es in der Einführungsphase primär darum, die Verbraucher mit der Existenz eines Produktes vertraut zu machen und zu einem Probekauf zu bewegen. Dies zeigt auch, daß Werbeziele einer zeitlichen Eingrenzung bedürfen, und zwar nicht nur hinsichtlich der in verschiedenen Zeitabschnitten zu erreichenden Zielgruppen, sondern auch in bezug auf die jeweils zu übermittelnden Nachrichteninhalte. So mögen die in der Einführungsphase anzusprechenden Verbraucher insbesondere für Werbeaussagen empfänglich sein, die den innovativen Charakter des Produktes hervorheben, während sich die sog. Nachzügler eher durch Hinweise auf dessen Bewährung zu einem Kauf motivieren lassen.

Kritik an dem Stufenmodell wird aber auch in folgender Hinsicht laut:

- Mögliche Wechselwirkungen zwischen den einzelnen Modellstufen werden nicht erfaßt.
- Die für die Entstehung von Produkt- bzw. Markentreue wichtige Nachkaufphase bleibt unberücksichtigt. Erst in neuerer Zeit erkennt man, daß namentlich Käufer eines höherwertigen Gutes werblich „nachbetreut" werden müssen. Wenn, bedingt durch die mit dem gekauften Produkt gemachte Erfahrung und/oder den den nicht gekauften Alternativen im nachhinein zugeschriebenen Nutzen, kognitive Dissonanzen entstehen (vgl. Abschn. 2.3.2.1.3.), sollten Gegenargumente vermittelt werden, die geeignet sind, diesen Inkongruenzen entgegenzuwirken.
- Das Stufenmodell vermittelt den Eindruck, daß parallel zur Progression in der Hierarchie der außerökonomischen Werbewirkungen die Kaufwahrscheinlichkeit zunehme: So wird sich nach *Lavidge/Steiner* (1961) das Werbesubjekt zunächst der Existenz des Werbeobjekts bewußt (Stufe I). Bevor die Zielperson handelt (Stufe IV = Kauf), entwickelt sie nach Ansicht dieser Autoren Wissen, Zuneigung, Präferenzen und Überzeugungen bezüglich des zu bewertenden Objekts. Diese Vorstellung krankt aber u.a. daran, daß der unterstellte Zusammenhang zwischen psychischer Werbewirkung und ökonomischer Reaktion in den seltensten Fällen als Hypothese formuliert und empirisch überprüft, geschweige denn verifiziert wird.

Bei dem Akronym *DAGMAR* handelt es sich nicht um ein weiteres Stufenmodell, sondern um die Kurzform eines Buchtitels (*Defining Advertising Goals, Measuring Advertising Results*). In dieser Monographie wies *Colley*

(1961) als einer der ersten der Werbung ausschließlich eine informierende Funktion zu. Zwischenzeitlich besteht weitgehend Einigkeit darüber, daß Werbeziele stets spezielle Kommunikationsziele sein sollten, deren Erreichung sich überprüfen läßt (vgl. z. B. *Hörschgen* 1976, Sp. 4378). Strittig bleibt hingegen, ob die Wirksamkeit werbepolitischer Aktivitäten nur an der Erreichung der jeweiligen kommunikationsbezogenen Zielvorstellung zu messen ist oder ob auch eine Hinführung zum ökonomischen Erfolg gefordert werden muß (vgl. *Freter* 1974, S. 41). Tatsächlich konnte wiederholt nachgewiesen werden, daß zwar die außerökonomischen Absichten, nicht aber das ökonomische Ziel erreicht werden konnten (vgl. z. B. *Haskins* 1964; *Palda* 1966; *Kamen* 1979). Nur wenn die vermittelten Informationen für den Kaufentscheidungsprozeß von Bedeutung sind, besteht Übereinstimmung zwischen beiden Zielebenen.

4.1.3. Die Werbeprogrammplanung

Die im Verlauf der Zielplanung zu konkretisierenden Forderungen – welche Werbewirkung soll für welches Produkt, bei welcher Zielgruppe und zu welchem Zeitpunkt angestrebt werden – bilden die Rahmenbedingungen der Werbeprogrammplanung. Diese verkörpert einen mehrstufigen Entscheidungsprozeß: Wurde das **Werbeziel** als werbliche Argumentation (Leitidee, Kernaussage und Einzelinformation) operationalisiert, stellt sich, z. B. unter gestalterischen Gesichtspunkten, die Frage, welches **Werbemittel** (Anzeige, Hörfunkdurchsage, Prospekt, Katalog, Werbebrief etc.) geeignet erscheint, die **Werbeaussage** optimal umzusetzen (vgl. Abschn. 4.2.). Die nachfolgend zu treffende Wahl des **Werbeträgers** (z. B. Zeitungen, Zeitschriften oder Fernsehen) wird davon bestimmt, welches Medium es am besten ermöglicht, die Werbebotschaft in der entsprechenden Ausdrucksform an die Zielgruppe heranzubringen (vgl. *Wagner* 1968, S. 21).

Obgleich diese Entscheidung eng mit der Festlegung der Werbemittel verknüpft ist, können, von Ausnahmefällen abgesehen (z. B. Kundenzeitschrift), diese beiden Planungsebenen nicht gleichgesetzt werden. Dies liegt vor allem daran, daß die jeweiligen Zielsetzungen divergieren: Mit der Wahl des **Werbeträgers** wird die Herstellung eines physischen Kontakts zwischen Medium und Zielgruppe akzentuiert, während man bei Überlegungen zu den **Werbemitteln** vor allem die psychischen Reaktionen der Betroffenen im Auge hat (Werbewirkung).

Zur Realisierung der angestrebten Werbewirkung reicht in der Regel ein einmaliger Kontakt nicht aus. Hieraus ergibt sich die Aufgabe, die notwendige bzw. **optimale Kontakthäufigkeit** zu bestimmen. Damit wiederum ist die zu wählende zeitliche Abfolge der Werbemaßnahmen in Form eines **Streuplans** verbunden. Die Festlegung des **Werbeetats** schließlich stellt die sicherlich bedeutsamste Stufe der Bestimmung des Werbeprogramms dar.

4.1.3.1. Die Werbebudgetplanung

Grundsätzlich gibt es zwei Möglichkeiten, die Werbeausgaben festzulegen, nämlich analytisch oder nicht-analytisch vorzugehen.

4. Werbepolitische Entscheidungen

(1) Wie Umfragen belegen, bedient sich die überwiegende Mehrzahl der Unternehmungen nicht-analytischer, heuristischer Methoden, bei denen es sich zumeist um die Verwendung von Erfahrungssätzen oder um einfache Entscheidungsregeln handelt (vgl. *Hörschgen* 1976; *Zentes* 1982).

(a) Das, gemessen an der Verwendungshäufigkeit, wichtigste Verfahren ist dabei zweifellos die Orientierung des Budgetumfangs am Umsatz der Unternehmung („**percentage of sales method**"; vgl. *Rasmussen* 1952). Dabei wird der einzusetzende Betrag proportional zum Umsatz der Vorperiode bzw. zum erwarteten Wert der kommenden Periode oder auch zum gemittelten Umsatz mehrerer Planperioden festgelegt. Die Höhe des Prozentsatzes wiederum kann durch die Tradition des Unternehmens vorgegeben oder durch Branchengepflogenheiten bestimmt sein bzw. muß, falls derartige Anhaltspunkte fehlen, intuitiv festgelegt werden.

Alle Anzeichen deuten darauf hin, daß die sog. **prozyklische Werbung**, die sich an den Konjunkturverlauf anschmiegt, sowohl gesamt- als auch einzelwirtschaftlich eher Nachteile als Vorteile mit sich bringt. Firmen, die in Zeiten der Rezession ihre Werbeausgaben konstant halten oder sogar steigern, erzielen regelmäßig überdurchschnittliche Verkaufsergebnisse (vgl. z. B. *Kanner* 1979). Auch Plausibilitätsüberlegungen sprechen dafür, daß sich gerade dann, wenn die Konkurrenten im Kommunikationswettbewerb zurückstecken, die eigene Marktposition vergleichsweise ausbauen lassen sollte. Überdies verstärkt eine an den Umsätzen ausgerichtete Budgetpolitik die Konjunkturzyklen (vgl. z. B. *Dhalla* 1980).

Allen Erwartungen zum Trotz verfolgen nicht mehr als 10% der Unternehmen eine antizyklische Strategie; 50% machen die Höhe des Werbeetats unmittelbar und etwa 40% indirekt vom Umsatz abhängig, indem sie sich bei der Budgetplanung an den Vorjahreszahlen orientieren (vgl. *Schmahl* 1978).

Ein saisonal differenziertes Werbeverhalten läßt sich erfahrungsgemäß ebensowenig rechtfertigen. Nach einer empirischen Untersuchung zahlt sich die weit verbreitete Praxis, während der Ferienzeit die Werbeanstrengungen zu vermindern, nicht aus, weil sich rund 90% der Bundesbürger während der fraglichen Zeit im Inland aufhalten. Kaum verwunderlich verteilt sich der private Verbrauch mit Ausnahme des Dezembers gleichmäßig auf alle Monate (jeweils 7 - 8%). Ähnliche Werte gelten für die verkaufte Auflage von Zeitungen und Zeitschriften.

(b) Die Gepflogenheit, das Werbebudget als eine Art Residualgröße zu betrachten, die nach Abzug aller sonstigen als notwendig erachteten Marketing-Ausgaben vom gesamten Marketing-Etat verbleibt (vgl. *Hammann* 1974, S. 212), wird als „**all you can afford method**" bezeichnet. Dieses Konzept steht jedoch einer geordneten, langfristigen Werbeplanung entgegen und verurteilt diesen Aktionsparameter leicht zur Wirkungslosigkeit, da ein situationsspezifisch verschieden hoher Mindestaufwand getrieben werden muß, um mit der Werbung überhaupt etwas auszurichten.

(c) Die **Wettbewerbs-Paritäts-Methode** fordert nichts anderes, als daß eine Unternehmung die entsprechenden Aufwendungen der Konkurrenten zum Maßstab ihres Handelns macht. Dagegen spricht – neben den Nachteilen, die auch den anderen Verfahren anhaften – die in der Regel unzureichende Informationsbasis bezüglich der aktuellen Situation der Konkurrenten. Im übrigen sind, was leicht einzusehen ist, mittel- und langfristig Unternehmen oder Marken vergleichsweise erfolgreicher, bei denen der auf den Umsatz bezogene Werbeaufwand deutlich höher als ihr Marktanteil ist (**Werbeanteils-Marktanteils-Methode,** vgl. dazu *Carlberg/Vennemann* 1978).

(d) Bei der „**per unit method**" wird das pro Produkteinheit notwendige Werbevolumen ermittelt. Das Gesamtbudget läßt sich dann als Funktion des projektierten Absatzes und der Werbekosten je Verkaufseinheit darstellen. „Angewandt wird dieses Verfahren hauptsächlich in Unternehmen mit homogener Erzeugnisstruktur und stabilem Nachfrageverlauf" (*Tietz/Zentes* 1980, S. 290).

Trotz des starken Kostendrucks, der auf der Mehrzahl der Unternehmen lastet, und ungeachtet der Größenordnung der Beträge, um die es hier geht, begnügen sich die meisten Werbetreibenden mit solchen Heuristiken und Daumenregeln bei der Aufstellung ihres Budgets. Entsprechende Äußerungen finden sich bei *Borden* (1942), *Dean* (1951), *Frey* (1955) und *Taplin* (1959). Der Befund gilt gleichermaßen für die Vereinigten Staaten (vgl. *San Augustine/Foley* 1975) und Großbritannien (vgl. *Gilligan* 1977) wie für die Bundesrepublik Deutschland (vgl. *Köhler/Uebele* 1977). Zusammenfassend ergibt sich etwa folgendes Bild: Rund 80% der Unternehmungen dieser Länder bedienen sich der verschiedenen Varianten der Percentage of sales-Methode und ca. 15% der All you can afford-Methode; maximal 5% nutzen quantitative Modellansätze, wobei es sich zudem meist um simple Varianten handelt (vgl. *Gilligan* 1977, S. 48). Weiterhin zeigt sich, daß der einmal gewählte Prozentsatz in aller Regel über Jahre hinweg beibehalten wird, wobei den Entscheidenden schließlich nicht mehr bewußt ist, wie dieses Verhältnis einmal zustande gekommen ist.

(2) Zwar vereinfachen die genannten Methoden die Planung erheblich, doch nehmen sie so gut wie keinen Bezug auf die Marketing-Ziele der Unternehmung. Soll der Marketing-Etat zumindest annähernd nach dem Wirtschaftlichkeitsprinzip (Ausgleich des Grenznutzens) auf die einzelnen absatzpolitischen Instrumente verteilt werden, kommt man nicht umhin, Überlegungen darüber anzustellen, welchen Zielbeitrag alternative Werbebudgets liefern und ob die Verwendung eines Teiles der Mittel im Rahmen anderer absatzpolitischer Instrumente nicht einen höheren Zielbeitrag zu erbringen vermag.

Im Rahmen analytischer Ansätze versucht man deshalb, Werbebudgets und zugehörige Zielerreichungsgrade funktional miteinander zu verknüpfen (vgl. *Hammann* 1974, S. 211). Um etwa eine „Steigerung des Bekanntheitsgrades von Produkt X um den Prozentsatz Y in der Planperiode Z" zu erreichen, muß die Zielgruppe zehnmal einer entsprechenden Werbebotschaft ausgesetzt sein, was eben einen ganz bestimmten Betrag erfordert. Diese (Werbe-)Kosten können zu jenen in Beziehung gesetzt werden, die etwa distributionspolitische Maßnahmen, z. B. Erweiterung des Regalraums, die eine vergleichbare Steigerung des Bekanntheitsgrades leisten, verursachen.

Wie dabei im einzelnen zu verfahren ist, hat *Weinberg* (1960) in seiner klassischen Studie zur empirischen Bestimmung von **Werbereaktionsfunktionen** demonstriert. Er geht von einer Abhängigkeit der Marktanteilssteigerung von den eigenen Werbeanstrengungen und denen der Konkurrenten aus. Formalisiert wird diese Überlegung in Form der sog. **Werbeaustauschrate (*e*):**

(6.1.) $$e = \frac{W_u}{U_u} : \frac{W_k}{U_k}$$

Die Größe *e* beschreibt das Verhältnis der am Umsatz relativierten Werbeausgaben eines Anbieters (W_u = Werbeausgaben der Unternehmung, U_u = Umsatz der Unternehmung) zu jenen der Konkurrenten (Index *k*). *Weinberg* untersuchte auf **regressionsanalytischem Weg** deren Einfluß auf Marktanteilsveränderungen, wobei er eine signifikante Abhängigkeit diagnostizierte. Der funktionale Zusammenhang war dabei von der Form:

(6.2.) $$\Delta M_u = a \cdot \log e - b$$

Dabei bedeuten:

ΔM_u = Marktanteilsänderung der Unternehmung
a, b = Funktionsparameter

Das Werbebudget (W_u^*), das erforderlich ist, um eine bestimmte Marktanteilssteigerung U_u^* zu erreichen, ergibt sich nach Umformung als:

(6.3.) $$W_u^* = e \cdot U_u^* \cdot \frac{W_k}{U_k}$$

Zwar hat dieses Modell überzeugende Ergebnisse geliefert, doch schränken die Fixierung auf eine einzige Zielsetzung (Marktanteil) und die Annahme einer konstanten Werbequalität seine Übertragbarkeit auf andere Märkte, Perioden und situative Gegebenheiten ein.

In dem gleichfalls klassischen Ansatz von *Dorfman/Steiner* (1961) werden die Aktivitätsniveaus mehrerer absatzpolitischer Instrumente simultan festgelegt. Unter vereinfachenden Annahmen (z. B. Ein-Produkt-Unternehmen, gegebene Wirkungs- und Kostenfunktionen, keine Konkurrenzreaktionen) fassen sie die mengenmäßige Nachfrage nach einem Gut als eine Funktion von Preis (*p*), Qualität (*q*) und Werbung (*w*) auf:

(6.4.) $$x = f(p, q, w)$$

Die durchschnittlichen Stückkosten (*k*) des Produktes sind ihrerseits eine Funktion der Menge (*x*) und der Qualität (*q*):

(6.5.) $$k = g(x, q)$$

Angestrebt wird eine Maximierung des Gewinns (*G*):

(6.6.) $$G = p \cdot x - k \cdot x - w \to \text{Max}!$$

Nach einigen Ableitungen erhält man die Optimalitätsbedingung:

(6.7.) $$\frac{p}{\varepsilon_p} = \frac{k}{\varepsilon_q} = \frac{p}{\mu}$$

Dabei bedeuten:

ε_p = Preiselastizität der Nachfrage
ε_q = Qualitätselastizität der Nachfrage
μ = Grenzertrag der Werbung

Zum sog. *Dorfman/Steiner*-Theorem gelangt man, wenn man die reziproken Werte der Optimalitätsbedingung mit p multipliziert:

(6.8.) $$\varepsilon_p = \frac{\varepsilon_q \cdot p}{k} = \mu$$

Demnach ist das Werbebudget dann optimal, wenn die Preiselastizität der Nachfrage zugleich der Qualitätselastizität und dem Grenzertrag des Werbevolumens entspricht. Damit macht dieses Theorem eine Aussage zur Substitutionalität der Aktionsvariablen Preis, Werbung und Qualität.

Neben den bereits genannten realitätsfernen Annahmen schließen Prämissen wie die Stetigkeit der Funktionen, die Zulässigkeit der Vernachlässigung von Interdependenzbeziehungen zwischen den Instrumenten und der deterministische Charakter der Daten die Anwendbarkeit dieses Modells in der Marketing-Praxis praktisch aus (vgl. z.B. *Troll* 1975).

Von der Vielzahl der zwischenzeitlich vorgestellten, teilweise recht komplexen Optimierungsmodelle, über die *Zentes* (1982) einen Überblick vermittelt, sei an dieser Stelle nur noch jenes von *Vidale/Wolfe* (1957) genannt. In ihrem dynamischen Ansatz berücksichtigten die Autoren die Zeitdimension in Gestalt der Umsatzabnahmerate (λ). Wenn in einer Periode Werbemaßnahmen unterbleiben, sinkt der Umsatz, und zwar um so mehr, je weiter fortgeschritten der Lebenszyklus des Produktes bzw. je härter der Wettbewerb ist. Da die sog. Lag-Variable bei der ökonometrischen Werbewirkungskontrolle eine größere Rolle spielt als bei Budgetentscheidungen, wird das Modell an anderer Stelle dargestellt und gewürdigt (siehe Abschn. 4.3.2.1.). An dieser Stelle soll lediglich ein Fazit gezogen werden.

Die Komplexität neuerer **Werbebudget-Optimierungsmodelle** (vgl. *Junk* 1973; *Krautter* 1979) und die dadurch bedingten Probleme und Kosten bei der Datenbeschaffung und -verarbeitung vermochten die Wirtschaftspraxis nicht von der Bevorzugung quasi handgestrickter Verfahren abzubringen. Offensichtlich stößt das Bemühen, immer differenziertere und damit für Praktiker immer weniger handhabbare Budgetierungsmodelle zu entwickeln, auf Widerstand bei den potentiellen Nutzern. Das Bestreben der Analytiker sollte deshalb zunächst darauf gerichtet sein, an den naiven, aber populären Common Sense-Regeln anzuknüpfen, diese zu formalisieren und wenn nötig zu verbessern.

Mit der der nicht-analytischen Verfahrensgruppe zugehörigen **Ziele- und Aufgaben-Methode** wurde ein Schritt in diese Richtung unternommen. Sie stellt einen sequentiellen, pragmatischen Ansatz dar (vgl. *Kotler* 1982, S. 522), bei dem zunächst die Werbeziele zu spezifizieren und sodann die daraus resultierenden Werbemaßnahmen in Form konkreter Handlungen zu beschreiben sind. Das Werbebudget ergibt sich letztlich als Summe der bei der Realisierung der geplanten Maßnahmen zu erwartenden Kosten.

Wie bei allen Versuchen, reale Marktprozesse modellhaft darzustellen, scheiterten auch die „Konstrukteure" analytischer Budgetierungsverfahren letztlich an der Aufgabe, ohne Konstanthaltung wichtiger Randbedingungen simultan mehrere Aktionsparameter zu optimieren. Es wäre nun aber sicherlich verfehlt, ihre Vorgehensweise in Bausch und Bogen zu verwerfen. Vielmehr konnten durch diese grundlegende Einsichten in die Werbewirkung gewonnen werden. Zwar nicht im Sinne des angestrebten Totalmodells, wohl aber als partial-analytische Befunde fließen diese heute in die konkrete Mediaplanung ein. Neben den bereits erwähnten **Carry over-** und **Spill over-Effekten** sowie der Bedeutung der **zeitlichen Verteilung** der **Werbemaßnahmen** sind dies der **S-förmige Wirkungsverlauf** sowie die von den **Marktgegebenheiten** und den **Konkurrenzaktivitäten** ausgehenden **Einflüsse.**

Bei der detaillierten Planung und Offenlegung des Werbeprogramms sollte folgenden Überlegungen Rechnung getragen werden:

Die Umsatzwirkung des Werbebudgets verändert sich nicht proportional zu dessen Höhe. Vielmehr erscheint es sinnvoll, kurzfristig von dem in Abb. 6.12. dargestellten funktionalen Zusammenhang auszugehen. Für diese Art des Kurvenverlaufs spricht, daß

- mit steigendem Budget häufig effektivere Werbemittel eingesetzt werden können,
- ein Werbemittel von den Umworbenen oftmals erst nach mehreren Kontakten wahrgenommen bzw. behalten wird,
- bei zunehmender Budgethöhe demgegenüber die Anzahl der durch jeden zusätzlichen Werbemittelkontakt erstmals angesprochenen Mitglieder der Zielgruppe abnimmt,
- von einer gewissen Kontakthäufigkeit ab schließlich zu befürchten ist, daß die Werbung Kaufabsichten eher reduziert als fördert,
- ein gewisses Umsatzminimum ohne Werbung erzielbar und eine Umsatzgrenze auch mit Werbung nicht zu durchbrechen ist.

Diese Überlegungen wurden von *Little* (1970) in seinem Modell ADBUDG formalisiert. Er verwendet den Marktanteil als Zielgröße und geht unter Verzicht auf die Möglichkeit eines Wirkungsverlustes von folgender Funktion aus:

(6.9.) $$MA = MA_{min} + (MA_{max} - MA_{min}) \frac{(WB)^\gamma}{\delta + (WB)^\gamma}$$

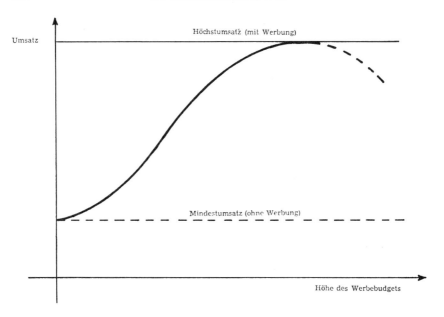

Abb. 6.12.: Hypothetischer Zusammenhang zwischen Wirkung und Höhe des Werbebudgets

Die Funktion weist für $\gamma > 1$ einen ähnlichen Verlauf wie in Abb. 6.12. dargestellt und für $0 \leq \gamma \leq 1$ einen degressiven Verlauf auf.

Dabei bedeuten:

MA = Marktanteil
MA_{max} bzw. MA_{min} = maximaler durch Werbung erreichbarer bzw. minimaler bei Einstellung der Werbung verbleibender MA
WB = Werbebudget
δ, γ = Funktionsparameter

Die benötigten Daten werden **intuitiv geschätzt,** wobei die zuständigen Manager die nachfolgenden vier Fragen beantworten müssen:

– Wie groß ist, wenn die Werbung eingestellt wird, der der Unternehmung voraussichtlich verbleibende Marktanteil?
– Wenn die Werbung so ausgedehnt wird, daß sich eine Art Beinahe-Übersättigung der Verbraucher ergibt, wie hoch ist dann voraussichtlich der erreichte Marktanteil?
– Wie hoch sind die Werbeausgaben, die den derzeitigen Marktanteil zu halten in der Lage sind, zu beziffern?

– Wie groß muß man die Marktanteilserweiterung, die sich bei einer Steigerung der zur Beibehaltung des Marktanteils notwendigen Werbeausgaben um 50% einstellt, veranschlagen?

Aus diesen Schätzungen errechnet ein EDV-Programm den gesuchten Kurvenverlauf, wobei der Manager überprüfen kann, ob das Modell die Entwicklung in der Vergangenheit einigermaßen exakt wiedergibt. Eine Erweiterungsmöglichkeit des Ansatzes besteht darin, daß auch Wirkungsverzögerungen eingebaut werden.

Der große Vorteil des beschriebenen Modells, seine **Einfachheit,** ist zugleich sein größter Nachteil, so daß in der Praxis auch diesem Ansatz Skepsis entgegengebracht wird:

– Werbemaßnahmen wirken nicht nur zeitlich verzögert, sondern entfalten je nach Einsatzzeitpunkt auch unterschiedliche Gesamtwirkungen. Beispielsweise kann es sinnvoll sein, in expandierenden Märkten durch starke werbliche Anstrengungen frühzeitig einen hohen Marktanteil anzustreben, da die Verteidigung einer einmal erreichten Marktstellung in der Regel mit einem geringeren Mittelaufwand verbunden ist als deren Eroberung. Eine hohe Werbeintensität vermag auch potentielle Anbieter am Eintritt in einen Markt zu hindern, wenn diese die zu erwartenden Anfangsverluste scheuen.

– Aus dem Rahmen des üblichen fallende Werbeaufwendungen können auf der anderen Seite die bereits etablierten Konkurrenten auf den Plan rufen, die versuchen werden, bei sehr hohem Budget nachzuziehen und dessen Effekt zu kompensieren oder aber bei geringerem Budget die vermeintliche gegnerische Schwäche auszunutzen und evtl. durch vermehrte Aufwendungen einen spürbaren Marktanteilsgewinn zu realisieren.

– Trotz vieler gesicherter Erkenntnisse beherrscht der Eindruck der Schwierigkeiten einer zieladäquaten Festlegung des Werbebudgets die Arbeit der Mediaplaner, so daß viele Unternehmungen ihre Etatmittel verstärkt für die Zwecke der Verkaufsförderung oder Rabattgewährung verwenden, da hier die Umsatzwirkung unmittelbar und deutlicher zutage tritt.

4.1.3.2. Die Mediaplanung

Die Verteilung des Werbebudgets auf geeignete Werbeträger geschieht im Rahmen der Media- oder Streuplanung. Dabei gilt es, zum einen deren spezifische **Eignung** zur Kommunikation mit der Zielgruppe zu bestimmen und die bestgeeigneten Werbeträger auszuwählen (Selektion), zum anderen deren **Belegung** und damit die zeitliche Abfolge der Werbebemühungen in den einzelnen Medien zu planen. Bevor nun einige hierzu entwickelte sog. Mediaselektionsmodelle dargestellt werden, sollen die in Frage kommenden Werbeträger sowie die zentralen unabhängigen Variablen dieser Modelle (räumliche, qualitative und quantitative Reichweite, Kontaktwahrscheinlichkeit, Kontakthäufigkeit und Kontaktverteilung, Kontaktqualität sowie Nutzungspreis) erläutert werden. Hierbei handelt es sich im Gegensatz zu den Wirkungen, die von dem konkreten Werbemittel hervorgebracht werden, um **Medienleistungen,** d. h. um jenen Beitrag zur Werbewirkung, der ausschließlich bestimmten Merkmalen des Werbeträgers zuzuschreiben ist.

4.1.3.2.1. Die Werbeträger

Grundsätzlich kommen aus der Sicht der werbungtreibenden Unternehmung als Werbeträger alle Personen oder Sachen in Betracht, die zwei Anforderungen erfüllen:

– Sie müssen so geartet sein, daß man ihnen Nachrichten auf- bzw. einprägen kann (sogar Luft erfüllt diese Voraussetzung, man erinnere sich nur der früher üblichen Himmelsschreiber).

– Der Kontakt mit einem Werbeträger sollte den Umworbenen einen Nutzen stiften.

Zu denken ist dabei zunächst an die von der *Informationsgemeinschaft zur Feststellung der Verbreitung von Werbeträgern e. V. (IVW)* (vgl. Abschn. 1.3.2.) dokumentierten Medien. Tab. 6.7. gibt die von diesen Werbeträgern in den Jahren 1976-1986 realisierten Netto-Werbeumsätze (vgl. Abschn. 1.2.) wieder.

Im Gegensatz zu den jedermann geläufigen Formen der Werbung in **Zeitungen** und **Zeitschriften** sowie in **Funk, Fernsehen** und **Kino** bedürfen die Bezeichnungen Adreßbuch-, Außen- und Direktwerbung einer kurzen Erläuterung:

Unter **Adreßbüchern** versteht man „sämtliche Arten von gedruckten Adressenverzeichnissen ... Auch andere Druckschriften, die zum überwiegenden Teil systematisch geordnete Anschriften enthalten, sind Adreßbücher" (*Breuer* 1982, S. 1510). Am bekanntesten dürften die nach Branchen geordneten *Gelben Seiten* der Amtlichen Fernsprechbücher sein, die insbesondere für die mit Handwerks- und Installationsarbeiten befaßten Kleinbetriebe als ein wichtiges Werbemedium fungieren.

Hinter dem Sammelbegriff **Direktwerbung** verbergen sich Werbemaßnahmen, mit denen man sich in geschriebener, gedruckter oder auf andere Weise vervielfältigter Form direkt an ausgewählte Empfänger wendet. Diese Voraussetzungen erfüllen Werbebriefe und Versandhauskataloge ebenso wie Handzettel oder andere „Postwurfsendungen", nicht zuletzt auch Warenproben.

Die Hauptform der **Außenwerbung** (vgl. z. B. *Mackenroth* 1982) ist das **Plakat,** dessen Verwendung untrennbar mit der im Jahre 1855 von *E. Litfaß* in Berlin eingeführten Litfaßsäule verbunden ist. Andere Plakatanschlagstellen werden je nach Abmessungen als Großflächen oder Allgemeinstellen (die „Zeitung der Straße"; *Bartholomä* 1983) bezeichnet. Zu den wichtigsten mobilen Plakat-Werbeträgern zählen Straßenbahn, S- und U-Bahn, Omnibus, Taxi, Freiluftbal-

Tabelle 6.7.:

Erfaßte Netto-Werbeumsätze ausgewählter Werbeträger in den Jahren 1976 - 1986 (in Mio. DM)

Werbeträger	1976	1978	1980	1982	1984	1986
Printmedien						
Tageszeitungen	3 554	4 431	5 289	5 315	6 008	6 285
Wochen- und Sonntagszeitungen	125	165	205	210	201	239
Publikums-Zeitschriften	1 283	1 789	2 286	2 379	2 678	2 732
Fachzeitschriften	799	937	1 035	1 158	1 324	1 475
Adreßbuchwerbung	307	374	474	615	738	1 064
	6 068	7 696	9 029	9 267	10 949	11 895
Elektronische Medien						
Fernsehwerbung	861	993	1 119	1 247	1 356	1 496
Hörfunkwerbung	207	298	398	494	534	580
Filmtheaterwerbung	63	72	102	111	117	140
	1 131	1 363	1 619	1 852	2 007	2 216
Sonstige						
Außenwerbung	288	360	422	400	455	514
Direktwerbung	989	1 180	1 320	1 485	1 759	1 961
	1 277	1 540	1 742	1 885	2 214	2 475
Gesamt	8 476	10 599	12 390	13 004	15 170	16 586

Quelle: *Zentralausschuß der Werbewirtschaft e. V.*, 1980, S. 18; 1983, S. 15; 1984, S. 9; 1987, S. 13.

lon und Zeppelin. Der sog. Verkehrsmittelwerbung werden ferner die stationären Maßnahmen in Bahnhöfen und Wartehallen, an Haltestellen, Brücken und Unterführungen zugeordnet. In diesen Zusammenhang gehört nicht zuletzt auch die Banden- und Sportwerbung (vgl. z. B. *Müller* 1983a). Dagegen sind die aus dem Berlin der zwanziger Jahre bekannten „wandelnden Litfaßsäulen" und Plakatträger heute weitgehend bedeutungslos.

Die unterschiedliche Dynamik der verschiedenen Medienklassen kommt in Abb. 6.13. zum Ausdruck. Während bis Ende der siebziger Jahre alle gleichermaßen vom Wachstumsmarkt Werbung profitierten, kam es danach zu einer differenzierten Entwicklung.

Einen Überblick über die außerordentliche Vielfalt weiterer Werbeträger vermittelt die folgende Übersicht:

(1) **Messen** sind neben dem persönlichen Verkauf (vgl. § 5, Abschn. 2.4.) das klassische Kommunikationsmittel der Investitionsgüter-, weniger dagegen der

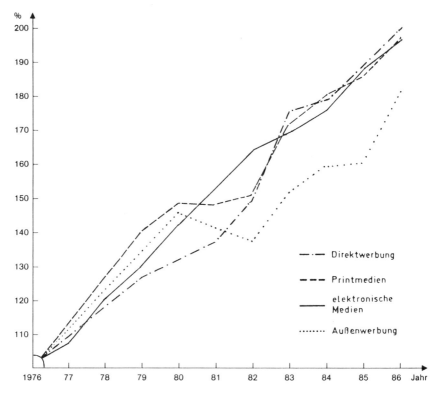

Quellen: *Zentralausschuß der Werbewirtschaft e. V.,* 1980, S. 18; 1983, S. 15; 1987, S. 13; eigene Berechnungen.

Abb. 6.13.: Prozentuale Veränderungen der Netto-Werbeumsätze ausgewählter Werbeträgergattungen (1976 = 100)

Konsumgüterindustrie. In den letzten Jahren hat sich gezeigt, daß insbesondere auch für mittelständische Unternehmen eine Messebeteiligung einen erfolgversprechenden ersten Schritt zur Erschließung ausländischer Märkte darstellt. Nach einer Erhebung des *Ifo-Instituts,* München, kann ein Drittel aller Exportumsätze der deutschen Industrie auf diese Form der Selbstdarstellung zurückgeführt werden (vgl. Greipl/Singer 1980). Um die Beteiligung an Auslandsmessen zu fördern, stellt die Bundesregierung Mittel bereit (vgl. *Ausstellungs- und Messe-Ausschuß der Deutschen Wirtschaft e.V. AUMA* 1980).

Der *AUMA*-Kalender *Ausland 1981* zählte insgesamt 592 Messen und Ausstellungen außerhalb der Bundesrepublik Deutschland, davon 393 innerhalb Europas, auf, für die Termine, Veranstaltungsorte und Kontaktadressen ausgewiesen werden. Von den knapp 100 inländischen Messen und Ausstellungen finden der Fläche nach die größten in Hannover, Köln und Frankfurt statt, ein Drittel davon zumindest im jährlichen Turnus.

4. Werbepolitische Entscheidungen

Erfahrungsgemäß machen die Kosten für
- Mieten, Bewirtung, Prospektmaterial,
- Gestaltung des Messestandes,
- Personal und Sonstiges

jeweils ein Drittel aus.

(2) Mehr noch als die Tageszeitung gilt das **Schaufenster** als der traditionelle Werbeträger des Einzelhandels. Wer jemals in einem solchen Betrieb gearbeitet hat, weiß aus eigener Erfahrung, daß aus dem Schaufenster „fast alles", aus den Regalen heraus häufig vieles nicht verkaufbar ist.

Bei der Schaufenstergestaltung fallen Kosten für Dekorateure, Dekorationsmaterial und Sachkosten (z. B. Strom, Reinigung, Versicherung) an. Daß auch die Wertminderung der ausgestellten Waren und der anteilige Mietwert zu berücksichtigen sind, wird häufig übersehen. Der Textileinzelhandel gibt z. B. 2% seines Umsatzes für dieses Werbemedium aus, was einem Durchschnitt von ca. DM 1 200 - 1 500 je Meter Schaufensterfront und Jahr entspricht (vgl. *Kaiser* 1980, S. 39).

(3) Das **Anzeigenblatt** repräsentiert eine vergleichsweise junge Entwicklung auf dem Printmedien-Markt (vgl. *Müller* 1983b). Es handelt sich dabei um periodisch erscheinende Werbedrucksachen, die unentgeltlich und unaufgefordert allen Haushalten eines bestimmten Bezirks zugestellt werden und im Gegensatz zur Direktwerbung neben den im Vordergrund stehenden Anzeigen auch redaktionelle Beiträge enthalten.

In Abhängigkeit von deren Ausrichtung werden drei Erscheinungsformen unterschieden:
- Verbraucherblätter, die vornehmlich Verbraucherinformationen verbreiten, dabei aber häufig redaktionelle Werbung betreiben,
- unpolitische Lokalblätter, die schwerpunktmäßig über lokale Vereins-, Kultur- und Sportereignisse berichten, sowie
- politische Lokalblätter, die auch lokalpolitische Themen behandeln.

Der *Verbreitungsanalyse Anzeigenblätter 1982* zufolge summieren sich die rund 800 Einzeltitel in der Bundesrepublik Deutschland zu einer wöchentlichen Gesamtauflage von 39 Mio. Stück, was rund 1,5 pro Haushalt entspricht.

(4) Eine Aufzählung von Printmedien ohne **Romane** wäre nicht vollständig. Die vielerorts noch stark mit dem Negativimage des Groschenromans vergangener Tage behafteten Liebesromane werden insbesondere von jüngeren Frauen gerne gelesen, in den Altersgruppen zwischen 14 und 19 sowie 20 und 29 beinahe von jeder dritten (vgl. *Speetzen* 1981). Dieses Medium gilt deshalb als zielgruppengenauer und zudem überaus preiswerter Werbeträger.

(5) Mit dem Aufkommen der Selbstbedienung veränderten sich die Bedingungen der physischen Distribution der Waren für Hersteller, Handel und Konsumenten grundlegend. Die Ware mußte selbstverkäuflich abgepackt werden, wodurch sich die **Verpackung** zu einem der wichtigsten Werbeträger entwickelte. Auch das Anbringen von Kleinplakaten an der Stirnseite von Einkaufswagen ist in diesem Zusammenhang zu sehen.

(6) Als bislang noch eher exotische Werbeträger gelten **Duftstoffe**, die in Form von „Geruchsperlen" z. B. auf Anzeigen angebracht und durch Berührung „geöffnet" werden. Systematische Tests mit verschiedenen Parfüms zeigten, daß sich vor allem Moschus und Vanillin für die Zwecke der Werbung eignen (vgl. *Möck* 1981).

4.1.3.2.2. Entscheidungskriterien bei der Mediaplanung

Das Medienangebot in der Bundesrepublik Deutschland ist eines der breitesten und vielfältigsten in der Welt, insbesondere im Bereich der Pressemedien. 1986 erschienen fast 450 Zeitungstitel und mehr als 1200 Zeitschriften, darunter 411 Publikumszeitschriften; es sendeten 10 regionale Rundfunkanstalten, 9 regionale und 1 nationaler Fernsehsender. Darüber hinaus gab es über 3200 Filmtheater und 200 Unternehmen, die Plakatanschlag durchführten (*Zentralausschuß der Werbewirtschaft e.V.*, 1987). Deshalb kann es nicht überraschen, daß eine Vielzahl von Kriterien entwickelt wurde, um die Kommunikationsleistungen dieser Medien transparent und vergleichbar zu machen. Eine Reihe von Institutionen hat sich im Laufe der Zeit der Aufgabe angenommen, die hierzu benötigten Informationen systematisch und in regelmäßigen Abständen aktualisiert bereitzustellen.

(1) Die Kosten der Medien
Innerhalb und zwischen den einzelnen Mediengattungen variiert die Preisgestaltung erheblich. Bei den gedruckten Werbeträgern sind Flächenanteile der Verrechnungsmaßstab, in Funk und Fernsehen orientiert man sich an den Ausstrahlungszeiten.

(a) Für **Zeitschriften** bildet eine ganzseitige, schwarz/weiß gehaltene Anzeige (1/1 Seite s/w) die Verrechnungsbasis; kleinere Formate bis hin zur 1/64 Seite werden anteilig berechnet (vgl. Tab. 6.8.). Mengenrabatte für den wiederholten

Tabelle 6.8.:

Anzeigenpreise und Tausender-Preise ausgewählter Zeitschriften (Juli 1987)

ZEITSCHRIFT	Brutto-Seiten-preis vierfarbig (DM)	Tausender-Preis (DM)
ADAC-Motorwelt	145 820	17,85
Stern	87 552	62,94
Das Haus	86 272	33,46
TV-Hören und Sehen	71 884	30,25
Auto, Motor und Sport	42 282	87,50
Capital	38 160	151,73
Gong	31 190	30,80
DM	21 250	125,—

Quelle: *Copy Anzeigenteil-Analyse*, München 1987.

4. Werbepolitische Entscheidungen

Abdruck derselben Anzeige und Zuschläge für Farbanzeigen beziehen sich auf den „Anzeigenpreis 1/1 Seite s/w". Für zahlreiche Sonderinsertionsformen, wie z. B. ausklappbare Seiten (Gatefold-Anzeige), gibt es besondere Preisstufen.

(b) **Zeitungsanzeigen** berechnen sich grundsätzlich nach dem sog. Millimeterpreis (Kosten für 1 Millimeter), werden aber auch nach Maßgabe des Anzeigenformats fakturiert (vgl. Tab. 6.9.). „Auf Grund der unterschiedlichsten in Deutschland üblichen Zeitungsformate und deren Aufteilung in verschiedene Seitenzahlen weichen die Millimeter, die auf einer Seite untergebracht werden können, zum Teil beträchtlich voneinander ab. Diese Uneinheitlichkeit der Formate und nicht zuletzt die Vielzahl der in kleinsten Regionen verbreiteten Zeitungen machen die Planung dieses Mediums sehr aufwendig" (*HÖRZU-Service* 1982, S. 22). *TPS*, das von den in der sog. Regionalpresse zusammengeschlossenen regionalen Tageszeitungen gemeinsam mit dem *Axel Springer Verlag* unterhaltene Computerprogramm *Tageszeitungs-Planungs-System*, will dazu beitragen, die Probleme der Kostenplanung zu meistern.

Tabelle 6.9.:

Anzeigenpreise und Tausender-Preise ausgewählter Tageszeitungen (Juli 1987)

ZEITUNG	Anzeigenpreis 1/1 Seite s/w (DM)	Tausender-Preis (DM)
Bild am Sonntag	52 032	21,72
Welt am Sonntag	40 972	118,04
Die Zeit	37 440	82,27
Stuttgarter Zeitung/Nachrichten	32 545	147,93

Quelle: *Copy Anzeigenteil-Analyse*, München 1987.

Um die Vergleichbarkeit und damit die Planbarkeit des Werbeträgers Printmedien zu erleichtern, wird zusätzlich zu den absoluten Beträgen der sog. **Tausend-Leser-Preis** mitgeteilt. Er drückt aus, wieviel für eine Anzeige pro 1 000 Leser der Zeitung bzw. Zeitschrift aufgewandt werden muß. Von **Tausend-Kontakte-Preis** spricht man demgegenüber, wenn man sich auf die Anzahl der auf Grund der Nutzungsgewohnheiten der Leserschaft möglichen Kontakte zwischen einer Anzeige und der Zielgruppe bezieht. Der einfache **Tausenderpreis** wiederum berücksichtigt lediglich die Auflagenhöhe und die Anzeigenkosten.

Häufig besteht zwischen absoluten (Anzeigenpreis) und relativen (Tausend-Leser-Preis) Insertionskosten eine inverse Beziehung. Kleinere Unternehmen können den darin liegenden Degressionseffekt nur im Rahmen einer Gemeinschafts- oder Verbundwerbung (vgl. Abschn. 3.1.4.) nutzen, da die einzusetzenden Mittel ihre Möglichkeiten übersteigen und das Verbreitungsgebiet der fraglichen Medien weit über den Lebensraum der Zielgruppe jedes einzelnen hinausgeht.

(c) Im **Werbefunk** bilden Sekunden, zuweilen auch Fünf-Sekunden-Intervalle die Berechnungsbasis (vgl. Tab. 6.10.). Für die Mediaplanung resultiert insbesondere aus dem Umstand, daß für verschiedene Tageszeiten und Wochentage und differenziert nach der Größe des Sendegebietes zumeist unterschiedliche Grundpreise gelten, ein nicht unerhebliches Entscheidungsproblem. Nachdem namentlich bei den elektronischen Medien wegen der begrenzt zur Verfügung stehenden Werbezeiten nicht ganz bestimmte Termine gebucht werden können, Werbezeiten vielmehr zugeteilt werden, muß der Auftraggeber zunächst mit dem Höchstpreis kalkulieren. Dieser liegt etwa bei *Radio Luxemburg* für die beiden Stunden zwischen 6:00 und 8:00 Uhr knapp viermal so hoch wie für die Zeit zwischen 18:00 und 19:00 Uhr.

(d) Auch das **Werbefernsehen** bedient sich der Sekundenbasis, unterscheidet sich dabei aber vom Werbefunk in dreifacher Hinsicht (vgl. Tab. 6.10.). Zum einen sind bestimmte „Spotlängen" fest vorgegeben (Mindestlänge bei den regionalen *ARD*-Sendern sieben, beim *ZDF* fünfzehn Sekunden), zum anderen nimmt der Sekundenpreis mit zunehmender Spotlänge ab. Schließlich differieren die Preise zwar nicht nach Maßgabe der Sende-, wohl aber der Jahreszeit. Die Sommermonate sind vergleichsweise billig, Frühjahr und Herbst dagegen teuer.

(e) Die Belegungskosten für **Plakatwerbung** variieren nach Anschlagform (Großfläche, Ganzstelle und Allgemeinstelle) und Streubereich (national, regional, lokal; vgl. Tab. 6.11.). Zu den Besonderheiten dieses Marktes zählt seine geringe Organisiertheit. Um eine Plakataktion im gesamten Bundesgebiet durchführen zu können, bedarf es der Zusammenarbeit mit nicht weniger als 60 Plakatanschlagunternehmen.

(f) Was schließlich noch die **Bandenwerbung** anbetrifft, so kostete 1982 die Anmietung eines acht Meter langen Teilstücks der von Kameras erfaßten Spielfeldabgrenzung für die Dauer eines vom Fernsehen national übertragenen *UEFA-Cup* Endspiels durchschnittlich DM 29 000.

(2) Der Verbreitungsgrad der Medien

(a) Die bereits in Abschn. 1.3.2. vorgestellte *Informationsgemeinschaft zur Feststellung der Verbreitung von Werbeträgern e.V. (IVW)* ermittelt für Zeitungen, Zeitschriften und andere Printmedien Verbreitungszahlen. Hierzu melden die angeschlossenen Verlagshäuser kurz nach Quartalsende die in den vergangenen drei Monaten verkaufte (nicht gedruckte!) **Auflage.** Diese Angaben werden von Beauftragten der *IVW* in unregelmäßigen Abständen überprüft. Die 388 Tages-, 46 Wochenzeitungen, 411 Publikums-, 813 Fach-, 38 Kundenzeitschriften, 14 Wirtschaftsadreßbücher und 73 Branchen-Fernsprechbücher, die 1986 der *IVW* angeschlossen waren, ziehen diese quasi-offiziellen Angaben häufig zur Eigenwerbung, d.h. zur Akquisition von Anzeigenkunden heran.

Abb. 6.14. gibt die in Form vierteljährlicher *IVW*-Auflagenlisten publizierten Daten in aggregierter Form wieder. Der im sog. elektronischen Zeitalter

4. Werbepolitische Entscheidungen 523

Tabelle 6.10.: **Einschaltpreise und Tausender-Preise von Werbefunk und Werbefernsehen (1988)**

Rundfunk-anstalt	Einschaltpreis 1988 brutto, 30 Sek. (7 bis 8 Uhr) (DM)	Tausender-Preis (DM)	Fernsehanstalt	Einschaltpreis Jahresdurchschnitt 1988 brutto, 30 Sek. (DM)	Tausender-Preis (DM)
RTL	2 670	3,92	ZDF	63 800	12,59
NDR 2	3 150	–	Westdeutscher Rundfunk	29 925	24,56
SWF 1	2 970	2,21	Bayerischer Rundfunk	10 270	17,71
hr 3	3 120	2,93	Sender Freies Berlin	6 120	32,21
SR 1/SR 3	1 440	3,97	Saarländischer Rundfunk	2 800	17,49
SFB 1	990	7,53			
SDR 3	1 200	3,46			

Quelle: *absatzwirtschaft*, 30. Jg. (1987), S. 82ff.

Tabelle 6.11.: **Belegungskosten für nationale, regionale und lokale Plakatkampagnen (Stand September 1986)**

Streubereich	national		regional		lokal	
	Bundesgebiet und West-Berlin mit ca. 51,9 Mio. Einwohnern ab 15 Jahren		z. B. Baden-Württemberg mit ca. 7,8 Mio. Einwohnern ab 15 Jahren		z. B. Hamburg mit ca. 1,4 Mio. Einwohnern ab 15 Jahren	
Anschlagform	Streudichte	Belegungskosten in DM je Tag	Streudichte	Belegungskosten in DM je Tag	Streudichte	Belegungskosten in DM je Tag
Großfläche	177 411 Großflächen	1 482 345	16 578 Großflächen	136 924	6 689 Großflächen	65 788
Ganzstelle	13 865 Ganzstellen	229 679	1 738 Ganzstellen	28 491	635 Ganzstellen	11 257
Allgemeinstelle (1/1 Bogen)	66 421 Allgemeinstellen	35 936	9 583 Allgemeinstellen	5 148	1460 Allgemeinstellen	803

Quelle: *Zentralausschuß der Werbewirtschaft e. V.,* 1987, S. 206 ff.

überraschend hohe Verbreitungsgrad der Printmedien bestätigt sich in einschlägigen Umfragen. Danach werden 85% der Bevölkerung ab 14 Jahren durch Tageszeitungen und 90% durch Zeitschriften erreicht. Dies erklärt, zusammen mit der hohen Zielgruppengenauigkeit und vergleichsweise unbeschränkten Verfügbarkeit dieses Mediums als Werbeträger, dessen herausragende Stellung auf dem Werbemarkt.

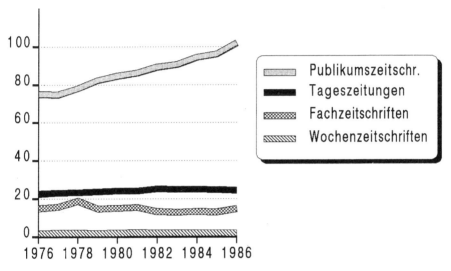

Quelle: *Zentralausschuß der Werbewirtschaft e. V.*, 1987, S. 160 ff.

Abb. 6.14.: Verkaufte Auflagen von Zeitungen und Zeitschriften 1976-1986 (in Mio. Stück, jeweils IV. Quartal)

Darüber hinaus teilt die *IVW* für jeden einzelnen Werbeträger die exakten Auflagenzahlen mit. Tab. 6.12. vermittelt einen Eindruck von den Gegebenheiten im Bereich der Kundenzeitschriften.

Die jährliche *IVW*-Verbreitungsanalyse dokumentiert ausschließlich die deutschen Tageszeitungen und deren Verkaufsgebiete, differenziert nach Nielsengebieten, Bundesländern, Regierungsbezirken, Landkreisen und Gemeinden, und stellt im übrigen zusätzliche Fakten über Einwohner und Haushalte bereit.

(b) Mit der **Anzahl angemeldeter Empfangsgeräte** steht für die elektronischen Medien eine einfache, aber nicht sehr wirksame Orientierungsgröße zur Verfügung. Ende 1986 waren nach Angaben des *Statistischen Bundesamtes* 25,9

Tabelle 6.12.:

IVW-geprüfte Auflagenzahlen (IV/86) ausgewählter Kundenzeitschriften

Apotheken-Kundenzeitschriften	
Apotheken Umschau	2 332 716
Neue Apotheken Illustrierte	918 227
Senioren Ratgeber	592 000
Diabetiker Ratgeber	505 850
Nahrungsmittel-Kundenzeitschriften	
Familie heute / Frau + Heim / Rewe-Post / Magazin der Hausfrau	1 682 473
Lukullus / Fleischer Kundenpost	1 030 473
Bäckerblume / Bäckerkurier	791 195
Die kluge Hausfrau	521 235

Quelle: *Zentralausschuß der Werbewirtschaft e. V.*, 1987, S. 149.

Mio. Rundfunk- und 23 Mio. Fernsehgeräte registriert. Zwar besagt auch der Kauf bzw. Bezug einer Zeitung nicht, daß diese gelesen wird, doch dürfte bei den elektronischen Medien die Verfügbarkeit noch weniger mit der Nutzung korrelieren als bei den Printmedien. Um die Menge der „Hörer" bzw. „Seher pro Tag" ermitteln zu können, wurden deshalb leistungsfähige Instrumente der Funkmedienforschung (vgl. *Pfifferling* 1982) entwickelt, die in Tab. 6.13. überblickhaft dargestellt sind. Konzentrieren wir uns dabei auf das Fernsehzuschauer-Panel.

Seit Anfang 1975 wird im Auftrag von *ARD* und *ZDF* regelmäßig eine quantitative TV-Zuschauerforschung durchgeführt. Bis Ende 1984 war eine Arbeitsgemeinschaft des *Instituts für Demoskopie*, Allensbach, und des *Infas-Instituts*, Bonn-Bad Godesberg *(Teleskopie)*, damit beauftragt. 1985 hat die *GfK* Nürnberg diese Aufgabe übernommen. Das *GfK-Fernsehzuschauer*-Panel besteht aus 2 800 Haushalten, bei denen jeweils ein elektronisches Erfassungsgerät installiert ist. Für jedes Haushaltsmitglied werden bei Eingabe einer persönlichen Identifikationsnummer Fernsehdauer und Senderwahl uhrzeitgenau registriert. Die dabei anfallenden Meßwerte bilden die Basis für Statistiken über die zeitliche Mediennutzung, die als **Einschaltquoten** einerseits die Werbewirtschaft, andererseits die für die Programmgestaltung Verantwortlichen interessieren.

Kein anderes Werbemedium sieht sich in der Lage, einen den Fernseh-Panel-Werten vergleichbaren Leistungsnachweis zu erbringen. Neben den wöchentlichen und monatlichen Routineauswertungen des Einschaltverhaltens des Gesamtpanels und einzelner (Alters-)Gruppen werden in diesem Rahmen auch qualitative Sonderauswertungen durchgeführt, wobei Einstellungs- und Sehver-

4. Werbepolitische Entscheidungen

Tabelle 6.13.:

Standard-Instrumente der Zuschauer- und Hörerforschung

	Fernsehzuschauer-Panel	Funkmedien-Analyse	Media-Analyse
Auftraggeber	*ARD, ARW* *(Arbeitsgemeinschaft Rundfunkwerbung)*, *ZDF, RTL plus, Sat 1*	*ARD, ARW, ZDF*	*AG · MA* Verlage, Agenturen Werbungtreibende *ARW, ZDF, RTL*
Zielsetzung, Erscheinungsweise	Kontinuierliche Messung von Einschaltquoten und Sehbeteiligung für Programm- und Media-Planung	Hörer- und Zuschauerverhalten im Tagesablauf, Zeitbudget-Forschung für Programm- und Media-Planung 2-3 Jahre	Intermediale Werbeträgerreichweiten-Forschung für die Media-Planung Jährlich
Stichprobe	Meßgeräte Panel in 2 800 TV-Haushalten mit 6 200 Erwachsenen und 1 600 Kindern	Mündliches Random-Interview mit 10-12 000 Erwachsenen	Mündliches Random-Interview mit ca. 18 000 Erwachsenen
Zuschauerdaten	Minutengenaue Einschaltquoten und Personen-Reichweiten aller Programme, Sendungen und Werbeblöcke, beliebige Auswertungen möglich, wie Seher pro Tag, weiteste Seherkreise, Sehdauer, Netto-Reichweiten, Kumulationen	Viertelstunden-Reichweiten für 4 Programme bis 24.00 Uhr, Sehfrequenzen, weiteste Seherkreise, Seher pro Tag, Sehdauer, Werbeträgerkontaktwahrscheinlichkeiten für 4 Halbstunden pro Sender	Viertelstunden- bzw. Halbstunden-Reichweiten der *ARD* Vorabendprogramme, des *ZDF* und des 3. Programms vor 20.00 Uhr, Sehfrequenzen, weiteste Seherkreise, Seher pro Tag, Werbeträgerkontaktwahrscheinlichkeiten für 4 Halbstunden pro Sender
Hörerdaten	(werden nicht im TV-Panel ermittelt)	Viertelstunden-Reichweiten, beliebige Zeitsegment-Netto-Reichweiten (z. B. nach Stunden), Hörer pro Tag, Hördauer in Minuten, Hörfrequenzen, weiteste Hörerkreise für alle (28) erhobenen Sender/Programme und Werbeträgerkontaktwahrscheinlichkeiten für alle Stunden mit Werbefunk	Halb- bzw. Stunden-Reichweiten aller Programme, Hörer pro Tag, Hörfrequenzen, weiteste Hörerkreise für alle (17) erhobenen Sender und Werbeträgerkontaktwahrscheinlichkeiten für alle Stunden mit Werbefunk

Quelle: In Anlehnung an *Pfifferling* 1982, S. 2005.

haltensdaten verknüpft werden, die aus Anlaß aktueller Ergebnisse gewonnen wurden (vgl. *Frank* 1981).

Tab. 6.14. macht deutlich, was oftmals als Renaissance des Hörfunks bezeichnet wird. Daß die Empfangsgeräte wieder länger eingeschaltet bleiben, liegt vornehmlich an der zwischenzeitlich vorgenommenen Umstrukturierung des Programmangebots, das gezielt den veränderten Interessen und Freizeitgewohnheiten der Hörer angepaßt wurde.

Tabelle 6.14.:

Mediennutzung an einem durchschnittlichen Werktag (in Minuten)

Zeitraum Medium	Außerhalb der Freizeit				Während der Freizeit			
	1964	1970	1974	1980	1964	1970	1974	1980
Fernsehen	6	12	11	11	64	101	114	114
Hörfunk	53	47	76	91	36	26	37	44
Tageszeitung	14	13	17	16	21	22	21	22

Quelle: *Kiefer* 1981, S. 267.

(c) Geradezu grob nehmen sich demgegenüber die Angaben aus, die der *Fachverband Außenwerbung e. V. (FAW)* zum Verbreitungsgrad seines wichtigsten Mediums machen kann. 1986 gab es in der Bundesrepublik Deutschland an 2841 Orten 177 411 Großflächen, 1 435 Kleintafeln (42 Orte), 13 865 Ganzstellen (1 334 Orte) sowie 66 421 Allgemeinstellen (5 832 Orte; vgl. hierzu und zum folgenden *Zentralausschuß der Werbewirtschaft e. V.,* 1987).

(d) Die **Gelben Seiten** der Amtlichen Fernsprechbücher werden von 53% der Bevölkerung eingesehen; 75% der sog. Intensivnutzer aus dem gewerblichen Bereich greifen mindestens einmal pro Woche zu dieser Quelle, um Lieferanten- oder Kundenadressen zu suchen.

(e) Die **Direktwerbung** konkretisierte sich 1986 in 2,3 Mrd. Massendrucksachen, 578 Mio. Wurfsendungen und 13,3 Mrd. Briefsendungen.

(f) 1985 wurden in den 3418 bundesdeutschen Kinos ca. 104 Mio. Besucher gezählt. Von den 2,19 Mio. wöchentlichen **Kinogängern** ab 14 Jahren gehörten 1986 knapp ⅘ der Altersgruppe von 14 bis 29 Jahren an.

(3) Die Reichweite der Medien

Die Werbemanager mochten sich bei ihren Selektionsentscheidungen schon bald nicht mehr allein auf die „technischen" Daten der Werbeträger (Auflagenhöhe und -struktur sowie Preis je Verrechnungseinheit) verlassen. Um deren

4. Werbepolitische Entscheidungen

spezifische Eignung zur Kommunikation mit der jeweiligen Zielgruppe abschätzen zu können, werden deshalb seit 1954 systematisch Informationen über die Leserschaft einzelner Titel gesammelt. Zuständig dafür ist die *Arbeitsgemeinschaft Media-Analyse e.V. (AG · MA)*, in der 51 Werbungtreibende und Werbeagenturen, 67 Zeitungs- und Zeitschriftenverlage, 3 Werbegesellschaften des Hörfunks und des Fernsehens sowie 2 Fachverbände (Lesezirkel sowie Film- und Diapositivwerbung) zusammengeschlossen sind (vgl. *Scheler* 1982).

„Seither bilden die regelmäßig veröffentlichten Leserschaftsdaten der Mediaanalyse die allgemein akzeptierte Grundlage der Mediaplanung in Deutschland" (*Pratz/Reyk-Meinhard/Walters* 1982, S. 251). Zwar liefern auch die einzelnen Medien eine Vielzahl von Planungsdaten, doch mangelt es diesen an Objektivität und Vergleichbarkeit. Die einmalige Bedeutung der sog. **Mediaanalyse** liegt eben gerade darin, daß ihre Feststellungen der Kontrolle aller Beteiligten (Verkäufer, Käufer und Konkurrenten) unterliegen, während alles andere über den Rang ungeprüfter Angaben nicht hinauskommt.

Die im folgenden zu vermittelnden Basisinformationen der Mediaanalyse, insbesondere zur **Reichweite,** werden zusehends von **qualitativen Daten** über die Leser und Zuschauer ergänzt, die die Werbewirkung besser steuerbar machen sollen. Genügten anfangs noch die üblichen demographischen Kategorien als Zielgruppenmerkmale, verlangten die zunehmend komplizierteren Marktgegebenheiten differenziertere Kenntnisse über die zu Umwerbenden. Dies führte u. a. zu dem an anderer Stelle genannten umfassenden Angebot der Verlage an Spezialuntersuchungen (vgl. Abschn. 4.1.1.).

Darüber hinaus existieren noch weitere Datenquellen, wie z. B. die *Allensbacher Werbeträgeranalyse (AWA)*, in deren Rahmen auch Reichweitenwerte für die Direkt- und die Außenwerbung ermittelt werden.

Damit es zu einer Kommunikation kommen kann, muß der Sender (Kommunikator) den Empfänger (Rezipienten) einer Botschaft (Kommuniqué) erreichen. Die „Leser pro Nummer" einer Zeitschrift, „Hörer" bzw. „Seher pro Tag", „Besucher je Woche" (Kino), „Anzahl der Personen mit täglichem Außenwerbeträgerkontakt" usw. sind gängige Maßzahlen für potentielle **Kontakte** (Werbeträger-Kontakt).

Am Beispiel der **Zeitschriften-Leserschaftsforschung** soll demonstriert werden, daß auch in diesem Fall die Verhältnisse in der Realität komplizierter sind, als man auf den ersten Blick annehmen möchte, und die Problematik dieser Disziplin in dem Fehlen einer unangreifbaren „Eichmethode" liegt (vgl. *Pfifferling* 1982).

- Der **LpN-Wert** (Leser pro Nummer) steht für die Gesamtzahl der Personen, welche eine durchschnittliche Ausgabe einer Zeitschrift lesen oder durchblättern. Er basiert auf der Feststellung des letzten Lesevorgangs und gibt keine Auskunft darüber, ob es während des Erscheinungsintervalls zu einem oder mehreren Kontakten gekommen ist.

- Der **K₁-Wert** drückt die durchschnittliche Leserschaft einer Zeitschrift auf der Basis der Lesehäufigkeit des sog. weitesten Leserkreises aus; diese hängt vom Erscheinungsintervall des Mediums ab und umfaßt alle Personen, die mindestens eine der letzten zwölf Ausgaben gelesen haben.
- Da LpN und K₁-Wert auf methodisch verschiedene Weise ermittelt werden, können unterschiedliche Ergebnisse auftreten. Deshalb wurde der sog. **LpA-Wert** (Leser pro Ausgabe) eingeführt, der ebenfalls die Leserschaft einer durchschnittlichen Ausgabe definiert. Der Nachteil des LpA-Wertes besteht jedoch darin, daß die Lesewahrscheinlichkeit durch ein aufwendiges Rechenverfahren empirisch ermittelt werden muß.
- Der **LpE-Wert** (Leser pro Exemplar) ist eine rein rechnerische Größe (LpA-Wert/verbreitete Auflage).

Das geographische Gebiet, das durch einen Werbeträger abgedeckt wird, bezeichnet man als **räumliche Reichweite** eines Mediums (vgl. *Behrens* 1976). Um sog. **Streuverluste** zu vermeiden, strebt man Deckungsgleichheit von Streu- und Absatzgebiet an. Die **qualitative Reichweite** drückt aus, inwieweit ein Werbeträger genau jenen Personenkreis erreicht, der durch eine Werbemaßnahme angesprochen werden soll.

Das für die Mediaselektion maßgebliche Entscheidungskriterium, das die Auswahl jener Werbeträger steuert, die das Werbemittel bei gegebenen finanziellen Aufwendungen am wirkungsvollsten an die Werbegemeinten herantragen, ist die **quantitative Reichweite**. Diese Kennzahl gibt an, wieviele Personen in einer Zeiteinheit mit dem Medium in Kontakt kommen (vgl. Tab. 6.15.). Ob auch ein Berührungserfolg mit der Werbebotschaft erzielt wird (Werbemittel-Kontakt), hängt von der Intensität der Nutzung des Mediums durch die Zielpersonen (z. B. Leseverhalten) und der Aufmerksamkeitswirkung des Werbemittels ab. Somit stellt der **Werbeträger-Kontakt** eine zwar notwendige, nicht aber hinreichende Bedingung für den Eintritt eines letztlich ausschlaggebenden **Werbemittel-Kontakts** dar. Identisch sind beide, wenn die Werbebotschaft z. B. im Wege des persönlichen Verkaufs übermittelt wird.

Für die zumeist äußerst komplexen Mediaentscheidungen verkörpern die Gesamtreichweiten häufig keine ausreichende Informationsgrundlage. Die heterogenen Leserschaftsstrukturen erfordern vielmehr einen auf sorgfältigen Analysen beruhenden Vergleich, der zu einer Differenzierung zwischen Brutto- und Nettoreichweite sowie einfacher, kumulierter und kombinierter Reichweite zwingt.

Sollen, wie dies in der Praxis die Regel ist, mehrere Medien gleichzeitig genutzt werden, dann interessiert weniger deren **Bruttoreichweite,** d.h. die Summe der Einzelreichweiten, als die jeweilige **Nettoreichweite**. Diese läßt auf Grund der Elimination der sog. externen Überschneidungen erkennen, wieviele Personen bei Einsatz mehrerer Werbeträger und einmaliger Schaltung der Anzeige,

4. Werbepolitische Entscheidungen

Durchsage etc. die Möglichkeit zu mindestens einem Werbemittel-Kontakt haben (vgl. Abb. 6.15.).

Tabelle 6.15.:

Veränderung der Reichweiten verschiedener Mediengattungen (in %)

	Gesamt		Frauen		Männer	
Medium	MA'87	MA'85	MA'87	MA'85	MA'87	MA'85
Tageszeitungen (inkl. Kaufzeitungen und überregionale Zeitungen)	73,1	74,5 (MA'83)	66,2	73,3 (MA'83)	81,1	76,0 (MA'83)
Werbefernsehen (∅ ½ Std.)	30,3	28,4	30,3	28,8	30,2	27,9
Werbefunk (∅ Stunde)	15,9	16,2	17,1	17,4	14,6	14,8
Kinobesuch (pro Woche)	4,4	4,1	3,8	3,3	5,1	5,1
Supplements	35,3	32,8	35,3	32,8	35,2	32,8

Quelle: *Arbeitsgemeinschaft Media-Analyse e. V.,* 1983, 1985, 1987.

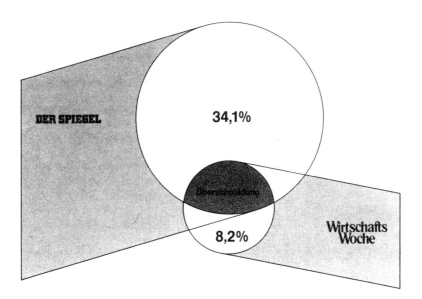

Anmerkung: 34,1% (= 0,62 Mio.) der 1,82 Millionen Personen in leitenden Berufen lesen den *Spiegel*, 8,2% (= 0,15 Mio.) *Wirtschaftswoche.* In dieser Zielgruppe beträgt der Anteil der *Spiegel*-Leser, die ebenfalls die *Wirtschaftswoche* lesen, 16%. Umgekehrt sind 67% der Leser der *Wirtschaftswoche* auch *Spiegel*-Leser. Somit beträgt die Bruttoreichweite beider Titel 42,3%. Da 5,5% der Zielgruppe beide Zeitschriften lesen, ergibt dies für *Spiegel* und *Wirtschaftswoche* eine Nettoreichweite von 36,8%.

Quelle: *Spiegel Verlag (Hrsg.), Arbeitsdaten MA 84,* Hamburg 1984, S. 19.

Abb. 6.15.: Schematische Darstellung der Brutto- und Nettoreichweite sowie der externen Überschneidung

Mit dem Begriff **Überschneidung** wird die Tatsache angesprochen, daß eine Zielgruppe über verschiedene Werbeträger erreicht werden bzw. daß sich beispielsweise die Leserschaft mehrerer Medien überschneiden kann. Dies erschwert die Arbeit des Werbeplaners erheblich, da es nun darum geht, diejenige Kombination von Medien zu finden, die z. B. insgesamt den geringsten Tausenderpreis aufweist. Solche Duplikationen, d. h. wechselseitige Überschneidungen der Empfänger zweier Medien, werden beispielsweise von der *Arbeitsgemeinschaft Media-Analyse e. V.* durch Interviews repräsentativ für die Bundesrepublik Deutschland ermittelt. Der Ausweis der mit verschiedenen Werbeträger-Kombinationen erreichbaren Netto-Reichweiten gehört mittlerweile zum Standardangebot der Anzeigenabteilungen zahlreicher Presseorgane.

Eine zweite Möglichkeit, mehr Resonanz zu erzielen, besteht in der Mehrfachbelegung desselben Werbeträgers bzw. derselben Werbeträger-Kombination. Hierbei bezeichnet man den prozentualen Anteil der Zielgruppe, der bei wiederholter Schaltung einer Werbebotschaft wenigstens einmal angesprochen wird, als **kumulierte Reichweite**. Diese ergibt sich durch Bereinigung der Zahl der zustande gekommenen Kontakte um jene der Mehrfachkontakte. Es leuchtet unmittelbar ein, daß der Rückgriff darauf dann angezeigt ist, wenn die Nutzerschaft (Leser, Hörer bzw. Seher) eines Mediums stark fluktuiert (vgl. Abb. 6.16.). Stellt man die über eine Folge von Schaltungen nach und nach erreichte quantitative Reichweite graphisch dar, erhält man eine Kurve mit degressiv steigendem Verlauf.

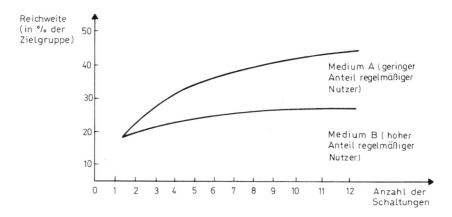

Anmerkung: Es handelt sich um ein hypothetisches Beispiel für den großen Reichweitenzuwachs, der bei Mehrfachbelegung eines Mediums mit einem geringen Anteil regelmäßiger Nutzer im Vergleich zur Mehrfachbelegung eines Mediums mit einem hohen Anteil regelmäßiger Nutzer realisierbar ist.

Abb. 6.16.: Kumulierte Reichweite

Kostenüberlegungen sprechen für die mehrmalige Nutzung eines Werbeträgers; denn die Streukosten profitieren bei wiederholter Belegung desselben Organs auf Grund der üblichen Rabattstaffelung von einem Degressionseffekt: So räumt z. B. die Wochenzeitung *Die Zeit* ihren Inserenten gem. Preisliste Nr. 27 bei sechs Belegungen 5%, bei zwölf 10, bei 24 15 und bei 52 25% Nachlaß ein.

Der genaue Verlauf der Kumulationskurve hängt u. a. von der Mediengattung ab. Wenn, wie etwa im Falle der Programmzeitschriften, die Reichweite durch mehrmalige Belegung derselben Zeitschrift nur noch unwesentlich ausgedehnt werden kann, bietet sich eine Mehrfachbelegung mehrerer Werbeträger an **(kombinierte Reichweite)**. Auch dafür lassen sich Werte ausweisen bzw. erhalten. Welcher Weg im konkreten Fall beschritten werden soll, wie also die angestrebte Nettoreichweite am effizientesten erreicht wird, bedarf eines sorgfältig durchgeführten Kalküls. Tab. 6.16. faßt die vier quantitativen Reichweitenmaße zusammen.

Tabelle 6.16.:

Quantitative Reichweitenmaße

	Einfachbelegung	Mehrfachbelegung
Ein Werbeträger	Einzelreichweite	Kumulierte Reichweite / Nettoreichweite = Bruttoreichweite − interne Überschneidungen
Mehrere Werbeträger	Kumulierte Reichweite / Nettoreichweite = Bruttoreichweite − externe Überschneidungen	Kombinierte Reichweite / Nettoreichweite = Bruttoreichweite − externe Überschneidungen − interne Überschneidungen

Im Gegensatz zu diesem allgemeinen Reichweitenmaß der Leserschaftsforschung entwickelte man in der Fernsehforschung auf Grund der spezifischen Erfordernisse der TV-Werbeplanung eine auf bestimmte Zeit- bzw. Programmeinheiten bezogene Reichweitendefinition. Deshalb sagen die ausgewiesenen Größen nur etwas über den Teil des Publikums aus, der das Fernsehangebot in den Zeiten nutzt, in denen auch Werbesendungen ausgestrahlt werden (vgl. Tab. 6.17.).

Vergleichsweise schwierig gestaltet sich die Ermittlung der Reichweite bei den Medien der Außenwerbung. Im sog. **Stadtplanverfahren** (vgl. *Hoeltz* 1968) werden repräsentativ ausgewählte Personen nach dem Weg befragt, den sie am Vortage zurücklegten, wobei berücksichtigt wird, ob die Betroffenen zu Fuß,

§ 6 Kommunikationspolitik

Tabelle 6.17.: **Nach Sendezeit differenzierte Reichweiten von *ARD* und *ZDF* (in %)**

Sender	Uhrzeit	Gesamt	Geschlecht		Altersgruppe						
			Männer	Frauen	14-19	20-29	30-39	40-49	50-59	60-69	70 und älter
ZDF	17.30 - 18.00	11,7	11,8	11,7	11,4	9,8	9,5	9,5	11,2	15,9	16,6
	18.00 - 18.30	14,0	13,9	14,1	14,4	12,3	11,9	11,5	13,6	17,8	18,5
	18.30 - 19.00	17,8	17,6	17,9	15,2	13,7	13,9	14,5	18,9	24,9	26,2
	19.00 - 19.30	19,1	19,2	18,9	11,2	11,8	13,8	16,0	22,8	29,7	31,1
ARD	18.00 - 18.30	12,9	13,8	12,2	9,8	9,4	10,1	10,7	14,0	18,9	19,6
	18.30 - 19.00	16,9	17,4	16,6	14,2	13,6	14,2	14,6	17,7	23,1	23,4
	19.00 - 19.30	19,7	19,1	20,3	16,3	15,9	16,7	17,4	20,7	26,6	26,6
	19.30 - 20.00	21,6	20,7	22,3	15,6	16,3	18,0	19,2	23,7	30,2	30,3

Quelle: *Arbeitsgemeinschaft Media-Analyse e.V.*, 1987, S. 274.

mit dem Pkw oder mit der Straßenbahn unterwegs waren. Daraus ergeben sich die pro Durchschnittstag erzielbare Reichweite und Kontakthäufigkeit jeweils einer Anschlagstelle.

Auf Beobachtungswerte wird hingegen bei der sog. **Passagezählung** (vgl. *Knauff* 1964) zurückgegriffen, wo Mehrfachkontakte – auch wiederum nur mit einer Anschlagstelle – als mehrfache Einfachkontakte gezählt werden. In der sog. *Düsseldorfer Studie* wurden von *Infratest* an einem Durchschnittstag bei allen Straßenbahnen und Omnibussen im Ortsverkehr von Düsseldorf fotomechanisch 17,3 Mio. „Passagen" mit Personen festgehalten, wobei die Zahl der Blickkontakte mit den fraglichen Verkehrsmitteln bei etwa 3,1 Mio. lag. Dasselbe Institut stellte 1977 in München fest, daß innerhalb einer Viertelstunde 941 Personen die an einer Straßenbahn und 406 die an einem Omnibus angebrachte Werbung sehen konnten.

(4) Der Werbemittel-Kontakt

Die Reichweite gibt an, wieviele Personen mit dem **Werbeträger** in Berührung kommen. Welcher Anteil davon voraussichtlich Kontakt zum **Werbemittel** haben wird, ist damit nach wie vor offen. Hinweise darauf lassen sich aber aus den Verhaltensweisen der Zielgruppe gewinnen. Als Maßstab für die Intensität, mit der Zeitungen und Zeitschriften durchgesehen werden, können der **Kontaktfaktor** (Anteil der aufgeschlagenen Seiten an der Gesamtseitenzahl einer Zeitschrift/Zeitung), die **Lesetage** (an wievielen Tagen wurde eine Zeitschrift innerhalb des Erscheinungsintervalls zur Hand genommen?) sowie der **Seitenkontakt** (Wahrscheinlichkeit des Aufschlagens einer bestimmten Seite) verwendet werden. Auf dem Gebiet der **Nutzungsanalyse** verschiedener Medien sind bislang verhältnismäßig wenige Forschungsanstrengungen unternommen worden. Meistens fließen deshalb lediglich Vorstellungen des Werbungtreibenden über deren Art und Intensität in die Werbeträgerentscheidung ein.

Zu den Ausnahmen zählen Bemühungen, die (Lese-)Spuren auszuwerten. *Politz* (1958) präparierte dazu die Seiten von Zeitschriften mit einer lichtempfindlichen chemischen Substanz. Damit lassen sich indessen allenfalls das Aufschlagen von Seiten, nicht aber Dauer und Intensität der Seitenkontakte feststellen. Bei der **Glue Spot-Methode** (*Politz* 1958; *Marc* 1966) werden die Seiten mit einem winzigen Klebepunkt zusammengehalten, dessen Verletzung aber ebenfalls nur erkennen läßt, ob eine Doppelseite aufgeschlagen wurde. Versuche, mittels daktyloskopischer, d. h. Fingerabdrücke erfassenden Methoden den Seitenkontakt bei Printmedien zu bestimmen, scheiterten an technischen Schwierigkeiten. Die Fingerabdrücke verschwammen auf dem beschichteten Papier und waren somit nicht eindeutig zuzuordnen (vgl. *Greene/Maloney* 1976).

Beim **Copytest** geht der Interviewer die Zeitschrift mit den Probanden Seite für Seite durch und fragt sie, ob sie sich erinnern können, die jeweilige Anzeige gesehen zu haben. Befragungsspezifische Mängel (Gedächtnislücken) schränken die Gültigkeit dieses Verfahrens jedoch erheblich ein. So konnten *Koeppler* u. a. (1974) nachweisen, daß Leseverhalten und geäußerte Erinnerung stark divergieren, nachdem sie mit Hilfe einer verborgenen Filmkamera die Versuchspersonen beim Durchblättern einer Zeitschrift beobachtet hatten.

Trotz des hohen apparativen Aufwands gilt deshalb die **Blickregistrierung** als das vergleichsweise beste Verfahren, um den Werbemittelkontakt zu bestimmen (vgl. *Gensch* 1970).

Relativ häufig beschäftigte man sich mit der Frage, ob das Werbefernsehen die ungeteilte Aufmerksamkeit der Zuschauer findet. Zwar stimmen die einzelnen Studien darin überein, daß ein Großteil der Zielgruppe Nebenbeschäftigungen (z. B. Hausarbeit, Essen, Lesen) nachgeht, doch variieren die dafür genannten Anteilswerte erheblich, nämlich zwischen 18 und 59%. Relativ hoch ist dabei der Prozentsatz bei jüngeren, verheirateten Frauen, die sich ebenso wie ältere, alleinstehende Männer dem Vorabendprogramm überdurchschnittlich intensiv widmen. Angehörige der gehobenen Berufsgruppen werden dagegen vom Werbefernsehen so gut wie überhaupt nicht erreicht.

Die Fernsehanstalten zeigen sich von diesen ihnen abträglichen Befunden nicht sonderlich beeindruckt. Schließlich vermögen ihren eigenen Untersuchungen zufolge 82% der Zuschauer, die dem Werbefernsehen nur geteilte Aufmerksamkeit schenken, die gerade „gesehenen" Werbespots inhaltlich ganz oder teilweise wiederzugeben (vgl. *Dahms* 1983).

(5) Die Kontakthäufigkeit zwischen Umworbenen und Werbemittel

Da davon auszugehen ist, daß die meisten Werbebotschaften nur flüchtig und desinteressiert wahrgenommen werden und deshalb ein einmaliger Kontakt mit ihnen nicht zur Erreichung des jeweiligen Werbeziels ausreicht, stellt sich im Rahmen der Werbeplanung auch die Frage, wieviele **Wiederholungen** von **Werbeappellen** im einzelnen erforderlich sind. Überdies scheint die von *Homans* (1950) auf den zwischenmenschlichen Bereich bezogene Feststellung, gegenseitige Sympathie hänge nicht zuletzt von der Anzahl der Kontakte ab, auch für den Bereich der Werbung zu gelten. Insbesondere *Engel/Kollat/Blackwell* (1968) wiesen darauf hin, daß sich durch Wiederholungen nicht nur die Bekanntheit einer Marke, sondern auch deren emotionale Bewertung durch die Umworbenen verbessert.

Diese Erkenntnis spricht dafür, **Mehrfachkontakte** zwischen Werbemittel und Umworbenem nicht als unvermeidbares Übel eines Streuplanes anzusehen, sondern neben der Nettoreichweite auch die Kontakthäufigkeit sowie -verteilung als Entscheidungskriterien der Streuplanung heranzuziehen. Es geht dann darum, bei einem möglichst großen Teil der Zielgruppe eine gewisse Anzahl von Werbemittel-Kontakten mit einer bestimmten zeitlichen Verteilung zu erreichen. Die selten benützte **qualifizierte Reichweite** berücksichtigt nur jene Personen der Zielgruppe, die mit einer bestimmten, als optimal erachteten Häufigkeit pro Zeiteinheit mit dem Medium in Berührung kommen. Allerdings ist es nicht möglich anzugeben, wieviele Werbeträger-Kontakte es genau bedarf, bis die Umworbenen des Werbemittels gewahr werden. Als erstrebenswert gelten in der Praxis Kontakthäufigkeiten von 20 bis 40, vereinzelt werden aber auch weniger als 10 Kontakte als ausreichend erachtet (vgl. z. B. *Krugman* 1972).

4. Werbepolitische Entscheidungen

Ein Streuplan ist in der Regel um so besser, je gleichmäßiger die Kontaktzahl bei den Umworbenen ist. In Abb. 6.17. sind zwei **Kontaktverteilungsdiagramme** wiedergegeben, die jeweils einen in dieser Hinsicht günstigen bzw. ungünstigen Streuplan widerspiegeln.

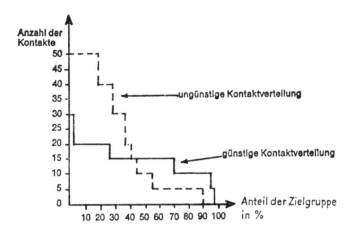

Quelle: *Schweiger* 1975, S. 34.

Abb. 6.17.: „Günstige" und „ungünstige" Kontaktverteilung zweier hypothetischer Streupläne

(6) Die Kontakthäufigkeit im Zeitverlauf

Ein weiteres Gütekriterium von Streuplänen ist die zeitliche Verteilung der Werbemittel-Kontakte. Das bestmögliche **Timing** einer Werbekampagne leitet sich nicht nur aus der Periodizität des Bedarfs und den Werbeaktivitäten der Konkurrenten ab, sondern auch aus gedächtnispsychologischen Erkenntnissen (vgl. z. B. *Behrens* 1976).

Zielske (1959) wandte sich dieser Fragestellung erstmals systematisch zu. In einem anfänglich als bahnbrechend bewerteten, später heftig kritisierten (vgl. z. B. *Simon* 1979; *Trommsdorff* 1981) Feldexperiment mit nicht weniger als 5668 Befragten verglich er die Auswirkungen von verteilter und massierter Werbung auf das Behalten der Werbebotschaft.

Dazu bildete er zwei Gruppen von Frauen, die er zufällig aus dem Telefonbuch von Chicago ausgewählt hatte. Dem einen Teil übersandte er drei Monate lang in neutralen Umschlägen jede Woche eine Anzeige für ein Markenprodukt **(massierte Werbung)**. Die andere Gruppe erhielt über ein Jahr hinweg dieselbe Anzeige im Abstand von vier Wochen **(verteilte Werbung)**. Der wöchentlich zustande gekommene Kontakt führte zwar schnell zu einer hohen Erinnerungsquote (63%) (vgl. Abb. 6.18.). Nach Einstellung der

Zusendungen zeigte sich jedoch bei den Probanden der typische **Vergessensverlauf** (anfänglich steiler Abfall der Leistungen, gefolgt von einer asymptotischen Annäherung an den Ausgangswert (vgl. Abb. 6.4. (b), Abschn. 2.3.1.). Umgekehrt stellte sich bei Strategie II (Abb. 6.18.) das Erinnerungsvermögen nur zögernd ein, steigerte sich aber bis zu einem Höchstwert von 48%.

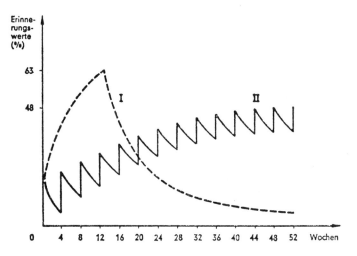

Quelle: *Freter* 1974, S. 121.

Abb. 6.18.: Empirisch ermittelte Erinnerungswirkung alternativer Streupläne von *Zielske*

Sieht man einmal von den besonderen Versuchsbedingungen ab, die die externe Validität dieser Untersuchung allenfalls für den Bereich der Direktwerbung gegeben erscheinen lassen, so verdeutlichen die ermittelten Daten, daß eine Häufung von Werbemittel-Kontakten zu einem raschen, aber flüchtigen Erinnerungserfolg führt, während sich der Bekanntheitsgrad unter der Bedingung verteilter Kontakte nur allmählich bis zu einem mittleren, aber stabilen Niveau steigert. Weitere gravierende Einwände (vgl. *Trommsdorff* 1981) beziehen sich auf die Überführung der wenigen Meßwerte in scheinbar glatte Kurvenzüge sowie auf den Umstand, daß auf Grund des Untersuchungsdesigns jede Frau nur einmal befragt und dann aus der Stichprobe ausgesondert wurde. Dabei konnten keine individuellen, sondern nur aggregierte Wirkungsverläufe herauskommen. Hätte es schließlich nicht auch nahegelegen zu prüfen, ob eine Kombination der beiden Strategien (zu Beginn hoher, dann geringerer, gleichmäßiger Werbeaufwand) eine höhere Wirkung entfaltet oder ob in bezug auf die Umsatzwirkung jene Strategie – auch wegen denkbarer Reaktionen der

Konkurrenten – größeren Erfolg verspricht, die zum frühestmöglichen Zeitpunkt einen großen Teil der Umworbenen zu Probekäufen zu bewegen sucht?

Was im konkreten Fall am günstigsten ist, läßt sich letztlich nur in **Abhängigkeit** von **Werbeziel** und **-objekt** beantworten. So werden für ein saisonal gebundenes Produkt in der Regel eine kurzzeitige Erhöhung des Bekanntheitsgrades, für ein saisonal unabhängiges Erzeugnis dagegen ein längerfristiger Erinnerungserfolg anzustreben sein.

Spätestens seit diesem Experiment weiß man, daß die Zuwachsraten der Werbewirkung mit der Anzahl der Werbemittel-Kontakte abnehmen. *Morrison/ Dainoff* (1972) erklären dies mit der zeitlich verminderten Beachtung, die die Umworbenen bereits bekannten Anzeigen schenken.

Die daran anknüpfende **Wear out-Hypothese** (vgl. *Grass/Wallace* 1969) besagt, daß nach einer bestimmten Anzahl von Kontakten zusätzliche Schaltungen nicht nur wirkungslos bleiben, sondern, im Gegenteil, die Werbewirkung mindern. Dieser Befund wurde in Analogie zum Produktzyklus zum Wirkungszyklus der Werbung hochstilisiert: Zunächst baut sich die Werbewirkung auf, erreicht irgendwann ihren Höhepunkt, um schließlich bis auf ein langfristiges Gleichgewichtsniveau abzufallen (vgl. *Weilbacher* 1970).

Die **Abnutzungshypothese** wurde verschiedentlich kritisiert (vgl. z. B. Craig/ Sternthal/Leavitt 1976). Im deutschsprachigen Raum hat sich *Wimmer* (1980) eingehend mit dieser Fragestellung beschäftigt und die Aussagefähigkeit von Wear out-Experimenten, bei denen eine Werbebotschaft innerhalb von 30 Minuten bis zu zwanzigmal repliziert wird, grundsätzlich in Frage gestellt. Die hierbei zu beobachtende Abnahme der Reaktionsstärke stelle eine normale physiologische Erscheinung („Habituation") dar. Bei wirklichkeitsnahen Intervallen zwischen den einzelnen Kontakten trat der Abnutzungseffekt weder bei der Aufmerksamkeitswirkung noch bei der langfristigen Erinnerung an die Werbebotschaft auf.

Simon (1982) sieht in bezug auf die ökonomische Werbewirkung (Verkaufsmenge) den Wear out-Effekt als weitgehend bestätigt an und unterstellt den in Abb. 6.19. skizzierten empirischen Zusammenhang (vgl. auch *Haley* 1978). Im übrigen werde in einschlägigen Prognosemodellen (vgl. zusammenfassend *Little* 1979) regelmäßig und fälschlicherweise eine monotone Annäherung, wie diese in der gestrichelten Linie in Abb. 6.19. zum Ausdruck kommt, an das erhöhte Verkaufsniveau unterstellt.

Dies versucht *Simon* in seinem Werbewirkungsmodell ADPULS zu vermeiden. Kennzeichen der von ihm empfohlenen sog. **pulsierenden Werbung** ist, daß von einem vergleichsweise niedrigen Sockel ausgehend in bestimmten, z. B. von Markterfordernissen diktierten Abständen intensive Werbeimpulse („repetitive pulses") ausgelöst werden. Die in Abb. 6.20. schematisierten Zusammenhänge, die die Zweckmäßigkeit dieses Verteilungsprinzips unterstreichen, bestätigten sich in mehreren Fällen sowohl bei beschränktem als auch bei unbeschränktem Werbebudget (vgl. *Simon* 1982).

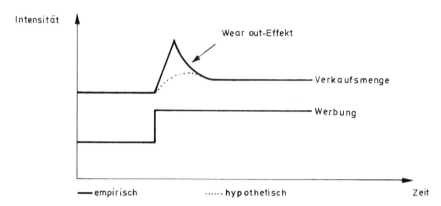

Quelle: *Simon* 1982, S. 353.

Abb. 6.19.: Wear out-Effekt der Werbung

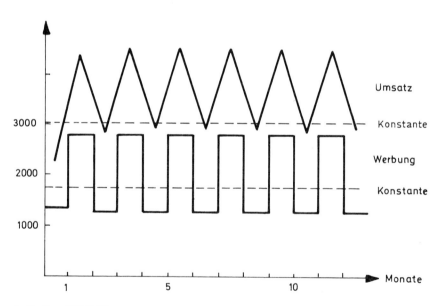

Quelle: *Simon* 1982, S. 361.

Abb. 6.20.: Wirksamkeit pulsierender Werbung

(7) Zielgruppeneignung

Unter Berücksichtigung der bisherigen Überlegungen kann das Entscheidungsproblem der Streuplanung bei unserem gegenwärtigen Kenntnisstand wie folgt umrissen werden: Gesucht ist jener Belegungsmodus auszuwählender Werbeträger, der
- bei gegebenem Budget
- eine gewisse Kontaktzahl
- in einer festzulegenden zeitlichen Reihenfolge
- bei einem möglichst großen Teil der Zielgruppe bewirkt.

Bei dieser Problemformulierung wird eine Zweiteilung der von einem Werbeträger erreichten Menschen im Hinblick auf ihre Zielgruppeneignung unterstellt, d. h. man ordnet eine Person entweder der Zielgruppe zu oder nicht. In der Regel dürfte ein Mediennutzer aber einen mehr oder weniger großen **Eignungsgrad** als Werbesubjekt (Umworbener) aufweisen.

Dies kann daran liegen, daß Bedarfsumfang sowie Bedarfshäufigkeit einzelner Zielgruppenmitglieder etwa in Abhängigkeit von deren Einkommens- und Besitzverhältnissen schwanken, daß ihre Bereitschaft zum Kauf eines bestimmten Produktes von gewissen Persönlichkeitsmerkmalen abhängt oder daß sie in einem Produktfeld eine mehr oder weniger wichtige Stellung im Prozeß der Mund-zu-Mund-Werbung (Meinungsführerschaft) einnehmen. Es empfiehlt sich deshalb, die über bestimmte Medien erzielbaren **Werbemittel-Kontakte** nach der Zielgruppeneignung der Umworbenen zu gewichten (Personengewichtung).

Probleme ergeben sich hierbei, wenn nur soziodemographische Merkmale bekannt sind, da der Streuplaner von diesen Außenkriterien auf das psychologische Profil der Umworbenen schließen muß. Weiterhin entbehrt die Bestimmung der zu vergebenden Gewichte nicht eines gewissen Maßes an Willkür, da hier Wirkungszusammenhänge, etwa zwischen Einkommen und Kaufhäufigkeit, unterstellt werden müssen, die häufig nicht gesichert sind. Nicht zuletzt können auch die für die einzelnen Eignungskriterien vergebenen Gewichte auf verschiedene Weise, beispielsweise durch Addition oder Multiplikation, verknüpft werden (vgl. *Gensch* 1970).

Am Beispiel der Differenzierung der Käufer von Zeitungen bzw. Zeitschriften nach der Anzahl der gelesenen Titel soll die anstehende Problematik verdeutlicht werden. Da Vielleser eine Zielgruppe darstellen, die nicht nur für Produktinformationen besonders aufgeschlossen ist, sondern auch eine hohe **Konsumbereitschaft** aufweist (vgl. *Pratz/Reyk-Meinhard/Walter* 1982, S. 255), sind für Mediaplaner solche Titel besonders attraktiv, die parallel zu anderen Publikationen herangezogen werden (vgl. Tab. 6.18.).

Bei der Bewertung der mit Hilfe eines Mediums erreichten Zielgruppenmitglieder wird es weiterhin von Nutzen sein, deren Wahrnehmungs- und Lernverhalten in Erfahrung zu bringen. Wenn etwa eine Teilmenge eine größere Bereitschaft zur Aufnahme von Werbebotschaften zeigt, so kommt jenen

Tabelle 6.18.: **Reichweite ausgewählter Zeitschriften in Abhängigkeit von der Mediennutzung der Leser**

Titel	Gesamt-Reich-weite (in %)	Reichweite nach Kommunikationsgruppen (in %) und nach Maßgabe der Zahl gelesener Titel					
		1	2	3	4 - 5	6 - 7	8 und mehr
Illustrierte							
Bunte	11,2	1,9	6,3	8,1	13,0	17,7	34,2
Neue Revue	8,3	0,4	2,3	4,9	8,1	14,4	32,0
Quick	8,5	0,9	2,1	4,4	9,7	13,6	32,3
Stern	17,2	2,8	7,8	14,6	21,7	31,9	47,8
Programm-Zeitschriften							
Bild + Funk	5,9	3,5	4,7	6,1	6,4	7,0	13,2
Fernsehwoche	10,4	9,1	11,2	9,5	10,7	13,6	16,5
Funk-Uhr	9,4	9,3	8,4	9,9	9,7	10,2	15,8
Gong	7,5	6,1	6,4	6,5	10,2	9,6	12,4
HörZu	26,8	21,8	25,5	24,3	31,1	33,4	42,2
TV Hören + Sehen	14,9	11,5	13,7	15,6	16,2	18,9	26,4

Lesebeispiel: Während der *Stern* bei dem Personenkreis, der nur **eine** Zeitschrift liest, lediglich auf eine Reichweite von 2,8% kommt, sind es 47,8% bei Personen, die 8 und mehr Titel lesen. Umgekehrt kann die Programmzeitschrift *HörZu* ihr außerordentlich hohes Niveau bei den „Wenliglesern" (21,8%) nicht in entsprechender Weise auf die Gruppe der „Viellleser" übertragen (42,2%).

Medien eine höhere **Kontaktqualität** zu, die diese Gruppe verstärkt ansprechen. Soll beispielsweise eine Werbekampagne auf die Vielverwender einer Produktart ausgerichtet werden und ist daneben bekannt, daß die **Verwendungsintensität** in dem betreffenden Erzeugnisbereich nicht von Alter und Beruf abhängt, so wären angesichts der in Abb. 6.21. ausgewiesenen Werbewirkungsfunktionen jene Werbeträger heranzuziehen, mit denen man am besten die ältere Generation erreicht.

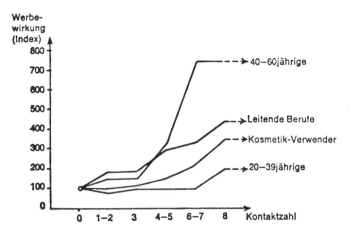

Quelle: *Kopascy/Plathner* 1970, S. 2266.

Abb. 6.21.: Werbewirkungsindex bei unterschiedlichen Zielgruppen

(8) Kontaktqualität

Erst in den sechziger Jahren begann sich die sog. **Inter-Media-Forschung** herauszubilden, die sich nicht länger auf die Analyse streutechnischer Gegebenheiten beschränkte (vgl. *Hermanns* 1979, S. 86). Prototyp war die qualitativ-deskriptive Analyse von *Engelsing/Johannsen* (1967), in der die Medien Fernsehen, Film, Funk, Plakat, Zeitschriften und Zeitungen an Hand von zehn Kriterien (z. B. Darstellungsmöglichkeiten, Verfügbarkeit, Kosten) systematisch verglichen wurden.

Das Interesse für die Einstellung der Betroffenen zu den Medien folgt aus der Erkenntnis, daß der Erfolg einer Werbemaßnahme auch davon abhängt, welches Image der gewählte Werbeträger bei der Zielgruppe genießt. So halten nach *Lucas/Britt* (1966, S. 38) Konsumenten Zeitungen für glaubwürdiger als Hörfunk und Fernsehen. Diese Ansicht wurde in einer neueren Untersuchung empirisch bestätigt. Danach schätzen Verbraucher Tageszeitungen als den besten und glaubwürdigsten Vermittler von **einkaufsrelevanten Informationen,** während sie die TV-Werbung langweilig finden und als irreführend erachten (vgl. *Larkin* 1979). Gleichwohl können wegen der Vielschichtigkeit der intermedialen Gewichtungsprobleme diese oft nur intuitiv gelöst werden.

Nicht zuletzt spielen hier Gesichtspunkte eine Rolle, die nur mittelbar die Werbewirkung bei Konsumenten betreffen. So werden Fernsehkampagnen häufig primär deshalb durchgeführt, um Außendienst und Absatzmittler zu motivieren. Im Rahmen der eigentlichen **Streuplanung** weist man dann den Werbeträgern einer bestimmten Werbemittelkategorie (beispielweise Zeitschriften/Anzeigen) Gewichte unter Berücksichtigung einer Reihe von Beurteilungskriterien zu.

4.1.3.2.3. Die Mediaselektion

Da die optimale Bestimmung und Aufteilung des Werbebudgets in einem Zug bisher noch nicht befriedigend gelöst ist (vgl. *Weinberg/Behrens/Kaas* 1974, S. 222), sucht der Werbeplaner sukzessive oder iterativ jenen Belegungsmodus für die von ihm auszuwählenden Werbeträger zu bestimmen, der
- bei gegebenem Budget
- die entsprechende Zahl der Werbemittelkontakte,
- die einer bestimmten zeitlichen und personellen Verteilung unterliegen,

maximiert. Dabei ergeben sich zwei Teilprobleme:
- **Inter-Media-Vergleich** (Auswahl geeigneter Werbeträgerarten, wie Tageszeitung, Illustrierte, Radio und Fernsehen),
- **Intra-Media-Vergleich** (Selektion spezieller Werbeträger, zumeist bestimmter Zeitschriften).

Beide Aufgaben werden in der Praxis entweder auf Grund von Erfahrung oder aber mit Hilfe quantitativer Selektionsverfahren bewältigt. *Schweiger* (1975) unterscheidet hierbei Wirtschaftlichkeitsvergleiche, Optimierungs-, Evaluierungs- und heuristische Verfahren, wobei die Entscheidung zu Gunsten einer bestimmten Werbeträgerart letztlich fast immer intuitiv gefällt wird.

(1) Bei den einfach durchzuführenden **Wirtschaftlichkeitsvergleichen** werden die Medien an Hand des Tausenderpreises bestimmt. Diese Vorgehensweise krankt zum einen daran, daß nur von potentiellen und nicht von tatsächlichen Kontakten ausgegangen wird (vgl. *Schweiger* 1975, S. 201 f.). Diese Gleichsetzung wäre nur gerechtfertigt, wenn alle Medien gleich intensiv genutzt würden, was aber nicht der Fall ist. Zum anderen fordert die Praxis, alle Käufer, Leser etc. anstelle der Teilmenge, die die Zielgruppe bilden, zu zählen, Kritik heraus. Vor allem aber geht es nicht an, daß, ausgehend von einer linearen Kontaktbewertungskurve, durch diese Maßzahl weder wünschenswerten Kontaktverteilungen noch den gegebenen Kontaktqualitäten Rechnung getragen werden kann.

(2) In einfachen **Optimierungsmodellen** wird zumeist im Wege der linearen Programmierung eine optimale Aufteilung des Werbeetats angestrebt, wobei als Kriterium die unterschiedlich gewichteten Reichweiten dienen (vgl. z. B. *Brown/ Warshaw* 1967; *Bass/Lonsdale* 1966). Da dabei trotz der Berücksichtigung gewisser Nebenbedingungen (gewünschte minimale bzw. maximale Einschaltfrequenz) weder Kontaktüberschneidungen und/oder die Kontaktverteilung noch die Kontakthäufigkeit berücksichtigt werden, stellt dieser Ansatz keinen Fortschritt gegenüber den einfachen Wirtschaftlichkeitsrechnungen dar (vgl. *Hermanns* 1979, S. 63). Neben der überaus problematischen Linearitätsannahme trägt auch die Vernachlässigung von Media-Rabatten (vgl. *Kaplan/ Shocker* 1971) zu der Realitätsferne bei.

Bei der **nichtlinearen** (z. B. *Kotler* 1964) und der **dynamischen Programmierung** (z. B. *Little/Lodish* 1966) wird gleichfalls die gewichtete Reichweite unter bestimmten Nebenbedingungen maximiert. „Da es nicht gleichgültig ist, ob bei gleich hoher Kontaktsumme viele Personen selten oder wenige Personen oft erreicht werden ..., lösen die Optimierungsverfahren das zentrale Problem der Mediaselektion nicht" (*Schweiger* 1975, S. 212). Ein gravierender Nachteil besteht im übrigen auch in der Annahme, der Zuwachs der Werbewirkung durch einen Werbemittelkontakt in einem bestimmten Medium sei unabhängig davon, ob zuvor schon Kontakte über andere Medien zustande gekommen waren (vgl. *Little/Lodish* 1969, S. 6f.).

(3) Bei den **Evaluierungsverfahren** begnügt man sich damit, nicht den optimalen, sondern den für das jeweilige Anliegen relativ besten Medienplan zu identifizieren. Aus einer Menge bereits vorliegender Varianten läßt sich, häufig mit Hilfe der Simulation, ein geeigneter Streuplan auswählen (vgl. z.B. das Simulationsmodell *AD-ME-SIM* von *Gensch* (1969), das auf den Lese- und Fernsehgewohnheiten von 20000 Personen beruht). Hierzu wird für jeden Alternativplan ein Wirkungsindex ermittelt, der eine nach Zielgruppen und Medien gewichtete Kontaktmeßzahl (Reichweite, Kontaktverteilung und Kontaktsumme) darstellt. Unmittelbar entscheidungsrelevant wird diese Kennzahl bei Berücksichtigung der Einschaltkosten der beteiligten Medien.

Während bei den Optimierungsmodellen die Grenzen der Handhabbarkeit bei wachsender Parameterzahl schnell erreicht sind, können bei den Evaluierungsverfahren die wesentlichen Variablen von Streuplänen berücksichtigt werden. Sie sind deshalb, trotz des ihnen immanenten Nachteils, nur vorliegende Pläne bewerten zu können, durchaus geeignet, dem Streuplaner bei der Suche nach einem zufriedenstellenden Mediaplan zu helfen (vgl. *Schweiger* 1975, S. 221).

(4) Auch mit **heuristischen Verfahren** soll ein guter, aber nicht notwendigerweise der beste Streuplan identifiziert werden. Neben der von *Durand* (1967) entwickelten **Sequentialmethode** interessieren hier besonders **iterative Verfahren,** die dadurch gekennzeichnet sind, daß von einem möglichen Streuplan oder vom

Nullpunkt ausgehend schrittweise neue, bessere Pläne entworfen werden. Hierbei steht auch der Budgetrahmen zur Disposition.

Bei dem von *Little/Lodish* (1969) entwickelten, in diese Kategorie fallenden „media planning calculus" *(MEDIAC)* handelt es sich um ein On line-Computerprogramm, bestehend aus einem Marktreaktionsmodell, einem heuristischen Suchverfahren und einem dynamischen Optimierungsprogramm, das Zwischenlösungen der Subprogramme so verarbeitet, daß der Gewinn eines Werbungtreibenden maximiert wird. Als Inputdaten fungieren Informationen über die in Frage kommenden Medien, das verfügbare Werbebudget sowie die Zielgruppe.

Dieses Modell, dessen bestechende Eigenschaft in der Berücksichtigung des Zeit- und damit des Vergessensaspektes zu sehen ist, arbeitet mit gewichteten Werbekontakten, wobei die Gewichte um so stärker abnehmen, je weiter der Werbemittelkontakt zurückliegt (degressive Werbewirkung). Die z. B. als Erinnerungsleistung operationalisierte kumulierte Werbewirkung bestimmt in Form einer nichtlinearen Funktion den Anteil des Umsatzpotentials, den der Werbungtreibende in einem bestimmten Zeitabschnitt realisieren kann.

Da dieser ganzzahlige, nichtlineare Ansatz zur Mediaselektion analytisch schwer handhabbar ist, haben die Autoren Suchmethoden entwickelt, um zumindest suboptimale Mediapläne zu bestimmen. Beginnend mit einem Mediaplan, der erfahrungsgemäß als eine sinnvolle Kombination gelten kann, oder auch mit streutechnisch begründeten Mindestbelegungen von Werbeträgern nimmt man jeweils diejenige Einschaltung zusätzlich auf, die bei gegebenem Gesamtbudget pro Geldeinheit zum höchsten Grenzgewinn führt. Das Modell wurde später (vgl. *Lodish* 1971) um einige Elemente (Konkurrenzwerbung; saisonale Kaufbereitschaftsschwankungen) erweitert. Es kann heute als brauchbar, nicht jedoch als Patentlösung gelten (vgl. dazu *Schweiger* 1975, S. 235f.).

Zu den heuristischen Verfahren zählen auch die **Permutationsverfahren**. Beim Modell *CAM-S* (vgl. *Beale/Hughes/Broadbent* 1967) besteht die Zielsetzung darin, einen bereits vorhandenen, relativ brauchbaren Mediaplan zu verbessern. Dazu wird eine bestimmte Anzahl von Varianten aus der „Umgebung" der Ausgangslösung durch systematische Kombination der Planelemente konstruiert.

Heuristische Ansätze und **Simulationsmodelle** kommen heute am ehesten den Erfordernissen der Werbepraxis entgegen, was sich in deren Verwendungshäufigkeit widerspiegelt (vgl. *Weinberg/Behrens/Kaas* 1974, S. 223). Allen quantitativen Mediaselektionsverfahren ist jedoch gemeinsam, daß sie den bei der Mediaplanung häufigsten Fall (mehrmalige Belegung mehrerer Werbeträger aus allen Werbeträgerkategorien) bislang nicht zu bewältigen vermögen (vgl. *Hermanns* 1979, S. 61). Ein weiteres zentrales Problem liegt darin, daß verwertbare Informationen über das Mediennutzungsverhalten nur bezüglich der Publikumszeitschriften verfügbar sind. Zudem liegen häufig die Einschaltquoten nicht fest, sondern müssen in Verhandlungen vereinbart werden, weshalb sich die vielleicht wichtigste Planvariable, der Preis, nur bedingt berücksichtigen läßt.

Zuweilen ergeben sich aus den stellenweise erheblichen mengenmäßigen Restriktionen des Medienangebots zusätzliche Schwierigkeiten. So wurden in früheren Jahren beim Werbefernsehen auf Grund der staatlich limitierten

Sendezeit von 20 Minuten pro Tag Überbuchungen von bis zu 200% registriert. Deshalb behält sich das Werbefernsehen vor, Sendetag und Sendezeit der gewünschten Werbung des Kunden selbst festzulegen (vgl. *Wiele* 1980, S. 55). Auch beim Werbefunk zeigen sich angesichts der Begrenzung des Werberaums zu den wichtigsten Sendeterminen (Blocksystem) die **Grenzen** der **Planbarkeit**. Weiterhin müssen Zeitschriften nicht selten im Frühjahr und im Herbst wegen der dann überproportionalen Nachfrage, ferner wegen Beschränkungen hinsichtlich des Heftumfangs und eines festgelegten Verhältnisses von redaktionellem zu Anzeigenteil (z. B. 40:60) einen Annahmestopp verfügen. Die Renaissance des großflächigen Plakats (vgl. *Wiele* 1980, S. 55) schließlich führt von April bis Oktober auch hier zu einem beträchtlichen Nachfrageüberhang. Dagegen zeichnen sich bei Tageszeitungen und Anzeigenblättern noch keine derartigen Restriktionen ab.

4.2. Die Werbegestaltung

Diese zweite Phase einer Werbekampagne zerfällt ihrerseits in folgende Stufen:
- Entwicklung und Überprüfung einer **Werbekonzeption**
- Herstellung und Vervielfältigung von **Werbemitteln**
- Vollzug der **werblichen Kommunikation.**

An dieser Stelle kann lediglich auf die Möglichkeiten der Wirkungskontrolle der Werbemittel-Gestaltung ausführlicher eingegangen werden. Die eher handwerklichen Aspekte müssen dagegen, insbesondere soweit sie Fragen der kreativen Gestaltung und technischen Fertigung von Werbemitteln berühren, weitgehend ausgeklammert bleiben.

4.2.1. Die Werbebotschaft

Sind die Werbeziele definiert (vgl. Abschn. 4.1.2.), die Werbeträger und Werbemittel ausgewählt und das Werbebudget aufgeteilt (vgl. Abschn. 4.1.3.), dann geht es bei der Vorbereitung einer Werbekampagne darum, die **Werbebotschaft** zu **formulieren**. *Leven/Müller-Hagedorn* (1981) haben dazu folgende Regeln aufgestellt:

(1) Die Werbebotschaft muß sich dem Marketing-Ziel unterordnen! In der „copy strategy" wird die allgemeine Marketing-Strategie in Richtlinien für die Gestaltung der Werbung umgesetzt.

(2) Die Werbebotschaft soll dem Käufer einen Nutzen in Aussicht stellen und diesen begründen!

Im Sinne *Rosenbergs* (1960), wonach die Einstellung einer Person gegenüber einem Objekt davon abhängt, inwieweit ihr dieses bestimmte Ziele zu erreichen erlaubt (vgl. Abschn. 4.3.3.2.), muß die Werbebotschaft ausdrücken, worin die Einzigartigkeit der Leistung des beworbenen Produkts besteht („unique selling proposition" = **USP**).

(3) Die Werbebotschaft soll etwas Exklusives anpreisen!

Folgende thematische Ausrichtungen von Werbebotschaften sind typisch:
- Abbau von Technikfeindlichkeit (*IBM*/Computer)
- Exklusivität/Internationalität (*Seiko Lassale*/Uhren)
- Gesundheit/Natur (*Schneekoppe*/Gemüsesäfte)
- Individualismus (*Vin de Pays*/Landwein)
- Kennertum (*Krombacher Pils*/Bier)
- Lebensfreude/Optimismus (*Coca-Cola*/Erfrischungsgetränke)
- Produktinformation (*Becel*/Diät-Margarine)
- Zukunftsorientierung (*Philip Morris*/Zigaretten)
- Zweckmäßigkeit/Vernunft (*Streif*/Fertighäuser).

4.2.2. Die Werbemittel

Ein **Werbemittel** verkörpert gewissermaßen eine aus dem Gedanklichen ins Stoffliche transformierte Werbebotschaft. Man versteht darunter eine **Zusammenfassung** sowohl **inhaltlicher** (Aussagekraft) als auch **formaler** (darstellungstechnischer) **Komponenten** zu einer Ganzheit.

Am geläufigsten sind folgende Varianten:
- Anzeige (Inserat), Fernsehspot und Rundfunkdurchsage
- Prospekt, Katalog, Werbebrief und Flugblatt
- Schaufensterdekoration, Leuchtschrift und Plakat
- Kundenzeitschrift und Werbegespräch.

Eine gewisse Sonderstellung kommt sog. aleatorischen Werbemitteln (Gewinnspielen, Gratisverlosungen und Preisausschreiben) sowie Zugaben, Warenproben und Werbegeschenken zu, da sie dem Abnehmer einen materiellen Nutzen zu bieten vermögen.

Diese Aufzählung läßt die enge Verknüpfung von Werbemittel und Werbeträger erkennen. Es fällt häufig schwer, hier eine exakte Trennlinie zu ziehen. In jedem Fall sind die gegenseitigen Abhängigkeiten zu beachten, die zwischen beiden bestehen. Beispielsweise wohnen den Werbeträgern Eigenschaften inne, die die Wirkung des Werbemittels unterstützen, aber auch beeinträchtigen können, während die Wahl eines Werbeträgers die Art des zu verwendenden Werbemittels vorzeichnet. Auch wenn im übrigen jedermann leicht zugänglichen Preislisten entnehmen kann, welche Aufwendungen die Veröffentlichung einer Anzeige oder eines Werbespots verursacht, haben selbst Eingeweihte kaum eine Vorstellung davon, was die Entwicklung und Gestaltung einer Werbeaussage kosten.

4.2.2.1. Gestaltungstypen

Ein erster Schritt zur Erforschung des Zusammenhangs zwischen den inhaltlichen Elementen bzw. Aussagen von Werbemitteln und deren Wirkung besteht in der systematischen **Inhaltsanalyse** (Content-Analyse). Als Beispiel für diesen Forschungsansatz sei auf die *EFA* (*Emnid* Faktorielle Anzeigenanalyse) verwiesen, bei der Anzeigen inhaltsanalytisch untersucht und die identifizierten Variablen einer Faktorenanalyse unterworfen wurden (vgl. *Haseloff/Hoffmann/ Flockenhaus* 1961; *Hoffmann* 1972). Als Ergebnis kristallisierten sich dabei folgende sechs Faktoren heraus:

(1) Suggestion
Werbemittel, die auf diesem Faktor hoch laden (zur Faktorenanalyse siehe § 7, Abschn. 4.5.1.6.), versuchen, über autoritäre Appelle zum Erfolg zu kommen. Deren Verwendung erscheint bei entscheidungsschwachen Personen, die sich scheuen, Verantwortung zu übernehmen, angebracht.

(2) Identifikation
Manche Menschen sprechen auf Vorbilder gut an, an deren Einstellungen und Verhaltensweisen sie sich orientieren. Dieses „Affiliationsmotiv" (vgl. *Irle* 1975, S. 159 ff.) macht sich die Leitbildwerbung zunutze.

(3) Präsentation
Aufwendig gestaltete Werbemittel versuchen vor allem, Aufmerksamkeit zu erwecken und sich von anderen abzuheben.

(4) Konkretion
Durch die realitätsgetreue Wiedergabe des beworbenen Produkts sollen breite Schichten der Bevölkerung angesprochen werden, denen möglicherweise die kognitive Verarbeitung symbolischer Gestaltungselemente Schwierigkeiten bereitet.

(5) Information
Im Gegensatz zur reinen Sympathiewerbung, die den Bekanntheitsgrad und die affektive Besetzung eines bereits eingeführten Produkts aufrechterhalten bzw. verstärken soll, zielt informierende Werbung auf die Kauflust der Meinungsführer bzw. Konsumpioniere ab.

(6) Motivation
Nicht wenige Werbemittel sprechen das Status- und Prestigedenken der Verbraucher an: Der versprochene Zusatznutzen eines Produktes soll zu dessen Kauf motivieren.

Verständlicherweise kann die Kenntnis der genannten Faktoren nicht zu einer mechanischen Erzeugung von Werbemitteln führen. Sie schafft jedoch eine Beurteilungs- und Kommunikationsbasis für die sog. Kreativen bzw. die Marketing-Leitung und ermöglicht so eine zumindest grobe inhaltliche Klassifikation von Werbemitteln. Für eine exakte Entscheidungsfindung bedarf es wesentlich weiterreichender Kenntnisse bezüglich des Zusammenhangs zwischen den „objektiven" Eigenschaften der Werbemittel und den höchst individuellen Reaktionen der Umworbenen.

4.2.2.2. Prinzipien der Gestaltung verbaler Werbemittel

Leider entzieht sich der den Gestaltungsentscheidungen zugrunde liegende kreative Prozeß weitgehend der wissenschaftlichen Analyse. Dies heißt jedoch nicht, daß sich nicht zumindest aus dem der Beobachtung zugänglichen Ergebnis einige Schlüsse ziehen ließen.

Prinzipiell können Werbemittel alle fünf menschlichen Sinne ansprechen. Tatsächlich und in Übereinstimmung mit der herausragenden Bedeutung der visuellen und akustischen Kanäle für die zwischenmenschliche Kommunikation konzentrieren sich aber die Bemühungen auf das Hören und Sehen. Werbemittel, die auf das Fühlen, Riechen oder Schmecken einwirken, kommen kaum vor. Vergleichsweise am häufigsten finden sich noch Warenproben, die trotz hoher Kosten bei Produkteinführungen als ein probates Mittel zur Steigerung der Probierkaufrate gelten. Gelegentlich wird auch mit Geruchsproben experimentiert, so etwa, wenn ein *Sinalco*-Plakat den Duft von Orangen verströmt.

Von dieser Akzentuierung ist auch die Werbemittel-Forschung gekennzeichnet. Wegen methodischer Schwierigkeiten interessiert man sich zudem vorwiegend für die textliche Informationsverarbeitung der Umworbenen. Bezeichnenderweise sind, abgesehen von aufwendigen apparativen Techniken (vgl. § 7, Abschn. 4.4.2.), geeignete Verfahren zur Analyse der **bildlichen Informationsverarbeitung** noch nicht verfügbar. Dieses Defizit ist nicht unproblematisch, da die psychologische Grundlagenforschung nachweisen konnte, daß sich bestimmte Sachverhalte besser bildlich als verbal vermitteln und speichern lassen. Beispielsweise sind räumliche Merkmale, funktionelle Zusammenhänge und Farben sprachlich nur ungenügend wiederzugeben. Ebenso können Emotionen in vielen Fällen einfacher durch Bilder als durch verbale Stimuli ausgedrückt bzw. ausgelöst werden (vgl. *Behrens* 1976, S. 45). *Kroeber-Riel* (1984) geht gar so weit zu behaupten, daß die intendierte Werbewirkung überhaupt nicht eintritt, wenn der Bildteil einer Anzeige nicht bereits die zentrale Werbebotschaft vermittelt.

Auch die Effizienz des Mediums **Musik** ist unbestritten (vgl. *Kafitz* 1977). Bei einem Experiment zum Einkaufsverhalten von Kunden eines Supermarktes bei langsamer und flotter Hintergrundmusik führte erstere zu Ausgaben pro Käufer, die 38% über den Vergleichswerten lagen. *Milliman* (1982) erklärte dies damit, daß die verkaufstechnisch falsche Art musikalischer Untermalung die Aufenthaltsdauer der Kunden im Laden signifikant verkürzt habe.

Worauf kommt es bei der Gestaltung von Werbemitteln vor allem an?

(1) Lesewiderstand

Die von *Spiegel* (1970, S. 123) als innerer Lesewiderstand bezeichnete Erkenn- und Lesbarkeit im Sinne typographisch bedingter Hemmnisse (Größe der und Abstände zwischen den Buchstaben, Struktur des Textes, Anzahl und Anordnung von Wörtern und Zeilen usw.) wurde von *Elbracht* (1967) hinsichtlich verschiedener Schrifttypen systematisch untersucht. Dabei zeigte sich, daß jene keinen nennenswerten Einfluß auf die Lesegeschwindigkeit ausübte. Als negativ im Sinne des gewählten Kriteriums erwiesen sich aber „fette" Schriftzeichen sowie Negativ- und Kursivschrift. Bekannt ist zudem, daß ein großer Hell-Dunkel-Kontrast von Schrift und Untergrund den **Lesewiderstand** mindert (vgl. *Neibecker* 1981).

(2) Textanordnung

Auch die Textanordnung beeinflußt den Lesewiderstand. So zeigten sich bei *Elbracht* (1967) der Blocksatz bei einer Zeilenbreite von mehr als 6 cm und der Flattersatz bei Werten darunter als überlegen. *Krautmann* (1981) ermittelte, daß der Zeilenabstand („Durchschuß") nicht mehr als den Aufstrich des Buchstabens n bei dem gewählten Schrifttyp ausmachen dürfe.

Die Möglichkeit, durch eine kreative Textanordnung für einen zusätzlichen Aufmerksamkeitseffekt zu sorgen, demonstriert Abb. 6.22.

Das
hier ist
eine Setzspielerei
in Form eines Dreiecks.
Die Idee ist eigentlich nicht
neu, aber es ist doch erstaunlich, daß,
obwohl der Text ziemlich nichtssagend und ohne
jeden Humor ist, fast alle, die ihn nun einmal zu lesen
angefangen haben, nicht aufhören können, bis zu diesem Punkt.

Quelle: o.V., *„Konkrete Poesie" als Werbetechnik*, in: Konsum & Verhalten, 1980, Nr. 3, S. 12.

Abb. 6.22.: Aufmerksamkeitssteigerung durch kreative Textanordnung

(3) Satzlänge

Von Werbetexten, insbesondere von Slogans, wird neben Unverwechselbarkeit, Eingängigkeit und leichter Verständlichkeit vornehmlich Kürze gefordert. Während in der deutschen Schriftsprache ein durchschnittlicher Satz aus gut 22 Wörtern besteht, sind es bei **Slogans** nur 6 (vgl. *Meier* 1967), wobei das Ergebnis grammatikalisch oft nicht als Satz zu kennzeichnen ist.

Ihre häufig durch den Sprachrhythmus noch gesteigerte Eingängigkeit ist allerdings bei Erlangung eines hohen Bekanntheitsgrades leicht der Gefahr der Persiflage ausgesetzt: Beispielsweise wurde aus dem bekannten Slogan *Aus Erfahrung Gut* im Volksmund ein *Alte Elektrische Geräte* oder *Ans Elend*

Gewöhnt. Den *Esso*-Leitspruch *Es gibt viel zu tun. Packen wir's an* münzten einige in ein *Es gibt viel zu verdienen. Packen wir's ein* und *Es gibt viel zu tun. Lassen wir's sein* auf ihre Art um.

(4) Informationsgehalt

Werbebotschaften sollten die Informationsverarbeitungskapazität der Konsumenten nicht überfordern, da sonst Überlastung droht. Headlines beispielsweise gelten aus dieser Sicht dann als optimal, wenn sie zwischen 60 und 100 bit enthalten; *e* und *t* verkörpern 1 bit, *i, a, n* und *m* 2 bit, *s, u, r, w, d, k, g* und *o* 3 bit, *h, v, f, ü, l, ä, p, j, b, x, c, y, z, q, ö* und *ch* schließlich 4 bit (vgl. *Wilkes* 1980).

Dem „**information overload**" fällt insofern eine Schlüsselrolle zu, als alle nachfolgenden Stadien der Informationsverarbeitung von etwaigen Kapazitätsrestriktionen betroffen sind. Die Umworbenen selbst können sich solchen Überforderungen durch Wahrnehmungsvereinfachung (vgl. *van Raij* 1977), durch selektive Informationsaufnahme, die durch die individuelle Bedürfnishierarchie gesteuert wird (vgl. *Bettman* 1979, S. 4), oder durch „aus-dem-Felde-gehen" bzw. Wahrnehmungsabwehr („perceptual defense") entziehen.

Der Gestalter von Werbemitteln hat die Möglichkeit, durch die gezielte Verwendung von Symbolen (z. B. Piktogrammen), Grafiken, Abbildungen oder auch sog. Schlüsselinformationen dem Kapazitätsproblem Rechnung zu tragen. Solche „Superzeichen", wie der Markenname (vgl. *Jacoby/Szybillo/Busato-Schach* 1977) oder das Qualitätsurteil der *Stiftung Warentest* (vgl. *Raffée* u. a. 1976), können eine Vielzahl von Einzelinformationen ersetzen. Sie werden eher und häufiger als andere Elemente aufgenommen und sind verhaltenswirksamer als die zugehörigen Detailinformationen (vgl. *Bernhard* 1978). Bildelemente sollten deshalb so gestaltet und angeordnet werden, daß sie die Aufmerksamkeit der Adressaten auf die Schlüsselinformationen lenken.

Umgekehrt besteht allerdings auch die Gefahr, durch übertriebene Beschränkung der angebotenen Informationsmenge die Wahrnehmenden zu wenig zu fordern und Aufmerksamkeitsverlust zu provozieren.

Die Befürchtung, die Verwendung von Fachausdrücken in Werbemitteln schmälere die Aufmerksamkeit der Umworbenen (vgl. *Abruzzini* 1967), kann als eine intuitive Variante der Hypothese von der Informationsüberlastung angesehen werden. Viele hochwertige Produkte etwa der Unterhaltungselektronik lassen sich jedoch nur mit einer technischen Terminologie angemessen beschreiben.

Anderson/Jolson (1980) haben den Einfluß solcher Sprachelemente auf die Werbewirkung untersucht und dabei eine Abhängigkeit von dem Ausbildungsstand und der Produktkenntnis festgestellt. Während für die Zielgruppen mit niedrigem Bildungsniveau und/oder geringer Produkterfahrung die höchste Kaufbereitschaft ermittelt wurde, wenn allgemein verständliche Formulierungen verwendet wurden, ließen sich jene mit College-Abschluß und/oder großem Vorwissen am nachhaltigsten von einer Anzeige mit einem hohen Anteil an

Fachausdrücken beeinflussen. Offensichtlich sind also einfache Faustregeln wie die der Vermeidung von Informationskomplexität nicht schlechthin für die Werbemittel-Gestaltung maßgebend. Erforderlich sind vielmehr auf den **individuellen** Fall zugeschnittene **Prüfverfahren.**

(5) Time Compression (Zeitverdichtung)

Mit der sog. **Time Compression-Methode** (vgl. *Foulke* 1967) eröffnet sich nicht nur eine Möglichkeit zur effizienteren Nutzung teurer und knapper Werbezeit, sondern auch zur Steigerung der eigentlichen Werbewirkung. Dieses Verfahren erlaubt es, die Übermittlung einer Botschaft um 25% zu beschleunigen, ohne daß sich, was äußerst wichtig ist, die Stimmlage des Sprechers verändert. Denn ab einer um 20% erhöhten Stimmfrequenz werden diesem sonst Eigenschaften wie nervös, wenig einfühlsam und unglaubwürdig zugeschrieben. Eine in höherem Sprechtempo vorgetragene Botschaft gilt sogar als überzeugender als das Original (vgl. *Apple/Streeter/Krauss* 1979).

Die Hörer bzw. Betrachter entsprechend manipulierter Werbespots beurteilen diese als interessanter und unterhaltsamer, ohne sich der Irreführung, der sie unterliegen, bewußt zu sein. Erklärt wird dies damit, daß das für eine Zwei-Weg-Kommunikation geschaffene menschliche Gehirn durch die übliche Medienansprache nicht ausgelastet und eine mäßige Beschleunigung des Informationsflusses deshalb als angenehm erlebt wird.

(6) Argumentationsform

Kaiser (1980, S. 185f.) berichtet über vier charakteristische Argumentationsformen in Werbebotschaften:

(a) Plausible Argumentation

Durch Appelle an den „gesunden Menschenverstand" sowie Berufung auf Tradition und Gewohnheit soll bei breiten Bevölkerungskreisen spontane Zustimmung erzielt werden.

(b) Moralische Argumentation

Durch die Ansprache von zentralen Werthaltungen und die Präsentation ethischer Vorbilder wird versucht, massiven Meinungswechsel zu rechtfertigen und längerfristig zu stabilisieren.

(c) Rationale Argumentation

Logische und empirische Beweisgründe dienen vornehmlich der Abwehr von Werbebotschaften der Konkurrenten und dem Abbau bzw. der Vermeidung von kognitiver Dissonanz bei den Käufern.

(d) Taktische Argumentation

Für die kurzfristige Stabilisierung des Käuferverhaltens sind die Abwertung von Positionen der Konkurrenten, die Widerlegung fiktiver, selbst in die Diskussion gebrachter und deshalb leicht zu entkräftender Argumente gegen den eigenen Standpunkt sowie die Betonung der eigenen Überlegenheit gedacht.

(7) Wortpräferenzen

Entspricht der in Werbekampagnen zumeist angestrebten Alleinstellung des eigenen Produkts das Ausmaß an Kreativität bei der Wortwahl im Rahmen von Werbetexten? Was bei einer exemplarisch für mehrere Sektoren der Konsumgüterindustrie durchgeführten Überprüfung von 100 Anzeigen herauskam, dokumentiert Tab. 6.19. Abgesehen vom Kosmetikbereich, wo die zahlreichen Verweise auf schützende und pflegende Produkteigenschaften für Abwechslung sorgen, und von der funktionalen Sprache der Sparten „Foto & Optik" sowie „Automobile" herrscht weithin **Monotonie**. Ausgesprochen blaß wirken die am häufigsten verwendeten Adjektive „neu" und „gut".

(8) Humor und Sex

Seit *E. Springs* während der späten vierziger Jahre in einer extrem ungünstigen Marktkonstellation (starke Konkurrenten, geringer Bekanntheitsgrad, unattraktives Produkt) mit einer auf den Elementen Sex und Humor basierenden Werbekampagne die Kritiker gegen, den wirtschaftlichen Erfolg aber für sich hatte (vgl. *Taylor* 1982), zählt diese Variante zu den umstrittenen Gestaltungsstrategien.

Inzwischen neigt man der Auffassung zu, daß durch entsprechende Maßnahmen zwar der allgemeine Aufmerksamkeitswert eines Werbemittels gesteigert werden kann, die angestrebte Werbewirkung aber häufig ausbleibt. *Krauss* (1981) zeigte am Beispiel der Mainzelmännchen des *ZDF*-Werbefernsehens auf, daß diese wegen des intensiven Eindrucks, den sie hinterlassen, von den Werbeinhalten ablenken und die Erinnerung stören. Sofern sie die eigentliche Werbebotschaft nicht überlagern, gelten diese Gestaltungsstrategien, zumal bei vorsichtiger Dosierung, jedoch als erfolgreich.

(9) Dauer der Präsentation: Unterschwellige Werbung

Mitte der fünfziger Jahre ist erstmals und in spektakulärer Weise über eine Werbetechnik berichtet worden, die es angeblich ermöglichte, Kaufimpulse auszulösen, ohne daß dies die Umworbenen bemerkten. In einem New Yorker Vorortkino seien in das normale Filmprogramm in regelmäßigen Abständen werbliche Appelle eingeblendet worden, wobei diese wegen ihrer außerordentlichen Kurzzeitigkeit von den Zuschauern nicht bewußt hätten wahrgenommen werden können. Dies soll während der sechswöchigen Testperiode zu drastischen Absatzsteigerungen bei *Coca-Cola* (18,1%) und Popcorn (57,7%), die in im Foyer des Filmtheaters aufgestellten Automaten angeboten wurden, geführt haben. Damit war die Legende von den „geheimen Verführern" (*Packard* 1957) geboren und mit ihr die Furcht vor den unbegrenzten Manipulationsmöglichkeiten der Werbung.

Obwohl *Koeppler* (1972) und *Brand* (1978) überzeugend darlegen konnten, daß dieses Experiment wahrscheinlich niemals stattgefunden hat und vermutlich als gelungene Eigenwerbung einer Werbeagentur anzusehen ist, und obwohl bestätigende Befunde zahlreicher Folgeexperimente wegen gravierender Mängel

Tabelle 6.19.: **In Anzeigen vorzugsweise verwendete Wörter, differenziert nach Branchen**

Branche	Substantive (außer Firmen- u. Markennamen)	Adjektive	Verben (außer Hilfsverben)
Alkoholische Getränke	Jahre, Geschmack, Art, Gast, Glas, Bekömmlichkeit, Welt, Reife	trocken, gut, alt, echt, einzig	trinken, prickeln, schmecken, verstehen, genießen
Herrenkosmetik	Düfte, Männer, Rasur, Haut, Schnupfen, Frische	neu, individuell, gut	geben
Nahrungsmittel	Geschmack, Käse, Salat, Sauce	frisch, fein, gut, gewürzt	schmecken, machen
Mode, Textilien	Beine, Eleganz, Frau, Komposition, Ideen, Masche, Mode, München, Stil, Stück, Qualität	anspruchsvoll, bester, modisch, neu, elegant	brauchen, machen, stehen
Parfüm	Parfüm, Duft, Blüten, Frau, Kreation, Komposition, Faszination, Erfolg	jung, elegant, voller, sinnlich, einzigartig, feminin, anhaltend, verführerisch, sanft, romantisch, kostbar, außergewöhnlich	sagen

Quelle: In Anlehnung an o.V., *Werbers Worte*, in: *absatzwirtschaft*, 26. Jg. (1983), Nr. 11, S. 84.

in der Versuchsplanung wertlos sind, geistert nach wie vor die Vorstellung von der fast beliebigen Verführbarkeit der Konsumenten durch die Köpfe der Kritiker. Da sich aber, um nur ein Gegenargument zu nennen, die Wahrnehmungsschwellen der einzelnen Menschen unterscheiden, wäre in einer Gruppensituation wie einer Filmvorführung ein (Werbe-)Stimulus für einen Teil der Betrachter „unter-", für einen anderen aber „überschwellig". Zumindest diese müßten somit den Beeinflussungsversuch bemerken.

Aus sozialpsychologischen Experimenten weiß man aber, daß unaufgeforderte starke und offensichtliche Einflußnahme bei denjenigen, denen diese sog. Persuasion gilt, zu **Reaktanz**, d. h. zum Entstehen psychischer Widerstände führt (vgl. *Brehm* 1966). „Wenn ein Individuum perzipiert, daß eine Bedrohung seiner Verhaltens- und/oder Meinungsfreiheit erfolgt, so daß die Freiheit der Wahl eingeschränkt wird, entsteht psychische Reaktanz. Reaktanz ist ein motivationaler Spannungszustand, der darauf gerichtet ist, sich der drohenden Einengung zu widersetzen oder nach erfolgter Einengung den ursprünglichen Verhaltensspielraum wiederzugewinnen" (*Gniech/Grabitz* 1978, S. 48).

Es erscheint unmittelbar einsichtig, daß Werbebotschaften, Verkaufsgespräche etc. wegen der diesen zugrunde liegenden Beeinflussungsabsicht leicht Reaktanz hervorrufen. Dies äußert sich in einem besonderen Engagement für die von der tatsächlichen oder angedrohten Einschränkung betroffene Verhaltensweise bzw. Einstellung, wobei jenes um so ausgeprägter ist,
– je stärker der Beeinflussungsdruck empfunden wird,
– je größer die Bedeutung der bedrohten Verhaltensweise bzw. Meinung für den einzelnen ist,
– je mehr die eigene von der kommunizierten Meinung abweicht und
– je größer der Anteil der bedrohten Verhaltensweisen bzw. Meinungen am gesamten Verhaltens- bzw. Meinungsrepertoire ist.

Reaktanz äußert „sich beispielsweise darin, daß der Betroffene die Attraktivität einer Handlungsalternative, die ihm willkürlich entzogen wird, vor sich selbst erhöht oder daß er sich auf das von Einschränkungen bedrohte Verhalten versteift" (*Kroeber-Riel* 1980, S. 211). Nicht selten stellt sich sogar ein sog. Bumerang-Effekt ein, und zwar insofern, als die Umworbenen nicht nur auf ihren ursprünglichen Ansichten beharren, sondern diese sogar noch verstärken, sich also noch weiter von der in der Werbebotschaft vertretenen Position entfernen. Offenkundig eröffnet demnach die **unterschwellige Werbung** keine überzeugende Gestaltungsperspektive.

4.2.2.3. Die Wirkkonkurrenz

Zu den Besonderheiten der werblichen Kommunikation zählt neben der Asymmetrie des Informationsflusses, der stets vom Werbungtreibenden ausgeht, auch der Umstand, daß dieser in der Regel mit anderen Kommunikatoren um die **Aufmerksamkeit** der Umworbenen ringt. Diese sog. **Wirkkonkurrenz** steht in direktem Zusammenhang mit der Bereitschaft des Individuums, bestimmte Stimuli aus seiner Umwelt aufzunehmen. „Wenn jemand vielen Reizen gleichzeitig ausgesetzt ist, zum Beispiel verschiedenen Werbeanzeigen, so wird er seine Aufmerksamkeit nur einigen dieser Reize zuwenden und nur diese aufnehmen und verarbeiten" (*Kroeber-Riel* 1984, S. 55).

Daß der so wichtige Aufmerksamkeitswert eines Werbemittels mit zunehmender Wirkkonkurrenz abnimmt, fand man schon in den fünfziger Jahren heraus. *Hepner* (1956, S. 216f.) zufolge werden durchschnittlich 42% der Anzeigen beachtet, wenn in einer Zeitschrift 20 enthalten sind; bei 50 Inseraten sinkt die Quote auf 28% und bei 80 gar auf 23%. In einer neueren Untersuchung bestätigte sich die umfassende negative Auswirkung der **Massierung** von **Werbemitteln** (vgl. *Koeppler/Gundermann/Erbslöh* 1980). Mit einer verschlechterten Erinnerungsleistung gehen kürzere Betrachtungszeiten und nachlassendes Interesse einher.

Geradezu greifbar wird das Problem der Wirkkonkurrenz in den sog. Anzeigenfriedhöfen, zu denen manche Zeitungen und Zeitschriften Kleinanzeigen zusammenstellen. Diese Anordnung verspricht nur dann Erfolg, wenn eine besondere **Motivation** der Umworbenen unterstellt werden kann. Dies ist z. B. bei Interessenten für eine Wohnung oder einen Gebrauchtwagen gegeben. Das Engagement kompensiert hier selbst ungünstige Kontextbedingungen, weshalb diese Präsentationsform in solchen Fällen nicht nachteilig sein muß. Die übliche Produktwerbung aber hat mit einer passiven Grundhaltung der Konsumenten zu rechnen. *Behrens* (1976, S. 32) spricht in diesem Zusammenhang von „globaler interner Vergessensanweisung" und meint damit, daß Werbeaussagen nur flüchtig wahrgenommen und deshalb selten kognitiv weiterverarbeitet werden.

Auf Grund des Überangebots (nicht nur) an werblicher Information besteht mithin das erste Hindernis, das ein Werbemittel zu überwinden hat, in der Wirkkonkurrenz. Um aus der Menge simultan angebotener Mitteilungen perzeptiv ausgewählt zu werden, muß dieses Aufmerksamkeit, den „Schlüssel zur Verbraucherseele" (*Jacobi* 1963, S. 507), erringen.

Die **Erregung von Aufmerksamkeit** wird weithin als ein unerläßliches Partialziel der Werbung angesehen. Zuweilen wurde sie auch schon mit dem Werbeerfolg gleichgesetzt (vgl. z. B. *Kleining* 1955), zumindest jedoch als eine **Schlüsselgröße** innerhalb des komplexen Gefüges der Werbewirkungen betrachtet (vgl. *Hera* 1979, S. 357). Für die durch *Kroeber-Riel* (1984) vertretene aktivationstheoretische Richtung (vgl. Abschn. 2.3.2.3.) stellt Aufmerksamkeit konsequenterweise ein grundlegendes Konstrukt dar, das den Grad der Reaktionsbereitschaft des Organismus umschreibt. Gleichzeitig verkörpert aber die Aufmerksamkeit die umstrittenste Phase in den Stufenmodellen der Werbewirkung (vgl. Abschn. 4.1.2.2.), da Interessen, Bedürfnisse und Kaufabsicht teils als Konsequenz, teils als Voraussetzung von Aufmerksamkeit gelten.

4.2.3. Die Werbemittel-Erfolgsprognose

4.2.3.1. Grundlagen

Die Werbemittel-Erfolgsprognose ist etwas anderes als die Werbewirkungskontrolle (vgl. Abschn. 4.3.). Während bei letzterer der Zielerreichungsgrad **ex post**, d.h. nach Abschluß einer Werbekampagne festgestellt wird, gilt es bei ersterer, die wesentlichen Wirkungsvoraussetzungen und den mutmaßlichen Erfolg **ex ante**, d.h. vor Aussendung der Werbebotschaft zu bestimmen.

Für eine Untersuchung der Werbemittel auf ihre optimale Aussagekraft hin können unterschiedliche Verfahren eingesetzt werden. Man geht dabei vom gestalteten werblichen Kommunikationsmittel aus und führt experimentell eine Anzahl von Prüfungen durch, von denen auf die voraussichtliche Gesamtwirkung einer geplanten Werbemaßnahme geschlossen wird. In der Marketing-Literatur bezeichnet man derartige Verfahren üblicherweise als **Pretests**, in der Werbepsychologie hingegen als **Copytests**. Meist werden mehrere Entwürfe einer Überprüfung unterzogen, um verschiedene Möglichkeiten auszuloten und die vergleichsweise beste herauszufinden. Da jedoch in der Regel keine Normwerte vorliegen, an denen sich das Ausmaß der zu erwartenden Werbewirkung in absoluten Werten festmachen ließe, stellt man auf die **relative** Wirkung der vorliegenden Entwürfe ab.

Zeigen sich bestimmte Schwächen, so daß mit einem schlechten Ergebnis gerechnet werden muß, kommt das Werbemittel nicht mehr in Betracht. Auf der anderen Seite lassen sich jedoch häufig durch sorgfältige Analyse der Testergebnisse Anhaltspunkte für die Gründe des Versagens und damit Ansätze für eine Verbesserung der Entwürfe aufdecken. Die **Werbemittel-Erfolgsprognose** vermag dadurch zu einer gewissen Absicherung der Werbegestaltung beizutragen.

Von Theoretikern wird der Entscheidungsbeitrag von Werbemittel-Pretests häufig über-, von Praktikern dagegen gerne unterschätzt. Obwohl es kaum jemals eine alle Elemente der Werbewirkung erfassende Theorie geben wird (vgl. Abschn. 2.), sind aber doch Pretests vorstellbar, die mehr als nur bestimmte Aspekte der Werbewirkung abklären (vgl. *Rehorn* 1980).

Freilich ist insbesondere die Entwicklung des für die Werbeplanung maßgeblichen **zeitlichen Wirkungsverlaufes** einer Kampagne, vor allem der Aufbau eines starken Werbeeindrucks aus verschiedenen, wiederholt geschalteten (Anzeigen-)Motiven, im Pretest kaum zu simulieren. Deshalb können erfolgreich verlaufende Copytests auch nicht als Erfolgsgarantie gewertet werden. Sie vermindern jedoch die Wahrscheinlichkeit, Mißerfolge zu erleiden.

Bei der Werbemittel-Erfolgsprognose lassen sich zwei Variantenklassen unterscheiden (vgl. Abb. 6.23.): Von **subjektiven** Verfahren spricht man dann, wenn die Werbemittel Personen zur subjektiven Begutachtung vorgelegt werden. Dabei können die Betroffenen Experten oder Konsumenten sein. Die **Beurteilung durch Experten** hat u.a. den Nachteil, daß deren Aussagen für die

Zielgruppe nicht repräsentativ sind. Zudem haben Werbefachleute in der Regel ihre eigenen Vorstellungen davon, wie ein gutes Werbemittel gestaltet sein soll, von denen sie sich kaum zu lösen vermögen. Aber auch **Konsumentenurteile** lassen nur bedingt Rückschlüsse auf die Qualität eines Werbemittels zu. Dies gilt insbesondere für die sog. **Meinungsprüfung**, bei der die vorgelegten Werbemittel durch Zuerkennung von Punkten oder durch Aufstellen einer Rangfolge beurteilt werden.

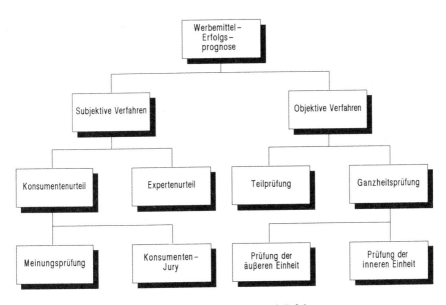

Abb. 6.23.: Methoden der Werbemittel-Erfolgsprognose

Bei der **Konsumenten-Jury** wird – anders als bei der Meinungsprüfung, die sich im Wege der Einzelbefragung vollzieht – eine als Jury ausgewählte Verbrauchergruppe zur schriftlichen oder mündlichen Beurteilung von Werbemittelentwürfen veranlaßt. Der Haupteinwand gegen dieses Vorgehen besteht darin, daß die Testpersonen überfordert sein könnten. Die Einstufung eines Werbemittels als gut oder schlecht sagt im übrigen nur wenig über seine Fähigkeit aus, Werbebotschaften zu übermitteln. Darüber hinaus fühlen sich die Testpersonen in eine gewisse Ausnahmesituation versetzt, weil sie ausgewählt und zu einer Beurteilung aufgerufen sind, was gleichfalls den Aussagewert solcher subjektiver Befunde beeinträchtigt.

Bei den **objektiven** Verfahren geht es darum, persönliche Urteile und die damit verbundenen Unzulänglichkeiten auszuschalten. Man versucht, mit psychotechnischen Prüfverfahren Art und Intensität der psychischen Wirkungsvorgänge bei den Umworbenen zu ermitteln und so die Qualität eines Werbemittelentwurfs zu testen. Dabei kann man sich zunächst mit einer **Teilprüfung** der Elemente eines Werbemittels (Bild, Schrift, Sprache usw.) begnügen.

4.2.3.2. Teilprüfungen

Die in den Stufenmodellen zutage tretende Auffassung von einer phasenhaften Genese der Werbewirkung – mit dem „Pförtner" Aufmerksamkeit – ist Reflex des analytischen Ansatzes der Elementenpsychologie, der anfänglich die Werbelehre geprägt hat (vgl. Abschn. 2.2.1.). Auch die für den normalen Aufbau visueller Werbemittel vorgeschlagenen Prinzipien entsprechen in ihrer Grundidee der elementaristischen *AIDA*-Regel:

(1) Blickfang: Ein reizstarkes optisches Signal erregt die unwillkürliche Aufmerksamkeit des Umworbenen für das Werbemittel.

(2) Blickführung: Weitere Aufmerksamkeit provozierende Elemente lenken dessen Blick zur Werbebotschaft hin.

(3) Gedächtniswirkung: Assoziationen bildende Bestandteile verstärken den Erinnerungswert des Werbemittels.

(4) Gefühlswirkung: Die Hinzufügung „schöner" Komponenten läßt eine affektive Tönung entstehen.

(5) Informationsverarbeitungskapazität: Durch Beschränkung auf maximal sechs Wahrnehmungselemente wird eine Überforderung des Betrachters vermieden.

Im Gegensatz zur analytischen Vorgehensweise, die z.B. zu den bereits angesprochenen sechs Gestaltungsfaktoren der Anzeigenwirkung (Suggestion, Identifikation, Präsentation, Konkretion, Information, Motivation) von *Haseloff/Hoffmann/Flockenhaus* (1961) oder, *Wells* (1964) folgend, zu einer dreidimensionalen Faktorenlösung (Attraktivität, Bedeutungsgehalt, Vitalität) führt, werden in den Werbemittel-Pretests **intuitiv** definierte Anzeigenelemente (z.B. Text, Bild, Farbe, Größe, Anordnung; vgl. Abb. 6.24.) untersucht. Aus der Wirkung der Teile wird dann auf die voraussichtliche Gesamtwirkung des Werbemittels geschlossen.

4.2.3.2.1. Die Werbemittel-Plazierung

Das Bestreben, Aufmerksamkeit nicht nur durch, sondern auch für eine Werbebotschaft zu erzielen, äußert sich zum einen in der Maxime, Medien mit einer eher geringen **Werbedichte** und damit einer schwachen Wirkkonkurrenz zu wählen. Zum anderen manifestiert es sich in der Suche nach der günstigsten Plazierung eines Werbemittels innerhalb des Werbeträgers. Dabei stellen sich u.a. folgende Fragen:

4. Werbepolitische Entscheidungen

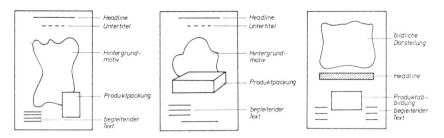

Quelle: *Behrens* 1976, S. 27 u. 46.

Abb. 6.24.: Typischer Aufbau von Anzeigen

(1) Linke oder rechte Seite?

Zahlreiche Verlagsuntersuchungen (vgl. z. B. *Anzeigen-Copytest, Bauer Verlag; Argus, Stern*) attestieren auf der rechten Heftseite abgedruckten Anzeigen etwas höhere Aufmerksamkeitswerte, vor allem wenn es sich um **Plazierungen rechts oben** handelt. *Wiele* (1981) warnt jedoch davor, derartige Befunde unkritisch in schematische Plazierungsentscheidungen umzumünzen. Da nachweislich zumeist die bekannten, stark beworbenen Marken bzw. Produkte die rechte Heftseite belegen, besteht hier die Gefahr einer Verwechslung von Plazierung und Bekanntheit.

(2) Vorderer oder hinterer Heftteil?

Im allgemeinen scheinen die im vorderen und im hinteren Teil eines Heftes untergebrachten Anzeigen gleich gut registriert zu werden, während im mittleren Bereich der Aufmerksamkeitswert abfällt. Letztlich hängt dieses jedoch vom Leseverhalten des einzelnen ab. Intensivleser sehen sich das ganze Heft an und kommen so mit allen Anzeigen in Kontakt. Unbestritten ist jedoch die Sonderstellung der Umschlagseiten: Auf der Rückseite plazierte Anzeigen führen zu einer um 65% höheren Erinnerungsquote als im Innenteil einer Zeitschrift abgedruckte Inserate; bei den Innenseiten (Umschlagseiten 2 und 3) beträgt der an der Erinnerungsleistung gemessene Zuwachs an Aufmerksamkeit ca. 30% (vgl. *Starch* 1966, S. 55f.).

Vergleichbare Entscheidungsprobleme stellen sich vor der Schaltung von TV-Werbespots. Weil ein Großteil des Fernsehpublikums am Ende einer Sendung seinen Platz verläßt und sich zumeist erst kurz vor Beginn des nächsten Programmteils dem Empfangsgerät wieder zuwendet (vgl. *Hepner* 1956, S. 296f.), sind Werbetreibende regelmäßig bestrebt, den eigenen Spot kurz vor einem Fernsehfilm, den Nachrichten oder einer Sportübertragung zu plazieren, sofern sie darauf, wie in den USA, überhaupt einen Einfluß haben.

Mayer/Schuhmann (1981) vermochten die Effekte der Plazierungsfaktoren **Position** (Abfolge in einem Werbeblock), **Umfeld** (Einbettung des Spots in ein redaktionelles oder ein werbliches Umfeld) und **Attraktivität** (Aufmerksamkeitswert vorausgehender und nachfolgender Spots) in einem varianzanalytischen Design (vgl. § 7, Abschn. 4.5.1.2.) simultan zu analysieren. Versucht man trotz einer Reihe von Einwänden, die aus methodenkritischer Sicht gegen diese und ähnliche Untersuchungen (vgl. z. B. *Soldow/Principe* 1981) vorzubringen sind, die wesentlichen daraus zu ziehenden Schlüsse zusammenzufassen, ergibt sich folgendes:

- Ähnlich wie bei den Printmedien erzielen auch bei den elektronischen Werbeträgern Spots, die zuerst ausgestrahlt werden, die besten Erinnerungswerte; etwas weniger günstig schneidet die Endposition, mit Abstand am schlechtesten das „Mittelfeld" ab.
- Die hierzulande praktizierte Blocksendung verschafft größere Aufmerksamkeit als die etwa in den USA übliche Form der Einblendung in Filme oder redaktionelle Programmteile.
- Die Positionseffekte machen sich bei längeren Werbeblocks besonders bemerkbar.

(3) Dicke oder dünne Hefte?

Die Mehrzahl der von Verlagen durchgeführten oder veranlaßten Untersuchungen *(Anzeigen-Copytest, Bauer Verlag; Anzeigenkompaß, Infratest; Argus, Stern)* konstatiert eindeutig oder tendenziell eine Überlegenheit dünner Hefte, insbesondere wenn diese nur wenige Anzeigen enthalten.

(4) Einfluß des redaktionellen Umfelds?

Bislang konnte die intuitiv plausible These von der erhöhten Werbewirksamkeit von Anzeigen, die in ein thematisch passendes redaktionelles Umfeld gestellt sind (z. B. Werbung für Reifen im Rahmen eines Berichts über ein Motorsportereignis), weder für das **direkte Umfeld** (= die Doppelseite, auf der sich die Anzeige befindet) noch für das **Parzellenumfeld** (= einschließlich der vorhergehenden und der nachfolgenden Seite) bestätigt werden. Lediglich der positive Effekt eines stimmigen **Heftumfeldes** (= das gesamte Heft) scheint außer Frage zu stehen.

(5) Plazierung der Anzeigenelemente innerhalb einer Anzeige?

Analysen des **Blickverhaltens** mittels getarnter Leseverhaltensbeobachtung (vgl. *Schöttler* 1973), foto-elektrischer Blickregistrierung (vgl. *Witt* 1977; *Bernhard* 1978) und Diaprojektion mit freier Wahl der Expositionszeit (vgl. *Morrison/Dainoff* 1972) führten zu dem Ergebnis, daß nur bei Zeitschriften mit weniger als 100 Seiten und weniger als 50 Anzeigen Plazierungsfaktoren die Betrachtungsdauer nennenswert beeinflussen. Während diese Forschungsrichtung der Positionierung eines Inserats auf einer Doppelseite jegliche Bedeutung abspricht, betont sie die Wirksamkeit der Plazierung der einzelnen Elemente innerhalb einer Anzeige. Allerdings sind auch deren Befunde (z. B. „Die obere

Hälfte einer Anzeige wird länger betrachtet als die untere, insbesondere links oben"; „Anzeigentexte werden gründlicher gelesen, wenn sie sich unter dem Bildelement befinden") nicht absolut, sondern, abhängig vom Anzeigentyp, als Tendenzaussagen zu verstehen, dies namentlich auch deshalb, weil der Emotionsgehalt der Anzeigenelemente die Ergebnisse verzerrt (vgl. *Barton* 1980).

Die Plazierungsfaktoren spielen also für die sog. **Anzeigenresonanz** eine weit geringere Rolle, als dies gewisse zum Standardrepertoire der Mediaplaner gehörende Plazierungsregeln (z. B. „rechts oben") vermuten lassen (vgl. dazu auch *Gensch* 1970, S. 222). Überdies müssen vermeintliche oder tatsächliche Plazierungsvorteile häufig durch Preiszuschläge erkauft werden, insbesondere soweit es die rechte Heftseite sowie Randstreifenplätze betrifft. Deshalb liegt es nahe, vorrangig durch unmittelbar auf das Werbemittel bezogene gestalterische Maßnahmen eine verbesserte Werbewirkung anzustreben.

4.2.3.2.2. Die Werbemittel-Größe

Das nachhaltige Interesse an dieser Gestaltungsvariablen rührt zunächst von der plausiblen Annahme her, daß große Werbemittel mehr Aufmerksamkeit erregen als kleine, gleichzeitig aber auch entschieden mehr kosten. Die naheliegende Frage nach der Art der **Trade off-Beziehungen** zwischen **Werbewirkung** und **Kosten** konnte jedoch bislang nicht verläßlich beantwortet werden.

Im Bestreben um Bestimmung einer festen Relation zwischen Größen- und Aufmerksamkeitszuwachs wurde in Anlehnung an das *Weber-Fechner*sche Gesetz der Sinnesempfindung das sog. Quadratwurzelgesetz der Aufmerksamkeitswirkung formuliert: „Attention value varies with the square root of space" (*Hotchkiss* 1950, S. 312). Wenn also z. B. 100 Verbraucher eine viertelseitige Anzeige beachten, dann sollte eine vergleichbare ganzseitige Anzeige bei 200 Konsumenten Aufmerksamkeit erregen.

In zahlreichen Versuchen, dieses Postulat experimentell abzusichern, ergaben sich jedoch widersprüchliche Resultate (vgl. *Klenger/Krautter* 1972, S. 72), was nicht zuletzt auf die Verschiedenheit von Versuchsplänen, Stichproben, beworbenen Produktkategorien und Auswertungsmethoden zurückzuführen ist. Daß ein positiver Zusammenhang („je größer, desto ...") besteht, dürfte indessen nach den z. B. von *Twedt* (1962), *Troldahl/Jones* (1965) und *Hendon* (1973) mitgeteilten Untersuchungsbefunden feststehen. Auch Studien zur **Blickregistrierung** bestätigen die Wirksamkeit des Gestaltungsfaktors Anzeigengröße: Doppelseitige Inserate werden danach achtmal und ganzseitige viermal solange angesehen wie halbseitige.

Wichtig ist in jedem Fall die Umfeldabhängigkeit des Größenerlebnisses: Zwei gleich große, inhaltlich und formal vollkommen vergleichbare Anzeigen erzielen höchst unterschiedliche Aufmerksamkeitswerte, wenn die eine in Halbformat, in einer normal dimensionierten Zeitschrift erscheint und die andere eine ganze Seite in einem äußerlich kleineren Organ einnimmt.

4.2.3.2.3. Die Farbwahl

Farben sollen im Rahmen der Werbung zahlreiche Funktionen übernehmen. Sie ermöglichen eine realitätsnahe Darstellung der Gegenstände oder erfüllen, wie z. B. im Falle des Grüns einer deutschen Großbank, eine Kennzeichnungs- bzw. Imagefunktion. Das größte Interesse aber wird, insbesondere von Laien, der vermuteten Gefühlswirkung von Farben entgegengebracht, obwohl auf Grund widersprüchlicher Untersuchungsergebnisse kein verläßliches Interpretationsmuster zur Verfügung steht (vgl. *Mayer/Däumer/Rühle* 1982, S. 110f.).

Bender (1976, S. 192f.) verarbeitete 42 einschlägige Untersuchungen und bewertete auf dieser Basis die Möglichkeit der **Aufmerksamkeitssteigerung** durch den **Gestaltungsfaktor Farbe** positiv. Allerdings könnten wegen Unterschieden bei Versuchsanordnung, Stichprobe, Größe und Format der Werbemittel sowie wegen der Kontextbedingungen daraus keine hinreichend gut gesicherten Gestaltungsempfehlungen abgeleitet werden. *Hanssens/Weitz* (1980) weisen in diesem Zusammenhang auf die Abhängigkeit von der Art des beworbenen Produkts hin.

Zu den Ausnahmen zählt z. B. der Befund, daß zwar Sympathiewirkung sowie Originalität bei Farbanzeigen in der Regel höher eingeschätzt werden als bei Schwarz-Weiß-Anzeigen, das Umgekehrte jedoch in bezug auf den Informationsgehalt gilt. Die Registrierung des Blickverlaufs und bestimmter physiologischer Variablen, wie z. B. des Hautwiderstandes, macht deutlich, daß farbige Anzeigen nicht länger bzw. nachhaltiger beachtet werden als entsprechende Schwarz-Weiß-Vorlagen, daß sie aber hinsichtlich der Aktivierungs- und Erinnerungswirkung diesen überlegen sind (vgl. *Kroeber-Riel* 1984).

Festzustehen scheint auch, daß der Einsatz der Farbe die Aufmerksamkeitsleistung erhöht, wenn Farbe und werbliche Aussage in einem offenkundigen Zusammenhang stehen, wie etwa beim Gelb der Postautos (vgl. *Hundhausen* 1969), das die Werbemaßnahmen der *Deutschen Bundespost* durchzieht.

Daß die intuitiv plausiblen elementaristischen Gestaltungsregeln nur selten empirischen Tests standhielten, liegt, abgesehen von der Relativität der Gestaltungsfaktoren – inmitten von Farbanzeigen fällt ein Schwarz-Weiß-Inserat am meisten auf – am Einfluß des beworbenen Produkts. Ist ein Konsument an einem bestimmten Erzeugnis interessiert, so wird er auf die zugehörige Werbebotschaft ansprechen, unabhängig davon, ob diese ganzseitig oder nur auf einer Viertelseite dargeboten wird, unabhängig davon auch, ob sie im vorderen oder im hinteren Drittel einer Zeitschrift plaziert wird (vgl. *Buchanan* 1964). In einem von *Donnahoe* (1965) durchgeführten Experiment erbrachte die Verdoppelung der Anzeigengröße lediglich einen Aufmerksamkeitsgewinn von durchschnittlich 22%, wenn für hochprozentige alkoholische Getränke geworben wurde, während bei Bier die Steigerung 73% betrug.

Die vielfach inkonsistenten Befunde der analytischen Forschungsrichtung legen es nahe, sich bei der Anzeigengestaltung weniger auf beliebte Faustregeln zu verlassen, sondern besser Ganzheitsprüfungen durchzuführen.

4.2.3.3. Ganzheitsprüfungen

Da Menschen nicht auf einzelne Teile, sondern auf das Werbemittel als Ganzes reagieren, geht es bei den Ganzheitsprüfungen um das Medium als Einheit. Der gestalt- und ganzheitspsychologisch orientierten Werbelehre zufolge müssen erfolgversprechende Werbemittel sowohl eine **äußere** als auch eine **innere Einheit** bilden. Die verschiedenen Verfahren zur Überprüfung der Kriterien der äußeren **(Gestaltfestigkeit)** und inneren Einheit **(Anmutungsqualität)** wurden bereits in Abschn. 2.2.2. dargestellt.

4.2.3.3.1. Der multivariate Ansatz

Die bisherigen Ausführungen haben gezeigt, daß das der univariaten analytischen Konzeption explizit oder implizit zugrunde gelegte Modell der Werbewirkung der Realität nicht gerecht wird. Abgesehen von der Interaktion des Werbemittels mit Werbungtreibenden, Werbeträger, Zielgruppe, Produktart und situativen Bedingungen vermag dieses Modell auch nicht die **Wechselwirkungen** zwischen den Elementen des Werbemittels zu berücksichtigen. Bei multivariaten Untersuchungsdesigns wird hingegen in Rechnung gestellt, daß eine Reihe von Variablen interaktiv die Anzeigenwirkung erzeugt.

So unterzog *Twedt* (1962) die auf der Basis einer vorgeschalteten **Faktorenanalyse** (siehe § 7, Abschn. 4.5.1.6.) ausgewählten Anzeigenelemente einer multiplen **Regressionsanalyse** (siehe § 7, Abschn. 4.5.1.1.), wobei sich Anzeigengröße, Anzahl der verwendeten Farben und Fläche des Bildelements als die wichtigsten Variablen erwiesen. *Troldahl/Jones* (1965) bestimmten den Einfluß der Variablen Anzeigengröße, Produktart, flächenbezogene Bild-Text-Relation sowie Anzahl der Themen (Werbebotschaften) auf die Anzeigenresonanz (Anzahl der Zuschriften). Anzeigengröße und Produktart erklärten dabei allein schon knapp 60% der Kriteriumsvarianz.

In der bislang umfassendsten Untersuchung analysierten *Schweiger/Hruschka* (1978) den zwischen Anzeigenresonanz und insgesamt 14 Gestaltungselementen bestehenden Zusammenhang. Bei sieben Variablen ließ sich ein überzufälliger multivariater Einfluß auf die Anzeigenwirkung nachweisen. Durch die multiple lineare Regressionsgleichung

Anzeigenresonanz = 16,46 + 6,86 „Anzahl der Zusatzfarben"
　　　　　　　　　− 0,83 „Anzahl der Schaltungen"
　　　　　　　　　+ 0,33 „durchschnittliche Satzlänge"
　　　　　　　　　− 0,12 „flächenmäßige Bild-Text-Relation"
　　　　　　　　　− 13,35, wenn sich auf der betreffenden Doppelseite
　　　　　　　　　　　　　nur Anzeigen befinden (sonst = 0)

+ 11,18, wenn sich die Anzeige im vordersten Heftteil befindet (sonst = 0)
+ 6,20, wenn sich die Anzeige im Anzeigenteil befindet (sonst = 0)

konnten 58% der Varianz der Anzeigenresonanz erklärt werden.

Die β-Koeffizienten lassen erkennen, in welchem Maß die einzelnen Variablen zur Gesamtwirkung beitragen. Bei einer inhaltlichen Interpretation muß allerdings berücksichtigt werden, daß die Anzeigenbeispiele einer Fachzeitschrift entnommen waren. Das Informationsbedürfnis der dafür typischen Leserschaft, die auch im Anzeigenteil keine Werbeslogans, sondern längere, informative Aussagen erwartet, erklärt, weshalb Satzlänge und Bild-Text-Relation eine offenbar untergeordnete und die bei Publikumszeitschriften häufig dominierende Anzeigengröße (überhaupt nicht unter den 7 wichtigsten Variablen!) keine Rolle spielen.

Werden auch die anfallenden Streukosten ins Kalkül gezogen, läßt sich die Wirtschaftlichkeit einer Anzeige in Abhängigkeit von der Gestaltung darstellen.

In dem zuletzt genannten Beispiel betrugen die Kosten pro Anfrage eines Lesers 0,94 Geldeinheiten, wenn es sich um eine Anzeige, die vier Zusatzfarben aufwies, im vordersten Teil der Ausgabe und neben einem redaktionellen Beitrag plaziert war, handelte. Vier Geldeinheiten dagegen fielen für ein im Anzeigenteil plaziertes, schwarz-weiß gehaltenes Inserat an.

4.2.3.3.2. Psychophysiologische Verfahren

Der Einsatz psychophysiologischer Meßverfahren stellt im Marketing eine vergleichsweise neue Entwicklung dar (vgl. *Watson/Gatchel* 1979; *Kroeber-Riel* 1984). Ausgangspunkt ist die Sichtweise, menschliches Verhalten als eine Interaktion dreier meßbarer Reaktionsebenen (motorisch-verhaltensmäßig, subjektiv-kognitiv und organisch-physiologisch) zu verstehen (vgl. *Birbaumer* 1974, S. 226). In ihrer Funktion als Werbemittel-Pretest dient diese Verfahrensgruppe der Analyse der von einem Werbemittel verursachten **Aktivierung** der Betrachter bzw. Hörer. Aktivierung wird dabei als eine Voraussetzung der Aufmerksamkeit angesehen. Die vorübergehende und selektive Steigerung der Aufmerksamkeit bewirkt, daß nur relevante Reize beachtet werden, was angesichts der ständig drohenden Reizüberflutung eine sinnvolle, oft sogar unerläßliche Eigenschaft informationsverarbeitender Systeme, wie z. B. des Menschen, ist.

Da die wichtigsten Meßansätze in § 7, Abschn. 4.4.2., behandelt werden, sollen an dieser Stelle lediglich einige zentrale Befunde der für die Werbemittel-Gestaltung besonders bedeutsam gewordenen **Blickregistrierung** referiert werden (vgl. *Witt* 1977; *Bernhard* 1978; *Kroeber-Riel* 1984):

- Während einer Betrachtungsdauer von zwei bis drei Sekunden, die für die Wahrnehmung einer Konsumgüteranzeige üblich ist, werden durchschnittlich acht Informationseinheiten aufgenommen.

- Bilder in einer Anzeige werden zeitlich vor den Textelementen (Headline, Informationen, Firmen- bzw. Markenzeichen) betrachtet, vorausgesetzt, das Bild nimmt mindestens ein Viertel der Fläche ein und der Textteil fällt gewissermaßen nicht aus dem Rahmen.
- An Anzeigenelemente, die zuerst, länger oder häufiger als andere fixiert werden, erinnert man sich besser.
- Stärker aktivierende Anzeigenelemente werden häufiger fixiert und besser behalten als schwach aktivierende.
- Wenn es nicht gelingt, die Aufmerksamkeit auf die gesamte Anzeige zu lenken, bleibt die erhöhte Erinnerungsleistung auf den aktivierenden Blickfang beschränkt. Bild- und Textelemente müssen deshalb durch assoziative Beziehungen zu einer Einheit geformt werden.

Es soll nicht verschwiegen werden, daß sich gerade dieser Untersuchungsansatz immer wieder heftiger Kritik ausgesetzt sieht. Die vorgebrachten Einwände reichen von den hohen Anschaffungskosten und dem technischen sowie verfahrensmäßigen Aufwand, der getrieben werden muß, über die mangelnde Repräsentativität der Befunde (neben den Brillenträgern fallen bis zu 20% einer Stichprobe wegen Sehschwierigkeiten aus; vgl. *Kroeber-Riel/Barton* 1979) bis hin zu apparativ bedingten Begrenzungen des Blickfelds der Testpersonen und erheblichen Meßfehlern (vgl. *Böcker/Schwerdt* 1980). *Ryan* (1980) bezweifelt die Eignung des Fixationskriteriums als aussagefähigen Indikator der Informationsaufnahme schlechthin und stellt damit die Konstruktvalidität der ganzen Vorgehensweise in Frage.

4.3. Die Werbeerfolgskontrolle
4.3.1. Grundlagen

Die hohen Werbeausgaben zahlreicher Unternehmungen und die Bedeutung, die der Werbung offenbar für den Absatzerfolg zukommt, machen das Bemühen verständlich, den Einsatz dieses Aktionsparameters mehr noch als den anderer Instrumente durch entsprechende Kontrollen abzusichern. Weitgehende Einigkeit besteht darin, daß sich Werbewirkung keinesfalls auf einen Faktor, z. B. den Aufmerksamkeitswert eines Werbemittels, reduziert. Man kann sich gewiß auch unschwer darauf verständigen, Werbewirkung als ein hochkomplexes, **multidimensionales Konstrukt** zu kennzeichnen, dessen Bestandteile ansatzweise bekannt sind, nicht aber, wie diese interagieren und was sie zum Gesamtergebnis beitragen.

Bergler (1982) beispielsweise nennt zwölf Rahmenbedingungen erfolgreicher Werbung, zu denen Unverwechselbarkeit des Werbestils, Zielgruppenspezifität und Aktualität ebenso wie Glaubwürdigkeit, Prägnanz, Verständlichkeit und Kompetenz zählen. Daneben spielen auch zahlreiche Kontextfaktoren eine

Rolle, die sich im Zusammenhang mit der Zeitschriftenwerbung z. B. als Leser-Blatt-Bindung, Lesedauer pro Heft, Heftnutzung, Bezugsart oder Leseort darstellen.

In keinem Bereich, in dem investiert wird, sind indessen die Bewertungs- und Kontrollmöglichkeiten so beschränkt bzw. so unbefriedigend wie gerade hier. Der häufig zitierte Ausspruch eines bekannten amerikanischen Versandhändlers „ich weiß zwar, daß die Hälfte meiner Werbeaufwendungen zum Fenster hinausgeworfen ist, nur weiß ich leider nicht, welche" illustriert, daß man nach wie vor weit davon entfernt ist, Patentrezepte anbieten zu können. Gleichwohl stehen auf den verschiedenen Ebenen der Werbepolitik **Kontrollinstrumente** zur Verfügung, die zumindest die **Evaluation von Teilprozessen** ermöglichen. Dabei läßt sich folgende Arbeitsteilung erkennen:

- Der Nachweis der Kommunikationsleistung der Werbeträger wird von der gesamten Werbewirtschaft, vorrangig aber von den Medien selbst geführt (vgl. Abschn. 4.1.3.2.2.).
- Die Kontrolle der Wirksamkeit konkreter Werbemaßnahmen ist zunächst Aufgabe der Werbeagenturen (vgl. Abschn. 4.2.3.).
- Die Feststellung des Ausmaßes, in dem die Werbeziele im Kontext des Marketing-Mix erreicht wurden, d.h. die im folgenden zu behandelnde Werbeerfolgskontrolle, fällt hauptsächlich in den Zuständigkeitsbereich der Werbungtreibenden (vgl. *Hörschgen* 1975).

Die Maßstäbe, die zur Kontrolle des Werbeerfolgs herangezogen werden, lassen sich aus den in Abschn. 4.1.2. beschriebenen ökonomischen und außerökonomischen Zielen ableiten.

4.3.2. Die Messung des ökonomischen Werbeerfolges

Verständlicherweise erwarten Unternehmen von Werbung in erster Linie positive ökonomische Konsequenzen. Als **Maßgrößen** kommen vor allem **Umsatz, Marktanteil** und **Gewinn** in Betracht. Da die Werbung aber im Rahmen aller absatzpolitischen Instrumente wirkt, fehlt es indessen, wie bereits dargelegt (vgl. Abschn. 4.1.2.1.), an der **Isolierbarkeit** ihres Beitrags zur Zielerreichung. Lediglich in Versuchsanordnungen, die Testmarkt-Bedingungen entsprechen, kann man u.U. nachweisen, daß Umsatzveränderungen auf Variationen im Werbeaufkommen zurückzuführen sind. Aus Kostengründen kommt dieser Weg indessen nur selten in Betracht. Allerdings zeichnet sich hier durch die zunehmende Verbreitung von Scannerkassen (vgl. § 7, Abschn. 4.4.2.4.2.) eine Tendenzwende ab.

Zu den wenigen Fällen, in denen ein unmittelbarer Zusammenhang zwischen Werbung und ökonomischem Erfolg hergestellt werden konnte, zählte ein Streik der Zeitungsverlage in den Vereinigten Staaten in den vierziger Jahren, der dazu führte, daß seinerzeit New York 114 und Cleveland 119 Tage lang ohne Zeitungen blieben. Ob die damit in

Verbindung gebrachten Umsatzeinbußen des Immobiliengewerbes (50%), von Theatern und Vergnügungslokalen (30%), Restaurants und Gastwirtschaften (25%) sowie von Warenhäusern (16%) tatsächlich **ausschließlich** auf den Ausfall dieses wichtigen Werbeträgers zurückzuführen waren oder ob durch einen solch schweren Streik nicht auch das allgemeine Konsumklima Schaden genommen hat, sei hier dahingestellt.

Jedenfalls verdeutlicht dieses Beispiel den für sog. Quasi-Experimente charakteristischen Versuch, sich eine atypische Situation zu Analysezwecken zunutze zu machen. Dabei wird jedoch zumeist übersehen, daß sich, wie im Falle des Streiks, auch andere Einflußfaktoren veränderten.

4.3.2.1. Der ökonometrische Ansatz

Innerhalb der heute vorherrschenden ökonometrischen Forschungsrichtung wurden verschiedene Modellvorstellungen entwickelt (vgl. z. B. *Parsons/Schultz* 1976; *Topritzhofer/Schmidt* 1977).

4.3.2.1.1. Die statische Modellkonzeption

Die lineare Regressionsgleichung

(6.10.) $$Y_t = \alpha + \beta X_t$$

verkörpert die einfachste **Marktreaktionsfunktion.** Hierbei wird eine lineare Abhängigkeit der abhängigen Variablen Y_t (= Umsatz bzw. Marktanteil zum Zeitpunkt t) von der unabhängigen Variablen X_t (= Werbeaufwendungen) unterstellt. Zeitliche Wirkungsverzögerungen (vgl. Abschn. 4.3.2.1.2.) bleiben unberücksichtigt; α und β symbolisieren zu schätzende Parameter.

Diese simple Marktmodellierung vermag in aller Regel das Marktgeschehen nur mangelhaft abzubilden: *Topritzhofer/Schmidt* (1978) z.B. erzielten hiermit im Falle des Zigarettenabsatzes in Großbritannien für die Jahre 1955 bis 1968 eine Varianzaufklärung von lediglich 9%, wobei sie als weiteren Aktionsparameter sogar noch die Preisstellung berücksichtigten ($Y_t = 5{,}19 + 0{,}000073\, X_t - 0{,}5714\, P_t$).

Problematisch daran sind vor allem die dem Regressionsansatz immanente Kausalitätsfiktion (vgl. *Quandt* 1964) und die Unterstellung, der Einfluß von X_t auf Y_t sei konstant und unabhängig von der Größe von X_t, was für die Werbung im allgemeinen nicht zutrifft. Dem ersten Einwand kann nur mit experimentellen Versuchsanordnungen begegnet werden. Die Antwort auf den zweiten stellt die Verwendung eines nichtlinearen Funktionstyps dar. Logarithmische, Exponential- und Potenzfunktionen werden der für eine absatzpolitische Aktivität typischen Abnahme des Grenzertragszuwachses bei Intensivierung der Marketing-Maßnahme eher gerecht:

(6.11.) $$Y_t = Y_{ot} + (Y_t^* - Y_{ot}) X_t^2 (\beta + X_t^2)^{-1}$$

Dabei bedeuten:

Y_{ot} = Umsatzvolumen, das ohne Werbung erreicht wird
Y^* = Sättigungsgrenze des Umsatzes

In der von *Topritzhofer/Schmidt* (1978) durchgeführten Studie verbesserten sich durch Einführung der Degressivitätsannahme ($Y_t = \alpha + \beta \log X_t$) die Ergebnisse jedoch nur unwesentlich.

Häufig meint man auch, das Verhältnis von Werbebudget und Absatzentwicklung lasse sich am besten durch einen S-förmigen Verlauf annähern. Das sog. **Werbeertragsgesetz** mit dem zunächst steigenden und später fallenden Grenzertrag (vgl. *Edler* 1966; *Kotler* 1971) wird zum einen dadurch begründet, daß erst von einem bestimmten Budgetumfang an erfolgversprechende Werbeträger belegbar bzw. die für das Lernen der Werbebotschaft notwendige Kontaktdichte realisierbar seien. Zum anderen verweist man auf diverse **Sättigungstendenzen** wie die abflachenden Reichweitenzuwächse (vgl. Abschn. 4.1.3.2.2.). Auch der „Effekt der abnehmenden Erträge", wonach die Kaufbereitschaft der Verbraucher nicht unbegrenzt ist und deshalb ab einem bestimmten Punkt zusätzliche Werbung wirkungslos bleiben muß, spielt hierbei eine Rolle. S-förmige Kurvenverläufe können durch eine logistische Funktion ($Y_t = Y^*/[1 + \exp(a - bX_t)]$) oder eine *Gompertz*-Funktion ($Y_t = Y^* a^{b^X}$) dargestellt werden.

Da bei der Modellierung von Marktreaktionsfunktionen **Konkurrenzeinflüsse** nur in Ausnahmefällen vernachlässigt werden können, schlägt *Hammann* (1974) folgenden Ansatz vor:

(6.12.) $\qquad Y_t = Y_{ot} + (Y_t^* - Y_{ot})[1 + (X_{Kt}/X_t)^\gamma]^{-1}$

Dabei bedeuten:

X_{Kt} = Werbeausgaben der Konkurrenten zum Zeitpunkt t
γ = Funktionsparameter

Allerdings gilt es hierbei zu bedenken, daß Werbemaßnahmen von Konkurrenten einen Marktanteil nicht nur mindern, sondern auch erweitern können (vgl. *Meffert/Steffenhagen* 1977, S. 172).

4.3.2.1.2. Die dynamische Modellkonzeption

Wie bereits in Verbindung mit den ökonomischen Werbezielen dargelegt wurde, sind Werbewirkungen sowohl durch Verzögerungs- als auch Beharrungseffekte gekennzeichnet (vgl. Abschn. 4.1.2.1.). Die intendierte Absatzsteigerung tritt also nicht unmittelbar mit Beginn einer Werbekampagne ein und sie bildet sich auch nicht synchron mit deren Beendigung zurück (vgl. z. B *Vidale/Wolfe* 1957; *Clarke* 1976).

Im Rahmen von Marktreaktionsmodellen versucht man dem durch sog. **Lag-Variablen** gerecht zu werden. (Zwischen dem im Zeitraum $t - s$ erfolgten Einsatz absatzpolitischer Instrumente und der im Zeitraum t gemessenen Wirkung besteht ein „lag".) Im einfachsten Fall ergibt sich folgende Beziehung:

(6.13.) $\qquad Y_t = \alpha + \beta X_{t-s} \quad (s = 1, \ldots, t-1)$

Soll der Umstand berücksichtigt werden, daß sich die Wirkungen einer Werbekampagne über mehrere Perioden verteilen, dann sind die Lags entsprechend zu verteilen (**"distributed lags"**). Die Frage, welcher Funktionstyp sich am besten dazu eignet, die vermuteten Zusammenhänge zu erfassen, beantwortete *Fisher* (1925) in anderem Zusammenhang mit dem in Abb. 6.25. wiedergegebenen linearen Verlauf. Demnach nimmt die in $t-1$ am stärksten ausgeprägte Wirkung der unabhängigen Variablen auf die abhängige im Zeitverlauf ($t-2$, ..., $t-s$) stetig ab.

(6.14.) $$Y_t = \alpha + \sum_{s=0}^{\infty} \beta_s X_{t-s}$$

Die entscheidenden Probleme dieses durch lineare Approximation umständlich zu spezifizierenden Ansatzes liegen in der iterativen Ex post facto-Bestimmung der Anzahl der relevanten „lags" (endliche Kette zu berücksichtigender Perioden) und der in aller Regel gegebenen **Multikollinearität** der Lag-Variablen (vgl. *Schneeweiß* 1978). Der Interdependenz der abhängigen und der unabhängigen Variablen kann, wie *Diller* (1976) veranschaulichte, durch einen simultanen Regressionsansatz begegnet werden. *Topritzhofer/Schmidt* (1978) erzielten bei ihrem Versuch der modellhaften Nachbildung des britischen Zigarettenabsatzes bei Anwendung dieses Funktionstyps immerhin einen auf 27% erhöhten Anteil erklärter Varianz.

Koyck (1954) postulierte einen geometrisch abnehmenden Reaktionsverlauf (unendliche Kette; vgl. Abb. 6.25.). Sein polynomiales Lag-Modell stellt heute das am häufigsten benützte Gebilde einschlägiger Art dar (vgl. *Clarke* 1976). Der letztlich überaus einfache Ansatz

(6.15.) $$Y_t = \alpha + \beta X_t + \lambda Y_{t-1}$$

hat die ökonometrisch orientierte Erforschung des Werbeerfolgs deshalb so stark beeinflußt, weil alle vergangenen und noch wirksamen Marketing-Maßnahmen in dem Term λY_{t-1} zusammengefaßt sind. Die Erhaltungsrate („retention rate") λ läßt sich dabei als der gewichtete gleitende Durchschnitt aller (Werbe-)Ausgaben verstehen (vgl. *Palda* 1964). Andere Autoren bezeichnen diesen Parameter als Ausdruck des Marktkapitals bzw. des Goodwill des Marktes (vgl. *Nerlove/Arrow* 1962) oder auch als Bekanntheitsgrad (vgl. *Hilse* 1970). Weiterhin zeichnet sich diese Formalisierung dadurch aus, daß das Multikollinearitätsproblem weitgehend umgangen wird.

Bass/Clarke (1972) wandten sich gegen die These von der monotonen Abnahme der Wirkungsintensität zeitlich zurückliegender Maßnahmen und ermittelten in einer empirischen Untersuchung zunächst steigende und dann erst fallende Lag-Koeffizienten. Als theoretischer Verteilungstyp für die Lag-Koeffizienten erscheint ihnen deshalb eine Dreiecksverteilung angemessener (vgl. Abb. 6.25.).

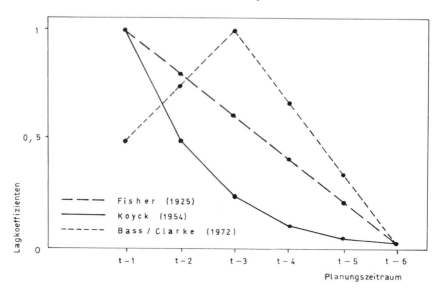

Abb. 6.25.: Hypothetische Reaktionsverläufe der Umsätze auf die Werbeausgaben

Auch wenn sich das Ergebnis in dem von *Topritzhofer/Schmidt* untersuchten Fall durch Rekurs auf das *Koyck*-Modell erneut verbesserte, schlossen doch die Autoren aus der letztlich immer noch unbefriedigenden Varianzaufklärung, daß außer den Marketing-Mix-Variablen noch andere Einflußfaktoren in das Modell aufgenommen werden müßten. Durch Berücksichtigung volkswirtschaftlicher Größen (Bevölkerungszahl, Einkommen, Ausgaben für Konsumgüter) konnte die **Prognosegüte** dementsprechend weiter, wenn auch nicht entscheidend erhöht werden.

Zusätzliche Verbesserungen sollten durch die Einbeziehung marktspezifischer Informationen erzielbar sein. Schon frühzeitig behauptete *Mickwitz* (1959), daß die Werbeelastizität der Nachfrage stark von der Lebenszyklusphase eines Produkts abhänge. Weiterhin erscheint es für eine Vielzahl von Erzeugnissen plausibel, von saisonalen Schwankungen in der Marktreaktion auszugehen, und zwar nicht nur etwa bei Getränken oder Speiseeis, sondern auch bei Zigaretten.

Gleichwohl finden sich in der Literatur vergleichsweise wenige Versuche, durch Integration **adaptiver Elemente** („time varying coefficients") Marktreaktionsmodelle so auszugestalten, daß sie saisonale Reaktionsschwankungen adäquat abbilden. Ökonometrische Modelle sind ebensowenig wie andere Zeitreihen-Ansätze (z. B. *Box/Jenkins* 1976), eben wegen der Invarianz ihrer Parameter, in der Lage, sich variierenden Marktbedingungen anzupassen.

Mittels **Dummy-Variablen** können **saisonale Schwankungen** nur dann berücksichtigt werden, wenn die sie bedingenden Faktoren bekannt und Strukturbrüche somit vorhersehbar sind (vgl. *Palda* 1964). Dies war im Falle des britischen Zigarettenmarktes gegeben, so daß durch Einführung der Saisonalität als Dummy-Variable in das letztlich komplexe semilogarithmische Modell die Vorhersagbarkeit der Marktreaktion entscheidend, nämlich auf 80%, gesteigert werden konnte (vgl. *Topritzhofer/Schmidt* 1978, S. 18). Sind die Strukturbrüche bekannt, so können z. B. auch mittels der „moving window regression" für a priori zu definierende Zeitsegmente separate saisonale Wirkungskoeffizienten geschätzt werden (vgl. *Wildt* 1975).

Trotz der beträchtlichen Menge an Studien, die mit der ökonometrischen Analyse der Werbeausgaben-Umsatz-Beziehung befaßt waren – tabellarische Literaturübersichten finden sich u. a. bei *Clarke* (1976, S. 349f.) und *Schmidt/ Topritzhofer* (1978, S. 232f.) –, sind entscheidende Fortschritte bislang ausgeblieben. Hierbei spielen mehrere Gründe eine Rolle: Ganz im Vordergrund steht der Umstand, daß der regressionsanalytische Black Box-Ansatz zu atheoretischem „Herumprobieren" verleitet. Durch heuristische Ex post-Modellspezifikation lassen sich zwar nahezu beliebige „fits" erzeugen, doch verkörpern derartige Vorhersagen letzten Endes nichts anderes als Fortschreibungen der Vergangenheit, was sie nicht dafür qualifiziert, neuartige Entwicklungen zu signalisieren.

Im übrigen werden die für ökonometrische Marktmodelle vorhandenen **Validierungsmöglichkeiten** zu selten realisiert. Das noch am häufigsten eingesetzte Verfahren zur Bestimmung der Vorhersagevalidität wird in der Literatur als „ex post forecasting" bzw., seltener, als „back casting" bezeichnet. „Man verwendet dabei nicht alle verfügbaren Daten zur Schätzung der Reaktionsfunktion, sondern legt beispielsweise die Daten der letzten beiden Jahre zur Seite. Mit Hilfe der geschätzten Reaktionsfunktion und unter Heranziehung der bekannten Werte für die erklärenden Variablen ist es sodann möglich, den Wert der abhängigen Variablen für die letzten zwei Jahre zu ‚prognostizieren'. Da es sich dabei um die nachträgliche Prognose bereits eingetretener Ereignisse handelt, können die vom Modell prognostizierten Werte den historischen Werten gegenübergestellt werden" (*Schmidt/Topritzhofer* 1978, S. 227f.).

Nicht zuletzt aber ist von Bedeutung, daß sich vornehmlich methodisch interessierte Autoren häufig spezielle, atypische Untersuchungssituationen auswählen, um in einem stark vereinfachten Marktgeschehen „ihre" Modellierung prüfen zu können. Beispielsweise beeinflußt die Produktklasse die Werbeausgaben-Umsatz-Beziehung in starkem Maße. Manche Erzeugnisse, wie z. B. Zigaretten, reagieren umsatzmäßig nur sehr träge auf Werbung (vgl. *Topritzhofer/Schmidt* 1978, S. 18); andere wiederum zeichnen sich durch eine hohe **Werbeelastizität** aus, z. B. Eiskrem für Kinder (vgl. *Bloom/Jay/Twyman* 1977, S. 13f.). Daß dies bedacht sein will, zeigt Abb. 6.26.

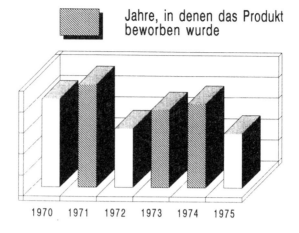

Quelle: *Bloom/Jay/Twyman* 1977, S. 14.

Abb. 6.26.: Umsatzentwicklung eines typischen Eiskrem-Produkts für Kinder

Die erstmals von *Palda* (1966) und danach von vielen anderen analysierte Werbung der *Lydia E. Pinkham Medicine Company* weist mehrere solcher atypischer Merkmale auf einmal auf (vgl. Abb. 6.27.; *Weiss/Houston/Windel* 1978). Daß es sich hier um eine Art Laborfall handelt, kommt in folgenden Besonderheiten zum Ausdruck:

- Der Preis des Produktes („the *Lydia Pinkham* vegetable compound") änderte sich im Verlauf des Analysezeitraumes nur unwesentlich.
- Nahezu das gesamte Werbebudget wurde für Anzeigenkampagnen verwendet.
- Die Anzeigengestaltung wurde zwischen 1907 und 1960 nur dreimal geändert (1915, 1926 und 1941).
- Vor allem aber genoß das Erzeugnis eine quasi-monopolistische Stellung.

Das Fehlen von Konkurrenten gab auch in einer Reihe weiterer Studien den Ausschlag für die Wahl des Untersuchungsfeldes. So analysierte *Hilse* (1970) einen Markenartikel der Nahrungs- und Genußmittelbranche ohne nationalen Wettbewerber. Ähnlich wählte *Lambin* (1968/1969) ein stark nachgefragtes Nahrungsmittelerzeugnis, das den belgischen Markt weitgehend beherrschte. Zusätzliche atypische Merkmale waren auch hier die außerordentliche Konstanz des Produktpreises und die der Werbeanzeigen.

Ein weiterer Grund für die Stagnation der Forschung auf diesem Felde ist in dem Fehlen eines allgemein akzeptierten Paradigmas zu sehen. Die daraus resultierende Unvergleichbarkeit der durchgeführten Untersuchungen hinsichtlich Design, Stichprobe, Umweltkonstellation und Erkenntnisobjekt führt zu sowohl unvergleichbaren als auch äußerst heterogenen Ergebnissen, die Verallgemeinerungen unmöglich machen. Deshalb mußte *Clarke* (1976) in einem Übersichtsartikel zur Frage der **Dauer** der **Werbewirkung** resignierend feststel-

4. Werbepolitische Entscheidungen 575

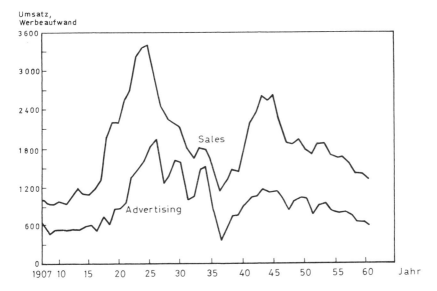

Quelle: *Palda* 1966, S. 22.

Abb. 6.27.: Umsatz und Werbeaufwendungen der *Lydia E. Pinkham Medicine Company* (1907 - 1960)

len, daß die Spannweite von 0,8 bis zu 1367,7 Monaten reicht. Eliminiert man die durch die Unterschiedlichkeit der untersuchten Erzeugnisklassen bedingte Varianz und faßt lediglich solche Erhebungen zusammen, die sich auf dieselbe Produktkategorie beziehen, so reduziert sich die Spannweite auch dann nicht entscheidend (z. B. 17 bis 677 Monate bei Zigaretten).

Die bislang geschilderten Schwierigkeiten bei der zeitlichen Zuordnung der Werbewirkung müssen noch um die Kausalitätsprobleme ergänzt werden, die auftreten, wenn mehrere Werbemaßnahmen gleichzeitig oder zeitlich überlappend durchgeführt werden. Das in Abb. 6.28. wiedergegebene Ablaufdiagramm einer Einführungskampagne verdeutlicht, daß es unmöglich ist, die jeweiligen Anteile der verschiedenen Elemente des Kommunikationsmix am Werbeerfolg in ökonomischen Größen auszudrücken.

4.3.2.2. Experimentelle Ansätze

Angesichts der Unzulänglichkeiten ökonometrischer Ansätze verdient nach Meinung *Bidlingmaiers* (1970b) neben dem sog. *BuBaW*-Verfahren (**B**estellung **u**nter **B**ezugnahme **a**uf **W**erbemittel), der Befragung und der auf *Starch* (1961) zurückgehenden *Netapps*-Methode („**net a**d **p**roduced **p**urchases") vor allem der **Gebiets-Verkaufstest** Beachtung.

576 § 6 Kommunikationspolitik

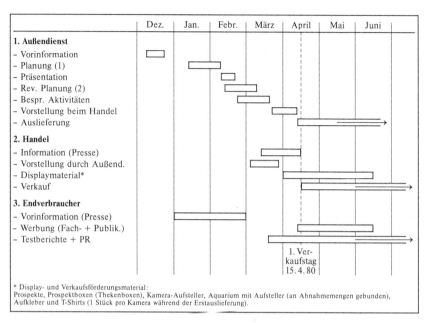

Abb. 6.28.: Zeitplan einer Werbekampagne für eine Produkteinführung

Hierbei ist Voraussetzung, daß vergleichbare Städte oder gar ganze Regionen verfügbar sind, die als Test- bzw. als Kontrollmarkt dienen können und hinsichtlich ihrer Bevölkerungsstruktur (weitgehend) der Zielgruppe entsprechen (in der Bundesrepublik Deutschland werden häufig Kassel, Passau, Straubing, Berlin (West) und das Saarland, in den Vereinigten Staaten Springfield, Mass., und San Bernadino, Ca., als Testmärkte genutzt). Weiterhin muß, wie in § 7, Abschn. 4.4.3.2., noch im einzelnen dargelegt wird, gewährleistet sein, daß die für den Testmarkt bestimmten Maßnahmen nicht auch auf den Vergleichsbereich ausstrahlen. Zudem ist sicherzustellen, daß die beteiligten Einzelhändler während der Testperiode ihre Verkaufs- und Werbemethoden möglichst konstant halten.

Im übrigen sollte die Testperiode einerseits lang genug sein, daß sich die werbebedingte Nachfrage voll niederschlagen kann, andererseits aber auch nicht zu lange, weil mit zunehmender Dauer die Wahrscheinlichkeit des Auftretens von Störeinflüssen wächst. Schließlich gilt es, die zeitliche Repräsentativität der Testperiode zu gewährleisten. Der Werbeerfolg wird dann definiert als die Differenz zwischen dem im beworbenen Testmarkt und dem im unbeeinflußten Kontrollmarkt erzielten Umsatz.

Bislang wurden aber nur in Ausnahmefällen (z. B. *Caffyn* 1965; *Tuck/Firth* 1973) alternative Werbekampagnen unter realistischen, sorgfältig kontrollierten Testmarktbedingungen durchgeführt. Maßgebend dafür sind nicht nur der damit verbundene vergleichsweise hohe Aufwand, sondern auch folgender Umstand: Zumindest auf oligopolistischen Märkten muß damit gerechnet werden, daß die Konkurrenten ein solches Experiment durch absatzpolitische Gegenmaßnahmen stören, sich also auf dem Teilmarkt anders als auf dem Gesamtmarkt verhalten (vgl. *Bidlingmaier* 1970b, S. 795).

Sind Einzelhandelsunternehmen zur Mitwirkung bereit, bei denen Vergleichbarkeit hinsichtlich Sortiment, Bedienungsform, Umsatz und Kundenstruktur besteht, dann eröffnet sich die Möglichkeit der Werbewirkungskontrolle mit Hilfe von **Test-** und **Kontrolläden** (siehe § 7, Abschn. 4.4.3.3.). Dieser Ansatz entspricht im wesentlichen dem Gebiets-Verkaufstest, und zwar sowohl hinsichtlich der Voraussetzungen als auch der Vor- und Nachteile. Für ihn spricht die beträchtliche Kostenersparnis, die allerdings durch eine Reduktion des Sicherheitsgrades der Aussagen auf Grund der wesentlich schmaleren Datenbasis erkauft werden muß.

Wilkinson/Mason/Paksoy (1982) demonstrierten, wie mit Hilfe eines vollständigen faktoriellen Designs (vgl. § 7, Abschn. 4.5.1.2.) die Interaktion verschiedener Marketing-Instrumente in einem Testladen experimentell analysiert werden kann. Durch die systematische Variation der verschiedenen Ausprägungen der Faktoren **Preis** (regulär, reduziert, Einstandspreis), **Display** (normale Regalfläche, verdoppelte Regalfläche, normale Regalfläche plus Sonderdisplay) sowie **Werbung** (Nennung des Produktnamens und des Preises in wöchentlichen Anzeigen, keine Nennung) entstanden realistische Gestaltungsalternativen in Form von 18 unterschiedlichen Treatment-Kombinationen. Jede Aktion lief zwei Wochen. Deren Abfolge, zwischen die jeweils sog. „base weeks" als neutralisierende Puffer geschoben wurden, war zufällig.

Eine varianzanalytische Auswertung zeigte, daß der nur bei drei von vier Produkten signifikante Effekt der Anzeige geringer als die Wirkung der Faktoren Preis und Display ausfiel. Am nachhaltigsten beeinflußte das Sonderdisplay die Verkaufszahlen. Als ineffektivste Varianten erwiesen sich demgegenüber „regulärer Preis/normales Display/ keine Werbung", „reduzierter Preis/normales Display/keine Werbung" und „regulärer Preis/normales Display/Werbung". Die mit Abstand größten Verkaufserfolge wurden unter der Bedingung „Einstandspreis/Sonderdisplay/Werbung" erzielt. In dieser Konstellation richtete auch die Werbung etwas aus; denn bei Verzicht auf diesen Aktionsparameter sank das Verkaufsvolumen trotz Sonderdisplay und Einstandspreis um knapp 30%.

Durch die zunehmende Verbreitung der unter der Bezeichnung **Scanning** bekannt gewordenen Form der artikelgenauen Datenerfassung am Verkaufspunkt (vgl. z. B. *Simon/Kucher/Sebastian* 1982) zeichnen sich jedoch ganz neue Perspektiven für die ökonomische Werbewirkungsforschung ab. *Nielsen,* das weltweit größte Marktforschungsinstitut, hat u. a. dazu von sich aus in den USA eine größere Zahl von Supermärkten mit Scanner-Kassen ausgerüstet.

Die *Information Resources Inc. (IRI)* stattete in mehreren Städten gar sämtliche Geschäfte mit diesen Geräten aus. Darüber hinaus richtete dieses Unternehmen dort auch Panels mit jeweils 2000 Haushalten ein, die an das

Kabelfernsehen angeschlossen sind, mit dessen Hilfe gezielt für ganz bestimmte Haushalte Testanzeigen ausgestrahlt werden können. Dieses System ermöglicht eine sofortige, realitätsnahe und preiswerte Beurteilung der Erfolgschancen alternativer Werbestrategien, neuer Produkte etc.

In der Bundesrepublik Deutschland verfügt die *Gesellschaft für Konsumforschung (GfK)*, Nürnberg, mit ihrem *ERIM*-**Scanner-Panel** über eine ähnliche Einrichtung. Allerdings stützt sich *ERIM* noch nicht auf das Kabelfernsehen, womit sich Werbinput und Kaufreaktion erst direkt und unmittelbar verknüpfen lassen. Der zu beschreibende Weg ist indessen vorgezeichnet: Während ein Teil der Mediennutzer bestimmten Werbespots ausgesetzt wird, spart man einen anderen, als Kontrollgruppe fungierenden auch hier aus methodischen Gründen bewußt aus, um so die Werbewirkung herauszufiltern (vgl. z. B. *Zufryden* 1981).

4.3.3. Die Messung des außerökonomischen Werbeerfolges

Wegen der bei der Messung des ökonomischen Werbeerfolges auftretenden Probleme sind schon früh Versuche unternommen worden, das Ausmaß der Erreichung von außerökonomischen Werbezielen zu erfassen. Mit dem sog. **Recognition-Verfahren** (vgl. Abschn. 4.3.3.1.1.) wird beispielsweise seit über 50 Jahren gearbeitet. Im Laufe der Zeit kam es zu einer Vielzahl von Methoden, von denen jedoch nur ein Teil die Forderungen nach Objektivität, Reliabilität und Validität erfüllt. Ansätze, die diesen zumindest weitgehend entsprechen, sollen im folgenden skizziert werden.

Als Gliederungskriterium dient dabei – abgeleitet aus der Überlegung, daß kommunikationstheoretische Ansätze die Wirkungsweise der Werbung am besten erklären können – das gewählte Modell der intrapersonalen Nachrichtenverarbeitung (vgl. Abschn. 3.1.1.): Als Kriterien für die Perzeption können dabei die klassischen Kontaktmaße **Recognition** und **Recall** angesehen werden. Als Indikatoren der Apperzeption kommen z. B. Wissen über Produkteigenschaften, Image-Merkmale, Einstellungen, Kauf- und Verwendungsinteresse in Betracht (vgl. *Hörschgen* 1975, S. 279). In der Praxis stellt die Erinnerung an eine Werbebotschaft oder die beworbene Marke das am weitesten verbreitete Effizienzmaß dar, während in der wissenschaftlichen Werbeforschung die Einstellungsmessung dominiert (vgl. *Kroeber-Riel* 1984, S. 79).

Nicht selten werden die kommunikativen Werbeziele als „nichtwirtschaftlich" kritisiert (vgl. z. B. *Junk* 1971, S. 48). Tatsächlich aber sind ökonomisch und außerökonomisch in diesem Zusammenhang nicht als alternative Wirkungsebenen anzusehen. Vielmehr handelt es sich bei der Kommunikationswirkung um eine Art Vorläufer der ökonomischen Wirkung, die Auslösung des Kaufaktes.

4.3.3.1. Die Gedächtniswirkung

Werbemittelkontakt im eigentlichen Sinne besteht erst dann, wenn zu dem mit den Reichweitenmaßen (vgl. Abschn. 4.1.3.3.2.) darstellbaren physischen und dem mit der Blickregistrierung (vgl. § 7, Abschn. 4.4.2.1.2.) nachweisbaren perzeptiven der apperzeptive Kontakt hinzukommt. Da die bewußte Wahrnehmung der Werbebotschaft und der Kaufakt in der Regel zeitlich nicht zusammenfallen, muß die werbliche Information kognitiv gespeichert werden, sofern sie das Kaufverhalten beeinflussen soll. Deshalb zählt die **Gedächtniswirkung** zu den zentralen kommunikativen Erfolgsgrößen.

4.3.3.1.1. Das Wiedererkennungsverfahren

Bei diesem erstmals von *Strong* (1912) eingesetzten Prüfverfahren **(Recognition-Test)** geben die Probanden an, wie bekannt ihnen bestimmte Werbemittel sind. Allgemeine Verbreitung fanden dabei die Beurteilungskategorien von *Starch* (1966). Der gleichnamige Test läßt sich folgendermaßen veranschaulichen:

Der Interviewer geht mit der jeweils letzten Ausgabe einer Zeitschrift zu etwa 150 nach dem Quota-Verfahren (siehe § 7, Abschn. 4.3.1.) ausgewählten Personen, die als Leser dieser Zeitschrift festgestellt wurden. Er blättert mit jeder Versuchsperson die ganze Zeitschrift durch, wobei er nach jeder Seite, auf der sich eine Anzeige befindet, den Probanden fragt, ob er das betreffende Inserat wiedererkennt. Dabei werden folgende Maßgrößen verwendet:

- „Noted" (Anzeige gesehen) = Prozentsatz derjenigen, die angeben, eine Anzeige bereits früher gesehen zu haben.

- „Seen/associated" (Anzeige global betrachtet) = Prozentsatz derjenigen, die behaupten, die Anzeige gesehen und Teile davon gelesen zu haben und sich deutlich an den Namen des beworbenen Meinungsgegenstandes (z. B. Produkt) zu erinnern.

- „Read most" (Anzeige gelesen) = Prozentsatz derjenigen, die bestätigen, mehr als die Hälfte des Textes gelesen zu haben.

Neben Kategorisierungsmängeln schränken die von analogen Werbemaßnahmen in anderen Medien ausgehenden **Carry over-Effekte** die Validität dieses Gedächtnismaßes ein. Als besonders nachteilig aber wirkt sich die **mangelnde Verifizierbarkeit** der Richtigkeit der Angaben aus. Erfahrungsgemäß empfinden Auskunftspersonen in Befragungssituationen einen gewissen Druck, sozial erwünschte Antworten zu geben, m.a.W. entgegen den Gegebenheiten von sich behaupten zu müssen, z. B. bestimmte Anzeigen wiederzuerkennen.

Die Unzuverlässigkeit der Wiedererkennungsmethode demonstrierten *Simmons* (1961) und *Marder/David* (1961) experimentell, indem sie bei Lesern und Nichtlesern einer Zeitschrift in etwa gleich große Recognition-Quoten ermittelten. *Lucas* (1960) hatte zuvor schon die Eignung dieses Gedächtnismaßes durch den Nachweis in Zweifel gezogen, daß Differenzen von bis zu 14 Tagen zwischen Testzeitpunkt und letztem Lesen einer wöchentlich erscheinenden Zeitschrift *(LIFE)* keinen nennenswerten Einfluß auf die Wiedererkennensleistung ausübten.

Um dem entgegenzuwirken, fügt man bei der Zweitdarbietung gelegentlich unmerklich eine größere Zahl vergleichbarer, aber „unechter" Werbemittel in den Werbeträger ein. Beim sog. **Folder-Verfahren** werden dann der auf diese entfallende durchschnittliche Wiedererkennungswert vom Gesamtwert subtrahiert und das Ergebnis als „kontrolliertes" Recognition-Maß ausgewiesen (vgl. z. B. *Alpers* 1966).

Aus der Vielzahl kritischer Veröffentlichungen folgern *Koeppler* u. a. (1974, S. 39), daß eine erhebliche Unsicherheit darüber besteht, was das Recognition-Verfahren eigentlich mißt (vgl. auch *Fletcher/Maybey* 1971). Obwohl für den Werbeerfolg das passive Wiedererkennen bis hin zu den diffusen Anmutungen der Bekanntheit, die für die Vertrauensgewinnung äußerst bedeutsam sind (vgl. *Spiegel* 1970), maßgeblicher als das aktive und vollständige Erinnern von Werbemaßnahmen sein dürfte, wird das *Starch*-Verfahren zumindest in der Bundesrepublik Deutschland wegen dieser konzeptionellen und meßtechnischen Mängel heute nur noch selten angewandt.

4.3.3.1.2. Das Erinnerungsverfahren

Bei den Erinnerungsverfahren **(Recall-Tests)** unterscheidet man solche mit sog. **gestützter** („aided recall") und solche mit **ungestützter** Erinnerung („unaided recall"). Die Frage zur Erhebung der ungestützten Erinnerung an Marken könnte etwa lauten: „Wenn Sie an die XY-Branche denken, welche Marken fallen Ihnen dabei ein?" Die Nennung der Marken ohne Erinnerungshilfe ist Ausdruck der aktiven Markenbekanntheit. Ihre Erhebung wird in der Praxis der Ermittlung des „gestützten", passiven Bekanntheitsgrades vorgezogen. Als Erinnerungshilfe bei der Feststellung des passiven Bekanntheitsgrades fungiert eine Liste mit Markennamen, wobei die dazu gestellte Frage z. B. lautet: „Welche der hier ausgewiesenen Marken kennen Sie?"

Während also bei der Recognition-Methode an Hand einer Zeitschrift oder eines anderen Werbeträgers festgestellt wird, welche Inserate, Spots etc. jemandem aufgefallen sind, dienen bei der **Aided Recall-Methode** unvollständige Werbemittel als Gedächtnisstütze. Die **Unaided Recall-Methode** manifestiert sich dagegen in einer reinen Befragung. „Aided recall" wurde in den USA insbesondere von *GALLUP* für die Werbewirkungsanalyse nutzbar gemacht; sie liegt auch dem sog. Impact-Test des *EMNID-Institutes,* Bielefeld, zugrunde.

Der Prüfung der Gedächtnisleistung dient auch das „anglemeter", bei dem alternative Packungsentwürfe auf ihren Erinnerungswert hin untersucht werden. Dazu plaziert man das jeweilige Beurteilungsobjekt, in selteneren Fällen auch ein Plakat oder eine großflächige Anzeige, so auf einer Drehscheibe, daß der Betrachter anfangs nur dessen neutrale Schmalseite sieht. Durch langsames Drehen wird dann mehr und mehr von der maßgeblichen Breitseite sichtbar. Der Blickwinkel, bei dem das Prüfobjekt erkennbar ist, fungiert als Kenngröße (vgl. *Spiegel* 1970, S. 101 f.).

4. Werbepolitische Entscheidungen 581

Das **aktualgenetische Verfahren** zum Nachweis von Erinnerungsresten basiert auf dem Zusammenwirken von Gedächtnis und Wahrnehmung. Demnach wird ein Wahrnehmungsobjekt u. a. dann identifizierbar, wenn eine tachistoskopisch erschwerte Wahrnehmung (vgl. § 7, Abschn. 4.4.2.2.) auf entsprechende Gedächtnisspuren trifft, selbst wenn weder die aktuellen Wahrnehmungsbedingungen noch die Gedächtnisreste für sich genommen jeweils für eine aktive Reproduktion ausgereicht hätten. Als Gedächtnismaß dient die bis zum Einsetzen der Erinnerung erforderliche Präsentationszeit des Stimulus.

Mit dieser Methode kann z. B. geprüft werden, ob ein Markenname, wie etwa der des Automobilherstellers *Talbot,* der über längere Zeit nicht mehr verwendet wurde, noch über Erinnerungswert verfügt: Wenn zusammen mit dem interessierenden Begriff ähnlich lange und gegliederte Wörter zum Vergleich vorgegeben werden, dann sollte, bei Existenz von Erinnerungsresten, der Markenname als erster identifiziert werden.

Die Gedächtniswirkung einer Werbebotschaft wird, wie Abb. 6.29. sichtbar macht, überschätzt, wenn man auf die **Wiedererkennung** abstellt. Dagegen verleiten Erinnerungsmaße zu einer Unterschätzung des **Bekanntheitsgrades**.

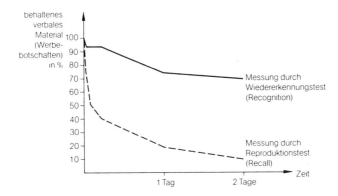

Quelle: *Kroeber-Riel* 1980, S. 403.

Abb. 6.29.: Typische Vergessenskurven

Damit Informationsverarbeitungsprozesse in Gang kommen, bedarf es im übrigen eines Interesses des Wahrnehmenden für den Wahrnehmungsinhalt. Daß die Gedächtnisleistung für Bilder besser als für konkrete Begriffe ist – am schlechtesten werden abstrakte Begriffe behalten (vgl. *Kroeber-Riel* 1984, S. 87) –, wird ebenfalls mit dem größeren Interesse, das visuelle Stimulation erfährt, erklärt. Neben der Bevorzugung von Bild- gegenüber Textinformationen dürfte dabei auch die sog. **Doppelkodierung** von optischem Lernmaterial eine Rolle spielen: Bildinformationen werden sowohl in der linken als auch in der rechten Gehirnhemisphäre gespeichert, Worte dagegen nur in der linken (vgl. *Paivio* 1971).

4.3.3.1.3. Die Eignung der Gedächtniswirkung als Maß des Werbeerfolges

Sieht man einmal von den meßtechnischen Problemen ab, die sich in teilweise enttäuschend niedrigen Reliabilitätskoeffizienten niederschlagen (vgl. z.B. *Clancy/Kweskin* 1971; *Clancy/Ostlund* 1976), so bleibt als zentrale Frage, „was wir denn eigentlich wissen, wenn wir anläßlich einer 1965 durchgeführten Studie des Hauses *Axel Springer* erfahren, daß der **Bekanntheitsgrad** z.B. der *Bild-Zeitung* 98% beträgt, während etwa der *Mercedes*-Stern ‚nur' 85% der Befragten bekannt ist" (*Johannsen* 1967, S. 9).

Eine Abhängigkeit im Sinne einer direkten **Beziehung** zwischen **Bekanntheitsgrad** und **Kaufbevorzugung,** dem letztlichen Ziel aller Werbemaßnahmen, konnte bislang nicht nachgewiesen werden. Im Gegenteil, es finden sich dafür mehr widersprüchliche (vgl. *Hoffmann* 1972) als unterstützende empirische Belege (vgl. z.B. *Stapel* 1971). Häufig korrelieren sogar extrem hohe Aufmerksamkeits- und Erinnerungswerte eng mit negativen Empfindungen auf Seiten der Adressaten der Werbung (vgl. *Bergler* 1965, S. 26f.). Wahrscheinlich liegt dies daran, daß es nicht nur einfach, sondern auch kurzfristig möglich ist, z.B. durch besonders auffallende oder lustige Werbung den Bekanntheitsgrad eines Produktes nachhaltig zu steigern. Da indessen dabei u.a. die zu einer Einstellungs- bzw. Verhaltensänderung notwendige Kontakthäufigkeit nicht erreicht wird, bleiben die getroffenen Maßnahmen ohne hinreichenden Einfluß auf das Kaufverhalten.

Auch aus einer Untersuchung von *Gorn/Goldberg* (1980), in der das auf den Bekanntheitsgrad gerichtete Werbeziel bereits nach drei Werbemittelkontakten, die angestrebte Veränderung der Präferenzen aber erst bei einer deutlich höheren Kontaktsumme erreicht wurden, läßt sich ableiten, daß die beiden Erfolgsparameter **Gedächtniswirkung** und **Einstellungswirkung** nicht alternativ zu verwenden sind. Vielmehr ist ein gewisser **Bekanntheitsgrad** eine notwendige, nicht aber hinreichende Voraussetzung für Einstellungsänderungen und damit Teil des übergeordneten (Werbe-)Ziels.

4.3.3.2. Die Einstellungswirkung

Um zu überprüfen, ob Häufigkeit, zeitliche Verteilung und Qualität des Kontakts mit dem Werbemittel zu einer Veränderung der Einstellung der Zielgruppe gegenüber dem Werbeobjekt geführt haben, können sämtliche aus der Einstellungsforschung bekannten und in § 7, Abschn. 4.2., ausführlich behandelten Meßtechniken verwendet werden. Einen für die Werbewirkungsforschung spezifischen Meßansatz gibt es nicht, sofern man von den von *Axelrod* (1968) genannten, aber selten eingesetzten Verfahren absieht.

Bei der sog. **Lotteriemethode** beispielsweise darf jede Versuchsperson als Belohnung für ihre Mitarbeit ein Los ziehen, das sie im Falle des Gewinns in den Besitz eines bestimmten Produkts gelangen läßt, dessen Hersteller noch offensteht. Aus der Nennung der konkreten Marke, die als Preis gewünscht würde, läßt sich dann auf die Einstellung gegenüber den zur Wahl gestellten Varianten schließen.

Obwohl der Begriff Einstellungsänderung zum gängigen Vokabular der Werbewirkungsforschung zählt, ist man sich heute darin einig, daß Werbestimuli selten Einstellungen tatsächlich zu ändern vermögen. Zumeist beschränkt sich ihre Wirkung auf die Aktivierung latenter und die Reduzierung indifferenter Einstellungen (vgl. *Kamen* 1981). Hinter der Frage, inwieweit werbliche Kommunikation bei den Umworbenen Einstellungsänderungen herbeizuführen vermag, steht die Hoffnung, daß ein Einstellungswandel zugleich zu einem Verhaltenswandel führt, wobei mit einer Modifikation der Einstellungen auch die Kaufwahrscheinlichkeit ansteigt (*von Rosenstiel/Ewald* 1979, S. 149).

Vergegenwärtigt man sich das **Wesen** der **Einstellung,** wie sie etwa *Trommsdorff/Schuster* (1981, S. 721) definieren, nämlich als „gelernte und relativ dauerhafte Bereitschaft, auf bestimmte Reizkonstellationen der Umwelt konsistent positiv oder negativ zu reagieren", so wird der zugrunde liegende Gedankengang ersichtlich: Ein Produkt, das man grundsätzlich positiv zu bewerten gelernt hat, wird mit größerer Wahrscheinlichkeit gekauft werden als ein anderes, das eine negative Einordnung erfährt.

Da die materiellen Befunde dieser Forschungsrichtung bereits an anderer Stelle dargelegt wurden, um theoretische Gedankengänge zu konkretisieren (vgl. vor allem Abschn. 2.3.3.), soll an dieser Stelle nur noch geprüft werden, ob von **Einstellungsänderungen** auch tatsächlich Variationen des Kaufverhaltens zu erwarten sind.

Unstrittig dürfte sein, daß derartige Beziehungen bestehen (vgl. zusammenfassend *Pinson/Roberto* 1973). Doch finden sich in der Literatur Belege sowohl für durch Einstellungswandlungen bedingte Änderungen des Kaufverhaltens (vgl. z. B. *Achenbaum* 1966) als auch für die umgekehrte Wirkungsrichtung (vgl. z. B. *Appel* 1966). Abgesehen von terminologischen und methodischen Inkonsistenzen dürften die Widersprüche durch die Vernachlässigung von intervenierenden Variablen wie Produkt-Involvement zu erklären sein: Bei „**low interest products**" scheinen Verhaltens- den Einstellungsänderungen, bei **höherwertigen, prestigeträchtigen Kaufobjekten** hingegen Einstellungs- den Verhaltensänderungen vorauszugehen. Eine nicht geringe Rolle dürfte auch der an sich banale Umstand spielen, daß das Kaufverhalten nicht nur von einer als Kaufbereitschaft zu deutenden positiven Einstellung gegenüber einem Erzeugnis abhängt, sondern z. B. auch von der Kauffähigkeit (finanzielle Restriktionen) und Kaufmöglichkeit (Verfügbarkeit; vgl. *Hoepfner* 1975). Die Frage ist also nicht, ob Einstellungen Vorrang vor Verhaltensänderungen haben, sondern unter welchen Bedingungen Einstellungsänderungen Verhaltensänderungen vorausgehen (vgl. *Mayer/Däumer/Rühle* 1982, S. 216).

Die genannten Meßprobleme haben das Interesse an Wirkungsindikatoren gefördert, die dem Kaufakt theoretisch näherstehen. Zur Quantifizierung der hier zu nennenden sog. **Kaufintention** etwa werden die Versuchspersonen gefragt, für welche Marke sie sich entscheiden würden, wenn sie ein bestimmtes Produkt kaufen sollten. Die nach der Präsentation eines Werbemittels durchgeführte Meßwiederholung ermöglicht es, auf die durch die Werbung zustande gekommene Veränderung der Kaufabsicht zu schließen (vgl. auch § 3, Abschn. 3.1.2.4.). Freilich „(sind) die Grenzen der Kaufabsichtskontrolle... offensichtlich. So ermöglicht sie nur dort sinnvolle Aussagen, wo das Kaufverhalten stark kognitiv geprägt ist. Bei impulsivem Kaufverhalten versagt sie" (*Koppelmann* 1981, S. 360).

4.3.3.3. Multidimensionale Meßansätze

Die bisher genannten Methoden erfassen unterschiedliche Dimensionen des Werbeerfolges. In der Praxis tendiert man aus diesem und anderen Gründen verstärkt dazu, mehrere Methoden miteinander zu kombinieren und den Werbeerfolg an Hand einer Mehrzahl von Indikatoren zu beurteilen (vgl. *Hörschgen* 1975, S. 285).

So geht die vom *Axel Springer Verlag* vorgelegte Studie *BamS-Kommunikation* beispielsweise von folgenden Einzelmaßen aus:
- Aktive Markenbekanntheit
- Werbeerinnerung
- Kaufverhalten
- Probierwilligkeit bzw. Kaufbereitschaft
- Einstellung zur Marke.

Die *Spiegel-Dokumentation Eff-Kurve* begnügt sich demgegenüber mit drei Kriterien:
- Bekanntheit
- Image-Komponenten
- Wissen.

Dreusch/Trommsdorff (1983) wiederum haben zur Bewertung der Effizienz alternativer Nichtraucherkampagnen ein System aus nicht weniger als 16 Wirkungsindikatoren eingesetzt.

Eine von *McGuire* (1978) entwickelte **Kommunikations-Persuasions-Matrix** stellt zwar keinen Meßansatz, wohl aber den bislang umfassendsten Versuch zur Systematisierung der Werbewirkungen dar (vgl. Tab. 6.20.). In deren Spalten finden sich die Kommunikationsvariablen (Input), in den Zeilen die Phasen des

4. Werbepolitische Entscheidungen

Tabelle 6.20: **Kommunikations-Persuasions-Matrix**

Output: Phasen des Beeinflussungsprozesses \ Input: Kommunikationsvariable	Quelle (Glaubwürdigkeit, Beliebtheit, Macht, Quantitative Aspekte, Demographische Merkmale)	Botschaft (Appell, Stil, Komponenten und Organisation, Quantitative Aspekte)	Kanal (Sensorische Übertragungsmodalitäten, Massenmedien, Direkte vs. indirekte Übertragung)	Empfänger (Demographische Merkmale, Persönlichkeitsmerkmale, Situationsmerkmale)	Ziel (Kognitive vs. Verhaltensziele, Produktklassen/Beeinflussungsbereiche, Zeitliche Stabilität)
Begegnung: Passives Ausgesetztsein, Aufmerksamkeit					
Emotionale Reaktion: Erregung, Affektive Reaktion					
Kognitiver Chiffrierprozeß: Aufmerksamkeit, Produktwahrnehmung, Verstehen/Lernen, Erinnern					
Akzeptanz: Beliebtheit, Einstellung/Meinung, Einstellungsänderung, Eindrucksbildung, Entscheidung					
Verhalten: Verhaltensabsicht, Kaufnahes Verhalten, Tatsächliches Kaufverhalten, Innovationsverhalten, Wiederholungskauf, Anderes Verhalten als Kauf					
Konsolidierung: Kognitive Integration, Nachkauf-Kommunikation					

Quelle: In Anlehnung an *McGuire* 1978, S. 28

Beeinflussungsprozesses (Output). Letztere entsprechen weitgehend den üblichen Kategorien der Stufenmodelle der Werbewirkung, während die Inputvariablen das allgemeine Kommunikationsmodell widerspiegeln (vgl. Abschn. 2.4.).

Mit diesem, hier verkürzt wiedergegebenen Ordnungssystem gelang es *Lipstein/McGuire* (1978), ihre Bibliographie der 7000 wichtigsten nach 1960 erschienenen Arbeiten zum Thema der beeinflussenden Kommunikation übersichtlich und inhaltlich sinnvoll zu strukturieren. Dabei bestätigt sich mehr denn je der Eindruck, daß Werbeerfolg als ein multidimensionales Konstrukt zu verstehen ist, dem eine Meßmethode allein nicht gerecht wird.

5. Rechtliche Grenzen der Kommunikationspolitik

Ein wesentlicher Einwand der bundesdeutschen *Monopolkommission* (1981, S. 10) gegenüber der Rundfunkwerbung besteht in dem Vorwurf, diese Art der Werbung zeichne sich durch ihren suggestiven Charakter und nur geringen Informationsgehalt aus. Ihr Beitrag zur Rationalität der Konsumentenentscheidungen sei daher eher negativ einzuschätzen. Einschränkungen der Werbung durch **staatliche Eingriffe** werden aber nicht nur mit **Verbraucherschutzgedanken** begründet. Sie sollen vielmehr auch der **Erhaltung** der **Lauterkeit** und **Leistungsgerechtigkeit** im **Wettbewerb** dienen (vgl. dazu § 1 des *Gesetzes gegen den unlauteren Wettbewerb*). Eingriffsmöglichkeiten bietet neben Spezialvorschriften wie z. B. dem Lebensmittel- und dem Arzneimittelrecht in erster Linie das *UWG*, das gegen eine Reihe typischer Exzesse vorzugehen erlaubt:

(1) § 3 *UWG* verbietet Angaben geschäftlicher Art, die geeignet sind, einen nicht völlig unbeachtlichen Teil der betroffenen Verkehrskreise, nach der Rechtsprechung ca. 10 %, in Einzelfällen aber auch mehr oder weniger, über die geschäftlichen Verhältnisse irrezuführen, insbesondere über die Beschaffenheit, den Ursprung, die Herstellungsart oder den Preis einzelner Waren oder gewerblicher Leistungen oder des gesamten Angebotes. Ein eine **Täuschung** begründender Umstand kann auch in der Vorspiegelung einer besonders preisgünstigen Einkaufsmöglichkeit liegen, wie dies regelmäßig mit der Ausgabe sog. Kaufscheine versucht wird (§ 6b *UWG*).

Darauf, ob der die **Irreführung** begründende Umstand maßgebend für einen Kaufabschluß war, kommt es dabei nicht an; es genügt bereits, daß die irreführende Angabe einen Interessenten veranlaßt, sich mit einem bestimmten Angebot, das er sonst möglicherweise nicht beachtet hätte, zu befassen. Das Hauptproblem bei Anwendung dieser Bestimmung liegt in der Interpretation dessen, was im konkreten Fall als Irreführung zu bezeichnen ist. Welche Wege in der Literatur und Rechtsprechung zur Operationalisierung dieses Begriffes bislang beschritten wurden, wird von *Raffée* u.a. (1977) detailliert analysiert (vgl. dazu auch *Russo/Metcalf/Stephens* 1981).

Mit der **irreführenden Werbung** („deceptive advertising") wird ein Bereich angesprochen, den eine Diskrepanz zwischen Wirklichkeit und Werbeaussage charakterisiert. Irreführende Werbung ist demnach „das Hervorrufen oder Bestätigen eines falschen, d. h. der Wirklichkeit nicht entsprechenden Eindrucks über einen bestimmten Sachverhalt, wobei der falsche Eindruck ursächlich sein muß für eine Beeinflussung von Einstellungen, Handlungsabsichten oder Handlungen, ohne daß der Beeinflußte diese spezifische Form der Einflußnahme bemerkt" (*Raffée* u. a. 1977, S. 74).

Diese Autoren setzen in ihrem Operationalisierungsvorschlag nicht, wie etwa die heftig kritisierte Studie der *Arbeitsgemeinschaft der Verbraucher* (1974) mit dem Titel *Formen und Umfang irreführender Werbung in der Bundesrepublik Deutschland und Großbritannien,* am Inhalt, sondern an der Wirkung einer Werbebotschaft beim Empfänger an. Interessanterweise konnte am Beispiel der redaktionellen Aufmachung von Werbesendungen[4] in Funk und Fernsehen mittels Befragungen nachgewiesen werden, daß durch diese Gestaltungsform ungefähr ein Drittel der Menschen über die Quelle der (werblichen) Information getäuscht wurde. Die Betroffenen gaben an, daß die fraglichen (Werbe-)Sendungen durch Gewerkschaften, Verbraucherverbände usw. finanziert würden.

Den Versuch, irreführende Werbung durch direkte Konsumentenbefragung auszumachen (z. B. „Fühlen Sie sich durch diese Werbung getäuscht?"), lehnen *Armstrong/Gurol/Russ* (1979, S. 237) mit der Begründung ab, daß Konsumenten, die eine Werbemaßnahme als irreführend erkennen, durch diese nicht manipuliert werden könnten. Erfolgversprechender erscheint ihnen der Ansatz, von den Überzeugungen der Zielgruppe bezüglich der Produkteigenschaften („brand attribute beliefs") auszugehen.

Bei der „normative belief technique" (*Gardner* 1975) wird eine Werbemaßnahme als irreführend eingestuft, wenn sie bewirkt, daß einem bestimmten Produkt ein signifikant besseres Eigenschaftsprofil zugeordnet wird als der entsprechenden Produktklasse. *Armstrong/Russ* (1975) zielen mit der „salient belief technique" dagegen unmittelbar auf die Werbeaussage ab, wobei die von deren Adressaten wahrgenommene Werbebotschaft von Experten auf ihre Veridikalität hin beurteilt wird. Die Autoren begründen ihren Ansatz vor allem damit, daß sich die „normative belief technique" nur anwenden läßt, wenn sich alle Vertreter einer Produktklasse in ihren Eigenschaften entsprechen. Weiterhin kritisieren sie *Gardners* implizite Annahme, alle Produktdimensionen seien

---

[4] Bei der „redaktionellen" bzw. „redaktionell getarnten" Werbung wird einer der zentralen Grundsätze des deutschen Presserechts, die eindeutige Trennung und Unterscheidbarkeit von Text- und Anzeigenteil einer Zeitung oder Zeitschrift, die Informationsfreiheit des Lesers garantieren und die redaktionelle Tätigkeit der Presse schützen sollen, aufgegeben: „Bezahlte Wirtschaftswerbung (tritt) als solche nicht in Erscheinung oder werblich unterstützende Hinweise (werden) mit dem redaktionellen Teil einer Druckschrift vermengt" (*Braun* 1983, S. 600, *Sack* 1987a, S. 196-200).

gleichermaßen bedeutsam. Ihrer Meinung nach wird die „salient belief technique" dem Umstand gerecht, daß irreführende Werbung auch darin bestehen kann, Produkteigenschaften, die für die Qualität eines Erzeugnisses unerheblich sind, so zu akzentuieren, daß sie für die Umworbenen „salient", d. h. subjektiv bedeutsam werden.

Schreiber/Espe/Schönfelder (1980) bezeichnen es als eine öffentliche Aufgabe, die sozial unerwünschten Folgen irreführender Werbung durch eine **Gegenwerbung** auszubalancieren. Unter dieser auch als Gegeninformation bezeichneten Verbraucheraufklärung verstehen *Scherhorn/Wieken* (1976, S. 259) eine Information, „die im Interesse der Verbraucher bereitgehalten oder ausgestrahlt wird, um zu verhindern, daß verschleiernde Informationen der Anbieter die Präferenzen der Nachfrager prägen". Hierzu zählt auch die Warentestinformation, die mehr und mehr als Werbeinstrument eingesetzt wird. Nach den Erfahrungen des Einzelhandels richtet ein nicht unerheblicher Teil der Kunden seine Kaufentscheidungen an derartigen Testergebnissen aus; auch der Handel berücksichtigt diese Daten bei seinen beschaffungs- und absatzpolitischen Entscheidungen (vgl. *Hauptgemeinschaft des Deutschen Einzelhandels* 1979, S. 118).

In den Vereinigten Staaten wird **„corrective advertising"** von der *Federal Trade Commission* als Reaktion auf irreführende Werbung betrieben. Allerdings ist das Wissen über die Wirkungen und Nebenwirkungen derartiger Maßnahmen noch recht begrenzt. Erste empirische Arbeiten deuten z. B. auf die Möglichkeit hin, daß durch Gegeninformation ein Bumerang-Effekt ausgelöst wird, „dergestalt, daß die als Aufklärung über Täuschung gedachten Informationen das dubiose Produkt gerade zusätzlich als vorteilhaft darstellen" (*Schreiber/Espe/Schönfelder* 1980, S. 212).

Als weitere Korrekturmaßnahmen werden zuweilen das Rücktrittsrecht in die Irre geführter Abnehmer und die individuell oder kollektiv (z. B. durch Verbraucherverbände) betriebene Klage auf Leistung von Schadensersatz vorgeschlagen. In der *UWG*-Novelle von 1986 hat der Gesetzgeber in § 13a *UWG* ein Rücktrittsrecht für Verbraucher bei irreführender und zugleich unwahrer Werbung geschaffen. Von der Einführung von Schadensersatzansprüchen ist jedoch wegen angeblicher Schwierigkeiten bei der Schadensberechnung Abstand genommen worden (vgl. *Sack* 1987b).

(2) Eine andere Art der Unlauterkeit verkörpert die sog. **herabsetzende vergleichende Werbung**. Nach der Rechtsprechung des *Bundesgerichtshofes (BGH)* von 1986 ist vergleichende Werbung mit Bezugnahme auf bestimmte Mitbewerber oder deren Leistungen dann wettbewerbswidrig, wenn (1) eine unzulässige Anlehnung an den Ruf eines Konkurrenzerzeugnisses vorliegt (Rufausbeutung; z. B. „X ist ebenso gut wie Y"), (2) eine Herabsetzung der Konkurrenzprodukte vorgenommen wird (z. B. „X ist besser als Y") oder (3) eine Irreführungsgefahr der Verbraucher besteht. Dem liegt zunächst die Überlegung zugrunde, daß es auch im nicht-kommerziellen Alltag als unschick-

lich betrachtet würde, wenn sich jemand dadurch zu profilieren versuchte, daß er auf die Schwächen seiner Mitmenschen (resp. Mitbewerber) explizit hinweist. Die Rechtsprechung geht sodann davon aus, daß niemand in eigener Sache objektiv urteilen kann, selbst wenn er dies wollte, da ihm die Möglichkeit wirklicher Nachprüfung der Konkurrenzerzeugnisse fehle. Eng damit zusammen hängt ein dritter Aspekt, nämlich daß die vergleichende Werbung die Markttransparenz nicht fördere, sondern eher beeinträchtige, weil es der Lebenserfahrung entspreche, daß ein Werbetreibender mehr oder weniger bewußt nur die Vorteile seiner eigenen Produkte den Nachteilen der Konkurrenzerzeugnisse gegenüberstelle. Dadurch ergebe sich leicht ein schiefes Bild von den Eigenschaften der miteinander verglichenen Waren.

Vergleichende Werbung ist allerdings dann **erlaubt,** wenn (1) unter Bezugnahme auf unbestimmte Mitbewerber oder deren Leistungen sog. abstrakte Werbevergleiche vorgenommen werden, wenn sie (2) des weiteren dazu dient, einen nach Form oder Inhalt ungerechtfertigten Angriff eines Mitbewerbers abzuwehren, der z. B. selbst gegen das Verbot vergleichender Werbung verstoßen hat, oder wenn sie (3) die Verdeutlichung eines nur auf diese Weise darzustellenden technischen Fortschritts bezweckt. Hierunter fällt etwa der Vergleich verschiedener Generationen von elektronischen Datenverarbeitungsanlagen. Eng damit verwandt ist (4) der gleichfalls zulässige Systemvergleich, der beispielsweise dann gegeben ist, wenn eine Fluggesellschaft in einer Anzeige vorrechnet, wieviel preiswerter es doch sei, von Köln nach Berlin zu fliegen, statt mit dem eigenen Wagen zu fahren. Gegen die Hervorhebung der Eigenschaften verschiedener Produkte erhebt die Rechtssprechung schließlich auch dann keine Bedenken, wenn dies (5) auf ausdrückliches Verlangen eines Kunden geschieht.

Die bislang recht **restriktive Handhabung** der vergleichenden Werbung in der Bundesrepublik Deutschland sah sich starker Kritik ausgesetzt, da der Verzicht auf die Nutzung dieser Möglichkeit zur Verbesserung der Markttransparenz wettbewerbspolitisch unbefriedigend und im Hinblick auf die „harten Bandagen", mit denen zuweilen um Marktanteile gerungen wird, auch völlig weltfremd sei. Mit seinem Urteil von 1986 hat der *BGH* die Weichen in Richtung einer liberaleren Beurteilung der vergleichenden Werbung gestellt. Allerdings wird es von der Handhabung der auslegungsbedürftigen Rechtsbegriffe, wie z. B. „Rufausbeutung" und „Herabsetzung", in der gerichtlichen Praxis abhängen, ob sich an der Rechtsprechung zur vergleichenden Werbung etwas ändern wird (vgl. hierzu *Sack* 1987c).

(3) Nicht auf die Täuschung, sondern auf das Entstehen eines Gefühls der Dankbarkeit und des Verpflichtetseins stellt die **Wertwerbung** ab. Hierbei werden Werte in Gestalt von Sachgütern, Dienstleistungen, Rechten oder Geld, die von den Umworbenen wegen ihrer Nützlichkeit begehrt werden, zu Zwecken der Werbung eingesetzt. Die wichtigsten Erscheinungsformen sind die Werbezugabe, der Werberabatt, die Werbeprämie, das Werbegeschenk, die zu Werbezwecken vorgenommene unentgeltliche Bewirtung, ferner Werbeproben, Wer-

bepreisausschreiben sowie die Einräumung ausgesprochener Werbepreise (= Lockvogelangebote).

Die Wertwerbung begegnet – mit Ausnahme der Werbeprobe – starken Vorbehalten von seiten der Wirtschafts- und Verbraucherpolitik, da sie die Markttransparenz und den Leistungswettbewerb beeinträchtige, vom eigentlichen Angebot ablenke, durch Aktivierung des Dankbarkeitsgefühls mit unfairen Mitteln arbeite und überdies zu einer Verteuerung des Angebots führe (vgl. *Pralle* 1974, Sp. 2299). In rechtlicher Hinsicht unterliegt die Wertwerbung deshalb ziemlich engen Grenzen, die durch die *Zugabenverordnung,* das *Rabattgesetz* und das *UWG,* insbesondere die §§ 1, 3 und 12, gezogen werden. Die Rechtsprechung ist auf Grund der Existenz einer Reihe unbestimmter Rechtsbegriffe, die sich in diesen Bestimmungen finden, überwiegend kasuistischer Natur. Dies führt zwangsläufig zu einer gewissen Unsicherheit der Unternehmer darüber, was im Einzelfall erlaubt und was nicht erlaubt ist. Keinem Zweifel unterliegt indessen z. B. der Grundsatz, daß ein Werbepreisausschreiben nicht in einer Weise gestaltet bzw. organisiert werden darf, die für eine Teilnahme den Kauf des beworbenen Produkts voraussetzt.

Dank der konsequenten Anwendung der erwähnten Gesetze ist es in den letzten Jahren gelungen, besonders verwerfliche Praktiken auf diesem Gebiet, wie z. B. die weit verbreiteten Kaffeefahrten, wenigstens etwas zurückzudrängen. Diese wurden von älteren Menschen, die daran üblicherweise teilnahmen, als Abwechslung in ihrem Alltag empfunden, von den Veranstaltern jedoch meistens in der Weise mißbraucht, daß sie die Betroffenen, die sich dieses Umstandes oft gar nicht bewußt wurden, einem raffinierten psychologischen Kaufzwang aussetzten. Um diesem Mißbrauch entgegenzuwirken, trat 1986 das an anderer Stelle schon erwähnte sog. *Haustürgeschäftewiderrufgesetz (HausTWG)* in Kraft, das bei Geschäftsabschlüssen anläßlich von Freizeitveranstaltungen, zu denen die Kaffeefahrten gehören, und bei Vorliegen bestimmter Voraussetzungen (z. B. muß die Kaufsumme 80,- DM übersteigen) ein einwöchiges Widerrufsrecht festlegt.

(4) Der Vollständigkeit halber sei abschließend darauf hingewiesen, daß es eine Reihe von **Produkten** und **Berufsgruppen** gibt, die teils durch Gesetz, teils durch berufsständische Ordnung einem nahezu totalen **Werbeverbot** unterworfen sind. Davon betroffen sind vor allem solche Erzeugnisse bzw. Leistungen, deren öffentliche Anpreisung geeignet wäre, gesundheitsschädigende bzw. finanziell übermäßig riskante (Kauf-)Entscheidungen auszulösen oder das Schamgefühl der Bevölkerung zu verletzen.

Was die Berufsgruppen betrifft, gibt es vor allem einschneidende Restriktionen für die Angehörigen der sog. freien Berufe, also Ärzte, Anwälte, Architekten, Wirtschaftsprüfer usw., deren Tätigkeit normalerweise nicht nur örtlich gebunden und insofern innerhalb des Wirkungskreises bekannt ist, sondern auch so gut dotiert erscheint, daß sich die Betroffenen eine gewisse Zurückhaltung in ihrer „Öffentlichkeitsarbeit" auferlegen und darauf konzentrieren können, mit ihrer Leistung statt mit fragwürdigen Versprechungen bzw. schwer nachprüfbaren Erfolgsmeldungen für sich zu werben.

Über diese und andere Restriktionen, denen der Einsatz der Werbung unterliegt, informiert ausführlich eine Broschüre mit dem Titel *Werbung in Grenzen* von *Nickel* (1982), die immer wieder einmal neu aufgelegt wird und unentgeltlich vom *Zentralausschuß der Werbewirtschaft e.V.* (Postfach 200 647, 5300 Bonn 2) bezogen werden kann.

Quellenhinweise und Literaturempfehlungen

Eine **Einführung** in die **Kommunikationspolitik** vermitteln:

Behrens, K. Chr., Absatzwerbung, 2., überarb. und erw. Aufl., Wiesbaden 1976.
Hepner, W., Modern Advertising, New York 1956.
Hotchkiss, G. B., An Outline of Advertising, 3rd Ed., New York 1950.
Kaiser, A., Werbung. Theorie und Praxis werblicher Beeinflussung, München 1980.
Koppelmann, U., Produktwerbung, Stuttgart 1981.
Schweiger, G., Schrattenecker, G., Werbung, Stuttgart 1986.
Tietz, B. (Hrsg.), Die Werbung. Handbuch der Kommunikations- und Werbewirtschaft, Bd. 1 - Bd. 3, Landsberg am Lech 1981/1982.
Tietz, B., Zentes, J., Die Werbung der Unternehmung, Reinbek bei Hamburg 1980.

Ausführungen zur **Geschichte** und zu den **Rahmenbedingungen** der **Kommunikationspolitik** finden sich bei:

Ausstellungs- und Messeausschuß der Deutschen Wirtschaft e.V. (Hrsg.), Erfolg auf Auslandsmessen, 2. Aufl., Köln 1980.
Buchli, H., 6000 Jahre Werbung. Geschichte der Wirtschaftswerbung und der Propaganda, Bd. 1, Berlin 1962.
Dichtl, E., Grundzüge der Binnenhandelspolitik, Stuttgart 1979.
Dichtl, E., Die Idee der Partnerschaft zwischen Herstellern und Handel, in: *Küting, K., Zink, K. J.*, Unternehmerische Zusammenarbeit. Beiträge zu Grundsatzfragen bei Kooperation und Zusammenschlüssen, Berlin 1983, S. 111 - 135.
Diller, H., Die Wirkung von Hervorhebungen in der Preiswerbung des Lebensmitteleinzelhandels – Ergebnisse eines Feldexperiments, in: FfH-Mitteilungen, 23. Jg. (1982), Nr. 4, S. 1 - 11.
Grunert, K. G., Stupening, E., Werbung – ihre gesellschaftliche und ökonomische Betrachtung, Frankfurt/M. 1981.
Hauptgemeinschaft des Deutschen Einzelhandels (Hrsg.), 32. Arbeitsbericht, Köln 1979.
Heck, F., Die Werbeberufe, in: *Tietz, B.* (Hrsg.), Die Werbung, Bd. 3, Landsberg am Lech 1982, S. 2620 - 2638.
Immenga, W., Mestmäcker, H., Gesetz gegen Wettbewerbsbeschränkungen, GWB Kommentare, München 1981.
Industrie- und Handelskammer Koblenz (Hrsg.), Bodenlose Unkenntnis über Gewinne in der Wirtschaft, Koblenz 1981.
Klein-Blenkers, F., Robl, K., Die Werbekosten in der Bundesrepublik Deutschland 1978, Seminarinformationen Nr. 1, Universität zu Köln, Seminar für Allgemeine Betriebswirtschaftslehre, Handel und Absatz, Köln 1980.
Monopolkommission (Hrsg.), Wettbewerbsprobleme bei der Einführung von privatem Hörfunk und Fernsehen, Baden-Baden 1981.

592 § 6 Kommunikationspolitik

Müller, R., Die Geschichte der Werbung, in: *Werbewissenschaftliche Gesellschaft* (Hrsg.), WWG-Information, 1982, Folge 87, S. 62f.
Mumm, H., Wie Katz und Maus?, in: Interview und Analyse, 9. Jg. (1982), S. 52 - 56.
Nickel, V., Werbung in Grenzen, Bonn 1982.
o.V., Deutscher Werberat, in: *Zentralausschuß der Werbewirtschaft e.V.* (Hrsg.), ZAW-Service, 11. Jg. (1982), Nr. 103, S. 24.
Pralle, P., Wertwerbung, in: *Tietz, B.* (Hrsg.), HWA-Handwörterbuch der Absatzwirtschaft, Stuttgart 1974, Sp. 2294 - 2300.
Sack, R., Das Rücktrittsrecht gemäß § 13a UWG, in: Der Betriebs-Berater, Beilage 2, 42. Jg. (1987b), S. 1-28.
Sack, R., UWG § 1 – „Cola-Test", in: Gewerblicher Rechtsschutz und Urheberrecht (GRUR), 89. Jg. (1987c), S. 49-52.
Steinbach, J., Der Werbemarkt 1981 – Die Entwicklung in den klassischen Medien, in: Media Perspektiven, 1982, S. 126 - 130.
Weidner, L. E., Die nationalen Verbände der Kommunikation und der Werbung, in: *Tietz, B.* (Hrsg.), Die Werbung, Bd. 3, Landsberg am Lech 1982, S. 2408 - 2432.
Zentralausschuß der Werbewirtschaft e.V. (Hrsg.), Werbung '80, Bonn 1980.
Zentralausschuß der Werbewirtschaft e.V. (Hrsg.), Werbung '83, Bonn 1983.
Zentralausschuß der Werbewirtschaft e.V. (Hrsg.), Werbung in Zahlen, Bonn 1984.
Zentralausschuß der Werbewirtschaft e.V. (Hrsg.), Werbung '85, Bonn 1985.
Zentralausschuß der Werbewirtschaft e.V. (Hrsg.), Werbung '86, Bonn 1986.
Zentralausschuß der Werbewirtschaft e.V. (Hrsg.), Werbung '87, Bonn 1987.

Mit **verhaltenswissenschaftlichen Grundlagen** der **Kommunikationspolitik** beschäftigen sich:

Abruzzini, P., Measuring Language Difficulty in Advertising Copy, in: Journal of Marketing, Vol. 31 (1967), No. 2, pp. 22 - 26.
Anderson, R. E., Jolson, M. A., Technical Wording in Advertising: Implications for Market Segmentation, in: Journal of Marketing, Vol. 44 (1980), No. 4, pp. 57 - 66.
Apple, W., Streeter, L. A., Krauss, R. M., Effects of Pitch and Speech Rate on Personal Attributions, in: Journal of Personality and Social Psychology, Vol. 37 (1979), pp. 715 - 727.
Axelrod, J. N., Attitude Measures that Predict Purchase, in: JAR-Journal of Advertising Research, Vol. 8 (1968), No. 1, pp. 3 - 18.
Barton, B., Das Betrachten von Anzeigen, in: Interview und Analyse, 7. Jg. (1980), S. 254 - 257.
Bernard, L. L., Instinct: A Study in Social Psychology, New York 1924.
Bernhard, U., Blickverhalten und Gedächtnisleistung im visuellen Werbekontakt unter besonderer Berücksichtigung von Plazierungseinflüssen, Frankfurt/M. 1978.
Berscheid, E., Graziano, W., Monson, T., Dermer, M., Outcome Dependency: Attention, Attribution, and Attraction, in: Journal of Personality und Social Psychology, Vol. 34 (1976), pp. 978 - 989.
Bettman, J. R., An Information Processing Theory of Consumer Choice, Reading, Mass., 1979.
Birbaumer, N., Zur Anwendung psychophysiologischer Methoden in der Verhaltensmodifikation, in: *Kraiker, C.* (Hrsg.), Handbuch der Verhaltenstherapie, München 1974, S. 225 - 254.
Bostian, L. R., The Two-Step Flow Theory: Cross-Cultural Implications, in: Journalism Quarterly, Vol. 47 (1970), pp. 109 - 117.
Brand, H. W., Die Legende von den „geheimen Verführern", Weinheim 1978.
Brehm, J. W., A Theory of Psychological Reactance, New York 1966.
Brehm, J. W., Brehm, S. S., Psychological Reactance: A Theory of Freedom and Control, New York 1981.

Cannon, W. B., The Wisdom of the Body, New York 1932.
Chaiken, S., Eagly, A. H., Communication Modality as a Determinant of Message Persuasiveness and Message Comprehensibility, in: Journal of Personality and Social Psychology, Vol. 34 (1976), pp. 605 - 614.
Cummings, W. H., Venkatesan, M., Cognitive Dissonance and Consumer Behavior: A Review of the Evidence, in: JMR-Journal of Marketing Research, Vol. 13 (1976), pp. 303 - 308.
Deutschmann, P. J., Danielson, W., Diffusion of Knowledge of the Major News Story, in: Journalism Quarterly, Vol. 37 (1960), pp. 345 - 355.
Dichter, E., Handbuch der Kaufmotive, Wien 1964.
Eagly, A. H., Sex Differences in Influenceability, in: Psychological Bulletin, Vol. 85 (1978), pp. 86 - 116.
Ehrlich, D., Guttman, J., Schönbach, P., Mills, J., Postdecision Exposure to Relevant Information, in: Journal of Abnormal and Social Psychology, Vol. 54 (1957), pp. 98 - 102.
Engel, J. F., Blackwell, R. D., Miniard, P. W., Consumer Behavior, 5th Ed., Hinsdale, Ill., 1986.
Engel, J. F., Kollat, D. T., Blackwell, R. D., Consumer Behavior, New York etc. 1968.
Festinger, L., A Theory of Cognitive Dissonance, Stanford, Cal., 1957.
Foulke, E. (Ed.), Proceedings of the Louisville Conference on Time-Compressed Speech, Louisville, Ky., 1967.
Frey, D., Einstellungsforschung: Neuere Ergebnisse der Forschung über Einstellungsänderungen, in: Marketing·ZFP, 1. Jg. (1979), S. 31 - 45.
Gniech, G., Grabitz, H.-J., Freiheitseinengung und psychologische Reaktanz, in: *Frey, D.* (Hrsg.), Kognitive Theorien der Sozialpsychologie, Bern 1978, S. 48 - 73.
Gorn, J., The Effects of Music in Advertising on Choice Behavior: A Classical Conditioning Approach, in: Journal of Marketing, Vol. 46 (1982), No. 1, pp. 94 - 101.
Gutjahr, G., Markt- und Werbepsychologie, Teil II, Heidelberg 1974.
Guttmann, J., Einführung in die Neuropsychologie, Bern 1972.
Heckhausen, H., Motivation und Handeln, Berlin 1980.
Helson, H., The Fundamental Propositions of Gestalt Psychology, in: Psychological Review, Vol. 40 (1933), pp. 13 - 32.
Hera, A., Nonverbale Methoden zur Messung der realistischen Aufmerksamkeitswirkung von Anzeigen, in: Interview und Analyse, 6. Jg. (1979), S. 357 - 360.
Herkner, W., Attribution. Psychologie der Kausalität, Bern 1980.
Hoffmann, H.-J., Werbepsychologie, Berlin 1972.
Hofstätter, P. R., Psychologie, 2. Aufl., Frankfurt/M. 1972.
Homans, G. C., The Human Group, New York 1950.
Hofstätter, P. R., Psychologie, Frankfurt/M. 1957.
Homans, G. C., The Human Group, New York 1950.
Hormuth, S. (Hrsg.), Sozialpsychologie der Einstellungsänderung, Königstein/Ts. 1979.
Hovland, C. J., Janis, J. L., Personality and Persuasibility, New Haven, Conn., 1959.
Hovland, C. J., Lumsdaine, A. A., Sheffield, F. D., Experiments on Mass Communication, Princeton, N.J., 1949.
Hovland, C. J., Mandell, W., Is there a „Law of Primacy in Persuasion?", in: *Hovland, C. J.* (Ed.), The Order of Presentation, New Haven, Conn., 1957, pp. 13 - 22.
Hovland, C. J., Weiss, W., The Influence of Source Credibility on Communication Effectiveness, in: Public Opinion Quarterly, Vol. 15 (1951), pp. 635 - 650.
Hummrich, U., Interpersonelle Kommunikation im Konsumgütermarketing, Wiesbaden 1976.
Irle, M., Lehrbuch der Sozialpsychologie, Göttingen 1975.
Jacobi, H., Werbepsychologie, Wiesbaden 1972.
Jacoby, J., Szybillo, G. J., Busato-Schach, J., Information Acquisition Behavior in Brand Choice Situations, in: Journal of Consumer Research, Vol. 3 (1977), pp. 209 - 216.

Janis, J. L., Feshbach, S., Effects of Fear-Arousing Communications, in: Journal of Abnormal and Social Psychology, Vol. 48 (1953), pp. 78 - 92.
Jones, E. E., Davis, K. E., From Acts to Dispositions – The Attribution Process in Person Perception, in: *Berkowitz, L.* (Ed.), Advances in Experimental Social Psychology, Vol. 2 (1965), pp. 219 - 266.
Jones, E. E., Gerard, H. B., Foundations of Social Psychology, New York 1967.
Katz, D., Gestaltpsychologie, Basel 1968.
Katz, E., Die Verbreitung neuer Ideen und Praktiken, in: *Schramm, W.* (Hrsg.), Grundfragen der Kommunikationsforschung, 5. Aufl., München 1973.
Katz, E., Foulkes, D., On the Use of Mass Media as „Escape": Clarification of a Concept, in: Public Opinion Quarterly, Vol. 26 (1962), pp. 377 - 388.
Keller, J. A., Grundlagen der Motivation, München 1981.
Kelley, H. H., The Process of Causal Attribution, in: American Psychologist, Vol. 28 (1973), pp. 107 - 128.
King, C. W., Summers, J. O., Overlap of Opinion Leadership Across Consumer Product Categories, in: JMR-Journal of Marketing Research, Vol. 7 (1970), pp. 43 - 50.
Klenger, F., Krautter, J., Simulation des Käuferverhaltens, Teil I, II und III, Wiesbaden 1972.
Koeppler, K., Unterschwellig wahrnehmen – unterschwellig lernen, Stuttgart 1972.
Kroeber-Riel, W., Konsumentenverhalten, 2. Aufl., München 1980.
Kroeber-Riel, W., Konsumentenverhalten, 3. Aufl., München 1984.
Lasswell, H. D., The Structure and Function of Communication in Society, in: *Schramm, W.* (Ed.), Mass Communications, 2nd Ed., Urbana, Ill., 1960, pp. 117 - 130.
Lazarsfeld, P. E., Berelson, B., Gaudet, H., The People's Choice – How the Voter Makes up his Mind in a Presidential Campaign, 3rd Ed., New York 1968.
Lazer, W., Bell, W. E., The Communication Process and Innovation, in: JAR-Journal of Advertising Research, Vol. 6 (1966), No. 3, pp. 2 - 7.
Le Bon, G., Psychologie des foules, Paris 1895.
Lindsley, D. B., Psychophysiology and Motivation, in: *Jones, M. R.* (Ed.), Nebraska Symposium on Motivation, Lincoln, Neb., 1957, pp. 44 - 105.
Lorenz, K., Die angeborenen Formen möglicher Erfahrung, in: Zeitschrift für Tierpsychologie, 5. Jg. (1943), S. 235 - 409.
Lysinski, E., Zur Psychologie der Schaufensterreklame, in: Zeitschrift für Handelswissenschaft und Handelspraxis, 12. Jg. (1919), S. 6 - 19.
Maslow, A. H., Motivation and Personality, New York 1954.
Mayer, H., Däumer, U., Rühle, H., Werbepsychologie, Stuttgart 1982.
Mayer, H., Schneider, H., Neuere Untersuchungen zur Meinungsführerschaft, in: Jahrbuch der Absatz- und Verbrauchsforschung, 24. Jg. (1978), S. 128 - 174.
McDougall, W., Introduction to Social Psychology, London 1908.
McGuire, W. J., Inducing Resistance to Persuasion – Some Contemporary Approaches, in: *Berkowitz, L.* (Ed.), Advances in Experimental Social Psychology, New York 1964, pp. 191 - 229.
McGuire, W. J., The Nature of Attitudes and Attitudes Change, in: *Lindzey, G., Aronson, E.* (Eds.): The Handbook of Social Psychology, 2nd Ed., Vol. 3., Reading, Mass., 1969, pp. 136 - 314.
Metzger, W., Gesetze des Sehens. Frankfurt/M. 1953.
Metzger, W., Psychologie. Die Entwicklung ihrer Grundannahmen seit der Einführung des Experiments, 5. Aufl., Darmstadt 1975.
Möntmann, V., Irle, E., Bibliographie der wichtigsten seit 1956 erschienenen Arbeiten zur Theorie der kognitiven Dissonanz, in: *Irle, E., Möntmann, V.* (Hrsg.), *L. Festinger*, Theorie der kognitiven Dissonanz, Bern 1978.
Münsterberg, H., Psychologie und Wirtschaftsleben – Ein Beitrag zur angewandten Experimental-Psychologie, Leipzig 1912.

Ortega y Gasset, J., Der Aufstand der Massen, Stuttgart 1947.
Packard, V., The Hidden Persuaders, New York 1957.
Paivio, A., Imagery and Verbal Processes, New York 1971.
Raffée, H., Hefner, M., Schöler, M., Grabicke, K., Jacoby, J., Informationsverhalten und Markenwahl, in: Die Unternehmung, 30. Jg. (1976), Nr. 2, S. 95 - 107.
Raffée, H., Sauter, B., Silberer, G., Theorie der kognitiven Dissonanz und Konsumgüter-Marketing, Wiesbaden 1973.
van Raij, W. F., Consumer Choice Behavior: An Information Processing Approach, Diss., Tilburg 1977.
Ray, M. L., Wilkie, W. L., Fear: The Potential of an Appeal Neglected by Marketing, in: Journal of Marketing, Vol. 34 (1970), No. 1, pp. 54 - 62.
Rogers, E. M., Cartano, D. G., Methods of Measuring Opinion Leadership, in: Public Opinion Quarterly, Vol. 26 (1962), pp. 435 - 441.
Rosenberg, M. J., An Analysis of Affective − Cognitive Consistency, in: *Hovland, C.J., Rosenberg, M. J.* (Eds.), Attitude Organization and Change, New Haven, Conn., 1960.
Rosenstiel, L. v., Psychologie der Werbung, Rosenheim 1973.
Rosenstiel, L. v., Ewald, G., Marktpsychologie. Bd. II: Psychologie der absatzpolitischen Instrumente, Stuttgart 1979.
Ryan, B., Gross, N. C., The Diffusion of Hybrid Seed Corn in Two Iowa Communities, in: Rural Sociology, Vol. 8 (1943), pp. 15 - 24.
Sander, F., Funktionale Struktur, Erlebensganzheit und Gestalt, in: Archiv für die gesamte Psychologie, 85. Jg. (1932), S. 237 - 260.
Schachter, S., Emotion, Obesity, and Crime, New York 1971.
Schenk, M., Publikums- und Wirkungsforschung, Tübingen 1978.
Settle, R. B., Golden, L. L., Attribution Theory and Advertiser Credibility, in: JMR-Journal of Marketing Research, Vol. 11 (1974), pp. 181 - 185.
Sherif, M., Hovland, C. J., Social Judgment: Assimilation and Contrast Effects in Communication and Attitude Change, New Haven, Conn., 1961.
Silberer, G., Warentest − Informationsmarketing − Verbraucherverhalten. Die Verbreitung von Gütertestinformationen und deren Verwendung im Konsumentenbereich, Berlin 1979.
Spiegel, B., Werbepsychologische Untersuchungsmethoden, 2. unver. Aufl., Berlin 1970.
Stadler, M., Seeger, F., Raeithel, A., Psychologie der Wahrnehmung, München 1975.
Sternthal, B., Craig, C. S., Fear Appeals: Revisited and Revised, in: Journal of Consumer Research, Vol. 1 (1974), pp. 22 - 34.
Stroebe, W., Grundlagen der Sozialpsychologie I, Stuttgart 1980.
Troldahl, L. V., A Field Test of a Manifold „Two-Step Flow of Communication" Model, in: Public Opinion Quarterly, Vol. 30 (1966), pp. 609 - 623.
Trommsdorff, V., Schuster, H., Die Einstellungsforschung für die Werbung, in: *Tietz, B.* (Hrsg.), Die Werbung, Bd. 1, Landsberg am Lech 1981, S. 717 - 765.
Weiner, B., Achievement Motivation as Conceptualized by an Attribution Theorist, in: *Weiner, B.* (Ed.), Achievement Motivation and Attribution Theory, Morristown, N. J., 1974.
Winkelgrund, R., Produktdifferenzierung durch Werbung, Frankfurt/M. 1984.
Witt, D., Blickverhalten und Erinnerung bei emotionaler Anzeigenwerbung − eine experimentelle Untersuchung mit der Methode der Blickaufzeichnung, Diss., Saarbrücken 1977.
Yerkes, R. M., Dodson, J. D., The Relation of Strength of Stimulus to Rapidity of Habit Formation, in: Journal of Comparative Neurological Psychology, Vol. 18 (1908), pp. 458 - 482.
Zaltman, G., Marketing: Contributions from the Behavioral Sciences, New York 1965.

§ 6 Kommunikationspolitik

Zu den **Instrumenten** der **Kommunikationspolitik** nehmen Stellung:

Althans, J., Die Übertragbarkeit von Werbekonzeptionen auf internationale Märkte, Frankfurt 1982.
Antonoff, R., Methoden der Image-Gestaltung für Unternehmen und Organisationen, Essen 1975.
Arbeitsgemeinschaft der Verbraucher (Hrsg.), Formen und Umfang irreführender Werbung in der Bundesrepublik Deutschland und Großbritannien, Köln 1974.
Armstrong, G. M., Gurol, M. N., Russ, F. A., Detecting and Correcting Deceptive Advertising, in: Journal of Consumer Research, Vol. 6 (1979), pp. 237 - 246.
Barnet, S. M. jr., A Global Look at Advocacy Advertising, in: Public Relations Journal, Vol. 31 (1975), No. 11, pp. 18 - 21.
Bartholomä, W., Plakat heute, in: Markenartikel, 12. Jg. (1983), S. 608 - 615.
Bauer, H. H., Die Entscheidung des Handels über die Aufnahme neuer Produkte. Eine verhaltenstheoretische Analyse, Berlin 1980.
Berekoven, L., Die Bedeutung von Sales Promotion in der modernen Absatzwirtschaft, in: ZfB - Zeitschrift für Betriebswirtschaft, 32. Jg. (1962), S. 370 - 374.
Birkigt, K., Stadler, M. M., Corporate Identity: Grundlagen, Funktionen, Fallbeispiele, München 1980.
Braun, K., Redaktionelle Hinweise in Zeitungen und Zeitschriften, in: Wettbewerb in Recht und Praxis, 29. Jg. (1983), S. 600 - 605.
Breuer, F., Die Gestaltung und die wirtschaftliche Bedeutung der Adreß- und Telefonbuchwerbung, in: *Tietz, B.* (Hrsg.), Die Werbung, Bd. 2, Landsberg am Lech 1982, S. 1 507 - 1 536.
Dichtl, E., Bauer, H. H., Die Hersteller-Handels-Kommunikation bei neuen Produkten auf dem Prüfstand, in: Lebensmittel-Zeitung, 30. Jg. (1978), Nr. 22 (2.6.), S. 76 - 80.
Diller, H., Verkaufsförderung, in: WiSt-Wirtschaftswissenschaftliches Studium, 13. Jg. (1984), S. 494 - 499.
Dohmen, J., Kommunikationsforschung und Außenwerbung, in: ZV + ZV, 70. Jg. (1973), S. 1 014.
Gardner, D. M., Deception in Advertising: A Conceptual Approach, in: Journal of Marketing, Vol. 39 (1975), No. 1, pp. 40 - 46.
Greipl, E., Singer, E., Auslandsmessen als Instrumente der Außenhandelsförderung, Berlin 1980.
Hanrieder, M., Die Organisation und die Institutionen der Werbeforschung, in: *Tietz, B.* (Hrsg.), Die Werbung, Bd. 3, Landsberg am Lech 1982, S. 2 469 - 2 544.
Hinze, S., Kommunikationspolitik im Einzelhandel, in: BAG-Nachrichten, 22. Jg. (1982), Nr. 12, S. 20.
Hörschgen, H., Marketinginstrumente, in: Marketing Enzyklopädie, Bd. 2, München 1974, S. 529 - 536.
Horsky, D., Simon, L. S., Advertising and the Diffusion of New Products, in: Marketing Science, Vol. 2 (1983), No. 1, pp. 1 - 17.
Hundhausen, C., Public Relations, Berlin 1969.
Kucak, R., Demoskopische Umfragen in der Praxis des Wettbewerbs- und Warenzeichenrechts, Weinheim 1986.
Linnert, P., Verkaufsförderung im Marketing-Mix, in: *Linnert, P.* (Hrsg.), Handbuch der Verkaufsförderung, Hamburg 1973, S. 3 - 21.
Maassen, H., Kooperationskaufleute der *EDEKA SAAR* fahren gemeinsame Werbeschiene, in: Handelsrundschau, 1981, Nr. 12, S. 12.
Mackenroth, M., Außenwerbung - Das wiederentdeckte Medium, München 1982.
Mayer, H., Schmitt, R., Völker, R., Zur Effizienz vergleichender Werbung, in: Jahrbuch der Absatz- und Verbrauchsforschung, 28. Jg. (1982), S. 335 - 359.
Margulies, W. P., Make the Most of Your Corporate Identity, in: HBR - Harvard Business Review, Vol. 55 (1977), No. 4, pp. 66 - 72.

Meffert, H., Fallstudien aus Marketing und Werbung, Münster–Hamburg 1979.
Möck, R., Duftstoffe als „heimliche Muntermacher", in: Konsum & Verhalten, 1981, Nr.1, S. 12 - 14.
Müller, F., Banden- und Sportwerbung, in: Interview und Analyse, 10. Jg. (1983), S. 152-156 und S. 211-215.
Müller, S., Das Anzeigenblatt. Ein neuer Werbeträger im Widerstreit der Interessen, in: Marketing · ZFP, 3. Jg. (1983), S. 161-164.
Naether, E.-A., Zwischen Vaterfigur und Möchtegern-Cowboy – zum Image deutscher Fernsehkommissare, in: Interview und Analyse, 9. Jg. (1982), S. 496f.
Olson, D., Schlinger, M. J., Young, C., How Consumers React to New Product Ads, in: JAR – Journal of Advertising Research, Vol. 22 (1982), No. 3, pp. 24 - 30.
Pflaum, D., Eisenmann, H., Praktische Investitionsgüterwerbung, Landsberg 1981.
Raffée, H., Marketing und Umwelt, Stuttgart 1979.
Raffée, H., Petri, K., Hiss, W., Gosslar, H., Kandler, C., Welzel, H., Irreführung messen, in: absatzwirtschaft, 20. Jg. (1977), Nr. 5, S. 74 - 81.
Raffée, H., Wiedmann, K. P., Abel, B., Sozio-Marketing, in: *Irle, M.* (Hrsg.), Handbuch der Psychologie, Bd. 12, 2. Halbband: Methoden und Anwendungen in der Marktpsychologie, Göttingen 1983, S. 675 - 768.
Russo, J. E., Metcalf, B. L., Stephens, D., Identifying Misleading Advertising, in: Journal of Consumer Research, Vol. 8 (1981), pp. 119 - 131.
Sack, R., Product Placement im Fernsehen, in: Marketing · ZFP, 9. Jg. (1987a), S. 196-200.
Scheffer, D., Die Gestaltung und die wirtschaftliche Bedeutung der Direktwerbung, in: *Tietz, B.* (Hrsg.), Die Werbung, Bd. 2, Landsberg am Lech 1982, S. 1469 - 1506.
Schöttler, G., Die Anzeige in Illustrierten, in: *Trauth, P.* (Hrsg.), Werbeleiterhandbuch, München 1973, S. 863 - 886.
Sethi, P. S., Advocacy Advertising and Large Corporations, Lexington, Mass., 1977.
Seyffert, R., Werbelehre, 2 Bde., Stuttgart 1966.
Silberer, G., Raffée, H. (Hrsg.), Warentest und Konsument – Nutzung, Wirkungen und Beurteilung des vergleichenden Warentests im Konsumentenbereich, Frankfurt/M. 1984a.
Silberer, G., Raffée, H. (Hrsg.), Warentest und Unternehmen – Nutzung, Wirkungen und Beurteilung des vergleichenden Warentests in Industrie und Handel, Frankfurt/M. 1984b.
Speetzen, R., Neue Ergebnisse zum Roman-Markt, in: Interview und Analyse, 8. Jg. (1981), S. 307 - 310.
Steffens, S., Werbepolitik multinationaler Unternehmungen, Berlin 1982.
Ullrich, L., Verkaufsförderung für Investitionsgüter, Wiesbaden 1972.
Zentes, J., Vergleichende Werbung: Wettbewerbsrechtliche und wirtschaftswissenschaftliche Beurteilung, in: WiSt – Wirtschaftswissenschaftliches Studium, 8. Jg. (1979), S. 523 - 528.

Fragen der **Werbeplanung** stehen im Mittelpunkt bei:

Agostini, J.-M., How to Estimate Unduplicated Audiences, in: JAR – Journal of Advertising Research, Vol. 3 (1961), No. 3, pp. 11 - 14.
Arbeitsgemeinschaft Media-Analyse e.V. (Hrsg.), Media-Analyse 1982, Frankfurt 1982.
Arbeitsgemeinschaft Media-Analyse e.V. (Hrsg.), Media-Analyse 1983, Frankfurt 1983.
Bass, F. M., Lonsdale, R. T., An Exploration of Linear Programming in Media Selection, in: JMR – Journal of Marketing Research, Vol. 3 (1966), pp. 179 - 188.
Beale, E. M. L., Hughes, B. A. B., Broadbent, S. R., Bewertung von Mediaplänen mit Hilfe von Computern, in: Forschen, Planen und Entscheiden, 3. Jg. (1967), S. 148 - 161.
Bender, M., Die Messung des Werbeerfolges in der Werbeträgerforschung, Würzburg 1976.

Bidlingmaier, J., Festlegung der Werbeziele, in: *Behrens, K. Chr.* (Hrsg.), Handbuch der Werbung, Wiesbaden 1970a, S. 403 - 414.

Bleul, W., Die Typologie der Ziele und Zielplanung, in: *Tietz, B.* (Hrsg.), Die Werbung, Bd. 3, Landsberg am Lech 1982, S. 2126 - 2150.

Bloom, D., Jay, A., Twyman, T., The Validity of Advertising Pretests, in: JAR – Journal of Advertising Research, Vol. 17 (1977), No. 2, pp. 7 - 16.

Böcker, F., Schwerdt, A., Die Zuverlässigkeit von Messungen mit dem Blickaufzeichnungsgerät NAC Eye-Mark Recorder 4, in: Zeitschrift für experimentelle und angewandte Psychologie, 28 Jg. (1981), S. 353 - 373.

Borden, N., The Economic Effects of Advertising, Chicago, Ill., 1942.

Brepohl, K., Lexikon der neuen Medien, 3. erw. Aufl., Köln 1984.

Brown, D., Warshaw, M. R., Media Selection by Linear Programming, in: JMR – Journal of Marketing Research, Vol. 4 (1967), pp. 262 - 269.

Buchanan, D. J., How Interest in the Product Affects Recall: Print Ads vs. Commercials, in: JAR – Journal of Advertising Research, Vol. 4 (1964), No. 1, pp. 9 - 15.

Carlberg, P., Vennemann, P., Wieviel man für Werbung ausgeben muß, in: Blick durch die Wirtschaft (FAZ), 21. Jg. (1978), Nr. 204 (18.9.), S. 3.

Clarke, D. G., Econometric Measurement of the Duration of Advertising Effect on Sales, in: JMR – Journal of Marketing Research, Vol. 13 (1976), pp. 345 - 357.

Colley, R. H., Defining Advertising Goals, New York 1961.

Craig, C. S., Sternthal, B. L., Leavitt, C., Advertising Wearout: An Experimental Analysis, in: JMR – Journal of Marketing Research, Vol. 13 (1976), pp. 365 - 372.

Dahms, H., Wie Zuschauer fernsehen – Zur Qualität des „Fernsehkontakts", in: Media Pespektiven, 1983, S. 279 - 286.

Dean, J., Managerial Economics, Englewood Cliffs, N.J., 1951.

Dhalla, N. K., Advertising as an Antirecession Tool, in: HBR – Harvard Business Review, Vol. 58 (1980), No. 1, pp. 158 - 165.

Donnahoe, A., What is Best Size for a Newspaper Ad?, in: Media/Scope, Vol. 9 (1965), pp. 48f.

Dorfman, R., Steiner, P. O., Optimal Advertising and Optimal Quality, in: *Bass, F. M.* (Ed.), Mathematical Models and Methods in Marketing, Homewood, Ill., 1961, pp. 203 - 219.

Durand, J., Eine Methode der Auswahl von Werbeträgern: Die Sequentialmethode, in: Forschen, Planen, Entscheiden, 3. Jg. (1967), S. 141 - 147.

Edler, F., Werbetheorie und Werbeentscheidung, Wiesbaden 1966.

Elbracht, D., Erkennbarkeit und Lesbarkeit von Zeitungsschriften, in: Archiv für Drucktechnik, 104. Jg. (1967), Nr. 7, S. 24 - 32.

Engelsing, E., Johannsen, U., In welchen Medien soll man werben?, in: Forschen, Planen, Entscheiden, 3. Jg. (1967), S. 102-113.

Fischer, H., Marketingkommunikation und Werbepraxis, in: ZfbF – Schmalenbachs Zeitschrift für betriebswirtschaftliche Forschung, 32. Jg. (1980), S. 1072 - 1083.

Frank, B., Die Teleskopie-Zuschauerforschung, in: Markenartikel, 43. Jg. (1981), S. 666 - 668.

Freter, H. W., Mediaselektion. Informationsgewinnung und Entscheidungsmodelle für die Werbeträgerauswahl, Wiesbaden 1974.

Frey, A., How Many Dollars for Advertising?, New York 1955.

Gensch, D. H., A Computer Simulation Model for Selecting Advertising Schedules, in: JMR – Journal of Marketing Research, Vol. 6 (1969), pp. 203 - 214.

Gensch, D. H., Media Factors: A Review Article, in: JMR – Journal of Marketing Research, Vol. 7 (1970), pp. 216 - 225.

Gilligan, C., How British Advertisers Get Budgets, in: JAR – Journal of Advertising Research, Vol. 17 (1977), No. 1, pp. 47 - 49.

Grass, R. C., Wallace, W. H., Satiation Effects of TV Commercials, in: JAR – Journal of Advertising Research, Vol. 9 (1969), No. 3, pp. 3 - 8.
Greene, J. D., Maloney, J. F., Fingerprints Can't Test for Validity, in: JAR – Journal of Advertising Research, Vol. 16 (1976), No. 3, pp. 49 - 50.
Haley, R. I., Sales Effects of Media Weight, in: JAR – Journal of Advertising Research, Vol. 18 (1978), No. 3 pp. 9 - 18.
Hammann P., Zur Optimierung des Werbebudgets, in: WiSt – Wirtschaftswissenschaftliches Studium, 5. Jg. (1974), S. 211 - 217.
Haseloff, O. W., Hoffmann, H.-J., Flockenhaus, K.-F., Emnid Faktorielle Anzeigenanalyse, Bielefeld 1961.
Heads, J., Ad Sizes and One Ad Recallers, in: JAR – Journal of Advertising Research, Vol. 8 (1968), No. 4, pp. 26 - 30.
Hendon, D. W., How Mechanical Factors Affect Ad Perception, in: JAR – Journal of Advertising Research, Vol. 13, (1973), No. 4, pp. 39 - 45.
Heuer, G. F., Elemente der Werbeplanung, Köln 1968.
Hoeltz, J., Kontakt- und Reichweitenermittlung des Plakatanschlags, in: *Arbeitsgemeinschaft Leseranalyse e.V.* (Hrsg.), Mediaforschung in Deutschland, Festschrift für *K. E. Braunschweig*, Baiersbronn 1968, S. 46 - 50.
Hörschgen, H., Der zeitliche Einsatz der Werbung, Stuttgart 1967.
Hörschgen, H., Werbeplanung und Werbekontrolle, in: *Grochla, E., Wittmann, W.* (Hrsg.), HWB – Handwörterbuch der Betriebswirtschaft, Bd. 3, 4. Aufl., Stuttgart 1976, Sp. 4376 - 4384.
HÖRZU-Service (Hrsg.), MEDIA: Modell und Praxis, Hamburg 1982.
Junk, H., Optimale Werbeprogrammplanung – Grundlagen und Entscheidungsmodelle, 2., unveränd. Aufl., Essen 1973.
Kanner, B., ABP Cities Study on Ads During Recession Period, in: Advertising Age, Vol. 50 (March 1979), p. 4.
Kaplan, R. S., Shocker, A. D., Discount Effects on Media Plans, in: JAR – Journal of Advertising Research, Vol. 11 (1971), No. 3, pp. 37 - 44.
Kiefer, M.-L., Massenkommunikation 1964 - 1980, in: Media Perspektiven, 1981, S. 261 - 286.
Kiefer, M.-L., „Zielgruppen – Wer, Wie, Wo?", in: Media Perspektiven, 1983, S. 601 - 609.
Knauff, D.: Die Werbeträger der Plakatierung, Diss., Köln 1964.
Koch, J.: Marktforschung: Instituts-Leistungen richtig einkaufen, in: absatzwirtschaft, 26. Jg. (1983), Nr. 5, S. 82f.
Köhler, R., Uebele, H., Planung und Entscheidung im Absatzbereich industrieller Großunternehmen, Aachen 1977.
Koeppler, K., Gundermann, K., Erbslöh, E., Effekte von Anzeigenhäufungen, Morsum 1980.
Kopascy, A., Plathner, H. J., Die Wirkung der Werbung kann gemessen werden, in: ZV + ZV, 67. Jg. (1970), S. 2266.
Kotler, Ph., Toward an Explicit Model for Media Selection, in: JAR – Journal of Advertising Research, Vol. 4 (1964), No. 1, pp. 34 - 41.
Kotler, Ph., Marketing Decision Making: A Model Building Approach, New York 1971.
Kotler, Ph., Marketing-Management, 4., völlig neu bearb. Aufl., Stuttgart 1982.
Krauss, W., Insertwirkungen im Werbefernsehen. Eine empirische Untersuchung zum „Mainzelmänncheneffekt", Diss., Saarbrücken 1981.
Krautmann, A., Zur Analyse von Verständlichkeitsproblemen bei der Gestaltung von Gebrauchsanleitungen, Diss., Köln 1981.
Krautter, J., Marketing-Modelle – Stagnation ohne Ende?, in: absatzwirtschaft, 22. Jg. (1979), Nr. 9, S. 91 - 97.
Kroeber-Riel, W., Barton, B., Scanning Ads – The Influence of Positioning and Emotional Impact on Advertising Effect, Working Paper, Institut für Konsum- und Verhaltensforschung, Saarbrücken 1979.

Krugmann, H. E., Why Three Exposures may be Enough, in: JAR – Journal of Advertising Research, Vol. 12 (Dec. 1972), No. 6, pp. 11-14.
Larkin, E. F., Consumer Perception of the Media and their Advertising Content, in: Journal of Advertising, Vol. 8 (1979), pp. 5-7.
Leven, W., Müller-Hagedorn, L., Die einstellungsbezogene Werbebotschaft, in: Marketing·ZFP, 3. Jg. (1981), S. 11-26.
Little, J. D. C., Models and Managers: The Concept of a Decision Calculus, in: Management Science, Vol. 16 (1970), pp. 466-484.
Little, J. D. C., Aggregate Advertising Models: The State of the Art, in: Operations Research, Vol. 27 (1979), pp. 629-667.
Little, J. D. C., Lodish, L. M., A Media Selection Model and its Optimization by Dynamic Programming, in: Industrial Management Review, Vol. 8 (1966), pp. 15-24.
Little, J. D. C., Lodish, L. M., A Media Planning Calculus, in: Operations Research, Vol. 17 (1969), pp. 1-35.
Lodish, L. M., Empirical Studies on Individual Response to Exposure Patterns, in: JMR – Journal of Marketing Research, Vol. 8 (1971), pp. 212-218.
Marc, M., Using Reading Quality in Magazine Selection, in: JAR – Journal of Advertising Research, Vol. 6 (1966), No. 4, pp. 9-13.
Mayer, H., Schuhmann, G., Positionseffekte bei TV-Spots, in: Jahrbuch der Absatz- und Verbrauchsforschung, 27. Jg. (1981), S. 291-304.
Mayntz, R. u.a., Wissenschaftliche Begleitung, Feldversuch Bildschirmtext, Düsseldorf/Neuss, Zwischenbericht vom 1. 6. 1982, Bochum usw. 1982, S 12-16.
Meier, H., Deutsche Sprachstatistik, Hildesheim 1967.
Morrison, B. J., Dainoff, M. J., Advertisement Complexity and Looking Time, in: JMR – Journal of Marketing Research, Vol. 9 (1972), pp. 396-400.
Neibecker, E., Der Ernst des Farbenspiels, in: absatzwirtschaft, 24. Jg. (1981), Nr. 6, S. 122-127.
Pfifferling, J., Die Funkmedienforschung, in: *Tietz, B.* (Hrsg.), Die Werbung, Bd. 2, Landsberg am Lech 1982, S. 2002-2020.
Politz, A., The Saturday Evening Post. Alfred Politz Media Studies, 1958. The Curtis Publishing Company, USA, No. 2, Report A, Research Agency. Zit. nach *Koeppler, K.* u.a., Werbewirkung definiert und gemessen, Velbert 1974.
Pratz, G., Reyk-Meinhard, N., Walter, M., Werbeträger: Publikumszeitschriften, in: Interview und Analyse, 9. Jg. (1982), S. 251-255, S. 316-319, S. 396-399.
Rasmussen, A., The Determination of Advertising Expenditure, in: Journal of Marketing, Vol. 16 (1952), pp. 439-446.
Ratzke, D., Handbuch der neuen Medien, Stuttgart 1982.
Rehorn, J., Weshalb Pretests versagen können, in: Werbewissenschaftliche Gesellschaft (Hrsg.), WWG-Information, 1980, Folge 77, S. 1-4.
Rogge, H.-J., Die Bedeutung planerischer und kreativer Tätigkeiten für die Werbung, in: Marktforschung, 25. Jg. (1981), Nr. 4, S. 115-118.
Ryan, M. J., Psychobiology and Consumer Research: A Problem of Construct Validity, in: Journal of Consumer Research, Vol. 7 (1980), pp. 92-98.
San Augustine, A. J., Foley, W. F., How Large Advertisers Get Budgets, in: JAR – Journal of Advertising Research, Vol. 15 (1975), No. 5, pp. 11-16.
Scheler, H.-E., Die Media-Analyse, in: *Tietz, B.* (Hrsg.), Die Werbung, Bd. 2, Landsberg am Lech 1982, S. 2021-2048.
Schmahl, H. J., Wechselwirkungen von Konjunktur und Werbung, in: Markenartikel, 40. Jg. (1978), S. 502-510.
Schmalen, H., Kommunikationspolitik, Werbeplanung, Stuttgart 1987.
Schweiger, G., Mediaselektion: Daten und Modelle, Wiesbaden 1975.

Schweiger, G., Hruschka, H., Erklärung und Prognose der Anzeigenwirkung: Der Einfluß von Gestaltungsvariablen auf die Werbewirkung, in: Der Markt, 67. Jg. (1978), S. 81 - 90.

Simon, J. L., What do *Zielske*'s Real Data Really Show About Pulsing?, in: JMR – Journal of Marketing Research, Vol. 16 (1979), pp. 415 - 420.

Simon, H., ADPULS: An Advertising Model with Wearout and Pulsation, in: JMR – Journal of Marketing Research, Vol. 19 (1982), pp. 352 - 363.

Soldow, G. F., Principe, V., Response to Commercials as a Function of Program Context, in: JAR – Journal of Advertising Research, Vol. 21 (1981), No. 2, pp. 59-65.

Spiegel-Verlag (Hrsg.), Arbeitsdaten MA '80, Hamburg 1980.

Starch, D., Anzeigenwirkung richtig planen und messen, München 1966.

Taplin, W., Advertising Appropriation Policy, in: Economica, Vol. 26 (1959), pp. 227 - 239.

Taylor, J. D., Elliot White Springs – Maverick Ad Leader, in: JAR – Journal of Advertising Research, Vol. 11 (1982), No. 2, pp. 40 - 46.

Troldahl, V. C., Jones, R. L., Predictors of Newspaper Advertising Readership, in: JAR – Journal of Advertising Research, Vol. 5 (1965), No. 1, pp. 23 - 28.

Troll, K. F., Zur Problematik quantitativer Marketing-Modelle, Köln 1975.

Trommsdorff, V., Massierte und verteilte Werbung, Wirtschaftswissenschaftliche Dokumentation, TU Berlin, Diskussionspapier Nr. 60, Berlin 1981.

Twedt, D. W., A Multiple Factor Analysis of Advertising Readership, in: *Frank, R. E., Kuehn, A. A., Massy, W. F.* (Eds.), Quantitative Techniques in Marketing Analysis, Homewood, Ill., 1962, pp. 427 - 438.

Vidale, L. M., Wolfe, H. B., An Operations-Research Study of Sales Response to Advertising, in: Operations Research, Vol. 5 (1957), pp. 370 - 381.

Wagner, P., Der Markt als Ausgangsdatum der Werbeplanung, Berlin 1968.

Weilbacher, W. M., What Happens to Advertisements When They Grow up?, in: Public Opinion Quarterly, Vol. 34 (1970), pp. 216 - 223.

Weinberg, R. S., An Analytic Approach to Advertising Expenditure Strategy, New York 1960.

Weinberg, P., Behrens, G., Kaas, K. P. (Hrsg.), Marketingentscheidungen, Köln 1974.

Wells, W. D., EQ, Son of EQ, and the Reaction Profile, in: Journal of Marketing, Vol. 28 (1964), No. 4, pp. 45 - 52.

Wiele, E., Medien-Vielfalt in Grenzen, in: absatzwirtschaft, 23. Jg. (1980), Nr. 5, S. 50 - 55.

Wiele, E., Nur für Platzhirsche, in: absatzwirtschaft, 24. Jg. (1981), Nr. 4, S. 109 - 114.

Wilkes, M. W., Aus Werber's „Fehlern" lernen (Folge 4), in: Marketing Journal, 13. Jg. (1980), S. 552.

Wimmer, R.-M., Wiederholungswirkungen der Werbung, Gruner & Jahr Schriftenreihe, Bd. 25, Hamburg 1980.

Zentes, J., Die Werbeentscheidungen und die Werbeoptimierungsmodelle, in: *Tietz, B.* (Hrsg.), Die Werbung, Bd. 3, Landsberg am Lech 1982, S. 2199 - 2263.

Zielske, H. A., The Remembering and Forgetting of Advertising, in: Journal of Marketing, Vol. 23 (1959), pp. 239 - 243.

Aspekte der **Werbeerfolgskontrolle** behandeln:

Achenbaum, A. A., Knowledge is a Thing Called Measurement, in: *Adler, L., Crespi, I.* (Eds.), Attitude Research at Sea, Chicago, Ill., 1966, pp. 111 - 126.

Alpers, H., Ad Retention – ein neuer Ansatz zur Ermittlung der Werbewirksamkeit, in: Die Anzeige, 42. Jg. (1966), Nr. 7, S. 25.

Appel, V., Attitude Change: Another Dubious Method for Measuring Advertising Effectiveness, in: *Adler, L., Crespi, I.* (Eds.), Attitude Research at Sea, Chicago, Ill., 1966, pp. 141 - 152.

Armstrong, G. M., Russ, F. A., Detecting Deception in Advertising, in: *Michigan State University* (Ed.), MSU Business Topics, Vol. 23 (1975), pp. 21 - 32.

Bass, F. M., Clarke, D. G., Testing Distributed Lag Models of Advertising Effect, in: JMR – Journal of Marketing Research, Vol. 9 (1972), pp. 298 - 308.

Behrens, G., Werbewirkungsanalyse, Opladen 1976.

Bender, M., Die Messung des Werbeerfolges in der Werbeträgerforschung, Würzburg 1976.

Bergler, G., Die Glaubwürdigkeit der Werbung, in: *Bergler, G.* (Hrsg.), Werbung und Gesellschaft, Essen 1965, S. 57 - 75.

Bergler, R., Bedingungen wirksamer Werbung, in: *Zentralausschuß der Werbewirtschaft e.V.* (Hrsg.), ZAW-service, 11. Jg. (1982), Nr. 101, S. 6f.

Bidlingmaier, J., Die Kontrolle des wirtschaftlichen Werbeerfolges, in: *Behrens, K. Chr.* (Hrsg.), Handbuch der Werbung, Wiesbaden 1970b, S. 773 - 812.

Box, G. E. P., Jenkins, G. M., Time Series Analysis: Forecasting and Control, San Francisco, Cal., 1976.

Caffyn, J. M., Telpex Testing of TV Commercials, in: JAR – Journal of Advertising Research, Vol. 5 (1965), No. 2, pp. 29 - 37.

Clancy, K. J., Kweskin, D. M., TV Commercial Recall Correlates, in: JAR – Journal of Advertising Research, Vol. 11 (1971), No. 2, pp. 18 - 20.

Clancy, K. J., Ostlund, L. E., Commercial Effectiveness Measures, in: JAR – Journal of Advertising Research, Vol. 16 (1976), No. 1, pp. 29 - 34.

Clarke, D. G., Econometric Measurement of the Duration of Advertising Effect on Sales, in: JMR – Journal of Marketing Research, Vol. 13 (1976), pp. 345 - 357.

Diller, H., Ausstrahlungseffekte, in: WiSt – Wirtschaftswissenschaftliches Studium, 5. Jg. (1976), S. 177 - 181.

Fisher, J., Our Unstable Dollar and the So-called Business Cycle, in: Journal of the American Statistical Association, Vol. 20 (1925), pp. 179 - 202.

Fletcher, R., Maybey, B., Towards an Improved Reading and Noting Technique, in: Seminar on „Translating Advanced Advertising Theories into Research Reality", ESOMAR, Madrid 1971, p. 167.

Gorn, G. J., Goldberg, M. E., Children's Responses to Repetitive Television Commercials, in: Journal of Consumer Research, Vol. 6 (1980), pp. 421 - 424.

Hanssens, D. M., Weitz, B. A., The Effectiveness of Industrial Print Advertisements Across Product Categories, in: JMR – Journal of Marketing Research, Vol. 17 (1980), pp. 294 - 306.

Haskins, J. B., Factual Recall as a Measure of Advertising Effectiveness, in: JAR – Journal of Advertising Research, Vol. 4 (1964), No. 1, pp. 2 - 8.

Hermanns, A., Konsument und Werbewirkung, Bielefeld 1979.

Hilse, H., Die Messung des Werbeerfolges, Tübingen 1970.

Hoepfner, F. G., Beeinflussung des Verbraucherverhaltens. Psychologische Grundlagen des Marketing, München 1975.

Hörschgen, H., Die Messung des ökonomischen und des außerökonomischen Werbeerfolges, in: *Böcker, F., Dichtl, E.* (Hrsg.), Erfolgskontrolle im Marketing, Berlin 1975, S. 273 - 286.

Hörschgen, H., Gaiser, B., Strobel, K., Die Werbeerfolgskontrolle in der Industrie, Stuttgart 1981.

Johannsen, U., Vom Bekanntheitsgrad zum Imagebegriff, in: Die Anzeige, 43. Jg. (1967), Nr. 1, S. 8 - 10.

Kafitz, W., Der Einfluß der musikalischen Stimulierung auf die Werbewirkung – eine experimentelle Untersuchung, Diss., Saarbrücken 1977.

Kamen, J. M., How to Get Higher Ratings and Sell Less, in: JAR – Journal of Advertising Research, Vol. 19 (1979), No. 2, pp. 59f.

Kamen, J. M., Triggers of Advertising Effects, in: JAR – Journal of Advertising Research, Vol. 21 (1981), No. 1, pp. 59 - 63.
Kleining, G., Aufmerksamkeit und Werbewirkung, in: Markenartikel, 17. Jg. (1955), S. 315 - 320.
Koeppler, K. u. a. Werbewirkungen definiert und gemessen, hrsg. i. A. der *Heinrich Bauer Stiftung* von *Braunschweig, E.,* Velbert 1974.
Koyck, L. R., Distributed Lags and Investment Analysis, Amsterdam 1954.
Krautter, J., Werbewirkung und Käuferverhalten. Ein Simulationsmodell zur Analyse der Wirkungen der Werbung auf das Käuferverhalten, Diss., Mannheim 1970.
Lambin, J. J., Measuring the Profitability of Advertising: An Empirical Study, in: Journal of Industrial Economics, Vol. 17 (1968/1969), pp. 86 - 103.
Lavidge, R., Steiner, G., A Model of Predictive Measurements of Advertising Effectiveness, in: Journal of Marketing, Vol. 25 (1961), No. 6, pp. 59 - 62.
Lipstein, B., McGuire, W. J. (Eds.), Evaluating Advertising, New York 1978.
Lucas, D. B., Britt, St. E., Messung der Werbewirkung, Essen 1966.
Lucas, D. B., The ABC's of ARF's PARM, in: Journal of Marketing, Vol. 25 (1960), No. 1, pp. 9 - 20.
Marder, E., David, M., Recognition of Ad Elements: Recall or Projection?, in: JAR – Journal of Advertising Research, Vol. 1 (1961), No. 6, p. 23.
McGuire, W. J., The Communication/Persuasion Matrix, in: *Lipstein, B., McGuire, W. J.* (Eds.), Evaluating Advertising, New York 1978, pp. 27 - 35.
Meffert, H., Steffenhagen, H., Marketing-Prognosemodelle. Quantitative Grundlagen des Marketing, Stuttgart 1977.
Meyer, P. W., Die Werbeerfolgskontrolle, Düsseldorf 1963.
Mickwitz, G., Marketing and Competition, Helsingfors 1959.
Milliman, R. E., Using Background Music to Affect the Behaviour of Supermarket Shoppers, in: Journal of Marketing, Vol. 46 (1982), No. 3, pp. 86 - 91.
Nerlove, M., Arrow, K. J., Optimal Advertising Policy under Dynamic Conditions, in: Economica, Vol. 29 (1962), pp. 129 - 142.
Palda, K. S., The Measurement of Cumulative Advertising Effects, Englewood Cliffs, N. J., 1964.
Palda, K. S., The Hypothesis of a Hierarchy of Effects: A Partial Evaluation, in: JMR – Journal of Marketing Research, Vol. 3 (1966), pp. 13 - 24.
Parsons, L., Shultz, R., Marketing Models and Econometric Research, New York 1976.
Pinson, C., Roberto, E. L., Do Attitude Changes Precede Behavior Change?, in: JAR – Journal of Advertising Research, Vol. 13 (1973), No. 4, pp. 33 - 37.
Quandt, R. E., Estimating Advertising Effectiveness: Some Pitfalls in Econometric Methods, in: JMR – Journal of Marketing Research, Vol. 1 (1964), pp. 51 - 60.
Scherhorn, G., Wieken, K., Über die Wirksamkeit von Gegeninformationen für Konsumenten, in: *Specht, K. G., Wiswede, G.* (Hrsg.), Marketing-Soziologie: Soziale Interaktionen als Determinanten des Marktverhaltens, Berlin 1976, S. 257 - 266.
Schmidt, B., Topritzhofer, E., Reaktionsfunktionen im Marketing: Zum Problem der Quantifizierung von Nachfrager- und Konkurrenzreaktionen, in: *Topritzhofer, E.* (Hrsg.), Marketing, neue Ergebnisse aus Forschung und Praxis, Wiesbaden 1978, S. 195 - 238.
Schneeweiß, H., Ökonometrie, 3., durchges. Aufl., Würzburg, Wien 1978.
Schreiber, K., Espe, H., Schönfelder, H., Wirkungsforscher im Dienste des Verbrauchers, in: Interview und Analyse, 7. Jg. (1980), S. 210-214.
Sebastian, K. H., Werbewirkungsanalyse für neue Produkte, Wiesbaden 1985.
Simmons, W. R., Controlled Recognition in the Measurement of Advertising Perception, in: Public Opinion Quarterly, Vol. 25 (1961), pp. 470 f.
Simon, H., Kucher, E., Sebastian, K.-H., Scanner-Daten in Marktforschung und Marketingentscheidung, in: ZfB – Zeitschrift für Betriebswirtschaft, 52. Jg. (1982), S. 555 - 579.

Stapel, J., Sales Effects of Print Ads, in: JAR – Journal of Advertising Research, Vol. 11 (1971), No. 3, pp. 32 - 36.
Starch, D., Measuring Product Sales Made by Advertising, New York 1961.
Starch, D., Measuring Advertising Readership and Results, New York 1966.
Strong, E. C. jr., The Effect of Length of Series Upon Recognition Memory, in: The Psychological Review, Vol. 19 (1912), pp. 447 - 462.
Topritzhofer, E., Schmidt, B., Die Formulierung und empirische Ermittlung absatzwirtschaftlicher Reaktionsfunktionen (I), in: WISU – Das Wirtschaftsstudium, 6. Jg. (1977), S. 552 - 559.
Topritzhofer, E., Schmidt, B., Die Formulierung und empirische Ermittlung absatzwirtschaftlicher Reaktionsfunktionen (II), in: WISU – Das Wirtschaftsstudium, 7. Jg. (1978), S. 14 - 19.
Tuck, R. T. J., Firth, J., Can Research Join in the Creative Process? From Market Research to Advertising Strategy and Vice Versa, Papers of the ESOMAR Wapor Congress, 1973.
Vidale, L. M., Wolfe, H. B., An Operations-Research Study of Sales Response to Advertising, in: Operations Research, Vol. 5 (1957), pp. 370 - 381.
Watson, P. G., Gatchel, R. J., Autonomic Measures of Advertising, in: JAR – Journal of Advertising Research, Vol. 19 (1979), No. 3, pp. 15 - 26.
Weiss, D. L., Houston, F. S., Windal, P., The Periodic Pain of *Lydia E. Pinkham*, in: Journal of Business, Vol. 51 (1978), pp. 91 - 101.
Wildt, A. R., Seasonality, Specification and Decision Making: Implications for the Estimation of Sales Response Functions, in: *American Marketing Association* (Ed.), Combined Proceedings. Spring and Fall Conferences, Chicago, Ill., 1975, pp. 3 - 9.
Wilkinson, J. B., Mason, J. B., Paksoy, C. H., Assessing the Impact of Short-Term Supermarket Strategy Variables, in: JMR – Journal of Marketing Research, Vol. 19 (1982), pp. 72 - 86.
Zufryden, F. S., A Tested Model of Purchase Response to Advertising Exposure, in: JAR – Journal of Advertising Research, Vol. 21 (1981), No. 1, pp. 7 - 16.

§ 7 Marketing-Forschung

1. Grundlagen
    1.1. Information und Entscheidung im Marketing
    1.2. Methodologische Aspekte
    1.3. Organisatorische Voraussetzungen der Informationsgewinnung
2. Der Gegenstand der Marketing-Forschung
    2.1. Die Umwelt der Unternehmung
        2.1.1. Die Makro-Umwelt
        2.1.2. Die Mikro-Umwelt
            2.1.2.1. Die Abnehmer der Unternehmensleistungen
            2.1.2.2. Die Wettbewerber
            2.1.2.3. Sonstige Marktpartner
    2.2 Der Innenbereich der Unternehmung
3. Forschungsziele und Datenbasen
    3.1. Die Reichweite von Analysen
        3.1.1. Explorative Studien
        3.1.2. Deskriptive Studien
        3.1.3. Kausale Studien
    3.2. Die Informationsquellen
4. Ablauf und Methodik empirischer Erhebungen
    4.1. Die Planung einer Studie
    4.2. Die Skalierung der bedeutsamen Variablen
        4.2.1. Die Grundstruktur ausgewählter Skalierungsverfahren
        4.2.2. Skalierungsähnliche Verfahren
            4.2.2.1. Die Rating-Skala
            4.2.2.2. Rangordnung und Paarvergleich
        4.2.3. Eindimensionale Skalierungsverfahren
            4.2.3.1. Das Verfahren der summierten Schätzungen (*Likert*-Skalierung)
            4.2.3.2. Das Verfahren der gleich erscheinenden Intervalle (*Thurstone*-Skalierung)
            4.2.3.3. Die Skalogramm-Analyse (*Guttman*-Skalierung)
            4.2.3.4. Die Unfolding-Technik (*Coombs*-Skalierung)
        4.2.4. Die Skalierung mehrdimensionaler Merkmale
            4.2.4.1. Die Indexbildung
            4.2.4.2. Das Semantische Differential
            4.2.4.3. Die Multiattributivskalierung
            4.2.4.4. Die Mehrdimensionale Skalierung (MDS)
        4.2.5. Gültigkeits- und Zuverlässigkeitsprüfungen
    4.3. Die Auswahl der Probanden
        4.3.1. Grundformen von Auswahlverfahren
        4.3.2. Komplexe Formen der Stichprobenziehung
        4.3.3. Stichprobenfehler und Stichprobenumfang
        4.3.4. Nicht berechenbare Fehlerarten

4.4. Die Gewinnung der Daten
　4.4.1. Grundformen der Datenerhebung
　　4.4.1.1. Die Befragung
　　4.4.1.2. Die Beobachtung
　4.4.2. Apparativ unterstützte Erhebungstechniken
　　4.4.2.1. Psychophysiologische Meßverfahren
　　　4.4.2.1.1. Die Messung der elektrodermalen Reaktion
　　　4.4.2.1.2. Die Blickaufzeichnung
　　4.4.2.2. Das Tachistoskopverfahren
　　4.4.2.3. Das Schnellgreifverfahren
　　4.4.2.4. Computergestützte Erhebungstechniken
　　　4.4.2.4.1. Die computergestützte Befragung
　　　4.4.2.4.2. Die automatisierte Datenerfassung am Verkaufspunkt
　4.4.3. Institutionalisierte Formen der Datenerhebung
　　4.4.3.1. Der Produkttest
　　4.4.3.2. Der Markttest
　　4.4.3.3. Der Store-Test
　　4.4.3.4. Die Panelerhebung
4.5. Die Datenanalyse
　4.5.1. Multivariate Verfahren der Datenanalyse
　　4.5.1.1. Die Regressionsanalyse
　　4.5.1.2. Die Varianzanalyse
　　4.5.1.3. Die Diskriminanzanalyse
　　4.5.1.4. Die Kontrastgruppenanalyse (AID)
　　4.5.1.5. Die Clusteranalyse
　　4.5.1.6. Die Faktorenanalyse
　　4.5.1.7. Die Mehrdimensionale Skalierung (MDS)
　　4.5.1.8. Das Conjoint Measurement (CM)
　4.5.2. Prognoseverfahren
　　4.5.2.1. Die Entwicklungsprognose
　　　4.5.2.1.1. Die einfache Zeitreihenprognose
　　　4.5.2.1.2. Die Grundform des exponentiellen Glättens
　　　4.5.2.1.3. Nichtlineare Trend- und Wachstumsfunktionen
　　4.5.2.2. Die Projektion

Anhang: Programmpakete für die Aufbereitung und Analyse von Daten im Wege der Elektronischen Datenverarbeitung

Quellenhinweise und Literaturempfehlungen

1. Grundlagen
1.1. Information und Entscheidung im Marketing

Gesteuert und kontrolliert werden die gesamten Marketing-Bemühungen einer Unternehmung auf der Grundlage bestimmter Entscheidungen von seiten des Marketing-Managements. Wichtigstes Einsatzgut dabei sind Marketing-Informationen, die daher unabdingbare Elemente bei der Gestaltung des Absatzbereichs verkörpern.

Der Stellenwert einer ausreichenden Versorgung der Entscheidungsträger mit aktuellen, genauen und umfassenden Informationen in den Betrieben ist heute

1. Grundlagen

höher denn je zuvor. Man kann dies nicht nur auf äußere Faktoren, wie auf die sich verschärfende Dynamik und Komplexität der Entwicklung der Unternehmensumwelt, sondern auch auf eine geänderte Einstellung bei vielen Managern selbst zurückführen. Hinzuweisen ist hier insbesondere auf ein wachsendes Bewußtsein hinsichtlich der Wichtigkeit verläßlicher Informationsgrundlagen für unternehmerische Entscheidungen sowie auf eine fortschreitende Sensibilisierung der Verantwortlichen für die Implikationen der Umwelt auf die eigenen Entschlüsse.

Für den Vorgang der Gewinnung von Informationen, die die Funktionsträger in der Unternehmung für ihre Marketing-Entscheidungen benötigen, finden sich in der deutschsprachigen Literatur vor allem die Begriffe **Marktforschung, Absatzforschung** und **Marketing-Forschung.** Die drei Bezeichnungen werden vielfach synonym verwandt, obwohl die Bereiche, auf die sie sich erstrecken, nicht deckungsgleich sind.

Marktforschung („market research") als zielbewußte Untersuchung eines konkreten Marktes (vgl. *Hüttner* 1977, S. 29) umfaßt die Erlangung von Informationen sowohl über die Absatz- als auch über die Beschaffungsmärkte einer Organisation, und zwar hinsichtlich deren Größe, Konturen, Struktur usw. Marktforschung wird somit zum Oberbegriff für die Absatz- und die Beschaffungsmarktforschung.

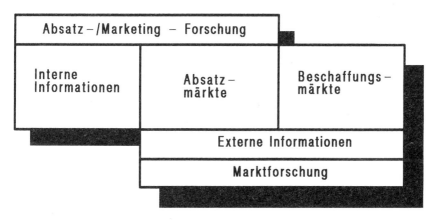

Abb. 7.1.: Begriffliche Abgrenzung der Marketing-Forschung

Absatzforschung („marketing research") kennzeichnet dagegen den gesamten Bereich der Gewinnung und Analyse von Informationen, die zur Identifikation und Lösung von Marketing-Problemen von Bedeutung sein können (vgl. *Green/Tull* 1978, S. 4). Sie liefert die Grundlage für die Erarbeitung, Implementierung und Kontrolle von Marketing-Konzeptionen und wird häufig auch als **Marketing-Forschung** bezeichnet. Die Absatzforschung umschließt dabei die unter Einsatz spezifischer Methoden bewerkstelligte Beschaffung und Auswertung von Informationen sowohl aus internen (z. B. Rechnungswesen, Berichte von Außendienstmitarbeitern) als auch aus externen Quellen (z. B. Amtliche Statistik, Berichte von Wirtschaftsverbänden und Studien von Forschungsinstituten) zur Vorbereitung, Durchsetzung und Kontrolle von Marketing-Entscheidungen. Die begrifflichen Überlappungen in diesem Bereich sind in Abb. 7.1. veranschaulicht.

1.2. Methodologische Aspekte

In den Sozialwissenschaften herrscht heute weitgehend Übereinstimmung darüber, daß diese einen Beitrag zur besseren Bewältigung des menschlichen Lebens leisten sollen. Ob dies **das** oder nur **ein** Ziel ist, dem sie sich verpflichtet fühlen, sei hier dahingestellt. Einvernehmen besteht jedenfalls auch darüber, daß die Forschung einerseits nicht von kurzfristigen Nützlichkeitserwägungen beherrscht sein, andererseits aber auch nicht die Forderung nach Effizienz aus den Augen verlieren sollte. Aus all dem ergeben sich besonders für den Marketing-Wissenschaftler, weniger für den in der Marktforschungspraxis Stehenden, Konsequenzen für die Art seiner Arbeit, die hier als Konturen eines Leitbildes skizziert werden sollen:

(1) Ein wesentlicher Aspekt ist zunächst das **Postulat theoriegeleiteter Forschung.** Wer sich als Forscher einer Frage zuwendet, tut zunächst gut daran, auf gegebenenfalls vorhandene Systeme nomologischer Hypothesen (= Theorien) zurückzugreifen, die sein Problem vielleicht bereits zu lösen in der Lage sind und insoweit weitere wissenschaftliche Bemühungen entbehrlich machen. Gemeint sind hier – nach gängiger Überzeugung – vor allem sozialwissenschaftliche Theorien, die menschliches Verhalten modellhaft abbilden und erklären, wobei sich diese durch Konsistenz und Geschlossenheit auszeichnen sollen. Sofern solche Theorien nicht vorhanden sind, erfordert das Streben nach Generalisierbarkeit von Befunden, sie zu entwickeln.

Dem Erkenntnisfortschritt ist durch einen Rekurs auf vorhandene Theorien auch insofern geholfen, als auf diesem Wege solche Systeme nomologischer Hypothesen (Wenn-dann-Aussagen mit Gesetzes-Charakter) erhärtet, präzisiert oder hinsichtlich der Reichweite ihrer Aussagen ausgebaut werden können, sich vielleicht aber auch als Irrwege menschlichen Denkens herausstellen.

(2) Moderne Marketing-Forschung ist sodann **interdisziplinär** ausgerichtet. Während man früher üblicherweise versuchte, Fragestellungen auf ihren sog. ökonomischen Kern zu reduzieren, öffnet sich die neuere Marketing-Forschung bewußt Nachbardisziplinen, allen voran der Psychologie, der Soziologie und der

Kommunikationswissenschaft. Wieder andere Fragestellungen bedingen z. B. die Einbeziehung der Jurisprudenz oder der Regionalforschung. Im Mittelpunkt der Betrachtung steht dabei stets das Problem, nicht die wissenschaftliche Sparte, die sich ohnedies kaum jemals zwingend abgrenzen läßt. (Eine gegensätzliche Position dazu nimmt z. B. *Schneider* 1983, S. 197 ff., ein.)

Was dabei ein Marketing-Wissenschaftler mit der für ihn typischen Ausbildung als Ökonom nicht zu leisten vermag, muß von Fachleuten aus den jeweiligen Disziplinen beigesteuert werden. Der „Einzelkämpfer" ist deshalb nicht nur häufig von den quantitativen Dimensionen seiner Aufgabe, sondern nicht selten auch von den fachübergreifenden Anforderungen, die diese an ihre Bearbeiter stellt, überfordert.

(3) Marketing-Wissenschaft ist immer auch ein Stück **Pragmatismus.** Wer sich als Forscher dazu nicht verstehen mag, wird sich in Gewissensnöten verzehren. Freilich darf dies nicht als Freibrief für Verantwortungslosigkeit und Nachlässigkeit in der Arbeitsweise fehldeutet werden. Gemeint ist damit lediglich, daß viele Studien von vornherein zum Scheitern verurteilt wären, wenn der verantwortliche Analytiker nicht bereit wäre, bestimmte Verletzungen, ja sogar die Nichterfüllung theoretisch begründeter Forderungen hinzunehmen, sei es, daß diese bei ernsthafter Betrachtung im Forschungsalltag überhaupt nicht einzulösen sind, wie z. B. bestimmte Postulate der Stichprobentheorie, oder sei es, daß der Forscher finanziellen und zeitlichen Restriktionen von einer Art unterliegt, die es ihm einfach nicht erlauben, eine Studie so anzulegen, daß sie an sich erreichbaren höchsten fachlichen Standards bzw. theoretischen Ansprüchen entspricht. In solchen Fällen liegt es an ihm zu entscheiden, ob er besser auf die Weiterverfolgung einer ins Auge gefaßten Untersuchung verzichtet oder aber der Praxis trotz der erforderlichen Relativierung der zu gewinnenden Befunde zumindest ein Stückchen weiterhelfen zu können glaubt, so daß er die Durchführung der Studie zu rechtfertigen vermag.

(4) Ein letzter Gesichtspunkt ist schließlich die Forderung nach **seriöser Forschung.** Dazu gehört z. B., daß gängige wissenschaftliche und ethische Standards im Rahmen der täglichen Arbeit beachtet werden. Man darf z. B. nicht einen im Wege empirischer Forschung gewonnenen Befund als repräsentativ für die Gesamtheit der Bundesbürger ausgeben, wenn, wie mehr als einmal geschehen, nur ca. 50 Personen, noch dazu an einem bestimmten Ort, befragt wurden.

Ebensowenig wäre es angängig, persönliche Wertungen als Ergebnis wissenschaftlicher Forschung auszuweisen, statt auf ihren wahren Charakter hinzuweisen. Eine weitergehende Forderung ist mit dieser Aussage nicht intendiert; denn nach dem Verständnis vieler Fachvertreter spricht nicht nur nichts dagegen, sondern vieles dafür, normative Aussagen nicht aus dem Wissenschaftsbereich zu verbannen. Allerdings müssen diese als solche offengelegt und rational diskutiert werden.

1.3. Organisatorische Voraussetzungen der Informationsgewinnung

Die Erfüllung informationswirtschaftlicher Funktionen im Marketing einer Unternehmung bedingt auch die Schaffung geeigneter organisatorischer Voraussetzungen. Von Interesse sind dabei vor allem die Festlegung der intern wahrzunehmenden bzw. auf externe Stellen zu übertragenden Aufgaben, die institutionelle Einordnung der Marketing-Forschung in die Unternehmensorganisation und der innere Aufbau der Marktforschungsabteilung. Auf Probleme, die mit der Organisation des Informationswesens selbst verbunden sind (vgl. *Hammann/Erichson* 1978), wird in § 10 ausführlich eingegangen.

(1) Bedeutsame Konsequenzen für die Institutionalisierung der Marketing-Forschung im Rahmen der betrieblichen Organisationsstruktur hat die Entscheidung darüber, in welchem Umfang eine Unternehmung selbst Marketing-Forschung betreiben will bzw. inwieweit betriebsfremde Organisationen (Marktforschungsinstitute, Werbeagenturen, Verbände etc.) mit der Wahrnehmung von Marktforschungsaufgaben beauftragt werden sollen. Auf Grund der Heterogenität der in einzelnen Unternehmen anzutreffenden Bedingungen (Branche, Betriebsgröße, Organisationsstruktur, Zeitrahmen, Kostensituation etc.) ist eine sachgerechte Entscheidung in bezug auf die Eigen- oder Fremdforschung im Marketing nur fallspezifisch möglich.

Als Vorteile der **Fremdforschung** sind insbesondere die folgenden Aspekte zu werten:
- Keine Betriebsblindheit der Forscher
- Geringere Gefahr interessengefärbter Auskünfte und tendenziöser Meldungen
- Höhere Objektivität der Forschung
- Möglichkeit des Einsatzes von Spezialisten (Statistiker, Psychologen etc.)
- Größere Aktualität des methodischen Fachwissens
- Möglichkeit wesentlicher Kosteneinsparungen.

Vorteile der **Eigenforschung** können insbesondere in folgenden Gesichtspunkten begründet liegen:
- Größere Vertrautheit mit dem Forschungsproblem
- Bessere Möglichkeiten der Einflußnahme und Kontrolle während des Forschungsprozesses
- Gewinnung von Forschungserfahrungen sowie Verbleib von Erkenntnissen im Unternehmen
- Geringeres Risiko von Indiskretionen
- Wegfall der bei Zusammenarbeit mit externen Instituten gegebenen Kommunikationsprobleme
- Bessere Möglichkeiten zur Nutzung spezifischer Kenntnisse der Entscheidungsträger.

Die Gewichtung der jeweiligen Vor- und Nachteile der Fremd- bzw. Eigenforschung kann dabei lediglich vor dem Hintergrund der konkreten Entscheidungssituation erfolgen; allgemeinverbindliche Aussagen über die Vorteilhaftigkeit jeder der beiden Möglichkeiten sind daher nicht möglich. Generell lassen sich insbesondere bei aperiodisch auftretenden Forschungsaufgaben sehr häufig Mischformen zwischen betriebsexterner und -interner

Trägerschaft der Absatzforschung antreffen. Kleine und mittlere Unternehmen, die über kein speziell für Marktforschungsaufgaben ausgebildetes Personal verfügen oder die nur geringe Erfahrung in der Handhabung derartiger Informationsprobleme aufweisen, werden grundsätzlich eher Fremdforschung betreiben als Großbetriebe.

Oft werden von letzteren jene Teile einer Erhebung außer Haus gegeben, die den Zugriff auf spezialisiertes Personal oder bestimmte sachliche Ressourcen, über die man selbst nicht verfügt, erfordern (z.B. Durchführung persönlicher Interviews, Auswertung größerer Datenbestände auf geeigneten Rechenanlagen). Als **betriebsexterne Träger** der **Marketing-Forschung** treten in der Praxis häufig nicht nur auf die Erfüllung dieser Marketing-Funktion spezialisierte Institute, sondern auch Werbeagenturen, Verbände, Marktforschungsberater und Behörden auf. Zumindest die größeren derartigen Firmen, die in der Bundesrepublik Deutschland auf diesem Sektor tätig sind, gehören dem *Arbeitskreis Deutscher Marktforschungsinstitute (ADM)* mit Sitz in Nürnberg an.

(2) Die **Institutionalisierung** der Marketing-Forschung im Rahmen der Aufbauorganisation von Unternehmen erfolgt überwiegend in Form einer Stabsabteilung bzw. Stabsstelle, die entweder dem Marketing-Ressort oder – weniger häufig – der Geschäftsleitung zugeordnet ist. Sind sämtliche Aufgaben der Beschaffung, Speicherung, Verarbeitung und Weitergabe von internen und externen Informationen in einer organisationalen Einheit zusammengefaßt, so wird in der Regel auch die Marketing-Forschung organisatorisch darin integriert sein (vgl. *Hammann/Erichson* 1978). In divisionalisierten Unternehmen verfährt man häufig so, daß die produktgruppenbezogenen Aufgaben der Absatzforschung in den einzelnen Sparten selbst wahrgenommen werden, während übergreifende Tätigkeiten (z.B. die Erstellung bzw. Auswertung von Konjunkturanalysen) von Organisationseinheiten im Bereich der Geschäfts- oder Marketing-Leistung ausgeführt werden.

Grundsätzlich wird in Mehr-Sparten-Unternehmen der Grad der Zentralisation der Marketing-Forschung jenem der gesamten, übergreifenden Organisation entsprechen. Die Argumente, die dafür bzw. dagegen vorgebracht werden, sind im wesentlichen identisch mit den in § 10 zu erläuternden Vor- und Nachteilen der Dezentralisation in Mehrproduktunternehmen.

So liegen z.B. wesentliche Vorteile einer **Zentralisierung** der Marketing-Forschung in der besseren Koordination und Kontrolle der gesamten Informations-Aktivität einer Unternehmung, in einer höheren Wirtschaftlichkeit der Marketing-Forschung, in vermehrten Möglichkeiten zur Rekrutierung entsprechend qualifizierten Personals und in einer größeren Unabhängigkeit der Betroffenen von den Managern der einzelnen Sparten. Als grundlegende Vorteile einer **dezentralisierten** Marketing-Forschung werden demgegenüber zumeist die erhöhte Flexibilität und Sachkunde der „vor Ort" mit einem

Problem befaßten Mitarbeiter genannt (vgl. hierzu *Churchill* 1979, S. 14; *Adler/Mayer* 1977, S. 92 ff.).

Die Vielfalt der in der Praxis anzutreffenden Organisationsstrukturen sowie die unterschiedliche personelle und sachliche Ausstattung der Marketing-Forschung in den Betrieben machen generelle Aussagen über die zweckmäßigste Einordnung der Absatzforschung in die Unternehmenshierarchie nahezu unmöglich. Allerdings stellen Ziele wie eine möglichst hohe Unabhängigkeit der Marketing-Forschung von betriebsinternen Einflußgruppen (Werbung, Produktentwicklung, Vertrieb etc.), größtmögliche methodische Flexibilität, weitreichende Entscheidungskompetenz der übergeordneten Instanz, die Gewährleistung guter Kommunikationsmöglichkeiten mit anderen betrieblichen Abteilungen bzw. Stellen und die Sicherung der Glaubwürdigkeit der Absatzforschung wichtige Orientierungspunkte bei der Lösung dieser organisatorischen Gestaltungsaufgabe dar.

(3) Mit der Zunahme von Umfang und Aufgabenspektrum wächst die Bedeutung einer zweckmäßigen **internen Organisation** der **Marketing-Forschung** als einer Abteilung. Dabei kann auch hier auf Grund der in jedem Einzelfall unterschiedlichen Gegebenheiten, insbesondere Ressourcen und organisatorischen Rahmenbedingungen, nicht von einer Idealform der Innenorganisation ausgegangen werden. Vielmehr lassen sich lediglich bestimmte **Gestaltungstypen** angeben, die aus der Heranziehung vorzugsweise folgender Differenzierungskriterien resultieren. In Betracht kommt eine Aufgabenzentralisation nach:

- **Bezugsobjekten** des Unternehmenserfolges, wie z. B. Produktgruppen, Sparten, Regionen und Marktsegmente
- **Objektbereichen,** z. B. Konkurrenzforschung, Bedarfsforschung und Erforschung der technologischen Umwelt
- **Marketing-Instrumenten,** z. B. Werbemittel-, Absatzwege- und Produktforschung
- **Forschungsmethoden** und **-techniken,** z. B. Sekundär-/Primärforschung, Fragebogenentwicklung und mathematisch-statistische Datenanalyse.

Um zu situationsgerechten Lösungen bei der Strukturierung der Marketing-Forschungsabteilung zu gelangen, bedienen sich viele Unternehmen mehrerer der angeführten Kriterien gleichzeitig, so daß sich in der Praxis eine Vielzahl von Mischformen herausgebildet hat.

2. Der Gegenstand der Marketing-Forschung
2.1. Die Umwelt der Unternehmung

Realistische Ziel- und Mittelentscheidungen im Marketing-Bereich einer Unternehmung setzen sowohl die Berücksichtigung der Umweltsituation (Dateninformationen) als auch die Antizipation der Umweltreaktionen auf die in

2. Der Gegenstand der Marketing-Forschung   613

Betracht gezogenen Maßnahmen (Instrumentalinformationen) voraus. Es ist daher Aufgabe der Marketing-Forschung, entscheidungsrelevante Daten über die Umweltbedingungen und über die Konsequenzen, mit denen für jede alternative Marketing-Maßnahme angesichts der je nach Situation verschiedenen Reaktionen der Umwelt zu rechnen ist, bereitzustellen.

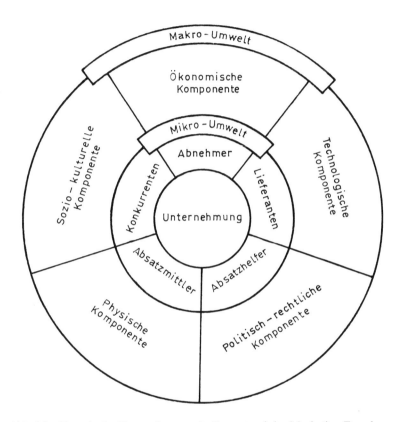

Abb. 7.2.: Umwelt der Unternehmung als Gegenstand der Marketing-Forschung

Die Gesamtheit der für Marketing-Entscheidungen potentiell relevanten **Umweltbedingungen** läßt sich untergliedern in den Bereich der **generellen** und in den der **aufgabenspezifischen** (vgl. Abb. 7.2.). Letzterer umfaßt dabei die Menge derjenigen Elemente, mit denen eine Unternehmung zur Erreichung ihrer Sachziele mittelbar oder unmittelbar interagieren kann oder muß, im folgenden als engere Unternehmensumwelt bzw. als **Mikro-Umwelt** bezeichnet. Dazu zählen in erster Linie die Abnehmer der Unternehmensleistungen, Konkurrenten, Absatzmittler und/oder -helfer sowie die Lieferanten (vgl. *Raffée* 1979, S. 4ff.).

Die **generellen** Umweltbedingungen bilden den Rahmen für die Entscheidungen aller oder zumindest einer größeren Zahl von Unternehmungen in einem geographischen Raum und weisen im allgemeinen keinen engen Bezug zu der jeweiligen konkreten Unternehmungsaufgabe auf; sie werden unter dem Begriff der weiteren Unternehmensumwelt bzw. der **Makro-Umwelt** zusammengefaßt. Es erscheint zweckmäßig, sie in eine ökonomische, sozio-kulturelle, physische, politisch-rechtliche und technologische Komponente aufzuspalten (vgl. *Kubicek/Thom* 1976, Sp. 3988 f.).

2.1.1. Die Makro-Umwelt

Die Unternehmung und ihre engere Umwelt sind Teile eines übergeordneten Systems, das im allgemeinen nicht oder nur unwesentlich durch die Entscheidungen des einzelnen Marketing-Managers beeinflußt wird, von dem seinerseits jedoch eine gewichtige Beeinträchtigung des unternehmerischen Handelns ausgehen kann. Das Gedeihen eines Betriebes hängt daher zunächst von gewissen übergeordneten Bestimmungsfaktoren ab. Solange sich die Art der Einbindung in dieses System nicht verändert, ist es gerechtfertigt, von unternehmungsspezifischen Besonderheiten abzusehen und den Blick deshalb zunächst auf die mutmaßliche Entwicklung gewisser Globalgrößen bzw. Trendverläufe im Bereich der einzelnen **Komponenten** der Makro-Umwelt zu konzentrieren.

(1) Die ökonomische Komponente

Volks- und weltwirtschaftliche Rahmenbedingungen strahlen in unterschiedlicher Weise auf die konkreten Teilmärkte einer Unternehmung aus. Die Absatzmöglichkeiten hängen zunächst von der Entwicklung der nationalen **Gesamtwirtschaft** ab, die sich insbesondere in der Höhe des Bruttosozialprodukts (BSP), des Bruttoinlandsprodukts (BIP) und der industriellen Nettoproduktion (INP) niederschlägt. Konjunkturphasen und langfristige Wachstumsentwicklungen einer Volkswirtschaft können sich deutlich auf den Einsatz und die Effizienz bestimmter Marketing-Maßnahmen einer Unternehmung auswirken.

Daneben ist es angezeigt, einige weitere makroökonomische Schlüsselgrößen zu beobachten, die von größerer unmittelbarer Bedeutung für einzelwirtschaftliche Marketing-Entscheidungen sind als die angeführten Indikatoren. Hierbei ist insbesondere auf die Höhe des **disponiblen persönlichen Einkommens** in einer Volkswirtschaft und der sog. **vagabundierenden Kaufkraft** (diskretionäre Einkommensteile), ferner auf die Veränderungen der Beschäftigungs- und Auftragslage in den verschiedenen Wirtschaftsbereichen, auf die Zu- und Abnahme der Lagerbestände im Handel, auf Geldwertschwankungen und die damit verbundenen Kaufkraftveränderungen sowie auf die Höhe der Arbeitslosigkeit hinzuweisen.

2. Der Gegenstand der Marketing-Forschung

Auch die (volkswirtschaftliche) **Theorie** hat sich dieser Phänomene angenommen, wobei sie etwa die Abhängigkeit des Absatzes bestimmter Güter bzw. Gütergruppen von Schwankungen des Volkseinkommens durch das Konzept der **Einkommenselastizität** zum Ausdruck zu bringen versucht. Dabei setzt man die prozentuale Veränderung des Absatzes eines Gutes zu der sie auslösenden prozentualen Veränderung des (Volks-)Einkommens in Beziehung und erhält einen sog. **Elastizitätskoeffizienten** (ε).

(7.1.) $$\varepsilon = \frac{dx_i/x_i}{dY/Y} = \frac{dx_i}{dY} \cdot \frac{Y}{x_i}$$

Dabei bedeuten:

ε = Einkommenselastizität

$\dfrac{dx_i}{x_i}$ = relative Änderung der Nachfrage(menge) nach Gut i

$\dfrac{dY}{Y}$ = relative Änderung des (Volks-)Einkommens

Die Nachfrage nach einer Ware, deren ε-Wert zwischen 0 und 1 liegt, gilt als **unelastisch**, während darüberliegende Koeffizienten eine **elastische** Nachfrage signalisieren. Ähnliche Elastizitätskoeffizienten sind auch für die **Preisempfindlichkeit** eines Gutes sowie für die **zwischenstaatlichen Handelsbeziehungen** entwickelt worden.

Ein nicht geringer Einfluß auf das Marketing-Mix einer Unternehmung geht z. B. auch von den wirtschafts- und fiskalpolitischen Maßnahmen des Staates (Zinsniveau, Geldmenge, Abschreibungserleichterungen etc.) sowie von der Energie- und Rohstoffversorgung aus.

Naturgemäß genügt es angesichts der zunehmenden Verstrickung von Weltwirtschaft und Weltpolitik nicht mehr, allein die Daten des eigenen Landes im Auge zu behalten; dies gilt insbesondere vor dem Hintergrund verstärkter multinationaler Unternehmensaktivitäten. Neben den bereits genannten Schlüsselgrößen sind hier vor allem Veränderungen und Entwicklungen der verschiedenen Wechselkurse, spezifische Zollvereinbarungen sowie sonstige **tarifäre** und **nichttarifäre Handelshemmnisse** von Interesse.

Die **Entwicklung** der **Branche** bzw. des **Produktmarktes** braucht nun keineswegs parallel zum Wachstum der Gesamtwirtschaft zu verlaufen. Beispiele dafür sind die Textilindustrie, der Bergbau und die Filmwirtschaft, für die lange ein gegenläufiger Trend charakteristisch war. Durch ein überproportionales Wachstum sind dagegen z. B. Kunststoffe, Elektronik und Flugtouristik gekennzeichnet. Meistens nimmt die Entwicklung zeitlich betrachtet keinen linearen, sondern einen S-förmigen Verlauf, ein Phänomen, das im Falle eines Produktes oder einer Produktart allgemein als **Lebenszyklus** bezeichnet wird.

In der Regel genügt es jedoch nicht, allein die eigene Branche bzw. die eigenen Produktmärkte im Auge zu behalten. Für die Zwecke der lang- wie der kurzfristigen Planung ist es nicht minder wichtig, vor- und nachgelagerte Branchen und Wirtschaftsstufen sowie die **Substitutionskonkurrenz** auf allen

Ebenen zu verfolgen. Welche Bedeutung dem Bestand an Komplementärgütern für den eigenen Absatzerfolg zukommt, liegt ohnedies auf der Hand.

Die **vorgelagerten** Stufen sind deshalb sorgfältig zu verfolgen, weil das Aufkommen neuer Rohstoffe oder Technologien sowie die Veränderung vorhandener Machtkonstellationen entscheidenden Einfluß auf die Wettbewerbsfähigkeit eines Unternehmens haben können. Die Entwicklung auf **nachgelagerten** Produktmärkten ist namentlich für die Investitionsgüterindustrie, Versorgungsunternehmen und Zulieferanten des Baugewerbes, darüber hinaus aber auch für alle jene Unternehmen, deren (Absatz-)Leistungen aus den „vagabundierenden" Einkommensteilen vergütet werden, von besonderer Bedeutung.

Diese Forderung läßt sich auf mehrfache Weise rechtfertigen. Zunächst ist auf die hier bereits angedeutete Abhängigkeit eines Unternehmens vom Wohlergehen der unmittelbaren Abnehmer hinzuweisen. Man denke etwa an die Situation, in der sich die Zulieferer eines großen **Automobilherstellers** befinden, wenn dort Streiks ausbrechen oder der Absatz stark zurückgeht. Die Abhängigkeit kann vor allem dann zu verheerenden Konsequenzen führen, wenn die Bedingungen für das Entstehen eines aus der Nationalökonomie bekannten **Akzeleratoreffekts** vorliegen, der zu einer Potenzierung der Wirkungen von Störgrößen führt.

Noch aus zwei weiteren Gründen erscheint die Forderung, die Entwicklung nicht nur der eigenen Branche, sondern auch nachgelagerter Produktmärkte laufend zu beobachten, von Belang. Einmal ist dies eine unabdingbare Voraussetzung dafür, neue **Abnehmerschichten** zu entdecken und neue lukrative **geographische Märkte** auszumachen. Zweitens ist bei zahlreichen Unternehmungen ein Wachstum nur noch auf dem Wege der **Diversifizierung** möglich. Angesichts dieser Tatsache vermag man leicht einzusehen, daß die Unternehmungsleitung in der Regel nicht umhin kann, wachstumsträchtige Branchen aufzuspüren und deren Entwicklung zu verfolgen, um zu einem geeigneten Zeitpunkt adäquate Maßnahmen ergreifen zu können.

(2) Die sozio-kulturelle Komponente
Die Unternehmung trifft in ihrem Aktionsraum auf eine bestimmte Gesellschaftsstruktur, die sie kaum verändern kann und an die sie sich infolgedessen im wesentlichen anzupassen hat. Dieses sozio-kulturelle Umweltsystem läßt sich analytisch an Hand von drei grundlegenden Dimensionen darstellen (vgl. *Markin* 1979, S. 48f.; *Robertson* 1970, S. 100ff.):

– Die **demographische** Dimension bezieht sich auf statistisch relativ leicht erfaßbare Strukturmerkmale der Bevölkerung wie Alter, Einkommen, Schulabschluß, Wohn- und Arbeitsort, Beruf, Haushaltsgröße, Stellung der Familie im Lebenszyklus, Geschlecht, Nationalität und Religionszugehörigkeit.

- Im Rahmen der **sozio-organisationalen** Dimension sind vor allem die Sozial- und Gesellschaftsstruktur sowie die Beziehungen gesellschaftlicher Institutionen (*IHK*, Verbände, Gewerkschaften, Verbraucherverbände, Medien, Parteien, Behörden, Aufsichtsämter, *TÜV* etc.) untereinander Gegenstand der Betrachtung. Dabei sind Faktoren wie z. B. der Aufbau der Familie, die soziale Schichtung und der Einfluß der Meinungsführer von besonderem Interesse.
- Die **normative** Dimension der sozio-kulturellen Makro-Umwelt umschließt das System der gesellschaftlichen Werte, Normen und festgefügten Verhaltensweisen. Die handlungsleitende Orientierungsfunktion, die das soziokulturelle System für das Individuum ausübt, ist Ausfluß vor allem dieser normativen Dimension. Auf Grund des sich daraus ergebenden Einflusses der sozio-kulturellen Makro-Umwelt auf die Effizienz der Marketing-Maßnahmen eines Unternehmens sind die Beobachtung der Wandlungen der gesellschaftlichen Wertsysteme und die Prognose der davon ausgehenden Wirkungen und Veränderungen ein wichtiger Gegenstand der Marketing-Forschung.

(3) Die technologische Komponente

Technologie in dem hier verstandenen Sinne umfaßt den Bereich der **Verfahrens-, Material-** und **Produktinnovationen,** der seit dem Ende des 19. Jahrhunderts von einer gewaltigen Dynamik geprägt ist und als ein wesentlicher Faktor für das wirtschaftliche Wachstum der Industrieländer in dieser Periode zu betrachten ist. Technologische Neuerungen vermögen tiefgreifende wirtschaftliche Veränderungen auszulösen. Sie können Ursache für das **Entstehen** gänzlich **neuer Wirtschaftszweige** (z. B. Flugzeugindustrie, Computerindustrie) und für die **grundlegende Änderung** oder teilweise **Zerstörung existierender Industrien** (z. B. Uhrenindustrie) sein; außerdem tragen sie durch Substitutions- und Komplementärbeziehungen zur Entstehung neuer Märkte auf anderen Gebieten bei. Je früher deshalb technologische Entwicklungen von der Unternehmung erkannt werden, desto größer ist der Aktionsspielraum, über den sie zur Anpassung an derartige Wandlungen verfügt.

(4) Die physische Komponente

Das System der physischen Makro-Umwelt der Unternehmung umfaßt insbesondere die jeweiligen klimatischen und geographischen Bedingungen sowie die **Infrastruktur** des Raumes, in dem diese tätig ist. Angesichts des zunehmenden Umweltbewußtseins des Menschen ist dieser Bereich für die Marketing-Forschung heute wesentlich wichtiger als früher.

(5) Die politisch-rechtliche Komponente

Eine nicht zu übersehende Beeinträchtigung erfahren die an sich denkbaren und realisierbaren absatzpolitischen Alternativen durch eine Vielzahl von Gesetzen und Verordnungen. Konkret gesprochen heißt dies, daß ein Unternehmen manches, was es tun könnte und möchte, auf Grund einschneidender rechtlicher Bestimmungen nicht ins Auge fassen darf. Um welche es dabei im einzelnen geht, ist im Rahmen der Darstellung der absatzpolitischen Instrumente, und zwar jeweils im letzten Abschnitt, umrissen worden.

Neben der Kenntnis derartiger **Rechtsvorschriften** benötigt der Marketing-Manager auch Informationen aus dem allgemeinen politischen Raum; oft werden von hier aus bestimmte Erwartungen an das Verhalten einer Unternehmung gerichtet, deren Nicht-Erfüllung mitunter negative Reaktionen seitens der Öffentlichkeit nach sich zieht.

Abgesehen von diesen großteils restriktiven Momenten können im Phänomen **Öffentlichkeit** jedoch auch Antriebskräfte begründet liegen, die absatzwirtschaftliche Entscheidungsprozesse überhaupt erst auslösen. Zu denken wäre hier etwa an die Städteplanung, die Entwicklung der Verkehrsverhältnisse, die Ab- und Aufwertung von Standorten, ferner Maßnahmen der Gewerbe- und Industrieförderung, z. B. die Gewährung von Investitionsanreizen durch Bereitstellung billiger oder sogar kostenloser Grundstücke sowie die Einräumung von Steuerbegünstigungen.

2.1.2. Die Mikro-Umwelt

Fragen wir uns nun, welcher Art die Beziehungen einer Unternehmung zu ihrer unmittelbaren Umwelt sind. Damit wird gewissermaßen die **Ceteris paribus-Annahme** eingeschränkt bzw. aufgehoben, auf der die Betrachtung der Bereiche der Makro-Umwelt der Unternehmung im wesentlichen basierte. Das zugrunde gelegte Schema wäre dabei an sich auf alle Produktmärkte, die für die Unternehmung relevant sind oder sein können, anzuwenden. In der Wirklichkeit wird man sich jedoch schon aus **Kostengründen** damit begnügen müssen, die hier zu erläuternden Informationsbedürfnisse im Hinblick auf die eigene Branche bzw. die eigenen Produktmärkte zu stillen.

2.1.2.1. Die Abnehmer der Unternehmensleistungen

Eine vom Markt her gesteuerte Unternehmenspolitik kann nicht umhin, den Konsumenten bzw. Verwender sowie den Käufer zu Richt- und Angelpunkten aller Überlegungen zu machen. Nur dann, wenn eine Unternehmung ihre **Kunden** und **Nicht-Kunden,** deren Verhalten und dessen Determinanten kennt, ist sie in der Lage, Marktlücken zu entdecken und zu schließen.

Zweckmäßigerweise beginnt man damit, die Abnehmer nach gewissen **demographischen Merkmalen** aufzugliedern und zu analysieren. Wer sind die Abnehmer und wie setzen sie sich zusammen? Wer kauft offenbar nicht? Als Kriterien für die **Segmentierung** kommen unbeschadet differenzierterer Formen der Marktsegmentierung vor allem folgende in Frage: Geschlecht, Alter, Familienstand, Haushaltsgröße, Konfession, Beruf, soziale Schicht, Einkommens- sowie Besitzverhältnisse (Auto, Waschmaschine, Fernsehgerät usw.). Im

2. Der Gegenstand der Marketing-Forschung 619

übrigen ist hier zu unterscheiden zwischen den Käufern und den tatsächlichen Verbrauchern. So hat man beispielsweise festgestellt, daß Krawatten so gut wie nie von Männern, sondern fast immer von Frauen gekauft werden.

Eine Analyse des anfallenden Zahlenmaterials gibt in der Regel wertvolle Anhaltspunkte darüber, welchen Marktsegmenten künftig in verstärktem Maße Aufmerksamkeit geschenkt werden muß. Damit ist bereits angedeutet, daß ähnliche Untersuchungen sinnvollerweise auch für Nicht-Käufer bzw. Nicht-Kunden durchgeführt werden sollten. Die folgenden Ausführungen sind deshalb jeweils bei beiden Kategorien auf ihre Relevanz hin zu überprüfen.

Hat man sich einen Überblick über die Zusammensetzung der Käufer bzw. Verbraucher verschafft, so lautet die nächste Überlegung: Wie **verhalten** sie sich und welche Faktoren sind dafür maßgebend?

Verläßliche Anhaltspunkte für die Marketing-Planung, insbesondere für den Einsatz der Marketing-Instrumente, sind nur dann zu gewinnen, wenn auf beide Fragestellungen hinlängliche Antworten gefunden werden. Gegenstand der Marketing-Forschung sind daher sowohl die beobachtbaren Variablen der Kaufentscheidung, die mit dem Zustandekommen des Kaufaktes selbst zusammenhängen, als auch die nicht beobachtbaren Verhaltensdeterminanten, die im Konsumenten selbst wirksam werden und deren Identifikation, Beschreibung, Strukturierung und Verknüpfung ein wesentliches Forschungsgebiet der verhaltensorientierten Marketing-Forschung bilden.

Die Erhebung der **Bestimmungsfaktoren des Verhaltens** der potentiellen und tatsächlichen Abnehmer einer Unternehmung setzt stets ein entsprechendes Erklärungsmodell voraus. In der wirtschafts- und verhaltenswissenschaftlichen Literatur existiert eine Vielzahl sowohl konkurrierender als auch komplementärer Ansätze dazu, von denen im Kontext der §§ 3–6 eingehend die Rede war.

Betrachtet man das **Verhalten** beim Kaufakt selbst, so empfiehlt sich eine relativ pragmatische Vorgehensweise. Im Grunde interessieren hier alle Faktoren, die für einen effizienten Einsatz der Elemente des Marketing-Mix bedeutsam sind. So sollte der Entscheidungsträger beispielsweise wissen:

– Wo kaufen die Verbraucher, in welchen Geschäften, wo in bezug auf den Wohnort usw.?
– Auf welche Weise wird der Weg vom Wohnort bzw. von der Wohnung zum Einkaufsplatz und zum bevorzugten Geschäft zurückgelegt?
– Wann kaufen die Kunden (Monat, Jahreszeit, Wetter, Tag, Stunde)?
– Steht der Einkaufsakt in irgendeinem Zusammenhang mit bestimmten Anlässen, Festen, Feiertagen, Veranstaltungen usw.?
– Wie oft kaufen die Konsumenten bzw. Abnehmer (periodisch, aperiodisch)?
– In welchen Einheiten, Mengen, Größen?
– Welche Preislage, Qualität, Verpackung usw. bevorzugen sie?
– Mit welchen anderen Gütern zusammen erfolgt der Einkauf?

- Welche Konkurrenzprodukte werden noch bezogen?
- Gibt es Konkurrenzgeschäfte, in denen dasselbe oder ein vergleichbares Erzeugnis erworben wird? Was sind die Gründe dafür?
- Wie hoch ist der durchschnittliche Einkaufsbetrag?
- Wird bar bezahlt oder auf Kredit gekauft?
- Wer trifft die Wahl? Handelt es sich um Individual- oder um Kollektivkauf? Wird das Gut von einer Person oder von mehreren Personen benutzt?
- Handelt es sich um einen geplanten Kauf oder einen Impulskauf?
- Wo und auf welche Weise werden Kaufanregungen empfangen?
- Wie verhalten sich die Kunden vor dem Ladengeschäft und im Verkaufsraum selbst? Wie lange halten sie sich dort jeweils auf? Welche Wege bevorzugen sie im Laden? Wie entnehmen sie die Waren dem Regal, wie nehmen sie sie von der Theke usw.?

Es liegt auf der Hand, daß es mit der Erlangung von Antworten auf die hier skizzierten Fragen bezüglich des Verbraucherverhaltens noch nicht getan ist. Nicht minder wichtig sind Informationen über **Ort, Zeit** und andere **äußere Umstände** des Verbrauchs bzw. **Gewohnheiten** beim Gebrauch des erworbenen Gutes. Beispielsweise hatte ein internationaler Mineralölkonzern vor Jahren große Schwierigkeiten bei dem Versuch, ein in anderen Ländern erprobtes Schmieröl für Dieselmotoren in Algerien einzuführen. Die Ursache dafür lag nicht etwa, wie vielleicht zu erwarten gewesen wäre, in den dort herrschenden klimatischen Verhältnissen, sondern, wie man bald herausbrachte, in der Gepflogenheit, Lastkraftwagen beträchtlich zu überladen und so Motoren und Schmieröle Belastungen auszusetzen, die von deren Herstellern nicht antizipiert und folglich nicht eingeplant worden waren. Es versteht sich, daß derartige Gesichtspunkte vor allem bei **technischen** Gebrauchsgütern Bedeutung erlangen.

Das Kaufverhalten im **gewerblichen Bereich** weist gegenüber dem privater Abnehmer einige inhaltliche und strukturelle Eigentümlichkeiten auf. So sind bei der Analyse des gewerblichen Beschaffungsverhaltens insbesondere folgende Abweichungen zu berücksichtigen:

- Im Gegensatz zu privaten Verbrauchern äußern gewerbliche Kunden keinen ursprünglichen, sondern einen **abgeleiteten Bedarf.**
- Der **Einkauf** ist im Privathaushalt nicht **institutionalisiert,** wohl aber in Firmen.
- Auch sind es dort **Fachleute** (Techniker, spezialisierte Einkäufer), die die Entscheidungen fällen.
- Anders als im Privathaushalt, in dem im allgemeinen nur ein oder zwei Personen den Ausschlag geben, **entscheiden** in Gewerbebetrieben **mehrere,** die im allgemeinen von außen her schwer auszumachen sind und häufig unterschiedlichen Hierarchiestufen angehören.
- Die **Beziehungen** zu Firmenkunden sind meist **komplexer** und zeitlich **stabiler** als jene zu privaten Abnehmern.

Ist die Beschaffungsentscheidung für ein Investitionsgut einfach strukturiert (geringe Neuartigkeit des Problems, geringer organisatorischer Wandel durch das Investitionsobjekt, relativ niedriger Wert des Investitionsobjektes) und handelt es sich um **einen** personalen Entscheidungsträger, so können die Beschaffungsprozesse mit Hilfe von S-O-R-Modellen (vgl. § 3, Abschn. 2.3.2.) beschrieben werden. Je komplexer jedoch die Struktur der Beschaffungsentscheidung und je höher die Anzahl der an einem solchen Prozeß beteiligten Individuen sind, desto bedeutsamer wird die Berücksichtigung der jeweiligen Organisations- und Umwelteinflüsse auf das Kaufverhalten der gewerblichen Abnehmer.

In einem Modell, das *Webster/Wind* (1972, S. 12 ff.) entwickelt haben, wird versucht, diesen Gegebenheiten Rechnung zu tragen. Die beiden Autoren führen die Vorgänge bei der Beschaffung von Investitionsgütern auf einen Entscheidungsprozeß zurück, der in einer Gruppe miteinander in Interaktion stehender Mitglieder der Organisation, dem sog. **„buying center"**, abläuft. Dieses ist durch organisatorische Bedingungen sowie durch verschiedene Umweltfaktoren beeinflußt (vgl. Abb. 7.3.).

Webster/Wind definieren vier Determinantenklassen, die das Kaufverhalten bestimmen:

- Umweltfaktoren
- Bedingungen der Organisation
- Interaktionen der Personen im „buying center"
- Individuelle Eigenschaften der am Beschaffungsprozeß beteiligten Personen.

Das Modell dient dazu, Entscheidungsprozesse gedanklich zu durchdringen, an denen mehrere Personen mit unterschiedlichen Zielsetzungen beteiligt sind. Die Determinanten sind so definiert, daß bewährte individualpsychologische und organisationstheoretische Hypothesen berücksichtigt werden können. *Webster/Wind* postulieren allerdings keine streng gesetzmäßigen Abhängigkeiten des Beschaffungsprozesses von diesen Determinanten, sondern nennen diese lediglich und demonstrieren das mögliche Zusammenwirken der Faktoren, die den Prozeß beeinflussen können. Das Modell berücksichtigt aber, wie die Autoren selbst feststellen, weder die Vielfalt konkreter Gegebenheiten, noch ist es empirisch überprüfbar.

Im Mittelpunkt dieses ebenso wie ähnlicher Modelle des organisationalen Kaufverhaltens (vgl. dazu u.a. *Backhaus* 1982; *Huppertsberg/Kirsch* 1977; *Kirsch/Kutschker/Lutschewitz* 1980) steht die Struktur des Verhaltenssystems der beschaffenden Einrichtung. Auch wenn darauf aufbauend marketingstrategische Überlegungen für die absetzenden Unternehmen angestellt werden, wird doch nicht berücksichtigt, daß von den bei komplexen Investitionsentscheidungen sehr häufig anzutreffenden intensiven Verhandlungen zwischen Anbieter- und Abnehmerorganisation eigenständige Einflüsse auf das Käuferverhalten ausgehen.

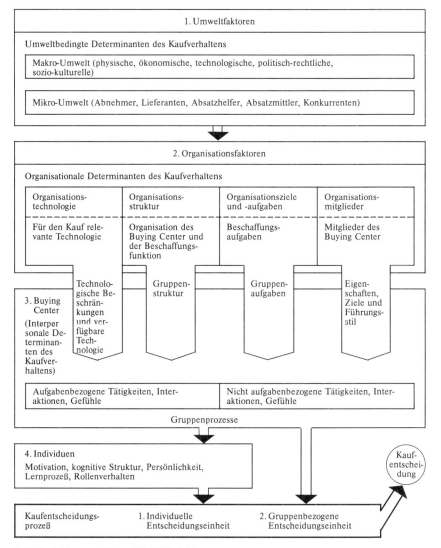

Quelle: In Anlehnung an *Webster/Wind* 1972, S. 15.

Abb. 7.3.: Vereinfachte Darstellung eines Modells des Kaufverhaltens gewerblicher Abnehmer

In jüngerer Zeit finden sich daher in der Literatur zur Marketing-Theorie Ansätze und Modelle, in denen versucht wird, gewerbliches Kaufverhalten auf der Grundlage von Interaktionsprozessen zwischen den beteiligten Organisationen bzw. deren Organen zu beschreiben und zu erklären. Zu verweisen ist hierbei

2. Der Gegenstand der Marketing-Forschung

insbesondere auf den interorganisationalen Ansatz von *Hakansson/Östberg* (1975, S. 113 ff.) und auf den feldtheoretischen Lösungsweg von *Kutschker* (1980).

Weitere konkrete Fragestellungen, die sich aus dem spezifischen Informationsbedürfnis eines Marketing-Managers im Bereich der Investitions- oder Produktionsgüterindustrie ergeben, sind etwa die folgenden:

- Wer kommt als **Abnehmer** für die angebotenen Erzeugnisse in Betracht?
- Wer ist für den **Einkauf** zuständig? Wie viele **Instanzen** sind in den Beschaffungsprozeß eingeschaltet? Auf welcher **hierarchischen** Ebene wird verhandelt? Bestehen **kapitalmäßige** Verflechtungen oder sonstige Bindungen an andere Unternehmungen, die für die Wahl des Lieferanten maßgebend sein können (Konzernabschlüsse, Gemeinschaftseinkauf usw.)?
- Wo wurde bisher gekauft? Wurden langfristige **Lieferverträge** abgeschlossen? Würde die Abwerbung eines bedeutenden Kunden die Beziehungen zu dem fraglichen Konkurrenten belasten und das künftige Wettbewerbsverhalten präjudizieren?
- Welchen **Jahresbedarf** hat dieser Verbraucher? Wieviel hat er bisher und insbesondere im laufenden Jahr bezogen (mehr oder weniger als im Vorjahr)?
- Wie verhält es sich mit der **Zahlungsmoral** des Kunden?
- Wie ist seine **Einstellung** gegenüber den am Markt befindlichen Anbietern und Produkten (z. B. nicht Preis, sondern Zuverlässigkeit der Belieferung, Möglichkeit der Nachlieferung, Beratung maßgebend; Bevorzugung inländischer gegenüber ausländischen Lieferanten)?

2.1.2.2. Die Wettbewerber

Um die Deckung des ermittelten Bedarfs der Verbraucher ringen in der Regel mehrere Anbieter. Das bedeutet, daß es Wettbewerber gibt, die das Marktgeschehen in der Mehrzahl der Fälle nicht untätig verfolgen, sondern relevante Entwicklungen oft in nachhaltiger Weise zu ihren Gunsten zu beeinflussen suchen. Bezüglich der Konkurrenten hat die Unternehmung im wesentlichen folgende Fragen zu klären:

- **Wer** sind die Konkurrenten?
- **Wie** verhalten sie sich auf dem Markt?

(1) Unabdingbare Voraussetzung für jede Konkurrenzanalyse ist die sachgerechte Abgrenzung des **relevanten Marktes**. Dabei kann zwischen drei wesentlichen Ansatzpunkten unterschieden werden (vgl. *Dichtl/Schobert* 1979, S. 89 ff.):

(a) Stützt man sich auf die **Kreuz-Preis-Elastizität**, so sind diejenigen Güter demselben Markt zuzurechnen, deren Elastizitätskoeffizienten eine bestimmte Schwelle auf der von 0 bis ∞ reichenden Werteskala unterschreiten. Die Heranziehung dieses Kriteriums ist jedoch aus mehreren Gründen problematisch. So erscheint es zum einen gerade unter Marketing-Gesichtspunkten der Wirklichkeit nicht angemessen, Konkurrenzbeziehungen zwischen zwei Produkten allein auf die preispolitischen Maßnahmen deren Anbieter zurückzuführen und von allen anderen absatzpolitischen Aktivitäten zu abstrahieren. Ein weiterer Einwand besteht darin, daß keine festen numerischen Schwellenwerte existieren, bei deren Überschreitung eine Wettbewerbsbeziehung als gegeben erachtet wird. Schließlich ist eine empirische Marktabgrenzung mit Hilfe der Kreuz-Preis-Elastizität aus informationsökonomischen Gründen in der Regel nicht durchführbar.

(b) Eine weitere Möglichkeit zur Marktabgrenzung besteht in der Beobachtung des **Verhaltens** der Konkurrenten. Danach umfaßt der relevante Markt eines Anbieters alle Unternehmungen, die Aktionen und Reaktionen der jeweils anderen bei ihrer Absatzplanung zu antizipieren gehalten sind. Die Problematik der Datenbeschaffung schränkt jedoch die Praktikabilität auch dieses Ansatzes in entscheidender Weise ein, so daß ihm keine nennenswerte empirische Bedeutung zukommt.

(c) Ein dritter Ausgangspunkt zur Abgrenzung des relevanten Marktes besteht darin, auf die **Ähnlichkeit** der einzelnen **Produkte** abzuheben. Dabei kann zwischen einer **chemisch-physikalischen, funktionalen** und **perzipierten Ähnlichkeit** unterschieden werden.

Unter Marketing-Gesichtspunkten bietet insbesondere das Konzept der subjektiv empfundenen Substituierbarkeit die Möglichkeit valider Marktabgrenzung, da letztlich weniger die materielle oder funktionale Beschaffenheit eines Produktes als vielmehr die Reaktion der potentiellen Abnehmer auf das gesamte Angebot des Unternehmens über dessen absatzwirtschaftliche Zielsetzung entscheidet. Als Wettbewerber müssen daher zunächst alle diejenigen Unternehmungen angesehen werden, die sich durch ihr Angebot um die Deckung desselben bzw. eines als zumindest ähnlich empfundenen Bedarfs bewerben wie die vor einer absatzpolitischen Entscheidung stehende Unternehmung selbst.

Der Kreis der Mitbewerber ist lokal durch ihren Standort und die Absatzreichweite, sachlich durch die Art ihres Angebotes und ihr Preisniveau sowie zeitlich durch die Lieferfähigkeit eingeschränkt. Es liegt deshalb nahe, auch Informationen über die technische Ausrüstung, Kapazität, Kostenlage, Absatzorganisation und Finanzkraft der Konkurrenten zu sammeln. Immer wichtiger wird auch die Qualität des Managements, dessen Fähigkeiten auf absatzwirtschaftlichem Gebiet erforscht werden sollten. Ist die Unternehmensleitung konservativ oder dynamisch? Ist sie bereit, neue Ideen zu verwirklichen?

Die Abgrenzung der Wettbewerber fällt um so schwerer, je mehr es sich bei dem zu deckenden Bedarf um die Erfüllung solcher Wünsche handelt, die nicht zeitgebunden, also aufschiebbar, als **Luxus** im volkstümlichen Sinne zu bezeichnen sind und vorwiegend dem Repräsentations-, Bildungs-, Erholungs- und Geltungsstreben dienen. Unter diesem Aspekt konkurrieren der Besuch von Feinschmeckerlokalen, die Anschaffung modischer Kleidung, der Theaterbesuch, die Urlaubsreise, der neue Sportwagen und die Bildung von Ersparnissen miteinander. In der Theorie spricht man hier von **totaler Konkurrenz**. Nach

Möglichkeit sollte man versuchen, Aufschluß darüber zu gewinnen, ob die Konkurrenten beabsichtigen, ihr Leistungsprogramm durch Aufnahme neuer Produkte zu erweitern, und wann gegebenenfalls mit deren Angebot zu rechnen ist.

(2) Mit der Erforschung des **Wer** und **Was** ist es indessen nicht getan. Nicht minder wichtige Überlegungen sind hinsichtlich der mutmaßlichen **Reaktionen** der Konkurrenten auf eigene absatzwirtschaftliche Maßnahmen anzustellen, darüber hinaus hinsichtlich der Frage, wie groß der Spielraum ihrer Politik überhaupt ist. Grundlage ist eine Untersuchung des Status quo, etwa welcher Absatzwege sie sich bedienen, wodurch sich ihr Kundendienst auszeichnet, wie sie in der Werbung vorgehen, wie sie schlechthin ihr absatzpolitisches Instrumentarium handhaben.

2.1.2.3. Sonstige Marktpartner

(1) Die Absatzmittler

Ein gewichtiger Einwand gegen die mikroökonomische Theorie besteht darin, daß sie die Interaktionen der Unternehmung mit den letzten Nachfragern nur einstufig analysiert, d.h. ohne die Rolle der **Absatzmittler** (und **Absatzhelfer**) zu würdigen. Hersteller und Handel erfüllen gemeinsam die Aufgabe, die Konsumenten mit Waren zu versorgen. Im übrigen wird der Konkurrenzkampf im Gegensatz zu den herkömmlichen Vorstellungen auf **allen** Stufen der Absatzkette ausgetragen.

Wenn es im Wege der Synchronisation gelingt, den Absatzaktionen von Herstellern und Händlern die gleiche Stoßrichtung zu geben, werden die Wirkungen u.U. potenziert, während mangelnde Koordination möglicherweise ein völliges „Verpuffen" der Anstrengungen des einzelnen Partners zur Folge hat. In der Regel sind die Verhältnisse so gelagert, daß die Industrieunternehmen, die Konsumgüter produzieren, zweigleisig vorgehen, nämlich zugleich die **Händler** als unmittelbare und die **Letztverbraucher** als mittelbare Abnehmer umwerben. Dieses vor allem bei Markenartikeln beliebte Verfahren hat eine gewisse Sogwirkung bei den Absatzmittlern zur Folge, die gezwungen werden, sich auf Grund des Drängens ihrer Kunden mit dem Erzeugnis des Herstellers XY einzudecken.

(2) Die Absatzhelfer

Absatzhelfer werden all jene Mittelsmänner bzw. Funktionsträger genannt, die zwar selbst nicht in die Absatzkette eingegliedert sind, aber doch an der **Anbahnung** von **Kontakten** zwischen den einzelnen Gliedern und am reibungslosen Durchfluß der Ware durch die Distributionskanäle beteiligt sind. Als **Beispiele** kommen etwa folgende in Betracht:

– Handelsvertreter
– Kommissionäre
– Handelsmakler

- Versteigerer und Auktionatoren
- Spediteure und Frachtführer
- Lager- und Kühlhausbetriebe
- Auskunfteien
- Banken
- Versicherungsgesellschaften
- Marketing- und Unternehmungsberater
- Werbeagenturen
- Markt- und Meinungsforschungsinstitute
- Adressenverlage
- Übersetzungsbüros.

Auch hier gelten ähnliche Überlegungen, wie sie bereits für den **Handel** angestellt wurden. Im Einzelfall ist jedenfalls zu prüfen, ob und gegebenenfalls wie eine absatzwirtschaftliche Entscheidung vom mutmaßlichen Verhalten dieser Partner in positiver oder negativer Weise beeinflußt wird bzw. wie die Absatzhelfer für die ihnen im Rahmen der Marketing-Konzeption zugedachte Rolle erwärmt werden können. Dazu gilt es sich u. a. zu fragen:

- Welche Dienste können sie leisten?
- Zu welchem Preis?
- Wie reagieren sie, falls sie (nicht) eingeschaltet werden?
- Wie verhalten sich die Konkurrenten bezüglich der Heranziehung von Absatzhelfern? Was ist in der Branche üblich?

(3) Die Lieferanten

Daß auch die **Lieferanten** Einfluß auf die Absatzentwicklung ausüben (können), ergibt sich aus einer spiegelbildlichen Betrachtung der Rolle der **Absatzmittler.** Dabei ist weniger an die physische Distribution gedacht als vielmehr an die Maßnahmen, die die Lieferanten zur Aktivierung des Absatzes an die Weiterverarbeiter oder Letztverbraucher bzw. Verwender ergreifen.

Als Beispiele seien hier die gelegentlich als **Vertriebssystem** hochstilisierte Konzeption des **Markenartikels** genannt, die **Verkaufsförderung** der Hersteller sowie die **gemeinsame Werbung** von Rohstofflieferanten und Herstellern von Fertigprodukten, die bei einem Absatzmittler oder Weiterverarbeiter den Ausschlag zu Gunsten der Führung oder Verwendung eines bestimmten Produktes zu geben vermögen.

Aber auch **negative** Einwirkungen der Lieferanten sind zu befürchten, so bei Verwendung ihrer Erzeugnisse als **Lockvögel,** weil die Produkte auf diese Weise in den Augen der Konsumenten abgewertet werden, wodurch wiederum der übrige Handel das Interesse am Vertrieb dieser Güter verliert, ferner bei Durchbrechung von **Vertriebsbindungen,** Vernachlässigung des **Kundendienstes,** Führen von bestimmten **Konkurrenzprodukten** im Sortiment und dgl. mehr.

2.2. Der Innenbereich der Unternehmung

Im Rahmen einer funktionalistischen Betrachtungsweise kann modellhaft zwischen sechs interdependenten Subsystemen einer Unternehmung unterschieden werden, nämlich Beschaffungs-, Produktions- und Absatzwirtschaft sowie den unterstützenden Bereichen Finanz-, Informations- und Personalwirtschaft (vgl. *Hörschgen* 1987, S. 25). Da grundsätzlich sämtliche Sektoren Marketing-Entscheidungen beeinflussen (und umgekehrt), sind sie letztlich alle von zumindest peripherem Interesse für die Marketing-Forschung.

Welche Bedeutung **innerbetriebliche**, nicht unmittelbar absatzbezogene **Faktoren** für Marketing-Entscheidungen im einzelnen haben können, verdeutlicht folgendes einfache Beispiel:

Auf Grund einer sich verändernden Marktlage wird im Rahmen der **Produktpolitik** einer Unternehmung die Aufnahme eines neuen Erzeugnisses in das Programm geplant. Aus fertigungstechnischen und kapazitätsmäßigen Gründen ist die Herstellung des Artikels unter Zugrundelegung der vorhandenen Produktionskapazität jedoch nicht möglich. Eine Änderung des Fertigungsapparates, die den erforderlichen qualitativen und quantitativen Erweiterungseffekt hervorrufen würde, wäre zwar vorstellbar, ist jedoch zum Zeitpunkt der Entscheidung weder mit Eigen- noch mit Fremdmitteln finanzierbar. Der Marketing-Manager entschließt sich auf Grund dieser Sachlage zum vorläufigen Zukauf des Produktes, um **Verbundwirkungen** im Angebotsprogramm des Unternehmens nutzen und langfristige Imageschädigungen vermeiden zu können.

Insbesondere zur Aufhellung interner Sachzwänge ist die Marketing-Forschung häufig nicht darauf angewiesen, eigene Erhebungen durchzuführen. Vielmehr kann sie oft auf Material aus anderen Teilbereichen der betrieblichen Informationswirtschaft zurückgreifen. Hierbei ist vor allem an das Rechnungswesen zu denken, aus dem z. B. Umsatzzahlen, Kostenwerte und allerlei Kennzahlen zu erlangen sind.

3. Forschungsziele und Datenbasen
3.1. Die Reichweite von Analysen

Je nach Aufgabenstellung kann in der Marketing-Forschung zwischen explorativen, deskriptiven und kausalen (explikativen) Studien unterschieden werden. Während dabei **explorative** Untersuchungen vornehmlich einer ersten Aufhellung und Strukturierung des interessierenden Problemfeldes dienen, besteht die primäre Aufgabe **deskriptiver** Studien in einer möglichst genauen Erfassung und Beschreibung problemrelevanter Tatbestände. Wichtigstes Ziel **kausaler** Studien ist es schließlich, zu verläßlichen Erklärungen der beobachteten Phänomene zu gelangen und entsprechende Ursache-Wirkungszusammenhänge zu ermitteln, die z. B. als Entscheidungshilfen beim Einsatz der absatzpolitischen Instrumentalvariablen oder auch als Grundlage für Marketing-Prognosen Verwendung finden können.

Typischerweise bedingt die unterschiedliche Aufgabenstellung auch Differenzierungen in der Gestalt der zugrunde liegenden Hypothesen und in der Art des Forschungsansatzes, was in den folgenden Abschnitten näher erläutert werden soll.

Zur Deckung des für eine bestimmte Marketing-Entscheidung definierten Informationsbedarfes reicht es bisweilen aus, sich lediglich einer der drei angeführten Untersuchungsstufen zu bedienen. Häufig erfordern die Erhebungsziele und/oder der zu Beginn der Erhebung angetroffene Informationsstand jedoch den kombinierten Einsatz von zwei oder gar allen drei Varianten. Da jede in der Regel einen ganz bestimmten Input an Informationen über das interessierende Problem voraussetzt, ergibt sich die in Abb. 7.4. veranschaulichte idealtypische Ablaufstruktur.

3.1.1. Explorative Studien

Betrachtet man den logischen Aufbau eines Forschungsprozesses, so sind explorative Studien vornehmlich dem **Entdeckungszusammenhang** einer Untersuchung zuzurechnen. Ihrer bedarf es, wenn das vorhandene Wissen zum interessierenden Problemkreis noch unzureichend bzw. so unstrukturiert ist, daß eine Identifikation und Definition des eigentlichen Forschungsproblems auf der Grundlage des vorhandenen Kenntnisstandes noch nicht erfolgen kann.

Die Durchführung einer **Exploration** ist im allgemeinen um so
- nützlicher, je mehr gegensätzliche und dem Vorverständnis des Forschers widersprechende Aspekte des Problems gesammelt werden;
- notwendiger, je weniger Literatur zu dem Problem vorliegt und je weniger Gesetze von allgemeiner Gültigkeit herangezogen werden können;
- relevanter, je eher man vermuten kann, hierdurch das begrenzte Problem auf ein allgemeines, d.h. die speziellen Hypothesen auf allgemeine Gesetze zurückführen zu können (vgl. *Friedrichs* 1985, S. 52).

Diese Art von Studien vermittelt häufig erste tiefere Einblicke in die **Struktur** von Marketing-Problemen, deren Lösung bzw. Handhabung durch weitere Maßnahmen der Absatzforschung erleichtert werden soll. Die dadurch gewonnene Möglichkeit einer präziseren Formulierung des zu untersuchenden Marketing-Problems erweist sich oft sowohl für eine realistische Setzung von Prioritäten als auch für die praktische Steuerung und Kontrolle der nachfolgenden, aufwendigeren Untersuchungsschritte als außerordentlich hilfreich. Manchmal wird bereits auf Grund einer Exploration deutlich, daß die gewünschten Marketing-Daten mit den zur Verfügung stehenden Instrumenten bzw. finanziellen Mitteln überhaupt nicht zu beschaffen sein werden. Im einen wie im anderen Fall können explorative Studien also zu Kosteneinsparungen im Bereich der Marketing-Forschung führen.

Für explorative Untersuchungen sind auf Grund der spezifischen Interessenlage hochflexible, wenig strukturierte Ansätze typisch. Sie gewährleisten die rasche Verfügbarkeit von Daten und erweisen sich im allgemeinen als kostengünstig.

3. Forschungsziele und Datenbasen 629

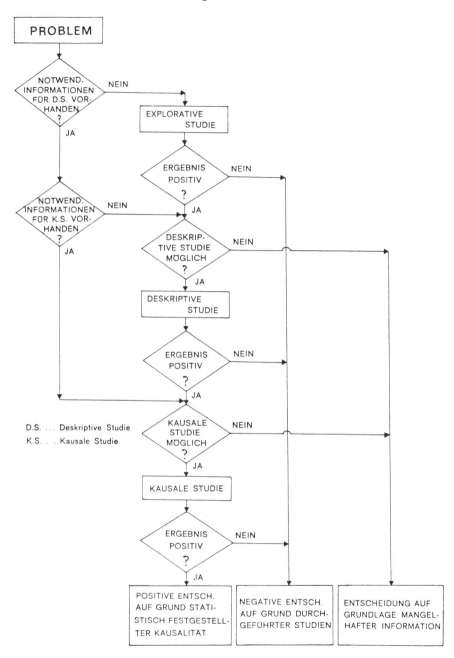

Quelle: *Steidl* 1977, S. 11.

Abb. 7.4.: Zusammenhang zwischen explorativen, deskriptiven und kausalen Studien

Auswahl und Einsatz der **Erhebungsverfahren** im Rahmen explorativer Untersuchungen sind deshalb jeweils stark situativ geprägt. Bevorzugte Verfahren zur Datengewinnung sind die Auswertung von sekundären Quellen, die Veranstaltung von Gruppendiskussionen, die Befragung einiger Experten und die Überprüfung der Verhältnisse und Probleme in vergleichbaren Situationen (Fallstudien, Simulationen).

3.1.2. Deskriptive Studien

Häufig ist der Marketing-Forschung lediglich die Aufgabe gestellt, bestimmte Marktgegebenheiten zu erfassen und zu beschreiben, etwa dann, wenn als Grundlage für die Mediaplanung Informationen über die regionale Verteilung der Bevölkerung eingeholt werden sollen. Für Entscheidungsträger mit einer gewissen Berufserfahrung stellen solche **deskriptiven Studien** oft sehr wichtige Hilfen dar, obwohl diese den relevanten Sachverhalt und die darin enthaltenen Beziehungen nicht erklären, sondern lediglich angetroffene Fakten widerspiegeln.

Hat man beispielsweise in der Vergangenheit häufig beobachten können, daß vor allem Konsumenten einer bestimmten Einkommensklasse das eigene Produkt erwerben, so reicht es für die regionale Differenzierung des Marketing-Mix zuweilen aus, die jeweiligen Prozentsätze der Angehörigen dieser Einkommensklasse zu erfassen.

Dies bedeutet jedoch keineswegs, daß bei deskriptiven Untersuchungen nicht ein gewisses **hypothesenartiges Vorverständnis** über das interessierende Problemfeld vorliegen muß. Die Ausarbeitung der Untersuchungsanlage erfordert im Gegenteil eine eingehende Auseinandersetzung mit den spezifischen Forschungsfragen, mit nicht unmittelbar erkennbaren Zusammenhängen sowie mit den zur Verfügung stehenden Meßmethoden. Andernfalls ist die Erhebung deskriptiver Daten leicht von Konzeptionslosigkeit geprägt. Nur wenn es möglich ist, die Vielzahl der zu erhebenden Daten in ein logisches Gerüst einzuordnen, erlangen diese Bedeutung für die Lösung eines Marketing-Problems. Die Vorarbeiten zu einer deskriptiven Untersuchung schließen daher auch eine **detaillierte Planung** der Zusammenstellung und Auswertung des Datenmaterials ein.

Im übrigen finden sich hier bereits sämtliche gängigen Verfahren der Datenerhebung. Dazu gehören insbesondere der Rückgriff auf sog. **sekundärstatistisches Material** sowie **nichtexperimentelle Felderhebungen.** Da es bei solchen Studien oft um die verläßliche Beantwortung von Fragen, die mit Hilfe explorativer Studien identifiziert und formuliert wurden, geht, wird in der Regel auf die Vermeidung systematischer, d. h. nicht zufallsbedingter Fehler bei der Anlage der jeweiligen Untersuchung großer Wert gelegt.

3.1.3. Kausale Studien

Marketing-Entscheidungen, z. B. über die Beschreibung eines neuen Absatzweges, sind immer in die Zukunft gerichtet und beruhen auf gewissen Annahmen über die weitere Entwicklung der internen und externen Bestimmungsgründe eines Phänomens. Außerdem sind Informationen über die mit jeder Handlungsalternative mutmaßlich verbundenen Konsequenzen erforderlich, um jene auswählen zu können, die den höchsten Zielerreichungsgrad verspricht.

Wie in Abschn. 3.1.2. festgestellt, können bereits Informationen beschreibender Natur gewisse Anhaltspunkte für Prognosen liefern. Grundsätzlich ist jedoch davon auszugehen, daß die Verläßlichkeit von Vorhersagen erst durch eine Verbesserung der Erkenntnisse über den einem Ereignis zugrunde liegenden Ursache-Wirkungs-Zusammenhang spürbar erhöht werden kann. Dabei kommt es darauf an, sowohl die **Bestimmungsgründe** als auch die **Art** der **Beziehung** zwischen diesen und dem entscheidungsrelevanten Ereignis, z. B. dem Kauf eines bestimmten Konsumgutes, zu untersuchen. Der Ermittlung solcher Beziehungen, die in einseitiger Richtung verlaufen, dienen kausale Studien.

Kausale Beziehungen lassen sich gleichwohl, wenn man nicht bestimmte experimentelle Bedingungen schaffen kann, mit empirischen Daten nicht schlüssig beweisen. Der induktive Prozeß der Auswertung und Interpretation erlaubt lediglich bestimmte Schlußfolgerungen (Inferenzen) zu ziehen, die jedoch weiterhin einem Fehlbarkeitsrisiko unterworfen sind. Damit stellt sich die Frage, welcher Art das empirische Material sein sollte, um wenigstens brauchbare Hinweise auf bestehende Ursache-Wirkungs-Zusammenhänge zu liefern bzw. entsprechende Hypothesen zu stützen.

Dieses müßte tunlichst eine **gemeinsame Variation** der Variablen (Korrelationen) reflektieren, eine denkbare **zeitliche Abfolge** der **Schwankungen** in der vermuteten Reihenfolge erkennen lassen und die **Elimination** zusätzlicher möglicher Kausalfaktoren zulassen bzw. unter Elimination solcher Faktoren zustande gekommen sein (vgl. *Green/Tull* 1978, S.72 ff.; *Zimmermann* 1977, S. 39ff.). Die im Rahmen explorativer oder deskriptiver Studien angewandten üblichen Untersuchungsverfahren spiegeln lediglich **Umfang** und **Richtung** der gemeinsam auftretenden Variationen zwischen den untersuchten Variablen, seltener dagegen den verzögerten Ablauf interessierender Veränderungen wider. Um diesen aufzudecken, bedarf es andersgearteter Techniken.

Was in diesem Zusammenhang zunächst immer interesssiert, ist die Frage, ob es in der Vergangenheit vergleichbare Fälle gegeben hat, weshalb bei dem Versuch, kausale Beziehungen nachzuweisen, ein Rekurs auf **historische Daten** naheliegend erscheint. So wird z. B. jedes absatzorientierte Unternehmen neben Ergebnisgrößen seine in der Vergangenheit getätigten, in der Höhe meist variierenden Marketing-Ausgaben, und zwar differenziert nach Produkten, Gebieten, Medien, Monaten etc., festgehalten haben, so daß sich eine statistische Analyse der erzielten Wirkungen (Umsätze, Marktanteile etc.) anbietet. Als Methoden kommen hierzu die **Korrelations-** und die **Regressionsanalyse,** insbesondere aber die **Pfadanalyse** sowie **LISREL** in Betracht (siehe Abschn. 4.5.1.).

§ 7 Marketing-Forschung

Als weiteres Verfahren bietet sich die **Cross Lag Correlation** an, deren Funktionsweise an einem einfachen Beispiel verdeutlicht werden soll. Wir benötigen dafür folgende Symbole:

E = Einstellung
V = Verhalten
T = Zeitpunkt
H = Zeitraum
R = Korrelationskoeffizient

Der Zusammenhang, den wir untersuchen, läßt sich wie in Abb. 7.5. dargestellt veranschaulichen.

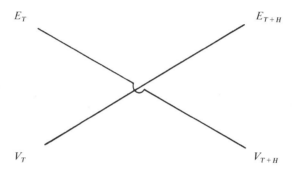

Abb. 7.5.: Logische Struktur der Cross Lag Correlation

Eine kausale Beziehung zwischen den beiden Variablen E und V wird dann als gegeben angenommen, wenn folgendes gilt:

(7.2.) $$R_{E_T, V_{T+H}} > R_{V_T, E_{T+H}}$$

Liegen solche Daten nicht vor, etwa dann, wenn bei einem neuen Produkt die Anmutungsqualität verschiedener Packungsentwürfe beurteilt werden soll, müssen **Tests** durchgeführt, die interessierenden Daten also erst erzeugt werden. Dem dienen **Experimente**, mit denen man, vereinfacht ausgedrückt, zugleich Wirkungen erklären und den Zufall ausschalten, d.h. den zwischen Stimulus und Reaktion ermittelten Zusammenhang auf seine statistische Signifikanz hin überprüfen möchte. Dazu benötigt man die **Varianzanalyse** (siehe Abschn. 4.5.1.2.) und **spezielle statistische Tests.**

Nur experimentell angelegte Untersuchungen führen zu Daten, die alle drei Arten von Anhaltspunkten für Kausalbeziehungen liefern. Im Gegensatz zu den

3. Forschungsziele und Datenbasen

Naturwissenschaften, bei denen das Ziel des Experimentierens darin besteht, deterministische Kausalität in Form von Gesetzen nachzuweisen, kann indessen bei **Experimenten** im Bereich der Absatzforschung, wie bereits angedeutet, wegen der Vielzahl möglicher Einflußfaktoren im allgemeinen nur probabilistische Kausalität nachgewiesen werden. Darunter versteht man die Wahrscheinlichkeit, mit der die Variation mindestens eines als unabhängig betrachteten Faktors unter kontrollierten Bedingungen mindestens eine als abhängig erachtete Größe in einer bestimmten Weise verändert. Dieser Bedingung läßt sich nicht selten auch mit historischen, also bereits vorliegenden Daten gerecht werden (Ex post-Experiment).

Experimente sind also in erster Linie durch ihre besondere Struktur gekennzeichnet. Die Güte bzw. Angemessenheit des **Research Design** spielt daher eine herausragende Rolle, wobei gute Forschungskonzepte vor allem daran zu erkennen sind (vgl. *Kerlinger* 1975, S. 476 ff.), daß sie

- Hypothesen angemessen überprüfen und damit die interessierenden Fragen zu beantworten erlauben,
- eine umfassende Kontrolle der unabhängigen Variablen gewährleisten und
- unbekannten oder unbeabsichtigten Varianzquellen, z.B. Störgrößen, nur eine sehr geringe Chance einräumen, wirksam zu werden.

Konkret unterscheidet man folgende **Strukturelemente** (vgl. *Merkle* 1975, S. 64; *Backhaus* 1977, S. 24 f.):

- **Unabhängige Variablen:** Dies sind diejenigen Faktoren, die im Verlauf der Untersuchung systematisch variiert werden und deren Wirkungsweise überprüft werden soll, z.B. Verpackungsentwürfe, unterschiedliche Preishöhen und Produktvariationen.

- **Abhängige Variablen:** Hierbei handelt es sich um die Größen, an denen die Wirkung der systematisch variierten Faktoren gemessen wird, z.B. Verkaufsmenge, Umsatz, Einstellungswert oder Marktanteil.

- **Störvariablen (exogene Variablen):** Sie umfassen alle Faktoren, die neben den unabhängigen Variablen einen Einfluß auf die abhängigen Variablen ausüben können, z.B. Maßnahmen der Konkurrenten während eines Marktexperiments, konjunkturelle Schwankungen oder plötzliche Änderungen des Verbraucherverhaltens, etwa auf Grund einer Gesetzesänderung.

- **Untersuchungseinheiten:** Darunter hat man sich diejenigen Objekte vorzustellen, die sog. „Treatments" unterworfen werden und die insofern als Datenträger zu betrachten sind, z.B. Haushalte, Einzelhandelsgeschäfte, Konsumenten, bestimmte Medien oder regionale Einheiten.

Unter den Experimenten gibt es zum einen **Labor-** und **Feldexperimente,** womit das unterschiedliche Umfeld akzentuiert wird, zum anderen läßt sich zwischen **Sukzessivexperimenten,** bei denen zeitlich aufeinanderfolgende Messungen verglichen werden, und **Simultanexperimenten** unterscheiden. Letztere bieten den Vorteil, daß keine Carry over-Effekte, beispielsweise auf Grund von Lernvorgängen, die Ergebnisse verzerren.

Da es namentlich bei **Feldexperimenten** nicht möglich ist, sämtliche Rahmenbedingungen in den Griff zu bekommen, sollte man sich des Instruments der **Kontrollgruppe** bedienen, d.h. es werden zwei oder mehrere möglichst homogene Versuchsgruppen gebildet, auf die mit Ausnahme der unabhängigen Variablen alle anderen relevanten Faktoren, in unserer Terminologie also Störvariablen, in vermutlich gleicher Weise einwirken. Eine Differenz im Ergebnis wird dann auf die ergriffene Maßnahme, das „Treatment", zurückgeführt.

Im einfachsten Fall, beim sog. **„after only design"**, wird eine Probandengruppe strukturgleich geteilt, wobei die eine Hälfte einem Stimulus ausgesetzt wird, die andere nicht. Unterschiede in den Verhaltensweisen beider Halbgruppen kann man dann – vorbehaltlich gleicher Rahmenbedingungen und gleicher Stichprobenstruktur – der Wirkung dieses Reizes zuschreiben.

Im Rahmen des sog. **„before after design"** versucht man, nicht kontrollierbare Störgrößen von der Wirkung bestimmter Maßnahmen zu trennen. Bei der einfachsten Variante, dem *EBA-CBA*-Test (*E* steht für „experimental group", *C* für „control group", *B* „measurement before exposure" und *A* für „measurement after exposure"), werden wiederholt Beobachtungen oder Befragungen durchgeführt, wobei jedoch nur die Experimentalgruppe zu einer Reaktion veranlaßt wird. Das Resultat *(WR)* ergibt sich dann aus folgender Formel:

(7.3.) $$WR = (M_{EA} - M_{EB}) - (M_{CA} - M_{CB})$$

Dabei bedeuten:

WR = Wirkung eines Reizes (= abhängige Variable)

M_{EA} = Meßwert bei der Experimentalgruppe E
nach einem Treatment (= unabhängige Variable)

M_{EB} = Meßwert bei der Experimentalgruppe E vor einem Treatment

M_{CA} = Meßwert bei der Kontrollgruppe C nach Einwirkung auf die Experimentalgruppe

M_{CB} = Meßwert bei der Kontrollgruppe C
vor Einwirkung auf die Experimentalgruppe

Der EBA-CBA-Test findet häufig im Bereich der Handelsforschung Verwendung, etwa wenn es darum geht, die Wirkung von Verkaufsförderungsaktionen auf Umsätze, Kundenfrequenz oder Image eines Markenartikels zu ermitteln.

Neben den skizzierten Spielarten findet sich in der Marketing-Literatur eine Reihe weiterer Varianten, auf die jedoch auf Grund ihrer eher geringeren praktischen Bedeutung hier nicht eingegangen werden soll (siehe dazu Tab. 7.1.).

Die herkömmlichen Ansätze machen in zunehmendem Maße komplizierteren Versuchsanordnungen Platz, die alle als Erweiterungen der traditionellen Untersuchungsanlage gelten können. Ihre Popularität verdanken sie zwei Vorzügen:

3. Forschungsziele und Datenbasen 635

Tabelle 7.1.: **Experimentelle Forschungsdesigns in der Marketing-Forschung**

Zahl der Versuchsgruppen	Typ des Experiments	Beschreibung	Sukzessiv-/Simultanexperiment	Besonderheiten
1	EA	Einmalige Untersuchung eines Einzelfalls	–	Alle beim Experiment denkbaren Fehler vorhanden
	EBA	Vorher- und Nachher-Messung derselben Gruppe	Sukzessivexperiment	Gefahr von störenden Carry over- und Entwicklungseffekten[2]
2	EA-CA	Nachher-Messung mit Kontrollgruppe	Simultanexperiment	Keine Carry over-Effekte Entwicklungseffekte möglich, jedoch unbedeutend
	CB-EA	Nachher-Messung der Experimental-Gruppe Vorher-Messung der Kontrollgruppe	Sukzessivexperiment	Gefahr von störenden Entwicklungs-, nicht von Carry over-Effekten
	EBA-CBA	Vorher-Nachher-Messung mit Kontrollgruppe	Simultanes Sukzessivexperiment	Carry over- und Entwicklungseffekte können zwar auftreten, infolge der speziellen Anordnung machen sie sich jedoch nicht störend bemerkbar
3	EBA-CBA-C$_E$A	Solomon-Drei-Gruppen-Anwendung Vorher-Nachher-Messung mit Kontrollgruppe und zusätzlicher Nachher-Messung einer Kontrollgruppe[1]	Simultanes Sukzessivexperiment	Wie bei EBA-CBA-Experiment, wobei zusätzlich die Identifikation der Interaktion der Vorher-Messung mit dem experimentellen Stimulus ermöglicht wird
4	EBA-CBA-C$_E$A-CA	Solomon-Vier-Gruppen-Anwendung Vorher-Nachher-Messung mit Kontrollgruppe und zusätzlicher Nachher-Messung einer Kontrollgruppe[1]	Simultanes Sukzessivexperiment	Wie bei EBA-CBA-C$_E$A-Experiment, wobei zusätzlich die Identifikation der Interaktion des experimentellen Stimulus und zwischenzeitlichen Entwicklungen ermöglicht wird

Anmerkungen: 1) C$_E$A: Die Kontrollgruppe wurde dem experimentellen Stimulus ausgesetzt.
2) Zu Carry over-Effekten vgl. § 8, Abschn. 2.3.2. Unter Entwicklungseffekten versteht man den Einfluß modellexogener Trends.
Quelle: In Anlehnung an *Zimmermann* 1977, S 84-119.

(1) Zunächst erlauben sie die gezielte Untersuchung des **Einflusses** von **zwei** oder **mehr Veränderlichen** auf **eine** oder **mehrere abhängige Größen**. Jede unabhängige Variable bzw. Variablenkombination wird dabei in jeweils einer nach Zufallsgesichtspunkten gebildeten Experimentalgruppe eingesetzt, wobei die einzelnen Gruppen untereinander als Kontrollgruppen dienen. Durch eine möglichst zufallsgesteuerte Zusammenstellung der Untersuchungseinheiten zu Gruppen und durch eine gleichfalls randomisierte Zuordnung der experimentellen Stimuli zu den einzelnen Versuchsgruppen kann das Entstehen systematischer Fehler verhindert oder wenigstens deren Einfluß minimiert werden.

(2) Mit Hilfe solcher sog. **faktorieller Versuchsanordnungen** besteht außerdem die Möglichkeit, die Wirkung der unabhängigen Variablen sowie der Störgrößen auch auf **statistische Signifikanz** hin zu überprüfen sowie zwischen den einzelnen Faktoren auftretende **Interaktionseffekte** statistisch zu erfassen (für ein Beispiel siehe Abschn. 4.5.1.2.).

3.2. Die Informationsquellen

Die Aufbereitung bereits vorhandener, mehr oder minder stark verdichteter Informationen wird üblicherweise als **Sekundärforschung** bezeichnet, während die Gewinnung von Informationen an ihrem Entstehungsort **Primärforschung** genannt wird. Vielfach spricht man hier auch von „field research", während die im Rahmen der Sekundärforschung erforderliche Aktivität als „desk research" charakterisiert wird.

Bei der Beschaffung der zur Lösung eines Marketing-Problems notwendigen Informationen kommt im Rahmen der **sekundärstatistischen Datenerhebung (Sekundärforschung)** unternehmensinternen Quellen eine hohe Bedeutung zu, da ihre Nutzung in der Regel einen relativ geringen finanziellen und zeitlichen Aufwand erfordert.

Hierbei kann normalerweise auf Unterlagen aus dem Rechnungswesen, eigene Verkaufsstatistiken und Berichte von Außendienstmitarbeitern usw. zurückgegriffen werden.

Die **sekundärstatistische Erhebung** von Daten wird sich sodann auf Quellen außerhalb der Unternehmung ausdehnen, wie Veröffentlichungen der Statistischen Ämter des Bundes, der Länder und der Gemeinden sowie von Forschungsinstituten, ferner auf ausländische bzw. internationale Statistiken, Verbandsstatistiken und allgemein zugängliche Untersuchungen von Markt- oder Meinungsforschungsinstituten. Einen Eindruck davon, welche Unterlagen prinzipiell in Betracht kommen, vermittelt Tab. 7.2. Bestimmte Informationen, wie z.B. gesamtwirtschaftliche Daten oder Ergebnisse behördlicher Erhebungen, können durch die Unternehmung überhaupt nur auf sekundärstatistischem Wege erlangt werden. Die Vielfalt der Quellen läßt bereits erahnen, welcher Wert einem gut ausgebauten **Marketing-Informationssystem** (siehe dazu § 10,

Abschn. 2.) beigemessen werden kann, das auf Grund der Möglichkeiten der Elektronischen Datenverarbeitung die Zugriffszeiten zu Informationen stark verkürzt und darüber hinaus umfangreiche Speicherkapazitäten bereitstellt.

Tabelle 7.2.:

Quellen der Sekundärforschung

1. Unternehmensexterne Quellen
   11. Amtliche Statistik
      111. Quellennachweise der Amtlichen Statistik, herausgegeben vom *Statistischen Bundesamt*
      112. Informationsmaterial des *Statistischen Bundesamtes:*
         – *Statistisches Jahrbuch für die Bundesrepublik Deutschland*
         – Monatszeitschrift *Wirtschaft und Statistik*
         – Sonstige Veröffentlichungen (u.a. Länderberichte, *Der Außenhandel der BRD, Die Industrie der BRD*)
      113. Informationsmaterial der *Statistischen Landesämter:*
         – Jahrbücher, Monats- und Vierteljahresberichte, die differenzierte Informationen über die einzelnen Regionen liefern
      114. Informationsmaterial der *Statistischen Ämter der Gemeinden*
         – *Statistisches Jahrbuch Deutscher Gemeinden* (herausgegeben vom *Deutschen Städtetag*)
         – Informationen über die Struktur der Städte
      115. Informationsmaterial der Ministerien und sonstiger staatlicher Institutionen
         – Berichte der *Bundesministerien für Wirtschaft, für Finanzen, für Ernährung, Landwirtschaft und Forsten*
         – Informationsmaterial des *Kraftfahrtbundesamtes,* der *Deutschen Bundespost,* der *Deutschen Bundesbahn,* der *Bundesbank,* der *Bundesanstalt für Arbeitsvermittlung,* von Ämtern und Verwaltungen, z.B. Wetteramt, Behörden der Landes- und Städteplanung
   12. Informationen von Wirtschaftsverbänden
      – Branchenstatistiken, -berichte, Betriebsvergleiche
      – Aufbereitung von Daten amtlicher und nichtamtlicher Quellen
   13. Informationen von Wirtschaftswissenschaftlichen Instituten
      – *Deutsches Institut für Wirtschaftsforschung,* Berlin
      – *Forschungsstelle für allg. und textile Marktwirtschaft der Universität Münster* (Textilkonjunktur-, Strukturuntersuchungen)
      – *Forschungsstelle für den Handel (FfH) e.V.,* Berlin
      – *Gesellschaft für Konsumforschung,* Nürnberg (Kaufkraftkennzahlen, Absatzpotentialforschung usw.)
      – Hamburgisches *Weltwirtschafts-Archiv* (Konjunkturforschung)
      – *Ifo-Institut,* München, (Konjunkturforschung, Erforschung von Struktur und Entwicklung einzelner Wirtschaftszweige)
      – *Institut für Handelsforschung* an der Universität zu Köln (Betriebsvergleiche im Handelsbereich)
      – *Institut für Weltwirtschaft* an der Universität Kiel
   14. Informationen aus dem fachlichen und allgemeinen Schrifttum
      141. Bibliographien
      142. Fachliteratur

143. Firmenveröffentlichungen
144. Zeitungen und Zeitschriften
15. Informationen von Absatzhelfern und Werbeträgern
    – Kreditinstitute, Zeitungsausschnittbüros, Adressenverlage, Auskunfteien
    – Zeitschriftenverlage (Berichte über bestimmte Branchen und Warengruppen, Veröffentlichungen von Untersuchungen über das Kauf- und Informationsverhalten)
16. Informationen von internationalen Organisationen
    – *Statistisches Amt der Europäischen Gemeinschaften*
    – *EFTA, OECD, UNCTAD/GATT*
    – *FAO, IWF, Vereinte Nationen, Weltbank*
17. Informationen aus amtlichen und nichtamtlichen Statistiken bzw. Veröffentlichungen im Ausland
2. Unternehmensinterne Quellen
   21. Absatzstatistiken
   22. Archive
   23. Berichte der Außendienstmitarbeiter
   24. Kundenkarteien
   25. Vertriebserfolgsanalyse, Vertriebskostenrechnung

Während im Bereich der Sekundärforschung das Hauptaugenmerk auf der Aufbereitung und Analyse vorhandener Informationen liegt, ist es das Anliegen der **Primärforschung,** die für die Lösung eines Problems relevanten Informationen erst zu erheben. Dabei bedient man sich im wesentlichen des in Abschn. 4. zu behandelnden Instrumentariums.

Ob im Rahmen eines konkreten Forschungsproblems eher sekundär- oder primärstatistisch gearbeitet wird, hängt vom spezifischen Informationsbedarf sowie den gegebenen finanziellen und zeitlichen Restriktionen ab. Generelle Hinweise oder gar Empfehlungen dafür können nicht gegeben werden.

4. Ablauf und Methodik empirischer Erhebungen
4.1. Die Planung einer Studie

Jede Art von Marketing-Forschung bedingt einen Problemlösungsprozeß, der sich gedanklich in eine **idealtypische Abfolge** von **Phasen** untergliedern läßt. Teil des Bemühens um Gewinnung von Marketing-Informationen ist eine möglichst umfassende und genaue Planung aller erforderlichen Einzelschritte. Fehler und Versäumnisse, die in diesem Stadium begangen werden bzw. unterlaufen, sind oft nur schwer revidierbar und führen im Rahmen der eigentlichen Datengewinnung und -auswertung häufig zu hohen Kosten und/oder zu qualitativen oder quantitativen Beeinträchtigungen der Ergebnisse.

Auf Grund der strukturellen Verbundenheit der Elemente eines **Marketing-Forschungsprozesses** ist es notwendig, jeden einzelnen Schritt immer unter

Berücksichtigung vorangehender und nachfolgender Arbeitsgänge zu planen. So erfordert beispielsweise die Entwicklung eines Fragebogens nicht nur eine operationale Definition des Forschungsproblems, sondern auch die Verfügbarkeit von Informationen über die angestrebten Auswertungsprozeduren und über bestimmte Merkmale der zu befragenden Personen. In der konkreten Durchführung sind außerdem häufig Rückkoppelungen und Überlappungen zwischen den einzelnen Phasen zu bewältigen. Idealtypisch ergibt sich folgender Ablauf (siehe dazu auch Abb. 7.6.):

- Problemformulierung **(Definitionsphase)**
- Konzeptualisierung **(Designphase)**
- Datenerhebung **(Feldphase)**
- Auswertung und Interpretation der Ergebnisse **(Analysephase)**
- Transfer der Ergebnisse **(Kommunikationsphase).**

(1) Definitionsphase

Zunächst geht es darum, die in der Regel von einem Entscheidungsträger formulierte Fragestellung in ein Forschungsproblem umzusetzen und auf dieser Basis **operationale Erhebungsziele** zu definieren. In diesem Stadium ist es von besonderer Bedeutung, daß der Verantwortliche in der Lage ist, sich nicht nur selbst ein hinreichendes Bild über die anstehende Frage zu verschaffen, sondern auch die Vorstellung von der Problemsituation zu verstehen, die dem betreffenden Entscheidungsträger eigen ist.

Auf der Grundlage dieses Zielsystems sowie sonstiger Informationen (Literatur, frühere Studien etc.) ist ein Modell der Problemsituation zu formulieren, das die für deren Bewältigung bedeutsamen betriebsinternen und -externen Variablen festlegt und gleichzeitig darüber Auskunft gibt, in welchem Ausmaß diese vom Entscheidungsträger kontrollierbar sind und welche funktionalen Beziehungen zwischen ihnen bestehen. Häufig machen lückenhafte Vorkenntnisse über die Gegebenheiten zunächst die Durchführung einer explorativen Studie (**„pilot study"**) erforderlich. Die Vorüberlegungen bzw. Vorarbeiten enden mit einer präzisen Definition der Erhebungsziele.

(2) Designphase

Die Designphase soll zu einem **detaillierten Erhebungsplan** führen, in dem die einzelnen Schritte der Felduntersuchung und soweit möglich auch der Datenauswertung vorgezeichnet sind. Zentrales Element dabei ist die theoriegeleitete Gewinnung von Hypothesen und deren Überprüfung an der Wirklichkeit. Im Idealfall besteht das Ergebnis der ersten beiden Etappen aus folgenden Elementen (vgl. *Hammann/Erichson* 1978):

- Abriß des Entscheidungsproblems
- Kurzbeschreibung des Forschungsproblems
- Kennzeichnung des Informationsstandes
- Forschungshypothesen

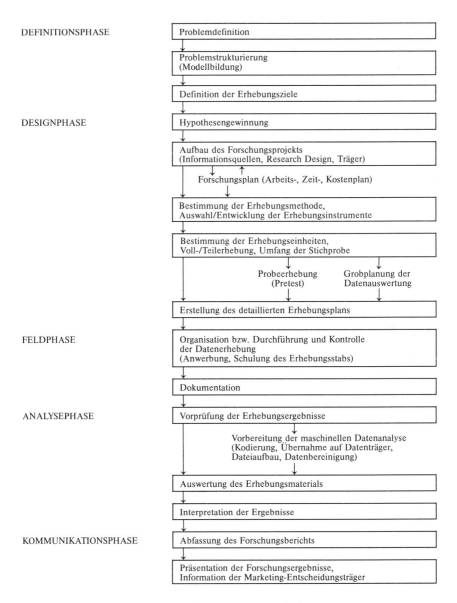

Abb. 7.6.: Phasen der Datenerhebung

- Kurzdarstellung der einzusetzenden Methoden
- Dauer und Zeitbedarf des Projekts
- Finanzbedarf für das Projekt.

Weitere Detailüberlegungen ergeben sich aus Abb. 7.6.

(3) Feldphase

Bei Vorliegen eines ausgefeilten Forschungs- und Erhebungsplans kommt es hier vornehmlich zu **Organisations-** und **Kontrollaktivitäten** (vgl. *von Alemann* 1977, S. 104 f.), soweit man sich entschieden hat, die eigentliche Datenerhebung von einem externen Forschungsinstitut vornehmen zu lassen. Dabei ist auf eine wirksame Kontrolle der Tätigkeit des Erhebungsstabes zu achten, um Verzerrungen oder gar Fälschungen, die die Qualität des Datenmaterials beeinträchtigen, möglichst gering zu halten.

(4) Analysephase

Der Prozeß der Auswertung beginnt mit der **Paginierung,** d. h. Numerierung der Unterlagen und deren Überprüfung auf Vollständigkeit. Außerdem werden die Ergebnisse erstmals auf ihre logische Konsistenz hin geprüft. Sollen die erhobenen Daten per Computer ausgewertet werden, so sind diese in maschinenlesbarer Form zu verschlüsseln und auf geeignete Datenträger (Diskette, Magnetplatte, Magnetband etc.) zu übertragen. Die entstehende Datei muß noch um mögliche Fehler (Kodierungs-, Lesefehler o. ä.) bereinigt werden. Die eigentliche Auswertung umfaßt neben Grundauszählungen in der Regel multivariate Analysen sowie entsprechende inferenzstatistische Schätz- und Prüfvorgänge (vgl. dazu Abschn. 4.5.), ehe schließlich an eine Interpretation der Ergebnisse zu denken ist.

(5) Kommunikationsphase

Marketing-Forschung vermag nur dann die Entscheidungseffizienz zu verbessern, wenn die gewonnenen Informationen die zuständigen Instanzen auch tatsächlich erreichen und von ihnen als Hilfe akzeptiert werden. Deshalb sind sowohl die **Abfassung** des **Forschungsberichtes** als auch die **Präsentation** der **Ergebnisse** integrale Bestandteile einer Studie, wobei auf eine zielgruppengerechte Darstellung der Untersuchungsresultate besonders zu achten ist. Der Erfolg eines jeden Projektes hängt deshalb unabhängig von der methodischen Qualität seiner Ausführung in hohem Maße von der wirksamen Kommunikation der Ergebnisse ab (vgl. *Boyd/Westfall* 1972, S. 195).

4.2. Die Skalierung der bedeutsamen Variablen
4.2.1. Die Grundstruktur ausgewählter Skalierungsverfahren

Niemand ist in der Lage zu beobachten, welche Wertschätzung sein Nachbar einer bestimmten Produktmarke entgegenbringt; ebensowenig vermag er wahrzunehmen, wie gründlich bzw. in welcher psychischen Situation beispielsweise der Kauf eines Produktes überlegt wird und welche Faktoren für die Entscheidung (z. B. den Nichtkauf) schließlich den Ausschlag geben. Man kann Menschen jedoch z. B. um Verbalisierung der in ihnen ablaufenden psychischen Prozesse bitten. Es leuchtet unmittelbar ein, daß nicht-formalisierte, freie Protokolle der geistigen Vorgänge von Person zu Person schwer vergleichbar und somit kaum objektivierbar wären, wenn nicht die Annahme gerechtfertigt erschiene, daß in der Psyche aller Menschen **gleiche** Phänomene (Inhalte, Faktoren) wirksam sind, deren Intensität bzw. Ausprägung allerdings interindividuell variiert. Diese Phänomene können unschwer als nicht beobachtbare **Merkmale** des Menschen, als sog. **theoretische Konstrukte** aufgefaßt werden. In die Hypothesen der verhaltensorientierten Marketing-Forschung gehen interindividuelle Unterschiede in den Ausprägungen dieser Merkmale sowohl als **abhängige** als auch als **unabhängige Variablen** ein.

Im ersteren Fall betreffen die Hypothesen die Wirkungsweise der absatzpolitischen Instrumente, im letzteren die Erklärung und Vorhersage von absatzrelevanten Verhaltensweisen der Marktteilnehmer. So können zur Beschreibung der psychischen Vorgänge, die einer Produktkaufentscheidung vorausgehen und somit zu deren Erklärung beitragen, beispielsweise Merkmale wie Produktkenntnis, Einstellung zur Marke, Beeinflußbarkeit durch den Verkäufer, Innovationsfreudigkeit, Markentreue und Extravertiertheit verwendet werden. Eines ist jedoch all diesen Begriffen gemeinsam: Als **theoretische Konstrukte** verschließen sie sich einer direkten Quantifizierung resp. Messung. Da sie jedoch zu Bestandteilen empirisch überprüfbarer Hypothesen werden sollen, ist die Lösung dieses Meßproblems unumgänglich.

Der Sachverhalt des Messens kann folgendermaßen umschrieben werden: Es gibt **Objekte,** die **Merkmale** in bestimmten **Ausprägungen** aufweisen. Objekte sind Merkmalsträger wie Personen, Gruppen, Ereignisse und Gegenstände. „Merkmal" verkörpert einen Sammelbegriff für Eigenschaften, Verhaltensweisen, Charakteristika u. ä. Durch **Messung** will man zu einem numerischen Wert gelangen, der, einem Objekt zugeordnet, den Ausprägungsgrad des Merkmals bei ihm wiedergibt. Es ist nützlich, dem Meßwert auch eine geometrische Bedeutung zuzuweisen: Ein eindimensionales Merkmal kann einer **Geraden,** ein mehrdimensionales einem **Raum** gleichgesetzt werden, dessen orthogonale Achsen den Komponenten des Merkmals entsprechen. Durch die Zuweisung eines Meßwertes legt man das Objekt auf der Geraden oder im Raum als **Punkt** fest.

Die den Punkten entsprechenden Meßwerte stehen auf der Geraden oder im Raum in bestimmten **Relationen** zueinander, wobei diese größer oder kleiner sind, während die Punkte weit oder nur wenig auseinanderliegen. Die zentrale Frage der Messung ist nun, ob auch die einzelnen durch die Zahlenwerte bezeichneten Ausprägungen (bzw. die sie tragenden Objekte) die **gleichen inhaltlichen Relationen** aufweisen wie ihre Meßwerte. Ist dies der Fall, besteht Einvernehmen, daß die Relationen der Zahlen zu jenen der Merkmalsausprägungen

4. Ablauf und Methodik empirischer Erhebungen

(bzw. der Objekte) **isomorph** sind. Dann ist es möglich, aus den Relationen der Zahlen auf solche zwischen Objekten zu schließen. Ist dem hingegen nicht so, können die Relationen zwischen Zahlen **nicht** als Stellvertreter für die Relationen zwischen den Objekten fungieren. Die Zahlen haben mithin keinen empirischen Bezug bzw. Sinn.

Auf Grund dieser Überlegungen wird als **Messung** nur jene Zuordnung von Zahlen zu Objekten bezeichnet, bei der bestimmte Relationen zwischen den Zahlenwerten analoge Relationen zwischen den Objekten (bezüglich der gemessenen Merkmale) reflektieren. (So erwähnt *Sixtl,* daß Skalierungstechniken von *Coombs* bereits für Verhaltenstheorien gehalten werden; vgl. *Sixtl* 1967, S. 26f.) Das bedeutet allerdings nicht, daß zwischen den mit Zahlen versehenen Merkmalen immer alle Relationen gelten müssen, die auch zwischen den Zahlen vorliegen. Im Gegenteil: Es liegt in der Hand des Forschers zu entscheiden, welche Relationen zwischen den Zahlen empirische Bedeutung besitzen, d.h. gleiche Relationen zwischen den Objekten begründen sollen.

So könnten aus der Tatsache, daß in einem Präferenztest Produkt A 140 Punkte und Produkt B 70 Punkte erzielten, verschiedene Schlüsse gezogen werden. Der einfachste wäre der, daß die beiden Güter nicht gleichermaßen begehrt sind. Man könnte auch behaupten, A sei attraktiver als B oder der wahrgenommene Unterschied zwischen den beiden betrage 70 Punkte. Nicht zuletzt liegt die Schlußfolgerung nahe, A sei doppelt so begehrenswert wie B. Welcher dieser Schlüsse zulässig ist, bestimmt der Forscher, indem er durch Angabe des **Skalenniveaus** eine der vier grundsätzlich möglichen Zahleneigenschaften als empirisch sinnvoll postuliert (siehe auch Abschn. 4.2.5.):

(1) Identität
Wenn der Forscher dem Postulat der Identität empirische Bedeutung zuweist, bedeutet dies, daß gleiche Merkmalsausprägungen gleiche Zahlenwerte, ungleiche dagegen ungleiche Zahlenwerte zugeordnet erhalten **(Nominalskalenniveau).**

(2) Ordnung
Wenn neben der Forderung nach Identität auch das Postulat der Ordnung als empirisch sinnvoll bezeichnet wird, so wird festgelegt, daß der Größer/Kleiner-Relation zwischen Zahlenwerten auch eine Größer/Kleiner-Relation zwischen den Merkmalsausprägungen entspricht **(Ordinalskalenniveau).**

(3) Additivität
Wird zusätzlich zu den beiden ersten Postulaten auch die Additivität der Zahlen als empirisch sinnvoll bezeichnet, so heißt dies, daß der Relation der Differenzen zwischen numerischen Meßwerten die gleiche Relation bezüglich der Differenzen zwischen realen Merkmalsausprägungen entspricht **(Intervallskalenniveau).**

(4) Zahl Null
Erklärt der Forscher zusätzlich zu den obigen Postulaten auch noch die Zahl Null als empirisch sinnvoll, so sagt er damit aus, daß der Relation zwischen absoluten Meßwerten die gleiche Relation zwischen den absoluten Merkmalsausprägungen entspricht (**Verhältnisskalenniveau**).

In den Sozialwissenschaften kann man grundsätzlich das **Nominal-** bzw. **Ordinalskalenniveau** bei verbalen Angaben voraussetzen. Dies hängt mit der bereits in der Sprache verankerten Fähigkeit des Menschen zusammen, zwischen gleich und ungleich (= Begriffsbildung) bzw. größer und kleiner (= Komparative, Superlative) zu unterscheiden. Die Annahme eines höheren Meßniveaus ist dagegen ohne mehr oder weniger explizite und problematische Hypothesen über das Antwortverhalten von Menschen nicht möglich.

Soll die Messung nicht zu einer Schätzung werden, benötigt man ein möglichst geeichtes, zuverlässiges und gültiges **Meßinstrument** (zu den Gütekriterien für Meßinstrumente vgl. *Selltiz/Jahoda/Deutsch/Cook* 1972, S. 183 ff.). Wichtige Meßinstrumente der verhaltensorientierten Marketing-Forschung sind **Skalen** und **Indizes**. Im Sinne unserer bisherigen Ausführungen handelt es sich um Maßstäbe resp. Meßlatten, die einem Merkmalsträger einen Skalenwert bzw. Indexwert zuweisen, und zwar entsprechend der konkreten Merkmalsausprägung, die er besitzt. Nun ist dieses Ausmaß aber bei theoretischen Merkmalen ex definitione nicht direkt erfahrbar: Diese erhalten einen empirischen Bezug erst dadurch, daß **beobachtbare** und **direkt meßbare Größen** gefunden werden, die als Indikatoren für das Vorhandensein und die Ausprägung des theoretischen Merkmals dienen. Den Weg vom theoretischen Begriff zum Meßinstrument verdeutlicht die Abb. 7.7.

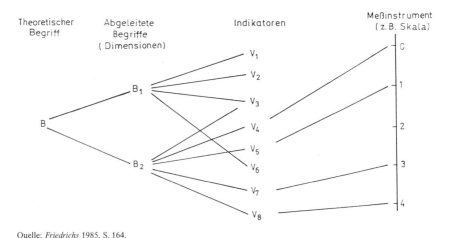

Quelle: *Friedrichs* 1985, S. 164.

Abb. 7.7.: Operationalisierung eines theoretischen Begriffs

Theoretische Merkmale sind nie Elementareigenschaften wie z. B. Gewicht oder Länge; vielmehr sind es komplexe, in Merkmalskomponenten bzw. Dimensionen zerlegbare Phänomene. Betrachten wir dazu z. B. die Geschäftstreue als zu operationalisierende Variable. Die Frage nach deren Dimensionen zielt letztlich auf bestimmte Merkmale einer bestimmten Einkaufsstätte und die Beweggründe eines Kunden ab, die ihn veranlassen, diesem Geschäft gegenüber eine loyale Haltung einzunehmen. Ist es die Macht der Gewohnheit? Reizt ihn dessen günstige Preisstellung? Oder verlockt ihn die Möglichkeit, mit Nachbarn zu plaudern?

Solche Antworten stellen abgeleitete Größen dar. Wenn wir die als Beispiel herangezogene Dimension mit **Indikatoren** repräsentieren wollen, bieten sich Fragen wie „Welchen Anteil Ihres Budgets geben Sie in diesem Geschäft aus?" oder „Seit wann kaufen Sie in diesem Geschäft ein?" an. Mit Hilfe eines für das jeweilige Verfahren spezifischen **Meßverfahrens** strebt man dann an, aus den Ausprägungen der Indikatoren die Ausprägung des theoretischen Merkmals zu erfassen (vgl. Abb. 7.7.).

Als Indikatoren für psychische Merkmale interessieren uns im folgenden ausschließlich verbale oder auch mit speziellen Apparaturen gemessene **physische Reaktionen** von Auskunftspersonen (Apn) auf Items. Unter einem **Item** versteht man das Grundaufbauelement einer Skala (eines Tests, eines Index, eines Fragebogens u. ä.). Inhaltlich kann ein Item eine Frage, Aufgabe, Aussage (Statement), Meinung, Beschreibung oder ähnliches verkörpern, kurzum etwas, was die Auskunftsperson (Ap) zu einer als Indikator verwendeten Reaktion veranlaßt.

Als Reaktionen sind vorstellbar: Zu Items geäußerte Ablehnung oder Zustimmung, Zuordnung von Rängen oder kardinalen Werten usw. So sind die Aufgabe „Nennen Sie bitte alle Marken von Feinwaschmitteln, die Ihnen einfallen" ein Item eines Tests zur Messung der Markenkenntnis und die Reaktion, d. h. die Anzahl der genannten Marken, ein Indikator für diese. Vereinfachend werden wir im folgenden als Indikator das mit einem vorgegebenen Spektrum möglicher Reaktionen (mindestens zwei) versehene Item bezeichnen. Die Reaktion einer Ap auf das Item wird auf eine vom Forscher festzulegende Weise kodiert bzw. numerisch festgehalten. Die einer Reaktion zugeordnete Zahl bezeichnet man als **Itemwert.**

Nun ist eine begriffliche Festlegung von Meßinstrumenten wie **Skala** oder **Index** möglich: Wir definieren sie als Vorschriften zur Erzeugung von Skalenwerten (Indexwerten) aus Itemwerten, wobei die Verknüpfung dergestalt ist, daß aus den Skalen- bzw. Indexwerten auf eine bestimmte Ausprägung des gemessenen theoretischen Merkmals bei der Ap geschlossen werden kann. Den nach festgelegten, streng formalen Regeln durchgeführten Aufbau einer Skala bezeichnet man als **Skalierung.** Diese formalen Regeln oder Anleitungen zur Konstruktion von Skalen werden **Skalierungsverfahren** genannt (die hier vertretene Begriffsauffassung von Skala und Skalierung lehnt sich im wesentlichen an *Mayntz/Holm/Hübner* 1978, S. 47, an).

Im Gegensatz zur Skalierung ist die **Indexbildung** ein weniger formalisierter, mehr pragmatisch ausgerichteter Versuch, komplexe Merkmale auf eine Maßzahl zu reduzieren.

Es empfiehlt sich an dieser Stelle, nochmals einen Blick auf Abb. 7.7. zu werfen, die eine erste pragmatische Unterscheidung von Skalierungsverfahren ermöglicht. Es gibt Techniken, die keine Zerlegung komplexer Merkmale vornehmen und Zahlenwerte direkt den Ausprägungen des theoretischen Merkmals zuordnen (hier als **skalierungsähnliche Verfahren** bezeichnet). Eine zweite Gruppe bezieht nur Indikatoren **einer** Dimension ein (klassische Einstellungsskalierung). Wieder andere verarbeiten Indikatoren **mehrerer** Dimensionen (Indizes, Semantisches Differential) oder verzichten vollständig auf die Ableitung von Dimensionen und Indikatoren. Sie versuchen, aus globalen **Urteilen über Ähnlichkeiten von Objekten** den Weg von den Meßwerten zurück zu jenen Dimensionen zu verfolgen, die diesen Urteilen zugrunde liegen **(Mehrdimensionale Skalierung)**.

Betrachten wir die Aufgabe, vor der wir stehen, von einer etwas anderen Seite: Wie erinnerlich, wurden von uns Skalierungsverfahren als formale Regeln oder Anleitungen zur Konstruktion von Skalen charakterisiert. Als eine Skala haben wir demgegenüber eine Vorschrift bezeichnet, die Itemwerte eines Objektes zu einem Skalenwert verknüpft, der dem Ausmaß des gemessenen Merkmals entspricht, das das Objekt besitzt. Die Anleitung zur Konstruktion einer Skala muß folglich stets zweierlei enthalten: Zum einen das Vorgehen bei der Auswahl der Indikatoren (Items), zum anderen die Art und Weise, wie der Zusammenhang zwischen den Indikatoren (Itemwerten) und der Merkmalsausprägung (Skalenwerte) zu ermitteln ist.

Wie im folgenden noch klarer zu erkennen sein wird, lassen nicht alle behandelten Skalierungsverfahren Meßinstrumente entstehen. Auch wird sich zeigen, daß je nach der **Dimensionalität** des gemessenen Merkmals die einem Objekt zugeordneten Zahlenwerte eine unterschiedliche geometrische wie auch inhaltliche Interpretation erfahren. Dies bedarf der Erläuterung:

Zweck der Skalierung ist es, an Hand der Angaben einer Stichprobe von Apn mit Hilfe eines geeigneten Verfahrens eine Skala zu entwickeln, die als („geeichtes") Meßinstrument zur Messung des Merkmals bei Personen außerhalb der Stichprobe dienen kann. Solche Skalierungsverfahren können auch als „skalenbildende" Verfahren bezeichnet werden. Es existieren aber auch Verfahren, bei denen eine derartige Zwecksetzung in den Hintergrund tritt. Auch sie streben zwar die Zuordnung von Zahlenwerten zu Objekten gemäß dem Ausmaß des Merkmals an, das sie besitzen; die vorgenommene Zuordnung verdeutlicht indessen nur, welche Unterschiede bezüglich der Ausprägungen des gemessenen Merkmals zwischen den Apn innerhalb der Stichprobe bestehen.

Solche „nur-skalierenden" Verfahren sind unter den im weiteren behandelten Verfahren in der Überzahl.

Ein Merkmal ist als eindimensional anzusehen, wenn folgende Bedingung erfüllt ist: Der größte subjektive Unterschied zwischen drei Objekten muß gleich sein der Summe der beiden kleineren Unterschiede (vgl. *Sixtl* 1967, S. 139). Es ist unmittelbar einsichtig, daß diese Restriktion bei der Anordnung aller drei Punkte auf einer Merkmalsgeraden erfüllt ist, wobei die subjektiv wahrgenommenen Unterschiede durch kein anderes Merkmal „verzerrt" werden. Kommt es zu einer Verzerrung durch andere Faktoren, verschiebt sich die Lage der Punkte aus dem Kontinuum ins Flächenhafte, wodurch eine Dreiecksrelation entsteht. Zu deren Darstellung sind zwei Dimensionen nötig, das Kontinuum wird zweidimensional. Die Bedingung ist dann nicht erfüllt.

Wie aus Abb. 7.7. erinnerlich, können theoretische Merkmale in Teilmerkmale bzw. Dimensionen zerlegt werden. Hinsichtlich des Begriffs **Dimension** erscheint es angebracht, bereits an dieser Stelle drei grundlegende Eigenschaften zu veranschaulichen, mit denen dieser in der Literatur allgemein ausgestattet wird:

Üblicherweise werden die Komponenten (= Elementareigenschaften) komplexer Merkmale a priori als voneinander unabhängig und als Achsen (= Dimensionen) eines mehrdimensionalen Urteilsraumes aufgefaßt. Anders herum betrachtet entsteht ein komplexes Merkmal durch Zusammenfügung von Merkmalskomponenten. So verkörpert z. B. der Reifegrad einer Birne eine bestimmte Kombination von Farbe, Konsistenz und Duft, die Schreibfähigkeit einer Sekretärin eine bestimmte Bündelung der Elementareigenschaften Schnelligkeit und Zuverlässigkeit.

Ergibt eine statistische Untersuchung, daß manche Merkmalskomponenten miteinander korrelieren, d. h. mehr oder weniger stark voneinander abhängen, können mit Hilfe gewisser Verdichtungsverfahren (z. B. Faktorenanalyse) die hochkorrelierten Merkmalskomponenten zu statistischen Ex post-Dimensionen zusammengefügt werden. Gelingt es, entsprechende orthogonale Dimensionen zu finden, spannen diese einen Urteilsraum auf, in dem die interessierenden Objekte positioniert werden können.

Für unsere Zwecke überaus bedeutsam, da mit der Entwicklung der Skalierungsverfahren untrennbar verbunden, ist die Verwendung des Dimensionsbegriffs in der **Einstellungsforschung.** Ohne auf das theoretische Konstrukt Einstellung an dieser Stelle noch einmal einzugehen (vgl. § 3, Abschn. 2.2.1.2.), können wir festhalten, daß dieses in der neueren Literatur als ein dauerhaftes System dreier Komponenten aufgefaßt wird (vgl. *Krech/Crutchfield/Ballachey* 1962, S. 140): der **kognitiven** (Aspekt: Wissen), der **affektiven** (Aspekt: Emotion) und der **Handlungskomponente** (Aspekt: Handeln). Jene Verfahren, die bei der Skalierung einer Einstellung Items verwenden, die homogen in bezug auf nur eine (üblicherweise die affektiv-wertende, emotionale) dieser Komponenten sind, werden als **eindimensional** bezeichnet. Wird hingegen auch eine zweite (üblicherweise die kognitive) in das Meßverfahren einbezogen, spricht man von **mehrdimensionalen Skalierungsverfahren**.

Die im folgenden zu behandelnden Skalierungsverfahren lassen sich demnach in drei Gruppen einteilen:

(1) **Skalierungsähnliche Verfahren** sind Techniken, die keine Vorschrift darüber enthalten, wie die Itemwerte in Skalenwerte „übersetzt" werden sollen. Eine solche Vorschrift wird vielmehr im Bewußtsein der Befragten vorausgesetzt, so daß diese die Objekte (bei Selbstbeurteilung sich selbst) gemäß den wahrgenommenen Ausprägungen des Merkmals direkt in ein ordinales oder kardinales Zahlenkontinuum eintragen (Ratingskala, Paarvergleich und Rangordnung).

(2) Für **eindimensionale Skalierungsverfahren** charakteristisch ist die Beschränkung des Skalierungsvorganges und somit der verwendeten Indikatoren auf **eine** Dimension, im wesentlichen etwa auf die affektiv-wertende Komponente des Einstellungskonstrukts (*Likert-, Thurstone-* und *Coombs*-Skalierung). Mit Ausnahme der *Coombs*-Skalierung zeichnet alle diese Verfahren das klassische Phasenschema der Skalierung aus: Suche nach Indikatoren, Auswahl von Indikatoren, Interpretation der Reaktionen auf Indikatoren, Messung.

(3) Mit **Skalierung mehrdimensionaler Merkmale** assoziiert man ein Bündel von Techniken, denen gemeinsam ist, daß sie keine strenge Homogenität der Indikatoren bezüglich einer Merkmalsdimension anstreben. Dies bedeutet, daß sie explizit die Komplexität der gemessenen Merkmale berücksichtigen, indem sie Indikatoren für mehrere Merkmalsdimensionen in den Skalierungsprozeß einbeziehen. Gleichgültig ist dabei, welche Dimension der letztlich gewonnene Skalenwert aufweist. Neben Verfahren, die mehrdimensionale Merkmale auf ein eindimensionales Zahlenkontinuum abbilden (Indizes, Multiattributivskalierung), zählen zu dieser Gruppe auch solche, die zur Darstellung komplexer Merkmale mehrdimensionale geometrische Räume aufspannen (Semantisches Differential, Mehrdimensionale Skalierung). Im Hinblick auf die uns auferlegten räumlichen Restriktionen beschränkt sich die Darstellung zwangsläufig auf die Verdeutlichung der elementaren gedanklichen Verfahrensstrukturen.

4.2.2. Skalierungsähnliche Verfahren

4.2.2.1. Die Rating-Skala

Die Rating-Skala (Beurteilungs-, Schätzskala) kann nicht als Skalierungsverfahren im eigentlichen Sinne angesehen werden. Materiell stellt sie ein Kontinuum von in gleichen Abständen aneinandergefügten numerischen Werten dar, in das eine Auskunftsperson die von ihr an einem Objekt wahrgenommene Merkmalsausprägung einträgt. Gefordert wird hier also eine absolute Größenangabe. Bei Gruppenerhebungen werden Gesamtwerte durch Summation oder

Durchschnittsbildung gewonnen. Die einzelnen numerischen Werte der Skala werden oft durch **verbale** Umschreibung der Intensitätsgrade ergänzt oder ersetzt. Als ein Beispiel für eine Ratingskala kann Abb. 7.8. dienen.

„Wie beurteilen Sie die Handlichkeit des Haushaltsgeräts XY?"

Abb. 7.8.: Beispiel für eine Rating-Skala

Hier wird die Analogie zu dem wohl bekanntesten Rating, der Skala der Schulzensuren, deutlich. Ratingskalen werden in der Praxis sehr unterschiedlich ausgestaltet. Die im einzelnen verwendeten Varianten der Skala differieren häufig in bezug auf die **Anzahl** der vorgegebenen Ausprägungen (in neuerer Zeit meistens 5 bis 7), die **Anordnung** der numerischen Werte (nur positive Zahlen, Zentrierung positiver und negativer Werte um den Nullwert) oder die **optische Hervorhebung** der numerischen Werte (Farbe, Schrift, Größe geometrischer Figuren). Häufig werden solche Items zu einer sog. Batterie zusammengefaßt, die dann z. B. zur Bildung eines Index herangezogen werden kann.

Der Aufstellung solcher Rating-Batterien geht zumeist kein formaler Prozeß der Itemselektion voraus. Sie ist pragmatisch ausgerichtet. Gemäß der Annahme, daß die fest vorgegebene Aufteilung des Kontinuums eine ähnlich strukturierte subjektive Differenzierung der jeweiligen Merkmalsdimensionen bedingt, wird häufig das Intervallmeßniveau der Angaben postuliert. Andere Forscher gehen angesichts der groben Gliederung des Kontinuums plausiblerweise nur von einem ordinalen Meßniveau aus.

Die Rating-Skalierung besitzt darüber hinaus den weiteren gravierenden Mangel, daß sie sich in ihrer Differenziertheit nicht an individuell unterschiedliche Wahrnehmungsspektren anpassen kann. Zum einen erlangen eng beieinanderliegende Wahrnehmungen gleiche, da vorgegebene Skalenwerte, zum anderen können Wahrnehmungen, die jenseits vorhandener Grenzen plaziert werden müßten, nicht mehr skaliert werden (Ceiling- oder End piling-Effekt).

In den letzten Jahren gab es Bemühungen, eine neue Methode für Wahrnehmungsskalierungen aus der Psychophysik in die Markt- und Meinungsforschung zu übertragen, die nicht mit den Nachteilen der Rating-Skalierung behaftet ist, das Meßniveau einer Verhältnisskala aufweist und zudem eine immanente Validierungsmöglichkeit bietet; die sog. **Magnitude-Skalierung.**

Die Magnitudemessung geht, im Gegensatz zur poikilitischen Messung („just noticeable differences") und zur Teilungsmessung (Ratingskalen), davon aus, daß ein Subjekt die Größe seiner Empfindungsintensität unmittelbar proportional in ein Kontinuum umsetzen kann, z. B. durch positive ganze Zahlen oder durch die Länge von Linien. Größenschätzungen sind somit indirekte relative Verhältnisschätzungen: Von der Versuchsperson wird dabei verlangt, daß sie einem Stimulus X, der eine doppelt so starke Empfindung wie der Stimulus Y auslöst, auch den doppelten numerischen Wert, den sie für Y vorgab, zuordnet. Bei der Wahl der Zahl oder Linienlänge für den ersten Stimulus ist die Auskunftsperson frei. Lediglich die nachfolgenden Stimuli müssen mit Responses skaliert werden, die die relativen Verhältnisse zu vorhergehenden Empfindungsstärken zum Ausdruck bringen.

Die Resultate typischer psychophysikalischer Experimente sind sog. **psychophysische Funktionen** mit der Empfindungsstärke von physikalischen Reizkontinua, z. B. Tondauer, Tonstärke, Lichtstärke als abhängiger Größe (vgl. *Stevens* 1975; *Wegener* 1982). Diese Funktionen auf der Basis von **Magnitude-Skalen** sind sehr stabil und zuverlässig als Potenzfunktionen mit ganz spezifischen Exponenten (je nach physikalischem Stimulus, vgl. Tab. 7.3.) darstellbar, und zwar in der allgemeinen Form:

(7.4.) $$R = a S^\beta$$

Dabei verkörpern R den Vektor der psychischen Reaktion und S den der physikalischen Reize, a eine Proportionalitätskonstante und β den spezifischen Exponenten einer Stimulus-Art.

Tabelle 7.3.:

Stimulusspezifische Exponenten psychophysischer Funktionen

Stimulus	β
Helligkeit (innerhalb 5°)	0,33
Lautheit (3000 Hz)	0,67
Visuelle Fläche	0,70
Geschmack (Saccharin)	0,80
Kälte (Hautkontakt)	1,00
Räumliche Länge (Linien)	1,00
Zeitdauer	1,10
Gewicht	1,45
Muskelkraft	1,70
Elektrischer Schock	3,50

Quelle: In Anlehnung an *Stevens* 1975, S. 15.

Die **Validität** der Magnitude-Skalierung im Skalenkontinuum läßt sich nun relativ einfach überprüfen: Man stellt Apn die Aufgabe, physikalische Reize so einzustellen, daß sie die gleiche Empfindungsintensität aufweisen, d. h. einen

Ton so einzustellen, daß er so laut wie ein dargebotener Lichtreiz hell ist („cross modality matching", CMM). Kennt man für beide Modalitäten, Ton (T) und Licht (L), die jeweilige psychophysische Funktion

(7.5.) $$R_T = a_T S_T^{\beta_T},$$

(7.6.) $$R_L = a_L S_L^{\beta_L},$$

so läßt sich daraus die Form der Beziehung zwischen den Stimuli S_T und S_L wegen der Gleichheit von R_T und R_L vorhersagen:

(7.7.) $$S_T = (a_L/a_T)^{1/\beta_T} S_L^{\beta_L/\beta_T}$$

Empirisch lassen sich diese CMM-Funktionen sehr gut bestätigen, woraus die Validität dieser Skalierungsmethode folgt.

Das dargestellte Konzept kann man ebenso gut zur Skalierung **nichtphysikalischer** Phänomene wie Einstellung, Zufriedenheit, Präferenz etc., für die eine objektive Metrik nicht vorliegt, heranziehen. Dabei werden die zu skalierenden Reize (z. B. Produktnamen) dargeboten und die Apn aufgefordert, das Verhältnis der von ihnen erlebten Empfindungsstärke hinsichtlich der Reize unter dem Gesichtspunkt der Einstellung, Präferenz etc. in mindestens zwei Modalitäten (z. B. Linien und Zahlen) auszudrücken. Verwendet man Modalitäten, deren Exponenten bekannt sind, z. B. Linie (M_L) mit $\beta_L = 1$ und Zahl (M_Z) mit $\beta_Z = 1$, so ist die Beziehung

(7.8.) $$M_L = a M_Z^{\beta_Z/\beta_L} \quad \text{mit} \quad a = (a_Z/a_L)^{1/\beta_L}$$

vorhersagbar (mit M_L als Vektor der Linienlängen und M_Z als Vektor der Zahlen). Die Prüfung, ob der theoretisch erwartete Exponent β_Z/β_L von seinem empirischen Pendant abweicht, erfolgt **regressionsanalytisch** nach Logarithmieren von (7.8.):

(7.9.) $$\log M_L = (\beta_Z/\beta_L) \log M_Z + \log a$$

Weichen empirischer Wert und theoretischer Wert von β_Z/β_L nicht (signifikant) voneinander ab, so kann man die Skalierung als valide bezeichnen. Der Skalenwert für einen Reiz i läßt sich anschließend als geometrisches Mittel der Werte beider Modalitäten berechnen:

(7.10.) $$S_i = \left(M_{L_i}^{\beta_L} \cdot M_{Z_i}^{\beta_Z} \right)^{1/2}$$

Der Validitätstest kann dazu dienen, „schlecht" skalierende Auskunftspersonen zu erkennen und deren Angaben von einer weiteren Auswertung auszuschließen. Probleme der Magnitude-Skalierung bestehen vor allem im erhebungstechnischen Bereich. So hat sich z. B. eine Einübung der Apn an Hand einer psychophysischen Aufgabe (z. B. die Größe von Kreisen zu skalieren) als zweckmäßig erwiesen, um zu verhindern, daß statt Verhältnisschätzungen nur ordinale Schätzungen abgegeben werden (vgl. hierzu *Grunert* 1983).

4.2.2.2. Rangordnung und Paarvergleich

Die Problematik, die die Annahme des Intervallskalenniveaus bei den Rating-Skalen aufwirft, versucht man oft dadurch zu umgehen, daß man der Ap keine absoluten, sondern nur **ordinale Angaben** (mehr/weniger) abverlangt. Je nach der Form dieser Angaben können zwei Typen von Erhebungen unterschieden werden:

- Die Auskunftsperson ordnet n Objekte direkt in einer abfallenden oder aufsteigenden **Rangordnung** an, und zwar nach dem Ausmaß, in dem diese ein Merkmal besitzen.

- Aus n Objekten gebildete $n \cdot (n-1)/2$ Objektepaare werden von der Ap daraufhin beurteilt, welches Objekt das jeweils andere dominiert, das Merkmal also in größerem Ausmaß besitzt. Aus der Anzahl der **Dominanzen** einzelner Objekte ist (auch bei Intransitivitäten) die Bildung einer Rangordnung der Objekte in bezug auf das Merkmal möglich (1. Rang – häufigste Dominanz, 2. Rang – zweithäufigste Dominanz usw.).

Nun interessieren den Forscher jedoch weniger die individuellen Rangordnungen als vielmehr ihre Aggregation, die die individuellen Besonderheiten ausschaltet und eine sozusagen objektive **Rangordnung** der Objekte repräsentiert. Im einfachsten Fall wäre die Aggregation durch Mittelwertbildung (Durchschnitt oder Median der Rangplätze eines Objekts) möglich. Bei komplexeren Verfahren wird die gemeinsame Rangordnung direkt aus den Paarvergleichen ermittelt, wobei z. B. der auf *Thurstone's* Law of Comparative Judgment (vgl. *Kaas* 1980) basierende Algorithmus den Vorteil bietet, aus ordinalskalierten Angaben **intervallskalierte** Skalenwerte für einzelne Objekte zu liefern. Wie geht man dabei vor?

Stellen wir uns vor, jemand müßte angeben, welche von zwei Schnüren länger ist, A oder B. Eine umständliche Person könnte die Länge beider auf einem Metermaß in cm abtragen und die Entscheidung nach folgendem Kriterium treffen: Wenn die Differenz $(B-A)$ positiv ist, ist B länger; ist hingegen $(B-A)$ negativ, so ist A länger. Nehmen wir nun an, es gäbe auch für nichtbeobachtbare Merkmale ein solches Metermaß, ein psychologisches Merkmalskontinuum also, auf dem beim Paarvergleich die Ap die Objekte I und J gemäß ihren Merkmalsausprägungen eintragen kann. Analog dann das Entscheidungskriterium: Wenn die Differenz $(J-I)$ positiv ist, dominiert J das Objekt I ($J>I$), während bei negativer Differenz I dominiert ($I>J$).

Der Eintragung liegt keine exakte Messung, sondern die **subjektive** Einschätzung der Merkmalsausprägungen bei den Objekten zugrunde. Unterstellen wir weiter, daß diese die Eintragung begründenden Einschätzungen irgendwie sichtbar gemacht werden können. Dann ist zu erwarten, daß die Schätzwerte für I und J von Person zu Person variieren.

4. Ablauf und Methodik empirischer Erhebungen   653

In Übereinstimmung mit der allgemeinen menschlichen Erfahrung erscheint es zulässig zu postulieren, daß die Schätzwerte einer großen Stichprobe von Auskunftspersonen normalverteilt sind. Das impliziert aber gleichzeitig die Existenz einer **Normalverteilung** der subjektiven Schätzwerte der zwischen den Objekten empfundenen Differenzen $(J-I)$. Die Differenz zweier normalverteilter Größen ist ebenfalls normalverteilt. Für deren Streuung gilt:

(7.11.) $$s_{(J-I)} = \sqrt{s_I^2 + s_J^2 - 2r_{IJ}s_I s_J}$$

Dabei bedeuten:

$s_{(J-I)}$ = Streuung der zwischen den Objekten I und J empfundenen Differenzen
s_I, s_J = Streuung der Schätzwerte (Variation der Objekteintragungen)
r_{IJ} = Korrelationskoeffizient der Schätzwerte

Eine solche Verteilung ist in Abb. 7.9. wiedergegeben. Auf der Abszisse sind die Schätzwerte der empfundenen Differenzen $(J-I)$, auf der Ordinate die Häufigkeit ihres Auftretens abgetragen. Der Wert M unter dem Scheitelpunkt der Glockenkurve kann gewissermaßen als die „objektive", da häufigste Differenz angesehen werden.

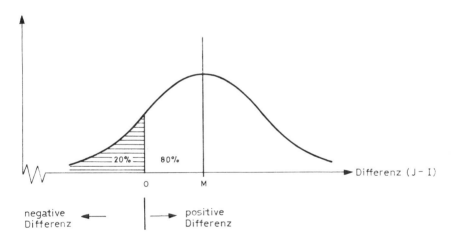

Abb. 7.9.: Verteilung der empfundenen Differenzen zwischen den Objekten I und J

Wenn von einer Stichprobe von Auskunftspersonen alle bezüglich eines interessierenden Merkmals erklären, daß J das Objekt I dominiert, bedeutet dies nichts anderes, als daß 100% der Auskunftspersonen eine positive Differenz $(J-I)$ empfinden. Die bekannte Glockenkurve wölbt sich also nur über dem Bereich der Abszisse, auf dem positive Differenzen abgetragen werden. Urteilen dagegen nur 80%, daß J das Objekt I dominiert $(J>I)$, während 20% von ihnen das Gegenteil empfinden ($I > J$), so erfaßt die Glockenkurve zum Teil auch jenen Bereich der Abszisse, auf dem negative Differenzen abgetragen sind.

Man kann nun folgende Überlegung anstellen: Wenn es unter der Normalverteilung sowohl Auskunftspersonen mit positiv als auch solche mit negativ empfundenen Differenzen gibt, muß es folglich auch eine **Schwelle** geben, eine Situation, bei der $(J - I) = 0$, bei der also die Objekte als gleich oder verwechselbar empfunden werden. Diese Grenze ist in Abb. 7.9. mit dem Symbol 0 gekennzeichnet.

Die Strecke zwischen dem „objektiven" Wert M und dem Nullpunkt kann als das zusätzliche Quantum des betreffenden Merkmals interpretiert werden, das ein Objekt gegenüber der Verwechselbarkeit oder Gleichheit abhebt. Die Strecke $(M - O)$ ist somit als Meßwert für den Abstand zwischen den Objekten J und I auf dem Merkmalskontinuum zu verstehen. Ihre Länge könnte in Streuungseinheiten, d.h. als z-Wert[1] ausgedrückt werden, wenn s_I, s_J und r_{IJ} bekannt wären. Da dies indessen nicht der Fall ist, müssen wir uns mit zwei weiteren Annahmen behelfen: Wir gehen davon aus, daß (a) die (dem Forscher nicht bekannten) Schätzwerte, auf die die Positionen der Objekte auf dem Merkmalskontinuum zurückgehen, für die beiden Objekte voneinander unabhängig, d.h. unkorrelliert ($r_{IJ} = 0$) sind, und (b) deren Streuung normalverteilt und gleich ist ($s_I = s_J = s$). Die Formel vereinfacht sich dann wie folgt:

(7.12.) $$s_{(J-I)} = s\sqrt{2}$$

Die z-Werte berechnet man aus:

(7.13.) $$z_{JI} = \frac{(M - 0)}{s\sqrt{2}}$$

Da uns $(M - 0)$ als Meßwert interessiert, formen wir die Gleichung wie folgt um:

(7.14.) $$(M - 0) = z_{IJ} \cdot s\sqrt{2}$$

Der Ausdruck $s\sqrt{2}$ ist annahmegemäß für alle Objekte gleich; daher bedeutet seine Beibehaltung nur die Multiplikation aller Meßwerte mit einer Konstanten. Unter Berücksichtigung des Umstandes, daß **lineare Transformationen** auf dem Intervallskalenniveau zulässig sind, können wir auf diesen Term somit bedenkenlos verzichten.

Wie in jedem Lehrbuch zur Statistik nachzulesen ist, können bei einer Normalverteilung die z-Werte direkt aus den Wahrscheinlichkeiten für das Auftreten eines Ereignisses (= relativen Häufigkeiten) gewonnen werden. Wir erhalten somit eine Formel, die es uns erlaubt, aus den Anteilen der zwei möglichen Urteile ($J > I$) und ($I > J$) die intervallskalierte Entfernung der

---

[1] z ist eine nach Maßgabe der *Gauss*'schen Normalverteilung standardisierte Entfernungseinheit.

Objekte voneinander auf dem psychologischen Merkmalskontinuum zu errechnen. Je größer diese Distanz, desto einheitlicher werden die Urteile; je kleiner die Entfernung, desto verwechselbarer werden die Objekte, so daß Urteile beider Art vorkommen.

Bei einem konkreten **Paarvergleich** gibt eine Vielzahl von Apn ihr Urteil über alle möglichen Objektepaare ab. Für jedes davon kann nun ermittelt werden, welcher Prozentsatz der Auskunftspersonen z. B. $(J>I)$ und welcher dazu komplementäre Anteil von Befragten das Gegenteil, nämlich $(J<I)$ sieht (die Beziehung $J=I$ existiert nicht!). In unserem Beispiel geben 80% an, daß J das Objekt I dominiert $(J>I)$. Unter Rekurs auf eine Normalverteilungstabelle ist der z_{JI}-Wert mit 0,84 leicht zu ermitteln. Ein positiver z_{JI}-Wert besagt stets, daß das Objekt J das Objekt I, weil von mehr als der Hälfte der Befragten so eingestuft, dominiert. Der Wert z_{IJ}, der auf der komplementären relativen Häufigkeit basiert, ist mit z_{JI} numerisch gleich, unterscheidet sich jedoch im Vorzeichen. Jedes Vergleichspaar ergibt also einen positiven (für das dominierende) und einen negativen (für das dominierte Objekt) z-Wert.

Als Ergebnis erhalten wir somit für jedes mögliche Paar eine Angabe darüber, wie weit entfernt voneinander die Objekte auf dem psychologischen Merkmalskontinuum sind (siehe Tab. 7.4.).

Tabelle 7.4.:

Matrix der Entfernungen zwischen den Objekten auf dem psychologischen Merkmalskontinuum

Objekt\Objekt	I	J	K	...
I	---	z_{IJ}	z_{IK}	...
J	z_{JI}	---	z_{JK}	...
K	z_{KI}	z_{KJ}	---	...
.	.	.	.	
.	.	.	.	
.	.	.	.	

Um nun auch noch die richtige **Reihenfolge** der Objekte zu erhalten, machen wir uns folgende Überlegung zunutze: Eine **Rangordnung** ist durch die intervallskalierte Ordnung der mittleren Rangabstände reproduzierbar. Darunter versteht man den durchschnittlichen, in Rangplätzen ausgedrückten Abstand jeweils eines Objekts zu allen anderen Objekten einer Menge. Hierzu ein fiktives Beispiel: Die Tab. 7.5. gibt die in **Rangplätzen** ausgedrückten Distanzen zwischen fünf Objekten wieder.

Tabelle 7.5.:

Matrix der Distanzen zwischen fünf rangskalierten Objekten

Objekt \ Objekt	1. A	2. B	3. C	4. D	5. E	Summe der Distanzen
1. A	---	1	2	3	4	10
2. B	-1	---	1	2	3	5
3. C	-2	-1	---	1	2	0
4. D	-3	-2	-1	---	1	-5
5. E	-4	-3	-2	-1	---	-10

Die Rangabstände nach unten werden dabei mit Minuszeichen, jene nach oben mit positivem Vorzeichen versehen. So ist z. B. die Distanz zwischen A und D aus der Perspektive des Objektes A 3 Ränge, von D aus indessen -3 Ränge.

Addieren wir nun die Rangabstände jedes Objektes zu allen anderen Objekten und dividieren wir die Summe durch die Anzahl der Relationen (in der Tab. 7.5. gleich 4), so erhalten wir den mittleren Abstand eines jeden Objektes zu allen übrigen:

$A = 2{,}50$
$B = 1{,}25$
$C = 0$
$D = -1{,}25$
$E = -2{,}50$

Interessanterweise wird aber durch diese Werte die ursprüngliche Rangordnung (A, B, C, D, E) **reproduziert.** Da die z-Werte Abstände zwischen Objekten darstellen und darüber hinaus in einer analogen Weise mit Vorzeichen versehen sind (bei Dominanz positives, beim Gegenteil negatives Vorzeichen), kann auch aus ihnen für jedes Objekt der mittlere Abstand zu allen anderen Objekten errechnet werden. Durch Eintragen in ein Kontinuum erhalten wir somit die in den Ordinalurteilen enthaltene Rangordnung der Objekte sowie zusätzlich die intervallskalierten Abstände zwischen den Rängen.

4.2.3. Eindimensionale Skalierungsverfahren

4.2.3.1. Das Verfahren der summierten Schätzungen (Likert-Skalierung)

Die *Likert*-Skala ist ein Verfahren zur eindimensionalen Messung von **Einstellungen.** Die Dimension der Messung betrifft üblicherweise die affektive,

4. Ablauf und Methodik empirischer Erhebungen

emotionale Komponente des Konstrukts Einstellung (zum Einstellungsbegriff aus der Sicht der Marketing-Forschung vgl. *Kroeber-Riel* 1984, S. 48ff. und 158ff., sowie § 3, Abschn. 2.2.1.2.). Einer Auskunftsperson stellt sie sich als eine Itembatterie dar, wobei die Items verbale Meinungsäußerungen über das Objekt der Einstellung verkörpern. Diese sind zu gleichen Teilen Ausdruck einer positiven wie einer negativen Einstellung zu dem Objekt. Die Reaktion der Auskunftspersonen besteht darin, daß diese zu allen Items in unterschiedlicher Stärke Stellung nehmen, d. h. Zustimmung oder Ablehnung bekunden können. Die typische Form eines Items der *Likert*-Skala gibt Abb. 7.10. wieder.

„Die Einkaufsatmosphäre verführt zum Verweilen und Bummeln."

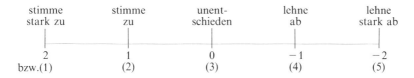

Abb. 7.10.: Beispiel für ein Item einer *Likert*-Skala zur Messung der Einstellung gegenüber einem Einkaufszentrum

Die Items der *Likert*-Skala müssen eine **monotone** Antwortcharakteristik besitzen, was folgendes bedeutet: Je größer (geringer) die Ausprägung des gemessenen Merkmals bei einer Ap ist, desto größer ist die Wahrscheinlichkeit einer zustimmenden (ablehnenden) Antwort. Auf die Frage „Halten Sie sich für größer als die Person XY?" kann die Wahrscheinlichkeit, daß jemand dem zustimmt, mit wachsender Körpergröße nur steigen (= monotone Antwortcharakteristik). Bei **nicht-monotonen** Items nimmt die Wahrscheinlichkeit der zustimmenden (ablehnenden) Antwort mit zunehmender (abnehmender) Ausprägung des Merkmals nicht stetig zu, sondern beginnt ab einer bestimmten Ausprägung des Merkmals zu fallen. So wird die Wahrscheinlichkeit, auf die Frage „Halten Sie sich für gleich groß wie die Person XY?" eine positive Antwort zu erhalten, mit wachsender Körpergröße zunächst steigen, ab einer bestimmten Körpergröße jedoch zwangsläufig fallen (= nicht-monotone Antwortcharakteristik).

Die den einzelnen Items zugeordneten Zahlenwerte werden im Sinne eines gerichteten psychologischen Einstellungskontinuums vergeben. Wird bei positiven Aussagen starke Zustimmung mit 5, Zustimmung mit 4 usw. bezeichnet, dann muß bei negativen Aussagen starke Zustimmung mit 1, Zustimmung mit 2 usw. gekennzeichnet werden. Entsprechend der Stärke ihrer Reaktion vergibt die Ap für jedes Item einen Zahlenwert. Durch Summation ergibt sich dann der **Gesamtwert** der Einstellung der Ap zu dem betreffenden Objekt.

Das wesentliche Problem bei der **Konstruktion** der **Skala** liegt in der Selektion der aufzunehmenden Statements. Diese müssen als Ausprägungen eines Einstellungskontinuums gedeutet werden können, also gleichdimensional sein. Darüber hinaus sollen sie zwischen dem positiven und dem negativen Bereich des Einstellungskontinuums gut diskriminieren. Eine Ap, die einem positiven Item zustimmt, soll auch real zu dem Objekt eine „positivere" Einstellung haben als eine andere, die dasselbe Item ablehnt (und umgekehrt).

Tabelle 7.6.: **Beispiel zur Prüfung der Diskriminierungsfähigkeit eines Statements nach der *Likert*-Skalierung**

Itemausprägung	Untere Gruppe				Obere Gruppe			
	Itemwert x	Zahl der Nennungen f	$f \cdot x$	$f \cdot x^2$	Itemwert x	Zahl der Nennungen f	$f \cdot x$	$f \cdot x^2$
Stimme stark zu	4	2	8	32	4	20	80	320
Stimme zu	3	4	12	36	3	6	18	54
Unentschieden	2	6	12	24	2	4	8	16
Lehne ab	1	20	20	20	1	4	4	4
Lehne stark ab	0	8	0	0	0	6	0	0
Σ	–	(n_u) 40	52	112	–	(n_o) 40	110	394

Quelle: In Anlehnung an *Mayntz/Holm/Hübner* 1978, S. 56.

4. Ablauf und Methodik empirischer Erhebungen

Um Items auf ihre **Diskriminierungsfähigkeit** hin überprüfen zu können, wäre es allerdings notwendig, die negative bzw. positive Einstellung der Apn im voraus zu kennen. Dies ist jedoch nicht der Fall. Daher behilft man sich in der Weise, daß man einer Stichprobe von Apn eine bedeutend größere Anzahl von Aussagen zu dem Objekt der Einstellung vorlegt, als für die *Likert*-Skala letztlich benötigt wird (übliches Verhältnis 4:1).

Entscheidend für die Aufnahme eines Statements in die endgültige *Likert*-Skala ist letztlich, ob die Werte der einzelnen Statements bei Auskunftspersonen mit sehr hohem Gesamtwert signifikant höher als jene von solchen mit niedrigem Gesamtwert sind. Der dazu einzuschlagende Weg soll an einem Beispiel veranschaulicht werden (vgl. *Mayntz/Holm/Hübner* 1978, S. 56ff.):

Der Aufbau einer *Likert*-Skala beginnt mit der Generierung einer Vielzahl von Statements, die in einem Pretest einer Stichprobe von Apn im oben beschriebenen Sinne zur Stellungnahme vorgelegt werden. Für alle Apn werden Skalenwerte errechnet. Aus der Gesamtzahl der Apn werden dann die 25% mit den höchsten Gesamtwerten (obere Gruppe) und die 25% der Apn mit den niedrigsten Gesamtwerten (untere Gruppe) ausgewählt. Wir nehmen an, daß zwischen den Angaben der unteren und der oberen Gruppe bezüglich eines bestimmten Items die in Tab. 7.6. wiedergegebenen Unterschiede bestehen.

Ob der Mittelwert der Itemwerte der oberen Gruppe **signifikant** höher ist als jener der unteren, wird mit Hilfe des **t-Tests** geprüft:

(7.15.)
$$t = \frac{\bar{x}_o - \bar{x}_u}{\sqrt{\frac{V_o^2 + V_u^2}{n(n-1)}}}$$

Dabei bedeuten:

$\bar{x}_o, \bar{x}_u$ = Mittlerer Itemwert in der oberen (unteren) Gruppe
V_o^2, V_u^2 = Summe der quadrierten Abweichungen vom Mittelwert in der oberen (unteren) Gruppe
n_o, n_u = Zahl der Mitglieder der oberen (unteren) Gruppe (es gilt $n_o = n_u$, da beide jeweils 25% der Stichprobe ausmachen; daher auch einheitlich als n bezeichnet)

Die mittleren Itemwerte betragen:

$$\bar{X}_o = \frac{110}{40} = 2{,}75$$

$$\bar{X}_u = \frac{52}{40} = 1{,}3$$

V_o^2 und V_u^2 sind mit Hilfe der folgenden Formeln zu errechnen:

(7.16.)
$$V_o^2 = \sum fX_o^2 - \frac{(\sum fX_o)^2}{n_o}$$

$$V_o^2 = 394 - \frac{110^2}{40} = 91{,}5$$

(7.17.)
$$V_u^2 = \sum fX_u^2 - \frac{(\sum fX_u)^2}{n_u}$$

$$V_u^2 = 112 - \frac{52^2}{40} = 44,4$$

Damit ergibt sich folgendes:

$$t = \frac{2,75 - 1,3}{\sqrt{\frac{91,5 + 44,4}{40 \cdot (40 - 1)}}} = 4,91$$

In gleicher Weise werden im Verlauf der Prüfung der Diskriminierungsfähigkeit die t-Werte **aller** Statements ermittelt. Als Items der endgültigen Skala werden dann jene mit den höchsten t-Werten aufgenommen. Dabei gibt der Forscher üblicherweise ein **Sicherheitsniveau** von z. B. 95%, 99% oder 99,9% vor, das, in Verbindung mit der Anzahl der Freiheitsgrade, die Berechnung eines theoretischen t-Wertes ermöglicht, der von den t-Werten der ausgewählten Items **nicht** unterschritten werden darf. An Hand dieses nunmehr geeichten Meßinstruments kann jetzt die Messung der Einstellung weiterer Apn zu dem Einstellungsobjekt vorgenommen werden.

Das **Skalenniveau** der *Likert*-Skala wird in der Literatur unterschiedlich beurteilt. Aus Gründen der Vorsicht gehen einige Autoren von einem ordinalen Niveau sowohl der Item- als auch der Gesamtwerte aus, während ihr andere durch Einführung zusätzlicher Annahmen Intervallskalenniveau zuschreiben.

4.2.3.2. Das Verfahren der gleich erscheinenden Intervalle (Thurstone-Skalierung)

Auch mit der *Thurstone*-Skala will man Einstellungen **eindimensional** messen. Der Meßvorgang ist aus der Sicht des Probanden dem bei der *Likert*-Skala nicht unähnlich. Die Itembatterie, die dem einzelnen zur Stellungnahme vorgelegt wird, besteht aus einem Satz von 20 bis 30 Elementen. Im Unterschied zur *Likert*-Skala kann ein Befragter jedoch nur pauschal zustimmen oder ablehnen. Dabei ist jedes Statement, ohne daß es die Ap weiß, mit einem numerischen Wert verknüpft, der ihr bei einer zustimmenden Antwort „angerechnet" wird.

Die Verknüpfung zwischen Statements und Zahlenwerten stellt das fundamentale Problem der **Skalenkonstruktion** dar. Vom Anspruch der *Thurstone*-Skala her drücken die verbalen Äußerungen unterschiedliche Ausprägungen der Einstellung aus und können als Punkte auf einem Einstellungskontinuum aufgefaßt werden. Die Festlegung, welche Statements für welche Punkte des Kontinuums repräsentativ sind, erfolgt auf Grund von **Urteilen** einer Gruppe von **Experten.** Wie dabei konkret vorgegangen wird, soll ein hypothetisches Beispiel veranschaulichen, das sich mit der Messung der Einstellung zur Werbung für Tabakerzeugnisse befaßt.

Das für unseren Referenzfall heranzuziehende Merkmalskontinuum ist an den Extremen durch eine sehr positive resp. sehr negative Einstellung zur Werbung für Tabakerzeugnisse gekennzeichnet, während der mittlere Bereich einer mehr oder weniger neutralen Haltung vorbehalten ist. Wir suchen nun nach Aussagen, die sich über das so charakterisierte Einstellungskontinuum gleichmäßig verteilen und somit als verbale

4. Ablauf und Methodik empirischer Erhebungen

Umschreibungen einzelner Ausprägungen der Einstellung zur Tabakwerbung verstanden werden können. Um in der Lage zu sein, aus einer Vielzahl von Meinungsäußerungen jene auszuwählen, die die einzelnen Abstufungen möglichst gleichmäßig abdecken, ist es notwendig, daß jedem Statement auf einem Zahlenkontinuum, das das Gegenstück des Merkmalskontinuums darstellt, ein numerischer, intervallskalierter Wert zugeordnet wird.

Die Konstruktion der Skala beginnt mit der Formulierung einer großen Zahl (100–150) von **nicht-monotonen** Statements über die Tabakwerbung, wie z. B.:

- Mich stört Tabakwerbung nicht.
- Obwohl sie Marktinformation bietet, würde ich Tabakwerbung verbieten.
- Ich finde Tabakwerbung gut, obgleich sie so manchen zum Rauchen verleitet.
- Ich würde Tabakwerbung verbieten, da sie nur der Sicherung der Marktanteile der Tabakfirmen dient.

Der Jurorengruppe wird nun ein Einstellungskontinuum vorgelegt, das in elf voneinander gleich weit entfernte, durch Kästchen symbolisierte Ausprägungsgrade (Kategorien) unterteilt ist (Abb. 7.11.).

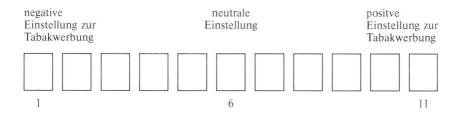

Abb. 7.11.: Reaktionsschema für die Experten-Beurteilung bei der *Thurstone*-Skalierung

Die Experten müssen dabei jedes einzelne Statement folgender Frage unterwerfen: Welche Einstellung zur Tabakwerbung besitzt eine Person, die sich mit dem betreffenden Statement identifiziert? Die Beurteilung wird durch die **Zuordnung** des Statements zu einem der Kästchen kundgetan, wobei sich nach entsprechender Anordnung oft eine Art Normalverteilung über einem der Kästchen einstellt. In Tab. 7.7. sind als Beispiel die absoluten, relativen und kumulierten Zuordnungshäufigkeiten (bei 20 Juroren) des Statements 3 zusammengestellt.

Als den „**objektiven**" Skalenwert eines Statements könnten wir den Mittelwert der Verteilung ansehen. Da die Verwendung des arithmetischen Mittels den Beweis gleicher Breite der Kategorien notwendig machen würde, verwendet man jedoch üblicherweise den Median (= zentralen Wert). Diesen gewinnt man durch Interpolation nach der Formel 7.18.

(7.18.) $$M = P_{50} = g_i + \frac{0{,}50 - P_u}{P_i}$$

Tabelle 7.7.: **Verteilung der Häufigkeit der Zuordnung des Statements 3 zu einzelnen Ausprägungen der Einstellung zur Tabakwerbung (bei 20 Juroren)**

Statement i	1	2	3	4	5	6	7	8	9	10	11
	$g_1=0{,}5$	$g_2=1{,}5$	$g_3=2{,}5$	$g_4=3{,}5$	$g_5=4{,}5$	$g_6=5{,}5$	$g_7=6{,}5$	$g_8=7{,}5$	$g_9=8{,}5$	$g_{10}=9{,}5$	$g_{11}=10{,}5$
Häufigkeit in absoluten Werten	0	0	0	0	0	1	5	8	4	2	0
in Prozentwerten	0	0	0	0	0	5	25	40	20	10	0
kumuliert in Prozentwerten	0	0	0	0	0	5	30	70	90	100	100

Anmerkung: g_i stellt die untere Grenze der jeweiligen Kategorie dar.

Dabei bedeuten:

M = 50. Perzentil (= Median)
i = Index der Kategorie, in die der Median fällt
g_i = untere Grenze der Kategorie, in die der Median fällt
P_i = Prozentanteil der Zuordnungen zu der Kategorie, in die der Median fällt
P_u = kumulierter Prozentanteil der Zuordnungen unterhalb der Kategorien, in die der Median fällt

Für das Statement 3 errechnet sich folgender Skalenwert:

$$M_{\text{(Statement 3)}} = 7{,}5 + \frac{0{,}50 - 0{,}30}{0{,}40} = 8{,}0$$

Entsprechend dem Berechnungsschema beim Statement 3 werden auch die Skalenwerte aller übrigen Aussagen errechnet. Diese verteilen sich dann irgendwie über das elfstufige Einstellungskontinuum. Welche von ihnen sollen letztlich die *Thurstone*-Skala bilden?

Nicht in Betracht kommen solche, die mehrdeutig sind. Ein ideales Statement müßte von allen Juroren ein und derselben Kategorie zugewiesen werden. Eine große Streuung der Zuordnungen oder gar Zwei- oder Mehrgipfeligkeit sind Indikatoren dafür, daß die Aussage mehrdeutig ist. Als **Maß der Eindeutigkeit** wird auf Grund der gleichen Überlegung, die zur Ablehnung des arithmetischen Mittels als Skalenwert führte, die Interquartilsdifferenz (Q) verwendet, d.h. die Differenz zwischen dem 25. und dem 75. Perzentil, die möglichst klein sein sollte.

(7.19.) $$Q = C_{75} - C_{25} = \left(g_i + \frac{0{,}75 - P_u}{P_i}\right) - \left(g_i + \frac{0{,}25 - P_w}{P_j}\right)$$

Dabei bedeuten:

Q = Interquartilsdifferenz
$C_{75} (C_{25})$ = 75. (25.) Perzentil
$i(j)$ = Index der Kategorie, in die das 75. (25.) Perzentil fällt
g_i = untere Grenze der Kategorie, in die das 75. (25.) Perzentil fällt
$P_i (P_j)$ = Prozentanteil der Zuordnungen zu der Kategorie, in die das 75. (25.) Perzentil fällt
$P_u (P_w)$ = kumulierter Prozentanteil der Zuordnungen unterhalb der Kategorien, in die das 75. (25.) Perzentil fällt

Die Interquartilsdifferenz des Statements 3 beträgt nach dieser Formel:

$$Q_{\text{(Statement 3)}} = \left(8{,}5 + \frac{0{,}75 - 0{,}70}{0{,}20}\right) - \left(6{,}5 + \frac{0{,}25 - 0{,}05}{0{,}25}\right) = 1{,}45$$

Analog werden auch die Interquartilsdifferenzen aller übrigen Elemente errechnet. Als Items der endgültigen *Thurstone*-Skala werden dann ca. 20 Aussagen gewählt, deren Skalenwerte (= Mediane) sich über das psychologische Einstellungskontinuum in möglichst gleichen Abständen verteilen und deren Streuung (= Interquartilsdifferenz) am geringsten ist bzw. eine vom Forscher vorgegebene Obergrenze nicht überschreitet.

Wie erinnerlich, erfolgt die **Einstellungsmessung,** indem einer Ap der so gewonnene Satz von Aussagen vorgelegt wird. Diese entscheidet sich entweder für die Aussage, mit der sie sich am ehesten identifizieren kann, oder wählt alle Aussagen aus, denen sie zustimmt. Da nunmehr jede Aussage mit einem numerischen Wert versehen ist, bereitet es keinerlei Schwierigkeiten, jede Person mit einem (Durchschnitts-)Wert zu identifizieren.

Die mittels einer *Thurstone*-Skala erhobenen Urteile von Apn besitzen zunächst nur **Nominalskalenniveau**. Doch gelingt es, wie sich gezeigt hat, diese auf Intervallskalenniveau anzuheben. Gleichwohl ist dabei zu berücksichtigen, daß das Ergebnis bis zu einem gewissen Grad die persönlichen Meinungen und Einstellungen der Juroren widerspiegelt.

4.2.3.3. Die Skalogramm-Analyse (Guttman-Skalierung)

Wie die zuletzt besprochenen Verfahren besteht auch die *Guttman*-Skala aus einem Satz von Aussagen, die eine Ap bestätigen oder ablehnen kann. Es treten jedoch weitere Annahmen hinzu:

(1) Hinter den Items der Skala verbirgt sich gewissermaßen eine **kumulativ homogene Antwortcharakteristik.** Das bedeutet im Idealfall, daß eine Ap, die Item 3 zustimmt, konsistenterweise auch Item 2 und Item 1 zugestimmt haben muß. Ein triviales Merkmal dieser Art ist eine ordinal aufgebaute Altersskala:

$$1 = \text{älter als 10 Jahre}$$
$$2 = \text{älter als 20 Jahre}$$
$$3 = \text{älter als 30 Jahre}$$
$$4 = \text{älter als 40 Jahre}$$

Wenn wir eine 32jährige Ap um ihre Altersangabe nach Maßgabe dieser Unterteilung bitten würden, müßte die Antwort 1110 lauten (Zustimmung = 1, Ablehnung = 0). Keine konsistente Angabe wäre z.B. 1010. Allgemein ausgedrückt sucht man bei der *Guttman*-Skalierung nach einer Ordnung von Aussagen, die bei möglichst allen Personen zu in dem Sinne konsistenten Antwortmustern führt, daß „nie eine Null vor einer Eins" liegt.

(2) Eine solche Ordnung der Aussagen ermöglicht auch eine Reihung der Apn in der Weise, daß allen, die einem vorgegebenen Item zustimmen, ein höherer Rang zugewiesen wird als jenen, die das Item ablehnen. In dem verwendeten Beispiel würden die einzelnen Antwortfolgen nach diesem Kriterium folgende Rangplätze erhalten: Rang 5 = 1111, Rang 4 = 1110, ..., Rang 1 = 0000. In Matrixform zusammengestellt ergibt sich eine idealtypische Anordnung als **Antwortmuster** (vgl. Tab. 7.8.).

Die so angeordneten Items, die verschiedene Ausprägungen eines Merkmals verkörpern, bilden die *Guttman*-Skala zur Messung dieses Merkmals. Gelänge in einem realistischen Fall die idealtypische Anordnung, wäre dies ein Hinweis dafür, daß alle Personen **konsistent** urteilen und das Kontinuum **eindimensional** ist. In der Realität wird es allerdings immer sog. nicht-skalierbare Typen, d.h. Personen mit inkonsistentem Antwortverhalten geben, ein Umstand, der bei einer entsprechenden Größenordnung entweder zur Elimination der betreffenden Probanden führen wird oder aber die Heranziehung der *Guttman*-Skala als nicht opportun erscheinen läßt. Im folgenden soll die Vorgehensweise bei der Entwicklung einer *Guttman*-Skala an Hand eines hypothetischen Beispiels verdeutlicht werden.

Tabelle 7.8.:

Idealtypische Anordnung der Antwortmuster bei der *Guttman*-Skala

Rang	Items			
	1.	2.	3.	4.
1.	0	0	0	0
2.	1	0	0	0
3.	1	1	0	0
4.	1	1	1	0
5.	1	1	1	1

Die Kaffeerösterei XY mit eigenen Verkaufsstellen möchte zum Zweck der Messung der Einstellung der Verbraucher zur Marke XY eine *Guttman*-Skala erzeugen. Der Prozeß beginnt damit, daß 12 oder mehr Statements zu der Marke XY formuliert werden. Wir begnügen uns hier mit vier Aussagen:

(A) Der Kaffee von XY ist gut verträglich.
(B) Ich kaufe keinen anderen Kaffee als XY.
(C) Ich finde die Verkäufer bei XY freundlich.
(D) Man kann bei XY auch andere schöne Sachen erwerben.

Die Aussagen werden, was unrealistisch ist, nur acht Apn zur Stellungnahme vorgelegt. Deren Antworten (in ungeordnetem Zustand) gibt Tab. 7.9. wieder.

Tabelle 7.9.:

Ausgangssituation bei einem Fall der *Guttman*-Skalierung

Ap	Items				Häufigkeit der Zustimmung
	A	B	C	D	
M	0	1	1	1	3
N	1	1	1	0	3
O	1	1	1	0	3
P	1	1	1	1	4
Q	0	0	1	0	1
R	1	0	1	0	2
S	0	0	0	0	0
T	1	0	0	0	1

Anmerkung: 1 = Zustimmung
0 = Ablehnung

Es gibt verschiedene Methoden, um eine solche Matrix in ein sowohl nach Items als auch nach Apn **rangskaliertes Skalogramm** umzuwandeln. In unserem recht einfachen Fall können wir die Apn nach der Häufigkeit der Zustimmung so anordnen, daß jene mit der geringsten Zahl in die erste Zeile, auf den ersten Rang also, und jene mit der größten in die letzte Zeile verwiesen und dazwischen sinngemäß verfahren wird. Personen mit der gleichen Anzahl an positiven Voten erhalten identische Ränge. Danach müssen die Spalten iterativ getauscht werden, bis die entstehende Matrix der idealtypischen Anordnung der Antwortmuster möglichst nahekommt. Das in Tab. 7.10. wiedergegebene Ergebnis dieser Bemühungen läßt indessen noch einige Wünsche offen.

Tabelle 7.10.:

Empirisches Ergebnis einer *Guttman*-Skalierung

Rang	Apn	Item			
		A	C	B	D
1	S	0	0	0	0
2	T	1	0	0	0
2	Q	⓪	①	0	0
3	R	1	1	0	0
4	N	1	1	1	0
4	O	1	1	1	0
4	M	⓪	1	1	①
5	P	1	1	1	1

Inwieweit die angestrebte Annäherung gelungen ist, kann an Hand der Formel $v_{tot} = 1 - e_{tot}/N$ berechnet werden, wobei v_{tot} für den **Reproduktionsgrad**, e_{tot} die Anzahl der **Reproduktionsfehler** (eingekreiste Felder) und N die **Anzahl der Stellungnahmen** stehen. Für unser Beispiel ergibt sich:

$$v_{tot} = 1 - \frac{4}{32} = 0{,}875$$

Nach *Guttman* soll $v_{tot} > 0{,}85$ sein. In diesem einfachen Beispiel können wir also davon ausgehen, daß die Reaktionen der Apn auf die vorgelegten Fragen eine *Guttman*-Skala „ACBD" entstehen lassen. (Der Leser kann leicht nachprüfen, daß auch die Anordnung „CABD" zu vier Reproduktionsfehlern und somit zum gleichen v_{tot}-Wert führt.)

Dem Konzept liegt die Überzeugung zugrunde, daß bei einem hohen Koeffizienten v_{tot}, d. h. einem annähernd idealtypischen Antwortmuster der Apn im wesentlichen **ein** Faktor (**eine** Dimension) wirksam wird. Einschränkend muß jedoch hinzugefügt werden, daß auch bei hohem Reproduktionsgrad die Fiktion der Eindimensionalität im wesentlichen nur für die zur Skalierung herangezogene Stichprobe gilt.

4.2.3.4. Die Unfolding-Technik (Coombs-Skalierung)

Die Unfolding-Technik soll hier vor allem auch wegen der Rolle behandelt werden, die sie später für die mehrdimensionale Skalierung von Präferenzurteilen spielt. Ziel ist dabei, ähnlich der *Guttman*-Skalierung aus Urteilen zu Items (Items können Statements über das Objekt der Einstellung oder aber auch Objekte sein, denen gegenüber eine Ap Präferenzen äußert) Schlüsse über die Position der Apn und der Objekte auf einem Merkmalskontinuum zu ziehen. Hierzu bedient man sich einiger **Ausgangsannahmen:**

- Es existiert ein eindimensionales, latentes Kontinuum, auf dem die Items **feste** Positionen innehaben.
- Die Stellung der Ap auf diesem Kontinuum entspricht der Position eines imaginären Items, das als **Idealitem** allen anderen Items vorgezogen würde.
- Die Neigung einer Ap, ein Item einem anderen vorzuziehen, ist Ausdruck der **Distanz** des Idealpunktes zu den Punkten dieser Items auf dem Kontinuum.

Wenn wir eine Ap fragen, welches von zwei Produkten A und B sie präferiert, können wir aus ihrer Antwort ersehen, in welchem Bereich eines Merkmalskontinuums sich ihr Idealbild eines Produktes befindet (siehe Abb. 7.12.).

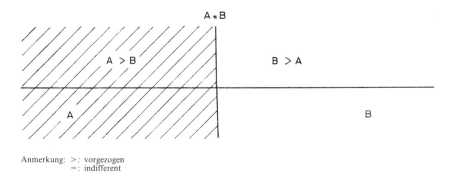

Anmerkung: > : vorgezogen
= : indifferent

Abb. 7.12.: Positionierung des Idealobjektes auf Grund von Präferenzurteilen

Behauptet sie, daß sie A dem Objekt B vorziehe, liegt ihre Idealvorstellung irgendwo in dem schraffierten Bereich des Kontinuums. Präferiert sie dagegen B, befindet sich das Idealprodukt in der nicht-schraffierten Zone. Bewegen wir die Idealvorstellung auf dem Kontinuum nach rechts, so verändert sich in einem bestimmten Punkt die geäußerte Präferenz. Dieser liegt offenkundig genau in der Mitte zwischen A und B. Zur Illustration schlägt *Coombs* vor, sich das **Kontinuum** als eine **Schnur** vorzustellen, die von einer Ap im Punkt des Idealitems festgehalten wird, wobei die Enden lose herunterfallen und als ein **(nunmehr gefaltetes)** Kontinuum nach unten hängen. Die Ap präferiert dann das Objekt, das näher am (festgehaltenen) Idealpunkt liegt.

Es leuchtet ein, daß solche Überlegungen, die bei zwei Objekten den Idealpunkt nur vage zu lokalisieren vermögen, bei einer größeren Anzahl von

668 § 7 Marketing-Forschung

Objekten eine wesentlich präzisere Positionierung des Idealpunktes erlauben. Ein Beispiel, in dem mehrere Apn ihre Präferenzrangordnung für vier Objekte (A, B, C und D) angeben, soll dies verdeutlichen.

Jede individuelle Rangordnung (Individualskala, I-Skala) wird daraufhin geprüft, ob sie mit einer „objektiven", allen Apn gemeinsamen Anordnung von Objekten auf dem Merkmalskontinuum (Joint-Skala, J-Skala) kompatibel ist. Es gibt 4! = 24 mögliche Rangordnungen, von denen jedoch nur ein kleiner Teil zulässig und konsistent ist und etwas über die Positionen der individuellen Idealpunkte aussagt. Bei Gültigkeit der Hypothese, daß sich die Objekte über das Kontinuum wie in Abb. 7.13. verteilen und daß dies für alle Apn gilt (= J-Skala), sind in den einzelnen Bereichen des Merkmalskontinuums, die durch die Mittelpunkte aller paarweisen Distanzen (gestrichelte Linien) begrenzt sind, nur die darüber eingezeichneten Rangordnungen zulässig.

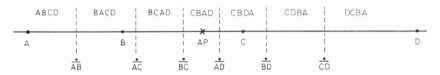

Anmerkung: Punkte auf der halben Distanz zwischen Objektepaaren, z. B. A und B, werden mit $\overline{AB}$ gekennzeichnet.

Abb. 7.13.: J-Skala mit vier Objekten und zulässigen Rangordnungen

In der Umkehrung kann von einer Ap, die die Präferenz CBAD ausdrückt, angenommen werden, daß ihre Idealvorstellung im Bereich zwischen $\overline{BC}$ und $\overline{AD}$ liegt. Die in der Art der Schnur „zusammengeklappte" Präferenzskala (I-Skala) dieser Person hat dann die in Abb.7.14. wiedergegebene Form.

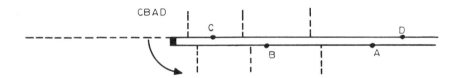

Abb. 7.14.: „Zusammengeklappte" Präferenzskala einer Person (I-Skala) mit der Präferenzrangordnung CBAD

In der Realität sind uns nur die individuellen Rangordnungen, d.h. die „zusammengeklappten" Skalen der Apn bekannt. Diese zu einer J-Skala „aufzufalten", ist das Anliegen der **Unfolding-Methode.**

Man beginnt üblicherweise mit der Identifizierung von Objekten, die die **End-** bzw. **Extrempunkte** der **J-Skala** bilden. Dies sind Objekte, die die gemessene Eigenschaft (z. B. Präferenz) im geringsten bzw. höchsten Ausmaß besitzen. Man erkennt sie daran, daß alle (konsistenten) individuellen Rangordnungen mit einem der beiden extremen Objekte enden. Anschließend werden die individuellen Rangreihen nach zwei Typen von Rangordnungen abgesucht, die zum einen mit den extremen Objekten beginnen oder enden und die zum anderen einander spiegelbildlich entsprechen.

Gelingt dies, erhalten wir eine Anordnung der Objekte auf dem Merkmalskontinuum und somit – zumindest als **Ordinalskala** – die J-Skala. Gemäß dem Unfolding-Modell entspricht jedem Abschnitt zwischen zwei Mittelpunkten von Objektepaardistanzen jeweils eine Rangfolge. Folglich streben wir an, die Objekte auf dem Merkmalskontinuum so anzuordnen, daß die dadurch entstehenden Rangfolgen die geäußerten Rangfolgen möglichst gut wiedergeben. Dazu ein einfaches Beispiel:

Wir legen einer Stichprobe von 130 Apn vier Produkte (A, B, C und D) vor und bitten jeden Betroffenen, diese nach seiner Präferenz anzuordnen. Als Ergebnis erhält man folgende **Präferenzmuster** (ABCD bedeutet dabei, daß A allen anderen Produkten, B den Produkten C und D, ferner C dem Produkt D vorgezogen wird):

	BACD	12 Apn
x	BADC	6 Apn
x	DBAC	3 Apn
	CBAD	5 Apn
	BCAD	16 Apn
	CBDA	11 Apn
	ABCD	19 Apn
	CDBA	15 Apn
x	ADBC	2 Apn
	BCDA	23 Apn
x	ACDB	7 Apn
	DCBA	11 Apn

Offensichtlich enden die Rangfolgen in 60 Fällen auf A, in 7 auf B, in 11 auf C und in 52 auf D. Es kann also mit einer gewissen Berechtigung davon ausgegangen werden, daß die Produkte A und D die Endpunkte der J-Skala bilden. Somit können einige Rangfolgen als nicht konsistent aus der weiteren Betrachtung ausgeschlossen werden (mit einem x gekennzeichnet).

Als Ausgangspunkt für die iterative Suche nach der „richtigen" Anordnung der Produkte auf dem Kontinuum bieten sich die spiegelbildlichen Rangfolgen ABCD und DCBA an, die insgesamt von mehr als einem Fünftel der Befragten angegeben wurden. Ziehen wir zur Verdeutlichung der Überlegungen einfachheitshalber nochmals die J-Skala aus Abb. 7.13. heran. Dadurch läßt sich unschwer erkennen, worauf es ankommt, nämlich daß in die J-Skala, die in der oberen Hälfte der Abb. 7.15. wiedergegeben ist, die Präferenzmuster von 89 Apn **konsistent** einzuordnen sind. In der unteren Hälfte dagegen gelingt dies nach der entsprechenden Verschiebung der Punkte auf dem Kontinuum (unter Beibehaltung der Gesamtrangordnung) für nicht weniger als 107 Apn, ein im Vergleich zum ersten Versuch also besseres Ergebnis.

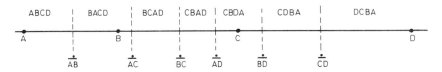
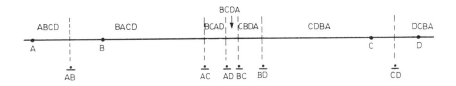

Abb. 7.15.: Zwei J-Skalen mit unterschiedlichen zulässigen Präferenzmustern bei identischer Rangordnung von vier Produkten A, B, C und D

Man wird sich fragen, worin der Informationswert einer solchen J-Skala liegt. Zunächst reflektiert sie die Rangordnung der Produkte auf dem Kontinuum des Merkmals, das die Präferenzbildung begründet. Sodann wird ein metrisches Maß zur Bestimmung der Distanzen zwischen den Produkten auf diesem Kontinuum erzeugt, das als „ordered metric scale" bekannt ist (*Siegel* 1956, S. 207ff.).

Die Einfachheit des verwendeten Beispiels täuscht leicht über einige **Schwierigkeiten,** die mit dem Unfolding verbunden sind, hinweg. Abgesehen von den Problemen, die z. B. die Einbeziehung einer größeren Zahl von Objekten verursacht, sind in der Literatur insbesondere die Behandlung inkonsistenter Rangordnungen (welche sind inkonsistent?) sowie das Fehlermaß umstritten, das zwischen den (noch) zulässigen und den echten, nicht mehr modellkonformen Inkonsistenzen zu unterscheiden erlaubt.

4.2.4. Die Skalierung mehrdimensionaler Merkmale

4.2.4.1. Die Indexbildung

Auch Indizes (zur Indexbildung vgl. *Besozzi/Zehnpfenning* 1976, S. 9ff.; *Kerlinger* 1979, S. 953ff.) stellen Instrumente zur Messung komplexer, nicht beobachtbarer Eigenschaften dar. Der wesentliche Unterschied zu den bisher behandelten Skalierungsverfahren besteht darin, daß die Probleme der **Itemselektion** (Dimensionalität, Verteilung der Items auf dem Dimensionskontinuum, Diskriminationsfähigkeit u. ä.) und der **Interpretation** der Relationen (Zuordnung von Zahlenwerten zu Merkmalsausprägungen) nach **subjektiven, pragmatischen Gesichtspunkten** und nicht mit Hilfe eines **streng formalisierten Kalküls** gelöst werden.

Die in einen Index aufgenommenen **Indikatoren** können durchaus auch auf **einer** Dimension liegen. Ein solcher Index entspräche dann einer Batterie eindimensionaler Ratingskalen, ähnlich einer *Likert*-Skala, die nicht auf dem dazu zu beschreitenden streng formalisierten Weg, sondern nach Gutdünken des Forschers zustande kam. Es ist allerdings für die Indexbildung bezeichnend, daß als Indikatoren möglichst verschiedene, voneinander unabhängige Elementareigenschaften bzw. Merkmalskomponenten herangezogen werden. Der Indexkonstrukteur strebt eine bestimmte, meist lineare Verknüpfung der Indikatoren zu einem Indexwert an. Demnach ist ein Index ein eindimensionales **Meßwertkontinuum,** auf das die Kombination von Dimensionsausprägungen eines mehrdimensionalen Raumes nach einer vom Forscher nach sachgemäßem Ermessen festgelegten Vorschrift abgebildet wird.

An dieser Eindimensionalität der Meßgröße setzt die Kritik an, weil letztlich Birnen und Äpfel zusammengezählt werden, um zu erfahren, wie groß der Korb, in dem sie liegen, ist. Weder kennt man die Größe der Früchte, noch weiß man, ob sich alle im Korb befinden. Dem ist entgegenzuhalten, daß dies ein fundamentales, keineswegs verfahrensspezifisches Problem des Messens in den Sozialwissenschaften ist. Zweck eines Index ist es eben, **mehr**dimensionale Merkmale auf **eine** Meßzahl (= Indexwert) zu reduzieren.

Die Vorgehensweise bei der Indexbildung soll kurz am Beispiel der Bindung von Apn an ihren Stadtteil illustriert werden (vgl. hierzu *Friedrichs* 1985, S. 166f.). Als taugliche Indikatoren erwiesen sich die Wohnzufriedenheit und der Anteil von Bekannten, die in dem Stadtteil leben. Obwohl Wohnzufriedenheit an sich schon ein komplexes Merkmal ist, gehen wir vereinfachend davon aus, daß die Apn ihre Empfindungen auf einer dreistufigen Ratingskala mit den Ausprägungen „niedrig", „mittel" und „hoch" ausdrücken können, denen die Itemwerte „0, 1, 2" zugeordnet werden. Der Anteil der Bekannten im Stadtteil wird mit <25%, 25–50%, >50% abgestuft, wobei gleichfalls Itemwerte von 0, 1 und 2 gewählt werden. Die möglichen Kombinationen an Ausprägungen dieser zwei Indikatoren gibt Tab. 7.11. wieder.

Tabelle 7.11.:

Merkmalsraum der Bindung von Bewohnern an ihren Stadtteil

Wohnzufriedenheit		Anteil der Bekannten im Stadtteil (in %)		
		<25	25-50	>50
		0	1	2
niedrig	0	a(0)	b(1)	c(2)
mittel	1	d(1)	e(2)	f(3)
hoch	2	g(2)	h(3)	i(4)

Der durch die Matrix verkörperte **Merkmalsraum** ist nun auf ein eindimensionales Kontinuum der Stadtteilbindung abzubilden, z. B. durch Summation der Itemwerte. Die der jeweiligen Kombination (= Zellen $a, \ldots, i$) entsprechende Summe der Itemwerte ist jeder Zelle in der Matrix eingeklammert als numerischer Wert zugeordnet. Dabei wirft die Interpretation der Extremwerte keine Probleme auf: Wer im Stadtteil wenig Bekannte hat und mit dem Wohnen unzufrieden ist (Itemwertsumme 0), kann als weniger gebunden gelten als eine Person, die im Stadtteil sowohl sozial verankert (hoher Bekanntenanteil im Stadtteil) als auch mit ihrem Domizil hochzufrieden ist (Itemwertsumme 4).

Im Mittelbereich gilt es jedoch auf Grund der dort auftretenden **Kompensationseffekte** abzuwägen. Wenn wir die mit $a, \ldots, i$ gekennzeichneten Zellen nach ihrer numerischen Äquivalenten auf einem Kontinuum abtragen (vgl. Abb. 7.16.), wird insbesondere über dem Indexwert 2 die Heterogenität der zugeordneten Fälle deutlich. Hier finden sich z. B. neben Apn, die mit dem Wohnwert hochzufrieden sind, ohne jedoch einen größeren Anteil an Bekannten im Stadtteil zu besitzen, auch solche, die gern ein besseres Domizil hätten, aber andererseits sozial gut integriert sind.

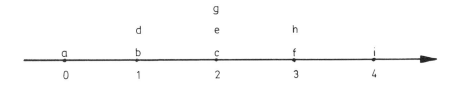

Abb. 7.16.: Merkmalskontinuum mit zugeordneten Matrixzellen ($a, \ldots, i$) in einem hypothetischen Beispiel

Diese Heterogenität, die bei einer größeren Anzahl von Dimensionen naturgemäß noch wächst, dokumentiert die nur durch Treffen vernünftiger Annahmen und Setzen sinnvoller Werturteile zu überbrückende Willkürlichkeit der Indexmessung.

4.2.4.2. Das Semantische Differential

Beim Semantischen Differential (Eindrucksdifferential, Polaritätenprofil) handelt es sich um ein Verfahren, das zum Zweck der Messung von **Wortbedeutungen** 1952 von *Osgood* entwickelt wurde[2]. Hierdurch erklärt sich sein projektiver, indirekter Charakter. Materiell stellt sich das Verfahren so dar, daß eine Ap an Hand einer Batterie von Items das interessierende Objekt beschreiben soll. Die Items sind meist siebenstufige bipolare Ratings, deren Extreme durch jeweils gegensätzliche Eigenschaftswörter (Polaritäten) wie dynamisch/statisch, warm/kalt, freundlich/feindlich inhaltlich fixiert werden. Einige Beispiele zeigt Abb. 7.17.

Die Ap gibt durch Ankreuzen bestimmter Felder der Itemkontinua an, in welcher Ausprägung sie die jeweilige Eigenschaft mit dem interessierenden

---

[2] Die Darstellung des Verfahrens gehört zum festen Bestandteil praktisch sämtlicher Lehrbücher zur Methodik der Sozialwissenschaften oder der Marktforschung. Einen guten Einstieg vermitteln: *Snider/Osgood* 1967 (insbes. Kap. I–IV); *Bergner* (Hrsg.) 1975; *Kerlinger* 1979, S. 883 ff.

Objekt assoziiert. Jede Ausprägung konstituiert einen bestimmten Itemwert. Aus den einzelnen Itemwerten kann dann z.B. durch einfache Mittelwertbildung ein objektivierter Itemwert errechnet werden, der die Lage des beurteilten Objektes in dem **semantischen Raum** beschreibt.

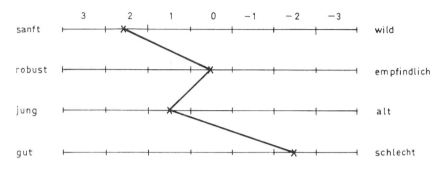

Abb. 7.17.: Items eines semantischen Differentials

Das Verfahren geht von einigen grundlegenden **Annahmen** aus:

(1) Jedes Item ist als Gerade interpretierbar. Das bedeutet, daß die gegensätzlichen Adjektiva extreme Ausprägungen **einer** Dimension verkörpern und zwischen ihnen ein mehr oder weniger neutraler Bereich liegt.

(2) Die numerische Unterteilung des Itemkontinuums erlaubt es, das Urteil einer Ap als intervallskaliert anzunehmen, wobei die Richtung der angegebenen Ausprägung vom Nullpunkt für die **Qualität,** die Distanz zum Nullpunkt für die **Intensität** der assoziierten Eigenschaften stehen.

(3) Man kann sich die n Items als **Koordinaten** eines geometrischen Raumes vorstellen, d.h. als eine Menge von Vektoren.

Viele der Itemgeraden in diesem Bündel **korrelieren** mehr oder weniger stark miteinander. Dies bedeutet, daß sie ein gewisses Maß an Redundanz aufweisen, das sich durch Anwendung bestimmter multivariater Methoden (**Faktorenanalyse, Mehrdimensionale Skalierung** etc.) ausmerzen läßt.

So kann z.B. die Lage des Objekts O in Abb. 7.18., die von den Apn mit Hilfe der Vektoren a, b, c, d, e, f, g festgelegt wurde, an Hand von nur noch zwei Vektoren x, y gleich präzise angegeben werden.

In empirischen Untersuchungen kristallisieren sich immer wieder drei Dimensionen heraus, die üblicherweise als **Bewertung** (hierzu gehören Items wie gut/schlecht, sozial/unsozial, sympathisch/unsympathisch), **Stärke** (stark/schwach, weich/hart, schwer/leicht etc.) und **Aktivität** (schnell/langsam, passiv/aktiv, dynamisch/statisch etc.) charakterisiert werden.

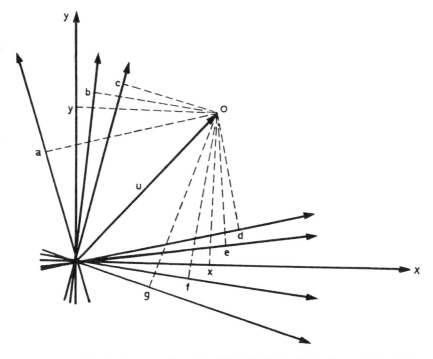

Abb. 7.18.: Flächenhafte Darstellung der Möglichkeit der Redundanzreduktion beim Semantischen Differential

In der Marketing-Forschung ändert man gewöhnlich das Semantische Differential in der Weise ab, daß an die Stelle der metaphorischen und objektfremden Adjektiva Gegensätze von konkreten, objektbezogenen Beschreibungen (Eigenschaften) gesetzt werden, die dem Entscheider im Marketing-Bereich leicht verständliche Anknüpfungspunkte für praktisches Handeln bieten. In solchen Fällen spricht man besser von **Eigenschafts-** oder **Polaritätenprofilen** (für ein Beispiel siehe Abb. 7.19.).

Der terminologische Bezug zum Begriff **Profil** hängt mit der Möglichkeit zusammen, als Ergebnis der Skalierung durch graphische Verbindung der Itemwerte jedem Beurteilungsobjekt einen auch optisch wahrnehmbaren Kantenzug zuzuweisen. Abgesehen von der Möglichkeit eines Vergleichs der relativen Lage zweier Kantenzüge zueinander können auf statistischem Wege die allgemeine Ähnlichkeit der Urteile (z. B. Images) sowohl in bezug auf Gruppen als auch in bezug auf Objekte sowie die Globaldistanz D zwischen zwei Profilen zum Ausdruck gebracht werden. Als Maß wird üblicherweise $D = \sqrt{\Sigma d_j^2}$ verwendet, wobei d_j die **Distanz** zwischen den Profilen auf dem Item j darstellt. Für die Bestimmung der **globalen Ähnlichkeit** von **Urteilsstrukturen** bieten sich **Korrelationsanalysen** an.

4. Ablauf und Methodik empirischer Erhebungen   675

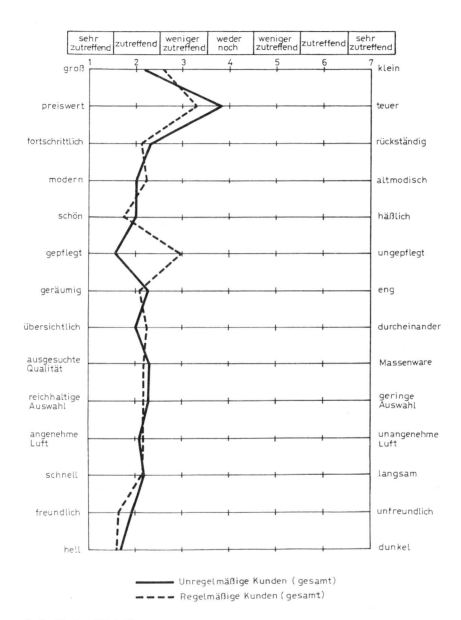

Quelle: *Hörschgen* 1972, S. 433.

Abb. 7.19.: Eigenschaftsprofil eines Einzelhandelsgeschäfts bei regelmäßigen/unregelmäßigen Kunden

4.2.4.3. Die Multiattributivskalierung

Wie einige andere besprochene Skalierungsverfahren ist auch das sog. *Fishbein*-Modell zur Messung von Einstellungen entwickelt worden. Die enge Anlehnung an das diesem zugrunde liegende theoretische Konzept ist daher unverkennbar. Der **Gesamtwert der Einstellung** einer Ap zu einem Objekt leitet sich aus der subjektiven **Kenntnis** der Eigenschaften des Objektes (kognitive, wissensmäßige Komponente der Einstellung) und der subjektiven **Bewertung** dieser Eigenschaften (affektive, wertende Komponente) ab. Die Anzahl der für die Einstellungsbildung relevanten Eigenschaften wird dabei als überschaubar gering angenommen. Die Verknüpfung der kognitiven und der affektiven Komponente über alle Eigenschaften erfolgt in der Art eines Index durch Addition von Produkten:

$$(7.20.) \qquad A_{ij} = \sum_{k=1}^{K} B_{ijk} \cdot a_{ijk}$$

Dabei bedeuten:

A_{ij} = Einstellung der Ap i zu Objekt j

B_{ijk} = subjektive Wahrscheinlichkeit, mit der die Ap i Eigenschaft k (1, ..., K) bei Objekt j für vorhanden hält (kognitive Komponente)

a_{ijk} = Bewertung der Eigenschaft k des Objektes j durch die Ap i (affektive Komponente)

Die Dimensionen des komplexen Merkmals Einstellung werden bei der Multiattributivskalierung[3] also nicht durch an einem Objekt wahrgenommene unterschiedliche Eigenschaften, sondern durch zwei verschiedene Arten der psychischen Verarbeitung (Wahrnehmung bzw. Evaluation) gleicher Eigenschaften repräsentiert. Auch wenn hier nicht auf die zum Teil fraglichen Axiome des Modells (Intervallskalenniveau der Urteile, Unabhängigkeit der Eigenschaften, Unabhängigkeit der Eigenschaftsbewertung von dem Wissen um sie etc.) eingegangen werden kann, soll im folgenden doch kurz die Vorgehensweise erläutert werden.

Die Skalierung beginnt mit der Auswahl einer bestimmten Zahl von **Attributen**, die für die Beurteilung eines Objekts den Ausschlag geben (können). Hierzu führt man häufig eine Voruntersuchung durch, in der Apn nach Merkmalen befragt werden, die sie zur Beurteilung bestimmter Objekte heranziehen. Die ersten spontan genannten und frei assoziierten Eigenschaften werden gewöhnlich zur Skalierung verwandt. Im einzelnen legt man jeder Ap zunächst den Teil der Attribute vor, mit deren Hilfe sie das Wissen um die Ausprägung der Eigenschaft bei dem betreffenden Objekt (in Form einer Wahrscheinlichkeit) zum Ausdruck bringen soll (siehe Abb. 7.20.). Danach

---

[3] Einen Einstieg in die Multiattributivskalierung vermittelt ein Reader von *Fishbein* 1967; vgl. auch *Trommsdorff* 1975. Eine Übersicht über die Verfahrensanwendung im Marketing-Bereich liefern *Wilkie/Pessemier* 1973, S. 428ff.

folgen Statements, an Hand deren sie die einzelnen Eigenschaften bewertet (siehe Abb. 7.21.).

„Daß man in dem Fachgeschäft XY gut beraten wird, ist..."

sehr wahr-scheinlich   sehr unwahr-scheinlich

Abb. 7.20.: Beispiel für ein kognitives Item

„Wenn man im Fachgeschäft XY gut beraten wird, so halte ich dies für..."

sehr gut   sehr schlecht

Abb. 7.21.: Beispiel für ein affektiv-wertendes Item

Der Eindruckswert, den man durch Multiplikation der beiden Ratings gewinnt, ist ein Indikator der **subjektiven Einschätzung der speziellen Eigenschaft** des Objekts. Entsprechende Eindruckswerte werden für alle als relevant angesehenen Attribute errechnet. Die **Summe** der Teileindruckswerte stellt den **Gesamteindruckswert** (= Einstellungsskalenwert) A_{ij} dar.

Die meßtheoretischen **Probleme,** die aus der Erhebung der kognitiven Komponente im Sinne der **Wahrscheinlichkeit** für das Vorhandensein eines Merkmals und der **multiplikativen** Verknüpfung der beiden Elemente erwachsen, werden in einem von *Trommsdorff* vorgeschlagenen Modell umgangen. Die summative Verknüpfung der Eindruckswerte für einzelne Attribute zu einem Einstellungsskalenwert wird zwar beibehalten, doch kommt die affektive Komponente des Eindruckswerts nur auf **indirekte Weise** zum Tragen:

(1) Die Ausprägung einer Eigenschaft bei einem Objekt wird von der Ap **direkt** mit einem Rating eingeschätzt („Geben Sie bitte an, wie intensiv der Kunde im Fachgeschäft XY beraten wird."), und nicht als Wahrscheinlichkeit.

(2) Die Ap muß dann die **ideale** Ausprägung der Eigenschaft bei vergleichbaren Objekten festlegen. („Geben Sie bitte an, wie intensiv der Kunde in einem idealen Fachgeschäft beraten werden soll.")

(3) Der Eindruckswert wird schließlich auf die Weise ermittelt, daß die **Distanz** zwischen der wahrgenommenen Ausprägung (**kognitive Komponente**) und der „**idealen**" Ausprägung festgestellt wird.

Ein wesentlicher Vorteil, der mit dieser Vorgehensweise verbunden ist, besteht aus der Sicht der praktischen Entscheidungsfindung im Marketing darin, daß man durch Vergleich der **realen Gegebenheiten** mit dem **Idealzustand** unmittelbar Anhaltspunkte für absatzpolitisches Handeln zu gewinnen vermag.

4.2.4.4. Die Mehrdimensionale Skalierung (MDS)

Dem Oberbegriff Mehrdimensionale Skalierung (MDS) subsumiert man eine Fülle von Verfahren und Algorithmen, die eine räumliche Repräsentation von Relationen anstreben, die zwischen interessierenden Objekten bestehen. Je nachdem, welcher Art die Beziehungen sind, kann erkenntnislogisch zwischen zwei Varianten der MDS unterschieden werden.

Die auf die Messung von **Präferenzen** abstellende Spielart, bei der die Inputdaten, wie die Bezeichnung andeutet, globale (intervall- oder rangskalierte) Präferenzurteile über die interessierenden Objekte verkörpern, kann im wesentlichen als multidimensionale Verallgemeinerung und Fortentwicklung des Unfolding-Modells betrachtet werden (vgl. *Bennet/Hays* 1960, S. 27 ff.; zu neueren Verfahren – insbesondere *PREFMAP* – vgl. *Green/Rao* 1972, S. 214 ff.; *Mazanec/Porzer/Wiegele* 1976a, S. 430 ff.; dieselben 1976b, S. 1 ff.). Daneben steht die Skalierung von **Ähnlichkeiten,** deren Grundkonzept hier kurz vorgestellt werden soll (siehe dazu auch *Green/Wind* 1973; *Kühn* 1976; *Dichtl/Schobert* 1979).

Die mathematische Struktur der MDS wird dagegen an anderer Stelle (siehe Abschn. 4.5.1.7.) behandelt, da sich die formale Vorgehensweise immer mehr von ihrem ursprünglichen Zweck emanzipiert und heute als eine multivariate Methode wie viele andere betrachtet wird.

Für alle bisher behandelten Skalierungsverfahren gilt, daß den Reaktionen der Apn durch den Forscher eine bestimmte, vergleichbare **Struktur** aufgezwungen wird. Die als Items in die Skalen aufgenommenen **Indikatoren,** mit deren Hilfe die Charakterisierung von Objekten erfolgt, werden **vorgegeben.** Dies birgt die Gefahr in sich, daß eine Ap ein Objekt einmal an Hand von solchen Attributen oder Merkmalskomponenten wahrnimmt bzw. beurteilt, die in der Realität für die Beurteilung oder Einstellungsbildung unwesentlich sind, andererseits aber solche übersieht, die tatsächlich eine Rolle spielen. Dieses für den Marketing-Bereich wichtige Informationsproblem kann dadurch gemildert werden, daß anstatt der Vorgabe spezifischer Eigenschaften der Objekte nur deren **Ähnlichkeit** zur Skalierung benutzt wird.

Ähnlichkeit ist ein Merkmal von **Objektepaaren,** das von jeder Ap gemäß der Lage der Objekte in einem subjektiven Urteilsraum eingeschätzt wird, wobei die Ap deren Zustandekommen nicht zu begründen braucht. Entsprechend ist der Forscher hinsichtlich deren inhaltlicher Konkretisierung bzw. sprachlicher Benennung nicht gezwungen, a priori Hypothesen aufzustellen. Er nimmt jedoch an, daß zum einen die Angabe, welches von zwei Objektepaaren einander ähnlichere Objekte enthält (Ordinalrelation), das Urteilsvermögen der Apn nicht überfordert, und zum anderen, daß die angegebene Ähnlichkeit mit der Lage der Objekte in den subjektiven Urteilsräumen ursächlich zusammenhängt.

4. Ablauf und Methodik empirischer Erhebungen

Die geometrische Position zweier Objekte reproduziert deren Ähnlichkeit (bzw. Unähnlichkeit), indem identischen Objekten dieselbe Lage zugewiesen wird, einander ähnliche Objekte nahe beieinander und unähnliche entsprechend weit voneinander entfernt liegen. Das Maß der (Un-)Ähnlichkeit ist somit die **geometrische Distanz**. Das Anliegen der Mehrdimensionalen Skalierung ist es, Objekte in einem möglichst niedrig dimensionierten geometrischen Raum so anzuordnen, daß die **Rangfolge der Distanzen** so weit wie möglich der **Rangfolge der** (tatsächlichen oder wahrgenommenen) **Ähnlichkeiten** entspricht. Die Realisierung dieses Anliegens erfordert die Lösung von zwei Problemen grundsätzlicher Art.

(1) Es muß festgelegt werden, wie die Güte der Entsprechung der zwei Rangordnungen beurteilt werden kann. Trägt man beispielsweise die Rangordnung der Ähnlichkeiten auf der Ordinate, jene der Distanzen auf der Abszisse eines zweidimensionalen Koordinatensystems ab, so müßte die graphische Verbindung der eingetragenen Objektepaare bei einer idealtypischen, vollkommenen Entsprechung eine monoton steigende Funktion bilden. In dem der Abb. 7.22. zugrunde liegenden Fall reproduzieren z. B. die Distanzenränge die Ähnlichkeitsränge nur unvollkommen. Als Maß fungiert allgemein das von *Kruskal* vorgeschlagene **Stress**-Kriterium (siehe dazu *Dichtl/Schobert* 1979, S. 2f., und Abschn. 4.5.1.7.).

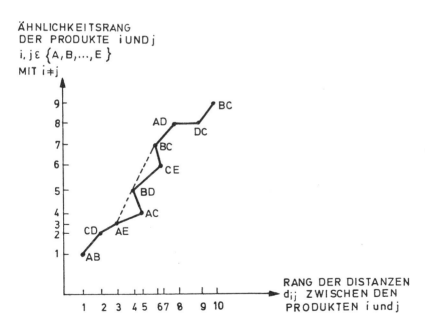

Abb. 7.22.: Unvollkommene monotone Funktion zwischen Distanz- und Ähnlichkeitsrängen

(2) Die Dimensionen des geometrischen Raumes repräsentieren die Merkmalsachsen des **psychologischen Urteilsraumes**. Der Forscher steht also vor der prinzipiellen Frage, wieviele Achsen er einer „ausreichenden" oder gar „guten" Beschreibung des psychologischen Raumes als adäquat ansieht. Das Streben nach Anschaulichkeit der Darstellung zwingt ihn zu einer niedrigen Dimensionierung, während eine möglichst gute Entsprechung zwischen der Ähnlichkeits- und der Distanzenrangordnung eine höhere Dimensionierung erforderte.

Dies hängt mit folgendem Phänomen zusammen: Der Spielraum, den man hat, um die Lage eines von mehreren Objekten ohne Verletzung der angestrebten Distanzenrangordnung zu verändern, wird mit abnehmender Zahl an Dimensionen immer kleiner. So kann beispielsweise der Forderung $AC > AB > BC$ in einem zweidimensionalen Raum durch Variation von **Entfernung und Richtung** Rechnung getragen werden, während auf einem eindimensionalen Kontinuum die Möglichkeit der Richtungsänderung entfällt. Umgekehrt kann mit jeder zusätzlichen Dimension die Entsprechung der Rangordnung verbessert werden, bis sie für n Objekte bei $n-1$ Dimensionen in vollkommenem Maße gelingt. In einer konkreten Entscheidung muß man stets einen Kompromiß zwischen diesen zwei Bestrebungen schließen.

Ausgangspunkt der MDS ist eine von (einer Gruppe von) Apn geäußerte Rangordnung von Objektepaaren, entsprechend dem Ausmaß der wahrgenommenen Ähnlichkeit der Objekte. Ergebnis des komplizierten iterativen Rechenverfahrens ist ein niedrig dimensionierter Raum, in dem die Objekte Positionen einnehmen, denen intervallskalierte Koordinatenwerte entsprechen (für ein Beispiel siehe Abb. 7.23.).

Zu beachten ist dabei, daß das Skalierungsergebnis ausschließlich die Relationen der Objekte zueinander in bezug auf die Beurteilungskriterien verdeutlicht, dagegen **nichts** über den **inhaltlichen** Charakter der Dimensionen aussagt. Die verbale Umschreibung der Dimensionen erfolgt erst **nach** der Skalierung. Sie resultiert aus der subjektiven Kenntnis der Zusammenhänge seitens des Forschers oder einer Experten-Gruppe (interne Analyse).

Zur Interpretation der Achsen ist es aber auch möglich, externe Daten heranzuziehen. Hierbei werden in einer **zusätzlichen** Untersuchung die interessierenden Objekte von den Apn nach Maßgabe einiger vorgegebener Merkmale eingestuft (Rating-Skalen, Rangordnungen), wobei diese auf eine hier nicht zu behandelnde Weise als Vektoren in das Koordinatensystem gelegt werden. Auf Grund deren Entfernung zu den – hier zwei – Achsen lassen sich dann letztere verhältnismäßig leicht und zuverlässig umschreiben.

So liegt z.B. in Abb. 7.23. der Fahrstrahl „angenehme Einkaufsatmosphäre" so im Imageraum, daß der Korrelationskoeffizient r, der den Zusammenhang zwischen den extern erhobenen Urteilen über die „angenehme Einkaufsatmosphäre" bei den betreffenden neun Geschäften und den Projektionen von deren jeweiliger Position auf diesen Vektor beschreibt, einen Wert von 0,91 annimmt. Über die sprachlich identische

Benennung dieser Achse gibt es deshalb kaum Zweifel. Werden zusätzlich Präferenzordnungen in bezug auf die Objekte erhoben, bietet sich sogar die Möglichkeit, analog zur Unfolding-Technik auch noch die Apn im Raum abzubilden.

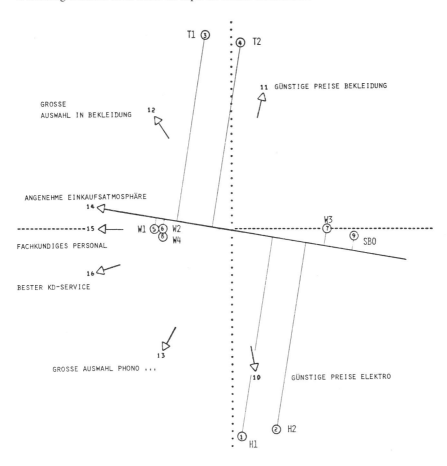

Quelle: *Dichtl/Schobert* 1979, S. 53.

Abb. 7.23.: Zweidimensionaler Imageraum für neun Einzelhandelsunternehmen und extern erhobene Eigenschaftsvektoren

4.2.5. Gültigkeits- und Zuverlässigkeitsprüfungen

Zur Beurteilung der **Güte** von **Skalierungsverfahren** werden in der Sozialforschung üblicherweise zwei Konzepte herangezogen, das der **Validität** (Gültigkeit) und das der **Reliabilität** (Zuverlässigkeit; siehe dazu z. B. *Selltiz/Jahoda/ Deutsch/Cook* 1972, S. 183 ff.; *Holm* 1976, S. 109 ff. und S. 123 ff.; *Dichtl/ Kaiser* 1978, S. 490 ff.).

Die weiteren Ausführungen beziehen sich ausdrücklich auf „skalenbildende" Verfahren, d.h. solche, die als Meßinstrumente Werte für Objekte liefern. Da auch „nur-skalierende" Verfahren Zahlenwerte erzeugen, ist eine gedankliche Übertragung der Erkenntnisse nicht sonderlich schwer, wenn auch in der Praxis mit Problemen behaftet. Dies gilt insbesondere für die MDS, die sowohl hinsichtlich der Reliabilitäts- als auch der Validitätsprüfung einige Probleme aufwirft.

Ein Verfahren gilt dann als **reliabel,** wenn es exakte Meßwerte liefert, wobei die Genauigkeit als Reproduzierbarkeit der Werte bei wiederholter Messung aufgefaßt wird. Meßwiederholungen lassen Meßwerte entstehen, deren Beziehung zu den ursprünglichen Vergleichsgrößen ein Indiz für die Güte des Verfahrens ist. Als Reliabilitätsmaße kann man somit **Korrelationskoeffizienten** für verschiedene Reihen von Meßwerten verwenden.

Je nachdem, welche Anordnung zur Erzeugung von zwei Zahlenreihen gewählt wird, unterscheidet man verschiedene Formen der **Reliabilität:**

(1) Stabilität

Ein Verfahren ist um so stabiler, je höher der Korrelationskoeffizient für zwei mit derselben Skala bei derselben Gruppe von Apn zeitverschoben durchgeführte Messungen ist (Retest-Reliabilität).

(2) Konsistenz

Eine Skala ist dann konsistent, wenn zwei parallel vorgenommene Messungen gleiche Meßwerte ergeben. Parallele Meßwerte erhält man entweder dadurch, daß die von einer Gruppe von Apn beantworteten Items einer Skala etwa in zwei Teile getrennt und für beide Unterstichproben getrennte Meßwerte errechnet werden, oder durch Messung des gleichen Sachverhalts bei denselben Apn mit einem zweiten, formal gleichen, inhaltlich indessen verschiedenen Meßinstrument (Paralleltest-Reliabilität).

Das Kriterium der **Validität** zielt auf die Frage ab, ob ein Verfahren tatsächlich das mißt, was es zu messen vorgibt. Eine Skala ist also in dem Maße valide, in dem eine (korrelative) Übereinstimmung zwischen den (unbekannten) realen Merkmalswerten und den Meßwerten besteht. Da Skalierungsverfahren jedoch häufig die Erfassung nicht unmittelbar beobachtbarer oder hypothetischer Merkmale anstreben, versucht man in den Sozialwissenschaften in solchen Fällen, Validitätsprobleme indirekt zu lösen, wobei man sich verschiedener Validitäts-Konzepte bedient:

(1) Inhaltsvalidität

Eine Skala ist dann inhaltsvalide, wenn ihre Items das zu messende Merkmal inhaltlich repräsentieren. Dies kann entweder offenkundig sein („face validity") oder es wird von Experten bestätigt („expert validity").

(2) Kriteriumsvalidität

Eine Skala ist dann empirisch valide, wenn die Meßwerte mit einem externen Kriterium hoch korrelieren, das als externer Indikator für den zu messenden Sachverhalt angesehen wird. Bilden Meßwerte einer anderen, bereits bewährten Skala das Kriterium, so spricht man von Binnenvalidität. Die Werte des Indikators können entweder gleichzeitig mit der Messung (Übereinstimmungsvalidität) oder nachträglich (z. B. durch Ermittlung des durch die Meßwerte implizierten, vorhergesagten Verhaltens) erhoben werden (Vorhersagevalidität).

In der Sozialforschung spielt diese Form der empirischen Validität eine überragende Rolle, obwohl das Konzept bisweilen nicht frei von Problemen ist. In bestimmten Fällen (Übereinstimmungsvalidität) muß das Außenkriterium nämlich seinerseits an einem Außenkriterium validiert werden, letzteres ebenfalls usw., wodurch es zu dem von der Wissenschaftstheorie her bekannten unendlichen Regreß kommt, der nur über eine Konvention abgebrochen werden kann.

(3) Konstruktvalidität

Die empirische Validität ist gleichbedeutend mit der Übereinstimmung der Meßwerte einer Skala zur Messung eines Sachverhaltes mit den Indikatoren für diesen Sachverhalt. Das eher theorieorientierte Konzept der Konstruktvalidität geht hingegen davon aus, daß das gemessene Konstrukt (Merkmale) Bestandteil einer Theorie ist, d. h. eines Satzes nomologischer Aussagen über eine kausale Verknüpfung von theoretischen und beobachtbaren Merkmalen. Da aus den vorliegenden Werten der beobachtbaren Merkmale mit Hilfe der Theorie Werte für das theoretische Konstrukt abgeleitet bzw. prognostiziert werden können, müssen die Meßwerte einer konstruktvaliden Skala mit den prognostizierten Werten übereinstimmen. Auch hier taucht bei der Verifizierung der nomologischen Aussagen das Problem des unendlichen Regresses auf.

4.3. Die Auswahl der Probanden

4.3.1. Grundformen von Auswahlverfahren

Bei der Gewinnung von Primärdaten stellen sich zwei wichtige Fragen: Einmal geht es um das **Auswahlverfahren,** zum anderen um die **Zahl** der auszuwählenden Auskunftspersonen. Bei Befragung von Herstellern oder Händlern besteht oft die Möglichkeit, alle in Frage kommenden Informanden zu berücksichtigen. Eine solche **Vollerhebung,** auch Totalerhebung genannt, wird jedoch in ihrer Durchführung um so schwieriger, je umfangreicher die Grundgesamtheit und je zahlreicher die zu erhebenden Merkmale und deren Ausprägungen sind. Unter **Grundgesamtheit** (Universum, Kollektiv) wird dabei die Gesamtmenge von Elementen verstanden, die sich durch ein oder mehrere gemeinsame Merkmale auszeichnen.

Da finanzielle Gründe und der im allgemeinen sehr große Zeitaufwand die Praktikabilität von Vollerhebungen stark einschränken, bietet es sich an, stellvertretend für alle in Frage kommenden Probanden durch wohlüberlegte Schritte eine Auswahl aus dem Kreis der potentiellen Auskunftspersonen zu treffen, d. h. eine **Teilerhebung** durchzuführen. Die Auswahl der zu Befragenden sollte dabei in der Regel so getroffen werden, daß die berücksichtigten Elemente hinsichtlich der Untersuchungsmerkmale möglichst repräsentativ sind. Dies bedeutet, daß die Relationen der übergeordneten Grundgesamtheit strukturgleich wiedergegeben werden müssen. Die Forderung nach Strukturgleichheit (Isomorphie) impliziert die Klärung folgender Fragen:

– Wie soll die Auswahl der Elemente erfolgen, die in die Stichprobe einbezogen werden?
– Wieviele Elemente soll die Stichprobe umfassen?
– Wie verläßlich sind die Ergebnisse von Stichprobenuntersuchungen, d. h. inwieweit geben sie den tatsächlichen Sachverhalt wieder (vgl. dazu u. a. *Kellerer* 1974)?

Aus der Bedingung der Isomorphie wird deutlich, daß der gesamte interessierende Personenkreis bei Anlage einer Untersuchung sowohl bezüglich der Anzahl als auch der Relevanz der Merkmale, wie z. B. Geschlecht, Alter, Beruf und Einkommen, abgegrenzt werden muß. Festlegungen dieser Art, die man allgemein zu den **Erhebungsgrundlagen** zählt, bilden die unerläßliche Basis jeder Stichprobenerhebung.

Die Erfüllung der skizzierten Anforderungen ist Voraussetzung für eine Generalisierung (Verallgemeinerung) der Ergebnisse, d. h. sowohl für einen Rückschluß von Parametern der Stichprobe auf die der Grundgesamtheit als auch für die statistische Prüfung von Hypothesen. Im letzteren Falle wird eine Hypothese über einen oder mehrere Werte der Grundgesamtheit aufgestellt und die „Wahrheit" dieser Behauptung an Hand von Stichproben überprüft.

Die Bedeutung der Aspekte „Auswahl" und „Umfang" im Hinblick auf die Güte der Stichproben verdeutlicht *Adler* (1955, S. 65 ff.) an Hand eines instruktiven Beispiels:

Die amerikanische Zeitschrift *Literary Digest* hatte im Jahre 1936 anläßlich der bevorstehenden Präsidentschaftswahl eine Abstimmung durchgeführt, um das vermutliche Ergebnis voraussagen zu können. Dabei wurden unter erheblichem finanziellen Aufwand 10 Millionen Stimmzettel verschickt, von denen 2,4 Mio. zurückkamen und ausgewertet wurden. Nach dem Testergebnis zu urteilen schien es, als hätte der Republikaner *Landon* die Stimmenmehrheit auf sich vereinigt. Zur gleichen Zeit führte das *Gallup-Institut* eine wesentlich kleinere Erhebung durch, bei der 300 000 Antworten ausgewertet wurden. *Gallup* sagte auf Grund seiner Umfrage den Sieg für den Demokraten *Roosevelt* voraus, der ihn bekanntlich errang.

Dem Laien erscheint es zunächst unverständlich, daß *Gallup* trotz der vergleichsweise bescheidenen Zahl von Befragungen der tatsächlichen Stimmenverteilung wesentlich näher kam als der *Literary Digest*. Dessen Fehlprognose wird jedoch verständlich, wenn man sich vor Augen führt, daß die Anschriften für die Befragung aus Telefonbüchern und

Verzeichnissen von Autobesitzern entnommen wurden. Man hatte also, was heute, rund 50 Jahre später, nicht mehr stimmen würde, vornehmlich die wohlhabenderen Volksschichten erfaßt; von einer repräsentativen Umfrage konnte deshalb, selbst wenn man einen hohen Rücklauf unterstellen würde, keine Rede sein.

Das Beispiel macht den geringen Aussagewert deutlich, der nicht-repräsentativen Stichproben im Rahmen üblicher Forschungsdesigns eigen ist. Sofern die Struktur der Grundgesamtheit bekannt ist, darf die Ziehung von Stichproben nicht unkontrolliert, d. h. losgelöst von jener erfolgen. „Kontrolliert" bedingt aber auch, die Realität im Auge zu behalten. Da eine „ideale" Auswahl aus Kosten- und Zeitgründen kaum jemals möglich sein wird, fragt es sich, wie weit davon abgewichen werden darf, ehe der Anspruch auf wissenschaftliche Vorgehensweise aufgegeben werden muß. Im allgemeinen liegt es im Bestreben eines jeden Marktforschers, jenes Auswahlverfahren anzuwenden, das unter Berücksichtigung der organisatorischen Möglichkeiten und der verfügbaren finanziellen Mittel den geringstmöglichen Fehler erwarten läßt.

Praktisch wird bei jeder Auswahl in Kauf genommen, daß die Stichprobenergebnisse um den „wahren" Wert in der Grundgesamtheit streuen. Wird die Stichprobe nach dem **Zufallsprinzip ("random sampling")** gezogen, so kann der Schwankungsbereich nach den Regeln der Wahrscheinlichkeitsrechnung endogen berechnet werden. Das Zufallsprinzip besagt, daß jedes Element der Grundgesamtheit eine von 0 verschiedene, berechenbare Chance (Wahrscheinlichkeit) haben muß, in die Stichprobe zu gelangen. Wird die Forderung nach einer präzisierbaren Wahrscheinlichkeit nicht erfüllt, so muß der Fehler exogen, d.h. außerhalb des Verfahrens beurteilt werden. Man spricht daher von **nicht-zufallsgesteuerten Auswahlverfahren** einerseits und von Verfahren der **Wahrscheinlichkeitsauswahl** oder **zufallsgesteuerten Stichproben** andererseits. Sie können wiederum mit einer Vielzahl verschiedener Auswahltechniken realisiert werden.

(1) Nicht-zufallsgesteuerte Auswahlverfahren

Wann immer eine Auswahl getroffen wird, die nicht nach dem Zufallsprinzip erfolgt, unterliegt sie subjektiven Einflüssen, deren Auswirkungen im allgemeinen nicht quantifiziert bzw. abgeschätzt werden können. Aus diesem Grunde dürfen die aus solchen „Beurteilungsstichproben" gewonnenen Ergebnisse nicht von vornherein, wenn überhaupt, als repräsentativ angesehen werden. Zu den nicht-zufallsgesteuerten Auswahlverfahren zählen die **bewußte** und die **willkürliche Auswahl.**

(a) Wie problematisch Aussagen auf Grund nicht-zufallsgesteuerter Stichprobenerhebungen sind, wird deutlich, wenn man sich die Vorgehensweise im einfachsten Fall, bei der **willkürlichen Auswahl,** vor Augen führt. Willkürliche Teilerhebungen sind dadurch gekennzeichnet, daß ihnen kein expliziter Plan zugrunde liegt, d.h. die zu befragenden Einheiten werden „aufs Geratewohl" bestimmt. Ein Beispiel für die im Rahmen dieses Auswahlverfahrens anzuwendende Technik wäre die Befragung aller Menschen, die zu einer bestimmten

Stunde über den Bahnhofsplatz einer Großstadt gehen. Je nach Tageszeit wird man dann in der Mehrzahl Berufstätige, Schüler oder Fernreisende antreffen, deren Urteile aber keineswegs das Meinungsbild der Bewohner der ganzen Stadt wiedergeben. Eine solche willkürliche Auswahl führt wegen ihrer Einseitigkeit zu verzerrten Ergebnissen und ist damit praktisch wertlos.

(b) Wird eine Teilerhebung im Gegensatz zu der oben beschriebenen Vorgehensweise auf Grund der Kenntnis der Struktur einer Grundgesamtheit vorgenommen, so liegt eine **bewußte Auswahl** vor. Im einfachsten Fall, bei der **typischen Auswahl,** wird eine Anzahl charakteristisch erscheinender Elemente als „typisch" für die Grundgesamtheit herausgegriffen. Dies erscheint immer dann vertretbar, wenn die Grundgesamtheit von außerordentlich homogener Struktur und deshalb zu erwarten ist, daß einige wenige Einheiten die gesamte Menge gut repräsentieren. In der vermeintlich eindeutigen Struktur liegt jedoch zugleich die Schwäche dieses Verfahrens, da vom Variationsspektrum zwischen den Einzelelementen und deren Veränderungen im Zeitablauf abstrahiert wird. Die Subjektivität des Vorgehens kann jedoch durch Einengung dessen, was als typisch zu betrachten ist, relativiert werden.

Einer anderen Form der **bewußten Auswahl**, dem **Quota-Verfahren**, kommt ungleich größere Bedeutung zu. Die Anwendung dieses Verfahrens setzt die Kenntnis von befragungsrelevanten Merkmalen und deren Ausprägung in der Grundgesamtheit voraus. Als relevant in diesem Sinne gelten Merkmale, die mit den eigentlichen Erhebungsmerkmalen möglichst eng korrelieren, bzw. solche, für die eine enge Korrelation zumindest vermutet werden kann.

Angenommen, ein bedeutsames Unterscheidungsmerkmal sei das Geschlecht, so können bei einer Zusammensetzung der Grundgesamtheit aus 40% Männern und 60% Frauen diese Anteile zur Bildung von Quoten herangezogen werden. Man würde dann bei einer Stichprobengröße von 1000 Personen 400 Männer und 600 Frauen als Probanden bestimmen. Erfolgt die weitere personenbezogene Auswahl innerhalb der so festgelegten Quoten nach dem Zufallsprinzip, so liegt eine kontrollierte oder balancierte Stichprobe, d. h. im Grunde eine geschichtete Wahrscheinlichkeitsauswahl vor.

Werden die Merkmalsquoten jedoch als Vorgaben für den Befragerstab verwendet und ist im übrigen die Bestimmung der in die Befragung einzubeziehenden Einheiten letztlich in das Ermessen des Interviewers gestellt, so liegt eine **Beurteilungsstichprobe** vor. In der Praxis werden dem Interviewer in der Regel drei Merkmale genannt, nämlich Geschlecht, Alter und Beruf des Haushaltsvorstands. Dabei ist einsichtig, daß die Auswahl für den Interviewer immer schwieriger wird, je mehr Quoten ihm vorgegeben werden.

Bei dem nachfolgenden Beispiel (Tab. 7.12.) wird davon ausgegangen, daß drei Interviews durchzuführen sind, wobei der Auftrag lautet: „Bitte befragen Sie 3 PKW-Besitzer im Rahmen der unten aufgeführten Quotenmerkmale."

Die letzte nicht durchgestrichene Ziffer besagt, wieviele Interviews mit Personen welchen Geschlechts, welchen Alters und mit welchem Beruf des Haushaltsvorstands durchzuführen sind. In unserem Beispiel müssen also 2 Männer und 1 Frau interviewt werden. Von diesen 3 Personen haben 2 zwischen 18 und 29 Jahren und 1 Person zwischen

4. Ablauf und Methodik empirischer Erhebungen

30 und 49 Jahren alt zu sein. In 2 Fällen muß der Haushaltsvorstand ein Beamter oder Angestellter, in einem Fall ein Arbeiter sein. Auf jeden Fall müssen alle einen PKW besitzen.

Tabelle 7.12.:
Beispiel für einen Quotenplan

A. Geschlecht
   männlich 1,2
   weiblich 1,2

B. Alter
   18 - 29 Jahre 1,2
   30 - 49 Jahre 1,2
   50 Jahre und älter 1,2

C. Beruf des Haushaltsvorstands
   Selbständiger 1,2
   Beamter, Angestellter 1,2
   Arbeiter 1,2

Die Anwendung des Quota-Verfahrens zur Generierung von Stichproben ist nicht unumstritten. Als Hauptargumente gegen **Quota Samples** werden neben dem Nachteil, den Auswahlfehler nicht berechnen zu können, insbesondere die subjektive Einflußnahme auf die Festlegung der Quotenmerkmale sowie die kaum kontrollierbare Auswahl der Befragten angeführt. Trotz der subjektiven Elemente wird jedoch das Quota-Verfahren von Praktikern im allgemeinen geschätzt, weil es sich u.a. durch seine Einfachheit in Planung und Realisation auszeichnet, die ihrerseits vergleichsweise geringe Kosten und hohe Flexibilität (schnelle Durchführbarkeit und rascher Ersatz von Ausfällen) zur Folge haben.

Eine bewußte Auswahl liegt schließlich auch vor, wenn – wie häufig in der Amtlichen Statistik – nur die wesentlichen Untersuchungseinheiten Berücksichtigung finden. Man spricht dann von einer Auswahl nach dem **Konzentrationsprinzip (Cut off-Verfahren)**. Damit ist man in der Lage, die Zahl der Untersuchungseinheiten ohne entscheidende Informationsverluste hinsichtlich des Untersuchungsgegenstandes zu reduzieren. So werden z.B. bei einer Untersuchung über betriebliche Investitionsentscheidungen nur wenige Unternehmen einer bestimmten Größenordnung befragt, die jedoch den Hauptteil der Investitionsentscheidungen auf sich vereinigen. Auf diese Weise läßt sich die Untersuchung schneller und kostengünstiger durchführen. Allerdings muß bekannt sein, welche Untersuchungseinheiten im Sinne der Fragestellung als wesentlich anzusehen sind.

(2) Zufallsgesteuerte Auswahlverfahren

Die Nachteile der subjektiven Auswahlverfahren werden vermieden, wenn man die Erhebungseinheiten nach dem **Zufallsprinzip** bestimmt. Hier unterscheidet man mehrere Auswahlverfahren unterschiedlicher Komplexität, die von der einfachen einstufigen Auswahl ohne Schichtung bis zur komplexen mehrstufigen Auswahl mit Schichtung reichen. In allen Fällen ist strenge

Zufälligkeit jedoch nicht einfach zu verwirklichen. Da jedes Element der Grundgesamtheit ex definitione eine bekannte, von 0 verschiedene Wahrscheinlichkeit haben muß, um in die Stichprobe zu gelangen, kann diese nicht einfach durch wahlloses Herausgreifen einzelner Einheiten gezogen werden. Voraussetzungen für die Bildung einer Stichprobe sind sowohl ein vollständiges Verzeichnis der Elemente der Grundgesamtheit als auch eine geeignete, die Zufallsauswahl garantierende Auswahltechnik.

Die klassische Ziehungstechnik ist am besten durch das **Urnenmodell** zu veranschaulichen. Über das Ordnungsmuster der Grundgesamtheit wird jeder in einer Urne befindlichen Kugel ein Element, z. B. durch eine bestimmte Farbe oder ein aufgeprägtes Symbol, zugeordnet. Im Rahmen der Ziehung wird dann der Urne eine vorher festgelegte Zahl von Kugeln entnommen, wobei die von diesen repräsentierten Elemente die Stichprobe bilden. Die in dieser Form praktizierte Auswahltechnik wird auch als **Lotterieauswahl** bezeichnet.

Die Praktikabilität der Lotterieauswahl nimmt jedoch mit zunehmendem Umfang der Grundgesamtheit rapide ab, da sich einerseits eine größere Zahl von Elementen selten in einem einfachen Urnenmodell repräsentieren läßt und andererseits eine Trommel von der Größe, wie sie z. B. bei der Fernsehlotterie verwendet wird, im allgemeinen nicht zur Verfügung steht.

Als alternative echte Ziehungstechnik bietet sich die Verwendung von **Zufallszahlen,** die in Tabellen zusammengestellt sind und quasi eine Urne auf Vorrat darstellen, an. Vor der Auswahl ordnet man die Elemente der Grundgesamtheit einer bestimmten Zahl bzw. einem Wertebereich in der Tabelle zu. Aus dieser werden dann etwa im Falle einer Tausenderstichprobe, beginnend bei einer beliebigen Zahl, die ersten 1000 Ziffernfolgen abgelesen, z. B. 23150, 05541, 48738. Umfaßt die Grundgesamtheit zwischen 1000 und 9999 Elemente, so wird eine zuvor festgelegte Stelle negiert. In unserem Falle würden daher bei Nichtbeachtung der 1. Stelle die Elemente 3150, 5541, 8738 usw. in die Stichprobe einbezogen.

Sofern keine Zufallszahlentabellen zur Hand sind, bieten sich verschiedene andere Möglichkeiten zur Generierung solcher Zahlen an, so z. B. die **Mid Square-Methode** (vgl. *Mertens* 1982). Hierbei wird eine beliebige vierstellige Ausgangszahl x_0 quadriert. Die ersten und die letzten Ziffern dieser Zahl werden so abgeschnitten, daß als neue Basiszahl wiederum eine vierstellige Zahl entsteht.

Bei einem Ausgangswert von 1234 ergeben sich z. B. die in Tab. 7.13. wiedergegebenen Zufallszahlen.

Der Nachteil dieser Methode besteht darin, daß bei der Wahl einer ungünstigen Basiszahl die Zahlenfolge schnell entartet, d. h. daß sich die durch Quadrierung erzeugten Zufallszahlen wiederholen.

Die Auswahl der Probanden durch Zufallszahlen garantiert zweifellos die Einhaltung des Prinzips der strengen Zufälligkeit. Andererseits erfordert sie, insbesondere bei großen Stichproben, einen vergleichsweise hohen Zeit- und Kostenaufwand, der sich allerdings bei der Generierung von Zufallszahlen mit Hilfe der EDV verringern läßt.

Tabelle 7.13.:

Mid Square-Tableau

i	x_i	x_i^2
0	1234	1 522 756
1	5227	27 321 529
2	3215	10 336 225
3	3362	11 303 044
4	3030	9 180 900
5	1809	3 272 481
6	2724	7 420 176
7	4201	17 648 401
8	6484	42 042 256
.	.	.
.	.	.
.	.	.
.	.	.

Da die echten Zufallsauswahltechniken somit in vielen Fällen aus technischen oder kostenmäßigen Überlegungen keine Anwendung finden können, wird eine Reihe von **Ersatzverfahren** benutzt, die bei Beachtung der Gegebenheiten der Grundgesamtheit weitgehend eine Zufälligkeit der Auswahl garantieren. Hier ist in erster Linie die **systematische Auswahl mit Zufallsstart** zu nennen. Angenommen, aus einer Grundgesamtheit mit $N = 10 000$ Einheiten sei eine Stichprobe von $n = 1 000$ zu ziehen. Jedem Element entspreche eine bestimmte Karteikarte. Zunächst wird dann eine beliebige Karte ausgewählt, die gewissermaßen als Startbasis dient. Daraufhin zieht man jede 10. Folgekarte, bis eine Stichprobe von 1 000 Karten entstanden ist. Man bezeichnet diese Vorgehensweise auch als „**Herausgreifen des n-ten Falles**" im Rahmen einer **Karteiauswahl**. Analog dazu können auch **Buchstaben** (Auswahl aller Fälle mit einem bestimmten Anfangsbuchstaben o. ä.), **Geburtsdaten** oder **Endziffern** (bei einer durchnumerierten Kartei werden alle Karten gezogen, die als letzte Ziffer beispielsweise eine 4 aufweisen) als Auswahlkriterien herangezogen werden.

Die Anspruchslosigkeit der Vorgehensweise bei diesen Techniken darf jedoch nicht über **wichtige Implikationen** hinwegtäuschen. Die geschilderte Stichprobentechnik führt unweigerlich zu Verzerrungen, wenn das Auswahlprinzip von einer Ordnungscharakteristik der Grundgesamtheit überdeckt wird. Des weiteren muß gewährleistet sein, daß die Kartei ein **vollständiges Verzeichnis** aller Einheiten darstellt, und alle Ergänzungen und Bereinigungen sorgfältig durchgeführt wurden.

Trotz allem kann man komplexen Sachverhalten mit einfachen Auswahlverfahren im allgemeinen nur bedingt gerecht werden. Vielfältige die Struktur der Grundgesamtheit determinierende Merkmale lassen es geraten erscheinen, diese in der Stichprobe zu berücksichtigen. Um der Zielsetzung der Repräsentativität gerecht zu werden, wendet man deshalb in der Praxis vorwiegend Mischformen oder Kombinationen von einfachen Auswahlverfahren an.

4.3.2. Komplexe Formen der Stichprobenziehung

Besonders komplexe Auswahlverfahren stellen die **geschichtete Auswahl** und die mehrstufige Auswahl dar. Im ersten Fall wird die Grundgesamtheit mit Hilfe einer Reihe festzulegender Merkmale in einzelne Teilgesamtheiten, die als **Schichten** bezeichnet werden, zerlegt. Aus diesen wird dann jeweils eine zufallsgesteuerte Stichprobe, und zwar unterschiedlichen Umfangs, gezogen. Es versteht sich, daß es bei diesem Verfahren entscheidend darauf ankommt, solche Kriterien zu finden, die die Grundgesamtheit erschöpfend in eine Anzahl homogener Schichten mit möglichst geringer (Innenschicht-)Varianz aufzuspalten erlauben. Dies ermöglicht bei relativ hoher Gesamtvarianz der Stichprobenwerte u.U. eine nicht unwesentliche Erhöhung der Schätzgenauigkeit der Parameter einer Verteilung. Ein solcher Ansatz wurde etwa für das Lebensmittel-Einzelhandelspanel der *GfK*-Nürnberg gewählt, bei dem der Umsatz als Schichtungskriterium fungiert (vgl. hierzu auch Abb. 7.24.).

Ein häufig zu beobachtendes Strukturphänomen von Grundgesamtheiten bildet deren **hierarchischer Aufbau** (z.B. Individuum, Haushalt, Gemeinde, Land). Diese Tatsache kann man sich durch **mehrstufige Auswahlverfahren** zunutze machen, indem man zunächst beispielsweise auf Landesebene eine Stichprobe von Gemeinden zieht und dann aus den gewählten Kommunen eine Auswahl unter den Haushalten trifft. Auf diese Weise wird die Erhebungsarbeit technisch vereinfacht (räumliche Konzentration, bessere Interviewerbeobachtung usw.), was sich letztlich in einer Kostenersparnis niederschlägt. Den Vorteilen der Ausnutzung natürlicher Gruppierungen und der relativ einfachen Feldarbeit steht jedoch das Problem einer exakten Berechnung der Auswahlchancen der Einzelelemente entgegen (für eine ausführliche Darstellung der Eigenschaften von geschichteten und mehrstufigen Auswahlverfahren siehe u.a. *Menges/Skala* 1973, S. 101 ff.).

Eine andere häufig angewandte Variante ist das sog. **Klumpenverfahren** („cluster sampling"). Die Klumpenauswahl ist dadurch charakterisiert, daß die Erhebungseinheiten aus Gruppen, Bündeln oder Haufen von Elementen bestehen (z.B. Haushalte als Gruppen von Personen, alle Beschäftigten eines Unternehmens). Dazu muß die Grundgesamtheit in eine bestimmte Anzahl von Elementengruppen aufgeteilt werden können. Aus der Menge der Klumpen werden dann zufällig oder systematisch einzelne Klumpen ausgewählt, die ihrerseits vollständig in die Erhebung einbezogen werden.

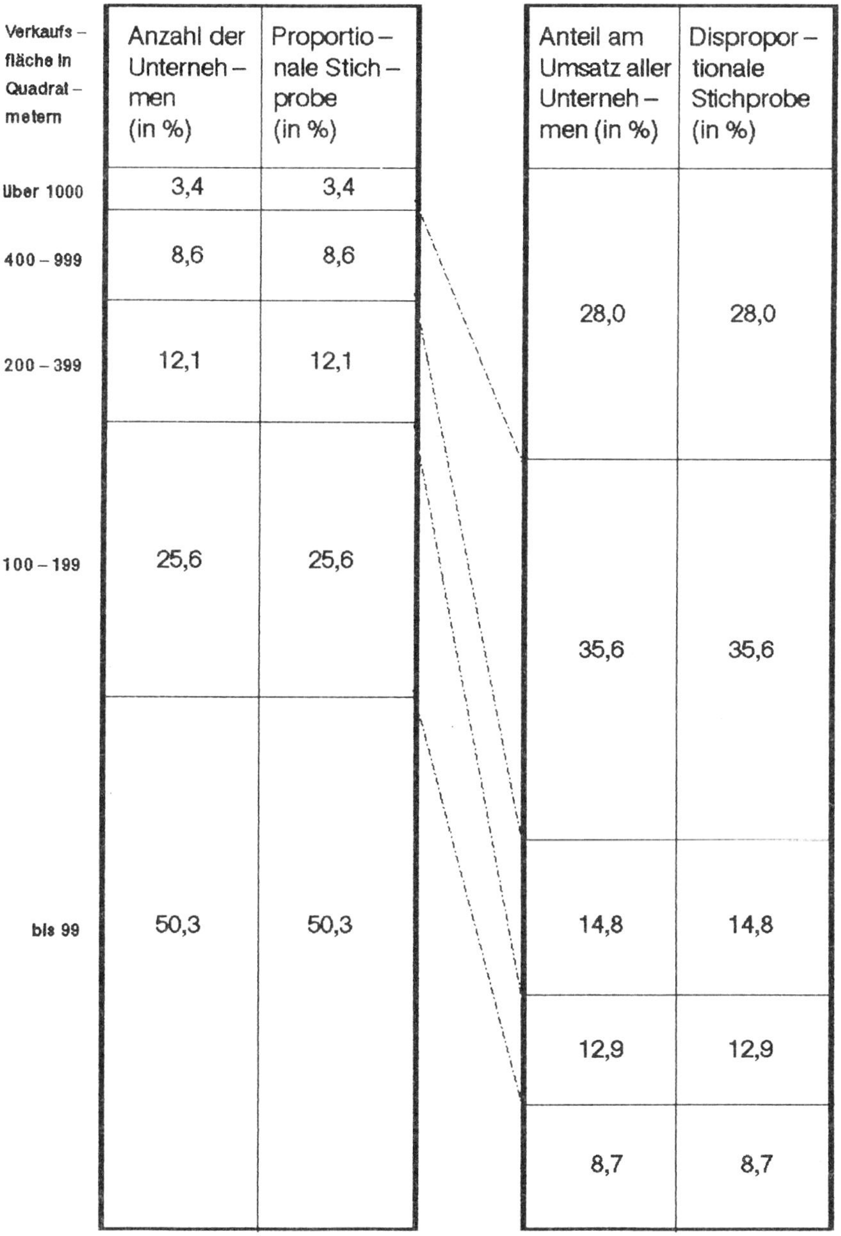

4. Ablauf und Methodik empirischer Erhebungen

Verkaufs-fläche in Quadratmetern	Anzahl der Unternehmen (in %)	Proportionale Stichprobe (in %)	Anteil am Umsatz aller Unternehmen (in %)	Disproportionale Stichprobe (in %)
über 1000	3,4	3,4	28,0	28,0
400 – 999	8,6	8,6		
200 – 399	12,1	12,1		
100 – 199	25,6	25,6	35,6	35,6
bis 99	50,3	50,3	14,8	14,8
			12,9	12,9
			8,7	8,7

Abb. 7.24.: Gegenüberstellung von proportionaler und disproportionaler Stichprobe am Beispiel des Lebensmitteleinzelhandels der Bundesrepublik Deutschland und West-Berlins

Ein entscheidender Vorteil der Klumpenauswahl besteht darin, daß diese in erheblichem Maße Zeit und Kosten sparen hilft. Dies liegt daran, daß jeweils zahlreiche Elemente der Stichprobe räumlich gebündelt auftreten, was im Vergleich zu deren totaler Dispersion die praktische Handhabung vereinfacht und u.U. die Wege verkürzt. Wenn die durch die Klumpen bezeichneten Elemente die Grundgesamtheit repräsentieren sollen, ist darauf zu achten, daß diese die in der Gesamtheit vorherrschende Heterogenität der Elemente ausreichend widerspiegeln. Wesentliche Determinanten der Güte einer Klumpenauswahl sind daher u.a. Art und Kriterien der Klumpenbildung. Erfolgt die Klumpenbildung streng nach dem Zufallsprinzip, so kann im allgemeinen unterstellt werden, daß sich unerwünschte Gruppierungseinflüsse wechselseitig aufheben. Anderenfalls ist bei einer nicht zufallsgesteuerten Klumpenerstellung mit dem Auftreten des sog. **Klumpeneffektes,** d.h. mit einer gegenüber einer reinen Zufallsauswahl starken Verzerrung der Ergebnisse infolge der nicht hinreichenden Übereinstimmung der Struktur des ausgewählten Klumpens mit der Struktur der Grundgesamtheit zu rechnen.

Liegt zur Bildung einer Stichprobe keine vollständige Kartei/Datei aller Elemente der Grundgesamtheit vor oder ist diese nur unter hohem Zeit- und Kostenaufwand zu beschaffen, kann die Stichprobe mit einer Gebiets- oder Flächenauswahl systematisch zusammengestellt werden. Der Grundgedanke dabei besteht darin, daß zunächst eine geographische Region in erhebungsrelevante Teilgebiete aufgespalten wird. Aus diesen Teilgebieten werden dann je nach Stichprobenumfang mehrere Regionen ausgewählt, in denen wiederum nach einem der hier geschilderten Verfahren die Auskunftspersonen bestimmt werden.

Oftmals wendet man dabei das sog. „**Random Route**"-Verfahren an, bei dem der Interviewer beispielsweise folgende Anweisung erhält: „Biegen Sie von einem (at random) festgelegten Punkt aus in die 5. Straße nach rechts ein, suchen Sie in der 3. Haus links die 2. Wohnung, von unten rechts beginnend, auf und befragen Sie den Haushaltsvorstand. Von dort aus finden Sie Ihre Auskunftspersonen in jedem 2. Haus in der 2. Wohnung, wiederum von rechts beginnend." Der **Zufallsweg** wird entsprechend der Vorgabe so lange fortgesetzt, bis der gewünschte Stichprobenumfang erreicht ist.

Auch bei diesem Verfahren bereiten die Abgrenzung der Stichprobe (Verfahrensweise bei „Ziehung" von Fabriken, Bürogebäuden usw. bedarf einer Klärung) und damit die Berechnung der Auswahlwahrscheinlichkeit im allgemeinen erhebliche Schwierigkeiten, so daß häufig nur noch ein geringer Unterschied gegenüber der bewußten Auswahl besteht. Dem stehen indessen mehrere Vorteile in der Durchführung gegenüber: So muß beispielsweise keine umfassende Liste der Elemente der Grundgesamtheit vorhanden sein, was sich wiederum in Zeit- und Kostenersparnissen niederschlägt. Weiterhin erfolgt die Erhebungsarbeit räumlich konzentriert und es bestehen gute Kontrollmöglichkeiten über die Interviewer.

4.3.3. Stichprobenfehler und Stichprobenumfang

Die Bestimmung einer problemadäquaten Auswahltechnik ist nur ein erster Schritt auf dem Wege zur Bildung einer repräsentativen Auswahl. Weitere Determinanten der Güte von Stichprobenergebnissen stellen die **maximal** akzeptierbare **Irrtumswahrscheinlichkeit** bzw. der **gewünschte Sicherheitsgrad** und der **Stichprobenumfang** dar. Allen **Zufallsstichproben** ist gemeinsam, daß der sog. **Stichprobenfehler** berechnet werden kann, unter dem man die Abweichung eines Stichprobenergebnisses vom wahren, jedoch im allgemeinen unbekannten Wert der Grundgesamtheit versteht. Bei einer einmaligen **Zufallsauswahl** hat man unter sonst gleichen Bedingungen (Konstanz der Streuung der Werte in der Grundgesamtheit und gleichbleibender Sicherheitsgrad) eine um so größere Chance, den richtigen Wert zu treffen, je größer der Umfang der Stichprobe ist. Diesem Ziel kann man auch durch Ziehen einer Vielzahl kleiner Stichproben gerecht werden.

Wollte man beispielsweise das durchschnittliche Monatseinkommen einer bestimmten Bevölkerungsgruppe (Grundgesamtheit $N = 0,2$ Mio.) erheben und den – für die Zwecke des Beispiels bekannten – wahren Mittelwert der Grundgesamtheit $\mu = 3000$ aus einer Stichprobe mit $n = 2000$ berechnen, so wäre zu erwarten, daß die Mittelwerte der Stichproben $\bar{x}_j$ ($j = 1, \ldots, m$) mehr oder weniger stark um den wahren Wert schwanken. Da jedoch normalerweise das wahre μ nicht bekannt ist, müssen die Mittelwerte $\bar{x}_j$ als Schätzgrößen für μ verwendet werden. Es läßt sich nun zeigen, daß die Mittelwerte einer Vielzahl von Stichproben aus ein und derselben Grundgesamtheit normalverteilt sind, und zwar unbeschadet der Verteilung der Grundgesamtheit. (Diese Behauptung beruht auf dem zentralen Grenzwertsatz der Statistik.)

Angenommen, im obigen Beispiel seien 50 Stichproben gezogen und jeweils die Mittelwerte $\bar{x}_1, \ldots, \bar{x}_j, \ldots, \bar{x}_{50}$ berechnet worden, dann ergäbe sich etwa das in Abb. 7.25. wiedergegebene Bild.

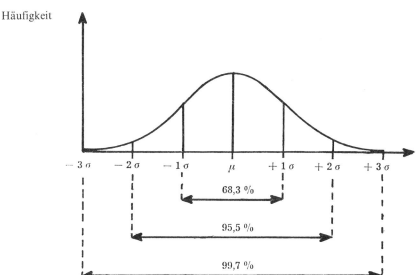

Abb. 7.25.: Normalverteilung mit Mittelwert μ und Standardabweichungen im Bereich $\mu \pm 3\sigma$

Die Fläche unter der Normalverteilung erfaßt die Gesamtheit der Häufigkeiten aller möglichen Stichprobenmittelwerte. Bekanntlich ist die Normalverteilung durch die Parameter Mittelwert (μ) und Standardabweichung (σ) gekennzeichnet (vgl. *Müller-Merbach* 1974, S. 177ff. und S. 334ff.). Die Fläche im Abweichungsbereich $\pm 1\,\sigma$ um den Mittelwert gibt 68,3% der gesamten Fläche wieder, d.h. 68,3% aller möglichen Stichprobenmittelwerte liegen in diesem Abweichungssektor (vgl. Abb. 7.25.). Entsprechendes gilt für $\pm 2\,\sigma$ und $\pm 3\,\sigma$.

Die Streuung der Werte in der **Grundgesamtheit** wird durch folgenden Ausdruck bestimmt:

(7.21.) $$\sigma = \sqrt{\frac{\sum_{i=1}^{N}(x_i-\mu)^2}{N}}$$

Dabei bedeuten:

σ = Streuung der Werte in der Grundgesamtheit
x_i = Einzelwert aus der Grundgesamtheit
i = $(1, \ldots, n)$ Elemente der Grundgesamtheit
N = Umfang der Grundgesamtheit
μ = Mittelwert der Grundgesamtheit

Die Zufallsstreuung des **Mittelwertes** von **Stichproben** hängt, wie die Gleichung (7.22.) zeigt, allein von der Varianz der Werte der Grundgesamtheit und der Stichprobengröße ab.

(7.22.) $$\sigma_{\bar{x}} = \sqrt{\frac{\sigma^2}{n}}$$

Dabei bedeuten:

$\sigma_{\bar{x}}$ = Zufallsstreuung des Mittelwertes von Stichproben
σ^2 = Varianz der Werte in der Grundgesamtheit
n = Umfang der Stichprobe

Aus Gleichung (7.22.) läßt sich eine wichtige Einsicht über Strichprobenmittelwerte gewinnen. Angenommen, man interessiert sich dafür, mit welcher Wahrscheinlichkeit der Mittelwert $\bar{x}$ in die nähere Umgebung des wahren Wertes μ fällt, so kann die Antwort aus der Normalverteilung der Stichprobenmittelwerte abgeleitet werden. Danach liegen z.B. 95,45% der Mittelwerte $\bar{x}_j$ im Bereich von $\mu \pm 2\sigma$. Der entsprechende Flächenanteil unter der Kurve gibt die Vertrauenswahrscheinlichkeit bzw. das **Konfidenzniveau** $(1-a)$ an. Allgemein ist der **Vertrauensbereich** bzw. das **Konfidenzintervall** bestimmt durch $\bar{x} \pm z\sigma_{\bar{x}}$, wobei z als Parameter für den Sicherheitsgrad zu verstehen ist (vgl. Gleichung 7.23.).

(7.23.) $$1-a = W(\bar{x} - z\sigma_{\bar{x}} \leq \mu \leq \bar{x} + z\sigma_{\bar{x}})$$

Die Wahrscheinlichkeit (W), daß das Zufallsintervall von $\bar{x} - z\sigma_{\bar{x}}$ bis $\bar{x} + z\sigma_{\bar{x}}$ den wahren Parameterwert für μ einschließt, ist eine Funktion des gewählten

Sicherheitsgrades z. Die am häufigsten verwendeten Parameterwerte für z sind mit den zugehörigen Konfidenzniveaus in Tab. 7.14. zusammengestellt.

Tabelle 7.14.:

Wahrscheinlichkeitsdichte unter der Normalverteilung in Abhängigkeit vom Sicherheitsgrad

Parameter des Sicherheitsgrades z	Vertrauenswahrscheinlichkeit $1-\alpha$ (in %)	Irrtumswahrscheinlichkeit α (in %)
1,00	68,27	31,73
1,96	95,00	5,00
2,00	95,45	4,55
2,58	99,00	1,00
3,00	99,73	0,27
3,29	99,90	0,10

Bei Erhöhung des **Sicherheitsgrads** resp. Erweiterung des **Vertrauensbereichs** nimmt die Wahrscheinlichkeit, einen falschen Wert für den unbekannten wahren Wert μ anzugeben, ab. Gleichzeitig werden damit ceteris paribus die Angaben über den wahren Wert unpräziser, da der gewählte Streubereich der Stichprobenmittelwerte immer größer wird. Man bezeichnet diesen Sachverhalt auch als **Stichprobenfehler** (e) im engeren Sinne (vgl. Gleichung 7.24.).

(7.24.) $$e = z \cdot \sigma_{\bar{x}} = \frac{z \cdot \sigma}{\sqrt{n}}$$

Dabei entspricht e dem bei vorgegebener Irrtumswahrscheinlichkeit zu erwartenden Höchstmaß des Zufallsfehlers. Gleichung 7.24. läßt unmittelbar erkennen, daß bei gleichem Stichprobenumfang eine Verbesserung der Sicherheit der Aussage (steigende Werte für z) durch zunehmende Unschärfe der Schätzung (steigende Werte für e) erkauft wird.

Bisher wurde unterstellt, daß die Streuung der Grundgesamtheit bekannt sei. Im allgemeinen ist dies jedoch nicht der Fall, so daß man anstelle der Standardabweichung der Grundgesamtheit (σ) die Standardabweichung der Stichprobe (s) als Schätzgröße verwendet. Dies bedeutet, daß in Gleichung 7.22. σ durch s zu ersetzen ist. Voraussetzung für die Verwendung von s ist allerdings, daß es sich um eine sog. kleine Stichprobe handelt, d.h. daß n nicht kleiner als etwa 30 ist. Eine weitere bislang stillschweigend getroffene Annahme besteht darin, daß das Ziehungsschema „mit Zurücklegen" angewandt wird. Ausgewählte Einheiten werden also vor der nächsten Ziehung wieder in die Urne zurückgelegt. Ist dies nicht der Fall, muß Gleichung 7.22. strenggenommen um einen Korrekturfaktor erweitert werden (vgl. Gleichung 7.25.).

(7.25.) $$\sigma_{\bar{x}} = \frac{s}{\sqrt{n}} \sqrt{\frac{N-n}{N-1}}$$

Auch wenn man sich in der Praxis in der Regel der Variante „ohne Zurücklegen" bedient, vernachlässigt man fast immer den Erweiterungsteil der Formel, da bei sehr großem Umfang der Grundgesamtheit (N) und gleichzeitig sehr kleinem n der Ausdruck unter der Wurzel gegen 1 strebt.

Bei den bisherigen Überlegungen sind der **Stichprobenumfang** (n) generell als hinreichend groß angenommen und sein Einfluß auf die Genauigkeit von Stichprobenaussagen nicht weiter untersucht worden. Eine Betrachtung der Gleichung 7.24. zur Bestimmung des Stichprobenfehlers zeigt indessen, daß n neben dem Parameter für den **Sicherheitsgrad** (z) und der **Streuung** der **Grundgesamtheit** (σ) bzw. deren Schätzwert (s) die dritte die Güte von Stichprobenergebnissen determinierende Größe ist. Von den drei Parametern sind jedoch nur n und z frei wählbar, da σ bzw. s durch die Ausgangsverteilung der Grundgesamtheit bzw. der Stichprobe festgelegt ist. Bei Verfügbarkeit eines hinreichend großen Budgets für die Dimensionierung einer Stichprobe wird man üblicherweise den **Sicherheitsgrad** (z) festlegen und den zugehörigen **Stichprobenumfang** (n) nach Gleichung 7.26., die sich durch Umformung von 7.24. ergibt, ableiten:

(7.26.) $$n = \left(\frac{z\sigma}{e}\right)^2$$

Angenommen, das monatliche Durchschnittseinkommen eines bestimmten Bevölkerungsteiles soll durch eine Stichprobenerhebung ermittelt werden. Auf Grund von ähnlichen Untersuchungen wird die Streuung auf $\sigma = 50$ DM geschätzt. Gewünscht werden ein Sicherheitsgrad von 95,45% und ein Stichprobenfehler von maximal ± 10 DM. Nach Gleichung 7.26. ergibt sich dann für den Stichprobenumfang:

$$n = \frac{(2)^2 \cdot (50)^2}{10^2} = 100$$

Daran sieht man, daß der Stichprobenumfang mit wachsendem Sicherheitskoeffizienten überproportional zunimmt und mit fallenden Anforderungen bezüglich des Stichprobenfehlers entsprechend abnimmt. Sind im Rahmen einer Erhebung mehrere Merkmale zu berücksichtigen, empfiehlt es sich, zur Berechnung des Stichprobenumfangs an jenem mit der mutmaßlich größten Streuung anzuknüpfen.

Bei Vorgabe eines bestimmten Budgets ergibt sich die maximal mögliche **Stichprobengröße** unmittelbar aus der entsprechenden Kostenfunktion, die folgende Form hat:

(7.27.) $$K = K_c + k_v \cdot x$$

Dabei bedeuten:

K = Gesamtkosten $\leq$ vorgegebenem Budget B
K_c = fixe Kosten
k_v = variable Kosten je Untersuchungseinheit
x = Menge $\hat{=}$ Stichprobenumfang n

Durch Umformung von 7.27. erhält man unmittelbar den Stichprobenumfang gemäß Gleichung 7.28.:

(7.28.) $$x \triangleq n = \frac{B - K_c}{k_v}$$

Nach Fixierung des Stichprobenumfangs kann sodann unter Berücksichtigung des maximal zulässigen Stichprobenfehlers (e) der zugehörige Sicherheitsgrad (z) nach entsprechender Umformung aus Gleichung 7.26. berechnet werden.

4.3.4. Nicht berechenbare Fehlerarten

Die Vielfalt der Methoden und Budgetbegrenzungen erfordern im allgemeinen die Aufstellung eines Erhebungsplanes, dessen Anlage naturgemäß vom Untersuchungsziel bestimmt wird. Die Komplexität der Aufgabe und die Fülle der zur Verfügung stehenden Alternativen bringen es mit sich, daß Planung und Durchführung einer zieladäquaten Stichprobenauswahl verschiedenartige Fehlerquellen entstehen lassen. Zur Beurteilung der Qualität von Befunden, die auf Stichprobenerhebungen fußen, reicht es daher keineswegs aus, allein den **Stichprobenfehler** zu ermitteln. Vielmehr muß auch mit **Planungsfehlern, systematischen Fehlern** und **sachlichen Fehlern** gerechnet werden. Alle drei zeichnen sich dadurch aus, daß sie sich im Gegensatz zum **Standardfehler** grundsätzlich einer zahlenmäßigen Bestimmung entziehen.

Planungsfehler resultieren meistens aus einer unpräzisen Definition des Untersuchungszieles, verbunden mit einer unklaren Abgrenzung der Grundgesamtheit, wodurch alle weiteren Bemühungen um Erzielung von Repräsentanz erheblich beeinträchtigt werden. **Systematische Fehler** sind solche, die in der Art oder Durchführung der Untersuchung begründet liegen und gewissermaßen regelmäßig auftreten. Hierzu zählen Fehler, die sich aus der Zusammensetzung des Interviewerstabes, der Fragebogengestaltung und der Wahl des Stichprobenverfahrens ergeben. Es geht also, kurz gesagt, um die **Validität**.

Hiervon zu unterscheiden ist das Problem, die **Zuverlässigkeit (Reliabilität)** eines Forschungsinstrumentes abzuschätzen. Darunter versteht man, wie erinnerlich, den Grad der formalen Genauigkeit empirisch ermittelter Daten, den der gewählte Ansatz unabhängig vom Forscher und unter sonst gleichen Bedingungen zu gewährleisten in der Lage ist (vgl. Abschn. 4.2.5.). Zu den Hemmnissen, die die Reproduzierbarkeit und damit die Reliabilität empirischer Erhebungen in Frage stellen, zählen insbesondere **sachliche Fehler,** die gewissermaßen auf den Einzelfall beschränkt sind. Hier ist in erster Linie an das Fehlen einzelner für Versuchspersonen geforderter Eigenschaften, Ausfälle von Stichprobenelementen und falsche Auskünfte aller Art zu denken.

4.4. Die Gewinnung der Daten
4.4.1. Grundformen der Datenerhebung

Die Primärforschung bedient sich für die Zwecke der Erhebung von Daten der **Befragung, Beobachtung** und **automatischen Registrierung** von Geschehnissen. Da das Experiment lediglich einen spezifischen Untersuchungsplan widerspiegelt, erscheint seine mitunter anzutreffende Kennzeichnung als Erhebungsform wenig sinnvoll (siehe dazu Abschn. 3.1.3.).

4.4.1.1. Die Befragung

Eine **Befragung** kann entweder in **schriftlicher** oder in **mündlicher** Form erfolgen. Eine Sonderform stellt die **telefonische** Befragung dar, da sie einerseits die Stichprobenbildung auf Telefonbesitzer beschränkt, andererseits eines Mediums zur Kommunikation bedarf, das durch technische Rahmenbedingungen den Prozeß der Informationsgewinnung beeinflußt. Mündliche und telefonische Befragungen werden als **Interviews** bezeichnet.

Bezieht sich die Gewinnung von Informationen auf **einen** Gegenstand (ein Produkt, spezifisches politisches Problem usw.), spricht man von einer **Einthemenbefragung;** werden **mehrere** Fragenkomplexe in eine Untersuchung einbezogen, so handelt es sich um eine **Mehrthemenbefragung** oder **Omnibusbefragung.** Da sich die informationssuchenden Unternehmungen bei einer Mehrthemenbefragung nur anteilig, nämlich nach Maßgabe der Zahl der gestellten Fragen, an den gesamten Kosten beteiligen müssen, erfreut sich diese Befragungsform in der Praxis großer Beliebtheit.

(1) Schriftliche Befragung

Bei einer schriftlichen Befragung erhalten die Probanden Fragebogen zugeschickt, die sie ausgefüllt zurücksenden sollen. Man bedient sich dabei zur Erleichterung der Auswertung und im Interesse einer besseren Vergleichbarkeit der Ergebnisse überwiegend **geschlossener** Fragen, deren Beantwortung sich darauf beschränkt, eine von mehreren vorgegebenen Formulierungen anzukreuzen. Im einzelnen unterscheidet man dabei folgende Varianten:

– **Ja/Nein-Fragen;** häufig wird hier noch eine dritte Ankreuzungsmöglichkeit („Weiß-Nicht" bzw. „Weder-Noch") vorgesehen

– **Alternativfragen,** bei denen aus einer Reihe von Antworten eine oder u. U. auch mehrere ausgewählt werden können

– **Zuordnung von Rängen** an Vergleichsobjekte, wie sie etwa bei der Reihung von Automobilen auf Grund der von einem Probanden empfundenen unterschiedlichen Attraktivität gegeben ist

– **Fragen,** die eine **intensitätsmäßige Abstufung** von Zustimmung bzw. Ablehnung oder eine **differenzierte Einschätzung** der Ähnlichkeit bzw. Unähnlichkeit von zwei Objekten erlauben (ausführlich dazu Abschn. 4.2.).

An dieser Stelle besteht Veranlassung, nochmals kurz auf die möglichen Meßniveaus hinzuweisen (vgl. hierzu auch Abschn. 4.2.1.). Bei Ja/Nein-Fragen wird die lediglich der Identifizierung eines Objekts oder eines Sachverhalts dienende **Nominalskala** verwendet. Die **Ordinalskala** ist dafür bestimmt, Objekte in eine bestimmte Rangfolge zu bringen, ohne indessen die zwischen ihnen herrschenden Abstände zu messen; dies leistet die **Intervallskala**. Eine Intervallskala mit einem natürlichen Nullpunkt (z. B. Meterstab) schließlich nennt man **Verhältnisskala** (Ratioskala). Tab. 7.15. soll die verschiedenen Fragetypen an Hand von Beispielen verdeutlichen.

Die Festlegung der Antwortkategorien wird jeweils durch das Ziel der Informationsgewinnung und das Differenzierungsvermögen der Versuchspersonen bestimmt. Geht es lediglich um Zustimmung oder Ablehnung, wird man sich mit Ja/Nein-Fragen begnügen. Sollen jedoch Aufschlüsse über Einstellungen und Meinungen erlangt werden, dürfte man eher zu Skalierungsfragen greifen.

Neben **Sachfragen**, die unmittelbar dem Informationszweck dienen, werden in der Regel auch **Merkmalsfragen** gestellt, die sich auf persönliche Daten der Probanden beziehen, wie Geschlecht, Alter, Beruf und Einkommen, um bei der Auswertung der Antworten gewisse Differenzierungen vornehmen zu können.

Vorteile der schriftlichen Befragung liegen in den vergleichsweise niedrigen Kosten, weiterhin darin, daß ein Proband dann antworten kann, wenn er gerade Zeit hat. Schließlich entfallen die Beeinflussungsmöglichkeiten durch den Interviewer, unter denen mündliche Befragungen leiden.

Nachteile der schriftlichen Befragung bestehen darin, daß der Anteil nicht zurückgeschickter Fragebögen sehr hoch sein kann. In der Praxis versucht man, die **Rücklaufquote** z. B. durch Auslobung von Preisen, durch persönliche Adressierung der Briefe oder durch Angabe eines „interessanten" Absenders zu erhöhen (vgl. z. B. *Richter* 1970, S. 183 ff.). Häufig ist es notwendig, Probanden in einer **Nachfaßaktion** an das Ausfüllen der Fragebögen zu erinnern. Die schriftliche Befragung ist dann weniger problematisch, wenn die Probanden ein persönliches Interesse an einem spezifischen Sachverhalt haben. Diese Befragungsform gelangt vor allem bei der Investitionsgüter-Marktforschung zum Einsatz, nicht selten auch bei langlebigen Konsumgütern, wie z. B. Autos, wo es gelingt, Rücklaufquoten von 80% und mehr zu erreichen.

Weitere Probleme ergeben sich aus der Tatsache, daß häufig nur die Teile einer Stichprobe antworten, die über die entsprechende Muße verfügen (z. B. Rentner und Schüler). Da zur Beantwortung der Fragen u. U. sehr viel Zeit aufgewendet werden kann, mangelt es vielfach auch an der im allgemeinen erwünschten Spontaneität. Im übrigen sind die Befragten an kein festes Beantwortungsschema gebunden, was die Heranziehung von Hilfsmitteln wie Plausibilitäts- oder Kontrollfragen, die bei mündlichen Befragungen unschwer eingeflochten werden können, weitgehend verhindert. Auch ist die Gefahr, daß nicht der Adressat, sondern ein anderes Mitglied des Haushalts den Fragebogen ausfüllt, nicht von der Hand zu weisen. Falls dies in größerem Maße eintreten sollte, wäre die Repräsentanz der Stichprobe nicht mehr gegeben.

Tabelle 7.15.: **Beispiele für Frageformen und Meßniveaus**

Frage	Antwortmöglichkeiten	Frageform	Meßniveau (Skalentyp)
Hören Sie gerne Musik?	☐ Ja ☐ Nein	Ja/Nein-Frage	Nominalskala
Ich höre gerne Musik, weil ich	☐ mich dabei entspannen kann. ☐ dabei besser arbeiten kann. ☐ dabei träumen kann.	Alternativfrage	Nominalskala
Welche Art von Musik hören Sie am liebsten? Vergeben Sie bitte für die vier Musikarten je einen Rang (1 = am liebsten).	☐ klassische Musik ☐ Unterhaltungsmusik ☐ Schlager ☐ experimentelle Musik	Zuordnung von Rängen	Ordinalskala
Klassische Musik ist	unangenehm ⊔⊔⊔⊔ angenehm	Skalierungsfrage (Semantisches Differential)	Intervallskala (mit angegebener Maßeinheit)
Wie alt sind Sie?	☐☐ Jahre	Skalierungsfrage	Verhältnisskala

(2) Mündliche Befragung

Häufiger als die schriftliche Befragung wird zur Informationsgewinnung im Marketing das **persönliche Interview** eingesetzt. Wenn diesem ein starrer Katalog von Fragen zugrunde liegt, wenn also der Interviewer keinen Einfluß auf den Ablauf der Befragung hat, spricht man von einem **standardisierten Interview.** Diese Methode der Datenerhebung dominiert sowohl in der **Konsumgüter-Marktforschung** als auch in der **Meinungsforschung.** Sie macht die Antworten vergleichbar, ein namentlich bei großen Stichproben unabdingbares Erfordernis. Außerdem können auf diese Weise der Einfluß der Interviewer auf die Probanden und somit die Gefahr einer dadurch bedingten Verzerrung der Untersuchungsergebnisse **(Interviewer-Bias)** verringert werden.

Die **Befragungstaktik** wird beim standardisierten Interview allein durch die **Gestaltung des Fragebogens** bestimmt (vgl. hierzu Tab. 7.16.). Dabei tritt die mangelnde Anpassungsfähigkeit des standardisierten Interviews an individuelle Befragungssituationen zutage.

Üblicherweise umfaßt ein solchermaßen vorgeschriebenes Fragenprogramm vier Gruppen von Fragen: Zunächst versucht man, den Kontakt zwischen Interviewer und Auskunftsperson herzustellen, gewissermaßen das „Eis" zwischen beiden zu brechen; man nennt solche Fragen deshalb **Kontakt-** oder **Eisbrecherfragen.** Danach folgen die eigentlichen **Sachfragen,** die den Kern des Interviews bilden. Im Anschluß daran oder mit diesen vermengt werden **Kontroll-** bzw. **Plausibilitätsfragen** gestellt, um die Konsistenz der Antworten, aber auch die Ehrlichkeit des Interviewers zu testen. Abschließend sollen **Fragen zur Person,** die in der Regel auf dem sog. Merkmalsblatt am Ende des Fragebogens aufgeführt sind, die Zuordnung der Probanden zu einer auswertungsrelevanten Unterstichprobe ermöglichen.

Daß Probanden gelegentlich mit falschen Angaben aufwarten, illustriert folgendes Beispiel (vgl. *Weaver/Swanson* 1974, S. 69ff., insbesondere S. 73): In der sog. *Denver Validity Study* wurden Polizisten und Feuerwehrleute, über die Personalakten existierten, angeblich über ihre Meinung zum Wahlrecht der Achtzehnjährigen befragt, während tatsächlich das Interesse demografischen Daten galt. Beim Vergleich der am Telefon geäußerten Altersangaben mit den in den Personalakten enthaltenen Daten ergaben sich bei 8% der 300 Probanden Abweichungen von mehr als einem Jahr vom tatsächlichen Alter. Von Personen, die älter als 50 Jahre waren, gaben gar nur 82% ihr Alter richtig an. 4% machten sich älter, 14% jünger. Ähnliche Diskrepanzen traten bei der Frage nach dem Einkommen auf.

Wenn Sachfragen in **direkter** Form gestellt werden, sind mögliche Verzerrungen zu bedenken, die sich dadurch ergeben können, daß Probanden beispielsweise aus Prestigegründen oder im Hinblick auf (vermeintliche) soziale Erwünschtheit eines Beurteilungsgegenstandes falsche Antworten geben. Dies gilt namentlich dann, wenn die Betroffenen glauben, das interessierende Objekt aus gesellschaftlichen oder sonstigen Gründen eigentlich besitzen zu müssen. Man neigt deshalb dazu, Fragen, wo immer möglich, in **indirekter** Form zu stellen, also etwa so: „Wer in Ihrem Haus bzw. in Ihrem Bekanntenkreis besitzt ein

Tabelle 7.16.:

Fragebogen für ein standardisiertes Interview (Ausschnitt)

Nr.	Frage	Antwort	Sp.	Code	Weiter mit Frage
13.	Nun eine Frage zu Ihren Wünschen. Gibt es größere Dinge, die Sie oder Ihre Familie noch nicht haben und kaufen wollen, bzw. gibt es Dinge, die Sie eventuell gern kaufen würden, wenn Sie genug Geld hätten? Oder haben Sie keine größeren unerfüllten Wünsche?	Ja, möchte(n) bestimmte Dinge kaufen Ja, würde(n) eventuell noch bestimmte Dinge kaufen, wenn ich (wir) genug Geld hätte(n) Habe(n) keine größeren Wünsche	29	9 ( ) 8 ( ) 7 ( ) 6	14
14.	Besitzen Sie selbst oder jemand anders in Ihrem Haushalt einen oder mehrere Pkw? Ich meine damit auch solche Fahrzeuge, die Sie ständig zur Verfügung haben.	Ja, einen Pkw Ja, mehrere Pkw, und zwar: _____ (Anzahl) Nein, keinen Pkw	30	1 ( ) 9 ( ) 0 ( )	15 24
15.	Von welcher Marke und von welchem Typ ist (sind) diese(r) Pkw? *INT:* Wenn mehrere Pkw im Haushalt vorhanden sind, diese in der Reihenfolge der Zulassungsnummern eintragen!	Zulassungsnummer Marke Typ 1. Pkw .... 2. Pkw .... 3. Pkw .... 4. Pkw			16 31–35 36–40 41–45 46–50 51/0
16.	*INT:* Alle folgenden Fragen beziehen sich auf den Wagen, der in Frage 15 an *erster* Stelle steht, also auf den Wagen mit der niedrigsten Zulassungsnummer! Wenn mehrere Wagen im Haushalt vorhanden sind, Hinweis: Wir wollen uns nun nur noch über den _____ (Marke und Typ des an 1. Stelle eingetragenen Pkw einsetzen) unterhalten.				17
17.	Sind Sie selbst der Eigentümer dieses Wagens?	Ja Nein	52	9 ( ) 8 ( ) 7 ( )	19 18

4. Ablauf und Methodik empirischer Erhebungen

Karte II

Nr.	Frage	Antwort	Sp.	Code	Weiter mit Frage

18.	Wer ist als Eigentümer dieses Pkw im Kraftfahrzeugbrief eingetragen? *INT*: Bei reiner Privatperson Stellung zum Haushaltsvorstand eintragen!	Firma
		Privatperson als Inhaber einer Firma
		Reine Privatperson, und zwar:
		   Haushaltsvorstand
		   Ehefrau
		   Sohn, im Haushalt lebend
		   Tochter, im Haushalt lebend
		   Andere Person, im Haushalt lebend
			53	9 ( )
				8 ( )
				
				7 ( )
				6 ( )
				5 ( )
				4 ( )
				3 ( )
					19

19.	Wurde dieser Wagen neu oder gebraucht gekauft?	Neu gekauft Gebraucht gekauft	54	9 ( ) 8 ( ) 7	20
20.	Wann wurde dieser Wagen gekauft?	1969 und früher In der Zeit vom 1.1.70 bis 30.6.70 Nach dem 1.7.70	55	9 ( ) 8 ( ) 7 ( ) 6 ( )	21
21.	Als dieser Wagen gekauft wurde, wurde dafür ein Wagen verkauft, verschrottet oder stillgelegt, wird der vorige Wagen noch gefahren und wurde dieser Wagen zusätzlich angeschafft, oder war vorher gar kein Wagen vorhanden?	Einen Wagen verkauft Einen Wagen verschrottet Einen Wagen stillgelegt Voriger Wagen wird noch gefahren und dieser Wagen wurde zusätzlich gekauft Vorher kein Wagen vorhanden	56	9 ( ) 8 ( ) 7 ( ) 6 ( ) 5 ( ) 4 ( )	22
22.	Wieviel wurde ungefähr für den Wagen ausgegeben?	.... DM	57–59 60/0		23

23. A. B.	Wie wurde dieser Kauf finanziert? Ich habe hier eine Liste mit verschiedenen Möglichkeiten. Bitte sagen Sie mir zu jeder Möglichkeit, ob sie in Anspruch genommen wurde. *INT*: Liste D vorlegen! *INT*: Für jede genannte Möglichkeit nachfragen: Können Sie mir zu jeder Finanzierungsart den ungefähren Betrag sagen?	Karte III 9 3 (x)
		
		           A B
		     In Anspruch Betrag Weiß
		     genommen DM nicht
		Speziell für diese Anschaffung angesammelte Ersparnisse 11/9 ( ) ...... 12–14 1 ( ) 0
		Allgemeine Ersparnisse 15/9 ( ) ...... 16–18 1 ( ) 0
		Alten Wagen in Zahlung gegeben 19/9 ( ) ...... 20–22 1 ( ) 0
		Aus dem laufenden Einkommen 23/9 ( ) ...... 24–26 1 ( ) 0
		Kredit aufgenommen bei Bank, Teilzahlungsbank, Sparkasse 27/9 ( ) ...... 28–30 1 ( ) 0
		Ratenzahlung bei Händler, Wechsel 31/9 ( ) ...... 32–34 1 ( ) 0
		Andere Finanzierungsart, und zwar:
		.... 35/9 ( ) ...... 36–38 1 ( ) 0
		Weiß nicht 39/1 ( )
		             0 ( )
					24

Quelle: *Infratest*, München

Farbfernsehgerät?" Wenn der Proband sich selbst bei der Beantwortung der Frage nicht nennt, läßt dies – bedingt – den Schluß zu, daß er kein solches Gerät besitzt. Auch bei tabuisierten oder Konventionen unterworfenen Problemen ist die indirekte Fragestellung der direkten vorzuziehen.

Die **Standardisierung** eines Interviews braucht sich nicht nur auf die Fragen zu beziehen, sondern kann sich auch auf die Antworten erstrecken. Sind bei einer Sachfrage keine festen Antwortkategorien vorgegeben (offene Fragen), muß die Antwort vom Interviewer wörtlich notiert werden. Bei geschlossenen Fragen vereinfacht sich das Verfahren insofern, als der Befragte lediglich anzugeben hat, welcher der vorgegebenen Antwortkategorien er (am ehesten) zustimmt.

Bei der Fragenformulierung sollte, wie sich speziell aus der Einstellungsforschung ergibt, darauf geachtet werden, daß eine der Zielgruppe adäquate Sprache verwendet wird. Die Klarheit der Fragestellung verlangt, daß sowohl **Homonyme** (gleiche Bezeichnung für verschiedene Gegenstände) als auch **Synonyme** (verschiedene Bezeichnungen für den gleichen Gegenstand) vermieden werden. Darüber hinaus ist bei der mündlichen Befragung mit folgenden Störeinflüssen zu rechnen:

Da mündliche Interviews eine Stunde und länger dauern können, ist es möglich, daß das Interesse der Auskunftsperson erlahmt. Es kommt deshalb vor, daß (u. U. sogar bewußt) falsche Antworten gegeben werden. Um diese Gefahr zu vermindern, sollten die Fragen in einer abwechslungsreichen Reihenfolge gestellt werden.

Die **Repräsentanz** mündlicher Befragungen hängt nicht nur von den Beeinflussungsmöglichkeiten des Interviewers ab, sondern auch von dem Prozentsatz der Personen, die keine Auskunft geben. Hierbei ist das Auftreten der Interviewer von großer Bedeutung, da diese bei entsprechender Schulung die Verweigerungsquote erheblich zu drosseln vermögen. Um den Interviewereinfluß erfassen und somit die Objektivität einer Untersuchung prüfen zu können, wird in einer Kontrollaktion ein Teil der Probanden oftmals entweder nochmals interviewt oder aber einer schriftlichen Nachbefragung unterworfen. Im übrigen versucht man, den Interviewereinfluß dadurch in Grenzen zu halten, daß ein Interviewer jeweils nur 7 - 10 Befragungen durchführt.

Die Kosten eines **persönlichen Interviews** erreichen eine Größenordnung von 100 DM und mehr. Dies ist ein wesentlicher Grund dafür, daß man sich ungeachtet der damit verbundenen methodischen Probleme häufig des sehr viel billigeren **telefonischen Interviews** bedient. Immerhin weist die fernmündliche Befragung gegenüber dem persönlichen Interview insofern einen Vorteil auf, als Interaktionsprozesse zwischen Interviewer und Auskunftsperson, die etwa durch Erscheinungsbild oder Gesten ausgelöst werden, vermieden werden (vgl. dazu *Strobel* 1983). Ein weiterer Pluspunkt liegt darin, daß auf anderem Wege schwer zu erreichende Auskunftspersonen schnell befragt werden können, wodurch sich das Instrument insbesondere für aktuelle Fragestellungen eignet.

Eine andere Form der mündlichen Befragung stellt das **freie Interview** dar, bei dem der Interviewer durch selbst formulierte Fragen mit jeweils freien Antwortmöglichkeiten den Ablauf der Informationsgewinnung steuern kann. Diese Methode wird häufig bei Gesprächen mit Fachleuten angewandt, deren Befragung unter einer zu strengen Ablaufvorschrift leiden könnte. Hierbei wird anstatt eines strukturierten Fragebogens ein **Interviewerleitfaden** verwendet, auf dem die zu erörternden Problemkreise vermerkt sind, ohne jedoch Reihenfolge und Wortlaut der Fragestellung im einzelnen festzulegen. Beim freien Interview hat der Befragende u.U. großen Einfluß auf die Auskunftsperson, wodurch erhebliche Verzerrungen der Antworten auftreten können. Dies führt in der Praxis dazu, daß die Anforderungen, die Marktforschungsinstitute an die betroffenen Interviewer stellen, erheblich über denen für andere Interviewer liegen.

In der Motivforschung wird eine abgewandelte Form des freien Interviews, das **Tiefeninterview** (teilweise auch als Exploration bezeichnet), dazu eingesetzt, um Anhaltspunkte über tieferliegende Ursachen des Verhaltens von Individuen zu gewinnen. Auch diese Form des Interviews stellt überdurchschnittliche Anforderungen an die Person des Interviewers, was große Institute veranlaßt, dafür nur besonders qualifizierte Kräfte (z.B. Diplom-Psychologen) einzusetzen. Dem Interviewer dient dabei in der Regel ein Explorationsleitfaden als gedankliche Stütze.

Bekannte Verfahren der **Motivforschung** sind die **Projektion** und die **Assoziation,** die namentlich zur Erfassung jener Motive des Verbraucherverhaltens herangezogen werden, die, aus welchen Gründen auch immer, nicht im Wege der (direkten) Befragung erhoben werden können.

Der von *Freud* eingeführte Terminus der Projektion bezeichnet die Ersetzung einer (unterdrückten) inneren Wahrnehmung durch eine äußere Wahrnehmung, was dazu führt, daß die betroffene Person einer Reizgegebenheit, insbesondere anderen Menschen Eigenschaften oder Verhaltensweisen zuschreibt, die ihr selbst zukommen. Eines der Verfahren, die das Vorhandensein eines solchen Mechanismus zugrunde legen, ist eine Modifikation des sog. **thematischen Apperzeptionstests** (TAT). Der Testperson wird dabei eine Reihe von mehr oder weniger verschwommenen Bildern, die typische Lebens- bzw. Kauf- oder Konsumsituationen darstellen, vorgelegt. Die Versuchsperson wird nun aufgefordert, jeweils zu erzählen, was auf den Bildern geschieht, wie es zu der angedeuteten Situation gekommen ist, wie sich diese fortentwickeln wird usw.

Ein weiteres projektives Verfahren stellt der *Rosenzweig-* oder **Picture Frustration-Test** dar. In einer für die Marketing-Forschung abgewandelten Form besteht er aus karikaturartigen Zeichnungen, in denen sich beispielsweise zwei Personen über einen Markenartikel unterhalten. Der Dialog ist wie bei Comic Strips in großen Sprechblasen wiedergegeben. Allerdings enthalten die Vorlagen nur einen Teil der Argumente, während die Versuchsperson den fehlenden Teil, z.B. die Antwort der zweiten Person, nach Gutdünken in die dafür vorgesehene zweite Sprechblase zu schreiben hat. Man nimmt an, daß der Proband den Karikaturen dabei unbewußt solche Antworten in den Mund legt, die für ihn selbst typisch sind.

Zu den bekanntesten Techniken, die auf dem Prinzip der Assoziation beruhen, zählen der **Wortassoziations-** und der **Satzergänzungstest.** Der Wortassoziationstest besteht im Grunde in einer Aufforderung an die Probanden, auf vorgegebene Stimulusworte jeweils das zu antworten, was ihnen gerade dazu einfällt. Beispielsweise könnten auf das Reizwort „Sommer" die Begriffe Urlaub, Sonne, Italien usw. folgen. Beim Satzergänzungstest werden den Versuchspersonen unvollständige Sätze wie „Der *VW Golf* ist ...", „Alle Leute, die Sportwagen besitzen, sind ...", „Ich bin der Meinung, daß man ... tanken sollte", „Ein *Mercedes* wird hauptsächlich von ... gefahren", „Immer wenn ich auf der Autobahn reise, ..." mit der Bitte um Vervollständigung vorgelegt. In der Regel setzt man die Probanden dabei unter Zeitdruck, damit sie spontan (unreflektiert) antworten (Näheres dazu bei *Hörschgen* 1972, S. 413 ff.).

4.4.1.2. Die Beobachtung

In weit geringerem Umfang als die Befragung wird die Beobachtung im Rahmen der Absatzforschung als Methode zur Informationsgewinnung herangezogen. Bei der **Beobachtung** handelt es sich um „die Erfassung von sinnlich wahrnehmbaren Sachverhalten im Augenblick ihres Auftretens durch andere Personen als die, um deren Verhaltensweise bzw. Eigenschaften es geht" (*Becker* 1973, S. 6; anders hierzu *Schäfer/Knoblich* 1978). **Ungeplante Gelegenheitsbeobachtungen** werden nicht als Beobachtung angesehen. Als (systematische bzw. wissenschaftliche) Beobachtung wird vielmehr nur die Vorgehensweise bezeichnet, die

„a) einem bestimmten Forschungszweck dient,

b) systematisch geplant und nicht dem Zufall überlassen wird,

c) systematisch aufgezeichnet und auf allgemeinere Urteile bezogen wird, nicht aber eine Sammlung von Merkwürdigkeiten darstellt und

d) wiederholten Prüfungen und Kontrollen hinsichtlich der Gültigkeit, Zuverlässigkeit und Genauigkeit unterworfen wird" (*Jahoda/Deutsch/Cook* 1975, S. 77).

Dieser Definition folgend kann beispielsweise das Zählen von Passanten, die vor einem Schaufenster stehen bleiben oder das Geschäft betreten, nicht unbedingt als Beobachtung in diesem Sinne bezeichnet werden.

Während mit Hilfe der Befragung subjektive Sachverhalte, wie Wissen, Einstellungen und Meinungen, erforscht werden können, bleiben diese dem Beobachter verborgen. Andererseits können nicht alle objektiven Tatsachen, zu denen auch soziodemografische Daten der Versuchspersonen zählen, allein im Wege der Beobachtung erhoben werden. Letztlich sind nur solche objektiven Sachverhalte beobachtbar, die als **physische Aktivitäten** (z. B. Griff nach einem Produkt) offenbar werden. Ein weiterer Nachteil der Beobachtung gegenüber der Befragung ist die Schwierigkeit, die Repräsentanz der Erhebung herbeizuführen, da für die Beobachtung kontrollierbare Rahmenbedingungen erforderlich sind. Dazu gehört u. a., daß die Versuchspersonen die Stelle, an der die Beobachtung stattfindet, aufsuchen müssen. Grundsätzlich lassen sich Beobachtungen nach verschiedenen, teilweise überlappenden Kriterien gliedern:

Bei der **Feldbeobachtung** wird das Verhalten der Probanden in deren gewohntem Umfeld, z. B. im Supermarkt oder vor einem Schaufenster, registriert. So können sog. **Kundenlaufstudien,** bei denen der Weg von Besuchern eines Geschäfts auf dessen Grundriß festgehalten wird, Aufschluß über das Verhalten von Ladenbesuchern im Hinblick auf besondere Displays usw. geben. Die **Laborbeobachtung** erfolgt demgegenüber in einer künstlich geschaffenen Situation. Man verspricht sich dadurch eine Reduktion der Komplexität der Umwelt und größere Stabilität der Rahmenbedingungen.

Eine zweite Differenzierung läßt sich im Hinblick auf die Stellung des Beobachters treffen. Bei der **nicht-teilnehmenden** Beobachtung widmet sich der Beobachter ausschließlich der Wahrnehmung und Registrierung der Aktionen der Versuchspersonen, während er sich bei der **teilnehmenden** Beobachtung auf der gleichen „Ebene" wie der zu Beobachtende bewegt und durch sein Verhalten u.U. Reaktionen des Probanden provoziert.

Wenn es darum geht, mehrere Aktivitäten der Versuchsperson, die gleichzeitig stattfinden oder unmittelbar aufeinanderfolgen, festzuhalten, so ist ein Beobachter auf Grund der begrenzten Wahrnehmungsfähigkeit meistens überfordert. Aus diesem Grunde werden in solchen Fällen entweder mehrere Beobachter oder aber videotechnische Geräte zur Registrierung des Probandenverhaltens eingesetzt. Derartige Apparate erlauben durch wiederholtes Abspielen einer Aufzeichnung und dank der Möglichkeit einer Veränderung der Ablaufgeschwindigkeit eine präzise Auswertung der Handlungen der Versuchspersonen. Beim Einsatz solcher Hilfsmittel ist in der Bundesrepublik Deutschland das allgemeine Persönlichkeitsrecht zu beachten, das auf die Art. 1 und 2 GG zurückgeht und durch verschiedene Urteile des *Bundesgerichtshofs* erhärtet wurde. Danach ist es grundsätzlich unzulässig, unbefugt ein Bild von einem anderen anzufertigen. Bei Aufnahme von Ton und Bild gelten die Vorschriften des § 298 *StGB,* nach denen unbefugte Aufnahme, Gebrauch und Weitergabe des nichtöffentlich gesprochenen Wortes untersagt sind (vgl. *Becker* 1973, S. 34f.; *Hubmann* 1967, S. 298).

Bei der **Laborbeobachtung** werden häufig auch andere technische Hilfsmittel herangezogen, so die **Schnellgreifbühne,** mit der z. B. der Aufforderungscharakter von Produkten geprüft wird, oder das **Tachistoskop,** das zu einer genau regulierten kurzzeitigen Darbietung visueller Impulse (vor allem von Werbemitteln) verwendet wird (siehe dazu Abschn. 4.4.2.2. und 4.4.2.3.). Die Vorteile der Laborbeobachtung, nämlich weitgehende Isolierbarkeit und Kontrollierbarkeit der interessierenden Faktoren, müssen durch den Nachteil erkauft werden, daß sich die Probanden ihrer Eigenschaft als Testpersonen bewußt sind und sich deshalb u.U. atypisch verhalten. Immerhin sollen durch Verwendung bestimmter Techniken die Testsituation verschleiert und die Versuchspersonen von der unnatürlichen Situation abgelenkt werden, in der sie sich während der Laborbeobachtung befinden.

Die **Feldbeobachtung** kann in der Regel auf keines der geschilderten Hilfsmittel zurückgreifen, da bei dieser Beobachtungsform darauf geachtet wird, daß sich die Probanden ihrer Testsituation nicht bewußt werden, sich also im Beobachtungsraum vollkommen natürlich verhalten. Man hofft, die bei Laborbeobachtungen auftretenden Verzerrungen dadurch weitgehend vermeiden zu können.

4.4.2. Apparativ unterstützte Erhebungstechniken

In der empirischen Sozialforschung existieren eine Reihe von Erhebungsmethoden, die den **Einsatz** bestimmter, zum Teil sehr aufwendiger **technischer Einrichtungen** zur Gewinnung empirischer Daten erfordern. Einige davon finden auch in der Marketing-Forschung Verwendung. Bedeutsame Anwendungsgebiete sind dabei vor allem Verpackungstests und Werbemittel-Pretests. Zu den wichtigsten Verfahren dieser Art zählen **psychophysiologische Meßverfahren**, die **Datengewinnung** mit Hilfe des **Tachistoskops**, das **Schnellgreifverfahren** sowie **computergestützte Erhebungstechniken**.

4.4.2.1. Psychophysiologische Meßverfahren

Es gehört zu den zentralen Anliegen der Marketing-Forschung, die wesentlichen Determinanten des Käuferverhaltens zu ergründen sowie deren Beeinflußbarkeit durch bestimmte Marketing-Maßnahmen zu beurteilen. Da jedoch die psychischen Bestimmungsfaktoren des menschlichen Verhaltens einer direkten Beobachtung und Messung nicht zugänglich sind, versucht man, durch die Gewinnung von Daten auf der Verhaltensebene (z.B. Beobachtung des tatsächlichen Einkaufsverhaltens), auf der verbal-subjektiven Ebene (z.B. Befragung von Verbrauchern zur Ermittlung der Einstellungen gegenüber einem Produkt) oder auf der physiologischen Ebene (z.B. Ermittlung der Pupillenweite bei Betrachtung eines Anzeigenfolders) geeignete **Indikatoren** für die Veränderungen im Bereich der psychischen Variablen zu gewinnen.

Die Heranziehung solcher Merkmale basiert auf der grundlegenden Annahme, daß eindeutige Zusammenhänge zwischen dem physiologischen Geschehen und bestimmten psychischen Vorgängen existieren. Mit deren systematischer Erforschung und mit der Entwicklung entsprechender physiologischer Meßmethoden befaßt sich die Psychophysiologie (vgl. dazu *Birbaumer* 1975; *Lanc* 1977). Da die physiologischen Regelprozesse des menschlichen Körpers sowohl stimulus- und motivationsspezifisch als auch interindividuell unterschiedlich sind, verlangt die Kontrolle der potentiellen Störfaktoren entsprechender Experimente nach einer besonders sorgfältigen Überwachung der Versuchsbedingungen, wodurch sich häufig die Gefahr des Entstehens einer abiotischen Laborsituation ergibt. Dem steht jedoch der unbestreitbare Vorteil der relativ **hohen Objektivität** der psychophysiologischen Erhebungsverfahren gegenüber. Auf zwei davon, die in der Praxis der Marketing-Forschung vergleichsweise häufig eingesetzt werden, wird im folgenden etwas näher eingegangen.

4.4.2.1.1. Die Messung der elektrodermalen Reaktion

Unter elektrodermaler Reaktion (EDR), psychogalvanischer Reaktion (PGR), hautgalvanischer Reaktion oder psychogalvanischer Hautreaktion versteht man **Änderungen** des **Hautwiderstands** durch **bioelektrische Vorgänge**. Diese können durch eine Vielzahl von Faktoren, insbesondere von emotionalen und unerwarteten Reizen hervorgerufen werden, die auf das Individuum einwirken. Dazu zählen auch alle absatzpolitischen Maßnahmen. In der PGR spiegelt sich dabei primär die subjektiv erlebte Intensität einer Situation wider, der der einzelne ausgesetzt ist. Aussagen über die von ihm – etwa im Zusammenhang mit einer Anzeige oder einem Packungsentwurf – vorgenommene Bewertung einer Empfindung (z. B. angenehm – unangenehm) zu treffen, ist jedoch auf diesem Wege nicht möglich (vgl. *Amstad* 1971, S. 84).

Da psychogalvanische Vorgänge das Ausmaß innerer Erregung widerspiegeln, werden sie insbesondere zur Messung der sog. **Aktivierung** herangezogen, die den Organismus mit Energie versorgt und in einen Zustand der Leistungsfähigkeit versetzt. Aktivierung als Grunddimension aller Antriebsprozesse ist von elementarer Bedeutung für das gesamte menschliche Verhalten, also sowohl für den affektiven als auch den kognitiven Bereich (Näheres dazu in § 6, Abschn. 2.3.2.3.).

Die PGR wird über zwei unterschiedliche bioelektrische Phänomene gemessen, nämlich den *Féré*-Effekt (exosomatische EDR-Methode) und den *Tarchanoff*-Effekt (endosomatische EDR-Methode). Im ersten Fall läßt man einen schwachen elektrischen Strom durch den Körper fließen, um die von dem Stimulus ausgelösten Veränderungen in der Leitfähigkeit der Haut zu beobachten. Der *Tarchanoff*-Effekt erfordert demgegenüber die Erfassung der nach einer Stimulierung auftretenden Veränderungen der körpereigenen bioelektrischen Potentiale. Die unterschiedlichen Ladungen, die die Haut an verschiedenen Körperstellen aufweist, werden an zwei Punkten abgenommen, wobei die Variation der Potentialdifferenzen das Ausmaß der PGR widerspiegelt. Soweit man im Marketing-Bereich überhaupt Erhebungsverfahren dieser Art heranzieht, rekurriert man bevorzugt auf den *Féré*-Effekt (vgl. *Barg* 1977, S. 53).

Bei der dabei heute überwiegend verwendeten bipolaren Methode werden über zwei aktive Elektroden, die an den Fingern angebracht sind, Veränderungen der jeweiligen elektrischen Spannung erfaßt, die sich bei konstanter Stromstärke direkt proportional zum Leitwiderstand der Haut verhält. Der Umfang des durch einen Stimulus, also z. B. durch einen Anzeigenentwurf verursachten Ausschlags hängt nun nicht nur von den **reizbedingten bioelektrischen Vorgängen** selbst ab, sondern ist auch eine Funktion des inter- und intraindividuell variierenden sog. **tonischen Widerstandsniveaus** (vgl. *Amstad* 1971, S. 33). Dieses wird als Ausdruck des **allgemeinen Aktivierungsniveaus** einer Person zu einem bestimmten Zeitpunkt verstanden. Dabei ist ein relativ niedriges Hautwiderstandsniveau bei wachen, aufmerksamen Personen zu finden, während relativ hohe Werte Dahindösen oder Schlaf signalisieren.

Die damit einhergehenden Niveauschwankungen werden von **phasischen,** meist reizinduzierten Änderungen des Hautwiderstandes überlagert, deren absolute Höhe bei niedrigem Grundniveau kleiner und bei einer höheren Ausgangslage entsprechend größer ist. Zu dieser Art von Schwankungen

710 § 7 Marketing-Forschung

kommt es ca. 0,5 - 3 Sekunden nach Wirksamwerden eines Reizes. Naturgemäß klingt die Erregung nach einigen Sekunden wieder ab, wobei sich der Hautwiderstand wieder dem ursprünglichen Niveau nähert.

Aufgezeichnet wird die PGR mittels eines sog. **Polygraphen,** der häufig auch noch andere Funktionen erfüllt. Was dieser in unserem Kontext leistet, ist aus Abb. 7.26. zu erkennen. Effektiv abgelesen werden dabei insbesondere die Amplitude, die Dauer oder ein flächenbezogenes Korrelat des Ausschlags.

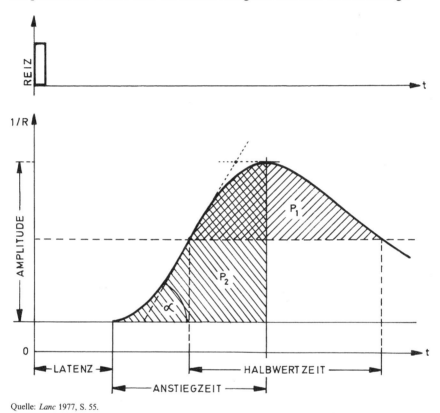

Quelle: *Lanc* 1977, S. 55.

Abb. 7.26.: PGR-Aufzeichnung

Zu den **praktischen Problemen,** die bei der Messung der PGR auftreten, zählen vor allem folgende:

(1) Der Grundwiderstand der Haut verschiedener Versuchspersonen **schwankt** bereits bei Verwendung von Elektroden mit wenigen mm² Oberfläche zwischen 10 000 und 500 000 Ohm, während sich die Widerstandsänderungen, für die man sich eigentlich interessiert, in der Größenordnung von ± 300 Ohm bewegen. Diese ungünstige Relation ist meßtechnisch schwer zu handhaben.

(2) **Externe thermische Umweltbelastungen** führen zu Stress, der eine Veränderung der Leitfähigkeit der Haut zur Folge hat. Außerdem wird diese je nach Körperstelle von der Raumtemperatur in unterschiedlichem Maße beeinflußt. Bei sehr hohen oder niedrigen Temperaturen während des Messens versagt die Methode völlig.

(3) Zu den saisonalen Schwankungen der Hautleitfähigkeit kommen noch **Tageszeitschwankungen** hinzu. Im allgemeinen ist das Leitvermögen in der Nacht kleiner als am Tage; ein Maximum wird während der Mittagszeit erreicht.

(4) Bei **mehrmaliger Verwendung** eines **Reizes** innerhalb eines Versuchs oder in Tagesabständen verringert sich das Ausmaß der PGR.

(5) Weitere situative Variablen, die die Meßergebnisse beeinflussen, sind die **physische Kondition** (z.B. Hauttemperatur) sowie die **physische** und **psychische Tätigkeit** (vgl. *Amstad* 1971, S. 47; *Venables/Martin* 1967, S. 71).

(6) Bei sehr **starker Erregung** erbringt die Messung der psychogalvanischen Reaktion keine zuverlässigen Werte, da das körpereigene Adrenalinvorkommen Hautwiderstandsänderungen abschwächt.

Insgesamt gilt die elektrodermale Reaktion dennoch als subtiler **Indikator** der **inneren Erregung** und **psychischen Spannung** eines Individuums, zumal sie schnell und sensibel auf experimentelle Reize folgt. Da sie sich auf eine weitgehend unwillkürliche Reaktion des autonomen Nervensystems bezieht, wird ihr als Meßinstrument für die psychische Aktivierung eine vergleichsweise hohe Objektivität eingeräumt. Die grundsätzlich zu vermutende Gültigkeit der Messung der Aktivierung mit Hilfe der elektrodermalen Reaktion wird jedoch, wie wir soeben sahen, durch eine Reihe bedeutsamer Störvariablen, wie z.B. Tageszeit, Schwankungen der Raumtemperatur sowie die Erwartungsspannung, die sich aus der Fremdartigkeit der Laborsituation ergibt, beeinträchtigt (vgl. *Hossinger* 1982, S. 118 ff.).

4.4.2.1.2. Die Blickaufzeichnung

Nur diejenigen Phänomene, die von einem Individuum wahrgenommen wurden, können im Rahmen seiner mentalen Verarbeitungsprozesse berücksichtigt werden und somit das tatsächliche Verhalten beeinflussen. Die **Wahrnehmung** stellt somit eine notwendige, jedoch keine hinreichende Bedingung für die geistige Verarbeitung einer Information dar. Es ist daher für die Marketing-Forschung wichtig, Erkenntnisse darüber zu gewinnen, wie der Wahrnehmungsprozeß beispielsweise bei einer Anzeige, einem TV-Spot oder einer Verpackung auf seiten der potentiellen Käufer abläuft und von welchen Faktoren er beeinflußt wird. Da Wahrnehmungsvorgänge aber nicht beobachtet werden können, nutzt man die Bewegung der Augen als Ersatzlösung (vgl. *Böcker/Schwerdt* 1981, S. 353 ff.). Dieser Meßansatz beruht auf theoretischen Grundlagen, über die im folgenden ein kurzer Überblick vermittelt werden soll.

Da es nur schwer möglich ist, eine genaue Trennlinie zwischen physiologischen und motorischen Indikatoren für die aktivierenden und kognitiven Prozesse des menschlichen Verhaltens zu ziehen, besteht keine einheitliche Meinung bezüglich der Zuordnung der Blickregistrierung zu den psychophysiologischen Meßmethoden (vgl. *Lanc* 1977, S. 80). Hier wird die Messung der Augenbewegungen (Blickregistrierung bzw. -aufzeichnung,

Okulographie) insofern als psychophysiologisches Erhebungsverfahren betrachtet, als von einem physiologischen – und damit auch beobachtbaren – Prozeß unmittelbar auf damit verbundene, nicht beobachtbare psychische Vorgänge geschlossen wird.

Visuelle Informationen über einen Reiz können nur dann adäquat zur Weiterverarbeitung in die kortikalen Zonen des Gehirns geleitet werden, wenn das Abbild des Reizes, also z. B. die Anzeige, auf die Fovea Centralis, einen bestimmten Bereich der Innenfläche des Auges, projiziert wird. Damit eine komplexe Reizvorlage vollständig erfaßt wird, müssen möglichst viele Ausschnitte davon nacheinander abgetastet werden. Die dabei zu beobachtende unregelmäßige Bewegung kommt dadurch zustande, daß das Auge über die Reizvorlage hin und her springt (Saccade) und zwischen den einzelnen Sprüngen auf einzelnen Punkten der Reizvorlage verweilt (Fixation). Das Betrachten einer Vorlage setzt sich demnach aus zwei Komponenten zusammen, den **Fixationen,** mit einer Zeitdauer von jeweils 200 bis 400 Millisekunden, und den **Saccaden,** mit jeweils 30 bis 90 Millisekunden Dauer.

Während das Auge einen bestimmten Bereich der Reizvorlage fixiert, erhält es auch diffuse Eindrücke aus der Gesichtsfeldperipherie. Diese Vorinformationen werden im Hinblick auf bestimmte Hypothesen und Erwartungen überprüft. Auf dieser Basis werden dann Länge und Richtung der nächsten Saccade und damit der Ort der nächsten Fixation bestimmt.

Aus verschiedenen Untersuchungen ist nun bekannt, daß lediglich solche Elemente der Reizvorlage scharf wahrgenommen werden, die vom Betrachter direkt fixiert werden. Die Blickaufzeichnung beruht daher auf der **zentralen Hypothese,** daß fast nur während der Fixationen Informationen vom Betrachter einer Reizvorlage aufgenommen werden. Die Fixation eines bestimmten Elementes einer visuellen Reizvorlage ist somit notwendige Voraussetzung für dessen weitere mentale Verarbeitung durch den Betrachter.

Die Dauer einer Fixation entspricht der Zeit, die ein Mensch benötigt, um die unmittelbare Umgebung des Fixationspunktes zu identifizieren. Ihre Länge wird durch die physikalische und semantische Komplexität des Reizmaterials auf der einen und das kognitive Leistungsniveau des Individuums auf der anderen Seite bestimmt.

Im Rahmen der Blickaufzeichnung registriert man die Bewegungen der Augen bei der Betrachtung einer Vorlage (Anzeige o. ä.), um festzuhalten, welche Reize visuell fixiert werden und welche nicht. Mit ihrer Hilfe lassen sich beispielsweise folgende Fragen beantworten (vgl. *Becker* 1974, S. 40):

– Wird ein Anzeigenelement überhaupt bemerkt?
– Wie lange wird ein Anzeigenelement durchschnittlich betrachtet?
– Welche Anzeigenelemente werden vernachlässigt?
– Wie schweift der Blick zwischen den Anzeigenelementen hin und her?
– Verläuft die Blickfolge der Versuchsperson innerhalb der Anzeige nach der Intention des Werbungtreibenden?

- Werden Textelemente gelesen? Wieviel Zeit wird dafür aufgewandt?
- Inwieweit lenkt das Umfeld ab?
- Was geschieht, wenn der Leser einer bestimmten Anzeige zum wiederholten Male begegnet?

Die Blickaufzeichnung eignet sich deshalb speziell für den **Pretest** von **Anzeigen.** Mit diesem Verfahren läßt sich kontrollieren, ob die für den Werbungtreibenden wesentlichen Informationen möglichst früh fixiert werden, da dies zum einen die Wahrscheinlichkeit einer effizienten Verarbeitung erhöht und zum anderen dazu beiträgt, daß bei vorzeitigem Abbruch wenigstens ein Teil der wichtigen Informationen aufgenommen wird. Es interessiert hier also vor allem, wie die einzelnen Teilelemente beachtet werden, nämlich wann, in welcher Reihenfolge und wie lange sie fixiert werden. Dies liefert oft auch eine Erklärung dafür, warum ein Teilelement nicht oder schlecht erinnert wird.

Das **Anwendungspotential** der Blickregistrierung ist indessen nicht auf Anzeigen beschränkt, sondern umfaßt die **Wahrnehmung** von **Objekten** schlechthin. So ist es z. B. für den Designer einer Automobilkarosse überaus aufschlußreich zu wissen, worauf der Blick von potentiellen Käufern zuerst fällt und was diese dann der Reihe nach in Augenschein nehmen.

Es existieren im wesentlichen zwei Wege, das Blickgeschehen zu registrieren. Bei der **Cornea Reflex-Methode** bedient man sich des Phänomens, daß eine auf die Hornhaut des menschlichen Auges projizierte Licht- oder Infrarotstrahlung je nach Veränderung der Blickrichtung unterschiedlich reflektiert wird. Erfaßt man die reflektierten Strahlen über Photozellen bzw. Objektive und zeichnet sie unter Verwendung eines Video- oder Schreibgerätes (XY-Plotter, Polygraph) auf, so können der Blickverlauf eines Probanden bei der Betrachtung einer visuellen Reizvorlage festgestellt und damit Häufigkeit und Dauer der Fixation als wichtigste Parameter des Blickverhaltens gemessen werden.

Die Cornea Reflex-Methode gewährleistet eine relativ genaue Erfassung der Blickbewegungen. Dem steht jedoch der Nachteil gegenüber, daß die Erhebungssituation durch den hohen apparativen Aufwand sowie durch den damit verbundenen stark experimentellen Charakter als abiotisch eingeschätzt werden muß. Die vorliegenden Untersuchungen weisen dennoch, zumindest bei Verwendung stationärer Apparaturen, auf eine hohe Validität des Meßverfahrens hin (*Biometrics 200, Telcom;* vgl. *Hossinger* 1982, S. 126f.; *Kroeber-Riel* 1984, S. 228 ff.; *Bernhard* 1977, S. 71 ff.).

Bei der sog. **biotischen Methode der Blickregistrierung** befindet sich zwischen dem auf einem Lesepult dargebotenen optischen Material und einer Versuchsperson ein halbdurchlässiger Spiegel. Dieser behindert sie beim Lesen nicht, entwirft aber ein Spiegelbild der Augenpartie, das von einer über dem Kopf angebrachten Filmkamera aufgenommen wird.

Das Verfahren wurde vom *Institut für Marktpsychologie,* Mannheim, zur sog. **Mannheimer Blickregistrierung** weiterentwickelt. Dabei wird der Proband in einem Zimmer gefilmt, in dem er auf die Teilnahme an einem Versuch wartet. Während der Versuch lediglich als Vorwand dient, um ihn in den Raum zu bringen, konzentriert sich das Interesse des Marktforschers auf das Verhalten im Wartezimmer selbst (Durchblättern von Zeitschriften etc.). In der Literatur werden weitere Varianten beschrieben (vgl. *Becker* 1974, S. 42f.; *Spiegel* 1970, S. 181ff.; *Salcher* 1978, S. 107f.).

4.4.2.2. Das Tachistoskopverfahren

Nach einem Kernsatz der **aktualgenetischen Forschung** sind optische Wahrnehmungen nicht sofort in ihrer gesamten Gestalt da, d.h. dem Betrachter plötzlich präsent, sondern sie entstehen in einer Abfolge von Stufen. Allerdings verläuft dieser Prozeß unter normalen Umständen so schnell, daß er nicht bewußt erlebt und nachvollzogen werden kann (vgl. *von Rosenstiel/Ewald* 1979, S. 109). Durch eine Lockerung der Reizbindung der einzelnen Elemente einer visuellen Vorlage wird nun versucht, die Wahrnehmung, in deren Verlauf das Individuum die sich anfangs nur in Umrissen abzeichnende Gestalt der Vorlage immer klarer und deutlicher erkennt und interpretiert, beobachtbar zu machen. Erreicht wird dies im wesentlichen durch eine **Erschwerung** der **Wahrnehmungsbedingungen** mit Hilfe verschiedener Verfahren bzw. Geräte, zu denen auch das Tachistoskop zählt.

Dieses ermöglicht es, den Testpersonen das visuelle Material in beliebig kurzen bzw. nach und nach längeren Zeitintervallen darzubieten, wobei diese von einer Millisekunde bis hin zu mehreren Sekunden dauern können. Dadurch läßt sich eine relativ präzise Vorstellung davon gewinnen, wie die Wahrnehmung eines Probanden bezüglich der geprüften Reizvorlage entsteht, d.h. welche Wirkung die einzelnen Gestaltungselemente des Materials (Anzeige etc.) auf den kognitiven Prozeß der Wahrnehmung ausüben. Man erhofft sich auf diese Weise, in die tieferen Schichten der Psyche einer Person einzudringen und insbesondere etwas über die spontane Anmutung eines Objekts zu Beginn des Wahrnehmungsprozesses zu erfahren, die noch nicht von umfangreichen psychischen Prozessen überlagert und korrigiert ist.

Die Anwendung des tachistoskopischen Verfahrens ist also überall dort angezeigt, wo es darum geht, den unmittelbaren Entstehungsprozeß der Wahrnehmung, der sich auf Grund seiner kurzen Dauer der bewußten Kontrolle des Individuums entzieht, zu analysieren. Dies ist z.B. bei Werbemitteln und bei der Produkt- bzw. Packungsgestaltung von Bedeutung.

Art und Umfang der Informationen, die auf diesem Wege gewonnen werden, hängen wesentlich von der Darbietungsdauer des Reizmaterials ab. Ist die Expositionszeit etwa einer Anzeige sehr kurz (10 - 20 Millisekunden), so sind vor allem spontane gefühlsmäßige Interpretationen durch die Probanden zu erwarten, während Darbietungszeiten von 20 - 600 Millisekunden den Testpersonen die Chance einräumen, die Anzeige detaillierter zu erkennen und insgesamt besser zu verstehen. Da dann auch die wichtigsten Elemente der

Reizvorlage von den Probanden entschlüsselt werden, können u. U. die Ursachen bzw. Auslöser der frühen, mehr gefühlsmäßigen Auswertungen des Individuums erkannt werden.

Für tachistoskopische Untersuchungen in der Marketing-Forschung stehen unterschiedliche technische Apparaturen zur Verfügung (vgl. *Hoffmann* 1976, S. 130ff.). Das in der Praxis am weitesten verbreitete Gerät ist das **Projektionstachistoskop,** das mit Dias oder Filmen von Anzeigen, Schildern, Packungen usw. arbeitet. Die Versuchspersonen werden hierbei zum Teil in einem Vorversuch auf ihre Aufgabe vorbereitet. Im Hauptversuch können diesen dann drei Arten von Aufgaben gestellt werden:

- Sprachliche Wiedergabe des Gesehenen bzw. Vermittelten
- Zeichnerische Wiedergabe des Gesehenen bzw. Vermittelten
- Verbale Wiedergabe des mehr gefühlhaften Eindrucks, den die Betroffenen während der Darbietungszeit hatten.

Konkrete Gestaltungsinformationen resultieren in der Regel aus einem Vergleich der in mehreren Meßvorgängen gewonnenen Wahrnehmungsergebnisse, wobei entweder die Expositionszeiten (bei gleicher Reizvorlage) oder die Reizvorlagen (bei gleichen Expositionszeiten) variiert werden. Während die letztere Variante vor allem der **Auswahl** desjenigen **Testobjekts** dient, das die gesetzten Kommunikationsziele am besten erfüllt (keine Fehlwahrnehmungen, richtige Interpretation etc.), will man im alternativen Fall Aufschluß darüber gewinnen, in welcher Reihenfolge die einzelnen Elemente einer Reizvorlage wahrgenommen werden und dabei zu einer u. U. unterschiedlichen Interpretation des Kommunikationsinhalts führen.

4.4.2.3. Das Schnellgreifverfahren

Einer ähnlichen theoretischen Basis wie das Tachistoskop entspringt die Idee der **Schnellgreifbühne.** Hierbei handelt es sich in der Regel um eine mechanische Vorrichtung, die aus der Wahrnehmung eine Zugriffshandlung werden läßt. Allerdings benötigt die Verwendung dieses Gerätes von allen daran Beteiligten eine gewisse Übung.

Bei der Schnellgreifbühne handelt es sich im allgemeinen um einen größeren Kasten, der eine Öffnung in Augenhöhe der Testperson aufweist und mehreren Produkten oder Packungen nebeneinander Platz bietet. Zu Beginn eines Versuches ist die Bühne bzw. Öffnung durch eine Vorrichtung (Vorhang, Klappe) abgedeckt, die durch einen entsprechenden Mechanismus so geöffnet werden kann, daß ein Zugriff zu den dahinter befindlichen Produkten nur für einen Augenblick möglich ist. Die vorgesehene Darbietungszeit wird dabei vom Versuchsleiter über eine Drucktaste festgelegt, die auch die Beleuchtung steuert. Solange dieser Zustand anhält, hat sich die Versuchsperson für einen oder mehrere der ausgestellten Gegenstände zu entscheiden (vgl. *Hoffmann* 1976, S. 133f.).

Das Verfahren dient vor allem der **Prüfung** der **Anmutungsqualität** von **Packungen** und der **Beurteilung** des **Preis/Leistungsverhältnisses** verschiedener **Alternativen**. Es kommt aber auch für die Ermittlung von Präferenzen bzw. Präferenzordnungen für verschiedene Güter bei begrenzten Budgets in Betracht. Auf Grund der notwendigerweise relativ langen Expositionszeiten und der hohen Eigenaktivität, die von Probanden bei Tests mit der Schnellgreifbühne verlangt werden, ist das Verfahren jedoch zum Teil schwerwiegender Kritik ausgesetzt (vgl. *Salcher* 1978, S. 123 ff.).

4.4.2.4. Computergestützte Erhebungstechniken

Neben den bislang erläuterten Meßverfahren gibt es zwei außerordentlich vielversprechende Erhebungstechniken, die erst durch die Entwicklung elektronischer Datenverarbeitungsanlagen möglich geworden sind. Es handelt sich dabei um die **computergestützte Befragung** auf der einen und die **artikel-** (und u. U. personen-)**bezogene automatische Erfassung** von Daten am sog. **Verkaufspunkt** auf der anderen Seite.

4.4.2.4.1. Die computergestützte Befragung

Die Befragung als Instrument der Datengewinnung wird auch in der Zukunft unentbehrlich sein. Dafür gibt es mindestens zwei einleuchtende Gründe:

– Ein erheblicher Anteil der Forschungsbemühungen wird nach wie vor auf die Untersuchung kognitiv kontrollierten Verhaltens, also von Einstellungen, Handlungsabsichten und Entscheidungen gerichtet sein. Zugang dazu findet man primär über das Instrument der Befragung.

– Befragungen sind verhältnismäßig einfach durchzuführen, verursachen vergleichsweise geringe Kosten und führen im Regelfall zu einer Fülle von verwertbaren Daten.

Vor allem in Japan und in den Vereinigten Staaten wird bereits in dieser Phase – und nicht erst bei der Datenauswertung – der Computer unterstützend eingesetzt (vgl. *Kroeber-Riel* u. a. 1983, S. 193 ff.). Statt eines einzigen Probanden, wie dies bislang üblich war, sitzen dem Interviewer nunmehr bis zu 100 und mehr Menschen gegenüber, die seine Fragen durch Bedienen eines mit einer Datenverarbeitungsanlage verbundenen Tastengeräts beantworten. Statt in einer auf Papier abgebildeten Ratingskala einen bestimmten Wert anzukreuzen, drückt der Proband jetzt die entsprechende Taste. Seine Reaktion wird unmittelbar erfaßt, gespeichert und weiterverarbeitet.

Unschwer vorstellbar ist noch ein weiterer Schritt, nämlich daß die Fragen den Auskunftspersonen über einen Bildschirm, dies gar noch in Gestalt des heimischen Fernsehapparates, vorgelegt werden. Die Erfassung der „Antworten" ist dabei zwar technisch etwas aufwendiger, aber, wie auch das Bildschirmtextverfahren erkennen läßt, praktisch durchaus zu bewerkstelligen.

Daß mit Hilfe des Computers und solcher neuartiger Kommunikationsformen eine schnelle, sichere und kostengünstige Datenerfassung möglich sein wird, ist zwar noch nicht erwiesen, aber zumindest vorstellbar. Der entscheidende Vorteil, der damit einhergeht, ist aber ein ganz anderer, nämlich der Umstand, daß dank einem Zeitmesser genau registriert werden kann, wie lange es dauert, bis ein Proband reagiert. Die Zeitspanne zwischen dem Aufscheinen einer Frage auf dem Bildschirm und der Eingabe der (digitalisierten) Antwort wird dabei als Indikator für die **Sicherheit** oder **Überzeugung** gedeutet, mit der der Proband antwortet. Die **Reaktionszeit** zeigt damit zugleich an, inwieweit jemand in seiner Meinung festgelegt bzw. Beeinflussungsversuchen zugänglich ist. Ein anderer Schluß, den man daraus ziehen zu können glaubt, ist der, daß ein Proband, der seine Kaufbereitschaft in einem konkreten Fall bekundet, diese Absicht um so eher verwirklicht, je geringer seine Reaktionszeit war.

Eine weitere Verfeinerung des Verfahrens ergibt sich durch sog. **Programmanalysatoren.** Die bereits erwähnten Tastengeräte sind dabei mit einer positiven und einer negativen Signalvorrichtung ausgestattet, die entsprechende Wertungen vorzunehmen erlauben. Angenommen, eine größere Zahl von Menschen sei mit solchen Apparaten ausgestattet, so können diese, während sie z.B. eine Fernsehsendung sehen, einen Schlager hören oder live einer Rede eines Politikers folgen, unablässig durch Drücken der jeweiligen Taste ihre Zustimmung bzw. Ablehnung bekunden. Durch Aggregation aller von irgendwelchen Probanden ausgelösten positiven und negativen Impulse entsteht ein zweiseitiges Reaktionsprofil, das einen objektivierten „ersten Eindruck", den die Betroffenen gewannen, verkörpert. Hier zeigt sich wiederum ganz deutlich, daß derartige Informationen im Wege konventioneller Befragungsverfahren so gut wie nicht zu erhalten wären.

4.4.2.4.2. Die automatisierte Datenerfassung am Verkaufspunkt

Zu den wichtigsten Informationen, die im Marketing benötigt werden, gehören jene, die das tatsächliche Kaufgeschehen widerspiegeln. In den Mittelpunkt des Interesses rückt damit die sog. **artikelgenaue Datenerfassung am Verkaufspunkt,** am sog. P(oint) O(f) S(ale), die sich nicht nur für den Handel, sondern auch für die Hersteller von Konsumgütern als außerordentlich bedeutsam erweist. Die besondere Brisanz dieser Entwicklung liegt darin, daß die automatisierte Datenerfassung an den Kassen des Einzelhandels, an deren Realisation erst seit Beginn der achtziger Jahre ernsthaft gearbeitet wird, andere Formen der Informationsgewinnung, wie sie in Handels- und Verbraucherpanels heute üblich sind, sowie Ad-hoc-Befragungen bzw. -Beobachtungen in absehbarer Zeit obsolet erscheinen lassen wird.

Dies gilt namentlich dann, wenn die interessierenden Zahlen entweder im Augenblick ihres Anfalls oder am Ende eines Tages über eine Telefonleitung oder ein anderes Medium und möglicherweise sogar ohne Zutun des betroffenen Unternehmens an die vorgelagerte(n) Absatzstufe(n) weitergeleitet werden. Es besteht kein Zweifel, daß dies der **Forschung, Planung** und **Kontrolle** im Marketing bislang ungeahnte Möglichkeiten eröffnet und Impulse verleiht, deren Tragweite noch nicht zu übersehen ist.

(1) Traditionelle Versuche einer artikelgenauen Verkaufsdatenerfassung

Verfolgen wir den Weg der Ware in einem Einzelhandelsbetrieb daraufhin, welche Daten dabei an welcher Stelle erfaßt werden, so ergibt sich folgendes Bild:

- **Wareneingang:** Art, Menge, Einstandspreis der gelieferten Artikel über Lieferschein und Eingangsrechnung
- **Lager:** Art, Menge und Wert der gelagerten Artikel über Lieferschein, Eingangsrechnung, Inventurunterlagen und Zähllisten
- **Warenausgang:** Geldbetrag pro Verkaufsakt sowie Warengruppe an der Kasse über Etikett und Packung.

Das entscheidende Manko besteht darin, daß zwar an der Rampe und im Lager bzw. im Verkaufsraum Daten über die einzelnen Artikel anfallen, im Regelfall aber nicht am Verkaufspunkt (POS = Warenausgang, Kassenlinie) selbst. Dort werden traditionell lediglich Geldbetrag pro Verkaufsakt und allenfalls die betroffenen Artikelgruppen erfaßt. Die Betriebsleitung erhält also im Extremfall nur einmal im Jahr – nach der Inventur – Informationen auf Artikelbasis über die Verkäufe, den Wareneinsatz und die Bestände.

Daten über die **Verkäufe** einzelner Artikel fallen dabei nur auf Umwegen an. Der Wareneingang wird ebenso wie die Lagerbestände durch **Zählung** erfaßt. Der Warenausgang ergibt sich durch **Berechnung** (Warenausgang = Anfangsbestand + Zugänge ./. Endbestand). In der Literatur wird deshalb von einer **indirekten Erfassung** von Verkaufsdaten über einzelne Artikel gesprochen.

Der Begriff Verkaufsdatenerfassung erweist sich im übrigen im geschilderten Fall als unpräzise. Bei dem artikelgenauen Wareneinsatz, der auf indirekte Weise ermittelt wird, handelt es sich nämlich keineswegs nur um echte Verkäufe. Auch gestohlene und sonstigem, nicht eigens registriertem Schwund zum Opfer gefallene Waren sind darin enthalten. Eine artikelgenaue Ermittlung von Inventurdifferenzen, die oftmals die Voraussetzung für das Aufspüren der Ursachen für Diebstähle und deren Bekämpfung wäre, ist auf diesem Weg der Rückrechnung von „Verkaufsdaten" nicht möglich.

Weitere Unzulänglichkeiten dieser Methode bestehen darin, daß die auf dieser Basis ermittelten **warenwirtschaftlichen Kennzahlen** die zu messenden betrieblichen Sachverhalte nur sehr ungenau abbilden. Beispielsweise ist zur Berechnung der Lagerumschlagsgeschwindigkeit bzw. -häufigkeit und der Bruttonutzenziffer, also des Produktes aus prozentualem Kalkulationsaufschlag und Lagerumschlagshäufigkeit, die Kenntnis des durchschnittlichen Lagerbestandes erforderlich. Es ist jedoch regelmäßig nicht bekannt und generell in Zweifel zu ziehen, ob die aus einzelnen, zeitlich weit auseinanderliegenden Stichprobenbeständen berechneten Werte für den betrachteten Zeitraum tatsächlich repräsentativ sind.

Das Verfahren der Berechnung von Durchschnittsbeständen für einen längeren Zeitraum aus wenigen Stichtagswerten liefert somit nur für solche Waren exakte Ergebnisse, die eine kontinuierliche Absatzentwicklung aufweisen. In diesen Fällen dürfte eine Ermittlung der **Lagerumschlagshäufigkeit** als Informationsgrundlage für die Steuerung des Sortiments ohnehin weitgehend überflüssig sein.

Ein Verfahren, bei dem im Extremfall Lagerbestände nur einmal im Jahr, anläßlich der Inventur, erfaßt werden, eignet sich jedenfalls nicht zur Beurteilung und Steuerung solcher Artikel, deren Absatzentwicklung kurzfristigen Schwankungen unterworfen ist. Um auf solche Veränderungen am Markt mit geeigneten marketingpolitischen Maßnahmen reagieren zu können, sind zeitnahe und genaue Informationen über Absatzentwicklung und Kennzahlen wie beispielsweise die Lagerumschlagshäufigkeit unentbehrlich.

Es versteht sich, daß das Verfahren der indirekten Erfassung von Verkaufsdaten über einzelne Artikel, soweit man sich seiner doch bedienen muß, um so genauere Ergebnisse liefert, je häufiger Lagerbestandszählungen durchgeführt werden. Wird aber die Frequenz von Bestandszählungen erhöht, so zeigt sich ein weiterer Nachteil der Methode. Dieser besteht in einem **erhöhten Personalbedarf,** und zwar gerade dann, wenn das vorhandene Personal keine freie Kapazität mehr hat. Aus diesem Grunde werden Lagerbestandszählungen zur (indirekten) Ermittlung der Absatzentwicklung sowie zur Berechnung von Kennzahlen für die Zwecke der Warenwirtschaft, abgesehen von jenen Bereichen, in denen häufigere Zählungen (wie zum Beispiel bei Frischwaren) ohnehin unvermeidbar sind, regelmäßig höchstens einmal im Monat stattfinden. Für jene Teile des Sortiments, bei denen kurzfristig auf Änderungen im Nachfrageverhalten mit Zweitdisplays, Preisänderungen und ähnlichen Maßnahmen reagiert werden muß, genügt dies nicht. Aus Gründen der Personalauslastung ist es schließlich zumeist unumgänglich, Zählungen an verschiedenen Tagen des Monats und in unterschiedlichen Zeitabständen durchzuführen. Dadurch werden die Vergleichbarkeit und somit die Aussagefähigkeit der Daten zusätzlich beeinträchtigt.

An diesen Beispielen wird deutlich, daß ohne die Erfassung artikelgenauer Verkaufsdaten am Verkaufspunkt wesentliche betriebswirtschaftliche und marketingpolitische Steuerungsinformationen fehlen.

(2) Die manuelle Dateneingabe als Zwischenlösung

Die Frage, auf welche Weise artikelgenaue Verkaufsdaten an der Kasse erfaßt werden sollen, stellt sich nicht nur im Einzelhandel, sondern etwa auch im C & C-Großhandel. Dort müssen seit jeher die verkauften Artikel einzeln erfaßt werden, um Rechnungen zu erstellen, wie sie von den meisten gewerblichen Abnehmern benötigt werden.

Eine einfache Umstellung traditioneller Kassen in dem Sinne, daß zusätzlich zum Preis die **Artikelnummer** von Hand eingegeben wird, erscheint aus folgenden Gründen häufig unzweckmäßig: Wird die Anzahl der Kassen beibehalten, entstehen längere Wartezeiten, was die Kunden verärgert. Eine Erhöhung der Kassenzahl würde aber unmittelbar die Kosten in die Höhe treiben. Es lag deshalb nahe, nach einer Möglichkeit zu suchen, bei der dem unvermeidlichen zusätzlichen Kostenaufwand für die artikelgenaue Erfassung Rationalisierungsvorteile gegenüberstehen.

Als Alternative zum traditionellen Kassensystem wurde somit das sog. **Price Look Up (PLU)-Verfahren** entwickelt. Dabei steht die Kasse mit einem Computer in Verbindung, in dem der Preis und die Bezeichnung der Ware gespeichert sind. Diese Daten lassen sich dadurch abrufen, daß lediglich die Nummern der betreffenden Artikel manuell oder automatisch erfaßt werden, die auf diesen zur eindeutigen Identifikation aufgedruckt sind.

Beschleunigen läßt sich der Vorgang der Eingabe von Hand dadurch, daß sog. Kurz- oder Velocity-Codes verwendet werden. Dabei handelt es sich um handelsunternehmensspezifische Artikelnummern mit variabler Länge. Artikel mit hoher Lagerumschlagshäufigkeit erhalten eine kurze Artikelnummer, die sog. Langsamdreher dagegen eine lange.

Nachteile der manuellen Eingabe von Velocity-Codes gegenüber noch darzustellenden Alternativen bestehen erstens in der trotz der Verwendung von Prüfziffern in der Artikelnummer gegebenen Fehleranfälligkeit. Diese ist u. a. auf die Eingabe von im Sortiment vorhandenen, aber nicht zu den verkauften Artikeln gehörenden Nummern zurückzuführen. Zweitens handelt es sich bei den Velocity-Codes um Artikelnummern des Händlers, die auf das Produkt irgendwie aufgetragen werden müssen. Dieser Vorgang ist nicht nur eine Quelle von Irrtümern, sondern auch umständlich.

Ein Ausweg schien sich in der Möglichkeit anzubahnen, die Artikelnummer bereits während des Produktionsprozesses per Etikett an der Ware zu befestigen oder in die Packung zu integrieren. Es wäre aber in der Produktion nicht nur schwierig und teuer, sondern häufig ganz undenkbar, daß dabei abnehmerindividuelle Artikelnummern verwendet werden. Dies wäre in der Regel mit einem zweistufigen Produktionsprozeß verbunden, da die Artikelnummern eines Abnehmers naturgemäß erst dann an der Ware angebracht werden können, sobald der Käufer bekannt ist.

(3) Die Schaffung einheitlicher Artikelnummernsysteme

Ein in seiner Tragweite für die Durchsetzung artikelgenauer Datenerfassung am Verkaufspunkt im Einzelhandel wesentlicher Durchbruch wurde mit der Einführung national und sogar international einheitlicher **Artikelnummernsysteme** erzielt. Ein solches System gibt es in den USA mit dem sog. *Universal Product Code (UPC)* seit 1973. Das europäische Pendant dazu ist die sog. *Europäische Artikelnummer (EAN)*, deren Aufbau aus Tab. 7.17. hervorgeht. Es obliegt der *Centrale für Coorganisation (CCG)*, einer von Handel und Konsumgüterindustrie getragenen Institution, für alle die *EAN* betreffenden Fragen Richtlinien in Form von Empfehlungen zu erarbeiten.

Tabelle 7.17.:

Aufbau der *EAN* an einem Beispiel

Länderkenn-zeichen	Bundeseinheitliche Betriebsnummer	Interne Artikelnummer des Herstellers	Prüfziffer
4 0	1 2 3 4 5	0 0 4 1 5	1
Bundesrepublik Deutschland	z. B. Badische Schmuck-Manufaktur Karlsruher Str. 1 7530 Pforzheim	z. B. Damenring, Weißgold 333, 2 echte Smaragde	99% Sicherheit bei automatischem Preisabruf

Eine solche für Hersteller und Handel einheitliche Artikelnummer
- ermöglicht die Integration des Etiketts in die Packungsgestaltung (sog. „integral marking"),
- erleichtert die Identifikation der Ware auf Preislisten, Belegen und im Regal beim Hersteller, im Groß- und im Einzelhandel und
- verringert die Fehlermöglichkeiten beim Datenträgeraustausch.

Sollen die am Verkaufspunkt zu erfassenden Daten nicht von Hand eingegeben, sondern **automatisch** gelesen werden, so müssen diese verschlüsselt werden. Dazu bieten sich folgende Code-Systeme an:
- **Lochcodes,** so z. B. auf Lochkarten oder Lochkartenabschnitten
- **Magnetcodes,** z. B. auf Magnetstreifen, wie sie sich auf den neuen *eurocheque*-Karten finden
- **Optische Codes.**

Zu den optischen Codes gehören auch die herkömmlichen Angaben auf **Etiketten,** die nur vom menschlichen Auge, nicht aber von einem Datenerfassungsautomaten gelesen werden können. Folgende Arten optischer Codes lassen sich unterscheiden:
- Ausschließlich vom menschlichen Auge lesbare Codes, z. B. eine Artikelnummer in **Normalschrift:** Dieser Möglichkeit bedient man sich für Velocity-Codes.
- Vom menschlichen Auge und von einem Datenerfassungsgerät lesbare Codes: Am bekanntesten sind hierbei die *OCR* („optical character recognition")-**Codes.** So enthalten *eurocheque*-Vordrucke die Kontonummer und andere Daten in *OCR*-Schrift.
- Ausschließlich maschinenlesbare Codes: Die bekanntesten sind hierbei die **Balkencodes,** wie sie heute bei Nahrungs- und Genußmitteln weithin verwendet werden.

Die *EAN* wird hauptsächlich in Balkencode, aber auch in *OCR*-Schrift verschlüsselt. Gleichwohl wäre dies auch im Loch- und im Magnetcode möglich.

(4) Die wechselseitige Abhängigkeit von Code und Dateneingabe

Die Code-Systeme korrespondieren mit bestimmten Arten der Eingabe von Daten.

(a) Das **Eintippen** von Verkaufsdaten ist erforderlich, wenn eine nur vom menschlichen Auge lesbare Schrift verwendet wird oder wenn die Lesegeräte für solche automatisch lesbaren Symbole ausfallen, die auch vom Auge gelesen werden können.

(b) Das **maschinelle Einlesen** geschieht je nach Codeart mit einem speziellen Lesegerät, z. B.

- einem **Lochkartenleser** für Lochkarten (bzw. Lochcodes),
- einem **Magnet-Lesestift** für Magnetcodes,
- einem **Lesestift** für Balkencodes,
- einem in den Kassentisch fest eingebauten oder auch mobilen **Scanner** für Balkencodes, schließlich
- einer **Lesepistole** für *OCR*-Schrift.

Welche der genannten Code-Systeme und der entsprechenden Arten der Datenerfassung zweckmäßig sind, hängt u. a. von der Branche, dem Sortiment und der Größe eines Handelsunternehmens ab. Folgende **Entscheidungskriterien** sind in diesem Zusammenhang besonders wichtig:

(a) **Kosten der Etiketten:** Sie betragen bei Magnet-Codes mehrere Pfennige, so daß sie z. B. im SB-Lebensmittelhandel kaum zum Einsatz kommen können. Besonders preisgünstig sind dagegen Etiketten mit optischen Codes.

(b) **Kosten der Hardware:** Diese sind bei stationären Scannern mit ca. 7 000,- DM etwa dreimal so hoch wie bei Lesestiften bzw. -pistolen für Balkencode oder *OCR*-Schrift. Bei Magnetcodes sind zwar die Lesestifte mit ca. 1000,- DM vergleichsweise preiswert, die Erstellung der Etiketten bedarf jedoch einer Maschine, die ca. 75 000,- DM kostet.

(c) **Fehleranfälligkeit**, d. h. Lesesicherheit durch Verschmutzungs- und Beschädigungsempfindlichkeit: Empfindlich sind besonders Loch- und *OCR*-Codes. Bei diesen führen bereits geringe Verschmutzungen oder Beschädigungen dazu, daß die Daten nicht mehr automatisch gelesen werden können. Strichcodes sind dagegen relativ unempfindlich.

(d) **Anzahl der auf dem Etikett zu speichernden Daten:** Die Speicherdichte pro Flächeneinheit ist bei Magnetetiketten besonders hoch, bei Lochkartensystemen dagegen vergleichsweise niedrig.

Trotz der Vielfalt der Möglichkeiten, Verkaufsdaten automatisch zu erfassen, ist es unbestritten, daß die indirekte Art der Verkaufsdatenermittlung in der Praxis derzeit noch am weitesten verbreitet ist.

(5) „Harte" und „weiche" Vorteile der automatisierten Datenerfassung am POS

In der Diskussion um den Nutzen artikelgenauer Datenerfassung am Verkaufspunkt hat sich die Unterscheidung zwischen „harten", d. h. greif- und vergleichsweise leicht berechenbaren, und „weichen", d. h. in ihrem Wert schwer bezifferbaren Vorteilen durchgesetzt. An dieser Einteilung wird bereits die Schwierigkeit deutlich, den Nutzen artikelgenauer Informationen exakt festzustellen.

Eine Quantifizierung des Nutzens oder von Nutzenkomponenten, d. h. also die Feststellung harter Vorteile, ist dort vergleichsweise mühelos möglich, wo Funktionen kostengünstiger als bisher wahrgenommen werden. Wo indessen infolge des Einsatzes der Datenerfassung am Verkaufspunkt Funktionen erfüllt werden, deren Ausübung dem Handelsunternehmen vorher unter Beachtung des Gebotes der Wirtschaftlichkeit nicht möglich war oder wo ganz neue Informationsmöglichkeiten erschlossen werden, stößt eine Nutzenquantifizierung auf beachtliche Schwierigkeiten.

Aus diesem Grunde ist es verständlich, daß sich die Anbieter von Datenerfassungssystemen bemühen, die Wirtschaftlichkeit der von ihnen angebotenen Lösungen dadurch nachzuweisen, daß vorrangig auf die Verbesserung bereits wahrgenommener Funktionen Bezug genommen wird. Dabei handelt es sich hauptsächlich um den Bereich des **Personaleinsatzes** und der **Ablauforganisation** in den Handelsbetrieben selbst. Genannt werden hier vor allem folgende „harte" Vorteile:

(a) Verbesserung der Einsatzplanung beim Kassenpersonal und insbesondere bei Aushilfskräften.
(b) Verbesserung der Kassierleistung durch höhere
– Fehlersicherheit: Die Kasse meldet durch ein akustisches oder optisches Signal, wenn die Eingabe falsch oder unvollständig ist.
– Geschwindigkeit des Kassiervorgangs: Infolge des Einbaus von fest im Kassentisch installierten Scannern läßt sich zumeist die Anzahl der Kassen reduzieren.
(c) Vereinfachung der Kassenabrechnung durch weitgehende Automatisierung der Abstimmungsarbeiten.
(d) Verbesserung der Kassenkontrolle durch Absicherung gegen Manipulationen und Möglichkeit, den Kassiervorgang zu überwachen, ohne neben der Kasse zu stehen.
(e) Vereinfachung von Preisaus- und Preisumzeichnungen durch Regalauszeichnung und PLU-Verfahren bei Massenwaren, die mit einer Artikelnummer versehen sind.

Ungleich schwieriger sind die „soft savings" zu bestimmen. Diese ergeben sich dadurch, daß nunmehr bessere Entscheidungen getroffen werden können, als dies vorher möglich war. Hinzu kommt folgendes:

Nur die direkte Verkaufsdatenerfassung ermöglicht die Realisierung eines sog. **geschlossenen Warenwirtschaftssystems.** Ein solches zielt auf die vollständige artikelbezogene Erfassung und Steuerung der Warenbestände und -bewegungen vom Wareneingang bis zum Verkauf der Ware ab. Ebenso bedeutsam sind dabei die Schnelligkeit der Datenerfassung und die dadurch erreichbare Verfügbarkeit aktueller Informationen, für die sich auch die Hersteller lebhaft interessieren. Im Bereich der Sortimentsgestaltung z. B. hat dies folgende Konsequenzen:

Die Sortimentskontrolle wird zu einem echten Steuerungsinstrument, weil sie genauer und beliebig häufig durchgeführt werden kann. Kennzahlen wie Lagerumschlagshäufigkeit und Bruttonutzenziffer können nicht nur schnell für einzelne Artikel, Artikelgruppen oder größere Sortimentsteile ermittelt werden, sondern basieren auch auf tatsächlichen Beständen statt auf u. U. fehlerhaften Durchschnittswerten. Durch diese Art der Sortimentskontrolle kann in jenen Fällen, in denen eine Erhöhung der Bedarfsgerechtigkeit des Sortiments möglich ist, eine **Verbesserung** der **Warenpräsenz** oft bei gleichzeitiger **Verringerung** des gebundenen **Kapitals** erreicht werden.

Der durch all dies bedingten drohenden Überlastung des Managements durch einen „information overload" läßt sich begegnen, indem anstelle traditioneller Berichtssysteme **Auskunftssysteme** implementiert werden und routinemäßige Berichte nur über solche Artikel(-gruppen) erstellt werden, die der besonderen Aufmerksamkeit der Disponenten bedürfen. Das Vorhandensein eines Auskunftssystems ist Voraussetzung eines konsequenten **Management by Exception** in bezug auf Informationen, bei dem nur über Außergewöhnliches routinemäßig berichtet wird.

Neben Schnelldrehern („Rennern") und Langsamdrehern („Pennern") ist es auf diese Weise auch leicht möglich, **neu ins Sortiment aufgenommenen Produkten** besondere Aufmerksamkeit zu schenken. Die Erfolgsträchtigkeit solcher Produkte kann so schneller und genauer beurteilt werden, als dies bisher beim Verkauf an Letztverbraucher der Fall war. Der Vergleich einer größeren Zahl von Produkteinführungen eröffnet überdies reizvolle Möglichkeiten für die Entwicklung bzw. Validierung von Prognosemodellen.

Eine weitere Entlastung der Disponenten im Sinne eines Management by Exception tritt dadurch ein, daß die **Erreichung von Mindestbeständen** sowie die **Einhaltung** von **Maximalbeständen** und von **Einkaufslimits,** wie z. B. im Großhandel üblich, auch im Einzelhandel automatisch kontrolliert werden. Wird der Mindestbestand unterschritten, reagiert das System durch eine vom Computer erstellte Bestellung oder zumindest durch Ausdrucken eines Bestellvorschlags.

Ein Warenwirtschaftssystem in diesem Sinne wird zu einem wesentlichen Bestandteil eines **integrierten Marketing-Informations-** und **Marketing-Entscheidungssystems.** Neue Impulse aus der Verfügbarkeit von genauen Verkaufsdaten ergeben sich dabei insbesondere für die Marketing-Planung und -Kontrolle. So eröffnet die artikelgenaue Erfassung von verkauften Mengen und jeweils gezahlten Preisen die Möglichkeit, den Erfolg von Verkaufsförderungsaktionen unvergleichlich besser als ehedem zu kontrollieren.

Während, um ein weiteres Beispiel zu nennen, **Sortimentsverbundanalysen** früher ohne direkte Datenerfassung am Verkaufspunkt nur dadurch möglich waren, daß man die Kassenzettel im Hinblick auf gleichzeitig gekaufte Artikel einer mühevollen und personalintensiven Sonderauswertung unterzog, bereitet dies auf Grund von detailliert und automatisch erfaßten Verkaufsdaten einen nur noch geringen Arbeitsaufwand.

Aus solchen Analysen können Informationen darüber gewonnen werden, welche Produkte überzufällig häufig zusammen gekauft werden. Auf dieser Basis lassen sich wertvolle Hinweise für die hausinterne Standortzuweisung oder für die Auswahl solcher Sonderangebotsartikel gewinnen, die – gestützt auf einen kalkulatorischen Ausgleich – sinnvollerweise als Zugartikel eingesetzt werden. Diese Artikel sollen naturgemäß nicht vorrangig selbst verkauft werden, sondern im Verbund mit anderen, adäquat kalkulierten „Nachbarn". Nur wenn aber bekannt ist, welche Artikel dies sind, können die Sonderangebotsartikel vernünftig ausgewählt werden (siehe dazu im übrigen auch § 3, Abschn. 5.2.2.).

Damit ist durch eine artikelgenaue Datenerfassung nicht nur eine **Regalplatzoptimierung** erreichbar, sondern es lassen sich auch kurz- und langfristige **Preiselastizitäten** testen und möglicherweise sogar Zusammenhänge im Sinne von **Preis-Absatz-Funktionen** feststellen. Ebenso denkbar ist ein „Herantasten" an **Preisobergrenzen** für einzelne Produkte, sofern die Marktsituation die gelegentliche Variation einzelner Preise erlaubt.

In ganz neue Dimensionen der Analyse stößt man schließlich vor, wenn es gelingt, solche Informationen mit **Daten käuferbezogener Art** zu verknüpfen. Verfügen Handelsunternehmen z. B. durch Vergabe von Kundenkarten über derartige Kenntnisse, so eröffnen sich Chancen zur Erhöhung der Bedarfsgerechtigkeit des Angebots und damit auch der Geschäftsstättentreue.

Ein **Kundenkartensystem** zur Erlangung kundenbezogener Daten kann nicht zuletzt mit einem Kreditkartensystem gekoppelt werden, indem Handelsbetriebe mit Banken kooperieren oder in diesen Bereich hinein diversifizieren **(Banking-POS).** Auf einer entsprechenden Kundenkarte läßt sich z. B. eine Verfügungssumme (Guthaben oder Kreditbetrag) speichern, von der von geeigneten Kassen Beträge abgebucht werden können.

Angesichts der mit all dem verbundenen positiven Perspektiven vermag es wenig zu überraschen, daß neben den betroffenen **Handelsunternehmen** und den **Banken,** die den Zahlungsverkehr abwickeln, weitere Sektoren der Wirtschaft ein reges Interesse an der Nutzung der verbesserten Datenbasis über die Verkäufe an Letztverbraucher bekunden. So ist die **Konsumgüterindustrie** naturgemäß an zeitnahen Daten über die Absatzentwicklung ihrer Produkte interessiert, um die Wirkungen des Einsatzes absatzpolitischer Instrumente besser beurteilen zu können. Fehlentscheidungen z. B. infolge des sog. Pipeline-Effekts, die wegen unzureichender Informationen über die Akzeptanz der an den Handel gelieferten Produkte beim Letztverbraucher auftreten können, lassen sich auf diese Weise unschwer vermeiden. Die Industrie muß sich im übrigen darauf einstellen, daß der Handel auf Grund der verbesserten Informationen schlecht und vor allem mittelmäßig verkäufliche Produkte schneller und genauer identifiziert und diese ohne Zögern auslistet.

Was die **kommerzielle Marktforschung** betrifft, so entfallen insbesondere bei Einzelhandelspanels die bislang notwendigen Erhebungen. Das vorhandene Rationalisierungspotential kann man daran ablesen, daß allein die Firma *A. C. Nielsen* in der Bundesrepublik Deutschland zeitweilig bis zu 350 hauptamtliche Mitarbeiter beschäftigte, um solche

Daten zu sammeln, die bei einer weitgehenden Diffusion der neuen Datenerfassungssysteme beinahe automatisch anfallen.

4.4.3. Institutionalisierte Formen der Datenerhebung

4.4.3.1. Der Produkttest

Im Verlauf von Produkttests (vgl. *Bauer* 1981) werden ausgewählte Konsumenten um eine Beurteilung von marktreifen Erzeugnissen oder von einzelnen Attributen (Verpackung, Namensgebung, Preis, Form und dgl. mehr) gebeten. Die Urteilsabgabe basiert auf einer bloßen Betrachtung oder auch auf einem Ge- bzw. Verbrauch des Testobjektes. Die subjektiven und individuellen Auskünfte der Befragten betreffen alle zuletzt angesprochenen Kategorien sowie u.U. echte, wenn auch unter Laborbedingungen zustande gekommene Kaufentscheidungen.

Beim **Einzeltest** wird nur ein einziges Produkt einer Prüfung unterzogen; die Testperson entscheidet über dieses, indem sie es auf Grund ihrer Erfahrung bewertet. Eine gewisse Gefahr liegt bei dieser Vorgehensweise darin, daß die Testperson das fragliche Gut besser beurteilt, als es in Wirklichkeit ist, bedingt durch eine gewisse Voreingenommenheit, die durch die Testsituation hervorgerufen wird (kostenloses Überlassen eines Produktes; die Testperson ist auserkoren und zur Beurteilung aufgefordert worden). Diesen Nachteilen begegnet man mit dem **Mehrfachtest,** insbesondere dem parallelen Vergleichstest, bei dem ein Erzeugnis mit ähnlichen Produkten konfrontiert wird.

Beim **Volltest** interessiert man sich für die Akzeptanz des gesamten Produktes, beim **Partialtest** nur für einzelne Komponenten. Um deren Ausstrahlung (Irradiation) auf das gesamte Erzeugnis zu erfassen, bietet sich eine Reihe von Möglichkeiten an. Beim **Eliminationsverfahren** z.B. wird dieses sukzessive anonymisiert, wobei man es beispielsweise zunächst ohne Preisangabe, dann ohne Herkunftshinweise und schließlich, im Blindtest, nur noch als nackte Ware beurteilen läßt. Wird etwa in einem Volltest ein Markenerzeugnis als „minderwertig/billig" eingestuft und verbessert sich nach Ausschaltung der Komponente Preis dessen Beurteilung, so kann man daraus folgern, daß in diesem Fall der offenbar zu geringe Preis das Urteil der Versuchsperson geprägt hat.

Beim **Substitutionsverfahren** verringert man die Produktkomponenten nicht, sondern variiert sie nur. Das jeweils interessierende Element wird den Versuchspersonen in mehreren Varianten zur Begutachtung vorgelegt. Auf diese Weise kann man beispielsweise die von den Verbrauchern am stärksten akzeptierte Farbgebung eines Waschmittels oder die meistpräferierte Duftnote einer Seife herausfinden.

Entschließt man sich, einen **Labor-Testmarkt** zu veranstalten, unterzieht man Testpersonen zunächst einem Vorinterview, wobei u.a. Angaben zu Person, Lebens- und Konsumstil, Markenpräferenz u.ä. erbeten werden. Sodann werden die Betroffenen im Labor einer Werbung für das getestete Produkt sowie für Konkurrenzobjekte ausgesetzt, schließlich zum Einkaufen in einem (Labor-)Supermarkt veranlaßt. Sie erhalten dazu einen gewissen Geldbetrag ausgehändigt, der indessen nicht zum Einkaufen verpflichtet. Personen, die das Testprodukt erwerben, bekommen ein Konkurrenzerzeugnis als Zugabe, die anderen das Testprodukt, um damit Erfahrungen sammeln zu können. Nach Ablauf einer gewissen, etwa der normalen Nutzungsdauer entsprechenden Zeit werden die Testpersonen noch einmal interviewt. Hierbei interessiert, ob die Testprodukt-Käufer dieses wiederzukaufen resp. die Nichtkäufer es nunmehr doch zu erwerben gedenken. Zugleich werden subjektive Urteile über die Produktqualität erfragt.

Vom Produkttest zu unterscheiden ist der **Warentest.** Der Produkttest wird vom Anbieter selbst oder von einem von ihm beauftragten Institut vorgenommen; beim Warentest sind es dagegen neutrale Einrichtungen (z. B. *Stiftung Warentest*). Der Warentest wird immer nach Einführung des Produktes in den Markt, der Produkttest meistens vorher durchgeführt. Auch im Hinblick auf den Gegenstand der Prüfung ergeben sich Unterschiede. Im Warentest will man objektiv erkennbare Eigenschaften feststellen, also Gebrauchseignung, Grundnutzen, Preiswürdigkeit usw. Dagegen erforscht man beim Produkttest Grund- und Zusatznutzen; man stellt also auf subjektiv wahrzunehmende bzw. zu empfindende Eigenschaften eines Erzeugnisses ab. Letztlich zeigen sich auch in der Zweckbestimmung Unterschiede. Das Ergebnis des Warentests wird veröffentlicht; es soll die Markttransparenz erhöhen und den Verbraucher schützen, es ist somit verbraucherorientiert. Die Befunde aus einem Produkttest werden dagegen geheimgehalten; sie dienen der Entscheidungsfindung der Unternehmung, sind also unternehmensorientiert.

4.4.3.2. Der Markttest

Der Markttest gehört zu den methodisch am weitesten entwickelten Feldexperimenten, die im Rahmen der Marketing-Forschung durchgeführt werden. Insbesondere große Markenartikelhersteller scheuen die Kosten nicht, die beim probeweisen Verkauf von neuen oder veränderten Produkten auf einem abgegrenzten Markt entstehen. Sie sind der Überzeugung, daß nur auf dieser Basis **Prognosen** über die **Wirkung ausgewählter Marketing-Instrumente** bzw. ganzer **Konzeptionen** möglich sind. Ziel solcher Markttests ist es, im Sinne einer letzten Kontrolle vor der nationalen Einführung eines Produktes Erfahrungen und Daten über dessen mutmaßliche Marktgängigkeit, aber auch Informationen über die Wirksamkeit einzelner Marketing-Maßnahmen zu sammeln (vgl. hierzu *Rehorn* 1977).

Im Gegensatz zum sog. Store-Test, bei dem lediglich das Käuferverhalten als Reaktion auf einzelne absatzpolitische Aktivitäten untersucht wird, soll beim Markttest das gesamte Marktverhalten ergründet werden. Deshalb müssen die auf einem Testmarkt eingeführten Produkte handelsreif sein. Der **Testmarkt** selbst soll, um repräsentative Informationen zu gewährleisten, räumlich abgrenzbar sein und in seiner Bevölkerungs-, Handels-, Wettbewerbs- und Infrastruktur ein verkleinertes Abbild der Grundgesamtheit eines Landes darstellen. So reicht oftmals eine Stadt als Testgebiet nicht aus, da etwa Pendler oder außerhalb der Stadtgrenzen liegende Verbrauchermärkte das Bild verzerren. Man bevorzugt deshalb meistens sog. **Agglomerationsräume.**

Um Streuverluste von Werbemaßnahmen zu vermeiden, sollte das Verbreitungsgebiet von Massenmedien, die als Werbeträger in Frage kommen, möglichst gut mit dem als Test-Region ausgewählten Gebiet übereinstimmen. Dieser Forderung kommen z. B. überregionale Zeitungen und Zeitschriften dadurch entgegen, daß sie die Plazierung einer Anzeige in nur einem Teil ihrer Auflage ermöglichen **(Split Run-Verfahren).**

Aus den genannten Gründen häufig gewählte, aber gerade deswegen zugleich atypische Testmärkte sind Berlin und das Saarland. Bei manchen Produkten müssen auch landsmannschaftliche Gegebenheiten bei der Auswahl eines Testmarkts berücksichtigt werden. So würde z. B. eine im Norden der Bundesrepublik Deutschland gelegene Region kaum repräsentative Ergebnisse für die Absatzfähigkeit neuer Teigwaren liefern.

Eine besondere Schwierigkeit bei der Durchführung eines Markttests ergibt sich daraus, daß der **Handel** zur **Mitarbeit** gewonnen werden muß, da im Verlauf eines solchen – häufig auf drei Monate angelegten – Experiments eine permanente Erfolgskontrolle erfolgen muß. Die Bereitschaft zur Mitwirkung leidet vor allem darunter, daß immer dann, wenn der Einkauf zentral über große Handelsorganisationen abgewickelt wird, organisatorische Änderungen erforderlich werden, die von den Betroffenen häufig nur widerstrebend vorgenommen werden.

Weitere Probleme ergeben sich vor allem dadurch, daß sich die Konkurrenten auf solchen Teilmärkten atypisch verhalten oder aber andere Umwelteinflüsse nicht in ausreichendem Umfang erfaßt und berücksichtigt werden können, wodurch eine Übertragung von Testmarktergebnissen auf den Gesamtmarkt erschwert wird.

Mit der **Durchführung** von Markttests werden in aller Regel **Marktforschungsinstitute** beauftragt, da diese sowohl über das erforderliche Instrumentarium als auch über Personal mit langjähriger einschlägiger Erfahrung verfügen. So bietet z. B. die *A. C. Nielsen Company,* Frankfurt/M., Markttests sowohl in verschiedenen Ballungsräumen (z. B. Hamburg, Rhein/Main) als auch in den Standard-Testgebieten Hessen und Saarland an. Die *GfK* Nürnberg stellt je nach Aufgabenstellung ein neues Sample von Testläden zusammen. Daneben bieten kleinere Institute regionale Testmarktalternativen für unterschiedliche Fragestellungen an.

Wegen der immensen Kosten, die mit der Durchführung solcher Prüfungen einhergehen, wurden billigere Ersatzlösungen mit zwar vergleichbarem Datenanfall, aber geringerer Validität entwickelt, so z. B. der sog. **Mini-Testmarkt.** Hierbei handelt es sich um eine Kombination von Ladentest und Haushaltspanel. Die Verbindung zwischen beiden erfolgt über Kenn-Nummern, die den einzelnen Haushalten zugewiesen werden. Die werbliche Unterstützung des Testproduktes wird dabei in der Weise simuliert, daß die Betroffenen eine Programmzeitschrift erhalten, in die Anzeigen für das Testprodukt eingefügt sind. In begrenztem Umfang ist bei bestimmten Mini-Testmärkten darüber hinaus die Unterstützung des Testprodukts durch TV-Werbung denkbar, wodurch sich die Gelegenheit zur Kontrolle dieses kommunikationspolitischen Instrumentes eröffnet.

4.4.3.3. Der Store-Test

Häufig wird vor der Einrichtung oder statt eines Testmarktes ein sog. Store-Test durchgeführt, bei dem die in einem Labor nur unzureichend reproduzierbaren Umweltzustände angesichts der realen Bedingungen, die in einem Geschäft gegeben sind, in die Prüfung der Akzeptanz neuer oder modifizierter Produkte einbezogen werden können. Der Erfolg des testweisen Verkaufs von Produkten in ausgewählten Geschäften wird meistens mittels der Methode der **experimentellen Beobachtung** kontrolliert.

Durch entsprechende Versuchsplanung können Absatzänderungen unschwer zu Variationen einzelner Elemente des Marketing-Mix, wie z. B. dem Preis des Produktes, dessen Plazierung oder etwaigen Verkaufsförderungsmaßnahmen (Sales Promotion), in Beziehung gesetzt werden. Dabei werden sämtliche Variablen außer jener bzw. jenen, deren Wirksamkeit durch das Experiment überprüft werden soll, so weit wie möglich konstant gehalten.

Der Vorteil der Variierbarkeit von Teilen des absatzpolitischen Instrumentariums wie auch die gegenüber dem Markttest erheblich geringeren Kosten müssen beim Store-Test mit Nachteilen bezüglich der Validität der Ergebnisse erkauft werden. Da nur einige, meist umsatzstarke Geschäfte ausgewählt werden, sind die Resultate nicht repräsentativ. Ferner sind bestimmte Elemente des Marketing-Mix, insbesondere die Mediawerbung, bei dieser Vorgehensweise aus naheliegenden Gründen nicht einzusetzen.

Marktforschungsinstitute zählen Store-Tests zu ihrem üblichen Service-Angebot, z. B. die *GfK* Nürnberg einen „Store-Test" und die *A. C. Nielsen Company*, Frankfurt/M., einen „Kontrollierten Markttest". Zur Durchführung eines Store-Tests können diese Firmen auf Test-Panels zurückgreifen, die im wesentlichen Selbstbedienungsgeschäfte des Lebensmittelsektors umfassen.

Ein Store-Test erstreckt sich in aller Regel auf einen Zeitraum von zwei Monaten, wobei die Testvariable wöchentlich erhoben wird. Je größer das Sample gewählt wird bzw. je höher die Umschlagsgeschwindigkeit der betreffenden Produktgruppe ist, desto stärker kann, vorbehaltlich der Konstanz der Umweltbedingungen, die Beobachtungsdauer reduziert werden.

Was die Zahl der einzubeziehenden Geschäfte anbetrifft, gelangt man zu Größenordnungen von 20 bis 50. Die Schwierigkeit der **Gewinnung** von **Einzelhandelsgeschäften** zur Mitwirkung dürfte hier noch größer als beim Markttest sein, da beim Store-Test oft nachhaltig in die Sortiments- und

Preispolitik des Handels eingegriffen werden muß, was von den dafür vorgesehenen Geschäften oft nicht hingenommen wird.

4.4.3.4. Die Panelerhebung

In vielen Fällen genügt es nicht, einmalig Marktforschungsstudien durchzuführen, da der Absatz eines Produktes infolge Konkurrenzmaßnahmen und Präferenzänderungen der Konsumenten ständigen Schwankungen unterworfen ist. Dem versucht man dadurch Rechnung zu tragen, daß man eine ausgewählte Personengruppe **mehrfach,** und zwar in **regelmäßigen Abständen** befragt oder die Absatzentwicklung in einer als repräsentativ erachteten Zahl von Geschäften permanent beobachtet.

Diese als Panelerhebung bezeichnete Methode der Marketing-Forschung weist vor allem **kostenmäßige Vorteile** auf, da es nur einmal der Aufstellung eines repräsentativ ausgewählten Sample bedarf. Ferner ist in der Regel die Vergleichbarkeit der Auskünfte größer als bei ständig neu erstellten Querschnitten. In engem Zusammenhang damit steht der Vorzug einer **relativ schnellen Informationsgewinnung** über rasch wechselnde Marktsituationen, da die Zeit entfällt, die sonst benötigt würde, um eine neue Stichprobe zu ziehen. Diese Vorteile kommen insbesondere auch bei ad-hoc-Umfragen und bei Produkttests zum Tragen.

Grundsätzlich können Panels auf jeder Stufe des Absatzweges aufgebaut werden. Denkbar wären deshalb **Hersteller-, Großhandels-, Einzelhandels-** und **Verbraucherpanel.** Für absatzwirtschaftliche Probleme von Bedeutung sind vorrangig das Einzelhandels- und das Verbraucherpanel. Daneben gibt es **Spezialpanels,** wie z. B. ein Ärztepanel, aus dem die Pharmazeutische Industrie die Verschreibungsgewohnheiten der Ärzte bei Medikamenten erschließt.

(1) Das Verbraucherpanel

Ein **Verbraucherpanel** setzt sich aus einer meist in einem mehrstufigen Verfahren gewonnenen Personengruppe zusammen. Sind die Teilnehmer Einzelpersonen, spricht man von einem Individualpanel; stellt ein Haushalt die Befragungseinheit dar, handelt es sich um ein Haushaltspanel. Kennzeichen beider Panelarten ist die aktive Beteiligung der Probanden, die Fragebögen ausfüllen oder Ausgabenlisten führen müssen. Das **Individualpanel** wird zur Gewinnung von Informationen über den persönlichen Bedarf eingesetzt, während das **Haushaltspanel** Aufschluß über die für den gesamten Haushalt getätigten Einkäufe gibt. Dem Haushaltspanel kommt dabei die vergleichsweise größere Bedeutung zu.

Die Genauigkeit der gewonnenen Informationen hängt von den Eintragungen eines bestimmten Haushaltsmitglieds, meist der Hausfrau, ab. Dabei spielt naturgemäß die Erinnerung die entscheidende Rolle, weswegen die ausgefüllten Fragebögen, die üblicherweise in Form sog. Haushaltskalender gestaltet sind, wöchentlich eingesandt werden müssen. Von Interesse bei dieser permanenten

Befragung sind vor allem Angaben über die Zahl der gekauften Produkte, Markennamen oder Hersteller sowie Mitteilungen darüber, wo die Einkäufe getätigt wurden (Fachgeschäft, Warenhaus, Versandhandel usw.).

Da Panelerhebungen auf Grund der notwendigen Betreuung einen hohen fixen Aufwand verursachen, werden sie ausschließlich von Marktforschungsinstituten durchgeführt. Die bekanntesten sind das **Individualpanel** der *G & I Forschungsgemeinschaft für Marketing,* Nürnberg, mit einem Umfang von 8000 Einzelpersonen sowie zwei Haushaltspanels derselben Gesellschaft mit je 5000 Mitgliedern. Nationale Panels werden u. a. auch von der *GfM* (*Gesellschaft für Marktforschung mbH,* Hamburg) unterhalten. Regionale Panels, wie etwa die *G & I*-Panel Saarland und Berlin mit je 1000 Haushalten, bieten z. B. die Möglichkeit, während eines Markttests die unterschiedliche Akzeptanz neuer Produkte bei verschiedenen Haushaltstypen festzustellen.

Ein elementares Problem stellt die anzustrebende Repräsentativität eines Panels dar. Zunächst bereitet es schon einmal Schwierigkeiten, bei der Bildung von Panels einen repräsentativen Querschnitt von Verbrauchern zur kontinuierlichen Mitarbeit zu gewinnen. Sodann sind die Überwachung und Beibehaltung dieser Stichprobe über einen längeren Zeitraum hinweg auch heute noch ein ungelöstes Problem. Letzteres liegt an zwei Phänomenen, die unter den Stichworten Panelsterblichkeit und Paneleffekt bekannt sind. Unter **Panelsterblichkeit** versteht man das im Laufe der Zeit zu beobachtende Abbröckeln der Zahl der Panelteilnehmer. Die zu Beginn gewonnenen Mitglieder des Panels sind häufig nicht bereit und in der Lage, über Jahre hinweg Auskünfte zu erteilen. Ein anderer Teil scheidet auf Grund von Tod oder Ortswechsel aus. Besonders die Angehörigen der obersten sozialen Schicht und Personen, die als Einpersonenhaushalte eingestuft werden, verweigern häufig die Mitarbeit.

Um die Panelsterblichkeit zu verringern, werden gewisse **Anreize** zur Mitwirkung geboten, wobei diese, sofern sie in Form finanzieller Zuwendungen erfolgen, nicht zu hoch sein dürfen, da sonst (durch ein Gefühl des Verpflichtetseins oder der Dankbarkeit) ein atypisches Einkaufsverhalten ausgelöst werden kann. Das jährliche Entgelt für die Mitarbeit beträgt – je nach Marktforschungsinstitut – zwischen 50 DM und 100 DM. Daneben setzt man bevorzugt Berechtigungen zur Teilnahme an der Auslosung wertvoller Produkte oder Geldprämien aus. Der Panelsterblichkeit tritt man auch dadurch entgegen, daß man von vornherein in regelmäßigem Turnus einen Teil der Probanden austauscht.

Der **Paneleffekt** besteht darin, daß sich die Teilnehmer an die Situation gewöhnen, ständig kontrolliert zu werden, und mit bewußten oder unbewußten Verhaltensänderungen reagieren. So sind sich z. B. Hausfrauen der Tatsache bewußt, daß sie über ihr Verhalten Rechenschaft ablegen, d. h. über ihre Einkäufe Buch führen müssen. Dies hat zur Folge, daß sie ihre Besorgungen besser vorbereiten und Spontankäufe unterlassen. Panel-Mitglieder kaufen überdies in stärkerem Maße neue Artikel, was sicherlich ganz entscheidend auf die Vermittlung entsprechender Anregungen in den Vordrucken zurückzuführen ist.

Die Vorgabe bestimmter Produkte ist auch die Ursache eines dritten Störfaktors, des sog. **Overreporting.** Wenn jemand ein bestimmtes Gut über längere Zeit hinweg nicht mehr beschafft hat, kollidiert dies nicht selten mit seinem Prestigebewußtsein. Dies veranlaßt ihn, auch hier einen Kauf anzugeben, obwohl er in Wirklichkeit keinen getätigt hat. Die Gründe für eine erhöhte Berichterstattung können aber auch in der Vorwegnahme von Anschaffungen oder in der Deckung eines Nachholbedarfs liegen.

Tabelle 7.18.:
Durch Haushaltspanels zu gewinnende Informationen

A. Gesamtmarkt
1. Anzahl der durchschnittlich einkaufenden Haushaltungen
2. Mengen, die von der betreffenden Artikelgruppe im Durchschnitt pro Haushalt in einer bestimmten Periode eingekauft werden
3. Höhe des finanziellen Aufwands pro kaufendem Haushalt in einer bestimmten Periode
4. Marken und Sorten, die auf dem Gesamtmarkt bzw. auf den Teilmärkten nachgefragt werden
5. Marktanteile der Hauptmarken
6. Einzelheiten über
   a) Verpackungsarten
   b) Packungsgrößen
   c) Preise
   d) bevorzugte Geschmacksrichtungen
7. Geschäftsarten, in denen Einkäufe getätigt werden:
   a) Selbstbedienungs- und Bedienungsgeschäfte
   b) andere Betriebsformen

B. Unterschiede im Kaufverhalten der Haushaltungen nach
1. Bundesländern
2. Verkaufsgebieten
3. Ortsgrößenklassen
4. soziologischen Gruppen
5. Altersgruppen der einkaufenden Personen
6. Haushaltsgrößen

C. Produktspezifisches Kaufverhalten, so z. B.
1. Käuferwanderung
2. Markentreue
3. Einkaufshäufigkeit
4. gekaufte Mengen pro Einkauf
5. Mehrfachkäufe
6. Einkaufstage
7. Wirkungen bestimmter Werbemaßnahmen

Die besonderen Vorteile von **Verbraucherpanels** liegen in der hohen Reagibilität und in der Möglichkeit der differenzierten Auswertung der Antworten nach Maßgabe verschiedener Haushaltstypen. Außerdem bieten sie die Möglichkeit, die für den Erwerb bestimmter Produkte bevorzugten Geschäftstypen bzw. Bezugsquellen herauszufinden. Als nachteilig erweist sich die weit verbreitete Scheu der Menschen, Angaben über den Erwerb tabuisierter Produkte zu machen. Daneben werden Käufe, die während der Berufsausübung oder auf Reisen getätigt werden, im **Haushaltspanel** oft nicht registriert, weshalb hierbei auf die Ergebnisse von Individualpanels zurückgegriffen werden muß. Die Kosten der über Verbraucherpanels zu gewinnenden Informationen, wie sie in Tab. 7.18. zusammengestellt sind, betragen – je nach Informationstiefe – zwischen ca. 20 000 DM und 100 000 DM pro Jahr und Warengruppe.

(2) Das Einzelhandelspanel

Einige der bei einem Verbraucherpanel gegebenen methodischen Mängel versucht man, durch die **Beobachtung** der Verkäufe in Geschäften zu überwinden. Besondere Bedeutung hat dabei das **Einzelhandelspanel** erlangt.

Auch ein Einzelhandelspanel wird nur von Marktforschungsinstituten installiert und betreut. Die Auswahl der beteiligten Geschäfte erfolgt mit Hilfe einer geschichteten Stichprobe. Bei den dafür gewonnenen Firmen werden etwa im Falle des Einzelhandelspanels der *A. C. Nielsen Company* üblicherweise alle 61 Tage die Bestände der interessierenden Waren aufgenommen. Bei der Kontrolle von Produkteinführungen werden die Daten monatlich bzw. 14tägig erhoben. Mit Hilfe dieser Daten läßt sich nun der Absatz einzelner Produkte wie folgt feststellen:

> Lagerbestand zu Beginn der Periode
> \+ Einkäufe vom Großhandel
> \+ Einkäufe ab Fabrik
> ./. Lagerbestand am Ende der Periode
>
> = Endverbraucherabsatz

Daraus lassen sich auch die **durchschnittliche Lagerdauer** und die **durchschnittliche Umschlagshäufigkeit** von Produkten errechnen. Weiterhin kann das jeweils ermittelte Absatzvolumen mit bestimmten absatzpolitischen Maßnahmen der Unternehmung in Verbindung gebracht und so für **Erfolgskontrollen** genutzt werden. Eine gewisse Schwierigkeit ergibt sich bei der Ermittlung des **wertmäßigen** Absatzes, da die Festlegung eines Durchschnittspreises für die jeweils erhobene Absatzmenge eines Produktes bei der Preisaktivität vieler Panelteilnehmer nicht unproblematisch ist. Zudem vermitteln die errechneten Absatzzahlen kein völlig zutreffendes Bild der Lage, da bei den bekannten **Einzelhandelspanels** weder Waren- und Versandhäuser noch z. B. *ALDI* vertreten sind. Gleichwohl liefert das Einzelhandelspanel interessante Aufschlüsse über Unterschiede in den Absatzvolumina der erfaßten Geschäftstypen bei **konkurrierenden** Produkten (siehe dazu auch Tab. 7.19.).

Tabelle 7.19.:

Durch Einzelhandelspanels zu gewinnende Informationen

A. Trend des gesamten Einzelhandelsumsatzes

B. Absatzentwicklung ausgewählter Warengruppen
1. Endverbraucherabsatz nach Menge und Wert
2. Einkäufe des Einzelhandels
3. Lagerbestand im Einzelhandel
4. Umschlagsgeschwindigkeit
5. durchschnittlicher Monatsabsatz je Geschäft, das den Artikel führt
6. durchschnittlicher Lagerbestand je Geschäft, das den Artikel lagert
7. durchschnittliche Einkäufe je Geschäft und Monat
8. Bezugsquelle(n)
9. Zahl der Läden, die den Artikel führen (bezogen auf die Gesamtzahl der in Frage kommenden Läden ergibt sich als Prozentsatz die Distributionsquote)
10. Zahl der Läden, die den Artikel vorrätig haben
11. Zahl der Läden, die den Artikel einkauften
12. Zahl der Läden, die den Artikel absetzten

C. Auswertungen
1. Gesamtmarkt
2. Marken
3. Arten
4. Packungsgrößen
5. Gebiete
6. Ortsgrößenklassen
7. Geschäftstypen

D. Spezialanalysen
1. Ladenwerbung
2. Händlerwerbung

Quelle: *A. C. Nielsen* Gesellschaften in Europa (Hrsg.), *So arbeiten wir*, Luzern 1963, S. 56.

Da bei Handelspanels nicht mit dem Auftreten eines **Paneleffekts** zu rechnen ist, reduziert sich das Problem der Repräsentanz auf die **Panelsterblichkeit**. Wegen der Konzentration im Handel kann bereits die Teilnahmeverweigerung weniger Großbetriebe die Übertragbarkeit der Ergebnisse auf den gesamten Einzelhandel vereiteln. Auch hier werden deshalb Anreize zur Teilnahme geschaffen, die in einem geringen Entgelt, vor allem aber in der Beratung und in der Überlassung von Marktdaten und Informationsschriften bestehen. Die

Bezieher selbst haben je nach Marktforschungsinstitut zwischen ca. 80 000 DM und 120 000 DM pro Jahr und Warengruppe aufzuwenden.

Die Frage, ob sich ein Unternehmen des Einzelhandels- oder des Haushaltspanels bedienen soll, läßt sich nicht generell beantworten. Große Unternehmungen der Markenartikelindustrie gewinnen ihre Informationen in der Regel aus beiden Quellen. Im Einzelfall kommt es stark auf das jeweilige Produkt an, über dessen Absatzentwicklung Informationen gewünscht werden. Es ist beispielsweise nicht sinnvoll, bei Gütern, die erfahrungsgemäß bevorzugt in Verbrauchermärkten, Warenhäusern oder beim Versandhandel gekauft werden, ein Einzelhandelspanel zur Informationsgewinnung heranzuziehen, da diese Betriebsformen nicht darin vertreten sind. Entscheidend für die Wahl des einen oder des anderen Panels wird es daher immer sein, wie groß der Anteil des Marktes ist, den es erfaßt (**„coverage"**).

4.5. Die Datenanalyse

Statistische Methoden der Datenanalyse verfolgen das Ziel, die in umfangreichen Untersuchungen gewonnene Fülle von Einzeldaten zu verdichten und Zusammenhänge, Abhängigkeiten und Strukturen aufzudecken, um dadurch eine substantielle Interpretation der Untersuchungsergebnisse zu ermöglichen.

Die folgenden Fragestellungen sind geeignet, Zielsetzung und Aufgaben der Datenanalyse als der letzten Phase jeder empirischen Untersuchung zu verdeutlichen:

- Wie kann die Fülle des vorliegenden Datenmaterials auf das Wesentliche verdichtet werden (Datenkomprimierung)?
- Lassen sich Zusammenhänge zwischen den Daten aufdecken und wie stark sind diese (Analyse von Zusammenhängen)?
- Ist es zulässig, die gewonnenen Ergebnisse von der Stichprobe auf die übergeordnete Grundgesamtheit zu übertragen (Repräsentativität der Ergebnisse)?
- Mit welcher Sicherheit und in welcher Weise kann von den vorliegenden Daten auf zukünftige Entwicklungen geschlossen werden (Prognose)?

Nach der Anzahl der gleichzeitig betrachteten Variablen lassen sich **univariate, bivariate** und **multivariate Verfahren** der Datenanalyse unterscheiden.

Die traditionelle Methode der Datenaufbereitung und Datenanalyse ist die Berechnung einfacher univariater Maßzahlen (vgl. *Hammann/Erichson* 1978), die als **Verteilungsmaße** (z. B. Mittelwert, Median, Varianz) zur Beschreibung von Häufigkeitsverteilungen dienen können oder als **Verhältniszahlen** jeweils zwei Maßzahlen miteinander verknüpfen (z. B. Prozentzahlen, Beziehungszahlen, Indexzahlen).

Diesen einfachen Verfahren wohnt auf der einen Seite der Vorteil inne, daß sie einen ganz engen Bezug zum Datenmaterial besitzen und dadurch z. B. bei der

Datenreduktion nur ein geringer Informationsverlust auftritt; auf der anderen Seite liegen die Grenzen univariater Analysen klar auf der Hand: Sie können nur einzelne Aspekte der gesamten in den Daten enthaltenen Informationen beleuchten. Der Komplexität und der Mehrdimensionalität des zur Verfügung stehenden Materials werden sie dadurch nicht gerecht. Gerade im Marketing ist man aber häufig mit Fragen konfrontiert, die sich durch eine isolierte Betrachtung einzelner Variablen oder von Variablenpaaren nicht beantworten lassen.

Soll die Datenanalyse über eine bloße Beschreibung des Datenmaterials (deskriptive Statistik) hinaus zur Entscheidungsvorbereitung (operationale Funktion der Statistik) herangezogen werden, so bedarf es anspruchsvollerer Verfahren, nämlich solcher der sog. induktiven Statistik, der neben **Schätz-** und **Testverfahren** auch die im folgenden zu behandelnden **multivariaten Verfahren** zuzurechnen sind.

Statistische Testverfahren dienen dem Ziel, Hypothesen über unbekannte Grundgesamtheiten an Hand einer oder mehrerer Stichproben zu überprüfen. Sie werden immer dann eingesetzt, wenn es gilt, die für Stichproben ermittelten Ergebnisse, seien es einfache Mittelwerte oder Mittelwertsunterschiede bei einer Variablen, beobachtete Zusammenhänge zwischen zwei Variablen oder gar eine funktionale Beziehung zwischen mehreren Variablen, daraufhin zu überprüfen, ob sie nicht lediglich auf das Einwirken des Zufalls zurückzuführen sind. Die für eine konkrete Fragestellung geeigneten Testverfahren hängen neben dem Skalenniveau der in Frage kommenden Variablen und dem Verteilungstyp der Daten insbesondere davon ab, ob sich die Hypothesen auf einzelne Parameter der Grundgesamtheit beziehen oder ob sie sonstige Aussagen über die unbekannte Verteilung beinhalten (parametrische und nicht parametrische Testverfahren).

Grundsätzlich wird bei einem **Test** auf der Basis einer Stichprobe der Wert einer Statistik bzw. Prüffunktion errechnet und festgestellt, ob dieser in einem vorher festgelegten Ablehnungsbereich liegt. Fällt der Wert in diesen kritischen Bereich, so kann die sog. **Nullhypothese** des Tests verworfen werden.

Die Aussage, daß die Nullhypothese zu verwerfen ist oder nicht, bleibt dabei stets eine Wahrscheinlichkeitsaussage, d. h. durch einen Test läßt sich nicht klären, ob eine Hypothese richtig oder falsch, wahr oder unwahr ist. Durch Tests kann lediglich erreicht werden, daß sich unter der Vielzahl von Hypothesen, die nicht verworfen werden können, der Anteil der richtigen erhöht.

Ein bei der Anwendung statistischer Testverfahren im Marketing oftmals falsch interpretierter Begriff ist der der statistischen **Signifikanz.** Die statistische Signifikanz eines Ergebnisses ist völlig unabhängig von dessen praktischer Relevanz und bedeutet lediglich, daß ein Stichprobenfund mit einer bestimmten Wahrscheinlichkeit nicht nur zufällig von dem bei Gültigkeit der Nullhypothese zu erwartenden Ergebnis abweicht. Aussagen über das Ausmaß der Abweichung lassen sich allein daraus noch nicht ableiten.

4.5.1. Multivariate Verfahren der Datenanalyse

Mit der Weiterentwicklung elektronischer Rechenanlagen wurden Mitte der sechziger Jahre die Voraussetzungen dafür geschaffen, große Datenmengen mit vertretbarem Zeit- und Kostenaufwand zu analysieren. Insbesondere **multivariate Analyseverfahren** eröffnen die Möglichkeit, das durch eine Vielzahl von Variablen repräsentierte Informationspotential simultan zu verarbeiten und die diesem inhärenten Strukturen offenzulegen.

Gerade für die Marketing-Forschung gewinnen die multivariaten Verfahren zunehmend an Bedeutung. Die Entwicklung z. B. von Marktanteilen nur auf der Basis **einer** Variablen erklären oder gar prognostizieren zu wollen, käme heute niemandem mehr in den Sinn. Die Akzeptanz eines neuen Produktes hängt ebenso von mehreren Variablen ab wie die Wirkung eines Werbespots. Und um beispielsweise Konsumententypen zu beschreiben, bedarf es der Berücksichtigung einer Vielzahl von Merkmalen. Die **bivariaten Verfahren,** d. h. Verfahren, die die zwischen (nur) zwei Variablen bestehenden Beziehungen untersuchen, verlieren deshalb immer mehr an Bedeutung. Die Komplexität der Phänomene im Marketing zwingt vor allem dazu, die nicht offenliegenden, strukturbildenden Größen gewissermaßen herauszudestillieren und so das Interaktionsgeflecht für die Zwecke der Marketing-Politik transparent zu machen.

Die wohl am weitesten akzeptierte **Klassifikation multivariater Verfahren** der **Datenanalyse** orientiert sich daran, ob Abhängigkeiten (Dependenzanalyse) oder wechselseitige Beziehungen (Interdependenzanalyse) der Variablen untersucht werden (vgl. Tab. 7.20.).

Tabelle 7.20.:
Klassifikation wichtiger multivariater Verfahren

Ziel	Verfahren
Analyse von Abhängigkeiten (Dependenzanalyse)	Regressionsanalyse Varianzanalyse Diskriminanzanalyse AID-Analyse Conjoint Measurement
Analyse wechselseitiger Beziehungen (Interdependenzanalyse)	Clusteranalyse Faktorenanalyse Mehrdimensionale Skalierung

Während bei der Interdependenzanalyse die Variablenmenge nicht aufgeteilt wird, unterscheidet man bei der Dependenzanalyse zwischen sog. **abhängigen** und sog. **unabhängigen** Variablen. Es wird also davon ausgegangen, daß eine oder mehrere unabhängige Variablen eine oder mehrere abhängige Variablen beeinflussen. Dabei ist allerdings hervorzuheben, daß die empirische Bestätigung solcher Zusammenhänge immer nur eine notwendige, nicht aber eine hinreichende Bedingung für eine Erklärung im kausalen Sinn darstellt. Mathematisch-statistische Methoden können stets nur Hinweise für die Richtigkeit vermuteter kausaler Zusammenhänge liefern, nicht aber solche – quasi selbständig – aufdecken (vgl. hierzu auch Abschn. 3.1.3.).

Bei der nachfolgenden Darstellung können nur die wichtigsten multivariaten Verfahren berücksichtigt werden. Primäres Ziel der Ausführungen ist es, die mit einem Verfahren jeweils verfolgte **Zielsetzung**, die **Grundgedanken** des **methodischen Vorgehens**, ein **numerisches Beispiel** und **potentielle Einsatzmöglichkeiten** für das Marketing zu vermitteln.

4.5.1.1. Die Regressionsanalyse

(1) Die Zielsetzung

Der wohl prominenteste Vertreter der Verfahrensgruppe zur Analyse von Abhängigkeiten ist die **Regressionsanalyse**. Im Marketing-Bereich wird die Regressionsanalyse überall dort eingesetzt, wo **Richtung** und **Stärke** des **Zusammenhangs** zwischen **mehreren Variablen** ermittelt werden sollen. Dabei kann das Ziel verfolgt werden, sowohl die interessierende Größe vorherzusagen (Prognoseziel) als auch vermutete Zusammenhangsstrukturen in komplexen multivariaten Beziehungen empirisch zu überprüfen (Erklärungsziel). Deshalb spricht man im ersten Fall auch von **Prädiktorvariablen**, die zur Vorhersage eingesetzt werden sollen, und **Kriteriumsvariablen**, die vorhergesagt werden sollen, um die enge kausale Beziehung, wie sie im zweiten Fall bereits rein sprachlich durch die Unterscheidung zwischen unabhängigen und abhängigen Variablen zum Ausdruck kommt, abzumildern. In der Tat kann eine Prädiktorvariable (z.B. Höhe der Werbeausgaben) zur Vorhersage einer Kriteriumsvariablen (z.B. Umsatz) geeignet sein, ohne daß zwischen beiden eine kausale Beziehung bestehen muß.

Exemplarisch seien die folgenden Fragestellungen aufgeführt, die sich mit Hilfe der Regressionsanalyse bewältigen lassen:

– Welchen Einfluß haben Verkaufspreis und Werbeausgaben auf den Absatz eines Produkts und wie würde sich eine Preissenkung von 10% bei gleichbleibenden Werbeausgaben auf den Absatz auswirken?
– Welche Produktmerkmale (Preis, Qualität, Design, Markenname etc.) spielen bei der Bewertung eines Produkts durch die Konsumenten eine entscheidende, welche eine nur untergeordnete Rolle?
– Läßt sich die Wirkung einer Anzeige als lineare Funktion von Anzeigengröße, Farbenanzahl und Illustrationsfläche prognostizieren und welche Bedeutung kommt dabei den einzelnen Variablen zu?
– Reicht es aus, die Beziehung zwischen Absatz und Werbung zu untersuchen, oder haben auch Preis und Zahl der Vertreterbesuche eine Bedeutung für den Marketing-Erfolg?

Die allgemeine **Zielsetzung** des Verfahrens besteht nun darin, für eine Prädiktorvariable eine lineare Funktion (einfache Regression) oder aber für einen Satz von Prädiktorvariablen eine Linearkombination (multiple Regression) zu bestimmen, welche die beste Vorhersage einer Kriteriumsvariablen ermöglicht.

Wir wollen hier nur auf den Fall eingehen, daß sowohl die Prädiktorvariable(n) als auch die Kriteriumsvariable zumindest auf Intervallskalenniveau gemessen werden können und die untersuchten Zusammenhänge linearer Art sind. Für Verfahren der nicht-linearen Regression sowie die sog. Dummy-Regression bei nominalskalierten Prädiktoren muß auf die Fachliteratur verwiesen werden.

(2) Grundlagen und Vorgehensweise

Das Grundprinzip der linearen Regression läßt sich anschaulich an Hand der **einfachen** Regression mit einer Kriteriumsvariablen y und einer Prädiktorvariablen x verdeutlichen. Postuliert man eine lineare Beziehung zwischen den beiden Variablen, so besteht das Anliegen darin, eine lineare Funktion $\hat{y}$ zu bestimmen, die den Zusammenhang der beiden Variablen am besten wiedergibt. Als Kriterium fungiert dabei die **Summe der quadrierten Abweichungen** zwischen den beobachteten Werten y_i und den durch die Regressionsgleichung vorhergesagten Werten $\hat{y}_i$ **(Kriterium der kleinsten Quadrate)**.

Es gilt also:

(7.29.) $$\hat{y}_i = b_0 + b_1 x_i \quad \text{und}$$

(7.30.) $$\sum_{i=1}^{n} (y_i - \hat{y}_i)^2 \rightarrow \text{Min!}$$

Dabei bedeuten:
- i = Index der Beobachtungen ($i = 1, 2, 3, \cdots, n$)
- $\hat{y}_i$ = durch die Regressionsfunktion ermittelter Schätzwert für den Wert der Kriteriumsvariablen y bei Beobachtung i
- y_i = beobachteter Wert der Kriteriumsvariablen
- x = Prädiktorvariable
- b_1 = Regressionskoeffizient
- b_0 = Absolutglied

Die Bestimmungsgleichungen für die gesuchten Regressionsparameter b_1 und b_0 erhält man, indem man Gleichung 7.29. in Gleichung 7.30. einsetzt, den resultierenden Ausdruck partiell nach b_1 und b_0 differenziert und die beiden Ableitungen gleich Null setzt. Der Regressionskoeffizient b_1 entspricht dabei der Steigung der Regressionsgeraden und gibt an, wie groß die absolute Änderung der Kriteriumsvariablen ist, wenn der Wert der Prädiktorvariablen um **eine** Einheit erhöht wird.

Die Frage nach der Qualität der ermittelten Regressionsfunktion führt zu dem bei sämtlichen Verfahren der Dependenzanalyse zentralen Prinzip der **Zerlegung** der **Gesamtvariation** der **Kriteriumsvariablen** (vgl. Gleichung 7.31.).

Gesamtvariation der Kriteriumsvariablen	=	durch die Regression erklärte Variation	+	nicht erklärte Variation (Restvariation)

(7.31.) $$\sum_{i=1}^{n}(y_i-\bar{y})^2 = \sum_{i=1}^{n}(\hat{y}_i-\bar{y})^2 + \sum_{i=1}^{n}(y_i-\hat{y}_i)^2$$

(7.32.) $$R_{yx}^2 = \frac{\sum_{i=1}^{n}(\hat{y}_i-\bar{y})^2}{\sum_{i=1}^{n}(y_i-\bar{y})^2}, \quad 0 \le R_{yx}^2 \le 1$$

Dabei bedeuten:

i = Index der Beobachtungen (i = 1, 2, 3, $\cdots$, n)
$\hat{y}_i$ = durch die Regressionsfunktion ermittelter Schätzwert für den Wert der Kriteriumsvariablen y bei Beobachtung i
y_i = beobachteter Wert der Kriteriumsvariablen
b_1 = Regressionskoeffizient
b_0 = Absolutglied
$\bar{y}$ = Mittelwert über alle Beobachtungen
R_{yx}^2 = Bestimmtheitsmaß

Durch Division der durch die Regression erklärten Variation der Kriteriumsvariablen durch deren Gesamtvariation erhält man das sog. **Bestimmtheitsmaß** R_{yx}^2 (vgl. Gleichung 7.32.), das zum Ausdruck bringt, wie gut die Kriteriumsvariable durch die Prädiktorvariable(n) vorhergesagt werden kann bzw. welcher Anteil an der Gesamtvarianz der Kriteriumsvariablen durch die Regressionsgleichung bestimmbar ist. Bei der einfachen Regression entspricht das Bestimmtheitsmaß dem quadrierten bivariaten Korrelationskoeffizienten nach *Bravais-Pearson*. Es ist mit dem quadrierten Regressionskoeffizienten identisch, wenn die Variablen standardisiert sind.

Das an Hand der einfachen Regressionsanalyse dargestellte Grundprinzip des Verfahrens läßt sich unschwer auf den **multivariaten Fall** übertragen, in dem nicht nur eine, sondern mehrere Prädiktoren gleichzeitig die Kriteriumsvariable beeinflussen. Kennzeichen der multiplen Regressionsanalyse ist es, daß sie es erlaubt, den Einfluß zu bestimmen, den jede einzelne Prädiktorvariable getrennt von allen anderen betrachteten Prädiktorvariablen auf die Kriteriumsvariable ausübt.

Die Regressionsgleichung für den allgemeinen Fall der multiplen Regressionsanalyse lautet:

(7.33.) $$\hat{y}_i = b_0 + b_1 x_{1i} + b_2 x_{2i} + \cdots + b_m x_{mi}$$

Dabei bedeuten:

i = Index der Beobachtungen (i = 1, 2, 3, $\cdots$, n)
j = Index der Prädiktoren (j = 1, 2, 3, $\cdots$, m)
$\hat{y}$ = durch die Regressionsfunktion ermittelter Schätzwert für den Wert der Kriteriumsvariablen y bei Beobachtung i
b_0 = Absolutglied
$b_1, b_2, \cdots, b_m$ = partielle Regressionskoeffizienten
x_{ji} = beobachteter Wert der Prädiktorvariablen x_j bei Beobachtung i

Die bei der multiplen Regression aufwendigere Bestimmung der Regressionsparameter b_0, b_1, $b_2,\cdots,b_m$ orientiert sich wiederum an dem Kriterium der kleinsten Quadrate (vgl. die Gleichungen 7.29. und 7.30.).

Die **partiellen Regressionskoeffizienten** geben hierbei an, welche absolute Änderung der Kriteriumsvariablen von einer Erhöhung der entsprechenden Prädiktorvariablen um eine Einheit zu erwarten ist, wenn die Einflüsse aller anderen Prädiktoren ausgeschaltet bzw. konstant gehalten werden. Ein partieller Regressionskoeffizient von $b = -23$ für die Prädiktorvariable Preis könnte z. B. bedeuten, daß eine Preiserhöhung um eine DM unabhängig von allen anderen Variablen (z. B. Verkaufsförderung) zu einem Absatzrückgang um 23 Mengeneinheiten führt.

Da sich die Regressionskoeffizienten naturgemäß auf verschiedene Maßeinheiten der betrachteten Variablen beziehen (z. B. Preis in DM, Absatz in Mengeneinheiten, Alter in Jahren), lassen sie sich nicht direkt miteinander vergleichen. Um Aussagen über die relative Bedeutung der Prädiktoren im Hinblick auf die Vorhersage bzw. Erklärung der Kriteriumsvariablen machen zu können, bedarf es deshalb der Berechnung **standardisierter Regressionskoeffizienten,** der sog. *β*-**Koeffizienten** (vgl. Gleichung 7.34.).

(7.34.) $$\beta_j = b_j \cdot \frac{s(x_j)}{s(y)}$$

Dabei bedeuten:

β_j = standardisierter partieller Regressionskoeffizient für Prädiktorvariable x_j
b_j = partieller Regressionskoeffizient
$s(x_j)$ = Standardabweichung der Prädiktorvariablen x_j
$s(y)$ = Standardabweichung der Kriteriumsvariablen y

Die Berechnung des multiplen Bestimmtheitsmaßes erfolgt in Analogie zur einfachen Regression (vgl. Gleichung 7.32.).

Hinsichtlich der Einbeziehung der Prädiktorvariablen in die Regressionsgleichung lassen sich bei der multiplen Regressionsanalyse zwei Grundprinzipien, die simultane und die schrittweise Aufnahme, unterscheiden. Während bei der **simultanen Regressionsanalyse** die Regressionsgleichung unter gleichzeitiger Einbeziehung aller Prädiktoren bestimmt wird, zeichnen sich verschiedene Varianten der **schrittweisen Regression** dadurch aus, daß die Aufnahme in die bzw. der Verbleib in der Regressionsgleichung von der Erfüllung bestimmter vorgegebener Kriterien abhängt. Als Kriterien können sowohl eine vom Analytiker vorgegebene Hierarchie der Prädiktoren als auch die durch die Vorgabe verschiedener Inklusionsparameter näher spezifizierte zusätzliche Erklärungskraft einer Prädiktorvariablen fungieren. Die schrittweise Vorgehensweise ermöglicht es insbesondere, gegenseitige Abhängigkeiten der Prädiktoren und damit Verletzungen der Modellprämissen frühzeitig aufzudecken und ein hinsichtlich Umfang und Vorhersagegüte optimales Prädiktoren-Set zu bestimmen.

Bei der Anwendung der multiplen Regression ergeben sich häufig Probleme, die aus einer Verletzung der **Prämissen** des **Regressionsmodells** resultieren und deren Nichtbeachtung zu gravierenden Fehlinterpretationen der Ergebnisse führen kann. Die wichtigsten Prämissen und damit einhergehende Probleme seien deshalb kurz genannt.

(a) Für die Abweichungen der beobachteten von den durch die Regression vorhergesagten Werten, die **Residuen,** wird unterstellt, daß sie in der Grundgesamtheit **rein zufällig** sind und weder voneinander noch von Betrag oder Reihenfolge der Kriteriumsvariablen abhängen. Die Verletzung dieser Prämissen führt zu den Problemen der **Autokorrelation** bzw. der **Heteroskedastizität** der Residuen, die mit Hilfe von speziellen Tests (*Durbin-Watson*-Test) und durch visuelle Inspektion der Residuen erkannt werden können.

(b) Die Regressionsanalyse unterstellt weiterhin **lineare Beziehungen** zwischen Kriterium und Prädiktoren. Allerdings können auch aus mehreren Variablen gebildete Prädiktoren als Konstrukte berücksichtigt werden oder durch multiplikative Verknüpfung von Variablen ausgedrückte Interaktionseffekte durch Logarithmieren in die geforderte linear-additive Beziehung transformiert werden.

(c) Das weitaus häufigste und gravierendste Problem stellt jedoch die Verletzung der Prämisse der Unabhängigkeit der Prädiktoren, die sog. **Multikollinearität,** dar. Hohe Multikollinearität der Prädiktoren führt zu verzerrten und nicht plausiblen Regressionskoeffizienten und kann im Extrem zur Unlösbarkeit des Systems der Normalgleichungen führen.

Erste Hinweise auf das Vorliegen von Multikollinearität lassen sich durch die Betrachtung der **Interkorrelationen** der Prädiktoren und durch den Vergleich des multiplen Bestimmtheitsmaßes mit der Summe der Bestimmtheitsmaße für die einfachen Regressionen zwischen Kriteriums- und Prädiktorvariablen gewinnen. Als Möglichkeiten zur Beseitigung von Multikollinearität kommen die Elimination hoch korrelierter Prädiktorvariablen bis auf eine und die Verdichtung des Prädiktorensets auf voneinander unabhängige übergeordnete Einflußgrößen mit Hilfe der Faktorenanalyse in Betracht.

Im Rahmen der Regressionsanalyse wird eine Reihe **statistischer Tests** durchgeführt, um Aussagen über die Übertragbarkeit der Stichprobenergebnisse auf die Grundgesamtheit machen zu können. So lassen sich mit Hilfe eines *F*-**Tests** (siehe dazu Abschn. 4.5.1.2.) sowohl die Qualität der Regression insgesamt (Test des Bestimmtheitsmaßes) als auch die Zuverlässigkeit jedes einzelnen Regressionskoeffizienten überprüfen. Weitere nützliche Informationen zur Bewertung der Koeffizienten stellen deren **Standardschätzfehler** und **Konfidenzintervall** dar.

Tabelle 7.21.: **Mengenmäßiger Absatz, Preis, Ausgaben für Verkaufsförderung und Anzahl der Vertreterbesuche in 10 Verkaufsgebieten**

Nr. des Verkaufsgebietes	Absatzmenge in Kartons	Preis pro Karton	Verkaufsförderung in DM	Anzahl der Vertreterbesuche
1	2298	12,50	2000	109
2	1814	10,—	550	107
3	1647	9,95	1000	99
4	1496	11,50	800	70
5	969	12,—	0	81
6	1918	10,—	1500	102
7	1810	8,—	800	110
8	1896	9,—	1200	92
9	1715	9,50	1100	87
10	1699	12,50	1300	79

(3) Ein Beispiel

Welche Einsichten sich mit Hilfe der Regressionsanalyse gewinnen lassen, sei an Hand eines fiktiven Beispiels verdeutlicht (vgl. *Schuchard-Ficher* u.a. 1987)[4]. Es geht dabei um die Frage, welche der leicht steuerbaren Faktoren Preis, Ausgaben für Verkaufsförderung und Anzahl der Vertreterbesuche im wesentlichen den Absatz eines Produktes in verschiedenen Verkaufsgebieten beeinflussen. Die Ausgangsdaten sind in Tab. 7.21. zusammengestellt.

Im konkreten Fall gilt es also, folgende Regressionsgleichung zu bestimmen:

$$\hat{y}_i = b_0 + b_1 x_{1i} + b_2 x_{2i} + b_3 x_{3i}$$

Dabei bedeuten:

$\hat{y}_i$ = Schätzwert für den mengenmäßigen Absatz im Verkaufsgebiet i ($i = 1, 2, 3, \ldots, 10$)

x_{1i} = Preis pro Karton in Verkaufsgebiet i in DM

x_{2i} = Ausgaben für Verkaufsförderung in Verkaufsgebiet i in DM

x_{3i} = Anzahl von Vertreterbesuchen in Verkaufsgebiet i

b_0, b_1, b_2, b_3 = Regressionsparameter

Die wichtigsten Informationen, die die schrittweise Regression liefert, sind in Tab. 7.22. zusammengefaßt. Dabei sind die Prädiktorvariablen hinsichtlich der Reihenfolge ihrer Aufnahme in die Regressionsgleichung angeordnet. Die ausgewiesenen Regressionskoeffizienten beziehen sich allerdings allein auf die endgültige Regressionsgleichung im dritten Schritt, in der alle drei Prädiktoren berücksichtigt sind.

Im ersten Schritt wird demnach der Prädiktor „Ausgaben für Verkaufsförderung" in die Regressionsgleichung aufgenommen. Die Regressionsgleichung erweist sich als signifikant, und es läßt sich bereits ein Anteil von 74% ($R^2 = 0{,}74$) der Gesamtvariation der Absatzmenge über die 10 Verkaufsgebiete binden. Danach kommt als zusätzlicher Prädiktor die Variable „Anzahl der Vertreterbesuche" hinzu, wodurch sich das Bestimmtheitsmaß um weitere 15% auf nunmehr 89% erhöht. Allerdings hat die inferenzstatistische Überprüfung des zugehörigen Regressionskoeffizienten ebenso wie im Fall der dritten Prädiktorvariablen „Preis" zum Ergebnis, daß den an Hand der vorliegenden Daten berechneten linearen Einflüssen dieser Variablen auf die Absatzzahlen kein Vertrauen geschenkt werden kann. Bei entsprechend schärfer formulierten Auswahlkriterien wären beide Variablen sicherlich nicht in die Regressionsgleichung aufgenommen worden. Im vorliegenden fiktiven Beispiel läßt sich demnach mit hinreichender Sicherheit nur behaupten, daß bei einer Erhöhung der Ausgaben für Verkaufsförderung um 1 DM mit einer Erhöhung der Absatzmenge um 0,47 Kartons gerechnet werden kann.

Exkurs: Pfadanalyse und Lineare Strukturgleichungssysteme

Bei der multiplen Regressionsanalyse werden keine Annahmen über explizite Zusammenhänge zwischen den Prädiktorvariablen getroffen. Im Gegenteil, für die Prädiktoren wird statistische Unabhängigkeit unterstellt. Demgegenüber signalisiert die in konkreten Anwendungen häufig vorliegende Multikollinearität, daß die empirischen Beziehungen zwischen den Prädiktoren kausaler Art sein können.

---

[4] *Schuchard-Ficher* u.a., 1987, stellen die gebräuchlichsten multivariaten Verfahren zur Datenanalyse dar, wobei sie Zielsetzung und Rechengang jeweils an anschaulichen, marketingbezogenen Beispielen und mit Hilfe von Original-Computer-Ausdrucken des Programmpakets *SPSS* illustrieren.

Tabelle 7.22.: **Ergebnistabelle der schrittweisen Regression für die Daten gemäß Tab. 7.21.**

In die Regressionsgleichung aufgenommene Prädiktorvariable		Einfache Korrelation	Multiple Korrelation	Bestimmtheitsmaß	Zuwachs des Bestimmtheitsmaßes	Regressionskoeffizient im 3. Schritt	
						b	β
1. Schritt	Verkaufsförderung (x_2)	0,864	0,864	0,746	0,746	0,47	0,76
2. Schritt	Vertreterbesuche (x_3)	0,647	0,947	0,896	0,150	8,38	0,34
3. Schritt	Preis (x_1)	−0,174	0,952	0,907	0,010	−26,20	−0,11
						$b_0 = 725{,}54$	

Ziel der in den Sozialwissenschaften zusehends stärker beachteten Methode der Pfadanalyse (vgl. *Blalock* 1975; *Opp/Schmidt* 1976) ist es, ein a priori nach Maßgabe theoretischer Überlegungen aufgestelltes **hypothetisches Kausalmodell** (Pfadmodell) auf der Basis der empirischen Korrelationen zwischen den Modellvariablen zu überprüfen. Hierzu werden die vermuteten Abhängigkeiten expliziert und graphisch in Form eines **Pfaddiagramms** dargestellt. Die theoretischen Annahmen bestimmen dabei den Status der Variablen (unabhängig, abhängig, residual) sowie die Richtung der Einflüsse. Einfache gerichtete Pfeile stellen direkte Kausalbeziehungen dar, während gekrümmte Doppelpfeile rein korrelative Beziehungen zwischen unabhängigen Variablen signalisieren.

Abb. 7.27. zeigt ein Beispiel für ein mehrstufiges multivariates Pfadmodell mit 5 Modellvariablen ($Z_1, Z_2, \cdots, Z_5$) und 3 Residualvariablen (R_3, R_4, R_5).

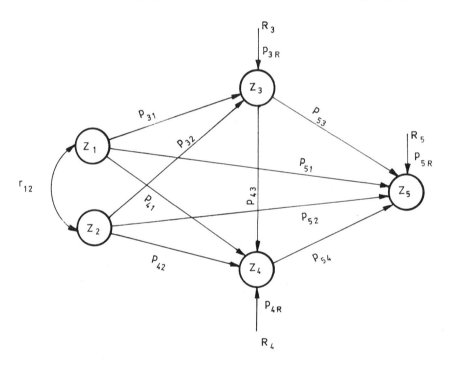

Abb. 7.27.: Pfaddiagramm für ein mehrstufiges multivariates Kausalmodell

Das graphische Pfaddiagramm besitzt in den sog. **Strukturgleichungen** sein mathematisches Äquivalent. Für das Pfeildiagramm in Abb. 7.27. gilt:

(7.35.) $\qquad Z_3 = p_{31} Z_1 + p_{32} Z_2 + p_{3R} R_3$

(7.36.) $\qquad Z_4 = p_{41} Z_1 + p_{42} Z_2 + p_{43} Z_3 + p_{4R} R_4$

(7.37.) $\qquad Z_5 = p_{51} Z_1 + p_{52} Z_2 + p_{53} Z_3 + p_{54} Z_4 + p_{5R} R_5$

Die Wirkung einer Modellvariablen auf eine nachgeordnete Variable läßt sich in einen **direkten** und in einen **indirekten,** über zwischengelagerte Variablen verlaufenden Effekt zerlegen. Beispielsweise wirkt Z_1 sowohl direkt auf Z_5 als auch auf zwei indirekten Wegen, nämlich über Z_4 und Z_3.

Der rechnerische Teil der Pfadanalyse besteht in der Ermittlung der **Pfadkoeffizienten** p_{jq} auf der Grundlage der empirischen Korrelationen der Modellvariablen. Die erforderlichen **Schätzgleichungen** lassen sich aus den Strukturgleichungen nach dem **Expansionstheorem** der Pfadanalyse entwickeln.

Es gilt:

(7.38.) $$r_{ij} = \sum_q p_{jq} r_{iq} \quad \text{(Expansionstheorem)}$$

Dabei bedeuten:

i, j = Indizes zweier Modellvariablen Z_i, Z_j
r_{ij} = Produkt-Moment-Korrelation zwischen Z_i und Z_j
q = Index, der über alle Variablen läuft, die in der Strukturgleichung von Z_j als determinierende Variablen aufgeführt sind
p_{jq} = Pfadkoeffizient einer durch q bestimmten Variablen auf Variable Z_j
r_{iq} = Produkt-Moment-Korrelation zwischen der Variablen z_i und einer durch q bestimmten Variablen

Dadurch ergibt sich ein inhomogenes lineares Gleichungssystem, für das sich hier die Darstellung von Lösungsalgorithmen erübrigt. Man erhält so jedenfalls die **Pfadkoeffizienten,** deren Quadrate dem Varianzanteil der jeweiligen determinierenden Variablen entsprechen, der durch diese erklärt wird, sofern alle anderen kausal vorgelagerten Modellvariablen ausgeschaltet bzw. konstant gehalten werden. Bezogen auf die Terminologie der multiplen Regressionsanalyse handelt es sich bei den Pfadkoeffizienten um **Standardpartialregressions-** bzw. **Betagewichte.** In rechnerischer Hinsicht stellt die Pfadanalyse im Prinzip nichts anderes als eine Reihe von multiplen Regressionsanalysen dar.

Mit Nachdruck muß darauf hingewiesen werden, daß die Pfadanalyse **nicht** in der Lage ist, aus korrelativen Daten stringente kausal-analytische Schlüsse abzuleiten. Sie kann aber bei Vorgabe eines hypothetischen Kausalmodells die empirischen Korrelationen der Modellvariablen dazu benutzen, die postulierten Kausalbeziehungen quantitativ zu spezifizieren bzw. alternative Kausalmodelle bezüglich ihrer Vereinbarkeit mit den korrelierten Daten zu beurteilen.

Weit über die traditionelle Pfadanalyse hinaus geht eine von *Karl G. Jöreskog* (1982) entwickelte Analysetechnik, die unter dem Akronym **LISREL** (= **L**inear **S**tructural **Rel**ations System) bekannt geworden ist. Sie verkörpert eine Kombination von regressions- bzw. pfadanalytischen mit faktorenanalytischen (siehe dazu Abschn. 4.5.1.6.) Elementen. Diese Verbindung gestattet es, in **einem** Untersuchungsschritt nicht nur ein Geflecht von theoretisch hergeleiteten **Kausalbeziehungen,** und zwar direkter, indirekter oder reziproker Art, zwischen relevanten Größen zu untersuchen, sondern darüber hinaus auch unterschiedliche **Meßkonzepte** für die miteinander verknüpften Variablen in die Analyse einzubeziehen.

Mit Hilfe dieses Ansatzes gelingt es, **Meßfehler** zu identifizieren und zu kontrollieren, die die Überprüfung vermuteter **Kausalbeziehungen** verfälschen können. LISREL trägt damit dem Umstand Rechnung, daß viele in der Marketing-Forschung interessierenden Variablen **theoretische Konstrukte** darstellen, also nicht direkt beobachtet, sondern erst über die Zuordnung von **Indikatoren** (vgl. dazu Abschn. 4.2.1.) empirisch erfaßt werden können.

Zur Bestimmung der **Parameter** eines solchen Kausalmodells stellt LISREL fünf verschiedene **Schätzverfahren,** darunter die sog. *Maximum Likelihood-*Methode, zur Verfügung, die jeweils unterschiedlichen Skalenniveaus und Verteilungsmerkmalen von Variablen sowie alternativen Stichprobenumfängen gerecht werden. Das Programm liefert auch eine Reihe von Maßen zur Beurteilung der **Genauigkeit** der einzelnen Schätzergebnisse sowie zur Feststellung der **Anpassungsgüte** eines Kausalmodells in seiner Ganzheit an die empirischen Gegebenheiten.

Das Verfahren ist relativ kompliziert, so daß hier nicht mehr als eine rudimentäre Vorstellung davon vermittelt werden kann. Wer damit zu arbeiten wünscht, muß sich die Materie über Spezialveröffentlichungen erschließen. Deutschsprachige Einführungen bieten u.a. *Hildebrandt/Trommsdorff* 1983 sowie *Förster* u.a. 1984; marketingbezogene Anwendungen finden sich u.a. bei *Bagozzi* 1980, 1982; *Hildebrandt* 1983 und *Fritz* 1984.

Entscheidende Vorzüge von LISREL liegen einmal in der **ganzheitlichen,** d.h. Meß- und Kausalhypothesen verschmelzenden Natur der **Analysetechnik,** die die Qualität von Erklärungen und Prognosen nachhaltig verbessert, gleichwohl aber nach wie vor als stochastisch gekennzeichnet werden muß. LISREL dient damit auch der Bewältigung von **Komplexität,** und zwar gerade in einer Weise, daß durch die Modellbildung keine allzu großen Einbußen an Realitätsnähe hingenommen werden müssen. Schließlich zeichnet sich das Verfahren durch **vielseitige Verwendbarkeit** aus, wodurch es auch für die Anwendungsbereiche herkömmlicher Ansätze der Wirkungsforschung wie der Regressions- und der Pfadanalyse in Frage kommt.

Restriktionen für den Einsatz von LISREL ergeben sich aus dem Umstand, daß es sich bislang allein zur Untersuchung **linearer** Zusammenhänge eignet. Die Erfahrung im Umgang mit diesem Modelltyp muß zeigen, inwieweit man damit Sachverhalte aus dem Marketing adäquat abbilden kann. Hinzu kommt ein weiteres methodisches Handicap, das sog. **Identifikationsproblem.** Damit ist gemeint, daß keine notwendigen und hinreichenden Bedingungen in allgemeingültiger und praktisch brauchbarer Form dafür angegeben werden können, ob sich die Parameter eines LISREL-Modells eindeutig bestimmen lassen. Zu guter Letzt arbeiten die bisher verfügbaren **Maße** zur Beurteilung der Modellgüte **nicht** immer **fehlerfrei.**

4.5.1.2. Die Varianzanalyse

(1) Die Zielsetzung

Mit Hilfe der **Varianzanalyse** läßt sich für eine Vielzahl von Versuchsanordnungen (Designs) überprüfen, ob sich unterschiedliche Werte einer **(univariate**

Varianzanalyse) oder mehrerer (**multivariate Varianzanalyse**) abhängigen Variablen auf die Wirkung einer (**einfaktorielle Varianzanalyse**) oder mehrerer (**mehrfaktorielle Varianzanalyse**) unabhängiger Variablen zurückführen lassen[5]. Generelles Ziel varianzanalytischer Untersuchungen ist es, zu ermitteln, ob die untersuchten **unabhängigen Variablen** bzw. **Faktoren** einzeln oder in kombinierter Form einen statistisch signifikanten Einfluß auf die abhängige(n) Variable(n) ausüben. Während für eine unabhängige Variable **Nominalskalenniveau** zulässig ist, muß eine abhängige Variable zumindest **intervallskaliert** sein, um Mittelwerte und Varianzen interpretieren zu können.

Im Marketing werden Varianzanalysen hauptsächlich zur Überprüfung der **Wirkung** von Marketing-Maßnahmen auf marktbezogene Erfolgsgrößen eingesetzt. Entsprechend der konkreten Problemstellung lassen sich die Daten im Rahmen von Labor- oder Feldexperimenten und auf der Grundlage eines experimentellen Designs durch Befragung oder Beobachtung gewinnen. Die dabei gewählte Vorgehensweise hat gegenüber den einfachen Vorher-Nachher-Messungen mit oder ohne Kontrollgruppe (zu EBA-, EA-CA-, EBA-CBA-Designs vgl. Abschn. 3.1.3.) den Vorteil, daß sie es erlauben, die Wirkungen von mehr als einer unabhängigen Variablen zu untersuchen, diese statistisch abzusichern und den Einfluß externer Variablen zu kontrollieren.

Beispielhaft seien einige Fragestellungen angeführt, die mit Hilfe der Varianzanalyse (vgl. Tab. 7.23.) geklärt werden können:
- Welche Auswirkungen haben alternative Verkaufsförderungsmaßnahmen auf den Marktanteil eines Produktes (einfaktorielle univariate Varianzanalyse)?
- Lassen sich Unterschiede in der Markentreue von Konsumenten auf die Faktoren Beruf und Alter zurückführen und welche Interaktionen bestehen zwischen diesen Einflußfaktoren (zweifaktorielle univariate Varianzanalyse)?
- Welchen Einfluß hat eine geänderte Preispolitik auf die Umsatzentwicklung eines Produkts und die Markentreue der Konsumenten (einfaktorielle multivariate Varianzanalyse)?
- Wie beeinflussen Betriebsform und Kaufzeitpunkt innerhalb eines Monats den Absatz eines Markenartikels im Einzelhandel und den Bekanntheitsgrad des fraglichen Produktes (zweifaktorielle multivariate Varianzanalyse)?

(2) Grundlagen und Vorgehensweise

Die Vielzahl möglicher Versuchsanordnungen und die daraus resultierenden voneinander abweichenden Rechentechniken der Varianzanalyse werden abgesehen von der Zahl der betrachteten abhängigen und unabhängigen Variablen dadurch bestimmt,
- ob und in welcher Weise zusätzliche Variationsquellen kontrolliert werden sollen und können (Varianzanalyse gegenüber Kovarianzanalyse, Designs mit oder ohne Kontrollgruppe (u)),

---
[5] Streng genommen zählen nicht alle hiermit angesprochenen Varianten zum Kreis **multi**variater Analyseverfahren.

Tabelle 7.23.:
Varianten der Varianzanalyse

Varianzanalyse		Unabhängige Variablen	
		eine	mehrere
Abhängige Variablen	eine	einfaktorielle univariate	mehrfaktorielle univariate
	mehrere	einfaktorielle multivariate	mehrfaktorielle multivariate

- ob Interaktionseffekte zwischen den Faktoren untersucht werden sollen oder zu Gunsten einer Reduktion der Anzahl notwendiger Beobachtungen vernachlässigbar sind (vollständige vs. unvollständige mehrfaktorielle Designs),
- ob jede Untersuchungseinheit nicht nur einer, sondern mehreren Messungen unterworfen werden soll (Designs ohne Meßwiederholungen gegenüber Designs mit Meßwiederholungen) und
- ob den einzelnen Faktorstufen(-kombinationen) eine Stichprobe des gleichen Umfangs zugewiesen wird oder nicht (Designs mit gleichen oder ungleichen Stichprobengrößen).

Das Grundprinzip sämtlicher Verfahrensvarianten der Varianzanalyse besteht in der **Zerlegung** der **Gesamtvariation** der **abhängigen Variable(n)**. Die unterschiedlichen Ausprägungen der unabhängigen Variablen bzw. Faktoren dienen dabei zur Gruppenbildung im Rahmen eines experimentellen Designs.

Das grundsätzliche Vorgehen sei für den Fall einer einfaktoriellen univariaten Varianzanalyse an Hand eines einfachen Zahlenbeispiels erläutert:

Es soll überprüft werden, ob sich $p = 4$ Anzeigenentwürfe (unabhängige Variable) in ihrer Wirkung auf zufällig ausgewählte Konsumenten unterscheiden. Jeder Anzeigenentwurf wurde hierzu jeweils $n = 5$ Konsumenten vorgestellt, wobei anschließend deren Beurteilungen y mit Hilfe einer Ratingskala, die von 0 (= gefällt mir überhaupt nicht) bis 10 (= gefällt mir ausgezeichnet) reicht, gemessen wurden (vgl. Tab. 7.24.).

Die durchschnittlichen Beurteilungen zeigen, daß Entwurf Nr. 3 offensichtlich am besten von den Testpersonen bewertet wird.

Um nun den Einfluß der Anzeigengestaltung auf die Bewertung durch die Testpersonen statistisch überprüfen zu können, wird angenommen, daß sich die Summe der quadrierten Abweichungen der 20 Urteile (QS) vom Gesamtmittelwert aufteilen läßt in einen im wesentlichen durch die unabhängige Variable (Anzeigengestaltung) verursachten Teil (QS_Z) und einen Teil, der primär auf unbekannte Störvariablen zurückzuführen ist bzw. nicht „erklärt" werden kann (QS_I). Es gilt allgemein:

(7.39.) $$QS = QS_Z + QS_I$$
$$\sum_{i=1}^{n} \sum_{k=1}^{p} (y_{ik} - \bar{y})^2 = \sum_{k=1}^{p} n (\bar{y}_k - \bar{y})^2 + \sum_{i=1}^{n} \sum_{k=1}^{p} (y_{ik} - \bar{y}_k)^2$$

Dabei bedeuten:

QS = Summe der Abweichungsquadrate der abhängigen Variablen y vom Mittelwert $\bar{y}$ in der gesamten Stichprobe (Gesamtvariation)

QS_Z = Summe der Abweichungsquadrate der Gruppenmittelwerte $\bar{y}_k$ ($k = 1, 2, \cdots, p$) vom Gesamtmittelwert $\bar{y}$ (Variation zwischen den Gruppen)

QS_I = Summe der Abweichungsquadrate der abhängigen Variablen vom jeweiligen Gruppenmittelwert (Variation innerhalb der Gruppen, Fehlerquadratsumme)

Im Beispiel ergibt sich:

QS = 116
QS_Z = 70
QS_I = 46

Einer auf die 4 Anzeigenentwürfe zurückgeführten Quadratsumme von $QS_Z = 70$ steht eine Fehlerquadratsumme $QS_I = 46$ gegenüber; mithin können wir 60,3% der gesamten Variation der Konsumentenurteile den verschiedenen Anzeigenentwürfen zuschreiben.

Die Abweichungen zwischen den Gruppen lassen sich nun mit Hilfe eines **F-Tests** daraufhin überprüfen, ob sie wirklich auf einen systematischen Effekt zurückzuführen sind oder ebensogut als zufällige Ergebnisse interpretiert werden können. Dieser Test geht von der **Nullhypothese** aus, daß zwischen den einzelnen Gruppen keine Unterschiede bestehen, die Gruppenmittelwerte also gleich sind und sämtliche festgestellten Variationen lediglich von Zufallsschwankungen herrühren. Kann man weiterhin unterstellen, daß diese Zufallsschwankungen bei allen Gruppen in gleichem Umfang wirken (Varianzhomoge-

Tabelle 7.24.:

Beurteilung y_{ik} von 4 Anzeigenentwürfen k ($k = 1, \cdots, 4$) durch jeweils 5 Konsumenten i ($i = 1, \cdots, 5$) auf einer von 0 - 10 reichenden Ratingskala

Kennwert	Gruppe 1	Gruppe 2	Gruppe 3	Gruppe 4
	Entwurf 1	Entwurf 2	Entwurf 3	Entwurf 4
y_{ik}	1 3 3 2 1	4 3 3 5 0	7 8 4 6 10	3 5 5 5 2
Gruppensumme y_k	10	15	35	20
Gruppenmittelwert $\bar{y}_k$	2	3	7	4
Gesamtmittelwert $\bar{y} = 4$				

nität der Gruppen), so lassen sich als gleichwertige Schätzwerte für die Varianz in der Grundgesamtheit sowohl die Varianz zwischen den Gruppen (MQ_Z) als auch die durchschnittliche Varianz innerhalb der Gruppen (MQ_I) heranziehen.

Es gilt:

(7.40.) $$MQ_Z = \frac{QS_Z}{p-1} \quad \text{und} \quad MQ_I = \frac{QS_I}{p \cdot (n-1)}$$

Die Varianzen MQ_Z und MQ_I lassen sich aus den Quadratsummen QS_Z und QS_I bestimmen, indem man diese durch die zugehörige Anzahl der **Freiheitsgrade** dividiert. Die Anzahl der Freiheitsgrade ist dabei festgelegt als die Anzahl der Meßwerte, die bei der Berechnung der einzelnen Quadratsummen frei variieren können.

Relativiert man nun die Varianz zwischen den Gruppen (MQ_Z) an der Fehlervarianz (MQ_I), so läßt sich als Quotient der beiden Varianzen eine Prüfgröße, der sog. **empirische F-Wert**, bestimmen, der sich gemäß der **F-Verteilung** verhält:

(7.41.) $$F_{emp} = \frac{MQ_Z}{MQ_I}$$

Dieser empirische F-Wert wird mit dem theoretischen F-Wert verglichen, dessen Ausprägungen in den meisten statistischen Lehrbüchern für ein bestimmtes **Signifikanzniveau** ($\alpha = 1\%$, 5%) und die entsprechenden Freiheitsgrade tabellarisch zusammengestellt sind. Das Signifikanzniveau gibt dabei die Wahrscheinlichkeit an, mit der der ermittelte F-Wert auch für den Fall, daß die Nullhypothese richtig ist, den theoretischen F-Wert übersteigt. Ein Signifikanzniveau von $\alpha = 1\%$ bedeutet also, daß beobachtete Unterschiede zwischen den Gruppen nur mit einer Wahrscheinlichkeit von 0,01 rein zufällig entstanden sind, falls sich der empirische F-Wert größer als der theoretische F-Wert erweisen sollte.

Für das Beispiel gilt:

$$F_{emp} = \frac{MQ_Z}{MQ_I} = \frac{\frac{70}{3}}{\frac{46}{16}} = \frac{23,33}{2,88} = 8,1$$

Aus der F-Werte-Tabelle bei einem Signifikanzniveau von $\alpha = 1\%$ sowie 3 und 16 Freiheitsgraden entnehmen wir als kritischen Wert $F_{crit} = 5,29$. Da der empirische F-Wert größer ist als der kritische F-Wert, läßt sich die Nullhypothese bei einem Signifikanzniveau von $\alpha = 1\%$ verwerfen. Die 4 Anzeigenentwürfe unterscheiden sich hinsichtlich ihrer Beurteilung durch die Konsumenten also signifikant.

Es ist offensichtlich, daß es mit **steigender Fehlervarianz** immer schwieriger wird, tatsächliche zwischen den Gruppen bestehende Unterschiede aufzudecken, da sämtliche Variationen, die sich nicht der unabhängigen Variablen zuordnen lassen, der Fehlervarianz zugeschrieben werden. Deshalb ist es von besonderer Bedeutung, durch eine entsprechende **Konstruktion** des **experimen-**

tellen Designs sicherzustellen, daß keine anderen Variablen einen systematischen Einfluß auf die abhängige Variable ausüben.

Bisher haben wir uns lediglich mit dem einfachsten Fall, der einfaktoriellen univariaten Varianzanalyse, befaßt. Diese kann jedoch der in der Realität angetroffenen Komplexität der Fragestellungen oft nicht gerecht werden. So wird es gerade im Marketing von Interesse sein, die Auswirkungen mehrerer unabhängiger Variablen auf eine oder mehrere abhängige Variablen zu überprüfen.

Charakteristisch für **mehrfaktorielle Ansätze** ist die gleichzeitige experimentelle Untersuchung des Einflusses von zwei oder mehr Variablen auf die abhängige Variable. Jede unabhängige Variable bzw. jede Variablenkombination wird in jeweils einer nach Zufallsgesichtspunkten gebildeten Experimentalgruppe eingesetzt, wobei die einzelnen Gruppen untereinander auch als Kontrollgruppen dienen. Durch eine möglichst **zufallsgesteuerte Zusammenstellung** der Untersuchungseinheiten zu Gruppen und durch eine zufällige Zuordnung der experimentellen Stimuli zu den einzelnen Versuchsgruppen soll der Einfluß systematischer Fehler minimiert werden (vgl. *Zimmermann* 1977, S. 168f.). Mit Hilfe vollständiger mehrfaktorieller Versuchsanordnungen besteht nicht nur die Möglichkeit, die Wirkung der einzelnen unabhängigen Variablen zu überprüfen, sondern auch Interaktionseffekte zwischen den einzelnen Einflußfaktoren zu erfassen.

Vollständige mehrfaktorielle Versuchspläne zeichnen sich dadurch aus, daß allen möglichen Faktorstufenkombinationen jeweils eine Zufallsstichprobe zugewiesen wird. Bei einem dreifaktoriellen Versuchsplan mit jeweils 4 Stufen für die Faktoren A, B und C werden beispielsweise $4^3 = 64$ Gruppen erforderlich, um die **Haupteffekte** sowie sämtliche **Interaktionsbeziehungen** überprüfen zu können.

In Analogie zur einfaktoriellen Varianzanalyse wird auch bei der mehrfaktoriellen Varianzanalyse die Gesamtvariation (QS) in Teile aufgespalten, die auf die Faktoren zurückgeführt werden können (Haupteffekte), ferner Teile, die sich auf Interaktionen[6] zwischen den Faktoren beziehen (Interaktionseffekte), und einen Fehlerteil.

Für eine **zweifaktorielle** Varianzanalyse mit den Faktoren A und B und dem Interaktionseffekt $A \times B$ ergibt sich also:

(7.42.) $$QS = QS_A + QS_B + QS_{A \times B} + QS_I$$

Dabei bedeuten:

QS = Quadratsumme insgesamt (Gesamtvariation)
QS_A, QS_B = Quadratsummen für die Faktoren A und B

---

[6] Bei zwei Faktoren läßt sich nur **ein** Interaktionseffekt ($A \times B$) überprüfen, während bei einer dreifaktoriellen Varianzanalyse bereits 3 Interaktionseffekte erster Ordnung ($A \times B$, $A \times C$, $B \times C$) und ein Interaktionseffekt zweiter Ordnung ($A \times B \times C$) zu betrachten sind.

$QS_{A \times B}$ = Quadratsumme für die Interaktion zwischen A und B
QS_I = Fehlerquadratsumme

Die **statistische Überprüfung** der **Haupteffekte** und ihrer Interaktionsbeziehung erfolgt ebenso wie bisher durch die Überführung der Quadratsummen in Varianzen bzw. Division mit der entsprechenden Anzahl der Freiheitsgrade. Anschließend lassen sich in der bekannten Weise durch Relativierung an der Fehlervarianz sowohl für die Haupteffekte als auch für den Interaktionseffekt empirische F-Werte bestimmen und an Hand der theoretischen F-Werte für ein gewähltes **Signifikanzniveau** überprüfen.

Gravierender Nachteil vollständiger mehrfaktorieller Versuchspläne ist, daß mit steigender Zahl systematisch variierter Faktoren die Anzahl der Untersuchungseinheiten rapide anwächst. So müssen bei 4 Faktoren mit je 3 Faktorstufen bereits $3^4 = 81$ Gruppen gebildet bzw. bei jeweils 10 Untersuchungseinheiten pro Gruppe insgesamt 810 Meßwerte erhoben werden. Zur Reduktion des damit verbundenen Aufwands wurden deshalb **unvollständige Versuchspläne** entwickelt, die nicht sämtliche Faktorstufenkombinationen enthalten. Zu nennen sind hier hierarchische Versuchspläne, Lateinisches Quadrat, Griechisch-lateinisches Quadrat und unvollständiges Lateinisches Quadrat (vgl. *Bortz* 1985).

Auch die sog. **multivariate Varianzanalyse** (vgl. *Bortz* 1985), die hier nur kurz erwähnt werden kann, basiert auf dem Grundprinzip der Zerlegung der Gesamtvariation. Da diese jetzt für mehrere abhängige Variablen durchzuführen ist und gleichzeitig noch die Kovarianzen der Variablen zu betrachten sind, benötigt man Quadratsummenmatrizen anstelle von Quadratsummen. Zur Überprüfung der Gesamtsignifikanz der Ergebnisse setzt man spezielle Tests für Vektoren von Mittelwerten ein, während mit Hilfe univariater F-Tests entschieden werden kann, wie die Wirkungen der einzelnen Variablen zu bewerten sind.

Zur **Interpretation** varianzanalytischer Ergebnisse sei abschließend angemerkt, daß ein statistisch signifikantes Ergebnis lediglich signalisiert, daß ein überzufälliger Varianzanteil der abhängigen Variablen durch die unabhängige(n) Variable(n) gebunden wird, was nicht ohne weiteres mit einer Erklärung im kausalen Sinn gleichgesetzt werden kann. Weiterhin läßt sich noch nicht angeben, welche Faktorstufen sich hinsichtlich ihrer Wirkungen auf die abhängige(n) Variable(n) signifikant unterscheiden, wie stark diese Wirkungen sind und gegebenenfalls welcher funktionale Zusammenhang zwischen abhängigen und unabhängigen Variablen besteht. Zur Klärung dieser Fragestellungen stehen spezielle Tests (z. B. gezielte Kontraste) und die sog. **Multiple Klassifikationsanalyse** zur Verfügung, für deren Erschließung hier jedoch auf Spezialliteratur verwiesen werden muß.

(3) Ein Beispiel

Die Marketing-Abteilung eines Konsumgüterherstellers möchte in Erfahrung bringen, ob von vier verschiedenen Packungsentwürfen für ein neues Produkt unterschiedliche

4. Ablauf und Methodik empirischer Erhebungen

Absatzerfolge zu erwarten sind. Aus Erfahrung weiß man, daß die Stückzahlen bisher geführter Produkte oft davon abhingen, in welchen Betriebsformen (z.B. Warenhaus, Supermarkt, Discountgeschäft, Cash & Carry-Betrieb) sie angeboten wurden, und daß sich die in einzelnen Monaten abgesetzten Mengen zum Teil erheblich voneinander unterschieden.

Die Marketing-Abteilung entschließt sich, vor der Entscheidung über die endgültige Packungsgestaltung ein Feldexperiment durchzuführen, in dem die drei Faktoren **Packungsgestaltung, Geschäftstyp** und **Zeit** systematisch kontrolliert werden sollen. Aus untersuchungstechnischen Gründen und aus Kostenerwägungen wird jedoch ein vollständiges dreifaktorielles Experimentdesign, das bei jeweils 4 Stufen der Faktoren und 5 Untersuchungseinheiten (Geschäfte) pro Gruppe insgesamt 320 Einzelmessungen erfordern würde, für die Überprüfung der Zusammenhänge verworfen. Da zudem davon ausgegangen werden kann, daß keine bedeutsamen Interaktionseffekte zwischen den drei Faktoren bestehen, wird als Versuchsplan das sog. **Lateinische Quadrat** gewählt, das es erlaubt, die drei Haupteffekte mit einem minimalen Aufwand zu testen.

Die Versuchsanordnung nach dem Lateinischen Quadrat für den konkreten Fall (vgl. Tab. 7.25.) zeichnet sich dadurch aus, daß die mit lateinischen Buchstaben gekennzeichneten Faktoren jeweils die gleiche Anzahl von Stufen aufweisen und im übrigen jede Stufe jedes Faktors mit jeder Stufe der beiden anderen Faktoren genau einmal kombiniert ist. Man spricht auch von einem in bezug auf die Haupteffekte vollständig **ausbalancierten** Design. Im Beispiel ergeben sich im Gegensatz zu den 64 Gruppen eines entsprechenden vollständigen Designs nur mehr 16 Gruppen, für die jeweils **ein** Meßergebnis der abhängigen Variablen Absatzmenge vorliegt (vgl. Tab. 7.26.).

Tabelle 7.25.:

Versuchsanordnung in Form eines Lateinischen Quadrats, dargestellt am Beispiel von 4 Geschäftstypen (Faktor A), 4 Monaten (Faktor B) und 4 Grundfarben einer Packung (Faktor C)

Faktor A Betriebsform Faktor B Monat	a_1 Warenhaus	a_2 Supermarkt	a_3 Discountgeschäft	a_4 Cash & Carry-Betrieb
b_1 Januar	c_1 weiß	c_4 blau	c_2 rot	c_3 grün
b_2 Februar	c_2 rot	c_3 grün	c_1 weiß	c_4 blau
b_3 März	c_3 grün	c_1 weiß	c_4 blau	c_2 rot
b_4 April	c_4 blau	c_2 rot	c_3 grün	c_1 weiß

Rechengang und Ergebnis der Varianzanalyse sind in Tab. 7.27. zusammengestellt. Für den Spezialfall eines **Lateinischen Quadrats**, bei dem wie hier für jede untersuchte Kombination der drei Faktoren nur jeweils ein Meßwert ($n=1$) zur Verfügung steht, läßt sich eine Fehlerquadratsumme nicht berechnen, so daß die Haupteffekte an der sog. **Residualvarianz** getestet werden (vgl. *Cochran/Cox* 1966, S. 177f.).

Allein der empirische F-Wert für den Einflußfaktor „Packungsfarbe" übersteigt bei einem Signifikanzniveau von $\alpha = 5\%$ den tabellierten F-Wert von 4,76, so daß die Nullhypothese verworfen werden kann. Nur die Farbgebung der Packung des neuen Produkts hat also einen signifikanten Einfluß auf die abgesetzten Mengen.

Tabelle 7.26.:

Absatzmengen für die Faktorkombinationen des Lateinischen Quadrats gem. Tab. 7.25.

Betriebsform Monat	Warenhaus	Supermarkt	Discount- geschäft	Cash & Car- ry-Betrieb	Summe
Januar	400	800	500	900	2 600
Februar	500	700	400	600	2 200
März	500	300	700	700	2 200
April	400	400	800	400	2 000
Summe	1 800	2 200	2 400	2 600	9 000

Tabelle 7.27.:

Ergebnisse der Varianzanalyse zum Lateinischen Quadrat gem. Tab. 7.25. und 7.26.

Quelle der Variation	QS	df	MQ	F-Wert
Faktor A (Geschäfte)	87 500	3	29 166,66	1,84
Faktor B (Monate)	47 500	3	15 833,33	1,0
Faktor C (Packungsfarben)	267 500	3	89 166,66	5,63
Residuum	95 000	6	15 833,33	
Total	497 500	15	33 166,64	

Das **Lateinische Quadrat** bietet die Möglichkeit, mit minimalem Aufwand drei Faktoren zu testen; es vermag jedoch nur schwache Hinweise darauf zu liefern, ob Interaktionseffekte, wie vorausgesetzt, tatsächlich vernachlässigbar sind. Je größer allerdings die Residualquadratsumme ist, desto wahrscheinlicher ist die Existenz solcher Effekte und um so weniger ist damit eine eindeutige Interpretation der Haupteffekte möglich.

4.5.1.3. Die Diskriminanzanalyse

(1) Die Zielsetzung

Grundanliegen des Verfahrens ist es, wie es der Name (lat. discriminare = trennen, unterscheiden) bereits andeutet, **Gruppen** oder **Cluster** von Objekten durch eine **Linearkombination mehrerer unabhängiger Variablen** optimal zu trennen, um dadurch Gruppenunterschiede zu erklären. Neben dem Beitrag, den einzelne Variablen zur Trennung der Gruppen leisten, gibt das Verfahren auch Aufschluß darüber, welcher der Gruppen ein Objekt mit bislang unbekannter Gruppenzugehörigkeit auf Grund seiner Merkmalsausprägungen zuzuordnen ist. Folgende Beispiele sind geeignet, die Fragestellung zu verdeutlichen:

- Ein Hersteller der Automarke A möchte wissen, welche Unterschiede zwischen den Käufern seines Fabrikats und denen der Konkurrenzmarke B bestehen (Zwei-Gruppen-Fall).
- Ein Versicherungsunternehmen interessiert sich dafür, durch welche Eigenschaften sich Außendienstmitarbeiter mit großem, mittlerem und geringem Verkaufserfolg auszeichnen (Drei-Gruppen-Fall).
- Eine Bank möchte einen Kreditsuchenden danach beurteilen, ob er eher der Gruppe der „sicheren" oder aber der Gruppe der „unsicheren" Kreditnehmer zuzuordnen ist.
- Ein Arzt möchte in Erfahrung bringen, ob ein Patient auf Grund der bei ihm festgestellten Symptome in die Gruppe mit risikoreichem oder risikoarmem Krankheitsverlauf einzuordnen ist, um möglichst frühzeitig die geeignete Therapie einleiten zu können (z. B. Hepatitis).

In all diesen Fällen geht man von **a priori definierten Klassen** oder Gruppen aus, die durch eine Reihe von unabhängigen Variablen charakterisiert werden. Aus verfahrenstechnischer Sicht besteht das Anliegen darin, diejenigen Variablen zu identifizieren, die eine möglichst deutliche Trennung der unterschiedlichen Gruppen zugehörigen Elemente ermöglichen und es erlauben, die Gruppenzugehörigkeit noch nicht eingeordneter Objekte mit maximaler Trefferwahrscheinlichkeit anzugeben.

(2) Grundlagen und Vorgehensweise

Grundidee und Vorgehensweise der Diskriminanzanalyse sind in Abb. 7.28. für den **Zwei-Gruppen-zwei-Variablen-Fall** graphisch dargestellt. Die Mitglieder zweier Gruppen A und B (z. B. Käufer verschiedener Marken) sind hier gemäß ihren Ausprägungen bei den Variablen x_1 und x_2 in einem von den beiden Variablen aufgespannten Koordinatensystem angeordnet. Betrachtet man die Projektionen der Gruppenmitglieder auf die beiden Achsen, so stellt man fest, daß in beiden Fällen eine exakte Differenzierung der Gruppenmitglieder nicht möglich bzw. der Überschneidungsbereich der Gruppen auf beiden Achsen sehr groß ist.

Das Problem besteht nun darin, eine neue Achse y als Linearkombination der beiden Variablen zu bestimmen, mit deren Hilfe eine deutliche Trennung der Gruppen erzielt werden kann.

Die gesuchte **Diskriminanzfunktion** läßt sich allgemein wie folgt schreiben:

(7.43.) $$y_i = b_1 x_{1i} + b_2 x_{2i} + \cdots b_j x_{ji} + \cdots b_n x_{ni}$$

Dabei bedeuten:

y_i = Wert der Diskriminanzfunktion für Person i (Diskriminanzwert)

x_{ji} = Merkmalswert des Individuums i ($i = 1, \cdots, m$) für die unabhängige Variable j ($j = 1, \cdots, n$)

b_j = **Diskriminanzkoeffizient** der Variablen j. Vorzeichen und relative Größe der b_j-Werte bestimmen den Einfluß der Variablen j. Die absolute Höhe der b_j-Werte wird durch die für x_j verwendete Skala determiniert. Um den Skalierungseffekt auszuschalten, werden die x_j-Werte daher üblicherweise normiert, d. h. in Einheiten der jeweiligen Standardabweichung (s_j) ausgedrückt.

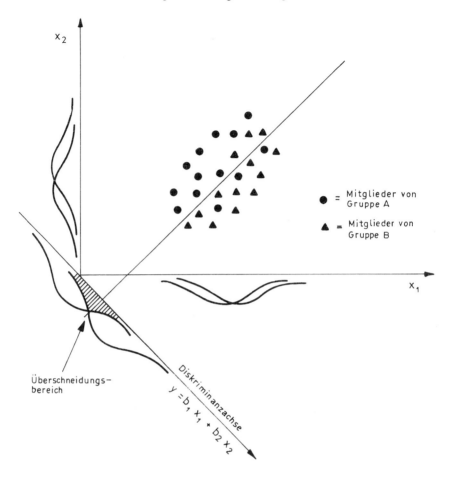

Abb. 7.28.: Graphische Darstellung des Diskriminanzproblems im Zwei-Gruppen-zwei-Variablen-Fall

Das mathematische Problem besteht nun darin, die Diskriminanzkoeffizienten so zu bestimmen, daß der Abstand zwischen den mittleren Diskriminanzwerten der Gruppen möglichst groß wird (Variation zwischen den Gruppen) und die Diskriminanzwerte der Gruppenmitglieder nur geringfügig um ihren Gruppenmittelwert streuen (Variation innerhalb der Gruppen). Als geeignete Zielfunktion Z im Zwei-Gruppen-Fall läßt sich der Quotient der quadrierten Abweichung der mittleren Diskriminanzwerte beider Gruppen zur Summe der quadrierten Abweichungen innerhalb der Gruppen formulieren (**Diskriminanzkriterium**):

(7.44.) $$Z = \frac{(\bar{y}_A - \bar{y}_B)^2}{\sum\limits_{h=1}^{H}(y_{Ah} - \bar{y}_A)^2 + \sum\limits_{k=1}^{K}(y_{Bk} - \bar{y}_B)^2} \to \text{Max}!$$

Dabei bedeuten:

$\bar{y}_A(\bar{y}_B)$ = Arithmetisches Mittel der Diskriminanzwerte in Gruppe A (B), berechnet aus den zu Gruppe A (B) gehörigen y_i-Werten

$y_{Ah}(y_{Bk})$ = Diskriminanzwert des Individuums $h(k)$, das zur Gruppe A (B) gehört

h = Index der Gruppenelemente von A ($h = 1, \cdots, H$)

k = Index der Gruppenelemente von B ($k = 1, \cdots, K$)

i = Index über alle Individuen ($i = 1, \cdots, h, k, \cdots, m$), d. h. für beide Gruppen ($H + K = m$)

In Abb. 7.28. ist zu erkennen, daß die Projektionen der Gruppenmitglieder auf die gewählte **Diskriminanzachse** zu deutlich voneinander getrennten – hier idealisiert dargestellten – Häufigkeitsverteilungen führen. Bis auf jeweils drei Elemente aus beiden Gruppen kann die Gruppenzugehörigkeit mit Hilfe der ermittelten Linearkombination der Variablen reproduziert werden.

Zur Berechnung ersetzt man die noch unbekannten Diskriminanzwerte in der Zielfunktion durch die Diskriminanzfunktion 7.43., so daß nur noch die **Diskriminanzkoeffizienten** b_j und die vorliegenden Merkmalswerte x_{ji} in Gleichung 7.44. in Erscheinung treten. Analog zur Vorgehensweise bei der Regressionsrechnung werden dann zur Maximierung der Zielfunktion alle partiellen Ableitungen nach b_j gebildet und gleich Null gesetzt, so daß man letztlich ein System von Normalgleichungen erhält, aus dem die b_j berechnet werden können. Standardisiert man die Diskriminanzkoeffizienten, indem man sie mit den Standardabweichungen der zugehörigen Prädiktorvariablen multipliziert, so lassen sie sich auch dann, wenn die Ausgangsvariablen ganz verschieden dimensioniert sind, direkt miteinander vergleichen.

Zur Beurteilung der Trennstärke einer Diskriminanzfunktion können spezielle statistische Maße und Tests herangezogen werden, mit deren Hilfe sich die Heterogenität der durch das Verfahren gebildeten Gruppen quantifizieren bzw. die statistische Signifikanz der Gruppenunterschiede überprüfen läßt.

Für die Zuordnung der Individuen bzw. Objekte zu den Gruppen benötigt man neben den individuellen Diskriminanzwerten (vgl. Gleichung 7.43.) noch ein Kriterium, auf Grund dessen über die Gruppenzugehörigkeit entschieden werden kann. Sind z. B. zwei Gruppen annäherungsweise gleich groß und sind die Konsequenzen einer Fehlzuweisung symmetrisch verteilt, dann läßt sich ein **kritischer Diskriminanzwert** y^* als arithmetisches Mittel der durchschnittlichen Diskriminanzwerte in den beiden vorgegebenen Gruppen angeben:

(7.45.) $$y^* = \frac{\bar{y}_A + \bar{y}_B}{2}$$

Fälle mit Diskriminanzwerten unterhalb des kritischen Wertes werden der einen, solche mit Werten oberhalb des kritischen Wertes der anderen Gruppe zugeordnet. Die Güte des durch das Verfahren erzielten Ergebnisses läßt sich anschließend dadurch bewerten, daß man die tatsächliche Gruppenzugehörigkeit der durch das Verfahren prognostizierten Gruppenzugehörigkeit in einer sog. **Klassifikationsmatrix** gegenübergestellt und mit dem Ergebnis vergleicht, das bei einer völlig zufälligen Zuordnung zu erwarten gewesen wäre.

Es ist leicht einzusehen, daß die Beschränkung des Ansatzes auf zwei Gruppen den Erfordernissen der Realität nur unzureichend Rechnung trägt. Die Überlegungen lassen sich jedoch unschwer auf M Gruppen ausweiten. Das **Diskriminanzkriterium** für den allgemeinen Fall lautet wie folgt:

(7.46.) $$Z = \frac{\sum_{G=1}^{M} H_G (\bar{y}_G - \bar{y})^2}{\sum_{G=1}^{M} \sum_{h=1}^{H_G} (y_{Gh} - \bar{y}_G)^2} \to \text{Max!}$$

Dabei bedeuten:

$\bar{y}$ = Arithmetisches Mittel der Diskriminanzwerte sämtlicher Personen (Gesamtmittelwert)
$\bar{y}_G$ = Mittelwert der Gruppe G ($G = 1, \cdots, M$)
y_{Gh} = Diskriminanzwert des Individuums h in der Gruppe G
H_G = Anzahl der Individuen in Gruppe G

Die Lösung für die Zielfunktion der **Mehr-Gruppen**-Diskriminanzanalyse (vgl. Gleichung 7.46.) erhält man durch Bildung der partiellen Ableitungen für alle Merkmale in der bekannten Weise. Mathematisch entspricht das Vorgehen der Berechnung der Eigenwerte und Eigenvektoren der Matrix, die sich aus dem Produkt der Matrizen der Innergruppen- und Zwischengruppenvariation ergibt. Als Resultat erhält man eine auf die Anzahl der Variablen oder die um 1 verringerte Anzahl der Gruppen begrenzte Anzahl von Diskriminanzfunktionen. Diese werden nach der Höhe ihrer Eigenwerte bzw. ihres Potentials zur Trennung der Gruppen geordnet und jeweils daraufhin überprüft, ob sie einen hinreichenden zusätzlichen Beitrag zur Trennung der Gruppen leisten (relativer Eigenwertanteil).

Nach Darstellung der grundsätzlichen Vorgehensweise lassen sich die mit Hilfe der multiplen Diskriminanzanalyse zu bewältigenden Fragestellungen wie folgt zusammenfassen:

(a) Besteht zwischen zwei oder mehr a priori definierten Gruppen von Elementen ein **signifikanter Unterschied** hinsichtlich anderer Eigenschaften oder

Merkmale als jenen, die zu deren Bildung herangezogen wurden? Auf das Ausgangsbeispiel projiziert, würde die Frage lauten: Unterscheiden sich die Anhänger der Marke A von jenen der Marke B signifikant hinsichtlich bestimmter Merkmale wie Einkommen, Status, Sicherheitsbewußtsein usw., die als mögliche Determinanten des Käuferverhaltens verstanden werden?

(b) Wie **groß** ist der Unterschied zwischen den Gruppen unter Berücksichtigung aller in die Analyse einbezogenen Eigenschaften der Gruppenmitglieder?

(c) Mit welchen **Linearkombinationen** von unabhängigen Variablen (**Diskriminanzfunktionen**) wird eine **optimale Trennung** der interessierenden Gruppen bewirkt? Diese Fragestellung zielt auf die Gewichtung der verschiedenen Trennvariablen ab, woraus sich u.U. unmittelbar Rückschlüsse auf die Gestaltung der Marketing-Konzeption ziehen lassen.

(d) Welcher der bereits definierten Gruppen muß ein **neu** zu **klassifizierendes Element** auf Grund seiner Merkmalsstruktur **zugeordnet** werden? Vor einer Frage dieser Art steht etwa ein Automobilhersteller, der zu prüfen hat, ob ein Kfz-Betrieb in das Händlernetz aufgenommen werden soll oder nicht. Falls beispielsweise durch Kriterien wie Umsatz, Standort, Eigenkapital, Servicebereitschaft, Image usw. bestimmte „Güteklassen" determiniert werden, kann bei Vorliegen entsprechender Daten jeder neue „Kandidat" mit einem hohen Maß an Sicherheit der richtigen Kategorie zugewiesen werden, was bei intuitiver Vorgehensweise nicht gewährleistet wäre.

Es sei darauf hingewiesen, daß die ersten drei Fragen im Gegensatz zur vierten interdependent sind und lediglich jeweils einen bestimmten Aspekt hervorheben. Im Falle von ein, zwei und drei Diskriminanzfunktionen besteht auch immer die Möglichkeit, die Ergebnisse graphisch darzustellen. Man erhält dadurch ähnlich wie bei der Faktorenanalyse, der Mehrdimensionalen Skalierung oder der Clusteranalyse ein ein-, zwei- oder dreidimensionales Marktmodell, in dem je nach Fragestellung Produkte und/oder Konsumenten positioniert werden können, was häufig zusätzliche Vergleichs- und Interpretationsmöglichkeiten eröffnet.

(3) Ein Beispiel

Das folgende Beispiel (vgl. hierzu z.B. *Evans* 1959, S. 340ff.; *Wiseman* 1971, S. 42ff.; *Anderson/Cunningham* 1972, S. 29ff.) ist geeignet, die rechnerische Ermittlung der Diskriminanzfunktion für den einfachen Zwei-Gruppen-zwei-Variablen-Fall zu verdeutlichen.

Gesucht sind gewisse Eigenschaften, die eine treffsichere Prognose darüber erlauben, ob eine Person eher einen *Ford* oder einen *Opel* kauft. Das Lösungsverfahren erfordert die Durchführung einer Primärstudie, in deren Rahmen bei einer zufällig ausgewählten Gruppe von Eigentümern beider Fahrzeugtypen bestimmte persönliche Merkmale, Einstellungen, Meinungen usw. erhoben werden. Um den Rechenaufwand gering zu halten, wird das Beispiel auf acht Probanden beschränkt, und zwar je vier *Opel*- und *Ford*käufer, die auf Grund ihres Einkommens und ihres Alters in einem Koordinatensystem unschwer abgebildet werden können (vgl. Abb. 7.29.). Daten und Berechnungsschritte sind in Tab. 7.28. zusammengefaßt.

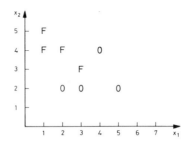

Abb. 7.29.: *Opel*- und *Ford*käufer, charakterisiert durch die Merkmale Einkommen (x_1) und Alter (x_2)

Tabelle 7.28.:

Bevorzugte Marke, Alter und Einkommen von acht Automobileigentümern

Proband	O/F	x_1	x_2	$\bar{y}_G$	$(y_{Gi} - \bar{y}_G)^2$	$\Sigma (y_{Gi} - \bar{y}_G)^2$
1		2	2		$(-1,5b_1 - 0,5b_2)^2$	
2	O	3	2	$\dfrac{14b_1 + 10b_2}{4}$	$(-0,5b_1 - 0,5b_2)^2$	$5b_1^2 + 2b_1b_2 + 3b_2^2$
3		4	4		$(+0,5b_1 + 1,5b_2)^2$	
4		5	2		$(+1,5b_1 - 0,5b_2)^2$	
5		1	5		$(-0,75b_1 + b_2)^2$	
6	F	1	4	$\dfrac{7b_1 + 16b_2}{4}$	$(-0,75b_1)^2$	$2,75b_1^2 - 4b_1b_2 + 2b_2^2$
7		2	4		$(+0,25b_1)^2$	
8		3	3		$(+1,25b_1 - b_2)^2$	

Dabei bedeuten:
O = Eigentümer eines *Opel*
F = Eigentümer eines *Ford*
x_1 = standardisierte unabhängige Variable „Einkommen"
x_2 = standardisierte unabhängige Variable „Alter"
$\bar{y}_G$ = Mittelwert der Gruppe $G = \{O; F\}$, berechnet aus den transformierten x_{ji}-Werten
y_{Gi} = transformierter Wert des Individuums i, das Mitglied der Gruppe G ist

Die in Tab. 7.28. berechneten Werte führen nach Einsetzen in Gleichung 7.44. zu folgender Zielfunktion:

$$Z = \frac{(1,75b_1 - 1,5b_2)^2}{7,75b_1^2 - 2b_1b_2 + 5b_2^2} \to \text{Max!}$$

Da für die Diskriminanzfunktion nur das Verhältnis von b_1 zu b_2 von Interesse ist, kann $b_1 = 1$ gesetzt werden. Nach dieser Vereinfachung wird die Zielfunktion nach b_2 differenziert und gleich Null gesetzt. Der maximale Z-Wert ist dann gegeben, wenn $b_1 = 1$

und $b_2 = -1{,}36$ sind. Die Diskriminanzfunktion lautet demnach:

$$y_i = x_{1i} - 1{,}36 x_{2i} \quad \text{(für alle } i\text{)}$$

Setzt man in diese Diskriminanzfunktion Alter und Einkommen der Probanden ein, so erhält man die in Tab. 7.29. wiedergegebenen Diskriminanzwerte.

Tabelle 7.29.:

Diskriminanzwerte der *Opel*- und *Ford*käufer

Proband	O/F	Diskriminanzwert	$\bar{y}_G$
1		$-0{,}72$	
2	O	$0{,}28$	$\bar{y}_O = \dfrac{0{,}4}{4} = 0{.}1$
3		$-1{,}44$	
4		$2{,}28$	
5		$-5{,}80$	
6	F	$-4{,}44$	$\bar{y}_F = -\dfrac{14{,}76}{4} = -3{,}69$
7		$-3{,}44$	
8		$-1{,}08$	

Anmerkungen:
O = Eigentümer eines *Opel*
F = Eigentümer eines *Ford*
$\bar{y}_G$ = Arithmetisches Mittel der Diskriminanzwerte in Gruppe $G = \{O, F\}$

Als kritischer Wert y^* der Diskriminanzfunktion ergibt sich nach Gleichung 7.45.:

$$y^* = \frac{\bar{y}_O + \bar{y}_F}{2} = \frac{0{,}1 - 3{,}69}{2} = -1{,}8$$

Probanden mit Diskriminanzwerten kleiner $-1{,}8$ wären also der Gruppe der *Ford*-Käufer, solche mit Werten größer oder gleich $-1{,}8$ der Gruppe der *Opel*-Käufer zuzuordnen. Im Beispiel würde lediglich Proband 8 irrtümlicherweise den *Opel*-Käufern zugeschlagen.

An dieser Stelle zeigt sich vor allem die **prognostische Relevanz** einer Diskriminanzanalyse. Sie gibt nicht nur Aufschluß darüber, inwieweit sich die vorgegebene Klassifikation reproduzieren läßt und welchen Beitrag die ausgewählten Variablen dazu leisten, sondern auch Hinweise darauf, welcher der Gruppen ein bislang nicht klassifiziertes Objekt – hier Autokäufer – am zweckmäßigsten zuzuordnen ist. Daß eine „richtige" Zuweisung neuer Objekte mit Diskriminanzwerten im Bereich um den kritischen Diskriminanzwert weniger wahrscheinlich ist als in den Extrembereichen, liegt auf der Hand.

4.5.1.4. Die Kontrastgruppenanalyse (AID)

(1) Die Zielsetzung

Zielsetzung der Kontrastgruppenanalyse, die in der Literatur auch als **AID-Analyse (Automatic Interaction Detector)** oder **Baumanalyse** bezeichnet wird, ist es, eine abhängige Variable dadurch zu erklären, daß die Ausgangspopulation sukzessive in Gruppen aufgeteilt wird, die sich durch bestimmte Merkmalskombinationen auszeichnen, wobei jedes Merkmal zusätzliches Erklärungspotential erschließt. Die Kontrastgruppenanalyse ist von ihrer Zielsetzung her mit der **schrittweisen multiplen Regression** vergleichbar; sie stellt jedoch an das Meßniveau der unabhängigen Variablen nur geringe und an den funktionalen Zusammenhang zwischen der zu erklärenden und den unabhängigen Variablen überhaupt keine Anforderungen.

(2) Grundlagen und Vorgehensweise

Ausgangspunkt des Verfahrens ist die Annahme, daß für die unterschiedlichen Ausprägungen eines Merkmals bestimmte andere Merkmale oder Merkmalskombinationen verantwortlich sind. Das Verfahren geht dabei systematisch die Auswirkungen einzelner Merkmale auf die abhängige Variable durch. Für eine erste Aufteilung der Stichprobe wird schließlich das Merkmal herangezogen, welches zu zwei Gruppen führt, die in bezug auf die zu erklärende Variable in sich homogener als die Ausgangsgruppe sind, während sie untereinander einen maximalen Unterschied erreichen bzw. **Kontrastgruppen** bilden. Solche Untergruppen werden dann ihrerseits solange weiter aufgeteilt, bis sich durch einen **Split** nur noch eine unbedeutende zusätzliche Varianzaufklärung erzielen läßt oder die Untergruppen zu klein oder zu zahlreich würden, um eine sinnvolle Interpretation zu gewährleisten.

Das Verfahren arbeitet nach der Methode der kleinsten Quadrate, wobei die Summe der quadrierten Abweichungen vom Mittelwert der abhängigen Variablen (QS) zerlegt wird in die **Quadratsumme zwischen den Gruppen** (QS_z) und die **Quadratsumme innerhalb der Gruppen** (QS_I). Dies bringt Gleichung 7.47. zum Ausdruck.

$$(7.47.) \quad QS = QS_z + QS_I$$
$$\sum_{i=1}^{n_k} \sum_{k=1}^{2} (y_{ik} - \bar{y})^2 = \sum_{k=1}^{2} n_k (\bar{y}_k - \bar{y})^2 + \sum_{i=1}^{n_k} \sum_{k=1}^{2} (y_{ik} - \bar{y}_k)^2$$

Dabei bedeuten:

$\bar{y}$ = Mittelwert der abhängigen Variablen in der Ausgangsgruppe
$\bar{y}_k$ = Mittelwert der abhängigen Variablen in den Gruppen ($k = 1, 2$)
n_k = Anzahl der Objekte in Gruppe k ($k = 1, 2$)
y_{ik} = Wert der abhängigigen Variablen

Beim AID-Verfahren handelt es sich deshalb im Grunde um ein varianzanalytisches Verfahren mit dem Ziel der **Maximierung** der **Quadratsumme zwischen den Gruppen** (QS_z), wobei die Hierarchie der erklärenden Faktoren jedoch nicht vorgegeben, sondern quasi automatisch ermittelt wird.

Die sukzessive Aufspaltung der Ausgangspopulation führt üblicherweise zu einem sich verzweigenden **Baum**, wobei die Erklärungskraft der Splitvariablen um so größer ist, je früher diese zur Trennung der Gruppen herangezogen werden. Die Endgruppen weisen schließlich diejenigen Merkmalskombinationen auf, die im Zusammenspiel bestimmte Ausprägungen der abhängigen Variablen präjudizieren.

Die Stärke des Verfahrens liegt in der **Aufdeckung** von **Interaktionen** zwischen den Splitvariablen, die in Asymmetrien des AID-Baumes zum Ausdruck kommen, und in den geringen Anforderungen an das Meßniveau der Variablen. Dem stehen die aus rechentechnischen Gründen erforderliche Beschränkung auf dichotome Splits, die auch bei mehrstufigen Variablen erzwungen werden müssen, sowie das Fehlen von Signifikanztests für die Splits gegenüber. Aus diesen Gründen empfiehlt es sich, mehrere Programmläufe mit u. U. erzwungenen Splits und vorgegebenen Variablenaufteilungen durchzuführen, um die Bedeutsamkeit der Endgruppen bewerten zu können.

(3) Ein Beispiel

Die AID-Technik bietet sich im Marketing vor allem für Segmentierungsstudien an, bei denen es bekanntlich gilt, Gruppen zu identifizieren, die bezogen auf ein Kriterium (z. B. Markentreue, Kaufabsicht) möglichst homogen sind. Dabei trägt das Verfahren dem Umstand Rechnung, daß der Erklärungsgehalt einzelner soziodemographischer Variablen oft nicht ausreicht, solche Segmente zu identifizieren, da es ganz bestimmten **Kombinationen** der untersuchten **Variablen** vorbehalten ist, substantielle Unterschiede der Kriteriumsvariablen aufzuzeigen.

Ausgangsüberlegung für das folgende Beispiel ist die Frage, welche soziodemographischen Variablen von Verbrauchern am besten geeignet sind, Unterschiede in deren Zufriedenheit mit ihrer Versorgungssituation bei Waren des täglichen Bedarfs zu erklären, welche Interaktionsbeziehungen zwischen den Variablen im einzelnen bestehen und welche Kombinationen der Variablen mit einer geringeren Versorgungszufriedenheit einhergehen.

Für die abhängige Variable wurde dabei im Rahmen eines multiattributiven Meßansatzes ein Index der Versorgungszufriedenheit (IVZ) entwickelt, mit dessen Hilfe in einer Reihe von Feldstudien sowohl den subjektiven als auch objektiven Aspekten der Versorgung der Bevölkerung mit Waren des täglichen Bedarfs nachgegangen wurde.

Ausgehend von den Zufriedenheitswerten der gesamten Stichprobe ($n = 557$) führte die AID-Analyse bei einer Varianzerklärung von 39,1% zu insgesamt 45 Endgruppen. Aus Darstellungsgründen wollen wir uns jedoch hier nur auf eine der sieben Endgruppen beschränken, in der subjektiv unterversorgte Haushalte zusammengefaßt sind. Abb. 7.30. zeigt einen entsprechenden Ausschnitt aus dem Baumdiagramm der AID-Analyse. Dabei sind für jede Aufspaltung die Splitvariablen, deren Beitrag zur Varianzerklärung, die Anzahl der Haushalte, die den Untergruppen zugeordnet wurden, und die Mittelwerte der Kriteriumsvariablen (Versorgungszufriedenheit) in den Untergruppen angegeben.

Der betrachtete Ausschnitt des Baumdiagramms signalisiert, daß sich eine Gruppe unzufriedener Haushalte dadurch auszeichnet, daß

– das Alter der Befragten unter 55 Jahren liegt,
– ein Haushaltsnettoeinkommen von weniger als 2200 DM zur Verfügung steht,
– der Beruf des Haushaltsvorstandes „Hausfrau" ist und
– die Ausbildung den Hauptschulabschluß übersteigt.

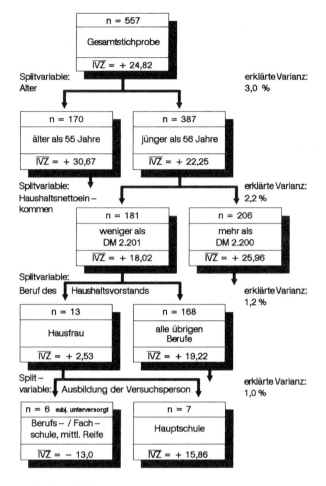

Quelle: Eigene Erhebung.

Abb. 7.30.: Ausschnitt aus der AID-Analyse zur Identifikation subjektiv unterversorgter Verbraucher

Das Beispiel zeigt jedoch auch deutlich die **Grenzen** des **AID-Verfahrens** auf. So unterscheiden sich gerade die erwähnten Gruppen, in denen mit ihrer Versorgungssituation unzufriedene Haushalte zusammengefaßt sind, hinsichtlich der sie charakterisierenden Variablenkombination zum Teil erheblich voneinander. Dabei erweist es sich auch, daß einzelne Splitvariablen in bestimmten Kombinationen mit gewissen Variablen zufriedenheitsfördernd, in anderen aber zufriedenheitsreduzierend wirken. Da solche Ergebnisse im Rahmen der AID-Analyse bislang nicht inferenzstatistisch überprüft werden können, sei die explorative Ermittlung der hauptsächlichen Erklärungsvariablen und der zwischen ihnen bestehenden Interaktionen noch einmal als primäres Ziel des

Verfahrens hervorgehoben. Offensichtliche Interaktionsbeziehungen zwischen Variablen können dann anschließend mit Hilfe entsprechend formulierter regressions- und varianzanalytischer Modelle einer gezielten Überprüfung unterzogen werden.

4.5.1.5. Die Clusteranalyse

(1) Die Zielsetzung

Eines der Hauptprobleme im Marketing besteht darin, einerseits für bestimmte Verbrauchergruppen geeignete Produkte oder Dienstleistungen bereitzustellen und andererseits für die einzelnen Produkte und Dienstleistungen die geeigneten **Zielgruppen** zu ermitteln. Für einen Erfolg im Markt ist es entscheidend, ob die Bedürfnisse der Verbraucher bzw. der einzelnen Zielgruppen oder Segmente befriedigt werden können oder nicht. Solche **Cluster** (deutsch: Traube, Büschel, Klumpen) können sowohl natürliche Gruppierungen darstellen als auch einfach so gebildet werden, daß die in einem Cluster zusammengefaßten Objekte einander im Hinblick auf bestimmte Kriterien möglichst ähnlich bzw. homogen und die verschiedenen Cluster einander möglichst unähnlich bzw. heterogen sind.

Das allgemeine Problem besteht also darin, eine gegebene Menge von Objekten auf Grund der zwischen den Objekten bestehenden **Proximität** in einzelne Cluster aufzuteilen oder die Objekte zu Clustern zusammenzufassen.

(2) Grundlagen und Vorgehensweise

Bei der Durchführung einer Clusteranalyse müssen zu Beginn zwei grundsätzliche Entscheidungen getroffen werden, die Wahl des
- Proximitätsmaßes und des
- Klassifikationsverfahrens.

(a) Als **Proximitätsmaße** kommen grundsätzlich Ähnlichkeits- und Distanzmaße in Betracht. Diese können entweder direkt erhoben werden, etwa durch Befragung, oder aber, indirekt, durch einen Vergleich der Objekte bei einer Anzahl von Eigenschaften berechnet werden. Im zweiten, dem weitaus häufigeren Fall hängt die Wahl des Proximitätsmaßes entscheidend von dem Skalenniveau der Variablen ab, die die zu klassifizierenden Objekte beschreiben. Für die einzelnen Skalentypen (Nominal-, Ordinal-, Intervall-, Verhältnisskala) steht eine kaum mehr überschaubare Vielzahl von Proximitätsmaßen zur Auswahl, so daß wir hier lediglich auf einige wenige, häufig gebrauchte Maße eingehen können.

Bei **intervallskalierten Merkmalen** greift man in der Regel zu den aus der allgemeinen *Minkowski*-**Metrik** ableitbaren Distanzmaßen. Insbesondere die euklidische **Distanz** hat sich hier auf Grund ihrer Robustheit gegenüber teilweise notwendigen Datentransformationen, ihrer leichten Überführbarkeit in Optimalitätskriterien zur Bewertung von Clusterstrukturen und nicht zuletzt deshalb durchgesetzt, weil sie unserer räumlichen Anschauung entspricht und einfach zu berechnen ist.

Die euklidische Distanz zwischen zwei Objekten j und k (d_{jk}) ist wie folgt definiert:

(7.48.) $$d_{jk} = \sqrt{\sum_i (x_{ij} - x_{ik})^2}$$

Dabei bedeuten:

x_{ij}, x_{ik} = Meßwerte der Objekte j und k auf der Variablen i ($i = 1, 2, ..., n$)

Daneben finden auch die **City Block-Distanz,** die als Summe der absoluten Merkmalsdifferenzen definiert ist, sowie die *Mahalanobis*-**Distanz** und der **Korrelationskoeffizient** von *Pearson* häufig Verwendung in Clusteranalysen.

Liegen lediglich **ordinalskalierte Eigenschaften** zur Charakterisierung der Objekte vor, so ergeben sich bei der Bestimmung der Ähnlichkeit der Objekte erhebliche Probleme. Abgesehen von der Heranziehung von einigen wenigen für konkrete Anwendungen sinnvollen Maßen werden deshalb die Daten oft auf nominales bzw. dichotomes Skalenniveau zurückgeführt. Vereinzelt wird auch fingiert, es handle sich um intervallskalierte Daten.

Als Proximitätsmaße bei **Nominalskalenniveau** der Objekteigenschaften lassen sich Distanz- und Ähnlichkeitsmaße verwenden, die für einstufige binäre Merkmale entwickelt wurden, da sich mehrstufige nominale Variablen leicht in binäre Variablen überführen lassen. Dabei ist es allgemein üblich, das Vorhan-

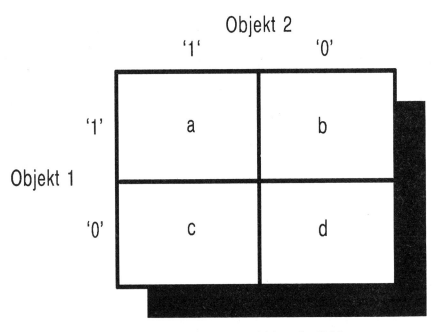

Abb. 7.31.: Vierfeldertafel zum Vergleich zweier Objekte

4. Ablauf und Methodik empirischer Erhebungen   769

densein einer Eigenschaft mit 1 und das Nicht-Vorhandensein mit 0 zu kodieren. Entsprechend lassen sich sämtliche für einen Vergleich zweier Objekte denkbaren Fälle in einer Vierfeldertafel (vgl. Abb. 7.31.) darstellen.

Durch unterschiedliche Kombination der Größen a, b, c und d kann man nun eine Vielzahl von Koeffizienten bilden, die sich hauptsächlich darin unterscheiden, in welcher Weise Übereinstimmungen bezüglich des Vorhandenseins (a) oder Nicht-Vorhandenseins von Merkmalen (d) gewichtet werden.

Weite Verbreitung haben u. a. die **quadrierte euklidische Distanz** für **binäre Daten**, der **Simple Matching-Koeffizient** (vgl. *Sokal/Michener* 1958) sowie der **Koeffizient** von *Jaccard*, der auch als *Tanimoto*-**Koeffizient** bekannt ist (vgl. hierzu *Steinhausen/Langer* 1977), erfahren:

$$d^2_{jk} = b + c \quad \text{(quadrierte euklidische Distanz)}$$

$$s_{jk} = \frac{a+d}{a+b+c+d} \quad \text{(Simple Matching-Koeffizient)}$$

$$t_{jk} = \frac{a}{a+b+c} \quad \text{(Koeffizient von Jaccard)}$$

Sofern beispielsweise zwei Produkte nach Maßgabe acht verschiedener binärer Attribute zu vergleichen sind (vgl. Tab. 7.30.), führen die Maßzahlen zu folgenden Ergebnissen:

$$d^2_{12} = 5 \quad \text{(quadrierte euklidische Distanz)}$$

$$s_{12} = \frac{3}{8} \quad \text{(Simple Matching-Koeffizient)}$$

$$t_{12} = \frac{2}{7} \quad \text{(Koeffizient von Jaccard)}$$

Tabelle 7.30.:

Kennzeichnung zweier Produkte durch 8 binäre Attribute

Produkt	Attribut							
	1	2	3	4	5	6	7	8
1	1	0	0	1	1	0	1	0
2	0	1	0	1	0	1	1	1

Während sowohl bei der euklidischen Distanz als auch beim Simple Matching-Koeffizienten das übereinstimmende Nicht-Vorhandensein von Eigenschaft 3 in gleichem Maße wie das gleichzeitige Vorhandensein von Eigenschaft 4 oder 7 bei der Bestimmung der Proximität der beiden Objekte in die Rechnung eingeht, werden beim Koeffizienten von *Jaccard* lediglich solche Attribute berücksichtigt, die bei beiden Objekten tatsächlich vorhanden sind.

Dies ist z. B. dann von Vorteil, wenn Personen etwa u. a. durch Übereinstimmungen im Zivilstand (ledig, verheiratet, verwitwet, geschieden) klassifiziert werden sollen, da nur eine der vier Möglichkeiten zutreffen kann. Würde dagegen das mit (1) = männlich und (0) = weiblich kodierte Geschlecht als Klassifikationsvariable herangezogen, so würde die Verwendung des Koeffizienten von *Jaccard* zu unsinnigen Ergebnissen führen. Diese Beispiele mögen genügen, um die Notwendigkeit einer problemgerechten Kodierung und Auswahl von Proximitätsmaßen zu unterstreichen.

(b) Die Entscheidung für ein problemadäquates Proximitätsmaß schränkt die Anzahl der potentiell einsetzbaren **Klassifikationsverfahren** zwar bereits ein, sie determiniert jedoch noch nicht die Wahl des Klassifikationsverfahrens.

Hierzu ist zunächst zu entscheiden, ob ein Objekt genau einer oder mehreren Klassen und ob **sämtliche** Objekte den zu bildenden Klassen zugeordnet werden sollen oder nicht. Wir wollen uns hier lediglich mit der Gruppe der **exhaustivdisjunkten** Verfahren befassen, bei denen jedes Objekt genau **einer** Klasse zugeordnet wird.

Unter dem Kriterium der praktischen Bedeutsamkeit sind aus der Vielzahl der bekannten Varianten die **partitionierenden** und die **hierarchischen** Klassifikationsverfahren hervorzuheben.

Vereinfacht ausgedrückt wird bei den **partitionierenden** Verfahren eine Anfangszuordnung der Objekte auf eine vorgegebene Anzahl Cluster so lange iterativ verbessert, bis eine Zielfunktion, in der die zulässige Heterogenität der gebildeten Klassen berechnet wird, befriedigende Werte annimmt. Eine einmal vorgenommene Zuordnung der Objekte ist also nicht endgültig, sondern kann revidiert werden, wenn dadurch eine Verbesserung der Partition erzielt wird.

Bei den **hierarchischen** Verfahren wird dagegen der umgekehrte Weg beschritten. Zu Beginn wird jedes Objekt als ein Cluster betrachtet, wobei dann sukzessive diejenigen Gebilde zusammengefaßt werden, die einander am ähnlichsten sind bzw. deren Fusionierung den geringsten Homogenitätsverlust bewirkt. Man erhält so eine Hierarchie geschachtelter Cluster, bis sich am Ende des Klassifikationsprozesses alle Objekte in einer einzigen Klasse befinden. Der Klassifikationsprozeß läßt sich dabei anschaulich in Form eines sog. **Dendrogramms** darstellen (vgl. Abb. 7.32.).

Hierarchische Verfahren haben den Vorteil, daß man im Gegensatz zu partitionierenden Verfahren darauf verzichten kann, die adäquate Klassenzahl von vornherein festzulegen. Sie gestatten es, die Daten gleichsam für sich sprechen zu lassen und dabei insbesondere Objekte zu identifizieren, die wenig Gemeinsamkeiten mit den anderen aufweisen. Gegen hierarchische Verfahren ist einzuwenden, daß sie im Verlauf der Clusterbildung einzelne Objekte irreversibel einer Klasse zuordnen. Dieses Manko besteht nicht bei partitionierenden Verfahren, die ihrerseits jedoch durch die Probleme der Bestimmung der geeigneten Klassenzahl und der Konstruktion einer sinnvollen Anfangsparti-

4. Ablauf und Methodik empirischer Erhebungen

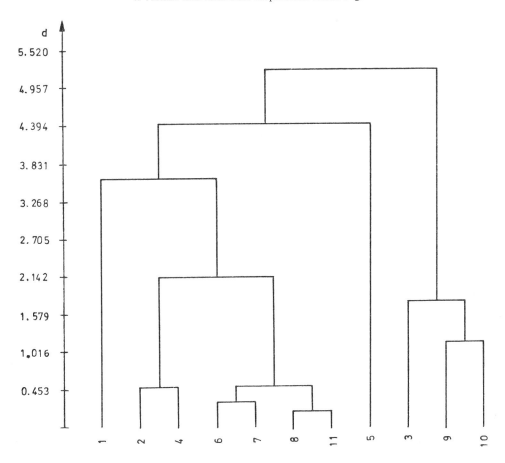

Abb. 7.32.: Dendrogramm und Heterogenitätsindex d für 11 Objekte

tion belastet sind. Aus diesen Gründen ergibt sich die Notwendigkeit, bei der Wahl sowohl des Proximitätsmaßes als auch des Klassifikationsverfahrens problemorientiert vorzugehen und alternative Verfahren anzuwenden bzw. zu kombinieren.

(3) Ein Beispiel

An Hand eines authentischen Falls (vgl. *Dichtl u. a.* 1983) soll im folgenden demonstriert werden, wie sich bereits vorhandenes Datenmaterial im Unternehmen durch die Aufbereitung mit Hilfe eines Verfahrens der Clusteranalyse zur Vorbereitung absatzpolitischer Maßnahmen nutzen läßt. Empirische Grundlage der Analyse sind 300 reale Bestellungen eines Pkw-Typs, des *VW Golf-L,* aus dem Jahre 1981.

Hierbei repräsentiert jede einzelne Bestellung einen Autokäufer, der sich durch **individuelle Ausstattungswünsche** hinsichtlich seines Fahrzeugs auszeichnet und die angebotene Grundversion durch zusätzliche Ausstattungselemente mehr oder weniger komplettiert. Für den Hersteller ergibt sich daraus ein Konflikt zwischen Marketing-Zielen, wie der **Ausschöpfung** von **Marktsegmenten** durch ein breit gefächertes Angebot an zusätzlichen Ausstattungsvarianten, und dem Erfordernis einer **optimalen Fertigungssteuerung** und **Materialwirtschaft**.

Vor dem Hintergrund dieses Spannungsfeldes soll eine Clusteranalyse Antwort auf folgende Fragen geben:

– Welche Ausstattungselemente bilden „empirische Ausstattungspakete"?
– Lassen sich einzelne Käufersegmente hinsichtlich Art und Auswahl der angebotenen Ausstattungselemente identifizieren?

Ziel war also die Gewinnung einer **Typologie** von **Bestellungen** (Käufer) an Hand der erworbenen Mehrausstattung, wobei nur die 10 am häufigsten gewählten betrachtet wurden, und auch dann nur, soweit für diese zum Zeitpunkt der Untersuchung Aufpreise verlangt wurden. Zu diesem Zwecke wurden die Bestellungen als Vektoren von binären Merkmalen kodiert, wobei die Ausprägung 1 das Vorhandensein der Option in der Bestellung und 0 deren Fehlen signalisieren.

Als Proximitätsmaß fungierte die quadrierte euklidische Distanz; zur Klassbildung wurde das **hierarchische** Verfahren von *Ward* eingesetzt. Dabei erfolgt die Fusionierung der Bestellungen zu homogenen Klassen in der Weise, daß, ausgehend von einer Zahl von 300, jeweils diejenigen zusammengefaßt werden, deren Aggregation den geringsten Zuwachs bei der Fehlerquadratsumme verursacht. Unter Fehlerquadratsumme versteht man die Summe der quadrierten Distanzen der Bestellungen zum Zentroid der Gruppe, der sie zugeteilt wurden.

Das Verfahren ist insbesondere dann von Nutzen, wenn es wie hier gilt, relativ wenige, „typische" Klassen zu finden. Die Entwicklung des Zuwachses bei der Fehlerquadratsumme führt zur Wahl der 7-Gruppen-Lösung als Klassifikationsergebnis (vgl. Tab. 7.31.).

Tabelle 7.31.:

Ausweis von sieben Käufertypen (Cluster) nach Maßgabe ihres Bestellverhaltens

	C 1	C 2	C 3	C 4	C 5	C 6	C 7
Cluster-Nr.							
Cluster-Größe in %	24	24	20	13	8	7	4
Durchschnittliche Anzahl ausgewählter Ausstattungsoptionen	5,7	3,0	5,1	6,7	4,0	5,8	5,8
Ausstattungsoptionen:							
1. Z 88-Paket	1,0	0,9	1,0	1,0	1,0	0,9	1,0
2. Heckscheibenwischer	1,4	0,6	1,2	1,3	0,2	0,0	1,1
3. Bremskraftverstärker	1,4	0,4	0,9	1,5	0,7	1,3	0,9
4. Sonderreifen	0,7	0,0	1,6	1,5	2,5	1,0	0,2
5. Sonderfarbe	0,1	1,0	1,5	1,4	1,9	0,0	0,8
6. Radio	0,8	0,6	1,6	0,7	0,5	1,5	2,3
7. Halogen HSW	2,0	0,0	0,1	2,1	0,3	3,2	0,5
8. Außenspiegel	0,0	0,2	0,9	4,7	0,3	1,3	0,3
9. Schiebedach	0,9	0,1	0,0	2,6	0,0	1,4	10,0

Anmerkung: Die Werte der Tabelle geben das Verhältnis der Bestellhäufigkeit der jeweiligen Ausstattungsoption im Cluster zur Bestellhäufigkeit in der Gesamtstichprobe wieder.

$$\left(\text{RATIO} = \frac{\text{CLUSTER (\%)}}{\text{GESAMTSTICHPROBE (\%)}}\right).$$

4. Ablauf und Methodik empirischer Erhebungen 773

Für jedes der Cluster sind prozentualer Bestandteil an der Gesamtstichprobe, durchschnittliche Anzahl der ausgewählten Optionen und die Verhältnisse angegeben, die sich auf die Bestellhäufigkeit der einzelnen Ausstattungsoptionen im Cluster und in der Gesamtstichprobe beziehen. Eine Verhältniszahl von 1 entspricht demnach einer der Gesamtstichprobe proportionalen Bestellhäufigkeit; bei Werten über 1 (unter 1) wird eine Option häufiger (seltener) verlangt, als dies über alle Bestellungen betrachtet der Fall ist.

Zur Interpretation der sieben Käufertypen:

- C 1 (24%)
  Die in dieser Gruppe zusammengefaßten Bestellungen lassen sich dadurch charakterisieren, daß mit den Optionen 1, 2, 3 und 7 vor allem technisch-funktionalen Aspekten bei der Komplettierung des Fahrzeugs Rechnung getragen, während auf eine besonders luxuriöse Ausstattung verzichtet wird. Dafür spricht nicht zuletzt die sehr geringe Bereitschaft dieser Gruppe, für eine besondere Lackierung zusätzliche Kosten auf sich zu nehmen. Interessant erscheint gerade bei diesem Besteller-Typ der **„Funktionalisten"** die verschwindend geringe Akzeptanz eines zusätzlichen Außenspiegels, der offenbar als unnötig erachtet wird.

- C 2 (24%)
  Mit durchschnittlich drei realisierten Ausstattungsoptionen liegt die zweite Gruppe deutlich unter dem für die Gesamtstichprobe ermittelten Wert von 4,9 Zusatzoptionen. Sogar die ersten drei Kernoptionen werden von diesen **„Wenig-Bestellern"** nur unterdurchschnittlich oft gewählt. Allein die Sonderfarbe erreicht bei dieser fast ein Viertel aller Käufer umfassenden Gruppe den Durchschnittswert.

- C 3 (20%)
  Hier zeigt sich ein recht ausgewogenes Bestellverhalten, wobei die Betroffenen etwa im Gegensatz zur ersten Gruppe bis zu einem gewissen Grad auf Kosten technischer Optionen (z. B. Halogenhauptscheinwerfer) auf zusätzlichen Komfort und optische Akzente Wert legen. Das Bestellverhalten dieser Gruppe könnte unter dem Schlagwort **„Technisches Muß und optisches Plus"** zusammengefaßt werden.

- C 4 (13%)
  Bei immerhin 13% aller Bestellungen wird nicht an der Ausstattung gespart. Mit Ausnahme des Z88-Pakets und eines zusätzlichen Radios, das entweder schon vorhanden oder anderweitig beschafft wird, erreichen diese **„Viel-Besteller"** überdurchschnittliche Ergebnisse hinsichtlich der betrachteten Optionen.

- Von den restlichen Clustern soll auf C 7 (4%) auf Grund der geringen Fallzahl nicht mehr eingegangen werden. Als Varianten der bereits skizzierten Bestellertypen können die Cluster 5 und 6 angesehen werden, die zusammen noch 15% der Bestellungen auf sich vereinigen. Dabei zeigt C 5 (8%) Parallelen zur Gruppe 2 (**„Wenig-Besteller"**), wobei der besonders häufig auftretende Wunsch nach Sonderbereifung und wie dort eine teurere Lackierung ins Auge fallen. Vergleichbar mit Gruppe 1 (**„Funktionalisten"**) sind die in C 6 (7%) zusammengefaßten Käufer. Im völligen Gegensatz zu diesen hält diese Kundengruppe allerdings einen Heckscheibenwischer nicht für erforderlich, wohl aber einen zusätzlichen Außenspiegel. Es scheint offensichtlich unterschiedliche Anschauungen darüber zu geben, was nun, Heckscheibenwischer oder Zusatzspiegel, die Sicht nach hinten verbessert.

4.5.1.6. Die Faktorenanalyse

(1) Die Zielsetzung

Dem Sammelbegriff Faktorenanalyse wird eine Reihe von Verfahren subsumiert, bei denen es sich – neben der multiplen Regression – um den bekanntesten

Ansatz zur Analyse des zwischen einer Menge von Variablen herrschenden Beziehungsgeflechts handelt. Ausgangspunkt sämtlicher faktorenanalytischer Ansätze ist die Vermutung, daß die Komplexität der Beziehungen einer Vielzahl von Variablen auf das Wirken **übergeordneter Faktoren** zurückgeführt bzw. auf diese reduziert werden kann.

Das Grundanliegen läßt sich also präzisieren als der Versuch, unter Abwägung zwischen **Komplexitätsreduktion** und **Informationsverlust** die in einer Datenmatrix enthaltenen Informationen auf wenige Informationsträger bzw. Faktoren zu verdichten. Die zunächst hypothetischen Faktoren werden dabei mit Hilfe des Verfahrens als mathematische Größen identifiziert.

Im einzelnen lassen sich folgende Einsatzmöglichkeiten unterscheiden:

(a) Die Faktorenanalyse eignet sich als Methode zur **Verdichtung** komplexer Datenstrukturen. Sie erlaubt es, aus einer gegebenen Zahl von m Variablen r unabhängige Faktoren ($r \ll m$) zu extrahieren, womit zwar ein Informationsverlust, andererseits aber eine erhebliche **Datenreduktion** verbunden ist.

In Zusammenhang damit stehen folgende Nutzungsmöglichkeiten: Komprimierung der in Semantischen Differentialen enthaltenen Informationen, Vorstrukturierung der Datenbasis für Clusteranalysen oder Regressionsanalysen durch die Eliminierung von Multikollinearität und Auswahl von Items zur Test- und Fragebogenkonstruktion.

(b) Die Faktorenanalyse dient zur **Identifikation** latenter Verursachungsgründe oder Dimensionen, die die Korrelationen zwischen beobachteten oder auf andere Art ermittelten Ausprägungen von Variablen determinieren und auf andere Weise nur schwer oder überhaupt nicht festzustellen wären.

(c) Die Faktorenanalyse kann zur Überprüfung der **Dimensionalität komplexer Konstrukte** (z. B. Konsumstil, Markentreue) und zur **Generierung** von **Hypothesen** über die Struktur, die den betrachteten Variablen zugrunde liegt, herangezogen werden.

(d) Die Faktorenanalyse kann zur **Klassifikation** von **Variablen** in voneinander unabhängige Gruppen eingesetzt werden und liefert Informationen darüber, wie gut eine Variable in eine solche Gruppe paßt, was Voraussetzung für die Interpretation einer Variablengruppe ist.

(e) Die Faktorenanalyse kann zur **Klassifikation** von **Personen** bzw. allgemein von **Objekten** herangezogen werden, die sich durch spezifische Ausprägungen einer Reihe von Variablen auszeichnen. Neben Segmentierungsstudien ist in diesem Zusammenhang vor allem an die Erzeugung mehrdimensionaler Produktmarkträume mit Hilfe der Faktorenanalyse zu denken.

(2) Grundlagen und Vorgehensweise

Im folgenden wollen wir auf Modell und Faktorenextraktionsverfahren der beiden bedeutendsten faktorenanalytischen Ansätze, der **Hauptkomponentenanalyse** und der **Hauptfaktorenanalyse,** kurz eingehen. Umfassende Darstellungen der Faktorenanalyse finden sich z.B. bei *Überla* (1977). Hauptkomponentenanalyse und Hauptfaktorenanalyse unterscheiden sich vor allem in den Annahmen, die bezüglich der Erklärungsfähigkeit der Varianzen der einzelnen Variablen im faktorenanalytischen Sinn gemacht werden.

Bei der **Hauptkomponentenanalyse** (vgl. *Überla* 1977) wird unterstellt, daß die gesamte Varianz einer Variablen erklärt werden kann. Die Faktoren werden hier als vollständige Linearkombinationen aus den Variablen mathematisch exakt berechnet.

Demgegenüber liegt der **Hauptfaktorenanalyse** (vgl. *Thurstone* 1947) bzw. dem **Modell mehrerer gemeinsamer Faktoren** die Annahme zugrunde, daß die Varianz einer Variablen zu zerlegen ist in einen Anteil, den diese Variable mit den restlichen Variablen gemeinsam hat (gemeinsame Varianz), und in einen anderen, der allein auf die spezifische Variable und den bei ihr auftretenden Meßfehler zurückzuführen ist (merkmalseigene Varianz). Nicht die gesamten, sondern allein die gemeinsamen Varianzen der Variablen sollen durch das Modell der gemeinsamen Faktoren erklärt werden. Das Hauptproblem bei dieser Methode besteht allerdings darin, wie die gemeinsame Varianz der einzelnen Variablen geschätzt werden muß.

Entsprechend diesen Annahmen lassen sich die Grundgleichungen bei den beiden Modellen wie folgt angeben:

Hauptkomponentenmethode:

(7.49.) $$Z_{ij} = a_{i1} \cdot F_{1j} + a_{i2} \cdot F_{2j} \ldots + a_{ir} \cdot F_{rj} \quad (r = m)$$

Hauptfaktorenmethode:

(7.50.) $$Z_{ij} = a_{i1} \cdot F_{1j} + a_{i2} \cdot F_{2j} + \ldots + a_{ir} \cdot F_{rj} + d_i \cdot U_{ij}$$

Dabei bedeuten:

i	$= 1, 2, \ldots, m$ Variablen
j	$= 1, 2, \ldots, n$ Personen
l	$= 1, 2, \ldots, r$ Faktoren
Z_{ij}	= standardisierter Beobachtungswert von Variable i bei Person j
$a_{i1}, \ldots, a_{ir}$	= Faktorladungen von Variable i auf die Faktoren F_r
$F_{1j}, \ldots, F_{rj}, U_{ij}$	= Faktorenwerte bei Person j
d_i	= Faktorladung von Variable i auf den merkmalsspezifischen Faktor U_{ij}

Auf Grund der Unabhängigkeit der Faktoren läßt sich folgender, als **Fundamentaltheorem der Faktorenanalyse** bezeichneter Ausdruck herleiten:

(7.51.) $$r_{ik} = \sum_{l=1}^{r} a_{il} \cdot a_{kl}$$

Dabei bedeuten:

l	$= 1, 2, \ldots, r$ Faktoren
i, k	$= 1, 2, \ldots, m$ Variablen

r_{ik} = Korrelation zwischen Variablen i und k
a_{il}, a_{kl} = Ladungen der Variablen i und k auf Faktor l

Die **Korrelation** zweier Variablen i und k kann also durch die Summe der Produkte ihrer Ladungen auf den Faktoren reproduziert werden.

An Hand eines einfachen Beispiels mit zwei Variablen i und k und zwei Faktoren F_1 und F_2 läßt sich das Fundamentaltheorem der Faktorenanalyse leicht geometrisch veranschaulichen (vgl. Abb. 7.33.).

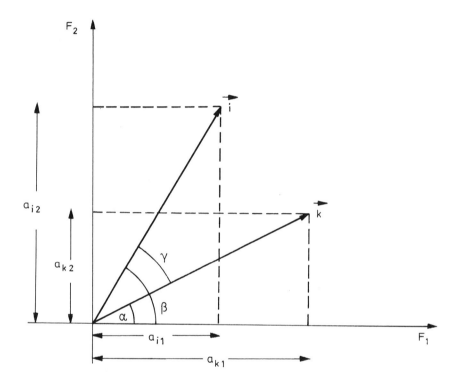

Abb. 7.33.: Geometrische Reproduktion eines Korrelationskoeffizienten r_{ik} im zweidimensionalen Faktorenraum

Die empirisch ermittelte Korrelation r_{ik} zwischen den Variablen i und k wird vom cos γ verkörpert. Nach einem Lehrsatz der Trigonometrie läßt sich hierfür auch schreiben:

(7.52.) $$\cos \gamma = \cos(\beta - \alpha) = \cos\alpha \cdot \cos\beta + \sin\alpha \cdot \sin\beta$$

Setzt man in die Gleichung (7.52.) die entsprechenden Werte ein, so ergibt sich:

(7.53.) $$\cos\gamma = \frac{a_{k1}}{\sqrt{a_{k1}^2 + a_{k2}^2}} \cdot \frac{a_{i1}}{\sqrt{a_{i1}^2 + a_{i2}^2}} + \frac{a_{k2}}{\sqrt{a_{k1}^2 + a_{k2}^2}} \cdot \frac{a_{i2}}{\sqrt{a_{i1}^2 + a_{i2}^2}} =$$
$$\frac{a_{i1} \cdot a_{k1} + a_{i2} \cdot a_{k2}}{\sqrt{a_{i1}^2 + a_{i2}^2} \sqrt{a_{k1}^2 + a_{k2}^2}}$$

Für den Fall, daß die abgebildeten Faktoren (F_1, F_2) die Variablen i und k vollständig erklären und standardisierte Ausgangswerte vorliegen ($\mu = 0$, $\sigma^2 = 1$), können die Variablenfaktoren i und k als Einheitsvektoren mit der Länge 1 aufgefaßt werden. Damit gilt:

(7.54.) $$\sqrt{a_{i1}^2 + a_{i2}^2} = 1 \; ; \; \sqrt{a_{k1}^2 + a_{k2}^2} = 1$$

Deshalb:

(7.55.) $$r_{ik} = \cos\gamma = a_{i1} \cdot a_{k1} + a_{i2} \cdot a_{k2}$$

Die Korrelation der beiden Variablen kann also durch die Summe ihrer Ladungen auf die beiden Faktoren ausgedrückt werden.

Zur Lösung der **vier Hauptprobleme** der Faktorenanalyse,
– Schätzung der Kommunalitäten,
– Extraktion der Faktoren,
– Rotation des Faktorenmusters und
– Schätzung der Faktorenwerte,

existiert eine Reihe konkurrierender Lösungsvorschläge (vgl. *Überla* 1977), so daß hier nur auf die gebräuchlichsten Ansätze eingegangen werden kann.

Die Schätzung der **Kommunalitäten** der Variablen stellt ein bis heute noch nicht befriedigend gelöstes Problem bei dem Modell der Hauptfaktorenanalyse dar. Häufig wird der multiple Korrelationskoeffizient als Schätzwert für den Anteil der einzelnen Variablen herangezogen, der durch die restlichen Variablen bzw. durch gemeinsame Faktoren erklärt werden kann.

Als Verfahren zur **Extraktion** der **Faktoren** hat sich die sog. Hauptachsenmethode durchgesetzt, bei der, ausgehend von einem durch die Variablen aufgespannten Raum, ein neuer, möglichst niedrig dimensionierter Raum gesucht wird, dessen Achsen die (gemeinsamen) Faktoren darstellen, und in dem sich die Korrelationen der Variablen abbilden lassen. Als Ergebnis erhält man eine Matrix der Faktorladungen bzw. das sog. **Faktorenmuster,** wie es – beispielhaft – in Tab. 7.32. wiedergegeben ist.

Jede **Faktorladung** stellt dabei einen Korrelationskoeffizienten dar, der angibt, in welchem Ausmaß der Faktor die jeweilige Variable bestimmt. Die Summe der quadrierten Ladungen der Variablen auf einen Faktor ergibt dessen sog. **Eigenwert.** Dividiert man die Eigenwerte durch die Anzahl der Variablen, so erhält man den Anteil an der Gesamtvarianz der betrachteten Variablen, der durch den entsprechenden Faktor erklärt werden kann. Da die Variablen aus rechentechnischen Gründen standardisiert werden, ist deren Varianz jeweils 1, so daß sich bei sechs Variablen eine Gesamtvarianz von 6 ergibt. Im vorliegenden Falle bedeutet dies, daß der Faktor I bereits 48% ($\approx 2,89 : 6$), der Faktor II weitere 17% ($\approx 1,01 : 6$) der Gesamtvarianz erklärt. Die Summe beider Werte beträgt mithin 65%.

Tabelle 7.32.:

Faktorenmuster in einem konkreten Fall

Variable	Faktor I	Faktor II	Kommunalität h^2
1	0,71	0,40	0,66
2	0,70	0,46	0,70
3	0,70	0,37	0,63
4	0,69	−0,41	0,64
5	0,65	−0,43	0,61
6	0,71	−0,39	0,66
Summe der quadrierten Faktorladungen (= Eigenwert)	2,89	1,01	3,90
Erklärter Anteil an der Gesamtvarianz der Variablen (= Eigenwert/Zahl der Variablen)	0,48	0,17	0,65

Fragt man sich umgekehrt, welchen Beitrag die (gemeinsamen) Faktoren zur Erklärung der Varianz einer bestimmten Variablen leisten, so interessiert man sich für die sog. **Kommunalität** der Variablen, unter der man die Summe der quadrierten Ladungen der Variablen auf die gemeinsamen Faktoren versteht. Diese entspricht, wie erinnerlich, nur dann der Gesamtvarianz der Variablen, wenn im Rahmen der Hauptkomponentenanalyse sämtliche Faktoren extrahiert werden. Bei reduzierten Faktorenlösungen teilt sich die Gesamtvarianz einer Variablen demgegenüber auf in die **Kommunalität** und die sog. **Besonderheit** („uniqueness") der Variablen (vgl. Abb. 7.34.). Schematisch dargestellt ergibt sich etwa für die Variable 1 in Tab. 7.32. folgendes Bild:

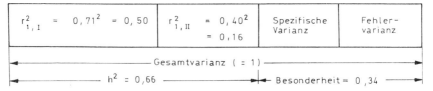

Abb. 7.34.: Komponenten der Gesamtvarianz einer Variablen

4. Ablauf und Methodik empirischer Erhebungen

Es versteht sich, daß sich die nach Tab. 7.32. verbleibende Varianz von $(1 - 0{,}65 \triangleq) 35\%$ durch Extraktion weiterer Faktoren vermutlich noch vermindern läßt. Immerhin ist es gelungen, die Ausgangsmatrix von 6×6 Werten auf 6×2 Werte, also auf ein Drittel zu reduzieren und doch nur ca. 35% an Informationen zu verlieren.

Im Anschluß an die Faktorenextraktion wird eine **Rotation** des erhaltenen Faktorenmusters zur besseren Interpretierbarkeit der Ergebnisse durchgeführt. Insbesondere soll die interpretative Verknüpfung von Variablen und Faktoren möglichst einfach gemacht werden. Dem Kriterium der Einfachstruktur der Faktoren trägt vor allem die sog. **Varimax-Rotation** Rechnung, bei der die Orthogonalität der Faktoren erhalten bleibt, wobei aber auf verschiedenen Faktoren einige Variablen besonders hoch, andere besonders niedrig laden bzw. die Varianz der quadrierten Ladungen pro Faktor maximiert wird.

Bei der **Ermittlung** der **Faktorenwerte** schließlich wird die bisherige Betrachtungsebene (Variablen/Faktoren) verlassen und die Beziehung zwischen Personen oder Objekten in den Mittelpunkt gestellt. Dieser im Gegensatz zur bisher behandelten R-Technik auch als **Q-Technik** bezeichnete Ansatz der Faktorenanalyse konzentriert sich also auf die Frage, wie sich die Urteilspersonen durch die ermittelten Faktoren charakterisieren lassen bzw. wie u. U. mehrere Urteilsobjekte (z. B. Produkte) an Hand der Faktoren beurteilt wurden.

Die Faktorenwerte werden dabei meist mit Hilfe eines der multiplen Regression ähnlichen Verfahrens geschätzt. Es gilt:

(7.56.) $\qquad f_{lj} = fs_{1l} \cdot z_{1j} + fs_{2l} \cdot z_{2j} + \ldots + fs_{il} \cdot z_{ij} + \ldots + fs_{ml} \cdot z_{mj}$

Dabei bedeuten:

f_{lj} = Faktorenwert von Faktor l bei Person (Objekt) j
fs_{il} = Faktorenwertkoeffizient für Variable i ($i = 1, \ldots, m$) und Faktor l
z_{ij} = standardisierter Wert von Variable i bei Person (Objekt) j

Für eine Charakterisierung der Personen bzw. Objekte an Hand weniger Faktorenwerte spricht neben dem Aspekt der Datenreduktion, daß diese nicht redundante und aus allen auf den jeweiligen Faktor hoch ladenden Variablen zusammengefaßte Informationen verkörpern. So lassen sich z. B. zur **Marktsegmentierung** Produktmerkmalsräume ermitteln, deren Achsen wohldefinierte Größen darstellen.

(3) Ein Beispiel

Ausgangspunkt der hier referierten fakorenanalytischen Studie ist die Frage, welche Kriterien bei den Konsumenten im Vordergrund stehen, wenn es darum geht, sich für ein Einzelhandelsgeschäft beim Einkauf von Waren des täglichen Bedarfs zu entscheiden.

Hierzu wurden insgesamt 154 Konsumenten gebeten, 25 mögliche Kriterien an Hand einer 7stufigen Skala zu bewerten, die von 1 = „spielt keine Rolle" bis 7 = „steht im Vordergrund" reichte. Abb. 7.35. zeigt das über alle Befragten ermittelte Profil der Urteile. Es ist leicht zu erkennen, daß der von den 25 Kriterien aufgespannte Urteilsraum

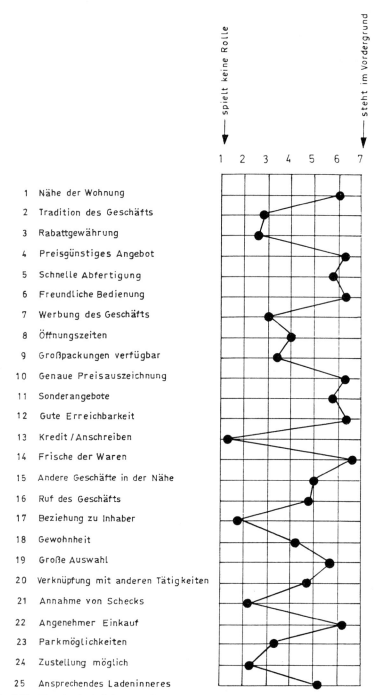

Abb. 7.35.: Durchschnittliches Profil der Wichtigkeit einzelner Kriterien bei der Wahl eines Einzelhandelsgeschäfts ($N = 154$)

überdimensioniert ist, einzelne Kriterien stärker miteinander verwandt sind als andere und daß sich mithin die umfangreiche Kriterienliste auf einige wenige Faktoren verdichten lassen sollte.

Deshalb wurden die Kriterien miteinander korreliert, die resultierende Matrix nach der **Methode der gemeinsamen Faktoren** faktorenanalysiert und die Faktorenlösung nach dem Varimax-Kriterium rotiert.

Von den 8 nach dem *Kaiser*-**Kriterium** (Eigenwert >1) extrahierten Faktoren, die zusammen 44,7% der Gesamtvarianz der Variablen erklären, wollen wir uns aus Darstellungsgründen auf die ersten 6 beschränken, auf die bereits ein Varianzanteil von 40,3% entfällt (vgl. Tab. 7.33.).

Bei der Auswahl charakteristischer Variablen zur Beschreibung der Faktoren wurde neben der Höhe der Faktorladungen auch die Kommunalität der Variablen berücksichtigt. So wäre es z.B. unsinnig, einen Faktor durch Variablen charakterisieren zu wollen, die zwar hoch auf ihm laden, deren Varianz jedoch überwiegend merkmalsspezifischer Natur ist.

Abschließend sei darauf hingewiesen, daß aus der Reihenfolge der Faktoren nicht auf die Wichtigkeit der in ihnen zum Ausdruck kommenden Grunddimensionen bei der Wahl einer Einkaufsstätte geschlossen werden kann. Beispielsweise lädt das über alle Befragten als am wichtigsten eingestufte Kriterium „Frische und Qualität der angebotenen Waren" erst auf dem sechsten Faktor.

4.5.1.7. Die Mehrdimensionale Skalierung (MDS)

(1) Die Zielsetzung

Der Grundgedanke der MDS besteht darin, Beziehungen, die zwischen den Elementen einer Objektmenge bestehen, räumlich darzustellen. Wer immer sich für eine Objektmenge näher interessiert, bemerkt, daß zwischen deren Elementen im Regelfalle vielfältige **Beziehungen** bestehen. So zeichnet zwei bestimmte Produkte aus der Sicht potentieller Käufer ein gewisses Maß an Ähnlichkeit aus, ein Politiker rangiert höher als ein anderer in der Gunst der Wähler, die von einer Maschine zur anderen transportierten Werkstoffmengen sind größer als der Materialfluß zwischen zwei anderen Aggregaten, zwei Artikel werden wesentlich häufiger zusammen gekauft als andere usw.

In den meisten Fällen ist es unmöglich, die Fülle der Zweierbeziehungen – bei n Objekten sind es im Falle symmetrischer Beziehungen genau $\binom{n}{2} = \frac{n(n-1)}{2}$ –, die das jeweils gegebene Maß an „Ähnlichkeit" oder – allgemein ausgedrückt – an Affinität widerspiegeln, ohne Hilfsmittel simultan und logisch konsistent zu ordnen. Als ein solches Instrument erweist sich die räumliche Repräsentation von Relationen mit Hilfe mehrdimensionaler Skalierungsverfahren, von denen bereits in Abschn. 4.2.4.4. die Rede war.

Soll hierzu allein die ordinale Information der Relationen herangezogen werden, so spricht man von **Nichtmetrischer Mehrdimensionaler Skalierung.** Diese ordnet die betrachteten Objekte so in einem möglichst niedrig dimensionierten Raum an, daß die Rangfolge der Distanzen zwischen den Objekten so gut wie möglich der Rangfolge der zwischen ihnen bestehenden Affinitäten entspricht.

Tabelle 7.33.: **Struktur und Interpretation der extrahierten Faktoren**

Faktor	Bezeichnung	Charakteristische Variablen	Faktor-ladung	Varianzerklärung in % Gesamt-varianz	gemeinsame Varianz
I	Preisbewußtsein	Genaue Preisauszeichnung Preisgünstiges Angebot Sonderangebote	0,75 0,72 0,66	14,7	32,9
II	Bindung an Geschäft	Tradition des Geschäfts Ruf des Geschäfts Gewohnheit Werbung des Geschäfts	0,60 0,55 0,50 0,40	7,6	17,2
III	Einkaufsaufwand	Gute Erreichbarkeit Nähe der Wohnung Schnelle Abfertigung	0,68 0,60 0,44	5,6	12,7
IV	Einkaufsbequem-lichkeit	Verknüpfung mit anderen Tätigkeiten Öffnungszeiten Andere Geschäfte in der Nähe	0,74 0,49 0,48	4,6	10,2
V	Einkaufsatmosphäre	Angenehmer Einkauf Ansprechendes Ladeninneres Freundliche Bedienung	0,83 0,66 0,61	4,2	9,5
VI	Qualität des Warensortiments	Frische und Qualität der Waren Große Auswahl	0,75 0,34	3,6	8,1
				40,3	90,6

(2) Grundlagen und Vorgehensweise

Zunächst ist es erforderlich, die zwischen den Objekten bestehenden Affinitäten zu erfassen. Hierzu können sowohl **Verfahren** der **direkten Ähnlichkeitsmessung,** wie etwa vollständige Paarvergleiche, Tripelvergleiche, Sortierverfahren und Ankerpunktverfahren, als auch **Verfahren** der **indirekten Ähnlichkeitsmessung,** wobei z. B. aus beobachtetem Urteilsverhalten Ähnlichkeiten der Objekte abgeleitet werden, zum Einsatz kommen. Ein vollständiger Paarvergleich von fünf Produkten (A, B, C, D, E) führt beispielsweise zu einer Ähnlichkeitsordnung AB > CD > AE > ... (lies: AB ähnlicher CD ähnlicher AE), die sich leicht in Form einer Matrix darstellen läßt.

Ein besonderes Charakteristikum der MDS besteht also darin, daß die Beurteilung der Ähnlichkeit der Objekte **ohne vorgegebene Merkmale** erfolgen kann. Im Gegensatz dazu werden bei fast allen anderen gängigen Erhebungs- und Analysetechniken, die im Rahmen der empirischen Forschung Verwendung finden, umfangreiche Kataloge von wohlformulierten Fragen benötigt, deren Konzipierung oftmals mit erheblichen Schwierigkeiten verbunden ist, weil die von Probanden gegebenen Auskünfte dadurch u. U. präjudiziert werden.

Daß Befragte bei MDS-Studien von ihrem eigenen Relationensystem ausgehen können, ist insbesondere dann von Vorteil, wenn die Beurteilungsmerkmale für die interessierenden Objekte (Produkte, Politiker etc.) allgemein nicht bekannt sind oder aber wenn vermieden werden soll, daß Versuchspersonen durch entsprechende Fragen auf Eigenschaften hingewiesen werden, die sie sonst zur Urteilsbildung nicht herangezogen hätten, während andere, die wirklich wichtig gewesen wären, übersehen bzw. nicht erkannt wurden. Freilich kann auch die MDS kein Relationensystem „hervorzaubern", wo ein solches nicht vorhanden ist.

Ausgehend von einer Matrix der Affinitätsbeziehungen zwischen den Objekten wird nun in einem iterativen Verfahren versucht, diese so in einem möglichst niedrig dimensionierten Raum zu positionieren, daß gilt:

$\delta_{ij} < \delta_{kl} \Rightarrow d_{ij} \leq d_{kl}$ (Monotiebedingung)

und $\delta_{ij} = \delta_{kl} \Rightarrow d_{ij} = d_{kl}$

Dabei bedeuten:

$\delta_{ij}, (\delta_{kl})$ = Affinität der Objekte $i\,(k)$ und $j\,(l)$

$d_{ij}, (d_{kl})$ = Distanz der Objekte $i\,(k)$ und $j\,(l)$

Die räumliche Darstellung der Ähnlichkeitsbeziehungen baut auf verschiedenen **Axiomen** und **Raummodellen** auf. So bestimmen beispielsweise Distanzaxiome, daß Entfernungen nicht negativ, für nicht identische Punkte größer Null und symmetrisch sein müssen und daß die Summe der Abstände zwischen zwei Punkten und einem gemeinsamen dritten Punkt nicht kleiner als die Distanz zwischen den beiden ersten Punkten sein darf (Dreiecksungleichung). Daneben benötigt man weitere Axiome, die die Messung von Abständen in mehrdimensionalen Gebilden regeln.

Bezüglich der Raummodelle ist bisher lediglich eine Variante, die sog. *Minkowski*-**Metrik,** überprüft und als zulässig erklärt worden (vgl. Gleichung 7.57.).

(7.57.) $$_rd_{ij} = \left[\sum_{t=1}^{v} |x_{it} - x_{jt}|^r\right]^{\frac{1}{r}}$$

Dabei bedeuten:

$_rd_{ij}$ = Distanz zwischen den Punkten (Produkten, Objekten) i und j unter Beachtung des Metrikparameters r

$x_{it}(x_{jt})$ = Koordinatenwert des Punktes i (j) auf der Achse t ($t=1, ..., v$)

r = Metrikparameter ($1 \leq r \leq \infty$)

Geht man z. B. von einem rechtwinkligen Dreieck mit den Seiten $a = 4$, $b = 3$ und $c = ?$ aus, so bestimmt sich c je nach Wahl des **Metrikparameters** wie folgt:

$$r = 1; c = a^1 + b^1 = 7$$
$$r = 2; c = \sqrt[2]{a^2 + b^2} = 5$$
$$r = 3; c = \sqrt[3]{a^3 + b^3} \approx 4{,}5$$

Hierbei handelt es sich essentiell um ein Gewichtungsproblem, das bei einem bekannten Sonderfall, der euklidischen Metrik, auf die seit *Euklid* und *Pythagoras* übliche Weise gelöst wird. Durch die Wahl der Metrik bzw. der relevanten Parameter versucht man, die a priori unbekannte Urteilsstruktur der Versuchspersonen zu antizipieren.

Inwieweit es schließlich gelingt, die Objekte so anzuordnen, daß die geforderten Beziehungen erfüllt sind, signalisiert das Güte- bzw. Zielkriterium des Verfahrens, der sog. *Stress*-**Wert** (S):

(7.58.) $$S = \sqrt{\frac{\sum_{i<j}(d_{ij} - \hat{d}_{ij})^2}{\sum_{i<j} d_{ij}^2}} \quad (i, j = 1, ..., n)$$

Dabei bedeuten:

d_{ij} = die im Rahmen des Anpassungsprozesses erreichten gegenwärtigen Distanzen zwischen den Objekten i und j

$\hat{d}_{ij}$ = hypothetische Distanzwerte, welche eine perfekte Repräsentation der Objekte zur Folge hätten.

Das Verfahren versucht nun, in jedem Schritt diesen Stress-Wert weiter zu verkleinern. Konkret wird eine zunächst **zufällige Startkonfiguration** der Objekte in einem Raum **vorgegebener Dimensionalität** so lange verändert, bis sich keine Verbesserungen des Stress-Wertes mehr erzielen lassen.

Als Faustregel zur Beurteilung der Qualität einer Lösungskonfiguration schlägt *Kruskal* (1964) folgende Einteilung vor:

4. Ablauf und Methodik empirischer Erhebungen

$S \geq 0,2$ schlechte Übereinstimmung
$0,2 \geq S \geq 0,1$ befriedigende Übereinstimmung
$0,1 \geq S \geq 0,05$ gute Übereinstimmung
$0,05 \geq S \geq 0,025$ hervorragende Übereinstimmung
$0,025 \geq S \geq 0,00$ vollkommene Übereinstimmung

Als Varianten der hier skizzierten Nichtmetrischen Mehrdimensionalen Skalierung sind insbesondere die sog. nicht-aggregierenden Verfahren zu nennen, welche die Fiktion gleicher Urteilsstrukturen für alle Probanden aufheben und damit die Möglichkeit eröffnen, Wahrnehmungs- und Präferenzunterschiede der Betroffenen herauszufiltern. Liegen nicht nur Ähnlichkeitsdaten, sondern auch Präferenzurteile gegenüber den Objekten vor, so lassen sich durch verwandte Verfahren der **mehrdimensionalen Präferenzanalyse** darüber hinaus auch Rückschlüsse auf die Idealvorstellungen ziehen, die eine Person oder Gruppe etwa bezüglich eines Produktes hat. Mit Hilfe der **Idealprodukt-Modelle** kann man nicht nur Objekte, wie z. B. bestimmte Markenerzeugnisse, sondern auch Idealprodukte oder von den Probanden bevorzugte Eigenschaften solcher Produkte in Gestalt von Vektoren im Raum abbilden. Daß die Verfügbarkeit solcher Informationen für die Marketing-Politik eines Unternehmens (z. B. zur Produktgestaltung und Marktanteilsprognose) von beachtlicher Bedeutung ist, liegt auf der Hand.

(3) Ein Beispiel

Das folgende einfache Beispiel illustriert den Standardfall der Analyse von Ähnlichkeitsurteilen mit Hilfe der Nichtmetrischen Mehrdimensionalen Skalierung.

Konkret wurden ca. 100 Probanden gebeten, 10 Frankfurter Hotels hinsichtlich ihrer Ähnlichkeit zu bewerten. Ein vollständiger Paarvergleich mit sämtlichen 45 Hotelpaaren führt zu der in Tab. 7.34. wiedergegebenen Ähnlichkeitsrangmatrix.

Tabelle 7.34.:

Ähnlichkeitsmatrix von 45 Hotelpaaren

Nr.	Hotel	*Airport*	*Baseler Hof*	*Esso Motor*	*Frankfurter Hof*	*Hessischer Hof*	*Hilton*	*Intercontinental*	*Metropol*	*Savigny*	*Savoy*
1	Airport	—	40	5	17	24	2	3	42	34	25
2	Baseler Hof		—	38	27	12	33	<u>45</u>	5	3	11
3	Esso Motor			—	44	33	23	15	26	29	32
4	Frankfurter Hof				—	3	16	13	23	22	23
5	Hessischer Hof					—	19	31	21	13	14
6	Hilton						—	<u>1</u>	41	35	23
7	Intercontinental							—	43	37	36
8	Metropol								—	10	7
9	Savigny									—	4
10	Savoy										—

Die Hotels *Intercontinental* und *Hilton* wurden von den Probanden als am meisten, das Paar *Baseler Hof-Intercontinental* als am wenigsten ähnlich beurteilt. Dementsprechend erhielten diese Hotelpaare den Rang 1 bzw. 45. Die hier vorliegenden ordinalen Meßergebnisse können sich theoretisch durch infinitesimale Distanzdifferenzen unterscheiden, m. a. W. ein Rang von fünf kennzeichnet nicht das doppelte Maß an Ähnlichkeit wie der Rang zehn. Als Ergebnis des Iterationsprozesses erhält man eine Lösungskonfiguration, die in unserem Falle eine räumliche Darstellung der Imagerelationen ermöglicht, wie sie in Abb. 7.36. wiedergegeben ist.

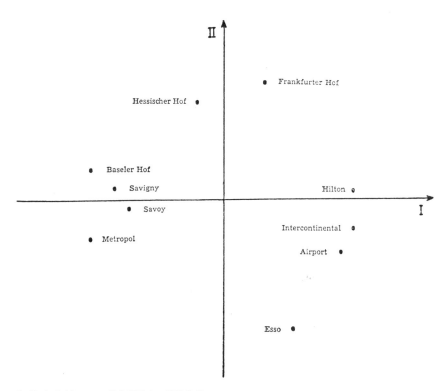

Quelle: In Anlehnung an *Dichtl/Schobert* 1979, S. 68.

Abb. 7.36.: Imageraum für zehn Frankfurter Hotels der Spitzenklasse

Ähnlich wie bei der Faktorenanalyse und verwandten Verfahren ist auch bei der MDS das **Interpretationsproblem** noch nicht vollkommen zufriedenstellend gelöst. Die Aufgabe besteht darin, den nur formal vorgegebenen Dimensionen (hier: I, II) verbal jene Inhalte zu geben, die die Versuchspersonen als „Merkmale" identifiziert haben. Auf Grund der Kenntnis von objektiven Eigenschaften oder subjektiv empfundenen Merkmalen können beispielsweise Eigenschaftsrangreihen, sog. **„property vectors"**, erstellt werden, die bei Korrelierung mit den Dimensionen im allgemeinen konkrete Hinweise auf die inhaltliche Bedeutung der Achsen liefern. Im vorliegenden Fall entschied man sich für „Umfang der angebotenen Leistungen" (I) und „Gesellschaftliches Renommée" (II).

4.5.1.8. Das Conjoint Measurement (CM)

(1) Die Zielsetzung

Dem Begriff **Conjoint Measurement** (CM) wird eine Reihe von psychometrischen Verfahren subsumiert, die dazu dienen, aus empirisch erhobenen globalen Urteilen über multiattributive Alternativen (z. B. Beschreibungen hypothetischer Produkte) die partiellen Beiträge einzelner Attribute zum Zustandekommen des Globalurteils (z. B. Kaufpräferenz) zu ermitteln. Die zu bewertenden Alternativen werden dabei durch die systematische Kombination von Merkmalsausprägungen einer Reihe von als bedeutsam erkannten Attributen im Rahmen eines experimentellen Designs konstruiert.

Es werden also nicht attributspezifische Einzelurteile zu einem Gesamturteil zusammengefaßt **(kompositioneller Ansatz)**, sondern – gerade umgekehrt – aus den Gesamturteilen der Beitrag der einzelnen Attribute bzw. deren Ausprägungen herauspartialisiert **(dekompositioneller Ansatz).**

Geht es beispielsweise um die optimale Gestaltung eines neuen Erzeugnisses, so kann man einer Stichprobe von Verbrauchern technisch und wirtschaftlich realisierbare Kombinationen von Ausprägungen einer Reihe von Produkteigenschaften (z. B. verschiedene Packungsentwürfe, Preise oder Designs) in Form von konkreten Entwürfen oder verbalen Beschreibungen vorgeben. Die Probanden haben dann lediglich die Aufgabe, diese z. B. in eine Rangordnung nach Maßgabe ihrer Vorziehenswürdigkeit (z. B. Kaufpräferenz) zu bringen.

Im Gegensatz zu direkten und isolierten Produktbeurteilungen auf einzelnen Attributen hat der Conjoint Measurement-Ansatz den Vorteil, daß die Probanden **Produktganzheiten** beurteilen bzw. simultan („conjoint") positive und negative Merkmalsausprägungen einer Produktbeschreibung gegeneinander abwägen, bevor sie zu ihrem Urteil gelangen.

Neben dieser Realitätsnähe besteht ein weiterer Vorzug des Conjoint Measurement darin, daß selbst **ordinalskalierte Präferenzurteile** in **intervallskalierte Teilpräferenzwerte** für die einzelnen Merkmalsausprägungen transformiert und die Globalurteile ihrerseits auf ein metrisches Skalenniveau angehoben werden können.

(2) Grundlagen und Vorgehensweise

Grundannahme des Verfahrens ist, daß die globalen Präferenzwerte in merkmalsspezifische Teilpräferenzwerte zerlegt werden können. Gleichzeitig wird eine bestimmte Kombinationsregel vorausgesetzt, nach der die Probanden die **Nutzenbeiträge** der Merkmalsausprägungen (Teilpräferenzwerte) zu einem globalen Präferenzurteil aggregieren. Nach Maßgabe der unterstellten Kombinationsregel für die Teilpräferenzwerte läßt sich die Verfahrensgruppe unterteilen in das **polynomiale** und das im folgenden diskutierte **linear-additive** Conjoint Measurement, das seine Tauglichkeit in einer Vielzahl von Anwendungsfällen unter Beweis gestellt hat (vgl. z. B. *Green/Wind* 1973, S. 43; *Bauer/Thomas* 1984).

Im Falle des **Additiven Conjoint Measurement** (ACM) mit t Variablen ohne Interaktionswirkung versucht das Verfahren, metrisch skalierte globale Präferenzwerte Z_j für die m Attributekombinationen („benefit bundles") so zu bestimmen, daß deren Rangordnung mit jener der ordinalskalierten empirischen Präferenzwerte Y_j bestmöglich übereinstimmt. Es soll gelten:

(7.59.) $\quad Y_j < Y_{j'} \Leftrightarrow Z_j \leq Z_{j'}\quad$ (Monotoniebedingung), wobei $j \neq j'$ mit $Z_j = F(Y_j)$ und

(7.60.) $$Z_j = \sum_{p=1}^{t} f_p(x_{jp})$$

Dabei bedeuten:

$Y_j, Y_{j'}$ = Ordinalskalierte globale Präferenzwerte für die Attributekombinationen j, j' ($j, j' = 1, 2, \ldots, m$)
$Z_j, Z_{j'}$ = Intervallskalierte globale Präferenzwerte für die Attributekombinationen j, j' ($j, j' = 1, 2, \ldots, m$)
F = Monotone Transformationsfunktion
f_p = Teilpräferenzwertfunktion für Attribut p ($p = 1, 2, \ldots, t$)
x_{jp} = Ausprägung von Attribut p bei Attributekombination j

Den Kern des Conjoint Measurement-Algorithmus bildet eine **multiple monotone Regressionsanalyse**. Dabei werden die Attribute nicht etwa als kontinuierliche Variablen betrachtet, sondern, um die Form ihrer Teilpräferenzfunktionen nicht a priori festzulegen, gemäß der Anzahl ihrer Ausprägungen in Dummy-Variablen (0/1-Variablen) zerlegt. In Abb. 7.37. ist eine mögliche, stückweise lineare Teilpräferenzwertfunktion für eine Variable mit 4 Ausprägungen (z. B. verschiedene Verpackungsentwürfe) dargestellt, wobei die β-Koeffizienten (Teilpräferenzwerte) als Regressionskoeffizienten interpretiert werden können.

Ausgehend von beliebigen β-Werten wird mit Hilfe eines iterativen Gradientenverfahrens die beste Approximation der Y_j-Werte durch die Modellwerte Z_j, die sich durch die additive Verknüpfung der Teilpräferenzwerte β ergeben, ermittelt. Nach jedem Iterationsschritt erfolgt eine Transformation der Modellwerte Z_j in sog. $\hat{Z}_j$-Werte, und zwar derart, daß die Reihe der $\hat{Z}_j$-Werte eine mindestens schwach monotone Transformation der Datenwerte Y_j darstellt (vgl. hierzu *Thomas* 1979, S. 207). Ein mit dem *Stress*-Wert bei der **Mehrdimensionalen Skalierung** (vgl. Gleichung 7.58. in Abschn. 4.5.1.7.) vergleichbares Maß, der sog. monotone *Stress,* fungiert dabei als Zielkriterium und gibt an, inwieweit die geforderte Monotoniebedingung dabei verletzt wird:

(7.61.) $$S = \sqrt{\frac{\sum_{j=1}^{m}(\hat{Z}_j - Z_j(\beta))^2}{\sum_{j=1}^{m}(Z_j(\beta) - \bar{Z}(\beta))^2}} \to \text{Min!}$$

mit $\quad \bar{Z}(\beta) = \dfrac{1}{m} \sum_{j=1}^{m} Z_j(\beta)$

Trotz seiner zunehmenden Bedeutung und Akzeptanz bringt auch der Conjoint Measurement-Ansatz nicht zu unterschätzende Nachteile mit sich. Je größer nämlich die Anzahl der Attribute und deren Ausprägungen ist, um so umfangreicher wird die Menge der zu beurteilenden Alternativen und der zu schätzenden Parameter. Bei drei Attributen mit jeweils vier Ausprägungen sind nach einem vollständigen faktoriellen Design bereits $4^3 = 64$ Attributebündel zu beurteilen und 12 Parameter zu schätzen. Die Gefahr, durch eine Überforderung der Versuchspersonen die Fehlervarianz zu erhöhen, wird offenkundig.

Deshalb kommt der Entwicklung von Designs, in denen die Anzahl zu beurteilender Alternativen möglichst gering ist und die dennoch alle Haupteffekte und zumindest Interaktionen erster Ordnung zu schätzen erlauben, hervorragende Bedeutung zu. *Green* (1974) plädiert für die Verwendung **orthogonaler** und **unvollständiger Block-Designs** und die Durchführung **mehrstufiger Präsentationsprozeduren,** um so den kognitiven Beschränkungen der Versuchspersonen Rechnung zu tragen, ohne dabei die Anzahl der bei einem Präferenzurteil zu berücksichtigenden Attribute reduzieren zu müssen (**"full profile procedure"**).

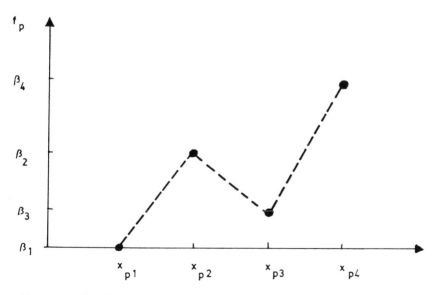

Abb. 7.37.: Teilpräferenzwertfunktion f_p mit β-Werten für eine Variable p mit $k = 4$ Ausprägungen x_{pk}

Johnson (1974) hingegen schlägt vor, je zwei Attribute miteinander vergleichen zu lassen (**„two factor at a time procedure"** bzw. **„trade off procedure"**), wobei alle möglichen Kombinationen aus zwei Attributen zu ordnen sind. Diese Form der Datenerhebung stellt die Befragten zwar vor eine bedeutend einfachere Aufgabe als die vollständige Profilmethode, doch muß, was unrealistisch ist, angenommen werden, daß die Probanden bei jedem Vergleich zweier Alternativen hinsichtlich zwei Attributen sämtliche übrigen Attribute quasi konstant halten.

Ein weiteres Problem stellt das **Auftreten unrealistischer Attributekombinationen** dar (z. B. geringer Preis, hoher Komfort und Sportlichkeit bei Automobilen). Zudem ergeben sich methodische Schwierigkeiten aus der Notwendigkeit, Nutzenwerte zwischen Merkmalsausprägungen linear interpolieren zu müssen, was bei einem auf praktikable Zwecke reduzierten Designumfang zu ungenauen Schätzungen führen muß. Als Alternative zur Interpolation schlagen *Pekelman/Sen* (1979) Regressionstechniken vor, die allerdings nur bei kontinuierlichen Variablen angewandt werden können.

(3) Ein Beispiel

Das folgende Beispiel (vgl. *Green/Wind* 1975) demonstriert das Leistungspotential des Conjoint Measurement zur Lösung eines der zentralen Probleme im Marketing, der **optimalen Gestaltung** eines **neuen Produktes.**

Bei diesem soll es sich um ein Gerät zur chemomechanischen Entfernung von Flecken auf Tapeten und Polstermöbeln handeln. In Vorstudien habe ein Hersteller insgesamt 5 Attribute als relevant erkannt, die zur Charakterisierung einer Produktkonzeption dienen (vgl. Tab. 7.35.).

Tabelle 7.35.:

Relevante Produktmerkmale zur Gestaltung eines neuen Produktes und ihre Ausprägungen

Merkmal	Merkmalsausprägungen
Produktdesign	Design A, Design B, Design C
Produktname	*K2R, GLORY, BISSELL*
Preis in $	1,19; 1,39; 1,59
Gütesiegel	Ja, Nein
Geldrückgabegarantie	Ja, Nein

Bei der Datenerhebung wurde, um die Alternativenzahl in einem zumutbaren Rahmen zu halten, ein sog. orthogonales Feld (vgl. *Green* 1974) als Versuchsplan verwendet. Dadurch konnte die Anzahl der theoretisch möglichen Kombinationen der Merkmalsausprägungen von 108 ($= 3 \times 3 \times 3 \times 2 \times 2$) auf 18 reduziert werden. Tab. 7.36. gibt das verwendete experimentelle Design wieder.

Die befragten Verbraucher haben nun die Aufgabe, die 18 ihnen z. B. auf Karten und mit Hilfe von Prototypen (Produktdesign!) präsentierten Produktbeschreibungen hinsichtlich ihrer Kaufpräferenz anzuordnen. In der letzten Spalte von Tab. 7.36. ist die resultierende Rangordnung wiedergegeben.

Die Analyse der Daten mit Hilfe eines Verfahrens des Additiven Conjoint Measurement liefert die in Abb. 7.38. dargestellten Teilpräferenzwertfunktionen für die 5 Merkmale.

Tabelle 7.36.:

Experimentelles Design in Form eines orthogonalen Feldes zur Konstruktion von Beschreibungen hypothetischer Produkte

Nr.	Produkt-design	Produkt-name	Preis in $	Güte-siegel	Geldrückgabe-garantie	Rang
1	A	K2R	1,19	Nein	Nein	13
2	A	Glory	1,39	Nein	Ja	11
3	A	Bissell	1,59	Ja	Nein	17
4	B	K2R	1,39	Ja	Ja	2
5	B	Glory	1,59	Nein	Nein	14
6	B	Bissell	1,19	Nein	Nein	3
7	C	K2R	1,59	Nein	Ja	12
8	C	Glory	1,19	Ja	Nein	7
9	C	Bissell	1,39	Nein	Nein	9
10	A	K2R	1,59	Ja	Nein	18
11	A	Glory	1,19	Nein	Ja	8
12	A	Bissell	1,39	Nein	Nein	15
13	B	K2R	1,19	Nein	Nein	4
14	B	Glory	1,39	Ja	Nein	6
15	B	Bissell	1,59	Nein	Ja	5
16	C	K2R	1,39	Nein	Nein	10
17	C	Glory	1,59	Nein	Nein	16
18	C	Bissell	1,19	Ja	Ja	1

Quelle: *Green/Wind* 1975, S. 108.

Aus den erhaltenen Teilpräferenzwertfunktionen zeigt sich z.B. hinsichtlich der Formgebung, daß Design B den größten Erfolg verspricht. Da die Nutzenwerte über alle Attribute direkt miteinander vergleichbar sind, lassen sich auch Aussagen über die relative Bedeutung der einzelnen Attribute machen, indem man die Nutzenbereiche der Attribute betrachtet (vgl. Tab. 7.37.):

Tabelle 7.37.:

Relative Wichtigkeit der Produktattribute

Attribut	Nutzenbereich	Anteil in %
Produktdesign	1,0 − 0,1 = 0,9	33,3
Produktname	0,5 − 0,2 = 0,3	11,1
Preis	1,0 − 0,1 = 0,9	33,3
Gütesiegel	0,3 − 0,2 = 0,1	3,7
Geldrückgabegarantie	0,7 − 0,2 = 0,5	18,5
	$\Sigma = 2,7$	

§ 7 Marketing-Forschung

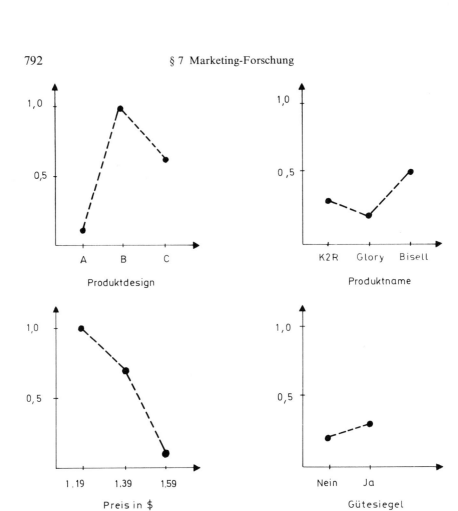

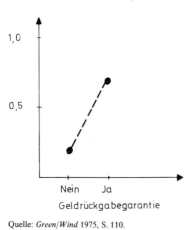

Quelle: *Green/Wind* 1975, S. 110.

Abb. 7.38.: Teilpräferenzwertfunktionen für 5 Produktmerkmale

Man erkennt, daß in dem Beispiel das **Produktdesign** und der **Preis** die weitaus wichtigsten Attribute sind und zusammen bereits mehr als zwei Drittel des gesamten Nutzenbereichs auf sich vereinigen. Weiterhin liefert die Conjoint Measurement-Analyse u. a. die folgenden konkreten Hinweise für die Gestaltung des neuen Produktes:

- Das erfolgversprechendste Produkt müßte den Namen *Bissell* tragen, nach Produktdesign B hergestellt und mit einer Geldrückgabegarantie ausgestattet sein, zu einem Preis von $ 1,19 zum Verkauf angeboten werden und ein Gütesiegel aufweisen.

- Durch die Gewährung einer Geldrückgabegarantie kann der mit einer Erhöhung des Verkaufspreises von $ 1,19 auf $ 1,39 verbundene Nutzenverlust von 0,3 Einheiten mehr als wettgemacht werden.

4.5.2. Prognoseverfahren

Unsere bisherigen Bemühungen konzentrierten sich im wesentlichen darauf zu zeigen, wie man im Rahmen der Marketing-Forschung
- die wichtigsten Variablen identifiziert (Weckung eines Problemverständnisses, Herauslösung der Schlüsselgrößen),
- die entsprechenden Größen gegebenenfalls operationalisiert (Möglichkeiten der Skalierung),
- die empirischen Daten beschafft (Möglichkeiten der Sekundärforschung, Auswahl der Probanden bei der Primärforschung, Einsatz verschiedener Erhebungstechniken) und
- diese schließlich analysiert und die Ergebnisse kommentiert (Aufbereitung und Auswertung der Daten mit Hilfe mathematisch-statistischer Verfahren).

All dies vollzog sich unter einer historischen Perspektive, jedenfalls nicht mit explizitem Bezug auf das primäre Anliegen der Marketing-Forschung, nämlich Informationen für notwendigerweise **zukunftsorientierte** Entscheidungen bereitzustellen. Dies erfordert zum Abschluß dieses Kapitels eine zumindest kurze Auseinandersetzung mit der **Struktur** und **Problematik** von **Prognosen.** (Für eine vertiefte Behandlung muß auf die umfangreiche Spezialliteratur verwiesen werden.)

Die Notwendigkeit, etwas vorauszusagen, tritt uns, wie die folgenden Beispiele illustrieren, in ganz verschiedenen Formen entgegen:

(1) Die Abteilung Marktforschung verfolgt den mengenmäßigen Inlandsabsatz für das Produkt XY seit nunmehr 27 Jahren und muß in Kürze, da die gesamte Unternehmensplanung davon abhängt, eine Prognose für die kommenden drei Jahre abgeben.

(2) Ein Unternehmen gedenkt in nächster Zeit ein neues Erzeugnis auf dem heimischen Markt einzuführen, und macht sich deshalb Gedanken darüber, wie hoch Preis und Werbebudget bemessen sein müssen, um die für das erste und das zweite Jahr anvisierten Stückzahlen tatsächlich erreichen zu können.

(3) Die deutsche Markenartikelindustrie setzt sich schon jetzt damit auseinander, in welche Richtung sich das Verbraucherverhalten bis zum Jahre 2000 verändern und wie die deutsche „Handelslandschaft" dann aussehen wird.

Die im ersten Beispiel angedeutete Aufgabe kann mit ausreichender Sicherheit im Wege einer sog. **Entwicklungsprognose** gelöst werden. Dabei wird eine stets sorgfältig fortgeschriebene Zeitreihe im einfachsten Fall aus sich heraus und mit Hilfe von analytischen Methoden in die Zukunft verlängert. Sofern sich in den Rahmenbedingungen, die für die (zumindest jüngere) Vergangenheit galten, nichts Entscheidendes ändert, ist eine Vorhersage der Gegebenheiten in dem interessierenden Zeitraum etwa im Wege der **Trendextrapolation** unbedenklich. Einer anderen Vorgehensweise bedarf es, wenn diese wesentliche Voraussetzung nicht erfüllt ist, sowie bei **längerfristigen Prognosen.**

Der zweite Fall ist ganz anderer Natur. Hier sind zwei unabhängige Variablen (Preis, Werbebudget) im Spiel, mit deren Hilfe die abhängige Variable (Absatzmenge) zu Gunsten des Unternehmens beeinflußt werden soll und kann. Was es hierbei zu bestimmen gilt, ist die Art bzw. genaue Form des Zusammenhangs, wobei man annimmt, daß der Befund auch in der unmittelbaren Zukunft noch Bestand haben wird. Gefordert ist also kein Blick in die Zukunft, sondern eine **Wirkungs-** oder **Kausalprognose.**

Eine Kombination von Kausal- und Entwicklungsprognose verkörpern unter Akronymen wie ASSESSOR, SPRINTER und STEAM bekannt gewordene, mathematisch ziemlich anspruchsvolle Modelle, mit deren Hilfe man aus (Panel-)Daten, die in frühen Stadien der Einführung eines neuen Produktes gewonnen wurden, Aussagen über dessen weitere Erfolgsaussichten abzuleiten versucht (siehe dazu auch § 3, Abschn. 4.2.1.1.).

Während bei den ersten beiden genannten Beispielen grundsätzlich sowohl Zahlen als auch Transformationsregeln verfügbar sind, um von einer festen Basis zu den letztlich interessierenden Größen zu gelangen, ist dies bei der dritten Fragestellung meist nicht mehr der Fall. Hier geht es um eine von Erfahrung, analytischem Denken und visionärer Kraft gespeiste Antizipation oft in weiter Ferne liegender Umweltzustände, wozu man sich zwar auch gewisser Hilfsmittel bedienen kann, wobei man aber bezüglich des Wahrheitsgehalts der Ergebnisse meist doch erheblich im Dunkeln tappt. An die Absicherung solcher **Projektionen** mit den klassischen Mitteln der Validitäts- und Reliabilitätsprüfung ist deshalb nicht zu denken.

Auf Grund der nur vagen Verankerung von Projektionen in der Gegenwart, ihres häufig nur Nominalskalenniveau reflektierenden Gehalts und ihres geringen, zuweilen bis hin zum Denkmodell geschrumpften Verbindlichkeitsgrades werden sie in der Literatur oft auch mit dem Terminus **qualitative Prognosen** belegt, während die weitaus genauer spezifizierten Entwicklungs- und Kausalprognosen als ihre **quantitativen** Gegenstücke gelten.

An dieser Stelle sei darauf hingewiesen, daß nicht wenige Wissenschaftler den **qualitativen Prognosen** skeptisch gegenüberstehen. Sie begründen dies vor allem mit einem Defizit an theoretischer Untermauerung und einem relativ **hohen Grad** an **Subjektivität,** der den zur Verfügung stehenden Verfahren innewohne. Dem lassen sich einige stichhaltige Argumente entgegensetzen: Zum einen wird auch bei den **quantitativen Prognosemethoden** das subjektive Element nicht ausgeschaltet, sondern lediglich auf eine höhere Ebene, nämlich die Stufe der Modellauswahl bzw. -spezifikation verlagert. Andererseits – und dieses Argument erscheint ungleich gravierender – müssen Unternehmen auch dann in der Lage sein, Entscheidungen im Rahmen der langfristigen Marketing-Planung abzusichern, wenn keine ausreichende quantitative Basis vorhanden ist. Dies gilt vor allem angesichts der steigenden Komplexität und Dynamik der Umweltgegebenheiten, für deren Bewältigung derartige Verfahren unverzichtbar erscheinen.

Da auf die Wirkungs- oder Kausalprognose bereits in den Abschnitten 3.1.3. (Kausale Studien) und 4.5.1.2. (Varianzanalyse) eingegangen wurde, brauchen an dieser Stelle nur noch die beiden anderen Varianten behandelt zu werden.

4.5.2.1. Die Entwicklungsprognose

Wie erinnerlich, geht man hier von einer gegebenen Zeitreihe aus. Dies setzt voraus, daß sich etwa ein zu untersuchendes Produkt bereits eine bestimmte Zeit lang am Markt befindet. Häufig weist dabei die Entwicklung der Absatzmengen und der Deckungsbeiträge im Zeitablauf einen gewissen Grundzug auf, der eine Extrapolation über einige Glieder hinweg erlaubt oder sogar einen gesetzmäßigen Verlauf im Sinne des **klassischen Lebenszyklus** erkennen läßt. Die Trendverlängerung ist allerdings nur dann gerechtfertigt, wenn man aus gutem Grund davon ausgehen kann, daß die in der Zeitreihe zum Ausdruck kommende Entwicklungsrichtung im Bereich der zu prognostizierenden Werte weder durch nachhaltige Änderungen der Umweltfaktoren, insbesondere konjunkturelle Bewegungen und Strukturbrüche, noch durch einen grundsätzlichen Wandel der Absatzkonzeption für das betrachtete Produkt gestört wird. Damit ist gleichzeitig der wesentlichste Einwand gegen die vorurteilslose Anwendung dieses Verfahrens vorgebracht, ein Einwand, der um so mehr Gewicht erhält, je stärker die konjunkturelle Komponente den Wirtschaftsablauf bestimmt. Daß davon wiederum Marketing-Konzeptionen erheblich beeinflußt werden können, ist leicht verständlich.

Für die Bestimmung eines Trends kommen neben der **zeichnerischen Ermittlung** und der relativ anspruchslosen **Methode der gleitenden Durchschnitte** im wesentlichen folgende Vorgehensweisen in Betracht:

– Einfache Zeitreihenprognose

– Methode des exponentiellen Glättens

– Anwendung nichtlinearer Trend- und Wachstumsfunktionen.

4.5.2.1.1. Die einfache Zeitreihenprognose

Bei der Betrachtung von Zeitreihen geht man von der Annahme aus, daß eine für den Zeitpunkt $t+p$ zu prognostizierende Variable y^* von Werten dieser Variablen in der Vergangenheit abhängt, d. h. der Wert von y^*_{t+p} wird durch eine Kombination der historischen Werte $y_t, y_{t-1}, ..., y_{t-n}, ..., y_{t-T}$ erklärt (vgl. Gleichung 7.62.).

(7.62.) $$y^*_{t+p} = f(y_t, y_{t-1}, ..., y_{t-n}, ..., y_{t-T})$$

Dabei bedeuten:

y^*_{t+p} = zu prognostizierende Größe für den zukünftigen Zeitpunkt $(t+p)$
y_t = Gegenwartswert oder letzter verfügbarer y-Wert
y_{t-1} (y_{t-n}) = y-Wert, der eine (n) Zeitperiode(n) vor t gemessen wurde
t = in die Betrachtung einbezogene historische Zeitpunkte (Zeiträume) t ($t = 1, ..., T$)

Eine wesentliche **Voraussetzung** für die Anwendung von Zeitreihenverfahren besteht darin, daß die Werte über die Zeit hinweg eine bestimmte Struktur aufweisen. Im einfachsten Falle ist die **Veränderung** der Werte konstant. Die Zeitreihe weist dann einen linearen Trend auf (vgl. Gleichung 7.63.).

(7.63.) $$y_t = a + bt$$

Dabei bedeuten:

y_t = beobachteter y-Wert für Zeitpunkt (Zeitperiode) t ($t = 1, ..., T$)
a = Konstante
b = Steigungsfaktor der Trendgeraden
t = Beobachtungszeitpunkt oder Beobachtungsperiode

Ersetzt man die Zeitpunkte t in Gleichung 7.63. durch eine inhaltlich präzisierte Variable (x), z. B. Werbeaufwendungen, so wird deutlich, daß die **lineare Trendrechnung** eine einfache Sonderform der **Regressionsanalyse** darstellt, in der lediglich die unabhängige Variable x durch die alle Veränderungen erklärende Variable Zeit ersetzt wird. Entsprechend der **Regressionsrechnung** besteht das Problem dann darin, die **Trendgerade** durch Bestimmung von a und b so festzulegen, daß die Summe der quadrierten Abweichungen der beobachteten y-Werte von den durch die Trendfunktion bestimmten Größen für y möglichst klein wird (vgl. Gleichung 7.64.).

(7.64.) $$Z = \sum_{t=1}^{T} (y_t - a - bt)^2 \rightarrow \text{Min!}$$

Durch partielle Differentiation nach den Parametern a und b sowie Auflösung der Differentiationsgleichungen nach y_t erhält man die sog. Normalgleichungen:

(7.65.) $$\Sigma y_t = Ta + b\Sigma t$$
$$\Sigma ty_t = a\Sigma t + b\Sigma t^2$$

4. Ablauf und Methodik empirischer Erhebungen   797

Zur Vereinfachung der Berechnungsprozedur werden die Werte für t zweckmäßigerweise so gewählt, daß deren Summe 0 ergibt. In diesem Falle bereitet die Auflösung der Gleichungen nach a und b keine Schwierigkeiten (vgl. Gleichung 7.66.):

(7.66.)
$$a = \frac{\Sigma y_t}{T}$$

$$b = \frac{\Sigma t y_t}{\Sigma t^2}$$

Sodann kann der Prognosewert y^*_{t+p} unmittelbar durch Einsetzen des Wertes $(t + p)$ für t aus Gleichung 7.63. errechnet werden.

Die skizzierte Vorgehensweise soll an Hand eines konkreten, hinsichtlich der Daten vereinfachten Beispiels, der Schätzung der Nachfrage nach Drehmaschinen in einem *EG*-Land für das Jahr 1992, illustriert werden. Für die Jahre zwischen 1976 und 1987 können ohne weiteres Zeitreihen der in Tab. 7.38. wiedergegebenen Art aufgestellt werden.

Tabelle 7.38.:

Produktionsstatistik für Drehmaschinen

Jahr $t = 1, \ldots, 12$	Produktion zu lfd. Preisen in Mio. DM	Preisindex Basis 1980	Preisindex Basis 1987	Produktionswert in Mio. DM zu Preisen von 1987
1	2	3	4	5
1976	47,1	96,4	86,5	54,5
1977	53,7	96,2	86,4	62,2
1978	57,0	97,4	87,4	65,2
1979	66,0	97,6	87,6	75,4
1980	73,9	100,0	89,8	82,3
1981	79,0	102,5	91,7	86,2
1982	85,9	105,5	94,7	90,7
1983	90,8	107,3	96,3	94,3
1984	94,0	106,2	95,3	98,6
1985	93,7	106,1	95,2	98,4
1986	99,2	108,2	97,1	102,2
1987	105,0	111,4	100,0	105,0

Spalte 2 enthält die Produktionswerte zu laufenden Preisen. Spalte 3 weist die veröffentlichten Preisindizes für Metallbearbeitungsmaschinen aus, die für die Preisentwicklung der Drehmaschinen als repräsentativ betrachtet werden können. In dieser Zeitreihe ist als Basisjahr 1980 gewählt worden. Für die Zwecke der Prognose empfiehlt es sich aus Gründen der Konvention, die Indizes auf das Preisniveau von 1987 umzurechnen, indem man jede Zahl durch 1,114 dividiert (Spalte 4). In Spalte 5 ist der Produktionswert auf der Basis der Preise von 1987 angegeben, der durch Division der Spalte 2 durch Spalte 4 und Multiplikation des Quotienten mit 100 errechnet wird. Die Werte der Spalte 5 ergeben die in Abb. 7.39. wiedergegebene durchgezogene Linie.

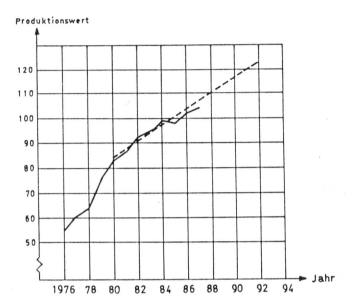

Abb. 7.39.: Entwicklung des Produktionswertes von Drehmaschinen im Zeitraum 1976-1987

Parallel zu dieser statistischen Analyse werden die Abnehmerbranchen über die voraussichtliche Marktentwicklung befragt. Die von den Probanden getroffenen Feststellungen erklären die aufgezeigte Entwicklung: Der stürmische Aufschwung der Nachfrage hat sich schon Anfang der achtziger Jahre spürbar verlangsamt. 1985 gab es eine gewisse Stagnation, seitdem wächst die Nachfrage abgeschwächt weiter. Da die Drehmaschinen in großen Stückzahlen an viele Branchen geliefert werden und ständig ein hoher Ersatzbedarf besteht, halten sich die Schwankungen der Nachfrage in relativ engen Grenzen.

Für die nächsten fünf Jahre erwarten die Abnehmer ein gleichmäßiges Weiterwachsen der Umsätze, also etwa in der gleichen Weise wie im Durchschnitt der letzten Jahre seit der Abschwächung des Booms Anfang der achtziger Jahre. Wie leicht einzusehen, wäre es nicht vertretbar, einen linearen Trend für den ganzen Zeitraum zu unterstellen. Geht man indessen von 1980 aus, so ergibt sich eine ausgeglichene lineare Entwicklung. In Übereinstimmung mit dem Urteil der Abnehmer wird deshalb für den Zeitraum 1980 bis 1987 ein linearer Trend zugrunde gelegt, den man bis 1992 extrapoliert. Formale Bedenken gegen diese Vorgehensweise, die in der Kürze der Zeitreihe begründet sind, werden für dieses Beispiel zurückgestellt.

Zur Bestimmung der für die Berechnung benötigten Elemente bedient man sich zweckmäßigerweise einer Arbeitstabelle (vgl. Tab. 7.39.).

Tabelle 7.39.:

Rechentabelle zur Bestimmung der Trendparameter

Jahr	t	y_t	t^2	$t \cdot y_t$
1980	−3,5	82,3	12,25	−288,05
1981	−2,5	86,2	6,25	−215,5
1982	−1,5	90,7	2,25	−136,05
1983	−0,5	94,3	0,25	− 47,15
1984	0,5	98,6	0,25	49,3
1985	1,5	98,4	2,25	147,6
1986	2,5	102,2	6,25	255,5
1987	3,5	105,0	12,25	367,5
$T = 8$	$\Sigma t = 0$	$\Sigma y_t = 757,7$	$\Sigma t^2 = 42$	$\Sigma t y_t = 133,15$

Nach Gleichung 7.66. erhält man folgende Werte für die Konstanten und die zu prognostizierende Absatzgröße:

$$a = \frac{757,7}{8} \approx 94,71$$

$$b = \frac{133,15}{42} \approx 3,17$$

$$y^*_{1992} = 94,7 + 3,17 \cdot 8,5 = 121,64$$

Der Produktionswert des Industriezweiges „Drehmaschinen" wird demnach für das Jahr 1992 auf ca. 122 Mio. DM, ausgehend vom Preisniveau des Jahres 1987, geschätzt (siehe auch Abb. 7.39.).

4.5.2.1.2. Die Grundform des exponentiellen Glättens

Im Rahmen der **Trendberechnung** kommt allen Vergangenheitswerten unabhängig von ihrem Alter das gleiche Gewicht für die zu prognostizierende Größe zu. Es liegt nahe, die evolutionäre Entwicklung des Marktgeschehens durch eine differenzierte Gewichtung der historischen Werte in der Weise zu berücksichtigen, daß der Einfluß älterer Beobachtungen auf die Vorhersage geringer als die Bedeutung der Ereignisse der jüngsten Vergangenheit eingeschätzt wird. Das gilt vor allem dann, wenn ein Wechsel in den Kräften erkennbar wird, die den Wirtschaftsablauf bestimmen, wie es jeweils bei einer Konjunkturwende der Fall ist.

Das bekannteste Gewichtungsprinzip für Zeitreihenanalysen dieser Art stellt die **Methode des exponentiellen Glättens („exponential smoothing")** dar. Diese Bezeichnung leitet sich aus der Verwendung eines über die Zeit hinweg konstanten **exponentiellen Gewichtungsfaktors** a ($0 \leq a \leq 1$) ab, der gewissermaßen eine „Diskontierung" der Vergangenheitsdaten auf die Gegenwart bewirkt.

In der einfachsten Form lautet die Bestimmungsgleichung für die zu prognostizierende Größe y, z. B. den Umsatz der Periode $t + 1$, wie folgt:

(7.67.) $$\hat{y}_{t+1} = \bar{y}_t = ay_t + (1-a)\bar{y}_{t-1}$$

Dabei bedeuten:

$\hat{y}_{t+1}$ = prognostizierter Wert (Umsatz)
y_t = Beobachtungswert (Umsatz) der gegenwärtigen Periode (Istwert)
$\bar{y}_t$ = durch Glättung gebildeter Mittelwert (Umsätze) der Periode t
a = Glättungsfaktor

Für die vorhergehenden Perioden gelten analog folgende Beziehungen, die sich aus Gleichung 7.67. durch Zeitverschiebung ergeben:

(7.68.)   (a) $\bar{y}_{t-1} = ay_{t-1} + (1-a)\bar{y}_{t-2}$

          (b) $\bar{y}_{t-i} = ay_{t-i} + (1-a)\bar{y}_{t-i-1}$

Mit diesem schrittweisen Zurückverfolgen des jeweils letzten geglätteten Mittelwertes kann beliebig lange fortgefahren werden.

Faßt man die alternativen Gleichungen 7.68. zusammen, so erhält man für $\hat{y}_{t+1}$ eine Bestimmungsgleichung, in der praktisch nur noch die unmittelbar beobachtbaren y_{t-i}-Werte zu Buche schlagen, da $\lim_{i \to \infty}(1-a)^i = 0$ (vgl. Gleichung 7.69.).

(7.69.) $\hat{y}_{t+1} = ay_t + (1-a)\bar{y}_{t-1}$
$= ay_t + (1-a)[ay_{t-1} + (1-a)\bar{y}_{t-2}]$
$= ay_t + (1-a)y_{t-1} + (1-a)^2\bar{y}_{t-2}$
$= ay_t + a(1-a)y_{t-1} + (1-a)^2\bar{y}_{t-2}$
$= \cdot \quad \cdot \quad\quad\quad\quad + (1-a)^2[ay_{t-2} + (1-a)\bar{y}_{t-3}]$
$= \cdot \quad \cdot \quad\quad\quad\quad + a(1-a)^2 y_{t-2} + (1-a)^3\bar{y}_{t-3}$
$= \cdot \quad \cdot \quad\quad\quad\quad + (1-a)^3[ay_{t-3} + (1-a)\bar{y}_{t-4}]$
$= \cdot \quad \cdot \quad\quad\quad\quad + a(1-a)^3 y_{t-3} + (1-a)^4 \bar{y}_{t-4}$
$= \cdot \quad \cdot$
$= \cdot \quad \cdot$
$= \cdot \quad \cdot$
$\hat{y}_{t+1} = ay_t + a(1-a)y_{t-1} + a(1-a)^2 y_{t-2} + a(1-a)^3 y_{t-3} +$
$\quad\quad\quad\quad \cdots + a(1-a)^i \bar{y}_{t-i} \quad$ für $i \to \infty$.

Aus dem Ansatz wird deutlich, daß die Wahl eines **aufgabenadäquaten Gewichtungsfaktors** (a) das zentrale Problem der Methode des exponentiellen Glättens ist.

Die zeitabhängige Wirkung unterschiedlicher Parametergrößen ($a = 0,1$ und $a = 0,5$) verdeutlicht Abb. 7.40.

Die Darstellung läßt erkennen, daß bei einer relativ ungestörten Entwicklung der Vergangenheitswerte die Verwendung eines kleinen a-Wertes ($0 \leq a \leq 0,2$) angebracht erscheint, da hierdurch der Einfluß weiter zurückliegender Daten auch noch zur Geltung kommt. Soll hingegen die Entwicklung der jüngsten

4. Ablauf und Methodik empirischer Erhebungen 801

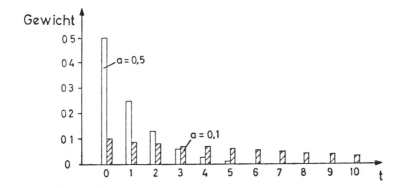

Abb. 7.40.: Zeitliche Verteilung der Glättungsgewichte für die Parameterwerte $a = 0{,}1$ und $0{,}5$

Vergangenheit in stärkerem Maße berücksichtigt werden, so empfiehlt sich die Verwendung eines größeren Gewichtes. Damit wird auch verständlich, daß für alle praktischen Erfordernisse nur vergleichsweise wenige Vergangenheitswerte verfügbar sein müssen. Unbeschadet der Art und Weise, wie historische Werte berücksichtigt werden sollen, hängt die Wahl von a auch von der erforderlichen Sensitivität des Modells gegenüber Störfaktoren (vgl. dazu Abb. 7.41. - 7.43.) ab. Die **Reaktionskurven** zeigen deutlich, daß sich die geglätteten Mittelwerte bei großem a schneller als bei Wahl eines kleinen a-Wertes einer Strukturveränderung anpassen.

Dem Vorteil der relativ einfachen Berechnungsprozedur und der in gewissem Rahmen selbständigen Anpassung des Systems an die Gegebenheiten steht der Nachteil einer ungenügenden Berücksichtigung von Trends gegenüber. Die Abb. 7.42. läßt erkennen, daß die geglätteten Werte auch längerfristig nur

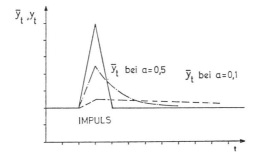

Abb. 7.41.: Reaktionsverhalten der geglätteten Werte auf einen Impuls bei alternativen Werten des Glättungsfaktors

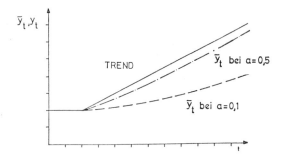

Abb. 7.42.: Anpassung der geglätteten Werte an eine diskontinuierliche Zeitreihe für alternative Werte des Glättungsfaktors

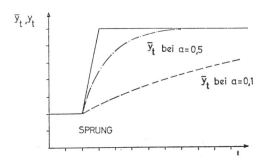

Abb. 7.43.: Anpassung der geglätteten Werte an einen Knick der Zeitreihe für alternative Werte des Glättungsfaktors

ungenügend dem tatsächlichen Trendverlauf folgen, was zwangsläufig zu falschen Prognosen führen muß. Verständlicherweise ist deshalb das Prinzip des „exponential smoothing" erster Ordnung nur für sog. konstante Prozesse oder stationäre Zeitreihen (vgl. Abb. 7.43.) geeignet, während für komplizierte Fälle auf Varianten zweiter oder höherer Ordnung zurückgegriffen werden muß.

4.5.2.1.3. Nichtlineare Trend- und Wachstumsfunktionen

In vielen Fällen zeigt die Absatzentwicklung eines Produktes keinen linearen, also durch konstante Zuwachsraten gekennzeichneten, oder aber stationären Verlauf, wie er in den bisher behandelten Fällen unterstellt wurde. Namentlich in sog. Wachstumsbranchen kommt es zu Entwicklungen, die nur mit **nichtlinearen Funktionsverläufen** beschrieben werden können. Prinzipiell eignen sich dafür **exponentielle, logarithmische, parabolische** und **logistische** Funktionstypen.

(1) Exponentielle Trendfunktionen

Charakteristisch für exponentielle Funktionen ist die Konstanz des **relativen Zuwachses** der zu prognostizierenden Variablen, wie sie etwa in der Abb. 7.44. zum Ausdruck kommt. Ein Beispiel für eine Funktion mit konstanten **relativen Zuwächsen** stellt die bekannte Zinseszinsrechnung dar.

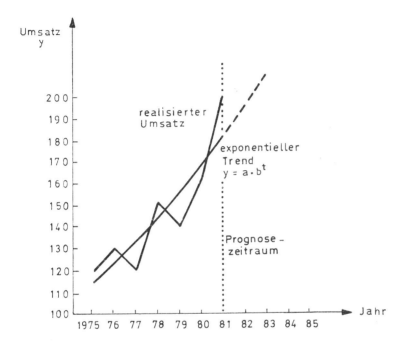

Abb. 7.44.: Beispiel für eine exponentielle Trendfunktion

Die allgemeine Bestimmungsgleichung für eine Funktion dieses Typs lautet:

(7.70.) $$y = ab^t$$

Dabei bedeuten:
- y = abhängige, zu prognostizierende Variable
- a, b = zu bestimmende Parameter
- t = Zeitparameter ($t = 1, \cdots, T$)

Durch Logarithmieren und Bildung der Normalgleichungen können die zunächst unbekannten Konstanten a und b auf verhältnismäßig einfache Weise bestimmt werden.

(2) Parabolische Trends

Die praktische Anwendung **parabolischer Trends** ist im allgemeinen auf relativ kurzfristige Planungszeiträume beschränkt. Dies gilt insbesondere für Parabeln dritter und höherer Ordnung. Bekanntlich lautet die Funktionsgleichung einer Parabel zweiter Ordnung:

(7.71.) $$y = a + bt + ct^2$$

Die Bedeutung der Symbole ist bereits bekannt. Zur Bestimmung der Konstanten a, b und c werden in diesem Falle drei Normalgleichungen aufgestellt, die, in gewohnter Weise nach a, b und c partiell differenziert, die Werte für die Konstanten ergeben.

(3) Logistische Trendfunktionen

In den bisherigen Ausführungen wurde ein stetig wachsender Absatz unterstellt. Die Annahme einer unbegrenzten Aufnahmefähigkeit des Marktes ist jedoch nur selten sinnvoll; denn insbesondere über lange Planungsperioden hinweg ist mit einer zunehmenden Erschöpfung der Aufnahmefähigkeit eines Marktes zu rechnen. Kurventypen, die diesem Phänomen Rechnung tragen, zeigen einen vom Ertragsgesetz her bekannten S-förmigen Verlauf. In Abb. 7.45. sind beispielhaft zwei dieser Kurven, nämlich eine logistische und eine *Gompertz*-Kurve, dargestellt. Funktionen dieser Art bezeichnet man auch als **Wachstumskurven.**

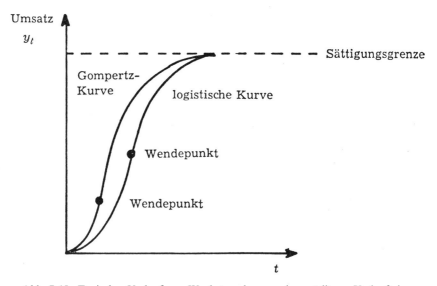

Abb. 7.45.: Typischer Verlauf von Wachstumskurven, dargestellt am Verlauf einer logistischen und einer *Gompertz*-Kurve

Verlaufen Wachstumskurven zu beiden Seiten des Wendepunktes symmetrisch, so spricht man von logistischen Funktionen. Den Prototyp einer asymmetrischen Funktion stellt die sog. *Gompertz*-Kurve dar, die durch einen steilen

Anstieg, ein relativ lang anhaltendes, annähernd lineares Wachstum und eine langsame Anpassung an das Sättigungsniveau gekennzeichnet ist.

Die bisherigen Darlegungen haben gezeigt, daß das reine Trendverfahren kausallogisch unbefriedigend ist, da man hier von einer unabhängigen, mehr oder minder eigengesetzlichen Entwicklung der Prognosevariablen in der Zeit ausgeht. Demgegenüber wird bei der linearen ebenso wie bei der nichtlinearen **Regressionsschätzung** der zeitliche Ablauf der untersuchten Größe auf den Einfluß von sachlich übergeordneten Bestimmungsfaktoren zurückgeführt. Welche Einflußgrößen dabei die stärkste Wirkung auf die zu erklärende Variable ausüben und deshalb am ehesten in das Kalkül einzubeziehen sind, wird im Rahmen der Korrelationsrechnung untersucht. Vielfach handelt es sich dabei jedoch um Faktoren, über die man nur sog. qualitative Aussagen machen zu können glaubt. Dies ist indessen kein Grund, auf die Heranziehung der Regressionsanalyse zu verzichten. Aber wie groß der mathematisch-statistische Aufwand auch sein mag, der dabei getrieben wird, so spiegelt das Ergebnis doch stets nur eine statistische, stochastische (= wahrscheinlichkeitsbehaftete) Kausalität wider. Das Pendant dazu, die logisch begründete, „wahre", deterministische Kausalität aufzudecken, übersteigt die Möglichkeiten der Wirtschafts- und Sozialwissenschaften.

Eine Prognose, die auf Beobachtungen aufbaut, kann nur dann einen Sinn haben, wenn außer einer definierbaren Ordnung in der Vergangenheit gewisse unveränderliche Beziehungen über die Zeit hinweg bestehen. Die Parameter, die die Abhängigkeit ausdrücken, variieren aber langfristig mit dem Hineinwachsen z. B. eines Produktes in die Sättigung. Sie werden damit zu einer Funktion der Zeit. Es ist deshalb unschwer einzusehen, daß **langfristige Partialprognosen** immer gewisse Vorstellungen von den Sättigungsgrenzen und dem Zeitpunkt, zu dem sie ungefähr erreicht werden, voraussetzen.

Vielfach behilft man sich in diesem Zusammenhang mit einem sog. **Analogieschluß,** der sich in der Praxis großer Beliebtheit erfreut. Bei der Diffusion neuartiger Konsumgüter, z. B. von Videorecordern und elektronischen Kameras, verfolgt man häufig die Entwicklung in einem anderen, dem eigenen strukturgleichen Land, das im Hinblick auf das interessierende Produkt, aus welchen Gründen auch immer, einen relativ gut bestimmbaren zeitlichen Vorlauf aufweist. Die Logik des Verfahrens besteht darin, daß man annimmt, das eigene Land werde wegen der sonst gleichen Ausgangsbedingungen bei der Verbreitung des fraglichen Produkts einen ähnlichen, häufig sogar beschleunigten Entwicklungsprozeß durchmachen. So einleuchtend und nützlich die Vorgehensweise auch sein mag, so geht sie in ihrer Stringenz doch kaum über die an die Intuition zu stellenden Anforderungen hinaus.

4.5.2.2. Die Projektion

„**Projektionen** sind komplexe, wissenschaftlich begründete Voraussagen über Inhalt, Umfang und Richtung von Entwicklungsprozessen, denen reale oder abstrakte Systeme im Zeitablauf unterworfen sind. Sie dienen damit dem Entwurf eines Modells über den künftigen Zustand solcher Systeme" (*Marr* 1974, Sp. 1783). Worum es konkret geht, verdeutlichen am besten einige marketingrelevante Fragestellungen einschlägiger Art:

- Welche Konsequenzen wird das Aufbegehren der Länder der Dritten Welt gegen das sog. Nord-Süd-Gefälle für die westlichen Industrienationen in den nächsten Jahrzehnten zeitigen?
- Wie wird die soziale Ordnung unseres Landes ausgangs des 20. Jahrhunderts aussehen?
- Wie werden wir uns in zwanzig Jahren ernähren, kleiden, fortbewegen? Wie und wo werden wir wohnen?

Definition und Beispiele machen deutlich, daß sich Projektionen in dem hier gemeinten (keineswegs unumstrittenen) Sinne auf sehr **komplexe Phänomene** beziehen, **große Zeiträume** erfassen, eine **wissenschaftliche Vorgehensweise** für sich beanspruchen und verständlicherweise weniger von Unternehmen als von Forschungsinstituten, Verbänden, Ministerien, supranationalen Organisationen etc. angestellt werden. Daß sie für die Planung markt- und erwerbswirtschaftlich orientierter Unternehmen von großer Bedeutung sind, auch wenn deren Analyse nicht zu den Alltagspflichten eines Marketing-Managers gehören mag, steht außer Frage.

Man denke etwa an die weitreichenden Konsequenzen, die sich aus dem in der Bundesrepublik Deutschland registrierten **spürbaren Bevölkerungsrückgang** für die Anbieter z. B. von Babynahrung, Kinderkleidung, Spielwaren, Fahrrädern und Schulsachen ergeben. Daß davon auch der Bedarf an Kinderärzten, Kindergartenplätzen, Lehrern usw. abhängt, sei hier nur am Rande erwähnt.

Eine ungeheure Herausforderung für unser Vorstellungsvermögen verkörpert auch die Frage, ob wir es uns angesichts einer zunehmenden Umweltverschmutzung und einer von manchem als bedrohlich empfundenen Abhängigkeit von einigen unberechenbaren Ölstaaten leisten können, weiterhin auf den Individualverkehr und insbesondere das mit Rohölderivaten betriebene Kraftfahrzeug als Beförderungsmittel zu setzen. Welche Alternativen sind denkbar, welche Lösungen sollten wir anstreben?

Die letzte Frage macht deutlich, daß eine Projektion rasch zu einer Zielgröße werden, also normative Züge annehmen kann. Symptomatisch ist dies etwa für die technologische Voraussage mittels eines **(inversen) Relevanzbaums** (vgl. *Pfeiffer/Staudt* 1974, Sp. 2132 ff.), die auf einer wechselseitigen Durchdringung eines Ziels, Bedarfs oder Problems auf der einen und möglicher Problemlösungspotentiale auf der anderen Seite basiert. Welche Verfahren kommen dafür in Betracht?

Zweifellos wird mit einfachen **Paneluntersuchungen** und **Verbraucherbefragungen** kein großer Erkenntnisgewinn verbunden sein, auch wenn z. B. von Firmen und anderen Organisationen durchgeführte einschlägige Preisausschreiben oder von den Medien veranstaltete Wettbewerbe gelegentlich erstaunlich viele und originelle Einfälle zutage fördern. Damit hat man sich aber nach wie

4. Ablauf und Methodik empirischer Erhebungen

vor nicht von der naiven Spekulation gelöst. Will man halbwegs systematisch vorgehen, verbleiben nur die **Trendextrapolation** und einige Varianten von sog. **kreativen Techniken.**

Die **Trendverlängerung** stützt sich, wie erinnerlich, auf die Hypothese, daß die Kräfte, die eine Entwicklung bisher geprägt haben, auch künftig walten werden. Es bedarf keiner eingehenden Begründung für die Feststellung, daß die Gegenhypothese um so mehr an Gewicht gewinnt, je größer der Voraussagezeitraum bemessen ist (vgl. *Pfeiffer/Staudt* 1974, Sp. 2135).

Was die **kreativen Techniken** anbetrifft, so sind diese bereits in einem anderen, gleichwohl materiell und strukturell völlig ähnlichen Kontext, nämlich bei der Suche nach neuen, zukunftsweisenden Produkten, behandelt worden (siehe § 3, Abschn. 4.2.1.2.1.).

Ein weiteres in diesem Zusammenhang zu nennendes Verfahren ist die **Szenario-Technik.** Das Erstellen von Szenarien geht auf *Kahn* und *Wiener* zurück; ihr Einsatz hat eine gewisse Bedeutung im Rahmen der Langfristplanung erlangt. Mit der Szenario-Technik versucht man, auf der Basis der gegenwärtigen Unternehmenssituation den zukünftigen Zustand relevanter externer Einflußfaktoren zu antizipieren und davon ausgehende mögliche Auswirkungen auf das Untersuchungsfeld abzuleiten. Nach gängiger Auffassung besteht die **Szenario-Technik** aus acht aufeinander aufbauenden Schritten (vgl. *von Reibnitz* 1981, S. 38):

(1) Definition und Gliederung des Untersuchungsfeldes
(2) Identifizierung und Strukturierung der wichtigsten das Untersuchungsfeld beeinflussenden Faktoren (Umfelder)
(3) Ermittlung von Entwicklungstendenzen und kritischer Deskriptoren für die Umfelder
(4) Bildung und Auswahl alternativer konsistenter Annahmenbündel
(5) Interpretation der ausgewählten Umfeld-Szenarien
(6) Einführung und Analyse der Auswirkungen signifikanter Störereignisse
(7) Ausarbeiten der Szenarien bzw. Ableiten von Konsequenzen für das Untersuchungsfeld
(8) Konzipieren von Maßnahmen und Erstellen von Plänen für das Unternehmen.

Da es weder möglich noch wirtschaftlich ist, alle denkbaren Zukunftsbilder zu erstellen, werden üblicherweise zwei bis drei unter Zugrundelegung unterschiedlicher (zum Teil extremer) Annahmen erarbeitet, um damit eine gewisse Bandbreite möglicher Entwicklungen, auf die man sich einzustellen hat, zu erreichen.

Das Ergebnis könnte sich in einem Diagramm entsprechend Abb. 7.46. niederschlagen, das zwei die Entwicklung charakterisierende Trends, nämlich „Lethargie" und „Strukturwandel" akzentuiert. Eine nach Maßgabe verschiedener Mineralölderivate differenzierte Vorausschau enthält Tab. 7.40.

Auf gleicher Ebene ist die sog. **Delphi-Methode,** die in der Praxis wahrscheinlich weitestverbreitete qualitative Prognosemethode, anzusiedeln. Sie wurde von *Helmer* und Mitarbeitern bei der *Rand-Corporation* entwickelt. Ausgangsüberlegung ist die Annahme, daß Experten in ihrem Fachgebiet besonders gute

Bestim-mungs-faktor	Opec-preise real	Energie-/Struktur-Investi-tionen	Inno-vations-rate	welt-weite Arbeits-teilung	gesell-schaftliche Verhaltens-muster
Struktur-wandel	steigend	steigend	hoch	begünstigt	erneuert
Lethargie	gleich-bleibend	gleich-bleibend	niedrig	behindert	noch nicht erneuert

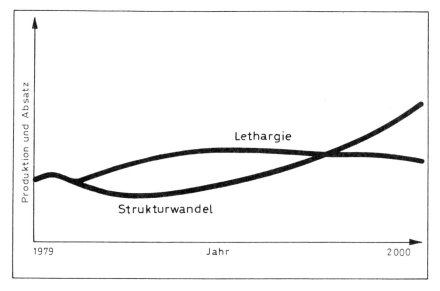

Quelle: *Deutsche Shell AG*, zitiert nach *von Ilsemann* 1980, S. 116.

Abb. 7.46.: Alternative Entwicklung des Ölgeschäfts in der Bundesrepublik Deutschland

Schätzungen über zukünftige Entwicklungen abzugeben in der Lage sind. Kennzeichnend für die Delphi-Methode ist somit der Einsatz mehrerer Fachleute, von denen jeder sein Urteil zu dem betreffenden Prognosegegenstand abgibt. Das Ziel besteht letztlich in der Bildung eines Gruppenurteils zu dem interessierenden Sachverhalt.

Die Befragung findet in schriftlicher Form, unter Wahrung der Anonymität der Mitwirkenden und in der Regel nach folgendem Muster statt:

Tabelle 7.40.:

Szenarien zum Bedarf an Mineralölprodukten (in Mio. to) in den Jahren 1990 und 2000

Mineralöldevirat	1980 Inlandsabsatz	1990 Szenario „Lethargie"	1990 Szenario „Strukturwandel"	2000 Szenario „Lethargie"	2000 Szenario „Strukturwandel"
Vergaserkraftstoff	24	24	23	20	18
Dieselkraftstoff	13	16	15	17	16
Heizöl leicht	46	40	34	28	22
Heizöl schwer	21	16	9	12	7
Sonstige Mineralölprodukte	25	32	30	34	35

Quelle: In Anlehnung an *von Ilsemann* 1980, S. 118.

Runde 1: Die Experten erhalten Informationen über Prognosegebiet und Vorgehensweise und werden nach möglichen zukünftigen Ereignissen im relevanten Bereich befragt.

Runde 2: Den Teilnehmern wird die in der ersten Runde ermittelte Liste denkbarer Entwicklungen übersandt. Ihre Aufgabe ist es nunmehr abzuschätzen, innerhalb welcher Zeit diese eintreten könnten.

Runde 3: Die Ergebnisse der Runde 2 werden jetzt allen Beteiligten zugänglich gemacht, die unter dem Eindruck der Befunde ihre eigene Einschätzung korrigieren bzw. Abweichungen begründen.

Runde 4: Die vierte (oder jede spätere) Runde verläuft grundsätzlich wie die dritte, d. h. die Teilnehmer erhalten die neuen Daten sowie schriftliche Begründungen für divergierende Werte. Unter Beachtung der vorliegenden Ergebnisse wird von ihnen sodann eine abschließende Schätzung vorgenommen. Dies ist die endgültige Prognose.

Das Verfahren weist den Vorzug auf, daß auf Grund der Anonymität der Befragung das Entstehen eines Gruppendrucks vermieden, aber durch die Informationsrückkopplung doch eine Konvergenz auseinanderstrebender Meinungen erreicht wird. Andererseits werden zuweilen die Starrheit der Vorgehensweise, der hohe Zeitbedarf, der damit verbunden ist, und die Tendenz zu konservativen Schätzungen, die ihr innewohnt, beklagt.

Alle diese Hilfsmittel vermögen indessen nicht über die Tatsache hinwegzutäuschen, daß vor allem im naturwissenschaftlich-technischen Bereich die meisten Ereignisse, insbesondere Erfindungen **nicht** vorausgesagt werden können. Dies reflektiert eine Schwäche und eine Stärke menschlichen Geistes zugleich; denn so gering auf der einen Seite unser Vorhersagevermögen auch ausgeprägt sein mag, so ist doch nicht daran zu zweifeln, daß die Zukunft das ist, was wir aus ihr machen.

Anhang: Programmpakete für die Aufbereitung und Analyse von Daten im Wege der Elektronischen Datenverarbeitung

Das Angebot an Statistik-Programmpaketen ist in den letzten Jahren immer breiter geworden. Die derzeit verfügbaren Systeme, als deren wichtigste Vertreter *SPSS, SAS, OSIRIS* und *BMDP*[7] gelten können, zeichnen sich insbesondere dadurch aus, daß sie ohne tiefgreifende EDV- und Statistikkenntnisse eingesetzt werden können. Grundsätzlich wird die zu analysierende Datenbasis in eine sog. **Systemdatei** überführt, in der neben den Rohdaten auch alle relevanten Informationen über die Variablen (wie z. B. Name, Wertebereich und Format der Variablen) auf EDV-lesbaren Datenträgern abgespeichert sind. Die zur Durchführung einer statistischen Analyse notwendigen Anweisungen werden bei allen Systemen in einer einfachen und für alle Prozeduren einheitlich aufgebauten **Steuersprache** angegeben.

Die Pakete verfügen über die verschiedensten Möglichkeiten der Datenaufbereitung (z. B. Umkodierung und Transformation der Daten, Behandlung fehlender Werte, Stichprobenzerlegung und Gewichtung der Fälle). Während sich die Pakete in bezug auf die gebräuchlichsten Verfahren der Datenanalyse nur unwesentlich unterscheiden, bestehen insbesondere im Bereich der multivariaten Verfahren zum Teil erhebliche Unterschiede in dem angebotenen Methodenspektrum (vgl. hierzu § 10, Abschn. 2.2.2.3.).

Mit Ausnahme von *SAS* lassen sich die Pakete auf den Anlagen aller führenden Computer-Hersteller rechnen; sie sind teilweise auch über Schnittstellen miteinander kombinierbar. Neben der Anreicherung der Programmsammlungen mit neuen und verbesserten Methoden steht deren Weiterentwicklung eindeutig im Zeichen der Erhöhung der Benutzerfreundlichkeit. Zu nennen sind in diesem Zusammenhang vor allem die Entwicklung voll **dialogfähiger** Versionen, eine verbesserte **Fehlerdiagnose,** die Möglichkeit zur Abfassung von **ad hoc-Prozeduren** für spezifische Probleme durch den Benutzer sowie leicht lesbare Ergebnisprotokolle und eine **graphische Aufbereitung** des Output (z. B. mehrfarbige, zwei- oder dreidimensionale Häufigkeitsverteilungen in verschiedenen Darstellungsformen).

---

[7] *SPSS* *(Statistical Package for the Social Sciences)*
SAS *(Statistical Analysis System)*
OSIRIS *(Organized Set of Integrated Routines for Investigation in Statistics)*
BMDP *(Biomedical Computer Programs,* P-Series*)*

Quellenhinweise und Literaturempfehlungen

Eine **Einführung** in die **Marketing-Forschung** vermitteln:

Behrens, K. Ch. (Hrsg.), Handbuch der Marktforschung, 1. Halbbd., Wiesbaden 1974, 2. Halbbd., Wiesbaden 1977.
Berekoven, L., Eckert, W., Ellenrieder, P., Marktforschung, 3., neubearb. und erw. Aufl., Wiesbaden 1987.
Böhler, H., Marktforschung, Stuttgart 1985.
Churchill, G. A. jr., Marketing-Research. Methodological Foundations, 2nd Ed., Hinsdale, Ill., 1979.
Friedrichs, J., Methoden der empirischen Sozialforschung, 13. Aufl., Opladen 1985.
Green, P. E., Tull, D. S., Methoden und Techniken der Marketingforschung, Dt. Übersetzung der 4. Aufl., von *Köhler, R.* und Mitarbeitern, Stuttgart 1982.
Hammann, P., Erichson, B., Marktforschung, Stuttgart–New York 1978.
Luck, D. J., u.a., Marketing Research, Englewood Cliffs, N.J., 1978.
Meffert, H., Marktforschung, Wiesbaden 1986.
Ott, W. (Hrsg.), Handbuch der praktischen Marktforschung, München 1972.
Robin, D. P., Marketing. Basic Concepts for Decision Making, New York etc. 1978.
Rogge, H.-J., Marktforschung, München 1981.
Schoner, B., Uhl, K. P., Marketing Research. Information Systems and Decision Making, 2nd Ed., New York etc. 1975.
Tull, D. S., Hawkins, D. I., Marketing Research. Meaning, Measurement and Method, 3rd ed., New York–London 1984.
Zaltman, G., Burger, P. C., Marketing Research: Fundamentals and Dynamics, Hinsdale, Ill., 1975.

Zum **Gegenstand** der **Marketing-Forschung:**

Adler, L., Mayer, Ch. S., Managing the Marketing Research Function, *American Marketing Association*, Chicago 1977.
Backhaus, K., Investitionsgüter-Marketing, München 1982.
Buck, R., Human Motivation and Emotion, New York etc. 1976.
Hakansson, H., Östberg, C., Industrial Marketing: An Organizational Problem?, in: Industrial Marketing-Management, Vol. 4 (1975), pp. 113 - 123.
Hörschgen, H., Grundbegriffe der Betriebswirtschaftslehre, 2., durchges. Aufl., Stuttgart 1987.
Hüttner, M., Grundzüge der Marktforschung, 3. Aufl., Wiesbaden 1977.
Huppertsberg, B., Kirsch, W., Beschaffungsentscheidungen auf Investitionsgütermärkten, München 1977.
Kirsch, W., Entscheidungsprozesse, Bd. 2, Wiesbaden 1977.
Kirsch, W., Kutschker, M., Lutschewitz, H., Ansätze und Entwicklungstendenzen im Investitionsgütermarketing, 2., überarb. und erw. Aufl., Stuttgart 1980.
Kubicek, H., Thom, N., Umsystem, betriebliches, in: *Grochla, E., Wittmann, W.* (Hrsg.), HWB – Handwörterbuch der Betriebswirtschaft, 4., völlig neu gestaltete Aufl., Stuttgart 1976, Sp. 3977 - 4017.
Markin, R. J., Marketing, New York etc. 1979.
Müller-Hagedorn, L., Das Konsumentenverhalten, Grundlagen für die Marktforschung, Wiesbaden 1986.
Raffée, H., Marketing und Umwelt, Stuttgart 1979.
Robertson, Th. S., Consumer Behavior, Glenview, Ill., 1970.
Schneider, D., Marketing als Wirtschaftswissenschaft oder Geburt einer Marketingwissenschaft aus dem Geiste des Unternehmerversagens?, in: ZfbF – Schmalenbachs Zeitschrift für betriebswirtschaftliche Forschung, 35. Jg. (1983), S. 197 - 223.

Webster, F. E., Wind, Y., A General Model for Understanding Organizational Buying Behavior, in: Journal of Marketing, Vol. 36 (1972), No. 2, pp. 12 - 19.
Witte, E., Informationsverhalten, in: *Grochla, E., Wittmann, W.* (Hrsg.), HWB – Handwörterbuch der Betriebswirtschaft, 4., völlig neu gestaltete Aufl., Stuttgart 1975, Sp. 1915 - 1924.

Zu den **Forschungszielen** und den **Datenbasen** in der **Marketing-Forschung:**

Backhaus, H., Das Marktexperiment. Methodologie und Forschungstechnik, Frankfurt/M.–Zürich 1977.
Campbell, D. T., Stanley, J. C., Experimental and Quasi-Experimental Designs for Research, Chicago, Ill., 1963.
Hermanns, A., Das Experiment in der empirischen Marketingforschung, in: Marktforschung, 23. Jg (1979), S. 53 - 61.
Kerlinger, F. N., Grundlagen der Sozialwissenschaften, Bd. 1, übertragen und bearb. v. *Conrad, W., Strittmatter, P.* (Hrsg.), Weinheim–Basel 1975.
Merkle, E., Besser testen mit Experimenten, in: absatzwirtschaft, 18. Jg. (1975), Nr. 12, S. 64 - 68.
Steidl, P. E., Experimentelle Marktforschung, Berlin 1977.
Zimmermann, E., Das Experiment in den Sozialwissenschaften, Stuttgart 1977.

Mit der **Planung** einer **Studie** befassen sich u. a.:

Alemann, H. v., Der Forschungsprozeß, Stuttgart 1977.
Boyd, H. W. jr., Westfall, R., Marketing-Research, 3rd Ed., Homewood, Ill., 1972.
Cox, K. K., Enis, B. M., The Marketing Research Process, Pacific Palisades, Cal., 1972.
Kopp, M., Hypothesenformulierung in der Absatzforschung, Berlin 1972.

Zur **Skalierung** von **Variablen:**

Bennet, J. F., Hays, W. L., Multidimensional Unfolding: Determining the Dimensionality of Ranked Preference Data, in: Psychometrika, Vol. 25 (1960), pp. 27 - 43.
Bergner, R. (Hrsg.), Das Eindrucksdifferential, Bern usw. 1975.
Besozzi, C., Zehnpfennig, H., Methodologische Probleme der Index-Bildung, in: *Koolwijk, J. v., Wieken-Mayser, M.* (Hrsg.), Techniken der empirischen Sozialforschung, Bd. 5, Testen und Messen, München 1976.
Dichtl, E., Kaiser, A., Zur Verläßlichkeit der Ergebnisse empirischer Untersuchungen, in: WiSt – Wirtschaftswissenschaftliches Studium, 7. Jg. (1978), S. 490 - 492.
Edwards, A. L., Techniques of Attitude Scale Construction, New York 1957.
Fishbein, M. (Ed.), Readings in Attitude Theory and Measurement, New York etc. 1967.
Green, P. E., Rao, V. R., Applied Multidimensional Scaling: A Comparison of Approaches and Algorithms, New York 1972.
Green, P. E., Wind, Y., Multiattribute Decisions in Marketing, Hinsdale, Ill., 1973.
Grunert, K. G., Magnitude-Skalierung, in: Marketing · ZFP, 5. Jg. (1983), S. 108–112.
Hörschgen, H., Verbrauchs- und Konkurrenzanalyse, in: *Nieschlag, R., Eckardstein, D. v.* (Hrsg.), Der Filialbetrieb als System – das Cornelius Stüssgen-Modell, Köln 1972, S. 413–444.
Holm, K. (Hrsg.), Die Befragung 4, München 1976.
Kaas, K. P., Thurstone's „Law of Comparative Judgement", in: WiSt – Wirtschaftswissenschaftliches Studium, 9. Jg. (1980), S. 233 - 235.
Kerlinger, F. N., Grundlagen der Sozialwissenschaften, Bd. 2, übertragen und bearb. v. *Conrad, W., Strittmatter, P.* (Hrsg.), Weinheim–Basel 1979.
Krech, D., Crutchfield, R. S., Ballachey, E. L., The Individual in Society, New York 1962.
Kühn, N., Einführung in die multidimensionale Skalierung, München–Basel 1976.
Lienert, G., Testaufbau und Testanalyse, 3. Aufl., Weinheim 1970.

Mayntz, R., Holm, K., Hübner, P., Einführung in die Methoden der empirischen Soziologie, 5. Aufl., Opladen 1978.

Mazanec, J., Porzer, P., Wiegele, O., Mehrdimensionale Skalierungsmethoden in der Einstellungs- und Präferenzmessung – Ein Bericht über ein Forschungskonzept und erste empirische Ergebnisse, in: Jahrbuch der Absatz- und Verbrauchsforschung, 22. Jg. (1976), S. 430 - 454.

Mazanec, J., Porzer, P., Wiegele, O., Präferenzmessung im mehrdimensionalen Einstellungsraum, in: Der Markt, 15. Jg. (1976), Nr. 57, S. 1 - 12.

Neibecker, B., Computerkontrollierte Magnitudeskalierung: Eine kausalanalytische Validierung, in: Marketing·ZFP, 5. Jg. (1983), S. 185 - 189.

Orth, B., Einführung in die Theorie des Messens, Stuttgart usw. 1974.

Scheuch, E. K., Zehnpfennig, H., Skalierungsverfahren in der Sozialforschung, in: *König, R.* (Hrsg.), Handbuch der empirischen Sozialforschung, Bd. 3a, Grundlegende Methoden und Techniken, 2. Teil, 3. Aufl., Stuttgart 1974, S. 97 - 203.

Selltiz, C., Jahoda, M., Deutsch, M., Cook, S., Untersuchungsmethoden der Sozialforschung, Bd. 1, Neuwied–Darmstadt 1972.

Siegel, S., A Method for Obtaining an Ordered Metric Scale, in: Psychometrika, Vol. 21 (1956), pp. 207 - 216.

Sixtl, F., Meßmethoden der Psychologie, Weinheim 1967.

Snider, J. G., Osgood, Ch. E., Semantic Differential Technique. A Sourcebook, Chicago, Ill., 1967.

Stevens, S. S., Psychophysics: Introduction to its Perceptual, Neural, and Social Prospect, New York 1975.

Trommsdorff, V., Die Messung von Produktimages für das Marketing, Köln usw. 1975.

Wegener, B. (Ed.), Social Attitudes and Psychophysical Measurement, Hillsdale, N. J., 1982.

Wettschureck, G., Meßtechnisches Praktikum für Marktforscher, Hamburg 1977.

Wilkie, W. L., Pessemier, E. A., Issues in Marketing's Use of Multi-Attribute Attitude Models, in: JMR – Journal of Marketing Research, Vol. 10 (1973), pp. 428 - 441.

Den Bereich der **Auswahl** von **Probanden** behandeln:

Adler, M. K., Moderne Marktforschung, Stuttgart 1955.

Kellerer, H., Statistik im modernen Wirtschafts- und Sozialleben, Reinbek bei Hamburg 1974.

Menges, G., Skala, H. J., Grundriß der Statistik, Teil 2: Daten, ihre Gewinnung und Verarbeitung, Opladen 1973.

Mertens, P., Simulation, 2., neu bearb. Aufl., Stuttgart 1982.

Müller-Merbach, H., Mathematik für Wirtschaftswissenschaftler – Teil C: Statistik, Lektionen 28 und 31, in: WiSt – Wirtschaftswissenschaftliches Studium, 3. Jg. (1974), S. 177 - 184, 334 - 340.

Mit der **Gewinnung** von **Daten** beschäftigen sich:

Amstad, P., Die galvanische Hautreaktion in der Werbe- und Marktdiagnostik, Diss., Freiburg (Schweiz) 1971.

Barg, C.-D., Messung und Wirkung der psychischen Aktivierung durch die Werbung, Diss., Saarbrücken 1977.

Bauer, E., Produkttests in der Marketingforschung, Göttingen 1981.

Bauer, E., Produkttests, in: WiSt – Wirtschaftswissenschaftliches Studium, 13. Jg. (1984), S. 157 - 164.

Becker, W., Beobachtungsverfahren in der demoskopischen Marktforschung, Stuttgart 1973.

Becker, W., Zum Einsatz von Blickregistrierungsverfahren in der Werbeforschung, in: GFM – Mitteilungen zur Markt- und Absatzforschung, 20. Jg. (2/3-1974), S. 39 - 46.

Bernhard, U., Die Bedeutung und Verwendung der Blickregistrierung für den Werbepretest, in: *Hartmann, K. D., Koeppler, K.* (Hrsg.), Fortschritte der Marktpsychologie, Bd. 1, Frankfurt 1977.
Birbaumer, N., Physiologische Psychologie, Berlin usw. 1975.
Böcker, F., Schwerdt, A., Die Zuverlässigkeit von Messungen mit dem Blickaufzeichnungsgerät NAC Eye-Mark-Recorder 4, in: Zeitschrift für experimentelle und angewandte Psychologie, Bd. 28 (1981), S. 353 - 373.
Guilford, J. P., Psychometric Methods, 2nd Ed., New York etc. 1954.
Hafermalz, D., Schriftliche Befragung – Möglichkeiten und Grenzen, Wiesbaden 1976.
Hörschgen, H., Verbrauchs- und Konkurrenzanalyse, in: *Nieschlag, R., Eckardstein, D. v.* (Hrsg.), Der Filialbetrieb als System – das Cornelius Stüssgen-Modell, Köln 1972, S. 413 - 444.
Hoffmann, H.-J., Psychologie und Massenkommunikation. Planung, Durchführung und Analyse öffentlicher Beeinflussung, Berlin–New York 1976.
Hossinger, H. P., Pretests in der Marktforschung, Würzburg 1982.
Hubmann, H., Das Persönlichkeitsrecht, 2. Aufl., Köln 1967.
Jahoda, M., Deutsch, M., Cook, S. W., Beobachtungsverfahren, in: *König, R.* (Hrsg.), Beobachtung und Experiment in der Sozialforschung, 8. Aufl., Köln 1975, S. 77–96.
Kroeber-Riel, W., Konsumentenverhalten, 3. Aufl., München 1984.
Kroeber-Riel, W. u. a. (Hrsg.), Innovative Marktforschung, Würzburg–Wien 1983.
Kroeber-Riel, W., Wirkung von Bildern auf das Konsumentenverhalten, in: Marketing · ZFP, 5. Jg. (1983), S. 153 - 160.
Lanc, O., Psychophysiologische Methoden, Stuttgart usw. 1977.
Lang, P. J., Die Anwendung psychophysiologischer Methoden in Psychotherapie und Verhaltensmodifikation, in: *Birbaumer, N.* (Hrsg.), Neurophysiologie der Angst, München usw. 1973, S. 11 - 79.
Rehorn, J., Markttests, Neuwied 1977.
Richter, H. J., Die Strategie schriftlicher Massenbefragungen – Ein verhaltenstheoretischer Beitrag zur Methodenforschung, Bad Harzburg 1970.
Rosenstiel, L. v., Ewald, G., Marktpsychologie, Bd. 2, Stuttgart usw. 1979.
Salcher, E., Psychologische Marktforschung, Berlin–New York 1978.
Schäfer, E., Knoblich, H., Grundlagen der Marktforschung, 5. Aufl., Suttgart 1978.
Simon, H., Kucher, E., Sebastian, K.-H., Scannerdaten in Marktforschung und Marketingentscheidung, in: ZfB - Zeitschrift für Betriebswirtschaft, 52. Jg. (1982), S. 555 - 579.
Spiegel, B., Werbepsychologische Untersuchungsmethoden, 2. Aufl., Berlin 1970.
Strobel, K., Die Anwendbarkeit der Telefonumfrage in der Marktforschung, Frankfurt/M. 1983.
Venables, P. M., Martin, J., Skin Resistance and Skin Potential, in: *Venables, P. M., Martin, J.* (Eds.), A Manual of Psychophysical Methods, Amsterdam 1967.
Weaver, C. N., Swanson, C. L., Validity of Reported Date of Birth, Salary and Seniority, in: Public Opinion Quarterly, Vol. 38 (1974), pp. 69 - 80.
Witt, D., Blickverhalten und Erinnerung bei emotionaler Anzeigenwerbung – eine experimentelle Untersuchung mit der Methode der Blickaufzeichnung, Diss., Saarbrücken 1977.

Grundlegende Literatur zu den Multivariaten Verfahren:

Aaker, D. A. (Ed.), Multivariate Analysis in Marketing: Theory and Application, Belmont, Ca., 1971.
Ferber, R. (Ed.), Handbook of Marketing Research, New York etc. 1974.
Green, P. E., Analyzing Multivariate Data, Hinsdale, Ill., 1978.
Hüttner, M., Informationen für Marketing-Entscheidungen, München 1979.

Jackson, B. B., Multivariate Data Analysis: An Introduction, Homewood, Ill., 1983.
Küchler, M., Multivariate Analyseverfahren, Stuttgart 1979.
Lienert, G. A., Testaufbau und Testanalyse, Weinheim 1969.
Schuchard-Ficher, Chr., Backhaus, K., Humme, U., Lohrberg, W., Plinke, W., Schreiner, W., Multivariate Analysemethoden, 4., neubearb. und erw. Aufl., Berlin usw. 1987.
Sheth, J. N. (Ed.), Multivariate Methods for Market and Survey Research, Chicago, Ill., 1977.
Siegel, S., Non-parametric Statistics for the Behavioral Sciences, New York 1956.

Literatur zu einzelnen **Multivariaten Verfahren:**

– **Regressions-** und **Pfadanalyse** sowie **Strukturgleichungsmodelle:**

Bagozzi, R. P., Causal Models in Marketing, New York 1980.
Bagozzi, R. P. (Ed.), JMR – Journal of Marketing Research, Vol. 19 (1982), Special Issue on Causal Modeling.
Blalock, H. M., Introduction to Structural Equation Models, New York 1975.
Chatterjee, S., Price, B., Regression Analysis by Example, New York 1977.
Edwards, A. L., An Introduction to Linear Regression and Correlation, San Francisco, Cal., 1976.
Förster, F. Fritz, W., Raffée, H., Silberer, G., Der LISREL-Ansatz der Kausalanalyse und seine Bedeutung für die Marketing-Forschung, in: ZfB – Zeitschrift für Betriebswirtschaft, 54. Jg. (1984), S. 346-367.
Hildebrandt, L., Konfirmatorische Analysen von Modellen des Konsumentenverhaltens, Berlin 1983.
Hildebrandt, L., Trommsdorff, V., Konfirmatorische Analysen in der empirischen Forschung, in: Forschungsgruppe Konsum und Verhalten (Hrsg.), Innovative Marktforschung, Würzburg–Wien 1983, S. 139 - 160.
Jöreskog, K. G., A General Method for Estimating a Linear Structural Equation System, in: *Goldberger, A. S., Duncan, O. D.,* Structural Equation Models in the Social Sciences, New York 1973, pp. 85 - 112.
Jöreskog, K. G., The LISREL Approach to Causal Model-Building in the Social Sciences, in: *Jöreskog, K. G., Wold, H.* (Eds.), Systems under indirect Observation, Part 1, Amsterdam 1982, pp. 81 - 100.
Opp, K.-O., Schmidt, P., Einführung in die Mehrvariablenanalyse. Grundlagen der Formulierung und Prüfung komplexer sozialwissenschaftlicher Aussagen, Reinbek bei Hamburg 1976.
Schneeweiß, H., Ökonometrie, 3., durchges. Aufl., Würzburg–Wien 1978.

– **Varianzanalyse:**

Bortz, J., Lehrbuch der Statistik, 2., vollst. neu bearb. und erw. Aufl., Berlin usw. 1985.
Cochran, W. G., Cox, G. M., Experimental Designs, 2nd Ed., New York 1966.
Winer, B. J., Statistical Principles in Experimental Design, 2nd Ed., New York 1971.

– **Diskriminanzanalyse:**

Anderson, W. T., Cunningham, W. H., Gauging Foreign Product Promotion, in: JAR – Journal of Advertising Research, Vol. 12 (1972), No.1, pp. 29 - 34.
Eisenbeis, R. A., Avery, R. B., Discriminant Analysis and Classification Procedures: Theory and Applications, Lexington, Ky., 1972.
Evans, F. B., Psychological and Objective Factors in the Prediction of Brand Choice: Ford versus Chevrolet, in: Journal of Business, Vol. 32 (1959), pp. 340 - 369.

Lachenbruch, P. A., Discriminant Analysis, New York 1975.
Wisemann, F., A Segmentation Analysis on Automobile Buyers During the New Model Year Transition Period, in: Journal of Marketing, Vol. 35 (1971), No. 2, pp. 42-49.

– Kontrastgruppenanalyse (AID):

Assael, H., Segmenting Markets by Group Purchasing Behavior: An Application of the AID Technique, in: JMR – Journal of Marketing Research, Vol. 7 (1970), pp. 153-158.
Sonquist, J. A., Morgan, J. N., Searching for Structure (Alias AID-III), Ann Arbor, Mich., 1971.

– Clusteranalyse:

Bock, H. H., Automatische Klassifikation, Göttingen 1974.
Dichtl, E., Raffée, H., Beeskow, W., Köglmayr, H.-G., Faktisches Bestellverhalten als Grundlage einer optimalen Ausstattungspolitik bei Pkw-Modellen, in: ZfB – Schmalenbachs Zeitschrift für betriebswirtschaftliche Forschung, 35. Jg. (1983), S. 173-196.
Späth, H., Cluster-Analyse – Algorithmen zur Objektklassifizierung und Datenreduktion, München–Wien 1975.
Sokal, R. R., Michener, C. D., A Statistical Method for Evaluating Systematic Relationships, in: The University of Kansas (Ed.), Science Bulletin, Vol. 38 (1958), pp. 1409-1438.
Steinhausen, D., Langer, K., Clusteranalyse, Berlin–New York 1977.

– Faktorenanalyse:

Harman, H. H., Modern Factor Analysis, 3rd Ed., Chicago, Ill., 1976.
Reverstorf, D., Lehrbuch der Faktorenanalyse, Stuttgart 1976.
Thurstone, L. L., Multiple Factor Analysis, Chicago, Ill., 1947.
Überla, K., Faktorenanalyse, Nachdruck der 2. Aufl., Berlin usw. 1977.

– Mehrdimensionale Skalierung:

Dichtl, E., Schobert, R., Mehrdimensionale Skalierung, München 1979.
Kruskal, J. B., Multidimensional Scaling by Optimizing Goodness of Fit to a Nonmetric Hypothesis, in: Psychometrika, Vol. 29 (1964), pp. 1-27.
Schobert, R., Die Dynamisierung komplexer Marktmodelle mit Hilfe der Mehrdimensionalen Skalierung, Berlin–München 1979.
Shepard, R. N., Romney, A. K., Nerlove, S. B., Multidimensional Scaling. Theory and Applications in the Behavioral Sciences, Vol. 1: Theory, Vol. 2: Applications, New York–London 1972.

– Conjoint Measurement:

Dichtl, E., Thomas, U., Der Einsatz des Conjoint Measurement im Rahmen der Verpackungsmarktforschung, in: Marketing·ZFP, 8. Jg. (1986), S. 27-33.
Green, P. E., On the Design of Choice Experiments Involving Multifactor Alternatives, in: Journal of Consumer Research, Vol. 1 (1974), No. 2, pp. 61-68.
Green, P. E., Srinivasan, V., Conjoint Analysis in Consumer Research: Issues and Outlook, in: Journal of Consumer Research, Vol. 5 (1978), pp. 103-123.
Green, P. E., Wind, Y., Multiattribute Decisions in Marketing, Hinsdale, Ill., 1973.
Green, P. E., Wind, Y., New Way to Measure Consumers' Judgements, in: HBR – Harvard Business Review, Vol. 53 (1975), No. 4, pp. 107-117.
Johnson, R. M., Trade-off Analysis of Consumer Values, in: JMR – Journal of Marketing Research, Vol. 11 (1974), pp. 121-127.

Pekelman, D., Sen, S. K., Measurement and Estimation of Conjoint Utility Functions, in: Journal of Consumer Research, Vol. 5 (1979), pp. 263 - 271.
Thomas, L., Conjoint Measurement als Instrument der Absatzforschung, in: Marketing · ZFP, 1. Jg. (1979), S. 199–211.

Mit **Prognoseverfahren** beschäftigen sich:

Badelt, Ch., Relevanzbaum: Verfahren und Probleme, in: *Bruckmann, G.* (Hrsg.), Langfristige Prognosen, Würzburg–Wien 1977, S. 126 - 140.
Bamberger, I., Mair, L., Die Delphi-Methode in der Praxis, in: management international review, 16. Jg. (1976), No. 2, pp. 81 - 91.
Becker, D., Analyse der Delphi-Methode und Ansätze zu ihrer optimalen Gestaltung, Frankfurt/M.–Zürich 1974.
Blecke, U., Szenariotechnik. Plausible Pfade in die Zukunft, in: Manager Magazin, 5. Jg. (1978), Nr. 12, S. 120 - 125.
Blohm, H., Methoden zur Prognose technischer Entwicklungen (I), (II), in: WISU – Das Wirtschaftsstudium, 8. Jg. (1979), S. 115 - 120, S. 167 -173.
Brockhoff, K., Prognoseverfahren für die Unternehmensplanung, Wiesbaden 1977.
Burger, R., Zur Kritik heuristischer Methoden der Langfristprognostik, in: *Bruckmann, G.* (Hrsg.), Langfristige Prognosen, Würzburg–Wien 1977, S. 425 - 437.
Busch, H., Delphi-Methode, in: *Tumm, G.* (Hrsg.), Erfolg durch bessere Entscheidungen, München 1975, S. 131 - 154.
Chambers, J. C., Mullick, S. K., Smith, D. D., How to Choose the Right Forecasting Technique, in: HBR – Harvard Business Review, Vol. 49 (1971), No. 4, pp. 45 - 74.
Durbach, P., Morphologie als kreative Methode in der Langfristplanung, in: *Bruckmann, G.* (Hrsg.), Langfristige Prognosen, Würzburg–Wien 1977, S. 112 - 125.
Förster, H.-P. „Strategische Lücken beschreiben", in: Manager Magazin, 5. Jg. (1978), Nr. 12, S. 125.
Geschka, H., Delphi, in: *Bruckmann, G.* (Hrsg.), Langfristige Prognosen, Würzburg–Wien 1977, S. 27 - 44.
Gisholt, O., Marketing-Prognosen, Bern–Suttgart 1976.
Hansmann, K. W., Kurzlehrbuch Prognoseverfahren, Wiesbaden 1983.
Henschel, H., Wirtschaftsprognosen, München 1979.
Hüttner, M., Markt- und Absatzprognosen, Stuttgart usw. 1982.
Hüttner, M., Prognoseverfahren und ihre Anwendung, Berlin 1986.
Ilsemann, W. v., Die geteilte Zukunft, in: Manager Magazin, 10. Jg. (1980), Nr. 5, S. 115 - 123.
Jantsch, E., Technological Planning and Social Futures, 2nd Ed., London 1974.
Jones, H., Twiss, B. C., Forecasting Technology for Planning Decisions, London 1978.
Kaas, K. P., Empirische Preisabsatzfunktionen bei Konsumgütern, Berlin usw. 1977.
Kahn, H., World Economic Development, London 1979.
Kahn, H., Brown, W., Martel, L., The Next 200 Years. A Scenario for America and the World, London 1977.
Klein, H. E., Linnemann, R. E., The Use of Scenarios in Corporate Planning – Eight Case Histories, in: Long Range Planning, Vol. 14 (1981), No. 5, pp. 69 - 77.
Lewandowski, R., Prognose- und Informationssysteme, Bd. 1, Berlin–New York 1974, Bd. 2, Berlin–New York 1980.
Linstone, H. A., Turoff, M. (Eds.), The Delphi Method. Techniques and Applications, London etc. 1975.
Makridakis, S., Reschke, H., Wheelwright, S. C., Prognosetechniken für Manager, Wiesbaden 1980.
Marr, R., Projektionen im Handel, in: *Tietz, B.* (Hrsg.), HWA – Handwörterbuch der Absatzwirtschaft, Stuttgart 1974, Sp. 1 783 - 1 791.

Martino, J. P., Technological Forecasting for Decisionmaking, 2. ed., New York 1983.
Meffert, H., Steffenhagen, H., Marketing-Prognosemodelle, Stuttgart 1977.
Meissner, H. G., Marketing für Innovationen, in: WiSt – Wirtschaftswissenschaftliches Studium, 8. Jg. (1979), S. 359 - 364.
Mertens, P. (Hrsg.), Prognoserechnung, 4. Aufl., Würzburg 1981.
o.V., Die Szenario-Technik läßt Handlungsspielräume erkennen, in: Blick durch die Wirtschaft (FAZ), 25. Jg. (1982), Nr. 230 (30.11.), S. 5.
Pfeiffer, W., Staudt, E., Voraussage, technologische, in: *Tietz, B.*, (Hrsg.), HWA – Handwörterbuch der Absatzwirtschaft, Stuttgart 1974, Sp. 2130 - 2140.
Pümpin, C., Information und Marketing, St. Gallen 1973.
Reibnitz, U. v., So können auch Sie die Szenario-Technik nutzen, in: Marketing Journal, 14. Jg. (1981), Nr. 1, S. 37 - 41.
Rieser, I., Frühwarnsysteme, in: Die Unternehmung, 32. Jg. (1978), S. 51 - 68.
Rogge, H.-J., Methoden und Modelle der Prognose aus absatzwirtschaftlicher Sicht, Berlin 1972.
Scheer, A.-W., Absatzprognosen, Berlin usw. 1983.
Schmidt, B., Topritzhofer, E., Reaktionsfunktionen im Marketing: Zum Problem der Quantifizierung von Nachfrage- und Konkurrenzreaktionen, in: *Topritzhofer, E.* (Hrsg.), Marketing, Wiesbaden 1978, S. 195 - 238.
Schobert, R., Zeitreihenanalysen und Entwicklungsprognosen, in: *Diller, H.* (Hrsg.), Marketingplanung, München 1980, S. 80 - 102.
Schöllhammer, H., Die Delphi-Methode als betriebliches Prognose- und Planungsverfahren, in: ZfbF – Schmalenbachs Zeitschrift für betriebswirtschaftliche Forschung, 22. Jg. (1970), S. 128 - 137.
Stöppler, S., Nachfrageprognose und Produktionsplanung bei saisonalen und konjunkturellen Schwankungen, Würzburg 1984.
Tietz, B., Zur Theorie und Praxis des futurologischen Marketings, in: *Meffert, H.* (Hrsg.), Marketing heute und morgen, Wiesbaden 1975, S. 41 - 86.
Vesper, V., Unternehmenskonzepte zukunftssicher gestalten, in: absatzwirtschaft, 26. Jg. (1983), Nr. 3, S. 274 - 286.
Weber, K., Prognose und Prognoseverfahren, in: *Grochla, E., Wittmann, W.* (Hrsg.), HWB – Handwörterbuch der Betriebswirtschaft, 4., völlig neu gestaltete Aufl., Stuttgart 1975, Sp. 3188 - 3203.
Wechsler, W., Delphi-Methode, Diss., München 1978.
Wechsler, W., Zur Diskussion der relativen Prognosegenauigkeit der Delphi-Methode: Falsche Aussagen zum falschen Problem, in: ZfB – Zeitschrift für Betriebswirtschaft, 48. Jg. (1978), S. 596 - 601.
Welters, K., Szenario-Technik, in: DBW – Die Betriebswirtschaft, 42. Jg. (1982), S. 153 - 154.
Zentner, R. D., Scenarios, Past, Present and Future, in: Long Range Planning, Vol. 15 (1982), No. 3, pp. 12 - 20.

§ 8 Marketing-Planung

1. Grundlagen
    1.1. Marketing und Planung
    1.2. Die Ebenen der Marketing-Planung
    1.3. Die Institutionalisierung der Marketing-Planung
2. Gegenstandsbereiche
    2.1. Die Situationsanalyse
    2.2. Die Ziel- und Strategienplanung
        2.2.1. Die Zielplanung
            2.2.1.1. Der Inhalt der Zielplanung
            2.2.1.2. Zur Problematik der Bestimmung von Zielen
        2.2.2. Die Strategienplanung
            2.2.2.1. Strategische Handlungsdimensionen
            2.2.2.2. Wichtige Fixpunktstrategien im Überblick
                2.2.2.2.1. Die Marktsegmentierung
                2.2.2.2.2. Die Produktinnovation
                2.2.2.2.3. Die Diversifizierung
                2.2.2.2.4. Die Internationalisierung
                2.2.2.2.5. Die Globalisierung
                2.2.2.2.6. Die Kooperation
                2.2.2.2.7. Die Technologieorientierung
    2.3. Die Maßnahmenplanung
        2.3.1. Die Bestimmung und Aufteilung des absatzpolitischen Aktivitätsniveaus
        2.3.2. Optimierungsprobleme bei der Gestaltung des Marketing-Mix
        2.3.3. Die Festlegung von Budgets
3. Entscheidungshilfen für die Marketing-Planung
    3.1. Entscheidungshilfen für die Situationsanalyse
    3.2. Entscheidungshilfen für die Ziel- und Strategienplanung
        3.2.1. Die Produkt-Markt-Matrix von Ansoff
            3.2.1.1. Strategieempfehlungen
            3.2.1.2. Kritik und Weiterentwicklungen
        3.2.2. Der Portfolio-Ansatz
            3.2.2.1. Zur Fundierung des Portfolio-Ansatzes
            3.2.2.2. Wichtige Portfolio-Konzepte
                3.2.2.2.1. Das Marktwachstum-Marktanteil-Portfolio
                3.2.2.2.2. Das Marktattraktivität-Wettbewerbsvorteil-Portfolio
            3.2.2.3. Kritik und Weiterentwicklungen
        3.2.3. Die Wettbewerbsmatrix von Porter
            3.2.3.1. Ausgangsüberlegungen
            3.2.3.2. Strategieempfehlungen
            3.2.3.3. Kritik und Weiterentwicklungen
        3.2.4. Vergleichende Betrachtung der dargestellten Entscheidungshilfen zur Ziel- und Strategienplanung

3.3. Entscheidungshilfen für die Maßnahmenplanung
   3.3.1. Einfach strukturierte Gleichgewichts- und Optimierungsmodelle
      3.3.1.1. Die Break-Even-Analyse
      3.3.1.2. Die Aktionsplanung mit Hilfe der Netzwerkanalyse
   3.3.2. Höherstrukturierte Optimierungsmodelle
Quellenhinweise und Literaturempfehlungen

1. Grundlagen

1.1. Marketing und Planung

Die Notwendigkeit einer systematischen Planung nimmt angesichts der wachsenden Dynamik und Komplexität des Umwelt- und Unternehmensgeschehens stark zu. Verstärkte Umweltturbulenzen erfordern den Abbau starrer Planungsautomatismen zugunsten flexibler Konzepte, die es ermöglichen, auf die sich rasch ändernden Bedingungen angemessen zu reagieren. Vor allem der **Marketing-Planung** kommt in diesem Zusammenhang besondere Bedeutung zu. Sie stellt einen wesentlichen Bestandteil der Unternehmensplanung dar und wird zu deren Kernstück, wenn sich der Absatzbereich zum Engpaßsektor der Unternehmensaktivitäten entwickelt. Dann ist die **Marketing-Planung die Grundlage für die anderen betrieblichen Teilpläne**, wie Beschaffungs-, Produktions- und Finanzplan.

Marketing-Planung bedeutet das systematische und rationale Durchdringen des künftigen Markt- und Unternehmensgeschehens mit dem Zweck, daraus Richtlinien für das Verhalten im Marketing-Bereich abzuleiten (vgl. dazu *Hörschgen* 1983, S. 31). Dieser informationsverarbeitende, willensbildende Prozeß läßt sich — wie die Unternehmensplanung im allgemeinen — durch gewisse logisch und chronologisch differenzierbare Phasen kennzeichnen (vgl. Abb. 8.1.):

— Man beginnt mit der Analyse der gegenwärtigen und zukünftigen Situation des Unternehmens und seiner Umwelt (Situationsanalyse).

— Sodann sind, darauf aufbauend, Ziele festzulegen und Strategien zu deren Erreichung zu generieren (Ziel- und Strategienplanung).

— Den Abschluß bildet die Auswahl der Instrumentenkombination, die die bestmögliche Umsetzung der Strategien im Hinblick auf die Zielerreichung erhoffen läßt (Maßnahmenplanung).

    Nicht immer wird in dieser — idealtypischen — Weise geplant. Oft führt eine reizvolle Idee auf der Maßnahmenebene dazu, daß die Planung am „falschen" Ende beginnt. In diesem Fall dienen die Phasen Situationsanalyse sowie Ziel- und Strategienplanung zur Überprüfung der ins Auge gefaßten Aktivität. Allerdings besteht bei dieser Vorgehensweise die Gefahr, daß dann nicht mehr das ganze Spektrum der unter Umständen vorhandenen

Möglichkeiten in Betracht gezogen wird, sondern die nachfolgenden Planungsphasen durch die unternehmerische Idee präjudiziert werden.

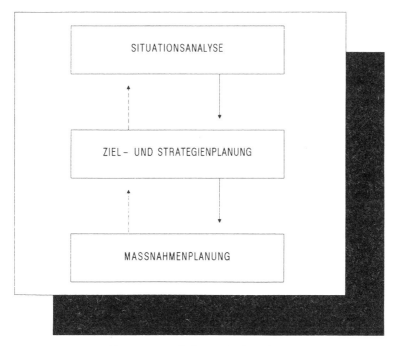

Abb. 8.1.: Prozeß der Marketing-Planung

Unabhängig davon, wodurch sich im Einzelfall der Anstoß ergibt, vermag die **Marketing-Planung** grundsätzlich folgendes zu bewirken:

— Sie fördert ziel- und zukunftsorientiertes Denken und Handeln.
— Sie koordiniert die Entscheidungen und Maßnahmen im Marketing-Bereich.
— Sie dient der Information der Organisationsmitglieder hinsichtlich der Ziele, der geplanten Aktivitäten sowie des erforderlichen Ressourceneinsatzes und erfüllt somit wesentliche Voraussetzungen für eine konstruktive Kritik.
— Sie motiviert die Organisationsmitglieder, zumal dann, wenn von der Verwirklichung der Unternehmens- bzw. Marketing-Ziele auch die Realisierung individueller Ziele der Mitarbeiter (z.B. Einkommen, Karriere, Prestige) positiv beeinflußt werden.
— Sie schafft die Voraussetzung für die Leistungsbeurteilung und Kontrolle von Organisationseinheiten.

1.2. Die Ebenen der Marketing-Planung

Häufig wird in Literatur und Praxis zwischen **strategischer Planung** und **operativer** bzw. **taktischer Maßnahmen-Planung** einerseits sowie **langfristiger** und **kurzfristiger Planung** andererseits unterschieden (vgl. *Gälweiler* 1986, S. 146f.; *Kreikebaum* 1987, S. 125f.; *Schmalenbach-Gesellschaft* 1977, S. 2).

Die **langfristige Planung** erstreckt sich im allgemeinen auf einen Zeitraum von drei und mehr Jahren. Innerhalb der Gesamtplanung des Unternehmens stellt sie den **Rahmen** für die kurzfristige Planung dar, die mit einem Zeithorizont von in der Regel einem Jahr ungleich konkreter und präziser sein kann.

Bei der Unterscheidung zwischen **strategischer Planung** und **Maßnahmen-Planung** steht nicht die zeitliche Dimension, sondern das hierarchische Über- bzw. Unterordnungsverhältnis der beiden Planungsstufen im Vordergrund. Dabei konzentriert sich die strategische Planung auf die Entwicklung von in der Regel langfristig angelegten Konzepten zur Sicherung der Erfolgsquellen eines Unternehmens. Eine so umfassende Aufgabenstellung erfordert nicht nur die geistige Durchdringung der Beziehungen zur Unternehmensumwelt, sondern auch das ständige Erfassen und Gestalten unternehmensinterner Gegebenheiten, wie der Organisationsstruktur oder des Bereichs der Forschung und Entwicklung. Obwohl strategische Planung meistens langfristig angelegt ist, stehen nicht die Fristigkeit, sondern in erster Linie **inhaltliche Fragen** im Mittelpunkt. Daher kann nicht der Umkehrschluß gezogen werden, daß es sich bei einer langfristigen Planung stets auch um strategische Planung handelt.

Im Rahmen der **strategischen Planung** fallen folgende Aufgaben an[1]:

— Festlegung der **Produkte, Dienstleistungen** und **Märkte** (Marktsegmente), auf denen das Unternehmen in Zukunft bzw. weiterhin tätig sein will, sowie Bestimmung der **qualitativen** und **quantitativen Marketing-Ziele** (Image, Umsatz, Marktanteil etc.).

— Fixierung von Strategien für die Vorgehensweise im Marketing; hierbei geht es u.a. um die Festlegung **grundsätzlicher Verhaltensweisen** gegenüber den Marktpartnern (z.B. Konsumenten, Konkurrenten, Handel) und einer **„Generallinie"** für die Gestaltung des Marketing-Mix.

— Zuweisung von **Ressourcen** an die einzelnen Organisationseinheiten nach Maßgabe des strategischen Plans.

---
[1] Eine andere Sichtweise wird in der amerikanischen Literatur vertreten, wo zuweilen von einer vierstufigen Vorgehensweise bei der strategischen Planung ausgegangen wird (vgl. vor allem *Abell/Hammond* 1979, S. 9f.): Auf der als **„Defining the Business"** bezeichneten ersten Stufe geht es um die Festlegung der grundsätzlichen Betätigungsfelder sowie der grundlegenden Problemlösungsprogramme eines Unternehmens. In dem anschließenden Schritt **„Defining the Business Mission"** werden Leistungserwartungen für die einzelnen Betätigungsfelder in Form von Gewinn-, Umsatz-, Marktanteils-, Cash Flow-, ROI-Vorgaben usw. konkretisiert. Aufgabe der dritten und vierten Stufe sind die **Formulierung funktionaler Strategien** sowie die **Budgetierung** im Sinne einer Festlegung von Maßnahmen einschließlich der dafür erforderlichen Mittelzuweisung.

Die Maßnahmen-Planung ist inhaltlich ungleich stärker detailliert und präziser als die ihr vorgelagerte strategische Planung. Dabei werden **operationale Vorgaben** und **Aktionspläne** erarbeitet, insbesondere hinsichtlich der konkreten Ausgestaltung der absatzpolitischen Instrumente und deren Kombination zu einem zielführenden Marketing-Mix. Darüber hinaus können von hier Impulse für eine **Revision** der **strategischen Planung** ausgehen, vor allem dann, wenn die tatsächlichen und die geplanten Ergebnisse von Marketing-Maßnahmen erheblich voneinander abweichen.

1.3. Die Institutionalisierung der Marketing-Planung

Planung verkörpert eine **entscheidungsbezogene** Aktivität. Somit sind prinzipiell alle Entscheidungsträger im Marketing mit Planungsaufgaben befaßt. In welchem Ausmaß dies geschieht, hängt vom Inhalt der Planung, von den angewandten Methoden und von der Organisationsstruktur des Unternehmens bzw. der Marketing-Abteilung ab. Im allgemeinen obliegt die **strategische Planung** dem **Top-Management**, während die **operative Maßnahmenplanung** eher den **Funktionsbereichsleitern** (Werbung, Verkauf etc.) zugeordnet werden kann.

Die zunehmenden Anforderungen an die Planung und die wachsende Kompliziertheit der einschlägigen Verfahren führen indessen oft zu einer Überforderung der zumeist dem Tagesgeschäft verhafteten Entscheidungsträger bei der Erfüllung von Planungsaufgaben. Aus diesem Grunde sind den Betroffenen in vielen Unternehmen **spezielle Stabsstellen** bzw. **Stabsabteilungen** zugeordnet. In Klein- und Mittelbetrieben erfahren allenfalls die Geschäftsleitung oder die Marketing-Bereichsleitung eine entsprechende Unterstützung. In größeren, komplexer strukturierten Unternehmen hingegen gibt es im allgemeinen neben einer zentralen, mit Marketing-Planung befaßten Abteilung weitere, speziell mit Planungsaufgaben betraute Stäbe, so z.B. in den einzelnen Geschäftssparten, Funktionsbereichen (Werbung, Verkauf etc.), Filialen sowie Tochter- und Auslandsgesellschaften. Die Aufgaben der **„Zentralen Marketing-Planung"** bestehen dann insbesondere in der **Koordination** der Marketing-Pläne und der **planerischen Abstimmung** des Marketing mit anderen Unternehmensbereichen.

Die personelle Ausstattung der Stabsstellen bzw. -abteilungen hängt von den Anforderungen an die Planung und von den verwendeten Planungsverfahren ab. Während in kleinen und mittelgroßen Unternehmen oftmals lediglich ein oder zwei qualifizierte Mitarbeiter (z.B. Direktions- oder Bereichsleiterassistenten) zur Verfügung stehen, sind es in Großunternehmen nicht selten einige Hundert.

Bei größeren Planungsabteilungen stellt sich das Problem der internen Strukturierung. Als Kriterien hierfür kommen vor allem Funktionen (z.B. Information und Dokumentation, Planerstellung und Administration, Planüberwachung), Produkte bzw. Projekte sowie Absatzmärkte (z.B. Europa, USA) in Betracht. Welche Form der Innenorganisation der Planungsabteilung letztlich gewählt wird, ist eine Frage der spezifischen internen und externen Bedingungen der einzelnen Unternehmung (vgl. dazu die Ausführungen zur Marketing-Organisation in § 10).

Neben den Instanzen, die **laufend** mit Planungsaufgaben betraut sind, gibt es auch solche, die nur fallweise damit befaßt sind, in erster Linie sog. **Planungskomitees**. Dabei handelt es sich um Gremien, denen die Lösung spezieller Planungsprobleme, z.B. die Erstellung von Szenarios oder die Bewältigung überraschend aufgetretener Störungen, übertragen ist. Derartige Komitees setzen sich aus Ressortspezialisten (Marktforschern, Werbefachleuten, Rechtsanwälten etc.) und Planungsexperten zusammen. Verfügt das Unternehmen selbst nicht über die erforderlichen Fachkräfte, müssen zwangsläufig externe Berater hinzugezogen werden.

Insbesondere die seit den siebziger Jahren stark zunehmende **Komplexität** und **Instabilität** der Umweltentwicklung sind für viele Unternehmen zu einem evidenten Problem geworden. Diskontinuitäten in Politik, Energieversorgung, Technologie, Konsumentenverhalten usw. zwingen Unternehmen — je nach dem Grad der individuellen Betroffenheit — oft zu einschneidenden Anpassungsmaßnahmen, die flexible Planungssysteme erfordern (vgl. *Macharzina* 1984, S. 6ff.).

Werden solche Veränderungen erst in Form von Planabweichungen oder anderen, bereits eingetretenen Störereignissen wahrgenommen, besteht die Handlungsmöglichkeit des Unternehmens lediglich in einem „**after fact approach**" (*Ansoff* 1976 und 1984). Die Effizienz solcher nachträglicher Reaktionsprozesse hängt dabei wesentlich von der Flexibilität der Organisation und den Erfahrungen der Führungskräfte im Krisenmanagement ab.

Grundidee eines „**before fact approach**" ist die rechtzeitige Früherkennung. Umweltveränderungen treten selten völlig überraschend auf. In der Regel lassen sich durch eine permanente und vor allem sensible Beobachtung der Umwelt bereits frühzeitig gewisse Anzeichen von Veränderungen entdecken. Je früher solche Tendenzen wahrgenommen, systematisch aufgezeichnet und bewertet werden, desto besser sind die Aussichten, Bedrohungen durch geeignete Maßnahmen abwehren und Chancen konsequent nutzen zu können. Einer frühzeitigen Identifikation potentieller Problemfelder ist daher große Bedeutung beizumessen. Als Ansatzpunkt zur Problemerkennung erscheint ein sog. Früherkennungssystem für „**schwache Signale**" (*Ansoff* 1976) besonders geeignet, aber auch die Intuition sensibler und erfahrener Mitarbeiter kann wichtige Hinweise auf mögliche Probleme liefern.

Ausgelöst durch das Ansoff-Konzept der „**weak signals**" wird in der Literatur eine Vielzahl von Ansätzen zur organisatorischen und materiellen Handhabung des immer evidenter werdenden Diskontinuitätenproblems vorgestellt. Eine Übersicht über die Reaktionsmöglichkeiten gibt Abb. 8.2.

1. Grundlagen

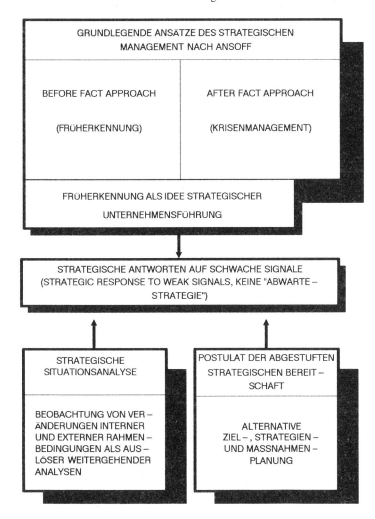

Quelle: In Anlehnung an *Wiedmann* 1985, S. 304.

Abb. 8.2.: Konzeption des strategischen Management in Zeiten zunehmender Umweltturbulenzen nach *Ansoff*

Die von der Wissenschaft mit den Begriffen **Frühwarn-, Früherkennungs-, Frühaufklärungs-** oder **Frühindikatorensystem** belegten Ansätze (vgl. *Müller* 1986 und die dort angegebene Literatur) zur Realisierung des **„before fact approach"** haben bislang wegen ihrer überaus großen Komplexität wenig Verbreitung in der Unternehmenspraxis gefunden. Als Beispiel für eine einfache und pragmatische Bewältigung dieser neuen Herausforderung kann das Frühwarnsystem „*FESY*" des *Otto-Versands* angeführt werden (vgl. *Ehrenthal/Riekhof* 1986, S. 13ff.). Hierbei werden Trendinformationen permanent von ausgewählten Mitarbeitern, die in ihrem Beobachtungsfeld Fachkompetenz besitzen, gesammelt. Deren Erkenntnisse werden in einer Stabsabteilung aufbereitet, die das Ergebnis dann an die jeweiligen Entscheidungsträger weiterleitet.

2. Gegenstandsbereiche

2.1. Die Situationsanalyse

Den Ausgangspunkt der **Marketing-Planung** bildet die **Analyse** der derzeitigen und zukünftigen **Situation** des Unternehmens, die sich in seinen spezifischen **internen** und **externen Rahmenbedingungen** konkretisiert. Von den Ergebnissen der Situationsanalyse hängt es ab, welche unternehmerische Zielsetzung verfolgt und mit welchen Strategien und Maßnahmen sie realisiert werden soll bzw. kann.

Im allgemeinen ist hierbei eine Vielzahl **interner** und **externer** Faktoren zu beachten. Welche davon vom Management zu berücksichtigen sind, hängt vom jeweiligen Unternehmen und der spezifischen Entscheidungssituation ab. Prinzipiell kommen aber die in Tab. 8.1. zusammengestellten **Rahmenbedingungen** in Betracht (vgl. hierzu auch § 7, Abschn. 2.1. und 2.2.).

Für die **Marketing-Planung** erweist sich neben der Identifikation und Erfassung der jeweils relevanten Umweltbedingungen vor allem die richtige Einschätzung ihrer **zukünftigen** Entwicklung von Bedeutung. Dabei sollte man berücksichtigen, daß die als bedeutsam erachteten Umweltdaten einem unablässigen Wandel unterworfen sind, der antizipiert werden muß. Bestimmte Determinanten, wie z.B. die Rechtsordnung, gelten als vergleichsweise gut überschaubar, da sich hier Veränderungen rechtzeitig ankündigen. Demgegenüber gibt es Faktoren, wie etwa die konjunkturelle Entwicklung in verschiedenen Ländern, die außerordentlich schwer zu prognostizieren sind. Als nicht minder schwierig erweist sich häufig die Antizipation des Verhaltens von Kunden, Konkurrenten und sonstigen Marktpartnern.

Hier bleibt nur der Ausweg, verschiedenartige **Umweltsituationen** und mehrere **Verhaltensalternativen** in die Planung einzubeziehen. Im einzelnen kann man dabei folgende (Grenz-)Fälle unterscheiden:

(1) Ein Sonderfall liegt dann vor, wenn alle Umweltbedingungen bekannt (= vollkommene Information) und eindeutig (= nur eine einzige Konstellation ist relevant) sind. Dieser Sachverhalt wird als **deterministischer Fall** bezeichnet.

(2) Eine **Entscheidung unter Unsicherheit** ist dann gegeben, wenn keinerlei Anhaltspunkte über die Wahrscheinlichkeit des Eintritts der berücksichtigten Umweltkonstellationen vorhanden sind (= **verteilungsfreier Fall**).

Tabelle 8.1.:
Rahmenbedingungen absatzpolitischer Entscheidungen

Externe Rahmenbedingungen		
	Im Bereich der Makro-Umwelt	* ökonomische Daten * sozio-kulturelle Daten * technologische Daten * politisch-rechtliche Daten * physische Daten
	Im Bereich der Mikro-Umwelt	* Abnehmer * Lieferanten * Konkurrenten * sonstige Marktpartner (z. B. Absatzhelfer)
Interne Rahmenbedingungen		* Unternehmenskultur und -philosophie * Finanz- und Sachmittel * zahlenmäßige Stärke und Qualität des Personals * Unternehmensgröße * Standort * Rechtsform * Organisationsstruktur * Kostenstruktur

(3) Von einer **Entscheidung unter Risiko** spricht man, wenn sich objektive oder subjektive Wahrscheinlichkeiten für die einzelnen Umweltsituationen angeben lassen (= **stochastischer Fall**). Objektiv ist eine Wahrscheinlichkeit dann, wenn sie auf logischen Überlegungen oder Tests beruht, die normalerweise von jedermann und beliebig oft durchgeführt werden können. Eine subjektive Wahrscheinlichkeit beruht demgegenüber auf Meinungen, Vermutungen oder Expertisen (von Sachverständigen), die sich ihrerseits auf wissenschaftliche Analysen oder Intuition stützen können.

Bislang wurde davon ausgegangen, daß sich die Umweltsituation autonom, d.h. ohne Einflußnahme des Unternehmens, entwickelt. Betriebe passen sich jedoch im allgemeinen der Umweltsituation nicht nur an, sondern sie versuchen auch, diese insbesondere durch den Einsatz des absatzpolitischen Instrumentariums zu beeinflussen. Bei der Beurteilung der zukünftigen Entwicklung der betrieblichen Umwelt sind deshalb auch die Wirkungen alternativer marketingpolitischer Maßnahmen auf die Umwelt zu berücksichtigen.

Die Prognose der Umweltentwicklung im allgemeinen und der **Wirkung absatzpolitischer Maßnahmen** im besonderen stellt den neuralgischen Punkt der gesamten **Marketing-Planung** dar. Dies hat seinen Grund darin, daß es keine allgemeingültige, umfassende Theorie über die Art von Ursache-Wirkungszusammenhängen für den uns interessierenden Bereich gibt. Bemerkenswert erscheint die Tatsache, daß die Markt- bzw. Absatzforschung oft nicht einmal auf dem Boden einer gesicherten **Theorie geringer Reichweite** arbeiten kann, sondern sich mit der Anwendung problemspezifischer **Techniken** behelfen muß. Damit sind Verfahren und Hilfsmittel jeder Art gemeint, die der Erfassung, Aufbereitung, Verarbeitung, Verdichtung, Übermittlung, Speicherung und Reproduktion von Informationen dienen.

2.2. Die Ziel- und Strategienplanung

Die Ziel- und Strategienplanung baut auf den im Rahmen der Situationsanalyse gewonnenen Daten auf. Die unternehmensindividuelle Vorgehensweise bei der Informationsaufnahme und die planerische Umsetzung werden dabei wesentlich von der jeweiligen Unternehmenskultur und -philosophie beeinflußt.

Mit **Unternehmenskultur** umschreibt man die Persönlichkeit eines Unternehmens hinsichtlich der spezifischen, historisch gewachsenen Denkschemata und Problemlösungsmuster. Sie umfaßt so unterschiedliche Bereiche wie Tradition im Führungsverhalten, überlieferte Geschäftspraktiken oder die Organisationsstruktur (vgl. *Hauser* 1985, S. 14; zur Theorie der Unternehmenskultur vgl. *Heinen* 1987). Eine durch diese Merkmale beschriebene Unternehmenskultur wird durch die individuelle Geschichte des Unternehmens, seine führenden Persönlichkeiten sowie seine spezifische Umwelt geprägt (vgl. *Pettigrew* 1979, S. 77f.). Als wesentliches Element für die Entstehung und Stabilisierung einer eigenständigen Unternehmenskultur kann dabei die Bestätigung bestimmter Handlungsweisen, Organisationsstrukturen etc. durch wirtschaftliche Erfolge angesehen werden. Die auf diese Weise erfolgte **Tradierung** oft **langjähriger Erfolgsmuster** birgt aber auch die Gefahr in sich, daß die notwendige Sensibilität für die Wahrnehmung einsetzender Veränderungen bei den erfolgsbestimmenden Faktoren verloren geht (vgl. *Lorsch* 1986, S. 98; *Dierkes* 1988, S. 556ff.).

Die **Unternehmensphilosophie** läßt sich als jener Teil der Unternehmenskultur verstehen, der die Wertbasis unternehmerischen Denkens und Handelns umfaßt. Diese findet ihren Ausdruck im Ziel- und Wertesystem sowie in den Standards und Verhaltensleitlinien eines Unternehmens. Die tatsächliche Umsetzung in konkretes Unternehmensgeschehen im Sinne eines „collective programming of the mind" (*Hofstede* 1980, S. 13) ist dagegen der Unternehmenskultur zuzurechnen (vgl. *Wiedmann/Kreutzer* 1985, S. 76).

Unternehmenskultur und -philosophie bedürfen im Rahmen der Ziel- und Strategienplanung besonderer Beachtung, da es sich hierbei um **konstitutive Denk-** und **Problemlösungsmuster** eines Unternehmens handelt. Insbesondere bei sich unablässig wandelnden Umweltbedingungen hängen dessen Zukunftschancen mehr denn je davon ab, ob sich mit diesen Denk- und Problemlösungsmustern neuen Herausforderungen mit Erfolg begegnen läßt.

Die individuelle Kultur und Philosophie eines Unternehmens, seine Ressourcen sowie die **spezifischen externen Rahmenbedingungen** determinieren weitgehend die inhaltliche Ausgestaltung der Ziel- und Strategienplanung (vgl. Abb. 8.3.).

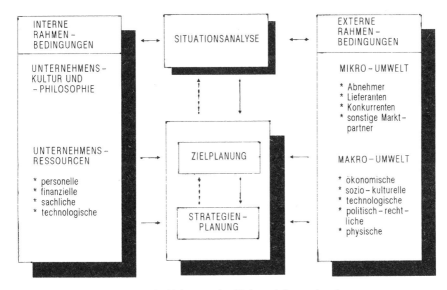

Abb. 8.3.: Einflußfaktoren der Ziel- und Strategienplanung

2.2.1. Die Zielplanung

2.2.1.1. Der Inhalt der Zielplanung

Unter einem **Ziel** wird ein angestrebter, künftiger Zustand der Realität verstanden, den ein Unternehmen auf der Basis der in der Situationsanalyse ermittelten internen und externen Rahmenbedingungen definiert. Ziele können in Form von Oberzielen für das gesamte Unternehmen oder als beliebige Subziele für jede nachrangige Hierarchieebene formuliert werden.

Bei der Festlegung von Zielen ist zum einen zu beachten, daß diese nach Inhalt, Ausmaß und zeitlichem Bezug möglichst genau bestimmt werden. Zum anderen dürfen die einzelnen Ziele nicht isoliert voneinander betrachtet werden, sondern es ist stets das Beziehungsgeflecht als ganzes zu berücksichtigen.

Grundsätzlich können die in Abb. 8.4. dargestellten **Zielbeziehungen** auftreten.

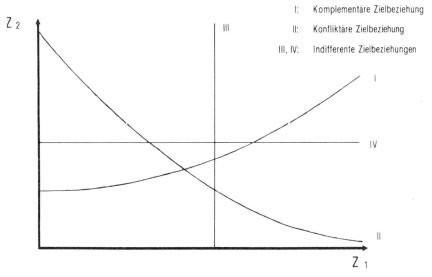

Abb. 8.4.: Zielbeziehungen

(I) Komplementäre Zielbeziehung:
Die Realisierung des Zieles Z_1 fördert die Verwirklichung von Z_2 (z. B. positives Firmenimage und Umsatz).

(II) Konfliktäre Zielbeziehung:
In dem Maß, in dem Ziel Z_1 erreicht wird, geht dies zu Lasten des Zieles Z_2 (z. B. Streben nach technischer Perfektion und Rentabilität).

(III) und (IV) Indifferente Zielbeziehungen:
Die Realisierung des Zieles Z_1 (Z_2) hat auf die Erreichung des Zieles Z_2 (Z_1) keinen Einfluß (z. B. Erhöhung des Umsatzes im Geschäftsbereich 1 und Steigerung der Wiederkaufrate im Geschäftsbereich 2).

Daneben wird auch zwischen Ober- und Unterzielen sowie Haupt- und Nebenzielen unterschieden.

Die Einteilung in **Ober-** und **Unter-** bzw. **Subziele** ist von einer Mittel-Zweck-Beziehung geprägt, d.h. ein bestimmtes Ziel hat im Hinblick auf die Realisation eines übergeordneten Zieles Mittelcharakter (*Bidlingmaier* 1964, S. 76). Den Unterzielen kommt dabei die Aufgabe zu, die Oberziele des Unternehmens im Hinblick auf die einzelnen Funktions- und Entscheidungsbereiche konkreter abzufassen, als dies bei den umfassenden Oberzielen selbst möglich ist (*Raffée* 1974, S. 141). Dagegen drückt die Einteilung in **Haupt-** und **Nebenziele** eine Gewichtung seitens des Entscheidungsträgers im Hinblick auf die Priorität der Zielerreichung aus.

Eine Orientierung allein am Gewinn — als häufig genanntem **Zielinhalt** — würde die Zielsetzung unternehmerischen Handelns nur unvollständig beschreiben. Typisch ist vielmehr eine multidimensionale Zielsetzung, wobei die Prioritäten in Abhängigkeit von Veränderungen der internen und externen Rahmenbedingungen (z.B. Wechsel von Führungspersönlichkeiten, Konjunktur, gesellschaftliche Forderungen) flexibel bestimmt werden können.

In einer empirischen Untersuchung von Unternehmenszielen in der Industrie wurden diese faktorenanalytisch auf drei Basisziele verdichtet, die als **Marktziele** (Macht/Einfluß, Umsatz, Marktanteil), **Ertragsziele** (Gewinn, Rentabilität) sowie produkt- und gesellschaftsbezogene **Leistungsziele** (Angebotsqualität, soziale Verantwortung, Sicherung des Unternehmensbestandes) interpretiert werden können. Die Ausprägung dieser Zielkategorien wird vor allem durch die Unternehmensgröße, die Konkurrenzintensität, den Delegationsgrad der Unternehmerfunktion sowie die Hierarchieebene bestimmt (vgl. *Fritz/Förster/ Raffée/Silberer* 1985, S. 375 ff.).

2.2.1.2. Zur Problematik der Bestimmung von Zielen

Die Generierung von Strategien und Maßnahmen erfolgt nach Vorgabe der spezifischen Zielvorstellungen des Unternehmens bzw. der Entscheidungsträger. Es bedarf daher einer **präzisen** und **operationalen Formulierung** der **Ziele**, um die Wirksamkeit bzw. Effizienz der in Betracht gezogenen Strategien und Maßnahmen beurteilen zu können.

Ein Beispiel für eine exakte, aber sehr allgemeine Zielformulierung wäre die Vorgabe eines deutschen Automobilherstellers, bis zum Jahre 1993 auf dem europäischen Binnenmarkt insgesamt einen Marktanteil von 15% zu erreichen.

Eine solche pauschale Fixierung der Zielvorstellungen reicht nicht aus, um sämtliche Prozesse in den einzelnen Teilbereichen zu steuern und zu koordinieren. Es ist deshalb erforderlich, den Betroffenen eindeutige, operational formulierte Verhaltensanweisungen vorzugeben. So war beispielsweise dem für die Entwicklung und Einführung eines bestimmten Erzeugnisses verantwortlichen Produkt-Manager eines deutschen Waschmittelkonzerns die Aufgabe übertragen worden, mit Hilfe der Werbung folgendes zu erreichen:

— Hoher Bekanntheitsgrad: Das für einen speziellen Verwendungszweck konzipierte Produkt sollte am Ende des ersten Jahres 75 % aller Hausfrauen bekannt sein.

— Hoher Probiereranteil: 30 % aller Hausfrauen sollten den Artikel im selben Zeitraum erprobt haben.

— Hoher Stammverbraucheranteil: Innerhalb derselben Frist sollten 12 % aller Hausfrauen zu Stammverbraucherinnen geworden sein.

Es besteht kein Zweifel, daß die Wahl der Ziele vielerlei **Restriktionen** unterliegt, die u.a. durch Konsumentenwünsche, Konkurrentenverhalten oder Unternehmensressourcen bedingt sind. Einschränkungen in diesem Sinne, die vielen Unternehmen nicht bewußt sind, stellen die Unternehmenskultur und -philosophie dar. So wird ein Anbieter auf Grund seiner Tradition nicht ohne weiteres aus seinem angestammten Wirtschaftszweig ausbrechen. Er dürfte in der Regel auch eine spezifische Kompetenz bei der Versorgung einzelner Abnehmergruppen bzw. Bevölkerungsschichten aufgebaut haben.

Ausdruck einer bestimmten ethischen Grundhaltung wäre z.B. der Grundsatz, keine alkoholischen Getränke zu führen oder — als Werbeagentur — keine Aufträge von Zigarettenherstellern zu übernehmen. Unter Berücksichtigung solcher Begrenzungen könnte eine unternehmerische Zielsetzung im konkreten Fall wie folgt lauten: Versorgung der schweizerischen Haushalte mit neuzeitlichen Produkten, die das Bedürfnis nach Reinhaltung von Körper und Bekleidung befriedigen, in einem Umfang, der die Massenfabrikation zu möglichst niedrigen Stückkosten erlaubt.

Ein nicht nur marketingspezifisches Problem bei der Festlegung von Zielen besteht in der **Identifikation** von **Zielkonflikten,** die dadurch gekennzeichnet sind, daß eine bestimmte Maßnahme die Erreichung mindestens eines Zieles fördert, gleichzeitig aber die mindestens eines anderen Zieles beeinträchtigt oder gefährdet. Die Schwierigkeiten im Umgang mit solchen Zielbeziehungen liegen darin begründet, daß sich die Auswirkungen der Verfolgung verschiedener Ziele zum einen sachlich und zum anderen zeitlich nicht immer genau beurteilen lassen. In diesem Dilemma liegt ein spezifischer Ansatzpunkt für den Einsatz von Entscheidungshilfen (Punktwertverfahren, mathematische Entscheidungsmodelle etc.), da diese häufig zu einer stärkeren Durchdringung der Zielbeziehungen führen.

Eine Möglichkeit zur **Handhabung** des Problems von **Zielkonflikten** besteht darin, folgende Überlegungen in den Prozeß der Zielfindung einzubeziehen:

(1) Der Idealfall liegt dann vor, wenn es gelingt, alle Teilziele auf **ein** Oberziel (z.B. Gewinn, Kosten) zurückzuführen, dessen Optimierung keine Probleme aufwirft.

(2) Der Unternehmer kann versuchen, die unterschiedliche Bedeutung einzelner Ziele — möglicherweise auf Grund von in Stabsstellen erarbeiteten Analysen — abzuwägen, um im Anschluß daran eine bewußte Entscheidung zugunsten einer der drei nachfolgend aufgezeigten Alternativen zu treffen, nämlich

— ein Ziel zu maximieren bzw. zu minimieren, während alle übrigen Ziele **vernachlässigt** werden,

— ein Ziel zu maximieren bzw. zu minimieren, während die übrigen Ziele als **Begrenzungsfaktoren** in den Lösungsansatz einbezogen werden, oder

— konkurrierende Ziele durch ein neues **Wertsystem** in Form einer Nutzenfunktion zu ersetzen.

2.2.2. Die Strategienplanung

Strategien sind mittel- bis langfristig wirkende Grundsatzentscheidungen mit Instrumentalcharakter. Im Marketing kommt ihnen die Aufgabe zu, nachgeordnete Entscheidungen und den Mitteleinsatz eines Unternehmens im Bereich des Marketing-Instrumentariums an den Bedarfs- und Wettbewerbsbedingungen sowie am vorhandenen Leistungspotential zu orientieren und auf die Erreichung der Ziele hin zu kanalisieren. Diesen Zusammenhang veranschaulicht Abb. 8.5.

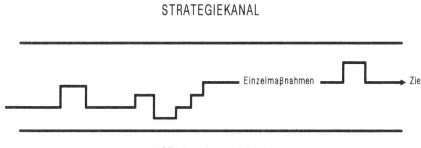

Abb. 8.5.: Strategiekanal

2.2.2.1. Strategische Handlungsdimensionen

Die Generierung und Formulierung von Strategien stellen einen primär kreativen Prozeß dar. Der gestalterische Handlungsspielraum wird dabei durch unternehmensinterne und -externe Rahmenbedingungen eingegrenzt. Eine gewisse Hilfe in dieser wichtigen Phase der Marketing-Planung bietet die Orientierung an den folgenden **strategischen Dimensionen**, die bei der inhaltlichen Beschreibung einer Strategie Berücksichtigung finden können:

— Räumliche Abgrenzung des Marktes (lokal, regional, national, international)

— Vertrautheit mit dem Markt (alter Markt, verwandter Markt, neuer Markt)

— Umfang der Marktbearbeitung (Single-Segment, Multi-Segment, Gesamtmarkt)

— Art der Marktbearbeitung (differenziert, undifferenziert)

— Primärer Leistungsinhalt (Preis, Qualität)

— Primäres Ziel (Umsatz, Rentabilität)

— Einstellung zu den Wettbewerbern (aggressiv, defensiv)
— Einstellung zur Kooperation (ablehnend, befürwortend)
— Einstellung zum Umsatz-Wachstum (expandieren, halten, schrumpfen)
— Einstellung zur Innovation (adaptiv, innovativ).

So ist beispielsweise im Rahmen der ersten hier genannten strategischen Dimension das geographische Tätigkeitsfeld einer Unternehmung festzulegen, d. h. zu entscheiden, ob die Strategie lokal, regional, national oder internationale Gültigkeit haben soll.

Bei der Entwicklung von Strategien stehen dem Planer somit zahlreiche Kombinationsmöglichkeiten der verschiedenen Dimensionen zur Wahl. Bei jeder Dimension kann der Entscheidungsträger zudem zwischen unterschiedlichen Ausprägungsgraden — sogenannten Strategie-Optionen — wählen. Dabei sind sowohl die jeweiligen Extremwerte (z.B. lokal oder international) als auch Zwischenpositionen (z.B. regionale oder nationale Marktbearbeitung) denkbar.

Bei der Ableitung einer konkreten Strategie können entsprechend den situativen Erfordernissen alle Dimensionen gleichgewichtig in die Strategie einfließen oder aber eine Dimension kann alle anderen dominieren (wie z.B. häufig die Kosten bei stagnierenden Märkten). Die **Dominanz einer bestimmten Dimension** bzw. **Strategie-Option** hat in der Praxis vielen Strategien ihren Namen gegeben, z.B. Kostenführerschaft, Internationalisierung oder Marktsegmentierung. Durch diese Hervorhebung werden zudem eine bessere Kommunizierbarkeit und damit ein hohes Maß an Identifikation der Führungskräfte und Mitarbeiter erreicht. Aber auch in diesen Fällen geht es keineswegs allein um das Festlegen einer eindimensionalen Strategie, sondern um eine sinnvolle, in sich geschlossene **Kombination** verschiedener strategischer Dimensionen unter der Vorherrschaft eines zentralen Aspekts.

Oftmals steht hinter der Dominanz einer bestimmten Dimension eine fundamentale unternehmerische Idee:

(1) Nicht selten ist diese eine entweder durch technisch-naturwissenschaftliche Erkenntnisse oder durch spezifische Einsichten in die Markterfordernisse induzierte **neuartige Produktidee** oder **Dienstleistung,** die vermarktet werden soll. Beispiele hierfür sind *K-tel*-Langspielplatten, auf denen nur die Hits einer bestimmten musikalischen Richtung angeboten werden, oder die überaus erfolgreiche Club-Idee im Touristikgeschäft, wie sie vor allem von dem französischen Unternehmen *Club Méditerranée* realisiert wird.

(2) Häufig besteht die unternehmerische Leitidee aber auch in einer **spezifischen Absatzkonzeption.** Beispielsweise konnte *Avon* in der Kosmetikbranche mit der bis dahin für diesen Markt ungewöhnlichen Verkaufsmethode des **„door to door selling"** beachtliche Erfolge erzielen. Besondere Bedeutung erlangen spezifische Absatzkonzeptionen auch als Strategien im Handel. So gelang dem lange Zeit stark bedrängten Fachhandel zumindest teilweise eine Renaissance durch die Spezialisierung auf höherwertige und bedarfsorientiert zusammengestellte Sortimentsteile in Verbindung mit der Bereitstellung von Beratungs- und Serviceleistungen. Andere Unternehmen, wie beispielsweise *Aldi*, erweisen sich als überaus erfolgreich, indem sie eine dazu entgegengesetzte Politik betreiben. Dieses Unternehmen offeriert nur einen Ausschnitt aus dem gesamten Lebensmittelsortiment (im

wesentlichen unverderbliche, selbstverkäufliche Ware), und zwar praktisch ohne Beratungs- und Serviceleistungen, aber zu äußerst günstigen Preisen.

(3) Schließlich gibt es Unternehmen, bei denen das **Bearbeiten** ganz **bestimmter Teilmärkte** bzw. **Abnehmergruppen** im Vordergrund steht. So produziert und vertreibt beispielsweise *Porsche* nur Sportwagen, ein Spezialversandhandel bietet alles, was für Expeditionen benötigt wird, oder das französische Unternehmen *Cartier* richtet sich mit seinen exklusiven Artikeln (Uhren, Schmuck, Parfums etc.) nur an Abnehmer(innen) mit entsprechend hoher Kaufkraft.

In der Realität findet sich häufig eine Vermischung dieser Dimensionen. Dabei empfiehlt es sich allerdings, darauf zu achten, daß eine davon im Vordergrund steht, mit der sich das Unternehmen profilieren und so von den Konkurrenten bzw. deren Angebot positiv abheben kann („differential advantage", „unique selling proposition").

2.2.2.2. Wichtige Fixpunktstrategien im Überblick

In Abhängigkeit von den jeweils gegebenen Umwelt- und Wettbewerbskonstellationen standen im Zeitablauf abwechselnd einzelne der nachfolgend aufgeführten Strategien im Mittelpunkt der Diskussion. Auf Grund von Unternehmen, die durch konsequente Anwendung einer bestimmten Strategie besondere Erfolge erzielen konnten, galten diese Varianten zu ihrer Zeit als „**der** Garant für unternehmerischen Erfolg" und stellten somit für eine gewisse Zeitspanne den strategischen Fixpunkt für zahlreiche Epigonen dar.

2.2.2.2.1. Die Marktsegmentierung

Im allgemeinen bilden die Abnehmer keine homogene Einheit, sondern sie unterscheiden sich u.a. hinsichtlich ihrer Bedürfnisse, Präferenzen und der ihnen zur Verfügung stehenden finanziellen Mittel. Diesem Sachverhalt trägt die Strategie der Marktsegmentierung Rechnung. Der Absatzmarkt wird hier nicht als undifferenzierte Einheit betrachtet, sondern als ein Gebilde, das aus einzelnen Gruppierungen von Abnehmern (Clustern, Segmenten) besteht, die sich hinsichtlich bestimmter nachfragerelevanter Merkmale unterscheiden und auf die die Marketing-Aktivitäten segmentspezifisch ausgerichtet werden können (vgl. hierzu Tab. 6.5., § 6, Abschn. 4.1.1.). Dies gilt vor allem für die Maßnahmen der Hersteller, durch die Konsumenten angesprochen werden sollen. Aber auch im Hinblick auf gewerbliche Abnehmer oder die Kunden von Handelsbetrieben kann es sinnvoll sein, Gruppen zu bilden, um sich gezielt an diese zu wenden.

Voraussetzung für eine derartige Vorgehensweise ist allerdings, daß nachfragerelevante Unterschiede zwischen den Segmenten vorliegen und diese mit den vorhandenen Marktforschungsmethoden eindeutig identifizierbar sind (vgl. hierzu § 7). Darüber hinaus muß gewährleistet sein, daß die Segmente eine Größe aufweisen, die eigene Marketing-Programme wirtschaftlich rechtfertigt.

(1) **Biologische, geographische** und **soziodemographische** Bestimmungsfaktoren zur Strukturierung von Märkten, wie z.B. Geschlecht, Alter, Beruf,

Einkommen, Wohnort und Haushaltsgröße, waren bereits den Vertretern der klassischen Wettbewerbstheorie geläufig, die etwa vorschlugen, Preise nach räumlichen und zeitlichen Gesichtspunkten, nach der Stellung der Abnehmer in der Absatzkette oder nach der Art der Verwendung eines Produktes zu differenzieren. Mit der Heranziehung dieser ersten Kategorie von Trennvariablen begnügt man sich in der Regel immer dann, wenn es nicht so sehr darum geht, welche Marken von wem gekauft werden, sondern wenn es sich um den Kauf oder Nichtkauf eines Produktes überhaupt handelt. Dies kann beispielsweise dann der Fall sein, wenn soziodemographische Merkmale in einem erkennbaren Zusammenhang mit dem Verbrauch stehen (z.B. bei diätetischer Nahrung oder bei Baby-Artikeln), wenn persönlichkeitsbedingte Produktpräferenzen fehlen (z.B. bei sog. „low interest products" und bei Rohstoffen) oder wenn diese von Faktoren der jeweiligen Kaufsituation überlagert werden.

Die Strukturierung eines Marktes nach Frauen und Männern, nach jungen und alten Personen, nach Alleinstehenden und Verheirateten usw. schafft durchaus die Möglichkeit, ein Produkt etwa speziell für junge Leute zu konzipieren, es betont weiblich oder besonders männlich anzulegen oder es den finanziellen Möglichkeiten der Zielgruppe anzupassen; damit wird aber nicht erklärt, weshalb demographisch gleich strukturierte oder auch heterogene Gruppen gleiches, ähnliches oder völlig unterschiedliches Verhalten an den Tag legen.

(2) Ein häufig beschrittener Weg besteht deshalb in der Erfassung des beobachtbaren **Kaufverhaltens** der Konsumenten, das z.B. in vorhandenen Markenpräferenzen, in der Markenloyalität bzw. im Markenwechsel, in der Einkaufshäufigkeit, der Verbrauchsintensität und in der Wahl der Einkaufsstätte zum Ausdruck kommt. Die Differenzierung der Verbraucher nach Maßgabe ihres Kaufverhaltens baut auf der Überlegung auf, daß man durch eindeutige Bestimmung der Symptome eines beobachteten Zustands meistens auf dessen Verursachungsfaktoren schließen kann.

Das Verbraucherverhalten erscheint jedoch erst in geringem Ausmaß erforscht. Die Klassifizierung der Marktteilnehmer nach Maßgabe ihrer überaus vielfältigen ökonomisch relevanten Daseinsäußerungen ist daher gleichfalls ein nur bedingt taugliches Verfahren zur Marktsegmentierung, da diese das Verbraucherverhalten wohl beschreiben, nicht dagegen erklären können. Hinzu kommt der Umstand, daß alle sonstigen Kenntnisse über die potentiellen Zielgruppen insofern ungenutzt bleiben, als die auf getrennten Wegen erlangten Informationen in der Regel unverbunden nebeneinanderstehen. Deshalb fehlt es z.B. auch an Hinweisen auf die adäquate werbliche Argumentation sowie das zweckmäßigste Medium zur Ansprache der interessierenden Gruppen.

(3) Wenn das beobachtbare Kaufverhalten wie auch soziodemographische Merkmale meistens nicht genügen, Zielgruppen sinnvoll zu bestimmen, liegt es nahe, in solchen Fällen die Unterschiede im Verbraucherverhalten über

psychologische Kriterien zu erfassen und einen Markt **psychologisch** zu **segmentieren.** Dieser Ansatz folgt unmittelbar aus der Erkenntnis, daß sich Markenpräferenzen nicht allein über die objektiv zu bestimmende Produktqualität, sondern auch — selbst im Investitionsgüterbereich — über die subjektiv erlebten Eigenschaften der angebotenen Produkte und die damit verbundenen Nutzenerwartungen bilden.

— Wenn wir den Charakter der psychologischen Dimension näher zu bestimmen versuchen, stoßen wir vor allem auf die **Einstellungen** der Verbraucher zu gewissen Gütern, die positiv, negativ oder indifferent sein können.

— Auch die Art und Weise, bestimmte Meinungsgegenstände wahrzunehmen, d.h. das **Wahrnehmungsverhalten,** kann als Differenzierungsmerkmal verwendet werden.

— Eine weitere Komponente verkörpert die **Motivationsstruktur,** die je nach Zusammensetzung der Motive die Verbraucher ein Produkt beispielsweise aus Sorge um die Gesundheit, aus dem Streben nach Prestige oder aus Freude an der Selbstverwirklichung erwerben läßt.

— Nicht zuletzt kann auch die Ausrichtung an einem bestimmten **Lebensstil** die Präferenzen eines Individuums für ein spezifisches Produktspektrum determinieren. Lebensstile sind durch klar abgegrenzte Ziele, Handlungen und Interessen des jeweiligen Personenkreises gekennzeichnet. Populär gewordene Beispiele hierfür stellen die *Yuppies* („young urban professional people") oder die *Dinks* („double income, no kids") dar.

(4) Merkmale der geschilderten Art lassen sich zwar meistens finden, aber die daraus resultierenden Segmente entziehen sich noch weitgehend dem Zugriff. Es bedarf deshalb der Einführung einer weiteren Gruppe von Trennvariablen, die mit **Ansprachemöglichkeiten** der Zielgruppe(n) umschrieben werden kann. Hier interessieren beispielsweise die Nutzung von Presse, Funk und Fernsehen durch die Konsumenten, ihr Qualitäts- und Preisbewußtsein sowie ihr Vertrauen zu bestimmten Betriebsformen des Handels und Distributionsformen der Industrie.

Für ein Unternehmen, das sich grundsätzlich zur Strategie der **Marktsegmentierung** entschlossen hat, stellt sich die Frage, ob lediglich ein Segment, einige wenige (Single-Segment-Strategie) oder mehrere — im Extremfall alle — Segmente eines Marktes bearbeitet werden sollen (Multi-Segment-Strategie). Welcher Alternative der Vorzug gegeben wird, hängt im wesentlichen von der wirtschaftlichen Potenz des Unternehmens, von der ökonomischen Bedeutung der einzelnen Segmente und vom Verhalten der Konkurrenten ab.

Der Vorteil der **Single-Segment-Strategie** liegt vor allem in der Bündelung der Kräfte. Das Unternehmen kann sich voll auf die ausgewählte Zielgruppe konzentrieren. Darüber hinaus ist die Bearbeitung nur **eines** Teilmarktes in der Regel mit geringeren finanziellen Aufwendungen verbunden als die vieler

Segmente. Aus diesem Grunde erscheint eine solche Vorgehensweise insbesondere für kleinere und mittlere Unternehmen attraktiv. Bei der Auswahl eines Segments muß allerdings darauf geachtet werden, daß es Wachstumschancen bietet und Wettbewerbsvorteile gegenüber den Konkurrenten aufgebaut werden können. Die Single-Segment-Strategie ist jedoch aufgrund der hohen Abhängigkeit von der Entwicklung dieses einen Segmentes auch mit großen Risiken verbunden.

Die **Multi-Segment-Strategie** eröffnet die Chance, den ganzen Markt zu erreichen, indem man auf die unterschiedlichen Bedürfnisse der einzelnen Segmente differenziert eingeht. Zudem trifft eine Umsatzstagnation bzw. ein Umsatzrückgang in einem Segment das Unternehmen nur in vergleichsweise geringem Maße. Allerdings sind im allgemeinen die mit einer Multi-Segment-Strategie verbundenen Kosten (z.B. für die Planung, Durchführung und Kontrolle der differenzierten Marketing-Aktivitäten) vergleichsweise höher, so daß sie sich vor allem für Großunternehmen anbietet.

Ganz allgemein läßt sich feststellen, daß die **Marktsegmentierung** angesichts der auf vielen Märkten anzutreffenden Differenziertheit der Abnehmerwünsche eine sehr häufig angewandte Strategie darstellt. Als Gründe hierfür können vor allem folgende mit ihr verbundene Vorteile angeführt werden:

— Die Marktsegmentierung führt zu einer genaueren bzw. differenzierten Kenntnis des Marktes (Größe der Teilmärkte, Kaufverhalten, Stärken und Schwächen der Konkurrenten etc.).
— Auf Grund der Segmentierung können die Kunden zielgruppenadäquat angesprochen und ihre Wünsche besser befriedigt werden.
— Nicht zuletzt bietet die genaue Kenntnis der Abnehmerreaktionen die Möglichkeit zu einer effizienteren Aufteilung des Marketing-Budgets entsprechend den jeweiligen situationsbedingten Erfordernissen des Marktes.

Vor der Entscheidung zur Segmentierung sollte jedoch geprüft werden, ob der Nutzen die in der Regel entstehenden finanziellen Mehrbelastungen für differenzierte Marktbearbeitung (Marktforschung, erhöhte Verwaltungskosten etc.) übersteigt. Darüber hinaus gilt es zu bedenken, daß eine Beschränkung auf bestimmte Segmente langfristig zum Image eines Nischenspezialisten führen kann, dem Kompetenz in anderen Bereichen nicht mehr zugetraut wird.

2.2.2.2.2. Die Produktinnovation

Der rasante technische Fortschritt und der beschleunigte Wandel der Konsumentenbedürfnisse haben zu einer Verkürzung der Produkt-Lebenszyklen und zu einer erheblichen Erweiterung der Angebote geführt. Daneben ist festzustellen, daß auf vielen Märkten Sättigungstendenzen auftreten, so daß die Schaffung neuer Märkte bzw. Bedürfnisse immer stärker an Bedeutung gewinnt.

Dies zwingt die Unternehmen in verstärktem Maße dazu, eine systematische, **marktorientierte Innovationspolitik** zu betreiben. Um konkurrenzfähig zu bleiben, müssen ständig neue oder verbesserte Produkte bzw. Dienstleistungen angeboten werden. Es kann sich dabei sowohl um sog. **Marktneuheiten** als auch um **Betriebs-** bzw. **Unternehmensneuheiten** handeln. **Marktneuheiten** stellen prinzipiell neue Problemlösungen dar. In diesem Zusammenhang kann zwischen Erzeugnissen unterschieden werden, die ein Problem auf eine völlig neue Weise lösen (z.B. Taschenrechner gegenüber Rechenschieber), und solchen, die ein Bedürfnis befriedigen, für das es bisher überhaupt noch keine Problemlösung gab (z.B. Videorecorder). **Betriebs-** bzw. **Unternehmensneuheiten** hingegen sind solche, die sich entweder nur in ihrer äußeren Gestaltung oder in einer etwas modifizierten, meist verbesserten Funktionserfüllung von ähnlichen, bereits am Markt befindlichen Produkten unterscheiden.

Produktinnovationen sind in zahlreichen Branchen für die Entwicklung eines Unternehmens von zentraler Bedeutung. So erzielte beispielsweise die *Siemens AG* 1986 55 % ihres Umsatzes mit Produkten, die fünf Jahre vorher noch nicht angeboten worden waren. Bei der *OSRAM GmbH* schwankte 1987 der Anteil der Erzeugnisse, die jünger als fünf Jahre waren, an der Gesamtzahl der angebotenen Artikel je nach Warengruppe zwischen 35 und 40%.

Der Bedeutung von Innovationen für den Unternehmenserfolg steht die Tatsache gegenüber, daß die Entwicklung neuer Produkte meist mit hohen Aufwendungen verbunden ist. Darüber hinaus sind Neuheiten auf Grund der zunehmenden Komplexität und Instabilität der Rahmenbedingungen vieler Märkte mit einem hohen Scheiterrisiko behaftet.

So kam *Schelker* (1978, S. 57) in einer empirischen Untersuchung zu dem Ergebnis, daß von 100 Produktideen im Durchschnitt nur 3,7 zu Markterfolgen werden. Das Beratungsunternehmen *Booz-Allen & Hamilton* (1968, S. 9) ermittelte, daß sich in den USA im Branchendurchschnitt von 58 Ideen nur eine einzige am Markt durchsetzt. Deutsche und amerikanische Forschungsergebnisse weisen jedoch darauf hin, daß sich durch die Beachtung einiger Grundsätze die mit **Produktinnovationen** verbundenen **Risiken** erheblich reduzieren lassen (vgl. *Rupp* 1988):

— Innovationen sollten prinzipiell auf einer längerfristigen Ziel- und Strategienplanung beruhen.

— Größe und Struktur eines Unternehmens sowie die zur Verfügung stehenden finanziellen Mittel müssen die geplante Innovation zu verwirklichen erlauben.

— Es muß ausreichend Know-how bezüglich der erforderlichen Technologie und der zu bearbeitenden Märkte vorhanden sein.

— Um neue und veränderte Bedürfnisse rasch erkennen und entsprechend reagieren zu können, bedarf es eines ständigen Informationsaustausches mit potentiellen Abnehmern und Experten.

— Unternehmensneuheiten sollten sich von Konkurrenzangeboten unterscheiden.

— Es scheint, daß vom Markt her angeregte Innovationen erfolgreicher sind als solche, die von naturwissenschaftlich-technischen Erkenntnissen herrühren, da bei letzteren häufig keine detaillierte Erforschung der Abnehmerbedürfnisse erfolgt und dann oftmals „am Markt vorbeiproduziert" wird.

2.2.2.2.3. Die Diversifizierung

Unter **Diversifizierung** oder **Diversifikation** versteht man die Aufnahme bedarfsverwandter oder sonstiger Produkte und Leistungen, die in keinem direkten Zusammenhang mit dem bisherigen Betätigungsfeld der Unternehmung stehen. Bei dieser gezielten Ausdehnung des Leistungsangebots geht es um eine Erweiterung der Produktionsprogramme und Handelssortimente durch die Betätigung auf für die Unternehmen neuen Märkten.

In vielen Fällen ist es zweckmäßig, Kenntnisse, Erfahrungen, Beziehungen und andere spezifische Vorteile der bisherigen Unternehmenstätigkeit in einem neuen Bereich einzusetzen, um die Krisenanfälligkeit zu mindern oder Marktchancen durch die Nutzung von Wettbewerbsvorteilen gegenüber den Konkurrenten auszuschöpfen. Beim Aufbau eines neuen Betätigungsfeldes hängt die Erfolgswahrscheinlichkeit wesentlich davon ab, ob das Unternehmen an Leistungsvorsprünge anknüpfen kann, die es in seinen angestammten Tätigkeitsbereichen aufbauen konnte. Zu den Wettbewerbsvorteilen, die für ein zweites Produkt oder eine neue Produktgruppe herangezogen werden können, gehören beispielsweise **Absatzorganisation** und **Kundenkontakte** sowie Erfahrungen auf den Gebieten der **Markenpolitik, Absatzforschung, Werbung** und **Packungsgestaltung.**

Es hat sich als zweckmäßig erwiesen, zwischen **horizontaler, vertikaler** und **lateraler Diversifikation** zu unterscheiden:

(1) Ein klassisches Beispiel für **horizontale Diversifikation** stellt das Eindringen von Brauereien, z.B. als *Coca-Cola*-Konzessionäre, in die Herstellung und den Absatz alkoholfreier Getränke (gleicher Abnehmerkreis, bessere Auslastung des Fuhrparks usw.) dar. Ähnlich ist das Engagement der Zigarettenindustrie in der Getränkewirtschaft zu erklären, in der sie ihre umfangreichen Marketing-Erfahrungen nutzen kann. Die Möglichkeit des Absatzes weiterer Produkte an denselben Kundenkreis hat offenbar die Firma *Gilette* veranlaßt, sich nicht nur mit Rasierklingen und herkömmlichen Rasierapparaten zu befassen, sondern auch Kosmetika und Trockenrasierer in ihr Angebot aufzunehmen. Dieses Motiv war auch für jene Großbetriebe des Handels bestimmend, die heute eine bedeutende Stellung im Touristikgeschäft, also auf einem Gebiet einnehmen, das ihnen ursprünglich völlig fremd war (*Neckermann, Quelle*).

Kennzeichnend für die horizontale Diversifikation sind damit folgende Merkmale: Mit dem neuen Zweig des Leistungsprogramms wendet man sich in der Regel an bereits vorhandene Kunden oder aber an Abnehmer, die sich auf **derselben** Wirtschaftsstufe wie diese befinden. Zudem hängen „alte" und „neue" Produkte produktionstechnisch **nicht unmittelbar** zusammen, stellen also nicht etwa aufeinanderfolgende Verarbeitungs- oder Veredelungsstufen dar.

(2) Bei der **vertikalen Diversifikation** werden Erzeugnisse hinzugenommen, die im Güterumwandlungsprozeß **vor-** oder **nachgeschaltet** sind. Typisch ist diese Politik z. B. für die Eisen- und Stahlindustrie, die Zellstoff- und Papierhersteller oder die großen Chemiekonzerne, die durch den Aufbau eigener Verarbeitungswerke und Vertriebsorganisationen oder durch den Erwerb von Beteiligungen bei entsprechenden Unternehmungen in die Weiterverarbeitung drängen.

Der Grund für die Angliederung nachgelagerter Unternehmungen ist zumeist darin zu sehen, daß die Preise für die häufig homogenen Grundstoffe durch den Wettbewerb oft stark gedrückt sind. Bei Fertigerzeugnissen (Maschinen, Papierwaren, Pharmazeutika) eröffnen sich in der Regel mehr Ansatzpunkte, durch den Aufbau qualitativer Wettbewerbsvorteile dem direkten Preisvergleich zu entgehen. Oft ist man auch bestrebt, durch Angliederung von Betrieben der Lieferantenstufe bzw. durch verstärkte Einflußnahme auf diese im Wege des Erwerbs von Beteiligungen die Versorgung mit Rohstoffen sicherzustellen oder zu verbilligen.

(3) Bei der **lateralen Diversifikation,** die sich einer präzisen Definition weitgehend entzieht, ist am wenigsten ein sachlicher Zusammenhang mit der bisherigen Angebotspalette zu erkennen. Entscheidende Motive scheinen hier oftmals die Partizipation an Wachstumsbranchen, die Streuung des Risikos bzw. die gute Verzinsung des vorhandenen Kapitals sowie die Ausnutzung von Management-Erfahrungen zu sein. Nicht anders läßt sich wohl der Erwerb einer Mehrheitsbeteiligung an einem der bedeutendsten Sportgerätehersteller der USA durch *Pepsi Cola* deuten. Nicht selten entspringt jedoch das Streben nach lateraler Diversifikation persönlichen Neigungen bzw. Hobbies eines Unternehmers oder dem Zufall. Im übrigen sind die Vorteile, die mit sog. Mischkonzernen („conglomerates") verbunden sind, nicht ganz einfach zu durchschauen. Immerhin dürfte feststehen, daß häufig **steuerliche** Erwägungen im Spiele sind.

Ähnlich wie bei der Einführung neuer Produkte muß auch bei der Diversifizierung u.U. mit langen Anlaufzeiten gerechnet werden, bis die Gewinnzone erreicht wird, selbst wenn es gelingt, in wachsende Märkte einzudringen (vgl. dazu auch Abschnitt 3.2.1.).

Nicht immer liegen die Ursachen, die zur Diversifizierung führen, deutlich auf der Hand. Sicherlich ist eines der wesentlichen Motive das bereits erwähnte Streben nach **Risikostreuung.** In anderen Fällen steht die Partizipation an Wachstumsmärkten im Vordergrund, entweder weil, wie die Situation in der Zigarettenindustrie zeigt, der Markt mittelfristig stagniert oder weil sich eine

Erhöhung des Marktanteils auf dem traditionellen Betätigungsfeld auf Grund des zunehmenden Marktwiderstands als zu schwierig erweist. Vielfach scheut man auch vor einer weiteren Expansion im traditionellen Betätigungsfeld zurück, da man sich zu nahe an jener Größe befindet, die von der Öffentlichkeit oder dem Gesetz (gegen Wettbewerbsbeschränkungen) mit dem Zustand der **Marktbeherrschung** identifiziert wird. In solchen Fällen ist es häufig leichter und unverfänglicher, auf zweiten oder dritten Märkten tätig zu werden.

2.2.2.2.4. Die Internationalisierung

Für sehr viele Unternehmen — auch für mittlere und kleinere — ist es heute selbstverständlich, international tätig zu sein. Die Gründe für die Internationalisierung sind vielfältig. Vor allem können der stark zunehmende Wettbewerbsdruck und die Marktsättigung auf dem angestammten Markt sowie unternehmensinterne Motive wie die Auslastung der vorhandenen Kapazität, das Erreichen profitabler Ausbringungsmengen im Sinne des Erfahrungskurveneffekts, die Risikostreuung oder finanzwirtschaftliche Überlegungen zur Internationalisierung der Unternehmenstätigkeit führen (vgl. *Terpstra* 1983).

Nicht nur von kleineren und mittleren Unternehmen werden indessen fremde Märkte häufig unsystematisch und lediglich fallweise bearbeitet. Vor Aufnahme einer Auslandstätigkeit sollte man deshalb berücksichtigen, daß neben den im nationalen Markt anzutreffenden Managementanforderungen zusätzliche Probleme zu bewältigen sind. Diese können z.B. durch länderspezifische Markt- und Umweltkonstellationen sowie die Notwendigkeit der Koordination der einzelnen Länderengagements bedingt sein.

Erfolgt die Bearbeitung ausländischer Märkte planmäßig und systematisch, kann man von einer **Internationalisierungsstrategie** sprechen. Dabei besteht der erste Schritt in der Schaffung einer ausreichenden Informationsbasis im Rahmen einer **Situationsanalyse**. In der vielfach mittelständisch strukturierten deutschen Wirtschaft vermögen jedoch die einzelnen Unternehmen häufig nicht die für eine umfassende, permanente Informationsgewinnung notwendigen Mittel aufzubringen. Deshalb wird u.a. von Wirtschaftsministerien, Wirtschaftsverbänden, Industrie- und Handelskammern, Banken sowie Wirtschaftsinformationsdiensten eine Vielzahl von Informations- und Beratungsmöglichkeiten für mittelständische Unternehmen bereitgestellt (vgl. *Hörschgen* 1983, S. 3ff.). Darüber hinaus bieten verschiedene staatliche Einrichtungen für diesen Adressatenkreis eine Reihe von Exportförderungsmaßnahmen an, die neben der Verbesserung der Informationsbasis ausdrücklich auch zum Ziel haben, mittelständische Unternehmen zu befähigen, das mit dem Engagement auf einem Auslandsmarkt verbundene Risiko zu beurteilen.

Aufbauend auf den Ergebnissen der Situationsanalyse läßt sich mit Hilfe der **Ziel- und Strategienplanung** eine generelle Vorgehensweise für die internationale Tätigkeit des Unternehmens festlegen. Inhaltlich geht es dabei zum einen um die

Abgrenzung des Auslandsengagements auf solche Ländermärkte, die mit Hilfe der ausgewerteten Informationen als langfristig tragfähig und interessant identifiziert wurden. Zum anderen werden die Strategien gewählt, mit denen grundsätzlich die Bearbeitung von Auslandsmärkten erfolgen soll.

Unter Berücksichtigung dieser generellen Festlegungen sind die **strategischen Konzepte** für die einzelnen **Ländermärkte** zu entwickeln, wobei vor allem den jeweiligen politischen, wirtschaftlichen, sozio-kulturellen sowie branchenspezifischen Verhältnissen Rechnung zu tragen ist. Die Bearbeitung nationaler Märkte erfordert in der Regel adaptierte Konzepte. Dadurch können das jeweilige Marktpotential optimal ausgeschöpft sowie sozio-kulturelle und politische Widerstände leichter überwunden werden. Allerdings verursacht die differenzierte Behandlung von Auslandsmärkten vergleichsweise hohe Kosten.

2.2.2.2.5. Die Globalisierung

Die Globalisierungsstrategie, eine insbesondere von *Levitt* (1983) propagierte Form der Internationalisierung, kontrastiert mit der Tendenz zu einer differenzierten, segmentspezifischen Marktbearbeitung bei internationaler Unternehmenstätigkeit, die lange Zeit vorgeherrscht hat. Das Ziel besteht dabei darin, durch Vereinheitlichung der Marketing-Prozesse und -Instrumente die Effizenz der Unternehmensaktivitäten im internationalen Geschäft zu erhöhen. Bei der Globalisierung steht nicht mehr die Optimierung der einzelnen Länderengagements im Vordergrund („multi-domestic-approach"), sondern die Belange der einzelnen nationalen Märkte werden der globalen Zielsetzung einer weltweit standardisierten Marktbearbeitung untergeordnet („global approach"). Kernideen der Globalisierung sind somit die Identifizierung der länderübergreifenden Gemeinsamkeiten von Märkten und Zielgruppen („cross-culture-targetgroups") sowie die Marktauswahl und -bearbeitung unter dem Aspekt der „Standardisierung" als grundlegender Strategie (vgl. *Levitt* 1983). Dabei werden suboptimale Lösungen für einzelne Ländermärkte im Hinblick auf die Optimierung der Zielsetzung des Gesamtunternehmens im Rahmen eines „kalkulatorischen Länderausgleichs" bewußt in Kauf genommen (vgl. *Kreutzer* 1987, S. 167).

Für die Anwendung der Strategie der Globalisierung bei internationaler Unternehmenstätigkeit werden folgende Argumente ins Feld geführt:

— Die weltweite Angleichung der Märkte läßt in manchen Branchen kaum noch eine vom Markt honorierte Differenzierung zu.

— Die bei vielen Investitions- und Konsumgütern zu beobachtende Nivellierung des Anspruchsniveaus im Weltmarkt führt dazu, daß sich selbst an Schwellen- und Entwicklungsländer kaum noch Vorjahresmodelle oder technologisch veraltete Produkte verkaufen lassen.

— Eine länderspezifische Differenzierung wird bei zunehmendem Druck auf die Preise oftmals zu teuer.

— Die Internationalisierung bewirkt, daß in nahezu jedem Land die gleichen Wettbewerber auftreten.

— Bedingt durch die zunehmende Austauschbarkeit der Technologie gibt es in einigen Branchen keinen echten USP mehr, d.h. der Preis tritt in den Vordergrund und zwingt zur Rationalisierung durch die konsequente Nutzung von Synergiepotential im internationalen Geschäft.

Immer dann, wenn mehrere dieser Gegebenheiten zutreffen, kommt der Globalisierung besondere Bedeutung zu. Dabei muß aber berücksichtigt werden, daß sich eine undifferenzierte Vorgehensweise nicht für jedes Land, jedes Produkt und jeden Markt empfiehlt. In der Praxis wählt man daher häufig Mischformen zwischen Differenzierung und Standardisierung, wobei der Grundsatz gilt: Soviel Standardisierung wie möglich, soviel Differenzierung wie nötig.

2.2.2.2.2.6. Die Kooperation

Die Dynamik der Entwicklung auf den nationalen und internationalen Märkten legt vielfach eine systematische Zusammenarbeit mit in- und ausländischen Unternehmen unter Beibehaltung der eigenen Selbständigkeit nahe, um das vorhandene Marktpotential auszuschöpfen und bestehende Marktpositionen zu sichern. Das Motiv eines Unternehmens, mit anderen zu kooperieren, besteht dabei in erster Linie in der Erwartung, durch die Nutzung von Synergien wirtschaftliche Vorteile zu erlangen. Ansatzpunkte hierzu liegen in der Bildung von Einkaufsgemeinschaften, Franchisesystemen, Forschungsgemeinschaften, gemeinsamen Verkaufsbüros, Werbegemeinschaften, Gemeinschaftsmarken u.s.w.

Besonders für die Bearbeitung von Auslandsmärkten kommt der Kooperation erhebliche Bedeutung zu. So verfügt selbst ein jahrelang in einem bestimmten Land engagiertes Unternehmen in der Regel nicht über dieselben Informationen und informellen Kontakte zu den lokalen Macht- und Entscheidungszentren wie die einheimischen Konkurrenten (vgl. *Timmermann* 1985, S. 211).

Eine weit verbreitete Form der Kooperation auf internationaler Ebene stellen **Joint Ventures** dar. Man versteht darunter Gemeinschaftsunternehmen, an denen mindestens je ein inländischer und ein ausländischer Partner beteiligt sind. Jede Seite bringt dabei in das gemeinschaftliche Unterfangen ein, worüber die andere nicht verfügt, wie z.B. Kapital, Know-how, Patente, Grundstücke, Produktionsanlagen, Kontakte zu Regierungsstellen, spezifische Rechte (bspw. Steuervorteile) oder Arbeitskräfte (vgl. *Berekoven* 1985, S. 48f.; *Eichenberg* 1986, S. 422f.). Die Erfahrung lehrt, daß viele Joint Ventures im Lauf der Jahre an Dynamik, wenn nicht gar ihre Existenzberechtigung verlieren, da in der Zwischenzeit die Gründe, die zu ihrer Entstehung geführt hatten, weggefallen sind.

Eine neuere Form der Kooperation bilden die sog. **Strategischen Partnerschaften**, die oftmals zeitlichen Grenzen, ansonsten aber weit weniger vertraglichen Restriktionen als Joint Ventures unterliegen. Man verfolgt damit das Ziel, rascher auf Markt- und Technologieveränderungen zu reagieren (vgl. *Timmermann* 1985, S. 213ff.). Strategische Partnerschaften werden meist von realen oder potentiellen Wettbewerbern eingegangen, um die gemeinsame Position in besonders schwierigen Märkten zu stärken. Beispiele für diese Kooperationsform finden sich im Bereich der Telekommunikation (*Siemens* und *Italtel*, *AT&T* und *Philips*, *CGCT* und *Ericson*) sowie in der Automobilindustrie (*VW* und *Toyota*, *Chrysler* und *Mitsubishi*, *General Motors* und *Isuzu*).

2.2.2.2.7. Die Technologieorientierung

Bedingt durch die Dynamik der technologischen Entwicklung, z.B. in den Bereichen CIM, Telekommunikation, Biochemie und Gentechnik, gewinnt die Technologie als Wettbewerbsfaktor in zahlreichen Branchen an Bedeutung. Daher wird es für viele Unternehmen immer wichtiger, eine **Strategie der Technologieorientierung** zu verfolgen, worunter man die systematische und bewußte Ausrichtung des technischen Leistungspotentials an den Markterfordernissen versteht.

Auch hier geht es im Grunde darum, strategische Erfolgspositionen aufzubauen, wobei diese in den Bereichen **Produkt-, Prozeß-** und **Steuerungstechnologie** erreicht werden können (vgl. *Müller* 1985, S. 177). Während Produkttechnologien die Gesamtheit der technischen Problemlösungen zur Befriedigung von Kundenbedürfnissen repräsentieren, versteht man unter Prozeßtechnologien technische Verfahren im Rahmen des Produktionsprozesses. Steuerungstechnologien umfassen Struktur und Prozesse auf der Führungs- und Managementebene sowie die dort eingesetzten technischen Hilfsmittel.

Es hat sich eingebürgert, folgende Technologieniveaus zu unterscheiden (vgl. *Sommerlatte/Walsh* 1983, S. 304ff.):

— **Basistechnologien** repräsentieren den heutigen Stand der Technik und können von jedem Wettbewerber genutzt werden. Sie gelten als ausgereift und erlauben nur noch marginale Verbesserungen.
— **Schlüsseltechnologien** werden erst in geringem Maße eingesetzt. Sie bergen noch ein erhebliches Entwicklungspotential in sich, bieten aber denjenigen Unternehmen, die sich ihrer bereits bedienen, die Chance, Wettbewerbsvorteile zu erlangen.
— **Schrittmachertechnologien** sollen in der Zukunft die Schlüsseltechnologien ersetzen. Sie befinden sich noch weitgehend im Entwicklungsstadium und sind auf Test- und Forschungsanwendungen beschränkt.
— **Zukunftstechnologien** verkörpern wenig mehr als prinzipielle Lösungsmuster, die bei entsprechender Umfeldentwicklung die heutigen Schrittmachertechnologien in der Zukunft ablösen können.

Jede Technologie ist damit im Zeitablauf einem gewissen Lebenszyklus unterworfen, dessen einzelne Phasen Abb. 8.6. verdeutlicht.

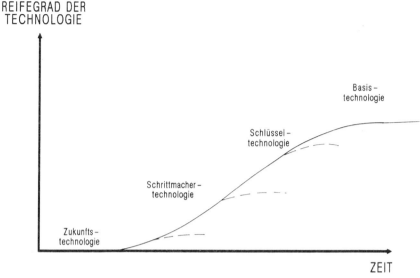

Abb. 8.6.: Technologie-Lebenszyklen

Je nach den Gegebenheiten lassen sich mit unterschiedlichen Konzepten Wettbewerbsvorteile erreichen (*Ansoff/Stewart* 1967, S. 71ff.):

— Die **First-to-Market-Strategie** stellt den bewußten Versuch dar, auf einem Markt die technologische Führerschaft zu erringen. Dies erfolgt mit dem Ziel, durch eine zumindest vorübergehende Monopolstellung eine vorteilhafte Wettbewerbssituation aufzubauen, womit oftmals stattliche Pioniergewinne verbunden sind. Eine solche Strategie erfordert allerdings in der Regel beträchtliche Investitionen im Bereich von Forschung und Entwicklung.

— Die **Follow-the-Leader-Strategie** impliziert, daß man solange mit der Markteinführung einer eigenen Innovation wartet, bis ein Wettbewerber den Vorreiter gespielt hat. Vorteile dieser Strategie liegen darin, daß der Innovator die neue Problemlösung im Markt bekanntmacht und der frühe technologische Folger die Möglichkeit hat, aus dessen bei der Markteinführung begangenen Fehlern zu lernen.

— Bei der **Application Engineering-Strategie** stützt man sich zwar auf bekannte Technologien, realisiert damit aber segment- bzw. kundenspezifische Lösungen. Das Unternehmen profiliert sich damit als Spezialist in einem bestimmten Segment.

— Bei der **Me-too-Strategie** konzentriert sich ein Unternehmen auf die Imitation von am Markt vorhandenen technologischen Lösungen. Damit lassen sich Forschungs- und Entwicklungs- sowie Marketingkosten sparen.

Wettbewerbsvorteile können bei dieser Strategie über niedrige Preise aufgebaut werden.

Im Mittelpunkt des dargestellten Ansatzes stehen somit die Intensität von Forschung und Entwicklung sowie das Timing des Markteintritts. Darüber hinaus werden z.B. von *Specht/Zörgiebel* und von *Porter* die Berücksichtigung weiterer Dimensionen wie Standardisierungs- bzw. Individualisierungsgrad, Leistungsschwerpunkt (Kostenorientierung vs. Differenzierung) sowie Ausmaß der Markterfassung (Gesamt- vs. Teilmarkt) bei der Festlegung von Technologiestrategien verlangt (vgl. *Specht/Zörgiebel* 1985, S. 162ff.; *Porter* 1986b, S. 219ff.).

2.3. Die Maßnahmenplanung

Die Strategien bedürfen als globale Handlungsrichtlinien zu ihrer Umsetzung der Konkretisierung durch die Maßnahmenplanung. Hierbei gilt es, die zur Zielerreichung erforderlichen Mittel und Aktivitäten in dem durch die Strategien vorgegebenen Rahmen detailliert festzulegen. Ähnlich wie in der vorausgehenden Phase der Ziel- und Strategienplanung wird der Gestaltungsspielraum auf der Maßnahmenebene nicht nur durch die unmittelbar vorgelagerte Stufe des Planungsprozesses, sondern auch durch die Ergebnisse der Situationsanalyse bzw. die spezifischen internen und externen Rahmenbedingungen determiniert.

Im wesentlichen geht es in dieser Phase um die Auswahl, Gewichtung und Ausgestaltung der absatzpolitischen Instrumente, um die Festlegung des Aktivitätsniveaus der einzelnen Entscheidungen, deren Zusammenfügen zu einem zieladäquaten, möglichst optimalen Marketing-Mix sowie um die Bereitstellung und Aufteilung der notwendigen finanziellen Mittel im Rahmen der Budgetierung.

2.3.1. Die Bestimmung und Aufteilung des absatzpolitischen Aktivitätsniveaus

Bevor das Marketing-Mix festgelegt werden kann, muß eine Entscheidung hinsichtlich des **absatzmarktbezogenen Aktivitätsniveaus,** d.h. der Gesamtheit aller absatzpolitischen Anstrengungen getroffen werden. Die Notwendigkeit dazu resultiert aus dem in der Regel vorhandenen Konflikt zwischen anderen Unternehmenszielen und den speziellen Zielen des Absatzsektors. Wie hoch sollen beispielsweise die finanziellen Mittel veranschlagt werden, die einzusetzen sind? Sollte man einen Teil davon nicht eher der Forschung, der Produktion oder einem sonstigen Betriebsbereich zukommen lassen, wo sie vielleicht besser angelegt sind, oder sollte man sie umgekehrt auf Kosten anderer Bereiche aufstocken?

Ohne auf die Methoden zur Bestimmung des Aktivitätsniveaus näher einzugehen, dürfte einleuchten, daß die jeweiligen **Zielvorstellungen** und **Strate-**

gien der Unternehmung sowie das **Aktivitätsniveau** im Absatzbereich eng zusammenhängen. Sie sind gewissermaßen einem System kommunizierender Röhren vergleichbar, deren Pegelstände sich aus zwingenden physikalischen Gründen nur „im Gleichschritt" verändern können. Bei Auswahl und Dosierung der absatzpolitischen Instrumente hat man sowohl sachliche als auch zeitliche Aspekte zu berücksichtigen.

(1) Die Aufteilung der Aktivität nach Instrumenten

Sind die absatzpolitischen Instrumente ausgewählt, mit denen das Unternehmen zu operieren gedenkt, gilt es, sich darüber Gedanken zu machen, wie die einzelnen Marketing-Instrumente in konkrete und operationale Marketing-Maßnahmen transformiert werden können (vgl. hierzu die Ausführungen zu den absatzpolitischen Instrumenten in den §§ 3 bis 6). Dabei präjudizieren zum einen die erläuterten strategischen Überlegungen, zum anderen nicht selten auch Tradition und Branchengepflogenheiten Auswahl, Gewichtung und Ausgestaltung der Aktionsparameter. Tab. 8.2. illustriert den Einfluß des wirtschaftlichen Aktionsfeldes eines Unternehmens auf den Einsatz der **absatzpolitischen Instrumente.** Als Beispiele werden dabei die Bereiche **Rohstoffe, Investitionsgüter** und **Markenartikel,** der **Handel** und das sonstige **Dienstleistungsgewerbe** herausgegriffen.

Zweifellos handelt es sich bei diesen Beispielen um grobe Vereinfachungen, die im Einzelfall u.U. sogar widerlegt werden können, doch läßt Tab. 8.2. zumindest folgende Schlüsse zu:

— Verschiedenen Leistungsbereichen (Aktionsfeldern) steht eine Vielzahl von Instrumentalvariablen zur Verfügung, z.B. dem Handel. Andere dagegen verfügen nur über vergleichsweise wenige Instrumente, wie etwa die Rohstoffgewinnungsbetriebe.

— Auch die absatzpolitischen Aktionsparameter selbst differieren in ihrer Eignung. So ist der Standort nur in wenigen Bereichen absatzpolitisch relevant, während Kundendienst und Werbung fast überall eingesetzt werden können.

Exakte Aussagen über die Ausgestaltung und Gewichtung der einzelnen Aktionsparameter sind ohnehin erst bei Kenntnis der Wirkungen der einzelnen Handlungsweisen möglich. Es geht hier also zunächst um eine Bestandsaufnahme der überhaupt möglichen Handlungsalternativen. Auf der Basis dieser Informationen kann dann versucht werden festzustellen, welchen Erfolgsbeitrag jede einzelne Variante bei Vorherrschen einer bestimmten Umweltkonstellation zu erbringen verspricht.

Die Notwendigkeit einer zweiten Selektionsphase resultiert einmal daraus, daß die Bezeichnungen für die einzelnen absatzpolitischen Instrumente im Grunde nicht operational sind, da sie nur **Sammelbegriffe** für eine Vielzahl von im einzelnen Fall möglichen Maßnahmen gleicher oder ähnlicher Art darstellen.

Gleichwohl erleichtern diese Begriffe die Verständigung in Wissenschaft und Praxis.

Tabelle 8.2.:
Einsatzschwerpunkte der absatzpolitischen Instrumente in verschiedenen Aktionsfeldern

Aktionsparameter	Aktionsfeld				
	Rohstoffe	Investitionsgüter	Markenartikel	Handel	Dienstleistungsgewerbe
1	2	3	4	5	6
Produktpolitik	X	X	X	(X)	X
Programmpolitik		(X)	(X)	X	X
Garantieleistung		X	X	X	
Kundendienst	X	X	(X)	X	X
Preispolitik	(X)	X	X	X	X
Rabattpolitik	X		X	X	
Lieferungs- und Zahlungsbedingungen		X		(X)	
Kreditgewährung	X	X		(X)	
Standort				X	X
Absatzweg	X	(X)	X	(X)	
Betriebs- und Lieferbereitschaft		X		X	X
Persönlicher Verkauf	X	X	X	X	X
Werbung	X	X	X	X	X
Verkaufsförderung	X		X	X	(X)
Public Relations	X	(X)	X		(X)

Anmerkung: Zur Interpretation der Tabelle, insbesondere zur Gewichtung der Aktionsparameter, wird auf die Ausführungen im Text verwiesen.

X = besondere Bedeutung
(X) = bedingte Bedeutung

Andererseits wird auch in den Unternehmungen insofern in dieser Weise vorgegangen, als das **Marketingbudget** immer in mehreren Stufen aufgeteilt wird. So weiß man z.B. bei Festlegung des Werbeetats noch nicht, welche Maßnahmen im einzelnen auf diesem Gebiet unternommen werden. Dazu kommt oftmals eine Divergenz der **Entscheidungszentren,** d.h. daß z.B. Beschlüsse über die Höhe des Aktivitätsniveaus (1. Stufe), die Verteilung der Anstrengungen auf Werbung, Ausbau der Absatzorganisation usw. (2. Stufe) und die Bestimmung der Maßnahmen im einzelnen (3. Stufe) jeweils von anderen Instanzen zu verantworten sind.

(2) Die Aufteilung der Aktivitäten nach Zeitintervallen
Bei der Aufteilung der Aktivitäten nach Zeitintervallen stellen sich vor allem folgende Fragen:

(a) Wie sollen die Maßnahmen bzw. Mittel auf die einzelnen **Intervalle** bzw. Planungsperioden verteilt werden? Hierbei ist etwa das Problem von Belang, ob zyklisch oder antizyklisch geworben werden soll, allgemein: wie man sich gegenüber Nachfrageschwankungen, die auf die verschiedensten Ursachen zurückzuführen sein mögen, verhalten soll. Dabei kommen die drei grundlegenden Verhaltensweisen in Betracht,

— sich den Bewegungen anzupassen,

— sie zu glätten oder

— sie nach Möglichkeit zu verstärken und weitgehend für eigene Zwecke auszunützen.

(b) In diesem Zusammenhang wird vor allem die Frage bedeutsam, **wann** geplante Maßnahmen **realisiert** werden müssen, um die gewünschte Wirkung zu entfalten. Dabei ist besonders zu berücksichtigen, daß die etwa von der klassischen Preistheorie angenommene unendlich schnelle Reaktionsgeschwindigkeit von Nachfragern und Anbietern in der Praxis (abgesehen von Auktionen und Börsen) nie gegeben ist. Für unseren Fall heißt dies, daß zwischen Impuls und Wirkung eine gewisse Zeitspanne verstreicht, der bei der Detailplanung Rechnung zu tragen ist. Läuft beispielsweise eine Werbekampagne auf vollen Touren, während die Ware noch nicht verfügbar ist, so resultieren daraus eine Vergeudung von Werbeanstrengungen und ein Verlust an Goodwill bei den Kunden, da diese u.U. enttäuscht und verärgert sind. Gelingt es also nicht, alle Maßnahmen zeitlich aufeinander abzustimmen, so ist zu befürchten, daß deren Wirkung zum Teil verpufft, wenn nicht gar den Konkurrenten dadurch die Möglichkeit eröffnet wird, Gegenmaßnahmen zu ergreifen.

2.3.2. Optimierungsprobleme bei der Gestaltung des Marketing-Mix

Wie bereits in den vorangegangenen Ausführungen angedeutet, steht das **Marketing-Management** im Bereich der **operativen Planung** letztlich vor der Aufgabe, die absatzpolitischen Instrumente so zu kombinieren, daß die vorgegebenen Ziele bestmöglich erreicht werden. Die Lösung dieses Optimierungsproblems ist allerdings sowohl theoretisch als auch praktisch im allgemeinen außerordentlich schwierig. **Probleme** bereiten vor allem

— die Vielzahl der Kombinationsmöglichkeiten absatzpolitischer Instrumente,

— das Auftreten von Interdependenzen zwischen den absatzpolitischen Instrumenten,

— das Entstehen von Ausstrahlungseffekten,

— die Unsicherheit der Wirkung absatzpolitischer Maßnahmen sowie

— praktische Restriktionen, z. B. zeitlicher und finanzieller Art.

(1) Die Vielzahl vom Kombinationsmöglichkeiten

Betrieben marktwirtschaftlicher Prägung steht gewöhnlich eine Fülle absatzpolitischer Handlungsweisen offen. Daraus resultiert eine große Zahl möglicher **Marketing-Mixes.** Im Falle einer einmaligen Entscheidung, deren Rahmen durch lediglich vier absatzpolitische Maßnahmen mit jeweils 10 möglichen Abstufungen oder Varianten gebildet wird, ergeben sich bereits nicht weniger als $10^4 = 10.000$ verschiedene Kombinationsmöglichkeiten. Es liegt nahe, daß angesichts dieser Zahl nur ein Bruchteil aller in Frage kommenden Instrumentalkombinationen einer näheren Prüfung unterzogen werden kann.

Bedenkt man weiter, daß jede Kombinationsmöglichkeit zu einem jeweils anderen Ergebnis führt, je nachdem, welche Konstellation von **Umweltfaktoren** eintritt, so kann man sich unschwer vorstellen, in welche Größenordnung das Problem hineinwächst. Es bedarf deshalb eines großen Maßes an Sachkenntnis, Erfahrung und Mut, um aus der großen Zahl von Handlungsalternativen und Einflußfaktoren nach Maßgabe deren mutmaßlicher Problemrelevanz eine sinnvolle Auswahl zu treffen.

(2) Das Interdependenzproblem

Bei der Gestaltung des Marketing-Mix ist weiter zu berücksichtigen, daß zwischen den einzelnen Instrumenten wechselseitige Abhängigkeit besteht. Dabei können die Beziehungen zwischen den Instrumentalvariablen **substitutiver** oder **komplementärer** Art sein.

Eine **substitutive** Beziehung ist dadurch gekennzeichnet, daß sich die einzelnen Instrumente gegenseitig vollständig oder teilweise ersetzen. So kann beispielsweise die Außendienstaktivität durch werbliche Maßnahmen zumindest teilweise substituiert werden, weil durch Werbung vorverkaufte Produkte einen vergleichsweise reduzierten Außendiensteinsatz (z.B. niedrigere Besuchshäufigkeit, geringere Qualität und Quantität der eingesetzten Verkäufer) erfordern.

Komplementarität liegt vor, wenn sich einzelne Instrumente in ihrer Wirkung gegenseitig ergänzen. Dies ist beispielsweise dann der Fall, wenn die Einführung eines neuen Produktes durch entsprechende kommunikationspolitische Maßnahmen gefördert wird.

Die Beachtung der bestehenden Verflechtungen erscheint außerordentlich wichtig. Gleichwohl erweist es sich als schwieriges Unterfangen, die jeweils auftretenden Interdependenzen vollständig zu erfassen und hinsichtlich ihrer Wirkung zu quantifizieren (vgl. *Beyeler* 1964, S. 35ff.).

(3) Die Ausstrahlungseffekte

Ein gravierendes Problem besteht auch in der Abgrenzung des Wirkungsbereichs absatzpolitischer Maßnahmen bzw. in der Abschätzung der Größe der sog. Ausstrahlungseffekte. In der amerikanischen Literatur wird dieses Phänomen anschaulich als **Spill over-Effekt** bezeichnet, womit zum Ausdruck gebracht werden soll, daß eine Maßnahme über den anvisierten Zielbereich hinaus positive oder negative Wirkungen entfaltet (wörtlich: überfließen läßt, verschüttet).

Grundsätzlich sind dabei zwei Möglichkeiten zu unterscheiden: Einmal können die eintretenden Nebenwirkungen für das Unternehmen schädlich, also **unerwünscht** sein. Hierbei wiederum kann es sich um einen echten **Zielkonflikt** handeln, und zwar insofern, als die auf einem anderen Gebiet getroffenen absatzwirtschaftlichen Maßnahmen in ihrer Wirkung beeinträchtigt werden, oder aber um eine **Vergeudung** von **Vertriebsanstrengungen,** die vielleicht vermeidbar ist, jedoch aus praktischen Gründen in Kauf genommen wird.

Der andere Fall ist dann gegeben, wenn positive, also erwünschte Ausstrahlungseffekte **mit Absicht erzeugt** oder — bei zwangsläufigem Auftreten — **bewußt in den Dienst der Unternehmungspolitik gestellt** werden. Was diese formalen Unterscheidungen in der Praxis bedeuten, sei an Hand einiger typischer Beispiele illustriert:

(a) Die Beeinflussung paralleler und konkurrierender Produktmärkte

Eine Aktion zur Förderung des Absatzes eines bestimmten Produktes ist gleichzeitig geeignet, den Absatz komplementärer Erzeugnisse zu beleben und die Chancen substitutiver Produkte zu beeinträchtigen. Außerdem kann der gleichzeitige Vertrieb mehrerer Güterarten über **eine** Absatzorganisation zu Einsparungen im Bereich der Vertriebskosten und damit zu einer Steigerung der Wettbewerbsfähigkeit beitragen.

Nicht selten wird man einen Kunden bei einem Produkt als „interessant" einstufen, während er bei einem anderen eigentlich einer rigoros gehandhabten Kundenselektion zum Opfer fallen müßte. Die Konzentration der Betrachtung auf **ein** Produkt führt hier also u.U. zu unerwünschten Begleiterscheinungen.

Dagegen wird dieser Ausstrahlungseffekt in vollem Maße bei sog. **Produkt-** oder **Markenfamilien** genutzt, wie sie vor allem in der Kosmetikbranche anzutreffen sind. Hier werden die verschiedenen Markenartikel unter **einem** Markennamen vertrieben, um alle am Goodwill des Hauses oder des ursprünglich einzigen vorhandenen Produktes teilhaben zu lassen.

Ähnlich ist auch der Wunsch nach dem **„one stop shopping"** zu beurteilen, von dem vor allem diejenigen Betriebsformen des Einzelhandels profitieren, die „alles unter einem Dach" anbieten. Angesichts der immer stärker werdenden Parkplatznot und des immer größeren Hanges zur Bequemlichkeit kauft der Kunde nicht ungern dort ein, wo er seinen ganzen Bedarf auf einmal decken und überdies mühelos parken kann. Aus der Sicht des Unternehmens stellt sich das Phänomen also in der Weise dar, daß bestimmte Betriebsformen ihren Erfolg zum großen Teil der **Verbundwirkung** ihres **Sortiments** und ihrer sonstigen Dienste verdanken. Auch hier wäre eine isolierte Beobachtung eines einzigen Produktmarktes oder einer Warengruppe wenig sinnvoll.

2. Gegenstandsbereiche

(b) Die Tangierung vor- und nachgelagerter Unternehmungsbereiche

Ähnlich liegen die Verhältnisse bei einem Vergleich der verschiedenen **Unternehmungsbereiche** aus der Sicht der Unternehmungsführung. Zwar ist man sich heute weitgehend darüber einig, daß im Zeitalter des Überangebotes und des Auftragsmangels langfristig der **Absatz(-sektor)** Richt- und Angelpunkt des Betriebsgeschehens ist, doch kann kurzfristig die alleinige Berücksichtigung der Marketing-Ziele u.U. zu verhängnisvollen Folgen führen.

Dieser Fall ist u.a. dann gegeben, wenn im Grunde positiv zu bewertende Aufträge nur unter Inkaufnahme von Überstunden bzw. von Überbeschäftigung im Produktionsbereich ausgeführt werden können oder die Sicherstellung einer hohen Lieferbereitschaft erhebliche finanzielle Ressourcen durch den Aufbau zusätzlicher Lagerkapazität bindet. Hier zeigt sich die Notwendigkeit einer vom Absatz ausgehenden integrativen Planung von Vertrieb, Produktion, Forschung und Entwicklung, Beschaffung sowie Finanzierung und Investition überaus deutlich. Zweifellos handelt es sich in diesen Fällen um echte Zielkonflikte.

Ein positiver **Ausstrahlungseffekt** im obigen Sinne liegt dann vor, wenn z.B. angestrebte Absatzerfolge zu Kostendegression im Produktionsbereich führen oder, umgekehrt, wenn etwa Erfindungen oder technische Verbesserungen eine Senkung des Produktpreises und damit möglicherweise höhere Umsätze nach sich ziehen. In diesem Fall haben die Verbesserungen in beiden Bereichen positive Auswirkungen auf den jeweils anderen Bereich, so daß es nicht zu **Zielkonflikten** kommt. Diesen positiven Ausstrahlungseffekten sollte in der Planung von Anfang an Rechnung getragen werden.

(c) Die Ausstrahlung auf parallele bzw. nachgeordnete Zielgruppen

Abgesehen davon, daß man sich in der Betriebspraxis häufig der eigentlichen **Zielgruppen** und **Zielbereiche** nicht bewußt ist, ergeben sich hier kaum überwindbare Schwierigkeiten bei der Abgrenzung des Wirkungsbereiches einer absatzpolitischen Entscheidung.

Bekannt ist das Problem aus der **Werbung,** wo man seit langem der Mediaplanung lebhaftes Interesse entgegenbringt. Das Bestreben geht dahin, möglichst nur jene Kreise anzusprechen, die als Käufer in Frage kommen. Auch in der Preistheorie ist diese Überlegung von Belang, und zwar im Rahmen der **Preisdifferenzierung,** deren Wirksamkeit davon abhängt, daß die unterschiedlich behandelten Märkte (Abnehmergruppen) nicht in Kontakt zueinander treten (können). Ganz besonders gilt dies für das häufig praktizierte **Export-Dumping,** bei dem ein Rückfluß der Ware ins Inland nach Kräften verhindert bzw. unmöglich gemacht werden muß.

Ein Beispiel fehlgeleiteter Abnehmerpolitik stellt das immer wieder diskutierte Problem eines allzu freien Zugangs zu **Cash & Carry-Märkten** durch Letztverbraucher dar. Ein Großhandelsunternehmen, das gleichzeitig einen Zustell- und einen C & C-Betrieb unterhält, wird bei großzügiger Abnehmerpolitik im C & C-Betrieb kaum vermeiden können, daß sich die traditionellen Kunden des Zustellbetriebes allmählich von ihm abwenden. Auch hier wird deutlich, daß jeder Versuch einer autonomen Geschäftsführung in einem der beiden Bereiche mit Gefahren verbunden ist und unerwünschte Ausstrahlungseffekte zur Folge haben kann.

Umgekehrt gibt es eine Reihe von positiven Beispielen: Wenn etwa gemäß der *Henkell*-Werbung die Deutschen Botschaften im Ausland ihren Gästen *Henkell*-Sekt anbieten oder Fußballnationalspieler eine Vorliebe für *Adidas*-Schuhe zeigen, so werden davon Tausende von Konsumenten stimuliert, diesen Vorbildern nachzueifern. Es liegt deshalb nahe, daß die Unternehmungen bestrebt sind, die sog. **Meinungsbildner** als Kunden zu gewinnen und die Erreichung dieses Unterziels in geeigneter Weise publik zu machen.

Wesentliche Gründe dafür, daß es praktisch unmöglich ist, den als relevant erkannten Zielbereich gegenüber Einflüssen von außerhalb zu immunisieren, liegen in der Mobilität der Bevölkerung, in der Verbreitung und den Einwirkungsmöglichkeiten der Massenmedien (Fernsehen, Radio, Presse), in der Perfektion des Transportwesens sowie in der Aktivität nachgelagerter Wirtschaftsstufen.

(d) Die Streuung der Wirkung in zeitlicher Hinsicht

Abgesehen von gewissen übergeordneten Faktoren liegt auch im Wesen einer Unternehmung selbst ein Element begründet, das eine Art Streuwirkung erzeugt. Im wesentlichen hängt dies damit zusammen, daß dieses Gebilde über ein sog. **akquisitorisches Potential** verfügt, d.h. über ein bestimmtes Maß an Goodwill, das die positive Resonanz von Entscheidungen früherer Perioden widerspiegelt und oft lange Zeit vorhält.

Praktisch bedeutet dies, daß der Widerhall einer in der Planperiode getroffenen guten Entscheidung potenziert, während der einer schlechten abgeschwächt wird. Bildhaft gesprochen kann also eine Unternehmung etwa bei Unfähigkeit eines neuen Vorstands oder bei Nachlassen der Absatzbemühungen noch eine gewisse Zeit lang von ihrem positiven Image zehren, ohne einen abrupten Rückschlag zu erleiden.

Im Laufe der Zeit werden jedoch immer mehr Abnehmern etwaige im Unternehmen begründete negative Faktoren voll bewußt, so daß der daraus resultierende Vertrauensschwund eine Einschränkung oder gar einen Abbruch der Geschäftsbeziehungen mit dieser Unternehmung zur Folge hat. Die Darlegungen gelten sinngemäß auch für den umgekehren Fall eines **negativen** Marktkapitals, wie viele Beispiele in der Praxis bestätigen.

Für das Phänomen der teilweisen oder völligen Verlagerung bestimmter Wirkungen in die folgende(n) Periode(n) findet sich in der amerikanischen Literatur die Bezeichnung **Carry over-Effekt.** Dieser tritt z.B. dann auf, wenn der Goodwill, den eine Krankenversicherungsanstalt durch bevorzugte Behandlung von Studenten erzeugt, auch in deren späterem Berufsleben noch nachwirkt oder wenn die Markentreue von Teenager-Kunden bis ins Twen-Alter und darüber hinaus anhält. Allerdings kommt es im Laufe der Zeit im allgemeinen zu einer zunehmenden Abschwächung der Wirkung, die als **Decay-Effekt** charakterisiert wird. Ein typisches Beispiel für derartige Zerfallserscheinungen sind die bekannten Wirkungsverluste im Bereich der Werbung, die vornehmlich mit der Reizüberflutung und Vergeßlichkeit der Menschen zusammenhängen.

Mit diesen Überlegungen dürfte klar geworden sein, daß eine Unternehmung kaum in der Lage ist, die akquisitorische Wirkung bestimmter absatzpolitischer Maßnahmen zeitlich in den von der Marketing-Planung abgesteckten Rahmen „hineinzupressen", weshalb es also auch hier zu teils erwünschten, teils unerwünschten Ausstrahlungseffekten kommt.

(4) Die Schwierigkeiten der Prognose der Wirkung absatzpolitischer Maßnahmen

Die Konsequenzen, die mit einer Marketing-Entscheidung verbunden sind, können meist nur schwer prognostiziert werden (vgl. *Dichtl* 1967, S. 131). Im allgemeinen ist es nur möglich, **mehrwertige, unscharfe Erwartungen** zu formulieren. Dies macht die Beurteilung alternativer Marketing-Maßnahmen und das Auffinden eines auch nur annähernd optimalen Marketing-Mix außerordentlich schwierig.

(5) Der Einfluß praktischer Restriktionen

In der Praxis kommen zu den endogenen Problemen beim Auffinden der Optimalkombination der absatzpolitischen Instrumente in der Regel noch einige exogene Restriktionen hinzu. Insbesondere erschweren die viele Entscheidungssituationen kennzeichnenden **Zeit-** und **Ressourcenbeschränkungen** (z.B. Zeitknappheit bei der Entscheidungsfindung, Engpässe bei den finanziellen Mitteln und beim Personal) die Lösung des Optimierungsproblems zusätzlich.

2.3.3. Die Festlegung von Budgets

(1) Grundlagen

Jegliche Art von Planung konkretisiert sich letztlich in einem Budget. Unter Budgetierung versteht man die Erstellung von in **Geldeinheiten quantifizierten Vorgaben** für die einzelnen Organisationseinheiten des Unternehmens (z.B. Funktionsbereiche, Sparten, Abteilungen, Stellen). Im einzelnen kommen dafür Leistungs- und Kostengrößen in Betracht. In Anlehnung an die Gepflogenheiten der Praxis spricht man bei Leistungsgrößen von **Leistungsvorgaben** und bei Kostengrößen von **Budgets.** Sie gelten für einen bestimmten Planungs- bzw. Budgetierungszeitraum.

Der Sinn der **Budgetierung** besteht vor allem in der verbindlichen Fixierung von operationalen Zielen für die einzelnen Organisationseinheiten und der damit eng verbundenen Zuordnung von Verantwortungsbereichen. Da die Richtwerte für die einzelnen Organisationseinheiten konsistent sein müssen, dient die Budgetierung, insbesondere in größeren Unternehmen, auch der Koordination der Teilpläne (vgl. *Diller* 1980, S. 120).

Im Marketing wird im allgemeinen ein Budget aufgestellt, das zumindest Plangrößen für den Gesamtbereich enthält. Häufig begnügt man sich jedoch damit nicht, sondern budgetiert auch innerhalb einzelner Organisationseinheiten, wie z.B. in der Marktforschungs-, Werbe- und Verkaufsförderungsabteilung. Vielfach werden bis auf die Ebene der Stellen bzw. Abteilungen hinunter, die für Produkte bzw. Produktgruppen, Kunden und geographische Regionen (z.B. Europa, USA) verantwortlich sind, gesondert Leistungs- oder Kostenvorgaben ausgewiesen.

Dabei kann man auf zweierlei Weise vorgehen. Bei der sog. **Top-down-Methode** verläuft der Weg im Prinzip von oben nach unten. Beim **Bottom-up-Verfahren** hingegen erarbeiten die einzelnen Organisationseinheiten Vorschläge, die so lange untereinander und mit den Vorgesetzten diskutiert werden müssen, bis eine konsensfähige Gesamtvorgabe zustande kommt (vgl. *Diller* 1980, S. 123). Während die Top-down-Spielart vor allem den zeitraubenden und konfliktträchtigen Abstimmungsprozeß umgeht, ist das Bottom-up-Verfahren mit dem Vorteil verbunden, daß sich die Beteiligung untergeordneter Organisationseinheiten an der Entscheidungsfindung positiv auf deren Motivation zur Erreichung der angestrebten Ziele auswirkt. In der Praxis findet sich daher häufig eine Kombination beider Varianten.

Unabhängig von der Methodik gilt es zu entscheiden, ob die Vorgaben für den Budgetierungszeitraum starr oder flexibel gestaltet werden sollen. Flexibilität erscheint dann zweckmäßig, wenn die Erwartungen hinsichtlich der Umweltentwicklung recht unsicher sind (vgl. hierzu Abschnitt 1.3.). Man kann in solchen Fällen beispielsweise für unterschiedliche Umweltkonstellationen alternative Leistungs- und/oder Kostengrößen festlegen.

(2) Leistungsvorgaben

Für die Zwecke der Budgetierung kommen vor allem Umsatz, Marktanteil, Gewinn und Deckungsbeitrag als **Leistungsvorgaben** in Betracht. Wie man im einzelnen vorgehen kann, soll am Beispiel der Einführung eines Markenartikels veranschaulicht werden.

Es handelt sich dabei um ein Spezialwaschmittel, das von seinem Hersteller nach Abschluß der Testphase in der gesamten Bundesrepublik Deutschland eingeführt werden sollte. Der Markt war in dem geschilderten Fall fest in Händen dieses Unternehmens und zweier weiterer Anbieter, die zusammen über 90 % Marktanteil auf sich vereinigten. Das ins Auge gefaßte Produktfeld der Spezial- und Feinwaschmittel war bereits mit einem halben Dutzend namhafter Marken der führenden Unternehmen besetzt.

Wir gehen dabei von dem in Tab. 8.3. dargestellten Kalkulationsschema aus, das der Planung der innerhalb von drei Jahren erzielbaren Deckungsbeiträge des Produktes „XY" dient. Die relativ kurze Frist von drei Jahren, die der Beurteilung der **Erfolgsträchtigkeit** dieses Erzeugnisses zugrunde gelegt wird, erklärt sich daraus, daß der maximale Marktanteil bei Waschmitteln, wie Branchenkenner bestätigen, im allgemeinen bereits nach 12 bis 18 Monaten erreicht wird. Dies dürfte ein klares Indiz dafür sein, welch eminente Bedeutung

2. Gegenstandsbereiche 857

Tabelle 8.3.: **Planung der Deckungsbeiträge eines neu einzuführenden Markenartikels**

Zeile	Bezeichnung	Testmarkt 1987 (effektiv)	1988 (geschätzt)	1989 (geschätzt)	1990 (geschätzt)
1	Gesamtmarkt in jato	8700	38000	38000	38000
2	Marktanteil „XY" in %	14	14	17	16
3	Marktanteil „XY" in jato	1220	5320	6460	6080
4	Pipeline in jato	350	1080	—	—
5	Absatzvolumen „XY" in jato	1570	6400	6460	6080
6	⌀ Verbraucherpreis/t in DM	4300	4300	4300	4300
7	Umsatz zu Verbraucherpreisen in 1000 DM	6750	27520	27780	26140
8	./. 30% Handelsspanne in 1000 DM	2030	8260	8340	7840
9	Herstellerumsatz in 1000 DM	4720	19260	19440	18300
10	./. alle direkt zurechenbaren Kosten außer Werbung (etwa 35% vom Erlös) in 1000 DM	2360	9630	9720	9150
11	DB I in 1000 DM	2360	9630	9720	9150
12	./. Werbeaufwendungen in 1000 DM	2500	10000	8000	6000
13	DB II pro Jahr in 1000 DM	./. 140	./. 370	1720	3150
14	DB II kumuliert in 1000 DM	./. 140	./. 510	1210	4360

unter diesen Umständen der Einführungswerbung zukommt, was im übrigen auch durch die Zahlenrelationen in Tab. 8.3. bestätigt wird.

Es empfiehlt sich, die Überlegungen, die zu den einzelnen Werten in dieser Tabelle geführt haben, zeilenweise nachzuvollziehen:

(a) Das gesamte **Marktvolumen** wird auf Grund der auf dem **Testmarkt** gewonnenen Erfahrungen sowie weiterer umfassender Analysen geschätzt, und zwar ohne Berücksichtigung der im einzelnen ins Auge gefaßten absatzpolitischen Maßnahmen. Wie wir sehen, stagniert der Gesamtbedarf, so daß die Marketing-Konzeption eindeutig auf die Konkurrenten und den Handel gerichtet sein muß.

(b) Die **Marktanteile** werden wiederum auf Grund von Marktanalysen geschätzt, wobei folgende Gesichtspunkte von vorrangiger Bedeutung sind: Spezifische Problemlösung, die der Hausfrau durch das Produkt geboten wird; Marktstellung des Anbieters bei den übrigen Waschmitteln; Absatzentwicklung des Produktes „XY" in anderen Ländern, in denen es von Schwestergesellschaften vertrieben wird; Höhe der Rabatte an den Handel; Ausmaß der Werbeaufwendungen; Niveau des Verbraucherpreises gegenüber vergleichbaren Konkurrenzprodukten sowie Art und Umfang sonstiger absatzpolitischer Maßnahmen, die geplant sind.

(c) Der Marktanteil für „XY" in jato (= Jahrestonnen) ergibt sich durch Multiplikation der Zeilen (1) und (2).

(d) Die Menge, die zur Auffüllung der Läger des Handels benötigt wird, die also den sog. **Pipeline-Effekt** verursacht, hängt allgemein vom Goodwill ab, über den das Unternehmen bei den verschiedenen Gruppierungen des Handels (Großbetriebsformen, Freiwillige Ketten, Genossenschaften usw.) verfügt, speziell jedoch von der Höhe der Handelsspanne und der Werbeaufwendungen.

(e) Das Absatzvolumen für „XY" in jato ergibt sich durch Addition der Zeilen (3) und (4).

(f) Der zu wählende Verbraucherpreis steht in engem Zusammenhang mit der Packungsgröße, die möglichst aus einer vorhandenen Reihe (z.B. 280 oder 300 g Füllgewicht) stammen und genügend „display" bieten, d.h. Aufmerksamkeit auf sich ziehen soll. Als entscheidend erweist sich, daß sich ein Preis/Mengenverhältnis ergibt, das gegenüber den Relationen vergleichbarer Konkurrenzprodukte und eigener Erzeugnisse vorteilhaft erscheint. Andererseits darf der Wert auch nicht spürbar darunter liegen, da das Unternehmen sonst gegen die in Oligopolen im allgemeinen herrschende Preisdisziplin verstößt bzw. einer Umlenkung der Nachfrage von anderen Erzeugnissen auf das neue Produkt Vorschub leistet.

(g) Die voraussichtlichen Erlöse ergeben sich durch Multiplikation der Zeilen (5) und (6).

(h) Die Höhe der Handelsspanne richtet sich nach der vom Konzern bei anderen Produkten verfolgten Rabattpolitik sowie nach dem einschlägigen Verhalten der beiden bedeutendsten Wettbewerber.

(i) Durch Subtraktion der Handelsspanne (8) vom Umsatz zu Verbraucherpreisen (7) erhalten wir den Herstellerumsatz.

(j) Unter den direkt zurechenbaren Kosten, die wir hier mangels Verfügbarkeit der Ergebnisse der Plankostenrechnung mit 35 % vom Erlös veranschlagen, sind etwa Herstellungskosten, Frachten, Lagerkosten und Skonti (nicht jedoch die Werbekosten) zu verstehen, die mengenabhängig und vom Produkt-Manager kaum zu beeinflussen sind.

(k) Die Verminderung des geschätzten Herstellerumsatzes um die direkt zurechenbaren Kosten, ausgenommen die Werbung, ergibt den Deckungsbeitrag I (DB I).

(1) Der Werbeetat ist in gewissem Sinne eine Residualgröße, weil er am ehesten Manipulationen zugänglich erscheint. Er richtet sich nach den sogleich zu erläuternden Zielen, die mit dem Produkt erreicht werden sollen, dem Konkurrenzdruck und der Höhe des DB I. Im übrigen dient der Posten Werbung auch der Verrechnung gewisser Erlösminderungen.

Die Zeilen (13) und (14) kommen in analoger Weise zustande. Zu beachten ist dabei, daß die hier ausgewiesenen Werte keinesfalls in voller Höhe Gewinn, sondern gewissermaßen eine Dispositionsmasse verkörpern, aus der zunächst die nicht direkt zurechenbaren Kosten zu decken sind und erst in zweiter Linie ein Gewinnfonds gespeist werden kann.

An dieser Stelle ist der Punkt erreicht, an dem die Ergebnisse der Planung in Frage gestellt werden. Das heißt, daß man gezwungen ist, die variablen Elemente des Schemas (Marktanteil, Verbraucherpreis, Handelsspanne, Werbeaufwendungen) erneut zu untersuchen, in ihren Abhängigkeiten zu erfassen, miteinander abzustimmen und zu modifizieren, falls das für die Aufnahme eines Produktes im Rahmen einer Konzernrichtlinie postulierte Ziel nicht erreicht wird. Dieses könnte im vorliegenden Fall wie folgt lauten:

— Der DB II muß ab dem zweiten Jahr nach Einführung des Produkts mindestens 2 Mio. DM pro Jahr betragen.
— Der DB II muß in demselben Intervall einen Wert von mindestens 10 % vom Umsatz erreichen.
— Die vorgetragenen Anlaufverluste, gemessen in der Dimension DB II, müssen nach spätestens zwei Jahren ausgeglichen sein.

Die beiden ersten Teilziele werden im vorliegenden Fall offenbar nicht erreicht, so daß in der oben beschriebenen Weise vorgegangen werden muß. Wenn das Produkt „XY" nicht von vornherein „abgelehnt" wird, hängt dies mit der Einsicht zusammen, daß es angesichts der Unsicherheit der Daten meistens nicht mit einer Entscheidung im Sinne eines „Ja" oder „Nein" getan ist. In der Regel wird man nicht umhin können, sich vor einer etwaigen Verwerfung eines Projekts weitere Informationen zu beschaffen.

(3) Kostenvorgaben (Budgets)

Neben der Vorgabe von Leistungsgrößen ist es erforderlich, den Organisationseinheiten auch die zur Erfüllung ihrer Aufgaben notwendigen finanziellen Ressourcen zuzuteilen. Dies geschieht in Form von Budgets. Vielfach erscheint sogar im Rahmen der Budgetierung eine Beschränkung darauf unumgänglich, weil es nicht oder nur mit unverhältnismäßig hohem Aufwand möglich wäre, Leistungsgrößen für Marktforschungsabteilungen, Planungsstäbe oder Designer festzulegen.

Bei der Bestimmung der Budgethöhe werden unterschiedliche Verfahren herangezogen. Eine wegen ihrer Einfachheit in der Praxis häufig eingesetzte Methode besteht darin, das Budget am erwarteten Umsatz auszurichten. Der Rekurs auf Prozentwerte vom jeweiligen Umsatz erscheint allerdings problematisch, da bei rückläufigem Geschäftsgang zwangsläufig auch die Marketing-Aktivitäten reduziert würden, während genau das Gegenteil geboten wäre.

Vorzuziehen ist daher die **zielorientierte Festlegung** von Budgets, weil diese insbesondere die ergebnisbeeinflussende Wirkung des Einsatzes der Marketing-Instrumente berücksichtigt. Ausgehend von den Marketing-Zielen werden dabei die zur Zielerreichung erforderlichen Maßnahmen bestimmt und der damit verbundene Bedarf an finanziellen Ressourcen ermittelt. Bei dieser

Vorgehensweise besteht gleichwohl wiederum die Gefahr, daß der Begrenztheit der Inputfaktoren nicht ausreichend Rechnung getragen wird und die Budgets zu hoch bemessen werden. Der naheliegende Kompromiß besteht deshalb in einer Verquickung beider Ansätze.

3. Entscheidungshilfen für die Marketing-Planung

Die im Abschnitt „Gegenstandsbereiche" erläuterte Aufgabenstellung ist außerordentlich komplexer Natur. In Theorie und Praxis wurden daher zahlreiche Instrumente und Entscheidungshilfen entwickelt, die zur analytischen Durchdringung der anstehenden Probleme beitragen (vgl. hierzu *Diller* 1980; *Kreikebaum* 1987, S. 60ff.; *Pümpin* 1980, S. 15ff.; umfangreiche Übersichten finden sich z.B. bei *Trux/ Müller/ Kirsch* 1984; *Hörschgen/Kirsch/Käßer-Pawelka/Grenz* 1988).

3.1. Entscheidungshilfen für die Situationsanalyse

Grundlage einer fundierten Planung stellen Informationen über das Unternehmen, seine Wettbewerber, die sonstigen Elemente des Marktes sowie die weitere Umwelt dar. Prinzipiell können im Rahmen der Situationsanalyse zur Gewinnung solcher Informationen die meisten der in § 7 dargestellten Methoden der Markt- bzw. Marketingforschung eingesetzt werden. In der Unternehmens- und Beratungspraxis wurden ergänzend dazu spezifische Hilfsmittel zur strategischen Analyse, wie z.B. Potentialanalyse, Stärken-/Schwächen-Analyse, Chancen-/Risiken-Analyse und Portfolio-Analyse, entwickelt. Einen Überblick über derartige Entscheidungshilfen für die Situationsanalyse vermittelt Abb. 8.7.

Die zur Gewinnung von Informationen herangezogenen Analysemethoden bilden in erster Linie die aktuelle Situation ab, der ein Unternehmen zum Analysezeitpunkt gegenübersteht. Da Marketing-Entscheidungen in die Zukunft gerichtet sind, reicht indessen eine Ermittlung der gegenwärtigen Situation als Entscheidungsbasis nicht aus. Um sachgerechte Ziel- und Strategieentscheidungen mit möglichst großer zeitlicher Reichweite treffen zu können, muß vor allem die mutmaßliche zukünftige Entwicklung der relevanten Daten in den einzelnen Analysebereichen berücksichtigt werden.

(1) Potentialanalyse
Die kritische Überprüfung der Ressourcen eines Unternehmens im Hinblick auf Verfügbarkeit und Eignung für strategische Entscheidungen stellt den Gegenstandsbereich der Potentialanalyse dar (vgl. *Kreikebaum* 1987, S. 41). Diese zielt darauf ab, Fähigkeiten und Aktionsspielraum eines Unternehmens unabhängig von externen Einflüssen, wie Kunden, Wettbewerbern und Umweltfaktoren, zu erfassen. Im Mittelpunkt des Erkenntnisinteresses steht dabei die

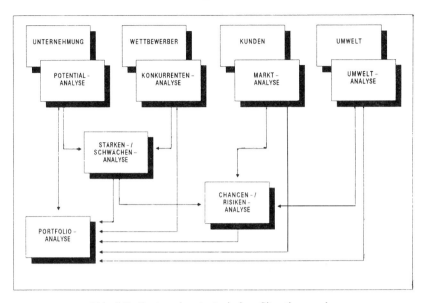

Abb. 8.7.: System der strategischen Situationsanalyse

Identifikation jener Bereiche, in denen das Unternehmen besondere Kompetenz besitzt.

Informationen über das Fähigkeitenpotential des Unternehmens lassen sich unter anderem durch die Analyse sämtlicher Funktionsbereiche — z.B. Produktion, Forschung und Entwicklung, Marketing, Personal, Finanzen und Information — gewinnen. Dabei erscheint es zweckmäßig, alle relevanten Aspekte zu dokumentieren, um bei einer späteren Bewertung von oftmals mehrere Jahre zurückliegenden Entscheidungen das damalige Entscheidungsumfeld in die Analyse einbeziehen zu können.

(2) Konkurrentenanalyse

Die Aufgabe der Konkurrentenanalyse im Rahmen der strategischen Analyse besteht in der Sammlung und Bewertung möglichst umfassenden Informationsmaterials über die wichtigsten Wettbewerber eines Unternehmens. Dabei sollte sich die Beurteilung insbesondere auf deren Stärken und Schwächen, erkennbare Strategien, Marktstellung, Ertrags- und Finanzsituation, Unternehmensphilosophie und -kultur erstrecken. Um die Vergleichbarkeit der Erkenntnisse zu gewährleisten, erscheint es zweckmäßig, daß sich die Konkurrentenanalyse in erster Linie mit solchen Daten auseinandersetzt, die schon im Rahmen der Potentialanalyse des eigenen Unternehmens betrachtet wurden.

Mit Hilfe der Konkurrentenanalyse soll ein möglichst vollständiger Überblick über das Wettbewerbsumfeld des Unternehmens gewonnen werden. Daher erscheint es unabdingbar, neben den tatsächlichen auch **potentielle Wettbewerber** in die Analyse einzubeziehen. Dies gilt insbesondere für Wachstumsmärkte mit geringen Eintrittsbarrieren oder hoher Rentabilität. Häufig droht in solchen Situationen die größte Gefahr von Außenseitern, die mit neuen technologischen Entwicklungen oder innovativen Vermarktungsideen auf einem Markt Fuß zu fassen versuchen (zur Konkurrentenanalyse vgl. vor allem *Porter* 1986a, S. 79ff. sowie *Hinterhuber* 1984, S. 103ff.; *Gälweiler* 1986, S. 370ff.; *Kreikebaum* 1987, S. 61ff.).

(3) Stärken-/Schwächen-Analyse

Das Ziel der Stärken-/Schwächen-Analyse besteht in der Identifikation des Handlungsspielraums eines Unternehmens gegenüber seinen Wettbewerbern (*Becker* 1988, S. 369). Dabei kann es sich als hilfreich erweisen, die Erkenntnisse über die spezifischen Fähigkeiten des eigenen Unternehmens sowie der wichtigsten Konkurrenten mit Hilfe eines sog. Stärken-/Schwächen-Profils zu visualisieren. Die systematische Gegenüberstellung der Befunde legt die wesentlichen Vor- und Nachteile eines Unternehmens im Vergleich zu seinen wichtigsten Wettbewerbern offen (vgl. dazu auch *Pümpin* 1980; S. 24f.; *Becker* 1988, S. 368f.; *Kreikebaum* 1987, S. 44f.).

Bei Mehrproduktunternehmen unterscheidet sich die Wettbewerbssituation oft von einem Geschäftsfeld zum anderen. Deshalb bietet es sich in diesen Fällen an, entsprechende Studien nicht auf einem zu hohen Aggregationsniveau durchzuführen, sondern als Analyseeinheit z.B. die Ebene der Strategischen Geschäftseinheiten zu wählen.

(4) Marktanalyse

Die Marktanalyse hat die systematische Erfassung aller interessierenden Sachverhalte über die gegenwärtigen und potentiellen Marktpartner einer Unternehmung zum Gegenstand. Man bemüht sich dabei insbesondere darum, umfassende Informationen über Struktur und Entwicklungstendenzen der Marktteilnehmer zu gewinnen, die im Rahmen der vorangegangenen Schritte der strategischen Situationsanalyse noch keiner spezifischen Betrachtung unterzogen wurden (vgl. auch *Gälweiler* 1986, S. 374; *Kreikebaum* 1987, S. 67). Dies betrifft vor allem die Kunden, über die dem Unternehmen im allgemeinen eine Reihe von Sekundärinformationen, wie z.B. Außendienstberichte oder Kundenzuschriften, zur Verfügung stehen. Besteht Bedarf an weitergehenden Erkenntnissen, müssen diese mit Hilfe des Instrumentariums der Primärforschung, z.B. durch eine Kundenbefragung, gewonnen werden.

Aber auch für Lieferanten, Absatzhelfer und -mittler interessiert man sich im Rahmen einer Marktanalyse. Vor dem Hintergrund neuer Entwicklungen insbesondere im Beschaffungsbereich (z.B. just-in-time-delivery) kommt der systematischen Erforschung und Beobachtung von Lieferanten in vielen Bereichen eine wachsende Bedeutung zu.

(5) Umweltanalyse

Entscheidende Impulse für die künftige strategische Ausrichtung eines Unternehmens gehen auch vom **Makro-System** aus, z.B. in Form einschneidender Veränderungen der Rechtsordnung. Es hat sich eingebürgert, die fallweise oder permanente Identifikation und Analyse der ökonomischen, sozio-kulturellen, politisch-rechtlichen, technologischen und physischen Komponente des Makro-Systems als Umweltanalyse zu bezeichnen (vgl. dazu auch *Gälweiler* 1986, S. 196ff.; *Hinterhuber* 1984, S. 41ff.; *Pümpin* 1980, S. 24ff.; *Wiedmann/Kreutzer* 1985, S. 103f.) Angesichts der Vielzahl von Faktoren ist es in der Praxis unmöglich, eine Totalerhebung aller potentiell relevanten Einflußgrößen vorzunehmen. Daher empfiehlt es sich, die Umweltanalyse auf eine überschaubare Zahl von **Deskriptoren** zu konzentrieren, von denen angenommen werden kann, daß sie die für die Unternehmung wesentlichen Umwelteinflüsse erfassen.

Aus den Veränderungen des Umfeldes resultieren häufig erhebliche Anforderungen an die Anpassungsfähigkeit eines Unternehmens. Die frühzeitige Wahrnehmung sog. schwacher Signale stellt eine wesentliche Voraussetzung dar, um Risiken neutralisieren und Chancen nutzen zu können. Dies gilt in besonderem Maße für das Internationale Marketing, da hier die Märkte dem Entscheidungsträger oft wenig vertraut und die Anzahl der länderspezifischen Besonderheiten in der Regel groß sind.

(6) Chancen-/Risiken-Analyse

Die Chancen-/Risiken-Analyse verknüpft die Ergebnisse der Markt-, Umwelt- und Stärken-/Schwächen-Analyse mit dem Ziel, möglichst frühzeitig diejenigen Entwicklungen zu erkennen, die im Hinblick auf die Unternehmenszielsetzung potentielle Gelegenheiten oder Gefahren darstellen.

Dabei geht man von der Annahme aus, daß ein Anbieter im Vergleich zu seinen Wettbewerbern dann einen besonders großen Nutzen aus einer Umwelt- oder Marktentwicklung ziehen kann, wenn diese auf eine Stärke des betroffenen Unternehmens trifft. Im umgekehrten Fall, wenn die Veränderungen mit einer relativen Schwäche zusammenfallen, kommt dem rechtzeitigen Erkennen der damit verbundenen Risiken große Bedeutung zu, um Gegenmaßnahmen zum frühestmöglichen Zeitpunkt einleiten zu können.

(7) Portfolio-Analyse

Die Portfolio-Analyse stellt ein Instrument zur Analyse und Verdichtung von Informationen aus den Bereichen Unternehmung, Wettbewerber, Kunden und Umwelt dar. Neben ihrer Verwendung als Denkraster zur Generierung von Strategien (vgl. dazu 3.2.2.) ist sie besonders geeignet, die Ergebnisse der bereichsspezifischen Einzelanalysen zusammenzuführen, die Informationsflut auf das Wesentliche zu reduzieren und die Ergebnisse zu **visualisieren**.

Im Kern geht es bei diesem Verfahren um die möglichst präzise Beurteilung der einzelnen Produkte bzw. Produktlinien (in der Portfolio-Terminologie als **Strategische Geschäftseinheiten** bezeichnet) einer Unternehmung hinsichtlich ihrer gegenwärtigen Marktstellung und ihrer Entwicklungsmöglichkeiten. Dabei ergibt sich deren Marktstellung aus der Stärken-/Schwächen-Analyse, während die Entwicklungsmöglichkeiten den Ergebnissen der Chancen-Risiken-Analyse entsprechen (vgl. *Wiedmann/Kreutzer* 1985, S. 106f.). Auf dieser Grundlage kann das Management Entscheidungen bezüglich der Förderung oder des Abbaus einzelner Erzeugnisse treffen. Welche weitergehenden Ziele mit der Portfolio-Analyse verfolgt und welche Wege dabei beschritten werden, wird ausführlich in Abschnitt 3.2.2. behandelt.

3.2. Entscheidungshilfen für die Ziel- und Strategienplanung

Im Rahmen der Ziel- und Strategienplanung stellen neben den unterschiedlichen Kreativitätstechniken (vgl. § 3, Abschn. 4.2.1.2.1.) insbesondere auf der Matrix-Darstellung aufgebaute, in sich konsistente **Denkraster** eine Entscheidungshilfe dar. Diese gehen von genau definierten Ausgangssituationen aus und basieren auf Beobachtungen der Wirtschaftspraxis, auf Ergebnissen fundierter empirischer Erhebungen oder theoretischen Überlegungen.

Zwei der im folgenden darzustellenden Denkraster — die Produkt-Markt-Matrix von *Ansoff* sowie die Wettbewerbsmatrix von *Porter* — wurden vor dem historischen Hintergrund ganz bestimmter Marktsituationen entwickelt. Sie erweisen sich deshalb vor allem dann als sinnvolle Unterstützung des Entscheidungsträgers bei der Generierung und Evaluierung von Strategien, wenn die Konstellation des Marktes, in der ein Unternehmen agiert, mit der Situation, die für das jeweilige Denkmodell Pate stand — wachsender bzw. gesättigter Markt —, übereinstimmt. Aber auch für den Fall, daß bestimmte Grundannahmen nicht zutreffen, kann die Kenntnis solcher Denkraster auf Grund ihrer Fähigkeit, komplexe Sachverhalte übersichtlich zu strukturieren, eine Hilfe bei der Entwicklung von Strategien sein.

3.2.1. Die Produkt-Markt-Matrix von Ansoff

Zur Generierung von Strategien in Wachstumsmärkten eignet sich besonders ein von Ansoff vorgeschlagenes Denkschema (vgl. *Ansoff* 1966, S. 130 ff.). Ausgangspunkt der Überlegungen bildet dabei das Auftreten einer Ziellücke (Gap) zwischen der Soll- und Ist-Entwicklung des Unternehmens (vgl. Abb. 8.8.).

Ein solcher Zustand weist darauf hin, daß sich die Ziele des Unternehmens mit den bisher verfolgten Strategien nicht mehr erreichen lassen (zur Gap-Analyse vgl. *Becker* 1988, S. 327ff.; *Kreikebaum* 1971, S. 257ff.; ders. 1973, S. 17ff.; *Trux/Kirsch* 1979, S. 225f.). Wenn in dieser Situation die Ziele nicht aufgegeben oder nach unten korrigiert werden sollen, müssen neue strategische Alternativen gesucht werden. Welcher strategische Handlungsrahmen einem Unternehmen

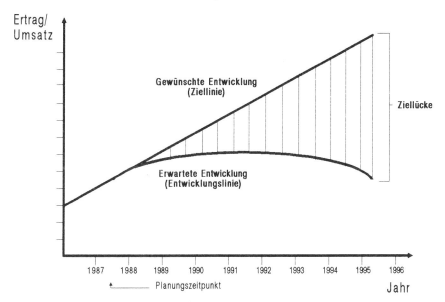

Quelle: *Becker* 1988, S. 327.

Abb. 8.8.: Beispiel für eine Ziellücke

dabei zur Verfügung steht, zeigt die von *Ansoff* entwickelte sog. **Produkt-Markt-Matrix** auf (vgl. Abb. 8.9.).

Eine Begrenzung des strategischen Handlungsspielraums erfolgt durch das produkt- und marktbezogene Gestaltungspotential, wobei sich für ein Unternehmen mit Wachstumsambitionen die vier grundlegenden Optionen Marktdurchdringung, Marktentwicklung, Produktentwicklung und Diversifikation ergeben.

3.2.1.1. Strategieempfehlungen

(1) Bei der **Marktdurchdringung** oder **Marktpenetration** handelt es sich um eine Stoßrichtung, bei der durch Intensivierung der Marketing-Bemühungen den derzeitigen Produkten auf den gegenwärtig bearbeiteten Märkten zu mehr Erfolg verholfen werden soll. Damit bezweckt man zum einen die Stabilisierung bzw. den Ausbau des **Marktanteils,** zum anderen eine Vergrößerung des **Marktvolumens.** Hierzu eröffnen sich u.a. folgende Möglichkeiten:

— Erhöhung der Verwendungsrate bei den eigenen Kunden, beispielsweise durch Preissenkung, Vergrößerung der Einkaufseinheiten oder auch durch künstliche Veralterung bzw. Entwertung an sich noch funktionstüchtiger Produkte.

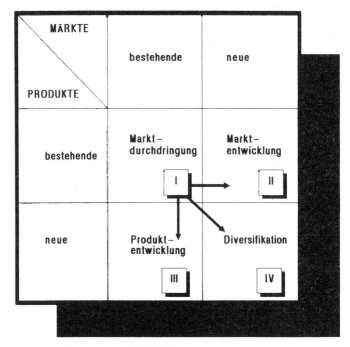

Quelle: In Anlehnung an *Ansoff* 1966, S. 132.

— Abwerbung von Kunden der Wettbewerber, z.B. durch eine Steigerung der eigenen Marketing-Anstrengungen.

— Aktivierung von latentem Bedarf, indem bisherige Nichtverwender des Produktes verstärkt angesprochen werden. Dies kann beispielsweise durch gezielte Werbung, das Anbieten von Proben, geringfügige Produktmodifikationen sowie preis- oder distributionspolitische Maßnahmen erreicht werden.

(2) Durch die Strategie der **Marktentwicklung** sollen mit den vorhandenen Produkten neue Märkte erschlossen werden. Dieser Ansatz geht davon aus, daß ein Unternehmen auf Grund seiner individuellen historischen Entwicklung ein bestimmtes, angestammtes Terrain versorgt, während es sich in anderen Feldern nicht engagiert. Für die Erschließung solcher bisher nicht erkannter oder nicht bearbeiteter Märkte bieten sich drei Anknüpfungspunkte an (vgl. *Kotler* 1982, S. 77):

— Ausschöpfung zusätzlichen Absatzpotentials auf neuen regionalen, nationalen oder internationalen Märkten (vgl. dazu auch die Ausführungen zur Internationalisierung und Globalisierung in Abschnitt 2.2.2.).

— Eindringen in Zusatzmärkte über eine gezielte Funktionsausweitung (new uses). Im Mittelpunkt steht dabei die Suche nach neuen Anwendungsbereichen bzw. Einsatzfeldern für ein bestehendes Produkt (z.B. *Teflon*, das zuerst in der Raumfahrt, anschließend für Kochgeschirr eingesetzt wurde).

— Erschließung neuer Teilmärkte durch Variation der vorhandenen Produkte mit dem Ziel der Entwicklung abnehmergruppenspezifischer Angebote für neue Kundengruppen (new users) im Wege der Marktsegmentierung (vgl. dazu auch die Ausführungen zur Marktsegmentierung in Abschnitt 2.2.2.).

(3) Die Strategie der **Produktentwicklung** oder **Produktinnovation** zielt auf die Sicherung des Unternehmenswachstums durch Anbieten neuer Erzeugnisse auf bestehenden Märkten ab (vgl. hierzu die Ausführungen zur Produktinnovation in Abschnitt 2.2.2.). Der Begriff der **Innovation** umspannt (vgl. *Becker* 1988, S. 130)

— sogenannte echte Innovationen, d.h. Marktneuheiten, die es ursprünglich überhaupt nicht gab (z.B. Sofortbild-Kamera),

— quasi-neue Produkte, die an bestehenden Produkten anknüpfen (z.B. Diätmargarine, Klappfahrrad), sowie

— Me-too-Produkte, die lediglich für das jeweilige Unternehmen eine Innovation darstellen und sich nur wenig von anderen, bereits am Markt befindlichen Varianten unterscheiden. Da sie kaum Vorteile gegenüber konkurrierenden Erzeugnissen aufweisen, kann man sie auch als Pseudo-Neuheiten bezeichnen.

(4) Die Strategie der **Diversifikation** kennzeichnet das Ausbrechen eines Unternehmens aus angestammten Betätigungsfeldern. Gründe hierfür können unter anderem in stagnierenden Märkten, in dem Ziel der Risikostreuung, in finanzwirtschaftlichen Erwägungen oder in der Sicherung der Liefer- bzw. Absatzbasis bestehen. Das Produktionsprogramm/Sortiment wird dabei um bedarfsverwandte oder sonstige Produkte und Leistungen ausgeweitet, die in keinem direkten Zusammenhang mit dem bisherigen Betätigungsfeld der Unternehmung stehen (vgl. hierzu die Ausführungen zur Diversifikation in Abschnitt 2.2.2).

Wie verschiedene Studien belegen, ist das mit den vier Strategiealternativen verbundene unternehmerische Risiko nicht als gleich zu beurteilen. Vielmehr nimmt es entsprechend den geringer werdenden Chancen, synergetische Effekte zu realisieren, von der Marktdurchdringung über die Markt- bzw. Produktentwicklung bis hin zur Diversifikation kontinuierlich zu.

Eine empirische Untersuchung von *Hinterhuber/Thom* (1979) belegt die Abhängigkeit der **Erfolgswahrscheinlichkeit der *Ansoff*'schen Strategiealternativen von der Nutzbarkeit vorhandener Synergiepotentials.** Die Autoren nennen für unterschiedliche Produkt-Markt-Strategien die folgenden Erfolgswahrscheinlichkeiten:

- altes Produkt für einen alten Markt　　　　50%
- neues Produkt für einen alten Markt　　　　33%
- altes Produkt für neuen Markt　　　　　　20%
- neues Produkt für neuen Markt　　　　　　 5%

Aus einem etwas anderen Blickwinkel haben *Aurich/Schröder* (1977) die vier Strategiealternativen betrachtet. Bei einer Untersuchung, bei der die Frage im Vordergrund stand, wie groß die Schwierigkeiten, Risiken und erforderlichen Anstrengungen zur Realisierung der einzelnen Strategietypen sind, kommen sie zu folgender Einschätzung:

- Marktdurchdringungsstrategie　　　Bezugsbasis
- Marktentwicklungsstrategie　　　　vierfacher Aufwand
- Produktentwicklungsstrategie　　　 achtfacher Aufwand
- Diversifikationsstrategie　　　　　 zwölf- bis sechzehnfacher Aufwand

Die Entscheidung, ob eine Unternehmung eher zur Markt- oder eher zur Produktentwicklung tendieren sollte, hängt von deren Ressourcen und Risikobereitschaft ab. Bei einem risikoaversen, aber kapitalkräftigen Unternehmen erscheint es zweckmäßig, wegen der aufgezeigten höheren Erfolgswahrscheinlichkeit auf Produktentwicklung zu setzen, während sich ein kapitalschwächerer Betrieb auf Grund der von *Aurich/Schröder* belegten geringeren Ressourcenbindung vorzugsweise für die Marktentwicklungsstrategie entscheiden sollte.

3.2.1.2. Kritik und Weiterentwicklungen

Im Zentrum der Kritik an der Produkt-Markt-Matrix von *Ansoff* stehen die historisch bedingte einseitige Wachstumsorientierung und die Zweidimensionalität des Ansatzes.

Das Konzept der Produkt-Markt-Matrix entstand Mitte der sechziger Jahre. Im Vergleich zu den achtziger Jahren wurden seinerzeit auf den meisten Märkten hohe Umsatzzuwächse erzielt, was sich auch darin andeutet, daß der Ansatz als Prämisse eine Wachstumsorientierung jedes Unternehmens unterstellt. Selbst die am stärksten an der Nutzung von Synergiepotential orientierte Strategievariante der Marktdurchdringung erfordert eine erhebliche Intensivierung der Marktbearbeitung und somit eine wesentliche Erhöhung der notwendigen zeitlichen, personellen und finanziellen Ressourcen. Damit eignet sich die Produkt-Markt-Matrix als strategisches Denkmodell weniger für solche Unternehmen, die sich einem starken Wettbewerbsdruck, insbesondere auf gesättigten Märkten, ausgesetzt sehen oder sich in einer schwierigen finanziellen Lage befinden und somit keine weiteren Ressourcen erschließen können.

Die anschauliche Zurückführung der strategischen Handlungsmöglichkeiten auf die Dimensionen Produkt und Markt bedeutet eine Einschränkung des strategischen Gestaltungsrahmens auf zwei, wenn auch wichtige Faktoren. Dies kann nur dann als unproblematisch angesehen werden, wenn in einer Branche zum Planungszeitpunkt gerade von diesen beiden die entscheidenden Impulse für den Unternehmenserfolg ausgehen. Vielfach kommt aber insbesondere der

Technologie und den Kunden zentrale Bedeutung zu. Zur Berücksichtigung dieser Dimensionen bedarf es einer erweiterten Betrachtungsweise.

So erlaubt z.B. ein von *Abell/Hammond* entwickelter dreidimensionaler Bezugsrahmen (vgl. *Abell/Hammond* 1979, S. 389 ff.; *Abell* 1980, S. 16 ff. und 169 ff.) die explizite Berücksichtigung weiterer Gestaltungskategorien. Der **strategische Handlungsrahmen** wird dabei durch die Koordinaten „customer groups", „customer functions" und „alternative technologies" wiedergegeben. Was die einzelnen Funktionen bedeuten können, illustriert *Köhler* an Hand eines anschaulichen Beispiels für ein Verlagsunternehmen (vgl. Abb. 8.10.).

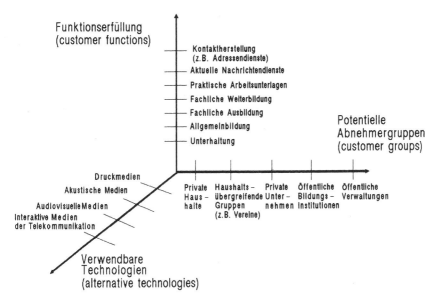

Quelle: In Anlehnung an *Köhler* 1981, S. 269.

Abb. 8.10.: Dreidimensionaler Bezugsrahmen von *Abell/Hammond*. Das Beispiel eines Verlagsunternehmens

Die dreidimensionale Betrachtungsweise eignet sich besonders zur Identifizierung bzw. Generierung neuartiger strategischer Gestaltungsmöglichkeiten. Allerdings geben *Abell/Hammond* keine Hinweise darauf, mit welcher Erfolgswahrscheinlichkeit bzw. welchem Ressourcenaufwand die Realisierung der verschiedenen Möglichkeiten im Bezugsrahmen verbunden ist.

3.2.2. Der Portfolio-Ansatz

Bei der **Portfolio-Analyse** wird — in Analogie zu Überlegungen zur Bestimmung eines optimalen Wertpapierportefeuilles im Finanzbereich — ein Unternehmen als ein Portfolio, d.h. als eine Gesamtheit von sog. **Strategischen Geschäftseinheiten (SGE)** aufgefaßt. In der Literatur findet sich für SGE häufig auch die amerikanische Schreibweise SBU (Strategic Business Unit). Unter SGE werden voneinander weitgehend unabhängige Tätigkeitsfelder der Unternehmung verstanden. Sie sind durch eine eigenständige, kundenbezogene Marktaufgabe, durch gegenüber den anderen SGE klar abgrenzbare Produkte bzw. Produktgruppen und durch einen eindeutig bestimmbaren Kreis von Wettbewerbern gekennzeichnet; zudem weisen die einzelnen SGE im allgemeinen unterschiedliche Marktchancen und -risiken auf (vgl. *Dunst* 1983, S. 62; *Roventa* 1981, S. 125; *Szyperski/Winand* 1980, S. 83).

Trotz einer Vielzahl von mit ihr verbundenen Problemen und theoretischen Vorbehalten, auf die im einzelnen noch einzugehen sein wird, verkörpert die **Portfolio-Analyse** heute eines der am häufigsten eingesetzten Instrumente der strategischen Planung (vgl. *Kreikebaum* 1987, S. 89f.). Ihre **Hauptvorteile** sind darin zu sehen, daß sie es zum einen ermöglicht, die äußerst komplexen strategischen Probleme eines Unternehmens gedanklich zu strukturieren und zu visualisieren (vgl. dazu Abschnitt 3.1.). Zum anderen eignet sich die Portfolio-Analyse als Denkraster zur Generierung von Strategien, wobei das vornehmlich mit dem Tagesgeschäft beschäftigte Management angeregt wird, sich mit der Zukunft des Unternehmens auseinanderzusetzen (vgl. *Kirsch* 1980, S. 67; *Hörschgen* 1983, S. 16ff.).

3.2.2.1. Zur Fundierung des Portfolio-Ansatzes

Das erste, von der *Boston Consulting Group* entwickelte, sog. Marktwachstum-Marktanteil-Portfolio beruht hauptsächlich auf dem **Erfahrungskurven-** und dem **Produkt-Lebenszykluskonzept** (vgl. zum Produkt-Lebenszykluskonzept § 3, Abschnitt 3.2.2.1.). Die grundlegenden Einsichten, die das Erfahrungskurvenkonzept vermittelt, wurden später im wesentlichen von einer breit angelegten Untersuchung zur Identifikation strategischer Erfolgsfaktoren, dem sog. **PIMS-Projekt**, bestätigt. Alle weiteren Portfolio-Ansätze bauen mehr oder minder auf dem Marktwachstum-Marktanteil-Portfolio auf; deshalb können die genannten Konzepte sowie das PIMS-Projekt als das empirische Fundament der Portfolio-Ansätze angesehen werden.

(1) Das Erfahrungskurvenkonzept

Das Erfahrungskurvenkonzept (experience curve) wurde im Jahre 1966 von dem amerikanischen Beratungsunternehmen *Boston Consulting Group (BCG)* erstmals vorgestellt. Es basiert auf der Erkenntnis, daß mit zunehmender Ausbringungsmenge und Erfahrung die zur Erstellung von Produkten bzw. Leistungen benötigten Ressourcen je Ausbringungseinheit abnehmen. Für verschiedene Branchen und Volkswirtschaften läßt sich zeigen, daß sich bei jeder Verdoppelung des **kumulierten Absatzes** ein **Kostenreduzierungspotential** von ca.

20 bis 30 % ergibt (vgl. *Henderson* 1984, S. 19). Dies gilt bezogen auf den jeweiligen Industriezweig als Ganzes sowie für jedes einzelne Unternehmen.

Einzelne Elemente des Erfahrungskurvenkonzepts, wie vor allem die Lernkurventheorie, reichen allerdings zum Teil erheblich weiter zurück. Es dürfte eine alte Erkenntnis darstellen, daß sich eine bestimmte Tätigkeit bei mehrfacher Wiederholung auf Grund sog. Übungsgewinne schneller bzw. effizienter ausführen läßt. So stellte man schon 1925 in den Montagehallen der *Wright-Patterson Air Force Base* in Ohio fest, daß mit Erhöhung des Produktionsvolumens die absolute Montagezeit pro Flugzeug sinkt. Wissenschaftlich dokumentiert und als Gesetzmäßigkeit formuliert wurde die Lernkurve erstmals im Jahre 1936 von *Wright* (vgl. *Wright* 1936). Beispiele für **Erfahrungskurven,** wie sie in Großbritannien und in den U.S.A. beobachtet wurden, vermittelt Abb. 8.11.

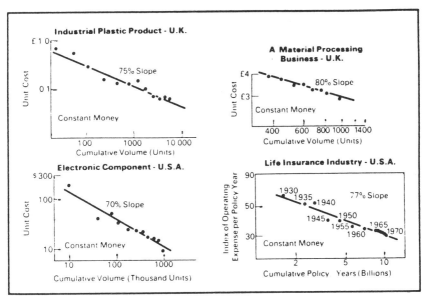

Quelle: *Hedley* 1986, S. 103.

Abb. 8.11.: Beispiele für Erfahrungskurvenverläufe

Aus der Erfahrungskurve kann man zwei grundlegende Empfehlungen ableiten:

— **Marktanteil ausbauen**, da unter der Voraussetzung, daß kumulierte Produktionsmenge und Marktanteil miteinander positiv korrelieren, ein Unternehmen mit höherem Marktanteil grundsätzlich ein höheres Kostensenkungspotential besitzt;

— **Märkte mit Wachstum bevorzugen**, da sich auf einem wachsenden Markt relativ einfach die kumulierte Produktionsmenge verdoppeln läßt, während es auf stagnierendem oder schrumpfendem Markt sehr schwierig ist, den Erfahrungs- und damit Kostenvorsprung der bisherigen Marktführer aufzuholen. Das liegt daran, daß in diesem Fall eigener Umsatzzuwachs direkt zu Lasten der Mitwettbewerber geht, während eine Vergrößerung des Marktanteils in wachsenden Märkten nicht zwangsläufig zu einem Umsatzrückgang der Konkurrenten führt.

Zur Gültigkeit des Erfahrungskurvenkonzepts tragen mehrere Faktoren bei:

— Degression der Fixkosten pro Ausbringungseinheit bei steigendem Output (Büchersches Gesetz), d.h. je größer die (ausgebrachte oder verkaufte) Menge, desto weniger schlagen die Fixkosten pro Einheit zu Buch (Economies of Scale),

— Übungsgewinn der Mitarbeiter durch häufige Wiederholung stets gleicher Arbeitsabläufe bei steigender Ausbringungsmenge (Lernkurveneffekt),

— Preiszugeständnisse der Lieferanten bei Abnahme höherer Stückzahlen bzw. bei Entstehen einer langfristigen Geschäftsverbindung sowie

— Substitution von weniger effizienten Produktionsfaktoren bzw. Fertigungsverfahren durch leistungsfähigere bzw. Ablösung veralteter durch neue Technologie, die erst bei bestimmten Größenordnungen lohnend eingesetzt werden kann (Economies of Scope).

Unternehmen, die sich dieser Zusammenhänge bewußt sind, werden im Regelfall alles daran setzen, ihren **kumulierten Absatz** zu erhöhen, weil sie dadurch ein höheres **Kostensenkungspotential** erreichen und somit ihre Wettbewerbsfähigkeit verbessern können. Darüber hinaus kommt dem Erfahrungskurvenkonzept eine große Bedeutung als Prognoseinstrument zu, da durch die Kenntnis des jeweils erzielbaren Kostensenkungspotentials die langfristige Prognose von Kosten, Preisen (wenn sich diese parallel zu den Kosten entwickeln) und Erträgen erleichtert wird. Weiterhin erweist sich auch das Wissen um die Konsequenzen einer Veränderung des eigenen Marktanteils und jenes der Konkurrenten von unschätzbarem unternehmenspolitischen Wert.

Kritisch zur Erfahrungskurve läßt sich anmerken, daß diese lediglich ein Kostensenkungs**potential** sichtbar macht, dessen Ausschöpfung von den Fähigkeiten des Managements abhängt. Zudem ist oftmals fraglich, ob sich eine Kostensenkung auch in Wettbewerbsvorteile umsetzen läßt. Insbesondere bei prestigeträchtigen Artikeln kann eine Steigerung der Produktionsmenge über kurz oder lang zum Verlust des exklusiven Produktimages führen. Wissenschaftliche Studien weisen darauf hin, daß es unter bestimmten Bedingungen, wie z.B. bei ausreichenden Verteidigungsmöglichkeiten der Kostenvorteile gegenüber Konkurrenten oder bei schneller Verdoppelung der Produktionsmenge, möglich ist, von der Erfahrungskurve zu profitieren, während in anderen Situationen, wie z.B. bei einer preisunelastischen Nachfrage, keine ausgeprägten Effekte zu verzeichnen sind (vgl. *Lange* 1981, S. 121; *Ghemawat* 1985).

(2) Das PIMS-Projekt

Das *Strategic Planning Institute*, Cambridge/Mass., geht in seinem **PIMS (Profit Impact of Market Strategies)** genannten, seit Anfang der siebziger Jahre verfolgten Projekt der Frage nach, welche **Faktoren** für die unterschiedliche Rentabilität von Unternehmen bzw. SGE verantwortlich sind und wie der „Return on Investment" (ROI) auf **Strategiemodifikationen** bzw. **veränderte Marktbedingungen** reagiert. Auf breiter empirischer Basis werden dabei die zwischen **37 strategischen Einflußfaktoren als unabhängigen Variablen** (z.B. Marktanteil, Produktqualität, Ausgaben für F&E, Grad der Diversifizierung) und insbesondere der **Rentabilität (ROI)** und dem **Cash Flow als abhängigen Variablen** bestehenden Beziehungen untersucht. Im ersten Halbjahr 1988 waren an dem Projekt weltweit nahezu 300 Unternehmen mit über 3.000 SGE — davon ca. 85 europäische mit etwa 500 SGE — aus einer ganzen Reihe von Branchen beteiligt.

Die im Rahmen des Projekts gewonnenen Befunde bestätigen — ähnlich wie das Erfahrungskurvenkonzept — die herausragende Stellung eines hohen Marktanteils. Keine andere Kenngröße korreliert bei den untersuchten Unternehmen ähnlich stark mit dem ROI und dem Cash Flow (vgl. Abb. 8.12.).

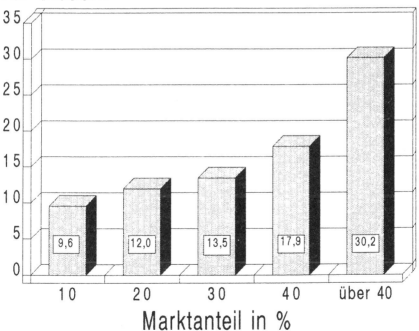

Quelle: *Schoeffler/Buzzell/Heany* 1974, S. 141.

Abb. 8.12.: Einfluß des Marktanteils auf den ROI

Die Gründe dafür, daß gerade der Marktanteil die Rentabilität so nachhaltig beeinflußt, sind dieselben, die schon zur Erklärung des Erfahrungskurveneffekts angeführt wurden. Eine eindeutig positive Auswirkung auf ROI und Cash Flow konnte auch für die Qualität der erbrachten Marktleistung sowie die Produktivität bei der Leistungserstellung nachgewiesen werden. Dagegen scheint zwischen dem Investitionsvolumen für eine SGE und dem ROI eine negative Beziehung zu bestehen.

Sowohl das Erfahrungskurvenkonzept als auch das PIMS-Projekt zielen, wie erinnerlich, darauf ab, auf empirischem Wege diejenigen Faktoren zu ermitteln, die für den Erfolg eines Unternehmens von entscheidender Bedeutung sind. Bedingt durch die Art der Vorgehensweise werden in beiden Ansätzen vorwiegend leicht quantifizierbare Erfolgsfaktoren, wie z.B. Marktanteil und Ausgaben für Forschung und Entwicklung, gesucht. Es stellt sich jedoch die Frage, ob diese nicht lediglich den beobachtbaren Ausdruck für tieferliegende Erfolgsfaktoren darstellen. So können schwer quantifizierbare Faktoren, wie Fähigkeiten des Managements oder Qualifikation bzw. Motivation der Mitarbeiter, die eigentlichen Ursachen für hohen ROI, Cash Flow und Marktanteil sein. Mit der Aufdeckung solcher versteckter Erfolgsursachen beschäftigen sich z.B. *Peters/ Waterman* und *Pümpin* (eine ausführlichere Darstellung findet sich bei *Hörschgen/Kirsch/Käßer-Pawelka/Grenz* 1988).

Peters und *Waterman*, zwei ehemalige Mitarbeiter des amerikanischen Beratungsunternehmens *McKinsey*, führten im Winter 1979/80 bei 75 angesehenen und erfolgreichen US-Unternehmen eine empirische Erhebung zur Klärung der Wechselbeziehungen zwischen Strategie, Struktur und Verhalten eines Unternehmens sowie deren Auswirkungen auf die Effizienz der Unternehmensführung durch (vgl. *Peters/Waterman* 1983). Sie gelangten dabei zu acht **Grundtugenden** erfolgreicher US-Unternehmen, die sich wie folgt kennzeichnen lassen:

1) Primat des Handelns
2) Nähe zum Kunden
3) Freiraum für Unternehmertum
4) Produktivität durch Menschen
5) Sichtbar gelebtes Wertesystem
6) Bindung an das angestammte Geschäft
7) Einfacher, flexibler Aufbau
8) Straff-lockere Führung

Die Autoren ziehen aus ihrer Untersuchung den Schluß, das Befolgen möglichst vieler dieser Grundtugenden erhöhe die Wahrscheinlichkeit, daß ein Unternehmen Erfolg hat. Auf Grund der geringen Stichprobengröße erscheint die Verallgemeinerung dieses Befunds jedoch bedenklich, da die spezifische Situation sowie die gewachsene Unternehmenskultur und -philosophie der meisten Unternehmen wohl nicht mit den Gegebenheiten übereinstimmen, die die Forscher in ihrer Stichprobe vorfanden.

Einen völlig anderen Weg beschreitet *Pümpin* mit seinen **strategischen Grundsätzen** (vgl. *Pümpin* 1980, S. 15ff.; ders. 1982, S. 129ff.). In Analogie zu Konzepten der strategischen Kriegsführung, die von vielen großen Feldherren wie *Sun Tsu, Xenophon, Cäsar, Machiavelli, v. Clausewitz* oder *v. Moltke* entwickelt wurden, leitet *Pümpin* Grundsätze ab, wie z.B. Konzentration der Kräfte, Ausbau von Stärken/Vermeiden von Schwächen, Ausnützen von Synergiepotential, Einfachheit und Beharrlichkeit, deren Beachtung die

Entwicklung und Durchsetzung erfolgreicher Unternehmensstrategien erleichtern und deren Erfolgschancen erhöhen soll. Solche Leitlinien können jedoch keinesfalls eine ausführliche Situationsanalyse und eine systematische Ziel- und Strategienplanung ersetzen.

3.2.2.2. Wichtige Portfolio-Konzepte

In der Wirtschaftspraxis wird mit einer ganzen Reihe unterschiedlicher Portfolio-Konzepte gearbeitet. Praktische Bedeutung haben insbesondere das **Marktwachstum-Marktanteil-Portfolio** und das **Marktattraktivität-Wettbewerbsvorteil-Portfolio** erlangt. Gemeinsam ist beiden Varianten, daß sie die strategische Lage der Geschäftseinheiten mit Hilfe einer zweidimensionalen Matrix bestimmen. SGE, die sich auf Grund der in der Matrix vorgegebenen Größen in einer ähnlichen strategischen Ausgangslage befinden, werden zu homogenen Einheiten zusammengefaßt. Für diese lassen sich bestimmte Verhaltensmuster, sog. **Normstrategien,** ableiten, die Rahmenempfehlungen für die Ziel- und Strategienplanung sowie für die Aufteilung der Ressourcen darstellen (vgl. *Dunst* 1983, S. 91).

3.2.2.2.1. Das Marktwachstum-Marktanteil-Portfolio

Das **Marktwachstum-Marktanteil-Portfolio** wurde von dem amerikanischen Beratungsunternehmen *Boston Consulting Group* entwickelt und kann als die wohl bekannteste Variante bezeichnet werden. In dieser Konzeption werden die SGE in einer **Vier-Felder-Matrix** an Hand der im Erfahrungskurvenkonzept als wesentlich erachteten Faktoren **Marktanteil** und **Marktwachstum** abgebildet. Der Marktanteil wird hier im allgemeinen als Quotient vom Marktanteil des Unternehmens und jenem des stärksten Konkurrenten dargestellt, weil diese Größe besser als der absolute Wert geeignet erscheint, die Wettbewerbssituation einer SGE aufzuzeigen.

Der unterschiedlichen Bedeutung der SGE, gemessen etwa am Umsatz oder am Deckungsbeitrag, trägt man durch verschieden große Kreise Rechnung. Dadurch kann eine mögliche Unausgewogenheit des Portfolios auch schon optisch besser erkannt werden (vgl. Abb. 8.13.).

Anhand ihrer Postition in der Vier-Felder-Matrix lassen sich vier Grundtypen von SGE unterscheiden, die in der Portfolio-Terminologie anschaulich als „question marks", „stars", „cash cows" und „dogs" bezeichnet werden.

Für die SGE, die im rechten oberen Quadranten der Matrix positioniert sind (**„question marks"**), finden sich auch die Bezeichnungen „Nachwuchsprodukte" oder „wild cats". Hierbei handelt es sich um Erzeugnisse, die noch in der **Einführungsphase** des Lebenszyklus stehen. Sie versprechen starkes Wachstum, weisen aber erst einen geringen Marktanteil auf. Deshalb wird man versuchen, mit Hilfe von Offensivstrategien eine Marktanteilsausweitung zu erreichen, um von dem **Erfahrungskurveneffekt** profitieren zu können. Ihre Förderung ist vor allem notwendig, um auch in Zukunft ertragreiche Erzeugnisse im Leistungsprogramm zu haben. Allerdings muß berücksichtigt werden, daß diese SGE meistens weit mehr finanzielle Mittel benötigen, als sie abwerfen. Das Management hat daher sorgfältig zu prüfen, inwieweit die angestrebte Marktanteilsausweitung auf Grund der zur Verfügung stehenden begrenzten Ressourcen wirtschaftlich vertretbar erscheint.

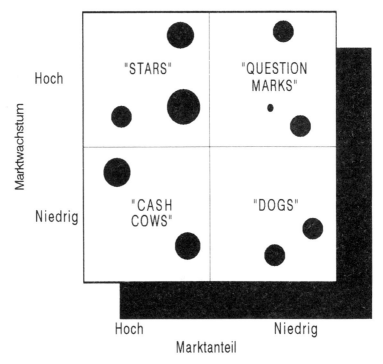

Abb. 8.13.: Marktwachstum-Marktanteil-Matrix

Die im linken oberen Quadranten zusammengefaßten SGE, die „stars", bringen im allgemeinen Gewinne hervor, die aber zur Sicherung und weiteren Verbesserung ihrer eigenen Marktposition reinvestiert werden müssen. Bei einem verlangsamten Wachstum oder bei Stagnation des Absatzes werden „stars" zu „cash cows".

Bei den „cash cows" oder „Melkkühen" handelt es sich um Produkte, die im Lebenszyklus die **Reifephase** erreicht haben. Auf Grund ihres hohen Marktanteils profitieren sie von großen Kostenvorteilen. Mit den von ihnen erwirtschafteten Mittelüberschüssen kann das Wachstum anderer SGE finanziert werden.

„Dogs" oder „lahme Enten" sind demgegenüber der **Sättigungs-** bzw. **Degenerationsphase** zuzuordnen. Sie verfügen weder über einen hohen Marktanteil noch finden sie sich in Wachstumsmärkten. Soweit sie noch Gewinne abwerfen, empfiehlt es sich, diese in „question marks" oder „stars" zu investieren. Sobald jedoch die Gefahr besteht, daß die betroffenen SGE in die Verlustzone abgleiten, erscheint es sinnvoll, sie über Desinvestitionsstrategien längerfristig aus dem Portfolio zu eliminieren.

Eine weiterführende Aufgliederung spezifischer strategischer Verhaltensweisen in den einzelnen Feldern des **Marktwachstum-Marktanteil-Portfolios** findet sich in Tabelle 8.4.

Bei der Beurteilung einzelner SGE eines Portfolios wird dem **Marktanteil** von der *Boston Consulting Group* die Schlüsselfunktion zugewiesen. Er spiegelt den Absatz und somit auch das **Kostensenkungspotential** eines Unternehmens im Vergleich zu seinen Konkurrenten wider. Ein Anbieter, der an Marktanteil dazugewinnt, erhöht dabei nicht nur sein eigenes Kostensenkungspotential, sondern behindert darüber hinaus auch den Erfahrungszuwachs seiner Wettbewerber, so daß sich deren Kosten- und Gewinnsituation relativ verschlechtern (vgl. *Henderson* 1984, S. 45ff.; *Roventa* 1981, S. 140).

Die Möglichkeiten der Marktanteilsausweitung einzelner SGE müssen, worauf schon bei der Darstellung des Erfahrungskurvenkonzepts hingewiesen wurde, in engem Zusammenhang mit den jeweiligen Nachfrage-Gegebenheiten gesehen werden. In wachsenden Märkten steigt der **kumulierte Absatz** eines Produktes in der Regel rasch an. Konkurrenten, deren Marktanteil sinkt, leisten vergleichsweise wenig Widerstand, da sie zum Teil selbst noch erhebliche Umsatzzuwächse erzielen. In stagnierenden Märkten hingegen führt der Zugewinn von Marktanteilen zu einer Verringerung des absoluten Absatzes der Konkurrenten, so daß eine Verschärfung des Wettbewerbs, z.B. in Form von Preiskämpfen, befürchtet werden muß. Daher empfiehlt es sich, vorrangig in Wachstumsmärkten nach einer Marktanteilsausweitung zu streben.

Zudem muß berücksichtigt werden, daß die Erlangung und Sicherung eines hohen Marktanteils erhebliche Mittel für die Erweiterung der Produktionskapazität, für Marketing-Maßnahmen usw. erfordern. Die Investition in Wachstumsmärkte erscheint deshalb nur dann angeraten, wenn ein Unternehmen auch längerfristig über die notwendigen Mittel verfügt, um die angestrebte Ausweitung des Marktanteils durchstehen zu können. Der Portfolio-Gedanke sieht für diese Problemstellung vor, daß zur Finanzierung der in Wachstumsmärkten operierenden, Kapital bindenden Geschäftseinheiten genügend SGE vorhanden sein sollten, die die erforderlichen Mittelüberschüsse erwirtschaften.

Der Vorteil des **Marktwachstum-Marktanteil-Portfolios** liegt vor allem in seiner einfachen Handhabbarkeit. Bedingt durch die Tatsache, daß die beiden Erfolgsfaktoren **Marktwachstum** und **Marktanteil** in der Regel ohne großen Aufwand erfaßt werden können, lassen sich die einzelnen SGE schnell und einfach in der Portfolio-Matrix positionieren.

Tabelle 8.4.: **Strategische Verhaltensweisen für das Marktwachstum-Marktanteil-Portfolio**

Strategisches Element	Portfolio-Kategorien			
	Question Marks	Stars	Cash Cows	Dogs
Zielvorstellung	Selektiver Abbau bzw. Ausbau des Marktanteiles	Halten bzw. leichter Ausbau des Marktanteiles	Halten bzw. leichter Abbau des Marktanteiles	Abbau des Marktanteiles
Investitionsaufwand	Hoch: Erweiterungsinvestition oder Verkauf	Hoch: Reinvestition des Netto-Cash Flow	Gering; ausschließlich Rationalisierungs- und Ersatzinvestitionen	Minimal: Verkauf von Anlagen bei Gelegenheit/ möglicherweise Stillegung
Verhalten gegenüber dem Risiko	Akzeptieren		Einschränken	Stark reduzieren

Quelle: In Anlehnung an *Dunst* 1979, S. 100.

3. Planungsinstrumente

Eine genauere Betrachtung des Konzepts führt jedoch zu einer Reihe von spezifischen Kritikpunkten: Die Beurteilung der SGE erfolgt, wie schon an anderer Stelle ausgeführt, nur auf Grund der beiden Kriterien Marktwachstum und Marktanteil. Das PIMS-Projekt hat die Bedeutung dieser beiden Größen für den Erfolg von SGE zwar bestätigt, darüber hinaus aber noch über 30 weitere Einflußfaktoren, wie z.B. Produktqualität, Marketing-Aufwendungen und Investitionsintensität, identifiziert (vgl. *Neubauer* 1986, S. 182ff.).

Bedenken erheben sich auch gegen die Verwendung einer **Vier-Felder-Matrix**. Die Dichotomisierung der beiden Achsen in „hoch" und „niedrig" erlaubt es nicht, Produkte bzw. Produktlinien in mittleren Positionen exakt zu beurteilen. Aber gerade dies erweist sich häufig als erforderlich, wenn man die Realität nicht allzu sehr vereinfachen will. Nicht zuletzt dieser Aspekt führte zu Weiterentwicklungen des Ansatzes, deren bedeutendste das nachfolgend dargestellte Marktattraktivität-Wettbewerbsvorteil-Portfolio darstellt.

3.2.2.2.2. Das Marktattraktivität-Wettbewerbsvorteil-Portfolio

Das **Marktattraktivität-Wettbewerbsvorteil-Portfolio** wurde von der *General Electric Company* und dem Beratungsunternehmen *McKinsey* erarbeitet. Vom Konzept der *Boston Consulting Group* unterscheidet es sich formal durch eine differenziertere Strukturierung des **Portfolios** mit Hilfe einer **Neun-Felder-Matrix** (siehe Abb. 8.14.).

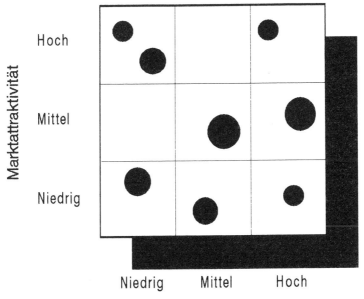

Abb. 8.14.: Marktattraktivität-Wettbewerbsvorteil-Matrix

Inhaltlich werden die Faktoren Marktwachstum und Marktanteil durch Marktattraktivität und Wettbewerbsvorteil ersetzt. Die **Markt-** oder **Branchenattraktivität** ihrerseits fügt sich aus **Marktwachstum, Marktqualität, Versorgungslage** bezüglich der Ressourcen und **sonstiger Umweltsituation** zusammen. Eine noch weitergehende Differenzierung führt zu folgendem Katalog (vgl. *Hinterhuber* 1984, S. 102):

(1) Marktwachstum und Marktgröße
(2) Marktqualität
— Rentabilität der Branche
— Spielraum für die Preispolitik
— Technologisches Niveau und Innovationspotential
— Schutzfähigkeit des technischen Know-how
— Investitionsintensität
— Wettbewerbsintensität und -struktur
— Anzahl und Struktur potentieller Abnehmer
— Eintrittsbarrieren für neue Anbieter
— Anforderungen an Distribution und Service
— Variabilität der Wettbewerbsbedingungen
— Substitutionsmöglichkeiten
(3) Energie- und Rohstoffversorgung
— Störanfälligkeit in der Versorgung mit Energie und Rohstoffen
— Beeinträchtigung der Wirtschaftlichkeit des Produktionsprozesses durch Erhöhung der Energie- und Rohstoffpreise
— Existenz von alternativen Rohstoffen und Energieträgern
(4) Umweltsituation
— Konjunkturabhängigkeit
— Inflationsauswirkungen
— Abhängigkeit von der Gesetzgebung
— Abhängigkeit von den Einstellungen der Öffentlichkeit
— Risiko staatlicher Eingriffe
— Auswirkungen der zunehmenden Schadstoffbelastung auf die Natur.

Die Beurteilung der relativen Wettbewerbsvorteile erfolgt ebenfalls an Hand mehrerer Kriterien. Im wesentlichen unterscheidet man **relative Marktposition, relatives Produktionspotential, relatives Forschungs- und Entwicklungspotential** sowie **relative Qualifikation der Führungskräfte und Mitarbeiter.** Diesen Aspekten wird wiederum eine Vielzahl von Unterbegriffen subsumiert (vgl. *Hinterhuber* 1984, S. 105):

(1) Relative Marktposition (im Vergleich zur stärksten Konkurrenzunternehmung)
— Marktanteil und dessen Entwicklung
— Größe und Finanzkraft der Unternehmung
— Wachstumsrate
— Rentabilität
— Risiko (Grad der Etabliertheit im Markt)
— Marketing-Potential (Image der Unternehmung und daraus resultierende Abnehmerbeziehungen, Preisvorteile auf Grund von Qualität, Lieferzeit, Service, Technik, Sortimentsbreite usw.)

(2) Relatives Produktionspotential (in bezug auf die erreichte oder geplante Marktposition)
   Prozeßwirtschaftlichkeit
   — Kostenvorteile auf Grund der Modernität der Produktionsanlagen, Kapazitätsausnutzung, Produktionsbedingungen, Größe der Produktionseinheiten usw.
   — Innovationsfähigkeit und technisches Know-how der Unternehmung
   — Lizenzbeziehungen
   — Anpassungsfähigkeit der Anlagen an wechselnde Marktbedingungen
   Hardware
   — Erhaltung der Marktanteile mit der gegenwärtigen oder im Aufbau befindlichen Kapazität
   — Standortvorteile
   — Steigerungspotential der Produktivität
   — Umweltfreundlichkeit des Produktionsprozesses
   — Lieferbedingungen, Kundendienst usw.
   Energie- und Rohstoffversorgung
   — Erhaltung der gegenwärtigen Marktanteile unter den voraussichtlichen Versorgungsbedingungen
   — Kostensituation bei der Energie- und Rohstoffversorgung
(3) Relatives Forschungs- und Entwicklungspotential
   — Stand der Grundlagen- und der angewandten Forschung
   — experimentelle und anwendungstechnische Entwicklung im Vergleich zur Marktposition der Unternehmung
   — Innovationspotential und -kontinuität
(4) Relative Qualifikation der Führungskräfte und Mitarbeiter
   — Professionalität und Urteilsfähigkeit, Einsatz und Kultur der Kader
   — Innovationsklima
   — Qualität der Führungssysteme

Das **Marktattraktivität-Wettbewerbsvorteil-Portfolio** erlaubt, ähnlich dem Ansatz der *Boston Consulting Group*, die Ableitung strategischer Rahmenempfehlungen: Für diejenigen SGE, die sich im rechten oberen Bereich der Matrix befinden, sind Investitions- und Wachstumsstrategien zu verfolgen. Bei SGE, die in der linken unteren Zone positioniert sind, empfehlen sich Abschöpfungs- oder Desinvestitionsstrategien. Für SGE, die in den diagonal von links oben nach rechts unten angeordneten Geschäftsfeldern auftauchen, muß das Management situativ entscheiden, ob es sich lohnt, in diese SGE weiter zu investieren, oder ob es zweckmäßiger erscheint, Abschöpfungs- oder gar Desinvestitionsstrategien zu verfolgen (siehe Tab. 8.5.).

Der hier skizzierte Ansatz zeichnet sich gegenüber dem Konzept der *Boston Consulting Group* insbesondere dadurch aus, daß er die SGE differenzierter zu beurteilen erlaubt und so der komplexen Realität eher gerecht wird. Allerdings liegen darin auch spezifische Probleme des Verfahrens. So erweist es sich beispielsweise als notwendig, die jeweils relevanten Faktoren der **Marktattraktivität** und des **Wettbewerbsvorteils** zu bestimmen und sie vor allem situativ, d.h. je nach Markt- und Unternehmensgegebenheiten zu gewichten. Dazu bedarf es einer Vielzahl von Informationen, die zum Teil nicht oder nur mühsam und auf kostspielige Weise zu beschaffen sind. Daneben werden teilweise schwer

Tabelle 8.5.: **Strategische Verhaltensweisen für das Marktattraktivität-Wettbewerbsvorteil-Portfolio**

Strategisches Element	Portfolio-Kategorien		
	„Wachsen"	„Selektieren"	„Abschöpfen"
Zielvorstellung	Ausbau der Marktposition mit Ausrichtung auf langfristigen Gewinn	Kurzfristig hohe Gewinne, mittlerer Cash Flow	Maximaler Cash Flow
Investitionsaufwand	Hoch	Selektiv hoch/niedrig	Minimal, Verkauf bei Gelegenheit
Verhalten gegenüber dem Risiko	Akzeptieren	Einschränken	Stark reduzieren

Quelle: In Anlehnung an *Dunst* 1979, S. 106.

operationalisierbare Faktoren verwendet, wie z.B. Professionalität der Führungskräfte oder Verhaltensstabilität der Abnehmer. Dies kann zu unterschiedlichen Beurteilungen der SGE durch Anwender führen, die u.U. im Wege zeitraubender Abstimmungsprozesse ausgeräumt werden müssen (vgl. *Roventa* 1981, S. 160; *Mauthe/Roventa* 1982, S. 200).

3.2.2.3. Kritik und Weiterentwicklungen

Trotz der unbestrittenen Bedeutung des Portfolio-Ansatzes lassen sich bezüglich Fundierung und Konzeption einige Einwände erheben:

— Bei der Beurteilung des Erfahrungskurvenkonzepts, des Produkt-Lebenszyklusmodells sowie der Befunde des PIMS-Projekts, die die Portfolio-Methode theoretisch bzw. empirisch fundieren, wird vor allem angeführt, daß diese sich ausschließlich oder primär mit leicht quantifizierbaren Faktoren auseinandersetzen. Dagegen werden schwer quantifizierbare Gegebenheiten, wie z.B. die Fähigkeiten des Managements oder eine leistungsorientierte Unternehmensphilosophie, die oft dahinterstehen, nicht berücksichtigt (vgl. dazu *Gabele* 1980, S. 64f.; *Unger* 1985, S. 220ff.).

— Die Prämisse der Existenz in sich homogener und zueinander heterogener **strategischer Geschäftseinheiten** als Planungsbasen des Portfolio-Ansatzes kann als weitgehend unrealistisch angesehen werden, da hierbei die in der Realität auftretenden, häufig sehr engen Interdependenzen zwischen den einzelnen Produkten bzw. Produktlinien einer Unternehmung unbeachtet bleiben (vgl. *Robens* 1985, S. 192).

— Bei Zugrundelegung einer nur noch schwer handhabbaren Menge von **Kriterien** zur Beurteilung der SGE, wie sie u.a. von *Hinterhuber* vorgeschlagen wird (vgl. *Hinterhuber* 1984, S. 102ff.; *Wehrle* 1981, S. 166; *Dunst* 1983, S. 102f.; *Drexel* 1981, S. 160ff. u.a.), kann es leicht dazu kommen, daß die in einer Branche zu einer bestimmten Zeit wirklich erfolgsbestimmenden Kriterien nicht ihrer Bedeutung entsprechend gewürdigt werden.

— Beim Portfolio-Konzept wird dem **Wettbewerb** ausschließlich in der Weise Rechnung getragen, daß die relative Stärke eines Unternehmens im Vergleich zum stärksten Wettbewerber beurteilt wird. Dadurch bleiben neu hinzukommende Anbieter, aggressive kleinere Konkurrenten sowie die Möglichkeit einer völligen Veränderung der Wettbewerbssituation durch Technologieinnovationen unberücksichtigt. Letzterem wird in neuerer Zeit durch sog. Technologieportfolios entgegengewirkt (vgl. *Pfeiffer/Metze/Schneider/Amler* 1982).

— Ein weiterer Kritikpunkt bezieht sich auf die Fragwürdigkeit der Ableitung bestimmter **Normstrategien** aus der Position einer SGE in der Matrix; denn die Bereiche, denen sich bestimmte Normstrategieempfehlungen zuordnen lassen, sind nicht eindeutig voneinander abgrenzbar (vgl. *Hinterhuber* 1984, S. 126).

— Der Portfolio-Ansatz stellt letztlich ein **statisches** Verfahren dar (vgl. *Robens* 1985, S. 199). Er bildet lediglich **einen** vorzugebenden Planungszeitraum ab. Eine simultane Wiedergabe zeitlich aufeinander aufbauender Planungsphasen in **einer** Portfolio-Matrix ist in der Regel nicht möglich. Zudem werden **Unsicherheiten** bei der Positionierung der einzelnen SGE in der Portfolio-Matrix, z. B. auf Grund abweichender Beurteilungen der am Planungsprozeß Beteiligten oder im Hinblick auf die Eintrittswahrscheinlichkeit einzelner Annahmen, kaum berücksichtigt (vgl. *Roventa* 1981, S. 185f.).

Auf Grund der vorstehend dargestellten Kritik am Portfolio-Konzept, an den von der Praxis häufig beklagten Umsetzungsproblemen bei der unternehmensindividuellen Anwendung sowie vor dem Hintergrund des Anfang der achtziger Jahre populär gewordenen Konzepts der Wettbewerbsstrategie von *Porter* (vgl. dazu den anschließenden Abschnitt 3.2.3.) entstanden eine Vielzahl von Weiterentwicklungen des Portfolio-Konzepts, so z.B. die **Wettbewerbsvorteilsmatrix** der *Boston Consulting Group*, das **strategische Spielbrett** von *McKinsey* oder die **Outpacing Strategies** von *Gilbert/Strebel* (vgl. im einzelnen zur Wettbewerbsvorteilsmatrix der BCG *Lochridge* 1981/82, *Oetinger* 1983, *Strüven/Herp* 1985; zum strategischen Spielbrett *Timmermann* 1982, *Trux/Müller/Kirsch* 1984, *Emans* 1987; zu den Outpacing Strategies *Gilbert/Strebel* 1985; eine zusammenfassende Übersicht über die genannten Ansätze findet sich bei *Hörschgen/Kirsch/Käßer-Pawelka/Grenz* 1988).

3.2.3. Die Wettbewerbsmatrix von *Porter*

Die historischen Wurzeln des von *Porter* entwickelten Konzepts der Wettbewerbsstrategie liegen in den Jahren 1975-80, einer Phase des geringer werdenden Wachstums oder gar der Stagnation bzw. Schrumpfung in vielen Wirtschaftszweigen. Stand in den Zeiten des fast ungehinderten Wachstums primär die **Befriedigung der Kundenbedürfnisse** im Mittelpunkt unternehmerischen Denkens, gewannen nunmehr die sog. **Wettbewerbskräfte** des Marktes an Bedeutung.

Als die fünf „Triebkräfte des Branchenwettbewerbs" führt *Porter* Konkurrenten, nachfragemächtige Abnehmer, potente Lieferanten, neue Wettbewerber und Ersatzprodukte an (vgl. Abb. 8.15.).

3.2.3.1. Ausgangsüberlegungen

Die skizzierten Wettbewerbskräfte erfordern eine starke **Wettbewerbsposition** des Unternehmens in seiner Branche[2], um einen relativ höheren Ertrag auf das investierte Kapital als die Konkurrenten zu erzielen. Als Ansatzpunkte für den

---
[2] Ausgangspunkt aller strategischen Überlegungen des Konzepts der Wettbewerbsmatrix ist die Branche, der ein Unternehmen zuzurechnen ist. *Porter* definiert sie als eine

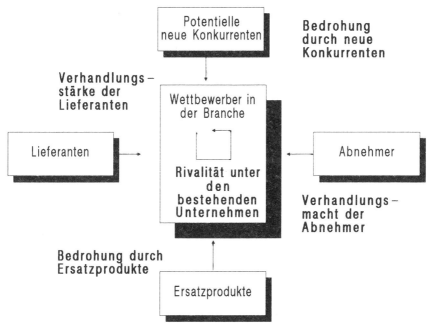

Quelle: *Porter* 1986a, S. 26.

Abb. 8.15.: Die fünf Wettbewerbskräfte nach *Porter*

Aufbau bzw. die Verteidigung einer starken Wettbewerbsposition konnte *Porter* durch die Analyse von über 100 Einzelbranchen drei entscheidende Faktoren — **Kosten, Nutzen** (Singularität aus der Sicht der Käufer) sowie **Ausmaß der Marktbearbeitung** — identifizieren, die in der sog. **Wettbewerbsmatrix** veranschaulicht werden (vgl. Abb. 8.16.).

Als weiteres Ergebnis seiner Analysen sieht *Porter* vor allem für große, marktanteilsstarke auf der einen und kleinere, spezialisierte Unternehmen auf der anderen Seite langfristig eine Chance zur Erreichung einer ansprechenden Rentabilität. Er warnt davor, eine Mittelposition einzunehmen oder beizubehalten — die Gefahr des „stuck in the middle" —, und empfiehlt allen Betroffenen, deren Mittel oder Fähigkeiten nicht ausreichen, eine marktführende Stellung durch niedrige Kosten oder Differenzierung zu erreichen, sich — u. U. auch durch die Aufgabe des Erreichten — auf Marktsegmente zu konzentrieren, in

---

Gruppe von Unternehmen, die Produkte herstellen, die sich gegenseitig ersetzen können. Typische Fälle sind für ihn Reifen, Rohöl, Bier, Stahl oder Papier.

Die Grenzen einer Branche ergeben sich für *Porter* aus dem Beziehungsgeflecht des Unternehmens mit seinen Wettbewerbern einerseits und sonstigen Marktteilnehmern — Lieferanten, Abnehmern, Herstellern von Ersatzprodukten sowie potentiellen neuen Konkurrenten — andererseits. Dabei sind diese Grenzen nicht starr, sondern auf Grund der Veränderungen im Zeitablauf relativ flexibel.

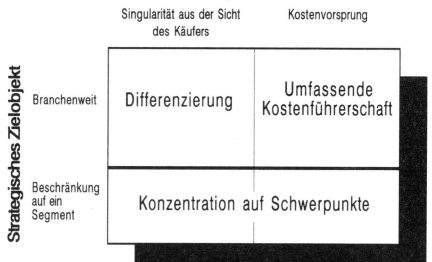

Quelle: *Porter* 1986a, S. 67.

Abb. 8.16.: Wettbewerbsmatrix nach *Porter*

denen sie Wettbewerbsvorteile aufzubauen vermögen. Der Zusammenhang zwischen Marktanteil und Rentabilität wird von *Porter* durch eine U-förmige Kurve verdeutlicht (vgl. Abb. 8.17.).

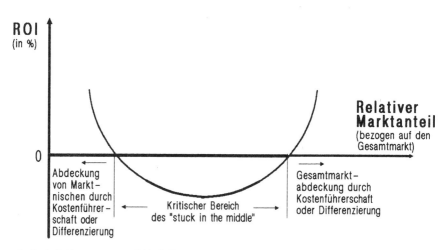

Quelle: In Anlehnung an *Porter* 1986a, S. 73.

Abb. 8.17.: Zusammenhang zwischen Rentabilität und Marktanteil nach *Porter*

Bevor sich beurteilen läßt, welche Position in der Wettbewerbsmatrix für ein Unternehmen am erfolgversprechendsten erscheint, sollte dessen spezifische Ausgangssituation ermittelt werden. Dafür hat *Porter* allgemeine Methoden zur Analyse der Struktur der eigenen sowie der mit ihr konkurrierenden Branchen entwickelt. Im Mittelpunkt stehen dabei — neben den Verfahren zur Analyse der fünf Wettbewerbskräfte — Methoden zur frühzeitigen Erfassung von Marktsignalen, spieltheoretische Konzepte zur Generierung und Evaluierung potentieller Wettbewerbsmaßnahmen, ein Ansatz zur Identifikation strategischer Gruppen sowie ein System zur Prognose der Branchenentwicklung.

Das beschriebene Analysesystem zur Generierung von Wettbewerbsstrategien kann nach Auffassung seines Urhebers vor allem in den von ihm beschriebenen Situationen (z.B. zersplitterte, junge, schrumpfende, weltweite sowie im Übergang zur Reife befindliche Branchen), die durch fundamentale Unterschiede hinsichtlich der Konzentration, des Reifegrades des Marktes sowie der Intensität des weltweiten Wettbewerbs gekennzeichnet sind, eine wesentliche Hilfe bei der strategischen Orientierung bieten.

3.2.3.2. Strategieempfehlungen

Um andere Unternehmen zu übertreffen, empfiehlt *Porter* die Konzentration auf eine der drei nachfolgend aufgezeigten Strategien:

(1) Die Kernidee der **umfassenden Kostenführerschaft** besteht darin, durch primär kostenorientiertes Denken und Handeln in einem Unternehmen einen Leistungsvorsprung aufzubauen und zu verteidigen. Trotz der Dominanz dieses Bemühens dürfen allerdings andere für den Unternehmenserfolg wichtige Leistungsdimensionen, wie z.B. Qualität und Service, nicht außer acht gelassen werden.

Entscheidende Voraussetzung für das Erreichen einer umfassenden Kostenführerschaft sind nach dem Erfahrungskurvenkonzept ein hoher Marktanteil oder die Existenz anderer erheblicher Vorteile (z.B. günstiger Zugang zu Rohstoffen). Daneben erfordert diese Stoßrichtung den Aufbau von Produktionsanlagen effizienter Größe, eine strenge Kontrolle des Aufwands sowie das Ausnutzen von Kostensenkungsmöglichkeiten, wie z.B. durch Vermeidung der Direktbelieferung von Kleinkunden und Reduktion von Ausgaben in den Bereichen Forschung und Entwicklung, Service, Außendienst und Werbung.

Porter sieht mit dieser Strategie folgende Vorteile verbunden:

— Das Unternehmen mit den niedrigsten Kosten einer Branche erzielt auch dann noch Gewinne, wenn die Wettbewerbskräfte sehr stark und die Konkurrenten auf Grund des Preisdrucks bereits in die Verlustzone geraten sind.

— Der Kostenvorsprung schützt auch vor nachfragemächtigen Kunden, weil diese die Preise höchstens bis auf das Niveau des zweiteffizientesten Konkurrenten zu drücken vermögen.

— Niedrige Kosten bewirken einen größeren Verhandlungsspielraum im Umgang mit mächtigen Lieferanten, da Preissteigerungen am wenigsten den Kostenführer treffen.
— Niedrige Kosten schaffen auch hohe Eintrittsbarrieren in den Markt.
— Ein Anbieter mit diesem Vorteil verfügt beim Auftreten von Substitutionsprodukten über einen größeren Handlungsspielraum als seine Wettbewerber.

(2) Bei der **Differenzierung** strebt ein Unternehmen danach, seine Produkte oder Dienstleistungen von den Angeboten der Konkurrenten abzuheben und damit etwas zu schaffen, was in der ganzen Branche nahezu **einzigartig** ist. Dadurch gelingt es ihm, auf dem Markt höhere Preise durchzusetzen, womit die Kosten gewissermaßen ins zweite Glied zurücktreten.

Auf welchen Wegen eine Differenzierung erreichbar ist, zeigen folgende Beispiele: *Braun* bei Elektro-Kleingeräten durch das Design, *Mercedes* bei PKW unter anderem durch den Markennamen, *Grey* bei Großcomputern durch die Technologie, *Litamin* bei Badezusätzen durch einen werbewirksamen Aufhänger (Nährschutzlotion) oder *Caterpillar* bei Baumaschinen durch den Kundendienst.

Die Differenzierungsstrategie kommt einem Unternehmen in folgender Weise entgegen:

— Die Abnehmer werden z.B. an eine Marke gebunden, wodurch sich die Preisempfindlichkeit eines Produktes verringert und ein Kostenvorsprung als Schutz vor Wettbewerbern zumindest teilweise entbehrlich erscheint.
— Die Kundenloyalität und die „Einzigartigkeit" des Produkts schaffen Markteintrittsbarrieren.
— Die höheren Ertragsspannen erleichtern den Umgang mit Lieferanten.
— Die Nachfragemacht von Großkunden wird durch die weitgehende Alleinstellung des Angebots abgeschwächt.
— Durch die hohe Kundenloyalität besteht ein wirksamer Schutz vor Substitutionsprodukten.

Als Voraussetzungen für den Erfolg dieser Strategie werden von *Porter* ein exklusiver Ruf des Unternehmens und kostenintensive Maßnahmen wie ausgedehnte Forschung, ansprechendes Produktdesign, die Verwendung von Materialien hoher Qualität oder intensive Kundenbetreuung angesehen. Aber auch bei einer Differenzierungsstrategie sollten die Kosten nicht ganz außer acht gelassen werden, da sich die Kunden bei ihren Beschaffungsentscheidungen zumeist von einem adäquaten Preis-/Leistungsverhältnis leiten lassen.

(3) Die **Konzentration auf Schwerpunkte** impliziert die gezielte Beschränkung der Marktbearbeitung auf eine oder mehrere Nischen, um in diesen umfassende Kostenführerschaft oder Differenzierung oder beides zusammen zu erreichen.

Derartige **Nischen** können dabei beispielsweise ausgewählte Abnehmergruppen, bestimmte Teile des Produktprogramms oder geographisch abgegrenzte Märkte darstellen. Der Erfolg einer solchen Strategie setzt voraus, daß ein Unternehmen ein eng begrenztes Marktsegment wirkungsvoller bearbeiten kann als die Konkurrenten, die sich im Gesamtmarkt dem Wettbewerb stellen. Zudem sollten sich die mit der Kostenführerschaft bzw. der Differenzierung verbundenen Vorteile gegenüber den fünf Wettbewerbskräften auch bei der Beschränkung auf ein bestimmtes Segment realisieren lassen.

3.2.3.3. Kritik und Weiterentwicklungen

Das Konzept der Wettbewerbsstrategien von *Porter* setzt zu seiner erfolgversprechenden Realisierung die Erreichung einer einzigartigen Wettbewerbsposition voraus. Wie man Wettbewerbsvorteile finden und systematisch entwickeln kann, um eine solche zu erreichen, bleibt in diesem Konzept weitgehend offen. Zudem wird von einer Festlegung auf eine der beiden Dimensionen — Differenzierung **oder** Kostenführerschaft — im Gesamtmarkt oder in einer Nische ausgegangen. Neuere Ansätze, wie z.B. jener von *Gilbert/Strebel* (1985), weisen jedoch darauf hin, daß die einseitige Festlegung auf eine Dimension vor allem in Wettbewerbssituationen, die durch einen raschen Wandel von Markt- oder Umweltbedingungen geprägt sind, von Nachteil sein kann.

Neben diesen zentralen Kritikpunkten werden auch von *Porter* selbst bei den einzelnen Strategiedimensionen erhebliche Risiken angeführt, derer sich jedes Unternehmen bewußt sein sollte (vgl. *Porter* 1986, S. 74ff.):

(1) Risiken der umfassenden Kostenführerschaft:
— Grundlegende technologische Veränderungen bergen die Gefahr in sich, frühere Investitionen und Lernkurveneffekte wertlos zu machen.
— Die Fähigkeit, niedrige Kosten zu erzielen, kann von Nachfolgern „erlernt" werden.
— Die vollständige Konzentration der Aufmerksamkeit auf die Kosten führt zur Unfähigkeit, notwendige Anpassungen an die Erfordernisse des Marktes rechtzeitig zu erkennen.
— Unvorhersehbare Kostensteigerungen, z.B. im Rohstoff- und Energiebereich, schmälern unter Umständen den bisher gegenüber Konkurrenzprodukten bestehenden Preisvorteil so sehr, daß deren Image- oder andere Differenzierungsvorteile nicht mehr ausgeglichen werden können.

(2) Risiken der Differenzierung:
— Der Preisvorsprung des Kostenführers kann so groß werden, daß den Käufern die finanziellen Einsparungen wichtiger als die Markenloyalität werden.
— Der Ansatzpunkt, auf dem die Differenzierung aufbaut, wie z.B. eine besonders hohe Qualität oder ein prägnantes Design, verliert im Zeitablauf

unter Umständen durch Veränderungen des Wertesystems der Abnehmer an Bedeutung.
— Nachahmungen durch Me-too-Produkte vermindern den erkennbaren Vorteil, der mit der Differenzierung verbunden ist bzw. war.

(3) Risiken der Konzentration:
— Der Preisunterschied zwischen Produkten von spezialisierten Unternehmen und solchen von Anbietern, die den gesamten Markt bearbeiten, kann so groß werden, daß die Vorteile, die segmentspezifische Erzeugnisse in den Augen der Kunden aufweisen, die Entrichtung eines höheren Entgelts nicht mehr rechtfertigen.
— Es besteht stets eine gewisse Gefahr, daß sich die Unterschiede zwischen den Wünschen des Gesamtmarktes und jenen des Teilmarktes verringern.
— Konkurrenten können innerhalb der Marktnische weitere Untermärkte finden und sich noch stärker spezialisieren.

In einer Weiterentwicklung seines Konzepts hat sich *Porter* auch damit auseinandergesetzt, wie sich eindeutige **Wettbewerbsvorteile** gegenüber Konkurrenten erreichen lassen (vgl. *Porter* 1986b; *Porter/Millar* 1985). Er geht dabei vom Bild eines Unternehmens als **Wertschöpfungskette** („value chain") aus, womit er einen neuartigen Ansatz zur Unternehmensanalyse verfolgt, der sich nicht mehr an Aspekte wie Funktionen oder Sparten klammert, sondern — eben
— die Wertschöpfung in den Mittelpunkt des Interesses rückt.

3.2.4. Vergleichende Betrachtung der dargestellten Entscheidungshilfen zur Ziel- und Strategienplanung

In der Vergangenheit wurde verschiedentlich, insbesondere von Beratungsunternehmen, die eigene Ansätze entwickelt haben, der Anspruch erhoben, daß das jeweilige Denkschema selbst bei isolierter Anwendung eine vollwertige Entscheidungshilfe für die Ziel- und Strategienplanung biete. Gleichwohl wurden die einzelnen Denkschemata vor dem Hintergrund einer ganz spezifischen Ausgangssituation bzw. Problemstellung generiert, weshalb sie eine **unterschiedliche** Leistungsfähigkeit aufweisen:

— Die **Produkt-Markt-Matrix** von *Ansoff* hat ihre Vorteile, wenn es darum geht, den Handlungsrahmen für die Entwicklung von Strategien abzustecken. Ihr primärer Anwendungsnutzen liegt damit in der Verdeutlichung der generellen strategischen Möglichkeiten durch die Darstellung unterschiedlicher Produkt-/Marktkombinationen. Über die Weiterentwicklung zum **dreidimensionalen Bezugsrahmen** von *Abell/Hammond* gelingt es, den Betrachtungshorizont auszuweiten. Allerdings bleibt bei beiden Ansätzen offen, **wie** man besonders erfolgreich sein kann.

— Ausgangspunkt des **Portfolio-Konzepts** bildet die Erkenntnis, daß durch die isolierte Betrachtung einzelner SGE die Interessen des Unternehmens als

Ganzes vernachlässigt werden könnten. Im Mittelpunkt dieses Ansatzes steht daher das Unternehmen als Gesamtheit aller SGE. Seine Stärke liegt demnach in der Initiierung und Koordination strategischer Überlegungen für die einzelnen SGE. Daneben wird der Portfolio-Ansatz zunehmend auch als Methode der strategischen Situationsanalyse angesehen, die die Ergebnisse der bereichsspezifischen Einzelanalysen zusammenführt, komprimiert und visualisiert.

Die in den meisten Portfolio-Ansätzen festgelegten **Normstrategien** für die einzelnen Felder der Matrix wirken im Hinblick auf ihren Aussagegehalt sehr pauschal. Es kommt ihnen daher eher der Charakter von **Rahmenempfehlungen** für die Generierung von Strategien und die Aufteilung der Ressourcen zu.

— Die **Wettbewerbsmatrix** von *Porter* bietet sich als Denkraster insbesondere dann an, wenn sich innerhalb der strategischen Planung die Frage stellt, mit welchen Wettbewerbspositionen sich auf stagnierenden Märkten eine überdurchschnittliche Rendite erzielen läßt. Die Schwächen dieses Konzepts liegen vor allem darin, daß nicht ausgesagt wird, wie die von *Porter* formulierten Wettbewerbspositionen im Einzelfall erreicht werden können. Außerdem bleibt offen, ob diese für jede Branche bzw. Situation gelten.

Angesichts der unterschiedlichen Leistungsfähigkeit der dargestellten Entscheidungshilfen erscheint es am sinnvollsten, diese entsprechend der individuellen strategischen Problemstellung einer Unternehmung kreativ anzuwenden. Danach kann in einzelnen Fällen das eine oder das andere Denkraster zur Lösung eines Problems ausreichen, während es in anderen Situationen notwendig ist, **alle** aufgezeigten Entscheidungshilfen im Rahmen der Strategienfestlegung zu nutzen.

3.3. Entscheidungshilfen für die Maßnahmenplanung

Zur Lösung des im Bereich der Maßnahmenplanung anstehenden Optimierungsproblems wurden in Wissenschaft und Praxis unterschiedliche Modelle entwickelt, die die in der Wirtschaftspraxis weit verbreitete Gepflogenheit, Planungsprobleme intuitiv oder durch Erfahrung zu lösen, ersetzen, zumindest aber ergänzen sollen. Besondere Bedeutung haben hierbei die Break Even-Analyse und die Netzwerkanalyse erlangt.

3.3.1. Einfach strukturierte Gleichgewichts- und Optimierungsmodelle

3.3.1.1. Die Break Even-Analyse

Da Marketing-Maßnahmen im allgemeinen mit Kosten verbunden sind, stellt sich Entscheidungsträgern zwangsläufig die Frage, unter welchen Bedingungen die Erlöse aus absatzpolitischen Aktionen die damit verbundenen Kosten übersteigen, so daß Gewinne erwirtschaftet werden. Um dies zu klären, greift man häufig zur **Break Even-Analyse**, die als bevorzugte Entscheidungshilfe bei der Erfolgs- bzw. Gewinnplanung angesehen wird.

Bei Verfolgung dieser Zielsetzung werden die Kosten und Erlöse in Abhängigkeit von einer bestimmten Einfluß- bzw. Bezugsgröße, beispielsweise der Ausbringungsmenge, einander gegenübergestellt. Auf diese Weise können die Auswirkungen unterschiedlicher Intensitätsgrade der Inputvariablen auf den Output anschaulich aufgezeigt werden. Konkret interessiert vor allem die Frage, wieviele Produkte abgesetzt werden müssen, um die durch Entwicklung, Herstellung und Vertrieb entstandenen Kosten zu decken. Der Schnittpunkt, bei dem die anfallenden Kosten und Erlöse gleich hoch sind, wird als **Break Even-Point, Nutzenschwelle, Gewinnschwelle** oder **Deckungspunkt** bezeichnet. Zur Veranschaulichung der Vorgehensweise gehen wir von folgenden, vereinfachenden Annahmen und Definitionen aus, wobei die Lösung sowohl rechnerisch als auch graphisch abgeleitet werden soll:

— Es handelt sich um ein Einproduktunternehmen.
— Der Gewinn (G) ergibt sich als Differenz zwischen Erlösen (E) und Gesamtkosten (K), wobei beide von einer dritten Größe (x) abhängen:

(8.1.) $\qquad G = E(x) - K(x)$

— Die Gesamtkosten (K) setzen sich aus von der Ausbringungsmenge abhängigen ($k_v \cdot x$) und von ihr unabhängigen Kosten (c) zusammen:

(8.2.) $\qquad K = k_v \cdot x + c$

— Die Erlöse (E) steigen linear mit dem Beschäftigungsgrad an, was einen während des Planungszeitraumes konstant gehaltenen Preis (p) impliziert:

(8.3.) $\qquad E = p \cdot x$

Somit läßt sich der **Break Even-Point** (x^*) rechnerisch wie folgt ermitteln:

(8.4.) $\qquad k_v \cdot x + c = p \cdot x$

(8.5.) $\qquad x^* = \dfrac{c}{p - k_v}$

Die Gewinnzone wird erreicht, wenn $x > x^*$ ist, da dann die Erlöse die Kosten übersteigen.

Dasselbe Ergebnis läßt sich auch auf graphischem Wege ermitteln (vgl. Abb. 8.18.).

Die hier in ihrer Grundstruktur dargestellte **Break Even-Analyse** kann vom Benutzer seinen spezifischen Bedürfnissen angepaßt werden. So ist es beispielsweise möglich, mit nicht-linearen Kosten- und Erlösfunktionen zu arbeiten. Häufig wird auch anstelle des Gewinns der Deckungsbeitrag als Zielgröße verwendet (ausführliche Darstellungen von Varianten der Break Even-Analyse finden sich u.a. bei *Alewell* 1974, S. 309 ff.; *Diller* 1980, S. 73 ff.; *Kern* 1974, Sp. 992 ff.).

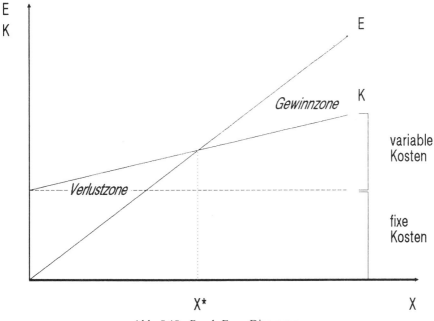

Abb. 8.18.: Break Even-Diagramm

Die Anwendungsmöglichkeiten der **Break Even-Analyse** sind vielfältiger Natur. Beispielsweise kann diese herangezogen werden, wenn beurteilt werden soll,

— ob es wirtschaftlicher ist, eine Leistung im Unternehmen selbst zu erbringen oder extern erstellen zu lassen (sog. „**make or buy**"-**Entscheidung**),

— ob der Einsatz von Reisenden dem von Handelsvertretern vorzuziehen ist (vgl. *Dichtl/Raffée/Niedetzky* 1981) oder

— ob es sinnvoller ist, eine Werbeagentur einzuschalten, statt eine Werbeabteilung zu unterhalten.

Oft wird die **Break Even-Analyse** auch zur Beurteilung von Preis- und Vertriebskostenänderungen eingesetzt. Da eine Preissenkung eine Verringerung der Stückerlöse nach sich zieht, stellt sich die Frage, wieviele Stücke mehr abgesetzt werden müssen, um den Gesamterlös mindestens konstant zu halten. Ähnlich ist die Situation bei Vertriebskostensteigerungen (z.B. erhöhten Aufwendungen für kommunikationspolitische Maßnahmen); auch hier will man wissen, welcher Output erreicht werden muß, damit sich der zusätzliche Aufwand lohnt.

Neben diesen allesamt auf die Beschäftigung abstellenden Anwendungen kann man sich noch eine Vielzahl weiterer Entscheidungsbereiche vorstellen, in denen zum Teil andere Bezugsgrundlagen auftreten. So dient die **raumbezogene Break Even-Analyse** beispielsweise zur Klärung der Frage, wie groß das

Einzugsgebiet eines Standortes sein muß, damit angesichts bestimmter Fixkosten für die Errichtung und den Betrieb einer Filiale Gewinne erwartet werden können. Im Rahmen **zeitbezogener** Analysen geht es etwa um die Festlegung möglichst günstiger Lieferfristen. Einerseits nämlich gilt die Verkürzung der Lieferzeit aus absatzpolitischer Sicht als erstrebenswert, weil dadurch u.U. zusätzliche Umsätze erzielt werden, während andererseits die z.B. durch höhere Lagerhaltung verursachten Kosten steigen. Die Break Even-Analyse dient nun dazu, jene Spanne zu ermitteln, die bei einer weiteren Verkürzung zu keinem Mehrgewinn führen würde (vgl. *Alewell* 1974, S. 306ff.).

Beim Einsatz der **Break Even-Analyse** sollte man sich jedoch einiger ihr innewohnender Restriktionen bewußt sein:

— Kosten und Erlöse werden in Abhängigkeit von einer einzigen Einflußgröße, z.B. der Ausbringungsmenge, gesehen. Dies stellt in vielen Fällen eine zu starke Vereinfachung der realen Sachverhalte dar.

— Kosten- und Erlösfunktionen werden als voneinander unabhängig interpretiert. Es besteht jedoch fraglos ein Zusammenhang zwischen beiden, da Marketing-Maßnahmen, die die Erlöse steigern sollen, im allgemeinen auch Kosten verursachen (z.B. durch Intensivierung der Werbung oder Verbesserung der Distribution). Dieser Zusammenhang wird aber von der Break Even-Analyse nicht erfaßt.

— Die als gegeben unterstellten Erlös- und Kostenfunktionen lassen sich in der Praxis oft nicht ermitteln, weil z.B. keine Möglichkeit für die Durchführung empirischer Untersuchungen besteht.

Trotz dieser Mängel ist die **Break Even-Analyse** ein weit verbreitetes und häufig angewandtes Verfahren der **Marketing-Planung**. Die Gründe hierfür liegen vor allem in der verhältnismäßig einfachen Grundstruktur und in der großen Adaptionsfähigkeit des Verfahrens.

3.3.1.2. Die Aktionsplanung mit Hilfe der Netzwerkanalyse

Ein Kennzeichen jeder Art betrieblicher Planung besteht darin, daß der Detailliertheitsgrad der Ergebnisse von den dispositiven zu den ausführenden Tätigkeiten hin immer mehr zunimmt (vgl. Abschn. 1.2.), wobei in demselben Maße monetäre Vorgabewerte von konkreten Handlungsanweisungen ergänzt werden. Dies gilt selbst für Stelleninhaber, die mit akquisitorischen Funktionen betraut sind, so z.B. für Reisende, die häufig verpflichtet sind, monatlich eine bestimmte Zahl potentieller Kunden aufzusuchen.

Der **Aktionsplan** umschließt alle für einen bestimmten Zweck bzw. innerhalb einer Kampagne zu treffenden Maßnahmen; er gewährleistet insoweit, daß weder etwas dem Zufall überlassen wird noch die **Einzelaktionen** der Geschlossenheit sowie der Ziel- und Strategieorientierung entbehren. Der Aktionsplan verkörpert damit ein logisches Gerüst, das erkennen läßt, welche Organe innerhalb und außerhalb einer Unternehmung in welcher Reihenfolge und zu welcher Zeit an einem Vorhaben beteiligt sind.

Wie dies im konkreten Fall aussieht, sei am Beispiel der Einführung eines neuen Produkts demonstriert, deren Vorbereitung sich nicht in der Aufstellung eines Budgets und vielleicht von Checklisten erschöpft, sondern auch die Erarbeitung eines Aktionsplans erfordert. Es zeigt sich dabei, daß die Festlegung von Zuständigkeiten und Verantwortungsbereichen nicht vor den traditionellen Grenzen der Marketing-Abteilung halt macht, wenn dies im Interesse der Sache geboten erscheint. Das Sachproblem gibt Gelegenheit, ein unentbehrliches methodisches Hilfsmittel vorzustellen, das für die erwähnte Aufgabe geradezu prädestiniert erscheint, die **Netzwerktechnik.**

Ein Projekt wird bei Anwendung einer Variante dieser Verfahrensgruppe systematisch in einzelne **Teilkomplexe** zerlegt, deren Zeitbedarf sich schätzen läßt und deren Zuordnung zueinander in Gestalt eines aus der Elektrotechnik bekannten Netzwerks dargestellt werden kann. Als Ergebnis erhält der Planer ein relativ anspruchsloses Modell vom zeitlichen Ablauf des gesamten Vorhabens.

Der entscheidende Vorzug gegenüber den traditionellen Planungsverfahren (z.B. *Gantt*'scher Planungsbogen, Balkendiagramm) besteht in der konsequenten **Trennung** von **Ablauf-, Zeit-** und **Kostenplanung.** Zu Beginn jeder Untersuchung ist dabei zunächst genau zu prüfen, aus welchen „**Tätigkeiten**" (Fällen einer Entscheidung, Lieferzeiten, Ausbildung von Personal usw.) ein Projekt im einzelnen besteht. Das hierzu notwendige systematische Vorgehen gewährleistet bereits ein sonst kaum angestrebtes und erreichtes Maß an Vollständigkeit.

Daran schließt sich die Phase der logischen Zuordnung der einzelnen Schritte zueinander an. Man untersucht bei jeder Aktivität, welche Tätigkeiten ihr unmittelbar vorausgehen und welche ihr nachgelagert sind. Die Liste der auszuführenden Teilaufgaben ist nun unter Beachtung der erkannten logischen Abhängigkeiten und unter Verwendung der formalen Ausdruckselemente der Graphentheorie (Knoten, Kanten) in die Gestalt eines **Netzwerks** zu bringen, das die Interdependenz der einzelnen Tätigkeiten optisch hervortreten läßt.

Auf die **Ablaufplanung,** als deren sichtbarer Ausdruck das fertige Diagramm anzusehen ist, folgt die **Zeitplanung.** Hier wird nun der für jede Aktivität zu veranschlagende Zeitbedarf von sachkundigen Mitarbeitern geschätzt. Verknüpfungen mit dem Zeitbedarf Null werden dabei als **Scheinaktivitäten** oder **Scheintätigkeiten** bezeichnet. Die Ziele der Zeitanalyse bestehen im einzelnen darin, die frühestmöglichen und die spätestzulässigen Anfangs- und Endtermine für jede Tätigkeit im voraus festzulegen. In den Fällen, in denen beide Wertepaare divergieren, hat man bei Bestimmung der Starttermine einen gewissen Spielraum zur Verfügung, der als **Schlupf** oder **Pufferzeit** bezeichnet wird.

Bei der Ermittlung des sog. **gesamten Schlupfes** geht man von der Hypothese aus, daß alle einer Aktivität vorausgehenden Tätigkeiten zum frühestmöglichen und alle nachfolgenden zum spätestzulässigen Zeitpunkt eingeleitet werden. Der Planer interessiert sich also dafür, wie groß der vorhandene Spielraum notfalls wäre, wenn die gesamten Zeitreserven eines Weges infolge einer unvorhergesehenen Störung an dieser Stelle verbraucht werden müßten. Um den sog. **freien Schlupf** hingegen kann der Beginn der Tätigkeit verschoben werden, ohne daß der frühestmögliche Start der folgenden Aktivität(en) gefährdet wird. Im Gegensatz zum vorstehenden Beispiel ist dieser Fall dadurch gekennzeichnet, daß keinerlei Vorgriff auf Kapazitätsreserven nachfolgender Tätigkeiten erfolgt. Es liegt nahe, die Pufferzeiten als maßgebliche Komponenten der jeweils anfallenden Leerkosten zu interpretieren, durch deren Abbau sich möglicherweise beträchtliche Einsparungen erzielen lassen.

Ein zweites, nicht minder wichtiges Anliegen der Zeitplanung besteht darin, den sog. **kritischen Weg** durch das Netz, d.h. jene Folge von Tätigkeiten, die den **größten Zeitaufwand** erfordert, zu finden. Damit ist gleichzeitig die für die Durchführung des gesamten Projekts notwendige Zeitspanne bestimmt. Als **kritisch** wird dieser Weg aus zwei Gründen charakterisiert, einmal weil jede nicht geplante Verzögerung bei Tätigkeiten auf diesem längsten Pfad eine Verschiebung des Endtermins in gleichem Umfang bewirkt, andererseits deswegen, weil mit dem Eintritt eines solchen Falles in der Regel eine Erhöhung der Gesamtkosten des Projekts verbunden ist.

Die Struktur- und Zeitplanung sollen an einem konstruierten Rechenbeispiel verdeutlicht werden. Gedacht sei an die Einführung eines neu zu entwickelnden Investitionsgutes, für dessen Fertigung sich eine Erweiterung der vorhandenen Kapazität als erforderlich erweise. Die Interaktionen der einzelnen Phasen des Projektablaufs (Strukturplanung) mögen sich dann nach dem in Abb. 8.19. angedeuteten Schema vollziehen.

An der Graphik fällt die strenge Zweiteilung des Projekts auf, der folgende Überlegungen zugrunde liegen: Im Bereich der Ereignisse A bis E werden die Marktverhältnisse sondiert, ein neues Produkt entwickelt und dessen Gewinnträchtigkeit für den Fall der Aufnahme der Produktion und des Vertriebs ermittelt. Die Aktivität E-F kennzeichnet die Entscheidung darüber, ob die Vorbereitungsarbeiten fortgesetzt werden sollen oder nicht. Die sich — gegebenenfalls — anschließenden Tätigkeiten zielen vornehmlich darauf ab, das Produkt zur völligen Marktreife zu entwickeln, zusätzliche Produktionsanlagen zu erstellen und die benötigten Produktionsmittel zu beschaffen. Voraussetzung für die Vornahme der geplanten Investionen ist allerdings die Aufbringung ausreichender finanzieller Mittel, was durch die Aktivität F-G angedeutet wird. Schließlich sind alle jene absatzpolitischen Maßnahmen zu treffen, die für eine erfolgreiche Einführung des Produktes unabdingbar erscheinen.

Welche Tätigkeiten im konkreten Falle als wesentlich erachtet werden und wie sie im einzelnen zu verknüpfen sind, hängt in entscheidendem Maße von den Zielen, der Organisation, der Genauigkeit der Planung und dem Umfeld einer Unternehmung ab. Zweifellos kann es sich hier nur um ein vereinfachtes Modell handeln, das den Erfordernissen der Wirklichkeit aus Gründen mangelnder Isomorphie nicht Rechnung zu tragen vermag. Immerhin dürfte es aber einen Eindruck davon vermitteln, wie bei Erstellung eines Ablaufdiagramms in der Praxis vorzugehen ist.

3. Planungsinstrumente

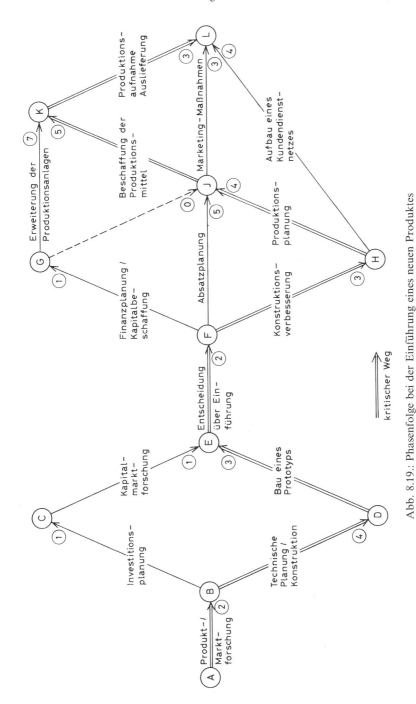

Abb. 8.19.: Phasenfolge bei der Einführung eines neuen Produktes

Frühest- und spätestmögliche Start- und Endtermine für jede Tätigkeit, gesamter und freier Schlupf sowie der Verlauf des **kritischen Weges,** der hier 26 Zeiteinheiten umfaßt, ergeben sich sodann aus Tab. 8.6. (Zeitplanung).

Tabelle 8.6.:

Termine, Schlupfzeiten und kritischer Weg

Aktivität / Zeitstruktur	Symbole	Dauer	Start frühest	Start spätest	Ende frühest	Ende spätest	Schlupf gesamt	Schlupf frei	Verlauf des kritischen Weges
Marktforschung	A - B	2	0	0	2	2	0	0	A - B
Investitionsplanung	B - C	1	2	7	3	8	5	0	
Technische Planung/Konstruktion	B - D	4	2	2	6	6	0	0	B - D
Kapitalmarktforschung	C - E	1	3	8	4	9	5	5	
Bau eines Prototyps	D - E	3	6	6	9	9	0	0	D - E
Entscheidung über Einführung	E - F	2	9	9	11	11	0	0	E - F
Finanzplanung/Kapitalbeschaffung	F - G	1	11	15	12	16	4	0	
Konstruktionsverbesserung	F - H	3	11	11	14	14	0	0	F - H
Absatzplanung	F - J	5	11	13	16	18	2	2	
Scheinaktivität	G - J	0	12	18	12	18	6	6	
Erweiterung der Produktionsanlagen	G - K	7	12	16	19	23	4	4	
Produktionsplanung	H - J	4	14	14	18	18	0	0	H - J
Aufbau eines Kundendienstnetzes	H - L	4	14	22	18	26	8	8	
Beschaffung der Produktionsmittel	J - K	5	18	18	23	23	0	0	J - K
Marketing-Maßnahmen	J - L	3	18	23	21	26	5	5	
Aufnahme der Produktion/Auslieferung	K - L	3	23	23	26	26	0	0	K - L

Die Entwicklung der Netzwerktechnik kann keinesfalls als abgeschlossen gelten. Sowohl die **Critical Path Method (CPM)** als auch die **Program Evaluation and Review Technique (PERT),** die bekanntesten Varianten, wurden im Laufe der Jahre den speziellen Bedürfnissen einzelner Wirtschaftszweige und Branchen angepaßt, wobei auch Kosten- und Kapazitätserwägungen in die Untersuchungen einbezogen wurden. Praktische Bedeutung hat davon vor allem **RAMPS (Resource Allocation and Multi Project Scheduling)** erlangt. Dieses Verfahren trägt einer Reihe von Zielen Rechnung, wie z.B. „die Projektzeit zu minimieren, die Kapazitätsausnutzung zu maximieren, möglichst viele Aktivitäten (,konkurrierender' Projekte, Anm. d. Verf.) gleichzeitig zu bearbeiten, möglichst wenig Aktivitäten zu unterbrechen oder ... Arbeitsstauungen zu verhindern" (*Mertens* 1964, S. 398). Das Problem der Zielkonflikte wird dabei durch ein differenziertes System von Vorrangsteuerungen gelöst. Auf die zahlreichen mehr oder weniger verbreiteten Weiterentwicklungen der Netzwerktechnik kann jedoch in diesem Zusammenhang nicht eingegangen werden (vgl. *dazu Neumann* 1975; *Elmaghraby* 1977; *Neumann/Steinhardt* 1979).

3.3.2. Höherstrukturierte Optimierungsmodelle

Die Entwicklung leistungsfähiger Datenverarbeitungsanlagen erwies sich in den vergangenen Jahrzehnten als Ansporn dafür, komplizierte Marketing-Probleme nicht mehr intuitiv, sondern mit Hilfe mathematischer Modelle zu lösen. Unter einem **Modell** versteht man ein vereinfachtes Abbild der Wirklichkeit, das der Analyse leichter als die Realität zugänglich ist und überdies die Chance eröffnet, Eingriffe in ein System vorzunehmen, die am „lebenden" Objekt nicht möglich oder zu teuer wären. Im Rahmen dieses Abschnittes interessieren in erster Linie sog. **Entscheidungsmodelle**[3], also Modelle, die im Rahmen eines genau definierten Bezugssystems effiziente oder gar optimale Werte von Aktionsvariablen abzuleiten erlauben.

Die Sinnhaftigkeit einer Entscheidungsvorbereitung mit Hilfe formaler Modelle wird vor allem mit folgenden **Vorteilen** begründet:

(1) Die Abbildung eines Tatbestandes in einem Modell zwingt zu einer möglichst vollständigen und präzisen Formulierung eines Entscheidungsproblems. Alle verfügbaren Informationen über Art und Wahrscheinlichkeit des Eintritts relevanter Ereignisse werden explizit erfaßt und ausgewertet.

(2) Die Prämissen einer Entscheidung werden transparent, kontrollierbar und dokumentierbar gemacht. Im Verlauf des Entscheidungsprozesses werden eine Problemdiskussion und nach gefällter Entscheidung ein Lernen aus etwaigen Fehlschlägen eher möglich, als wenn die Entscheidung intuitiv getroffen wird.

(3) Die Chancen und Risiken, die mit einer Entscheidung verbunden sind, werden nach Maßgabe des jeweiligen Informationsstandes bestimmt und ausgewiesen. Damit verbunden ist die Möglichkeit, die Entscheidungsbefugnisse untergeordneter Instanzen nach der Höhe des festgestellten Risikos zu beschränken.

(4) Durch die Hilfe der Elektronischen Datenverarbeitung wird es möglich, auch bei sehr komplexen Problemen vorteilhafte Lösungen zu finden oder zumindest die Zahl der in die engere Wahl kommenden Alternativen drastisch zu verringern. Auch die beachtliche Leistungsfähigkeit moderner Marketing-Informationssysteme (siehe dazu § 10, Abschn. 2.) kann allerdings nicht darüber hinwegtäuschen, daß diese immer nur bekannte Entscheidungsmuster zu reproduzieren vermögen.

Den Vorteilen stehen allerdings auch einige **Nachteile** gegenüber: So wirken die hohen Kosten, die mit der Entwicklung und Implementierung mathematischer Marketing-Modelle verbunden sein können, oftmals abschreckend. In ganz besonderem Maße gilt dies für die Formalisierung selten zu treffender Entscheidungen. In der Regel gibt es auch Schwierigkeiten bei der Validierung solcher Ansätze, da keine objektiven Prüfkriterien dafür zur Verfügung stehen,

---

[3] Solche Entscheidungsmodelle wurden bereits verschiedentlich, vor allem aber in den Abschnitten Produkt- und Entgeltpolitik, angesprochen.

ob ein Problem hinreichend detailliert erfaßt und abgebildet werden konnte (Homomorphieproblem). Damit verbunden ist schließlich die meistens auf mangelnde Kommunikation zwischen Modellbauern und Modellbenutzern zurückzuführende geringe Akzeptanz, die den auf solche Weise generierten Handlungsempfehlungen durch das Management häufig zukommt.

Solche Entscheidungsmodelle können grundsätzlich nicht nur im Rahmen der Maßnahmen-, sondern auch bei der Ziel- und Strategienplanung zum Einsatz kommen. Auf Grund der meist noch höheren Komplexität, der schlechteren Strukturierbarkeit sowie der größeren Bedeutung schwer quantifizierbarer Faktoren bei strategischen Entscheidungen liegt das primäre Anwendungsfeld solcher Modelle jedoch im Bereich der Maßnahmenplanung.

Um einen gewissen Eindruck von den Möglichkeiten, die eine stark formalisierte Planung zur Lösung komplexer Marketing-Probleme eröffnet, zu vermitteln, seien kurz einige **wichtige Fragestellungen** skizziert, für die sich in der — überwiegend angelsächsischen — Fachliteratur erprobte Lösungsverfahren finden.

(1) Produktpolitik
— (Re-)Positionierung von Produkten im Rahmen eines Marktmodells zum Zweck der Aufdeckung von Marktnischen oder der Erhöhung des Marktanteils

— Verteilung der Mittel für Forschung und Entwicklung auf einzelne neu zu entwickelnde Produkte

— Bewertung von Produktvorhaben oder bereits auf dem (Test-)Markt befindlichen Erzeugnissen

— Ermittlung des unter Markt- und Kostenerfordernissen bestmöglichen Zeitpunkts für die Einführung eines neuen Produktes

— Bestimmung des Produktionsprogramms bzw. Sortiments unter Berücksichtigung von Kapazitätsrestriktionen und Verbundeffekten

— Bestimmung der Zahl der Ausstattungsvarianten (z.B. bei Autos) unter absatz- und kostenwirtschaftlichen Gesichtspunkten

— Entscheidung für oder gegen ein Diversifikationsvorhaben bzw. verschiedene Diversifikationsstrategien

— Dimensionierung der Garantieleistung nach Inhalt und Dauer.

(2) Entgeltpolitik
— Ermittlung des gewinnmaximalen Preises bei verschiedenen Marktkonstellationen

— Preisbestimmung bei gespaltenen Märkten

— Gestaltung von Preisänderungen im Zeitablauf angesichts ungewisser Reaktionen der Konkurrenten

— Bestimmung der Preisgebote bei Submissionen („competitive bidding")
— Konstruktion von Rabattstaffeln.

(3) Distributionspolitik
— Entwicklung eines Transportsystems zwischen Lieferstätten und Bedarfspunkten (Transportmodell)
— Standortwahl für Zwischenläger
— Zuweisung von Artikeln zu Standorten innerhalb eines (Großhandels-) Lagers
— Bestimmung der Betriebsgröße für Umschlagseinrichtungen
— Ermittlung des kürzesten Rundreiseweges („traveling salesman problem")
— Planung des Fuhrparkeinsatzes
— Vergleich der Produktivität von Absatzkanälen und Lieferwegen
— Bestimmung der optimalen Auftragsgröße
— Untersuchung des Einflusses der Lieferzeit auf die Annahmeverweigerung bei zugestellten Sendungen
— Zuordnung von Mitarbeitern des Außendienstes zu bestimmten Verkaufsbezirken
— Besuchspolitik von Mitarbeitern des Außendienstes (Welche Kunden/ Nichtkunden sind zu besuchen? Mit welcher Häufigkeit? An welchen Tagen? Mit welcher Intensität sind die einzelnen Kunden / Nichtkunden zu bearbeiten?)
— Konzipierung von Leistungslohn- und Informationssystemen für Verkäufer unter Motivations- und Effizienzgesichtspunkten
— Planung der Anzahl und Betriebszeiten von Checkout-Kassen in Supermärkten und Cash & Carry-Betrieben.

(4) Kommunikationspolitik
— Fixierung des Werbebudgets
— Selektion der Werbemedien
— Bestimmung der anzustrebenden Kontakthäufigkeit pro Zielgruppe
— Festlegung des Timing in der Werbung
— Auswahl von Entwürfen für Anzeigen(-Kampagnen)
— Bestimmung vorteilhafter Sales Promotion-Aktionen.

Angesichts der Fülle von Fragestellungen, die in den einzelnen Submixes regelmäßig zur Entscheidung anstehen, erscheint es am aussichtsreichsten, die Lösung des umfassenden Marketing-Mix-Problems über eine modulare Zusammenfügung von Partialmodellen anzustreben; denn das Bemühen um Entwicklung von Totalmodellen zwingt zu einem relativ hohen Aggregationsgrad, der zahlreiche Detailprobleme unter den Tisch fallen läßt. Zweifellos wird man dabei differenziert vorgehen, d.h. versuchen, den für jede organisatorische Bezugsebene adäquaten Verdichtungsgrad bei Informationen sowie Komplexitätsgrad bei Modellen zu erreichen.

Allgemein sind **Marketing-Entscheidungen** durch folgende Eigenschaften gekennzeichnet:

— Die Struktur der Probleme ist außerordentlich komplex.

— Zwischen (fast) allen Bezugs- bzw. Betrachtungsebenen bestehen Interdependenzen (Ausstrahlungseffekte).

— Die Wirkungsverläufe („response functions") sind in der Regel nicht linear.

— Die vorhandenen Zusammenhänge sind oftmals zeitlich verzögert (dynamische Relationen; „lagged relationships").

— Es existieren Zielantinomien, d.h. eine zu treffende Maßnahme wirkt sich auf mindestens ein Ziel der Unternehmung oder eines Organisationsmitglieds positiv, auf mindestens ein anderes negativ aus.

— Häufig fehlt es an objektiven Daten, so daß auf mehr oder minder vage Schätzungen, Einholung von Expertisen usw. ausgewichen werden muß.

Die hier nur kurz umrissenen Eigenarten von Marketing-Problemen waren der Verbreitung formaler Ansätze auf diesem Sektor wenig förderlich. Die Entwicklung ist durch eine Art Polarisierung gekennzeichnet, und zwar insofern, als man fortwährend zwischen einfach strukturierten, aber letztlich untauglichen Modellen auf der einen, und relativ kompliziert angelegten, aber analytisch nicht lösbaren auf der anderen Seite hin und her schwankte. Ein wesentlicher Fortschritt war das Aufkommen von **Simulationsmodellen**, welche nicht nur die Sensitivität von Lösungen (d.h. das Ausmaß der Abhängigkeit von bestimmten Parametern), sondern auch die Wirkungen verschiedener absatzpolitischer Maßnahmen auf unterschiedliche Ziele abzuschätzen erlauben und oft einen Weg weisen, analytisch nicht ableitbare funktionale Beziehungen auf empirischem Weg zu bestimmen.

Ausgehend von der Erkenntnis, daß sich der praktische Nutzen eines Marketing-Modells allein aus dessen Fähigkeit ableitet, den Prozeß der unternehmerischen Entscheidungsfindung zu verbessern, postulierte *J.D.C. Little* (1977) eine Reihe von Grundsätzen für die Modellkonstruktion, die man heute nach seinem Vorschlag allgemein als **Decision Calculus** umschreibt. Damit war der entscheidende Durchbruch in dem Bemühen um Steigerung der Effizienz der Marketing-Planung mit Hilfe formalisierter Kalküle gelungen.

Im Gegensatz zu sog. realsystemorientierten Modellen strebt man bei solchen des Decision Calculus-Typs eine Nachbildung des menschlichen Entscheidungsverhaltens an, indem der als relevant erachtete Ausschnitt der zur Verfügung stehenden Daten, Meinungen und Erwartungen so integriert wird, daß das formale Gebilde ein objektiviertes und vollständiges Abbild des unternehmerischen Denkprozesses darstellt. Das Konzept verkörpert deshalb vor allem ein Programm zur konsistenten, schnellen und zuverlässigen Verarbeitung der einem Entscheidungsträger zur Verfügung stehenden Informationen.

Die dem **Decision Calculus-Ansatz** inhärenten Modellanforderungen sind vor allem folgende:
— **Einfachheit:** Ein Modell muß leicht verständlich sein. Dabei wird in Kauf genommen, daß es unwesentliche Aspekte vernachlässigt.
— **Benutzungssicherheit:** Das Modell muß gewissermaßen narrensicher sein, darf also keine schlechten oder offenkundig unsinnigen Lösungen vorschlagen.
— **Prüfbarkeit:** Das Modellergebnis muß einfach nachzuprüfen sein, um das Vertrauen des Managements in die Lösung zu stärken.
— **Adaptionsfähigkeit:** Das Modell muß ohne Schwierigkeiten neuen Informationen und neuen Denkmustern angepaßt werden können.
— **Vollständigkeit:** Das Modell muß so konstruiert sein, daß alle als relevant erachteten Facetten eines Problems, insbesondere auch Meinungen der Manager, erfaßt werden können.
— **Kommunikationsfähigkeit:** Das Modell muß den Benutzer in die Lage versetzen, möglichst unmittelbar und rasch mit ihm zu kommunizieren.

Die zuletzt genannte Anforderung signalisiert zugleich die Schwelle einer neuen Ära im Bereich der computerunterstützten Marketing-Planung, die unter der Bezeichnung **Mensch-Maschine-Kommunikation** bekannt geworden ist (vgl. hierzu § 10, Abschn. 2.2.2.3.). Sie erscheint für das Marketing insofern prädestiniert, als hier viele Entscheidungsprobleme der Lösung bedürfen, bei denen einerseits zahlreiche „harte" Daten ausgewertet und viele Berechnungen durchgeführt werden müssen, während man andererseits auf die Berücksichtigung von Qualitäten wie Intuition und Erfahrung, Risikobereitschaft und Detailwissen des Marketing-Managers nicht verzichten kann.

Eine Eigentümlichkeit und zugleich ein entscheidender Vorzug der Mensch-Maschine-Kommunikation besteht darin, daß immer dann, wenn bei derartigen Problemstellungen, die einer präzisen Beschreibung und einer programmierbaren, automatisierbaren Optimierung nicht unmittelbar zugänglich sind, offenbar unsinnige Resultate ausgeworfen oder auf dem Bildschirm ausgewiesen werden, der Spezialist Gelegenheit hat, seine Schätzungen zu revidieren und sie dem Rechner erneut einzugeben. Sofern auch nach mehrmaliger Veränderung der Input-Daten keine plausiblen Ergebnisse zutage gefördert werden, hat dies zur Folge, daß das Modell modifiziert werden muß. Dies ist insofern ein gravierendes Ereignis, als dem Marketing-Manager bewußt wird, daß er seine Entscheidungen bislang offensichtlich auf Grund eines schlechten „internen Modells" gefällt hat. Diese Überlegungen dokumentieren, daß Modellbildung und Modellbenutzung einen evolutionären Lernprozeß verkörpern, der zu einem bislang ungeahnten Maß an Intelligenzverstärkung beizutragen vermag.

Quellenhinweise und Literaturempfehlungen

Grundlegende Literatur zur Marketing-Planung:

Abell, D.F., Defining the Business, The Starting Point of Strategic Planning, Englewood Cliffs, N.J., 1980.
Abell, D.F., Hammond, J.S., Strategic Market Planning, Englewood Cliffs, N.J., 1979.
Ansoff, H.I., Corporate Strategy, New York 1965.
Ansoff, H.I., Die Bewältigung von Überraschungen - Strategische Reaktionen auf schwache Signale, in: ZfbF-Schmalenbachs Zeitschrift für betriebswirtschaftliche Forschung, 28. Jg. (1976), S. 129-152.
Ansoff, H.I., Strategic Management, London 1979.
Ansoff, H.I., Strategic Issue Management, in: Strategic Management Journal, o. Jg. (1980), S. 131-148.
Ansoff, H.I., Implanting Strategic Management, Englewood Cliffs, N.J., 1984.
Ansoff, H.I., Bosman, A., Storm, P.M., Understanding and Managing Strategic Change, Amsterdam-New York-Oxford 1982.
Arbeitskreis „Langfristige Unternehmensplanung" der Schmalenbachgesellschaft, Strategische Planung, in: ZfbF-Schmalenbachs Zeitschrift für betriebswirtschaftliche Forschung, 29. Jg. (1977), S. 1-20.
Becker, J., Grundlagen der Marketing-Konzeption, 2., verb. u. erw. Aufl., München 1988.
Diller, H. (Hrsg.), Marketingplanung, München 1980.
Ehrenthal, R., Riekhof, H.-Chr., FESY-Das strategische Früherkennungssystem des Otto-Versand, in: Otto-Versand Personalentwicklung-Management in Theorie und Praxis, Nr. 2, 1986, S. 13-17.
Fiedler, J., Marketingplanung, in: *Poth, L.* (Hrsg), Marketing Bd. 1, 2. Aufl., Neuwied 1986, Kap. 17.
Gälweiler, A., Unternehmensplanung, Grundlagen und Praxis, 2. Aufl., bearb. v. M. Schwaninger, Frankfurt/M.-New York 1986.
Hörschgen, H., Kirsch, J., Käßer-Pawelka, G., Grenz, J., Grundlagen des Strategischen Marketing, Stuttgart 1988.
Köhler, R., Grundprobleme der strategischen Marketingplanung, in: *Geist, M., Köhler, R.* (Hrsg.), Die Führung des Betriebes (*Curt Sandig* zum 80. Geburtstag), Stuttgart 1981, S. 261-291.
Kotler, P., Marketing-Management, 4., völlig neubearb. Aufl., Stuttgart 1982.
Kreikebaum, H., Strategische Unternehmensplanung, 2. Aufl., Stuttgart usw. 1987.
Macharzina, K., Bedeutung und Notwendigkeit des Diskontinuitätenmanagements bei internationaler Unternehmenstätigkeit, in: *Macharzina, K.* (Hrsg.), Diskontinuitätenmanagement, Berlin 1984, S. 1-18.
Macharzina, K. (Hrsg.), Diskontinuitätenmanagement, Strategische Bewältigung von Strukturbrüchen bei internationaler Unternehmenstätigkeit, Berlin 1984.
Macharzina, K., Strategische Fehlentscheidungen in der internationalen Unternehmung als Folge von Informationspathologien, in: ders. (Hrsg.), Diskontinuitätenmanagement, Berlin 1984, S. 77-140.
Meffert, H., Marketingstrategien in stagnierenden und schrumpfenden Märkten, in: *Pack, L., Börner, D.,* Betriebswirtschaftliche Entscheidungen bei Stagnation, Wiesbaden 1984.
Meffert, H., Marketing, 7. Aufl., Wiesbaden 1986.
Meffert, H., Ohlsen, G., Welche Strategie in stagnierenden Märkten, in: absatzwirtschaft, 28. Jg. (1985), Sonderheft, S. 104-110.
Müller, G., Strategische Frühaufklärung. Stand der Forschung und Typologie der Ansätze, in: Marketing·ZFP, 8. Jg. (1986), Heft 4, S. 248-255.
Neumann, U.E., Kurzfristige Absatzplanung, Bochum 1974.
Pümpin, C., Langfristige Marketingplanung, 2. Aufl., Bern-Stuttgart 1970.

Raffée, H., Wiedmann, K.-P. (Hrsg.), Strategisches Marketing, Stuttgart 1985.
Stern, M., Marketing-Planung. Eine System-Analyse, 3. Aufl., Berlin 1975.
Wensley, R., Strategic Marketing: Betas, Boxes or Basics, in: Journal of Marketing, Vol. 45 (1981), No. 3, S. 173-182.
Wiedmann, K.P., Frühwarnung/Früherkennung/Frühaufklärung: Zum Stand der Verwirklichung eines alten Wunsches im Sektor der Unternehmensführung, Arbeitspapier Nr. 25, Institut für Marketing, Universität Mannheim, Mannheim 1984.
Wiedmann, K.-P., Konzeptionelle und methodische Grundlagen der Früherkennung, in: *Raffée, H., Wiedmann, K.-P.* (Hrsg.), Strategisches Marketing, Stuttgart 1985, S. 301-348.
Wild, J., Grundlagen der Unternehmensplanung, 4. Aufl., Opladen 1982.
Wildemann, H. (Hrsg.), Frühwarnsysteme: Gestaltung und Nutzen von Frühwarnsystemen, München 1984.
Wilson, R.M.S., Management Controls and Marketing Planning, Incorporating Management Controls in Marketing, London 1979.
Zahn, E., Entwicklungstendenzen und Problemfelder der strategischen Planung, in: *Bergner, H.* (Hrsg.), Planung und Rechnungswesen in der Betriebswirtschaftslehre, Festgabe für *Gert v. Kortzfleisch* zum 60. Geburtstag, Berlin 1981.

Einen Überblick über die **Gegenstandsbereiche** der **Marketing-Planung** vermitteln:

Angehrn, O., Zum Aussagewert des Begriffs „Produktlebenszyklus", in: Jahrbuch der Absatz- und Verbrauchsforschung, 20. Jg. (1974), S. 269-279.
Ansoff, H.I., Management-Strategie, München 1966.
Ansoff, H.I., Stewart, J.M., Strategies for a Technology Based Business, in: HBR-Harvard Business Review, Vol. 45 (1967), No. 6, S. 71-83.
Arbeitsgemeinschaft zur Förderung der Partnerschaft in der Wirtschaft (AGP), Unternehmenskultur in Deutschland - Menschen machen Wirtschaft. Themen eines Kongresses, Gütersloh 1986.
Arndt, J., Market Segmentation. Theoretical and Empirical Dimensions, Bergen 1974.
Arnold, U., Strategische Unternehmensführung und das Konzept der „Schwachen Signale", in: WiSt-Wirtschaftswissenschaftliches Studium, 10. Jg. (1981), S. 290-293.
Bamberger, J., Theoretische Grundlagen strategischer Entscheidungen, in: WiSt-Wirtschaftswissenschaftliches Studium, 10. Jg. (1981), S. 97-104.
Bauer, E., Marktsegmentierung als Marketing-Strategie, Berlin 1976.
Becker, J., Strategische Markenführung, in: Markenartikel, 47. Jg. (1985), Heft 8, S. 404-411.
Becker, J., Die strategische (Neu-)Verteilung von Märkten, in: absatzwirtschaft, 29. Jg. (1986), Sonderausgabe, S. 78-86.
Becker, J., Steuerungsleistungen und Einsatzbedingungen von Marketingstrategien, in: Marketing·ZFP, 8. Jg. (1986), Heft 3, S. 189-198.
Berekoven, L., Internationales Marketing, 2., erw. und verb. Aufl., Wiesbaden 1985.
Bernkopf, G., Marktrisiken mit Markenstrategien begegnen, in: Absatzwirtschaft, 26. Jg. (1983), Sonderausgabe Nr. 10, S. 58-64.
Beyeler, L., Grundlagen des kombinierten Einsatzes der Absatzmittel, Bern 1964.
Bidlingmaier, J., Unternehmerziele und Unternehmerstrategien, Wiesbaden 1964.
Bidlingmaier, J., Zielkonflikte und Zielkompromisse im unternehmerischen Entscheidungsprozeß, Wiesbaden 1968.
Biggadike, R., The Risky Business of Diversification, in: HBR-Harvard Business Review, Vol. 57. (1979), No. 3, S. 103-111.
Bloom, P., Kotler, P.A., Strategies for High Market-Share Companies, in: HBR-Harvard Business Review, Vol. 53 (1975), No. 6, S. 63-72.
Böhler, H., Methoden und Modelle der Marktsegmentierung, Stuttgart 1977.

Bolt, J.F., Strategieorientierte Managemententwicklung, in: Harvard Manager, o. Jg. (1986), Heft 2, S. 113-117.
Bonsen, M., Metastrategie, in: Harvard Manager, o. Jg. (1986), Heft 3, S. 114-117.
Booz-Allen & Hamilton (Eds.), Management of New Products, 6th Edition, New York 1968.
Borden, N., Das Konzept des Marketing-Mix, in: *Britt, S.H., Boyd, H.W.* (Hrsg), Marketing-Management, München 1971, S. 53-66.
Brockhoff, K., Beiträge der Marketing-Wissenschaft zur Strategiediskussion, in: Marketing·ZFP, 7. Jg. (1985), Heft 3, S. 212-213.
Bruch, K., Ursachen statt Signale, in: Harvard Manager, o. Jg. (1979), Nr. 2, S. 112-115.
Catry, B., Chevalier, M., Marketshare-Strategy and Product Life Cycle, in: Journal of Marketing, Vol. 38 (1974), Nr. 4, S. 29-34.
Crone, B., Marktsegmentierung. Eine Analyse zur Zielgruppendefinition unter besonderer Berücksichtigung soziologischer und psychologischer Kriterien, Frankfurt/M. 1977.
Dichtl, E., Über Wesen und Struktur absatzpolitischer Entscheidungen, Berlin 1967.
Dichtl, E., Die Bildung von Konsumententypen als Grundfrage der Marktsegmentierung, in: WiSt-Wirtschaftswissenschaftliches Studium, 3. Jg. (1974), S. 54-59.
Dichtl, E., Die Marktsegmentierung als Voraussetzung differenzierter Marktbearbeitung, in: WiSt-Wirtschaftswissenschaftliches Studium, 3. Jg. (1974), S. 97-102.
Dichtl, E., Innovationsfähigkeit, Auslandsorientierung und strategisches Profil als Determinanten der Wettbewerbsfähigkeit, in: Marketing·ZFP, 8. Jg. (1986), Heft 2, S. 103-113.
Dichtl, E., Müller-Neumann, G., Konsumententypologische und produktorientierte Marktsegmentierung, in: Jahrbuch der Absatz- und Verbrauchsforschung, 18. Jg. (1972), S. 249-265.
Dierkes, M., Unternehmenskultur und Unternehmensführung — Konzeptionelle Ansätze und gesicherte Erkenntnisse, in: ZfB-Zeitschrift für Betriebswirtschaft, 58. Jg. (1988), Heft 5/6, S. 554-575.
Drexel, G., Strategische Unternehmensführung im Handel, Berlin 1981.
Drexel, G., Strategische Planung im Einzelhandel, in: Die Unternehmung, Schweizerische Zeitschrift für betriebswirtschaftliche Forschung und Praxis, 37. Jg. (1983), Heft 3, S. 182-202.
Eichenberg, W., Strategien zur Erschließung von Auslandsmärkten — Internationalisierung des Marketing, in: *Wieselhuber, N., Töpfer, A.,* Handbuch Strategisches Marketing, 2. Aufl., Landsberg am Lech 1986, S. 408-425.
Engel, J.F., Fiorillo, H.F., Cayley, M., Market Segmentation, Concepts and Applications, New York 1972.
Frank, R.E., Massy, W.F., Wind, Y., Market Segmentation, Englewood Cliffs, N.J., 1972.
Freter, H., Marktsegmentierung, Stuttgart 1983.
Fritz, W., Förster, F., Raffée, H., Silberer, G., Unternehmensziele in Industrie und Handel. Eine empirische Untersuchung zu Inhalten, Bedingungen und Wirkungen von Unternehmenszielen, in: DBW-Die Betriebswirtschaft, 45. Jg. (1985), S. 375-394.
Gray, D.H., Vom richtigen und falschen Gebrauch strategischer Planung, in: Harvard Manager, o. Jg. (1986), Heft 4, S. 97-106.
Grimm, U., Analyse strategischer Faktoren, Wiesbaden 1983.
Haedrich, G., Entwicklung von Marketing-Strategien, in: Marketing·ZFP, 5. Jg. (1983), S. 175-180.
Hahn, D., Taylor, B. (Hrsg.), Strategische Unternehmensplanung. Stand und Entwicklungstendenzen, 4., veränderte und erw. Aufl., Heidelberg—Wien 1986.
Hammann, P., Entscheidungsanalyse im Marketing, Berlin 1975.
Hauser, E., Unternehmenskultur. Analyse und Sichtbarmachung an einem praktischen Beispiel, Bern 1985.

Heinen, E., Unternehmenskultur. Perspektiven für Wissenschaft und Praxis, München-Wien 1987.
Hinterhuber, H.H., Wettbewerbsstrategie, Berlin-New York 1982.
Hinterhuber, H.H., Strategische Unternehmensführung, 3., verb. und erw. Aufl., Berlin-New York 1984.
Hörschgen, H., Internationale Unternehmenstätigkeit Baden-Württembergischer Unternehmen, Stuttgart 1983.
Hoffmann, K., Wolff, V., Zur Systematik von Absatzstrategien als Grundlage langfristig wirkender Entscheidungen im Absatzbereich, in: Jahrbuch der Absatz- und Verbrauchsforschung, 23. Jg. (1977), S. 161-175.
Hofstede, G., Cultures Consequences — International Differences in Work Related Values, Beverly Hills 1980.
Kaiser, A., Die Identifikation von Marktsegmenten, Berlin 1978.
Keppler, W., Bamberger, I., Gabele, E., Langfristige Planungssysteme — Empirische Ergebnisse zu Strukturen und Prozessen der Langfristplanung in Unternehmen, München 1975.
Kirsch, W. (Hrsg.), Unternehmenspolitik: Von der Zielforschung zum Strategischen Management, München 1981.
Kirsch, W., Esser, W.-M., Dr. Höfner & Partner, Der Stand der Strategischen Planung in der Bundesrepublik Deutschland und West-Berlin, München 1983.
Kirsch, W., Roventa, P., Bausteine eines Strategischen Managements, Dialoge zwischen Wissenschaft und Praxis, Berlin-New York 1983.
Kirsch, W., Trux, W., Strategische Frühaufklärung, in: *Kirsch, W., Roventa, P.* (Hrsg.), Bausteine eines Strategischen Managements, Dialoge zwischen Wissenschaft und Praxis, Berlin-New York 1983, S. 225-236.
Köhler, R., Strategisches Marketing: Auf die Entwicklung eines umfassenden Informations-, Planungs- und Organisationssystems kommt es an, in: Marketing·ZFP, 7. Jg. (1985), Heft 3, S. 213-216.
Köhler, R., Böhler, H., Strategische Marketing-Planung: Kursbestimmung bei ungewisser Zukunft, in: absatzwirtschaft, 27. Jg. (1984), Heft 3, S. 93-103.
Kollat, D., Blackwell, R.D., Robeson, J.F., Strategic Marketing, New York 1972.
Kreikebaum, H., Grimm, U., Strategische Unternehmensplanung in der Bundesrepublik Deutschland — Ergebnisse einer empirischen Untersuchung, in: *Hahn, D., Taylor, B.* (Hrsg.), Strategische Unternehmensplanung, 4., veränderte und erweiterte Aufl., Heidelberg—Wien 1986, S. 857-879.
Kretschmer, A., Strategien in reifen Märkten, in: Die Unternehmung, Schweizerische Zeitschrift für betriebswirtschaftliche Forschung, 37. Jg. (1983), S. 95-105.
Kreutzer, R., Prozeßstandardisierung im Rahmen eines Global Marketing. Charakterisierung strategischer Analyse, ihrer Einsatzfelder und Wirkungen, in: Marketing·ZFP, 9. Jg. (1987), Heft 3, S. 167-176.
Kroeber-Riel, W., Zentrale Probleme auf gesättigten Märkten - Auswechselbare Produkte und auswechselbare Werbung und ihre Überwindung durch erlebnisbetonte Marketingstrategien, in: Marketing·ZFP, 6. Jg. (1984), Heft 3, S. 210-214.
Krommes, W., Das Verhalten der Unternehmung in der Rezession, Berlin 1972.
Levitt, T., The Globalization of Markets, in: HBR-Harvard Business Review, Vol. 61 (1983), No. 3, S. 92-102.
Levitt, T., The Marketing Imagination, New York 1983.
Levitt, T., Marketing Imagination, Die unbegrenzte Macht des kreativen Marketing, Landsberg am Lech 1984.
Lorsch, J., Managing Culture: The Invisible Barrier to Strategic Change, in: CMR-California Management Review, Vol. 28 (1986), No. 2, S. 95-103.
Maidique, M.A., Corporate Strategy and Technological Policy, in: *Tushman, M.L., Moore, W.L.* (Hrsg.), Readings in the Manangement of Innovation, Boston etc. 1982, S. 273-285.

Mathieu, G., Kooperation-Aktivstrategie im Marketing, in: Marketing·ZFP, 1. Jg. (1979), Heft 1, S. 59-63.

Meffert, H., Produktinnovation und Marketing, in: *Meffert, H.* (Hrsg.), Unternehmensführung und Marketing, Bd. 3: *Schmitt-Grohé, J.*, Produktinnovation, Wiesbaden 1972, S. 19-24.

Meffert, H., Zur Bedeutung von Konkurrenzstrategien im Marketing, in: Marketing·ZFP, 7. Jg. (1985), Heft 1, S. 13-19.

Meffert, H., Perspektiven des Marketing im Spannungsfeld zwischen Standardisierung und Differenzierung — Thesen zu den Herausforderungen der 90er Jahre, in: Markenartikel, 48. Jg. (1986), Heft 10, S. 442-451.

Meffert, H., Wagner, H., Vom operativen zum strategischen Marketing, Arbeitspapier Nr. 24, Dokumentation des Workshops vom 13. Juli 1985, Wissenschaftliche Gesellschaft für Marketing und Unternehmensführung e.V., Münster 1985.

Meissner, H.G., Außenhandels-Marketing, Stuttgart 1981.

Meissner, H.G., Hellenthal, I., Marketingdurchführung (Elemente des Marketing-Mix), in: *Poth, L.* (Hrsg.), Marketing Bd. 1, 2. Aufl., Neuwied 1986, Kap. 21.

Meyer-Pliening, A., Informationstechnologie: Was macht Unternehmen erfolgreich, in: Information Management Nr. 2, 1987, S. 17-26.

Müller, T., Management von Zukunftstechnologien, Technologie als strategischer Erfolgsfaktor, in: ZfO-Zeitschrift für Organisation, 54. Jg. (1985), Heft 3, S. 176-180.

Pettigrew, A., On Studying Organizational Cultures, in: Administrative Science Quarterly, Vol. 24 (1979), S. 570-589.

Pfeiffer, S., Die Akzeptanz von Neuprodukten im Handel, eine empirische Untersuchung zum Innovationsverhalten des Lebensmittelhandels, Wiesbaden 1981.

Pfeiffer, W., Metze, G., Schneider, W., Amler, R., Technologie-Portfolio zum Management strategischer Zukunftsgeschäftsfelder, Göttingen 1982.

Picot, A., Strukturwandel und Unternehmensstrategie, Teil I und II, in: WiSt-Wirtschaftswissenschaftliches Studium, 10. Jg. (1981), S. 527-532 und S. 563-571.

Poth, L. (Hrsg.), Marketing, Bd. 1, 2. Aufl., Neuwied 1986.

Pümpin, C., Unternehmenskultur, Basis strategischer Profilierung erfolgreicher Unternehmen, Bern 1985.

Raffée, H., Grundprobleme der Betriebswirtschaftslehre, Göttingen 1974.

Raffée, H., Marketing und Umwelt, Stuttgart 1979.

Raffée, H., Grundfragen und Ansätze des strategischen Marketing, in: *Raffée, H., Wiedmann, K.-P.* (Hrsg.), Strategisches Marketing, Stuttgart 1985, S. 3-33.

Robinson, P.J., The Development of Feasible Goals and Suitable Strategies, in: *Alderson, W., Shapiro, St. J.* (Eds.), Marketing and the Computer, Englewood Cliffs, N.J., 1963, S. 128-143.

Rufer, D., Wüthrich, H.A., Die drei Grundfragen des strategischen Managements, in: Harvard Manager, o. Jg. (1987), Heft 2, S. 60-66.

Rupp, M., Produkt-Markt-Strategien, Ein Leitfaden zur marktorientierten Produktplanung für kleinere und mittlere Unternehmungen der Investitionsgüterindustrie, 3., geänderte Aufl., Zürich 1988.

Schelker, T., Methodik der Produkt-Innovation, Bern 1978.

Schiefer, F., Faktoren der internationalen Wettbewerbsfähigkeit — aufgezeigt am Vergleich USA, Japan, Deutschland, in: ZfbF-Schmalenbachs Zeitschrift für betriebswirtschaftliche Forschung, 34. Jg. (1982), S. 34-50.

Segler, K., Basisstrategien im internationalen Marketing, Frankfurt/M. 1986.

Seidel, H., Erschließung von Auslandsmärkten, Berlin 1977.

Slater, Ch.C., The Most Profitable Market Share Objectives, in: Journal of Marketing, Vol. 25 (1961), Nr. 4, S. 52-57.

Smith, W., Product Differentiation and Market Segmentation as Alternative Marketing Strategies, in: Journal of Marketing, Vol. 21 (1956), Nr. 1, S. 3-8.

Sommerlatte, T., Walsh, S.I., Das strategische Management von Technologie, in: *Töpfer, A., Afheldt, H.* (Hrsg.), Praxis der strategischen Unternehmungsplanung, Frankfurt/M. 1983, S. 298-321.
Specht, G., Zörgiebel, W.W., Technologieorientierte Wettbewerbsstrategien, in: Marketing·ZFP, 7. Jg. (1985), Heft 3, S. 161-172.
Stahr, G., Auslandsmarketing, 2 Bände, Stuttgart 1979.
Szyperski, N., Winand, U., Grundbegriffe der Unternehmensplanung, Stuttgart 1980.
Taylor, J.W., Competitive Marketing Strategies, Randor, Pa., 1986.
Terpstra, V., International Marketing, 3. Ed., Chicago etc. 1983.
Tietz, B., Die Haupttendenzen für das Handelsmarketing in den 80er Jahren, in: *Meffert, H.* (Hrsg.), Marketing im Wandel, Wiesbaden 1980, S. 87-118.
Trux, W., Kirsch, W., Strategisches Management oder die Möglichkeit einer „wissenschaftlichen" Unternehmensführung, in: DBW — Die Betriebswirtschaft, 39. Jg. (1979), S. 215-235.
Trux, W., Müller, G., Kirsch, W., Das Management Strategischer Programme, 2. Halbband, München 1984.
Wehrle, F., Strategische Marketingplanung in Warenhäusern, Frankfurt/M. 1981.
Weiss, H., Unternehmensstrategie und Aufbau einer strategischen Planung in einem Unternehmen der Maschinenbauindustrie, in: ZfbF-Schmalenbachs Zeitschrift für betriebswirtschaftliche Forschung, 53. Jg. (1983), Sonderheft Nr. 15, S. 35-41.
Werner, J., Nicht erst warten, bis der Markt reif ist, in: Blick durch die Wirtschaft, 30. Jg. (1987), Nr. 139, S. 7.
Wiedmann, K.-P., Kreutzer, R., Strategische Marketingplanung — Ein Überblick, in: *Raffée, H., Wiedmann, K.-P.* (Hrsg.), Strategisches Marketing, Stuttgart 1985, S. 61-141.
Wieselhuber, N., Phasen und Prozeß der strategischen Planung, in: *Töpfer, A., Afheldt, H.* (Hrsg.), Praxis der strategischen Unternehmensplanung, Frankfurt/M. 1983, S. 55-82.
Wieselhuber, N., Töpfer, A. (Hrsg.), Handbuch Strategisches Marketing, 2. Aufl., Landsberg am Lech 1984.
Wild, J., Budgetierung, in: Marketing-Enzyklopädie, Bd. 1, München 1974, S. 325-340.
Wittek, B.F., Strategische Unternehmensführung bei Diversifikation, Berlin-New York 1980.
Zahn, E., Diskontinuitätentheorie-Stand der Entwicklung und betriebswirtschaftliche Anwendungen, in: *Macharzina, K.* (Hrsg.), Diskontinuitätenmanagement, Berlin 1984, S. 19-76.
Zörgiebel, W., Technologie in der Wettbewerbsstrategie. Strategische Auswirkungen technologischer Entscheidungen — untersucht am Beispiel der Werkzeugmaschinenindustrie, Münster 1983.

Mit einzelnen **Entscheidungshilfen** befassen sich:

Albach, H., Strategische Unternehmensplanung bei erhöhter Unsicherheit, in: ZfB-Zeitschrift für Betriebswirtschaftslehre, 48. Jg. (1978), S. 702-715.
Alewell, K., Break-Even-Analyse, in: Marketing-Enzyklopädie, Bd. 1, München 1974, S. 305-317.
Anderson, C.R., Paine, F.T., PIMS: A Reexamination, in: AMR-Academy of Management Review, Vol. 3 (1978), No. 3, S. 602-612.
Ansoff, H.I., Leontiades, J.C., Strategic Portfolio Management, in: Journal of General Management, Vol. 4 (1976), No. 1, S. 13-29.
Aurich, W., Schroeder, H.-U., Unternehmensplanung im Konjunkturverlauf, München 1977.
Berschin, H.H., Wie entwickle ich eine Unternehmensstrategie? Portfolio-Analyse und Portfolio-Planung, Wiesbaden 1982.
Buaron, R., New-Game Strategies, in: McKinsey Quarterly, Spring 1981, S. 24-40.

Day, G., Diagnosing the Product Portfolio, in: Journal of Marketing, Vol. 41 (1977), No. 2, S. 29-38.
Dichtl, E., Raffée, H., Niedetzky, H.-M., Reisende oder Handelsvertreter, München 1981.
Dunst, K., Portfolio-Management. Konzeption für die strategische Unternehmensplanung, 2., verb. Aufl., Berlin usw. 1983.
Emans, H., Die Schutzzäune einreißen, in: Manager Magazin, o.Jg. (1987), Heft 11, S. 294-307.
Elmaghraby, S., Activity Networks: Project Planning and Control by Network Models, New York 1977.
Gabele, E., Kritik einer Strategie, in: Wirtschaftswoche, 34. Jg. (1980), Nr. 45, S. 62-69.
Gaitanides, M., Produktportfoliomanagement und Planungsrechnung bei dezentraler Organisationsstruktur, in: Die Unternehmung, Schweizerische Zeitschrift für betriebswirtschaftliche Forschung, 34. Jg. (1980), S. 67-83.
Ghemawat, P., Strategieplanung mit der Erfahrungskurve, in: Harvard Manager, o. Jg. (1985), Nr. 4, S. 33-39.
Gilbert, X., Strebel, P.J., Outpacing Strategies, IMEDE-Perspectives for Managers, o. Jg. (1985), No. 2.
Haedrich, G. (Hrsg.), Operationale Entscheidungshilfen für die Marketingplanung, Berlin-New York 1977.
Hahn, D., Zweck und Standort des Portfolio-Konzepts in der strategischen Unternehmensplanung, in: *Hahn, D., Taylor, B.* (Hrsg.), Strategische Unternehmensplanung, 4., veränderte und erw. Aufl., Heidelberg—Wien 1986, S. 128-148.
Hansen, H.R. (Hrsg.), Computergestützte Marketing-Planung, München 1974.
Haspeslagh, Ph., Portfolioplanning: Uses and Limits, in: HBR-Harvard Business Review, Vol. 60 (1982), No. 1, S. 58-73.
Hedley, B., A Fundamental Approach to Strategy Development, in: *Hahn, D., Taylor, B.* (Hrsg.), Strategische Unternehmensplanung, 4., veränderte und erw. Aufl., Heidelberg —Wien 1986, S. 101-115.
Hedley, B., Strategy and the „Business Portfolio", in: *Hahn, D., Taylor, B.* (Hrsg.), Strategische Unternehmensplanung, 4., veränderte und erw. Aufl., Heidelberg—Wien 1986, S. 116-127.
Henderson, B.D., Die Erfahrungskurve in der Unternehmensstrategie, 2., überarbeitete Aufl., übersetzt und bearbeitet von *A. Gälweiler*, Frankfurt/M.-New York 1984.
Hinterhuber, H.H., Thom, N., Innovationen im Unternehmen, in: Literatur-Berater Wirtschaft, o. Jg. (1979), Heft 2, S. 13-19.
Höfner, K., Winterling, K., Strategisch planen mit Portfolios, Teil I und II, in: Marketing Journal, 15. Jg. (1982), S. 45-48 und S. 248-255.
Hörschgen, H., Strategische Marketingplanung im Elektrogroßhandel, *Arbeitskreis Elektro-Installationstechnik* (Hrsg.), München 1983.
Hussey, D.E., Portfolio Analysis: Practical Experience with the Directional Policy Matrix, in: Long Range Planning, Vol. 11 (1978), No. 4, S. 2-8.
Ihde, G.B., Portfolio-Management, in: WiSt-Wirtschaftswissenschaftliches Studium, 9. Jg. (1980), S. 130-132.
Kern, W., Break-Even-Analysis, in: *Grochla, E., Wittmann, W.* (Hrsg.), HWB-Handwörterbuch der Betriebswirtschaft, 4. Aufl., Stuttgart 1974, Sp. 929-989.
Kirsch, J., Handelsorientiertes Herstellermarketing, Esslingen 1987.
Kirsch, W., Marketing und Idee des strategischen Management, in: *Meffert, H.*, Marketing im Wandel, Wiesbaden 1980, S. 63-76.
Kirsch, W., Trux, W., Strategische Frühaufklärung und Portfolio-Analyse, in: ZfB-Zeitschrift für Betriebswirtschaft, 49. Jg. (1979), S. 47-49.
Klauser, W., Zur Anwendung von Planungstechniken in einem Großbetrieb, in: *Pfohl, H.-C., Rürup, E.* (Hrsg.), Anwendungsprobleme moderner Planungs- und Entscheidungstechniken, Königstein/Ts. 1978, S. 113-128.

Köhler, R., Grundprobleme der strategischen Marketingplanung, in: *Geist, M.N., Köhler, R.* (Hrsg.), Die Führung des Betriebes, Stuttgart 1981, S. 261-291.
Krautter, J., Marketing-Entscheidungsmodelle, Wiesbaden 1973.
Kreikebaum, H., Die Potentialanalyse und ihre Bedeutung für die Unternehmensplanung, in: ZfB-Zeitschrift für Betriebswirtschaft, 41. Jg. (1971), S. 257-272.
Kreikebaum, H., Die Lückenanalyse als Voraussetzung der Unternehmensplanung, in: ZIR-Zeitschrift für interne Revision, 8. Jg. (1973), S. 17-26.
Kreikebaum, H., Zur Akzeptanz strategischer Planungssysteme, in: Marketing·ZFP, 5. Jg. (1983), Heft 2, S. 103-107.
Kreikebaum, H., Grimm, U., Die Analyse strategischer Faktoren und ihre Bedeutung für die strategische Planung, in: WiSt-Wirtschaftswissenschaftliches Studium, 12. Jg. (1983), S. 6-12.
Kühn, R., Walliser, M., Problementdeckungssystem mit Frühwarneigenschaften, in: Die Unternehmung, Schweizerische Zeitschrift für betriebswirtschaftliche Forschung, 32. Jg. (1978), Heft 2, S. 223-246.
Lang, K., Thomas, U., Erfolgsrezept Strategisches Marketing?, in: Markenartikel, 46. Jg. (1984), Heft 1, S. 36f.
Lettau, H.-G., Strategische Planung (2). Die Inhalte in operationale Markt-Strategien „herunterbrechen", in: Marketing Journal, 18. Jg. (1985), Heft 2, S. 141-145.
Lettau, H.-G., Marketing-Arbeitsmodell Nr. 4, „Strategisch planen-mehr erreichen", Hamburg 1983.
Link, J., Organisation der Strategischen Planung. Aufbau und Bedeutung strategischer Geschäftseinheiten sowie strategischer Planungsorgane, Heidelberg-Wien 1985.
Link, J., Strategische Planung, in: Marketing Journal, 18. Jg. (1985), Heft 3, S. 248-253.
Little, J.D.C., Modelle und Manager: Das Konzept des Decision Calculus, in: *Köhler, R., Zimmermann, H.-J.* (Hrsg.), Entscheidungshilfen im Marketing, Stuttgart 1977, S. 122-147.
Lochridge, R.K., Strategien für die achtziger Jahre, Perspektiven Nr. 49, The Boston Consulting Group, 1981/1982.
Luchs, R.M., Müller, R., Das PIMS-Programm — Strategien empirisch fundieren, in: SP-Strategische Planung, Bd. 1 (1985), Nr. 2, S. 79-98.
Mauthe, K.D., Roventa, P., Versionen der Portfolio-Analyse auf dem Prüfstand. Ein Ansatz zur Auswahl und Beurteilung strategischer Analysemethoden, in: ZfO-Zeitschrift für Organisation, 51. Jg. (1982), Heft 4, S. 191-204.
Mertens, P., Netzwerktechnik als Instrument der Planung, in: ZfB-Zeitschrift für Betriebswirtschaft, 34. Jg. (1964), S. 382-407.
Mertens, P., Griese, J., Schmitt, W., Mensch-Maschine-Dialoge im Marketing, in: Data Report, 8. Jg. (1973), Nr. 4, S. 5-9.
Mertens, P., Rackelmann, G., Konzept eines Frühwarnsystems auf der Basis von Produktlebenszyklen, in: *Albach, H., Hahn, D., Mertens, P.* (Hrsg.), Frühwarnsysteme, Sonderheft 2 der Zeitschrift für Betriebswirtschaft, Wiesbaden 1979, S. 70-88.
Montgomery, D.B., Urban, G.L., Management-Science in Marketing, Englewood Cliffs, N.J., 1969.
Nagtegaal, H., Experience Curve & Produktportfolio, Wie überlebt mein Unternehmen?, Wiesbaden 1977.
Neubauer, F.F., Das PIMS-Programm und Portfolio-Management, in: *Hahn, D., Taylor, B.* (Hrsg.), Strategische Unternehmensplanung, 4., veränderte und erw. Aufl., Heidelberg—Wien, S. 178-205.
Neumann, K., Operations Research Verfahren, München-Wien 1975.
Neumann, K., Steinhardt, U., GERT Networks and the Time-Oriented Evaluation of Projects, Berlin etc. 1979.

Oetinger, B.v., Wandlungen in den Unternehmensstrategien der 80er Jahre, in: *Koch, H.* (Hrsg.), Unternehmensstrategie und Strategische Planung, ZfbF-Schmalenbachs Zeitschrift für betriebswirtschaftliche Forschung, 35. Jg. (1983), Sonderheft Nr. 15, S. 42-51.

Peters, T.J., Waterman, R.H. jun., Auf der Suche nach Spitzenleistungen. Was man von den bestgeführten US-Unternehmen lernen kann, 9. Aufl., Landsberg am Lech 1984.

Pleitner, H.J., Die Portfolio-Analyse als Führungsinstrument im Marketing, in: Der Markt, Zeitschrift für Absatzwirtschaft und Marketing, 20. Jg. (1981), Heft 1, S. 1-8.

Porter, M.E., Wettbewerbsstrategie: Methoden zur Analyse von Branchen und Konkurrenten (Competitive Strategy), 3., durchges. Aufl., Frankfurt/M. 1986.

Porter, M.E., Wettbewerbsvorteile (Competitive Advantage). Spitzenleistungen erreichen und behaupten, Frankfurt/M.-New York 1986.

Porter, M.E., Millar, V.E., How Information Gives You Competitive Advantage, in: HBR-Harvard Business Review, Vol. 63 (1985), No. 4, S. 149-160.

Pümpin, C., Management strategischer Erfolgspositionen. Das SEP-Konzept als Grundlage wirkungsvoller Unternehmensführung, 2. Aufl., Bern-Stuttgart 1983.

Pümpin, C., Strategische Führung in der Unternehmenspraxis. Entwicklung, Einführung und Anpassung der Unternehmensstrategie, in: Die Orientierung, o. Jg. (1980), Nr.76, Schweizerische Volksbank, Bern 1980.

Pümpin, C., Gälweiler, A., Neubauer, F.F., Bane, W.T., Produkt-Markt-Strategien. Neue Instrumente erfolgreicher Unternehmensführung, Bern 1980.

Robens, H., Schwachstellen der Portfolio-Analyse, in: Marketing·ZFP, 7. Jg. (1985), Heft 3, S. 191-200.

Roventa, P., Portfolio-Analyse und strategisches Management, 2., durchges. Aufl., München 1981.

Roventa, P., Mauthe, K.D., Versionen der Portfolio-Analyse auf dem Prüfstand, in: ZfO-Zeitschrift für Organisation, 51. Jg. (1982), Nr. 4, S. 191-204.

Schoeffler, S., Buzzell, R.D., Heany, D.F., Impact of Strategic Planning on Profit Performance, in: HBR-Harvard Business Review, Vol. 52 (1974), S. 137-145.

Strüven, P., Herp, T., Möglichkeiten und Grenzen strategischer Analyseinstrumente, in: *Raffée, H., Wiedmann, K.-P.* (Hrsg.), Strategisches Marketing, Stuttgart 1985, S. 185-196.

Timmermann, A., Strategisches Denken-Lebenslanges Lernen auch für Unternehmen, in: *Raffée, H., Wiedmann, K.-P.* (Hrsg.), Strategisches Marketing, Stuttgart 1985, S. 197-227.

Unger, F., Kritische Anmerkungen zu ausgewählten Ansätzen strategischer Unternehmensplanung, Teil 1: Die Portfolio-Analyse, in: Markenartikel, 47. Jg. (1985), Heft 5, S. 218-228.

Unger, F., Kritische Anmerkungen zu ausgewählten Ansätzen strategischer Unternehmensplanung, Teil 2: Erfahrungskurve und Marktanteil, in: Markenartikel, 47. Jg. (1985), Heft 8, S. 411-417.

Wacker, P., Die Erfahrungskurve in der Unternehmungsplanung. Analyse und empirische Untersuchung, Diss., München 1980.

Weinberg, R.S., Multiple Factor Break-Even-Analysis, The Application of Operations Research Techniques to a Basic Problem of Management Planning and Control, in: Operations Research, Vol 4. (1956), S. 152-186.

Weinberg, P., Behrens, G., Kaas, K.P. (Hrsg.), Marketing-Entscheidungen, Köln 1974.

Winand, U., Strategische Geschäftseinheit (SGE), in: DBW-Die Betriebswirtschaft, 42. Jg. (1982), S. 154-155.

§ 9 Marketing-Kontrolle

1. Gegenstand und Bedeutung der Marketing-Kontrolle
2. Die ergebnisorientierte Marketing-Kontrolle
   2.1. Grundlagen
   2.2. Möglichkeiten einer ergebnisorientierten Marketing-Kontrolle
      2.2.1. Die Umsatz- und Marktanteilskontrolle
      2.2.2. Die Vertriebserfolgskontrolle
         2.2.2.1. Die Vertriebskostenrechnung
         2.2.2.2. Die Absatzsegmentrechnung
3. Das Marketing-Audit
   3.1. Zielsetzung und zentrale Probleme
   3.2. Der Objektbereich des Marketing-Audit
      3.2.1. Das Prämissen-Audit
      3.2.2. Das Ziel- und Strategien-Audit
      3.2.3. Das Maßnahmen-Audit
      3.2.4. Das Prozeß- und Organisations-Audit
4. Organisatorische Aspekte der Marketing-Kontrolle
Quellenhinweise und Literaturempfehlungen

1. Gegenstand und Bedeutung der Marketing-Kontrolle

Kontrolle kann als laufende, systematische Überprüfung und Beurteilung aller unternehmerischen Prozesse gekennzeichnet werden. Sie erfaßt die tatsächlichen Vorgänge und Zustände in einer Unternehmung und stellt sie Normen bzw. Standards gegenüber. Im Kern verkörpert die Kontrolle einen **Soll-Ist-Vergleich,** der allerdings nicht, wie vom Phasenschema des idealtypisch gegliederten Entscheidungsprozesses postuliert, erst nach der Planung und Realisation erfolgt, sondern als permanente Überprüfung den gesamten Prozeß überlagert. Damit bietet die Kontrolle die Möglichkeit zur frühzeitigen Korrektur unternehmerischer Entscheidungen.

In einer Situation, in der zum einen die Umwelt der Unternehmen immer schnelleren, oft unvorhersehbaren Veränderungen unterliegt und in der zum anderen Größe und Komplexität der Betriebe ebenso zunehmen wie der Grad der Arbeitsteilung und Differenzierung, kommt insbesondere der **Marketing-Kontrolle** eine zentrale Rolle zu, da das Marketing als Kopplungssystem zwischen Unternehmung und Umwelt in besonderem Maße von diesen die Entscheidungen komplizierenden Entwicklungen betroffen ist.

Marketing-Kontrolle soll, entsprechend dem hier gebrauchten Kontrollbegriff, als ständige, systematische und unvoreingenommene Prüfung und Beurteilung der gesamten Marketing-Arbeit definiert werden (vgl. *Stern* 1975, S. 79f.). Sie läßt sich in folgende Schritte untergliedern:

– Festlegung von Soll-Werten bzw. Standards

– Ermittlung der Ist-Werte

– Vergleich der Soll-Werte bzw. Standards mit den Ist-Werten

– Auswertung der Vergleichsergebnisse.

Im Gegensatz zu der vielfach üblichen Differenzierung der Kontrolle in Ergebnis-, Planfortschritts- und Prämissenkontrolle (vgl. *Wild* 1982) wird im Rahmen dieses Kapitels die Marketing-Kontrolle je nach Art der zur Überprüfung herangezogenen Standards in eine **ergebnisorientierte Marketing-Kontrolle** und in ein **Marketing-Audit** unterteilt (vgl. Abb. 9.1.).

Gegenstand der **ergebnisorientierten Marketing-Kontrolle** sind **Handlungserfolge**, d.h. man überprüft und beurteilt Resultate marketingpolitischer Aktivität wie Umsatz, Marktanteil, Gewinn, Deckungsbeitrag und Image. Die ergebnisorientierte Marketing-Kontrolle stellt also eine Ex post-Kontrolle dar.

Die eingangs erwähnte Entwicklung der Unternehmen und ihrer Umwelt schafft jedoch Bedingungen, die eine hohe Anpassungsfähigkeit und Reaktionsbereitschaft des Marketing-Bereichs erfordern. Eine ergebnisorientierte Marketing-Kontrolle kann diesen Anforderungen nur zum Teil gerecht werden. Ergebnisgrößen lassen Veränderungen erst erkennen, wenn diese bereits stattgefunden haben, und auch dann nicht sofort, sondern mit einer gewissen zeitlichen Verzögerung. Anpassungsmaßnahmen setzen daher oft zu spät ein und negative Auswirkungen auf das Unternehmen bleiben nicht aus. Um diese Lücke im Kontrollsystem zu schließen, muß die ergebnisorientierte Marketing-Kontrolle durch ein weiteres Kontrollinstrument, das Marketing-Audit, ergänzt werden.

Das **Marketing-Audit** beurteilt die Arbeitsweise des Marketing-Management in einer Unternehmung und überprüft Entstehen bzw. Ablauf von Marketing-Maßnahmen, nicht jedoch, wie die ergebnisorientierte Kontrolle, die Resultate des absatzpolitischen Bemühens. Das Audit erstreckt sich auf zentrale Elemente einer Entscheidung und umfaßt als Komponenten das **Prämissen-Audit, Ziel- und Strategien-Audit, Maßnahmen-Audit** sowie **Prozeß- und Organisations-Audit**. Seine Zielsetzung richtet sich im wesentlichen auf die Früherkennung planungs- und systembedingter Risiken und Fehlentwicklungen. Inhaltlich umfaßt das Marketing-Audit somit weitgehend auch die in der Literatur beschriebenen Planfortschritts- bzw. Prämissenkontrollen (vgl. *Kiener* 1980, S. 35).

1. Die Bedeutung der Marketing-Kontrolle

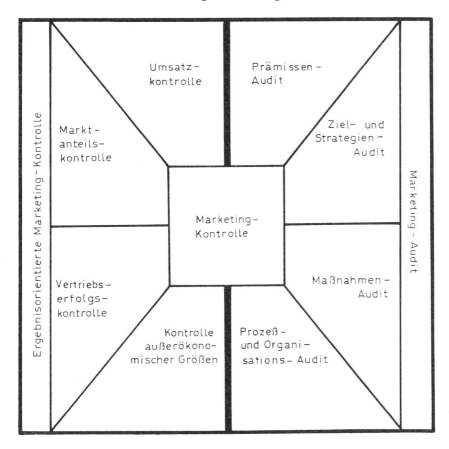

Abb. 9.1.: Felder der Marketing-Kontrolle

Abschließend ist hier noch auf eine besondere, eher institutionalisierte Form der Marketing-Kontrolle, das in letzter Zeit häufig diskutierte **Marketing-Controlling**, hinzuweisen. Controlling wird heute als eine Führungsfunktion aufgefaßt, die Planung und Kontrolle mit der Informationsversorgung koordiniert (vgl. *Horváth* 1986). Seine Aufgaben bestehen im wesentlichen in der Entwicklung und Bildung der organisatorischen Basis für Marketing-Planung und -Kontrolle, der Bereitstellung entscheidungs- und benutzergerechter Planungs- und Kontrollinstrumente, der informatorischen Unterstützung der Planungs- und Kontrollprozesse sowie in deren Koordination (vgl. *Kiener* 1980, S. 29 ff.).

Marketing-Controlling ist also ein sehr umfassender und zum Teil vager Begriff, dessen Gegenstandsbereich sich sowohl auf Teilbereiche der Planung als auch auf das Feld der Marketing-Kontrolle bezieht. Inhalt und Umfang der Controlling-Funktion werden weder in der Praxis noch in der Literatur einheitlich abgegrenzt (vgl. *Horváth* 1986). Aus diesen Gründen wird hier an dem traditionellen Begriff der Kontrolle festgehalten.

2. Die ergebnisorientierte Marketing-Kontrolle
2.1. Grundlagen

Die ergebnisorientierte Marketing-Kontrolle hat die Aufgabe, die Richtigkeit und Effizienz einer realisierten Marketing-Konzeption zu überprüfen. Sie konkretisiert sich in einem Vergleich zwischen den tatsächlichen Ergebnissen des Marketing-Bemühens und den geplanten bzw. gewünschten Werten (Standards bzw. Soll-Werten).

Diese Variante der Marketing-Kontrolle erschöpft sich allerdings nicht in einem Konstatieren von **Abweichungen** zwischen antizipierten und tatsächlich eingetretenen Ergebnissen, sondern umfaßt auch die Analyse der **Abweichungsursachen**. Die auf diese Weise gewonnenen (Kontroll-)Informationen signalisieren dem Unternehmen, ob und in welcher Weise Marketing-Konzeptionen zu modifizieren sind. Die Kontrolle übernimmt so eine **Feed back-Funktion** und liefert Anstöße für einen neuen Planungs- bzw. Entscheidungsprozeß.

Damit wird der enge Zusammenhang zwischen Planung und Kontrolle deutlich. Die Planung legt die Zielgrößen fest, die Bezugspunkt für die ergebnisorientierte Marketing-Kontrolle sind, während diese den Erfolg bzw. Zielerreichungsgrad der geplanten und durchgeführten Maßnahmen ausweist und eine Plananpassung auf der Basis der gewonnenen Kontrollinformationen auslöst.

Die **Standards** bzw. **Soll-Werte** beziehen sich in der Regel auf die **Unternehmensziele**. Diese müssen, um ihre Funktion zu erfüllen, **operational** formuliert sein. Dies ist dann gewährleistet, wenn sie durch praktisches Handeln des Entscheidungsträgers erreicht werden können, d. h. wenn dieser einen entscheidenden Einfluß auf deren Realisation hat, und wenn der Grad der Zielerreichung kontrolliert werden kann (vgl. *Hill/Fehlbaum/Ulrich* 1981).

Davon ist auszugehen, sofern ein Ziel hinsichtlich Inhalt, Ausmaß und zeitlichem Bezug spezifiziert ist. Ziele werden in der Planungs-Praxis allerdings häufig nur unpräzise formuliert (vgl. *Hörschgen/Gaiser/Strobel* 1981, S. 12f.). Genügen die von der Planung vorgegebenen Maßstäbe nicht der Forderung nach Operationalität, ist es Aufgabe der Kontrollträger, Abhilfe zu schaffen. Neben Zielen kommen jedoch grundsätzlich auch **Betriebs-** oder **Zeitvergleichs-Werte** als Standards in Frage (vgl. *Mellerowicz* 1974, Sp. 1107). Von einiger Bedeutung sind dabei Branchen-Durchschnittswerte, Richtwerte vergleichbarer Unternehmen **(Betriebsvergleich)** oder Ist-Werte des betrachteten Betriebs aus einer früheren Periode **(Zeitvergleich)**.

Voraussetzung für sinnvolle Betriebsvergleiche ist, daß sich die Unternehmen hinsichtlich ihrer Struktur und Umweltsituation ungefähr entsprechen. Zeitvergleiche unterliegen der Forderung, daß sich die Gegebenheiten im Zeitablauf nicht wesentlich verändert haben. Allerdings ist damit nicht sichergestellt, daß diese Standards tatsächlich erstrebenswert sind; denn es besteht die Gefahr, daß

„Schlendrian mit Schlendrian" verglichen wird (vgl. *Schmalenbach* 1934, S. 263). Als Ergänzung zur Zielkontrolle vermögen derartige Vergleiche jedoch wichtige Informationen zu liefern.

Ergebnisorientierte Marketing-Kontrollen können sich sowohl auf das gesamte Marketing-Mix **(gesamtmixbezogene Kontrollen)** als auch auf einzelne absatzpolitische Instrumente **(submixbezogene Kontrollen)** beziehen (vgl. Abb. 9.2.). Außerdem läßt sich differenzieren zwischen Kontrollen,
- die an den Auswirkungen von Marketing-Maßnahmen auf die wirtschaftliche Situation der Unternehmung anknüpfen und ökonomische Ziele wie Umsatz, Marktanteil und Gewinn zum Gegenstand haben **(ökonomische Marketing-Kontrolle)**, und solchen,
- die sich auf psychische Charakteristika der Abnehmer beziehen, wie z.B. Einstellungen **(außerökonomische Marketing-Kontrolle)**.

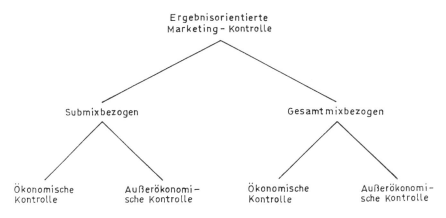

Abb. 9.2.: Arten der ergebnisorientierten Kontrolle

Da die submixbezogene Kontrolle im Kontext der einzelnen absatzpolitischen Instrumente erörtert (vgl. §§ 3 - 6) und die Messung psychischer Variablen entweder an gleicher Stelle oder in § 7 behandelt wurden, verbleibt nur noch ein Ast in Abb. 9.2., dem an dieser Stelle nachgegangen werden muß.

2.2. Möglichkeiten einer ergebnisorientierten Marketing-Kontrolle
2.2.1. Die Umsatz- und Marktanteilskontrolle

(1) Die Umsatzkontrolle

Eine der in der Praxis am häufigsten angewandten Zielkategorien ist der Umsatz; er verkörpert den „klassischen" Maßstab für den Marketing-Erfolg (vgl. *Diller* 1975, S. 153). Die **Aufgaben** von **Umsatzkontrollen** liegen in der

Ermittlung der erreichten Werte (Ist-Umsatz), deren Beurteilung an Hand der gesetzten Ziele (Soll-Umsatz) und einer Analyse der Abweichungsursachen.

Gesamtumsatzzahlen verdecken, daß unterdurchschnittliche Entwicklungen in einem Bereich (Produktgruppe, Absatzgebiet etc.) durch entsprechend bessere Werte in anderen Sektoren kompensiert werden, was ihre Aussagekraft begrenzt. Sie geben auch keinen Aufschluß über die Ursachen aufgetretener Zielabweichungen und lassen damit keine Identifikation von Schwachstellen im Marketing-Bereich zu. Deshalb ist eine differenzierte Betrachtung unumgänglich.

Eine detaillierte **Aufschlüsselung** des **Umsatzes** erhöht demgegenüber den Informationsgehalt von Kontrollen, zeigt Ansatzpunkte zur Lokalisierung von Schwachstellen auf und liefert damit Hinweise für den künftigen Einsatz der absatzpolitischen Instrumente. Die Untergliederung der Umsatzzahlen kann dabei nach unterschiedlichen Kriterien erfolgen, z. B. nach Zeitintervallen (wöchentlich, monatlich, halbjährlich etc.), Produkten bzw. Produktgruppen, Absatzgebieten, Kunden bzw. Kundengruppen oder Verkäufern.

Im Gegensatz zu anderen Kontrollgrößen lassen sich selbst differenzierte Umsatzzahlen relativ schnell und billig aus internen Quellen gewinnen, sofern eine Unternehmung über eine entsprechend ausgebaute Absatzstatistik verfügt. Daß dies keine Selbstverständlichkeit ist, zeigt eine empirische Untersuchung des *Ifo-Instituts* aus dem Jahre 1972, nach der z. B. im Einzelhandel nur 62% der Unternehmen die Umsatzbedeutung einzelner Artikel und Artikelgruppen regelmäßig zu erfassen suchen (vgl. *Hörschgen/Kachel* 1981, S. 119).

Eine Gegenüberstellung von Marketing-Maßnahmen und Umsätzen gibt indessen nur bedingt Aufschluß über die Richtigkeit der getroffenen Marketing-Entscheidungen. Dies liegt daran, daß das ausgewiesene Ergebnis auch von **nicht kontrollierbaren Umweltvariablen** sowie **Spill over-** und **Carry over-Effekten** (vgl. § 8, Abschn. 2.3.2.) beeinflußt ist (vgl. *Frank* 1978, S. 246; *Koch* 1972, S. 60), deren Erfassung, etwa im Wege einer multiplen Regressionsanalyse, kompliziertere Ansätze erfordert.

Für die Interpretation der Kontrollergebnisse bedeutet dies, daß nicht immer von eindeutigen Ursache-Wirkungszusammenhängen ausgegangen werden kann. Die im Rahmen der ergebnisorientierten Marketing-Kontrolle festgestellten Erfolge oder Mißerfolge können also oft nicht ausschließlich auf die in diesem Zeitraum durchgeführten Marketing-Maßnahmen zurückgeführt werden. Die Lösung dieses Problems ist überaus schwierig, da man mit den zur Verfügung stehenden Methoden der Informationsgewinnung meist nicht in der Lage ist, die Störgröße zu eliminieren.

(2) Die Marktanteilskontrolle

Der **Marktanteil** verkörpert eine Verhältniszahl, die den **Umsatz** eines Unternehmens zum gesamten **Marktvolumen** in Beziehung setzt. Dadurch gewinnt man ein Bild von der **Marktposition** und damit der relativen Bedeutung eines Unternehmens im Vergleich zu anderen. Diese zu kennen ist überaus wichtig, da steigende Umsätze über das Faktum hinwegtäuschen können, daß der Gesamtmarkt noch viel stärker expandiert. Trotz höherer Umsätze hätte das Unternehmen also an Boden verloren.

Durch die gleichzeitige Überprüfung von Marktanteilen läßt sich somit feststellen, ob Umsatzänderungen die Folge externer Faktoren oder das Ergebnis der eigenen Marketing-Bemühungen sind. Wird nämlich das Umsatzziel nicht erreicht, der Marktanteil jedoch gehalten oder sogar erhöht, so muß dies daran liegen, daß die gesamte Branche negativen externen Einflüssen ausgesetzt war. Umgekehrt deuten fallende Marktanteile auf die Existenz von Schwachstellen in der Marketing-Konzeption hin.

Der Marktanteil als unternehmerische Kennzahl hat in letzter Zeit auch deshalb an Bedeutung gewonnen, weil nachgewiesen werden konnte, daß Unternehmen mit hohen Werten im Vergleich zu ihren Konkurrenten über ein **höheres Kostensenkungspotential** verfügen und damit **wettbewerbsfähiger** sind (vgl. *Roventa* 1981). Im Rahmen der Portfolio-Analyse (Marktwachstum-Marktanteil-Portfolio) wird aus diesen Gründen der Marktanteil zur zentralen Beurteilungsgrundlage für die strategischen Geschäftseinheiten (vgl. § 8, Abschn. 3.2.2.2.1.). Dessen Überwachung liefert somit auch wichtige Informationen für die strategische Marketing-Planung.

Marktanteile können sowohl für den Gesamtmarkt als auch für einzelne Teile davon (Produktgruppen, Kundengruppen, Absatzgebiete u. ä.) ausgewiesen werden. Bei Verzicht auf eine differenzierte Betrachtung besteht die Gefahr, daß Verlustquellen unerkannt bleiben (vgl. *Staudt/Taylor/Bowersox* 1976, S. 526).

Zur **Ermittlung** von Marktanteilen ist es notwendig, genaue Daten zur Verfügung zu haben. Informationen über die eigenen **Umsätze** sind in der Regel aus internen Statistiken zu gewinnen, während das **Marktvolumen** auf sekundär- oder primärstatistischem Wege abgeschätzt werden kann (vgl. § 7, Abschn. 4.4.). Die Aussagekraft der erhaltenen Werte hängt in entscheidendem Maß von der Wahrung des **Homogenitätsprinzips** ab, d. h. daß Zähler und Nenner zeitlich, räumlich und produktmäßig aufeinander abgestimmt sind (vgl. *Hüttner* 1977, S. 156). Insbesondere dann, wenn das Marktvolumen aus externen Statistiken extrahiert wird, ist dies häufig nicht gewährleistet (vgl. dazu *Greipl* 1975, S. 108). Um dennoch die inhaltliche Kongruenz sicherzustellen, müssen die Unternehmen ihre Erfassungsmerkmale anpassen, da eine Bereinigung des sekundärstatistischen Materials in der Regel nicht oder nur schwer möglich ist.

Abschließend ist darauf hinzuweisen, daß sich ein umfassendes Bild der Lage nur durch simultane Betrachtung aller Erfolgsebenen einer Unternehmung, also Umsatz, Marktanteil, Image usw. ergibt. Dabei stellt sich das Problem der **Kombination** von **Standards,** worauf bereits im Kontext von **Zielkonflikten** (siehe § 8, Abschn. 2.2.1.) eingegangen wurde.

2.2.2. Die Vertriebserfolgskontrolle

Die Erreichung bestimmter Umsätze und Marktanteile ist kein Selbstzweck, sondern dient in der Regel der Erwirtschaftung von Gewinnen bzw. positiven Deckungsbeiträgen. Ein gewinnorientiertes Marketing-Management kommt deshalb bei der Kontrolle seiner Bemühungen nicht umhin, auch die **Kostenseite** in die Betrachtung einzubeziehen.

In der Praxis wird dies aufgrund einer Umsatzeuphorie häufig vernachlässigt. Verantwortlich dafür ist neben den mit der Ermittlung der Werte verbundenen Problemen auch, daß die Leistung des Managements in der Regel nach der Umsatz- und nicht nach der Gewinnentwicklung beurteilt wird. Eine Möglichkeit der Kontrolle der interessierenden Größen besteht in der Absatzsegmentrechnung, die, ausgehend von einer detaillierten Vertriebskostenanalyse, den Periodenerfolg einzelner Zurechnungsbasen (Kundengruppen, Produktgruppen, Absatzgebiete etc.) ermittelt und damit feststellt, welcher Erfolg (Gewinn, Deckungsbeitrag) den Marketing-Bemühungen in den einzelnen Segmenten beschieden war.

2.2.2.1. Die Vertriebskostenrechnung

(1) Wesen und Eigenarten der Vertriebskosten
Vertriebskosten lassen sich definieren als „alle Kosten, welche in irgendeiner Weise dadurch verursacht werden, daß die aus der Fertigung kommenden Erzeugnisse im Markt abgesetzt werden müssen, ... auch dann, wenn sie nicht unmittelbar durch den Vertrieb bedingt sind, sondern aus der anteiligen Inanspruchnahme anderer Stellen der Unternehmung herrühren" (*Küspert* 1938, S. 3). Diese Definition umschließt nicht nur die reinen Verkaufskosten (z. B. Außendienst, Versand und Sales Promotion), sondern auch die Kosten der Vertriebsverwaltung und Vertriebsführung (z. B. für Fakturierung, Mahnwesen und Marketing-Management). Gleichzeitig macht sie auch den Unterschied zu den **Distributionskosten** deutlich, die nicht nur die Vertriebskosten eines einzelnen Herstellers oder Händlers, sondern den gesamten Vertriebsaufwand innerhalb einer Absatzkette umfassen.

Von den **Herstellkosten** unterscheiden sich die Vertriebskosten in zwei Punkten ganz wesentlich: Erstens handelt es sich bei den Leistungen im Absatzbereich überwiegend um geistige Tätigkeiten, die nicht wie die maschinellen und körperlichen Arbeitsvorgänge der Produktion leicht zu quantifizieren sind. Daraus ergeben sich schwierige Zurechnungsprobleme. Zweitens unterliegen die Leistungen des Vertriebs und damit auch die Kosten in sehr hohem Maße Einflüssen des Marktes, die das Herausarbeiten eindeutiger funktionaler Beziehungen zwischen Vertriebsleistung und Vertriebskosten beeinträchtigen, wenn nicht verhindern.

(2) Die Vertriebskostenarten

Die Vertriebskosten sind – ebenso wie alle anderen Kosten – in der Klasse 4 des Kontenrahmens in den verschiedenen **Kostenartenkonten** gesammelt. Kostenarten, die ausschließlich im Absatzbereich anfallen, gibt es relativ wenige. Im wesentlichen handelt es sich dabei um die **Sondereinzelkosten des Vertriebs,** also Vertreterprovisionen, Verkaufsprämien, Transport- und Verpackungskosten, Zölle oder ähnliche Belastungen im Exportgeschäft sowie um einen bestimmten Teil der Werbekosten. Die übrigen Kostenarten des Vertriebs fallen jedoch auch in anderen Unternehmensbereichen an. Es ist daher erforderlich, die individuellen Kostenartenpläne der Unternehmungen nicht allzu sehr auf die produktionswirtschaftliche Kostenrechnung auszurichten, sondern eine auch den Zwecken des Vertriebes und der Vertriebskostenrechnung genügende, klare, tiefgehende und systematische Gliederung vorzunehmen.

Die wichtigsten **Kostenarten** sind in der folgenden Übersicht zusammengefaßt:

- Personalkosten (darunter fallen vor allem die Gehälter und Löhne der im Vertrieb Beschäftigten einschließlich der Provisionen und ähnlichen umsatzabhängigen Vergütungen)
- Materialkosten (für Vertriebsverwaltungs-, Verpackungs- und Werbematerial, Materialien zur Verkaufsförderung usw.)
- Transportkosten (vor allem Frachten, Rollgelder, Porti)
- Werbekosten und Verkaufsförderungskosten (soweit nicht in anderen Gruppen erfaßt)
- Reisekosten
- Mieten und Pachten für vom Vertrieb benutzte Einrichtungen
- Beiträge, Steuern, Gebühren (soweit durch den Vertrieb bedingt)
- Kalkulatorische Kosten (kalkulatorische Mieten, Zinsen, Abschreibungen, Wagnisse und Unternehmerlohn im Absatzbereich)
- Umlagen aus innerbetrieblicher Leistungsverrechnung
- Sonstige Vertriebskosten.

Die Verteilung dieser Kosten auf die einzelnen Kostenarten wird stark geprägt von Branche, Produkt, Marktverhältnissen und Unternehmenspolitik. Um so wichtiger erscheint es deshalb für jede Unternehmung, die eigene **Vertriebskostenstruktur** aufzudecken und zu kontrollieren.

(3) Die Gliederung und Verrechnung der Vertriebskosten

Einen ersten Schritt in dieser Richtung stellt das Bemühen um Aufspaltung der Vertriebskosten nach unterschiedlichen Kriterien dar. Eine der Gliederungsmöglichkeiten besteht in der Aufteilung des Absatzbereiches nach verschiedenen Funktionen, wodurch entsprechende **Funktionsstellen** entstehen. Zweckmäßigerweise geht man dabei von bestimmten Tätigkeitserfolgen oder Arbeitsvollzugsreihen aus.

Ganz allgemein lassen sich in jedem Betrieb folgende drei Funktionsgruppen unterscheiden:

– **Akquisitorische** Funktionen des Vertriebs (vor allem Auftragseinholung, Kundendienst, Werbung und Sales Promotion)
– Funktionen der **Verkaufsabwicklung** (Auftragsbearbeitung, Verpackung, Auslieferung, Zahlungsabwicklung usw.)
– Funktionen der **Vertriebsverwaltung** und **Vertriebsführung**.

Jedem dieser Funktionsbereiche können nun bestimmte Vertriebskosten direkt oder indirekt zugerechnet werden. Man erhält damit Funktionskostenstelleneinzel- bzw. -gemeinkosten, die bei der später zu behandelnden Absatzsegmentrechnung die Verrechnungsbasis bilden können, da sie ein differenziertes Bild von der Kostenentwicklung im Vertrieb liefern.

Ein derartiges Vorgehen erlaubt viel genauere Aussagen als beispielsweise die häufig vollzogene Zusammenfassung der gesamten Vertriebskosten in einem einzigen Zuschlagssatz. Man kann damit die verschiedenen Abhängigkeiten, Entwicklungstendenzen und Einflüsse der Funktionskosten auf den Vertriebserfolg besser analysieren als bei einer globalen Betrachtung. Die Kostenstruktur des Vertriebs wird durchsichtig und damit kontrollierbar. Dabei werden sich auch Ansätze für eine innerbetriebliche Vertriebsrationalisierung zeigen.

Eine ähnliche Möglichkeit der **Vertriebskostengliederung** bietet sich im Hinblick auf bestimmte **absatzpolitische Instrumente.** Man kann analysieren, wieviel Kosten für die verschiedenen (Teil-)Instrumente, z.B. Kundendienst, Werbung, Absatzorganisation, Kreditierung und Sales Promotion, in absoluter Höhe angefallen sind. Da diese Instrumente zu den akquisitorischen Funktionen des Vertriebs gehören, handelt es sich dabei im Grunde also um eine Untergliederung dieses Funktionsbereiches. Allerdings verspricht eine differenzierte Betrachtung nach einzelnen Absatzinstrumenten sehr viel interessantere Ergebnisse als eine globale Ermittlung, da auf diese Weise gewisse Schlüsse auf die „richtige" Verteilung der Mittel im Rahmen der gewählten Absatzkonzeption gezogen werden können.

Theoretisch müßte es möglich sein, innerhalb bestimmter Absatzsegmente die Wirkung unterschiedlicher Absatzkonzeptionen zu testen, indem Aufwand und Leistung in diesen Segmenten gegenübergestellt werden. **Praktisch** stellen sich dem jedoch erhebliche Schwierigkeiten entgegen. Der Leistungserfolg akquisitorischer Tätigkeiten entzieht sich fast vollständig einer quantitativen Messung, die aber nötig wäre, um die Erfolgswirksamkeit bestimmter Instrumente oder Instrumentenkombinationen nachzuweisen. Daß dies auch der **Umsatz** nicht uneingeschränkt zu leisten vermag, hat folgende Gründe:

– Der Umsatz ist das Ergebnis der gesamten Bemühungen einer Unternehmung und deshalb nicht aufteilbar auf bestimmte akquisitorische Teilfunktionen.
– Der Umsatz steht grundsätzlich nicht in einer eindeutigen funktionalen Beziehung zum Umfang akquisitorischer Tätigkeit, da er in hohem Maße von

2. Die ergebnisorientierte Marketing-Kontrolle

außerbetrieblichen Einflüssen (Nachfrageentwicklung, Maßnahmen der Konkurrenten, Konjunkturverlauf usw.) mitbestimmt wird.

- Die Wirkung akquisitorischer Tätigkeiten zeigt sich oft erst in späteren Perioden (Carry over-Effekte), so daß eine eindeutige Gegenüberstellung von Umsatz und akquisitorischen Teilfunktionen einer Periode nicht möglich erscheint.

Im Gegensatz zu den akquisitorischen Funktionskosten sind die Kosten der **Verkaufsabwicklung** einer differenzierten Betrachtung durchaus zugänglich, da sich hier recht genaue Leistungsgrößen finden lassen, zu denen die Kosten in Beziehung gesetzt werden können. Auf diese Weise entstehen Kostensätze, die zu inner- oder zwischenbetrieblichen Kosten- oder Zeitvergleichen verwendbar sind, so z.B.:

- Kosten der Auftragsbearbeitung pro Auftrag oder Auftragszeile
- Kosten der Fakturierung pro ausgestellter Rechnung oder Rechnungszeile
- Kosten der Mahnabteilung pro abgesandter Mahnung
- Verpackungskosten pro Erzeugnis-, Verpackungs- oder Gewichtseinheit
- Auslieferungskosten pro Tonnenkilometer, Lieferung und Kunde.

Auf diese Weise kann ein ganzes **Kennzahlensystem** entwickelt werden, das insbesondere hinsichtlich der Wirtschaftlichkeit des Vertriebs wertvolle Erkenntnisse vermittelt.

Besonders bedeutsam ist die Unterscheidung zwischen **Vertriebseinzel-** und **Vertriebsgemeinkosten.** Üblicherweise versteht man unter Einzel- bzw. Gemeinkosten solche Kosten, die einem bestimmten Kostenträger direkt bzw. nur indirekt zugerechnet werden können. Wählt man jedoch verschiedene bzw. mehrere Kostenträger oder, allgemeiner ausgedrückt, Bezugsgrößen, z.B. Absatzgebiete, Auftragsgrößen, Kunden oder Kundengruppen, so zeigt sich, daß es sich um relative Begriffe handelt; denn einer Bezugsgröße kann eine bestimmte Vertriebskostenart direkt, einer anderen nur indirekt zurechenbar sein. Auf diesem Gedanken der relativen Einzel- und Gemeinkosten aufbauend, entwarf *Paul Riebel* sog. **Bezugsgrößenhierarchien,** die die Vielzahl von Bezugsobjekten, die den Vertriebskosten gegenübergestellt werden können, in eine logische Rangfolge bringen (vgl. *Riebel* 1985). Dazu folgende Beispiele:

Hierarchie 1a:	Hierarchie 1b:	Hierarchie 1c:	Hierarchie 1d:
Gesamtumsatz	Gesamtumsatz	Gesamtumsatz	Gesamtumsatz
Artikelgruppen	Verkaufsgebiete	Kundengruppen	Verkaufsgebiete
Artikel	Verkaufsbezirke	Verkaufsgebiete	Verkaufsbezirke
Auftragsposten	Aufträge	Verkaufsbezirke	Kundengruppen
		Kunden	Kunden
		Aufträge	Aufträge

Alle Vertriebskostenarten sollten jeweils auf der untersten Stufe einer Hierarchie als **Einzelkosten** erfaßt werden. Sie lassen sich dann in die oberen Stufen übernehmen; denn auch für diese stellen sie direkt zurechenbare Einzelkosten dar. Beispielsweise können in der Hierarchie 1 b die Einzelkosten der Aufträge, regional zusammengefaßt, auch bestimmten Verkaufsbezirken und Verkaufsgebieten zugerechnet werden, so daß sich auf diese Weise für jede Ebene der Betrachtung das nötige Zahlenmaterial sofort gewinnen läßt. Auch für kalkulatorische Zwecke erweist sich eine solche Systematik als besonders vorteilhaft.

Durch eine derartige Aufgliederung des Datenmaterials der Vertriebskostenrechnung, die sich noch erweitern läßt, erhält man wichtige Einblicke in die Kosten- und Leistungsstruktur einer Unternehmung. Allerdings zeigt sich auch, daß die reine Vertriebskostenrechnung für die Zwecke der Vertriebserfolgsrechnung letztlich nicht ausreicht, da sie nur die Kostenseite betrachtet und die Erlösseite weitgehend außer Betracht läßt. Deshalb muß die Vertriebskostenrechnung durch andere Analysen ergänzt werden, die die Erlös-Kosten-Beziehungen besonders deutlich machen.

2.2.2.2. Die Absatzsegmentrechnung

Die wichtigsten Fragestellungen in Verbindung mit dem Vertriebserfolg ergeben sich aus dem Vergleich der Erfolge bestimmter Absatzsegmente, wobei unter **Absatzsegment** in Anlehnung an *Geist* (1974) ein beliebiger Tätigkeitsbereich innerhalb des Marketing verstanden werden soll, beispielsweise Abnehmer oder Abnehmergruppen, Absatzgebiete, Produkte oder spezielle Absatzkanäle. Die analytische Untersuchung von Absatzsegmenten bildet die Grundlage für eine selektive Absatzpolitik, wobei jedoch nicht übersehen werden darf, daß die Bildung in sich geschlossener Absatzsegmente nicht unproblematisch ist.

Wichtigste Voraussetzung für die Vertriebserfolgsrechnung nach Absatzsegmenten ist die Zurechenbarkeit möglichst vieler Vertriebskosten und Erlöse zu den einzelnen Segmenten. Gibt es sehr viele und ins Gewicht fallende Gemeinkosten, so muß entweder – bei Anwendung des Vollkostenprinzips – mit Schlüsselgrößen gearbeitet werden, was immer mehr oder weniger große Ungenauigkeit mit sich bringt, oder man erhält, falls man auf einer Teilkostenrechnung aufbaut, einen zu großen Block nicht verrechneter Kosten, was wiederum die Aussagefähigkeit der Ergebnisse einschränkt. Nur wenn die Vertriebskostenrechnung genügend aufgefächert ist, wenn also klare Vorstellungen über Anfall und Entwicklung der Vertriebskosten in den einzelnen Absatzsegmenten bestehen, kann die Absatzsegmentrechnung die ihr gestellten Probleme lösen.

Je nach dem zugrunde gelegten Rechnungsprinzip liefert die Absatzsegmentrechnung für jede Einheit zwei verschiedene Ergebnisse:
– den Nettoerfolg,
– verschiedene Deckungsbeiträge.

2. Die ergebnisorientierte Marketing-Kontrolle

Der Nettoerfolg ergibt sich bei Anwendung der Gesamtkostenrechnung, während Deckungsbeiträge Endprodukt einer Teilkostenrechnung sind. Beide erweisen sich bei richtiger Würdigung für die Beurteilung des Vertriebserfolges als brauchbar und ergänzen sich gegenseitig.

(1) Die Absatzsegmentrechnung auf Vollkostenbasis

Zur Berechnung des **Vertriebsnettoerfolges** eines Absatzsegments ist es notwendig, den entsprechenden Erlösen alle Vertriebskosten dieses Segments gegenüberzustellen, also sowohl die Segmenteinzelkosten als auch die anteiligen Vertriebsgemeinkosten. Diesem Vorgehen liegt die traditionelle Vorstellung zugrunde, daß jedes Absatzsegment einen Teil der Gesamtkosten zu übernehmen habe, daß jedes Absatzgebiet, jede Produktgruppe, jeder Absatzweg ein eigenes „Geschäft" sei, das seinen Anteil an den allgemeinen Geschäftskosten zu tragen und auf lange Sicht einen Gewinn zu erbringen habe. Ist dies nicht der Fall, so wird die Unternehmensleitung gewarnt und zu weiteren, genaueren Untersuchungen über die Konsequenzen eines Verzichts auf dieses Absatzsegment oder zu einer Änderung der Verhältnisse angehalten. Unterstellt wird dabei, daß es möglich ist, für die Vertriebsgemeinkosten Schlüssel zu finden, nach denen jene verursachungsgerecht auf die Absatzsegmente verteilt werden können.

Akzeptiert man diese Hypothese, so ergibt sich nach Abzug der gesamten Vertriebskosten von den Erlösen beispielsweise der Nettoerfolg einer Produktgruppe, der durch Vergleich mit **anderen Gruppen,** dem **erwarteten Erfolg** oder **früheren Ergebnissen** Hinweise auf die jeweiligen relativen „Stärken" oder „Schwächen" geben kann. In vielen Fällen will man dabei gleichzeitig eine Grundlage für die langfristige Preispolitik finden, d. h. ausreichend hohe Zuschlagssätze für die Vertriebsgemeinkosten ermitteln.

Gerade für **Produktgruppen-** und **Absatzgebietsvergleiche** erscheint ein solches Vorgehen akzeptabel, da diesen Absatzsegmenten relativ viele Vertriebskosten direkt zurechenbar sind. Beispielsweise lassen sich die Kosten für Werbung, Verkaufsförderung, Kundendienst und Absatzorganisation zum größten Teil ziemlich exakt verschiedenen Produktgruppen zuteilen. Das gilt vor allem dann, wenn diese unterschiedlichen Sparten angehören und auf verschiedenen Märkten angeboten werden. Die Grundstruktur einer solchen Ergebnisrechnung mit drei Produktgruppen A, B und C könnte demnach etwa folgendermaßen aussehen:

Man unterteilt zunächst die Vertriebskosten nach Funktionsbereichen. Je detaillierter dabei die Gliederung ist, je mehr Funktionskostenstellen also gebildet werden, desto genauere Ergebnisse lassen sich erzielen. Für unser Beispiel sei die Dreiteilung der Vertriebsaktivität in akquisitorische, verkaufsabwickelnde sowie betriebsverwaltende Funktionen gewählt.

Für jede der betroffenen Funktionsstellen wird nun ermittelt, welche der verschiedenen Vertriebskostenarten, die die Produktgruppen verursachen, diesen direkt zugerechnet werden können bzw. welche über Schlüsselgrößen verteilt werden müssen. Auf diese Weise erhält man die für die Ergebnisrechnung nötigen Kosteninformationen, die in unserem Fall vereinfacht etwa folgendes Aussehen hat:

		A	B	C
I.	Bruttoumsatzwert	....	....	....
	./. Rabatte, Skonti und sonstige Erlösschmälerungen	....	....	....
II.	Nettoerlös	....	....	....
	./. Herstellkosten	....	....	....
III.	Bruttoerfolg ohne Einbeziehung der Vertriebskosten	....	....	....
	./. direkt zurechenbare akquisitorische Funktionskosten	....	....	....
	./. direkt zurechenbare Kosten der Verkaufsabwicklung	....	....	....
	./. direkt zurechenbare Kosten der Vertriebsverwaltung	....	....	....
IV.	Produktgruppenbeitrag	....	....	....
	./. geschlüsselte anteilige Vertriebsgemeinkosten	....	....	....
V.	Nettoerfolg	....	....	....

Eine solche Rechnung beruht allerdings auf der Hypothese, daß die **Vertriebsgemeinkosten** verursachungsgerecht verteilt werden können. Jede Schlüsselung echter Gemeinkosten bedeutet aber ein willkürliches Vorgehen und birgt die Gefahr in sich, daß Gewinne oder Verluste nur „auf dem Papier" ausgewiesen werden, da **ein** Absatzsegment auf Grund der Schlüsselung mit einem zu hohen, ein anderes mit einem zu geringen Maß an Vertriebsgemeinkosten belastet sein kann. Selektionsentscheidungen lassen sich keinesfalls auf einer solchen Basis treffen, zumal vor allem bei kleinen Absatzsegmenten (z. B. Kundengruppen) mit einer Elimination die dazugehörigen Vertriebsgemeinkosten in der Regel nur in begrenztem Umfange und zudem nur allmählich abgebaut werden können. Es ist daher erforderlich, die Teilkostenrechnung zu Hilfe zu nehmen.

(2) Die Absatzsegmentrechnung auf Teilkostenbasis

Der systembedingte Fehler einer auf Vollkosten aufbauenden Absatzsegmentrechnung verlangt nach einer ergänzenden und vertiefenden Erfolgsanalyse, vorzugsweise mit Hilfe von **Deckungsbeiträgen,** also Erfolgsdifferenzen verschiedener Vertriebsleistungen und Vertriebskosten. Dabei erweist sich die bei der Vertriebskostenrechnung entworfene Bezugsgrößenhierarchie von Vorteil; denn durch sie läßt sich das Zahlenmaterial, das für die gewünschte Analysenebene erforderlich ist, genau abgrenzen und erfassen.

2. Die ergebnisorientierte Marketing-Kontrolle

Die Deckungsbeitragsrechnung verzichtet auf die Berücksichtigung der Kostenteile, die dem Kalkulationsobjekt nicht direkt zugerechnet werden können. Vom Gesamterlös werden stufenweise bestimmte Kostenteile abgezogen und auf diese Weise Deckungsbeiträge ermittelt. Deckungsbeiträge sagen aus, in welchem Maße die Kalkulationsobjekte zur Deckung der nicht verrechneten Kosten sowie zum Gewinn beitragen.

Der Erkenntnisgewinn wird weiter erhöht, wenn **Grenzkosten** zum Ansatz kommen, d.h. nur die Kosten in die Berechnung der Deckungsbeiträge eingehen, die bei einer Eliminierung des jeweils betrachteten Absatzsegments tatsächlich wegfielen.

Es handelt sich dabei um eine kurzfristige Betrachtung; denn man geht davon aus, daß die nicht verrechneten Vertriebsgemeinkosten kurzfristig nicht abbaufähig sind. Deshalb eignet sich die Deckungsbeitragsrechnung innerhalb der Absatzsegmentrechnung insbesondere als Informationsinstrument für taktische Entscheidungen, vor allem aber als Dispositionsgrundlage für Selektionsentscheidungen über bestimmte Absatzsegmente.

Für die Produktgruppenrechnung könnte das Kalkulationsschema etwa wie folgt aussehen:

	A	B	C
I. Nettoumsatz	....	....	....
./. Herstellkosten	....	....	....
./. direkt zurechenbare Vertriebskosten, aufgeteilt nach verschiedenen Vertriebsfunktionen	....	....	....
II. Deckungsbeitrag der Produktgruppe zu den nicht direkt zurechenbaren Vertriebskosten und zum Gewinn	....	....	....

Von dem um die Herstellkosten bereinigten Nettoumsatz werden stufenweise die Funktionskosten abgezogen; als Ergebnis erhält man für jede Produktgruppe einen bestimmten Deckungsbeitrag. Man kann dabei entweder die **gesamten Vertriebseinzelkosten** oder auch nur die **Vertriebsgrenzkosten** in die Rechnung einbeziehen. Im ersten Fall gewinnt man einen Überblick über die Rangfolge der einzelnen Produktgruppen nach Maßgabe des erzielten Erfolges, im zweiten gewisse Aufschlüsse hinsichtlich der Konsequenzen einer Elimination bestimmter Erzeugnisse aus dem Produktionsprogramm.

Interessante Aufschlüsse vermitteln auch die Kumulierung der innerhalb einer Periode erwirtschafteten absoluten Deckungsbeiträge und deren Vergleich mit dem planmäßig zu erwirtschaftenden Deckungsbeitrag. Auf diese Weise kann kontinuierlich verfolgt werden, wieviel in der restlichen Zeit noch umgesetzt werden muß, um die Ziele, die man sich gesteckt hat, zu erreichen. Die Vertriebserfolgsrechnung läßt sich auf diese Weise aktualisieren. Graphisch ergibt sich dabei das in Abb. 9.3. dargestellte Bild.

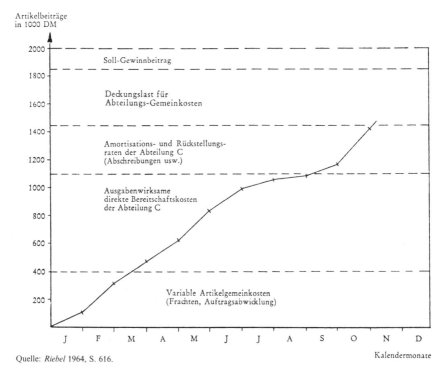

Abb. 9.3.: Ergebnisse einer Kumulierung der absoluten Deckungsbeiträge

Besonders wichtig erscheint es, im Rahmen der Vertriebserfolgsrechnung sog. **spezifische Deckungsbeiträge** auszuweisen, da dadurch die Ergiebigkeit bestimmter Segmente ermittelt werden kann und dem Entscheidungsträger wertvolle Hinweise für die Verteilung der Vertriebsaktivitäten geliefert werden. Spezifische Deckungsbeiträge sind Kennzahlen, bei denen der objekt- oder periodenbezogene Deckungsbeitrag zu den in Anspruch genommenen Leistungs- oder Einsatzeinheiten eines Engpaßfaktors in Beziehung gesetzt wird. Allerdings ergeben sich bei derartigen Rechnungen die bekannten Zurechnungsprobleme, die die praktische Brauchbarkeit einer solchen Ergiebigkeitsrechnung einschränken. Ein spezifischer Deckungsbeitrag, bezogen auf die (knappen) akquisitorischen Vertriebskosten, gibt beispielsweise an, wieviel DM Deckungsbeitrag der Einsatz von 1 DM akquisitorischer Kosten in einem Absatzsegment erbringt, wie „ergiebig" diese Mark also dort ist. Ähnliche Aufschlüsse vermittelt ein Vergleich verschiedener Deckungsbeiträge mit dem Nettoumsatz, der Kunden- oder Auftragszahl oder von 1 DM, die in die Werbung investiert wurde.

2. Die ergebnisorientierte Marketing-Kontrolle

Insgesamt gesehen stellen die durch derartige Berechnungen ermittelten Kennzahlen Bausteine für die Beurteilung der Erfolgsträchtigkeit verschiedener Absatzsegmente dar; sie sind daher für eine umfassende Marketing-Planung unentbehrlich.

Das folgende Beispiel soll nur einige der möglichen Rechnungen verdeutlichen. Dabei wird von einem Unternehmen ausgegangen, das seinen Umsatz in den **Absatzgebieten** G_1, G_2 und G_3 mit je einer Verkaufsniederlassung tätigt. Die Absatzgebiete sind weiter unterteilt in die **Verkaufsbezirke** $B_1, \cdots, B_n$, die von je einem Vertreter bearbeitet werden, wobei hier nur das Absatzgebiet G_1 zahlenmäßig entwickelt und analysiert wird.

Geht man in diesem Fall von der Bezugsgrößenhierarchie Aufträge – Verkaufsbezirke – Absatzgebiete – Gesamtumsatz aus, so lassen sich auf der untersten Stufe die Frachtkosten und alle zusätzlichen Kosten, die mit der Abwicklung der Kundenaufträge verbunden sind und sich mit der Anzahl der bearbeiteten Aufträge automatisch ändern, den Aufträgen direkt zurechnen. Zieht man diese Kosten vom Artikelbeitrag (= Nettoumsatz ./. Herstellkosten) ab, erhält man den Auftragsbeitrag (siehe Tab. 9.1.). Aus diesem lassen sich nun beispielsweise spezifische Deckungsbeiträge errechnen (vgl. Tab. 9.2.).

Tabelle 9.1.:

Deckungsbeitragsrechnung nach Aufträgen und Verkaufsbezirken

Kenngröße	B_1 in 1 000 DM	B_2 in 1 000 DM	B_3 in 1 000 DM
Nettoumsatz	1 406,4	820,4	845,8
./. Skonti, Herstellkosten	1 084,4	594,4	624,4
Artikelbeitrag	322,0	226,0	221,4
./. Fracht	88,0	42,0	49,4
./. sonstige direkte Kosten der Auftragsabwicklung	7,2	4,8	5,4
Auftragsbeitrag	226,8	179,2	166,6
./. direkt den Verkaufsgebieten zurechenbare Kosten	22,0	4,0	6,6
Bezirksbeitrag	204,8	175,2	160,0
Summe der Bezirksbeiträge		540,0	

Aus ihnen wird z. B. ersichtlich, daß ein Kunde im Verkaufsbezirk B_1 1 134,– DM zur Abdeckung der übrigen noch nicht verrechneten Vertriebskosten und zum Gewinn beiträgt. Im Gegensatz dazu wirft ein Kunde in B_3 nur 476,– DM für diese Zwecke ab, obwohl der Auftragsbeitrag in % vom Nettoumsatz mit 19,7% noch um 3,6 Prozentpunkte höher liegt als im Bezirk 1. Das könnte darauf hindeuten, daß man sich bemühen muß, im Bezirk 3 die durchschnittliche Auftragsgröße zu erhöhen. Andererseits zeigt die Kennzahl „Bezirksbeitrag **in % vom Nettoumsatz**", daß Bezirk 1 zwar den weitaus größten Umsatzanteil aufweist, aber im Vergleich zu Bezirk 2 und 3 wenig ergiebig ist.

Tabelle 9.2.:

Spezifische Deckungsbeiträge einzelner Verkaufsbezirke

Kenngröße	B_1	B_2	B_3
Auftragsbeitrag (in 1 000 DM)	226,80	179,20	166,60
(1) in % vom Nettoumsatz	16,10	21,80	19,70
(2) je Auftrag* (in DM)	113,40	119,47	92,55
(3) je Kunde** (in DM)	1 134,00	597,33	476,00
Bezirksbeitrag (in 1 000 DM)	204,80	175,20	166,00
in % vom Nettoumsatz	14,56	21,35	18,91
* Anzahl der Aufträge	2 000	1 500	1 800
** Anzahl der Kunden	200	300	350

Der Bezirksbeitrag errechnet sich durch Abzug der den einzelnen Verkaufsbezirken direkt zurechenbaren Kosten (z. B. Vertreterfixum, lokale Werbung, Auslieferungslager) von den Auftragsbeiträgen. Es zeigt sich dabei, daß nach Maßgabe dieses Kriteriums z. B. Bezirk 3 gegenüber Bezirk 2 erheblich schlechtere Ergebnisse erbringt als bei Betrachtung der Artikelbeiträge, bei der beide Bezirke fast gleich stark erscheinen. Durch Zusammenfassung der Bezirksbeiträge erhält man unter Abzug der den Absatzgebieten direkt zurechenbaren Kosten (im wesentlichen die von der Verkaufsniederlassung getroffenen Maßnahmen) den sog. Gebietsbeitrag (vgl. Tab. 9.3.). Dieser zeigt an, daß das Absatzgebiet 3, das hier nicht aufgegliedert wurde, fast doppelt soviel zur Deckung der noch nicht verrechneten Kosten beiträgt wie Gebiet 1. Ob allerdings die Ergiebigkeit von Gebiet 3 zu den Gebieten 1 und 2 in derselben Relation steht, müßte wiederum durch Berechnung von spezifischen Deckungsbeiträgen geprüft werden.

Tabelle 9.3.:

Deckungsbeitragsrechnung nach Absatzgebieten

Kenngröße	G_1 in 1 000 DM	G_2 in 1 000 DM	G_3 in 1 000 DM
Summe der Bezirksbeiträge	540	870	980
./. direkte Kosten der Gebiete (Verkaufsniederlassungen)	150	132	210
Gebietsbeitrag	390	738	770

3. Das Marketing-Audit
3.1. Zielsetzung und zentrale Probleme

Der Ausdruck „Audit" war lange Zeit auf die Überprüfung der finanziellen Folgen der unternehmerischen Tätigkeit beschränkt. Dabei geht es um die

3. Das Marketing-Audit

gezielte Aufdeckung von Fehlentwicklungen im Finanzbereich (vgl. *Kühn* 1977, S. 199). Neben das klassische Audit tritt in neuerer Zeit die Revision weiterer Unternehmensbereiche, wie Produktion, Marketing, Personal- und Sozialwesen, wobei insbesondere das **Marketing-Audit** immer mehr an Bedeutung gewinnt.

Dieses soll als umfassende, systematische und regelmäßige **Revision** von Marketing-Zielen und -Strategien, insbesondere von Maßnahmenplänen und Prämissen, sowie von Marketing-Planung, -Kontrolle und -Organisation definiert werden (vgl. *Kotler/Gregor/Rodgers* 1977, S. 27; *Kiener* 1978, S. 68). Bezugspunkte können dabei sowohl institutionelle als auch funktionelle Aspekte des Marketing sein. Wie bei der ergebnisorientierten Marketing-Kontrolle geht es methodisch auch hier um die **Festlegung** von **Standards,** die **Ermittlung** des **Ist-Zustandes,** die **Bewertung** der **Situation** durch einen Soll-Ist-Vergleich und die **Durchführung** einer **Abweichungsanalyse.** Dies dient dazu, frühzeitig Fehlentscheidungen zu erkennen bzw. Fehlentwicklungen aufzudecken. Das Marketing-Audit erfüllt somit eine **Überwachungsfunktion,** die das Unternehmen in die Lage versetzt, auf Veränderungen der Marketing-Umwelt frühzeitig zu reagieren. Die enge Verbindung zur **Marketing-Planung** ist offenkundig.

Eine Schlüsselrolle nimmt dabei die **Festlegung** von **Standards** ein. Im Gegensatz zur ergebnisorientierten Kontrolle, bei der diese in der Regel in Form von Zielen vorliegen, fehlt es beim Audit an entsprechenden Sollwerten (vgl. *Leffson* 1969, S. 390; *Zünd* 1973, S. 115). Eine wichtige Aufgabe des Prüfers besteht deshalb darin, **Normen** zu entwickeln, und zwar unter Rekurs auf allgemeine betriebswirtschaftliche Grundsätze und Anforderungskataloge. Diese sind soweit zu präzisieren, daß sie eine einwandfreie Beurteilung der interessierenden Sachverhalte (Prämissen, Ziele, Strategien etc.) zulassen.

Falls es an konkreten Anhaltspunkten mangelt, müssen die Aufgabenträger selbst **Leitlinien** formulieren, die der Aufgabenstellung angemessen erscheinen. Häufig werden sie dabei Mitglieder der Organisation oder Experten befragen müssen, Gruppendiskussionen durchführen oder kreative Techniken, Checklisten und Punktbewertungsverfahren einsetzen.

Neben der Festlegung von Standards wirft auch die **Ermittlung** des **Ist-Zustandes** Probleme für den Marketing-Auditor auf. Bei der Beschaffung der für seine Tätigkeit erforderlichen Informationen ist dieser in starkem Maße auf die Auskunfts- und Kooperationsbereitschaft von Stelleninhabern angewiesen, die ihre eigene Person und Leistung auf den Prüfstand gestellt sehen. Es verwundert deshalb nicht, daß von dieser Seite oft in erheblichem Maße Widerstand geleistet wird, der sogar so weit gehen kann, daß die Kontrollbemühungen scheitern. Um dies zu vermeiden, ist es notwendig, die betroffenen Mitarbeiter durch Aufklärung rechtzeitig für das Vorhaben zu gewinnen (vgl. *Fries* 1975, S. 79; *Shuchman* 1959, S. 19).

3.2. Der Objektbereich des Marketing-Audit
3.2.1. Das Prämissen-Audit

Die gesamte Marketing-Planung basiert auf Annahmen und Informationen über den derzeitigen Zustand und die mutmaßliche Entwicklung entscheidungsrelevanter Merkmale der Unternehmens- und Marktsituation (vgl. *Kühn* 1977, S. 204). Entscheidungen können nur so gut sein wie die Prämissen und die Informationen, die in sie einfließen. Aufgabe des **Prämissen-Audit** ist es daher zunächst, sämtliche der Planung zugrunde liegenden Annahmen festzustellen und aufzulisten sowie deren Sinnhaftigkeit und Berechtigung zu überprüfen. Werden im Rahmen der Marketing-Planung beispielsweise nicht sämtliche für die Lösung eines Problems bedeutsamen Aspekte berücksichtigt oder ist die tatsächliche Umweltsituation des Unternehmens anders als erhofft bzw. befürchtet, so können die Entscheidungen nicht situationsadäquat sein. Im konkreten Fall hat man sich daher stets zu fragen:

– Sind alle entscheidungsrelevanten Prämissen erkannt, durchdacht und schließlich aufgelistet worden?
– Wurden die für die Entscheidung verfügbaren Informationen alle berücksichtigt?
– Wie aktuell, zuverlässig und präzise waren die Informationen über die Umweltsituation?

Das Grundanliegen ist dabei stets, etwaige **Fehleinschätzungen** der Gegebenheiten und Veränderungen im **Umsystem des Unternehmens** so früh wie möglich zu erkennen. Eine gewisse Orientierung bieten dabei Kriterien wie Vollständigkeit, Relevanz, Aktualität und Präzision von Informationen (ausführlich dazu *Grotz-Martin* 1976, S. 28ff.; *Hildenbrand* 1983, S. 162ff.). Ändert sich das Umsystem des Unternehmens anders als in den Prämissen angenommen, so kommt es zwangsläufig zu einer Diskrepanz zwischen den prognostizierten und den tatsächlich eingetretenen Konsequenzen einer Entscheidung.

Es ist deshalb erstrebenswert, etwaige Veränderungen der Umweltsituation so frühzeitig zu erkennen, daß die drohenden Fehlentwicklungen noch ohne folgenschwere Konsequenzen korrigiert bzw. abgewandt werden können. Treten bei zentralen Situationsmerkmalen Abweichungen zwischen den der Planung zugrunde gelegten Werten über die Umweltentwicklung und der beim Audit festgestellten Entwicklung auf, so ist zu vermuten, daß die auf Grund falscher Annahmen gefällten Entscheidungen nicht mehr vertretbar und daher der neuen Entwicklung anzupassen sind.

3.2.2. Das Ziel- und Strategien-Audit

Ziel- und Strategien-Entscheidungen haben weitreichende Bedeutung; sie legen langfristig die **Grundrichtung** der unternehmerischen Aktivität fest. Eine unpräzise Zielformulierung führt zwangsläufig dazu, daß der Erfüllungsgrad in der Regel nicht oder nur sehr schwer kontrolliert werden kann. Sie birgt außerdem die Gefahr in sich, daß die Vorgaben von den einzelnen Organisationsmitgliedern hinsichtlich Inhalt, Ausmaß und zeitlichem Bezug unterschiedlich interpretiert und so im Unternehmen u. U. Zielsetzungen verfolgt werden, die sich widersprechen. Das **Ziel- und Strategien-Audit** hat deshalb die Aufgabe, durch entsprechende Kontrollen solche und ähnliche **Unzulänglichkeiten** bzw. **Schwachstellen** zu identifizieren und möglichst auszuschalten. Durch diesen Kontrollvorgang eröffnen sich zusätzliche Möglichkeiten, Chancen und Risiken, die mit einer Maßnahme verbunden sind, noch vor einer endgültigen Entscheidung in den Griff zu bekommen.

Bei dieser Arbeit muß der Prüfer (= Auditor) zunächst den Ist-Zustand erfassen, d. h. ermitteln, welche Ziele bzw. Strategien bisher geplant waren, um sie auf deren Operationalität, Konsistenz, Transparenz, Vollständigkeit, Aktualität und Realisierbarkeit hin zu beurteilen (vgl. dazu z. B. *Korndörfer* 1986; *Szyperski/Winand* 1980, S.50; *Fries* 1975, S. 41 f.). Ganz konkret wird er sich folgende Fragen vorlegen:

– Sind die Marketing-Ziele auf die Unternehmensziele abgestimmt?
– Erscheinen die Marketing-Ziele und -Strategien der derzeitigen und zukünftigen Unternehmenssituation angemessen?
– Sind sowohl Ziele als auch Strategien realistisch, operational und konsistent?
– Harmonieren die Marketing-Strategien mit den Marketing-Zielen?
– Welche Alternativen wurden verworfen? Was waren die Gründe dafür?

Den Abschluß des Ziel- und Strategien-Audit bildet die **Ableitung** von **Empfehlungen** zur Behebung der festgestellten Mängel. Dies wird in aller Regel zu Ziel- und Strategienrevisionen führen.

3.2.3. Das Maßnahmen-Audit

Besonderes Interesse des Prüfers erheischen sodann die zur Verwirklichung der Marketing-Ziele und -Strategien eingesetzten konkreten Maßnahmen, die sich auf die **inhaltliche Zusammensetzung** des **Marketing-Mix**, die **Höhe** des zugehörigen **Budgets** und dessen **Aufteilung** beziehen. Der Überprüfung der **Struktur** des **Marketing-Mix** wird dabei besonderes Gewicht beigemessen, da dieses in der Praxis einen gewissen Hang zur Dauerhaftigkeit und Starrheit aufweist. Der spezifische Nutzen des **Maßnahmen-Audit** ist deshalb darin zu sehen, daß es dieser Tendenz, die im krassen Gegensatz zu der aus der hohen Umweltdynamik resultierenden Notwendigkeit zur periodischen Anpassung des Mix steht, zu begegnen und vor allem Schwachstellen der taktischen Marketing-Planung frühzeitig zu erkennen vermag.

Ausgangspunkt ist wiederum eine **Bestandsaufnahme.** Die Beurteilung des Ist-Zustandes vollzieht sich im wesentlichen nach denselben Standards wie beim Ziel- und Strategien-Audit (vgl. Abschn. 3.2.2.). Im einzelnen wird sich der Prüfer etwa für folgende Tatbestände interessieren:

- Sind die geplanten oder realisierten Maßnahmen der Unternehmenssituation angemessen (gewesen)?
- Erscheinen sie mit den Marketing-Zielen und -Strategien vereinbar?
- Entspricht die Höhe des Budgets den Erfordernissen?
- Wurde das Budget zielkonform auf die einzelnen Elemente des Marketing-Mix verteilt?
- Wurden die denkbaren Alternativen vollständig erfaßt und analysiert?
- Sind die taktischen Maßnahmen untereinander abgestimmt worden?

3.2.4. Das Prozeß- und Organisations-Audit

Auch Prozeßabläufe und Organisationsstruktur sind Determinanten der Effektivität von Marketing-Bemühungen. Erste Rückschlüsse auf deren Qualität können anläßlich der Überprüfung der Entscheidungselemente gezogen werden. Um jedoch tiefergehende Einblicke zu gewinnen, bedarf es eines umfassenden **Prozeß- und Organisations-Audit**. Dessen Ziel ist die frühzeitige Entdeckung von spezifischen Schwachstellen, um rechtzeitig auf Veränderungen reagieren zu können. Dies geschieht im Wege der Überprüfung der **Ordnungsmäßigkeit** (Anwendungsprüfung) und **Zweckmäßigkeit** (Gestaltungsprüfung) der **Planungs-** und **Kontrollprozesse** sowie der getroffenen **organisatorischen Regelungen** (vgl. *Adamowsky* 1973, Sp. 1371; *Peemöller* 1975, S. 2556). Im Rahmen der **Anwendungsprüfung** stellt man fest, ob die formal vorgesehenen Planungs- und Kontrollabläufe sowie die Organisationsstruktur mit den tatsächlichen Gegebenheiten übereinstimmen; demgegenüber erstreckt sich die **Gestaltungsprüfung** auf die materielle Zweckmäßigkeit des vorgefundenen Ist-Zustandes.

Beim **Prozeß-Audit** geht es vor allem darum, **Informationsbeschaffung** und **-verarbeitung**, die das Fundament des Planungs- und Kontrollprozesses bilden, im Hinblick auf Ordnungsmäßigkeit und methodische Zweckmäßigkeit kritisch zu durchleuchten (vgl. *Köhler* 1983, Sp. 959). Die im Marketing eingesetzten Methoden und Modelle können beispielsweise nach den für den **Decision Calculus** charakteristischen Anforderungen (Einfachheit, Benutzungssicherheit, Prüfbarkeit, Adaptionsfähigkeit, Vollständigkeit, Kommunikationsfähigkeit) geprüft werden (vgl. *Little* 1977, S. 127f.).

Im einzelnen sollte das Prozeß-Audit z.B. folgende Fragen zu beantworten erlauben (vgl. *Kühn* 1977, S. 201f.):

- Sind die Planungs- und Kontrollprozesse systematisch gestaltet?
- Ist eine für Planung und Kontrolle ausreichende Informationsversorgung gewährleistet?
- Erscheint die Koordination der Planungs- und Kontrollprozesse gewährleistet?
- Haben sich die für Planung und Kontrolle eingesetzten Methoden und Modelle bewährt?

Beim **Organisations-Audit** überprüft man demgegenüber die **Marketing-Organisation** und ihre Beziehungen zu anderen Funktionsbereichen der Unternehmung (vgl. *Kotler/Gregor/Rodgers* 1977, S. 33). Ihr Ziel ist die Aufdeckung von Normabweichungen, Schwachstellen und unzweckmäßigen Regelungen. Zu untersuchen ist dabei zum einen die Ordnungsmäßigkeit bestehender organisatorischer Regelungen, die sich aus einem Vergleich der formal festgelegten Organisationsstruktur, ersichtlich aus unternehmensinternen Richtlinien und Grundsätzen, Organigrammen etc., mit der tatsächlich festgestellten Organisation ergibt. Zu fragen ist also (vgl. *Kotler* 1982, S. 685):

- Stimmen formale und informale Autoritäts- und Machtstruktur überein?
- Entsprechen sich formale und informale Kommunikationsstruktur?
- Stimmen die Qualifikationsprofile der Mitarbeiter mit den Anforderungsprofilen der Stellen überein?

Wandlungen in der Unternehmensumwelt können dazu führen, daß die **organisatorischen Regelungen** veralten und die Verwirklichung der gesetzten Ziele behindern, anstatt sie zu fördern. Außerdem besteht die Gefahr, daß in der Alltagsarbeit wichtige betriebswirtschaftliche Erkenntnisse unbeachtet bleiben (vgl. *Peemöller* 1975, S. 2556). Neben der angesprochenen Ordnungsmäßigkeit ist daher auch die Zweckmäßigkeit der bestehenden organisatorischen Regelungen zu überprüfen. Man muß deshalb immer wieder fragen:

- Entspricht die Struktur der Marketing-Organisation Markterfordernissen, Marketing- und Unternehmenszielen?
- Ist das Marketing in der Unternehmensorganisation ausreichend stark verankert?
- Verstößt die bestehende Organisation gegen wichtige organisatorische Grundsätze?

4. Organisatorische Aspekte der Marketing-Kontrolle

(1) Die Wahrnehmung von Kontrollfunktionen im Marketing setzt die Schaffung geeigneter organisatorischer Grundlagen voraus. Hierbei ist einmal zu entscheiden, inwieweit die Unternehmung diese selbst ausüben will oder ob bzw. in welchem Ausmaß **unternehmensexterne Institutionen,** wie z. B. Unternehmensberater und Marktforschungsinstitute, mit der Wahrnehmung von Kontrollaufgaben beauftragt werden sollen. Davon hängen ganz wesentlich die Institutionalisierung und der innere Aufbau der Marketing-Kontrolle als einer Organisationseinheit ab. Auf Grund der unterschiedlichen Rahmenbedingungen wie Größe von Unternehmen und Marketing-Abteilung, Qualifikation des Personals und Komplexität der Kontrollaufgabe, die im Einzelfall zu berücksichtigen sind, kann eine sachgerechte Entscheidung über Eigen- und Fremdkontrolle nur situationsspezifisch getroffen werden.

Für die Einschaltung **externer Einrichtungen** zumindest in bestimmte Phasen des Kontrollprozesses sprechen vor allem folgende Gesichtspunkte:

- Höhere Objektivität der Kontrolle, d.h. geringere Gefahr der Erlangung interessengefärbter Prüfungsergebnisse
- Fehlen von Betriebsblindheit bei Außenstehenden
- Vorhandensein von Erfahrung und methodischem Fachwissen
- Leichte Überwindung zeitlicher und personeller Kapazitätsprobleme.

Demgegenüber liegen die Vorteile der **unternehmensinternen Wahrnehmung** von **Kontrollaufgaben** in folgenden Faktoren (vgl. *Fries* 1975, S. 74 ff.):

- Vertrautheit der Funktionsträger mit den unternehmensspezifischen Kontrollproblemen
- Verringerung der Wahrscheinlichkeit des Auftretens sowohl von Widerständen als auch von Indiskretionen
- Wegfall von Kommunikationsproblemen mit externen Institutionen.

Für die Lösung komplexer Kontrollaufgaben kommt im Grunde nur eine gemischte Strategie in Betracht, um von den Vorteilen beider Vorgehensweisen zu profitieren.

(2) Für die Sicherung eines Höchstmaßes an Effizienz bei der unternehmensinternen Wahrnehmung von Marketing-Kontrollaufgaben sind im wesentlichen zwei Fragen von Bedeutung. 1. Soll die **Marketing-Kontrollfunktion** vom **Unternehmensbereich Marketing** selbst oder von **anderen Instanzen oder Ressorts** des Unternehmens, etwa der Geschäftsleitung, dem Rechnungswesen, der Revision oder dem Controlling, wahrgenommen werden? 2. Soll für die **Marketing-Kontrolle** eine **eigenständige organisatorische Einheit** eingerichtet werden oder soll die Kontrollfunktion von **anderen Funktionsträgern zusätzlich** übernommen werden? Im Rahmen des Marketing wäre hier z.B. an die Marktforschungsabteilung oder die Marketing-Planung zu denken (vgl. *Fries* 1975, S. 73 f.). Mit zunehmender Größe eines Unternehmens und seiner Marketing-Organisation steigt auch das Maß an wünschenswerter **Spezialisierung,** so daß, unabhängig von Kapazitätsrestriktionen, schon von da her die Schaffung einer für die Marketing-Kontrolle zuständigen Stelle bzw. Abteilung naheliegt. In diesem Fall ist die Bereichszugehörigkeit dieser Stelle zu klären. Da die Marketing-Kontrolle einerseits besondere Vertrautheit mit den spezifischen Problemen des Marketing und eine enge Zusammenarbeit mit dem Marketing-Management erfordert, andererseits aber auch auf die Unterstützung durch andere kontrollierende Instanzen der Unternehmung (Zentrale Unternehmenskontrolle, Rechnungswesen, Revision etc.) angewiesen ist (vgl. *Töpfer* 1976, S. 153; *Kiener* 1980, S. 299 f.), gibt es keine Patentlösung im Sinne einer unbedingt wünschenswerten Zuordnung.

Entschließt man sich, die Kontrolle in die Marketing-Organisation zu integrieren, verkürzen sich die Kommunikationskanäle. Auf der anderen Seite birgt diese Lösung die Gefahr in sich, daß die fragliche Instanz so stark im Marketing-Bereich involviert ist, daß eine objektive Durchführung der Kontrolle nicht mehr gewährleistet erscheint. Die Zuordnung der Marketing-Kontrolle zu entsprechenden **Stabsstellen** erschiene insofern von Vorteil, als dadurch die einheitliche Ausrichtung der gesamten unternehmerischen Kontroll- bzw. Informationstätigkeit sichergestellt wäre. Dagegen sprechen indessen die u. U. große Distanz der Kontrollträger zu den Problemen des Marketing, das Entstehen langer Kommunikationswege zwischen Marketing-Kontrolle und Marketing-Management sowie der Umstand, daß, ähnlich wie bei unternehmensexternen Kontrollträgern, die Prüfer als Außenstehende empfunden und nicht gerade mit offenen Armen empfangen werden.

Eine Kompromißlösung besteht darin, daß man die Marketing-Kontrolle **fachlich** der Leitung der **zentralen Kontrollinstanz, disziplinarisch** jedoch dem Leiter der **Marketing-Abteilung** unterstellt (vgl. *Kiener* 1980, S. 300f.). Diese Situation ist typisch für die sog. Matrix-Organisation, die in § 10 näher behandelt wird.

(3) Unabhängig von deren Einbettung in die Unternehmensorganisation stellt sich die Frage der zweckmäßigsten **internen Organisation** der Kontrollabteilung. Auch hier gibt es auf Grund der unterschiedlichen Bedingungen, denen diese in den einzelnen Unternehmen unterworfen ist, keine Ideallösung. Gleichwohl lassen sich eine Reihe von Gestaltungskriterien angeben, so z. B. Produktgruppen bzw. Divisions, Absatzgebiete und Funktionen, neben die u. U. auch eine Aufgliederung treten kann, wie sie zur Strukturierung des Objektbereichs des Marketing-Audit (vgl. Abschn. 3.2.) herangezogen wurde.

Quellenhinweise und Literaturempfehlungen

Grundlegende Ausführungen zur Marketing-Kontrolle finden sich u. a. bei:

Bidlingmaier, J., Marketing 1, 10. Aufl., Opladen 1983.
Bramsemann, R., Controlling, 2., verb. Aufl., Wiesbaden 1980.
Frese, E., Kontrolle und Unternehmensführung, Wiesbaden 1968.
Fries, P., Die Marketing-Prüfung, Konzeption und Formalisierung, Diss., Liebefeld–Bern 1975.
Hahn, D., Planungs- und Kontrollrechnung, 3., völlig überarb. Aufl., Wiesbaden 1985.
Heigl, A., Controlling – Interne Revision, Stuttgart 1978.
Hill, W., Marketing 1, 5. Aufl., Bern–Stuttgart 1982.
Horváth, P., Controlling, 2., neu bearb. Aufl., München 1986.
Kiener, J., Marketing-Controlling, Darmstadt 1980.
Köhler, R., Verlustquellenanalyse im Marketing, in: Marketing-Enzyklopädie, Bd. 3, München 1975, S. 605-618.
Kotler, Ph., Marketing-Management, 4., neubearb. Aufl., Stuttgart 1982.
Mann, R., Praxis des strategischen Controlling, München 1979.
Meffert, H., Marketing, 7. Aufl., Wiesbaden 1986.
Mellerowicz, K., Kontrolle in der Absatzwirtschaft, in: *Tietz, B.* (Hrsg.), HWA – Handwörterbuch der Absatzwirtschaft, Stuttgart 1974, Sp. 1104-1116.
Schwarze, H., Controlling, München 1972.

Siegwart, H., Menzl, I., Kontrolle als Führungaufgabe, Bern 1978.
Stern, M. E., Marketing Planung, Eine System-Analyse, Berlin 1975.
Töpfer, A., Planungs- und Kontrollsysteme industrieller Unternehmungen, Berlin 1976.
Träger, W., Marketingkontrolle, in: Marketing-Enzyklopädie, Bd. 2, München 1974, S. 555-564.
Wild, J., Grundlagen der Unternehmensplanung, 4. Aufl., Opladen 1982.
Wilson, R. M. S., Management-Controls und Marketing-Planning, London 1979.
Zahn, E., Marketing- und Vertriebscontrolling, Landsberg am Lech 1986.

Vertiefende Ausführungen zur **ergebnisorientierten Marketing-Kontrolle** finden sich u.a. bei:

Bidlingmaier, J., Zielkonflikte und Zielkompromisse, Wiesbaden 1968.
Diller, H., Produkt-Management und Marketing-Informationssysteme, Berlin 1975.
Dunne, P. M., Wolk, H. I., Marketing Cost Analysis: A Modularized Contribution Approach, in: Journal of Marketing, Vol. 41 (1977), No. 3, pp. 83 - 94.
Eichholz, R. E., Mittel und Methoden der Marketingkontrolle, in: Jahrbuch der Absatz- und Verbrauchsforschung, 22. Jg. (1976), S. 264 - 290.
Engelhardt, H. W., Erlösplanung und Erlöskontrolle als Instrument der Absatzpolitik, in: ZfbF – Schmalenbachs Zeitschrift für betriebswirtschaftliche Forschung, 29. Jg. (1977), S. 10 - 26.
Finkenrath, R., Mehr Erfolg durch gewinnorientiertes Marketing und Marketing-Controlling, Landsberg am Lech 1985.
Frank, P., Marketing-Strategien, Begriffliche und inhaltliche Untersuchung zur Entwicklung, Realisierung und Kontrolle von Marketing-Strategien, Diss., Mannheim 1978.
Geist, M., Selektive Absatzpolitik auf der Grundlage der Absatzsegmentrechnung, 2. Aufl., Stuttgart 1974.
Greipl, E., Bestimmung und Würdigung von Marktanteilen, in: *Böcker, F., Dichtl, E.* (Hrsg.), Erfolgskontrolle im Marketing, Berlin 1975, S. 101 - 115.
Hessenmüller, B., Beobachtung und Kontrolle industrieller Vertriebskosten, in: *Hessenmüller, B., Schnaufer, E.* (Hrsg.), Absatzwirtschaft, Baden–Baden 1964, S. 507-565.
Hill, W., Fehlbaum, R., Ulrich, P., Organisationslehre 1, 3., verb. Aufl., Bern–Stuttgart 1981.
Hörschgen, H., Kontrolle des Werbeerfolgs, in: *Böcker, F., Dichtl, E.* (Hrsg.), Erfolgskontrolle im Marketing, Berlin 1975, S. 273 - 286.
Hörschgen, H., Gaiser, B., Strobel, K., Die Werbeerfolgskontrolle in der Industrie, Stuttgart 1981.
Hörschgen, H., Kachel, H., Größenbedingte Vor- und Nachteile mittelständischer Einzelhandelsunternehmen im Absatzbereich, in: *Treis, B.* (Hrsg.), Der mittelständische Einzelhandel im Wettbewerb, München 1981, S. 77 - 127.
Hüttner, M., Grundzüge der Marktforschung, Wiesbaden 1977.
Küspert, E., Industrielle Vertriebskosten, RKW-Schrift Nr. 601, 1938.
Lachnit, L., Zur Weiterentwicklung betriebswirtschaftlicher Kennzahlensysteme, in: ZfbF – Schmalenbachs Zeitschrift für betriebswirtschaftliche Forschung, 28. Jg. (1976), S. 216 - 229.
Lüder, K., Streitferdt, L., Die kurzfristige Erfolgsrechnung als Kontrollinstrument der Unternehmensführung, in: BFuP – Betriebswirtschaftliche Forschung und Praxis, 30. Jg. (1978), S. 545 - 564.
Riebel, P., Die Deckungsbeitragsrechnung als Instrument der Absatzanalyse, in: *Hessenmüller, B., Schnaufer, E.* (Hrsg.), Absatzwirtschaft, Baden–Baden 1964, S. 595 - 627.
Riebel, P., Einzelkosten- und Deckungsbeitragsrechnung, 5., verb. und erg. Aufl., Wiesbaden 1985.
Roventa, P., Portfolio-Analyse und Strategisches Management, 2., durchges. Aufl., München 1981.

Schmalenbach, E., Selbstkostenrechnung und Preispolitik, Leipzig 1934.
Severin, Ch. H., Marketing Productivity Analysis, St. Louis, Miss., etc. 1965.
Sieberts, H., Absatzwirtschaftliche Kennzahlen, in: *Tietz, B.* (Hrsg.), HWA – Handwörterbuch der Absatzwirtschaft, Stuttgart 1974, Sp. 995-1001.
Staehle, W. H., Kennzahlen und Kennzahlensysteme als Mittel der Organisation und Führung von Unternehmen, Wiesbaden 1969.
Staudt, T., Taylor, D. A., Bowersox, D. J., A Managerial Introduction to Marketing, Englewood Cliffs, N. J., 1976.

Mit der **Zielsetzung** und den **Objektbereichen** des **Marketing-Audit** beschäftigen sich u. a.:

Adamowsky, S., Prüfung der Organisation, in: *Grochla, E.* (Hrsg.), HWO – Handwörterbuch der Organisation, unveränd. Nachdruck der 1. Aufl., Stuttgart 1973, Sp. 1371-1377.
Blohm, H., Organisation, Information und Überwachung, Wiesbaden 1977.
Döpke, U., Strategisches Marketing-Controllership, Frankfurt/M. 1986.
Ebert, K., Warenwirtschaftssysteme und Warenwirtschafts-Controlling, Frankfurt/M. 1986.
Grotz-Martin, S., Informations-Qualität und Informations-Akzeptanz in Entscheidungsprozessen, Diss., Saarbrücken 1976.
Hildenbrand, W., Informationsmarketing in der Kommunikation zwischen Hersteller und Handelsvertreter, Frankfurt/M. 1983.
Hofmann, R., Unternehmensüberwachung, Berlin 1985.
Kiener, J., Marketing-Audit, in: absatzwirtschaft, 21. Jg. (1978), Nr. 4, S. 68-73.
Köhler, R., Kontrolle und Revision des Marketing, in: *Coenenberg, A., Wysocki, K. v.* (Hrsg.), HWRev – Handwörterbuch der Revision, Stuttgart 1983, Sp. 951-965.
Korndörfer, W., Unternehmensführungslehre, 5., überarb. Aufl., Wiesbaden 1986.
Kotler, Ph., Gregor, W., Rodgers, W., The Marketing Audit Comes of Age, in: Sloan Management Review, Vol. 19 (Winter 1977), S. 25-45.
Kühn, R., Marketing-Audit. Ein Führungsinstrument, in: Die Unternehmung, 31. Jg. (1977), S. 199-212.
Leffson, U., Das wirtschaftliche Prüfwesen im System der allgemeinen Betriebswirtschaftslehre, in: Die Wirtschaftsprüfung, 22. Jg. (1969), S. 389-397.
Little, J. D. C., Modelle und Manager: Das Konzept des Decision Calculus, in: *Köhler, R., Zimmermann, H. J.* (Hrsg.), Entscheidungshilfen im Marketing, Stuttgart 1977, S. 122-147.
Naylor, J., Wood, A., Practical Marketing Audits, London 1978.
Peemöller, V., Organisationsprüfung, in: Management-Enzyklopädie, Bd. 7, München 1975, S. 2556-2565.
Shuchman, A., The Marketing Audit: Its Nature, Purposes, and Problems, in: Analyzing and Improving Marketing Performance, *AMA* Management Report No. 32, New York 1959, pp. 11-19.
Sommer, K., Marketing-Audit, Bern 1984.
Szyperski, N., Winand, U., Grundberiffe der Unternehmensplanung, Stuttgart 1980.
Zünd, A., Kontrolle und Revision in der multinationalen Unternehmung, Bern 1973.

§ 10 Marketing-Organisation

1. Menschen und Tätigkeiten als Objekte der Organisationsgestaltung
   1.1. Organisatorische Auswirkungen einer veränderten Marketing-Sicht
   1.2. Bestimmungsgrößen der Struktur der Marketing-Organisation
       1.2.1. Externe und interne Rahmenbedingungen
       1.2.2. Ziele der Organisationsgestaltung
   1.3. Typen von Marketing-Organisationen
       1.3.1. Eindimensionale Organisationsformen
           1.3.1.1. Funktionsorientierte Organisationsformen
           1.3.1.2. Spartenorientierte Organisationsformen
       1.3.2. Mehrdimensionale Organisationsformen
2. Die Einrichtung von Informationssystemen
   2.1. Zwecksetzung und Struktur von Marketing-Informationssystemen
   2.2. Die Ausgestaltung von Marketing-Informationssystemen
       2.2.1. Grundtypen von Marketing-Informationssystemen
           2.2.1.1. Dokumentationssysteme
           2.2.1.2. Planungssysteme
           2.2.1.3. Kontrollsysteme
       2.2.2. Die Dimensionierung eines Marketing-Informationssystems
           2.2.2.1. Inhalt, Umfang und Struktur der Datenbank
           2.2.2.2. Die Ausgestaltung der Methoden- und der Modellbank
           2.2.2.3. Die Ausgestaltung des Kommunikationssystems
       2.2.3. Die Vorgehensweise beim Aufbau von Marketing-Informationssystemen

Quellenhinweise und Literaturempfehlungen

1. Menschen und Tätigkeiten als Objekte der Organisationsgestaltung

1.1. Organisatorische Auswirkungen einer veränderten Marketing-Sicht

Historisch betrachtet wird die zunehmende Bedeutung der Marketing-Funktion einer Unternehmung auch von ihren Organisationsformen reflektiert. Die Entwicklung durchlief **vier Phasen:**

(1) In der ersten war das Absetzen der produzierten Güter und Dienste vergleichsweise einfach, und Marketing, sofern man in diesem Stadium überhaupt schon davon sprechen kann, beschränkte sich weitgehend auf das Problem der Distribution. Immerhin unterhielten die Produzenten bereits Verkaufsabteilungen. Andere Teilfunktionen des Marketing, wie Marktforschung, Absatzplanung und Werbung, spielten keine besondere Rolle. Produkt-

1. Menschen und Tätigkeiten als Objekte der Organisationsgestaltung 941

gestaltung und Budgetierung gehörten zum Aufgabenbereich anderer Abteilungen.

Im Zuge der Expansion der Märkte traten neue Probleme auf, die der Verkaufsleiter nicht mehr allein zu lösen vermochte. Man ging deshalb dazu über, bestimmte Teilfunktionen auszugliedern und zu eigenen Abteilungen auszugestalten. Diese Teilbereiche wurden ihrerseits Führungskräften unterstellt, die hierarchisch dem Verkaufsleiter gleichgestellt waren. Wie eine solche Organisation aussieht, zeigt Abb. 10.1. In den USA herrschte diese Art der

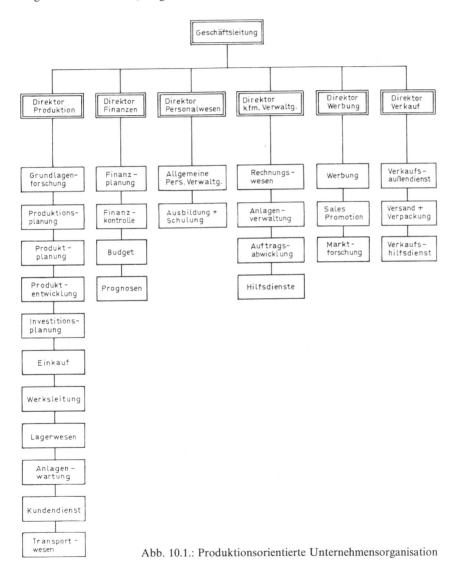

Abb. 10.1.: Produktionsorientierte Unternehmensorganisation

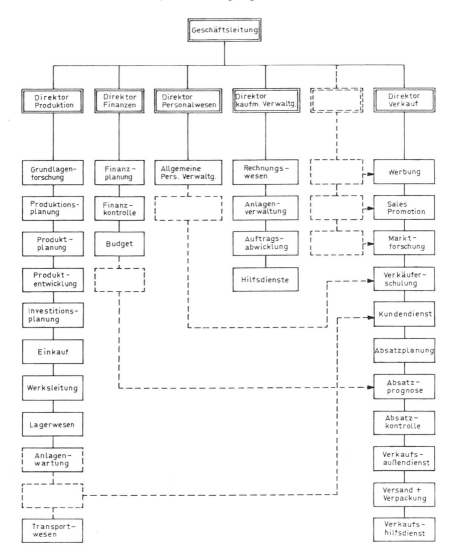

Abb. 10.2.: Verkaufsorientierte Organisation der Absatzaktivitäten

Marketing-Organisation bis zum Beginn des Zweiten Weltkrieges vor, in Deutschland bis Mitte der fünfziger Jahre.

(2) In der zweiten Entwicklungsphase führte ein besseres Verständnis der mit dem Absatz zusammenhängenden Probleme zu bedeutsamen organisatorischen Veränderungen. Erste Auswirkungen einer veränderten Denkweise sind zum einen darin zu erblicken, daß alle Absatzaktivitäten einer einzigen für die

Absatzaufgaben verantwortlichen Führungskraft zugewiesen werden, für die jedoch häufig der Titel „Verkaufsleiter" beibehalten wird. Zum zweiten werden absatzbezogene Tätigkeiten, die vorher in anderen Unternehmensbereichen ausgeübt wurden, wie z. B. Verkäuferschulung, Kundendienst und Absatzplanung, in diese neu geschaffene Abteilung eingegliedert.

Dieses Organisationskonzept (vgl. Abb. 10.2.) war typisch für die Phase verstärkter Absatzbemühungen, die von den Unternehmungen nach der Deckung des kriegsbedingten Nachholbedarfs entfaltet wurden. In Amerika beobachtete man diese Konzeption bis weit in die fünfziger Jahre, in Deutschland bis in die sechziger Jahre hinein.

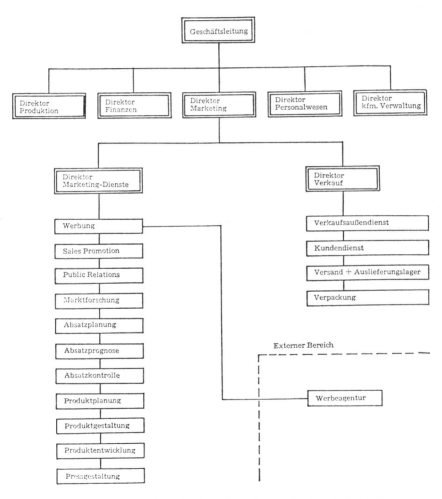

Abb. 10.3.: Marketingorientierte Organisation der Absatzaktivität

(3) Das dritte Stadium dieses evolutorischen Prozesses ist dadurch gekennzeichnet, daß sich ein **Marketing-Direktor** herausbildet, der auf einer Ebene mit dem Produktions-, Finanz- und Verwaltungsdirektor steht. In dieser Phase wird in zunehmendem Maße die zentrale Rolle erkannt, die das Marketing für die Erreichung der unternehmerischen Ziele spielt.

Wie Abb. 10.3. zeigt, ist der Integrationsprozeß durch zwei wesentliche Veränderungen gekennzeichnet. Zum einen werden weitere, bislang noch anderen Unternehmensbereichen vorbehaltene Funktionen, wie z. B. Produktplanung, Produktentwicklung und Preisgestaltung, unter die Verantwortung des Marketing-Chefs gestellt, zum anderen entschließt man sich, spezielle Marketing-Dienste im Rahmen dieses Ressorts zu verselbständigen.

Die Situation hat sich auch insofern geändert, als etwa für die Entscheidungen bezüglich Aussehen, Verpackung und Name eines Produktes nicht mehr der Produktionsleiter, sondern der Marketing-Direktor verantwortlich ist.

Verständlicherweise vermag dieser seine Pflichten nur in enger Zusammenarbeit mit den anderen Ressortleitern zu erfüllen. Dennoch besteht bei einer solchen Aufgabenverteilung stets die Gefahr, daß jede Abteilung ihre eigenen Ziele verfolgt und die einzelnen Bereiche mehr oder weniger isoliert voneinander operieren. Von einer optimalen Kombination der produktiven Kräfte ist man hier noch weit entfernt; die Bedeutung des Marketing als einer Maxime (vgl. § 1, Abschn. 1.2.) tritt nicht klar genug zutage.

(4) Ein letzter Schritt wird vollzogen, wenn sich auch hierarchisch sämtliche Unternehmensbereiche an den Erfordernissen des Marketing orientieren. Marketing ist dann nicht mehr als **eine,** sondern als **die** Hauptfunktion der Unternehmung zu betrachten. Das Ganze wird zu einer **Marketing-Organisation.** Konkret kann man sich dies z. B. in der Weise vorstellen, daß die anderen Funktionsbereiche dem Marketing-Bereich unterstellt werden oder aber daß die Marketing-Abteilung eine beratende Funktion gegenüber den Trägern der übrigen Aufgabenkomplexe der Unternehmung eingeräumt erhält. Ein solches

Abb. 10.4.: Vollintegrierte Marketing-Organisation

Konzept könnte etwa die in Abb. 10.4. skizzierte Struktur aufweisen. In formal abgeschwächter, faktisch nicht weniger wirksamer Form ist dies in all den Fällen erreicht, in denen der Firmeninhaber ein „Verkäufertyp" ist oder der Unternehmensleiter ursprünglich aus dem Marketing-Ressort stammt.

Formal betrachtet verharrt die Praxis weit überwiegend noch auf der Stufe (3). Es ist deshalb zu fragen, welche weiteren Möglichkeiten unter den obwaltenden Umständen für die organisatorische Umsetzung des Marketing-Denkens in der Unternehmung bestehen.

1.2. Bestimmungsgrößen der Struktur der Marketing-Organisation
1.2.1. Externe und interne Rahmenbedingungen

Versteht man die Unternehmung als ein Gebilde, das zu seiner Umwelt Austauschbeziehungen unterhält und in dem verschiedene Prozesse ablaufen, so muß deren Organisation zumindest zum Teil durch **externe Faktoren** determiniert sein, die sich als dynamisch und komplex kennzeichnen lassen. Die Dynamik der unternehmensspezifischen Umwelt konkretisiert sich dabei in der Häufigkeit und Stärke der Änderungen und der Regelmäßigkeit bzw. Unregelmäßigkeit, mit der diese auftreten. Die Komplexität resultiert aus der Zahl und Verschiedenartigkeit der relevanten Faktoren. Dazu zählen etwa folgende:

– Art, Anzahl, Umfang, Unterschiedlichkeit der Märkte des Unternehmens
– Lebenszyklen der Produkte
– Anzahl, Bedarfsstruktur, Kaufkraft, Einkaufsverhalten der Kunden
– Existenz unternehmensexterner Absatzorgane
– Wettbewerbsverhältnisse
– Rechtsnormen
– politische und gesellschaftliche Verhältnisse
– technologische Entwicklungen.

Auf Grund empirischer Untersuchungen ist davon auszugehen, daß man hoher Dynamik der Umwelt durch **Dezentralisation** von **Entscheidungen** leichter gerecht wird. Insbesondere scheinen auf Märkten, bei denen man auf Preisänderungen schnell reagieren muß, solche Unternehmen erfolgreicher zu sein, zumal dann, wenn sie über eine produktorientierte Organisation (siehe Abschn. 1.3.1.2.) verfügen (vgl. *Kieser* 1974, S. 311f.; *Köhler* 1984, S. 99).

Neben den externen sind bei der Einbettung und Strukturierung der Marketing-Organisation auch eine Reihe von **internen Faktoren** zu berücksichtigen. So werden z. B. durch frühere Entscheidungen bzw. faktische Gegebenheiten im Unternehmen Rahmenbedingungen geschaffen, die nicht ohne weiteres zu überwinden sind. Zu denken ist dabei z. B. an Ziele, Alter und Größe einer Unternehmung, deren kapazitätsmäßiges und finanzielles Potential, die Qualifikation ihrer Mitarbeiter, die Art, Anzahl und Heterogenität ihrer Produkte sowie bestehende Vertriebskanäle.

1.2.2. Ziele der Organisationsgestaltung

Von den externen und internen Rahmenbedingungen, die den Gestaltungsspielraum begrenzen, sind die Ziele zu unterscheiden, die die verschiedenen Organisationsformen überlagern. Da es sich bei der Organisationsgestaltung um eine zweckorientierte Aktivität handelt, die vor allem darin besteht, die Effektivität der Unternehmenstätigkeit sicherzustellen bzw. zu verbessern (vgl. *Schanz* 1982, S. 49), liegt es an sich nahe, die Kriterien zur Bildung von Strukturierungsschemata aus dem Zielsystem der Unternehmung abzuleiten (vgl. *Grochla/Thom* 1980, Sp. 1499). Dieser Weg ist allerdings oft verbaut, weil die Unternehmensziele häufig Veränderungen unterworfen sind. Darüber hinaus sind sie nicht immer frei von Konflikten; schließlich besteht kein hinreichend gesicherter Zusammenhang zwischen ihnen und bestimmten Organisationsformen. Man behilft sich deshalb mit **drei Arten** von relativ allgemein gehaltenen **Anforderungen:**

(1) Zunächst ist sicherzustellen, daß die organisatorischen Regelungen in technisch-ökonomischer Hinsicht eine sach- bzw. problemnahe Aufgabenerfüllung zulassen, die Steuerung der Unternehmung erleichtern und den Koordinationsaufwand minimieren (vgl. *Grochla/Thom* 1980, Sp. 1500).

(2) Daneben ist Flexibilität gefordert, weil ohne hinreichende Anpassungsfähigkeit einer Organisationsform das langfristige Überleben einer Unternehmung nicht gewährleistet wäre (vgl. *Schanz* 1982, S. 67).

Eine wichtige Voraussetzung dafür ist das Vorhandensein von **organisatorischem Überschuß** („slack"), da dieser eine Unternehmung in die Lage versetzt, sich ohne nennenswerte zeitliche Verzögerung an schwankende Marktverhältnisse anzupassen. Er begegnet uns in Form von zeitweise freier menschlicher oder maschineller Kapazität. Führt eine Organisationsform gar noch zu Synergieeffekten, dann können von den Mitarbeitern eines Unternehmens zusätzliche Aufgaben mit ähnlichen Anforderungen wahrgenommen werden, ohne daß damit eine proportionale Kostensteigerung einhergeht. Dies ist beispielsweise dann der Fall, wenn ein Produkt-Manager ohne erkennbaren Mehraufwand statt einem mehrere Produkte betreut (vgl. *Fuchs-Wegner/Welge* 1974, S. 76ff.).

(3) Schließlich muß auch noch individual-sozialen Aspekten Rechnung getragen werden, weil die Mitarbeiter einer Unternehmung einen moralischen Anspruch auf eine menschenwürdige Tätigkeit haben.

Abschließend stellt sich die Frage, welche besonderen Anforderungen an die Organisationsstruktur sich aus dem Auftrag des Marketing ergeben. Geht man davon aus, daß dem Absatzbereich zentrale Bedeutung für das Überleben der Unternehmung zukommt, so ist durch eine entsprechende **Ablauforganisation** sicherzustellen, daß sämtliche betrieblichen Teilbereiche zumindest ihre Ziele mit dem Marketing-Sektor abstimmen.

1.3. Typen von Marketing-Organisationen

Auf Grund einer ungeheuren Vielfalt an denkbaren bzw. in der Praxis existierenden Organisationsformen erscheint es zweckmäßig, die Diskussion auf einige Grundtypen zu beschränken, und zwar getrennt nach **ein- und mehrdimensional strukturierten Formen**.

1.3.1. Eindimensionale Organisationsformen

1.3.1.1. Funktionsorientierte Organisationsformen

(1) Das Grundkonzept

Eine **funktionale Organisation** ist dadurch gekennzeichnet, daß gleichartige oder ähnliche **Verrichtungen** zusammengefaßt werden (vgl. *Schanz* 1982, S. 102f.; *Lochstampfer* 1980, Sp. 756; vgl. Abb. 10.5.). Dadurch wird es möglich, an jeder Stelle Spezialisten einzusetzen, wodurch eine qualifizierte Aufgabenerfüllung gewährleistet ist. Die mit der Spezialisierung verbundene Bündelung homogener Verrichtungen führt zu einer Standardisierung und Routinisierung betrieblicher Prozesse. Durch die relativ enge Abgrenzung des Aufgabengebietes werden überdies der relevante Umweltbereich und dadurch das von dort ausgehende Störungspotential kleiner. Insgesamt kann von einer relativ hohen Effizienz der Arbeit ausgegangen werden.

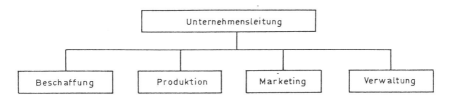

Abb. 10.5.: Funktionale Organisation

Gleichwohl besteht bei einer starken Spezialisierung die Gefahr, daß sich innerhalb der einzelnen Abteilungen **funktionsspezifische Werte** und **Ziele** herausbilden (Abteilungsdenken). Darüber hinaus ist zu bedenken, daß ein **hoher Grad** an **Arbeitsteilung** und **Spezialisierung** einen beträchtlichen Aufwand an horizontaler Koordination erfordert, da mehrere Stellen auf ein Objekt (Produkt, Marktsegment etc.) einwirken. Die zuständige Instanz vermag indessen allenfalls eine bereichsinterne Abstimmung sicherzustellen. Die Lösung von Aufgaben, die darüber hinausgehen, bleibt der über den einzelnen Funktionen angesiedelten Hierarchieebene überlassen. Die damit in der Regel verbundene Entscheidungszentralisation bei der Unternehmensleitung ist mit erheblichen Belastungen für diese verbunden. Auf Grund der angedeuteten Probleme erscheint es deshalb bei einer funktionsorientierten Organisation nicht immer gewährleistet, daß die unternehmerischen Maßnahmen im Hinblick auf einzelne Produkte oder Märkte hinreichend aufeinander abgestimmt sind.

Hinsichtlich der für Organisationen unabdingbaren Anpassungsfähigkeit zeigt sich, daß die funktionale Organisation zwar in der Lage ist, auf mengenmäßige Nachfrageschwankungen zu reagieren, doch fehlt der für die Bewältigung schwierigerer Herausforderungen nötige organisationale Überschuß, da die weitgehende Standardisierung der Tätigkeiten die Ressourcen mehr oder weniger auszuschöpfen erlaubt. Bedingt durch all diese Faktoren werden fällige Anpassungsentscheidungen im Vergleich zu anderen Organisationsformen relativ spät gefällt (vgl. *Grochla/Thom* 1980, Sp. 1508).

Betrachtet man die Auswirkungen der funktionalen Organisationsform auf die Mitarbeiter, so sind die Einheitlichkeit der Auftragserteilung gegeben und die personelle Zuordnung eindeutig. Dagegen ist infolge der starken Aufteilung der Tätigkeiten für den einzelnen der Endzweck seiner Arbeit nicht immer ersichtlich (vgl. *Grochla/Thom* 1980, Sp. 1509).

Auf Grund der strukturellen Unzulänglichkeiten, die dieser Organisationsform innewohnen, eignet sie sich höchstens für Unternehmen mit einem relativ undifferenzierten Angebotsprogramm. Nimmt der Integrationsbedarf zu (z. B. durch Erweiterung des Leistungsangebotes oder durch zunehmende Umweltstörungen), so ist nach anderen Strukturierungskonzepten zu suchen.

(2) Das Produkt-Manager-Konzept im Rahmen funktionsorientierter Organisationsformen

Eine Möglichkeit zur Überwindung der spezifischen Koordinationsprobleme, die bei der funktionalen Organisationsform auftreten, besteht darin, einer herausgehobenen Stelle, dem **Produkt-Manager,** die gesamte Verantwortung für ein Erzeugnis zu übertragen. Dies stellt insofern einen gewissen Fortschritt dar, als die produktbezogenen Koordinationsprobleme überwunden werden, ohne daß die Vorteile einer funktionalen Spezialisierung verlorengehen. Generell strebt man mit der Einrichtung des Produkt-Managements an, Güter als die eigentlichen Leistungen, die am Markt angeboten werden, zum Bezugspunkt bei der Koordination aller Marketing-Maßnahmen zu machen (vgl. *Köhler* 1980, Sp. 1924).

Allgemein ist der Produkt-Manager zuständig für die Entwicklung und Durchsetzung der Marketing-Strategie eines Produktes bzw. einer Produktgruppe, und zwar prinzipiell von der Konzipierung eines Erzeugnisses bis hin zur Markteliminiation. Im einzelnen widmet er sich vorrangig folgenden **Aufgaben:**

– Beobachtung und Analyse des Marktes sowie Prognose von Marktentwicklungen
– Planung und Koordination produktspezifischer Ziele und Maßnahmen
– Erarbeitung von Vorschlägen für Produktverbesserungen und Innovationen
– Überprüfung des Marketing-Mix.

Ein besonderes Problem dieser Organisationsspielart besteht darin, daß dem Produkt-Manager bei eindimensionalen Organisationsformen zwar die Aufgabe zufällt, die Aktivität der für die einzelnen Funktionen Verantwortlichen produktspezifisch auszurichten, ohne daß indessen seinen Planungs-, Koordinations- und Kontrollrechten in der Regel entsprechende formale Weisungsbefugnisse gegenüberstünden. Hierdurch sollen ein wichtiges Grundprinzip der Führungsorganisation, nämlich das Einlinienprinzip, eingehalten und unklare Mehrfachunterstellungen der in den Funktionsbereichen tätigen Mitarbeiter vermieden werden.

Das Produkt-Management-Konzept unterscheidet sich in diesem Punkt sowohl von der **Matrix-Organisation,** bei der die Mehrfachunterstellung institutionalisiert ist, als auch von der produktorientierten Organisation in Form der **Spartengliederung.** Hier besitzt der für ein Erzeugnis bzw. eine Erzeugnisgruppe verantwortliche Manager (Spartenleiter) auf Grund der eindeutigen Überordnung der Produkt- über die Funktionsinteressen entsprechende Kompetenzen (vgl. zu diesen Organisationsformen die nachfolgenden Abschnitte).

Das Problem der, gemessen am Verantwortungsbereich, unzureichenden Weisungsbefugnisse des Produkt-Managers kann durch die Übertragung objektbezogener Kompetenzen, d. h. durch Einräumung klar definierter Weisungsrechte abgemildert werden. Letztlich ist der Produkt-Manager bei der Erfüllung seiner Aufgaben jedoch allein auf seine Fachkompetenz und seine persönliche Überzeugungsfähigkeit angewiesen.

Was seine organisatorische Eingliederung in die Unternehmung anbetrifft, so kann dieser in die Marketing-Abteilung integriert oder der obersten Unternehmensleitung untergeordnet sein. Historisch gesehen wählte man ursprünglich fast ausnahmslos die erste Möglichkeit (vgl. Abb. 10.6.). Bei dieser auch heute noch weit verbreiteten Organisationsform wird das Dilemma zwischen wahrzunehmender Aufgabe und formaler Kompetenz deutlich: Da der Produkt-Manager keine formalen Weisungsbefugnisse gegenüber anderen Marketing-Bereichen besitzt, kann er seinen Pflichten nur mittelbar, nämlich über die Marketing-Leitung, nachkommen, es sei denn, es gelingt ihm kraft seiner Kompetenz und Persönlichkeit, unmittelbar Einfluß auszuüben.

Kritisch ist hierzu anzumerken, daß einerseits die mit der Einführung des Produkt-Managements angestrebte Entlastung der Marketing-Leitung nur bedingt erreicht wird, während andererseits die **Koordinationsfunktion** oft auf die Marketing-Instrumente beschränkt bleibt, statt **alle** relevanten Unternehmensbereiche zu erfassen (vgl. *Köhler* 1980, Sp. 1927ff.). Dieser letzten Forderung wird bei einer unmittelbaren Unterstellung des Produkt-Management unter die Geschäftsleitung entsprochen (vgl. Abb. 10.7.).

Bei einer Anbindung des Produkt-Management an die oberste Führungsebene ist eine **funktionsübergreifende Koordination** eher möglich. Letztlich bleibt

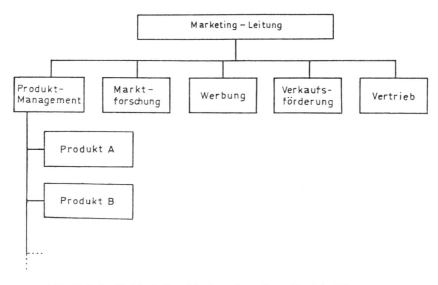

Abb. 10.6.: In die Marketing-Abteilung integriertes Produkt-Management

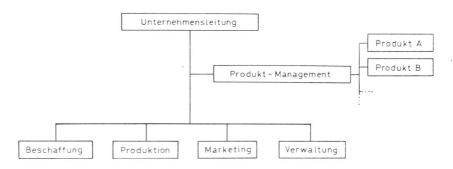

Abb. 10.7.: Produkt-Management als Stab der Unternehmensleitung

indessen auch hier das Kompetenzproblem ungelöst, dies selbst dann, wenn der Stelleninhaber hierarchisch relativ hoch angesiedelt ist. Konflikte, die der Produkt-Manager mit den ihm zur Verfügung stehenden Mitteln nicht auszuräumen vermag, müssen von der obersten Unternehmensleitung gelöst werden, die deshalb nicht in allen Fällen die erhoffte Entlastung erfährt.

Insgesamt ist freilich davon auszugehen, daß mit der Einführung des Produkt-Managements die produktbezogene Planung verbessert, die Anpassungsfähigkeit an Marktveränderungen erhöht und die Zusammenarbeit zwischen den verschiedenen Bereichen der Unternehmung gefördert werden. Allerdings wird die Abstimmung der verschiedenen Funktionen dann besondere Probleme aufwerfen, wenn der Produkt-Manager von übergeordneten Instanzen nicht hinreichend unterstützt wird. Daß sich eine derartige Situation negativ auf dessen Motivation und Kreativität auswirkt, liegt auf der Hand.

1.3.1.2. Spartenorientierte Organisationsformen

Bei einer **Spartenorganisation** erfolgt die Gliederung der Marketing-Ressorts nach **Objekten,** und zwar vornehmlich nach Produkten bzw. Produktgruppen, Gebieten/Ländern, Abnehmergruppen oder sogar nach Kunden.

(1) Die produktorientierte Organisationsform

Der mit der funktionalen Organisationsform verknüpfte Nachteil einer mangelnden Koordination der Entscheidungen im Hinblick auf das einzelne Produkt wiegt um so schwerer, je differenzierter und heterogener das Leistungsprogramm einer Unternehmung, je stärker diese diversifiziert und je dynamischer die Märkte sind. Bei Vorhandensein solcher Rahmenbedingungen liegt es nahe, anstelle einer **Gliederung** nach Verrichtungen eine solche **nach Produkten** bzw. **Produktgruppen** vorzusehen (vgl. Abb. 10.8.).

Die auf diese Weise gebildeten relativ homogenen Produktkomplexe (Divisions, Sparten, Geschäftsbereiche), die unmittelbar unter der Marketing-Leitung angesiedelt sind, zeichnen sich durch eine weitgehend autonome Leitung innerhalb der Gesamtunternehmung aus. Ist die Spartenleitung auch für den wirtschaftlichen Erfolg verantwortlich, so bildet ihr Verantwortungsbereich ein **Profit Center.** Voraussetzung einer derartigen Gliederung ist allerdings, daß für jede Sparte bzw. Division ein eigener Markt existiert und die

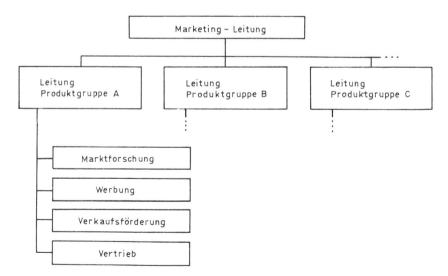

Abb. 10.8.: Produktorientierte Organisation in Form einer Spartengliederung

Funktionsbereiche heterogen genug sind. Nur dann sind die jeweiligen wirtschaftlichen Ergebnisse diesen präzise genug zurechenbar.

Mit der dezentralen Unternehmenssteuerung, wie sie hierin zum Ausdruck kommt, geht eine erhebliche Entlastung der Marketing-Leitung einher. Ihr verbleiben im wesentlichen die Steuerung und Kontrolle der Geschäftsbereiche, wobei sie der Verteilung der Ressourcen besondere Beachtung schenken muß. Allerdings hängt das Ausmaß dieser Entlastung von der Anzahl und Bedeutung der Funktionen ab, die zweckmäßigerweise in die einzelnen **Sparten** verlagert werden können.

Eine vollkommene Zuordnung der Funktionen wird sich indessen nur in den seltensten Fällen empfehlen, da dies Parallelarbeit und die Vorhaltung überhöhter Kapazitäten bedeuten würde. Außerdem wäre in diesen Fällen die einheitliche Erfüllung bestimmter Aufgaben, z.B. die Schaffung einer **Corporate Identity,** nicht sichergestellt. Deshalb werden Funktionen, die für mehrere oder alle Sparten in gleicher Weise anfallen, in zentralen Funktionsbereichen zusammengefaßt.

Bei diesem Strukturierungskonzept steht der Marketing-Leitung vergleichsweise mehr Zeit für eine produkt- und marktorientierte langfristige Planung zur Verfügung. Darüber hinaus sind die Zuständigkeiten eindeutig geregelt. Durch die Entscheidungsdezentralisation richten sich schließlich die oberen und mittleren Management-Ebenen relativ stark an den übergeordneten unternehmerischen Erfolgskriterien aus.

Im Gegensatz zur funktionalen Organisation erfolgt die Koordination hier nicht mehr auf der obersten Führungsebene, sondern innerhalb der einzelnen Geschäftsbereiche, was mit Vorteilen hinsichtlich der Länge der Informationswege und der erreichbaren Produkt- bzw. Marktkenntnis verbunden ist.

Die **divisionale Strukturierungsform** ist hinsichtlich ihrer Möglichkeiten, sich Umweltänderungen anzupassen (strategische Flexibilität), positiv zu beurteilen. Dies liegt einmal an der Dezentralisation der Entscheidungen, die jeweils lediglich einzelne, relativ autonome und isolierte Teile der Gesamtorganisation betreffen. Zum zweiten ist diese Organisationsform günstig für das Entstehen von **Synergien,** da mit der Gliederung nach Produkten bzw. Produktgruppen auch eine weitgehende Spezialisierung auf Marktbereiche einhergeht. Dies ermöglicht ein schnelles Aufspüren von Chancen und eine rasche Reaktion auf Marktänderungen. Zum dritten weist diese Organisationsform einen strukturbedingten organisationalen Überschuß auf, da hier die Neigung besteht, in einzelnen Funktionsbereichen die Zahl der Stellen zu vermehren.

Neben diesen Vorzügen verbessern die leicht lösbaren Koordinationsprobleme und das vergleichsweise **geringe Konfliktpotential** die Möglichkeiten zur strategischen Anpassung.

1. Menschen und Tätigkeiten als Objekte der Organisationsgestaltung

Persönliche Bedürfnisse der Mitarbeiter werden hier insofern befriedigt, als innerhalb der Sparten der Zweck der eigenen Tätigkeit klar erkennbar ist und somit die Möglichkeit besteht, sich mit dem Endprodukt zu identifizieren.

(2) Die kundenorientierte Organisationsform

Während die produktorientierte Organisationsform der Heterogenität des Leistungsprogramms Rechnung zu tragen versucht, stellt die kundenorientierte Variante auf große Verschiedenartigkeit bei den Märkten bzw. Kunden ab. Sie zeichnet sich dadurch aus, daß bestimmten Stellen die Betreuung **festgelegter Abnehmergruppen** (z. B. Endabnehmer, Großbetriebsformen des Einzelhandels, Großhandel) obliegt (Kunden- oder Markt-Management, vgl. Abb. 10.9.). Die Aufteilung kann dabei so weit gehen, daß ein Kunden-Manager für die Betreuung nur noch eines einzigen, allerdings recht bedeutsamen Abnehmers zuständig ist **(Key Account-Management).** Die kundenorientierte Form der Organisation erscheint jedoch nur dann zweckmäßig, wenn die einzelnen Marktsegmente genügend groß sind und sich z. B. hinsichtlich Abnahmemengen und Einkaufspraktiken erheblich unterscheiden.

Die wesentlichste Aufgabe des Kunden-Mangements besteht darin, die Beziehungen zwischen Anbieter und Abnehmern möglichst günstig zu gestalten, und zwar im Hinblick auf sämtliche Produkte. Dazu gehört auch, daß die

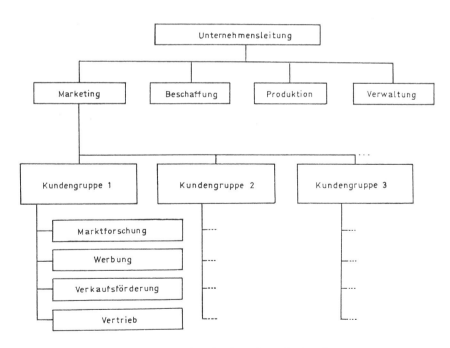

Abb. 10.9.: Kundenorientierte Organisationsform

Anforderungen eines Kunden an vorhandene Produkte sowie dessen Wünsche hinsichtlich der Entwicklung neuer Erzeugnisse aufgegriffen und den anderen unternehmerischen Teilbereichen nahegebracht werden. Diese Organisationsform ermöglicht somit eine weitestgehende Ausrichtung der Marketing-Aktivität an den Abnehmern und entspricht damit in hohem Maße Marketing-Erfordernissen.

Auch bei der kundenorientierten Organisation kommt es zu einer **Dezentralisierung** der **Entscheidungen**. Dies bedarf allerdings insofern einer Einschränkung, als durch die Zentralisation zusätzlicher Funktionen (z. B. Forschung und Entwicklung, Beschaffung, Produktion) ein erheblich **höherer Koordinationsaufwand** erforderlich wird.

(3) Die gebietsorientierte Organisationsform

Die **gebietsorientierte Organisationsform** sei an Hand des in Abb. 10.10. wiedergegebenen Diagramms veranschaulicht. Eine derartige Organisationsform kommt vorwiegend für solche Unternehmungen in Betracht, die – wie etwa Markenartikelhersteller – über ein großes Absatzgebiet verfügen oder sich einem nach Gebieten differenzierten Verbraucherverhalten gegenübersehen. Dieser Fall ist in der Regel bei international tätigen Unternehmungen gegeben. Aber auch im Binnenhandel wird der Verkauf häufig nach geographischen Gesichtspunkten gegliedert, wobei zur Gebietsabgrenzung Bundesländer, Regierungsbezirke, Landkreise, *Nielsen*-Gebiete usw. verwendet werden. Allerdings sind ausschließlich an geographischen Gesichtspunkten orientierte **Marketing-Organisationen** in der Praxis selten anzutreffen. Meistens wird auch diese

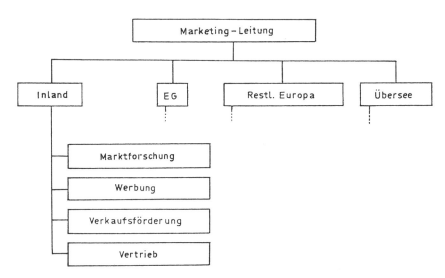

Abb. 10.10.: Gebietsorientierte Organisationsform

1. Menschen und Tätigkeiten als Objekte der Organisationsgestaltung   955

Dimension nur Teil eines umfassenden Organisationskonzepts sein, in dem die anderen, in den vorhergehenden Abschnitten besprochenen Dimensionen ebenfalls Berücksichtigung finden.

1.3.2. Mehrdimensionale Organisationsformen

Mehrdimensionale Organisationsformen entstehen durch parallele Verwendung von mindestens zwei Strukturierungskriterien auf ein und derselben hierarchischen Ebene. Im Falle von zwei Gestaltungsfaktoren spricht man von **Matrix-,** bei mehr als zwei von **Tensor-Organisation.** Im folgenden wird exemplarisch auf die Matrix-Organisation als die in der Praxis am weitesten verbreitete Variante eingegangen.

(1) Die Matrix-Organisation

Die Matrix-Organisation entstand aus dem Bemühen um Überwindung spezifischer Nachteile eindimensionaler Organisationsformen. Vorläufer waren das Anfang der fünfziger Jahre in der amerikanischen Luft- und Raumfahrtindustrie eingeführte **Projekt-Management** sowie das daraus entwickelte Konzept des **Produkt-Managements** (vgl. *Kormann* 1977, S. 1607).

Die Matrix-Organisation ist, wie bereits angedeutet, gekennzeichnet durch die Überlagerung von zwei Weisungssystemen, d. h. zwei übergeordnete Instanzen sind für die einzelnen Stellen (Abteilungen, Personen) jeweils zuständig und verantwortlich (vgl. Abb. 10.11.). Als Strukturierungskriterien fungieren dabei zumeist Funktionen auf der einen und Produkte, Regionen oder Kunden auf der anderen Seite.

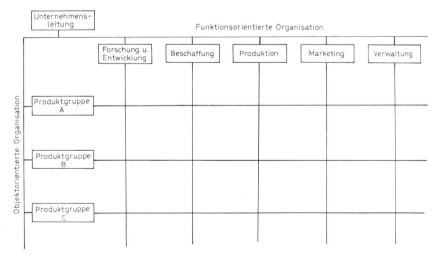

Abb. 10.11.: Matrix-Organisation

(2) Das Produkt-Management im Rahmen einer funktions- und produktorientierten Matrix-Organisation

Wie schon bei der Behandlung des als Stabsstelle konzipierten Produkt-Managements betont, verfolgt man mit dessen Einrichtung im wesentlichen das Ziel, die Erzeugnisse als eigentliche Erfolgsträger der Unternehmung in den Mittelpunkt aller absatzpolitischen Bemühungen zu stellen und dabei gleichzeitig die Unternehmensleitung zu entlasten.

Durch die Einbindung des Produkt-Managements in eine Matrix-Organisation entgeht man Problemen, wie sie bei dessen Etablierung als **Stabsstelle** häufig auftreten (vgl. Abschn. 1.3.1.1.). Gleichwohl müssen dazu mehrere Voraussetzungen vorliegen (vgl. *Drumm* 1980, Sp. 129f.):

(a) Die zur Lösung anstehenden Probleme sind komplex und erfordern den gemeinsamen Einsatz von Spezialisten aus verschiedenen Abteilungen. Deren Zusammenarbeit bedingt eine genaue Verteilung von Befugnissen und Verantwortung.

(b) Auf Grund der Gegebenheiten müssen die betroffenen Mitarbeiter eine ausgeprägte Fähigkeit zur Kommunikation und Kooperation besitzen und in hohem Maße Konflikte ertragen und austragen können. Da die Anforderungen an die Stelleninhaber in dieser Hinsicht größer als bei einer Einlinien-Organisation sind, setzt ein funktionierendes Produkt-Management in einem Unternehmen ein entsprechendes personelles Potential voraus; insbesondere müssen die finanziellen Möglichkeiten gegeben sein, um geeignete Kräfte anzuwerben und zu halten.

(c) Letztlich ist auch eine bestimmte Grundeinstellung in der Unternehmensleitung erforderlich; denn nur wenn das Marketing-Konzept die Unternehmensphilosophie prägt, ist sichergestellt, daß das Produkt-Management in der Unternehmung akzeptiert wird.

Als Produktspezialist und Funktionsgeneralist muß der Stelleninhaber alle seine absatzpolitischen Entscheidungen in Übereinstimmung mit **Linien-Managern** (Funktionsspezialisten und Produktgeneralisten) treffen, damit bei dem Bemühen, optimale Problemlösungen zu finden, nicht nur Expertenwissen genutzt wird, sondern auch gesamtunternehmerische Interessen angemessen berücksichtigt werden.

Bei der Matrix-Organisation wird anders als bei organisatorischen Lösungen mit Stabsstellencharakter das einzelne Erzeugnis zum Kristallisationspunkt jeglicher Marketing-Maßnahmen. Entscheidungen können so auf direktem Wege, d.h. **ohne Informations- und Kommunikationsverluste,** und zwar von Spezialisten getroffen werden. Andererseits beschwören aber Überschneidungen in der Weisungskompetenz zwischen Funktions- und Produkt-Managern zwangsläufig und institutionell bedingt Konflikte herauf, die zwar die Chance zu produktiven Such-, Lern- und Kommunikationsprozessen besonders im Rahmen der Entwicklung neuer Erzeugnisse eröffnen, aber nicht selten auch die Zusammenarbeit der Beteiligten belasten. Das Produkt-Management ist indessen, wie zahlreiche Untersuchungen zeigen, allen ihm innewohnenden Schwierigkeiten zum Trotz in der Praxis heute weit verbreitet (vgl. *Köhler* 1980, Sp. 1938 f.).

2. Die Einrichtung von Informationssystemen

2.1. Zwecksetzung und Struktur von Marketing-Informationssystemen

Der Marketing-Manager wird täglich mit einer Vielzahl von Nachrichten konfrontiert, deren Inhalt allerdings nur zu einem geringen Teil gerade anstehende Probleme tangiert. Auf seinem Schreibtisch treffen zum Beispiel die Panelberichte eines Marktforschungsinstituts mit Zeitungsmeldungen über neue gesetzliche Bestimmungen, Berichten des Außendienstes über besondere Bemühungen der **Konkurrenten, Konjunkturprognosen** von Forschungsinstituten, **innerbetrieblichen Berichten** (beispielsweise der Technischen Abteilung über neue Verpackungsformen), Briefen wichtiger **Abnehmer,** die ihre Wünsche darlegen, und vielen anderen für seine Arbeit potentiell relevanten Informationen zusammen. Darüber hinaus ergeben sich fast täglich aus Besprechungen und privaten Gesprächen neue Perspektiven, die für die verschiedensten Absatzprobleme wichtig erscheinen.

Diese Informationsflut führt in vielen Fällen keineswegs zu besser fundierten, sondern im Gegenteil nicht selten sogar zu schlechteren Marketing-Entscheidungen, weil es dem Manager bei der Fülle von Meldungen u. U. nicht möglich ist, Wichtiges von Unwichtigem zu trennen, weil ferner die Glaubwürdigkeit mancher Informationen nicht gewährleistet, deren Gültigkeitsbereich unklar oder bestimmte Informationen verzerrt dargestellt sind. All dies kann zur Folge haben, daß bei einer so gearteten Nachrichtenversorgung die für eine bestimmte Entscheidung relevanten Informationen nicht zum notwendigen Zeitpunkt, im notwendigen Umfang oder in der für das anstehende Problem richtigen Aufbereitung zur Verfügung stehen, so daß es dann zu der paradoxen Situation einer **Informationsarmut im Informationsüberfluß** kommt.

Hier sollen nun **Marketing-Informationssysteme** (MAIS) Abhilfe schaffen. Das Anliegen besteht, allgemein gesprochen, darin, durch Einrichtungen und Verfahren, die eine schnelle und rationelle Datenverarbeitung ermöglichen, durch richtige Kanalisation des Informationsflusses, vor allem aber durch Filterung und Verdichtung der eingehenden Informationen sowie durch geordnete Speicherung und Weitergabe der Datenmengen die skizzierte Informationsproblematik zu entschärfen. Dazu bedarf es weniger einer möglichst großen als einer möglichst aussagefähigen, d. h. redundanzarmen und vor allem unmittelbar problembezogenen Informationsmenge am richtigen Ort und zum richtigen Zeitpunkt. Darüber hinaus muß bei allen Entscheidungsträgern Klarheit hinsichtlich der verfügbaren Informationsquellen, der Träger informatorischer Aufgaben und der eigenen Informationsrechte und -pflichten bestehen. Dieser Aspekt ist insbesondere für die Strukturierung des internen Informationsflusses von großer Bedeutung, der in vertikaler und horizontaler Richtung, d. h. zwischen den und innerhalb der verschiedenen Hierarchiestufen einer Organisation verläuft.

Ein MAIS kann somit als eine planvoll entwickelte und geordnete Gesamtheit von organisatorischen Regelungen bezüglich der Träger informatorischer Aufgaben, der Informationswege zwischen ihnen, der Informationsrechte und -pflichten sowie der Methoden und Verfahren der Informationsbearbeitung in diesem Gefüge, mit dessen Hilfe der Informationsbedarf des am Marketing-Prozeß beteiligten Management befriedigt werden soll, definiert werden. Unter den Begriff **Informationsbearbeitung** fallen dabei alle Vorgänge der **Beschaffung, Bereitstellung, Analyse, Aufbereitung, Interpretation, Speicherung** und **Abgabe** von Informationen.

Da die Fülle der für Marketing-Entscheidungen notwendigen Informationen die menschliche Informationsverarbeitungs- und -speicherungskapazität in der Regel übersteigt, gehören zu den Trägern informatorischer Aufgaben in MAIS heute praktisch unabdingbar **elektronische Datenverarbeitungsanlagen.** Mit ihrer Hilfe können die Speicherung von Informationen zentralisiert, die Aufbereitung flexibel und individuell gehandhabt und der Austausch beschleunigt werden. Die Effizienz des Gesamtsystems erhöht sich dadurch in qualitativer (Datengenauigkeit), quantitativer (Datenumfang und -verdichtung) und zeitlicher (Schnelligkeit der Datenbereitstellung) Hinsicht.

Begünstigt durch Fortschritte im Bereich der EDV-Technologie herrschte bis Anfang der siebziger Jahre eine regelrechte MAIS-Euphorie. **Vollintegrierte Gesamtsysteme** („total system approach") sollten in allen funktionalen Bereichen und auf sämtlichen hierarchischen Ebenen eine ausreichende Versorgung des Marketing-Managements mit Führungsinformationen sicherstellen. Man versuchte, dieses Ziel auf der einen Seite durch eine weitgehende Zentralisierung des Informationswesens in hyperkomplexen Datenbanken, die kaum noch wirtschaftlich handhabbar waren, zu erreichen. Auf der anderen Seite wurden umfassende (Global-)Modelle (z.B. DEMON, SPRINTER, BRANDAID) entwickelt, um die Konsequenzen alternativer Marketing-Strategien im voraus zu simulieren und auf Grund dieser Analysen die optimale Lösung auszuwählen. Es gelang jedoch nur selten, in diese Marktmodelle alle wichtigen Aspekte zu integrieren. Darüber hinaus waren solche Globalansätze auch auf Grund von Wirtschaftlichkeitserfordernissen und Problemen bei der Datenbeschaffung zum Scheitern verurteilt.

Nicht zuletzt haben auch Schwierigkeiten beim Projekt-Management von Totalsystemem und Widerstände seitens der (potentiellen) Benutzer dazu beigetragen, daß inzwischen bei der Entwicklung von MAIS eine Ernüchterung eingetreten ist. Man beschränkt sich bei der Realisierung vorderhand auf Subsysteme für Teilbereiche des Marketing (z.B. Außendienststeuerung, Lagerhaltung und Werbung). Manche Autoren sprechen in diesem Zusammenhang auch von **partiellen MAIS** (vgl. z.B. *Heinzelbecker* 1977).

2. Die Einrichtung von Informationssystemen

Bei derartigen Teilsystemen, die sich relativ kurzfristig einrichten lassen, sind die Kosten/Nutzen-Relationen wesentlich besser quantifizierbar. Zudem können die Anwender in einem weitaus höheren Maß an der Enwicklung beteiligt werden, was sich in der Regel in einer verbesserten Akzeptanz niederschlägt. Allerdings sollten die einzelnen Teilsysteme in einen Rahmenplan, in dem die zeitliche Priorität der einzelnen Projekte, die Verknüpfungsbeziehungen zwischen ihnen etc. konkretisiert sind, eingebettet werden, damit in späteren Ausbauphasen die Integration der Teilsysteme in ein umfassendes Gesamtsystem vereinfacht, wenn nicht überhaupt erst ermöglicht wird.

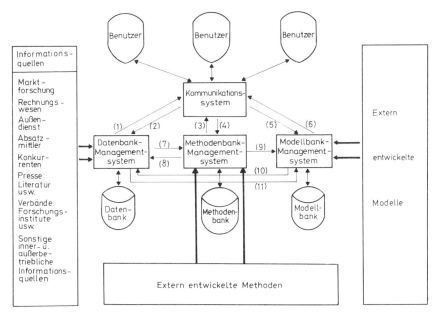

Abb. 10.12.: Aufbauelemente und Struktur eines MAIS

Abb. 10.12. vermittelt einen Eindruck vom Aufbau eines computergestützten MAIS. Dieses setzt sich aus den Grundkomponenten Datenbank, Methodenbank, Modellbank sowie Kommunikationssystem zusammen. In der **Datenbank** werden in strukturierter Form die für Marketing-Entscheidungen notwendigen inner- und außerbetrieblichen Informationen gesammelt. Die **Methodenbank** enthält in programmierter Form mathematisch-statistische Verfahren sowie solche des Operations Research zur Weiterverarbeitung der Daten. Die **Modellbank** umfaßt schließlich alle quantitativen Marketing-Modelle zur Unterstützung des Marketing-Managements.

Um den Anwendern in der Marketing-Abteilung die Arbeit mit dem System zu erleichtern (z. B. die Verknüpfung von Daten und Methoden bzw. Modellen) und für den Systemverwalter die Wartung und Pflege des MAIS zu vereinfachen, werden diese Elemente durch **Managementsysteme** ergänzt. Bei der Ausgestaltung des **Kommunikationssystems** geht es zunächst um die adäquate technische Ausstattung mit Geräten (Hardware), wie z. B. Terminals, Hardcopygeräten und Druckern. Dazu müssen noch Programme (Software) entworfen werden, die den mit der EDV nicht vertrauten Mitarbeitern der Marketing-Abteilung eine möglichst **benutzerfreundliche** Kommunikation zwischen Mensch und Maschine ermöglichen.

Bei der Nutzung eines MAIS ruft der Anwender im einfachsten Fall Informationen aus der Datenbank ab (1) oder ergänzt die Datenbasis mit subjektiven Urteilen des Managements (2), wie z. B. Wahrscheinlichkeitsschätzungen. In anderen Situationen ist es u.U. zweckmäßig, die Datenbasis mit Methoden oder Modellen aufzubereiten. Dazu muß die betreffende Methode (3) oder das betreffende Modell (6) spezifiziert und mit Daten aus der Datenbank (7, 11) versorgt werden. Die dabei erhaltenen Ergebnisse können wieder in der Datenbank abgelegt werden (8, 10).

Liegt die erforderliche Methode bzw. das Modell noch nicht vor, so stellen die Managementsysteme dem Anwender die notwendigen Vorrichtungen (z. B. eine Planungssprache) zur Entwicklung und Archivierung der Methoden (4) und Modelle (5) in der Methoden- oder Modellbank zur Verfügung. Der Modellbau ist auch durch eine Kombination von Methoden denkbar (9). Unabhängig davon müssen die Daten-, Methoden- und Modellbank ständig aus externen Quellen ergänzt und aktualisiert werden.

2.2. Die Ausgestaltung von Marketing-Informationssystemen

2.2.1. Grundtypen von Marketing-Informationssystemen

Wie jede organisatorische Regelung muß auch ein MAIS auf die spezifischen Gegebenheiten und Anforderungen der jeweiligen Unternehmung ausgerichtet werden. Beispielsweise unterscheiden sich sowohl der Informationsbedarf als auch die Planungsarbeit eines Produkt-Managers von Kosmetika von denen eines Marketing-Leiters in einem Stahlwerk ganz erheblich. Die MAIS in den jeweiligen Unternehmungen werden deshalb spezifische Wesenszüge aufweisen. Im Hinblick auf die unterschiedlichen Managementfunktionen, deren Ausübung ein MAIS unterstützen soll, lassen sich grundsätzlich **Dokumentations-, Planungs-** und **Kontrollsysteme** unterscheiden. Allerdings sind die bisher in der Praxis implementierten Marketing-Informationssysteme oft nicht eindeutig den Planungs- oder den Kontrollsystemen zurechenbar, da sie in der Regel beide Managementfunktionen unterstützen.

2.2.1.1. Dokumentationssysteme

Mit Hilfe von **Dokumentationssystemen ("information retrieval systems")** lassen sich potentiell wichtige Informationen systematisch in einer Weise organisieren, daß sie bei Auftreten eines entsprechenden Informationsbedarfs von einem Marketing-Manager jederzeit (ohne großen Aufwand) abgerufen werden können. Zu denken wäre hierbei z. B. an Branchen- und Konkurrenzinformationen aus Zeitungen und Zeitschriften, Marktforschungsberichte und Beschreibungen von neuen Konkurrenzprodukten. Derartige Informationen liegen meist in Form von Texten und Dokumenten vor und sind daher **qualitativer** Natur, d.h. sie bestehen aus Worten einer Sprache, deren jeweilige Bedeutung sich im Gegensatz zu numerischen Daten aus dem Kontext ergibt.

Dieser Sachverhalt hat weitreichende Konsequenzen für das elektronische Abspeichern dieser Elemente in Datenbanken. Die Organisation, Pflege sowie das Wiederauffinden solcher Datenelemente in sog. Textdatenbanken können daher nicht **formatiert,** d.h. auf Grund von sog. Ordnungskriterien (Schlüssel), wie z.B. Kundennummer, Auftragsnummer oder Absatzsegment, erfolgen, sondern es bedarf der Entwicklung eines umfassenden Deskriptoren- bzw. Indexierungssystems, mit Hilfe dessen sich die Inhalte der betreffenden Dokumente charakterisieren lassen (vgl. *Mertens/Griese* 1982, S. 14 ff.).

Die manuelle Klassifikation von Dokumenten an Hand eines **Deskriptorensystems** ist zum einen relativ zeit- und kostenintensiv und zum anderen vielfach ungenau, womit sich zwangsläufig beim Wiederauffinden der Informationen Probleme ergeben (vgl. *Herrmann-Hasenmüller/Hermann* 1978). Daher erlangten bis zum Beginn der siebziger Jahre Dokumentationssysteme als Marketing-Informationssysteme nur geringe Bedeutung. Dies änderte sich erst mit der Entwicklung von solchen **Dokumentationssystemen,** die sowohl eine computergestützte Erschließung von Dokumenten, d.h. eine **automatische Vergabe** von **Deskriptoren,** als auch computergestützte Recherchen ermöglichen.

Diesen Anforderungen werden z.B. die Softwareprodukte *STAIRS* (Storage and Information Retrieval System) von *IBM* und *GOLEM II* (Großspeicherorientierte und listenorganisierte Ermittlungsmethode) von *Siemens* gerecht. Ihr Einsatz bewirkt, daß mit Hilfe der EDV die Effektivität der Dokumentation qualitativer Daten auf elektronischen Speichermedien, d.h. die Aktualität, Vollständigkeit und Genauigkeit der bereitzustellenden Informationen, entscheidend verbessert werden kann.

Obgleich mit diesen Systemen die softwaremäßigen Voraussetzungen für leistungsfähige Dokumentationssysteme für qualitative Daten geschaffen sind, scheitert eine „hausinterne" Einführung bislang insbesondere in kleinen und mittelgroßen Unternehmen an Wirtschaftlichkeitserfordernissen. Die Ursache dafür ist in dem hohen Aufwand zu sehen, der mit der Dokumentenbeschaffung, der maschinellen Aufbereitung und der Pflege der Datenbestände verbunden ist. Einen Ausweg stellt die Nutzung überbetrieblicher Systeme dar.

Weltweite Datennetze erlauben es jedem Interessenten, im Time Sharing-Verfahren auf die Datenbanken nahezu aller Informationsmittler zuzugreifen. So bietet z.B. die Gesellschaft *Dialog (Lockheed),* Pionier auf dem Gebiet externer Datenbanken, die Nutzung von ca. 130 Datenbanken mit Informationen aller Art an. Die für das Marketing relevanten Datenbanken enthalten z.B.

Marktinformationen (Versorgungsgrad, Anbieterstruktur, Branchen, Produkte usw.) über fast alle Länder der Erde sowie spezielle Informationen über einzelne Firmen (potentielle Konkurrenten), wie z. B. Anschriften, Produktionsprogramme inklusive neuer Produkte und Werbeaktivitäten.

Für die laufende Aktualisierung der Datenbestände werden etwa 1200 Zeitschriften und Zeitungen ausgewertet und die neuesten Marktstudien von ca. 300 Marktforschungsinstituten sowie Tagungsberichte verarbeitet. Es ist leicht einsichtig, daß diese für international tätige Unternehmen besonders wichtigen Informationen auf herkömmlichem Wege nur unvollständig und mit einem wesentlich höheren Kosten- und Zeitaufwand beschafft werden könnten. Außerdem bieten derartige Dokumentationssysteme auch nicht unmittelbar an Marketing-Entscheidungen beteiligten Stellen, wie z. B. der Absatzforschung oder einer technischen Abteilung, eine wertvolle Arbeitshilfe.

Die **Nutzung** von Dokumentationssystemen, die im Grunde nur ein **Terminal** und einen **Anschluß** an ein **öffentliches Datennetz** voraussetzt und somit auch für kleine und mittlere Unternehmen eine wirtschaftlich interessante Art der Informationsbeschaffung darstellt, kann grundsätzlich auf zwei verschiedene Arten erfolgen: Zum einen ist eine **einmalige, retrospektive Recherche,** in der alle bis zu diesem Zeitpunkt abgespeicherten Informationen zu einer bestimmten Fragestellung durchsucht werden, denkbar. Zum anderen können aber auch über einen **Recherchen-Dauerauftrag** – man spricht in diesem Fall von **Selective Dissemination of Information (SDI)** – zu einem bestimmten Thema periodisch alle Neuzugänge verfügbar gemacht werden. Insbesondere im letztgenannten Fall sind detaillierte **Informationsbedarfsprofile** unabdingbare Voraussetzung für eine adäquate Informationsversorgung.

Die technische Weiterentwicklung der Systeme, z. B. durch den Ausbau der zur Verfügung stehenden weltweiten Datennetze, ferner die inhaltliche Ausweitung der Datenbanken externer Informationsanbieter sowie die zunehmende Stellenspezialisierung im Marketing-Bereich werden dazu beitragen, daß der selektiven Informationsversorgung in Zukunft noch größerer Stellenwert zukommt. Nicht zuletzt wird auch folgender Umstand die Nutzung externer Dokumentationssysteme positiv beeinflussen: In Zeiten weitgehend gesättigter Konsumgütermärkte sind Umsatzsteigerungen oft nur noch durch Einführung innovativer Produkte möglich. Für das Aufspüren neuer Märkte erscheinen aber qualitative Daten über Konkurrenten, Märkte etc. ungleich besser geeignet als unternehmensinterne Daten, die meist vergangenheitsbezogen und quantitativer Natur sind.

2.2.1.2. Planungssysteme

Planungssysteme erfordern im Vergleich zu Dokumentationssystemen eine sehr viel stärkere **Ausrichtung** auf die **spezifischen Informationsbedürfnisse** der am Planungsprozeß beteiligten Organisationsmitglieder. Die Erfahrung hat gezeigt, daß beispielsweise bestimmte Standardberichte in Gestalt von Vertriebsstatistiken, Produktionskennzahlen oder Paneldaten, wie sie z. B. bei Kontrollsystemen üblich sind, den Planungsprozeß nicht wesentlich beschleunigen oder verbessern. Zu unterschiedlich sind die Problemstellungen, Ausgangssituationen, Marktverhältnisse und Aktionsmöglichkeiten, aber auch das Informationsverhalten der Systembenutzer, als daß ein standardisiertes Berichtssystem hier wesentliche Unterstützung gewähren könnte.

Wichtigstes Kriterium bei der Ausgestaltung elektronischer Planungssysteme ist deshalb deren **Flexibilität**. Nur wenn es möglich ist, die dem Planungsträger selbst relevant erscheinenden Informationen in der von ihm gewünschten Form möglichst kurzfristig abzurufen und in der von ihm als notwendig erachteten Art und Weise aufzugliedern und miteinander zu verknüpfen, erscheint eine elektronische Unterstützung der Marketing-Planung erfolgversprechend. Die **Flexibilität** des **Systems** und die **Verknüpfbarkeit** der **Daten** hängen ihrerseits vom **Umfang** und der **Struktur** der **Daten-** und **Methoden-** bzw. **Modellbank** ab.

Ein am Planungsprozeß, beispielsweise an der Festlegung des Werbeetats, beteiligter Manager möchte in der Regel sein Problem von verschiedenen Seiten her anpacken. In dem genannten Fall wäre es denkbar, daß dieser sowohl Auskunft über die Werbebudgets früherer Perioden und der Konkurrenten als auch über die mutmaßlichen Auswirkungen auf den Umsatz, die Zahl neu gewonnener Abnehmer, den Bekanntheitsgrad oder das Image des beworbenen Produktes wünscht. Vermutet er eine Abhängigkeit der Werbewirkung von der konjunkturellen Lage, wird er zusätzlich Prognosen über den künftigen Konjunkturverlauf oder bestimmte Regressionsrechnungen über diesen Zusammenhang in der Vergangenheit zu erhalten trachten. In unserem Beispiel sollte der Manager auch die Konsequenzen alternativer Werbebudgets bzw. Budgetaufteilungen im Wege der Simulation analysieren können. Dadurch lassen sich die Handlungskonsequenzen mehrerer Alternativen vergleichen, wodurch die Entscheidungsqualität verbessert und die Planung effektiver gestaltet werden. Freilich müßten in diesem Fall die mit unterschiedlichen Werbemaßnahmen verbundenen Konsequenzen in der Modellbank abgebildet sein.

Neben der Flexibilität wird häufig auch noch die **Dialogfähigkeit** für Planungssysteme gefordert. In dialogfähigen (interaktiven) MAIS kommuniziert der Marketing-Manager direkt, d.h. ohne Einschaltung intermediärer Datenträger mit dem Computer. Man spricht daher auch von **Mensch-Maschine-Kommunikation**. Charakteristisch für interaktives Arbeiten ist das schrittweise Vorgehen bei der Problemlösung; die Planungsaufgabe muß also zu Beginn der Untersuchung noch nicht voll strukturiert sein. Auf diese Weise wird auch ein zunächst zielloses Stöbern in den Datenbeständen ermöglicht, das u.U. kreative Prozesse, beispielsweise im Hinblick auf die Entwicklung neuer Produkte, die Ansprache vernachlässigter Marktsegmente oder die Ausgestaltung der Verpackung, einleitet bzw. unterstützt. Es versteht sich von selbst, daß diese Arbeitsweise gewisse Anforderungen an die Datensicherheit und den Datenschutz stellt. Es muß u.a. sichergestellt sein, daß jeder Anwender nur auf den für ihn relevanten Datenbestand zurückgreifen und nur diesen gegebenenfalls verändern kann (siehe dazu *Mertens/Griese* 1982, S. 13f.).

Voraussetzung für effektives Arbeiten im Dialog sind allerdings relativ kurze Antwortzeiten der Rechenanlage. Diese Bedingung ist beim Einsatz von komplexeren Analyse- und Prognoseverfahren, die lange Rechenzeiten erfordern, nicht immer gegeben. Gleichwohl erweist sich die **Mensch-Maschine-Kommunikation** insbesondere bei Planungsproblemen mit folgenden Eigenschaften als vorteilhaft (vgl. *Mertens/Griese* 1982, S. 4f.):

- Die **Inputdaten** für ein Planungsmodell sind nicht in der Datenbank abgespeichert, sondern müssen zunächst im ersten Arbeitsschritt generiert werden. Charakteristisch hierfür ist das der Werbemittelplanung dienende AD-BUDG-Modell von *Little* (vgl. § 6, Abschn. 4.1.3.1.).

- Das **Planungsmodell** muß erst entwickelt werden. Durch das interaktive Arbeiten wird der Anwender gezwungen, seine Vorstellungen zu formalisieren und das Modell an Hand dessen Reaktionen auf Veränderungen der Inputdaten schrittweise der Wirklichkeit anzupassen.

- Der **Planungsprozeß** ist schlecht strukturiert, so daß er mit Hilfe eines verhältnismäßig unsystematischen Probierverfahrens bewältigt werden muß.

- Das **Planungsproblem** läßt sich nicht standardisieren, sondern tritt jedesmal in einer anderen Variante auf, so daß sich die Formulierung in Form eines fertigen Programms nicht lohnt.

- Die **Handlungskonsequenzen** verschiedener **Marketing-Maßnahmen,** die mit Hilfe eines Planungsmodells gewonnen werden, dienen unmittelbar als Entscheidungsgrundlage. Man spricht in diesem Fall von **Konferenzsystemen.**

In der praktischen Ausgestaltung steht der Manager bei interaktiven Systemen über ein Terminal in direktem Kontakt mit dem elektronischen System. Auf der Basis einer großzügig dimensionierten und flexibel angelegten Datenbank sowie einer leistungsfähigen Methoden- und Modellbank lassen sich Planungsprozesse im Marketing durch Mensch-Maschine-Kommunikationssysteme erheblich beschleunigen und verbessern. So konnte beispielsweise bei der Firma *Procter & Gamble* durch Einführung eines Systems flexibler Programme und mit Hilfe eines umfassenden Rohdatenspeichers die Zeit vom Abschluß der Problemformulierung bis zur Vorlage der Ergebnisse einer Marktanalyse im Durchschnitt von 15 auf 3 Wochen verkürzt werden.

2.2.1.3. Kontrollsysteme

Kontrollsysteme dienen der **aktuellen Berichterstattung** über die inner- und außerbetriebliche Entwicklung hinsichtlich Produktionsumfang, Lagerbestand, Vertriebskosten, Umsätzen, Deckungsbeiträgen usw., deren Überwachung eine wesentliche Grundlage für anstehende Marketing-Entscheidungen darstellt. Sie sollen die Informationsempfänger über die Verhältnisse in ihren Arbeitsbereichen informieren, so daß diese jederzeit die Lage übersehen, rechtzeitig auf Veränderungen reagieren und rasch fundierte Entscheidungen treffen können.

Kontrollsysteme können als Berichtssysteme oder als Auskunftssysteme ausgestaltet sein. Von **Berichtssystemen** spricht man dann, wenn die EDV-

2. Die Einrichtung von Informationssystemen

Anlage dem Anwender automatisch Informationen zur Verfügung stellt. Dies kann zum einen zeitbezogen geschehen, d.h. der Marketing-Manager erhält in periodischen Abständen **Standardberichte**. Zum anderen ist auch denkbar, daß ereignisbezogen sog. **Ausnahmeberichte** erstellt werden. Dies ist dann der Fall, wenn die Abweichungen zwischen tatsächlichen und an Hand von Erfahrungen vorgegebenen (Durchschnitts-)Ergebnissen **(Meldesysteme)** oder wenn die Abweichungen zwischen tatsächlichen und erwarteten bzw. prognostizierten Ergebnissen **(Warnsysteme)** bestimmte festgelegte Toleranzgrenzen übersteigen. Existieren quantifizierbare Zwischenziele, deren Überprüfung bereits in einem frühen Stadium des Realisierungsprozesses Anhaltspunkte dafür liefert, ob ein bestimmtes Planziel erreicht wird oder nicht, so lassen sich Warnsysteme zu sog. **Frühwarnsystemen** ausbauen.

Im Gegensatz dazu geht bei **Auskunftssystemen** die Initiative zur Berichterstattung vom Anwender aus. Von Vorteil ist dabei, daß keine überflüssigen Berichte produziert und ständig auf dem neuesten Stand befindliche Informationen abgerufen werden. Konkret lassen sich Auskunftssysteme mit Standardabfragen und solche mit freien Abfragen unterscheiden. Bei einer **freien Abfrage** kann, wer Auskunft erheischt, spezifizieren, welche Merkmale die gesuchte Information auf sich vereinigen soll, während dieser bei **starren Systemen** lediglich Standardberichte abrufen kann. Flexible Systeme sind zwar wesentlich aufwendiger, weisen aber den Vorzug auf, daß der Manager seinen Informationsbedarf im voraus, d.h. beim Entwurf der Standardberichte nicht genau spezifizieren muß. Effektive Auskunftssysteme erfordern – im Gegensatz zu Berichtssystemen – eine **On line-Verbindung** zwischen den **Datenbeständen** und dem **Anwender** und sollten daher nur als **Dialogsysteme** realisiert werden.

Um beispielsweise auf Grund von Marktveränderungen, Fehlplanungen oder Konkurrenzmaßnahmen auftretende Marketing-Probleme, aber auch sich abzeichnende Marktchancen möglichst rasch zu erkennen, erfordern Kontrollsysteme ein hohes Maß an **Datenaktualität**. So werden zur Umsatzüberwachung in vielen Unternehmungen mit elektronischen Kontrollsystemen die Zahlen täglich oder zumindest wöchentlich an die jeweiligen Kontrollinstanzen gemeldet. Dieser Sachverhalt und die sich immer mehr durchsetzende Gepflogenheit, den Entscheidungsträgern bis hin zur obersten Führungsspitze alles Wissenswerte in Form von Computerausdrucken zur Verfügung zu stellen, führt nicht selten zu „Zahlenfriedhöfen" und damit zu der bereits angesprochenen **Informationsarmut im Informationsüberfluß**. Von einer entscheidungsorientierten Informationsversorgung kann dann verständlicherweise nicht mehr die Rede sein. Dies gilt es ebenso wie bei der Konzeption von Dokumentations- und Kontrollsystemen zu verhindern.

Einen ersten Ansatzpunkt dazu stellen die **Elimination irrelevanter Berichte,** die **Ausmerzung** von **Doppelarbeit** sowie die **formale Verbesserung** der **Berichtsgestaltung** dar. Das letztgenannte Ziel läßt sich u.a. durch Vereinheitlichung der Formate, Kennzeichnung außergewöhnlicher Datenkonstellationen und Auflockerung durch Tabellen und Computergraphiken erreichen. Daneben kann diesem Erfordernis durch eine **flexible Informationsverdichtung** Rechnung getragen werden, wobei sich qualitative und quantitative Formen unterscheiden lassen. Bei einer quantitativen Informationsverdichtung wird z. B. durch Summierung, Aggregierung oder Selektion der Umfang der Einzelinformationen reduziert. Im Falle einer qualitativen Informationsverdichtung werden die Einzelinformationen durch Methoden und Modelle weiterverarbeitet. Diese Form der Informationsverdichtung ist also insbesondere für Planungssysteme typisch.

Umfaßt der Benutzerkreis eines elektronischen Kontrollsystems verschiedene Hierarchiestufen der Unternehmensorganisation, so erweist sich eine **hierarchische Verdichtung** der einzelnen Datenbestände als sinnvoll. Mit Hilfe eines **Klassifikationsschlüssels** werden beispielsweise den unteren Stufen der Marketing-Organisation regelmäßig Einzelheiten über bestimmte Kunden oder Artikel mitgeteilt, während die z. B. an den Umsätzen interessierten Abteilungs- und Bereichsleiter bereits aggregierte Zahlen für die einzelnen Kundengruppen, Absatzgebiete oder Produktgruppen erhalten. Die Unternehmungsleitung schließlich wird nur noch über den Gesamtumsatz automatisch informiert (vgl. Abb. 10.13.).

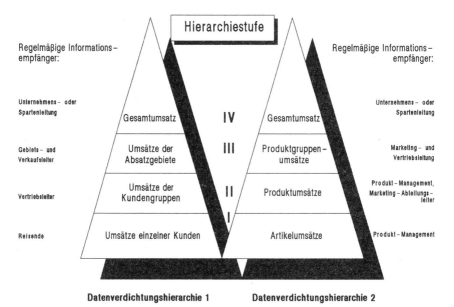

Abb. 10.13:. Schematisches Beispiel einer hierarchischen Datenverdichtung

Jedem Betroffenen bleibt es dabei unbenommen, bei Bedarf stärker detaillierte Berichte vom Kontrollsystem anzufordern. Zu derartigen Anfragen kommt es

2. Die Einrichtung von Informationssystemen

üblicherweise dann, wenn größere Planabweichungen auftreten oder sonstige besondere Entwicklungen (z. B. die Auswirkungen einer Verkaufsförderungsaktion) überwacht werden sollen. Dabei lassen sich bei einer entsprechend gestalteten Datenbankstruktur auch Informationen verschiedener Verdichtungsstufen (z. B. Kundengruppen und Artikel, Reisende und Produkte) miteinander kombinieren.

Im Gegensatz zu der hierarchischen Verdichtung, die im wesentlichen auf einer Summierung von Einzelinformationen basiert, wird bei Melde- und Warnberichtssystemen eine **Informationsverdichtung** durch **Selektion** erreicht. Solche Ausnahmeberichte werden nur in besonderen Situationen erstellt, d. h. sobald nicht mehr hinnehmbare Abweichungen zwischen Ziel- und Istgrößen auftreten.

Ausnahmesituationen lassen sich wie folgt definieren: Zum einen wird für eine bestimmte Größe, z. B. den Planumsatz, die maximal tolerierbare Abweichung absolut oder relativ angegeben. Zum anderen läßt sich auch eine variable Ausnahmeregelung erreichen, und zwar insofern, als z. B. die fünf Artikel mit den höchsten Abweichungen vom Planumsatz als „Ausnahme" festgelegt werden. Als methodisches Hilfsmittel kann bei der Ermittlung von Produktrangstufen die ABC-Analyse herangezogen werden (siehe dazu § 3, Abschn. 3.2.1.). Sollen mehrere Größen in die Rangstufenbildung eingehen, wie z. B. der kundenspezifische Deckungsbeitrag und die Bonität bei der Kundenbewertung, so bietet sich der Einsatz von Punktbewertungsverfahren (siehe § 3, Abschn. 4.2.1.2.2.) an.

Ausnahmeberichtssysteme sind eng verwandt mit dem Führungskonzept des **Management by Exception.** Für die Festlegung der Ausnahmesituation erweisen sich aber explizite Zielvorgaben als erforderlich (Management by Objectives). Hier deutet sich eine Überlagerung von Kontroll- und Planungssystemen an, da die Zielvorgaben das Ergebnis von Planungsprozessen darstellen. Planungssysteme übernehmen daher für Kontrollsysteme in Form von Ausnahmeberichtssystemen gewisse Steuerungsfunktionen.

So vorteilhaft das Arbeiten mit Ausnahmeberichtssystemen zu sein scheint, so haften ihm doch auch gewichtige Unzulänglichkeiten an. Zum einen erscheint das bloße Aufzeigen von Abweichungen führungspolitisch bedenklich und zum anderen muß nach dem Aufdecken von Abweichungen im Rahmen der Ursachenforschung letztlich doch auf die übrigen Daten zurückgegriffen werden (vgl. *Mertens* 1981, S. 350). In der Praxis werden deshalb oft beide Ansätze kombiniert, d. h. die Berichtsausgabe erfolgt periodisch, wobei aber Ausnahmesituationen besonders gekennzeichnet sind.

Nach diesem Prinzip arbeiten auch die Softwarepakete *MESORT* (Merchandising Sortiment), *MEGROS* (Merchandising Großabnehmer), *MEKUND* (Merchandising Kunden) und *MEART* (Merchandising Artikel) der Firma *DbO (Aktiengesellschaft für Datenverarbeitung und betriebswirtschaftliche Organisation),* die bisher bei der EDV-technischen Realisierung von Kontrollsystemen am häufigsten verwendet werden. Sie ermöglichen eine detaillierte Kontrolle des Erfolgsbeitrags einzelner Regionen, Kunden und Sortimentsteile bzw. Artikel.

2.2.2. Die Dimensionierung eines Marketing-Informationssystems

Ausgehend von den beschriebenen Zielsetzungen und Formen von MAIS lassen sich die konkreten Gestaltungsaufgaben beim Aufbau solcher Systeme nunmehr wie folgt zusammenfassen:

In einer Art Bedarfsprofil sind
- Art,
- Umfang,
- Verdichtungsgrad und
- zeitliche Dimension

der in der **Datenbank** eines MAIS zu speichernden Informationen festzulegen. Als Ausgangspunkt dient die möglichst genau umrissene Aufgabenstellung der Systembenutzer; denn durch die Bereitstellung entsprechender Informationen soll gerade die sachgerechte Erfüllung der Pflichten, die diesen obliegen, gewährleistet werden. Das Bedarfsprofil stellt neben dem **Nutzungsverhalten** der Anwender (z. B. Zeitpunkt, Art und Umfang der Datenbankabfragen) eine wesentliche Determinante der Datenbankstruktur dar.

Bei der Entwicklung der **Methodenbank** muß zunächst eine Auswahl der Verfahren erfolgen, die sich für die Weiterverarbeitung der (Roh-)Daten eignen, sodann eine geeignete Organisationsform für die Methodenbank gefunden werden. Eine reine Methodensammlung wird den Anforderungen der Systembenutzer in den wenigsten Fällen gerecht, da bei ihnen weder ausreichende Programmier- noch Kenntnisse hinsichtlich der Betriebssteuersprache der Computeranlage vorausgesetzt werden können. Darüber hinaus ist der Anwender in der Marketing-Abteilung (z. B. Produkt-Manager) meistens kein Methodenspezialist, so daß bei der Ausgestaltung der Methodenbank zusätzlich noch Vorkehrungen der Art getroffen werden müssen, daß eine möglichst fehlerfreie Anwendung der Verfahren gewährleistet ist.

Auf dieses Benutzerprofil ist schließlich auch das **Kommunikationssystem** auszurichten, das die Rahmenbedingungen für eine möglichst **benutzerfreundliche** Kommunikation zwischen dem Menschen und der Maschine zu schaffen hat.

2.2.2.1. Inhalt, Umfang und Struktur der Datenbank

In der Literatur existiert keine einheitliche Definition für **Datenbank**. Dies ist insbesondere darauf zurückzuführen, daß dieses Phänomen zum einen im Hinblick auf den Inhalt der abgespeicherten Informationen beurteilt wird (semantische Dimension) und zum anderen die Eigenschaften von Datenbanken losgelöst von speziellen Anwendungsgebieten oder Implementierungsproblemen betrachtet werden (syntaktische Dimension). Zudem tragen auch die Anbieter von Hard- und Software wenig zur Schaffung von Begriffsklarheit bei, da sie ziemlich einheitlich von Datenbank- oder Datenbank-Managementsystemen reden, obwohl ihr Angebot unterschiedliche Entwicklungsstufen verkörpert.

Hier soll unter einer **Marketing-Datenbank** eine strukturierte Sammlung von Daten verstanden werden, aus der sich entscheidungsrelevante Marketing-Informationen gewinnen lassen. Unter pragmatischen Gesichtspunkten werden dabei vom Datenbestand Redundanzfreiheit, Strukturflexibilität, Datenunabhängigkeit, vielfache Verwendbarkeit sowie Benutzerfreundlichkeit gefordert (vgl. hierzu z.B. *Heinzelbecker* 1977, S. 144f., und die dort angegebene Literatur).

Redundanzfreiheit liegt dann vor, wenn jede Marketing-Information in der Datenbank nur einmal abgespeichert ist. Dadurch wird der erforderliche Speicherplatz minimiert und es lassen sich nicht nur Dateninkonsistenzen, die bei Mehrfachspeicherung unvermeidlich sind, umgehen, sondern die Datenaktualisierung – man spricht in diesem Zusammenhang von „updating" – wird auf diese Weise auch vereinfacht. Da es jedoch im Hinblick auf das Antwortzeitverhalten des Systems wesentlich effizienter sein kann, bestimmte Informationen mehrfach abzuspeichern, wird die Maximalforderung nach Redundanzfreiheit zunehmend zu Gunsten einer Redundanzarmut gelockert. Dieser Trend wird durch die sinkenden Kosten von elektronischen Speichermedien mit Direktzugriffsmöglichkeiten verstärkt.

Lassen sich die Informationen in beliebiger Weise verknüpfen, so spricht man von **Strukturflexibilität.** Um dieses Ziel zu erreichen, ist beim Aufbau der Datenbank darauf zu achten, daß sich die Strukturierung der Datenelemente nicht zu stark am aktuellen Informationsbedürfnis des Marketing-Management orientiert. Auch bei veränderten Bedingungen, die z.B. auf Grund neuer Produkte, Zielgruppen oder Absatzwege gegeben sind, sollte die Datenbank allen Informationsbedürfnissen gerecht werden. Zudem müssen auch Änderungen in der Datenerfassung, wie sie z.B. Scanning (siehe § 7, Abschn. 4.4.2.4.2.) mit sich bringt, ohne eine umfassende Datenreorganisation möglich sein.

Bei EDV-Anwendungen ohne Einsatz einer Datenbank organisiert jeder Anwender seinen Datenbestand hinsichtlich Formatierung, Speichermedium, Zugriffsmethode etc. selbst und stimmt seine Programme auf diese Dateien ab. Diese Organisationsform bedingt zwangsläufig Mehrfachspeicherung, die die Datenaktualisierung erschwert. Außerdem ziehen bereits Formatänderungen bei den Eingabedaten Programmänderungen nach sich. Mit Hilfe von Datenbanken läßt sich dagegen die typische Abhängigkeit von Daten und Anwendungsprogrammen überwinden (**Datenunabhängigkeit**). Der Anwender in der Marketing-Abteilung muß bei der Durchführung von Analysen die Daten nur inhaltlich spezifizieren und kann daher selbst mit geringen EDV-Kenntnissen diese mittels einer Vielzahl von Analyseprogrammen auswerten, die in der Methodenbank abgespeichert sind.

In Datenbanken werden die Datenbestände von Nutzern aus verschiedenen Organisationsbereichen zusammengefaßt, d.h. Inhalt und Aufbau einer Datenbank müssen am Informationsbedürfnis der unterschiedlichsten Benutzergruppen ausgerichtet werden. Dieser Sachverhalt ist gemeint, wenn man von **vielfacher Verwendbarkeit** spricht.

Das Kriterium **Benutzerfreundlichkeit** schließlich bezieht sich bei Marketing-Informationssystemen nicht allein auf die Datenbank, sondern ganz allgemein auf die Ausgestaltung des Kommunikationssystems. Auf diesen Aspekt wird daher noch detaillierter einzugehen sein.

Datenbank-Managementsysteme stellen die Software für die EDV-technische Realisierung von Datenbanken dar. Sie bieten zunächst programmtechnische

Hilfsmittel für den Aufbau und die Wartung von elektronisch gespeicherten Datenbanken. Eine Wartung von Datenbanken ist in zweifacher Hinsicht erforderlich: Erstens muß der abgespeicherte Datenbestand ständig aktualisiert werden („updating"). Zweitens kann von Zeit zu Zeit eine Reorganisation der Datenbankstruktur erforderlich werden, wenn beim Aufbau der Datenbank dem Kriterium der Strukturflexibilität nicht hinreichend Rechnung getragen wurde. Dies ist z. B. dann der Fall, wenn ein aus welchen Gründen auch immer geänderter Informationsbedarf des Marketing-Management nicht immer gedeckt werden kann.

Erfreulicherweise ist in die meisten Datenbank-Managementsysteme eine spezielle Abfragesprache („query language") integriert, die im Gegensatz zu den problemorientierten Programmiersprachen (COBOL, FORTRAN, ALGOL, PL/I etc.) weitgehend an die Umgangssprache angelehnt ist und somit beim Anwender im Falle von Abfragen kaum Programmierkenntnisse voraussetzt. Dieser Vorzug erleichtert dem Entscheidungsträger in der Marketing-Abteilung, der in der Regel kein EDV-Fachmann ist, die Kommunikation mit der Datenbank.

Nicht zuletzt enthalten Datenbank-Managementsysteme umfassende **Vorrichtungen** zur **Datensicherung,** worunter alle Vorkehrungen und Verfahren zur Gewährleistung von Datensicherheit (Schutz der Datenbasis vor einer Zerstörung, sei sie mutwillig oder durch Systemfehler) und Datenschutz (Schutz vor unberechtigtem Zugriff) fallen.

Wollte ein Unternehmen ein Datenbank-Managementsystem selbst entwickeln, wäre dies mit einem sehr hohen Personal- und Programmieraufwand verbunden. Daher zieht man in der Praxis aus Wirtschaftlichkeitsüberlegungen heraus den Fremdbezug häufig einer Eigenentwicklung vor.

Für einen Fremdbezug spricht auch die **Obsoleszenz-Gefahr** von Eigenentwicklungen, da die Hersteller von Datenbank-Managementsystemen diese ständig verbessern und so z. B. die Möglichkeiten, die leistungsfähigere Rechenanlagen oder neue Speichermedien bieten, voll ausnutzen. Derzeit sind über 100 Softwarepakete für Datenbank-Managementsysteme am Markt, darunter *GIS, IMS II* und *System R* von *IBM, IDS II (Honeywell-Bull), SESAM* und *UDS (Siemens)* sowie *ADABAS (Software AG)* und *TOTAL (CINCOM Incorporated),* die im Gegensatz zu den anderen genannten Softwareprodukten auf den Rechenanlagen nahezu aller Computerhersteller installiert werden können.

Da Art und Umfang der Aufgaben des Marketing-Management einer Unternehmung je nach Wirtschaftsstufe, Branche und Betriebstyp große Unterschiede aufweisen, sind **Informationsbedarfsprofile** nur im Einzelfall hinreichend genau zu spezifizieren. Deshalb wird man bei der Festlegung des Datenbankinhalts in jedem Falle mit einer **Informationsbedarfsanalyse** beginnen, mit deren Hilfe die für die Systemzwecke relevanten Informationen festgestellt werden. Dabei lassen sich **deduktive** und **induktive** Analyseverfahren unterscheiden.

Im Rahmen **deduktiver Informationsbedarfsanalysen** werden zunächst die Aufgabenstellungen der zukünftigen Systembenutzer genau analysiert und daran anschließend die zu deren Erfüllung notwendigen Informationen auf Grund von Erfahrungswerten und bestimmten Modellvorstellungen über die Entscheidungszusammenhänge logisch deduktiv abgeleitet. Im Gegensatz dazu erfolgt bei **induktiven Informationsbedarfsanalysen** die Festlegung des Informationsprogramms durch Befragung der künftigen Systembenutzer hinsichtlich ihres Informationsbedarfs und durch Beobachtung des bisherigen Informationsflusses, wobei die aufgedeckten Informationszusammenhänge in Form von sog. **Entscheidungstabellen** dargestellt werden können.

Dabei zeigt sich häufig, daß Manager ihren Informationsbedarf selbst nicht exakt definieren können oder aus Sicherheitsgründen einen zu großen Informationsbedarf äußern. Außerdem werden durch ein solches Vorgehen häufig Fehler der Vergangenheit im Informationswesen auf das neue MAIS übertragen. Andererseits kann auf die Mitwirkung der späteren Systembenutzer bei der Festlegung des Informationsprogramms nicht verzichtet werden, da deren Informations- und Entscheidungsverhalten über die Relevanz bestimmter Informationen entscheidet. Aus diesem Grunde werden in der Praxis induktive und deduktive Informationsanalysen meistens gekoppelt (zu den Methoden der Informationsbedarfsanalyse siehe z. B. *Koreimann* 1976).

Die Erfahrung zeigt, daß es wenig sinnvoll ist, das Augenmerk allzu sehr auf die vollständige Erfassung aller auch nur möglicherweise relevanten Daten zu richten. Zweckmäßiger erscheint vielmehr das Bemühen um eine sinnvolle Selektion der abzuspeichernden Informationen im Hinblick auf ihre Aussagefähigkeit. Ein „data collection approach", bei dem als erster Schritt der Systementwicklung mit dem Sammeln und Abspeichern der Daten in das elektronische System begonnen wird, ohne daß vorher präzise Vorstellungen über den Verwendungszweck dieser Daten gewonnen wurden, wird überwiegend als nicht empfehlenswert erachtet. Ein solcher Systemansatz führt in aller Regel zu einer Überdimensionierung der Datenbank und behindert das Bemühen um Überwindung der datenorientierten hin zur problemorientierten Ausrichtung des Informationswesens. Daraus ergibt sich auch, daß die Ausgestaltung der Informationsprogramme einer Datenbank keine einmalige, sondern eine **permanente Aufgabe** darstellt und die ständige Beobachtung der Nutzung aller gespeicherten Informationen nach der Systemimplementierung einschließen muß.

Da sich, wie erwähnt, bezüglich des detaillierten Inhalts von Marketing-Datenbanken keine allgemeingültigen Feststellungen treffen lassen, sondern jeweils auf den angestrebten Systemzweck und die spezifischen Informationsbedürfnisse der Systembenutzer Rücksicht zu nehmen ist, wird in Tab. 10.1. lediglich ein grober Überblick über die wichtigsten **Informationsinhalte** eines für Dokumentations-, Kontroll- und Planungszwecke konzipierten Informationsprogrammes vermittelt. Bereits aus dieser Übersicht geht hervor, daß **Dokumentationssysteme** weniger der Abbildung betrieblicher Prozesse und Erfolge als vielmehr einer systematischen Sammlung und Speicherung von **Hintergrundda-**

ten dienen, die oft qualitativer Natur sind und zu einem beträchtlichen Teil aus unternehmensexternen Quellen stammen.

Im Mittelpunkt von **Kontrollsystemen** stehen dagegen **unternehmensinterne Informationen,** d.h. es geht hier um die Absatzanstrengungen und -erfolge der Unternehmung. Dabei müssen neben aktuellen Periodenwerten auch Plan- und Durchschnittswerte verfügbar sein. Nur dadurch wird eine realistische Einschätzung des Periodenerfolgs möglich.

In **Planungssystemen** erscheint darüber hinaus noch die Abspeicherung von Zeitreihen **mikro-** und **makroökonomischer Daten** wichtig, da sie sowohl für eine Prognose der Entwicklung in der Zukunft als auch für eine Analyse der Wirkungszusammenhänge in der Vergangenheit die Basis bilden. Weiterhin enthalten Planungssysteme im Vergleich zu Kontrollsystemen eine umfangreichere Palette **externer** Informationen, insbesondere über Struktur und Verhalten der Konsumenten, Konkurrenten und Absatzmittler. Erhebliche Bedeutung im Hinblick auf die kurzfristige Absatzplanung werden in vielen Branchen auch Informationen über freie Produktions-, Transport- und Personalkapazität besitzen.

Tab. 10.1. macht deutlich, daß der Umfang der in einer Marketing-Datenbank enthaltenen Informationen sehr groß sein kann, zumal – insbesondere bei Planungssystemen – die jeweiligen Daten über einen längeren Zeitraum hinaus vorliegen sollten, um Trends erkennen und Prognosen erstellen zu können. Daher erscheint es angebracht, nur die **internen** Daten in einer oder mehreren Datenbanken zentral in der Unternehmung zu verwalten, da sich dadurch der Aufwand für deren Aktualisierung und Speicherung minimieren läßt. Die Fülle der **externen** Daten (Paneldaten, mikro- und makroökonomische Zeitreihen etc.) führt gleichfalls zu beträchtlichen Speicherplatzproblemen, die zwar u.U. durch eine Aggregation der Einzelinformationen zu Kennzahlen zu überwinden sind. Jedoch würde man dadurch einen erheblichen Informationsverlust in Kauf nehmen und das Spektrum der Methoden und Modelle, mit denen die verfügbaren Daten weiterverarbeitet werden können, drastisch einschränken.

Die einfachste Lösung besteht deshalb darin, die externen Daten bei den Anbietern zu führen und über die Datenfernverarbeitung direkt auf deren Datenbanken zuzugreifen. Werden Marketing-Daten in diesem Sinne an mehreren Orten geführt, spricht man von **verteilten Datenbanken** („distributed data base"). Abb. 10.14. illustriert eine mögliche Organisationsform (vgl. *Scheer* 1980, S. 106).

Der zentrale Unternehmensrechner ist durch das Fernsprech- oder Datexnetz mit den Rechenanlagen der Marktforschungsinstitute und sonstigen Institutionen verbunden (siehe dazu z.B. *Hansen* 1986). Bei Auftreten eines Informationsbedarfs werden die betreffenden Informationen von den Datenbanken der Institute abgerufen, in einer hausinternen Marketing-Datenbank zwischengespeichert, gegebenenfalls mit internen Daten verknüpft und schließlich ausgewertet. Typische Beispiele verkörpern die *Ifo-*Konjunkturtestdatendank, das Datenbanksystem des *Statistischen Bundesamtes* sowie

Tabelle 10.1.: **Übersicht über die Ausgestaltung von Informationsprogrammen (Datenbanken) in MAIS**

Dokumentationssysteme	Kontrollsysteme	Planungssysteme
I. Interne Daten: — Marktforschungsberichte — Stammdaten der Kunden, Lieferanten und Absatzmittler — Stammdaten der Erzeugnisse — Freie und gebundene Faktorkapazitäten — Lagerbestände — Ergebnisse technischer Versuche — Umsätze, aufgegliedert nach Regionen, Absatzwegen, Absatzmittlern und anderen zweckentsprechenden Kriterien — Außendienstberichte II. Externe Daten: — Institutsberichte (z. B. Paneldaten) — Pressemeldungen — Gutachten — Volkswirtschaftliche Stammdaten — Patente, Lizenzen — Konkurrenzverhalten — Nicht wirtschaftlich bedingte Informationen über die politische, rechtliche, kulturelle, geographische und technische Umwelt der Unternehmung — Auslandsmarktdaten	I. Absatzergebnisse (Auftragseingang, Mengenabsatz, Umsätze, Deckungsbeiträge, Marktanteile, Distributionsquoten, Bekanntheitsgrad) im Soll-Ist-Vergleich, aufgegliedert nach — Artikeln — Kunden(gruppen) — Absatzregionen — Vertriebsbereichen bzw. Vertriebsorganen — Absatzmittlern — psychologisch definierten Marktsegmenten — Preisklassen II. Vertriebskosten im Soll-Ist-Vergleich, aufgegliedert nach den in I. genannten Kriterien III. Vom Vertrieb getroffene Maßnahmen (Anzahl der Kundenbesuche, Werbe- und Verkaufsförderungsmaßnahmen, Auslieferungen)	I. Absatzergebnisse und Vertriebskosten (vgl. I, II bei Kontrollsystemen) mit besonderer Betonung der zeitlichen Entwicklung während der vergangenen Perioden II. Stammdaten der Kunden und Absatzmittler (Anzahl, Größe, Zahlungsverhalten) III. Stammdaten der Erzeugnisse (Artikelübersicht, Umsatzanteile) IV. Konkurrenzdaten (z. B. Werbeaufwendungen, Marktanteile, neue Produkte, Produktpreise, Promotions) V. Paneldaten (Haushalts-, Einzelhandels- oder Sonderpanels, soweit deren Ergebnisse nicht bereits in I. enthalten sind) VI. Sonstige quantitative Daten der Marktforschung (Testmarktberichte, Sonderanalysen, Marktprognosen, Ergebnisse von Marktsegmentierungsstudien, Marktpotentialstudien) VII. Zeitreihen makroökonomischer Größen (Bruttosozialprodukt, Preisindex, Exportquote, Sparquote) VIII. Vorhandene freie und gebundene Faktorkapazität, Lagerbestand, Auftragsbestand, noch einzuteilende Blockaufträge IX. Verzeichnis möglicher Marketing-Aktionen

mit Blick auf Auslandsmärkte *Management Contents, Predicasts* und *PTS International Time Series* der Firmen *Data Star, Dialog* und *SDC*. (Ein umfassender Überblick über das Angebot an externen Datenbanken findet sich bei *Hennemann-Böckels* 1983.)

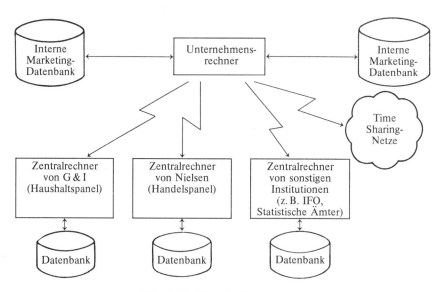

Abb. 10.14.: Verteilte Datenbanken

Einige Unternehmen stellen nicht nur Marktforschungsdaten bereit, sondern bieten gleichzeitig auch Rechen- und Speicherkapazität sowie Datenbanksoftware zur Verwaltung unternehmensinterner Daten, ferner Auswertungsmethoden und -modelle an, so daß die Analysen im **Time Sharing-Verfahren** außer Haus durchgeführt werden können. Solche Systeme, mit *EXPRESS (Tymshare Taylorix), INF*ACT (CMS)* und *INFONET (CSID)* als den bekanntesten, stellen eine echte Alternative zum Aufbau hausinterner MAIS dar, weil sie in der Regel kostengünstiger zu nutzen und mit wesentlich geringeren Risiken behaftet sind.

2.2.2.2. Die Ausgestaltung der Methoden- und der Modellbank

Die in der Marketing-Datenbank abgespeicherten Informationen liegen überwiegend in disaggregierter Form vor und sind folglich wenig aussagekräftig. Sie müssen daher weiterverarbeitet (verknüpft, verdichtet etc.) werden, um Entscheidungsrelevanz zu erlangen. Die dazu erforderlichen Methoden sind in programmierter Form in der **Methodenbank** abgespeichert. Man spricht in diesem Zusammenhang auch häufig von **Prozeduren** (vgl. *Heinzelbecker* 1977, S. 238). Dazu gehören auf der einen Seite **einfache Methoden,** die sich auf arithmetische Operationen beschränken, wie z. B. Summenbildung, Prozentuierung, Durchschnittsbildung und die Bildung von Indizes. Hinzu kommen Histogramme, mehrdimensionale Charts und Computerplots. Auf der anderen Seite sind insbesondere bei der Ausgestaltung von Methodenbanken für

Planungssysteme komplexere statistische Auswertungsverfahren erforderlich, allen voran die **multivariaten Verfahren** (ausführlich dazu § 7, Abschn. 4.5.1.).

Besonderer Stellenwert kommt ferner der **Zeitreihenanalyse** zu, und zwar mit ihren **klassischen** (ungewichtete und gewichtete gleitende Durchschnitte, Trendextrapolation, „exponential smoothing" usw.) und **modernen** Varianten (autoregressive Methode, *Box-Jenkins*-Technik und Spektralanalyse). Eine gewisse Auswahlfülle ist schon deshalb anzustreben, weil in einer Ära zunehmender Diskontinuität auf den Absatzmärkten, wie sie z. B. von Strukturveränderungen infolge des Einsatzes neuer Kommunikationstechniken hervorgerufen wird, die Zeitreihen immer speziellere Formen annehmen. Dadurch wird zwangsläufig das Spektrum der im Planungsprozeß benötigten Prognosemethoden erweitert. Unabhängig davon sollte beim Einsatz moderner Verfahren eine gewisse Zurückhaltung geübt werden, da jene nicht zwangsläufig zu mehr Genauigkeit verhelfen und im Hinblick auf die Rechenzeit die klassischen Verfahren um ein Vielfaches übertreffen. Beispielsweise erfordert eine *Box-Jenkins*-Analyse etwa die 200fache Rechenzeit einer Prognose auf der Basis des „exponential smoothing" (vgl. dazu, insbesondere auch zur Prognosegenauigkeit der einzelnen Verfahren, *Mertens/Backert* 1980, S. B 1 ff.).

Die mathematisch-statistischen Methoden sollten von Verfahren des **Operations Research** ergänzt werden, obwohl die Meinungen in der Literatur darüber geteilt sind (vgl. z.B. *Montgomery/Urban* 1970, S. 231 f.; *Heinzelbecker* 1977, S. 273). Unbestritten ist gleichwohl, daß z.B. Verfahren der **Netzplantechnik** im Bereich der Marketing-Planung, etwa bei der Einführung neuer Produkte oder bei der Durchführung von Werbekampagnen, nutzbringend eingesetzt werden können.

Kommen zu der Methodensammlung noch Software-Bestandteile zu deren Organisation, Benutzung und Sicherung hinzu, so spricht man von einem Methodenbanksystem oder **Methodenbank-Managementsystem.** Die Organisation (Speicher- und Programmiertechnik) der Verfahren in der Methodenbank sollte es zulassen, daß diese **flexibel** eingesetzt, d.h. nahezu beliebig verknüpft werden können. Beispielsweise kann es für einen Produkt-Manager interessant sein, die Daten aus einer Umfrage mit Hilfe der Faktorenanalyse zu verdichten und die Ergebnisse anschließend mit der Cluster- oder AID-Analyse weiter zu untersuchen, um homogene Marktsegmente zu erhalten.

Unabhängig davon müssen Vorkehrungen für eine leichte **Erweiterbarkeit** der Methodenbank getroffen werden. Obwohl die skizzierte Methodensammlung relativ umfangreich ist, vermag man in bestimmten Fällen auf eine Anreicherung der Methodenbank nicht zu verzichten. Zum einen werden von externer Seite ständig vorhandene Algorithmen (Programme) verbessert sowie neue Verfahren entwickelt und programmiert. Zum anderen ist auch eine Integrierbarkeit jener Methoden anzustreben, die vom Systembenutzer selbst entworfen werden. Charakteristisch dafür sind Heuristiken, die der Anwender bei einer intensiven Auseinandersetzung mit einem Spezialproblem während einer Dialogsitzung entwickelt und für später auftretende, ähnlich gelagerte Fälle aufbewahren will.

Der Benutzer eines MAIS ist in der Regel ein Marketing-Fachmann mit einer Grundausbildung in Statistik. Will man für diesen Anwendertyp durch eine entsprechend ausgestaltete EDV-Unterstützung die Voraussetzung dafür schaffen, daß er die Datenbank mit einer Vielzahl von zum Teil sehr komplexen Verfahren quasi auf Knopfdruck auswerten kann, so muß man durch Bereitstellung weitreichender Benutzerhilfen dafür sorgen, daß fehlerhafte Anwendungen und falsche Schlußfolgerungen aus den Ergebnissen, z. B. über deren Signifikanz, von vornherein weitgehend ausgeschlossen sind. Die Unterstützung des Methodenbanknutzers kann sich dabei auf folgende Teilgebiete erstrecken (vgl. dazu *Mertens/Bodendorf* 1979, S. 533 ff.):

(1) Methodendokumentation
Für den Anwender sollte eine interaktiv nutzbare, z. B. alphabetisch geordnete Dokumentation aller aufrufbaren Methoden bereitstehen. Auf Grund der zu bewältigenden Vielfalt bietet sich eine **hierarchische Abstufung** dieses Auskunftssystems an, wie es z. B. beim Software-Produkt *METHAPLAN* von *Siemens* der Fall ist. Hier werden dem Anwender in Stufe 1 ein Überblick über die implementierten Methodenklassen (Basisstatistiken, Zeitreihenanalyse, Simulation, Matrizenrechnung etc.) sowie grobe Hinweise auf die verfügbaren Methoden gegeben. Stufe 2 liefert ein genaues Verzeichnis aller Methoden einer Methodenklasse. In Stufe 3 schließlich werden die einzelnen Methoden genau beschrieben. Neben einer theoretischen Kurzdarstellung werden dem ungeübten Anwender auch nützliche Werte über den EDV-gestützten Methodeneinsatz, wie z. B. Rechenzeitverbrauch und Speicherplatzbedarf, sowie Anwendungsbeispiele geboten.

Teil der Methodendokumentation sind auch **Informationserschließungssysteme** („information retrieval systems"), bei denen man nach der gewünschten Methode mit Hilfe von Deskriptoren, die das Untersuchungsproblem charakterisieren, recherchiert. So könnte z. B. die Beschreibung der Spektralanalyse u. a. mit den Stichworten Zykluslänge, Trend, Saison und Konjunktur aufgefunden werden.

(2) Hilfen bei der Methodenauswahl
Das Spektrum der denkbaren computergestützten Auswahlhilfen reicht von einer **einfachen Methodendokumentation** bis hin zur **automatischen Festlegung** des **Analyse-Verfahrens** durch die Rechenanlage.

Im Falle einer **automatischen Auswahl**, die im *MADAS* Methodenbanksystem weitgehend erreicht ist (vgl. dazu *Mertens* u. a. 1977), wählt das Methodenbanksystem ein zur Problemlösung geeignetes Verfahren aus oder schlägt dem Anwender zumindest eine Gruppe von einsetzbaren Methoden vor. Als

Grundlage der maschinellen Auswahl dienen die Art des zu lösenden Problems, das vom Anwender entweder an Hand entsprechender Vorschriften frei eingegeben oder im Dialog vom Computer sukzessive „erfragt" wird, und die Qualität der zu untersuchenden Daten. Diese kann aus der Stichprobengröße bzw. der Zeitreihenlänge und der Verteilung, der Zahl der Ausprägungen und dem Skalenniveau der zu untersuchenden Variablen abgeleitet werden.

Diese Vorgehensweise setzt naturgemäß voraus, daß in der Datenbank die betreffenden Informationen in sog. **Merkmalsstammsätzen** abgespeichert sind. Gleichzeitig können diese bei einer autonomen Methodenauswahl durch den Anwender dazu herangezogen werden, daß dieser durch die Rechenanlage vor dem Einsatz einer bestimmten Methode gewarnt oder daß ihm die Nutzung gar verboten wird, wenn die Datengrundlage nicht gegeben ist.

Daneben sollte die Methodenauswahl auch von den **Kosten** für Rechenzeit, Speicherplatzbedarf etc. abhängig gemacht werden. Dadurch ließe sich verhindern, daß durch eine zu großzügige Anwendung rechenintensiver Verfahren kostbare Computerkapazität vergeudet wird. Hierfür zeichnen sich allerdings erst ansatzweise Lösungen ab.

(3) Methodenablaufsteuerung

Bei vielen Verfahren müssen neben den Variablen noch **Parameter** angegeben werden, wie z. B. der Glättungsparameter beim „exponential smoothing" oder die minimale Gruppengröße bei der AID. Um zu verhindern, daß ein weniger versierter Anwender solche Verfahren meidet, bei denen er weder über Erfahrungswerte noch über eine Vorstellung von in Frage kommenden Werten verfügt, sollten ihm auf Anfrage vom System **Standardwerte** zur Verfügung gestellt werden.

(4) Interpretationshilfen

Vielfach sind unter Einsatz komplexer Verfahren gewonnene Ergebnisse schwer zu interpretieren. Dem Anwender sollten daher zusätzlich zu einer aussagefähigen Ergebnisdarstellung Interpretationshilfen angeboten werden. Bei **statischen** Interpretationshilfen werden die Ergebnisse (Kennwerte) durch Textkonserven ergänzt, die im wesentlichen Lehrbuchwissen enthalten. Abb. 10.15. vermittelt ein fiktives Beispiel dafür, wie der Stress-Wert der Mehrdimensionalen Skalierung (siehe § 7, Abschn. 4.5.1.7.) durch Interpretationshilfen relativiert werden kann.

Im Gegensatz dazu gehen **dynamische** Interpretationshilfen auf die aktuelle Datensituation ein. Sie sind daher immer dann von Interesse, wenn es keine allgemeingültigen Regeln für die Ergebnisinterpretation gibt. Beispielsweise ist der maximale Wert des Produkt-Moment-Korrelationskoeffizienten nur dann gleich 1, wenn die untersuchten Variablen normalverteilt sind. Eine dynamische Ergebnisinterpretation würde auf diesen Sachverhalt hinweisen und gegebenenfalls auch den maximal möglichen Koeffizienten bereitstellen.

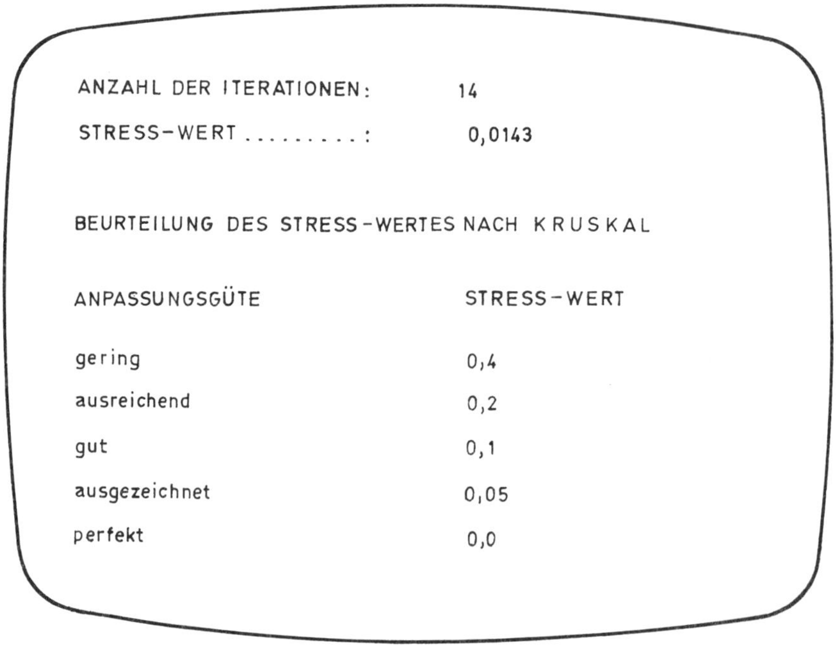

```
ANZAHL DER ITERATIONEN:        14

STRESS-WERT . . . . . . . . :    0,0143


BEURTEILUNG DES STRESS-WERTES NACH KRUSKAL

ANPASSUNGSGÜTE              STRESS-WERT

gering                          0,4

ausreichend                     0,2

gut                             0,1

ausgezeichnet                   0,05

perfekt                         0,0
```

Abb. 10.15.: Hilfen zur Ergebnisinterpretation

Die dargestellten Anforderungen an Methodenbanksysteme sind bislang in der Praxis kaum jemals erfüllt. Weit verbreitet ist der Einsatz von statistischen Softwarepaketen, obwohl diese nur als Kompromiß bei der Ausgestaltung von Methodenbanken betrachtet werden können. Wie aus Tab. 10.2. hervorgeht, weisen sie zum Teil noch beträchtliche Lücken hinsichtlich des abgedeckten Methodenspektrums auf. So sucht man in *SPSS*, das neben *SAS* am häufigsten installiert ist, vergeblich nach Verfahren der Clusteranalyse oder Mehrdimensionalen Skalierung. Dieser Sachverhalt wiegt um so schwerer, als diese Systeme, mit Ausnahme von *SAS*, nur durch tiefgehende Eingriffe erweiterbar sind. Zudem bietet keines der Softwarepakete bislang eine befriedigende Lösung für Dialoganwendungen.

Während in der **Methodenbank** gewissermaßen **Rechentechniken** gesammelt werden, enthält die **Modellbank** alle **Marketing-Modelle,** die in programmierter Form rechenbare Sachzusammenhänge abbilden und zur Unterstützung von Marketing-Entscheidungen dienen. Es ist umstritten, ob in MAIS eine organisatorische Trennung zwischen Modell- und Methodenbank vorgenommen werden soll, zumal die Bausteine der Methodenbank als Input für Marketing-Modelle dienen (vgl. dazu z.B. *Heinzelbecker* 1977, S. 290ff.). Mit zunehmendem Umfang einer Modellbank, aber auch auf Grund des Wunsches der Anwender nach bequemer **Modelladaption** (z.B. bei Decision Calculus-Modellen) und **Modellintegration** (Verarbeitungsfähigkeit von Zwischen- und Endergebnissen

2. Die Einrichtung von Informationssystemen 979

in weiteren Modellen) erscheint häufig eine Trennung von Modell- und Methodenbank unumgänglich. In § 8, Abschn. 3.3.2. wird ein Überblick über die Einsatzbereiche computergerecht aufbereiteter Marketing-Planungsmodelle vermittelt, so daß an dieser Stelle nicht darauf eingegangen zu werden braucht.

Tabelle 10.2.:

Methodenspektrum ausgewählter Programmpakete

Methode	Programmpaket			
	SAS	*SPSS*	*OSIRIS*	*BMDP*
Aufbereitung der Daten bzw. Analyseergebnisse durch:				
— Balkendiagramme	x	x	x	x
— Computerplots	x	x	x	x
— mehrfarbige Computergraphiken	x	x	—	—
Ein- und mehrdimensionale Häufigkeitsverteilungen und statistische Maßzahlen:				
Statistische Testverfahren				
— parametrische	x	x	x	x
— nicht parametrische	—	x	—	x
Korrelationsanalyse	x	x	x	x
Kanonische Korrelationsanalyse	x	x	—	x
Clusteranalyse				
— hierarchische Verfahren	x	—	x	x
— partitionierende Verfahren	x	—	—	—
Diskriminanzanalyse				
— simultan	x	x	—	x
— schrittweise	x	x	—	x
Faktorenanalyse				
— Hauptkomponentenmodell	x	x	x	x
— Modell gemeinsamer Faktoren	x	x	x	x
— Rotationsverfahren	x	x	x	x
Mehrdimensionale Skalierung	x	—	x	—
Ökonometrische Verfahren				
— multiple Regression	x	x	x	x
— schrittweise Regression	x	x	x	x
— mehrstufige Regression	x	—	x	—
— nicht-lineare Regression	x	—	—	x
— MCA	—	x	x	—
— MNA	—	—	x	—
Varianzanalytische Verfahren				
— einfache Varianzanalyse (ANOVA)	x	x	x	x
— multiple Varianzanalyse (MANOVA)	x	x	x	x
— multiple Varianzanalyse mit Meßwiederholungen	—	—	—	x
— AID und THAID	—	—	x	—
Zeitreihenanalyseverfahren				
— klassische (deterministische) Verfahren				
○ gleitende Durchschnitte	x	—	—	—
○ exponentielles Glätten	x	—	—	—
— moderne (stochastische) Verfahren				
○ autoregressive Methoden	x	—	—	—
○ *Box-Jenkins*-Techniken	x	x	—	x
○ Spektralanalyse	x	—	—	x

2.2.2.3. Die Ausgestaltung des Kommunikationssystems

Wie wir bereits bei den Kontrollsystemen sahen, werden bei reinen Berichtssystemen von der Rechenanlage in gewissen Zeitabständen oder auf Grund bestimmter Ereignisse automatisch **Standardberichte** erstellt, also ohne daß eine **Kommunikation** mit der Maschine notwendig wäre. Die Ausgestaltung des **Kommunikationssystems** beschränkt sich in diesem Fall auf die Festlegung von Form, Inhalt und Empfänger(n) der Standardberichte sowie der zeitlichen Abstände bzw. der Ausnahmesituationen, in denen die Berichte erstellt werden.

Als **programmtechnische Hilfsmittel** lassen sich dabei **Berichtsgeneratoren** einsetzen, die es erlauben, mit wenigen Befehlen Inhalt und Form von Berichten zu definieren. Reicht der vorgegebene Berichtsinhalt nicht aus, wie dies z. B. bei einer Ursachenanalyse auf Grund einer unerwartet hohen Planabweichung der Fall sein kann, so müssen die Verantwortlichen mit dem System kommunizieren und weitere Informationen abrufen **(Auskunftssysteme).** Auch bei Planungsprozessen, die sich nur bedingt standardisieren lassen, wird der Anwender auf eine Kommunikation mit der Rechenanlage nicht verzichten können.

Grundsätzlich läßt sich eine computergestützte Marketing-Planung im traditionellen Stapelbetrieb (**Batch;** off line) oder im Dialog (**Mensch-Maschine-Kommunikation;** on line) realisieren. Für eine On Line-Lösung spricht zunächst einmal, daß sich der Kontakt zwischen Manager und Methode bzw. Modell intensiviert und verbessert (vgl. *Nenning/Topritzhofer* 1976, S. 342). Ein mathematisch wenig vorgebildeter Manager wird in der Regel komplexe Methoden und Modelle nur zögernd einsetzen, zumal deren algorithmische Struktur auch von Fachleuten nicht immer einfach zu ergründen ist. Dieser Nachteil läßt sich dadurch beheben oder zumindest abschwächen, daß man dem Manager on line die Möglichkeit eröffnet, innerhalb kurzer Zeit die betrachtete Methode bzw. das interessierende Modell mit den verschiedensten Eingabedaten durchzuspielen, wodurch ihm ein Gefühl von dessen bzw. deren Funktions- und Reaktionsweise vermittelt wird. Wenn er sich gar noch relativ leicht ein Bild von der Plausibilität der Ergebnisse verschaffen kann, indem er diese mit seiner subjektiven Einschätzung vergleicht, wird die ihm angeborene Abneigung gegen die Arbeit mit Methoden und Modellen noch weiter abnehmen.

Während bei einer Problembearbeitung **on line** das Ergebnis quasi sofort zur Verfügung steht, wird diese beim **Batch-Betrieb** laufend unterbrochen, weil die konzipierten Programmteile vor ihrer Abarbeitung immer wieder in eine mehr oder weniger lange Warteschlange eingereiht werden. Daneben geht noch Zeit dadurch verloren, daß das bedruckte Papier vom Rechenzentrum zum Manager transportiert werden muß, wobei sich dieser auch ständig neu in die Materie eindenken muß.

Die Erfahrung zeigt, daß der On Line-Betrieb den Planungsprozeß qualitativ verändert. Manager, die ihre Probleme im Batch-Betrieb lösen, trachten danach, überhaupt eine passable Lösung zu finden. Demgegenüber fördern On Line-Systeme die Tendenz, mehrere Möglichkeiten durchzuspielen und somit die

Entscheidungen stärker abzusichern. Deren Qualität wird aber auch dadurch gesteigert, daß durch die ständige Rückkopplung Lernprozesse ausgelöst und Zusammenhänge in einer Weise transparent gemacht werden, wie dies im Batch-Betrieb nie gelingen könnte. Dieser Aspekt wiegt um so schwerer, als Marketing-Probleme oft schlecht strukturiert sind und nur durch **schrittweises Herantasten** an eine Lösung bewältigt werden können.

Eine Dialoglösung gestattet es dem Marketing-Manager, alle Gedanken, Einfälle oder Vorstellungen, die ihm während der Problemlösung kommen mögen, unmittelbar auszutesten. „Der Dialogverkehr wirkt hier, indem er die vom Manager gewünschten Operationen zeitlich vollkommen synchron zu dessen Denkprozessen abwickelt, gewissermaßen als maschinelle Potenzierung der intellektuellen Fähigkeiten des Managers, problembezogene Hypothesen zu formulieren, und sich auf diesem Weg schrittweise einer Lösung der gestellten Aufgabe zu nähern" (*Nenning/Topritzhofer* 1976, S. 344).

In einer direkten **Mensch-Maschine-Kommunikation** lassen sich also die Fähigkeiten des Menschen (Spontaneität, Kreativität, Flexibilität, Assoziationsfähigkeit, Lernfähigkeit usw.) und die des Computers (Schnelligkeit, Genauigkeit, Verarbeitungskapazität usw.) in optimaler Weise kombinieren. Der Preis dafür sind höhere Aufwendungen im Hardwaresektor, da Terminals in Reichweite der Arbeitsplätze aufgestellt werden müssen.

Auch in bezug auf die Software sind On Line-Systeme zwangsläufig wesentlich aufwendiger. Einen Eindruck davon vermitteln die bereits skizzierten Benutzerhilfen für Methodenbanken. Zusätzlich dazu sind noch Einrichtungen erforderlich, um die Kommunikation zwischen Mensch und Maschine möglichst **benutzerfreundlich** zu gestalten. Diesem Kriterium kommt für die **Akzeptanz** des **Gesamtsystems** eine zentrale Rolle zu.

Das Spektrum der Anwender eines Marketing-Informationssystems reicht vom Anfänger, der u.U. noch nie empirisch gearbeitet hat, bis hin zum Methodenspezialisten oder Modellbauer. Um die Arbeit für den einen nicht zu langweilig zu gestalten, während der andere bereits überfordert ist, ist der **Dialog** auf die **spezifischen Fähigkeiten** jedes einzelnen Benutzers abzustimmen. Der Computer sollte daher den Anwender zu Beginn jeder Dialogsitzung „fragen", welchen Arbeitsmodus er wünscht. Interessant erscheint in diesem Zusammenhang auch der Gedanke einer „adaptiven Führung", bei der der Rechner die Schwierigkeitsstufe des Dialogs nach den vom Anwender begangenen Fehlern automatisch einstellt (vgl. *Hoffmann* 1977, S. 38ff.).

Ferner ist auf eine möglichst **einfache Eingabetechnik** hinzuarbeiten. Einen Ansatzpunkt in dieser Richtung stellt die sog. **Menütechnik** dar. Dabei wird der Anwender von der Maschine geführt, d.h. es wird ihm ein Überblick über die jeweils wählbaren Optionen gegeben (vgl. Abb. 10.16.). Sobald er sich für eine Alternative entschieden hat, erhält er ein neues Auswahlmenü mit nunmehr detaillierteren Nutzungsmöglichkeiten. Zur Reduzierung des Eingabeaufwan-

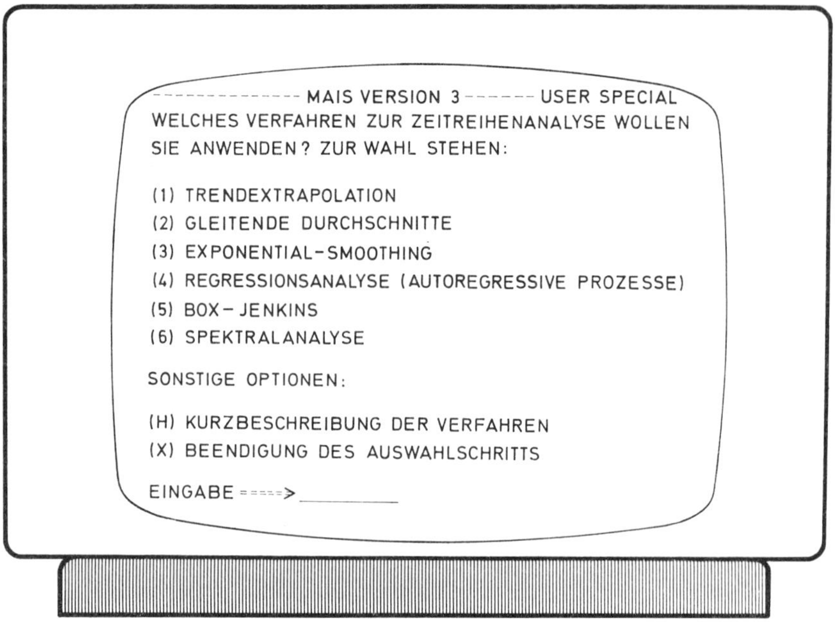

```
------------- MAIS VERSION 3 ------ USER SPECIAL
WELCHES VERFAHREN ZUR ZEITREIHENANALYSE WOLLEN
SIE ANWENDEN? ZUR WAHL STEHEN:

(1) TRENDEXTRAPOLATION
(2) GLEITENDE DURCHSCHNITTE
(3) EXPONENTIAL-SMOOTHING
(4) REGRESSIONSANALYSE (AUTOREGRESSIVE PROZESSE)
(5) BOX-JENKINS
(6) SPEKTRALANALYSE

SONSTIGE OPTIONEN:

(H) KURZBESCHREIBUNG DER VERFAHREN
(X) BEENDIGUNG DES AUSWAHLSCHRITTS

EINGABE =====> _____
```

Abb. 10.16.: Beispiel zur Anwendung der Menütechnik

des und der damit verbundenen Fehlermöglichkeiten sollten in den Dialogablauf auch **Programmfunktionstasten** integriert werden, damit ständig wiederkehrende Befehle, wie z.B. die Erstellung von Hardcopies von Graphiken oder Tabellen, durch Knopfdruck erteilt werden können.

Nicht zuletzt muß ein umfangreiches Bündel von interaktiv abrufbaren **Einrichtungen** zur **Benutzerschulung** bereitstehen. Dazu gehören Informationen, die speziell auf die jeweilige Aktivitätsstufe zugeschnitten sind und bei Schwierigkeiten aufgerufen werden können (selbsterklärende Programme), ebenso wie eine Übersicht und Beschreibung aller derzeit nutzbaren Daten, Methoden und Modelle. Dadurch wird erreicht, daß der anfangs unerfahrene Anwender durch die ständige Nutzung eine computergestützte Schulung erfährt und immer besser mit dem System vertraut wird.

2.2.3. Die Vorgehensweise beim Aufbau von Marketing-Informationssystemen

Die Implementierung von MAIS ist in aller Regel mit großen Risiken behaftet. Als zeitaufwendige Vorhaben binden sie oftmals über Jahre hinweg die Arbeitskraft eines umfangreichen Arbeitsteams und erfordern darüber hinaus häufig erhebliche **Investitionen** für die Hardware-Ausstattung. Zwar existieren Ansätze für die Beurteilung der **Wirtschaftlichkeit** von Informationssystemen (vgl. z. B. *Scheer* 1978, S. 395 ff.), doch wird sich eine exakte Kosten/Nutzen-Abwägung in den seltensten Fällen als durchführbar erweisen, da die Bestimmung des Informationswertes um so schwieriger wird, je mehr ein MAIS seinen eigentlichen Zweck, die Unterstützung des Managements mit Führungsinformationen, erfüllt. Ein erstes **Scheiterrisiko** von MAIS liegt also bereits darin, daß den **hohen Kosten kein** angemessener **quantifizierbarer Nutzen** gegenübersteht.

Weiterhin besteht wie bei allen organisatorischen Innovationen die Gefahr von **Anpassungswiderständen** von seiten der Betroffenen, deren Reaktionen angesichts einer vermeintlichen oder tatsächlichen Machteinbuße durch Abbau bestehender Informationsmonopole bzw. größerer Transparenz des Informationswesens vom passiven Widerstand bis hin zum offenen Boykott des neuen Systems reichen können. Freilich werden auch dadurch **Akzeptanzprobleme** entstehen, daß viele Führungskräfte für das computergestützte Arbeiten mit Methoden und Modellen nicht genügend ausgebildet sind. Eine sorgfältige Planung unter Berücksichtigung moderner Führungstechniken ist deshalb gerade bei der Entwicklung und Implementierung von MAIS unumgänglich.

Grundsätzlich empfiehlt es sich, alle späteren **Benutzerkreise** eines MAIS an jeder Phase der Systementwicklung zu **beteiligen** und die Verantwortung nicht völlig an ein Team von EDV-Spezialisten zu delegieren. Denkbar ist weiterhin die **Hinzuziehung externer Berater,** auch wenn diese die unternehmensinternen Gegebenheiten nur unzureichend kennen. Kaum verwunderlich begegnet man ihnen in der EDV- und in der Marketing-Abteilung oft mit Mißtrauen. Durch die ständige Kommunikation zwischen den EDV-Fachleuten und dem Marketing-Management in den Projektteams gelingt es am ehesten, alle Benutzerwünsche bei der Systemgestaltung zu berücksichtigen. Gleichzeitig verhindert die Integration der Anwender in den Entwicklungsprozeß, daß bei diesen falsche Erwartungen hinsichtlich des Systems geweckt werden. Beide Schritte tragen dazu bei, Widerstände gegen die Systementwicklung abzubauen und die Identifizierung der späteren Benutzer mit dem MAIS zu unterstützen.

Werden mehrere partielle MAIS aufgebaut, so sind **zentrale Projektteams** anzustreben, die an der Entwicklung aller Teillösungen mitwirken. Diese Organisationsform fördert eine Koordination der Subsysteme, wodurch sich die Gefahr des Entstehens von sog. **Insellösungen,** die wenig aufeinander abgestimmt sind, verringern läßt. Während und nach der Implementierungsphase sind darüber hinaus gezielte Maßnahmen zu treffen, um die Akzeptanz und vollständige Ausnutzung der geschaffenen Informationskapazitäten zu bewirken. Die Palette möglicher Anreize reicht hier von der intensiven Schulung des Management in der Systemnutzung bis hin zu speziellen Werbemaßnahmen in innerbetrieblichen Medien (Rundschreiben, Zeitschriften).

Besonderes Augenmerk muß auch auf die **Anpassungs-** und **Ausbaufähigkeit** eines MAIS gelegt werden. Zum einen nämlich wird ein neu implementiertes

System in den seltensten Fällen von Anfang an allen Ansprüchen gerecht und zum anderen bedarf das in der Planungsphase entworfene Informationsprogramm einer ständigen Anpassung an die wechselnden Entscheidungs- und Problemsituationen. Außerdem ist der Informationsbedarf im Marketing-Bereich derart vielfältig, daß den Informationsbedürfnissen des Marketing-Management oft schneller durch die Entwicklung mehrerer partieller Systeme Rechnung getragen werden kann, die dann in weiteren Ausbaustufen stufenweise zu einer „großen Lösung" verschmolzen werden.

Ein derartiges Vorgehen setzt allerdings zumindest grobe Vorstellungen von dem angestrebten Endzustand des Systems voraus. Dies gilt insbesondere für den Aufbau umfassender **Management-Informationssysteme** (MIS), innerhalb deren das MAIS neben Finanz-, Produktions-, Personal- und anderen Informationssystemen nur ein Teilsystem darstellt. Da derartige „totale" Informationssysteme aus entwicklungstechnischen und betriebsbedingten Gründen nicht in einem Schritt realisiert werden können, muß bei der sukzessiven Ausgestaltung der Teilsysteme auf eine weitgehende Verknüpfbarkeit geachtet werden, damit die betrieblichen Informationsprozesse später über die Bereichsgrenzen hinweg koordiniert ablaufen können.

In der Praxis dominiert beim Aufbau von MAIS der sog. **„bottom up approach"** (vgl. *Köhler/Heinzelbecker* 1977, S. 273), bei dem zunächst die gesamte operative und dispositive Ebene des Marketing durch die EDV erfaßt und transparent gemacht wird. Die eigentlichen Führungsinformationen für Kontroll- und Planungszwecke werden demgegenüber erst in späteren Phasen, und zwar von den unteren zu den oberen Hierarchieebenen akkumuliert. Im Gegensatz dazu wird beim sog. **„top down approach"** zuerst der Informationsbedarf der höheren Hierarchiestufen zu befriedigen versucht, selbst wenn die dazu benötigten Daten noch nicht vollständig von der operativen und dispositiven Ebene bereitgestellt werden können, sondern gesondert erhoben und eingegeben werden müssen.

Beim stufenweisen Aufbau von MAIS (vgl. dazu *Heinzelbecker* 1978, S. 403 ff., und 1982, S. 54 ff.) bietet sich als Ausgangspunkt eine systematische Auswertung (Verdichtung) der Daten der **Auftragsabwicklung** zu entscheidungsrelevanten Kennzahlen an, wie z. B. Umsatz pro Marktsegment, Region und Preisklasse oder Zahl der Garantiefälle pro Produktgruppe. Zur Kontrolle der betrieblichen Marketing-Aktivität sollte das System in einer zweiten Ausbaustufe durch Einbeziehung von **Kosteninformationen** zu einer **Vertriebserfolgsrechnung** erweitert werden.

Systeme dieser Art sind EDV-technisch und in methodischer Hinsicht relativ einfach zu realisieren. In der Praxis dominieren Berichtssysteme, in denen die Kennzahlen für eine Vielzahl von Nutzern in Tabellen oder Graphiken aufbereitet sind. Problematisch ist dabei allerdings, daß die Standardberichte nicht immer zum Zeitpunkt der Informationsnachfrage erstellt werden. Außerdem lassen sich damit auch selten speziellere Informationswünsche des Management befriedigen. Daher sollte bereits in diesem Ausbaustadium von MAIS eine Weiterentwicklung zu flexiblen Auskunftssystemen angestrebt werden, die sowohl in inhaltlicher als auch in zeitlicher Hinsicht eine bessere Informationsversorgung gewährleisten.

Obwohl eine entscheidungsorientierte Vertriebserfolgsrechnung bereits wichtige Führungsinformationen liefert, ist die Einbeziehung von **Marktinformationen** letztlich unabdingbar. Erst durch die Kombination interner und externer Daten werden MAIS geschaffen, die das Marketing-Management auch bei strategischen Planungs- und Entscheidungsproblemen unterstützen können. Es braucht nicht weiter ausgeführt zu werden, daß eine solchermaßen stark erweiterte Datenbasis nur durch umfangreiche Informationsverarbeitungsmöglichkeiten, d.h. interaktiv einsetzbare Methoden und Modelle effizient genutzt werden kann.

Was die Herkunft derartiger Daten betrifft, so ist damit zu rechnen, daß in Zukunft den Marktdatenbanken externer Informationsanbieter ein herausragender Stellenwert zukommen wird. Zum einen ermöglichen neue Technologien wie z.B. die Glasfasertechnologie wesentlich effizientere Möglichkeiten der Datenübertragung, was die Verknüpfung intern und extern verwalteter Informationen erleichtert und fördert, zum anderen werden künftig auf Grund der Möglichkeit des Rückgriffs auf solche externen Datenbanken qualitative (= nominalskalierte) Daten eine ungleich größere Rolle bei Entscheidungsprozessen spielen. Für die computergestützte Marketing-Planung beginnt damit, wie es scheint, ein neues Zeitalter.

Quellenhinweise und Literaturempfehlungen

Grundlegende Literatur zur Organisationsgestaltung:

Alewell, K., Absatzorganisation, in: *Grochla, E.* (Hrsg.), HWO – Handwörterbuch der Organisation, 2. Aufl., Stuttgart 1980, Sp. 30 - 42.
Berekoven, L., Absatzorganisation, Herne–Berlin 1976, S. 45 - 81.
Frese, E., Grundlagen der Organisation, 2., vollst. neu bearb. Aufl., Wiesbaden 1984.
Gabele, E., Unternehmensstrategie und Organisationsstruktur, in: ZfO – Zeitschrift für Organisation, 48. Jg. (1976), Nr. 4, S. 181-189.
Gernet, E., Das Informationswesen in der Unternehmung: Aufbau-, Ablauf- und Projektorganisation, München–Wien 1987.
Grochla, E., Unternehmensorganisation, 9. Aufl., Opladen 1983.
Grochla, E., Thom, N., Organisationsformen, Auswahl von, in: *Grochla, E.* (Hrsg.), HWO – Handwörterbuch der Organisation, 2. Aufl., Stuttgart 1980, Sp. 1494-1516.
Heinen, E., Industriebetriebslehre, 8., durchges. und verb. Aufl., Wiesbaden 1985.
Jakob, H., Unternehmensorganisation, Stuttgart 1980.
Jerke, A., Konzepte für eine innerbetriebliche Marketing-Organisation, in: *Bidlingmaier, J.* (Hrsg.), Modernes Marketing – Moderner Handel, Wiesbaden 1972, S. 163 - 178.
Kieser, A., Kubicek, H., Organisation, 2. Aufl., Berlin–New York 1983.
Klöwer, G. G., Betriebliche Organisationslehre, Hamburg 1977.
Kotler, Ph., Marketing-Management, 4., völlig neubearb. Aufl., Stuttgart 1982.
Lindelaub, H., Grundbegriffe der Organisation in programmierter Form, 3. Aufl., Gießen 1975.
Meffert, H., Marketing, 7. Aufl., Wiesbaden 1986.
Schanz, G., Gestaltung von Wirtschaftsorganisationen – Umrisse eines konzeptionellen Rahmens, in: ZfB – Zeitschrift für Betriebswirtschaft, 51. Jg. (1981), S. 631-655.
Schanz, G., Organisationsgestaltung, München 1982.

Schwarz, H., Betriebsorganisation als Führungsaufgabe, 9., neubearb. und erg. Aufl., Landsberg am Lech 1983.
Schweitzer, M., Hettich, G. O., Absatzorganisation, betriebliche, in: *Tietz, B.* (Hrsg.), HWA – Handwörterbuch der Absatzwirtschaft, Stuttgart 1974, Sp. 61 - 70.
Steinbuch, P. A., Organisation, 5., aktualisierte Aufl., Ludwigshafen 1985.
Wagner, H., Gestaltungsmöglichkeiten einer marketing-orientierten Strukturorganisation, in: *Meffert, H.* (Hrsg.), Marketing heute und morgen, Wiesbaden 1975.
Weidner, W., Organisation in der Unternehmung, 2., völlig überarb. und erw. Aufl., München 1984.

Zu den **Bestimmungsgrößen** der **Struktur** der **Marketing-Organisation:**

Fuchs-Wegner, G., Welge, M. K., Kriterien für die Beurteilung und Auswahl von Organisationskonzeptionen, in: ZfO – Zeitschrift für Organisation, 43. Jg. (1974), S. 71 - 82 u. S. 163 - 169.
Kieser, A., Der Einfluß der Umwelt auf die Organisationsstruktur der Unternehmung, in: ZfO – Zeitschrift für Organisation, 43. Jg. (1974), S. 302 - 314.
Köhler, R., Marketingplanung in Abhängigkeit von Umwelt- und Organisationsmerkmalen – Ergebnisse empirischer Studien, in: *Mazanec, J., Scheuch, F.* (Hrsg.), Marktorientierte Unternehmungsführung, Wien 1984, S. 98 - 102.
Wollnik, M., Einflußgrößen der Organisation, in: *Grochla, E.* (Hrsg.), HWO – Handwörterbuch der Organisation, 2. Aufl., Stuttgart 1980, Sp. 592 - 613.

Zu den **Typen** von **Marketing-Organisationen:**

Bidlingmaier, J., Marketing 1, 10. Aufl., Opladen 1983.
Bleicher, K., Organisationsformen, mehrdimensionale, in: *Grochla, E.* (Hrsg.), HWO – Handwörterbuch der Organisation, 2. Aufl., Stuttgart 1980, Sp. 1 517 - 1 525.
Brings, K., Erfahrungen mit der Matrixorganisation, in: ZfO – Zeitschrift für Organisation, 45. Jg. (1976), S. 72 - 79.
Diller, H., Produkt-Management und Marketing-Informationssysteme, Berlin 1975.
Drumm, H. J., Matrix-Organisation, in: *Grochla, E.* (Hrsg.), HWO – Handwörterbuch der Organisation, 2. Aufl., Stuttgart 1980, Sp. 1 291 - 1 301.
Eisenführ, F., Divisionale Organisation, in: *Grochla, E.* (Hrsg.), HWO - Handwörterbuch der Organisation, 2. Aufl., Stuttgart 1980, Sp. 558 - 568.
Eisenführ, F., Zur Entscheidung zwischen funktionaler und divisionaler Organisation, in: ZfB – Zeitschrift für Betriebswirtschaft, 40. Jg. (1970), S. 725 - 746.
Hill, W., Fehlbaum, R., Ulrich, P., Organisationslehre 1, 3., verb. Aufl., Bern–Stuttgart 1981.
Hörschgen, H., Grundbegriffe der Betriebswirtschaftslehre, 2., durchges. Aufl., Stuttgart 1987.
Kemna, H., Key Account Management, München 1979.
Kessler, A., Die Entscheidung zwischen Funktional- und Divisionalorganisation, Berlin 1976.
Köhler, R., Produktmanagement, Organisation des, in: *Grochla, E.* (Hrsg.), HWO – Handwörterbuch der Organisation, 2. Aufl., Stuttgart 1980, Sp. 1 923 - 1 942.
Koinecke, J., Die Organisation des Produkt-Management-Systems, in: *Linnert, P.* (Hrsg.), Handbuch Organisation, Gernsbach 1975, S. 409 - 429.
Kormann, H., Planung effizienter Führungsorganisation, Baden-Baden–Homburg vor der Höhe 1977.
Kreuz, A., Der Produkt-Manager, Essen 1975.

Leumann, P., Matrix-Organisation, in: ZfO – Zeitschrift für Organisation, 49. Jg. (1980), S. 123 - 131.
Linnert, P., Produkt-Manager, Aufgaben und Stellung im Unternehmen, Gernsbach 1974.
Lochstampfer, P., Funktionale Organisation, in: *Grochla, E.* (Hrsg.), HWO – Handwörterbuch der Organisation, 2. Aufl., Stuttgart 1980, Sp. 756 - 766.
Meffert, H., Die Einführung des Kundenmanagements als Problem des geplanten organisatorischen Wandels, in: *Wunderer, R.* (Hrsg.), Humane Personal- und Organisationsentwicklung, Festschrift für *Guido Fischer* zu seinem 80. Geburtstag, Berlin 1979, S. 285 - 320.
Schneider, S., Matrixorganisation – Gestaltungsmöglichkeiten und Gestaltungsprobleme einer mehrdimensionalen teamorientierten Organisation, Frankfurt–Zürich 1974.
Wild, J., Product Management, 2. Aufl., München 1973.
Zimmermann, G. B., Kundengruppenmanagement, in: *Poth, L. G.* (Hrsg.), Marketing, Bd. 3, Neuwied 1976, Kap. 4.2.3.

Zur Zwecksetzung und Ausgestaltung von Marketing-Informationssystemen:

Gabler, H., Aufbau und Einführung eines integrierten Marketing-Informationssystems, in: *Grochla, E.* (Hrsg.), Computergestützte Entscheidungen in Unternehmen, Wiesbaden 1971, S. 195 - 203.
Hansen, H. R., Wirtschaftsinformatik I, 5., neu bearb. und stark erw. Aufl., Stuttgart 1986.
Haselbauer, H., Das Informationssystem als Faktor der Unternehmung, Spardorf 1986.
Heinzelbecker, K., Partielle Marketing-Informationssysteme, Frankfurt/M. 1977.
Heinzelbecker, K., Ausbaustufen eines EDV-Informationssystems, in: io-Management-Zeitschrift Industrielle Organisation, 47. Jg. (1978), S. 403-408.
Heinzelbecker, K., Über vier Stufen zur Markttransparenz, in: absatzwirtschaft, 25. Jg. (1982), Nr. 8, S. 54-57.
Heinzelbecker, K., Marketing-Informationssysteme, Stuttgart 1985.
Hennemann-Böckels, B., Datenbanken zum Informationsvorsprung nutzen, in: Blick durch die Wirtschaft (FAZ), 26. Jg. (1983), Nr. 160 (22.8.), S. 7.
Hermanns, A. (Hrsg.), Neue Kommunikationstechniken: Grundlagen und betriebswirtschaftliche Perspektiven, München 1986.
Herrmann-Hasenmüller, U., Hermann, W., Einführung in die maschinelle Dokumentation, *IBM*-Beiträge zur Datenverarbeitung, Methoden und Techniken 1, Stuttgart 1978.
Hoffmann, H. J., Betrachtungen zum Entwurf interaktiver Systeme, in: *Blaser, A., Hackl, C.* (Hrsg.), Interactive Systems, Proceedings of the 6th Informatic Symposium *IBM* Germany, Berlin usw. 1977, S. 38 - 92.
Köhler, R., Heinzelbecker, K., Informationssysteme für die Unternehmensführung, in: DBW – Die Betriebswirtschaft, 37. Jg. (1977), S. 267 - 282.
Koreimann, D. S., Methoden der Informationsbedarfsanalyse, Berlin–New York 1976.
Mertens, P., Planung, Kontrolle und Management-Informations-Systeme, in: *Steinmann, H.* (Hrsg.), Planung und Kontrolle, München 1981, S. 348 - 369.
Mertens, P., Backert, K., Vergleich und Auswahl von Prognoseverfahren für betriebswirtschaftliche Zwecke – Übersichtsartikel, in: ZOR – Zeitschrift für Operations Research, Bd. 24 (1980), S. B1 - B27.
Mertens, P., Bodendorf, F., Interaktiv nutzbare Methodenbanken – Entwurfskriterien und Stand der Verwirklichung, in: Angewandte Informatik, 21. Jg. (1979), S. 533 - 541.
Mertens, P., Griese, J., Industrielle Datenverarbeitung, Bd. 2, Informations- und Planungssysteme, 3., neu bearb. Aufl., Wiesbaden 1982.

Mertens, P., Neuwirth, W., Schmidt, W., Verknüpfung von Daten- und Methodenbanken, dargestellt am Beispiel der Analyse von Marktforschungsdaten, in: *Plötzeneder, H. D.* (Hrsg.), Computergestützte Unternehmensplanung, Stuttgart 1977, S. 291 - 331.

Montgomery, D. B., Urban, G. L., Marketing Decisions-Information Systems: An Emerging View, in: JMR – Journal of Marketing Research, Vol. 6 (1970), pp. 226-234.

Nenning, M., Topritzhofer, E., Computergestützte Marketingplanung, in: *Noltemeier, H.* (Hrsg.), Computergestützte Planungssysteme, Würzburg–Wien 1976, S. 335 - 365.

Scheer, A.-W., Wirtschaftlichkeitsanalyse von Informationssystemen, in: *Hansen, H. R.* (Hrsg.), Entwicklungstendenzen der Systemanalyse, München–Wien 1978, S. 305 - 329.

Scheer, A.-W., Datenbanksysteme im Marketing, Teil II, in: Marketing·ZFP, 2. Jg. (1980), S. 103 - 111.

Glossar

*Die etwa 500 Begriffe, die im folgenden definiert werden, verkörpern gewissermaßen den Grundwortschatz des MARKETING. Auf Synonyma wird dabei mit „s."
(siehe), auf übergeordnete Stichworte mit „→" verwiesen.*

ABC-Analyse
Verfahren, das eine bestehende Grundgesamtheit (z.B. Produkte/Programme, Kunden, Länder, Lieferanten, Außendienstmitarbeiter) hinsichtlich bestimmter Kriterien wie Umsatz oder Rentabilität in drei Klassen einteilt. Angestrebt wird dabei die Identifikation beispielsweise derjenigen Produkte bzw. Programme, die am meisten (Klasse A), durchschnittlich (B) oder wenig (C) zum Unternehmenserfolg beitragen.

Absatz
Betriebliche Hauptfunktion, die alle Tätigkeiten umfaßt, die dazu bestimmt sind, die Abgabe der vom Unternehmen geschaffenen Leistungen in den Markt zu bewirken.

Absatz, direkter
Form des Absatzes, bei dem ein Hersteller sein(e) Erzeugnis(se) ohne Einschaltung des Handels vertreibt.

Absatz, indirekter
Form des Absatzes, bei dem der Handel in den Absatzweg eines Herstellers eingeschaltet ist.

Absatzforschung
Gewinnung und Analyse von Informationen, die zur Identifikation und Lösung von Marketing-Problemen von Bedeutung sein können. Sie liefert die Grundlage für die Erarbeitung, Implementierung und Kontrolle von Marketing-Konzeptionen bzw. -Entscheidungen. Die Absatzforschung umschließt die Beschaffung und Auswertung von Informationen aus sowohl internen als auch externen Quellen.

Absatzhelfer
Rechtlich selbständige Person bzw. Institution, die an der Anbahnung von Kontakten zwischen den einzelnen Gliedern der Absatzkette und am Durchfluß der Ware durch den Distributionskanal beteiligt ist, ohne Wiederverkäufer zu sein.

Absatzmittler
Wirtschaftlich und rechtlich selbständige Institution im Absatzkanal, die im eigenen Namen und auf eigene Rechnung Güter kauft und weiterverkauft.

Absatzpotential
Anteil am Marktpotential, den ein Unternehmen als maximal erreichbar erachtet.

Absatzsegmentrechnung
Variante der → Vertriebserfolgsrechnung, die darauf abzielt, durch Aufschlüsselung von Leistungen und Kosten auf bestimmte Bezugsgrößen (z.B. Abnehmergruppen, Absatzge-

biete, Produkte, Absatzkanäle) zu Aussagen bezüglich der Produktivität von Marketing-Bemühungen zu gelangen.

Absatzvolumen
Von einem Unternehmen in einem Bezugszeitraum realisierte Absatzmenge.

Absatzweg
Gesamtheit der betrieblichen Organe (z.B. Reisende) und externen Institutionen (z.B. Einzelhandel), über die ein Unternehmen sein Angebotsprogramm an die Konsumenten bzw. Verwender leitet.

Absatzwirtschaft
Betriebliche Organe (z.B. Reisende) und externe Institutionen (z.B. Absatzmittler, Einkaufsabteilungen der Abnehmer), die damit befaßt sind, die Spannungen, die zwischen Produktion und Konsumtion herrschen, zu überwinden, sowie die Maßnahmen, die dazu ergriffen werden.

Abschöpfungsstrategie
s. Skimming Pricing

After Only Design
→ Versuchsanordnung, bei der eine Probandengruppe in zwei Hälften geteilt und die eine einem Stimulus ausgesetzt wird, die andere nicht. Die Messung der interessierenden Variablen in den beiden Segmenten erfolgt dabei lediglich nach Wirksamwerden des Reizes.

AIDA-Formel
Stufenmodell der Werbewirkung, das — geprägt von dem analytischen Ansatz der Elementenpsychologie — von einer phasenhaften Entwicklung der Werbewirkung ausgeht. Es umfaßt die Stufen **Attention** — **Interest** — **Desire** — **Action**.

AID-Analyse (Automatic Interaction Detector)
s. Kontrastgruppenanalyse

Aided Recall
Form des → Recall-Tests.

Akquisition
Bemühungen, die darauf gerichtet sind, im Interesse der Erzielung von Geschäftsabschlüssen Kontakte zu Abnehmern anzubahnen bzw. zu festigen.

Aktionsparameter
Instrument, das zur Lösung konkreter Aufgabenstellungen (z.B. Verkauf von Produkten) zur Verfügung steht. Im Bereich der Absatzwirtschaft versteht man darunter zumeist die absatzpolitischen Instrumente.

Aktualgenese
Prozeß der Wahrnehmung, der über verschiedene Stufen, nämlich von einem gefühlsmäßig gefärbten Gewahrwerden oder Ahnen bis hin zu einem zunehmend klärenden, gegenständlichen Erfassen bzw. Bewußtwerden verläuft. Dieser Vorgang läuft so schnell ab, daß er nicht bewußt gesteuert werden kann.

All You Can Afford Method
Verfahren der → Werbebudgetplanung, bei dem das Werbebudget als eine Art Residualgröße betrachtet wird, die nach Abzug aller sonstigen als notwendig erachteten Marketing-Ausgaben vom gesamten Marketing-Etat verbleibt.

Angebotsprogramm
Gesamtheit aller Sach- und Dienstleistungen, die ein Unternehmen auf dem Markt absetzen bzw. erbringen will.

Anmutung
Erste Phase des Wahrnehmungsprozesses, in der sich positive und negative Stimmungen und Gefühle gegenüber dem wahrgenommenen Gegenstand herausbilden.

Anspruchsniveau
Ein vom Individuum als verbindlich erlebtes Maß der Zielerreichung, das der Reduktion von prinzipiell möglichen Entscheidungsalternativen dient.

Artikelnummernsystem
Numerisches Ordnungssystem zur Erfassung und Identifizierung von Objekten. Beispiele dafür bilden die „Europäische Artikelnummer" (EAN) oder der amerikanische „Universal Product Code" (UPC). Systeme dieser Art sind Voraussetzung für die Rationalisierung des Warenflusses zwischen Industrie, Handel und Verbrauchern (Logistik), insbesondere aber für geschlossene Warenwirtschaftssysteme, die die Bestandsermittlung und das Bestellwesen erleichtern, Inventurdifferenzen reduzieren sowie die Abfertigung der Kunden an den Kassen mit Hilfe verschiedenartiger Erfassungsgeräte beschleunigen.

Attributionstheorie
Aussagensystem, das in dem Streben nach Einsicht in Ursache-Wirkungs-Zusammenhänge das maßgebliche Verhaltensprinzip sieht. Dabei wird das Motiv unterstellt, beobachtbare Ereignisse auf diesen zugrunde liegende Sachverhalte zurückzuführen.

Aufmerksamkeit
Bereitschaft eines Individuums, Reize (z.B. Anweisungen oder Informationen) aus seiner Umwelt aufzunehmen.

Außendienst
Gesamtheit der unternehmensinternen und -externen Personen, die überwiegend außerhalb des Unternehmenssitzes mit der Anbahnung und Abwicklung von Aufträgen beschäftigt sind. Zum Außendienst zählen hauptsächlich Reisende und Handelsvertreter.

Ausstellung
Marktveranstaltung, die sich an die breite Öffentlichkeit oder an Fachkreise mit dem Ziel wendet, zu informieren, aufzuklären, zu belehren und zu werben; teilweise kommt es auch zu Warenverkäufen. Ausstellungen finden im allgemeinen nicht regelmäßig und nicht immer wieder am selben Ort statt.

Auswahl, bewußte
Nicht-zufallsgesteuertes Verfahren der Stichprobenziehung, bei dem die Entscheidung darüber, ob ein Element der Grundgesamtheit in die Stichprobe kommt oder nicht, auf Grund von Vorkenntnissen über die Struktur der Grundgesamtheit getroffen wird.

Auswahl, geschichtete
Verfahren der Stichprobenziehung, bei dem die Grundgesamtheit in einzelne Teile („Schichten") zerlegt wird, innerhalb derer dann jeweils eine Zufallsstichprobe gezogen wird.

Auswahl, mehrstufige
Verfahren der Ziehung von Stichproben, das durch eine Aneinanderreihung von Auswahlakten gekennzeichnet ist. Dabei besteht die Auswahleinheit der vorhergehenden Stufe jeweils aus einer Menge von Elementen der nachfolgenden Ebene.

Auswahl, typische
Verfahren der Stichprobenziehung, bei dem die Erhebung auf relativ wenige, charakteristisch erscheinende Elemente der Grundgesamtheit beschränkt wird. Es setzt die Kenntnis der Verteilung derjenigen Merkmale in der Grundgesamtheit, nach denen die „typischen" Elemente definiert werden, voraus (→ Auswahl, bewußte).

Bedarf
Auf ein konkretes Objekt gerichtetes Bedürfnis. Bedarfsobjekte können dabei Produkte bzw. Produktarten, Marken oder Gruppen von als vergleichbar angesehenen Marken sein. Hinsichtlich der Bedarfsträger läßt sich zwischen dem ursprünglichen Bedarf privater Verbraucher und dem abgeleiteten Bedarf gewerblicher Abnehmer unterscheiden.

Bedienungsform
Ausgestaltung der Serviceleistungen des Verkaufspersonals in Handels- und Dienstleistungsbetrieben. Dabei kann zwischen vollständiger Bedienung durch Mitarbeiter des Unternehmens, reiner Selbstbedienung durch den Kunden sowie Zwischenformen wie Vor- oder Selbstwahl und Teilselbstbedienung unterschieden werden. Die Wahl der Bedienungsform beeinflußt aufgrund der davon bestimmten Personalkosten in erheblichem Maße die Preissetzung eines Unternehmens.

Bedürfnis
Autonom entstehende oder durch Sozialisation gelernte Antriebskräfte im Innern des Menschen, die sowohl von aktivierenden als auch kognitiven Kräften gekennzeichnet sind. Bedürfnisse sind handlungswirksame, aber unspezifische Antriebsempfindungen, damit also auf kein konkretes Objekt der Bedürfnisbefriedigung (Produktart, Produkt, Marke) gerichtet.

Bedürfnishierarchie
Aussagensystem, das die menschliche Motivationsstruktur zu erklären versucht. Grundgedanke ist das Prinzip der relativen Vorrangigkeit in der Motivaktualisierung, wobei z.B. *Maslow* als einer der bekanntesten Autoren zwischen fundamentalen physiologischen Bedürfnissen (Hunger, Schlaf), Sicherheits-Bedürfnissen, sozialen Bedürfnissen (Geselligkeit, Freundschaft), Ich-Bedürfnissen (Anerkennung, Prestige) sowie dem Bedürfnis nach Selbstverwirklichung unterscheidet. Nach diesem Konzept werden höherrangige Motive erst dann verhaltenswirksam, wenn jene auf vorgelagerten Dringlichkeitsstufen weitgehend befriedigt sind.

Before After Design
→ Versuchsanordnung, bei der die interessierende Variable vor und nach Wirksamwerden eines Reizes gemessen wird.

Befragung
Methode der Primärforschung zur Erhebung von Daten. Sie kann entweder in schriftlicher oder in mündlicher Form erfolgen; eine Sonderform stellt die telefonische Befragung dar. Die mündliche und die telefonische Variante werden auch als Interview bezeichnet.

Beobachtung
Methode der Primärforschung zur Erhebung von Daten. Sie ist gekennzeichnet durch eine systematische Erfassung von sinnlich wahrnehmbaren Verhaltensweisen bzw. Eigenschaften von Personen im Augenblick ihres Auftretens durch den Beobachter.

Betriebsform
Erscheinungsform des Groß- oder Einzelhandels, die durch unterschiedliche Ausprägungen von Größe, Standort, Sortiment, Preispolitik, Zielgruppe usw. gekennzeichnet ist.

Betriebsformen, Dynamik der
Kennzeichnung der Veränderungen, denen Unternehmen des Groß- und Einzelhandels im Laufe der Zeit unterliegen, bedingt durch Wandlungen in der Umwelt und dadurch ausgelöste Innovationen bei der unternehmens-, speziell absatzpolitischen Konzeption.

Binnenhandelspolitik
Gesamtheit der staatlichen Maßnahmen, die die wirtschaftspolitischen Rahmenbedingungen für Handelsbetriebe festlegen.

Black Box-Modell
s. S-R-Ansatz

Blickaufzeichnung
Registrierung der Augenbewegungen bei der Betrachtung einer Vorlage (Anzeige o.ä.), hauptsächlich um festzuhalten, welche Teile der Vorlage visuell fixiert werden und welche nicht.

Bonus
Form des Preisnachlasses, den ein Abnehmer am Ende einer Bezugsperiode für alle bis dahin getätigten Einkäufe erhält.

Brainstorming
Spezielle Form einer Gruppensitzung, in der kreative Leistungen erbracht werden sollen. Grundprinzipien sind das Aufgreifen und spontane Weiterspinnen von Ideen nach bestimmten Regeln, um bisher nicht erkannte Lösungsmöglichkeiten eines Problems zutage zu fördern (→ Kreativitätstechnik).

Break Even-Analyse
Entscheidungshilfe der Erfolgs- bzw. Gewinnplanung, welche die mit bestimmten Maßnahmen verbundenen Kosten und Erlöse einer Bezugsgröße, z.B. der Ausbringungsmenge, gegenüberstellt. Der Schnittpunkt von Kosten- und Erlöskurve bestimmt jene Referenzgröße, die erreicht werden muß, um in die Gewinnzone zu gelangen (Break Even-Point).

Briefing
Schriftliche oder mündliche Darlegung, bisweilen auch Abstimmung der Aufgabenstellung durch den Auftraggeber z.B. gegenüber bzw. mit einer Werbeagentur oder einem Marktforschungsinstitut. Es enthält in komprimierter Form Informationen über Produkte, Märkte, Ressourcen und Ziele des Auftraggebers.

Budget
Betrag, der zur Erreichung von (z.B. Marketing-) Zielen auf Unternehmens-, Abteilungs- oder Ressortebene eingesetzt werden soll oder darf.

Business Marketing
→ Marketing erwerbswirtschaftlicher Unternehmen.

Buying Center
Gruppe miteinander in Interaktion stehender Organisationsmitglieder, die über die Beschaffung von Investitionsgütern entscheiden. Elemente des Buying Center sind: Buyer (Einkäufer), User (Benutzer), Decider (Entscheider), Gate-Keeper (Informationsselektierer) und Influencer (Beeinflusser).

Carry over-Effekt
Teilweise oder völlige Verlagerung der Wirkungen von (Marketing-)Maßnahmen in spätere Perioden.

Cash & Carry (C & C)
Betriebsform des → Großhandels, die vornehmlich im Wege der Selbstbedienung ein breites Sortiment von Gütern anbietet. Der Käufer muß bar bezahlen und die Zusammenstellung (Kommissionierung) sowie den Transport der Ware selbst übernehmen.

Chancen-/Risiken-Analyse
Verfahren der strategischen → Situationsanalyse, das darauf abzielt, die Befunde der Markt-, Umwelt- und Stärken-/Schwächen-Analyse zu verknüpfen, um darauf aufbauend mögliche Chancen und Risiken für ein Unternehmen frühzeitig zu erkennen.

Checkliste
Merkmalskatalog, der eine systematische Prüfung von Planungs- bzw. Entscheidungsproblemen unter Vollständigkeits- und Reihenfolgegesichtspunkten gestattet.

Cluster Sampling
s. Klumpenverfahren

Clusteranalyse
Gruppe statistischer Verfahren der → Datenanalyse, die eine gegebene Menge von Objekten aufgrund der zwischen diesen bestehenden Ähnlichkeit in einzelne Klumpen aufteilen bzw. zu Gruppen zusammenfassen. Die Cluster sollen hinsichtlich bestimmter Kriterien intern möglichst homogen und extern möglichst heterogen sein.

Conjoint Measurement
Gruppe statistischer Verfahren der → Datenanalyse, die dazu dienen, aus empirisch erhobenen Präferenzurteilen, Rangreihen usw. den Beitrag einzelner Attribute einer Gruppe von Objekten zum Zustandekommen des Globalurteils (z.B. Kaufpräferenz) zu ermitteln.

Convenience Good
→ Gut, bei dem die Verbraucher bestrebt sind, den Beschaffungsaufwand zu minimieren (z.B. Lebensmittel und sonstige Güter des täglichen Bedarfs).

Convenience Store
Betriebsform des → Einzelhandels, die sich durch Wohnungsnähe, ein begrenztes Sortiment von Nahrungs- und Genußmitteln, Waren des kurzfristigen Bedarfs und ein hohes Maß an Service, z.B. lange Öffnungszeiten (nur im Ausland), charakterisieren läßt.

***Coombs*-Skalierung**
Eindimensionales → Skalierungsverfahren zur Messung von Präferenzen. Den Ausgangspunkt bilden Rangordnungen, die bei allen Probanden erhoben und sodann in einem iterativen Prozeß in eine graphische Abfolge von Punkten (Objekten) transformiert werden, der Intervallskalenniveau zukommt.

Corporate Identity
Einheitliches und prägnantes Erscheinungsbild eines Unternehmens sowohl gegenüber der Öffentlichkeit als auch den Mitarbeitern.

Cut-off-Verfahren
s. Konzentrationsprinzip

Daten
1. Sachverhalte bei Problemen, die vom Entscheider nicht verändert werden können oder sollen, aber ihrerseits die Wirksamkeit der von ihm getroffenen Maßnahmen beeinflussen.
2. Zahlenmäßig registrierte Merkmalsausprägungen von Untersuchungsobjekten.

Datenanalyse
Auswertung von bei Untersuchungsobjekten festgestellten Merkmalsausprägungen durch Einsatz statistischer Methoden. Die Datenanalyse dient im Interesse der Lagebeurteilung bzw. Entscheidungsfindung der Verdichtung des Zahlenmaterials und der Aufdeckung von Zusammenhängen, Abhängigkeiten und Strukturen. Nach der Anzahl der simultan untersuchten Variablen lassen sich uni-, bi- und multivariate Analyseverfahren unterscheiden.

Datenbank
Aufbauelement eines Informationssystems, in dem in strukturierter Form die für Entscheidungen notwendigen inner- und außerbetrieblichen Informationen gesammelt und abrufbereit gehalten werden.

Decay-Effekt
Im Zeitablauf nachlassende Wirkung von (Marketing-)Maßnahmen.

Decision Calculus
Grundsätze für die Konstruktion von Entscheidungsmodellen, die die Effizienz der Marketing-Planung erhöhen. Sie umfassen vor allem die Forderung nach Einfachheit, Benutzungssicherheit, Prüfbarkeit, Anpassungsfähigkeit, Vollständigkeit und Kommunikationsfähigkeit.

Deckungsbeitrag
Teil des Umsatzes, der nach Abzug der einem Bezugsobjekt (z.B. Produkt, Bezirk, Reisenden, Absatzweg) direkt zurechenbaren Kosten zur Deckung aller anderen Kosten und als Gewinn verbleibt.

Degenerationsphase
Abschnitt des → Produkt-Lebenszyklus, der durch Rückgang von Absatz und Deckungsbeitrag gekennzeichnet ist.

Delphi-Methode
Qualitatives → Prognoseverfahren auf der Basis von Expertenbefragungen, bei dem die Einzelantworten der Befragten ausgewertet, zusammengefaßt und den Betroffenen in anonymer, meist gebündelter Form zugänglich gemacht werden. Dieser Vorgang wird mit einer gegebenenfalls präzisierten Fragestellung üblicherweise mehrmals wiederholt, um auf diese Weise ein Gruppenurteil zu dem interessierenden Sachverhalt zu erhalten.

Demarketing
Konzeption des → Marketing, die auf eine Reduzierung der Nachfrage nach bestimmten Gütern (z.B. Tabakwaren, Rohöl) abzielt.

Desk Research
s. Sekundärforschung

Differenzierung
Verhaltensweise eines Unternehmens, die darauf abzielt, die eigenen Produkte oder Dienstleistungen von denen der Konkurrenten abzuheben und damit in dem betroffenen Wirtschaftszweig ein nahezu einzigartiges Angebot zu schaffen.

Diffusion
Prozeß der Ausbreitung innovativer Ideen, Produkte usw. in sozialen Systemen. Die für die einzelnen Phasen typischen „Adopter" („Übernehmer") werden als Innovatoren, frühe Übernehmer, frühe Mehrheit, späte Mehrheit und schließlich Nachzügler bezeichnet.

Discounter
Betriebsform des → Einzelhandels, bei der vornehmlich im Wege der Selbstbedienung ein auf raschen Umschlag ausgerichtetes Sortiment zu niedrigen Preisen angeboten und auf Nebenleistungen weitgehend verzichtet wird.

Diskriminanzanalyse
Multivariates Verfahren der → Datenanalyse, dessen Grundanliegen darin besteht, vorgegebene Gruppen von Objekten durch eine Kombination mehrerer unabhängiger Variablen optimal zu trennen, um dadurch zwischen diesen bestehende Unterschiede zu erklären. Zudem soll Aufschluß darüber erhalten werden, welcher der Teilgruppen eine Untersuchungseinheit mit bislang unbekannter Gruppenzugehörigkeit auf Grund ihrer Merkmalsausprägungen zuzuordnen ist.

Dissonanz, Theorie der kognitiven
Aussagensystem, das auf der Annahme des menschlichen Strebens nach Gleichgewicht beruht und besagt, daß ein Konsument, dessen psychisches Gleichgewicht durch widersprüchliche Informationen über Meinungsgegenstände gestört wird, bestrebt ist, die inneren Spannungen auszugleichen und den Zustand der Harmonie wiederherzustellen.

Distanzmaß
Im Rahmen der Datenanalyse (z.B. Clusteranalyse, Multidimensionale Skalierung) zur Bestimmung der Affinität von Untersuchungsobjekten eingesetztes Maß.

Distribution
Bereich wirtschaftlicher Tätigkeit, der den Austausch von Waren und Dienstleistungen zwischen Wirtschaftseinheiten betrifft. Man unterscheidet zwischen akquisitorischer und physischer Distribution.

Distribution, akquisitorische
Gesamtheit aller Maßnahmen im Bereich der Distributionspolitik, die in dem Bestreben um Anbahnung und Festigung von Kontakten zu Abnehmern eingesetzt werden können.

Distribution, physische
(Körperlicher) Transfer von Gütern vom Anbieter zum Nachfrager. Dabei gilt es, einen Kompromiß zwischen Lieferservice für den Kunden und Liefer- bzw. Bereitstellungskosten auf seiten des Lieferanten zu finden.

Distributionskanal
s. Absatzweg

Distributionspolitik
Gesamtheit aller Entscheidungen, die die Regelung bzw. Festlegung der betrieblichen Aktivitäten zur Aufgabe haben, die darauf gerichtet sind, Leistungen vom Ort ihrer Entstehung unter Überbrückung von Raum und Zeit an die Endkäufer heranzubringen. Die Distributionspolitik umfaßt insbesondere die Gestaltung des Vertriebssystems, die Wahl der Absatzwege, den Einsatz von Verkaufstechniken sowie Entscheidungen bezüglich der Betriebs- bzw. Lieferbereitschaft und des Standortes (→ Instrument, absatzpolitisches).

Diversifikation
Ausweitung des Produktionsprogramms bzw. Sortiments auf bedarfsverwandte oder andere, nur in lockerem Zusammenhang mit dem bisherigen Angebot stehende Leistungen.

Diversifizierung
s. Diversifikation

Dokumentationssystem
Teil eines (Marketing-)Informationssystems, das es erlaubt, potentiell wichtige Informationen so zu speichern, daß diese bei Auftreten eines entsprechenden Informationsbedarfs ohne großen Aufwand abgerufen werden können.

Einführungsphase
Abschnitt des → Produkt-Lebenszyklus, in dem ein neues Produkt auf den Markt gebracht wird. Sie ist meist durch negative Deckungsbeiträge und ein zunächst geringes Umsatzwachstum gekennzeichnet.

Einkaufsgremium
s. Buying Center

Einkaufszentrum
Räumliche Konzentration von Einzelhandels- und Dienstleistungsbetrieben verschiedener Art und Größe, die entweder innerhalb von größeren Kommunen an Hauptstraßen bzw. Marktplätzen (in der Regel gewachsen) oder an deren Peripherie (in der Regel geplant) gelegen sind.

Einstellung
Bereitschaft zur positiven oder negativen Bewertung eines Meinungsgegenstandes, die sich im Wege eines individuellen Lernprozesses entwickelt und im Zeitablauf wandelt. Einstellungen können sich sowohl auf physische (z. B. Produkte, Personen) als auch auf psychische Objekte (z. B. Weltanschauungen, Tugenden) beziehen.

Einzelhandel
1. Wirtschaftliche Tätigkeit des Absatzes von Handelswaren an Endverbaucher ohne wesentliche Be- oder Verarbeitung (Einzelhandel im funktionellen Sinn).
2. Unternehmen bzw. Institutionen, die ausschließlich oder überwiegend Einzelhandelsfunktionen wahrnehmen (Einzelhandel im institutionellen Sinn).

Einzeltest
Form des → Produkttests, bei dem den Probanden nur ein einziges Objekt zur Beurteilung vorgelegt wird.

Elektrodermale Reaktion (EDR)
s. Psychogalvanische Reaktion (PGR)

Elementenpsychologie
Zweig der Psychologie, der versucht, die Gesamtwirkung eines Reizes durch additive Zusammensetzung der durch einen Reiz bedingten Empfindungen und Assoziationen zu erklären. Dabei wird unterstellt, daß zwischen Reiz und Empfindungsstärke ein berechenbarer, proportionaler Zusammenhang besteht. Nicht zuletzt wegen widersprüchlicher Forschungsergebnisse gilt dieser Ansatz heute als überholt.

Emotion
Psychische Erregung, die ein Individuum als positiv oder negativ empfindet, wie z.B. Freude, Angst, Sympathie oder Ekel.

Entgeltpolitik
Gesamtheit aller Entscheidungen, die der zielorientierten Gestaltung des Preis-/Leistungsverhältnisses dienen. Die Entgeltpolitik umschließt die erstmalige Festsetzung und spätere Änderung von Preisen, die Preisdifferenzierung und Preisempfehlung, die Rabattgewährung, die Gestaltung der Zahlungsbedingungen sowie den Bereich der Kreditgewährung und des Leasing (→ Instrument, absatzpolitisches).

Entscheidung
Wahl zwischen mehreren Optionen im Hinblick auf die Erreichung von Zielen.

Erfahrungskurvenkonzept
Ansatz, der einen empirisch belegten Zusammenhang zwischen der Erfahrung, gemessen am kumulierten Absatz eines Produktes, und dem Verlauf der Stückkosten herstellt. Für verschiedene Wirtschaftszweige ist nachgewiesen worden, daß sich bei jeder Verdoppelung des kumulierten Absatzes ein Kostenreduzierungspotential von ca. 20 bis 30% ergibt. Dessen Ausschöpfung setzt voraus, daß alle Kostensenkungsmöglichkeiten (z.B. Fixkostendegression, Lerneffekte) konsequent genutzt werden.

Erhebung
Gewinnung von Informationen bei sämtlichen Elementen der Grundgesamtheit (Vollerhebung) oder bei einer Auswahl davon (Teilerhebung bzw. Stichprobe).

Erinnerungsverfahren
s. Recall-Test

Europäische Artikelnummer (EAN)
Teil eines speziellen → Artikelnummernsystems.

Evoked Set (of Alternatives)
Menge an Marken oder Objekten, die einem Verbraucher in einer Kaufsituation bewußt sind.

Experiment
Untersuchung, bei der festgestellt werden soll, wie sich die Veränderung einer oder mehrerer (unabhängiger) Variablen auf eine oder mehrere (abhängige) Größen auswirkt.

Experimental Design
s. Versuchsanordnung

Exploration
Voruntersuchung, die einer ersten Aufhellung und Strukturierung des eigentlichen Forschungsproblems im Rahmen empirischer Erhebungen dient.

Exponential Smoothing
s. Exponentielles Glätten

Exponentielles Glätten
Quantitatives → Prognoseverfahren, bei dem ein Gewichtungsfaktor verwendet wird, der den Einfluß jüngerer Beobachtungswerte für die Vorhersage relativ stärker berücksichtigt als den älterer Werte.

Fachhandel
Betriebsform des → Einzelhandels, deren Sortiment auf eine bestimmte Branche (z.B. Textilien, Sportartikel, Autozubehör) ausgerichtet und tief gegliedert ist. Eine verwandte Erscheinungsform stellt der Spezialhandel dar, der sich sortimentsmäßig auf einen Ausschnitt des Fachhandelsangebotes (z.B. Hüte, Tennisartikel, Auto-Hifi-Zubehör) beschränkt.

Fachmarkt
Betriebsform des → Einzelhandels, die zwischen Fachgeschäft (hinsichtlich Sortiment) auf der einen und Verbrauchermarkt (hinsichtlich Standort, äußerem Erscheinungsbild, Preisniveau) auf der anderen Seite angesiedelt ist. Beispiele hierfür bilden Baumärkte, Drogeriemärkte und Garten-Center.

Faktorenanalyse
Gruppe multivariater Verfahren zur Untersuchung des zwischen einer Menge von Variablen herrschenden Beziehungsgeflechts. Ausgangspunkt sämtlicher faktorenanalytischer Ansätze ist die Vermutung, daß die Komplexität der Beziehungen durch Verknüpfung der interessierenden Größen mit — zumeist unbekannten — übergeordneten Faktoren reduziert bzw. aufgelöst werden kann (→ Datenanalyse).

Field Research
s. Primärforschung

Filialunternehmung
Betriebsform des → Groß- oder → Einzelhandels, die gleichzeitig mindestens fünf getrennte Verkaufsstellen unter einheitlicher Leitung betreibt. Mit zehn oder mehr Verkaufsstellen gilt ein solches Unternehmen im allgemeinen als Großbetriebsform des Handels.

***Fishbein*-Modell**
Mehrdimensionales → Skalierungsverfahren zur Messung von Einstellungen. Aus der subjektiven Kenntnis der Eigenschaften eines Objekts (kognitive Komponente) und deren Bewertung (affektive Komponente) wird der Gesamtwert der Einstellungen einer Auskunftsperson zum Untersuchungsgegenstand ermittelt.

Fixpunktstrategie
Strategie, die durch die Dominanz einer bestimmten strategischen Ausrichtung gekennzeichnet ist, wie z.B. die Nischenstrategie, bei der sich die Marktbearbeitung auf ein oder wenige Aktionsfelder konzentriert.

Flächenauswahl
s. Gebietsauswahl

Franchising
Vertikales Vertriebssystem, bei dem ein Kontraktgeber (Franchisor) auf der Grundlage einer langfristig angelegten Kooperation rechtlich selbständig bleibenden Kontraktnehmern (Franchisees) gegen Entgelt das Recht einräumt, Waren oder Dienstleistungen unter Nutzung von Namen, Warenzeichen usw. des Franchisegebers anzubieten.

Freiwillige Gruppe
s. Freiwillige Kette

Freiwillige Kette
Kooperationsform, bei der sich Groß- und Einzelhandelsbetriebe meist einer Branche zur gemeinsamen Bewältigung unternehmerischer Aufgaben vorwiegend unter einheitlichem Organisationszeichen zusammenschließen.

Frühwarnsystem
Einrichtung zur systematischen, antizipativen Aufdeckung von Umweltveränderungen, um potentielle Problemfelder für das Unternehmen frühzeitig identifizieren und Risiken durch geeignete Maßnahmen rechtzeitig abwehren bzw. Chancen konsequent nutzen zu können.

Ganzheitspsychologie
Zweig der Psychologie, der davon ausgeht, daß sich die gesamte menschliche Wahrnehmungsleistung nicht durch einzelne Elemente zusammensetzen läßt, sondern daß auch Kontextfaktoren, Erfahrungen, Einstellungen usw. die Wahrnehmung eines Individuums beeinflussen. Dies bedeutet, daß dem Ganzen Eigenschaften zukommen, die seine Teile nicht besitzen.

Garantieleistung
Versprechen eines Anbieters bezüglich Haltbarkeit, Funktionsfähigkeit usw. eines Produktes, wobei Umfang und Frist variabel gestaltet werden können.

Gattungsmarke
s. No Names

Gebietsauswahl
Verfahren der Stichprobenziehung, bei dem zunächst eine Untersuchungsregion in erhebungsrelevante Teilgebiete aufgespalten wird, von denen einzelne in die Untersuchung einbezogen werden. In diesen werden dann alle oder einzelne interessierende Elemente (z.B. Personen, Haushalte, Unternehmen) näher analysiert, befragt oder beobachtet.

Gebrauchsgut
→ Konsumgut, das zur mehrmaligen bzw. längerfristigen Verwendung bestimmt ist.

Gedächtniswirkung
Art und Intensität der kognitiven Speicherung angebotener Informationen. Sie zählt zu den zentralen Erfolgsgrößen im Rahmen der Kommunikationspolitik, da die bewußte Wahrnehmung einer Werbebotschaft und der Kaufakt in der Regel zeitlich nicht zusammenfallen und deshalb die werbliche Information verfügbar und abrufbereit sein muß, um das Kaufverhalten zu beeinflussen.

Gemeinschaftswarenhaus
Betriebsform des → Einzelhandels mit allen Charakteristika eines Warenhauses, dessen Abteilungen jedoch von selbständigen Händlern geführt werden.

Generics
s. No Names

Geschäftsbedingungen
Vorformulierte Klauseln, die ein Unternehmen den von ihm abgeschlossenen Verträgen zugrunde zu legen pflegt. Sie regeln beispielsweise Lieferungs- und Zahlungsmodalitäten, Gewährleistung, Haftung und Gerichtsstand.

Gestaltpsychologie
Zweig der Psychologie, der sich am „Prägnanzgesetz" bzw. am „Gesetz der guten Gestalt" orientiert. Dies bedeutet, daß Individuen Wahrnehmungsgegenstände mit größerer Wahrscheinlichkeit als einheitliche Figur erkennen und deshalb höhere Aufmerksamkeits- und Erinnerungswerte erreichen, wenn bestimmte Prägnanzfaktoren wie Regelmäßigkeit, Symmetrie, Einfachheit oder Geschlossenheit gegeben sind.

Globalisierung
Strategie, die auf eine Steigerung der Effizienz unternehmerischer Aktivitäten durch weltweite Standardisierung der Marktbearbeitung abzielt.

Großhandel
1. Wirtschaftliche Tätigkeit des Absatzes von Handelswaren an Wiederverkäufer oder Großverbraucher ohne wesentliche Be- oder Verarbeitung (Großhandel im funktionellen Sinn).
2. Institution, die Waren einkauft und sie entweder unverändert oder nach nicht nennenswerter Be- bzw. Verarbeitung an Wiederverkäufer (vor allem Einzelhändler), Weiterverarbeiter (Industrie, Handwerk), sonstige Verarbeiter (Gaststätten, Kantinen) oder andere Großverbraucher (Behörden) absetzt (Großhandel im institutionellen Sinn).

Großmarkt
Marktveranstaltung zum Absatz von Gütern landwirtschaftlicher Erzeuger, von Importeuren und Großhändlern an nachgeordnete Großhändler, Einzelhändler, Großverbraucher, Verarbeiter usw. Gehandelt werden dort vor allem einheimisches Obst, Gemüse, Südfrüchte, Seefische und Blumen, also vorzugsweise leicht verderbliche Waren.

Grundgesamtheit
Gesamtmenge der Objekte, auf die sich die in einer Untersuchung gewonnenen Befunde beziehen sollen.

Gruppe, soziale
Menge von Individuen, zwischen denen relativ dauerhafte zwischenmenschliche Beziehungen bestehen und die häufig ein starkes Zusammengehörigkeitsgefühl (Wir-Bewußtsein) aufweisen.

Gut
Gegenstand, der direkt oder indirekt Nutzen stiftet, deshalb begehrt ist, nachgefragt wird und wegen seiner Knappheit nur zu einem bestimmten Preis erlangt werden kann.

***Guttman*-Skalierung**
Eindimensionales → Skalierungsverfahren zur Messung von Einstellungen, bei dem Probanden ihre Urteile durch pauschale Zustimmung zu oder Ablehnung von verbalen Äußerungen zum Meinungsgegenstand kundtun sollen. Dabei werden die Statements so ausgewählt, daß in einer Rangfolge der Items die Zustimmung zu bzw. Ablehnung von einer Aussage die Zustimmung bzw. Ablehnung bezogen auf alle rangniedrigeren Aussagen umschließt. Der Rangplatz des höchsten Statements, dem eine Auskunftsperson zustimmt, repräsentiert dann deren Einstellungswert.

Halo-Effekt
Einfluß der allgemeinen Einstellung zu einem Objekt auf die Wahrnehmung einzelner Objektattribute. Im realen Beurteilungsverhalten äußert sich der Halo-Effekt (engl. „halo" = Heiligenschein) z.B. darin, daß man bei Gütern, die man schätzt, auch jede ihrer Eigenschaften für gut hält.

Handel
1. Wirtschaftliche Tätigkeit des An- und Verkaufs von Waren ohne wesentliche Be- und Verarbeitung (Handel in funktionellen Sinn).
2. Selbständige Einrichtungen, die ausschließlich oder überwiegend Handelsfunktionen wahrnehmen (Handel im institutionellen Sinn).

Handelsfunktion
Leistung, die der Handel im Rahmen der Warendistribution aus einzel- und/oder gesamtwirtschaftlicher Sicht erbringt. Als Handelsfunktionen gelten z.B. die Anpassung der Güter an die Anforderungen und Wünsche der Abnehmer bezüglich Qualität, Menge sowie Zeit und Ort der Bereitstellung (Qualitäts-, Mengen-, Zeit- und Raumüberbrückungsfunktion), die Akquisition von Kunden (Markterschließungsfunktion) und die Kreditierungs- und Beratungsfunktion gegenüber Lieferanten und Abnehmern.

Handelsmarke
Waren- oder Firmenzeichen, mit dem ein Handelsbetrieb oder eine Handelsorganisation Waren versieht, um die so gekennzeichneten Artikel exklusiv zu vertreiben (→ Markenartikel).

Handelsvertreter
→ Absatzhelfer, der ständig damit betraut ist, für mindestens eine andere Unternehmung Geschäfte zu vermitteln oder abzuschließen. Der Handelsvertreter agiert in fremdem Namen und erwirbt kein Eigentum an der Ware, ist also von den damit verbundenen Risiken (Verderb, modische Veralterung, Preisbewegungen usw.) nicht betroffen.

Hautgalvanische Reaktion
s. Psychogalvanische Reaktion (PGR)

Herstellermarke
Waren- oder Firmenkennzeichen, mit dem ein Hersteller seine Erzeugnisse versieht (→ Markenartikel).

High Interest Product
Produkt, dem ein Verbraucher auf Grund seiner Art und seines Preises hohes Interesse entgegenbringt.

Homomorphie
Strukturähnlichkeit von Mengen bzw. Systemen.

Hypothese, statistische
Annahme über eine oder mehrere Grundgesamtheiten, die anhand einer oder mehrerer Stichproben überprüft wird. Je nach dem Gegenstand der Untersuchung kann sie sich auf die Verteilung einer interessierenden Größe in der Grundgesamtheit, auf die Ausprägung von Kennwerten dieser Verteilung oder auf Relationen, die zwischen zwei oder mehreren Grundgesamtheiten bestehen, beziehen.

Image
Gesamtheit aller (richtigen und falschen) Vorstellungen, Einstellungen, Kenntnisse, Erfahrungen, Wünsche, Gefühle usw., die Menschen (Einzelpersonen oder Personengruppen) mit einem bestimmten Meinungsgegenstand verbinden. Das Image charakterisiert ein Bezugsobjekt ganzheitlich, also insbesondere mit allen als relevant erachteten Einstellungsdimensionen.

Imagetransfer
Übertragung des → Images eines Bezugsobjekts auf ein anderes, um an dessen (positiver) Wirkung teilzuhaben.

Incentive
Anreiz, mit dessen Hilfe die Motivation, bestimmte Dinge zu tun und andere zu unterlassen, verstärkt werden soll. Incentives werden insbesondere im Bereich der Außendienstmotivation eingesetzt, z.B. in Form von Reisen.

INCOTERMS (International Commercial Terms)
Normierte Lieferbedingungen, die Streitfällen auf Grund von unklaren Regelungen entgegenwirken und insbesondere den Gefahrenübergang und die Verteilung der Kosten im internationalen Handel regeln.

Index
Instrument zur Messung mehrdimensionaler Merkmale, mit dem man mehrere für das Merkmal als relevant erachtete Indikatoren auf eine einzige Meßzahl zusammenzufassen vermag. Ein Index wird nicht nach streng formalisierten Regeln, sondern nach Maßgabe von Plausibilitätsüberlegungen gebildet.

Indikator
Hilfsgröße zur Operationalisierung von Begriffen oder Gewinnung von Anhaltspunkten für die Entwicklung nicht bekannter Größen.

Information
Nachricht, die für den Empfänger Neuigkeitswert besitzt und ihn zur besseren Erfüllung seiner Aufgaben befähigt.

Information Retrieval System
s. Dokumentationssystem

Informationsbedarfsanalyse
Instrument bzw. Methodik zur Ermittlung des objektiven und/oder subjektiven Bedarfs an Informationen.

Informationsverarbeitung
Psychischer oder maschineller Vorgang der Verknüpfung und Bewertung vorhandener Informationen (Informationsverarbeitung im engeren Sinn). Im weiteren Sinn umfaßt dieser Prozeß außerdem die Informationsaufnahme und -speicherung.

Instrument, absatzpolitisches
Mittel zur Beeinflussung der Austauschpartner. Herkömmlicherweise rechnet man dazu die im einzelnen gegebenen Möglichkeiten der Produkt-, Entgelt-, Distributions- und Kommunikationspolitik.

Interaktion
Prozeß wechselseitiger Einwirkung von Elementen (z. B. Personen, Produkte, Variablen).

Inter-Media-Selektion
Auswahl geeigneter Werbeträgerarten, wie z.B. Tageszeitung, Illustrierte, Funk und Fernsehen, aus den in Betracht kommenden Mediengattungen (→ Mediaplanung).

Internationalisierungsstrategie
Planmäßige Bearbeitung von Auslandsmärkten auf der Grundlage individueller Konzepte für die einzelnen Länder.

Intervallskala
→ Skala, bei der die Abstände zwischen den den Untersuchungsobjekten zugeordneten Zahlenwerten auch jenen zwischen den Ausprägungen des erhobenen Merkmals (z.B. Intelligenzquotient, Kalenderzeit) entsprechen. Da der Nullpunkt der Intervallskala nicht

eindeutig vorgegeben ist, sondern vom Forscher oft willkürlich festgelegt wird (z.B. bei Testskalen), dürfen Meßwertverhältnisse nicht empirisch gedeutet werden. Z.B. bedeutet ein doppelt so hoher Intelligenzquotient nicht eine doppelt so hohe Intelligenz.

Interview
Mündliche oder telefonische → Befragung von Probanden.

Interviewer-Bias
Validitätsmäßige Beeinträchtigung einer Befragungssituation bzw. Verzerrung von Befragungsergebnissen, die vom Einfluß des Interviewers auf den Probanden herrührt.

Intra-Media-Selektion
Auswahl von Werbeträgern innerhalb einer bestimmten Mediengattung, z.B. Zeitschriften (→ Mediaplanung).

Investitionsgut
→ Gut, das von gewerblichen Verwendern für die Herstellung von Erzeugnissen oder die Erbringung von Dienstleistungen benötigt wird.

Irradiation
Effekt bei der Beurteilung von Wahrnehmungsobjekten, der dadurch gekennzeichnet ist, daß die Einschätzung einer Eigenschaft, eines Merkmals usw. auf die anderer Kriterien ausstrahlt.

Isomorphie
Strukturgleichheit von Mengen bzw. Systemen.

Item
Aufbauelement einer Skala (eines Tests, Index, Fragebogens u.ä.), das die Auskunftsperson zu einer als Indikator verwendbaren Reaktion veranlassen soll.

Juniorwarenhaus
Betriebsform des → Einzelhandels, die sich sortimentsmäßig auf Waren weniger Preisstufen der unteren Kategorien beschränkt.

K_1-Wert
Kennzahl aus der Werbeträgerforschung, die die durchschnittliche Leserschaft einer Zeitung bzw. Zeitschrift an der Lesehäufigkeit des sog. weitesten Leserkreises bemißt; diese schließt alle Personen ein, die mindestens eine der letzten (z.B. 12) Ausgaben eines Titels gelesen haben.

Käufermarkt
Marktsituation, die von einer starken Machtposition der Nachfrager gegenüber den Verkäufern geprägt ist.

Kaufabsicht
Hypothetisches Konstrukt, das angibt, für wie wahrscheinlich ein Interessent unter Berücksichtigung der Kaufsituation (Verfügbarkeit eines entsprechenden Angebots, Besitz von Geld usw.) den Erwerb eines Gutes hält. Die Kaufabsicht drückt somit die subjektive Beurteilung der gesamten Verhaltenssituation aus.

Kaufentscheidung, extensive
Kaufentscheidung, die erst nach sorgfältiger Prüfung aller in Betracht gezogener Alternativen zustande kommt.

Kaufentscheidung, habituelle
Gewohnheitsmäßige Kaufentscheidung auf der Grundlage früher gemachter Erfahrungen. Die Entscheidungsfindung wird nur in geringem Maße kognitiv gesteuert; der geistige Aufwand reduziert sich beim Kauf auf die Identifikation der Marke.

Kaufentscheidung, impulsive
Kaufentscheidung, die durch die unmittelbare Situation bedingt spontan, d.h. ungeplant und ohne kognitive Steuerung getroffen wird.

Kaufentscheidung, limitierte
Weitgehend rationale Kaufentscheidung, bei der der Käufer nur so lange nach neuen Alternativen sucht, bis ein Produkt gefunden ist, das seinen auf der Grundlage von Erfahrungen gebildeten Ansprüchen genügt.

Kaufentscheidungsprozeß
Art und Weise, wie sich die Entscheidung, eine Leistung zu erwerben, herausbildet. Nach Dauer und Umfang der kognitiven Kontrolle solcher Prozesse lassen sich extensive, limitierte, habitualisierte und impulsive Kaufentscheidungen unterscheiden.

Kaufhaus
Dem Warenhaus ähnliche Betriebsform des → Einzelhandels, deren Sortiment aber weniger breit ist und hauptsächlich die Bereiche Textilien, Bekleidung und Einrichtungsgegenstände umfaßt, während Nahrungs- und Genußmittel fehlen.

Kaufkraft
Geldbetrag, der Verbrauchern für Konsumzwecke zur Verfügung steht.

Kaufrisiko, Theorie des wahrgenommenen
Konzept zur Erklärung des Kaufverhaltens, wonach der Konsument die Konsequenzen seiner Kaufhandlung nicht genau abzuschätzen vermag und deshalb zur Vermeidung materieller und immaterieller Schäden das Kaufrisiko zu vermindern oder abzubauen sucht (z.B. durch den Kauf bekannter, ihm vertrauter Marken).

Kaufverbund
Kauf mehrerer Artikel bei einer Gelegenheit bzw. in einer Einkaufsstätte, wobei den betroffenen Produkten oft nicht mehr Gemeinsamkeit innewohnt, als daß sie zusammen angeboten bzw. erworben werden.

Kennzahl, betriebliche
Zahl, die einen wichtigen, meßbaren Sachverhalt aus Unternehmung oder Umwelt in komprimierter Form wiedergibt. Beispiele hierfür sind der Umsatz pro qm Verkaufsfläche oder die Distributionsquote.

Key Account-Management
Kundenorientierte Form der Marketing-Organisation, bei der ein Kunden-Manager für die Betreuung weniger Abnehmer oder nur noch eines einzigen, allerdings recht bedeutsamen „Schlüsselkunden" zuständig ist.

Kleinpreisgeschäft
s. Juniorwarenhaus

Klumpenverfahren
Auswahlverfahren, bei dem die Erhebungseinheiten aus Gruppen oder Haufen von Elementen bestehen. Sein Einsatz setzt voraus, daß die Grundgesamtheit entsprechend aufgeteilt werden kann. Dabei gilt es, aus der Menge aller Klumpen einzelne auszuwählen, die dann vollständig in die Erhebung einbezogen werden.

Kollektivwerbung
Gemeinsame Werbung mehrerer Werbungtreibender bzw. Anbieter.

Kommissionär
→ Absatzhelfer, der in eigenem Namen und für fremde Rechnung mit dem An- und Verkauf von Waren (oder Wertpapieren) befaßt ist. Die Vergütung für seine Tätigkeit besteht im allgemeinen in einer umsatzabhängigen Kommission oder Provision.

Kommunikation
Übermittlung von Informationen von einem Sender an einen Empfänger.

Kommunikationspolitik
Gesamtheit aller Entscheidungen, die die bewußte Gestaltung der marktgerichteten Informationen eines Unternehmens betreffen und die Bereiche Werbung, Verkaufsförderung (Sales Promotion) und Öffentlichkeitsarbeit (Public Relations) umfassen (→ Instrument, absatzpolitisches).

Kompensationsgeschäft
Zahlungsform, bei der der Lieferant für seine Absatzleistung nicht Geld, sondern gleichfalls Güter, Dienste oder Rechte erhält.

Konditionen
s. Geschäftsbedingungen

Konditionierung, klassische
→ Lernen durch wiederholtes, gleichzeitiges Wirksamwerden zweier Stimuli, wobei der eine immer eine bestimmte Reaktion hervorruft (unbedingter Reiz), während der andere für das Individuum zunächst bedeutungslos ist (neutraler Reiz). Durch die räumliche und zeitliche Nähe der beiden Stimuli erlernt das Individuum die Signalbedeutung des ursprünglich neutralen Reizes, der dadurch ebenfalls zum Auslöser der entsprechenden Reaktion wird.

Konditionierung, operante
Durch die Konsequenzen des eigenen Verhaltens bedingtes → Lernen, wobei positive Folgen die Wahrscheinlichkeit des Wiederauftretens einer bestimmten Verhaltensweise erhöhen und negative diese mindern.

Konkurrent
Marktteilnehmer, der sich mit seinem Angebot um die Deckung eines von potentiellen Abnehmern zumindest als ähnlich empfundenen Bedarfs bewirbt.

Konkurrentenanalyse
Verfahren der strategischen → Situationsanalyse, dessen Aufgabe darin besteht, entscheidungsrelevante und möglichst umfassende Informationen über tatsächliche und potentielle Wettbewerber, wie z.B. deren Stärken und Schwächen, erkennbare Strategien und Marktstellung, zu sammeln und auszuwerten.

Konsum
Verwendung oder Verzehr von wirtschaftlichen Gütern zur Befriedigung menschlicher Bedürfnisse.

Konsumentensouveränität
Ordnungspolitisches Prinzip, wonach die Wirtschaft ihre Impulse letztlich von den Verbrauchern erhält, da die Anbieter sich bei der Bereitstellung von Gütern und Dienstleistungen zumindest längerfristig nach den Konsumentenwünschen richten müssen.

Konsumentenverhalten
Aktionen und Reaktionen von Endverbrauchern beim Kauf bzw. Ge- und Verbrauch von Leistungen, die am Markt angeboten werden.

Konsumerismus
Gesellschaftliche Strömung, die die Stellung der Verbraucher als Marktpartei zu stärken versucht und deren Belange, wie z.B. Verbesserung des Rechtsschutzes oder die Verfügbarkeit zuverlässiger Markt- und Produktinformationen, zu artikulieren und durch Einwirkung auf Entscheidungsträger durchzusetzen trachtet.

Konsumfreiheit
Entscheidungsspielraum, über den ein Verbraucher bei der Auswahl von Gütern und Dienstleistungen aus dem vorhandenen Angebot verfügt.

Konsumgenossenschaft
Betriebsform des → Einzelhandels, die sich in erster Linie mit dem Vertrieb von Nahrungs- und Genußmitteln sowie verwandten Waren des täglichen Bedarfs befaßt. Sie war ursprünglich auf Initiative von Verbrauchern entstanden, die sich von den etablierten Anbietern ausgebeutet fühlten und ihre Lebenshaltung durch billigere bzw. effizientere Warenversorgung zu verbessern trachteten. Teilweise haben die Konsumgenossenschaften ihr Tätigkeitsfeld auch auf die Produktion ausgedehnt.

Konsumgut
→ Gut, das Letztverbrauchern zur Befriedigung ihrer Bedürfnisse dient.

Kontaktfaktor
Maßstab zur Beurteilung des Ausmaßes, in dem Zeitungen bzw. Zeitschriften von Käufern oder Lesern durchgesehen werden. Er gibt den Anteil der aufgeschlagenen Seiten am Gesamtumfang einer Zeitung bzw. Zeitschrift wieder.

Kontrastgruppenanalyse
Multivariates Verfahren der → Datenanalyse zur Aufdeckung der zwischen einer abhängigen und mehreren unabhängigen Variablen gegebenen Beziehungsstruktur. Der Leitgedanke besteht darin, durch sukzessive Zweiteilung der Ausgangspopulation Gruppen von Merkmalsträgern zu bilden, die sich durch bestimmte Kombinationen von Merkmalsausprägungen auszeichnen. Als Trennkriterium fungiert dabei jeweils diejenige unabhängige Variable, die ein Maximum an Erklärungskraft in bezug auf die abhängige Größe aufweist.

Kontrolle
Laufende, systematische Überprüfung und Beurteilung aller unternehmerischen Funktionen, Strukturen und Prozesse. Im Kern verkörpert die Kontrolle einen Soll-Ist-Vergleich.

Kontrollgruppe
Teilgruppe in einem Experiment, die keinem „Treatment" ausgesetzt wird und dadurch Anhaltspunkte für die Beurteilung der Wirkung der untersuchten Faktoren in der Experimentalgruppe liefert.

Kontrollsystem
Gesamtheit der Überwachungs- und Steuerungseinrichtungen, die der aktuellen Berichterstattung über inner- und außerbetriebliche Gegebenheiten, wie z.B. Umsatz, Lagerbestand und Zahl der Kunden, dienen.

Konzentration
Prozeß oder Ergebnis der Zusammenballung von Marktmacht.

Konzentrationsprinzip
Verfahren der Stichprobenbildung, bei dem man die für das Untersuchungsziel wesentlichen bzw. wichtigsten Elemente der Grundgesamtheit herausgreift (→ Auswahl, bewußte).

Kooperation
Freiwillige, oft vertraglich geregelte Zusammenarbeit rechtlich und wirtschaftlich selbständiger Unternehmen zum Zwecke der Verbesserung ihrer Leistungsfähigkeit.

Kooperationsstrategie
Systematische Zusammenarbeit mit in- und/oder ausländischen Unternehmen, um durch Nutzung von Synergien wirtschaftliche Vorteile zu erlangen.

Korrelationsanalyse
Gruppe statistischer Verfahren der → Datenanalyse zur Ermittlung des Zusammenhangs, der zwischen Variablen besteht.

Kosten
In Geldeinheiten bewerteter Verzehr von Produktionsfaktoren (z.B. Sachmittel, Arbeit), soweit sie zur Erstellung oder Vermarktung betrieblicher Leistungen dienen.

Kostenführerschaft
Marktposition eines Unternehmens, die durch einen Kostenvorsprung gegenüber den Konkurrenten gekennzeichnet ist. Das Erreichen der Kostenführerschaft erfordert einen hohen relativen Marktanteil oder andere erhebliche Vorteile (z.B. günstiger Zugang zu Rohstoffen) sowie die konsequente Ausschöpfung des vorhandenen Rationalisierungspotentials.

Kostenfunktion
Mathematische oder graphische Abbildung der Abhängigkeit der Kostenhöhe von einer oder mehreren Einflußgrößen. Sie dient der Erklärung und Prognose von Kosten.

Kovarianzanalyse
Statistisches Verfahren der → Datenanalyse, das eine Verbindung zwischen Regressions- und Varianzanalyse darstellt und in der Marketing-Forschung dazu dient, Störeinflüsse in Versuchsanordnungen, die durch experimentelle Kontrolle nicht erfaßt worden sind, auszuschalten.

Kreativitätstechnik
Methode zur Anregung und Förderung der Fähigkeit, Ideen oder originelle neue Lösungsmöglichkeiten für ein Problem hervorzubringen. Man unterscheidet zwischen systematisch-logischen (z.B. morphologische Methode) und intuitiv-kreativen Verfahren (z.B. Brainstorming, Synektik). Üblicherweise werden derartige Techniken von Gruppen angewandt, um das schöpferische Potential mehrerer Personen für Problemlösungen (z.B. Generierung von Produktideen) auszunutzen.

Kreditgewährung
Option im Rahmen der → Entgeltpolitik, die sich auf die Einräumung von Zahlungszielen an Abnehmer erstreckt.

Kultur
System von Leitvorstellungen, das sich im Rahmen des menschlichen Zusammenlebens entwickelt hat und einer großen Zahl von Individuen gemeinsam ist. Es umschließt neben Denkmustern und Verhaltensweisen (immaterielle Kultur) auch materielle Ergebnisse menschlichen Handelns (materielle Kultur, z.B. Kunst).

Kundendienst
Gesamtheit aller Zusatzleistungen, die ein Anbieter offeriert, um den Erwerb und/oder den Gebrauch der Hauptleistung zu erleichtern bzw. zu ermöglichen. Man unterscheidet dabei zwischen technischem (z.B. Installation, Wartung, Reparatur) und kaufmännischem Kundendienst (z.B. Beratung, Zustellung von Waren) (→ Produktpolitik).

Kundenlaufstudie
Ermittlung des Weges, den Kunden in einem Geschäft zurücklegen, durch Beobachtung.

Leasing
Form der Absatz- und Beschaffungsfinanzierung, bei der bestimmte Miet- bzw. Pachtverhältnisse vereinbart werden. Leasing kommt insbesondere für Objekte mit längerer Nutzungsdauer in Betracht. Ein wesentlicher Unterschied zur reinen Vermietung oder Verpachtung besteht in der Möglichkeit, nach Vertragsablauf das Objekt bei ermäßigten Raten weiter zu benutzen oder käuflich zu erwerben.

Leistung
1. Gesamtheit aller nutzbringenden Komponenten materieller oder ideeller Natur, die ein Nachfrager mit einem Angebot assoziiert.
2. Waren oder Dienste, die ein Unternehmen hervorbringt und vermarktet.
3. In Geldeinheiten bewertetes Ergebnis der unternehmerischen Tätigkeit.

Leitbildwerbung
Einsatz von Personen des öffentlichen Lebens (= Leitbilder) im Rahmen der Werbung, um die Umworbenen zu veranlassen, deren Verhalten nachzuahmen oder deren Empfehlungen zu folgen.

Lernen
Psychischer Vorgang, der primär auf Erfahrung oder Übung beruht und tendenziell dauerhaft die Wahrscheinlichkeit verändert, mit der jemand in bestimmter Weise auf von ihm wahrgenommene Reize reagiert.

Lernen am Modell
→ Lernen durch Nachahmung der Verhaltensweise z.B. einer anderen Person (= Modell).

Lernen durch Einsicht
→ Lernen durch geistige Bewältigung vorhandener Problemsituationen, insbesondere durch Assoziation von Ursachen und Konsequenzen.

Lernkurve
Graphische Darstellung der Abhängigkeit des Lernerfolges einer Person oder Organisation vom Übungsaufwand.

Lieferungs- und Zahlungsbedingungen
Teilbereich der → Geschäftsbedingungen.

Likert-Skalierung
Eindimensionales → Skalierungsverfahren zur Messung von Einstellungen, bei dem Probanden ihre Urteile durch verschiedene Grade der Zustimmung zu oder Ablehnung von verbalen Äußerungen zum Meinungsgegenstand angeben sollen. Der Gesamtwert der Einstellung einer Auskunftsperson zum Einstellungsobjekt ergibt sich aus der Addition der Skalenwerte aller Items.

Lockvogelangebot
Sonderangebot, das in der Öffentlichkeit den Eindruck außergewöhnlicher Leistungsfähigkeit eines Einzelhandelsgeschäfts hervorrufen soll. Dies führt insbesondere dann zu einer Irreführung von Verbrauchern, wenn solchermaßen herausgestellte Artikel nur in unzureichender Menge vorhanden sind, wenn sie ausschließlich dazu dienen, Kunden zum Erwerb anderer — teurerer — Waren zu veranlassen, oder wenn der objektiv falsche Eindruck erweckt wird, das gesamte Angebot sei ähnlich preisgünstig kalkuliert.

Low Interest Product
Erzeugnis, dem ein Verbraucher auf Grund seiner Art und seines Preises nur geringes Interesse entgegenbringt.

LpA-Wert (Leser pro Ausgabe)
Kennzahl aus der Werbeträgerforschung, die die Zahl der Personen, die im Durchschnitt eine Zeitung oder Zeitschrift lesen, angibt.

LpE-Wert (Leser pro Exemplar)
Kennzahl aus der Werbeträgerforschung, die sich durch Division des LpA-Wertes durch die verbreitete Auflage einer Zeitschrift oder Zeitung ergibt.

Magnitude-Skalierung
Methode der Registrierung von Reaktionen, bei der die Probanden ihre zustimmende oder ablehnende Haltung wesentlich feiner differenzieren können, als dies bei verbalen Antwortkategorien bzw. numerischen Vorgaben (z.B. in Form einer Rating-Skala) möglich wäre. Man geht dabei davon aus, daß ein Proband die Intensität seiner Empfindungen proportional zu deren Intensität in Zahlen, die Länge einer Linie oder die Dauer eines Tones umsetzen kann.

Makler
→ Absatzhelfer, der Geschäfte für andere vermittelt, Gelegenheiten zum Abschluß von Verträgen nachweist und die Interessen beider Vertragsparteien zu wahren hat. Er wird meist nur fallweise (z.B. im Immobilienhandel) eingesetzt.

Makro-Umwelt
Gesamtheit der Bedingungen, die den Rahmen für Entscheidungen aller oder einer großen Zahl von Unternehmen in einem geographischen Raum bilden und durch Maßnahmen des einzelnen Marketing-Managers nicht oder nur unwesentlich beeinflußt werden können. Dazu zählen vor allem der ökonomische, technologische, politisch-rechtliche, sozio-kulturelle und physische Datenkranz unternehmerischen Handelns.

Markenartikel
Produkt, das mit einem seine Herkunft kennzeichnenden Merkmal (z.B. Namen, Bildzeichen) versehen ist und durch gleichbleibende Aufmachung und Menge, gleichblei-

bende oder verbesserte Qualität, Verbraucherwerbung, hohen Bekanntheitsgrad und weite Verbreitung im Absatzmarkt charakterisiert ist. Je nach Anbieter unterscheidet man zwischen Hersteller- und Handelsmarke, wobei letztere nur in den Verkaufsstellen bestimmter Handelsunternehmen bzw. Handelsgruppen erhältlich ist.

Markenbildung
Instrument der → Produktpolitik, mit dessen Hilfe den Abnehmern eine „Produktpersönlichkeit" bzw. Marke angeboten werden soll, die leicht im Gedächnis behalten und zum identifizierbaren Einstellungsobjekt gemacht werden kann.

Markenfamilie
Gruppe von Produkten, die unter einer einzigen Marke (Dachmarke) vertrieben werden. Dabei sollen alle Erzeugnisse vom Goodwill dieser bekannten, am Markt gut eingeführten Marke profitieren.

Market Research
s. Marktforschung

Marketing
Grundhaltung, die durch konsequente Ausrichtung aller unmittelbar und mittelbar den Markt berührenden Entscheidungen an dessen Erfordernissen (Marketing als Maxime) gekennzeichnet ist. Dies soll durch Schaffung von Präferenzen mittels gezielter Maßnahmen (Marketing als Mittel) sowie durch eine systematische, moderne Analysetechniken nutzende Entscheidungsfindung (Marketing als Methode) erreicht werden.

Marketing, Generic Concept of
Weit gefaßte Konzeption des → Marketing, die die zielorientierte Anbahnung, Erleichterung, Abwicklung und Bewertung des Austausches von ideellen oder materiellen Werten (z.B. Waren, Dienstleistungen, Informationen, Rechte, Gefühle) zwischen zwei Parteien zum Gegenstand hat.

Marketing, Human Concept of
Ethische Verankerung des → Marketing, die die Bereitschaft der Unternehmer impliziert, soziale Verantwortung zu tragen, auch wenn diese weder genau konkretisierbar noch einklagbar ist.

Marketing, Internationales
Form des → Marketing, bei der sich die Absatzbemühungen eines Unternehmens über nationale Grenzen hinweg erstrecken.

Marketing-Audit
Instrument zur Beurteilung der Arbeitsweise bzw. Effizienz des Marketing-Managements in einer Organisation und zur Überprüfung des Entstehens bzw. Ablaufs von Marketing-Maßnahmen, um system- und planungsbedingte Risiken und Fehlentwicklungen frühzeitig erkennen zu können.

Marketing-Controlling
Führungsfunktion, die die Entwicklung und Gestaltung der organisatorischen Basis für die Marketing-Planung und -Kontrolle, die Bereitstellung entscheidungsgerechter Planungs- und Kontrollinstrumente, die informatorische Unterstützung der Planungs- und Kontrollprozesse sowie deren Koordination umschließt.

Marketing-Entscheidung
Wahl zwischen Optionen im Hinblick auf die Erreichung von Marketing-Zielen (→ Entscheidung).

Marketing-Forschung
s. Absatzforschung

Marketing-Forschungsprozeß
Problemlösungsprozeß, der sich in eine idealtypische Abfolge der Phasen Problemformulierung, Konzeptualisierung, Datenerhebung und -auswertung sowie Interpretation und Transfer der Ergebnisse untergliedern läßt.

Marketing-Informationssystem (MAIS)
Gesamtheit der organisatorischen Regelungen bezüglich der Träger informatorischer Aufgaben, der Informationswege zwischen ihnen, der Informationsrechte und -pflichten sowie der Verfahren zur Beschaffung, Bereitstellung, Aufbereitung, Analyse, Interpretation, Speicherung und Abgabe von Informationen, mit deren Hilfe der Informationsbedarf des am Marketing-Prozeß beteiligten Managements befriedigt werden soll. Aufgrund der Fülle der für Marketing-Entscheidungen notwendigen Informationen sind dabei elektronische Datenverarbeitungsanlagen unabdingbar.

Marketing-Kontrolle
Ständige, systematische und unvoreingenommene Prüfung und Beurteilung der Zustände und Vorgänge im Marketing-Bereich (→ Kontrolle).

Marketing-Logistik
s. Distribution, physische

Marketing-Management
1. Anordnungsberechtigte Personen, die Träger von Marketing-Entscheidungen in einer Organisation sind.
2. Wahnehmung von Führungsaufgaben im Marketing-Bereich.

Marketing-Mix
Von einem Unternehmen bzw. einer Organisation zu einem bestimmten Zeitpunkt festgelegte Auswahl, Gewichtung und Ausgestaltung der absatzpolitischen Instrumente.

Marketing-Modell
Vereinfachte Abbildung eines realen Tatbestandes bzw. Sachverhalts im Bereich des Marketing (→ Modell).

Marketing-Organisation
1. Sichtweise von einem Unternehmen, das Marketing als Hauptfunktion betrachtet und die anderen betrieblichen Funktionen dessen Erfordernissen unterordnet.
2. Gesamtheit der formalen Regelungen, nach denen der Marketing-Bereich zur Erfüllung seiner Aufgaben in einer Institution strukturiert ist (→ Organisation).

Marketing-Planung
Systematisches und rationales Durchdringen des künftigen Markt- und Unternehmensgeschehens mit dem Zweck, daraus Richtlinien für das Verhalten im Marketing-Bereich abzuleiten (→ Planung).

Marketing-Research
s. Absatzforschung

Marketing-Strategie
Langfristig orientierte Grundsatzentscheidung zur Erreichung der Marketing-Ziele, die auf die Bedarfs- und Wettbewerbssituation sowie das Leistungspotential des Unternehmens ausgerichtet ist (→ Strategie).

Marketing-Ziel
Angestrebter, künftiger Zustand, der vor allem durch den Einsatz der absatzpolitischen Instrumente erreicht werden soll (→ Ziel).

Markt
Realer oder imaginärer Ort, an dem das Angebot an und die Nachfrage nach bestimmten Leistungen aufeinandertreffen.

Marktadäquanz
Angemessenheit des Angebots in dem Sinne, daß eine Leistung den Vorstellungen der Zielgruppe entspricht.

Marktanalyse
1. Prozeß oder Ergebnis der Gewinnung von Informationen über Gegebenheiten auf einem Markt.
2. Verfahren der strategischen → Situationsanalyse, dessen Ziel in der Gewinnung möglichst umfassender Informationen über Struktur und Entwicklung gegenwärtiger und potentieller Marktpartner eines Unternehmens (vor allem Kunden und Absatzmittler) besteht.

Marktanteil
Verhältnis des von einem Unternehmen im Bezugszeitraum mit einer bestimmten Absatzleistung realisierten Umsatzes zum gesamten Marktvolumen.

Marktdurchdringung
s. Marktpenetration

Marktentwicklung
Bemühen eines Unternehmens um die Erschließung bisher nicht bearbeiteter Märkte für die von ihm angebotenen Leistungen.

Marktforschung
Zielbewußte Untersuchung eines konkreten Marktes. Sie umfaßt die Erlangung von Informationen sowohl über den Absatz- als auch über den Beschaffungsmarkt. Marktforschung wird somit zum Oberbegriff für die Absatzmarkt- und die Beschaffungsmarktforschung.

Marktkanal
s. Absatzweg

Marktpenetration
Bündel von Maßnahmen, mit denen dem derzeitigen Angebot eines Unternehmens auf den gegenwärtig bearbeiteten Märkten zu mehr Erfolg verholfen werden soll. Ziele sind zum einen der Erhalt bzw. Ausbau des Marktanteils, zum anderen die Vergrößerung des Marktvolumens.

Marktpotential
Maximale Absatzmenge, die unter gegebenen Bedingungen von den Anbietern einer bestimmten Absatzleistung im Bezugszeitraum realisiert werden kann. Das Marktpotential gibt damit die Aufnahmefähigkeit eines Marktes wieder.

Marktreaktionsfunktion
Mathematische oder graphische Abbildung der Wirkung einer intensitätsmäßigen Variation eines oder mehrerer Aktionsparameter des Marketing.

Marktsegmentierung
Aufteilung eines Marktes in homogene Teile. Segmentierungskriterien können z.B. geographische, biologische, sozio-demographische, psychologische oder organisatorische Merkmale der Abnehmer sowie deren beobachtbares Informations- und Kaufverhalten sein.

Markttest
Probeweiser Verkauf von neuen oder veränderten Produkten auf einem räumlich abgegrenzten Markt mit dem Ziel der Gewinnung von Daten über die mutmaßliche Marktgängigkeit eines Produktes oder über die Wirksamkeit einzelner Marketing-Maßnahmen vor dessen Einführung auf einem großräumigen, z.B. nationalen Markt.

Marktveranstaltung
Institutionalisierte Gelegenheit für die Gewinnung von Informationen über die Marktlage, für die Herstellung und Pflege von Kontakten zu Abnehmern und Lieferanten sowie für die Anbahnung und den Abschluß von Geschäften. Beispiele für Marktveranstaltungen bilden Jahrmärkte, Messen, Ausstellungen, Auktionen und Warenbörsen.

Marktvolumen
Absatzmenge, die von allen Anbietern einer bestimmten Leistung im Bezugszeitraum realisiert wird.

Mediaplanung
Verteilung des Werbebudgets auf geeignete Werbeträger (= Medien) im Hinblick auf die Erreichung der angestrebten Werbeziele. Dabei gilt es, zum einen deren Eignung zur Kommunikation mit der Zielgruppe zu bestimmen und die bestgeeigneten Werbeträger auszuwählen, zum anderen deren Belegung und zugleich die zeitliche Abfolge der Werbebemühungen in den einzelnen Medien festzulegen (→ Werbeprogrammplanung).

Mehrdimensionale Skalierung (MDS)
Gruppe multivariater Verfahren der → Datenanalyse, die eine räumliche Repräsentation von zwischen interessierenden Objekten bestehenden Relationen anstreben.

Mehrfachtest
Form des → Produkttests, bei dem ein Erzeugnis ähnlichen Produkten gegenübergestellt und gemeinsam mit diesen geprüft wird.

Meinungsführer
Person in einer sozialen Gruppe, der hinsichtlich bestimmter Problemstellungen bzw. Themen von den übrigen Mitgliedern der Gruppe Kompetenz zugeschrieben wird. Dies führt dazu, daß der „opinion leader" auf die Ansichten, Einstellungen und Verhaltensweisen der Menschen um ihn herum sowohl in fachlicher Hinsicht als auch in bezug auf sozio-emotionale Aspekte einen bestimmenden Einfluß ausübt.

Messe
Zeitlich begrenzte Veranstaltung mit Marktcharakter, die das Leistungsvermögen eines oder mehrerer Wirtschaftszweige demonstriert. Sie findet im allgemeinen in regelmäßigem Turnus am selben Ort statt. Der Zutritt ist grundsätzlich Fachbesuchern vorbehalten.

Methodenbank
Element eines Informationssystems, in dem Algorithmen zur Weiterverarbeitung der in einer Datenbank enthaltenen Informationen gespeichert sind.

Mikro-Umwelt
Gesamtheit der Institutionen und Organisationen, mit denen ein Unternehmen bei Erfüllung seiner Aufgaben mittelbar oder unmittelbar interagiert. Dazu zählen vor allem Abnehmer, Wettbewerber, Lieferanten und Absatzmittler.

Modell
Vereinfachtes Abbild der Realität, das der Analyse leichter als die Wirklichkeit zugänglich ist und die Möglichkeit bietet, Eingriffe in ein System vorzunehmen, die am Original nicht auszuführen oder zu aufwendig wären.

Modellbank
Element eines Informationssystems, das Modelle enthält, die in programmierter Form rechenbare Zusammenhänge abbilden und zur Unterstützung von Entscheidungen eingesetzt werden können.

Morphologische Methode
Systematisch-logisches Verfahren zur Gewinnung von Ideen, wobei ein Problem zunächst in jene Komponenten zerlegt wird, die dessen Lösung beeinflussen (intensionale Merkmale). Für diese werden dann verschiedene Gestaltungsvarianten (extensionale Merkmale) gesucht und in einer Matrix angeordnet. Durch die Ausschöpfung sämtlicher Kombinationsmöglichkeiten erhält man entsprechend viele prinzipiell in Frage kommende Problemlösungen (→ Kreativitätstechnik).

Motiv
Mangel, der den Organismus veranlaßt, nach Mitteln und Wegen zu suchen, die geeignet erscheinen, diesen Zustand zu beseitigen. Man unterscheidet primäre (physiologische) Motive, wie z.B. Hunger, Durst, Furcht und Sexualität, sowie sekundäre (soziale) Motive, wie z.B. die Bedürfnisse nach Prestige, Macht oder Selbstverwirklichung.

Motivation
Wirksamwerden eines oder mehrerer Motive.

Multiattributivskalierung
s. *Fishbein*-Modell

Multivariate Methode
Typ eines statistischen Verfahrens, bei dem die zwischen mindestens drei Variablen bestehenden Beziehungen simultan untersucht werden.

Nachbarschaftsladen
s. Convenience Store

Nachfrage
Konkretisierung des Bedarfs durch Beschaffungsdispositionen. Durch diese werden knappe Ressourcen des Bedarfsträgers (Geldmittel, Zeit, psychische und physische Energie) dem Objekt, auf das sich der Bedarf richtet, zugewiesen.

Nachfragemacht
Fähigkeit von Abnehmern, die eigenen Interessen auch gegen den Willen der betroffenen Lieferanten durchzusetzen.

Netzwerktechnik
Methodisches Hilfsmittel der Planung, bei dem ein Projekt systematisch in Arbeitsschritte zerlegt wird, die jeweils eine bestimmte Zeit beanspruchen und in Gestalt eines aus der

Elektrotechnik bekannten Netzwerks angeordnet werden. Als Ergebnis erhält der Planer ein Modell vom zeitlichen Ablauf des gesamten Vorhabens und, je nach Variante, von der mit diesem verbundenen Belastung der Ressourcen.

Neue Medien
Kommunikationsmittel, die durch Weiterentwicklung traditioneller Telekommunikationsmittel entstanden sind. Dazu gehören beispielsweise Video- und Bildschirmtext sowie Satelliten- und Kabelfernsehen.

Nischenstrategie
s. Schwerpunktstrategie

No Names
→ Konsumgüter, die durch eine bewußt schlicht gehaltene Verpackung und einen niedrigen Preis gekennzeichnet sind und deren Erscheinungsbild nicht von einer Marke geprägt wird.

Non-Business Marketing
→ Marketing nicht-kommerzieller Institutionen (z.B. öffentliche Unternehmen, Parteien, Theater, Museen, Bildungseinrichtungen).

Nominalskala
→ Skala, bei der die den Untersuchungsobjekten zugeordneten Symbole lediglich die Gleichheit bzw. Ungleichheit hinsichtlich des erhobenen Merkmals (z.B. Geschlecht) zum Ausdruck bringen. Sie dienen somit der Bezeichnung von Klassen, denen die Objekte entsprechend den relevanten Merkmalsausprägungen (z.B. männlich/weiblich) zugewiesen werden.

Norm
Regel für das individuelle Verhalten, die von Gruppen entwickelt wird und für alle Gruppenmitglieder verbindlich ist.

Nutzen
Maß an Bedürfnisbefriedigung, das ein Individuum durch die Verwendung oder den Verzehr eines Gutes bzw. die Inanspruchnahme einer Dienstleistung erfährt.

Obsoleszenz
Veralterung eines Produktes. Man unterscheidet insbesondere zwischen „built in obsolescence", worunter man den vorzeitigen Ausfall eines Produktes durch mangelnde Ausschöpfung der technisch an sich gegebenen Möglichkeiten bis hin zum Einbau von Sollbruchstellen versteht, und „planned obsolescence", d.h. der bewußten technischen oder psychologischen Veralterung (z.B. durch die Mode), die zum vorzeitigen Ersatz eines noch gebrauchsfähigen Gutes führt.

Odd Pricing
Setzen eines gebrochenen Preises (z.B. DM 0,99).

Öffentlichkeitsarbeit
s. Public Relations

One Stop Shopping
Verhaltensweise von Verbrauchern, die Güter des täglichen Bedarfs nicht Artikel für Artikel in unterschiedlichen Geschäften erwerben, sondern Verbundkäufe tätigen, d.h. in einer einmal aufgesuchten Einkaufsstätte nahezu alles kaufen, was sie benötigen.

Ursachen hierfür liegen in der menschlichen Bequemlichkeit, dem Streben nach Reduzierung der Beschaffungskosten sowie dem Hang zu Impulskäufen.

Operations Research
s. Unternehmensforschung

Opinion Leader
s. Meinungsführer

Ordinalskala
→ Skala, bei der einer Größer/Kleiner-Relation zwischen den Zahlenwerten auch eine solche zwischen den Ausprägungen des interessierenden Merkmals (z.B. Examensnoten, formaler Bildungsabschluß) entspricht, der Abstand zwischen den zwei Objekten zugeordneten Zahlen aber nicht als Abbild der Distanz zwischen den Merkmalsausprägungen gedeutet werden darf.

Organisation
Gesamtheit der formalen Regelungen, nach denen ein soziales System zur Erfüllung von Aufgaben strukturiert wird, sowie das Ergebnis dieses gestalterischen Prozesses.

Paarvergleich
Methode zur Erhebung von Urteilen über zwischen Untersuchungsobjekten bestehende Beziehungen, wobei den Probanden jeweils zwei gleichzeitig zur Bewertung vorgelegt werden.

Packung
Äußere Umhüllung eines Erzeugnisses, die in erster Linie dem Zweck dient, es verkäuflich zu machen sowie bei Transport und Lagerung vor Beschädigung bzw. Verderb zu schützen. Darüber hinaus wird die Packung für Werbezwecke und Mitteilungen an die Verbraucher (Gebrauchsanweisungen) verwandt.

Panel
Stichprobe von Einzelpersonen, Haushalten oder Unternehmen, die über einen längeren Zeitraum hinweg regelmäßig zum gleichen Erhebungsgegenstand befragt bzw. mit identischer Zielsetzung beobachtet werden.

Paneleffekt
Verzerrung von Panelinformationen, die darauf zurückzuführen ist, daß sich die Probanden an die Situation gewöhnen, ständig kontrolliert zu werden, und mit bewußter oder unbewußter Verhaltensänderung (z.B. systematischer Kauf neuer Produkte, konsequente Vermeidung von Spontankäufen) reagieren.

Panelerhebung
Befragung einer Personengruppe in regelmäßigen Abständen (z.B. Individual- bzw. Haushaltspanel) bzw. wiederholte Registrierung der Absatzentwicklung in einer als repräsentativ erachteten Zahl von Unternehmen (z.B. Einzelhandelspanel).

Panelsterblichkeit
Abnahme der Zahl der Panelmitglieder im Zeitablauf, die durch Verweigerung der Mitarbeit, Ortswechsel, Tod usw. bedingt ist.

Partialtest
Form des → Produkttests, bei dem die Akzeptanz nur einzelner Komponenten eines Erzeugnisses geprüft wird.

Penetrationspreisstrategie
Wettbewerberorientierte Niedrigpreispolitik bei der Einführung neuer Produkte in den Markt, deren Ziel darin besteht, rasch ein großes Kundenpotential zu erschließen, „economies of scale" zu nutzen sowie potentielle Konkurrenten abzuschrecken.

Per Unit Method
Verfahren der → Werbebudgetplanung, das von dem pro Produkteinheit oder Auftrag notwendigen Werbevolumen ausgeht. Der Gesamtetat ergibt sich dann durch Multiplikation der projektierten Stückzahl mit den Werbekosten je Verkaufseinheit.

Percentage of Sales Method
Verfahren der → Werbebudgetplanung, bei dem der Budgetumfang am Umsatz des Unternehmens ausgerichtet ist. Dabei wird der einzusetzende Betrag proportional zum Umsatz der Vorperiode, zum erwarteten Wert der kommenden Periode oder zum gemittelten Umsatz mehrerer Referenzzeiträume festgelegt.

Pfadanalyse
Korrelative Überprüfung eines nach Maßgabe theoretischer Überlegungen aufgestellten Kausalmodells (Pfadmodells), wobei die zwischen bestimmten Variablen vermuteten Abhängigkeiten expliziert und graphisch in Form eines Pfaddiagramms dargestellt werden.

Planung
Systematisches und rationales Durchdenken des künftigen Geschehens vor dem Hintergrund bestimmter Ziele. Nach Aufgabenbereich und Zeithorizont kann zwischen operativer und strategischer Planung unterschieden werden, wobei letztere langfristig angelegt ist (im allgemeinen auf drei oder mehr Jahre) und den Rahmen für die operative (Maßnahmen-)Planung bildet.

Planungssystem
1. Geordnete Menge der im Rahmen der Erfüllung von Planungsaufgaben anfallenden Tätigkeiten, wie Situationsanalyse, Zielformulierung sowie Festlegung von Strategien und Maßnahmen.
2. Gesamtheit der im Rahmen eines (Marketing-)Informationssystems zur Erfüllung von Planungsaufgaben einsetzbaren Entscheidungshilfen.

Point of Purchase (Point of Sale)
Ort, an dem ein Kauf bzw. Verkauf getätigt wird.

Polaritätenprofil
Variante des → Semantischen Differentials, bei der an die Stelle von metaphorischen und objektfremden Adjektiven gegensätzliche objektbezogene Eigenschaften treten, die leicht verständliche Anknüpfungspunkte für praktisches Handeln bieten.

Portfolio-Analyse
Verfahren der strategischen → Situationsanalyse, mit dem die gegenwärtige Marktposition jeder Strategischen Geschäftseinheit (SGE) eines Unternehmens sowie deren Entwicklungsmöglichkeiten untersucht und visualisiert werden können. Daneben eignet sich der Portfolio-Ansatz als Denkraster zur Gewinnung von Strategien, mit dessen Hilfe das Management eines Unternehmens entscheiden kann, welche SGE ausgebaut, welche erhalten und welche abgebaut werden sollen.

Position, soziale
Platz, den eine Person in ihrem sozialen Umfeld einnimmt.

Potentialanalyse
Verfahren der strategischen → Situationsanalyse, bei dem die Ressourcen eines Unternehmens (z.B. Kompetenz, Produktionsmöglichkeiten, Kapitalkraft) im Hinblick auf deren Verfügbarkeit, Ausmaß und Relevanz für strategische Entscheidungen überprüft werden.

Preis
1. Gesamtheit aller Kosten und Mühen, die dem Nachfrager aus der Inanspruchnahme einer Leistung erwachsen.
2. Betrag, der für eine Ware oder Dienstleistung gefordert bzw. entrichtet wird.

Preis, gebrochener
Festsetzung des Preises eines Produktes knapp unter einem glatten Betrag (z.B. DM 1,98, DM 9,95, DM 99,90), um damit den Eindruck besonderer Vorteilhaftigkeit hervorzurufen.

Preis-Absatz-Funktion
Geometrisches Abbild des Zusammenhangs zwischen möglichen Preisen einer Leistung und der bei diesen jeweils erwarteten Absatzmenge.

Preisbindung, vertikale
Von gewerblichen Abnehmern eingegangene Verpflichtung, bestimmte Endverkaufspreise einzuhalten. Die sog. Preisbindung der zweiten Hand ist in der Bundesrepublik Deutschland seit dem 1. Januar 1974 bis auf eine Ausnahme (Verlagserzeugnisse) verboten.

Preisdifferenzierung
Unterschiedliche Preisforderungen eines Anbieters für ein und dieselbe Leistung. Gebräuchliche Differenzierungskriterien sind Zeit, Gebiet, Kundengruppe, Verwendungszweck und Abnahmemenge.

Preisempfehlung
Rechtlich unverbindlicher Vorschlag eines Anbieters gegenüber seinen Abnehmern hinsichtlich des Preises, den diese beim Wiederverkauf für eine von ihm gelieferte Ware fordern sollen.

Preisfindung
Ermittlung der Höhe des Entgelts für die von einer Institution oder Person angebotene Leistung. Je nach der gewählten Blickrichtung kann zwischen kosten-, wettbewerber- und abnehmerorientierter Preisfindung unterschieden werden.

Preisführerschaft
Leitfunktion eines oder mehrerer Unternehmen bei der Festlegung des Marktpreises. Man unterscheidet zwischen einer dominierenden Preisführerschaft, die auf Marktmacht beruht, und einer barometrischen Preisführerschaft, die gewissermaßen reihum wahrgenommen wird und auf das Bestreben der — zumeist gleich starken — Konkurrenten zurückgeht, keinen ruinösen Preiswettbewerb aufkommen zu lassen.

Preispolitik
s. Entgeltpolitik

Preisuntergrenze
Höhe des Entgelts für eine betriebliche Leistung, bei dessen Unterschreitung es geboten erscheint, auf deren Erbringung zu verzichten. Je nach betrieblicher Zielsetzung kann zwischen finanz-, absatz- und kostenwirtschaftlichen sowie kurz- und langfristigen Preisuntergrenzen unterschieden werden.

Pretest
1. Instrument zur Überprüfung der Wirksamkeit geplanter absatzpolitischer Maßnahmen vor ihrem Einsatz auf dem Markt.
2. Phase im Ablauf einer empirischen Erhebung, in der ein Forschungsplan durch eine Voruntersuchung an einer begrenzten Zahl von Fällen überprüft wird.

Primacy-Effekt
Hypothese der Kommunikationsforschung, daß sich in bestimmten Fällen das zuerst genannte Argument, mit dem eine Person konfrontiert wird, am stärksten durchsetzt, weil diesem möglicherweise mehr Aufmerksamkeit zuteil wird als später dargebotenen Informationen.

Primärforschung
Originäre Gewinnung von für die Lösung eines Problems relevanten Informationen mittels Befragung bzw. Beobachtung.

Produktdifferenzierung
Modifikation eines Gutes in der Weise, daß neben das ursprüngliche noch ein abgewandeltes Modell tritt.

Produktelimination
Aussonderung eines Erzeugnisses, das den Unternehmenszielen nicht mehr förderlich erscheint, aus dem Angebotsprogramm.

Produktentwicklung
s. Produktinnovation

Produktfamilie
s. Markenfamilie

Produktinnovation
Neuerung im Leistungsprogramm eines Unternehmens. Der Handlungsspielraum reicht dabei von dem Angebot solcher Produkte, die sich nur in ihrer äußeren Gestalt oder in einer etwas modifizierten Funktionserfüllung von ähnlichen, bereits am Markt befindlichen Alternativen unterscheiden, bis hin zur Entwicklung von Erzeugnissen, die ein Bedürfnis befriedigen, für das es bisher überhaupt noch keine Problemlösung gab (z.B. Videorecorder).

Produkt-Lebenszyklus
Marktreaktionsmodell, in dem als abhängige Variable unternehmerische Erfolgsgrößen wie Absatz, Umsatz, Deckungsbeitrag oder Gewinn auftreten, als unabhängige dagegen allein die Zeit fungiert. Der Produkt-Lebenszyklus zerfällt in die Phasen Markteinführung, Wachstum, Reife, Sättigung und Degeneration.

Produkt-Management
Form der → Marketing-Organisation, bei der die Erzeugnisse als eigentliche Erfolgsträger der Unternehmung in den Mittelpunkt aller absatzpolitischen Bemühungen gestellt und deshalb zum strukturbestimmenden Kriterium erhoben werden.

Produkt-Markt-Matrix
Denkraster zur Gewinnung von Strategien in wachsenden Märkten, bei dem die Handlungsmöglichkeiten auf die grundlegenden produkt- und marktbezogenen Optionen Marktdurchdringung, Marktentwicklung, Produktentwicklung und Diversifikation reduziert sind.

Produktpolitik
Gesamtheit aller Entscheidungen, die das Leistungsangebot eines Unternehmens betreffen. Die Produktpolitik erstreckt sich auf die Gestaltung der Produktbeschaffenheit und der Verpackung, die Markenbildung sowie auf die Wahl des Produktionsprogrammes (Industrie) bzw. Sortimentes (Handel), die Gewährung von Garantie und die Erbringung von Kundendienstleistungen (→ Instrument, absatzpolitisches).

Produktpositionierung
Marketingpolitische Maßnahmen, die zur Erlangung einer insbesondere im Hinblick auf Konkurrenzprodukte als günstig erachteten Stellung eines Erzeugnisses in der Einschätzung der Verbraucher ergriffen werden.

Produktqualität
Gesamtheit der Eigenschaften, die die Eignung eines Erzeugnisses für die beabsichtigte Verwendung bestimmen. Je nach den Gegebenheiten gehören dazu die Gebrauchs- und Funktionstüchtigkeit, Lebensdauer, Verwendungssicherheit, Wirtschaftlichkeit, Zuverlässigkeit usw.

Produkttest
Experiment, bei dem ausgewählte Konsumenten um eine Beurteilung von marktreifen Erzeugnissen oder von einzelnen Produktattributen (z.B. Verpackung, Name, Preis) gebeten werden. Die Urteilsabgabe basiert dabei auf einer bloßen Betrachtung oder auch auf dem Ge- bzw. Verbrauch des Testobjektes.

Produktvariation
Bewußte Veränderung der Eigenschaften, die ein am Markt befindliches Erzeugnis auszeichnen.

Produzentenhaftung
Rechtsverpflichtung des Herstellers, für Schäden an Eigentum, Leben, Körper oder Gesundheit der Verwender bzw. Verbraucher einzustehen, die aus der Nutzung bzw. dem Verbrauch eines von ihm in Verkehr gebrachten (fehlerhaften) Erzeugnisses entstanden sind.

Profit Center
Nach Produkten, Abnehmergruppen oder Regionen abgegrenzter Geschäftsbereich einer Unternehmung, dessen Management gegenüber der nächsthöheren Hierarchieebene Gewinnverantwortung trägt, ansonsten aber (fast) alle Freiheit eines unabhängigen Unternehmers genießt.

Prognose
Auf Erfahrung bzw. Beobachtungen oder theoretischen Erkenntnissen beruhende Aussage über künftige Ereignisse. Man unterscheidet zwischen Entwicklungsprognose, bei der eine Zeitreihe in die Zukunft verlängert wird, ohne daß die Unternehmung den zu prognostizierenden Sachverhalt (z.B. die Entwicklung der Einwohnerzahl im Absatzgebiet) beeinflussen könnte oder wollte, und Wirkungsprognose, bei der die voraussichtliche Konsequenz einer getroffenen Maßnahme ermittelt wird.

Prognoseverfahren
Methode zur Erarbeitung von Vorhersagen. Man unterscheidet zwischen quantitativen Methoden, die auf mathematischen Kalkülen beruhen und auf eine numerische Ermittlung der zu prognostizierenden Größe(n) abzielen, und qualitativen Verfahren, die auf der Basis von Erfahrung und Intuition Zukunftseinschätzungen liefern.

Prozeß, aktivierender
Psychischer Vorgang, der mit einer inneren Erregung, Anspannung oder Unruhe verbunden ist, eine Person mit Energie versorgt und in einen Zustand der Handlungsbereitschaft versetzt.

Prozeß, kognitiver
Psychischer Vorgang, durch den eine Person sich selbst und die Umwelt erkennt und ihr Verhalten willentlich steuert.

Psychogalvanische Reaktion (PGR)
Änderung des Hautwiderstandes durch bioelektrische Prozesse, die den Grad der Aktivierung eines Individuums widerspiegeln und vor allem von emotionalen oder unerwarteten Reizen hervorgerufen werden.

Public Relations (PR)
Teilbereich der → Kommunikationspolitik, der die systematische Gestaltung und Pflege der Beziehungen eines Unternehmens bzw. einer Organisation zur Öffentlichkeit umschließt. Das Ziel besteht darin, Lieferanten, Abnehmern, Mitarbeitern, Aktionären, Gläubigern usw. ein positives Bild des Unternehmens bzw. der Institution zu vermitteln und eine Atmosphäre des Verständnisses und Vertrauens zu schaffen.

Pull-Strategie
Vornehmlich von Konsumgüterherstellern angewandte Methode, um den Handel mit Hilfe eines durch intensive Endverbraucherwerbung ausgelösten Nachfragesogs zur Führung eines neuen Erzeugnisses zu veranlassen bzw. Auslistungstendenzen bei eingeführten Produkten entgegenzuwirken.

Punktbewertungsverfahren
Hilfsmittel zur Objektivierung der Entscheidungsfindung. Dabei werden zunächst die relevanten Beurteilungskriterien gesammelt und gewichtet, sodann die interessierenden Optionen nach Maßgabe der einzelnen Kriterien eingestuft und abschließend die gewichteten Teilurteile zu einem Gesamtwert verdichtet. Punktbewertungsverfahren werden im Marketing z.B. bei der Auswahl von Produktideen oder bei der Begutachtung von Standorten eingesetzt.

Pupillometrie
Verfahren zur Messung von Veränderungen des Durchmessers der Pupille, das vorwiegend zur Ermittlung der emotionalen Wirkung von Produkten herangezogen wird.

Push-Strategie
Vornehmlich von Konsumgüterherstellern angewandte Methode, um den Handel durch massive Umwerbung zur Führung eines neuen Erzeugnisses zu veranlassen oder Auslistungstendenzen bei eingeführten Produkten entgegenzuwirken. Dabei werden die Betroffenen durch Rabatte, Werbekostenzuschüsse usw. zur Abnahme möglichst großer Produktmengen zu bewegen versucht.

Quota-Verfahren
Verfahren der Stichprobenziehung, bei dem die Auswahl der Elemente analog zu der Verteilung bestimmter Merkmale (z.B. Alter, Geschlecht) in der Grundgesamtheit erfolgt. Es beruht auf der Annahme, daß bei einer Übereinstimmung von Stichprobe und Grundgesamtheit im Hinblick auf die Verteilung der vorgegebenen Merkmale die Auswahl auch in bezug auf den Untersuchungsgegenstand als repräsentativ gelten kann (→ Auswahl, bewußte).

Rabatt
Nachlaß auf den allgemein geforderten Verkaufspreis, mit dem bestimmte Leistungen des Käufers, wie z.B. hohe Bezugsmenge oder Kontinuität der Geschäftsbeziehungen, honoriert werden können.

Rabattpolitik
Gesamtheit von Entscheidungen, die den zielorientierten Einsatz von Preisnachlässen als ein Mittel der preispolitischen Feinsteuerung betreffen (z.B. durch das Aufstellen von Rabattstaffeln) (→ Entgeltpolitik).

Rack Jobber
Regal-Großhändler, der bestimmte Waren in Handelsbetrieben (vorzugsweise Supermärkten und Verbrauchermärkten, aber auch in C & C-Lägern) auf von diesen zur Verfügung gestellten Flächen anbietet.

Random Sampling
s. Zufallsauswahl

Rating
Einordnung eines Objektes auf einem durch Zahlen, Begriffe, Bilder usw. abgestuften Merkmalskontinuum.

Reaktanz
(Trotz-)Reaktion eines Individuums auf eine als übermäßig empfundene Beeinflussung, insbesondere auf eine befürchtete Beschneidung seiner Meinungs- oder Verhaltensfreiheit.

Recall-Test
Methode zur Messung der Gedächtniswirkung von Werbemitteln. Man unterscheidet dabei zwischen Verfahren, bei denen auf die Bereitstellung von Erinnerungshilfen verzichtet („unaided recall") und der Proband beispielsweise danach gefragt wird, ob er sich an eine Anzeige in einer bestimmten Ausgabe einer Zeitschrift entsinnen kann, und solchen, bei denen z.B. eine Liste mit Markennamen als Gedächtnisstütze vorgelegt wird („aided recall").

Recency-Effekt
Hypothese der Kommunikationsforschung, daß sich in bestimmten Fällen das zuletzt genannte Argument, mit dem eine Person konfrontiert wird, als das überzeugendste erweist, weil dieses möglicherweise besser als zuvor dargebotene Informationen im Gedächtnis haften bleibt.

Recognition-Test
Methode zur Messung der Gedächtniswirkung von Werbemitteln, bei der die Wiedererkennung z.B. bestimmter in Zeitschriften erschienener Anzeigen untersucht wird. Dabei blättert ein Interviewer mit Auskunftspersonen die zu testende Ausgabe durch und stellt fest, ob jene die betreffenden Inserate gesehen bzw. gelesen haben.

Recycling
Form der Entsorgung, bei der Abfälle und nicht marktfähige Nebenprodukte erneut in irgendeiner Form in den Produktionsprozeß eingeschleust werden.

Regressionsanalyse
Statistisches Verfahren der → Datenanalyse zur Bestimmung der Abhängigkeit einer zu erklärenden Variablen von einer (einfache Regression) oder mehreren (multiple Regression) erklärenden bzw. unabhängigen Größen. Dabei wird eine Verknüpfung gesucht, die

den zwischen den Variablen bestehenden Zusammenhang möglichst gut wiedergibt und die dadurch auch zur Vorhersage der interessierenden Zielgröße herangezogen werden kann.

Reichweite
Anzahl bzw. Anteil der Personen, die Kontakt mit einem oder mehreren Werbeträgern haben. Man unterscheidet zwischen räumlicher, quantitativer, qualitativer, kumulierter und kombinierter Reichweite.

Reichweite, kombinierte
Zahl der Personen, die bei Mehrfachbelegung mehrerer Werbeträger mindestens einmal angesprochen werden.

Reichweite, kumulierte
Anteil der Zielgruppe, der bei wiederholter Schaltung einer Werbebotschaft in einem Medium wenigstens einmal angesprochen wird.

Reichweite, qualitative
Maß dafür, inwieweit ein Werbeträger genau jenen Personenkreis erreicht, der von einer Werbemaßnahme erfaßt werden soll.

Reichweite, quantitative
Zahl der Personen, die in einer Zeiteinheit mit einem Medium in Kontakt kommen.

Reichweite, räumliche
Geographisches Gebiet, das durch einen Werbeträger abgedeckt wird.

Reifephase
Abschnitt des → Produkt-Lebenszyklus, in dem der Absatz zwar noch steigt, aber degressive Zuwachsraten aufweist. Hier werden die höchsten Deckungsbeiträge erzielt.

Reisender
Angestellter eines Unternehmens im Außendienst, der Geschäftsbeziehungen zu tatsächlichen und potentiellen Kunden unterhält bzw. knüpft.

Relaunch
Wiedereinführung eines Produktes nach dessen Umgestaltung oder schlagartig einsetzende Intensivierung der Marketingbemühungen für ein in der Stagnations- oder Degenerationsphase des Produkt-Lebenszyklus befindliches Erzeugnis.

Reliabilität
Kriterium zur Beurteilung der Güte von Meßmethoden. Ein Verfahren gilt dann als reliabel, wenn die ermittelten Werte bei Erhebung durch verschiedene Personen oder bei Wiederholung des Meßvorgangs nur geringfügig streuen.

Repräsentativität
Kriterium für die Verallgemeinerungsfähigkeit von Ergebnissen, die im Rahmen einer Stichprobenerhebung gewonnen wurden. Der Idealzustand ist dann erreicht, wenn die Verteilung aller interessierenden Merkmale in der Stichprobe mit jener in der Grundgesamtheit übereinstimmt.

Rolle, soziale
Bündel von Erwartungen, die Gruppenmitglieder gegenüber Positionsinhabern hegen. Rollenerwartungen prägen u.a. den Konsumstil und somit das Konsumentenverhalten.

Sättigungsphase
Abschnitt des → Produkt-Lebenszyklus, in der der Absatz nicht mehr zu steigern ist und die Deckungsbeiträge zurückgehen.

Sales Promotion
s. Verkaufsförderung

SB-Warenhaus
Betriebsform des → Einzelhandels, die durch eine Verkaufsfläche von mindestens 3000 qm, ein umfassendes Sortiment, das vornehmlich im Wege der Selbstbedienung angeboten wird, ein üblicherweise niedriges Preisniveau sowie einen weitgehenden Verzicht auf Nebenleistungen gekennzeichnet ist.

Scanning
Computergestütztes Verfahren der artikelgenauen Datenerfassung am Verkaufspunkt, das mit Hilfe optischer Belegleser, sog. Scanner, vollelektronisch Artikelnummern (z.B. in Form des als Balkencode auf dem Produkt angebrachten EAN-Code) liest, Zahlungsbelege ausstellt und Bestandskonten fortschreibt.

Schätzverfahren
Statistische Methode, deren Aufgabe darin besteht, aufgrund eines Stichprobenergebnisses für unbekannte Parameter der Grundgesamtheit einen numerischen Wert zu bestimmen (Punktschätzverfahren) oder ein Intervall anzugeben, in dem die interessierende Größe mit einer bestimmten, vorgegebenen Wahrscheinlichkeit liegt (Intervallschätzverfahren).

Schicht, soziale
Gruppe von Menschen, die den gleichen Status aufweisen. Für die Schichtzugehörigkeit des einzelnen sind Aspekte wie Bildungsgrad, Stellung im Beruf, Einkommenshöhe, Besitz- und Wohnverhältnisse maßgebend.

Schnellgreifbühne
Mechanische Vorrichtung, mit der vor allem die Anmutungsqualität und die Wahrnehmung des Preis-/ Leistungsverhältnisses von Produkten durch Versuchspersonen geprüft werden können.

Schwerpunktstrategie
Konzentration der Marktbearbeitung auf ein oder wenige Aktionsfelder (z.B. ausgewählte Abnehmersegmente, bestimmte Teile des Produktionsprogramms oder geographisch abgegrenzte Märkte), um hier Kostenführerschaft oder Differenzierung oder beides zusammen zu erreichen.

Screening
Prozeß der Vorselektion von zur Auswahl stehenden Optionen mit Hilfe von Bewertungsverfahren. Bei der Entwicklung eines neuen Produkts schließt sich die Screening-Phase direkt an die Ideenfindung an.

Sekundärforschung
Gewinnung von für die Lösung eines Problems relevanten Informationen durch Beschaffung und Analyse bereits vorhandener, zu anderen Zwecken erhobener Daten.

Selbstbedienung
Spezielle → Bedienungsform.

Semantisches Differential
Mehrdimensionales → Skalierungsverfahren zur Messung von Einstellungen, bei dem die Auskunftspersonen das Urteilsobjekt auf einem Satz meist siebenstufiger Merkmalskontinua, deren Pole mit gegensätzlichen Eigenschaften (z.B. gut — schlecht, sanft — wild) umschrieben sind, einstufen sollen.

Service
s. Kundendienst

Shopping Center
Als Einheit geplantes, zumeist an der Peripherie größerer Kommunen gelegenes → Einkaufszentrum.

Shopping Good
→ Gut, das ein Konsument relativ selten und erst nach sorgfältigem Vergleich von Preis und Qualität erwirbt.

Signifikanztest
Statistisches Verfahren, mit dessen Hilfe überprüft werden kann, ob ein Stichprobenbefund mit einer Annahme über unbekannte Parameter oder die Verteilung der Grundgesamtheit (= Nullhypothese) aus wahrscheinlichkeitstheoretischer Sicht verträglich ist oder nicht.

Situationsanalyse
1. Prozeß oder Ergebnis der Gewinnung von Informationen über Rahmenbedingungen einer Entscheidung.
2. Phase der strategischen Planung, deren Zielsetzung in der Gewinnung und Auswertung von Informationen über die derzeitigen und künftigen internen wie externen Rahmenbedingungen, unter denen ein Unternehmen tätig ist, besteht. Sie bedient sich dabei Methoden der Marktforschung sowie spezifischer Verfahren, wie z.B. Potentialanalyse, Stärken-/Schwächen-Analyse und Portfolio-Analyse.

Skala
Abbildungsvorschrift, die die Zuordnung von Symbolen (im allgemeinen Zahlen) zu Untersuchungsobjekten entsprechend den Ausprägungen des gemessenen Merkmals regelt.

Skalenniveau
Informationsgehalt der von einer Skala gelieferten (Zahlen-)Werte. Je nachdem, welche Eigenschaften bzw. zwischen den Zahlen bestehenden Relationen auf die Untersuchungsobjekte inhaltlich sinnvoll übertragbar sind, unterscheidet man zwischen Nominal-, Ordinal-, Intervall- und Verhältnisskalenniveau. So repräsentieren z.B. bei einem ordinal- bzw. rangskalierten Merkmal (Güteklasse bei Lebensmitteln, Präferenzurteil einer Auskunftsperson o.ä.) die den Untersuchungseinheiten zugeordneten Werte lediglich Rangplätze, nicht aber das Ausmaß, in dem eine Eigenschaft vorhanden ist.

Skalierungsverfahren
Formalisierte Methode zur Konstruktion von Skalen. Die zu erhebenden Merkmale werden dabei häufig als komplexe, in einzelne Merkmalsdimensionen zerlegbare Phänomene angesehen (z.B. das theoretische Konstrukt „Einstellung"). Nach der Anzahl der in das Meßverfahren einbezogenen Merkmalskomponenten unterscheidet man zwischen ein- und mehrdimensionalen Skalierungsverfahren.

Skalogramm-Analyse
s. *Guttman*-Skalierung

Skimming Pricing
Preispolitische Strategie bei Einführung eines neuen Produktes, die dadurch gekennzeichnet ist, daß anfänglich ein hohes Entgelt verlangt wird, das dann mit zunehmender Erschließung des Marktes und Ausweitung der Produktionskapazität sukzessive gesenkt wird.

Social Marketing
→ Marketing für bestimmte Ideen oder Anliegen, die zum Nutzen der Gesellschaft verfolgt werden (sollten). Ein Beispiel hierfür bildet der Einsatz von Marketing-Know-how zur Reduktion des Zigaretten- oder Alkoholkonsums.

Societal Marketing
Spielart des → Social Marketing, bei der das gesellschaftliche Anliegen nicht mehr im Mittelpunkt der Überlegungen und Bemühungen steht, sondern nur noch eine — oftmals gleichwohl bedeutsame — Restriktion bei der Verfolgung einzelwirtschaftlicher Ziele darstellt.

Sonderangebot
Preispolitische Maßnahme, bei der einzelne Waren zu einem meist stark reduzierten Preis offeriert und werblich besonders herausgestellt werden. Angestrebt werden damit die Erhöhung der Verkaufsmenge oder die Profilierung gegenüber Konkurrenten.

S-O-R-Ansatz
Konzept zur Erklärung des Konsumentenverhaltens, nach dem für das menschliche Verhalten nicht nur objektiv beobachtbare Stimuli, sondern auch nicht direkt beobachtbare, psychische Prozesse (z.B. Wahrnehmung, Motivation) im Innern des **O**rganismus maßgebend sind, die zwischen **S**timulus (z.B. Werbeappell) und **R**eaktion (z.B. Kaufentscheidung) wirksam werden.

Sortiment
Gesamtheit aller von einem Handelsbetrieb angebotenen Waren.

Sortimentsbreite
Vielfalt der von einem Handelsbetrieb geführten unterschiedlichen Warenbereiche. Man unterscheidet zwischen schmalen Sortimenten mit wenigen und breiten mit einer Vielzahl von Warengruppen.

Sortimentstiefe
Vielfalt der von einem Handelsbetrieb innerhalb eines Warenbereichs geführten Artikel, die von Typen, Größen, Farben, Qualitätsstufen usw. bestimmt wird. Es stehen sich flache Sortimente mit wenigen und tiefe mit einer Fülle von Alternativen gegenüber.

Sortimentsverbund
Spezielle Ausprägung eines → Verbundeffekts.

Sozialtechnik
Konzeption bzw. Einsatz spezieller Instrumente zur Beeinflussung des menschlichen Verhaltens.

Specialty Good
→ Gut, das in größeren Abständen gekauft wird, spezielle Bedürfnisse befriedigt und dadurch beachtliche Kaufanstrengungen durch die Konsumenten rechtfertigt.

Spezialhandel
Variante des → Fachhandels.

Spill over-Effekt
Ausweitung der Wirkung einer (Marketing-)Maßnahme über den anvisierten Zielbereich hinaus.

Split Run-Verfahren
Plazierung einer Anzeige lediglich in einem Teil der Auflage einer Zeitung oder Zeitschrift, um Streuverluste zu vermeiden.

S-R-Ansatz
Konzept zur Erklärung des Konsumentenverhaltens, das sich auf die Analyse von objektiv beobachtbaren Stimuli und damit korrespondierenden Reaktionen beschränkt. Danach wird z. B. das Markenwahlverhalten allein durch Reize erklärt, die im Augenblick wirken oder schon früher aufgetreten sind, wobei das Individuum als „Black Box" angesehen wird, die in ihm ablaufenden psychischen Prozesse also außer Betracht bleiben.

Stärken-/Schwächen-Analyse
Verfahren der strategischen → Situationsanalyse, mit dessen Hilfe durch Vergleich wesentlicher Vor- und Nachteile eines Unternehmens mit jenen der wichtigsten Konkurrenten sein spezifischer Handlungsspielraum ermittelt werden soll.

Standort
Geographischer Ort, an dem ein Unternehmen Leistungen erstellt oder anbietet.

Standortpolitik
Gesamtheit aller Entscheidungen, die die zielorientierte Wahl und Sicherung des Standorts betreffen. Die Standortpolitik ist von besonderer Bedeutung für diejenigen Wirtschaftszweige, die sich mit ihrem Angebot direkt an die Verbraucher wenden (Einzelhandel, Gastronomie, Kreditinstitute, Reisebüros, konsumorientierte Handwerksbetriebe wie Bäcker und Fleischer usw.). Parallel dazu stellt sich die Frage, welche Leistungen an welcher Stelle eines Unternehmens (Geschäfts, Lagerhauses usw.) erbracht bzw. angeboten werden sollen (innerbetriebliche Standortpolitik) (→ Distributionspolitik).

Status
Wertschätzung, die einer Person in ihrem Umfeld aufgrund ihrer sozialen Position entgegengebracht wird.

Stichprobe
Teilmenge aus einer Gesamtheit von Objekten, über die eine Untersuchung Aussagen liefern soll.

Store-Test
Probeweiser Verkauf von neuen oder modifizierten Produkten in ausgewählten Geschäften, um die Akzeptanz bei den Verbrauchern oder die Wirkung einzelner absatzpolitischer Maßnahmen unter realen Bedingungen zu ermitteln.

Strategie
Mittel- bis langfristig wirkende Grundsatzentscheidung mit Instrumentalcharakter. Ihr kommt die Aufgabe zu, einen Orientierungsrahmen für nachgeordnete Entscheidungen zu schaffen und damit den Einsatz unternehmerischer Aktivitäten auf die Erreichung der Ziele hin zu kanalisieren.

Strategische Geschäftseinheit (SGE)
Tätigkeitsfeld, das sich nach Produkt(en), Kunden und Wettbewerbern nachhaltig von allen anderen Aktivitätsbereichen eines Unternehmens unterscheidet.

Streckengeschäft
Distributionsform, bei der sich der (Groß-)Händler im wesentlichen auf die Wahrnehmung dispositiver Funktionen beschränkt, indem er bestellte Waren vom Hersteller direkt an den Auftraggeber liefern läßt. Das Streckengeschäft spielt überall dort eine bedeutende Rolle, wo Massengüter umgeschlagen werden, bei denen Fracht- und Manipulationskosten hoch zu Buche schlagen.

Supermarkt
Betriebsform des → Einzelhandels, die auf einer Verkaufsfläche von mindestens 400 qm vornehmlich im Wege der Selbstbedienung neben einem vollen Nahrungs- und Genußmittelsortiment auch andere Waren des täglichen Bedarfs (Non Food) anbietet, die nicht der Beratung bedürfen.

Synektik
→ Kreativitätstechnik, bei der ein Ausgangsproblem (z.B. die Gewinnung von Produktideen) über die Bildung von Analogien zu anderen Lebensbereichen schrittweise verfremdet wird. Stößt man dabei auf eine interessante Lösung, werden deren Strukturelemente durch eine als „force fit" bezeichnete, gewaltsame Rückbesinnung auf das Ausgangsproblem übertragen.

Synergie
Zusammenwirken von Kräften, die in gleicher Richtung wirken und sich in der Kombination verstärken.

Szenario-Technik
Qualitatives → Prognoseverfahren zur Entwicklung in sich konsistenter Zukunftsbilder (=Szenarien). Man versucht damit, auf der Basis der gegenwärtigen Situation den Endzustand des Prognosegegenstandes unter verschiedenartigen Rahmenbedingungen zu antizipieren und davon ausgehend mögliche Auswirkungen auf das Untersuchungsfeld abzuleiten.

Tachistoskop
Technische Einrichtung, die eine extrem kurzzeitige Darbietung visueller Impulse erlaubt. Dabei werden die Bedingungen systematisch variiert, um eine Vorstellung davon zu gewinnen, wie die einzelnen Gestaltungselemente der Reizvorlage den kognitiven Prozeß der Wahrnehmung beeinflussen. Mit Hilfe des Tachistoskops können z.B. die Anmutungsleistung von Produkten und die Eignung von Werbemitteln getestet werden.

Tausenderpreis
Maßstab für die kommunikative Leistungsfähigkeit eines Mediums, wobei Anzeigenkosten und Auflagenhöhe zueinander in Beziehung gesetzt werden. Die Kennzahl drückt aus, wieviel es kostet, 1000 Leser, Hörer oder Seher zu erreichen bzw. qualifizierte, zielgruppenbezogene Kontakte herzustellen.

Technologieorientierung
Systematische Ausrichtung des Leistungspotentials eines Unternehmens an produkt- und verfahrensbezogener Technik, um dadurch strategische Erfolgspositionen aufzubauen.

Diese Strategie ist vor allem in solchen Wirtschaftszweigen von Bedeutung, in denen Forschung und Entwicklung eine große Rolle spielen und insoweit auch beachtliche Chancen eröffnen.

Test, statistischer
Verfahren zur Überprüfung von Hypothesen über eine oder mehrere Grundgesamtheiten anhand einer oder mehrerer Zufallsstichproben.

Testimonialwerbung
Einsatz wirklicher oder angeblicher Verwender von Produkten im Rahmen der Werbung, um die Umworbenen zu veranlassen, deren Verhalten nachzuahmen oder deren Empfehlungen zu folgen.

***Thurstone*-Skalierung**
Eindimensionales → Skalierungsverfahren zur Messung von Einstellungen, bei dem Probanden ihr Urteil durch pauschale Zustimmung zu oder Ablehnung von verbalen Äußerungen zum Meinungsgegenstand kundtun. Dabei repräsentiert jedes Statement einen bestimmten, auf der Grundlage von Expertenurteilen gebildeten und den Auskunftspersonen nicht bekannten Wert auf einem Einstellungskontinuum. Der Gesamtwert der Einstellung ergibt sich dann aus dem Durchschnitt der Skalenwerte derjenigen Statements, denen der Proband zugestimmt hat.

Trend
Grundrichtung einer Entwicklung über lange Zeit hinweg, die aus vergangenheitsbezogenen Daten erkennbar ist.

Trendextrapolation
Quantitatives → Prognoseverfahren, bei dem die langfristige Entwicklungsrichtung einer Zeitreihe über den Beobachtungszeitraum hinaus als unverändert gültig erachtet wird.

Trendfunktion
Empirische Funktionsgleichung, die den langfristigen Verlauf einer Zeitreihe mehr oder weniger gut repräsentiert und zur Schätzung der in die Zukunft fallenden Werte herangezogen werden kann.

Trendfunktion, exponentielle
Form einer → Trendfunktion, die durch eine gleichbleibende relative Veränderung (Wachstumsrate) der interessierenden Variablen gekennzeichnet ist.

Trendfunktion, lineare
Form einer → Trendfunktion, die durch eine gleichbleibende absolute Veränderung (Wachstumsrate) der interessierenden Variablen gekennzeichnet ist.

Trendfunktion, logistische
Form einer → Trendfunktion, die einen S-förmigen Verlauf aufweist, wobei die Wachstumskurve zu beiden Seiten des Wendepunktes symmetrisch verläuft.

***Trommsdorff*-Modell**
Konzept zur Einstellungsmessung, bei dem die Auskunftsperson zum einen die subjektiv wahrgenommenen Ausprägungen von Eigenschaften des Meinungsgegenstandes, zum anderen die im Idealfall zu erwartenden Ausprägungen anzugeben hat. Aus dem Vergleich von realer Einschätzung und Idealzustand lassen sich Anhaltspunkte für absatzpolitische Maßnahmen ableiten.

Umweltanalyse
Verfahren der strategischen → Situationsanalyse, in dessen Mittelpunkt die Identifikation und Untersuchung der ökonomischen, sozio-kulturellen, politisch-rechtlichen, technologischen und physischen Rahmenbedingungen (= Makroumwelt) unternehmerischer Entscheidungen stehen.

Unaided Recall
Form des → Recall-Tests.

Unfolding-Technik
s. *Coombs*-Skalierung

Unique Selling Proposition (USP)
Nutzenversprechen, mit dem ein Unternehmen bei seinen werblichen Bemühungen ein Produkt von den Angeboten der Wettbewerber abzuheben versucht.

Universal Product Code (UPC)
Spezielle Form eines → Artikelnummernsystems.

Unternehmensforschung
Wissenschaft, die sich mit der Vorbereitung von Entscheidungen zur Gestaltung und Steuerung soziotechnischer Systeme mit Hilfe mathematischer Methoden befaßt. Im Rahmen des Marketing können die Verfahren der Unternehmensforschung vor allem für die Planung des Einsatzes der absatzpolitischen Instrumente herangezogen werden.

Unternehmenskultur
„Persönlichkeit" eines Unternehmens, die sich in spezifischen, historisch gewachsenen Denk- und Problemlösungsmustern (z.B. langjährig verfestigten Verhaltensmustern und Tradition im Führungsverhalten) manifestiert.

Unternehmensphilosophie
Teil der → Unternehmenskultur, der die Wertbasis unternehmerischen Denkens und Handelns bildet und beispielsweise in den Oberzielen des Unternehmens und seinen Verhaltensregeln zum Ausdruck kommt.

Validität
Kriterium zur Beurteilung der Güte von Meßmethoden. Ein Verfahren gilt dann als valide, wenn es tatsächlich das mißt, was es zu messen vorgibt.

Variable
Operational definiertes Merkmal von Untersuchungsobjekten, das mehrere Ausprägungen annehmen kann.

Variable, abhängige
→ Variable, die im Untersuchungszusammenhang annahmegemäß durch eine oder mehrere andere Variablen erklärt werden kann.

Variable, intervenierende
→ Variable, von der man glaubt, daß sie den zwischen bestimmten Variablen bestehenden Zusammenhang beeinflußt. Im Rahmen der Verhaltensforschung werden intervenierende Variablen wie Einstellungen oder Emotionen zur Aufhellung nicht beobachtbarer Prozesse, die in der Verbraucherpsyche ablaufen, herangezogen.

Variable, unabhängige
→ Variable, von der man annimmt, daß sie im Untersuchungszusammenhang auf eine oder mehrere andere Variablen einwirkt.

Varianzanalyse
Statistisches Verfahren der → Datenanalyse, mit dessen Hilfe überprüft werden kann, ob unterschiedliche Ausprägungen einer (univariate Varianzanalyse) oder mehrerer (multivariate Varianzanalyse) unabhängigen Variablen eine (einfaktorielle Varianzanalyse) oder mehrere (mehrfaktorielle Varianzanalyse) abhängige Variablen in signifikanter Weise beeinflussen.

Verbrauchermarkt
Betriebsform des → Einzelhandels mit mindestens 1000 qm Verkaufsfläche und einem breiten Sortiment, dessen Kern Nahrungs- und Genußmittel bilden. Meist dient der Preis als bevorzugter Wettbewerbsparameter. Als Standort werden wegen der vergleichsweise niedrigen Grundstückspreise und der meist günstigen Verkehrsverhältnisse Randlagen der Städte und Ballungsräume bevorzugt.

Verbraucherpolitik
Gesamtheit aller Entscheidungen, die darauf gerichtet sind, Verbrauchern zu einer stärkeren Position gegenüber Anbietern zu verhelfen.

Verbraucherschutz
Gesamtheit aller Maßnahmen, die die Verbraucher vor Praktiken von Anbietern privater und öffentlicher Güter wie Irreführung, Übervorteilung, Gefährdung von Leib und Leben usw. bewahren sollen.

Verbraucherschutzeinrichtung
Institution, die sich als Sachwalterin der Interessen der Verbraucher versteht und u.a. die Öffentlichkeit über einschlägige Vorgänge informiert und Konsumenten berät.

Verbraucherverband
Koalition von Verbrauchern oder Interessenverbänden, die das Ziel verfolgt, sich gegenüber Anbietern oder deren Verbänden eine stärkere Position zu verschaffen, als sie ein einzelner erringen könnte, und diese im Marktgeschehen zu ihren Gunsten einzusetzen.

Verbrauchsgut
→ Konsumgut, das zum Verzehr oder zur einmaligen Verwendung bestimmt ist.

Verbundeffekt
Nachfrage-, Bedarfs- oder Kaufverflechtung zwischen Teilen des Angebotsprogramms bzw. Sortiments. Bei bestimmten Waren, wie z.B. Kaffee und Kaffeefiltern, ergibt sich eine solche schon aus deren komplementärem Charakter.

Verfahren der gleich erscheinenden Intervalle
s. *Thurstone*-Skalierung

Verfahren der summierten Schätzungen
s. *Likert*-Skalierung

Verhältnisskala
→ Skala, bei der die Relationen zwischen den den Untersuchungsobjekten zugeordneten Zahlenwerten auch als Relationen zwischen den Ausprägungen des erhobenen Merkmals (z.B. Einkommen, monatliche Absatzmenge) gedeutet werden können. Die Verhältnisskala verfügt über einen eindeutigen Nullpunkt.

Verkäufermarkt
Marktsituation, die von einer starken Machtposition der Anbieter gegenüber den Nachfragern geprägt ist.

Verkauf, persönlicher
Akquisition von Kunden und Erlangung von Aufträgen durch unmittelbare, nicht mediale Einwirkung auf potentielle oder tatsächliche Abnehmer.

Verkaufsförderung
Teilbereich der → Kommunikationspolitik, mit dessen Hilfe der Absatz kurzfristig und unmittelbar stimuliert werden soll. Je nach Adressatenkreis unterscheidet man zwischen Verbraucher-, Außendienst- und Händler-Promotions.

Verkaufsorganisation
Gesamtheit der unternehmensinternen und -externen Kräfte und Einrichtungen, die sich um die Anbahnung und Abwicklung von Aufträgen bemühen und dabei auch Informationen über das Marktgeschehen sammeln. Dazu zählen u.a. Geschäftsleitung, Verkaufsabteilung, Reisende und Verkaufsniederlassungen auf der einen sowie Handelsvertreter, Kommissionäre, Makler und Syndikate auf der anderen Seite.

Versandhandel
Betriebsform des → Einzelhandels, bei der Waren durch Medien, vor allem mit Hilfe von Katalogen, oder Vertreter angeboten und dem Käufer nach Bestellung durch die Post oder auf andere Weise zugestellt werden.

Versuchsanordnung
Anlage eines Experiments. Ziel dabei ist es, mögliche Störgrößen zu eliminieren, die neben den vom Versuchsleiter bewußt variierten Faktoren ebenfalls einen Einfluß auf den interessierenden Sachverhalt ausüben können.

Vertragshändler
Rechtlich selbständiger Händler, der sich langfristig dazu verpflichtet, die Erzeugnisse eines Herstellers zu führen, deren Absatz zu fördern und, in der Regel, auf das Angebot von Konkurrenzprodukten zu verzichten. Üblicherweise gewährt der Hersteller dem Händler dafür das Alleinvertriebsrecht für ein bestimmtes Gebiet.

Vertrieb
Betriebliche Funktion, die die Absatzdurchführung zum Gegenstand hat und die Teilbereiche Warenverteilung, Steuerung der Außendienstorganisation und Pflege der Beziehungen eines Anbieters zu den Abnehmern umfaßt.

Vertriebsbindung
Vereinbarung, bei der sich ein Wiederverkäufer verpflichtet, die von seinem Vertragspartner bezogene (Marken-)Ware nur an bestimmte Abnehmer weiterzuveräußern.

Vertriebserfolgsrechnung
Instrument zur Kontrolle der durch den Absatz von Leistungen im Markt bedingten Kosten und Erlöse.

Vertriebskosten
Jede Art von Werteverzehr, der dadurch verursacht ist, daß Erzeugnisse im Markt abgesetzt werden müssen. Dazu zählen neben den reinen Verkaufskosten (z.B. Außendienst, Versand und Sales Promotion) auch die Kosten der Vertriebsverwaltung und -führung (z.B. für Fakturierung, Mahnwesen, Marketing-Management).

Vertriebssystem
Gesamtheit aller Einrichtungen und organisatorischen Vorkehrungen der Absatzdurchführung.

Vertriebsweg
s. Absatzweg

Volltest
Form des → Produkttests, bei dem die Akzeptanz eines Erzeugnisses in seiner Gesamtheit geprüft wird.

Wachstumsphase
Abschnitt des → Produkt-Lebenszyklus, in dem sich der Absatz stark ausweitet und positive Deckungsbeiträge erwirtschaftet werden.

Wahrnehmung
Psychischer Vorgang, der die Aufnahme und Verarbeitung von Reizen umfaßt.

Wahrnehmung, selektive
Psychischer Vorgang der Auswahl von Stimuli aus der Gesamtheit der auf ein Individuum einwirkenden Reize, wobei diejenigen ausgesondert werden, die nicht der Bedarfs- oder Interessensituation des Individuums entsprechen.

Warenhaus
Betriebsform des → Einzelhandels, die, zumeist in Stadtzentren gelegen, ein in Einzelfällen weit über 100 000 Artikel umfassendes Sortiment unter einem Dach anbietet. Den Kern des Angebots bilden Textilien und Bekleidung, wenngleich Hartwaren, Einrichtungsgegenstände, Sportartikel sowie Nahrungs- und Genußmittel in den letzten Jahren an Bedeutung gewonnen haben.

Warenwirtschaftssystem, geschlossenes
Form der meist computergestützten Warenbewirtschaftung im Handel, die auf die vollständige artikelbezogene Erfassung und Steuerung der Waren- und Geldbewegungen sowie der entsprechenden Bestände vom Wareneingang bis zum Verkauf der Ware abzielt.

Weiße Produkte
s. No Names

Werbeanteils-Marktanteils-Methode
Verfahren der → Werbebudgetplanung, bei dem die Höhe des Werbeetats am eigenen Marktanteil orientiert wird.

Werbebotschaft
Kern einer Werbeaussage, die der Werbungtreibende in Form von Schrift, Bild oder Ton an die Zielgruppe übermittelt.

Werbebudget
Etat, der zur Finanzierung von werblichen Bemühungen in einer Periode zur Verfügung steht.

Werbebudgetplanung
Zielorientierte Festlegung der Mittel, die für Werbezwecke zur Verfügung stehen (→ Werbeprogrammplanung).

Werbeerfolg
Ausmaß der durch eine Werbemaßnahme erreichten Werbeziele (z.B. Stimulierung der Nachfrage, Imageverbesserung, Erhöhung des Bekanntheitsgrades eines Produktes).

Werbeerfolgskontrolle
Überprüfung durchgeführter Werbemaßnahmen im Hinblick auf den Realisierungsgrad der angestrebten Werbeziele. Man unterscheidet zwischen einer ökonomischen Werbeerfolgskontrolle, die sich auf Größen wie Umsatz oder Gewinn bezieht, und einer außerökonomischen Variante, die auf Image, Bekanntheitsgrad usw. abstellt.

Werbeerfolgsprognose
Aussage über die Wirkung, die eine kommunikative Maßnahme vermutlich entfaltet.

Werbemittel
Ausgestaltung bzw. Kombination von Kommunikationsmitteln (z.B. Wort, Bild, Ton, Symbol), mit denen eine Werbebotschaft dargestellt wird, also etwa Anzeige, Rundfunkspot oder Plakat.

Werbeplanung
Systematische Vorausbestimmung zukünftigen Verhaltens im Bereich der Werbung, im allgemeinen für die Dauer eines Jahres.

Werbeprogrammplanung
Zielorientierte Festlegung der werbepolitischen Aktionsparameter. Entscheidungsvariablen sind dabei vor allem die Höhe des Werbebudgets und dessen Verteilung auf einzelne Werbeträger.

Werbeträger
Medium, durch das ein Werbemittel an die Umworbenen herangetragen werden kann (Fernsehen, Zeitung, Zeitschrift, Anschlagsäule usw.).

Werbeziel
Zweck bzw. Zustand, der mit kommunikativen Maßnahmen erreicht werden soll. Man unterscheidet zwischen ökonomischen Werbezielen, die sich auf Größen wie Umsatz oder Gewinn beziehen, und außerökonomischen Werbezielen, die auf Bekanntheitsgrad, Image usw. abstellen.

Werbung
Bewußter Versuch, Menschen durch Einsatz spezifischer Kommunikationsmittel zu einem bestimmten, absatzwirtschaftlichen Zwecken dienenden Verhalten zu bewegen (→ Kommunikationspolitik).

Werbung, unterschwellige
Form der → Kommunikation, die durch extrem kurzzeitige Darbietung von Reizen die bewußte Aufnahme und Verarbeitung einer Werbebotschaft verhindert.

Werbung, vergleichende
Auf Leistungen der Mitbewerber explizit Bezug nehmende Form der → Kommunikation.

Wertanalyse
Verfahren, das dem Zweck dient, bei einem Objekt (z.B. Erzeugnis, Produktionsablauf) die von diesem erbrachten Funktionen und die damit einhergehenden Kosten zu identifizieren und zu bewerten, um darauf aufbauend durch Elimination nicht notwendiger Elemente Kosten zu reduzieren sowie mögliche Verbesserungen bei der Funktionserfüllung zu erzielen. Im Marketing wird die Wertanalyse z.B. im Rahmen der Produktentwicklung eingesetzt.

Wertwerbung
Form der → Kommunikation, die Werte wie Sachgüter, Geld, Dienstleistungen oder Rechte, die von den Umworbenen begehrt werden, bewußt einsetzt und dabei auf das Entstehen eines Gefühls der Dankbarkeit und des Verpflichtetseins abzielt.

Wettbewerb
Rivalitätsbeziehung zwischen Wirtschaftssubjekten, die dadurch bedingt ist, daß jeder der Betroffenen mit seinem Angebot bei Bedarfsträgern zum Zuge kommen will.

Wettbewerber
s. Konkurrent

Wettbewerbsanalyse
s. Konkurrentenanalyse

Wettbewerbsmatrix
Denkraster zur Generierung konkurrentenorientierter Strategien, wobei der strategische Handlungsspielraum auf die grundlegenden Optionen Differenzierung, Kostenführerschaft und Konzentration auf Schwerpunkte begrenzt wird.

Wettbewerbs-Paritäts-Methode
Verfahren der → Werbebudgetplanung, bei dem die Höhe des Werbeetats an den entsprechenden Ausgaben der maßgeblichen Konkurrenten ausgerichtet wird.

Wiedererkennungsverfahren
s. Recognition-Test

Zeitreihe
Menge von zeitlich geordneten Beobachtungswerten über einen bestimmten Sachverhalt, wobei die Abstände zwischen den Erhebungszeitpunkten gewöhnlich gleich groß sind.

Zeitreihenanalyse
Zerlegung von Längsschnittdaten über einen bestimmten Sachverhalt (Zeitreihe) in ihre Komponenten (Trend, periodische Schwankungen und Zufallseinflüsse), um darauf aufbauend dessen künftige Entwicklung zu prognostizieren.

Ziel
Angestrebter Zustand, den ein Unternehmen zumeist auf der Basis von in einer Situationsanalyse ermittelten internen und externen Rahmenbedingungen definiert. Ziele sollten nach Inhalt, Ausmaß und zeitlichem Bezug möglichst genau bestimmt werden, um die Entwicklung von Strategien und Maßnahmen sowie die Kontrolle der Zielerreichung zu erleichtern.

Ziel- und Aufgaben-Methode
Verfahren der → Werbebudgetplanung, bei dem zunächst ein Werbeziel spezifiziert, sodann die dafür erforderlichen Maßnahmen festgelegt und schließlich die für deren Durchführung benötigten finanziellen Mittel geschätzt werden.

Zielgruppe
Segment des Marktes, auf das Wirtschaftssubjekte, Organisationen etc. ihre akquisitorischen Bemühungen konzentrieren wollen.

Zielsystem

In sich konsistentes Bündel von Zielen, die eine Person, Institution etc. gleichzeitig erreichen will. Dabei können die einzelnen Ziele gleichrangig oder hierarchisch angeordnet sein.

Zufallsauswahl

Verfahren der Stichprobenbildung, bei dem jedes Element der Grundgesamtheit eine bestimmte, ermittelbare Wahrscheinlichkeit aufweisen muß, in die Stichprobe zu gelangen.

Stichwortverzeichnis

ABC-Analyse **167 f.**, 967
Ablaufplanungsmodell 188
Abnehmergruppe 832, 835, 853, 867, 869, 889, 953
Abnehmerselektion 429 f.
Absatz **6**, 8, 166, 170 f., 415, 840, 852 f., 876, 877
— Absatz, direkter 367, **380 ff.**
— Absatz, indirekter 367, **382 ff.**
— Absatz, kumulierter 870, 872, 877
— Absatz, Primat des 13
— Absatzförderung 493
— Absatzforschung **607 f.**, 611 f., 828, 840
— Absatzgebietsvergleich 925
— Absatzhelfer **6**, 36, **625 f.**
— Absatzkette **7**, 625, 920
— Absatzkonzeption 834, 922
— Absatzmarktforschung 607
— Absatzmittler **5**, 625 f.
— Absatzorganisation 849, 852
— Absatzpolitik, selektive 924
— absatzpolitische Instrumente 12, **15 ff.**, 41, 375, 405 ff., 410, 510 f., 823, 827, 922
— Absatzpotential 866
— Absatzprognose **199 ff.**
— Absatzsegment 922, **924 ff.**
— Absatzsegmentrechnung 922, **924 ff.**
— Absatzsegmentrechnung auf Teilkostenbasis **926 ff.**
— Absatzsegmentrechnung auf Vollkostenbasis **925 f.**
— Absatzstatistik 918
— Absatzvolumen 10, **200**, 290
— Absatzweg 7, 15, 368, **378 ff.**
— Absatzwirtschaft **5**, 627
Abschöpfungen 51
Abschöpfungsstrategie **303**, 337, 341
Abweichung, quadrierte **739**, 750, 758, 764, 796
Abweichungsanalyse 931
Abweichungsbereich 694
Abzahlungsgesetz 358
Adaption Level-Theorie 275
ADBUDG **513**, 964
Adequacy Importance-Modell 151
Adoptionsverhalten 477
Adoptionszeit 172
ADPULS 539
„advocacy advertising" 496
Ähnlichkeit 155 f., 678 ff., 781, 783
— Ähnlichkeit, globale 674

— Ähnlichkeitsmaß 767 ff.
— Ähnlichkeitsmessung, Verfahren der direkten 783
— Ähnlichkeitsmessung, Verfahren der indirekten 783
— Ähnlichkeitsrangordnung 158
— Ähnlichkeitsurteil 158 f.
Affinität 781, 783
„after only design" 634
„after sales service" 4, 483
AGB-Gesetz 359 f.
Agglomerationsgrad 376
AG · MA **450**, 499, 529
AGV 84, 487
AID 763 ff., 977
AIDA-Regel 506, **560**
AIDCA 506
„aided recall" 580
Akquisition 369
akquisitorisches Potential 854
Aktionsparameter 15 f.
Aktionsplan **894 f.**
Aktionsplanung **894 ff.**
Aktivationstheorien 466
aktivierender Prozeß 104
Aktivierung **106 f.**, **466 f.**, 566, **709**, 711
— Aktivierungssystem, aufsteigendes retikuläres (ARAS) 106, 466
— Aktivierungssystem, retikuläres (RAS) 106
Aktivitätsniveau **847 ff.**
Aktualgenese **115**, 455
Akzeleratoreffekt 42, 616
„all you can afford method" 509
Allensbacher Werbeträger Analyse (AWA) 529
Allgemeine Geschäftsbedingungen 84
Analogieschluß 805
Analysephase 188
Angebot
— Angebotsprogramm 10, 93, 102, 175, 208, **211 ff.**
— Angebotsstruktur, atomistische 292
— Angebotsstruktur, monopolistische 292
— Angebotsstruktur, oligopolistische 292
— Angebotsstruktur, polypolistische 292
„anglemeter" 580
Anhörung 55
Anmutung 106, **115**, 147
— Anmutungsleistung **147 ff.**, 199

— Anmutungsqualität **565**, 716
Anschlußauftrag 264
Anspruch 76
— Anspruchsbündel 73
— Anspruchsniveau **282**, 414
Anwendungsprüfung 934
Anzeigen, Pretest von 713
Anzeigenblatt **519**, 547
Anzeigenresonanz 563, **565 f.**
Apperzeption **480 f.**
Appetenz-Appetenz-Konflikt 107
Appetenz-Aversions-Konflikt 107 f.
Application Engineering-Strategie **846**
„arousal" 106
Artikelnummer 719 f.
Artikelnummernsystem 372 f., 720
ASSESSOR 201, 794
Assimilations-Kontrast-Theorie 275, 470
Assoziation 705
Attribuierung, externe 464
Attribuierung, interne 464
Attribut **121**, 676 ff., 787 ff.
Attributdominanz 118
Attribution 463 f.
Attributionstheorie 463 f.
Audit 930 f.
— Marketing-Audit **914**, 931
— Maßnahmen-Audit 914, **933 f.**
— Organisations-Audit 914, **934 f.**
— Prämissen-Audit 914, **932**
— Prozeß-Audit 914, **934**
— Strategien-Audit 914, **932 f.**
— Ziel-Audit 914, **932 f.**
Aufmerksamkeit 506, **556 f.**, 560 ff., 567
Auktion **341 ff.**, 417
AUMA 416, **451**, 518
Ausfuhrhändler 7, **381 f.**
Ausgleichsabgabe 51
Ausgleichsnehmer 318
Ausgleichsträger 318
Auskunftssystem 724, **965**, 980, 984
Auslieferungslager 385 f.
Ausnahmebericht 965
Ausschließlichkeitsbindung 430
Ausschreibung 369
Außendienst 491
Ausstellung **417**, 451
Ausstrahlungseffekt 504, 850 ff., 902
Austauschprozeß 27
Auswahl
— Auswahl, bewußte 686
— Auswahl, geschichtete 690
— Auswahl, systematische mit Zufallsstart 689
— Auswahl, typische 686
— Auswahl, willkürliche 685
Auswahlfehler 687
Auswahlverfahren 683 ff.
— Auswahlverfahren, mehrstufige 690
— Auswahlverfahren, nicht-zufallsgesteuerte 685 ff.
— Auswahlverfahren, zufallsgesteuerte 687 ff.
— Flächenauswahl 692
— Gebietsauswahl 692
— Karteiauswahl 689
— Klumpenauswahl 690
— Lotterieauswahl 688
— Quota-Verfahren 579, **688 f.**
— Wahrscheinlichkeitsauswahl 685
Autokorrelation 742
AWA 529

Balkencode 721 f.
Banking-POS 725
Basistechnologie **845**
Batch 980
Baumanalyse 763 f.
Bedarf **145**, 380, 624, 852, 859, 866
— Bedarf, abgeleiteter 620
— Eigenbedarf 430
— Privatbedarf 430
— Bedarfskreis 209
Bedienung 401
Bedienungsform 411
Bedürfnis 1, 9, **144 f.**, 210
— Bedürfnisbefriedigung 3, 35, 94, 143, 145, 147, 152, 162, 252
— Bedürfnisbefriedigung, Kosten der 237
— Bedürfnisgerechtigkeit 143 f.
— Bedürfnishierarchie von *Maslow* 465 f.
— Bedürfniskonkretisierung 147
„before after design" **634**
Befragung 634, **698 ff.**
— Befragung, computergestützte **716 f.**
— Befragung, mündliche 698, **701 ff.**
— Befragung, schriftliche **698 f.**, 808
— Befragung, telefonische 698
— Einthemenbefragung 698
— Mehrthemenbefragung 698
— Omnibusbefragung **698**
— Verbraucherbefragung 806
— Befragungtaktik 701
Beharrungseffekt 504
Behinderung 430
Behinderungsverbot 71
Bekanntheitsgrad 94, 538 f., 581 f.
Beobachtung 139, 634, 698, **706 f.**, 733, 749
— Beobachtung, experimentelle 729
— Beobachtung, nichtteilnehmende **707**
— Beobachtung, teilnehmende **707**
— Feldbeobachtung 706 f.
— Gelegenheitsbeobachtung, ungeplante 706
— Laborbeobachtung 707

Beratung 401
Berichtsgeneratoren 980
Berichtssystem **964 f.**, 980, 984
Beschaffung 7, 415
— Beschaffungsaufwand 101
— Beschaffungsentscheidung 176
— Beschaffungsmarktforschung 607
— Beschaffungswirtschaft 627
Besonderheit von Variablen 778
Bestimmtheitsmaß 740
Betagewicht 747
β-Koeffizient 741, 788
Betriebsabrechnung 307
Betriebsbereitschaft 15, **424 f.**
Betriebsformen 383, 397
— Betriebsformen des Einzelhandels **404 ff.**
— Betriebsformen des Großhandels **393 ff.**
— Betriebsformen, Dynamik der 404
Betriebsgröße 15
Betriebsvergleich 916
Bezugsgröße 923
Bezugsgrößenhierarchie **923**, 926, 929
Bezugssperre 68
Bezugssystem, subjektives 267
Bildschirmtext (Btx) **370**, 463, 483
Billiganbieter 397
Binnenhandelspolitik 367
Biotische Methode 713
Black Box 103, 119, 122, **130 ff.**, 136 f., 142, 573
Blickaufzeichnung **711 ff.**
Blickregistrierung 536, 563, **566 f.**, **711 ff.**
BMDP 810
Bonus **258**
Botschaft **472 f.**, 529
„bottom up approach" 984
Box-Jenkins-Technik 975
Brainstorming **191 ff.**
Branche 615, 618
Branchenattraktivität 880
BRANDAID 958
Brand Switching 133, 333
Bravais-Pearson, Korrelationskoeffizient nach 740
Break Even-Analyse **891 ff.**
Break Even-Point 892
Briefing **447**, 479, 498
Bruttonutzenziffer 718, 724
Bruttoreichweite **530 f.**
BuBaW-Verfahren 575
Budget **855 ff.**, 859, 898, 922
Budgetierung 822, **855 ff.**
Büchersches Gesetz **872**
Bumerang-Effekt **470**, 487, **556**, 588
Bump and shift-Verfahren 422
„buying center" **621 f.**

CAM-S **546**
Carry over-Effekt 132, **504**, 513, 579, 633, 918, 923
Cash & Carry (C & C) **394**, 719, 853, 901
„cash cows" **875 f.**
Ceiling-Effekt **649**
Chancen-/Risiken-Analyse **863**
Checkliste 895
City Block-Distanz **768**
Cluster **767**, 770, 773, 835
Clusteranalyse **767 ff.**, 774, 978 f.
„cluster sampling" 690
Cobb-Douglas-Produktionsfunktion 132
Code-System **721 f.**
Codierungsphase **479**
Commodity Characteristics-Theorie 284
„competitive bidding" **346 ff.**, 901
Conjoint Measurement 196, **787 ff.**
— Conjoint Measurement, linear additives 787
— Conjoint Measurement, polynomiales 787
— Additives Conjoint Measurement (ACM) **788**, 791
„consideration set" 286
Consulting Engineer **382**
Consumer Relations **88**
Content-Analyse 549
Controlling 915
„convenience good" **101**, 178
„convenience store" **397**
Coombs-Skalierung 648, **666 ff.**
„copy strategy" **547**
Copytest **535**, 558
Cornea Reflex-Methode **713**
Corporate Identity 182, 485, **496 f.**, 952
„corrective advertising" 588
„countervailing power" **84 f.**, 242
Cournot'scher Punkt 297
„coverage" **735**
Critical Path Method (CPM) 188, 898
Cross Lag Correlation **632**
Cut-off-Verfahren **687**

DAGMAR 507 f.
Daten
— „data collection approach" 971
— Daten, externe 972
— Daten, interne 972
— Datenaktualität 965
— Datenanalyse **735 ff.**, 810
— Datenbank 959 f., 963, **968 ff.**
— Datenbanken, verteilte 972
— Datenbank-Managementsystem 969 f.
— Datenerfassung am Verkaufspunkt **717 ff.**
— Datenerhebung, sekundärstatistische 636

— Datenfernverarbeitung 972
— Datennetz 961 f.
— Datenreduktion 774, 779
— Datenschutz 963, **970**
— Datensicherheit 963, **970**
— Datensicherung **970**
„decay" 504
Decay-Effekt 854
Decision Calculus **902 f.**, 934, 978
Deckungsbeitrag 141, **166 ff.**, 175, 205, 217, 265, 291, 303, 311, 315, 317, 920, **926 ff.**
— Deckungsbeitrag, spezifischer 928 ff.
— Soll-Deckungsbeitrag 175, 312
— Deckungsbeitragsrechnung **168 f.**, 175, 315 ff., 927
— Deckungsbeitragsrechnung auf der Basis relativer Einzelkosten 311 f.
— Deckungsbeitragsstrukturanalyse **168, 892**
„Defining the Business" 822
„Defining the Business Mission" 822
Deformationsverfahren 454
Degenerationsphase **171 f.**, 175, 205, 341, 876
Dekompositioneller Ansatz 787
Delphi-Methode 325, **807 ff.**
DEMON **189**, 199, 958
Dendogramm 770
Denken 104
Dependenzanalyse **737 ff.**, 877, 881
„desk research" 636
Deskriptorensystem 961
Deterministischer Fall 826
Deutscher Werberat **87 f.**, **449 f.**
Dialog 980 ff.
Dialogsystem 965
Dienstleistung 2, 10, 822, 834, 839, 888
— Dienstleistung, kaufmännische **260**
— Dienstleistung, technische **260**
— Dienstleistungsgewerbe 848
— Dienstleistungssektor 490
„differential advantage" 835
Differenzierung **888**
Diffusion 200, 477 f.
— Diffusionsforschung **114 f.**, 477 f.
— Diffusionsprozeß 477
— Diffusionstheorie 172, 338, 474
Dimension 647 f.
Direct Costing 297, **311 f.**
Discountgeschäft 405
Disjunktive Regel **121 f.**
Diskriminanzachse 759
Diskriminanzanalyse **756 ff.**
— Diskriminanzanalyse, Mehr-Gruppen- 760
— Diskriminanzanalyse, multiple 760 f.
— Diskriminanzanalyse, Zwei-Gruppen-zwei-Variablen-Fall **757 ff.**
Diskriminanzfunktion **757**, 759 ff.

Diskriminanzkoeffizient 757 ff.
Diskriminanzkriterium 758 ff.
Diskriminanzwert **758 ff.**, 763
Diskriminanzwert, kritischer **759 f.**, 763
Diskriminierung (Reiz-) 122 f.
Diskriminierung (von Wettbewerbern) 67 f., **430**
Diskriminierungsfähigkeit 658 ff.
Diskriminierungsverbot 71
Display 577
Display-Material 483, 494
Dissonanztherorie 460
Distanz 781 ff.
— Distanz, euklidische **767 ff.**
— Distanz, quadrierte euklidische 769, 772
— Globaldistanz 674
— Distanzaxiom 783
— Distanzmaß 153, **767 ff.**
„distributed data base" 972
„distributed lag" 571
Distribution 95, 367, 420
— Distribution, physische 370, 519
— Distributionskosten 63, 419, **920**
— Distributionsleistung **253 f.**
— Distributionsmanagement 367
— Distributionsnetz 72
— Distributionspolitik **15, 24, 367**, 901
— Distributionsspanne **251**
— Distributionsstruktur 146
— Distributionssystem 36, 61
Diversifikation, Diversifizierung **11**, 174, 616, 840 ff., 865, 867 ff.
— Diversifikation, horizontale 840 f.
— Diversifikation, laterale 841
— Diversifikation, vertikale 841
„dogs" **875 ff.**
Dokumentationssystem **960 ff.**, 971 f.
Dominanz 652
Dominanzregel **121**
„door to door selling" 834
Dorfmann/Steiner-Theorem **512**
Duftstoff 520
Dummy-Regression 739
Dummy-Variable 573, 788
Durbin-Watson-Test 742
Durchdringungsmodell **200**
Dyade **427**

EAN 373, **720 ff.**
EBA-CBA-Test 634
„economies of scale" 79, 302
EFA (Emnid Faktorielle Anzeigenanalyse) **549**
Effekte, externe 43, 63, 237, **247**, 266
Effektivgeschäft **418**
„ego involvement" 101, 110
Eigenforschung 610
Eigenschaftsprofil 674
Eigenwert 777

Eindruck 117, 150
Eindruckswert 677
Einführungsphase 174, **507**, 875
Einfuhrbestimmungen 371
Einfuhrhändler 7
Einfuhrverbot 51
Eingabetechnik 981 f.
Einkaufsbörse 416
Einkaufsfrequenz 375
Einkaufsgremium 427 ff.
Einkaufsorgan 5
Einkaufsstätte, mobile 74
Einkaufsstätte, Wahl der 411 ff.
Einkaufsverhalten, habituelles **270 f.**
Einkaufszentrum 411
Einkommen, disponibles persönliches 614
Einkommenselastizität 615
Einlinienprinzip 949
Einschaltquote 526
Einschreibung **417 f.**
Einstellung 104, **108 ff.**, 126, 142, 147, 162, 268, 411, 456, 468, 470, 475, 578, 583 f., 834, 837, 880
— Einstellung, Messung der 656 ff., 660 ff., 676
— Einstellungsänderung 583 f.
— Einstellungsänderungs-Theorie 469
— Einstellungsforschung 647
— Einstellungsprofil 469
— Einstellungstheorie **110**
Einzelhandel **7**, 36, 72 f., 218, 241, 367 f., 379 f., 383, 387, **396 ff.**, 490, 519, 576 f., 717, 719 f., 729
— Einzelhandel, Betriebsformen des **404 ff.**
— Einzelhandel, Konzentration im 396
Einzugsgebiet 375
Elektroencephalogramm 148
Elementenpsychologie 452
Eliminationsverfahren 726
Emotion 104, 467
End piling-Effekt 649
Entdeckungszusammenhang 628
Entgeltpolitik **15**, 24, 120, **234 ff.**, 900
Entscheiden 104
Entscheidung 111, 932
— Entscheidung unter Risiko 827
— Entscheidung unter Unsicherheit 826
— Entscheidungsbaumanalyse 344 ff.
— Entscheidungsdezentralisation 945, 952, 954
— Entscheidungsforschung, empirische **120**
— Entscheidungsmodelle 832, **899 ff.**
— Entscheidungsmodell, deskriptives **271**
— Entscheidungsmodell, normatives **271**

— Entscheidungsnetz 139
— Entscheidungsprozeß 103, 913
— Entscheidungstabelle 971
— Entscheidungstechnik 13
— Entscheidungswert **280**
Entwicklungsprognose **794 ff.**
Erfahrungskurve **871 f.**
— Erfahrungskurveneffekt 842, 874 f.
— Erfahrungskurvenkonzept **870 ff.**
Erfolg, ökonomischer 143
Erfolgskontrolle 166, 733
Erhebung
— Felderhebung, nichtexperimentelle 630
— Teilerhebung 684
— Totalerhebung 683
— Vollerhebung 683
— Erhebungsgrundlage 684
— Erhebungsplan 639 f.
— Erhebungstechnik, computergestützte 708, **716 f.**
Erinnerung 538
Erinnerungsverfahren **580 ff.**
Erlös 924 ff.
Ersatzbedarf 10, 96, 179, 382
Erscheinungsbild 497
— Erscheinungsbild der Betriebsform 412
— Erscheinungsbild des Verkaufspersonals 412 f.
Erstkauf 200
Erstkaufrate **201 f.**
Europäische Artikelnummer (EAN) 373, **720 ff.**
Evaluierungsverfahren **545**
E-V-Hypothese **109**
„evoked set (of alternatives)" **101**, 120, 145, **154**, 283, **285**, **287**, 331, 343
Experiment 453, **632 f.**
— Feldexperiment 633 f., 732, 749
— Laborexperiment 633, 749
— Simultanexperiment 633
— Sukzessivexperiment 633
— Experimentalgruppe **634 ff.**, 753
— experimentelles Design 749 f., 752 f., 787, 790 f.
„expert validity" 682
Expertenurteil 156, **199**
Exploration **628**, **705**
„exponential smoothing" **799 f.**, 975, 977
Exponentielles Glätten 795, **799 f.**
Export 51 ff.
— Export, indirekter **381 f.**
— Direktexport **381 f.**
— Export-Dumping 843
— Exportmusterschau **416**
„external search" 112
Externe Effekte 43, 63, 237, **247**, 266
Extinktion 124

F-Test 742, **751 f.**, 754
F-Verteilung **752**
„face validity" 682
Fachmarkt 410
Faktoren 749, 753 ff., 774, 777 f.
— Faktoren, Methode der gemeinsamen 781
— Faktorenanalyse 549, 565, 742, **773 ff.**
— Faktorenanalyse, Fundamentaltheorem der 775 f.
— Faktorenextraktion 777, 779
— Faktorenmuster 777 f.
— Faktorenmuster, Rotation des 779
— Faktorenwert 779
— Faktorladung 777 f.
Farbe 564
Farbgebung 181 f.
Fehler
— Fehler, sachliche 679
— Fehler, systematische 697, 753
— Planungsfehler 697
— Standardfehler 697
— Stichprobenfehler **692 ff.**
— Zufallsfehler 695
— Fehlerquadratsumme 751, 754, 772
Fehlmengenkosten 422
Féré-Effekt 709
Fernschreiber 370
„field research" 636
Filialunternehmung 407
Finanzwirtschaft 627
First-to-Market-Strategie **846**
Fishbein-Modell **164 f.**, 676
Fixation 712
Fixpunktstrategie **835 ff.**
Fixum 386
„flop" **205**, 477
Fluktuationsmodell **133**
Folder-Verfahren 580
Folgeauftrag 317
„follower" 475
Follow-the-Leader-Strategie **846**
Formgebung **180**
Forschungs- und Entwicklungspotential, relatives 880 f.
„four p's" **93 f.**
Fragebogen 639, **698 ff.**, 730
Fragebogen, Gestaltung des 701
Fragen
— Fragen, geschlossene 698, 704
— Fragen, offene 704
— Eisbrecherfragen 701
— Kontaktfragen 701
— Kontrollfragen 701
— Merkmalsfragen 699
— Plausibilitätsfragen 701
— Sachfragen 699, 701
— Fragenformulierung 704
Franchising **383 f.**

— Franchise-Geber **383 f.**
— Franchise-Nehmer **383 f.**
Freiheitsgrad **752**, 754
Freiwillige Kette 393, 395
Fremdforschung 610 f.
Frühwarnsystem **825 f.**, 965
Führungskräfte, relative Qualifikation der 880 f.
Fuhrpark 424
„full profile procedure" **789 f.**
Funktionsanalyse 191
Fusion **242**
Fusionskontrolle 66
Fußgängerzone 75, 375

Ganzheitspsychologie **455**, 506
Garantieleistung 15, **218 f.**, 381
Garantiezusage **260**
Gebiets-Verkaufstest 575 ff.
Gebrauchsgüter **100**, 179
Gebrauchsgüter, hochwertige 507
Gebrauchsmusterrecht 224
Gedächtnis 481, 581
— Gedächtnisforschung 457
— Gedächtnisprozeß 469
— Gedächtniswirkung **578 f.**
Gelbe Seiten 528
Gemeinsame Erklärung... 59 f.
Gemeinschaftswarenhaus **408**
Generalisierung 122 f.
— Reaktionsgeneralisierung 122 f.
— Reizgeneralisierung 122 f.
Genossenschaft 395
Gesamtvariation **739 f.**, 750, 753 f.
Gesamtwirtschaft 614
Geschäftsbedingungen **256**, 261
Geschäftsleitung 384
Geschäftsstättentreue 403
Geschäftstreue 645
Geschenkmethode 163
Geschmacksmusterrecht 224
Gesellschaft **47 ff.**, 81
— Gesellschaft des Überflusses 8
— Gesellschaftlicher Wandel 27
— Gesellschaftliches Anliegen 26
Gestaltfestigkeit 565
Gestaltgesetze 454
Gestaltpsychologie **453 ff.**, 506
Gestalttheorie **125**, 452
Gestaltungsprüfung **934**
Gesundheitspolitik **47**
Gewährleistungspflicht 219
Gewerbezentrum 376
Gewinn 170, 207, **293**, 294, 568, 920
— Monopolgewinn 296 ff.
— Stückgewinn 143
— Gewinnmaximierung 288
— Gewinnoptimum **293**
— Gewinnschwelle **892**
Giffen-Paradoxon 284

Gleitender Durchschnitt **795 ff.**, 975
Globalisierung **843 f.**
Glue Spot-Methode **535**
GOLEM II 961
Gompertz-Funktion 570
Gompertz-Kurve 804
Gossen'sches Gesetz **279**
Gratifikationsforschung 478
Gravitationsmodell, stochastisches 376
Grenzbetrieb 172
Grenzerlös 296 ff.
Grenzkosten 290 f., 296 f., **927**
Großhandel 7, 36, 367 f., 379, 382, **388 ff.**, 430 f.
— Großhandel, Betriebsformen des **393 ff.**
— Absatzgroßhandel **389**
— Aufkaufhandel **389**
— Cash & Carry (C & C) **394**, 719, 853, 901
— Regal-Großhändler **394**
— Großhandlung, einzelwirtschaftliche **394 f.**
— Großhandlung, genossenschaftliche **394 f.**
— Sortimentsgroßhandlung **393 f.**
— Spezialgroßhandlung **394**
— Zustellgroßhandlung **394**
Großmarkt **415**
Grundgesamtheit **683 ff.**, **694**, 752
Grundgesamtheit, Streuung der 696
Gruppe **126 ff.**
— Gruppe, soziale **126 ff.**
— Bezugsgruppe **128**
— Großgruppe **127**
— Kleingruppe **127**
— Primärgruppe **127**
— Sekundärgruppe **128**
— Gruppendiskussion 931
— Gruppenzugehörigkeit 756 ff.
Güter
— Güter, inferiore 284
— Güter, problemlose **102**, 401
— Güter, problemvolle **102**, 397
— Güter des individuellen Bedarfs 397
— Güter des täglichen Bedarfs 506
— Individualgüter **101**
— Investitionsgüter **100 f.**, 187, 220, 380, 848
— Konsumgüter **100**, 490
— Massengüter, standardisierte **397**
— Produktionsgüter **100**
— Sachgüter **2**
— Verbrauchsgüter **100**
Gütesicherung 86
Guttman-Skala **664 ff.**
GWB 66, 68 ff., 80, 353 ff., 388, 430, 495

Halbfertigerzeugnis 100
Halo-Effekt **118**, 157

Handel 7, 54 ff., 380 ff., **388 ff.**, 429, 443, 625 f., 721, 728, 730, 822, 840, 857
— Handel, mittelständischer 62, 66, 72
— Handel, Entwicklung des 62
— Handel, Erstarkung des 176
— Handel, Großbetriebsformen des 62
— Handel, Konzentration im 369
— Handel, (Nachfrage-)Macht des 185
— Handel, Überbesetzung des 66
— Handel, Wettbewerb im 396
— Fachhandel 405
— Gemischtwarenhandel 407 ff.
— Spezialhandel 405
— Versandhandel **409**
— Handelsforschung 634
— Handelsfunktionen 252
— Handelshemmnisse, nichttarifäre **52 f.**, 99
— Handelshemmnisse, tarifäre **52 f.**, 99, 371, 615
— Handelskette 7
— Handelsmakler 625
— Handelsmarke 186, 219
— Handelsstufen 380
— Handelsvertreter 379, **385 ff.**, 625
Handlungsorientierung **107 f.**
Hauptachsenmethode 777
Haupteffekt 753, 789
Hauptfaktorenanalyse **774 f.**
Hauptkomponentenanalyse **774 f.**, 778
Headline 552
„hedonic pricing" 284
Hersteller 36, 54 ff., 61 f., 67 f., 84, 218 f., 241, 367, 381 ff., 443, 625, 721
Hersteller-Handel-Partnerschaft 54 ff.
Herstellermarke 186
Heteroskedastizität 742
HGB 385, 387
„high interest product" 101
Homogenitätsprinzip **919**
homo oeconomicus **243**, 284
Humanität 53
Hypothese 628, 639, 642, 684, 736, 774
— ∩-Hypothese **106**, 117
— Hypothese, nomologische 608
— Nullhypothese 736, 751 f., 755
— hypothetisches Konstrukt 137

IADA 506
Idealmodell 159
— Idealprodukt-Modell 785
— Idealpunkt-Modell 152, 159, **161 ff.**
— Idealvektor-Modell **159 ff.**
Idealpunkt 161, 163, 177
Ideenfindung 188
Image 108, 142, 165, **411 ff.**, 578
— Firmenimage 187, 495, 497
— Geschäftsimage 413 f.
— Herstellerimage 187
— Produktimage 187, 268, 414

— Selbstimage 412
— Soll-Image 497
— Imagestransfer 99
Imitation 99, 123
Imitationslernen 457
Imitatoren 338, 341
Impact-Test 580
Import 51
Importsteuern 51
Impulsivkauf **270**
Impulskauf 209, 321, 378, **401**, 506
Incentive **24**
Incentive-Reisen **494**
„incidental learning" 111 f.
INCOTERMS **256**
Index **644**, 648, 670 ff.
Indexbildung 646, **670 ff.**
Indikator **645 ff.**, 671, 677 f., 683, 708, 748
Industrialisierung 1
Information 14, 43, 55, 111, 821, 826 f., 848, 860, 959 f.
— Information, vollkommene 826
— Informationsarmut im Informationsüberfluß 957, 965
— Informationsbearbeitung 958
— Informationsbedarfsanalyse **970 f.**
— Informationsbedarfsprofil 962, 970
— Informationsbeschaffung 934
— Informationserschließungssystem 976
— Informationsfluß 475, 958
— Informationsstand 112
— Informationssystem 16
— Informationssystem, computergestütztes 371
— Informationsverarbeitung 107, 111, 934
— Informationsverarbeitungskapazität 43, 283
— Informationsverarbeitungsprozeß 266, 469
— Informationsverdichtung, flexible 966
— Informationsverhalten 113 f.
— Informationsvorrat, interner 112
— Informationswirtschaft 627
— „information overload" 283, 552, 724
— „information retrieval system" 960 f., 976
Infrastruktur 617
Inhaltsanalyse 549
Innovation 114, 172, 180, 477 f.
— Materialinnovation 617
— Produktinnovation 617
— Verfahrensinnovation 617
— Innovationspolitik, marktorientierte 838 f.
Innovatoren 114, **172**, 303, 338, 341, 477
Instinkt **459 f.**

Instrumente, absatzpolitische 12, **15 ff.**, 41, 375, 404 f., 410, 504, 510 f., 823, 847 ff., 922
„integral marking" **721**
„intention to buy" 162
Interaktion 765
Interaktionseffekt 753 ff.
Interdependenz, komplementäre 851
Interdependenz, substitutive 851
Interdependenzanalyse 737
Interkorrelation 742
„internal search" 112
Internationalisierung **99, 842 f.**
Internationalisierungsstrategie 842
Interpretation 115
intervenierende Variable 142
Interview 698
— Interview, freies **705**
— Interview, persönliches **701**, 704
— Interview, standardisiertes **701**, 704
— Interview, telefonisches 704
— Tiefeninterview 705
— Interviewer-Bias **701**
— Interviewereinfluß 704
— Interviewerleitfaden 705
Investitionsgüter **100 f.**, 187, 220, 381, 837, 848
— Investitionsgüter, Beschaffung von 621
— Investitionsgüterindustrie 490
— Investitionsgüter-Marktforschung 699
— Investitionsrechnung 266
— Investitionsrechnung, Methoden der 197
Inzahlungnahme 261
Irradiation **118**, 726
Irreführung 78, 223, 586
Irrtumswahrscheinlichkeit, maximal akzeptierbare 692 f.
Isomorphie 643, 684
Item **645 ff.**, 657 ff., 664 f., 667, 672, 678, 774
— Idealitem 667
— Itembatterie 657, 660
— Itemselektion 670
— Itemwert **645 f.**
IVW **450**, 499, 516, 522, 525

Jaccard, Koeffizient von 769
Jahresabschluß 369
Jahrmarkt 415
Joint Venture **844 f.**
Juniorwarenhaus 409

K_1-Wert **530**
Kabelfernsehen 578
Kabeltext 370
Kaiser-Kriterium 781
Kalkulation 301

- Kalkulation, progressive **301**, 305, 312
- Kalkulation, retrograde **301**, 307, 322
- Kalkulation auf Teilkostenbasis 304, **311 f.**
- Kalkulation auf Vollkostenbasis **304 ff.**, 310, 312
- Abteilungskalkulation 307
- Divisionskalkulation 305 ff.
- Mischkalkulation 264, 304, **320 f.**
- Verbundkalkulation 304
- Zuschlagskalkulation, differenzierende 307, 320
- Zuschlagskalkulation, summarische 305
- Kalkulatorischer Ausgleich 304, **318 ff.**, 725

Kannibalisierung 196
Kapitalwertmethode **198**
Kartell 68 f.
- Einheitspreiskartell 355
- Mindestpreiskartell 355
- Ministerkartell 356
- Preiskartell 355
- Rabattkartell 355
- Submissionskartell 355

Kauf
- Kaufabsicht **109 f.**, 142, 147, **162 ff.**, 199, 584
- Kaufentscheidung, extensive **119**, 122, 147
- Kaufentscheidung, habitualisierte **119**
- Kaufentscheidung, habituelle 122
- Kaufentscheidung, impulsive **119**
- Kaufentscheidung, limitierte **119**, 122
- Kaufentscheidungsprozeß 101, 103, 105, 111 f., 116, **119**, 133, **136 ff.**, 236
- Kaufhaus 407 f.
- Kaufintensität 200 f.
- Kaufintention **584**
- Kaufkraft 146, 337, 375
- Kaufkraft, vagabundierende 614
- Kaufprotokoll 139
- Kaufrisiko 142
- Kaufrisiko, Theorie des wahrgenommenen 276
- Kaufverbund **214**
- Kaufverhalten, gewerbliches 619 ff.
- Kaufverhalten, organisationales 619 ff.
- Kaufverhalten von Individuen 105, **136 ff.**

Kausalprognose 794
Kennzahlen, warenwirtschaftliche 718
Kennzahlensystem 923
Key Account-Management **953**
Klassifikation 774
- Klassifikationsanalyse, multiple 754
- Klassifikationsmatrix 760
- Klassifikationsverfahren 770 f.

Kleinpreisgeschäft 408
Kleinste Quadrate, Kriterium der 739 f.
Kleinste Quadrate, Methode der 764
Klumpenverfahren **690**
Klumpeneffekt **692**
Knappheitswirtschaft 8
kognitive Dissonanz **4**, 23, 111, 142, 276, **460 ff.**, 507, 553
kognitiver Prozeß 104, 106
Kollusionslösung **299**
Kommission 387
Kommissionär **387**, 625
Kommittent 387
Kommunalität 777
Kommunikation 456
- Kommunikation, anonyme 474
- Kommunikation, auditive 473
- Kommunikation, einseitige 472
- Kommunikation, furchterregende 468
- Kommunikation, interpersonale 474
- Kommunikation, persönliche 473 ff.
- Kommunikation, schriftliche 473
- Kommunikation, visuelle 473
- Kommunikation, zweiseitige 472
- Einweg-Kommunikation 482
- „face to face communication" 473 f.
- Massenkommunikation 474
- Mensch-Maschine-Kommunikation 903, **963 f.**, 980 f.
- „two cycle flow of communication" 475
- „two step flow of communicaton" **474**, 485
- Zweiweg-Kommunikation 483, 485
- Kommunikationsagent 477
- Kommunikationsbedürfnis 475
- Kommunikationsmodell 470
- Kommunikationsmedien, neue **370**
- Kommunikations-Persuasions-Matrix 584
- Kommunikationspolitik **16**, **440 ff.**, 901
- Kommunikationsprozeß 474, **479 ff.**
- Kommunikationssystem 959, 969, 980
- Kommunikationssystem, dialogfähiges 491
- Kommunikationstheorie 470 f.
- Kommunikator **471**, 529

Kompensationsgeschäft **261 f.**
Kompositioneller Ansatz 787
Konditionen **358 ff.**
Konditionierung, klassische **124**, 456
Konditionierung, operante **124**, 457
Konferenzsystem **964**
Konfidenzintervall 742
Konjunktive Auswahlheuristik **121**

Konkurrenten 303, 322, **623 ff.**, 837 f., 840, 858, 877, 884
Konkurrentenanalyse 623, **861 f.**
Konkurrenz 187
— Konkurrenz, atomistische 294
— Konkurrenz, totale 624
— Konkurrenzartikel 320
— Konkurrenzkampf 299
— Konkurrenzprodukt 626
— Konkurrenzprinzip 86
Konsonanz 461
Konsum 39 f.
— Konsum, demonstrativer 236, 284
— Konsumbereitschaft 541
— Konsumfreiheit **43 ff.**, 76
— Konsumgenossenschaft 81, **407**
— Konsumgüter **100 f.**, 490
— Konsumgüter-Marktforschung 701
— Konsumgüterindustrie 443, 725
— Konsumverweigerung 236
Konsumenten, Informationsgrad der 82
Konsumentenbewußtsein 136
Konsumentenrente **302 f.**, 334
Konsumentensouveränität **44 ff.**
Konsumentenverhalten 104, 126 ff., **136 ff.**, 267
Konsumerismus 85
Kontakt
— Kontaktfaktor 535
— Kontakthäufigkeit 508, 536 f.
— Kontaktkosten 483
— Kontaktmeßzahl 545
— Kontaktqualität 543
— Kontaktstrecke 402
— Kontaktverteilung 537
Kontrastgruppe 764
Kontrastgruppenanalyse **763 ff.**
Kontrolle 17, 838, **913**, 916, 920, 934
— Kontrolle, gesamtmixbezogene 917
— Kontrolle, submixbezogene 917
— Marketing-Kontrolle 17, 373, 724, **913 ff.**, 935 ff.
— Marktanteilskontrolle **918 ff.**
— Planfortschrittskontrolle 914 f.
— Prämissenkontrolle 914
— Umsatzkontrolle **917 f.**
— Vertriebserfolgskontrolle **920 ff.**
— Kontrollgruppe **634 ff.**, 749, 753
— Kontrolladen 577
— Kontrollsystem 960, 962 f., **964 ff.**, 972
Konzentration **62 f.**, 71
Konzentration auf Schwerpunkte **888 f.**
Konzentrationsanalyse 167
Konzentrationsprinzip **687**
Konzeptionstest **196**
Konzepttest **194 ff.**, 199
Kooperation 75, 214, 242, 383, 386, **844 f.**
Korrelation 745, 747, 774, 776 f.

— Cross Lag Correlation **632**
— Rangkorrelation 153
— Korrelationsanalyse 631, 674
— Korrelationskoeffizient, multipler 777
— Korrelationskoeffizient nach *Bravais-Pearson* 740
— Korrelationskoeffizient von *Pearson* 768
Korrespondenztheorie **464**
Kosten 94, 247, **290 f.**, **304 f.**, 563
— Kosten der Verkaufsabwicklung 923
— Kosten der Vertriebsführung 920
— Kosten der Vertriebsverwaltung 920
— Kosten, durchschnittliche variable 291
— Kosten, fixe 290, **305**, 310 f.
— Kosten, variable 290, **305**, 310 f.
— Akquisitionskosten 13
— Bestellkosten 422
— Distributionskosten 920
— Einstandskosten 305
— Einzelkosten **305 ff.**, 312, 924
— Funktionskosten 927
— Funktionskostenstelle 925
— Funktionskostenstelleneinzelkosten 922
— Funktionskostenstellengemeinkosten 922
— Gemeinkosten 208, **305 ff.**, 312, 923, 926
— Gemeinkostenaufschlag 305
— Gesamtkostenkurve 291
— Gesamtkostenrechnung 925
— Grenzkosten **290 f.**, 296 ff., 927
— Handlungskosten 305
— Herstellkosten 920, 927
— Segmenteinzelkosten 925
— Sondereinzelkosten des Vertriebs 921
— Stückkosten **291**, 832, 871
— Teilkosten 301
— Teilkostenrechnung 168, 205 ff., 925 ff.
— Verkaufskosten 920
— Vertriebseinzelkosten **923**, 927
— Vertriebsgemeinkosten **923**, 925 f.
— Vertriebsgrenzkosten 927
— Vertriebskosten 169, **920 ff.**
— Vertriebskostenart **921**, 924
— Vertriebskostenrechnung **920 ff.**, 924, 926
— Vollkosten 301
— Vollkostenrechnung 168, 205 ff., 924
— Zusatzkosten 238
— Kostenartenrechnung 307
— Kostenbewußtsein 271 f.
— Kostenführerschaft **887 f.**
— Kostenfunktion, ertragsgesetzliche 290, 293

- Kostenfunktion, lineare 290, 293 f.
- Kostenkomponenten 282
- Kosten-Nutzen-Analyse **121**
- Kostenprinzip 317 f.
- Kostenrechnung 301
- Kostensenkungspotential 871 f., 877, 919
- Kostenstelleneinzelkosten 307
- Kostenstellenrechnung 307
- Kostenträger 304 f., 311, 856, **859 f.**, 923

Kovarianz 754
Kovarianzanalyse 749
Kreative Techniken 807, 931
- Kreative Techniken, intuitiv-kreative **200 ff.**
- Kreative Techniken, systematisch-logische **200 ff.**

Kreditgewährung 15, **263**, 393
Kreditierung 260 f.
Kreditkartensystem 725
Kriteriumsvariable **738 ff.**
Kritischer Weg **896**
Kultur 49, **129**
Kunden 618, 953
- Kundenbetreuung **369**
- Kundendienst 15, **219 f.**, 381, 626
- Kundendienst, kaufmännischer **220**
- Kundendienst, technischer **219 f.**
- Kundenkarte 373
- Kundenkartensystem 725
- Kundenkontakt 840
- Kundenlaufstudie **707**
- Kundenmanagement 953

Kurz-Code 720

Laden
- Laden, rollender 76
- Ladenatmosphäre 403
- Ladengestaltung 403
- *Ladenschlußgesetz* 431
- Ladentest 199, 326

Lager
- Lagerdauer 733
- Lagerhaltung 419
- Lagerhaltungskosten 421 f.
- Lagerumschlag 185
- Lagerumschlagsgeschwindigkeit 718
- Lagerumschlagshäufigkeit 718 f., 724

Lagerung 433
„lagged relationship" 902
Lag-Variable 570 f.
„lahme Enten" **876 f.**
Langzeitspeicher 122
Lasswell-Formel **470**, 498
Lateinisches Quadrat 329 f., **754 ff.**
„latent learning" 112
Laufkunde 378
Law of Retail Gravitation 375
„leader" 475

Leasing 15
Lebensstandard 38 f.
Lebensstil **837**
Lebensqualität 25, 40, 73
Leitbild 46, 128
Leitbildwerbung 128
Leistung **94 f., 237 f.**, 251
- Leistung, betriebliche **2**
- Leistung, öffentliche **42 f.**
- Leistung, Homogenität der 243
- Distributionsleistung 253
- Nebenleistung 254
- Teilleistung 253
- Zusatzleistung **252 f.**
- Leistungsangebot 282, 840
- Leistungsattraktivität **268**, 277 ff.
- Leistungskomponenten 243 f., 251, 266, 278
- Leistungskosten **268 ff.**, 277
- Leistungslohnsystem 218
- Preis/Leistungsverhältnis **237 f.**, **242 ff.**, 253, 267, 276, 493, 716, **855 ff.**

Leitartikel 320
Lernen 104, **122 ff.**, 136, 456
- Lernen durch Einsicht **457 f.**
- Lernen durch Konditionierung **123 f.**
- Modellernen **124 f.**, 457
- Orientierungslernen **125**
- Lernkurve 457
- Lernmodell, lineares 135
- Lernprozeß 469, 475
- Lerntheorie 123
- Lerntheorie, kognitive 125

Lesepistole 722
Lesestift 722
Lesetag 535
Lexikographische Auswahlheuristik 121
Liberalismus **46**
Lieferant 626
Lieferbereitschaft 15, 213, **419 ff.**
Lieferfähigkeit, kurzfristige 371
Liefersperre 68
Lieferungsbedingungen 238, 358
Lieferzeit 419
Likert-Skala 648, **656 ff.**, 671
Linienmanager 956
LISREL 631, **747 f.**
Lochcode 721 f.
Lochkartenleser 722
Lockvogel 242, 626
Lockvogelangebot 355
„low interest product" **101 f.**, 583
„low involvement learning" 111
LpA-Wert **530**
LpE-Wert **530**
LpN-Wert **529**

MADAS 976
Magnet-Lesestift 722
Magnetcode 721 f.

Magnitude-Skala 650
Magnitude-Skalierung 649 ff.
Mahalanobis-Distanz 768
„make or buy" 211, **214, 803**
Makler **387**
Management
— Produkt-Management 948 ff., 955 ff.
— Projekt-Management 955
— Management by Exception 967
— Management by Objectives 967
— Management-Funktionen 14
— Management-Informationssystem (MIS) 984
— Managementsystem 960
Manipulation 46
Mannheimer Blickregistrierung 714
Marke 123, **145,** 170, 175
— Billigmarke 186
— Handelsmarke 186, 219
— Herstellermarke 186
— Zweitmarke 186
— Markenartikel 85, 170, **183 ff.,** 187, 223, 625, 852, 857
— Markenbekanntheit 580
— Markenbildung 15, **100, 184 ff.**
— Markenbindung 120, 146
— Markenerzeugnis 185, 489
— Markenfamilie 95, 185, 852
— Markenloyalität 133
— Markenname 118, 184
— Markenpiraterie 99
— Markenpolitik 187, 840
— Markentreue 120, 131, 403, 507
— Markenwahl, habitualisierte 120
— Markenwahlprozeß 103
— Markenwahlverhalten 105, 119 f.
— Markenwechsel 133
„market research" 607
Marketing **8 ff.,** 27, 38, 49 ff., 944
— Marketing als Maxime 8, 944
— Marketing als Methode 8
— Marketing als Mittel 8
— Marketing als Sozialtechnik 18 ff., 25
— Marketing, kommerzielles 26
— Marketing, nicht-kommerzieller Institutionen 22
— Marketing, Objektbereich des **27 ff.**
— Marketing of Non Profit Organizations 18
— Balanced Marketing 18
— Business Marketing 18
— Demarketing 21
— Generic Marketing 18
— Händler-Marketing 404
— „human concept of marketing" 87
— „orderly marketing" 50
— Social Marketing 20, 22, 26
— Societal Marketing 20 f.
— Sozio-Marketing 492
— Marketing-Abteilung 384
— Marketing-Audit **914, 930 ff.**
— Marketing-Auditor 931
— Marketing-Budget 132
— Marketing-Controlling 915
— Marketing-Datenbank **969,** 972 ff.
— Marketing-Direktor 944
— Marketing-Disziplin 28
— Marketing-Entscheidung 607, 614, 627, **630 f.,** 855, **902,** 957 f., 964, 978
— Marketing-Entscheidungssystem 373, 724
— Marketing-Etat 509
— Marketing-Forschung 15, **607 ff., 619,** 627 ff., 638, 641, 674, 708, 711, 737, 748, 793
— Marketing-Forschung, dezentralisierte 611
— Marketing-Forschung, Institutionalisierung der 611
— Marketing-Forschung, interne Organisation der 612
— Marketing-Forschung, verhaltensorientierte 642, 644
— Marketing-Forschung, Zentralisierung der 611
— Marketing-Forschungsprozeß 638 f.
— Marketing-Funktion 940
— Marketing-Informationen 606, 638, 969
— Marketing-Informationssystem (MAIS) 15, 373, 498, 636, 724, 899, **957 ff.,** 968 ff., 976, 978, 982 ff.
— Marketing-Instrumente **15 f.,** 619, 727, 848 ff., 949
— Marketing-Kontrolle 17, 373, 724, **913 ff.,** 935 ff.
— Marketing-Kontrolle, außerökonomische **917**
— Marketing-Kontrolle, ergebnisorientierte 914, **916 ff.**
— Marketing-Kontrolle, ökonomische **917**
— Marketing-Konzeption **12 f.,** 54, 727, 916, 919
— Marketing-Kosten 198
— Marketing-Leistung 102, 146
— Marketing-Management 606, 850, 901 f., 914, 920, 936 f., 959
— Marketing-Mix **16,** 189, 504, 615, 619, 729, 822, **847 ff.,** 933 f.
— Marketing-Modell 130, 899, 902, 959, 978
— Marketing-Organisation 16, 935, 942, 944 ff., 954, 966
— Marketing-Planung 16, 373, 619, 724, 795, 820 ff., 826, 833, 894, 903, 929, 932, 963, 975, 980, 985
— Marketing-Planung, strategische 166, 919
— Marketing-Produktivitätskontrolle 17

Stichwortverzeichnis 1051

- „marketing research" **607 f.**
- Marketing-Strategie 933
- Marketing-System 36, 47, 61
- Marketing-Wissenschaft 26, 28, 30, **609**
- Marketing-Ziel 165, 821 ff., 859, 933
- Markierung 100, **184,** 223
- *Markov*-Prozeß 202
- *Markov*'sche Ketten 133
- Markt 170 ff., 187 ff., 195, 203 f., 299, 623, 822, 833 f., 836 ff., 846 f., 872, 953
- Markt, gestättigter 98
- Markt, relevanter 154, **623 ff.**
- Markt, unvollkommener 292, 296, 322
- Markt, vollkommener 292
- Markt, wachsender 98
- Käufermarkt **5,** 102, 236, 318, 479, 490
- Kontrollmarkt 576
- Produktmarkt 154, 239, 615, 618
- Teilmarkt 837, 847
- Verkäufermarkt **5,** 236, 479
- Marktadäquanz **143,** 147 ff.
- Marktanalyse **862**
- Marktanteil **200 ff.,** 510, 513 ff., 568, 822, 831, 842, 858 f., 865, 871 ff., 886 ff., **918 ff.**
- Marktattraktivität 875, 879 ff.
- Marktausweitung 10 f.
- marktbeherrschende Unternehmen **68,** 353
- Marktdurchdringung 200, **865**
- Marktentwicklung **866 f.**
- Marktform 292
- Marktforschung 166, 448, 498 f., **607,** 835
- Marktgröße 880
- Marktinformation 985
- Marktkanal **7,** 368
- Marktkapital 854
- Marktmacht 80
- Marktmacht, Mißbrauch von 59
- Marktmanagement 953
- Marktmechanismus 235
- Marktmodell **155,** 158 f., 204, 761
- Marktneuheit 102, 839, 867
- Marktpenetration **865 ff.**
- Marktposition 919
- Marktpotential 843 f.
- Marktpreis 292 ff.
- Marktqualität 880
- Marktreaktionsfunktion 130, 189, **290, 569 f.**
- Marktsegmentierung **14,** 152, 174, 618, 779, **835 ff.**
- Marktsicherung 11
- Marktstruktur 292
- Markttest 199, 326, **727 ff.**
- Markttransparenz 41, 44, 77, 86, 342, 487, 589, 727
- Marktveranstaltung **6, 415 ff.**
- Marktversorgung 97
- Marktvolumen 858, 918 f.
- Marktwachstum 870, 875 ff.
- Marktwirtschaft 38, 43 f., 49, 77, 81, 301
- Marktwirtschaft, soziale 38, 42
- marktwirtschaftliches Konzept 42
- marktwirtschaftliches System 42, 63, 81
- marktwirtschaftliches System, Dysfunktionen des 77

Massenpsychologie 452
Maßnahmen-Audit 914, **933 f.**
Maßnahmenplanung **823, 891 ff.,** 900
Maßnahmenplanung, operative 823
Materialtreue 210
Materialwahl 182
Materialwirtschaft 7
Maximum Likelihood-Methode 748
MDPREF-Verfahren **159**
„means end analysis" 108, 151
MEART 967
MEDIAC 546
Medien 544 ff.
- Medien, elektronische 522, 525
- Medien, Kosten der **520 f.**
- Medien, Neue 483
- Medien, Reichweite der **528 ff.**
- Medien, Verbreitungsgrad der **522 ff.**
- Funkmedienforschung 526
- Inter-Media-Forschung 543
- Inter-Media-Vergleich 544
- Intra-Media-Vergleich 544
- Massenmedien 474 f., 477 f., 482 ff., 490, 496, 728
- Pressemedien 520
- Printmedien 519
- Mediaanalyse **529**
- Mediaplanung **515 ff.**
- Mediaselektion **544 ff.**
- Mediaselektionsmodell 515
- Mediaselektionsverfahren 546
- Medienleistung **516**
- Mediennutzung 450
- Medium **473,** 508
Me-too-Strategie **846 f.**
MEGROS 967
Mehrdimensionale Skalierung (MDS) 149, 153, 155, **217,** 646, 648, **678 ff., 781 ff.,** 788, 978
Mehrfachkontakt 536
Mehrheit, frühe 478
Mehrheit, späte 478
Meinungsbildner 854
Meinungsforschung 701
Meinungsführer 172, **474 ff.**
Meinungsführerschaft 114, 475, 541

MEKUND 967
Meldesystem 965
„Melkkühe" 876
Mengenanpasser **293**
Menschentyp 45
Mensch-Maschine-Kommunikation 903, **963 f., 980 f.**
Menütechnik **981 f.**
MESORT 967
Messe **416 f.**, 451, 517 f.
— Einbranchenmesse 416
— Kleinhandelsmesse 415
— Mehrbranchenmesse 416
— Mustermesse 416
Meßfehler 748
Meßinstrument 644
Messung **642 ff.**, 646, 648
Messung, poikilitische 650
Meßverfahren 645
Meßverfahren, psychophysiologische **708 ff.**
METHAPLAN 976
Methode
— Methode **193**
— Mid Square-Methode **688**
— Methoden, multivariate 155, 673, **735 ff.**
— Methoden, statistische **735**, 975
— Methodenablaufsteuerung **977**
— Methodenauswahl 977
— Methodenbank 959 f., 963, **968, 974 ff.**
— Methodenbank-Managementsystem **975**
— Methodenbanksystem 976, 978
— Methodendokumentation **976**
Mietspiegel 288
Mindermengenzuschlag 259
Mindestauftragsgröße 259
Mindestbestand 724
Minkowski-Metrik 767, **784**
Mischkonzern 841
Mitarbeiter, relative Qualifikation der 880 f.
Mitberatung **55**
Mitentscheidung **55**
Mittelpunktmarkt **75 f.**
Mittelstandsempfehlung 351, **358**
Mittelstandsförderung **66 f.**
Mittelstandspolitik 75
Mittelwert 693, 751, 801
Mode 179, 181
„Modell" **124 f.**
Modell (Begriff) 899
Modelladaption 978
Modellbank 959 f., 963, **978 f.**
Modellintegration 978
Modellwechsel 182 f.
Modewechsel 183
Mogelpackung **78**, 184, 223

Monopol **296,** 322
— monopolähnliche Stellung 97
— Monopolgewinn 299
— Monopolgrad 87
— Monopolrente 87
— Monopolstellung 97
Morphologische Methode 190 f.
Morphologischer Kasten 192
Motiv 104, 142, 144, 151, 467
Motivation **105 ff.**, 126, 456, **458 ff.**, 467, 557, 874, 901
— Kaufmotivation 107
— Motivationspsychologie 458
— Motivationstheorien **459 ff.**
Multiattributivmodell **150**
Multiattributivskalierung 676
Multikollinearität 571, **742**, 744, 774
M(ultiple) C(lassification) A(nalysis) 288
Multivariate Methoden 155, 673, **735 ff.**
Musterung 416

Nachahmung 124 f.
Nachfaßaktion 699
Nachfrage **146, 338 f.**
— Nachfrage, elastische **327**, 615
— Nachfrage, indifferente **327**
— Nachfrage, unelastische **327**, 615
— Nachfrage, Preiselastizität der **132**, 172, **325 ff.**, 512
— Nachfrageelastizität 132, **325 ff.**
— Nachfragemacht 62, 263
— Nachfragemacht, Mißbrauch von 54, 71
„Nachwuchsprodukt" 875
Nachzügler 478
Nebenleistung 411
„neighbourhood store" 397
Netapps-Methode **575 f.**
Nettoerfolg 924 f.
Nettoreichweite **530 f.**
Netzplantechnik, Netzwerkanalyse 891, **894 ff.**, 975
Neun-Felder-Matrix 879
Nicht-Kunden **618 f.**
Nische 889
No Names **185 f.**
„non price competition" 356
Normalverteilung **653 ff., 693 ff.**
„normative belief technique" 587
Normen 26, **127**
Normstrategie 875, 883
Nutzen **3**, 94, 101, 120, 126, 237, 247, 265, 268, **277 ff.,** 507, 547 f.
— Grundnutzen **4**, 177 f., 180, 203, 727
— Kosten-Nutzen-Analyse **121**
— Zusatznutzen **4**, **179 f.**, 727
— Nutzenbeitrag 787
— Nutzenerwartung 837
— Nutzenfunktion 247

— Nutzenkomponenten 95, **100**, 149, 244, **259**, 282
— Nutzenschwelle 892
Nutzungsanalyse 535

Obsoleszenz 339
— Obsoleszenz, geplante **49**
— „built in obsolescence" **98, 179**
— „planned obsolescence" **179**
— Obsoleszenzrate 341
— Obsoleszenzstrategie 17
OCR („optical character recognition")-Code **721 f.**
„odd pricing" 272
Öffentlichkeit 84, 618
Öffentlichkeitsarbeit 441, **495 f.**
off line 980
Oligopol **299**, 322, 344
Oligopolist 299, 325
Ombudsmann 84
„one step flow of communication" 475
„one stop shopping" 212, **321**, 410, 852
on line 980 f.
Operations Research 959, 975
„opinion leader" **474**
Optimierungsmodell **545**
Optische Codes **721**
„ordered metric scale" 670
Ordnungspolitik 49, 68, 75, 97
— ordnungspolitisches Konzept **38**
— ordnungspolitische Maßnahmen 74
— ordnungspolitische Probleme 60
Organisation
— Organisation, Anpassungsfähigkeit der 948
— Organisation, funktionale **947 f.**
— Organisation, produktorientierte 945, 949
— Ablauforganisation 16
— Aufbauorganisation 16
— Außendienstorganisation 36, **368**
— Matrix-Organisation 937, 949, **955 ff.**
— Spartenorganisation **951 ff.**
— Tensor-Organisation 955
— Verkaufsorganisation **368**, 379
— Vertriebsorganisation 379
— organisationaler Überschuß 952
— Organisations-Audit 914, **934 f.**
— Organisationsform, divisionale 952
— Organisationsform, eindimensionale **947 ff.**
— Organisationsform, funktionale **947 ff.**
— Organisationsform, gebietsorientierte **954 f.**
— Organisationsform, kundenorientierte **953 f.**
— Organisationsform, mehrdimensionale **955 ff.**
— Organisationsgestaltung 946

— organisatorischer Überschuß **946**, 948
OSIRIS 810
Overreporting 731

Paarvergleich 155, 162, 648, **655**, 782
„package deal" 12
Packung **183 f.**, 716
Packungsgestaltung 100, **183 f.**, 714, 755, 840
Panel 577 f., **730 ff.**
— Einzelhandelspanel 725, 730, **733 ff.**
— *ERIM*-Scanner-Panel 578
— Großhandelspanel 730
— Haushaltspanel 133, **730 ff.**
— Herstellerpanel 730
— Individualpanel **730 ff.**
— Spezialpanel 730
— Verbraucherpanel **730 ff.**
— Paneleffekt **731**, 734
— Panelerhebung **730 ff.**
— Panelsterblichkeit **731**, 734
— Paneluntersuchung 806 f.
Paralleltest-Reliabilität **682**
Parkgemeinschaft 75
Partialmodell 136, **139 ff.**, 901
Partialprognose, langfristige 805
Partnerschaft 54 ff.
Passagezählung **535**
Patentrecht 224
Pearson, Korrelationskoeffizient von 768
Penetrationspreisstrategie 303, 341
„percentage of sales method" **509**
Permutationsverfahren 546
Personalwirtschaft 627
„per unit method" **510**
Perzeption 480 f.
Pfadanalyse 631, **744 ff.**
Pfaddiagramm 767
Pfadkoeffizient 747
Pfadmodell 746
„piggly wiggly store" 401
„pilot study" **639**
PIMS-Projekt 870, **872 ff.**
Pioniergewinn **86 f.**
Pipeline-Effekt 725, **857**
Plakat **516 f.**, 548
Planung
— Planung, operative 822, 850
— Planung, produktbezogene 950
— Planung, strategische **822 f.**
— Planungsabteilung 823
— Planungsfehler 697
— Planungskomitee 824
— Planungsmodell 964
— Planungsproblem 964
— Planungsprozeß **187 f.**, 964
— Planungssystem 960, **962 ff.**, 966, 972, 975
— Planungsverfahren 13

Plazierung 402
— Plazierung von Artikeln 218
— Schüttplazierung 274
— Zweitplazierung 274, 402
— Plazierungsstrategie 274
Point of Purchase (POP) 162
Point of Sale (POS) 372, **717 f.**, 723
Prioritätenprofil 674
Polygraph 710
Polypol 322
Polypolist **324 f.**
Portfolio 869 ff.
— Marktattraktivität-Wettbewerbsvorteil-Portfolio 875, **879 ff.**
— Marktwachstum-Marktanteil-Portfolio 870, **875 ff.**, 919
— Produkt-Portfolio-Analyse **175 f.**
— Portfolio-Analyse **863 f.**, **869 ff.**, 919
— Portfolio-Konzept **890 f.**
Positionierung 154, 241
„postdecision dissonance" 461
Potentialanalyse **860 f.**
Prädiktorvariable **738**, 744, 759
Präferenz 142, 147, 158 f., 161 f., 237, 243, 286, 343, 378, 481, 667, **678**, 716, **787 f.**
— Präferenzanalyse, externe **159**, 161
— Präferenzanalyse, interne 159
— Präferenzanalyse, mehrdimensionale **785**
— Präferenzbildung 119
— Präferenzintensität 333
— Präferenzordnung 152, **158**, 161, 199, 286, 716
— Präferenzskala 668
— Präferenzsystem 101
— Präferenzurteil 158 f., 161 f., 787
Prämissen-Audit 914, **932**
Präsentationsebene 402
„preference map" 101
Preis 94 f., 118, 120 f., **235 ff.**, 267, 290, **296 ff.**, 321 ff., 337, 409, 512, 577
— Preis als Qualitätsindikator **276 f.**, 321
— Preis, gebrochener 272 f.
— Abgabepreis **241**
— Ankerpreis 275
— Brutto-Preisbildungssystem **250**, 253, 263 f.
— Dauerniedrigpreispolitik 321
— Einheitspreiskartell 355
— Einstandspreis, Verkauf unter 354 f.
— Festpreis 251
— Gesamtpreis 247 f.
— Gleichgewichtspreis 236
— Grundpreis **247 f.**, 251 f., 265
— „hedonic pricing" 284
— Höchstpreis 251, 352
— Interventionspreis 351 f.
— Kostenpreis 318
— Kreuz-Preis-Elastizität 623 f.
— Listenpreis 248, 251 f.
— Marktpreis 292 ff.
— Marktpreis, Anpassung an den 303
— Mindestpreis 251, 352
— Mindestpreiskartell 355
— Mondpreis **250**, **264**, 357
— Netto-Preisbildungssystem **248 ff.**, 253
— Niedrigpreispolitik 303
— „odd pricing" 272
— Penetrationspreisstrategie **303**, 341
— Prohibitivpreis 297, 325, 328, 331
— Referenzpreis 251, 274 f., 304
— Richtpreis 351 f.
— Skimming-Preisstrategie 341
— „skimming pricing" 303
— Standardpreis 274
— Systempreis 252
— „unit pricing" 79, 184, 223
— Verbraucherpreis **241**, 250
— Preis-Absatz-Funktion 130, **278 f.**, 284, 290, 292, 296, 310, **322 ff.**, 332, 343, 725
— Preis-Absatz-Funktion, doppelt geknickte **324**, 328, 332
— Preis-Absatz-Funktion, dynamische **337 ff.**
— Preisabsprache 355
— Preisangabe 272
— Preis-Angebots-Paradoxon 240
— Preisbereitschaft 147, **274 f.**, 302 f., 331, 333
— Preisbildung auf vollkommenen Märkten **236 f.**
— Preisbindung 49, **62**, 186, 241, **250**, 264, **350**, 356, 387
— „Preisbrechersymbol" 273
— Preisdifferenzierung 15, 302, **334 ff.**
— Preisdifferenzierung, horizontale **334**
— Preisdifferenzierung, räumliche 336
— Preisdifferenzierung, vertikale **334 ff.**
— Preisdifferenzierung, zeitliche 337
— Preiselastizität 147, 236, 302, 725
— Preiselastizität der Nachfrage **132**, 172, **325 ff.**, 512
— Preisempfehlung 15, 185, 250, 351, **356 ff.**
— Preisentscheidungsmodell 288
— Preisfestsetzung, freie 248
— Preisfigur 272
— Preisfindung 300
— Preisfindung, abnehmerorientierte **302 f.**, **321 ff.**, 328, 341
— Preisfindung, kostenorientierte **301 f.**, **304 ff.**
— Preisfindung, wettbewerberorientierte **303 f.**, **343 ff.**
— Preisführerschaft 241
— Preisführerschaft, barometrische **350**, 356

- Preisführerschaft, dominierende **349**
- Preisfunktion, hedonistische 287
- Preisgünstigkeit 273, 320 f.
- Preisindifferenzbereich 275
- Preiskampf 241, **343 f.**
- Preiskartell 240, **355 f.**
- Preiskenntnis **272**
- Preis/Leistungsverhältnis 237 f., **242 ff.**, 253, 267 ff., **276 ff.**, 493, 716
- Preismechanismus 80 f.
- Preisminderung 253
- Preismißbrauch 353
- Preisobergrenze 301 f., **331 ff.**, 354, 356, 725
- Preisoptik 251
- Preispolitik 209, 213, 236, 239 ff., 275, 300, 350 f., 404, 408, 925
- Preispolitik, adaptive **292 ff.**, 350
- Preispolitik, aggressive 240, 242, 401, 408
- Preispolitik, aktive **296 ff.**
- Preispolitik, artikelverbundorientierte 218
- Preispolitik, kostenorientierte 301 f., **304 ff.**
- *Preisrecht* 351
- Preisschleuderei **354**
- Preisstopp **352 f.**
- Preisstrategie 337 f., **340**, 344
- Preistheorie 236, 243, **284 ff.**, **298 ff.**, 300
- Preistheorie, hedonistische 277, **284 ff.**
- Preisüberbietung 303
- Preisunterbietung 303, 354
- Preisunterbietungsstrategie 317
- Preisuntergrenze 302, **312 ff.**
- Preisvergleich 76
- Preiswettbewerb 185 f., 235, **239 ff.**, **343 ff.**, 404
- Pretest 558
- Price Look Up (PLU)-Verfahren **720**
- Primacy-Effekt 272, **473**
- Primärforschung 636, 638, **698 ff.**
- Problemkreisanalyse 189
- Problemlösung **9 f.**, 95, 101, 171, 190, 839, 845 f.
- Problemtreue **210**
- Produkt **93 ff.**, 143, 145 ff., 166 f., 175, 178, **187**, 204 f., 266 ff., 822, 836 ff., 951 f.
- Produkt, neues **171**, 187, 197, 213, 303, 493, 790, 839, 841, 867 f.
- Produkt, problemloses **102**
- Produkt, problemvolles **102**
- Idealprodukt 161
- Massenprodukt **101**
- Mee too-Produkt 303
- Produktalternativen **120 f.**
- Produktäußeres 15, **180 ff.**
- Produktattribut 151 f.
- Produktauswahl **270 f.**
- Produktbeurteilung 117 f., 153, 270
- Produktbeurteilung, kognitive Komponente der 153
- Produktbewertung **166 ff.**, 194
- Produktdifferenzierung 172, 174, 186, **204**
- Produktdiversifikation 174
- Produktelimination 100, 102, **205 ff.**
- Produktentwicklung **867**
- Produktform 149, **180 f.**
- Produktfunktion 149
- Produktgestaltung 10, **100**, 102, 180 f., 455, 714
- Produktgruppenvergleich 925
- Produkthaftung 85
- Produktidee **188 ff.**, 834, 839
- Produktinnovation 102, 143, 174, **838 ff.**, 867
- Produktkenntnis 142
- Produktkern 149
- Produktklinik 196
- Produktkonzept 196 f.
- Produktkonzeption 188
- Produkt-Lebenszyklus **170 ff.**, 205, 213, 337, 339, 341, 482, 507, 615, 870
- Produkt-Management **948 ff.**, 955 ff.
- Produkt-Manager **948 ff.**
- Produktmarkt 154, 615 f.
- Produkt-Markt-Matrix **864 f.**, 890
- Produktmarktmodell **154 f.**
- Produktmarktraum 153
- Produktmodifikation 174
- Produktneuheit 95, 97, 341
- Produktnormen **199**
- Produktpolitik 15, 24, **92 ff.**, **96 f.**, 107, 165, 173 f., 187, 900
- Produkt-Portfolio-Analyse **175 f.**
- Produktpositionierung **154**, 241
- Produktprofilierung 185
- Produktqualität 15, 100, 117 f., 121, 147, **149 ff.**, 162, 165, 178 f., 199, 239, 270, 276
- Produkttest 199, 326, **726 f.**
- Produkturteil 117 f., 267, 270
- Produktvariation 102, **203 f.**
- Produktwahlmuster 120
- Produktwahrnehmung **117**, 270
- Produktion
- Produktionsgüter 100 f.
- Produktionspotential, relatives 880 f.
- Produktionsprogramm 15, **96**, 141, **208 ff.**, 318, 379
- Produktionswirtschaft **1**, 627
- Produzentenhaftung 84, **222**
- Profil-Verfahren 194
- Profit Center 951 f.
- *PROFIT* („property fitting") 157
- Prognose 172, 727, **793 ff.**

— Prognose, längerfristige 794
— Prognose, qualitative 794
— Prognose, quantitative 794
— Prognoseverfahren **793 ff.**
— Entwicklungsprognose 795 ff.
— Kausalprognose 794
— Wirkungsprognose 794
Program Evaluation and Review Technique (PERT) 188, 898
Programmanalysatoren 777
Programmbewertung **166 ff.**
Programmierung, dynamische 545
Programmierung, lineare 545
Programmierung, nichtlineare 545
Programmpolitik **96 ff.**, 165, 175
Projektion 705, 794, **805 ff.**
Projektionstachistoskop 715
Projekt-Management 955
Promotions
— Außendienst-Promotions **494**
— Händler-Promotions **494**
— Sales Promotion 441, **493**
— Verbraucher-Promotions **493**
„propensity to buy" 162 f.
„property vectors" 786
Prototyp 188, 198
Provision 386 f.
Proximitätsmaß 767 ff.
Prozedur 974
Prozeß-Audit 914, **934**
Psychogalvanische Reaktion (PGR) **708 ff.**
Psychophysik 452
psychophysische Funktion 650
Public Relations (PR) 16, 441, 484, **495 f.**
Pufferzeit 895
Pull-Effekt **493**
Pull-Strategie 490
Punktbewertungsverfahren **194**, 931, 967
Punktwert-Verfahren 194 f.
Pupillometrie 148
Push-Effekt **494**
Push-Strategie 490

Q-Technik 779
Quadratsumme **751 ff.**, 764
Qualität 165, 512
— Produktqualität 15, 100, 117 f., 121, 147, **149 ff.**, 162, 165, 178 f., 199, 239, 270, 276
— Qualitätsbegriff, teleologischer 149
— Qualitätsfunktion 257, **259**
— Qualitätsminderung 179
— Qualitätsverbesserung 178 f.
— Qualitätsurteil 162
„query language" 970
„question marks" **875 f.**
Quota Sample 687
Quota-Verfahren 579, **686 f.**
Quotenplan 687

R-Technik 779
Rabatt 238, 253 f., 257
— Abholrabatt 257
— Barrabatt 257, **259**
— Einführungsrabatt 257
— Funktionsrabatt 263 f.
— Geheimrabatt 258
— Mengenrabatt 257 f.
— Naturalrabatt 257, 494
— Saisonrabatt 257
— Treuerabatt 258 f.
— Verbraucherrabatt 258
— Zeitrabatt 257
— *Rabattgesetz* 60, 259, 354, 590
— Rabattgewährung 15, 253 f., 258
— Rabattkartell 258, **355 f.**
— Rabattkonkurrenz 264
— Rabattmarke 258 f.
— Rabattpolitik 253 f.
— Rabattstaffel 258
— Rabattsystem 252
Rack Jobber 394
Rahmenbedingungen 826 ff., 831
— Rahmenbedingungen, externe 945
— Rahmenbedingungen, interne 945
RAMPS (Resource Allocation and Multi Project Scheduling) **898**
„random sampling" 685
Rangordnung 648, 652, **655 f.**, **669 f.**, 679
Rangreihenverfahren 376
Rating 148 f., **163**, 672
Rating-Batterie 649
Rationalität 53, 277 f.
Rationalprinzip 4
Raummodell 783 f.
Raumordnungspolitik 75
Reaktanz 556
Realisierungsprozeß 187
Recall 578
Recall-Test 580
Recency-Effekt **472**
Rechnungswesen 166
Rechtsordnung 46
Recognition 578
Recognition-Test 579
Recycling 49, 179
„reference group" 128
Regaleffekt 402
Regal-Großhändler 394
Regalfläche 402
Regallücke 403
Regalplatzoptimierung 725
Regiebetrieb 395
Registrierung, automatische 698
Regreß, unendlicher 683
Regression
— Regression, einfache 738 f.
— Regression, lineare 739
— Regression, multiple 738
— Regression, nicht-lineare 738

- Regression, schrittweise 741
- Regression, schrittweise multiple 764
- Dummy-Regression 739
- Regressionsanalyse 130, 164, 511, 565, **738 ff.**, 748, 774, 796, 805
- Regressionsanalyse, einfache 740
- Regressionsanalyse, multiple 631, **740 f.**, 744, 747
- Regressionsanalyse, multiple monotone 788
- Regressionsanalyse, simultane 741
- Regressionsgleichung 740 f., 744
- Regressionskoeffizient 788
- Regressionskoeffizient, partieller 741
- Regressionskoeffizient, standardisierter 741
- Regressionsmodell, Prämissen des 742
- Regressionsrechnung 963
- Regressionsschätzung 805

Regulierungsgeschäft 395
Reichweite 529, 545
- Reichweite, kombinierte 533
- Reichweite, kumulierte 532
- Reichweite, qualifizierte 536
- Reichweite, qualitative 530
- Reichweite, quantitative 530
- Reichweite, räumliche 530
- Reichweitenmaß **533**

Reifephase 171, 174, 876
Reilly'sches Gesetz 375 f.
Reisender 368, 379, **384 f.**
Reize
- Reize, emotionale 106
- Reize, innere 106
- Reize, kognitive 106
- Reize, physische 106
- Außenreize 106
- Schlüsselreize 460

Reklame 451 f.
Relaunch 102
Relevanzbaum 806
Relevanzbaum-Verfahren 191
Reliabilität **681 f.**
Repositionierung 204
Repräsentanz, Repräsentativität 690, 699, 704, 706, 731, 734
Research Design 633
Residualvarianz 755
Residuen 742
„response function" 902
„response probability" 133
Ressourcen 822, 829, 859 f., 875, 880, 891
Restriktionen, innerbetriebliche 14
Retest-Reliabilität 682
Rezeptionsphase 480
Rezipient **473 f.**, 478, 529

Risiko
- Einkaufsrisiko 414
- Kontaktrisiko 414
- Produktrisiko 414
- Risikostreuung 841 f.

Rohstoff 100, 187, 210, 381, 880, 887, 889
Rolle **127**
Roman 519
Rosenberg-Modell **150 f.**
Rücklaufquote 699
Rücknahmegarantie 260

Saccade 712
Sättigungserscheinung 187
Sättigungsphase **171**, 174
Sales Folder 494
Sales Promotion 441, 493
„sales response function" 130
„salient belief technique" 588
SAS 810, 978
SB-Warenhaus 408, **410**
Scanner 568, 722
- *ERIM*-Scanner-Panel 578
- Scanning **321**, 372, 577

Schätzverfahren 736, 748
Schaufenster 519
Scheintätigkeit 895
Schicht, soziale 128
Schiedsstelle 88
Schlüsselartikel 320
Schlüsseltechnologie **845 f.**
Schlupf, freier 896, 898
Schlupf, gesamter 896, 898
Schlußverkauf **432**
Schnellgreifbühne 707, **715**
Schnellgreifverfahren 708, **715 f.**
Schrittmachertechnologie **845 f.**
Schütte 402
Schutzbedürfnisse, Harmonisierung der 82
Schwellenwert 332
Schwerin-Kurve 467
Screening-Phase 188, **194**
Segmentierungsstudie 765, 774
Seitenkontakt **535**
Sekundärforschung **636 ff.**
sekundärstatistisches Material 630
Selbstbedienung **86**, 209, 377, 394, 401, 426, 519
Selbstbedienungsladen 184
Selbstkontrolle der Wirtschaft 88
Selbstverkäuflichkeit 185, **209 f.**
Selective Dissemination of Information (SDI) 962
„self liquidating offer" **493**
Semantischer Raum 673
Semantisches Differential 148, 648, **672 ff.**, 774
Sequentialmethode 545
Servicebereitschaft **419**

„shelf space effect" 402
Shopping Center 411
„shopping good" **101**
Sicherheitsgrad 693, **695 ff.**
Sicherheitsvorschriften **48**
Signifikanz **330**, 636, **736**, 759
Signifikanzniveau **752**, 754
Simple Matching-Koeffizient 769
Simultation 201, 341, 963
Simultationsmodell **130**, 545
Simultanausgleich **320**
Situationsanalyse 820 f., **826 ff.**
Skala **644 ff.**
— Coombs-Skala 648, **666 ff.**
— Guttman-Skala **664 ff.**
— I-Skala 668
— Intervallskala **699**, 749, 767
— Intervallskalenniveau **643**, 664
— J-Skala 668 f.
— Likert-Skala 648, **656 ff.**, 671
— Nominalskala **699**
— Nominalskalenniveau **643 f.**, 664, 768
— Ordinalskala 669, **699**, 768
— Ordinalskalenniveau **643 f.**
— Präferenzskala 668
— Rating-Skala 155, **648 ff.**, 671, 750
— Skalenniveau 643, 660, 736, 748 f., 767, 787
— Thurstone-Skala 648, **660 ff.**
— Verhältnisskala, Ratioskala **699**
— Verhältnisskalenniveau **644**
Skalierung 645 f.
— skalierungsähnliche Verfahren 646, **648**
— Skalierungsniveau 287
— Skalierungsverfahren 194, **645 ff.**, **670 ff.**
— Skalierungsverfahren, eindimensionale 648
— Skalierungsverfahren, mehrdimensionale 648, **670 f.**
— Selbstskalierung 163
Skalogramm, rangskaliertes 666
„skimming pricing" 303
Skinner-Box 124
Skonto **261**
„slack" 946
Sleeper-Effekt 470
Slice of Life-Technik **486**
Slogan 541
„social auditing" 17
Soll-Ist-Vergleich 913, 931
Sonderangebot 320 f.
Sonderdisplay 402
Sonderplazierung 494
Sonderverkauf **432**
S-O-R(-Paradigma) **103**, 130, 132, **136 ff.**, 621

Sortiment 15, **96**, 176, 205 ff., **212**, 215, 217, 259, 318, 383, 393 f., 405 ff., 408 ff., 490
— Sortiment, breites **212**
— Sortiment des Einzelhandels 383
— Sortiment des Großhandels 383
— Sortiment, flaches **212**
— Sortiment, schmales **212**
— Sortiment, tiefes **212**
— Sortimentsbreite 411
— Sortimentsgestaltung 209, 724
— Sortimentsgroßhandlung 393
— Sortimentskalkulation 265
— Sortimentskontrolle 724
— Sortimentssubstitution **102**
— Sortimentstiefe 411
— Sortimentstyp 383
— Sortimentsverbund 265, 383
— Sortimentsverbundanalyse 724
soziale Faktoren 109
Sozialtechnik **18 ff.**
Sozialisierungsprozeß 108
Spannenausgleich 320
Sparte 952
— Spartengliederung 949
— Spartenleiter 949
— Spartenleitung 951
„specialty good" 101
„spectator learning" 111
Spektralanalyse 975
Spezifitätsproblematik 109
Spill over-Effekt 404, 513, **851 f.**, 918
Split 764 f.
Split Run-Verfahren 728
Splitvariable 764 f.
SPRINTER 187, 794
SPSS 810, 978
S-R (Stimulus-Response-Paradigma) **103**, 122, 130, 266 f.
Staat 36, 42, 44, 47, 49, 66, 72, 81 f., 352 f., 356, 491, 615
Stadtplanverfahren 533
Stärken-/Schwächen-Analyse **862**
STAIRS 961
Stammkunde **378**
Standard, Soll-Wert 916, 919, 931
Standardabweichung 693, 695, 759
Standardbericht 965, 980, 984
Standardpartialregressionsgewicht 747
Standardschätzfehler 742
Standort 15, **373 ff.**, 408, 410, 894, 901
— Standort, innerbetrieblicher **376 ff.**
— Standortagglomeration 374
— Standortbewertung **374 ff.**
— Standortpolitik, innerbetriebliche 218
— Standortwahl 71, 373 f.
Stapelbetrieb 980
Starch-Test **579 f.**
„stars" **875 ff.**

Statistik, deskriptive 736
Statistik, induktive 736
Statistik-Programmpakete 810
statistische Tests 632, 742
statistische Testverfahren 736
Status **127 f.**
STEAM 794
Steuervorteil 373
Stichprobe 646, **684 f.**, 736, 764
— Stichprobenfehler **692 f.**, 695 ff.
— Stichprobengröße 696
— Stichprobenmittelwert 694
— Stichprobenumfang **692 f.**, 696 f., 748
— Beurteilungsstichprobe 686
Stiftung Warentest 83, 118, 244, 552, 727
stochastischer Fall 827
Store-Test 727, **729 f.**
Strategie **833**
Strategien-Audit 914, **932 f.**
Strategische Geschäftseinheit (SGE) 863 f., **870 ff.**
Strategische Partnerschaft **845**
Streckengeschäft 388
Stress, monotoner 788
Stress-Kriterium 679
Stress-Wert **784**, 788, 978
Streuplan 508, 537, 545
Streuplanung 515, 536, 541, **544**
Streuverlust 481, 530, 728
Strukturgleichung **746 f.**
Strukturmodell 130, **136 ff.**
Studie, deskriptive 627, **630**
Studie, explikative 627
Studie, explorative **627 ff.**, 639
Studie, kausale 627, **630 ff.**
Stufenwertzahlverfahren 376
Submission 342, **346**, 416 f.
Substitutionskonkurrenz 615
Substitutionsverfahren 726
Subvention 373
Sündenregister 59, 71, **255**, 369
Sukzessivausgleich 320
Supermarkt **408 ff.**
Syndikat **240 f.**
Synektik **193**
Synergie 946, 952
Systemkosten 421
Systemorientierung 36
Szenario-Technik **807 f.**

Tachistoskop **148**, 707, **714 f.**
Täuschung 586
Tagesmarkt 415
Tanimoto-Koeffizient 769
Tante-Emma-Laden 76
Tarchanow-Effekt 709
Tausenderpreis 501, **521**, 532, 544
Tausend-Kontakte-Preis **521**
Tausend-Leser-Preis **521**

technischer Fortschritt 80, 170, 179, 185, 210, 589
Technologieorientierung **845 f.**
technologischer Fortschritt 86
Teilpräferenzwert 787
Telefax 370
Teletex 370
Termingeschäft 418
Test
— Tests, statistische 632, **736**, 742
— Blindtest 726
— Einzeltest 726
— Ladentest 199, 326
— Markttest 199, 326, **727 ff.**
— Mehrfachtest 726
— Partialtest 726
— Picture Frustration-Test 705
— Produkttest 199, 326
— Recall-Test **580**
— Recognition-Test **579**
— *Rosenzweig*-Test 705
— Satzergänzungstest 705
— *Starch*-Test 579
— Store-Test 727, **729 f.**
— t-Test 659
— Vergleichstest 726
— Verpackungstest 708
— Volltest 726
— Warentest 487, **727**
— Wortassoziationstest 705
— Testladen 577
— Testphase 188, **198 ff.**
Testmarkt 200, 568, 576 f., **726 ff.**
— Labor-Testmarkt 200, **726 f.**
— Mini-Testmarkt 200, **728 f.**
Thematischer Apperzeptionstest (TAT) 705
theoretisches Konstrukt **103**, 139, 642, 748
Thinking aloud-Methode 139
Thurstone-Skalierung 648, **660 ff.**
Thurstone's Law of Comparative Judgment 280
Time Compression-Methode 553
Time Sharing 961, 974
Timing 499, 537
„top down approach" 984
Totalmodell **136 ff.**, 902
TOTE-Einheit 112 f.
Tour 424
„trade off" 157
Trade off-Beziehung 563
„trade off procedure" 790
Trading up 405
Tragfähigkeitsprinzip 318
Transferaufwand 376
Transmissionsphase 479
Transportkosten 371, 421, 423
Transportmittel 419, 423 f.
„traveling salesman problem" 424

Trend 795 f., 972
— Trendberechnung 799
— Trendextrapolation 794, 807, 975
— Trendfunktion, exponentielle 802 ff.
— Trendfunktion, logarithmische 802 ff.
— Trendfunktion, logistische 802 ff.
— Trendfunktion, nichtlineare 795, 802 ff.
— Trendfunktion, parabolische 802 ff.
— Trendgerade 796
— Trendrechnung, lineare 796
— Trendverlängerung 795, 807
„Trittbrettfahren" 27
Trommsdorff-Modell 677
„two cycle flow of communication" 475
„two factor at a time procedure" 790
„two step flow of communication" **474**, 485

Überallerhältlichkeit 94
Übernehmer, frühe 477
Überschneidung **532**
Überschneidung, externe 530 f.
Umsatz **6**, 143, 166, 170, 568, **922 f.**
— Umsatzänderungsrate 174
— Umsatzstrukturanalyse **166 ff.**
Umschlagsgeschwindigkeit 166, 212
Umschlagshäufigkeit 205, 733
Umsystem des Unternehmens 932
Umtauschgarantie 260
Umwelt 14, **126 ff., 612 ff.**, 913, 945
— Umwelt, natürliche 48
— Umwelt, Dynamik der 945
— Makro-Umwelt **613 ff.**
— Mikro-Umwelt **613**, **618 ff.**
— Unternehmensumwelt, engere 613
— Unternehmensumwelt, weitere 614
— Umweltanalyse **863**
— Umweltbedingungen, aufgabenspezifische 613
— Umweltbedingungen, generelle 613
— Umweltfaktoren 851, 860
— Umweltpsychologie 403
— Umweltsituation 826 f., 880, 932
„unaided recall" **580**
Unfolding-Technik 159, **666 ff.**
Unikatkampagne **488**
„uniqueness" 778
„unique selling proposition" (USP) **547 f.**, 835
„unit pricing" 79, 184, **223**
Universal Product Code (UPC) 373, 720
Unterdeckung 169
Unternehmensforschung 424
Unternehmenskultur **828**
Unternehmensneuheit 102, 839 f.
Unternehmenspersönlichkeit 497
Unternehmensphilosophie **828**
„updating" 970
Urnenmodell **688**

Urteilsraum, psychologischer 680
UWG 60, 78, 355, 430, 432, 586, 590

Validität 650 f., **681 ff.**, 697, 713, 729
— Validität, empirische 683
— Validität, theoretische 683
— Binnenvalidität 683
— „expert validity" 682
— „face validity" 682
— Inhaltsvalidität **682**
— Konstruktvalidität **683**
— Kriteriumsvalidität 683
— Übereinstimmungsvalidität 683
— Vorhersagevalidität 683
Variable, abhängige 737, 749 f., 753 f., 764
Variable, intervenierende 142
Variable, unabhängige 737, 749 f., 753 f., 756 f.
Varianz 690, 694, 749, 752, 775, 777 ff.
— Fehlervarianz 752, 789
— Gesamtvarianz 740
— Varianzanalyse 330, 562, 632, **748 ff.**
— Varianzanalyse, einfaktorielle 749
— Varianzanalyse, mehrfaktorielle 749, 753
— Varianzanalyse, multivariate 749, 754
— Varianzanalyse, univariate 748 f.
— Varianzanalyse, zweifaktorielle 753 f.
Variation 752
Varimax-Rotation 779
Veblen-Effekt 284
„vehicle scheduling problem" 424
Veilung **342 f.**, 415
Velocity-Code 720
Veralterung 178 f.
— Veralterung, bewußte technische 179
— Veralterung, künstliche 179
— Veralterung, psychische 265
— Veralterung, psychologische 170, 179
— Veralterung, technologische 265
— Veralterung, vorzeitige **98**, 181
Verbraucher 36, 38, **44 f.**, 72, **379 f.**, 619, 727
— Verbraucher, gewerbliche 430
— Verbraucher, Selbsthilfeorganisation der 84
— Großverbraucher 430
— Letztverbraucher 430, 625
— Verbraucheraufklärung 77, 84, 588
— Verbraucherberatung 77
— Verbraucherinteressen, rechtliche Sicherung der 83
— Verbraucherkunde 83
— Verbrauchermarkt 405, **410**
— Verbraucherpolitik 77, 80, 238
— Verbraucherrat 88

- Verbraucherschutz 86, 359, 586
- Verbraucherschutzeinrichtung 84
- Verbraucherverband 81, 190
Verbrauchsgüter **100**, 179
Verbrauchsintensität 10
Verbundbeziehung 131, 167, **215 f.**, 320 f.
Verbundeffekt **214 ff.**
- Bedarfsverbund **214**
- Kaufverbund **214**
- Nachfrageverbund **214**
Verbundintensität 215
Verbundkauf 169, **215 ff.**, 317, 321
Verbundprofil **217**
Verbundwirkung 852
Verfahren
- Verfahren, aktualgenetische 581
- Verfahren, bivariate 735
- Verfahren, dekompositionelle **155**
- Verfahren, exhaustiv-disjunkte 770
- Verfahren, heuristische 545 f.
- Verfahren, hierarchische 770, 772
- Verfahren, iterative 545 f.
- Verfahren, kompositionelle **150 ff.**
- Verfahren, mathematisch-statistische 959
- Verfahren, multiattributive 270
- Verfahren, multivariate 288, **735 ff.**, 810, 975
- Verfahren, partitionierende 770
- Verfahren, univariate 735
Vergessen 136, 538
Vergessenskurve 457 f.
Verhältniszahl 735
Verhalten **104 ff.**, 469, 475, 481, **619 f.**, 826, 836
Verhaltensintention 164
Verkauf 6
- Verkauf, persönlicher **425 ff.**, 482, 490, 517, 530
- Verkaufsabteilung 384
- Verkaufsabwicklung 922
- Verkaufsfläche 376, 411
- Verkaufsflächenwachstum 71
- Verkaufsförderung 16, 218, 441, 484, **492 ff.**, 626
- Verkaufsgespräch 401, 426
- Verkaufsleiter 941, 943
- Verkaufsmethode 383, **397 ff.**
- Verkaufsniederlassung **387 f.**
- Verkaufsorgan 5, 379
- Verkaufsorganisation 368, 379
- Verkaufssyndikat **388**
- Verkaufstechnik 15, **397 ff.**
- Verkaufswagen 433
Verknüpfung, kompensatorische 150
Verknüpfung, nicht-kompensatorische 150
Vernunft, demonstrative 236
Verpackung **183 f.**, 186, 519

Verpackungstest 708
Versandhaus **408 f.**
Versorgung
- Versorgung, bedarfsgerechte 71 f.
- Versorgung, Sicherheit der 48
- Versorgung, Sicherstellung der 433
- Versorgung, Sicherung der 48, 75
- Nahversorgung 71
- Unterversorgung 72
- Versorgungsangebot 72
- Versorgungsbedürfnis 73
- Versorgungsdefizit 74
- Versorgungsdimension 73
- Versorgungsgerechtigkeit 76
- Versorgungslage 72 f.
- Versorgungsqualität 67, 71
- Versorgungszufriedenheit 67, 73 f., 765
Versteigerung **342**
Versuchsanordnung, faktorielle 636
Verteilungsmaß 735
Verteilungstyp 736
Vertragsfreiheit 68, 430
Vertragshändlerschaft 383
Vertragshandelssystem 386
Vertrauensbereich 694
Vertrieb 6
- Vertrieb, akquisitorische Funktion des 922 f.
- Direktvertrieb 367
- Vertriebsbindung 358, **430**, 626
- Vertriebserfolg 924
- Vertriebserfolgsrechnung 924 f., 928, 984
- Vertriebsform 433
- Vertriebsführung 922
- Vertriebskosten 169, **920 ff.**
- Vertriebskostenanalyse 920
- Vertriebskostenstruktur 921
- Vertriebsnettoerfolg 925
- Vertriebsorganisation 379
- Vertriebssystem 15, 626
- Vertriebsverwaltung 922
- Vertriebsweg 7
Verursachungsprinzip **317 f.**
Verwender 36, **379 f.**
Verwendungsintensität 543
Verwendungsreife **100**
Verwendungszweck 10, **100 f.**, 337
Videotext 370
Vier-Felder-Matrix **875 ff.**
VOB 352
VOL 352
Vorauszahlung 261
Vorratshaltung 433
Vorschlagswesen 190
Vorziehenswürdigkeit 159
Vorzugsbedingung 70

Wachstum 872, 875 f., 884
— Wachstumsfunktion, nichtlineare 795, **802 ff.**
— Wachstumskurve 804
— Wachstumsphase 171, 174
— Wachstumsstrategie 881
Währungspolitik 51
Wahrnehmen 104
Wahrnehmung 102, **115 ff.**, 126, 137, 142, 147 f., 153 ff., **266 ff.**, 453 f., 506, 579, 581, 676, 711, 713 f., 837
— Wahrnehmung, selektive **106**
— Wahrnehmungsprozeß 95, 119, 469
— Wahrnehmungsraum 153 ff.
— Wahrnehmungsurteil 158
Waren
— Waren, problemlose 209
— Waren, problemvolle 397
— Warenautomat 184, 401
— Warenbörse **418**
— Warendarbietung 411
— Warengenossenschaft 394
— Warenhaus **408 f.**
— Warenkennzeichnung 223
— Warenkriterien 100
— Warenprüfung 85, 176
— Warenterminspekulation 418
— Warentest 487, **727**
— Warentestinformation 588
— Warentestinstitut 83, 190
— Warenvorrat 422
— Warenwirtschaftssystem, geschlossenes 723
— Warenwirtschaftssystem, integriertes 372 f.
— Warenzeichen 223, 454
Warnsystem 965
„weak signal" 824
Wear out-Hypothese **539**
Weiterverarbeiter 36
Werbung 16, **23**, 102, 105, 184, 441, **470 f.**, 477, **479 ff.**, 504, 512, 577, 831, 840, 887, 894, 901
— Bruttowerbevolumen 444
— Nettowerbeumsatz 444
— Werbeagentur **447 f.**, 479, 498, 611, 626
— Werbeaktion 218
— Werbeanteils-Marktanteils-Methode **510**
— Werbeaussage 508
— Werbeaustauschrate **511**
— Werbeberater 447
— Werbebotschaft 479 ff., 499, 508, 530, 537, 539, **547 f.**, 552
— Werbebudget 489, 512 ff., 544
— Werbebudget-Optimierungsmodell 512
— Werbebudgetplanung **508 ff.**
— Werbedichte 560
— Werbeelastizität 573
— Werbeerfolg 576, 584
— Werbeerfolg, Kontrolle des außerökonomischen 458
— Werbeerfolg, Messung des außerökonomischen **578 ff.**
— Werbeerfolg, Messung des ökonomischen **568 ff.**
— Werbeerfolgskontrolle **567 ff.**
— Werbeertrag 503
— Werbeertragsgesetz **570**
— Werbeetat 498, 508
— Werbefernsehen **522**, 536, 547
— Werbefunk **522**, 547
— Werbegestaltung 478, **547 ff.**
— Werbegewinn 503
— Werbekampagne, internationale 443
— Werbekampagne, nichtkommerzielle 468
— Werbekampagne, Timing einer 458
— Werbekontrolle 482
— Werbekonzeption 547
— Werbekostenzuschuß 494
— Werbemittel 479 ff., 499, 506, 508, 535, **548 ff.**, 557 ff., 564 ff., 579 f., 714
— Werbemittel, aleatorische 548
— Werbemittel, Gestaltung der 482
— Werbemittel, Streuung der 482
— Werbemittel, verbale **550 ff.**
— Werbemittel-Erfolgsprognose **558 ff.**
— Werbemittel-Forschung 550
— Werbemittel-Gestaltung 487
— Werbemittel-Größe **563**
— Werbemittel-Kontakt 530 f., **535 ff.**
— Werbemittel-Plazierung **560 ff.**
— Werbemittel-Pretest 560, 566, 708
— Werbemittel-Streuung 447
— Werbeobjekt 498, 539
— Werbeplanung 482, **497 ff.**
— Werbepolitik 482
— Werbeprogramm **498**
— Werbeprogrammplanung 482, **508 ff.**, 513
— Werbepsychologie 505
— Werbereaktionsfunktion 511
— Werbeslogan 454
— Werbeträger 479 f., 489 f., 499, 508, **516 ff.**, 541 ff., 728
— Werbeträger, Image der 543
— Werbeträger-Kombination 532
— Werbeträger-Kontakt 529 f.
— Werbeverbot 590
— Werbewirksamkeit, gruppenspezifische 501
— Werbewirkung 452, **481 f.**, 507, 539, 563, 567, 574 f.
— Werbewirkung, Stufenkonzepte der **506 ff.**
— Werbewirkungsforschung 441, 505, 582 f.

- Werbewirkungsforschung, ökonomische 577
- Werbewirkungskontrolle 558
- Werbeziele 498, 508, 539
- Werbeziele, außerökonomische **503 ff.**, 568
- Werbeziele, ökonomische **503 f.**, 568
- Werbezielplanung 482
- Werbezweck 498
- Werbung am Point of Purchase (POP-Werbung) 482 f.
- Werbung, gemeinsame 626
- Werbung, Hypertrophie der 446
- „Werbung in Neuen Medien" 482
- Werbung, informierende 485, **549**
- Werbung, interaktive 484
- Werbung, irreführende **587 f.**
- Werbung, massierte 537
- Werbung, nicht-kommerzielle 492
- Werbung, prozyklische **509**
- Werbung, pulsierende **539 f.**
- Werbung, redaktionell gestaltete 488
- Werbung, unterschwellige 488, **554 ff.**
- Werbung, vergleichende **486 f.**, **588 f.**
- Werbung, verteilte 537
- Werbung, Wirkungszyklus der 539
- Adreßbuchwerbung 516
- Alleinwerbung 488
- Anti-Verbrauchswerbung 492
- Anzeigenwerbung 490
- Außenwerbung **516 f.**, 528, 533
- Bandenwerbung 517, 522
- Direktwerbung 462 f., 482 f., 490 f., 493, 516, 528 f., 538
- Endverbraucherwerbung 490
- Firmenwerbung 485, **495 ff.**
- Gegenwerbung 588
- Gemeinschaftswerbung 489, 521
- Huckepackwerbung **488**
- Investitionsgüterwerbung 443
- Kollektivwerbung 488 f.
- Konsumgüterwerbung 479
- Leitbildwerbung 457, **486**, 549
- Medienwerbung 490
- Medienwerbung, klassische 482
- Mund-zu-Mund-Werbung 462, 482, **485**, 541
- Nachkaufwerbung 462, 482
- Plakatwerbung 522
- Preiswerbung 441
- Produktwerbung 485, 491, 495, 557
- Rundfunkwerbung 586
- Sammelwerbung 489
- Schaufensterwerbung 490
- Schleichwerbung **487 f.**
- Sportwerbung 517
- Superlativwerbung 464
- Sympathiewerbung 485, 490
- Testimonialwerbung 457, 472, **486**
- Verbundwerbung **489**, 521
- Verkehrsmittelwerbung 517
- Vertrauenswerbung 491
- Vorkaufwerbung 482
- Wertwerbung **589 f.**

Wertanalyse **198**
Wertesystem 47
Wertprinzip **318**
Wertskala-Verfahren **194**
Werturteil 28
Wettbewerb 38, 41 f., 46, 63, 68, 80 f., 86, 96 ff., 301, 410, 586
- Wettbewerb, arbeitsfähiger 42
- Wettbewerb, funktionsfähiger **239**, 388
- Wettbewerb im Handel 396
- Wettbewerb, leistungsgerechter 54, 57 ff., 60
- Wettbewerb, unlauterer 58
- Wettbewerb, vollkommener 46
- Wettbewerb, wesentlicher 239 f., 242
- Behinderungswettbewerb 58
- Gruppenwettbewerb 396
- Leistungswettbewerb 58 ff., 143, 590
- Nebenleistungswettbewerb 254
- Nichtleistungswettbewerb 58 f.
- Nichtpreiswettbewerb 239
- Preiswettbewerb 185 f., 235, 239 ff., **343 ff.**, 404
- Wettbewerber 291, **623 ff.**
- Wettbewerbsfähigkeit 50, 59
- Wettbewerbsmatrix **884 ff.**, 891
- Wettbewerbsneutralität 72
- Wettbewerbs-Paritäts-Methode **509 f.**
- Wettbewerbspolitik 80, 242
- Wettbewerbsrecht 61
- Wettbewerbsregeln 60 f.
- Wettbewerbstheorie 41, 78, 81 f., 836
- Wettbewerbsvorteil 838, 840 f., 845 ff., 880 f., 889 f.
Wiedererkennungsverfahren **579 f.**
Wiederholungskauf 119, 171, 506
Wiederkauf 200
- Wiederkaufmodell 200
- Wiederkaufrate 133, 200 f.
- Wiederkaufverhalten 120
„wild cats" **875**
Willensfreiheit 46
Wirkkonkurrenz **556 f.**, 560
Wirkung absatzpolitischer Maßnahmen 827 f., 850, 855, 902
Wirkungsprognose 794 f.
Wirtschaftlichkeit 197, 205 ff.
Wirtschaftlichkeitsvergleich **544**
Wirtschaftstheorie, klassische 44
Wissenschaftstheorie 27
Wissenstreue **210 f.**
Wochenmarkt 415
Wohlfahrt 38 ff.

Wohlstand 40
Wohlstandsgesellschaft 10
„workable competition" 42, 239, 242
Wucher 353

Yale-Studien 471
Yerkes-Dodson-Gesetz 466

Zahlungsbedingungen 15, 238, 260 f., 358
Zahlungsfrist 260, 263
Zeitreihe 794 f.
Zeitreihenanalyse 975
Zeitreihenprognose, einfache 795 ff.
Zeitschriftenanzeige 520 f.
Zeitschriften-Leserschaftsforschung 529 f.
Zeitungsanzeige 521
Zeitvergleich 916
Zentralausschuß der Werbewirtschaft (ZAW) 448, 591
Zentralverwaltungswirtschaft 40 f., 43 f.
Zentrenkonzept 75
Zerfallsverfahren 454
Ziehungstechnik 688
Ziel 5, 820 f., 828 ff., 833, 850, 916, 946
— Marketing-Ziele 165, 821 f., 933 f.
— Ziel-Audit 914 f., **932 f.**
— Zielantinomie **902**
— Zielbeziehungen **829 f.**
— Ziele- und Aufgaben-Methode 513
— Zielinhalt 831
— Zielkonflikt **832 f.**, 852, 919
— Zielsystem 14
Zielgebiet 498
Zielgruppe 184, 199, 413, 488, 495, 498 ff., 507 f., 515, 529, 532, 535 f., 541 ff., 576, 767, 836 f., 843
Zielgruppenansprache 483
Zielgruppenstrategie 475
Zölle 51
Zöllner-Verfahren 454
Zufallsauswahl 693
Zufallshandeln 119
Zufallsprinzip 685, **687 f.**, 692
Zufallsstichprobe 693
Zufallsstreuung 694
Zufallsweg, System des 692
Zufallszahlen 688
Zufriedenheit 147, 152
Zugabenverordnung 60, 590
Zukunftstechnologie **845 f.**
Zusatzauftrag 264, 315 ff.
Zuschlagssystem 252
Zustelldienst 75
Zweitmarke **186**
Zweitplazierung 402
Zwischenlager 419, 421